Bibl.

BU-Nr. 9510

J. von Staudingers
Kommentar zum Bürgerlichen Gesetzbuch
mit Einführungsgesetz und Nebengesetzen
Buch 1 · Allgemeiner Teil
§§ 164–240
(Stellvertretung, Zustimmung, Fristen,
Verjährung, Selbsthilfe, Sicherheitsleistung)

Kommentatorinnen und Kommentatoren

Dr. Karl-Dieter Albrecht
Vorsitzender Richter am Bayerischen Verwaltungsgerichtshof a. D., München

Dr. Christoph Althammer
Professor an der Universität Regensburg

Dr. Georg Annuß, LL.M.
Rechtsanwalt in München, Außerplanmäßiger Professor an der Universität Regensburg

Dr. Christian Armbrüster
Professor an der Freien Universität Berlin, Richter am Kammergericht a. D.

Dr. Arnd Arnold
Professor an der Universität Trier, Dipl.-Volksw.

Dr. Markus Artz
Professor an der Universität Bielefeld

Dr. Marietta Auer, S.J.D.
Professorin an der Universität Gießen

Dr. Martin Avenarius
Professor an der Universität zu Köln

Dr. Ivo Bach
Professor an der Universität Göttingen

Dr. Christian Baldus
Professor an der Universität Heidelberg

Dr. Wolfgang Baumann
Notar in Wuppertal, Professor an der Bergischen Universität Wuppertal

Dr. Winfried Bausback
Professor a. D. an der Bergischen Universität Wuppertal, bayerischer Staatsminister der Justiz a. D., Mitglied des Bayerischen Landtags

Dr. Roland Michael Beckmann
Professor an der Universität des Saarlandes, Saarbrücken

Dr. Dr. h. c. Detlev W. Belling, M.C.L.
Professor an der Universität Potsdam

Dr. Andreas Bergmann
Professor an der Fernuniversität Hagen

Dr. Falk Bernau
Richter am Bundesgerichtshof, Karlsruhe

Dr. Marcus Bieder
Professor an der Universität Osnabrück

Dr. Werner Bienwald
Professor an der Evangelischen Fachhochschule Hannover, Rechtsanwalt in Oldenburg

Dr. Tom Billing
Rechtsanwalt in Berlin

Dr. Claudia Bittner, LL.M.
Außerplanmäßige Professorin an der Universität Freiburg i. Br., Richterin am Hessischen Landessozialgericht

Dr. Eike Bleckwenn
Rechtsanwalt in Hannover

Dr. Reinhard Bork
Professor an der Universität Hamburg

Dr. Wolfgang Breyer
Rechtsanwalt in Stuttgart

Dr. Jan Busche
Professor an der Universität Düsseldorf

Dr. Georg Caspers
Professor an der Universität Erlangen-Nürnberg

Dr. Dr. h. c. Tiziana Chiusi
Professorin an der Universität des Saarlandes, Saarbrücken

Dr. Michael Coester, LL.M.
Professor an der Universität München

Dr. Dr. h. c. Dagmar Coester-Waltjen, LL.M.
Professorin an der Universität Göttingen

Dr. Thomas Diehn
Notar in Hamburg

Dr. Katrin Dobler
Richterin am Oberlandesgericht Stuttgart

Dr. Heinrich Dörner
Professor an der Universität Münster

Dr. Werner Dürbeck
Richter am Oberlandesgericht Frankfurt a. M.

Dr. Anatol Dutta, M. Jur.
Professor an der Universität München

Dr. Christina Eberl-Borges
Professorin an der Universität Mainz

Dr. Dres. h. c. Werner F. Ebke, LL.M.
Professor an der Universität Heidelberg

Dr. Jan Eickelberg, LL.M.
Professor an der Hochschule für Wirtschaft und Recht, Berlin

Jost Emmerich
Richter am AG München

Dr. Volker Emmerich
Professor an der Universität Bayreuth, Richter am Oberlandesgericht Nürnberg a. D.

Dipl.-Kfm. Dr. Norbert Engel
Ministerialdirigent a. D., Rechtsanwalt in Erfurt

Dr. Cornelia Feldmann
Rechtsanwältin in Freiburg i. Br.

Dr. Timo Fest, LL.M.
Professor an der Universität zu Kiel

Dr. Karl-Heinz Fezer
Professor an der Universität Konstanz, Honorarprofessor an der Universität Leipzig, Richter am Oberlandesgericht Stuttgart a. D.

Dr. Philipp S. Fischinger, LL.M.
Professor an der Universität Mannheim

Dr. Holger Fleischer
Professor am Max-Planck-Institut, Hamburg

Dr. Robert Freitag, Maître en droit
Professor an der Universität Erlangen-Nürnberg

Dr. Jörg Fritzsche
Professor an der Universität Regensburg

Dr. Tobias Fröschle
Professor an der Universität Siegen

Dr. Susanne Lilian Gössl, LL.M.
Akad. Rätin a. Z. an der Universität Bonn

Dr. Beate Gsell, Maître en droit
Professorin an der Universität München, Richterin am Oberlandesgericht München

Dr. Karl-Heinz Gursky
Professor an der Universität Osnabrück

Dr. Thomas Gutmann, M. A.
Professor an der Universität Münster

Dr. Martin Gutzeit
Professor an der Universität Gießen

Dr. Martin Häublein
Professor an der Universität Innsbruck

Dr. Johannes Hager
Professor an der Universität München

Dr. Felix Hartmann, LL.M.
Professor an der Freien Universität Berlin

Dr. Wolfgang Hau
Professor an der Universität München

Dr. Rainer Hausmann
Professor an der Universität Konstanz

Dr. Stefan Heilmann
Vorsitzender Richter am Oberlandesgericht Frankfurt, Honorarprofessor an der Frankfurt University of Applied Sciences

Dr. Jan von Hein
Professor an der Universität Freiburg i. Br.

Dr. Christian Heinze
Professor an der Universität Hannover

Dr. Stefan Heinze
Notar in Köln

Dr. Tobias Helms
Professor an der Universität Marburg

Dr. Dr. h. c. mult. Dieter Henrich
Professor an der Universität Regensburg

Dr. Carsten Herresthal, LL.M.
Professor an der Universität Regensburg

Christian Hertel, LL.M.
Notar in Weilheim i. OB.

Dr. Stephanie Herzog
Rechtsanwältin in Würselen

Joseph Hönle
Notar in München

Dr. Ulrich Hönle
Notar in Waldmünchen

Dr. Clemens Höpfner
Professor an der Universität Münster

Dr. Bernd von Hoffmann †
Professor an der Universität Trier

Dr. Dr. h. c. Heinrich Honsell
Professor an der Universität Zürich, Honorarprofessor an der Universität Salzburg

Dr. Norbert Horn
Professor an der Universität zu Köln, Vorstand des Arbitration Documentation and Information Center e.V., Köln

Dr. Rainer Hüttemann
Professor an der Universität Bonn

Dr. Martin Illmer, MJur
Richter am Landgericht Hamburg, Privatdozent an der Bucerius Law School

Dr. Florian Jacoby
Professor an der Universität Bielefeld

Dr. Rainer Jagmann
Vorsitzender Richter am Oberlandesgericht Karlsruhe a.D.

Dr. Ulrich von Jeinsen
Rechtsanwalt und Notar in Hannover, Honorarprofessor an der Universität Hannover

Dr. Joachim Jickeli
Professor an der Universität zu Kiel

Dr. Dagmar Kaiser
Professorin an der Universität Mainz

Dr. Bernd Kannowski
Professor an der Universität Bayreuth

Dr. Rainer Kanzleiter
Notar a.D. in Ulm, Honorarprofessor an der Universität Augsburg

Dr. Christoph A. Kern, LL.M.
Professor an der Universität Heidelberg

Dr. Sibylle Kessal-Wulf
Richterin des Bundesverfassungsgerichts, Karlsruhe

Dr. Christian Kesseler
Notar in Düren, Honorarprofessor an der Universität Trier

Dr. Fabian Klinck
Professor an der Universität Bochum

Dr. Frank Klinkhammer
Richter am Bundesgerichtshof, Karlsruhe, Honorarprofessor an der Universität Marburg

Dr. Steffen Klumpp
Professor an der Universität Erlangen-Nürnberg

Dr. Jürgen Kohler
Professor an der Universität Greifswald

Dr. Sebastian Kolbe
Professor an der Universität Bremen

Dr. Stefan Koos
Professor an der Universität der Bundeswehr München

Dr. Rüdiger Krause
Professor an der Universität Göttingen

Dr. Heinrich Kreuzer
Notar in München

Dr. Lena Kunz, LL.M.
Akad. Mitarbeiterin an der Universität Heidelberg

Dr. Clemens Latzel
Privatdozent an der Universität München

Dr. Arnold Lehmann-Richter
Professor an der Hochschule für Wirtschaft und Recht Berlin

Dr. Saskia Lettmaier
Professorin an der Universität Kiel

Stefan Leupertz
Richter a.D. am Bundesgerichtshof, Honorarprofessor an der TU Dortmund

Dr. Johannes Liebrecht
Professor an der Universität Zürich

Dr. Martin Löhnig
Professor an der Universität Regensburg

Dr. Dr. h.c. Manfred Löwisch
Professor an der Universität Freiburg i.Br., Rechtsanwalt in Lahr (Schw.), vorm. Richter am Oberlandesgericht Karlsruhe

Dr. Dirk Looschelders
Professor an der Universität Düsseldorf

Dr. Stephan Lorenz
Professor an der Universität München

Dr. Katharina Lugani
Professorin an der Universität Düsseldorf

Dr. Robert Magnus
Professor an der Universität für Wirtschaft und Recht, Wiesbaden

Dr. Ulrich Magnus
Professor an der Universität Hamburg, Affiliate des MPI für ausländisches und internationales Privatrecht, Hamburg, Richter am Hanseatischen Oberlandesgericht zu Hamburg a.D.

Dr. Peter Mankowski
Professor an der Universität Hamburg

Dr. Heinz-Peter Mansel
Professor an der Universität zu Köln

Dr. Peter Marburger †
Professor an der Universität Trier

Dr. Wolfgang Marotzke
Professor an der Universität Tübingen

Dr. Sebastian A. E. Martens
Professor an der Universität Passau

Dr. Dr. Dr. h.c. mult. Michael Martinek, M.C.J.
Professor an der Universität des Saarlandes, Saarbrücken, Honorarprofessor an der Universität Johannesburg, Südafrika

Dr. Annemarie Matusche-Beckmann
Professorin an der Universität des Saarlandes, Saarbrücken

Dr. Gerald Mäsch
Professor an der Universität Münster

Dr. Jörg Mayer †
Honorarprofessor an der Universität Erlangen-Nürnberg, Notar in Simbach am Inn

Dr. Dr. Detlef Merten
Professor an der Deutschen Universität für Verwaltungswissenschaften Speyer

Dr. Tanja Mešina
Staatsanwältin, Stuttgart

Dr. Rudolf Meyer-Pritzl
Professor an der Universität zu Kiel, Richter am Schleswig-Holsteinischen Oberlandesgericht in Schleswig

Dr. Morten Mittelstädt
Notar in Hamburg

Dr. Peter O. Mülbert
Professor an der Universität Mainz

Dr. Dirk Neumann
Vizepräsident des Bundesarbeitsgerichts a.D., Kassel, Präsident des Landesarbeitsgerichts Chemnitz a.D.

Dr. Hans-Heinrich Nöll
Rechtsanwalt in Hamburg

Dr. Jürgen Oechsler
Professor an der Universität Mainz

Dr. Hartmut Oetker
Professor an der Universität zu Kiel, Richter am Thüringer Oberlandesgericht in Jena

Wolfgang Olshausen
Notar a.D. in Rain am Lech

Dr. Dirk Olzen
Professor an der Universität Düsseldorf

Dr. Sebastian Omlor, LL.M., LL.M.
Professor an der Universität Marburg

Dr. Gerhard Otte
Professor an der Universität Bielefeld

Dr. Lore Maria Peschel-Gutzeit
Rechtsanwältin in Berlin, Senatorin für Justiz a.D. in Hamburg und Berlin, Vorsitzende Richterin am Hanseatischen Oberlandesgericht zu Hamburg i.R.

Dr. Frank Peters
Professor an der Universität Hamburg, Richter am Hanseatischen Oberlandesgericht zu Hamburg a.D.

Dr. Christian Picker
Professor an der Universität Konstanz

Dr. Andreas Piekenbrock
Professor an der Universität Heidelberg

Dr. Jörg Pirrung
Richter am Gericht erster Instanz der Europäischen Gemeinschaften i.R., Honorarprofessor an der Universität Trier

Dr. Dr. h.c. Ulrich Preis
Professor an der Universität zu Köln

Dr. Maximilian Freiherr von Proff zu Irnich
Notar in Köln

Dr. Thomas Raff
Notarassessor, Kandel

Dr. Manfred Rapp
Notar a.D., Landsberg am Lech

Dr. Dr. h.c. Thomas Rauscher
Professor an der Universität Leipzig, Professor h.c. an der Eötvös Loránd Universität Budapest, Dipl.Math.

Dr. Peter Rawert, LL.M.
Notar in Hamburg, Honorarprofessor an der Universität Kiel

Eckhard Rehme
Vorsitzender Richter am Oberlandesgericht Oldenburg i.R.

Dr. Wolfgang Reimann
Notar a.D., Honorarprofessor an der Universität Regensburg

Dr. Tilman Repgen
Professor an der Universität Hamburg

Dr. Dieter Reuter †
Professor an der Universität zu Kiel, Richter am Schleswig-Holsteinischen Oberlandesgericht in Schleswig a. D.

Dr. Christoph Reymann, LL.M. Eur.
Notar in Neustadt b. Coburg, Professor an der Privaten Universität Liechtenstein

Dr. Reinhard Richardi
Professor an der Universität Regensburg, Präsident des Kirchlichen Arbeitsgerichtshofs der Deutschen Bischofskonferenz, Bonn

Dr. Volker Rieble
Professor an der Universität München, Direktor des Zentrums für Arbeitsbeziehungen und Arbeitsrecht

Daniel Rodi
Wiss. Mitarbeiter an der Universität Heidelberg

Dr. Anne Röthel
Professorin an der Bucerius Law School, Hamburg

Dr. Christian Rolfs
Professor an der Universität zu Köln

Dr. Dr. h. c. Herbert Roth
Professor an der Universität Regensburg

Dr. Ludwig Salgo
Apl. Professor an der Universität Frankfurt a. M.

Dr. Renate Schaub, LL.M.
Professorin an der Universität Bochum

Dr. Martin Josef Schermaier
Professor an der Universität Bonn

Dr. Gottfried Schiemann
Professor an der Universität Tübingen

Dr. Eberhard Schilken
Professor an der Universität Bonn

Dr. Peter Schlosser
Professor an der Universität München

Dr. Martin Schmidt-Kessel
Professor an der Universität Bayreuth

Dr. Günther Schotten
Notar a. D. in Köln, Honorarprofessor an der Universität Bielefeld

Dr. Robert Schumacher, LL.M.
Notar in Köln

Dr. Roland Schwarze
Professor an der Universität Hannover

Dr. Andreas Schwennicke
Rechtsanwalt und Notar in Berlin

Dr. Maximilian Seibl, LL.M.
Oberregierungsrat im Bayerischen Staatsministerium für Gesundheit und Pflege, München

Dr. Stephan Serr
Notar in Ochsenfurt

Dr. Reinhard Singer
Professor an der Humboldt-Universität Berlin, vorm. Richter am Oberlandesgericht Rostock

Dr. Dr. h. c. Ulrich Spellenberg
Professor an der Universität Bayreuth

Dr. Sebastian Spiegelberger
Notar a. D. in Rosenheim

Dr. Ansgar Staudinger
Professor an der Universität Bielefeld

Dr. Malte Stieper
Professor an der Universität Halle-Wittenberg

Dr. Markus Stoffels
Professor an der Universität Heidelberg

Dr. Michael Stürner
Professor an der Universität Konstanz

Burkhard Thiele
Präsident des Oberlandesgerichts Rostock, Präsident des Landesverfassungsgerichts Mecklenburg-Vorpommern

Dr. Christoph Thole
Professor an der Universität zu Köln

Dr. Karsten Thorn
Professor an der Bucerius Law School, Hamburg

Dr. Gregor Thüsing, LL.M.
Professor an der Universität Bonn

Dr. Judith Ulshöfer
Notarassessorin in Ludwigshafen am Rhein

Dr. Barbara Veit
Professorin an der Universität Göttingen

Dr. Bea Verschraegen, LL.M., M.E.M.
Professorin an der Universität Wien, adjunct professor an der Universität Macao

Dr. Klaus Vieweg
Professor an der Universität Erlangen-Nürnberg

Dr. A. Olrik Vogel
Rechtsanwalt in München

Dr. Markus Voltz
Notar in Offenburg

Dr. Reinhard Voppel
Rechtsanwalt in Köln

Dr. Rolf Wagner
Professor an der Universität Potsdam, Ministerialrat im Bundesjustizministerium

Dr. Christoph Andreas Weber
Privatdozent an der Universität München

Dr. Johannes Weber, LL.M.
Notarassessor, Geschäftsführer des Deutschen Notarinstituts, Würzburg

Gerd Weinreich
Vorsitzender Richter am Oberlandesgericht Oldenburg a. D., Rechtsanwalt in Oldenburg

Dr. Matthias Wendland, LL.M.
Privatdozent an der Universität München

Dr. Domenik H. Wendt, LL.M.
Professor an der Frankfurt University of Applied Sciences

Dr. Olaf Werner
Professor an der Universität Jena, Richter am Thüringer Oberlandesgericht Jena a. D.

Dr. Daniel Wiegand, LL.M.
Rechtsanwalt in München

Dr. Wolfgang Wiegand
Professor an der Universität Bern

Dr. Peter Winkler von Mohrenfels
Professor an der Universität Rostock, Richter am Oberlandesgericht Rostock a. D.

Dr. Felix Wobst
Notarassessor

Dr. Hans Wolfsteiner
Notar a. D., Rechtsanwalt in München

Heinz Wöstmann
Richter am Bundesgerichtshof, Karlsruhe

Redaktorinnen und Redaktoren

Dr. Christian Baldus

Dr. Dr. h. c. mult. Christian von Bar, FBA

Dr. Michael Coester, LL.M.

Dr. Heinrich Dörner

Dr. Hans Christoph Grigoleit

Dr. Johannes Hager

Dr. Dr. h. c. mult. Dieter Henrich

Dr. Carsten Herresthal, LL.M.

Sebastian Herrler

Dr. Dagmar Kaiser

Dr. Dr. h. c. Manfred Löwisch

Dr. Ulrich Magnus

Dr. Peter Mankowski

Dr. Heinz-Peter Mansel

Dr. Peter O. Mülbert

Dr. Gerhard Otte

Dr. Lore Maria Peschel-Gutzeit

Dr. Peter Rawert, LL.M.

Dr. Volker Rieble

Dr. Christian Rolfs

Dr. Dr. h. c. Herbert Roth

Dr. Markus Stoffels

Dr. Wolfgang Wiegand

J. von Staudingers
Kommentar zum Bürgerlichen Gesetzbuch mit Einführungsgesetz und Nebengesetzen

Buch 1
Allgemeiner Teil
§§ 164–240
(Stellvertretung, Zustimmung, Fristen, Verjährung, Selbsthilfe, Sicherheitsleistung)

Neubearbeitung 2019
von
Florian Jacoby
Steffen Klumpp
Frank Peters
Tilman Repgen
Eberhard Schilken

Redaktor
Sebastian Herrler

Sellier – de Gruyter · Berlin

Die Kommentatorinnen und Kommentatoren

Neubearbeitung 2019
§§ 164–181: EBERHARD SCHILKEN
§§ 182–185: STEFFEN KLUMPP
§§ 186–193: TILMAN REPGEN
§§ 194–225: FRANK PETERS/FLORIAN JACOBY
§§ 226–240: TILMAN REPGEN

Neubearbeitung 2014
§§ 164–181: EBERHARD SCHILKEN
§§ 182–185: KARL-HEINZ GURSKY
§§ 186–193: TILMAN REPGEN
§§ 194–225: FRANK PETERS/FLORIAN JACOBY
§§ 226–240: TILMAN REPGEN

Neubearbeitung 2009
§§ 164–181: EBERHARD SCHILKEN
§§ 182–185: KARL-HEINZ GURSKY
§§ 186–193: TILMAN REPGEN
§§ 194–225: FRANK PETERS/FLORIAN JACOBY
§§ 226–240: TILMAN REPGEN

Neubearbeitung 2004
§§ 164–181: EBERHARD SCHILKEN
§§ 182–185: KARL-HEINZ GURSKY
§§ 186–193: TILMAN REPGEN
§§ 194–225: FRANK PETERS
§§ 226–240: TILMAN REPGEN

Sachregister

Dr. MARTINA SCHULZ, Pohlheim

Zitierweise

STAUDINGER/SCHILKEN (2019) Vorbem 1 zu §§ 164 ff
STAUDINGER/KLUMPP (2019) § 182 Rn 1

Zitiert wird nach Paragraph bzw Artikel und Randnummer.

Hinweise

Das Abkürzungsverzeichnis befindet sich auf www.staudingerbgb.de.

Der **Stand der Bearbeitung** ist April 2019.

Am Ende eines jeden Bandes befindet sich eine Übersicht über den aktuellen Stand des „Gesamtwerk STAUDINGER".

Die Deutsche Nationalbibliothek verzeichnet diese Publikation in der Deutschen Nationalbibliografie; detaillierte bibliografische Daten sind im Internet über http://dnb.dnb.de abrufbar.

ISBN 978-3-8059-1282-2

© Copyright 2019 by oHG Dr. Arthur L. Sellier & Co. – Walter de Gruyter GmbH, Berlin. – Printed in Germany.

Dieses Werk einschließlich aller seiner Teile ist urheberrechtlich geschützt. Jede Verwertung außerhalb der engen Grenzen des Urheberrechtsgesetzes ist ohne Zustimmung des Verlages unzulässig und strafbar. Das gilt insbesondere für Vervielfältigungen, Übersetzungen, Mikroverfilmungen und die Einspeicherung und Verarbeitung in elektronischen Systemen.

Satz: jürgen ullrich typosatz, Nördlingen.

Druck und Bindearbeiten: Hubert & Co., Göttingen.

Umschlaggestaltung: Bib Wies, München.

∞ Gedruckt auf säurefreiem Papier, das die DIN ISO 9706 über Haltbarkeit erfüllt.

Inhaltsübersicht

	Seite*
Allgemeines Schrifttum	IX

Buch 1 · Allgemeiner Teil

Abschnitt 3 · Rechtsgeschäfte	
Titel 5 · Vertretung und Vollmacht	1
Titel 6 · Einwilligung und Genehmigung	329
Abschnitt 4 · Fristen, Termine	533
Abschnitt 5 · Verjährung	613
Titel 1 · Gegenstand und Dauer der Verjährung	647
Titel 2 · Hemmung, Ablaufhemmung und Neubeginn der Verjährung	799
Titel 3 · Rechtsfolgen der Verjährung	981
Abschnitt 6 · Ausübung der Rechte, Selbstverteidigung, Selbsthilfe	1035
Abschnitt 7 · Sicherheitsleistung	1141
Sachregister	1163

---

* Zitiert wird nicht nach Seiten, sondern
nach Paragraph bzw Artikel und Randnummer;
siehe dazu auch „Zitierweise".

Allgemeines Schrifttum

Das Sonderschrifttum ist zu Beginn der einzelnen Kommentierungen bzw in Fußnoten innerhalb der Kommentierung aufgeführt.

ACHILLES/GREIFF, Bürgerliches Gesetzbuch nebst Einführungsgesetz, Allgemeiner Teil, bearb v GREIFF (21. Aufl 1958; Nachtrag 1963, Neudruck 2019)
Alternativkommentar, Kommentar zum Bürgerlichen Gesetzbuch, hrsg v WASSERMANN, Bd 1, Allgemeiner Teil, bearb v DAMM ua (1987)
BÄHR, Grundzüge des Bürgerlichen Rechts (12. Aufl 2013)
BAMBERGER/ROTH/HAU/POSECK, Kommentar zum Bürgerlichen Gesetzbuch, Bd 1 (4. Aufl 2018) (= Beck'scher Online-Kommentar, Stand 1. 5. 2019)
BAUMGÄRTEL/LAUMEN/PRÜTTING, Handbuch der Beweislast Bd 2 (4. Aufl 2019)
BGB-RGRK s Reichsgerichtsräte-Kommentar
BIERMANN, Bürgerliches Recht, Bd I, Allgemeine Lehren und Personenrecht (1908)
BITTER/RÖDER, BGB Allgemeiner Teil (34. Aufl 2018)
BOECKEN, BGB – Allgemeiner Teil (3. Aufl 2019)
BOEHMER, Einführung in das Bürgerliche Recht (2. Aufl 1965)
BOEHMER, Grundlagen der Bürgerlichen Rechtsordnung, Bd I (1950), Bd II 1 (1951), Bd III (1952)
BOEMKE/ULRICI, BGB Allgemeiner Teil (2. Aufl 2014)
DE BOOR, Bürgerliches Recht, Bd I, Allgemeiner Teil, Recht der Schuldverhältnisse, Sachenrecht (2. Aufl 1954)
BORK, Allgemeiner Teil des Bürgerlichen Gesetzbuchs (4. Aufl 2016)
BREHM, Allgemeiner Teil des Bürgerlichen Gesetzbuchs (6. Aufl 2008)
BROX/WALKER, Allgemeiner Teil des Bürgerlichen Gesetzbuchs (42. Aufl 2018)

COSACK/MITTEIS, Lehrbuch des Bürgerlichen Rechts, Bd 1 (8. Aufl 1927)
CROME, System des Deutschen Bürgerlichen Rechts, 1. Bd Allgemeiner Teil (1900, Neudruck 1998)
DERNBURG, Das Bürgerliche Recht des Deutschen Reichs und Preußens, 1. Bd, Die allgemeinen Lehren (3. Aufl 1906, Neudruck 2003)
DIEDERICHSEN, Der Allgemeine Teil des Bürgerlichen Gesetzbuchs für Studienanfänger (5. Aufl 1984)
ECK, Vorträge über das BGB (2. Aufl 1903)
EISENHARDT, Allgemeiner Teil des BGB (5. Aufl 2004)
ELTZBACHER, Einführung in das Bürgerliche Recht (1920)
ENDEMANN, Lehrbuch des Bürgerlichen Rechts, Bd I (8./9. Aufl 1903, Neudruck 2007)
ENNECCERUS/NIPPERDEY, Allgemeiner Teil des Bürgerlichen Rechts (15. Bearb), 1. Halbbd (1959), 2. Halbbd (1960)
ERMAN, Kommentar zum Bürgerlichen Gesetzbuch (15. Aufl 2017), Allgemeiner Teil §§ 164–240 bearb v MAIER-REIMER, SCHMIDT-RÄNTSCH, WAGNER
FAUST, Bürgerliches Gesetzbuch Allgemeiner Teil (6. Aufl 2018)
FELDMANN, Bürgerliches Recht, Allgemeiner Teil des BGB (4. Aufl 1951)
FISCHER/HENLE/TITZE, Bürgerliches Gesetzbuch für das Deutsche Reich, Allgemeiner Teil, bearb v FISCHER (14. Aufl 1932)
FLUME, Allgemeiner Teil des Bürgerlichen Rechts, Bd I, Teilbd 1, Die Personengesellschaft (1977), Teilbd 2, Die juristische Person (1983), Bd II, Das Rechtsgeschäft (4. Aufl 1992)
GAREIS, Der allgemeine Teil des BGB (1900)
GIESEN, BGB Allgemeiner Teil, Rechtsgeschäftslehre (2. Aufl 1995, Neudruck 2013)
GOLDMANN/LILIENTHAL, Das Bürgerliche Gesetzbuch, Bd 1 (3. Aufl 1921)
GRIGOLEIT/HERRESTHAL, BGB Allgemeiner Teil (3. Aufl 2015)

Grundlagen des Vertrags- und Schuldrechts, mit Beiträgen v EMMERICH, GERHARDT, GRUNSKY, HUHN, SCHMID, TEMPEL, WOLF (1972)
GRUNEWALD, Bürgerliches Recht (9. Aufl 2014)
HACHENBURG, Das BGB für das Deutsche Reich, Vorträge (2. Aufl 1900)
Handkommentar zum BGB, bearb v DÖRNER ua (10. Aufl 2019)
HATTENHAUER, Grundbegriffe des Bürgerlichen Rechts (2. Aufl 2000)
HEIGL, Bürgerliches Recht, Allgemeiner Teil (2. Aufl 1975)
HELLMER, Systematik des Bürgerlichen Rechts und angrenzender Gebiete (2. Aufl 1961)
HENLE, Lehrbuch des Bürgerlichen Rechts, Allgemeiner Teil (1926)
Historisch-kritischer Kommentar zum BGB (hrsg v SCHMOECKEL, RÜCKERT u ZIMMERMANN), Bd I, Allgemeiner Teil (2003)
HIRSCH, Der Allgemeine Teil des BGB (9. Aufl 2016)
HOELDER, Kommentar zum Allgemeinen Teil des BGB (1900)
HÜBNER, Allgemeiner Teil des Bürgerlichen Gesetzbuchs (2. Aufl 1996)
JACOBY/vHINDEN, Studienkommentar BGB (16. Aufl 2018)
JAKOBS/SCHUBERT (Hrsg), Die Beratung des Bürgerlichen Gesetzbuchs in systematischer Zusammenstellung der unveröffentlichten Quellen, 13 Bde (1978 ff), Allgemeiner Teil (1985)
JAUERNIG (Hrsg), BGB, Kommentar (17. Aufl 2018), Allgemeiner Teil, bearb v MANSEL
JUNG, Bürgerliches Recht, in: STAMMLER, Das gesamte Recht, Bd 1 (1931) 447
KLUSSMANN, Grundzüge des BGB. Ein Leitfaden durch den Allgemeinen Teil (1954)
KÖHLER, BGB, Allgemeiner Teil (42. Aufl 2018)
KÖTZ/EITH/MÜLLER-GINDULLIS, BGB mit Leitsätzen aus der höchstrichterlichen Rechtsprechung (3. Aufl 1985)
KOHLER, Lehrbuch des Bürgerlichen Rechts, Bd 1 (1906, Neudruck 1997)
KRÜCKMANN, Institutionen des BGB (5. Aufl 1929)
KRÜGER, Ergänzungen zum BGB, 1. Bd (1925)
KUHLENBECK, Das BGB für das Deutsche Reich, Bd 1 (2. Aufl 1903)
KUMMEROW, BGB, Allgemeiner Teil (1949)
KUSSMANN, Lexikon des BGB (1950, Neudruck 2018)
LANDSBERG, Das Recht des BGB, ein dogmatisches Lehrbuch (1904)
LEENEN, BGB Allgemeiner Teil: Rechtsgeschäftslehre (2. Aufl 2015)
LEHMANN/HÜBNER, Allgemeiner Teil des Bürgerlichen Gesetzbuchs (15. Aufl 1966, Neudruck 2017)
LEIPOLD, BGB I – Einführung und Allgemeiner Teil (9. Aufl 2017)
LEONHARD, Der Allgemeine Teil des BGB (1900)
LOENING/BASCH/STRASSMANN, Bürgerliches Gesetzbuch, Taschenkommentar (1931)
LÖWE/GRAF vWESTPHALEN/TRINKNER, Kommentar zum AGBG (2. Aufl 1983 ff)
LOEWENWARTER, Lehrkommentar zum BGB, Bd 1, Allgemeiner Teil (3. Aufl 1931)
LOEWENWARTER/BOHNENBERG, Wegweiser durch das BGB (18. Aufl 1952)
LÖWISCH/NEUMANN, Allgemeiner Teil des BGB. Einführung und Rechtsgeschäftslehre (7. Aufl 2004)
MATTHIASS, Lehrbuch des Bürgerlichen Rechts (6. Aufl 1914)
MEDICUS/PETERSEN, Allgemeiner Teil des BGB (11. Aufl 2016)
MEDICUS/PETERSEN, Bürgerliches Recht (26. Aufl 2017)
MÜLLER/MEIKEL, Das Bürgerliche Recht des Deutschen Reichs, Bd 1 (2. Aufl 1904)
Münchener Kommentar zum Bürgerlichen Gesetzbuch (hrsg v SÄCKER/RIXECKER/OETKER/LIMPERG), Allgemeiner Teil (8. Aufl 2018), §§ 164–240 bearb v SCHUBERT, BAYREUTHER, GROTHE
MUGDAN, Die gesammten Materialien zum Bürgerlichen Gesetzbuch für das Deutsche Reich, 5 Bde (1899)
MUSIELAK/HAU, Grundkurs BGB (15. Aufl 2017)
NEUMANN, Handausgabe des BGB für das Deutsche Reich, Bd 1 (3. Aufl 1916)
NomosKommentar, BGB, Bd 1 – AT mit EGBGB, hrsg v HEIDEL/HÜSSTEGE/MANSEL/NOACK (3. Aufl 2016), zitiert NK-BGB/Bearbeiter

Allgemeines Schrifttum

Nomos-Handkommentar (10. Aufl 2019)

NOTTARP, BGB, Allgemeiner Teil (1948)

OERTMANN, Bürgerliches Gesetzbuch, Allgemeiner Teil (3. Aufl 1927, Neudruck 1997)

PALANDT, Bürgerliches Gesetzbuch, Kommentar, Allgemeiner Teil bearb v ELLENBERGER (78. Aufl 2019)

PAWLOWSKI, Allgemeiner Teil des BGB (7. Aufl 2003)

PLANCK, Kommentar zum Bürgerlichen Gesetzbuch nebst Einführungsgesetz, Bd I Allgemeiner Teil, bearb v KNOKE ua (4. Aufl 1913)

RAMM, Einführung in das Privatrecht, Allgemeiner Teil des BGB, Bde 1, 2 (2. Aufl 1974), Bd 3 (2. Aufl 1975)

REHBEIN, Das BGB mit Erläuterungen für das Studium und die Praxis, Bd I, Allgemeiner Teil (1899)

Reichsgerichtsräte-Kommentar zum BGB, Bd 1, §§ 1–240, bearb v JOHANNSEN (12. Aufl 1982)

ROSENTHAL, Bürgerliches Gesetzbuch, Handkommentar, bearb v KAMNITZER, BOHNENBERG (15. Aufl 1965; Nachträge 1966, 1968, 1970)

ROTHER, Grundsatzkommentar zum Bürgerlichen Gesetzbuch, Allgemeiner Teil (2. Aufl 1979)

SCHACK, BGB-Allgemeiner Teil (16. Aufl 2019)

SCHERNER, BGB Allgemeiner Teil (1995)

SCHLEGELBERGER/VOGELS, Erläuterungswerk zum Bürgerlichen Gesetzbuch, Allgemeiner Teil, bearb v VOGELS ua (1939 ff)

SCHMELZEISEN/THÜMMEL, Bürgerliches Recht (BGB I–III) (7. Aufl 1994)

E SCHMIDT/BRÜGGEMEIER, Grundkurs Zivilrecht (7. Aufl 2006)

ROLF SCHMIDT, BGB Allgemeiner Teil (18. Aufl 2019)

RUDOLF SCHMIDT, Bürgerliches Recht, Bd 1, Die allgemeinen Lehren des Bürgerlichen Rechts (2. Aufl 1952)

SCHUBERT (Hrsg), Die Vorlagen der Redaktoren für die erste Kommission zur Ausarbeitung des Entwurfs eines Bürgerlichen Gesetzbuchs, Allgemeiner Teil 1876–1887 (1981)

SCHUBERT/GLÖCKNER, Nachschlagewerk des Reichsgerichts – Bürgerliches Recht, Bd 3 (§§ 158–240) (1995)

SCHWAB/LÖHNIG, Einführung in das Zivilrecht (20. Aufl 2016)

SIMEON/DAVID, Lehrbuch des Bürgerlichen Rechts, 1. Hälfte, Allgemeiner Teil, Schuldverhältnisse (15. Aufl 1928)

SOERGEL, Bürgerliches Gesetzbuch mit Einführungsgesetz und Nebengesetzen, Kommentar, Bd II, Allgemeiner Teil 2, §§ 164–240 bearb v LEPTIEN, NIEDENFÜHR, FAHSE (13. Aufl 1999), Bd IIa, Allgemeiner Teil 3, §§ 13, 14, 126a–127, 194–218, bearb v PFEIFFER, MARLY, NIEDENFÜHR (13. Aufl 2002)

STADLER, Allgemeiner Teil BGB (19. Aufl 2017)

STAMPE, Einführung in das Bürgerliche Recht (1920)

STAUDINGER/KEIDEL, Bürgerliches Gesetzbuch, Handausgabe (3. Aufl 1931)

Studienkommentar zum BGB, Erstes bis Drittes Buch, Allgemeiner Teil, bearb v HADDING (2. Aufl 1979)

THOMA, Bürgerliches Recht, Allgemeiner Teil (2. Aufl 1982)

vTUHR, Der Allgemeine Teil des Deutschen Bürgerlichen Rechts, Bd I (1910), Bd II 1 (1914), Bd II 2 (1918) (Neudruck 2013)

ULMER/BRANDNER/HENSEN, AGB-Recht, Kommentar zu den §§ 305–310 und dem UKlaG (12. Aufl 2016)

WARNEYER/BOHNENBERG, Kommentar zum BGB, Bd 1 (12. Aufl 1951)

WEDEMEYER, Allgemeiner Teil des BGB (1933)

WERTENBRUCH, Allgemeiner Teil des bürgerlichen Rechts (4. Aufl 2017)

WINDSCHEID/KIPP, Lehrbuch des Pandektenrechts, Bd 1 (9. Aufl 1906)

E WOLF, Allgemeiner Teil des Bürgerlichen Rechts (3. Aufl 1982)

WOLF/LINDACHER/PFEIFFER, AGB-Recht (6. Aufl 2013)

WOLF/NEUNER, Allgemeiner Teil des deutschen Bürgerlichen Rechts (11. Aufl 2016)

ZITELMANN, Das Recht des BGB, I. Teil, Einleitung und Allgemeiner Teil des BGB (1900, Neudruck 2013).

Titel 5
Vertretung und Vollmacht

Vorbemerkungen zu §§ 164 ff

Schrifttum

Vgl auch die besonderen Hinw zur geschichtlichen Entwicklung (bei Rn 3), zur mittelbaren Stellvertretung und Treuhand (bei Rn 42), zum Handeln für den, den es angeht (bei Rn 51), zur Ermächtigung (bei Rn 62), zur Botenschaft (bei Rn 73) und zum Handeln unter fremdem Namen (bei Rn 88) sowie bei den §§ 166, 167, 168, 170, 177, 181.
ADOMEIT, Heteronome Gestaltungen im Zivilrecht?, in: FS Kelsen (1971) 9
ALBRECHT, Vollmacht und Auftrag (Diss Kiel 1970)
AUMÜLLNER, Das Recht der Stellvertretung in den Principles of European Contract Law (PECL), ZfRV 2007, 209
BALLERSTEDT, Zur Haftung für culpa in contrahendo bei Geschäftsabschluß durch Stellvertreter, AcP 151 (1950/51) 501
BEUTHIEN, Zur Theorie der Stellvertretung im Gesellschaftsrecht, in: FS Zöllner (1998) 87
ders, Gibt es im Gesellschaftsrecht eine gesetzliche Stellvertretung?, in: FS Canaris (2007) Bd 2, 41
ders, Zur Theorie der Stellvertretung im Bürgerlichen Recht, in: FS Medicus (1999) 1
ders, Gibt es eine organschaftliche Stellvertretung?, NJW 1999, 1142
ders, Gilt im Stellvertretungsrecht ein Abstraktionsprinzip?, in: 50 Jahre Bundesgerichtshof – Festgabe der Wissenschaft (2000) 81
BETTERMANN, Vom stellvertretenden Handeln (Diss Gießen 1937, Neudruck 1964)
BLUMENTHAL, Die Theorie der Erteilungs- und Widerrufserklärung bei den Vollmachten des Zivil- und Prozeßrechts (Diss Freiburg 1906)
BÖRNER, Offene und verdeckte Stellvertretung und Verfügung, in: FS Hübner (1984) 409
BRUNS, Voraussetzungen und Auswirkungen der Zurechnung von Wissen und Wissenserklärungen im Allgemeinen Privatrecht und im Privatversicherungsrecht (2007)
CAHN, Die Vertretung der Aktiengesellschaft durch den Aufsichtsrat, in: FS Hoffmann-Becking (2013) 247
CLARUS, Vollmacht und Geschäftsführung ohne Vertretungsmacht, SeuffBl 64, 161
COING, Die Treuhand kraft privaten Rechtsgeschäfts (1973)
DICKERSBACH, Rechtsfragen bei der Bevollmächtigung zur Abgabe einer Unterwerfungserklärung (2006)
DÖLLE, Neutrales Handeln im Privatrecht, in: FS F Schulz II (1951) 268
DÖRNER, Die Abstraktheit der Vollmacht (2018)
DREXL/MENTZEL, Handelsrechtliche Besonderheiten der Stellvertretung, Jura 2002, 289 und 375
EINSELE, Inhalt, Schranken und Bedeutung des Offenkundigkeitsprinzips, JZ 1990, 1005
FESTNER, Interessenkonflikte im deutschen und englischen Vertretungsrecht (2006)
FIKENTSCHER, Scheinvollmacht und Vertreterbegriff, AcP 154 (1954) 1
FISCHER, Die postmortale Vollmacht (Diss Hamburg 1949)
FRESE, Zur gemeinrechtlichen Lehre von der beauftragten Vermögensverwaltung und Willensvertretung (1889)
FROTZ, Verkehrsschutz im Vertretungsrecht (1972)
GEHRLEIN, Wirksame Vertretung trotz Unkenntnis über die Person des Vertretenen, VersR 1995, 268
GERKE, Vertretungsmacht und Vertretungsberechtigung (1981)

GIESEN/HEGERMANN, Die Stellvertretung, Jura 1991, 357
HABSCHEID, Zur Problematik der „gesetzlichen Vertretung", FamRZ 1957, 109
HAEGELE, Möglichkeit und Grenzen der postmortalen Vollmacht, Rpfleger 1968, 345
HAERTLEIN, Rechtsfragen der Kontovollmacht, Leipziger Juristisches Jahrbuch 2012, 15
HEINRICH, Rechtsgeschäftliche Vertretung – Representación voluntaria. Vergleichender Überblick zum deutschen und spanischen Recht, in: FS Peter Ulmer (2003) 1109
HEINZ, Die Vollmacht auf den Todesfall (Diss München 1964)
HELLMANN, Die Stellvertretung in Rechtsgeschäften (1882)
HIMMEN, Der stellvertretungsrechtliche Abstraktionsgrundsatz, Jura 2016, 1345
HITZEMANN, Stellvertretung beim sozialtypischen Verhalten (1966)
J HOFFMANN, Verbraucherwiderruf bei Stellvertretung, JZ 2012, 1156
R HOFFMANN, Grundfälle zum Recht der Stellvertretung, JuS 1970, 179, 234, 286, 451
HOLLÄNDER, Die gewillkürte Stellvertretung (Diss Leipzig 1910)
HONSELL, Die Besonderheiten der handelsrechtlichen Stellvertretung, JA 1984, 17
U HÜBNER, Interessenkonflikt und Vertretungsmacht (1977)
G HUECK, Bote – Stellvertreter im Willen – Stellvertreter in der Erklärung, AcP 152 (1952/53) 432
HUFELD, Die Vertretung der Behörde (2003)
HUPKA, Die Vollmacht (1900)
ISAY, Die Geschäftsführung nach dem Bürgerlichen Gesetzbuche für das Deutsche Reich (1900)
ders, Vollmacht und Verfügung, AcP 122 (1924) 195
JAHR, Fremdzurechnung bei Verwaltergeschäften, in: FS Weber (1975) 275
JHERING, Mitwirkung für fremde Rechtsgeschäfte, JherJb 1, 273; 2, 67
JOUSSEN, Abgabe und Zugang von Willenserklärungen unter Einschaltung einer Hilfsperson, Jura 2003, 577
E JUNG, Anweisung und Vollmacht, JherJb 69, 82

KANDLER, Die Formbedürftigkeit der Vollmacht bei formgebundenen Geschäften (2004)
KLEIN, Vollmacht bei Vermögenszuwendungen, SeuffBl 73, 173
KLINCK, Stellvertretung im Besitzerwerb, AcP 205 (2005) 487
KÖRNIG, Tatsächliche Vertretung (Diss Münster 1937)
KUNSTREICH, Gesamtvertretung (1992)
LABAND, Die Stellvertretung bei dem Abschluß von Rechtsgeschäften nach dem ADHGB, ZHR 10 (1866) 183
LEENEN, Willenserklärung und Rechtsgeschäft in der Regelungstechnik des BGB, in: FS Canaris (2007) 699
LENEL, Stellvertretung und Vollmacht, JherJb 36, 1
LEO, Schriftformwahrung bei Stellvertretung in der Gewerberaummiete, NJW 2013, 2393
LEONHARD, Vertretung und Fremdwirkung, JherJb 86, 1
LESSMANN, Die Vertretung bei den sog Vorgesellschaften, Jura 2004, 367
LIEDER, Trennung und Abstraktion im Recht der Stellvertretung, JuS 2014, 393
LOBINGER, Rechtsgeschäftliche Verpflichtung und autonome Bindung (1999)
LORENZ, Grundwissen – Zivilrecht: Stellvertretung, JuS 2010, 382
LÜDERITZ, Prinzipien des Vertretungsrechts, JuS 1976, 765
ders, Prinzipien im internationalen Vertretungsrecht, in: FS Coing II (1982) 305
LUTH, Die Vertretungsbefugnis des Vorstandes in rechtsfähigen Stiftungen des Privatrechts (2005)
MASUCH, Stellvertretung beim Abschluss von Verbraucherverträgen, Teil I, BB 2003, Beilage 6, 16
MELCHIOR, Vollmachten zur Handelsregister-Anmeldung bei Personenhandelsgesellschaften, NotBZ 2007, 350
MERLE, Zur Vertretung beim gemeinschaftlichen Stimmrecht, in: FS Seuß (2007) 193
MERZ, Vertretungsmacht und ihre Beschränkungen im Recht der juristischen Person, in: FS Westermann (1974) 399
A MEYER, Vollmacht mit Wirkung über den Tod des Machtgebers hinaus (Diss Jena 1935)

MIELKE, Die Voraussetzungen der Haftung des rechtsgeschäftlich bestellten Stellvertreters für culpa in contrahendo (Diss Köln 1963)
MITTEIS, Die Lehre von der Stellvertretung (1885)
MOCK, Grundfälle zum Stellvertretungsrecht, JuS 2008, 309, 391, 486
MOSER, Die Offenkundigkeit der Stellvertretung (2010)
MÜLLER-FREIENFELS, Die Vertretung beim Rechtsgeschäft (1955)
ders, Stellvertretungsregelungen in Einheit und Vielfalt (1982)
NEUBAU, Vollmacht und Rechtsschein beim Versicherungsvertreter (Diss Hamburg 1942)
NEUHAUSEN, Rechtsgeschäfte mit Betreuten, RNotZ 2003, 157
OSTHEIM, Probleme bei Vertretung durch Geschäftsunfähige, AcP 169 (1969) 193
PAPENMEIER, Transmortale und postmortale Vollmachten als Gestaltungsmittel (Diss Leipzig 2013)
PAULUS, Stellvertretung und unternehmensbezogenes Geschäft, JuS 2017, 301 und 399
PAWLOWSKI, Die gewillkürte Stellvertretung, JZ 1996, 125
PETERS, Überschreiten der Vertretungsmacht und Haftung des Vertretenen für culpa in contrahendo, in: FS Reinhardt (1972) 127
PETERSEN, Bestand und Umfang der Vertretungsmacht, Jura 2003, 310
ders, Unmittelbare und mittelbare Stellvertretung, Jura 2003, 744
ders, Die Abstraktheit der Vollmacht, Jura 2004, 829
ders, Das Offenkundigkeitsprinzip bei der Stellvertretung, Jura 2010, 187
PFEIFER, Probleme aus dem Recht der Stellvertretung und der Rechtsgeschäftslehre, JuS 2004, 694
PIKART, Die Rechtsprechung des Bundesgerichtshofes zur rechtsgeschäftlichen Stellvertretung, WM 1959, 338
PLEWNIA, Die Bevollmächtigung juristischer Personen des Privatrechts (Diss Frankfurt 1964)
POHLENZ, Gesetzliche Vertretungsmacht für nahe Angehörige (2007)
POISCHEN, Auftrag und Vollmacht auf den Todesfall (Diss Köln 1938)

PRÖLSS, Wissenszurechnung im Zivilrecht unter besonderer Berücksichtigung einer Zurechnung zu Lasten des Versicherungsnehmers, in: Liber amicorum Detlef Leenen (2012) 229
RAWERT, Der Nachweis organschaftlicher Vertretung im Stiftungsrecht: Zu den Rechtswirkungen von Stiftungsverzeichnissen und aufsichtsbehördlichen Vertretungsbescheinigungen, in: FS Kreutz (2010) 825
RICHARDI, Die Wissensvertretung, AcP 169 (1969) 385
ROSENBERG, Stellvertretung im Prozess (1908)
ROSSE, Umfang und Grenzen der Vertretungsmacht des Gesellschafters einer Personalhandelsgesellschaft nach § 126 HGB (2005)
G ROTH, Vertretungsbescheinigungen für Stiftungsorgane und Verkehrsschutz, in: Non Profit Law Yearbook 2009, 65 ff
RÜMELIN, Das Handeln in fremdem Namen im BGB, AcP 93 (1902) 131
SALLER, Botenmacht, Vertretungsmacht und Zeichnungsbefugnis in Steuerberaterkanzleien, Stbg 1994, 108
J SCHÄFER, Teilweiser Vertretungsmangel. Haftung des Vertretenen und des Vertreters unter Einschluß der Missbrauchsfälle (1997)
SCHILKEN, Wissenszurechnung im Zivilrecht (1983)
ders, Die Vollmacht in der Insolvenz, KTS 2007, 1
ders, Stellvertretungsrechtlicher Offenkundigkeitsgrundsatz und Durchbrechungen, in: FS K Schmidt (2019) 369
SCHLOSSMANN, Die Lehre von der Stellvertretung, insbesondere bei obligatorischen Verträgen, 2 Bde (1900 und 1902, Neudruck 1970)
ders, Organ und Stellvertreter, JherJb 44, 289
SCHMATZ, Besitzerwerb durch Stellvertreter (Diss Erlangen 1949)
SCHMIEDER, Die Vertretung des Fiskus, ZZP 126 (2013) 359
K SCHMIDT, Offene Stellvertretung. Der „Offenkundigkeitsgrundsatz" als Teil der allgemeinen Rechtsgeschäftslehre, JuS 1987, 425
ders, Geschäftsführungsbefugnis und Vertretungsmacht in der Gesellschaft bürgerlichen Rechts, Jura 2001, 346
SCHMIEDER, Die Vertretung des Fiskus, ZZP 126 (2013) 359
SCHRAMM/DAUBER, Vertretungs- und Verfü-

gungsmacht über das Konto, in: Bankrechts-Handbuch (4. Aufl 2011) § 32
SCHREIBER, Vertretungsrecht: Offenkundigkeit und Vertretungsmacht, Jura 1998, 606
SCHREINDORFER, Verbraucherschutz und Stellvertretung (2012)
SCHUCHT, Rechtsgeschäftlich begründete Verfügungsmacht im Bankverkehr (Diss Jena 1938)
SCHWARZ, Das Internationale Stellvertretungsrecht im Spiegel nationaler und supranationaler Kodifikationen, RabelsZ 2007, 729
SCHWERDTNER, Rechtsgeschäftliches Handeln in Vertretung eines anderen, Jura 1979, 51, 107, 163, 219
vSEELER, Vollmacht und Scheinvollmacht, ArchBürgR 28, 1
SPELLENBERG, Stellvertretung und Vertragsauslegung im englischen Recht, in: FS Kramer (2004) 311
SPITZBARTH, Vollmachten im modernen Management (1970)
STENZEL, Das Verbot der Mehrfachvertretung im Aktien- und GmbH-Konzern (2017)
SÜSS, Nachlassabwicklung im Ausland mittels postmortaler Vollmachten, ZEV 2008, 69

TEMPEL, Die Stellvertretung, in: EMMERICH ua, Grundlagen des Vertrags- und Schuldrechts I (1972) 217
TIMM, Mehrfachvertretung im Konzern, AcP 193 (1993) 392
VAHLE, Die rechtsgeschäftliche Vertretung im privaten und öffentlichen Recht, DVP 2005, 189
VYTLACIL, Die Willensbetätigung, das andere Rechtsgeschäft (2009)
WAGNER, Die „registrierte" Gesellschaft bürgerlichen Rechts (2014)
WALTERMANN, Zur Wissenszurechnung am Beispiel der juristischen Personen des privaten und öffentlichen Rechts, AcP 192 (1992) 181
WERTENBRUCH, Die Vertretung von OHG/KG, in: WESTERMANN, Handbuch Personengesellschaften (2013) § 16
H J WOLFF, Organschaft und juristische Person II, Theorie der Vertretung (Stellvertretung, Organschaft und Repräsentation als soziale und juristische Vertretungsformen) (1934, Neudruck 1968)
ZIMMER, Rechtsgeschäftliche Vertretung und Zwangsvollstreckungsunterwerfung, NotBZ 2006, 302.

Systematische Übersicht

I.	**Problemstellung und geschichtliche Entwicklung**		d)	Das ADHGB	14
			e)	Auffassungen der BGB-Verfasser	15
1.	Die Fälle zurechenbaren Dritthandelns	1	**II.**	**Die Grundprinzipien des BGB**	
a)	Die Stellvertretung im Recht	1	1.	Grundbegriffe des Vertretungsrechts	16
b)	Andere Zurechnungsprinzipien	2	a)	Die Vertretungsmacht als Legitimation	16
2.	Die geschichtliche Entwicklung bis zum 19. Jahrhundert	3	b)	Das Handeln ohne Vertretungsmacht	18
a)	Römisches Recht	3	c)	Aktive und passive Stellvertretung	19
b)	Älteres deutsches Recht	5	d)	Gesamtvertretung	20
c)	Die Glossatoren	6	2.	Die Grundlagen der Vertretungsmacht	21
d)	Kanonisches Recht und Statutarrecht	7	a)	Die Einheitlichkeit des Begriffes	21
e)	Naturrechtliche Auffassungen	8	b)	Rechtsgeschäftlich begründete Vertretungsmacht	22
f)	Elegante Jurisprudenz und Usus modernus	9	c)	Besonderheiten der gesetzlichen Vertretung	23
3.	Das 19. Jahrhundert	10	d)	Die Organe der juristischen Personen	25
a)	Die Abkehr vom Vertretungsverbot	10	e)	Organe der juristischen Personen des öffentlichen Rechts	27
b)	Geschäftsherren- und Repräsentationstheorie	11			
c)	Abstraktions- und Offenheitsgrundsatz	12			

3.	Die Ordnungsgesichtspunkte des Stellvertretungsrechts	32	h)	Die Ausfüllungsermächtigung	72a
a)	Das Repräsentationsprinzip	32	5.	Die Botenschaft	73
b)	Das Abstraktions- und Trennungsprinzip	33	a)	Der Begriff des Boten	73
			b)	Das äußere Auftreten	74
c)	Das Offenheitsprinzip	35	c)	Das berechtigende Innenverhältnis	76
d)	Das Vertrauensschutzprinzip	37	d)	Einzelne Innenverhältnisse	77
4.	Die Anwendbarkeit der Stellvertretungsvorschriften	38	e)	Nicht voll geschäftsfähige Boten	78
			f)	Ausschluss der Botenschaft	79
a)	Geschäftsähnliche Handlungen und Realakte	38	g)	Fehler des Boten	81
			6.	Der Vertreter in der Erklärung	82
b)	Vertragsverhandlungen und unerlaubte Handlungen	39	a)	Der Begriff und seine Entstehung	82
			b)	Die früheren Adoptionsverträge	83
c)	Gesetzliche Vertretungsverbote	40	c)	Die heutige Ablehnung des Instituts	84
d)	Andere Ausschlussgründe	41	d)	Einzelfälle der Anerkennung	85
III.	**Die Abgrenzung der Stellvertretung von ähnlichen Rechtsinstituten**		7.	Der Wissensvertreter und der Wissenserklärungsvertreter	86
1.	Der mittelbare Stellvertreter, der Treuhänder und der Strohmann	42	a)	Die Definition	86
			b)	Die rechtliche Beurteilung	87
a)	Definition und Regelung der mittelbaren Stellvertretung	42	8.	Das Handeln unter fremdem Namen	88
b)	Wirkungen bei Verfügungen, Erwerbsgeschäften und Verpflichtungsgeschäften	44	a)	Die Tatbestände	88
			b)	Gewollte Fremdwirkung	90
			c)	Fremdwirkung bei Identitätstäuschung	91
c)	Schadensliquidation im Drittinteresse	47	d)	Die Eigenwirkung	92
d)	Der Treuhänder	48	9.	Gehilfenschaft, Vertrag zugunsten Dritter und Surrogation	93
e)	Der Strohmann	49	a)	Verhandlungsgehilfen und Makler	93
2.	Das Handeln für den, den es angeht	51	b)	Vertrag zugunsten Dritter	94
a)	Das offene Handeln	51	c)	Surrogation	95
b)	Das verdeckte Handeln	52	**IV.**	**Stellvertretung im öffentlichen Recht**	
c)	Die anerkannten Fälle	54	1.	Vertretung bei Verfahrenshandlungen	96
d)	Die Kritik	56	a)	Prozessvollmacht und Vertretungsverbote	96
3.	Die auferlegte Verwaltung („Parteien kraft Amtes")	57	b)	Gerichtsvollzieher und Versteigerer	97
a)	Die Tatbestände	57	2.	Vertretung im Verwaltungsrecht	98
b)	Die geschichtliche Entwicklung	59	a)	Verwaltungsverfahren	98
c)	Vertreter- und Amtstheorie	60	b)	Steuerrecht	99
4.	Die Ermächtigung	62	**V.**	**Ausländisches und Europäisches Recht**	
a)	Der Begriff und die Verfügungsermächtigung	62	1.	Österreichisches Recht	100
b)	Unterschiede zur Stellvertretung	64	2.	Schweizerisches Recht	101
c)	Die Einziehungsermächtigung	66	3.	Französisches Recht	102
d)	Gewillkürte Prozessstandschaft	68	4.	Italienisches Recht	103
e)	Die Erwerbsermächtigung	69			
f)	Die Verpflichtungsermächtigung	70			
g)	Ermächtigung zur Stimmrechtsausübung	72			

5.	Englisches Recht	104	
6.	Spanisches Recht	105	

7. Principles of European Contract Law 106

Alphabetische Übersicht

Abstraktionsprinzip	12, 22, 33 f, 76
Adoption	83
Ausländisches Recht	100 ff
Betriebsratsvorsitzender	85
Blankett	72
Botenschaft	73 ff
Dolmetscher	75
Eid und eidesstattliche Versicherung	96
Ermächtigung	62 ff
Gerichtsvollzieher	97
Gesamttatbestand, einheitlicher	22, 32
Gesamtvertretung	20
Geschäftsähnliche Handlungen	38
Geschäftsherrentheorie	11
Geschäftsunfähige als Boten	78
Geschichtliche Entwicklung	3 ff, 59, 82
Gesetzliche Vertretung	1, 20, 23 ff, 58, 61
Gewillkürte Prozessstandschaft	68
Handeln für den, den es angeht	45, 51 ff
Handeln unter fremdem Namen	88 ff
Missbrauch der Vertretungsmacht	16
Mittelbare Stellvertretung	42 ff, 53, 65
Neutrales Handeln	58
Offenheitsprinzip	13 f, 35 f, 65, 69 f
Organhandeln	1, 25 ff
Organschaftliche Vertretung	25 f
Partei kraft Amtes	61
Principles of European Contract Law	106
Prozessvollmacht	96
Realakte	38
Repräsentationsprinzip	11, 15, 32, 73
Schadensliquidation im Drittinteresse	47
Steuerrecht	99
Strohmann	49 f
Surrogation	95
Testamentsvollstrecker	5, 57 f
Trennungsprinzip	33
Treuhänder	48, 66
Unmittelbarkeit	32
Verfahrenshandlungen	96 ff
Verhandlungsgehilfe	39, 93
Vertrag zugunsten Dritter	8, 94
Vertrauensschutzprinzip	37
Vertreter in der Erklärung	82 ff
Vertretung des Fiskus	27 ff
Vertretungsmacht, Begriff der	16 ff, 21 ff
Vertretungsverbote	40 f
Vertretungswille	36
Verwalter als Amtsinhaber	61
Verwaltung, auferlegte	57 ff
Wissensvertreter	86 f
Wissenserklärungsvertreter	86

I. Problemstellung und geschichtliche Entwicklung

1. Die Fälle zurechenbaren Dritthandelns

1 a) Im Privatrecht besteht *gesetzliche Vertretung,* wenn für Personen gehandelt werden muss, die infolge ihres Alters oder wegen geistiger bzw körperlicher Gebrechen nicht in der Lage sind, ihre Rechte wahrzunehmen. Sodann ist Stellvertretung überall dort erforderlich, wo im staatlichen oder privaten Bereich juristische

Personen als selbständige Organisationen bestehen. Sie bedürfen der *Organe,* die für sie handeln. Schließlich begegnet die Stellvertretung als ein Mittel des Einzelnen, durch andere Personen am rechtsgeschäftlichen Verkehr teilnehmen zu können und damit den eigenen *Wirkungsbereich zu erweitern.* Die in jeder fortgeschrittenen Rechtskultur vorgesehene rechtsgeschäftliche („gewillkürte") Stellvertretung dient in erster Linie dem Ziel, eine „Arbeitsteilung im Prozess der Rechtsentstehung und Rechtsausübung" zu ermöglichen (MÜLLER-FREIENFELS 53). Stets muss es sich allerdings um die Abgabe oder den Empfang von *Willenserklärungen* oä (rechtsgeschäftsähnliche Handlungen) handeln (vgl noch Rn 38 ff).

b) Der Rechtsordnung stehen jedoch außer dem Institut der Stellvertretung noch **2** andere Regeln zur Verfügung, die es ermöglichen, jemandem ein *Drittverhalten zuzurechnen.* Dies gilt einmal für das Institut der *Gehilfenschaft,* also für Erfüllungsgehilfen, Verrichtungsgehilfen und Besitzdiener. Für ihre Handlungen außerhalb des Bereichs der Abgabe oder der Empfangnahme von Willenserklärungen ist von Gesetzes wegen ebenfalls die Fremdzurechnung vorgesehen. Zur Botenschaft s Rn 73 ff.

Ebenso bewirkt das *Surrogationsprinzip,* dass jemandem die Wirkungen eines Dritthandelns zugutekommen (vgl PALANDT/BASSENGE Einl vor § 854 Rn 16; EINSELE JZ 1990, 1005, 1007 f).

2. Die geschichtliche Entwicklung bis zum 19. Jahrhundert*

a) Auf älteren Kulturstufen war der *Status eines Menschen* wichtiger als vertraglich **3** hergestellte Rechtsbeziehungen. Daher wurden die im Zusammenhang mit einem Dritthandeln entstehenden Fragen weitgehend dadurch gelöst, dass man die Handlungen der Mitglieder bestimmter Personenkreise kraft ihres personenrechtlichen Status anderen Personen zurechnete (vgl KRÜGER, Erwerbszurechnung kraft Status [1979] 21 ff).

---

* **Schrifttum:** H BAUER, Die Entwicklung des Rechtsinstituts der freien gewillkürten Stellvertretung seit dem Abschluß der Rezeption in Deutschland bis zur Kodifikation des BGB (Diss Erlangen 1963); BUCHKA, Die Lehre von der Stellvertretung bei Eingehung von Verträgen (1852); COING, Europäisches Privatrecht, I (1985), II (1989); EVERDING, Die dogmengeschichtliche Entwicklung der Stellvertretung im 19. Jahrhundert (Diss Münster 1951); FRÄNKEL, Die Grundsätze der Stellvertretung bei den Scholastikern, ZVglRW 27, 289; HÖLZL, Savignys Lehre von der unmittelbaren rechtsgeschäftlichen Stellvertretung, in: Kontinuitäten und Zäsuren in der europäischen Rechtsgeschichte (1999) 211; ders, Friedrich Carl von Savignys Lehre von der unmittelbaren rechts- geschäftlichen Stellvertretung (2002); LAMMEL, Die Haftung des Treuhänders aus Verwaltungsgeschäften (1972) 56 ff; MITTEIS, Die Lehre von der Stellvertretung (1885); MOSER Die Offenkundigkeit der Stellvertretung (2010) 7 ff; U MÜLLER, Die Entwicklung der direkten Stellvertretung und des Vertrages zugunsten Dritter (1969); SCHMOECKEL, Von der Vertragsfreiheit zu typisierten Verkehrspflichten. Zur Entwicklung des Vertretungsrechts, in: Das Bürgerliche Gesetzbuch und seine Richter (2000) 77 ff; ders, im HKK §§ 164–181 Rn 2 ff; WESENBERG, Zur Behandlung des Satzes alteri stipulari nemo potest durch die Glossatoren, in: FS F Schulz II (1951) 259. S auch den Überblick bei MünchKomm/SCHUBERT, § 164 Rn 4 bis 6.

Dementsprechend kannte das antike *römische Recht* kein Institut der rechtsgeschäftlichen Stellvertretung (vgl FLUME § 43, 2; KASER, Das Römische Privatrecht I [2. Aufl 1971] §§ 62 und 141; II [2. Aufl 1975] § 204; Ausgewählte Schriften II [1976] 245 ff; KASER/KNÜTEL/LOHSSE, Römisches Privatrecht [21. Aufl 2017] § 11 I Rn 1 f; HKK/SCHMOECKEL §§ 164–181 Rn 3). Die durch die patriarchalischen Familienstrukturen und die Sklaverei eröffneten Möglichkeiten ließen kein praktisches Bedürfnis nach gewillkürter Stellvertretung hervortreten. Hinzu kam, dass dem damaligen Recht privatrechtliche juristische Personen unbekannt waren (KASER I § 72; II § 214). Hauskinder und Sklaven erwarben Rechte kraft ihrer Statussituation für den Hausvater bzw für den Herrn (KASER/KNÜTEL/LOHSSE § 11 II 1 a). Außerdem konnten sie mittels der vom prätorischen Recht zugelassenen adjektizischen Klagen auch Verpflichtungen für die genannten Personen begründen (FLUME § 43 2; KASER/KNÜTEL/LOHSSE § 11 II 2 Rn 8, § 49; LAMMEL 57 ff).

4 Dogmatisch stand der Entwicklung einer rechtsgeschäftlichen Stellvertretung zudem der für Formalgeschäfte bestimmte Satz „alteri stipulari nemo potest" entgegen (D 45, 1, 38, 17). Dieselbe Wirkung hatte die Regel „per liberam personam ... nihil adquiri posse in dubii iuris est" in C 4, 27, 1 pr (MÜLLER 14 ff). Anerkannt waren nur im gewissen Umfang Rechtsbeziehungen, die heute als mittelbare Stellvertretung (vgl Rn 42 ff), Treuhand (vgl Rn 48) oder Ermächtigung (vgl Rn 62 ff) bezeichnet würden (KASER/KNÜTEL/LOHSSE § 11 I Rn 2).

5 b) Auch dem *älteren deutschen Recht* war die gewillkürte Stellvertretung grundsätzlich nicht bekannt (vgl SCHMOECKEL 81 f; HKK/SCHMOECKEL §§ 164–181 Rn 3; SOERGEL/LEPTIEN Vorbem 7 zu § 164). Neben den kraft Status eintretenden Drittwirkungen eines Handelns war es vor allem die germanische Treuhand, welche gewisse, dem stellvertretenden Handeln ähnliche Wirkungen hervorbrachte, die in heutiger Terminologie als Fälle mittelbarer Stellvertretung anzusehen wären (vgl Rn 48; MITTEIS/LIEBERICH, Deutsches Privatrecht [9. Aufl 1981] 29 ff). Als Rechtsinstitut aus dieser Zeit ist auch die Testamentsvollstreckung zu nennen.

6 c) Im *Zeitalter der Glossatoren* stellte zwar MARTINUS GOSIA den Satz auf, dass nach Billigkeit ein Handeln für andere erlaubt sei. Er fand jedoch damit wegen des Widerspruchs zu den römischen Quellen keine Anerkennung (MÜLLER 44 ff). Wohl aber wurden von den Glossatoren weitere Fälle einer Stellvertretung beim Erwerb anerkannt, so, wenn ein Notar als „servus publicus" für seinen Auftraggeber handelte. Ebenso konnte ein procurator aufgrund seines Mandates obligatorische Rechte für und gegen den Geschäftsherrn begründen (MÜLLER 33 ff).

7 d) Weitergehend als das Zivilrecht ließ das *kanonische Recht* Fälle direkter Stellvertretung zu, allerdings nur mit der Folge, dass eine Naturalobligation begründet wurde. Diese war jedoch vor den kirchlichen Gerichten durchsetzbar; sie konnte auch durch das Hinzufügen eines Eides zur zivilrechtlich klagbaren Verpflichtung erhoben werden (HKK/SCHMOECKEL §§ 164–181 Rn 3; MÜLLER 64 ff; BAUER 36 ff; H DILCHER SZRA 77, 281 ff).

Das *Statutarrecht* der oberitalienischen Städte und Korporationen ließ in beträchtlichem Umfang die rechtsgeschäftliche Stellvertretung zu (HKK/SCHMOECKEL §§ 164–181 Rn 3; FRÄNKEL ZVR 27 [1912], 289, 296 ff; MÜLLER 55 ff). Insofern wurde schon die später im deutschen Handelsrecht (vgl Rn 14) hervortretende Wegbereiterfunktion des Handelsrechts für das allgemeine Zivilrecht sichtbar.

e) Obwohl schon im 16. Jh eine starke Lehre, insbesondere spanischer Juristen, das Verbot des „alteri stipulari" als überholt ansah (HKK/SCHMOECKEL §§ 164–181 Rn 3; COING I 425 f), kam es doch erst mit dem Naturrecht zu einer grundlegenden Veränderung der dogmatischen Auffassungen. GROTIUS vertrat in De jure belli ac pacis II 11 § 18 die Ansicht, dass die römische Unterscheidung zwischen Sklaven und Hauskindern einerseits, freien Personen andererseits aufzugeben sei. Damit wurde zumindest bei den Erwerbstatbeständen eine gewillkürte Stellvertretung zugelassen (vgl HKK/SCHMOECKEL §§ 164–181 Rn 3; MÜLLER 127 ff; BAUER 49 ff). Allerdings fand keine Trennung zwischen dem Innenverhältnis und dem Außenverhältnis, zwischen Mandat und Vertretungsmacht, statt (vgl HKK/SCHMOECKEL §§§ 164–181 Rn 3). Wohl aber wurde erstmals durch GROTIUS eine dogmatische Trennungslinie zwischen der Stellvertretung und dem Vertrag zugunsten Dritter gezogen (MÜLLER 132). **8**

In denselben Bahnen bewegten sich die Lehren von PUFENDORF, THOMASIUS und CHRISTIAN WOLFF (MÜLLER 134 ff). Letzterer verlangte für die Stellvertretung, dass aufgrund und im Rahmen einer erteilten Ermächtigung gehandelt und die Drittwirkung des Handelns dem Geschäftspartner erkennbar gemacht wurde (BAUER 61).

Ihren Niederschlag fanden diese Auffassungen in den *Kodifikationen* zu Ende der Naturrechtsepoche, so in den §§ 1 ff I 13 ALR und in den §§ 1002 ff ABGB (MÜLLER 152; BAUER 70 ff; EVERDING 30), ebenso in den Art 1984 ff cc fr (vgl Rn 100 und 102).

f) Neben den Anhängern des Naturrechts wandten sich im 17. Jahrhundert auch die den römischen Quellen folgenden Juristen vom Stellvertretungsverbot ab. So wurde vor allem von den Vertretern der *Eleganten Jurisprudenz* die Stellvertretung kraft eines zwischenzeitlich verfestigten Gewohnheitsrechts zugelassen (vgl MÜLLER 100 ff). Die Vertreter des *Usus modernus pandectarum* bejahten in weitem Umfang die Drittwirkung aufgrund Genehmigung einer Geschäftsführung ohne Auftrag des Handelnden (BAUER 26 ff), sodass sich am Ende des 18. Jahrhunderts ein gewisser Konsens in der Zulassung der rechtsgeschäftlich begründeten Stellvertretung herausgebildet hatte. **9**

3. Das 19. Jahrhundert

a) Mit SAVIGNY vollzog die romanistische Dogmatik den Übergang zur Anerkennung der gewillkürten Stellvertretung. Allerdings waren auch jetzt noch zB PUCHTA und MÜHLENBRUCH scharfe Gegner dieser Auffassung (FLUME § 43 2; EVERDING 38). SAVIGNY stützte sich für seine Auffassung ua auf den *Wegfall* der Sklaverei, vor allem aber auf die Formulierung in D 41, 1, 53 „… quod naturaliter adquiritur, sicuti est possessio, per quemlibet volentibus nobis possidere adquirimus"; dabei steht allerdings sein Verständnis der Quellenaussage nicht in Übereinstimmung mit ihrem ursprünglichen Sinn. Zur Unterstützung seiner Ansicht griff SAVIGNY auf die römischen Regeln über den Boten zurück, den er mit dem Stellvertreter gleichsetzte (MOHNHAUPT, Savignys Lehre von der Stellvertretung, Jus Commune VII [1979] 60 ff; MÜLLER 156; BAUER 97 ff; COING II 456 f; EVERDING 51; SCHMOECKEL 81 und HKK/SCHMOECKEL §§ 164–181 Rn 3). **10**

11 b) Savigny (System III § 113; Obligationenrecht II §§ 54 ff) begründete für die Beurteilung des Verhältnisses zwischen dem Vertretenen und dem Vertreter die sog *Geschäftsherrentheorie,* die den Stellvertreter als ein „juristisches Organ", als Träger des Willens des Vertretenen versteht, durch welches dieser handelt. Dementsprechend ist nicht nur für die Wirkungen, sondern auch für die Voraussetzungen des vom Stellvertreter vorgenommenen Geschäfts auf die Person des Vertretenen abzustellen (s dazu Soergel/Leptien Vorbem 9 zu § 164; Lehmann/Hübner § 36 I 1 c; Flume § 43 2; Beuthien, in: FS Medicus 2 f; Pawlowski JZ 1996, 125 f; Petersen Jura 2003, 744 f; vgl auch H J Wolff 148 ff; ausführlich Hölzl passim).

Demgegenüber vertrat die von Brinz begründete und insbesondere von Windscheid (Pandektenrecht § 73 N 16 b) vertretene hM die als *Repräsentationstheorie* bezeichnete Auffassung, wonach der rechtsgeschäftliche Wille beim Vertretergeschäft vom Stellvertreter gebildet wird, und nur die Wirkungen in der Person des Vertretenen eintreten. Vertretungsmacht ist demnach Voraussetzung für die Fremdwirkung des Willens, während die Voraussetzungen des Vertretergeschäfts nach der Person des Stellvertreters zu beurteilen sind (s dazu MünchKomm/Schubert § 164 Rn 5; NK-BGB/Stoffels § 164 Rn 6; Soergel/Leptien Vorbem 9 zu § 164; Flume § 43 2; [krit] Beuthien, in: FS Medicus 2 f; Pawlowski JZ 1996, 125 f; Petersen Jura 2003, 745; zu beiden Theorien auch Moser 20 ff; Schreindorfer 127 ff).

Nach der sog *Vermittlungstheorie* begründeten Vertreter und Vertretener die Rechtswirkungen zusammen durch Abschluss des Vertretergeschäfts und Bevollmächtigung (Mitteis §§ 13, 14; Coing II 457; Lenel JherJb 36, 1; vgl Flume § 43, 2).

12 c) Weiterhin wurde in der Rechtsdogmatik des 19. Jahrhunderts, abweichend von den Auffassungen des Naturrechts und der von ihm beeinflussten Kodifikationen, die Vertretungsmacht von den im *Innenverhältnis zwischen* dem Vertreter und dem Vertretenen bestehenden Rechtsbeziehungen abgegrenzt. Grundlegend hierfür war der Aufsatz von Laband (ZHR 10, 1 S 3 ff), in welchem aufgrund des ADHGB die Unterscheidung zwischen der Vertretungsmacht als der Befugnis, in der Person eines anderen rechtliche Wirkungen erzeugen zu können, und den hierfür berechtigenden und verpflichtenden Vertragsbeziehungen herausgearbeitet ist (ausf hierzu Dörner 30 ff; Müller-Freienfels, Die Abstraktion der Vollmachtserteilung im 19. Jahrhundert, in: Coing/Wilhelm, Wissenschaft und Kodifikation des Privatrechts im 19. Jahrhundert II [1977] 164 ff; ferner Beuthien, in: FG Bundesgerichtshof 82 ff; Pawlowski JZ 1996, 125, 126; HKK/Schmoeckel §§ 164–181 Rn 3 und 6). Das Mandat kann ohne Vollmacht, die Vollmacht ohne Mandat bestehen (Müller 157; Bauer 123 ff; Coing II 457 f; Schmoeckel 85 und HKK §§ 164–181 Rn 3).

13 Von ebenso großer Bedeutung war das im 19. Jahrhundert herausgearbeitete Erfordernis, wonach das Vertreterhandeln *nach außen erkennbar* werden, also offenkundig sein muss. Damit wurde es nötig, zwischen unmittelbarer und mittelbarer Stellvertretung zu unterscheiden (vgl Müller-Freienfels, Die Vertretung beim Rechtsgeschäft 15 ff; Schmoeckel 86 f und HKK §§ 164–181 Rn 9 ff; Moser 28 ff).

14 d) Einen deutlichen Einschnitt in der deutschen Gesetzgebung bedeutete das *ADHGB* von 1861, weil es in seinen Art 52 und 298 den Grundsatz der direkten Stellvertretung und der Offenkundigkeit des Vertreterhandelns erstmals niederlegte (s HKK/Schmoeckel §§ 164–181 Rn 4; MünchKomm/Schubert § 164 Rn 6). Dabei wurde in Art 52 Abs 2 ADHGB bereits ausgesprochen, dass es rechtlich keinen Unterschied macht, ob der Vertreter ausdrücklich im Namen eines anderen handelt oder ob sich dies aus den Umständen ergibt. Die Trennung von Grundverhältnis und Vollmacht war freilich noch nicht so deutlich herausgestellt (vgl heute noch §§ 49 Abs 1, 54 Abs 1 und 2, 55 Abs 4, 56, 58 HGB).

e) Auch die *Verfasser des BGB* folgten der Repräsentationstheorie, wenngleich in Mot I 223 auf dem Boden der Willenslehre des 19. Jahrhunderts noch unzutreffend von einer „Vertretung im Willen" statt bei Vollzug des Rechtsgeschäfts gesprochen wird (vgl Flume § 43, 3; Schmoeckel 81 ff). Ebenso unterschieden sie zwischen Vollmacht und Auftrag, die beide zueinander im Verhältnis von Mittel und Zweck gesehen werden (Bauer 152). Insgesamt hat sich die Regelung des Stellvertretungsrechts im BGB gerade wegen seiner klaren dogmatischen Entscheidungen trotz vielfacher (oft zweifelhafter) Durchbrechungs- und Einschränkungsversuche in Rechtsprechung und Schrifttum bewährt (so zutr HKK/Schmoeckel §§ 164–181 Rn 33 ff, 38; Petersen Jura 2003, 745; ausf dazu auch Moser 26 ff; krit Beuthien, in: FS Medicus 1 ff). **15**

II. Die Grundprinzipien des BGB

1. Grundbegriffe des Vertretungsrechts

a) Das stellvertretende Handeln verlangt die Abgabe oder den Empfang einer Willenserklärung im Namen des Vertretenen (s Rn 13, 35 f, § 164 Rn 1 ff) und *Bestehen von Vertretungsmacht*. Als Vertretungsmacht bezeichnet man die Rechtsmacht, mit Wirkung für einen anderen Willenserklärungen abgeben oder entgegennehmen zu können. **16**

Umstritten ist, inwieweit die **Vertretungsmacht** begrifflich den vorhandenen Rechtskategorien zugeordnet werden kann. Teilweise wird angenommen, dass es sich bei der Vertretungsmacht um ein *Gestaltungsrecht* handele, da sie die Möglichkeit zur Begründung oder Veränderung fremder Rechtsverhältnisse eröffnet (BGB-RGRK/Steffen § 167 Rn 1; Enneccerus/Nipperdey § 184 I; Doris 175 ff). Dabei wird jedoch nicht berücksichtigt, dass die Vertretungsmacht nicht deshalb besteht, um ihrem Inhaber unabhängig vom Willen eines Dritten Befugnisse zu verleihen; außerdem kann die Vornahme eines Vertretergeschäftes nicht als „Ausübung" der Vertretungsmacht aufgefasst werden (Müller-Freienfels 44). Mit der Verneinung einer Qualität der Vertretungsmacht als Gestaltungsrecht wird zugleich ihre Einordnung in den Kreis der *subjektiven Rechte* verneint (BayObLG NJW-RR 2001, 297; Rpfleger 2004, 702, 703; MünchKomm/Schubert § 164 Rn 182; jurisPK-BGB/Weinland § 164 Rn 7; NK-BGB/Stoffels § 164 Rn 77; Palandt/Ellenberger Einf v § 164 Rn 5; PWW/Frensch § 164 Rn 49; Soergel/Leptien Vorbem 15 zu § 164; Bork Rn 1426; Leenen § 9 Rn 73; Müller-Freienfels 40 ff; Dux WM 1994, 1145, 150; krit für die Vollmacht Papenmeier 4 ff; s noch Rn 17). – Vertretungsmacht ist auch keine von den subjektiven Rechten zu unterscheidende *Fähigkeit,* welche auf gleicher Ebene mit der Rechtsfähigkeit und der Handlungsfähigkeit einer Person besteht (Müller-Freienfels 35 ff; Flume § 45 II 1; Müller-Freienfels 35 ff). Durch das Bestehen einer Vertretungsmacht wird die Fähigkeit des Vertretenen zum Eigenhandeln grundsätzlich nicht vermindert (s zur verdrängend-unwiderruflichen Vollmacht § 168 Rn 15). Demnach ist die Möglichkeit kollidierender Rechtsgeschäfte eröffnet (s § 164 Rn 10).

17 Vertretungsmacht ist vielmehr lediglich die *Legitimation,* für einen anderen durch Handeln in seinem Namen für ihn gültige rechtsgeschäftliche Regelungen zu treffen (MünchKomm/Schubert § 164 Rn 182; NK-BGB/Stoffels § 164 Rn 77; Soergel/Leptien Vorbem 15 zu § 164; Rn 1426; Flume § 45 II 1; Leenen § 9 Rn 73; vgl Laband ZHR 10, 240). In diesem Sinne wird für den Vertreter dadurch allerdings eine eigenständige arteigene Rechtsmacht (MünchKomm/Schubert § 164 Rn 182; NK-BGB/Stoffels § 164 Rn 77 mwNw; Palandt/Ellenberger Einf v § 164 Rn 5; Bork Rn 1426; Wolf/Neuner § 49 Rn 33), eine „sekundäre Zuständigkeit" (Müller-Freienfels 65 ff; Thiele 61 f) begründet, mit der man auch eine Einordnung als *subjektives Recht* begründen könnte (Papenmeier 4 ff mwNw). Zur Übertragbarkeit rechtsgeschäftlich begründeter Vertretungsmacht s § 167 Rn 4.

18 b) Umstritten ist, ob durch die *Genehmigung* eines Handelns ohne Vertretungsmacht, sei es, dass sie nicht bestand oder dass von ihr kein Gebrauch gemacht wurde (s § 177 Rn 5 ff), Vertretungsmacht begründet werden kann. Bejaht wird dies vor allem von Enneccerus/Nipperdey (§ 178 IV). Indessen ist die Vertretung ohne Vertretungsmacht eine eigene Rechtsfigur (Flume § 44 I; vgl auch Müller-Freienfels 18 Fn 19), bei der durch Genehmigung nicht nachträglich Vertretungsmacht erzeugt, sondern nur einem Handeln als Stellvertreter Fremdwirkung beigelegt wird (ebenso Lehmann/Hübner § 36 VI 2 a). Auch Thiele (Die Zustimmungen in der Lehre vom Rechtsgeschäft [1966] 258) sieht in der Genehmigung nur eine Anerkennungsvoraussetzung für die Fremdwirkung des Handelns ohne Vertretungsmacht. Die Willenserklärung wird auch ohne Vertretungsmacht wirksam, durch die Genehmigung des Vertretenen erhält lediglich das abgeschlossene Rechtsgeschäft Geltung für und gegen seine Person (Leenen 711 f).

19 c) Aktive Stellvertretung liegt vor, wenn der Vertreter eine Willenserklärung für den Vertretenen abgibt; um **passive Stellvertretung** handelt es sich gem § 164 Abs 3 BGB, wenn der Vertreter die Willenserklärung im Namen des Vertretenen entgegennimmt (Schilken 79 ff). Trotz gewisser Schwierigkeiten, passives Verhalten in den Denkzusammenhang des Vertreterhandelns als Erweiterung der rechtlichen Möglichkeiten einer Person einzuordnen, stellt die passive Stellvertretung eine notwendige Ergänzung der Anerkennung aktiver Stellvertretung dar (BGB-RGRK/Steffen Vorbem 20 zu § 164; Richardi AcP 169, 400 ff; Schilken 79; vgl auch § 164 Rn 20). Beide Arten der Stellvertretung sind auch bei der Abgabe *elektronisch übermittelter Willenserklärungen* zulässig (BGHZ 149, 129, 134 zur Empfangsvertretung bei Internetauktionen; Czeguhn JA 2001, 708, 712 f; Ultsch DZWir 1997, 466, 470). Hier wird aber nicht selten auch ein Handeln unter fremdem Namen (s Rn 88 ff) in Betracht kommen (vgl Czeguhn JA 2001, 708, 712; Fritzsche/Mahler DNotZ 1995, 3, 15; Ultsch DZWir 1997, 466, 470); mit der Einführung der elektronischen Signatur eröffnen sich auch neue Anwendungsbereiche für die Rechtsprechung zur Duldungs- und Anscheinsvollmacht (s § 167 Rn 28 ff; vgl auch Czeguhn JA 2003, 708, 712 f; Fritzsche/Mahler DNotZ 1995, 3, 15 f). Soweit Roboter oder künstliche autonome Systeme für die Erklärungsabgabe eingesetzt werden, scheidet eine (analoge) Anwendung der Stellvertretungsregeln mangels Rechtsfähigkeit aus (MünchKomm/Schubert § 164 Rn 109 mwNw; Bräutigam/Klindt NJW 2015, 1137 f; Gaapentin NJW 2019, 181, 184 mwN, str).

Stets ist das Handeln als Stellvertreter von einem entsprechenden Handeln als Erklärungsbote oder als Empfangsbote zu unterscheiden (Schilken 85 ff, 217 ff; s Rn 73).

d) Um **Gesamtvertretung** (zur historischen Entwicklung KUNSTREICH, passim) handelt es **20** sich, wenn die Vertretungsmacht mehreren Personen zur gemeinsamen Ausübung zusteht (SCHILKEN 100 ff, 119 ff). Eine derartige persönlich beschränkte Vertretungsmacht kann *rechtsgeschäftlich* begründet werden, zB in Form der Gesamtprokura nach § 48 Abs 2 HGB (s dazu ausführlich MünchKommHGB/KREBS § 48 Rn 68 ff; zu gemischter Gesamtvertretung BEUTHIEN/MÜLLER Betrieb 1995, 461). Ausdrücklich zugelassen ist die Gesamtvertretung auf rechtsgeschäftlicher Grundlage für die OHG in § 125 Abs 2 HGB; sie ist ebenso bei der bürgerlich-rechtlichen Gesellschaft in §§ 709, 714 BGB vorgesehen (s näher SCHREIBER Jura 2001, 346). Gesamtvertretung entsteht nach § 28 sowie §§ 78 Abs 2 AktG, 35 Abs 2 GmbHG und 25 GenG aber auch *kraft Verfassung* für die mehrgliedrigen Organe juristischer Personen (vgl OLG Dresden NJW-RR 1995, 803; OLG Frankfurt BB 1995, 2440, 2441, zugleich zur Genehmigungsfähigkeit der Handlung eines alleinhandelnden Mitglieds eines mehrköpfigen Organs; BGB-RGRK/STEFFEN Vorbem 21 zu § 164; MünchKomm/SCHUBERT § 164 Rn 196 ff; SCHWARZ NZG 2001, 529); auch für juristische Personen des öffentlichen Rechts gilt vielfach Gesamtvertretung (vgl BGHZ 32, 375; BGB-RGRK/STEFFEN § 167 Rn 20; MünchKomm/SCHUBERT § 164 Rn 207; NK-BGB/ACKERMANN § 167 Rn 55). Gesamtvertretung ist ferner die *gesetzliche Vertretung* des Kindes durch die Eltern gem § 1629 BGB (MünchKomm/SCHUBERT § 164 Rn 197; WOLF/NEUNER § 49 Rn 39; zum Ausschluss der Vertretung durch den nicht sorgeberechtigten Elternteil s OLG Bremen FamRZ 1995, 1515). Zur *Gesamtvollmacht* und den Einzelheiten des Handelns von Gesamtvertretern s § 167 Rn 51 ff.

2. Die Grundlagen der Vertretungsmacht

a) Die Vertretungsmacht kann auf verschiedenen Grundlagen beruhen: Es ist **21** rechtsgeschäftlich, gesetzlich (auch durch gerichtliche Entscheidung aufgrund Gesetzes) und organschaftlich begründete Vertretungsmacht zu unterscheiden (MünchKomm/SCHUBERT § 164 Rn 2; PAWLOWSKI JZ 1996, 125, 130 f; PETERSEN Jura 2003, 310, 311 f; übersichtl SCHMIDT Rn 686 ff). Die Inhaber auferlegter Verwaltung hingegen (s Rn 57 ff) handeln nicht aufgrund Vertretungsmacht, sondern als Inhaber eines privaten Amtes. Für die einzelnen Fälle der Vertretungsmacht ist umstritten, ob das BGB von einem *einheitlichen Begriff* ausgeht: Im Ergebnis ist dies zu bejahen, weil die unterschiedlichen Begründungsakte der Legitimation nicht zu einem grundsätzlich unterschiedlichen Inhalt der Fremdwirkung führen (Mot I 223; SOERGEL/LEPTIEN Vorbem 20 zu § 164; FLUME § 45 II 4 und Bd I 2 377 ff; BORK Rn 1428; MÜLLER AcP 168, 114). Für die Verfechter der Vertretertheorie (maßgeblich FLUME Bd I 2 § 11 I), nach der die Organe für die juristische Person handeln, wie dies die rechtsgeschäftlichen und gesetzlichen Vertreter (abweichend zur gesetzlichen Vertretung demgegenüber MÜLLER-FREIENFELS 342 f; s dazu FLUME § 45 II 4) für den Vertretenen tun, ist das selbstverständlich. Auch die Vertreter der heute herrschenden Organtheorie (grundlegend v GIERKE, Deutsches Privatrecht I [1895] 472 ff; s aus neuerer Zeit nur MünchKomm/REUTER § 26 Rn 11 mwNw; HÜBNER Rn 1176; PAWLOWSKI Rn 670; vgl auch H J WOLFF 94 ff, 224 ff), die von einem Eigenhandeln der juristischen Person durch ihre Organe ausgehen, sehen darin aber doch, vor allem im Hinblick auf die Anordnung der „Stellung eines gesetzlichen Vertreters" in § 26 Abs 2 S 1 HS 2 BGB, zugleich eine Stellvertretung seitens der Organe (s zB ERMAN/MAIER-REIMER Vorbem § 164 Rn 14; GroßKomm-HGB/HABERSACK § 125 Rn 4; MünchKomm/SCHUBERT § 164 Rn 11 ff; NK-BGB/STOFFELS § 164 Rn 81; SOERGEL/LEPTIEN Vorbem 20 zu § 164; vgl dazu krit BEUTHIEN NJW 1999, 1142 ff; ders, in: FS Zöllner 99 ff und FS Canaris 41 ff, der § 26 Abs 2 S 1 HS 2 lediglich als ergänzende Anordnung entsprechender Geltung des Stellvertretungsrechts versteht; übersichtlich zur gesetzlichen Vertretung bei juristischen Personen PELTZER JuS 2003, 348; zu den Folgen des Erlöschens organschaftlicher Vertretungsmacht METZING NJW 2017, 3194); auch § 26 Abs 2 HS 1 BGB spricht nicht von einem Handeln für den Verein, sondern von der Vertretung des Vereins. Eine bloß ergänzende Anordnung der Anwendbarkeit des Stellvertretungsrechts kann auch unter Berücksichtigung dieser Ausformung der Rechtsmacht des Vorstandes dem 2. HS des § 26 Abs 1 BGB nicht entnommen werden.

22 b) *Rechtsgeschäftlich begründete Vertretungsmacht,* die in § 166 Abs 2 BGB als „Vollmacht" definiert ist, entsteht durch **Bevollmächtigung**. Umstritten ist das Verhältnis der Vollmachtserteilung zu dem aufgrund der Vollmacht *ausgeführten Vertretergeschäft:* Nach überwiegender Ansicht gilt insoweit das auf dem Repräsentationsprinzip basierende *Trennungsprinzip,* das die Bevollmächtigung als ein selbständiges einseitiges Rechtsgeschäft bewertet. Den Gegensatz dazu bildet die *Lehre vom einheitlichen Gesamttatbestand,* der die Bevollmächtigung und das aufgrund der Vollmacht vorgenommene Rechtsgeschäft umfasst (s Rn 32 und § 167 Rn 10). Getrennt zu beurteilen ist nach dem im BGB befolgten *Abstraktionsprinzip* (s Rn 33) die Vollmacht auch im Hinblick auf das der Bevollmächtigung zugrunde liegende Rechtsverhältnis.

23 c) Eine Besonderheit der **gesetzlichen Vertretung** besteht darin, dass es sich bei ihr nicht um eine Institution des AT, sondern vor allem um eine des Familienrechts (HABSCHEID FamRZ 1957, 110) handelt, auf deren Einzelheiten hier nicht näher eingegangen werden kann. Dies bedeutet jedoch nur, dass die allgemeinen Regeln über die Vertretungsmacht unter Beachtung der Besonderheiten des familienrechtlichen Zusammenhangs angewendet werden müssen (MÜLLER AcP 168, 115). So kann zB nicht die Verletzung von vorvertraglichen Schutzpflichten durch einen gesetzlichen Vertreter dem Vertretenen angelastet werden (vgl BALLERSTEDT AcP 151, 527; CANARIS VersR 1965, 115; GERNHUBER/COESTER-WALTJEN, Familienrecht [6. Aufl 2010] § 60 IV Rn 66; FROTZ 90 ff). Demgegenüber bewertet vor allem MÜLLER-FREIENFELS (155 ff und 335 ff) die gesetzliche Vertretung als eine selbständige Rechtskategorie. Er begründet dies in erster Linie damit, dass bei gesetzlicher Vertretung das konkurrierende Eigenhandeln des Vertretenen ausgeschlossen ist, und in gesetzlicher Vertretungsmacht nicht der Wille des Vertretenen Ausdruck findet, sie vielmehr nur die Folge gesetzlicher Regeln ist, denen er im Ergebnis den Privatrechtscharakter abspricht. Ähnlich sieht THIELE (64 ff) die gesetzliche Vertretung nicht als Ausdruck von Selbstbestimmung, sondern von Fremdbestimmung an. Indessen ist Stellvertretung in allen Fällen verselbständigtes Handeln in Verantwortung für den Vertretenen; ein Unterschied besteht nach der Konzeption des BGB nur in der Begründung der Vertretungsmacht (FLUME § 45 II 4; zust auch MünchKomm/SCHUBERT § 164 Rn 8).

24 Dies gilt auch dann, wenn die Begründung der gesetzlichen Vertreterstellung nicht unmittelbar durch das Gesetz erfolgt, wie bei den Eltern, sondern zusätzlich eines *Staatsaktes* bedarf, wie bei der Bestellung eines Vormundes, Betreuers (zur Vertretungsmacht des Betreuers s näher NEUHAUSEN RNotZ 2003, 157, 165 ff; JANDA FamRZ 2013, 16; vgl auch Rn 41) oder Pflegers. – Hingegen muss die früher sog „*Schlüsselgewalt*" des § 1357 BGB betr Geschäfte zur Deckung des Lebensbedarfs der Familie, die zT als Fall gesetzlicher Vertretung (so BGB-RGRK/STEFFEN Vorbem 10 zu § 164), allerdings erweitert um familienrechtliche Besonderheiten (so etwa PALANDT/BRUDERMÜLLER § 1357 Rn 3; KÄPPLER AcP 179, 274; MÜLLER JZ 1982, 779; s auch MEDICUS/PETERSEN, BR Rn 88 f), bewertet und zT zumindest einer analogen Anwendung einzelner Vertretungsregeln – insbes der §§ 165, 166 BGB – unterworfen wird (Hk-BGB/Dörner § 164 Vorbem 6 zu §§ 164–181; Soergel/Leptien Vorbem 17 zu § 164), wegen ihrer familienrechtlich begründeten dogmatischen Besonderheiten hier als Rechtsmacht sui generis außer Betracht bleiben (MünchKomm/Schubert § 164 Rn 9; MünchKomm/Wacke § 1357 Rn 10; NK-BGB/Stoffels § 164 Rn 33; Bork Rn 1414; Flume § 44 I; Krüger, Erwerbszurechnung kraft Status [1979] 161 ff; Mikat, in: FS Beitzke [1979] 293 ff; K Schmidt JuS 1987, 425, 430): Es handelt sich um einen Fall gesetzlicher Rechtsfolgenerstreckung. Die geplante Regelung einer gesetzlichen Vertretungsmacht für nahe Angehörige (s dazu Pohlenz passim) ist bisher nicht realisiert worden. – Auch der Auffassung, in den Fällen der Notgeschäftsführung entstehe für den Geschäftsführer eine gesetzliche Vertretungsmacht, kann nicht gefolgt werden (s § 177 Rn 17). Hingegen kann sich bei der Bruchteilsgemeinschaft gem § 745 BGB eine gesetzliche Vertretungsmacht zur Ausübung des Stimmrechts § 745 BGB kraft Mehrheitsbeschlusses ergeben (s dazu näher Merle, in: FS Seuß [2007] 193, 197 ff).

d) Eine **organschaftliche Vertretung** sieht das BGB bei den juristischen Personen 25 vor. § 26 Abs 2 S 1 BGB bestimmt, dass der *Vereinsvorstand als Organ* die Stellung eines gesetzlichen Vertreters der juristischen Person hat. § 30 BGB sieht als Organe auch „besondere Vertreter" vor und § 86 BGB überträgt diese Regeln auf die *Stiftung* (zur Vertretungsbefugnis des Vorstandes von Stiftungen s Luth 42 ff, 72 ff). Organ ist nach § 78 Abs 1 AktG der *Vorstand der Aktiengesellschaft* und nach § 24 Abs 1 GenG der *Vorstand der Genossenschaft*, ferner gem § 35 Abs 1 GmbHG der *Geschäftsführer einer GmbH;* bedeutsam ist auch die Vertretung der Aktiengesellschaft gegenüber Vorstandsmitgliedern durch den Aufsichtsrat gem § 112 AktG (dazu ausf Cahn, in: FS Hoffmann Becking [2013] 247 ff, namentlich auch zur Frage der Bedeutung der Auswirkungen von Beschlussmängeln auf zu deren Umsetzung abgegebene Willenserklärungen). Weitere Vertretungsregelungen enthalten zB § 269 Abs 1 AktG und §§ 44, 68, 70 S 1 GmbHG.

Mit der Formulierung des § 26 BGB wird der Tatsache Rechnung getragen, dass sich das Organ einer juristischen Person vom normalen gesetzlichen Vertreter dadurch unterscheidet, dass ihm die Vertretungsmacht als Folge der Berufung in die Organstellung zusteht. Außerdem unterscheidet sich die Organschaft von der Stellvertretung dadurch, dass der juristischen Person nicht nur die Willenserklärung ihrer Organe zugerechnet werden, sondern ebenso andere Handlungen (BGB-RGRK/Steffen Vorbem 9 zu § 164; Medicus/Petersen BR Rn 84), wie insbesondere § 31 BGB verdeutlicht. Daher wurde früher, insbesondere durch vGierke, und wird neuerdings durch Beuthien die Auffassung vertreten, es bestehe ein grundsätzlicher Unterschied zwischen dem Organschaftlichenhandeln und der Stellvertretung. Für das geltende Recht jedoch führt § 26 Abs 2 S 1 BGB zu einer grundsätzlich einheitlichen Betrachtung (s oben Rn 21). Immerhin bestehen Unterschiede gegenüber der nahe stehenden gesetzlichen Vertretung, etwa im Hinblick auf die Beschränkbarkeit der Vertretungsmacht durch Satzung gem § 26 Abs 2 S 2 BGB, insbesondere aber dann, wenn man das Handeln der Organe mit der herrschenden Organtheorie zugleich als Handeln der juristischen Person ansieht (s oben Rn 21). Im Vergleich zur Vollmacht ist vor allem bedeutsam, dass der Umfang der Vertretungsmacht organschaftlicher Vertreter der Disposition in vielen Bereichen entzogen ist (vgl etwa §§ 82 Abs 1, 269 Abs 5 AktG, § 27 Abs 2 GenG, § 37 Abs 2 S 1 GmbHG). Strukturell ist die Vollmacht im Unterschied zur organschaftlichen Vertretungsmacht abgeleiteter Natur (GroßKomm-HGB/Habersack § 125 Rn 7).

25a Eine organschaftliche Vertretung besteht darüber hinaus auch bei den *Personenhandelsgesellschaften der OHG und KG,* deren vertretungsberechtigten Gesellschaftern nach heute hM Organqualität zukommt, soweit sie für die – wenn nicht als juristische Person – als eigenständiges Zuordnungssubjekt anzuerkennende Gesellschaft handeln (s nur GroßKomm-HGB/Habersack § 125 Rn 4; MünchKomm/Schubert § 164 Rn 11 ff; MünchKomm/Schäfer § 714 Rn 16 f mwNw; NK-BGB/Stoffels § 164 Rn 81; Soergel/Leptien Vorbem 18 zu § 164; ausf zu OHG und KG auch Wertenbruch Rn I 318 ff, 327 ff und 330 ff). Entsprechendes gilt für die Außengesellschaft bürgerlichen Rechts, wobei mit der vollzogenen Neuorientierung hin zu einer Anerkennung ihrer Rechtsfähigkeit (s BGH NJW 2001, 1056; K Schmidt NJW 2001, 993 ff; Ulmer ZIP 2001, 585; grundlegend Wertenbruch, Die Haftung von Gesellschaften und Gesellschaftsanteilen in der Zwangsvollstreckung [2000]) nicht mehr die Gesamtheit der Gesellschafter (so zB noch Soergel/Leptien Vorbem 18 zu § 164), sondern die Gesellschaft als Zurechnungssubjekt anzusehen ist (s nur MünchKomm/Ulmer § 714 Rn 14 ff). Der Umfang solcher Vertretungsmacht bestimmt sich bei OHG und KG nach den §§ 125 ff HGB iVm dem Gesellschaftsvertrag (zu § 126 HGB ausf Rosse 19 ff, 55 ff, 115 ff), bei der Gesellschaft bürgerlichen Rechts nach dem Gesellschaftsvertrag unter Berücksichtigung der Auslegungsregel des § 714 BGB. Der Unterschied solcher organschaftlicher Vertretung zur Vollmacht wird an der eingeschränkten Widerruflichkeit gem § 127 HGB, §§ 712, 715 BGB deutlich; demgegenüber unterliegt eine Vollmacht der Disposition der sie mit Wirkung für die Gesellschaft erteilenden Gesellschafter (GroßKomm-HGB/Habersack § 125 Rn 7; zur rechtsgeschäftlichen Vertretung von OHG und KG s ausf Wertenbruch Rn I 314 ff). – Auch den *Verwalter einer Wohnungseigentümergemeinschaft* (§ 20 Abs 1 WEG) kann man angesichts deren inzwischen anerkannter Teilrechtsfähigkeit und der Bestimmung des § 27 Abs 3 WEG als organschaftlichen Vertreter ansehen (ausf MünchKomm/Schubert § 164 Rn 10 mwNw).

26 Wer als Organ einer juristischen Person zum Handeln, insbes zur Vertretung berechtigt ist, ergibt sich für die juristischen Personen des Privatrechts aus den grundlegenden Organisationsbestimmungen (MünchKomm/Schubert § 164 Rn 13). Deren Inhalt ist Dritten bekannt zu machen. So ist es für den Vereinsvorstand in den §§ 68, 70 BGB vorgesehen; Entsprechendes gilt für die Aktiengesellschaft nach § 81 AktG, für die GmbH nach § 39 GmbHG und für die Genossenschaft nach § 28 GenG (zur Einschränkung der unbeschränkten Vertretungsmacht des Vorstands eines Vereins s BGH NJW-RR 1996, 866; für die Genossenschaft LG Kassel NJW-RR 1995, 1063; vgl auch Beuthien NJW 1997, 565 ff zu den Grenzen und dem Umfang der Vertretungsmacht bei der Vor-GmbH; s dazu ferner Lessmann Jura 2004, 367).

27 e) Für die Organe der **juristischen Personen des öffentlichen Rechts** fehlt es an Regeln, nach denen die öffentlichrechtlichen Organisationsnormen dieser Personen bekannt gemacht werden müssen. Wegen der Unübersichtlichkeit der Vertretungsberechtigten kommt der Rechtsscheinsvollmacht (s § 167 Rn 46 ff) hier besondere Bedeutung zu. Der Katalog der einzelnen Vertretungsvorschriften ist umfangreich und hier nicht darstellbar (s dazu ausführlich Stein/Jonas/Roth [23. Aufl 2014] § 18 ZPO Rn 10 ff; zur Vertretung von Behörden s ferner ausf Hufeld passim, insbes 30 ff, 98 ff, 160 ff; ausf jetzt auch Schmieder ZZP 126 [2013] 359 ff, auch zur Struktur der Vertretung und zu Fehlerfolgen). Hervorzuheben sind folgende Vertretungsregeln (s auch noch Rn 98 f zu VwVfG und AO):

Der **Bundesfiskus** wird auf der Grundlage des Art 65 S 2 GG jeweils durch den zuständigen Fachminister vertreten, bei Maßnahmen außerhalb eines Ressorts durch den Bundesminister der Finanzen, der für die Bereitstellung der Mittel zur Befriedigung des geltend gemachten Anspruchs verantwortlich ist (BGHZ 8, 197; BGH NJW 1967, 1755; STEIN/JONAS/ROTH § 18 ZPO Rn 14; LEISS, Die Vertretung des Reichs, des Bundes und der Länder vor den ordentlichen Gerichten [1957] 25; SCHMIEDER ZZP 126 [2013] 359, 365). 28

Grundsätzlich kann jeder Bundesminister seine Vertretungsbefugnis auf *nachgeordnete Behörden übertragen.* Solche Anordnungen sind in großem Umfang erfolgt (s SCHMIEDER ZZP 126 [2013] 359, 366 f). Ohne ausdrückliche Übertragung ist dies anzunehmen, wenn einer höheren Bundesbehörde Aufgaben allgemein zur selbständigen Erledigung zugewiesen worden sind (STEIN/JONAS/ROTH § 18 ZPO Rn 11). Dies gilt auch für Einstellungsbehörden hinsichtlich der Prozesse über das Bestehen von Arbeitsverhältnissen.

In den Ländern gelten selbstverständlich jeweils eigene Regelungen über die Vertretung des dortigen Fiskus. Sie sind im Einzelnen ganz unterschiedlich ausgestaltet (s näher die Übersicht bei STEIN/JONAS/ROTH § 18 ZPO Rn 15 ff). 29

Die **Vertretung der Kreise** ist gesetzlich geregelt (zu Einzelheiten vgl SCHMIDT/EICHSTÄDT/HAUS, Die Kreisordnungen in der Bundesrepublik Deutschland [1975]). 30

Die Regelung ist in den einzelnen Bundesländern sehr unterschiedlich; als Vertreter kommen je nach Gesetzeslage insbesondere der Landrat, der Oberkreisdirektor (BAG NJW 1996, 2594, 2595) oder der Kreisausschuss in Betracht. Im Falle eines Vertretungsmangels sind auch hier jedenfalls die §§ 177 ff BGB anwendbar (s zur NdsKreisO BAG NZA 1996, 756, 757 f). Hierbei erlangt die höchstrichterliche Rechtsprechung Bedeutung, nach der einschlägige Formvorschriften nicht als solche iSd § 125 BGB, sondern als Begrenzungen der Vertretungsmacht des handelnden Organs angesehen werden (BGHZ 32, 375, 379 ff; 147, 381, 383 ff; s auch § 167 Rn 46 ff; § 177 Rn 3).

Die **Gemeinden** haben ebenfalls gesetzlich bestimmte Organe. Die Vertretung ist auch insoweit in den einzelnen Bundesländern – und zwar in den jeweiligen Gemeindeordnungen – unterschiedlich geregelt (vgl STELKENS VerwArch 2003, 48; übers PALANDT/ELLENBERGER Einf v § 164 Rn 5a). Als Vertretung der Gemeinden kommen danach je nach Landesrecht namentlich in Betracht der (Ober-) oder erste Bürgermeister (zur Frage der Außenvertretungsmacht des Bürgermeisters allgemein REUTER DtZ 1997, 15 ff; für eine unbeschränkte organschaftliche Vertretungsmacht in Bayern BGH 18. 11. 2016 – V ZR 266/16 Rn 7, Rn 12 ff, NJW 2017, 2412 mwNw auch für das Kommunalrecht der anderen Bundesländer; BGH 1. 6. 2017 – VII ZR 49/16 Rn 11 f, NJW-RR 2017, 917), der (Ober-)Gemeindedirektor, der Rat und der Magistrat (zur Vertretung der Behörde bei Vollstreckungsunterwerfungserklärungen BVerwG NJW 1996, 608). Bei Bevollmächtigungen sind die gemeinderechtlichen Einschränkungen, etwa im Hinblick auf eine Gesamtvertretung, bedeutsam (s etwa BGH NJW 2009, 289, 291 f m Anm KIENINGER zu § 64 GO NW; dazu LEITZEN WM 2010, 637). 31

Zu Vertretungsregelungen im kirchlichen Bereich s SCHEFFLER NJW 1977, 740; PEGLAU NVwZ 1996, 767.

3. Die Ordnungsgesichtspunkte des Stellvertretungsrechts

32 a) Ein zentraler Grundsatz, der in den §§ 164 und 166 Abs 1 BGB Ausdruck gefunden hat, ist das auf die Repräsentationstheorie (s oben Rn 11; SCHREINDORFER 130 f; SCHILKEN 9 ff) zurückzuführende **Repräsentationsprinzip**, wonach es für das vom Stellvertreter abgeschlossene Geschäft grundsätzlich auf dessen Person ankommt, und nur die Wirkungen seines Handelns unmittelbar auf den Vertretenen bezogen werden (s schon oben Rn 11; SCHILKEN 9 ff): Prinzip der **Unmittelbarkeit der Stellvertretung** (s § 164 Rn 9). Allerdings wird diese Regelung insbesondere in § 166 Abs 2 BGB eingeschränkt (SCHILKEN 10 ff; BGB-RGRK/STEFFEN Vorbem 4 zu § 164; juris-PK-BGB/WEINLAND § 164 Rn 5; MünchKomm/SCHUBERT § 164 Rn 20).

MÜLLER-FREIENFELS (13) wendet sich gegen das Repräsentationsprinzip, weil nach seiner Ansicht das Problem der Stellvertretung nicht darin besteht, die Wirkungen des Vertretergeschäfts auf den Vertretenen überzuleiten, sondern zu klären, wie es mit dem privatautonomen Grundsatz der Eigengestaltung der Lebensverhältnisse vereinbar sein kann, dass eine Fremdgestaltung durch Vertretererklärung anerkannt wird. Im Anschluss an die schon früher vor allem von MITTEIS vertretene *Vermittlungstheorie* über die Zusammengehörigkeit des Handelns von Vertreter und Vertretenem (vgl SOERGEL/LEPTIEN Vorbem 9 zu § 164; FLUME § 43 2 d, § 52 1; MÜLLER-FREIENFELS 14) will MÜLLER-FREIENFELS (202 ff) die Trennung zwischen dem Bevollmächtigungsgeschäft und dem aufgrund erteilter Vollmacht abgeschlossenen Vertretergeschäft überwinden und beide als *Elemente eines einheitlichen Gesamttatbestandes* verstehen (s oben Rn 22). Hierin folgen ihm mit gewissen Modifikationen SIEBENHAAR (AcP 162, 354 ff) und THIELE (56 ff und 246 ff). Die Konsequenz eines derartigen Gesamttatbestandes würde ua bei der Formbedürftigkeit der Bevollmächtigung hervortreten. Auch die Besonderheiten des Verbraucherwiderrufsrechts (s dazu § 166 Rn 9) geben keinen Anlass, insoweit auf die Geschäftsherrntheorie zurückzugreifen (so aber MÖLLER ZIP 2002, 333, 337 ff; dagegen zutr HOFFMANN JZ 2012, 1156 ff; ausf SCHREINDORFER 127 ff).

32a Die ganz hM hält demgegenüber am **Repräsentationsprinzip** fest (BRHP/SCHÄFER § 164 Rn 16; ERMAN/MAIER-REIMER Vorbem § 164 Rn 7; jurisPK-BGB/WEINLAND § 164 Rn 5; MünchKomm/SCHUBERT § 164 Rn 19 f; NK-BGB/STOFFELS § 164 Rn 6; PALANDT/ELLENBERGER Einf v § 164 Rn 2; PWW/FRENSCH § 164 Rn 1, § 167 Rn 5; SOERGEL/LEPTIEN Vorbem 10 ff zu § 164; FLUME § 43 2c, 3, § 52 1; ENNECCERUS/NIPPERDEY § 182 II; SCHILKEN 23 f; BORK Rn 1294 ff; BREHM Rn 431 ff; LEIPOLD § 22 Rn 3; WERTENBRUCH § 28 Rn 1; WOLF/NEUNER § 49 Rn 2; LEENEN § 4 Rn 79; KANDLER 57 ff; SCHREINDORFER 130 ff, 140 ff; STÜSSER 34 ff; HOFFMANN JZ 2012, 1156 ff; HOHLOCH JuS 1978, 39 f; MOCK JuS 2008, 309, 310 f; PAULUS JuS 2017, 301, 303; PETERSEN Jura 2003, 744 f; SCHILKEN 23 f; krit aber PAWLOWSKI Rn 776 ff und JZ 1996, 125, 130; s auch MEDICUS/PETERSEN Rn 899). Einen Verstoß gegen den Grundsatz der Privatautonomie stellt das Repräsentationsprinzip nicht dar, weil die Privatautonomie nur einer ungerechtfertigten Fremdbestimmung entgegenstehen würde; die rechtsgeschäftliche Stellvertretung wird aber durch die Selbstbestimmung des Vertretenen bei Erteilung der Vertretungsmacht, die gesetzliche Stellvertretung durch die fehlende Fähigkeit zur Selbstbestimmung autorisiert (SOERGEL/LEPTIEN Vorbem 12 zu § 164; FLUME § 43 3; SCHILKEN 22 f).

BEUTHIEN (namentlich in: FS Medicus 4 f) hält die Repräsentationstheorie für überholt, weil nach Erledigung des personalen Willensdogmas Raum für den Denkansatz der Geschäftsherrntheorie sei, der Stellvertreter äußere keine eigene, sondern eine fremde Willenserklärung, Erklärender sei also der Vertretene mittels Erklärungshilfe des Vertretenen. Indessen ist die gesetzliche Regelung des § 164 Abs 1 BGB insoweit nicht zweifelhaft (so aber BEUTHIEN 4), sondern besagt völlig eindeutig iS des Repräsentationsprinzips das Gegenteil: Jemand, nämlich der Vertreter, gibt eine Willenserklärung ab, die unmittelbar für und gegen den Vertretenen „wirkt", nicht eine solche des Vertretenen „ist". Nicht anders ist es bei § 166 Abs 1 BGB (vgl § 166 Rn 1), wenn man unter der dort erwähnten „Willenserklärung" diejenige des § 164 Abs 1 BGB versteht, was anders kaum vorstellbar ist: Dann ist in der Tat das Abstellen auf die Person des Vertreters, namentlich hinsichtlich der Willensmängel, Konsequenz des Repräsentationsprinzips, nach dem der Stellvertreter als Handelnder eine eigene Erklärung abgibt (s etwa ENNECERUS/NIPPERDEY § 182 II 1; FLUME § 46 3; LEHMANN/HÜBNER § 36 I 1; auch insoweit anders BEUTHIEN 12). Nur die von FLUME (s FLUME § 43 3) entwickelte Unterscheidung zwischen der Willenserklärung als Handlung des Vertreters und dem dadurch bewirkten Rechtsgeschäft als Regelung des Vertretenen liefert zu dieser gesetzlichen Regelung eine stimmige Erklärung. § 164 Abs 1 BGB spricht auch nicht von einer Zuordnung der Willenserklärung (so wiederum BEUTHIEN 8), sondern sehr wohl (nur) der Wirkungen („wirkt unmittelbar für und gegen den Vertretenen"). Eine „Vertretung im Willen" liegt nicht vor, sondern die Erklärung eines eigenen Willens des Vertreters, deren Ergebnis kraft Vertretungsmacht den Vertretenen trifft (auch insoweit nicht überzeugend die Kritik von BEUTHIEN 8).

b) Dem BGB liegt ferner das im ADHGB und von LABAND formulierte (s oben Rn 12 und 14) **Abstraktionsprinzip** und das damit einhergehende **Trennungsprinzip** zugrunde, wonach das Rechtsverhältnis, kraft dessen jemand als Vertreter für einen anderen handeln darf und soll, das Innenverhältnis, zu unterscheiden ist vom rechtlichen Können im Außenverhältnis, durch welches unmittelbare Rechtswirkungen für und gegen den Geschäftsherrn erzeugt werden (s etwa BRHP/SCHÄFER § 164 Rn 19; ERMAN/MAIER-REIMER Vorbem § 164 Rn 2 und 6; Hk-BGB/DÖRNER § 167 Rn 8; JAUERNIG/MANSEL § 167 Rn 1; jurisPK-BGB/WEINLAND § 164 Rn 6; MünchKomm/SCHUBERT § 164 Rn 21 ff; NK-BGB/STOFFELS § 164 Rn 10 ff; PALANDT/ELLENBERGER Einf v § 164 Rn 2; PWW/FRENSCH § 164 Rn 49, § 167 Rn 4; SOERGEL/LEPTIEN Vorbem 39 zu § 164; StudKomm § 167 Rn 6; BORK Rn 1487; BOEMKE/ULRICI § 13 Rn 50; BROX/WALKER § 25 Rn 15; BREHM Rn 451 ff; ENNECERUS/NIPPERDEY § 184 III 2; FAUST § 26 Rn 8; FLUME § 45 II 2; HÜBNER Rn 1238; KÖHLER § 11 Rn 25; LEIPOLD § 24 Rn 16; MEDICUS/PETERSEN Rn 949; MUSIELAK/HAU Rn 1171; PAWLOWSKI Rn 675; STADLER § 30 Rn 16; WERTENBRUCH § 28 Rn 1, § 29 Rn 12 ff; WOLF/NEUNER § 49 Rn 100, § 50 Rn 7 ff; ausf DÖRNER 73 ff; CANARIS, in: FG Bundesgerichtshof [2000] 129, 160 f; LEKAUS, Vollmacht von Todes wegen [2000] 13 ff; MÜLLER-FREIENFELS, in: COING/WILHELM S 164 ff; PAPENMEIER 3 f; SCHILKEN 24; SCHMOECKEL 85 f und HKK §§ 164–181 Rn 6 und 17 ff; SCHREINDORFER 140 ff; HELLGARDT/MAJER WM 2004, 2380, 2383; HIMMEN JR 2016, 1345; LIEDER JuS 2014, 393 ff; LORENZ JuS 2010, 771, 772; PAULUS JuS 2017, 301, 303; PAWLOWSKI JZ 1996, 125, 126 f; PETERSEN Jura 2004, 829, 831 f; SCHREIBER Jura 1998, 606, 608). *Innenverhältnis und Außenverhältnis* können sich in ihrem Umfang decken, sie müssen es aber nicht; außerdem kann das Innenverhältnis zwischen dem Vertreter und dem Vertretenen von ganz unterschiedlicher Beschaffenheit sein (H J WOLFF 181). Es gibt sogar die isolierte Vollmacht ohne Grundverhältnis (s § 167 Rn 2 und § 168 Rn 16 ff). Das Abstraktions- und Trennungsprinzip steht der Möglichkeit entgegen, das für das Innenverhältnis maßgebende Rechtsgeschäft zusammen mit der Bevollmächtigung als einheitliches Rechtsgeschäft iS des § 139 BGB aufzufassen; lediglich ausnahmsweise kann – nur bei der Innenvollmacht – ein solcher Fall vorliegen (s BGH NJW 1988, 697, 698; NJW 1992, 3237, 3238; Hk-BGB/Dörner § 167 Rn 8; Jauernig/Mansel § 167 Rn 1; MünchKomm/Schubert § 164 Rn 22; NK-BGB/Stoffels § 164 Rn 11; Palandt/Ellenberger § 167 Rn 4; Soergel/Hefermehl § 139 Rn 20; Staudinger/Roth [2015] § 139 Rn 56 mwNw; Bork Rn 1491; Faust § 26 Rn 9; Flume § 32 2 a, § 50 2; Köhler § 11 Rn 26; Leenen § 13 Rn 21; Schack Rn 467; Schmidt Rn 718a; Stadler § 30 Rn 16; Wertenbruch 29 Rn 14; Wolf/Neuner § 50 Rn 9; Himmen JR 2016, 1345, 1346 ff; Lieder JuS 2014, 393, 397; krit Canaris, in: FG Bundesgerichtshof [2000], 129, 160 f; Petersen Jura 2004, 829, 830; ganz abl zB Soergel/Hefermehl § 139 Rn 20; Dörner 87 ff; weitergehend andererseits Medicus/Petersen Rn 949; Beuthien, in: FG Bundesgerichtshof 93 ff; Frotz 334 ff; s ferner zur Nichtigkeit nach dem RBerG aF § 167 Rn 75 aE). Auch hinsichtlich des Beendigungszeitpunktes der Vollmacht ist gem § 168 S 1 BGB nur auslegungsweise auf das Grundverhältnis zurückzugreifen (s § 168 Rn 2 f).

34 Gegen das Abstraktionsprinzip wird neben den Einwänden der Gegner der Repräsentationstheorie (s oben Rn 32) der Vorwurf unnötiger Zerreißung einheitlicher Lebensverhältnisse erhoben, zumal auch frühere und ausländische Rechte ohne das Abstraktionsprinzip funktionsfähig seien. Der demgegenüber geltend gemachte Gesichtspunkt, das Abstraktionsprinzip diene der Sicherheit des Rechtsverkehrs und dem Schutz des Kontrahenten (vgl Soergel/Leptien Vorbem 40 zu § 164), erscheint heute nicht mehr zwingend (vgl Beuthien, in: FG Bundesgerichtshof 9 f; Dörner 150 ff; Frotz 328 ff; Schott AcP 171, 387), zumal angesichts damit zusammenhängender Sonderprobleme vor allem bei der Innenvollmacht im Hinblick auf den Missbrauch der Vertretungsmacht und wegen des Gutglaubensschutzes nach den §§ 170 ff BGB. Im Ergebnis fordert somit die Regelung der Vertretungsmacht nicht zwingend die Einhaltung des Abstraktionsprinzips; seine Übernahme in das BGB bringt aber auch nicht so viele Nachteile mit sich, dass man davon abrücken müsste, wenn man bei der Lösung von Einzelfragen die Verknüpfung über § 168 BGB berücksichtigt (vgl Flume § 45 II 2 aE). Demgegenüber macht neuerdings Beuthien (in: FG Bundesgerichtshof 84 ff) geltend, die Vollmacht erreiche nicht einen solchen Grad der Abstraktheit, dass sie von dem Grundgeschäft völlig unabhängig sei, sondern bilde mit ihm in aller Regel eine Geschäftseinheit. Diese Konzeption entspricht indessen nicht der gesetzlichen Regelung namentlich der §§ 167, 168 BGB. Insbesondere § 167 BGB lässt ohne jegliche Bezugnahme auf ein Grundgeschäft für Innen- und Außenvollmacht die einseitige Erklärung des Vollmachtgebers genügen; dass die Parteien dies anders, nämlich durch Vertrag regeln können und dies tatsächlich oft im Zusammenhang mit dem Grundgeschäft tun, ändert nichts am klaren gesetzlichen Konzept (anders Beuthien, in: FG Bundesgerichtshof 88 ff), sondern gibt allenfalls in besonderen Fällen Anlass zu ausgleichenden Lösungen über § 139 BGB oder das Institut des Missbrauchs der Vertretungsmacht (s § 167 Rn 91 ff; Flume § 45 II 2 und 3). Auch § 168 BGB knüpft zwar in S 1 das Erlöschen der Vollmacht an das ihrer Erteilung zugrunde liegende Innenverhältnis, verdeutlicht aber schon dadurch die Selbständigkeit der Erteilung und bestätigt diese Trennung in S 2 durch die Unterscheidung zwischen Widerruflichkeit der Vollmacht und Fortbestehen des Grundrechtsverhältnisses (aA auch insoweit Beuthien, in: FG Bundesgerichtshof 84 ff). Erst recht liegt es so bei den generellen Vollmachten insbesondere des Handelsrechts, also Prokura und Handlungsvollmacht, wo der Handelsverkehr sogar in besonderem Maße eine Lösung der Vertretungsmacht vom Pflichtverhältnis des Vertreters erfordert (Flume § 45 II 2; zur Haftung im Innenverhältnis s nur Koller/Roth/Morck, HGB [7. Aufl 2011]

Titel 5
Vertretung und Vollmacht

Vorbem zu §§ 164 ff

§ 50 Rn 4; **aA** auch insoweit Beuthien, in: FG Bundesgerichtshof 102 f), die nur teilweise durch registerlichen Publizitätsschutz erreicht werden kann. Bei organschaftlicher Vertretung (s Rn 25 f) ergibt sich die Abstraktheit gegenüber der Anstellung bereits aus der originären Rechtsnatur der Vertretungsmacht, die bei juristischen Personen an die Bestellung, bei Personengesellschaften an die Mitgliedschaft anknüpft (vgl Beuthien, in: FG Bundesgerichtshof 104 ff). Soweit die Vertretungsmacht schließlich auf Gesetz oder Amtsstellung beruht (s Rn 23 f, Rn 57 ff), können allerdings die spezifischen Probleme der Trennung von Vollmacht und Grundrechtsgeschäft nicht auftreten, doch ist auch hier die Vertretungsmacht gegenüber der Pflichtbindung des Vertreters verselbständigt (Flume § 45 II 4; **aA** wiederum Beuthien, in: FG Bundesgerichtshof 100 f), wie zB §§ 1626, 1629 BGB verdeutlichen, die zwischen der Pflicht (und dem Recht) zur elterlichen Sorge einerseits und der daraus resultierenden Vertretungsmacht andererseits unterscheiden (s auch §§ 1901, 1903 BGB für den Betreuer, weniger klare Trennung allerdings in § 1793 Abs 1 S 1 BGB für den Vormund). Demgegenüber spricht sich neuerdings auch Dörner (passim, namentlich 78 ff, 108 ff, 150 ff und für die handelsrechtlichen Vollmachten 229 ff) für eine Abhängigkeit der Vollmacht – mit Ausnahme der Prokura – vom Innenverhältnis und das Eingreifen eines Verkehrsschutzes (nur) nach den §§ 170 ff BGB bei kundgegebener Innenvollmacht und Außenvollmacht aus, sieht sich damit aber jedenfalls de lege lata denselben Einwänden ausgesetzt.

c) Ein weiterer Grundsatz der Vertretungsvorschriften des BGB ist das **Offenheitsprinzip** (Offenkundigkeitsprinzip, Offenlegungsgrundsatz), wonach stellvertretendes Handeln nur unter der Voraussetzung möglich ist, dass der Vertreter sein Handeln in fremdem Namen erkennbar macht (s oben Rn 13; BRHP/Schäfer § 164 Rn 17 f; Erman/Maier-Reimer Vorbem § 164 Rn 2 und 5; Hk-BGB/Dörner § 164 Rn 5; Jauernig/Mansel § 164 Rn 3; jurisPK-BGB/Weinland § 164 Rn 4; MünchKomm/Schubert § 164 Rn 24; NK-BGB/Stoffels § 164 Rn 9; Palandt/Ellenberger Einf v § 164 Rn 2; PWW/Frensch § 164 Rn 30; Soergel/Leptien Vorbem 22 zu § 164; StudKomm § 164 Rn 9; Boemke/Ulrici § 13 Rn 8 f; Bork Rn 1377 ff; Brehm Rn 440 ff; Brox/Walker § 24 Rn 9; Faust § 25 Rn 1; Köhler § 11 Rn 18; Leenen § 4 Rn 88 ff; Medicus/Petersen Rn 905, Rn 915 ff; Musielak/Hau Rn 1162; Wertenbruch § 28 Rn 8; Pawlowski Rn 702 ff; Schmidt Rn 665 ff; Wolf/Neuner § 49 Rn 44 ff; ausf Moser 63 ff; Schreindorfer 143 ff; Börner, in FS Hübner [1984] 409 ff; Einsele JZ 1990, 1005; Lorenz JuS 2010, 382 f; Mock JuS 2008, 309, 312 ff; Petersen Jura 2010, 187; Schilken, in: FS K Schmidt [2019] 369 ff; K Schmidt JuS 1987, 425; Schmoeckel 86 f; Schreiber Jura 1998, 606 f). Die Einschränkung der Vertretungsregeln auf die direkte Stellvertretung wurde in Mot I 223 damit gerechtfertigt, dass es für eine mittelbare Stellvertretung „an zureichenden Gründen" fehle. Dieser Gesichtspunkt hat sich als nicht zutreffend erwiesen, weshalb mehrfach Durchbrechungen des Offenheitsprinzips erfolgt sind (vgl Rn 14, 52 ff; zur Durchbrechung beim Handeln für den Arbeitgeber vgl Bettermann 51 ff; zu Verfügungen Börner, in: FS Hübner [1984] 409). Freilich spricht für das Prinzip nicht nur der Aspekt des Schutzes des Vertragsgegners, sondern es handelt sich mittelbar auch um eine Einrichtung zum Schutz des gesamten Rechtsverkehrs (MünchKomm/Schubert § 164 Rn 24; NK-BGB/Stoffels § 164 Rn 9, Rn 54 ff; PWW/Frensch § 164 Rn 30; Soergel/Leptien Vorbem 22 zu § 164; Flume § 44 I; Canaris, in: FS Flume [1978] 371, 407; Schilken, in: FS K Schmidt [2019] 369, 371 ff; K Schmidt JuS 1987, 425, 426; **aA** Bork Rn 1378 „nur ein Reflex"; Einsele JZ 1990, 1005, 1006 mwNw; Hager AcP 180, 239, 248; Müller JZ 1982, 779).

Zur Wahrung des Offenheitsprinzips ist es nicht erforderlich, dass der Vertreter den von ihm Vertretenen *benennt* (RGZ 140, 335, 338; BGH WM 1957, 710; NJW-RR 1988, 475,

476; MDR 1993, 852; OLG Celle WM 1959, 921; BGB-RGRK/Steffen Vorbem 2 zu § 164; Hk-BGB/Dörner § 164 Rn 6; jurisPK-BGB/Weinland § 164 Rn 25; MünchKomm/Schubert § 164 Rn 24, Rn 113 f; MünchKommHGB/Krebs Vorbem 44 f zu § 48; NK-BGB/Stoffels § 164 Rn 55; Palandt/Ellenberger § 164 Rn 1; PWW/Frensch § 164 Rn 31; Soergel/Leptien § 164 Rn 12; Brehm Rn 441 f; Brox/Walker § 24 Rn 9; Faust § 25 Rn 3 f; Hübner Rn 1219; Medicus/Petersen Rn 916; Wolf/Neuner § 49 Rn 45; Moser 71 ff, 96 ff; Mock JuS 2008, 309, 310; Schilken, in: FS K Schmidt [2019] 369, 373 ff; K Schmidt JuS 1987, 425, 431; s auch § 164 Rn 1 f, insbes zu sog *unternehmensbezogenen Geschäften*). Sogar die Tatsache, dass zweifelhaft ist, für welche von mehreren vertretenen Gesellschaften jemand auftritt, steht einem Vertreterhandeln nicht entgegen, wenn dies letztlich durch Auslegung (vgl § 164 Abs 1 S 2 BGB) zu ermitteln ist (BGH WM 1978, 1151). Überhaupt muss der Vertretene zur Zeit der Vornahme des Vertretergeschäfts noch nicht bestimmt (benannt oder bekannt) sein, sondern kann auch erst später individualisiert werden (BGH NJW 1989, 164, 166; MünchKomm/Schubert § 164 Rn 114 mwNw; Moser 77 ff; vgl Flume § 44 II 1 a; K Schmidt JuS 1987, 425, 431; Gehrlein VersR 1995, 268; zur Kreditfinanzierung durch Bestellung von Pfandrechten für noch unbekannte Konsorten [sog future pledgees] Josenhans/Danzmann WM 2017, 1588, 1589 und § 177 Rn 2; s ferner unten Rn 51 zum Handeln für den, den es angeht). Andererseits genügt das Auftreten unter der Berufsbezeichnung „Generalvertreter" noch nicht, um für eine abgegebene Erklärung das Offenheitsprinzip als gewahrt anzusehen (OLG Celle NJW 1956, 383; **aM** OLG Köln JW 1934, 920).

36 Hat jemand erkennbar gemacht, dass er als Stellvertreter handelt, besteht weiter die Frage, ob bei ihm ein entsprechender **Vertretungswille** vorhanden sein muss. Die frühere Rspr hat dies für den Erklärungsvertreter bejaht, beim Empfangsvertreter davon abgesehen (RGZ 58, 273, 277; RG JR 1926 Nr 1601). In der Literatur wird ganz überwiegend der Vertretungswille gefordert (BRHP/Schäfer § 164 Rn 44; NK-BGB/Stoffels § 164 Rn 54; PWW/Frensch § 164 Rn 31; Soergel/Leptien § 164 Rn 12 f; Bork Rn 1382 ff; Enneccerus/Nipperdey § 178 II 2; Flume § 44 III und JZ 1962, 282; Hübner Rn 1221; vgl auch Hoffmann JuS 1970, 235 Fn 4; Lieb JuS 1967, 111 f; MünchKomm/Schubert § 164 Rn 175; **aA** Erman/Maier-Reimer § 164 Rn 19; Palandt/Ellenberger § 164 Rn 1; Wolf/Neuner § 49 Rn 16). Diese Auffassung, die zur Anfechtbarkeit wegen Irrtums führt (s § 164 Rn 21), erscheint im Hinblick auf die Regelung des § 164 Abs 2 BGB zutreffend (vgl § 164 Rn 3); anders ist es bei der Rechtsscheinsvollmacht (vgl § 167 Rn 39). Der BGH hingegen lässt es (im Anschluss an Fikentscher AcP 154, 16 ff; s auch Leenen § 4 Rn 92) genügen, dass jemand bei bestehender Vertretungsmacht erkennbar als Vertreter gehandelt hat, ohne dass es auf den inneren Vertretungswillen des Handelnden ankommt (BGHZ 36, 30, 33; BGH WM 1970, 816; anders wohl OLG Düsseldorf NJW-RR 1996, 1141). Beachtlich wird aber nach der Auffassung des BGH der Vertreterwille, wenn jemand als vollmachtloser Vertreter handeln und die Genehmigung vorbehalten will (BGH DNotZ 1968, 407). Ebenso ist es erforderlich, aber ausnahmsweise auch ausreichend, wenn es sich wie zB bei §§ 144, 151, 159 BGB um Sonderfälle bloßer Willensbetätigung handelt (Vytlacil 219 ff).

37 d) Ferner liegt dem BGB das **Prinzip des Vertrauensschutzes** zugrunde, das dem Geschäftspartner zugute kommen soll, der mit einem Stellvertreter kontrahiert. Frotz (265 ff; für dieses Prinzip zB auch Erman/Maier-Reimer Vorbem § 164 Rn 8; MünchKomm/Schubert § 164 Rn 25; NK-BGB/Stoffels § 164 Rn 14; Schreindorfer 145 f) sieht den aus diesem Prinzip hergeleiteten „vorbeugenden Verkehrsschutz" vor allem durch das verkehrsbezogene Verständnis der Vollmachtserteilung und ihre Auslegung aus der Sicht des Adressaten verwirklicht. Auch sind die §§ 168 Abs 2, 171 ff und 177 ff BGB Ausdruck des Vertrauensschutzprinzips. Freilich darf das nicht die Sicht darauf verstellen, dass die Folgen der Stellvertretung nicht durch Vertrauen, sondern durch rechtsgeschäftliches Verhalten ausgelöst werden. Soweit im Rahmen der sog Wissenszurechnung (s noch § 166 Rn 3 ff) Kenntnis oder Kennenmüssen bedeutsam sind, geht es um die Grenzen des *Vorteilsschutzes* bei demjenigen, der als Vertretener an sich bestimmte Vorteile eines Rechtsgeschäfts in Anspruch nehmen kann (SCHILKEN 51 ff, 59 ff).

4. Die Anwendbarkeit der Stellvertretungsvorschriften

a) Grundsätzlich ist jede Willenserklärung einer Stellvertretung zugänglich, es kann sich namentlich und Verpflichtungs- und Verfügungsgeschäfte handeln (BÖRNER, in: FS Hübner [1984] 409 ff). Außerhalb der rechtsgeschäftlichen Sphäre ist hingegen grundsätzlich kein Raum für die Anwendung der Stellvertretungsvorschriften. Jedoch können sie für **geschäftsähnliche Handlungen**, welche adressatengerichtete Willensäußerungen oder Vorstellungsäußerungen darstellen, analoge Anwendung finden (BGH NJW 2006, 687, 688; BRHP/SCHÄFER § 164 Rn 3; ERMAN/MAIER-REIMER Vorbem § 164 Rn 9, § 164 Rn 2; Hk-BGB/DÖRNER § 164 Rn 2; JAUERNIG/MANSEL § 164 Rn 2; MünchKomm/SCHUBERT § 164 Rn 90; NK-BGB/STOFFELS § 164 Rn 36; PALANDT/ELLENBERGER Einf v § 164 Rn 3; PWW/FRENSCH § 164 Rn 28; SOERGEL/LEPTIEN § 164 Rn 4; BITTER/RÖDER § 10 Rn 10; BORK Rn 1334; BROX/WALKER § 23 Rn 6; FLUME § 43 1; GRIGOLEIT/HERRESTHAL Rn 483; HÜBNER Rn 1212; MEDICUS/PETERSEN Rn 198; MUSIELAK/HAU Rn 1157; SCHMIDT Rn 624; WOLF/NEUNER § 28 Rn 11; HOFFMANN JuS 1970, 180; ULRICI NJW 2003, 2053, 2055 f und BB 2003, 52 zur abw Entscheidung des BAG NJW 2003, 236; SCHILKEN 154 ff, 233). Darunter fallen entgegen wohl hM (BGHZ 29, 33, 36; SOERGEL/LEPTIEN § 164 Rn 4; STAUDINGER/GURSKY [2014] Vorbem 10 zu §§ 182 ff; MEDICUS/PETERSEN Rn 200 f) auch Einwilligungen in Rechtsverletzungen, wobei allerdings nur im Vermögensbereich die Stellvertretungsregeln ohne weiteres entsprechend anwendbar sind (so iE auch MünchKomm/SCHUBERT § 164 Rn 89; NK-BGB/STOFFELS § 164 Rn 37; BORK Rn 1338), während sonst – zB bei ärztlichen Heileingriffen – allerdings dem höchstpersönlichen Selbstbestimmungsrecht der Betroffenen Rechnung zu tragen ist (NK-BGB/STOFFELS § 164 Rn 37; SOERGEL/LEPTIEN § 164 Rn 4; s dazu näher KERN NJW 1994, 753 ff).

Unanwendbar sind die Stellvertretungsregeln hingegen auf **Realakte**. Zwar kann auch in diesen Fällen die Fremdwirkung menschlichen Handelns eintreten, so beim Besitzerwerb infolge Begründung tatsächlicher Gewalt durch den Besitzdiener oder bei fremd wirkender Verarbeitung. Diese Fremdwirkung ist jedoch nicht die Folge einer Vertretungsmacht, sondern beruht auf der Beziehung des Handelnden zur Betriebssphäre seines Weisungsgebers (RGZ 137, 23, 25; BGHZ 8, 130, 132; 16, 259, 263; 32, 53, 56; BGB-RGRK/STEFFEN Vorbem 24 zu § 164; BRHP/SCHÄFER § 164 Rn 3; ERMAN/MAIER-REIMER Vorbem § 164 Rn 10; Hk-BGB/DÖRNER § 164 Rn 2; JAUERNIG/MANSEL § 164 Rn 2; MünchKomm/SCHUBERT § 164 Rn 91; NK-BGB/STOFFELS § 164 Rn 38; PALANDT/ELLENBERGER Einf v § 164 Rn 3; PWW/FRENSCH § 164 Rn 28; SOERGEL/LEPTIEN § 164 Rn 9; BITTER/RÖDER § 10 Rn 11; BROX/WALKER § 23 Rn 6; FLUME § 43 1; GRIGOLEIT/HERRESTHAL Rn 483; HÜBNER Rn 1212; MUSIELAK/HAU Rn 1157 f; SCHMIDT Rn 627; MOCK JuS 2008, 309). Soweit demgegenüber neuerdings KLINCK (AcP 205 [2005] 487) den Besitzerwerb als rechtsgeschäftsähnlich einordnet, ist dem nicht zuzustimmen. Zwar werden auch mit der Besitzverschaffung in der Tat regelmäßig rechtliche Ziele verfolgt, doch verwirklichen sich diese –

abgesehen von den Fällen des § 854 Abs 2 BGB – anders als bei Abgabe einer ihrer Natur nach auf eine Rechtsfolge gerichteten Willenserklärung nicht in dem auf die Einnahme einer rein tatsächlichen Position gerichteten Besitzerwerb selbst; die Stellvertretung durch Abgabe einer Willenserklärung erfasst also Tatbestand und Rechtsfolge, während die Besitzverschaffung ohne rechtsgeschäftsähnliche Willensäußerung nur die Änderung der tatsächlichen Sachherrschaft als Tatbestand betrifft.

Auch die Fälle des *sozialtypischen Verhaltens,* dessen dogmatische Notwendigkeit im Übrigen zu verneinen ist, erlauben keinen Rückgriff auf die Stellvertretungsregeln, auch nicht im Wege der Analogie (vgl Hitzemann 48 ff; aber auch Soergel/Leptien § 164 Rn 10).

39 **b)** Die **Aufnahme von Vertragsverhandlungen**, bei denen die Vertragswirkungen einen anderen treffen sollen, lässt die Stellvertretungsregeln nicht eingreifen (vgl auch Rn 93). Vielmehr findet von Anfang an wegen des Eintritts in ein gesetzliches Schuldverhältnis § **278 BGB** Anwendung (BRHP/Schäfer § 164 Rn 5; MünchKomm/Schubert § 164 Rn 92; NK-BGB/Stoffels § 164 Rn 35; PWW/Frensch § 164 Rn 28; Flume § 46 6; Hübner Rn 1212; Ballerstedt AcP 151, 510 und 518; Müller NJW 1969, 2169). Anders ist es, wenn Vertragsverhandlungen für einen Dritten von jemand aufgenommen werden, dessen Handeln dem „Vertretenen" nicht zugerechnet werden kann, wenn also der Handelnde „ohne Vertretungsmacht" auftritt. Hier kann § 278 BGB erst eingreifen, wenn der „Vertretene" einen Zurechnungsgrund, etwa Duldung des Drittverhaltens nach Kenntnisnahme, gesetzt hat. Im Übrigen kommt nur die *Eigenhaftung des Handelnden* in Betracht (vgl § 164 Rn 9 ff; BRHP/Schäfer § 164 Rn 39; Soergel/Leptien § 164 Rn 5 ff; Ballerstedt AcP 151, 501 ff; Hoffmann JuS 1970, 180).

Ebenso wenig gelten die Stellvertretungsregeln im Bereich der **unerlaubten Handlungen** (Müller-Freienfels 57 mit Hinw auf abw Regeln in ausländischen und früheren Rechten). Dort greifen die §§ 31, 89 und 831 ein (BRHP/Schäfer § 164 Rn 5; MünchKomm/Schubert § 164 Rn 92; NK-BGB/Stoffels § 164 Rn 35; PWW/Frensch § 164 Rn 28; Soergel/Leptien § 164 Rn 8; Lehmann/Hübner § 36 III a).

40 **c)** Stellvertretung kommt grundsätzlich in allen Bereichen rechtsgeschäftlichen Handelns in Betracht (s etwa BAG MDR 1995, 489 für Tarifverträge), sie kann aber durch **gesetzliche Vertretungsverbote** ausgeschlossen sein (s dazu im Überblick auch MünchKomm/Schubert § 164 Rn 100; NK-BGB § 164 Rn 43; Mock JuS 2008, 309). Derartige Verbote bestehen vor allem bei familien- und erbrechtlichen Rechtsgeschäften, bei denen die *persönliche Erklärungsabgabe* verlangt wird, so bei der Eheschließung nach § 1311 S 1 BGB und bei der Begründung einer Lebenspartnerschaft (§ 1 LPartG); ferner gilt dies bei letztwilligen Verfügungen gem §§ 2064, 2274 und 2284 BGB sowie beim Erbverzicht gem §§ 2347 Abs 2 S 1, 2351 BGB. Dagegen steht das Erfordernis gleichzeitiger Anwesenheit der Erklärenden vor dem Notar gem § 925 BGB oder § 1410 BGB einer Stellvertretung nicht entgegen. Ebenso wenig wird nach ganz hM die Stellvertretung durch das Formerfordernis der eigenhändigen Unterschrift ausgeschlossen. Darüber hinaus ist aber in diversen Einzelfällen die Stellvertretung ausdrücklich eingeschränkt oder untersagt. Derartige Regelungen enthält das BGB zB weiter für Zustimmungen bei Verfügungen im Rahmen der fortgesetzten Gütergemeinschaft in § 1516 Abs 2 S 1 BGB, für die Anerkennung der Vaterschaft und deren Widerruf sowie die notwendigen Zustimmungen gem §§ 1595, 1596, 1597 Abs 3 BGB, für die Vaterschaftsanfechtung in § 1600a BGB, für Sorgeerklärungen nach § 1626c Abs 1 BGB, für die Einwilligungen zur Adoption in § 1750 Abs 3 S 1 BGB, für den Antrag auf Adoption in § 1752 Abs 2 S 1 BGB und auf Aufhebung der Adoption in §§ 1760 Abs 5 S 2, 1762 Abs 1 S 3 BGB, für den Widerruf eines Testaments durch Rücknahme aus der Verwahrung (§ 2256 Abs 2 S 2 BGB) oder wechselbezüglicher Verfügungen in § 2271 Abs 1 BGB, für die Anfechtung eines gemeinschaftlichen Testaments in § 2282 Abs 1 S 1, für die Bestätigung eines anfechtbaren Erbvertrags in § 2284 S 1 BGB, für dessen Aufhebung in § 2290 Abs 2 S 1 BGB und für den Rücktritt in § 2296 Abs 1 S 2 BGB (zum Versuch einer Abmilderung solcher Vertretungsverbote durch die Anerkennung eines Stellvertreters in der Erklärung vgl Rn 82 ff). Die Prokura kann gem § 48 Abs 1 HGB nur vom Inhaber des Handelsgeschäfts oder seinem gesetzlichen Vertreter persönlich erteilt werden (s dazu näher MünchKommHGB/Krebs § 48 Rn 15 ff).

d) Ferner kann Stellvertretung **rechtsgeschäftlich** wirksam ausgeschlossen oder **41** beschränkt werden („gewillkürte Höchstpersönlichkeit": BGHZ 99, 90, 94; BRHP/Schäfer § 164 Rn 4; Erman/Maier-Reimer Vorbem § 164 Rn 33; Jauernig/Mansel § 164 Rn 9; MünchKomm/Schubert § 164 Rn 103; NK-BGB/Stoffels § 164 Rn 45; Palandt/Ellenberger Einf v § 164 Rn 4; PWW/Frensch § 164 Rn 26; Soergel/Leptien Vorbem 84 zu § 164; Bitter/Röder § 10 Rn 19; Flume § 43 7; Reichel, Höchstpersönliche Rechtsgeschäfte [1931] 77 ff).

Schließlich kann die *„Natur des Rechtsgeschäfts"* der Zulässigkeit einer Stellvertretung entgegenstehen. Eine solche Regel war noch in § 115 E I ausdrücklich vorgesehen; der ihr entsprechende Satz gilt jedoch auch ohne Aufnahme in das BGB weiter, weil insoweit eine verdeckte Gesetzeslücke entstanden ist (Reichel 15). Allerdings sind derartige Fälle selten; es ist nicht möglich, für familienrechtliche Erklärungen allgemein ein auf ihre Rechtsnatur gestütztes Vertretungsverbot zu bejahen (RGZ 63, 113, 114; MünchKomm/Schubert § 164 Rn 101; Soergel/Leptien Vorbem 84 zu § 164; einschränkend auch BGB-RGRK/Steffen Vorbem 23 zu § 164; NK-BGB/Stoffels § 164 Rn 44; Bork Rn 1337). Anzuerkennen ist von den zahlreichen seinerzeit bei Reichel angeführten Fällen eines Vertretungsverbotes nur noch die Zustimmungserklärung des anderen Ehegatten (Reichel 49), die nach den §§ 1365 Abs 1, 1366 Abs 1 und 1369 BGB erforderlich wird (zust NK-BGB/Stoffels § 164 Rn 44; s auch Soergel/Leptien Vorbem 84 zu § 164) sowie der Abschluss eines Verlöbnisses nach § 1297 BGB (NK-BGB/Stoffels § 164 Rn 44 mwNw; Bork Rn 1337). Einschränkungen gelten des Weiteren für die Einwilligung eines Vertreters, namentlich Betreuers, in ärztliche Eingriffe und Zwangsbehandlungen (s dazu Honds, Die Zwangsbehandlung im Betreuungsrecht [2008] 60 ff; Knauf, Mutmaßliche Einwilligung und Stellvertretung bei ärztlichen Eingriffen an Einwilligungsunfähigen [2005] 114 ff; s ferner die Nachw § 167 Rn 86a zur Vorsorgevollmacht). Bedeutsam ist in diesem Zusammenhang auch das Erfordernis ausdrücklicher und schriftlicher Anordnung bei der Vollmacht (§§ 1904 Abs 5 S 1, 1906 Abs 5 S 1 BGB) sowie das Genehmigungserfordernis nach Maßgabe der §§ 1904, 1906 BGB.

III. Die Abgrenzung der Stellvertretung von ähnlichen Rechtsinstituten

1. Der mittelbare Stellvertreter, der Treuhänder und der Strohmann*

42 a) **Mittelbare (verdeckte, indirekte oder stille) Stellvertretung** liegt vor, wenn jemand ein Rechtsgeschäft im eigenen Namen, aber im Interesse und für Rechnung eines anderen, des Geschäftsherrn, vornimmt. Bei mittelbarer Stellvertretung fehlt es an der Offenheit des Handelns für einen anderen; rechtlich ist der Geschäftsherr an

---

* **Schrifttum**: BEUTHIEN, Treuhand an Gesellschaftsanteilen, ZGR 1974, 26; BITTER, Rechtsträgerschaft für fremde Rechnung (2006); BLAUROCK, Unterbeteiligung und Treuhand an Gesellschaftsanteilen (1981); BRUNS, Besitzerwerb durch Interessenvertreter (1910); COING, Die Treuhand kraft privaten Rechtsgeschäfts (1973); EDEN, Treuhandschaft an Unternehmen und Unternehmensanteilen (1981); FEHRENBACH, Die Haftung bei Vertretung einer nicht existierenden Person, NJW 2009, 2173; FLECKNER, Schadensausgleich beim Handeln in eigenem Namen für fremde Rechnung, in: FS Hopt (2008) 3; GAUL, Neuere „Verdinglichungs"-Tendenzen zur Rechtsstellung des Sicherungsgebers bei der Sicherungsübereignung, in: FS Serick (1993) 105 ff; GERHARDT, Von Strohfrauen und Strohmännern, in: FS Lüke (1997) 121; GERNHUBER, Die fiduziarische Treuhand, JuS 1988, 355; GIESEKE, Besondere Probleme bei der „mittelbaren Beteiligung" an einer Publikums-KG durch einen Treuhand-Kommanditisten, Betrieb 1984, 970; GREMMELS, Treuhand und mittelbare Stellvertretung (Diss Göttingen 1936); GRUNDMANN, Der Treuhandvertrag (1997); GRZIBEK, Direkte Rechtsbeziehungen bei der verdeckten Stellvertretung (2004); G HAGER, Die Prinzipien der mittelbaren Stellvertretung, AcP 180, 239; HARTISCH, Vertretung und Treuhand im Steuerrecht (Diss Münster 1962); HEDEMANN, Bereicherung durch Strohmänner (1911); HENSSLER, Treuhandgeschäft – Dogmatik und Wirklichkeit, AcP 196 (1996) 37; LAMMEL, Die Haftung des Treuhänders aus Verwaltungsgeschäften (1972); LANTWIN, Die Treuhand über den Tod hinaus (Diss Bonn 2007); LIEBICH, Treuhand und Treuhänder in Recht und Wirtschaft (2. Aufl 1983); MARTINEK, Das allgemeine Geschäftsbesorgungsrecht und die analoge Anwendung des § 392 Abs 2 HGB, in: FS Musielak (2004) 355; MÜLLER, Zur Reform der herrschenden Lehre von der mittelbaren Stellvertretung, DJZ 1906, 164; MÜLLER-ERZBACH, Die Grundsätze der mittelbaren Stellvertretung aus der Interessenlage entwickelt (1905); ders, Der Durchbruch des Interessenrechts durch allgemeine Rechtsprinzipien, JherJb 53, 331, 358 ff; NEUBECKER, Beiträge zur Lehre von der mittelbaren Stellvertretung, GrünhutsZ 36, 31; OHR, Zur Anerkennung der verdeckten Stellvertretung in der Rechtsprechung des Reichsgerichts, AcP 150 (1949) 525; PETERSEN, Unmittelbare und mittelbare Stellvertretung, Jura 2003, 744; REINHARDT, Der Ersatz des Drittschadens (1933); REINHARDT/ERLINGHAGEN, Die rechtsgeschäftliche Treuhand – ein Problem der Rechtsfortbildung, JuS 1962, 41, 43 ff; SCHLESS, Mittelbare Stellvertretung und Treuhand (1931); SCHLOSSER, Außenwirkungen verfügungsbindender Abreden bei der rechtsgeschäftlichen Treuhand, NJW 1970, 681; SCHWARK, Rechtsprobleme bei der mittelbaren Stellvertretung, JuS 1980, 777; SERICK, Eigentumsvorbehalt und Sicherungsübertragung, Bd I bis VI (1963–1986); ders, Eigentumsvorbehalt und Sicherungsübereignung (2. Aufl 1993); SIEBERT, Das rechtsgeschäftliche Treuhandverhältnis (1933); THOMAS, Die rechtsgeschäftliche Begründung von Treuhandverhältnissen, NJW 1968, 1705; WÄSCHER, Die verdeckte Stellvertretung mit unmittelbarer Fremdwirkung (Diss Köln 1956); WALTER, Das Unmittelbarkeitsprinzip bei der fiduziarischen Treuhand (1974); ders, Trau, schau wem – Bemerkungen zur Entwicklung des Treuhandrechts in der Schweiz und in Deutschland, in: FS Coing II (1982) 564 ff; M WOLF, Der mittelbare Stellvertreter als nichtberechtigt Verfügender, JZ 1968, 414.

dem zwischen dem mittelbaren Stellvertreter und dem Dritten abgeschlossenen Geschäft nicht beteiligt (MünchKomm/Schubert § 164 Rn 39 f; NK-BGB/Stoffels § 164 Rn 18; Leipold § 22 Rn 7 f; Hager AcP 180, 239 ff; Mock JuS 2008, 309, 310; Petersen Jura 2003, 744, 746 ff; krit Schwark JuS 1980, 777 ff; ausf zur Verdrängung der indirekten Stellvertretung HKK/Schmoeckel §§ 164–181 Rn 9 ff; s ferner diff Grzibek 32 ff). Die Verfasser des BGB hielten gesetzliche Regeln über die mittelbare Stellvertretung nicht für erforderlich (s oben Rn 35). Nur im Handelsrecht ist die mittelbare Stellvertretung gesetzlich anerkannt. Sie ist dort das Kennzeichen des Kommissionsgeschäfts und des Speditionsgeschäfts nach den §§ 383 ff HGB und §§ 407 ff HGB (MünchKomm/Schubert § 164 Rn 39; Enneccerus/Nipperdey § 179 I; Pawlowski Rn 642). In jedem Fall setzt sie das Vorhandensein eines außerhalb des abgeschlossenen Rechtsgeschäfts stehenden Dritten voraus; kein Fall mittelbarer Stellvertretung liegt also vor, wenn ein dritter Geschäftsherr überhaupt nicht existiert (so aber Fehrenbach NJW 2009, 2173, 2175).

Mangels gesetzlicher Regelung im BGB fehlt es an Vorschriften für den Übergang **43** der vom Mittler erworbenen Gegenstände auf den Geschäftsherrn. Dieser Übergang muss daher nach den allgemeinen Regeln vollzogen werden, sodass die vom Dritten erworbenen Gegenstände zunächst dem Zugriff seiner Gläubiger unterliegen (RG JW 1914, 866; BGH NJW 1992, 2023, 2024; BGB-RGRK/Steffen Vorbem 3 zu § 164; MünchKomm/Schubert § 164 Rn 44; NK-BGB/Stoffels § 164 Rn 19; Palandt/Ellenberger Einf v § 164 Rn 6; Soergel/Leptien Vorbem 35 zu § 164; Wolf/Neuner § 49 Rn 61; K Schmidt JuS 1987, 425, 426; Schwark JuS 1980, 777, 781 f; s auch Moser 120 ff). Zwar hatte Müller-Erzbach in seiner Schrift über die mittelbare Stellvertretung einen unmittelbaren Rechtserwerb des Geschäftsherrn und dessen kumulative Haftung aus dem Mittlergeschäft vertreten, seine Auffassung konnte sich jedoch nicht durchsetzen (für eine Anwendung der Stellvertretungsregeln in bestimmten Fällen auch Grzibek 47 ff).

b) Der mittelbare Stellvertreter handelt bei *Verfügungen* über Gegenstände des **44** Geschäftsherrn auf der Grundlage des § 185 BGB (MünchKomm/Schubert § 164 Rn 40; NK-BGB/Stoffels § 164 Rn 19; Enneccerus/Nipperdey § 179 III 1; Lehmann/Hübner § 36 I 4 c; ausführlich Börner, in: FS Hübner [1984] 409). Für *Erwerbsgeschäfte* des mittelbaren Stellvertreters enthält § 392 Abs 2 HGB die Sondervorschrift, wonach Forderungen, die der Kommissionär als mittelbarer Stellvertreter erwirbt, im Verhältnis zu seinen Gläubigern bereits als Forderungen des Kommittenten gelten. Diese Regel ist jedoch nach überwiegender Auffassung nicht analogiefähig (RGZ 58, 273, 276; BGB-RGRK/Steffen Vorbem 3 zu § 164; Enneccerus/Nipperdey § 179 III 2; MünchKomm/Schubert § 164 Rn 44; NK-BGB/Stoffels § 164 Rn 19; Soergel/Leptien Vorbem 35 zu § 164; **aA** namentlich Bitter WuB VI C. § 47 InsO 1. 03 mwNw und ders, Rechtsträgerschaft für fremde Rechnung 189 ff; Moser 126 ff, 149 ff; Hager AcP 180, 239, 250; Martinek, in: FS Musielak [2004] 355, 366 ff; Schwark JuS 1980, 777, 780). An Wertpapieren vollzieht sich der Eigentumsübergang vom Einkaufskommissionär auf den Geschäftsherrn nach den Spezialregeln der §§ 18 ff DepotG bereits mit der Absendung des Stückeverzeichnisses (Soergel/Leptien Vorbem 35 zu § 164; Lehmann/Hübner § 46 I 4 c). Hier wie in allen übrigen Fällen des bürgerlichrechtlich begründeten Erwerbs bleibt jedoch eine „Risikofrist" (Soergel/Leptien Vorbem 35 zu § 164) zwischen dem Erwerb des Gegenstandes durch den mittelbaren Stellvertreter und der Weiterübertragung auf den Geschäftsherrn bestehen.

Als Abhilfe gegenüber diesem Risiko kommt beim Erwerb von Forderungen die **45** *Vorausabtretung* in Betracht, weil dann bei Erfüllung aller Voraussetzungen ein unmittelbarer Rechtsübergang vom Dritten auf den Geschäftsherrn stattfindet, nicht aber für eine „logische Sekunde" ein Durchgangserwerb durch das Vermögen des mittelbaren Stellvertreters, was die Zugriffsmöglichkeiten für dessen Gläubiger bestehen ließe (Esser/Schmidt, Schuldrecht AT [8. Aufl 2000] § 37 I 3 a mwNw; ausf Lempenau, Direkterwerb oder Durchgangserwerb bei Übertragung künftiger Rechte [1968]; zust MünchKomm/Schubert § 164 Rn 45, aber sehr str; ausf dazu auch Moser 128 ff mwNw), wobei aber ohnehin der Prioritätsgrundsatz maßgeblich wäre. Für den Erwerb beweglicher Sachen kann eine *vorweggenommene Einigung,* verbunden mit einem antizipierten Besitzkonstitut, den Übergang der Sache auf den Geschäftsherrn allerdings nur über einen Durchgangserwerb bewirken (MünchKomm/Schubert § 164 Rn 46; Soergel/Leptien Vorbem 36 zu § 164; Enneccerus/Nipperdey § 179 III 3 b; Flume § 44 II 2 c; Hübner Rn 1181; Moser 133 ff). Ebenso kann im Wege des *gestatteten Selbstkontrahierens* ein rascher Übergang erworbener Gegenstände auf den Geschäftsherrn erreicht werden. Bei der Übertragung beweglicher Sachen allerdings wird für den Abschluss des Besitzkonstituts im Wege des Selbstkontrahierens die Beachtung der Publizität des Übertragungsvorgangs verlangt, zB durch eine Ausführungshandlung wie die gesonderte Lagerung (RGZ 140, 222, 229; MünchKomm/Schubert § 164 Rn 46; Lehmann/Hübner § 36 I 4 c; Enneccerus/Nipperdey § 179 III 3 a; vgl § 181 Rn 64; Hübner Rn 1182; K Schmidt JuS 1987, 426, 427). Das Institut des *Handelns für den, den es angeht,* bietet hinsichtlich des Rechtserwerbs durch den Geschäftsherrn keine so günstige Lösung, sondern kann die Übertragungsaufgabe im Zusammenhang mit der mittelbaren Stellvertretung nur in den wenigen Fällen erfüllen, in denen eine der mittelbaren Stellvertretung vergleichbare Situation besteht (s noch Rn 53).

46 Aus *Verpflichtungsgeschäften* des mittelbaren Stellvertreters wird nur dieser verpflichtet (s nur BGH DB 1958, 1359; MünchKomm/Schubert § 164 Rn 40; NK-BGB/Stoffels § 164 Rn 16; Ohr AcP 150, 526). Allerdings kann zwischen dem Geschäftsherrn und dem mittelbaren Stellvertreter, zwischen denen idR ein Geschäftsbesorgungsvertrag oder Auftrag besteht, eine Erfüllungsübernahme vereinbart sein (vgl OLG Celle NJW 1963, 1253). Für die Auslegung und Anfechtung des Geschäfts, aber auch für die Anwendung des Verbraucherschutzrechts ist auf die Person des mittelbaren Stellvertreters abzustellen (MünchKomm/Schubert § 164 Rn 41; zum Verbraucherschutz ausf Schreindorfer 433 ff, 442 ff; zur evtl entsprechenden Anwendung des § 166 Abs 2 BGB s § 166 Rn 4a).

47 c) Eine weitere Besonderheit der mittelbaren Stellvertretung besteht darin, dass ein vom Kontrahenten zu ersetzender Schaden nach der Vermögenslage des mittelbaren Stellvertreters beurteilt wird, sodass der Mittler, der für fremde Rechnung handelt, häufig keinen eigenen Schaden erleidet. Deshalb wird hier ein Fall der *Schadensliquidation im Drittinteresse* anerkannt, sodass der mittelbare Stellvertreter den Schaden des Geschäftsherrn liquidieren kann, sofern die übrigen Voraussetzungen für die Anwendung der Schadensliquidation bestehen (BGHZ 25, 250, 258; 40, 91, 100; 51, 91, 95; BGH NJW-RR 1987, 881; NJW 1989, 3099; NJW 2008, 2245, 2248; BGB-RGRK/Steffen Vorbem 3 zu § 164 mwNw; jurisPK-BGB/Weinland § 164 Rn 11; MünchKomm/Schubert § 164 Rn 43; NK-BGB/Stoffels § 164 Rn 19; Soergel/Leptien Vorbem 34 zu § 164; Hübner Rn 1187; Fleckner, in: FS Hopt 3 ff [Drittschadensliquidation unter Berücksichtigung der Wertungen des Stellvertretungsrechts]; Schwark JuS 1980, 777 f; vgl Hagen, Die Drittschadensliquidation im Wandel der Rechtsdogmatik [1971] 253). Eine dafür notwendige Schadensverlagerung liegt aber nicht vor, wenn der mittelbare Stellvertreter eine Auskunft für einen

Dritten einholt und der Dritte dann im Vertrauen auf die (unrichtige) Auskunft Vermögensverfügungen trifft (BGH NJW 1996, 2734, 2735).

Bereicherungsrechtlich liegt ein *Wegfall der Bereicherung* vor, wenn der mittelbare Stellvertreter den erzielten Erlös an den Geschäftsherrn herausgegeben hat (BGHZ 47, 128; s dazu M WOLF JZ 1968, 414 ff).

d) Der **Begriff des Treuhänders** ist gesetzlich nicht festgelegt. Gemeinsame Voraussetzung aller Arten von bürgerlichrechtlicher Treuhandschaft, deren Grundlagen und Einzelheiten hier nicht näher behandelt werden können (s dazu aus neuerer Zeit BITTER, passim, für eine auf § 392 Abs 2 HGB gegründete Gefahrtragungsthese; für eine analoge Anwendung des § 392 Abs 2 HGB auch MARTINEK, in: FS Musielak [2004] 355 ff; ferner GRUNDMANN, passim, der die Treuhand in Abweichung von der bisher überwiegenden Sichtweise vom Innenverhältnis her zu erfassen sucht; übersichtlich MünchKomm/SCHUBERT § 164 Rn 50 ff; PAWLOWSKI Rn 646 ff; PWW/FRENSCH § 164 Rn 5 f) ist es jedoch, dass dem Treuhänder vom Treugeber eine Rechtsposition eingeräumt wurde, die jener im eigenen Namen ausübt; dabei hat er, eventuell neben der Verfolgung eigener Interessen, das Interesse des Treugebers zu wahren, so dass das rechtliche Können im Außenverhältnis idR weiter reicht als das rechtliche Dürfen im Innenverhältnis zum Treugeber (MünchKomm/SCHUBERT § 164 Rn 50 mwNw). Übereinstimmung zwischen Treuhänder und mittelbarem Stellvertreter besteht insoweit, als beide im eigenen Namen und auch im fremden Interesse handeln (NK-BGB/STOFFELS § 164 Rn 20; PWW/FRENSCH § 164 Rn 6; ENNECCERUS/NIPPERDEY § 179 IV 1; WOLF/NEUNER § 49 Rn 62; vgl auch HKK/SCHMOECKEL §§ 164–181 Rn 10; BayObLG DNotZ 1980, 751), sofern es sich nicht um eine reine *Vollmachtstreuhand* handelt (ERMAN/MAIER-REIMER Vorbem § 164 Rn 17; NK-BGB/STOFFELS § 164 Rn 21), die lediglich einen Anwendungsfall der unmittelbaren Stellvertretung darstellt. Jedoch unterscheidet sich die Treuhand als *Vollrechtstreuhand* von der mittelbaren Stellvertretung dadurch, dass der Treuhänder nicht notwendig in Rechtsbeziehungen zu Dritten treten und dass ein Treugut vorhanden sein muss (SOERGEL/LEPTIEN Vorbem 53 zu § 164). Dieses Treugut muss dem Treuhänder nach wohl noch überwiegender, aber sehr umstrittener Auffassung (s dazu mwNw etwa GAUL/SCHILKEN/BECKER-EBERHARD § 41 VI 4; GRUNDMANN 312 ff, 415 f; krit BITTER 51 ff und passim; zum Offenheitsprinzip bei der Treuhand krit auch EINSELE JZ 1990, 1005, 1010 ff) vom Treugeber übertragen worden sein, während der mittelbare Stellvertreter im Rahmen seines Handelns Gegenstände von Dritten erwirbt (BGB-RGRK/STEFFEN Vorbem 26 zu § 164; LEHMANN/HÜBNER § 36 I 4 d; HÜBNER Rn 1189; offen gelassen von BGH NJW 2003, 3415 mwNw; krit BITTER WuB VI C. § 47 InsO 1.03 uö, insbes in: Rechtsträgerschaft für fremde Rechnung, passim). Ein Treuhandverhältnis kann aber auch als reine *Verwaltungstreuhand* ohne Verfügungsbefugnis oder als dann allerdings zu mittelbarer Stellvertretung führende bloße *Ermächtigungstreuhand* ausgestaltet sein (s übersichtlich NK-BGB/STOFFELS § 164 Rn 21 mwNw). Durch das bloße Handeln als mittelbarer Stellvertreter entsteht jedenfalls noch kein Treuhandverhältnis. **48**

e) Der **Strohmann** tritt im eigenen Namen auf, er handelt jedoch für einen Hintermann (ENNECCERUS/NIPPERDEY § 179 IV 2; ausf GERHARDT, in: FS Lüke 121 ff). Dabei kann eine verdeckte Treuhandschaft vorliegen (ERMAN/MAIER-REIMER Vorbem § 164 Rn 22; MünchKomm/SCHUBERT § 164 Rn 50; NK-BGB/STOFFELS § 164 Rn 23; GERHARDT, in: FS Lüke 129, 133 ff), wenn deren Voraussetzungen, insbesondere hinsichtlich des Treugutes, erfüllt sind. Um mittelbare Stellvertretung handelt es sich (MünchKomm/SCHUBERT § 164 Rn 47; **49**

Vorbem zu §§ 164 ff

NK-BGB/Stoffels § 164 Rn 23; Schmidt Rn 622; Mock JuS 2008, 309, 310), wenn der Strohmann mit dem Erwerb oder der Veräußerung von Gegenständen des Hintermannes betraut ist. Hierüber hinausgehend wird der Strohmann allgemein zur Erreichung von Zielen verwendet, die der Hintermann nicht selbst verwirklichen will oder kann (BGH NJW 1959, 332; BGH NJW 1995, 727, 728; Erman/Maier-Reimer Vorbem § 164 Rn 22; MünchKomm/Schubert § 164 Rn 47; NK-BGB/§ 164 Rn 23; Palandt/Ellenberger Einf v § 164 Rn 8; PWW/Frensch § 164 Rn 12; Soergel/Leptien Vorbem 37 zu § 164; Hübner Rn 1204; Medicus/Petersen Rn 603). Dabei trifft der Vorwurf des Scheingeschäfts iSd § 117 BGB grundsätzlich nicht zu (BGHZ 21, 378, 382; BGH NJW 1982, 569; 1997, 727; OLG Köln NJW 1993, 2623; BRHP/Schäfer § 164 Rn 8; MünchKomm/Schubert § 164 Rn 48; NK-BGB/Stoffels § 164 Rn 23; PWW/Frensch § 164 Rn 13; Soergel/Leptien Vor § 164 Rn 38; Gerhardt 126), jedoch kann unter dem Gesichtspunkt des Umgehungsgeschäfts im Hinblick auf § 134 BGB die Nichtigkeitsfolge eintreten (Erman/Maier-Reimer Vorbem § 164 Rn 22; MünchKomm/Schubert § 164 Rn 48; NK-BGB/Stoffels § 164 Rn 23; Palandt/Ellenberger Einf § 164 Rn 8, § 134 Rn 28 f; PWW/Frensch § 164 Rn 13; vgl BGH NJW-RR 1997, 238). Auch können dem Strohmann uU Einwendungen aus dem Rechtsverhältnis mit dem eigentlichen Rechtsträger entgegengehalten werden (s BGH NJW-RR 2002, 1461 zur GbR).

50 Letztlich ist der Strohmann damit aber keine eigenständige besondere Rechtsform der Beteiligung Dritter (Pawlowski Rn 660 ff). Aus den abgeschlossenen Geschäften wird der Strohmann persönlich berechtigt und verpflichtet (BGH WM 1964, 179; NJW 1982, 569, 570; BRHP/Schäfer § 164 Rn 8; Erman/Maier-Reimer Vorbem § 164 Rn 22; MünchKomm/Schubert § 164 Rn 48; NK-BGB/Stoffels § 164 Rn 23; Soergel/Leptien Vorbem 38 zu § 164; zu Besonderheiten bei der Strohmanngründung von juristischen Personen vgl BGHZ 31, 258, 267; BGH NJW 1992, 2033; MünchKomm/Schubert § 164 Rn 49); dies gilt auch, wenn der Geschäftspartner von der Strohmanneigenschaft Kenntnis hatte (BGH NJW 1982, 569, 570; OLG Hamburg MDR 1972, 237; OLG Koblenz VersR 1998, 200; BGB-RGRK/Steffen Vorbem 2 zu § 164; MünchKomm/Schubert § 164 Rn 48; NK-BGB/Stoffels § 164 Rn 23). Gegen den Hintermann können die Gläubiger des Strohmannes erst nach Pfändung seines Befreiungs- oder Erstattungsanspruchs vorgehen (NK-BGB/Stoffels § 164 Rn 23; Palandt/Ellenberger Einf v § 164 Rn 8; PWW/Frensch § 164 Rn 13; Soergel/Leptien Vorbem 38 zu § 164; vgl BGH NJW 1992, 2023, 2024). Andererseits vollzieht sich auch der Erwerb aus Strohmanngeschäften allein in der Person des Strohmannes (RGZ 66, 415, 418; 84, 304, 305). In der *Insolvenz des Strohmannes* steht dem Hintermann grundsätzlich kein Aussonderungsrecht nach § 47 InsO, in der *Zwangsvollstreckung* in das Vermögen des Strohmannes kein Widerspruchsrecht nach § 771 ZPO zu (BGH WM 1964, 179; Erman/Maier-Reimer Vorbem § 164 Rn 22; MünchKomm/Schubert § 164 Rn 50 mwNw; PWW/Frensch § 164 Rn 13; Soergel/Leptien Vorbem 37 zu § 164). Soweit es sich lediglich um ein (verdecktes) Treuhandgeschäft handelt, kann dem aber nicht gefolgt werden, sondern es ist dem Hintermann das Aussonderungs- und Drittwiderspruchsrecht zuzubilligen (Gerhardt 127 ff; zust auch NK-BGB/Stoffels § 164 Rn 23). Gläubiger des Hintermannes können auf das rechtlich, aber nicht haftungsrechtlich dem Strohmann zugeordnete Vermögen dann auch im Wege der Klage auf Duldung der Zwangsvollstreckung und Vollstreckung des Duldungstitels zugreifen (Gerhardt 130 ff; zur Anfechtbarkeit nach §§ 1, 7 AnfG s BGHZ 124, 298, 300 ff).

2. Das Handeln für den, den es angeht*

a) Das Institut des rechtsgeschäftlichen Handelns für den, den es angeht, hat sich **51** aus unterschiedlichen Ansatzpunkten entwickelt: Einmal knüpfte man an die im Börsenverkehr übliche Fallgestaltung an, bei welcher jemand, der für einen anderen auftritt, diesen dem *Kontrahenten nicht benennt;* dasselbe kann zB für den auf einer Auktion erwerbenden Händler oder auch für den Auktionator gelten (Wolf/Neuner § 49 Rn 49) oder beim Chartervertrag (OLG Hamburg VersR 1976, 165; Soergel/Leptien Vorbem 26 zu § 164). Hierzu hat Cohn (13) herausgearbeitet, dass ein „Handeln unter Offenhaltung der Person des an dem Rechtsgeschäft beteiligten Subjekts" vorliegt (vgl auch BGH JZ 1957, 441). Derartige Rechtsgeschäfte sind aufgrund der Vertragsfreiheit möglich, sofern nicht der Geschäftstyp eine Offenlegung erfordert. Den als Mittler Auftretenden trifft die Pflicht, später das Subjekt des Vertrages zu bestimmen; er kann diese Pflicht auch im Wege des *Selbsteintritts* erfüllen (Cohn 66; vgl auch K Schmidt JuS 1987, 425, 428 ff). Voraussetzung ist jedoch immer, dass der Geschäftspartner mit einer derartigen Vertragsgestaltung einverstanden ist; sonst gilt § 179 BGB (Palandt/Ellenberger § 164 Rn 9); ebenso ist es, wenn die Person des Geschäftsherrn im Bedarfsfall nicht namhaft gemacht wird (BGH NJW 1995, 1739, 1742 m Anm Altmeppen; OLG Frankfurt NJW-RR 1987, 914, 915 [Vollmachtstreuhänder einer Bauherrengemeinschaft]; OLG Köln NJW-RR 1991, 918, 919 [Sammelbesteller]; BRHP/Schäfer § 164 Rn 31, § 177 Rn 13; MünchKomm/Schubert § 164 Rn 127, § 179 Rn 10; Palandt/Ellenberger § 164 Rn 9; PWW/Frensch § 164 Rn 41; Soergel/Leptien Vorbem 29 vor § 164; Bork Rn 1404; Eisenhardt Rn 455; Flume § 44 II 1 a; Moser 111 ff; Grigoleit/Herresthal Rn 486; Schmidt Rn 672 f; Stadler § 30 Rn 8; Wolf/Neuner § 49 Rn 48; Cohn 34 ff).

Bei einem solchem Auftreten des Mittlers (etwas missverständlich: sog **offenes oder unechtes Geschäft für den, den es angeht**) handelt es sich, abgesehen vom Fall des Selbsteintritts, um eine offen gelegte *unmittelbare Stellvertretung* für einen noch nicht benannten Hintermann (BRHP/Schäfer § 164 Rn 31 mwNw; Erman/Maier-Reimer § 164 Rn 4; Hk-BGB/Dörner § 164 Rn 8; MünchKomm/Schubert § 164 Rn 127; NK-BGB/Stoffels § 164 Rn 56; Palandt/Ellenberger § 164 Rn 9; PWW/Frensch § 164 Rn 42 f; Bitter/Röder § 10 Rn 49; Bork Rn 1397; Wolf/Neuner § 49 Rn 48; Eisenhardt Rn 408; Flume § 44 II 1 a; Schmidt Rn 671 ff; Stadler § 30 Rn 8; Moser 76 ff; diff Grzibek 32 ff, 126 ff, 163 ff; s Schilken, in: FS K Schmidt [2019] 369, 377; K Schmidt JuS 1987, 425, 429 f; auch Einsele JZ 1990, 1005, 1008; s oben Rn 35). Ob der

---

* **Schrifttum**: E Cohn, Das rechtsgeschäftliche Handeln für denjenigen, den es angeht (1931); Eichler, Vertretung für denjenigen, den es angeht (Diss Marburg 1931); Einsele, Inhalt, Schranken und Bedeutung des Offenkundigkeitsprinzips, JZ 1990, 1005; Glitza, Die Versicherung für Rechnung „wen es angeht" (Diss Hamburg 1964); Gronau, Das Geschäft wen es angeht, das antizipierte Besitzkonstitut und das Insichkonstitut (Diss Köln 1936); Grzibek, Direkte Rechtsbeziehungen bei der verdeckten Stellvertretung (2004); Ingelmann, Importsicherung und das Geschäft für den, den es angeht, WM 1997, 745; vLübtow, Das Geschäft „für den es angeht" und sog „antizipiertes Besitzkonstitut", ZHR 112, 227; Müller, Das Geschäft für den, den es angeht, JZ 1982, 777; Ohr, Zum Handeln für den, den es angeht als Vertreter und als Bote und zum Handeln unter fremdem Namen (Diss Breslau 1938); ders, Das Handeln unter fremdem Namen für den, den es angeht, MDR 1959, 89; K Schmidt, Offene Stellvertretung – Der „Offenkundigkeitsgrundsatz" als Teil der allgemeinen Rechtsgeschäftslehre, JuS 1987, 425; Wolter, Effektenkommission und Eigentumserwerb. Zugleich ein Beitrag zur Lehre vom Geschäft für denjenigen, den es angeht (1979). S ferner Schrifttum vor §§ 164 ff.

Vertrag mit dem vertretenen Hintermann sofort zustande kommt, richtet sich danach, ob es dessen Person für die rechtliche Bindung unerheblich ist (MünchKomm/Schubert § 164 Rn 127). Soll die Bestimmung des Hintermanns hingegen hinausgeschoben werden, so kommt der Vertrag erst mit der Benennung zustande und es tritt keine Rückwirkung ein (Jauernig/Mansel § 164 Rn 4; MünchKomm/Schubert § 164 Rn 128; PWW/Frensch § 164 Rn 44; Flume § 44 II 2 a; aA Soergel/Leptien Vorbem 26 zu § 164).

52 **b)** Im Unterschied hierzu gibt es eine andere Fallgruppe des Handelns für den, den es angeht, bei welcher der Handelnde nicht klarstellt, dass er eventuell für einen Hintermann auftritt, das sog **verdeckte oder echte Geschäft für den, den es angeht** (s etwa Erman/Maier-Reimer § 164 Rn 14 ff; MünchKomm/Schubert § 164 Rn 129 ff; NK-BGB/Stoffels § 164 Rn 65 ff; Palandt/Ellenberger § 164 Rn 8; Soergel/Leptien Vorbem 29 zu § 164; Wolf/Neuner § 49 Rn 50 f; Einsele JZ 1990, 1005, 1008 ff; Mock JuS 2008, 309, 312; Paulus JuS 2017, 301, 304 f; Schilken, in: FS K Schmidt [2019] 369, 377 ff; K Schmidt JuS 1987, 425, 428 f; s ferner zur Ausnahme vom Offenkundigkeitsprinzip ausf HKK/Schmoeckel §§ 164–181 Rn 12 ff).

Dabei kann die Situation derart sein, dass man bereits aus den Umständen entnehmen muss, der Handelnde, der sein Vertreterhandeln nicht offen legt, trete für einen Hintermann auf. Dies ist der Fall, wenn Angestellte im Rahmen des normalen Betriebes Geschäfte abschließen; bei einem solchen **unternehmensbezogenen Geschäft** wird der wirkliche *Geschäftsinhaber* zum Vertragspartner des Dritten (BGH NJW 1990, 2678; 1995, 43, 44; für Rechtsmitteleinlegung BGH NJW-RR 1995, 950; BGB-RGRK/Steffen § 164 Rn 8; MünchKomm/Schubert § 164 Rn 120 ff, Rn 131; NK-BGB/Stoffels § 164 Rn 57 ff; Palandt/Ellenberger § 164 Rn 2, Rn 8; Soergel/Leptien Vorbem 27 zu § 164; Bitter/Röder § 10 Rn 51 f; Buck-Heeb/Dieckmann JuS 2008, 583, 585 f und BB 2008, 855 [Franchise]; Mock JuS 2008, 309, 311 f; Vahle DVP 2005, 189; s näher § 164 Rn 1a). Ebenso wird die Kraftfahrzeug-Haftpflichtversicherung stets für den jeweiligen Halter des Wagens abgeschlossen (BGHZ 13, 351, 358; 28, 137, 141). Diese Fälle können letztlich ebenfalls über § 164 Abs 1 S 2 BGB gelöst werden (s näher dort Rn 1 ff mwNw).

53 Für die übrigen Geschäfte mit dem, den es angeht, bilden *Bargeschäfte des Alltags*, welche durch Haus- oder Geschäftsangestellte vorgenommen werden, den Ausgangspunkt: In der dogmatischen Konstruktion wird dabei entweder ein Fall der *mittelbaren Stellvertretung* (s oben Rn 45) angenommen, weil der Offenheitsgrundsatz der unmittelbaren Stellvertretung nicht gewahrt ist (Tempel 226); jedoch wird dieser mittelbaren Stellvertretung aufgrund einer teleologischen Auslegung des § 164 BGB ausnahmsweise dieselbe Wirkung wie der unmittelbaren Stellvertretung zugeschrieben (vLübtow ZHR 112, 227 ff; Wolter 167 ff). Oder aber es wird aus der konkreten Fallgestaltung heraus ein Schutz durch das Offenheitsprinzip in teleologischer Reduktion des § 164 BGB als entbehrlich bezeichnet und demnach letztlich das *Vorliegen unmittelbarer Stellvertretung* bejaht (BGH NJW 1955, 590; BGB-RGRK/Steffen § 164 Rn 7; Erman/Maier-Reimer § 164 Rn 14; jurisPK-BGB/Weinland § 164 Rn 74 f; MünchKomm/Schubert § 164 Rn 130; NK-BGB/Stoffels § 164 Rn 67; Palandt/Ellenberger § 164 Rn 8; PWW/Frensch § 164 Rn 41; Soergel/Leptien Vorbem 29 zu § 164; StudKomm § 164 Rn 11; Bitter/Röder § 10 Rn 39 ff; Boecken Rn 617; Bork Rn 1400; Enneccerus/Nipperdey § 179 III 3 c; Hübner Rn 1183 und 1219; Köhler § 11 Rn 21; Leenen § 4 Rn 94; Wertenbruch § 28 Rn 11 f; Wolf/Neuner § 49 Rn 50; Einsele JZ 1990, 1005, 1009 f; Mock JuS 2008, 309, 312; Paulus JuS 2017, 301, 305, 399 ff; Schilken, in: FS K Schmidt [2019] 369, 377 ff; K Schmidt JuS 1987, 425, 429; vgl auch Ingelmann WM 1997, 745, 746 ff). Eine weitere Erklärung geht dahin, dass man im Wege ergänzender Vertragsauslegung eine

Abrede annimmt, der verdeckt handelnde Vertreter dürfe einseitig den Vertragspartner bestimmen (Brehm Rn 446 im Anschluss an Müller JZ 1982, 777).

Voraussetzung für eine solche Einschränkung des Offenheitsgrundsatzes ist jedenfalls, dass der Veräußerer an der Kundgabe des Vertretungsverhältnisses kein Interesse hat, weil ihm die Person des Erwerbers gleichgültig ist (vgl Wolter 179 ff). Es müssen dennoch im Interesse einer eindeutigen Fixierung der Rechtsbeziehungen wenigstens für einen mit den Verhältnissen Vertrauten auch objektive Anhaltspunkte für einen Fremdwirkungswillen vorhanden sein (MünchKomm/Schubert § 164 Rn 131 f; NK-BGB/Stoffels § 164 Rn 66; PWW/Frensch § 164 Rn 39; Eisenhardt Rn 409; Grigoleit/Herresthal Rn 490; Wolf/Neuner § 49 Rn 50; K vLübtow ZHR 112 [1949] 227, 246 ff; Schilken, in: FS K Schmidt [2019] 369, 378 f; Schmidt JuS 1987, 425, 429; wohl auch Erman/Maier-Reimer § 164 Rn 14; **abl** [allein Vertretungswille maßgeblich] BRHP/Schäfer § 164 Rn 27; Soergel/Leptien Vorbem 29 zu § 164; Bork Rn 1399; Faust § 25 Rn 11). Außerdem muss aber auch die Rechtszuordnung objektiv bestimmbar – wenn auch nicht für den Vertragspartner erkennbar – sein, also in wessen Rechtskreis gehandelt wird (Schmidt JuS 1098, 425, 429; Köhler § 11 Rn 21). Der nicht offenbarte Vertretungswille des Handelnden muss im *Zeitpunkt des Geschäftsabschlusses* bestehen; es ist also nicht möglich, ein Eigengeschäft nachträglich in ein Geschäft für den, den es angeht, umzuwandeln, selbst wenn dem Geschäftspartner die Person seines Kontrahenten gleichgültig sein sollte (BGH NJW 1955, 590; MünchKomm/Schubert § 164 Rn 132; NK-BGB/Stoffels § 164 Rn 66 Fn 215; anders wohl Soergel/Leptien Vorbem 31 zu § 164). Auch unter diesen Beschränkungen werden erhebliche Bedenken gegen die Zulassung von Geschäften für den, den es angeht, im Hinblick auf § 164 Abs 2 BGB (BGB-AK/Ott Vorbem 60 zu §§ 164 ff, § 164 Rn 23; Jauernig/Mansel § 164 Rn 5; Brehm Rn 446; s dazu krit K Schmidt JuS 1987, 425, 429) und die Maßgeblichkeit des Geschäftsabschlusses für die Person des Vertragspartners (Flume § 44 II; Schwark JuS 1980, 778) sowie den Schutz des Rechtsverkehrs (Leipold § 22 Rn 26; K Schmidt JuS 1987, 425, 429; insoweit krit Einsele JZ 1990, 1005, 1009 f; vgl oben Rn 35. Dem Institut grundsätzlich zustimmend, aber doch zurückhaltend Soergel/Leptien Vorbem 30 f zu § 164; zur historischen Entwicklung s Schmoeckel 91 ff) geäußert.

54 c) Praktisch bleibt jedenfalls das verdeckte Geschäft für den, den es angeht, im Wesentlichen auf den *dinglichen Rechtserwerb bei Bargeschäften* des täglichen Lebens beschränkt (BGB-RGRK/Steffen § 164 Rn 7; Erman/Maier-Reimer § 164 Rn 14; Jauernig/Mansel § 164 Rn 5; jurisPK-BGB/Weinland § 164 Rn 75; MünchKomm/Schubert § 164 Rn 134; NK-BGB/Stoffels § 164 Rn 67 f; PWW/Frensch § 164 Rn 38; Boemke/Ulrici § 13 Rn 11; Bork Rn 1398; Enneccerus/Nipperdey § 179 III 3 c; Köhler § 11 Rn 21; Löwisch/Neumann Rn 206; Schmidt Rn 678 f; Lorenz JuS 2010, 382, 383; Petersen Jura 2003, 744, 747; Schilken, in: FS K Schmidt [2019] 369, 379; krit Flume § 44 II 1 c, 2 c; Grigoleit/Herresthal Rn 490). Für größere Leistungsgegenstände und für Kreditgeschäfte wird die Anwendbarkeit grundsätzlich ausgeschlossen (OLG Stuttgart NJW 1951, 447; BRHP/Schäfer § 164 Rn 30; MünchKomm/Schubert § 164 Rn 135; Bitter/Röder § 10 Rn 44; diff Soergel/Leptien Vorbem 31 f zu § 164). Ebenso ist dies für die überwiegende Zahl der Verpflichtungsgeschäfte anzunehmen, da dem Vertragspartner die Person seines Kontrahenten idR nicht gleichgültig ist (BGH NJW-RR 2003, 921, 922; OLG Celle MDR 2007, 832; Erman/Maier-Reimer § 164 Rn 14; Jauernig/Mansel § 164 Rn 5; MünchKomm/Schubert § 164 Rn 135, Rn 137; PWW/Frensch § 164 Rn 38; Enneccerus/Nipperdey § 179 III 4; Flume § 44 II 2 a; Hübner Rn 1183; Schack Rn 475; Ohr AcP 150, 529; **großzügiger** Hk-BGB/Dörner § 164 Rn 7; NK-BGB/Stoffels § 164 Rn 69; Soergel/Leptien Vorbem 31 zu § 164; Boecken Rn 617; Boemke/Ulrici

§ 13 Rn 12; Bork Rn 1404 mit Fn 44; Brox/Walker § 24 Rn 11; Faust § 25 Rn 10; Grigoleit/Herresthal Rn 490; Medicus/Petersen Rn 920; vLübtow 249; Buck-Heeb/Dieckmann JuS 2008, 583, 585; Mock JuS 2008, 309, 312; K Schmidt JuS 1987, 425, 429; neben Flume **ganz abl** Baur/Stürner Sachenrecht Rn 43; Pawlowski Rn 643; Prütting, Sachenrecht Rn 386; Börner, in: FS Hübner [1984] 409, 416 ff; Einsele JZ 1990, 1005), doch kann dies – zB bei den Bargeschäften in Supermärkten uä – auch anders sein. Eine Ausnahme wird ferner bei der Eröffnung und Einzahlung auf Sparkonten hinsichtlich der Person des Forderungsberechtigten zugelassen (RGZ 73, 220; BGHZ 46, 198; Flume 44 II 1 b, 2 b; Soergel/Leptien Vorbem 32 zu § 164). Zu Importgeschäften s Ingelmann WM 1997, 745 ff, zur Begründung von Internet-Domains Rössel CR 2004, 754, 757.

55 Beim *Eigentumserwerb an Mobilien* stellt sich zudem die Frage des unmittelbaren Übergangs oder des Durchgangserwerbs: Bei Bejahung der Vertretungswirkung im Rahmen der Einigung (zu Recht krit Flume § 44 II 2 c; vgl auch K Schmidt JuS 1987, 425, 429) ist ein unmittelbarer Rechtsübergang auf den Hintermann möglich (vgl RGZ 140, 223, 229; OLG Stuttgart NJW 1951, 445), übrigens sogar ein maßgebliches Motiv für die Lehre von diesem Geschäft. Erforderlich ist hierfür allerdings dann zusätzlich entweder ein Besitzdienerverhältnis zwischen dem Handelnden und dem Hintermann oder ein (antizipiertes) Besitzmittlungsverhältnis, das auch nach § 181 BGB begründet werden kann (BGB-RGRK/Steffen § 164 Rn 7; BRHP/Schäfer § 164 Rn 30; jurisPK-BGB/Weinland § 164 Rn 75; MünchKomm/Schubert § 164 Rn 136; NK-BGB/Stoffels § 164 Rn 68; Lehmann/Hübner § 36 IV 2 c; Medicus/Petersen BR Rn 90 mwNw; Wolter 298 ff; Petersen Jura 2010, 187, 188; Schilken, in: FS K Schmidt [2019] 369, 379; vgl BGH 16. 10. 2015 – V ZR 240/14, Rn 21 ff, NJW 2016, 1887). Die drohende Intransparenz der Eigentumsverhältnisse spricht aber im Zweifel gegen eine Anwendbarkeit der Regeln des Geschäfts, für den, den es angeht (daher sehr zweifelhaft BGH [s zuvor] m krit Anm Heyers NJW 2016, 1889 und Dornis LMK 2016, 375503; s dazu auch Schilken, in: FS K Schmidt [2019] 369, 380 f; K Schmidt JuS 2016, 938; zust hingegen Faust § 25 Rn 11; Leipold § 22 Rn 24).

56 d) Die Anerkennung unmittelbarer Stellvertretungswirkungen beim Handeln für den, den es angeht, hat bis in die Gegenwart scharfe *Kritik* in der Literatur erfahren. So sieht Tempel (226) kein Bedürfnis für dieses Institut, da zur Erreichung der erstrebten Ziele genügend gesetzlich vorgesehene Möglichkeiten bestünden. Am schärfsten hat sich Flume (§ 44 II 2) gegen die Anerkennung des Geschäfts für den, den es angeht, ausgesprochen, weil die Grenze zwischen unmittelbarer und mittelbarer Stellvertretung verwischt wird, und das geltende Recht für eine unmittelbare Stellvertretung die Beachtung des Offenheitsgrundsatzes verlangt (ähnlich Krüger, Erwerbszurechnung kraft Status [1979] 145; zurückhaltend auch Medicus/Petersen Rn 921 und BR Rn 90; K Schmidt JuS 1987, 425, 429). Man wird es aber doch in den beschriebenen engen Grenzen anerkennen können.

3. Die auferlegte Verwaltung („Parteien kraft Amtes")*

57 a) Ein Vermögen kann ganz oder teilweise der Verwaltung seines Inhabers entzogen und derjenigen eines besonderen Verwalters unterstellt werden. Dieser ist befähigt, über die Vermögensgegenstände zu verfügen, für das Vermögen Er-

---

* **Schrifttum**: Bötticher, Die Konkursmasse als Rechtsträger und der Konkursverwalter als ihr Organ, ZZP 77 (1964) 55; Coing, Die Treuhand kraft privaten Rechtsgeschäfts (1973); Derpa,

werbsakte vorzunehmen und Verbindlichkeiten zu begründen (vgl Jahr 296 ff) sowie die zum Vermögen gehörenden Rechte gerichtlich geltend zu machen. Hierher gehören der *Insolvenzverwalter,* der *Zwangsverwalter,* der *Nachlassverwalter* und der *Testamentsvollstrecker.*

Charakteristisch für die Stellung des Verwalters ist es, dass dem Vermögensinhaber die Verwaltung im öffentlichen Interesse durch *Staatsakt* oder im privaten Interesse durch *Verfügung* des Erblassers auferlegt wird. Sie findet zu einem Zweck statt, der nicht notwendig mit seinen Interessen übereinstimmt, manchmal sogar im Interesse anderer Beteiligter in einen Gegensatz tritt (NK-BGB/Stoffels § 164 Rn 25; PWW/Frensch § 164 Rn 14; Flume § 45 I 2). Infolgedessen ist der Verwalter gegenüber dem Vermögensinhaber unabhängig. Er kann von diesem nicht abberufen werden, ist auch an dessen Weisungen nicht gebunden. Nachlassverwaltung, Zwangsverwaltung und Insolvenzverfahren dienen dem Zweck der Gläubigerbefriedigung, die Testamentsvollstreckung der Erreichung vom Erblasser gesetzter Ziele (Soergel/Leptien Vorbem 74 zu § 164). Durch diese Besonderheiten unterscheiden sich die genannten Verwalter vom *rechtsgeschäftlich bestellten Vertreter,* der in seiner Vertretungsmacht vom Vertretenen abhängig ist, meist dessen Weisungen unterliegt und häufig auch in dessen Interesse handelt. Ebenso sind jedoch die Verwalter von den *gesetzlichen Vertretern* unterschieden, da diese in erster Linie fürsorgliche Aufgaben für den Vertretenen erfüllen sollen. **58**

Deshalb hat Dölle für das Verwalterhandeln die Bezeichnung *„neutrales Handeln im Privatrecht"* geprägt; kennzeichnend hierfür ist, dass der Handelnde weder für sich noch für ein bestimmtes anderes Subjekt handelt, sondern mit seiner Einwirkung auf das ihm anvertraute Objekt kollidierende Interessen auszugleichen hat, in diesem Sinne also neutral tätig wird (Dölle 272 ff). Dementsprechend können die Rechtswirkungen des Verwalterhandelns nicht nach den Grundsätzen der Stellvertretung bzw dem Gegensatz zwischen Handeln im eigenen oder im fremden Namen beurteilt werden; vielmehr sind die maßgebenden Kriterien aus der Verwaltungsbefugnis selbst zu entwickeln (Coing 53). Freilich muss ein solches neutrales Handeln dann doch dem Vermögensinhaber zugerechnet werden.

b) In seiner geschichtlichen Entwicklung geht die Anerkennung des *Verwalterhandelns als eigener Rechtskategorie* auf die Lehren der Glossatoren zurück, welche für den Institor, der einen Gewerbebetrieb oder ein Schiff selbständig leitete, auf **59**

Die Zurechnung nichtrechtsgeschäftlichen Handelns bei Vertretung kraft Amtes (1973); Dölle, Neutrales Handeln im Privatrecht, in: FS F Schulz II (1951) 268; Jahr, Fremdzurechnung bei Verwaltergeschäften, in: FS Weber (1975) 275; Jauernig, Ist die Rechtsmacht des Konkursverwalters durch den Konkurszweck begrenzt?, in: FS Weber (1975) 307; Lammel, Die Haftung des Treuhänders aus Verwaltungsgeschäften (1972); Lent, Zur Lehre der Partei kraft Amtes, ZZP 62 (1941) 123; K Schmidt, Der Konkursverwalter als Gesellschaftsorgan und als Repräsentant des Gemeinschuldners – Versuch einer Konkursverwaltertheorie für heute und morgen, KTS 1984, 345; ders, Anwendung von Handelsrecht auf Rechtshandlungen des Konkursverwalters, NJW 1987, 1905; ders, Der Konkursverwalter: Streitgenosse seiner selbst?, KTS 1991, 211; Stürner, Aktuelle Probleme des Konkursrechts, ZZP 94 (1981) 263, 286 ff; F Weber, Zur Problematik der Prozeßführung des Konkursverwalters, KTS 1955, 102. S iÜ die einschlägigen Kommentare und Lehrbücher.

dessen officium abstellten und ihn bei einer Kreditaufnahme „nomine officii" als Handelnden in einem Amtsbereich bewerteten (LAMMEL 76; s auch KASER/KNÜTEL, Römisches Privatrecht [19. Aufl 2008] § 49 II 4). Auch bei den Juristen des Naturrechts bestand die Auffassung, dass jemand, der institorio nomine gehandelt habe, dies weder proprio nomine noch nomine domini getan habe (LAMMEL 91). Dagegen wurde nach den Auffassungen des usus modernus das Handeln des Institors als Fall der Stellvertretung bewertet (LAMMEL 95); das ADHGB schloss sich dieser Auffassung an (LAMMEL 109).

60 c)   Der Zwiespältigkeit seiner früheren Beurteilung entspricht die unterschiedliche dogmatische Einordnung des Verwalters bis zur Gegenwart: Nach einer vor allem in der Literatur vertretenen Auffassung – heute als sog neuere Vertretungs- oder Repräsentationstheorie – bilden die Verwalter eine *besondere Gruppe der gesetzlichen Vertreter* (NK-BGB/STOFFELS § 164 Rn 26; FLUME § 45 I 2; MEDICUS/PETERSEN Rn 925; PAWLOWSKI Rn 688; ROSENBERG/SCHWAB/GOTTWALD § 40 II Rn 16; ENNECCERUS/NIPPERDEY § 180 I 1 e; LENT ZZP 62, 129 ff; K SCHMIDT KTS 1984, 345 ff; NJW 1987, 1905; KTS 1991, 211 ff uö: „neue Vertreter- und Organtheorie"). Begründet wird diese Auffassung vor allem damit, dass der Verwalter mit dem Willen handele, Rechtswirkungen in der Person eines anderen hervorzurufen.

61 Nach anderer, heute im Anschluss an die Rspr wohl überwiegender Auffassung ist der Verwalter als **Inhaber eines privaten Amtes** zu bewerten, das ihm im Sprachgebrauch des § 114 Abs 3 ZPO erlaubt, im Prozess als *Partei kraft Amtes* aufzutreten (BGB-RGRK/STEFFEN Vorbem 11 zu § 164; BRHP/SCHÄFER § 164 Rn 9; Hk-BGB/DÖRNER Vorbem 11 zu § 164; JAUERNIG/MANSEL § 164 Rn 13; MünchKomm/SCHUBERT § 164 Rn 61 f; PALANDT/ELLENBERGER Einf v § 164 Rn 9; PWW/FRENSCH § 164 Rn 15; SOERGEL/LEPTIEN Vorbem 76 zu § 164; WOLF/NEUNER § 49 Rn 31 f; eingehend JAEGER/WINDEL, InsO § 80 Rn 11 ff, Rn 19 mwNw, auch zur **Organtheorie**, die vor allem von BÖTTICHER ZZP 77, 55 vertreten wird, für eine selbständige Rechtsträgerschaft des verwalteten Vermögens aber keine gesetzliche Grundlage findet; SCHILKEN, Zivilprozessrecht Rn 274; ausf auch STEIN/JONAS/JACOBY, ZPO [23. Aufl 2014] Vorbem 64 ff zu § 50). Die Amtstheorie wird von der höchstrichterlichen Rspr seit langem zugrunde gelegt (so etwa RGZ 120, 189, 192; BVerfGE 65, 182, 190; BGHZ 13, 203; 88, 331, 334 mwNw; BGH NJW-RR 1987, 1090, 1091; 1993, 442, stRspr). Für diese Auffassung sprechen die angeführten Besonderheiten (Rn 58) und der Umstand, dass der Verwalter nicht im Namen eines Vertretenen auftritt. Dies schließt es allerdings nicht aus, ihn zB im Zusammenhang des § 278 BGB als „gesetzlichen Vertreter im weiteren Sinne" zu qualifizieren (RGZ 144, 399, 402; BGH WM 1957, 515; BGB-RGRK/STEFFEN Vorbem 11 zu § 164).

In den Ergebnissen bestehen zwischen der neueren Vertretertheorie und der Amtstheorie allerdings keine praktisch besonders bedeutsamen Unterschiede (vgl ERMAN/MAIER-REIMER Vorbem § 164 Rn 29; § 164 Rn 61; NK-BGB/STOFFELS § 164 Rn 26; FLUME § 44 IV 2; HENCKEL, Parteilehre und Streitgegenstand im Zivilprozess [1961] 118 ff; JAUERNIG/BERGER, Zwangsvollstreckungs- und Insolvenzrecht [23. Aufl 2010] § 43 VIII Rn 36 ff; krit STEIN/JONAS/JACOBY [23. Aufl 2014] Vorbem 71 ff zu § 50). Von jedem Standpunkt aus muss vielmehr den Besonderheiten Rechnung getragen werden, die sich aus den Aufgaben mehrseitiger Interessenwahrung ergeben. – Zu den Problemen im Falle des Todes eines Amtsinhabers vgl JAHR 282 ff. Zu Einzelheiten über die Zurechnung zum Schadensersatz verpflichtender Handlungen vgl DERPA 36 ff, zur Zurechnung der einen Abwehranspruch begründenden Handlungen dort 164 ff.

4. Die Ermächtigung*

a) Der *Begriff der Ermächtigung* ist zuerst von JHERING (JherJb 2, 131 ff) herausgearbeitet worden. Das BGB verwendet jedoch die Bezeichnung in den §§ 37, 112, 113, 370, 385, 457, 714, 715, 783, 805, 1221, 1825, 2199 und 2209 BGB in ganz unterschiedlichem Zusammenhang (vgl DORIS 3 ff). 62

Die Dogmatik der Ermächtigung ist vor allem im Rahmen des § 185 Abs 1 BGB weiterentwickelt worden (s STAUDINGER/KLUMPP § 185 Rn 57 ff; ERMAN/MAIER-REIMER Vorbem § 164 Rn 23; MünchKomm/SCHUBERT § 164 Rn 58 ff; NK-BGB/STOFFELS § 164 Rn 28 f; PWW/ FRENSCH § 164 Rn 4; SOERGEL/LEPTIEN § 185 Rn 32 ff; FLUME § 57, 1 a; HÜBNER Rn 1358 ff und 1354 ff; WOLF/NEUNER § 49 Rn 65 und § 54 Rn 24 ff). Danach kann der Inhaber eines Rechts Verfügungen, die ein anderer im eigenen Namen über dieses Recht vornimmt, durch seine Einwilligung wirksam werden lassen. Obwohl der Verfügende im eigenen Namen handelt, tritt die Rechtswirkung beim Rechtsinhaber ein. Demnach versteht man unter einer Ermächtigung die Erteilung der Macht, im eigenen Namen ein fremdes Recht auszuüben oder geltend zu machen (FLUME § 57, 1 b); die Macht, auf einen fremden Rechtskreis durch Rechtsgeschäft einzuwirken (HÜBNER Rn 1358; DORIS 35; LUDEWIG 2), ist nur das Ergebnis der so verstandenen Ermächtigung.

Die **Verfügungsermächtigung** ist nicht teilweise Weitergabe eigener Verfügungsmacht (Verleihung einer Berechtigung) an den Ermächtigten (so noch LARENZ, AT [7. Aufl 1988] § 18 II c [S 323 f]; vgl auch SIEBERT 275), sondern Legitimation zur Ausübung und Geltendmachung des fremden Rechts in eigenem Namen (MünchKomm/SCHUBERT § 164 Rn 58; SOERGEL/LEPTIEN § 185 Rn 32; FLUME § 57, 1 c; PAWLOWSKI Rn 653; WOLF/NEUNER § 54 Rn 25 ff). Die etwaige interne Rechtfertigung ergibt sich nicht aus der Ermächtigung selbst, sondern wie bei der Vollmacht aus dem zugrunde liegenden Innenverhältnis (MünchKomm/SCHUBERT § 164 Rn 58; FLUME § 57 1 c; PAWLOWSKI Rn 655; aA auch ENNECCERUS/NIPPERDEY § 204 I 3). Die Ermächtigung ist grundsätzlich widerruflich und 63

---

* **Schrifttum:** BETTERMANN, Verpflichtungsermächtigung und Vertrag zu Lasten Dritter, JZ 1951, 321; DÖLLE, Neutrales Handeln im Privatrecht, in: FS Schulz II (1951) 268; DORIS, Die rechtsgeschäftliche Ermächtigung bei Vornahme von Verfügungs-, Verpflichtungs- und Erwerbsgeschäften (1974); HADDING, Zur zivilrechtlichen Beurteilung des Lastschriftverfahrens, in: FS Bärmann (1975) 375; HENCKEL, Einziehungsermächtigung und Inkassozession, in: FS Larenz (1973) 643; JAHR, Romanistische Beiträge zur modernen Zivilrechtswissenschaft, AcP 168 (1968) 9; KÖHLER, Findet die Lehre von der Einziehungsermächtigung im geltenden bürgerlichen Recht eine Grundlage? (1953); KRÜCKMANN, Die Ermächtigung und der Rechtsbesitz nach dem Bürgerlichen Gesetzbuche, ReichsgerichtsFS III (1929) 79; LÖBL, Geltendmachung fremder Forderungsrechte im eigenen Namen, AcP 129 (1928) 257; LUDEWIG, Die Ermächtigung nach bürgerlichem Recht (1922); PETERS, Zur Rechtsfigur der Verpflichtungsermächtigung, AcP 171 (1971) 234; RAICH, Die dogmatische Stellung der Ermächtigung (Diss Tübingen 1962); RÜSSMANN, Einziehungsermächtigung und Klagebefugnis, AcP 172 (1972) 520; ders, Die Einziehungsermächtigung im bürgerlichen Recht, ein Institut richterlicher Rechtsschöpfung, JuS 1972, 169; SCHÖNINGER, Forderungsabtretung zum Zweck des Einzugs, AcP 96 (1905) 163, 184 ff; SIEBERT, Das rechtsgeschäftliche Treuhandverhältnis (1933) 253 ff; STATHOPOULOS, Die Einziehungsermächtigung (1968); THIELE, Die Zustimmungen in der Lehre vom Rechtsgeschäft (1966) 146 ff; THIELL, Ermächtigung unter Gesamtvertretern (Diss Frankfurt 1994); WUNDERLICH, Die Einziehungsermächtigung (Diss Köln 1937).

schränkt die Verfügungsbefugnis des Rechtsinhabers nicht mit dinglicher Wirkung ein; er kann daher trotz erteilter Ermächtigung über das betroffene Recht auch selbst Verfügungen treffen. Diese sind wirksam, wenn sie vor einer kollidierenden Verfügung des Ermächtigten erfolgt sind, es gilt das Prioritätsprinzip (MünchKomm/ Schubert § 164 Rn 58).

64 **b)** Der Unterschied zwischen der Ermächtigung und der *unmittelbaren Stellvertretung* besteht zunächst darin, dass der Ermächtigte im eigenen Namen auftritt (s nur Ludewig 55). Außerdem ist die Vollmacht personenbezogen, die Ermächtigung gegenstandsbezogen (Flume § 57 1 b; Doris 27; Siebert 254; Raape AcP 121, 257, 260; Thiele 146; BGB-RGRK/Steffen Vobem 14 zu § 164; MünchKomm/Schubert § 164 Rn 59; NK-BGB/ Stoffels § 164 Rn 29; PWW/Frensch § 164 Rn 4). Ansonsten besteht eine deutliche Ähnlichkeit zwischen Ermächtigung und Vertretungsmacht, da beide es ermöglichen, dass jemand durch rechtsgeschäftliches Handeln unmittelbar auf den Rechtskreis eines anderen einwirkt. Die These, dass zwischen beiden Instituten nur ein gradueller Unterschied bestehe (Müller-Freienfels 100), ist jedoch überspitzt (vgl Doris 28 ff; Thiele, Die Zustimmung in der Lehre vom Rechtsgeschäft [1966] 147), da das vom Vertreter vorgenommene Rechtsgeschäft ein solches des Vertretenen, das vom Ermächtigten vorgenommene hingegen ein eigenes Rechtsgeschäft ist. Wohl aber kann der Fall eintreten, dass im Wege der Auslegung bestimmt werden muss, ob eine Bevollmächtigung oder eine Ermächtigung stattgefunden hat (BGB-RGRK/Steffen Vorbem 14 zu § 164; MünchKomm/Schubert § 164 Rn 59; NK-BGB/Stoffels § 164 Rn 29; PWW/Frensch § 164 Rn 4; Soergel/Leptien Vorbem 79 zu § 164; Doris 26), zumal auch die gesetzlichen Formulierungen nicht immer eindeutig sind (vgl § 49 HGB zur Prokura, § 81 ZPO zur Prozessvollmacht).

65 Ein weiterer Unterschied zwischen Ermächtigung und Stellvertretung besteht darin, dass die Stellvertretung grundsätzlich allgemein zulässig ist, während die Ermächtigung als Sondertatbestand der in den §§ 182 ff BGB geregelten Zustimmung, nämlich der Einwilligung (Flume § 57 1 b), nur für Verfügungsgeschäfte in § 185 Abs 1 BGB eine gesetzliche Grundlage findet. Sofern darüber hinaus im Wege privatautonomer Gestaltung der Rechtsverhältnisse weitere Arten der Ermächtigung geschaffen werden sollen, kann diesen das für die Stellvertretung festgelegte *Offenheitsprinzip* (s oben Rn 35) entgegenstehen. Insoweit sind die Institute der Einziehungsermächtigung (s Rn 66), der Erwerbsermächtigung (s Rn 69) und der Verpflichtungsermächtigung (s Rn 70) umstritten.

Andererseits unterscheidet sich die Ermächtigung von der *mittelbaren Stellvertretung* dadurch, dass der mittelbare Stellvertreter keine unmittelbaren Rechtswirkungen im Rechtskreis des Vertretenen herbeiführen kann, während der Ermächtigung ein „Außenwirkungsmoment" zukommt (Doris 30; s aber auch Börner, in: FS Hübner [1984] 409 ff).

66 **c)** Die **Einziehungsermächtigung** gibt dem Ermächtigten die Befugnis, eine Forderung des Ermächtigenden gegen den Schuldner im eigenen Namen geltend zu machen (BGHZ 4, 153, 164 ff; 82, 283, 288; BGB-RGRK/Steffen Vorbem 15 zu § 164; BRHP/ Schäfer § 164 Rn 12; Hübner Rn 1361; Wolf/Neuner § 54 Rn 29), auch im Rahmen des Lastschriftverfahrens (vgl Hadding, in: FS Bärmann 384 ff sowie BGH JR 1978, 326 mit Anm Olzen); auch die Abtretung an einen Factor kann dem Ermächtigten gestattet sein

(BGH NJW 1978, 1972; SOERGEL/LEPTIEN, § 185 Rn 33; aM FALLSCHEER-SCHLEGEL, Das Lastschriftverfahren [1977] 11 ff). Im Unterschied zur *Inkassozession* gibt jedoch der Rechtsinhaber seine materielle Befugnis nicht auf (HENCKEL 652; HÜBNER Rn 1361). In der Sache handelt es sich bei der Einziehungsermächtigung um einen Fall dinglich beschränkter *Treuhand* (vgl STATHOPOULOS 65).

Zur *dogmatischen Begründung* der Einziehungsermächtigung wird durchweg auf § 185 BGB, eventuell in Verbindung mit § 362 Abs 2 BGB, zurückgegriffen. Dabei wird zwar anerkannt, dass die Verfügung erst in der Tilgung der Forderung besteht, es werden jedoch die darauf abzielenden Vorbereitungshandlungen als von den genannten Vorschriften mit umfasst angesehen (s BORK Rn 1732 f; ENNECCERUS/NIPFERDEY § 204 I 3 a; HÜBNER Rn 1362; auch BGHZ 4, 153, 164 verweist auf § 185; s ferner BGHZ 70, 389, 393). Abgelehnt wurde diese Begründung vor allem von ESSER/SCHMIDT (Schuldrecht AT [8. Aufl 2000] § 37 I 5 c) und LARENZ (Schuldrecht I [14. Aufl 1987] § 34 V c), die in Übereinstimmung mit bereits früher in der Literatur vertretenen Ansichten (vgl ERMAN/WESTERMANN § 398 Rn 38; RÜSSMANN JuS 1972, 169 ff) betonen, dass das in den genannten Vorschriften niedergelegte Einwilligungsprinzip die Verpflichtung des Schuldners zur Leistung an den Ermächtigten nicht zu erklären vermag. Hieran ändert auch die Tatsache nichts, dass ohne Mitwirkung des Schuldners statt der Ermächtigung eine Vollabtretung hätte vorgenommen werden können (RÜSSMANN JuS 1972, 169, 170). Andererseits setzt die Anerkennung der Einziehungsermächtigung nicht die Annahme einer Rechtsabspaltung voraus (s Rn 63).

Erklärbar ist die Einziehungsermächtigung unter dem Gesichtspunkt einer *„Überlassung zur Ausübung"* (STATHOPOULOS 77). Dieses Rechtsinstitut ist zwar im BGB nur hinsichtlich beschränkt dinglicher Rechte in den §§ 1059 S 2 und 1092 Abs 1 S 2 BGB vorgesehen, es tritt aber auch bei der Verpachtung von Rechten hervor. Einer Übertragung dieses Rechtsgedankens allgemein auf Forderungen mit der Folge, dass der Schuldner aufgrund entsprechender Autorisation des Rechtsinhabers (vgl FLUME § 57 1 c) zur Leistung an den Ermächtigten verpflichtet wird, stehen keine grundsätzlichen Bedenken entgegen (vgl SOERGEL/LEPTIEN § 185 Rn 33; LARENZ, Schuldrecht I § 34 V c). Ein eigenes Interesse des Ermächtigten an der Einziehung darf für das materielle Recht (s aber noch Rn 68) nicht zur Voraussetzung gemacht werden (HENCKEL 656). Allerdings bleibt auch in diesem Fall der Ermächtigende zur eigenen Einziehung der Forderung befugt, selbst wenn er eine unwiderrufliche Ermächtigung erteilt hat (LUDEWIG 93). Ein Schutz des Schuldners, der nach ihm unbekannt gebliebenem Widerruf der Ermächtigung an den vorher Ermächtigten leistet, kann in analoger Anwendung des § 171 BGB und § 409 BGB gewährt werden (vgl MünchKomm/BAYREUTHER § 185 Rn 36 mwNw; SOERGEL/LEPTIEN § 185 Rn 33). Damit kann auch dem Gegenargument der Verdoppelung der Gläubigerstellung (MEDICUS/PETERSEN Rn 1008) Rechnung getragen werden. **67**

Letztlich ist die Anerkennung der Einziehungsermächtigung auf Richterrecht zurückzuführen (HÜBNER Rn 1362; RÜSSMANN JuS 1972, 172 ff), weil sie von der Rspr gegen den abnehmenden Widerstand in der Literatur durchgesetzt wurde (s im Anschluss an die reichsgerichtliche Rspr zB BGHZ 4, 153, 164; 82, 283, 290; BGH NJW 1987, 2121 sowie HENCKEL 644 mwNw). Es handelt sich um ein zum Gewohnheitsrecht gewordenes Produkt richterlicher Rechtsschöpfung (ESSER/SCHMIDT, Schuldrecht AT § 37 I 5 c).

68 d) Mit der Einziehungsermächtigung ist die Problematik der **gewillkürten Prozessstandschaft** eng verbunden. Eine gewillkürte Prozessstandschaft versetzt den Ermächtigten in die Lage, die im Zusammenhang mit einer gerichtlichen Geltendmachung der von der Ermächtigung erfassten Forderung notwendigen Prozesshandlungen als Prozesspartei vorzunehmen; sie eröffnet damit auch die Möglichkeit, den Gläubiger der Forderung als Zeugen auftreten zu lassen (vgl dazu sowie zur Problematik der Prozesskostenhilfe und der Kostenerstattung Rosenberg/Schwab/Gottwald § 46 III 1; Rüssmann AcP 172, 545 ff; zum Erlöschen einer gewillkürten Prozessstandschaft bei Insolvenzeröffnung s BGH NJW 2000, 738 ff). Die Meinungen über die Zulässigkeit einer gewillkürten Prozessstandschaft sind ebenso geteilt wie die zur Einziehungsermächtigung. Sie reichen von genereller Ablehnung (zB Nikisch, Zivilprozeßrecht [2. Aufl 1952] § 31 III 5) bis zur uneingeschränkten Zulassung (zB Rosenberg JZ 1952, 137; weitere Nachw bei Stathopoulos 125 ff). Der Meinungsstreit ist heute im Wesentlichen dadurch gekennzeichnet, dass die Rspr für die gewillkürte Prozessstandschaft über die Voraussetzungen einer wirksamen bürgerlichrechtlichen Einziehungsermächtigung hinaus (vgl Henckel 656 ff) verlangt, dass der Prozessstandschafter an der gerichtlichen Geltendmachung ein besonderes *eigenes Interesse* dartut (RGZ 91, 390, 397 und stRspr; BGHZ 4, 153, 164; BGH NJW 1989, 1933 f und st Rspr; ebenso zB BGB-RGRK/Steffen Vorbem 15 zu § 164; MünchKomm/Bayreuther § 185 Rn 41; Rosenberg/Schwab/Gottwald § 46 III 1; Schilken, Zivilprozessrecht Rn 275). Ein Teil der Literatur hingegen hält dieses zusätzliche Erfordernis für nicht begründbar; sie begnügt sich bei Wahrung des *allgemeinen Rechtsschutzinteresses* mit einer gültigen bürgerlichrechtlichen Einziehungsermächtigung als Grundlage der gewillkürten Prozessstandschaft (zB Soergel/Leptien § 185 Rn 34; Grunsky, Grundlagen des Verfahrensrechts [2. Aufl 1974] 262; Enneccerus/Nipperdey § 204 I 3 a; Rüssmann AcP 172, 554; Esser/Schmidt, Schuldrecht AT § 37 I 5 c; Stathopoulos 141; Lüke ZZP 76, 1 ff). Zur Verhinderung von Missbrauch (Zeugenposition, Prozesskostenhilfe) ist der einschränkenden Auffassung der Vorzug zu geben.

69 e) Eine **Erwerbsermächtigung**, aufgrund deren der Ermächtigte durch Handeln im eigenen Namen für den Ermächtigenden erwerben würde, hatte vTuhr (AT II 2, 350) in analoger Anwendung des § 185 BGB für zulässig gehalten (ähnlich Dölle, in: FS Schulz II 276); er wollte damit die Fälle des Erwerbs für den, den es angeht (s oben Rn 51 ff), lösen. Seine Auffassung hat sich jedoch nicht durchgesetzt (Doris 152 und 154 Fn 15 mwNw; Bork Rn 1736; Flume § 57 1 d; Medicus/Petersen Rn 1007; Siebert 259 ff; Schwark JuS 1980, 777, 778). Sie kollidiert mit dem Offenheitsgrundsatz und ist auch im Hinblick auf § 328 BGB entbehrlich (Flume § 57 1 d; MünchKomm/Bayreuther § 185 Rn 33; Soergel/Leptien § 185 Rn 40; Rn 1007).

70 f) Die **Verpflichtungsermächtigung** ist die Ermächtigung, durch rechtsgeschäftliches Handeln im eigenen Namen einen anderen allein oder neben dem Handelnden zu verpflichten (Ludewig 72 ff). Sie gehört zu den besonders umstrittenen Instituten des bürgerlichen Rechts. Abgelehnt wird sie vor allem wegen des mit ihr verbundenen *Verstoßes gegen den Offenheitsgrundsatz* und dem mit diesem gewährten Gläubigerschutz. Dogmatisch ist sie dem deutschen Recht fremd, und zur Herbeiführung der vorgenannten Rechtswirkungen werden die Schuldübernahme bzw der Schuldbeitritt oder ein Auftreten des Handelnden als Stellvertreter als hinreichend angesehen (vgl BGHZ 34, 122, 125; BGB-RGRK/Steffen Vorbem 16 zu § 164; BRHP/Schäfer § 164 Rn 12; MünchKomm/Bayreuther § 185 Rn 31 ff; NK-BGB/Stoffels § 164 Rn 29; Staudinger/Klumpp § 185 Rn 166 ff; Boemke/Ulrici § 13 Rn 33; Bork Rn 1737; Flume § 57 1 d;

ENNECCERUS/NIPPERDEY § 204 I 3 b; HÜBNER Rn 1359 f; KÖHLER § 14 Rn 15; MEDICUS/PETERSEN Rn 1006; WOLF/NEUNER § 54 Rn 31; SCHWARK JuS 1980, 777, 778; ferner DORIS 81 ff mwNw).

Die Begründungsversuche für die Verpflichtungsermächtigung gehen einmal von der *Besitzüberlassung* als zusätzlicher Grundlage aus; so hatte RGZ 80, 395, 399, die §§ 182 ff BGB analog angewendet, als ein Hausverwalter mit Einwilligung des Hauseigentümers einen Mietvertrag abgeschlossen hatte (s näher STAUDINGER/GURSKY [2014] § 185 Rn 108 ff). Hier lag freilich in der Sachüberlassung schon ein verfügungsähnlicher Tatbestand (FLUME § 57 I d; MEDICUS/PETERSEN Rn 1006; vgl auch RGZ 124, 28 ff). DORIS (112 ff) führt diesen Gedankengang fort und sieht nach ausführlicher Abwägung der möglichen Fallgestaltungen kein grundsätzliches Hindernis gegenüber der Verpflichtungsermächtigung, schränkt jedoch ihre Anerkennung auf Verpflichtungsgeschäfte über *Gegenstände des Ermächtigenden* ein (133). Daher steht für ihn die Verpflichtungsermächtigung in Parallele zur Verfügungsermächtigung und kann auf eine analoge Anwendung des § 185 BGB gestützt werden (136). Andere Begründungsversuche führen weitere Einzelvorschriften als Grundlage einer Analogie an, so BETTERMANN (JZ 1951, 321 ff) vor allem § 556 Abs 3 BGB aF und güterrechtliche Vorschriften oder DÖLLE (in: FS Schulz II 278) auch den § 2206 BGB. Vom grundsätzlichen Ansatz her sieht THIELE (203 ff) die Verpflichtungsermächtigung als den *Ausdruck privatautonomer Gestaltung* an; sie könne daher anerkannt werden, sofern das Interesse des Gläubigers, die Person seines Schuldners zu kennen, nicht verletzt werde. Daher will er bei Nichtoffenlegung des Ermächtigungsverhältnisses eine Mitverpflichtung des Ermächtigten neben dem Handelnden billigen (THIELE 211; abl MünchKomm/BAYREUTHER § 185 Rn 32; MARTENS AcP 177, 150; ähnlich SOERGEL/LEPTIEN § 185 Rn 35 ff). **71**

Bei Abwägung der genannten Argumente behalten im Ergebnis die ablehnenden Ansichten vor allem wegen der Scheidung zwischen unmittelbarer und mittelbarer Stellvertretung im geltenden Recht (vgl FLUME § 57 1 d) das Übergewicht (zusammenfassend PETERS AcP 171, 238 ff), zumal sich aus der Anerkennung einer Verpflichtungsermächtigung nur ein rein konstruktiver Vorteil ergeben würde; praktische Bedürfnisse können auf diesem Wege nicht besser befriedigt werden als mit den bereits vorhandenen Rechtsinstituten. Auch § 783 BGB ergibt nichts anderes, da die Verpflichtung des Anweisenden dort nur aufgrund seiner ermächtigenden Erklärung gegenüber dem Angewiesenen in Verbindung mit dessen anweisungsgemäßer Leistung entsteht.

g) Die *Ermächtigung zur Stimmrechtsausübung* war ursprünglich unter dem Begriff der Legitimationszession entwickelt worden, um das Stimmrecht der Banken für die bei ihnen im Depot befindlichen Aktien zu rechtfertigen (s RGZ 60, 172; 105, 289; 111, 405; 117, 69, 72; 118, 330; 133, 234, 241; LUDEWIG JW 1922, 1501). Die spätere gesetzliche Anerkennung der Ermächtigung zur Ausübung des Depotstimmrechts im AktG von 1937 ließ die Notwendigkeit einer besonderen Begründung für diese Art der Ermächtigung entfallen (ENNECCERUS/NIPPERDEY § 204 I 3 a); Rechtsgrundlage ist heute § 129 Abs 3 AktG. – Eine analoge Anwendung dieser Regel auf Stimmrechtsausübungen ohne wertpapiermäßige Grundlage dürfte nicht in Betracht kommen. Dies zeigt schon § 108 Abs 3 AktG, wonach die Ausübung des Stimmrechts von Aufsichtsratsmitgliedern nur durch schriftliche Stimmabgabe, hingegen nicht aufgrund einer Ermächtigung erfolgen kann (vgl LUTTER, in: FS Duden [1977] 272). Im Wohnungs- **72**

eigentum setzt die Vertretung beim gemeinschaftlichen Stimmrecht eine entsprechende *Bevollmächtigung* (s dazu BGH NJW 2012, 2512) oder gesetzliche Vertretungsmacht aufgrund Mehrheitsbeschlusses (s oben Rn 24) voraus (ausf MERLE, in: FS Seuß [2007] 193 ff; zu Rechtsfragen bei der Vertretung durch den Verwalter SCHMID NJW 2012, 2545 ff).

72a h) Keine Ermächtigung im hier behandelten Sinne ist die sog *Ausfüllungsermächtigung* für Blanketturkunden, weil es sich beim Ausfüllen selbst nicht um ein Rechtsgeschäft des Ermächtigten handelt, sondern damit allenfalls ein Rechtsgeschäft des Ermächtigenden entsteht (MünchKomm/BAYREUTHER § 185 Rn 40; SOERGEL/LEPTIEN § 185 Rn 42; s iü noch § 167 Rn 20). Es handelt sich dabei allerdings um eine arbeitsteilige Herstellung seiner Willenserklärung (BORK Rn 1641 ff, 1647; KÖHLER § 7 Rn 28; MEDICUS/PETERSEN Rn 910), auf den die Stellvertretungsregeln entsprechend anzuwenden sind (MünchKomm/SCHUBERT § 164 Rn 59, § 172 Rn 2 ff; BORK Rn 1647; s etwa BGH NJW 1996, 1467 mwNw zur Blankobürgschaft).

5. Die Botenschaft*

73 a) Der *Begriff des Boten* wird im BGB als solcher nicht verwendet. Dies geht ua darauf zurück, dass früher, insbesondere von SAVIGNY, nicht zwischen Stellvertretern und Boten unterschieden wurde (vgl oben Rn 10; FLUME § 43 4). Auf die Botenschaft geht das BGB nur in § 120 BGB für einen Spezialfall (s Rn 81) ein. Daher musste die Dogmatik des Botenrechts von Rspr und Lehre innerhalb des mit den Stellvertretungsvorschriften einerseits und dem § 130 BGB andererseits gezogenen Regelungsrahmens entwickelt werden.

Nach der vom BGB übernommenen *Repräsentationstheorie* (s oben Rn 32) ist der Stellvertreter dadurch vom Boten abzugrenzen, dass er eine eigene Willenserklärung mit Fremdwirkung abgibt oder die Erklärung als an ihn gerichtet mit Fremdwirkung entgegennimmt, während der Bote auf den Transport der bereits abgegebenen Erklärung oder auf die technische Weiterleitung einer empfangenen, aber nicht

---

* **Schrifttum**: S auch die Hinw zu § 120 und zu § 130. – ASSMANN, Die Rechtsstellung des Boten (1906); BARCABA, Der Empfangsbote (2002); E COHN, Der Empfangsbote (1927); FALKMANN, Die Rechtsstellung des Boten (1908); FLECK, Der Bote, ArchBürgR 15, 337; FRANZKE, Die Rechtsstellung des Boten, insbesondere die unrichtige Übermittlung von Botenerklärungen (Diss Breslau 1912); FROMM, Der Bote (Diss Erlangen 1908); HANLOSER, Stellvertretung und Botenschaft (2004); HEPNER, Der Bote ohne Ermächtigung (Diss Erlangen 1908); G HUECK, Bote – Stellvertreter im Willen – Stellvertreter in der Erklärung, AcP 152 (1952/53) 432; JOUSSEN, Abgabe und Zugang von Willenserklärungen unter Einschaltung einer Hilfsperson, Jura 2003, 577; JÜNGLING, Zur Lehre vom Boten und vom Stellvertreter (Diss Greifswald 1906); KIEHNLE, Der Bereicherungsausgleich nach Zuvielüberweisung – Überlegungen zur Überschreitung der Boten- und der Vertretungsmacht, VersR 2008, 1606; LUTTER, Der Stimmbote, in: FS Duden (1977) 269; MARCUS, Zur Kasuistik des Botenrechts, Recht 1907, 44; PETERSEN, Stellvertretung und Botenschaft, Jura 2009, 904; PLETTENBERG, Vertreter und Bote bei Empfangnahme von Willenserklärungen (Diss Erlangen 1916); SANDMANN, Empfangsbotenstellung und Verkehrsanschauung, AcP 199 (1999) 455; H SCHNEIDER, Stellvertretung im Willen, Stellvertretung in der Erklärung und Bote (Diss Köln 1959); SMID, Botenschaft und Stellvertretung, JuS 1986, L 9 ff.

an ihn gerichteten Willenserklärung beschränkt ist (Mot I 223); die Annahme, das Handeln des Boten sei gleichfalls eine eigenständige, im Gegensatz zur Stellvertretung aber durch eine kausale Vollmacht (s dazu § 167 Rn 2 ff) beschränkte Willensäußerung (Pawlowski Rn 690 ff; dagegen zutr Brehm Rn 439), findet im Hinblick auf das insoweit maßgebliche Abstraktionsprinzip (s oben Rn 33 f) im Gesetz keine Grundlage. Eine Parallele der Botenschaft zur Stellvertretung wird jedoch insoweit gezogen, als zwischen *Erklärungsboten* und *Empfangsboten* (s dazu noch ausf § 164 Rn 25) unterschieden wird.

b) Das für die Botenschaft maßgebende Kriterium wird nach ganz hM zu Recht **74** mit Hilfe des für die Stellvertretung geltenden Offenheitsprinzips (s oben Rn 35) bestimmt. Entscheidend für einen Boten ist sein **äußeres Auftreten als Übermittler**. Bote ist somit derjenige, von dem der Kontrahent den Eindruck haben muss, dass er für die abgegebene oder zu empfangende Willenserklärung nur die Funktion des Übermittlers einer fremden Willenserklärung wahrnehme (BGHZ 12, 327, 334 und st Rspr; BAG NJW 2008, 1243; BGB-AK/Ott Vorbem 53 zu §§ 164 ff; BGB-RGRK/Steffen Vorbem 32 zu § 164; BRHP/Schäfer § 164 Rn 11; Erman/Maier-Reimer Vorbem § 164 Rn 24; Hk-BGB/Dörner § 164 Rn 4; jurisPK-BGB/Weinland § 164 Rn 15; MünchKomm/Schubert § 164 Rn 72; NK-BGB/Stoffels § 164 Rn 47 ff; Palandt/Ellenberger Einf v § 164 Rn 11; PWW/Frensch § 164 Rn 18; Soergel/Leptien Vorbem 44 zu § 164; Bitter/Röder § 10 Rn 21; Boecken Rn 609; Boemke/Ulrici § 13 Rn 27, Rn 30; Bork Rn 1345 f; Brehm Rn 439; Brox/Walker § 24 Rn 3; Ennecerus/Nipperdey § 178 II 1 c; Faust § 29 Rn 3; Flume § 43 4; Grigoleit/Herresthal Rn 485; Hirsch Rn 841; Hübner Rn 1170; Köhler § 11 Rn 16; Leipold § 22 Rn 11; Löwisch/Neumann Rn 200; Medicus/Petersen Rn 886; Medicus/Petersen BR Rn 77 ff; Schmidt Rn 631 f; Wolf/Neuner § 49 Rn 16 f; Hanloser 70 ff; Schreindorfer 152 f; Joussen Jura 2003, 577 f; Klein NZA 2004, 1198, 1200; Lange JA 2007, 766, 767; Mock JuS 2008, 309; Petersen Jura 2009, 904; Schilken 85 f; vgl auch HKK/Schmoeckel §§ 164–181 Rn 16). Maßgeblich ist die Beurteilung vom Empfängerhorizont, freilich unter Berücksichtigung aller erkennbaren Umstände wie zB der sozialen Stellung der Mittelsperson zum Geschäftsherrn; die Abgrenzung wird dadurch erschwert, dass auch die Vollmacht eines Vertreters eng begrenzt sein kann, sog Vertreter mit gebundener Marschroute (MünchKomm/Schubert § 164 Rn 72; NK-BGB/Stoffels § 164 Rn 49). Wer behauptet, als Bote gehandelt zu haben, muss dies beweisen (OLG Schleswig MDR 1977, 841; vgl auch § 164 Rn 16).

Die zusätzlich verwendete Formel, der Bote habe *keinerlei Entscheidungsmacht* (s zB **75** Hoffmann JuS 1970, 181) und dürfe daher in seinem äußeren Auftreten solche nicht in Anspruch nehmen, gilt nur für das „Ob" des Geschäfts (BGB-RGRK/Steffen Vorbem 32 zu § 164; MünchKomm/Schubert § 164 Rn 72; NK-BGB/Stoffels § 164 Rn 49 f; Wolf/Neuner § 49 Rn 13 f; Lehmann/Hübner § 36 I 1 a; Müller-Freienfels 72; Mock JuS 2008, 309). In anderen Fragen hingegen darf auch ein Bote nach seinem Ermessen entscheiden, etwa über die Art des Erklärungstransportes bei verkörperten Willenserklärungen und über deren stilistische Gestaltung. Ebenso können dem Stimmboten (vgl dazu DNotI-Report 2007, 115 f) gewisse Entscheidungsfreiheiten zustehen (s Lutter, in: FS Duden 275 ff), und nicht zuletzt verbleibt dem Boten bei der Übermittlung nicht verkörperter Willenserklärungen, sofern dies nicht ausdrücklich untersagt wurde, die Freiheit der Stilistik. Dementsprechend werden *Dolmetscher* bei ihrer Übertragung des Erklärungstextes von einer Sprache in eine andere nach hM zu Recht als Boten bewertet (BGH WM 1963, 165; BGB-RGRK/Steffen Vorbem 33 zu § 164; MünchKomm/Schubert § 164 Rn 72; Soergel/Leptien Vorbem 45 zu § 164).

Vorbem zu §§ 164 ff

76 **c)** Mit dem Kriterium des äußeren Auftretens als Bote wird entscheidend auf das Verhältnis des Boten zum Kontrahenten Rücksicht genommen. Da die Botentätigkeit auch dem Hintermann, dh dem Erklärenden oder dem Erklärungsadressaten, zugerechnet wird, soll nach aA für den Tatbestand der Botenschaft das *Innenverhältnis* zwischen der Mittelsperson und dem Hintermann als Tatbestandselement der Botenschaft maßgeblich sein (G Hueck AcP 152, 436 ff; Petzold MDR 1961, 461; Müller-Freienfels 72; ähnlich Pawlowski Rn 690 ff: „gewissermaßen kausale Vollmacht"). Da aber Stellvertretung nicht Vertretung im Willen, sondern nur Vertretung beim Vollzug des Rechtsgeschäfts durch eigene Erklärung ist (s Rn 15, 32), kann für die Beurteilung des Handelns als Vertreter oder Bote nur das (ausgelegte) äußere Verhalten maßgeblich sein (Flume § 43 4; Thiele 57 ff, 145 ff). Ob ein entsprechender (Vertretungs- oder Boten-) Rechtsmacht begründender Akt vorliegt, erlangt erst bei der Beurteilung der Wirksamkeit des Handelns für den Geschäftsherrn Bedeutung, wie auch die §§ 177 ff BGB verdeutlichen (Soergel/Leptien Vorbem 44 zu § 164). Eine solche Botenmacht als Voraussetzung für eine Zurechnung der übermittelten Erklärung zum Geschäftsherrn wird sich freilich häufig aus dem Innenverhältnis ergeben (s Rn 77), sie kann aber als im Prinzip abstrakte Befugnis auch isoliert erteilt werden (vgl Soergel/Leptien Vorbem 43 zu § 164).

77 **d)** Das **Innenverhältnis** zwischen Boten und Hintermann wurde von Cohn (32) als „Ermächtigung zur Botentätigkeit" bezeichnet. Es kann von ganz unterschiedlicher Art sein: Vielfach handelt es sich um einen *Auftrag* oder einen *Geschäftsbesorgungsvertrag* (MünchKomm/Schubert § 164 Rn 73). Ein solcher kann auch stillschweigend geschlossen werden, insbesondere im Zusammenhang mit einer Empfangsbotentätigkeit. Will der Bote gegenüber dem Hintermann keine rechtsgeschäftliche Bindung eingehen, so kann das Innenverhältnis sich als eine *Gefälligkeit* darstellen. Schließlich kann sich das Innenverhältnis zwischen dem Boten und seinem Hintermann aus den Regeln über die *Geschäftsführung ohne Auftrag* ergeben, wobei allerdings eine Ermächtigungswirkung für die Botentätigkeit nur der berechtigten Geschäftsführung zukommt.

Neben den privatrechtlichen Grundlagen für die Botentätigkeit steht eine Berechtigung aufgrund *hoheitlichen Handelns* in Betracht, wenn der Gerichtsvollzieher bei der Entgegennahme freiwilliger Leistungen des Schuldners (s § 754 ZPO) oder durch Angebot der Gegenleistung bei der Zug-um-Zug-Vollstreckung (§ 756 ZPO) für den Gläubiger tätig wird (s Fahland ZZP 92, 432 ff; Gaul/Schilken/Becker-Eberhard § 16 Rn 44, § 25 Rn 66; Schilken 191 ff, str). Schließlich gibt es *gesetzliche Ermächtigungen* zur Botentätigkeit; dies gilt zB für den Ehegatten gem § 1353, für Kinder gem § 1619.

78 **e)** Deutlich wird die Unterscheidung zwischen Bote und Stellvertreter auch bei der **Geschäftsfähigkeit**. Da der Bote nur die fremde Willenserklärung übermittelt, ist Geschäftsfähigkeit nicht erforderlich, sondern es genügt die natürliche Fähigkeit zur Übermittlung (BRHP/Schäfer § 164 Rn 11; Erman/Maier-Reimer Vorbem § 164 Rn 26; NK-BGB/Stoffels § 164 Rn 51; PWW/Frensch § 164 Rn 20; Enneccerus/Nipperdey § 178 II 1 c; Hübner Rn 1173; Wolf/Neuner § 49 Rn 15; Schmidt Rn 636 f); das Innenverhältnis spielt auch hier keine Rolle. Handelt es sich um eine beschränkt geschäftsfähige Person, so gelten entsprechende Regeln, deren Relevanz dann freilich durch die Zulässigkeit einer Stellvertretung mittels solcher Personen nach § 165 BGB entschärft wird; auch diese Vorschrift verdeutlicht die Maßgeblichkeit der Willenserklärung, da dem Geschäftsunfähigen keine Willensbildung (als Vertreter) überlassen werden soll (Medicus/Petersen Rn 886; vgl Ostheim AcP 169, 193 ff). Tritt eine geschäftsunfähige Person dennoch als Vertreter auf, so kann deshalb das unwirksame Vertretergeschäft auch dann nicht als wirksames Botengeschäft behandelt werden, wenn es inhaltlich der Weisung des Geschäftsherrn entspricht (Soergel/Leptien Vorbem 45 zu § 164; aA Flume § 43 4; krit zur strikten Unterscheidung zwischen Boten und Vertreter in diesem Zusammenhang Kiehnle AcP 212 [2012] 905 ff). Das gilt ohnehin, wenn für die Abgabe der Erklärung eine **Form** vorgeschrieben ist, die im Gegensatz zur Stellvertretung bei Einsatz eines Boten vom Geschäftsherrn erfüllt werden muss (RGZ 79, 212, 213; BRHP/Schäfer § 164 Rn 11; Erman/Maier-Reimer Vorbem § 164 Rn 26; MünchKomm/Schubert § 164 Rn 74; NK-BGB/Stoffels § 164 Rn 51; Palandt/Ellenberger Einf v § 164 Rn 11; PWW/Frensch § 164 Rn 20; Soergel/Leptien Vorbem 43 zu § 164; Boecken Rn 613; Brox/Walker § 24 Rn 4; Flume § 43 4; Köhler § 11 Rn 17; Wolf/Neuner § 49 Rn 15; Hanloser 65 ff; Petersen Jura 2009, 904 f). Für die Anwendung des Verbraucherschutzrechts entscheidet die Person des Geschäftsherrn (ausf MünchKomm/Schubert § 164 Rn 76; Schreindorfer 460 ff; zur Bedeutung der Mitwirkung eines Boten bei Fernabsatzverträgen s Staudinger/Thüsing [2019] § 312c Rn 26).

f) Ausgeschlossen ist eine Botenschaft bei **höchstpersönlichen Erklärungen** nicht schlechthin, wohl aber zB bei § 1311 BGB oder bei § 2284 S 1 BGB; dasselbe gilt beim Erfordernis gleichzeitiger Anwesenheit gem § 925 BGB (MünchKomm/Schubert § 164 Rn 74; NK-BGB/Stoffels § 164 Rn 51; Soergel/Leptien Vorbem 43 zu § 164; Wolf/Neuner § 49 Rn 15; vgl auch DNotI-Report 2007, 116). Ein gesetzliches oder rechtsgeschäftliches Vertretungsverbot (s oben Rn 40 f) steht hingegen einer Botenschaft nicht entgegen (Flume § 43 5; MünchKomm/Schubert § 164 Rn 74; NK-BGB/Stoffels § 164 Rn 51; Soergel/Leptien Vorbem 43 zu § 164), da die Erklärung eine solche des Geschäftsherrn ist. Ebenso wie die Stellvertretung (s oben Rn 41) kann eine Botenschaft aber *rechtsgeschäftlich ausgeschlossen* werden. **79**

Der Wirksamkeit einer Erklärung ist es dagegen nicht abträglich, dass jemand, der mit *Vertretungsmacht ausgestattet* ist, nur als Bote handelt (Flume § 43 4; Wolf/Neuner § 49 Rn 17; Soergel/Leptien Vorbem 45 zu § 164; Klein NZA 2004, 1198, 1199; Petersen Jura 2009, 904; Prütting/Schirrmacher Jura 2016, 1156, 1163; krit wegen des Fehlens einer Willenserklärung des Geschäftsherrn MünchKomm/Schubert § 164 Rn 78). In der Tat fehlt es an der Abgabe einer Willenserklärung, doch kann die dem Willen des Geschäftsherrn entsprechende Übermittlung – auch im Hinblick auf die in § 120 BGB zum Ausdruck kommende Wertung (s Rn 81) – einer Willenserklärung durch ihn gleichgestellt werden. Oft wird es dem Geschäftsherrn ohnehin gleich sein, wie der Mittelsmann auftritt (Flume § 43 4). Allerdings können der Wirksamkeit Formerfordernisse entgegenstehen (s Rn 78), während es bei der Stellvertretung auf die Einhaltung der Form durch den Vertreter ankommt. **80**

Wirkung für den Geschäftsherrn tritt umgekehrt auch ein, wenn eine zur Übermittlung bestimmte, nicht geschäftsunfähige Person statt als Bote als Vertreter handelt, sofern sich die Erklärung innerhalb der Botenmacht hält, die dann auch eine entsprechende Vertretungsmacht abdeckt; sonst gelten die §§ 177 ff BGB (Erman/Maier-Reimer Vorbem § 164 Rn 25; ausf MünchKomm/Schubert § 164 Rn 77, Rn 79; Soergel/Leptien Vorbem 45 zu § 164; Flume § 43 4; Wolf/Neuner § 49 Rn 17, hM; aA G Hueck AcP 152, 437).

81 g) Ein **Fehler des Erklärungsboten** bei der Ausführung seines Botenauftrags steht, wie § 120 BGB zeigt, der Botenschaft nicht entgegen; bei unbewusstem Abweichen besteht danach vielmehr ein Anfechtungsrecht. Erst wenn der Bote sich bewusst von seiner Berechtigung löst und vorsätzlich eine andere Erklärung abgibt, als ihm aufgetragen war, oder wenn er statt als Bote als Vertreter (unbewusst oder bewusst) abweichend handelt, scheidet § 120 BGB aus. In diesen Fällen greifen nach zutreffender hM die §§ 177 ff BGB analog ein (s etwa OLG Oldenburg NJW 1978, 951; BRHP/Schäfer § 164 Rn 11, § 177 Rn 12; Jauernig § 120 Rn 4; jurisPK-BGB/Weinland § 164 Rn 17; Soergel/Leptien Vorbem 45 zu § 164; StudKomm § 177 Rn 1; Brox/Walker § 18 Rn 10; Flume § 43 4; Hübner Rn 800; Schmidt Rn 651a; Wertenbruch § 14 Rn 5 f; Hoffmann JuS 1970, 181; G Hueck AcP 152, 443; Kiehnle VersR 2008, 1606, 1613 ff mwNw; vgl auch § 177 Rn 21; s ferner RG HRR 1940 Nr 1278; BGH WM 1963, 165, 166); genehmigt der Hintermann nicht, so entsteht für den „Boten" eine Eigenhaftung analog § 179 BGB (BRHP/Schäfer § 164 Rn 11; Erman/Arnold § 120 Rn 5; MünchKomm/Schubert § 164 Rn 80; Palandt/Ellenberger § 120 Rn 4; PWW/Ahrens § 120 Rn 4; Enneccerus/Nipperdey § 167 III 2, § 178 Fn 7; Flume § 43 4; Hübner Rn 1171 f; Kiehnle VersR 2008, 106, 1615; Prütting/Schirrmacher Jura 2016, 1156, 1162 f; aM [für Anwendbarkeit des § 120 auch bei bewusster Falschübermittlung] zB BGB-RGRK/Steffen Vorbem 32 zu § 164; NK-BGB/Feuerborn § 120 Rn 5 f mwNw; Staudinger/Singer [2017] § 120 Rn 2 f mwNw; Bork Rn 1361; Faust § 29 Rn 16; Medicus/Petersen Rn 748; Medicus/Petersen BR Rn 80; Pawlowski Rn 695 ff; Wolf/Neuner § 33 Rn 43, § 41 Rn 40, § 49 Rn 15; Lobinger 232 ff; Lüdeking, Die zugerechnete Willenserklärung [2017] 102 f; Marburger AcP 173, 1243 ff; wohl auch Petersen Jura 2009, 904, 905; differenzierend MünchKomm/Schubert § 164 Rn 80: § 120 BGB bei Pflichtverletzung des Geschäftsherrn, sonst §§ 177 ff BGB analog). Zum *Empfangsboten* s § 164 Rn 22.

6. Der Vertreter in der Erklärung*

82 a) Ein Stellvertreter kann hinsichtlich des Erklärungsinhalts und der Modalitäten der Erklärungsabgabe durch *Weisungen des Vollmachtgebers* in so starkem Maße *gebunden* sein, dass er zwar den Vollmachtgeber bei der Erklärungsabgabe noch repräsentiert, im Übrigen jedoch wie ein Erklärungsbote wirkt. Man spricht dann vom „Vertreter mit gebundener Marschroute" (Ulmer SJZ 1948, 140; Flume § 43 4; vgl Pawlowski Rn 694) oder vom „Vertreter in der Erklärung" (Matthiessen JW 1924, 659; vgl Pawlowski Rn 694). Wichtig wird ein solcher Vertreter in der Erklärung, wenn sowohl die normale Stellvertretung als auch Botenschaft ausgeschlossen wären (s oben Rn 40 und Rn 79). Hier könnte ein Vertreter in der Erklärung anerkannt werden, wenn es sich bei ihm um eine *dritte Kategorie* neben dem Stellvertreter und dem Boten handeln würde. Die These einer dritten Kategorie des fremd wirkenden Handelns geht auf die von Windscheid/Kipp (Pandekten [9. Aufl 1906] I § 73 Anm 2) vertretene Auffassung zurück, es gebe einen Vertreter in der Erklärung, welcher der Willensbindung unterworfen sein könne (vgl Rosenberg 197 ff; Flume § 43 5). Historisch stammt dieses Institut bereits aus dem kanonischen Recht des

---

* **Schrifttum**: Bucher, Wiederbelebung der Stellvertretung in der Erklärung?, JZ 1954, 22; G Hueck, Bote – Stellvertreter im Willen – Stellvertreter in der Erklärung, AcP 152 (1952/53) 432; Matthiesen, Stellvertretung in der Erklärung, JW 1924, 659; Petzold, Der Vertreter in der Erklärung, MDR 1961, 459; H Schneider, Stellvertretung im Willen, Stellvertretung in der Erklärung und Bote (1959); Ulmer, Adoptionsvertrag und Stellvertretung, SJZ 1948, 137.

Mittelalters, wo es im Zusammenhang mit der dort zugelassenen Eheschließung durch Stellvertreter entwickelt wurde (vgl Freisen, Geschichte des kanonischen Eherechts [2. Aufl 1893] 303).

b) Praktisch wurde das Problem des Vertreters in der Erklärung früher für Adoptionsverträge, weil bei diesen bis zum Jahre 1961 nach § 1750 aF Stellvertretung und Botenschaft ausgeschlossen waren. Aufgrund der schwierigen Verkehrsverhältnisse gegen Kriegsende hatte schon das RG (DR 1945, 76) einen Vertreter in der Erklärung anerkannt. Später wurde diese dogmatische Konstruktion auch vom BGH (BGHZ 5, 344, 350; 30, 306, 311; s auch BGH AG 2005, 475) angewendet (s wNw zur unmittelbaren Nachkriegszeit bei Schneider 52). In der Literatur waren diese Entscheidungen sehr umstritten (vgl ua Lent DNotZ 1951, 151; Bosch DNotZ 1951, 166; Weber DNotZ 1951, 316; G Hueck AcP 152, 432; Bucher JZ 1954, 22; Boehmer JZ 1960, 4; Petzold MDR 1961, 459) und wurden ganz überwiegend abgelehnt. Durch eine Gesetzesänderung wurde im Jahre 1961 für den damaligen Adoptionsvertrag die Stellvertretung zugelassen. Nach der heute gültigen Regelung des § 1750 Abs 3 S 1 BGB ist dort für eine Stellvertretung, auch eine solche „in der Erklärung", kein Raum mehr (MünchKomm/Schubert § 164 Rn 67). **83**

c) Aus heutiger Sicht wird ein Vertreter in der Erklärung als eigene Kategorie *überwiegend abgelehnt;* das Handeln desjenigen, dem die – wenngleich weisungsgebundene – Erklärungsabgabe mit Drittwirkung verblieben ist, wird als Fall normaler Stellvertretung bewertet (BGB-RGRK/Steffen Vorbem 18 zu § 164; MünchKomm/ Schubert § 164 Rn 67; NK-BGB/Stoffels § 164 Rn 52 f; PWW/Frensch § 164 Rn 22; Soergel/ Leptien Vorbem 47 zu § 164; Flume § 43 5; Enneccerus/Nipperdey § 178 II 1 c; Hübner Rn 1174; Wolf/Neuner § 49 Rn 19; Hanloser 76 ff; Kiehnle AcP 212 [2012] 911 ff; Lipp JuS 2000, 267, 268), anderenfalls liegt bloße Botenschaft vor. Demgegenüber bejaht Schneider (24 ff) die Möglichkeit einer dritten Kategorie, wobei er das Kennzeichen des Vertreters in der Erklärung darin sieht, dass, abweichend von § 167 Abs 2 BGB, die Form des Hauptgeschäftes auch für die Vollmachtserteilung erforderlich ist (69), und dass eine Vertretung ohne Vertretungsmacht ausscheidet (71). Da Stellvertretung stets, auch bei „gebundener Marschroute", Vertretung in der Erklärung darstellt und bei Ausschluss der Vertretung durch die betreffende Person selbst abgegeben werden muss, ist ein selbständiges Institut des Vertreters in der Erklärung jedoch abzulehnen. Bedarf die Erklärung keiner Form, so kann sie durch einen Boten überbracht werden (vgl Mot IV 27), im Prozess mit Anwaltszwang (§ 78 ZPO) in der Person des Rechtsanwaltes (MünchKomm/Schubert § 164 Rn 72; Soergel/Schultze-vLasaulx[11] Vorbem 63 zu § 164; Flume § 43 5 Fn 36; **aA** in der Begründung Soergel/Leptien Vorbem 48 zu § 164, der die Tätigkeit des Anwalts dem Stellvertretungsverbot entzieht). **84**

d) Allerdings wird in der Rechtsprechung bei Einzelfällen auch heute noch auf den Vertreter in der Erklärung zurückgegriffen. Zwar ist ein Bedürfnis hierfür im Zusammenhang mit dem neuen Adoptionsrecht, etwa bei § 1750 Abs 3 S 1 BGB, nicht hervorgetreten und auch für den Fall der Kirchenaustrittserklärung hat das KG den Vertreter in der Erklärung verworfen (OLGZ 1966, 81); hingegen wurde er bei der Einigung über die Regelung der elterlichen Gewalt (Sorge) nach der Ehescheidung anerkannt (KG FamRZ 1966, 153). Außerdem wird die Auffassung vertreten, dass der *Betriebsratsvorsitzende* bei seiner Vertretung für den Betriebsrat gem § 26 Abs 3 BetrVerfG als ein Vertreter in der Erklärung mit der Folge entsprechender **85**

Anwendbarkeit der §§ 164 ff BGB (ausf MünchKomm/Schubert § 164 Rn 68 ff) zu bewerten sei (BAG AP Nr 11 zu § 112 BetrVG 1972; NK-BGB/Stoffels § 164 Rn 52; Dietz RdA 1968, 439; Uelhoff, Die Vertretungsmacht des Betriebsratsvorsitzenden [1963] 56 ff; Pawlowski Rn 694 Fn 108), ohne dass dem jedoch angesichts der gesetzlich abschließend festgelegten Rechtsstellung praktische Bedeutung zukommt. Auch für das vom Aufsichtsrat zur Erklärung des Aufsichtsratsbeschlusses bevollmächtigte Mitglied wird eine Einordnung als Erklärungsvertreter befürwortet (Erman/Maier-Reimer Vorbem § 164 Rn 23a; ausf MünchKomm/Schubert § 164 Rn 69 f mwNw).

7. Der Wissensvertreter und der Wissenserklärungsvertreter

86 a) Als **Wissensvertreter** bezeichnet man im **Versicherungsrecht** in erster Linie vom Versicherten eingesetzte Personen, die in Erfüllung einer Obliegenheit des Versicherten an dessen Stelle dem Versicherer von bestimmten Tatsachen, welche für dessen Leistungspflicht erheblich sind, Mitteilung machen oder machen müssen (s etwa RGZ 101, 402; BGHZ 117, 104; BGH NJW 1968, 988; VersR 2000, 1133; allgemein zu den Voraussetzungen: BGH NJW 1996, 1205, 1206; OLG Düsseldorf NJW-RR 1999, 756, 757; Wandt, Versicherungsrecht [6. Aufl 2016] Rn 669, Rn 675; Richardi AcP 169, 385 ff; Schilken 259 f; s näher § 166 Rn 7). Es handelt sich dabei namentlich um Mitteilungen über den Eintritt des Versicherungsfalles gem § 30 VVG oder über risikoerhöhende Umstände vor und nach Vertragsabschluss gem §§ 19, 23 VVG (vgl §§ 2 Abs 3, 20 VVG). Die hM (vgl Richardi AcP 169, 386) geht dort für das VVG, losgelöst von § 166 BGB oder jedenfalls darüber hinaus, von einem Institut der Wissensvertretung aus, das die Zurechnung von Wissen (müssen) in den einschlägigen Fällen rechtfertige (s dazu Schilken 259 f mwNw; MünchKomm/Schubert § 164 Rn 63; NK-BGB/Stoffels § 164 Rn 30). Eine entsprechend weite Wissensvertretung durch Hilfspersonen analog § 166 BGB kommt aber auch auf der Seite des Versicherers in Betracht (s etwa BGHZ 102, 194; 117, 104; OLG Hamm NJW-RR 1997, 220; OLG Dresden NZV 1997, 521, 522; Soergel/Leptien § 166 Rn 8 mwNw; Wandt Rn 426 ff; Reiff r + s 1998, 133, 137; s noch unten § 166 Rn 7).

86a Vom Wissensvertreter – und vom sog Vertreter in der Erklärung (s Rn 82 ff) – zu trennen ist der **Wissenserklärungsvertreter**, der zwar nicht als echter Stellvertreter anzusehen ist (vgl etwa BGH VersR 1967, 343; 1993, 960; 1995, 281; OLG Hamm NJW-RR 1996, 96; OLG Dresden NZV 1997, 521, 522), auf den aber §§ 164, 166 entsprechend anzuwenden sind (MünchKomm/Schubert § 164 Rn 64; Wandt Rn 676 ff; Schilken 154 ff; Bruns 33 ff [Zurechnungsgrundlage: § 164 Abs 1]; Knappmann NJW 1994, 3147, 3148; ders VersR 2005, 199; Richardi AcP 169, 385, 387; Tietgens r + s 2005, 489, 493). Seine (meist versicherungsrechtlich bei der Erfüllung von Anzeige- und Auskunftspflichten relevanten) Mitteilungen stellen als Vorstellungsäußerungen geschäftsähnliche Handlungen dar und rechtfertigen eine analoge Heranziehung insbes des § 166 Abs 1 und 2 BGB (vgl etwa RGZ 58, 342 bei unrichtigen Angaben der Ehefrau des Versicherungsnehmers in einem Schadensverzeichnis; für die unrichtigen Angaben des Sohnes des Versicherungsnehmers OLG Hamm NJW-RR 1995, 482, 483; verneinend bei bloßer Vorbereitung einer Schadensanzeige durch einen Dritten BGH NJW 1995, 662, 663; ausf insbes zum Versicherungsrecht Bruns 29 ff, 33 ff, 125 ff, 221 ff, 254 ff, m umfang Nachw; s auch § 166 Rn 7).

87 b) Auch außerhalb des Versicherungsrechts wird die Problematik der Zurechnung von Wissen(müssen) teilweise über den Aspekt einer selbständigen Institution der Wissensvertretung behandelt (BGB-RGRK/Steffen Vorbem 19 zu § 164; Richardi AcP

169, 387 ff; vgl auch BGHZ 117, 104, 106 f; BGH NJW 1996, 1205, 1206 mwNw; Schultz NJW 1990, 477). Diese Frage ist sowohl bei einem gewillkürten Einsatz des „Wissensvertreters" als auch bei gesetzlicher Grundlage für sein Handeln, insbesondere als gesetzlicher Vertreter nicht geschäftsfähiger Personen oder als Organ einer juristischen Person von Bedeutung; sie spielt im Bereich rechtsgeschäftlichen Handelns ebenso eine Rolle wie etwa im Eigentümer-Besitzer-Verhältnis (vgl § 990 BGB), im Deliktsrecht (vgl § 199 Abs 2 BGB für die Verjährung) oder Bereicherungsrecht (vgl § 819 Abs 1 BGB). Vorzugswürdig (s näher Schilken 237 f, 253, 270 und passim; MünchKomm/Schubert § 164 Rn 63; NK-BGB/Stoffels § 164 Rn 30; PWW/Frensch § 164 Rn 24; Soergel/Leptien Vorbem 82 zu § 164; Wolf/Neuner § 49 Rn 79 f; M Schwab JuS 2017, 481, 485) ist jedoch je nach Konstellation eine unmittelbare oder entsprechende Anwendung des § 166 Abs 1 BGB (s § 166 Rn 3 ff).

8. Das Handeln unter fremdem Namen*

a) Ein Handeln unter fremdem Namen ist in unterschiedlichen Erscheinungsformen möglich, die auch für die möglichen Rechtsfolgen zu trennen sind. Zum Problemkreis der Stellvertretung gehören diejenigen Fälle, in denen jemand sich *als eine andere Person bezeichnet* als er ist und diese (existente) Person die Rechtswirkungen seines Geschäfts treffen sollen; dies kann zB im Gespräch oder bei einer Unterschrift geschehen (vgl die Fälle in RGZ 95, 188; 106, 198; 145, 87). Voraussetzung ist dafür also, dass jemand die Identität mit einer bestimmten Person vortäuscht. Kein Handeln unter fremdem Namen in diesem engeren Sinne, sondern stets ein Eigengeschäft liegt vor, wenn jemand unter einem **frei erfundenen Namen** auftritt oder unter einem besonders häufig vorkommenden Namen, mit welchem keine Identitätsvorstellungen erweckt werden (MünchKomm/Schubert § 164 Rn 140; Palandt/Ellenberger § 164 Rn 12; PWW/Frensch § 164 Rn 46; Soergel/Leptien § 164 Rn 24; Bork Rn 1407; Flume **88**

---

* **Schrifttum**: Geusen, Das Handeln unter fremdem Namen im Zivilrecht (Diss Köln 1966); Hanau Handeln unter fremder Nummer, VersR 2005, 1215; Hajut, Handeln unter fremder Identität, 2016; Hanau, Handeln unter fremder Nummer, 2004; ders, Handeln unter fremder Nummer, VersR 2005, 1215; Hansen, Handeln unter fremdem Namen (Diss Köln 1948); Hauck, Handeln unter fremdem Namen, JuS 2011, 967; Heyers, Zurück aus der Zukunft – von Internet-Marktplätzen zu Gebrauchtwagenmärkten, Jura 2013, 1038; ders, Handeln unter fremdem Namen im elektronischen Rechtsverkehr, JR 2014, 227; Hinke, Wirkung des Handelns unter falschem Namen unter Berücksichtigung des Grundbuch- und Wechselverkehrs (1929); Kronenberg, Handeln unter falschem Namen (Diss Erlangen 1936); Larenz, Verpflichtungsgeschäfte „unter" fremdem Namen, in: FS H Lehmann (1956) I 234; Letzgus, Die Pseudopartei im rechtsgeschäftlichen Verkehre, AcP 126 (1926) 27; ders, Zum Handeln unter falschem Namen, AcP 137 (1933) 327; Lieb, Zum Handeln unter fremdem Namen, JuS 1967, 106; Linardatos, Handeln unter fremdem Namen und Rechtsscheinhaftung bei Nutzung eines fremden ebay-Accouts, Jura 2012, 53; Makkus, Das Handeln unter fremdem Namen bei formgebundenen Rechtsgeschäften (Diss Königsberg 1936); Meisel, Handeln unter falschem Namen (Diss Rostock 1939); Ohr, Zur Dogmatik des Handelns unter fremdem Namen, AcP 152 (1952/53) 216; Schwab, Handeln unter fremdem Namen bei Internetauktion, JuS 2013, 453; Soergel/Link/Löffler, Die Maßgeblichkeit des Namens beim Abschluss eines Rechtsgeschäfts, NJOZ 2013, 1321; Verse/Gaschler, „Download to own" – Online-Geschäfte unter fremdem Namen, Jura 2009, 213; Weber, Das Handeln unter fremdem Namen, JA 1996, 426.

§ 44 IV; Köhler § 11 Rn 23; Wolf/Neuner § 49 Rn 56; Tempel 227; Lieb JuS 1967, 108; Weber JA 1996, 426 ff; s auch noch Rn 92).

89 Früher wurde beim Handeln unter fremdem Namen zT wegen innerer Widersprüchlichkeit der abgegebenen Erklärung deren *Nichtigkeit* angenommen (vgl Flume § 44 IV; Geusen 27 ff; Lieb JuS 1967, 108 f; s jetzt auch Soergel/Link/Löffler NJOZ 2013, 1321, 1324 f). Nach heute ganz herrschender Auffassung sind derartige Erklärungen grundsätzlich gültig (MünchKomm/Schubert § 164 Rn 138). Unwirksamkeit tritt allerdings bei *höchstpersönlichen Rechtsgeschäften* ein (NK-BGB/Stoffels § 164 Rn 74 Fn 248; Geusen 71 ff; zur Eheschließung s Beitzke, in: FS Dölle I [1963] 229 ff). Ferner ist eine *Auflassungserklärung* nach hM nichtig, weil nicht nur der Geschäftsgegner, sondern darüber hinaus eine Amtsperson getäuscht wird (so schon RGZ 106, 198, 200; MünchKomm/Schubert § 164 Rn 148; NK-BGB/Stoffels § 164 Rn 76; vgl Geusen 118 ff). Während die Unterschrift mit fremdem Namen einem etwaigen Schriftformerfordernis genügt (RGZ 74, 69, 72; Erman/Maier-Reimer § 164 Rn 13; MünchKomm/Schubert § 164 Rn 147; NK-BGB/Stoffels § 164 Rn 76 mwNw; Wolf/Neuner § 44 Rn 29 mwNw, § 49 Rn 56, str; aA Holzhauer, Die eigenhändige Unterschrift [1973] S 135 ff; einschr Köhler, in: FS Schippel [1996] 209, 212), ist bei *notarieller Beurkundung* einer Erklärung gem § 9 Abs 1 S 1 Nr 1 Var 2 BeurKG bei Nichtangabe eines formell Beteiligten die Nichtigkeit unter dem Gesichtspunkt der unrichtigen Beurkundung des Erklärten anzunehmen (Erman/Maier-Reimer § 164 Rn 13; MünchKomm/Schubert § 164 Rn 148; NK-BGB/Stoffels § 164 Rn 76; Soergel/Leptien § 164 Rn 25; Flume § 44 IV; Tempel 228; Weber JA 1996, 426, 431).

90 b) Abgesehen von den in Rn 88 beschriebenen Fällen ist bei der Erklärung desjenigen, der unter fremdem Namen gehandelt hat, zwischen der Eigenwirkung und der Fremdwirkung solcher Erklärungen zu unterscheiden. Stets ist anhand des Auftretens des Handelnden im Wege der Auslegung zu prüfen, ob ein Handeln „in" fremdem Namen iSd § 164 BGB angenommen werden kann (MünchKomm/Schubert § 164 Rn 139). Eine **Fremdwirkung** nach Maßgabe der §§ 164 ff BGB (Flume § 44 IV), zumindest aber in Analogie (hM) in Einschränkung des Offenkundigkeitsgrundsatzes (s dazu Schilken, in: FS K Schmidt [2019] 369, 375 f) ist anzunehmen, wenn der Handelnde als der wirkliche Namensträger, also unter der Identität einer anderen Person aufgetreten ist und das **Rechtsgeschäft** aus der insoweit maßgeblichen Sicht des Geschäftsgegners als ein solches *des Namensträgers* gelten soll (BGHZ 45, 193, 195; 111, 334, 338; BGH NJW-RR 1988, 814, 815; BGH NJW 2011, 2421 [Erklärung unter fremdem Nutzerkonto im Internet; s dazu Rn 91]; OLG München NJW 2004, 1328; BRHP/Schäfer § 164 Rn 34; Erman/Maier-Reimer § 164 Rn 12; Hk-BGB/Dörner § 164 Rn 9; Jauernig/Mansel § 177 Rn 8; jurisPK-BGB/Weinland § 164 Rn 68: MünchKomm/Schubert § 164 Rn 144 ff; NK-BGB/Stoffels § 164 Rn 73; Palandt/Ellenberger § 164 Rn 10 f; PWW/Frensch § 164 Rn 47; Soergel/Leptien § 164 Rn 23, 26; StudKomm § 164 Rn 6; Bitter/Röder § 10 Rn 61 ff; Bork Rn 1410; Brehm Rn 448; Brox/Walker § 24 Rn 15; Faust § 25 Rn 7 f; Grigoleit/Herresthal Rn 491; Hübner Rn 1223; Köhler § 11 Rn 23; Leipold § 22 Rn 16; Medicus/Petersen Rn 908; Medicus/Petersen BR Rn 82; Musielak/Hau Rn 1166; Pawlowski Rn 708 f; Schmidt Rn 684 f; Wertenbruch § 28 Rn 13 ff; Wolf/Neuner § 49 Rn 55 f; Tempel 227; Buck-Heeb/Dieckmann JuS 2008, 583, 584 f; Heyers, Jura 2013, 1038 ff; Lieb JuS 1967, 106; Mock JuS 2008, 309, 312 f; Ohr AcP 152, 216 ff; Soergel/Link/Löffler NJOZ 2013, 1321, 1322; Vahle DVP 2005, 189; Verse/Gaschler Jura 2009, 213, 214; krit Köhler, in: FS Schippel [1996] 209, 212); dafür spricht das Schutzbedürfnis des Vertragspartners und ebenso des potenziell Vertretenen, dem die Entscheidung über die Genehmigung verbleibt. Wollte der Geschäftspartner mit dem Namensträger abschließen, so kommt das Geschäft mit ihm zustande, mag die fehlende Identität offen oder verdeckt gewesen sein. Im Sonderfall der Perplexität der Identität allerdings – der Partner will das Geschäft mit dem unter fremdem Namen Handelnden und zugleich dem Namensträger abschließen – scheitert ein Vertragsschluss, doch haftet der Handelnde nach § 179 BGB (Faust § 25 Rn 9; Flume § 44 IV). Ein Fall der beiderseitig gewollten Fremdwirkung beim Handeln unter fremdem Namen liegt auch bei erkennbarem Unterschreiben mit fremdem Namen vor (BGHZ 111, 334, 338; BGH NJW 1966, 1069; Erman/Maier-Reimer § 164 Rn 13 mwNw; MünchKomm/Schubert § 164 Rn 144; NK-BGB/Stoffels § 164 Rn 75; Palandt/Ellenberger § 164 Rn 11; PWW/Frensch § 164 Rn 47; Flume § 44 IV; einschr Köhler, in: FS Schippel [1996] 209, 212 f) und liegt auch bei einem rechtsgeschäftlichen Handeln unter fremder Nummer vor (s dazu näher Hanau VersR 2005, 125 ff), sofern es sich dabei um ein Identitätsdatum handelt. Zu Recht ordnet neuerdings Hajut (69 ff) derartige Fälle des Identitätsmissbrauchs („Handeln unter fremder Identität") dem Stellvertretungsrecht mit der Folge unter, dass jedenfalls die nachfolgend geschilderten Regeln des Handelns unter fremdem Namen herangezogen werden können; daneben und in Fällen des Missbrauchs eines Authentisierungsmediums (zB PIN) kommt noch eine Rechtsscheinshaftung des Inhabers in Betracht (s dazu § 172 Rn 8). Lässt sich die Zielrichtung der jeweiligen Vorstellung nach objektiven Gesichtspunkten (Bedeutung des Namens und der physisch präsenten Person für das Rechtsgeschäft) nicht eindeutig klären, so ist die Verwendung des fremden Namens im Zweifel als Handeln in diesem fremden Namen zu verstehen (ausf Pawlowski Rn 712), doch kann auch ein Dissens vorliegen (Flume § 44 IV).

Bei *einseitigen Rechtsgeschäften* kann allerdings im Hinblick auf den Schutzzweck des § 174 S 1 BGB (s § 174 Rn 1) ein Handeln unter fremdem Namen nicht zugelassen werden (Köhler, in: FS Schippel [1996] 209, 212 f).

c) Fremdwirkung des Handelns iS einer **Vertretung ohne Vertretungsmacht** nach 91 §§ 177 ff BGB kann beim Handeln unter fremdem Namen eintreten, wenn der Namensträger mit der Handlung nicht einverstanden war (vgl § 177 Rn 5). Dies gilt, wenn der Handelnde beim Adressaten der Willenserklärung durch seine – nicht notwendig beabsichtigte – Täuschung einen *Identitätsirrtum* hervorgerufen hat und dem Kontrahenten – zB auch bei einem über das *Internet* abgeschlossenen Kaufgeschäft – daran gelegen war, gerade mit dem wahren Namensträger abzuschließen (BGH NJW-RR 2006, 701, 702; BGH NJW 2011, 2421 [ebay-Auktion; s dazu Borges NJW 2011, 2400; Faust JuS 2011, 1027; Hauck JuS 2011, 967; Härting/Strubel BB 2011, 2188; Herresthal JZ 2011, 1171; Klees/Keisenberg MDR 2011, 1214; Meyer NJW 2015, 3686, 3688 f; Oechsler MMR 2011, 631; Schinkels LMK 2011, 320461; MünchKomm/Schubert § 164 Rn 146; zur *Rechtsscheinshaftung* s § 167 Rn 35, § 172 Rn 8]; OLG München NJW 2004, 1328; OLG Köln NJW 2006, 1676 m Anm Borges/Meyer EWiR 2006, 419; OLG Hamm NJW 2007, 611; BRHP/Schäfer § 164 Rn 34; Erman/Maier-Reimer § 164 Rn 12 f; Hk-BGB/Dörner § 164 Rn 9; Jauernig/Mansel § 177 Rn 8; MünchKomm/Schubert § 164 Rn 144 ff; NK-BGB/Stoffels § 164 Rn 74; Palandt/Ellenberger § 164 Rn 11; PWW/Frensch § 164 Rn 47; Soergel/Leptien § 164 Rn 25; StudKomm § 164 Rn 6; Bitter/Röder § 10 Rn 62; Boecken Rn 619; Bork Rn 1410; Brox/Walker § 24 Rn 15; Eisenhardt Rn 412; Flume § 44 IV; Grigoleit/Herresthal Rn 491; Hübner Rn 1223; Löwisch/Neumann Rn 197; Medicus/Petersen Rn 908, Rn 997; Pawlowski Rn 711; Schmidt Rn 684 f; Wertenbruch § 28 Rn 15; Wolf/Neuner § 49 Rn 56; Hajut 71 ff; Buck-Heeb/Dieckmann JuS 2008, 583, 585; Fritzsche/Malzer DNotZ 1995, 3, 15: Heyers Jura 2013, 1038, 1039; ders JR 2014, 227; Linardatos Jura 2012, 53; Mock JuS 2008, 309, 312 f; Petersen Jura 2010, 187, 189;

SCHWAB JuS 2013, 453, 454 f; s auch § 179 Rn 25). Entsprechendes soll auch bei einem Missbrauch von Legitimationsdaten etwa beim Online-Banking in Betracht kommen können (s HANAU 19 ff und passim sowie VersR 2005, 1215 ff; wohl auch ERFURTH WM 2006, 2198, 2200 f; vgl auch § 177 Rn 21), doch liegt in solchen Fällen kein Missbrauch der Identität, sondern nur der Authentisierung vor (HAJUT 70), so dass allenfalls eine Rechtsscheinshaftung in Frage kommt (s dazu § 167 Rn 35a, § 172 Rn 7 f). Wie §§ 164 ff BGB sind §§ 177 ff BGB auch im Falle einer *Fälschung der Unterschrift* (entsprechend) anwendbar (MünchKomm/SCHUBERT § 164 Rn 147; SOERGEL/LEPTIEN § 164 Rn 25; KLIMKE NZG 2012, 1366, 1368). Stets ist, auch bei unterschriftlichen Erklärungen, zu prüfen, ob es dem Adressaten gerade um den Abschluss mit dem Namensträger ging (zutr SOERGEL/ LEPTIEN § 164 Rn 25 mwNw; enger OLG Oldenburg NJW 1993, 1400). Sind die Voraussetzungen einer Duldungs- oder Anscheinsvollmacht gegeben, so wird dieser freilich selbst verpflichtet (s § 167 Rn 35, § 172 Rn 8).

Einer (analogen) Anwendung der Stellvertretungsregeln steht der Wille des Handelnden, für sich abzuschließen, nach § 164 Abs 2 BGB nicht entgegen (BGHZ 45, 193, 195 mit Anm LIEB JuS 1967, 106 ff; BGH NJW-RR 2006, 701, 702; ERMAN/MAIER-REIMER § 164 Rn 12; MünchKomm/SCHUBERT § 164 Rn 139, Rn 144; NK-BGB/STOFFELS § 164 Rn 73; SOERGEL/ LEPTIEN § 164 Rn 25; ENNECCERUS/NIPPERDEY § 183 III 2; HOFFMANN JuS 1970, 236; MOCK JuS 2008, 309, 312; OHR AcP 152, 229 ff; WEBER JA 1996, 426, 428), sofern nicht ein vom Erklärungsempfänger erkannter Fall der falsa demonstratio vorliegt (NK-BGB/STOFFELS § 164 Rn 73 Fn 247). Zu Spezialproblemen der Wechselfälschung vgl GEUSEN 93 ff und ZEISS JZ 1963, 742 ff; BAUMBACH/HEFERMEHL/CASPER, Wechselgesetz, Scheckgesetz, Recht der kartengestützten Zahlungen (23. Aufl 2008) Art 7 WG Rn 2 ff.

Die Stellvertretungsregeln werden nicht nur in den Fällen der Abgabe von Willenserklärungen angewendet, sondern auch bei deren *Entgegennahme unter fremdem Namen*, sodass auch hier der wahre Namensträger die Möglichkeit hat, durch Genehmigung die Zugangswirkungen für sich eintreten zu lassen (GEUSEN 77 ff).

92 d) Greift dagegen keine der zuvor genannten Fallgestaltungen ein, weil es dem Kontrahenten gleichgültig war, mit welchem Namensträger er kontrahierte, so liegt ein **Handeln unter falscher Namensangabe** (Namenstäuschung) vor (MEDICUS/PETERSEN Rn 907; MEDICUS/PETERSEN BR Rn 83). Hier bleibt es bei der *Eigenwirkung* des Rechtsgeschäfts für den Handelnden (RGZ 95, 188, 190; BGH NJW-RR 1988, 814, 815; 2006, 701; NJW 2011, 2421; 2013, 1946; BRHP/SCHÄFER § 164 Rn 33; ERMAN/MAIER-REIMER § 164 Rn 11; Hk-BGB/DÖRNER § 164 Rn 9; jurisPK-BGB/WEINLAND § 164 Rn 67; MünchKomm/SCHUBERT § 164 Rn 140; NK-BGB/STOFFELS § 164 Rn 72; PALANDT/ELLENBERGER § 164 Rn 12; PWW/FRENSCH § 164 Rn 46; SOERGEL/LEPTIEN § 164 Rn 24; StudKomm § 164 Rn 7; BITTER/RÖDER § 10 Rn 59; BOECKEN Rn 618; BORK Rn 1407; BREHM Rn 448; BROX/WALKER § 24 Rn 13; EISENHARDT Rn 411; ENNECCERUS/NIPPERDEY § 183 III 1; FAUST § 25 Rn 7; FLUME § 44 IV; GRIGOLEIT/HERRESTHAL Rn 491; HÜBNER Rn 1222; LÖWISCH/NEUMANN Rn 203; MEDICUS/PETERSEN Rn 907; MUSIELAK/ HAU Rn 1166; SCHMIDT Rn 682 f; WERTENBRUCH § 28 Rn 13; WOLF/NEUNER § 49 Rn 53; GEUSEN 48 ff; GIEGERICH NJW 1986, 1975; HEYERS Jura 2013, 1038 f; MITTENZWEI NJW 1986, 2473; MOCK JuS 2008, 309, 312; PETERSEN Jura 2010, 187, 189; K SCHMIDT JuS 1985, 810; SOERGEL/LINK/ LÖFFLER NJOZ 2013, 1321, 1322 f; VAHLE DVP 2005, 189). Das kommt vor allem bei der Verwendung von nicht individualisierten Namen (Allerwelts-, Phantasienamen) und bei sogleich vollzogenen Umsatzgeschäften (Barverkauf, Hotelübernachtung) in Betracht. Ebenso ist zu entscheiden, wenn der Geschäftsgegner den Vertrag gerade mit dem Handelnden abschließen will, selbst wenn dieser als Vertreter handeln wollte (Pawlowski Rn 711). Eine Anfechtung ist im Hinblick auf § 164 Abs 2 BGB ausgeschlossen (s § 164 Rn 16 f) und der etwaige wirkliche Namensträger kann das Geschäft dann nicht analog § 177 BGB an sich ziehen (BRHP/Schäfer § 164 Rn 33; MünchKomm/Schubert § 164 Rn 140; NK-BGB/Stoffels § 164 Rn 72; Medicus/Petersen Rn 907; Schmidt Rn 683; Wolf/Neuner § 49 Rn 53; aA Lieb JuS 1967, 106, 110). § 9 Abs 1 S 1 Var 2 BeurKG ist auch hier anwendbar (s Rn 89).

Beim Ausfüllen eines Tippscheins unter falschem Namen – sofern dort überhaupt noch ein Name vermerkt ist – kommt der Vertrag mit dem Handelnden zustande (MünchKomm/Schubert § 164 Rn 142); wird der Gewinn nach den Spielbedingungen an den Namensträger ausgezahlt, so hat der Handelnde gegen diesen einen Herausgabeanspruch (vgl OLG Koblenz MDR 1958, 687; dazu Ohr MDR 1959, 89; BRHP/Schäfer § 164 Rn 33; NK-BGB/Stoffels § 164 Rn 72; Soergel/Leptien § 164 Rn 24; Berg JuS 1963, 61; Hoffmann JuS 1970, 236). Entsprechendes gilt für eine Teilnahme an Preisausschreiben unter fremdem Namen (BRHP/Schäfer § 164 Rn 33; MünchKomm/Schubert § 164 Rn 141; NK-BGB/Stoffels § 164 Rn 72; Palandt/Ellenberger § 164 Rn 12; Soergel/Leptien § 164 Rn 24) und idR für Gewinnzusagen nach § 661a BGB (ausf MünchKomm/Schubert § 164 Rn 143 mwNw). Wird ein unterschlagenes Fahrzeug unter dem Namen des Eigentümers bar verkauft und übereignet, so wird idR nicht der wirkliche Eigentümer, sondern die unter fremdem Namen handelnde Person Vertragspartner und auf der dinglichen Seite ist ein gutgläubiger Erwerb nach §§ 929, 932 Abs 1 BGB möglich (BGH NJW 2013, 1946 mwNw und Anm Thomale LMK 2013, 352160; OLG Düsseldorf NJW 1989; 906; BRHP/Schäfer § 164 Rn 33; Jauernig/Mansel § 177 Rn 8; MünchKomm/Schubert § 164 Rn 140; NK-BGB/Stoffels § 164 Rn 72; Soergel/Leptien § 164 Rn 25; Giegerich NJW 1986, 1975; Holzhauer JuS 1997, 43, 48; Mittenzwei NJW 1986, 2472; Vogel Jura 2014, 419. – AA OLG Düsseldorf NJW 1985, 2484; OLG Koblenz NJW-RR 2011, 555; ausf jurisPK-BGB/Weinland § 164 Rn 71 ff; Palandt/Ellenberger § 164 Rn 11; Soergel/Link/Löffler NJOZ 2013, 1321: idR Perplexität, s Rn 89; krit auch Heyers Jura 2013, 1038, 1040 ff).

9. Gehilfenschaft, Vertrag zugunsten Dritter und Surrogation

a) Kein Stellvertreter ist der **Verhandlungsgehilfe** einer Partei (s oben Rn 39), insbes der bloße **Vermittlungsvertreter** (vgl Schilken 97 f, 215 f; Erman/Maier-Reimer Vorbem § 164 Rn 27; MünchKomm/Schubert § 164 Rn 65 f; NK-BGB/Stoffels § 164 Rn 31; PWW/Frensch § 164 Rn 23; Soergel/Leptien Vorbem 78 zu § 164; Wolf/Neuner § 49 Rn 21). Allerdings kann auch ein solcher Gehilfe mit Vertretungsmacht ausgestattet sein (BGB-RGRK/Steffen Vorbem 31 zu § 164), zB zum Abschluss eines Beratungsvertrages (s BGHZ 140, 111, 117; BGH NJW 2003, 1811, 1812; WM 2007, 174, 176; Reinelt jurisPR-BGHZ ivR 38/2007 Anm 1). Eine Vertretungsmacht besteht vor allem für die kaufmännischen Handlungsgehilfen, Handelsvertreter und Versicherungsvertreter gem §§ 55 Abs 1, 84 und 92 Abs 1 HGB (s näher MünchKommHGB/Krebs § 55 Rn 4 ff). Ferner besteht eine kraft Gesetzes normierte Vertretungsmacht nach § 55 Abs 4 HGB für Handelsvertreter und Handlungsgehilfen, nach § 56 HGB für Ladenangestellte und gem § 91 Abs 2 HGB für Handelsvertreter. Entscheidend ist stets, ob eine solche Person von der Vertretungsmacht durch Abgabe/Empfang einer Willenserklärung tatsächlich Gebrauch macht (s Schilken 214 ff zu § 166; MünchKomm/Schubert § 164 Rn 65; PWW/Frensch § 164 Rn 23; vgl BGH NJW 1995, 1281). 93

Auch der **Makler** ist als solcher nicht Stellvertreter einer der Vertragsparteien (Erman/Maier-Reimer Vorbem § 164 Rn 27; MünchKomm/Schubert § 164 Rn 65; NK-BGB/Stoffels § 164 Rn 31; PWW/Frensch § 164 Rn 23; Wolf/Neuner § 49 Rn 21). Soweit eine Person nur Verhandlungsvollmacht hat, kommt aber immerhin eine Wissenszurechnung entsprechend § 166 BGB (s dort Rn 4) sowie eine analoge Anwendung der §§ 167 Abs 1, 168 BGB für den Widerruf der „Vollmacht" in Betracht (BGH NJW-RR 1991, 439, 441; Erman/Maier-Reimer Vorbem § 164 Rn 27; MünchKomm/Schubert § 164 Rn 66; NK-BGB/Stoffels § 164 Rn 31; PWW/Frensch § 164 Rn 23).

94 **b)** Der Unterschied zwischen der Stellvertretung und dem *Vertrag zugunsten Dritter* besteht darin, dass bei ersterer der Geschäftsabschluss durch den Stellvertreter mit Wirkung für und gegen den Vertretenen erfolgt, während beim Vertrag zugunsten Dritter als Sonderkategorie des Vertragsverhältnisses der Dritte nur von den Rechtsfolgen betroffen wird, ohne Partner des Rechtsgeschäftes zu werden (MünchKomm/Schubert § 164 Rn 87; NK-BGB/Stoffels § 164 Rn 32; PWW/Frensch § 164 Rn 16; Soergel/Leptien Vorbem 83 zu § 164; Flume § 43 6; Müller-Freienfels 26). Der Zusammenhang von Stellvertretung und Vertrag zugunsten Dritter findet seine historische Wurzel darin, dass zunächst beide Institute dem römischen Satz „alteri stipulari nemo potest" unterfielen (s oben Rn 4; s Kaser/Knütel, Römisches Privatrecht [19. Aufl 2008] § 34 I 1 e). Wie beim Stellvertretungsverbot, so wurde dieser römische Verbotssatz auch für den Vertrag zugunsten Dritter erst im 17. Jahrhundert mit dem Hinweis auf ein zwischenzeitlich entstandenes vorrangiges Gewohnheitsrecht überwunden. Grotius verhalf dem Vertrag zugunsten Dritter dogmatisch zum Durchbruch (Müller 103 ff); allerdings war nach seiner Auffassung für den Rechtserwerb des Dritten dessen Zustimmung erforderlich (vgl Wesenberg, Verträge zugunsten Dritter [1949] 116). Zur modernen Dogmatik des Vertrags zugunsten Dritter vgl MünchKomm/Gottwald § 328 Rn 1 ff, 19 ff; Staudinger/Klumpp (2015) Vorbem 20 ff zu § 328.

95 **c)** Auch die *dingliche Surrogation* ist von der Stellvertretung abzugrenzen, da der Rechtsinhaber in den einschlägigen Fällen (s etwa §§ 718 Abs 2, 947 Abs 1, 948, 949 S 2 und 3, 1418 Abs 2 Nr 3, 1473 Abs 1, 1638 Abs 2, 1646, 2019, 2041, 2111 BGB) den Ersatzgegenstand ohne Rücksicht auf den Willen des Handelnden kraft gesetzlicher Rechtsfolgenerstreckung erwirbt (MünchKomm/Schubert § 164 Rn 88; NK-BGB/Stoffels § 164 Rn 34; Bork Rn 1414; Einsele JZ 1990, 1005, 1007; M Wolf JuS 1975, 643, 644). Eine Ausnahme vom stellvertretungsrechtlichen Offenheitsprinzip (s oben Rn 35) liegt freilich nicht in sämtlichen Surrogationsfällen vor (vgl allerdings Medicus/Petersen BR Rn 91; M Wolf JuS 1975, 643, 644), nämlich dann nicht, wenn die Surrogation (wie zB nach §§ 947 Abs 1, 948, 949 S 2 und 3 BGB) kein rechtsgeschäftliches Handeln erfordert (s ausf Einsele JZ 1990, 1005, 1007 f), wohl aber namentlich im Falle des § 1646 BGB. Zur sog *„Schlüsselgewalt"* s oben Rn 24.

IV. Stellvertretung im öffentlichen Recht

1. Vertretung bei Verfahrenshandlungen

96 **a)** Die Gründe für ein fremdbezogenes Handeln iSd Stellvertretung bestehen auch im Prozess, dh für Prozesshandlungen der Parteien im gerichtlichen Verfahren. Diese Stellvertretung im Prozess entspricht strukturell derjenigen des materiellen Rechts, unterliegt aber prozessualen Besonderheiten, da sie sich nicht auf Willens-

erklärungen, sondern auf Prozesshandlungen bezieht (s ausführlich SCHILKEN, Zivilprozessrecht Rn 84 ff). Im Kern wird sie jedoch ebenfalls gekennzeichnet durch das Handeln im (fremden) Namen der vertretenen Partei und das Bestehen entsprechender Vertretungsmacht (ROSENBERG/SCHWAB/GOTTWALD § 53 I 1, 3). Dabei kennt das Prozessrecht Fälle der gesetzlichen und der gewillkürten Stellvertretung, ferner im Zivilprozess bei Anwaltszwang die sog notwendige Stellvertretung (zu Einzelheiten s SCHILKEN, Zivilprozessrecht Rn 85 ff). In den beiden letzteren Fällen wird der Prozessvertreter nach den §§ 78 ff ZPO aufgrund **Prozessvollmacht** tätig, welche alle Prozesshandlungen und die zum Zwecke der Prozessführung erforderlichen Rechtsgeschäfte umfasst. Nach zutreffender hM ist die Erteilung der Prozessvollmacht als Prozesshandlung zu bewerten (BGH MDR 1958, 320; 164, 410; 1964, 410; BRHP/SCHÄFER § 164 Rn 15; MünchKomm/SCHUBERT § 164 Rn 104; NK-BGB/STOFFELS § 164 Rn 39; STEIN/JONAS/JACOBY [23. Aufl 2016] § 80 ZPO Rn 6 mwNw; ROSENBERG/SCHWAB/GOTTWALD § 55 II 1 Rn 5; SCHILKEN, Zivilprozessrecht Rn 89; DICKERSBACH 10 ff mwNw; für eine materiellrechtliche Einordnung aber zB A BLOMEYER, Zivilprozeßrecht [2. Aufl 1985] § 9 III 1), weil ihre wesentlichen Wirkungen die Prozessführung betreffen. Für die Verfahrensvollmacht in der freiwilligen Gerichtsbarkeit gem § 11 FamFG gilt Entsprechendes; für Eintragungen in das Handelsregister gelten Besonderheiten, namentlich Formzwang nach § 12 Abs 1 S 2 HGB (s dazu RUDOLPH/MELCHIOR NotBZ 2007, 350), für Registersachen ist die Vollmacht des Notars nach § 378 Abs 2 FamFG und für Grundbucheintragungen namentlich das Antragsrecht des Notars nach der „Vollmachtsvermutung" des § 15 GBO, aber auch das Formerfordernis nach § 29 GBO bedeutsam. Die Vollmacht zur Unterwerfung unter die sofortige Zwangsvollstreckung gem § 794 I Nr 5 ZPO untersteht gleichfalls den Vorschriften der §§ 78 ff ZPO und nicht bzw nur subsidiär der §§ 164 ff BGB (RGZ 146, 308, 312; BGHZ 154, 283, 286, 288; STÖBER, NotBZ 2008, 209; DICKERSBACH 10 ff, 60 ff, 135 ff mwNw, ganz hM). Für das Insolvenzverfahren enthält § 117 InsO nähere Bestimmungen über das Erlöschen von Vollmachten durch Eröffnung des Insolvenzverfahrens und daraus resultierende Rechtsfolgen (s dazu ausf SCHILKEN KTS 2007, 1). Die Regelung der §§ 78 ff ZPO gilt ferner gem §§ 67 und 173 VwGO im verwaltungsgerichtlichen Verfahren; auch hier wird die Vollmachtserteilung als Prozesshandlung aufgefasst (vgl EYERMANN/SCHMIDT, VwGO [15. Aufl 2018] § 67 VwGO Rn 18). Anwaltszwang besteht dort vor dem Bundesverwaltungsgericht und überwiegend vor den Oberverwaltungsgerichten (s näher VAHLE DVP 2005, 189, 194; ders NWB 2005, 2571, 2581 f). – Soweit die einschlägigen Verfahrensvorschriften keine speziellen Regelungen enthalten, können aber in allen Bereichen die §§ 164 ff BGB entsprechend herangezogen werden (BGH WM 2004, 27; MünchKomm/SCHUBERT § 164 Rn 104; NK-BGB/STOFFELS § 164 Rn 40; PWW/FRENSCH § 164 Rn 25; DICKERSBACH 38 ff, 187 ff).

Ausgeschlossen ist eine Vertretung gem § 478 ZPO bei der *Eidesleistung*. Dasselbe gilt hinsichtlich *gewillkürter* Stellvertretung bei der Abgabe eidesstattlicher Versicherungen, zB nach § 2356 Abs 2 BGB aF = § 352 Abs 3 FamFG im Erbscheinsverfahren (KG JR 1953, 307; OLGZ 1967, 247) oder im Offenbarungsverfahren nach §§ 807, 899 ff ZPO, während bei gesetzlicher Vertretung von natürlichen und juristischen Personen sowie rechtsfähigen Personenvereinigungen die jeweiligen gesetzlichen Vertreter offenbarungspflichtig sind (s näher MünchKommZPO/WAGNER [5. Aufl 2016] § 802c Rn 10 ff mwNw).

b) Dass der **Gerichtsvollzieher**, der allerdings ursprünglich als Stellvertreter des Gläubigers angesehen worden war, insbesondere im Rahmen der Zwangsvoll- **97**

streckung in aller Regel *Amtshandlungen* vollzieht, ist seit RGZ 82, 85 anerkannt (BGB-RGRK/STEFFEN Vorbem 12 zu § 164; MünchKomm/SCHUBERT § 164 Rn 107; NK-BGB/STOFFELS § 164 Rn 41; PALANDT/ELLENBERGER Einf v § 164 Rn 10; PWW/FRENSCH § 164 Rn 25; ausf GAUL/SCHILKEN/BECKER-EBERHARD § 25 IV Rn 44 ff; ROSENBERG/SCHWAB/GOTTWALD § 26 II 3 Rn 12). Der Vollstreckungs„auftrag" (§ 754 ZPO) begründet zwischen ihm und dem Vollstreckungsgläubiger ein öffentlichrechtliches Verhältnis. – In bestimmten Situationen allerdings, zB bei der Empfangnahme der Leistung gem § 754 ZPO, beim Anbieten der Gegenleistung gem § 756 ZPO und auch nach § 897 Abs 1 ZPO (RGZ 77, 24), erzeugt der Gerichtsvollzieher eine dem Handeln in Vertretungsmacht vergleichbare Fremdwirkung. Die dogmatische Begründung hierfür ist unterschiedlich (ausf dazu ROSENBERG/GAUL/SCHILKEN § 25 IV 1 d). Zum Teil (RGZ 82, 85; OLG Frankfurt NJW 1963, 773, 774; BRHP/SCHÄFER § 164 Rn 10; PALANDT/ELLENBERGER Einf v § 164 Rn 10; SOERGEL/LEPTIEN Vorbem 81 zu § 164; A BLOMEYER, Zwangsvollstreckungsverfahren [1975] § 47 II; BRUNS/PETERS, Zwangsvollstreckungsrecht [3. Aufl 1987] § 23 III 2) wird gesetzliche Vertretungsmacht angenommen, nach der sog Amtstheorie handelt es sich hingegen um hoheitliche Tätigkeit kraft Amtsstellung (LG Kiel Rpfleger 1970, 71, 72; FAHLAND ZZP 92, 432 ff, 437 ff; MünchKomm/SCHUBERT § 164 Rn 107; NK-BGB/STOFFELS § 164 Rn 41; PWW/ FRENSCH § 164 Rn 25; ROSENBERG/GAUL/SCHILKEN § 25 IV 1 d mwNw). Die vorzugswürdige Einordnung als Amtsstellung schließt eine Mitwirkung des Gerichtsvollziehers bei der Vornahme eines Rechtsgeschäfts der zuvor beschriebenen Art – und zwar nicht als Vertreter, sondern als Bote (s schon oben Rn 77) – nicht aus (GAUL/SCHILKEN/BECKER-EBERHARD § 25 IV 1 d mwNw; zust NK-BGB/STOFFELS § 164 Rn 41). Darüber hinaus schließt der Gerichtsvollzieher zur Durchführung seiner hoheitlichen Aufgaben zahlreiche privatrechtliche Verträge (zB Werk- oder Verwahrungsverträge) mit Dritten ab. Hier kommt es auf die Umstände an, ob er dabei im eigenen Namen oder als Vertreter des Bundeslandes (Justizfiskus) handelt (s dazu ausführlich GILLESSEN/POLZIUS DGVZ 2001, 5; für regelmäßiges Handeln im Namen des Justizfiskus bei Abschluss von Verwahrungsverträgen in den Fällen der §§ 885 Abs 3, 808 Abs 2 ZPO BGH NJW 1999, 2597, 98 m zust Anm BERGER JZ 2000, 359, 361; MünchKomm/SCHUBERT § 164 Rn 107 – insoweit allerdings zweifelhaft, s GAUL/SCHILKEN/BECKER-EBERHARD § 25 Rn 51 ff mwNw).

2. Vertretung im Verwaltungsrecht

98 **a)** Im Verkehr mit **Verwaltungsbehörden** ist gem §§ 14 ff VwVfG Stellvertretung zugelassen (zur Vertretungsmacht s Rn 27 ff, zur Wissenszurechnung s § 166 Rn 39); im Falle von mehr als fünfzig gleichförmigen Eingaben kann gem §§ 17 ff VwVfG von den Beteiligten oder für die Beteiligten ein Vertreter bestimmt werden. Soweit keine speziellen Regelungen eingreifen, ermöglicht aber § 62 S 1 VwVfG einen ergänzenden Rückgriff auf die Stellvertretungsvorschriften des BGB (MünchKomm/SCHUBERT § 164 Rn 106; NK-BGB/STOFFELS § 164 Rn 40; VAHLE DVP 2005, 189). Grundsätzlich ist auch ein Handeln als Vertreter ohne Vertretungsmacht unter entsprechender Anwendung der §§ 177 ff BGB möglich (s näher § 177 Rn 3) und die Grundsätze über die Rechtsscheinsvollmachten können ebenfalls Anwendung finden (MünchKomm/SCHUBERT § 164 Rn 106 mwNw). Ist ein Vertreter nicht vorhanden, so kann ein solcher in bestimmten Fällen nach näherer Maßgabe der § 16 VwVfG auf Ersuchen der Behörde durch das Vormundschaftsgericht bestellt werden. Die Regelung der gewillkürten Vertretung in § 14 VwVfG ist an sich auf ein Verwaltungsverfahren iSd § 9 VwVfG zugeschnitten, wird aber als allgemeiner Rechtsgrundsatz verstanden, gilt jedoch nicht für Tätigkeiten der Behörden bei Prüfungen, § 2 Abs 3 Nr 2 VwVfG (s näher, auch zu

Einzelheiten der Vertretung in Verwaltungsverfahren, VAHLE DVP 2005, 189, 193 f und NWB 2005, 2571, 2580 f).

Besteht für den an einem Verwaltungsverfahren Beteiligten kein Wohnsitz oder Aufenthalt im Inland, so ist nach § 15 VwVfG ein *Empfangsbevollmächtigter* zu bestellen.

b) Für das **Steuerrecht** enthält § 80 AO hinsichtlich der Vertretung des Steuerpflichtigen eine dem § 14 VwVfG entsprechende Regelung; ein Empfangsbevollmächtigter ist nach § 123 AO zu bestellen. Gesetzliche Vertreter natürlicher Personen und Organe juristischer Personen haben nach § 34 AO gegenüber der Steuerbehörde die Rechte und Pflichten des Steuerpflichtigen wahrzunehmen (s auch HARTISCH, Vertretung und Treuhand im Steuerrecht [Diss Münster 1962] 12 ff). Die *Bevollmächtigung eines Ehegatten* zur Einlegung eines Rechtsbehelfs gegen einen an den anderen Ehegatten gerichteten Steuerbescheid ist nicht schon darin zu sehen, dass dieser mit dem Entnehmen seiner Postsachen aus dem gemeinschaftlichen Briefkasten einverstanden ist (BFH FamRZ 1975, 579). – Eine weitere Vertretungsregelung enthält § 13 SGB X. **99**

V. Ausländisches und Europäisches Recht*

1. Das **österreichische ABGB** enthält entsprechend der Entwicklung des Stellvertretungsrechts zZ seiner Abfassung noch keine Regeln über die abstrakte Vollmacht. Vielmehr sind in den §§ 1002 ff ABGB Vertretungsmacht und Mandat zum „Bevollmächtigungsvertrag" miteinander verbunden (RUMMEL/STRASSER, ABGB [3. Aufl 2000] § 1002 ABGB Rn 1 ff). Abweichend hiervon haben jedoch Rspr und Rechtslehre die im 19. Jahrhundert entstandene Stellvertretungstheorie übernommen; dementsprechend wird heute zwischen unmittelbarer und mittelbarer Stellvertretung unterschieden, ebenso werden Treuhand und Botenschaft als besondere Formen des Handelns für Dritte anerkannt (RUMMEL/STRASSER § 1002 Rn 8 ff, 42 ff, 53). **100**

Die Vollmachtserteilung ist grundsätzlich formfrei. Ebenso ist die Vollmacht nach § 1021 ABGB „aufkündbar"; ein vertraglicher Widerrufsverzicht ist jedoch zulässig (RUMMEL/STRASSER §§ 1020–1026 Rn 4). Das Selbstkontrahieren ist nach hM grundsätzlich verboten, sofern es nicht gestattet ist oder den Interessen des Vertretenen kein Schaden entstehen kann (RUMMEL/STRASSER § 1009 Rn 21; vgl HÜBNER 43 ff; zum Vollmachtsmissbrauch SCHOTT AcP 171, 399).

Für den Vertreter ohne Vertretungsmacht gibt es nur die Regelung in § 1016 ABGB; sie betrifft die Vollmachtsüberschreitung. Grundsätzlich haftet der falsus procurator auf Schadensersatz aus cic bzw nach Deliktsrecht (RUMMEL/STRASSER §§ 1016, 1017

---

* **Schrifttum**: Vgl zur Bedeutung des Verhältnisses der deutschen zu ausländischen Prinzipien des Stellvertretungsrechts MÜLLER-FREIENFELS RabelsZ 43 (1979) 80; zu Prinzipien im internationalen Vertretungsrecht bereits LÜDERITZ, in: FS Coing (1981) Bd II S 305; zu § 181 rechtsvergleichend HÜBNER, Interessenkonflikt und Vertretungsmacht (1977); zur Nachlassabwicklung im Ausland mittels postmortaler Vollmachten SÜSS ZEV 2008, 69. Zu Bemühungen um ein gemeineuropäisches Stellvertretungsrecht sowie zum internationalen Stellvertretungsrecht s AUMÜLLNER ZfRV 2007, 209; SCHWARZ RabelsZ 71 (2007) 729.

Rn 18). Der Vertretene kann jedoch das Geschäft genehmigen und damit für sich wirksam werden lassen (Rummel/Strasser §§ 1016, 1017 Rn 12).

101 2. Das **schweizerische Recht** kennt in den Art 32 ff SchwOR die Trennung von Außen- und Innenverhältnis (Koller, Schweizerisches Obligationenrecht [4. Aufl 2012] §§ 15 ff). Die Erteilung der Vertretungsmacht, in Art 32 Abs 1 SchwOR als „Ermächtigung" bezeichnet, stellt ein besonderes Rechtsgeschäft dar. Die Vollmacht ist gem Art 34 SchwOR stets widerruflich, selbst wenn sich aus dem Innenverhältnis etwas anderes ergibt (Koller § 18 Rn 18; s auch Merz, in: FS Westermann [1974] 399). Eine Vorschrift über das Selbstkontrahieren („Selbsteintritt") fehlt. Dementsprechend wird es grundsätzlich als unzulässig angesehen, sofern nicht eine Erfüllungshandlung vorliegt (Koller § 21 Rn 20 ff; Honsell/Vogt/Wiegand, Kommentar zum Schweizerischen Privatrecht, Obligationenrecht I [3. Aufl 2003] Art 33 Rn 19; Hübner 40 ff; zum Vollmachtsmissbrauch vgl Schott AcP 171, 398). Bei einer Vertretung ohne Vertretungsmacht ist nach Art 38 SchwOR die Genehmigung möglich; anderenfalls trifft gem Art 39 SchwOR den Handelnden eine Schadensersatzpflicht.

102 3. Das **französische Recht** kennt entsprechend den allgemeinen Auffassungen zZ seiner Entstehung keine gegenüber dem Auftrag abstrakte Vertretungsmacht. Vielmehr wird die représentation in den Art 1984 ff cc fr im Rahmen des Auftragsvertrages geregelt. Allerdings wird von der Lehre in starkem Maße der Abstraktionsgrundsatz vertreten (Ferid/Sonnenberger, Das französische Zivilrecht [2. Aufl 1994] Rn 1 F 1001 ff; Gotthardt, Der Vertrauensschutz bei der Anscheinsvollmacht im deutschen und französischen Recht [1970] 25 mwNw). Die Vollmacht (procuration) unterscheidet den Stellvertreter vom Boten (messager). Wegen ihrer Integration in den Auftragsvertrag gelten für die Vollmachtserteilung grundsätzlich dieselben Formerfordernisse wie für das abzuschließende Rechtsgeschäft (Ferid/Sonnenberger Rn 1 F 1055 ff). Bei unmittelbarer Stellvertretung wird Offenheit verlangt; anderenfalls liegt eine mittelbare Stellvertretung vor, die ähnlich wie nach deutschem Recht beurteilt wird (Ferid/Sonnenberger Rn 1 F 1023 ff). Selbstkontrahieren ist mit gewissen Schranken erlaubt (Ferid/Sonnenberger Rn 1 F 1037 ff; vgl Hübner 45 ff). Die Rechtsscheinsvollmacht wird aus den Art 2005 und 2009 cc fr hergeleitet (Ferid/Sonnenberger Rn 1 F 1068 ff; vgl auch Gotthardt 64 ff und Schott AcP 171, 400). Durch ein Handeln ohne Vertretungsmacht wird der Vertretene gem Art 1998 Abs 2 cc fr nicht gebunden, sofern er nicht das Handeln genehmigt (Ferid/Sonnenberger Rn 1 F 1029 ff). Der falsus procurator haftet dem Dritten grundsätzlich nur deliktisch (Ferid/Sonnenberger Rn 1 F 1033 ff). Eine vertragliche Haftung trifft ihn, wenn er sich verpflichtet hatte, für die Genehmigung durch den Vertretenen zu sorgen.

103 4. Das **italienische Recht** regelt die rappresentanza in den Art 1387 ff Codice civile nach den gleichen Grundsätzen wie das deutsche Recht. Es gelten die Repräsentationstheorie, der Abstraktionsgrundsatz und das Offenheitsprinzip (Galgano, Diritto privato [6. Aufl 1990] 15.1–15.3). Durch seine Vertretungsmacht unterscheidet sich der Stellvertreter vom Boten (nuncio) (Messineo, Manuale di diritto civile e commerciale [1957] § 41 1). Die Erteilung der Vertretungsmacht erfolgt durch besonderes Rechtsgeschäft, das gem Art 1392 Codice civile der Form des vorzunehmenden Geschäfts bedarf; außerdem wird eine stillschweigende Bevollmächtigung anerkannt (Messineo § 41 9). Ein Insichgeschäft, das nicht ausdrücklich gestattet war, kann vom Vertretenen gem Art 1395 Codice civile angefochten werden (vgl Hübner 52 ff). Für den falsus procurator gelten gem Art 1398 und 1399 Codice civile ähnliche Regeln wie nach deutschem Recht (Messineo § 41 16). Bestimmungen über die mittelbare Stellvertretung enthalten die Art 1705 ff Codice civile über das Mandat (Messineo § 41 1 ter et quater).

5. Dem **englischen Recht** ist zwar eine Institution der Stellvertretung iS des deutschen Rechts unbekannt; es gibt auch keine gesetzliche Stellvertretung für Unmündige (Festner 70 ff; Müller-Freienfels 166 ff), die verbleibende Lücke wird überwiegend durch die Anwendung von trust-Regeln geschlossen. Die Aufgaben der rechtsgeschäftlichen Vertretung erfüllen aber die Vorschriften über die agency, die auf alle Personen Anwendung findet, die Rechtsmacht im Fremdinteresse ausüben (s Festner 4 ff; ausf Moser 35 ff [zur Rechtsentwicklung] und 159 ff [zur Offenkundigkeit]). Dabei handelt es sich um einen Geschäftsbesorgungsvertrag, der ohne systemprägende Abstraktion das Innenverhältnis und das Außenverhältnis umfasst. Außer durch einen derartigen Vertrag kann die agency auch durch Genehmigung vollmachtlosen Handelns oder durch stillschweigende Bevollmächtigung begründet werden, ebenso durch das Eingreifen von Rechtsscheinstatbeständen (Anson's Law of contract [29. Aufl 2010] 687, 701 ff; zu Stellvertretung und Vertragsauslegung ausf Spellenberg, in: FS Kramer [2004] 311; zum Vollmachtsmissbrauch vgl Schott AcP 171, 401, zum Selbstkontrahieren Hübner 57 ff; zu beidem rechtsvergleichend Festner 69 ff). **104**

Die Rechtsakte, die der agent im Rahmen seiner authority vornimmt, wirken für und gegen den Geschäftsherrn. Dabei gilt kein Offenheitsprinzip, sodass auch bei mittelbarer (verdeckter) Stellvertretung (undisclosed agency) unmittelbare Wirkungen für und gegen den Geschäftsherrn eintreten (s dazu ausf Spellenberg, in: FS Kramer [2004] 311; Festner 81 ff; Moser 45 ff, 159 ff; Müller-Freienfels RabelsZ 17, 578 ff; 18, 12 ff). Die authority kann vom Geschäftsherrn durch formlose Mitteilung widerrufen werden, solange das Hauptgeschäft noch nicht abgewickelt ist (Anson's 717 ff). Unwiderruflich ist die Vollmacht, wenn sie zugleich im Interesse des Vertreters erteilt wurde, insbesondere seiner Sicherung dienen soll (Anson's 720 ff). Zur Zulässigkeit von Insichgeschäften gibt es sehr spezielle, vom deutschen Recht abweichende Regelungen (s Wachter ZNotP 2005, 122, 132 f und NZG 2005, 338, 339 f; Anson's 703 f).

6. Das **spanische Recht** kennt wie das deutsche Recht die gewillkürte Stellvertretung, hat diese aber nicht gesondert geregelt, sondern enthält lediglich verstreut einzelne Regelungen. Der Grundsatz, dass wirksames Handeln in fremdem Namen Vertretungsmacht voraussetzt, findet sich in Art 1259 Código Civil; Art 1280 Código Civil behandelt die Formbedürftigkeit der Vollmacht. Hinzu treten einzelne Bestimmungen über Prozessvertreter und -vollmachten, Hypothekenvollmachten und Generalvollmachten im kaufmännischen Bereich. Im Übrigen lassen sich die Fragen zur rechtsgeschäftlichen Stellvertretung nach spanischem Recht (Representación voluntaria) nur aus allgemeinen Rechtsgrundsätzen lösen (s ausf Heinrich, in: FS Ulmer [2003] 1109 ff). Insichgeschäfte werden mit gesetzlich normierten Ausnahmen unter bestimmten Voraussetzungen für zulässig gehalten (Heinrich 1132 f). **105**

7. Die **Principles of European Contract Law** enthalten in Ihrem zweiten Teil (1999) Grundregeln über die rechtsgeschäftliche Stellvertretung für ein künftiges Europäisches Vertragsrecht. Sie unterscheiden zwischen unmittelbarer und mittel- **106**

barer Stellvertretung und erkennen dabei die Offenkundigkeit des Handelns in fremdem Namen als maßgebliches Kriterium an (s dazu ausf MOSER 275 ff mwNw; dort 487 ff auch zum Draft Common Frame of Reference). Das gilt auch für den **Draft Common Frame of Reference** (2008), in dem das Stellvertretungsrecht aber eine teilweise abweichende Regelung erfahren hat (ausf zur Entwicklung im Europäischen Vertragsrecht MünchKomm/SCHUBERT § 164 Rn 26 ff).

§ 164
Wirkung der Erklärung des Vertreters

(1) Eine Willenserklärung, die jemand innerhalb der ihm zustehenden Vertretungsmacht im Namen des Vertretenen abgibt, wirkt unmittelbar für und gegen den Vertretenen. Es macht keinen Unterschied, ob die Erklärung ausdrücklich im Namen des Vertretenen erfolgt oder ob die Umstände ergeben, dass sie in dessen Namen erfolgen soll.

(2) Tritt der Wille, in fremdem Namen zu handeln, nicht erkennbar hervor, so kommt der Mangel des Willens, im eigenen Namen zu handeln, nicht in Betracht.

(3) Die Vorschriften des Absatzes 1 finden entsprechende Anwendung, wenn eine gegenüber einem anderen abzugebende Willenserklärung dessen Vertreter gegenüber erfolgt.

Materialien: E I § 116; II § 134; III § 160; Mot I 225; Prot I 221; II 1 136; JAKOBS/SCHUBERT, AT II 873 ff; SCHUBERT, AT II 174 ff (Vorentwurf).

Systematische Übersicht

I.	**Die Regelung des § 164 Abs 1**		b)	Unerlaubte Handlung des Vertreters	13
1.	Das Handeln in fremdem Namen	1	c)	Handeln ohne Vertretungsmacht	14
a)	Offenheitsprinzip	1	d)	Haftung aus cic	15
b)	Vertretungswille	4	**II.**	**Die Regelung des § 164 Abs 2**	
c)	Erkennbarkeit	5	1.	Die Bedeutung der Vorschrift	16
d)	Innenverhältnis	6	a)	Fehlende Erkennbarkeit des Handelns in fremdem Namen	16
2.	Abgabe einer Willenserklärung	7	b)	Ausschluss der Irrtumsanfechtung	17
3.	Rahmen der Vertretungsmacht	8	c)	Beweisregel	18
4.	Die Wirkungen des stellvertretenden Handelns	9	2.	Unanwendbarkeit der Vorschrift	19
a)	Rechtswirkungen beim Vertretenen	9	a)	Handeln für den, den es angeht	19
b)	Verhältnis zum Handeln des Vertretenen	10	b)	Sonderfälle	20
c)	Wirkungen außerhalb des § 164	11	c)	Fälle eines Eigenhandlungswillens	21
5.	Die Eigenhaftung des Vertreters	12			
a)	Verpflichtung neben dem Vertretenen	12			

III.	**Die Regelung des § 164 Abs 3**	b) Unabwendbarkeit des § 164 Abs 2	24
1.	Der Empfangsvertreter (Passivvertreter) _____ 22	2. Die Empfangsbotschaft	25
a)	Inhalt der Empfangsvertretung _____ 22	**IV. Beweislast**	26

I. Die Regelung des § 164 Abs 1

1. Das Handeln im fremden Namen

a) § 164 Abs 1 BGB normiert das **Offenheitsprinzip**, wonach der Stellvertreter als solcher auftreten, also in fremdem Namen handeln muss (vgl näher Vorbem 13 f und 35 zu §§ 164 ff). Dieses Handeln in fremdem Namen kann ausdrücklich, zB durch Unterschreiben mit dem Namen des Vertretenen (RGZ 74, 69, 72; 81, 1; vgl Vorbem 90 zu §§ 164 ff) geschehen; es genügen aber auch Anhaltspunkte in der Erklärung, welche nach den allgemeinen Auslegungsregeln (§§ 133, 157 BGB) den Schluss zulassen, dass mit Rechtswirkung für einen anderen gehandelt werden soll. Es kommt darauf an, wie sich die Erklärung nach Treu und Glauben für den Empfänger erkennbar darstellt (BGHZ 36, 30, 33; BGH NJW 1994, 1649; 1994, 1649, 1650; 2000, 3344, 3345 mwNw; 2008, 1214, st Rspr; BRHP/Schäfer § 164 Rn 21; Erman/Maier-Reimer § 164 Rn 6; Hk-BGB/Dörner § 164 Rn 5; jurisPK-BGB/Weinland § 164 Rn 24; MünchKomm/Schubert § 164 Rn 24, Rn 110 ff; NK-BGB/Stoffels § 164 Rn 54 ff; PWW/Frensch § 164 Rn 31; Soergel/Leptien § 164 Rn 12; Boemke/Ulrici Rn 8 f; Bork Rn 1382 ff; Brehm Rn 443; Brox/Walker § 24 Rn 9; Eisenhardt Rn 406; Köhler § 11 Rn 18 f; Leipold § 22 Rn 22 f; Medicus/Petersen Rn 915; Pawlowski Rn 702 ff; Schmidt Rn 667; Wolf/Neuner § 49 Rn 45; Moser 88 ff; Mock JuS 2008, 309, 311; Schilken, in: FS K Schmidt [2019] 369, 373 f). Das bekräftigt ausdrücklich § 164 Abs 1 S 2 BGB, wonach auch die **Umstände** ergeben können, dass jemand im fremden Namen handelt; maßgebend hierfür kann insbesondere die soziale Stellung der Handelnden sein (s nur BGB-RGRK/Steffen § 164 Rn 6; BRHP/Schäfer § 164 Rn 24; MünchKomm/Schubert § 164 Rn 24, Rn 111 f; NK-BGB/Stoffels § 164 Rn 55; PWW/Frensch § 164 Rn 31; Flume § 44 I; zur Vertretung von Konzernunternehmen bei Tarifvertragsabschlüssen s Kilg/Muschal BB 2007, 1670). Ferner ergeben die Umstände ein Handeln im fremden Namen, wenn bereits frühere Erklärungen im Namen eines anderen abgegeben wurden, sodass bei späteren Erklärungen derselben Art angenommen werden kann, es gelte das Gleiche (Mot I 225). Insbesondere bei *Ehegatten und Familienangehörigen* kann sich ein solches Handeln in (auch) fremdem Namen aus den Umständen ergeben (s BGH NJW 1994, 1949; NJW-RR 2014, 326; OLG Schleswig NJW-RR 1993, 274 f mwNw; OLG Dresden NJW-RR 1999, 897: Anscheinsvollmacht; OLG Düsseldorf ZMR 2000, 210; MünchKomm/Schubert § 164 Rn 170 mwNw; PWW/Frensch § 164 Rn 32; Soergel/Leptien § 164 Rn 18 mwNw; s aber auch OLG Düsseldorf NJW-RR 1996, 1524, 1525; OLG Koblenz ZIP 2007, 2021; zum Handeln eines Kindes im Namen der Mutter s OLG Koblenz NJW-RR 2013, 454). Ist eine Person zur Alleinvertretung mehrerer Gesellschaften befugt, so kann die Auslegung ergeben, dass sie einem von ihr für die eine Gesellschaft geschlossenen Vertrag auch als Vertreterin der anderen Gesellschaft zustimmt (BGH 8.5.2015 – V ZR 56/14, Rn 16 f, NJW 2015, 2872 betr Zustimmung zu einer Schuldübernahme).

Bedeutsam ist im Rahmen der Auslegung von Erklärungen im Wirtschaftsleben auch **1a** der Geschäftsbereich, dem der Gegenstand der Willenserklärung angehört, insbes bei **unternehmensbezogenen Geschäften** (s schon Vorbem 52 zu §§ 164 ff). Es handelt sich dabei um Rechtsgeschäfte, die für den Inhaber getätigt werden, wenn der Unternehmensbezug des Rechtsgeschäfts bei interessengeleiteter Auslegung hinreichend deutlich wird (s BGHZ 62, 216, 220; BGH NJW 2000, 2984 und stRspr; BRHP/Schäfer § 164 Rn 25; Erman/Maier-Reimer § 164 Rn 7; Jauernig/Mansel § 164 Rn 3; jurisPK-BGB/Weinland § 164 Rn 28 f; MünchKomm/Schubert § 164 Rn 120 ff; NK-BGB/Stoffels § 164 Rn 60; Palandt/Ellenberger § 164 Rn 2; PWW/Frensch § 164 Rn 33 f; Soergel/Leptien § 164 Rn 14; MünchKommHGB/Krebs Vorbem 45 zu § 48; Boecken Rn 615; Bork Rn 1390 ff; Brehm Rn 444; Faust § 25 Rn 3; Flume, § 44 I; Grigoleit/Herresthal Rn 487; Hirsch Rn 825; Hübner Rn 1220; Köhler § 11 Rn 20; Medicus/Petersen Rn 917; Medicus/Petersen BR Rn 86; Musielak/Hau Rn 1162; Pawlowski Rn 704, Rn 709; Schack Rn 472; Schmidt Rn 669; Stadler § 30 Rn 5; Wertenbruch § 28 Rn 9 f; Wolf/Neuner § 49 Rn 45; Moser 80 ff; Ahrens JA 1997, 895 ff; Derleder, in: FS Raisch [1995] 25 ff; Mock JuS 2008, 309, 311 f; Paulus JuS 2017, 399 ff; Petersen Jura 2010, 187, 188; K Schmidt JuS 1987, 425, 427 f; zu OHG und KG ausf Wertenbruch, Handbuch Rn 316 ff mwNw). Besteht das zu vertretende Unternehmen jedoch nicht oder hat der Handelnde keine entsprechende Vollmacht, so gelten auch hier die Grundsätze des § 179 Abs 1 BGB (BGHZ 91, 148, 152; BGH NJW 1998, 2897; 2009, 215, 216; OLG Köln NJW-RR 1997, 670, 671; MünchKomm/Schubert § 164 Rn 125; iE auch Fehrenbach NJW 2009, 2173, 2175 ff [jedoch Eigenhaftung über angebliche mittelbare Stellvertretung, s dazu Vorbem 42 zu §§ 164 ff]; s § 179 Rn 22 f); auch bei Zweifeln an der Unternehmensbezogenheit ist aus Gründen der Verkehrssicherheit der für die Unternehmensbezogenheit behauptungs- und beweisbelastete Handelnde selbst verpflichtet (BGHZ 64, 11, 15; BGH NJW 1995, 43, 44; 2000, 2984, 2985; NJW-RR 1995, 991; vgl ferner OLG Hamm NJW-RR 1995, 802; OLG Köln WM 2003, 1714; LAG Köln NZA-RR 2007, 570). Im Übrigen kann den Vertreter, der den Unternehmensbezug nicht unzweideutig verdeutlicht hat, eine sog „Rechtsscheinhaftung" entsprechend § 179 BGB treffen, nach hM namentlich auch bei Auftreten für eine GmbH unter Weglassung des Rechtsformzusatzes (s § 179 Rn 23); es soll dann zu einer gesamtschuldnerischen Verpflichtung mit dem Unternehmen kommen können (BGHZ 62, 216, 220; 64, 11, 17; BGH NJW 1991, 2627, 2628; 2012, 2871; BRHP/Schäfer § 164 Rn 25; MünchKomm/Schubert § 164 Rn 125; NK-BGB/Stoffels § 164 Rn 61; Palandt/Ellenberger § 164 Rn 3; PWW/Frensch § 164 Rn 35; Soergel/Leptien § 164 Rn 14; Derleder, in: FS Raisch [1995] 36 ff, 44 ff; s dazu noch § 179 Rn 23). Es kommt ferner bei unklarem Handeln eines „Doppelvertreters" auch eine Doppelverpflichtung oder eine Verpflichtung der objektiv richtigen Partei nebst einer Vertrauenshaftung der anderen in Frage (s BGH NJW-RR 1986, 456, 457; 1990, 701, 702; NJW 2000, 2344, 2345; BRHP/Schäfer § 164 Rn 21; MünchKomm/Schubert § 164 Rn 125; NK-BGB/Stoffels § 164 Rn 62; K Schmidt JuS 1987, 425, 431 ff; Ulmer ZIP 1999, 509, 513 f mwNw; krit Blenske NJW 2000, 3170, 3171 f mwNw; s auch Rn 3 und Rn 9).

2 *Im Einzelnen* kommt bei vielfältigen Verhaltensweisen ein schlüssiges Handeln in fremdem Namen in Betracht (übersichtlich jurisPK-BGB/Weinland § 164 Rn 39 ff). Rechtsgeschäfte eines *Architekten* mit Handwerkern, Bauunternehmern und Lieferanten werden idR für den Bauherrn vorgenommen (BGH NJW-RR 2004, 1017; OLG Köln BauR 1986, 177; NJW-RR 1996, 212; 2002, 1099; OLG Düsseldorf NJW-RR 1995, 592; OLG Frankfurt NJW-RR 2011, 1655; MünchKomm/Schubert § 164 Rn 157; übers Neuhaus BrBp 2004, 54 und zum *Bauleiter* ders BrBp 2004, 188). Wer bei Unfällen die Beiziehung eines *Arztes* oder Aufnahme in ein Krankenhaus veranlasst, handelt regelmäßig für den Patienten (BRHP/Schäfer § 164 Rn 26; Erman/Maier-Reimer § 164 Rn 8; MünchKomm/Schubert § 164 Rn 165; § 164 Rn 27; NK-BGB/Stoffels § 164 Rn 59; Soergel/Leptien § 164 Rn 18; vgl auch OLG Koblenz NJW-RR 1997, 1183; LG Wiesbaden VersR 1970, 69; anders bei Eltern, s LG Berlin

FamRZ 1955, 267, und evtl auch – unbeschadet des § 1357, vgl allgemein BGHZ 94, 1, 5; 114, 74, 79; Derleder NJW 1993, 2401; M Schmidt FamRZ 1991, 634 – bei Ehegatten, s BGH NJW 1991, 2958; OLG Köln NJW 1981, 637; anders BGHZ 47, 81); das soll auch für den Arzt gelten, der ohne Information des Patienten eine Laboruntersuchung in Auftrag gibt (LG Dortmund NJW-RR 2007, 269; zu Recht krit Klöhn VersR 2007, 1054 f). Die kassenärztliche Überweisung an einen anderen Kassenarzt begründet aber jedenfalls keine eigene Verpflichtung des überweisenden Arztes (BGH NJW-RR 2004, 140, 141). Beim *Anlagengeschäft,* insbes bei der Anlegung eines Sparkontos, aber auch bei *Anlagenvermittlung* aller Art entscheiden die Umstände über die Person des Vertragspartners (BGH WM 1965, 897, 900; 1966, 1246, 1248; für das Treuhandkonto BGH NJW 1996, 840, 841; für Kapitalanlagevermittlungsverträge BGH NJW-RR 2006, 109; BRHP/Schäfer § 164 Rn 26; NK-BGB/Stoffels § 164 Rn 59; Soergel/Leptien § 164 Rn 20 mwNw), doch kann hier auch ein Geschäft für den, den es angeht, vorliegen (s Vorbem 51 ff zu §§ 164 ff; BGHZ 21, 148; BGH WM 1970, 712; 1972, 383; Flume § 44 II 1 b); unabhängig davon kann aber auch zwischen Vermittler und Anlageinteressenten ein Auskunftsvertrag mit Haftungsfolgen zustande kommen (BGH NJW 2007, 1362; sehr weitgehend BGH NJW 2013, 1873: Beratungsvertrag mit Anlageinstitut *und* Vermittler; s auch BGH 19. 12. 2014 – V ZR 194/13 Rn 9 ff, NJW 2015, 1510 m Anm Meier ZfIR 2015, 375). *Bauträger* – nicht aber *Baubetreuer* (BGH NJW 1977, 294; 1981, 757; MünchKomm/Schubert § 164 Rn 157) – handeln iZw im eigenen Namen (BGH NJW 1977, 294; 1981, 757; OLG Düsseldorf BauR 1996, 740; OLG München NJUW-RR 2010, 443; MünchKomm/Schubert § 164 Rn 155; vgl Pfeiffer NJW 1974, 1449; Crezelius NJW 1978, 2158). Beim *Franchisenehmer* entscheiden die Umstände des Vertragsschlusses darüber, ob er im Namen des Franchisegebers handelt (BGH NJW 2008, 1214; dazu ausf Buck-Heeb/Dieckmann JuS 2008, 583, 585 f und DB 2008, 855; MünchKomm/Schubert § 164 Rn 166; s zum Handeln unter fremdem Namen Rn 52, 54, zum Geschäft für den, den es angeht Rn 90 f), anderenfalls bei idR fehlender Vertretungsmacht nur eine Rechtsscheinsvollmacht (s § 167 Rn 28 ff) und iÜ ein Handeln in eigenem Namen in Betracht kommt (BGH NJW 2008, 1214 m Anm Witt; MünchKomm/Schubert § 164 Rn 166; Buck-Heeb/Dieckmann JuS 2008, 583, 586 und DB 2008, 855, 858; Wolf/Ungeheuer BB 1994, 1027). Bei Vertragsschluss durch einen *Geschäftsführer* (s etwa BGH NJW-RR 1997, 527; OLG Karlsruhe 25. 9. 2018 – 9 U 117/16 Rn 18 ff, NZG 2018, 1233) oder *Gesellschafter* – zur Gesellschaft bürgerlichen Rechts s Wagner 12 ff – kann ebenfalls die Auslegungsregel des § 164 Abs 1 S 2 BGB eingreifen (BGH NJW-RR 1988, 475; 1997, 669; BGH NJW 2013, 1082; vgl auch BGH BB 1976, 154; NJW 1981, 2569; 2011, 1666; ausf Weitemeyer NZG 2006, 10 ff, namentlich zur Wahrung von Formerfordernissen; s dazu auch Leo NJW 2013, 2393), ohne dass im Hinblick auf § 164 Abs 2 BGB jedoch eine Vermutung für ein Vertreterhandeln besteht (RGZ 119, 64, 67; OLG Bremen OLGR 2005, 261, 262; NK-BGB/Stoffels § 164 Rn 59; Soergel/Leptien § 164 Rn 15, jew mwNw). *Hausverwalter* handeln bei Vermietungen nicht schlechthin, wohl aber bei Erkennbarkeit der Verwaltertätigkeit idR namens des Hauseigentümers (BGH NJW 2014, 1803; KG WM 1984, 254, 255; MünchKomm/Schubert § 164 Rn 158; s aber auch OLG Düsseldorf NJW-RR 1993, 885 und MDR 2003, 385). Ebenso handelt der Hausverwalter im Namen der Hauseigentümer, wenn er einen Anspruch der Eigentümergemeinschaft gegen einzelne Hauseigentümer geltend macht; ausgenommen von der Vertretung sind dann nur die Anspruchsgegner (BGH NJW 1998, 3279 f). Auch bei Bestellungen und bei Auftragsvergaben durch den Hausverwalter, die Bau- oder Instandsetzungsarbeiten betreffen, ist idR von einem Handeln im Namen der Hauseigentümer auszugehen (BGH NJW-RR 2004, 1017 mwNw; KG WM 1984, 254; BauR 1997, 174: stets; KGR 2004, 569; KG MDR 2004, 988; OLGR 2005, 218), nicht hingegen beim Abschluss von Gebäudeversicherungsverträgen (BGH NJW-RR 2009, 1038; s auch BerlVerfGH NJW-RR

2007, 159; anders OLG Düsseldorf VersR 2007, 521). Bei Begründung einer *Internetdomain* ist Vertragspartner der Registrierungsstelle derjenige, der sich als Domaininhaber hat eintragen lassen (s dazu näher Rössel CR 2004, 75; zum administrativen Ansprechpartner als Stellvertreter Wimmers/Schulz CR 2006, 754). Ob ein *Kraftfahrzeughändler* einen fremden Gebrauchtwagen in eigenem oder fremdem Namen verkauft, unterliegt der Auslegung im Einzelfall (Lehmann-Richter VersR 2004, 1367, 1368 f). Ein *Lehrer* handelt bei Buchung einer Reise („Klassenfahrt") iZw für die Teilnehmer (OLG Frankfurt NJW 1986, 1941, 1942; vgl auch OLG Hamm NJW 1986, 1943; OLG Düsseldorf VersR 1987, 508). Bei Abschluss eines *Maklervertrages* in den Räumen einer Sparkasse muss deutlich werden, dass der Vertrag mit einer mit der Sparkasse kooperierenden Bausparkasse abgeschlossen werden soll (OLG Düsseldorf NJW-RR 2001, 562); beauftragt ein Makler einen Notar mit dem Entwurf eines Kaufvertrages, so handelt er idR im Namen des Käufers als seines Auftraggebers (OLG Frankfurt RNotZ 2013, 563; MünchKomm/Schubert § 164 Rn 166). Durch einen *Mietvertrag* zugunsten eines Unternehmens wird grundsätzlich dessen Inhaber und nicht der Handelnde Vertragspartei (KGR 2004, 237), bei Handeln für eine im Rubrum aufgeführte Personenmehrheit iZw diese (s, auch zu der damit verknüpften Formfrage, BGH NJW 2007, 3346 m Anm ua v Lehmann/Richter ZMR 2007, 940 mwNw; s auch Drasdo NJW-Spezial 2008, 321); ein Vertretungszusatz muss, auch bei Ehegatten, jedenfalls erkennbar werden (BGH NJW 2003, 3053, 3054; MünchKomm/Schubert § 164 Rn 174). *Reiseunternehmen* und -*büros* können als Veranstalter oder als bloße Vermittler tätig werden (BGHZ 61, 275, 287; 77, 310; BGH NJW 1981, 2192; MünchKomm/Schubert § 164 Rn 168), s jetzt die Neuregelung in §§ 651a ff BGB. Ein *Reisender* verpflichtet bei Buchung für mehrere selbständige Personen (auch) diese (s BGH LM § 164 Nr 43; OLG Frankfurt NJW-RR 2004, 1285; MünchKomm/Schubert § 164 Rn 168). Ein *Sammelbesteller* bei einem Versandhaus handelt idR (auch) im Namen der Mitbesteller (OLG Köln NJW-RR 1991, 918; 1996, 43). Wer einen *Scheck* oder *Wechsel* ohne besonderen Vertretungshinweis zB auf eine Firma zeichnet, haftet regelmäßig persönlich (BGHZ 65, 218; BGH NJW 1979, 2141; WM 1981, 375; OLG Frankfurt WM 1981, 567; s aber auch Haertlein EWiR 2002, 141; Kuhn NJW 1976, 896; Lüderitz JuS 1976, 765, 769; Wackernagel ZGR 1999, 365 ff); anders bei Kenntnis des Vertretungsverhältnisses durch den Empfänger (OLG Hamm WM 1990, 219) oder Zeichnung unter einem Firmenstempel (BGHZ 64, 11, 15; BGH NJW 1974, 1191). Der Stationsleiter einer Tankstelle kann für den Inhaber ein Schuldanerkenntnis zur Regelung von Schadensersatzansprüchen eines Kunden wegen Falschbetankung abgeben (OLG Hamm NJW-RR 2011, 532). Bei privatrechtlichen öffentlichen *Versteigerungen* kann unmittelbare, ohne konkreten Hinweis auf den Hintermann aber auch lediglich mittelbare Stellvertretung als Kommissionsgeschäft (s Vorbem 42 ff zu §§ 164 ff) vorliegen (MünchKomm/Schubert § 164 Rn 169; Soergel/Leptien § 164 Rn 15; vHoyningen-Huene NJW 1973, 1473; s etwa KG MDR 2004, 1402). Bei Abschluss eines *formbedürftigen Vertrages* muss das Vertretungsverhältnis durch einen Zusatz zum Ausdruck kommen, zB wenn ein GbR-Gesellschafter für die GbR unterschreibt (BGHZ 125, 175; BGH NJW 2002, 3389, 3390; 2003, 1043 und dazu Eckert EWiR 2002, 951 sowie 2003, 357; MünchKomm/Schubert § 164 Rn 171 f).

2a Die Einholung eines rechtlichen Gutachtens durch einen *Rechtsanwalt* für seinen Mandanten erfolgt regelmäßig in eigenem Namen und nicht stillschweigend in Vertretung für den Mandanten, sofern der Rechtsanwalt hierauf nicht ausdrücklich hinweist (AG Charlottenburg NJW-RR 1995, 57, 58). Handelt ein Rechtsanwalt unter einer Sozietätsbezeichnung, so erfolgt die Willenserklärung iZw im Namen der

Sozietät (BGH NJW 1994, 257; 1995, 1841; NJW 2011, 2301, 2303; OLG Frankfurt NJW-RR 2001, 1004; MünchKomm/Schubert § 164 Rn 161 ff mwNw; Markworth NJW 2015, 2152 mit Einschränkungen im Hinblick auf das Bestehen einer Einzelvertretungsbefugnis der Sozien). Entsprechendes gilt für eine *ärztliche Gemeinschaftspraxis* (BGHZ 142, 126, 137; BGH VersR 2006, 361, 362 m Anm Ackermann jurisPR-BGHZivilR 9/2006 Anm 2). Hat ein Anwalt hingegen zunächst allein gehandelt, so kommt auch ein Folgeauftrag nur mit ihm zustande, sofern er nicht ein Handeln namens der Sozietät zum Ausdruck bringt (BGH NJW 2009, 1597). Wird in einem *Verlagsvertrag* eine Verlagsgruppe, bestehend aus Einzelverlagen und anderen Unternehmen mit derselben gesetzlichen Vertretung, als Vertragspartner des Autors bezeichnet, so wird iZw nicht eine Holdinggesellschaft, die lediglich Beteiligungen an den Verlagen hält, sondern der sachnahe Verlag Vertragspartner (OLG München NJW 1998, 1406, 1407). Eine *Werbeagentur* schließt Anzeigenverträge grundsätzlich in eigenem Namen ab (OLG Saarbrücken OLGR 2004, 359). Das Auftreten eines *Wohnungseigentumsverwalters* ohne Offenlegung begründet für sich genommen noch kein Handeln im Namen der Eigentümergemeinschaft (OLG Saarbrücken NJW-RR 2007, 521; MünchKomm/Schubert § 164 Rn 159; zur konkludenten Bevollmächtigung s OLG Düsseldorf NZM 2006, 182). Die Stimmabgabe eines *Wohnungsmiteigentümers* wirkt auch für und gegen die anderen Berechtigten (Merle, in: FS Seuß [2007] 193, 206).

Die Tatsache allein, dass *jemand Vertretungsmacht hat,* genügt noch nicht für die **3** Annahme, er sei als Vertreter aufgetreten (MünchKomm/Schubert § 164 Rn 114). So erstreckt sich zB der Verzicht einer Witwe auf Ansprüche aus einem Unfall des Ehemannes nicht auf die von der Witwe vertretenen Kinder (RGZ 96, 91; Soergel/Leptien § 164 Rn 21). Außerdem ist zu berücksichtigen, dass jemand, der Vertretungsmacht hat, durchaus nur als Bote auftreten kann (s Vorbem 80 zu §§ 164 ff).

Andererseits steht der Umstand, dass jemand *auch im eigenen Interesse* handelt, der Erfüllung des Offenheitserfordernisses nicht entgegen, weil im Begriff der Vertretung keine Begrenzung auf eine ausschließliche Interessenwahrung zugunsten des Vertretenen enthalten ist (RGZ 71, 219, 221; 75, 1, 3; BRHP/Schäfer § 164 Rn 23). Daher kann eine Erklärung durchaus zugleich im eigenen und im fremden Namen abgegeben werden (s Rn 9). Die Tatsache, dass jemand nur erkennbar macht, er handele *im Interesse* oder *für die Rechnung eines anderen,* genügt aber allein dem Offenheitsprinzip nicht (RG SeuffA 82 Nr 20; BRHP/Schäfer § 164 Rn 24; Erman/Maier-Reimer § 164 Rn 9; MünchKomm/Schubert § 164 Rn 111; NK-BGB/Stoffels § 164 Rn 58; Soergel/Leptien § 164 Rn 13; krit Canaris NJW 1982, 305, 308; **aA** Moser 142 ff), weil dies gerade auch die nur mittelbare Stellvertretung auszeichnet; es müssen dafür vielmehr weitere für ein Fremdgeschäft sprechende Umstände hinzukommen, ansonsten liegt ein Eigengeschäft des Erklärenden vor (NK-BGB/Stoffels § 164 Rn 58).

b) Die Frage, ob das Vertreterhandeln von einem **Vertretungswillen** getragen sein **4** muss, wird unterschiedlich beantwortet (s Vorbem 36 zu §§ 164 ff); sie ist mit der hM zu bejahen. Allerdings braucht der Vertretungswille nicht ausdrücklich bekannt gegeben zu werden; er kann sich, ebenso wie die Fremdwirkung des Handelns, aus den Umständen ergeben.

Im Falle der Gesamtvertretung (s Vorbem 20 zu §§ 164 ff) muss zZ der letzten Erklärungsabgabe bei allen Gesamtvertretern der Wille bestehen, die Summe der abgegebenen Erklärungen als Wahrnehmung der Gesamtvertretung gelten zu lassen (BGH Betrieb 1959, 540).

5 c) Nicht erforderlich ist es, dass dem *Erklärungsempfänger die Vertretungsmacht offengelegt* wird (s RGZ 103, 303; OLG Celle NJW 1963, 1253 sowie Vorbem 35 f zu §§ 164 ff). Die Vertretungsmacht (s Rn 8) ist Wirksamkeitsvoraussetzung für das Vertretergeschäft, aber im Gegensatz zum Handeln in fremdem Namen nicht Teil des Offenheitsprinzips (MünchKomm/Schubert § 164 Rn 117; Witt NJW 2008, 1215, 1216). Freilich verdeutlicht die Bezugnahme auf Vertretungsmacht ein Handeln in fremdem Namen. Bei einseitigen Rechtsgeschäften ist zudem § 174 BGB zu beachten.

Auch der Name des Vertretenen muss bei Vornahme des Vertretergeschäfts nicht benannt werden (s Vorbem 35a zu §§ 164 ff), selbst dem Vertreter nicht unbedingt bekannt sein (RGZ 140, 335, 338; BRHP/Schäfer § 164 Rn 22; Soergel/Leptien § 164 Rn 12; Flume § 44 II 1 a; Medicus/Petersen Rn 916; Schmidt Rn 673; Gehrlein VersR 1995, 268).

Ebenso wenig kommt es für die Fremdwirkung des Vertreterhandelns auf die *Kenntnis des Vertretenen* von diesem Handeln an (OLG Braunschweig SeuffA 61 Nr 128; BRHP/Schäfer § 164 Rn 22). Daher kann auch für einen zZ der Geschäftsvornahme bereits Verstorbenen mit Wirkung für den Erben gehandelt werden, und dies selbst dann, wenn der Handelnde den Verstorbenen beerbt hat, sofern der Vertreter für den jeweils zu Vertretenden handeln wollte (BGB-RGRK/Steffen § 164 Rn 5; Flume § 51 5; **aM** OLG Stuttgart SJZ 1948, 455 m abl Anm Hueck). Ähnlich wurde das Handeln ohne Vertretungsmacht für einen Vermissten beurteilt, der sich später als bereits verstorben herausstellte (BGH NJW 1954, 145).

6 d) Keine Voraussetzung für die Fremdwirkung eines stellvertretenden Handelns ist das Bestehen oder die Beachtung der Regeln eines *Innenverhältnisses* zwischen dem Vertreter und dem Vertretenen; insoweit gilt der Abstraktionsgrundsatz (s Vorbem 33 zu §§ 164 ff; zum Missbrauch der Vertretungsmacht s § 167 Rn 91 ff). Daher ist ein Irrtum über die Einhaltung von Innenverhältnisvorschriften als ein unbeachtlicher Motivirrtum des Vertreters zu bewerten.

2. Abgabe einer Willenserklärung

7 Das Handeln iSd § 164 Abs 1 BGB muss in der Abgabe einer **Willenserklärung** iSd § 116 ff BGB bestehen, da Stellvertretung nur solche bei Vornahme eines Rechtsgeschäftes ist (s Vorbem 19 zu §§ 164 ff). Bei geschäftsähnlichen Rechtshandlungen können die §§ 164 ff BGB jedoch entsprechend angewendet werden, hingegen nicht bei der Vornahme von Realakten (Vorbem 38a zu §§ 164 ff). Zu Robotern uä s Vorbem 19 zu §§ 164 ff.

3. Rahmen der Vertretungsmacht

8 Der Stellvertreter muss die Willenserklärung innerhalb der ihm zustehenden **Vertretungsmacht** (Vorbem 16 ff zu §§ 164 ff) abgeben, die auf rechtsgeschäftlicher, organschaftlicher oder gesetzlicher Grundlage beruhen kann (s näher Vorbem 21 ff, 96 ff zu §§ 164 ff; zum Missbrauch der Vertretungsmacht § 167 Rn 91 ff; zum maßgeblichen Zeitpunkt § 177 Rn 5).

Titel 5
Vertretung und Vollmacht § 164

4. Die Wirkungen des stellvertretenden Handelns

a) Während es in § 116 E I noch hieß, der Vertretene werde „unmittelbar berech- 9
tigt und verpflichtet", wurde diese Fassung später aufgegeben, weil unmittelbare
Wirkungen des Vertreterhandelns für den Vertretenen auch dann stattfinden, wenn
es sich um das Freiwerden von Verpflichtungen oder um die Aufgabe von Rechten
handelt. Demgemäß ist es nach der Repräsentationstheorie (s Vorbem 11, 15 und 32 zu
§§ 164 ff) für das stellvertretende Handeln kennzeichnend, dass die **Rechtswirkungen**
des Vertreterhandelns **unmittelbar** in der Person des Vertretenen eintreten (ERMAN/
MAIER-REIMER § 164 Rn 20; MünchKomm/SCHUBERT § 164 Rn 233; NK-BGB/STOFFELS § 164 Rn 96;
PALANDT/ELLENBERGER § 164 Rn 15; PWW/FRENSCH § 164 Rn 74; ENNECCERUS/NIPPERDEY § 182
II; LEENEN § 4 Rn 77; allgM). Das Rechtsgeschäft des Vertreters bewirkt eine rechtliche
Regelung des Vertretenen (FLUME § 46 1). Der Stellvertreter, der (nur) in fremdem
Namen mit Vertretungsmacht gehandelt hat, hat mit den äußeren Rechtsfolgen des
Rechtsgeschäfts nichts zu tun, namentlich findet kein Durchgangserwerb statt.

Freilich kann der Vertreter *zugleich im eigenen Namen* gehandelt haben (s oben Rn 3).
Dann treten die von der Willenserklärung ausgelösten Rechtswirkungen als Doppelgeschäft
sowohl in seiner eigenen Person als auch in der des Vertretenen ein (RGZ
127, 103, 105; BGH NJW 1988, 1908, 1909; WM 1997, 1431; BGB-RGRK/STEFFEN § 164 Rn 5;
BRHP/SCHÄFER § 164 Rn 23, Rn 38; ERMAN/MAIER-REIMER § 164 Rn 10; Hk-BGB/DÖRNER § 164
Rn 5; MünchKomm/SCHUBERT § 164 Rn 239; NK-BGB/STOFFELS § 164 Rn 99; PALANDT/ELLENBERGER
§ 164 Rn 1; PWW/FRENSCH § 164 Rn 79; SOERGEL/LEPTIEN § 164 Rn 32; WOLF/NEUNER
§ 49 Rn 95; vgl auch vCRAUSHAAR, in: FS vCaemmerer [1978] 87 ff). Das kann eine normale
Mitverpflichtung, aber auch die Begründung einer besonderen (zB auch weitergehenden)
Einstandspflicht sein. Intensiv diskutiert wird die Annahme einer Doppelverpflichtung
bei Handeln eines Vertreters für eine Gesellschaft (s Rn 1 aE;
ausführlich BLENSKE NJW 2000, 3170, 3171 f mwNw). Unwirksam ist gem § 309 Nr 11
BGB in AGB eine Klausel, durch die der Verwender einem Vertreter, der den
Vertrag für den anderen Vertragsteil abschließt, eine eigene Haftung oder Einstandspflicht
ohne hierauf gerichtete ausdrückliche und gesonderte Erklärung auferlegt
(s dazu BGHZ 104, 95 und 232; BGH NJW 2002, 3464, 3465; MünchKomm/SCHUBERT § 164
Rn 239), während sonst auch eine stillschweigende Erklärung genügen kann (s noch
Rn 12). – Eine gesetzliche Mitberechtigung und -verpflichtung ergibt sich aus § 1357
Abs 1 S 2 BGB.

b) Die Vertretungsmacht gewährt dem Vertretenen die *Fähigkeit zum rechtsge-* 10
schäftlichen Handeln, ohne dass dadurch die Macht des Vertretenen zu eigenen
Rechtsgeschäften in derselben Sache ausgeschlossen würde (s Vorbem 16 zu §§ 164 ff
und § 168 Rn 15). Eine Verpflichtung des Vollmachtgebers, im von der Vollmacht
erfassten Bereich eigene Geschäfte zu unterlassen, schränkt die Rechtsmacht des
Vertretenen nicht ein. Daher besteht die Möglichkeit, dass in derselben Angelegenheit
der Vertreter und der Vertretene *kollidierend handeln*. Zur Lösung dieses
Widerspruchs kann die Vertretungsmacht nicht unter den stillschweigenden Vorbehalt
einer Nichtausübung der konkurrierend dem Vertretenen verbliebenen Rechtsmacht
gestellt werden (aM SCHOLZ JR 1958, 17). Vielmehr gilt bei Verfügungsgeschäften
Priorität, während bei Verpflichtungen grundsätzlich *beide Geschäfte* wirksam
sind (MünchKomm/SCHUBERT § 164 Rn 238; SOERGEL/LEPTIEN § 164 Rn 33; FLUME § 45 5; TEMPEL
245; RIEZLER AcP 98, 372 ff; DE BOOR, Die Kollision von Forderungsrechten [1928] 82 ff). Eine

besondere Bedeutung kommt dieser Konkurrenz der Rechtsmacht im Bereich des Betreuungsrechts zu, wenn die betreute Person geschäftsfähig ist und in einem Aufgabenbereich handelt, für den gem § 1896 ein Betreuer mit der Folge der Vertretungsmacht nach § 1902 BGB bestellt worden ist.

Kommt es allerdings zum doppelten Vertragsschluss zwischen denselben Vertragsparteien, so ist eine Berufung auf den späteren Vertragsschluss bei Kenntnis des früheren Vertrages gem § 242 BGB unzulässig (MünchKomm/Schubert § 164 Rn 238). Anderenfalls kann bei abweichenden Bedingungen jeder Vertragsteil die für sich günstigeren in Anspruch nehmen (Flume § 45 5); ist keine Partei dazu bereit, so sind beide Verträge wegen Perplexität als unwirksam zu behandeln (MünchKomm/Schubert § 164 Rn 238).

11 c) Wirkung gegenüber dem Vertretenen äußern außerhalb des § 164 BGB auch solche Handlungen des Vertreters, die nicht in der Abgabe oder Empfangnahme von Willenserklärungen bestehen, mit denen aber der Vertreter eine dem Vertretenen *gem § 278 zurechenbare cic* (§§ 280 Abs 1, 311 Abs 2 und 3 BGB) oder Nebenpflichtverletzung (§§ 241, 280 Abs 1 BGB) begeht (s auch Vorbem 39 zu §§ 164 ff). Die Haftung für Erfüllungsgehilfen kann nicht deshalb ausgeschlossen sein, weil der Gehilfe zum Vertreter bestellt worden ist (Bork Rn 1678; Wolf/Neuner § 49 Rn 96; Flume § 46 6). Ein den Vertretenen verpflichtendes Vertrauensverhältnis entsteht mit der Einleitung von Vertragsverhandlungen selbst dann, wenn der die Verhandlungen einleitende Vertreter nur eine Verhandlungsvollmacht und keine Abschlussvollmacht hat. Hierfür ist allerdings zunächst eine (entsprechende) Anwendung des § 164 BGB erforderlich, um das durch den „Vertreter" mit Wirkung für den „Vertretenen" begründete Vertrauensverhältnis gegenüber dem Verhandlungspartner aus der Verhandlungsvollmacht zu rechtfertigen; das rein tatsächliche Tätigwerden mit Willen des Vertretenen allein genügt nicht (Erman/Maier-Reimer § 164 Rn 23; NK-BGB/Stoffels § 164 Rn 101; aA Soergel/Leptien § 164 Rn 5 mwNw; Ballerstedt AcP 151, 501; Frotz 50 ff, 75 ff, 84 ff; vgl auch Flume § 46 6, § 47 3 d). Diese rechtliche Beurteilung wird insbesondere beim Auftreten von Behördenbediensteten wichtig (s RGZ 162, 129, 156; BGHZ 6, 330, 334; Soergel/Schultze-vLasaulx[11] § 164 Rn 14) und gilt auch bei gesetzlicher Vertretung (Flume § 46 5 und 6; aA Ballerstedt AcP 151, 525 ff).

5. Die Eigenhaftung des Vertreters

12 a) Eine Haftung des Vertreters kann – abgesehen von den Fällen des § 164 Abs 2 BGB (s dazu unten Rn 16 ff) – einmal dadurch begründet werden, dass er sich *neben dem Vertretenen verpflichtet* (s oben Rn 9; Müller NJW 1969, 2169). Dies wird idR eine eindeutige Erklärung voraussetzen, kann aber ausnahmsweise auch durch schlüssiges Verhalten geschehen (BRHP/Schäfer § 164 Rn 39; Erman/Maier-Reimer § 164 Rn 10; MünchKomm/Schubert § 164 Rn 239; NK-BGB/Stoffels § 164 Rn 99; Soergel/Leptien § 164 Rn 32; Tempel 249). Für AGB enthält § 309 Nr 11 BGB ein einschlägiges Klauselverbot, das für die Übernahme einer eigenen Haftung oder Einstandspflicht eine ausdrückliche, gesonderte Erklärung verlangt (s schon Rn 9) und im Falle vollmachtloser Vertretung die Auferlegung einer über § 179 BGB hinausgehenden Haftung ausschließt (vgl NK-BGB/Stoffels § 164 Rn 99 mwNw). Diese Regelung erfasst auch den Fall der Mithaftung aufgrund Übernahme einer Bürgschaft (vgl BGH NJW 2001, 3186; MünchKomm/Schubert § 164 Rn 239).

b) Ferner kann der Vertreter beim Handeln in Vertretungsmacht eine *unerlaubte* **13** *Handlung* begangen haben und aus dieser verpflichtet werden (s Vorbem 39 zu §§ 164 ff; BRHP/Schäfer § 164 Rn 39; Bork Rn 1680), zB bei unrichtigen tatsächlichen Angaben, die nicht Bestandteil der Willenserklärung geworden sind, welche der Vertreter für den Vertretenen abgegeben hat.

Eine Haftung des Vertretenen würde sich hier nicht über eine Zurechnung gem § 166 BGB ergeben, sondern nur nach den deliktischen Zurechnungsregeln der §§ 31, 89 und 831 BGB (RGZ 61, 207, 209; 96, 178; Erman/Maier-Reimer § 164 Rn 20; Palandt/Grüneberg § 311 Rn 60; PWW/Frensch § 164 Rn 79). Soweit hingegen eine Falschangabe Bestandteil der vom Vertreter abgegebenen Willenserklärung geworden ist, zB im Zusammenhang mit einer Garantie (vgl § 276 Abs 1 BGB), wirkt dies nach Stellvertretungsrecht – nämlich über § 166 BGB (s dort Rn 20 ff) – gegenüber dem Vertretenen.

c) Weiterhin entsteht eine Eigenhaftung des Vertreters, wenn er *ohne Vertre-* **14** *tungsmacht in fremdwirkende Verhandlungen* eintritt und dabei gegen Pflichten verstößt, die bei Zurechenbarkeit seines Verhaltens gegenüber dem Vertretenen zu dessen Haftung über § 278 BGB geführt haben würden (s Vorbem 39 zu §§ 164 ff und § 179 Rn 20).

d) Schließlich wird eine **Haftung des Vertreters aus cic** (§§ 280, 311 Abs 3 S 1, 241 **15** Abs 2 BGB) auch in solchen Fällen bejaht, in denen der Vertretene über § 278 BGB für die Vertreterhandlung einstehen muss: Dies gilt nach einer vor allem von der Rspr vertretenen – heute freilich eingeschränkten – Auffassung, wenn der *Vertreter einen besonderen Nutzen* aus dem geplanten oder abgeschlossenen Geschäft ziehen wollte, er also wirtschaftlich gesehen der eigentlich Beteiligte war (RGZ 120, 249, 252; 159, 54 f; BGHZ 14, 313, 318; BGH NJW 2006, 109, 110 und 944, stRspr; BAG ZIP 2006, 1213, 1214; OLG Koblenz ZIP 2003, 571, 573 mwNw; s auch BGB-RGRK/Steffen § 164 Rn 4; BRHP/Schäfer § 164 Rn 40; Erman/Maier-Reimer § 164 Rn 23; Jauernig/Mansel § 164 Rn 10; MünchKomm/Schubert § 164 Rn 243; § 164 Rn 240; NK-BGB/Stoffels § 164 Rn 101; PWW/Frensch § 164 Rn 79; Soergel/Leptien § 164 Rn 6 mwNw; Bork Rn 1685; Pawlowski Rn 785; Wolf/Neuner § 36 Rn 32 ff, § 49 Rn 96; Müller NJW 1969, 2169 Fn 8 mwNw; Wellkamp Betrieb 1994, 869 ff mwNw; ausf dazu die Kommentierungen zu § 311 Abs 3, s nur Palandt/Grüneberg § 311 Rn 61; Staudinger/Feldmann [2018] § 311 Rn 183 ff). Allerdings kann nach gefestigter Auffassung des Bundesgerichtshofes (s etwa BGH NJW 1994, 2220; BGH NJW-RR 1995, 289; 2001, 1611; Palandt/Grüneberg § 311 Rn 65 mwNw; zust zB MünchKomm/Schubert § 164 Rn 243; Soergel/Leptien § 164 Rn 6 mwNw; s auch Geissler ZIP 1997, 2186; Ulmer NJW 1983, 1577, 1579) nicht ohne weiteres aus dem Umstand der Interessenidentität bei einem Mehrheitsgesellschafter, der zugleich Geschäftsführer ist, oder in den Fällen des Gesellschafter-Geschäftsführers einer Ein-Mann-GmbH zugleich auf eine private Eigenhaftung des Vertreters geschlossen werden. Auch ein bloßes Provisionsinteresse genügt nicht (BGH NJW-RR 2006, 109, 110; MünchKomm/Schubert § 164 Rn 243 mwNw).

In der Literatur wurde diese Begründung über das Eigeninteresse zT kritisiert (vgl Tempel 249). Stattdessen oder aber auch zusätzlich wird die kumulative Haftung des Vertreters aus cic bejaht, wenn er während der Verhandlungen das **Vertrauen des Verhandlungspartners in besonderem Maße in Anspruch genommen** hat (BRHP/

§ 164

Schäfer § 164 Rn 40; Erman/Maier-Reimer § 164 Rn 23; Hk-BGB/Dörner § 164 Rn 12; Jauernig/Mansel § 164 Rn 10; MünchKomm/Schubert § 164 Rn 241 f; NK-BGB/Stoffels § 164 Rn 101; PWW/Frensch § 164 Rn 79; Soergel/Leptien § 164 Rn 6; Bork Rn 1682; Flume § 46 5; Wolf/Neuner § 36 Rn 32 ff, § 49 Rn 96; Müller NJW 1969, 2169 und 2171; Ballerstedt AcP 151, 521 ff; E Schmidt AcP 173, 502, 517 f; einschränkend Nirk, Vertrauenshaftung Dritter bei Vertragsdurchführung, in: FS Hauß [1978] 285; Sticht, Zur Haftung des Vertretenen und Vertreters aus Verschulden bei Vertragsschluss sowie des Erfüllungsgehilfen aus positiver Vertragsverletzung [Diss München 1966] 86 ff; ausf jetzt bei den Kommentierungen zu § 311 Abs 3, s nur Palandt/Grüneberg § 311 Rn 63 ff; Staudinger/Feldmann [2018] § 311 Rn 183 ff). Von der neueren Rspr wird dieser an sich vorzugswürdige Gesichtspunkt der Inanspruchnahme von Vertrauen in einer Art **Sachwalterhaftung** des Vertreters als weiterer Tatbestand anerkannt (s BGHZ 56, 81, 83; BGH NJW 2007, 1362, 1363, stRspr); er hat jetzt in § 311 Abs 3 S 2 BGB ausdrückliche Anerkennung gefunden. Derartige Fälle liegen zB vor, wenn der Vertreter dem Käufer als ein „Quasiverkäufer" erscheint (s etwa BGH NJW 1975, 642; 1977, 1914; OLG Koblenz NJW-RR 1988, 1137; OLG Köln NJW-RR 1990, 1144; LG Oldenburg DAR 1987, 122), ein Architekt als Vertreter des Bauherrn mit den ihm bekannten Bauhandwerkern abschließt (vgl BGH LM § 278 Nr 37) oder ein Unternehmensberater als Sanierer auf seine früheren Erfolge ein Kreditbegehren stützt (s ferner zB BGH NJW 1981, 1266: Vermittler von Warentermingeschäften; BGH NJW 1985, 2595; OLG Düsseldorf NJW-RR 1998, 395: Versicherungsmakler; BGH NJW 1997, 1233 mwNw: Kfz-Händler; BGH NJW-RR 2006, 109, 110: Anlagevermittler/-berater; OLG Düsseldorf OLGZ 1978, 317: Kunstauktionator). Häufig wird es sich demnach um Vertreter handeln, die ihre Tätigkeit aufgrund entsprechender Fachkenntnisse *berufsmäßig* entfalten (MünchKomm/Schubert § 164 Rn 242 mwNw; NK-BGB/Stoffels § 164 Rn 101; PWW/Frensch § 164 Rn 79; Soergel/Leptien § 164 Rn 6; Enneccerus/Nipperdey § 182 II 3 a); unbedingt notwendig ist dies aber nicht. – In den vorgenannten Fällen kann im Übrigen auch eine *Haftung unmittelbar aus § 280 Abs 1 BGB* in Betracht kommen, wenn der Vertreter im Rahmen der Vertragsabwicklung eine schuldhafte (Neben-)Pflichtverletzung begangen hat (BGH NJW 1978, 1374, 1375; NJW-RR 1990, 459, 460 f; OLG Dresden NJW-RR 2000, 307; BRHP/Schäfer § 164 Rn 41 mwNw; MünchKomm/Schubert § 164 Rn 241; PWW/Frensch § 164 Rn 79; Soergel/Leptien § 164 Rn 7).

II. Die Regelung des § 164 Abs 2

1. Die Bedeutung der Vorschrift

16 a) Wollte jemand zwar als Vertreter handeln, hat dies jedoch dem Kontrahenten in der nach § 164 Abs 1 BGB erforderlichen Weise (Rn 1 ff) *nicht erkennbar gemacht,* so ist nach den allgemeinen Auslegungsgrundsätzen seine Erklärung in dem Sinne wirksam geworden, in welchem der Kontrahent sie verstehen konnte und durfte. Demnach wird der Vertreter im Zweifel selbst zur Geschäftspartei; Unklarheiten gehen zu seinen Lasten. Er muss nach dem Offenheitsgrundsatz dafür sorgen, dass sein Handeln im fremden Namen erkennbar wird. Auch ohne die insoweit nur deklaratorische Anordnung des § 164 Abs 2 BGB kann seine Willenserklärung anderenfalls lediglich als **Eigengeschäft** wirksam werden (BRHP/Schäfer § 164 Rn 42; Erman/Maier-Reimer § 164 Rn 25; jurisPK-BGB/Weinland § 164 Rn 92; MünchKomm/Schubert § 164 Rn 176; NK-BGB/Stoffels § 164 Rn 63; Palandt/Ellenberger § 164 Rn 16; PWW/Frensch § 164 Rn 80; Bork Rn 1416; Flume § 44 III; Moser 64 ff; Greiner AcP 217 [2017] 492, 501 f; K Schmidt JuS 1987, 425, 426 f; s etwa BGH NJW 2005, 2620, 2621 zum Eintritt eines

Ehegatten in einen Mietvertrag; OLG Düsseldorf NJW-RR 2005, 852). Das gilt grundsätzlich auch bei im Hinblick auf Handeln in fremdem oder eigenem Namen *mehrdeutigen Willenserklärungen* des Vertreters (MünchKomm/Schubert § 164 Rn 177; Palandt/Ellenberger § 164 Rn 16). Der Vertreter, der sich auf diese Weise selbst zur Vertragspartei gemacht hat, kann alle Rechte aus dem Geschäft für sich in Anspruch nehmen. Auch ein dinglicher Rechtserwerb tritt in seiner Person ein (RGZ 140, 223, 229; Soergel/Leptien § 164 Rn 34 mwNw). Sein Geschäftsgegner kann keinen Einwand daraus herleiten, dass der Vertretene eigentlich für einen anderen hatte handeln wollen.

b) Allerdings hätte der Vertreter gem § 119 Abs 1 Fall 2 BGB die Möglichkeit, 17 seine *Erklärung anzufechten,* weil sie mit einem anderen Inhalt wirksam geworden ist, als es seinem Willen entsprach. Im Hinblick darauf greift § 164 Abs 2 BGB *zugunsten des Geschäftsgegners* ein und **schneidet dem Vertreter die Möglichkeit einer Irrtumsanfechtung ab** (BGH LM Nr 5 zu § 164; NJW-RR 1992, 1010, 1011; BRHP/Schäfer § 164 Rn 43; Erman/Maier-Reimer § 164 Rn 25; Hk-BGB/Dörner § 164 Rn 5; jurisPK-BGB/Weinland § 164 Rn 92; MünchKomm/Schubert § 164 Rn 176; NK-BGB/Stoffels § 164 Rn 63; Palandt/Ellenberger § 164 Rn 16; PWW/Frensch § 164 Rn 80; Soergel/Leptien § 164 Rn 34; Bitter/Röder § 10 Rn 32; Boecken Rn 615; Bork Rn 1417; Brox/Walker § 24 Rn 10; Flume § 44 III; Grigoleit/Herresthal Rn 486; Hirsch Rn 837; Hübner Rn 1220; Köhler § 11 Rn 19; MedicusPetersen Rn 919; Pawlowski Rn 702; Schmidt Rn 674; Stadler § 30 Rn 6; Wolf/Neuner § 49 Rn 66; Mock JuS 2008, 309, 313; Petersen Jura 2010, 187, 188; Pikart WM 1959, 339; K Schmidt JuS 1987, 425, 427; Zunft NJW 1959, 277; s dazu auch Schmoeckel 92; krit zu Recht Neuner AcP 193 [1993] 1, 15 und Faust § 25 Rn 12 sowie MünchKomm/Schubert § 164 Rn 176: Privilegierung des Dritten ohne besonderen Grund im Vergleich zu anderen ihn auf § 122 BGB verweisenden Anfechtungsfällen). Damit soll nach der Absicht des Gesetzgebers dem Gesichtspunkt des Vertrauensschutzes zugunsten des Geschäftsgegners Rechnung getragen und die Durchführung des Rechtsgeschäftes erleichtert werden (Mot I 226). Der Vertreter ist als Geschäftspartei gebunden, der „Vertretene" bleibt ohnehin außerhalb des Geschäfts und kann es auch nicht gem § 177 BGB an sich ziehen.

c) Wer in Anspruch genommen wird und behauptet, als Stellvertreter gehandelt 18 zu haben, muss die für seine Entlastung erforderlichen Tatsachen *beweisen.* § 164 Abs 2 BGB begründet mithin durch seine Formulierung auch eine Beweislastregelung, die durch § 179 Abs 1 BGB bestätigt wird (s unten Rn 26).

2. Unanwendbarkeit der Vorschrift

a) Durchbrochen wird im Wege teleologischer Auslegung die Eigenwirkungs- 19 regel des § 164 Abs 2 BGB in den Fällen des *verdeckten Handelns* für den, den es angeht (s Schmoeckel 92 f). Hier treten, wenn man die Rechtsfigur dieses Handelns anerkennt, unmittelbar die Rechtswirkungen beim Hintermann ein (s Vorbem 53 zu §§ 164 ff). Ebenso ist es beim *offenen Handeln* für den, den es angeht (s Vorbem 51 zu §§ 164 ff). So wird die Anwendung des § 164 Abs 2 BGB ausgeschlossen, wenn nur unerklärt geblieben ist, ob der Vertreter selbst oder der dem Geschäftspartner bekannte Hintermann das Geschäft abschließt (BGHZ 64, 11, 15), oder wenn nur der Name des Hintermannes verschwiegen wird. Auch in den Fällen des Handelns unter fremdem Namen greift § 164 Abs 2 BGB nicht, wenn mit dem Namensträger abgeschlossen werden sollte (s Vorbem 90 zu § 164; Soergel/Leptien § 164 Rn 36 mit Rn 26).

20 b) Ferner greift die Regelung des § 164 Abs 2 BGB nicht ein, wenn jemand mit dem Geschäftsinhaber abschließen will, in Wirklichkeit aber ihm ein *bevollmächtigter Angestellter* gegenübersteht, der seine Vertreterstellung nicht erkennbar macht. Auch hier wird das Geschäft als mit Wirkung für den Hintermann abgeschlossen bewertet (s Vorbem 52 zu §§ 164 ff; RGZ 67, 148 f; BGHZ 62, 216, 220 f; OLG Köln BB 1977, 467; SOERGEL/LEPTIEN § 164 Rn 36; HÜBNER Rn 1220; SCHMIDT JR 1975, 461). Ebenso ist die Rechtslage, wenn jemand mit einem vertretungsberechtigten *Gesellschafter* kontrahiert, den er für den Alleininhaber hält (RGZ 30, 77 ff). Hingegen greift § 164 Abs 2 BGB ein, wenn der Wille, im Namen der Gesellschaft handeln zu wollen, nicht erkennbar gemacht wurde (RGZ 119, 64, 66).

21 c) Kein Fall des § 164 Abs 2 BGB liegt vor, wenn jemand objektiv ein Handeln im *fremden Namen erkennbar* gemacht hat, in Wirklichkeit aber in eigenem Namen handeln wollte (s auch Vorbem 36 zu § 164). Da § 164 Abs 2 BGB die Berufung auf den Willen, in eigenem Namen zu handeln, nicht ausschließen will, ist in diesem Fall die Anfechtung nach § 119 Abs 1 BGB zulässig (BGB-RGRK/STEFFEN § 164 Rn 5; BRHP/SCHÄFER § 164 Rn 44; ERMAN/MAIER-REIMER § 164 Rn 26; Hk-BGB/DÖRNER § 164 Rn 5; JAUERNIG/MANSEL § 164 Rn 3; MünchKomm/SCHUBERT § 164 Rn 179 f; NK-BGB/STOFFELS § 164 Rn 64; PWW/FRENSCH § 164 Rn 81; SOERGEL/LEPTIEN § 164 Rn 12 und Rn 35; BITTER/RÖDER § 10 Rn 35; BORK Rn 1420; ENNECCERUS/NIPPERDEY § 178 II 2; FAUST § 25 Rn 13; FLUME § 44 III; GRIGOLEIT/HERRESTHAL Rn 486; HÜBNER Rn 1221; KÖHLER § 11 Rn 19; WOLF/NEUNER § 49 Rn 67; BROX JA 1980, 449, 454; LIEB JuS 1967, 106, 112; MOCK JuS 2008, 309, 313; TEMPEL 223; **aM** BGHZ 36, 30, 33; jurisPK-BGB/WEINLAND § 164 Rn 92; PALANDT/ELLENBERGER § 164 Rn 16; SCHMIDT Rn 676; WERTENBRUCH § 28 Rn 17; FIKENTSCHER AcP 154, 16 ff). Entsprechendes gilt, wenn der Vertreter eine andere Person vertreten wollte (MünchKomm/SCHUBERT § 164 Rn 181; BORK Rn 1420; FAUST § 25 Rn 13; **aA** WOLF/NEUNER § 49 Rn 68). In solchen Fällen finden die §§ 177 ff BGB Anwendung, sofern das Geschäft nicht wegen Bestehens von Vertretungsmacht wirksam ist.

Umstritten ist, wem in solchen Fällen ein Anfechtungsrecht nach § 119 Abs 1 BGB zusteht. Wegen der Besonderheit des in der Person des Vertreters vorhandenen Willensmangels steht das Anfechtungsrecht bei fehlender oder überschrittener Vertretungsmacht nicht dem Vertretenen (so aber SOERGEL/LEPTIEN § 164 Rn 12; MOCK JuS 2008, 309, 313; s ferner LIEB JuS 1967, 106, 112 Fn 63: Anfechtungsrecht für beide), sondern dem Vertreter zu (ERMAN/MAIER-REIMER § 164 Rn 26; MünchKomm/SCHUBERT § 164 Rn 180; NK-BGB/STOFFELS § 164 Rn 64; BORK Rn 1420; FLUME § 44 III, HÜBNER Rn 1221; BROX JA 1980, 449, 454; vgl Vorbem 36 zu §§ 164 ff). Hat der Vertreter, der in eigenem Namen handeln wollte, mit Vertretungsmacht gehandelt, so kann hingegen – nicht im Hinblick auf § 166 BGB, sondern weil die Anfechtung seine Rechtsposition vernichtet – (nur) der Vertretene anfechten (BRHP/SCHÄFER § 164 Rn 44; ERMAN/MAIER-REIMER § 164 Rn 26; PWW/FRENSCH § 164 Rn 82; BORK Rn 1420; BROX JA 1980, 449, 454; **aA** MünchKomm/SCHUBERT § 164 Rn 180; FLUME § 44 III; s auch LIEB JuS 1967, 106, 112). Entsprechendes gilt im Fall der Verwechslung des Vertretenen (s die Nachw zuvor; für diesen Fall auch MünchKomm/SCHUBERT § 164 Rn 181; FLUME § 44 II). Nach erfolgter Anfechtung kann der Dritte allerdings den Vertreter nach Treu und Glauben an dessen wirklichem Willen festhalten (BORK Rn 1420 iVm Rn 954 mwNw, str; NEUNER AcP 193, 1, 15 f). Soweit der Vertretene anfechtungsberechtigt ist, kann er sich dabei auch des Vertreters bedienen, wenn dies von der Vertretungsmacht umfasst ist (ERMAN/MAIER-REIMER § 164 Rn 26; MünchKomm/SCHUBERT § 164 Rn 181).

Titel 5
Vertretung und Vollmacht § 164

Handelt jemand umgekehrt bewusst in eigenem Namen, will aber insgeheim ein Fremdgeschäft vornehmen, so kommt wegen der Unbeachtlichkeit des geheimen Vorbehalts (§ 116 S 1 BGB) ein Eigengeschäft zustande und eine Anfechtung scheidet schon mangels Irrtums aus (MünchKomm/Schubert § 176 Rn 178).

III. Die Regelung des § 164 Abs 3

1. Der Empfangsvertreter (Passivvertreter)

a) Durch § 164 Abs 3 BGB werden das Repräsentationsprinzip und das Offenheitsprinzip des § 164 Abs 1 BGB ausdrücklich auf die sog **Empfangsvertretung oder Passivvertretung** (s Vorbem 19 zu §§ 164 ff) übertragen. Bei ihr geht es um die Entgegennahme einer einem anderen gegenüber abzugebenden Willenserklärung durch einen Stellvertreter. Für die durch § 164 Abs 3 BGB normierte Fremdwirkung des Vertreterhandelns kommt es allerdings, da beim Zugang verkörperter und bei der Vernehmung nicht verkörperter Willenserklärungen keine rechtsgeschäftliche Willens*erklärung* erforderlich ist (Erman/Maier-Reimer § 164 Rn 27; MünchKomm/Schubert § 164 Rn 244; Schilken 79; Häublein Jura 2007, 728, 729; Richardi AcP 169, 398; weitergehend [keine Willens*bildung* nötig] BRHP/Schäfer § 164 Rn 45; Soergel/Leptien § 164 Rn 37), darauf an, dass das vom Vertreter an den Tag gelegte Empfangsverhalten erkennbar für den Vertretenen wirken soll. Dieses dem auch hier maßgeblichen Offenheitsgrundsatz (s Vorbem 35 f zu §§ 164 ff) zu entnehmende Erfordernis der Erkennbarkeit kann einer ausdrücklichen Bekundung oder aus den Umständen zu entnehmen sein (BGH NJW 2002, 1041; BGHZ 149, 129, 134 zu Kaufverträgen bei Internetauktionen; MünchKomm/Schubert § 164 Rn 244; NK-BGB/Stoffels § 164 Rn 102; Soergel/Leptien § 164 Rn 37; Häublein Jura 2007, 728, 729). Zusätzlich wird zT verlangt (Enneccerus/Nipperdey § 178 III), dass die Erklärung gerade gegenüber dem Empfangsvertreter *abgegeben,* also mit Richtung auf diesen in Bewegung gesetzt sein müsse. Dies erscheint jedoch unzutreffend. Vielmehr genügt die Abgabe der Erklärung gegenüber dem Vertreter *oder* Vertretenen, um bei Eintritt in den Empfangsbereich des Passivvertreters Rechtswirkungen für und gegen den Vertretenen herbeizuführen (zust Soergel/Leptien § 164 Rn 37; Faust § 29 Rn 8). Erforderlich ist dabei allerdings auch auf Seiten des Erklärenden eine Offenlegung dahin, dass der Vertretene der Geschäftspartner sein soll, die sich jedenfalls aus den Umständen ergeben muss (RG Recht 1926 Nr 1926; BGH NJW 2002, 1041; Erman/Maier-Reimer § 164 Rn 27; MünchKomm/Schubert § 164 Rn 244 f; NK-BGB/Stoffels § 164 Rn 102; PWW/Frensch § 164 Rn 83; Soergel/Leptien § 164 Rn 37; Richardi AcP 169, 398; insoweit allgM). Mit dem Empfang durch den Vertreter wirkt die Willenserklärung gem § 164 Abs 3 iVm Abs 1 BGB unmittelbar gegenüber dem Vertretenen (BGH NJW 2002, 1041, 1042; 2003, 3270 f; OLG Bamberg WM 2007, 1211 m Anm Einsele WuB I E 1 Kreditvertrag 8. 07; BGB-RGRK/Steffen § 164 Rn 18; Erman/Maier-Reimer § 164 Rn 27; MünchKomm/Schubert § 164 Rn 245; Boecken Rn 654; Bork Rn 1654; Brox/Walker § 24 Rn 8; Brehm Rn 169; Eisenhardt Rn 89; Hirsch Rn 120; Hübner Rn 732; Pawlowski Rn 753; Schmidt Rn 655; Stadler § 17 Rn 53; Wolf/Neuner § 49 Rn 20; Eisfeld JA 2006, 851, 853 f; Richardi AcP 169, 398; Schilken 79). Wenn allerdings der Empfangsvertreter die Entgegennahme der Willenserklärung ausdrücklich ablehnt, so kann diese Wirkung nicht eintreten (Palandt/Ellenberger § 164 Rn 17; **aA** die ganz hM, s BGB-RGRK/Steffen § 164 Rn 11; BRHP/Schäfer § 164 Rn 45; jurisPK-BGB/Weinland § 164 Rn 96; MünchKomm/Schubert § 164 Rn 247 [differenzierend nach der Willensrichtung des Vertreters]; NK-BGB/Stoffels § 164 Rn 102; PWW/Frensch § 164 Rn 83; Soergel/Leptien § 164 Rn 37), weil dem

Stellvertreter insoweit – im Gegensatz zum Empfangsboten (s Rn 24) – Entscheidungsmacht zusteht, anderenfalls die Verweisung auf Abs 1 sich auf die Rechtsfolge beschränken würde; auch eine Empfangsbotenschaft (s Rn 25) scheidet dann aus. Ist hingegen die Erklärung eindeutig an den Mittelsmann gerichtet und hat dieser keine Vertretungsmacht, so ist es doch sachgerecht, zugleich eine Adressierung an den Geschäftsherrn anzunehmen, sodass der Zugang über eine Empfangsbotenstellung des Empfängers angenommen werden kann (Faust § 29 Rn 7).

23 Eine aktive Vertretungsmacht umfasst idR auch die Macht zur Passivvertretung im entsprechenden Geschäftsbereich (BGH NJW 2002, 1041, 1042; MünchKomm/Schubert § 164 Rn 246; NK-BGB/Stoffels § 164 Rn 102; PWW/Frensch § 164 Rn 84; Soergel/Leptien § 164 Rn 38; Eisfeld JA 2006, 851, 853; Joussen Jura 2003, 577, 578; Richardi AcP 1690, 385, 400; Stoll AcP 131, 228, 230). Die formularmäßige Einräumung gegenseitiger Empfangsvollmacht ist idR zulässig (s BGH NJW 1997, 3437 für Mitmieter und dazu krit Schwab JuS 2001, 951; Soergel/Leptien § 164 Rn 38 mwNw). Eine Empfangsvollmacht kann aber auch isoliert bestehen (BGH NJW 2002, 1041; MünchKomm/Schubert § 164 Rn 246; NK-BGB/Stoffels § 164 Rn 102; Joussen Jura 2003, 577, 578; Richardi AcP 169, 400; vgl OLG Karlsruhe ZIP 2006, 1718 m Anm Knöfler EWiR 2006, 711; **aA** Stoll AcP 131, 228, 231), wie zB in §§ 55 Abs 4, 75g, 91 Abs 1 HGB deutlich wird. Ist die aktive Vertretungsmacht beschränkt, so gilt das nicht ohne weiteres auch für die Empfangsvertretung (OLG Oldenburg NJW-RR 1991, 857; MünchKomm/Schubert § 164 Rn 246; PWW/Frensch § 164 Rn 84; vgl auch BGH LM § 346 HGB [Ea] Nr 8/9).

24 b) In § 164 Abs 3 BGB wird § 164 Abs 2 BGB nicht angeführt, da es hinsichtlich des Empfangsvorgangs *keiner Anfechtungssperre* bedarf (s oben Rn 15; Faust § 25 Rn 15); eine Eigenwirkung beim Vertreter scheidet ohnehin aus, weil an den falschen Adressaten gelangende Willenserklärungen für diesen grundsätzlich keine Rechtswirkungen erzeugen. Lediglich *Aufklärungspflichten* im Rahmen einer cic oder eines Vertrages können entstehen. Die Beachtlichkeit des Willens des Stellvertreters bleibt mithin anders als bei der aktiven Vertretung (s Rn 4; Vorbem 36 zu §§ 164 ff) auf die ausdrückliche Ablehnung (Rn 22) beschränkt, weil es nicht um Willensentfaltung iS eines Rechtsgeschäfts geht.

2. Die Empfangsbotenschaft

25 Vom Passivvertreter ist der **Empfangsbote** zu unterscheiden (s Vorbem 73 zu §§ 164 f; ausführlich Sandmann AcP 199, 455 ff und Barcaba passim; Eisfeld JA 2006, 851, 852; Joussen Jura 2003, 577, 578 f; Lange JA 2007, 766, 767 f; übersichtlich Schmidt Rn 361 ff). Der Empfangsbote tritt nicht eigenverantwortlich in rechtsgeschäftlicher Weise für den Geschäftsherrn auf, sondern wird lediglich als unselbstständige Empfangseinrichtung im Geschäftsbereich des Prinzipals tätig (Schilken 85 ff; Faust § 29 Rn 10), an den er die empfangene Willenserklärung weiterleitet. Obwohl die Abgrenzung schwieriger ist als auf der Aktivseite (s dazu Vorbem 73 ff zu §§ 164 ff; vgl auch Palandt/Ellenberger Einf v § 164 Rn 11: „geringe praktische Bedeutung"), ist ebenfalls nach den gesamten äußeren Umständen zu entscheiden, ob die Mittelsperson als mit eigener Empfangszuständigkeit ausgestattete Repräsentantin des Geschäftsherrn auftritt oder nicht (Schilken 86 ff; BRHP/Schäfer § 164 Rn 46; NK-BGB/Stoffels § 164 Rn 103; Boemke/Ulrici § 13 Rn 30; Faust § 29 Rn 6; Schmidt Rn 362, Rn 641; s auch MünchKomm/Schubert § 164 Rn 82; Joussen Jura 2003, 577, 578 f; Lange JA 2007, 766, 767; Sandmann AcP 199, 455 ff; anders Richardi AcP

169, 385, 399). Das Eintreffen einer Willenserklärung beim bloßen Empfangsboten lässt diese ebenfalls für und gegen seinen Auftraggeber, allerdings nach näherer Maßgabe des § 130 BGB erst mit Zugang bei diesem, wirksam werden (s näher, auch zur verbreiteten Unterscheidung zwischen Empfangsboten kraft Ermächtigung und solchen kraft Verkehrsanschauung, mwNw SANDMANN AcP 199, 455 ff; ferner MEDICUS/PETERSEN Rn 285; MEDICUS/PETERSEN BR Rn 81; MUSIELAK/HAU Rn 101, 1161; EISFELD JA 2006, 851, 852; JOUSSEN Jura 2003, 577, 579 f; LANGE JA 2007, 766, 767 f; PETERSEN Jura 2009, 904, 905; krit BARCABA 125 ff; aus der Rechtsprechung BGH NJW 1994, 2613, 2614; BAG NJW 1993, 1093, 1094; NJW 2011, 2604 ff [Ehegatten]); Grundlage hierfür ist jedoch nicht das Repräsentationsprinzip. Die beim Empfangsboten zu beachtenden Voraussetzungen eines fremd wirkenden Erklärungsempfangs können nur innerhalb seines Botenrahmens beurteilt werden und deshalb von denjenigen eines Empfangsvertreters abweichen. Dies gilt zB hinsichtlich der Frage, wann ein in den Briefkasten des Empfangsboten eingeworfenes Schreiben nach § 130 BGB nach den gewöhnlichen Umständen Zugangswirkung für und gegen den Adressaten entfaltet (vgl BGH NJW-RR 1989, 757, 758; NJW 2002, 1565, 1567; ERMAN/MAIER-REIMER § 164 Rn 28; MünchKomm/SCHUBERT § 164 Rn 83 f; NK-BGB/STOFFELS § 164 Rn 103; SOERGEL/LEPTIEN Vorbem 45 zu § 164; BOEMKE/ULRICI § 13 Rn 30; BROX/WALKER § 24 Rn 8; BREHM Rn 169; KÖHLER § 6 Rn 16; WOLF/NEUNER § 33 Rn 46, § 49 Rn 20), für die Bedeutungslosigkeit einer Geschäftsunfähigkeit (vgl § 165 BGB) und für eine Wissenszurechnung nach § 166 BGB (s dort Rn 4, 39). Die Botenmacht kann sich wie beim Erklärungsboten (s Vorbem 76 ff zu §§ 164 ff) aus gewillkürter oder gesetzlicher – nicht bloß tatsächlicher (so aber zB SANDMANN AcP 199, 455, 467; s dazu 17 f und krit 146 f) – Ermächtigung, nicht aber aus reiner Verkehrsanschauung (str, s die Nachw bei BARCABA 14 ff, krit dazu 147 ff; s auch MünchKomm/SCHUBERT § 164 Rn 82; BREHM Rn 170; LANGE JA 2007, 766, 767 mwNw; JOHN AcP 184, 385, 407; s ferner BAG NJW 2011, 2604 f mwNw) ergeben, die freilich ein Auslegungskriterium für eine konkludent erteilte Botenmacht sein kann; eine Zurechnung aufgrund bloßer Risikoübernahme (so ausführlich BARCABA 205 ff mit allerdings sehr verdienstvoller Diskussion von Einzelfragen 272 ff) lässt sich hingegen nicht in die Rechtsgeschäftslehre einordnen. Fehlt es an einer solchen Empfangsbotenmacht, so kann die Mittelsperson immerhin noch Bote des Erklärenden (Erklärungsbote) sein, sodass die Willenserklärung allerdings erst mit Mitteilung an den Empfänger nach den bekannten Zugangskriterien zugeht (s dazu MünchKomm/SCHUBERT § 164 Rn 83; PWW/FRENSCH § 164 Rn 19; SOERGEL/LEPTIEN § 164 Rn 37; BORK Rn 1350; BREHM Rn 171; ausf FAUST § 29 Rn 10 f; EISFELD JA 2006, 851, 852; LANGE JA 2007, 766, 767 f).

Von der Empfangsvertretung zu unterscheiden sind auch die Fälle bloßer *Empfangszuständigkeit einer Behörde* (vgl § 130 Abs 3 BGB), der gegenüber eine Willenserklärung abzugeben ist (s zB die in § 180 Rn 11 erwähnten Fälle). So ist das Gericht im Fall des § 278 Abs 6 S 1 ZPO nicht Empfangsvertreter beider Parteien, sondern lediglich für den Empfang der beiderseitigen Erklärungen – materiellrechtlicher und prozessualer Rechtsnatur – zuständig, der dann den Vergleichsschluss bewirkt (so zutr SIEMON NJW 2011, 426 ff mwNw, str, für eine Anwendbarkeit des § 164 Abs 3 BGB zB OLG Köln 22. 2. 2016 – 5 U 68/15 Rn 7, MDR 2016, 547).

IV. Beweislast

Die tatsächlichen Voraussetzungen einer Stellvertretung muss derjenige beweisen, **26** der daraus Rechtswirkungen für sich herleitet (s etwa BGH NJW 1986, 1675; 1991, 2958; 1992, 1380, 1381; NJW-RR 1992, 1010; BRHP/SCHÄFER § 164 Rn 47, zum unternehmensbezogenen

Geschäft Rn 48; ausf MünchKomm/Schubert § 164 Rn 258 und Rn 259 zu Besonderheiten beim unternehmensbezogenen Geschäft; NK-BGB/Stoffels § 164 Rn 104 ff, jew mwNw); das gilt gleichermaßen für den Vertretenen wie für den Geschäftsgegner. Anerkannte Auslegungsregeln wie die Grundsätze über unternehmensbezogene Geschäfte (BGH NJW 1983, 1844 f; 1984, 1347, 1348; 1986, 1675; 1992, 1380, 1381; OLG Koblenz NZG 2004, 373; NK-BGB/Stoffels § 164 Rn 105 mwNw; vgl oben Rn 1 f) können diesen Beweis allerdings erleichtern. Wird der Vertreter aus dem von ihm getätigten Geschäft in Anspruch genommen, so muss er das Handeln in fremdem Namen (vgl Rn 18) und – wie sich aus § 179 Abs 1 S 1 BGB ergibt (s dort Rn 7, Rn 26) – das Bestehen von Vertretungsmacht nachweisen (BGHZ 85, 252, 258, stRspr; OLG Düsseldorf NJW-RR 2005, 852, 853; BGB-RGRK/Steffen § 164 Rn 12; BRHP/Schäfer § 164 Rn 47 mwNw; Erman/Maier-Reimer § 164 Rn 29; MünchKomm/Schubert § 164 Rn 258; NK-BGB/Stoffels § 164 Rn 104; Palandt/Ellenberger § 164 Rn 18; Soergel/Leptien § 164 Rn 39; Bork Rn 1419; Flume § 44 III; Schilken, Zivilprozessrecht Rn 501). Die Beweislast kehrt sich auch dann nicht um, wenn gewisse Umstände darauf hingewiesen haben, dass als Geschäftspartei möglicher Weise eine andere in Betracht kam (BGH WM 1961, 1381; LG Karlsruhe NJW-RR 2003, 1495 mwNw; BGB-RGRK/Steffen § 164 Rn 12). Steht das Vorliegen einer Vollmacht fest, so muss der Gegner deren Erlöschen beweisen, wenn dieses feststeht, wiederum die andere Partei eine Vornahme des Rechtsgeschäfts vor dem Erlöschen (BGH NJW 1974, 748; WM 1984, 603, 604; BRHP/Schäfer § 164 Rn 49; MünchKomm/Schubert § 164 Rn 258; Palandt/Ellenberger § 164 Rn 18).

§ 165
Beschränkt geschäftsfähiger Vertreter

Die Wirksamkeit einer von oder gegenüber einem Vertreter abgegebenen Willenserklärung wird nicht dadurch beeinträchtigt, dass der Vertreter in der Geschäftsfähigkeit beschränkt ist.

Materialien: E II § 135; III § 161; Prot II 1 138; Jakobs/Schubert, AT II 873 ff; Schubert, AT II 174 ff (Vorentwurf).

1. Die Aufgabenstellung der Vorschrift

1 a) § 165 BGB legt die *Repräsentationstheorie* und den *Abstraktionsgrundsatz* (s Vorbem 32 ff zu §§ 164 ff; krit Beuthien 17 f) zugrunde, wonach ein Stellvertreter von den Wirkungen seines stellvertretenden Handelns nicht betroffen wird und die Vertretungsmacht unabhängig vom Innenverhältnis bestehen kann. Weil die Regeln über den **beschränkt Geschäftsfähigen**, einschließlich des § 131 Abs 2 BGB, nur seinem Schutz in eigenen Angelegenheiten dienen sollen, brauchen sie beim neutralen stellvertretenden Handeln nicht beachtet zu werden (Mot I 227; Flume § 46 2; Wolf/Neuner § 49 Rn 10). Daher kann die in § 165 BGB enthaltene Regelung als selbstverständlich und lediglich klarstellend bezeichnet werden (MünchKomm/Schubert § 165 Rn 1; NK-BGB/Stoffels § 165 Rn 1; PWW/Frensch § 165 Rn 1; Soergel/Leptien § 165 Rn 2; vgl Müller-Freienfels, Die Vertretung beim Rechtsgeschäft [1955] 30). Das Vertretergeschäft ist für den beschränkt Geschäftsfähigen ein (neutrales) Geschäft, das ihm jedenfalls keinen rechtlichen Nachteil bringt (vgl § 107 BGB) und auch keine Haftung begründet (s Rn 2).

b) Die *Interessen des Vertretenen* bei einer Vertretung durch beschränkt Geschäftsfähige wurden vom Gesetzgeber nicht als schutzwürdig erachtet; ihre Wahrung ist ihm selbst überlassen (einschränkend hierzu MÜLLER-FREIENFELS 33). In der Tat ist er – vorbehaltlich der Möglichkeit einer Anfechtbarkeit der Vollmacht bei Unkenntnis der beschränkten Geschäftsfähigkeit (s Rn 5) – nicht schutzwürdig, wenn er durch Vollmacht an den beschränkt Geschäftsfähigen ein Risiko gesetzt hat; als gesetzlicher Vertreter wird der beschränkt Geschäftsfähige praktisch in den meisten Fällen ausscheiden (s noch Rn 6 f). Zum Testamentsvollstrecker kann ein beschränkt Geschäftsfähiger nicht ernannt werden (§ 2201 BGB); diese Vorschrift ist auf andere Verwalter kraft Amtes (s Vorbem 57 zu §§ 164 ff) entsprechend anzuwenden (MünchKomm/SCHUBERT § 165 Rn 6; NK-BGB/STOFFELS § 165 Rn 8).

2

Allerdings kann beim Handeln eines beschränkt geschäftsfähigen Vertreters dem *Interesse des Kontrahenten,* auch den Vertreter in die für den Vertretenen eingegangene Verpflichtung einzubeziehen (vgl § 164 Rn 9), nicht ohne weiteres Rechnung getragen werden. Dasselbe gilt hinsichtlich einer Eigenhaftung des Stellvertreters im Zusammenhang der cic gem §§ 280 Abs 1, 311 Abs 2, 241 Abs 2 BGB (s § 164 Rn 12 f), weil eine solche Haftung unter dem Gesichtspunkt des Schutzes beschränkt Geschäftsfähiger nicht ohne die Zustimmung des gesetzlichen Vertreters zur Kontaktaufnahme entstehen kann (BRHP/SCHÄFER § 165 Rn 3; MünchKomm/SCHUBERT § 165 Rn 2). Ebenso wenig trifft nach § 179 Abs 3 S 2 den beschränkt Geschäftsfähigen, dem Vorrang seines Schutzes entsprechend, eine Haftung als Vertreter ohne Vertretungsmacht (s § 179 Rn 19).

c) **Geschäftsunfähige** sind im Unterschied zu den beschränkt Geschäftsfähigen vom Handeln als Stellvertreter ausgeschlossen (RG HRR 1936 Nr 183; BGHZ 53, 210, 215; BGH NJW 1991, 2566, 2567; BGB-RGRK/STEFFEN § 165 Rn 2; BRHP/SCHÄFER § 165 Rn 11; ERMAN/MAIER-REIMER § 165 Rn 5; jurisPK-BGB/WEINLAND § 165 Rn 2; MünchKomm/SCHUBERT § 165 Rn 11; NK-BGB/STOFFELS § 165 Rn 5; PALANDT/ELLENBERGER § 165 Rn 1; SOERGEL/LEPTIEN § 165 Rn 1; WERTENBRUCH § 28 Rn 4; zur Botenschaft vgl Vorbem 78 zu §§ 164 ff; zur Frage, inwieweit Erklärungen wirksam sind, die von geschäftsfähigen Vertretern gemeinsam mit geschäftsunfähigen abgegeben wurden, vgl § 167 Rn 58; s auch OSTHEIM AcP 169, 193 ff). Rechtsgeschäfte eines geschäftsunfähigen Vertreters sind somit gem § 105 BGB nichtig und werden dem Vertretenen unbeschadet der rechtspolitischen Fragwürdigkeit dieser Rechtsfolge nicht zugerechnet (BGHZ 53, 210, 215; ERMAN/MAIER-REIMER § 165 Rn 5; jurisPK-BGB/WEINLAND § 165 Rn 7; MünchKomm/SCHUBERT § 165 Rn 11; NK-BGB/STOFFELS § 165 Rn 5; PWW/FRENSCH § 165 Rn 3; SOERGEL/LEPTIEN § 165 Rn 1; WOLF/NEUNER § 46 Rn 12; krit CANARIS JZ 1987, 993, 998; ROTH JZ 1990, 1030; s auch CHIUSI Jura 2005, 532 ff; KIEHNLE AcP 212 [2012] 906 ff; WEDEMANN AcP 209 [2009] 668, 699). Ein guter Glaube des Geschäftspartners wird wie auch sonst nicht geschützt (ERMAN/MAIER-REIMER § 165 Rn 5; SOERGEL/LEPTIEN § 165 Rn 1). Ebenso ist eine Haftung entsprechend § 122 BGB (dafür insbes OSTHEIM AcP 169, 193, 221 ff; BGB-RGRK/STEFFEN § 165 Rn 2; CANARIS, in: FG Bundesgerichtshof [2000] 129, 162; **abl** auch MünchKomm/SCHUBERT § 165 Rn 11; NK-BGB/STOFFELS § 165 Rn 5; PALANDT/ELLENBERGER § 165 Rn 1; SOERGEL/LEPTIEN § 165 Rn 1 mwNw) oder allgemein nach Rechtsscheinsgrundsätzen (s § 167 Rn 34 ff; Nachw wie zuvor) abzulehnen. Im Falle eines Verschuldens

3

kann den Vertretenen aber eine Haftung aus cic treffen (NK-BGB/Stoffels § 165 Rn 5; Palandt/Ellenberger § 165 Rn 1; Soergel/Leptien § 165 Rn 1; Ostheim AcP 169, 193, 223), darüber hinaus bei nachträglicher Geschäftsunfähigkeit organschaftlicher Stellvertretern ausnahmsweise auch eine Rechtsscheinshaftung (BGHZ 115, 78, 81 ff; BRHP/Schäfer § 165 Rn 11; Erman/Maier-Reimer § 165 Rn 5; jurisPR-BGB/Weinland § 165 Rn 7; NK-BGB/Stoffels § 165 Rn 5 Fn 7; Soergel/Leptien § 165 Rn 1; s auch Canaris 161 f; K Schmidt JuS 1991, 1002, 1004 f; gegen eine Rechtsscheinshaftung, aber für Anwendbarkeit des § 242 BGB bei Vertrauen des Geschäftspartners auf die Organstellung des Vertreters MünchKomm/Schubert § 165 Rn 12). Eine Ausnahme von der Beschränkung des § 165 BGB erscheint zur Erhaltung interessengerechter Handlungsfähigkeit gerechtfertigt, wenn bei einer teilrechtsfähigen GbR ein Gesellschafter geschäftsunfähig ist.

2. Die Wirkungen des § 165 bei rechtsgeschäftlicher Vertretung

4 a) Im Falle der aktiven oder passiven Stellvertretung durch einen beschränkt Geschäftsfähigen treten zugunsten und zulasten des Vertretenen die **Wirkungen des § 164 Abs 1 und 3 BGB** ein. § 165 BGB schließt aus, dass der Vertretene die beschränkte Geschäftsfähigkeit seines Vertreters gegenüber dem Kontrahenten des vom Vertreter vorgenommenen Rechtsgeschäftes geltend macht. Nicht ausgeschlossen wird hingegen, dass die beschränkte Geschäftsfähigkeit im *Innenverhältnis zwischen* dem Vertretenen und dem Vertreter rechtserheblich wird: Fehlt es für das stellvertretende Handeln des beschränkt Geschäftsfähigen an einem wirksamen Innenverhältnis, weil die Genehmigung des gesetzlichen Vertreters noch aussteht oder verweigert wurde, haftet der beschränkt geschäftsfähige Vertreter dem Vertretenen nur unter dem Gesichtspunkt der *unerlaubten Handlung* (jurisPR-BGB/Weinland § 165 Rn 6; MünchKomm/Schubert § 165 Rn 5; NK-BGB/Stoffels § 165 Rn 6). Umgekehrt allerdings kann er auch keine vertraglichen Ansprüche, zB auf Entgelt oder Auslagenersatz, gegenüber dem Vertretenen erheben. Im Falle einer Vertretung ohne Vertretungsmacht, auf den § 165 BGB gleichfalls Anwendung findet (jurisPK-BGB/Weinland § 164 Rn 1; Soergel/Leptien § 165 Rn 3), gelten die §§ 177 ff BGB, ggf mit der Haftungsbeschränkung des § 179 Abs 3 S 2 BGB (Wedemann AcP 209 [2009] 668, 699).

5 b) Darüber hinaus kann die beschränkte Geschäftsfähigkeit des Vertreters insoweit von Bedeutung sein, als die Vollmachtserteilung an ihn wegen *Irrtums über eine verkehrswesentliche Eigenschaft* in der Person des Vertreters gem § 119 Abs 2 BGB anfechtbar ist, wenn der Vollmachtgeber die beschränkte Geschäftsfähigkeit nicht kannte (BRHP/Schäfer § 165 Rn 7; MünchKomm/Schubert § 165 Rn 3; jurisPK-BGB/Weinland § 165 Rn 3; NK-BGB/Stoffels § 165 Rn 7; PWW/Frensch § 165 Rn 2; Soergel/Leptien § 165 Rn 5; s auch Hoffmann JZ 2012, 1156, 1157 f; zu den Besonderheiten der Anfechtung einer Vollmachtserteilung vgl § 167 Rn 77 ff). Wird die Anfechtung wirksam erklärt, so hat der Vertreter ohne Vertretungsmacht gehandelt. Seine Eigenhaftung als vollmachtloser Vertreter wird allerdings durch § 179 Abs 3 S 2 BGB ausgeschlossen. Hingegen haftet der Vertretene dann dem Kontrahenten nach § 122 BGB auf Schadensersatz.

3. Die Wirkungen des § 165 bei gesetzlicher Vertretung

6 a) § 165 BGB gilt vorbehaltlich besonderer Regelungen (s Rn 7) auch für den **gesetzlichen Vertreter**, trotz der Bedenken, welche in der zweiten Kommission hiergegen geltend gemacht wurden (vgl Prot I 138). Demnach kann ein beschränkt

Geschäftsfähiger Vorstandsmitglied nach den §§ 26, 86 sein, zB bei einem Sportverein (ERMAN/MAIER-REIMER § 165 Rn 4; jurisPK-BGB/WEINLAND § 165 Rn 4; MünchKomm/SCHUBERT § 165 Rn 7; NK-BGB/STOFFELS § 165 Rn 9; BORK Rn 1368 Fn 49). Ist er persönlich haftender Gesellschafter einer Personengesellschaft, so ist hingegen wegen der drohenden rechtlichen Nachteile in teleologischer Reduktion § 107 BGB zu beachten (BRHP/SCHÄFER § 165 Rn 9; MünchKomm/SCHUBERT § 165 Rn 8; NK-BGB/STOFFELS § 165 Rn 9).

b) In vielen Fällen ist allerdings die gesetzliche Vertretung durch beschränkt Geschäftsfähige *ausgeschlossen*. So soll gem § 1781 Nr 1 BGB ein aus Gründen der Minderjährigkeit beschränkt Geschäftsfähiger nicht zum Vormund und nach § 1915 BGB nicht zum Pfleger bestellt bzw gem § 1886 BGB aus dem Amt entlassen werden, ebenso wenig gem § 2201 zum Testamentsvollstrecker. Auch als Betreuer ist er im Hinblick auf §§ 1897 Abs 1, 1902 BGB ausgeschlossen. Elterliche Sorge kann der beschränkt Geschäftsfähige nach § 1673 Abs 2 BGB nicht bzw nur beschränkt auf die Personensorge neben dem gesetzlichen Vertreter ausüben. 7

Ebenso ist die Vorstandsbestellung eines Minderjährigen für eine Aktiengesellschaft nach § 76 Abs 3 S 1 AktG ausgeschlossen (s auch § 100 Abs 1 S 1 AktG für den Aufsichtsrat). Entsprechendes gilt gem § 6 Abs 2 S 1 GmbHG für die Geschäftsführung einer GmbH. Zur auferlegten Verwaltung kraft Amtes s Rn 2.

4. Die von § 165 nicht erfassten Tatbestände

a) § 165 BGB gilt nicht in den Fällen der **mittelbaren Stellvertretung** (s dazu Vorbem 42 ff zu §§ 164 ff; BRHP/SCHÄFER § 164 Rn 6; MünchKomm/SCHUBERT § 165 Rn 9; NK-BGB/STOFFELS § 165 Rn 3), da der mittelbare Vertreter in eigenem Namen handelt und ggf verpflichtet wird; die Wirksamkeit seiner Rechtsgeschäfte richtet sich nach §§ 107 ff BGB. Soweit allerdings das offene Handeln für den, den es angeht, einen Fall der unmittelbaren Stellvertretung für einen noch nicht benannten Vertragspartner darstellt (s Vorbem 51 zu §§ 164 ff), greift auch § 165 BGB ein. 8

Auch auf den **Boten** kann § 165 BGB wegen des grundsätzlichen Unterschiedes von Botenschaft und Stellvertretung keine Anwendung finden (s Vorbem 78 zu §§ 164 ff und § 164 Rn 25; MünchKomm/SCHUBERT § 165 Rn 10; NK-BGB/STOFFELS § 165 Rn 4; MEDICUS/PETERSEN Rn 886).

b) Entsprechend anwendbar ist § 165 BGB jedoch auf diejenigen **geschäftsähnlichen Handlungen**, die, jedenfalls im Zusammenhang mit den Stellvertretungsregeln, den Willenserklärungen gleichbehandelt werden (s Vorbem 38a zu §§ 164 ff). 9

c) Für das **Prozessrecht** ergibt sich aus §§ 51, 79 Abs 2 S 2 Nr 2 ZPO, dass beschränkt Geschäftsfähige als Prozessvertreter ausgeschlossen sind (vgl ERMAN/MAIER-REIMER § 165 Rn 6; MünchKomm/SCHUBERT § 165 Rn 4; NK-BGB/STOFFELS § 165 Rn 10; SOERGEL/LEPTIEN § 165 Rn 4; ROSENBERG/SCHWAB/GOTTWALD § 55 II 5 a Rn 19 f; SCHILKEN, Zivilprozessrecht Rn 89; STEIN/JONAS/JACOBY, ZPO [23. Aufl 2016] § 79 ZPO Rn 9). 10

Hingegen wurde in **Verfahren der freiwilligen Gerichtsbarkeit** der beschränkt Geschäftsfähige früher von der hM als Vertreter eines Beteiligten zugelassen (KG

KGJ 35 A 223; LG Lübeck SchlHA 1964, 219; Soergel/Leptien § 165 Rn 4). Dem war jedoch nicht zu folgen, sondern statt § 165 die auf das gerichtliche Verfahren zugeschnittene Vorschrift des § 79 ZPO analog anzuwenden (Brehm, Freiwillige Gerichtsbarkeit [3. Aufl 2002] Rn 232; Lukes ZZP 69, 141 ff). Nunmehr enthält § 10 Abs 2 Nr 2 FamFG eine dem § 79 ZPO entsprechende Regelung (Erman/Maier-Reimer § 165 Rn 6; jurisPK-BGB/Weinland § 165 Rn 5; MünchKomm/Schubert § 165 Rn 4; s aber auch Bumiller/Harders, FamFG [12. Aufl 2019] § 10 Rn 11 mwNw § 165 anwendbar).

§ 166
Willensmängel; Wissenszurechnung

(1) Soweit die rechtlichen Folgen einer Willenserklärung durch Willensmängel oder durch die Kenntnis oder das Kennenmüssen gewisser Umstände beeinflusst werden, kommt nicht die Person des Vertretenen, sondern die des Vertreters in Betracht.

(2) Hat im Falle einer durch Rechtsgeschäft erteilten Vertretungsmacht (Vollmacht) der Vertreter nach bestimmten Weisungen des Vollmachtgebers gehandelt, so kann sich dieser in Ansehung solcher Umstände, die er selbst kannte, nicht auf die Unkenntnis des Vertreters berufen. Dasselbe gilt von Umständen, die der Vollmachtgeber kennen musste, sofern das Kennenmüssen der Kenntnis gleichsteht.

Materialien: E I §§ 117 und 118; II § 136; III § 162; Mot I 226; Prot I 223, II 1 139; Jakobs/Schubert, AT II 873 ff; Schubert, AT II 174 ff (Vorentwurf).

Schrifttum

Aden, Wissenszurechnung in der Körperschaft, NJW 1999, 3098
Adler, Wissen und Wissenszurechnung, insbesondere bei arbeitsteilig aufgebauten Organisationen (1997)
Altmeppen, Verbandshaftung kraft Wissenszurechnung am Beispiel des Unternehmenskaufs, BB 1999, 749
Ambs, Bestreiten mit Nichtwissen (1997)
Baum, Die Wissenszurechnung (1999)
Baumann, Die Kenntnis juristischer Personen des Privatrechts von rechtserheblichen Umständen, ZGR 1973, 284
Bayreuther, § 166 I BGB als zivilrechtliche Einstandspflicht für fremdes Handeln, JA 1998, 459
Birk, Bösgläubiger Besitzdiener – gutgläubiger Besitzherr?, JZ 1963, 354
Bork, Zurechnung im Konzern, ZGR 1994, 237
Bott, Wissenszurechnung bei Organisationen (2000)
Bruns, Voraussetzungen und Auswirkungen der Zurechnung von Wissen und Wissenserklärungen im allgemeinen Privatrecht und im Privatversicherungsrecht (2007)
Buck, Wissen und juristische Person (2001)
Buck-Heeb, Private Kenntnis in Banken und Unternehmen, WM 2008, 281
dies, Wissenszurechnung und Informationsmanagement, in: Corporate Compliance – Handbuch der Haftungsvermeidung im Unternehmen (2010) § 2
dies, Wissenszurechnung, Informationsorganisation und Ad-hoc-Mitteilungspflicht bei Kenntnis eines Aufsichtsratsmitglieds, AG 2015, 801
Dauner-Lieb, Wissenszurechnung im Ge-

währleistungsrecht. Ethische Neutralisierung der Arglist?, in: FS Kraft (1998) 43
DONLE, Zur Frage der rechtserheblichen Kenntnis im Unternehmen, in: FS Klaka (1987) 6
DREXL, Wissenszurechnung im Konzern, ZHR 161, 491
ders, Wissenszurechnung im unabhängigen Konzernunternehmen, in: Bankrechtstag 2002 (2003) 85
EISELE, Wissenszurechnung im Strafrecht – dargestellt am Straftatbestand des Betruges, ZStW 116 (2004) 15
ELLERS, Die Zurechnung von Gesellschafterwissen an die GmbH – insbesondere beim gutgläubigen Erwerb eines Sacheinlagegegenstands, GmbHR 2004, 934
ERTEL, Die Wissenszurechnung im deutschen und anglo-amerikanischen Zivilrecht (1999)
FASSBENDER, Innerbetriebliches Wissen und bankrechtliche Aufklärungspflichten (1998)
FASSBENDER/NEUHAUS, Zum aktuellen Stand der Diskussion in der Frage der Wissenszurechnung, WM 2002, 1253
FATEMI, Der Begriff der Kenntnis im Bürgerlichen Recht, NJOZ 2010, 2637
FLECKNER, Schadensausgleich beim Handeln in eigenem Namen für fremde Rechte, in: FS Hopt (2008) 3
FLUME, Die Haftung für Fehler kraft Wissenszurechnung bei Kauf und Werkvertrag, AcP 197 (1997) 441
GOLDSCHMIDT, Die Wissenszurechnung (2001)
ders, Wissenszurechnung beim Unternehmenskauf, ZIP 2005, 1305
GROSS, Zur Anwendung des § 166 Abs 2 BGB im Rahmen des § 2041 Satz 1 BGB, MDR 1965, 443
GRIGOLEIT, Zivilrechtliche Grundlagen der Wissenszurechnung, ZHR 181 (2017) 160
GRUNEWALD, Wissenszurechnung bei juristischen Personen, in: FS Beusch (1993) 301
HADDING/HOPT/SCHIMANSKY (Hrsg), Neues Schuldrecht und Bankgeschäfte – Wissenszurechnung bei Kreditinstituten, Bankrechtstag 2002 (2003) 85
HAGEN, Wissenszurechnung bei Körperschaften und Personengesellschaften als Beispiel richterlicher Rechtsfortbildung, DRiZ 1997, 157

HARKE, Wissen und Wissensnormen, 2017
HARTUNG, Wissenszurechnung beim Unternehmenskauf, NZG 1999, 524
HEIDRICH, Das Wissen der Bank (2001)
vHEIN, Der Abschluss eines Scheingeschäfts durch einen Gesamtvertreter: Zurechnungsprobleme zwischen Corporate Governance und allgemeiner Rechtsgeschäftslehre, ZIP 2005, 191
HELLMANN/THOMAS, Neues Schuldrecht und Bankgeschäfte – Wissenszurechnung bei Kreditinstituten, WM 2002, 1665, 1670
HELMING, Der Erfüllungsgehilfe und der Wissensvertreter beim Leasinggeschäft, FLF 2005, 229
HOCHE, Besitzerwerb und Besitzverlust durch Besitzdiener, JuS 1961, 73
HOENIG/KLINGEN, Grenzen der Wissenszurechnung beim Unternehmenskauf, NZG 2013, 1046
H-J HOFFMANN, Arglist des Unternehmers aus der Sicht für ihn tätiger Personen, JR 1969, 372
J HOFFMANN, Verbraucherwiderruf bei Stellvertretung, JR 2012, 1156
IHRIG, Wissenszurechnung im Kapitalmarktrecht – untersucht anhand der Pflicht zur Ad-hoc-Publizität gemäß Art. 17 MAR, ZHR 181 (2017) 381
JEHLE, Die Vollmacht und die Willensmängel des Vollmachtgebers (Diss Tübingen 1908)
KEISER, Zur Haftung der Konkursmasse aus einem Vertrage, den ein Bevollmächtigter des Gemeinschuldners mit einem Dritten in beiderseitiger Unkenntnis der inzwischen erfolgten Konkurseröffnung abgeschlossen hat (Diss Leipzig 1908)
KLÖHN, Die (Ir-)Relevanz der Wissenszurechnung im neuen Recht der Ad-hoc-Publizität und des Insiderhandelsverbots, NZG 2017, 1285
KNOPS, Die rechtliche Bindung des Leasinggebers an Zusagen des Lieferanten, BB 1994, 947
KOCH, Wissenszurechnung aus dem Aufsichtsrat, ZIP 2015, 1757
KOHLER-GEHRIG, Wissensvertretung und Wissensorganisationspflicht der Gemeinden im Privatrechtsverkehr, VBlBW 1998, 212
KOLLER, Wissenszurechnung, Kosten und Risiken, JZ 1998, 75
LESCHKE, Vertretungsmacht von Versicherungsvertretern und Wissenszurechnung (1998)
LORENZ, Mala fides superveniens im Eigentü-

mer-Besitzer-Verhältnis und Wissenszurechnung von Hilfspersonen, JZ 1994, 549
MAIER-REIMER, Umgehungsbekämpfung durch Wissenszurechnung – ohne Grenzen und um jeden Preis?, NJW 2013, 2405
ders, Synthetische eigene und zugerechnete fremde Arglist beim Unternehmenskauf, in: Liber amicorum Oppenhoff (2017) 101
MASUCH, Stellvertretung beim Abschluss von Verbraucherverträgen, Teil I, BB 2003, Beilage 6, 16
MEDICUS, Probleme der Wissenszurechnung, in: Karlsruher Forum 1994 (1995) 4
MEYER-REIM/TESTORF, Wissenszurechnung bei Versicherungsunternehmen, VersR 1994, 1137
MÜLBERT/SAJNOVITS, Verschwiegenheitspflichten von Aufsichtsratsmitgliedern als Schranken der Wissenszurechnung, NJW 2016, 2540
NEUHAUS, Zum aktuellen Stand der Diskussion in der Frage der Wissenszurechnung, WM 2002, 1253
NEUMANN-DUESBERG, § 166 II BGB bei der gesetzlichen Stellvertretung und Handeln nach bestimmten Weisungen, JR 1950, 332
NIETSCH, Emittentenwissen, Wissenszurechnung und Ad-hoc-Publizitätspflicht, ZIP 2018, 1421
NOBBE, Die Wissenszurechnung in der Rechtsprechung des Bundesgerichtshofs, in: Bankrechtstag 2002 (2003) 121
ODERSKY, „Aktenwissen" – Kenntnis – Arglist – Analogie, in: FS Geiß (2000) 135
OERTMANN, Scheingeschäft und Kollusion, Recht 1923, 74
OLDENBOURG, Die Wissenszurechnung (Diss Leipzig 1934)
PAULUS, Zur Zurechnung arglistigen Vertreterhandelns, in: FS Michaelis (1972) 215
PETERSEN, Die Wissenszurechnung, Jura 2008, 914
REINHARDT, Wissen und Wissenszurechnung im öffentlichen Recht (2010)
REISCHL, Wissenszusammenrechnung auch bei Personengesellschaften?, JuS 1997, 783
RICHARDI, Die Wissensvertretung, AcP 169 (1969) 385
RICKERT/HEINRICHS, Wissenszurechnung und Wissensorganisation im Aufsichtsrat, GWR 2017, 112

RODEWALD/UNGER, Kommunikation und Krisenmanagement im Gefüge der Corporate Compliance-Organisation, BB 2007, 1629
RÖMMER-COLLMANN, Wissenszurechnung innerhalb juristischer Personen (1998)
ROHDE, Die Wissenszurechnung bei rechtsgeschäftlicher Tätigkeit einer juristischen Person (Diss Bielefeld 1999)
ROTH, Irrtumszurechnung, in: FS Gaul (1997) 585
SAJNOVITS, Ad-hoc-Publizität und Wissenszurechnung, WM 2016, 765
SCHERZBERG, Wissen, Nichtwissen und Ungewissheit im Recht, in: Wissen-Nichtwissen-Unsicheres Wissen (2002) 113
SCHEUCH, Die Zurechnung des Wissens ausgeschiedener Gesellschafter von Personen-Handelsgesellschaften, in: FS Brandner (1996) 121
dies, „Wissenszurechnung" bei GmbH und GmbH & Co, GmbH-Rdsch 1996, 828
SCHILKEN, Wissenszurechnung im Zivilrecht (1983)
SCHRADER, Wissen im Recht, 2017
SCHREINDORFER, Verbraucherschutz und Stellvertretung (2012)
SCHRÖTER, Wissenszurechnung aus der Sicht der kreditwirtschaftlichen Praxis, in: Bankrechtstag 2002 (2003) 163
SCHÜLER, Die Wissenszurechnung im Konzern (2000)
SCHÜRNBRAND, Wissenszurechnung im Konzern – unter besonderer Berücksichtigung von Doppelmandaten, ZHR 181 (2017) 357
SCHULENBURG, Bankenhaftung bei geschlossenen Immobilienfonds, zugleich eine Untersuchung der Wissenszurechnung im Konzern (2002)
M SCHULTZ, Zur Vertretung im Wissen, NJW 1990, 477
W SCHULTZ, Die Bedeutung der Kenntnis des Vertretenen beim Vertreterhandeln für juristische Personen und Gesellschaften, NJW 1996, 1392 und NJW 1997, 2093
M SCHWAB, Wissenszurechnung in arbeitsteiligen Organisationen, JuS 2017, 481
SCHWINTOWSKI, Die Zurechnung des Wissens von Mitgliedern des Aufsichtsrats in einem oder mehreren Unternehmen, ZIP 2015, 617

SPINDLER, Wissenszurechnung in der GmbH, der AG und im Konzern, ZHR 181 (2017) 311
SPINDLER/SEIDEL, Die zivilrechtlichen Konsequenzen von Big Data für Wissenszurechnung und Aufklärungspflichten, NJW 2018, 2153
dies., Wissenszurechnung und Digitalisierung, in: FS Marsch-Barner (2018) 549
TAUPITZ, Wissenszurechnung nach englischem und deutschem Recht, in: Karlsruher Forum 1994 (1995) 16
TINTELNOT, Gläubigeranfechtung kraft Wissenszurechnung – insbesondere zu Lasten Minderjähriger, JZ 1987, 795
THIESSEN, Scheingeschäft, Formzwang und Wissenszurechnung, NJW 2001, 3025
THOMALE, Der gespaltene Emittent – Ad-hoc-Publizität, Schadensersatz und Wissenszurechnung (2018)
TREBING, Die Behandlung von Willensmängeln bei direkter Stellvertretung nach § 166 BGB (Diss Jena 1904)
VOGEL, Arglistiges Verschweigen des Bauunternehmers aufgrund Organisationsverschuldens: eine Untersuchung zum Begriff des arglistigen Verschweigens bei § 638 Abs 1 Satz 1 BGB und zur unterorganschaftlichen Wissenszurechnung (1998)
WAAS, Ausschluss der Wissenszurechnung gem § 166 I BGB bei Bevollmächtigung einer Person aus dem „Lager" des Vertragspartners?, JA 2002, 511

WAGNER, Wissenszurechnung: Rechtsvergleichende und rechtsökonomische Grundlagen, ZHR 181 (2017) 203
WALTERMANN, Zur Wissenszurechnung – am Beispiel der juristischen Person des privaten und des öffentlichen Rechts, AcP 192 (1992) 180
ders, Arglistiges Verschweigen eines Fehlers bei der Einschaltung von Hilfskräften, NJW 1993, 889
WEBER, Die juristischen Handlungen des Vollmachtgebers und seine Willensmängel (Diss Jena 1936)
WEISSHAUPT, Haftung und Wissen beim Unternehmenskauf, WM 2013, 782
ders, Geschäftsleiter der Zielgesellschaft als „Diener zweier Herren" des Unternehmenskaufvertrags?, ZIP 2016, 2447
WESTERHOFF, Organ und (gesetzlicher) Vertreter – Eine vergleichende Darstellung anhand der Wissens-, Besitz- und Haftungszurechnung (Diss München 1993)
WETZEL, Die Zurechnung des Verhaltens Dritter bei Eigentumsstörungstatbeständen (unter besonderer Berücksichtigung der Wissenszurechnung) (1971)
WILHELM, Kenntniszurechnung kraft Kontovollmacht?, AcP 193 (1993) 1.
Vgl auch das Schrifttum bei Vorbem zu §§ 164 ff.

Systematische Übersicht

I.	**Die Bedeutung der Vorschrift**	1
II.	**Die Regelung des § 166 Abs 1**	
1.	Der persönliche Anwendungsbereich der Vorschrift	3
a)	Der Vertreterkreis	3
b)	Gehilfen, Mitarbeiter, Boten	4
c)	Prinzip der erweiterten persönlichen Anwendung	5
d)	Besonderheiten des Versicherungsrechts	7
2.	Der sachliche Anwendungsbereich der Vorschrift	8
a)	Auslegung und persönliche Verhältnisse	8
b)	Rechtsgeschäftliche Handlungen	10
c)	Realakte	11
3.	Die von § 166 erfassten Willensmängel und ihre Folgen	12
a)	§§ 116 bis 118	12
b)	Irrtum und Dissens	13
c)	Arglistige Täuschung	15
d)	Gesamtvertretung und gesetzliche Vertretung	16
e)	Willensmängel des Vertretenen	17
f)	Die Anfechtung der Vertretererklärung	19
4.	Kennen und Kennenmüssen gem § 166 Abs 1	21
a)	Die Tatbestände	21

§ 166

b)	Sittenwidrigkeitsfälle	23
c)	Gesamtvertretung	24
5.	Die arglistige Täuschung des Geschäftsgegners	25
a)	Durch Dritte oder den Vertretenen	25
b)	Durch den Vertreter	26

III. Die Regelung des § 166 Abs 2

1.	Der Geltungsbereich der Vorschrift	27
a)	Die Tatbestände	27
b)	Rechtsgeschäftlich erteilte Vertretungsmacht	29
c)	Anwendung auf die Prozessvollmacht	30
d)	Anwendung bei gesetzlicher Vertretung	31
e)	Anwendung bei Organen juristischer Personen	32
2.	Die Weisungsabhängigkeit des Vertreters	33
a)	Weite Auslegung des Erfordernisses	33
b)	Einzelfälle	34
c)	Zweifelsfälle	35
3.	Die Rechtswirkungen des § 166 Abs 2	36
a)	Das Wissen des Vertretenen	36
b)	Das Wissen des Vertreters	37

IV. § 166 und Empfangsvertretung — 38

V. Öffentlich-rechtliche Vertreter — 40

Alphabetische Übersicht

Anfechtbarkeit der Bevollmächtigung	18
– der Vertretererklärung	19 f
Auslegung	7, 33
Ausschlussfristen	22
Besitzdiener	10
Boten	4a
Dissens	14
Eigentumserwerb	9
Eigentümer-Besitzer-Verhältnis	11
Empfangsvertretung	38
Ermächtigung	31
Formbedürftige Rechtsgeschäfte	9
Generalvollmacht	35
Gesamthandsgesellschaften	32a
Gesamtvertretung	24
Gesetzliche Vertretung	2 f, 16, 31
Gewillkürte Vertretung	3, 29, 35
Kennen und Kennenmüssen	21 ff, 27 ff, 36 f
Konzern	32a
Mittelbare Stellvertretung	4a, 31
Öffentlich-rechtliche Vertreter	40
Organe	3, 32
Persönliche Verhältnisse	9
Prokura	35
Prozessbevollmächtigter	30
Realakte	11
Rechtsgeschäftsähnliche Handlungen	10
Repräsentationstheorie	1, 12
Sittenwidrigkeit	23
Täuschung des Geschäftsgegners	25 f
Überbau	22
Untervollmacht	29, 35
Verhandlungsgehilfe	4
Verjährung	22
Versicherungsrecht	7
Vertreter in der Erklärung	5
– ohne Vertretungsmacht	3, 29
Weisungsgebundenheit	33 ff
Willensmängel	1, 12 ff, 17, 28
Wissenserklärungsvertreter	7, 10
Wissensvertreter	4, 7
Wissenszurechnung	5 ff, 27 ff
Zustimmung	32

September 2019

I. Die Bedeutung der Vorschrift

§ 166 BGB wurde von den Verfassern des BGB als logische Folgerung aus der für 1 die Stellvertretung zugrunde gelegten *Repräsentationstheorie* verstanden (Mot I 226; s Schilken 8 ff; HKK/Schmoeckel §§ 164–181 Rn 28; jurisPR-BGB/Weinland § 166 Rn 1; MünchKomm/Schubert § 166 Rn 1; NK-BGB/Stoffels § 166 Rn 1; PWW/Frensch § 166 Rn 1; Soergel/Leptien Vorbem 10 zu § 154; Brehm Rn 435; Pawlowski Rn 776; Müller-Freienfels 390 Fn 9; Roth 585; Schreindorfer 132 ff; Bayreuther JA 1998, 459, 460; Vorbem 32a zu §§ 164 ff gegen Beuthien 11 ff; s dazu auch Buck 119 ff. Krit und für eine Gesamtbetrachtung Möller ZIP 2002, 333, 336; s auch Medicus/Petersen Rn 899). Dementsprechend formuliert § 166 Abs 1 BGB als Grundsatz, dass es für die Beurteilung des Einflusses von *Willensmängeln* nicht auf die Person des Vertretenen, sondern auf die des Vertreters ankommt. Dasselbe gilt nach dieser Vorschrift für den *Einfluss der Kenntnis oder des Kennenmüssens* gewisser Umstände auf die Willenserklärung. Allerdings sieht hierzu § 166 Abs 2 BGB eine nicht unbeträchtliche Ausnahme für den Fall des Handelns nach bestimmten Weisungen vor, die zudem in ihrem Anwendungsbereich durch die Rechtsentwicklung deutlich erweitert worden ist.

Ihre *rechtspolitische Rechtfertigung* erfahren die Regeln des § 166 BGB zunächst 2 durch die Überlegung, dass es Sache des Vertretenen ist, sich einen zuverlässigen Vertreter auszusuchen, ihn richtig einzuweisen und zu kontrollieren. In den Fällen der gesetzlichen Vertretung begründet die mangelnde Fähigkeit zur rechtsgeschäftlichen Selbstbestimmung die Maßgeblichkeit der Person des Vertreters (s noch Rn 15; krit Müller-Freienfels 392 ff). Bei Willensmängeln ist zu berücksichtigen, dass nur der Vertreter die „Willens"erklärung abgibt (oder empfängt). Bei Wissen(müssen) rechtfertigt freilich nicht schon der Repräsentationsgedanke, sondern die Möglichkeit der Überprüfung relevanter Tatsachen durch den handelnden Stellvertreter die Zurechnung. Liegen diese Voraussetzungen beim anweisenden Geschäftsherrn vor, soll er sich andererseits zum Schutz des Rechtsverkehrs nicht hinter dem Vertreter verbergen können. Die Vorschrift ist eine vernünftige Konsequenz der richtigen Einordnung des Vertreterhandelns (s Vorbem 32 f zu §§ 164 ff; anders Beuthien NJW 1999, 3585 ff), freilich im Hinblick auf die Wissenszurechnung der modernen Entwicklung anzupassen (s Rn 4 ff, 32). Nach Leenen (§ 4 Rn 84 ff; zust und für eine Herleitung der Wissenszurechnung aus dem ungeschriebenen Grundsatz der Gleichbehandlung von eigenem und fremdem Wissen unter bestimmten Voraussetzungen Prölss, in Liber amicorum Leenen, 229, 235, 243 ff) handelt es sich allerdings nicht um eine Zurechnung von Wissen des Vertreters an den Vertretenen, weil dieser keine Willenserklärung abgibt. Das ist aber auch nicht erforderlich, weil nach dem Konzept des BGB die Willenserklärung des Vertreters das Rechtsgeschäft des Vertretenen bewirkt (s Vorbem zu §§ 164 ff Rn 32), für dessen Beurteilung es in einschlägigen Fällen dann auch auf das Wissen(müssen) des Stellvertreters ankommt; die ihm zustehende Vertretungsmacht stellt den Zurechnungsgrund dar (NK-BGB/Stoffels § 164 Rn 77; Bork Rn 1325, Rn 1425).

II. Die Regelung des § 166 Abs 1

1. Der persönliche Anwendungsbereich der Vorschrift

a) § 166 Abs 1 BGB erfasst sowohl die Fälle der **gewillkürten** (ausführlich Buck 3 119 ff) als auch der **gesetzlichen Stellvertretung** (BGHZ 38, 65, 69; BGH 2. 11. 2016 – XII ZB

583/15, Rn 12, NJW 2016, 561 zur Kenntnis im Hinblick auf die Frist zur Vaterschaftsanfechtung [§ 1600b Abs 1 BGB], stRspr; BGB-RGRK/Steffen § 166 Rn 2; BHRP/Schäfer § 166 Rn 4; Erman/Maier-Reimer § 166 Rn 2; jurisPR-BGB/Weinland § 166 Rn 3; MünchKomm/Schubert § 166 Rn 7; NK-BGB/Stoffels § 164 Rn 3; Palandt/Ellenberger § 166 Rn 2; PWW/Frensch § 166 Rn 2; Soergel/Leptien § 166 Rn 4; Schilken 18 ff, 159 ff; zur gesetzlichen Vertretung eines Minderjährigen s aber noch unten Rn 23), auch bei **Unterbevollmächtigten** (BGH NJW 1984, 1953, 1954; BRHP/Schäfer § 166 Rn 4; Erman/Maier-Reimer § 166 Rn 2; MünchKomm/Schubert § 164 Rn 6; NK-BGB/Stoffels § 164 Rn 3; Soergel/Leptien § 164 Rn 4). Ebenso gilt die Vorschrift für die Vertretung von **Gesamthandsgesellschaften** (s BGH NJW 1995, 2159; NJW 1996, 1205; OLG Schleswig MDR 2005, 1062; MünchKomm/Schubert § 166 Rn 15; NK-BGB/Stoffels § 166 Rn 3; Schilken 104 ff; Grunewald 313 ff; Hagen DRiZ 1997, 157; Reischl JuS 1997, 783; zum Verwalter der Wohnungseigentümergemeinschaft OLG München NJW-RR 2007, 1097, 1098), für die **Organe juristischer Personen** (BGHZ 109, 327 m Anm Flume JZ 1990, 550; BGH NJW 1996, 1139, 1140 f; 1996, 2508, 2510; 2001, 359, stRspr; BRHP/Schäfer § 166 Rn 4; Erman/Maier-Reimer § 166 Rn 2; MünchKomm/Schubert § 164 Rn 8 ff; NK-BGB/Stoffels § 166 Rn 3; Palandt/Ellenberger § 166 Rn 2; PWW/Frensch § 166 Rn 22 f; Soergel/Leptien § 166 Rn 4; Römmer-Collmann 119 ff; Schilken 127 ff; Grunewald 313 ff; Hagen DRiZ 1997, 157; Tintelnot JZ 1985, 795, 799), sofern man nicht schon aus der Organstellung (§ 31 BGB) eine Zurechnung oder Gleichstellung herleitet (so zB Hartung NZG 1999, 524, 526 und die Vertreter der Organtheorie; s Wertenbruch, Handbuch Rn I 311 mwNw) oder ein allgemeines Prinzip der Verantwortung für verfügbares Wissen anerkennt (s dazu noch ausführlich Rn 6, 27 ff), des Weiteren auch für **gesetzliche Amtsverwalter** (RG WarnR 1918 Nr 224; MünchKomm/Schubert § 166 Rn 19; NK-BGB/Stoffels § 166 Rn 3), die freilich nach der Amtstheorie (Vorbem 57 ff zu §§ 164 ff) ohnehin selbst handelnde Personen sind (vgl BGH BB 1984, 564, 565; Palandt/Ellenberger § 166 Rn 2; Soergel/Leptien § 166 Rn 4). Ferner greift § 166 BGB in den Fällen einer **Vertretung ohne Vertretungsmacht** bei Genehmigung durch den Vertretenen ein, weil das BGB mit dem Ausdruck „Vertreter" auch den ohne Vertretungsmacht Handelnden erfasst (RGZ 68, 376; 128, 121; 131, 357; 135, 219; 161, 161 f; BGH NJW-RR 1989, 650, 651; NJW 2010, 861, 862, stRspr; BAG Betrieb 1961, 310; BGB-RGRK/Steffen § 166 Rn 3; BRHP/Schäfer § 166 Rn 4; Erman/Maier-Reimer § 166 Rn 2; Hk-BGB/Dörner § 166 Rn 2; Jauernig/Mansel § 166 Rn 3; jurisPR-BGB/Weinland § 166 Rn 3; MünchKomm/Schubert § 166 Rn 17 f; NK-BGB/Stoffels § 166 Rn 3; Palandt/Ellenberger § 164 Rn 2; PWW/Frensch § 166 Rn 2; Soergel/Leptien § 166 Rn 4; Buck 146 f; vgl Vorbem 18 zu §§ 164 ff). § 166 Abs 1 BGB meint dabei den Abschlussvertreter, also denjenigen, der die Willenserklärung nach § 164 BGB für den Vertretenen abgibt (oder empfängt). Dessen Kenntnis ist auch dann beachtlich, wenn er zuvor als Verhandlungsführer der anderen Seite aufgetreten ist, soweit deren Berufung auf die Zurechnung der Kenntnis nicht treuwidrig ist (BGH NJW 2000, 1405; krit dazu und für eine Anwendung der Grundsätze über den Missbrauch der Vertretungsmacht [s § 167 Rn 91 ff] mit beachtlichen Gründen Waas JA 2002, 511).

4 b) Einbezogen in den Regelungsbereich des § 166 Abs 1 BGB hat die Rspr mit weitgehender Zustimmung des Schrifttums hinsichtlich der Zurechnung von Kenntnis und Kennenmüssen („Wissenszurechnung") solche Personen, welche unter Zustimmung des Geschäftsherrn eigenverantwortlich mit der **Vorbereitung eines Geschäfts** befasst oder bei den Vorverhandlungen – zB auch beratend wie bei institutionalisiertem Zusammenwirken in Anlagefällen – oder vermittelnd in Erscheinung getreten sind, ohne bevollmächtigte Abschlussvertreter zu sein (RGZ 131, 343, 355; BGHZ 83, 293, 296; 106, 163, 167; 131, 200, 204; BGH 25. 10. 2018 – IX ZR 168/17 Rn 13,

NJW-RR 2019, 116 mwNw, stRspr; zum Schrifttum s BGB-RGRK/Steffen § 166 Rn 4; BRHP/
Schäfer § 166 Rn 18 mit Beispielen Rn 19; Erman/Maier-Reimer § 166 Rn 8, Rn 16; Hk-BGB/
Dörner § 166 Rn 7; jurisPK-BGB/Weinland § 166 Rn 11 ff; MünchKomm/Schubert § 166
Rn 19 f, Rn 67 ff; NK-BGB/Stoffels § 166 Rn 5 f; Palandt/Ellenberger § 164 Rn 6 f; PWW/
Frensch § 166 Rn 13 ff; Soergel/Leptien § 166 Rn 6; StudKomm § 166 Rn 1; Bitter/Röder
§ 10 Rn 179 ff; Bork Rn 1663; Brehm Rn 435; Brox/Walker § 24 Rn 24; Eisenhardt Rn 417;
Hirsch Rn 975 ff; Köhler § 11 Rn 53; Medicus/Petersen Rn 904d; Wolf/Neuner § 49 Rn 79;
ausf Buck-Heeb § 32 Rn 10 ff; Bayreuther JA 1998, 459, 462 ff; Buck 151 ff; Dauner-Lieb 5;
Schilken 213 ff; Rohde 106 ff; Oechsler NJW 2006, 2451, 2453; Petersen Jura 2008, 914, 915 f;
Schultz NJW 1990, 477; Stroemer/Grootz K & R 2006, 553, 554 f; Tintelnot JZ 1987, 795;
Waltermann AcP 192, 181 und NJW 1993, 889; abl aber Baum 92 ff; zum Unternehmenskauf krit
Goldschmidt ZIP 2005, 1305 ff); eine konkrete Bestellung zum sog **Wissensvertreter** (so
die gängige Bezeichnung, s etwa jurisPK-BGB/Weinland § 166 Rn 11 ff; s zu diesem an sich
versicherungsrechtlichen Institut unten Rn 7 sowie Vorbem 86) ist dafür jedenfalls nicht
erforderlich (BGHZ 117, 104, 107; BRHP/Schäfer § 166 Rn 18; MünchKomm/Schubert § 166
Rn 28; NK-BGB/Stoffels § 166 Rn 5; Palandt/Ellenberger § 166 Rn 6 f; Richardi AcP 169,
385, 398; Schultz NJW 1990, 477, 479). Umfangreiche Rechtsprechung betrifft etwa die
Zurechnung des Wissens von Mitarbeitern bei *Bankgeschäften* (s etwa BGH NJW 2007,
2989; 2008, 2245; ausf zu Einzelfällen auch MünchKomm/Schubert § 166 Rn 67 ff mwNw) oder
von *Rechtsanwälten und Steuerberatern* (s etwa BGH 8. 11. 2016 – VI ZR 594/15 Rn 14, NJW
2017, 949; BGH 25. 10. 2018 – IX ZR 168/17 Rn 13, NJW-RR 2019, 116 mwNw). Für *rein intern
wirkende Berater oder selbständige Dritte* – zB auch Treuhänder des Schuldners
(BGHZ 55, 307, 311 f; NK-BGB/Stoffels § 166 Rn 5), einen reinen Grundstücksmakler
(OLG Stuttgart NJW-RR 2011, 918: anders aber, wenn ihm die wesentlichen Vertragsverhandlungen
überlassen worden sind; s auch MünchKomm/Schubert § 166 Rn 73) oder den Lieferanten
eines Leasinggebers ohne Einbindung in die Verhandlungen (BGH NJW-RR 2005, 1421;
BGH NJW 2005, 365, 367 m Anm Jendrek WuB 2005, 438, Moseschus EWiR 2005, 109 und
Baukelmann juris PR-BGHZivilR 48/2004 Anm 2; ausf Helming FLF 2005, 229; BGH NJW 2011,
2874, 2876) – gilt diese Zurechnung hingegen nicht (BGH NJW-RR 1997, 270; BGH NJW
2003, 589, 590 mwNw; BRHP/Schäfer § 166 Rn 20; Erman/Maier-Reimer § 166 Rn 16; Münch-
Komm/Schubert § 166 Rn 21 f, Rn 72; NK-BGB/Stoffels § 166 Rn 5; Palandt/Ellenberger
§ 166 Rn 7; Soergel/Leptien § 166 Rn 6; Dauner-Lieb 5 f; Schilken 223 ff; Waltermann AcP
192, 210 ff). Ebenso wenig kommt eine Wissenszurechnung in Betracht, wenn eine
Person als Vertreter einer Privatperson in anderen Angelegenheiten bestimmte
Kenntnisse erlangt hat, bei dem maßgeblichen Geschäft aber nicht eingeschaltet
ist (OLG Köln NJW-RR 1997, 718; OLG Brandenburg NJW-RR 2011, 1470 für internen Berater;
zur besonderen Situation bei Organen juristischer Personen und bei Personengesellschaften s noch
unten Rn 32). Stets muss vielmehr eine Einbindung der Person in das betreffende
Geschäft auf Seiten des Zurechnungsempfängers vorliegen (zutr Maier-Reimer NJW
2013, 2405, 2406). Auch gesetzliche Verschwiegenheitspflichten können zudem einer
Wissenszurechnung entgegenstehen (Erman/Maier-Reimer § 166 Rn 20; Maier-Reimer
NJW 2013, 2405, 2407). Schließlich kann eine an sich gerechtfertigte Zurechnung von
Wissen nach Treu und Glauben (§ 242 BGB) unbeachtlich sein, wenn die andere
Partei wusste oder wissen musste, dass der Vertreter/Gehilfe sein Wissen dem
Geschäftsherrn vorenthalten werde (BGH NJW 2013, 2015 für Kreditvermittler; s auch
jurisPK-BGB/Weinland § 166 Rn 4 mwNw).

Die Grundsätze des § 166 Abs 1 BGB werden im Rahmen der Wissenszurechnung
auch auf Personen angewendet, die in anderer Eigenschaft, dh nicht als Gehilfen, in

Erscheinung getreten sind, so zB auf den *Ehepartner* einer Vertragspartei (BGH NJW 1965, 1174; BGH WM 2013, 155; BGHZ 83, 293 betraf einen Ehepartner mit Kontovollmacht, dazu krit WILHELM AcP 183, 1; zur Kenntniszurechnung und Bösgläubigkeit im Rahmen eines Girokontenvertrages bei Kontovollmacht eines Dritten OLG Köln NJW 1998, 2909 f; s auch MünchKomm/ SCHUBERT § 166 Rn 79). Dasselbe gilt hinsichtlich des Wissens eines in die Geschäftsleitung des Partnerunternehmens entsandten „Beobachters" (BGHZ 22, 128, 134), eines Rechtsanwaltes, der wegen desselben Wettbewerbsverstoßes Abmahnungsfällen für verschiedene Mandanten tätig wird (OLG Hamm NJW-RR 2011, 1261); zum Geschäftsführer der Zielgesellschaft beim Unternehmenskauf s noch Rn 21.

4a **Nicht anwendbar** ist § 166 Abs 1 BGB hingegen auf den **Boten**, der keine eigene Willenserklärung abgibt (BRHP/SCHÄFER § 166 Rn 6; ERMAN/MAIER-REIMER § 164 Rn 2; MünchKomm/SCHUBERT § 166 Rn 19; NK-BGB/STOFFELS § 166 Rn 9; PALANDT/ELLENBERGER § 166 Rn 2; PWW/FRENSCH § 166 Rn 2; SOERGEL/LEPTIEN § 166 Rn 10; FLUME § 43, 4; WOLF/NEUNER § 49 Rn 80; SCHILKEN 79 ff, 217 ff; SCHREINDORFER 153 f; HOFFMANN JR 1969, 372, 373; krit KIEHNLE AcP 212 [2012] 910). Der Gesetzgeber hat sich in § 120 BGB darauf beschränkt, dem Auftraggeber das Transportrisiko anzulasten (HOFFMANN JR 1969, 373), sodass die in § 166 BGB genannten Umstände aus der Person des Auftraggebers zu beurteilen sind (BROX/WALKER § 24 Rn 7), es sei denn, es handelt sich um einen als Boten auftretenden Stellvertreter (SCHILKEN 218 ff; s Vorbem 80 zu §§ 164 ff). § 166 BGB gilt grundsätzlich auch nicht in den Fällen der **mittelbaren Stellvertretung** (s Vorbem 42 ff zu §§ 164 ff), weil es dort ohnehin in jeder Beziehung allein auf den Handelnden ankommt (ERMAN/MAIER-REIMER § 166 Rn 2; MünchKomm/SCHUBERT § 166 Rn 19; NK-BGB/STOFFELS § 166 Rn 9; PALANDT/ ELLENBERGER § 166 Rn 2; PWW/FRENSCH § 166 Rn 2; SOERGEL/LEPTIEN § 166 Rn 10; SCHILKEN 153 f; einschränkend bei Weisungen FLECKNER, in: FS Hopt 30 f mwNw; krit auch SCHWARK JuS 1980, 777, 778 ff; s auch Vorbem 46 zu §§ 164 ff; zu § 166 Abs 2 BGB s unten Rn 32).

5 **c)** Es kann danach ein **Prinzip der erweiterten persönlichen Anwendung** des § 166 Abs 1 BGB auf bei Rechtsgeschäften beteiligte Hilfspersonen konstatiert werden: Da die vielfältigen Vorschriften über Wissen und Wissenmüssen den Wegfall bestimmter sonst eintretender Rechtsvorteile anordnen (s SCHILKEN 47 ff), ist § 166 Abs 1 dann entsprechend anwendbar, wenn der Geschäftsherr weder selbst handelt noch einem Stellvertreter die Prüfung der Verlässlichkeit der maßgeblichen Umstände überträgt (§ 166 Abs 1 BGB), wohl aber eine andere Person mit eigenverantwortlicher Prüfungs- und Entscheidungskompetenz (insoweit abl BUCK 162 ff) im Bereich dieses rechtsgeschäftlichen Vorteilsschutzes einsetzt (SCHILKEN 213 ff; ebenso SCHÜLER 41 ff; JAUERNIG/ MANSEL § 166 Rn 2 f und BORK, Rn 1662: „allgemeiner Rechtsgedanke"; BREHM Rn 436: „Ausdruck eines allgemeinen Zurechnungsprinzips"; für eine grundsätzliche Anlehnung an § 166 BGB auch SPINDLER ZHR 181 [2017] 160 ff; s auch FATEMI NJOZ 2012, 2637, 2642; ferner SCHERZBERG 113 ff; WEISSHAUPT WM 2013, 782, 787). Die aus § 166 Abs 1 herzuleitende Zurechnung ist Konsequenz der Einschaltung eines Zuordnungsmittlers und Ausgleich der aus diesem arbeitsteiligen Einsatz gewonnenen Erleichterung, das Rechtsgeschäft nicht selbst vornehmen zu müssen (bei Einsatz eines Vertreters) oder aber (bei Einsatz sonstiger Hilfspersonen) vorbereiten, begleiten oder abwickeln zu müssen (zust BFH DStRE 2003, 1244, 1245). Bei den Hilfspersonen muss für eine Zurechnung verlangt werden, dass der Geschäftsherr ihnen die jeweils maßgebliche Verlässlichkeitsprüfung (dh die Prüfung wissenserheblicher Umstände) intern oder extern mit insoweit selbständiger Entscheidungsgewalt übertragen hat. Das daraus sich ergebende Risiko weist § 166 Abs 1 BGB dem Geschäftsherrn zu (vgl auch WALTERMANN AcP 192, 181, 191 ff;

MünchKomm/Schubert § 166 Rn 20 ff; zur Bindung des Leasinggebers an Zusagen des Lieferanten OLG Köln NJW-RR 1996, 411 ff; Knops BB 1994, 947); *Besonderheiten* kommen *bei juristischen Personen und anderen Organisationen (Unternehmen)* in Betracht (s dazu näher Rn 32). Angesichts der aktuellen Entwicklung in den beiden letzten Jahrzehnten mag man freilich zweifeln, ob die Wissenszurechnung auf ein der Regelung des § 166 Abs 1 und Abs 2 BGB (s noch unten Rn 27 ff) zu entnehmendes Zurechnungsprinzip zurückzuführen oder ohne konkrete Anbindung an diese Regelung als allgemeines Zurechnungsproblem zu begreifen ist (so die Tendenz im neueren Schrifttum, s etwa Erman/Maier-Reimer § 166 Rn 21 f: Ergebnis richterlicher Rechtsfortbildung; MünchKomm/Schubert § 166 Rn 8 ff, Rn 45 ff: Gedanke des Verkehrsschutzes; Bayreuther JA 1998, 459, 464 ff [für juristische Personen]; Bohrer DNotZ 1991, 124, 131; Grunewald 301, 304; Medicus 4, 9 ff; Roth 585 f; Taupitz 16 ff, 24 ff; ferner die neueren Monographien von Baum [mit einem zT auf §§ 164, 166 BGB, zT auf einen angeblichen, de lege lata jedoch nicht begründbaren Zurechnungsgrund der Risikoschaffung zurückgeführten Zurechnungsmodell; zu Recht krit Dauner-Lieb 57] und Schüler [für juristische Personen, insbes im Konzern, Zurechnung aufgrund allgemein wertender Betrachtung], vgl aber auch bereits Schilken 302; für eine – angesichts der Spezialregelung des § 166 BGB jedoch unnötige – Heranziehung des § 164 Abs 3 BGB als Grundlage für eine Wissensvertretung Bruns 160 ff und dazu krit Prölss, in: Liber amicorum Leenen, 229, 236; Thomale 32 ff: durch das Gleichstellungsprinzip begründete richterliche Rechtsfortbildung; weitgehend für eine Heranziehung des § 166 BGB hingegen Buck passim, außer bei Wissensaufspaltung in juristischen Personen, 393 ff [§ 242]; ausf auch dies, Buck-Heeb § 32 Rn 1 ff; Spindler ZHR 181 [2017] 160 ff; für eine differenzierte Zurechnung über § 278 BGB im Rahmen vertraglicher Haftung und über § 166 BGB in sonstigen Konstellationen Harke, 55 ff; offen HKK/Schmoeckel §§ 164–181 Rn 29). Intensiv ist zuletzt auf einem ZHR-Symposion 2017 über die Grundlagen der Wissenszurechnung im Allgemeinen und speziell bei juristischen Personen [GmbH, AG und Konzern] sowie im Kapitalmarktrecht diskutiert worden (s Grigoleit ZHR 181 [2017] 160: Verschuldensaversität der Wissensnorm; Ihrig ZHR 181 [2017] 311; Schürnbrand ZHR 181 [2017] 357; Spindler ZHR 181 [2017] 311; Wagner ZHR 181 [2017] 203, 249 ff: strikte Wissenszurechnung).

Die Übertragung der Verlässlichkeitsprüfung auf eigenverantwortlich tätige Hilfspersonen kann insbesondere in größeren Betrieben auch auf mehrere Personen verteilt sein. In solchen Fällen, die in jüngerer Zeit verstärkt – oft in Gewährleistungsfällen – in Erscheinung getreten sind (vgl Hagen DRiZ 1997, 157), stellt sich die Frage nach der Wissenszurechnung in Form einer **Wissenszusammenrechnung** bei Aufspaltung des Wissens auf mehrere Personen (s dazu insbes Bork Rn 1665 ff; Buck 326 ff; Reischl JuS 1997, 783; BRHP/Schäfer § 166 Rn 23; Erman/Maier-Reimer § 166 Rn 17 ff, Rn 36; jurisPK-BGB/Weinland § 166 Rn 26 ff; MünchKomm/Schubert § 166 Rn 62 f; NK-BGB/Stoffels § 166 Rn 12; Palandt/Ellenberger § 166 Rn 8; PWW/Frensch § 166 Rn 18 ff; Soergel/Leptien § 166 Rn 9 mwNw; Leipold § 25 Rn 7 f; Wertenbruch § 32 Rn 6; Wolf/Neuner § 49 Rn 81 ff; ausf Buck-Heeb § 32 Rn 15 ff; zur OHG und KG Wertenbruch, Handbuch Rn I 312). Von dem Ausgangspunkt her, dass der Geschäftsherr (natürliche Person, Personengesellschaft oder juristische Person) sich die Folgen der arbeitsteiligen Übertragung der Verlässlichkeitsprüfung auf solche Hilfspersonen zurechnen lassen muss, ist auch die „Zusammenrechnung" des aufgespaltenen Wissen(müssen)s mehrerer Gehilfen (krit Waltermann AcP 192, 182, 214, 226; Staudinger/Gursky [2013] § 990 Rn 37 f; Fassbender/Neuhaus WM 2002, 1253, 1256; s auch Dauner-Lieb 5 mwNw; Fatemi NJOZ 2010, 2637, 2640 ff) grundsätzlich zu bejahen. Sie darf aber nicht etwa dahin (miss-)verstanden werden, dass bei verschiedenen in ein Unternehmen eingegliederten Personen vorhandene „Wissensbausteine" ohne weiteres zu einem einheitlichen Wissen komponiert

6

werden dürften (zutr DAUNER-LIEB 5). Vielmehr kann eine solche Zusammenrechnung nur zulässig sein, wenn sämtliche Teilwissensträger Verantwortung für das konkrete Geschäft tragen und eine Pflicht zur Informationsweitergabe besteht. Bei größeren Organisationen ist dabei nach inzwischen gefestigter Ansicht abzustellen auf eine ordnungsgemäße Organisation **(Wissensorganisationspflicht)** des Informationsaustausches im Unternehmen (jeder Art), soweit für das (aktenmäßige oder datenmäßige) Verfügbarhalten und Verfügbarmachen ein hinreichender Anlass besteht *(Informationsspeicherungs-, Informationsweitergabe- und Informationsabfragepflicht)*, wobei Billigkeit und Zumutbarkeit als zwar unbestimmte, aber zur Eingrenzung unverzichtbare Kriterien zu berücksichtigen sind (s etwa BGHZ 109, 327, 332 f; 117, 104, 109; 132, 30; 135, 202, 205; BGH NJW 2011, 2791, 2792 mwNw, stRspr; BGH JZ 1996, 731 m Anm TAUPITZ; BGH VersR 2004, 850, 851; OLG Karlsruhe ZIP 2006, 1576, 1577 m Anm HAERTLEIN/MÜLLER EWiR 2007, 9; BRHP/SCHÄFER § 166 Rn 23; ERMAN/MAIER-REIMER § 166 Rn 17 ff; MünchKomm/ SCHUBERT § 166 Rn 51 ff; NK-BGB/STOFFELS § 164 Rn 12; PWW/FRENSCH § 166 Rn 18 ff; SOERGEL/ LEPTIEN § 166 Rn 9 mwNw; MEDICUS/PETERSEN Rn 904c; BITTER/RÖDER § 10 Rn 181 ff; ausf BORK Rn 1671 f; WERTENBRUCH § 32 Rn 6 ff und Handbuch, Rn I 312a; WOLF/NEUNER § 49 Rn 83 ff; ausf und sehr instruktiv BUCK-HEEB § 32 Rn 15 ff; dies WM 2008, 281; BOHRER DNotZ 1991, 124, 130; DREXL Bankrechtstag 2002, 85 ff; GRUNEWALD 301 ff; HAGEN DRiZ 1997, 157, 163; MEDICUS 10 ff; BUCK-HEEB WM 2008, 281, 282 ff; NOBBE Bankrechtstag 2002, 121 ff; ODERSKY, in: FS Geiß [2000] 135; PETERSEN Jura 2008, 914, 916; REISCHL JuS 1997, 783; vREINERSDORFF WiB 1996, 495 f; RODEWALD/UNGER BB 2007, 1629; M SCHWAB JuS 2017, 481, 482 ff; SCHEUCH GmbH-Rdsch 1996, 828, 831 f; TAUPITZ 25 ff; WEISSHAUPT WM 2012, 782, 786; ausführlich zum ganzen auch FATEMI NJOZ 2010, 2637, 2640 ff; STAUDINGER/GURSKY [2013] § 990 Rn 37 f; s auch, wenngleich im Rahmen seines abweichenden Zurechnungskonzepts über einen Herstellungsanspruch krit, BAUM 225 ff, 308 ff [dazu krit REINHARDT 78 ff]; ähnlich [Naturalrestitution] RÖMMER-COLLMANN 172 ff [dazu krit REINHARDT 77 f]; krit aufgrund seines abweichenden Konzepts der Wissenszurechnung [s oben Rn 2] auch PRÖLSS, in: Liber amicorum Leenen, 229, 236 ff; abl BUCK 393 ff, die stattdessen [447] auf Treu und Glauben zurückgreifen will, dazu krit SCHILKEN 56 f; s auch REINHARDT 81 ff; weitergehend für Wissenszurechnung im Verband schon bei Kenntnis eines beteiligten Vertreters ALTMEPPEN BB 1999, 749 ff). Zu Recht weist DAUNER-LIEB (48 f, 53; s immerhin MEDICUS 5 ff; dazu krit BAUM 29, 194 ff; RÖMMER-COLLMANN 22 ff; nur knapp SCHILKEN 6 f) in diesem Zusammenhang auf den bisher noch unzureichend geklärten Inhalt des Wissensbegriffes (dazu näher BUCK 31 ff, 47 ff; FATEMI NJOZ 2010, 2637 ff: Wissen = Kenntnis = Vorhandensein einer bestimmten zutreffenden Information im menschlichen Gedächtnis mit innerer Überzeugung der Richtigkeit, auch bei fehlender Erinnerung; REINHARDT 23 ff, 163 ff; ausf zur Definition des Gegenstandes von Wissen im Recht SCHRADER passim) und die gleichfalls noch offene Bedeutung des Inhalts künstlicher Wissensspeicher hin, deren allgemeine Verbreitung aber auch eine Zusammenführung der Problematik für Einzelpersonen und Organisationen ermöglicht: Eine Berücksichtigung der gespeicherten Daten sollte nur dann rechtserheblich sein, wenn – für die Einzelperson, das beteiligte Organ oder den beteiligten Vertreter, endlich für eigenverantwortlich eingeschaltete Hilfspersonen, also durchaus in einer Gleichstellung (vgl auch DAUNER-LIEB 5 f) – bei sachgerechter Vorgehensweise Anlass zur Abrufung des Wissens bestand (s auch MEDICUS 15; TAUPITZ 29; krit zu einer verhaltensunabhängigen Wissenszurechnung ferner zu Recht FASSBENDER/NEUHAUS WM 2002, 1253, 1255 ff; s zur Bedeutung von „Big Data" für die Wissenszurechnung ferner SPINDLER/SEIDEL NJW 2018, 2153; dies, in: FS Marsch-Barner 549 ff). Bei entsprechender Organisationspflicht kann durchaus auch die Berücksichtigung nur privaten Wissens des Mitarbeiters (oder Organs, s Rn 32) in Betracht kommen (s dazu ausf BUCK-HEEB WM 2008, 281, 282 ff; FLEISCHER NJW 2006, 3239, 3241 f, jew mwNw; abl zB

Medicus/Petersen Rn 904d; vgl auch OLG Koblenz VersR 2001, 45), ebenso ein unternehmens- bzw behördenübergreifende Zurechnung (MünchKomm/Schubert § 166 Rn 63 mwNw; s auch noch Rn 40). Im Übrigen sind in diesem Zusammenhang die Grenzen zwischen Wissen und Wissenmüssen stets zu beachten; wo nur Kenntnis schadet, darf unterlassene (akten- oder datenmäßige) Speicherung nicht als Wissen und schon gar nicht als Arglist gewertet werden (s dazu grundlegend Flume AcP 197, 441 ff; Dauner-Lieb 43 ff, 53 ff; Fatemi NJOZ 2010, 2637, 2640 f; Hoenig/Klingen NZG 2013, 1046, 1050). Gerade bei Organisationen besteht die Gefahr einer diesbezüglichen Vermengung. Für das **Öffentliche Recht** (s noch Rn 40) vertritt Reinhardt (163 ff) in Anknüpfung an den Untersuchungsgrundsatz einen objektiven Wissensbegriff auf subjektiver Grundlage, der zunächst eine Zurechnung relevanter Bewusstseinsinhalte natürlicher Personen ermöglichen, anderenfalls aber auch eine Beachtlichkeit von im Organisationsbereich verkörperten Informationen rechtfertigen soll, sofern insoweit Anlass und Möglichkeit zum Zugriff auf die Information bestand.

d) Spezielle Regeln der Wissenszurechnung haben sich im **Versicherungsvertragsrecht** entwickelt (s ausf zum VVG aF Bruns 56 ff, 155 ff, 206 ff; Leschke, Vertretungsmacht von Versicherungsvertretern und Wissenszurechnung [1998]; Baumann NVersZ 2000, 116; Beckmann NJW 1996, 1378; Kalb ZfS 1998, 42; Knappmann NJW 1994, 3147 und VersR 1997, 261 ff; Meyer-Reim/Testorf VersR 1994, 1137; Müller-Frank NVersZ 2001, 447; Prölss, in: FG 50 Jahre Bundesgerichtshof [2000] Bd II 551, 620 ff; ders, in: Liber amicorum Leenen, 229, 230, 244 ff; Reiff r + s 1998, 89 ff, 133 ff; Reusch NVersZ 2000, 120 und 419; Schwenker NJW 1992, 343; Sieg VersR 1998, 162; Weigel MDR 1992, 728), das freilich durch das VVG 2007 neu geregelt worden ist (s dazu im Hinblick auf die Wissenszurechnung BGH VersR 2008, 765, 766; Wandt, Versicherungsrecht [6. Aufl 2016] Rn 426 ff; Fricke VersR 2007, 1614, 1615; Neuhaus r + s 2008, 45, 48; Winterling/Harzenetter VW 2007, 1792 ff). Dort hat sich das Institut des sog **Wissensvertreters** – sowie des *Wissenserklärungsvertreters* (s dazu Vorbem 86 zu §§ 164 ff) – herausgebildet, dessen Wissen bei eigenverantwortlicher Betrauung mit einschlägigen Aufgaben dem vertretenen Versicherungsnehmer zugerechnet wird; seine Kenntnis steht derjenigen des Versicherungsnehmers gleich (s Vorbem 86 zu §§ 164 ff und oben Rn 4; BGHZ 102, 194, 197 f; 107, 322, 323; 117, 104; BGH VersR 2000, 1133, st Rspr; BGB-RGRK/Steffen § 166 Rn 9, Rn 19; BRHP/Schäfer § 166 Rn 16 f; Erman/Maier-Reimer § 166 Rn 24 f; MünchKomm/Schubert § 166 Rn 28 f; Soergel/Leptien § 166 Rn 11; Wandt Rn 675 ff; Schilken 97 f; Richardi AcP 169, 385, 392 ff sowie die oa Autoren). Im Fall der Rückwärtsversicherung ist ferner nach § 2 Abs 3 VVG, wenn der Vertrag durch einen Vertreter geschlossen worden ist, nicht nur die leistungsausschließende Kenntnis des Vertreters vom schon erfolgten Eintritt des Versicherungsfalles (§ 2 Abs 2 S 2 VVG), sondern auch die des vertretenen Versicherungsnehmers zu berücksichtigen (Prölss/Martin, Versicherungsvertragsgesetz [30. Aufl 2018] § 2 VVG Rn 22; BRHP/Schäfer § 166 Rn 16; Soergel/Leptien § 166 Rn 8; Wandt Rn 675; Medicus 9); die besonderen Voraussetzungen des § 166 Abs 2 BGB (s unten Rn 27 ff) müssen dafür nicht vorliegen. Entsprechendes regeln §§ 20, 23 Abs 2 VVG im Hinblick auf ein Rücktritts- bzw Kündigungsrecht – oder auch eine Anfechtung wegen arglistiger Täuschung – für die Kenntnis von Gefahrumständen (s Wandt Rn 640); freilich kann insoweit umgekehrt auch eine Kenntnis der Versicherung von diesen Umständen über eine Wissenszurechnung in Frage kommen (s zum vom Versicherer eingeschalteten Arzt BGH NJW 1990, 767 mwNw; OLG Hamm NJW-RR 2006, 106; OLG Celle NJOZ 2008, 3099, 3101 f; Wendt/Jularic VersR 2008, 41 ff, auch zur Einschaltung durch den Versicherungsnehmer). Zur Versicherung für fremde Rechnung (§§ 43 ff VVG) sieht § 45 Abs 1 VVG (mit Einschränkungen in Abs 2) vor, dass auch die Kenntnis des Versicherten zu berücksichtigen ist, soweit eine solche des Versicherungsnehmers bedeutsam ist. Umgekehrt bestimmt in Umsetzung ständiger Rechtsprechung (BGHZ 102, 194, 197 f, st Rspr, s etwa BGH VersR 2008, 977, 978: sog „Auge-und Ohr-Rechtsprechung") § 70 S 1 VVG entsprechend § 166 Abs 1 BGB (s MünchKomm/Schubert § 166 Rn 24 ff; Palandt/Ellenberger § 166 Rn 6a; Wandt Rn 427, Rn 846 mwNw) für den Versicherungsvertreter (§ 59 Abs 2 VVG), dass dessen Kenntnis derjenigen des Versicherers gleich steht, soweit diese nach dem VVG erheblich ist; das gilt allerdings nicht (S 2) für die Kenntnis eines Versicherungsvertreters, die er außerhalb seiner Tätigkeit als Vertreter und ohne Zusammenhang mit dem betreffenden Versicherungsvertrag erlangt hat. Auf Angestellte eines Versicherers, die mit der Vermittlung oder dem Abschluss von Versicherungsverträgen betraut sind, und auf Personen, die als Vertreter selbständig Versicherungsverträge vermitteln oder abschließen, ohne gewerbsmäßig tätig zu sein, ist § 70 VVG entsprechend anzuwenden (§ 73 VVG). Eine Wissenszurechnung analog § 166 Abs 1 BGB kann darüber hinaus zB in Betracht kommen, wenn der Versicherungsvertreter ausnahmsweise keine Vertretungsmacht hat (vgl §§ 69, 71, 72 VVG), aber als Wissensvertreter zu qualifizieren ist (Wandt Rn 428 mwNw). Nicht zugerechnet wird dem Versicherer hingegen die Kenntnis eines Versicherungsmaklers (§ 59 Abs 3 VVG) oder eines Versicherungsberaters (§ 59 Abs 4 VVG), sofern nicht die allgemeinen Voraussetzungen für eine (entsprechende) Anwendung des § 166 Abs 1 BGB vorliegen (s zum Versicherungsmakler BGH NJW-RR 2000, 316; 2001, 593; 2008, 1649, 1650; VersR 1999, 1481; Erman/Maier-Reimer § 166 Rn 30; MünchKomm/Schubert § 166 Rn 25). Im Gegenteil kann das Wissen eines Versicherungsmaklers uU gem § 166 Abs 1 BGB dem Versicherungsnehmer zurechenbar sein (vgl BGH NJW 2014, 1452, 1453; NJW-RR 2008, 343, 344 und 1649, 1650 mwNw; MünchKomm/Schubert § 166 Rn 26; Wandt Rn 436), ebenso uU die Kenntnis eines Rechtsanwaltes bei Versäumung einer Meldefrist (s [im Fall abl] OLG Köln NJW-RR 2013, 867). Wegen der Einzelheiten wird auf die spezielle Literatur zum VVG verwiesen.

2. Der sachliche Anwendungsbereich der Vorschrift

8 a) § 166 Abs 1 BGB stellt neben den Willensmängeln (s dazu Rn 12 ff) auf Kenntnis und Kennenmüssen ab, soweit die **rechtlichen Folgen einer Willenserklärung** dadurch beeinflusst werden; die Art der Kenntniserlangung spielt jedenfalls im Rahmen des § 166 Abs 1 BGB keine Rolle (Grunewald 306; Taupitz 24 f; Buck 166 ff; Römmer-Collmann 190 ff). Es fallen darunter sämtliche Vorschriften, die im rechtsgeschäftlichen Bereich an eine solche Kenntnis oder das Kennenmüssen (= fahrlässige oder grob fahrlässige Unkenntnis, vgl § 122 Abs 2 BGB) idR ungünstige Rechtsfolgen knüpfen. Die vielfältigen einschlägigen Bestimmungen lassen sich hier nicht abschließend aufführen (s aber noch näher unten Rn 21 ff; dazu auch BRHP/Schäfer § 166 Rn 14, Rn 22; Erman/Maier-Reimer § 166 Rn 26 ff; jurisPR-BGB/Weinland § 166 Rn 34 ff; MünchKomm/Schubert § 164 Rn 30 ff; NK-BGB/Stoffels § 166 Rn 17 ff; PWW/Frensch § 166 Rn 5; Bork Rn 1655 ff; Wolf/Neuner § 49 Rn 77; Schilken 51 ff; M Schwab JuS 2017, 481, 487 ff). Zu nennen sind etwa § 116 S 2 BGB betr die Kenntnis des Vorbehalts (s nur vHein ZIP 2005, 191 mwNw) – zum Scheingeschäft (§ 117 S 1 BGB) s unten Rn 12 – und §§ 119 Abs 1, 121 Abs 1 S 1, 122 Abs 2, 123, 124 Abs 2 S 1, 142 Abs 2, 169, 173, 199, 307, 405 bis 408 BGB aus dem Allgemeinen Teil und dem Allgemeinen Schuldrecht sowie grundsätzlich auch die diversen Vorschriften über einen Gutglaubenserwerb; zahlreiche weitere Bestimmungen aus dem Besonderen Schuldrecht (zB § 442 Abs 1

BGB), dem Familien- und Erbrecht und weiteren privatrechtlichen Gesetzen (zB § 15 Abs 1 und 3 HGB; §§ 129 ff InsO) kommen hinzu (s näher Rn 9 ff und Rn 21 ff). Zu § 116 S 2 BGB ist anzumerken, dass dort nach dem Zweck der Vorschrift allerdings auch die Kenntnis des vertretenen Geschäftsgegners, stets aber gem § 166 S 1 BGB diejenige seines Vertreters beachtlich ist (BRHP/SCHÄFER § 166 Rn 11; MünchKomm/ SCHUBERT § 166 Rn 31; NK-BGB/STOFFELS § 164 Rn 20; PWW/FRENSCH § 166 Rn 4; SOERGEL/ LEPTIEN § 166 Rn 19; zu Letzterem aA FLUME § 20 1). Allerdings ist eine teleologische Reduktion des § 166 Abs 1 BGB geboten, wenn der Vertretene, nicht aber der Vertreter von dem Vorbehalt Kenntnis hat (MünchKomm/SCHUBERT § 166 Rn 31; NK-BGB/STOFFELS § 166 Rn 21; FLUME § 20 1). Aus dem Gesamtzusammenhang des § 166 BGB ist, obwohl es im Gesetz nicht besonders angesprochen wird, darüber hinaus zu entnehmen, dass auch für die Frage der **Auslegung einer Willenserklärung** auf die Person des Vertreters abzustellen ist (Mot I 227; BGH NJW 2000, 2272 für beurkundungsbedürftiges Rechtsgeschäft = JR 2001, 284 m Anm THIESSEN und GRUNEWALD EWiR 2001, 55; BB 1984, 564, 565; BAG NJW 1961, 2085; Hk-BGB/DÖRNER § 166 Rn 3; juris-PR-BGB/WEINLAND § 166 Rn 10; MünchKomm/SCHUBERT § 166 Rn 30; NK-BGB/STOFFELS § 164 Rn 17; PALANDT/ELLENBERGER § 166 Rn 5; SOERGEL/LEPTIEN § 166 Rn 3; BORK Rn 1366, 1655; BREHM Rn 435; FLUME § 46 3). Auch in Fällen eines rechtsgeschäftlich vermittelten Surrogationserwerbes (s Vorbem 95 zu §§ 164 ff) kann § 166 BGB herangezogen werden (EINSELE JZ 1990, 1005, 1008), ebenso beim *kaufmännischen Bestätigungsschreiben* (BGH NJW 1963, 1922; MünchKomm/SCHUBERT § 166 Rn 81 mwNw). – Sofern man das Rechtsinstitut der *Rechtsscheinsvollmacht* als Fall der sog Vertrauenshaftung anerkennt (s § 167 Rn 28 ff), bei der der Dritte von den Umständen der scheinbaren Vollmacht Kenntnis haben muss, kann auch dort die Kenntnis eines Vertreters dem Begünstigten, nunmehr zu seinem Vorteil, zugerechnet werden; demgegenüber kommt es bei den gesetzlichen Tatbeständen etwa der §§ 892 Abs 1 S 1, 2366 BGB oder § 15 Abs 3 HGB nur auf die Verlautbarung (im Grundbuch, Register oder Erbschein), nicht aber auf Kenntnis davon an (unzutr deshalb BOHRER DNotZ 1991, 124, 125 f). 7

Zu berücksichtigen ist ferner, dass insbesondere eine **Kenntnis Bestandteil anderer Tatbestandsmerkmale** und damit ebenfalls § 166 Abs 1 BGB anwendbar sein kann. Zu nennen ist vor allem das Tatbestandsmerkmal der Arglist auf der Seite des Handelnden, zB in § 123 BGB (BGHZ 168, 64, 68; Hk-BGB/DÖRNER § 166 Rn 3; SCHILKEN 52; anders in der Begründung [arg § 123 Abs 2] die hM, s etwa BRHP/SCHÄFER § 166 Rn 10; MünchKomm/SCHUBERT § 166 Rn 36; NK-BGB/STOFFELS § 166 Rn 23; SOERGEL/LEPTIEN § 166 Rn 25) in §§ 438 Abs 3, 442, 444, 445 BGB (zu 463 aF s BGHZ 117, 104, 106; OLG Köln DNotZ 1994, 481; ERMAN/MAIER-REIMER § 166 Rn 12; Hk-BGB/DÖRNER § 166 Rn 3; NK-BGB/ STOFFELS § 166 Rn 23; PWW/FRENSCH § 166 Rn 5; zu § 444 BGB beim Unternehmenskauf s Rn 21) oder in § 536d BGB, selbstverständlich nur im Falle der Beteiligung des Vertreters am betreffenden Rechtsgeschäft; keineswegs kann eine Arglist durch bloße Zurechnung des Wissens einer nicht beteiligten Person begründet werden (so aber BGHZ 109, 327 = JZ 1990, 548 m Anm FLUME; im Ansatz auch BGHZ 117, 104 und BGHZ 132, 30; zu Recht **krit** FLUME AcP 197, 441 ff; ebenso DAUNER-LIEB 55 f; s aber auch BOHRER DNotZ 1991, 124 ff; HARTUNG NZG 1999, 524). Eine solche – Kenntnis iSd § 166 BGB voraussetzende – arglistige Täuschung *durch* den Vertreter darf nicht mit der Täuschung *des* Stellvertreters durch den anderen Teil verwechselt werden; freilich schließt auch dort die Kenntnis des Vertreters den Willensmangel – auch Irrtum iSd § 119 BGB – aus (s Rn 12 ff). Zu trennen von § 166 BGB ist hingegen die Haftung für den Erfüllungsgehilfen nach § 278 BGB, wo es um eine Verschuldenszurechnung geht, die freilich 8a

§ 166

ein Wissenselement enthalten kann (vgl etwa den Fall OLG Koblenz ZIP 2002, 702, 709, wo es um eine Verschuldenszurechnung ging).

9 Besondere Bedeutung kommt der Anwendbarkeit des § 166 Abs 1 (und Abs 2) BGB auch beim **Gutglaubenserwerb** im Rahmen des Mobiliarsachenrechts, vor allem beim Eigentumserwerb nach §§ 932 ff BGB zu (s ausführlich SCHILKEN 235 ff). Eine spezielle Problematik ergibt sich in den Fällen, in denen der gutgläubige Erwerb an die Besitzerlangung anknüpft, weil hier *Willenserklärung und Realakt kombiniert* auftreten. Soweit allerdings der Erwerb rein rechtsgeschäftlich vollzogen wird, wie in den Fällen der §§ 929 S 2, 932 Abs 1 S 2 und §§ 931, 934 1. Alt BGB, ist § 166 BGB insgesamt unmittelbar anwendbar (BRHP/SCHÄFER § 166 Rn 14; ERMAN/MAIER-REIMER § 166 Rn 12; JAUERNIG/MANSEL § 164 Rn 2; MünchKomm/SCHUBERT § 166 Rn 42; NK-BGB/STOFFELS § 166 Rn 26; PWW/FRENSCH § 166 Rn 5; SOERGEL/LEPTIEN § 166 Rn 12; MEDICUS/PETERSEN Rn 900; WOLF/NEUNER § 49 Rn 77; SCHILKEN 237). Auch in den anderen Erwerbsfällen ist im Falle der Einschaltung des Stellvertreters auch bei der Übergabe § 166 BGB anzuwenden (MünchKomm/SCHUBERT § 164 Rn 42; NK-BGB/STOFFELS § 166 Rn 26; SCHILKEN 240 ff mwNw), bei nachfolgender Einigung sogar unmittelbar (SCHILKEN 242). Auch eine Bösgläubigkeit des Vertretenen selbst ist im Rahmen des § 166 Abs 2 BGB (s näher Rn 27 ff) beachtlich (SCHILKEN 240 ff; zur Anwendbarkeit des § 166 s ferner RG WarnR 1934 Nr 157; BGHZ 32, 53, 59; ERMAN/MAIER-REIMER § 166 Rn 12; MünchKomm/SCHUBERT § 166 Rn 42; NK-BGB/STOFFELS § 166 Rn 26; SOERGEL/LEPTIEN § 166 Rn 12; vgl auch WOLF/NEUNER § 49 Rn 77 Fn 131). Bei Einschaltung sonstiger Besitzgehilfen (Besitzmittler oder -diener) im Rahmen der Übergabe kann auch deren Bösgläubigkeit in entsprechender Anwendung des § 166 Abs 1 BGB entgegen hM (RGZ 137, 23, 28; ERMAN/MAIER-REIMER § 166 Rn 12; NK-BGB/STOFFELS § 166 Rn 26; RICHARDI AcP 169, 392; WESTERMANN JuS 1961, 82) schaden (MünchKomm/SCHUBERT § 166 Rn 42), allerdings nur, wenn dem Gehilfen hinsichtlich der Eigentumslage eine eigenverantwortliche Prüfungskompetenz übertragen worden ist (STAUDINGER/GURSKY [2013] § 990 Rn 46, Rn 48 f mwNw; ausf SCHILKEN 251 ff mwNw; vgl Rn 5).

Entsprechend § 166 Abs 1 BGB kommt es auch für die *situationsgebundenen Voraussetzungen des Widerrufsrechts* nach § 312g BGB auf die Person des Vertreters bei Abschluss des Haustürgeschäftes und nicht auf die Person des Vertretenen bei der Vollmachtserteilung an (BGH NJW-RR 1991, 1074; BGH NJW 2000, 2268 m Anm BÜCHLER EWiR 2000, 1097 und PFEIFFER LM § 166 Nr 41; BGH NJW 2000, 2270 m Anm KLAAS EWiR 2000, 871; 2004, 154 m Anm LANGE EWiR 2004, 133; BGH NJW 2006, 497 und 1340, st Rspr; ERMAN/MAIER-REIMER § 166 Rn 5; MünchKomm/SCHUBERT § 166 Rn 37; STAUDINGER/THÜSING [2019] § 312 Rn 42 f, jew mwNw; BORK Rn 1367; WOLF/NEUNER § 49 Rn 75; SCHREINDORFER 264 ff; HERRESTHAL JuS 2002, 844, 846; MARTIS MDR 2003, 961, 962; grds auch HOFFMANN JZ 2012, 1156, 1157 mwNw [anders, wenn der Geschäftsherr als Unternehmer die Verbrauchereigenschaft des Vertreters kenne oder wenn er diesem umfassende Weisungen erteile]. – **Krit** und für eine Gesamtbetrachtung von Bevollmächtigung und Vertretergeschäft MÖLLER ZIP 2002, 333, 337 ff mwNw; diff MASUCH BB 2003, Beilage 6, 16 ff und bereits ZIP 2001, 143, 144 f; iE über eine entsprechende Anwendung des § 166 Abs 2 BGB auch KULKE ZBB 2000, 407, 413 ff; ZfIR 2004, 138, 139). Es besteht kein Anlass, in solchen Fällen aus Gründen des Verbraucherschutzes zulasten des Verkehrsschutzes vom Repräsentationsgedanken des § 166 Abs 1 BGB abzuweichen. Entsprechendes gilt für die *Widerrufsrechte nach § 485 BGB und § 495 BGB* (MünchKomm/SCHUBERT § 166 Rn 37; WOLF/NEUNER § 49 Rn 75) Für die *personenbezogene Voraussetzung* der Verbrauchereigenschaft ist nach der hM (Nachw s oben) hingegen nur die Person des Vertretenen maßgeblich (**aA** insoweit aber zB STAUDINGER/THÜSING [2019] § 312 Rn 43; HOFFMANN JZ 2012, 1156, 1157 f [auch insoweit grds – Ausnahmen s oben – Vertreter maßgeblich]; für Verbrauchereigenschaft beider Personen SCHREINDORFER 253 ff). – Auch bei *formbedürftigen Rechtsgeschäften* findet eine Zurechnung des Vertreterwissens statt, nicht allerdings des Wissens bloßer Verhandlungsgehilfen, weil sonst die vorgeschriebene Form ihre Warn- und Schutzfunktion nicht erfüllen könnte (BGH NJW 2000, 2272, 2273 m Anm GRUNEWALD EWiR 2001, 55; BGH NJW-RR 1986, 1019, 1020 m Anm REITHMANN EWiR 1986, 555; BRHP/SCHÄFER § 166 Rn 21 mwNw; MünchKomm/SCHUBERT § 166 Rn 30 [einschränkend]; NK-BGB/STOFFELS § 166 Rn 7; PALANDT/ELLENBERGER § 166 Rn 7; SOERGEL/LEPTIEN § 166 Rn 6; krit GOLDSCHMIDT ZIP 2005, 1305, 1312 f [zum Unternehmenskauf]).

Hingegen kann dort keine Zurechnung aus der Person des Vertreters stattfinden, wo es auf die *persönlichen Verhältnisse* des Vertretenen ankommt, wie zB auf die Verbraucher- oder Kaufmannseigenschaft oder die Verwandtschaft (NK-BGB/STOFFELS § 166 Rn 19; SOERGEL/LEPTIEN § 166 Rn 27; BORK Rn 1366; FLUME § 46 4; BERGER Jura 2001, 289, 290 f), oder beim kenntnisgebundenen Fristlauf für höchstpersönliche Entscheidungen, so zB gem §§ 2082, 2283 BGB für die Testaments- oder Erbvertragsanfechtung (SOERGEL/LEPTIEN § 166 Rn 27).

b) Bei **rechtsgeschäftsähnlichen Handlungen** (s Vorbem 38a zu §§ 164 ff) findet § 166 **10** Abs 1 BGB – ebenso wie Abs 2 – entsprechende Anwendung (ERMAN/MAIER-REIMER § 166 Rn 13; MünchKomm/SCHUBERT § 166 Rn 43; NK-BGB/STOFFELS § 166 Rn 17; SOERGEL/LEPTIEN § 166 Rn 15; FLUME § 43 I; RÖMMER-COLLMANN 100 ff; SCHILKEN 233). Das gilt namentlich für die Vertretung bei Wissenserklärungen – insbes im Versicherungsrecht (s dazu oben Rn 7; BRUNS 71 ff, 125 ff, 221 ff, 254 ff) – für sog *Wissenserklärungsvertreter* (s Vorbem 86 zu §§ 164 ff und Rn 7).

c) Auf **Realakte**, wie die Übergabe, ist § 166 BGB nicht unmittelbar anwendbar **11** (RGZ 137, 22, 28; BGHZ 16, 259, 264). Wie schon im Falle der §§ 932 ff BGB (Rn 9) entsteht die Frage, unter welchen Voraussetzungen bei Begründung der tatsächlichen Sachherrschaft durch einen **Besitzdiener** dessen Wissen im Zusammenhang des § 990 BGB dem Besitzer zuzurechnen ist. Hierzu hatte der BGH die Auffassung vertreten, dass sich der Besitzer das Wissen des Besitzdieners dann nach Maßgabe des § 166 BGB zurechnen lassen müsse, wenn er deliktisch gem § 831 BGB für ihn einzustehen habe (BGHZ 16, 259, 264). In den späteren Entscheidungen BGHZ 32, 53, 56 und BGHZ 41, 17, 21 wurde dagegen nur noch auf § 166 BGB abgestellt. Diese Auffassung wird im Schrifttum überwiegend befürwortet (s BGB-RGRK/STEFFEN § 164 Rn 8; BRHP/SCHÄFER § 166 Rn 22; Hk-BGB/DÖRNER § 166 Rn 8; jurisPK-BGB/WEINLAND § 166 Rn 36; MünchKomm/SCHUBERT § 166 Rn 99; NK-BGB/STOFFELS § 166 Rn 18; PALANDT/ELLENBERGER § 164 Rn 9; StudKomm § 166 Rn 2; FLUME § 52 6 Fn 42; WESTERMANN/GURSKY/EICKMANN, Sachenrecht [8. Aufl 2011] § 14 Rn 3 ff; WOLFF/RAISER § 13 II; BAYREUTHER JA 1998, 459, 463 f; LORENZ JZ 1994, 549; RICHARDI AcP 169, 392 ff, 402; BUCK 183 ff; RÖMMER-COLLMANN 105 ff; E SCHMIDT AcP 175, 168 ff; ausführlich SCHILKEN 269 ff mwNw sowie insbes STAUDINGER/GURSKY [2013] § 990 Rn 43 ff mwNw). Verbreitet wird demgegenüber die Gegenansicht vertreten, dass die Anrechnung des Besitzdienerwissens nur nach § 831 BGB erfolgen könne (SOERGEL/LEPTIEN § 166 Rn 17; BAUR/STÜRNER, Sachenrecht [18. Aufl 2009] § 5 Rn 13 ff; MEDICUS Karlsruher Forum 1994, 4, 9 und MEDICUS/PETERSEN Rn 903; MünchKomm/MEDICUS § 990 Rn 11 f; WESTERMANN JuS 1961, 79, 81 ff; WILHELM AcP 183, 1, 24 ff). Bei selbstständigem, eigenverantwortlichem Einsatz des Besitzgehilfen (s Rn 8) ist indessen auch hier die entsprechende Anwendung des § 166 Abs 1 BGB geboten (s näher, auch zu unterschiedlichen Einzelkonstellationen, STAUDINGER/GURSKY [2013] § 990 Rn 43 ff; SCHILKEN 269 ff, jew m umfangr Nachw). Abzulehnen ist eine Anwendung des § 278 BGB (BUCK 172 ff; aA zB HÜBNER Rn 1230 f und 1213). In keinem Fall vermag guter Glaube eines Besitzdieners den bösen Glauben des Besitzers auszuräumen (BGH WM 1955, 1095), und zwar auch nicht bei nachträglichem Gutgläubigwerden (MünchKomm/SCHUBERT § 166 Rn 98; NK-BGB/STOFFELS § 166 Rn 18; SOERGEL/LEPTIEN § 166 Rn 17; STAUDINGER/GURSKY [2013] § 990 Rn 33 ff mwNw; GURSKY JR 1986, 225, 226 f; SCHILKEN 283, jeweils mwNw, sehr str). Zu weiteren Fällen s unten Rn 21 ff.

3. Die von § 166 erfassten Willensmängel und ihre Folgen

12 a) Die nach der Repräsentationstheorie allein von der Person des Vertreters her zu beurteilenden **Willensmängel** umfassen die *Mentalreservation* (§ 116 BGB) bei Abgabe der Erklärung durch den Stellvertreter (BRHP/SCHÄFER § 166 Rn 11; ERMAN/MAIER-REIMER § 166 Rn 6; MünchKomm/SCHUBERT § 166 Rn 31; NK-BGB/STOFFELS § 166 Rn 20; PWW/FRENSCH § 166 Rn 4; SOERGEL/LEPTIEN § 166 Rn 19; vHEIN ZIP 2005, 191 f; zur für die Nichtigkeitsfolge nach S 2 erforderlichen Kenntnis des Geschäftsgegners s Rn 8) und den *Mangel der Ernstlichkeit* gem § 118 BGB (MünchKomm/SCHUBERT § 166 Rn 32; NK-BGB/STOFFELS § 166 Rn 21; SOERGEL/LEPTIEN § 166 Rn 19, Rn 21; ENNECCERUS/NIPPERDEY § 182 II 1 a; vHEIN ZIP 2005, 191 f). Entsprechendes soll für die *Simulation* (§ 117 BGB) gelten, mit Ausnahme von Kollusionsfällen zu Lasten des Vertretenen (RGZ 168, 204 zu § 118; RGZ 134, 33, 37 zu § 117; BRHP/SCHÄFER § 166 Rn 12; ERMAN/MAIER-REIMER § 166 Rn 6; MünchKomm/SCHUBERT § 166 Rn 32; NK-BGB/STOFFELS § 166 Rn 21; PALANDT/ELLENBERGER § 166 Rn 3; PWW/FRENSCH § 166 Rn 4; SOERGEL/LEPTIEN § 166 Rn 19; WOLF/NEUNER § 49 Rn 73; vHEIN ZIP 2005, 191 f; SCHÖPFLIN JA 2001, 1, 3). Hat allerdings der Geschäftsherr den Vertrag selbst abgeschlossen, ohne die Abrede eines bloßen Verhandlungsbevollmächtigten zum Abschluss eines Scheingeschäfts zu kennen, so greift § 117 BGB nicht ein, da § 166 Abs 1 BGB hinsichtlich Willensmängeln (anders bei Kenntnis und Kennenmüssen, s Rn 4 f) weder unmittelbar noch analog auf am Abschluss des Rechtsgeschäfts nicht beteiligte Gehilfen anwendbar ist (s die Nachw Rn 8; BGH NJW 2000, 3127, 3128; NK-BGB/FEUERBORN § 117 Rn 11 mwNw; aA SCHÖPFLIN JA 2001, 1, 3). Im Übrigen ist für die *Simulationsabrede* allerdings schon zweifelhaft, ob sie überhaupt einen rechtsgeschäftlichen Willensmangel iSd § 166 Abs 1 1. Alt BGB begründet; ganz überwiegend wird sie nämlich als bloßes einverständliches Bewusstsein der Nichtgeltung des Rechtsgeschäfts verstanden (s nur STAUDINGER/SINGER [2017] § 117 Rn 7 mwNw; RGZ 134, 33, 37; BGH NJW 1999, 2882; krit vHEIN ZIP 2005, 191, 192 ff m umfangr Nachw), was dann eher eine Wissenszurechnung iSd § 166 Abs 1 2. Alt BGB jedenfalls bei abschlussbevollmächtigen Vertretern rechtfertigt (s etwa RGZ 134, 33, 37; BGH NJW 1996, 663, 664; NJW 2000, 3127 und dazu THIESSEN NJW 2001, 3025; BGH NJW 2001, 1062; s dazu ausf vHEIN ZIP 2005, 191 ff mwNw). Auch für den Fall der Gesamtvertretung (s Rn 24) soll danach bei § 117 Abs 1 BGB die Kenntnis nur eines Vertreters genügen (BGH NJW 1996, 663, 664; 1999, 2882; STAUDINGER/SINGER [2017] § 117 Rn 8; WOLF/NEUNER § 49 Rn 73 Fn 126, ganz hM; aA mit beachtlichen Gründen für eine Einordnung der Simulationsabrede als zumindest rechtsgeschäftsähnliche Willensübereinstimmung vHEIN ZIP 2005, 191, 192 ff m umfangr Nachw).

13 b) Ebenso bestimmen sich die **Irrtumstatbestände des § 119 BGB** nach den Vorstellungen des Vertreters (RGZ 58, 342, 346; 106, 200, 204, st Rspr; BGB-RGRK/STEFFEN § 166

Rn 13; BRHP/Schäfer § 166 Rn 8; Erman/Maier-Reimer § 166 Rn 6; jurisPR-BGB/Weinland § 166 Rn 5; MünchKomm/Schubert § 166 Rn 33; NK-BGB/Stoffels § 166 Rn 22; Palandt/Ellenberger § 166 Rn 3; PWW/Frensch § 166 Rn 4; Soergel/Leptien § 164 Rn 21; Bork Rn 1655; Flume § 46 3; Köhler § 11 Rn 48; Wolf/Neuner § 49 Rn 73; ausf Schilken 25 ff; vgl auch BGHZ 51, 141, 145; OLG Hamburg ZMR 2003, 525, 526). Dasselbe gilt, wenn dieser sich eines Übermittlers bedient hat und dem Übermittler ein Fehler iS des § 120 BGB unterlaufen ist (MünchKomm/Schubert § 166 Rn 35; NK-BGB/Stoffels § 166 Rn 22). Auch die Beurteilung der Frage, ob das Geschäft bei verständiger Würdigung des Falles nicht gewollt gewesen sein würde, muss von der Person des Vertreters ausgehen, allerdings unter Berücksichtigung des Umstandes, dass dieser die Interessen des Vertretenen wahrzunehmen hat (RGZ 58, 342, 346 uö, s oben; BRHP/Schäfer § 166 Rn 8; Erman/Maier-Reimer § 166 Rn 6; MünchKomm/Schubert § 166 Rn 33; Soergel/Leptien § 166 Rn 21). Ein Irrtum des Vertreters über den Umfang des ihm erteilten Auftrags ist ein unbeachtlicher Motivirrtum (vgl § 164 Rn 5; RGZ 82, 193, 195; RG Gruchot 49, 1049, 1052; BGB-RGRK/Steffen § 166 Rn 15; BRHP/Schäfer § 166 Rn 9; MünchKomm/Schubert § 166 Rn 33; NK-BGB/Stoffels § 166 Rn 22). Eine Zurechnung des Irrtums bloßer Hilfspersonen – aber auch analog § 166 Abs 2 BGB des Vertretenen (s Rn 17) – ist mangels Willenserklärung dieser Personen nicht anzuerkennen (Schilken 25 ff, 213; aA Roth 587 ff), solange nicht auch der Stellvertreter bei Abgabe der Willenserklärung einem entsprechenden Irrtum unterliegt; § 166 Abs 2 BGB verdeutlicht dies mit seiner völlig eindeutigen Beschränkung auf eine (begrenzte) Zurechnung des Wissens und Wissenmüssens, aber gerade nicht von „Willensmängeln" des Vertretenen (s Rn 17, 27 ff) und erst recht nicht irgendwelcher Hilfspersonen. Das entspricht auch den Anforderungen des Verkehrsschutzes, den gerade die aus § 166 Abs 1 und Abs 2 BGB sich ergebende Irrelevanz eines Willensmangels des Vertretenen bestätigt (ebenso insoweit Roth 590 f): Der Geschäftsgegner soll nicht durch interne Mängel im Vorstadium der Willensbildung belastet werden. Eine Weisung des Vertretenen oder auch das Versehen einer Hilfsperson sind gerade nicht inhaltliche Ausformung der Willenserklärung des Vertreters (so aber Roth 591 mit der Konsequenz einer freilich nur für Willenserklärungen des Geschäftsherrn selbst behandelten Zurechnung von Gehilfenirrtümern 592 f), sondern bloßes unbeachtliches Motiv für die eigene Erklärung des Vertreters; eine Beachtlichkeit des in Wirklichkeit vorliegenden Motivirrtums in Fällen der „Ausgrenzung eines eigenständigen Verantwortungsbereichs" bei der Vorbereitung von Willenserklärungen sehen weder § 166 BGB noch § 119 BGB vor (s aber noch Rn 17).

Nach der ratio legis gilt § 166 Abs 1 BGB auch für die *Auslegung* einer gegenüber **14** dem *Empfangsvertreter* abgegebenen Willenserklärung und für den Fall eines (offenen oder versteckten) *Dissenses,* die dementsprechend nach Maßgabe der Vertretervorstellungen zu bestimmen sind (BGHZ 82, 219, 222; MünchKomm/Schubert § 166 Rn 35; NK-BGB/Stoffels § 166 Rn 22; Palandt/Ellenberger § 166 Rn 5; Soergel/Leptien § 166 Rn 3; Enneccerus/Nipperdey § 182 II 1 a).

c) Für die **Anfechtung nach § 123 BGB** kommt es darauf an, ob der Vertreter bei **15** der Abgabe seiner Erklärung getäuscht oder bedroht wurde (BGHZ 51, 141, 145; BRHP/Schäfer § 166 Rn 10; Erman/Maier-Reimer § 166 Rn 6; MünchKomm/Schubert § 166 Rn 36; NK-BGB/Stoffels § 166 Rn 23; Palandt/Ellenberger § 166 Rn 3; PWW/Frensch § 166 Rn 4; Soergel/Leptien § 166 Rn 25; Flume § 46 3; Wolf/Neuner § 49 Rn 73; Schilken 30; s iÜ noch Rn 17; zur arglistigen Täuschung des Erklärungsempfängers *durch* den Vertreter s Rn 8 und 26).

16 d) Die vorgenannten Regeln des § 166 Abs 1 BGB bedeuten bei der **gesetzlichen Vertretung** aus Gründen eingeschränkter oder fehlender Geschäftsfähigkeit das Einstehenmüssen für die Fehler von Personen, die sich der Vertretene nicht als Vertreter ausgesucht hat (vgl oben Rn 2). Einen gewissen Ausgleich hierfür vermag noch das Erfordernis zu bieten, dass für die Zurechnung der Willensmängel ein wirksames Vertreterhandeln vorliegen muss. Hieran fehlt es zB, wenn das vom gesetzlichen Vertreter vorgenommene Rechtsgeschäft der gerichtlichen Genehmigung bedarf und diese nicht erteilt ist (RGZ 61, 207, 209; 132, 76, 78).

17 e) „**Willensmängel" des Vertretenen** hinsichtlich der vom Vertreter abgegebenen Erklärung scheiden aus, weil der Vertretene keine Willenserklärung abgibt (unmissverständlich schon Vorentwurf 162 f). Die Regelung des § 166 Abs 2 BGB ist auf Willensmängel entgegen ganz hM (grundlegend MÜLLER-FREIENFELS 402 ff; BEUTHIEN 16 f, vgl Vorbem 32 f zu §§ 164 ff) – wie anderwärts ausführlich begründet (SCHILKEN 25 ff mwNw) – nicht (entsprechend) anwendbar, mag ein solcher Willensmangel des Geschäftsherrn auch bei Erteilung der dann anfechtbaren Vollmacht vorgelegen haben (s auch § 167 Rn 82a). Das gilt grundsätzlich auch für die Fälle, in denen der Geschäftsherr bei der Erteilung von Weisungen iSd § 166 Abs 2 BGB einer Täuschung oder Drohung durch den Geschäftsgegner oder einem Irrtum unterlegen ist (BORK Rn 1655 f; FLUME § 52 5; ausf SCHILKEN 25 ff, 44 ff; HKK/SCHMOECKEL §§ 164–181 Rn 28; MünchKomm/SCHUBERT § 166 Rn 107; PWW/FRENSCH § 166 Rn 4, Rn 11; SCHMIDT Rn 647; SCHREINDORFER 134 ff; PFEIFER JuS 2004, 694, 696. – **Anders** BGHZ 51, 141, 147; BVerwG NJW 2010, 3048; OLG Braunschweig OLGZ 1975, 441; BGB-AK/OTT § 166 Rn 7; BGB-RGRK/STEFFEN § 166 Rn 22; BRHP/SCHÄFER § 166 Rn 28; ERMAN/MAIER-REIMER § 166 Rn 40; JAUERNIG/MANSEL § 166 Rn 6; jurisPR-BGB/WEINLAND § 166 Rn 45; NK-BGB/STOFFELS § 166 Rn 23; PALANDT/ELLENBERGER § 166 Rn 12; SOERGEL/LEPTIEN § 166 Rn 33; StudKomm § 166 Rn 4; BOEMKE/ULRICI § 13 Rn 77; BREHM Rn 438; ausf FAUST § 28 Rn 20 f; HÜBNER Rn 1232; KÖHLER § 11 Rn 51; MEDICUS/PETERSEN Rn 902; PAWLOWSKI Rn 779; WOLF/NEUNER § 49 Rn 91; ROTH 591; PETERSEN Jura 2008, 914, 915; SPICKHOFF/PETERSHAGEN BB 1999, 165, 171; offen für sonstige Fälle außer arglistiger Täuschung BGH NJW 2000, 2268, 2269). Dafür sprechen der eindeutige Wortlaut und die Entstehungsgeschichte, die für die Stellvertretung maßgeblichen Prinzipien der Repräsentation und Trennung (s Vorbem 32 f zu §§ 164 ff), des Weiteren der systematische Zusammenhang, da Abs 2 im Gegensatz zu Abs 1 Willensmängel nicht erwähnt; das beruht darauf, dass § 166 Abs 2 BGB das Repräsentationsprinzip nur im Hinblick auf Treu und Glauben für Fälle der Kenntnis oder des Kennenmüssens des Geschäftsherrn zugunsten des Geschäftsgegners zurückdrängt (SOERGEL/LEPTIEN § 166 Rn 28; ausf SCHREINDORFER 134 ff; insoweit zutr auch HÜBNER Rn 1232; OLG Celle MDR 2009, 1186: keine Norm zugunsten des Vertretenen). Eine praktisch bedeutsame Einschränkung ergibt sich insoweit indessen gerade für die Fälle, in denen der Geschäftspartner nicht als schutzwürdig erscheint (so zutr SOERGEL/LEPTIEN § 166 Rn 33), weil er den Vertretenen – sei es zu einer Weisungserteilung oder auch zu einer speziellen Bevollmächtigung zur Vornahme gerade dieses Rechtsgeschäfts – durch arglistige Täuschung oder durch widerrechtliche Drohung iSd § 123 Abs 1 BGB bestimmt hat. In solchen Fällen ist nämlich zu beachten, dass eine Anfechtung nach dieser Vorschrift mit der „Bestimmung" zur Abgabe der Willenserklärung lediglich einen ursächlichen Zusammenhang zwischen arglistiger Täuschung bzw widerrechtlicher Drohung und Abgabe der Willenserklärung voraussetzt, sodass auch eine mittelbare Verursachung ausreicht; maßgeblich ist allein, ob der Betroffene – in den Fällen der Stellvertretung der Vertreter – die Willenserklärung ohne die Täuschung/Drohung nicht abgegeben haben würde (s nur SOERGEL/HEFERMEHL § 123 Rn 20; allgM). Davon ist aber auszugehen, wenn der Vertretene den Stellvertreter täuschungsbedingt bzw drohungsbedingt angewiesen oder zur Vornahme des Rechtsgeschäfts bevollmächtigt hat. Für diese Lösung bedarf es keiner entsprechenden Anwendung des § 166 Abs 2 BGB. – In den Irrtumsfällen des § 119 BGB, wo auf die Fehlvorstellung des Erklärenden, nicht aber auf die Ursache für den Irrtum abgehoben wird, kann sich gleichfalls eine Anfechtbarkeit der allein maßgeblichen Vertretererklärung ergeben, freilich nur dann, wenn der Stellvertreter dabei dem gleichen Irrtum unterliegt wie der Vertretene bei Erteilung seiner Weisung oder Vollmacht (SCHILKEN 47; insoweit zust ROTH 586 Fn 10; ganz ähnlich SOERGEL/LEPTIEN § 166 Rn 33; s auch BOEMKE/ULRICI § 13 Rn 76). Das kann vor allem bei Willenserklärungen im Unternehmensbereich in Betracht kommen, wenn die – auf einem Irrtum beruhende – Entscheidung für ein Rechtsgeschäft zuvor intern getroffen und die Abgabe der betreffenden Erklärung dann einem Vertreter überlassen worden ist. In allen anderen Fällen hingegen führt die konsequente Durchführung des Trennungsprinzips (Vorbem 32 f zu §§ 164 ff) zu angemessenen Lösungen (s auch Rn 18) und schließt eine entsprechende Anwendung des § 166 Abs 2 BGB auf Willensmängel aus.

Eine interessengerechte Lösung kann insbes über die Anfechtung der Bevollmächtigung wegen dort vorliegenden Willensmangels des Geschäftsherrn erfolgen (vgl § 167 Rn 77 ff). Ist eine solche Anfechtung wirksam erklärt, so wird das Vertreterhandeln zum Handeln eines vollmachtlosen Vertreters; dies hat zur Folge, dass Ansprüche aus § 179 BGB ihm gegenüber entstehen. Außerdem können Ansprüche nach § 122 BGB begründet werden (s § 167 Rn 82). **18**

f) Die **Anfechtung der Vertretererklärung** wegen eines Willensmangels beim Vertreter steht dem Vertretenen zu (s auch § 179 Rn 10). Allerdings kann der Vertretene die Anfechtung auch durch den Vertreter erklären lassen, wenn dieser wie idR entsprechend bevollmächtigt ist (NK-BGB/STOFFELS § 166 Rn 22); bei gesetzlicher Vertretung gilt dies, solange die Vertretungsmacht besteht. **19**

Ausgeschlossen ist die Geltendmachung eines Willensmangels wegen *unzulässiger Rechtsausübung* (§ 242 BGB), wenn dem Vertretenen selbst ein treuwidriges Verhalten hinsichtlich des Willensmangels vorzuwerfen ist, zB durch Verschweigen von Tatsachen gegenüber dem gutgläubigen Vertreter und dessen Geschäftspartner (MünchKomm/SCHUBERT § 166 Rn 33; NK-BGB/STOFFELS § 166 Rn 22). Umgekehrt kann dem Geschäftsgegner nach hM die Geltendmachung von Willensmängeln wegen unzulässiger Rechtsausübung verwehrt sein, zB wenn ihm bei einem Scheingeschäft Kollusion mit dem Vertreter zur Last fällt (RGZ 134, 33, 37; BGH NJW 2000, 1405, 1406; NK-BGB/STOFFELS § 166 Rn 21; SOERGEL/LEPTIEN § 166 Rn 19; s aber oben Rn 12 und § 167 Rn 93 und 100; krit auch MünchKomm/SCHUBERT § 166 Rn 32). **20**

4. Kennen und Kennenmüssen gem § 166 Abs 1

a) Soweit es für bestimmte Tatbestände auf ein Kennen oder auf das in § 122 Abs 2 BGB definierte Kennenmüssen ankommt, entscheidet gem § 166 Abs 1 BGB ebenfalls die Person des Vertreters. Das gilt für Willenserklärungen unmittelbar, für rechtsgeschäftliche Handlungen und evtl auch Realakte analog (s auch schon Rn 8 ff m zahlr Beispielen). **21**

Wichtige Anwendungsfälle sind die Vorschriften über den *gutgläubigen Erwerb* (vgl schon Rn 8 f), so nach den §§ 892 ff, 932 ff, 937 Abs 2, 1032, 1138, 1155, 1207 ff, 1244 BGB und § 366 HGB oder Art 21 ScheckG (vgl BGH NJW 1993, 1066; OLG Karlsruhe NJW-RR 1995, 177) und § 16 Abs 3 GmbHG. Eine Wissenszurechnung nach § 166 Abs 1 BGB erfolgt ferner auch im *Gewährleistungszusammenhang*, zB nach den §§ 438 Abs 3, 442, 444, 445 BGB (zu §§ 460, 463, 464 aF s RGZ 101, 64, 73; 131, 343, 357; BGH NJW 2000, 1405, 1406; OLG Brandenburg NJW-RR 2013, 858; BRHP/Schäfer § 166 Rn 14; Erman/Maier-Reimer § 166 Rn 12; Hk-BGB/Dörner § 166 Rn 3; MünchKomm/Schubert § 166 Rn 44, Rn 82 ff mwNw; NK-BGB/Stoffels § 166 Rn 25; PWW/Frensch § 166 Rn 5; Soergel/Huber[12] § 460 Rn 8 f; Soergel/Leptien § 164 Rn 13, Rn 16; Bork Rn 1662; Wolf/Neuner § 49 Rn 77; Buck 176 ff; Schilken 93 ff). Auch beim *Unternehmenskauf* sind die Regeln der Wissenszurechnung grds anwendbar, können allerdings vertraglich auf die Unternehmensführung und die unmittelbar am Verkauf beteiligten Mitarbeiter beschränkt werden (NK-BGB/Stoffels § 166 Rn 16a und b mwNw; s zur Wissenszurechnung im Gewährleistungszusammenhang im Unternehmensverband Altmeppen BB 1999, 749 ff; krit Hoenig/Klingen NZG 2013, 1046; Weisshaupt WM 2013, 782; zur Zurechnung von Arglist beim Unternehmenskauf Maier-Reimer, in: Liber amicorum Oppenhoff, 101 ff; sehr weitgehend OLG Düsseldorf 16. 6. 2016 – I-6 U 20/15 Rn 59 ff, ZIP 2016, 2363 und dazu krit Hoenig/Klingen EWiR 2017, 9; Weisshaupt ZIP 2016, 2447; Werner JM 2017, 222; zur Wissenszurechnung auf Käuferseite Goldschmidt ZIP 2005, 1305). Ferner ist § 166 Abs 1 BGB im Rahmen der *Schuldnerschutzbestimmungen* der §§ 405 ff BGB anwendbar (MünchKomm/Schubert § 166 Rn 40; Wolf/Neuner § 49 Rn 77; Bayreuther JA 1998, 459, 460). Auch für die Kenntnis des *Mangels des rechtlichen Grundes* gem § 819 BGB ist § 166 Abs 1 BGB je nach Sachlage unmittelbar oder analog heranzuziehen (RGZ 79, 285, 287; BGHZ 82, 293; NJW 2014, 1294, stRspr; BVerwG 22. 3. 2017 – 5 C 5/16 Rn 22, NJW 2018, 568; OLG Hamm WM 1985, 1290; VersR 2009, 1416, 1417; OLG Karlsruhe ZIP 2008, 1373, 1375 m Anm Werner WuB 2008, 484; OLG Köln NJW 2000, 1045, 1046; OLG Schleswig FamRZ 2008, 512; BRHP/Schäfer § 166 Rn 22; Erman/Maier-Reimer § 166 Rn 13; Hk-BGB/Dörner § 166 Rn 8; MünchKomm/Schwab § 819 Rn 7 f [einschr bei Interessenkonflikt des Vertreters]; MünchKomm/Schubert § 166 Rn 86; NK-BGB/Stoffels § 166 Rn 25, Rn 27; Palandt/Sprau § 819 Rn 3; PWW/Frensch § 166 Rn 5; Soergel/Leptien § 166 Rn 15 mwNw; Bork Rn 1662; Wolf/Neuner § 49 Rn 77; Buck 188 f; Römmer-Collmann 111 f; Schilken 292 ff mwNw; krit Wilhelm AcP 183, 1, 28 ff; grunds krit zur Eignung des § 166 Abs 1 für die Lösung solcher Fälle außerhalb der eigentlichen Stellvertretung Prölss, in Liber amicorum Leenen 243 ff im Anschluss an Leenen § 4 Rn 85); hierbei kann nach § 142 Abs 2 BGB bereits die Kenntnis des Anfechtungsgrundes, welcher zum Wegfall des Kausalgeschäfts führt, ausreichen. Auch die *Kenntnis im Rahmen des § 814 BGB und des § 817 BGB* gehört hierher (BGHZ 73, 202, 205; BGH NJW 1999, 1024; OLG Hamm NJW-RR 1996, 1312; OLG Stuttgart ZMR 2006, 933; OLG Karlsruhe WM 2015, 1712; Erman/Maier-Reimer § 166 Rn 13; MünchKomm/Schubert § 166 Rn 86; NK-BGB/Stoffels § 166 Rn 27; PWW/Frensch § 166 Rn 5; Soergel/Leptien § 166 Rn 15; Schilken 299), sofern nicht ein Fall des Missbrauchs der Vertretungsmacht wegen Kollusion (s § 167 Rn 93) vorliegt (s zu § 814 BGB BGH DZWir 2010, 211; MünchKomm/Schubert § 166 Rn 58; zu § 817 BGB Acker/Froesch/Kappel BB 2007, 1509, 1511).

22 Auch hinsichtlich des *Mitverschuldens* nach § 254 BGB ist auf die Person des Vertreters und gleich gestellter Hilfspersonen abzustellen, zB für das Wissen von einer ungewöhnlichen Schadensgefahr (OLG Karlsruhe ZIP 2006, 933 m Anm Haertlein/Müller EWiR 2007, 9; BGB-RGRK/Steffen § 166 Rn 16; Erman/Maier-Reimer § 166 Rn 13; MünchKomm/Schubert § 166 Rn 85; NK-BGB/Stoffels § 166 Rn 27; Soergel/Leptien § 166 Rn 14).

Ebenso ist im Rahmen der *Verjährung* in den Fällen des § 199 BGB (vgl § 852 aF) dem Vertretenen die Kenntnis oder grob fahrlässige Unkenntnis zwar nicht jedes Vertreters, wohl aber solcher Hilfspersonen – wie zB Rechtsanwälten und Steuerberatern (s schon Rn 4) – zuzurechnen, die mit der Aufklärung der Sachlage betraut sind (Schilken 299 mwNw; Schultz NJW 1990, 477 ff – Im Ergebnis auch die überwiegende Rechtsprechung, s zu § 852 BGB aF s etwa BGH VersR 1955, 234 und st Rspr, s zB BGH NJW 2007, 834, 835 mwNw; zu § 199 nF s etwa BGH NJW 2007, 1584, 1587; 2011, 1799, 1800; 2012, 447, 449 und 1789, 1790; 2014, 1294; BGH 8. 11. 2016 – VI ZR 594/15 Rn 14, NJW 2017, 949; BGH 25. 10. 2018 – IX ZR 168/17 Rn 13 f, NJW-RR 2019, 116; mwNw; für den Verwalter einer WEG-Gemeinschaft BGH NJW 2014, 1294, einschränkend aber BGH 4. 7. 2014 – V ZR 183/13 Rn 12 ff, NJW 2014, 2861; zu § 548 BGB BGH NJW 2014, 684; ebenso die hM im Schrifttum, zB jurisPK-BGB/Weinland § 166 Rn 39. 2, Rn 41; MünchKomm/Schubert § 166 Rn 87 f; NK-BGB/Stoffels § 166 Rn 28; Palandt/Ellenberger § 199 Rn 24; Soergel/Leptien § 166 Rn 15; Enneccerus/Nipperdey § 182 II 1 b; Buck 190 f; Römmer-Collmann 112 ff; Schmidt NJW 2007, 2447, 2449; ausf zur Bedeutung des Wissens bei der Verjährung Schrader 115 ff); auch eine Wissenszusammenrechnung (s oben Rn 6) kommt hier in Betracht (NK-BGB/Stoffels § 166 Rn 28; Palandt/Ellenberger § 199 Rn 25; **abl** jedoch BGHZ 133, 129, 139). Ebenso ist im Rahmen von Vorsatz und grober Fahrlässigkeit beim *Überbau* (§ 912 Abs 1 BGB) § 166 Abs 1 BGB – zB auf den bauleitenden Architekten, nicht aber auf einen Handwerker – entsprechend anzuwenden (BGHZ 42, 63, 68; BGH NJW 1977, 375; WM 1979, 644, 645; OLG Köln NJW-RR 2003, 376; BRHP/Schäfer § 166 Rn 22; Hk-BGB/Dörner § 166 Rn 8; Buck 189 f; Schilken 299 f – **AA** und für eine Verschuldenszurechnung die wohl hL, vgl MünchKomm/Schubert § 166 Rn 100; Soergel/Leptien § 164 Rn 16 mwNw: § 278; für Anwendbarkeit des § 831 zB Medicus 4, 9 und Medicus/Petersen Rn 904 mwNw; offen NK-BGB/Stoffels § 166 Rn 27). Auch bei *Ausschlussfristen,* zB § 121 Abs 1 BGB oder § 124 Abs 2 S 1 BGB, kann die Vorschrift Anwendung finden, sofern der Vertreter zur Ausübung des Gestaltungsrecht bevollmächtigt ist (MünchKomm/Schubert 166 Rn 41 mwNw; ausf zur Bedeutung des Wissens bei Ausschlussfristen Schrader 166 ff); für den Beginn der Frist zur Vaterschaftsanfechtung (§ 1600b Abs 1 BGB) ist auf die Kenntnis der Mutter als alleiniger gesetzlicher Vertreterin abzustellen (BGH 2. 11. 2016 – XII ZB 583/15, Rn 12, NJW 2017, 561 mwNw).

b) Über den unmittelbaren Gesetzeswortlaut hinaus findet § 166 Abs 1 BGB nicht **23** nur beim Merkmal der Arglist (s Rn 8), sondern auch insoweit entsprechende Anwendung, als der Tatbestand der *Sittenwidrigkeit* (§ 138 BGB) von der Kenntnis abhängt. Sie wird dem Vertretenen durch den Vertreter oder eine eigenverantwortlich handelnde Hilfsperson vermittelt (RGZ 100, 246, 249; BGH NJW 1992, 899, 900; BGB-RGRK/Steffen § 166 Rn 16; Erman/Maier-Reimer § 166 Rn 12; Hk-BGB/Dörner § 166 Rn 3; MünchKomm/Schubert § 166 Rn 39; NK-BGB/Stoffels § 166 Rn 25; PWW/Frensch § 166 Rn 5; Soergel/Leptien § 166 Rn 12; Wolf/Neuner § 49 Rn 77. – Anders für die Sittenwidrigkeit im Rahmen des § 826 BGB BGH 28. 6. 2016 – VI ZR 536/15, Rn 23, NJW 2017, 250; zu Recht krit MünchKomm/Schubert § 166 Rn 39). Das Wissen einer nur beratend mitwirkenden Person reicht jedoch nicht aus (BGH BB 1963, 1353; vgl auch oben Rn 4). Entsprechendes gilt für subjektive Voraussetzungen von Verbotsgesetzen iSd § 134 BGB (Erman/Maier-Reimer § 166 Rn 12; Hk-BGB/Dörner § 166 Rn 3; MünchKomm/Schubert § 166 Rn 39; NK-BGB/Stoffels § 166 Rn 25; vgl BayObLG NJW 1993, 1143, 1144). – Analog wird § 166 Abs 1 BGB auch hinsichtlich der *Benachteiligungsabsicht* und *Kenntnis* im Zusammenhang mit der Anfechtung außerhalb und innerhalb des Insolvenzverfahrens angewendet (s BGHZ 22, 128, 134; BGH NJW 2013, 611, 614 [Rechtsanwalt als „Wissensvertreter"], stRspr; OLG Köln ZIP 2004, 919, 921; BRHP/Schäfer § 166 Rn 22; Erman/Maier-Reimer § 166 Rn 12;

Jaeger/Henckel/Gerhardt Insolvenzordnung [2008] § 130 Rn 123; ausf MünchKomm/Schubert § 166 Rn 94 ff; NK-BGB/Stoffels § 166 Rn 25, Rn 27; PWW/Frensch § 166 Rn 5; Soergel/Leptien § 166 Rn 15; sehr weitgehend allerdings OLG Celle NJW 1978, 2159 und OLG Hamm ZIP 2011, 1926), ebenso bei § 82 InsO (BGH NJW 1999, 284, 286 zu § 8 Abs 3 KO; NK-BGB/Stoffels § 166 Rn 25; s auch BGH NJW 2010, 1806; 2011, 2791 [zu §§ 96 Abs 1 Nr 3, 133 InsO; dazu ferner BGH NJW-RR 2006, 771]). Eine teleologische Reduktion des § 166 Abs 1 BGB erscheint allerdings im Hinblick auf den Schutz des Minderjährigen geboten, wenn sich seine gesetzlichen Vertreter in Verfolgung ihrer eigenen wirtschaftlichen Belange aus eigensüchtigen Gründen über dessen Vermögensinteressen hinwegsetzen (BGH 9. 7. 2017 – IX ZR 224/16 Rn 27 f, NJW 2017, 3516 zu § 133 Abs 1 InsO).

24 c) Im Falle der **Gesamtvertretung** (s § 167 Rn 51 ff) genügt es, wenn für einen der handelnden Gesamtvertreter die Voraussetzungen des § 166 Abs 1 BGB erfüllt sind (RGZ 78, 347, 354; 134, 33, 36; BGHZ 20, 149, 153; 140, 54, 61, stRspr; BGB-RGRK/Steffen § 166 Rn 6; BRHP/Schäfer § 166 Rn 13; Erman/Maier-Reimer § 166 Rn 7, Rn 31, § 167 Rn 59; MünchKomm/Schubert § 166 Rn 16; NK-BGB/Stoffels § 166 Rn 3; Palandt/Ellenberger § 166 Rn 2; Soergel/Leptien § 166 Rn 5; Wertenbruch § 32 Rn 3; ausf Buck 376 ff; Schilken 100 ff, 119 ff mwNw; Grigoleit ZHR 181 [2017] 160, 182; zur Simulation s oben Rn 12; s ferner BGH NJW 2010, 861, 862: keine Zurechnung des Wissens eines entgegen § 181 handelnden Gesamtvertreters zulasten des durch das Verbot geschützten anderen Gesamtvertreters). So ist auch die Arglist eines Gesamtvertreters dem Vertretenen selbst dann zuzurechnen, wenn der arglistige Vertreter beim Geschäftsabschluss nicht hervorgetreten ist, jedoch trotz entsprechender Möglichkeit die handelnden Gesamtvertreter über die Sachlage nicht aufgeklärt hat (RGZ 81, 433, 436; Schilken 103 mwNw). Sofern jedoch kein Fall der Gesamtvertretung vorliegt, muss sich der handelnde Vertreter – und damit der Vertretene – den bösen Glauben eines anderen Vertreters nicht anrechnen lassen (BGH WM 1958, 1105), sofern dieser nicht als eigenverantwortliche Hilfsperson (s oben Rn 4 f) zu berücksichtigen ist (s ferner noch Rn 32).

5. Die arglistige Täuschung des Geschäftsgegners

25 a) Die arglistige Täuschung des Geschäftsgegners (zur arglistigen Täuschung durch den Geschäftsgegner s Rn 15) kann *durch einen Dritten* erfolgt sein, dh weder durch den Vertreter noch durch den Vertretenen. Dazu enthält § 123 Abs 2 BGB eine Spezialregelung. Der Kontrahent kann nach § 123 Abs 2 S 1 BGB anfechten, sofern entweder der Vertreter nach § 166 Abs 1 BGB oder der Vertretene nach Maßgabe des § 166 Abs 2 BGB (s Rn 27 ff) die Täuschung kannte oder kennen musste (BRHP/Schäfer § 166 Rn 10; Erman/Arnold § 123 Rn 32 ff; MünchKomm/Schubert § 164 Rn 36; NK-BGB/Stoffels § 166 Rn 23; PWW/Frensch § 166 Rn 4; Soergel/Leptien § 166 Rn 25; Flume § 46 3, § 52 5 d). Zur Anfechtung berechtigt den Kontrahenten ferner auch das arglistige *Verhalten des Vertretenen,* da dieser nicht Dritter iS des § 123 Abs 2 BGB ist und zudem für § 123 BGB bloße Kausalität genügt (BRHP/Schäfer § 166 Rn 10; MünchKomm/Schubert § 166 Rn 36; NK-BGB/Stoffels § 166 Rn 23; Soergel/Leptien § 166 Rn 25 mwNw; Flume § 46 3, § 52 5 d; Pawlowski Rn 782). Entsprechendes gilt bei *widerrechtlicher Drohung* (MünchKomm/Schubert § 166 Rn 36).

26 b) Dasselbe gilt jedenfalls im Ergebnis bei widerrechtlicher Drohung und bei arglistigem *Verhalten des Vertreters* (RGZ 76, 107; BGH NJW-RR 1987, 59; BGB-RGRK/Steffen § 166 Rn 14; BRHP/Schäfer § 166 Rn 10; MünchKomm/Schubert § 166 Rn 36; NK-BGB/

STOFFELS § 166 Rn 23; PWW/FRENSCH § 164 Rn 77; SOERGEL/LEPTIEN § 166 Rn 25 mwNw; PAWLOWSKI Rn 782; vgl oben Rn 8) unabhängig davon, ob man dazu § 166 Abs 1 BGB bemüht (abl NK-BGB/STOFFELS § 166 Rn 23 mwNw: Zurechnung aus dem Grundgedanken des § 123 Abs 2 BGB; dem zust MünchKomm/SCHUBERT § 166 Rn 36), der aber jedenfalls auch die für die Arglist erforderliche Kenntnis mit umfasst. Eine interne Weisung an den Vertreter zu lauterem Verhalten entfaltet keine Außenwirkung (MünchKomm/SCHUBERT § 166 Rn 36; HOFFMANN JR 1969, 372; s auch OLG Köln BeckRS 2013, 18999; NUGEL MDR 2014, 1177, 1178). Zu Unrecht nahm ENNECCERUS/NIPPERDEY (§ 182 Fn 12) an, dass in diesem Falle nur die Regeln der cic (vgl § 164 Rn 11) eingreifen können, weil arglistiges Vertreterhandeln von § 166 Abs 1 BGB nicht erfasst werde.

III. Die Regelung des § 166 Abs 2

1. Der Geltungsbereich der Vorschrift

a) § 166 Abs 2 BGB bestimmt, dass in den einschlägigen Fällen (s oben Rn 8 ff, 21 ff) **27** neben dem Vertreterwissen das **Wissen oder Wissenmüssen des Vertretenen** berücksichtigt wird, wenn der Stellvertreter „nach bestimmten Weisungen des Vollmachtgebers" handelt. Da es hier aber um den letztlich nach Treu und Glauben gebotenen (HÜBNER Rn 1232; SCHREINDORFER 134 ff) Schutz des Rechtsverkehrs bei vom Vertretenen autorisierten Fremdhandeln geht, das nicht zu Manipulationen durch einen arglosen Stellvertreter genutzt werden darf (s Rn 2), muss bereits die *tatsächliche Hinderungsmöglichkeit* durch den Vertretenen – in den Grenzen der Zumutbarkeit – ausreichen (s noch unten Rn 27). Keineswegs kann nach § 166 Abs 2 BGB aber bereits die bloße Unredlichkeit (Kenntnis oder Kennenmüssen) des Vertretenen an sich schaden (**aA** BEUTHIEN 13 ff, 15 und NJW 1999, 3585, 3586 von seiner abweichenden Sicht der Stellvertretung her, vgl Vorbem 32 zu § 164; wohl auch PAWLOWSKI Rn 777).

§ 166 Abs 2 BGB gilt *nicht* (entsprechend) *für* die in § 166 Abs 1 BGB neben dem **28** Kennen bzw dem Kennenmüssen geregelten *Willensmängel*. Für diese bleibt es vielmehr bei der Grundregel des § 166 Abs 1 BGB, nach dem allein auf die Person des Vertreters abzustellen ist, unbeschadet der Möglichkeit, dass Willensmängel – insbes in Fällen arglistiger Täuschung und widerrechtlicher Bedrohung des Vertretenen bei der Weisungserteilung – auf das Vertreterhandeln durchschlagen können (ausf oben Rn 17).

b) Die Regelung des § 166 Abs 2 BGB gilt nach ihrem ausdrücklichen Wortlaut in **29** den Fällen der **rechtsgeschäftlich erteilten Vertretungsmacht** (Vollmacht). Daher greift § 166 Abs 2 BGB auch im Verhältnis zwischen Vertreter und *Untervertreter* (s § 167 Rn 72) ein (s noch Rn 35). Dem „Handeln nach bestimmten Weisungen" ist ferner ein **Handeln ohne Vertretungsmacht** im Falle der Genehmigung gleichzustellen, weil der Geschäftsherr, der bestimmte Umstände kennt oder kennen muss, das Geschäft damit durch unmittelbare Beteiligung am Abschlusstatbestand billigt (BRHP/SCHÄFER § 166 Rn 25; ERMAN/MAIER-REIMER § 166 Rn 37; MünchKomm/SCHUBERT § 166 Rn 102; NK-BGB/STOFFELS § 166 Rn 36; PALANDT/ELLENBERGER § 166 Rn 10; PWW/FRENSCH § 166 Rn 10; SOERGEL/LEPTIEN § 166 Rn 30; FAUST § 28 Rn 19). Genehmigt also der Vertretene, so kommt es hinsichtlich seiner Kenntnis oder seines Kennenmüssens auf den Zeitpunkt der Genehmigung an (RGZ 68, 374, 377; 128, 116; 120; 161, 153, 161; BGH BB 1965, 435; SCHILKEN 78 f).

30 c) Eine entsprechende Anwendung des § 166 Abs 2 BGB findet im Falle des Widerrufs eines gerichtlichen Geständnisses wegen Irrtums nach § 290 ZPO statt, wenn der **Prozessbevollmächtigte** das gerichtliche Geständnis nach bestimmten Weisungen abgegeben hat. Hier schließt die Kenntnis der Partei analog § 166 Abs 2 einen iSd § 290 ZPO erheblichen Irrtum aus, während im Übrigen die Unkenntnis (Irrtum) des Prozessbevollmächtigten entsprechend § 166 Abs 1 BGB einen Widerruf zulässt (RGZ 146, 348, 353; ausf Schilken 205 f mwNw). Auch für die Beurteilung der Zulässigkeit eines Bestreitens mit Nichtwissen gem § 138 Abs 4 ZPO kommt eine Wissenszurechnung in Betracht (s ausführlich Ambs 123 ff).

31 d) Die Frage, ob § 166 Abs 2 BGB über seinen Wortlaut hinaus auf die Fälle der **gesetzlichen Vertretung** Anwendung finden kann, ist wegen des gebotenen Schutzes des gesetzlich Vertretenen, der keine verbindlichen Weisungen erteilen kann, grundsätzlich zu verneinen (BGHZ 38, 65, 67; BRHP/Schäfer § 166 Rn 26; Erman/Maier-Reimer § 166 Rn 37; MünchKomm/Schubert § 166 Rn 103 f; NK-BGB/Stoffels § 166 Rn 29; Palandt/Ellenberger § 166 Rn 10; PWW/Frensch § 166 Rn 10; Soergel/Leptien § 166 Rn 32; Bork Rn 1656; Enneccerus/Nipperdey § 182 II 2; Wolf/Neuner § 46 Rn 89; eingehend Schilken 159 ff). Allerdings kann doch *im Einzelfall* die Stellung eines gesetzlichen Vertreters der eines weisungsgebundenen Bevollmächtigten gleich geachtet werden, sodass dann eine analoge Anwendung des § 166 Abs 2 BGB gerechtfertigt erscheint (BRHP/Schäfer § 166 Rn 26; Erman/Maier-Reimer § 166 Rn 39; Jauernig/Mansel § 166 Rn 5; jurisPR-BGB/Weinland § 166 Rn 44; MünchKomm/Schubert § 166 Rn 104; NK-BGB/Stoffels § 166 Rn 30 f; Palandt/Ellenberger § 166 Rn 10; PWW/Frensch § 166 Rn 10; Soergel/Leptien § 166 Rn 32; Flume § 52 6; Pawlowski Rn 781; Wolf/Neuner § 49 Rn 89; ausf Schilken 158 ff, 166 ff, zu Personengesellschaften 104 ff, 116 ff; vgl BGH NJW 1995, 2159). Das ist zB für den Fall des nach Weisung iSd § 166 Abs 2 BGB handelnden Betreuers zu bejahen, sofern der Betreute voll geschäftsfähig ist, ebenso bei Veranlassung zu einem Geschäft des § 1357 BGB durch den bösgläubigen Ehepartner (BGB-RGRK/Steffen § 166 Rn 23; NK-BGB/Stoffels § 166 Rn 30 f; Palandt/Ellenberger § 166 Rn 10; Soergel/Leptien § 166 Rn 32; Wolf/Neuner § 49 Rn 90; Weimar JR 1976, 318, 320). Es soll auch gelten beim Handeln eines Ergänzungspflegers mit Wirkungskreis für ein einzelnes Geschäft, wenn der Pfleger auf Betreiben des Vaters für dieses Geschäft des Kindes bestellt wurde und es in Unkenntnis der Gläubigerbenachteiligungsabsicht des Vaters mit diesem abschloss (BGHZ 38, 65, 70 zum Gebrechlichkeitspfleger; BRHP/Schäfer § 166 Rn 26; Erman/Maier-Reimer § 166 Rn 39; MünchKomm/Schubert § 166 Rn 103; NK-BGB/Stoffels § 166 Rn 30; Palandt/Ellenberger § 166 Rn 10; PWW/Frensch § 166 Rn 10; Soergel/Leptien § 166 Rn 32; Wolf/Neuner § 49 Rn 89; **abl** hierzu BGB-RGRK/Steffen § 166 Rn 23; Paulus, in: FS Michaelis [1972] 223 ff; Müller-Freienfels 392 ff; Schilken 159 ff, 177 ff; vgl auch oben Rn 23).

31a Darüber hinaus ist eine **Analogie zu § 166 Abs 2 BGB** für solche Geschäfte in Betracht zu ziehen, die ein bösgläubiger Vertretener veranlasst hat, zB ein Minderjähriger, der seinen unwissenden gesetzlichen Vertreter zu einem Rechtsgeschäft bestimmt (Soergel/Leptien § 166 Rn 32; Müller-Freienfels 392 ff; Schilken 166 ff – **Abl** die hM, vgl BGH NJW 1971, 609, 611; BGB-RGRK/Steffen § 166 Rn 23; Erman/Maier-Reimer § 166 Rn 39; MünchKomm/Schubert § 166 Rn 104; NK-BGB/Stoffels § 166 Rn 32). Vorrang hat aber der Schutz des nicht (voll) Geschäftsfähigen, sodass eine entsprechende Anwendung des § 166 Abs 2 BGB nur für beschränkt geschäftsfähige Personen und bei rechtlich nicht nachteiligen Geschäften (zB gutgläubigem Eigentumserwerb) zu befürworten ist; Voraussetzung ist dazu weiter die Fähigkeit der Person, den gebotenen Selbstschutz zu erkennen und zu verwirklichen, eine „Bösglaubensfähigkeit" (vgl MünchKomm/Schubert § 166 Rn 104; Müller-Freienfels 395 f; Schilken 166 ff, 249 ff; ähnlich [unter den Voraussetzungen des § 828 Abs 3] NK-BGB/Stoffels 166 Rn 32; Soergel/Leptien § 166 Rn 32). Unter diesen Voraussetzungen kommt dann auch eine Anwendung des Rechtsgedankens des § 166 Abs 2 BGB im außerrechtsgeschäftlichen Bereich, zB bei § 990 BGB (s Staudinger/Gursky [2013] § 990 Rn 39 mwNw; Schilken 287 ff) und § 819 BGB (BGH NJW 1971, 609, 611 [Flugreisefall] unter Berufung auf § 828 Abs 2 BGB; dazu Hombrecher Jura 2004, 250; Schilken 295 ff, sehr str) in Betracht. Handelt umgekehrt der beschränkt Geschäftsfähige im Rahmen des § 107 BGB, so schadet sein Wissen (müssen) wegen des vorrangigen Schutzes des Minderjährigen bei nachteiligen Geschäften nicht (BGHZ 94, 232, 234; BRHP/Schäfer § 166 Rn 26; Erman/Maier-Reimer § 166 Rn 39; NK-BGB/Stoffels § 166 Rn 32; Soergel/Leptien § 166 Rn 32; Wolf/Neuner § 49 Rn 89; Schilken 173), wohl aber analog § 166 Abs 1 BGB (Schilken 173) – nicht § 166 Abs 2 BGB (so Tintelnot JZ 1987, 795, 798 f) – dasjenige seiner gesetzlichen Vertreter bei entsprechender Veranlassung (aA MünchKomm/Schubert § 166 Rn 104; NK-BGB/Stoffels § 166 Rn 32 mit Fn 217 und wNachw).

Unanwendbar ist § 166 Abs 2 BGB hingegen im Falle der **Ermächtigung** (s Vorbem 62 ff zu §§ 164 ff), weil der Ermächtigte im eigenen Namen handelt. Dasselbe gilt für die *Zustimmung* zum rechtsgeschäftlichen Handeln eines Dritten, da auch dieser im eigenem Namen auftritt (RGZ 53, 274; 105, 289, 291). Es kommt hier nur auf das Kennen und Kennenmüssen (sowie etwaige Willensmängel) des Handelnden an (Thiele, Die Zustimmungen in der Lehre vom Rechtsgeschäft [1966] 160). Das gilt grundsätzlich auch für die **mittelbare Stellvertretung** (Schilken 153 f; s aber zu Fällen rechtsmissbräuchlichen Vorgehens Staudinger/Wiegand [2017] § 932 Rn 97; Faust § 28 Rn 17), doch erscheint hier bei bestimmten Weisungen des Geschäftsherrn eine entsprechende Anwendung der Vorschrift im Hinblick auf den intendierten Schutz des Geschäftsverkehrs (s Rn 27) und die Vergleichbarkeit mit anderen Hilfspersonen (s Rn 4) gut vertretbar (MünchKomm/Schubert § 164 Rn 41, § 166 Rn 102 mwNw).

32 e) Von Bedeutung ist die Regelung oder jedenfalls der Rechtsgedanke des § 166 Abs 2 BGB aber für die **Organe juristischer Personen** – insbesondere Banken und Unternehmen – (s dazu ausf Buck-Heeb § 32 Rn 6 ff; M Schwab JuS 2017, 481, 482 ff; s auch noch Rn 40 für juristische Personen des Öffentlichen Rechts), soweit diese nicht ohnehin unmittelbar handelnd beteiligt sind (s Rn 3). Nach früher stRspr (RG JW 1935, 2044 uö; BGHZ 20, 149, 153; 41, 282, 287; 109, 327, 331 mwNw; iE zust auch Bohrer DNotZ 1991, 124 ff) und zunächst hL (s etwa BGB-RGRK/Steffen § 166 Rn 16; Hk-BGB/Dörner § 166 Rn 7; Soergel/Leptien § 166 Rn 5, Rn 32; Wertenbruch, Handbuch Rn I 311 mwNw; Bork Rn 1668; Aden NJW 1999, 3098 f; Schilken 127 ff, 138 f) ist das Wissen(müssen) solcher Organe allerdings ohne weiteres – dh ohne Anwendung des § 166 BGB – als dasjenige der juristischen Person selbst anzusehen (krit zu dieser Begründung Flume, AT I 2. Teil [1983] § 11 IV und JZ 1990, 548 zu BGHZ 109, 327; ferner ausf Buck 208 ff). Im Schrifttum wird heute teils eine gesetzliche Regelung dieser Zurechnung verlangt (Waltermann AcP 192, 181, 216 ff), teilweise wird auch eine Wissenszurechnung lediglich nach Maßgabe des § 166 vertreten, sodass insbes bei am Geschäftsabschluss unbeteiligten Organmitgliedern eine Relevanz nur entsprechend § 166 Abs 2 BGB anzunehmen wäre (vgl Baumann ZGR 1973, 284 ff; Tintelnot JZ 1987, 795, 799 f; Schüler 57 ff: „allgemein wertende Betrachtung" unter Einbeziehung des Rechtsgedankens des § 166 BGB; einschränkend auch Grunewald, in: FS Beusch [1993] 301, auf für handelnde

Personen verfügbares Wissen; weitergehend andererseits ALTMEPPEN BB 1999, 749 ff schon bei Kenntnis eines unbeteiligten, mit der Unkenntnis des beteiligten Vertreters rechnenden Vertreters; für eine differenzierte Zurechnung nach § 31 BGB oder § 166 BGB ROHDE 33 ff, 65 ff; eine Heranziehung des § 166 Abs 2 BGB abl hingegen BUCK 275 ff). Nunmehr geht der BGH (BGHZ 117, 104, BGHZ 132, 30 und insbes BGHZ 142, 30, 34 ff; BGH NJW 2011, 2791, 2792 mwNw, stRspr; ausführlich zur Rechtsprechung des BGH NOBBE, in: Bankrechtstag 2002, 121 ff) im Anschluss an MEDICUS (4 ff, 11 ff) und TAUPITZ (16 ff, 25 ff; s auch ders JZ 1996, 734 ff) davon aus, dass die Wissenszurechnung eine von der Rechtsform unabhängige Problematik der ordnungsgemäßen Organisation der Kommunikation im Unternehmen darstelle; sie gründe nicht in der Organstellung des Wissensvermittlers (Organtheorie), sondern im Gedanken des Verkehrsschutzes (insoweit zust FLUME AcP 197, 441, 444 f), der insbes zur Notwendigkeit aktenmäßigen Festhaltens, Weiterleitens und Abfragens des Wissens, einer **Wissensorganisationspflicht** führen könne (s schon Rn 6; dazu ausf und sehr instruktiv BUCK-HEEB § 32 Rn 15 ff, Rn 29 ff). Dem Ansatz – mag man dafür auf § 166 BGB zurückgreifen (so mE zu Recht ausf auch ALTMEPPEN BB 1999, 749 ff; FASSBENDER/NEUHAUS WM 2002, 1253, 1258) oder nicht (vgl oben Rn 5) – ist für Organe und auch für andere Mitarbeiter arbeitsteilig organisierter Unternehmen und Körperschaften durchaus zu folgen (nach dem hier vertretenen Ansatz insoweit entsprechend § 166 BGB, s oben Rn 4 f; iE zust auch BRHP/SCHÄFER § 166 Rn 15; ERMAN/MAIER-REIMER § 166 Rn 17 ff; JAUERNIG/MANSEL § 166 Rn 2 f; MünchKomm/SCHUBERT § 166 Rn 8 ff, Rn 94: nicht durch Rechtsfortbildung entsprechend § 166 Abs 2 BGB, sondern „im Wege wertender Zurechnung"; NK-BGB/STOFFELS § 166 Rn 10 ff; PALANDT/ELLENBERGER § 166 Rn 8; PWW/FRENSCH § 166 Rn 22 f; WERTENBRUCH, Handbuch Rn I 312a; HIRSCH Rn 977 ff; KÖHLER § 11 Rn 54; MEDICUS/PETERSEN Rn 904c; PAWLOWSKI Rn 781; WOLF/NEUNER § 49 Rn 83; ausf BUCK-HEEB § 32 Rn 6 ff, Rn 10 ff; AMBS 134 ff; RÖMMER-COLLMANN 164 ff; NOBBE, in: Bankrechtstag 2002, 121, 148 ff; SPINDLER ZHR 181 [2017] 311; zur eingeschränkten Berücksichtigung privaten Wissens [s Rn 8] in solchen Fällen zutr TAUPITZ 25 mwNw; krit aber BUCK 393 ff, 447 ff bei Wissensaufspaltung; ferner KOLLER JZ 1998, 75, 80 f; krit auch BREHM Rn 435 Fn 12; s ferner aus Sicht der kreditwirtschaftlichen Praxis SCHRÖTER, in: Bankrechtstag 2002, 163 ff), daneben an der Berücksichtigung des Wissen(müssen)s von Organen juristischer Personen (nur) im Umfang des § 166 Abs 2 BGB in seiner weiten Auslegung (oben Rn 27) jedoch festzuhalten (so zB auch W SCHULTZ NJW 1996, 1392, 1393 f und NJW 1997, 2093 f; RÖMMER-COLLMANN 123 ff, 158 ff). Bei diesen ist zwar nicht „kraft Natur der Sache" in Anwendung der Organtheorie, wohl aber im wertenden Vergleich der vertretungsberechtigten Organmitglieder einer juristischen Person mit dem „Vollmachtgeber" iSd § 166 Abs 2 BGB anders als in den Fällen der gesetzlichen Vertretung (s Rn 31) die Annahme gerechtfertigt, das Wissen(müssen) solcher Organe schon bei Möglichkeit einer Einflussnahme auf das Geschäft – also andererseits nicht mehr nach ihrem Ausscheiden, sofern sie nicht vorher das Geschäft beeinflusst haben (RÖMMER-COLLMANN 185 ff; SCHILKEN 138 f; vgl auch BORK Rn 1669) und auch nicht schon bei bloßer Kenntnis (anders ALTMEPPEN BB 1999, 749 ff für Vertreter von Verbänden, die mit der Unkenntnis des kontrahierenden Vertreters rechnen; dagegen DAUNER-LIEB 52; s auch BUCK-HEEB § 32 Rn 6 ff) – demjenigen der juristischen Person gleichzusetzen. Diese Lösung entspricht immerhin auch dem (angesichts der Unterschiede auf Seiten der Zurechnungssubjekte wie auch der Erwartungen der Geschäftspartner allein nicht tragfähigen) „Gleichstellungsargument" der inzwischen hM (BGHZ 132, 30, 36 f mwNw; BGH NJW 1997, 1917; 2001, 359, 360; OLG Frankfurt NJW-RR 2002, 778; DAUNER-LIEB 45 f, 52 f; MEDICUS 4, 11 f, 15 f; HAGEN DRiZ 1997, 157, 161; SCHEUCH GmbH-Rdsch 1996, 828, 833; M SCHWAB JuS 2017, 481, 483 ff; SPINDLER ZHR 181 [2017] 160 ff; WALTERMANN AcP 192, 181, 207. – Krit dazu BAUM 176 ff aufgrund abweichender Bewertung der Leistungserbringung von juristischen und natürlichen Personen; MünchKomm/SCHU-

BERT § 166 Rn 10; KOLLER JZ 1998, 75, 77 ff; REISCHL JuS 1997, 783, 787), wonach der Vertragspartner einer juristischen Person – bei der als solcher kein Wissen(müssen) vorliegen kann – nicht anders gestellt sein soll als derjenige einer natürlichen Person. Bei entsprechender Organisationspflicht kann danach aber auch privates Wissen des Organs beachtlich sein (s dazu ausf BUCK-HEEB WM 2008, 281, 282 ff; FLEISCHER NJW 2006, 3239, 3241 f, jew mwNw, str, s oben Rn 6). Grundsätzlich ist danach das Wissen(müssen) aller Vorstandsmitglieder der juristischen Person zuzurechnen, auch wenn sie nicht am konkreten Rechtsgeschäft mitgewirkt haben (MünchKomm/SCHUBERT § 166 Rn 12 f mwNw). Bei der AG ist jedoch *eine Zurechnung des Wissens eine Aufsichtsratsmitgliedes* mangels Verpflichtung zur Weitergabe – unbeschadet der Unzulässigkeit aufgrund von Verschwiegenheitspflichten oder Verbotsnormen (s dazu BGH 26. 4. 2016 – XI ZR 108/15, Rn 32, NJW 2016, 2569; IHRIG ZHR 181, 381; MÜLBERT/SAJNOVITS NJW 2016, 2540; SAJNOVITS WM 2016, 765; WELLER ZGR 2016, 384) grundsätzlich zu verneinen (MünchKomm/SCHUBERT § 166 Rn 12 mwNw; BUCK-HEEB AG 2015, 801; KOCH ZIP 2015, 1757; aA RICKERT/HEINRICHS GWR 2017, 112; SCHWINTOWSKI ZIP 2015, 617). Im Kapitalmarktrecht ist zur Begründung der Kenntnis eines Emittenten grundsätzlich die Kenntnis des Gesamtverstands erforderlich, uU aber auch die Kenntnis faktischer Wissensorgane ausreichend (THOMALE 27 ff). Hingegen scheidet eine übergreifende Wissenszurechnung für den Fall aus, dass ein Vorstandsmitglied zusätzlich Organvertreter einer anderen juristischen Person ist (BGH NJW 2001, 359, 360; MünchKomm/SCHUBERT § 166 Rn 13).

Nichts anderes kann bei diesem Ansatz für **Gesamthandsgesellschaften** gelten (ebenso **32a** inzwischen der BGH, s etwa BGHZ 132, 30; BGH NJW 2001, 359, 360 mwNw; BGH NJW-RR 2003, 170 m zust Anm WOLF LMK 2003, 8; ERMAN/MAIER-REIMER § 166 Rn 17 ff; MünchKomm/SCHUBERT § 166 Rn 15; WERTENBRUCH, Handbuch Rn I 312a; MEDICUS 4 ff, 11 ff und TAUPITZ 16 ff, 25 ff; BORK Rn 1670; BAYREUTHER JA 1998, 459, 465; DAUNER-LIEB 53; GRUNEWALD 318 f; ODERSKY, in: FS Geiß [2000] 144; W SCHULTZ NJW 1996, 1392; WOLF LM § 166 BGB Nr 34; **aA** aber REISCHL JuS 1997, 783, 787; SOERGEL/LEPTIEN § 166 Rn 5; einschr auch BRHP/SCHÄFER § 166 Rn 15; NK-BGB/STOFFELS § 166 Rn 14). Andererseits kann selbst im **Konzern** jedenfalls nicht schon aufgrund der konzernrechtlichen Verbundenheit eine Wissenszurechnung erfolgen, sondern allenfalls aufgrund besonderer Ausübung von Leitungsmacht (MünchKomm/SCHUBERT § 166 Rn 64 ff; NK-BGB/STOFFELS § 166 Rn 15; PWW/FRENSCH § 166 Rn 23; s dazu ausführlich, aber doch sehr weitgehend SCHÜLER passim, insbes 97 ff und 101 ff; RÖMMER-COLLMANN 201 ff; DREXL ZHR 161, 491 ff; ders, in: Bankrechtstag 2002, 85 ff; s ferner ausführlich BOTT passim; HARKE 95 ff; ROHDE passim; HOENIG/KLINGEN NZG 2013, 1046, 1049; SCHÜRNBRAND ZHR 181 [2017] 311; SPINDLER ZHR 181 [2017] 311; WEISSHAUPT WM 2013, 782; weitergehend aber zB OLG München BB 2007, 14, 15; SCHWINTOWSKI ZIP 2015, 617, 623); ohne gesetzliche Regelung erscheint gegenüber einer entsprechenden Erweiterung der Wissenszurechnung (dafür bereits BORK ZGR 1994, 237, 255 f) Zurückhaltung geboten (zutr DAUNER-LIEB 57). Man kann sie aber zB in Erwägung ziehen, wenn die Wahrnehmung der wissenserheblichen Umstände so organisiert ist, dass dafür ein anderes Unternehmen des Konzerns in eigener Verantwortung zuständig ist (vgl BGH NJW 2001, 359, 360 aE) oder wenn – auch außerhalb des Konzernrechts – durch eine Aufteilung des Geschäftsbetriebs auf mehrere juristische Personen zusätzliche, durch eine Wissensorganisation beherrschbare Risiken geschaffen worden sind (ausf MünchKomm/SCHUBERT § 166 Rn 64 ff mwNw). Ansonsten bleibt zu beachten, dass die Zurechnung zu Lasten der juristischen Person, nicht aber ihrer Organe oder vertretungsberechtigten Mitglieder stattfindet, sodass bei Personenidentität nicht automatisch eine Zurechnung außerhalb der „Struktureinheit" stattfindet (BGH NJW 2001, 359, 360 mwNw). Insgesamt können sich allerdings Einschränkungen der

Wissensberücksichtigung aus besonderen Aspekten (zB aufgrund Datenschutzes oder Geheimhaltungspflichten) ergeben (BGH 26. 4. 2016 – XI ZR 108/15 Rn 32, NJW 2016, 2569, s Rn 32 mwNw zum Schrifttum; ERMAN/MAIER-REIMER § 166 Rn 20; MünchKomm/SCHUBERT § 166 Rn 51; BUCK 464 ff; s ferner – auch zu weiteren Fragen der Wissenszurechnung bei Kreditinstituten – HELLMANN/THOMAS WM 2002, 1665, 1670 ff; dazu ferner HEIDRICH passim; FASSBENDER/NEUHAUS WM 2002, 125; zum Kapitalmarktrecht IHRIG ZHR 181 [2017] 381; KLÖHN NZG 2017, 1285; NIETSCH ZIP 2018, 1421; SAJNOVITS WM 2016, 765). IÜ kommt eine Wissenszurechnung in solchen Fällen nur zu Lasten der Organisation, nicht aber ihrer Organe oder Mitglieder in Betracht (BGHZ 109, 327, 332; 132, 30, 37; BGH NJW 2001, 359, 360; MünchKomm/SCHUBERT § 166 Rn 13). – Abgesehen von den Organen kann darüber hinaus in entsprechender Anwendung des § 166 Abs 2 BGB die Zurechnung der *Kenntnis eines Gesellschafters* in Betracht kommen, wenn dieser den Geschäftsführer zu einer bestimmten, zB die Gläubiger benachteiligenden Maßnahme anweist (BGH ZIP 2004, 957, 959 m Anm BERNSAU NZI 2004, 379, FRIDGEN ZInsO 2004, 1341, HUBER EWiR 2004, 933 und KUMMER jurisPR-BGHZivilR 21/2004 Anm 1; PALANDT/ELLENBERGER § 166 Rn 10; PWW/FRENSCH § 166 Rn 10; vgl auch OLG Hamm NZG 2006, 827, 828); Entsprechendes ist bei Anweisungen der Gesellschafterversammlung zur Vornahme eines bestimmten Rechtsgeschäfts diskutabel (dafür ELLERS GmbHR 2004, 934). – Zur Zurechnung des Wissens sonstiger eigenverantwortlich tätiger Hilfspersonen nach § 166 Abs 1 BGB s iÜ schon oben Rn 6.

2. Die Weisungsabhängigkeit des Vertreters

33 a) § 166 Abs 2 BGB verlangt, dass der Bevollmächtigte **nach bestimmten Weisungen** des Vollmachtgebers gehandelt hat. Jedoch wird heute allgemein eine **weite Auslegung** des Begriffs der „bestimmten Weisungen" als geboten angesehen (RGZ 131, 343, 356; BGHZ 50, 364, 368, st Rspr; BGB-RGRK/STEFFEN § 166 Rn 24; BRHP/SCHÄFER § 166 Rn 27; ERMAN/MAIER-REIMER § 166 Rn 38; jurisPR-BGB/WEINLAND § 166 Rn 45; MünchKomm/SCHUBERT § 166 Rn 106; NK-BGB/STOFFELS § 166 Rn 34; PALANDT/ELLENBERGER § 166 Rn 11; PWW/FRENSCH § 166 Rn 8; SOERGEL/LEPTIEN § 166 Rn 29; BORK Rn 1656; EISENHARDT Rn 416; ENNECCERUS/NIPPERDEY § 182 Fn 18; FAUST § 28 Rn 19; FLUME § 52 6; HIRSCH Rn 972; KÖHLER § 11 Rn 50; WERTENBRUCH § 32 Rn 4; WOLF/NEUNER § 49 Rn 88; BUCK 134 ff; SCHILKEN 60 ff). Es genügt auch, wenn der Vertretene die in Betracht stehende Kenntnis bzw fahrlässige Unkenntnis zwar nicht schon bei Erteilung der Vollmacht, sondern erst danach hatte oder hätte haben müssen, aber zu diesem Zeitpunkt noch durch zumutbare Maßnahmen Einfluss auf den handelnden Stellvertreter hätte nehmen können (BGHZ 38, 65, 67; 51, 141, 145; BGH NJW 1969, 37, 39, st Rspr; BGB-RGRK/STEFFEN § 166 Rn 25; BRHP/SCHÄFER § 166 Rn 27; ERMAN/MAIER-REIMER § 166 Rn 38; JAUERNIG/MANSEL § 166 Rn 4; MünchKomm/SCHUBERT § 166 Rn 106; NK-BGB/STOFFELS § 166 Rn 35; PWW/FRENSCH § 166 Rn 9; SOERGEL/LEPTIEN § 166 Rn 31; BOECKEN Rn 612; FLUME § 52 6; PAWLOWSKI Rn 777; WOLF/NEUNER § 49 Rn 88; ausf SCHILKEN 62 ff; W SCHULTZ NJW 1996, 1392, 1393 f und NJW 1997, 2093 f – Einschränkend hingegen noch ENNECCERUS/NIPPERDEY § 182 II 2; NEUMANN-DUESBERG JR 1950, 333; weitergehend MÜLLER-FREIENFELS 389 ff, 413 ff). Bereits dann greift nämlich der Zweck der Vorschrift (s oben Rn 2, Rn 27), dass gebotene Maßnahmen des Selbstschutzes nicht durch den Einsatz eines Stellvertreters unterlaufen werden dürfen.

34 b) Die Voraussetzungen des § 166 Abs 2 BGB liegen vor allem vor, wenn die Bevollmächtigung sich auf ein *genau bestimmtes Rechtsgeschäft* bezieht (vgl BGHZ 50, 364, 368; BGB-RGRK/STEFFEN § 166 Rn 24; MünchKomm/SCHUBERT § 166 Rn 106; SOERGEL/LEPTIEN § 166 Rn 29). Es genügt aber auch den Erfordernissen des § 166 Abs 2 BGB, wenn

die Weisungen nicht als Beschränkung der Vertretungsmacht hervortreten, sondern sich aus dem *Innenverhältnis zwischen* dem Vertreter und dem Vertretenen in Form von Ausführungsanordnungen ergeben (Schilken 61).

Andererseits ist es nicht nötig, dass sie sich auf den vollen Inhalt des vorzunehmenden Rechtsgeschäfts erstrecken; es reicht vielmehr aus, wenn Weisungen *für einzelne Arten* von Rechtsgeschäften erteilt worden sind (BGH BB 1965, 435), die zB dahin gehen, bestimmte Sachen nach Katalog zu erwerben (RG SeuffA 76 Nr 175). Ferner müssen sich die Weisungen nicht gerade auf den Umstand beziehen, dessen Kenntnis oder Kennenmüssen in Frage steht (Schilken 61; aA Müller-Freienfels 396). Die Weisung muss sich auch nicht auf ein bestimmtes Geschäft beziehen (RG Recht 1921, 2251; Erman/Maier-Reimer § 166 Rn 38; MünchKomm/Schubert § 166 Rn 106; NK-BGB/Stoffels § 166 Rn 34; Soergel/Leptien § 166 Rn 29). Es genügt, wenn der Vertretene den Stellvertreter zur Vornahme eines Rechtsgeschäfts im Rahmen der Vollmacht lenkend veranlasst (RG JW 1916, 317; BGHZ 38, 65, 68; Schilken 64 ff mwNw; BRHP/Schäfer § 166 Rn 27; MünchKomm/Schubert § 166 Rn 106). Eine (zumindest analoge) Anwendung des § 166 Abs 2 BGB ist geboten, wenn der Vertretene von dem bevorstehenden Vertretergeschäft weiß, es aber bei Kenntnis/Kennenmüssen des erheblichen Umstandes trotz zumutbarer Möglichkeit nicht verhindert, zB wenn der Vertreter das Geschäft in Anwesenheit des Vertretenen abschließt und dieser *nicht widerspricht* (BGHZ 51, 141, 145; BRHP/Schäfer § 166 Rn 27; Erman/Maier-Reimer § 166 Rn 38; MünchKomm/Schubert § 166 Rn 106; NK-BGB/Stoffels § 166 Rn 35; PWW/Frensch § 166 Rn 8; Soergel/Leptien § 166 Rn 29; Boecken Rn 612; Pawlowski Rn 777; Wolf/Neuner § 49 Rn 88; Neumann-Duesberg JR 1950, 333; Schilken 66 ff; vgl schon Rn 33) oder wenn sich der Abschluss des Geschäftes durch den Stellvertreter konkret abzeichnet (Soergel/Leptien § 166 Rn 29). Hingegen findet § 166 Abs 2 BGB keine Anwendung, wenn der Vertretene den künftigen Abschluss eines einschlägigen Geschäftes durch den Stellvertreter lediglich für möglich hält (Erman/Maier-Reimer § 166 Rn 38; MünchKomm/Schubert § 166 Rn 106; NK-BGB/Stoffels § 166 Rn 35; Soergel/Leptien § 166 Rn 29; str, vgl oben Rn 27). Schon mangels vertretungsähnlicher Konstellation scheidet eine Wissenszurechnung vom Kfz-Hersteller zulasten des Händlers aus (OLG Hamm 15. 8. 2017 – 28 U 65/17 Rn 17, NJW-RR 2018, 180 – Diesel).

c) An bestimmten Weisungen für den Vertreter fehlt es häufig im Falle einer **35** *externen Vollmachtserteilung* (s dazu § 167 Rn 12). Auch eine *Generalvollmacht* (s § 167 Rn 83) oder eine Prokura ist meist nicht von bestimmten Weisungen iS des § 166 Abs 2 BGB begleitet, die aber nicht ausgeschlossen sind (MünchKomm/Schubert § 166 Rn 106; NK-BGB/Stoffels § 166 Rn 35; Soergel/Leptien § 166 Rn 29); so kann zB ein gutgläubiger Generalbevollmächtigter für einen bösgläubigen Vollmachtgeber Eigentum erwerben (vgl BGHZ 51, 141, 147). Erteilt ein Hauptbevollmächtigter einem *Unterbevollmächtigten* bestimmte Weisungen, so kommt es auch auf das Wissen des Hauptbevollmächtigten an (RG Gruchot 58, 907, 909; RG WarnR 1932 Nr 135; BRHP/Schäfer § 166 Rn 25; Erman/Maier-Reimer § 166 Rn 37; MünchKomm/Schubert § 166 Rn 106; NK-BGB/Stoffels § 166 Rn 29; Palandt/Ellenberger § 166 Rn 10; Soergel/Leptien § 166 Rn 29; Schilken 77 f mwNw).

3. Die Rechtswirkungen des § 166 Abs 2

a) Liegen die Voraussetzungen des § 166 Abs 2 BGB vor, so kann sich der **36** Vollmachtgeber bezüglich solcher Umstände, die er selbst kannte oder kennen musste, nicht auf die Unkenntnis des Vertreters berufen. Dem Vertretenen schadet also eigene Kenntnis bzw beim Kennenmüssen eigene auf Fahrlässigkeit beruhende Unkenntnis, ggf wie etwa im Falle des § 932 Abs 2 BGB seine auf grober Fahrlässigkeit beruhende Unkenntnis. Auch soweit es zur Beurteilung anderer Tatbestandsmerkmale wie der Arglist oder Sittenwidrigkeit (s oben Rn 22) auf die Kenntnis bestimmter Umstände ankommt, ist dann die Person des Vertretenen zu berücksichtigen (s etwa RGZ 161, 153, 161).

37 **b)** Damit ist jedoch nicht gesagt, dass dem Vertretenen Kenntnis bzw Kennenmüssen des Vertreters nicht gleichfalls schadet. § 166 Abs 1 BGB wird durch § 166 Abs 2 BGB nicht verdrängt (MünchKomm/Schubert § 166 Rn 108; NK-BGB/Stoffels § 166 Rn 2; Schilken 60). Vielmehr kommt es in den Fällen des § 166 Abs 2 weiterhin auch auf die Person des Vertreters an.

IV. § 166 und Empfangsvertretung

38 Die Regeln des § 166 BGB sind im Hinblick auf § 164 Abs 3 BGB auf die **Empfangsvertretung** (s § 164 Rn 20) entsprechend anzuwenden (NK-BGB/Stoffels § 166 Rn 17; Soergel/Leptien § 166 Rn 3; Buck 148 f; Schilken 89 ff). Dabei kann die Kenntnis des Empfangsvertreters vor allem im Rahmen der §§ 116 S 2, 117 Abs 1 BGB in Betracht kommen (Schilken 90 ff), des Weiteren im Rahmen der Auslegung von Willenserklärungen vom Empfängerhorizont her (BGH NJW 2000, 2272, 2273; Erman/Maier-Reimer § 166 Rn 9; NK-BGB/Stoffels § 166 Rn 17; Soergel/Leptien § 166 Rn 3; Richardi AcP 169, 401; Schilken 89 f). Auch soweit Gewährleistungsausschlüsse an Kenntnis oder Kennenmüssen anknüpfen, wie zB in §§ 442, 536b, 539, 640 Abs 3 BGB, ist § 166 Abs 1 BGB entsprechend anzuwenden (s oben Rn 21; ausführlich Schilken 93 ff). Andererseits gilt stets auch § 166 Abs 2 BGB im beschriebenen Rahmen (Rn 27 ff).

39 Beim **Empfangsboten** kommt hingegen eine analoge Anwendung des § 166 BGB wie beim aktiven Boten (s Rn 4) nur ausnahmsweise in Frage, wenn nämlich der als Stellvertreter mit Prüfungskompetenz bestellte Gehilfe lediglich als Bote auftritt (vgl Schilken 218).

V. Öffentlich-rechtliche Vertreter

40 Bei privatrechtlichem Handeln von **Organen oder Bediensteten juristischer Personen des öffentlichen Rechts** findet § 166 BGB grundsätzlich Anwendung (MünchKomm/Schubert § 166 Rn 75 ff; NK-BGB/Stoffels § 166 Rn 13; krit zum Ganzen Reinhardt 23 ff mit eigener Lösung 163 ff [s oben Rn 6]). Das gilt namentlich für die Anwendung der Regeln der **Wissenszurechnung** bei juristischen Personen des Privatrechts (s oben Rn 32), die entsprechend den dazu entwickelten Kriterien heranzuziehen sind. Nach der hier vertretenen Auffassung erfolgt die Zurechnung aufgrund der Organstellung, soweit die wissen(müssen)de Person Organ oder Teil eines vertretungsberechtigten Organs der zuständigen öffentlich-rechtlichen Person nach den einschlägigen Organisationsnormen ist – auch unabhängig davon, ob sie im konkreten Fall gehandelt hat –, sofern sie das Zustandekommen des Geschäfts beeinflusst hat oder mit ihrem Wissen hätte beeinflussen können; das Wissen(müssen) ausgeschiedener Organvertreter ist hingegen grundsätzlich nicht, sondern nur bei einer solchen Einflussnahme oder bei Verstoß gegen Organisationspflichten (zB aktenmäßiges Festhalten) zurechenbar

(BGHZ 109, 327, 332 m Anm FLUME JZ 1990, 550; iE zust auch MEDICUS/PETERSEN Rn 904c). Bei sonstigen Bediensteten ist zu prüfen, ob auf sie die Voraussetzungen der erweiterten Anwendung des § 166 Abs 1 BGB (oben Rn 4 ff) zutreffen, dass die betreffende Person mit eigenverantwortlicher Prüfungs- und Entscheidungskompetenz im Rechtsverkehr eingesetzt worden ist oder die Voraussetzungen einer fehlerhaften Organisation der Kommunikation (s oben Rn 32) vorliegen (s etwa BGHZ 117, 104, 107 zu § 463 aF verneinend für Sachbearbeiter im Baurechtsamt; BGH NJW 1994, 1150, 1151 und NJW 2007, 834, 835 mwNw bejahend für den mit der Verfolgung eines Ersatzanspruches betrauten Bediensteten zu § 852 aF; BGH NJW 2011, 1799, 1800 verneinend für nicht mit der Abwicklung betraute Mitarbeiterin einer Pflegekasse; BGH NJW 2011, 2791, 2792 [bejahend bei Zusammenarbeit mehrerer Behörden]; BGH ZIP 2014, 1497 bejahend für Behörden desselben Rechtsträgers; ausf MünchKomm/SCHUBERT § 166 Rn 75 ff mwNw; MEDICUS/PETERSEN Rn 904d; Überblick schon bei KOHLER-GEHRIG VBlBW 1998, 212). Ein Wissen anderer Behörden oder Behördenabteilungen soll hingegen wegen der gesetzlichen Trennung der Verwaltungsorganisation ohne konkrete Beteiligung nicht zuzurechnen sein (BGH NJW 1992, 1755, 1756 für den Bediensteten einer anderen Abteilung; BGHZ 134, 343, 347 f für eine andere Behörde; OLG Saarbrücken OLGR 2006, 944; MünchKomm/SCHUBERT § 166 Rn 69 mwNw), wobei aber doch zu Recht zunehmend Informationsabfragepflichten erwogen werden (s BGH BeckRS 2011, 1685; BGH NJW 2011, 2791; MünchKomm/SCHUBERT § 166 Rn 77).

Entsprechende Maßstäbe gelten auch für **Sozialversicherungsträger** (s etwa BGH VersR 2012, 738 und 1005; MünchKomm/SCHUBERT § 166 Rn 78 mwNw).

§ 167
Erteilung der Vollmacht

(1) Die Erteilung der Vollmacht erfolgt durch Erklärung gegenüber dem zu Bevollmächtigenden oder dem Dritten, dem gegenüber die Vertretung stattfinden soll.

(2) Die Erklärung bedarf nicht der Form, welche für das Rechtsgeschäft bestimmt ist, auf das sich die Vollmacht bezieht.

Materialien: E II § 137; III § 163; Mot I 228; Prot II 1 143; VI 124 und 134; JAKOBS/SCHUBERT, AT II 873 ff; SCHUBERT, AT II 186 ff (Vorentwurf).

Schrifttum

S auch das Schrifttum bei Vorbem zu §§ 164 ff sowie zur Rechtsscheinsvollmacht bei Rn 28, zur Untervollmacht bei Rn 60 und zum Missbrauch der Vertretungsmacht bei Rn 91.
BAUER-MENGELBERG, Generalvollmacht (1932)
BECKER/SCHÄFER, Die Anfechtung von Vollmachten, JA 2006, 597
BERGJAN/KLOTZ, Formale „Fallstricke" bei der Vollmachtserteilung in M & A-Transaktionen, ZIP 2016, 2300
BEUTHIEN, Gilt im Stellvertretungsrecht das Abstraktionsprinzip?, in: 50 Jahre Bundesgerichtshof – FG aus der Wissenschaft (2000) 81
BEUTHIEN/MÜLLER, Gemischte Gesamtvertretung und unechte Gesamtprokura, Betrieb 1995, 461

BINDER, Gesetzliche Form, Formnichtigkeit und Blankett im Bürgerlichen Recht, AcP 207 (2007) 155
BROX, Die Anfechtung bei der Stellvertretung, JA 1980, 449
CONRAD, Die Vollmacht als Willenserklärung (2012)
DEMELIUS, M Wellspachers Vollmachtslehre, AcP 153 (1953/54) 1
DICKERSBACH, Rechtsfragen bei der Bevollmächtigung zur Abgabe einer Unterwerfungserklärung – insbesondere zur Anwendung der §§ 171 ff BGB auf die Bevollmächtigung (2006)
DREXL/MENTZEL, Handelsrechtliche Besonderheiten der Stellvertretung, Jura 2002, 289 und 375
EINSELE, Formerfordernisse bei mehraktigen Rechtsgeschäften, DNotZ 1996, 835
dies, Formbedürftigkeit des Auftrags/der Vollmacht zum Abschluß eines Ehevertrags, NJW 1998, 1206
EUJEN/FRANK, Anfechtung der Bevollmächtigung nach Abschluß des Vertretergeschäfts?, JZ 1973, 232
FREY, Rechtsnachfolge in Vollmachtnehmer- und Vollmachtgeberstellungen (1997)
GECKLE, Die Vollmacht in der Betriebspraxis und im Rechtsleben (1982)
GEIGER, Die Vollmachterteilung durch schlüssige Handlung (Diss Erlangen 1936)
GEITZHAUS, Die Generalbevollmächtigung – ein empfehlenswertes Instrument der Unternehmensführung?, GmbH-Rdsch 1989, 229, 278
GOTTSCHALK, Die Vollmacht zum Grundstückskauf und zu anderen formbedürftigen Rechtsgeschäften (1932)
GRAU, Zum Problem der Bevollmächtigung (Diss Berlin 1917)
GRÖNING, Zur Empfangsvollmacht des Vermittlers für mündliche Erklärungen des Antragstellers, VersR 1990, 710
GROHER, Die Beurkundungsbedürftigkeit der Vollmacht zur Veräußerung und zum Erwerb von Grundstücken (Diss Bonn 1987)
HAERTLEIN, Rechtsfragen der Kontovollmacht, in: Leipziger Juristisches Jahrbuch 2012, S 15
HERRESTHAL, Formbedürftigkeit der Vollmacht zum Abschluss eines Verbraucherdarlehens, JuS 2002, 844

HUPKA, Die Vollmacht (1900)
JAGENBURG, Die Vollmacht des Architekten, BauR 1978, 180
JOUSSEN, Die Generalvollmacht im Handels- und Gesellschaftsrecht, WM 1994, 273
JUNG, Gesamtvertretung, Gesamtvollmacht (Diss Gießen 1909)
KANDLER, Die Formbedürftigkeit von Vollmachten bei formgebundenen Geschäften (2004)
KANZLEITER, Formfreiheit der Vollmacht zum Abschluß eines Ehevertrags?, NJW 1999, 1612
KESSELER, Gestaltung von Belastungsvollmachten in Grundstückskaufverträgen, DNotZ 2017, 651
KNOCHE, Die Vollmacht und ihr Verhältnis zu den Rechtsbeziehungen zwischen Vollmachtgeber und Vertreter, JA 1991, 281
KÖHL, Der Prokurist in der unechten Gesamtvertretung, NZG 2005, 197
KORTE, Zum Beurkundungsumfang des Grundstücksvertrages und damit zusammenhängender Rechtsgeschäfte, DNotZ 1984, 82
KUNSTREICH, Gesamtvertretung: eine historisch-systematische Darstellung (Diss Frankfurt 1992)
LANGE/DREHER, Der Führende in der Mitversicherung, VersR 2008, 289
LEITZEN, Grenzen der Bevollmächtigung Dritter durch organschaftliche Gesamtvertreter im Lichte des „Trabrennbahn"-Urteils, WM 2010, 637
LENEL, Stellvertretung und Vollmacht, JherJb 36 (1895) 1
LORENZ, Grundwissen – Zivilrecht: Die Vollmacht, JuS 2010, 771
LOOS, Betriebsführungsverträge und damit verbundene Generalvollmacht bei Handelsgesellschaften, BB 1963, 615
MANIGK, Stillschweigend bewirkte Vollmachten im Handelsrecht, Beiträge zum Wirtschaftsrecht II (1931) 590
MELCHIOR, Vollmachten bei Umwandlungsvorgängen – Vertretungshindernisse und Interessenkollisionen, GmbH-Rdsch 1999, 520
METZING, Das Erlöschen von rechtsgeschäftlicher Vertretungsmacht und Rechtsscheinvollmacht, JA 2018, 413

Müller-Freienfels, Die Altersvorsorge-Vollmacht. Studie zur Vollmachtserteilung über Minderungen der Geschäftsfähigkeit hinaus, in: FS Coing (1982) Bd II 395
Neuschäfer, Blankobürgschaft und Formnichtigkeit (2004)
Nitzsche, Die Überschreitung der Vertretungsmacht des Bevollmächtigten und die Abgrenzung der Überschreitung vom Missbrauch (Diss Jena 1939)
Nodoushani, Die Belastungsvollmacht, ZfIR 2017, 305
Petersen, Die Anfechtung der ausgeübten Innenvollmacht, AcP 201 (2001) 375
ders, Bestand und Umfang der Vertretungsmacht, Jura 2003, 310
ders, Die Abstraktheit der Vollmacht, Jura 2004, 829
Pfeiffer, Vertretungsprobleme bei Verträgen mit Bauträgern, NJW 1974, 1449
Reinshagen, Die Vollmacht über den Tod hinaus (Diss Erlangen 1937)
Riezler, Konkurrierendes und kollidierendes Verhalten des Vertreters und des Vertretenen, AcP 98 (1906) 372
Rinck, Pflichtwidrige Vertretung (Diss Halle 1936)
Rösler, Formbedürftigkeit der Vollmacht, NJW 1999, 1150
Roquette, Rechtsfragen zur unechten Gesamtvertretung im Rahmen der gesetzlichen Vertretung von Kapitalgesellschaften, in: FS Oppenhoff (1985) 335
Rott, Duldungsvollmacht bei Verstoß gegen das Rechtsberatungsgesetz?, NJW 2004, 2794
Schäfer, Teilweiser Vertretungsmangel. Haftung des Vertretenen und des Vertreters unter Einschluß der Missbrauchsfälle (1997)
Scherer, Die Inkassovollmacht des Gläubigeranwalts, DGVZ 1994, 104
Schmalzl, Zur Vollmacht des Architekten, MDR 1977, 622
Schramm/Dauber, Vertretungs- und Verfügungsmacht über das Konto, in: Bankrechts-Handbuch (4. Aufl 2011) § 32
Schwarz, Die Gesamtvertreterermächtigung. Ein zivil- und gesellschaftsrechtliches Rechtsinstitut, NZG 2001, 529

Schwoerer, Die Ausübung der Gesamtvertretung (Diss Heidelberg 1931)
Seif, Die postmortale Vollmacht, AcP 200 (2000) 192
Siebenhaar, Vertreter des Vertreters, AcP 162 (1963) 354
Siegel, Die Kollision von Rechtsgeschäften des Vertreters und des Vertretenen (Diss Erlangen 1936)
Spitzbarth, Die rechtliche Stellung des Generalbevollmächtigten, BB 1962, 851
ders, Vollmachten im modernen Management (1970)
Stenzel, Vollmachtmängel bei der GmbH-Gründung, GmbHR 2015, 567
Stüsser, Die Anfechtung der Vollmacht nach bürgerlichem Recht und Handelsrecht (1986)
Timmann, Formerfordernisse und Informationspflichten bei Erteilung der Vollmacht, BB 2003 Beilage 6, 23
Traumann, Probleme der Vollmacht zum Abschluß von Geschäftsanteils-Veräußerungsverträgen, GmbH-Rdsch 1985, 78
Tschauner, Die postmortale Vollmacht (2000)
vTuhr, Die unwiderrufliche Vollmacht, in: FG Laband (1908) 43
Uhlenbruck, Die Stellvertretung in Gesundheitsangelegenheiten, in: FS Deutsch (1999) 849
Vahle, Die Vollmacht – Grundfragen des rechtsgeschäftlichen Vertreterhandelns, NWB 2005, 2571
Wellspacher, Das Vertrauen auf äußere Tatbestände im bürgerlichen Rechte (1906)
Wernecke, Schranken der Generalvollmacht (Diss Göttingen 1937)
Wülfing, Formfreie Vollmacht bei formgebundenen Vertretergeschäften, insbesondere bei Grundstücksveräußerungsgeschäften (Diss Münster 1962)
Zimmermann, Zur Formbedürftigkeit der Vollmacht und zu den Informationspflichten bei Finanzierung eines Erwerbs im Immobilienmodell (2002).

Systematische Übersicht

I. Die Vollmachtserteilung
1. Die Vollmacht — 1
   a) Der Begriff — 1
   b) Die isolierte Vollmacht — 2
   c) Vollmacht und Innenverhältnis — 3
   d) Vollmacht und Rechtsgrund — 4
2. Der Bevollmächtigte — 5
   a) Die natürlichen Personen — 5
   b) Juristische Personen und Gesellschaften — 6
3. Die Vollmachtserteilung als Rechtsgeschäft — 8
   a) Die Begründung einer Fähigkeit des Bevollmächtigten — 8
   b) Das einseitige Rechtsgeschäft — 10
   c) Die einzelnen Erklärungsarten — 12
   d) Das Wirksamwerden — 15
   e) Mehrere Bevollmächtigungen — 16
   f) Die Beweislast — 17
4. Die Form der Vollmacht — 18
   a) Die Formfreiheit und ihre Ausnahmen — 18
   b) Formzwang wegen Umgehungsverboten — 20
   c) Die Formnichtigkeit nach § 311 — 21
   d) Folgen der Formnichtigkeit — 23
   e) Andere Fälle des Formzwangs — 25
   f) Verneinung des Formzwangs — 27

II. Die Duldungs- und Anscheinsvollmacht (Rechtsscheinsvollmacht)
1. Geschichtliche Entwicklung und Terminologie — 28
   a) Das ROHG — 28
   b) Die schlüssige Erklärungsabgabe (Duldungsvollmacht ieS) — 29
   c) Duldungs- und Anscheinsvollmacht — 30
   d) Allgemeines Institut einer Rechtsscheinsvollmacht — 32
2. Tatbestandselemente und Rechtswirkungen der Rechtsscheinsvollmacht — 34
   a) Der Vertrauenstatbestand — 34
   b) Der Vertretungswille — 39
   c) Die Zurechenbarkeit des Handelns — 40
   d) Die Schutzwürdigkeit des Gegners — 43
   e) Wirkungen der Rechtsscheinsvollmacht — 44
3. Die Rechtsscheinsvollmacht bei juristischen Personen des öffentlichen Rechts — 46
   a) Die Anwendung der allgemeinen Begriffe — 46
   b) Die Ausnahme bei Zuständigkeitsregeln — 48
   c) Die Formwahrung — 49
   d) Die Schutzbedürftigkeit des Kontrahenten — 50

III. Die Gesamtvertretung
1. Die Bedeutung des Begriffs — 51
   a) Die einzelnen Formen — 51
   b) Die Auslegung der Vollmacht — 52
2. Die Ausübung der Gesamtvertretung — 53
   a) Das gemeinsame Handeln — 53
   b) Die Spezialvollmacht an Einzelne — 55
   c) Die Entgegennahme von Erklärungen — 56
3. Willensmängel und Wissenszurechnung bei Gesamtvertretung — 58
   a) Der Wille der Gesamtvertreter — 58
   b) Kennen und Kennenmüssen — 59

IV. Die Untervollmacht
1. Die rechtliche Problemstellung — 60
   a) Die einzelnen Formen — 60
   b) Die Repräsentation des Vertretenen — 61
   c) Die Bestellung durch den Hauptvertreter — 62
2. Die Wirksamkeit der Unterbevollmächtigung — 63
   a) Die Auslegung der Hauptvollmacht — 63
   b) Gesetzliche Verbote — 64
3. Umfang und Dauer der Untervollmacht — 67
   a) Der Umfang — 67
   b) Das Erlöschen — 68
4. Die Rechtsstellung des Untervertreters — 70
   a) Das Innenverhältnis — 70
   b) Die Haftung des Hauptvertreters — 71

c)	Willensmängel des Untervertreters	72	f)	Ergänzende Auslegung		88
d)	Mängel in der Vertretungsmacht	73	2.	Die Vollmachtsüberschreitung		89
			a)	Teilbare und unteilbare Geschäfte		89
V.	**Nichtigkeit und Anfechtbarkeit der Bevollmächtigung**		b)	Die Anscheinsvollmacht		90
1.	Die Nichtigkeit	75	VII.	**Der Missbrauch der Vertretungsmacht**	
a)	Die Tatbestände	75				
b)	Die Rechtsfolgen	76	1.	Das Fehlen der gesetzlichen Regelung		91
2.	Die Anfechtung	77				
a)	Einschränkungen der Anfechtbarkeit	77	a)	Die Möglichkeit des Missbrauchs		91
			b)	Die Vorarbeiten zum BGB		92
b)	Ausschluss rückwirkender Anfechtung	78	2.	Der Tatbestand des Missbrauchs der Vertretungsmacht		93
c)	Erweiterung der Anfechtungsgegner	79	a)	Die Kollusion		93
			b)	Der Rechtsmissbrauch		94
d)	Fälle arglistiger Täuschung	80	c)	Das Verhalten des Kontrahenten		96
e)	Folgen der Anfechtung	81	d)	Gesetzliche Vertretung und Treuhand		99
VI.	**Umfang und Überschreitung der Vollmacht**		3.	Die Rechtsfolgen des Missbrauchs der Vertretungsmacht		100
1.	Die Bestimmung des Vollmachtsumfangs	83	a)	Nichtigkeit bei Kollusion		100
			b)	Unverbindlichkeit bei unzulässiger Rechtsausübung		101
a)	Arten der Vollmacht	83	c)	Schadensersatz aus cic		102
b)	Auslegung der Vollmacht	84	d)	Handeln ohne Vertretungsmacht		103
c)	Einzelheiten der Auslegung	85	e)	Anwendbarkeit des § 254		104
d)	Beachtung der Verkehrssitte	86	f)	Folgen im Innenverhältnis		105
e)	Wahrung von Treu und Glauben	87				

Alphabetische Übersicht

Abstraktionsprinzip	2 f	Gattungsvollmacht	83
Anfechtbarkeit	45, 77 ff	Generalvollmacht	83
Anscheinsvollmacht	28 ff, 47, 90	Geschäftsfähigkeit	5, 11, 39, 75
Arglistige Täuschung	80	Gesamtvertretung	51 ff, 65
Auflassungsvollmacht	25	Gesamtvertreterermächtigung	55
Auslegung der Vollmacht	52, 63, 84 ff	Gesetzliche Vertretung	1, 66, 99
Außenvollmacht	12, 14, 16, 77 ff	Grundstücksverträge	21 ff
Bankvollmacht	3 f, 85	Handlungsvollmacht	83
Beweislast	17		
		Innenverhältnis	3, 9, 45, 63, 70, 85, 94, 105
Digitaler Rechtsverkehr	35a	Innenvollmacht	12, 77 ff
Duldungsvollmacht	28 ff, 47	Interne Vollmacht	12, 77 ff
		Isolierte Vollmacht	2
Ersatzbevollmächtigung	60		
Evidenz des Missbrauchs	97 ff	Juristische Personen als Vertreter	6
Externe Vollmacht	12, 14, 16, 77 ff	– des öffentlichen Rechts	46 ff
Form der Vollmacht	18 ff, 49	Kausale Vollmacht	4

Kollektivvertretung	51	Stillschweigende Bevollmächtigung	
Kollusion	93, 96, 100, 105		13, 28, 46, 84 ff
Kontovollmacht	3 f, 85		
		Übertragbarkeit	4
Missbrauch	91 ff	Umfang der Vollmacht	83 ff
Mitverschulden beim Vollmachtsmiss-		Umgehungsgeschäfte	20 ff, 64 f
brauch	104	Untervollmacht	60 ff
		Unzulässige Rechtsausübung	94 ff, 101
Nichtigkeit	75 f, 100		
		Verkehrssitte	86
Öffentliche Bekanntmachung	12	Vermögenswert der Vollmacht	4
Organhandeln	1	Verschulden Dritter	41 f
		Vertrauenshaftung	32 ff
Prokura	51 f, 83	Vertretung ohne Vertretungsmacht	
Prozessvollmacht	19, 52		23, 55, 81, 103
		Vertretungswille	39
Rechtsberatung	35c, 75a	Vollmachtserteilung	1, 8 ff, 29
Rechtsscheinsvollmacht	14, 28 ff	Vollmachtsmissbrauch	29, 91 ff
		Vollmachtsüberschreitung	89 f
Simulation	10, 75	Vorsorgevollmacht	86
Sittenwidrigkeit	92		
Solidarvollmacht	51	Willensmängel	82a
Spezialvollmacht	55, 83	Wirksamwerden der Bevollmächtigung	15

I. Die Vollmachtserteilung

1. Die Vollmacht

1 a) Als Vollmacht definiert § 166 Abs 2 S 1 BGB die **durch Rechtsgeschäft erteilte Vertretungsmacht** (s Vorbem 22 zu §§ 164 ff). Dadurch unterscheidet sich die Vollmacht von der Vertretungsmacht, die den Organen juristischer Personen kraft ihrer *Organstellung* zusteht, sowie von der *gesetzlichen Vertretungsmacht,* die *bestimmten* Personen kraft Gesetzes oder durch Staatsakt verliehen ist. Die Vollmacht ist eine Wirksamkeitsvoraussetzung für das vom Bevollmächtigten vorgenommene Rechtsgeschäft im Hinblick auf den Rechtskreis des Vertretenen (s § 164 Rn 16 ff, 22).

2 b) Aufgrund des vom BGB übernommenen **Abstraktionsprinzips** (s Vorbem 33 f zu §§ 164 ff) ist die Vollmacht von dem zwischen dem Vollmachtgeber und Bevollmächtigten bestehenden Innenverhältnis getrennt (Flume § 50 1). Ob jemand Vollmacht erlangt und hat, bestimmt sich nach davon grundsätzlich unabhängigen, eigenständigen Kriterien. § 168 S 1 BGB zeigt zwar einen Rest kausaler Verbindung von Vollmacht und Grundgeschäft (HKK/Schmoeckel §§ 164–181 Rn 19), ist aber nicht als Grundregel für das Entstehen und Bestehen einer Vollmacht anwendbar (ganz hM, s etwa jurisPK-BGB/Weinland § 167 Rn 1; MünchKomm/Schubert § 167 Rn 2; NK-BGB/Ackermann § 167 Rn 4; Soergel/Leptien Vorbem 40 zu § 164; Faust § 26 Rn 16; Flume § 50 2; Petersen Jura 2004, 829, 831; aA Einsele DNotZ 1996, 835, 847 mwNw; s auch Medicus/Petersen Rn 949; anders aufgrund Verwerfung des Abstraktionsprinzips Dörner passim, insbes 150 ff, s dazu schon Vorbem 34 zu §§ 164 ff); allerdings kann gem § 168 BGB das Erlöschen der

Vollmacht mit der Beendigung des Innenverhältnisses verknüpft werden (s § 168 Rn 3) und bei einer Innenvollmacht ausnahmsweise auch § 139 BGB eingreifen (s Vorbem 33 zu §§ 164 ff und die speziellen Nachw unten Rn 75 aE).

Das Abstraktionsprinzip ermöglicht demnach eine Vollmacht ohne Innenverhältnis, die sog **isolierte Vollmacht** (BRHP/SCHÄFER § 167 Rn 2; ERMAN/MAIER-REIMER Vorbem 6 zu § 164; Hk-BGB/DÖRNER § 167 Rn 7; JAUERNIG/MANSEL § 167 Rn 1; MünchKomm/SCHUBERT § 168 Rn 2; NK-BGB/ACKERMANN § 167 Rn 4; PWW/FRENSCH § 167 Rn 4; SOERGEL/LEPTIEN § 167 Rn 1; BITTER/RÖDER § 10 Rn 94; BOECKEN Rn 645; BORK Rn 1488 ff; BROX/WALKER § 25 Rn 15; ENNECCERUS/NIPPERDEY § 184 III 2; FLUME § 50 1; HÜBNER Rn 1238 f; KÖHLER § 11 Rn 26; LEENEN § 13 Rn 2; LEIPOLD § 24 Rn 16; SCHACK Rn 466, Rn 506; WOLF/NEUNER § 50 Rn 7; DÖRNER 140 ff; LEKAUS, Vollmacht von Todes wegen [2000] 11 ff; PAPENMEIER 3; HELDRICH JherJb 79, 315 ff, 323; HOFFMANN JuS 1970, 453; MOCK JuS 2008, 391, 392; ZIMMERMANN BWNotZ 1993, 35 ff; s auch RGZ 69, 243; BGH NJW 1988, 2603; 1990, 1721, 1722 mwNw; OLG Zweibrücken OLGZ 1985, 45, 46; s auch noch § 168 Rn 16 f; **aA** MünchKommHGB/KREBS Vor § 48 Rn 40 f mwNw; krit auch MEDICUS Rn 949). Diese ist allerdings als Ausnahmefall zu bezeichnen (vgl FROTZ, Der Verkehrsschutz im Vertretungsrecht [1972] 328 ff; BGH DNotZ 2003, 836; LG Düsseldorf Rpfleger 1985, 358), zumal Bedenken im Hinblick auf die Innenhaftung des Vertreters und die Regeln über den Missbrauch der Vertretungsmacht (Rn 91 ff) bestehen; die Begründung isolierter Vollmachten ist jedenfalls nicht üblich (FLUME § 50 1). Gewollt sein kann sie aber uU bei einer Generalvollmacht (ENNECCERUS/NIPPERDEY § 186 III; HELDRICH JherJb 79, 323; zust BRHP/SCHÄFER § 167 Rn 2; einschränkend FLUME § 50 1). Vor allem jedoch können ein bloßes Gefälligkeitsverhältnis oder Mängel des Innenverhältnisses – zB bei beschränkter Geschäftsfähigkeit des Vollmachtgebers – zu einer isolierten Vollmacht führen (s dazu BRHP/SCHÄFER § 167 Rn 2; SOERGEL/LEPTIEN § 167 Rn 1; krit MEDICUS Rn 949).

c) Normalerweise besteht neben der Vollmacht ein **Innenverhältnis**, welches Rechte und Pflichten des Bevollmächtigten regelt. Hier kommen vor allem Aufträge, Dienst- und Werkverträge – auch als Geschäftsbesorgungsverträge (§ 675 BGB) – in Betracht, aber auch allgemeine Rechtsverhältnisse wie ein Gesellschaftsverhältnis oder die Ehe (FLUME § 50 1). Bei der sog Vollmachtstreuhand bildet eine Treuhandabrede das Innenverhältnis. Ebenso kann sich zB das Innenverhältnis als Nebenabrede zu einem Kaufvertrag darstellen, wenn die Auflassungsvollmacht dem Käufer eines Grundstücks erteilt ist, damit er die Auflassung an sich selbst vornehmen kann (KG DNotZ 1937, 687; vgl auch OLG Köln NJW-RR 1995, 590 zur Vollmacht eines Notars für die Durchführung eines Grundstückskaufvertrags). Ferner kann sich das Innenverhältnis etwa aus der Nebenabrede zu einem Schenkungsversprechen ergeben, wenn die Vollmacht dem zu Beschenkenden zwecks Durchführung der Schenkung erteilt wird. – Eine unmittelbar wirkende Beachtlichkeit von Regeln des Innenverhältnisses kann über § 158 BGB durch die *bedingungsweise Verknüpfung* der Nichtbeachtung mit der Bevollmächtigung erreicht werden (RGZ 81, 49; BGH WM 1964, 182; jurisPK-BGB/WEINLAND § 167 Rn 3; SOERGEL/LEPTIEN Vorbem 40 zu § 164; HÜBNER Rn 1240; FLUME § 52 3 Fn 22; LIEDER JuS 2014, 393, 397; einschr MÜLLER-FREIENFELS 249; s ferner § 168 Rn 2).

Große praktische Bedeutung hat die *Bank-* oder (enger) *Kontovollmacht,* die ein Bankkunde einem Dritten einräumt, damit dieser gegenüber dem Kreditinstitut Willenserklärungen mit Wirkungen für und gegen den Kunden abgeben und entgegennehmen kann. Eine solche Vollmacht ist formlos wirksam, wird aber üblicherweise formularmäßig als Außen- oder Innenvollmacht erteilt und kann auch in einer umfassenden Vollmacht enthalten sein (ausf zu auftretenden Rechtsfragen der Kontovollmacht HAERTLEIN 16 ff; SCHRAMM/DAUBER § 32). Zum Umfang einer solchen Vollmacht s noch Rn 85.

4 d) Wird die Vollmacht mit Rücksicht auf ein Innenverhältnis erteilt, so spricht man (missverständlich) von einer **kausalen Vollmacht** (s namentlich PAWLOWSKI Rn 690 ff; zu Recht abl zB BREHM Rn 439); für den Tatbestand der Vollmacht bleibt jedoch der Abstraktionsgrundsatz maßgebend. Das Innenverhältnis ist auch nicht als *Rechtsgrund* der Vollmacht iS des Bereicherungsrechts zu verstehen (FLUME § 50 1; MÜLLER-FREIENFELS 155; LIEDER JuS 2014, 393, 395). Insoweit besteht ein Unterschied zwischen der abstrakten Vollmacht und anderen abstrakten Rechtsgeschäften, welche eine Vermögensverschiebung zur Folge haben.

Sofern eine Vollmacht beseitigt werden soll, greifen die Regeln über den Widerruf ein (s § 168 Rn 4 und 16), grundsätzlich nicht die Vorschriften des Bereicherungsrechts. Allerdings wird zT auch § 812 BGB mit dem Ziel eines Verzichts auf die Vollmacht (vgl § 168 Rn 18) für anwendbar gehalten, wenn es sich um eine ausschließlich im Interesse des Bevollmächtigten erteilte Vollmacht handelt (vTUHR, AT II 2 410 Fn 220; HÜBNER Rn 1238). Eine solche Vollmacht wird als eine „vermögensrechtliche Stellung" bewertet (s auch Vorbem 16 zu §§ 164 ff), die kondizierbar und – namentlich als Kontovollmacht – auch pfändbar sowie vererblich sein soll (BayObLG DB 1978, 1929; SOERGEL/ LEPTIEN § 167 Rn 2 mwNw; KÖHLER § 11 Rn 34; MEDICUS/PETERSEN Rn 943; WOLF/NEUNER § 50 Rn 59). Dem ist nicht zu folgen. Die Vollmacht ist keine aufgrund eines (vermeintlichen) Innenverhältnisses erbrachte vermögenswerte Zuwendung (NK-BGB/ACKERMANN § 167 Rn 6; PWW/FRENSCH § 167 Rn 3; GAUL/SCHILKEN/BECKER-EBERHARD, Zwangsvollstreckungsrecht [12. Aufl 2010] § 54 Rn 46; VORTMANN NJW 1991, 1038).

Eine rechtsgeschäftliche **Übertragbarkeit** der Vollmachtnehmerstellung, die § 52 Abs 2 HGB jedenfalls für die Prokura ausschließt, durch Vertrag zwischen dem bisherigen und dem neuen Bevollmächtigten unter Zustimmung des Vertretenen befürwortet FREY (6 ff; s dazu und zum Folgenden SCHILKEN ZHR 1999, 104 ff) mit beachtlicher Begründung (zust bei entsprechender Ausgestaltung des Grundverhältnisses MünchKomm/SCHUBERT § 164 Rn 183 mwNw, s aber auch § 167 Rn 79; PALANDT/ELLENBERGER § 167 Rn 1; PWW/FRENSCH § 167 Rn 3; WOLF/NEUNER § 50 Rn 59). Allerdings fehlt es nach derzeitigem Stand, abgesehen vielleicht von der Rechtsfigur der Ersatzbevollmächtigung (s dazu § 167 Rn 60), an einem wirklichen praktischen Bedürfnis (ebenso NK-BGB/ ACKERMANN § 167 Rn 6; SOERGEL/LEPTIEN § 167 Rn 2). Entsprechendes gilt für die von FREY (110 ff) vertretene rechtsgeschäftliche Übertragbarkeit der Vollmachtgeberstellung durch Vertrag mit dem Erwerber nach dem Vorbild des § 398 BGB mit zudem nicht unproblematischer Ausschaltung des (jedoch analog § 407 BGB zu schützenden) Vertreters aus dem Übertragungsvorgang; hier erschiene jedenfalls eine Fiktion des Fortbestehens analog § 674 BGB vorzugswürdig. Zur Gesamtrechtsnachfolge s § 168 Rn 19, Rn 26 f.

2. Der Bevollmächtigte

5 a) Die Vollmacht kann nach § 165 BGB auch an **beschränkt geschäftsfähige Personen** erteilt werden. Dies erfordert gem § 131 Abs 2 S 2 BGB nur eine Erklärung ihnen gegenüber. Einer **geschäftsunfähigen Person** könnte zwar durch Erklärung gegenüber ihrem gesetzlichen Vertreter oder dem dritten Geschäftsgegner Vollmacht erteilt werden. Da jedoch der Geschäftsunfähige nicht in der Lage ist, wirksame Vertretergeschäfte vorzunehmen (s § 165 Rn 3), ist dieser Personenkreis schon von einer Bevollmächtigung ausgeschlossen; die theoretische Möglichkeit späteren Wegfalls der Geschäftsunfähigkeit rechtfertigt keine andere Beurteilung zum Erteilungszeitpunkt (MünchKomm/Schubert § 167 Rn 4; aA NK-BGB/Ackermann § 167 Rn 13; Koller/Roth/Morck HGB [8. Aufl 2015] § 48 Rn 5).

b) Auch **juristische Personen** können bevollmächtigt werden (Erman/Maier-Reimer **6**
§ 168 Rn 13; MünchKomm/Schubert § 167 Rn 4; NK-BGB/Ackermann § 167 Rn 13; Soergel/Leptien § 168 Rn 14; Müller-Freienfels 63; ausf Frey 52 ff). Zur Ausübung der Vollmacht sind dann die jeweiligen Organe befugt (BayObLGZ 1975, 40; LG Nürnberg DB 1977, 252), sodass die Vollmacht evtl in Gesamtvertretung (s Vorbem 20 zu §§ 164 ff und Rn 51 ff) ausgeübt werden muss. Zwar entsteht durch die Austauschbarkeit der Organwalter eine gewisse Unsicherheit darüber, wer jeweils zum Auftreten als Bevollmächtigter berufen ist; dieser Gesichtspunkt spricht jedoch nicht entscheidend gegen die Möglichkeit, eine juristische Person zu bevollmächtigen (Plewnia 62 ff; anders aber bei Prokura, s NK-BGB/Ackermann § 167 Rn 13; Koller/Roth/Morck HGB [7. Aufl 2011] § 48 Rn 4 mwNw, str). Zur Beendigung einer solchen Vollmacht s § 168 Rn 20.

Ob auch eine nur partiell rechtsfähige **Personengesellschaft** wie die OHG, KG oder **7**
Außen-GbR bevollmächtigt werden kann, ist umstritten (vgl Müller-Freienfels 64 Fn 62). Anzuerkennen ist jedenfalls eine Bevollmächtigung, die dahin verstanden wird, dass die jeweiligen Vertreter der OHG (Müller-Freienfels 64) oder alle Gesellschafter (Plewnia 17 Fn 1) bevollmächtigt sein sollen; im Hinblick auf die Anerkennung der Teilrechtsfähigkeit im Rechtsverkehr wird man aber heute auch eine Bevollmächtigung der Personengesellschaft selbst für möglich halten müssen (MünchKomm/Schubert § 167 Rn 4; NK-BGB/Ackermann § 167 Rn 13). Soll einer *Behörde,* wie zB dem Jugendamt, Vollmacht erteilt werden, so ist als bevollmächtigt die juristische Person anzusehen, der die Behörde angehört (KG JW 1931, 661). Auch Organvertretern kann zusätzlich eine Vollmacht erteilt werden, die aber nicht die Handlungsmöglichkeiten eines Organs mit unabdingbar gesetzlich geregelter Vertretungsmacht beschränken darf (MünchKomm/Schubert § 167 Rn 4 mwNw).

3. Die Vollmachtserteilung als Rechtsgeschäft

a) Die Vollmachtserteilung hat zum Gegenstand, Vertretungsmacht zu begrün- **8**
den. Diese kann enger oder weiter ausgestaltet sein; eine *Verpflichtung* des Bevollmächtigten zur Ausnutzung oder Einhaltung der Vollmachtsgrenzen wird hierdurch nicht begründet. Derartige Verpflichtungen können sich aber aus dem Innenverhältnis ergeben (s oben Rn 3).

Die Vollmachtserteilung begründet eine von den subjektiven Rechten zu unterschei- **9**
dende **Fähigkeit des Bevollmächtigten** (s Vorbem 16 f zu §§ 164 ff; zum Vermögenswert s oben Rn 4). Sie stellt keine Rechtsübertragung auf den Bevollmächtigten in dem Sinne dar, dass er Inhaber der Rechte würde, hinsichtlich deren er für den Vertretenen wirksame Erklärungen abgeben oder empfangen kann; eine Änderung der betroffenen Rechtsposition iS einer Verfügung führt sie (noch) nicht herbei (Flume § 52 4). Eine Zusammenschau von Verfügungsvollmacht und verfügendem Vertretergeschäft zur

Begründung schon des Verfügungscharakters der Vollmacht (vgl Müller-Freienfels 253 ff; Thiele 290 ff) ist verfehlt. Dies gilt, wenngleich keineswegs unbestritten, auch für die Verfügungsvollmacht, die von einem Nichtberechtigten erteilt wird. Sie ist ohne Rücksicht auf § 185 BGB wirksam und stellt keine Verfügung dar (so aber RGZ 90, 395, 398 ff); vielmehr erfasst § 185 BGB nur das vom Vertreter vorgenommene Verfügungsgeschäft (MünchKomm/Schramm [6. Aufl] § 167 Rn 10; Staudinger/Gursky [2013] § 893 Rn 28 mwNw; Bork Rn 1462; Flume § 52 4). Eine die Rechtsmacht des Vollmachtgebers verdrängende Vollmacht ist unzulässig (s § 168 Rn 15); allerdings kann im *Innenverhältnis* vereinbart werden, dass der Bevollmächtigte sich wie ein Rechtsinhaber verhalten darf und der Vollmachtgeber sich jeder Ausübung des betroffenen Rechts enthalten wird. Derartige Vereinbarungen haben jedoch nur obligatorischen Charakter und sind wegen der damit begründeten Umgehungsgefahr dort ausgeschlossen, wo die Übertragung des betroffenen Rechts nicht zulässig wäre (BGHZ 3, 354, 357; 20, 363, 365 f; BGH WM 1971, 956; DB 1976, 2295, 2297; NK-BGB/Ackermann § 167 Rn 7; Soergel/Leptien § 168 Rn 28; Bork Rn 1454; ausf Flume § 56 6; Thiele 188 ff, 195 ff. Für eine verdrängende Wirkung der unwiderruflichen Vollmacht Müller-Freienfels 124 ff; s dazu iÜ § 168 Rn 15).

10 **b)** Die Vollmachtserteilung als solche stellt nach hM und der von ihr vertretenen Trennungstheorie (s Vorbem 22 und 33 f zu §§ 164 ff) ein **einseitiges Rechtsgeschäft** dar, sodass es für die Wirksamkeit der Bevollmächtigung keiner Annahmeerklärung bedarf (BGB-RGRK/Steffen § 167 Rn 1 und 3; BRHP/Schäfer § 167 Rn 4; Erman/Maier-Reimer § 167 Rn 2; jurisPK-BGB/Weinland § 167 Rn 3; MünchKomm/Schubert § 167 Rn 5; NK-BGB/Ackermann § 167 Rn 10; Palandt/Ellenberger § 167 Rn 1; PWW/Frensch § 167 Rn 6; Soergel/Leptien § 167 Rn 4; Bitter/Röder § 10 Rn 72; Bork Rn 1460; Flume § 52 3; Enneccerus/Nipperdey § 184 II; Faust § 26 Rn 10; Wertenbruch § 29 Rn 2; Wolf/Neuner § 50 Rn 11; Thiele 276 ff; Paal/Leyendecker JuS 2006, 25, 29 mwNw; **aA** namentlich Hübner Rn 1244; Müller-Freienfels 243 ff, s noch näher Rn 11). Die Einseitigkeit der Vollmachtserteilung wird weder durch die Art des angestrebten Vertretergeschäfts noch dadurch in Frage gestellt, dass sie mit einem Vertrag über das Innenverhältnis zwischen den Beteiligten zusammentrifft. Allerdings ist es aufgrund der Privatautonomie auch nicht ausgeschlossen, die Vollmachtserteilung vertraglich vorzunehmen (Erman/Maier-Reimer § 167 Rn 2; jurisPK-BGB/Weinland § 167 Rn 3; MünchKomm/Schubert § 167 Rn 5; NK-BGB/Ackermann § 167 Rn 10; Palandt/Ellenberger § 167 Rn 1; PWW/Frensch § 167 Rn 6; Bork Rn 1460 Fn 52; Flume § 49 1; Köhler § 11 Rn 24; Wolf/Neuner § 50 Rn 11; Bandehzadeh DB 2003, 1663, 1665; s auch OLG Karlsruhe NJW-RR 1986, 101), mit der Folge, dass die für einseitige Rechtsgeschäfte geltenden Vorschriften nicht anwendbar sind (NK-BGB/Ackermann § 167 Rn 10). Ansonsten kann der Bevollmächtigte eine ihm einseitig erteilte Vollmacht entsprechend § 333 BGB zurückweisen Erman/Maier-Reimer § 167 Rn 2; MünchKomm/Schubert § 167 Rn 5; NK-BGB/Ackermann § 167 Rn 10; PWW/Frensch § 167 Rn 6; Bitter/Röder § 10 Rn 72; Flume § 51 3; Wolf/Neuner § 50 Rn 11; Petersen Jura 2003, 310, 311) oder auf sie verzichten (s § 168 Rn 18).

11 Die Rechtsnatur der Vollmachtserteilung als einseitiges Rechtsgeschäft wird von denjenigen bestritten, welche sie als Tatbestandselement des Vertretergeschäftes verstehen (s Vorbem 22 und 32 zu §§ 164 ff). Nach dieser jedoch unzutreffenden Auffassung ist die Vollmachtserteilung nur dann ein einseitiges Rechtsgeschäft, wenn auf ihrer Grundlage ein einseitiges Rechtsgeschäft vorgenommen werden soll (Müller-Freienfels 243 ff). – Einige Autoren (Köhler § 11 Rn 24; Wolf/Neuner § 50 Rn 18, im

Anschluss an MÜLLER-FREIENFELS 246; vgl auch FROTZ 34 Fn 79) wollen wenigstens die Vollmacht, die ein Minderjähriger ohne Einwilligung des gesetzlichen Vertreters für den Abschluss eines Vertrages erteilt, nicht nach § 111 BGB behandeln, sondern analog § 108 die Genehmigung zulassen. Das ist jedoch abzulehnen, da § 111 BGB das Gewissheitsinteresse des Erklärungsempfängers schützt (BORK Rn 1461 mit Fn 55; s noch näher Rn 75). Für die Bevollmächtigung durch einen Vertreter ohne Vertretungsmacht ist allerdings zu beachten, dass sie gem § 180 BGB genehmigungsfähig sein kann.

c) Die Bevollmächtigung erfolgt grundsätzlich durch **empfangsbedürftige Willens-** **erklärung**. Sie kann gem § 167 Abs 1 HS 1 BGB an den zu Bevollmächtigenden gerichtet werden, was als **interne Vollmacht** oder **Innenvollmacht** bezeichnet wird. Obwohl hier die Verbindung zum Innen*verhältnis* (s Rn 3) besonders nahe ist, müssen beide auseinander gehalten werden (s noch Rn 13). – Ebenso kann die Bevollmächtigung gem § 167 Abs 1 HS 2 BGB durch Erklärung gegenüber demjenigen erfolgen, dem gegenüber die Vertretungsmacht bestehen soll; dann handelt es sich um eine **externe Vollmacht** oder **Außenvollmacht**. Nach LOBINGER (237 ff, 245 ff) handelt es sich insoweit im Hinblick auf die nach seiner Ansicht maßgeblichen Tatbestände der §§ 170 ff BGB um den Fall einer zusicherungsgleichen rechtsgeschäftlichen Risikoübernahme. Indessen regelt § 167 Abs 1 HS 2 BGB in Umsetzung des Abstraktionsprinzips (s Vorbem 33 f zu § 164) keine bloße Verpflichtung zur Gleichstellung mit Vertretungsmacht, sondern unmittelbar deren Begründung, ohne dass die Vorschrift angesichts dieser rechtstechnischen Verselbständigung einer weiteren Auslegung bedürfte; die angeblich darin liegende bloße Verlautbarung der Verpflichtung zu rechtsgeschäftlicher Risikoübernahme, die sich nach Maßgabe der §§ 170 ff BGB selbst erfülle – und nicht die Außenvollmacht als vielmehr sinnvolle Variante rechtsgeschäftlicher Legitimation des fremdbezogenen Vertreterhandelns (so aber LOBINGER 251; zutr dagegen NK-BGB/ACKERMANN § 170 Fn 5) – ist ein reines Konstrukt. DÖRNER (124 ff, 183 ff) leugnet demgegenüber – jedoch contra legem (§ 167 Abs 1 2. Alt BGB) – die eigenständige Rechtsfigur einer Außenvollmacht, die sie zusammen mit der kundgegebenen Innenvollmacht (s unten und Rn 14) als bloße „Außenerklärung" über die Vertretungsmacht des Stellvertreters einordnet, die den Verkehrsschutz nach Maßgabe der §§ 170 ff BGB zur Folge habe. – Die somit berechtigte Unterscheidung zwischen innen- und Außenvollmacht ist noch für die Fragen der Anfechtbarkeit (Rn 77) und des Erlöschens (s §§ 168 ff BGB) bedeutsam.

Außerdem gibt es die nach ganz hM in Anlehnung an § 171 BGB anerkannte **Bevollmächtigung durch öffentliche Bekanntmachung** (BRHP/SCHÄFER § 167 Rn 6; ERMAN/MAIER-REIMER § 167 Rn 2; Hk-BGB/DÖRNER § 167 Rn 2; jurisPK-BGB/WEINLAND § 167 Rn 5; MünchKomm/SCHUBERT § 167 Rn 12; NK-BGB/ACKERMANN § 167 Rn 16; PWW/FRENSCH § 167 Rn 7; SOERGEL/LEPTIEN § 167 Rn 5; BORK Rn 1459 mit Fn 49; BROX/WALKER § 25 Rn 3; WOLF/NEUNER § 50 Rn 15; ENNECCERUS/NIPPERDEY § 184 II 2; FROTZ 269 f; TEMPEL 229; BECKER/SCHÄFER JA 2006, 597, 598; PETERSEN Jura 2003, 310, 311). Bei dieser handelt es sich ausnahmsweise um eine Bevollmächtigung durch eine nichtempfangsbedürftige Willenserklärung, die wirksam wird, wenn die Öffentlichkeit von ihr Kenntnis nehmen kann (MünchKomm/SCHUBERT § 167 Rn 12; WOLF/NEUNER § 50 Rn 15; krit PAWLOWSKI JZ 1996, 125 ff).

Die Bevollmächtigung durch empfangsbedürftige Willenserklärung kann sowohl ausdrücklich als auch durch **konkludente Erklärungsverlautbarung** erfolgen (BGB-RGRK/

Steffen § 167 Rn 8; BRHP/Schäfer § 167 Rn 7; Erman/Maier-Reimer § 167 Rn 8; MünchKomm/Schubert § 167 Rn 7; NK-BGB/Ackermann § 167 Rn 14; Palandt/Ellenberger § 167 Rn 1; PWW/Frensch § 167 Rn 8; Soergel/Leptien § 167 Rn 15, allgM); eine Ausnahme gilt gem § 48 Abs 1 HGB für die Prokura. Konkludente Vollmachtserteilung ist vor allem als Innenvollmacht bedeutsam und im Übrigen unter dem Aspekt der sog Duldungsvollmacht zu prüfen (s noch näher Rn 29 ff). Hierbei kann auch der Rückschluss aus dem Innenverhältnis, aus dem die Vollmacht erst ihren Sinn erhält (Flume § 50 I), zur Annahme einer stillschweigenden Innenbevollmächtigung führen. Für die Auslegung können namentlich die Art der übertragenen Aufgabe und die Stellung des Bevollmächtigten im Geschäftsbereich des Vertretenen herangezogen werden (MünchKomm/Schubert § 167 Rn 9 f mit Beispielen). Auch eine Bevollmächtigung in AGB ist grundsätzlich möglich (s BGH ZIP 2003, 247, 249 mwNw; Palandt/Grüneberg § 307 Rn 146), unterliegt freilich der Überraschungs- und Inhaltskontrolle (s zu Mietverträgen etwa OLG Celle WuM 1990, 103, 112; OLG Düsseldorf ZMR 2003, 96, 97 mwNw; vgl auch BayObLG RNotZ 2003, 183, 185 f zum Grundbuchrecht), zB auch bei einer Vollmacht im Bauträgervertrag zur Änderung einer Teilungserklärung.

Bei Überlassung der Geschäftsführung mit notwendiger Außenberührung (s RG SeuffA 40 Nr 53; BGH LM § 164 Nr 9) oder von Legitimationsmitteln (s RGZ 81, 257, 260; 100, 48; 106, 200; 117, 164; BGH NJW 1965, 985; MünchKomm/Schubert § 167 Rn 9), ferner bei der Übertragung von üblicherweise mit Vertretungsmacht verbundenen Aufgaben (Soergel/Leptien Rn 18; Medicus/Petersen Rn 928) ist idR eine solche Innenvollmacht anzunehmen, uU auch bei zur Verkaufsberatung eingeschalteten Maklern (s BGHZ 140, 111, 117; BGH WM 2003, 1686). Die konkludente Erteilung einer Vollmacht kommt vor allem bei einer Innenvollmacht in Betracht, ist aber auch als Außenvollmacht möglich (vgl OLG Köln NJW-RR 1994, 1501; MünchKomm/Schubert § 167 Rn 7), etwa aufgrund Ausführung vom unbefugten Vertreter abgeschlossener Geschäfte.

14 Von der Bevollmächtigungserklärung ist nach ganz hM die **Mitteilung** zu unterscheiden, **dass eine Bevollmächtigung erfolgt sei**, durch die als *geschäftsähnliche Handlung* (s § 171 Rn 2) allerdings gem § 171 BGB der *Rechtsschein* einer Vollmacht erweckt werden kann (s § 171 Rn 2 f; stets für Annahme einer konkludenten Außenbevollmächtigung Flume § 49 2 a, c). Jedenfalls kann die Mitteilung an einen Dritten, eine interne Bevollmächtigung sei erfolgt, den Voraussetzungen einer Willenserklärung und damit einer externen Vollmacht genügen. Dasselbe gilt hinsichtlich der öffentlichen Bekanntmachung einer erteilten Bevollmächtigung, zB durch Aushang im Geschäftslokal (Wolf/Neuner § 50 Rn 15 mwNw).

15 d) Das **Wirksamwerden** der für die Bevollmächtigung erforderlichen empfangsbedürftigen Willenserklärung durch Zugang oder Vernehmung geschieht nach den allgemeinen Regeln. Gegenüber einem beschränkt Geschäftsfähigen kann die Vollmachtserteilung gem § 131 Abs 2 S 2 BGB ohne Einschaltung des gesetzlichen Vertreters wirksam erfolgen (s Rn 5). Die Vollmacht kann auch unter einer Bedingung oder befristet erteilt werden (s auch Rn 3 und § 168 Rn 2; Erman/Maier-Reimer § 167 Rn 8; MünchKomm/Schubert § 167 Rn 6; NK-BGB/Ackermann § 167 Rn 11; Soergel/Leptien Rn 4 f; Bork Rn 1461; Flume § 52 3; Wolf/Neuner § 50 Rn 11; Petersen Jura 2003, 310 f – AA Müller-Freienfels 249), wie uU die sog Vorsorgevollmacht (s noch Rn 86; vgl OLG Koblenz ZEV 2007, 595 m Anm Müller; Zimmer ZfIR 2016, 769, 770), wo in der Praxis jedoch auch bloße Beschränkungen im Innenverhältnis üblich sind.

Dem Erfordernis der Empfangsbedürftigkeit einer Bevollmächtigungserklärung kann auch Rechnung getragen werden, wenn die Erklärung in einem *Testament* enthalten ist. Es muss dann jedoch für die Erklärungsabgabe gesichert sein, dass die Voraussetzungen einer Vernehmung bzw des Zugangs erfüllt werden können, etwa im Rahmen der Testamentseröffnung (RGZ 170, 380, 382; OLG Köln und NJW-RR 1992, 1357; LG Berlin FamRZ 1957, 56; BGB-RGRK/Steffen § 167 Rn 3; Soergel/Leptien § 167 Rn 6). Eine derartige Ausrichtung auf das Wirksamwerden ist vor allem bei Erklärungen in einem öffentlichen Testament zu bejahen (OLG Köln NJW 1950, 702; LG Siegen NJW 1950, 226). Darüber hinaus kann auch bei einer Erklärung in einem privatschriftlichen Testament angenommen werden, dass sie auf ein gesichertes Wirksamwerden gerichtet ist, wenn das Testament einer zuverlässigen Person zur Aufbewahrung übergeben wurde (vgl LG Berlin FamRZ 1957, 56; Soergel/Leptien § 167 Rn 6; Grussendorf DNotZ 1950, 165). Zu einzelnen Fragen der postmortalen Vollmacht s § 168 Rn 28 ff.

e)   Erfolgen *mehrere Bevollmächtigungen* derselben Person nacheinander, so gilt bei Abweichungen grundsätzlich die letzte Vollmacht, da sich diese entweder als Erweiterung der früheren Vollmacht darstellt bzw als deren Erneuerung, oder als eine Einschränkung, die insoweit als *teilweiser Widerruf* (s § 168 Rn 7) der früheren Vollmacht zu qualifizieren ist (s auch OLG Düsseldorf NJW-RR 1996, 558 zur Zulässigkeit einer Mehrfachbevollmächtigung für verschiedene Personen). Aufgrund der Verweisung in § 168 S 3 BGB kann die erteilte Vollmacht auf jedem der drei Bevollmächtigungswege (s oben Rn 12) widerrufen werden; zB ist es möglich, eine externe Vollmacht durch neue, inhaltlich eingeschränkte interne Vollmacht teilweise zu widerrufen. Die teilweise (Tempel 229) im Interesse des Verkehrsschutzes vertretene Ansicht, es müsse stets der weiteste Vollmachtsumfang gelten, ist nicht zutreffend, da dem Interesse des Verkehrsschutzes bereits durch die §§ 170 ff BGB Rechnung getragen wird. Jedoch findet die Möglichkeit des teilweisen Widerrufs durch spätere einschränkende Vollmacht ihre Grenze an der unwiderruflichen Vollmacht (s dazu § 168 Rn 8 ff). **16**

f)   Für das Bestehen einer Vollmacht spricht keine Vermutung. Die *Beweislast* für eine wirksame Vollmachtserteilung trägt wie für die sonstigen Voraussetzungen wirksamer Stellvertretung derjenige, der daraus Rechte herleiten will (s § 164 Rn 26; OLG Hamm 29. 6. 2016 – 15 W 367/15 Rn 30, NJW-RR 2017, 246); das gilt auch für die tatsächlichen Voraussetzungen einer *Duldungs- oder Anscheinsvollmacht* (ausf NK-BGB/ Ackermann § 167 Rn 90, Rn 98). Macht allerdings der Gläubiger eines Bereicherungsanspruchs geltend, es habe für den Rechtsgrund an einer Vertretungsmacht, namentlich auch einer Rechtsscheinsvollmacht gefehlt, so trägt er dafür die Beweislast (BGH ZIP 2008, 2164, 2166; 2008, 2255, 2259). **17**

4.   Die Form der Vollmacht

a)   Die Erteilung der Vollmacht ist **grundsätzlich formfrei** (BGB-RGRK/Steffen § 167 Rn 4; Erman/Maier-Reimer § 167 Rn 3; MünchKomm/Schubert § 167 Rn 13; NK-BGB/Ackermann § 167 Rn 34; Soergel/Leptien § 167 Rn 8, allgM). In § 167 Abs 2 BGB wird dies im Hinblick auf die Vollmacht zur Vornahme formbedürftiger Rechtsgeschäfte ausdrücklich bestimmt. Die Regelung ist Ausdruck des Abstraktionsgrundsatzes (Flume § 52 2 a). Eine Parallele besteht gem § 182 Abs 2 BGB für die Zustimmung. **18**

Abweichend von § 167 Abs 2 BGB kann jedoch die Formbedürftigkeit der Vollmacht *rechtsgeschäftlich bestimmt* werden, und zwar durch Vereinbarung des Vollmachtgebers mit dem Vertreter oder mit dem Geschäftspartner (BRHP/Schäfer § 167 Rn 12; MünchKomm/Schubert § 167 Rn 14; NK-BGB/Ackermann § 167 Rn 35; Soergel/Leptien § 167 Rn 10; Rösler NJW 1999, 1150). Ebenso kann sich die Formbedürftigkeit aus der *Satzung* juristischer Personen ergeben (BRHP/Schäfer § 167 Rn 12; MünchKomm/Schubert § 167 Rn 14; NK-BGB/Ackermann § 167 Rn 35; Rösler NJW 1999, 1150); ist dort für bestimmte Geschäfte eine Form vorgeschrieben, so gilt sie idR auch für diesbezügliche Vollmachten (RGZ 116, 247; 122, 351; 146, 42 zu Sparkassen; zur Formproblematik bei Vollmachten von juristischen Personen des öffentlichen Rechts vgl Rn 48 f), doch ist das letztlich eine Frage der Auslegung (MünchKomm/Schubert § 167 Rn 14).

19 **Gesetzliche Ausnahmen**, nach welchen für die Vollmacht eine Form vorgesehen ist, enthalten zB die §§ 1484 Abs 2 S 1, 1904 Abs 5 S 2, 1906 Abs 5 S 1 BGB (jeweils Schriftform) sowie die 1945 Abs 3 S 1, 1955 S 2 BGB und § 12 Abs 1 S 2 HGB (jeweils öffentliche Beglaubigung). In § 2 Abs 2 GmbHG ist notarielle Beurkundung oder öffentliche Beglaubigung vorgesehen (zu Vollmachtsmängeln bei der GmbH-Gründung s Stenzel GmbHR 2015, 567), in § 47 Abs 3 GmbHG und §§ 134 Abs 3 S 3, 135 AktG die Textform iSd § 126b BGB (s zu § 135 Schmidt WM 2009, 2350, 2356; zur Vollmacht bei Umwandlungsvorgängen Melchior GmbH-Rdsch 1999, 520 ff), in § 43 Abs 5 S 2 GenG die Schriftform iSd § 126 BGB. Nach § 492 Abs 4 S 1 BGB bedarf auch die Vollmacht zum Abschluss eines Verbraucherdarlehensvertrages – mit Ausnahme der Prozessvollmacht und einer notariell beurkundeten Vollmacht – der Schriftform (s noch Rn 26). Dagegen betrifft die in § 80 Abs 1 ZPO für die Prozessvollmacht vorgesehene Schriftform nur den *Nachweis der Vollmacht,* nicht auch die Gültigkeit ihrer Erteilung, die vielmehr formfrei möglich ist (Schilken, Zivilprozessrecht Rn 89; zum Nachweis der Prozessvollmacht durch Telefax vgl BGHZ 129, 266 ff). Dasselbe gilt für die Formvorschriften in § 11 S 1 FamFG und in §§ 71 Abs 2 und 81 Abs 3 ZVG. Auch die gem § 29 Abs 1 S 1 GBO zum Nachweis erforderliche öffentliche Beglaubigung der Vollmacht ist kein materiellrechtliches Gültigkeitserfordernis (Erman/Maier-Reimer § 167 Rn 4; MünchKomm/Schubert § 167 Rn 16; NK-BGB/Ackermann § 167 Rn 37; Soergel/Leptien § 167 Rn 8; Haegele BlGBW 1960, 241 ff; vgl OLG München NJW-RR 2010, 747). Ebenso wenig bedarf grundsätzlich die prozessuale Vollmacht zur Unterwerfung unter die sofortige Zwangsvollstreckung (§§ 80 ff, 794 Abs 1 Nr 5 ZPO) einer Form, namentlich nicht notarieller Beurkundung (BGHZ 40, 197, 203; BGH NJW 2004, 844 mwNw; ZIP 2005, 1357 üö; Zimmer ZfIR 2008, 487, hM; **aA** zB Dux WM 1994, 1145, 1147 f; zum Nachweis s BGH NJW 2008, 2266 m Anm Zimmer und ders ZfIR 2008, 487; ausf MünchKommZPO/Wolfsteiner [5. Aufl 2016] § 794 Rn 159 mwNw).

20 **b)** Es besteht heute im Grundsatz Einigkeit darüber, dass die in § 167 Abs 2 BGB getroffene Regelung der Bedeutung zahlreicher *Formvorschriften* des Bürgerlichen Rechts nicht entspricht und in ihrem Anwendungsbereich einzuschränken ist. Umstritten ist jedoch in Rechtsprechung und Schrifttum der hierfür geeignete Weg und das Ausmaß gebotener Einschränkung (s nur die unterschiedlichen Darstellungen bei BRHP/Schäfer § 167 Rn 8 ff; Erman/Maier-Reimer § 167 Rn 5; jurisPK-BGB/Weinland § 167 Rn 70 ff; MünchKomm/Schubert § 167 Rn 18 ff; NK-BGB/Ackermann § 167 Rn 38 ff; Soergel/Leptien § 167 Rn 11 ff; Musielak/Hau Rn 1168 f; Wolf/Neuner § 50 Rn 19 ff; ausf Kandler 23 ff, 50 ff; ferner [krit zur Formbedürftigkeit der Vollmacht] Einsele DNotZ 1996, 835, 843 ff; Rösler NJW 1999, 1150 ff; s ferner HKK/Schmoeckel §§ 164–181 Rn 17; zu Blanketterklärungen s ausf BINDER AcP 207, 155 ff; zu M & A-Transaktionen BERGJAN/KLOTZ ZIP 2016, 2300). Es ist zu Recht darauf hingewiesen worden, dass die starre, pauschale Regelung des § 167 Abs 2 BGB doktrinär an die Trennung von Vollmacht und Vertretungsgeschäft anknüpft, ohne zu berücksichtigen, dass die Vollmacht erst durch das in ihrer Ausübung realisierte Vertretergeschäft ihren Sinn gewinnt (FLUME § 52 2). Deshalb erscheint es konsequent, entgegen der hM (Unwiderruflichkeit oder vergleichbare Bindung als weitere Voraussetzungen, s dazu unten) **in Reduktion des § 167 Abs 2 BGB eine Formbedürftigkeit der Vollmacht** überall dort zu verlangen, wo für das angestrebte Rechtsgeschäft Formvorschriften bestehen, die nicht lediglich Beratungs- oder Beweiszwecken dienen (so zB § 550 BGB), sondern gewichtigere Aufgaben, idR eine Warnfunktion erfüllen. In solchen Fällen, die sich durch ein besonderes Schutzbedürfnis des Vertretenen auszeichnen (KANDLER 93 ff) – wie namentlich denjenigen der §§ 311b, 518, 766, 780, 781 BGB – begründet bereits die Vollmachtserteilung, mag sie widerruflich oder unwiderruflich erfolgt sein, die Möglichkeit des Eintritts desjenigen Nachteils, vor dem die Formvorschriften warnend schützen sollen. Der Einwand fehlender Unmittelbarkeit der Beeinträchtigung (s dazu Münch-Komm/SCHUBERT § 167 Rn 18) erscheint zu formal, und auch derjenige einer verbleibenden Steuerungsmöglichkeit des Vollmachtgebers wegen fehlender Bindung (SOERGEL/LEPTIEN § 167 Rn 11; BORK Rn 1467) berücksichtigt nicht hinreichend die Interessen, deren Schutz die vor Übereilung warnenden Vorschriften bezwecken; die Ansicht, es sei für die Formbedürftigkeit nicht auf die Vollmacht, sondern auf das ihr idR zugrunde liegende Rechtsgeschäft abzustellen (EINSELE DNotZ 1996, 835, 846 ff; WUFKA DNotZ 1990, 339 ff), missachtet das Abstraktionsprinzip (s Vorbem 33 f zu §§ 164 ff). Vorzugswürdig ist somit das Plädoyer für eine Formpflicht der Vollmacht in den einschlägigen Fällen (BROX/WALKER § 25 Rn 5; FLUME § 52 2; KÖHLER § 11 Rn 27; KANDLER 93 ff; MÜLLER-FREIENFELS 264 ff; THIELE 135 ff; ZIMMERMANN 13 ff). Der methodisch gebotene Weg ist nicht die Heranziehung des Verbotes einer Gesetzesumgehung (s aber BGB-RGRK/STEFFEN § 167 Rn 5; ZIMMERMANN 41 ff; HAEGELE BlGBW 1960, 241; HERRESTHAL JuS 2002, 844, 848; vgl auch GOTTSCHALK JherJb 79, 212 ff; HOFFMANN JuS 1970, 452) oder eine Lösung über das Innenverhältnis (STAUDINGER/SCHUMACHER [2018] § 311b Abs 1 Rn 132 ff, Rn 140 ff m umfangr Nachw; EINSELE DNotZ 1996, 835, 843 ff; MERTENS JZ 2004, 431, 434 f; zur Möglichkeit der Erstreckung der Formpflicht auf das Innenverhältnis KANDLER 100 ff, 231 ff), sondern eine teleologische Reduktion des § 167 Abs 2 BGB anhand der Formvorschriften für die vollmachtsbezogenen Rechtsgeschäfte (BRHP/SCHÄFER § 167 Rn 8; MünchKomm/SCHUBERT § 167 Rn 19; NK-BGB/ACKERMANN § 167 Rn 34, Rn 38 ff; PWW/FRENSCH § 167 Rn 11; SOERGEL/LEPTIEN § 167 Rn 11; FAUST § 26 Rn 11 f; GRIGOLEIT/HERRESTHAL Rn 494; WOLF/NEUNER § 50 Rn 21; ausf KANDLER 23 ff, 50 ff, 133 ff; NEUSCHÄFER 48 ff; krit im Hinblick auf den eindeutigen Wortlaut des § 167 Abs 2 zB SCHMIDT Rn 653, Rn 713; PAPENMEIER 149); bei Blanketterklärungen lässt sich dieses Ergebnis freilich überzeugender aus §§ 126, 125 BGB und dem Schutzzweck der einzelnen Formvorschriften begründen (ausf BINDER AcP 207, 155 ff). Die mit der Einschränkung des § 167 Abs 2 BGB verbundene Folge der Haftung des Vertreters nach § 179 BGB steht einer solchen teleologischen Reduktion nicht entgegen (s Rn 23).

Die *Rechtsprechung* hat eine solche Anwendung der Formvorschriften mit mehr als **20a** bloßer Beweisfunktion, insbes Warnfunktion lange Zeit abgelehnt und stattdessen vorrangig auf die mit der Vollmachtserteilung etwa bereits erzeugte rechtliche oder auch – bei ausschließlichem Interesse des Bevollmächtigten an dem Rechtsgeschäft – tatsächliche Bindungswirkung abgestellt, die nach der Intention des Gesetzes erst dem formgebundenen Vertretergeschäft zukommen solle (s etwa BGH NJW 1952, 1210, 1211; BGH WM 1965, 1006, 1007; WM 1966, 761; BGH NJW 1979, 2306; abl zur Bürgschaft noch RG JW 1927, 363; RG SeuffA 81 Nr 126 und 86 Nr 197). Eine Wende bedeutete insoweit aber die Entscheidung des damals noch zuständigen IX. Zivilsenates des BGH zur Blankobürgschaft (BGH NJW 1996, 1467; WPM 1997, 909, 910; s dazu Bayer DZWir 1996, 506; Benedict Jura 1999, 78; Bülow ZIP 1996, 1694; Fischer JuS 1998, 205; Graf von Westphalen LM § 765 Nr 107; Hadding EWiR 1996, 785; Keim NJW 1996, 2774; G Lüke NJW 1997, 109; Medicus JuS 1999, 833, 834; Pawlowski JZ 1997, 309; Riehm JuS 2000, 343, 348; Rösler NJW 1999, 1150, 1151 f; Tiedtke WiB 1996, 811). Ausgehend vom Schutzzweck der Vorschrift des § 766 BGB hat der Senat zu Recht angenommen, dass bei formbedürftigen Bürgschaften die **Vollmacht zur Abgabe der Bürgschaftserklärung** – oder die Ermächtigung zur Ergänzung eines Blanketts, auf die er die §§ 164 ff BGB entsprechend anwendet (BGH NJW 1996, 1467; NK-BGB/Ackermann § 167 Rn 40; Palandt/Ellenberger Einf § 164 Rn 13; Bork Rn 1648 f; Neuschäfer 127 ff, 178 ff; Keim NJW 1996, 2774, 2775 f; dazu freilich zu Recht krit Binder AcP 207, 155 ff) – in Reduktion des § 167 Abs 2 BGB der Schriftform bedarf (BRHP/Schäfer § 167 Rn 10; Erman/Maier-Reimer § 167 Rn 6; Hk-BGB/Dörner § 167 Rn 5; jurisPK-BGB/Weinland § 167 Rn 71; NK-BGB/Ackermann § 167 Rn 40; Palandt/Ellenberger § 167 Rn 2; PWW/Frensch § 167 Rn 13; Bitter/Röder § 10 Rn 87; Brehm Rn 453; Brox/Walker § 25 Rn 5; Flume § 52 2 b; Hirsch Rn 860; Köhler § 11 Rn 27; Löwisch/Neumann Rn 215; Pawlowski Rn 736a; Stadler § 30 Rn 13; Wolf/Neuner § 50 Rn 21; Müller-Freienfels 290; Kandler 283 ff [bei Vorliegen eines Interessenkonfliktes]; Neuschäfer 48 ff; Tempel 230; Büchler JuS 2008, 804, 807; Bülow ZIP 1996, 1694; Keim NJW 1996, 2774; Medicus JuS 1999, 833, 834; Riehm JuS 2000, 343, 348; nur iE [über §§ 125, 126] für das Blankett auch Binder AcP 207, 155 ff, 182 f; für unwiderrufliche Vollmacht auch Leenen § 13 Rn 19. – **Krit** bzw zT einschränkend [namentlich keine Formbedürftigkeit für eine Vollmacht zur Unterzeichnung der gesamten Bürgschaftserklärung] zB MünchKomm/Schubert § 167 Rn 18 ff, Rn 28; Soergel/Leptien § 167 Rn 13; Grigoleit/Herresthal Rn 494; Schmidt Rn 713; Bayer DZWir 1996, 506; Benedict Jura 1999, 78; Fischer JuS 1998, 205; G Lüke NJW 1997, 109; Pawlowski JZ 1997, 309; Rösler NJW 1999, 1150, 1151 f; Mertens JZ 2004, 431, 434 f mwNw; zu weitgehend andererseits OLG Düsseldorf DNotZ 2004, 313 m abl Anm Keim: Schriftform selbst bei notariell beurkundeter Generalvollmacht, s aber § 126 Abs 4). Auch im Hinblick auf die immerhin unterschiedliche Sicht der damals zuständigen Senate (vgl Keim NJW 1996, 2774, 2776; s auch in Rn 26 die Rechtsprechung zur Verbraucherkreditvollmacht) ist freilich eine für sämtliche Anwendungsfälle klare Linie der Rechtsprechung noch nicht festzustellen; die nachfolgende Darstellung trägt dem – unter Aufrechterhaltung des hier vertretenen weitergehenden Standpunktes einer generellen Formpflichtigkeit bei Schutzformvorschriften (s oben) – Rechnung.

21 c) Den neben der Bürgschaft sicher wichtigsten weiteren Fall einer teleologischen Reduktion des § 167 Abs 2 BGB – nach **aA** einer Gesetzesumgehung (s Rn 20) – bilden **Vollmachten zum Abschluss der nach § 311b Abs 1 S 1 BGB formbedürftigen Verträge**. Nach Rechtsprechung und hL schon zu § 313 aF (ausf Korte DNotZ 1984, 82 ff; s auch Keim NJW 1996, 274; Rösler NJW 1999, 1150, 1151) besteht freilich bei ihnen eine Formpflicht nicht grundsätzlich (so indes zutr Flume § 52 2 b mwNw), sondern nur bei bestimmten Ausgestaltungen der Vollmacht. Diese sind dadurch gekennzeichnet, dass mit der Vollmachtserteilung seitens des Verkäufers schon alles getan ist, was zur Begründung der Verpflichtung erforderlich war (RGZ 108, 125, 127). Durch dieses differenzierende Kriterium entsteht freilich eine unerfreuliche Rechtsunsicherheit (Wülfing 15).

Im Einzelnen wird als formbedürftig die (auch zeitlich begrenzt) *unwiderrufliche* **22**
Vollmacht zum Abschluss eines nach § 311b Abs 1 S 1 BGB formbedürftigen Vertrages bewertet (zu § 313 aF s nur RGZ 76, 182, 184 und BGH NJW WM 1974, 1230; 1979, 2306, st Rspr; BGB-RGRK/Steffen § 167 Rn 5; BRHP/Schäfer § 167 Rn 9; Erman/Maier-Reimer § 167 Rn 5; Hk-BGB/Dörner § 167 Rn 5; Jauernig/Mansel § 167 Rn 10; jurisPK-BGB/Weinland § 167 Rn 70; MünchKomm/Schubert § 167 Rn 24; NK-BGB/Ackermann § 167 Rn 38 f; Palandt/Ellenberger § 167 Rn 2; PWW/Frensch § 167 Rn 12; Soergel/Leptien § 167 Rn 12; Bitter/Röder § 10 Rn 87; Boecken Rn 631; Bork Rn 1467; Brehm Rn 453; Brox/Walker § 25 Rn 5; Flume § 52 2 b; Leenen § 13 Rn 19; Medicus/Petersen Rn 929; Wertenbruch § 29 Rn 5; Wolf/Neuner § 50 Rn 21 und die gesamte Lehrbuchliteratur; Kandler 234 f; Wülfing 25 ff; Edenfeld JuS 2005, 42, 43; Hagen, in: FS Schippel [1996] 173, 176; Mock JuS 2008, 391, 393; Rösler NJW 1999, 1150, 1151; Vahle DVP 2005, 189, 190 und NWB 2005, 2571, 2573; **aA** Mertens JZ 2004, 431, 434 f mwNw; ausf dazu auch Kandler 207 ff). Hingegen soll es nicht genügen, dass der Vollmachtgeber nur entschlossen ist, die Vollmacht nicht zu widerrufen (BGH NJW 1979, 2306, 2307).

Formbedürftig ist ferner eine entsprechende Vollmacht, welche unter *Befreiung von der Einschränkung des § 181 BGB* erteilt wird (RGZ 104, 237; 108, 125; BayObLG DNotZ 1997, 312; Flume § 52, 2 b; Medicus/Petersen Rn 929; Wolf/Neuner § 50 Rn 21; für [idR zudem unwiderruflich erteilte] Vollmachten für Unterwerfungserklärungen nach § 794 Abs 1 Nr 5 ZPO BRHP/Schäfer § 167 Rn 9; Dux WM 1994, 1145, 1147 f; Edenfeld JuS 2005, 42, 43; Kannowski, in: FS Leipold 1087 f; Rösler NJW 1999, 1150, 1151; offen gelassen von BGH NJW 2004, 844 f). Ganz überwiegend wird allerdings die bloße Befreiung von § 181 BGB noch nicht als ausreichend zur Bejahung einer Formbedürftigkeit anerkannt; vielmehr wird zusätzlich verlangt, dass nach den Umständen des Einzelfalles bereits eine rechtliche oder zumindest faktische Bindung des Vollmachtgebers eintritt (BGH WM 1979, 579 und 2306, st spr; OLG Schleswig NJW-RR 2001, 733; OLG Frankfurt NJW-RR 2013, 722; BGB-RGRK/Steffen § 167 Rn 5, § 181 Rn 16; MünchKomm/Schubert § 167 Rn 22, Rn 25; NK-BGB/Ackermann § 167 Rn 39; PWW/Frensch § 167 Rn 12; Soergel/Leptien § 167 Rn 12; Haegele BlGBW 1960, 241 f).

Hingegen bejaht die Rechtsprechung die Formbedürftigkeit der Vollmacht, wenn der Bevollmächtigte den Weisungen des Erwerbers unterliegt (RGZ 97, 334; 104, 236; 108, 126) oder bei Nichtvornahme des Vertretergeschäfts erhebliche Nachteile drohen (RGZ 108, 126; BGH NJW 1971, 93 und 557), aber auch, wenn sich der Vollmachtgeber in starker Abhängigkeit vom Bevollmächtigten befindet (BGH NJW 1971, 93 und DNotZ 1966, 92) oder sonst durch die Vollmacht tatsächlich die gleiche Bindung bewirkt wird wie durch den Abschluss des formbedürftigen Hauptvertrages (BGH NJW 1975, 39; 1979, 2306; 1985, 730; OLG Schleswig NJW-RR 2001, 733; OLG Celle FGPrax 2005, 240, 242; BRHP/Schäfer § 167 Rn 9; Erman/Maier-Reimer § 167 Rn 5; MünchKomm/Schubert § 167 Rn 21 ff; NK-BGB/Ackermann § 167 Rn 39; Palandt/Ellenberger § 167 Rn 2; PWW/Frensch § 167 Rn 12; Wolf/Neuner § 50 Rn 21; Edenfeld JuS 2005, 42, 43; Hagen, in: FS Schippel [1996] 173, 176; **aA** Mertens JZ 2004, 431, 434 f mwNw). – Die zu § 311b Abs 1 BGB entwickelten Grundsätze gelten auch für Vollmachten zum **Abschluss von Verträgen über das gegenwärtige Vermögen** (§ 311b Abs 3 BGB) sowie zu **Verträgen unter künftigen gesetzlichen Erben über den gesetzlichen Erbteil oder den Pflichtteil** nach § 311b Abs 5 BGB (Erman/Maier-Reimer § 167 Rn 5; MünchKomm/Schubert § 167 Rn 26; NK-BGB/Ackermann § 167 Rn 41; s auch BGB-RGRK/Steffen § 167 Rn 5; Soergel/Leptien § 167 Rn 13; Müller-Freienfels 290; vgl Zimmermann 203).

23 d) Die Formnichtigkeit der Vollmacht hat zur **Folge**, dass der Vertreter als **falsus procurator** gehandelt hat; es greifen demnach die §§ 177 ff BGB ein (MünchKomm/Schubert § 167 Rn 40; Binder AcP 207, 155, 189; Haegele BlGBW 1960, 242). Dies bedeutet nach der – allerdings zweifelhaften (s dazu § 177 Rn 10) – hM zu § 182 Abs 2 BGB, dass das Vertreterhandeln durch *formfreie Genehmigung* (vgl dazu Staudinger/Klumpp § 182 Rn 95 m umfangr Nachw; s etwa BGH JZ 1995, 101 m zust Anm v Dilcher) mit Wirkungen für und gegen den Vertretenen ausgestattet werden kann (Jauernig/Mansel § 167 Rn 10; jurisPK-BGB/Weinland § 167 Rn 73; MünchKomm/Schubert § 167 Rn 40; NK-BGB/Ackermann § 167 Rn 43; PWW/Frensch § 167 Rn 14; Soergel/Leptien § 167 Rn 14). Ohne Genehmigung haftet der Vertreter nach Maßgabe des § 179 BGB (RGZ 108, 125, 129; 110, 319, 321), wobei sich seine Haftung bei Unkenntnis von der Formpflichtigkeit der Vollmacht nach Abs 2 auf das negative Interesse beschränkt; wusste er andererseits um die Formpflicht, so besteht wie in sonstigen Fällen des Abs 1 kein Grund, seine Haftung dennoch deshalb auf das negative Interesse zu beschränken (so aber Kandler 166 ff). Zu beachten ist allerdings, dass eine im Hinblick auf § 311b Abs 1 BGB unwirksame Vollmacht in Anwendung des *§ 139 BGB* für andere Grundstücksgeschäfte wirksam bleiben (KG HRR 1940 Nr 1291) oder dass eine formunwirksame Vollmachtserteilung jedenfalls nach hM eine *Rechtsscheinshaftung* auslösen kann, wenn ein Dritter auf die Wirksamkeit der Vollmachtserteilung vertraut (BGHZ 102, 60 m Anm Bohrer DNotZ 1988, 554; BGH NJW 1996, 1467, 1469; NJW 1997, 312 ff; MünchKomm/Habersack § 766 Rn 23; NK-BGB/Ackermann § 167 Rn 43, Rn 84; Palandt/Ellenberger § 167 Rn 2; PWW/Frensch § 167 Rn 14; Canaris 28 ff, 54 ff und in: FG Bundesgerichtshof 129, 159 ff; zu Recht **krit** MünchKomm/Schubert § 167 Rn 144 ff; NK-BGB/Ackermann § 167 Rn 84; Neuschäfer 181 ff, 193 ff [207 ff: Haftung aus cic]; Binder AcP 207, 155, 191 ff; Bülow ZIP 1996, 1694 ff; Keim NJW 1996, 2774, 2775 f; s auch unten Rn 35 und zum Blankett § 172 Rn 8).

24 Der Formverstoß bei der Vollmachtserteilung zu Verpflichtungsgeschäften iS des § 311b Abs 1 BGB kann durch Auflassung und Eintragung *geheilt* werden, wenn der Vollzug durch den Vertretenen selbst erfolgt oder von ihm genehmigt wird (BayObLG DNotZ 1981, 561; MünchKomm/Schubert § 167 Rn 41; NK-BGB/Ackermann § 167 Rn 43; **aA** PWW/Frensch § 167 Rn 14; Soergel/Leptien § 167 Rn 14 mwNw); ohnehin wird darin idR aber zugleich die Genehmigung des Vertretergeschäfts iS d § 177 BGB liegen (insoweit zutr Soergel/Leptien § 167 Rn 14). Hingegen heilt ein Vollzug allein durch den Vertreter nicht, weil der Grund für den Formzwang der Vollmacht zwar auf § 311b Abs 1 BGB zurückzuführen ist, aber gerade auf der mit der Vollmachtserteilung verbundenen Gefährdung beruht (RGZ 110, 319, 321 f; BGH DNotZ 1966, 92, 96; KG DNotZ 1933, 181, 183; BRHP/Schäfer § 167 Rn 9; Erman/Maier-Reimer § 167 Rn 7; MünchKomm/Schubert § 167 Rn 41; NK-BGB/Ackermann § 167 Rn 43; PWW/Frensch § 167 Rn 14; Soergel/Leptien § 167 Rn 14. – **AA** Tempel 230; Müller-Freienfels 275. Nach Einsele DNotZ 1996, 835, 848 ff heilt umgekehrt eine förmlich erteilte Vollmacht einen Mangel des nach ihrer Ansicht [s Rn 20] formbedürftigen Vollmachtsgrundgeschäftes).

25 e) Unter dem Gesichtspunkt der Gesetzesumgehung wird auch die Erteilung einer **Auflassungsvollmacht** als formbedürftig bewertet, sofern sie dem Käufer erteilt ist (BGH DNotZ 1963, 672; WM 1974, 1229, 1231; KG OLGZ 1985, 184, 187; OLG Frankfurt Rpfleger 1979, 133; OLG München NJW-RR 1989, 663, 665; OLG Schleswig MDR 2000, 1125 f; Erman/Maier-Reimer § 167 Rn 5; NK-BGB/Ackermann § 167 Rn 39; Soergel/Leptien § 167 Rn 12). Obwohl der eigentliche Übereilungsschutz durch § 311b Abs 1 S 1 BGB bewirkt wird, kommt auch der Regelung des § 925 BGB eine Warnfunktion zu, die umgangen würde (Müller-Freienfels 274; vgl Staudinger/Pfeifer/Diehn [2017] § 925 Rn 71 mwNw; einschr MünchKomm/Schubert § 167 Rn 37: bei untrennbarer Verbindung mit dem Verpflichtungsgeschäft wegen Umgehung des § 311b Abs 1 S 1 BGB; abl Einsele DNotZ 1996, 835, 852; s auch Edenfeld JuS 2005, 42, 43: bloße Klarstellungsfunktion). Die Formbedürftigkeit wird auch bejaht, wenn derjenige, dem die Auflassungsvollmacht erteilt wird, nur als ein *Werkzeug des Käufers* handelt, sodass die Vollmachtserteilung an ihn einer Übertragung an den Erwerber gleichkommt (RGZ 108, 125; Tempel 230; Wülfing 44). Eine solche Werkzeugqualität des Bevollmächtigten wurde vom KG (DRW 1940, 1947; s aber zu Recht abl Grussendorf NJW 1952, 1210; Soergel/Leptien § 167 Rn 12) für einen Generalbevollmächtigten verneint.

Dieselben Grundsätze sind im Falle der **Übertragung eines Miterbenanteils** gem 26 § 2033 BGB anzuwenden (KG DNotZ 1937, 687; BayObLGZ 1954, 225, 234; SchlHOLG SchlHA 1962, 173; BGB-RGRK/Steffen § 167 Rn 5; MünchKomm/Schubert § 167 Rn 26; NK-BGB/Ackermann § 67 Rn 41; PWW/Frensch § 167 Rn 13; Soergel/Leptien § 167 Rn 13; Müller-Freienfels 289; Rösler NJW 1999, 1150, 1152), ebenso im Falle des § 2037 BGB. In gleicher Weise ist jedenfalls nach hier vertretener Ansicht (s Rn 20) die formfreie Vollmachtserteilung bei einem **Schenkungsversprechen** gem § 518 BGB ohne weitere Einschränkung (also nicht nur bei Unwiderruflichkeit oder tatsächlicher Bindung) unwirksam (RG SeuffA 75 Nr 218; NK-BGB/Ackermann § 167 Rn 41; Flume § 52 2 b; Tempel 230; beschränkt auf die Fälle endgültiger Bindung auch BGB-AK/Ott § 167 Rn 8; Erman/Maier-Reimer § 167 Rn 5; MünchKomm/Schubert § 167 Rn 31 iVm Rn 18 ff; Soergel/Leptien § 167 Rn 13; Kandler 235 ff; Zimmermann 203; aA Müller-Freienfels 289). Für die **Vollmacht zum Abschluss eines Verbraucherdarlehens** verlangt § 492 Abs 4 BGB (zu § 4 Abs 1 S 1 VerbrKrG aF bejahend OLG Karlsruhe WM 2001, 356) seit 2002 – außer bei notariell beurkundeten Vollmachten und Prozessvollmachten (§ 492 Abs 4 S 2 BGB) – ausdrücklich die Einhaltung der in § 492 Abs 1 BGB vorgesehenen Formen (s BRHP/Schäfer § 167 Rn 11; MünchKomm/Schubert § 167 Rn 32 f; NK-BGB/Ackermann § 167 Rn 36; Medicus/Petersen Rn 929; Wolf/Neuner § 50 Rn 21; Kandler 237 ff; Herresthal JuS 2002, 844; Möller ZIP 2002, 333; Timmann BB 2003, Beilage 6, 23, 29 f; Zimmermann, in: FS Schütze [2002] 1569; ausf Zimmermann 63 ff; für Blanketterklärungen Binder AcP 207, 155, 187 f), nachdem der BGH für die Angaben des § 4 Abs 1 S 4 VerbrKrG aF noch anders entschieden hatte (s BGHZ 147, 262, 265 ff mwNw; BGH NJW 2001, 2963; ZIP 2003, 2149 f; Löhnig VuR 1999, 147 und VIZ 2000, 645; Peters WM 2000, 554; Rösler NJW 1999, 1150, 1152; Peters/Gröpper WM 2001, 2199; Ulmer BB 2001, 1365; St Zimmermann, in: FS Geimer [2002] 1569; ausf Ch Zimmermann 83 ff, 107 ff; aA schon damals OLG München NJW 1999, 2196; OLG Karlsruhe WM 2000, 1996; Derleder NJW 1993, 2401, 2404 und JZ 2001, 829; Heyers Jura 2001, 760; Riehm JuS 2000, 343, 348; diff Masuch ZIP 2001, 143), was für etwaige Altvollmachten noch bedeutsam sein kann (MünchKomm/Schubert § 167 Rn 33; NK-BGB/Ackermann § 167 Rn 36). Selbst bei bindenden notariellen Vollmachten wird man in teleologischer Reduktion des § 492 Abs 4 S 2 BGB verlangen müssen, dass darin die zentralen Pflichtenangaben, nicht unbedingt aber sämtliche Mindestangaben nach § Art 247 §§ 6 bis 13 EGBGB enthalten sind (Herresthal JuS 2002, 844, 848 ff mwNw; Timmann BB 2003, Beilage 6, 23, 25 f, ie aber str; aA etwa MünchKomm/Schubert § 167 Rn 32; Möller ZIP 2002, 333, 340). Auf die **Vollmacht zum Abschluss eines Darlehensvermittlungsvertrages** ist § 492 Abs 4 BGB entsprechend anzuwenden, sodass die Form des § 655b Abs 1 S 1 BGB einzuhalten ist (NK-BGB/Ackermann § 167 Rn 36; Habersack/Schürnbrand WM 2003, 261, 262 f mwNw; Timmann BB 2003, Beilage 6, 23, 27 f; aA Palandt/Sprau § 655b Rn 2). Anzuwenden sind die Grundsätze ferner in den Fällen des **Erbverzichtsvertrages** nach den *§§ 2348, 2351 und 2352 BGB* sowie des **Erbschaftskaufes** nach den *§§ 2371 und 2385 BGB* (BGB-RGRK/Steffen § 167 Rn 5; Erman/Maier-Reimer § 167 Rn 5; Münch-Komm/Schubert § 167 Rn 26 f; NK-BGB/Ackermann § 167 Rn 41; Soergel/Leptien § 167 Rn 13) sowie im Hinblick auf § 1410 BGB beim Abschluss eines **Ehevertrages** (NK-BGB/Ackermann § 167 Rn 41; Einsele DNotZ 1996, 835, 852 und NJW 1998, 1206; Vollkommer JZ 1999, 239; **aA** jedoch BGH NJW 1998, 1857, 1858 f; BRHP/Schäfer § 167 Rn 10; MünchKomm/Schubert § 167 Rn 27; Palandt/Ellenberger § 167 Rn 2; PWW/Frensch § 167 Rn 13; Soergel/Leptien § 167 Rn 8; Kanzleiter NJW 1999, 1612 mwNw; Rösler NJW 1999, 1150, 1152). Auch in den Fällen von **Schuldversprechen und Schuldanerkenntnis** nach §§ 780, 781 BGB wird man entgegen hM nicht lediglich eine Beweis-, sondern auch eine Warnfunktion der Formregelung annehmen und deshalb eine Formdürftigkeit der Vollmacht annehmen müssen (MünchKomm/Schubert § 167 Rn 36; Einsele DNotZ 1996, 835, 851 f mwNw; Zimmermann 203; s auch Binder AcP 207, 155, 183 [für Blanketterklärungen]; **aA** namentlich BGH NJW 1993, 584 f mwNw [zum Formzweck]; NK-BGB/Ackermann § 167 Rn 42; s aber auch BGH NJW 2004, 1159 sub I [Vorinstanzen]). Entsprechendes gilt im Hinblick auf § 1031 Abs 5 ZPO für **Schiedsvereinbarungen** unter Beteiligung von Verbrauchern (MünchKomm/Schubert § 167 Rn 34).

27 f) **Keine Formbedürftigkeit** der Vollmacht besteht – außer bei Blankovollmachten – im Falle des § 15 GmbHG, weil der Formzwang bei der **Übertragung eines GmbH-Anteils** – ebenso bei Verpfändung – nicht dem Schutz des Vertragspartners dienen soll, sondern neben bloßer Beweisfunktion das Ziel verfolgt, die Umlauffähigkeit von GmbH-Anteilen zu beschränken (RGZ 135, 70, 71 f; BGHZ 13, 49, 53; 19, 69, 72; jurisPK-BGB/Weinland § 167 Rn 71 MünchKomm/Schubert § 167 Rn 38 mwNw; NK-BGB/Ackermann § 167 Rn 42; Palandt/Ellenberger § 167 Rn 2; Soergel/Leptien § 167 Rn 13; Leenen § 13 Rn 19; Tempel 230; Müller-Freienfels 288; Zimmermann 204; Rösler NJW 1999, 1150, 1153 mwNw; s auch Einsele DNotZ 1996, 835, 853 mwNw, str, **aA** Flume § 52 2b; zur Vollmacht für einen GmbH-Vorvertrag s BGH NJW 1969, 1856; D Reinicke NJW 1969, 1830; zur Unzulässigkeit einer Blankovollmacht MünchKomm/Schubert § 167 Rn 39 mwNw). Auch eine Ermächtigung zur Ausfüllung eines Wechsels ist wegen der abweichenden Bedeutung des dortigen Schriftformerfordernisses nicht formpflichtig (OLG Hamburg NJW-RR 1998, 407; NK-BGB/Ackermann § 167 Rn 42; Flume § 52 2a), ebenso wenig die Vollmacht zur Auflösung eines Arbeitsvertrages gem § 623 BGB (BAG NZA 2008, 348).

II. Die Duldungs- und Anscheinsvollmacht (Rechtsscheinsvollmacht)*

1. Geschichtliche Entwicklung und Terminologie

28 a) Seit ROHGE 1, 149, 152 wurde eine *stillschweigende Bevollmächtigung* angenommen, wenn jemand, dem nicht ausdrücklich Vollmacht erteilt worden war, über einen gewissen Zeitraum hinweg für außen stehende Dritte den Anschein

---

* **Schrifttum**: Albrecht, Voraussetzungen und Grenzen der Haftung des angeblich Vertretenen aus der sogenannten Anscheinsvollmacht (Diss Mainz 1959); Altmeppen, Disponibilität des Rechtsscheins (1993); Bader, Duldungs- und Anscheinsvollmacht (1978); Bienert, „Anscheinsvollmacht" und „Duldungsvollmacht"; Kritik der Rechtsprechung und ihrer Grundlagen (1975); Börner, Untervollmacht und Rechtsscheinsvollmacht – Grundlagen und Anwendbarkeit der Rechtsscheinsgrundsätze auf die Untervollmacht (Diss Bonn 2008); Borges, Rechtsscheinhaftung im Internet, NJW 2001, 2400; Bornemann, Rechtsscheinsvollmachten

erwecken konnte, er handele als Vertreter. Diese Rspr hat das ROHG beibehalten (vgl HKK/SCHMOECKEL §§ 164–181 Rn 21; KRAUSE 23 Fn 76; Kritik bei BIENERT 14 ff). Sie wurde auch vom RG zunächst fortgesetzt (s nur RGZ 1, 8 ff; HKK/SCHMOECKEL §§ 164–181 Rn 21 ff; FLUME § 49 3; KRAUSE 23 mwNw; SCHMOECKEL 95 ff mwNw; FIKENTSCHER AcP 154, 2 ff).

---

in ein- und mehrstufigen Innenverhältnissen, AcP 207 (2007) 102; BOUS, Fortbestand und Rechtsschein der Untervollmacht trotz Wegfalls der Hauptvollmacht, RNotZ 2004, 483; BRÜLLE, Der Rechtsschein bei gesetzlichen Vollmachten des Privatrechts (Diss Breslau 1916); BÜRGER, Die Tatbestandsvoraussetzungen der Anscheins- und Duldungsvollmacht, insbesondere zur „Häufigkeit des Auftretens" (Diss Bielefeld 1992); CANARIS, Die Vertrauenshaftung im deutschen Privatrecht (1971); ders, Die Vertrauenshaftung im Lichte der Rechtsprechung des Bundesgerichtshofs, in: 50 Jahre Bundesgerichtshof – Festgabe der Wissenschaft (2000) 129; CHIUSI, Zur Verzichtbarkeit von Rechtsscheinswirkungen, AcP 202 (2002) 494; CONRAD, Die Vollmacht als Willenserklärung – Rechtsschein und Verkehrsschutz im Recht der gewillkürten Stellvertretung, 2012; vCRAUSHAAR, Der Einfluß des Vertrauens auf die Privatrechtsbildung (1969); ders, Die Bedeutung der Rechtsgeschäftslehre für die Problematik der Scheinvollmacht, AcP 174 (1974) 2; CREZELIUS, Zu den Rechtswirkungen der Anscheinsvollmacht, ZIP 1984, 791; DICKERSBACH, Rechtsfragen bei der Bevollmächtigung zur Abgabe einer Unterwerfungserklärung – insbesondere zur Anwendung der §§ 171 ff. BGB auf die Bevollmächtigung (Diss Bonn 2006); EICHLER, Die Rechtslehre vom Vertrauen (1950); ERBACH, Die stillschweigende Vollmachterteilung in der neueren Rechtsprechung (Diss Marburg 1930); FABRICIUS, Stillschweigen als Willenserklärung, JuS 1966, 1 und 50; FIKENTSCHER, Scheinvollmacht und Vertreterbegriff, AcP 154 (1955) 1; FROTZ, Verkehrsschutz im Vertretungsrecht (1972); GOTTHARDT, Der Vertrauensschutz bei der Anscheinsvollmacht im deutschen und französischen Recht (1970); GOLDBERGER, Der Schutz gutgläubiger Dritter im Verkehr mit Nichtbevollmächtigten nach dem Bürgerlichen Gesetzbuch (Diss Heidelberg 1908); GOTTSMANN, Die Anscheinsvollmacht, ein Unterfall der culpa in contrahendo (Diss Köln 1964); GRIMME, Duldungs- und Anscheinsvollmacht, JuS 1989, 319; GRÜTER, Stillschweigende Bevollmächtigung und Scheinvollmacht im Rechtsverkehr der Sparkassen (Diss Kiel 1936); HAJUT, Handeln unter fremder Identität, 2016; HANAU Handeln unter fremder Nummer, 2004; ders, VersR 2005, 1215; HEIL, Das Grundeigentum der Gesellschaft bürgerlichen Rechts – res extra commercium?, NJW 2002, 2158; HOFFMANN, Rechtsscheinhaftung beim Widerruf notarieller Vollmachten, NJW 2001, 421; HÜBNER, Zurechnung statt Fiktion einer Willenserklärung, in: FS Nipperdey II (1965) 373; JOUSSEN, Die Generalvollmacht im Handels- und Gesellschaftsrecht, WM 1994, 273; KINDL, Rechtsscheintatbestände und ihre rückwirkende Beseitigung (1999); KOTHE, Scheinvollmacht (Diss Erlangen 1937); KRAUSE, Schweigen im Rechtsverkehr (1933); LIEB, Aufgedrängter Vertrauensschutz? – Überlegungen zur Möglichkeit des Verzichts auf den Rechtsscheinsschutz, insbesondere bei der Anscheinsvollmacht, in: FS H Hübner (1984) 575; LITTERER, Vertragsfolgen ohne Vertrag (1979); LOBINGER, Rechtsgeschäftliche Verpflichtung und autonome Bindung (1999); LÜDEKING, Die zugerechnete Willenserklärung, 2017; MACK, Die „rechtsscheinbare" Autorisierung von Zahlungsvorgängen, 2018; MACRIS, Die stillschweigende Vollmachtserteilung (Diss Berlin 1941); NITSCHKE, Die Wirkung von Rechtsscheinstatbeständen zu Lasten Geschäftsunfähiger und beschränkt Geschäftsfähiger, JuS 1968, 541; NITTEL, Nichtigkeit von Geschäftsbesorgungsverträgen und ihre Auswirkungen auf Kreditverträge, NJW 2002, 2599; OECHSLER, Die Bedeutung des § 172 Abs 1 BGB beim Handeln unter fremdem Namen im Internet, AcP 208 (2008) 565; OSWALD, Duldungs- und Anscheinsvollmacht im Steuerrecht,

In der weiteren Entwicklung (ausf HKK/Schmoeckel §§ 164–181 Rn 21 ff; Selter 17 ff) jedoch begann man im Stellvertretungsrecht zu unterscheiden zwischen Sachverhalten, bei welchen der Vertretene vom Auftreten des nicht ausdrücklich Bevollmächtigten Kenntnis hatte, und solchen, in denen er diese Kenntnis nur hätte haben können. Im ersteren Falle ergab sich dann die Notwendigkeit zu der weiteren Unterscheidung, ob aufgrund der Kenntnis ein rechtsgeschäftlicher Wille des Vertretenen zur Erteilung von Vertretungsmacht hervorgetreten war oder nicht.

29 b) Ist dem Vertretenen das Auftreten des nicht ausdrücklich Bevollmächtigten zur Kenntnis gekommen und *billigt* er dieses Auftreten *mit rechtsgeschäftlichem Willen,* so handelt es sich um eine **konkludente Bevollmächtigung** (BGB-RGRK/Steffen § 167 Rn 6; BRHP/Schäfer § 167 Rn 16; HKK/Schmoeckel §§ 3 164–181 Rn 23; Jauernig/Mansel § 167 Rn 8; MünchKomm/Schubert § 167 Rn 107; NK-BGB/Ackermann § 167 Rn 78 iVm Rn 44 ff; Palandt/Ellenberger § 172 Rn 8; PWW/Frensch § 167 Rn 8; Soergel/Leptien § 167 Rn 15; Bork Rn 1556; Flume § 49 3; Hübner Rn 1283; Medicus/Petersen Rn 928; Enneccerus/Nipperdey § 184 II 2; Heidland BauR 2009, 159, 160). Diese Möglichkeit einer stillschweigenden Bevollmächtigung (s oben Rn 13) durch Duldung stellvertretenden Handelns ist auch in der Rechtsprechung anerkannt (s etwa BGH LM § 167 Nr 10, 13, 15, 32, 33; NJW 1973, 1789). Die erforderliche Willenserklärung ist im Wege der Auslegung vom Empfängerhorizont her zu ermitteln, dh bei der (praktisch besonders bedeut-

---

NJW 1971, 1350; Paulus/Henkel, Rechtsschein der Prozessvollmacht, NJW 2003, 1692; Pawlowski, Anscheinsvollmachten der Erziehungsberechtigten?, MDR 1989, 775; Pecher, Über Erscheinungsweisen von Rechtsschein, in: FS Hadding (2004) 221; F Peters, Zur Geltungsgrundlage der Anscheinsvollmacht, AcP 179 (1979) 214; Reymann, Der BGH-Beschluss zur Grundbuchfähigkeit der GbR. Ist dies das Ende des Erwerberschutzes?, ZfIR 2009, 81; Rieder, Die Rechtsscheinhaftung im elektronischen Rechtsverkehr (2004); K Schmidt, Falsus-procurator-Haftung und Anscheinsvollmacht, in: FS Gernhuber (1993) 435; Schnell, Signaturmissbrauch und Rechtsscheinhaftung (2007); Schönhöft/Kessenich, Rechtsscheintatbestände nach Beauftragung des Gesamtbetriebsrats zum Abschluss einer Betriebsvereinbarung, NZA-RR 2017, 1; Schubert, Anscheinsvollmacht und Privatautonomie, ein Beitrag zur Zurechnungslehre im rechtsgeschäftlichen Bereich unter besonderer Berücksichtigung der Lehre von der Scheinvollmacht (Diss Hamburg 1970); v Seeler, Vollmacht und Scheinvollmacht, ArchBürgR 28, 1; Selter, Die Entstehung und Entwicklung des Rechtsscheinsprinzips im deutschen Zivilrecht (2006); Simon, Duldungsvollmacht und Konkludenzirrtum, in: FS Leser (1998) 133; Spiegelhader, Rechtsscheinhaftung im Stellvertretungsrecht bei der Verwendung elektronischer Signaturen (Diss Hamburg 2007); Stöhr, Rechtsscheinhaftung nach § 172 I BGB, JuS 2009, 106; ders, Zeitpunkt des Darlehensvertragsschlusses vor dem Hintergrund des § 172 Abs 1 BGB, WM 2009, 928; Tengelmann, Die Vertretungsmacht kraft Rechtsscheins (Diss Münster 1935); Veldung, Vertrauensschutz redlicher Dritter beim Vorliegen einer Scheinvollmacht (Diss Frankfurt 1941); Verse/Gaschler, „Download to own" – Online-Geschäfte unter fremdem Namen, Jura 2009, 213; Voss, Die Haftung des Vertretenen kraft Rechtsschein, VersR 1962, 1121; Wackerbarth, Zur Rechtsscheinhaftung der Gesellschafter bürgerlichen Rechts am Beispiel einer Wechselverpflichtung, ZGR 1999, 365; Waldeyer, Vertrauenshaftung kraft Anscheinsvollmacht bei anfechtbarer und nichtiger Bevollmächtigung (Diss Münster 1969); Wieling, Duldungs- und Anscheinsvollmacht, JA 1991, 222; Wurm, Blanketterklärung und Rechtsscheinshaftung, JA 1986, 577; Zimmer, § 15 Abs 2 HGB und die allgemeine Rechtsscheinhaftung (1998).

samen) konkludenten Innenbevollmächtigung aus der Sicht des Vertreters, bei der Außenvollmacht aus derjenigen des Geschäftsgegners. Vorauszusetzen ist allerdings, dass die konkludente Bevollmächtigung als Willenserklärung wirksam geworden ist. Danach ist eine solche Bevollmächtigung überall dort möglich, wo keine Form gefordert wird (s oben Rn 18 ff). Eine Bevollmächtigung durch schlüssiges Verhalten kann auch vorliegen, wenn eine vorhandene *Vollmacht überschritten* wird, dies dem Vertretenen bekannt ist und von ihm mit wirksamem rechtsgeschäftlichem Willen gebilligt wird.

Es besteht Einigkeit darüber, dass in solchen Fällen schlüssiger Vollmachtserteilung **29a** für die Annahme einer Rechtsscheinsvollmacht kein Raum besteht. Freilich wird dabei die Diskussion durch das Hineinspielen der umstrittenen – nach hiesiger Ansicht mit der höchstrichterlichen Rechtsprechung zu verneinenden – Frage verdunkelt, ob zu einer (wirksamen) Willenserklärung ein Erklärungsbewusstsein gehört (s BGHZ 91, 324, 329; 109, 171, 177; BGH NJW 1995, 953). Da aber jedenfalls das Dulden stellvertretenden Handelns die Voraussetzungen einer Bevollmächtigung durch schlüssiges Verhalten erfüllen kann, wird hierfür zT die Bezeichnung als **Duldungsvollmacht** (in engerem Sinne) verwendet (FLUME § 49 3). Das ist zutreffend und erschwert auch nicht die rechtsgeschäftliche Einordnung dieser Bevollmächtigung, wenn man nur berücksichtigt, dass von der vorherrschenden Literatur und vor allem von der Rechtsprechung die Bezeichnung als Duldungsvollmacht für einen Tatbestand verwendet wird, dem überwiegend der rechtsgeschäftliche Charakter abgesprochen wird (s etwa BGB-AK/OTT §§ 170–173 Rn 15 ff; BGB-RGRK/STEFFEN § 167 Rn 7, 11; BRHP/SCHÄFER § 167 Rn 15 f; jurisPK-BGB/WEINLAND § 1273 Rn 5 f; PWW/FRENSCH § 167 Rn 36; BORK Rn 1556; MünchKommHGB/KREBS, Vorbem 46 ff, 49 zu § 48; BITTER/RÖDER § 10 Rn 154 ff; BOECKEN Rn 650; BROX/WALKER § 125 Rn 31; GRIGOLEIT/HERRESTHAL Rn 547 ff; HÜBNER Rn 1283, 1285; KÖHLER § 11 Rn 36 ff, 43; LEIPOLD § 24 Rn 34; MEDICUS/PETERSEN Rn 930; MEDICUS/PETERSEN BR Rn 98 ff; MUSIELAK/HAU Rn 1178 f; SCHMIDT Rn 826 ff; STADLER § 30 Rn 43; WOLF/NEUNER § 50 Rn 62, Rn 84 ff; CANARIS 39 ff und in: FG Bundesgerichtshof 154 ff mit umfangr Übersicht und Würdigung der Rspr des BGH; KINDL 83 ff; SIMON 133 ff; DREXL/MENTZEL Jura 2002, 375, 376; FABRICIUS JuS 1966, 56; HOFFMANN JuS 1970, 451; LORENZ JuS 2010, 771, 774; LWOWSKI/WUNDERLICH ZInsO 2005, 5, 8; MOCK JuS 2008, 391, 394 f; aus der Rspr s insbes BGH LM § 164 Nr 34 und § 167 Nr 15; OLG Frankfurt WM 2207; diff ERMAN/MAIER-REIMER § 167 Rn 9 ff, 11; im Grundsatz wie hier hingegen MünchKomm/SCHUBERT § 167 Rn 107; NK-BGB/ACKERMANN § 167 Rn 74 ff; PALANDT/ELLENBERGER § 172 Rn 8; WERTENBRUCH 29 Rn 17 ff; zu Recht krit zur Kategorisierung auch FAUST § 26 Rn 40 f; für eine Anerkennung beider Tatbestände als aufgrund Risikoprinzips zugerechnete Willenserklärung LÜDEKING 105 ff); stattdessen wird die allerdings rechtsgeschäftliche Wirkung an den bloßen Rechtsschein einer Bevollmächtigung angeknüpft (grundsätzlich abl BIENERT 64 ff; LOBINGER 256 ff, der zu Recht an die Tatbestände der §§ 170 ff anknüpft, die er als Tatbestände einer zusicherungsgleichen rechtsgeschäftlichen Risikoübernahme einordnet, vgl § 171 Rn 2 f). Es ist allerdings zweifelhaft, ob nicht derjenige, der bewusst einen anderen für sich handeln lässt – das ist nach übereinstimmender Ansicht eine Grundvoraussetzung für die Annahme einer Duldungsvollmacht –, nicht damit bereits in einem rechtsgeschäftlichen Sinne kundtut, dass diese Person Vertretungsmacht hat (zutr FLUME § 49 2; s ferner NK-BGB/ACKERMANN § 167 Rn 77; PALANDT/ELLENBERGER § 172 Rn 8; BREHM Rn 466; HOPT AcP 183, 608, 619 f); diese Einordnung des Duldens als schlüssige Vollmachtserteilung liegt insbesondere dann nahe, wenn man zu Recht nicht auf das Vorliegen eines Erklärungsbewusstseins als Wirksamkeitsmerkmal einer Willenserklärung abstellt (s MünchKomm/SCHUBERT § 167

Rn 107; NK-BGB/Ackermann § 167 Rn 77; Soergel/Leptien § 167 Rn 16; allgemein Flume § 4 2 b und 3; zust auch Jauernig/Mansel § 167 Rn 8; Palandt/Ellenberger § 172 Rn 8; Brehm Rn 466; Eisenhardt Rn 438; Leenen § 9 Rn 92, § 13 Rn 7; Löwisch/Neumann Rn 227; Pawlowski Rn 716a, Rn 727; Wertenbruch § 29 Rn 17 ff; Simon 135; iE auch Lobinger 256 ff; ders JZ 2006, 1076 ff; Becker/Schäfer JA 2007, 597, 598; Bornemann AcP 207, 102, 126; ausf Merkt AcP 204, 638 ff, 653 ff; Pawlowski JZ 1996, 125, 127 ff; s ferner krit zur Rechtsscheinstheorie Pecher, in: FS Hadding 221 ff). Sieht man die Rechtsgestaltung in Selbstbestimmung als wesentliches Merkmal jeder Willenserklärung an, so kann das bewusste Dulden des Vertreterhandelns als Akt rechtsgeschäftlicher Legitimation angesehen werden. Die Situation ist vergleichbar derjenigen bei Kundgabe einer Bevollmächtigung oder Aushändigung einer Vollmachtsurkunde nach §§ 171, 172 BGB, die freilich teilweise ebenfalls von der Vollmachtserteilung selbst getrennt werden (s noch § 171 Rn 2, § 172 Rn 2). Eine Trennung des (konkludenten) Erklärungsinhalts danach, ob Vollmacht (konstitutiv) erteilt wird oder (deklaratorisch) erteilt worden ist (Köhler § 11 Rn 43; Medicus/Petersen Rn 930), erscheint jedoch konstruiert (zust NK-BGB/Ackermann § 167 Rn 77; s auch Flume § 49 2; Merkt AcP 204 [2004] 638, 656; aA Simon 134), da beide Erklärungen den Willen erkennen lassen, die Vollmacht als solche gelten zu lassen.

29b Problematisch kann die Annahme einer Bevollmächtigung durch duldendes Verhalten freilich im Hinblick auf den *Adressaten der stillschweigenden Erklärung* sein (vgl MünchKomm/Schubert § 167 Rn 7 ff; Fabricius JuS 1966, 56; Grimme JuS 1989, 56). Ist dem handelnden Vertreter das Dulden seiner Tätigkeit bekannt, so bestehen keine Bedenken gegen die Annahme einer konkludenten Innenbevollmächtigung (Erman/Maier-Reimer § 167 Rn 8; MünchKomm/Schubert § 167 Rn 8), ansonsten aber jedenfalls einer entsprechenden Außenbevollmächtigung, da die Kenntnis des Geschäftspartners von der Duldung und die zulässige Würdigung des Vertreterhandelns als Bevollmächtigtenhandelns allgemein als Voraussetzung für eine Duldungsvollmacht verlangt wird; die Unterscheidung zwischen Außenbevollmächtigung und bloßem Schluss auf eine (nicht bestehende) Innenvollmacht erscheint wie in den Fällen der §§ 171, 172 BGB gekünstelt (iE wie hier BGH LM § 167 Nr 4; Flume § 49 3 und 4; Diederichsen Jura 1969, 83; Merkt AcP 204, 638, 658; Westermann JuS 1963, 5; s auch Bornemann AcP 207, 102, 128 f), zumal auch die Möglichkeit einer Bevollmächtigung durch öffentliche Bekanntmachung anerkannt ist (oben Rn 12; vgl auch Soergel/Leptien § 167 Rn 18).

Die Einordnung der Duldungsvollmacht als rechtsgeschäftliche Vollmachtserteilung oder als Rechtsscheinstatbestand ist angesichts weitgehend identischer Wirkungen nicht von besonderer praktischer Bedeutung (krit Lüdeking 107, doch betrifft seine Kritik nicht die praktische, sondern die dogmatische Bedeutung der einschlägigen Tatbestände), jedenfalls dann nicht, wenn man auch bei Annahme einer Rechtsscheinsvollmacht eine Anfechtung nach §§ 119 ff BGB zulässt (s Rn 45). **Die anschließende Darstellung baut deshalb im Interesse der Transparenz auf der Qualifizierung der Duldungsvollmacht als Rechtsscheinsvollmacht auf, wie sie vor allem in der Rechtsprechung vertreten wird** (ausf Canaris, in: FG Bundesgerichtshof 154 ff). Die gleichfalls in ihrer dogmatischen Einordnung umstrittenen Fallgruppen der §§ 171, 172 BGB werden dort behandelt (s § 171 Rn 1 ff, § 172 Rn 2).

30 c) Nicht mehr um eine rechtsgeschäftliche Bevollmächtigung soll es sich danach in den Fällen handeln, in denen das als konkludente Bevollmächtigung zu qualifizierende Verhalten als empfangsbedürftige *Willenserklärung nicht wirksam* wird, insbesondere weil es dem Handelnden bzw dem Geschäftspartner nicht zur Kenntnis kommt. Ferner führt ein *Fehlen des rechtsgeschäftlichen Willens* beim Vertretenen aus dem Bereich der rechtsgeschäftlichen Vollmacht hinaus. Anders sieht das mit entsprechenden Konsequenzen namentlich für die Rechtsscheinsfragen CONRAD (passim, insbes 17 ff, 57 ff), der eine wirksame Vollmachtserklärung schon dann annehmen will, wenn der Vertreter bei der Innenvollmacht oder der Dritte bei der Außenvollmacht vom Vorliegen einer (zumindest konkludent) erteilten Vollmacht ausgehen durfte. Damit werden jedoch die Anforderungen an eine wirksame Willenserklärung, speziell Vollmachtserklärung auch unter Berücksichtigung der §§ 133, 157 BGB zu niedrig angesetzt.

Zur Bezeichnung des damit geschaffenen Tatbestandes dient nach der Terminologie des BGH und der hL (krit zur Unterscheidung und für eine einheitliche „Rechtsscheinsvollmacht" ERMAN/MAIER-REIMER § 167 Rn 12; SOERGEL/LEPTIEN § 167 Rn 17; s noch Rn 32) einmal der Begriff der **Duldungsvollmacht**, bei welcher der Vertretene zwar vom Auftreten des nicht Bevollmächtigten Kenntnis hat, aufgrund dieser Kenntnis jedoch keine wirksame Willenserklärung abgebe (BGH NJW 1988, 1199, 1200; 1997, 312, 314, st Rspr). Zur Verbindlichkeit für den Vertretenen wird verlangt, dass jemand ohne (wenigstens stillschweigend erteilte, s aber Rn 29a und 29b) Vertretungsmacht – idR wiederholt oder während einer gewissen Dauer – rechtsgeschäftlich im Namen eines anderen gehandelt hat (s BGH LM § 164 Nr 9; VersR 1971, 766), der Geschäftsherr in Kenntnis dieses Verhaltens nichts dagegen unternommen (es „geduldet") hat, obwohl ein Einschreiten möglich war (s etwa BGH LM § 164 Nr 24; NJW 1988, 1199, st Rspr) und der Geschäftsgegner diese Umstände gekannt und gutgläubig darauf vertraut hat, dass der Handelnde bevollmächtigt sei (s BGH LM § 164 Nr 34; NJW 1997, 312, 314; NJW 2002, 2325, 2327; 2003, 2091, 2092; BGH NZM 2003, 868 f, st Rspr; wNachw bei MünchKomm/ SCHUBERT § 167 Rn 106 ff). Zu Einzelheiten s Rn 32 ff.

Neben dieser Duldungsvollmacht anerkennen die Rechtsprechung und ein Teil der Lehre die **Anscheinsvollmacht**, bei welcher dem Vertretenen bereits die Kenntnis vom Auftreten des nicht Bevollmächtigten fehlt, Dritte jedoch den Eindruck haben durften, der „Vertretene" billige dieses Auftreten, weil er es bei gehöriger Sorgfalt hätte erkennen können (s etwa BGHZ 5, 111, 116; BGH NJW 1981, 1727; 1990, 827; 1991, 1225; 1998, 1854; NJW-RR 1988, 1299; 1996, 673; NZM 2003, 868 f; BVerwG NJW-RR 1995, 74, 75 für die Zustellung und Empfangnahme eines Gebührenbescheids an einen Hausverwalter; OLG Oldenburg BB 1995, 2342; OLG Dresden NJW-RR 1999, 897; OLG Frankfurt NJW-RR 2001, 1004 für Scheinsozietät von Rechtsanwälten, zust KLEINE-COSACK EWiR 2001, 513; BGB-AK/OTT §§ 170–173 Rn 19 ff; BGB-RGRK/STEFFEN § 167 Rn 12; BRHP/SCHÄFER § 167 Rn 17; ERMAN/MAIER-REIMER § 167 Rn 10 als Anwendungsfall der Rechtsscheinsvollmacht, Rn 12; HKK/SCHMOECKEL §§ 164–181 Rn 23; jurisPK-BGB/WEINLAND § 173 Rn 8 ff; PALANDT/ELLENBERGER § 172 Rn 11 ff; PWW/ FRENSCH § 167 Rn 37 ff; SOERGEL/LEPTIEN § 167 Rn 15 ff; BITTER/RÖDER § 10 Rn 162 ff; BOECKEN Rn 651; BOEMKE/ULRICI § 13 Rn 67; BORK Rn 1560 ff; BROX/WALKER § 25 Rn 32; EISENHARDT Rn 439 ff; HÜBNER Rn 1284 ff, Rn 1289: im Bürgerlichen Recht nur bei grober Fahrlässigkeit; KÖHLER § 11 Rn 35, Rn 44; LÖWISCH/NEUMANN Rn 230; MUSIELAK/HAU Rn 1183 ff; SCHMIDT Rn 837 ff; STADLER § 30 Rn 46; f § 31 Rn 19 f; DICKERSBACH 56 ff; GOTTHARDT 113 ff; STÜSSER 154 ff; BECKER/SCHÄFER JA 2007, 597, 599; DREXL/MENTZEL Jura 2002, 375, 377; LORENZ JuS 2010, 771, 774; LWOWSKI/WUNDERLICH ZInsO 2005, 5, 8; MOCK JuS 2008, 391, 395; PFEIFER JuS 2004, 694, 697; PIKART WM 1959, 341; WACKERBARTH ZGR 1999, 365, 389 ff; für eine Einordnung als rechtsgeschäftlich erteilte Vollmacht LEENEN § 9 Rn 96; PAWLOWSKI Rn 728 mit Rn 727; s auch ders JZ 1996, 125, 127 ff); teilweise wird dabei auch eine bloße Veranlassung durch vermeidbare Untätigkeit (ohne Verschuldenserfordernis) abgestellt (so namentlich Bork Rn 1560, Rn 1564 mwNw; zust PWW/Frensch § 167 Rn 39). Nach verbreiteter Auffassung im Schrifttum ist aber die Anscheinsvollmacht als allgemeines Rechtsinstitut mit den Geltungsfolgen einer rechtsgeschäftlichen Regelung – außerhalb des kaufmännischen Rechtsverkehrs (s dazu nur Koller/Roth/Morck, HGB [7. Aufl 2011] § 15 Rn 36 ff mwNw; zur Bedeutung des § 15 Abs 2 HGB für die Rechtsscheinhaftung s Koller/ Roth/Morck HGB [8. Aufl 2015] § 15 Rn 24; ausf Zimmer passim) – nicht anzuerkennen (Jauernig/Mansel § 167 Rn 9; MünchKomm/Schubert § 167 Rn 95 ff, Rn 99; MünchKommHGB/ Krebs Vorbem 52 ff zu § 48; NK-BGB/Ackermann § 167 Rn 74 ff; Brehm Rn 467 f; Flume § 49 4; Grigoleit/Herresthal Rn 553 ff; Medicus/Petersen Rn 969 ff; Medicus/Petersen BR Rn 100; Pawlowski Rn 716b ff, Rn 727a ff; Wolf/Neuner § 50 Rn 94 ff, Rn 98; Bienert 42 ff; Canaris 48 ff, 191 ff, JZ 1976, 132, 133 und in: FG Bundesgerichtshof 156 ff; Erfurth WM 2006, 2198, 2200; Frotz 299 ff; Grimme JuS 1989, 57 mwNw; Petersen Jura 2003, 310, 313; Picker NJW 1973, 1800 f; Kindl 101 ff, 246 ff; Litterer 142 ff; Lobinger 265 ff; ders JZ 2006, 1076, 1077 ff; krit zur Rechtsscheintheorie auch Pecher, in: FS Hadding 221 ff; zurückhaltend ferner Leipold § 24 Rn 36; vermittelnd Peters AcP 179, 214, 238 ff). Dem ist zu folgen, weil es anders als bei der Duldungsvollmacht ieS (vgl Rn 29 a und b) an einem rechtsgestaltenden, selbst bestimmten Akt rechtsgeschäftlicher Legitimation fehlt, der allein die Anwendung der Regeln für Rechtsgeschäfte – hier des bevollmächtigten Vertreterhandelns – rechtfertigen kann. Die fahrlässige Nichtbeachtung von Sorgfaltspflichten – hier zudem eigentlich nur Obliegenheiten –, an die die Geltungsfolgen der Anscheinsvollmacht anknüpfen sollen, kann (nur) Schadensersatzansprüche, gerichtet auf das negative Interesse, mangels privatautonomer rechtsgeschäftlicher Willensbetätigung aber keine Erfüllungsansprüche zur Folge haben. Diese Wertung kann auch dem Stellvertretungsrecht unmittelbar entnommen werden, wie § 179 Abs 1 und 2 BGB verdeutlichen: Der Vertreter ohne Vertretungsmacht haftet nur bei Kenntnis des Mangels, also bei bewusstem Handeln auf Erfüllung oder positives Interesse, während die Haftung sonst auf das Vertrauensinteresse beschränkt ist (vgl Flume § 49 4). Eine Analogie zu § 56 HGB greift allenfalls für den handelsrechtlichen Bereich (Medicus/ Petersen Rn 972; Wolf/Neuner § 50 Rn 99 mwNw; Canaris 52) und übersieht zudem, dass dort in Wirklichkeit von rechtsgeschäftlich erteilter Vertretungsmacht auszugehen ist (Flume § 49 3; Pawlowski Rn 729). Entsprechendes gilt für die §§ 171, 172 BGB (Flume § 49 2 und 3) je nach Auslegung der Vorschriften ebenfalls. Jedenfalls aber liegt in beiden Fallgruppen ein bewusstes Handeln des Geschäftsherrn vor, das bei der Anscheinsvollmacht gerade fehlt (Canaris 49 f; Frotz 265 ff, 345 ff); es ist insbesondere bei §§ 171, 172 BGB gerade nicht ein sorgfaltswidrig unterlassenes Intervenieren, an das die rechtsgeschäftlichen Folgen anknüpfen (so aber namentlich Soergel/Leptien § 167 Rn 17), sondern der vorangehende privatautonome Kundgebungs- oder Beurkundungsakt. Soweit F Peters (AcP 179, 214, 238 ff) in bestimmten Fällen schuldhafter Begründung eines Vollmachtsrechtsscheins über § 826 BGB zu einer Genehmigungspflicht und bei Verweigerung zum Erfüllungsinteresse gelangen will, scheitert dieser Weg jedenfalls daran, dass die Verweigerung der nach § 177 BGB freigestellten Genehmigung kein deliktisches Handeln darstellen kann (Medicus/Petersen Rn 971; Kindl 16). Bloße vermeidbare Veranlassung des Rechtsscheins einer Bevollmächtigung als Zurechnung eines Risikos schließlich könnte nach den Grundstrukturen unseres Rechtssystems ebenfalls nur zu Ersatzansprüchen führen und bedürfte selbst dann wie sonstige Fälle der Risikohaftung (z. B § 833 S 1 BGB, § 7 Abs 1 StVG, § 717 Abs 2 ZPO) einer gesetzlichen Regelung, wobei zusätzlich sehr zweifelhaft erscheint, ob die Intensität des hier gesetzten Risikos mit den bisher gesetzlich geregelten Situationen vergleichbar ist.

Es kann freilich nicht übersehen werden, dass die Rechtsprechung zur Anscheins- **31a** vollmacht zwar wohl noch kein Gewohnheitsrecht sein dürfte (s dazu jurisPK-BGB/ Weinland § 173 Rn 5; MünchKomm/Schubert § 167 Rn 96; MünchKommHGB/Krebs Vorbem 53 zu § 48; Palandt/Ellenberger § 172 Rn 7; Faust § 26 Rn 39; Flume § 49 4; Leipold § 24 Rn 36; Musielak/Hau Rn 185: „verbindliche Kraft des Richterrechts"; für Gewohnheitsrecht zuletzt OLG Rostock 8. 3. 2018 – 3 U 16/17 Rn 9, MDR 2018, 982), sich aber trotz der fortdauernden Kritik als Richterrecht zunehmend verfestigt hat. **Die Kommentierung trägt auch diesem Umstand durch Darstellung der insoweit nach der Rechtsprechung maßgeblichen Grundsätze im Folgenden Rechnung** (Rn 34 ff).

d) Die Unterscheidung zwischen Duldungsvollmacht (s Rn 30) und Anscheinsvoll- **32** macht (Rn 31) beruht bei sonst deckungsgleichen Voraussetzungen darauf, dass der Vertretene bei letzterer das Verhalten des Vertreters zwar nicht kannte, aber bei Anwendung gebotener Sorgfalt hätte erkennen und verhindern können; hierauf wird dann auch das Verhalten des Geschäftsgegners (gutgläubiges Vertrauen auf den bestehenden Rechtsschein) bezogen (vgl nur MünchKomm/Schubert § 167 Rn 106 ff, Rn 107 ff mwNw). Es ist daher zulässig, zur Bezeichnung der nicht rechtsgeschäftlich begründeten Vertretungsmacht außerhalb der §§ 170 ff BGB – also für Duldungs- und Anscheinsvollmacht – den Begriff der **Rechtsscheinsvollmacht** zu verwenden (Erman/Maier-Reimer § 167 Rn 12 ff; MünchKomm/Schubert § 167 Rn 93 ff; Soergel/Leptien § 167 Rn 17, 19 ff).

Die Rechtsscheinsvollmacht bedarf bei Einordnung als nichtrechtsgeschäftlicher Tatbestand der Grundlegung in § 242 BGB; es handelt sich bei ihr um einen Fall der *Vertrauenshaftung* (vgl BRHP/Schäfer § 167 Rn 14; Erman/Maier-Reimer § 167 Rn 23 f; MünchKomm/Schubert § 167 Rn 98; PWW/Frensch § 167 Rn 39; Bork Rn 1549; Hübner Rn 1285; Wolf/Neuner § 50 Rn 84, Rn 92; Canaris, 39 ff; ders, in: FG Bundesgerichtshof 132 f, 154 ff; ausf auch Hajut 75 ff, 91 ff). Dies bedeutet, dass die einzelnen Voraussetzungen zur Begründung einer Vertrauenshaftung erfüllt sein müssen (s Rn 34 ff).

Andere Ansätze zu einer dogmatischen Begründung der Rechtsscheinsvollmacht gehen von der *Analogie zu den §§ 171 und 172 BGB* sowie zu § 56 HGB aus (vgl Soergel/Leptien § 167 Rn 17; Palandt/Ellenberger § 172 Rn 6; vCraushaar AcP 174, 3 und 17 ff; Bader 168; Krause 155; Litterer 141 ff) oder kombinieren diese Aspekte und denjenigen des Vertrauensschutzes (so zB MünchKomm/Schramm [6. Aufl] § 167 Rn 56). Zum *Blankett* s § 172 Rn 8.

e) Ursprünglich wurden die Regeln über die Anscheinsvollmacht (zu Recht) nur **33** für den *Verkehr unter Kaufleuten* angewendet (vgl RGZ 162, 129, 148; s Rn 31). Die Rspr und die in der ihr folgenden Literatur überwiegende Meinung haben diese Einschränkung jedoch aufgegeben (zu Recht krit Canaris 156 ff mwNw). Nach heute hM ist somit der Vertrauenstatbestand der Rechtsscheinsvollmacht, wie es dem Gedanken des § 242 BGB entspricht, als ein *allgemeines Rechtsinstitut* anzuerkennen, sodass er – wie die Anwendungsfälle in der Rechtsprechung heute unausgesprochen voraussetzen – *in persönlicher Hinsicht* jedenfalls keiner nach der Berufstätigkeit des Vertretenen ausgerichteten Beschränkung unterliegt (MünchKomm/Schubert § 167

Rn 98; NK-BGB/Ackermann § 167 Rn 79; Palandt/Ellenberger § 172 Rn 7; Soergel/Leptien § 167 Rn 17, 26; vCraushaar AcP 174, 22; Pikart WM 1959, 341; Fikentscher AcP 154, 5; s andererseits BGH NJW-RR 1995, 80, 81 zur Möglichkeit eines Ausschlusses der Anscheins- und Duldungsvollmacht in AGB). Im Handelsrecht begründet jedenfalls § 56 HGB für Angestellte im Laden oder Warenlager bei fehlender Vertretungsmacht eine Rechtsscheinshaftung (MünchKomm/Schubert § 167 Rn 98; s näher Drexl/Mentzel Jura 2002, 375 f mwNw, dogmatische Grundlegung freilich str, s nur Koller/Roth/Morck, HGB [8. Aufl 2015] § 56 Rn 2 mwNw).

In sachlicher Hinsicht lehnt die Rechtsprechung insbesondere des BGH eine Anwendung der Rechtsscheinsgrundsätze auf **Prozessvollmachten** einschließlich *Unterwerfungsvollmachten* ab, gelangt freilich über § 242 im Einzelfall zu vergleichbaren Ergebnissen (s etwa BGH NJW 2003, 1594; NJW 2004, 59, 61, 62, 63 und stRspr, s auch die Nachw Rn 35; ebenso PWW/Frensch § 167 Rn 38; Stein/Jonas/Jacoby, ZPO [23. Aufl 2016] vor § 80 Rn 17; Clemente ZfIR 2004, 497, 501; Joswig ZfIR 2003, 533, 537; 2004, 45, 52; Lorenz JuS 2004, 468 f sowie zahlr Besprechungen; krit aus gesellschaftsrechtlicher Sicht Ulmer ZIP 2005, 1341, 1344 ff). Erkennt man das Institut der Anscheinsvollmacht mit der hM grundsätzlich an, so besteht aber kein Grund, eine Erstreckung der hierzu entwickelten Regeln auf Prozessvollmachten – zB auf eine Unterwerfung unter die Zwangsvollstreckung – anstelle der von der Rechtsprechung favorisierten Lösung über § 242 BGB grundsätzlich zu versagen (zutr Lwowski/Wunderlich ZInsO 2005, 5, 8; Mues EWiR 2004, 421, 422; Paulus/Henkel NJW 2003, 1692, 1693 f mwNw; Stimmel ZfIR 2003, 577, 580 f; Stöhr JuS 2009, 106, 107 f; zust BRHP/Schäfer § 167 Rn 14; NK-BGB/Ackermann § 167 Rn 80; ausf Dickersbach 38 ff [zur Prozessvollmacht], 187 ff [zur Unterwerfungsvollmacht] mwNw; **abl** hingegen auch MünchKomm/Schubert § 167 Rn 104 mwNw, sofern nicht ein bewusstes Dulden der Prozesshandlungen vorliege. S dazu auch schon BGH NJW 1981, 1727, 1728 f; OLG Hamm NJW-RR 1990, 767; OLG Frankfurt NJW-RR 2001, 1004; allg zur Unterwerfungsvollmacht ausf bereits Dux WM 1994, 1145).

2. Tatbestandselemente und Rechtswirkungen der Rechtsscheinsvollmacht

34 a) *Objektiv* verlangt – weiter unter Zugrundelegung der Rechtsprechung und hL – die Vertrauenshaftung einen **Vertrauenstatbestand**. Demnach muss der Rechtsschein einer Bevollmächtigung erweckt worden sein, aufgrund dessen Dritte nach Lage der Dinge und nach Treu und Glauben annehmen durften, das Verhalten des für den Geschäftsherrn auftretenden Vertreters könne diesem auf der Grundlage einer Bevollmächtigung *zugerechnet* werden (sr Rspr seit BGHZ 5, 111, 116; s zuletzt BGH 26. 1. 2016 – XI ZR 91/94, Rn 61, NJW 2016, 2024 mwNw, st Rspr, w Nachw auch oben Rn 29 a ff; BRHP/Schäfer § 167 Rn 18; Erman/Maier-Reimer § 167 Rn 13 ff; jurisPK-BGB/Weinland § 173 Rn 14 ff mit zahlr Beispielen aus der Rechtsprechung; MünchKomm/Schubert § 167 Rn 112 ff; NK-BGB/Ackermann § 167 Rn 83 ff; Palandt/Ellenberger § 172 Rn 6, Rn 10, Rn 15; PWW/Frensch § 167 Rn 40 f; Bork Rn 1539, 1550, 1560; Brox/Walker § 25 Rn 30; Hirsch Rn 1015 ff, Rn 1019 ff; Hübner Rn 1285; Köhler § 11 Rn 44; Wolf/Neuner § 50 Rn 86, Rn 96; Löwisch/Neumann Rn 230; Schmidt Rn 831 ff, Rn 837 ff; Grimme JuS 1989, 319 ff; Musielak JuS 2004, 1081, 1083 f). Im Falle einer *Gesamtvertretung* (s unten Rn 51 ff) muss der Vertrauenstatbestand grundsätzlich von allen Gesamtvertretern geschaffen worden sein (BGH NJW 1988, 1199, 1200; Erman/Maier-Reimer § 167 Rn 21; NK-BGB/Ackermann § 167 Rn 85; PWW/Frensch § 167 Rn 42); etwas Anderes soll (nur) gelten, wenn der Anschein einer Ermächtigung zur Alleinvertretung besteht (BGH WM 1976, 503, 504;

PWW/Frensch § 167 Rn 42; zu Recht krit Soergel/Leptien § 167 Rn 29 mwNw). Ein solcher Vertrauenstatbestand zulasten des Geschäftsherrn kann auch bei einer Untervollmacht bei deren Unwirksamkeit oder bei Wegfall der Hauptvollmacht in Betracht kommen (s dazu Börner 151 ff; Bous RNotZ 2004, 483, 489 ff). Hingegen scheidet eine Anwendbarkeit der Regeln über die Rechtsscheinsvollmacht in Innenverhältnissen zugunsten des Vertreters über den Sonderfall des § 169 BGB hinaus aus (s § 169 Rn 7 f; aA Bornemann AcP 207, 102 ff, 131 ff).

35 Als hinreichende Grundlage für die Rechtsscheinsvollmacht wird es anerkannt, wenn sich das Vertrauen des Kontrahenten aus der *Ausstattung* des als Vertreter Handelnden herleitet; dies gilt zB, wenn sich der Vertreter im Besitz von Stempeln des Vertretenen befindet (BGHZ 5, 111, 116; s aber auch OLG Hamburg BB 1964, 576: Die Möglichkeit anderweitiger Beschaffung steht der Schaffung eines Rechtsscheins entgegen). Der Besitz von Briefpapier mit Firmenbriefköpfen reicht noch nicht aus (OLG Düsseldorf BB 1950, 490). Jedoch genügt die Abwicklung der Korrespondenz auf Firmenbögen, so zB gegenüber einer Haftpflichtversicherung (BGH NJW 1956, 1674; Gotthardt 110), ebenso bei der Deckungszusage durch den Angestellten einer Haftpflichtversicherung (OLG Köln VersR 1965, 54; anders bei Vermittlungsagent BGH NJW 1983, 631) oder bei Rechtsanwälten in Bürogemeinschaft (BGH WM 1978, 411) oder bei Benutzung eines Briefkopfs, der hinsichtlich der Rechtsformangaben den Anforderungen des § 35a GmbHG nicht genügt (LG Heidelberg NJW-RR 1997, 355). Die Grundsätze der Rechtsscheinsvollmacht gelten auch im *Bankverkehr* (dazu ausf MünchKomm/Schubert § 167 Rn 131 ff; Schramm/Dauber § 32 Rn 42 ff mwNw; krit im Hinblick auf das Zahlungsdiensterecht Linardatos BKR 2015, 96; zur evtl Rechtsscheinshaftung bei SEPA-Überweisungen – der Überweisungsträger ist keine Vollmachtsurkunde iSd § 172 BGB – Dieckmann WM 2015, 14, 20 f; s auch Müller WM 2016, 809, 811 mwNw; s auch noch Rn 35a).

35a Im *digitalen Rechtsverkehr* (zB Bestellungen per Telefon, Telefax, Internet, namentlich auch bei Missbrauch von Authentisierungsmitteln wie PIN oder Signatur etwa beim Onlinebanking) können die Regeln der Rechtsscheinsvollmacht ebenfalls Anwendung finden (s dazu etwa BGH NJW 2006, 1971 [auch zur Frage einer Haftung für entstehende Telefonkosten, dazu Lobinger JZ 2006, 1076; Schlegel MDR 2006, 1021; Schmidt Jura 2007, 205] m Anm Klees CR 2006, 458; BGH NJW 2009, 1960, 1961 mwNw; OLG Oldenburg NJW 1993, 1400; OLG Köln NJW-RR 1994, 177; NJW 2006, 1676, 1677 m Anm Borges/Meyer EWiR 2006, 419; OLG Hamm NJW 2007, 611 m Anm Biallass ZUM 2007, 397; Erman/Maier-Reimer § 167 Rn 19 mwNw; jurisPK-BGB/Weinland § 173 Rn 26; ausf MünchKomm/Schubert § 167 Rn 126 ff [zu Recht zurückhaltend]; NK-BGB/Ackermann § 167 Rn 84; Palandt/Ellenberger § 172 Rn 18 mwNw; ausf Hajut 112 ff; Hanau 39 ff und VersR 2005, 1215, 1217 ff; Mack 65 ff; Fritzsche/Malzer DNotZ 1995, 3, 15 f; Verse/Gaschler Jura 2009, 213, 215 ff; für eine entsprechende Anwendung des § 172 Abs 1 BGB Oechsler AcP 208, 565, s § 172 Rn 8; für eine evtl Duldungsvollmacht, aber gegen eine Anscheinsvollmacht bei Missbrauch von Legitimationsdaten beim Online-Banking Erfurth WM 2006, 2198, 220; für Missbrauch im Recht der Zahlungsdienste zweifelnd BGH 26. 2. 2016 – XI ZR 91/14, Rn 57 ff, NJW 2016, 2024 mwNw. Ausf zur Rechtsscheinhaftung im elektronischen Rechtsverkehr Rieder 111 ff, 252 ff, 358 ff [rechtsvergleichend]; Schnell 122 ff, 220 ff; zur Rechtsscheinhaftung im Zusammenhang mit der Autorisierung von Zahlungsvorgängen neuerdings Mack passim, insbes 134 ff, 176 ff). Die bloße *unbefugte Nutzung eines Internetanschlusses,* die sich als Handeln unter fremdem Namen darstellt (s Vorbem 91 zu §§ 164 ff) darstellt, kann dafür aber allein – dh ohne bewusste oder (insoweit aber sehr zweifelhaft) zumindest fahrlässige Veranlassung bei mehr als nur einmaligen Missbrauch – nicht ausreichen (BGH NJW 2011, 2421; BGH ZIP 2016, 757; MünchKomm/SCHUBERT § 167 Rn 126 ff mwNw; BITTER/RÖDER § 10 Rn 168a; WERTENBRUCH § 31 Rn 24; MEYER NJW 2015, 3686, 3688 f; w Nachw dazu Vorbem 91 zu §§ 164 ff, s ferner noch § 172 Rn 8; krit namentlich HERRESTHAL JZ 2011, 1171 ff; für eine Anwendbarkeit auch bei Fahrlässigkeit im Falle einer Systemsicherheit des digitalen Verfahrens jetzt dezidiert MACK 75 ff). Grundsätzlich kann aber bei Handeln unter fremdem Namen durchaus eine Verpflichtung des Namensträgers nach Rechtsscheinsgrundsätzen eintreten (s etwa OLG Koblenz 7. 10. 2014 – 3 U 91/14 Rn 55 ff, MDR 2014, 1378), namentlich im Falle des Handelns unter fremder Identität (ausf HAJUT 105 ff).

35b Ein Hinweis auf den bauleitenden *Architekten,* der sich auf dem Bauschild befindet, wird als Grundlage der Vertrauenshaftung anerkannt (LG Göttingen BB 1952, 240; SEESEMANN BlGBW 1962, 229); dies gilt zumindest bei kleineren Bauvorhaben, bei denen alle Rechtsgeschäfte üblicherweise mündlich vorgenommen werden (OLG Stuttgart NJW 1966, 1461; OLG Köln NJW 1973, 1798 m krit Anm v PICKER; OLG Hamburg BauR 1996, 256; SOERGEL/LEPTIEN § 167 Rn 35, 45, 47; abl SCHMALZL MDR 1977, 624; JAGENBURG BauR 1978, 182; s allg BGH NJW-RR 1997, 1276 sowie MEISSNER BauR 1987, 497, 508). Eine entsprechende Anscheinsvollmacht des Architekten kann sich auch auf die Rechnungsprüfung und Nachtragsaufträge erstrecken (KG BauR 2008, 97). Hingegen genügt die Übernahme der schlüsselfertigen Erstellung eines Normhauses zu einem Pauschalpreis nicht als objektive Grundlage einer Rechtsscheinsvollmacht (OLG Karlsruhe JR 1961, 459), vielmehr darf der beauftragte Architekt bei einer Pauschalpreisvereinbarung keinerlei Rechtsgeschäfte tätigen, die über den im Leistungsverzeichnis oder Bauvertrag beschriebenen Umfang hinausgehen (OLG Saarbrücken NJW-RR 1999, 668, 669; s auch OLG Düsseldorf NJW-RR 2001, 14, 15), ebenso wenig (Zusatz-)Aufträge bei einer Bevollmächtigung nur in technischer Hinsicht erteilen (OLG Düsseldorf NJW-RR 2001, 14, 15); auch die Betrauung eines Angestellten mit der Reparatur eines Kraftfahrzeugs genügt nicht für eine Verkaufsvollmacht (OLG Hamm NJW-RR 1994, 439). Als hinreichend wird es bewertet, wenn der Vertreter eine typischerweise mit bestimmter Vollmacht verbundene Stellung hat (vgl OLG Koblenz MDR 1994, 1110, 1111; NJW-RR 2010, 235, 236: Bauleiter) oder gegenüber dem Kontrahenten früher bereits *wiederholt als wirklicher Bevollmächtigter* auftreten durfte (RGZ 76, 202; BGH WM 1978, 1046; vgl auch OLG Frankfurt BauR 2006, 419). Die Anscheinsvollmacht ist dann auch im Falle von Vollmachtsüberschreitungen begründet (RGZ 117, 164, 167; BGH NJW 1956, 460; WM 1963, 165; 1969, 43; 1974, 407; BB 1986, 1735). Im *Betriebsverfassungsrecht* können Rechtsscheintatbestände im Hinblick auf §v 26 Abs 2 BetrVG oder § 50 Abs 2 BetrVG eingreifen (s ausf SCHÖNHÖFT/KESSENICH NZA-RR 2017, 1). Beim *Franchising* können nur unter besonderen Umständen Rechtsscheinswirkungen zu Lasten des Franchisegebers eintreten (BGH NJW 2008, 1214 m Anm WITT; ULLMANN NJW 1994, 1255, 1256; weitergehend WOLF/UNGEHEUER BB 1994, 1027), sofern nicht ohnehin ein unternehmensbezogenes Geschäft vorliegt (s Vorbem 52 zu §§ 164 ff, § 164 Rn 1 f; vgl BUCK-HEEB/DIECKMANN DB 2008, 855 und JuS 2008, 583). Im *Mietrecht* erkennt die Rechtsprechung Rechtsscheinsvollmachten beim Handeln eines Mieters für eine Mehrheit von Mietern an (s etwa BGH NJW 2014, 3150 für den Abschluss eines Energieversorgungsvertrages; MünchKomm/SCHUBERT § 167 Rn 162 mwNw). Eine Haftung in Bezug auf eine *Scheingesellschaft* – auch *Scheinsozietät* – kommt in Betracht, wenn der Handelnde in zurechenbarer Weise den Rechtsschein einer existierenden Gesellschaft gesetzt hat oder dagegen nicht vorgegangen ist (BGH NJW 2011, 66, 68 f mwNw; BGH 18. 6. 2016 – II ZR 314/15, Rn 15 ff, NJW 2017, 559 m Anm MARKWORTH; zur Scheinsozietät s BGH NJW 2007, 2490,

2492; 2008, 2330 [einschränkend für nicht anwaltstypische Tätigkeiten]; OLG Frankfurt NJW 2012, 1739, 1740). Bei einem unternehmensbezogenen Rechtsgeschäft kann ein Dritter als Scheininhaber aufgrund eines von ihm erzeugten Rechtsscheins, er sei Mitinhaber des Unternehmens, für die Erfüllung des darauf beruhenden Vertrags haften (BGH NJW 2012, 3368). Bei Abstimmungen einer *Wohnungseigentümergemeinschaft* kann ein zurechenbarer Rechtsschein der Bevollmächtigung zur Stimmabgabe in Betracht kommen und bei Schutzwürdigkeit des Geschäftsgegners Bindungswirkungen auslösen (s dazu ausf MERLE, in: FS Seuß 193, 201 ff). Auch aus einer *unwirksamen Vollmacht* kann nach der Rechtsprechung ein schutzwürdiges Vertrauen eines Dritten auf eine Duldungsvollmacht begründet werden, welches aus veranlasstem Rechtsschein zur Haftung führen kann (s oben Rn 23 und § 172 Rn 8).

War eine Vollmacht *wegen Verstoßes gegen § 134 iVm Art 1 § 1 RBerG aF – nun § 3 RDG – nichtig* (s unten Rn 75a), so soll sie nach der ganz überwiegenden (wegen Konterkarierung der Verbotsnorm eigentlich jedoch abzulehnenden) Rechtsprechung insbesondere des BGH immerhin doch noch Rechtsscheinswirkungen zumindest gem §§ 171, 172 BGB auslösen können (s BGH NJW 2001, 3774 und danach st Rspr, namentlich BGH NJW 2005, 664; s zuletzt BGH NJW 2012, 3424, 2425 m Anm SCHILKEN LMK 2013, 342329; ebenso PWW/FRENSCH § 167 Rn 40, Rn 43; s auch ERMAN/MAIER-REIMER § 167 Rn 34; jurisPK-BGB/WEINLAND § 171 Rn 7, § 173 Rn 30; PALANDT/ELLENBERGER § 172 Rn 6; WERTENBRUCH § 31 Rn 13; WOLF/NEUNER § 50 Rn 80; ARMBRÜSTER NJW 2009, 2167, 2168; BARNERT WM 2004, 2002, 2012 f; DERLEDER ZfIR 2006, 489, 495 ff; EDELMANN DB 2001, 687, 688 f; FÖRSTER JuS 2010, 351, 355 f; GANTER WM 2001, 195, 196; LECHNER NZM 2007, 145, 147 f; LOBINGER JZ 2006, 1076, 1077; LÖHNIG JA 2002, 913; LWOWSKI/WUNDERLICH ZInsO 2005, 5, 7 ff; MÜLBERT/HOGEL WM 2004, 2281, 2283 f [bei Richtigkeit der jedoch abgelehnten Nichtigkeitsrechtsprechung]; OECHSLER NJW 2006, 2451, 2453; PAAL JuS 2006, 775, 776 f; PETERSEN Jura 2004, 829, 832 [bei grundsätzlicher Kritik an der Nichtigkeitsrechtsprechung]; REITER/METHNER BKR 2002, 588; SCHMIDT-RÄNTSCH MDR 2005, 6, 7; SCHOPPMEYER WM 2009, 10, 12 f; SCHWINTOWSKI ZfIR 2002, 532; SEIDEL WM 2006, 1614; STIMMEL ZfIR 2003, 577, 579 f; STÖHR JuS 2009, 106 und WM 2009, 928 – zu Recht **krit** demgegenüber MünchKomm/SCHUBERT § 167 Rn 147 ff; NK-BGB/ACKERMANN § 167 Rn 84; ARNOLD/GEHRENBECK VuR 2004, 41; FISCHER VuR 2005, 241, 246 f; DB 2006, 1415, 1418; GERNETH VuR 2004, 125; HELLGARDT/MAJER WM 2004, 2380, 2382 ff; HOFFMANN NJW 2001, 421; NITTEL NJW 2002, 2599, 2601 f; VuR 2003, 87 und 184; NJW 2004, 2712, 2713 f; REITER/METHNER VuR 2002, 57, 59 ff; ROTT NJW 2004, 2794 ff; WEISEMANN DZWiR 2007, 183, 184, 187; s ferner BayObLGZ 2003, 181, 185; OLG Karlsruhe NJW 2003, 2690, 2691; OLG Celle VuR 2003, 181 m Anm NITTEL; die zeitweise gegenteilige Rspr des II. Zivilsenats [BGH NJW 2004, 2736; WM 2004, 1536, 1538 uam ist leider aufgegeben, s dazu auch MünchKomm/SCHUBERT § 167 Rn 147). In Konsequenz des Kenntnis- bzw Verschuldenserfordernisses wird das hingegen dann doch wieder abgelehnt, wenn der Vollmachtgeber (Anleger) die Nichtigkeit der Vollmacht – wie wohl in aller Regel – nicht kannte oder kennen musste (s etwa BGH NJW 2005, 2985, 2987 m zust Anm FRISCH EWiR 2006, 39 und krit MÜNSCHER BKR 2005, 501, st Rspr; krit – weil das Verschuldenserfordernis abl [s Rn 31] – PWW/FRENSCH § 167 Rn 43; LECHNER NZM 2007, 145, 148; MÜNSCHER WM 2006, 1614, 1620 f; SEIDEL WM 2006, 1614, 1620; anders auch OLG München NJW 2006, 1811, 1813). Selbst wenn man aber der hier kritisierten Rechtsprechung grundsätzlich folgt, ist der hinreichende Anknüpfungspunkt für die Vertrauenshaftung (Vollmachtsurkunde, Treuhandvertrag in Original oder notarieller Ausfertigung, sonstige bei Vertragsschluss vorliegende Umstände) im Einzelnen sehr zweifelhaft (s dazu MünchKomm/SCHUBERT § 167 Rn 149 f mwNw; PWW/FRENSCH § 167 Rn 43). Soweit man bei nichtiger Vollmachtserteilung die Annahme einer Rechtsscheinsvollmacht für möglich hält (s auch schon oben Rn 23 zur formnichtigen Vollmacht), kann das jedenfalls nur in Betracht kommen, wenn das Vertrauen des Dritten an andere rechtsscheintragende Umstände als an die nichtige Bevollmächtigung anknüpft (s auch BGH NJW 2003, 2091, 2092; 2004, 2745, 2747; 2005, 2985; 2006, 2118, 2119, st Rspr; MünchKomm/Schubert § 167 Rn 149; Cahn, in: FS Hoffmann-Becking [2013] 247, 265).

36 Nicht ausreichend sind die *eigenen Aussagen* des Vertreters oder von ihm vorgelegte vorbereitende Unterlagen (MünchKomm/Schubert § 167 Rn 112; NK-BGB/Ackermann § 167 Rn 83; Palandt/Ellenberger § 172 Rn 9 mwNw; Bork Rn 1550; Gotthardt 112; vgl BGH NJW 1998, 1854, 1855; 2004, 2736 und 2745; 2005, 1488 und 2985; OLG Nürnberg NJW 2004, 2838 und dazu Rott NJW 2004, 2794 ff). Auch *familiäre Beziehungen* zwischen dem Vertreter und dem Vertretenen genügen als solche grundsätzlich nicht (BGH NJW 1951, 309; s auch BGHZ 105, 48; MünchKomm/Schubert § 167 Rn 112; NK-BGB/Ackermann § 167 Rn 83; Soergel/Leptien § 167 Rn 37 mwNw; Pauly/Legleiter Jura 1995, 193). Die Regeln der Rechtsscheinsvollmacht finden zwar auch im Arbeitsrecht Anwendung (s Soergel/Leptien § 167 Rn 33 und zB BAG ZTR 2005, 141, 143 [Vertretungsbefugnis eines Arbeitgeberverbandes zum Abschluss von Tarifverträgen aufgrund Duldungsvollmacht seiner Mitglieder]), doch können *innerbetriebliche Vorgänge* nicht hinreichen (LAG Düsseldorf BB 1961, 132; Soergel/Leptien § 167 Rn 33), so zB, wenn ein nicht vom Arbeitgeber bevollmächtigter Vorgesetzter einem Untergebenen Schadensfreistellung zusichert.

37 Stets ist zu fordern, dass die *Art des abgeschlossenen Geschäfts* nicht völlig aus dem Rahmen dessen fällt, was bei gegebenen Umständen ein Bevollmächtigter hätte tun dürfen (BGH MDR 1953, 345; WM 1955, 232; Erman/Maier-Reimer § 167 Rn 18; MünchKomm/Schubert § 167 Rn 112; NK-BGB/Ackermann § 167 Rn 83). Auch ist bei wichtigen, aber nicht besonders eilbedürftigen Geschäften Zurückhaltung hinsichtlich der Bejahung einer Rechtsscheinsvollmacht geboten (BGH NJW 1958, 2061; WM 1962, 609; jurisPK-BGB/Weinland § 173 Rn 13; MünchKomm/Schubert § 167 Rn 112; NK-BGB/Ackermann § 167 Rn 83; Soergel/Leptien § 167 Rn 21). Ferner ist es grundsätzlich erforderlich, dass der als Vertreter Handelnde nicht nur einmalig aufgetreten ist, sondern dass sich sein Verhalten über eine *gewisse Zeitspanne* erstreckt hat (BGH NJW 1998, 1854, 1855; 2006, 1971 Rn 17; 2007, 987 Rn 25; 2011, 2421 Rn 16; BGH 26. 1. 2016 – XI ZR 91/14, Rn 61 mwNw, st Rspr; BRHP/Schäfer § 167 Rn 14; Erman/Maier-Reimer § 167 Rn 13 f; jurisPK-BGB/Weinland § 173 Rn 10; MünchKomm/Schubert § 167 Rn 114; NK-BGB/Ackermann § 167 Rn 81, Rn 83; Palandt/Ellenberger § 172 Rn 12; PWW/Frensch § 167 Rn 40; Soergel/Leptien § 167 Rn 21; großzügiger aber Erman/Maier-Reimer § 167 Rn 14; Palandt/Ellenberger § 172 Rn 9 zur Duldungsvollmacht, wie hier aber Rn 12 zur Anscheinsvollmacht; Bork Rn 1550). Nur ausnahmsweise genügt danach auch ein einmaliges Handeln des Vertreters (OLG Frankfurt WM 2006, 2207, 2208; OLG Hamm NJW 2007, 611, 612; LG Oldenburg MDR 1959, 37; vgl auch BGH MDR 1975, 838 und die Nachw zuvor).

38 Maßgebender Zeitpunkt für die Beurteilung einer Rechtsscheinsvollmacht ist der Zeitpunkt der Geschäftsvornahme (RGZ 136, 207, 209; BGH LM § 167 Nr 8, 10 und 11; BGH NJW 2004, 2745, 2746 m Anm Wagner LMK 2004, 154; MünchKomm/Schubert § 167 Rn 124; NK-BGB/Ackermann § 167 Rn 90; Palandt/Ellenberger § 172 Rn 9, Rn 14; PWW/Frensch § 167 Rn 45; Soergel/Leptien § 167 Rn 21; Rott NJW 2004, 2794, 2795). Spätere Vorgänge können nur unter dem Gesichtspunkt einer Genehmigung des vorgenommenen Rechtsgeschäfts von Bedeutung sein (BGH MDR 1958, 83 m zust Anm Pohle;

Titel 5
Vertretung und Vollmacht § 167

MünchKomm/Schubert § 167 Rn 124); sie sind aber nicht mehr geeignet, die Vertrauensgrundlage der Anscheinsvollmacht darzustellen (OLG Köln VersR 1974, 1185). Anders kann es freilich sein, wenn der Geschäftsherr bei nachträglicher Kenntnisnahme den Geschäftspartner vor größerem Schaden hätte bewahren können (BGH LM § 167 Nr 13; VersR 1965, 133, 135).

b) Ob auch für den Vertrauenstatbestand der Rechtsscheinsvollmacht zu fordern ist, dass der Handelnde mit **Vertretungswillen** auftrat (vgl Vorbem 36 zu §§ 164 ff), ist zweifelhaft. Der BGH lehnt im Anschluss an Fikentscher (AcP 154, 13 ff) das Erfordernis des Vertretungswillens bei der Rechtsscheinsvollmacht ab (BGH NJW 1962, 2196; 1964, 1951); ihm folgt darin die ganz überwiegende Meinung in der Literatur (BGB-RGRK/Steffen § 167 Rn 13; BRHP/Schäfer § 167 Rn 18; wohl auch MünchKomm/Schubert § 167 Rn 111; Soergel/Leptien § 167 Rn 19; Hübner Rn 1285). Dieser Ansicht ist zuzustimmen, weil die sonstigen Erfordernisse wirksamer Stellvertretung für die Rechtsscheinsvollmacht nicht gelten (Bork Rn 1549 Fn 190). 39

Geschäftsunfähige und *beschränkt Geschäftsfähige* können zu ihren Lasten die Vertrauensgrundlage einer Rechtsscheinsvollmacht nicht begründen; insoweit geht ihr Schutz im Rahmen der §§ 104 ff BGB dem Vertrauensschutz des Rechtsverkehrs vor (BGHZ 153, 210, 215; BGH WM 1957, 926; BayObLG AnwBl 1992, 234; BGB-RGRK/Steffen § 167 Rn 19; BRHP/Schäfer § 167 Rn 18; Erman/Maier-Reimer § 167 Rn 20; jurisPK-BGB/Weinland § 173 Rn 6; MünchKomm/Schubert § 167 Rn 120; NK-BGB/Ackermann § 167 Rn 85; Palandt/Ellenberger § 172 Rn 9; PWW/Frensch § 167 Rn 42; Soergel/Leptien § 167 Rn 22; Canaris 452 f; Tempel 231; Lehmann/Hübner § 36 V 2 b; Gotthardt 113; Waldeyer 111 ff; Nitschke JuS 1968, 542). Wohl kommt nach der Rspr eine Haftung des von einem beschränkt Geschäftsfähigen Vertretenen in Betracht (s § 165 Rn 3).

c) Weitere Voraussetzung der Rechtsscheinsvollmacht ist die **Zurechenbarkeit des Vertreterhandelns** gegenüber dem Geschäftsherrn. Dies verlangt, dass der Vertretene es *unterlassen* hat, gegen das Auftreten des für ihn Handelnden einzuschreiten, er also in der Lage gewesen wäre, dieses Auftreten zu verhindern bzw die Rechtsscheinswirkungen zu zerstören (RG HRR 1931 Nr 529; BGHZ 5, 111, 116; BGH NJW 1998, 1854; 2005, 2985, 2987 mwNw, stRspr; BRHP/Schäfer § 167 Rn 15, Rn 17; Erman/Maier-Reimer § 167 Rn 19; MünchKomm/Schubert § 167 Rn 115 ff; NK-BGB/Ackermann § 167 Rn 85; Palandt/Ellenberger § 172 Rn 8, Rn 11, Rn 13; PWW/Frensch § 167 Rn 42; Soergel/Leptien § 167 Rn 22; Bork Rn 1541 f, 1554, 1560; Eisenhardt Rn 440; Hübner Rn 1286; Köhler § 11 Rn 44; Schmidt Rn 832, Rn 844; Wolf/Neuner § 50 Rn 88 ff, Rn 95; Grimme JuS 1989, 319, 320 und 321). Bei der *Duldungsvollmacht* setzt dies Kenntnis, bei der Anscheinsvollmacht Kennenmüssen, dh mindestens fahrlässige Unkenntnis (einschränkend Hübner Rn 1289: im Bürgerlichen Recht grobe Fahrlässigkeit) des Verhaltens des Vertreters voraus (s schon Rn 30 ff). Unter diesen Voraussetzungen liegt der Zurechnungsgrund eben nicht schon in der bloßen Veranlassung des vertrauensbegründenden Rechtsscheins (s Rn 31) im Sinne einer Risikozurechnung. Vielmehr muss der Vertretene iS einer Verletzung der Sorgfalt in eigenen Angelegenheiten schuldhaft, idR fahrlässig gehandelt haben (BGHZ 5, 111, 116; 65, 13; BGH NJW 1956, 1673; 1975, 2201; 2003, 2091, 2092; 2005, 2985, 2987 mwNw, st Rspr; BRHP/Schäfer § 167 Rn 17 zur Anscheinsvollmacht; Erman/Maier-Reimer § 167 Rn 19; jurisPK-BGB/Weinland § 173 Rn 11; MünchKommHGB/Krebs Vorbem 52 f vor § 48; NK-BGB/Ackermann § 167 Rn 85; Palandt/Ellenberger § 172 Rn 11, Rn 13; PWW/Frensch § 167 Rn 39; Soergel/Leptien § 167 Rn 22; Hübner Rn 1286; Gotthardt 131; 40

Fabricius JuS 1966, 57. – **aA** zB BGB-RGRK/Steffen § 167 Rn 12; Bork Rn 1555, 1564; Canaris 194 f, 476 ff; vCraushaar AcP 174, 1 ff; vgl auch Bornemann AcP 207, 102, 122; Fikentscher AcP 154, 7 f; Seidel WM 2006, 1614, 1617, 1621; s auch die Nachw Rn 35; differenzierend MünchKomm/Schubert § 167 Rn 115 ff, insbes Rn 117). Dieses für eine tragfähige Begründung der Zurechnung erforderliche Verschulden liegt bei der Duldungsvollmacht in der Nichthinderung des Vertreterverhaltens trotz Kenntnis, bei der Anscheinsvollmacht in der Nichtkenntnisnahme und -hinderung trotz entsprechender Möglichkeit; selbst wenn der Rechtsscheinstatbestand durch positives Handeln gesetzt worden ist, kann auf das Erfordernis des Kennenmüssens nicht verzichtet werden (Erman/Maier-Reimer § 167 Rn 19; MünchKomm/Schubert § 167 Rn 117; **aA** NK-BGB/Ackermann § 167 Rn 85; Palandt/Ellenberger § 172 Rn 19; Soergel/Leptien § 167 Rn 30; s auch OLG Köln NJW-RR 1994, 1501; OLG Düsseldorf NJW-RR 1995, 592).

41 Im Zusammenhang der Zurechenbarkeit des objektiven Vertrauenstatbestandes erfolgt auch die *Anrechnung eines Verschuldens Dritter*. Maßgebend hierfür ist § 31 BGB, sofern das Vertreterhandeln einer juristischen Person zugerechnet werden soll. Für die übrigen Fälle befürwortet Fabricius (JuS 1966, 55 ff) die Anwendung des § 831 BGB. Bei Vertragsanbahnungen durch einen Rechtsscheinsvertreter will Gotthardt (128; ebenso Hübner Rn 1286) die Bestimmung des § 278 BGB anwenden, ähnlich wie bei der cic. Im Rahmen der Vertrauenshaftung muss jedoch die Zurechnung des Verhaltens vom Geschäftsherr zur Überwachung eingeschalteter Dritter nach den *objektiven Gesichtspunkten von Treu und Glauben,* wenn auch unter zusätzlicher Berücksichtigung der Verschuldensvoraussetzung (s Rn 40) erfolgen. Zu Recht stellt daher vCraushaar (AcP 174, 20 ff) auf die (jedoch sc: schuldhafte) *Gefährdung Dritter* durch erwecktes Vertrauen und auf die dem Geschäftsherrn hierfür *zumutbare Risikotragung* für von ihm eingeschaltete Personen ab (Erman/Maier-Reimer § 167 Rn 19; PWW/Frensch § 167 Rn 42; MünchKomm/Schubert § 167 Rn 118; Soergel/Leptien § 167 Rn 22). Die §§ 278, 831 BGB können in diesem Zusammenhang nur eine Argumentationshilfe bieten.

42 Um sich von der Zurechnung des Vertreterhandelns zu befreien, hat der Vertretene den *erweckten Schein zu zerstören* (MünchKomm/Schubert § 167 Rn 118; Waldeyer 120; Metzing JA 2018, 413, 418). Das setzt die Möglichkeit voraus, den Fortbestand zu verhindern; Entsprechendes gilt selbstverständlich für die Entstehung des Rechtsscheinstatbestandes (s BGH LM § 164 Nr 13 und 17; NJW 1956, 1673; VersR 1965, 133, 134; MünchKomm/Schubert § 167 Rn 119). Normalerweise genügen keine internen Maßnahmen gegenüber dem Vertreter, sondern der Vertretene muss die Verhinderung/Zerstörung durch Maßnahmen bewirken, welche dem Vertrauenden zur Kenntnis kommen (BGH NJW 1991, 1225; 1998, 1854, 1855 f; MünchKomm/Schubert § 167 Rn 118 f; NK-BGB/Ackermann § 167 Rn 86; Soergel/Leptien § 167 Rn 22); auch eine entsprechende AGB-Klausel ist aber grundsätzlich zulässig (BGH NJW-RR 1995, 80; vgl auch OLG Düsseldorf NJW-RR 2001, 14, 15). Nur ausnahmsweise kann je nach Lage der Dinge auch ein ernsthaftes Untersagen des Auftretens als Vertreter bereits genügen, die Zurechnung des Vertrauenstatbestandes auszuschließen (vgl BGH Betrieb 1961, 1453), dessen Verhalten er aber idR auch zu überwachen hat (vgl BGH NJW 1998, 1854, 1855; MünchKomm/Schubert § 167 Rn 118).

43 d) Schließlich erfordert die Rechtsscheinsvollmacht, dass der **Geschäftsgegner** – nicht: der Vertretene (so zutr BAG NJW 2013, 2219, 2221 zur Kündigung eines Arbeitsverhältnisses durch einen vollmachtlosen Vertreter) – **schutzwürdig** ist. Hierzu gehört zunächst, dass der dem Vertretenen zugerechnete Anschein für den Entschluss zur Vornahme des Rechtsgeschäfts beim Kontrahenten *ursächlich* war, der Kontrahent also das Vertreterhandeln wahrgenommen und mit Rücksicht darauf gehandelt hat (vgl BGHZ 22, 234, 238; BGH NJW 2012, 3368, 3370, st Rspr; BGB-RGRK/Steffen § 167 Rn 7; Erman/Maier-Reimer § 167 Rn 23; jurisPK-BGB/Weinland § 173 Rn 12; MünchKomm/Schubert § 167 Rn 123; NK-BGB/Ackermann § 167 Rn 87 f; Palandt/Ellenberger § 172 Rn 14; PWW/Frensch § 167 Rn 45; Soergel/Leptien § 167 Rn 23; Bork Rn 1545, 1558, 1565; Wolf/Neuner § 50 Rn 92, Rn 96; Canaris 507 ff; Grimme JuS 1989, 319, 320 und 321). Ein Verhalten des Vertretenen selbst muss der Kontrahent aber nicht unbedingt bemerkt haben (BGH LM § 164 Nr 11 und 24; NJW-RR 1986, 1476; BGB-RGRK/Steffen § 167 Rn 15). Keine Anwendung finden die Regeln mithin, wenn der Kontrahent das Geschäft auch bei Kenntnis des Vollmachtsmangels vorgenommen hätte (MünchKomm/Schubert § 167 Rn 123 mwNw).

Ferner muss der Kontrahent **gutgläubig** auf die Rechtsscheinsvollmacht vertraut haben. Daran und damit an einer Schutzwürdigkeit fehlt es jedenfalls, wenn er den wahren Sachverhalt kannte (BGH WM 1956, 1028; NJW 1982, 1513; BAG JZ 1961, 456; Pikart WM 1959, 341). Aber auch eine *fahrlässige Unkenntnis* schadet dem Geschäftsgegner (BGH WM 1976, 74; NJW 1982, 1513; BGB-RGRK/Steffen § 167 Rn 15; BRHP/Schäfer § 167 Rn 18; Erman/Maier-Reimer § 167 Rn 24; jurisPK-BGB/Weinland § 173 Rn 13; MünchKomm/Schubert § 167 Rn 122; NK-BGB/Ackermann § 167 Rn 88; Palandt/Ellenberger § 172 Rn 15; PWW/Frensch § 167 Rn 44; Soergel/Leptien § 167 Rn 23; Bork Rn 1543, 1558, 1565; Wolf/Neuner § 50 Rn 92, Rn 96). Eine Nachforschungspflicht besteht zwar grundsätzlich nicht (BGH NJW 2005, 1576, 1579; 2006, 1952, 1954 mwNw: MünchKomm/Schubert § 167 Rn 122), aber insbes bei aufwendigen, ungewöhnlichen oder nicht eilbedürftigen Rechtsgeschäften kann eine Rückfrage geboten sein (OLG Köln NJW-RR 1992, 915, 916), ebenso bei Zweifeln am Bestehen der Vollmacht. Bei eiligen Geschäften kann andererseits ein geringerer Sorgfaltsmaßstab angelegt werden als normalerweise (BGH NJW 1958, 2061; Gotthardt 137). Soweit ein Vertreter für den Kontrahenten handelt, findet § 166 Abs 1 Anwendung (vgl § 166 Rn 7; NK-BGB/Ackermann § 167 Rn 88).

e) Im *Außenverhältnis* gegenüber dem Kontrahenten sind die **Wirkungen der Rechtsscheinsvollmacht** – folgt man der Rechtsprechung und hL (s Rn 31) – grundsätzlich dieselben wie die einer rechtsgeschäftlichen Vollmacht (RGZ 145, 155, 158; 170, 281, 284; BGHZ 12, 105, 109; 17, 13, 17; 86, 173; BGH NJW 1983, 1308, 1309, st Rspr; BRHP/Schäfer § 167 Rn 18; Erman/Maier-Reimer § 167 Rn 26; Jauernig/Mansel § 167 Rn 9; jurisPK-BGB/Weinland § 173 Rn 34; MünchKomm/Schubert § 167 Rn 138; NK-BGB/Ackermann § 167 Rn 91 f; Palandt/Ellenberger § 172 Rn 1, Rn 17; PWW/Frensch § 167 Rn 47; Soergel/Leptien § 167 Rn 24; Bork Rn 1546, 1558, 1565; Eisenhardt Rn 441; Wolf/Neuner § 50 Rn 93). Der Vertretene haftet dem Kontrahenten demnach auf Erfüllung bzw auf Schadensersatz wegen Nichterfüllung. Lehnt man mit der hier vertretenen Position die Rechtsfigur der Rechtsscheinsvollmacht, insbes der Anscheinsvollmacht ab, so kommt nur eine Haftung auf das negative Interesse aus cic in Betracht (Flume § 49 4; MünchKomm/Schubert § 167 Rn 139). Im Übrigen können aus der Anscheinsvollmacht *keine weitergehenden Ansprüche* hergeleitet werden, als sie bei einer rechtsgeschäftlichen Vollmacht bestanden hätten (BGHZ 12, 105, 109; 17, 13, 17; BRHP/Schäfer § 167 Rn 18; MünchKomm/Schubert § 167 Rn 138; Soergel/Leptien § 167 Rn 24). Umstritten ist allerdings, ob der Gläubiger nach seiner Wahl statt des Vertretenen den Dritten gem § 179 BGB in Anspruch nehmen, sich also gegen die Vertretungswirkung der

§ 167

Rechtsscheinsvollmacht entscheiden kann; der BGH und die wohl noch hL verneinen eine solche **Disponibilität des Rechtsscheins**, doch sprechen die besseren Argumente für eine entsprechende Dispositionsbefugnis (s näher § 177 Rn 26). Ausgeschlossen ist jedenfalls de lege lata eine kumulative Haftung des Vertretenen und des Vertreters (K Schmidt 435 ff, 443 ff).

45 Die Frage einer **Anfechtbarkeit der Rechtsscheinsvollmacht** ist sehr umstritten (grundsätzlich bejahend BGB-RGRK/Steffen § 167 Rn 19; jurisPK-BGB/Weinland § 173 Rn 7; MünchKomm/Schubert § 167 Rn 151 ff; NK-BGB/Ackermann § 167 Rn 94; Palandt/Ellenberger § 172 Rn 8; PWW/Frensch § 167 Rn 48; StudKomm § 167 Rn 4; Koller/Roth/Morck, HGB [6. Aufl 2007] § 15 Rn 37, Rn 61; Bitter/Röder § 10 Rn 169; Bork Rn 1559; Faust § 26 Rn 44; Wolf/Neuner § 50 Rn 90 f, Rn 98; Canaris 43, 196; Kindl 98 ff; Stüsser 124 ff, 149 ff; 168 ff; Becker/Schäfer JA 2006, 597, 600 f; Schwarze JZ 2004, 588, 591; wohl auch BGB-RGRK/Steffen § 167 Rn 19; MünchKommHGB/Krebs Vorbem 64 ff zu § 48; **abl** hingegen BRHP/Schäfer § 167 Rn 20; Jauernig/Mansel § 167 Rn 9; Koller/Roth/Morck HGB [8. Aufl 2015] § 15 Rn 61 für das Handelsrecht; Soergel/Leptien § 167 Rn 22; Hübner Rn 592; Leipold § 24 Rn 40 f; Schmidt Rn 835, Rn 848; Stadler § 30 Rn 43, Rn 46; Bader 177 ff; Simon 136 ff zur Duldungsvollmacht; Wackerbarth ZGR 1999, 365, 392 f; vgl auch BGHZ 11, 1, 5 [zum Schweigen auf Bestätigungsschreiben]). Soweit man richtigerweise (s Rn 29a) in der Duldungsvollmacht (ieS) eine konkludente Willenserklärung sieht, unterliegt sie auch grundsätzlich den Anfechtungsregeln der §§ 119, 123 BGB (vgl Flume § 49 2 und dazu zutr Simon 136; Kindl 117 f; Becker/Schäfer JA 2006, 597, 600; mit freilich anderem Ansatz iE auch Canaris 43, 196; Erman/Maier-Reimer § 167 Rn 27; MünchKomm/Schubert § 167 Rn 152; MünchKommHGB/Krebs Vorbem 64 ff zu § 48; Metzing JA 2018, 413, 418 f; insoweit eindeutig auch BGB-RGRK/Steffen § 167 Rn 19), freilich nicht wegen eines Irrtums über die Wirkung des Rechtsscheins, der einen unbeachtlichen Rechtsfolgenirrtum darstellt (s zu den Anfechtungsmöglichkeiten ausf MünchKomm/Schubert § 167 Rn 152). Ansonsten jedoch ist die Anfechtbarkeit zu verneinen, weil die von Rspr und hL anerkannte Rechtsscheinsvollmacht zwar – freilich zu Unrecht – innerhalb der Rechtsgeschäftslehre entwickelt worden ist, aber gerade keine rechtsgeschäftliche Handlung darstellt; insofern ist sie mit der anfechtbaren ohne Erklärungsbewusstsein abgegebenen Willenserklärung nicht vergleichbar (so aber NK-BGB/Ackermann § 167 Rn 94). Das bloß tatsächliche Setzen eines rechtsscheinsbegründenden Vertrauenstatbestandes, dessen rechtsgeschäftliche Folgen auf schuldhafter Veranlassung beruhen sollen, kann keinem Willensmangel unterliegen und ist auch kein vergleichbarer Vorgang (ebenso Erman/Maier-Reimer § 167 Rn 27; dezidiert anders zB MünchKomm/Schubert § 167 Rn 151; NK-BGB/Ackermann § 167 Rn 94; Bork Rn 1559; Faust § 26 Rn 44). Fehlt es an dem geforderten Duldungs- und Konkludenzbewusstsein, so entsteht von vornherein keine rechtsgeschäftliche Duldungsvollmacht; für eine – auch nur wahlweise – Anfechtung ist kein Raum (Simon 136 ff). Bejaht man dennoch eine Anfechtbarkeit der nicht rechtsgeschäftlichen Duldungsvollmacht, so stellt zudem eine andere Lösung bei der Anscheinsvollmacht einen Wertungswiderspruch dar (was die Bedenken gegen dieses Konstrukt unterstreicht).

45a Im *Innenverhältnis* zwischen dem Vertretenen und dem für ihn Aufgetretenen kann eine Haftung des Handelnden wegen Vertragsverletzung in Betracht stehen. Außerdem können die Vorschriften über die *Geschäftsführung* ohne Auftrag, unter Beachtung des § 678 BGB (Soergel/Leptien § 167 Rn 25), und über die unerlaubte Handlung eingreifen. Ein Mitverschulden des Vertretenen ist dabei gem § 254 BGB zu berücksichtigen (Soergel/Leptien § 167 Rn 25).

3. Die Rechtsscheinsvollmacht bei juristischen Personen des öffentlichen Rechts

a) Gegenüber den juristischen Personen des öffentlichen Rechts wurden zunächst 46 die Regeln über die *stillschweigende Bevollmächtigung* (s oben Rn 28) angewendet. Jedoch war dies ausgeschlossen, wenn die Satzung eine ausdrückliche Bevollmächtigung vorsah (RGZ 122, 351, 353).

Auch die Regeln über die *Duldungs- und Anscheinsvollmacht wurden* anfänglich 47 gegenüber juristischen Personen des öffentlichen Rechts uneingeschränkt angewendet, sofern die Behörde das Auftreten eines Handelnden als Vertreter geduldet hatte (RGZ 162, 129, 150; BGH NJW 1955, 985; SOERGEL/LEPTIEN § 167 Rn 27). Unproblematisch ist das sicher weiterhin bei rein privatrechtlichem Handeln der juristischen Person oder ihr gegenüber (MünchKomm/SCHUBERT § 167 Rn 101).

b) Allerdings wurde die *Anwendbarkeit* der Rechtsscheinsgrundsätze gegenüber 48 juristischen Personen des öffentlichen Rechts in der Rechtsprechung später insoweit *beschränkt*, als die **Verletzung öffentlichrechtlicher Zuständigkeitsregeln** (Vertretungsregeln) nicht zu einer Verpflichtung führen könne, und zwar selbst dann nicht, wenn das Vertreterverhalten bei einer Privatperson solche Wirkungen gehabt hätte (s RGZ 116, 247, 122, 351; 157, 207; 162, 129; BGH NJW 1984, 606; 1985, 1778; 1994, 1528; 1995, 3389, 3390 mwNw; WM 1996, 2230, 2232, st Rspr). Gegen diese einschränkende Auffassung der Rspr werden vor allem die Verletzung des Gleichheitsgrundsatzes und die Unteilbarkeit von Treu und Glauben angeführt (SOERGEL/LEPTIEN § 167 Rn 28; ENNECCERUS/NIPPERDEY § 184 II 3 c; SCHOLZ NJW 1950, 81; 1953, 961; NIPPERDEY JZ 1952, 577; WILD NJW 1955, 693; LEISS NJW 1955, 1008. – Der Rechtsprechung zustimmend hingegen ERMAN/MAIER-REIMER § 167 Rn 38; MünchKomm/SCHUBERT § 167 Rn 102 f; NK-BGB/ACKERMANN § 167 Rn 79; BEITZKE MDR 1953, 1 ff; FLUME § 49 3; HÜBNER Rn 1291).

c) In der Tat ist jedenfalls der *Gesichtspunkt der Formwahrung* zu berücksichtigen 49 (NK-BGB/ACKERMANN § 167 Rn 79; CAPELLER MDR 1956, 7 ff; ausführlich FLUME § 49 3; insoweit zust auch MünchKomm/SCHUBERT § 167 Rn 102; SOERGEL/LEPTIEN § 167 Rn 28 mwNw), sodass es darauf ankommt, ob eine für die Vertretung bestehende und durch den Handelnden nicht beachtete Formvorschrift Wirksamkeitsvoraussetzung für die betreffende Rechtshandlung der juristischen Person des öffentlichen Rechts ist. Ist das der Fall, so scheidet eine Anwendung der Grundsätze über die Rechtsscheinsvollmacht von vornherein aus (FLUME § 49 3). Kann aber ansonsten die Wahrung von Treu und Glauben (§ 242 BGB) den Vorrang beanspruchen, so erzeugt das Handeln des nicht Bevollmächtigten Wirkungen gegenüber der juristischen Person des öffentlichen Rechts. Im Ergebnis kommt es dann für die Vertrauenshaftung einer juristischen Person des öffentlichen Rechts nach den Regeln über die Anscheinsvollmacht darauf an, dass das Handeln des nicht Bevollmächtigten der zuständigen Behörde zuzurechnen ist (vgl auch BAG Betrieb 1994, 2502) und nicht mehr als reine Formvorschriften über die Vollmachtserteilung – nicht etwa solche über die gesetzliche oder satzungsmäßige Verfahrens- und Zuständigkeitsregelung – verletzt wurden (BGHZ 32, 375, 379 ff; 40, 197, 203 ff; 147, 381, 383 ff, st Rspr; BGH NJW 1994, 1528 und dazu ausführlich VOGEL JuS 1996, 964 ff; 1995, 3389, 3390; noch weitergehend zB BGHZ 21, 59, 65; s auch BRHP/SCHÄFER § 167 Rn 19 mwNw; NK-BGB/ACKERMANN § 167 Rn 79). Sind hingegen entsprechende öffentlich-rechtliche Vorschriften missachtet worden, so geht der

§ 167

Grundsatz der Gesetzmäßigkeit der Verwaltung vor und eine Anwendung der Rechtsscheinsregeln scheidet aus (zutr MünchKomm/Schubert § 167 Rn 102 mwNw, dort Rn 103 auch zum Unionsrecht).

Scheitert die Begründung von Vertretungswirkungen an den vorgenannten Einschränkungen, so kann noch eine Schadensersatzpflicht der juristischen Person aus cic in Betracht stehen, die sich aber nur auf das Vertrauensinteresse richtet (vgl BGH NJW 1995, 3389, 3390 mwNw; NK-BGB/Ackermann § 167 Rn 79; Soergel/Leptien § 167 Rn 28; Flume § 49 3). Zur evtl Haftung des Handelnden selbst s § 177 Rn 3.

50 **d)** Sofern die Voraussetzungen der Rechtsscheinsvollmacht auf der Seite der juristischen Person des öffentlichen Rechts erfüllt sind, bedarf es weiter einer *Schutzbedürftigkeit des Kontrahenten.* Daran fehlt es, wie auch sonst (oben Rn 43), wenn die Überschreitung der Vertretungsmacht durch den Handelnden erkennbar war. Grundsätzlich ist jemand, der mit einer juristischen Person des öffentlichen Rechts in Beziehungen tritt, hierbei verpflichtet, sich über deren Vertretungsregeln zu informieren (BGH NJW 1972, 940), doch dürfen die Anforderungen hier angesichts der unterschiedlichen Regelungen nicht überspannt werden (vgl BGH WM 1960, 660).

III. Die Gesamtvertretung

1. Die Bedeutung des Begriffs

51 **a)** Wenn die Vertretungsmacht mehreren Personen zustehen soll, kann deren Vertreterstellung unterschiedlich geregelt sein. Entweder ist jeder einzelne allein vertretungsberechtigt; dann handelt es sich um eine **Einzelvertretung** *(Solidarvertretung,* auch: *Alleinvertretung* [s dazu BGH BB 2007, 1410]). Sind dagegen nur alle Vertreter zusammen oder jeweils mehrere Vertreter gemeinsam vertretungsberechtigt, so liegt **Gesamtvertretung** vor, die auch *Kollektivvertretung* genannt wird (s Flume § 45 I 3 und iÜ Vorbem 20 zu §§ 164 ff; s zu den unterschiedlichen Begriffen MünchKomm/Schubert § 164 Rn 199; zur historischen Entwicklung ausführlich Kunstreich, passim). Sie ist die gesetzliche Regel bei der organschaftlichen Vertretung juristischer Personen (vgl § 78 Abs 2 AktG, § 35 Abs 2 S 2 GmbHG, § 25 Abs 1 S 1 GenG) und bei der Gesellschaft bürgerlichen Rechts gem §§ 709, 714, ferner im Familienrecht gem §§ 1629 Abs 1 S 2, 1797 Abs 1 S 1, 1908i Abs 1 S 1, 1915 Abs 1 BGB. Von gemischter oder *unechter Gesamtvertretung* spricht man, wenn die Vertretungsmacht einer Person auf einer anderen Rechtsgrundlage beruht, wie namentlich bei der unechten Gesamtprokura, wenn ein Vorstandsmitglied gemeinsam mit einem Prokuristen vertretungsberechtigt ist (s dazu ausf MünchKommHGB/Krebs § 48 Rn 76 ff; Koller/Roth/Morck, HGB [8. Aufl 2015] § 48 Rn 18 ff; Wertenbruch Rn I 326 ff; Beuthien/Müller Betrieb 1995, 461; Köhl NZG 2005, 197; Roquette 335 ff). Möglich ist auch eine sog *halbseitige Gesamtvertretung,* bei der nur der eine Vertreter an die Mitwirkung des anderen gebunden, dieser aber auch alleinvertretungsberechtigt ist (vgl BGHZ 62, 166, 170; BGH NJW 1987, 841; NK-BGB/Ackermann § 167 Rn 54; MünchKomm/Schubert § 164 Rn 199; Soergel/Leptien § 164 Rn 28 mwNw; krit MünchKommHGB/Krebs § 48 Rn 83 ff mwNw). Besteht bei einer Gesellschaft hingegen Einzelvertretungsbefugnis der Gesellschafter, so beschränkt der Widerspruch eines Gesellschafters gegen die Willenserklärung eines anderen dessen Vertretungsmacht im Außenverhältnis nicht, sofern nicht im Einzelfall der Vertrag auch für den Gegner erkennbar von allen Gesellschaftern abgeschlossen werden sollte

(BGH ZIP 2008, 1582 mwNw; s grundlegend BGHZ 16, 394, 398 f; vgl ferner BGH NJW 1997, 2678).

b) Bei rechtsgeschäftlich erteilter Vertretungsmacht gibt es keine gesetzliche **52** Regelung der Frage, ob Einzel- oder Gesamtvollmacht erteilt worden ist. Hierfür kommt es auf die *Auslegung der Bevollmächtigung* an (RG SeuffA 46 Nr 184; BGH NZG 2005, 345; BRHP/Schäfer § 167 Rn 40; PWW/Frensch § 164 Rn 62; Soergel/Leptien § 164 Rn 28); nicht selten ist bei Prokura und Handlungsvollmacht oder auch für die Vertretung der Personenhandelsgesellschaften (dazu ausf Wertenbruch, Handbuch Rn I 322 ff) Gesamtvertretung angeordnet (vgl aber §§ 48 Abs 2, 125 Abs 2 S 1 HGB). Für die *Prozessvollmacht* ist in § 84 ZPO bestimmt, dass mehrere Prozessvertreter sowohl gemeinsam als auch einzeln handeln können; eine abweichende Bestimmung des Vollmachtgebers bleibt im Verhältnis zum Prozessgegner wirkungslos.

2. Die Ausübung der Gesamtvertretung

a) Zweck der Gesamtvertretung ist neben der Nutzung der versammelten Kom- **53** petenz der Vertreter vor allem die Sicherung des Vertretenen gegen eine treuwidrige Ausübung der Vertretungsmacht; diese Sicherung geschieht durch gegenseitige Kontrolle der Vertreter. Hieraus hatte man ursprünglich gefolgert, dass bei Gesamtvertretung sämtliche Vertreter *nach außen nur gemeinsam* tätig werden können, dh dass auch die eventuelle Zustimmung zum Handeln eines anderen Gesamtvertreters gegenüber dem Kontrahenten erklärt werden müsse. Anerkannt war allerdings von Anfang an, dass die Gesamtvertreter dabei weder gemeinschaftlich noch gleichzeitig handeln müssen, sondern ihre übereinstimmenden Erklärungen dem Empfänger gegenüber – ggf in der gebotenen Form (Flume § 45 I 3) – auch nacheinander getrennt abgeben können (RGZ 81, 325; BGH LM § 164 Nr 15; WM 1976, 1053; Erman/Maier-Reimer § 167 Rn 58; MünchKomm/Schubert § 164 Rn 200 f; NK-BGB/Ackermann § 167 Rn 57; PWW/Frensch § 164 Rn 63; Soergel/Leptien § 164 Rn 29; ausf zur Gesamtvertretung bei OHG und KG Wertenbruch, Rn I 322 ff). In diesem Fall wird das Rechtsgeschäft erst mit der letzten Erklärung ex nunc wirksam (s nur Flume § 45 I 3); auf einen Fortbestand des Willens der anderen, an der (gemeinsamen) Erklärung festzuhalten, kann es freilich richtiger Ansicht nach nicht ankommen (s noch Rn 54). Es müssen aber bei jedem Gesamtvertreter die Wirksamkeitsvoraussetzungen der Willenserklärung bis zum Zugang der letzten Erklärung gegeben sein (MünchKomm/Schubert § 164 Rn 200; PWW/Frensch § 164 Rn 63; s Zimmer/Unland BB 2003, 1445, 1449 für den Abschluss von Termingeschäften). Fehlt es an der notwendigen Mitwirkung eines Gesamtvertreters, so finden die §§ 177 ff BGB Anwendung (MünchKomm/Schubert § 164 Rn 204; Soergel/Leptien § 164 Rn 29; PWW/Frensch § 164 Rn 63; Bork Rn 1442).

Seit RGZ 81, 325 wurde das praktisch oft hinderliche Erfordernis gemeinsamen **54** Handelns im Interesse einer Geschäftserleichterung weiter gemildert. Danach genügt es, dass nach außen ein Gesamtvertreter handelt und die übrigen dem Geschäftsgegner oder auch ihm gegenüber, also **intern ihre Zustimmung erklären**, sei es im Wege der Einwilligung oder der Genehmigung (s RGZ 101, 343; 112, 215, 220; 118, 168, 170; BGH NJW 2001, 3183; 2004, 2382, 2384; NJW-RR 2003, 303, 304, st Rspr; BRHP/Schäfer § 167 Rn 42; Erman/Maier-Reimer § 167 Rn 58; jurisPK-BGB/Weinland § 167 Rn 7; MünchKomm/Schubert § 164 Rn 201; NK-BGB/Ackermann § 167 Rn 57; PWW/Frensch § 164 Rn 64; Soergel/Leptien § 164 Rn 29; Bork Rn 1442; Flume § 45 I 3; Lehmann/Hübner § 36 V 4;

Pawlowski Rn 807; Schmidt Rn 745; Wolf/Neuner § 49 Rn 41). Zur Wahrung der Schriftform genügt in diesem Falle die Unterschrift eines Gesamtvertreters (s RGZ 118, 168, 170; BGH NJW 2004, 2382, 2384). Die interne Zustimmung kann auch durch *schlüssiges Verhalten* erklärt werden, und es ist dafür nicht nötig, dass der Zustimmende alle Einzelheiten des betroffenen Geschäftes kennt (RGZ 101, 343; Flume § 45 I 3). Zu berücksichtigen ist, dass der als Einzelvertreter Handelnde bei fehlender Einwilligung zunächst als Vertreter ohne Vertretungsmacht gehandelt hat. Daraus folgert die wohl hM, dass auch der Geschäftswille aller und insbesondere desjenigen Gesamtvertreters, der das Geschäft abgeschlossen hat, noch in dem Zeitpunkt fortbestehen müsse, in welchem die Zustimmung des letzten anderen Gesamtvertreters erfolgt (RGZ 81, 325, 329; 101, 343; BGH WM 1976, 1054; BGB-RGRK/Steffen Rn 21 zu § 164; Erman/Maier-Reimer § 167 Rn 58; Soergel/Leptien § 164 Rn 29; wohl auch BRHP/Schäfer § 167 Rn 42; vgl schon Rn 53). Da aber die zustimmenden und insbesondere der handelnde Vertreter ihre Erklärungen bereits in zulässiger Weise erteilt haben, ist wie auch beim nachgeschalteten Gesamthandeln (Rn 53) kein Grund ersichtlich, dass er diese Erklärung durch Widerruf wirksam sollte beseitigen können; zusätzlich kann hierfür auf den Gesichtspunkt von Treu und Glauben verwiesen werden (MünchKomm/Schubert § 164 Rn 200; NK-BGB/Ackermann § 167 Rn 57; PWW/Frensch § 164 Rn 64; Flume § 45 I 3; Prölss JuS 1985, 577, 584). Nicht gerechtfertigt erscheint allerdings im Vergleich zum Fall zeitlich nacheinander abgegebener Erklärungen aller Gesamtvertreter die Annahme einer Rückwirkung der Genehmigung nach § 184 BGB (dafür aber die ganz hM, s MünchKomm/Schubert § 164 Rn 204; NK-BGB/Ackermann § 167 Rn 57; PWW/Frensch § 164 Rn 64; Soergel/Leptien § 164 Rn 29).

55 b) Anerkannt ist auch, dass die Gesamtvertreter einem oder mehreren von ihnen für bestimmte Geschäfte eine *Spezialvollmacht* erteilen können (RGZ 81, 325, 328; BGB-RGRK/Steffen Vorbem 21 zu § 164; MünchKomm/Schubert § 164 Rn 202; Flume § 45 I 3; Larenz, AT [7. Aufl 1988] § 30 II a [S 600]). Geschieht dies, so liegt darin ein *Selbstkontrahieren* iS des § 181 BGB, das entsprechend § 181 HS 2 BGB gestattet ist (RGZ 80, 180, 182; BGB-RGRK/Steffen § 167 Rn 20; Flume § 45 I 3; vgl auch § 181 Rn 17).

Spezielle Bestimmungen wie §§ 125 Abs 2 S 2, 150 Abs 2 S 1 HGB, §§ 78 Abs 4, 269 Abs 4 AktG, § 25 Abs 3 GenG gestatten es den Gesamtvertretern, Einzelnen von ihnen eine **Ermächtigung** zur Vornahme bestimmter Geschäfte zu erteilen. In Anknüpfung an die Zulassung einer Bevollmächtigung hat sich die Überzeugung herausgebildet, dass eine solche *Gesamtvertreterermächtigung* in allen Fällen der Gesamtvertretung zulässig ist (ausf Schwarz NZG 2001, 529); sie hat die Bevollmächtigung iW abgelöst und erweitert die Gesamtvertretung punktuell zu einer Einzelvertretungsmacht (BGHZ 64, 72, 75; BGH NJW-RR 1986, 778; BGH ZIP 2005, 524; BAG NJW 1981, 2374; OLG Frankfurt 27. 2. 2019 – 8 UF 61/18 Rn 28, BeckRS 2019, 4047; BRHP/Schäfer § 167 Rn 43; Erman/Maier-Reimer § 167 Rn 58; MünchKomm/Schubert § 164 Rn 202; NK-BGB/Ackermann § 167 Rn 58; Palandt/Ellenberger § 167 Rn 13; PWW/Frensch § 164 Rn 65; Soergel/Leptien § 164 Rn 29; Bork Rn 1442; zu OHG und KG ausf Wertenbruch, Rn I 324 ff; s auch Maier-Reimer, in: FS Hellwig 209 ff; **aA** Schwarz NZG 2001, 529 mwNw: bloße Ausübungsermächtigung). Eine generelle Ermächtigung zur Einzelvertretung muss aber wegen der Vereitelung des Zwecks der Gesamtvertretung als unzulässig angesehen werden (BGH NJW-RR 1986, 778; NJW 2009, 289; vgl auch BGHZ 13, 65; 34, 27; 64, 76; BGH NJW 1977, 199; BRHP/Schäfer § 167 Rn 41; Erman/Maier-Reimer § 167 Rn 56; jurisPK-BGB/Weinland § 167 Rn 7; MünchKomm/Schubert § 164 Rn 202; NK-BGB/Ackermann § 167 Rn 58; PWW/

Frensch § 164 Rn 65; Soergel/Leptien § 164 Rn 29; Bork Rn 1442; Leitzen WM 2010, 637, 638). Die Ermächtigung bedarf der Mitwirkung aller Gesamtvertreter. Für die Vornahme des Geschäfts genügt dann das Auftreten als Einzelvertreter (vgl aber BGH NJW 1992, 618 zu § 181), ggf in der Form des Vertretergeschäfts. Nach hier vertretener Auffassung (s Rn 20) muss freilich entgegen hM uU schon die Ermächtigung wie die Vollmacht dieser Form entsprechen. Im Übrigen ist neben §§ 182 ff BGB auf die Ermächtigung § 174 BGB entsprechend anwendbar (BAG NJW 1981, 2374; 1999, 444, 445; MünchKomm/Schubert § 164 Rn 203; NK-BGB/Ackermann § 167 Rn 58; PWW/Frensch § 164 Rn 65; Soergel/Leptien § 164 Rn 29).

c) Zur **Entgegennahme von Willenserklärungen** Dritter, zB von Kündigungen oder Anfechtungserklärungen, ist im Falle der Gesamtvertretung jeder einzelne Vertreter legitimiert. Diese *Passivvertretung* ist in § 28 Abs 2 BGB und § 1629 Abs 1 S 2 BGB, in § 125 Abs 2 S 3, Abs 3 S 2 HGB sowie in den §§ 78 Abs 2 S 2 AktG, 35 Abs 2 S 3 GmbHG und 25 Abs 1 S 3 GenG ausdrücklich vorgesehen, gilt aber darüber hinaus als allgemeiner Rechtssatz (RGZ 53, 227, 231; BGHZ 20, 139, 153; 62, 166, 173; 149, 28, 31 m Anm Lange LM § 46 GmbHG Nr 39 und Mätzig JR 2002, 375; BRHP/Schäfer § 167 Rn 44; Erman/Maier-Reimer § 167 Rn 59; jurisPK-BGB/Weinlandt § 167 Rn 9; MünchKomm/Schubert § 164 Rn 206; NK-BGB/Ackermann § 167 Rn 60; PWW/Frensch § 164 Rn 66; Soergel/Leptien § 164 Rn 28; Boemke/Ulrici § 13 Rn 40; Flume § 45 I 3; Wertenbruch Rn I 325) und auch für rechtsgeschäftsähnliche Erklärungen (MünchKomm/Schubert § 164 Rn 204 mwNw). Maßgebend hierfür ist, dass bei passiver Vertretung die Gefahr eines ungetreuen Handelns des einzelnen Vertreters nicht besteht. Die Willenserklärung des Dritten wird daher mit der Entgegennahme durch einen Gesamtvertreter wirksam. **56**

Im *Wertpapierrecht* wird es zugelassen, dass die Erhebung des Wechselprotestes gegenüber einem von mehreren Gesamtvertretern erfolgt (RGZ 53, 227, 231; Erman/Maier-Reimer § 167 Rn 59). Ebenso kann die Vorlegung eines Schecks bei einem von mehreren Gesamtvertretern erfolgen. Die Grundsätze der Gesamtvertretung sind auch auf das öffentliche Recht übertragbar (s Vorbem 98 zu § 164; MünchKomm/Schubert § 164 Rn 207 mwNw). **57**

3. Willensmängel und Wissenszurechnung bei Gesamtvertretung

a) Bei Gesamtvertretung muss der rechtsgeschäftliche *Wille aller Vertreter* mangelfrei sein; anderenfalls gelten die Regeln über Willensmängel für das abgeschlossene Geschäft (s § 166 Rn 24 m umfangr Nachw; jurisPK-BGB/Weinland § 167 Rn 9; MünchKomm/Schubert § 164 Rn 205). § 139 BGB ist nicht anwendbar (BGHZ 20, 149, 153; 53, 210, 214; BGB-RGRK/Steffen § 167 Rn 20; MünchKomm/Schubert § 164 Rn 205). Hat ein *geschäftsunfähiger Gesamtvertreter* mitgewirkt, so sollen für das Geschäft die Regeln über Vertretung ohne Vertretungsmacht gelten (wenn auch mit Einschränkungen, vgl Ostheim AcP 169, 201 ff; Soergel/Leptien Rn 29; s auch BGHZ 53, 210, 214. – **AA** wegen Fehlens des vollständigen Erklärungstatbestandes zu Recht Bork Rn 1443; zust PWW/Frensch § 164 Rn 63). **58**

b) Ebenso genügt die Tatbestandserfüllung bei einem handelnden Gesamtvertreter, wenn das *Kennen oder Kennenmüssen* des Vertreters für den Vertretenen nachteilig ist; es gelten die zu § 166 entwickelten Grundsätze (s § 166 Rn 24; MünchKomm/Schubert § 164 Rn 205; ausf Schilken 100 ff, 119 ff mwNw). **59**

IV. Die Untervollmacht*

1. Die rechtliche Problemstellung

60 a) Über die Substitutionsbefugnis eines Vertreters enthält das BGB keine allgemeinen Vorschriften. Strukturell kann eine Unterbevollmächtigung in der Art beschaffen sein, dass der Hauptvertreter durch den Untervertreter repräsentiert wird; ferner besteht die Möglichkeit, dass der Hauptvertreter die Untervollmacht namens des Vertretenen erteilt, sodass der Untervertreter diesen repräsentiert (vgl RGZ 108, 405, 407; BGHZ 32, 250, 253). Die Weitergabe der Vertretungsmacht kann auch so ausgestaltet sein, dass bei fortbestehender Hauptvollmacht der Untervertreter anstelle des Hauptvertreters handeln soll; dann spricht man von einer *Ersatzbevollmächtigung* (BGB-RGRK/Steffen § 167 Rn 21; MünchKomm/Schubert § 167 Rn 79; NK-BGB/Ackermann § 167 Rn 61; Soergel/Leptien § 167 Rn 63). Sie ist freilich trotz Erwähnung in den §§ 52 Abs 2, 58 HGB iS einer Vollmachtsübertragung nach ganz hM nicht möglich (s aber oben Rn 4), sondern ebenfalls Untervollmacht (BRHP/Schäfer § 167 Rn 33; Erman/Maier-Reimer § 167 Rn 61; NK-BGB/Ackermann § 167 Rn 61; MünchKomm/Schubert § 167 Rn 79). Zuzulassen ist aber jedenfalls ein Verzicht des Hauptbevollmächtigten auf seine Vollmacht (s § 168 Rn 18) neben der dann ersetzenden Unterbevollmächtigung (BRHP/Schäfer § 167 Rn 33; Erman/Maier-Reimer § 168 Rn 3; MünchKomm/Schubert § 168 Rn 35; NK-BGB/Ackermann § 167 Rn 61; Soergel/Leptien § 167 Rn 63; Flume § 51 3; Frey 14. – **AA** BGB-AK/Ott § 167 Rn 17; BGB-RGRK/Steffen § 168 Rn 1; Müller-Freienfels 46). Kein Fall dieser Art ist die in § 81 ZPO vorgesehene Bestellung eines Instanzbevollmächtigten, weil dort die Erstvollmacht bestehen bleibt (BGH NJW 1981, 1727; Soergel/Leptien § 167 Rn 63; Stein/Jonas/Jacoby, ZPO [23. Aufl 2016] § 81 ZPO Rn 19 f).

In jedem Fall muss dem Untervertreter das für eine Vertretungsmacht kennzeichnende Recht zur Abgabe oder Entgegennahme der Willenserklärung zustehen; anderenfalls liegt *Botenschaft* vor (s Vorbem 73 zu §§ 164 ff; LG Berlin JR 1961, 266).

---

* **Schrifttum**: Börner, Untervollmacht und Rechtsscheinsvollmacht – Grundlagen und Anwendbarkeit der Rechtsscheinsgrundsätze auf die Untervollmacht (Diss Bonn 2008); Bous, Fortbestand und Rechtsschein der Untervollmacht trotz Wegfalls der Hauptvollmacht, RNotZ 2004, 483; Dittmar, Untervollmacht, BayNotZ 1931, 200; Fülster, Die rechtliche Natur der Untervollmacht (Diss Hamburg 1928); Gerlach, Die Untervollmacht (Diss Berlin 1966); Götz, Die Substitution im bürgerlichen Recht und im Prozeß (Diss Erlangen 1923); Haas, Die Untervollmacht im Privat- und Zivilprozeßrecht (Diss Erlangen 1925); Killy, Substitution beim Auftrag (Diss Heidelberg 1914); Lehnerdt, Substitution und Generalsubstitution im Prozeß (Diss Breslau 1918); Maier-Reimer, Mehrstufige Vertretung, in: FS Hellwig (2010), 205; Mertens, Die Haftung der Untervertreter nach § 179 Abs 2 – BGHZ 32, 250, in: JuS 1961, 315; Petersen, Die Haftung bei der Untervollmacht, Jura 1999, 401; Pikalo, Die Untervollmacht und ihre Bedeutung für die notarische Praxis, DNotZ 1943, 165; Renner, Vollmacht und Untervollmacht bei der Vorsorgevollmacht, NotBZ 2009, 207; Schüle, Probleme der Untervollmacht insbesondere beim Nachweis im Grundbuchverfahren, BWNotZ 1984, 156; Schüller, Untervollmachten bei General- und Vorsorgevollmachten – Risiken und Gestaltungsmöglichkeiten, RNotZ 2014, 585; Siebenhaar, Vertreter des Vertreters?, AcP 162 (1963) 354; Wilden, Die Untervollmacht bei gesetzlicher Vertretung (Diss Köln 1956).

Titel 5
Vertretung und Vollmacht § 167

b) Eine Untervollmacht bzw Ersatzvollmacht, aufgrund deren ein **Untervertre-** 61
ter den Vertretenen repräsentiert, ist zweifelsfrei zulässig (Erman/Maier-Reimer § 167 Rn 62; MünchKomm/Schubert § 167 Rn 79; NK-BGB/Ackermann § 167 Rn 62 f; Soergel/Leptien § 167 Rn 58; Bous RNotZ 2004, 483 f, allgM). Sie muss vom Hauptvertreter im Namen des Vertretenen erteilt werden; anderenfalls fehlt es an der Identität zwischen dem Vollmachtgeber und dem Vertretenen, die in § 164 BGB vorausgesetzt wird (Gerlach 25 ff). Für die Vertretungswirkung des Handelns aufgrund ordnungsgemäß erteilter Untervollmacht ist es erforderlich, dass der Untervertreter sein Handeln für den Vertretenen offen legt (Wolf/Neuner § 50 Rn 36; Gerlach 55 ff), nicht hingegen seine Stellung als Unterbevollmächtigter (Wolf/Neuner § 50 Rn 36). Ein Verstoß gegen das Verbot des *§ 181 BGB* bei Rechtsgeschäften zwischen dem Unterbevollmächtigten, der den Vertretenen repräsentiert, und dem Hauptvertreter wird von der Rspr verneint (RGZ 108, 405, 407); die überwiegende Meinung in der Literatur vertritt demgegenüber eine analoge Anwendung der Vorschrift (s § 181 Rn 35 ff).

c) Umstritten ist hingegen, ob der Hauptvertreter sich durch einen Untervertreter 62
mit der Folge repräsentieren lassen kann, dass die *Rechtswirkungen des Handelns beim Vertretenen eintreten* (auch „Nachvollmacht" oder mittelbare Untervertretung genannt), der Untervertreter also als **„Vertreter des Vertreters"** handelt. Von der Rspr und einem Teil des Schrifttums wird diese Möglichkeit anerkannt (RGZ 108, 405, 407; BGHZ 32, 250, 253; 68; 391; NJW 1977, 1535; Enneccerus/Nipperdey § 185 II 2; jurisPK-BGB/Weinland § 167 Rn 11; Bork Rn 1447; Wertenbruch § 29 Rn 11; Hupka 356 ff; Müller-Freienfels 28 f; Papenmeier 68 ff; s auch Bous RNotZ 2004, 483, 484). Die ganz überwiegende Literatur hat sich gegen die Zulässigkeit dieser Art von Untervollmacht ausgesprochen (BGB-AK/Ott § 179 Rn 8; BGB-RGRK/Steffen § 167 Rn 21; BRHP/Schäfer § 167 Rn 29; Erman/Maier-Reimer § 167 Rn 62 f; Hk-BGB/Dörner § 167 Rn 6; Jauernig/Mansel § 167 Rn 4; MünchKomm/Schubert § 167 Rn 82; NK-BGB/Ackermann § 167 Rn 63; Palandt/Ellenberger § 167 Rn 12; PWW/Frensch § 167 Rn 52; Soergel/Leptien § 167 Rn 60; Boecken Rn 637; Brox/Walker § 25 Rn 10; Flume § 49 5; Grigoleit/Herresthal Rn 542 f; MedicusPetersen Rn 951; Pawlowski Rn 749; Stadler § 30 Rn 26; vTuhr § 85 Anm 231; Wolf/Neuner § 50 Rn 37 f; Börner 5 ff, 11 ff; Gerlach 57 ff; Tempel 272; Bornemann AcP 207, 102, 144 ff; Baur JZ 1961, 159; Gernhuber JZ 1960, 605; Harder AcP 170, 295; Maier-Reimer, in: FS Hellwig 205 ff; Mertens JuS 1961, 315; Muscheler ZEV 2008, 213, 214; Petersen Jura 1999, 401 f; Siebenhaar AcP 162, 354 ff; Schüle BWNotZ 1984, 156; s auch OLG Düsseldorf ZEV 2001, 281, 283). Ihrer Auffassung ist zuzustimmen, denn nach Meinung der Rspr sollen die Rechtswirkungen des Untervertreterhandelns den Vertretenen treffen, weil sie durch den Hauptvertreter „weitergeleitet" würden, während nach der Struktur der Stellvertretung aber der Vertreter an dem Rechtsgeschäft nicht beteiligt ist und das Geschäft des Untervertreters als Fremdgeschäft nur ein solches des Geschäftsherrn sein kann (Flume § 49 5; Siebenhaar AcP 162, 361). Der Hauptvertreter hat auch nicht aus eigenem Recht die Befugnis, eine Vollmacht zu erteilen, die den Vertretenen bindet. Die Konstruktion über eine Vertretung des Vertreters ist zudem mit dem Offenheitsgrundsatz des Stellvertretungsrechts nicht wirklich vereinbar: Ein Handeln namens des Hauptvertreters kann keine Rechtswirkungen beim Geschäftsherrn begründen (MünchKomm/Schubert § 167 Rn 82; Soergel/Leptien § 167 Rn 60; Tempel 272; Siebenhaar AcP 162, 358 f; vgl auch Medicus/Petersen Rn 951; zu diesem Argument allerdings krit NK-BGB/Ackermann § 167 Rn 63). Freilich kann darin je nach Sachlage ein konkludentes Handeln im Namen des Geschäftsherrn mit den entsprechenden Folgen des § 164 BGB liegen oder eine Rechtsscheinsvollmacht in Betracht kommen (MünchKomm/Schubert

§ 167 Rn 82). Allenfalls für Organvertreter kann man eine solche Durchgangsvertretung zulassen (ERMAN/MAIER-REIMER § 167 Rn 63; MAIER-REIMER, in: FS Hellwig [2010] 205, 208 f: auch für Prokuristen und Handlungsbevollmächtigte).

2. Die Wirksamkeit der Unterbevollmächtigung

63 **a)** Die **Zulässigkeit einer Untervertretung** bestimmt sich nach Maßgabe der dem Vertreter zustehenden Vertretungsmacht (BRHP/SCHÄFER § 167 Rn 34; ERMAN/MAIER-REIMER § 167 Rn 64; MünchKomm/SCHUBERT § 167 Rn 81; NK-BGB/ACKERMANN § 167 Rn 64; PWW/FRENSCH § 167 Rn 55; SOERGEL/LEPTIEN § 167 Rn 58; FLUME § 49 5; WOLF/NEUNER § 50 Rn 34), weil die Befugnis des Untervertreters zum fremd wirkenden Handeln bereits in der entsprechenden Befugnis des Hauptvertreters enthalten sein muss.

Besteht kein gesetzliches Verbot der Unterbevollmächtigung (s Rn 64) und ist auch in der Bevollmächtigung keine Einschränkung enthalten, so muss eine *Auslegung* der für die Begründung der Vertretungsmacht maßgebenden Erklärung, also der Hauptbevollmächtigung erfolgen (BayObLG ZMR 2003, 283, 284; BRHP/SCHÄFER § 167 Rn 34; ERMAN/MAIER-REIMER § 167 Rn 64; MünchKomm/SCHUBERT § 167 Rn 81; NK-BGB/ACKERMANN § 167 Rn 64; PWW/FRENSCH § 167 Rn 55; SOERGEL/LEPTIEN § 167 Rn 58; BORK Rn 1451; SCHMIDT Rn 731; WOLF/NEUNER § 50 Rn 34; PAPENMEIER 71 ff; BOUS RNotZ 2004, 483, 484 f; SCHÜLLER RNotZ 2014, 585 ff; zur Vorsorgevollmacht RENNER NotBZ 2009, 207). Bei dieser Auslegung ist darauf abzustellen, ob der Vollmachtgeber ein schutzwürdiges *Interesse an der persönlichen Wahrnehmung* der Vertretungsmacht durch den Hauptvertreter hat oder nicht. Bei einem weiten Umfang der Vollmacht, namentlich bei einer Generalvollmacht wird das eher zu verneinen sein, während in spezielleren Vollmachtsfällen Zurückhaltung geboten ist (MünchKomm/SCHUBERT § 167 Rn 81; SOERGEL/LEPTIEN § 167 Rn 58; FLUME § 49 5; vgl OLG München NotBZ 2012, 452, 453). Insbesondere bei Vertrauensverhältnissen und erkennbarem Interesse an persönlicher Wahrnehmung ist eine Substitutionsbefugnis im Zweifel abzulehnen (RG LZ 1928, 1065; BGH WM 1959, 377; KG Recht 1920 Nr 859; OLG Frankfurt VersR 1976, 172; OLG Nürnberg MDR 1978, 490; OLG München WM 1984, 834; BGB-RGRK/STEFFEN § 166 Rn 21; BRHP/SCHÄFER § 167 Rn 34; ERMAN/MAIER-REIMER § 167 Rn 64; jurisPK-BGB/WEINLAND § 167 Rn 12; MünchKomm/SCHUBERT § 167 Rn 81; NK-BGB/ACKERMANN § 167 Rn 64; PWW/FRENSCH § 167 Rn 55; SOERGEL/LEPTIEN § 167 Rn 58; WOLF/NEUNER § 50 Rn 34; GERLACH 87 ff). Umgekehrt ist der Bevollmächtigte zur Erteilung einer Untervollmacht für Maßnahmen befugt, die er selbst nicht im Interesse des Vertretenen wahrnehmen kann (BGH 11. 5. 2017 – IX ZR 238/15, Rn 12, NJW 2017, 3373 für Ermächtigung zum Forderungseinzug und Bevollmächtigung eines Rechtsanwalts; jurisPK-BGB/WEINLAND § 167 Rn 12.1). In den Fällen der missverständlich (s oben Rn 3) so bezeichneten kausalen Vollmacht sind auch einschlägige Regeln über das *Innenverhältnis* in den Auslegungszusammenhang einzubeziehen, so etwa die §§ 613, 664 BGB oder § 713 BGB (TEMPEL 273; vgl OLG Nürnberg MDR 1978, 490).

64 **b)** Ein **gesetzliches Verbot** der Unterbevollmächtigung besteht zB nach § 52 Abs 2 HGB für die Prokura (s nur KOLLER/ROTH/MORCK, HGB [8. Aufl 2015] § 52 Rn 5); eingeschränkte Verbote enthalten ua die §§ 58 HGB, 135 Abs 3 AktG sowie § 53 Abs 2 BRAO. Ein Verbot der Unterbevollmächtigung kann sich aus § 181 BGB ergeben, wenn die Untervollmacht zum Zwecke der Vornahme eines anderenfalls nach § 181 BGB unwirksamen Geschäfts erteilt wird (RGZ 108, 405; MünchKomm/SCHUBERT § 167 Rn 83; NK-BGB/ACKERMANN § 167 Rn 64; KIEHL LZ 1925, 807; vgl auch oben Rn 61).

Der Gesichtspunkt eines *Umgehungsverbotes* greift ferner ein, wenn bei Gesamt- **65** vollmacht (s oben Rn 51 ff) die Untervollmacht an einen *einzelnen Gesamtvertreter* in der Form einer Generalvollmacht erteilt werden soll, da auf diesem Wege der mit der Gesamtvollmacht bezweckte Schutz des Vertretenen vereitelt würde (vTuhr, AT II 2 415; ferner zB Scholz/Schneider, Kommentar zum GmbH-Gesetz [10. Aufl 2009] § 35 GmbHG Rn 57; vgl auch BGH NJW-RR 1986, 778). Abweichend hiervon wird zT bei der Aktiengesellschaft eine Generaluntervollmacht für den Fall zugelassen, dass sämtliche Gesellschaftsorgane zustimmen (s Heim NJW 1961, 1515; 1962, 1333; Werthauer NJW 1961, 2005; 1962, 1334). Bei der GmbH ist es unzulässig, dass der Geschäftsführer eine Untervollmacht erteilt, wonach der Unterbevollmächtigte an die Stelle des Geschäftsführers tritt (BGH WM 1976, 1246; 1978, 1048), überhaupt die Erteilung einer Generalvollmacht bei organschaftlicher Vertretung an ein Nichtorgan (BGHZ 34, 27, 31; BGH WM 1975, 790; NJW 1977, 199; jurisPK-BGB/Weinland § 167 Rn 12; MünchKomm/Schubert § 167 Rn 85; NK-BGB/Ackermann § 167 Rn 64; PWW/Frensch § 167 Rn 35; zum eingetragenen Verein vgl OLG Hamm MDR 1978, 224); die organschaftliche Vertretung einer juristischen Person oder Personengesellschaft darf nicht unterlaufen werden. Spezielle Unterbevollmächtigungen sind jedoch grundsätzlich möglich (MünchKomm/Schubert § 167 Rn 85; Soergel/Leptien § 167 Rn 58).

Ebenso würde es dem Zweck der *gesetzlichen Vertretung* widersprechen, wenn der **66** gesetzliche Vertreter dem von ihm Vertretenen Untervollmacht erteilen würde (MünchKomm/Schubert § 167 Rn 84; NK-BGB/Ackermann § 167 Rn 64; Gerlach 93; Tempel 273). Im Übrigen ist die Zulässigkeit der Unterbevollmächtigung Dritter bei gesetzlicher Vertretungsmacht nach der Aufgabenstellung des Vertreters zu beurteilen (Wilden 35); wenn nicht gesetzliche Bestimmungen entgegenstehen (vgl §§ 1595 Abs 2, 1600a Abs 1 BGB), ist aber eine Untervollmacht zulässig (MünchKomm/Schubert § 164 Rn 84; NK-BGB/Ackermann § 167 Rn 64; PWW/Frensch § 167 Rn 55; Soergel/Leptien § 167 Rn 58; Flume § 49 5). – Sofern ein *Vermögensverwalter* dem Vermögensinhaber Vollmacht erteilt, handelt es sich nicht um einen Tatbestand der Untervollmacht, da der Vermögensverwalter nach hier vertretener hM nicht gesetzlicher Vertreter des Vermögensinhabers ist (s Vorbem 60 f zu §§ 164 ff; Tempel 273; Gerlach 102). Die Zulässigkeit der Erteilung einer solchen Vollmacht bestimmt sich nach den Notwendigkeiten, welche sich aus den zugewiesenen Aufgaben ergeben (Wilden 67 ff); eine vollständige Übertragung aller Aufgaben an eine andere Person ist nicht zulässig (vgl RGZ 81, 166, 170).

3. Umfang und Dauer der Untervollmacht

a) Der Umfang und die Dauer der Untervollmacht sind durch Auslegung zu **67** ermitteln. Die Untervollmacht kann als abgeleitete Fähigkeit in ihrem Umfang **nicht weitergehen als die Hauptvollmacht** (BRHP/Schäfer § 167 Rn 37; Erman/Maier-Reimer § 167 Rn 64; MünchKomm/Schubert § 167 Rn 86 f; PWW/Frensch § 167 Rn 56; Soergel/Leptien § 167 Rn 61; Bork Rn 1451; Wolf/Neuner § 50 Rn 35; Börner 34 f), sofern sich nicht gerade aus der Hauptbevollmächtigung selbst etwas anderes ergibt (NK-BGB/Ackermann § 167 Rn 68; Bous RNotZ 2004, 483, 487). Daher kann ein Hauptvertreter, der vom Vertretenen nicht von den Beschränkungen des § 181 BGB befreit ist, den Untervertreter grundsätzlich hiervon nicht freistellen (KG DR 1941, 997; BayObLG BB 1993, 746; BGB-RGRK/Steffen § 167 Rn 21; BRHP/Schäfer § 181 Rn 37; Erman/Maier-Reimer § 181 Rn 11; Hk-BGB/Dörner § 181 Rn 9; Jauernig/Mansel § 181 Rn 9; MünchKomm/Schubert § 181

Rn 86; Palandt/Ellenberger § 181 Rn 18; PWW/Frensch § 167 Rn 56, § 181 Rn 14; Soergel/Leptien § 167 Rn 61, § 181 Rn 36; Baetzgen RNotZ 2005, 193, 200 f mwNw; Börner 35 f; AcP 170, 295, 302; Leitzen WM 2010, 637, 639; Robles Y Zepf BB 2012, 1876, 1881 f mwNw; Tebben DNotZ 2005, 173, 177 f; **aA** OLG Düsseldorf DNotZ 2005, 232; für organschaftliche Vertreter Schmidt-Ott ZIP 2007, 943, doch entscheidet auch hier allein die von der vertretenen juristischen Person erteilte – eingeschränkte – Rechtsmacht), sofern nicht die Auslegung der Hauptvollmacht Gegenteiliges ergibt (NK-BGB/Ackermann § 167 Rn 68; Bous RNotZ 2004, 483, 487 Fn 21; Maier-Reimer, in: FS Hellwig 215 f; Schmidt-Ott ZIP 2007, 943, 946) oder die Gefahr einer Interessenkollision (s § 181 Rn 6) erst gar nicht besteht, weil der Hauptvertreter das Geschäft selbst ohne Verstoß gegen § 181 BGB vornehmen könnte (MünchKomm/Schubert § 167 Rn 86; Ising NZG 2011, 841, 843 f; Maier-Reimer, in: FS Hellwig 215 f). Der Hauptvertreter mit zeitlich begrenzter Hauptvollmacht kann im Zweifel auch keine *zeitlich unbegrenzte Untervollmacht* erteilen (KG KGJ 37 A 239; BRHP/Schäfer § 167 Rn 37; Palandt/Ellenberger § 167 Rn 12; Soergel/Leptien § 164 Rn 61), eine andere Auslegung der Hauptvollmacht ist aber auch insoweit möglich (s jurisPK-BGB/Weinland § 167 Rn 13; MünchKomm/Schubert § 167 Rn 87; NK-BGB/Ackermann § 167 Rn 68; Bous RNotZ 2004, 483, 487; KG 14. 2. 2017 – 1 W 29-32/17 Rn 12, MDR 2017, 510 mwNw). Ebenso ist bei einer widerruflichen Hauptvollmacht im Zweifel die Erteilung einer *unwiderruflichen Untervollmacht* ausgeschlossen (KG Recht 1923, 352; BRHP/Schäfer § 167 Rn 37; MünchKomm/Schubert § 167 Rn 86; Soergel/Leptien § 164 Rn 61; vgl Bous RNotBZ 2004, 483, 487; Schmidt-Ott ZIP 2007, 943, 946).

Kommt es zu *Kollisionen* zwischen dem Handeln des Hauptvertreters und des Untervertreters, so gelten dieselben Regeln wie zwischen dem Vertretenen und dem Hauptvertreter (s § 164 Rn 10).

68 b) Bei Erlöschen der Hauptvollmacht kann die Untervollmacht mit Vertretungsbefugnis für den Geschäftsherrn fortbestehen, da sie sich nicht aus der Person des Hauptbevollmächtigten, sondern vom Vertretenen ableitet; sie ist zwar an das Bestehen, nicht aber an den Fortbestand der Hauptvollmacht gebunden (KG KGJ 37 A 239; BRHP/Schäfer § 167 Rn 38; MünchKomm/Schubert § 167 Rn 87; NK-BGB/Ackermann § 167 Rn 69; PWW/Frensch § 167 Rn 56; Soergel/Leptien § 167 Rn 61; Bous RNotZ 2004, 483, 485 f mit Beispielen; Schüller RNotZ 2014, 585 ff; Maier-Reimer, in: FS Hellwig 217 f; **aA** noch Gerlach 56, 76 und älteres Schrifttum). Eine entsprechende Beschränkung ist aber selbstverständlich möglich und durch Auslegung zu ermitteln (s BGH WM 1959, 377; NK-BGB/Ackermann § 167 Rn 69; Wolf/Neuner § 50 Rn 35; Bous RNotZ 2004, 483, 485). In diesem Fall handelt der Untervertreter im Verhältnis zum Vertretenen ohne Vertretungsmacht. Macht sich der Vertretene das Handeln des Untervertreters nunmehr rechtsgeschäftlich zu Eigen, so liegt darin eine Genehmigung des vollmachtlosen Handelns.

69 Zum **Widerruf der Untervollmacht** ist einmal der Hauptvertreter – nicht hingegen der Untervertreter – berechtigt, weil er die Untervollmacht erteilt hat; er handelt insoweit dann für den Vertretenen (BGH 11. 5. 2017 – IX ZR 238/15 Rn 16, NJW 2017, 3373 mwNw; Wolf/Neuner § 50 Rn 35). Außerdem muss aber nach der hier vertretenen Auffassung von der Wirkung des Untervertreterhandelns gegenüber dem Vertretenen (s oben Rn 61) auch diesem das Widerrufsrecht zustehen (BRHP/Schäfer § 167 Rn 38; NK-BGB/Ackermann § 167 Rn 69; PWW/Frensch § 167 Rn 56; Soergel/Leptien § 167 Rn 61; Flume § 49 5; Wolf/Neuner § 50 Rn 35; Gerlach 71; Maier-Reimer, in: FS Hellwig 218).

Wird es ausgeübt, so ist dies zugleich als teilweiser Widerruf der Hauptvollmacht zu bewerten (s § 168 Rn 7).

4. Die Rechtsstellung des Untervertreters

a) Ein *rechtsgeschäftliches Innenverhältnis* besteht für den Untervertreter normalerweise nur mit dem Hauptvertreter. Allerdings kann ein Innenverhältnis aus *Geschäftsführung ohne Auftrag* zum Vertretenen hinzutreten (NK-BGB/Ackermann § 167 Rn 66; Enneccerus/Nipperdey § 185 Fn 15). Ferner kann ein rechtsgeschäftliches Innenverhältnis zwischen dem Untervertreter und dem Vertretenen begründet werden, wenn der Hauptvertreter auch insoweit als Stellvertreter für den Vertretenen gehandelt hat (NK-BGB/Ackermann § 167 Rn 66; vgl Pikalo DNotZ 1943, 165). Bestehen für den Untervertreter Innenverhältnisse sowohl gegenüber dem Hauptvertreter als auch gegenüber dem Vertretenen, so wirken sich deren Anforderungen kumulativ aus. Zu einem *Widerruf der Hauptvollmacht* ist der Untervertreter nicht berechtigt (BGH 11. 5. 2017 – IX ZR 1238/15 Rn 16, NJW 2017, 3373). **70**

b) Ob der *Hauptvertreter* dem Vertretenen für die Handlungen des Untervertreters *haftet,* bestimmt sich nach dem Innenverhältnis zwischen dem Hauptvertreter und dem Vertretenen. Nach der Regelung in § 664 Abs 1 BGB hat der Beauftragte bei erlaubter Substitution nur für das Auswahlverschulden zu haften, nicht auch für das Verschulden des Substituten; anders ist es gem § 664 Abs 2 BGB bei unbefugter Substitution. § 664 BGB wird zwar in § 675 BGB nicht angeführt, das schließt aber die entsprechende Anwendung der Vorschrift auf Geschäftsbesorgungsverträge bei einem besonderem persönlichen Vertrauensverhältnis nicht aus (vgl RGZ 78, 310, 312; BGH NJW 1952, 257; Staudinger/Martinek/Omlor [2016] § 664 Rn 21 f mwNw, str, s auch NK-BGB/Ackermann § 167 Rn 66). **71**

c) Im Rahmen des § 166 Abs 1 BGB kommt es auf die **Willensmängel** sowie auf die **Kenntnis und das Kennenmüssen** des Untervertreters an (Erman/Maier-Reimer § 166 Rn 2, § 167 Rn 65a; MünchKomm/Schubert § 166 Rn 6; NK-BGB/Ackermann § 167 Rn 65; Schilken 77 f; Tempel 274; Gerlach 64). Bindende Weisungen des Hauptvertreters an den Untervertreter lösen jedoch für den Vertretenen die Folgen des § 166 Abs 2 BGB aus (RG Gruchot 58, 907; WarnR 1932 Nr 135; NK-BGB/Ackermann § 167 Rn 65; MünchKomm/Schubert § 166 Rn 106; Schilken 77 f mwNw; Gerlach 66; Pikalo DNotZ 1943, 170, 175). **72**

d) Bei Mängeln in den Grundlagen der Untervertretung entsteht die mit den beiden angeblichen Arten der Untervertretung (s Rn 61 f) verknüpfte Frage, ob der **Untervertreter als vollmachtloser Vertreter** gegenüber dem Dritten nach § 179 BGB haftet, sofern nicht eine Genehmigung nach § 177 BGB erfolgt; diese kann bei Mängeln der Hauptvollmacht nur vom Vertretenen, bei Mängeln der Untervollmacht auch vom insoweit bevollmächtigten Hauptvertreter erklärt werden (s Rn 74). Zur Haftungsfrage nimmt insbesondere der BGH von seinem Ansatzpunkt her (s oben Rn 62) konsequent an, dass im Falle *mangelnder Hauptvertretungsmacht,* aber *offen gelegter* und wirksamer *Untervertretung* der Untervertreter dem Dritten nicht nach § 179 BGB haftet, sondern dass diese Haftung nur den Hauptvertreter trifft (BGHZ 32, 250, 254; 68, 391, 396; OLG Köln NJW-RR 1996, 212; Enneccerus/Nipperdey § 185 II 2 a). Mit zT anderer Begründung, welche die Haftung nach § 179 aus einem Einstehenmüssen für **73**

eine zu Unrecht behauptete Vertretungsmacht ableitet, die sich beim Untervertreter nur auf das Bestehen der Untervollmacht beziehe, wird diese Ansicht von der hL geteilt (BRHP/Schäfer § 179 Rn 34; Erman/Maier-Reimer § 167 Rn 65; Jauernig/Mansel § 179 Rn 3; jurisPK-BGB/Weinland § 167 Rn 11; NK-BGB/Ackermann § 167 Rn 73; Palandt/Ellenberger § 167 Rn 12 und § 179 Rn 3; Bitter/Röder § 10 Rn 197; Boecken Rn 678; Bork Rn 1452; Brehm Rn 493; Flume § 49 5; Hübner Rn 1252 f; Köhler § 11 Rn 73; Leenen § 16 Rn 27; Medicus/Petersen Rn 996; Pawlowski Rn 749; Stadler § 32 Rn 10; Wolf/Neuner § 50 Rn 38, § 51 Rn 35; Maier-Reimer, in: FS Hellwig 219 f; Mertens JuS 1961, 315 ff; Petersen Jura 1999, 401, 402 f; Prütting/Schirrmacher Jura 2016, 1165, 1157 f; wohl auch PWW/Frensch § 179 Rn 22; Brehm Rn 493). Andere (BGB-RGRK/Steffen § 167 Rn 21; MünchKomm/Schubert § 167 Rn 91; Soergel/Leptien § 167 Rn 62; Brox/Walker § 25 Rn 10; Faust § 28 Rn 4; Leipold § § 26 Rn 27; Gerlach 81; Tempel 274) wollen hingegen den Untervertreter nach § 179 BGB haften lassen, sofern seine Haftung nicht – zulässigerweise (Soergel/Leptien § 167 Rn 62) – abbedungen worden sei. Zusätzlich hafte dann jedenfalls der Hauptvertreter nach § 179 BGB, wenn der Untervertreter auf ihn als Grundlage seines Vertreterhandelns hingewiesen hat (Soergel/Leptien § 167 Rn 62; Tempel 274; Gerlach 82; vgl auch RG SeuffA 87 Nr 105).

Zu folgen ist der hM, da der Untervertreter zwar Rechtswirkungen in der Person des Geschäftsherrn herbeiführen will, dafür aber bei Offenlegung der Untervertretung nur das Vertrauen des Geschäftsgegners in den Bestand dieser Vollmacht in Anspruch nimmt; ein weiteres Vertrauen des Gegners auf das Bestehen der Hauptvollmacht knüpft demgegenüber an die Person des Hauptvertreters an (zust zB BRHP/Schäfer § 179 Rn 34; Erman/Maier-Reimer § 167 Rn 65; NK-BGB/Ackermann § 167 Rn 73; PWW/Frensch § 179 Rn 22). Das Argument, § 179 BGB stelle nicht auf den Grund für das Fehlen der Vollmacht ab, kann nicht überzeugen, weil es hier nicht um einen im Verhältnis des Handelnden zum Geschäftsherrn begründeten Mangel geht. Diese Lösung, die keines Rückgriffs auf die Ansicht von der Vertretung des Vertreters bedarf, erscheint auch interessengerecht (anders MünchKomm/Schubert § 167 Rn 91; Soergel/Leptien § 167 Rn 62), da der Untervertreter die Vertretungsmacht des Hauptvertreters idR nicht leichter nachprüfen kann als der Geschäftspartner (BGHZ 32, 254; Flume § 49 5). Die zur Vermeidung der Haftung notwendige Offenlegung der Untervertretung führt auch zu einer angemessenen Verlagerung des Insolvenzrisikos vom Untervertreter auf den Hauptvertreter, der dem Dritten gem oder analog § 179 BGB haftet (s dazu Bork Rn 1452 f; Leenen § 16 Rn 27; Petersen Jura 1999, 401, 402 f). Allenfalls wenn der Untervertreter weiß oder wissen muss, dass die Hauptvollmacht nicht besteht, kann man seine Haftung entsprechend § 179 BGB in Erwägung ziehen (Erman/Maier-Reimer § 167 Rn 65).

Hat hingegen der Untervertreter bei fehlender Hauptvertretungsmacht seine bestehende Untervertretungsmacht *nicht offen gelegt,* so besteht kein Grund, ihn von der Haftung nach § 179 BGB zu verschonen (BGHZ 68, 391, 395; BGH NJW 1977, 1535, 1536; BRHP/Schäfer § 179 Rn 33; Erman/Maier-Reimer § 167 Rn 65; MünchKomm/Schubert § 167 Rn 91; NK-BGB/Ackermann § 167 Rn 73; PWW/Frensch § 167 Rn 53, § 179 Rn 22; Eisenhardt Rn 454; Flume § 49 5; Wolf/Neuner § 50 Rn 38, § 51 Rn 36; Maier-Reimer, in: FS Hellwig 219; Petersen Jura 1999, 401, 403).

74 Fehlt es bei *gültiger Hauptvollmacht* an der Untervollmacht, so haftet der Untervertreter nach allen Auffassungen aus § 179 BGB (BGHZ 68, 391, 397; BRHP/Schäfer

§ 179 Rn 33; Erman/Maier-Reimer § 167 Rn 65; MünchKomm/Schubert § 167 Rn 89; NK-BGB/
Ackermann § 167 Rn 72; PWW/Frensch § 179 Rn 21; Soergel/Leptien § 167 Rn 62; Boecken
Rn 678; Bork Rn 1451; Eisenhardt Rn 454; Flume § 49 5; Hübner Rn 1252; Köhler § 11 Rn 73;
Medicus/Petersen Rn 950, 996; Schmidt Rn 741; Stadler § 32 Rn 10; Wolf/Neuner § 51
Rn 34). Beim Handeln aufgrund gültiger Hauptvollmacht und fehlender Untervollmacht können sowohl der Vertretene als auch der Hauptvertreter – sofern sich seine Vertretungsmacht darauf erstreckt – genehmigen (MünchKomm/Schubert § 167 Rn 88; NK-BGB/Ackermann § 167 Rn 71; PWW/Frensch § 179 Rn 21; Soergel/Leptien § 167 Rn 62; Flume § 49 5; Tempel 274; Gerlach 77). Genehmigt der Hauptvertreter, so entfällt nach der Auffassung des BGH die Haftung des Untervertreters aus § 179 BGB auch dann, wenn die Hauptvollmacht mangelhaft war (BGH BB 1963, 1193; ebenso OLG Köln NJW-RR 1996, 212; iE wohl unstr, s etwa MünchKomm/Schubert § 167 Rn 88; NK-BGB/Ackermann § 167 Rn 72). Fehlt es bei der Untervertretung an der Vertretungsmacht des Hauptvertreters, so kann hingegen nur der Vertretene das Rechtsgeschäft des Untervertreters, in den Grenzen des § 180 BGB auch die Erteilung der Untervollmacht genehmigen (MünchKomm/Schubert § 167 Rn 88).

V. Nichtigkeit und Anfechtbarkeit der Bevollmächtigung

1. Die Nichtigkeit

a) Für die Bevollmächtigung gelten dieselben **Nichtigkeitsgründe** wie für andere 75 Willenserklärungen (MünchKomm/Schubert § 167 Rn 43). Was die Kenntnis eines geheimen Vorbehalts (§ 116 S 2 BGB) oder das Einverständnis mit einer Scheinerklärung (§ 117 Abs 1 BGB) angeht, so kommt es grundsätzlich bei der Innenvollmacht auf den Bevollmächtigten, bei der Außenvollmacht auf den Dritten an (jurisPK-BGB/Weinland § 167 Rn 65; MünchKomm/Schubert § 167 Rn 43; Flume § 52 5 b; Wolf/Neuner § 50 Rn 30, allgM). Dennoch sind einige Konstellationen zweifelhaft und umstritten. Vor allem bei interner Bevollmächtigung in *Mentalreservation* ergeben sich Zweifel an der Wirksamkeit im Hinblick auf § 116 S 2 BGB, wenn der Geschäftsgegner – nicht aber der Vertreter, auf den es eigentlich ankommt – den Vorbehalt kennt. Aus § 166 Abs 2 BGB lässt sich für eine der Abstraktheit der Vollmacht widersprechende Berücksichtigung der Kenntnis der Kenntnis des Geschäftsgegners nichts herleiten (anders Müller-Freienfels 406), da es um die Zurechnung des Wissens eines Dritten geht (Schilken 42 f); auch der Rechtsgedanke des § 169 BGB passt nicht, weil die Bestimmung das Erlöschen der Vollmacht voraussetzt (MünchKomm/Schubert § 167 Rn 44). Eine generelle Berücksichtigung der Kenntnis des Geschäftsgegners (s etwa BGB-RGRK/Steffen § 167 Rn 26; Erman/Maier-Reimer § 167 Rn 43) ist vielmehr zum Schutz des Vertreters, der zudem ein Eigeninteresse an der Vornahme des Rechtsgeschäfts haben kann, abzulehnen: In diesem Fall kommt es auf die Kenntnis des Vertreters an. Ist die Vollmacht hingegen nicht in seinem Interesse erteilt worden, so kann die Trennung zwischen Vollmacht und Vertretergeschäft Im Hinblick auf § 242 BGB über eine Analogie zu § 116 S 2 BGB mit Unwirksamkeitsfolge überwunden werden (MünchKomm/Schubert § 167 Rn 44; Flume § 52 5 b; Schilken 42 f; ganz abl NK-BGB/Ackermann § 167 Rn 19; Soergel/Leptien § 166 Rn 20). Keineswegs kann die Zielrichtung der Bevollmächtigung auf den Abschluss von Vertretergeschäften so weit führen, dass umgekehrt die interne Vollmacht bei Kenntnis des Vertreters und Unkenntnis des Geschäftspartners wirksam bleibt (BGB-RGRK/Steffen § 167 Rn 26; NK-BGB/Ackermann § 167 Rn 19; Flume § 52 5 b; Schilken 43; **aA** BGH NJW 1966, 1915, 1916; Soergel/

Leptien § 166 Rn 20). – Entsprechendes gilt für den Fall des *Scheingeschäfts* gem § 117 Abs 1 BGB (MünchKomm/Schubert § 167 Rn 44; Flume § 52 5 b; Schilken 43, aber ebenfalls str, s NK-BGB/Ackermann § 167 Rn 19; Soergel/Leptien § 166 Rn 20). – Die *Scherzvollmacht* (§ 118 BGB) ist in jedem Fall nichtig, ohne dass subjektive Anforderungen erfüllt sein müssen (MünchKomm/Schubert § 167 Rn 45; NK-BGB/Ackermann § 167 Rn 20); für den Anspruch nach § 122 BGB (s Schilken 43 f) gelten die für die Anfechtung maßgeblichen Grundsätze (Rn 77 ff; zust NK-BGB/Ackermann § 167 Rn 20; s auch MünchKomm/Schubert § 167 Rn 45). Eine Nichtigkeit kann sich (wegen des Abstraktionsprinzips nur) ausnahmsweise gem § 139 BGB bei der Innenvollmacht auch wegen Unwirksamkeit des Grundgeschäfts ergeben (s Vorbem 33 zu §§ 164 ff). Zur AGB-Kontrolle bei formularmäßig erteilten Vollmachten s Rn 13.

Nichtig ist die Vollmachtserteilung ferner, wenn sie von oder gegenüber einem *Geschäftsunfähigen* vorgenommen wurde, bzw von oder gegenüber einer Person, die sich im Zustand der vorübergehenden Störung der Geistestätigkeit befand (BGB-RGRK/Steffen § 167 Rn 25; MünchKomm/Schubert § 167 Rn 3). Die Vollmacht seitens eines beschränkt Geschäftsfähigen ist weder generell lediglich rechtlich vorteilhaft iSd § 107 BGB noch stets nachteilig. Vielmehr ist für die Beurteilung nach § 107 BGB auf das vorgesehene Vertretergeschäft abzustellen; bei Nachteiligkeit bedarf sie der Einwilligung des gesetzlichen Vertreters, ansonsten greift § 111 S 1 BGB ein (Erman/Müller § 111 Rn 2 mwN; MünchKomm/Schubert § 167 Rn 3, Rn 5; NK-BGB/Ackermann § 167 Rn 10; Palandt/Ellenberger § 111 Rn 1; PWW/Frensch § 167 Rn 19; Soergel/Leptien § 167 Rn 4; Bork Rn 1461; Flume § 52 3; Grigoleit/Herresthal Rn 494; Paal/Leyendecker JuS 2006, 25, 29; **aA** [§ 108 anwendbar] Köhler § 11 Rn 24; Wolf/Neuner § 50 Rn 18; Müller-Freienfels 243 ff; s schon oben Rn 11 und BGH NJW 1990, 1721, 1723).

75a Eine Nichtigkeit der Bevollmächtigung ist nach der gefestigten Rechtsprechung auch in solchen Fällen anzunehmen, in denen ein Geschäftsbesorgungsvertrag (zB zur Abwicklung eines Grundstückserwerbs im Bauträgermodell) wegen *Verstoßes gegen Art 1 § 1 RBerG aF – jetzt § 3 RDG –* nichtig und dem rechtsbesorgenden Treuhänder hierzu eine Ausführungsvollmacht erteilt worden war (st Rspr seit BGHZ 145, 265 = NJW 2001, 70; BGH NJW 2012, 2434 [m Anm Schilken LMK 342329]; w Nachw oben Rn 35c; ausf Staudinger/Sack/Seibl [2017] § 134 Rn 272 f m umfangr Nachw; s auch MünchKomm/Schubert § 167 Rn 55 und Rn 144 ff; NK-BGB/Ackermann § 167 Rn 31 f, jew mwNw; Wertenbruch § 29 Rn 15; Armbrüster NJW 2009, 2167, 2168; Joswig ZfIR 2003, 533 und 2004, 45; Wertenbruch DStR 2004, 917; zu Recht **krit** zB Edelmann DB 2001, 687; Ganter WM 2001, 195; Hellgardt/Majer WM 2004, 2380 ff; Herrmanns DNotZ 2001, 6, 8 f; Kleine-Cosack BB 2003, 1737 mwNw; Mülbert/Hogel WM 2004, 2281; Petersen Jura 2004, 829; ZfIR 2003, 577, 578 f; zur Abgrenzung bei überwiegend wirtschaftlicher Geschäftsbesorgung s BGH NJW-RR 2012, 35 mwNw). Die Nichtigkeitswirkung, deren Umfang sich nicht (allein) nach § 139 BGB (vgl BGH NJW 2001, 3774, 3775; 2002, 66, 67; 2007, 1131, 1133; WM 2004, 21, 23; NJW-RR 2007, 395, 396 mwNw und Anm Weber EWiR 2007, 451; s auch OLG Frankfurt NJW-RR 2005, 1514, 1515; OLG München WM 2005, 1986, 1987; OLG Dresden OLGR 2007, 717; Hellgardt/Majer WM 2004, 2380, 2383; Petersen Jura 2004, 829, 830), sondern auch nach dem Zweck des RBerG aF (bzw § 3 RDG) bestimmt, erstreckt sich dabei nach der Rechtsprechung insbes des BGH ggf auch auf die vom Bevollmächtigten erklärte Unterwerfung unter die sofortige Zwangsvollstreckung gem § 794 Abs 1 Nr 5 ZPO (s etwa BGH NJW 2003, 1594, 1595; 2007, 1813, 1816 mwNw, st Rspr; NK-BGB/Ackermann § 167 Rn 32; wNachw s oben Rn 33, Rn 35c). Zu daran evtl anknüpfenden Rechtsscheinswirkungen s oben Rn 35.

Im Übrigen kann sich die Berufung auf die Nichtigkeit in Ausnahmefällen als eine unzulässige Rechtsausübung (§ 242 BGB) darstellen (BGH NJW 2007, 1130, 1131; 2012, 3424, 3425 f mwNw und Anm SCHILKEN LMK 2013, 342329).

b) Ist die nach § 167 BGB erfolgte *Bevollmächtigung nichtig*, so kann je nach **76** Nichtigkeitsgrund uU dennoch auf der Grundlage der §§ 170 ff BGB Vertretungsmacht bestehen (s Rn 35 zur Nichtigkeit gem § 134 iVm Art 1 § 1 RBerG aF). Dies gilt allerdings nicht, wenn sich die Nichtigkeit der Vollmacht aus der vorgelegten Urkunde entnehmen lässt (RGZ 108, 125, 128). Liegen die Voraussetzungen der §§ 170 ff BGB nicht vor, so ist das auf der Grundlage einer nichtigen Vollmacht vorgenommene Rechtsgeschäft ohne Vertretungsmacht getätigt worden; es finden die Regeln der §§ 177 ff BGB Anwendung (RGZ 69, 263, 267; BGB-RGRK/STEFFEN § 167 Rn 25; MünchKomm/SCHUBERT § 177 Rn 10; SOERGEL/LEPTIEN § 166 Rn 20). Der Vertreter haftet also nach Maßgabe des § 179 BGB, bei Kenntnis oder Kennenmüssen des Dritten greift freilich der Haftungsausschluss des § 179 Abs 3 S 1 BGB (SOERGEL/LEPTIEN § 166 Rn 20).

2. Die Anfechtung

a) Grundsätzlich gelten für eine **Anfechtung der Bevollmächtigung** die allgemeinen **77** Anfechtungsregeln der §§ 119, 123 BGB (BRHP/SCHÄFER § 167 Rn 56; ERMAN/MAIER-REIMER § 167 Rn 44 ff; Hk-BGB/DÖRNER § 167 Rn 3; JAUERNIG/MANSEL § 167 Rn 11; jurisPK-BGB/WEINLAND § 167 Rn 66; MünchKomm/SCHUBERT § 167 Rn 46 ff; NK-BGB/ACKERMANN § 167 Rn 21; PALANDT/ELLENBERGER § 167 Rn 3; PWW/FRENSCH § 167 Rn 15; SOERGEL/LEPTIEN § 167 Rn 7; BORK Rn 1470; FLUME § 52 5 a; PAWLOWSKI Rn 734 ff; SCHMIDT Rn 793; WOLF/NEUNER § 50 Rn 22 ff; SCHILKEN 25 ff mwNw; ausf auch STÜSSER 32 ff; BECKER/SCHÄFER JA 2006, 597, 599 ff; PETERSEN AcP 201, 3785 ff; SCHWARZE JZ 2004, 588 ff; s auch HKK/SCHMOECKEL §§ 164–181 Rn 19). Sie haben zwar bei einer widerruflichen Vollmacht wegen der freien Widerrufsmöglichkeit (s § 168 Rn 4) kaum praktische Bedeutung; jedoch ist der Widerruf kein die Anfechtung verdrängendes spezielles Rechtsinstitut (vgl NK-BGB/ACKERMANN § 167 Rn 21; BROX JA 1980, 449, 450) und zur Beseitigung einer unwiderruflichen Vollmacht bedarf es ohnehin ggf der Anfechtung. Anfechtungsgegner ist nach der allein maßgeblichen Norm des § 143 Abs 3 S 1 BGB jedenfalls vor Vornahme eines Vertretergeschäfts bei einer Innenvollmacht der Vertreter, bei einer Außenvollmacht der Dritte (BGB-RGRK/STEFFEN § 167 Rn 27; ERMAN/MAIER-REIMER § 167 Rn 45; jurisPK-BGB/WEINLAND § 167 Rn 66; MünchKomm/SCHUBERT § 167 Rn 46; NK-BGB/FEUERBORN § 143 Rn 20; PALANDT/ELLENBERGER § 143 Rn 6, § 167 Rn 3; PWW/AHRENS § 143 Rn 8; SOERGEL/LEPTIEN § 166 Rn 22; STAUDINGER/ROTH [2015] § 143 Rn 34 f; BOECKEN Rn 628; FLUME § 31 5 b; HÜBNER Rn 1248; KÖHLER § 11 Rn 28; MEDICUS/PETERSEN Rn 721; SCHMIDT Rn 793; WOLF/NEUNER § 41 Rn 20; SCHILKEN 36 ff; BECKER/SCHÄFER JA 2006, 597, 599; **aA** und für ein Wahlrecht JAUERNIG/MANSEL § 167 Rn 11; SOERGEL/HEFERMEHL § 143 Rn 10; ENNECERUS/NIPPERDEY § 203 III 8 a). Bei einer Bevollmächtigung durch öffentliche Bekanntmachung (Rn 12) gilt § 143 Abs 4 BGB (MünchKomm/SCHUBERT § 167 Rn 46). Wer entgegen dem Abstraktionsprinzip Grundverhältnis und Vollmachtserteilung zusammenfasst (so namentlich jetzt DÖRNER, passim und 152 ff, 162 ff, für die „Außenerklärung" 193 f, 255 f; s dazu Vorbem 34 zu §§ 164 ff), gelangt hingegen zum Durchgriff der Anfechtung.

Das sehr umstrittene Problem einer evtl **Einschränkung der Anfechtbarkeit** entsteht bei der Bevollmächtigung, wenn der Bevollmächtigte aufgrund der Vollmacht bereits Rechtsgeschäfte für den Vertretenen vorgenommen hat. *Nach betätigter Vollmacht* kann sich nämlich die Trennung der Bevollmächtigung vom Vertretergeschäft (s Vorbem 22 zu §§ 164 ff und oben Rn 10) zumindest *bei der Innenvollmacht* nachteilig für den Kontrahenten auswirken. Der in der zweiten Kommission gestellte Antrag, Willensmängeln der Bevollmächtigung Wirkung auch für das Vertretergeschäft beizumessen, wurde abgelehnt (vgl FLUME § 52 5 a). Deshalb gibt es Bestrebungen, den Kontrahenten in solchen Fällen zu schützen.

78 b) Am weitesten geht die Auffassung, eine *rückwirkende Anfechtung* der betätigten Innenvollmacht sei überhaupt *ausgeschlossen* (BGB-AK/OTT § 167 Rn 9 f, 15; BROX/WALKER § 25 Rn 37 ff, Rn 40; SCHACK Rn 517 ff; BROX JA 1980, 449, 450 ff; EUJEN/FRANK JZ 1973, 237; PRÖLSS JuS 1985, 577, 582; vgl auch MÜLLER-FREIENFELS 404). Nach einer insbesondere von MÜLLER-FREIENFELS (404) im Zusammenhang mit seiner Lehre vom einheitlichen Gesamttatbestand der Bevollmächtigung und des Vertretergeschäfts (s Vorbem 32 zu §§ 164 ff) vertretenen Ansicht soll die Anfechtbarkeit einer betätigten Vollmacht auf diejenigen Fälle beschränkt bleiben, in denen der Willensmangel des Vertretenen für das Vertretergeschäft relevant geworden ist (s auch BROX/WALKER § 25 Rn 41 f; EUJEN/FRANK JZ 1973, 235: „Durchschlagen"; BROX JA 1980, 449, 451 ff; ähnlich PETERSEN AcP 201, 375, 379 ff: bei Fehleridentität; STÜSSER 85 ff; WALDEYER 11 ff).

Eine solche die Anfechtung einschränkende Auffassung steht jedoch mit der ganz überwiegenden Einordnung der Bevollmächtigung als einseitigem und vom Vertretergeschäft getrenntem Rechtsgeschäft (s oben Rn 10) nicht im Einklang (BGB-RGRK/STEFFEN § 167 Rn 27; BRHP/SCHÄFER § 167 Rn 57; ERMAN/MAIER-REIMER § 167 Rn 46; JAUERNIG/MANSEL § 167 Rn 11; jurisPK-BGB/WEINLAND § 167 Rn 66; MÜNCHKOMM/SCHUBERT § 167 Rn 48; MÜNCHKOMMHGB/KREBS Vorbem 59 zu § 48; NK-BGB/ACKERMANN § 167 Rn 24; PALANDT/ELLENBERGER § 167 Rn 3; PWW/FRENSCH § 167 Rn 15; SOERGEL/LEPTIEN § 166 Rn 22; StudKomm § 167 Rn 2; BITTER/RÖDER § 10 Rn 123 f; BOEMKE/ULRICI § 13 Rn 74; BORK Rn 1474; FAUST § 28 Rn 9; FLUME § 52 5; GRIGOLEIT/HERRESTHAL Rn 521; HÜBNER Rn 1228, 1246 ff; KÖHLER § 11 Rn 28; LEIPOLD § 24 Rn 38; MEDICUS/PETERSEN Rn 945; MEDICUS/PETERSEN BR Rn 96; WERTENBRUCH § 30 Rn 3; WOLF/NEUNER § 50 Rn 25; BECKER/SCHÄFER JA 2006, 597, 599 f; BEUTHIEN, in: FG Bundesgerichtshof 97 f Fn 72; EDENFELD JuS 2005, 42, 45; ausf SCHILKEN 25 ff mwNw; LIPP JuS 2000, 267, 270 f; KELLERMANN JA 2004, 405 f; MOCK JuS 2008, 391, 393; PFEIFER JuS 2004, 694, 696; SCHWARZE JZ 2004, 588, 590 ff). Diese führt zu sachgerechten Ergebnissen (s noch Rn 81 f), ist systemgerecht und kann mit Parallelen zu den Regeln der Anscheinsvollmacht (BROX/WALKER § 25 Rn 40; s dazu auch SCHWARZE JZ 2004, 588, 591) nach der dazu hier vertretenen Auffassung (s Rn 28 ff) nicht widerlegt werden.

79 c) Nach anderer Auffassung soll dem Interesse des Kontrahenten dadurch Rechnung getragen werden, dass er, entgegen dem eindeutigen Wortlaut des § 143 Abs 3 BGB, auch bei der ausgeübten internen Vollmacht als (zT: zusätzlicher) **Anfechtungsgegner** anerkannt wird, wenn der Anfechtungsgrund ihm gegenüber besteht (ERMAN/MAIER-REIMER § 167 Rn 46; Hk-BGB/DÖRNER § 167 Rn 4; HKK/SCHERMAIER §§ 142–144 Rn 17; JAUERNIG/MANSEL § 167 Rn 11; MÜNCHKOMM/BUSCHE § 143 Rn 13; NK-BGB/ACKERMANN § 167 Rn 25; NK-BGB/FEUERBORN § 143 Rn 20; PWW/AHRENS § 143 Rn 8; SOERGEL/HEFERMEHL § 143 Rn 10; STAUDINGER/ROTH [2015] § 143 Rn 35; StudKomm § 167 Rn 2; BITTER/RÖDER § 10 Rn 126 f; BOECKEN Rn 629; BOEMKE/ULRICI § 13 Rn 74; FLUME § 31 5 b, § 52 5 c; KÖHLER § 11 Rn 28; LEIPOLD § 24 Rn 39; MEDICUS/PETERSEN Rn 945; MEDICUS/PETERSEN BR Rn 96; SCHMIDT Rn 800 ff; STADLER § 30 Rn 31; WERTENBRUCH § 30 Rn 5; NEUNER/WOLF § 41

Rn 20; Müller-Freienfels 403 ff; Becker/Schäfer JA 2006, 597, 600; Beuthien, in: FG Bundesgerichtshof 97 f Fn 72; Edenfeld JuS 2005, 42, 46; Kellermann JA 2005, 405 f; Petersen AcP 2001, 375, 385 f; Pfeifer JuS 2004, 694, 696); bei der externen Vollmacht muss die Anfechtung ohnehin gegenüber dem Erklärungsempfänger erfolgen und bei der mitgeteilten Vollmacht diesem jedenfalls kundgegeben werden (BRHP/Schäfer § 167 Rn 59; MünchKomm/Schubert § 167 Rn 49). Dieser Auffassung ist jedoch gleichfalls nicht zu folgen. Der Relativsatz des § 143 Abs 3 S 1 BGB deckt sie nicht, sondern umschreibt nur den wirklichen Empfänger der Willenserklärung (so auch nachdrücklich Flume § 52 5 c; Schilken 32, 37). Selbst wenn es – eher bei Spezialvollmacht als bei Generalvollmacht – bei der Anfechtung letztlich nur um die Beseitigung des Vertretergeschäftes geht, ist zu bedenken, dass der Dritte lediglich auf die Vollmachtsbehauptung des Vertreters vertrauen durfte, sodass die am Trennungsprinzip orientierte Bestimmung des *Vertreters als Anfechtungsgegners* keine sachwidrige Lösung des durch § 179 BGB geschützten Dritten erbringt (BRHP/Schäfer § 167 Rn 57, Rn 59; HKK/Schmoeckel §§ 164–181 Rn 19; jurisPK-BGB/Weinland § 167 Rn 66; MünchKomm/Schubert § 167 Rn 49, Rn 53 f; Palandt/Ellenberger § 167 Rn 3; PWW/Frensch § 167 Rn 18; Bork Rn 1475; Faust § 28 Rn 11; Grigoleit/Herresthel Rn 446; Kindl 59; ausf Schilken 37 f; Stüsser 43 f; Metzing JA 2018, 413, 417; Mock JuS 2008, 391, 393); insofern ist auch eine durch analoge Anwendung der Widerrufsregelung (§§ 168 S 3, 167 Abs 1 BGB) zu füllende Gesetzeslücke nicht vorhanden. Für die durch Mitteilung oder Urkunde besonders kundgemachte interne Vollmacht (§§ 171 Abs 1, 172 Abs 1 BGB) gilt nichts Besonderes, sie kann und muss wie eine Außenvollmacht gegenüber dem Dritten angefochten werden (Erman/Maier-Reimer § 171 Rn 7; MünchKomm/Schubert § 167 Rn 50; Flume § 49 2 c; Medicus/Petersen Rn 947; Schilken 29 f, 36 ff mwNw).

d) Als **Gründe für eine Anfechtung nach § 119 BGB** kommen grundsätzlich sämtliche Irrtumsfälle in Betracht, auch derjenige über persönliche Eigenschaften des Vertreters (Erman/Maier-Reimer § 167 Rn 44; MünchKomm/Schubert § 167 Rn 51; Schilken 26 ff; Stüsser 53 ff, 82 ff; **aA** Wolf/Neuner § 50 Rn 25, Rn 28; Flume § 52 5 c nach Abschluss des Vertretergeschäfts). Allerdings kann hier die Einschränkung der Anfechtbarkeit im Hinblick auf § 119 Abs 1, letzter HS BGB besondere Bedeutung erlangen (vgl Schilken 26).

80

Im Falle einer für die Bevollmächtigung kausalen **arglistigen Täuschung** des Vertretenen durch den Kontrahenten wird nach hM dem Vertreter der Schutz des § 123 Abs 2 BGB zugebilligt, wenn die Vollmacht in seinem Interesse erteilt war (BGB-RGRK/Steffen § 167 Rn 27; MünchKomm/Schubert § 167 Rn 51; NK-BGB/Ackermann § 167 Rn 30; PWW/Frensch § 167 Rn 16; Soergel/Leptien § 166 Rn 26; Flume § 52 5 d; Müller-Freienfels 407; Schilken 30 ff mwNw; **aA** Enneccerus/Nipperdey § 204 III 8; Lehmann/Hübner § 36 V 2 a; für Anfechtbarkeit schon bei Täuschung durch den Vertreter MünchKommHGB/Krebs Vorbem 62 zu § 48). Ansonsten gelten die Regeln des § 123 Abs 1 und 2 BGB, sodass die interne Bevollmächtigung bei Täuschung durch den Vertreter und im Übrigen (analog § 123 Abs 2 S 2 BGB) wie die externe Bevollmächtigung bei Täuschung durch den Dritten (§ 123 Abs 1 BGB) sowie bei dessen Kenntnis oder Kennenmüssen (§ 123 Abs 2 S 1 BGB) anfechtbar ist (ausf MünchKomm/Schubert § 167 Rn 51 f; NK-BGB/Ackermann § 167 Rn 30; PWW/Frensch § 167 Rn 16; Soergel/Leptien § 166 Rn 26 mwNw; Flume § 52 5 d; Wolf/Neuner § 50 Rn 27). – Bei einer **widerrechtlichen Drohung** ist der Vertretene in jedem Fall zur Anfechtung der Vollmacht berechtigt (MünchKomm/Schubert § 167 Rn 51; NK-BGB/Ackermann § 167 Rn 29; Flume § 52 5 d), bei entsprechender Kausa-

§ 167

lität der Drohung auch des vorgenommenen Vertretergeschäftes (s § 166 Rn 17; ebenso NK-BGB/Ackermann § 167 Rn 29).

81 e) Aufgrund der durch wirksame Anfechtung *ex tunc beseitigten Vollmacht* hat der Vertreter als **falsus procurator** gehandelt, sodass er dem Kontrahenten grundsätzlich nach § 179 BGB – idR mangels Kenntnis nur nach Abs 2 auf das negative Interesse – haftet (BRHP/Schäfer § 167 Rn 57; Jauernig/Mansel § 167 Rn 11; MünchKomm/Schubert § 167 Rn 53; NK-BGB/Ackermann § 167 Rn 27; PWW/Frensch § 167 Rn 17; Soergel/Leptien § 166 Rn 22; Bork Rn 1479, 1621; Enneccerus/Nipperdey § 203 III 8; Faust § 28 Rn 12; Frotz 325 f; Mock JuS 2008, 391, 393; vgl auch § 166 Rn 17. – Einschränkend Stüsser 44 ff mwNw; Schwarze JZ 2004, 588 f, 595; zum evtl Vorrang eines Anspruchs gegen den Vertretenen aus § 122 BGB bei Anfechtung der *Innenvollmacht* s noch Rn 82). Allerdings greift diese Haftung gem § 179 Abs 3 S 2 BGB nicht ein, wenn der Vertreter beschränkt geschäftsfähig war und ohne Zustimmung seines gesetzlichen Vertreters gehandelt hat (Soergel/Leptien § 166 Rn 23). Flume (§ 52 5 e; zust Pawlowski Rn 738) sieht allerdings durch die Haftung nach § 179 BGB den Vertreter überfordert, weil man ihn für Willensfehler des Vertretenen einstehen lässt. Er wendet sich daher grundsätzlich gegen eine Haftung des wegen Vollmachtsanfechtung nunmehr vollmachtlosen Vertreters, sofern dieser nicht die Anfechtbarkeit kannte oder kennen musste (§ 142 BGB). Die Haftungsfolge rechtfertigt sich aber doch aus der Tatsache, dass der Vertreter dem von ihm mit dem Dritten geschlossenen Geschäft die Behauptung einer Vollmacht zugrunde legt, auf die der Dritte vertrauen kann; im Verhältnis zum Dritten sollte er das Risiko für deren Bestehen schlechthin, also verschuldensunabhängig tragen, nicht anders als etwa im Falle einer wegen Geschäftsunfähigkeit des Vollmachtgebers unwirksamen Vollmacht (vgl Schilken 41; Stüsser 47 ff; zust auch MünchKomm/Schubert § 167 Rn 53; K-BGB/Ackermann § 167 Rn 27; PWW/Frensch § 167 Rn 17).

82 Nach wirksamer Anfechtung der Vollmacht entsteht die Frage, wem **Ansprüche nach § 122 Abs 1 BGB** zustehen. Im Falle der Anfechtung einer externen Vollmacht ist dies – vorbehaltlich des Ausschlusses nach Abs 2 – sicher der Kontrahent des Vertretenen (Erman/Maier-Reimer § 167 Rn 46; MünchKomm/Schubert § 167 Rn 53; NK-BGB/Ackermann § 167 Rn 26; PWW/Frensch § 167 Rn 17; Soergel/Leptien § 166 Rn 23; Bork Rn 1473; Flume § 52 5 c; Pawlowski Rn 738; Schilken 38; Stüsser 44; Mock JuS 2008, 391, 393). Analog § 122 BGB kann aber auch ein Ersatzanspruch des gutgläubigen Vertreters wegen seiner Haftung aus § 179 Abs 2 BGB in Betracht stehen (BGB-RGRK/Steffen § 167 Rn 26; BRHP/Schäfer § 167 Rn 58; NK-BGB/Ackermann § 167 Rn 26; Palandt/Ellenberger § 167 Rn 3; PWW/Frensch § 167 Rn 17; Soergel/Leptien § 166 Rn 23; ähnlich Bork Rn 1473: eher über § 426 BGB [Fn 76]; dem zust Faust § 28 Rn 12), der ihm ohnehin bei Anfechtung einer Innenvollmacht zusteht (s nur BRHP/Schäfer § 167 Rn 56). – Umgekehrt wird nach der wirksamen Anfechtung einer internen Vollmacht auch dem Kontrahenten von der ganz hL ein Ersatzanspruch nach § 122 BGB gegen den Vertretenen – überwiegend, aber nicht einheitlich bei gleichzeitigem Ausschluss der Haftung des Vertreters in teleologischer Reduktion des § 179 Abs 2 BGB – zugebilligt (BGB-RGRK/Steffen § 167 Rn 26; BRHP/Schäfer § 167 Rn 57; Erman/Maier-Reimer § 167 Rn 46; MünchKomm/Schubert § 167 Rn 54; NK-BGB/Ackermann § 167 Rn 26; Palandt/Ellenberger § 167 Rn 3; PWW/Frensch § 167 Rn 18; Soergel/Leptien § 166 Rn 23; Boecken Rn 629; Flume § 52 5 c; Grigoleit/Herresthal Rn 521; Hübner Rn 1248; Medicus/Petersen Rn 945; Schmidt Rn 805; Wertenbruch § 30 Rn 6; Wolf/Neuner § 50 Rn 26; Becker/Schäfer JA 2006, 597, 600, 601; Kellermann JA 2005, 406, 407; Mock JuS 2008, 391, 393; Pfeifer JuS 2004,

694, 696 f; vgl auch Petersen AcP 201, 375, 385 ff – **Abl** zu Recht Bork Rn 1473, Rn 1479; Enneccerus/Nipperdey § 203 III 8 b; Faust § 28 Rn 12; Hübner Rn 1248 f; Wolf/Neuner § 50 Rn 32; Canaris 546; Schilken 39 ff mwNw; Stüsser 49 ff; Lüderitz JuS 1976, 765, 770; Metzing JA 2018, 413, 417; Schwarze JZ 2004, 588 ff. Für eine Bescvhränkung der Haftung auf das negative Interesse gem/analog § 122 BGB in allen Fällen MünchKommHGB/Krebs Vorbem 60 f zu § 48).

Es ist aber zu bedenken, dass ein unmittelbarer Kontakt des Vertretenen zum Dritten in diesem Fall fehlt und dieser nur auf die Vollmachtsbehauptung des Vertreters vertrauen kann. Deshalb erscheint es sachgemäß, den Dritten mit dem Bonitätsrisiko seines Anspruchs gegen den Vertreter gem § 179 BGB (s Rn 81) zu belasten, falls er nicht ohnehin dessen Anspruch aus § 122 BGB gegen den Geschäftsherrn verwerten kann (vgl dazu Flume § 52 5 e). IÜ kann durchaus auch der Stellvertreter der vermögendere Schuldner sein, so dass das Insolvenzrisiko kein wirklich überzeugendes Argument liefern kann. Die zT vertretene kumulative Gewährung eines Anspruchs aus § 179 BGB gegen den Vertreter und analog § 122 BGB gegen den Vertretenen als Gesamtschuldner (BRHP/Schäfer § 167 Rn 57; Jauernig/Mansel § 167 Rn 11; MünchKomm/Schubert § 167 Rn 54; NK-BGB/Ackermann § 167 Rn 28; PWW/Frensch § 167 Rn 18; Soergel/Leptien § 166 Rn 23; Hoffmann JuS 1970, 571; s auch die Nachw zuvor) unterstellt eine nicht bestehende Gesetzeslücke (**aA** insoweit MünchKomm/Schubert § 167 Rn 53) und stellt – auch im Vergleich zur Außenbevollmächtigung – eine ungerechtfertigte Bevorzugung des Dritten dar. Haftet der Stellvertreter wegen beschränkter Geschäftsfähigkeit nach § 179 Abs 3 S 2 BGB nicht (vgl Flume § 52 5 e), so erscheint die Gleichstellung mit Fällen des Fehlens der Vertretungsmacht aus sonstigen Gründen weniger überzeugend und die Gewährung eines Anspruchs analog § 122 BGB immerhin erwägenswert (s BRHP/Schäfer § 167 Rn 57 aE), doch kann hier mit einer Anwendung der Regeln über die Drittschadensliquidation oder einer Abtretung des Anspruchs des Vertreters an den Dritten geholfen werden (vgl Schilken 40 f; Bork Rn 1479).

In keinem Fall können entgegen einer verbreitet vertretenen Auffassung (NK-BGB/ **82a** Ackermann § 167 Rn 23; Erman/Maier-Reimer § 166 Rn 40 [nur bei § 123, s dazu aber noch unten]; NK-BGB/Ackermann § 167 Rn 23; Brox/Walker § 25 Rn 42; Medicus/Petersen Rn 899, 902; Wolf/Neuner § 49 Rn 91; Müller-Freienfels 402 ff; Brox JA 1989, 449, 451 f; Roth, in: FS Gaul [1997] 585, 591; vgl auch BGHZ 51, 141; KG FamRZ 1966, 153. – Abl BGB-RGRK/Steffen § 166 Rn 22; HKK/Schmoeckel §§ 164–181 Rn 28; MünchKomm/Schubert § 166 Rn 107; PWW/ Frensch § 166 Rn 11; Soergel/Leptien § 166 Rn 33; Bork Rn 1474, Rn 1655 f; Flume § 52 5 f; Pfeifer JuS 2004, 694, 695 f; Schilken 44 ff mwNw) **Willensmängel des Geschäftsherrn** bei der Vollmachtserteilung über eine Analogie zu § 166 Abs 2 BGB zu einer unmittelbaren Anfechtbarkeit des Vertretergeschäfts führen, und zwar auch nicht im Falle der konkreten Anweisung zur Vornahme des Rechtsgeschäfts (dafür Roth, in: FS Gaul [1997] 585, 591; zust NK-BGB/Ackermann § 167 Rn 23; s dazu näher § 166 Rn 17, Rn 28 mwNw). Diese Lösung verkehrt den gegen den Vertretenen gerichteten und zudem auf Wissen(müssen) beschränkten Zweck des § 166 Abs 2 BGB in sein Gegenteil, verstößt gegen den unmissverständlichen Wortlaut der Vorschrift, höhlt das Abstraktionsprinzip mit seiner Verkehrsschutzfunktion aus und berücksichtigt im Übrigen nicht, dass auch der Stellvertreter ein schützenswertes Interesse gerade am Bestand des betreffenden Rechtsgeschäfts haben kann. In den Fällen arglistiger Täuschung des Vertretenen durch den Geschäftspartner bei der Vollmachtserteilung – und ebenso bei widerrechtlicher Drohung – ist allerdings bei für § 123 BGB ausreichender Kausalität für den Abschluss des Geschäfts dieses ohnehin unmittelbar anfechtbar (ähnlich ERMAN/MAIER-REIMER § 166 Rn 40); auch in den Irrtumsfällen kann es aber so liegen, dass der Vertreter bei der Abgabe seiner Erklärung zB aufgrund bestimmter Weisungen dem gleichen Irrtum unterliegt wie der Geschäftsherr bei der Vollmachterteilung (s § 166 Rn 17; SCHILKEN 47; vgl auch BGHZ 51, 141; SOERGEL/LEPTIEN § 166 Rn 33).

VI. Umfang und Überschreitung der Vollmacht

1. Die Bestimmung des Vollmachtsumfangs

83 a) Während frühere Rechte grundsätzlich nur die Spezialvollmacht zugelassen hatten und dies heute noch für viele ausländische Rechte gilt (vgl MÜLLER-FREIENFELS 73 Fn 36), enthält das BGB keine Vorschriften über den Umfang der Vollmacht (ENNECCERUS/NIPPERDEY § 185 I; HKK/SCHMOECKEL §§ 164–181 Rn 18). Ohne Legaldefinition kann man daher begrifflich die *Generalvollmacht* von der *Spezialvollmacht* unterscheiden. Erstere berechtigt zur Vornahme aller Rechtsgeschäfte oder doch zur Vornahme aller Rechtsgeschäfte einer bestimmten Art; dann wird sie *Art- oder Gattungsvollmacht* genannt. Kaufmännische Generalvollmacht ist die *Prokura* gem § 49 HGB, während die *Handlungsvollmacht* iS des § 54 Abs 1 HGB demgegenüber geringeren Umfang hat. Beide können hier nicht näher behandelt werden (ausf zB MünchKommHGB/KREBS Anm zu §§ 48 ff; DREXL/MENTZEL Jura 2002, 289 und 375; MÜLLER JuS 1998, 1000 ff), ebenso wenig die besondere Problematik der Generalvollmacht im Rahmen der handelsrechtlichen Vollmachten (s näher MünchKommHGB/KREBS Vorbem 74 ff vor § 48). Während die Spezialvollmacht grundsätzlich nur zu bestimmten Rechtsgeschäften berechtigt, ist die *Generalvollmacht* grundsätzlich eine umfassende Vollmacht. Dennoch können sich aber Grenzen ergeben aus dem erkennbaren Willen des Vertretenen (vgl etwa RGZ 52, 96, 100; LAG Düsseldorf DB 1975, 688), bei Rechtsgeschäften mit besonderem persönlichen Bezug (s etwa OLG Düsseldorf NJW-RR 1997, 903), uU auch bei außergewöhnlichen Geschäften (vgl RGZ 52, 96, 100; BGH NJW 1988, 3012; OLG Frankfurt NJW-RR 1987, 482). Insgesamt ist jedenfalls eine sorgfältige, im Zweifel einschränkende Auslegung geboten (RGZ 143, 196, 199; BGH NJW-RR 2009, 254, 257; für den Grundbuchverkehr OLG München NJOZ 2014, 405 und 20. 11. 2015 – 34 Wx 475/14 Rn 29 ff, ZfIR 2016, 117; BRHP/SCHÄFER § 167 Rn 27; ERMAN/MAIER-REIMER § 167 Rn 49 ff; MünchKomm/SCHUBERT § 167 Rn 56 ff; NK-BGB/ACKERMANN § 167 Rn 45; PALANDT/ELLENBERGER § 167 Rn 5; PWW/FRENSCH § 167 Rn 27; SOERGEL/LEPTIEN § 167 Rn 39, Rn 41). Besondere Grenzen können sich bei Gesellschaften (s dazu unter dem Aspekt des Verbots der Fremdorganschaft BGHZ 36, 292, 295; NK-BGB/ACKERMANN § 167 Rn 46; SOERGEL/LEPTIEN § 167 Rn 41 mwNw) und bei der GmbH (zur Unzulässigkeit einer Geschäftsführungs-Generalvollmacht BGH NJW 1977, 199; NJW-RR 2002, 1325; SOERGEL/LEPTIEN § 167 Rn 41 mwNw) ergeben. Vorsorgevollmachten sind idR als Generalvollmachten ausgestaltet (s noch Rn 86a). Zur *postmortalen Vollmacht* s § 168 Rn 28 ff.

84 b) Für die Bestimmung des Vollmachtsumfangs ist der geäußerte **Wille des Vertretenen** maßgebend. Ist dieser Wille zweifelsfrei, so ist er keiner Auslegung fähig. Anderenfalls findet die **Auslegung** nach den allgemeinen Regeln der §§ 133, 157 BGB statt (BRHP/SCHÄFER § 167 Rn 24; ERMAN/MAIER-REIMER § 167 Rn 49 ff; Hk-BGB/DÖRNER § 167 Rn 10; JAUERNIG/MANSEL § 167 Rn 2; MünchKomm/SCHUBERT § 167 Rn 56; NK-BGB/ACKERMANN § 167 Rn 44; PALANDT/ELLENBERGER § 167 Rn 5; PWW/FRENSCH § 167 Rn 27;

Soergel/Leptien § 167 Rn 39; ausf zB auch Hirsch Rn 885 ff; Schmidt Rn 724 ff; Papenmeier 9 ff; Mock JuS 2008, 391, 394). Diese kann beim Verbot der Buchstabenauslegung zur Ermittlung des wirklichen Willens führen, sodass zB trotz Gebrauchs des Wortes „Generalvollmacht" nach dem Willen des Vollmachtgebers eine beschränkte Vertretungsmacht entstehen kann (BGB-RGRK/Steffen § 167 Rn 23; MünchKomm/Schubert § 167 Rn 56; NK-BGB/Ackermann § 167 Rn 45 f mwNw; Soergel/Leptien § 167 Rn 41; s auch Rn 83). Bei Auslegung einer Vollmacht zur Auflassung oder zur Bestellung beschränkt dinglicher Rechte durch das Grundbuchamt ist allerdings der das *Grundbuchverfahren* beherrschende Bestimmtheitsgrundsatz zu beachten (BayObLG Rpfleger 1996, 332; 2005, 186; OLG Schleswig Rpfleger 1996, 402; OLG Hamm FGPrax 2005, 240; OLG München NJW-RR 2013, 389; MünchKomm/Schubert § 167 Rn 57 mwNw). Führt die Auslegung hierbei zu keinem eindeutigen Ergebnis hinsichtlich des Umfangs der Vollmacht, so ist der geringere Umfang anzunehmen (BayObLG Rpfleger 1996, 332; 2005, 186; OLG München NJW-RR 2011, 524; 2012, 392; FamRZ 2013, 909; MünchKomm/Schubert § 167 Rn 57). Entsprechendes gilt für eine Vollmacht zur Anmeldung zum *Handelsregister* (OLG Düsseldorf NJW-RR 2013, 746, 747 mwNw).

Da es bei der Auslegung letztlich auf den verständigen Empfängerhorizont ankommt, ist nach allgM (exemplarisch BRHP/Schäfer § 167 Rn 25 f; Erman/Maier-Reimer § 167 Rn 49 ff; MünchKomm/Schubert § 167 Rn 60 ff; NK-BGB/Ackermann § 167 Rn 44) auch die *Art der Vollmachtserteilung* (Innenvollmacht, Außenvollmacht, kundgegebene Vollmacht, s Rn 12) zu berücksichtigen; bei der reinen Innenvollmacht ist auf das Verständnis des Vertreters (s etwa BGH NJW 1991, 3141; NJW 2010, 1200, 1202 und 1203, 1204), iÜ auf das des Geschäftsgegners (s zB RGZ 143, 196, 199; BGH 23. 2. 2017 – III ZB 60/16 Rn 16, NJW 2017, 2683 zu § 172 BGB) abzustellen. Die Beschränkung der Vertretungsbefugnis für Verfügungen in einem Gesellschaftsvertrag erfasst bei interessengerechter Auslegung auch Verpflichtungsgeschäfte (BGH NJW-RR 2004, 1265 m Anm Naraschewski EWiR 2004, 1013).

c) Nach den allgemeinen Auslegungsregeln ist im Sinne einer *historischen Auslegung* auch das frühere Verhalten des Vertretenen zu berücksichtigen. Weiterhin führt die *Beachtung der Interessenlage* zu dem für die Vollmacht allgemein anerkannten Satz, dass im Zweifel einschränkend der geringere Umfang gewollt ist (s Rn 83). So berechtigt zB die *Bankvollmacht* (enger: *Kontovollmacht*) – die im Formularfalle zudem der AGB-Kontrolle nach §§ 305c Abs 1, 307 BGB unterliegt (vgl PWW/Frensch § 167 Rn 28 mwNw) – nicht zu anderen Erklärungen im Geschäftsbetrieb des Vollmachtgebers (OLG Celle JW 1934, 992); grundsätzlich ist auch keine Berechtigung zur Kreditaufnahme – sei es auch in Form einer Kontoüberziehung – eingeschlossen (BGH MDR 1953, 346; OLG Hamm NJW 1992, 378; OLG Köln ZIP 2001, 1709, 1710 f mwNw; zust Fischer EWiR 2002, 187; OLG Oldenburg MDR 2007, 1207, 1208; s aber auch OLG Oldenburg WM 1996, 997, 999; OLG Köln WM 1999, 1003), ebenso wenig zur Zeichnung von Wechseln, zur Verpfändung von Wertpapieren (BGH WM 1969, 112) oder zur Umwandlung des Kontos (s dazu BGH NJW-RR 2009, 979, 980 [betr Ehegatten] mwNw, str, s Haertlein 27 f; zu Kontovollmachten bei Eheleuten s Krumm NZFam 2015, 841). Sie umfasst hingegen das Recht, über das Konto auch mittels Schecks zu verfügen (BGH WM 1986, 901; vgl auch KG JW 1923, 237). Eine Kontokorrentvollmacht berechtigt nicht zur Darlehensaufnahme (BGH NJW 1991, 923, 924; OLG Düsseldorf DRW 1939, 239), die Inkassovollmacht für eine Zahlstelle gilt nicht für andere Zahlstellen (RGZ 73, 347, 350). Eine Verhandlungsvollmacht ist keine Abschlussvollmacht (RGZ 162, 129, 156;

BGH NJW-RR 1991, 439, 441; Soergel/Leptien § 167 Rn 42). Die im Kundendienst tätigen Bankangestellten sind bevollmächtigt, den Kunden einschlägige Auskünfte zu erteilen und übliche Geschäfte abzuschließen (RGZ 86, 86; 118, 234, 240; BGH WM 1973, 635; OLG Düsseldorf ZIP 1989, 493, 495; OLG Koblenz MDR 1994, 1110; s auch Soergel/Leptien § 167 Rn 43). Die Beantragung einer Zusatzkreditkarte kann eine konkludente Bevollmächtigung zum Einsatz der Karte darstellen (Langenbucher NJW 2004, 3522 f). Zu weiteren Einzelheiten s Canaris, Bankvertragsrecht 1. Teil (3. Aufl 1988) Rn 164 ff; Schramm/Dauber § 36 Rn 5 ff.

Soweit ein *Innenverhältnis* besteht, kann auch dieses für die Auslegung der Vollmacht erheblich werden (BGH NJW 1991, 3141; BGB-RGRK/Steffen § 167 Rn 22; BRHP/Schäfer § 167 Rn 25; Erman/Maier-Reimer § 167 Rn 50; MünchKomm/Schubert § 167 Rn 60; NK-BGB/Ackermann § 167 Rn 45; Palandt/Ellenberger § 167 Rn 5; PWW/Frensch § 167 Rn 27; Soergel/Leptien § 167 Rn 39; Tempel 236; Lehmann/Hübner § 36 V 4; Gehrlein VersR 1995, 268, 269 f), idR allerdings nur bei Innenvollmacht. Zwingend ist die Übertragung von Schranken des Innenverhältnisses auf die Vollmacht wegen des Abstraktionsgrundsatzes keineswegs (RG Gruchot 52, 953, 957). Ohnehin können nach allgemeinen Auslegungsgrundsätzen nur solche Umstände herangezogen werden, die demjenigen bekannt waren, gegenüber dem von der Vollmacht Gebrauch gemacht wurde (RGZ 143, 196, 199; BGH NJW 1983, 1905, 1906; Tempel 235). Für den Umfang einer Außenvollmacht kommt es deshalb darauf an, wie der Erklärungsgegner das Verhalten des Vollmachtgebers verstehen durfte und musste (BGH NJW-RR 2000, 745, 746; s auch die Nachw Rn 84). Im Hinblick darauf können sich allerdings uU auch bei bloßer Verhandlungsvollmacht Rechtsfolgen bis hin zu einer Rechtsscheinsvollmacht ergeben (vgl BGH WM 1971, 1500; OLG Oldenburg WM 1995, 1403; Soergel/Leptien § 167 Rn 42).

86 d) Bei der auslegenden Bestimmung des für den Vollmachtsumfang erheblichen Willens ist die *Verkehrssitte* zu berücksichtigen (BGH DB 1970, 1126; BGB-RGRK/Steffen § 167 Rn 22; BRHP/Schäfer § 167 Rn 26; Erman/Maier-Reimer § 167 Rn 51; MünchKomm/Schubert § 167 Rn 56; NK-BGB/Ackermann § 167 Rn 45; Palandt/Ellenberger § 167 Rn 5; PWW/Frensch § 167 Rn 27). Sie wird vor allem insoweit wichtig, als der Vollmachtsumfang nach den üblicherweise an bestimmte *Berufsgruppen* erteilten Vollmachten bemessen wird (eingehende Übersicht mit Beispielen und Nachw auch bei Erman/Maier-Reimer § 167 Rn 52 ff; jurisPK-BGB/Weinland § 167 Rn 22 ff; MünchKomm/Schubert § 167 Rn 68 ff; NK-BGB/Ackermann § 167 Rn 47 ff; PWW/Frensch § 167 Rn 28 ff; Soergel/Leptien § 167 Rn 43 ff).

So umfasst die Vollmacht eines *Hausverwalters* zwar das Betreten von Mietwohnungen anstelle des Eigentümers (LG Köln MDR 1957, 41), auch die Anerkennung von Erstattungsforderungen des Mieters wegen einer Wohnungsinstandsetzung, nicht aber die Umwandlung einer solchen Forderung in eine andere Verpflichtung des Vermieters (LG Berlin HuW 1956, 210). Die Vollmacht eines *Gutsverwalters* schließt Geschäfte über die Ernte ein (OLG München HRR 1940 Nr 69), nicht aber die Eingehung von Wechselverbindlichkeiten (RG LZ 1931, 566). Die einer *Anwaltssozietät* erteilte Vollmacht umfasst iZw alle Anwälte (BGH NJW-RR 1988, 1299; vgl zur Haftung eines Angehörigen einer so genannten gemischten Sozietät, der nicht selbst Anwalt ist, OLG Köln NJW-RR 1997, 438; zur Haftung in einer Scheinsozietät BGH NJW 1999, 3040 ff), auch diejenigen, die nach bisherigem Zulassungsrecht nicht beim Prozessgericht, sondern

Titel 5
Vertretung und Vollmacht § 167

nur beim Berufungsgericht zugelassen waren (OLG Düsseldorf AnwBl 1995, 193, 194); entsprechendes gilt für *Steuerberater* (vgl BGH NJW 1990, 827) und *Ärzte* (vgl BGHZ 97, 277). Für den Umfang einer *Prozessvollmacht* einschliesslich materiellrechtlicher Erklärungen sind die §§ 80 ff ZPO – namentlich § 81 ZPO – maßgeblich (s etwa BGH NJW 1992, 1963, 1964; 2003, 963, 964 [Empfangsvollmacht für Mieterhöhungsverlangen]; NJW-RR 2000, 745 [Empfangsvollmacht für Kündigung]; Schilken, Zivilprozessrecht [7. Aufl 2014] Rn 89 ff). Die Bevollmächtigung eines *Notars* mit dem Vollzug eines notariellen Vertrages nebst Einholung erforderlicher Genehmigungen umfasst die Befugnis, einen vollmachtlos vertretenen Beteiligten zur Erklärung über die Genehmigung aufzufordern und diese entgegenzunehmen (BGH Rpfleger 1959, 219, 220; OLG Köln NJW 1995, 1499; krit dazu NK-BGB/Ackermann § 167 Rn 51). Die Vollmacht beschränkt sich aber idR auf die üblichen Erklärungen zur Vertragsdurchführung zwischen den Vertragsparteien – insoweit dann auch Belastungsgeschäfte und Löschungsbewilligungen (s BayObLG NJW-RR 1995, 1167, 1168; OLG Düsseldorf WM 1998, 1922, 1924; FGPrax 2000, 55, 56; OLG München Rpfleger 2006, 392) –, umfasst aber nicht inhaltlich abweichende Rechtsgeschäfte (BGH NJW 2002, 2863) oder die Auflassung an einen Dritten (OLG Hamm NJW-RR 2001, 376). Beim Immobilienverkauf kann die Erteilung einer *Belastungsvollmacht* seitens des Verkäufers an den Käufer die Abwicklung der Transaktion fördern, weil sie die Bestellung einer Grundschuld schon vor Darlehensauszahlung ermöglicht (s dazu näher Kesseler DNotZ 2017, 651; Nodoushani ZfIR 2017, 305; vgl BGH 21. 4. 2016 –V ZB 13/15 Rn 9 ff, DNotZ 2016, 853).

Die Vollmacht des *Architekten* ist im Zweifel iS einer sog Mindestvollmacht auf **86a** üblicherweise vom Architekten für den Bauherrn getätigte Geschäfte beschränkt (BGH NJW 1978, 995; OLG Köln MDR 1962, 214; OLG Stuttgart MDR 1965, 573; Erman/Maier-Reimer § 167 Rn 53; MünchKomm/Schubert § 167 Rn 68; NK-BGB/Ackermann § 167 Rn 49; PWW/Frensch § 167 Rn 29; Soergel/Leptien § 167 Rn 45 ff; s auch Jagenburg BauR 1978, 180 und NJW 1997, 2277, 2280 f; Meissner BauR 1987, 497; Quack BauR 1995, 441; Pauly BauR 1998, 1143; Schmalzl MDR 1977, 622; zur Rechtsscheinsvollmacht in solchen Fällen s oben Rn 35). Die Erteilung neuer Aufträge ist grundsätzlich nicht darin eingeschlossen (BGH MDR 1975, 834; OLG Hamm MDR 1975, 488; OLG Stuttgart BauR 1994, 789; OLG Celle BauR 1997, 174; zu kleineren Aufträgen s aber OLG Stuttgart NJW 1966, 1461 und MDR 1982, 1016; vCraushaar BauR 1982, 421; Jagenburg BauR 1978, 183; anders bei „umfänglicher Bevollmächtigung", OLG Köln NJW-RR 2013, 265), ebenso wenig ohne besondere Umstände ein Anerkenntnis, Verzicht oder Vergleich bezüglich Schlussrechnungen (BGH NJW 1960, 859; OLG Stuttgart MDR 1965, 573; OLG Düsseldorf BauR 1996, 740; zum Vollmachtsumfang bei Beauftragung mit einer Schlussrechnungsprüfung s OLG Schleswig BauR 2006, 155) oder die Abnahme der Bauleistungen (OLG Düsseldorf NJW-RR 2001, 14, 15; Brandt BauR 1972, 69 ff; Jagenburg BauR 1978, 185), wohl aber das Aussprechen von Mängelrügen und Vorbehalten (BGH NJW 1977, 1634; 1978, 1631) oder die Entgegennahme von Erläuterungen zu Rechnungen (BGH NJW 1978, 994). Insgesamt lässt sich ein fest umrissener, allgemein verlässlicher Inhalt der Architektenvollmacht auch angesichts differierender Instanzrechtsprechung jedenfalls über die erwähnte Mindestvollmacht hinaus nicht feststellen (BGH BB 1963, 111; vgl NK-BGB/Ackermann § 167 Rn 49; Erman/Maier-Reimer § 167 Rn 53; Soergel/Leptien § 167 Rn 45, 47 mwNw). Freilich können in diesem Zusammenhang auch die in der Rechtsprechung anerkannten Regeln der Rechtsscheinsvollmacht (s oben Rn 34 ff) Bedeutung erlangen (vgl vCraushaar BauR 1982, 423; Soergel/Leptien § 167 Rn 46). Zur *Bankvollmacht* s Rn 85.

§ 167

Ein *Baubetreuer* kann bei Bauaufträgen in Vollmacht des Bauherrn handeln (BGHZ 67, 334; 76, 86, 90); die Auslegung der „Bevollmächtigung" kann aber auch eine mittelbare Stellvertretung (s dazu Vorbem 42 ff zu §§ 164 ff) ergeben (OLG Düsseldorf Betrieb 1978, 583; vgl auch PFEIFFER NJW 1974, 1449). Parallelen zur Architektenvollmacht erscheinen im Übrigen gerechtfertigt (zutr SOERGEL/LEPTIEN § 167 Rn 48). Eine Schiedsvereinbarung kann der Baubetreuer zu Lasten des Bauherrn nicht treffen (BGHZ 76, 86, 90), wohl uU Grundpfandrechte zur Baufinanzierung bestellen (vgl BGH WM 1977, 78). Auch ein *Bauträger* kann zur Bestellung beschränkt dinglicher Rechte bevollmächtigt sein, wobei freilich auch hier der grundbuchrechtliche Bestimmtheitsgrundsatz (s Rn 84) zu beachten ist (BayObLG Rpfleger 2005, 186; OLG München MittBayNot 2009, 296). Zur *Bankvollmacht* s Rn 85.

Ein *Versicherungsmakler* ist normalerweise nicht zur Annahme von Prämienzahlungen bevollmächtigt (OLG Hamburg HansRGZ 1928 B 294; zu einer Vollmacht zur Kündigung von Versicherungsverträgen vgl OLG Hamm NJW 1991, 1185). Den gesetzlichen Umfang der Vertretungsmacht eines *Versicherungsvertreters* regeln die §§ 69 ff VVG; ist der Versicherungsvertreter zum Abschluss von Versicherungsverträgen bevollmächtigt, so ist er gem § 71 VVG auch befugt, die Änderung oder Verlängerung solcher Verträge zu vereinbaren sowie Kündigungs- und Rücktrittserklärungen abzugeben. In Fällen einer *Mitversicherung* wird idR ein Führender bestimmt und diesem entsprechende Vollmacht durch Aufnahme einer Führungsklausel in die geschlossenen Verträge erteilt (s dazu ausf LANGE/DREHER VersR 2008, 289). Im *Handelsverkehr* ist der Filialleiter eines Supermarktes neben den Kassierern zur Entgegennahme von Zahlungen (OLG Karlsruhe MDR 1980, 849), ein angestellter Kraftfahrer uU zur Vereinbarung von Reparaturbedingungen (BGH BB 1953, 956) bevollmächtigt, ein Fernlastfahrer aber nicht zum Abschluss von Beförderungsverträgen (OLG Bamberg NJW 1949, 506) und der Nachtportier eines Hotels nicht zur Entgegennahme von Wertsachen für den Safe (RGZ 99, 70). Ein *Anlageberater* kann vom Verkäufer stillschweigend zum Abschluss eines Beratungsvertrages mit dem Käufer bevollmächtigt sein (BGHZ 140, 111, 116 f; BGH NJW 2013, 1873, st Rspr).

Das Bestehen der ehelichen Lebensgemeinschaft begründet keine Grundlage – auch keinen Rechtsschein – für die Bevollmächtigung eines *Ehegatten* durch den anderen (BGH NJW 1994, 1649; OLG Hamm NJW-RR 1997, 263, 264; PAULY/LEGLEITER Jura 1995, 193; zu Kontovollmachten bei Eheleuten s KRUMM NZFam 2015, 841; zur nichtehelichen Lebensgemeinschaft s MESSERLE JuS 2001, 28, 29). Freilich wird in der Praxis doch häufig – zB beim Abschluss von Mietverträgen (s etwa OLG Düsseldorf WuM 1989, 362; OLG Oldenburg ZMR 1991, 268; OLG Schleswig WuM 1992, 674; krit PASCHKE WuM 2008, 59) – mit der tatsächlichen Vermutung einer Vollmacht gearbeitet (vgl GEHRLEIN VersR 1995, 268 ff); § 1357 BGB bleibt ohnehin unberührt. Zunehmende Bedeutung kommt in der Praxis im Hinblick auf die Subsidiarität der Betreuung (§§ 1896 ff BGB) der Erteilung einer *(Alters-) Vorsorgevollmacht* zu, die sich nicht lediglich auf die Vermögenssorge, sondern auch auf die Personensorge sowie die Prozessführung erstrecken und gem § 1896 Abs 2 S 2 BGB die Bestellung eines Betreuers erübrigen kann (s dazu ausf STAUDINGER/BIENWALD [2017] § 1896 Rn 263 ff mwNw; MünchKomm/SCHUBERT § 164 Rn 76 ff; TSCHERSICH paassim, insbes 42 ff; zur Unterbevollmächtigung RENNER NotBZ 2009, 207; zu Konsequenzen eines Vollmachtsmissbrauchs ausf TSCHERSICH 61 ff; HORN/SCHABEL NJW 2012, 3473; zum Grundstücksverkehr ZIMMER ZfIR 2016, 769; zu Vorsorgevollmachten bei Gesellschaften s RAUB, Vorsorgevollmachten im Personengesellschaftsrecht [2012]; SCHÄFER ZHR 175 [2011] 557; WEDEMANN ZIP 2013,

1508). Den Umfang einer solchen Vorsorgevollmacht, bei der es sich im Grundsatz auch um eine Vollmacht iSd § 167 BGB handelt, kann der Vertretene autonom bestimmen (MünchKomm/SCHUBERT § 167 Rn 77, dort Rn 88 zur Bedeutung im Verhältnis zu Kreditinstituten).

e) Bei der Bestimmung des Umfangs einer Vollmacht ist schließlich der *Maßstab* **87** *von Treu und Glauben* zu beachten (BGH NJW 1960, 859; Betrieb 1970, 1126; BRHP/ SCHÄFER § 167 Rn 27; MünchKomm/SCHUBERT § 167 Rn 56; NK-BGB/ACKERMANN § 167 Rn 45; PWW/FRENSCH § 167 Rn 27). Dieser wirkt vor allem einschränkend *gegenüber außergewöhnlichen Geschäften* (RGZ 52, 96, 100; BGH BB 1953, 956). So ist zB der Angestellte eines Händlers nicht zum Verkauf des ganzen Geschäfts bevollmächtigt (OLG München HRR 1940 Nr 488).

Die Einschränkung der Vollmacht nach Maßgabe von Treu und Glauben gilt auch in den Fällen der Generalvollmacht (s oben Rn 83; ferner RGZ 52, 96, 99; 71, 219, 222; OLG Zweibrücken NJW-RR 1990, 931). So umfasst zB eine Generalvollmacht nicht die Befugnis, für den Vertretenen einen Lebensversicherungsvertrag abzuschließen (LG Köln VersR 1957, 242). Ebenso wenig ist anzunehmen, dass ein Generalbevollmächtigter berechtigt sein soll, Erklärungen des Vertretenen unmittelbar nach deren Abgabe wieder zu beseitigen (LAG Düsseldorf Betrieb 1957, 688).

f) Wie bei allen Willenserklärungen, so kann auch bei der Bevollmächtigung eine **88** *ergänzende Auslegung* stattfinden (BRHP/SCHÄFER § 167 Rn 27; MünchKomm/SCHUBERT § 167 Rn 56; NK-BGB/ACKERMANN § 167 Rn 44). Dies gilt zB, wenn eine Vollmacht zu einem bestimmten Zweck erteilt wurde und zur Erreichung dieses Zweckes Erklärungen erforderlich werden, die nicht vorhergesehen waren. Sie sind dann nach dem Gesamtbild der verfolgten Interessen und dem daraus geschlossenen hypothetischen Parteiwillen von der Vollmacht gedeckt.

2. Die Vollmachtsüberschreitung

a) Nimmt der Vertreter mit Wirkung für und gegen den Vertretenen ein Rechts- **89** geschäft vor, das außerhalb der mit seiner Vollmacht begründeten Befugnis liegt, so handelt es sich um eine **Vollmachtsüberschreitung**. Ist das vorgenommene *Rechtsgeschäft unteilbar,* so unterfällt es insgesamt den Regeln der §§ 177 ff BGB (RG JW 1937, 2036; BGB-RGRK/STEFFEN § 177 Rn 2; BRHP/SCHÄFER § 167 Rn 46; MünchKomm/SCHUBERT § 177 Rn 11); eine analoge Anwendung des § 120 BGB scheidet angesichts der abweichenden Rechtsstellung des Boten (s Vorbem 73 ff zu §§ 164 ff) und insbes im Hinblick auf § 166 Abs 1 BGB aus (STAUDINGER/SINGER [2017] § 120 Rn 7; BOECKEN Rn 518 mwNw, ganz hM; krit KIEHNLE VersR 2008, 1606, 1610 im Anschluss an ROSENBERG 292 ff, mwNw zur hM). Ist dagegen das vorgenommene *Rechtsgeschäft teilbar,* so ist der innerhalb der Vertretungsmacht verbleibende Teil mit Fremdwirkung vorgenommen (BRHP/ SCHÄFER § 167 Rn 46; MünchKomm/SCHUBERT § 177 Rn 11; ENNECCERUS/NIPPERDEY § 183 I 4), und nur für den überschießenden Teil liegt ein Handeln als Vertreter ohne Vertretungsmacht vor. Wird dieses Handeln vom Vertretenen nicht genehmigt, auch nicht durch schlüssiges Verhalten (s oben Rn 29), so entsteht für den in Wahrung der Vertretungsmacht vorgenommenen Teil des Geschäfts nach Maßgabe des *§ 139 BGB* die Frage seiner Fortgeltung (BGH NJW 1970, 240; BRHP/SCHÄFER § 167 Rn 46, § 177 Rn 6; ERMAN/MAIER-REIMER § 177 Rn 4; MünchKomm/SCHUBERT § 177 Rn 11; NK-BGB/

ACKERMANN § 177 Rn 12; PALANDT/ELLENBERGER § 167 Rn 10; SOERGEL/LEPTIEN § 177 Rn 7; KÖHLER § 11 Rn 73; ausführlich SCHÄFER 41 ff; GERHARDT JuS 1970, 326). Nichtigkeit des Gesamtgeschäfts tritt zB ein, wenn ein Vertreter bei einem Kauf vereinbart, dass zum Zwecke der Steuerhinterziehung der Geschäftsvorgang nicht verbucht werden solle (BGH NJW 1958, 57; PIKART WM 1959, 342). In diesem Fall haftet der Vertreter wegen des gesamten Geschäfts nach § 179 BGB, anderenfalls nur hinsichtlich des von der Vollmacht nicht gedeckten Teiles (SCHÄFER 42; s auch § 177 Rn 5 f, § 179 Rn 8).

90 **b)** Allerdings kann trotz einer Vollmachtsüberschreitung auch sogleich eine für den Vertretenen wirksame Rechtsfolge ausgelöst werden, wenn die Grundsätze der *Rechtsscheinsvollmacht* zur Anwendung gelangen (s oben Rn 34 ff). Dies gilt zB, wenn ein Prozessvertreter ohne Geldempfangsvollmacht Zahlungen der Gläubiger annimmt (BayObLGZ 1957, 298) oder wenn der Regulierungsbearbeiter einer Haftpflichtversicherung ihm nicht zustehende Reparaturaufträge erteilt (BGH VersR 1965, 133).

VII. Der Missbrauch der Vertretungsmacht*

1. Das Fehlen einer gesetzlichen Regelung

91 **a)** Die Verselbständigung der Vertretungsmacht gegenüber dem zugrunde liegenden Innenverhältnis (s Vorbem 33 zu §§ 164 ff) birgt die Gefahr eines Missbrauchs der Vertretungsmacht in sich. Dennoch wird unter dem Gesichtspunkt, dass der Abstraktheitsgrundsatz der Verkehrssicherheit dienen soll, grundsätzlich auch ein

---

* **Schrifttum:** BÄUMER, Der Vollmachtsmißbrauch und das Problem der abstrakten Vollmacht (Diss Köln 1939); BERGER, Zur Frage des Mißbrauchs der Vertretungsmacht (Diss Köln 1936); CHELIDONIS, Haftungsgrundlagen bei hinweiswidrig ausgefüllten Blankobürgschaften (1998); DÖRNER, Dier Abstraktheit der Vollmacht (2018) 92 ff, 157 f; ECKNER, Der Mißbrauch der Stellvertretung (Diss Rostock 1937); EGGER, Mißbrauch der Vertretungsmacht, in: Baseler Festgabe für Wieland (1934) 47; FESTNER, Interessenkonflikte im deutschen und englischen Vertretungsrecht (2006) 210 ff; FISCHER, Der Mißbrauch der Vertretungsmacht, auch unter Berücksichtigung der Handelsgesellschaften, in: FS Schilling (1973) 3; FLECK, Mißbrauch der Vertretungsmacht oder Treuebruch des mit Einverständnis aller Gesellschafter handelnden GmbH-Geschäftsführers aus zivilrechtlicher Sicht, ZGR 1990, 31; FRIELING, Mißbrauch der Vertretungsmacht, insbesondere im Gesellschaftsrecht (Diss Münster 1961); GASSNER, Der Mißbrauch der Vertretungsmacht (Diss Erlangen 1941); GESSLER, Zum Mißbrauch organschaftlicher Vertretungsmacht, in: FS vCaemmerer (1978) 531; HECKELMANN, Mitverschulden des Vertretenen beim Mißbrauch der Vertretungsmacht, JZ 1970, 62; HEZEL, Der Mißbrauch der Vertretungsmacht (Diss Tübingen 1937); HÜBNER, Die Prokura als formalisierter Vertrauensschutz, in: FS Klingmüller (1974) 173; H H JAKOBS, Verfügung eines Nichtberechtigten durch Verfügungsmachtmißbrauch, JZ 2000, 28; JÖCKEL, Die Rechtsfolgen bei Missbrauch und Überschreitung der Vertretungsmacht (1975); JOHN, Der Mißbrauch organschaftlicher Vertretungsmacht, in: FS Mühl (1981) 349; JÜNGST, Der Mißbrauch organschaftlicher Vertretungsmacht (1981); MEINERS, Der Mißbrauch der Vollmacht (Diss Göttingen 1956); MERTENS, Die Schranken gesetzlicher Vertretungsmacht im Gesellschaftsrecht, JurA 1970, 466; MICHALSKI, Mißbrauch der Vertretungsmacht bei Überschreiten der Geschäftsführungsbefugnis, GmbH-Rdsch 1991, 349; OERTMANN, Scheingeschäft und Kollusion, Recht 1923, 74; PAULUS, Zur Zurechnung arglistigen Vertreterhandelns, in: FS Michaelis (1972) 215; PRÖLLS, Vertretung ohne Vertretungsmacht, JuS 1985, 577; 1986, 169; ROER-

Verstoß gegen die Regeln des Innenverhältnisses bei Ausübung der Vertretungsmacht in Kauf genommen. Das Risiko des Missbrauchs hat also in aller Regel der Vertretene zu tragen (BGH NJW 1999, 2883; BRHP/Schäfer § 167 Rn 48; Erman/Maier-Reimer § 167 Rn 70; Hk-BGB/Dörner § 167 Rn 9; Jauernig/Mansel § 164 Rn 8; MünchKomm/Schubert § 164 Rn 213; NK-BGB/Stoffels § 164 Rn 84; Palandt/Ellenberger § 164 Rn 13; PWW/Frensch § 164 Rn 67; Wolf/Neuner § 49 Rn 100; Lieder JuS 2014, 393, 395 f; Michalski/Arends NZG 1999, 1011; Mock JuS 2008, 486; Vahle DVP 2005, 189, 191). Erst wenn hierbei oder bei einer isolierten Vollmacht die Grenzen des rechtlich Tragbaren überschritten werden, spricht man von einem Vollmachtsmissbrauch. Die Problematik besteht aber grundsätzlich in gleicher Weise – freilich ohne die Bindung an den Willen des Vertretenen – bei der gesetzlichen/organschaftlichen Vertretungsmacht (s Rn 99).

b) Im Zusammenhang mit den Vorarbeiten zum BGB wurde dem Problem nur **92** geringe Aufmerksamkeit geschenkt. Lediglich der *Missbrauch gesetzlicher Vertretungsmacht* durch den Vormund wurde besprochen, aber als nicht besonders regelungsbedürftig bewertet (Flume § 45 II 3; Schott AcP 171, 386). Somit fehlen im BGB Regeln über den Missbrauch der Vertretungsmacht; wer die Geltung des Abstraktionsprinzips für obsolet hält (s Vorbem 34 zu §§ 164 ff), kann sie freilich auch für entbehrlich halten (Dörner 92 ff, 157 f). Ihre rechtliche Einordnung als Problematik des Stellvertretungsrechts oder aber als Tatbestand unzulässiger Rechtsausübung ist ebenso umstritten wie die Behandlung zahlreicher dabei auftretender Einzelfragen (s zur Entwicklung des Missbrauchseinwandes ausf Vedder 35 ff).

2. Der Tatbestand des Missbrauchs der Vertretungsmacht

a) Einmal kann sich der Missbrauch der Vertretungsmacht als *Sonderfall der* **93** *Sittenwidrigkeit (§ 138 BGB) darstellen;* er wird dann als **Kollusion** bezeichnet. Eine solche liegt nach ganz hM vor, wenn der Vertreter mit dem Kontrahenten arglistig zum Nachteil des Vertretenen zusammengewirkt hat (BRHP/Schäfer § 167 Rn 49;

Kohl, Inwieweit kann sich bei der Stellvertretung der Vertretene einem Dritten gegenüber darauf berufen, daß der Vertreter die ihm aus dem Innenverhältnis obliegenden Verpflichtungen verletzt habe? (Diss Erlangen 1937); Roitzsch, Der Mißbrauch der Vertretungsmacht insbesondere bei Drittverhältnissen zwischen einer oHG und ihren Teilhabern (Diss Heidelberg 1949); G Roth, Mißbrauch der Vertretungsmacht durch den GmbH-Geschäftsführer, ZGR 1985, 265; Rüdy, Der Rechtsmißbrauch (Diss München 1934); Schäfer, Teilweiser Vertretungsmangel. Haftung des Vertretenen und des Vertreters unter Einschluß der Mißbrauchsfälle (1997); Schott, Der Mißbrauch der Vertretungsmacht, AcP 171 (1971) 385; Siebert, Zur Lehre vom Mißbrauch der Vertretungsmacht, ZStW 1935, 629; Steinbeck, Besicherung von Gesellschafterverbindlichkeiten durch die GmbH – Mißbrauch der Vertretungsmacht durch den Geschäftsführer?, WM 1999, 885; Stoll, Der Mißbrauch der Vertretungsmacht, in: FS H Lehmann (1937) 115; Tank, Der Mißbrauch von Vertretungsmacht und Verfügungsbefugnis, NJW 1969, 6; Tschersich, Die Definition des vermögensrechtlichen Missbrauchs von General- und Vorsorgevollmachten (2015); Vedder, Missbrauch der Vertretungsmacht (2007); ders, Neues zum Missbrauch der Vertretungsmacht – Vorsatzerfordernis, Anfechtbarkeit, negatives Interesse, JZ 2008, 1077; Wank, Mißbrauch der Treuhandstellung und der Vertretungsmacht, JuS 1979, 402; H P Westermann, Mißbrauch der Vertretungsmacht, JA 1981, 251.

ERMAN/MAIER-REIMER § 167 Rn 71; Hk-BGB/DÖRNER § 167 Rn 9; HKK/SCHMOECKEL §§ 164–181 Rn 25; JAUERNIG/MANSEL § 164 Rn 8; jurisPK-BGB/WEINLAND § 164 Rn 79; MünchKommHGB/KREBS Vorbem 68 zu § 48; MünchKomm/SCHUBERT § 167 Rn 214 f; NK-BGB/STOFFELS § 164 Rn 85; PALANDT/ELLENBERGER § 164 Rn 13; SOERGEL/LEPTIEN § 177 Rn 21; StudKomm § 167 Rn 7; BITTER/RÖDER § 10 Rn 226 ff; BOECKEN Rn 635; BOEMKE/ULRICI § 13 Rn 93; BREHM Rn 476; BROX/WALKER § 26 Rn 3; ENNECERUS/NIPPERDEY § 183 I 5; FAUST § 28 Rn 24; FLUME § 45 II 3; GRIGOLEIT/HERRESTHAL Rn 500; HÜBNER Rn 1297; KÖHLER § 11 Rn 63; SCHACK Rn 497; SCHMIDT Rn 878; STADLER § 30 Rn 63; WERTENBRUCH § 28 Rn 31; SCHÄFER 90, 94; TSCHERSICH ff; TEMPEL 236; TANK NJW 1969, 6, 8; VAHLE DVP 2005, 189, 191 und NWB 2005, 2571, 2576. – Enger aber mit beachtlichen Gründen BORK Rn 1575: keine Sittenwidrigkeit, sondern bloß Handeln ohne Vertretungsmacht mit Genehmigungsfähigkeit; zust PWW/FRENSCH § 164 Rn 69; WOLF/NEUNER § 49 Rn 107 mwNw; LEENEN § 9 Rn 108; LIEDER JuS 2014, 681, 685 f; MOCK JuS 2008, 486 f – S auch WAAS JA 2002, 511, 513 ff, der die Regeln entsprechend auf die Wissenszurechnung anwenden will, wenn Vertreter und Geschäftsgegner insoweit kolludieren oder jedenfalls die entsprechenden Voraussetzungen des Wissens bzw Wissenmüssens bei beiden, nicht aber beim Vertretenen vorliegen, während der BGH § 242 heranzieht, s § 166 Rn 3). Zu derartigen Fällen ergingen schon Entscheidungen des ROHG (vgl FRIELING 5), die von der folgenden Rechtsprechung fortgeführt wurden (s etwa RGZ 130, 142; 136, 356, 359; BGH NJW 1954, 1159; 2000, 2896, 2897; BGH WM 2014, 628; BGH 14. 6. 2016 – XI ZR 74/14 Rn 22, BKR 2016, 383 und XI ZR 483/14 Rn 24, NJW-RR 2016, 1138, st Rspr). Auch eine Vereinbarung, die auf Grund einer von den Beschränkungen des § 181 BGB befreienden Vollmacht zum Nachteil des Vertretenen durch Insichgeschäft getroffen wird, ist wegen Missbrauchs der Vertretungsmacht gem § 138 BGB nichtig, so dass eine Genehmigung ausscheidet; das gilt auch, wenn der Vertreter einen arglosen Untervertreter oder Mitvertreter einschaltet (BGH NJW 2002, 1488; BGH NZG 2014, 389; MünchKomm/SCHUBERT § 164 Rn 214 ff; krit LIEDER JuS 2014, 681, 685 f). Allerdings setzt die Unwirksamkeit eines Insichgeschäfts nach der ständigen Rechtsprechung voraus, dass das unter Verstoß gegen das Innenverhältnis vorgenommene Rechtsgeschäft für den Vertretenen nachteilig ist (s zuletzt BGH 18. 10. 2017 – I ZR 6/16 Rn 25, NJW-RR 2018, 222 mwNw und 3 Anm BOCHMANN GmbHR 2018, 251; jurisPK-BGB/WEINLAND § 181 Rn 20. 2). Zu Einschränkungen in der Rechtsfolge s noch Rn 100.

94 b) Im Übrigen kann sich der Missbrauch der Vertretungsmacht nach der überwiegenden **Rspr** (zB RGZ 134, 67, 71 f; 145, 311, 315; BGH 14. 6. 2016 – XI ZR 74/14 Rn 22, BKR 2016, 383 und XI ZR 483/14 Rn 24, NJW-RR 2016, 1138, st Rspr) und wohl **hL** als Fall des **Rechtsmissbrauchs** iS des § 242 BGB darstellen (ebenso zB BGB-RGRK/STEFFEN § 167 Rn 24; BRHP/SCHÄFER § 167 Rn 50; jurisPK-BGB/WEINLAND § 164 Rn 80; MünchKomm/SCHUBERT § 164 Rn 217 [aber für Anwendbarkeit der §§ 177 ff BGB, Rn 228]; MünchKommHGB/KREBS Vorbem 71 zu § 48 mwNw; PALANDT/ELLENBERGER § 164 Rn 14; PWW/FRENSCH § 164 Rn 70; SOERGEL/LEPTIEN § 177 Rn 15; KÖHLER § 11 Rn 63; SCHACK Rn 497; SCHMIDT Rn 877; WOLF/NEUNER § 49 Rn 103; JÜNGST 138 ff; MEINERS 68 ff; SCHÄFER 90 ff, 94 f; SIEBERT 646 ff; TEMPEL 236; TSCHERSICH 61 ff; **aA** und für eine Anfechtung nach § 123 Abs 1 BGB VEDDER 8 ff und JZ 2008, 1077, 1078 ff. S auch die Nachw im Folgenden; zur Entwicklung HKK/SCHMOECKEL §§ 164–181 Rn 26 f). Ein solcher soll vorliegen, wenn mit der durch die Vertretungsmacht gewährten Befugnis in treuwidriger Weise verfahren wird, insbesondere weil den dem Vertreter bekannten objektiven Interessen des Vertretenen ein *Nachteil zugefügt wurde*. Ohne Nachteil für den Vertretenen liegt danach kein Missbrauch der Vertretungsmacht vor (s etwa BGH NJW 1962, 1718; 1990, 384, 385; so bereits STOLL 115 ff; s auch STEINBECK WM 1999, 885, 890); auch wenn der Interessenverstoß oder die Willensmissachtung normalerweise an den durch das *Innenverhältnis* begründeten

Regeln über die Handhabung der Vertretungsmacht (s oben Rn 3) zu messen sind, soll keineswegs jede Pflichtwidrigkeit (aM aber zB BGH NJW 1984, 1461, 1462; WM 1988, 704, 706; s noch unten) den Anforderungen des § 242 BGB genügen. Zur Erfüllung des durch § 242 BGB bestimmten Tatbestandes muss nach der wohl hM innerhalb dieser Auffassung das Verhalten des Vertreters bewusst, dh *vorsätzlich* erfolgt sein (s aus der Rechtsprechung etwa BGHZ 50, 112, 114; BGH NJW 1984, 2241, 2243; 1990, 384, 385; BGB-RGRK/ STEFFEN § 167 Rn 24; MünchKommHGB/KREBS Vorbem 72 zu § 48 mwNw; SOERGEL/LEPTIEN § 177 Rn 17; CANARIS [Rn 85] Rn 170; LARENZ, AT [4. Aufl 1977] § 30 II a [S 522]; LEHMANN/ HÜBNER § 36 VI 4; FISCHER 15 f, 20 f; FRIELING 10; HONSELL JA 1984, 17, 20; HÜBNER 181 f; VEDDER 35 ff, 98 ff, 103 ff, 120 ff und JZ 2008, 1077, 1078 ff), während andere (grobe) Fahrlässigkeit (s etwa BGH NJW 1984, 1461, 1462; ZIP 1996, 68, 69; MICHALSKI GmbH-Rdsch 1991, 349, 354; ZACHER GmbH-Rdsch 1994, 842, 845; vgl auch BGH ZIP 2002, 1093, 1095 m Anm TINTELNOT EWiR 2003, 125 [Insolvenzverwalter]; zur Beschränkung der Rechtsmacht des Insolvenzverwalters s ferner AHRENS JR 2007, 175, 176 mwNw; SPICKHOFF KTS 2000, 15, 22 ff) oder sogar bloße objektive Pflichtwidrigkeit (so ausdrücklich BGH NJW 2006, 2776; MünchKomm/SCHUBERT § 164 Rn 223; PWW/FRENSCH § 164 Rn 71; KÖHLER § 11 Rn 63; LEENEN § 9 Rn 96; WOLF/NEUNER § 49 Rn 105 f) ausreichen lassen und/oder im Übrigen auf ein schuldhaftes Verhalten des Geschäftsgegners abstellen (s näher unten Rn 96 ff).

Im Gegensatz zur Einordnung als Tatbestand der unzulässigen Rechtsausübung gem 95 § 242 BGB sieht eine aA in der Lehre die **Problematik** des Missbrauchs der Vertretungsmacht als solche **des Vertretungsrechts** (BRHP/SCHÄFER § 167 Rn 51; ERMAN/MAIER-REIMER § 167 Rn 73; NK-BGB/STOFFELS § 164 Rn 88; BORK Rn 1578; BROX/WALKER § 26 Rn 4; ENNECCERUS/NIPPERDEY § 185 I 5; FLUME § 45 II 3; GRIGOLEIT/HERRESTHAL Rn 592 ff; HÜBNER Rn 1296; LEHMANN/HÜBNER § 36 IV 4; MEDICUS/PETERSEN Rn 967; PAWLOWSKI Rn 678 f; AHRENS JR 2007, 175, 176; DREXL/MENTZEL Jura 2002, 289, 292 ff, 298; H H JAKOBS JZ 2000, 28, 30; PAWLOWSKI JZ 1996, 125, 129; PETERSEN Jura 2003, 310, 314 f; PRÖLSS JuS 1985, 577; K SCHMIDT AcP 174, 55, 58 ff mwNw). In der Tat liegt der richtige Ansatzpunkt in der teleologischen Beschränkung des durch das Abstraktionsprinzip bezweckten Verkehrsschutzes bei fehlender Schutzbedürftigkeit des Geschäftsgegners. Die Verselbstständigung der Vertretungsmacht gegenüber der Pflichtbindung im Innenverhältnis in unserem Rechtssystem (s Vorbem 33 f zu §§ 164 ff) bezweckt die Herbeiführung von Verlässlichkeit für den Rechtsverkehr, die wiederum Evidenz der Vertretungsmacht erfordert (vgl FLUME § 45 II 2). Wo aber auf der Seite des Kontrahenten kein Anlass für Verlässlichkeit besteht, weil umgekehrt der Verstoß gegen die Innenbindung evident ist, entfällt der Grund für die weitere Anwendung der abstrahierenden Regelung der §§ 164 ff BGB. Ein dem entgegen stehendes Gebot der Gewährung gleicher Geschäftschancen wie gegenüber unvertretenen Personen (mit dieser Begründung für eine Beschränkung der Anwendungsfälle auf vorsätzliches Handeln des Vertreters VEDDER 35 ff, 98 ff, 103 ff, 120 ff; ders JZ 2008, 1077, 1078 f) lässt sich dem Gesetz nicht entnehmen, denn der Geschäftsgegner hat es in der Hand, ggf an den Vertretenen heranzutreten; zudem sind Pflichtwidrigkeit von Vertreterhandeln und interessenwidriges Eigenhandeln nicht deckungsgleich. Allerdings sind auch bei diesem Ansatz die Wertungen von Treu und Glauben durchaus einschlägig, so dass sich die Kontroverse letztlich erst bei der Beurteilung der Rechtsfolgen (s Rn 101 ff) auswirkt (so zutr MünchKomm/SCHUBERT § 164 Rn 222).

Damit steht immerhin zugleich – entgegen der allerdings insoweit nicht immer eindeutigen Rechtsprechung und einem Teil der hL (s Rn 94) – fest, dass es beim

Vertreter auf das Zuwiderhandeln gegen die Pflichtenbindung im Innenverhältnis, also nur auf einen **objektiven Missbrauch der Vertretungsmacht** ankommt (BGH NJW 2006, 2276; BRHP/Schäfer § 167 Rn 52; Erman/Maier-Reimer § 167 Rn 74; jurisPK-BGB/Weinland § 164 Rn 82; MünchKomm/Schubert § 167 Rn 218 ff, Rn 223; NK-BGB/Stoffels § 164 Rn 90; Bitter/Röder § 10 Rn 229 ff; Bork Rn 1582; Brehm Rn 476; Brox/Walker § 26 Rn 6; Faust § 28 Rn 25; Pawlowski Rn 678 f; Wertenbruch § 28 Rn 32; K Schmidt, Gesellschaftsrecht [4. Aufl 2002] § 10 II 2c und ausf ders, Handelsrecht [6. Aufl 2014] § 16 III 4, Rn 58 ff; Mock JuS 2008, 486, 487; Steinbeck WM 1999, 885, 890 ff sowie die oben Rn 94 dazu zur hL Genannten). Vorsatz bzw Kenntnis oder fahrlässige Unkenntnis des Vertreters spielen keine Rolle, im Prinzip auch nicht unbedingt nachteiliges Handeln, um das es freilich in aller Regel geht (anders neben der Rspr insoweit die oben Rn 94 dazu Genannten; s ferner Grigoleit/Herresthal Rn 594: bewusstes Handeln zum Nachteil des Geschäftsherrn erforderlich; wie hier aber auch Faust § 28 Rn 27). Auch auf eine Unterscheidung zwischen zweckwidrigem, pflichtwidrigem und treuwidrigem Handeln des Vertreters (Stoll 115, 134 ff) kommt es danach nicht an (vgl Flume § 45 II 3; Frotz 558 ff). Eine teilweise Überschreitung der Vertretungsmacht (s § 167 Rn 89, § 177 Rn 5) stellt unbeschadet der Anwendbarkeit des § 139 BGB nicht ohne weiteres einen Missbrauch der bestehenden Teilvertretungsmacht dar (s dazu Schäfer 98 ff).

96 c) Der Missbrauch der Vertretungsmacht setzt nicht nur Tatbestandselemente in der Person des Vertreters voraus, sondern auch solche auf der Seite des Kontrahenten. Danach ist der Missbrauchstatbestand sicher erfüllt, wenn der **Kontrahent vom Missbrauch des Vertreters wusste**, ohne sogar im Wege der Kollusion mit ihm zusammenzuwirken (BGH NJW 1991, 1812; BGB-RGRK/Steffen § 167 Rn 24; BRHP/Schäfer § 167 Rn 50; Erman/Maier-Reimer § 167 Rn 75; MünchKomm/Schubert § 164 Rn 224; NK-BGB/Stoffels § 164 Rn 91; Soergel/Leptien § 177 Rn 18, jew mwNw).

97 Ist dies nicht der Fall, so ist umstritten, welche Erfordernisse aufgestellt werden müssen. Nach teilweise heftigen Kontroversen hat sich heute als hM herausgebildet, dass der Vertreter ohne Rücksicht auf einen bestimmten Verschuldensgrad „ersichtlich" missbräuchlich gehandelt haben muss, was als **Evidenz des Missbrauchs** bezeichnet wird (vgl RGZ 71, 219, 222; 143, 196, 201; BGHZ 50, 112, 114; BGH NJW 2014, 2790; BGH 14. 6. 2016 – XI ZR 74/14 Rn 22 ff, BKR 2016, 383 und XI ZR 483/14, NJW-RR 2016, 1138; BGH 11. 5. 2017 – IX ZR 1238/15 Rn 20, NJW 2017, 3373; BGH 8. 1. 2019 – II ZR 364/18 Rn 40 f, NJW 2019, 1512 zur Übertragung des Gesellschaftsvermögen einer GmbH, st Rspr; BRHP/Schäfer § 167 Rn 50 f; Hk-BGB/Dörner Rn 9; Erman/Maier-Reimer § 167 Rn 75; Jauernig/Mansel § 164 Rn 8; jurisPK-BGB/Weinland § 177 Rn 6; MünchKomm/Schubert § 164 Rn 225; NK-BGB/Stoffels § 164 Rn 93; Palandt/Ellenberger § 164 Rn 14; PWW/Frensch § 164 Rn 70; StudKomm § 167 Rn 7; Bitter/Röder § 10 Rn 230; Boecken Rn 635; Boemke/Ulrici § 13 Rn 94; Bork Rn 1579; Brehm Rn 476; Faust § 28 Rn 26; Grigoleit/Herresthal Rn 595; Hirsch Rn 1004 ff; Leipold § 24 Rn 21; Medicus/Petersen Rn 967; Medicus/Petersen BR Rn 116 ff; Schmidt Rn 876; Wolf/Neuner § 49 Rn 105; Fischer 9; Mock JuS 2008, 486, 487; Steinbeck WM 1999, 885, 890 f; Vahle DVP 2005, 189, 191 und NWB 2005, 2571, 2576). Nach der vor allem von Flume (§ 45 II 3) hierzu entwickelten, vorzugswürdigen Auffassung sind schon mit der *Nichtberücksichtigung* eines evidenten Missbrauchsverhaltens die Voraussetzungen der Anwendbarkeit der Missbrauchsregeln auf der *Seite des Kontrahenten* erfüllt; sein Reagieren auf die Evidenz des Missbrauchs bildet kein Tatbestandselement der Treuwidrigkeit (NK-BGB/Stoffels § 164 Rn 93; Palandt/Ellenberger § 164 Rn 14; PWW/Frensch § 164 Rn 70; Medicus/Petersen Rn 967; K Schmidt, Handelsrecht § 16

III 4 b bb, Rn 72 ff und Gesellschaftsrecht § 10 II; H H Jakobs JZ 2000, 28, 30; Schott AcP 171, 397; ähnlich Brehm Rn 476; Brox/Walker § 26 Rn 4 ff; Hübner Rn 1300; Wolf/Neuner § 49 Rn 105; s auch BGH NJW 1994, 2082, 2083; 1999, 2883). Solche Evidenz – nicht iS einer Verantwortlichkeit, sondern einer widerleglichen Vermutung für den Wegfall der Verlässlichkeit (s Rn 95) – wird zwar in aller Regel mit Kenntnis oder Kennenmüssen des Geschäftspartners und übrigens auch des Vertreters einhergehen, muss es aber nicht (vgl Erman/Maier-Reimer § 167 Rn 75; MünchKomm/Schubert § 164 Rn 225; NK-BGB/Stoffels § 164 Rn 93 mwNw; Gessler 531 ff; John 349 ff; Prölss JuS 1985, 577, 579).

Nach der Gegenauffassung hingegen wird durch die Evidenz für den Kontrahenten **98** eine *Informationspflicht* ausgelöst, deren *Verletzung* erst den Tatbestand des Missbrauchs erfüllt, wobei teilweise (nur) *Fahrlässigkeit* verlangt wird (RGZ 83, 348, 353; 145, 311, 314; 159, 363, 367; BGHZ 50, 112, 114; BGH MDR 1964, 592; WM 1966, 491; 1989, 1068; BAG BB 1978, 964; BGB-RGRK/Steffen § 167 Rn 24; Tempel 237). Enger und der objektiven Evidenz (Rn 97) sehr nahe kommend wird aber zunehmend in der Literatur die Meinung vertreten, dass eine Evidenz des Missbrauchs nur bei *grober Fahrlässigkeit* des Kontrahenten den Tatbestand des Vollmachtsmissbrauchs begründen könne (Soergel/Leptien § 177 Rn 18; MünchKomm/Schubert § 167 Rn 225; Enneccerus/Nipperdey § 183 Fn 25; Mock JuS 2008, 486, 487; Tank NJW 1969, 8; so auch OLG Dresden NJW-RR 1995, 803). Eine zu weitgehende Zurücknahme des Verkehrsschutzes zu Lasten des Geschäftsgegners erscheint jedenfalls mit dem Zweck der in solchen Fällen bestehenden Vertretungsmacht unvereinbar und eine Übertragung der Maßstäbe des § 173 BGB, § 54 Abs 3 HGB (Kennen oder Kennenmüsen) nicht gerechtfertigt (MünchKomm/Schubert § 164 Rn 224).

d) Missbrauch kann auch **bei gesetzlicher/organschaftlicher Vertretung** vorliegen, **99** sei es, dass diese für natürliche Personen ausgeübt wird, sei es, dass sie durch einen – ohnehin als Amtsperson handelnden – Organwalter erfolgt (s etwa RGZ 58, 356; 145, 311, 314; BGH NJW-RR 1989, 642; ZIP 2002, 1093 m Anm Tintelnot EWiR 2003, 125; MittBayNot 2008, 67; OLG Köln OLGR 2005, 130; OLG Düsseldorf BauR 2006, 1905; OLG Hamm NZG 2006, 827; OLG Karlsruhe WM 2008, 1685; BGB-RGRK/Steffen § 167 Rn 24; BRHP/Schäfer § 167 Rn 55; NK-BGB/Stoffels § 164 Rn 95; Palandt/Ellenberger § 164 Rn 13 f; PWW/Frensch § 164 Rn 68; Soergel/Leptien § 177 Rn 20; Flume § 45 II 3; Pawlowski Rn 685 f; John 349 ff, 356 ff; Vedder 103 ff, 120 ff). Es entfällt freilich die Tatbestandsvariante eines Verstoßes des Vertreters gegen den Willen des Vertretenen (Flume § 45 II 3; vgl oben Rn 91, auch Rn 94). Jedoch bestehen für die Fälle *unbeschränkbarer Vertretungsmacht* (vgl §§ 50 Abs 1, 126 Abs 2, 161 Abs 2, § 37 Abs 2 GmbHG, § 82 Abs 1 AktG, § 27 Abs 2 GenG), insbesondere kraft Organwaltung oder Prokura, zusätzliche Bedenken gegen die Anerkennung eines über die Kollusion oder Kenntnis hinausreichenden Missbrauchs (vgl MünchKomm/Schubert § 164 Rn 225; Soergel/Leptien § 177 Rn 17 aE mwNw; Hübner Rn 1301; Gessler 533 ff; zur Begrenzung des Anwendungsbereichs des § 37 Abs 2 GmbHG bei Wegfall notwendigen Verkehrsschutzes s BGH NJW 1997, 2678, 2679; zur Kündigung durch den vorläufigen Insolvenzverwalter s Kolbe ZIP 2009, 450, 453 gegen Ahrens JR 2007, 175, 176). Anwendung finden die Grundsätze aber auch bei der missbräuchlichen Vornahme von **Prozesshandlungen** durch einen Prozessvertreter gegenüber der anderen Partei wie zB der Vereinbarung einer Rechtsmittelrücknahme (s BGH LM § 515 ZPO Nr 13, § 565 III ZPO Nr 10; BGH NJW-RR 1987, 307; NK-BGB/Stoffels § 164 Rn 95; Palandt/Ellenberger § 164 Rn 14; PWW/Frensch § 164 Rn 68; Soergel/Leptien § 177 Rn 20; zur umstr Einordnung als Prozesshandlung s Schilken, Zivilprozessrecht [7. Aufl 2014] Rn 169) – hingegen nicht bei prozessualen Erwirkungshandlungen gegenüber dem Gericht (**aA** MÜLLER Betrieb 2014, 41, 44) – sowie in den Fällen der **Rechtsscheinsvollmacht** (VEDDER 23 ff, 98 ff), sofern man deren Existenz anerkennt (s Rn 28 ff). Auch bei Bankvollmachten haben die Regeln über den Missbrauch der Vertretungsmacht wegen der Möglichkeit einer Verfügung über fremdes Vermögen und der weitgehenden Unanwendbarkeit des § 181 BGB (s § 181 Rn 44) erhebliche praktische Bedeutung (s dazu MünchKomm/SCHUBERT § 164 Rn 230 ff; HAERTLEIN 23 ff; ausf SCHRAMM/DAUBER § 32 Rn 30 ff mwNw).

Auf *Treuhandverhältnisse* hingegen sind die Regeln über den Vollmachtsmissbrauch nicht übertragbar, weil der Treuhänder im eigenen Namen handelt (BGH JZ 1968, 428 m zust Anm HUBER 791 = NJW 1968, 1471 m krit Anm KÖTZ; BRHP/SCHÄFER § 167 Rn 55 mwNw; NK-BGB/STOFFELS § 164 Rn 95; PWW/FRENSCH § 164 Rn 68; SOERGEL/LEPTIEN § 177 Rn 20; s aber auch COING 161 ff; TIMM JZ 1989, 22).

3. Die Rechtsfolgen des Missbrauchs der Vertretungsmacht

100 a) Soweit durch eine **Kollusion** der Tatbestand des § 138 BGB verwirklicht ist, tritt die **Nichtigkeit** der missbräuchlich abgegebenen Willenserklärung ein (RGZ 130, 131, 142; BGH NJW 2000, 2896, 2897; BGH 11. 5. 2017 – IX ZR 238/15 Rn 20, NJW 2017, 3373 mwNw, st Rspr; BRHP/SCHÄFER § 167 Rn 49; ERMAN/MAIER-REIMER § 167 Rn 71; MünchKomm/ SCHUBERT § 164 Rn 215; NK-BGB/STOFFELS § 164 Rn 85; SOERGEL/LEPTIEN § 177 Rn 21; FLUME § 45 II 3; s iü die w Nachw in Rn 93, auch zur abw Ansicht von BORK; krit [für Anfechtbarkeit] auch VEDDER 131 ff, 138 ff und JZ 2008, 1077, 1081 f, s dazu noch Rn 102). Dasselbe gilt, soweit die Kollusion wegen des Verstoßes gegen Strafvorschriften nach § 134 BGB zu beurteilen ist (WANK JuS 1979, 402, 405; zust BRHP/SCHÄFER § 167 Rn 49). Wurde jedoch dem Vertretenen im Wege der Kollusion nur der *Scheincharakter* des abgeschlossenen Geschäfts verheimlicht, so kann sich der Vertragspartner gegenüber einem Erfüllungsverlangen des Vertretenen nicht auf die Scheinnatur berufen (s § 166 Rn 19; RGZ 134, 33, 37; RG WarnR 1908 Nr 601; SOERGEL/LEPTIEN § 166 Rn 19). Ausnahmsweise kann auch eine Korrektur der strikten Nichtigkeitsfolge über § 242 BGB gerechtfertigt sein, wenn der Vertretene das Rechtsgeschäft gegen sich gelten lassen will, weil der Geschäftsgegner sich nicht zu seinen Gunsten auf sein kollusives Verhalten berufen dürfen soll (MünchKomm/SCHUBERT § 164 Rn 215).

Unwirksamkeit tritt auch bei *Prozesshandlungen* ein, welche in offensichtlichem Missbrauch der Vertretungsmacht vorgenommen wurden (BGH WM 1962, 415).

101 b) Sofern dagegen ein sonstiger Missbrauchsfall vorliegt, sind die Rechtsfolgen des missbräuchlichen Vertreterhandelns umstritten und hängen von der rechtsdogmatischen Einordnung der Lösung (Rn 94 f) ab. Ursprünglich wurde dem Vertretenen gegenüber Ansprüchen des Kontrahenten die *Einrede der Arglist* zugestanden (RGZ 71, 219, 222; 101, 64, 73; 159, 363, 367). Hieraus hat sich nach der heutigen Einordnung der Konstellation unter § 242 BGB der **Einwand der unzulässigen Rechtsausübung** ergeben (s die Nachw oben Rn 94). Damit hätte der Vollmachtsmissbrauch die *Unverbindlichkeit* der betroffenen Willenserklärung zur Folge (s etwa BGH NJW 1990, 384, 385; 1999, 2883, 2884; FISCHER 14; MUNZIG DNotZ 2007, 41, 45; krit VEDDER 134 ff); dies führt ggf zB zur Anwendbarkeit des § 816 Abs 1 BGB (H H JAKOBS JZ 2000, 28 ff). Allerdings wird von dieser Ansicht dennoch überwiegend die analoge Anwendbarkeit der §§ 177 ff BGB befürwortet (s etwa BGH NJW 1999, 2266, 2268; BGB-RGRK/ Steffen § 177 Rn 2; BRHP/Schäfer § 167 Rn 53; jurisPK-BGB/Weinland § 177 Rn 6; Münch-Komm/Schubert § 164 Rn 227 f; MünchKommHGB/Krebs Vorbem 73 zu § 48; Palandt/Ellen-berger § 164 Rn 14b; PWW/Frensch § 164 Rn 72; Soergel/Leptien § 177 Rn 15; Faust § 28 Rn 28; Köhler § 11 Rn 63; Wolf/Neuner § 49 Rn 104). In der Tat ist gerade die Frage der Rechtsfolgen des Missbrauchs nach der hier vertretenen Auffassung dem Stellvertretungsrecht zuzuordnen (s Rn 103 und schon Rn 95).

c) Einen weiteren Lösungsweg hatten Lehmann (JW 1934, 683) und daran an- **102** schließend Stoll (in: FS Lehmann [1937] 115 ff; s ferner Heckelmann JZ 1970, 62, 65; Hoffmann JuS 1970, 286, 288) vorgeschlagen. Sie wollen auf die *Regeln über die cic* zurückgreifen und dem Kontrahenten, der seine Informationspflichten aus dem vorvertraglichen Schuldverhältnis durch mangelnde Aufklärung verletzt hat, als Schadensersatz auferlegen, keine Rechte aus dem Vertretergeschäft herzuleiten (vgl Frieling 25 ff). Auch dieser Weg würde jedoch die vorzugswürdige Einordnung in das Stellvertretungsrecht (Rn 103) ohne zwingenden Grund verlassen (abl aus anderen Gründen auch RG JW 1935, 1084; ferner Fischer 18 f), und es würde auf ein Verschulden des Geschäftsgegners abgestellt werden müssen (so zutr NK-BGB/Stoffels § 164 Fn 277). Vedder (138 ff) befürwortet eine Anfechtungslösung analog § 123 BGB, die jedoch auf dem Vorsatzpostulat (s dazu Rn 94 ff) gründet und zudem den Anfechtungstatbestand entgegen § 166 Abs 1 BGB auf den Vertretenen bezieht.

d) Vorzugswürdig ist vielmehr eine Rechtsfolgenbestimmung des Missbrauchs der **103** Vertretungsmacht, die den Rahmen des Stellvertretungsrechts wahrt und sich den Gedankengängen von Kipp anschließt (in: Reichsgerichts FS II [1929] 273 ff; vgl dazu Flume § 45 II 3; Fischer 8; Frieling 11 ff). Die Lösung des Problems ist darin zu sehen, ein **Handeln ohne Vertretungsmacht** des missbräuchlich wirkenden Vertreters anzunehmen. Verbunden damit eröffnet sich die Möglichkeit, schwebend unwirksame Verträge bei einem Wahlrecht des Vertretenen und unter zeitlicher Präklusion auf dem Wege des § 177 Abs 2 BGB durch Genehmigung wirksam werden zu lassen (BRHP/ Schäfer § 167 Rn 53; Erman/Maier-Reimer § 167 Rn 73; Hk-BGB/Dörner § 167 Rn 9; Jauernig/Mansel § 164 Rn 8; MünchKomm/Schubert § 164 Rn 227 f; NK-BGB/Stoffels § 164 Rn 88 mwNw; PWW/Frensch § 164 Rn 72; Bitter/Röder § 10 Rn 232 ff; Bork Rn 1578; Brox/Walker § 26 Rn 4; Enneccerus/Nipperdey § 183 I 5; Flume § 45 II 3; Grigoleit/Herresthal Rn 596; Wertenbruch § 28 Rn 32; Wolf/Neuner § 49 Rn 104; s ferner die Nachw oben Rn 101 sowie Chelidonis 99 ff; Tempel 237; Mock JuS 2008, 486, 487; K Schmidt AcP 174, 55, 58 uö, zB Gesellschaftsrecht [4. Aufl 2002] § 16 III S 474; offen Hübner Rn 1302). Diese Lösung trägt zutreffend der Einschränkung des Abstraktionsprinzips zu Lasten des nicht schutzwürdigen Dritten und zugunsten des schutzwürdigen Vertretenen Rechnung. Gerade wegen des Verhaltens des Geschäftsgegners ist es gerechtfertigt, dass nicht den Vertretenen das Risiko des Vertreterverhaltens trifft, sondern den Kontrahenten (unzutreffend also Fischer 11 ff; anders für die Blankobürgschaft auch Chelidonis 104 ff, der über § 278 BGB auch den Bürgen mithaften lassen will). Dass die Eigenhaftung des Vertreters idR an § 179 Abs 3 S 1 BGB scheitert (MünchKomm/Schubert § 164 Rn 227; NK-BGB/ Stoffels § 164 Rn 88; PWW/Frensch § 164 Rn 72; Bork Rn 1582; Hübner Rn 1302; Tempel 237; K Schmidt AcP 174, 55, 58 ff; Schott AcP 171, 394), ist bei (sonstigem) Handeln ohne Vertretungsmacht nicht anders und gerechtfertigt, weil der Dritte bei Kenntnis oder Evidenz keinen Schutz verdient.

§ 167

Nicht zu folgen ist im Hinblick darauf dem Vorschlag, die Folgen des Vollmachtsmissbrauchs anhand einer *analogen Anwendung des § 181 BGB* zu bestimmen (vgl dazu MEINERS 48 ff).

104 e) Beizustimmen ist entgegen der Rspr der Auffassung, dass es für die Rechtsfolgenbestimmung des Missbrauchs nicht auf die Regelung in **§ 254 BGB** ankommen kann. Der BGH hat in Weiterentwicklung des Gedankens, dass § 242 BGB die Berücksichtigung aller Umstände des Einzelfalles erfordere, den Satz aufgestellt, ein Schutz des Vertretenen müsse entfallen, wenn es nur aufgrund seines Unterlassens der gebotenen Kontrolle des Vertreters zu dessen missbräuchlichem Verhalten habe kommen können; in Anwendung des Rechtsgedankens des § 254 BGB seien daher die nachteiligen Folgen des Geschäfts nach Maßgabe des auf jeder Seite obwaltenden Verschuldens zu verteilen (BGHZ 50, 112, 114; zust BGB-RGRK/STEFFEN § 167 Rn 24; PALANDT/ELLENBERGER § 164 Rn 14 b; FISCHER 17 f; MERTENS JurA 1970, 475 f; TANK NJW 1969, 6, 10; offen BGH NJW 1999, 2883, 2884). Nach der hier vertretenen Lösung passt schon der Verschuldensgedanke nicht. Unabhängig davon kann aber der Verteilungsgedanke des § 254 BGB nur für die aus einem Missbrauch der Vollmacht entstehenden *Schadensersatzansprüche* gelten, nicht aber für den Erfüllungsanspruch, der als solcher unteilbar ist und daher gem § 242 BGB insgesamt undurchsetzbar bleiben muss (BRHP/SCHÄFER § 167 Rn 54; ERMAN/MAIER-REIMER § 167 Rn 76; MünchKomm/SCHUBERT § 164 Rn 228; MünchKommHGB/KREBS Vorbem 73 zu § 48 mwNw; NK-BGB/STOFFELS § 164 Rn 94; PWW/FRENSCH § 164 Rn 72; SOERGEL/LEPTIEN § 177 Rn 19; CANARIS Handelsrecht [24. Aufl 2006] § 14 Rn 42; FAUST § 28 Rn 28; HÜBNER 182 und AT Rn 1302; WOLF/NEUNER § 49 Rn 104; TEMPEL 237; HECKELMANN JZ 1970, 64; H P WESTERMANN JA 1981, 521, 526). Dem Gegenargument (zB BGHZ 50, 112, 115), auch § 254 BGB stelle nur eine besondere Ausprägung des Gedankens von Treu und Glauben dar, kann angesichts dieser Bedenken nicht gefolgt werden (vgl auch LARENZ, AT [7. Aufl 1988] § 30 II a [S 600, Fn 53]). Wenn sich allerdings aus dem Verhalten des Vertreters oder des Vertretenen Schadensersatzansprüche aus cic (§§ 280, 311 Abs 2 iVm § 278 BGB) ergeben, so kommt insoweit auch eine Anwendung des § 254 BGB in Betracht (BGHZ 50, 112, 114; BRHP/SCHÄFER § 167 Rn 54; MünchKomm/SCHUBERT § 164 Rn 228; NK-BGB/STOFFELS § 164 Rn 94; PWW/FRENSCH § 164 Rn 72; SOERGEL/LEPTIEN § 177 Rn 19; abl zu § 278 BGB allerdings CANARIS, Handelsrecht § 14 Rn 43; WOLF/NEUNER § 49 Rn 104).

105 f) Für das Verhältnis zwischen dem Vertretenen und dem Vertreter bestimmen sich auch im Falle des Vollmachtsmissbrauchs die Rechtsfolgen nach der *Verletzung der Innenverhältnisregeln* (s oben Rn 3; BGB-RGRK/STEFFEN § 167 Rn 24; MünchKomm/SCHUBERT § 167 Rn 228; NK-BGB/STOFFELS § 164 Rn 85), namentlich nach § 280 Abs 1 BGB. Ferner liegt zumindest im Falle der Kollusion – aber auch andere Fälle sittenwidriger Schädigung sind möglich (s BGH MDR 2011, 1305) – auch eine *unerlaubte Handlung* des Vertreters gem § 826 BGB vor; Vertreter und Kontrahent haften dann als Gesamtschuldner (MünchKomm/SCHUBERT § 164 Rn 215; NK-BGB/STOFFELS § 164 Rn 85; FLUME § 45 II 3; ENNECCERUS/NIPPERDEY § 183 I 5). Möglich ist auch ein Anspruch gegen den Geschäftsgegner aus cic oder im Rahmen eines schon bestehenden Schuldverhältnisses aus Verletzung einer Nebenpflicht (vgl OLG München NJW-RR 1986, 1374; MünchKomm/SCHUBERT § 164 Rn 228; SOERGEL/LEPTIEN § 177 Rn 19).

§ 168
Erlöschen der Vollmacht

Das Erlöschen der Vollmacht bestimmt sich nach dem ihrer Erteilung zugrunde liegenden Rechtsverhältnis. Die Vollmacht ist auch bei dem Fortbestehen des Rechtsverhältnisses widerruflich, sofern sich nicht aus diesem ein anderes ergibt. Auf die Erklärung des Widerrufs findet die Vorschrift des § 167 Abs. 1 entsprechende Anwendung.

Materialien: E I § 119; II § 138 Abs 1; III § 164; Mot I 233; Prot I 228, 249; II 1 143; Jakobs/ Schubert, AT II 873 ff; Schubert, AT II 186 ff (Vorentwurf).

Schrifttum

Amann, Postmortal bewirkte Grundstücksschenkungen mittels Vollmacht, MittBayNot 2016, 369

Böttcher, Zur Lehre vom Erlöschen der Vollmacht nach dem Rechte des BGB (Diss Leipzig 1908)

Bork, Schenkungsvollzug mit Hilfe einer Vollmacht, JZ 1988, 1509

Düll, Zur Lehre vom Widerruf (1934)

Dux, Die unwiderrufliche Vollmacht zur Unterwerfung unter die sofortige Zwangsvollstreckung bei Grundschulden, WM 1994, 1145

Eule, Die über den Tod des Machtgebers erteilte Vollmacht (Diss Breslau 1933)

Fischer, Unwiderrufliche Stimmrechtsvollmacht in der GmbH, GmbHR 1952, 113

Foller, Das Erlöschen der Vollmacht nach dem Rechte des BGB (Diss Jena 1903)

Frey, Rechtsnachfolge in Vollmachtnehmer- und Vollmachtgeberstellungen (1997)

Fuchs, Zur Disponibilität gesetzlicher Widerrufsrechte im Privatrecht, AcP 196 (1996) 313

Gernhuber, Die verdrängende Vollmacht, JZ 1995, 381

Gottschalk, Die Vollmacht zur Vornahme formbedürftiger Rechtsgeschäfte, JherJb 79, 212

Haegele, Möglichkeiten und Grenzen der postmortalen Vollmacht, Rpfleger 1968, 345

Heidland, Die Vollmacht der Architekten, Ingenieure und Sonderfachleute in der Insolvenz des Bauherrn, BauR 2009, 159

Heinz, Die Vollmacht auf den Todesfall (Diss München 1964)

Heldrich, Die Geltung der Vollmacht nach dem Tode des Vollmachtgebers, JherJb 79, 315

Herrler, Wertlosigkeit einer trans- bzw. postmortalen Vollmacht für den Alleinerben?, DNotZ 2017, 508

Hopt, Die Auswirkungen des Todes des Vollmachtgebers auf die Vollmacht und das zugrundeliegende Rechtsverhältnis, ZHR 133 (1970) 305

Joachim/Lange, Trans- und postmortale Vollmachten als Mittel der Nachlassabwicklung, ZEV 2019, 62

Jung, Anweisung und Vollmacht, JherJb 69, 82

Keim, Die Vollmacht über den Tod hinaus bei Vor- und Nacherbschaften, DNotZ 2008, 175

Kiehl, Bedarf der Verzicht auf die Widerrufbarkeit einer Vollmacht zu seiner Verbindlichkeit einer Vereinbarung?, LZ 1925, 1020

Kleinschmidt, Die über den Tod hinaus erteilte Vollmacht (Diss Frankfurt 1928)

Kuchinke, Das versprochene Bankguthaben auf den Todesfall und die zur Erfüllung des Versprechens erteilte Verfügungsvollmacht über den Tod hinaus, FamRZ 1984, 109

Lehmberg, Die Erlöschungsgründe der Vollmacht nach heutigem Recht (Diss Rostock 1905)

Lekaus, Vollmacht von Todes wegen (2000)

Lukowsky, Die Vollmacht über den Tod hinaus, MittRheinNotK 1963, 115

Madaus, Der Widerruf trans- oder postmortaler Vollmachten durch einzelne Miterben, ZEV 2004, 448

Merkel, Die Anordnung der Testamentsvollstreckung – Auswirkungen auf eine postmortale Bankvollmacht, WM 1987, 1001

Metzing, Das Erlöschen rechtsgeschäftlicher Vertretungsmacht und Rechtsscheinvollmacht, JA 2018, 413

ders, Das Erlöschen handelsrechtlicher Vollmachten, Jura 2019, 143

Muscheler, Die vom Testamentsvollstrecker erteilte Vollmacht, ZEV 2008, 213

Oertmann, Die über den Tod hinaus erteilte Vollmacht im Bankverkehr, BankArch 1913/14, 5

Papenmeier, Transmortale und postmortale Vollmachten als Gestaltungsmittel (Diss Leipzig 2013)

ders, Der Widerruf von Vollmachten nach dem Erbfall, ErbR 2015, 12

Plattner, Die Dauer, das Erlöschen der Vollmacht, MittWürttNotV 1932, 103

Rabel, Unwiderruflichkeit der Vollmacht, ZAuslIntPR 7, 797

Rehmann, Zur Beschränkung der postmortalen Vollmacht durch eine angeordnete Testamentsvollstreckung am Beispiel der Bankvollmacht, BB 1987, 213

Reithmann, Testamentsvollstreckung und postmortale Vollmacht als Instrumente der Kautelarjurisprudenz, BB 1984, 1394

Riedel, Tod des Vollmachtgebers, Postmortale Vollmacht, JurBüro 1973, 1041

Röhm, Rechtsfragen zu der vom Erblasser erteilten Vollmacht, Betrieb 1969, 1973

Safferling, Antragstellung des bevollmächtigten Notars nach dem Tod eines Beteiligten, Rpfleger 1971, 294

Schilken, Die Vollmacht in der Insolvenz, KTS 2007, 1

Schultz, Widerruf und Mißbrauch der postmortalen Vollmacht bei der Schenkung unter Lebenden, NJW 1995, 3345

Seif, Die postmortale Vollmacht, AcP 200 (2000) 192

Spielmanns, Zum mandatum post mortem, Recht 1924, 401

Trapp, Die post- und transmortale Vollmacht zum Vollzug lebzeitiger Zuwendungen, ZEV 1995, 314

Tschauner, Die postmortale Vollmacht (2000)

vTuhr, Die unwiderrufliche Vollmacht, in: Straßburger Festgabe Laband (1908) 43

Weber, Die transmortale Vollmacht bei Immobilienübertragungen im Rahmen der Erbauseinandersetzung, ErbR 2018, 189

Weidlich, Grundstücksverfügungen mittels Vollmachten über den Tod hinaus, ZEV 2016, 57

Wieacker, Zur lebzeitigen Zuwendung auf en Todesfall, in: FS Lehmann I (1956) 271

Woeste, Sicherungseigentum im Konkurs des Sicherungsgebers. Fortbestand der Vollmacht zur Verwertung des Sicherungsgutes im Namen des Sicherungsgebers, BB 1955, 182

Wolff, Die Vererblichkeit der Generalvollmacht, Recht 1922, 70.

S ferner das Schrifttum bei § 167.

Systematische Übersicht

I. **Die Bedeutung des Grundverhältnisses für das Erlöschen der Vollmacht**
1. Allgemeine Auswirkungen des Abstraktionsgrundsatzes _____ 1
   a) Die Vorgeschichte des § 168 _____ 1
   b) Erlöschensbestimmungen in der Vollmacht _____ 2
   c) Auslegung nach dem Grundverhältnis _____ 3
2. Der Widerruf der Vollmacht _____ 4
   a) Die freie Widerruflichkeit _____ 4
   b) Die Widerrufserklärung _____ 5
   c) Die Folge des Widerrufs _____ 6
   d) Der teilweise Widerruf _____ 7
3. Die unwiderrufliche Vollmacht _____ 8
   a) Die Voraussetzungen _____ 8
   b) Die Begründung der Unwiderruflichkeit _____ 11
   c) Die Folgen der Unwiderruflichkeit _____ 13
   d) Der Widerruf aus wichtigem Grund _____ 14
   e) Die verdrängend-unwiderrufliche Vollmacht _____ 15

Titel 5
Vertretung und Vollmacht § 168

4.	Das Erlöschen der isolierten Vollmacht	16	2.	Tatbestände in der Person des Vollmachtgebers	23
a)	Die Tatbestände	16	a)	Verlust der Geschäftsfähigkeit	23
b)	Der Widerrufsausschluss	17	b)	Ende gesetzlicher Vertretungsmacht	24
5.	Der Verzicht auf die Vollmacht	18	c)	Insolvenz des Vollmachtgebers	25
			d)	Tod und Erlöschen einer juristischen Person	26
II.	**Tod, Geschäftsunfähigkeit und Verlust der Verfügungsbefugnis**		3.	Die Vollmacht auf den Todesfall (postmortale Vollmacht)	28
1.	Tatbestände in der Person des Bevollmächtigten	19	a)	Die Fortdauer über den Tod hinaus	28
a)	Tod und Erlöschen einer juristischen Person	19	b)	Postmortale Vollmacht und § 2301	30
			c)	Die Wirkungen nach dem Tode	31
b)	Verlust der Geschäftsfähigkeit	21	d)	Das Widerrufsrecht des Erben	34
c)	Insolvenz des Bevollmächtigten	22	4.	Beweislast	36

Alphabetische Übersicht

Abstraktionsgrundsatz	1, 3, 6, 12	Isolierte Vollmacht	16 f, 27
Anfechtung	4	Organe einer juristischen Person	9
Auslegung der Vollmacht	2 f		
Ausschluss des Widerrufs	8 ff, 17	Postmortale Vollmacht	28 ff
Bedingung und Befristung	2, 16	Teilweiser Widerruf	7
Beweislast	36	Tod des Bevollmächtigten	19
		– des Vollmachtgebers	26 ff
Erlöschen der juristischen Person	20, 27	Transmortale Vollmacht	26 f
– der Vollmacht	2, 16		
Generalvollmacht	9, 14, 17	Unwiderrufliche Vollmacht	8 ff, 17
Geschäftsfähigkeit des Bevollmächtigten	21		
– des Vollmachtgebers	23	Verzicht des Bevollmächtigten	18
Gesetzliche Vertretungsmacht	24	Vollmacht auf den Todesfall	28 ff
Grundverhältnis	1, 3, 12, 16	Vollmacht über den Tod hinaus	26 f
Insolvenz des Bevollmächtigten	22	Widerruf der Vollmacht	4 ff, 14, 17, 34 f
– des Vollmachtgebers	25		

I. Die Bedeutung des Grundverhältnisses für das Erlöschen der Vollmacht

1. Allgemeine Auswirkungen des Abstraktionsgrundsatzes

a) Zunächst hatte § 119 E I vorgesehen, dass für das Erlöschen der Vollmacht die **1** Vorschriften über das *Erlöschen des Auftrags* gelten sollten. In § 168 S 1 BGB ist diese Verweisung durch eine allgemeine Bezugnahme auf das der Vollmacht *zugrunde liegende Rechtsverhältnis* ersetzt worden. Darin kommt aber noch immer eine Abhängigkeit der Vollmacht vom Grundverhältnis zum Ausdruck. Insoweit ist ein Rest der in früheren Rechten vorgesehenen Verbindung von Auftrag und Vollmacht (s Vorbem 8 zu §§ 164 ff; HKK/SCHMOECKEL §§ 164–181 Rn 19) bewahrt worden; auch § 169

BGB bringt das durch die Bezugnahme auf §§ 674, 729 BGB zum Ausdruck (Flume § 51 4). Da jedoch für das BGB die *Abstraktheit der Vollmacht* (s Vorbem 33 zu §§ 164 ff) gilt, darf die Verbindung zwischen Grundverhältnis und dem Erlöschen der Vollmacht nur einschränkend, dh unter Berücksichtigung des abstrakten Charakters der Vollmacht, verstanden werden.

2 b) Deshalb kann der Vollmachtgeber unabhängig von § 168 BGB und vorrangig **über das Erlöschen der Vollmacht Bestimmungen treffen**, welche vom Grundverhältnis unabhängig sind; insbesondere kommen die *Befristung* und die *auflösende Bedingung* in Betracht (BRHP/Schäfer § 168 Rn 2; Erman/Maier-Reimer § 168 Rn 2; Hk-BGB/ Dörner § 168 Rn 2; MünchKomm/Schubert § 168 Rn 31; NK-BGB/Ackermann § 168 Rn 3; Palandt/Ellenberger § 168 Rn 1; PWW/Frensch § 168 Rn 2; Soergel/Leptien § 168 Rn 2, Rn 18; Boecken Rn 638; Brox/Walker § 25 Rn 19; Flume § 51 1; Hübner Rn 1261; Pawlowski Rn 768; Schmidt Rn 778 f; Wertenbruch § 29 Rn 22; Wolf/Neuner § 50 Rn 49; Bornemann AcP 207, 102, 137; Metzing JA 2018, 413, 414, heute allgM, s auch § 167 Rn 15). Zur Frage, ob aus der zeitlichen Begrenzung einer Vollmacht deren Unwiderruflichkeit folgt, s Rn 11.

Enthält die Bevollmächtigung keine ausdrückliche Bestimmung über das Erlöschen der Vollmacht, so kommt es für deren **Auslegung** (s auch § 167 Rn 84 ff) auf die Umstände an, welche für den Willen des Vollmachtgebers maßgebend waren. Dabei kann das angestrebte Rechtsgeschäft Bedeutung erlangen und aus dem zweckbestimmten Inhalt der Vollmacht – namentlich bei Vornahme des konkreten Rechtsgeschäfts – bereits deren Ablauf zu entnehmen sein (BRHP/Schäfer § 168 Rn 1; Erman/Maier-Reimer § 168 Rn 2; MünchKomm/Schubert § 168 Rn 32; NK-BGB/Ackermann § 168 Rn 3; Schmidt Rn 780). Auch bewirkt die *Unmöglichkeit* des Rechtsgeschäfts, zu dem eine Spezialvollmacht erteilt wurde, deren Erlöschen (Erman/Maier-Reimer § 168 Rn 2; MünchKomm/ Schubert § 168 Rn 32; Nk-BGB/Ackermann § 168 Rn 3; Soergel/Leptien § 168 Rn 3); entsprechendes gilt trotz Unanwendbarkeit des § 313 BGB bei einem Wegfall der Geschäftsgrundlage für die vorgesehenen Vertretergeschäfte (KG KGBl 1927, 19; NK-BGB/Ackermann § 168 Rn 3; Palandt/Ellenberger § 168 Rn 1; PWW/Frensch § 168 Rn 2; Soergel/Leptien § 168 Rn 3; **aA** BRHP/Schäfer § 168 Rn 2; MünchKomm/Schubert § 168 Rn 32: Widerruf erforderlich). Ebenso kann eine der Ehefrau erteilte Vollmacht mit der Ehescheidung erlöschen (KG DR 1944, 71). Prokura, Handlungsvollmacht und sonstige Vollmachten enden bei Aufgabe oder Veräußerung des Unternehmens (NK-BGB/Ackermann § 167 Rn 3; ausf MünchKommHGB/Krebs § 52 Rn 25 ff mwNw; Koller/Roth/Morck, HGB [8. Aufl 2015] § 52 Rn 9, § 54 Rn 18; PWW/Frensch § 168 Rn 9; Soergel/Leptien § 168 Rn 3; Köhler § 11 Rn 30; Wolf/Neuner § 50 Rn 56; Köhler BB 1979, 912; s auch Metzing Jura 2019, 143).

3 c) Fehlt es an einer Erlöschensbestimmung in der Vollmacht, so ist gem § 168 S 1 BGB **im Wege der Auslegung auf das Grundverhältnis zurückzugreifen**. Danach ist ein Erlöschen der Vollmacht anzunehmen, wenn das Grundverhältnis sein Ende findet (BRHP/Schäfer § 168 Rn 3; Erman/Maier-Reimer § 168 Rn 4 [idR]; Hk-BGB/Dörner § 168 Rn 3; MünchKomm/Schubert § 168 Rn 4 ff; NK-BGB/Ackermann § 168 Rn 4; Palandt/Ellenberger § 168 Rn 2; PWW/Frensch § 168 Rn 3; Soergel/Leptien § 168 Rn 4, Rn 11; Boecken Rn 639; Bork Rn 1499; Brehm Rn 458 ff; Brox/Walker § 25 Rn 16; Ennecerus/Nipperdey § 186 II; Faust § 26 Rn 14; Hübner Rn 1262; Köhler § 11 Rn 30; Medicus/Petersen Rn 937; Schmidt Rn 782 f; Wertenbruch § 29 Rn 24; Wolf/Neuner § 50 Rn 54; Metzing JA 2018, 413, 414 ff; Mock JuS 2008, 391, 393), sei es durch dessen Bedingung, Befristung, Erfüllung, Widerruf, Rücktritt, fristlose Kündigung oder auch durch – bei Dauerschuldverhältnissen allerdings ausnahmsweise nur ex nunc wirkende – Anfechtung (zu den Auswirkungen von Tod, Geschäftsunfähigkeit und Verlust der Verfügungsbefugnis sowie zur rechtsgeschäftlichen Übertragbarkeit s Rn 19 ff). Auch die wirksame ordentliche Kündigung des Grundverhältnisses, zB eines Auftragsvertrages (§ 671 BGB), bewirkt zwar nicht als solche, wohl aber durch die nachfolgende Beendigung des Grundverhältnisses das Erlöschen der Vollmacht. Für etwaige Abwicklungstätigkeiten kann im Übrigen die Vollmacht trotz Beendigung des Grundverhältnisses noch fortbestehen (BGH NJW 1981, 282, 284; jurisPK-BGB/Weinland § 168 Rn 1; MünchKomm/Schubert § 168 Rn 5). In Ausnahmefällen kann auch eine Verwirkung der Vollmacht in Betracht kommen (Soergel/Leptien § 168 Rn 5). Keineswegs aber führt ein Mangel des Grundverhältnisses stets zur Unwirksamkeit der (Innen-)Vollmacht (s Vorbem 33 zu §§ 164 ff).

2. Der Widerruf der Vollmacht

a) Gem § 168 S 2 BGB ist die Vollmacht unabhängig vom Grundverhältnis idR **4** frei *widerruflich* (RGZ 109, 331), sofern dieses nichts anderes ergibt (s Rn 12). Auch die Untervollmacht kann vom Vertretenen widerrufen werden (s § 167 Rn 69). Die Widerrufsmöglichkeit steht einer *Anfechtung* der Vollmacht nicht entgegen (s zur Anfechtung § 167 Rn 77 ff), enthebt sie aber vor Ausführung eines Vertretergeschäfts ihrer praktischen Bedeutung.

b) Für die Erklärung des Widerrufs gelten gem § 168 S 3 BGB die Regeln des **5** § 167 Abs 1 BGB entsprechend. Dies bedeutet, dass der Widerruf durch **einseitige Willenserklärung** erfolgen muss (s § 167 Rn 10). Die Erklärung kann ausdrücklich oder durch schlüssiges Verhalten abgegeben werden, zB bei entsprechender Auslegung durch Bestellung eines neuen Bevollmächtigten (s die nachfolgende Kommentierungen; OLG Düsseldorf NJW-RR 2003, 1312; OLG Hamburg ZMR 2005, 395; einschränkend BVerwG NJW 2005, 1962) oder auch durch (auszulegende) Rückforderung der Vollmachtsurkunde (RG JW 1933, 1202; BRHP/Schäfer § 168 Rn 19; Erman/Maier-Reimer § 168 Rn 14; MünchKomm/Schubert § 168 Rn 18; NK-BGB/Ackermann § 168 Rn 5 mit Fn 8; Soergel/Leptien § 168 Rn 20; Bork Rn 1513; Enneccerus/Nipperdey § 186 I 1; Metzing JA 2018, 413, 416). Die Widerrufserklärung ist entweder an den Bevollmächtigten zu richten oder an denjenigen Dritten, gegenüber dem die Vertretungsmacht besteht; ferner ist analog § 171 Abs 2 BGB ein Widerruf durch öffentliche Bekanntmachung möglich (s § 167 Rn 12). Die dort vorgesehene Regel über den Widerruf der Kundgebung bestehender Vertretungsmacht ist auf die Beseitigung der Vertretungsmacht auszudehnen (BRHP/Schäfer § 168 Rn 19; MünchKomm/Schubert § 168 Rn 18; NK-BGB/Ackermann § 168 Rn 5; Palandt/Ellenberger § 168 Rn 5; PWW/Frensch § 168 Rn 15; Soergel/Leptien § 168 Rn 19; Boecken Rn 642; Bork Rn 1513; Pawlowski Rn 766). Der Widerruf ist grundsätzlich unabhängig von der Art der Erteilung (Innen- oder Außenvollmacht) möglich (BRHP/Schäfer § 168 Rn 19; Erman/Maier-Reimer § 168 Rn 14; Hk-BGB/Dörner § 168 Rn 6; Jauernig/Mansel § 168 Rn 5; jurisPK-BGB/Weinland § 168 Rn 15; MünchKomm/Schubert § 168 Rn 18; NK-BGB/Ackermann § 168 Rn 5; Palandt/Ellenberger § 168 Rn 5; PWW/Frensch § 168 Rn 15; Soergel/Leptien § 168 Rn 19; Boecken Rn 642; Bork Rn 1513; Boemke/Ulrici § 13 Rn 53; Brox/Walker § 25 Rn 18; Köhler § 11 Rn 32; Medicus/Petersen Rn 940; Schmidt Rn 789; **aA** noch Lehmann/Hübner § 36 V 5 c; für die Außenvollmacht im Hinblick auf § 170 BGB einschränkend auch NK-BGB/Ackermann § 168 Rn 5 mit § 170 Rn 2 im Anschluss an Flume § 51 9, s dazu § 170 Rn 3; ausf auch Pawlowski Rn 766 ff), wirkt freilich nur nach Maßgabe der §§ 170, 173 BGB, sodass es bei mehreren Dritten uU auch zu einer

§ 168

bloß teilweisen Wirkung des Widerrufs kommen kann (BGH 11. 5. 2017 – IX ZR 238/15 Rn 17, NJW 2017, 3373; jurisPK-BGB/Weinland § 168 Rn 18. 2; Soergel/Leptien § 168 Rn 19; aA MünchKomm/Schubert § 168 Rn 18 für den Fall öffentlicher Bekanntmachung; s auch noch Rn 7). Darüber hinaus sind selbstverständlich die Sonderregeln der §§ 171, 172 BGB zu beachten. Auch die Verbraucherwiderrufsrechte (§§ 355 ff BGB iVm § 312g BGB, § 495 BGB uam) sind bei Vorliegen der entsprechenden Voraussetzungen auf die Vollmacht zumindest analog anwendbar (Staudinger/Thüsing [2019] § 312 Rn 47; ausf MünchKomm/Schubert § 168 Rn 36; Hoffmann JZ 2012, 1156, 1161 ff mwNw; Schreindorfer 354 ff; aA Möller ZIP 2002, 333, 336 f).

6 c) Folge des Widerrufs der Vollmacht ist das Erlöschen der Vertretungsmacht ex nunc, nicht nur ihr Ruhen. Dem Schutz gutgläubiger Dritter dienen die §§ 170 ff BGB. Zusätzlich kann ein Vollmachtswiderruf auch das *Grundverhältnis zwischen dem Vollmachtgeber und dem Bevollmächtigten* beenden, sofern dies durch einseitige Erklärung möglich ist und die Auslegung der Erklärung des Vollmachtgebers einen hierauf gerichteten Willen ergibt. Ein Widerruf ist seinerseits nur in den engen Grenzen des § 130 Abs 1 S 2 BGB widerruflich (MünchKomm/Schubert § 168 Rn 19; Soergel/Leptien § 168 Rn 21).

7 d) Der Widerruf muss die Vollmacht nicht insgesamt beseitigen; auch ein *teilweiser Widerruf* ist zulässig, zB durch Beschränkung einer fortbestehenden Vollmacht (BRHP/Schäfer § 168 Rn 19; MünchKomm/Schubert § 168 Rn 16; NK-BGB/Ackermann § 168 Rn 5; Soergel/Leptien § 168 Rn 19; vgl § 167 Rn 16). Voraussetzung hierfür ist, dass die konkrete Vollmacht sich als teilbares Rechtsgeschäft iS des § 139 BGB darstellt (MünchKomm/Schubert § 168 Rn 16). Es handelt sich dabei nicht um einen vollständigen Widerruf, verbunden mit der Neuerteilung einer beschränkten Vollmacht. Zwar kann auch dies gewollt sein; normalerweise besteht jedoch das ursprüngliche Bevollmächtigungsgeschäft fort, was zB hinsichtlich der Formwahrung bedeutsam wird. Die Beteiligten können allerdings auch den Ausschluss eines Teilwiderrufs vereinbart haben (MünchKomm/Schubert § 168 Rn 16).

3. Die unwiderrufliche Vollmacht

8 a) Abweichend von der hM im gemeinen Recht und der noch in § 119 E I vorgesehenen Regelung kann die Vollmacht als unwiderrufliche erteilt werden (s ausf Müller-Freienfels 109 ff). Das ergibt sich aus § 168 S 2 BGB und ist heute grundsätzlich anerkannt. Allerdings kann die Unwiderruflichkeit im Hinblick auf die Grenzen des § 138 BGB nicht uneingeschränkt zugelassen werden, da der Vollmachtgeber sich durch ihre Erteilung endgültig der Fremdbestimmung unterwirft (vgl Flume § 53 1, 3). Sie ist deshalb ausgeschlossen, wenn der zugrunde liegende Auftrag allein den Interessen des Vollmachtgebers dienen soll (BGHZ 3, 354, 358; BGH WM 1971, 956; NJW 1998, 2603; NJW-RR 1991, 439, 442; BRHP/Schäfer § 168 Rn 21; Hk-BGB/Dörner § 168 Rn 5; jurisPK-BGB/Weinland § 168 Rn 19; MünchKomm/Schubert § 168 Rn 25; NK-BGB/Ackermann § 168 Rn 9; Palandt/Ellenberger § 168 Rn 6; PWW/Frensch § 168 Rn 13; Soergel/Leptien § 168 Rn 22; Boecken Rn 645; Boemke/Ulrici § 13 Rn 55; Faust § 26 Rn 18; Flume § 53, 3; Wolf/Neuner § 50 Rn 43; **krit** Papenmeier 113 f). Ganz überwiegend wird verlangt, dass der Unwiderruflichkeit einer Vollmacht ein dem Interesse des Vollmachtgebers am Vertretergeschäft mindestens gleichwertiges *Interesse des Bevollmächtigten oder eines Dritten* zugrunde liegen muss (RGZ 52, 99; 76, 182; 109, 331;

BGH NJW-RR 1991, 439, 441; 1996, 848, 849, st Rspr; BayObLG NJW-RR 2002, 443, 444; BGB-RGRK/Steffen § 168 Rn 3; BRHP/Schäfer § 168 Rn 21; Erman/Maier-Reimer § 168 Rn 16; Jauernig/Mansel § 168 Rn 6; NK-BGB/Ackermann § 168 Rn 8, zu Recht krit im Hinblick auf die Bestimmtheit dort Rn 11; Palandt/Ellenberger § 168 Rn 6; PWW/Frensch § 168 Rn 13; Soergel/Leptien § 168 Rn 22; Bitter/Röder § 10 Rn 107; Boecken Rn 643; Boemke/Ulrici § 13 Rn 54; Brehm Rn 455; Brox/Walker § 25 Rn 17; Enneccerus/Nipperdey § 186 IV 2 c; Faust § 26 Rn 18; Hübner Rn 1273; Köhler § 11 Rn 32; Medicus/Petersen Rn 942; Schack Rn 509; Fuchs AcP 196, 313, 361 ff; Mock JuS 2008, 391, 393; **abl** aber Bork Rn 1509; einschränkend auch MünchKomm/Schubert § 168 Rn 24; strikt gegen eine Interessenabwägung Papenmeier 113 f). Weitergehend wird teilweise gefordert (BGB-AK/Ott § 168 Rn 9; Flume § 53 3; ausf Pawlowski, AT Rn 762 ff), dass der Bevollmächtigte oder ein Dritter einen *Anspruch auf die Vornahme* des Vertretergeschäftes hat – was sicher für eine zulässige Unwiderruflichkeit ausreicht (MünchKomm/Schubert § 168 Rn 23 mwNw) – oder dass die Unwiderruflichkeit im zugrunde liegenden Rechtsverhältnis einen berechtigten Grund finden muss (MünchKomm/Schramm [6. Aufl] § 168 Rn 21; dagegen Wolf/Neuner § 50 Rn 43 Fn 81; Fuchs AcP 196, 313, 361 ff), doch erscheint diese Einschränkung privatautonomer Unterwerfung unter eine Fremdbestimmung nicht geboten. Jedenfalls ist aber eine zu Erfüllungszwecken erteilte unwiderrufliche Spezialvollmacht – namentlich zB eine Auflassungsvollmacht – sicher zulässig (MünchKomm/Schubert § 168 Rn 23; NK-BGB/Ackermann § 168 Rn 10, jew mit weiteren Beispielen). Insgesamt sollte man von einer starren Interessenabwägung entgegen der hM Abstand nehmen und mehr auf die engen Grenzen für eine Anwendbarkeit des § 138 BGB abheben (zutr MünchKomm/Schubert § 168 Rn 24; s auch die Nachw gegen die hM oben).

Wegen Verstoßes gegen das Prinzip der Privatautonomie ist aber unabhängig vom Interesse des Vertreters jedenfalls die **Generalvollmacht** – sei sie isoliert oder „kausal" erteilt worden – nicht als unwiderrufliche Vollmacht zulässig (BGH NJW 1988, 2603; NJW 2011, 66, 67; KG DNotZ 1980, 166; OLG Zweibrücken OLGZ 1985, 45; BRHP/Schäfer § 168 Rn 25; Erman/Maier-Reimer § 168 Rn 16; Hk-BGB/Dörner § 168 Rn 5; Jauernig/Mansel § 168 Rn 6; jurisPK-BGB/Weinland § 168 Rn 20; MünchKomm/Schubert § 168 Rn 25; NK-BGB/Ackermann § 168 Rn 9; Palandt/Ellenberger § 168 Rn 6; PWW/Frensch § 168 Rn 13; Soergel/Leptien § 168 Rn 25; Staudinger/Reimann [2016] Vorbem 90 f zu §§ 2197 ff; Bitter/Röder § 10 Rn 105; Boecken Rn 645; Boemke/Ulrici § 13 Rn 55; Bork Rn 1509; Brehm Rn 455; Brox/Walker § 25 Rn 17; Eisenhardt Rn 433; Faust § 26 Rn 18; Flume § 53 3; Hübner Rn 1270, Rn 1274; Schack Rn 509; Schmidt Rn 792; Wolf/Neuner § 10 Rn 57, § 50 Rn 40; Papenmeier 111 f; Fuchs AcP 196, 313, 361 ff; **aA** BGB-RGRK/Steffen § 168 Rn 3 für zeitlich beschränkte Generalvollmachten). Entsprechendes gilt für eine *isolierte Vollmacht* (s unten Rn 17). Ob die *Organe einer juristischen Person* im Hinblick auf die in § 27 BGB vorgesehene Widerruflichkeit der Organbestellung eine unwiderrufliche Vollmacht erteilen können, ist umstritten (vgl OLG München OLGZ 1995, 1; Tempel 239). Richtigerweise gelten auch hier wegen des allein maßgeblichen Umfangs ihrer Vertretungsmacht die allgemeinen Maßstäbe für die Zulässigkeit einer unwiderruflichen Vollmacht (jurisPK-BGB/Weinland § 168 Rn 19; MünchKomm/Schubert § 168 Rn 24; NK-BGB/Ackermann § 168 Rn 10; Soergel/Leptien § 168 Rn 24; Flume § 53 Fn 32); maßgeblich ist nicht die Widerruflichkeit der Organstellung, sondern der Umfang der Vertretungsmacht.

Liegen die genannten Zulässigkeitsvoraussetzungen einer unwiderruflichen Vollmacht nicht vor, so ist jedenfalls die *Unwiderruflichkeitsklausel nichtig*. Hingegen muss deswegen nicht nach § 139 BGB die gesamte Vollmachtserteilung unwirksam

9

10

sein (BGH WM 1969, 1009; KG JFG 1, 318, 321; Jauernig/Mansel § 168 Rn 6; MünchKomm/Schubert § 168 Rn 28; NK-BGB/Ackermann § 168 Rn 12; Palandt/Ellenberger § 168 Rn 6; PWW/Frensch § 168 Rn 13; Soergel/Leptien § 168 Rn 27; Bork Rn 1509 Fn 124; Enneccerus/Nipperdey § 186 IV 2 b; Papenmeier 113; Sieghörtner ZEV 1999, 461; für Gesamtnichtigkeit bei Verstoß gegen § 138 BGB aber Flume § 53 3). In den Fällen eines Verstoßes gegen §§ 126, 311b BGB und in anderen Fällen, in denen die Vollmachtserteilung entgegen § 167 Abs 2 BGB (s näher § 167 Rn 18 ff) und deshalb auch der Ausschluss des Widerrufes einer Form bedarf (BRHP/Schäfer § 168 Rn 22; MünchKomm/Schubert § 168 Rn 28; NK-BGB/Ackermann § 168 Rn 12; vgl BayObLG NJW-RR 1996, 848, 849; Korte DNotZ 1984, 82, 88 f), ist allerdings Gesamtnichtigkeit anzunehmen.

11 b) Rechtstechnisch muss die Begründung der Unwiderruflichkeit nach verbreiteter Meinung *durch einen Vertrag* erfolgen, was praktisch auch sicher die Regel sein wird; dementsprechend wird der *einseitige Verzicht* des Vollmachtgebers auf die Widerruflichkeit als wirkungslos behandelt (RGZ 62, 335, 337; 109, 331, 333; BGH NJW-RR 1996, 848, 849; SchlHOLG MDR 1963, 675; BayObLG NJW-RR 1996, 848; BGB-RGRK/Steffen § 168 Rn 3; BRHP/Schäfer § 168 Rn 20 und 23; jurisPK-BGB/Weinland § 168 Rn 19; Palandt/Ellenberger § 168 Rn 6; PWW/Frensch § 168 Rn 13; Schramm/Dauber § 32 Rn 52; Bork Rn 1508; Wertenbruch § 29 Rn 23; Papenmeier 120 f; Hopt ZHR 133, 317; wohl auch Schmidt Rn 790). Müller-Freienfels (110) führt das Vertragserfordernis darauf zurück, dass die Rechtsfolge der Unwiderruflichkeit durch den Bevollmächtigten „zugleich mitgetragen" werde. Diese Begründung ist wenig überzeugend, da nur der Vollmachtgeber eine Rechtsbeeinträchtigung erleidet. Richtig erscheint es vielmehr, zur Begründung der Unwiderruflichkeit – unbeschadet der Lösung bei einer isolierten Vollmacht (s Rn 17; beide Fragen vermengt BGH NJW-RR 1996, 848, 849) – wie allgemein bei der Vollmachtserteilung (vgl § 167 Abs 1 BGB) auch die einseitige Erklärung des Vollmachtgebers, den Verzicht auf den Widerruf, anzuerkennen (Erman/Maier-Reimer § 168 Rn 17; Hk-BGB/Dörner § 168 Rn 5; MünchKomm/Schubert § 168 Rn 26; NK-BGB/Ackermann § 168 Rn 7; Soergel/Leptien § 168 Rn 23; Boecken Rn 643; Boemke/Ulrici § 13 Rn 54; Enneccerus/Nipperdey § 186 IV 2 b; Faust § 26 Rn 18; Flume § 53 5; Hübner Rn 1273; Fuchs AcP 196, 313, 363; Metzing JA 2018, 413, 416; vgl Saar/Posselt JuS 2000, 778, 779). Der Wortlaut des § 168 S 2 BGB steht dem nicht entgegen (so aber BRHP/Schäfer § 168 Rn 23), weil er lediglich das Verhältnis des Fortbestehens von zugrunde liegendem Rechtsverhältnis und Vollmacht regelt, aber nichts über sonstige Widerrufsmöglichkeiten aussagt. – Die Auslegung der Vollmacht kann auch ergeben, dass in der zeitlichen Beschränkung ihrer Geltung (vgl oben Rn 2) oder im erklärten Zweck (zB „erfüllungshalber") ein Widerrufsverzicht zum Ausdruck gebracht wurde (Erman/Maier-Reimer § 168 Rn 16; MünchKomm/Schubert § 168 Rn 27; NK-BGB/Ackermann § 168 Rn 10; Soergel/Leptien § 168 Rn 24; Flume § 53 5; Papenmeier 121 f; s auch Rn 12), wie überhaupt bei allerdings gebotener zurückhaltender Auslegung eine *konkludente* Erteilung unwiderruflicher Vollmacht in Betracht kommt (BRHP/Schäfer § 168 Rn 21; MünchKomm/Schubert § 168 Rn 27; NK-BGB/Ackermann § 168 Rn 8; zur Rechtsprechung s die Nachw Rn 8). Möglich ist auch die unwiderrufliche Vollmacht zur Unterwerfung unter die sofortige Zwangsvollstreckung, die den Regeln der ZPO unterliegt (Dux WM 1994, 1145; s § 167 Rn 33 aE).

12 Neben der Unwiderruflichkeit infolge eines entsprechenden Vertrages bzw des einseitigen Verzichtes gibt es gem § 168 S 2 BGB die Unwiderruflichkeit nach *Maßgabe des Grundverhältnisses* (BRHP/Schäfer § 168 Rn 20; MünchKomm/Schubert § 168 Rn 26;

NK-BGB/Ackermann § 168 Rn 4). Dieser Gesichtspunkt kann insbesondere eingreifen, wenn die Vollmacht im Interesse des Bevollmächtigten erteilt wurde (BGH WM 1965, 107 und 1006; 1985, 646; BayObLG NJW-RR 196, 848; 2002, 443, 444; Tempel 238), zB wenn die Vollmacht dem Bevollmächtigten eine Sicherheit gewähren soll (RGZ 52, 96, 99; 53, 416, 419; RG HRR 1934 Nr 2; MünchKomm/Schubert § 168 Rn 23; Soergel/Leptien § 168 Rn 24; Flume § 53 5). Auch die dem Käufer unter Befreiung vom Verbot des § 181 BGB erteilte Auflassungsvollmacht kann hierher gerechnet werden (vgl SchlHOLG MDR 1963, 675), ebenso eine gleichfalls erfüllungshalber (s schon Rn 11 mwNw) erteilte Vollmacht zur Einziehung einer Forderung oder auch zur Bestellung von Sicherheiten (MünchKomm/Schubert § 168 Rn 23 mwNw; Müller-Freienfels 117 f mw Beispielen), nicht aber allein die Vollmachtserteilung mit Befreiung von § 181 BGB schlechthin (BGH WM 1965, 1006, 1008).

c) Sofern eine Vollmacht unwiderruflich ist, begründet dies nicht nur die Verpflichtung des Vollmachtgebers, den Widerruf zu unterlassen, sondern *wirkt unmittelbar als Widerrufssperre*. Müller-Freienfels (109) hat dies (etwas irreführend, vgl BGH WM 1971, 956) als „dingliche" Wirkung bezeichnet; die unwiderrufliche Vollmacht wird zwar meist zu Verfügungszwecken erteilt werden, kommt aber auch für schuldrechtliche Verträge in Betracht (vgl Flume § 53 2). Trotz eines unwirksamen Widerrufs besteht also jedenfalls wegen der unmittelbaren Wirkung der Unwiderruflichkeit die Vertretungsmacht des Bevollmächtigten fort. Allerdings werden *konkurrierende Rechtsakte* des Vollmachtgebers nicht ausgeschlossen (s § 164 Rn 10; MünchKomm/ Schubert § 168 Rn 30; NK-BGB/Ackermann § 168 Rn 13; Soergel/Leptien § 168 Rn 22; Scholz JR 1958, 17; zur Unzulässigkeit einer verdrängend-unwiderruflichen Vollmacht s Rn 15). **13**

d) Außerdem bleibt selbst bei einem wirksamen Ausschluss des Widerrufsrechts nach jedenfalls im Ergebnis praktisch allgemeiner Auffassung der **Widerruf aus wichtigem Grund** zulässig (BGH WM 1985, 646, 647; NJW 1997, 3437, 3440; OLG München ZEV 2014, 615, 616; BGB-RGRK/Steffen § 168 Rn 3; BRHP/Schäfer § 167 Rn 26; Erman/ Maier-Reimer § 168 Rn 18; Hk-BGB/Dörner § 168 Rn 5; Jauernig/Mansel § 168 Rn 6; jurisPK-BGB/Weinland § 168 Rn 21; MünchKomm/Schubert § 168 Rn 29; NK-BGB/Ackermann § 168 Rn 13; Palandt/Ellenberger § 168 Rn 6; PWW/Frensch § 168 Rn 14; Soergel/Leptien § 168 Rn 26; Bitter/Röder § 10 Rn 109; Bork Rn 1510; Brehm Rn 456; Brox/Walker § 25 Rn 17; Faust § 26 Rn 18; Hübner Rn 1275; Köhler § 11 Rn 32; [zweifelnd] Medicus/Petersen Rn 942; Schack Rn 509; Schmidt Rn 790; Wolf/Neuner § 50 Rn 43; Papenmeier 122 f; Tempel 239; Fuchs AcP 196, 313, 364 f). Soweit die unwiderrufliche Vollmacht nur anerkannt wird, wenn der Bevollmächtigte oder ein begünstigter Dritter gegen den Vollmachtgeber einen Anspruch auf Vornahme des Rechtsgeschäfts hat (s Rn 8), kann es hingegen für den Widerruf nur darauf ankommen, ob der Anspruch weggefallen oder einredebehaftet geworden ist (Flume § 53 6); bei Wegfall kann die Vollmacht ohnehin sogar über § 168 S 1 BGB enden (Medicus/Petersen Rn 942). Da aber in diesen Fällen stets auch ein wichtiger Grund iSd hM vorliegen dürfte, hat die unterschiedliche Einordnung der Frage kaum praktische Bedeutung. Auf der Grundlage der hM bedeutet der Ausschluss der Widerruflichkeit eine Beschränkung auf den Widerruf aus wichtigem Grund (MünchKomm/Schubert § 169 Rn 29; Soergel/Leptien § 168 Rn 26; vgl auch BGH WM 1969, 1009; krit Flume § 53 6; Medicus/Petersen Rn 942). **14**

e) Soll eine unwiderrufliche Vollmacht mit dem Verzicht des Vollmachtgebers verbunden sein, gegenläufige Rechtsgeschäfte vorzunehmen, insbesondere über das **15**

betroffene Recht selbst zu verfügen, so handelt es sich um eine **verdrängend-unwiderrufliche Vollmacht.** Eine derartige Vollmacht, die auch bei Widerruflichkeit denkbar ist, ist im Bereich des Verfügungsgeschäfts als Verstoß gegen § 137 BGB zu bewerten und auch iÜ mit unserer privatautonomen Rechtsordnung nicht vereinbar (BGHZ 3, 354; 20, 363; BGH WM 1971, 956, 957, ganz hM; s Erman/Maier-Reimer § 167 Rn 1; jurisPK-BGB/Weinland § 167 Rn 1; MünchKomm/Schubert § 168 Rn 30; NK-BGB/Ackermann § 167 Rn 7, § 168 Rn 13; Palandt/Ellenberger § 167 Rn 15; PWW/Frensch § 167 Rn 2; Soergel/Leptien § 168 Rn 28; Staudinger/Kohler [2017] § 137 Rn 34 mwNw; ausf Flume § 53 6 gegen Müller-Freienfels 124 ff; Medicus/Petersen Rn 936; Pawlowski Rn 765; Schack Rn 510; aA Gernhuber JZ 1995, 381; Ulmer ZHR 146, 555, 571 ff [jedoch für Testamentsvollstreckung]). Demnach kann nur eine *Verpflichtung* zur Unterlassung eigener Handlungen anerkannt werden, sodass auch trotz Erteilung einer verdrängend-unwiderruflichen Vollmacht vom Vertretenen vorgenommene Geschäfte über das betroffene Recht wirksam sind (vgl RG LZ 1917, 389). – Unwirksam sind namentlich auch verdrängende unwiderrufliche Stimmrechtsvollmachten (BGH DB 1976, 2295; NJW 1987, 780, 781; KG NJW-RR 1989, 230; MünchKomm/Schubert § 168 Rn 28 Fn 57; Soergel/Leptien § 168 Rn 28; Brehm Rn 451). Ein Verstoß gegen § 138 BGB kann, muss aber nicht notwendig mit der verdrängend-unwiderruflichen Vollmacht verbunden sein (vgl Gernhuber JZ 1995, 381; dort 385 ff auch zu Sonderfällen; für generelle Anwendbarkeit des § 138 Abs 1 BGB Schack Rn 510). Für den Fall eines Umgehungsgeschäftes, zB zur Umgehung eines Abtretungsverbotes, gelten die allgemeinen Regeln (BGHZ 3, 354, 359).

4. Das Erlöschen der isolierten Vollmacht

16 a) § 168 BGB kann nicht eingreifen, wenn zwischen dem Vollmachtgeber und dem Bevollmächtigten kein Grundverhältnis besteht bzw wenn von einer Verbindung der Vollmacht mit dem Grundverhältnis abgesehen wurde, also eine **isolierte Vollmacht** (s § 167 Rn 2) vorliegt. Damit entfallen die aus dem Grundverhältnis hergeleiteten Beendigungsgründe (BRHP/Schäfer § 168 Rn 4; MünchKomm/Schubert § 168 Rn 38; NK-BGB/Ackermann § 168 Rn 29; Soergel/Leptien § 168 Rn 18; aA [stets Zweckvereinbarung] Pawlowski Rn 771 Fn 260). Allenfalls kann man erwägen, den Widerruf eines in Wirklichkeit unwirksamen Auftrages entsprechend § 168 S 1 BGB zum Erlöschen der Vollmacht führen zu lassen (Soergel/Leptien § 168 Rn 18; für eine weiter gehende Anwendbarkeit des § 168 S 1 jurisPK-BGB/Weinland § 168 Rn 2; Palandt/Ellenberrger § 168 Rn 1; aA und für eine Lösung über § 812 BGB Hübner Rn 1238 und zust MünchKomm/Schubert § 168 Rn 38; dagegen aber oben § 167 Rn 4), wenn darin nicht ohnehin zugleich der Widerruf der Vollmacht gesehen werden kann.

Alle anderen Beendigungsgründe ergreifen jedoch die isolierte Vollmacht in gleicher Weise. Sie erlischt demnach wegen *Befristung* oder *Eintritts einer auflösenden Bedingung* (s oben Rn 2). Ebenso kann die isolierte Vollmacht widerrufen werden (RGZ 62, 334, 337; BGH NJW 1988, 2603 mwNw; NJW-RR 1996, 848, 849; jurisPK-BGB/Weinland § 168 Rn 20; MünchKomm/Schubert § 168 Rn 38; NK-BGB/Ackermann § 168 Rn 29; Soergel/Leptien § 168 Rn 18, heute allgM, s auch Rn 17; aA noch Ennecerus/Nipperdey § 186 IV 2 b).

17 b) Auch bei der isolierten Vollmacht ist ein **Ausschluss des Widerrufs** aufgrund Vereinbarung oder einseitiger Bestimmung immerhin denkbar (s dazu oben Rn 11). Jedoch kann sich ein Widerrufsausschluss im Unterschied zur sog kausalen Vollmacht nicht aus Regeln des Grundverhältnisses herleiten. Das führt allerdings zu der

Frage, ob die isolierte Vollmacht überhaupt einen Ausschluss der Widerruflichkeit duldet, was zu verneinen ist (zu Recht abl RGZ 62, 335, 337; BGH NJW 1988, 2603; 1990, 1721, 1722; NJW-RR 1996, 848, 849; BRHP/Schäfer § 168 Rn 24; Erman/Maier-Reimer § 168 Rn 17; Hk-BGB/Dörner § 168 Rn 5; jurisPK-BGB/Weinland § 168 Rn 20; MünchKomm/Schubert § 168 Rn 25; NK-BGB/Ackermann § 168 Rn 9, Rn 29; Palandt/Ellenberger § 168 Rn 6; PWW/Frensch § 168 Rn 13; Soergel/Leptien § 168 Rn 25; Boecken Rn 645; Boemke/Ulrici § 13 Rn 54; Bork Rn 1508; Eisenhardt Rn 432; Faust § 26 Rn 18; Flume § 53 4 im Hinblick auf die Notwendigkeit des Bestehens eines Anspruchs, vgl Rn 8; Leenen § 13 Rn 35; Medicus/Petersen Rn 942; Schmidt Rn 792; Stadler § 30 Rn 30; Wolf/Neuner § 50 Rn 42; Metzing JA 2018, 413, 417; Mock JuS 2008, 391, 393; **aA** BGB-RGRK/Steffen § 168 Rn 3; Ennecerus/Nipperdey § 186 IV 2 b). Ein Widerspruch zur einseitigen Verzichtbarkeit bei der kausalen Vollmacht (s Rn 11) besteht insoweit nicht (s aber BRHP/Schäfer § 168 Rn 24), weil bei der isolierten Vollmacht jede Verknüpfung mit einem Grundrechtsverhältnis fehlt, aus dem sich eine so weitgehende Einschränkung der Privatautonomie rechtfertigen lässt (s MünchKomm/Schubert § 168 Rn 25). In jedem Fall ist eine *isolierte Generalvollmacht* wegen der anderenfalls eintretenden sittenwidrigen Knebelung stets als widerruflich zu bewerten (RG WarnR 1912 Nr 369; OLG Hamburg OLGE 24, 267; s aber weiter gehend Rn 9). Die Übertragung unwiderruflicher Vertretungsmacht ohne wirksames Grundverhältnis läuft aber der nach §§ 168, 169 BGB im Gesetz verbliebenen Abhängigkeit von Dauer der Vollmacht und Grundverhältnis zuwider, wie auch die historische Interpretation ergibt (vgl Prot I 145) und ist deshalb auch als unwiderrufliche isolierte Spezialvollmacht nicht möglich.

5. Der Verzicht auf die Vollmacht

Der Bevollmächtigte kann auch seinerseits die Vollmacht durch einseitigen Akt zum **18** Erlöschen bringen; ein **Verzicht auf die Vollmacht** ist als Erlöschensgrund anerkannt (OGHZ 1, 209, 211; BVerwG NVwZ 1986, 569; Erman/Maier-Reimer § 168 Rn 3; jurisPK-BGB/Weinland § 168 Rn 1; MünchKomm/Schubert § 168 Rn 35; PWW/Frensch § 168 Rn 16; Soergel/Leptien § 168 Rn 5; Boecken Rn 638; Bork Rn 1498; Brehm Rn 457; Köhler § 11 Rn 31; Medicus/Petersen Rn 943; Schmidt Rn 781; Wertenbruch § 29 Rn 25; Wolf/Neuner § 50 Rn 50 f; Papenmeier 105 ff mwNw; Metzing JA 2018, 413, 416). Dies gilt sowohl für die isolierte Vollmacht als auch für die sog kausale, für diese sogar dann, wenn mit dem Verzicht gegen Verpflichtungen aus dem Grundverhältnis verstoßen wird (ausf Larenz, AT [7. Aufl 1988] § 31 III a [S 623]; Flume § 51 3). Entgegen einer zT vertretenen Auffassung (zB Hupka 390 ff; Müller-Freienfels 46 f) ist nicht zu erkennen, weshalb der Vertreter sich die Vollmacht ohne einseitige Lösungsmöglichkeit sollte aufdrängen lassen müssen (MünchKomm/Schubert § 168 Rn 35; Flume § 51 3; Wolf/Neuner § 50 Rn 50). Ein Widerruf der Vollmacht durch den Bevollmächtigten ist hingegen nicht möglich, da die Vollmacht für ihn nur eine Fähigkeit begründet (s § 167 Rn 9; BGB-RGRK/Steffen § 168 Rn 4), wohl aber natürlich ein bloßes Nichtgebrauchmachen (s § 177 Rn 6).

II. Tod, Geschäftsunfähigkeit und Verlust der Verfügungsbefugnis

1. Tatbestände in der Person des Bevollmächtigten

a) Der **Tod des Bevollmächtigten** wirkt mangels ausdrücklicher Bestimmung, die **19** auch mittels Bedingung (§ 158 BGB) oder Befristung (§ 163 BGB) erfolgen kann, bei der sog kausalen Vollmacht aufgrund des § 168 S 1 BGB in direkter oder analoger Anwendung der §§ 673 S 1, 675 BGB regelmäßig als Erlöschensgrund (BRHP/Schäfer § 168 Rn 5; Erman/Maier-Reimer § 168 Rn 10; Hk-BGB/Dörner § 168 Rn 4; jurisPK-BGB/Weinland § 168 Rn 5; MünchKomm/Schubert § 168 Rn 9, Rn 33; NK-BGB/Ackermann § 168 Rn 25; Palandt/Ellenberger § 168 Rn 3; PWW/Frensch § 168 Rn 4; Soergel/Leptien § 168 Rn 13; Flume § 51 8; Medicus/Petersen Rn 943; Wolf/Neuner § 50 Rn 59; Papenmeier 28 f). Entsprechendes muss nach dem personenbezogenen Inhalt des Vollmachtsrechtsgeschäfts aber iZw auch bei der isolierten Vollmacht gelten (NK-BGB/Ackermann § 168 Rn 29; PWW/Frensch § 168 Rn 4; **aA** Enneccerus/Nipperdey § 186 III). Sofern allerdings die Vollmacht im Interesse des Bevollmächtigten erteilt wurde, zB eine Auflassungsvollmacht für den Käufer, besteht sie auch nach seinem Tode fort und wirkt nunmehr für die Erben (RGZ 114, 354; RG JW 1929, 1674; OLG Schleswig MDR 1963, 675; OLG Köln OLGZ 1969, 304; OLG Naumburg FGPrax 2002, 241; BGB-RGRK/Steffen § 168 Rn 6; BRHP/Schäfer § 168 Rn 5; Erman/Maier-Reimer § 168 Rn 10; MünchKomm/Schubert § 168 Rn 9, Rn 33; NK-BGB/Ackermann § 168 Rn 25; Palandt/Ellenberger § 168 Rn 3; PWW/Frensch § 168 Rn 4; Soergel/Leptien § 168 Rn 13; Boecken Rn 641; Medicus/Petersen Rn 943; Schmidt Rn 785; Wolf/Neuner § 50 Rn 59; Papenmeier 28 f), sei es als vererbliche Rechtsstellung nach § 1922 BGB (dafür Papenmeier 21 ff; eingeschränkt BGB-RGRK/Steffen § 168 Rn 7; s dazu auch Vorbem 16 f zu §§ 164 ff, § 167 Rn 4), oder zutreffender Ansicht nach deshalb, weil die Erben als für den Todesfall bevollmächtigt anzusehen sind (BRHP/Schäfer § 168 Rn 5; Erman/Maier-Reimer § 168 Rn 10; MünchKomm/Schubert § 168 Rn 33; NK-BGB/Ackermann § 168 Rn 25). Im Hinblick darauf bedarf es bei entsprechender Auslegung nicht zusätzlich einer Zustimmung des Vollmachtgebers entsprechend §§ 415 Abs 2, 185, 182 ff BGB (dafür ausf Frey 49 ff mit umfangreichen Überlegungen zu Folgefragen namentlich im Zusammenhang mit den modernen Formen der Abspaltung und Ausgliederung von Gesellschaften; s dazu Schilken ZHR 163, 104, 105).

20 Wurde eine *juristische Person* bevollmächtigt (s § 167 Rn 6), so endet die Vollmacht nicht bereits mit dem Eintritt in die Liquidation, sondern erst mit dem völligen Erlöschen (BRHP/Schäfer § 168 Rn 7; Erman/Maier-Reimer § 168 Rn 13; jurisPK-BGB/Weinland § 168 Rn 6; MünchKomm/Schubert § 168 Rn 10; NK-BGB/Ackermann § 168 Rn 26; Palandt/Ellenberger § 168 Rn 3; Soergel/Leptien § 168 Rn 14; Metzing JA 2018, 413, 416). Vom RG wurde die *Verschmelzung* einer juristischen Person mit einer anderen im Zusammenhang des § 1189 BGB nicht als Erlöschensgrund für die erteilte Vollmacht bewertet (RGZ 150, 289, 291; LG Koblenz NJW-RR 1998, 38, 39; MünchKomm/Schubert § 168 Rn 10). Dies ist jedoch nicht schlechthin auf andere Fälle übertragbar, sondern im Einzelfall nach dem Willen und Interesse der Beteiligten zu prüfen (NK-BGB/Ackermann § 168 Rn 26; Soergel/Leptien § 168 Rn 14; vgl im Übrigen ausf Frey 69 ff); die einer juristischen Person erteilte Organstellung als Verwalterin einer Wohnungseigentümergemeinschaft geht bei ihrer Verschmelzung auf die aufnehmende Gesellschaft über (BGH NJW 2014, 1447; Erman/Maier-Reimer § 168 Rn 13) Bei einer formwechselnden *Umwandlung* besteht die Vollmacht im Zweifel fort (MünchKomm/Schubert § 168 Rn 10; K Schmidt DB 2001, 1019).

21 b) Eine Minderung der Geschäftsfähigkeit des Bevollmächtigten zur *beschränkten Geschäftsfähigkeit* ist mangels abweichender Bestimmung gem § 165 BGB für das Fortbestehen der Vollmacht ohne Einfluss.

Der dauerhafte **Eintritt der Geschäftsunfähigkeit** nach § 104 Nr 2 BGB beim Bevollmächtigten führt zum Erlöschen der Vollmacht (arg § 165; jurisPK-BGB/Weinland § 168

Rn 6 mwNw; MünchKomm/Schubert § 168 Rn 7; Metzing JA 2018, 413, 415 mwNw; **aA** Papenmeier 101), im Gegensatz zur nur vorübergehenden Geschäftsunfähigkeit iSd § 105 Abs 2 BGB (heute wohl allgM, s etwa BRHP/Schäfer § 168 Rn 6; Erman/Maier-Reimer § 168 Rn 11; jurisPK-BGB/Weinland § 168 Rn 6; MünchKomm/Schubert § 168 Rn 7; NK-BGB/Ackermann § 168 Rn 27; Palandt/Ellenberger § 168 Rn 3; PWW/Frensch § 168 Rn 6; Soergel/Leptien § 168 Rn 12; Bork Rn 1504; Wolf/Neuner § 50 Rn 59; Metzing JA 2018, 413, 415). Durch Letztere wird nur die Befugnis des Bevollmächtigten zur Vollmachtsausübung suspendiert (und die Wirksamkeit eines etwa doch vorgenommenen Vertretergeschäfts beseitigt), sodass die Vollmacht jedenfalls fortbesteht und beim Wiedereintritt der Geschäftsfähigkeit ohne weiteres ausgeübt werden kann (vgl auch Bork Rn 1504). Welche dieser Alternativen eingreift, ist eine Tatfrage, die hierzu bestehende Meinungsverschiedenheit (s nur NK-BGB/Ackermann § 168 Rn 27) ein Scheinproblem.

c) Fällt der **Bevollmächtigte in Insolvenz**, so besteht die Vollmacht grundsätzlich **22** fort (BRHP/Schäfer § 168 Rn 7; Erman/Maier-Reimer § 168 Rn 12; MünchKomm/Schubert § 168 Rn 8, Rn 33; NK-BGB/Ackermann § 168 Rn 28; Palandt/Ellenberger § 168 Rn 3; PWW/Frensch § 168 Rn 5; Soergel/Leptien § 168 Rn 9; Bork Rn 1506; krit Flume § 51 8), kann aber bei der sog kausalen Vollmacht Grund für eine das Erlöschen der Vollmacht bewirkende Kündigung des Grundverhältnisses sein (s die zitierten Kommentierungen). Zum Erlöschen kann es ferner kommen (s §§ 728 Abs 2, 729 BGB), wenn die Vollmacht auf einem Gesellschaftsvertrag beruht (PWW/Frensch § 168 Rn 5; Soergel/Leptien § 168 Rn 9).

2. Tatbestände in der Person des Vollmachtgebers

a) Verliert der Vollmachtgeber seine **Geschäftsfähigkeit**, so bewirkt dies gem **23** §§ 168 S 1, 672 S 1 BGB im Zweifel nicht das Erlöschen der sog kausalen Vollmacht (KG Recht 1939 Nr 2956; BRHP/Schäfer § 168 Rn 14; Erman/Maier-Reimer § 168 Rn 6; MünchKomm/Schubert § 168 Rn 11 f, Rn 34; NK-BGB/Ackermann § 168 Rn 22; Palandt/Ellenberger § 168 Rn 4; PWW/Frensch § 168 Rn 8; Soergel/Leptien § 168 Rn 12; Bork Rn 1504; Wolf/Neuner § 50 Rn 60; Metzing JA 2018, 413, 415 f; einschr Flume § 51 6; vgl auch Müller-Freienfels 297 ff). Die Verweisung auf § 672 S 1 BGB ist eindeutig und – wie beim Tod – auch durchaus sinnvoll, da in beiden Fällen der Fortbestand der internen (Auftrags-) und externen (Vollmachts-)Befugnisse iZw gleichermaßen dem Interesse des Auftrag-/Vollmachtgebers entspricht und von dem Erben bzw gesetzlichen Vertreter getragen wird, dem freilich das Widerrufsrecht zusteht. Auch können die Beteiligten im Einzelfall – mag das auch praktisch wenig relevant werden – etwas anderes vereinbaren; Anordnungen für den Fall des Eintritts der Geschäftsunfähigkeit sind jedenfalls nicht unüblich (krit Flume § 51 6), freilich idR als Altersvorsorgevollmachten gerade mit positiver Geltungsanordnung (vgl Müller-Freienfels, in: FS Coing 395 ff; s dazu § 167 Rn 86). Eine entsprechende Regelung ist im Übrigen in § 86 ZPO für die Prozessvollmacht vorgesehen. Bei der isolierten Vollmacht kann nur durch Auslegung ermittelt werden, welche Bedeutung dem Verlust der Geschäftsfähigkeit des Vollmachtgebers zukommen soll (BRHP/Schäfer § 168 Rn 15; NK-BGB/Ackermann § 168 Rn 29). Eine andere Frage ist es, ob der wirksam Bevollmächtigte nach Eintritt der Geschäftsunfähigkeit nicht an die Schranken der §§ 1641, 1643, 1821, 1822 ua BGB gebunden ist (dafür zu Recht OLG Köln NJW-RR 2001, 652, 653; jurisPK-BGB/Weinland § 168 Rn 15; NK-BGB/Ackermann § 168 Rn 22; Palandt/Ellenberger § 168 Rn 4; Flume § 51 6; Pawlowski Rn 772; Metzing JA 2018, 413, 416; Müller-Freienfels, in: FS Coing 395, 403 ff; aA RGZ 88, 345; 106, 185; BRHP/Schäfer § 168 Rn 14; Erman/Maier-Reimer § 168 Rn 6; MünchKomm/Schubert § 168 Rn 12; PWW/Frensch § 168 Rn 8; Soergel/Leptien § 168 Rn 12). Die Bestellung eines Vertreters kann diese zum Schutz des Geschäftsunfähigen errichteten Schranken auch sonst nicht überwinden; in diesem Zusammenhang können freilich Vereinbarungen über eine Vorsorgevollmacht Bedeutung erlangen. Im Übrigen kann eine Anwendung der Grundsätze über den Missbrauch der Vertretungsmacht in Betracht kommen, wenn sein Handeln dem bekannten oder evidenten Willen des gesetzlichen Vertreters zuwiderläuft (für eine Erkundigungspflicht Flume § 51 6; zust NK-BGB/Ackermann § 168 Rn 22; dagegen BRHP/Schäfer § 168 Rn 14).

24 b) Die von einem gesetzlichen Vertreter erteilte Vollmacht erlischt nicht mit dem **Ende der gesetzlichen Vertretungsmacht** (RGZ 107, 161, 166; BayObLG NJW 1959, 2119 und DB 1974, 1521; BRHP/Schäfer § 168 Rn 16; Erman/Maier-Reimer § 168 Rn 8; NK-BGB/Ackermann § 168 Rn 24; Palandt/Ellenberger § 168 Rn 4; Soergel/Leptien § 168 Rn 15); der zuvor gesetzlich Vertretene kann aber die Vollmacht widerrufen (BayObLG NJW 1959, 2119; BGB-RGRK/Steffen § 168 Rn 10). Die Vollmacht endet auch nicht bei einem bloßem Wechsel in der Person des *Testamentsvollstreckers,* weil dessen Vollmachtserteilung wie bei der Untervollmacht (s § 167 Rn 62) eine Vertreterstellung zugunsten des Rechtsinhabers und nicht des Verwalters begründet (NK-BGB/Ackermann § 168 Rn 24; Palandt/Ellenberger § 168 Rn 4; Muscheler ZEV 2008, 213 ff; Winkler ZEV 2001, 282 ff; aA OLG Düsseldorf ZEV 2001, 281 f mwNw). Aus diesem Grund kann selbst bei Beendigung der Testamentsvollstreckung die Auslegung ergeben, dass die Vollmacht zur Vertretung der Erben fort besteht (zutr Muscheler ZEV 2008, 213 ff mwNw; aA die hM, s OLG Düsseldorf ZEV 2001, 281 m zust Anm Winkler; NK-BGB/Ackermann § 168 Rn 24; Palandt/Ellenberger § 168 Rn 4).

25 c) Fällt der **Vollmachtgeber in Insolvenz**, so folgt aus der ausdrücklichen Anordnung des § 117 Abs 1 InsO, dass eine auf das zur Insolvenzmasse gehörende Vermögen bezogene Vollmacht im Hinblick auf § 80 InsO mit der Eröffnung des Insolvenzverfahrens erlischt (vgl BGH NZI 2003, 491, 492 [zur GesO]; VersR 2001, 1130, 1131; OLG München 9. 7. 2018 – 34 Wx 223/17 Rn 22, ZIP 2018, 1646; MünchKomm/Schubert § 168 Rn 13; Bork Rn 1506; ausf Schilken KTS 2007, 1 ff mwNw; zu Vollmachten des Bauherrn Heidland BauR 2009, 159, 161 ff; zur Nachlassinsolvenz Papenmeier 103 f); sie kann auch bei einer Freigabe durch den Insolvenzverwalter nicht wiederaufleben. Diese Rechtsfolge ergibt sich eigentlich bereits aus dem Übergang der Verwaltungs- und Verfügungsbefugnis auf den Insolvenzverwalter gem § 80 Abs 1 InsO, doch hat § 117 Abs 1 InsO jedenfalls konstitutive Bedeutung für den Fall der Eigenverwaltung nach § 270 InsO (s ausf zur umstr Bedeutung des § 117 Abs 1 InsO Schilken KTS 2007, 1, 3 ff mwNw; ders, in: Liber amicorum Henckel [2015] 301 ff). § 117 Abs 1 InsO gilt auch für isolierte bzw nicht im Rahmen eines Auftrages oder Geschäftsbesorgungsvertrages begründete Vollmachten (MünchKomm/Schubert § 168 Rn 13; PWW/Frensch § 168 Rn 10; Soergel/Leptien § 168 Rn 18; Schilken KTS 2007, 1, 5, 7), für vom Bevollmächtigten erteilte Untervollmachten (Schilken KTS 2007, 1, 8 mwNw), für Prokura und Handlungsvollmacht (Schilken KTS 2007, 1, 8 ff mwNw) sowie für Prozessvollmachten (vgl RGZ 118, 158, 161; BGH NJW 2000, 738, 739 zu § 23 KO; zur InsO BGH 21. 7. 2016 – I ZR 190/15 Rn 9, ZInsO 2016, 1852; OLG Brandenburg NJW-RR 2002, 265; OLG Köln NJW-RR 2003, 264; OLG Karlsruhe NZI 2005, 39; NK-BGB/Ackermann § 168 Rn 23; Erman/Maier-Reimer § 168 Rn 7; PWW/Frensch § 168 Rn 10; Soergel/Leptien § 168 Rn 8; Schilken KTS 2007, 1, 10 ff mwNw). Von § 117 Abs 1

InsO unberührt bleiben allerdings Vollmachten des Schuldners, die sich auf persönlichkeitsbezogene Rechtshandlungen des Familien- und Erbrechts oder auf das insolvenzfreie Vermögen beziehen (Schilken KTS 2007, 1, 6 f mwNw). In Fällen der Notgeschäftsführung gem §§ 115 Abs 2, 116 S 1 InsO gilt der Auftrag bzw Geschäftsbesorgungsvertrag und damit auch die Vollmacht nach § 117 Abs 2 InsO als fortbestehend, bis der Insolvenzverwalter anderweit Fürsorge treffen kann (s dazu Schilken KTS 2007, 1, 15 ff mwNw; zu weiteren Fällen ders, in: Liber amicorum Henckel [2015] 301, 310 f). Einen Schutz des nach § 117 Abs 1 InsO vollmachtlosen Vertreters regelt schließlich § 117 Abs 3 InsO: Solange er die Eröffnung des Verfahrens ohne Verschulden nicht kennt, soll er nicht nach § 179 BGB haften (s auch § 169 Rn 2). Allerdings scheidet eine solche Haftung ohnehin aus, weil die Masse auch bei einem Handeln des Schuldners im Hinblick auf §§ 80, 81 InsO nicht haften würde und somit kein schutzwürdiges Vertrauen des Dritten besteht (MünchKomm/Schubert § 168 Rn 13; ausf Schilken KTS 2007, 1, 17 ff mwNw). Allenfalls kommt dann noch eine Haftung des vollmachtlosen Vertreters aus cic in Betracht (MünchKomm/Schubert § 168 Rn 13; ausf Schilken KTS 2007, 1, 18 f mwNw; s noch § 179 Rn 20).

d) Ob der **Tod des Vollmachtgebers** das Erlöschen der sog *kausalen Vollmacht* zur Folge hat, oder ob ein Fortbestehen als sog **transmortale Vollmacht** (Vollmacht über den Tod hinaus – die Diktion im Hinblick auf die Bezeichnung als transmortale oder postmortale Vollmacht [s Rn 28 ff] ist allerdings unterschiedlich –) bestimmt wurde, ist durch Auslegung zu ermitteln; im Zweifel besteht nach den §§ 168 S 1, 672 S 1 BGB die Vollmacht mit Wirkung für die Erben fort (RGZ 14, 351, 354; BGH NJW 1969, 1245, 1246; OLG Hamm NJW-RR 1995, 564 für Kontovollmacht des Ehegatten; BGB-RGRK/Steffen § 168 Rn 6; BRHP/Schäfer § 168 Rn 8; Erman/Maier-Reimer § 168 Rn 5, s auch § 167 Rn 66; Hk-BGB/Dörner § 168 Rn 4; jurisPK-BGB/Weinland § 168 Rn 9; MünchKomm/Schubert § 168 Rn 14, Rn 34, Rn 39, Rn 44; NK-BGB/Ackermann § 168 Rn 19; Palandt/Ellenberger § 168 Rn 4; PWW/Frensch § 168 Rn 7; Schramm/Dauber § 32 Rn 46 ff mwNw; Soergel/Leptien § 168 Rn 29; Boecken Rn 640; Bork Rn 1501 f; Ennecerus/Bipperdey § 186 II 1; Hübner Rn 1266; Medicus/Petersen Rn 943; Schmidt Rn 787; Stadler § 30 Rn 29; Lekaus 7 ff; Papenmeier 31 ff, 37 ff; Tempel 241; Tschauner 16 ff mwNw; Bork JZ 1988, 1059; Joachim/Lange ZEV 2019, 62 ff; Keim DNotZ 2008, 175, 176; Petersen Jura 2010, 757; Seif AcP 200, 192, 193 f; Trapp ZEV 1995, 314; krit Flume § 51 5 a; vgl auch Müller-Freienfels 318 ff; mit ganz anderem Ansatz zur Gesamtrechtsnachfolge in Vollmachtgeberstellungen Frey 162 ff und dazu Schilken ZHR 163, 104, 106, s dazu auch noch Rn 31. Zu Problemen bei der Verwendung transmortaler Vollmachten bei Grundstücksgeschäften s Amann MittBayNot 2016, 369; Milzer DNotZ 2009, 325 und NotBZ 2009, 482; Weidlich ZEV 2016, 57); auch ihr Umfang ist ggf durch Auslegung zu ermitteln (MünchKomm/Schubert § 168 Rn 46; s BGH NJW-RR 2009, 979: transmortale Kontovollmacht eines Ehepartners berechtigt grundsätzlich nicht zur Umschreibung des Kontos, vgl § 167 Rn 85, str; OLG München 15. 6. 2015 – 34 Wx 513/13 Rn 46, NJW-RR 2015, 1382). Ein Erlöschen der Vollmacht ist jedoch anzunehmen, wenn sie nur auf die Person des Vollmachtgebers zugeschnittene Rechtsgeschäfte erfassen sollte (OLG Hamm NJW-RR 2003, 800, 801 zur Vorsorgevollmacht; NK-BGB/Ackermann § 168 Rn 19; Soergel/Beuthien § 672 Rn 5), oder durch Konfusion, wenn der Bevollmächtigte den Erblasser allein beerbt (OLG Hamm ZEV 2013, 341; OLG München 4. 1. 2017 – 34 Wx 382/16 Rn 40, FamRZ 2017, 1004; Papenmeier 47 f mwNw; Günther NJW 2013, 3681, str; **aA** etwa OLG Schleswig FGPrax 2014, 206; jurisPK-BGB/Weinland § 168 Rn 13; Palandt/Ellenberger § 168 Rn 4; Herrler NotBZ 2013, 45 und DNotZ 2017, 508 mit Hinweis auch auf gegenläufige praktische Interessen und mwNw; Weber ErbR 2018, 189). Ausdrücklich ist das Fortbestehen einer Prokura in § 52 Abs 3

HGB und der Prozessvollmacht in § 86 ZPO bestimmt. Der Bevollmächtigte vertritt dann den oder die Erben des ursprünglichen Vollmachtgebers (s zu Rechtsfolgen und Widerrufsrecht näher bei der postmortalen Vollmacht, Rn 31 ff).

27 Auch die Auswirkungen, welche der Tod des Vollmachtgebers auf eine *isolierte Vollmacht* hat, sind durch Auslegung zu ermitteln. Nach überwiegender Ansicht ist aber hier (nur) im Zweifel ein Erlöschen der Vollmacht anzunehmen (BRHP/Schäfer § 168 Rn 8; MünchKomm/Schubert § 168 Rn 38; NK-BGB/Ackermann § 168 Rn 29; PWW/Frensch § 168 Rn 7; Soergel/Leptien § 168 Rn 18; Enneccerus/Nipperdey § 186 V 1; Tschauner 20 ff; **aM** aus seiner Sicht der isolierten Vollmacht Flume § 51 5 a; Papenmeier 36 mwNw), uU auch unter entsprechender Anwendung des § 168 S 1 BGB im Blick auf eine festzustellende Zweckbestimmung (vgl Lekaus 11 ff). Für die Fortdauer einer isolierten Generalvollmacht hat das RG zu Recht eine ausdrückliche Anordnung gefordert (RG JW 1929, 1648 m Anm Lehmann; s auch BGB-RGRK/Steffen § 168 Rn 6; BRHP/Schäfer § 168 Rn 8; NK-BGB/Ackermann § 168 Rn 29; Soergel/Leptien § 168 Rn 18; krit MünchKomm/Schubert § 168 Rn 38: Auslegungsfrage; s auch OLG München MittBayNot 2012, 227).

Das *Erlöschen einer juristischen Person* beendet die von ihr erteilten Vollmachten. Hingegen hat der Eintritt in die Liquidation diese Folge noch nicht; die Vollmachten werden vielmehr auf den Liquidationszweck beschränkt (OLG Dresden DNotZ 2009, 305; BRHP/Schäfer § 168 Rn 18; Erman/Maier-Reimer § 168 Rn 9; MünchKomm/Schubert § 168 Rn 15; NK-BGB/Ackermann § 168 Rn 21; PWW/Frensch § 168 Rn 7; Soergel/Leptien § 168 Rn 14, str für die Prokura, s Koller/Roth/Morck HGB [8. Aufl 2015] § 48 Rn 2, § 52 Rn 9, wie hier K Schmidt BB 1989, 229 mwNw).

3. Die Vollmacht auf den Todesfall (postmortale Vollmacht)*

28 a) Häufig besteht ein Interesse daran, dass unmittelbar nach dem Tod des Vollmachtgebers jemand für die Erben handeln kann. Diesem Interesse dient die Vollmacht über den Tod hinaus.

Eine solche kann einmal dadurch entstehen, dass eine *unter Lebenden* unbefristet und unbedingt erteilte Vollmacht als sog **transmortale Vollmacht** den Tod des Vollmachtgebers überdauert (s Rn 26 f). Vom Umfang her kann es sich dabei sowohl um eine Spezialvollmacht als auch um eine Generalvollmacht handeln (vgl Müller-Freienfels 318 f). In solchen Fällen einer Vollmacht, die aber durchaus Folgefragen wie die postmortale Vollmacht aufwirft (s noch Rn 31 ff) stellen sich allerdings nicht die für die sog **postmortale Vollmacht** diskutierten erbrechtlichen Formfragen (Seif AcP 200, 193, 194; s dazu Rn 30).

29 Die Vollmacht kann nämlich auch als **postmortale Vollmacht** (Vollmacht auf den Todesfall) in der Weise als Rechtsgeschäft unter Lebenden erteilt werden, dass sie ihre *Wirkung erst vom Todeszeitpunkt* des Vollmachtgebers an entfaltet (RGZ 114, 351, 354; BGH NJW 1987, 840; 1988, 2731, stRspr und im Grundsatz ganz hM; BRHP/Schäfer § 168 Rn 9; Erman/Maier-Reimer § 167 Rn 66 f; jurisPK-BGB/Weinland § 168 Rn 11; MünchKomm/Schubert § 168 Rn 39, Rn 47 ff; NK-BGB/Ackermann § 168 Rn 20; Palandt/Ellenberger § 168 Rn 4; PWW/Frensch § 168 Rn 7; Schramm/Dauber § 32 Rn 46 ff; Soergel/Leptien

---

* **Schrifttum**: s jetzt die Angaben oben zu § 168.

§ 168 Rn 30; Staudinger/Reimann [2016] Vorbem 59 ff zu §§ 2197 ff; Wolf/Neuner § 50 Rn 46; Lekaus 22 ff; Papenmeier 38 ff mwNw; Tschauner 27 ff mwNw; Joachim/Lange ZEV 2019, 62 ff; Keim DNotZ 2008, 175, 176; anders zB Heldrich JherJb 79, 315 ff). Sie bedarf in diesem Falle nicht der – freilich alternativ möglichen (s weiter unten) – Form einer letztwilligen Verfügung (RGZ 114, 351, 354; MünchKomm/Schubert § 168 Rn 47; NK-BGB/Ackermann § 168 Rn 20; Soergel/Leptien § 168 Rn 30; Bork Rn 1502 f; Wolf/Neuner § 50 Rn 46; Hopt ZHR 133, 319; aM Müller-Freienfels 322; vgl auch Röhm Betrieb 1969, 1976); nur die im Einzelfall für die Vollmacht erforderliche Form (s § 167 Rn 20 ff) muss gewahrt sein (Haegele Rpfleger 1968, 345). Auch formularmäßige Ermächtigungen können eine solche Wirkung haben (s zum Bankverkehr Schramm/Dauber § 32 Rn 52a mwNw). Erst wenn eine Umgehung der Testamentsvollstreckungsvorschriften beabsichtigt ist, greift der *Gesichtspunkt des Umgehungsgeschäftes* ein (Enneccerus/Nipperdey § 186 V 5; Tschauner 33 ff mwNw; vgl auch Kipp/Coing, Erbrecht [14. Bearb 1990] § 91 IV 11). Zu *unentgeltlichen Geschäften* s noch Rn 30.

Schließlich kann eine mit dem Tod des Vollmachtgebers wirksam werdende Vollmacht in einer *Verfügung von Todes wegen* erteilt werden (s OLG Köln NJW 1950, 702; NK-BGB/Ackermann § 168 Rn 20; Soergel/Leptien § 168 Rn 30; Staudinger/Reimann [2016] Vorbem 64 ff zu §§ 2197 ff mwNw; Wolf/Neuner § 50 Rn 46; Müller-Freienfels 320 und 324; Papenmeier 149 ff). Allerdings muss dabei das Wirksamwerden der Bevollmächtigungserklärung sichergestellt sein (s § 167 Rn 15; OLG Köln Rpfleger 1992, 299; Palandt/Edenhofer Einf vor § 2197 Rn 9; Staudinger/Reimann [2016] Vorbem 64 zu §§ 2197 ff; Haegele Rpfleger 1968, 345). Die Vollmachtserteilung schließt die Einsetzung eines Testamentsvollstreckers nicht aus, die aber die postmortale Vollmacht grundsätzlich nicht beeinträchtigt (s noch Rn 32 und Rn 34). Dies kann zB hinsichtlich unentgeltlicher Verfügungen wichtig werden, die dem Testamentsvollstrecker nicht gestattet werden können (Tschauner 33, 165; Haegele Rpfleger 1968, 347).

b) Ein **erbrechtlicher Formzwang** wird zT entsprechend § 2301 Abs 1 BGB für **30** Vollmachten verlangt, welche in ihrer Wirkung einer Schenkung von Todes wegen gleich zu achten sind (Medicus/Petersen BR Rn 399; Finger NJW 1969, 1624, Hoffmann JuS 1970, 454; Röhm DB 1969, 1977; ausführlich für eigennützige Zuwendungsvollmachten zugunsten des Dritten Seif AcP 200, 192, 196 ff; insoweit zust NK-BGB/Ackermann § 168 Rn 20 [der allerdings die Vollmachtsausübung allein an den Interessen des Erben ausrichten will, was dann eine analoge Anwendung des § 2301 BGB entbehrlich mache, s dazu aber Rn 32]; iE bei gezielter Zuwendung auch Brox/Walker, Erbrecht [28. Aufl 2018] § 43 Rn 12; s ferner Tschauner 54 ff). Dem ist aber mit einer Einordnung der postmortalen Vollmacht als Geschäft unter Lebenden nicht zu folgen (BGH NJW 1962, 1718; 1969, 1245; 1983, 1487; 1987, 840; MünchKomm/Schubert § 168 Rn 48 f; Schramm/Dauber § 32 Rn 64 ff mwNw; Palandt/Edenhofer Einf § 2197 Rn 9 ff; Soergel/Leptien § 168 Rn 30; Hübner Rn 1268; Papenmeier 90; Haegele Rpfleger 1968, 345; Wieacker 271 ff; eingehend und differenzierend Seif AcP 200, 193 ff, wie hier 230 ff für fremdnützige Verwaltungsvollmachten und Legitimationsvollmachten auf den Todesfall, für Formpflicht hingegen bei eigennütziger – namentlich unter Befreiung von § 181 BGB erteilter – Vollmacht, 230 ff; für den Fall des Fehlens eines Schenkungsversprechens zu Lebzeiten Tschauner 54 ff, 69 ff; gegen eine Anwendung der erbrechtlichen Formvorschriften, wohl aber der Regeln des Missbrauchs der Vertretungsmacht [s auch Rn 32] Lekaus 81 ff, 111 ff; vgl auch W Schultz NJW 1995, 3345 ff). Maßgeblich ist vielmehr eine Beurteilung der Zuwendung selbst nach §§ 331, 518 BGB oder – bei Ermittlung einer Überlebensbedingung – gem § 2301 BGB (vgl etwa BGH LM § 164 Nr 78 m Anm Langenfeld; BGH NJW 1987, 840 = JZ 1987, 361 m Anm Leipold; BGH NJW 1988, 2731 = JZ 1988, 1059 m Anm Bork; MünchKomm/Schubert § 168 Rn 48 ff; Schramm/Dauber § 32 Rn 65; Brox/Walker, Erbrecht § 43 Rn 11; Bork JZ 1988, 1059 ff). Auch die Erfüllung einer unter Lebenden begründeten Verpflichtung bedeutet keine Umgehung der erbrechtlichen Vorschriften (RGZ 114, 351, 354; KG HRR 1939 Nr 300; Soergel/Leptien § 168 Rn 30; Lehmann/Hübner § 36 V 7 d). Anderseits ist die Vollmachtserteilung als solche selbst bei Unwiderruflichkeit noch nicht als Vollziehung eines Schenkungsversprechens von Todes wegen iS des § 2301 Abs 2 BGB anzusehen (RGZ 83, 223, 231; BGH JZ 1987, 361 m zust Anm Leipold; MünchKomm/Schubert § 168 Rn 48; Schramm/Dauber § 32 Rn 67; Brox/Walker, Erbrecht § 43 Rn 7; Enneccerus/Nipperdey § 186 V 5; Kipp/Coing § 81 III 1 c; Papenmeier 89 mwNw; vgl auch BGH NJW 1974, 2319 m Anm Finger NJW 1975, 535). Ebenso wenig kann eine nicht vollzogene Schenkung von Todes wegen nach dem Erbfall durch Handlungen eines vom Erblasser Bevollmächtigten in Kraft gesetzt werden (BGH NJW 1988, 2731 = JZ 1988, 1059 m krit Anm Bork; Papenmeier 89 mwNw), wohl aber eine – auch im Rahmen des gegenüber § 2301 BGB vorrangigen § 331 BGB erfolgte – Schenkung unter Lebenden; bei Formungültigkeit des Schenkungsversprechens tritt dann aufgrund Vollzugshandlung des Vertreters – sei es auch beschleunigt über § 181 BGB im zulässigen Fall der Befreiung (s BGHZ 99, 97, 100; 1986, 2107, 2108; 1988, 2731 f; 1995, 250 f; Jauernig/Stürner Vorbem 2 zu § 2197; MünchKomm/Schubert § 168 Rn 50; Soergel/Leptien § 168 Rn 30) – eine Heilung nach § 518 Abs 2 BGB ein, sofern die Vollmacht nicht vorher widerrufen worden ist (s Rn 34 f); der damit immerhin verbundene potenzielle „Wettlauf" ist hinzunehmen (s die oa Rspr sowie zB BGH NJW 1969, 1245; 1995, 1059; MünchKomm/Schubert § 168 Rn 50; Schramm/Dauber § 32 Rn 66; Soergel/Leptien § 168 Rn 30 mwNw; aA Brox/Walker, Erbrecht § 43 Rn 12 bei gezielter Zuwendung wegen Umgehung der Erbrechtsformen; zu Lösungsvorschlägen der Rechtspraxis s Gubitz ZEV 2006, 333 mwNw).

31 c) Rechtsfolge der postmortalen Vollmacht ist – wie bei der transmortalen Vollmacht (s Rn 26) –, dass der Bevollmächtigte nach dem Tode des Vollmachtgebers *dessen Erben vertritt* (BGHZ 87, 20, 25; BGH FamRZ 1983, 476, 477; BRHP/Schäfer § 168 Rn 10; Erman/Maier-Reimer § 167 Rn 66 f; Hk-BGB/Dörner § 168 Rn 4; MünchKomm/Schubert § 168 Rn 39; NK-BGB/Ackermann § 168 Rn 15; PWW/Frensch § 168 Rn 7; Schramm/Dauber § 32 Rn 46; Soergel/Leptien § 168 Rn 31; Staudinger/Reimann [2017] Vorbem 71 ff zu §§ 2197 ff; Boecken Rn 640; Enneccerus/Nipperdey § 186 V 3; Flume § 51 5 a; Hübner Rn 1269; Schack Rn 41; Wolf/Neuner § 50 Rn 46; Lekaus 29 ff; Finger NJW 1969, 1624; Keim DNotZ 2008, 175, 176; Petersen Jura 2003, 310, 311; Saar/Posselt JuS 2002, 78, 779 mwNw). Die Vertretungsmacht des Bevollmächtigten bezieht sich dabei nur auf den *Nachlass* und nicht auf das persönliche Vermögen des Erben (RGZ 106, 185, 187; BGH FamRZ 1983, 477; BRHP/Schäfer § 168 Rn 10; MünchKomm/Schubert § 168 Rn 39, Rn 51; NK-BGB/Ackermann § 168 Rn 15; PWW/Frensch § 168 Rn 7; Schramm/Dauber § 32 Rn 46 [namentlich zur Bankvollmacht]; Soergel/Leptien § 168 Rn 32; Enneccerus/Nipperdey § 186 V 3; Wolf/Neuner § 50 Rn 46; Tschauner 78 ff; krit Papenmeier 54 f, s auch 80 ff). Das muss der Vertreter im Falle eines Handelns im Namen der Erben in Hinblick auf §§ 177 ff BGB klarstellen (MünchKomm/Schubert § 168 Rn 51). Ergänzend zu diesem von der ganz hM vertretenen Schutz des Erben vertritt Frey (163 ff; s dazu Schilken ZHR 163, 104, 106) die Auffassung, die vom Vertreter verursachten Verbindlichkeiten seien als Nachlassverbindlichkeiten einzuordnen; diese von der Interessenlage her durchaus angemessene Lösung lässt sich indessen de lege lata kaum begründen (s auch Lekaus 48 ff). Sofern die Vollmacht notarielle Form hat, kann sie im Grundbuchverfahren die Legitimation durch einen Erbschein ersetzen (Zimmer NJW 2016, 3341).

Bei seiner Vertretung des Erben handelt der Bevollmächtigte aufgrund einer *Machterteilung durch den Erblasser* und nicht der Erben. Er braucht demnach für Geschäfte innerhalb der Vertretungsmacht grundsätzlich nicht das Einverständnis des Erben (BGH LM § 164 Nr 78 m Anm Langenfeld; BGH NJW 1969, 1245 m Anm Finger 1624; BGH NJW 1995, 250, 251; 1995, 953 ff; BGB-RGRK/Steffen § 168 Rn 6; BRHP/Schäfer § 168 Rn 13; MünchKomm/Schubert § 168 Rn 51 f; Schramm/Dauber § 32 Rn 60; Soergel/Leptien § 168 Rn 31; Hübner Rn 1269; Madaus ZEV 2004, 448; Röhm Betrieb 1969, 1976; Trapp ZEV 1995, 314, 316; **krit** Flume § 51 5 a und b und im Anschluss daran NK-BGB/Ackermann § 168 Rn 18; Medicus/Petersen BR Rn 399 mwNw; Pawlowski Rn 772; Finger NJW 1969, 1624; Schultz NJW 1995, 3345), solange dieser nicht von der Möglichkeit des Widerrufs Gebrauch gemacht hat (s dazu Rn 34 f). Durch diese Befugnisse werden seine Interessen ausreichend geschützt. Die Wahl der besonderen Formen des Erbrechts oder des allgemeinen rechtlichen Instrumentariums (Bevollmächtigung) im Hinblick auf das ihm gehörende Vermögen steht hingegen dem Erblasser frei.

32

Ein *Vollmachtsmissbrauch gegenüber dem Erben* bildet danach jedenfalls die Grenze für das Handeln des Bevollmächtigten (BGH NJW 1969, 1245, 1247; 1995, 250, 251; BRHP/Schäfer § 168 Rn 13; MünchKomm/Schubert § 168 Rn 60 ff; NK-BGB/Ackermann § 168 Rn 17; Schramm/Dauber § 32 Rn 61; Soergel/Leptien § 168 Rn 33; Flume § 51 5 b; Medicus/Petersen BR Rn 399; Papenmeier 85 f; Tschauner 100 ff; Hopt ZHR 133, 305, 322 f; Kuchinke FamRZ 1984, 109, 112; W Schultz NJW 1995, 3345, 3346 f). Wenn der Erbe in das mit dem Erblasser begründete *Innenverhältnis* eingetreten ist (s dazu MünchKomm/Schubert § 168 Rn 57 ff) und zu dessen *Änderung berechtigt* ist, kann der Bevollmächtigte zu stärkerer Rücksichtnahme auf die Interessen des Erben veranlasst werden, die aber gegenüber einschlägigen Anordnungen des Erblassers grundsätzlich zurück stehen müssen (MünchKomm/Schubert § 168 Rn 60 ff; Schramm/Dauber § 32 Rn 61 ff; s auch BRHP/Schäfer § 168 Rn 12; Erman/Maier-Reimer § 167 Rn 67). Im Übrigen muss allerdings unter dem Aspekt des Missbrauchs der Vertretungsmacht geprüft werden, ob entsprechend der hM die reguläre vorrangige Pflichtbindung an die Interessen des Erblassers oder an diejenigen des Erben besteht. Da der Erblasser die Vertretungsmacht erteilt hat, andererseits der Erbe in seine Position eingetreten ist, erscheint eine differenzierende Lösung geboten, vorrangig ei der die Zielsetzung des Erblassers zu berücksichtigen ist. Ergibt die Auslegung eine bewusste Willensentscheidung des Erblassers über den Tod hinaus – zB für die Durchführung einer Schenkung (s oben Rn 30) –, so ist diese Bindung maßgeblich und liegt kein Missbrauch der Vollmacht vor (MünchKomm/Schubert § 178 Rn 61 ff mwNw; insoweit anders NK-BGB/Ackermann § 168 Rn 18, Rn 20; Flume § 51 5 b; Medicus/Petersen, BR Rn 399; Finger NJW 1969, 1624; Harder, in: FG vLübtow [1971] 515, 517 f; Lekaus 111 ff); lässt sich ein solcher Wille nicht feststellen, so muss der Vertreter sich allerdings des Einverständnisses der Erben versichern (MünchKomm/Schubert § 168 Rn 61, jedoch gegen eine generelle Verpflichtung; Schramm/Dauber § 32 Rn 61 ff; vgl auch Erman/Maier-Reimer § 167 Rn 67). Anderenfalls ist das Vertretergeschäft bei Kenntnis des Geschäftsgegners oder Evidenz als unwirksam anzusehen; diesen trifft aber keine Erkundigungspflicht, sondern es bedarf offensichtlicher, deutlicher Anhaltspunkte für eine Überschreitung der Grenzen des rechtlichen Dürfens aus dem Innenverhältnis (MünchKomm/Schubert § 168 Rn 62 ff).

32a

Durch die Anordnung von *Testamentsvollstreckung* wird eine postmortale Vollmacht nicht beeinträchtigt, weil beide Rechtsstellungen vom Erblasser abgeleitet sind und die Möglichkeit des Widerrufs (s Rn 34) ausreichenden Schutz bietet (BGH NJW 1962,

1718; OLG München DNotZ 2012, 303; FamRZ 2013, 402; jurisPK-BGB/Weinland § 168 Rn 11; MünchKomm/Schubert § 168 Rn 40 mwNw; Schramm/Dauber § 32 Rn 53 ff mwNw; Soergel/Leptien § 168 Rn 34; Papenmeier 58 ff, 62; Merkel WM 1987, 1001; Reithmann BB 1984, 1394, 1397; aA Staudinger/Reimann [2016] Vorbem 80 zu §§ 2197 ff mwNw; Rehmann BB 1987, 213). Die Beschränkungen der Testamentsvollstreckung durch § 2206 BGB sind unbeachtlich, weil die Erteilung der postmortalen Vollmacht neben Anordnung der Testamentsvollstreckung auf der allein maßgeblichen Entscheidung des Erblassers beruht (MünchKomm/Schubert § 168 Rn 40). Auch wenn ein Testamentsvollstrecker zugleich als Generalbevollmächtigter bestellt worden ist, unterliegt er als solcher wegen der vom Erblasser erteilten vorrangigen Rechtsmacht nicht den Beschränkungen des Testamentsvollstreckungsrechts (BGH NJW 1962, 1718; MünchKomm/Schubert § 168 Rn 40; Soergel/Leptien § 168 Rn 34; aA die oben Genannten; s auch Rehmann BB 1987, 213); etwas Anderes mag im Hinblick auf eine Umgehung des § 2206 BGB allenfalls gelten, wenn die Generalvollmacht unwiderruflich erteilt worden ist (MünchKomm/Schubert § 168 Rn 40). Entsprechendes gilt aus demselben Grund für eine postmortale Vollmacht bei Anordnung einer Nacherbfolge: Der Bevollmächtigte vertritt Vor- und Nacherben und ist nicht an die Verfügungsbeschränkungen der §§ 2113, 2114 BGB gebunden (KGJ 36 A 166; 43 A 157; MünchKomm/Schubert § 168 Rn 52; Papenmeier 61 f; ausf Keim DNotZ 2008, 175 ff mwNw; aA die überw Erbrechtsliteratur, s zB NK-BGB/Gierl § 2112 Rn 20 mwNw; Palandt/Edenhofer § 2112 Rn 4; Staudinger/Avenarius [2012] § 2112 Rn 34).

33 Da der Bevollmächtigte seine Befugnis vom Erblasser herleitet, kann er alle Rechtsgeschäfte so vornehmen, wie dieser es hätte tun können (OLG Hamburg DNotZ 1967, 31). Dies bedeutet zB, dass er für Rechtsgeschäfte keiner *gerichtlichen Genehmigung* bedarf, selbst wenn der Erbe als Minderjähriger diese benötigen würde (RGZ 106, 185, 186; anders bei mangelnder Geschäftsfähigkeit des Bevollmächtigenden selbst, s Rn 23). Ebenso kann der Bevollmächtigte Umschreibungen im *Grundbuch* und Anmeldungen zum *Handelsregister* veranlassen, ohne den Erben namhaft zu machen (OLG Hamburg DNotZ 1967, 31). Allerdings muss die Form des § 29 GBO gewahrt sein, also die Unterschrift des Vollmachtgebers mindestens öffentlich beglaubigt sein (RGZ 88, 345; KG JFG 1, 318; Haegele Rpfleger 1968, 345; s auch MünchKomm/Schubert § 168 Rn 40; Soergel/Leptien § 168 Rn 31, jew mwNw; s iÜ zu grundbuchrechtlichen Fragen übers Böttcher NJW 2013, 2805, 2806 f mwNw).

34 d) Aus der Tatsache, dass der Bevollmächtigte den Erben vertritt, ergibt sich, dass bei transmortalen wie postmortalen Vollmachten dem **Erben das Widerrufsrecht** zusteht (BGH NJW 1975, 382, st Rspr, s auch die Nachw Rn 30 aE; BayObLG OLGE 40, 129; OLG Hamburg DNotZ 1967, 31; BRHP/Schäfer § 168 Rn 11; Erman/Maier-Reimer § 167 Rn 66; Hk-BGB/Dörner § 168 Rn 4; MünchKomm/Schubert § 168 Rn 53 ff; NK-BGB/Ackermann § 168 Rn 16; PWW/Frensch § 168 Rn 7; Schramm/Dauber § 32 Rn 51; Soergel/Leptien § 168 Rn 35; Staudinger/Reimann [2016] Vorbem 92 ff zu §§ 2197–2228; Papenmeier 125 ff; Tschauner 104 ff; Madaus ZEV 2004, 448; Papenmeier ErbR 2015, 12). Hierdurch unterscheidet sich die Vollmacht über den Tod hinaus von der Testamentsvollstreckung (vgl Kipp/Coing § 91 IV 11). Bei Miterben steht das Widerrufsrecht nach ganz hM jedem Einzelnen mit Wirkung allerdings nur für ihn zu; im Verhältnis zu den übrigen Miterben, nicht aber zur gesamten Miterbengemeinschaft bleibt die Vollmacht bestehen (RG SeuffA 79 Nr 221; JW 1938, 1892; BRHP/Schäfer § 168 Rn 11; MünchKomm/Schubert § 168 Rn 54; NK-BGB/Ackermann § 168 Rn 16; Schramm/Dauber § 32 Rn 51; Soergel/Leptien § 168 Rn 35;

Enneccerus/Nipperdey § 186 V 4; Saar/Posselt JuS 2002, 778, 779; **aA** Kurze ZErb 2008, 399, 407). Da sich die Vollmacht auf den Nachlass bezieht und beschränkt, betrifft sie indessen nach vorzugswürdiger Ansicht alle Miterben und ihr Widerruf erscheint als Verwaltungsmaßnahme iSd § 2038 BGB, die grundsätzlich eine gemeinsame Vornahme erfordert (Papenmeier 128 ff, auch zu Sonderfällen; Madaus ZEV 2004, 448; abl MünchKomm/Schubert § 168 Rn 54), wenn nicht – wie idR bei Bankvollmachten – etwas Anderes bestimmt ist. Das Widerrufsrecht steht aber statt den Erben (Papenmeier 142 mwNw, str) dem *Testamentsvollstrecker* im Hinblick auf von ihm verwaltete Gegenstände und dem *Nachlassverwalter* zu (RG HansRGZ 1933 B 325; KG MDR 1971, 222; MünchKomm/Schubert § 168 Rn 54; NK-BGB/Ackermann § 168 Rn 16; Schramm/Dauber § 32 Rn 51; Soergel/Leptien § 168 Rn 35; Papenmeier 139 ff mwNw; Tempel 242; Tschauner 125 ff; einschränkend Haegele Rpfleger 1968, 346). Die Anordnung einer Testamentsvollstreckung kann je nach Auslegung den (teilweisen) Widerruf einer früher erteilten postmortalen Vollmacht beinhalten (MünchKomm/Schubert § 168 Rn 41, Rn 53; Staudinger/Reimann [2016] Vorbem 79 zu §§ 2197 ff; Merkel WM 1987, 1001; ganz abl Soergel/Leptien § 168 Rn 34).

Die allgemeinen Gründe für den **Ausschluss des Widerrufs** (s oben Rn 8 ff), namentlich 35 zur evtl Sittenwidrigkeit, gelten hier ebenfalls (RGZ 52, 399; 114, 351, 354; OLG Köln NJW-RR 1992, 1357; MünchKomm/Schubert § 168 Rn 55; NK-BGB/Ackermann § 168 Rn 16; Schramm/Dauber § 32 Rn 52; Hübner Rn 1270 mwNw; ausf Papenmeier 115 ff; Hopt ZHR 133, 317). Die gegenteilige Auffassung (Soergel/Leptien § 168 Rn 34 mwNw [für Generalvollmacht, s dazu aber oben Rn 9]; Pawlowski Rn 763; Heinz 57 ff; Röhm DB 1969, 1977), jede unwiderrufliche Vollmacht auf den Todesfall stelle eine unwirksame Umgehung der Vorschriften über die Testamentsvollstreckung dar, ist unzutreffend (MünchKomm/Schubert § 168 Rn 40, Rn 55; NK-BGB/Ackermann § 168 Rn 16; Papenmeier 115 ff mwNw; Tschauner 33 ff; s oben Rn 32a). Ein Widerruf der Vollmacht über den Tod hinaus ist insbesondere ausgeschlossen, wenn sie zur Erfüllung einer gegenüber dem Bevollmächtigten bestehenden Verpflichtung erteilt wurde (MünchKomm/Schubert § 168 Rn 55; Müller-Freienfels 31 1). Allerdings bleibt auch dann der *Widerruf aus wichtigem Grund* zulässig (s oben Rn 14; BRHP/Schäfer § 181 Rn 11; Jauernig/Stürner Vorbem 2 zu § 2197; MünchKomm/Schubert § 168 Rn 55; Schramm/Dauber § 32 Rn 51 f; Enneccerus/Nipperdey § 186 V 4; s zum Ganzen Saar/Posselt JuS 2000, 78, 79 f), ebenso ohnehin bei einer Generalvollmacht (s Rn 9).

Die Vollmacht kann auch durch **Konfusion** erlöschen, wenn der Bevollmächtigte der Alleinerbe wird und keine Testamentsvollstreckung angeordnet ist (OLG München MittBayNot 2013, 230; OLG Hamm MittBayNot 2013, 395, 396; MünchKomm/Schubert § 168 Rn 56 mwNw; Amann MittBayNot 2013, 367, 370 und 196, 199; iE aber str, s Herrler NotBZ 2013, 456, 457 f; Lange ZEV 2013, 343).

4. Beweislast

Wer Rechte aus einem Vertretergeschäft herleiten will, muss das Entstehen der 36 Vollmacht beweisen (MünchKomm/Schubert § 168 Rn 65). Der Vertretene hat die tatsächlichen Voraussetzungen des Erlöschens der einmal wirksam erteilten Vollmacht zu beweisen (BGH 27. 10. 2016 – V ZB 47/15 Rn 10, NJW-RR 2017, 58; BRHP/Schäfer § 164 Rn 49, § 168 Rn 27; Erman/Maier-Reimer § 168 Rn 19; MünchKomm/Schubert § 164 Rn 65; NK-BGB/Ackermann § 168 Rn 31; PWW/Frensch § 168 Rn 17; s auch § 164 Rn 26). Ist streitig, ob ein Rechtsgeschäft vor oder nach Erlöschen einer Vollmacht getätigt worden ist, so trifft die Beweislast denjenigen, der sich auf den wirksamen Abschluss beruft (BGH NJW 1974, 748; WM 1984, 603, 604; MünchKomm/Schubert § 168 Rn 65; NK-BGB/Ackermann § 168 Rn 31 mwNw).

§ 169
Vollmacht des Beauftragten und des geschäftsführenden Gesellschafters

Soweit nach den §§ 674, 729 die erloschene Vollmacht eines Beauftragten oder eines geschäftsführenden Gesellschafters als fortbestehend gilt, wirkt sie nicht zugunsten eines Dritten, der bei der Vornahme eines Rechtsgeschäfts das Erlöschen kennt oder kennen muss.

Materialien: E I § 119 Abs 3; II § 138 Abs 2;
III § 165; Mot I 234; Prot I 228, 249; II 2 518;
Jakobs/Schubert, AT II 873 ff; Schubert,
AT II 186 ff (Vorentwurf).

1. Das Fortbestehen der kausalen Vollmacht

1 a) § 169 BGB schließt sich an die Regelung des § 168 S 1 BGB an, wonach mangels Bestimmung der für das Erlöschen einer sog kausalen Vollmacht maßgebende Zeitpunkt unter *Berücksichtigung des Grundverhältnisses* ermittelt werden muss (s § 168 Rn 3). – Ist das Grundverhältnis ein *Auftragsvertrag*, so gilt er nach § 674 BGB – sofern er nicht durch Widerruf beendet wurde –, so lange als fortbestehend, bis der Beauftragte von dem *Beendigungsgrund Kenntnis* erlangt hat oder haben musste; Entsprechendes bestimmt § 729 BGB bei jeglicher Auflösung eines Gesellschaftsvertrages (s dazu BRHP/Schäfer § 169 Rn 6).

2 Die genannten Regeln sind auf *Geschäftsbesorgungsverträge* nach § 675 BGB übertragbar (MünchKomm/Schubert § 169 Rn 3; NK-BGB/Ackermann § 169 Rn 3; PWW/Frensch § 169 Rn 1; Soergel/Leptien § 169 Rn 3; s iü Rn 7). Bei der *Eröffnung des Insolvenzverfahrens* über das Vermögen des Auftraggebers und dem damit verbundenen Erlöschen eines massebezogenen Auftrags nach § 115 Abs 1 InsO gilt gem § 115 Abs 3 S 1 der Auftrag zwar zugunsten des Beauftragten als fortbestehend, solange er die Eröffnung des Verfahrens ohne Verschulden nicht kennt; da § 674 BGB anders als in § 23 Abs 1 S 2 KO nicht mehr ausdrücklich erwähnt wird und § 117 Abs 2 InsO nur für den Fall des § 115 Abs 2 InsO den Fortbestand der Vollmacht fingiert (s § 168 Rn 25; ausf Schilken KTS 2007, 1 ff), wird dieser Fall aber nicht mehr von § 169 BGB erfasst, sondern der gutgläubige Beauftragte ist lediglich von der Haftung aus § 179 BGB befreit, was § 117 Abs 3 InsO klarstellt (BRHP/Schäfer § 169 Rn 7; MünchKomm/Schubert § 168 Rn 2; NK-BGB/Ackermann § 169 Rn 4; Schilken KTS 2007, 1, 17 ff).

3 Der Wortlaut des § 169 BGB lässt nicht ganz deutlich werden, dass sich das Wissen (müssen) des Dritten auf das Erlöschen des Grundverhältnisses (und damit der Vollmacht) bezieht, doch ist die Vorschrift so zu verstehen (BRHP/Schäfer § 169

Rn 5 und 10; Erman/Maier-Reimer § 169 Rn 1; MünchKomm/Schubert § 169 Rn 6; NK-BGB/Ackermann § 169 Fn 9; Soergel/Leptien § 169 Rn 3; **aA** BGB-RGRK/Steffen § 169 Rn 1).

b) Nach § 168 S 1 BGB würde in den genannten Fällen die Vollmacht mit ihrem **4** ursprünglichen Inhalt fortbestehen. Mit Rücksicht darauf, dass ein **bösgläubiger Dritter** nicht schutzwürdig ist (MünchKomm/Schubert § 169 Rn 1; PWW/Frensch § 169 Rn 1; Soergel/Leptien § 169 Rn 1; Bork Rn 1517), kann sie jedoch gem § 169 BGB *nicht zugunsten* eines solchen Dritten wirken, mit dem der gutgläubige Bevollmächtigte kontrahiert. Bei einem Vertragsabschluss muss die Gutgläubigkeit des Dritten (und auch des Bevollmächtigten) bis zum Wirksamwerden der Annahmeerklärung bestehen (zust Bork Rn 1517 Fn 139; BRHP/Schäfer § 169 Rn 10). Die Gutglaubensregelung des § 169 BGB steht in Parallele zu der insoweit vorrangigen Bestimmung des § 173 BGB, die im Hinblick auf die §§ 170 ff BGB für alle Fälle der Außenvollmacht gilt, sodass § 169 BGB nur bei reiner, nicht nach außen kundgemachter oder dokumentierter Innenvollmacht anwendbar ist (BRHP/Schäfer § 169 Rn 8; Erman/Maier-Reimer § 169 Rn 2; MünchKomm/Schubert § 169 Rn 4; NK-BGB/Ackermann § 169 Rn 2; PWW/Frensch § 169 Rn 1; Soergel/Leptien § 169 Rn 3; Bork Rn 1517 Fn 139; Frotz 333). § 169 BGB schützt damit den Vertretenen (BRHP/Schäfer § 169 Rn 3; MünchKomm/Schubert § 169 Rn 1; NK-BGB/Ackermann § 169 Rn 1; PWW/Frensch § 169 Rn 1; Soergel/Leptien § 169 Rn 1 mwNw; Wolf/Neuner § 50 Rn 55; **aA** BGB-RGRK/Steffen § 169 Rn 1: Vertreter) vor einer Bindung, die §§ 674, 729 BGB wiederum zum Schutz des Vertreters – nicht des Geschäftsgegners – statuieren (MünchKomm/Schubert § 169 Rn 1; Bork Rn 1517; NK-BGB/Ackermann § 169 Rn 3; Hübner Rn 1264; Medicus/Petersen Rn 939; Frotz 332); im Falle des § 169 BGB ist der Vertreter schon gem § 179 Abs 3 S 1 BGB gegenüber dem bösgläubigen Dritten ausreichend geschützt (BRHP/Schäfer § 169 Rn 3 und 10; Erman/Maier-Reimer § 169 Rn 1; MünchKomm/Schubert § 169 Rn 1; NK-BGB/Ackermann § 169 Rn 1, Rn 6; PWW/Frensch § 169 Rn 1; Bork Rn 1517; Hübner Rn 1264; Medicus/Petersen Rn 939; Wolf/Neuner § 50 Rn 55).

§ 169 BGB ist hingegen unanwendbar und die Vollmacht gilt als fort bestehend, **5** wenn ihre Ausübung zu Lasten des Dritten geht (MünchKomm/Schubert § 169 Rn 7; NK-BGB/Ackermann § 169 Rn 6; Soergel/Leptien § 169 Rn 2). Wenn ansonsten gem § 169 BGB wegen Bösgläubigkeit des Dritten die *Vertretungsmacht* des gutgläubigen Bevollmächtigten *entfällt*, so kann er doch aus dem nach §§ 674, 675 BGB oder § 729 BGB fortbestehenden *Grundverhältnis Ersatzansprüche* gegen den Vollmachtgeber haben, zB weil ihm bei der Vornahme des unwirksamen Rechtsgeschäfts Aufwendungen entstanden sind (NK-BGB/Ackermann § 169 Rn 6; Soergel/Leptien § 169 Rn 3).

2. Nicht von § 169 erfasste Tatbestände

a) Bei einer *isolierten Vollmacht* (s § 167 Rn 2) kann § 169 BGB mangels eines **6** Grundverhältnisses keine Anwendung finden (BRHP/Schäfer § 169 Rn 9; MünchKomm/Schubert § 169 Rn 3; PWW/Frensch § 169 Rn 1; Soergel/Leptien § 169 Rn 3; Enneccerus/Nipperdey § 188 Fn 14). Hier kommt es nach dem Erlöschen der Vollmacht auf die Kenntnis oder fahrlässige Unkenntnis des Dritten jedoch insoweit an, als es sich um Fälle der §§ 170 ff BGB handelt, bzw gem § 179 Abs 3 S 1 BGB die Haftung des Vertreters ohne Vertretungsmacht entfällt.

7 b) Dasselbe (keine – analoge – Anwendbarkeit) muss nach dem Wortlaut des § 169 BGB, der Abstraktion der Vollmacht und der Ausrichtung der Norm auf den besonderen Schutz des Vertretenen bei Geschäftsbesorgungen (s Rn 4) für solche sog kausalen Vollmachten gelten, denen *kein nach den §§ 674, 675 BGB oder § 729 BGB zu beurteilendes oder ein unwirksames Grundverhältnis* zugrunde liegt (BRHP/SCHÄFER § 169 Rn 9; MünchKomm/SCHUBERT § 169 Rn 3, Rn 5; NK-BGB/ACKERMANN § 169 Rn 3; PWW/FRENSCH § 169 Rn 1; SOERGEL/LEPTIEN § 169 Rn 3; ENNECCERUS/NIPPERDEY § 188 Fn 14). Dies würde zB gelten, wenn das Innenverhältnis sich als Nebenabrede zu einem Kaufvertrag darstellt (s § 167 Rn 3). Der Vertretene ist dann durch Anwendbarkeit der Regeln über den Missbrauch der Vertretungsmacht (s § 167 Rn 91 ff) bei Kenntnis oder Evidenz ausreichend geschützt. § 169 BGB knüpft also zum einen ganz unmissverständlich an die Besonderheiten der in den §§ 674, 675, 729 BGB vorausgesetzten Rechtsverhältnisse an und enthält zum anderen keine Rechtsscheinsregelung; die Vorschrift kann somit auch keine Basis für den Schutz des Vertrauens in die eigene Vertretungsmacht und damit die Geltung für die Annahme von Rechtsscheinsvollmachten im Innenverhältnis bilden (s auch § 167 Rn 34; **aA** BORNEMANN AcP 207, 102, 135 ff). Aus der Entstehungsgeschichte ergibt sich trotz der von der 2. Kommission veranlassten Änderungen des 1. Entwurfes nichts Anderes, weil schon im 1. Entwurf im Kontext der (heutigen) §§ 168, 169 BGB (§ 119 des 1. Entwurfes) nicht der Schutz des Vertreters, sondern allein die Gültigkeit des Vertretergeschäftes in Rede stand (Mot I 236) und mit dem heutigen § 169 BGB das allein auf diesen Schutz des Dritten zielende Fortbestehen der Vollmacht eingeschränkt werden sollte, indem ihm dieses Fortbestehen bei Kenntnis oder Kennenmüssen des Erlöschens „nicht zu Statten kommen" sollte, wenn und „weil sein unredliches oder doch fahrlässiges Verhalten einen solchen Schutz nicht verdient" (Denkschrift S 30). Entsprechendes gilt für den Fall, dass das Grundverhältnis durch Widerruf oder durch Kündigung endet (jurisPK-BGB/WEINLAND § 168 Rn 3; MünchKomm/SCHUBERT § 168 Rn 5).

3. Beweislast

8 Die Beweislast für das Fortbestehen der Vollmacht trifft nicht den Dritten, sondern umgekehrt die Beweislast für das Erlöschen denjenigen, der als Vertreter aus dem Geschäft in Anspruch genommen wird. Die tatsächlichen Voraussetzungen einer Bösgläubigkeit des Geschäftsgegners iS des § 169 letzter HS BGB muss der Vertretene beweisen (MünchKomm/SCHUBERT § 169 Rn 8; NK-BGB/ACKERMANN § 169 Rn 7 mwNw).

§ 170
Wirkungsdauer der Vollmacht

Wird die Vollmacht durch Erklärung gegenüber einem Dritten erteilt, so bleibt sie diesem gegenüber in Kraft, bis ihm das Erlöschen von dem Vollmachtgeber angezeigt wird.

Materialien: E II § 139; III § 166; Prot II 1 147; JAKOBS/SCHUBERT, AT II 873 ff; SCHUBERT, AT II 186 ff (Vorentwurf).

Titel 5
Vertretung und Vollmacht § 170

Schrifttum

S vor § 167 und zur Rechtsscheinsvollmacht bei
§ 167 Rn 28.

1. Der Geltungsbereich des § 170

a) Die §§ 170–173 BGB regeln nach der hM (Rechtsscheinstheorie) Fälle, in de- 1
nen jemand als Bevollmächtigter gehandelt hat, der *in Wirklichkeit keine Vollmacht*
mehr besaß, jedoch den vom Vollmachtgeber veranlassten Schein einer Vollmacht
für sich hatte, sodass der Dritte an das Fortbestehen der Vollmacht glauben konnte.
Man spricht in diesem Zusammenhang meist von einer **Rechtsscheinsvollmacht**
(s § 167 Rn 28 ff). Nach anderer Auffassung (Rechtsgeschäftstheorie) handelt es sich
in allen Fällen um rechtsgeschäftlich begründete Vollmachten, die nur durch entsprechende externe Maßnahmen beseitigt werden könnten. Obwohl der letzteren
Auffassung nach hier vertretener Ansicht – auch für die Fälle der §§ 171, 172 BGB –
der Vorzug zu geben ist (s § 171 Rn 2 f, § 172 Rn 2 und bereits § 167 Rn 29a; zur Einordnung als
zusicherungsgleiche rechtsgeschäftliche Risikoübernahme durch LOBINGER 245 ff s abl § 167 Rn 12),
so erscheint doch eine differenzierte Betrachtung der Problematik anhand der
einzelnen Vorschriften geboten, wie ohnehin die Lösung der Sachfragen nicht allein
aufgrund der Entscheidung für die eine oder andere Auffassung erfolgen kann. Im
Falle des § 170 BGB geht es jedenfalls im Ausgangspunkt sicher um einen rechtsgeschäftlichen Tatbestand, da die Vorschrift an die Erteilung einer Außenvollmacht
iSd § 167 Abs 2 2. Alt BGB anknüpft. Ob es sich dennoch um eine Rechtsscheinsregelung handelt, hängt davon ab, welche Beseitigungsakte man zulässt und wie man
die in § 170 BGB geregelte Rechtsfolge deutet (s Rn 3 und 9).

b) § 170 BGB gilt nach seinem eindeutigen Wortlaut, aber auch nach historischer 2
Interpretation nur für die **externe Vollmachtserteilung** (BRHP/SCHÄFER § 170 Rn 3; ERMAN/
MAIER-REIMER § 170 Rn 1; JAUERNIG/MANSEL §§ 170–173 Rn 2; jurisPK-BGB/WEINLAND § 170
Rn 1, Rn 4; MünchKomm/SCHUBERT § 170 Rn 6; NK-BGB/ACKERMANN § 170 Rn 3; PALANDT/EL-
LENBERGER § 170 Rn 1; PWW/FRENSCH § 170 Rn 2; SOERGEL/LEPTIEN § 170 Rn 4; BORK Rn 1519;
FAUST § 26 Rn 23; WOLF/NEUNER § 50 Rn 63). Im Falle der *internen Vollmacht* kann sich ein
Schutz des Dritten aus § 169 BGB ergeben oder aufgrund einer Kundgabe der inter-
nen Vollmachtserteilung nach den §§ 171 ff BGB. Ein Bedürfnis nach weitergehen-
dem Schutz besteht in diesen Fällen nicht. Zur evtl entsprechenden Anwendung der
§§ 170 ff bei Widerruf einer Einwilligung s STAUDINGER/KLUMPP (2016) § 107 Rn 94.

Die Anwendung des § 170 BGB setzt voraus, dass die Außenvollmacht wirksam
erteilt und namentlich auch vom Dritten zur Kenntnis genommen worden ist (BRHP/
SCHÄFER § 170 Rn 3; MünchKomm/SCHUBERT § 170 Rn 6 f; NK-BGB/ACKERMANN § 170 Rn 3;
PWW/FRENSCH § 170 Rn 2; SOERGEL/LEPTIEN § 170 Rn 4; BORK Rn 1520; FAUST § 26 Rn 24;
WOLF/NEUNER § 50 Rn 67). An einer wirksamen Erteilung fehlt es auch bei einer Be-
seitigung ex tunc durch Anfechtung. Auf solche Fälle ursprünglich fehlender Voll-
macht ist § 170 BGB richtiger Ansicht nach anders als die §§ 171 ff BGB nicht – auch
nicht analog – anwendbar; § 170 BGB erfasst nur den Fortbestand der Vollmacht
(BGB-RGRK/STEFFEN § 170 Rn 1; BRHP/SCHÄFER § 170 Rn 3; Hk-BGB/DÖRNER §§ 170–173 Rn 2;
JAUERNIG/MANSEL §§ 170–173 Rn 2; MünchKomm/SCHUBERT § 170 Rn 7; NK-BGB/ACKERMANN

§ 170 Rn 3; Palandt/Ellenberger § 170 Rn 1; PWW/Frensch § 170 Rn 2; Soergel/Leptien § 170 Rn 4; Bork Rn 1519; Wertenbruch § 31 Rn 3; **aA** RGZ 104, 358, 360; jurisPK-BGB/Weinland § 170 Rn 4; nicht bei Nichtigkeit gem §§ 104 ff, §§ 116 ff BGB, wohl aber für Fälle eines zurechenbaren Rechtsscheins Erman/Maier-Reimer § 170 Rn 2; Stadler § 30 Rn 39). Insoweit bestimmen vielmehr die allgemeinen Rechtsgeschäftsregeln der §§ 104 ff BGB, inwieweit ein Vertrauensschutz in Betracht kommt (nämlich im Falle der Irrtumsanfechtung über § 122 BGB); iÜ können allerdings in der Tat noch die allgemeinen Regeln über eine Rechtsscheinsvollmacht (s § 167 Rn 28 ff) eingreifen.

3 Zweifelhaft ist, ob § 170 BGB dahin zu verstehen ist, dass eine Außenvollmacht überhaupt nur durch entsprechende externe Erklärung, eben die „Anzeige" des Erlöschens beendet werden kann (Flume § 51 9; ihm folgend NK-BGB/Ackermann § 170 Rn 2, Rn 4; Pawlowski Rn 767 und JZ 1996, 125, 127; wohl auch Frotz 276 f, 307 f), sodass entgegen der ganz hM (BGB-AK/Ott §§ 170–173 Rn 2 ff, 5; BGB-RGRK/Steffen § 170 Rn 1; BRHP/Schäfer § 170 Rn 1 f; Erman/Maier-Reimer § 170 Rn 2; Hk-BGB/Dörner §§ 170–173 Rn 1; MünchKomm/Schubert § 170 Rn 1 ff; Palandt/Ellenberger § 170 Rn 1; PWW/Frensch § 170 Rn 1; Soergel/Leptien § 170 Rn 2; Boecken Rn 647; Bork Rn 1522; Hübner Rn 1278; Köhler § 11 Rn 37; Schack Rn 511; Wolf/Neuner § 50 Rn 63 ff; Altmeppen 150 ff; Canaris 32 f, 134 f; Kindl 7 ff mwNw; Petersen Jura 2004, 306, 309; s auch § 168 Rn 5) ohnehin kein Fall des Rechtsscheins auftreten könnte. Der Wortlaut des § 170 BGB spricht für, derjenige des § 173 BGB gegen diese Auffassung. Indessen verdeutlichen § 168 S 1 und S 3 BGB (s dort Rn 5), dass die Beseitigung der Vollmacht auch durch interne Vorgänge erfolgen kann (zust auch BRHP/Schäfer § 170 Rn 2; MünchKomm/Schubert § 170 Rn 2; zu den Rechtsfolgen s noch Rn 9). Ob § 170 BGB *auch* den Fall des Widerrufs gegenüber dem Dritten erfasst (dagegen MünchKomm/Schubert § 170 Rn 9; Soergel/Leptien § 170 Rn 2: nur §§ 168 S 3, 167 Abs 1), ist wegen des fehlenden guten Glaubens des Geschäftsgegners (§ 173 BGB) praktisch bedeutungslos. Im Übrigen gilt § 170 BGB unstreitig auch (entsprechend), wenn eine fortbestehende *externe Vollmacht eingeschränkt oder abgeändert* werden soll (RG JW 1915, 998; BGB-RGRK/Steffen § 170 Rn 3; BRHP/Schäfer § 170 Rn 3; MünchKomm/Schubert § 170 Rn 10; Palandt/Ellenberger § 170 Rn 2; PWW/Frensch § 170 Rn 2; Soergel/Leptien § 170 Rn 4) oder die durch öffentliche Bekanntmachung erfolgte Vollmacht anders als durch Bekanntmachung oder Erklärung gegenüber dem Dritten widerrufen wird (s § 168 Rn 5; jurisPK-BGB/Weinland § 170 Rn 6; Soergel/Leptien § 170 Rn 4). Zum Vorrang des § 15 HGB s Bork Rn 1533 ff.

2. Der Schutz des Dritten

4 a) Voraussetzung für den Schutz des Dritten ist es, dass sich sein **Vertrauen auf eine Äußerung des Vollmachtgebers** gründet, und zwar aufgrund einer Erklärung der Außenvollmacht ihm gegenüber (BRHP/Schäfer § 170 Rn 5; Erman/Maier-Reimer § 170 Rn 3; MünchKomm/Schubert § 170 Rn 6; Faust § 26 Rn 26; Wolf/Neuner § 50 Rn 63 f). An diesem Vertrauen fehlt es einmal im Falle des *externen Widerrufs* (s § 168 Rn 5), der, wenn er durch verkörperte Willenserklärung erfolgt, die Vollmacht mit seinem Zugehen ohne Rücksicht auf die Kenntnisnahme des Dritten vom Erklärungsinhalt zum Erlöschen bringt (Flume § 51 9; s auch BRHP/Schäfer § 170 Rn 5). Ferner entfällt nach dem Wortlaut des § 170 BGB dessen Schutz, wenn das Vertrauen in die ursprüngliche Äußerung des Vollmachtgebers durch eine dem Dritten zugegangene *Erlöschensanzeige* (s Rn 7) entkräftet worden ist. Auf den Grund für das Erlöschen der Vollmacht kommt es dabei nicht an; es kann sich um einen internen Widerruf oder um einen anderen Erlöschensgrund handeln. Kein Bedürfnis für einen Schutz des Dritten besteht ferner, wenn und solange und soweit er (noch) keine Dispositionen aufgrund der ihm bekannten Vollmacht getroffen hat (MünchKomm/Schubert § 170 Rn 13; Faust § 26 Rn 26; Wolf/Neuner § 50 Rn 67: fehlender Kausalzusammenhang). Ordnet man den Fall des § 170 BGB mit der hM als Rechtsscheinsvollmacht ein, so sollte auch bei §§ 170 ff BGB hinsichtlich der Inanspruchnahme des Vertretenen oder des Vertreters (s allgemein zur Rechtsscheinsvollmacht § 177 Rn 26) ein Wahlrecht des Dritten bejaht werden (MünchKomm/Schubert § 170 Rn 14; Altmeppen 151 f; Bork Rn 1547; Faust § 26 Rn 45; Wolf/Neuner § 50 Rn 68).

b) Der durch § 170 BGB gewährte Schutz ist **nach § 173 BGB ausgeschlossen**, 5 wenn der Dritte das Erlöschen der Vertretungsmacht kennt oder kennen muss (s dazu näher § 173 Rn 2), zB weil ihm mitgeteilt worden ist, unter welchen Bedingungen die Vollmacht endet und er wissen müsste, dass diese Bedingungen eingetreten sind. Wurde die Vollmacht angefochten (s oben Rn 2), so entfällt der Schutz des Dritten nach Maßgabe der §§ 173, 142 Abs 2 BGB, wenn er die Anfechtbarkeit kannte oder kennen musste. Auch im Falle eines In-Sich-Geschäfts des Bevollmächtigten scheidet eine Anwendung des § 170 BGB aus (BGH NJW 1999, 486, 487; MünchKomm/Schubert § 170 Rn 13; NK-BGB/Ackermann § 170 Rn 5).

c) Erlischt die Vollmacht wegen **Eröffnung des Insolvenzverfahrens** über das 6 Vermögen des Vollmachtgebers (vgl § 168 Rn 25), so steht § 117 InsO dem in § 170 BGB vorgesehenen Schutz des Dritten entgegen (BRHP/Schäfer § 170 Rn 6; Erman/Maier-Reimer § 170 Rn 5; jurisPK-BGB/Weinland § 170 Rn 5; MünchKomm/Schubert § 170 Rn 8; NK-BGB/Ackermann § 170 Rn 5; Soergel/Leptien § 170 Rn 4; s auch § 168 Rn 25). Die vom früheren Bevollmächtigten nach der Eröffnung vorgenommenen Rechtsgeschäfte mit Bezug auf die Masse sind trotz Erfüllung der Voraussetzungen der §§ 170, 173 BGB unwirksam, da die Verfügungsmacht des Bevollmächtigten nicht weiter reichen kann als die des Vollmachtgebers (s dazu Schilken KTS 2007, 1 ff).

3. Die Erlöschensanzeige

a) Die **Erlöschensanzeige** gegenüber dem Dritten ist Willenserklärung, wenn erst 7 sie – mangels entsprechenden internen Vorganges (s Rn 3 mwNw) – den Widerruf der Außenvollmacht darstellt (zust BRHP/Schäfer § 170 Rn 8; s auch NK-BGB/Ackermann § 170 Rn 4; Boecken Rn 647; vgl Rn 3). Ist die Vollmacht hingegen schon intern beseitigt, so ist die Anzeige nach § 170 BGB keine Willenserklärung, sondern eine *geschäftsähnliche Handlung* (BRHP/Schäfer § 170 Rn 8; Erman/Maier-Reimer § 170 Rn 3; jurisPK-BGB/Weinland § 170 Rn 7; MünchKomm/Schubert § 170 Rn 11; Palandt/Ellenberger § 170 Rn 2; PWW/Frensch § 170 Rn 4; Soergel/Leptien § 170 Rn 3; Wolf/Neuner § 50 Rn 64; anders Flume § 519 und ihm zust NK-BGB/Ackermann § 170 Rn 4). Dies bedeutet aber letztlich nur, dass die allgemeinen Erfordernisse für Willenserklärungen hier entsprechende Anwendung finden, insbesondere bedarf es der *Geschäftsfähigkeit* des Anzeigenden (MünchKomm/Schubert § 170 Rn 11); abweichend von der sonstigen überwiegenden Auffassung zu den geschäftsähnlichen Handlungen, welche als adressatengerichtete Willensäußerungen hervortreten, wird bei der Anzeige gem § 170 BGB auch eine entsprechende Anwendbarkeit der Vorschriften über Willensmängel bejaht (BRHP/Schäfer § 170 Rn 9; MünchKomm/Schubert § 170 Rn 11; Soergel/Leptien § 170 Rn 3; Schmidt Rn 810; Wolf/Neuner § 50 Rn 64; iE auch NK-BGB/Ackermann § 170

Rn 4). Die Anzeige wird bereits mit dem Zugang wirksam; auf tatsächliche Kenntnisnahme kommt es nicht an (BRHP/Schäfer § 170 Rn 10; jurisPK-BGB/Weinland § 170 Rn 7; MünchKomm/Schubert § 170 Rn 11; NK-BGB/Ackermann § 170 Rn 4; Palandt/Ellenberger § 170 Rn 2; PWW/Frensch § 170 Rn 4; Soergel/Leptien § 170 Rn 2 und 3).

8 b)   Eine *Verpflichtung zur Abgabe* der Erlöschensanzeige wird durch § 170 BGB dem Dritten gegenüber nicht begründet (BRHP/Schäfer § 170 Rn 9; jurisPK-BGB/Weinland § 170 Rn 9; MünchKomm/Schubert § 170 Rn 12; NK-BGB/Ackermann § 170 Rn 6; Soergel/Leptien § 170 Rn 3). Vielmehr besteht insoweit lediglich eine Obliegenheit für den Vollmachtgeber, sodass die Nichtanzeige grundsätzlich keine Schadensersatzpflicht auslöst (OLG Düsseldorf BankArch 1925/6, 507), sondern andere Nachteile, nämlich das Fortbestehen der Vertretungsmacht, zur Folge hat (Frotz 279 ff). Allenfalls kann unter besonderen Voraussetzungen aus cic oder aus § 826 BGB eine Schadensersatzpflicht begründet werden (MünchKomm/Schubert § 170 Rn 12; NK-BGB/Ackermann § 170 Rn 6; Soergel/Leptien § 170 Rn 3).

4. Die fortbestehende Vertretungsmacht

9 Die nach Maßgabe des § 170 BGB bestehende Vollmacht ist entsprechend dem Wortlaut der Vorschrift, die vom „Inkraftbleiben" spricht, eine echte Vollmacht. Das ist selbstverständlich für den Fall, dass erst die Erlöschensanzeige den Widerruf der Vollmacht darstellt (s Rn 7). Aber auch im Falle internen Erlöschens der Vollmacht besteht kein Anlass zu der Annahme, es trete auf Grund Rechtsscheins lediglich eine der Vollmacht entsprechende gesetzliche Vertretungsmacht ein (so aber die ganz **hM**, s die Nachw in Rn 3 sowie noch ausf § 171 Rn 3) oder es sei keine echte Vertretungsmacht, sondern nur eine Reflexwirkung des Vertrauensschutzes gegeben (vgl Wellspacher, Das Vertrauen auf äußere Tatbestände [1906] 87; Lehmann/Hübner § 36 V 6). Vielmehr besteht die intern beendete Vollmacht – mit der Konsequenz, dass der Vertreter zB vollmachtslos gegenüber solchen Dritten handelt, denen gegenüber bereits Mitteilung nach § 170 BGB erfolgt ist – nur gegenüber dem betroffenen Dritten bis zur Anzeige fort (so iE schlechthin Flume § 51 9; NK-BGB/Ackermann § 170 Rn 1 f; ähnlich – „vollmachtsgleiche Vertretungsmacht" – MünchKomm/Schubert § 170 Rn 14, allerdings in Verfolgung der Rechtsscheinstheorie; für eine rechtsgeschäftliche Einordnung iS einer zusicherungsgleichen Risikoübernahme Lobinger 245 ff, s dazu § 171 Rn 3, § 179 Rn 2; abl auch NK-BGB/Ackermann § 170 Fn 5).

Ob die Ausübung der Vollmacht im *Innenverhältnis* als eine Vertragsverletzung des handelnden Vertreters bewertet werden kann, ist nach deren Tatbestandsvoraussetzungen – idR kommt eine Nebenpflichtverletzung in Betracht – zu bestimmen; im Übrigen können auch die Vorschriften über die GoA und die unerlaubten Handlungen eingreifen (MünchKomm/Schubert § 170 Rn 15).

5. Beweislast

10 Wer aus einer Außenvollmacht Ansprüche gegen den Vertretenen herleiten will, muss deren wirksame Erteilung beweisen; die Beweislast für das Erlöschen durch entsprechende Anzeige sowie für die Bösgläubigkeit des Gegners trägt der Vertretene (BRHP/Schäfer § 170 Rn 11; jurisPK-BGB/Weinland § 1780 Rn 10; MünchKomm/Schubert § 170 Rn 16; NK-BGB/Ackermann § 170 Rn 8).

Titel 5
Vertretung und Vollmacht § 171

§ 171
Wirkungsdauer bei Kundgebung

(1) Hat jemand durch besondere Mitteilung an einen Dritten oder durch öffentliche Bekanntmachung kundgegeben, dass er einen anderen bevollmächtigt habe, so ist dieser auf Grund der Kundgebung im ersteren Falle dem Dritten gegenüber, im letzteren Falle jedem Dritten gegenüber zur Vertretung befugt.

(2) Die Vertretungsmacht bleibt bestehen, bis die Kundgebung in derselben Weise, wie sie erfolgt ist, widerrufen wird.

Materialien: E I § 120; II § 140; III § 167; Mot I 237; Prot I 230, 236; II 1 145; Jakobs/Schubert, AT II 873 ff; Schubert, AT II 186 ff (Vorentwurf).

Schrifttum

S die Hinweise bei § 170.

1. Bedeutung und Rechtscharakter des § 171

a) § 171 BGB begründet den **Schutz eines gutgläubigen Dritten**, der bei der Vornahme des Rechtsgeschäfts vom Fehlen bzw vom Wegfall der Vertretungsmacht des ihm gegenüber handelnden Bevollmächtigten keine Kenntnis hatte oder haben musste. Während § 170 BGB an den konstitutiven Akt der externen Vollmachtserteilung anknüpft, bilden in § 171 BGB die speziellen *Akte* einer besonderen Mitteilung oder einer öffentlichen Bekanntmachung über die Bevollmächtigung, also einer Kundgabe nach außen die Tatbestandselemente (BRHP/Schäfer § 171 Rn 3; s aber auch Rn 7). Dabei findet § 171 BGB auch Anwendung, wenn der Umfang der Vollmachtskundgabe über den Umfang einer tatsächlich beschränkt erteilten Vollmacht hinausgeht (BGH WM 1958, 871; BRHP/Schäfer § 171 Rn 3; Erman/Maier-Reimer § 171 Rn 2; jurisPK-BGB/Weinland § 171 Rn 2; MünchKomm/Schubert § 171 Rn 14; NK-BGB/Ackermann § 171 Rn 5; PWW/Frensch § 171 Rn 1; Soergel/Leptien § 171 Rn 1). 1

b) Die Mitteilung bzw die Bekanntmachung stellen sich nach hM als bloß **deklaratorische geschäftsähnliche Handlungen**, nämlich Wissenserklärungen dar (BRHP/Schäfer § 171 Rn 6; Erman/Maier-Reimer § 171 Rn 1, Rn 3; Jauernig/Mansel §§ 170–173 Rn 4; jurisPK-BGB/Weinland § 171 Rn 2; MünchKomm/Schubert § 171 Rn 2; Palandt/Ellenberger § 171 Rn 1; PWW/Frensch § 171 Rn 2; Soergel/Leptien § 171 Rn 4; Bork Rn 1524; Köhler § 11 Rn 38; Medicus/Petersen Rn 947; Schmidt Rn 813; Stadler § 30 Rn 38; Wertenbruch § 31 Rn 4; Wolf/Neuner § 50 Rn 70; Merkt AcP 204, 638, 657; für echte Bevollmächtigung aber NK-BGB/Ackermann § 171 Rn 1 f; Pawlowski JZ 1996, 125, 126 f mit Fn 24), die zum Zwecke des Vertrauensschutzes eine **Rechtsscheinvollmacht** begründen (BGB-RGRK/Steffen § 171 Rn 1; BRHP/Schäfer § 170 Rn 2, § 171 Rn 2 und 10; Erman/Maier-Reimer § 171 Rn 1; Hk-BGB/Dörner §§ 170–173 Rn 1; Jauernig/Mansel §§ 170–173 Rn 5; jurisPK-BGB/Weinland § 170 Rn 1, § 172 Rn 13; MünchKomm/Schubert § 171 Rn 1 f; PWW/Frensch § 171 Rn 1; Soergel/ 2

§ 171

LEPTIEN § 171 Rn 1; StudKomm § 167 Rn 3; BITTER/RÖDER § 10 Rn 131 ff, Rn 153; BOECKEN Rn 648; BORK Rn 1523; BREHM Rn 463; BROX/WALKER § 25 Rn 23; ENNECCERUS/NIPPERDEY § 184 II 3; FAUST § 26 Rn 22; GRIGOLEIT/HERRESTHAL Rn 554; HIRSCH Rn 1028; KÖHLER § 11 Rn 38; LEIPOLD § 24 Rn 29; SCHMIDT Rn 809; WOLF/NEUNER § 50 Rn 69; ALTMEPPEN 150 ff; CANARIS 32 f, 134 f; HAJUT 83 ff zu § 172 Abs 1 BGB; KINDL 7 ff; TEMPEL 243; BEUTHIEN, in: FG Bundesgerichtshof 99 Fn 77; vCRAUSHAAR AcP 174, 14; HANAU VersR 2005, 1215, 1218; LORENZ JuS 2010, 771, 774; MERKT AcP 204, 638, 657; PETERSEN Jura 2004, 306, 309; SIMON, in: FS Leser [1998] 133 f), welche *kraft Gesetzes* eine vollmachtsgleiche Vertretungsmacht verschafft (WOLF/NEUNER § 50 Rn 70; LEHMANN/HÜBNER § 36 V 2 b; für gesetzliche Vertretungsmacht BGB-RGRK/STEFFEN § 171 Rn 1 mwNw). – Wegen der Ähnlichkeit der Situationen wird § 171 BGB zT im Wege analoger Anwendung zur Begründung der Rechtsscheinsvollmacht (s § 167 Rn 32) – insbes auch in den Fällen der Unwirksamkeit einer Vollmacht wegen Verstoßes gegen das RBerG aF – jetzt § 3 RDG – (s dazu ausf § 167 Rn 35a, Rn 75) – herangezogen.

3 c) Es ist freilich umstritten, ob die dogmatische Unterscheidung gerechtfertigt ist, welche die Fortwirkung einer durch Willenserklärung erteilten externen Vollmacht gem § 170 BGB von der in § 171 BGB geregelten Vollmachtswirkung einer durch geschäftsähnliche Handlung oder sogar Rechtsgeschäft erfolgten Kundgabe von der internen Vollmacht abgrenzt: FLUME (§ 49 2 a und c sowie § 51 9; zust NK-BGB/ACKERMANN § 171 Rn 1; ebenso PAWLOWSKI Rn 716 ff; wohl auch HÜBNER Rn 1278; für eine rechtsgeschäftliche Einordnung ferner LEENEN § 9 Rn 83; s auch LOBINGER 237 ff, der die § 170 ff zwar nicht als Vollmachtserteilung, aber doch als rechtsgeschäftliche Tatbestände einer zusicherungsgleichen Risikoübernahme einordnet, vgl auch § 170 Rn 9; s dazu ausf § 179 Rn 2) leugnet den Unterschied zwischen beiden Verlautbarungsarten; er sieht sowohl den Widerruf nach § 170 BGB als auch die Anzeige nach § 171 BGB als Willenserklärungen an. Es kann zunächst kein Zweifel daran bestehen, dass die Kundgabe interner Vollmachtserteilung bei Feststellung eines entsprechenden rechtsgeschäftlichen Willens durchaus als externe Bevollmächtigung bewertet werden kann (WOLF/NEUNER § 50 Rn 69). Würdigt man die Erklärung eines Geschäftsherrn, der durch besondere Mitteilung an einen Dritten oder öffentliche Bekanntmachung kundtut, dass er einen anderen bevollmächtigt habe, so wird der verständige Empfänger darin idR mehr als nur eine tatsächliche Nachricht über die Erteilung von (Innen-)Vollmacht sehen: Es handelt sich dann um externe Vollmachtserteilung durch konkludente Erklärung (zutr also FLUME § 49 2 c). Der Wortlaut des § 171 BGB zielt zwar auf die Kundgabe erteilter Vollmacht, schließt aber die konkludente Vollmachtserteilung selbstverständlich nicht aus, wie auch die Mot (I 237) davon ausgehen, dass nach Lebensauffassung und Absicht des Vollmachtgebers in dieser Kundgebung nicht bloß ein Hinweis auf die Tatsache der Bevollmächtigung liege. Freilich kann es auch so liegen, dass die Kundgabe als reine Mitteilung gedacht war und vom Empfänger (Dritter oder Allgemeinheit) auch nur so verstanden werden konnte. Für diesen Fall bleibt es allerdings bei der Einordnung der Kundgabe als bloß rechtsgeschäftsähnlicher Handlung (vgl vCRAUSHAAR AcP 174, 14; s auch MEDICUS/PETERSEN Rn 927, 947; LOBINGER 241 ff). Das nötigt aber keineswegs zu der Annahme, § 171 BGB knüpfe dann die Vertretungsmacht an den Rechtsschein ihres Bestehens. Selbstverständlich konnte der Gesetzgeber die Vertretungsbefugnis auch an eine vom Geschäftsherrn ausgehende rechtsgeschäftsähnliche Handlung knüpfen, und eben dies ist in § 171 BGB geschehen (vgl auch Prot I 301 f). Darin fügt sich die Widerrufsregelung des § 171 Abs 2 BGB (s unten Rn 10) ebenso wie die Vorschrift des § 173 BGB, die lediglich einen Erlöschenstatbestand für die sonst bestehende Vollmacht regelt (vgl FLUME § 51 9; unzutr daher der Einwand von FAUST § 26 Rn 22 Fn 22). Soweit man hingegen zu einer Einordnung als Rechtsscheinsvollmacht gelangt, gelten die dazu vertretenen Regeln (s § 167 Rn 28 ff), namentlich auch zum Wahlrecht des Dritten zwischen Inanspruchnahme des Vertretenen oder des Vertreters (s § 167 Rn 26; § 170 Rn 4).

2. Die besondere Mitteilung

a) Die **besondere Mitteilung an den Dritten** iSd § 171 BGB erfordert als Willens- **4** erklärung oder adressatengerichtete geschäftsähnliche Handlung (s Rn 3) ein *Wirksamwerden* gemäß oder entsprechend den Regeln für Willenserklärungen, also die Vernehmung bei mündlicher oder das Zugehen bei schriftlicher Mitteilung. Eine *Form* für die Mitteilung ist nicht vorgeschrieben; demnach kann auch ein adressatengerichtetes *schlüssiges Verhalten* konkludent die Voraussetzungen des § 171 BGB erfüllen (RGZ 81, 257, 260; BRHP/Schäfer § 171 Rn 7; Erman/Maier-Reimer § 171 Rn 3; jurisPK-BGB/Weinland § 171 Rn 3; MünchKomm/Schuberrt § 171 Rn 4; NK-BGB/Ackermann § 171 Rn 3; Palandt/Ellenberger § 171 Rn 2; PWW/Frensch § 171 Rn 3; Soergel/Leptien § 171 Rn 3; Canaris 112 f; Frotz 297; Kindl 19 ff; Gergaut NotBZ 2008, 124 f; **aA** noch Gotthardt 38; Wellspacher 100). Ein solches kann zB in der konkreten Ankündigung eines Vertreterbesuchs gesehen werden (OLG Dresden OLGE 35, 314; LG Kassel NJW-RR 1993, 1494) oder in einer notariellen Urkunde enthalten sein (OLG Köln DNotZ 1984, 570; Böttcher NJW 2010, 1647, 1654 mwNw); auch die Kundgabe einer Delegation nach § 50 Abs 2 BetrVG kann die Rechtswirkungen des § 171 BGB auslösen (s dazu näher Schönhöft/Kessenich NZA-RR 2017, 1, 3 f). Bei schriftlichen Mitteilungen muss iÜ die Kenntnisnahme hinzukommen, um die Wirkungen des § 171 BGB auszulösen (s Rn 12). Die Mitteilung kann auch durch einen (anderen) Vertreter oder Boten des Vertretenen erfolgen (BRHP/Schäfer § 171 Rn 7; Erman/Maier-Reimer § 171 Rn 3; ebenso, aber für zulässige Botenschaft des Bevollmächtigten selbst MünchKomm/Schubert § 171 Rn 8 [nur schriftlich]; NK-BGB/Ackermann § 171 Rn 3; noch weitergehend Soergel/Leptien § 171 Rn 3).

Nicht ausreichend ist es, wenn der Dritte unbeabsichtigt von einer Vollmachtserteilung Kenntnis nimmt, zB weil er die entsprechenden Worte mithört (jurisPK-BGB/Weinland § 171 Rn 3; MünchKomm/Schubert § 171 Rn 3). Ebenso wenig genügt es für eine Mitteilung iS des § 171 BGB, wenn Worte, die gegenüber dem „Bevollmächtigten" nicht als eine Vollmachtserteilung aufgefasst werden können, in der Mitteilung an den Dritten verwendet sind (BGHZ 20, 239, 248; Soergel/Leptien § 171 Rn 3).

Der Absender der Mitteilung muss voll **geschäftsfähig** sein (BGH NJW 1977, 622, 623; BB **5** 2004, 683, 685 m Anm Haertlein; OLG Stuttgart MDR 1956, 673; BRHP/Schäfer § 171 Rn 6; Erman/Maier-Reimer § 171 Rn 3; MünchKomm/Schubert § 171 Rn 7; NK-BGB/Ackermann § 171 Rn 2; Palandt/Ellenberger § 171 Rn 1; PWW/Frensch § 171 Rn 2; Soergel/Leptien § 171 Rn 4; Bork Rn 1524; Köhler § 11 Rn 38; Wolf/Neuner § 50 Rn 71; Frotz 288; Kindl 21 f). Ein beschränkt Geschäftsfähiger bedarf für die Mitteilung der Einwilligung seines gesetzlichen Vertreters, sofern nicht das in Betracht stehende Rechtsgeschäft auch ohne diese vorgenommen werden könnte (BGB-RGRK/Steffen § 171 Rn 2; BRHP/Schäfer § 171 Rn 6; Erman/Maier-Reimer § 171 Rn 3; jurisPK-BGB/Weinland § 171 Rn 3; MünchKomm/Schubert § 171 Rn 7; NK-BGB/Ackermann § 171 Rn 2; PWW/Frensch § 171 Rn 2; Soergel/Leptien § 171 Rn 4).

6 b) Ferner ist es erforderlich, dass in der Mitteilung die **Bevollmächtigung eines anderen** als des Mitteilungsadressaten **kundgegeben** wird (RGZ 104, 358, 360). Der *Name des Bevollmächtigten* nebst Umfang seiner Vertretungsmacht muss in der Mitteilung idR genannt sein (RGZ 124, 383, 386; BGHZ 20, 239, 248; OLG Frankfurt NotBZ 2008, 123; BGB-RGRK/Steffen § 171 Rn 4; BRHP/Schäfer § 171 Rn 7; Erman/Maier-Reimer § 171 Rn 3; MünchKomm/Schubert § 171 Rn 4; NK-BGB/Ackermann § 171 Rn 3; Palandt/Ellenberger § 171 Rn 2; PWW/Frensch § 171 Rn 3; Soergel/Leptien § 171 Rn 3), jedenfalls muss eine eindeutige Identifizierung möglich sein, die namentlich bei einer Notariatsangestelltenvollmacht auch ohne Namensnennung in Betracht kommt (OLG Brandenburg MDR 2013, 563 mwNw; jurisPK-BGB/Weinland § 171 Rn 4; MünchKomm/Schubert § 171 Rn 3; zur Frage der Übertragbarkeit solcher Vollmachten s OLG Jena 11. 9. 2014 – 3 W 316/14, NotBZ 2015, 343 m Anm Otto). Außerdem muss die Kundgabe an den Dritten der *Vornahme des Rechtsgeschäfts vorangehen,* für welches Vertretungsmacht nach Maßgabe des § 171 BGB bestehen soll (RGZ 104, 358, 360; BRHP/Schäfer § 171 Rn 5; MünchKomm/Schubert § 171 Rn 6; NK-BGB/Ackermann § 171 Rn 3; Soergel/Leptien § 167 Rn 2); anderenfalls kommt noch eine Genehmigung nach § 177 BGB durch die Kundgabe in Betracht.

7 c) In der Rspr wird weiter verlangt, dass der Mitteilung eine **Bevollmächtigung vorangegangen** ist bzw eine solche an Nichtigkeits- oder Anfechtungsgründen scheiterte (RGZ 108, 127; RG HRR 1937 Nr 548; OLG München HRR 1936 Nr 865; vgl auch BGH MDR 1965, 282; zu den Anwendungsfällen bei Nichtigkeit nach Art 1 § 1 Abs 1 RBerG aF s die Nachw § 167 Rn 35). Ebenso genügt es aber, dass eine erteilte Vollmacht bereits erloschen ist oder beschränkt wird (Erman/Maier-Reimer § 167 Rn 2; MünchKomm/Schubert § 171 Rn 15; NK-BGB/Ackermann § 171 Rn 5; Soergel/Leptien § 171 Rn 1; Tempel 243). Darüber hinaus entfaltet die besondere Mitteilung die in § 171 BGB genannten Wirkungen auch dann, wenn sie abgegeben wurde, bevor eine Bevollmächtigung versucht oder vorgenommen worden ist (MünchKomm/Schubert § 171 Rn 15; Soergel/Leptien § 171 Rn 1). Weder nach dem Wortlaut noch nach dem Schutzzweck der Bestimmung kann es – anders als im Falle des § 170 BGB (s dort Rn 2, str) – für die Vertretungsmacht auf die vorherige (wirksame) Vornahme einer Bevollmächtigung, sondern allein auf die Mitteilung über eine solche (angebliche) Vollmachtserteilung ankommen (insoweit unstr, s etwa BGHZ 40, 297, 304; BGH NJW 1985, 730; 2000, 2270, 2271; BRHP/Schäfer § 171 Rn 3; Erman/Maier-Reimer § 171 Rn 2; MünchKomm/Schubert § 171 Rn 15; NK-BGB/Ackermann § 171 Rn 5; PWW/Frensch § 171 Rn 1; Soergel/Leptien § 171 Rn 1).

3. Die öffentliche Bekanntmachung

8 Neben der besonderen Mitteilung an den Dritten nennt § 171 Abs 1 BGB als Grundlage der Vollmachtswirkungen die **öffentliche Bekanntmachung einer erfolgten Bevollmächtigung**. Öffentlich ist eine Bekanntmachung, die an einen *nicht begrenzten Personenkreis* gerichtet ist (BRHP/Schäfer § 171 Rn 8; Erman/Maier-Reimer § 171 Rn 4; Hk-BGB/Dörner §§ 170–173 Rn 3; MünchKomm/Schubert § 171 Rn 11; NK-BGB/Ackermann § 171 Rn 4; Palandt/Ellenberger § 171 Rn 2; PWW/Frensch § 171 Rn 4). Sie unterliegt gleichfalls (s Rn 5) den §§ 104 ff BGB (analog), bedarf keiner bestimmten Form und muss auch *nicht* unbedingt ausdrücklich (**anders** Kindl 19; Stüsser 118; wie hier RG Recht 1923 Nr 1026; MünchKomm/Schubert § 171 Rn 11; NK-BGB/Ackermann § 171 Rn 4; Soergel/Leptien § 171 Rn 3), aber so *eindeutig vorgenommen* werden, dass die Person des Bevollmächtigten ohne Hinzuziehung weiterer Umstände aus ihr entnommen werden kann (RG HRR 1929 Nr 797). In erster Linie kommen Zeitungsveröffentlichungen, Postwurfsendungen, Handzettel und Anschläge in Geschäftslokalen in Betracht. Auch die Eintragung im Handelsregister ist als eine derartige Bekanntmachung zu bewerten (RGZ 133, 229, 233; jurisPK-BGB/WEINLAND § 171 Rn 5; MünchKomm/SCHUBERT § 171 Rn 12; NK-BGB/ACKERMANN § 171 Rn 4; SOERGEL/LEPTIEN § 171 Rn 3), doch ist dabei die spezielle Regelung des § 15 HGB, namentlich des dortigen Abs 3 zu beachten (ERMAN/MAIER-REIMER § 171 Rn 4; MünchKomm/SCHUBERT Rn 12; zum Verhältnis des § 15 HGB zur allgemeinen Rechtsscheinshaftung s KOLLER/ROTH/MORCK, HGB [8. Aufl 2015] § 15 Rn 3; ausf auch BORK Rn 1533 ff). Die Eintragung der Vertretungsberechtigung in die landesrechtlichen Stiftungsverzeichnisse kann hingegen nicht schlechthin als öffentliche Bekanntmachung iSd § 171 Abs 1 BGB angesehen werden (s G ROTH, in: Non Profit Law Yearbokk 2009, 65, 78 ff; MünchKomm/SCHUBERT § 171 Rn 12; aA RAWERT, in: FS Kreutz [2010] 825, 831 f mwNw; STAUDINGER/HÜTTEMANN/RAWERT [2017] Vorbem 164 f zu §§ 80 ff; zur Bedeutung von stiftungsrechtlichen Vertretungsbescheinigungen s § 172 Rn 1); dasselbe gilt auch für eine Eintragung in das Gewerberegister (OLG Hamm NJW 1985, 1846, 1847; jurisPK-BGB/WEINLAND § 171 Rn 5; RAWERT, in: FS Kreutz [2010] 831). Anders liegt es, wenn das Landesrecht Angaben über die Organmitglieder vorsieht (zB in Nordrhein-Westfalen) und die Stiftung die Registereintragung durch ihre vertretungsberechtigten Organe veranlasst hat (RAWERT, in: FS Kreutz [2010] 825, 831 f; MünchKomm/SCHUBERT § 171 Rn 12).

4. Die Beseitigung der Vollmacht

a) Eine **Anfechtung der Vollmachtserteilung** nach § 171 BGB ist selbstverständlich 9 im Falle einer konkludenten Bevollmächtigung, aber auch dann zulässig, wenn es sich nur um eine rechtsgeschäftsähnliche Handlung (s oben Rn 3) handelt. Ein Grund für eine abweichende Lösung über die formale Unterscheidung nach dem Charakter der Erklärungen ist nicht ersichtlich, folgt weder aus dem Wortlaut noch der Entstehungsgeschichte; Mot I 237 f und Prot I 301 gehen von Anwendbarkeit der Vorschriften über Willensmängel aus. Auch der Zweck der Regelung steht nicht entgegen, da die Wirkungen einer Mitteilung über Innenbevollmächtigung nicht weiter greifen können als diejenigen einer (anfechtbaren) Außenbevollmächtigung (BGB-RGRK/STEFFEN § 171 Rn 3; BRHP/SCHÄFER § 171 Rn 11; ERMAN/MAIER-REIMER § 171 Rn 7; Hk-BGB/DÖRNER §§ 170–173 Rn 6; jurisPK-BGB/WEINLAND § 171 Rn 3; MünchKomm/SCHUBERT § 171 Rn 9; NK-BGB/ACKERMANN § 171 Rn 2; PALANDT/ELLENBERGER § 171 Rn 1; PWW/FRENSCH § 171 Rn 2; SOERGEL/LEPTIEN § 171 Rn 4; BORK Rn 1524; HÜBNER Rn 1278; FLUME § 49 2 c; LEHMANN/HÜBNER § 26 V 2 b; MEDICUS/PETERSEN Rn 947; MEDICUS/PETERSEN BR Rn 97; WOLF/NEUNER § 50 Rn 74; CANARIS 35 ff; FROTZ 310 ff; KINDL 21 ff, 33 ff; BECKER/SCHÄFER JA 2006, 597, 600; EUJEN/FRANK JZ 1973, 234. – AA JAUERNIG/MANSEL §§ 170–173 Rn 7; ENNECCERUS/NIPPERDEY § 184 II 4; GIESEN/HEGERMANN Jura 1991, 357, 368). Das gilt angesichts des gleichwertigen Vertrauensschutzes sowohl für die Mitteilung als auch für die öffentliche Bekanntmachung (insoweit abl KÖHLER § 11 Rn 38; WOLF/NEUNER § 50 Rn 74; CANARIS 36 f), wo freilich die Anfechtung entsprechend §§ 143 Abs 4 S 1, 171 Abs 2 BGB zu erfolgen hat (MünchKomm/SCHUBERT § 171 Rn 9; SOERGEL/LEPTIEN § 171 Rn 4; FLUME § 31 5c). Die Kundgabe selbst muss dem Willensmangel unterliegen, wobei ein Irrtum über das Bestehen der kundgegebenen Vollmacht unbeachtlicher Motivirrtum ist (BRHP/SCHÄFER § 171 Rn 11; ERMAN/MAIER-REIMER § 171 Rn 7; MünchKomm/SCHUBERT § 171 Rn 9; NK-BGB/ACKERMANN § 171 Rn 2; PWW/FRENSCH § 171 Rn 2; SOERGEL/LEPTIEN § 171 Rn 4; BORK Rn 1524; FLUME § 49 2). Auch ein bloßer Irrtum über die Rechtsfolge der Kundgebung berechtigt nicht zur Anfechtung (ERMAN/MAIER-REIMER § 171 Rn 7; MünchKomm/SCHUBERT § 171 Rn 9; SOERGEL/LEPTIEN § 171 Rn 4; BORK Rn 1524; WOLF/NEUNER § 50 Rn 74). Soweit die Anfechtung durchgreift, haftet der Vertreter nach § 179 BGB und der Vertretene ggf nach § 122 BGB (BRHP/SCHÄFER § 171 Rn 11; MünchKomm/SCHUBERT § 171 Rn 9; PWW/FRENSCH § 171 Rn 2).

10 b) Zur Beseitigung der Vollmacht steht nach § 171 Abs 2 BGB außerdem der contrarius actus zur Verfügung, der als **Widerruf** bezeichnet wird. Dieser Widerruf muss möglichst in derselben Weise erfolgen wie der Kundgebungsakt, also durch entsprechende besondere Mitteilung oder öffentliche Bekanntmachung, welche denselben Personenkreis erreicht. Jedoch wird durch § 171 Abs 2 BGB nicht das Erfordernis absoluter Gleichartigkeit des Gegenaktes aufgestellt. Daher kann bei schriftlicher Kundgabe mündlich widerrufen werden (BRHP/SCHÄFER § 171 Rn 12; ERMAN/MAIER-REIMER § 171 Rn 8; jurisPK-BGB/WEINLAND § 171 Rn 9; MünchKomm/SCHUBERT § 171 Rn 16; NK-BGB/ACKERMANN § 171 Rn 6; PWW/FRENSCH § 171 Rn 6; SOERGEL/LEPTIEN § 171 Rn 5). Ebenso ist bei der Kundgebung durch öffentliche Bekanntmachung eine Beseitigung der Vollmacht gegenüber einzelnen Dritten durch besondere Mitteilung anzuerkennen (BRHP/SCHÄFER § 171 Rn 12; ERMAN/MAIER-REIMER § 171 Rn 8; MünchKomm/SCHUBERT § 171 Rn 17; NK-BGB/ACKERMANN § 171 Rn 6; PWW/FRENSCH § 171 Rn 6; SOERGEL/LEPTIEN § 171 Rn 5; FLUME § 51 9 will in solchen Fällen nur eine Zerstörung des guten Glaubens iSd § 173 BGB annehmen). Die Wirksamkeit des Widerrufs tritt bei schriftlicher Mitteilung bereits mit Zugang, nicht erst mit Kenntnisnahme ein (BRHP/SCHÄFER § 171 Rn 12; ERMAN/MAIER-REIMER § 171 Rn 8; MünchKomm/SCHUBERT § 171 Rn 17; NK-BGB/ACKERMANN § 171 Rn 6; PWW/FRENSCH § 171 Rn 6; SOERGEL/LEPTIEN § 171 Rn 5). Zum Widerruf aus dem Verbraucherschutzrecht s MünchKomm/SCHUBERT § 171 Rn 10 mwNw; HOFFMANN JZ 2012, 1156, 1161.

11 c) Soweit es einem Dritten gem § 173 BGB am *guten Glauben* fehlt, bedarf es zur Beseitigung der Vollmacht des Widerrufs nicht; dies ergibt sich aus dem Zusammenhang des § 171 Abs 2 BGB mit § 173 BGB, der über seinen Wortlaut hinaus nicht nur beim Erlöschen der Vollmacht, sondern in allen Fällen der Vollmacht nach § 171 BGB gilt (s § 173 Rn 6 f; BGB-RGRK/STEFFEN § 171 Rn 6; BRHP/SCHÄFER § 171 Rn 9; MünchKomm/SCHUBERT § 173 Rn 16 f; NK-BGB/ACKERMANN § 171 Rn 5; SOERGEL/LEPTIEN § 171 Rn 2; BORK Rn 1523; KÖHLER § 11 Rn 38; MEDICUS/PETERSEN Rn 946; WOLF/NEUNER § 50 Rn 75; **aA** in der Begründung WERTENBRUCH § 31 Rn 9). Auf einen guten Glauben des Bevollmächtigten kommt es in diesem Zusammenhang nicht an.

5. Die Rechtswirkungen der Kundgabe

12 Die Kundgabe der Bevollmächtigung bewirkt nicht schon mit dem Zugang der Mitteilung (s Rn 4; BGB-RGRK/STEFFEN § 171 Rn 1) oder mit Bekanntmachung, sondern erst mit Kenntnisnahme (RGZ 104, 358, 360; BRHP/SCHÄFER § 171 Rn 5; jurisPK-BGB/WEINLAND § 171 Rn 6; MünchKomm/SCHUBERT § 171 Rn 13; NK-BGB/ACKERMANN § 171 Rn 3; PALANDT/ELLENBERGER § 171 Rn 2; SOERGEL/LEPTIEN § 171 Rn 2; BORK Rn 1523 mwNw) Vertretungsmacht – bzw den entsprechenden Rechtsschein (BORK Rn 1525; zur Frage des Wahlrechts des Dritten in diesem Fall s § 170 Rn 4) – des Bevollmächtigten dem Dritten oder bei öffentlicher Bekanntmachung jedem Dritten gegenüber. Liegt der Kundgabe eine wirksame Vollmacht zugrunde, so kann diese Wirkung in Bezug auf abweichende Erweiterungen eintreten (s Rn 1).

6. Beweislast

Nimmt ein Dritter den Schutz des § 171 BGB gegen den Vertretenen für sich in Anspruch, so hat er dessen Voraussetzungen zu beweisen, wobei die notwendige Kenntnis der erfolgten Kundgabe (s Rn 12) vermutet wird (s MünchKomm/SCHUBERT § 171 Rn 13; NK-BGB/ACKERMANN § 171 Rn 7; PALANDT/ELLENBERGER § 171 Rn 2; SOERGEL/LEPTIEN § 171 Rn 2). Der Nachweis, dass die Vertretungsmacht nach § 171 BGB infolge der Vornahme entsprechender Gegenakte weggefallen ist, trifft hingegen den Vertretenen (BRHP/SCHÄFER § 171 Rn 13 mwNw; MünchKomm/SCHUBERT § 171 Rn 18). Zur Beweislast bei der Rechtsscheinsvollmacht s § 167 Rn 1.

§ 172
Vollmachtsurkunde

(1) Der besonderen Mitteilung einer Bevollmächtigung durch den Vollmachtgeber steht es gleich, wenn dieser dem Vertreter eine Vollmachtsurkunde ausgehändigt hat und der Vertreter sie dem Dritten vorlegt.

(2) Die Vertretungsmacht bleibt bestehen, bis die Vollmachtsurkunde dem Vollmachtgeber zurückgegeben oder für kraftlos erklärt wird.

Materialien: E I § 121 Abs 1 und 4; II § 141; III § 168; Mot I 238; Prot I 230; II 1 147; JAKOBS/SCHUBERT, AT II 873 ff; SCHUBERT, AT II 186 ff (Vorentwurf).

Schrifttum

S die Hinweise bei § 170.

1. Die Aushändigung der Vollmachtsurkunde

a) Die von § 172 BGB vorausgesetzte **Vollmachtsurkunde** ist ein gem § 126 BGB mit der *Namensunterschrift* bzw dem notariell beglaubigten *Handzeichen* des Vollmachtgebers versehenes Schriftstück, welches den Bevollmächtigten und den Umfang seiner Vertretungsmacht bezeichnet (RGZ 124, 383, 386; RG JW 1934, 2394; BGH NJW 1988, 697, 698; 2004, 2736, 2738 uö; BGB-RGRK/STEFFEN § 172 Rn 2; BRHP/SCHÄFER § 172 Rn 4; ERMAN/MAIER-REIMER § 172 Rn 4; Hk-BGB/DÖRNER §§ 170–173 Rn 4; MünchKomm/SCHUBERT § 172 Rn 13 f; NK-BGB/ACKERMANN § 172 Rn 2; PALANDT/ELLENBERGER § 172 Rn 2; PWW/FRENSCH § 172 Rn 2; SOERGEL/LEPTIEN § 172 Rn 2; zu den Pflichtangaben in einer Vollmachtsurkunde bei Berücksichtigung des § 492 Abs 1 BGB s § 167 Rn 26; zur Vollmachtsurkunde zu Gunsten eines Wohnungseigentumsverwalters SCHMID NJW 2012, 2545, 2547; zur Vorlage eines Beschlusses nach § 50 Abs 2 BetrVG s SCHÖNHÖFT/KESSENICH NZA-RR 2017, 1, 3). Eine notarielle Beurkundung oder ein gerichtlicher Vergleich ersetzen gem §§ 126 Abs 4, 127a BGB die Schriftform; eine Ausfertigung (§ 47 BeurkG) steht der Urschrift gleich (KG WM 2015, 1060 Rn 54). Im Hinblick auf die bedeutsamen Folgen für den

Vollmachtgeber darf eine hinter dem Erfordernis des § 126 BGB zurückbleibende Urkunde – zB in Kopie oder in elektronischer Form (§§ 126 Ab 3, 126 a BGB) – hingegen nicht ausreichen (MünchKomm/Schubert § 172 Rn 13). Auch eine nur aus den Umständen zu entnehmende Erklärung über die Bevollmächtigung genügt für § 172 BGB nicht (OLG Celle WM 1960, 1072; Kindl 16, 19; zum SEPA-Überweisungsträger s § 167 Rn 35) – die Auslegung eines Schriftstücks iS einer Vollmachtsurkunde ist aber immerhin möglich (MünchKomm/Schubert § 172 Rn 14; Soergel/Leptien § 172 Rn 2; s § 171 Rn 4, aber auch BGH NJW 1999, 486) –, ebenso wenig die Bestallungsurkunde eines gesetzlichen Vertreters oder Verwalters (s § 174 Rn 6 mNw) oder ein die Vertretung regelnder Gesellschaftsvertrag (KG 12. 9. 2017 – 1 W 326/17 Rn 10 f, ZIP 2017, 1853; jurisPK-BGB/Weinland § 172 Rn 2.1; MünchKomm/Schubert § 172 Rn 6, Rn 9; PWW/Frensch § 172 Rn 1; ausf Wagner, Die „registrierte" Gesellschaft bürgerlichen Rechts [2014] 33 ff mwNw; Heil NJW 2002, 2158; Hertel DNotZ 2009, 121, 129; Reymann ZfIR 2009, 81, 85 ff [anders evtl bei Grundbucheintragung eines Vertreters]; Ruhwinkel MittBayNot 2007, 92, str, **aA** zB NK-BGB/Ackermann § 172 Rn 2; Böttcher NJW 2012, 2769, 2770 mwNw; Lautner MittBayNot 2005, 93, 96 uö; Wertenbruch DB 2003, 1099, 1101 f uö; wohl auch BGH NJW 2002, 1194, 1195; s auch noch § 174 Rn 6); auch auf Organe juristischer Personen finden die Vorschriften keine Anwendung, weil ein abstrakter Vertrauensschutz dort an die Registereintragung geknüpft ist (MünchKomm/Schubert § 172 Rn 7; s auch § 174 Rn 6). Bei **rechtskräftigen Stiftungen** und konzessionierten Vereinen kann der Vertretungsnachweis aber auch durch eine behördliche Vertretungsbescheinigung (dazu ausf G Roth 71 ff) erfolgen; auf eine solche von diesen Rechtsträgern beantragte und in den Verkehr gebrachte Bescheinigung können die §§ 172 ff BGB analog angewandt werden (MünchKomm/Schubert § 172 Rn 7 f; PWW/Schöpflin § 86 Rn 2; Rawert, in: FS Kreutz [2010] 825, 832 f; G Roth 80 ff mwNw; ausf Staudinger/Hüttemann/Rawert [2017] Vorbem 168 f zu §§ 80 ff mwNw; **aA** Dörnbrack/Fiala DStR 2009, 2490, 2491; zur Eintragung der Vertretungsberechtigung in die landesrechtlichen Stiftungsverzeichnisse s § 171 Rn 8).

Die Vollmachtsurkunde muss **echt** sein, dh von der mit der Unterschrift als Aussteller ausgewiesenen Person stammen; dass die Urkunde nur zum Schein ausgestellt wurde, steht hingegen den Wirkungen des § 172 BGB nicht entgegen (RGZ 90, 273, 279; jurisPK-BGB/Weinland § 172 Rn 2; MünchKomm/Schubert § 172 Rn 15; NK-BGB/Ackermann § 172 Rn 2; Soergel/Leptien § 172 Rn 3; Enneccerus/Nipperdey § 188 Fn 3).

2 b) Die Aushändigung der Urkunde an den Bevollmächtigten stellt wie die Kundgabe in § 171 BGB entgegen hM keinen Tatbestand einer Rechtsscheinsvollmacht, sondern meist eine konkludente Bevollmächtigung (Flume § 49 2 c; zust NK-BGB/Ackermann § 172 Rn 1, Rn 3), sonst eine *geschäftsähnliche Handlung* dar (s zum Meinungsstreit näher § 171 Rn 2 f mwNw), die nach den allgemeinen Grundsätzen Geschäftsfähigkeit des Vollmachtgebers erfordert (Erman/Maier-Reimer § 172 Rn 5; MünchKomm/Schubert § 172 Rn 16; NK-BGB/Ackermann § 172 Rn 4; PWW/Frensch § 172 Rn 3; Soergel/Leptien § 172 Rn 3; Wolf/Neuner § 50 Rn 79). Sie kann mit der Vollmachtserteilung zusammentreffen oder später stattfinden (RGZ 104, 358, 360). Als Aushändigung ist nur die **willentliche Übergabe zum Zwecke des Gebrauchmachens** – dh mit Handlungswillen – zu bezeichnen (BGH NJW 1975, 2101; OLG Karlsruhe ZIP 2005, 1633, 1634; BRHP/Schäfer § 172 Rn 5; Erman/Maier-Reimer § 172 Rn 5; Hk-BGB/Dörner §§ 170–173 Rn 4; Jauernig/Mansel §§ 170–173 Rn 8; MünchKomm/Schubert § 172 Rn 16; NK-BGB/Ackermann § 172 Rn 3; Palandt/Ellenberger § 172 Rn 2; PWW/Frensch § 172 Rn 3; Soergel/Leptien § 172 Rn 3; Faust § 26 Rn 35; Köhler § 11 Rn 39; Wolf/Neuner § 50 Rn 78; Heil NJW 2002,

2158; Verse/Gaschler Jura 2009, 213, 215; Waldner Rpfleger 2002, 198; weitergehend Hajut 145 f, 164 ff: der Zweck der Aushändigung sei grds unerheblich; s auch noch Rn 7); das folgt aus der Gleichstellung mit der besonderen Mitteilung iSd § 171 Abs 1 BGB, die erst durch Ausstellung *und* in Verkehr bringen sowie Vorlegung erreicht wird. Allerdings erscheint die „Genehmigung" einer unbefugten Aneignung und Verwendung der Urkunde zulässig (MünchKomm/Schubert § 172 Rn 16; Soergel/Leptien § 172 Rn 3). Eine *Anfechtung* der Urkundenaushändigung ist wie in den Fällen des § 171 BGB (s dort Rn 9, str) zuzulassen (BRHP/Schäfer § 172 Rn 13; MünchKomm/Schubert § 172 Rn 24; NK-BGB/Ackermann § 172 Rn 4; Palandt/Ellenberger § 172 Rn 1; Soergel/Leptien § 172 Rn 3; Flume § 49 2 c; Hübner Rn 1278; Medicus/Petersen Rn 947; Wolf/Neuner § 50 Rn 79). Für eine evtl Nichtigkeit nach §§ 117 Abs 1, 118 BGB kommt es auf die Person des jeweiligen Dritten an (NK-BGB/Ackermann § 172 Rn 4).

2. Das Vorlegen der Vollmachtsurkunde

a) § 172 BGB verlangt, dass die Urkunde vom Vertreter **dem Dritten vorgelegt** 3 wurde; hierdurch wird erst die durch die Gleichstellung mit der besonderen Mitteilung (§ 171 Abs 1 BGB) angeordnete Vertretungsmacht erzeugt. Vorlegen der Urkunde bedeutet, dass sie dem Dritten so vor Augen geführt wird, dass er durch eigene Wahrnehmung vom Inhalt Kenntnis nehmen kann (RGZ 97, 273, 275; BGH NJW 2004, 2378, 2379; 2006, 1957, 1959, st Rspr; BRHP/Schäfer § 172 Rn 7; Erman/Maier-Reimer § 172 Rn 6 f; MünchKomm/Schubert § 172 Rn 20; NK-BGB/Ackermann § 172 Rn 6; Palandt/Ellenberger § 172 Rn 3; PWW/Frensch § 172 Rn 4; Soergel/Leptien § 172 Rn 4); nicht erforderlich ist, dass der Dritte die Urkunde liest (RGZ 88, 432; 97, 273; BGH NJW 2004, 2378, 2379; 2006, 1957, 1959; BGB-RGRK/Steffen § 172 Rn 5; Hk-BGB/Dörner §§ 170–173 Rn 4; Erman/Maier-Reimer § 172 Rn 6; MünchKomm/Schubert § 172 Rn 20; NK-BGB/Ackermann § 172 Rn 6; Palandt/Ellenberger § 172 Rn 3; PWW/Frensch § 172 Rn 4; Soergel/Leptien § 172 Rn 4; Boecken Rn 649; Faust § 26 Rn 36; Schmidt Rn 815; Wolf/Neuner § 50 Rn 81; **aA** Frotz 301; Kindl 18 f). Andererseits genügt die bloße Erwähnung der Urkunde nicht, ebenso wenig die Bezugnahme auf eine bei den Akten befindliche Vollmacht (RG JW 1928, 884; BRHP/Schäfer § 172 Rn 8; MünchKomm/Schubert § 172 Rn 20; NK-BGB/Ackermann § 172 Rn 6; Palandt/Ellenberger § 172 Rn 3; PWW/Frensch § 172 Rn 4; Soergel/Leptien § 172 Rn 4; Köhler § 11 Rn 40; s noch Rn 5). Jedoch wird die aufgrund Ermächtigung erfolgte Einsichtnahme in eine beim Grundbuchamt befindliche Vollmachtsurkunde als ausreichend anerkannt (KG OLGE 28, 37; MünchKomm/Schubert § 172 Rn 20; PWW/Frensch § 172 Rn 4; Soergel/Leptien § 172 Rn 4; zweifelnd Erman/Maier-Reimer § 172 Rn 6). Zur Vorlegung genügt es auch, wenn auf eine vom beurkundenden Notar aufgenommene Vollmacht Bezug genommen wird und diese beim Notar jederzeit zur Einsicht zugänglich ist (BGHZ 76, 76, 79 f; 102, 60, 65; OLG Frankfurt NotBZ 2008, 237; Bous RNotZ 2004, 483, 490). Ferner kann die Vorlegung auf Veranlassung des Vertreters auch durch einen Boten oder weiteren Vertreter erfolgen (OLG Karlsruhe NJW-RR 2003, 185, 188 mwNw, nachfolgend BGH NJW 2004, 153).

Die Urkunde muss in der **Urschrift oder** in einer notariellen **Ausfertigung** vorgelegt 4 werden (s schon Rn 1; ferner etwa BGH NJW 2002, 2325, 2326; 2003, 2088, 2089 und 2091, 2092; 2004, 2376, 2738, st Rspr; Erman/Maier-Reimer § 172 Rn 6; Hk-BGB/Dörner §§ 170–173 Rn 4; Jauernig/Mansel §§ 170–173 Rn 8; MünchKomm/Schubert § 172 Rn 21; NK-BGB/Ackermann § 172 Rn 7; Palandt/Ellenberger § 171 Rn 3; PWW/Frensch § 172 Rn 4; Soergel/Leptien § 172 Rn 4; zum Adressaten der Ausfertigung bei Bevollmächtigung mehrerer Personen s OLG

§ 172

Köln Rpfleger 2002, 197 und dazu jurisPK-BGB/WEINLAND § 172 Rn 11; OLG München NotBZ 2008, 397, 398 mwNw; zur Vorsorgevollmacht DIEHN/REBHAHN NJW 2010, 326, 329); eine beglaubigte oder sonstige Abschrift, Photokopie oder Telefaxkopie genügen den Erfordernissen des § 172 BGB nicht (RGZ 88, 430; BGHZ 102, 60; BGH NJW 2002, 2325, 2326; 2006, 1956, 1958, st Rspr; ERMAN/MAIER-REIMER § 172 Rn 6 mwNw; Hk-BGB/DÖRNER §§ 170–173 Rn 4; jurisPK-BGB/WEINLAND § 172 Rn 5; MünchKomm/SCHUBERT § 172 Rn 21; NK-BGB/ACKERMANN § 172 Rn 7; PALANDT/ELLENBERGER § 172 Rn 3; PWW/FRENSCH § 172 Rn 4; SOERGEL/LEPTIEN § 172 Rn 4; BOECKEN Rn 649; BORK Rn 1526; BREHM Rn 464; BROX/WALKER § 25 Rn 24; EISENHARDT Rn 434; ENNECCERUS/NIPPERDEY § 184 Fn 23; FAUST § 26 Rn 33; HIRSCH Rn 945; KÖHLER § 11 Rn 40; SCHMIDT Rn 815; WERTENBRUCH § 31 Rn 12; WOLF/NEUNER § 50 Rn 77; KINDL 17 f; vgl auch KIEHNLE VersR 2008, 1606, 1609 Fn 36; **aA** CANARIS 509; LG Hamburg GRUR-RR 2009, 198, 199; zur einschlägigen Rspr im Zusammenhang mit wegen Verstoßes gegen das RBerG aF unwirksamen Vollmachten s auch die Nachw § 167 Rn 35). Soweit eine *Untervollmacht* erteilt ist (s § 167 Rn 60 ff), müssen grundsätzlich sowohl die Urkunde über die Untervollmacht als auch diejenige über die Hauptvollmacht vorgelegt werden (jurisPK-BGB/WEINLAND § 172 Rn 7; MünchKomm/SCHUBERT § 172 Rn 23; NK-BGB/ACKERMANN § 172 Rn 8; SOERGEL/LEPTIEN § 172 Rn 4). Hängt allerdings die Wirksamkeit der Untervollmacht nicht vom Fortbestand der Hauptvollmacht ab (s dazu § 167 Rn 60 ff, Rn 68) und ergibt sich aus der Untervollmacht, dass der Hauptbevollmächtigte bei deren Erteilung eine ihn legitimierende Vollmachtsurkunde vorlegen konnte, so kann bereits die Vorlage der Untervollmacht die Wirkungen des § 172 Abs 1 BGB auslösen (KG 14. 7. 2015 – 1 W 688-689/15 Rn 8, Rpfleger 2016, 20; ausf BOUS RNotZ 2004, 483, 489 ff; zust NK-BGB/ACKERMANN § 172 Rn 8, str); umgekehrt kann die Vorlage der Hauptvollmacht genügen, sofern die Untervollmacht nicht an einem eigenen Mangel leidet (STÖHR JuS 2009, 106, 108).

5 **b)** Zu der Frage, ob die Urkunde dem Dritten irgendwann einmal vorgelegt worden sein muss oder ob dies *bei jedem Vertretergeschäft erneut* zu geschehen hat, vertrat HUPKA (171 ff) die letztere Ansicht. Nach Mot I 239 genügt es jedoch, wenn die Urkunde, welche das abgeschlossene Rechtsgeschäft umfasst, dem Dritten bei früherer Gelegenheit vorgelegt wurde und darauf Bezug genommen wird (OLG Braunschweig OLGE 24, 279; BRHP/SCHÄFER § 172 Rn 8; ERMAN/MAIER-REIMER § 172 Rn 7; JAUERNIG/MANSEL §§ 170–173 Rn 8; jurisPK-BGB/WEINLAND § 172 Rn 9; MünchKomm/SCHUBERT § 172 Rn 22; NK-BGB/ACKERMANN § 172 Rn 6; PWW/FRENSCH § 172 Rn 4; SOERGEL/LEPTIEN § 172 Rn 4 verlangt keine Bezugnahme; s dazu auch Rn 3). Hierfür spricht auch die Gleichstellung der Urkundenvorlage mit der besonderen Mitteilung an den Dritten nach § 171 BGB, die ebenfalls nur einmalig erfolgen muss. Allerdings trägt dieser das Risiko des zwischenzeitlichen Erlöschens der Vertretungsmacht nach Abs 2 (GÜNTHER NJW 2013, 3681, 3684). Die Vollmachtsurkunde muss dem Geschäftsgegner vor oder bei Abschluss des Vertretergeschäftes vorgelegt werden, so dass spätest möglicher **Zeitpunkt** der Zugang seiner Annahmeerklärung ist (MünchKomm/SCHUBERT § 172 Rn 22; vgl BGH NJW 2012, 3294, 3297). Zum maßgeblichen Zeitpunkt für die Gutgläubigkeit s § 173 Rn 8.

6 **c)** Gem § 172 Abs 1 BGB werden hinsichtlich der **Rechtswirkungen** die Aushändigung einer Vollmachtsurkunde und ihre Vorlage durch den Vertreter beim Dritten der besonderen Mitteilung über die erteilte Vollmacht nach § 171 Abs 1 BGB gleichgestellt. Dies gilt nicht nur, wenn die in der vorgelegten Urkunde ausgewiesene Bevollmächtigung erloschen ist, sondern auch dann, wenn sie nicht wirksam entstanden ist oder durch Anfechtung beseitigt wurde (s zB BGH NJW 1985, 730; 2000, 2270, 2271; BGH NJW 2003, 2091, 2092 und dazu ALLMENDINGER EWiR 2003, 1103; WOLF LMK 2003, 138; BGH NJW-RR 2003, 1203 f; ZIP 2003, 2149, 2155; MARTIS MDR 2003, 961 f; vgl auch § 171 Rn 7 und zu wegen Verstoßes gegen das RBerG aF bzw nun das RDG unwirksamen Vollmachten § 167 Rn 35a; s dazu auch BRHP/SCHÄFER § 172 Rn 9; ERMAN/MAIER-REIMER § 172 Rn 10; MünchKomm/SCHUBERT § 172 Rn 25), ebenso für die Beschränkungen der Vollmacht. Auch im Falle eines Verbraucherwiderrufs der Vollmacht (s § 168 Rn 5) ist § 172 BGB anwendbar (BGH NJW 2000, 2268, 2269 und 2270, 2271; STAUDINGER/THÜSING [2019] § 312 Rn 47; SCHEINDORFER 359 f mwNw; aA HOFFMANN JZ 2012, 1156, 1162 f mit Hinweis auf die Anfechtbarkeit einer Vollmachtskundgabe [s Rn 2], doch bezieht sich der Widerruf nicht auf die Kundgabe). Ein etwaiger Formmangel oder sonstiger Unwirksamkeitsgrund der Vollmacht wird überwunden, wenn er sich nicht aus der vorgelegten Urkunde ergibt (RGZ 108, 125; RG JW 1929, 1968; 1931, 522; OLG Karlsruhe NJW 2003, 2690, 2691; BRHP/ SCHÄFER § 172 Rn 9; ERMAN/MAIER-REIMER § 172 Rn 9; MünchKomm/SCHUBERT § 172 Rn 24 f; NK-BGB/ACKERMANN § 172 Rn 9; PALANDT/ELLENBERGER § 172 Rn 1; BOECKEN Rn 649; BROX/ WALKER § 25 Rn 24; HIRSCH Rn 944; STADLER § 30 Rn 39; CANARIS 118 f). Freilich schadet Kenntnis oder Kennenmüssen nach § 173 BGB. Ansonsten aber ist der Vertreter nach Maßgabe der Vollmachtsurkunde zur Vertretung befugt (zur Beschränkung der Vollmachtswirkungen auf das Außenverhältnis vgl BGH WM 1978, 756, zum Innenverhältnis s § 170 Rn 9). Auch hier ist freilich erforderlich, dass der Dritte aufgrund der vorgelegten Vollmachtsurkunde eine rechtsgeschäftliche Disposition trifft (FAUST § 26 Rn 36; anders offenbar BGH NJW 2006, 1957). Zur Frage eines Wahlrechts des Dritten bei Einordnung als Rechtsscheinstatbestand s § 170 Rn 4.

3. Der Geltungsbereich des § 172

a) § 172 Abs 1 BGB gilt für vertragliche, aber auch (arg § 174 BGB) für einseitige Willenserklärungen (BGB-RGRK/STEFFEN § 174 Rn 1; BOUS Rpfleger 2006, 357, 362). Auf *Eintragungsbewilligungen* iSd §§ 19, 20 GBO findet die Vorschrift entsprechende Anwendung (BOUS Rpfleger 2006, 357, 362 f). Eine **analoge Anwendung des § 172 BGB** wird ferner in Betracht gezogen, wenn der Aussteller der Urkunde **wegen ungenügender Verwahrung** dafür verantwortlich war, dass ein Pseudovertreter in deren Besitz kam (vgl OLG Stuttgart MDR 1956, 673; MünchKomm/SCHUBERT § 172 Rn 17 ff; NK-BGB/ACKERMANN § 172 Rn 5 mwNw; ENNECCERUS/NIPPERDEY § 188 I 1 c; ausf ACKERMANN, Der Schutz des negativen Interesses [2007] 458 ff; WEINSCHENK LZ 1931, 1310). Jedoch hat sich der BGH gegen eine solche Analogie gewandt, deren Grundlage allein in der nachlässigen Verwahrung der Urkunde gesehen wird (BGHZ 65, 13 ff mit Anm CANARIS JZ 1976, 132; ebenso BRHP/SCHÄFER § 172 Rn 6; ERMAN/MAIER-REIMER § 172 Rn 5; jurisPK-BGB/WEINLAND § 172 Rn 8; PALANDT/ELLENBERGER § 172 Rn 2; PWW/FRENSCH § 172 Rn 3; SOERGEL/LEPTIEN § 172 Rn 3; BOECKEN Rn 649; BORK Rn 1527; FLUME § 49 2 c; GRIGOLEIT/HERRESTHAL Rn 508; KÖHLER § 11 Rn 39; SCHMIDT Rn 816; STADLER § 30 Rn 37; WOLF/NEUNER § 50 Rn 78; FROTZ 299; KINDL 16 f; BOUS Rpfleger 2006, 357, 360; MUSIELAK JuS 2004, 1081, 1082 f; NEUNER JuS 2007, 401, 410; VERSE/GASCHLER Jura 2009, 213, 215). Dem ist nach hiesigem Verständnis der Vorschrift schon deshalb zuzustimmen, weil rechtsgeschäftliche Folgen nur an rechtsgeschäft(sähn)liches Handeln anknüpfen können (vgl FLUME § 49 2 c) und außerdem sonst das Aushändigungserfordernis (s oben Rn 2) seine Bedeutung verlieren würde; auch § 122 BGB ist nicht analog anwendbar (BORK Rn 1527; aA NK-BGB/ACKERMANN § 172 Rn 5; WOLF/NEUNER § 50 Rn 78; CANARIS JZ 1976, 132 und ders 487, 548). Allenfalls kommt noch eine Duldungsvoll-

§ 172

macht, sonst uU eine Haftung aus cic in Betracht (BORK Rn 615; KÖHLER § 6 Rn 12, jew mwNw).

8 b) Zu bejahen ist jedoch grundsätzlich eine **analoge Anwendung des § 172 BGB**, wenn vom Geschäftsherrn zur Ausfüllung/Vervollständigung überlassene **Blanketturkunden** vorgelegt werden, auch und gerade dann, wenn sie entgegen dem Willen des Ausstellers ausgefüllt worden sind (RGZ 138, 265, 269; BGHZ 40, 65, 68 und 297, 304; 113, 48, 53; BGH NJW 1996, 1467, 1469; BGB-RGRK/STEFFEN § 172 Rn 3; BRHP/SCHÄFER § 172 Rn 3; ERMAN/MAIER-REIMER § 172 Rn 16; Hk-BGB/DÖRNER §§ 170–173 Rn 4; jurisPK-BGB/WEINLAND § 172 Rn 4; MünchKomm/SCHUBERT § 172 Rn 2 ff; NK-BGB/ACKERMANN § 172 Rn 13; PALANDT/ELLENBERGER § 172 Rn 5; PWW/FRENSCH § 172 Rn 8; SOERGEL/LEPTIEN § 172 Rn 6; BORK Rn 1528 und 1650; BROX/WALKER § 18 Rn 17; MEDICUS/PETERSEN Rn 913; WERTENBRUCH § 31 Rn 15 ff; ausf WOLF/NEUNER § 50 Rn 103 ff; HAJUT 84 ff; CANARIS 54 ff mwNw und in: FG Bundesgerichtshof [2000] 129, 159; BINDER AcP 207, 155, 195 f; BÜCHLER JuS 2008, 804, 808; FISCHER JuS 1998, 205; HANAU VersR 2005, 1215, 1217 f; einschr MÜLLER AcP 181, 515 ff; **abl** REINICKE/TIEDTKE JZ 1984, 550; zu *formunwirksamen* Blanketten wie der Blankobürgschaft wegen des vorrangigen Schutzzweckes der Formvorschrift hingegen zu Recht **krit** NK-BGB/ACKERMANN § 167 Rn 84, § 172 Rn 13; NEUSCHÄFER, Blankobürgschaft und Formnichtigkeit [2004] 181 ff; BINDER AcP 207, 155, 194 ff; BÜLOW ZIP 1996, 1694; KEIM NJW 1996, 2774, 2775 f; PAWLOWSKI JZ 1997, 309, 312 und AT Rn 736b; s auch § 167 Rn 23 mwNw). Voraussetzung ist, dass der Geschäftsherr ein Blankett mit seiner *Unter*schrift willentlich zur weiteren Ausfüllung aus der Hand gibt; einer wirksamen Ausfüllungsermächtigung bedarf es nicht, sondern die Ähnlichkeit mit einer Vollmachtsurkunde und das Setzen des Ausfüllungsrisikos rechtfertigen dann die Analogie. Eine „Oberschrift", also eine an den Anfang des Schriftstücks blanko gesetzte Namenszeichnung, genügt hingegen wie auch im unmittelbaren Anwendungsbereich des § 172 BGB (s oben Rn 1) nicht (BGHZ 113, 48, 51; ERMAN/MAIER-REIMER § 172 Rn 16; MünchKomm/SCHUBERT § 172 Rn 2; NK-BGB/ACKERMANN § 172 Rn 13). Entgegen früher vertretener Ansicht (RGZ 105, 183, 185; ENNECCERUS/NIPPERDEY § 167 II 1) kommt eine Anfechtung der so wirksam zustande gekommenen „Blanketterklärung" nach § 119 BGB durch den Blankettgeber nicht in Betracht (BRHP/SCHÄFER § 172 Rn 3; jurisPK-BGB/WEINLAND § 172 Rn 4; MünchKomm/SCHUBERT § 172 Rn 4; NK-BGB/ACKERMANN § 172 Rn 13; PALANDT/ELLENBERGER § 172 Rn 5; PWW/FRENSCH § 172 Rn 8; SOERGEL/LEPTIEN § 172 Rn 6; BORK Rn 1650; MEDICUS/PETERSEN Rn 913 f; WERTENBRUCH § 31 Rn 18; ausf WOLF/NEUNER § 50 Rn 103 ff). Als Anfechtungsgrund kann allenfalls entsprechend § 166 Abs 1 BGB ein Irrtum der zur Ausfüllung ermächtigten Person dienen (MünchKomm/SCHUBERT § 172 Rn 4; NK-BGB/ACKERMANN § 172 Rn 13; MEDICUS/PETERSEN Rn 913).

Gute Gründe sprechen auch für eine entsprechende Anwendung des § 172 BGB auf einen Vertragsschluss im Internet unter *Verwendung eines freiwillig überlassenen personengebundenen Authentifizierungsmediums* – qualifizierte elektronische Signatur, Passwort, Geheimzahl uam – (MünchKomm/SCHUBERT § 172 Rn 5; NK-BGB/ACKERMANN § 167 Rn 84, § 172 Rn 13; dazu ausf HAJUT 144 ff, allerdings mit weiter Auslegung des Begriffs der Aushändigung und 164 ff für eine Haftung auch bei schuldhafter Überlassung, s aber Rn 2; OECHSLER AcP 208, 565 ff und MMR 2011, 631) oder sonst für die Annahme einer von der hM befürworteten allgemeinen Rechtsscheinsvollmacht (s § 167 Rn 28 ff, Rn 35a).

4. Der Wegfall der Vollmacht

a) Gem § 172 Abs 2 BGB entfallen die Wirkungen des § 172 Abs 1 BGB, sobald 9 die **Vollmachtsurkunde** dem Vollmachtgeber **zurückgegeben** worden ist; einen nicht durch Zurückbehaltungsrechte hemmbaren Anspruch auf Urkundenrückgabe sieht § 175 BGB vor. Die Rückgabe muss vom Willen des Urkundenbesitzers getragen sein (OLG Oldenburg NdsRpfl 1957, 26; BRHP/Schäfer § 172 Rn 11; Erman/Maier-Reimer § 172 Rn 13; jurisPK-BGB/Weinland § 172 Rn 14; MünchKomm/Schubert § 172 Rn 26; NK-BGB/ Ackermann § 172 Rn 10; PWW/Frensch § 172 Rn 6; Soergel/Leptien § 172 Rn 5). Eine Rückgabe an einen Dritten reicht aus, wenn dieser Besitzdiener/-mittler des Vollmachtgebers oder ihm allein zur Herausgabe berechtigt und verpflichtet ist (MünchKomm/ Schubert § 172 Rn 26; NK-BGB/Ackermann § 172 Rn 10; Soergel/Leptien § 172 Rn 5). In diesem Sinne stellt die Übermittlung der Urkunde an einen Notar oder das Grundbuchamt keine Rückgabe dar (KG OLGE 28, 37). Sind dem Vertreter mehrere Vollmachtsurkunden ausgehändigt worden, so kann jede die Wirkungen des § 172 Abs 1 BGB herbeiführen; ein Dritter bleibt bis zur Rückgabe gerade derjenigen Urkunde geschützt, die ihm bei Vornahme des Vertretergeschäfts vorgelegt worden ist (OLG Oldenburg NdsRpfl 1957, 26).

Ebenso entfallen die Wirkungen des § 172 Abs 1 BGB, wenn die Vollmachtsurkunde für *kraftlos erklärt* wird. Hierfür gilt § 176 BGB.

b) Ferner ist wie im Falle der Vollmachtskundgabe durch öffentliche Bekanntmachung nach § 171 Abs 1 BGB (s dort Rn 10) eine Beseitigung der Wirkungen des § 172 Abs 1 BGB anzunehmen, wenn gegenüber dem Dritten ein **Widerruf** des Vollmachtgebers nach § 171 Abs 2 BGB durch Zugang wirksam geworden ist, ohne dass es dafür auf eine Kenntnis oder fahrlässige Unkenntnis des Dritten (§ 173 BGB) ankommt. Dafür spricht die Gleichstellung der Urkundenvorlegung mit der besonderen Mitteilung iS des § 171 BGB (KG OLGE 12, 162; OLG Stuttgart DNotZ 1952, 183; BRHP/Schäfer § 172 Rn 12; Erman/Maier-Reimer § 172 Rn 15; Hk-BGB/Dörner §§ 171– 173 Rn 4; jurisPK-BGB/Weinland § 172 Rn 14; NK-BGB/Ackermann § 172 Rn 12; Palandt/ Ellenberger § 172 Rn 4; Soergel/Leptien § 172 Rn 5; Wolf/Neuner § 50 Rn 83; Canaris 137; Frotz 236; Tempel 243; Müller AcP 181, 515. – **AA** MünchKomm/Schubert § 172 Rn 27; Boemke/Ulrici § 13 Rn 62; Bork Rn 1529; Flume § 51 9; ferner BGB-RGRK/Steffen § 172 Rn 7); in beiden Fällen ist der Widerruf contrarius actus der Vollmachtsbegündung. Allerdings kann die Widerrufswirkung nur gegenüber dem einzelnen Erklärungsempfänger eintreten. Nach der Gegenmeinung scheitert eine Rechtsscheinsvollmacht bei Widerruf an § 173 BGB wegen Bösgläubigkeit (MünchKomm/Schubert § 172 Rn 27), s Rn 11.

c) In allen Fällen wird gem § 173 BGB **nur der gutgläubige Dritte geschützt**. Dies 11 gilt analog § 142 Abs 2 BGB auch hinsichtlich *anderer als Willensmängel* bei der Bevollmächtigung, sodass die Wirkungen des § 172 BGB entfallen, wenn der Dritte die Umstände, die das Fehlen oder die Einschränkung der Vollmacht ergeben, kannte oder hätte kennen müssen (RGZ 97, 273, 276; 108, 125, 127; RG JW 1929, 1968; 1931, 522; BGB-RGRK/Steffen § 172 Rn 6; Erman/Maier-Reimer § 172 Rn 1; Hk-BGB/Dörner §§ 170–173 Rn 5; Jauernig/Mansel §§ 170–173 Rn 9; MünchKomm/Schubert § 172 Rn 27, § 173 Rn 3 ff; NK-BGB/Ackermann § 172 Rn 9; Palandt/Ellenberger § 173 Rn 1; PWW/Frensch § 172 Rn 5; Soergel/Leptien § 173 Rn 2; Medicus/Petersen Rn 946; Wolf/Neuner § 50 Rn 81;

s auch oben Rn 6). Das kommt zB im Falle einer Widerruflichkeit der Vollmacht nach § 312g BGB (s Rn 6) in Betracht, doch kann der Dritte bei Vorlage einer notariell beurkundeten Vollmacht auf das Fehlen eines Widerrufsrechts (vgl § 312g Abs 2 Nr 13 BGB) vertrauen (vgl BGH NJW 2000, 2268 und 2270; s dazu **krit** HOFFMANN NJW 2001, 421).

12 d) Die **Beweislast** für die Vorlegung, nicht aber die Aushändigung der Vollmachtsurkunde trägt der Dritte, die Voraussetzungen des Erlöschens nach Abs 2 bzw des Widerrufs hat der Vertretene zu beweisen (ausf jurisPK-BGB/WEINLAND § 172 Rn 15; MünchKomm/SCHUBERT § 173 Rn 28; NK-BGB/ACKERMANN § 172 Rn 14). Im Grundbuchverfahren hat das Gericht bei Vorliegen der Voraussetzungen des § 172 Abs 1 BGB grundsätzlich vom Bestehen der Vollmacht auszugehen (BOUS Rpfleger 2006, 357, 363 f; OLG Frankfurt Rpfleger 2013, 322 mwNw; einschr OLG Hamm FGPrax 2004, 266; s auch OLG München DNotZ 2013, 373; jurisPK-BGB/WEINLAND § 172 Rn 16 mwNw).

§ 173
Wirkungsdauer bei Kenntnis und fahrlässiger Unkenntnis

Die Vorschriften des § 170, des § 171 Abs. 2 und des § 172 Abs. 2 finden keine Anwendung, wenn der Dritte das Erlöschen der Vertretungsmacht bei der Vornahme des Rechtsgeschäfts kennt oder kennen muss.

Materialien: E I §§ 120 Abs 2, 121 Abs 4; II § 142; III § 169; Mot I 239; Prot I 230; II 1 147; IV 225; VI 134; JAKOBS/SCHUBERT, AT II 873 ff; SCHUBERT, AT II 186 ff (Vorentwurf).

Schrifttum

S die Hinweise bei § 170.

1. Die Tatbestandselemente des § 173

1 a) § 173 BGB versagt den nach den §§ 170 ff BGB zugebilligten Vollmachtsschutz, wenn der Dritte das Erlöschen der Vollmacht kannte oder kennen musste (zur rechtlichen Einordnung je nach Einordnung der §§ 170–172 BGB s MünchKomm/SCHUBERT § 173 Rn 1). Allerdings kann der Vertretene das Geschäft gem § 177 BGB genehmigen.

2 b) **Kenntnis** verlangt positives Wissen um das Nichtbestehen der Vollmacht. Wusste der Dritte darum, so ist andererseits § 173 BGB unabhängig davon anwendbar, ob der Mangel aus der vorgelegten Vollmachtsurkunde zu entnehmen war oder nicht (BGH NJW-RR 1988, 1320).

Kennenmüssen wird überwiegend in Anknüpfung an § 122 Abs 2 BGB als fahrlässige Unkenntnis verstanden, sodass insoweit die Außerachtlassung der im Verkehr erforderlichen Sorgfalt (§ 276 Abs 1 S 2 BGB) maßgeblich ist (BGB-RGRK/Steffen § 173 Rn 2; BRHP/Schäfer § 173 Rn 3; Erman/Maier-Reimer § 173 Rn 4 f; Hk-BGB/Dörner §§ 170–173 Rn 5; jurisPK-BGB/Weinland § 173 Rn 3; MünchKomm/Schubert § 173 Rn 4; Palandt/Ellenberger § 173 Rn 2; PWW/Frensch § 173 Rn 3; Soergel/Leptien § 173 Rn 1). Anerkannt ist allerdings auch bei diesem Ausgangspunkt, dass die vom Dritten anzuwendende Sorgfalt nicht so weit zu gehen braucht, dass er ohne besondere Veranlassung Nachforschungen nach dem (Fort-)Bestand der Vollmacht anstellt. Vielmehr wird verlangt, dass besondere, dem Dritten erkennbare Umstände vorliegen, die Anlass zu Zweifeln am Bestehen der Vollmacht geben (BGH NJW 1985, 730; 2000, 2270, 2271; 2001, 3774, 3775; BRHP/Schäfer § 173 Rn 3; Erman/Maier-Reimer § 173 Rn 4; jurisPK-BGB/Weinland § 173 Rn 2; MünchKomm/Schubert § 173 Rn 5; Palandt/Ellenberger § 173 Rn 2; PWW/Frensch § 173 Rn 3; Soergel/Leptien § 173 Rn 3). Das ist zB zu bejahen, wenn der Dritte Umstände außer Acht lässt, die nach vernünftigem Urteil auf ein Erlöschen der Vollmacht hinweisen (OLG München HRR 1940 Nr 213); auch eine lange Zeitspanne zwischen der Begründung des Vollmachtstatbestandes iSd §§ 170 ff BGB und Vornahme des Vertretergeschäftes kann Anlass zu Zweifeln geben (Canaris 506; Soergel/Leptien § 173 Rn 3). Demgegenüber wird das „Kennenmüssen" in Abhebung von einem Verschulden teilweise dahin verstanden, dass der Mangel der Vollmacht oder jedenfalls die Zweifel an ihrem Bestehen *evident* sein müssten (grundlegend Flume § 50 3; NK-BGB/Ackermann § 173 Rn 4; Pawlowski Rn 679; Wolf/Neuner § 50 Rn 65; Frotz 283; vgl auch Canaris 505), was bei einer rechtsgeschäftlichen Einordnung der §§ 170 bis 172 BGB nahe liegt. Für diese Auffassung spricht danach – wie bei den zum Missbrauch der Vertretungsmacht entwickelten Regeln (s § 167 Rn 93 ff, 97) –, dass es nicht um eine Sanktion für Verschulden, sondern um die Geltungskraft der Vertretungsmacht bei Zweifeln am Bestand der rechtsgeschäftlichen Legitimation geht. Da auch die Übertragung der Legaldefinition des § 122 Abs 2 BGB auf § 173 BGB nicht zwingend geboten ist, erscheint der Evidenzmaßstab vorzugswürdig, wenn man nicht den Mangel, sondern den Zweifel am Mangel der Vollmacht als Bezugspunkt anerkennt. Die praktischen Unterschiede zum Fahrlässigkeitsmaßstab des § 276 BGB dürften freilich nicht nennenswert sein (vgl MünchKomm/Schubert § 173 Rn 4; NK-BGB/Ackermann § 173 Rn 4; Soergel/Leptien § 173 Rn 3).

Die Sorgfaltspflicht oder Evidenz – ebenso natürlich die Kenntnis – bezieht sich grundsätzlich nur auf das Erlöschen der Vertretungsmacht durch Vollmacht selbst, nicht auf die sie begründenden Umstände (BGH NJW 2008, 1585, 1588 mwNw, st Rspr; Erman/Maier-Reimer § 173 Rn 4; Hk-BGB/Dörner §§ 170–173 Rn 5; Jauernig/Mansel §§ 170–173 Rn 9; jurisPK-BGB/Weinland § 173 Rn 3; NK-BGB/Ackermann § 173 Rn 5; Palandt/Ellenberger § 173 Rn 2; PWW/Frensch § 173 Rn 3) und namentlich nicht auf das *Grundverhältnis* (BGH NJW 1985, 730; BRHP/Schäfer § 173 Rn 5; MünchKomm/Schubert § 173 Rn 3; NK-BGB/Ackermann § 173 Rn 5; Frotz 333). Sofern allerdings der Dritte weiß, dass die Vollmacht untrennbar mit dem Grundverhältnis verknüpft (§ 139 BGB) und dieses unwirksam ist, tritt auch hinsichtlich der Vollmacht Bösgläubigkeit ein (BGH NJW 1985, 730; BRHP/Schäfer § 173 Rn 5; NK-BGB/Ackermann § 173 Rn 5; Frotz 336). Diesbezügliche Umstände, die sich nicht aus der Urkunde ergeben (s Rn 4), braucht der Dritte aber nicht gegen sich gelten zu lassen (OLG München HRR 1936 Nr 865; Soergel/Leptien § 173 Rn 3). 3

c) Die nach § 173 BGB beachtliche Wissenslage des Dritten erstreckt sich weiterhin auf die **Vollmachtsurkunde**, soweit diese erkennbare Mängel aufweist (RGZ 4

108, 125, 127; RG JW 1929, 1968; RG HRR 1930 Nr 964; MünchKomm/Schubert § 173 Rn 5; Soergel/Leptien § 173 Rn 3; Enneccerus/Nipperdey § 184 II 3 b). Hat die Vollmachtsurkunde dem Dritten bei einem früheren Geschäft vorgelegen und wirkt sie fort (s § 172 Rn 5), so entfällt der Schutz des Dritten auch dann, wenn er von der zwischenzeitlichen *Urkundenrückgabe* als Beendigungsgrund für die Vertretungsmacht iS des § 172 Abs 2 BGB wusste oder wissen musste (Flume § 51 9).

5 d) Beruht der Wegfall der Vollmacht auf ihrer *wirksamen Anfechtung* (s § 167 Rn 77 ff), so wird der gute Glaube des Dritten gem § 142 Abs 2 BGB bereits dadurch zerstört, dass er die Anfechtbarkeit der Vollmacht kannte oder kennen musste (RG HRR 1937 Nr 548; MünchKomm/Schubert § 173 Rn 2; Soergel/Leptien § 173 Rn 3). Soweit man bei *Unwirksamkeit einer Vollmacht gem § 134 BGB* iVm dem RBerG aF bzw § 3 RDG eine Rechtsscheinshaftung für möglich hält, wird dem Begünstigten (zB einer Bank) für die Zeit vor Bekanntwerden der einschlägigen Rechtsprechung idR keine Fahrlässigkeit vorgeworfen (s dazu § 167 Rn 35; MünchKomm/Schubert § 173 Rn 6; Palandt/Ellenberger § 173 Rn 2; PWW/Frensch § 173 Rn 3, jew mwNw). – Zu *anderen Mängeln* der Bevollmächtigung s § 172 Rn 11.

2. Der Geltungsbereich des § 173

6 a) Der Wortlaut des § 173 BGB bezieht sich nur auf das **Erlöschen der Vollmacht**. Nach ihrem Sinn muss die Vorschrift jedoch ebenso für inhaltliche Abänderungen, insbesondere für **Beschränkungen** der Vertretungsmacht (s § 170 Rn 3, § 171 Rn 7; § 172 Rn 11) gelten (RG HRR 1932 Nr 703; MünchKomm/Schubert § 173 Rn 2; NK-BGB/Ackermann § 173 Rn 2; PWW/Frensch § 173 Rn 1; Soergel/Leptien § 173 Rn 2; Köhler § 11 Rn 38; Medicus/Petersen Rn 946).

7 b) Ebenso ist § 173 BGB – wie §§ 170 bis 172 BGB – anzuwenden, wenn eine Vollmacht überhaupt **nicht bestanden** hat, und der Dritte begründeten Zweifeln an ihrer Entstehung nicht nachgeht (RGZ 108, 125, 127; BGH NJW 1985, 730; 2000, 2270, 2271; 2001, 3774, 3775; BGB-RGRK/Steffen § 173 Rn 2; BRHP/Schäfer § 173 Rn 2; Erman/Maier-Reimer § 173 Rn 2; Jauernig/Mansel §§ 170–173 Rn 9; jurisPK-BGB/Weinland § 173 Rn 3; MünchKomm/Schubert § 173 Rn 2; NK-BGB/Ackermann § 173 Rn 2; Palandt/Ellenberger § 173 Rn 1; PWW/Frensch § 173 Rn 1; Soergel/Leptien § 173 Rn 2; Bork Rn 1523; Flume § 50 3; Wolf/Neuner § 50 Rn 75; Canaris 504; Frotz 302 f; Hoffmann NJW 2001, 421 f; Waldner Rpfleger 2002, 198; s auch zu Art 1 § 1 RBerG aF bzw § 3 RDG § 167 Rn 35 aE). Das entspricht auch der Auffassung des Gesetzgebers (Prot I 304) und der Intention des § 173 BGB, bei Kenntnis oder Kennenmüssen des Dritten den auf Nichtgeltung gerichteten Willen des Vertretenen maßgeblich sein zu lassen (vgl BGH NJW-RR 1988, 1320). Nach **aA** kommt hier jedenfalls eine analoge Anwendung des § 173 BGB in Betracht (Enneccerus/Nipperdey § 188 I 2; ganz abl Leenen § 9 Rn 87).

3. Der für den guten Glauben maßgebende Zeitpunkt

8 Der gute Glaube des Dritten muss „**bei der Vornahme des Rechtsgeschäftes**" bestehen. Dies bedeutet nach einer Meinung, dass er – außer bei bedingten Geschäften sowie analog §§ 878, 892 Abs 2 BGB – bis zur Erfüllung des gesamten Geschäftstatbestandes andauern müsse, bei einem Vertragsabschluss also bis zum *Wirksamwerden der Annahmeerklärung* (BGB-RGRK/Steffen § 173 Rn 2; jurisPK-BGB/Weinland

§ 173 Rn 4; PWW/Frensch § 173 Rn 4; Soergel/Leptien § 173 Rn 3; Wolf/Neuner § 50 Rn 66; Bous Rpfleger 2006, 357, 361 f). Das ist jedoch unzutreffend, da das in § 173 BGB genannte vorzunehmende Rechtsgeschäft das Vertretergeschäft, dh aber die Abgabe oder Entgegennahme der Willenserklärung für den Vertretenen iSd § 164 Abs 1 und 3 BGB ist; nichts spricht dafür, dass § 173 BGB einen weiteren Begriff des „Rechtsgeschäfts" meint, wie auch ein Vergleich mit dem entsprechenden Wortlaut des § 174 BGB verdeutlicht (anders Bous Rpfleger 2006, 357, 360 f). Nur auf das Vertretergeschäft bezieht sich auch die Vertretungsmacht, um deren Geltung es in § 173 BGB geht; mit Regeln zur Verfügungsmacht (vgl § 892 Abs 2 BGB) hat das nichts zu tun. Somit entscheidet allein die **Gutgläubigkeit zur Zeit des Vertretergeschäfts**, nicht bei Vollendung des Gesamtrechtsgeschäftes (Erman/Maier-Reimer § 173 Rn 7; MünchKomm/Schubert § 173 Rn 7; NK-BGB/Ackermann § 173 Rn 6 f; Saar/Posselt JuS 2000, 778, 780, str). Dabei ist allerdings der Rechtsgedanke des § 130 Abs 1 S 2 BGB zu beachten, sodass die Gutgläubigkeit des Dritten im Falle der Aktivvertretung bis zum Zugang eines Vertragsangebotes bei ihm andauern muss (MünchKomm/Schubert § 173 Rn 7; NK-BGB/Ackermann § 173 Rn 6; Palandt/Ellenberger § 173 Rn 2; Flume § 47 1 Fn 1; **aA** [bis zur Abgabe der Annahmeerklärung] BGB-RGRK/Steffen § 173 Rn 2; BRHP/Schäfer § 173 Rn 6; Soergel/Leptien § 173 Rn 3; auf Bous Rpfleger 2006, 357, 361 f; zur nachträglichen Bösgläubigkeit s MünchKomm/Schubert § 173 Rn 10); ggf muss dann freilich die Annahme gegenüber dem Vertretenen selbst erfolgen (s dazu NK-BGB/Ackermann § 173 Rn 7; zust Bous Rpfleger 2006, 357, 361 f). Bei einer *Empfangsvertretung* fällt die Vollendung des in § 173 BGB gemeinten Vertretergeschäfts allerdings mit dem Gesamtgeschäft zusammen (zutr Bous Rpfleger 2006, 357, 362; s auch MünchKomm/Schubert § 173 Rn 8). – Verpflichtungsgeschäft und der Erfüllung dienendes Verfügungsgeschäft bilden ohnehin selbständige Tatbestände, sodass eine nach Abschluss des Verpflichtungsgeschäftes eintretende Beseitigung des guten Glaubens nur dem nachfolgenden *Verfügungsgeschäft* entgegensteht (BRHP/Schäfer § 173 Rn 7; MünchKomm/Schubert § 173 Rn 9; NK-BGB/Ackermann § 173 Rn 6; Soergel/Leptien § 173 Rn 3). Bei einem zusammengesetzten Verfügungsgeschäft (zB Übereignung) entscheidet der Zeitpunkt der rechtsgeschäftlichen Einigung (Erman/Maier-Reimer § 173 Rn 7; MünchKomm/Schubert § 173 Rn 9; NK-BGB/Ackermann § 173 Rn 8; Palandt/Ellenberger § 173 Rn 2; Bous Rpfleger 2006, 357, 361; **aA** BGB-RGRK/Steffen § 173 Rn 2; BRHP/Schäfer § 173 Rn 7; Soergel/Leptien § 173 Rn 3).

Die *Beweislast* für den bösen Glauben des Dritten trifft im Falle des § 173 BGB den Vertretenen (BRHP/Schäfer § 173 Rn 8 mwNw; MünchKomm/Schubert § 173 Rn 11; NK-BGB/Ackermann § 173 Rn 10).

§ 174
Einseitiges Rechtsgeschäft eines Bevollmächtigten

Ein einseitiges Rechtsgeschäft, das ein Bevollmächtigter einem anderen gegenüber vornimmt, ist unwirksam, wenn der Bevollmächtigte eine Vollmachtsurkunde nicht vorlegt und der andere das Rechtsgeschäft aus diesem Grunde unverzüglich zurückweist. Die Zurückweisung ist ausgeschlossen, wenn der Vollmachtgeber den anderen von der Bevollmächtigung in Kenntnis gesetzt hatte.

§ 174

Materialien: E I § 122; II § 143; III § 170; Mot I 240; Prot I 239; II 1 152; JAKOBS/SCHUBERT, AT II 875 ff; SCHUBERT, AT II 186 ff (Vorentwurf).

1. Die Vorlegung der Vollmachtsurkunde

1 a) § 174 BGB gilt für **einseitige empfangsbedürftige Willenserklärungen**, wie zB die Kündigung (zur praktischen Bedeutung s LINGEMANN/STEINHAUSER NJW 2018, 840; GORES/PODANN MDR 2018, 1032), die Anfechtungserklärung oder den Rücktritt durch einen Bevollmächtigten. Die mit § 111 BGB vergleichbare Regelung (s LÖWISCH/NEUMANN Rn 402) steht in innerem Zusammenhang mit dem Verbot vollmachtlosen Handelns bei einseitigen Rechtsgeschäften gem § 180 S 1 BGB, wonach bei einem einseitigen Rechtsgeschäft Vertretung ohne Vertretungsmacht ausgeschlossen ist, es sei denn, der Geschäftsgegner beanstandet die fehlende Vertretungsmacht nicht oder ist mit dem Handeln einverstanden (§ 180 S 2 BGB). Der am einseitigen Rechtsgeschäft nicht willentlich Beteiligte hat ein schützenswertes Interesse an Sicherheit darüber, ob der handelnde Vertreter bevollmächtigt war und das Rechtsgeschäft Wirksamkeit erlangt hat (MünchKomm/SCHUBERT § 174 Rn 1; jurisPK-BGB/WEINLAND § 174 Rn 1; NK-BGB/ACKERMANN § 174 Rn 1; BORK Rn 1530; FAUST § 26 Rn 19; BOUS Rpfleger 2006, 357, 362; BREHSAN/GOHRKE/OPOLONY ZIP 2001, 773, 774, 777; SAUER FamRZ 2010, 617, 618). Bei einem einseitigen Handeln unter fremdem Namen ist § 174 BGB nicht anwendbar, sondern die Erklärung unwirksam, da eine Zurückweisungsmöglichkeit iS des § 174 BGB mangels erkennbarer Vertretung nicht besteht (NK-BGB/ACKERMANN § 174 Rn 2; KÖHLER, in: FS Schippel [1996] 209, 212 f; iE auch MünchKomm/SCHUBERT § 174 Rn 2).).

2 Auf einseitige **geschäftsähnliche Handlungen** wie die Mahnung (BGH NJW 1983, 1542; NJW 2011, 2120, 2121; VOGEL/SCHMITZ NJW 2011, 2096, 2097), die wettbewerbsrechtliche Abmahnung (vgl OLG Celle MDR 1982, 410; OLG Nürnberg NJW-RR 1991, 1393; OLG Düsseldorf ZUM-RD 2007, 579; LOHR MDR 2000, 620; OHRT WRP 2002, 1035, jew mwNw. – **Anders** aber, wenn sie mit einem Angebot auf Abschluss eines Unterwerfungsvertrages verbunden ist: BGH NJW-RR 2011, 335; OLG Köln WRP 1985, 360; OLG Karlsruhe NJW-RR 1990, 1323; OLG Hamburg OLGR 2008, 751; OLG Frankfurt GRUR-RR 2010, 221, 222 [Realakt]; BUSCH GRUR 2006, 477 mwNw; PFISTER WRP 2002, 799; SPÄTGENS, in: FS Loschelder [2010] 355, 363 ff; ausf auch MünchKomm/SCHUBERT § 174 Rn 6), die Ausübung des Bezugsrechts nach § 186 AktG (KG AG 2006, 201), die Anmeldeerklärung nach § 16 GmbHG (LANGNER/GOTHAM GmbHR 2004, 891), Fristsetzungen (DEGGAU JZ 1982, 796) und Mieterhöhungsverlangen (OLG Hamm NJW 1982, 2076; LG München NJW-RR 1987, 1164; BÖRSTINGHAUS NJW 2012, 2328, 2329; TEMPEL NJW 2001, 1905 mwNw; offen BGH NJW 2003, 963, 964) kann § 174 BGB entsprechend angewendet werden (BRHP/SCHÄFER § 174 Rn 2; ERMAN/MAIER-REIMER § 174 Rn 2; Hk-BGB/DÖRNER § 174 Rn 4; JAUERNIG/MANSEL § 174 Rn 1; jurisPK-BGB/WEINLAND § 174 Rn 5; ausf MünchKomm/SCHUBERT § 174 Rn 6 ff; NK-BGB/ACKERMANN § 174 Rn 3; PALANDT/ELLENBERGER § 174 Rn 2; PWW/FRENSCH § 174 Rn 2; SOERGEL/LEPTIEN § 174 Rn 7; DEGGAU JZ 1982, 796), ebenso auf die Zurückweisung nach § 174 BGB selbst (BORK Rn 1530; ausf BREHSAN/GOHRKE/OPOLONY ZIP 2001, 773, 776 ff; TEMPEL NJW 2001, 1905, 1908 mwNw; s auch AG Kleve NJW-RR 2000, 582, 583). Dasselbe gilt zwar nicht für die Abgabe, wohl aber die **Annahme eines Vertragsangebotes** unter Abwesenden, die zwar Teil eines zweiseitigen Rechtsgeschäftes ist, jedoch wegen Gleichheit der Interessenlage nach hM zu Recht analog § 174 BGB beurteilt wird, sofern nicht schon das Angebot dem Vertreter gegenüber erklärt worden ist und er damit die sonst aber nicht voraussehbare Unsicherheit in Kauf genommen hat (BRHP/Schäfer § 174 Rn 4; Erman/Maier-Reimer § 174 Rn 2; Hk-BGB/Dörner § 174 Rn 4; Jauernig/Mansel § 174 Rn 1; jurisPK-BGB/Weinland § 174 Rn 5; NK-BGB/Ackermann § 174 Rn 3; Palandt/Ellenberger § 174 Rn 2; PWW/Frensch § 174 Rn 2; Soergel/Leptien § 174 Rn 7; Brehm Rn 485; Enneccerus/Nipperdey § 185 Fn 17; Faust § 26 Rn 19; Flume § 49 2 b; Wolf/Neuner § 51 Rn 17; Brehsan/Gohrke/Opolony ZIP 2001, 773, 777; Deggau JZ 1982, 796; Wertenbruch DB 2003, 1099, 110; **aA** Bork Rn 1532; einschränkend MünchKomm/Schubert § 174 Rn 3). Die Vorschrift gilt entsprechend auch für die Stimmabgabe eines Vertreters (s auch § 180 Rn 11), zB in der Wohnungseigentümerversammlung (OLG München ZWE 2011, 262, 263; LG Frankfurt NJW 2015, 1767, 1768; MünchKomm/Schubert § 174 Rn 5 mwNw; Becker ZWE 2012, 297, 298; Lehmann-Richter ZMR 2007, 741; Merle, in: FS Seuß [2007] 193, 206 ff mwNw), wobei das Zurückweisungsrecht nur dem Versammlungsleiter als Erklärungsempfänger zusteht (MünchKomm/Schubert § 174 Rn 5 mwNw, str; vgl BGH NJW 2012, 3372 f; zum WEG-Verwalter s Rn 6). Bei Gesamtvertretung ist § 174 BGB anwendbar (LAG Berlin NZA-RR 2007, 15, 16 m Anm Wolff/Lahr DB 2007, 470; LAG Köln BB 2007, 51; Erman/Maier-Reimer § 174 Rn 3; MünchKomm/Schubert § 174 Rn 4), auch wenn ein Gesamtvertreter den anderen zur Alleinvornahme eines Rechtsgeschäftes ermächtigt (s § 167 Rn 51 ff) und dieser in solcher Funktion dem Dritten gegenüber allein handelt (BGH NJW 2002, 1194, 1195 und dazu Wertenbruch DB 2003, 1099; BAG NJW 1981, 2374; BRHP/Schäfer § 174 Rn 3; Erman/Maier-Reimer § 174 Rn 3; Hk-BGB/Dörner § 174 Rn 4; Jauernig/Mansel § 174 Rn 1; MünchKomm/Schubert § 174 Rn 4; NK-BGB/Ackermann § 174 Rn 3; Palandt/Ellenberger § 174 Rn 4; Soergel/Leptien § 174 Rn 7; Bork Rn 1530 Fn 167; Brehsan/Gohrke/Opolony ZIP 2003, 773, 775; s aber auch LAG Köln MDR 2003, 95; zur Anwendbarkeit bei Kündigung eines vom Aufsichtsrat ermächtigten Mitglieds gegenüber einem Vorstandsmitglied s OLG Düsseldorf NZG 2004, 141; dazu iE zust Leuering NZG 2004, 120; abl Bauer/Krieger ZIP 2004, 1247, 1249; Bednarz NZG 2005, 418). Keine entsprechende Anwendung findet § 174 BGB auf die Geltendmachung von Auskunftsansprüchen (anders für Auskunftsverlangen nach § 1613 Abs 1 BGB betr Unterhalt Sauer FamRZ 2010, 617) oder von Ansprüchen zur Wahrung einer tariflichen oder gesetzlichen Ausschlussfrist, die nicht auf die Herbeiführung einer rechtsgeschäftlichen Rechtsfolge gerichtet sind, so dass mangels drohender Verschlechterung der Rechtsstellung kein vergleichbares Schutzbedürfnis besteht (BAG NJW 2003, 236; zust Schumann EWiR 2003, 145; s ferner BAG ZIP 2013, 1366: keine analoge Anwendung auf Betriebsratsanhörung; MünchKomm/Schubert § 174 Rn 8 mwNw). Unanwendbar ist § 174 BGB aus dem gleichen Grund auch auf die Rügeobliegenheit nach § 377 HGB (MünchKomm/Schubert § 174 Rn 9 mwNw, str; anders allerdings namentlich BGH NJW 2001, 289, 290) sowie auf eine von einem Rechtsanwalt im Rahmen des gesetzlichen Umfangs einer Prozessvollmacht abgegebene Erklärung (BGH NJW 2003, 963, 964 f mwNw; Erman/Maier-Reimer § 174 Rn 2; Hk-BGB/Dörner § 174 Rn 1; Jauernig/Mansel § 174 Rn 1; jurisPK-BGB/Weinland § 174 Rn 7; MünchKomm/Schubert § 174 Rn 12; NK-BGB/Ackermann § 174 Rn 4: Palandt/Ellenberger § 174 Rn 3; PWW/Frensch § 174 Rn 2; Soergel/Leptien § 174 Rn 4; Brehsan/Gohrke/Opolony ZIP 2001, 773, 776; **aA** LG Dortmund AnwBl 1984, 222; LG Karlsruhe WuM 1985, 320; Paulus/Henkel NJW 2003, 1692, 1693 f).

b) Als **Vollmachtsurkunde iS des § 174 BGB** ist wie bei § 172 BGB (s dort Rn 1 und **3** Rn 4) nur die Urschrift oder Ausfertigung zu verstehen (BGH NJW 2001, 289, 291; BRHP/Schäfer § 174 Rn 6; Erman/Maier-Reimer § 174 Rn 5; Jauernig/Mansel § 174 Rn 1; jurisPK-BGB/Weinland § 174 Rn 10; MünchKomm/Schubert § 174 Rn 16; NK-BGB/Ackermann § 174

Rn 6; Palandt/Ellenberger § 174 Rn 5; PWW/Frensch § 174 Rn 3; Soergel/Leptien § 174 Rn 2; Flume § 49 2 b; Medicus/Petersen Rn 980 Fn 7; Wolf/Neuner § 51 Rn 16; Brehsan/Gohrke/Opolony ZIP 2001, 773, 779; Deggau JZ 1982, 796; Lohr MDR 2000, 620, 621 f mwNw). Eine beglaubigte Abschrift genügt nicht, weil gerade die Echtheitsprüfung ermöglicht werden soll (BGH NJW 1981, 1210; 1994, 1472), ebenso wenig eine Photokopie oder eine Telefaxkopie (BGH 10. 10. 2017 – XI ZR 457/16 Rn 26, NJW-RR 2018, 116; OLG Hamm NJW 1991, 1185; krit Tempel NJW 2001, 1905, 1907) oder E-Mail und auch nicht die Vorlage einer unvollständigen/unklaren Vollmachtsurkunde (vgl BAG AP Nr 3 zu § 174 bei Unklarheit; BGB-RGRK/Steffen § 174 Rn 1; MünchKomm/Schubert § 174 Rn 16; NK-BGB/Ackermann § 174 Rn 6; Soergel/Leptien § 174 Rn 2). Der Unterbevollmächtigte muss auch die Hauptvollmachtsurkunde vorlegen (BGH NJW 2013, 297, 298; BRHP/Schäfer § 174 Rn 6; Erman/Maier-Reimer § 174 Rn 5; MünchKomm/Schubert § 174 Rn 18; PWW/Frensch § 174 Rn 3; Soergel/Leptien § 174 Rn 2). Das *Vorlegen* der Urkunde wird nach denselben Maßstäben beurteilt wie im Zusammenhang des § 172 BGB (s § 172 Rn 3), dh es muss eine wirkliche Vorlegung und nicht nur ein entsprechendes Angebot erfolgen und eine frühere Vorlage genügt nicht (Erman/Maier-Reimer § 174 Rn 5; MünchKomm/Schubert § 174 Rn 17).

4 **c)** Eine **entsprechende Anwendung des § 174 BGB** im Falle der Übermittlung einer einseitigen empfangsbedürftigen Willenserklärung durch einen **Erklärungsboten** wird von der heute allgM (BGH WM 2007, 313; BRHP/Schäfer § 174 Rn 3; Erman/Maier-Reimer § 174 Rn 2; jurisPK-BGB/Weinland § 174 Rn 5; MünchKomm/Schubert § 174 Rn 4; NK-BGB/Ackermann § 174 Rn 3; Palandt/Ellenberger § 174 Rn 3; PWW/Frensch § 174 Rn 2; Soergel/Leptien § 174 Rn 7; Flume § 49 Fn 5; Brehsan/Gohrke/Opolony ZIP 2001, 773, 775; Deggau JZ 1982, 796; Kiehnle VersR 2008, 1606, 1611) zu Recht befürwortet. Es bestehen auch im Hinblick auf die Begründung der Botenmacht keine Bedenken dazu, dass ein Erklärungsbote die Grundlage seiner Botentätigkeit, sein Berechtigungsverhältnis zum Erklärenden, durch eine Originalurkunde dartun muss; die vorrangig maßgebliche Interessenlage des Empfängers entspricht vielmehr derjenigen des § 174 BGB.

5 Sofern der **Gerichtsvollzieher** gem § 132 BGB bei der Zustellung einer Willenserklärung tätig wird, handelt er nicht als Bote, sondern als Staatsorgan, sodass hinsichtlich des Zustellungsantrages keine analoge Anwendung des § 174 BGB in Betracht steht; wohl aber muss die Bevollmächtigung derjenigen Person nach § 174 BGB belegt werden, die dem Gerichtsvollzieher den Zustellungsauftrag erteilt hat (BGH NJW 1981, 1210; BRHP/Schäfer § 174 Rn 3; MünchKomm/Schubert § 174 Rn 12; NK-BGB/Ackermann § 174 Rn 4; Soergel/Leptien § 174 Rn 7).

6 Ebenso wenig kann § 174 BGB auf die **gesetzliche Vertretung** bei Vorlage der Bestallungsurkunden von Vormund, Betreuer oder Pfleger oder von gerichtlich bestellten Verwaltern (zB Insolvenzverwaltern) angewendet werden, weil diese Urkunden nicht die Funktion einer Vollmachtsurkunde iSd § 172 BGB haben und der Geschäftsgegner sich anderweit Gewissheit über die Vertretungsmacht besorgen kann und muss (RGZ 74, 263, 265; BGH NJW 2002, 1194, 1195; BAG ZTR 2005, 658, 659 mwNw; OLG Düsseldorf NJW-RR 1993, 470; LAG Hessen NZA-RR 2007, 195, 196; BRHP/Schäfer § 174 Rn 5; Erman/Maier-Reimer § 174 Rn 3; Hk-BGB/Dörner § 174 Rn 1; jurisPK-BGB/Weinland § 174 Rn 5 f; Bork Rn 1530 Fn 167; Jauernig/Mansel § 174 Rn 1; MünchKomm/Schubert § 174 Rn 13; NK-BGB/Ackermann § 174 Rn 4; Palandt/Ellenberger § 174 Rn 4;

PWW/Frensch § 174 Rn 2; Soergel/Leptien § 174 Rn 8; Bork Rn 1530 f; Brehm Rn 485; Brox/Walker § 25 Rn 6; Faust § 26 Rn 19; Brehsan/Gohrke/Opolony ZIP 2001, 773, 774 f; Lohr MDR 200, 620, 621). Auch auf den im Rahmen seiner gesetzlichen Befugnisse handelnden WEG-Verwalter ist § 174 BGB nicht anwendbar (OLG Düsseldorf NJW-RR 1993, 470; MünchKomm/Schubert § 174 Rn 13; krit Tempel NJW 2001, 1905, 1908), wohl aber bei einem Handeln aufgrund darüber hinaus erweiterter Vertretungsmacht (BGH NJW 2014, 1587, 1588; jurisPK-BGB/Weinland § 174 Rn 5; MünchKomm/Schubert § 174 Rn 13).

Auch für **Organe juristischer Personen und Personenhandelsgesellschaften** sowie für 7
vergleichbare vertretungsbefugte Personen (zB Prokuristen), für deren Handeln ein speziell geregelter abstrakter Vertrauensschutz (s etwa zu § 15 HGB Koller/Roth/Morck, HGB [8. Aufl 2015] § 15 Rn 3) an eine Registereintragung geknüpft ist, gilt § 174 BGB nicht (BGH NJW 2002, 1194, 1195; BAG ZTR 2005, 658, 659 mwNw; NZA 2007, 377, 379; OLG Düsseldorf GWR 2012, 344 und OLG München GWR 2012, 347 [Kündigung eines Vorstands durch den Aufsichtsrat]; BRHP/Schäfer § 174 Rn 5; Erman/Maier-Reimer § 174 Rn 3; ausf MünchKomm/Schubert § 174 Rn 11, Rn 14 mit weiteren Beispielen; NK-BGB/Ackermann § 174 Rn 4; Soergel/Leptien § 174 Rn 8; Bork Rn 1530 f mit Fn 167; Brehm Rn 485; Brox/Walker § 25 Rn 6; Faust § 26 Rn 19; Brehsan/Gohrke/Opolony ZIP 2001, 773, 775; Wertenbruch DB 2003, 1099, 1100 f; Wolff/Lahr DB 2007, 470). Bei anderen „typischen Vertretern" in Institutionen aller Art, bei denen § 174 S 1 BGB gilt, wird idR § 174 S 2 BGB eingreifen (Soergel/Leptien § 174 Rn 8; Flume § 49 2 b; zur Vertretungsbescheinigung bei **Stiftungen** s § 172 Rn 1, s aber demgegenüber MünchKomm/Schubert § 174 Rn 15, dort auch zur Anwendbarkeit bei ausländischen Gesellschaften).

Bei der **Gesellschaft bürgerlichen Rechts** findet § 174 BGB auch nach Anerkennung 8
ihrer Rechtsfähigkeit (BGH NJW 2001, 1056) entsprechende Anwendung, weil die Vertretungsmacht dort nicht durch ein Register, sondern durch Vollmachtsurkunde oder evtl (str) auch den Gesellschaftsvertrag nachzuweisen ist (BGH NJW 2002, 1194, 1195; NJW 2014, 1587; LAG Berlin-Brandenburg 15. 3. 2019 – 9 Sa 445/18 Rn 70 ff, BeckRS 2019, 9198; Hk-BGB/Dörner § 174 Rn 1; Jauernig/Mansel § 174 Rn 1; MünchKomm/Schubert § 174 Rn 15; NK-BGB/Ackermann § 174 Rn 5; Palandt/Ellenberger § 174 Rn 4; PWW/Frensch § 174 Rn 2; Bork Rn 1530 Fn 167; Häublein NJW 2002, 1398; Stützel NJW 2013, 3543, 3546; Wertenbruch DB 2003, 1099; s auch § 172 Rn 1). Bei sozietätsverbundenen Rechtsanwälten ist aber eine großzügige Handhabung geboten, sofern sich die Zugehörigkeit des handelnden Anwalts unmittelbar aus dem Briefbogen ergibt und die Vollmacht des Mandanten auf die Gesellschaft lautet; insbesondere bei der anwaltlichen Partnerschaftsgesellschaft kann gleichfalls das Bedürfnis für die Vorlegung einer Vollmachtsurkunde verneint werden (MünchKomm/Schubert § 174 Rn 14; s zu Einzelheiten Henssler/Michel NJW 2015, 11; einschränkend zur Einzelvertretungsbefugnis der Sozien Markworth NJW 2015, 2152).

2. Die Zurückweisung des Rechtsgeschäfts

a) Die in § 174 S 1 BGB dem Adressaten zugebilligte **Zurückweisung des Rechts-** 9
geschäfts hat dieselbe Rechtsnatur wie die Zurückweisung gem § 111 BGB (MünchKomm/Schubert § 174 Rn 20; Palandt/Ellenberger § 174 Rn 6; Bork Rn 1530; Enneccerus/Nipperdey § 185 Fn 17). Sie muss demnach durch **empfangsbedürftige Willenserklärung** erfolgen, die sowohl gegenüber dem als Vollmachtgeber Benannten als auch gegenüber dem Handelnden abgegeben werden kann (BRHP/Schäfer § 174 Rn 7; MünchKomm/Schubert § 174 Rn 20; NK-BGB/Ackermann § 174 Rn 8; PWW/Frensch § 174

Rn 4; Soergel/Leptien § 174 Rn 3, allgM). Das Gebot unverzüglicher Zurückweisung (Rn 8) kann aber hier zu tatsächlichen Einschränkungen im Hinblick auf den Adressaten, nämlich den Vertreter führen (MünchKomm/Schubert § 174 Rn 20; NK-BGB/Ackermann § 174 Rn 8).

10 b) Die Zurückweisung muss „**aus diesem Grunde**", dh wegen fehlenden Vollmachtsnachweises (Kausalität) erklärt werden. Ein *konkludenter Hinweis* auf diesen Grund genügt, doch muss die Zurückweisung insoweit eindeutig sein (BAG NJW 1981, 2374; ZIP 2003, 1161, 163; NZA-RR 2007, 571, 575; NJW 2012, 1677, 1679; BRHP/Schäfer § 174 Rn 8; Erman/Maier-Reimer § 174 Rn 10; jurisPK-BGB/Weinland § 174 Rn 12; MünchKomm/Schubert § 174 Rn 21; NK-BGB/Ackermann § 174 Rn 8; Palandt/Ellenberger § 174 Rn 6; PWW/Frensch § 174 Rn 4; Soergel/Leptien § 174 Rn 2; Brehsan/Gohrke/Opolony ZIP 2001, 773, 779 f; Deggau JZ 1982, 796, 797; Lohr MDR 2000, 620, 624). In einer Beanstandung nach § 180 S 2 BGB (s dort Rn 7) kann zugleich eine Zurückweisung gem § 174 BGB liegen, wenn sowohl das Bestehen von Vertretungsmacht als auch die fehlende Vorlage der Vollmachtsurkunde gerügt wird (BGH NJW 2013, 297, 298). Das Rechtsgeschäft kann nicht aus anderen Gründen fehlender Vertretungsmacht – etwa weil sich aus der Urkunde die *Anfechtbarkeit der Vollmacht* ergebe oder weil der Anfechtungsgrund dem Adressaten in anderer Weise bekannt geworden sei – zurückgewiesen werden (KG WuM 2008, 153155 mwNw; BRHP/Schäfer § 174 Rn 8; MünchKomm/Schubert § 174 Rn 19; NK-BGB/Ackermann § 174 Rn 6; Soergel/Leptien § 174 Rn 2; Clarus SeuffBl 64, 177; **aM** BGB-RGRK/Steffen § 174 Rn 1; Erman/Maier-Reimer § 174 Rn 6; Brehsan/Gohrke/Opolony ZIP 2001, 773, 776; Deggau JZ 1982, 796, 797). Vor der Unsicherheit wegen Anfechtbarkeit ist der Empfänger einer einseitigen Willenserklärung auch sonst nicht geschützt; allerdings können ihm dann die Schranken der §§ 122 Abs 2, 179 Abs 3 S 1 BGB nicht entgegengehalten werden (MünchKomm/Schubert § 174 Rn 19; NK-BGB/Ackermann § 174 Rn 6).

11 Die Zurückweisung des Rechtsgeschäfts muss **unverzüglich**, dh ohne schuldhaftes Zögern (vgl § 121 BGB) erfolgen. Jedoch kann zB bei einer mündlichen Kündigung mit dem Zusatz, es werde eine schriftliche Bestätigung folgen, diese abgewartet werden (LAG Hamburg Recht 1939 Nr 2187), ebenso die angekündigte Frist zur Vorlage einer Vollmacht (NK-BGB/Ackermann § 174 Rn 8 mwNw), wie überhaupt dem Geschäftsgegner eine angemessene Überlegungsfrist unter Berücksichtigung der Umstände des Einzelfalles zuzugestehen ist. Auch das Einholen von Rechtsrat ist zulässig (BAG Betrieb 1978, 2082), doch darf der Zeitrahmen für eine zügige Erledigung nicht überschritten werden (BGH NJW 2001, 220, 221; BAG ZIP 1992, 497, 499; 2003, 1161, 1163; NZA 1999, 818; 2012, 495; BPatG GRUR 1989, 340; OLG Hamm NJW-RR 1988, 282; NJW 1991, 1185, 1186; OLG München NJW-RR 1997, 904; BRHP/Schäfer § 174 Rn 9; jurisPK-BGB/Weinland § 174 Rn 12 f; MünchKomm/Schubert § 174 Rn 22 f; NK-BGB/Ackermann § 174 Rn 8; Palandt/Ellenberger § 174 Rn 6; PWW/Frensch § 174 Rn 4; Soergel/Leptien § 174 Rn 3; Lohr MDR 2000, 620, 624 f mwNw; s auch BGH 10. 10. 2017 – XI ZR 457/16 Rn 26, NJW-RR 2018, 116: Zurückweisung einer Widerrufserklärung bei einem Verbraucherdarlehensvertrag nach sechs Tagen nicht mehr unverzüglich). Die Zurückweisung kann auch unter einer Bedingung erklärt werden, sofern deren Erfüllung allein von der Gegenseite (Vertretener oder Vertreter) abhängt (MünchKomm/Schubert § 174 Rn 22).

12 c) Rechtsfolge der Zurückweisung ist unabhängig vom Bestehen der Vollmacht die *Unwirksamkeit* des Rechtsgeschäfts, nicht nur schwebende Unwirksamkeit (BAG

NZA 2005, 1207; 2007, 377; NZA-RR 2007, 571, 575; BRHP/Schäfer § 174 Rn 10; Erman/Maier-Reimer § 174 Rn 12; Hk-BGB/Dörner § 174 Rn 3; Jauernig/Mansel § 174 Rn 2; jurisPK-BGB/Weinland § 174 Rn 26; MünchKomm/Schubert § 174 Rn 32; NK-BGB/Ackermann § 174 Rn 9; Palandt/Ellenberger § 174 Rn 6; PWW/Frensch § 174 Rn 6; Soergel/Leptien § 174 Rn 3). Eine Heilung oder Genehmigung nach § 177 BGB scheidet ebenso aus wie eine Haftung des Vertreters gem § 179 BGB (BRHP/Schäfer § 174 Rn 10; Erman/Maier-Reimer § 174 Rn 12; Jauernig/Mansel § 174 Rn 2; jurisPK-BGB/Weinland § 174 Rn 27; MünchKomm/Schubert § 174 Rn 32; NK-BGB/Ackermann § 174 Rn 9; PWW/Frensch § 174 Rn 6; Soergel/Leptien § 174 Rn 6; Deggau JZ 1982, 796, 797; Lohr MDR 2000, 620, 625), sondern es ist eine Neuvornahme erforderlich (s auch Brehsan/Gohrke/Opolony ZIP 2001, 773, 781). Ist eine wirksame Zurückweisung nicht erfolgt, so ist das Rechtsgeschäft bei Bestehen der Vollmacht wirksam; sonst gilt § 180 BGB (BRHP/Schäfer § 174 Rn 10; MünchKomm/Schubert § 174 Rn 33; NK-BGB/Ackermann § 174 Rn 9; Soergel/Leptien § 174 Rn 6).

3. Der Ausschluss der Zurückweisung

a) Gem § 174 S 2 BGB ist eine **Zurückweisung** des Rechtsgeschäfts mangels Vorlage der Vollmachtsurkunde **ausgeschlossen**, wenn der Vollmachtgeber **den Adressaten von der Bevollmächtigung in Kenntnis gesetzt** hat, insbesondere durch Mitteilung über eine interne Bevollmächtigung (Erman/Maier-Reimer § 174 Rn 7; MünchKomm/Schubert § 174 Rn 24 mwNw), aber auch durch eine öffentliche Bekanntgabe (BAG NJW 2014, 3595, 3596 zu § 15 HGB; MünchKomm/Schubert § 174 Rn 29 mwNw). Die Kundgabe kann formlos, ausdrücklich oder konkludent erfolgen, muss aber – sei es auch aus früherem, aber nicht auf ein bestimmtes Rechtsgeschäft beschränktem Anlass (zur früheren Vorlage einer Vollmachtsurkunde s jurisPK-BGB/Weinland § 174 Rn 25 mwNw) – bewusst auch gegenüber dem Geschäftsgegner erfolgt sein und einen gleichwertigen Ersatz für das Vorlegen der Vollmachtsurkunde darstellen (MünchKomm/Schubert § 174 Rn 24). Dafür kann zB auch die Aufnahme in einen (Arbeits-)Vertrag ausreichen kann, allerdings nur, wenn die Person des kündigungsberechtigten Stelleninhabers erkennbar ist (vgl BAG NZA 2011, 683 und dazu Boemke JuS 2011, 1030; s auch LAG Berlin ZTR 2003, 41); eine zufällige Erlangung der Kenntnis genügt aber nicht (BAG NZA 2006, 980, 982; BRHP/Schäfer § 174 Rn 12; Erman/Maier-Reimer § 174 Rn 9; jurisPK-BGB/Weinland § 174 Rn 14 mit Beispielen Rn 18 ff; MünchKomm/Schubert § 174 Rn 24; NK-BGB/Ackermann § 174 Rn 10; Palandt/Ellenberger § 174 Rn 7; PWW/Frensch § 174 Rn 5; Soergel/Leptien § 174 Rn 4; Brehsan/Gohrke/Opolony ZIP 2001, 773, 780; Deggau JZ 1982, 796, 797), ebenso wenig ein bloßer Aushang am „schwarzen Brett" (LAG Köln MDR 2003, 95, 96). Für die Kündigung eines Arbeits-/Dienstvertrages reicht es zB, dass üblicherweise der Personalabteilungsleiter oder Amtsleiter zur Abgabe von Kündigungserklärungen bevollmächtigt ist (BAGE 24, 273, 277, stRspr, s auch zum Prokuristen BAG 25. 9. 2014 – 2 AZR 567/13 Rn 20 f m Anm Lingemann/Siemer und mwNw; BAG Betrieb 1994, 1984; BGH NJW 2009, 293, 294; BRHP/Schäfer § 174 Rn 11; Erman/Maier-Reimer § 174 Rn 9; ausf jurisPK-BGB/Weinland § 174 Rn 20 ff und MünchKomm/Schubert § 174 Rn 25 ff mwNw; NK-BGB/Ackermann § 174 Rn 10; Palandt/Ellenberger § 174 Rn 7; PWW/Frensch § 174 Rn 5; Soergel/Leptien § 174 Rn 4 mwNw; Bork Rn 1531; Brox/Walker § 25 Rn 6; Wolf/Neuner § 51 Rn 16; vgl aber auch Bickel SAE 73, 118; ausf zur Kündigung von Arbeitsverträgen Klostermann-Schneider, § 174 BGB: Zurückweisung der vom Bevollmächtigten vorgenommenen Kündigung eines Arbeitsverhältnisses und ihre Grenzen, Diss Passau 2015; Lohr MDR 2000, 620, 622 ff; Meyer DZWIR 2004, 58; Schräder ArbB 2007, 151; Ulrici DB 2004, 250, jew mwNw); auf einen

Sachbearbeiter in der Personalabteilung kann dies nicht ausgedehnt werden (BAG Betrieb 1978, 2082; BB 1998, 539, 540; s auch BAG NZA 2006, 980, 082; LAG Berlin NZA-RR 2007, 15 m Anm WOLFF/LAHR DB 2007, 470 und GRAVENHORST jurisPR-ArbR 41/2006 Anm 4: Niederlassungsleiter), ebenso wenig auf den Referatsleiter innerhalb der Personalabteilung einer Behörde (BAG NZA 1997, 1343, 1345). Darüber hinaus wird aber zu Recht angenommen, dass es wie eine Kundgabe wirkt, wenn der Bevollmächtigte – zB als Prokurist, Handlungsbevollmächtigter oder Generalbevollmächtigter – Tätigkeiten ausübt, die üblicherweise mit entsprechender Vertretungsmacht ausgestattet sind (BGH ZIP 2008, 2260, 2261; NJW 2009, 293, 294; BAG 25. 9. 2014 – 2 AZR 567/134 Rn 20 f m Anm LINGEMANN/SIEMER; BRHP/SCHÄFER § 174 Rn 11; ERMAN/MAIER-REIMER § 174 Rn 9 [krit im Hinblick auf die Funktion des § 15 Abs 2 HGB]; MünchKomm/SCHUBERT § 174 Rn 26 ff; NK-BGB/ACKERMANN § 174 Rn 10; PALANDT/ELLENBERGER § 174 Rn 4; PWW/FRENSCH § 174 Rn 5; SOERGEL/LEPTIEN § 174 Rn 4; BROX/WALKER § 25 Rn 6; FLUME § 49 2 b; BREHSAN/GOHRKE/OPOLONY ZIP 2001, 773, 780; einschränkend für Aufsichtsratsvorsitzenden OLG Düsseldorf NZG 2004, 141; vgl auch oben Rn 7). Nicht ausreichend soll es hingegen sein, wenn ein Insolvenzverwalter einem soziierten Rechtsanwalt im Einzelfall die Befugnis zum Ausspruch einer Kündigung erteilt (BAG KTS 2003, 159, 164; LAG Köln ZIP 2001, 433; zu Recht krit WESTPHAL EWiR 2001, 707). Umgekehrt kann auch eine Kundgabe seitens eines Arbeitnehmers in Betracht kommen, zB der Bevollmächtigung seiner Gewerkschaft mit der Geltendmachung von Lohnansprüchen (LAG Brandenburg MDR 2001, 160).

14 b) Ferner kann eine **Zurückweisung gem § 242 BGB ausgeschlossen** sein, wenn der Adressat schon mehrfach Erklärungen des Vollmachtgebers durch denselben Bevollmächtigten *ohne Vorlage* einer Vollmachtsurkunde *anerkannt* hat (BAG 24. 9. 2015 – 6 AZR 492/14 Rn 27, NJW 2016, 345; BRHP/SCHÄFER § 174 Rn 14; jurisPK-BGB/WEINLAND § 174 Rn 16; MünchKomm/SCHUBERT § 174 Rn 31; NK-BGB/ACKERMANN § 174 Rn 10 mwNw; PALANDT/ELLENBERGER § 174 Rn 7; PWW/FRENSCH § 174 Rn 5; SOERGEL/LEPTIEN § 174 Rn 5; BORK Rn 1531; FLUME § 49 2 b; BREHSAN/GOHRKE/OPOLONY ZIP 2001, 773, 780; s aber einschr DEGGAU JZ 1982, 796, 797 f; ebenso zurückhaltend ERMAN/MAIER-REIMER § 174 Rn 11). Dies gilt zB für die Kündigungserklärung durch einen Hausverwalter, der vorher ohne Vorlage einer Urkunde als Bevollmächtigter anerkannt worden war, allerdings nicht ohne weiteres schon deshalb, weil er den Vermieter bei Vertragsschluss vertreten hat (OLG Frankfurt NJW-RR 1996, 10; LG Berlin ZMR 1986, 439; MünchKomm/SCHUBERT § 174 Rn 25; SOERGEL/LEPTIEN § 174 Rn 4; vgl auch OLG München NJW-RR 1997, 904; großzügiger OLG Frankfurt NJW-RR 1996, 10). Auch bei Betrauung des Vertreters mit der gesamten Vertragsabwicklung greift § 242 BGB ein (KG BB 1998, 607; BRHP/SCHÄFER § 174 Rn 14; MünchKomm/SCHUBERT § 174 Rn 31; NK-BGB/ACKERMANN § 174 Rn 10; PALANDT/ELLENBERGER § 174 Rn 7; zu § 242 BGB s Auch jurisPk-BGB/WEINLAND § 174 Rn 16. 1 mwNw).

4. Beweislast

15 Der Vertretene trägt im Falle der Zurückweisung die Beweislast für die Vorlage der Vollmachtsurkunde oder die Kundgabe der Bevollmächtigung. Die unverzügliche Zurückweisung hat der Adressat des einseitigen Rechtsgeschäfts zu beweisen (BGH NJW 2001, 220, 221; BRHP/SCHÄFER § 174 Rn 15; ERMAN/MAIER-REIMER § 174 Rn 13; jurisPK-BGB/WEINLAND § 174 Rn 28; MünchKomm/SCHUBERT § 174 Rn 34; NK-BGB/ACKERMANN § 174 Rn 11).

§ 175
Rückgabe der Vollmachtsurkunde

Nach dem Erlöschen der Vollmacht hat der Bevollmächtigte die Vollmachtsurkunde dem Vollmachtgeber zurückzugeben; ein Zurückbehaltungsrecht steht ihm nicht zu.

Materialien: E I § 121 Abs 2; II § 144 Abs 1; III § 171; Mot I 239; Prot I 233; II 1 147, 149; JAKOBS/SCHUBERT, AT II 873 ff; SCHUBERT, AT II 186 ff (Vorentwurf).

1. Der Rückgabeanspruch

a) Um den Vollmachtgeber gegen einen nach § 172 Abs 1 BGB möglichen Missbrauch der Vollmachtsurkunde zu schützen, begründet § 175 BGB die **Verpflichtung zur Rückgabe** der Vollmachtsurkunde, sobald die Vollmacht erloschen ist. Entsprechende Anwendung findet die Vorschrift, wenn die Vollmacht nicht (wirksam) erteilt worden ist (BRHP/SCHÄFER § 175 Rn 2; ERMAN/MAIER-REIMER § 175 Rn 1; Hk-BGB/DÖRNER §§ 175, 176 Rn 3; MünchKomm/SCHUBERT § 175 Rn 3; NK-BGB/ACKERMANN § 175 Rn 2; PALANDT/ELLENBERGER § 175 Rn 1; PWW/FRENSCH § 175 Rn 1, SOERGEL/LEPTIEN § 175 Rn 2; ENNECCERUS/NIPPERDEY § 188 I 3). Gem § 172 Abs 2 BGB stellt außerdem die Rückgabe der Urkunde einen selbstständigen Grund für die Beendigung der Vertretungsmacht dar (s § 172 Rn 9). 1

Die Rückgabeverpflichtung kann in erster Linie durch Rückgabe an den Vollmachtgeber, aber auch durch *Hinterlegung* der Vollmachtsurkunde erfüllt werden, wenn sich der Bevollmächtigte in Ungewissheit über den Widerrufsberechtigten befindet (KG NJW 1957, 754, 755); diese Auffassung ist freilich dahin einzuschränken, dass es sich um eine Hinterlegung mit Ausschluss des Rücknahmerechts iSd § 376 BGB handeln muss (BRHP/SCHÄFER § 175 Rn 3; MünchKomm/SCHUBERT § 175 Rn 6; NK-BGB/ACKERMANN § 175 Rn 5; SOERGEL/LEPTIEN § 175 Rn 2; wohl auch ERMAN/MAIER-REIMER § 175 Rn 2). Behauptet der Bevollmächtigte, zur Rückgabe der Urkunde nicht imstande zu sein (s aber noch Rn 5) oder verweigert er die Rückgabe, so kann der Vollmachtgeber nach § 176 BGB die *Kraftloserklärung* der Vollmachtsurkunde herbeiführen. 2

b) Die Rückgabepflicht nach § 175 BGB ist unabhängig von der Frage, wem das **Eigentum an der Vollmachtsurkunde** zusteht (BGB-RGRK/STEFFEN § 175 Rn 1; BRHP/SCHÄFER § 175 Rn 2; ERMAN/MAIER-REIMER § 175 Rn 2; Hk-BGB/DÖRNER §§ 175, 176 Rn 2; MünchKomm/SCHUBERT § 175 Rn 2; NK-BGB/ACKERMANN § 175 Rn 2; PALANDT/ELLENBERGER § 175 Rn 1; SOERGEL/LEPTIEN § 175 Rn 2). Voraussetzung ist allein das Erlöschen oder Nichtbestehen (s Rn 1) der Vollmacht und der Urkundenbesitz auf Seiten des Bevollmächtigten (aA jurisPK-BGB/WEINLAND § 175 Rn 2: fehlender Besitz nur mögliche Einwendung). Ist nur eine von mehreren in der Urkunde erteilten Vollmachten – zB bei mehreren Vollmachtgebern – erloschen oder hat der Schuldner ein sonstiges berechtigtes Interesse am weiteren Besitz der Urkunde, so kann nach § 242 BGB nur die Vorlage der Urkunde zur Anbringung eines entsprechenden Vermerks, nicht 3 aber ihre Herausgabe verlangt werden (BGH NJW 1990, 507; vgl auch RG JW 1938, 1892; KG NJW 1957, 754; BRHP/Schäfer § 175 Rn 5; Erman/Maier-Reimer § 175 Rn 2; jurisPK-BGB/Weinland § 175 Rn 7; MünchKomm/Schubert § 175 Rn 2; NK-BGB/Ackermann § 175 Rn 2; PWW/Frensch § 175 Rn 1; Brehm Rn 464).

4 Das Recht, von der zurückzugebenden Vollmachtsurkunde eine *Abschrift zu nehmen* und zu behalten, kann sich aus dem Innenverhältnis zwischen dem Vollmachtgeber und dem Bevollmächtigten ergeben, insbesondere wenn die Urkunde noch weiteren, für den Bevollmächtigten rechtserheblichen Inhalt hat (vgl OLG Hamburg OLGE 20, 67). Die Urschrift der Vollmachtsurkunde ist auch in diesem Falle grundsätzlich zurückzugeben. Nach Maßgabe des § 242 BGB (s auch Rn 3) kann aber an die Stelle der Rückgabe eine *Entwertung der Bevollmächtigungsklausel* oder die *Erstellung einer neuen Urkunde über den weiteren Inhalt* treten (BGB-RGRK/Steffen § 175 Rn 1; BRHP/Schäfer § 175 Rn 4; Erman/Maier-REimer § 175 Rn 2; jurisPK-BGB/Weinland § 175 Rn 7; MünchKomm/Schubert § 175 Rn 2; NK-BGB/Ackermann § 175 Rn 4; PWW/Frensch § 175 Rn 1; Soergel/Leptien § 175 Rn 2).

Zurückzugeben sind nach § 175 BGB das *Original und Ausfertigungen* der Vollmachtsurkunde, nicht hingegen *Abschriften und Fotokopien* (BGH NJW 1988, 697, 698; Erman/Maier-Reimer § 175 Rn 3; MünchKomm/Schubert § 175 Rn 5; NK-BGB/Ackermann § 175 Rn 3; **aA** BRHP/Schäfer § 175 Rn 3; jurisPK-BGB/Weinland § 175 Rn 8; Palandt/Ellenberger § 175 Rn 1; PWW/Frensch § 175 Rn 1; Soergel/Leptien § 175 Rn 3), weil diese keine Vertretungsmacht nach § 172 Abs 1 BGB bzw einen Rechtsschein begründen können (s § 172 Rn 4); das gilt auch für in elektronischer Form oder Textform erteilte Vollmachten (jurisPK-BGB/Weinland § 175 Rn 5; **aA** Palandt/Ellenberger § 175 Rn 1).

5 c) Der Rückgabeanspruch aus § 175 BGB richtet sich gegen den Bevollmächtigten. Eine entsprechende Anwendung der Vorschrift **gegenüber einem Dritten**, bei dem sich die Vollmachtsurkunde befindet, wird ganz überwiegend bejaht (BRHP/Schäfer § 175 Rn 6; Erman/Maier-Reimer § 175 Rn 2; jurisPK-BGB/Weinland § 175 Rn 4; NK-BGB/Ackermann § 175 Rn 6; Palandt/Ellenberger § 175 Rn 1; PWW/Frensch § 175 Rn 1; einschränkend BGB-RGRK/Steffen § 175 Rn 3; MünchKomm/Schubert § 175 Rn 4: Soergel/Leptien § 175 Rn 4). Richtig ist es aber, Ansprüche gegen einen Dritten nicht aus § 175 BGB herzuleiten (zust Bork Rn 1515). Hinsichtlich einer Vollmachtsurkunde, in welcher der Dritte nicht als Bevollmächtigter genannt ist, besteht ungeachtet seines fehlenden Schutzbedürfnisses keine Legitimationswirkung und erhöhte Missbrauchsgefahr, der die besondere Anspruchsgrundlage des § 175 BGB im Verhältnis Vollmachtgeber-Bevollmächtigter entgegenwirken soll; evtl allgemeine Täuschungsgefahren wie ein Handeln des Dritten unter fremdem Namen oder als angeblicher Unterbevollmächtigter des Vertreters erfasst § 175 BGB nicht. Daher bleibt der Vollmachtgeber auf Ansprüche aus Eigentum, früherem Besitz oder anderen Rechtsgrundlagen angewiesen; gelangt die Urkunde zum Bevollmächtigten zurück, so entsteht diesem gegenüber der Rückgabeanspruch aus § 175 BGB. Vorbeugend kann er iÜ nach § 176 BGB die Kraftloserklärung der Urkunde betreiben, wenn er die Herausgabe der Urkunde an den Bevollmächtigten befürchtet, und ist damit ausreichend geschützt.

6 d) Eine Pflicht des Vollmachtgebers, Personen, denen der Bevollmächtigte die Urkunde vorgewiesen hatte, von der *Urkundenrückgabe zu benachrichtigen,* besteht nicht (jurisPK-BGB/Weinland § 175 Rn 11). Ein entsprechender Vorschlag wurde in der zweiten Kommission abgelehnt (Prot I 148).

e) Auf **Ermächtigungsurkunden**, auch solche zur Einholung von Auskünften oder andere geschäftsähnliche Handlungen (OLG Köln VersR 1994, 191), findet § 175 BGB bei unwirksamer Erteilung oder nach Widerruf entsprechende Anwendung (Erman/Maier-Reimer § 175 Rn 1; jurisPK-BGB/Weinland § 175 Rn 3; MünchKomm/Schubert § 175 Rn 3; NK-BGB/Ackermann § 175 Rn 3; Palandt/Ellenberger § 175 Rn 1; Soergel/Leptien § 175 Rn 4). Hingegen gilt die Vorschrift nicht für die nach § 80 Abs 1 ZPO zu den Gerichtsakten gereichte *Prozessvollmacht,* die vielmehr dort verbleibt (BRHP/Schäfer § 175 Rn 5; jurisPK-BGB/Weinland § 175 Rn 1; MünchKomm/Schubert § 175 Rn 3; NK-BGB/Ackermann § 175 Rn 5; Bork Rn 1515).

2. Der Ausschluss des Zurückbehaltungsrechts

a) § 175 HS 2 BGB verbietet wegen der Legitimationswirkung der Vollmachtsurkunde jedes Zurückbehaltungsrecht gegenüber dem Anspruch auf Rückgabe der Vollmachtsurkunde, gleichgültig, wie das Zurückbehaltungsrecht – etwa wegen eines Anspruchs des Vertreters auf Aufwendungsersatz – begründet werden könnte (vgl OLG Köln MDR 1993, 512; jurisPK-BGB/Weinland § 175 Rn 9; Bork Rn 1515). Dies gilt auch hinsichtlich des Zurückbehaltungsrechts eines Rechtsanwaltes an den Handakten gem § 50 Abs 3 BRAO (BRHP/Schäfer § 175 Rn 7; Erman/Maier-Reimer § 175 Rn 3; jurisPK-BGB/Weinland § 175 Rn 9: ebenso beim Steuerberater; MünchKomm/Schubert § 175 Rn 7; NK-BGB/Ackermann § 175 Rn 7; Soergel/Leptien § 175 Rn 2); demnach erstreckt sich dieses Zurückbehaltungsrecht nur auf die Handakten im Übrigen.

b) Wird hinsichtlich der Urkundenrückgabe ein *anderer Anspruch* als der aus § 175 BGB (zB § 985 BGB) erhoben, so gilt mit Rücksicht auf das Schutzbedürfnis des Vollmachtgebers gleichfalls ein Ausschluss des Zurückbehaltungsrechts entsprechend § 175 BGB (BRHP/Schäfer § 175 Rn 7; Erman/Maier-Reimer § 175 Rn 3; jurisPK-BGB/Weinland § 175 Rn 9; MünchKomm/Schubert § 175 Rn 11; NK-BGB/Ackermann § 175 Rn 7; PWW/Frensch § 175 Rn 1; Soergel/Leptien § 175 Rn 2). Im Übrigen kann sich auch aus dem Innenverhältnis der Beteiligten ein Ausschluss des Zurückbehaltungsrechts ergeben.

§ 176
Kraftloserklärung der Vollmachtsurkunde

(1) Der Vollmachtgeber kann die Vollmachtsurkunde durch eine öffentliche Bekanntmachung für kraftlos erklären; die Kraftloserklärung muss nach den für die öffentliche Zustellung einer Ladung geltenden Vorschriften der Zivilprozessordnung veröffentlicht werden. Mit dem Ablauf eines Monats nach der letzten Einrückung in die öffentlichen Blätter wird die Kraftloserklärung wirksam.

(2) Zuständig für die Bewilligung der Veröffentlichung ist sowohl das Amtsgericht, in dessen Bezirk der Vollmachtgeber seinen allgemeinen Gerichtsstand hat, als das Amtsgericht, welches für die Klage auf Rückgabe der Urkunde, abgesehen von dem Wert des Streitgegenstands, zuständig sein würde.

(3) Die Kraftloserklärung ist unwirksam, wenn der Vollmachtgeber die Vollmacht nicht widerrufen kann.

Materialien: E I § 121 Abs 3; II § 144 Abs 2 und 3; III § 172; Mot I 239; Prot I 233; II 1 149; VI 135; Jakobs/Schubert, AT II 873 ff; Schubert, AT II 186 ff (Vorentwurf).

1. Die Kraftloserklärung

1 a) Der gem § 175 BGB dem Vollmachtgeber zustehende Anspruch auf Rückgabe der Vollmachtsurkunde nach dem Erlöschen der Vollmacht muss nicht zum Ziel führen, etwa weil der Bevollmächtigte zur Herausgabe nicht in der Lage oder bereit oder nicht erreichbar ist. Deshalb stellt § 176 BGB dem Vollmachtgeber das Mittel der Kraftloserklärung zur Verfügung, um einem Missbrauch der Vollmachtsurkunde entgegenzuwirken (BGB-RGRK/Steffen § 176 Rn 1). Jedoch ist die Kraftloserklärung keineswegs an die Nichtrückgabe der Urkunde gebunden; sie steht *nach freiem Belieben* des Vollmachtgebers gleichwertig neben der Möglichkeit, die Vollmachtsurkunde zurückzufordern (BRHP/Schäfer § 176 Rn 1; MünchKomm/Schubert § 176 Rn 1; jurisPK-BGB/Weinland § 176 Rn 1; NK-BGB/Ackermann § 176 Rn 1; Soergel/Leptien § 176 Rn 1; Flume § 51 9; vKujawa Gruchot 45, 497).

2 b) Ursprünglich sollte die Kraftloserklärung, ähnlich dem Aufgebotsverfahren nach den §§ 946 ff ZPO aF (nun §§ 433 ff FamFG), durch Gerichtsentscheidung erfolgen. Jedoch wurde dieses Erfordernis als zu zeitraubend fallengelassen und das jetzt vorgesehene Verfahren eingeführt (Prot VI 135). Danach ist die Kraftloserklärung als Willenserklärung ein **privates Gestaltungsgeschäft** des Vollmachtgebers (BRHP/Schäfer § 176 Rn 2; jurisPK-BGB/Weinland § 176 Rn 2; MünchKomm/Schubert § 176 Rn 2; NK-BGB/Ackermann § 176 Rn 2; PWW/Frensch § 176 Rn 1; Soergel/Leptien § 176 Rn 2), welches insoweit formalisiert ist, als die Erklärung der *öffentlichen Bekanntmachung* nach den Vorschriften der §§ 186 ff ZPO über die öffentliche Zustellung einer Ladung bedarf. Da die öffentliche Zustellung nach § 132 BGB die Fiktion des Zugangs der Erklärung einschließt, ist die Kraftloserklärung als eine *empfangsbedürftige Willenserklärung* zu bewerten.

3 c) Der Vollmachtgeber gibt diese Willenserklärung dadurch ab, dass er beim zuständigen Gericht den *Antrag auf Bewilligung* der öffentlichen Zustellung der ihrem wesentlichen Inhalt nach formuliert vorliegenden Erklärung einbringt, weil er sich damit seiner Erklärung in zielgerichteter Weise entäußert (zum Verfahren s Rn 6 ff).

4 d) Die Wirkung einer Kraftloserklärung geht dahin, dass die Vollmachtsurkunde nach vorangegangenem Widerruf der Vollmacht ihre in § 172 Abs 1 BGB vorgesehene *Vollmachtswirkung verliert;* die Vertretungsmacht ist damit erloschen. Das Vertrauen eines Dritten auf die ihm nach Kraftloserklärung vorgelegte Vollmachtsurkunde wird nicht mehr geschützt, ohne dass es auf seine Kenntnis oder sein Kennenmüssen ankommt (BRHP/Schäfer § 176 Rn 5; Erman/Maier-Reimer § 176 Rn 4;

jurisPK-BGB/Weinland § 176 Rn 9; MünchKomm/Schubert § 176 Rn 7; Soergel/Leptien § 176 Rn 3; vgl auch Eccius Gruchot 45, 498 und vKujawa Gruchot 45, 495).

Darüber hinaus ist die Herbeiführung der Kraftloserklärung im Falle einer noch nicht widerrufenen Vollmacht als **Widerrufserklärung** (s auch Mot I 121) aufzufassen (BGB-RGRK/Steffen § 176 Rn 3; BRHP/Schäfer § 176 Rn 6; Hk-BGB/Dörner §§ 175, 176 Rn 4; jurisPK-BGB/Weinland § 176 Rn 3; NK-BGB/Ackermann § 176 Rn 3; Palandt/Ellenberger § 176 Rn 1; PWW/Frensch § 176 Rn 1; Soergel/Leptien § 176 Rn 3; Bork Rn 1515). Als solche wird sie spätestens mit dem Abschluss des Zustellungsverfahrens wirksam; sie kann aber auch schon vorher nach den allgemeinen Regeln für Willenserklärungen wirksam werden (s § 168 Rn 5), da insoweit keine Formalisierung vorgeschrieben ist.

e) Wegen der Widerrufswirkung einer Kraftloserklärung ist sie gem § 176 Abs 3 BGB im Falle einer **unwiderruflichen Vollmacht** unwirksam; das gilt gleichermaßen für die Vollmacht wie für die Vollmachtsurkunde. In diesem Fall können bei späterem Erlöschen der Vollmacht die Rechtswirkungen des § 172 Abs 1 BGB eingreifen (MünchKomm/Schubert § 176 Rn 8). Soweit jedoch eine unwiderrufliche Vollmacht doch aus wichtigem Grund widerrufen werden kann (vgl § 168 Rn 14 und 17), ist die Kraftloserklärung als ein solcher Widerruf aufzufassen und damit trotz § 176 Abs 3 BGB wirksam (BGB-RGRK/Steffen § 176 Rn 3; BRHP/Schäfer § 176 Rn 6; jurisPK-BGB/Weinland § 176 Rn 10; MünchKomm/Schubert § 176 Rn 8; NK-BGB/Ackermann § 176 Rn 3; Soergel/Leptien § 176 Rn 3 mwNw; wohl auch Erman/Maier-Reimer § 176 Rn 4 iVm § 167 Rn 18).

5

2. Das Verfahren der Kraftloserklärung

a) Der Antrag des Vollmachtgebers leitet ein **Verfahren der freiwilligen Gerichtsbarkeit** ein (RG HRR 1934 Nr 2; BRHP/Schäfer § 176 Rn 3; Erman/Maier-Reimer § 176 Rn 3; MünchKomm/Schubert § 176 Rn 2, Rn 6; NK-BGB/Ackermann § 176 Rn 4; Palandt/Ellenberger § 176 Rn 1; PWW/Frensch § 176 Rn 1; Soergel/Leptien § 176 Rn 2, allgM). Da der Antrag bei noch unwiderrufener Vollmacht die Widerrufserklärung mit enthält (s oben Rn 4), muss er nicht besonders begründet und das Erlöschen der Vollmacht nicht glaubhaft gemacht werden.

6

Auch im Übrigen hat sich das Gericht einer **Nachprüfung materieller Voraussetzungen** der Kraftloserklärung zu enthalten (RG HRR 1934 Nr 2; BRHP/Schäfer § 175 Rn 3; BGB-RGRK/Steffen § 176 Rn 2; Erman/Maier-Reimer § 176 Rn 2; Hk-BGB/Dörner §§ 175, 176 Rn 4; Jauernig/Mansel § 176 Rn 1; jurisPK-BGB/Weinland § 176 Rn 5; MünchKomm/Schubert § 176 Rn 3, Rn 5 f; NK-BGB/Ackermann § 176 Rn 4; Palandt/Ellenberger § 176 Rn 1; PWW/Frensch § 176 Rn 1; Soergel/Leptien § 176 Rn 2). Dabei ist das Gericht sogar an einer Beachtung der Unwiderruflichkeitsklausel in der Vollmacht gehindert (KG JW 1933, 2153; jurisPK-BGB/Weinland § 176 Rn 5 mwNw): Zwar führt diese Klausel nach § 176 Abs 3 BGB grundsätzlich zur Unwirksamkeit der Kraftloserklärung, doch kann eine Widerruflichkeit aus wichtigem Grund vorliegen (s oben Rn 5), sodass ein **Rechtsschutzbedürfnis** für den Antrag nicht verneint werden kann, das auch ansonsten im Hinblick auf § 172 Abs 2 BGB in aller Regel zu bejahen ist (OLG München 27. 6. 2018 – 34 Wx 438/17 Rn 30 ff, FGPrax 2018, 239; jurisPK-BGB/Weinland § 176 Rn 3.1 f). Die Prüfung der materiellen Voraussetzungen einer Widerruflichkeit ist aber nicht Aufgabe des Verfahrens zur Kraftloserklärung.

7

8 b) **Zuständig** für das Verfahren ist gem § 176 Abs 2 BGB wahlweise das Amtsgericht am nach §§ 12 ff ZPO zu bestimmenden allgemeinen Gerichtsstand des Vollmachtgebers oder ungeachtet des Streitwertes das Amtsgericht, das für den Rückgabeanspruch gem § 175 BGB zuständig sein würde.

Die **Entscheidung** über den Antrag ergeht gem § 38 FamFG als Beschluss der freiwilligen Gerichtsbarkeit. Die stattgebende Entscheidung ordnet die **Veröffentlichung der Kraftloserklärung** nach Maßgabe der §§ 185 ff ZPO an. Dies bedeutet gem § 186 Abs 2 ZPO den Aushang an der Gerichtstafel, nach Ermessen des Gerichts gem § 187 ZPO zusätzlich die Veröffentlichung im Bundesanzeiger; auch eine Veröffentlichung in anderen Blättern und zu wiederholten Malen kann gem § 187 ZPO vorgesehen werden. Als *Rechtsmittel* findet gem §§ 58 ff FamFG grundsätzlich die Beschwerde statt (zu Einschränkungen für den Bevollmächtigten s jurisPK-BGB/WEINLAND § 176 Rn 7 f mwNw zur Rechtsprechung).

9 c) **Wirksam** wird die Kraftloserklärung gem § 176 Abs 1 S 2 BGB mit dem Ablauf eines Monats nach der letzten Einrückung in die öffentlichen Blätter; dieser Zeitpunkt bestimmt sich nach den §§ 187 f ZPO. Sofern aber nach der Neuordnung der öffentlichen Zustellung keine Veröffentlichung in einschlägigen Blättern, sondern lediglich der Aushang nach § 186 Abs 2 ZPO erfolgt (s Rn 8), ist in teleologischer Reduktion des § 176 Abs 1 S 2 BGB dessen Zeitpunkt für den Fristbeginn maßgeblich (MünchKomm/SCHUBERT § 176 Rn 7; NK-BGB/ACKERMANN § 176 Rn 4; PALANDT/ELLENBERGER § 176 Rn 1; **aA** jurisPK-BGB/WEINLAND § 176 Rn 6; wohl auch ERMAN/MAIER-REIMER § 176 Rn 4).

10 d) Die **Kosten** des Verfahrens betragen eine halbe Gebühr gem Nr 15212 der Anlage 1 zum GNotKG; Kostenschuldner ist nach § 22 Abs 1 GNotKG der Antragsteller.

11 e) Sofern die Kraftloserklärung auf Verzug des Bevollmächtigten oder auf eine von ihm zu vertretende Unmöglichkeit bei der Erfüllung des Rückgabeanspruchs nach § 175 BGB zurückzuführen ist, kann der Vollmachtgeber hinsichtlich der Verfahrenskosten vom Bevollmächtigten nach materiellem Recht **Ersatz** verlangen (s allgemein grundlegend BECKER-EBERHARD, Grundlagen der Kostenerstattung bei der Verfolgung zivilrechtlicher Ansprüche [1985]; MünchKomm/SCHUBERT § 176 Rn 6; NK-BGB/ACKERMANN § 176 Rn 5). Dasselbe gilt, wenn die Kraftloserklärung wegen Verstoßes des Bevollmächtigten gegen Verpflichtungen aus dem Grundverhältnis erforderlich wurde. Eine verfahrensrechtlich normierte Kostenerstattungspflicht ist nicht vorgesehen. Allerdings könnte eine *Kostenerstattungsentscheidung* nach § 81 FamFG ergehen, da der Antragsgegner formell Beteiligter auch dann ist, wenn er sich auf das Verfahren nicht einlässt.

§ 177
Vertragsschluss durch Vertreter ohne Vertretungsmacht

(1) Schließt jemand ohne Vertretungsmacht im Namen eines anderen einen Vertrag, so hängt die Wirksamkeit des Vertrags für und gegen den Vertretenen von dessen Genehmigung ab.

(2) Fordert der andere Teil den Vertretenen zur Erklärung über die Genehmigung auf, so kann die Erklärung nur ihm gegenüber erfolgen; eine vor der Aufforderung dem Vertreter gegenüber erklärte Genehmigung oder Verweigerung der Genehmigung wird unwirksam. Die Genehmigung kann nur bis zum Ablauf von zwei Wochen nach dem Empfang der Aufforderung erklärt werden; wird sie nicht erklärt, so gilt sie als verweigert.

Materialien: E I § 123; II § 145 Abs 1; III § 173; Mot I 240; Prot I 242, 258; II 1 154; VI 124 und 276; JAKOBS/SCHUBERT, AT II 873 ff; SCHUBERT, AT II 198 ff (Vorentwurf).

Schrifttum

ACKERMANN, Der Schutz des negativen Interesses (2007)

ALTMEPPEN, Irrungen und Wirrungen um den täuschenden Rechtsformzusatz und seine Haftungsfolgen, NJW 2012, 2833

BALLERSTEDT, Zur Haftung für culpa in contrahendo bei Geschäftsabschluß durch Stellvertreter, AcP 151 (1950/51) 501

BECK, Die Haftung des Handelnden bei falscher Firmierung, ZIP 2017, 1748

BEIGEL, Ersatzansprüche des vollmachtlos handelnden Architekten gegen den Bauherrn, BauR 1985, 40

BERTZEL, Der Notgeschäftsführer als Repräsentant des Geschäftsherrn, AcP 158 (1958/59) 107

BEURSKENS, Nomen est omen? – Falschfirmierung im elektronischen Rechtsverkehr, NJW 2017, 1265

BORNEMANN, Rechtsscheinsvollmachten in ein- und mehrstufigen Innenverhältnissen, AcP 207 (2007) 102

BÜHLER, Grundsätze und ausgewählte Probleme der Haftung des ohne Vertretungsmacht Handelnden, MDR 1987, 985

CANARIS, Schadensersatz- und Bereicherungshaftung des Vertretenen bei Vertretung ohne Vertretungsmacht, JuS 1980, 332

ders, Die Vertrauenshaftung im Lichte der Rechtsprechung des Bundesgerichtshofs, in: FG 50 Jahre Bundesgerichtshof (2000), Bd. I, 129

CREZELIUS, Culpa in contrahendo des Vertreters ohne Vertretungsmacht, JuS 1977, 796

DIEKMANN, Die Haftung des Vertreters ohne Vollmacht (Diss Rostock 1904)

DOERNER, Die Abstraktheit der Vollmacht (2018)

FEHRENBACH, Die Haftung bei Vertretung einer nicht existierenden Person, NJW 2009, 2173

FINKENAUER, Rückwirkung der Genehmigung, Verfügungsmacht und Gutglaubensschutz, AcP 203 (2003) 282

E FLUHME, Stellvertretung ohne Vertretungsmacht in rechtsvergleichender Darstellung (Diss Würzburg 1919)

GERHARDT, Teilweise Unwirksamkeit beim Vertragsschluß durch falsus procurator, JuS 1970, 326

HAAS, Die Vertreterhaftung bei Weglassen des Rechtsformzusatzes nach § 4 II GmbHG, NJW 1997, 2854

HARKE, Positives als negatives Interesse, JR 2003, 1

HARTMANN, Vollmachtlose Vertretung in der Hauptversammlung?, DNotZ 2002, 253

HILGER, Zur Haftung des falsus procurator, NJW 1986, 2237

HOLTHAUSEN-DUX, Auslösung der Rechtswirkungen des § 177 II BGB durch den mit dem Vollzug des Vertrages beauftragten Notar?, NJW 1995, 1470

HUPKA, Die Haftung des Vertreters ohne Vertretungsmacht (1903)

JAUERNIG, Zeitliche Grenzen für die Genehmigung von Rechtsgeschäften eines falsus procurators?, in: FS Niederländer (1991) 285

Kipp, Zur Lehre von der Vertretung ohne Vertretungsmacht, in: Reichsgerichts FS II (1929) 273
Klein, Ein Apfel unterm Birnbaum? – Rechtsfolgen des Handelns bei fehlendem oder fehlerhaftem Rechtsformzusatz, NJW 2015, 3607
Klimke, Fehlerhafte Gesellschaft und Vertretung ohne Vertretungsmacht, NZG 2012, 1366
M Lange, Kündigung durch Vertreter ohne Vertretungsmacht, in: FG Sandrock (1995) 243
Litterer, Vertragsfolgen ohne Vertrag (1979)
Lobinger, Rechtsgeschäftliche Verpflichtung und autonome Bindung (1999)
Lutter, Die Zulässigkeit vollmachtlosen Handelns für Gemeinden und dessen Genehmigung, MDR 1961, 361
Martinek, Der Vertreter ohne Vertretungsmacht (falsus procurator) beim Vertragsschluß, JuS 1988, 17
H Meyer, Zu § 179 BGB, Recht 1910, 695
Mock, Grundfälle zum Stellvertretungsrecht, JuS 2008, 486
Moser, Die Offenkundigkeit der Stellvertretung (2010)
Müller, Gesetzliche Vertretung ohne Vertretungsmacht, AcP 168 (1968) 113
Ostheim, Probleme bei Vertretung durch Geschäftsunfähige, AcP 169 (1969) 193
Peters, Überschreiten der Vertretungsmacht und Haftung des Vertretenen für culpa in contrahendo, in: FS Reinhardt (1972) 127
Petersen, Vertretung ohne Vertretungsmacht, Jura 2010, 904
Pietzarka, Haftung bei fehlerhaftem Rechtsformzusatz (2018)
ders, Vertreterhaftung bei fehlerhaftem Rechtsformzusatz – Auswirkungen der „Rechtsscheinhaftung analog § 179 BGB", GmbHR 2017, 73
Prahl, Nochmals: Auslösung der Rechtswirkungen des § 177 II BGB durch den mit dem Vollzug des Vertrags beauftragten Notar?, NJW 1995, 2968
Prölss, Vertretung ohne Vertretungsmacht, JuS 1985, 577

ders, Haftung bei der Vertretung ohne Vertretungsmacht, JuS 1986, 169
Prütting/Schirrmacher, Vertragsnahe gesetzliche Schuldverhältnisse, Jura 2016, 1156
Reinicke/Tiedtke, Die Haftung des Vertreters ohne Vertretungsmacht bei Widerruf des Rechtsgeschäftes, Betrieb 1988, 1203
Schäfer, Teilweiser Vertretungsmangel. Haftung des Vertretenen unter Einschluß der Missbrauchsfälle (1997)
Schanze, Sanktionen bei Weglassen eines die Haftungsbeschränkung anzeigenden Rechtsformzusatzes im europäischen Rechtsverkehr, NZG 2007, 533
Schimikowski, Eigenhaftung des Stellvertreters und des Verhandlungsgehilfen, JA 1986, 345
Schippers, Vollmachtlose Vollmachtserteilung, DNotZ 1997, 683
K Schmidt, Falsus-procurator-Haftung und Anscheinsvollmacht, in: FS Gernhuber (1993) 435
Schnorbus, Die Haftung für den Vertreter ohne Vertretungsmacht in der Kreditwirtschaft, WM 1999, 197
Schreindorfer, Verbraucherschutz und Stellvertretung (2012)
Starck, Soll durch die Worte „nach dessen Wahl" in § 179 Abs 1 BGB das Schuldverhältnis als ein alternatives bezeichnet werden?, LZ 1918, 365
Steines, Die Haftung des Vertreters ohne Vertretungsmacht (Diss Heidelberg 1908)
Sticht, Zur Haftung des Vertretenen und des Vertreters aus Verschulden bei Vertragsschluß (Diss München 1966)
Stumpf, Kommunalrechtliche Form- und Vertretungsregeln im Privatrechtsverkehr, BayVBl 2006, 103
Van Venrooy, Zur Dogmatik von § 179 Abs 3 Satz 2 BGB, AcP 181 (1981) 220
Walter, Der falsus procurator im Wechselrecht (Diss Köln 1935)
Welser, Vertretung ohne Vollmacht (1970)
Willems, Ersatz von Vertrauensschäden und Begrenzung auf das Erfüllungsinteresse nach § 122 und § 179 II BGB, JuS 2015, 586.

Systematische Übersicht

I. **Der Anwendungsbereich der Vorschrift**
1. Sachlicher Anwendungsbereich — 1
   a) Handeln und Vertretungsmacht — 1
   b) Einschlägige Rechtsgeschäfte — 2
2. Persönlicher Anwendungsbereich — 3
   a) Gewillkürter Stellvertreter; Organe — 3
   b) Gesetzliche Vertreter — 4

II. **Das Handeln ohne Vertretungsmacht**
1. Voraussetzungen — 5
   a) Fehlen und Überschreitung der Vertretungsmacht — 5
   b) Sonstige Fälle — 6
   c) Bewusstseinslage des Vertreters; Ausschluss — 7
2. Folgen des Handelns ohne Vertretungsmacht — 8

III. **Die Genehmigung**
1. Erteilung der Genehmigung — 9
   a) Wirksamkeitsvoraussetzungen und -folgen — 9
   b) Genehmigung iSd § 182 — 10
2. Verweigerung der Genehmigung; Aufforderung zur Genehmigung — 12
3. Sonderprobleme der Genehmigung — 14
   a) Gesamtvertretung — 14
   b) Genehmigung unter Einschränkungen — 15
   c) Zustimmungsbedürftige Genehmigung — 16
   d) Anspruch auf Genehmigung — 17

IV. **Die analoge Anwendung der §§ 177 ff**
1. Unanwendbarkeit bei mittelbarer Stellvertretung — 18
2. Anwendbarkeitsfälle — 19
   a) Handeln als Amtsinhaber — 19
   b) Handeln für eine zu gründende juristische Person oder Personengesellschaft — 20
   c) Handeln unter fremdem Namen — 21
   d) Handeln eines Pseudoboten, Verschaffung eines Blanketts — 22

V. **Die Rechtsstellung des Vertretenen**
1. Haftung aus cic und Deliktsrecht — 23
2. Rechtscheinsvollmacht — 26
3. Ungerechtfertigte Bereicherung und Geschäftsführung ohne Auftrag — 27

VI. **Beweislast** — 28

Alphabetische Übersicht

Amtsinhaber — 19
Aufforderung zur Genehmigung — 13

Beweislast — 28
Blankett — 22

cic — 23 ff

Erfüllungsgehilfen — 24

Fristgebundene Rechtsgeschäfte — 9

Genehmigung — 9 ff
– Anspruch auf Genehmigung — 17
– Aufforderung zur Genehmigung — 13
– durch schlüssiges Verhalten — 11
– Form — 10
– teilweise Genehmigung — 15
– Verweigerung der Genehmigung — 12 ff
– zustimmungsbedürftige Genehmigung — 16
Gesamtvertretung — 14
Geschäft für den, den es angeht — 18
Geschäftsführung ohne Auftrag — 27
Gesetzliche Vertreter — 4, 20, 25

Handeln unter fremdem Namen — 21
Höchstpersönliche Rechtsgeschäfte — 7a

Irrtum — 7

Juristische Person — 3, 20, 25

Missbrauch der Vertretungsmacht	5	Rechtsscheinsvollmacht	26
Mittelbare Stellvertretung	18	Schwebende Unwirksamkeit	8
Organe	3, 20, 25	Überschreiten der Vertretungsmacht	5a
Personengesellschaft	20	Unerlaubte Handlung	23, 25
Prozessvertretung	2	Ungerechtfertigte Bereicherung	27
Pseudobote	22		

I. Der Anwendungsbereich der Vorschrift

1. Sachlicher Anwendungsbereich

1 a) Die Wirkungen der Stellvertretung treten nur ein, wenn jemand innerhalb der ihm zustehenden Vertretungsmacht gehandelt hat (vgl Vorbem 16 zu §§ 164 ff). Wird ein Rechtsgeschäft im Namen eines anderen ohne entsprechende Vertretungsmacht vorgenommen, so gelten für Verträge die §§ 177 bis 179 BGB, für einseitige Rechtsgeschäfte gilt § 180 BGB (zur historischen Entwicklung s HKK/SCHMOECKEL §§ 164–181 Rn 30 f).

2 b) Die Regeln über die Vertretung ohne Vertretungsmacht sind auf **alle Arten von Verträgen** anwendbar, auch auf dingliche Verträge (RGZ 69, 263, 266; 103, 295, 303; RG WarnR 1930 Nr 92; BGH WM 1959, 63; BGB-RGRK/STEFFEN § 177 Rn 4; BRHP/SCHÄFER § 177 Rn 3; ERMAN/MAIER-REIMER § 177 Rn 2; jurisPK-BGB/WEINLAND § 177 Rn 1, Rn 4; Münch-Komm/SCHUBERT § 177 Rn 9; NK-BGB/ACKERMANN § 177 Rn 1; SOERGEL/LEPTIEN § 177 Rn 13). Auch eine Auflassung durch einen Vertreter ohne Vertretungsmacht ist nicht wegen der Bedingungsfeindlichkeit der Auflassung ausgeschlossen (KGJ 22, A 146, 147; 36, A 195, 198; OLG Hamburg Recht 1938 Nr 7907; KG ZfIR 2013, 527); die Erteilung der Genehmigung einer vollmachtlosen Auflassung kann nur gegenüber dem Vertreter oder dem Gegner erfolgen, nicht gegenüber dem Grundbuchamt (BGH WM 1959, 63). Praktische Bedeutung erlangen die §§ 177 ff BGB auch zunehmend als alternativer Gestaltungsweg zur Durchsetzung AGB-rechtlich unzulässiger Bindungsfristen (s etwa BGH NJW 2014, 854, 857 mwNw). Weil damit nur von einem gesetzlichen Gestaltungsinstrumentarium Gebrauch gemacht wird, dürfte dabei eine unzulässige Umgehung (§ 306a BGB) zu verneinen sein. Bedeutung erlangen die Regeln ferner im Rahmen der Kreditfinanzierung bei der Bestellung von Pfandrechten für zukünftige, noch unbekannte Personen (sog future pledgees), die die Darlehensforderungen erst in Zukunft erwerben (s dazu JOSENHANS/DANZMANN WM 2017, 1588). Für die *Prozessvertretung* gelten die §§ 88 und 89 ZPO (s § 180 Rn 13).

2. Persönlicher Anwendungsbereich

3 a) Neben **gewillkürten Stellvertretern** können auch **Organe juristischer Personen** ohne Vertretungsmacht handeln, sei es, dass ein vermeintlicher oder fehlerhaft bestellter Organwalter auftritt, dass ein Organwalter seine Vertretungsmacht überschreitet oder noch nach dem Erlöschen seiner Vertretungsmacht handelt (BRHP/ SCHÄFER § 177 Rn 9; ERMAN/MAIER-REIMER § 177 Rn 6; jurisPK-BGB/WEWINLAND § 177 Rn 2; MünchKomm/SCHUBERT § 177 Rn 3; NK-BGB/ACKERMANN § 177 Rn 3; PALANDT/ELLENBERGER

§ 177 Rn 1; PWW/Frensch § 177 Rn 3; Soergel/Leptien § 177 Rn 9; Bork Rn 1602 Fn 275; Wolf/ Neuner § 51 Rn 20; Köhler NZG 2008, 161, 162 ff mwNw; Müller AcP 168, 113, 124 f; s etwa BGH FamRZ 1973, 370; OLG Hamm FamRZ 1972, 270; OLG Celle BB 2002, 1438). Beim Handeln eines Aufsichtsratsmitglieds einer AG oder des Vorstands unter Verstoß gegen § 112 AktG ist die Geltung der §§ 177 ff BGB jeweils umstritten, aber zu bejahen (s BGH NZG 2013, 792 bzw OLG Celle BB 2002, 1438 und OLG München AG 2008, 423; MünchKomm/Schubert § 177 Rn 15 mwNw).

Die Anwendbarkeit der §§ 177 ff BGB gilt auch für die Organe juristischer Personen des öffentlichen Rechts – wie etwa der Gemeinden – namentlich bei Handeln eines unzuständigen Organs (RGZ 104, 191, 192 f; BGHZ 6, 333; 32, 375, 381; BGH NJW 1972, 940; BVerwG NVwZ 2002, 47, 49; BayObLG Rpfleger 1969, 48; BayObLGZ 1971, 299; OLG Braunschweig OLGZ 1965, 351; OLG Frankfurt Rpfleger 1975, 177; OLG München MDR 2009, 275; BRHP/ Schäfer § 17 Rn 9; juris-PK-BGB/Weinland § 177 Rn 2, Rn 7.1 f; MünchKomm/Schubert § 177 Rn 3 und ausf Rn 12; NK-BGB/Ackermann § 177 Rn 5; Palandt/Ellenberger § 177 Rn 1; PWW/ Frensch § 177 Rn 4; Soergel/Leptien § 177 Rn 10; Lutter MDR 1961, 361), wo sich ein Handeln ohne Vertretungsmacht infolge der strengen Rechtsprechung sogar verstärkt bei Missachtung landesrechtlich vorgeschriebener besonderer Förmlichkeiten (s Vorbem 27 ff zu §§ 164 ff; § 167 Rn 46 ff) ergeben kann (s etwa BGHZ 32, 375, 380 f; 147, 381, 383 ff; BGH NJW 1994, 1528; BAG NJW 1987, 1038; BRHP/Schäfer § 177 Rn 9; NK-BGB/Ackermann § 177 Rn 5; Palandt/Ellenberger § 177 Rn 1, s auch Einf v § 164 Rn 5a; PWW/Frensch § 177 Rn 4; Soergel/Leptien § 177 Rn 10 mwNw). Bei rein privatrechtlichem Handeln ist die gesamte Anwendbarkeit der §§ 177 ff BGB unstreitig (MünchKomm/Schubert § 179 Rn 21) Die höchstrichterliche Rechtsprechung versagt hingegen bei öffentlich-rechtlichem Handeln trotz Fehlens der Vertretungsmacht und Anwendbarkeit des § 177 Abs 1 BGB einen Anspruch aus bzw entsprechend § 179 Abs 1 BGB, der nicht anwendbar sei, wenn eine ohne entsprechende Landesgesetzgebungskompetenz (vgl Art 55 EGBGB) eingeführte öffentlich-rechtliche Formvorschrift durch ein Organ nicht beachtet werde (BGHZ 147, 381, 387 ff; vgl auch BGHZ 157, 168, 177 f; zust NK-BGB/Ackermann § 177 Rn 5; MünchKomm/Schubert § 179 Rn 23; Palandt/Ellenberger § 177 Rn 1, s auch Einf v § 164 Rn 5a; PWW/Frensch § 177 Rn 4; zu Recht krit Oebecke JR 2002, 282; Püttner JZ 2002, 197 f und ausf Stumpf BayVBl 2006, 103; s auch MünchKomm/Schubert § 177 Rn 12). Wenn es sich aber nicht um wirksame Formvorschriften, sondern um Regeln der Vertretungsmacht zur Kontrolle des Organs, zB eines Gemeindevertreters, handelt, erscheinen die §§ 177 ff BGB insgesamt anwendbar, wenn nicht sogar lediglich eine Vorgabe für das Innenverhältnis vorliegt (s dazu ausf MünchKomm/Schubert § 177 Rn 12 ff mwNw).

b) Schließlich können **gesetzliche Vertreter** (s auch Vorbem 23 zu §§ 164 ff) ohne **4** Vertretungsmacht handeln (BGH FamRZ 1973, 370; BAG BB 2008, 671; OLG Hamm OLGZ 1972, 99; jurisPK-BGB/Weinland § 177 Rn 2; MünchKomm/Schubert § 177 Rn 3, Rn 10; NK-BGB/Ackermann § 177 Rn 3 f; Müller AcP 168, 113, 128 f; s iÜ die Nachw zur organschaftlichen Vertretungsmacht Rn 3), zB wenn die Inhaber der elterlichen Sorge oder Vormünder nach §§ 1795, 1629 Abs 2 BGB im Einzelfall von der gesetzlichen Vertretung ausgeschlossen sind. Dass derartige Verträge durch Genehmigung nach § 177 BGB wirksam werden können, bedeutet nicht, dass die gesetzliche Vertretung damit zum Gegenstand rechtsgeschäftlicher Verfügungen würde. Vielmehr kann die Genehmigung des Handelns ohne Vertretungsmacht nur durch denjenigen erfolgen, der für das fragliche Rechtsgeschäft zur gesetzlichen Vertretung berechtigt ist, also zB durch den anderen Elternteil oder durch einen Pfleger (vgl Müller AcP 168, 113, 116 ff, der allerdings im Falle der Vertretung durch einen vermeintlichen Inhaber der elterlichen Sorge auch dessen Zustimmung verlangt). Das kann allerdings der Handelnde selbst sein, wenn er zwischenzeitlich gesetzlicher Vertreter geworden ist (OLG Hamm OLGZ 1972, 99; NK-BGB/Ackermann § 177 Rn 4). Auch für den WEG-Verwalter, der die Gemeinschaft gem § 27 WEG kraft Gesetzes vertritt, kommt eine Anwendung der §§ 177 ff BGB bei Unwirksamkeit eines seine Vertretungsmacht erweiternden Ermächtigungsbeschlusses in Betracht (MünchKomm/Schubert § 177 Rn 16 mwNw).

II. Das Handeln ohne Vertretungsmacht

1. Voraussetzungen

5 a) Der Vertreter muss **ohne Vertretungsmacht** handeln; unerheblich ist, worauf deren Fehlen beruht, ebenso für den Ausschluss der §§ 177 ff BGB, ob sich die Vertretungsmacht aus Rechtsgeschäft, Gesetz oder anerkanntem Rechtsschein (s dazu noch Rn 26) herleitet (BGHZ 61, 59, 68 f; 86, 273, 275; BGB-RGRK/Steffen § 177 Rn 2; BRHP/Schäfer § 177 Rn 4; Erman/Maier-Reimer § 177 Rn 3; Hk-BGB/Dörner § 177 Rn 3; Jauernig/Mansel § 177 Rn 3–5; jurisPK-BGB/Weinland § 177 Rn 4; MünchKomm/Schubert § 177 Rn 10; NK-BGB/Ackermann § 177 Rn 11; Palandt/Ellenberger § 177 Rn 1; PWW/Frensch § 177 Rn 4; Soergel/Leptien § 177 Rn 2 ff). Handeln ohne Vertretungsmacht liegt danach nicht nur vor, wenn sie von Anfang an fehlt, zB eine Bevollmächtigung *nichtig* ist, sondern auch, wenn die Vollmacht *bereits erloschen* ist (OLG Rostock NJW 2012, 942; Erman/Maier-Reimer § 177 Rn 3; jurisPK-BGB/Weinland § 177 Rn 4; MünchKomm/Schubert § 177 Rn 10). Maßgeblich hierfür ist bei der Aktivvertretung der Zeitpunkt der Abgabe, bei der Passivvertretung der Empfang der Willenserklärung, nicht des Wirksamwerdens durch die Annahme (OLG Frankfurt OLGZ 1984, 11, 12; OLG Naumburg FGPrax 1998, 1; BRHP/Schäfer § 177 Rn 10; Erman/Maier-Reimer § 177 Rn 5; Hk-BGB/Dörner § 177 Rn 3; Jauernig/Mansel § 177 Rn 1; jurisPK-BGB/Weinland § 177 Rn 4; MünchKomm/Schubert § 177 Rn 19; NK-BGB/Ackermann § 177 Rn 11; Palandt/Ellenberger § 177 Rn 1; PWW/Frensch § 164 Rn 48; Soergel/Leptien § 177 Rn 2 und Rn 6, s aber auch Rn 5 [evtl erst Zugang]; Bork Rn 1603; Flume § 47 Fn 1; Wolf/Neuner § 49 Rn 38; Müller-Freienfels 109; Bous RNotZ 2004, 483, 491; ders Rpfleger 2006, 357 f; **aM** Tempel 251; Stiegeler BWNotZ 1985, 129, 134) trotz des in Abgrenzung zu § 180 BGB auf den Vertragsschluss abstellenden Wortlautes des § 177 Abs 1 BGB. Die Grundregelung des § 164 Abs 1 BGB hebt aber auf die Vertretungsmacht bei Abgabe der Willenserklärung ab; das entspricht auch dem Sinn der Vertretungsregelung, ferner den Regelungen der §§ 130 Abs 2, 153 BGB und dem gebotenen Schutz des Vertreters. Erlischt die Vertretungsmacht zwischen Abgabe und Zugang an den Dritten, so ist allerdings eine entsprechende Anwendung des § 130 Abs 1 S 2 BGB geboten, falls ein Widerruf der Vollmacht ihm gegenüber erfolgt oder nach § 173 BGB beachtlich ist (BRHP/Schäfer § 177 Rn 10; MünchKomm/Schubert § 177 Rn 19; NK-BGB/Ackermann § 177 Rn 11). Auch das Handeln nur eines von mehreren *Gesamtvertretern* (BRHP/Schäfer § 177 Rn 7; Erman/Maier-Reimer § 177 Rn 6 mwNw; MünchKomm/Schubert § 177 Rn 3; NK-BGB/Ackermann § 177 Rn 12; PWW/Frensch § 177 Rn 4; Soergel/Leptien § 177 Rn 7; s etwa BGH NJW 2001, 3183 mwNw; NJW 2010, 861, 862; NJW-RR 2003, 303, 304; OLG Düsseldorf NZM 2005, 909 und noch unten Rn 14) oder das *Handeln unter fremdem Namen* kann sich als Handeln ohne Vertretungsmacht darstellen (s Vorbem 21 und 91 zu §§ 164 ff sowie unten Rn 21; BGH NJW-RR 2006, 701, 702; MünchKomm/Schubert § 177 Rn 6; NK-BGB/Ackermann § 177 Rn 6).

Ebenso kann beim **Überschreiten der Vertretungsmacht** ein Handeln ohne Vertretungsmacht gegeben sein (s § 167 Rn 89), zB wenn nur ein Teil des Rechtsgeschäfts oder nur das Handeln für einen von mehreren Vertretenen von der Vollmacht gedeckt ist. § 177 BGB gilt dann für den nicht von Vertretungsmacht gedeckten Teil des Rechtsgeschäfts, dessen Gesamtwirksamkeit bei Verweigerung der Genehmigung nach § 139 BGB zu beurteilen ist (BGH NJW 1970, 240; 2013, 464, 468; BRHP/Schäfer § 177 Rn 6; Erman/Maier-Reimer § 177 Rn 3 f; jurisPK-BGB/Weinland § 177 Rn 4; MünchKomm/Schubert § 177 Rn 11; NK-BGB/Ackermann § 177 Rn 12; Soergel/Leptien § 177 Rn 7; Köhler § 11 Rn 73; ausf Schäfer 21 ff, 41 ff; Gerhardt JuS 1970, 326). Des Weiteren findet nach hier vertretener Ansicht auch im Falle des *Missbrauchs der Vertretungsmacht* ein Handeln ohne Vertretungsmacht statt (s § 167 Rn 103 mwNw, § 179 Rn 6; BRHP/Schäfer § 177 Rn 15; jurisPK-BGB/Weinland § 177 Rn 6; MünchKomm/Schubert § 177 Rn 18; anders auf der abweichenden Grundlage des Missbrauchs namentlich Schäfer 79 ff, 89 ff; zur [entsprechenden] Anwendbarkeit bei auf Schmiergeld beruhenden Hauptverträgen s BGH NJW 1999, 2266, 2268; 2000, 511, 512 mwNw; Palandt/Ellenberger § 177 Rn 2; krit Schlüter/Nell NJW 2008, 895 und ausf NJOZ 2008, 228). 5a

b) Ferner kann Handeln ohne Vertretungsmacht vorliegen, wenn jemand eine Erklärung **zugleich im eigenen und im fremden Namen** abgibt (s § 164 Rn 2) und dabei als falsus procurator für den anderen handelt. Auch dann ist § 139 BGB einschlägig (vgl BGH NJW 1970, 240; MünchKomm/Schubert § 177 Rn 10; NK-BGB/Ackermann § 177 Rn 12; Soergel/Leptien § 177 Rn 7; Gerhardt JuS 1970, 326; Schäfer 43 ff). 6

Schließlich kann ein Handeln ohne Vertretungsmacht selbst durch einen Vertreter mit Vertretungsmacht erfolgen, wenn dieser von seiner Vertretungsmacht – sei es aus Unkenntnis oder bewusst – **keinen Gebrauch macht** (BGH BB 1967, 1394; BGH NJW 2009, 3792, 3793; BRHP/Schäfer § 177 Rn 8; Erman/Maier-Reimer § 167 Rn 6; Hk-BGB/Dörner § 177 Rn 3; Jauernig/Mansel § 177 Rn 5; jurisPK-BGB/Weinland § 177 Rn 4; MünchKomm/Schubert § 177 Rn 17; NK-BGB/Ackermann § 177 Rn 13; Palandt/Ellenberger § 177 Rn 1; PWW/Frensch § 177 Rn 4; Soergel/Leptien § 177 Rn 8; Flume § 47 Fn 6). Entscheidend ist insoweit die Auslegung seiner Willenserklärung, die auch lediglich die Vereinbarung einer aufschiebenden Bedingung (§ 158 Abs 1 BGB) der Genehmigung durch den Vertretenen trotz an sich bestehender Vertretungsmacht ergeben kann (vgl RG JW 1937, 2036; BGH NJW 2009, 3792, 3793; BGB-RGRK/Steffen § 177 Rn 3; BRHP/Schäfer § 177 Rn 8; Erman/Maier-Reimer § 177 Rn 6; MünchKomm/Schubert § 177 Rn 17; NK-BGB/Ackermann § 177 Rn 13; Soergel/Leptien § 177 Rn 8).

c) Nicht erforderlich ist es, dass der als Vertreter Auftretende oder der Dritte über das Fehlen der Vertretungsmacht im *Irrtum* waren (MünchKomm/Schubert § 177 Rn 17; NK-BGB/Ackermann § 177 Rn 14;). Auf das Kennen oder Kennenmüssen des Dritten kommt es jedoch im Zusammenhang der §§ 178, 179 BGB an. 7

Ausgeschlossen ist ein Handeln ohne Vertretungsmacht bei Rechtsgeschäften, die keine Stellvertretung zulassen, sei es kraft Gesetzes oder aus anderen Gründen, zB bei höchstpersönlichen Rechtsgeschäften (s Vorbem 40 f zu §§ 164 f; BRHP/Schäfer § 177 Rn 3; Erman/Maier-Reimer § 177 Rn 2; MünchKomm/Schubert § 177 Rn 9; NK-BGB/Ackermann § 177 Rn 3; Soergel/Leptien § 177 Rn 14. – BGB-RGRK/Steffen § 177 Rn 2 will dies zu Unrecht nur bei gesetzlichen Vertretungsverboten annehmen) oder im Falle des § 1804 BGB (MünchKomm/Schubert § 177 Rn 10 mwNw). 7a

2. Folgen des Handelns ohne Vertretungsmacht

8 Ein in Vertretung ohne Vertretungsmacht in fremdem Namen geschlossener *Vertrag* kommt zwar durchaus zustande (LEENEN, in: FS Canaris [2007] 699, 711 f), ist aber nach § 177 Abs 1 BGB in seiner Verbindlichkeit für den Vertretenen **schwebend unwirksam**. Der Schwebezustand kann durch die Genehmigung oder deren Verweigerung enden, ferner durch Zeitablauf, sei er aus einer Vereinbarung oder aus § 177 Abs 2 S 2 BGB bzw anderen Vorschriften zu entnehmen (BGB-RGRK/STEFFEN § 177 Rn 10), ebenso durch Widerruf nach § 178 BGB. Eine Bindung des Vertretenen, eine Pflicht zur Genehmigung oder klagbare Ansprüche bestehen während der Schwebezeit nicht (RGZ 98, 244; RG DR 1942, 213; BGHZ 65, 123, 126; BGH 17. 11. 2014 – I ZR 97/13 Rn 22, MDR 2015, 169; BRHP/SCHÄFER § 177 Rn 18; ERMAN/MAIER-REIMER § 177 Rn 11, § 184 Rn 9; JAUERNIG/MANSEL § 177 Rn 6; jurisPK-BGB/WEINLAND § 177 Rn 8; MünchKomm/SCHUBERT § 177 Rn 21, Rn 47 f; NK-BGB/ACKERMANN § 177 Rn 15; BORK Rn 1610; s aber noch Rn 17), sofern sich nicht aus einem anderen Rechtsverhältnis zwischen den Parteien – zB einem Vorvertrag – etwas Anderes ergibt (s Rn 17). Genehmigt der Geschäftsherr den Vertrag, so können im auch Ansprüche gegen den Vertretenen aus dem Innenverhältnis (§ 280 Abs 1 BGB), aus unberechtigter Geschäftsführung ohne Auftrag (§ 678 BGB) oder aus unerlaubter Handlung (§§ 823 ff BGB) zustehen. Im Falle der Verweigerung können umgekehrt dem nach § 179 BGB dem Dritten haftenden Vertreter Ansprüche gegen den Geschäftsherrn zB aus berechtigter Geschäftsführung ohne Auftrag (§§ 683 S 1, 670 BGB) – ggf auch auf Freistellung von der Haftung nach § 179 BGB (s Rn 17) – oder auch gem § 122 BGB (s § 167 Rn 82) zustehen.

III. Die Genehmigung

1. Erteilung der Genehmigung

9 a) Die Genehmigung des Vertretenen lässt den Vertrag gem § 184 Abs 1 BGB **von Anfang an wirksam** werden (OLG Stuttgart NJW 1973, 629); die §§ 164 ff BGB werden in vollem Umfang anwendbar, als habe der Vertreter bei Vertragsschluss Vertretungsmacht gehabt. Damit können insbesondere auch die Regeln des § 166 BGB eingreifen (s § 166 Rn 3; RGZ 68, 376; 161, 161; RG JW 1937, 2515; BGH NJW 1982, 1585, 1586; 1992, 899, 900; 2000, 2272, 2273 mwNw; BGB-RGRK/STEFFEN § 177 Rn 11; BRHP/SCHÄFER § 177 Rn 30; ERMAN/MAIER-REIMER § 177 Rn 20; jurisPK-BGB/WEINLAND § 177 Rn 18; MünchKomm/SCHUBERT § 177 Rn 49; NK-BGB/ACKERMANN § 177 Rn 17; PALANDT/ELLENBERGER § 177 Rn 8; SOERGEL/LEPTIEN § 177 Rn 28; SCHILKEN 78 f; diff PRÖLSS JuS 1985, 577, 584); insoweit gilt § 166 Abs 1 BGB unmittelbar, § 166 Abs 2 BGB analog (BRHP/SCHÄFER § 177 Rn 30; NK-BGB/ACKERMANN § 177 Rn 17 Fn 47; SOERGEL/LEPTIEN § 177 Rn 28; WOLF/NEUNER § 51 Rn 3; SCHILKEN 78 f mwNw). Für den Vertreter bleibt dabei der Zeitpunkt des Vertragsschlusses maßgeblich, während es für das Wissen(müssen) des Vertretenen iS des § 166 Abs 2 BGB auf den Zeitpunkt der Genehmigung ankommt (MünchKomm/SCHUBERT § 177 Rn 49; NK-BGB/ACKERMANN § 177 Rn 17 Fn 47; SOERGEL/LEPTIEN § 177 Rn 28; SCHILKEN 78 f). Voraussetzung ist allerdings, dass **keine anderen Wirksamkeitshindernisse** (etwa Geschäftsunfähigkeit, Formnichtigkeit, Gesetzes- oder Sittenwidrigkeit) bestanden (RGZ 121, 14, 18); die heilende Kraft bezieht sich nur auf das Fehlen der Vertretungsmacht (RGZ 150, 385, 387; KG OLGE 43, 210; BRHP/SCHÄFER § 177 Rn 31; MünchKomm/SCHUBERT § 177 Rn 49; NK-BGB/ACKERMANN § 177 Rn 16; PWW/FRENSCH § 177 Rn 7; SOERGEL/LEPTIEN § 177 Rn 29; BROX/WALKER § 27 Rn 2). Keinen Einfluss hat die

Rückwirkung auf den Beginn der Verjährungsfrist, für die der Zeitpunkt der Genehmigung maßgeblich ist (RGZ 65, 245; 75, 114; BRHP/Schäfer § 177 Rn 32; Erman/Maier-Reimer § 177 Rn 21; MünchKomm/Schubert § 177 Rn 54; NK-BGB/Ackermann § 177 Rn 18), sowie den Eintritt des Verzuges (BRHP/Schäfer § 177 Rn 32; Erman/Maier-Reimer § 177 Rn 21; MünchKomm/Schubert § 177 Rn 54; NK-BGB/Ackermann § 177 Rn 18). Die Auswirkungen während der Schwebezeit eingetretener *öffentlich-rechtlicher Beschränkungen* ist nach deren Bedeutung zu entscheiden (Erman/Maier-Reimer § 177 Rn 21; MünchKomm/Schubert § 177 Rn 50; NK-BGB/Ackermann § 177 Rn 18; Soergel/Leptien § 177 Rn 29; vgl KG DR 1941, 1902).

Bei **fristgebundenen Rechtsgeschäften** muss nach dem Zweck der Befristung durch Auslegung ermittelt werden, ob die Genehmigung innerhalb der Frist erteilt werden muss (Erman/Maier-Reimer § 177 Rn 21; MünchKomm/Schubert § 177 Rn 51; NK-BGB/Ackermann § 177 Rn 19). Das gilt insbesondere für Ausschlussfristen (BGHZ 32, 375, 383; zu Nachfristsetzungen s BGHZ 114, 360, 366; 143, 41, 46; BGH NJW 1998, 3058, 3059 f; NJW-RR 2003, 303, 3040). Umstritten ist, ob bei befristeten Vertragsangeboten die Genehmigung der Annahmeerklärung des Vertreters ohne Vertretungsmacht innerhalb der Frist erfolgen muss (so die hM, s BGH JR 1974, 18 m zust Anm Berg; BGB-RGRK/Steffen § 177 Rn 10; BRHP/Schäfer § 177 Rn 25; NK-BGB/Ackermann § 177 Rn 19; Palandt/Ellenberger § 177 Rn 6; PWW/Frensch § 177 Rn 6). Abgesehen von den Möglichkeiten des Geschäftsgegners aus §§ 177 Abs 2, 178 BGB, mit denen er die mit der Fristsetzung bezweckte Klarheit erreichen kann, spricht auch gerade dessen Interesse für die Möglichkeit einer Genehmigung nach Fristablauf; war ihm der Mangel bekannt, so kann er noch gem § 177 Abs 2 BGB vorgehen und ist iÜ nicht schützenswert. Wenn hinsichtlich der Genehmigungsfrist nichts anderes bestimmt ist, ist deshalb die Genehmigung nach Fristablauf zulässig (Erman/Maier-Reimer § 177 Rn 21; wohl auch MünchKomm/Schubert § 177 Rn 52; ausf Staudinger/Klumpp § 184 Rn 65 mwNw; Jauernig 285 ff; Schubert JR 1974, 415 f).

b) Die **Genehmigung** unterliegt den Regeln der §§ 182 ff BGB; sie kann ausdrück- **10** lich oder stillschweigend (s noch Rn 11) erteilt werden. Anders als bei ausdrücklicher Genehmigung (BGHZ 47, 341, 351 f; BGH WM 1967, 1164, 1165; NJW 1998, 1857, 1859; KGR 2006, 245, 246) muss sie bei schlüssigem Verhalten freilich auch aus Sicht des Adressaten im Bewusstsein möglicher schwebender Unwirksamkeit des Geschäfts erfolgen (RGZ 118, 335; BGHZ 47, 341, 351; BGH NJW 2002, 2863, 2864; 2003, 2325, 2327; 2005, 1488, 1490, st Rspr; BRHP/Schäfer 177 Rn 21; jurisPK-BGB/Weinland § 177 Rn 13; Palandt/Ellenberger § 177 Rn 6; PWW/Frensch § 177 Rn 6; Eisenhardt Rn 449; Pikart WM 1959, 343; krit MünchKomm/Schubert § 177 Rn 32) und auch mit dem rechtsgeschäftlichen Willen, den Vertrag zur Geltung zu bringen (BGB-RGRK/Steffen § 177 Rn 8; BRHP/Schäfer § 177 Rn 21; ausf Erman/Maier-Reimer § 177 Rn 14; PWW/Frensch § 177 Rn 6; ausf dazu auch Staudinger/Klumpp § 182 Rn 30 ff mwNw; Eisenhardt Rn 449; Hirsch Rn 1063; Wolf/Neuner § 51 Rn 4; **abl** im Hinblick auf die Rechtsprechung zum schlüssigen Verhalten ohne Erklärungsbewusstsein [vgl BGHZ 109, 171, 177 uö] MünchKomm/Schubert § 177 Rn 35; NK-BGB/Ackermann § 177 Rn 22; Palandt/Ellenberger § 177 Rn 6; Soergel/Leptien § 177 Rn 24; iE auch Medicus/Petersen Rn 977); insofern geht es nicht um das allgemeine Erfordernis eines Erklärungsbewusstseins, sondern um eine auf das schwebend unwirksame Geschäft bezogene Willensäußerung. Rechtstechnische Einzelheiten braucht sich der Genehmigende aber nicht vorgestellt zu haben. Soll ein Verfügungsgeschäft genehmigt werden, so bedarf es für die Wirksamkeit der Verfügung des falsus procurator einer Verfügungsmacht des Vertretenen, die wegen der Rückwirkung der Genehmigung nach Maßgabe des § 184 BGB entgegen hM aber nicht unbedingt noch bei Genehmigungserteilung bestehen muss, sofern sie nämlich zur Zeit des zu genehmigenden Geschäfts vorgelegen hat (s näher STAUDINGER/KLUMPP § 184 Rn 28 f mwNw; ausführlich FINKENAUER AcP 203 [2003] 282 ff mwNw).

Hinsichtlich der zwar grundsätzlich nicht gebotenen **Form** (vgl § 167 Rn 23) sind nach hier vertretener Ansicht auch für § 182 Abs 2 BGB aufgrund teleologischer Reduktion im Rahmen des § 177 BGB diejenigen Einschränkungen zu beachten, die entgegen § 167 Abs 2 BGB (s dort Rn 18 ff) ausnahmsweise zur Formbedürftigkeit der Vollmacht führen (OLG München DNotZ 1951, 31; OLG Saarbrücken OLGZ 1968, 3, 6; AK-BGB/OTT § 182 Rn 4; BGB-RGRK/STEFFEN § 177 Rn 6; ausf NK-BGB/ACKERMANN § 177 Rn 24; BREHM Rn 481; FLUME § 54 6 b; HÜBNER Rn 1305; KÖHLER § 11 Rn 66; MEDICUS/PETERSEN Rn 976 [„Formfreiheit … eher noch stärker einzuschränken"]; SCHMIDT Rn 882; MÜLLER-FREIENFELS 281; THIELE 136; EINSELE DNotZ 1996, 835; GÖHLER BWNotZ 1985, 61; HÄNLEIN JuS 1990, 737, 738; KANNOWSKI, in: FS Leipold [2009] 1083, 1087 f; PETERSEN Jura 2010, 904, 905). Die Genehmigung führt im Gegensatz zur Vollmacht sogar zur unmittelbaren Bindung des Vertretenen, sodass ggf der Schutzzweck der Formvorschrift (zB § 311b BGB) unmittelbar eingreift; darauf, ob im Einzelfall der Vertrag dem Vertretenen einsehbar vorliegt und sich dann die Warn- und Schutzfunktion „über den Vertreter zugunsten des Vertretenen auswirkt", kann es nicht ankommen, weil damit nicht die Genehmigung selbst von der schützenden Form erfasst wird (**aA** die hM, BGH NJW 1994, 1344 mwNw = JZ 1995, 97 m Anm DILCHER und Anm WIELING LM § 183 Nr 5; BGH NJW 1998, 1482, 1484; 1998, 1857, 1858; BRHP/SCHÄFER § 177 Rn 20; ERMAN/MAIER-REIMER § 177 Rn 13, § 182 Rn 4 ff; Hk-BGB/DÖRNER § 177 Rn 5; JAUERNIG/MANSEL § 177 Rn 6; jurisPK-BGB/WEINLAND § 177 Rn 16; MünchKomm/SCHUBERT § 177 Rn 42; PALANDT/ELLENBERGER § 177 Rn 7; SOERGEL/LEPTIEN § 177 Rn 23, § 182 Rn 5; ausf STAUDINGER/KLUMPP § 182 Rn 95 ff mwNw; BITTER/RÖDER § 10 Rn 90 f; BOECKEN Rn 668; GRIGOLEIT/HERRESTHAL Rn 502; HIRSCH Rn 1062; STADLER § 32 Rn 3; WOLF/NEUNER § 51 Rn 6 f (allerdings „rechtspolitisch angreifbar"); HAGEN, in: FS Schippel [1996] 173, 181 ff; HOFFMANN DNotZ 1983, 709 f; PRÖLSS JuS 1985, 577, 585; WUFKA DNotZ 1990, 339, 343 f; einschränkend PWW/FRENSCH § 182 Rn 6).

10a Erklärt werden kann die Genehmigung, sofern keine Aufforderung erfolgt ist (s Rn 13), gem § 182 Abs 1 BGB sowohl gegenüber dem Vertreter als auch gegenüber dem Dritten (BGH WM 1959, 63; OLG Düsseldorf BB 2006, 1246, 1247) oder einer von ihm entsprechend bevollmächtigten Person. Zuständig für die Genehmigung ist der vertretene Geschäftsherr (MünchKomm/SCHUBERT § 177 Rn 30; NK-BGB/ACKERMANN § 177 Rn 20; SOERGEL/LEPTIEN § 177 Rn 23; zur Zuständigkeit bei der AG [nach § 78 Abs 1 AktG der Vorstand, im Falle des § 112 AktG der Aufsichtsrat; s dazu CAHN, in FS Hoffmann-Becking [2013] 247 ff] s BGH WM 1971, 1502; KG NZG 2007, 312; SOERGEL/LEPTIEN § 177 Rn 23; NÄGELE/BÖHM BB 2005, 2197 mwNw; zur KGaA s BGH DB 2005, 490, 491 mwNw, zur GbR BGH NJW 2009, 861, 862). Die Genehmigungserklärung kann aber auch durch einen Stellvertreter, sogar durch einen Vertreter ohne Vertretungsmacht abgegeben werden, auch durch den vorher handelnden Vertreter selbst nach Erlangung von Vertretungsmacht (BGH NJW 1981, 1213 f; NJW-RR 1994, 291, 293; OLG Hamm FamRZ 1972, 270; OLG Frankfurt BB 1980, 10; BGB-RGRK/STEFFEN § 177 Rn 9; BRHP/SCHÄFER § 177 Rn 26; ERMAN/MAIER-REIMER § 177 Rn 18; MünchKomm/SCHUBERT § 177 Rn 30; NK-BGB/ACKERMANN § 177 Rn 20; PALANDT/ELLENBERGER § 177 Rn 6; PWW/FRENSCH § 177 Rn 6; MOCK JuS 2008, 486, 488 f; **aA** MÜLLER AcP 168, 113, 128 ff für Fälle gesetzlicher Vertretung im Hinblick auf § 181), obwohl es an einer dem

§ 108 Abs 3 BGB entsprechenden Regelung fehlt; der Rechtsgedanke passt aber auch hier (vgl auch § 185 Abs 2 BGB) und Interessen der Vertretenen stehen nicht entgegen. Nach dem Tod des Vertretenen geht das Genehmigungsrecht auf seine Erben über (OLG Hamm Rpfleger 1979, 17; BRHP/Schäfer § 177 Rn 26; Erman/Maier-Reimer § 177 Rn 18; MünchKomm/Schubert § 177 Rn 30; NK-BGB/Ackermann § 177 Rn 20; Palandt/Ellenberger § 177 Rn 6; Soergel/Leptien § 177 Rn 23). Die einmal erteilte Genehmigung unterliegt nicht dem Widerruf, kann aber nach §§ 119 ff BGB anfechtbar sein (BRHP/Schäfer § 177 Rn 30; MünchKomm/Schubert § 177 Rn 34 f; NK-BGB/Staffhorst § 182 Rn 40 f; Staudinger/Klumpp § 182 Rn 63 ff, § 184 Rn 11, 62, jew mwNw, allgM).

Grundsätzlich (s schon Rn 10) genügt eine Erklärungsabgabe durch **schlüssiges Verhalten** (BGH NJW 1967, 1711, 1714; 1988, 1199, 1200; BauR 2005, 1628, 1630, stRpr; BRHP/Schäfer § 177 Rn 21; Erman/Maier-Reimer § 177 Rn 14, § 182 Rn 8 f; Hk-BGB/Dörner § 177 Rn 5; jurisPK-BGB/Weinland § 177 Rn 13; MünchKomm/Schubert § 177 Rn 35 ff mwNw [jedoch krit wegen des Erfordernisses eines Erklärungsbewusstseins]; NK-BGB/Ackermann § 177 Rn 22 f; Palandt/Ellenberger § 177 Rn 6; PWW/Frensch § 177 Rn 6; Soergel/Leptien § 177 Rn 24 mwNw; Tempel 252; Prölss JuS 1985, 577, 585). Sie muss sich auf das gewollte Rechtsgeschäft beziehen, bei Kenntnis irrtümlicher Falschbezeichnung auf den wirklichen Vertragsgegenstand (OLG Düsseldorf NJW-RR 1995, 784). Die Tatsache, dass der Vertretene dem vollmachtlosen Vertreter die nach dem Rechtsgeschäft zu liefernde Ware zur Verfügung stellt, bedeutet jedoch noch keine Genehmigung (BGH NJW 1961, 1763). Auch die Genehmigung des Innenverhältnisses gem § 684 S 2 BGB schließt nicht notwendig die des Außenverhältnisses nach § 177 BGB ein (RG HRR 1935 Nr 103; BGB-RGRK/Steffen § 177 Rn 7; BRHP/Schäfer § 177 Rn 21; MünchKomm/Schubert § 177 Rn 40), wohl idR die bejahende Antwort auf die Frage des Geschäftsgegners, ob das Geschäft in Ordnung gehe (RGZ 145, 87, 93; BRHP/Schäfer § 177 Rn 21; wohl auch MünchKomm/Schubert § 177 Rn 39; krit Soergel/Leptien § 177 Rn 24); auch bei Handeln eines Ehegatten als vollmachtlosen Vertreters des anderen sind an eine stillschweigende Genehmigung keine strengen Anforderungen zu stellen (vgl OLG Karlsruhe VersR 1992, 1363 f). Einfaches *Stillschweigen* des Vertretenen ist jedenfalls grundsätzlich nicht als Genehmigung zu bewerten (BGH NJW 1967, 1039, 1040; WM 1957, 1030; 1960, 611; 1963, 457; Betrieb 1963, 896; 1976, 1573; BRHP/Schäfer § 177 Rn 22; jurisPK-BGB/Weinland § 177 Rn 13; MünchKomm/Schubert § 177 Rn 39; NK-BGB/Ackermann § 177 Rn 23; Soergel/Leptien § 177 Rn 24); jedoch kann auch Schweigen, namentlich im Bereich des Handelsrechts nach den Sonderregeln der §§ 75h, 91a HGB (s etwa BGH BB 2006, 405 mwNw: unwiderlegliche Vermutung der Genehmigung, sofern der Prinzipal das Geschäft nach Kenntnisnahme nicht unverzüglich ablehnt), als *beredtes Schweigen* nach Treu und Glauben (§ 242 BGB) Erklärungswert haben (BGH NJW 1990, 386 und 1601; OLG Hamburg OLGR 2008, 5; BGB-RGRK/Steffen § 177 Rn 7; BRHP/Schäfer § 177 Rn 22; Erman/Maier-Reimer § 182 Rn 11; MünchKomm/Schubert § 177 Rn 39; NK-BGB/Ackermann § 177 Rn 23; Palandt/Ellenberger § 177 Rn 6; Soergel/Leptien § 177 Rn 24; ausf Staudinger/Klumpp § 182 Rn 11 ff mwNw; Prölss JuS 1985, 577, 583).

2. Verweigerung der Genehmigung; Aufforderung zur Genehmigung

Die **Verweigerung der Genehmigung** führt zur Unwirksamkeit des Rechtsgeschäfts von Anfang an (BayObLG NJW 1962, 2253, 2256; MünchKomm/Schubert § 177 Rn 56). Eine solche Verweigerung ist als Erklärung mit Gestaltungswirkung unwiderruflich (RAG SeuffA 89 Nr 139; BGHZ 13, 179, 187; BGB-RGRK/Steffen § 177 Rn 12; Erman/Maier-Reimer

§ 177 Rn 22; MünchKomm/Schubert § 177 Rn 55; NK-BGB/Ackermann § 177 Rn 26; Palandt/
Ellenberger § 177 Rn 5, § 182 Rn 4 mwNw; PWW/Frensch § 177 Rn 6; aA Prahl NJW 1995,
2968 f); sie kann allerdings als Willenserklärung *anfechtbar* sein (BRHP/Schäfer § 177
Rn 33; Erman/Maier-Reimer § 177 Rn 22; MünchKomm/Schubert § 177 Rn 55; Soergel/Leptien § 177 Rn 31; Staudinger/Klumpp § 182 Rn 92). Das Recht zur Verweigerung besteht
auch dann noch, wenn bereits Erfüllungshandlungen vorgenommen worden sind
(BGH NJW 1961, 1763). Jedoch kann eine entsprechende vorvertragliche Verpflichtung
(BGH NJW 1990, 508, 509; Erman/Maier-Reimer § 177 Rn 22) oder eine *Verwirkung* ausnahmsweise nach Treu und Glauben der Verweigerung entgegenstehen, ebenso
umgekehrt uU das Genehmigungsrecht verwirkt sein (MünchKomm/Schubert § 177
Rn 57; BRHP/Schäfer § 177 Rn 24; NK-BGB/Ackermann § 177 Rn 26).

13 § 177 Abs 2 S 1 BGB behandelt die **Aufforderung zur Erklärung über die Genehmigung**. Hat der andere Teil den Vertretenen aufgefordert, sich über die Genehmigung
zu erklären, so bewirkt dies danach einmal, dass die Erklärung über das schwebend
unwirksame Rechtsgeschäft nur noch ihm gegenüber erfolgen kann und frühere,
gegenüber dem Vertreter abgegebene Erklärungen – sei es eine Genehmigung oder
deren Verweigerung – hierzu unwirksam werden. Außerdem wird für die sonst
unbefristete Genehmigung gem § 177 Abs 2 S 2 BGB eine Erklärungsfrist von zwei
Wochen ab Empfang, dh Zugang in Gang gesetzt, deren ungenutztes Verstreichen
als fiktive Ablehnung wirkt. Die Frist kann im beiderseitigen Einverständnis von
Vertretenem und Drittem verändert werden (RG HRR 1937 Nr 786; OLG Zweibrücken
Rpfleger 2002, 261; BGB-RGRK/Steffen § 177 Rn 15; BRHP/Schäfer § 177 Rn 35; MünchKomm-
BGB/Schubert § 177 Rn 28; NK-BGB/Ackermann § 177 Rn 31; Palandt/Ellenberger § 177
Rn 5; Soergel/Leptien § 17 Rn 32; Albers AcP 217 [2017] 766, 785). Auch kann der Dritte,
dessen Schutz die gesetzliche Regelung dient, einseitig eine längere Frist setzen
(BRHP/Schäfer § 177 Rn 35; Erman/Maier-Reimer § 177 Rn 24; jurisPK-BGB/Weinland § 177
Rn 23; MünchKomm/Schubert § 177 Rn 28; NK-BGB/Ackermann § 177 Rn 31; Soergel/Leptien
§ 177 Rn 32). Eine Aufforderung zur Erklärung über die Genehmigung, auf die als
rechtsgeschäftsähnliche Handlung die Regeln über empfangsbedürftige Willenserklärungen entsprechend anzuwenden sind (BRHP/Schäfer § 177 Rn 34; jurisPK-BGB/
Weinland § 177 Rn 20; MünchKomm/Schubert § 177 Rn 24; NK-BGB/Ackermann § 177 Rn 30;
PWW/Frensch § 177 Rn 10; Schramm WuB 2005, 215; Boecken Rn 670; Bork Rn 1611; Köhler
§ 11 Rn 66b; Schmidt Rn 887), muss eindeutig erfolgen, kann aber ergebnisoffen dahin
gehen, sich über die Genehmigung des Vertrages zu erklären (BGHZ 145, 44, 47 ff; OLG
Zweibrücken Rpfleger 2002, 261; MünchKomm/Schubert § 177 Rn 24; Schramm WuB 2005, 215).
Sie liegt jedenfalls nicht ohne weiteres bereits in der Mitteilung des Vertragspartners
über den Abschluss des Vertrages mit dem vollmachtlosen Vertreter (MünchKomm/
Schubert § 177 Rn 26; NK-BGB/Ackermann § 177 Rn 30; Soergel/Leptien § 177 Rn 32; vgl
BGH BB 1967, 902 f: evtl aber kaufmännisches Bestätigungsschreiben; s dazu MünchKomm/Schubert § 177 Rn 26) und idR auch nicht in der Übersendung einer vorgefertigten Genehmigungserklärung durch den mit dem Vollzug des Vertrages beauftragten Notar,
zumal auch dessen Vollmacht zur Genehmigungsaufforderung zweifelhaft erscheint
(BGH EWiR 2001, 361 [Heckschen]; OLG Naumburg MittRhNotK 1994, 315 m zust Anm Baumann; OLG Frankfurt MDR 2000, 444 mwNw; Erman/Maier-Reimer § 177 Rn 23; jurisPK-BGB/
Weinland § 177 Rn 21; NK-BGB/Ackermann § 177 Rn 30; Palandt/Ellenberger § 177 Rn 5;
Holthausen/Dux NJW 1995, 470; **aA** aber OLG Köln NJW 1995, 1499; Brehm Rn 483; Soergel/Leptien Rn 32; Prahl NJW 1995, 2968). Erfolgt der Abschluss des Vertretergeschäftes mit mehreren Personen, so müssen diese im Zweifel alle an der Aufforderung

mitwirken (BGH NJW 2004, 2382, 2383 m Anm Rimmelspacher/Bolkart LMK 2004, 170 und Schramm WuB 2005, 215; Erman/Maier-Reimer § 177 Rn 23; jurisPK-BGB/Weinland § 177 Rn 22; MünchKomm/Schubert § 177 Rn 24; PWW/Frensch § 177 Rn 10). Eine Aufforderung zur Genehmigung ist ausgeschlossen, wenn sich (s § 167 Rn 35) der Vertragspartner nach Treu und Glauben nicht auf eine Unwirksamkeit der Vollmacht berufen kann (BGH NJW 2012, 3424, 3426 m Anm Schilken LMK 2013, 342329; MünchKomm/Schubert § 177 Rn 26).

3. Sonderprobleme der Genehmigung

a) Im Falle einer **Gesamtvertretung** (s § 167 Rn 51 ff und oben Rn 5) wurde ursprünglich 14 verlangt, dass die Genehmigung derjenigen Gesamtvertreter, die bei dem Rechtsgeschäft des vollmachtlos handelnden Vertreters nicht mitgewirkt hatten, gegenüber dem Vertragsgegner erklärt werden müsse. Später wurde jedoch zu Recht zugelassen, dass die Genehmigungen der nicht beteiligten Gesamtvertreter *intern*, und sei es durch schlüssiges Verhalten, gegenüber dem handelnden Gesamtvertreter erklärt werden können (s ausf § 167 Rn 54; BRHP/Schäfer § 177 Rn 27; Erman/Maier-Reimer § 177 Rn 19; jurisPK-BGB/Weinland § 177 Rn 11; MünchKomm/Schubert § 177 Rn 31; NK-BGB/Ackermann § 177 Rn 25; Soergel/Leptien § 177 Rn 27; Schäfer 50; s aber auch BGH NJW 2010, 861, 862). § 177 greift auch ein, wenn einer der am Rechtsgeschäft mitwirkenden Gesamtvertreter geschäftsunfähig war (OLG Hamm NJW 1967, 1041; Ostheim AcP 169, 201 ff).

b) Die Genehmigung darf den Inhalt des Rechtsgeschäfts nicht verändern; eine 15 **Teilgenehmigung** ist idR ausgeschlossen (RG WarnR 1916 Nr 218; OLG Hamburg OLGR 2008, 597, 598; MünchKomm/Schubert § 177 Rn 45; Staudinger/Gursky [2014] § 184 Rn 12 mwNw; s auch BGH NJW 1987, 130 für Verfahrenshandlungen; dazu krit Fenger NJW 1987, 1183). Erfolgt aber eine nur teilweise Genehmigung des schwebend unwirksamen Rechtsgeschäfts, so ist deren Wirkung auf das Gesamtrechtsgeschäft bei Teilbarkeit nach § 139 BGB zu beurteilen (OLG Hamm DNotZ 2002, 266, 268; OLG Hamburg OLGR 2008, 597, 598; BRHP/Schäfer § 177 Rn 23; Erman/Maier-Reimer § 177 Rn 16; MünchKomm/Schubert § 177 Rn 45; NK-BGB/Ackermann § 177 Rn 25; Palandt/Ellenberger § 177 Rn 6; Soergel/Leptien § 177 Rn 26; Staudinger/Klumpp § 184 Rn 10 mwNw; Bork Rn 1607; Eisenhardt Rn 451; Enneccerus/Nipperdey § 183 Fn 7; Schäfer 30). Eine Genehmigung unter *Einschränkungen* ist wie eine teilweise Genehmigung zu bewerten, wenn sie einen Teil des abgeschlossenen Rechtsgeschäfts erfasst, also gleichfalls nach § 139 BGB zu beurteilen (MünchKomm/Schubert § 177 Rn 46); freilich ist auch zu prüfen, ob die Frage der Genehmigung damit bereits endgültig entschieden werden sollte (vgl RG HRR 1926 Nr 138; BRHP/Schäfer § 177 Rn 23). Eine über das abgeschlossene Rechtsgeschäft hinausreichende Genehmigung führt im Zweifel zur Wirksamkeit des zu genehmigenden Vertrages, es sei denn, sie bedeutet iSd § 150 Abs 2 BGB eine Erweiterung des Inhalts der eigentlichen Vertragserklärung. Ist danach wegen der Beschränkungen oder Erweiterungen eine Verweigerung der Genehmigung anzunehmen, so kann die Erklärung immerhin noch ein neues Vertragsangebot an den Geschäftsgegner darstellen (MünchKomm/Schubert § 177 Rn 46).

c) Bedarf die Genehmigung als einseitiges Rechtsgeschäft der **Zustimmung** eines 16 Dritten, zB eines Gerichts, so gelten die Vorschriften der §§ 111, 180, 1367, 1643 Abs 3, 1831 BGB (BRHP/Schäfer § 177 Rn 28; MünchKomm/Schubert § 177 Rn 41; NK-BGB/Ackermann § 177 Rn 25).

Ist der Genehmigende beschränkt geschäftsfähig, so richtet sich die Wirksamkeit nach den §§ 107, 111 S 1 BGB; die Genehmigung ist wirksam, wenn das Vertretergeschäft rechtlich vorteilhaft oder neutral ist.

17 d) Sofern ein vollmachtloser Vertreter im Innenverhältnis als **Geschäftsführer ohne Auftrag** gehandelt hat, ersetzt das auch bei berechtigter GoA nicht die fehlende Vertretungsmacht (BRHP/Schäfer § 177 Rn 11; Soergel/Leptien § 177 Rn 3). Der BGH (NJW 1951, 398) gewährt ihm auch einen Anspruch auf Genehmigung der Geschäftsführung nur in den Fällen der §§ 679, 680 BGB. Im Übrigen ist der Geschäftsherr nicht schon deswegen zur Genehmigung verpflichtet, weil in seinem Interesse gehandelt wurde (BGB-RGRK/Steffen § 177 Rn 13; BRHP/Schäfer § 177 Rn 11; MünchKomm/Schubert § 177 Rn 48; NK-BGB/Ackermann § 177 Rn 16; Palandt/Ellenberger § 177 Rn 4; PWW/Frensch § 177 Rn 8; Soergel/Leptien § 177 Rn 9; Bork Rn 1637; Hübner Rn 1319). Unberührt bleibt ein Aufwendungsersatzanspruch gem § 683 BGB, der auch den aus § 179 BGB resultierenden Schaden umfassen und damit zu einer Freistellung im Innenverhältnis führen kann (BGH JR 1953, 422; BGB-RGRK/Steffen § 177 Rn 4; Soergel/Leptien § 17 Rn 9), ebenso ein evtl Anspruch aus Nebenpflichtverletzung.

Allerdings wird im Falle einer Genehmigung des Vertreterhandelns nach § 177 BGB im Zweifel auch eine Genehmigung der Geschäftsführung ohne Auftrag gem § 684 S 2 BGB anzunehmen sein (BGH ZIP 1985, 529, 536; jurisPK-BGB/Weinland § 177 Rn 18; NK-BGB/Ackermann § 177 Rn 16; Soergel/Leptien § 177 Rn 31; Bork Rn 1638; Enneccerus/Nipperdey § 183 I 1; Tebben DNotZ 2005, 173 176).

Die vor allem von Bertzel (AcP 158, 148 und NJW 1962, 2282; ausführlich ders, Der Notgeschäftsführer als Repräsentant des Geschäftsherrn [Diss 1958, 2. Aufl 2000]) vertretene These, im Falle der *Notgeschäftsführung* müsse dem Geschäftsführer gesetzliche Vertretungsmacht (vgl Vorbem 24 zu §§ 164 ff) zugebilligt werden, ist abzulehnen. Aus dem Innenverhältnis können keine so weit reichenden Schlüsse auf das Außenverhältnis gezogen werden (NK-BGB/Ackermann § 177 Rn 16; PWW/Frensch § 177 Rn 8; Bork Rn 1637; Olschewski NJW 1972, 346; Berg NJW 1972, 1118; Petersen Jura 2003, 310, 312; **aM** LG Saarbrücken NJW 1971, 1894; BRHP/Schäfer § 177 Rn 11; Palandt/Ellenberger § 177 Rn 4; Soergel/Leptien § 177 Rn 9; vgl auch BGH NJW 1951, 398).

Wohl kann sich aus anderen, zB vorvertraglichen Beziehungen eine *Verpflichtung des Vertretenen* gegenüber dem Dritten *zur Genehmigung* des Vertretergeschäftes ergeben (vgl schon Rn 8), sodass eine Verweigerung der Genehmigung gegen *Treu und Glauben* (§ 242 BGB) verstößt und bei deshalb fortbestehender, einklagbarer Genehmigungspflicht der Schwebezustand andauert (BGH NJW 1990, 508, 509; BRHP/Schäfer § 177 Rn 29; MünchKomm/Schubert § 177 Rn 47; NK-BGB/Ackermann § 177 Rn 15; PWW/Frensch § 177 Rn 9; Bork Rn 1610 Fn 287; Schmidt DNotZ 1990, 708, 709). Insbesondere in den Fällen der wegen Verstoßes gegen das RBerG aF sogar gem § 134 BGB unwirksamen Vollmacht spielt dieser Gesichtspunkt nach der Lösung des BGH eine wichtige Rolle (s dazu § 167 Rn 33 mwNw).

IV. Die analoge Anwendung der §§ 177 ff

1. Unanwendbarkeit bei mittelbarer Stellvertretung

In den Fällen **mittelbarer Stellvertretung** (s Vorbem 42 ff zu §§ 164 ff) können die Regeln 18 der §§ 177 ff BGB keine Anwendung finden (NK-BGB/Ackermann § 177 Rn 3; PWW/Frensch § 177 Rn 3). Als mittelbare Stellvertretung kann auch das *Geschäft für den, den es angeht* aufgefasst werden, wenn der Vertreter sein Vertreterhandeln nicht offen gelegt hat. Sofern das Geschäft für den, den es angeht, als Fall der unmittelbaren Stellvertretung bewertet wird (s Vorbem 53 zu §§ 164 ff), können die §§ 177 ff BGB eingreifen (PWW/Frensch § 177 Rn 3).

2. Anwendbarkeitsfälle

a) Eine **analoge Anwendung der §§ 177 ff BGB** kann stattfinden, wenn jemand als 19 **Amtsinhaber** (s Vorbem 57 ff zu §§ 164 ff) gehandelt hat, ohne dass ihm – wissentlich oder unwissentlich – das ausgeübte Amt zustand (RGZ 80, 416; BGB-RGRK/Steffen § 177 Rn 3; BRHP/Schäfer § 177 Rn 17; Erman/Maier-Reimer § 177 Rn 8; juris-PK-BGB/Weinland § 177 Rn 2; MünchKomm/Schubert § 177 Rn 8; NK-BGB/Ackermann § 177 Rn 10; Palandt/Ellenberger § 177 Rn 2; PWW/Frensch § 177 Rn 5; Soergel/Leptien § 177 Rn 11; Müller JZ 1981, 370, 371 f). Entsprechendes gilt auch, wenn der nicht berechtigte Inhaber des verwalteten Vermögens einen hierauf bezogenen Vertrag schließt (NK-BGB/Ackermann § 177 Rn 10).

b) Auch das **Handeln für eine (noch) nicht existierende juristische Person oder** 20 **Personengesellschaft** – namentlich im Gründungsstadium – und ebenso dasjenige für eine bereits durch Abschluss des Gesellschaftsvertrages gegründete, aber noch nicht entstandene juristische Person oder Personengesellschaft (Vorgesellschaft) kann iSd § 177 BGB in Vertretung ohne Vertretungsmacht erfolgen und insbesondere die Haftung entsprechend § 179 Abs 1 BGB nach sich ziehen (BGHZ 63, 45, 48; 69, 95, 100; 91, 148, 152; BGH NJW 1973, 798 m Anm K Schmidt NJW 1973, 1595; OLG Hamm NJW-RR 1987, 1109, 1110; BRHP/Schäfer § 177 Rn 16; Erman/Maier-Reimer § 177 Rn 9, § 179 Rn 23; jurisPK-BGB/Weinland § 177 Rn 3; MünchKomm/Schubert § 177 Rn 4; NK-BGB/Ackermann § 177 Rn 9; Palandt/Ellenberger § 177 Rn 3; PWW/Frensch § 177 Rn 5; Soergel/Leptien § 177 Rn 12; Flume § 47 1 und FS Geßler [1971] 3, 20 f; s iÜ § 179 Rn 22 f mwNw). Bei der Vorgesellschaft ist die Rechtsprechung zu berücksichtigen (BGHZ 80, 129 und 182; BGH NJW 1982, 932, 933 uö; s BRHP/Schäfer § 177 Rn 16; jurisPK-BGB/Weinland § 177 Rn 3; NK-BGB/Ackermann § 177 Rn 9, jew mwNw), nach der die Verpflichtungen der Vorgesellschaft unter bestimmten Voraussetzungen mit Erlangung der Rechtsfähigkeit automatisch auf die juristische Person übergehen, während die persönliche Haftung des Handelnden nach § 11 Abs 2 GmbHG bzw § 41 Abs 1 S 2 AktG erlischt; hat ein Vertreter der Vorgesellschaft für die künftige juristische Person gehandelt, so bedarf es danach keiner Genehmigung dieser für die juristische Person wirksam werdenden Geschäfte. Ist im Namen der noch nicht entstandenen Gesellschaft gehandelt worden, so gelten – sofern nicht ein durch spätere Genehmigung aufschiebend bedingtes Rechtsgeschäft vereinbart worden ist – die §§ 177 ff BGB (BGHZ 63, 45, 48; 69, 96, 100 uö), ebenso bei Handeln für eine Vorgründungsgesellschaft (BGHZ 91, 148, 152). Freilich sind die gesellschaftlichen Haftungsfragen sämtlich umstritten, zumal es auch darauf ankommt, in wessen Namen der Geschäftsabschluss vorgenommen wird (vgl

MünchKomm/Schubert § 177 Rn 4; Soergel/Leptien § 177 Rn 12; zu Fragen der Gründerhaftung s aus neuerer Zeit, jew m umfang w Nachw, Beuthien NJW 1997, 565 und GmbH-Rdsch 1996, 309; Brandes WM 1998, 1 ff [zur Rechtsprechung des BGH]; Flume Betrieb 1998, 45; Gummert DStR 1997, 1007 und 1612; Kleindiek ZGR 1997, 427; K Schmidt ZIP 1996, 353 und 1997, 671; Thalmair DStR 1997, 1611; Wiegand BB 1998, 1065; ausf K Schmidt, Gesellschaftsrecht [4. Aufl 2002] § 34 III 3 und 4). Wurde eindeutig nur für die zunächst bestehende Verbindung, zB eine GbR, gehandelt, so wird auch nur diese – bei Bestehen von Vertretungsmacht – Vertragspartner und §§ 177 ff BGB greifen nicht ein (vgl BGH NJW 1977, 1683, 1685; MünchKomm/Schubert § 177 Rn 4; Soergel/Leptien § 177 Rn 12, jew mwNw). Für eine werdende **Wohnungseigentümergemeinschaft** gelten entsprechende Regeln (MünchKomm/Schubert § 177 Rn 5).

21 **c)** Beim Hervorrufen eines Identitätsirrtums durch **Handeln unter fremdem Namen** (s näher Vorbem 91 zu §§ 164 ff) liegt, da der Handelnde für sich selbst abschließen will, keine Stellvertretungssituation vor. Dennoch ist in diesen Fällen wegen der Vergleichbarkeit des Auftretens § 177 BGB analog anwendbar, wenn der Geschäftspartner mit dem wahren Namensträger abschließen will, sodass die Genehmigung – zB auch einer gefälschten Wechselunterschrift – durch den Berechtigten und eine Haftung nach § 179 BGB möglich wird (RGZ 145, 87; BGH NJW 1963, 148; NJW-RR 2006, 701, 702; vgl auch BGHZ 45, 193, 196; BGB-RGRK/Steffen § 177 Rn 3; BRHP/Schäfer § 177 Rn 14; Erman/Maier-Reimer § 177 Rn 7; Hk-BGB/Dörner § 177 Rn 7; Jauernig/Mansel § 177 Rn 8; jurisPk-BGB/Weinland § 177 Rn 6; MünchKomm/Schubert § 177 Rn 6; NK-BGB/Ackermann § 177 Rn 6; Palandt/Ellenberger § 177 Rn 2; PWW/Frensch § 177 Rn 5; Soergel/Leptien § 177 Rn 11 und 13; Boecken Rn 679; Brox/Walker § 27 Rn 15; Brehm Rn 490; Hübner Rn 1223; Medicus/Petersen Rn 908, Rn 997; Wolf/Neuner § 49 Rn 55 f, § 51 Rn 20; **krit** Zeiss JZ 1963, 742; auch bei Missbrauch von Legitimationsdaten bejahend Erfurth WM 2008, 2198, 2200; Hanau VersR 2005, 1215 ff; s aber Vorbem 91 zu §§ 164 ff). Eine Genehmigung kann auch durch schlüssiges Verhalten erfolgen, wobei aber das Schweigen auf die Anfrage des Inhabers des gefälschten Wechsels, ob er in Ordnung gehe, grundsätzlich nicht ausreicht (BGHZ 47, 110, 113; BGH Betrieb 1963, 896; BGH JZ 1967, 495 und dazu Schlechtriem JZ 1967, 479, 481; MünchKomm/Schubert § 177 Rn 38; NK-BGB/Ackermann § 177 Rn 6; Soergel/Leptien § 17 Rn 13, Rn 24; vgl aber auch BGH LM Nr 2 zu Art 7 WG; s ferner oben Rn 11 aE mwNw).

22 **d)** Weiter kann das **Handeln eines Pseudoboten**, also von jemandem, der, ohne Bote zu sein, als solcher auftritt, oder der vorsätzlich einen falschen Erklärungsinhalt übermittelt, nach hM analog § 177 BGB genehmigt werden (s Vorbem 81 zu §§ 164 ff). Das Fehlen der Botenmacht kann von den Interessen des Geschäftsherrn wie des Geschäftsgegners her in solchen Fällen der Lage bei der Vertretung ohne Vertretungsmacht gleichgestellt werden, sodass §§ 177, 178 BGB passen. Das gilt auch für die Eigenhaftung des Boten entsprechend § 179 BGB, der sich insoweit nur durch die äußere Art des Auftretens vom Stellvertreter unterscheidet (s Vorbem 76 zu §§ 164 ff), sodass es nicht um eine Genehmigung der Geschäftsführung nach § 684 S 2 BGB geht. Die entsprechende Anwendung der §§ 177 bis 179 BGB ist somit insgesamt gerechtfertigt (OLG Oldenburg NJW 1978, 951; BRHP/Schäfer § 177 Rn 12; Erman/Maier-Reimer § 177 Rn 8; Hk-BGB/Dörner § 177 Rn 7; Jauernig/Mansel § 177 Rn 9; jurisPK-BGB/Weinland § 177 Rn 6; MünchKomm/Schubert § 177 Rn 7; NK-BGB/Ackermann § 177 Rn 7; Palandt/Ellenberger § 177 Rn 2; PWW/Frensch § 177 Rn 5; Soergel/Leptien 177 Rn 11; Boecken Rn 679; Bork Rn 1361; Brox/Walker § 27 Rn 15; Brehm Rn 490; Eisenhardt

Rn 452; Enneccerus/Nipperdey § 178 II 1; Flume § 43 4; Hübner Rn 1171 f; Köhler § 11 Rn 73; Medicus/Petersen Rn 747, 997; § 41 Rn 40, § 51 Rn 20: G Hueck AcP 152, 442; Kiehnle VersR 2008, 1606, 1609 ff; offen BGH NJW 2008, 2702, 2704 f – **AA** zu § 179 BGB-RGRK/Steffen § 177 Rn 3). Allerdings trägt dabei, anders als im Falle der Vertretung ohne Vertretungsmacht, der Geschäftsgegner die Beweislast für das Fehlen der (Boten-)Rechtsmacht (MünchKomm/Schubert § 177 Rn 7; NK-BGB/Ackermann § 177 Rn 7; Soergel/Leptien § 177 Rn 11; Flume § 43 4).

Auch bei bewusst falscher Übersetzung durch einen *Dolmetscher* (BGH BB 1963, 204; BRHP/Schäfer § 177 Rn 12; Erman/Maier-Reimer § 17 Rn 8; MünchKomm/Schubert § 177 Rn 7; NK-BGB/Ackermann § 177 Rn 7; Soergel/Leptien § 177 Rn 11) und bei Ausfüllung eines entwendeten *Blanketts* können die §§ 177, 179 BGB zur Anwendung kommen (Flume § 15 II 1 d; Bork Rn 1651). Das gilt schließlich auch bei Handeln für einen unbekannten und trotz Aufforderung nicht benannten Hintermann (BGH NJW 1995, 1739; BRHP/Schäfer § 177 Rn 13; jurisPk-BGB/Weinland § 177 Rn 7; Palandt/Ellenberger § 177 Rn 2; s auch unten § 179 Rn 22 mwNw).

V. Die Rechtsstellung des Vertretenen

1. Haftung aus cic und Deliktsrecht

Während die Eigenhaftung des vollmachtlosen Vertreters in § 179 BGB geregelt ist **23** (s aber auch § 179 Rn 20), fehlt es in den §§ 177 ff BGB an einer Vorschrift über die Frage, ob den wegen verweigerter Genehmigung vollmachtlos Vertretenen eine Verantwortung für das Handeln des vollmachtlosen Vertreters trifft. Maßgebend hierfür sind zunächst die **Regeln über die cic**, jetzt §§ 280, 241 Abs 2, 311 Abs 2 BGB (BGB-RGRK/Steffen § 177 Rn 16; BRHP/Schäfer § 177 Rn 37 f; Erman/Maier-Reimer § 177 Rn 26; MünchKomm/Schubert § 177 Rn 61; NK-BGB/Ackermann § 177 Rn 28; Palandt/Ellenberger § 179 Rn 9; PWW/Frensch § 177 Rn 14; Soergel/Leptien § 177 Rn 34; Faust § 27 Rn 11; Flume § 47 3 d; Grigoleit/Herresthal Rn 532 ff; Hübner Rn 1309; Köhler § 11 Rn 75; Pawlowski Rn 784; Schmidt Rn 914; Wolf/Neuner § 51 Rn 41; Schäfer 63 ff, 68 ff; Welser 103 ff; ausf auch Schnorbus WM 1999, 197 ff), die bei Ablehnung der sog Anscheinsvollmacht (s § 167 Rn 28 ff) besondere Bedeutung erlangen. Danach kann eine Ersatzpflicht des Vertretenen entstehen, wenn er durch eigenes Handeln, zB durch ungenaue Ausdrucksweise bei der Erteilung einer bloßen Verhandlungsvollmacht, oder missverständliche Erklärungen (vgl, auch zum Folgenden, BRHP/Schäfer § 177 Rn 38; MünchKomm/Schubert § 177 Rn 61; NK-BGB/Ackermann § 177 Rn 28; Palandt/Ellenberger § 179 Rn 9; PWW/Frensch § 177 Rn 14; Soergel/Leptien § 177 Rn 35; Frotz 36), das vollmachtlose Handeln verschuldet oder mitverschuldet hat; dasselbe gilt hinsichtlich eines Verschuldens bei der Auswahl oder Überwachung des Verhandlungsgehilfen. Auch eine unzureichende Aufklärung des Gegners über den (beschränkten) Umfang einer erteilten Vollmacht kann die Haftung aus vorvertraglichem Schuldverhältnis auslösen (BGH NJW 1980, 2410, 2411; w Nachw wie vor 35), ebenso die treuwidrige Verweigerung der Genehmigung eines vollmachtlos abgeschlossenen Vertrages (BGH NJW 2013, 928, 929 zum Grundstückskaufvertrag: nur bei schwerwiegender Treuepflichtverletzung; s dazu jurisPK-BGB/Weinland § 177 Rn 28). Für eine weitergehende Haftung des Vertretenen bei erkennbarer Unwirksamkeit der Vollmacht (zur Anfechtung s § 167 Rn 82) analog § 122 BGB fehlt es hingegen an einer Regelungslücke (**aA** Doerner 162 ff), ebenso für einen verschuldensunabhängigen Regressanspruch des Vertreters im

§ 177

Falle des § 179 Abs 2 BGB (**aA** wiederum Doerner 179 ff für den Fall, dass man dort entgegen ihrer Ansicht kein Verschulden des Vertreters verlangt, s § 179 Rn 17).

24 Auch soweit es an einem eigenen Verschulden des Vertretenen fehlt, wird dem Vertretenen aber nach zutreffender hM gem **§ 278 BGB** das Verschulden des vollmachtlosen Vertreters als seines Verhandlungsgehilfen zugerechnet (RGZ 120, 126, 130; BGH BB 1955, 429; OLG Celle MDR 1994, 348; OLG Köln VersR 1994, 437, 438; LAG Düsseldorf Betrieb 1961, 1263; BRHP/Schäfer § 177 Rn 39; Erman/Maier-Reimer § 177 Rn 26; MünchKomm/Schubert § 177 Rn 61; NK-BGB/Ackermann § 177 Rn 28; Palandt/Ellenberger § 179 Rn 9; PWW/Frensch § 177 Rn 15; Soergel/Leptien § 177 Rn 36; Bork Rn 1618; Enneccerus/Nipperdey § 183 I 1; Flume § 47 3 d; Medicus/Petersen Rn 973 f; Schmidt Rn 914; ausführlich Schnorbus WM 1999, 197 ff mwNw. – Einschr [keine Haftung im Falle des § 179 Abs 3 S 1] Hübner Rn 1309; Canaris JuS 1980, 332 ff, 334; Frotz S 116 ff; Peters 128 ff; s auch BGB-RGRK/Steffen § 177 Rn 17. – **Abl** Prölss JuS 1986, 169, 173 f). Die gesetzliche Regelung der §§ 177 ff BGB besagt nichts darüber, inwieweit bei Vollmachtsanmaßung, aber auch bei Vollmachtsüberschreitung eine schuldhafte Sorgfaltspflichtverletzung im Rahmen der Vertragsanbahnung nicht dem Geschäftsherrn zur Last fallen soll. Insoweit trifft ihn eine eigene Verantwortung, die bei Delegation der Vertragsverhandlungen auf Hilfspersonen – und ebenso auf Organe oder verfassungsmäßig berufene Vertreter (s Rn 25) – deren Verhalten gem § 278 BGB mit umfasst. Ohnehin geht es dabei nur um den Ersatz des Vertrauensschadens (OLG Köln VersR 1994, 437, 438; Erman/Maier-Reimer § 177 Rn 26; MünchKomm/Schubert § 177 Rn 63; NK-BGB/Ackermann § 177 Rn 28; PWW/Frensch § 177 Rn 16; Bork Rn 1618 mwNw; vgl Canaris JuS 1980, 332, 334; Schnorbus WM 1999, 197, 200, 201 f mwNw), sodass eine Konkurrenz zu §§ 177 ff BGB im Hinblick auf das Erfüllungsinteresse nicht besteht. Andererseits ist es bei Vorliegen einer solchen cic nicht unangemessen, dass der Geschäftsherr selbst dann haftet, wenn der Vertreter nach § 179 Abs 3 S 1 BGB frei ist, wobei dann freilich – wie auch sonst in diesem Haftungszusammenhang (vgl Schnorbus WM 1999, 197, 208 f) – § 254 BGB heranzuziehen ist (BRHP/Schäfer § 177 Rn 40; Erman/Maier-Reimer § 177 Rn 26; MünchKomm/Schubert § 177 Rn 63; NK-BGB/Ackermann § 177 Rn 28; PWW/Frensch § 177 Rn 16; Soergel/Leptien § 177 Rn 36; Bork Rn 1618. – **AA** BGB-RGRK/Steffen § 177 Rn 17; Frotz S 115 f). Hatte allerdings der Vertretene keinerlei potenziellen Einfluss auf den Vertreter – etwa bei bloßer Vollmachtsanmaßung – und der Geschäftsgegner ihm somit auch kein entsprechendes Vertrauen entgegengebracht, so scheidet mangels Erfüllungsgehilfeneigenschaft eine Haftung aus cic aus (MünchKomm/Schubert § 177 Rn 61; Medicus/Petersen AT Rn 974; Schnorbus WM 1999, 197, 202 f). Daneben kommt, freilich mit Exculpationsmöglichkeit, eine Haftung für das Handeln des Gehilfen gem § 831 BGB in Betracht (BRHP/Schäfer § 177 Rn 42; MünchKomm/Schubert § 177 Rn 63; Schnorbus WM 1999, 197, 205); auch können bei Leistungsvorgängen Bereicherungsansprüche gem § 812 Abs 1 S 1 BGB entstehen (s Rn 27). Zur möglichen Folge einer gesamtschuldnerischen Haftung auf das negative Interesse s § 179 Rn 4.

25 Sofern das **Organ einer juristischen Person** mit der Vollmachtsüberschreitung vorvertragliche Schutzpflichten verletzt oder zugleich eine unerlaubte Handlung begangen hat, zB einen Betrug gegenüber dem Vertragspartner, haftet die juristische Person aus cic oder auch gem §§ 823 ff BGB über §§ 31, 86, 89 BGB (BGHZ 6, 330, 332; BGH NJW 1972, 940, 941; 1980, 115, 116 m krit Anm Canaris JuS 1980, 332; 1986, 2939, 2941; NJW-RR 1992, 1435; 2001, 1524 f; BRHP/Schäfer § 177 Rn 39; NK-BGB/Ackermann § 177 Rn 29; Palandt/Ellenberger § 179 Rn 9; PWW/Frensch § 177 Rn 15; Soergel/Leptien § 177

Rn 37; Cahn, in: FS Hoffmann-Becking [2013] 247, 265 f; Jäckle NJW 1990, 2520, 2524; ausführlich Schnorbus WM 1999, 197 ff, 205 ff – ZT **abw**, zB bei Gesamtvertretung noch BGH BB 1967, 856; BGB-RGRK/Steffen § 177 Rn 17; Coing, in: FS R Fischer [1979] 72 ff; Peters 129 ff); zu Haftungsumfang und -reduktion gilt das zuvor Gesagte (Rn 24).

Bei **gesetzlicher Vertretung** schließt der gebotene Schutz des Vertretenen einen Anspruch aus cic aus, wenn der Vertreter die Grenzen der gesetzlichen Vertretungsmacht überschreitet (RGZ 132, 76, 78 f; BRHP/Schäfer § 177 Rn 41; Erman/Maier-Reimer § 177 Rn 26; MünchKomm/Schubert § 177 Rn 62; NK-BGB/Ackermann § 177 Rn 29; PWW/Frensch § 177 Rn 15; Soergel/Leptien § 177 Rn 34; Rn 1618; Frotz 91 ff; Ballerstedt AcP 151, 501, 525 ff; Canaris VersR 1965, 114, 115; Peters 127 ff; Schmidt AcP 170, 502, 517 ff; **aA** Prölss JuS 1986, 169, 175). Zwar haftet der nicht (voll) Geschäftsfähige grundsätzlich für (auch vorvertragliche) Pflichtverletzungen seines Vertreters über § 278 BGB. Im Falle der §§ 177 ff BGB fehlt es aber, anders als beim Einsatz eines gewillkürten Vertreters, an einem dem Vertretenen zurechenbaren Tatbestand.

2. Rechtsscheinsvollmacht

Eine unmittelbare Vertragsbindung des Vertretenen kann aufgrund einer **Rechts-** **26** **scheinsvollmacht** eintreten, wenn man der dahingehenden Rechtsprechung und hL folgt (s dazu aber krit § 167 Rn 32 ff). Nach der Rspr (BGHZ 86, 273 ff) und wohl hL führt sie zur Haftung des Vertretenen unter Ausschluss des Vertreters (s auch BGHZ 61, 59, 68; OLG Hamm JuS 1971, 655; OLG Karlsruhe WM 1985, 1321; zust die hL, vgl BGB-AK/Ott § 179 Rn 3 a; BGB-RGRK/Steffen § 167 Rn 19; BRHP/Schäfer § 179 Rn 6; Erman/Maier-Reimer § 167 Rn 28, § 179 Rn 4; jurisPK-BGB/Weinland § 177 Rn 5; Palandt/Ellenberger § 172 Rn 17; Soergel/Leptien § 167 Rn 24; Boemke/Ulrici § 13 Rn 98; Bork Rn 1546; Brehm Rn 491; Brox/Walker § 27 Rn 9; Eisenhardt Rn 460; Hübner, Rn 1290, Rn 1310; Köhler § 11 Rn 72; Leenen § 16 Rn 13 Fn 10; Schmidt Rn 893; Fischer NJW 1973, 2190; Prütting/Schirrmacher Jura 2016, 1156, 1157 f; Schimikowski JA 1986, 345, 349; ausf K Schmidt 435 ff; wohl auch vOlshausen ZHR 158, 518, 522; vgl schon § 167 Rn 44). In der Literatur wird demgegenüber für die Anscheinsvollmacht verbreitet eine **Wahlmöglichkeit** („Wahlrecht") des Geschäftsgegners auf Inanspruchnahme des Vertretenen oder des Vertreters (nach § 179 Abs 1 BGB) angenommen (Altmeppen 131 ff; Canaris 518 ff, NJW 1974, 456 und 1991, 2628; Lieb 575 ff; Chiusi AcP 202 [2002] 494, 509 ff; Crezelius ZIP 1984, 791; Drexl/Mentzel Jura 2002, 375, 378; Herrmann NJW 1984, 471 f; Pawlowski JZ 1996, 125, 131 f; Prölss JuS 1985, 577, 579 f; MünchKomm/Schubert § 167 Rn 140 ff; MünchKommHGB/Krebs Vorbem 56 zu § 48; NK-BGB/Ackermann § 167 Rn 93; PWW/Frensch § 167 Rn 49; Bork Rn 1547; Faust § 26 Rn 45; Pawlowski Rn 800; Wolf/Neuner § 50 Rn 68, ausf § 50 Rn 112; zur Lösung von F Peters AcP 179, 214, 238 s § 167 Rn 31). Im handelsrechtlichen Bereich, namentlich bei § 15 HGB, ist eine solche Wahlmöglichkeit anerkannt (s näher Altmeppen 153 ff, 174 ff mwNw; Chiusi AcP 202 [2002] 494, 507 ff; PWW/Frensch § 167 Rn 46; Wolf/Neuner § 51 Rn 112; aus der Rspr etwa BGHZ 65, 309; BGH NJW 1991, 2627 m Anm Canaris). Als dem geltenden Recht fremd ist jedenfalls eine kumulative Haftung von Vertretenem und Vertreter abzulehnen (K Schmidt, in: FS Gernhuber [1993] 443 ff). Der eine Wahl ablehnenden Auffassung ist zuzugeben, dass die Anscheinsvollmacht in ihren Wirkungen einer echten Vollmacht gleichgestellt werden und zum Vorliegen von Vertretungsmacht führen soll; Rechtsgeschäfte des Vertreters im Rahmen solcher Vertretungsmacht wirken aber ohne „Wahlrecht" des Geschäftsgegners gem § 164 BGB nur für und gegen den Vertretenen. Akzeptiert man aber die Anscheinsvollmacht als Institut der Rechtsfortbildung, so können auch ihre Wirkungen rechtsfortbildend abweichend vom Stellvertretungsrecht konzipiert werden (vgl, freilich iE abl, K Schmidt 450). Für eine Wahlmöglichkeit spricht dann maßgeblich der Umstand, dass die Anscheinsvollmacht allein im Interesse des Schutzes des redlichen Dritten entwickelt worden ist, der deshalb Entscheidungsfreiheit dahin haben sollte, ob er trotz dieser „Wohltat" den vollmachtlosen Vertreter gem § 179 BGB in Anspruch nimmt (ausf Altmeppen 131 ff). Diese Lösung trägt auch rechtspraktischen Bedenken hinsichtlich des Prozessrisikos des Gläubigers Rechnung, mangels Beweisbarkeit der Voraussetzungen der Anscheinsvollmacht oder umgekehrt wegen des vom Vertreter dahin geführten Beweises mit einer Klage gegen den Vertretenen oder Vertreter abgewiesen zu werden (**abw** K Schmidt, in: FS Gernhuber [1993], 443, 451 ff mit einem gangbaren, freilich recht kompliziertem Ausweg über Streitverkündung, Streitgenossenschaft und materiellen Kostenerstattungsanspruch). Einzuschränken ist die Wahlmöglichkeit des Dritten freilich analog § 178 BGB insoweit, als der Dritte sich unter Einbeziehung des Insolvenzrisikos – bis zur Einverständniserklärung des Gegners oder bis zum rechtskräftigen Erlass eines Urteils – entscheiden muss, ob er sich auf die Unwirksamkeit des Geschäftes kraft Rechtsscheins berufen will (Altmeppen 141 ff; Chiusi AcP 202 [2002] 494, 514; zust auch NK-BGB/Ackermann § 167 Rn 93); diese Begrenzung der Dispositionsbefugnis entkräftet den Vorwurf unangemessener Doppelbegünstigung und der Einführung eines dem BGB fremden echten Wahlrechts. Für die Erklärung analog § 178 BGB, das Geschäft mit dem Vertretenen als unwirksam anzusehen, müssen die zum Widerruf gem § 178 BGB maßgeblichen Kriterien gelten (s § 178 Rn 2; **krit** K Schmidt, in: FS Gernhiuber [1993] 443, 451 f). Nimmt der Dritte zunächst kraft angeblicher Anscheinsvollmacht den Vertretenen in Anspruch, so trägt er freilich das Prozessrisiko hinsichtlich des Nachweises ihrer Voraussetzungen nicht anders als nach der hM, kann aber bei Unterliegen noch den dann vollmachtlosen Vertreter in Anspruch nehmen; die taktischen prozessualen Mittel der Streitverkündung oder auch der Inanspruchnahme beider potenzieller Schuldner als Streitgenossen können immerhin auch hier genutzt werden.

3. Ungerechtfertigte Bereicherung und Geschäftsführung ohne Auftrag

27 Auch ein **Bereicherungsanspruch** kann gegen den Vertretenen entstehen; er wird durch Ansprüche des Dritten gegen den Vertreter (s § 179 Rn 12 ff) nicht ausgeschlossen (BGHZ 36, 30, 35; 40, 272, 276; 65, 123, 126; OLG Hamm MDR 1975, 488; BGB-RGRK/Steffen § 177 Rn 20; BRHP/Schäfer § 177 Rn 42; Erman/Maier-Reimer § 179 Rn 26; Soergel/Leptien § 179 Rn 25; Enneccerus/Nipperdey § 183 I 1; Köhler § 11 Rn 75; Schmidt Rn 914). Vor allem kommt ein Anspruch auf Rückforderung von Leistungen in Betracht, die in Unkenntnis schwebender – und später endgültiger – Unwirksamkeit des Geschäfts bereits erbracht worden sind (BGB-RGRK/Steffen § 177 Rn 20; BRHP/Schäfer § 177 Rn 42; MünchKomm/Schubert § 178 Rn 9; NK-BGB/Ackermann § 177 Rn 15; Palandt/Ellenberger § 177 Rn 9; Soergel/Leptien § 179 Rn 25; Flume § 47 3 a; ausführlich Schnorbus WM 1999, 197, 203 ff mwNw). Allerdings verneint der BGH das Vorliegen einer Bereicherung, wenn der Vertretene aufgrund eines wirksamen Innenverhältnisses gegenüber dem Vertreter berechtigt ist und von dem Handeln des Vertreters nichts weiß (BGHZ 36, 30, 35; 40, 272, 276 ff; **aM** Flume JZ 1962, 281; Berg NJW 1962, 101; ausführlich MünchKomm/Lieb § 812 Rn 90 ff zu dem Problem der Bereicherung bei irrtümlicher Zahlung fremder Schulden). – Endlich sind aber auch Ansprüche aus **Geschäftsführung ohne Auftrag** neben § 179 BGB nicht ausgeschlossen (BGH NJW-RR 1989, 970; 2004, 81 m Anm Oechsler LMK 2004,

VI. Beweislast

Wer die Wirksamkeit des Vertrages mit dem Vertretenen behauptet, muss beweisen, dass der Vertreter in Vertretungsmacht gehandelt hat oder die Genehmigung erteilt worden ist. Wird aus der Aufforderung des Vertretenen zur Genehmigung die Unwirksamkeit des Vertrages hergeleitet, so hat den Zeitpunkt der Aufforderung derjenige zu beweisen, der die Unwirksamkeit behauptet, den rechtzeitigen Zugang der Genehmigung dann der Vertretene. Die Verweigerung der Genehmigung hat der Gegner zu beweisen, wenn er vom Vertretenen auf Erfüllung in Anspruch genommen wird (s zu diesen Beweislastregeln BRHP/SCHÄFER § 177 Rn 43; ERMAN/MAIER-REIMER § 177 Rn 25; jurisPK-BGB/WEINLAND § 177 Rn 26; MünchKomm/SCHUBERT § 177 Rn 64; NK-BGB/ACKERMANN § 177 Rn 32).

28

§ 178
Widerrufsrecht des anderen Teils

Bis zur Genehmigung des Vertrags ist der andere Teil zum Widerruf berechtigt, es sei denn, dass er den Mangel der Vertretungsmacht bei dem Abschluss des Vertrags gekannt hat. Der Widerruf kann auch dem Vertreter gegenüber erklärt werden.

Materialien: E I §§ 123 Abs 2 und 124; II § 145 Abs 2; III § 174; Mot I 243; Prot I 242, 253, 258; II 1 154; JAKOBS/SCHUBERT, AT II 873 ff; SCHUBERT, AT II 198 ff (Vorentwurf).

1. Der Widerruf

a) Bis zur Genehmigung des Vertrages durch den Vertretenen ist der andere Teil grundsätzlich einseitig zum **Widerruf seiner Vertragserklärung** berechtigt. Mit dem Widerruf tritt die Unwirksamkeit des Vertrages ein; eine Genehmigung ist danach nicht mehr möglich (BRHP/SCHÄFER § 178 Rn 3; ERMAN/MAIER-REIMER § 178 Rn 4; Hk-BGB/DÖRNER § 178 Rn 1; JAUERNIG/MANSEL § 178 Rn 1; jurisPK-BGB/WEINLAND § 178 Rn 5; MünchKomm/SCHUBERT § 178 Rn 10; PWW/FRENSCH § 178 Rn 4; SOERGEL/LEPTIEN § 178 Rn 3; BOECKEN, Rn 671); auch eine Haftung des Vertreters nach § 179 BGB entfällt (s § 179 Rn 6).

1

Der Widerruf erfolgt, wie nach § 109 BGB, durch **einseitige empfangsbedürftige Willenserklärung**. Sie kann bedarf keiner Form und keiner Begründung, kann auch konkludent erfolgen, muss aber den Willen erkennen lassen, wegen des Vertretungsmangels die Unwirksamkeit des mit einem vollmachtlosen Vertreter abgeschlossenen Vertrages bewirken zu wollen (RGZ 102, 24; BGH NJW 1965, 1714; WM 1973, 460; NJW 1988, 1199, 1200, dazu krit REINICKE/TIEDTKE Betrieb 1988, 1203, 1204; BAG NJW 1996, 2594, 2595; OLG Frankfurt BB 1995, 2440, 2441; BGB-RGRK/STEFFEN § 178 Rn 3; BRHP/SCHÄFER § 178 Rn 2; ERMAN/MAIER-REIMER § 178 Rn 3; Hk-BGB/DÖRNER § 178 Rn 1; MünchKomm/SCHUBERT § 178

2

Rn 8 f; NK-BGB/Ackermann § 178 Rn 4; Palandt/Ellenberger § 178 Rn 1; PWW/Frensch § 178 Rn 1; Soergel/Leptien § 178 Rn 3; Bork Rn 1612; Hirsch Rn 1065; Köhler § 11 Rn 66a; Schmidt Rn 889; Wolf/Neuner § 51 Rn 10). Ein Änderungsvorschlag ist kein Widerruf; dasselbe gilt für eine Rücktrittserklärung aus anderen Gründen (RGZ 102, 24; BGH LM Nr 1 zu § 178; jurisPK-BGB/Weinland § 178 Rn 2) oder eine Anfechtung (BAG NZA 1996, 756, 757). Die *Widerrufserklärung* kann gem § 178 S 2 BGB sowohl an den Vertretenen als auch an den Vertreter gerichtet werden.

3 b) Der Umstand, dass der Vertragspartner den Vertretenen bereits nach § 177 Abs 2 BGB zur *Genehmigung aufgefordert* hat, schließt sein Widerrufsrecht nicht aus. Es entfällt erst mit der Genehmigung durch den Vertretenen (BRHP/Schäfer § 178 Rn 3; jurisPK-BGB/Weinland § 178 Rn 2; MünchKomm/Schubert § 178 Rn 3; NK-BGB/Ackermann § 178 Rn 2; PWW/Frensch § 178 Rn 2; Soergel/Leptien § 178 Rn 1; Boecken Rn 672; vgl auch OLG Frankfurt BB 1995, 2440, 2441, wo es freilich am Widerruf fehlte).

4 Dagegen steht dem Vertragspartner gem § 178 S 1 BGB kein Widerrufsrecht zu, wenn er den **Mangel der Vertretungsmacht kannte**, weil er dann das Risiko einer Verweigerung der Genehmigung bewusst in Kauf genommen hat; der Grund für den Mangel ist unerheblich (zutr Fehrenbach NJW 2009, 2173, 2175). Maßgebend ist der Zeitpunkt des Vertragsabschlusses, also das Wirksamwerden der Annahmeerklärung. Das Kennenmüssen ist in § 178 BGB, ebenso wie in § 109 BGB, dem Kennen nicht gleichgestellt; auch grob fahrlässige Unkenntnis schadet nicht (BRHP/Schäfer § 178 Rn 4; Erman/Maier-Reimer § 178 Rn 2; jurisPK-BGB/Weinland § 178 Rn 3; MünchKomm/Schubert § 178 Rn 5; NK-BGB/Ackermann § 178 Rn 3; PWW/Frensch § 178 Rn 3; Soergel/Leptien § 178 Rn 1; Schmidt Rn 889 Fn 175; Mock JuS 2008, 486, 489). Maßgeblich ist der Zeitpunkt des Vertragsschlusses. Anders als im Falle des § 173 BGB (s dort Rn 8) geht es hier um die Frage, ob der Dritte diesen Vertragsschluss aufgrund seiner Kenntnis vom Mangel der Vertretungsmacht noch verhindern konnte. Deshalb entscheidet die Abgabe seiner Vertragserklärung (BRHP/Schäfer § 178 Rn 5; jurisPK-BGB/Weinland § 178 Rn 3; MünchKomm/Schubert § 178 Rn 5; NK-BGB/Ackermann § 178 Rn 3; Soergel/Leptien § 178 Rn 1), bei Verfügungen der insoweit maßgebliche Zeitpunkt, bis zu dem der Vollzug – zB im Rahmen von §§ 929 ff BGB oder § 873 BGB mangels Bindung – noch verhindert werden konnte (BRHP/Schäfer § 178 Rn 5; Erman/Maier-Reimer § 178 Rn 2; jurisPK-BGB/Weinland § 178 Rn 3; MünchKomm/Schubert § 178 Rn 5; NK-BGB/Ackermann § 178 Rn 3; PWW/Frensch § 178 Rn 3; Soergel/Leptien § 178 Rn 1). Mangels eines Widerrufsrechts bleibt der Vertragspartner unter der Bedingung der zu erteilenden Genehmigung an den geschlossenen Vertrag gebunden.

2. Der Geltungsbereich des § 178

5 a) Dass dem Vertragspartner neben dem Widerrufsrecht auch ein **Anfechtungsrecht** wegen Irrtums zustehe, wurde früher mit der Begründung bejaht, der Vertragspartner befinde sich infolge des Auftretens eines vollmachtlosen Vertreters im Irrtum über die Wirksamkeit der abgegebenen oder empfangenen Willenserklärung. Dieser Auffassung kann jedoch bei einem Irrtum über das Bestehen der Vertretungsmacht nicht gefolgt werden, weil § 178 BGB als Spezialregelung für die Lösung von einem wegen vollmachtlosem Vertreterhandeln schwebend unwirksamen Vertrag zu bewerten ist (BGB-RGRK/Steffen § 178 Rn 1; BRHP/Schäfer § 178 Rn 9; Erman/Maier-Reimer § 178 Rn 5; jurisPK-BGB/Weinland § 178 Rn 1; MünchKomm/Schubert § 178

Rn 6; NK-BGB/Ackermann § 178 Rn 5; PWW/Frensch § 178 Rn 4; Soergel/Leptien § 178 Rn 2; **aA** Albers AcP 217 [2017] 766, 790). Eine Anfechtung gem § 119 Abs 1 oder Abs 2 BGB ist insoweit ebenso ausgeschlossen wie eine Anfechtung nach § 123 BGB wegen arglistiger Täuschung über die Vertretungsmacht (Erman/Maier-Reimer § 178 Rn 5; jurisPK-BGB/Weinland § 178 Rn 1; MünchKomm/Schubert § 178 Rn 6; NK-BGB/Ackermann § 178 Rn 5; Soergel/Leptien § 178 Rn 2). Wegen sonstiger Willensmängel kann hingegen unter den Voraussetzungen der §§ 119, 123 BGB angefochten werden, in Irrtumsfällen freilich mit den Folgen des § 122 BGB, die den nach der Lehre von der Doppelnichtigkeit daneben zulässigen Widerruf als vorzugswürdig erscheinen lassen; dies ist bei der Auslegung der Erklärung, nicht aber im Rahmen des § 122 BGB (insoweit **aA** Erman/Maier-Reimer § 178 Rn 5: Anspruch ausgeschlossen; wie hier BRHP/Schäfer § 178 Rn 8; jurisPK-BGB/Weinland § 178 Rn 1; MünchKomm/Schubert § 178 Rn 7; NK-BGB/Ackermann § 178 Rn 5; PWW/Frensch § 178 Rn 4; Soergel/Leptien § 178 Rn 2) zu berücksichtigen.

b) Eine **analoge Anwendung des § 178 BGB** auf einseitige Rechtsgeschäfte ist gerechtfertigt, wenn der Erklärungsempfänger gem § 180 S 2 BGB die vom Vertreter behauptete Vertretungsmacht nicht beanstandet hat (s dort Rn 6); ihm steht dann entsprechend § 178 BGB das Widerrufsrecht zu (BRHP/Schäfer § 178 Rn 6; Erman/Maier-Reimer § 178 Rn 6; jurisPK-BGB/Weinland § 178 Rn 4; MünchKomm/Schubert § 178 Rn 2; NK-BGB/Ackermann § 178 Rn 6; Soergel/Leptien § 178 Rn 4; Enneccerus/Nipperdey § 183 Fn 31; **aA** Bork Rn 1615 Fn 299). Das gilt hingegen nicht im Falle des Einverständnisses des Dritten mit einem Handeln ohne Vertretungsmacht gem § 180 S 2 2. Alt BGB (s dort Rn 4 f), weil in diesem Fall Kenntnis dieses Mangels iSd § 178 S 1 BGB vorliegt (BRHP/Schäfer § 178 Rn 6; jurisPK-BGB/Weinland § 178 Rn 4; MünchKomm/Schubert § 178 Rn 2; NK-BGB/Ackermann § 178 Rn 6; Soergel/Leptien § 178 Rn 4). 6

c) Auf die Verträge einer **Vor-Kapitalgesellschaft** ist zwar § 178 BGB grundsätzlich anwendbar (BRHP/Schäfer § 178 Rn 7; jurisPK-BGB/Weinland § 1278 Rn 4; Palandt/Ellenberger § 178 Rn 1; s auch § 177 Rn 19); praktisch jedoch ist dem Vertragspartner der Mangel meist bekannt und damit ein Widerruf ausgeschlossen (vgl BGH WM 1968, 891; NJW 1973, 798; BGB-RGRK/Steffen § 177 Rn 3; NK-BGB/Ackermann § 178 Rn 7; s aber auch K Schmidt NJW 1973, 1595 ff). Entsprechendes gilt für die Anwendbarkeit des § 178 BGB auf das Handeln für eine **Vor-Personengesellschaft** (vgl BGHZ 63, 45, 48 f; 91, 148, 152; BGH BB 1977, 1065, 1067; BRHP/Schäfer § 178 Rn 7; jurisPK-BGB/Weinland § 178 Rn 4; NK-BGB/Ackermann § 178 Rn 7; Palandt/Ellenberger § 178 Rn 1). 7

3. Beweislast

Da § 178 BGB vom Bestehen des Widerrufsrechts des Geschäftsgegners als Grundtatbestand ausgeht, muss dessen Ausschluss wegen erteilter Genehmigung oder wegen Kenntnis vom Mangel der Vertretungsmacht vom Vertretenen bewiesen werden. Der Geschäftsgegner hat hingegen im Streitfalle zu beweisen, dass der Widerruf in der Schwebezeit erfolgt ist (BRHP/Schäfer § 178 Rn 10; Erman/Maier-Reimer § 178 Rn 7; MünchKomm/Schubert § 178 Rn 11; jurisPK-BGB/Weinland § 178 Rn 6; NK-BGB/Ackermann § 178 Rn 8). 8

§ 179
Haftung des Vertreters ohne Vertretungsmacht

(1) Wer als Vertreter einen Vertrag geschlossen hat, ist, sofern er nicht seine Vertretungsmacht nachweist, dem anderen Teil nach dessen Wahl zur Erfüllung oder zum Schadensersatz verpflichtet, wenn der Vertretene die Genehmigung des Vertrags verweigert.

(2) Hat der Vertreter den Mangel der Vertretungsmacht nicht gekannt, so ist er nur zum Ersatz desjenigen Schadens verpflichtet, welchen der andere Teil dadurch erleidet, dass er auf die Vertretungsmacht vertraut, jedoch nicht über den Betrag des Interesses hinaus, welches der andere Teil an der Wirksamkeit des Vertrags hat.

(3) Der Vertreter haftet nicht, wenn der andere Teil den Mangel der Vertretungsmacht kannte oder kennen musste. Der Vertreter haftet auch dann nicht, wenn er in der Geschäftsfähigkeit beschränkt war, es sei denn, dass er mit Zustimmung seines gesetzlichen Vertreters gehandelt hat.

Materialien: E I § 125; II § 146; III § 175; Mot I 243; Prot I 243, 254; II 1 156; JAKOBS/SCHUBERT, AT II 873 ff; SCHUBERT, AT II 198 ff (Vorentwurf).

Schrifttum

S bei § 177.

1. Vorgeschichte und Aufgabe des § 179

1 a) Im *gemeinen Recht* war die Haftung des Vertreters ohne Vertretungsmacht gegenüber dem Vertragsgegner umstritten. Entweder wurde eine Haftung aus *Garantieübernahme* für das Vorhandensein der Vollmacht bzw für die Erteilung der Genehmigung angenommen (vgl RGZ 35, 145) oder die Haftung des Vertreters wurde auf *cic* gestützt, woraus sich eine Beschränkung auf das negative Interesse ergab und ein Wegfall der Ersatzpflicht, wenn sich der Vertreter über den Inhalt seiner Vertretungsbefugnis in einem entschuldbaren Irrtum befand. – Vorläufer des § 179 BGB war Art 55 ADHGB (vgl LITTERER 34 ff).

2 b) § 179 BGB bestimmt, dass der Vertreter für die Wahrheit seiner Behauptung, Vertretungsmacht zu haben, **wegen des** damit **erweckten Vertrauens einzustehen** hat (BGHZ 32, 250, 254; 39, 45, 51; 68, 391, 395; 105, 283, 285; BGH NJW 1995, 1739, 1742; 2000, 1407, 1408; 2009, 215, 216; NJW-RR 2005, 268, st Rspr; OLG Düsseldorf NJW-RR 1995, 113; BGB-RGRK/STEFFEN § 179 Rn 1; BRHP/SCHÄFER § 179 Rn 1; ERMAN/MAIER-REIMER § 179 Rn 1, Rn 14; Hk-BGB/DÖRNER § 179 Rn 1; JAUERNIG/MANSEL § 179 Rn 4; jurisPK-BGB/WEINLAND § 179 Rn 1; MünchKomm/SCHUBERT § 179 Rn 2; NK-BGB/ACKERMANN § 179 Rn 2: „Haftungsgrund ist die Behauptung des Vertreters, er verfüge über Vertretungsmacht"; PALANDT/ELLENBERGER § 179 Rn 1; PWW/FRENSCH § 179 Rn 1; SOERGEL/LEPTIEN § 179 Rn 1; BITTER/RÖDER § 10 Rn 250;

Titel 5
Vertretung und Vollmacht § 179

BOECKEN Rn 674; BORK Rn 1619: „verschuldensunabhängige Garantiehaftung"; BROX/WALKER § 27 Rn 9; FLUME § 47 3 a; HÜBNER Rn 1310; EISENHARDT Rn 453; HIRSCH Rn 1068; KÖHLER § 11 Rn 68; MEDICUS/PETERSEN Rn 985; SCHMIDT Rn 891; STADLER § 32 Rn 6; WERTENBRUCH § 34 Rn 2; ausf ACKERMANN, Der Schutz des negativen Interesses [2007] 460 ff; SCHÄFER 29; TEMPEL 253; ALTMEPPEN NJW 1995, 1749; BINDER AcP 207, 155, 188; KELLERMANN JA 2004, 405, 406; MOCK JuS 2008, 486, 489; PETERSEN Jura 2010, 904, 905 f; SCHIMIKOWSKI JA 1986, 345, 348; vgl PRÖLSS JuS 1986, 169; **krit** LEENEN § 16 Rn 4; LITTERER 48 ff; FEHRENBACH NJW 2009, 2173, 2175 f: Übernahme der Wertungen der mittelbaren Stellvertretung, mit der § 179 BGB indessen nichts zu tun hat, vgl schon Vorbem 42 zu §§ 164 ff). Die Annahme eines stillschweigenden *Garantieversprechens* (vgl Mot I 244, aber auch Prot I 323) wäre hingegen verfehlt (FLUME § 47 3 a; LOBINGER 279; s allerdings auch ACKERMANN, Der Schutz des negativen Interesses [2007] 461 f). Demgegenüber sieht LOBINGER (273 ff, 281 ff; zustimmend DOERNER 171 ff; s dazu auch § 167 Rn 12, § 170 Rn 1, § 177 Rn 5) den Grund für die Haftung gem § 179 Abs 1 BGB in der Nichterfüllung einer eigenen rechtsgeschäftlichen Leistungspflicht des Vertreters, wobei auch die Variante der Wahl der Erfüllung lediglich einen Fall surrogativer Naturalrestitution darstelle. Indessen kann der Vorschrift eine in der Behauptung von Vertretungsmacht liegende Verpflichtung des Vertreters nicht entnommen werden, dem Geschäftspartner das versprochene Recht zu verschaffen (vgl FLUME § 47 3a: Fiktion; ebenso MünchKomm/SCHUBERT § 179 Rn 1); auch die Wahlmöglichkeit zwischen Erfüllung und Schadensersatz spricht doch deutlich gegen eine reine Nichterfüllungshaftung. Jedenfalls bedarf es eines solchen Umweges nicht, wenn man der Behauptung des Vertreters, Vertretungsmacht zu haben, zwar keine rechtsgeschäftliche Garantie, wohl aber dem § 179 Abs 1 BGB eine daran angeschlossene verschuldensunabhängige gesetzliche Einstandspflicht entnimmt (FLUME § 47 3a; ähnlich ACKERMANN 460 ff [gesetzlich normierter Inhalt einer Geltungserklärung – doch ist eine willensgetragene Selbstverpflichtung zu verneinen, so zutr MünchKomm/SCHUBERT § 179 Rn 2]; LEENEN § 16 Rn 4 [Risikoverursachung durch Auftreten als Vertreter]; POHLMANN, Die Haftung wegen Verletzung von Aufklärungspflichten [2002] 46 ff; PRÜTTING/SCHIRRMACHER Jura 2016, 1156, 1165 mwNw), die unser Recht auch anderweit kennt (s etwa §§ 717 Abs 2, 945 ZPO und dazu GAUL/SCHILKEN/BECKER-EBERHARD, Zwangsvollstreckungsrecht § 15 III 1, § 80 I; GAUL ZZP 110, 3, 8 ff; SCHILKEN, in: FG Bundesgerichtshof [2000] 593, 596 ff; nach zutreffender hM auch § 122 Abs 1 BGB, abw allerdings LOBINGER 207 ff).

In § 309 Nr 11 BGB wird verboten, dass durch AGB einem Kontrahenten, der als 3 Vertreter auftritt, im Falle der Vertretung ohne Vertretungsmacht eine *über § 179 BGB hinausgehende Haftung* auferlegt wird. Derartige Klauseln sind demnach nur bei speziell hierfür abgegebener Erklärung gültig; da § 179 Abs 2 BGB dispositiv ist (BRHP/SCHÄFER § 179 Rn 27; ERMAN/MAIER-REIMER § 179 Rn 17; MünchKomm/SCHUBERT § 179 Rn 55; NK-BGB/ACKERMANN § 179 Rn 29; SOERGEL/LEPTIEN § 179 Rn 18; s auch BGH NJW-RR 2005, 1585), ist eine erweiternde Vereinbarung einer Haftung nach § 179 Abs 1 BGB unabhängig vom Kenntnisstand des Vertreters individualvertraglich möglich, ebenso eine einschränkende Abrede.

c) Neben dem Vertreter, der nach § 179 BGB haftet, kann ggf auch der *Vertretene* 4 in Anspruch genommen werden (s § 177 Rn 23 ff). Dies führt, zumindest wenn der Vertreter auf das negative Interesse haftet (s Rn 17), zu einer gesamtschuldnerischen Haftung des Vertreters und des Vertretenen (BGB-RGRK/STEFFEN § 177 Rn 16; BRHP/SCHÄFER § 179 Rn 32; MünchKomm/SCHUBERT § 177 Rn 63; PWW/FRENSCH § 177 Rn 16, § 179 Rn 20; BORK Rn 1618, Rn 1638).

2. Die Voraussetzungen der Eigenhaftung des Vertreters

5 a) Voraussetzung für die in § 179 BGB bestimmten Rechtsfolgen ist, dass jemand als Vertreter einen Vertrag geschlossen hat. Der Handelnde muss also **unter Wahrung des Offenheitsprinzips** (s Vorbem 35 f zu §§ 164 ff) aufgetreten sein. Dies bedeutet, dass er auf eine bestehende Vertretungsmacht zumindest konkludent hingewiesen haben muss (MünchKomm/Schubert § 179 Rn 24). Das Anführen von Tatsachen allein, aus denen auf das Bestehen einer Vertretungsmacht geschlossen werden konnte, genügt nicht (BGB-RGRK/Steffen § 179 Rn 7; BRHP/Schäfer § 179 Rn 2; Soergel/Leptien § 179 Rn 2; Lehmann/Hübner § 36 VI 2 b; Ennecerus/Nipperdey § 183 Fn 22; Hupka 186 ff; Müller AcP 168, 113, 140; vgl auch BGHZ 39, 45, 51 ff; weitergehend Palandt/Ellenberger § 179 Rn 2). Ebenso handelt jemand als Vertreter iS des § 179 BGB, wenn er die Fremdwirkung seines ohne Vertretungsmacht erfolgenden Handelns aufgrund Genehmigung in Aussicht stellt (s Vorbem 18 zu §§ 164 ff und § 177 Rn 5 ff; zust BRHP/Schäfer § 179 Rn 2).

6 Ein **Handeln ohne Vertretungsmacht** liegt nicht nur vor, wenn diese beim Vertragsschluss ganz oder teilweise fehlte bzw kraft Fiktion nach § 177 Abs 2 S 2 BGB nicht nachträglich geschaffen wurde, sondern auch dann, wenn der Handelnde zwar Vertretungsmacht hatte, diese aber leugnet oder den Vertragsabschluss als vollmachtloser Vertreter tätigen wollte (s § 177 Rn 6; MünchKomm/Schubert § 179 Rn 26; NK-BGB/Ackermann § 179 Rn 8). Das Gleiche gilt, wenn der Vertreter den Vertrag zugleich für sich und im fremden Namen ohne Vertretungsmacht für einen anderen abschließen wollte (s § 177 Rn 6; BGB-RGRK/Steffen § 179 Rn 2; Schäfer 43 ff). Außerdem kann § 179 BGB nach der hier vertretenen Auffassung in den Fällen des *Missbrauchs der Vertretungsmacht* eingreifen (s § 167 Rn 103; skeptisch zur praktischen Bedeutung BRHP/Schäfer § 179 Rn 7). Abgesehen von der Vollmacht kann es für § 179 BGB auch an der Vertretungsmacht eines organschaftlichen oder gesetzlichen Vertreters fehlen (RGZ 104, 191, 193; BGHZ 39, 45, 50; 63, 45, 48; BGH WM 1973, 869, 870; BGB-RGRK/Steffen § 179 Rn 1; BRHP/Schäfer § 179 Rn 16; Erman/Maier-Reimer § 179 Rn 2; jurisPK-BGB/Weinland § 179 Rn 3; MünchKomm/Schubert § 179 Rn 25; Palandt/Ellenberger § 179 Rn 1; Soergel/Leptien § 179 Rn 8; Wolf/Neuner § 51 Rn 20; Locher FamRB 2005, 339 [Betreuer]; Müller AcP 168, 139 ff, allg M, s § 177 Rn 5 f), ebenso zB dem Wohnungseigentumsverwalter bei Unwirksamkeit seiner Bestellung (s dazu ausf Schmid NJW 2012, 2545 ff). Zur (Un-) Anwendbarkeit bei Handeln eines öffentlich-rechtlichen Organs unter Verstoß gegen landesrechtliche Formvorschriften s § 177 Rn 3.

Anders ist es hingegen, wenn der Vertreter die Wirksamkeit des Vertrages ausdrücklich von der Genehmigung des Vertretenen *abhängig gemacht* hat (BGB-RGRK/Steffen § 179 Rn 3; BRHP/Schäfer § 179 Rn 8) oder wenn der Vertragspartner nach § 178 BGB *widerruft*. Im letzteren Falle kann der Vertretene das Vertretungsgeschäft weder genehmigen noch die Genehmigung verweigern; das ist aber eine wesentliche Haftungsvoraussetzung nach Wortlaut und Zweck des § 179 Abs 1 BGB und damit auch des Abs 2, die nicht erkennen lassen, dass die Garantiehaftung für erwecktes Vertrauen noch weiter reichen sollte. Mag auch der Dritte bis zum Widerruf auf die Wirksamkeit des Geschäftes vertraut haben, so entfallen mit dem Widerruf die Voraussetzungen für eine Schutzwürdigkeit und eine Haftung des Vertreters nach § 179 BGB unabhängig davon, ob der Vertretene (fiktiv) die Genehmigung erteilt hätte oder nicht (KG JW 1930, 3488; BRHP/Schäfer § 179 Rn 9; Erman/Maier-Reimer § 179

Rn 5; Hk-BGB/Dörner § 179 Rn 4; Jauernig/Mansel § 179 Rn 4; jurisPK-BGB/Weinland § 179 Rn 2; MünchKomm/Schubert § 178 Rn 10; NK-BGB/Ackermann § 179 Rn 11; Soergel/Leptien § 179 Rn 5; Boecken Rn 675; Bork Rn 1625; Brox/Walker § 27 Rn 13; Flume § 47 3 a; Hübner Rn 1316; Schmidt Rn 893; Stadler § 32 Rn 9; Wertenbruch § 34 Rn 3; Wolf/Neuner § 51 Rn 21; Mock JuS 2008, 486, 489; Reinicke/Tiedtke Betrieb 1988, 1203, 1204; Prütting/Schirrmacher Jura 2016, 1165, 1170; **aA** Köhler § 11 Rn 69; s auch BGH NJW 1988, 1199, 1200).

Ein **Unterbevollmächtigter** handelt zwar auch dann ohne Vertretungsmacht, wenn die Untervollmacht wirksam ist, es aber an der Hauptvollmacht fehlt (s § 167 Rn 68), haftet aber dennoch nicht nach § 179 BGB, sofern er die Untervertretungsmacht offen gelegt hat; vielmehr haftet dann der Hauptvertreter gemäß (oder zumindest analog) § 179 BGB (str, s näher § 167 Rn 73 f).

Soweit das Rechtsinstitut der **Rechtsscheinsvollmacht** anerkannt wird (s § 167 Rn 28 ff), führt diese nach allerdings umstrittener Ansicht zwar zu einer Verpflichtung des Vertretenen, nach Wahl des Geschäftsgegners (s dazu § 177 Rn 26) aber auch zur Möglichkeit einer Inanspruchnahme des Vertreters gem § 179 BGB (s näher § 177 Rn 26, str).

Trotz des Wortlauts in § 179 Abs 1 BGB, der auf den *Nachweis* der Vertretungsmacht abstellt, kommt es auf deren materiellrechtliches Vorhandensein und nicht auf ihre Beweisbarkeit an. Der Gesetzeswortlaut ist insoweit als Beweislastregelung, nicht als Rechtspflicht zur Beweisführung zu verstehen (vgl Rn 26; BGB-RGRK/Steffen § 179 Rn 2; BRHP/Schäfer § 179 Rn 3; MünchKomm/Schubert § 179 Rn 25; NK-BGB/Ackermann § 179 Rn 8; Soergel/Leptien § 179 Rn 4; Müller AcP 168, 139). 7

b) Voraussetzung für die Haftung des Vertreters ist eine **Verweigerung der Genehmigung** des Vertrages (s schon Rn 6). Unerheblich ist, ob die Verweigerung vom Vertretenen erklärt oder infolge Schweigens nach Aufforderung zur Genehmigung gem § 177 Abs 2 S 2 BGB fingiert wird. Bei Teilunwirksamkeit oder Teilverweigerung und Teilbarkeit (s § 177 Rn 5 f, Rn 15) gilt § 179 BGB für den nicht wirksamen Teil des Rechtsgeschäftes (BGH NJW 1988, 1378; BGB-RGRK/Steffen § 179 Rn 2; BRHP/Schäfer § 179 Rn 4; Erman/Maier-Reimer § 179 Rn 4; Hk-BGB/Dörner § 179 Rn 2; MünchKomm/Schubert § 179 Rn 27 [zur Überschreitung der Vertretungsmacht]; NK-BGB/Ackermann § 179 Rn 9; PWW/Frensch § 179 Rn 13; Soergel/Leptien § 179 Rn 3; Enneccerus/Nipperdey § 183 I 4; Köhler § 11 Rn 73; Pawlowski Rn 801; Schäfer 42). Fraglich ist, ob zur Auslösung der Haftung nach § 179 BGB bereits eine schadensverursachende *Verzögerung der Genehmigung* ausreicht. Indessen ist die Anwendung des § 179 BGB für diesen Fall abzulehnen, weil der Wortlaut ihn nicht erfasst und für eine Analogie kein Bedürfnis besteht; Schadensverursachungen im Zusammenhang mit Vertragsabschlüssen müssen nach den Regeln über die cic beurteilt werden (OLG Hamm NJW 1994, 666; BGB-RGRK/Steffen § 179 Rn 3; BRHP/Schäfer § 179 Rn 14; Erman/Maier-Reimer § 179 Rn 5; MünchKomm/Schubert § 177 Rn 31; NK-BGB/Ackermann § 179 Rn 11; Palandt/Ellenberger § 179 Rn 2; Soergel/Leptien § 179 Rn 5). 8

c) Voraussetzung einer Haftung des Vertreters ist es, dass der Vertrag gerade an der fehlenden Vertretungsmacht scheitert und **nicht** bereits **aus anderen Gründen unwirksam** ist (RGZ 106, 68, 71; 145, 40, 43; RG WarnR 1926 Nr 152; BGB-RGRK/Steffen § 179 Rn 4; BRHP/Schäfer § 179 Rn 10 mwNw; Erman/Maier-Reimer § 179 Rn 6; Jauernig/Mansel 9

§ 179 Rn 4; MünchKomm/Schubert § 179 Rn 32 f; NK-BGB/Ackermann § 179 Rn 12; Palandt/Ellenberger § 179 Rn 2; PWW/Frensch § 179 Rn 8; Soergel/Leptien § 179 Rn 6; Bork Rn 1622; Brehm Rn 487; Flume § 47 3 a; Köhler § 11 Rn 69; Schmidt Rn 896; Wolf/Neuner § 51 Rn 21; Prütting/Schirrmacher Jura 2016, 1156, 1170); der Geschäftsgegner soll nach dem Normzweck der Vorschrift nicht anders gestellt werden als er auch bei wirksamer Vertretung stünde (Prütting/Schirrmacher Jura 2016, 1156, 1170). So greift § 179 BGB nicht ein, wenn der Vertreter geschäftsunfähig ist oder als beschränkt Geschäftsfähiger ohne Zustimmung seines gesetzlichen Vertreters iSd § 179 Abs 3 S 2 BGB (s Rn 19) gehandelt hat (BRHP/Schäfer § 179 Rn 30; MünchKomm/Schubert § 179 Rn 61; NK-BGB/Ackermann § 179 Rn 12; PWW/Frensch § 179 Rn 5; Soergel/Leptien § 179 Rn 6). § 179 BGB ist auch nicht anwendbar, wenn der Vertreter mit Vertretungsmacht gehandelt hat und ein Verfügungsgeschäft wegen mangelnder Verfügungsmacht des Vertretenen unwirksam ist (BGH JZ 1957, 441; NK-BGB/Ackermann § 179 Rn 7; Palandt/Ellenberger § 179 Rn 2; PWW/Frensch § 179 Rn 8; Soergel/Leptien § 179 Rn 13). Dasselbe gilt, wenn der Vertrag gegen § 134 BGB oder § 138 BGB verstoßen würde oder wegen eines Formmangels nichtig wäre (RGZ 106, 68, 71; RG WarnR 1926 Nr 152; BGB-RGRK/Steffen § 179 Rn 4; BRHP/Schäfer § 179 Rn 10; Erman/Maier-Reimer § 179 Rn 6; Jauernig/Mansel § 179 Rn 4; MünchKomm/Schubert § 179 Rn 34; NK-BGB/Ackermann § 179 Rn 12; Palandt/Ellenberger § 179 Rn 2; Soergel/Leptien § 179 Rn 6; Schmidt Rn 896; Wolf/Neuner § 51 Rn 21; zum formnichtigen Blankett und Blankettmissbrauch ausf Binder AcP 207, 155, 188 ff); zur evtl analogen Anwendung des § 179 BGB in solchen Fällen s Rn 24. Auch im Falle der Insolvenz des Vertretenen, mit der die Vollmacht gem § 117 Abs 1 InsO erlischt, scheidet eine Haftung des Vertreters nach § 179 BGB nicht nur unter den Voraussetzungen des § 117 Abs 3 InsO aus (s § 168 Rn 25; zur cic s noch Rn 20). Hingegen besteht eine Haftung nach § 179 BGB, wenn der Vertreter ohne Vertretungsmacht für einen nicht geschäftsfähigen Vertretenen handelt (s Rn 21).

10 Die bloße **Anfechtbarkeit** des geschlossenen Vertrages wegen eines Willensmangels steht der Haftung aus § 179 BGB nicht entgegen (RGZ 104, 191, 193; BRHP/Schäfer § 179 Rn 13; Erman/Maier-Reimer § 179 Rn 6; MünchKomm/Schubert § 179 Rn 34; NK-BGB/Ackermann § 179 Rn 13; Palandt/Ellenberger § 179 Rn 2; PWW/Frensch § 179 Rn 8; Soergel/Leptien § 179 Rn 6). Der Vertretene hat an der Ausünung des Anfechtungsrechts idR kein Interesse, doch steht dann dem Vertreter das Anfechtungsrecht anstelle des Vertretenen zu, um der Haftung nach § 179 BGB zu entgehen (BGH NJW-RR 1991, 1074, 1075; NJW 2002, 1867, 1868; BGB-RGRK/Steffen § 179 Rn 4; BRHP/Schäfer § 179 Rn 13; Erman/Maier-Reimer § 179 Rn 6; MünchKomm/Schubert § 179 Rn 34; NK-BGB/Ackermann § 179 Rn 13; Palandt/Ellenberger § 179 Rn 2; PWW/Frensch § 179 Rn 8; Soergel/Leptien § 179 Rn 6; Brox/Walker § 27 Rn 13; Flume § 47 3 a; Köhler § 11 Rn 69; Schmidt Rn 897; Brox JA 1980, 449, 454; Kellermann JA 2004, 405, 406; Prütting/Schirrmacher Jura 2016, 1156, 1165 f, 1170; vgl auch § 166 Rn 18), freilich ggf mit der Haftungsfolge des § 122 BGB. Entsprechendes gilt für den Fall eines Widerrufsrechts des Vertretenen nach §§ 312g, 355, 495 BGB (s § 168 Rn 5), das der Vertreter ggf bei Inanspruchnahme aus § 179 BGB ausüben kann (BGH NJW-RR 1991, 1074; BRHP/Schäfer § 179 Rn 13; Erman/Maier-Reimer § 179 Rn 6; MünchKomm/Schubert § 179 Rn 34; NK-BGB/Ackermann § 179 Rn 13; Palandt/Ellenberger § 179 Rn 2; PWW/Frensch § 179 Rn 8; Staudinger/Thüsing [2019] § 312 Rn 48 ff; Soergel/Leptien § 179 Rn 6; Brox/Walker § 27 Rn 13; ausf und zT krit zu den unterschiedlichen Konstellationen Hoffmann JZ 2012, 1156, 1163 f; Schreindorfer 374 ff). – Die wirksame Anfechtung der Bevollmächtigung führt hingegen grundsätzlich zum Handeln als vollmachtloser Vertreter (s § 167 Rn 81).

d) Ein **Verschulden** des vollmachtlosen Vertreters hinsichtlich der fehlenden Ver- **11** tretungsmacht ist für die Haftung nach § 179 BGB nicht erforderlich (RG JW 1933, 2641; BGHZ 105, 283, 285; BGH NJW-RR 2005, 215; MünchKomm/Schubert § 179 Rn 2; Bork Rn 1619; Wolf/Neuner § 51 Rn 21; s auch die Nachw oben Rn 2; vgl Prölss JuS 1986, 169 f; anders Doerner 175 f: Verschulden erforderlich). Daher nützt es dem Vertreter nichts, dass er mit der Genehmigung des Vertrages durch den Vertretenen fest gerechnet hat (BGB-RGRK/Steffen § 179 Rn 1). Jedoch muss der Vertreter, wie § 179 Abs 2 BGB zeigt, im Falle des § 179 Abs 1 BGB den **Mangel der Vertretungsmacht gekannt** haben (BRHP/Schäfer § 179 Rn 19; MünchKomm/Schubert § 179 Rn 51, vgl Rn 17), wobei dem eine willkürliche Unterstellung der Vertretungsmacht gleich steht (OLG Saarbrücken OLGZ 1989, 235; Palandt/Ellenberger § 179 Rn 7); gem § 142 Abs 2 BGB wird zudem schon durch die Kenntnis eines Anfechtungsgrundes das Haftungsprivileg des § 179 Abs 2 BGB beseitigt.

3. Die Rechtsfolgen des § 179

a) Gem § 179 Abs 1 BGB hat der andere Teil, dh der Vertragspartner (BAG **12** NZA-RR 2008, 298, 300: bei einer Betriebsvereinbarung nicht die Arbeitnehmer) die **Wahl** zwischen dem Anspruch auf Erfüllung oder auf Schadensersatz. Auf den Nachweis der Vertretungsmacht kann der als Vertreter Aufgetretene nicht verklagt werden (KG OLGE 5, 52; Soergel/Leptien § 179 Rn 4). Die Haftung nach § 179 BGB macht das Geschäft nicht zu einem solchen des Vertreters, der also nicht Vertragspartei wird (RGZ 120, 126, 129; BGH NJW 1971, 429, 430; BGB-RGRK/Steffen § 179 Rn 9; BRHP/Schäfer § 179 Rn 20; Hk-BGB/Dörner § 179 Rn 6; Jauernig/Mansel § 179 Rn 7; jurisPK-BGB/Weinland § 179 Rn 15; MünchKomm/Schubert § 179 Rn 39; NK-BGB/Ackermann § 179 Rn 14; Palandt/ Ellenberger § 179 Rn 5; PWW/Frensch § 179 Rn 15; Soergel/Leptien § 179 Rn 16; Schäfer 29, 31, allgM), sondern ist *gesetzliche Garantenhaftung* (s oben Rn 2). Eine Nachforschungspflicht des auf die Erklärung des Vertreters vertrauenden Dritten hinsichtlich des Bestehens der Vertretungsmacht besteht nicht (OLG Düsseldorf NJW-RR 1995, 113).

In diesem Rahmen wird jedoch ein **Wahlschuldverhältnis** (Anspruch mit alternativem **13** Inhalt) begründet, auf welches die §§ 262 ff BGB Anwendung finden (RGZ 154, 58, 60; BGB-RGRK/Steffen § 179 Rn 10; BRHP/Schäfer § 179 Rn 19; Jauernig/Mansel § 179 Rn 6; jurisPK-BGB/Weinland § 179 Rn 15; MünchKomm/Schubert § 179 Rn 37 f; NK-BGB/Ackermann § 179 Rn 19; PWW/Frensch § 179 Rn 14; Soergel/Leptien § 179 Rn 15; Bork Rn 1630; Enneccerus/Nipperdey § 183 I 3; Flume § 47 3 b; Eisenhardt Rn 457; Hübner Rn 1313; Leipold § 26 Rn 10; Pawlowski Rn 802; Stadler § 32 Rn 7; Wolf/Neuner § 51 Rn 28; Schäfer 30; Tempel 254; für elektive Konkurrenz hingegen Erman/Maier-Reimer § 179 Rn 8; Palandt/Ellenberger § 179 Rn 5; Staudinger/Bittner [2014] § 262 Rn 10; Wertenbruch § 34 Rn 4; Hilger NJW 1986, 2237; Prütting/Schirrmacher Jura 2016, 1156, 1164), mit der Folge, dass der Berechtigte an eine einmal getroffene Wahl gebunden ist. Für eine Wahlschuld und gegen elektive Konkurrenz spricht neben dem Wortlaut der Umstand, dass die Rechtsfolgen gleichrangig nebeneinander stehen und demselben (positiven) Interesse dienen (MünchKomm/Schubert § 179 Rn 37). Die Wahl erfolgt durch (ausdrückliche oder konkludente) Erklärung des Geschäftsgegners gegenüber dem Vertreter (§ 263 Abs 1 BGB). Der Wahlberechtigte verliert das Wahlrecht nicht dadurch, dass der Vertreter ihm Erfüllung anbietet (OLG Hamburg HRR 1932 Nr 2237; BGB-RGRK/Steffen § 179 Rn 10; BRHP/Schäfer § 179 Rn 19; MünchKomm/Schubert § 179 Rn 38; Soergel/Leptien § 179 Rn 15), wohl aber gem § 263 Abs 2 BGB durch die einmal erfolgte Wahl (RGZ

154, 58, 62; MünchKomm/Schubert § 179 Rn 38). Das erscheint auch sachgerecht, da der von der schwerwiegenden Garantiehaftung betroffene Vertreter nach Entscheidung des Gläubigers in seiner Disposition geschützt werden sollte (ganz hM, s oben; aA Hilger NJW 1986, 2237). Ist die Erfüllung durch den Vertreter – wie häufig, insbes bei individuellen Geschäften und Stückschulden – von Anfang an unmöglich oder wird sie es später, so *beschränkt sich das Schuldverhältnis* gem § 265 S 1 BGB auf die Schadensersatzpflicht (BRHP/Schäfer § 179 Rn 19; Erman/Maier-Reimer § 179 Rn 8; MünchKomm/Schubert § 179 Rn 38; NK-BGB/Ackermann § 179 Rn 16, Rn 19; PWW/Frensch § 179 Rn 14; Soergel/Leptien § 179 Rn 15, allgM, s auch OLG Saarbrücken NJW-RR 2009, 1488, 1490). Dies gilt uneingeschränkt beim Abschluss dinglicher Verträge, auf den § 179 BGB aber grundsätzlich Anwendung findet (OLG Kiel OLGE 35, 164; BRHP/Schäfer § 179 Rn 21; Erman/Maier-Reimer § 179 Rn 8; MünchKomm/Schubert § 179 Rn 7, Rn 38, Rn 46; NK-BGB/Ackermann § 179 Rn 7; PWW/Frensch § 179 Rn 14; Soergel/Leptien § 179 Rn 13; Pawlowski Rn 893; Wolf/Neuner § 51 Rn 24; **krit** zur Anwendbarkeit auf Verfügungen Brehm Rn 487) und bei Vertragspflichten mit höchstpersönlichem Charakter (BRHP/Schäfer § 179 Rn 21; MünchKomm/Schubert § 179 Rn 38; PWW/Frensch § 179 Rn 14; Soergel/Leptien § 179 Rn 15; Wolf/Neuner § 51 Rn 24). Eine entsprechende Besonderheit ergibt sich auch im Hinblick auf § 899a BGB, der eine Anwendung des § 179 BGB bei Handeln nicht vertretungsberechtigter BGB-Gesellschafter nicht ausschließt (MünchKomm/Schubert § 179 Rn 30 mwNw, str); ist es zu einem kondizierbaren gutgläubigen Erwerb des Geschäftsgegners gekommen, so kann sich der Anspruch aus § 179 BGB gegen den/die organschaftlichen Vertreter nur noch auf Schadensersatz richten (Münch-Komm/Schubert § 179 Rn 45 mwNw [auch zur evtl Haftung analog § 128 HGB], str).

14 b) Der **Erfüllungsanspruch** nach der ersten Alternative des § 179 Abs 1 BGB richtet sich nicht auf den Eintritt der Vertragswirkungen in der Person des vollmachtlosen Vertreters, sondern darauf, dass dem Vertragspartner – im Falle eines Vertrages zugunsten Dritter nach § 328 BGB dem Dritten (OLG Hamm NJW-RR 1987, 1109, 1110; BRHP/Schäfer § 179 Rn 20; MünchKomm/Schubert § 179 Rn 39; Palandt/Ellenberger § 179 Rn 5) – vom Vertreter in Naturalrestitution diejenige Rechtsposition verschafft wird, die er bei einem Vertragsabschluss mit dem Vertretenen gehabt hätte (BGH NJW 1971, 429, 430; MünchKomm/Schubert § 179 Rn 39). Ziel ist ein vertragsgemäßer Interessenausgleich, obwohl der vollmachtlose *Vertreter nicht zur Vertragspartei* wird (s Rn 12), weil hierauf der Vertragswille des Partners nicht gerichtet war (Flume § 47 3 a; s iü die Nachw in Rn 12). Der Vertragsgegner hat alle Ansprüche, die er vertraglich gegen den Vertretenen hätte geltend machen können; es gelten die allgemeinen Regeln über die Leistung, sodass sich auch wieder Sekundäransprüche auf Schadensersatz ergeben können (RGZ 120, 126, 129; OLG Köln NJW-RR 1990, 760; BRHP/Schäfer § 179 Rn 20; Erman/Maier-Reimer § 179 Rn 10; MünchKomm/Schubert § 179 Rn 40; NK-BGB/Ackermann § 179 Rn 16; Palandt/Ellenberger § 179 Rn 5; PWW/Frensch § 179 Rn 15; Soergel/Leptien § 179 Rn 16; Flume § 47 3 b; Pawlowski Rn 802). Die Klage gegen den Vertreter kann auch am Erfüllungsort (OLG München OLGZ 1966, 424) oder vereinbarten Gerichtsstand (OLG Hamburg MDR 1975, 227) erhoben werden, nicht aber aufgrund einer Schiedsklausel vor dem Schiedsgericht (BGH NJW 1977, 1398). Auf Sicherheiten für den nicht bestehenden Erfüllungsanspruch gegen den Vertretenen kann der Geschäftsgegner nicht zugreifen (MünchKomm/Schubert § 179 Rn 42).

15 Da der Vertragspartner bei der Wahl des Erfüllungsanspruchs nicht mehr erlangen soll, als er bei einem Vertragsabschluss mit dem Vertretenen gehabt hätte, **entfällt**

sein Anspruch gegen den Vertreter nach hM, **wenn der Vertretene**, zB wegen Vermögenslosigkeit, den Anspruch **nicht hätte erfüllen können**. Dies wird unmittelbar aus der Aufgabe des § 179 BGB hergeleitet, dem Vertragspartner die Rechtsposition zu verschaffen, die er bei einem Vertragsabschluss mit dem Vertretenen gehabt hätte (OLG Hamm MDR 1993, 515; BRHP/Schäfer § 179 Rn 15; Erman/Maier-Reimer § 179 Rn 11; jurisPK-BGB/Weinland § 179 Rn 18; MünchKomm/Schubert § 179 Rn 43; NK-BGB/Ackermann § 179 Rn 15; Palandt/Ellenberger § 179 Rn 2; Soergel/Leptien § 179 Rn 16; Bitter/Röder § 10 Rn 255; Bork Rn 1627; Faust § 27 Rn 10; Flume § 47 3 b; Hübner Rn 1313; Schmidt Rn 907 f; Stadler § 32 Rn 7; Tempel 254; Bornemann AcP 207, 102, 110 f). An diesem Maßstab der „Vertrauensentsprechung" oder „Garantiefunktion" muss sich der Anspruch auf Erfüllung und Erfüllungsinteresse orientieren (grundlegend Flume § 47 3 b; MünchKomm/Schubert § 179 Rn 43; NK-BGB/Ackermann § 179 Rn 15; Soergel/Leptien § 179 Rn 16 und hM; aA Brehm Rn 487; Köhler § 11 Rn 69; Medicus/Petersen Rn 987; Pawlowski Rn 802; Wertenbruch § 34 Rn 6; Hilger NJW 1986, 2237, 2238 f). Eine unzulässige Verdoppelung des Insolvenzrisikos liegt darin nicht, weil der Vertragspartner das Risiko der Zahlungsunfähigkeit des Vertretenen in jedem Falle tragen müsste und lediglich über § 179 BGB einen anderen Schuldner erhält, auf dessen angebliches Vertreterhandeln er sich eingelassen hat (Prölss JuS 1976, 169, 171). Ist der Vertretene in Insolvenz gefallen, so haftet der Vertreter nach § 117 Abs 3 InsO nicht, wenn er das Vertretergeschäft in Unkenntnis des Insolvenzverfahrens vornimmt (Schilken KTS 2007, 1, 17 f). Ansonsten kann der Dritte im Falle fiktiver Erfüllungswahl nach § 103 InsO auch vom Vertreter Erfüllung, sonst nur Schadensersatz in Höhe der fiktiven Insolvenzquote verlangen; Nachforderungsansprüche bleiben freilich unberührt (MünchKomm/Schubert § 179 Rn 44; NK-BGB/Ackermann § 179 Rn 15; Soergel/Leptien § 179 Rn 16). Prozessuale Probleme können sich zwar ergeben (vgl Hilger NJW 1986, 2237, 2238 f), sind aber lösbar.

Da der Vertreter nicht Vertragspartner ist und § 179 Abs 1 BGB auch keine entsprechende Rechtsfolge vorsieht, steht ihm gegen den Dritten nach ganz hM **kein eigener Erfüllungsanspruch** zu (**aA** Boemke/Ulrici § 13 Rn 106); er hat jedoch, wenn der Dritte den Erfüllungsanspruch wählt, zu seinem Schutz nach Treu und Glauben die Rechte aus den §§ 320 ff BGB (RGZ 120, 126, 129; BGH NJW 1971, 429, 430; 2001, 3184, 3185; BGB-RGRK/Steffen § 179 Rn 11; BRHP/Schäfer § 179 Rn 22; Erman/Maier-Reimer § 179 Rn 10; Hk-BGB/Dörner § 179 Rn 6; Jauernig/Mansel § 179 Rn 7; jurisPK-BGB/Weinland § 179 Rn 15; MünchKomm/Schubert § 179 Rn 41; NK-BGB/Ackermann § 179 Rn 16; Palandt/Ellenberger § 179 Rn 5; PWW/Frensch § 179 Rn 15; Soergel/Leptien § 179 Rn 16; Flume § 47 3 b; Petersen Jura 2010, 904, 906; Prütting/Schirrmacher Jura 2016, 1156, 1165) und es steht ihm auch die Einwendung von Gewährleistungsansprüchen (OLG Hamburg SeuffA 62 Nr 201; OLG Köln NJW-RR 1990, 760) oder zB diejenige der vorbehaltlosen Annahme der Schlusszahlung (OLG Düsseldorf BauR 1985, 339) zu. Hat der Vertreter die Erfüllungsleistung erbracht, so ist ihm aber gleichfalls nach Treu und Glauben (§ 242 BGB) auch der Anspruch auf die Gegenleistung zuzubilligen (OLG Koblenz OLGR 2005, 39; BRHP/Schäfer § 179 Rn 22; Erman/Maier-Reimer § 179 Rn 10; MünchKomm/Schubert § 179 Rn 41; NK-BGB/Ackermann § 179 Rn 16; PWW/Frensch § 179 Rn 15; Soergel/Leptien § 179 Rn 16; Bork Rn 1627; Köhler § 11 Rn 69; Leenen § 16 Rn 19; Medicus/Petersen Rn 986; Pawlowski Rn 802; Schmidt Rn 905; Wolf/Neuner § 51 Rn 25; Prütting/Schirrmacher Jura 2016, 1156, 1165). – Die **Verjährung** bestimmt sich für sämtliche Ansprüche aus § 179 BGB nach der Rechtsnatur des Anspruchs, wie sie sich bei einem Anspruch des Vertretenen dargestellt haben würde (BGHZ 73, 266, 269 f; BGH NJW 2004, 774;

BGB-RGRK/Steffen § 179 Rn 12; BRHP/Schäfer § 179 Rn 24; Erman/Maier-Reimer § 179 Rn 13; Hk-BGB/Dörner § 179 Rn 11; Jauernig/Mansel § 179 Rn 12; jurisPK-BGB/Weinland § 179 Rn 21; MünchKomm/Schubert § 179 Rn 49; NK-BGB/Ackermann § 179 Rn 20; Palandt/Ellenberger § 179 Rn 8; PWW/Frensch § 179 Rn 15; Soergel/Leptien § 179 Rn 21). Maßgeblich für den Beginn der Verjährung ist die Entstehung des Anspruchs, somit der Zeitpunkt der Verweigerung der Genehmigung bzw ihrer Fiktion nach § 177 Abs 2 S 2 BGB (BGHZ 73, 266, 269 f; dazu ausf Medicus/Petersen Rn 990). Etwaige *Ausschlussfristen* gelten auch für den Anspruch gegen den Vertreter (vgl BAG NJW 2007, 1378, 1379; Palandt/Ellenberger § 179 Rn 8; PWW/Frensch § 179 Rn 15).

16 c)   Der **Schadensersatzanspruch** nach der zweiten Alternative des § 179 Abs 1 BGB richtet sich auf das finanzielle Äquivalent der Leistung, die der Vertretene bei Wirksamkeit des Vertrages erbracht hätte, mithin auf das **Erfüllungsinteresse**, jedoch ohne Naturalrestitution. Der Schadensersatzanspruch ist also *nur auf Geld gerichtet;* anderenfalls würde er keine Alternative zum Erfüllungsanspruch darstellen (BGB-RGRK/Steffen § 179 Rn 12; BRHP/Schäfer § 179 Rn 23; Erman/Maier-Reimer § 164 Rn 12; Jauernig/Mansel § 179 Rn 8; jurisPK-BGB/Weinland § 179 Rn 17; MünchKomm/Schubert § 179 Rn 47; NK-BGB/Ackermann § 179 Rn 18; Palandt/Ellenberger § 179 Rn 6; PWW/Frensch § 179 Rn 16; Soergel/Leptien § 179 Rn 17, allgM). Die Berechnung des Schadens richtet sich ansonsten aber nach den allgemeinen Grundsätzen; bei gegenseitigen Verträgen ist demnach idR eine Differenzberechnung anzustellen, je nach Inhalt der Gegenleistung kommt aber auch eine Berechnung nach der Surrogationstheorie in Betracht (MünchKomm/Schubert § 179 Rn 47). Auch eine abstrakte Schadensberechnung ist möglich (RGZ 58, 326, 327 [zu § 179 Abs 2]; BGB-RGRK/Steffen § 179 Rn 12; BRHP/Schäfer § 179 Rn 23; Erman/Maier-Reimer § 179 Rn 15; MünchKomm/Schubert § 179 Rn 47; PWW/Frensch § 179 Rn 16; Soergel/Leptien § 179 Rn 17). Im Rahmen der Schadensersatzverpflichtung haftet zB jemand, der vollmachtlos eine Deckungszusage erteilt hat, auf die Leistungen, die bei ordnungsgemäßer Versicherung erbracht worden wären (BGH VersR 1963, 554). Zum Schaden gehören als Schadensersatz statt der Leistung (§§ 280 Abs 3, 281 ff, 284 BGB) auch (allein) durch das Fehlen der Vertretungsmacht verursachte vergebliche Aufwendungen des Geschäftsgegners (BRHP/Schäfer § 179 Rn 23; Erman/Maier-Reimer § 179 Rn 12; jurisPK-BGB/Weinland § 179 Rn 17; MünchKomm/Schubert § 179 Rn 48; NK-BGB/Ackermann § 179 Rn 18), zB dann – dh nur bei sonstigem Vorliegen eines Erfüllungsanspruchs – die *Kosten eines erfolglosen Vorprozesses* gegen den Vertretenen (OLG Stuttgart Recht 1937 Nr 5233; OLG Düsseldorf NJW 1992, 1176, 1177; OLG Karlsruhe NJW-RR 2010, 675, 676 f). Der Ersatzanspruch verjährt nach den allgemeinen Grundsätzen in derselben Frist, die für den nicht entstandenen Erfüllungsanspruch gegolten hätte (BGHZ 73, 266, 269 f, vgl die Nachw in Rn 15; **aA** noch RGZ 145, 40).

17 d)   Eine Einschränkung des Ersatzanspruchs auf das **negative Interesse** sieht **§ 179 Abs 2 BGB** vor, wenn dem Vertreter der Mangel seiner Vertretungsmacht unbekannt war, ohne dass es insoweit auf ein Verschulden (Fahrlässigkeit oder grobe Fahrlässigkeit) ankommt (RG JW 1933, 2641; BGH WM 1977, 479, ganz hM, s nur Canaris, in: FG Bundesgerichtshof [2000] 129, 171 f mwNw; BGB-RGRK/Steffen § 179 Rn 6; BRHP/Schäfer § 179 Rn 25; Erman/Maier-Reimer § 179 Rn 14; jurisPK-BGB/Weinland § 179 Rn 19; MünchKomm/Schubert § 179 Rn 52; NK-BGB/Ackermann § 179 Rn 21; Palandt/Ellenberger § 179 Rn 7; PWW/Frensch § 179 Rn 17; Soergel/Leptien § 179 Rn 18; Bork Rn 1632; Eisenhardt Rn 458; Köhler § 11 Rn 70; Medicus/Petersen Rn 994; Schmidt Rn 909; Wolf/Neuner § 51

Rn 29; **aA** DOERNER 175 ff; HÜBNER Rn 1315; LOBINGER 293 f; HOFFMANN JZ 2012, 1156, 1164). Insoweit geht die Haftung des Vertreters, weil sie über die Unkenntnis hinaus kein Verschulden voraussetzt, über Verpflichtungen aus einer cic hinaus (BGB-RGRK/ STEFFEN § 179 Rn 13). Nach der ausgesprochenen Absicht der Verfasser des BGB (Prot I 327) und dem unmissverständlichen Wortlaut des § 179 Abs 2 BGB ist diese Garantiehaftung ohne Rücksicht auf jedes Verschulden nach dem Modell des § 122 BGB bei der Irrtumsanfechtung geschaffen worden, die gleichfalls kein Verschulden voraussetzt (ganz hM, s nur SOERGEL/HEFERMEHL § 122 Rn 1; FLUME § 21 7; ausf ACKERMANN § 10; CANARIS, in: FG Bundesgerichtshof [2000] 129, 171 f, jew mwNw; HARKE JR 2003, 1, 2; PRÜTTING/SCHIRRMACHER Jura 1016, 1156, 1167; WILLEMS JuS 2015, 586, 587; **aA** LOBINGER 207 ff; s dazu schon Rn 2 mwNw). Entgegen teilweise vertretener Ansicht besteht auch kein unabweisbarer Grund zu einer Einschränkung der Haftung des Vertreters nach Abs 1 oder Abs 2 für solche Fälle, in denen der Mangel der Vertretungsmacht außerhalb jeder Erkenntnis- und Beurteilungsmöglichkeit des Vertreters lag (dafür SOERGEL/LEPTIEN § 177 Rn 18; FLUME § 47 3 c; HÜBNER Rn 1315; CANARIS 535; DORKA/LOSERT DStR 2005, 1145 [für Treuhänder bei Unwirksamkeit der Vollmacht wegen Verstoßes gegen das RBerG aF]; OSTHEIM AcP 169, 203 f; ähnlich PRÖLSS JuS 1986, 169, 170). Die strikte Haftung des Vertreters mag in solchen Fällen rechtspolitisch problematisch sein, kann aber durchaus für sich in Anspruch nehmen, dass die Belastung des Vertreters mit dem Geschäftsrisiko näher liegt als die Schadensabwälzung auf den Dritten. Selbst wenn der Mangel der Vertretungsmacht zB erst durch Anfechtung der Vollmacht aus nicht in der Person des Vertreters liegenden Umständen erfolgt ist, fällt der Mangel eher in seinen Risikobereich als in denjenigen des Kontrahenten. Insofern steht die irrtümliche Annahme bestehender Vertretungsmacht – darum handelt es sich letztlich auch im Falle der Anfechtung – den Irrtumsfällen des § 119 BGB auch nicht so fern, dass man die vom Gesetzgeber getroffene Wertung als fehlerhaft und unbedingt korrekturbedürftig bezeichnen könnte (wie hier die ganz hM, s etwa BGB-RGRK/STEFFEN § 179 Rn 13; BRHP/SCHÄFER § 179 Rn 26; ERMAN/MAIER-REIMER § 179 Rn 14; jurisPK-BGB/ WEINLAND § 179 Rn 12; MünchKomm/SCHUBERT § 179 Rn 52; NK-BGB/ACKERMANN § 179 Rn 21; PWW/FRENSCH § 179 Rn 12, Rn 16; BORK Rn 1632; KÖHLER § 11 Rn 70; MEDICUS/PETERSEN Rn 994; WOLF/NEUNER § 51 Rn 33; BORNEMANN AcP 207, 102, 112 ff; BÜHLER MDR 1987, 985, 988; PETERSEN Jura 2010, 904, 906; PRÜTTING/SCHIRRMACHER Jura 2016, 1156, 1169 f; s auch CANARIS, in: FG Bundesgerichtshof [2000] 171 f). Die Haftung ist nach § 179 Abs 2 BGB ist – entsprechend § 122 Abs 2 BGB – auf das Erfüllungsinteresse beschränkt (s dazu ACKERMANN, § 10; ausf auch WILLEMS JuS 2015, 587).

In Ausnahmefällen wird ein Ausschluss der Haftung des Vertreters nach § 179 **18** BGB – soweit dann nicht ohnehin Abs 3 S 1 eingreift (s dazu Rn 19) – ferner für solche Fälle angenommen, in denen der Geschäftsgegner im Einzelfall **nicht schutzwürdig** ist, insbesondere auf das Bestehen der Vertretungsmacht nicht vertrauen konnte. Das kommt vor allem in Betracht, wenn der Vertreter selbst auf den möglichen Mangel der Vertretungsmacht hingewiesen hat (BRHP/SCHÄFER § 179 Rn 29; ERMAN/MAIER-REIMER § 179 Rn 21; jurisPK-BGB/WEINLAND § 179 Rn 12; MünchKomm/SCHUBERT § 179 Rn 56; NK-BGB/ACKERMANN § 179 Rn 24 [nach Abs 3 S 1]), oder wenn er dem Geschäftsgegner die zur Feststellung der Vertretungssituation erforderlichen Tatsachen umfassend mitgeteilt und sie seiner rechtlichen Bewertung überlassen hat (BRHP/SCHÄFER § 179 Rn 29; ERMAN/MAIER-REIMER § 179 Rn 21; jurisPK-BGB/WEINLAND § 179 Rn 12; MünchKomm/SCHUBERT § 179 Rn 56; SOERGEL/LEPTIEN § 179 Rn 2; MÜLLER AcP 168, 113, 140; PRÖLSS JuS 1986, 169, 170; vgl auch BGHZ 39, 45, 51; eine solche Haftungsbeschränkung abl Erman/Maier-Reimer § 179 Rn 21; Palandt/Ellenberger § 179 Rn 2; PWW/Frensch § 179 Rn 9; Bork Rn 1634; Medicus/Petersen Rn 995). Auch bei Rückführung der Vertretungsmacht auf ein verfassungswidriges Gesetz scheidet § 179 BGB aus, weil die Ursache für das enttäuschte Vertrauen dann nicht beim Vertreter gelegen hat (BGHZ 39, 45, 51; Erman/Maier-Reimer § 179 Rn 21; jurisPK-BGB/Weinland § 179 Rn 12; PWW/Frensch § 179 Rn 10; Soergel/Leptien § 179 Rn 2). Ebenso scheitert eine Inanspruchnahme des Vertreters aus § 179 BGB, wenn der vollmachtlos Vertretene faktisch den Rechtszustand herbeiführt, der bei einer wirksamen Verpflichtung eingetreten wäre (OLG Hamm BauR 2004, 1472, 1473). – Zum (abzulehnenden) *Ausschluss des Anspruchs aus § 179 Abs 2 BGB* wegen Vorrangs des Anspruchs nach § 122 BGB *bei Anfechtung der ausgeübten Innenvollmacht* s § 167 Rn 81 f.

Soweit die Haftung nach § 179 Abs 2 BGB eingreift, muss der Vertragspartner in die Lage versetzt werden, in der er sich befinden würde, wenn er den Vertrag nicht abgeschlossen hätte (RG SeuffA 62 Nr 131; SeuffBl 72, 644). Das Vertrauensinteresse nach § 179 Abs 2 BGB ist, wie das nach § 122 BGB, durch das Erfüllungsinteresse begrenzt (dazu ausf Ackermann [Rn 2] 252 ff; MünchKomm/Schubert § 179 Rn 53), sodass auch hier die Vermögenslage des Vertretenen Bedeutung erlangen kann (MünchKomm/Schubert § 179 Rn 53; Flume § 47 3 c; Bornemann AcP 207, 102, 111; s oben Rn 15). Zur Abdingbarkeit s oben Rn 3. Eine abstrakte Schadensberechnung ist auch im Zusammenhang des § 179 Abs 2 BGB zulässig (RGZ 58, 326; Erman/Maier-Reimer § 179 Rn 15; Soergel/Leptien § 179 Rn 18; Harke JR 2003, 1 ff); sie kann durchaus dazu führen, dass das negative Interesse dem positiven Interesse an der Durchführung des gescheiterten Geschäftes entspricht (vgl Harke JR 2003, 1 ff: Vermutung für Identität des Interesses).

19 e) Gem **§ 179 Abs 3 S 1 BGB** sind die **Ansprüche gegen den Vertreter ausgeschlossen**, wenn der Vertragspartner den **Mangel der Vertretungsmacht kannte oder kennen musste**. Das gilt auch, wenn der Vertreter den Mangel seiner Vertretungsmacht kannte, also nicht nur für den Fall des § 179 Abs 2 BGB, sondern auch des Abs 1 (BRHP/Schäfer § 179 Rn 28; jurisPK-BGB/Weinland § 179 Rn 13 f; MünchKomm/Schubert § 179 Rn 56; NK-BGB/Ackermann § 179 Rn 23; Palandt/Ellenberger § 179 Rn 4; Wolf/Neuner § 51 Rn 30; Prölss JuS 1986, 169, 171 f; Prütting/Schirrmacher Jura 2016, 1156, 1168). In jedem Fall beseitigt allein schon die Kenntnis des Vertragspartners vom Fehlen der Vertretungsmacht – aus welchem Grunde auch immer – den Anspruch (BGH NJW 2009, 215, 216 bei Handeln für einen nicht existierenden Rechtsträger [s unten Rn 22]; s dazu Fehrenbach NJW 2009, 2173; Prütting/Schirrmacher Jura 2016, 1156, 1168). Andererseits sind an die Anforderungen des Haftungsausschlusses wegen – allerdings nicht nur grober (so aber PWW/Frensch § 179 Rn 4) – Fahrlässigkeit des Gegners nicht zu geringe Anforderungen zu stellen; regelmäßig besteht keine Nachforschungspflicht (BGHZ 147, 381, 385; BGH NJW 2000, 1407, 1408; 2001, 2626, 2627; NJW-RR 2005, 268, 269; BRHP/Schäfer § 179 Rn 28; Erman/Maier-Reimer § 179 Rn 18; Hk-BGB/Dörner § 179 Rn 9; Jauernig/Mansel § 179 Rn 5; jurisPK-BGB/Weinland § 179 Rn 10 f; MünchKomm/Schubert § 179 Rn 56; NK-BGB/Ackermann § 179 Rn 23; Palandt/Ellenberger § 179 Rn 4; PWW/Frensch § 179 Rn 4; Soergel/Leptien § 179 Rn 19, allgM). Fahrlässige Unkenntnis liegt vor, wenn wegen besonderer Umstände nach der Verkehrsauffassung Veranlassung bestand, die Vertretungsmacht zu überprüfen (RGZ 104, 191, 194; BGHZ 105, 283, 285 f; 147, 381, 385; BGH NJW 1990, 387, 388 uö [s oben]; OLG Celle OLGZ 1976, 442; OLG Saarbrücken NJW-RR 2001, 453, 454; NJW-RR 2009, 1488, 1489; BGB-RGRK/Steffen § 179 Rn 8; BRHP/

SCHÄFER § 179 Rn 28; jurisPK-BGB/WEINLAND § 179 Rn 11; MünchKomm/SCHUBERT § 179 Rn 56; NK-BGB/ACKERMANN § 179 Rn 23; PALANDT/ELLENBERGER § 179 Rn 4; SOERGEL/LEPTIEN § 179 Rn 19; BOECKEN Rn 677; EISENHARDT Rn 459; HÜBNER Rn 1316; MEDICUS/PETERSEN Rn 992: „nur evidente Mängel"; SCHMIDT Rn 899; TEMPEL 255; HAASE GmbHR 2000, 382, 383; PRÜTTING/ SCHIRRMACHER Jura 2016, 1156, 1168 f; vgl auch § 173 Rn 2). Die Zusage des Vertreters, die Vollmacht nachzureichen, begründet idR noch keine Zweifel am Bestand der Vollmacht (vgl BGH NJW 2000, 1407; OLG Celle OLGZ 1976, 442). Auch eine Kenntnis oder Überprüfung einschlägiger Rechtsvorschriften über das Ausmaß gesetzlicher Vertretungsmacht kann vom Geschäftspartner nicht ohne weiteres verlangt werden (RGZ 104, 191, 193 f betr Gemeinde; BGH NJW 1990, 387, 388 betr GmbH; BGH NJW 2000, 1407, 1408 betr Verwaltungsdirektor eines Krankenhauses; MünchKomm/SCHUBERT § 179 Rn 58; SOERGEL/LEPTIEN § 179 Rn 19; MÜLLER AcP 168, 113, 148). Bei Bestellung eines Liquidators kann uU noch gutgläubig mit dem früheren Geschäftsführer kontrahiert werden (BGH NJW-RR 2005, 268, 269). Keine gesetzliche Grundlage bietet § 179 Abs 3 S 1 BGB für eine zwar de lege ferenda vorzugswürdige Abwägung der Möglichkeiten der Kenntnisverschaffung des Vertreters einerseits und des Geschäftsgegners andererseits in relativer Bestimmung des Fahrlässigkeitsmaßstabes (so aber NK-BGB/ACKERMANN § 179 Rn 24; ders [s oben Rn 2] 333 f; wie hier MünchKomm/SCHUBERT § 179 Rn 57); allenfalls kann man an eine Anwendung des § 242 BGB denken, wenn der Geschäftsgegner aufgrund besonderer Umstände auf das Wirksamwerden des Vertrages vertrauen durfte (BGH NJW 2009, 215, 216 f). Für das somit für den Haftungsausschluss grundsätzlich allein maßgebliche Kennen oder Kennenmüssen des Geschäftsgegners kommt es auf den Zeitpunkt der Vornahme des Vertretergeschäftes an; späteres Wissen (müssen) kann nur für die Bemessung des Schadensersatzanspruchs nach § 254 BGB bedeutsam werden (MünchKomm/SCHUBERT § 179 Rn 60; SOERGEL/LEPTIEN § 179 Rn 19; SCHMIDT Rn 901; PRÜTTING/SCHIRRMACHER Jura 2016, 1156, 1168). S iÜ zum Haftungsausschluss Rn 18.

Sofern die Haftung des Vertreters nach § 179 Abs 3 S 1 BGB ausgeschlossen ist, wirkt dieser Ausschluss im Rahmen der Ansprüche aus § 179 BGB vollständig. Eine andere Frage ist es, ob dem Geschäftsgegner in diesem Fall gegen den Vertreter ein – evtl gem § 254 BGB gekürzter – Schadensersatzanspruch aus cic zugesprochen werden kann (s dazu Rn 20).

Ferner wird nach **§ 179 Abs 3 S 2 BGB** die **Haftung eines beschränkt geschäftsfähigen Vertreters ausgeschlossen**, wenn er nicht mit Zustimmung seines gesetzlichen Vertreters gehandelt hat. Im letzteren Fall hingegen trifft auch den Minderjährigen die Haftung nach § 179 Abs 1 und 2 BGB. Für die Zustimmung sind die §§ 182 ff BGB anwendbar, sodass sie auch nach Vornahme des Vertretergeschäftes als rückwirkende (§ 184 Abs 1 BGB) Genehmigung mit der Haftungsfolge erteilt werden kann (BRHP/SCHÄFER § 179 Rn 30; MünchKomm/SCHUBERT § 179 Rn 62; NK-BGB/ACKERMANN § 179 Rn 25; PWW/FRENSCH § 179 Rn 5; SOERGEL/LEPTIEN § 179 Rn 20; PRÜTTING/SCHIRRMACHER Jura 2016, 1156, 1169; **aA** PRÖLSS JuS 1986, 169, 172), freilich nur während der Schwebezeit des ohne Vertretungsmacht geschlossenen Geschäftes. Solange die Zustimmung des gesetzlichen Vertreters dem beschränkt Geschäftsfähigen rechtliches Handeln – sei es auch mit dem Haftungsrisiko des § 179 BGB – ermöglicht, ist dagegen und somit gegen die Bestimmung des § 179 Abs 3 S 2 BGB nichts einzuwenden; die Zustimmung muss sich nicht speziell auf das Fehlen der Vertretungsmacht beziehen, von der der gesetzliche Vertreter also nichts gewusst haben muss (BRHP/SCHÄFER

19a

§ 179 Rn 30; jurisPK-BGB/Weinland § 179 Rn 12; NK-BGB/Ackermann § 179 Rn 25; Palandt/Ellenberger § 179 Rn 4; Soergel/Leptien § 179 Rn 20; Köhler § 11 Rn 71; Prütting/Schirrmacher Jura 2016, 1156, 1169; aA van Venrooy AcP 181, 220, 227 ff; offen Wolf/Neuner § 51 Rn 31). Sie präjudiziert iÜ nicht die erforderliche Genehmigung des vollmachtlosen Vertretergeschäfts nach § 177 Abs 1 BGB (MünchKomm/Schubert § 179 Rn 62; NK-BGB/Ackermann § 179 Rn 25). Eine deliktische Haftung des beschränkt geschäftsfähigen Vertreters bleibt von § 179 Abs 3 S 2 BGB unberührt, eine solche aus cic (s Rn 20) scheidet hingegen aus (BRHP/Schäfer § 179 Rn 30; Erman/Maier-Reimer § 179 Rn 18; MünchKomm/Schubert § 179 Rn 62 f; Soergel/Leptien § 179 Rn 20; Schmidt Rn 903; Medicus JuS 1965, 209, 215).

20 f) Unabhängig von den Ansprüchen aus § 179 BGB können sich gegen den geschäftsfähigen Vertreter ohne Vertretungsmacht (zum Vertreter *mit* Vertretungsmacht s § 164 Rn 15) **Ansprüche aus cic** (§§ 280 Abs 1, 311 Abs 2 und 3, 241 Abs 2 BGB) ergeben (BGB-RGRK/Steffen § 179 Rn 18; BRHP/Schäfer § 179 Rn 31; Erman/Maier-Reimer § 179 Rn 25; MünchKomm/Schubert § 177 Rn 58 f, § 179 Rn 63; NK-BGB/Ackermann § 179 Rn 26; PWW/Frensch § 179 Rn 19; Soergel/Leptien § 179 Rn 23; StudKomm § 179 Rn 6; Bork Rn 1636; Brehm Rn 487; Flume § 46 5, § 47 3 a; Grigoleit/Herresthal Rn 538 ff; Hübner Rn 1317; Pawlowski Rn 784; Schmidt Rn 914a; Wolf/Neuner § 51 Rn 40; Ballerstedt AcP 151, 521 ff; Canaris, in: FG Bundesgerichtshof [2000] 129, 173, 183 ff mwNw; Schäfer 55 ff; Tempel 254; Prölss JuS 1986, 169, 172; Schimikowski JA 1986, 345, 350 ff; s auch Doerner 160 ff). Dies beruht darauf, dass § 179 BGB keine Spezialregelung für einen Fall der cic darstellt (OLG Köln JMBl NRW 1971, 270; Crezelius JuS 1977, 798 f; anders MünchKomm/Schubert § 177 Rn 58 f, § 179 Rn 63). Der Umfang des Anwendungsbereiches der cic neben § 179 BGB ist jedoch umstritten. Eine cic des vollmachtlosen Vertreters liegt nach iw anerkannter Ansicht vor, wenn er gegen die Verpflichtungen aus dem vorvertraglichen Schuldverhältnis verstoßen und ein eigenes wirtschaftliches Interesse am Zustandekommen des Vertrages oder ein besonderes persönliches Vertrauen in Anspruch genommen hat (vgl § 311 Abs 3 BGB; s etwa BGHZ 70, 373; BGH NJW 1990, 389 und 1907; NJW 1994, 2220; NJW-RR 1988, 615, 616; 1989, 110, 111; 1991, 289; 1993, 342; 2006, 993, 994; WM 1995, 108; OLG Celle DNotZ 2004, 716; OLG Koblenz NJW-RR 2003, 1198, 1199; zum Schrifttum s oben). Überwiegend abgelehnt wird die Anwendbarkeit der cic hingegen, soweit es um einen Verstoß des Vertreters im Zusammenhang mit dem Mangel der Vertretungsmacht und den Ersatz daraus entstandener Schäden geht (OLG Hamm MDR 1993, 515; BGB-RGRK/Steffen § 179 Rn 18; Erman/Maier-Reimer § 179 Rn 25; MünchKomm/Schubert § 177 Rn 58 f, § 179 Rn 63; NK-BGB/Ackermann § 179 Rn 27 mwNw; PWW/Frensch § 179 Rn 19; Soergel/Leptien § 179 Rn 23; Bork Rn 1636; Eisenhardt Rn 460; Wolf/Neuner § 51 Rn 40; Frotz 55 ff; Crezelius JuS 1977, 796, 799; Peters 131 ff; Petersen Jura 1999, 401, 404 für den Hauptvertreter bei der Untervertretung; aA OLG Köln JMBl NRW 1971, 270; BRHP/Schäfer § 179 Rn 31; Flume § 47 3a, S 805; Prölss JuS 1986, 169, 172 f). Allerdings wird in den Fällen des § 179 Abs 1 und Abs 2 BGB die cic wegen des zusätzlich erforderlichen Verschuldens praktisch bedeutungslos sein, doch ist ein Ausschluss der Verschuldenshaftung durch die Garantenhaftung nicht ersichtlich. Gerade in den Fällen des § 179 Abs 3 S 1 BGB wird der unterschiedliche Haftungsansatz und die Bedeutung der cic deutlich, weil dann bei Kennenmüssen des Geschäftspartners die Risikohaftung entfällt, während sich bei cic nur die Mitverschuldensfrage stellt. Da § 179 Abs 3 S 1 BGB die gesetzliche Garantenhaftung beschränken will, ist daraus ein Ausschluss verschuldensabhängiger Haftungstatbestände – und damit eine Umgehung durch Anerkennung der cic – nicht zu entnehmen (s iÜ auch Rn 8 aE). Die somit grundsätzlich bei einem

Verschulden zu bejahende Haftung des Vertreters kann freilich gem § 254 BGB durch ein Mitverschulden des Gegners beschränkt sein (BRHP/SCHÄFER § 179 Rn 31; PRÖLSS JuS 1986, 169, 172 f). Für den Fall der *Insolvenz des Vertretenen,* mit der die Vollmacht erlischt (§ 117 Abs 1 InsO), scheidet zwar eine Haftung des Vertreters nach § 179 BGB aus (s Rn 9); es kann aber auch dann eine Haftung aus cic entstehen, wenn er um die Eröffnung des Insolvenzverfahrens wusste oder hätte wissen müssen und dennoch im Namen des Schuldners tätig geworden ist (SCHILKEN KTS 2007, 1, 17 ff mwNw). – Außerdem können *Ansprüche* aus cic *gegen den Vertretenen* bestehen (s § 177 Rn 23 ff), ebenso aus Bereicherung oder aus Geschäftsführung ohne Auftrag (s § 177 Rn 27).

4. Die analoge Anwendung des § 179

a) Nach heute wohl allgemeiner Ansicht kann § 179 BGB analog angewendet 21
werden, wenn die Genehmigung des abgeschlossenen Vertrages daran scheitert, dass der **Vertretene nicht geschäftsfähig** ist und der Vertreter dies verschwiegen hat (RGZ 106, 68, 73; BGB-RGRK/STEFFEN § 179 Rn 4; BRHP/SCHÄFER § 179 Rn 11; ERMAN/MAIER-REIMER § 179 Rn 23; MünchKomm/SCHUBERT § 179 Rn 10; NK-BGB/ACKERMANN § 179 Rn 4; PWW/ FRENSCH § 179 Rn 1; SOERGEL/LEPTIEN § 179 Rn 6; FLUME § 47 3 a; HÜBNER, Rn 1311; LEENEN § 16 Rn 26; s aber auch MÜLLER-FREIENFELS 402 ff; OSTHEIM AcP 169, 204).

b) Dasselbe gilt, wenn der Vertrag **für eine (noch) nicht oder nicht mehr existie-** 22
rende (nicht rechtsfähige) Person abgeschlossen wurde (BGHZ 63, 45, 48 f für GmbH & Co KG; 91, 148, 152 für Vorgründungsgesellschaft; 105, 283, 285 für Bauherrengemeinschaft; vgl auch BGH NJW 1998, 62 ff zum Maklerprovisionsanspruch eines noch nicht gegründeten Maklerunternehmens; BGH NJW-RR 2005, 1585 bei unklarer Personengruppe; BGH NJW 2009, 215 für GbR; BGH NJW 2013, 464, 468 für Vertragsschluss im Namen des Betriebsrats über einen außerhalb seiner Rechtsfähigkeit liegenden Gegenstand [s dazu DZIDA NJW 2013, 433; LUNK/RODENBUSCH NJW 2014, 1989 mwNw]; BAG NJW 2006, 3230 für noch nicht entstandene AG; s auch OLG Köln NJW-RR 1995, 1503; OLG Köln NJW-RR 1997, 670 für ein rein fiktives Unternehmen; OLG Braunschweig OLGE 42, 268 für eine Gewerkschaft ohne Rechtspersönlichkeit; OLG Stuttgart HRR 1932 Nr 751 für eine angebliche OHG statt Einzelfirma; OLG München OLGR 2003, 48; KG GmbHR 2004, 1017 für nicht existierende GmbH; OLG Stuttgart ZIP 2013, 2154 für nicht existente AG; BGB-RGRK/STEFFEN § 179 Rn 15; BRHP/SCHÄFER § 179 Rn 17; ERMAN/MAIER-REIMER § 179 Rn 23; JAUERNIG/MANSEL § 179 Rn 11; jurisPK-BGB/WEINLAND § 179 Rn 3; MünchKomm/SCHUBERT § 179 Rn 10, Rn 12 ff; NK-BGB/ACKERMANN § 179 Rn 4; PALANDT/ELLENBERGER § 164 Rn 3, § 177 Rn 3; PWW/FRENSCH § 179 Rn 1; SOERGEL/LEPTIEN § 179 Rn 9; StudKomm § 177 Rn 1; BORK Rn 1623; BREHM Rn 490; BROX/WALKER § 27 Rn 15; FAUST § 27 Rn 7; FLUME § 47 3 a; EISENHARDT Rn 456; HÜBNER Rn 1311; LEENEN § 16 Rn 26; WOLF/NEUNER § 51 Rn 20; MÜLSCH/ NOHLEN ZIP 2008, 1358, 1369; PETERSEN Jura 2010, 904, 905; PFEIFFER EWiR 2003, 13, 14; krit FEHRENBACH NJW 2009, 2173: typischerweise Fall mittelbarer Stellvertretung); bei einer noch nicht entstandenen Kapitalgesellschaft sind allerdings ggf die zur Vorgesellschaft entwickelten Regeln vorrangig zu beachten. Auch bei einem Handeln von Betriebsratsmitgliedern außerhalb ihrer Zuständigkeit hat der BGH eine Haftung analog § 179 BGB angenommen (BGH NJW 2013, 464; ausf MünchKomm/SCHUBERT § 179 Rn 11 mwNw, str; s dazu DOMMERMUTH-ALHÄUSER/HEUP BB 2013, 1461).

Entsprechend anwendbar ist § 179 BGB auch, wenn die vertretene Person – auch bei einem *Geschäft für den, den es angeht* (s Vorbem 51 ff zu §§ 164 ff) – **nicht namhaft**

gemacht wird (BGH NJW 1995, 1739, 1742 mwNw u insow zust Anm Altmeppen; NJW-RR 2005, 1585; OLG Frankfurt NJW-RR 1987, 914; OLG Köln NJW-RR 1991, 918; Erman/Maier-Reimer § 179 Rn 23; jurisPK-BGB/Weinland § 179 Rn 3; MünchKomm/Schubert § 179 Rn 10; Palandt/Ellenberger § 177 Rn 2; PWW/Frensch § 179 Rn 1; Soergel/Leptien § 179 Rn 8; Bork Rn 1404; Brox/Walker § 27 Rn 15; Eisenhardt Rn 455; Flume § 44 II 1 a; Medicus/Petersen Rn 997; Moser 111 ff; Prütting/Schirrmacher Jura 2016, 1156, 1160).

23 Nicht existierende Person iSd BGB ist auch die noch **nicht zur Rechtsfähigkeit gelangte juristische Person oder Personengesellschaft**, auf die §§ 177 ff BGB, insbes also auch § 179 BGB, entsprechende Anwendung finden (s näher § 177 Rn 20). Die besonderen Vorschriften über die Handelndenhaftung (§ 11 Abs 2 GmbHG, § 41 Abs 1 S 2 AktG, ferner § 54 S 2) sind als Spezialregelungen zu beachten (s zu § 11 Abs 2 GmbHG BGH NZG 2003, 972; Ghassemi-Tabar/Eckner NJW 2012, 806, 810 mwNw, str), namentlich insoweit, als bei Handeln für eine Vorgesellschaft die Haftung mit Eintragung nach der Rechtsprechung erlischt. Eine Spezialregelung gegenüber § 179 Abs 2 BGB – nicht aber Abs 3 – enthält auch Art 8 S 1 WG (BGH WM 1972, 904, 906; BRHP/Schäfer § 179 Rn 18 mwNw; MünchKomm/Schubert § 179 Rn 10; PWW/Frensch § 179 Rn 1; Soergel/Leptien § 179 Rn 8).

23a Entsprechend anwendbar sind die §§ 179 ff BGB nach Rechtsprechung und hM auch über eine „**Rechtsscheinshaftung" analog § 179 BGB** in Fällen, in denen der Vertreter beim Geschäftsgegner den Eindruck einer bestimmten Haftungssituation erweckt. Das soll nach der ständigen Rechtsprechung namentlich bei Auftreten für eine GmbH oder UG unter Fortlassung oder fehlerhafter Angabe des Formzusatzes gelten (BGH NJW 1974, 1191; 1991, 2627 m Anm Canaris; s auch BGH NJW 1996, 2645; 2007, 1529 [zu einer Gesellschaft ausländischen Rechts]; 2012, 2871, st Rspr; OLG Köln NJW-RR 1993, 1445; OLG Zweibrücken NZG 1998, 939; OLG Celle NJW-RR 2000, 39; OLG Saarbrücken NJW-RR 2009, 179, 180; jurisPK-BGB/Weinland § 179 Rn ff; MünchKomm/Schubert § 179 Rn 16 ff; NK-BGB/Ackermann § 179 Rn 5; Palandt/Ellenberger § 178 Rn 3; StudKomm § 177 Rn 1; Medicus/Petersen Rn 918; Moser 118 f; Beck ZIP 2017, 1748 (einschränkend); Prütting/Schirrmacher Jura 2016, 1156, 1158 f; krit Haas NJW 1997, 2854 mwNw: vorzugswürdig sei eine Haftung nach § 823 Abs 2 BGB iVm § 35 III, 4 II, 35a IV GmbHG; ausf und zutr dazu Altmeppen NJW 2012, 2833 mwNw: cic; dem zust Pietzarka 119 ff, 183 ff [keine Rechtsscheinshaftung], 202 ff [cic], 219 ff [Deliktsrecht], 250 ff [§ 15 Abs 2 GmbHG]; s auch ders GmbHR 2017, 73; Klein NJW 2015, 3607: Haftung des Handelnden analog § 179 BGB nur bei besonderem Interesse des Vertragspartners an der Rechtsformidentität; krit auch Beurskens NZG 2016, 681, 684 ff). Auch bei Auftreten eines herrschenden Kommanditisten wie ein Komplementär wird eine Rechtsscheinhaftung diskutiert (s dazu Fleischer/Hahn NZG 2018, 1281, 1287 f mwNw). Tatsächlich passt aber die auf Erfüllung gerichtete Garantiehaftung des § 179 Abs 1 BGB für solche Fälle vor allem angesichts bestehender Vertretungsmacht nicht und es kommt allenfalls eine auf das negative Interesse gerichtete Haftung aus cic in Betracht, ggf auch aus Deliktsrecht und analog § 11 Abs 2 GmbHG. Noch problematischer ist die analoge Anwendung bei der Firmierung einer UG ohne den Zusatz nach § 5a GmbHG, sofern immerhin der GmbH-Zusatz verwendet wird, so dass lein Rechtsschein persönlicher Haftung erweckt wird (s dazu zutr MünchKomm/Schubert § 179 Rn 18 mwNw).

Nach der Rechtsprechung und hM hingegen kann den Vertreter gerade bei sog *unternehmensbezogenen Geschäften* (s § 164 Rn 1) auch eine gesamtschuldnerische

Mitverpflichtung entsprechend § 179 BGB treffen, wenn er beim Geschäftspartner den Eindruck erweckt hat, diesem hafte eine Person unbeschränkt mit ihrem Privatvermögen (s weiter zB BGHZ 64, 11; 71, 354; BGH NJW 1981, 2569; 1990, 2678; 2007, 1529; 2012, 3368; OLG Oldenburg OLGZ 1979, 60; OLG Düsseldorf Betrieb 1992, 570; MDR 2011, 995, 996; OLG Naumburg NJW-RR 1997, 1324; OLG Karlsruhe MDR 2004, 1106; jurisPK-BGB/WEINLAND § 179 Rn 3; MünchKomm/SCHUBERT § 179 Rn 15; NK-BGB/ACKERMANN § 179 Rn 5; PWW/FRENSCH § 164 Rn 35; SOERGEL/LEPTIEN § 164 Rn 14 mwNw; DERLEDER, in: FS Raisch [1995] 25 ff m umfangr Nachw; vgl auch WELLKAMP Betrieb 1994, 869; krit hingegen auch SCHANZE NZG 2007, 533). Nochmals problematischer erscheint eine solche Haftung im Hinblick auf die Ermittlung des verantwortlichen Vertreters im elektronischen Rechtsverkehr (s dazu ausf BEURSKENS NJW 2017, 1265).

c) Weiterhin wird eine analoge Anwendbarkeit des § 179 BGB in bestimmten **24** Fällen dann bejaht, wenn der ohne Vertretungsmacht geschlossene **Vertrag aus anderen Gründen** als der fehlenden Vertretungsmacht **nichtig** gewesen wäre (s oben Rn 9). Voraussetzung für die Haftung des Vertreters entsprechend § 179 Abs 1 BGB, die über die Haftung aus cic hinausgeht (vgl oben Rn 20), ist dabei jedenfalls, dass der andere Teil auf die Gültigkeit des Vertrages *vertrauen durfte* (RGZ 106, 68, 73; 145, 40, 44; MünchKomm/SCHUBERT § 179 Rn 21; NK-BGB/ACKERMANN § 179 Rn 6, Rn 12; HÜBNER Rn 1311; SOERGEL/LEPTIEN § 179 Rn 12 [idR aber nur cic]; aA [nur cic] ERMAN/MAIER-REIMER § 179 Rn 5 und Rn 7; jurisPK-BGB/Weinland § 179 Rn 18; PALANDT/ELLENBERGER § 179 Rn 2). Ferner muss aber auch festgestellt werden, dass die Behauptung der Vertretungsmacht durch den Vertreter für den entstandenen Schaden ursächlich war (ERMAN/MAIER-REIMER § 179 Rn 6; MünchKomm/SCHUBERT § 179 Rn 21; NK-BGB/ACKERMANN § 179 Rn 6, Rn 12). Das kommt in Betracht, wenn bei einer wirksamen Vertretung das weitere Wirksamkeitshindernis beseitigt worden wäre, sodass die Verweigerung der Genehmigung letztlich der Grund für das Nichtzustandekommen des Geschäfts war, wie etwa bei einer noch ausstehenden, aber zu erwartenden behördlichen oder sonstigen Genehmigung (BGB-RGRK/STEFFEN § 179 Rn 4; BRHP/SCHÄFER § 179 Rn 12; ERMAN/MAIER-REIMER § 179 Rn 6; MünchKomm/SCHUBERT § 179 Rn 21; PWW/FRENSCH § 179 Rn 8; SOERGEL/LEPTIEN § 179 Rn 12; FLUME § 47 3 a; HÜBNER Rn 1311; vgl auch OLG Darmstadt OLGE 44, 134). Bei potenzieller Nichtigkeit des Vertretergeschäftes nach § 118 BGB hätte der Vertreter nach § 122 BGB auf das negative Interesse gehaftet; das rechtfertigt bei Verweigerung der Genehmigung nach § 177 BGB jedenfalls eine analoge Anwendung des § 179 Abs 2 BGB (BRHP/SCHÄFER § 179 Rn 17; MünchKomm/SCHUBERT § 179 Rn 21; NK-BGB/ACKERMANN § 179 Rn 13 [für unmittelbare Anwendung]; PWW/FRENSCH § 179 Rn 8).

Soweit danach wegen des weiteren Unwirksamkeitsgrundes eine Haftung analog § 179 BGB ausscheidet, kommt noch eine Haftung des Vertreters aus cic (s Rn 20; ERMAN/MAIER-REIMER § 179 Rn 7; jurisPK-BGB/WEINLAND § 179 Rn 18; MünchKomm/SCHUBERT § 179 Rn 21; PALANDT-ELLENBERGER § 179 Rn 2; SOERGEL/LEPTIEN § 179 Rn 12; BORK Rn 1622) oder unerlaubter Handlung in Betracht (ERMAN/MAIER-REIMER § 179 Rn 7; MünchKomm/SCHUBERT § 179 Rn 21), nicht aber analog § 122 BGB (BGB-RGRK/STEFFEN § 179 Rn 17).

d) Die Eigenhaftung analog § 179 BGB trifft auch **vermeintliche Amtsinhaber**, wie **25** Insolvenzverwalter oder Testamentsvollstrecker, zB nach Beendigung des Amtes (RG SeuffA 87 Nr 105; ERMAN/MAIER-REIMER § 179 Rn 24; MünchKomm/SCHUBERT § 179 Rn 22; NK-BGB/ACKERMANN § 179 Rn 4; SOERGEL/LEPTIEN § 179 Rn 8; HÜBNER Rn 1311; vgl auch § 177

Rn 19). Ein solche Haftung kommt auch für eine vom Testamentsvollstrecker bevollmächtigte Person (s dazu § 168 Rn 24) in Betracht (Muscheler ZEV 2008, 213, 215).

Beim Auftreten eines **Pseudoboten** gilt für die Anwendbarkeit der §§ 177 ff BGB nach der hier vertretenen Ansicht Entsprechendes (s § 177 Rn 22), dh es entsteht auch eine Eigenhaftung analog § 179 BGB (OLG Oldenburg NJW 1978, 951; Erman/Maier-Reimer § 179 Rn 24; MünchKomm/Schubert § 179 Rn 22; NK-BGB/Ackermann § 179 Rn 4)

Beim **Handeln unter fremdem Namen** kommt eine analoge Anwendung des § 179 BGB in Betracht, wenn der Handelnde einen Identitätsirrtum hervorgerufen hat und dem Vertragspartner daran gelegen war, gerade mit dem Namensträger abzuschließen (s Vorbem 91 zu §§ 164 ff und § 177 Rn 21), dieser dann aber den Vertrag nicht genehmigt (s nur Erman/Maier-Reimer § 179 Rn 24; jurisPK-BGB/Weinland § 179 Rn 3; MünchKomm/Schubert § 179 Rn 20; NK-BGB/Ackermann § 179 Rn 4; Palandt/Ellenberger § 177 Rn 2; Soergel/Leptien § 179 Rn 8; Hajut 75; w Nachw in der oa Vorbem). – Zu *Untervollmacht* und *Rechtsscheinsvollmacht* s Rn 6 aE, zum *Geschäft für den, den es angeht*, s Rn 22.

5. Die Beweislast

26 **a)** Der Vertragsgegner, der den vollmachtlosen Vertreter in Anspruch nimmt, muss beweisen, dass ein Handeln des Vertreters in fremdem Namen vorlag und der Vertretene die Genehmigung verweigert hat bzw die Voraussetzungen des § 177 Abs 2 S 2 BGB vorliegen (s nur BRHP/Schäfer § 179 Rn 37 mwNw). Das *Fehlen der Vertretungsmacht* hat der Vertragsgegner nicht zu beweisen. Vielmehr trifft umgekehrt der Beweis bestehender Vertretungsmacht denjenigen, der als vollmachtloser Vertreter in Anspruch genommen wird; dies ergibt sich aus dem Wortlaut des § 179 Abs 1 BGB (BGHZ 99, 50, 52; OLG Düsseldorf NJW 1992, 1176; BRHP/Schäfer § 179 Rn 36; Erman/Maier-Reimer § 179 Rn 28; jurisPK-BGB/Weinland § 179 Rn 23; MünchKomm/Schubert § 179 Rn 64; NK-BGB/Ackermann § 179 Rn 30; Palandt/Ellenberger § 179 Rn 10; PWW/Frensch § 179 Rn 18 mwNw; Soergel/Leptien § 179 Rn 26; Schilken, Zivilprozessrecht [7. Aufl 2014] Rn 501, 505; ausf Leenen § 16 Rn 6). Auch muss der Vertreter, der die Haftungsminderung nach § 179 Abs 2 BGB in Anspruch nimmt, beweisen, dass er den Mangel der Vertretungsmacht nicht gekannt hat (Nachw wie vor).

27 **b)** Lehnt der Vertreter nach § 179 Abs 3 S 1 BGB seine Haftung ab, so muss er die *Kenntnis bzw schuldhafte Unkenntnis* des anderen Teils beweisen (LAG Düsseldorf Betrieb 1961, 1263; BRHP/Schäfer § 179 Rn 36; Erman/Maier-Reimer § 179 Rn 29; NK-BGB/Ackermann § 179 Rn 30; Palandt/Ellenberger § 179 Rn 10; PWW/Frensch § 179 Rn 18; Soergel/Leptien § 179 Rn 26). Ebenso hat im Falle des § 179 Abs 3 S 2 BGB der beschränkt geschäftsfähige Vertreter das Tatbestandsmerkmal der beschränkten Geschäftsfähigkeit zu beweisen; der Vertragsgegner, der ihn in Anspruch nehmen will, muss dann die Zustimmung des gesetzlichen Vertreters nachweisen (BRHP/Schäfer § 179 Rn 37; Erman/Maier-Reimer § 179 Rn 29; MünchKomm/Schubert § 179 Rn 64; NK-BGB/Ackermann § 179 Rn 30; Soergel/Leptien § 179 Rn 26).

§ 180
Einseitiges Rechtsgeschäft

Bei einem einseitigen Rechtsgeschäft ist Vertretung ohne Vertretungsmacht unzulässig. Hat jedoch derjenige, welchem gegenüber ein solches Rechtsgeschäft vorzunehmen war, die von dem Vertreter behauptete Vertretungsmacht bei der Vornahme des Rechtsgeschäfts nicht beanstandet oder ist er damit einverstanden gewesen, dass der Vertreter ohne Vertretungsmacht handele, so finden die Vorschriften über Verträge entsprechende Anwendung. Das Gleiche gilt, wenn ein einseitiges Rechtsgeschäft gegenüber einem Vertreter ohne Vertretungsmacht mit dessen Einverständnis vorgenommen wird.

Materialien: E I § 126; II § 148; III § 176; Mot I 244; Prot I 245; II 1 167; Jakobs/Schubert, AT II 873 ff; Schubert, AT II 198 ff (Vorentwurf).

1. Die Regelung des § 180 S 1

a) § 180 S 1 BGB stellt den Grundsatz auf, dass einseitige Rechtsgeschäfte weder **1** von einem Vertreter ohne Vertretungsmacht noch gegenüber einem solchen wirksam vorgenommen werden können. Den Grund für diese Regelung bildet die notwendige Rücksichtnahme auf den Erklärungsempfänger (Mot I 245), der wie im Falle des § 174 BGB nicht der Ungewissheit schwebender Unwirksamkeit ausgesetzt sein soll (BRHP/Schäfer § 180 Rn 1; jurisPK-BGB/Weinland § 180 Rn 1; MünchKomm/Schubert § 180 Rn 1; NK-BGB/Ackermann § 180 Rn 1; Mock JuS 2008, 486, 489 f mwNw; s auch § 174 Rn 1). § 180 S 1 BGB gilt nicht nur für *empfangsbedürftige Willenserklärungen,* wie die Kündigung oder Anfechtungs-, Aufrechnungs- und Rücktrittserklärungen, sondern auch und gerade für **nichtempfangsbedürftige einseitige Willenserklärungen**, zB für die Auslobung, die Eigentumsaufgabe oder die Erbschaftsannahme und -ausschlagung (BGH 29. 6. 2016 – XII ZB 300/15 Rn 24, NJW 2016, 3032 mit zust Bespr Löhnig JA 2016, 867; BRHP/Schäfer § 180 Rn 2; Erman/Maier-Reimer § 180 Rn 2; Hk-BGB/Dörner § 180 Rn 2; Jauernig/Mansel § 180 Rn 1; jurisPK-BGB/Weinland § 180 Rn 3; MünchKomm/Schubert § 180 Rn 6; NK-BGB/Ackermann § 180 Rn 2; Palandt/Ellenberger § 180 Rn 1; PWW/Frensch § 180 Rn 1; Soergel/Leptien § 180 Rn 2; zu einseitigen Erklärungen nach dem UmwG s Melchior GmbH-Rdsch 1999, 520, 522 f; s ferner Rn 11), sowie für rechtsgeschäftsähnliche Handlungen (s Rn 12). Für empfangsbedürftige Willenserklärungen gelten zusätzlich die Sonderregeln in § 180 S 2 und 3 BGB, die Ausnahmen von der strikten Anordnung der Unwirksamkeit vorsehen (zu amtsempfangsbedürftigen Willenserklärungen s Rn 11); das gilt durchaus auch für gestaltende Willenserklärungen wie zB Kündigungen, soweit keine Fristaspekte entgegenstehen (s noch Rn 6; Mock JuS 2008, 486, 490; ausf Zimmermann ZTR 2007, 119, 122 ff mwNw; s auch Stiebert NZA 2013, 657, 658 f). Unter § 180 S 1 fällt als einseitiges Rechtsgeschäft (s § 167 Rn 10) auch die vollmachtlose Vollmachtserteilung; für eine teleologische Reduktion des § 180 BGB besteht im Sicherheitsinteresse des Empfängers einer solchen Vollmachtserklärung kein Anlass (NK-BGB/Ackermann § 180 Rn 2; Soergel/Leptien § 180 Rn 6 mwNw; **aA** Schippers DNotZ 1997, 683, 685 ff), selbst wenn die Vollmachtserteilung für ihn an sich vorteilhaft oder jedenfalls rechtlich neutral sein sollte, zumal § 180 S 2 BGB dann ausreichende Abhilfe ermöglicht (s auch SCHIPPERS DNotZ 1997, 683, 687 ff). Auch die Gründung einer Ein-Mann-GmbH in vollmachtloser Vertretung ist nach § 180 S 1 BGB unwirksam (MünchKomm/SCHUBERT § 180 Rn 6 mwNw; KG DZWir 2012, 214; OLG Stuttgart MittBayNot 2016, 168, 169 m Anm JÄGER; OLG Frankfurt ZIP 2017, 920; s aber andererseits HASSELMANN ZIP 2012, 1947, 1949 ff; TONIKIDIS MittbayNot 2014, 514, 516 f). Auf Fälle bloßer Willensbetätigung, zB nach §§ 144, 151, 959 BGB findet hingegen nicht § 180 BGB, sondern § 177 BGB Anwendung (VYTLACIL 221).

2 b) Ein vom vollmachtlosen Vertreter vorgenommenes **einseitiges nicht empfangsbedürftiges Rechtsgeschäft** ist aufgrund des Verbots in § 180 S 1 BGB unheilbar **nichtig** (BGH NJW 2009, 215, 216; BGB-RGRK/STEFFEN § 180 Rn 1; BRHP/SCHÄFER § 180 Rn 3 und Rn 5; ERMAN/MAIER-REIMER § 180 Rn 3; MünchKomm/SCHUBERT § 180 Rn 5; NK-BGB/ACKERMANN § 180 Rn 4; PALANDT/ELLENBERGER § 180 Rn 1; PWW/FRENSCH § 180 Rn 1; SOERGEL/LEPTIEN § 179 Rn 2, allgM). Eine eventuelle „Genehmigung" des Vertretenen ist allenfalls als *erneute Vornahme* des Rechtsgeschäfts zu beurteilen (BRHP/SCHÄFER § 180 Rn 3; MünchKomm/SCHUBERT § 180 Rn 6; NK-BGB/ACKERMANN § 180 Rn 4); sie muss dann allen materiellen und formellen Erfordernissen des Geschäfts entsprechen. Für *empfangsbedürftige einseitige Rechtsgeschäfte* gilt dieselbe Rechtsfolge nur vorbehaltlich der bedeutsamen Sonderregelungen in S 2 und 3. Zu amtsempfangsbedürftigen Willenserklärungen s Rn 11.

3 c) Den vollmachtlosen Vertreter trifft aufgrund der nichtigen Willenserklärung vor allem die **Haftung** *wegen unerlaubter Handlung;* daneben kann sich eine *Haftung aus cic* ergeben (s § 179 Rn 20), nicht jedoch gemäß oder entsprechend § 179 BGB (BRHP/SCHÄFER § 180 Rn 4; ERMAN/MAIER-REIMER § 180 Rn 1; MünchKomm/SCHUBERT § 180 Rn 5; NK-BGB/ACKERMANN § 180 Rn 4; SOERGEL/LEPTIEN § 180 Rn 1; SCHMIDT Rn 890). Auch eine Haftung des Vertretenen aus cic kann in Betracht stehen (s § 177 Rn 22 f).

2. Die Regelung des § 180 S 2

4 a) Für **empfangsbedürftige einseitige Willenserklärungen** im Rahmen der **aktiven Stellvertretung** bestimmt § 180 S 2 BGB die entsprechende Anwendbarkeit der §§ 177 ff BGB, wenn der Adressat in Kenntnis der fehlenden Vertretungsmacht **einverstanden** war, dass das Geschäft durch den vollmachtlosen Vertreter vorgenommen wurde. Dies bedeutet, dass die Willenserklärung bis zur Entscheidung über die Genehmigung *schwebend unwirksam* bleibt. Das in § 180 S 2 BGB geforderte Einverständnis kann durch schlüssige Handlung erfolgen (OLG Köln NJW-RR 1995, 1463, 1464), bloßes Schweigen genügt jedoch nicht (BRHP/SCHÄFER § 180 Rn 8; ERMAN/MAIER-REIMER § 180 Rn 7; Hk-BGB/DÖRNER § 180 Rn 4; jurisPK-BGB/WEINLAND § 180 Rn 6; MünchKomm/SCHUBERT § 180 Rn 12; NK-BGB/ACKERMANN § 180 Rn 7; PALANDT/ELLENBERGER § 180 Rn 1; PWW/FRENSCH § 180 Rn 2; SOERGEL/LEPTIEN § 180 Rn 10; SCHIPPERS DNotZ 1997, 683, 688 f). Voraussetzung ist, dass der Erklärungsempfänger das Fehlen der Vertretungsmacht kennt oder zumindest für möglich hält; fahrlässige Unkenntnis reicht nicht aus (BRHP/SCHÄFER § 180 Rn 8; ERMAN/MAIER-REIMER § 180 Rn 7; Hk-BGB/DÖRNER § 180 Rn 4; jurisPK-BGB/WEINLAND § 180 Rn 6; MünchKomm/SCHUBERT § 180 Rn 12; NK-BGB/ACKERMANN § 180 Rn 7; PALANDT/ELLENBERGER § 180 Rn 1; PWW/FRENSCH § 180 Rn 2; SOERGEL/LEPTIEN § 180 Rn 11). Das Einverständnis, auf das es vor allem bei Offenlegung der fehlenden Vertretungsmacht ankommt, muss vor oder beim Empfang der Vertretererklärung, bei einer Erklärung unter Abwesenden ohne schuldhaftes Zögern (§ 121 Abs 1 BGB) nach Zugang geäußert werden (BRHP/Schäfer § 180 Rn 8; NK-BGB/Ackermann § 180 Rn 7; PWW/Frensch § 180 Rn 2; MünchKomm/Schubert § 180 Rn 12; aA Soergel/Leptien § 180 Rn 10: Unverzüglichkeit genügt immer; zust Erman/Maier-Reimer § 180 Rn 7). Zweifelhaft ist, ob sich das Einverständnis auf eine bestimmte Grundlage der Vertretungsmacht beziehen muss oder pauschal geäußert werden kann; die gleiche Frage wird bei der Nichtbeanstandung (s Rn 6 f) diskutiert (vgl RG JW 1904, 574; RAG SeuffA 88 Nr 67; BGH BB 1969, 293; BGB-RGRK/Steffen § 180 Rn 2; MünchKomm/Schubert § 180 Rn 10; NK-BGB/Ackermann § 180 Rn 6; Soergel/Leptien § 180 Rn 9). Maßgeblich muss die Behauptung des Vertreters sein: Ist diese pauschal, so können auch Einverständnis und Nichtbeanstandung pauschal sein; anderenfalls sind sie entsprechend der behaupteten Grundlage der Vertretungsmacht (gewillkürte, gesetzliche, organschaftliche Vertretung) zu konkretisieren.

Während der schwebenden Unwirksamkeit besteht in dieser Alternative **kein Zu-** 5 **rückweisungsrecht** des Adressaten analog § 178 BGB (s dort Rn 6), wenn er mit dem Handeln des vollmachtlosen Vertreters einverstanden war (BRHP/Schäfer § 180 Rn 10; Erman/Maier-Reimer § 180 Rn 10; NK-BGB/Ackermann § 180 Rn 8; Soergel/Leptien § 180 Rn 12; Wolf/Neuner § 51 Rn 14). Aus demselben Grund scheidet nach § 179 Abs 3 S 1 BGB eine auf § 179 BGB gestützte Vertreterhaftung aus (BRHP/Schäfer § 180 Rn 11; Erman/Maier-Reimer § 180 Rn 11; PWW/Frensch § 180 Rn 4; s noch Rn 6).

b) Hat bei Abgabe einer empfangsbedürftigen einseitigen Willenserklärung der 6 vollmachtlose Vertreter seine **Vertretungsmacht behauptet** und wurde dies vom Adressaten **nicht beanstandet**, so gelten ebenfalls die §§ 177 ff BGB entsprechend. Die Behauptung der Vertretungsmacht kann ausdrücklich oder konkludent erfolgen; idR liegt sie bereits in dem Auftreten „als Stellvertreter" eines anderen (BGH NJW 2010, 2950, 2951 f m Anm Tonner; BRHP/Schäfer § 180 Rn 6; Erman/Maier-Reimer § 180 Rn 6; MünchKomm/Schubert § 180 Rn 9; NK-BGB/Ackermann § 180 Rn 6; Palandt/Ellenberger § 180 Rn 1; PWW/Frensch § 180 Rn 2; einschränkend Soergel/Leptien § 180 Rn 9; Bork Rn 1615 Fn 297; zum vorläufigen Insolvenzverwalter s vGleichenstein/Sailer EWiR 2004, 1137, 1138 zu LAG Hamm ZIP 2004, 727). Auf Seiten des Empfängers ist Unkenntnis vom Fehlen der Vertretungsmacht erforderlich, anderenfalls nur die Alternative des Einverständnisses (s Rn 4) in Betracht kommt. Mangels Beanstandung des Handelns als vollmachtloser Vertreter bleibt dessen Erklärung bis zur Entscheidung über die Genehmigung *schwebend unwirksam* (BGH BB 1969, 293; BAG AP 1 zu § 180; vgl auch RGZ 66, 430, 432) und kann durch – auch konkludente – Genehmigung des Vertretenen rückwirkend (§ 184 Abs 1 BGB) in Kraft treten (BRHP/Schäfer § 180 Rn 9; Erman/Maier-Reimer § 180 Rn 8; jurisPK-BGB/Weinland § 180 Rn 7; MünchKomm/Schubert § 180 Rn 13; NK-BGB/Ackermann § 180 Rn 8; Palandt/Ellenberger § 180 Rn 1, § 184 Rn 2; PWW/Frensch § 180 Rn 4; Soergel/ Leptien § 180 Rn 12; Staudinger/Gursky [2014] § 184 Rn 38a; Lange, in: FG Sandrock []1995] 243 ff; Payrhuber JuS 2018, 222, 224 f; Schippers DNotZ 1997, 683, 690 ff für vollmachtlose Vollmachtserteilung; zur mietvertraglichen Kündigung s OLG Düsseldorf ZMR 2006, 927, abl hingegen OLG Celle ZMR 1999, 237; offen gelassen von BGH MDR 2013, 209, 210; ausf zur Anwendbarkeit bei Kündigungen va im Arbeitsrecht Zimmermann ZTR 2007, 119 mwNw; s auch Stiebert NZA 2013, 657, 659 f mwNw); namentlich die Rückwirkung ist freilich bei Gestaltungsrechten umstritten (für ex-nunc-Wirkung zB BGHZ 114, 360, 366; Hirsch Rn 1084; s auch PWW/Frensch § 180 Rn 4; anders BGH NJW 2010, 2950, 2951 f; OLG Brandenburg OLG-NL 2006, 121, 124). Handelt es sich um ein **fristgebundenes Rechtsgeschäft**, so muss die Genehmigung innerhalb der Frist erfolgen (BGHZ 32, 375, 383 [betr dingliches Vorkaufsrecht]; BRHP/ Schäfer § 180 Rn 9; jurisPK-BGB/Weinland § 180 Rn 7; MünchKomm/Schubert § 180 Rn 16; NK-BGB/Ackermann § 180 Rn 8; Palandt/Ellenberger § 180 Rn 1; Soergel/Leptien § 180 Rn 12. Auf den Zweck der Frist abstellend BGH NJW 2010, 2950, 2952; Erman/Maier-Reimer § 180 Rn 9; ausf Zimmermann ZTR 2007, 119, 124 ff). Das gilt zB für die außerordentliche Kündigung eines Arbeitsverhältnisses im Hinblick auf § 626 Abs 2 BGB (BAG NJW 1987, 1037, 1038; Erman/Maier-Reimer § 180 Rn 9; MünchKomm/Schubert § 180 Rn 16; ausf Zimmermann ZTR 2007, 119, 124) oder eine befristete Mängelrüge (RG SeuffA 58, 239). Während der Schwebezeit hat der Adressat allerdings in dieser Alternative (vgl aber Rn 5) analog § 178 BGB das Recht zur *Zurückweisung* (BRHP/Schäfer § 180 Rn 10; Erman/Maier-Reimer § 180 Rn 10; MünchKomm/Schubert § 180 Rn 15; NK-BGB/Ackermann § 180 Rn 8; Enneccerus/Nipperdey § 183 Fn 31; w Nachw s Rn 5; vgl auch § 178 Rn 6; **aA** PWW/ Frensch § 180 Rn 4; Bork Rn 1615 Fn 299). Wird die Genehmigung verweigert oder gilt sie als verweigert, so haftet der vollmachtlose Vertreter nach Maßgabe des § 179 BGB (vgl aber auch § 179 Rn 20). Der Natur des einseitigen Rechtsgeschäfts nach kommen allerdings keine Erfüllungsansprüche, sondern nur Schadensersatzansprüche in Frage (BRHP/Schäfer § 180 Rn 11; Hk-BGB/Dörner § 180 Rn 5; MünchKomm/Schubert § 180 Rn 17; Soergel/Leptien § 180 Rn 12; Flume § 47 3 a; Mock JuS 2008, 486, 490).

7 Die **Beanstandung** ist, wie nach § 111 BGB und § 174 BGB (s dort Rn 9 ff), iS einer Zurückweisung zu verstehen, hier im Hinblick auf die Vertretungsmacht (BGH NJW 2013, 297, 298; OLG Koblenz NJW-RR 1992, 1093; BGB-RGRK/Steffen § 180 Rn 2; BRHP/ Schäfer § 180 Rn 7; Hk-BGB/Dörner § 180 Rn 3; jurisPK-BGB/Weinland § 180 Rn 6; Münch-Komm/Schubert § 180 Rn 10; NK-BGB/Ackermann § 180 Rn 6; Palandt/Ellenberger § 180 Rn 1; PWW/Frensch § 180 Rn 2; Soergel/Leptien § 180 Rn 9; Boecken Rn 680; Bork Rn 1615; Brox/Walker § 27 Rn 4). Diese muss mithin gerade auf die fehlende Vertretungsmacht gestützt werden und zum Ausdruck bringen, dass der Dritte das Geschäft aus eben diesem Grund nicht gelten lassen will (zur Benennung der Grundlage der Vertretungsmacht s Rn 4); andere Begründungen, wie das Bestreiten der materiellen Berechtigung für die abgegebene Erklärung, genügen nicht (BGH BB 1969, 293; MünchKomm/Schubert § 180 Rn 10). Die Beanstandung muss im Falle einer Erklärung unter Anwesenden *„bei der Vornahme des Rechtsgeschäfts"*, dh sofort – und nicht wie in § 174 S 1 BGB bestimmt „unverzüglich" – erfolgen (BAG DB 1978, 2082; BRHP/Schäfer § 180 Rn 7; Hk-BGB/Dörner § 180 Rn 3; NK-BGB/Ackermann § 180 Rn 6; Hübner Rn 1308; **aA** Erman/Maier-Reimer § 180 Rn 6; MünchKomm/Schubert § 180 Rn 11; Palandt/Ellenberger § 180 Rn 1; Soergel/Leptien § 180 Rn 9; wohl auch PWW/Frensch § 180 Rn 2). Da die Zurückweisung bei Erklärung unter Abwesenden hingegen, entgegen dem Wortlaut des § 180 S 2 BGB, nicht bereits „bei der Vornahme" des Rechtsgeschäfts erfolgen kann, ist die gesetzliche Regelung dahin auszulegen, dass die Zurückweisung hier *unverzüglich* erfolgen muss (BGB-RGRK/Steffen § 180 Rn 2; BRHP/Schäfer § 180 Rn 7; Hk-BGB/Dörner § 180 Rn 3; MünchKomm/Schubert § 180 Rn 11; NK-BGB/Ackermann § 180 Rn 6; PWW/ Frensch § 180 Rn 2 sowie die weiteren zuvor zu **aA** Genannten; Bork Rn 1615; Enneccerus/ Nipperdey § 183 Fn 27; Stiebert NZA 2013, 657, 659). Die Berechtigung zur Beanstandung besteht für jedes betroffene Rechtsgeschäft selbständig.

3. Die Regelung des § 180 S 3

8 a) Für die **passive Stellvertretung** (s § 164 Rn 20 ff) bestimmt § 180 S 3 BGB, dass eine Genehmigung des Erklärungsempfangs möglich ist, wenn der vollmachtlose

Empfangsvertreter mit der Erklärungsabgabe ihm gegenüber *einverstanden* war. Dieses Einverständnis kann auch konkludent erklärt werden (BGB-RGRK/Steffen § 180 Rn 4; BRHP/Schäfer § 180 Rn 12; Erman/Maier-Reimer § 180 Rn 12; jurisPK-BGB/Weinland § 180 Rn 7; MünchKomm/Schubert § 180 Rn 19; NK-BGB/Ackermann § 180 Rn 9; Palandt/Ellenberger § 180 Rn 1; Soergel/Leptien § 180 Rn 11); auf Seiten des Erklärenden ist Kenntnisnahme hiervon notwendig. Kenntnis des Empfangsvertreters vom Fehlen der Vertretungsmacht ist hier nicht erforderlich (BRHP/Schäfer § 180 Rn 12; Erman/Maier-Reimer § 180 Rn 12; jurisPK-BGB/Weinland § 180 Rn 7; MünchKomm/Schubert § 180 Rn 19; PWW/Frensch § 180 Rn 3; Soergel/Leptien § 180 Rn 11). Der Erklärende kann den Empfänger zur Genehmigung auffordern und, wenn er den Mangel der Vertretungsmacht nicht kannte, nach § 178 BGB widerrufen (BRHP/Schäfer § 180 Rn 13; Erman/Maier-Reimer § 180 Rn 12; MünchKomm/Schubert § 180 Rn 20; NK-BGB/Ackermann § 180 Rn 9; Soergel/Leptien § 180 Rn 13; Enneccerus/Nipperdey § 183 II 2).

Bei Erklärungen gegenüber einem **nicht einverstandenen** vollmachtlosen Empfangs- 9
vertreter ist gem § 180 S 1 BGB die Vertretungswirkung ausgeschlossen. Hieraus folgt jedoch nicht unbedingt, dass es auch an der wirksamen Abgabe der empfangsbedürftigen Willenserklärung fehlen müsste. Vielmehr kann dies, da im hier behandelten Zusammenhang wegen des Auftretens als (vollmachtloser) Empfangsvertreter keine Empfangsbotenschaft anzunehmen ist (s § 164 Rn 22), nur bei nichtverkörperten empfangsbedürftigen Willenserklärungen bejaht werden. Solche Erklärungen sind nicht abgegeben, wenn sie gegenüber einem nicht zum Empfang bereiten vollmachtlosen Empfangsvertreter verlautbart werden. Bei verkörperten Willenserklärungen dagegen kann die Abgabe für den Fall angenommen werden, dass bei normalem Verlauf der Dinge die Erklärung doch an den Adressaten weitergeleitet wird; der vollmachtlose Empfangsvertreter ist dann als *Erklärungsbote des Absenders* zu beurteilen (MünchKomm/Schubert § 180 Rn 18; Soergel/Leptien § 180 Rn 11; Wolf/Neuner § 51 Rn 15). Fehlt es an den Voraussetzungen hierfür, so fehlt es auch an der Erklärungsabgabe (s etwa LG Hamburg MDR 1972, 242 für eine gegenüber dem Rechtsanwalt des Mieters abgegebene Kündigungserklärung des Vermieters).

b) Die **Genehmigung** des Erklärungsempfangs richtet sich nach § 177 Abs 2 BGB. 10
Bei verweigerter Genehmigung können sich gegen den vollmachtlosen Vertreter auch hier (s oben Rn 6) nur *Schadensersatzansprüche* und keine Erfüllungsansprüche richten (MünchKomm/Schubert § 180 Rn 20; Soergel/Leptien § 180 Rn 12; Enneccerus/Nipperdey § 183 Fn 33; Flume § 47 3 a). Voraussetzung dafür ist selbstverständlich das Auftreten der Empfangsperson als passiver Stellvertreter iSd §§ 164 Abs 3, 180 S 3 BGB.

4. Anwendungsbereich und Grenzen des § 180

a) Sofern eine Willenserklärung *gegenüber einer Behörde* abzugeben, also **amts-** 11
empfangsbedürftig ist (zB nach §§ 376 Abs 2 Nr 1, 928, 976, 1196 Abs 2 BGB), scheidet eine Anwendung von § 180 S 2 BGB – S 3 passt ohnehin nicht – aus, weil solche Rechtsgeschäfte als nicht empfangsbedürftige zu bewerten sind, auf die lediglich § 180 S 1 BGB anzuwenden ist (BPatG NJW 1964, 615; BGB-RGRK/Steffen § 180 Rn 1; BRHP/Schäfer § 180 Rn 5; jurisPK-BGB/Weinland § 180 Rn 3, Rn 5; NK-BGB/Ackermann § 180 Rn 5; Palandt/Ellenberger § 180 Rn 1; PWW/Frensch § 180 Rn 1; Soergel/Leptien § 180 Rn 3; Enneccerus/Nipperdey § 183 II 1; **aA** [S 2 anwendbar] Erman/Maier-Reimer

§ 180 Rn 4; MünchKomm/Schubert § 180 Rn 8; s ferner Ebel VIZ 1996, 555 und Wilhelm VIZ 1999, 11 für die Anmeldung nach dem VermG). Soweit hier vereinzelt auch die Anwendbarkeit des § 180 S 1 BGB bestritten und angenommen wurde, amtsempfangsbedürftige Erklärungen seien stets nach den allgemeinen Regeln genehmigungsfähig (Tempel 253; Sachs NJW 1950, 73; vgl auch KG JW 1936, 2745; LG Frankfurt Rpfleger 1958, 126), ist dem nicht zu folgen. Diese Ansicht läuft dem auch bei solchen Erklärungen einschlägigen Zweck des § 180 BGB entgegen, sogleich Gewissheit über das Schicksal der einseitigen Willenserklärung zu schaffen (MünchKomm/Schubert § 180 Rn 8; Soergel/Leptien § 180 Rn 3 f; vgl ferner BGH 29. 6. 2016 – XII ZB 300/15 Rn 24, NJW 2016, 3032 zur Erbausschlagung; OLG Celle NdsRpfl 1964, 91, 92). Ausreichend für die Wirksamkeit der Erklärung ist freilich auch der spätestens gleichzeitige Eingang der Zustimmung des Vertretenen bei der Behörde (LG Limburg NJW 1949, 787; Soergel/Leptien § 180 Rn 3). Soweit bei solchen amtsempfangsbedürftigen Erklärungen teilweise auch eine Anwendung des § 180 S 2 BGB befürwortet wird (s oben), ist der Zweck der Vermeidung von Rechtsunsicherheit auch dort vorrangig. Dass hier auch den Behörden die Möglichkeit einer Klärung der Ungewissheit zur Verfügung stünde, erscheint demgegenüber als zu theoretisches Argument. § 180 Abs 2 BGB gilt deshalb nicht.

Soweit eine Erklärung **wahlweise gegenüber einer Privatperson oder einer Behörde** abgegeben werden kann (zB gem §§ 376 Abs 2 Nr 1, 928, 976 BGB), kommt es für die Anwendbarkeit des § 180 BGB darauf an, wem gegenüber im konkreten Fall die Erklärung abgegeben wurde, wobei § 180 S 1 BGB für beide Fälle gilt. Bei der Abgabe gegenüber einer Privatperson kann § 180 S 2 BGB Anwendung finden; wird das Rechtsgeschäft hingegen der Behörde gegenüber vorgenommen, so gilt im Hinblick auf das betroffene Gewissheitsinteresse der beteiligten Privatperson § 180 S 2 BGB nicht (ebenso für diesen Fall auch Erman/Maier-Reimer § 180 Rn 4; MünchKomm/Schubert § 180 Rn 8 sowie die oa hM).

Auf das **Handeln von juristischen Personen des öffentlichen Rechts** ist § 180 BGB in vollem Umfang anwendbar. So kann zB die Kündigung durch den vollmachtlos handelnden Vertreter einer Gemeinde kraft Genehmigung wirksam werden, wenn sie wegen des Mangels der Vertretungsmacht nicht beanstandet wurde.

Die **Stimmabgabe** in einer Gesellschafterversammlung, Hauptversammlung oder Wohnungseigentümerversammlung stellt eine empfangsbedürftige Willenserklärung dar (BGH NJW 1952, 98, 99; BayObLG DB 1989, 374; OLG Frankfurt DNotZ 2003, 458, 460 mwNw), die gleichfalls § 180 S 2 BGB unterfällt (BRHP/Schäfer § 180 Rn 5; Erman/Maier-Reimer § 180 Rn 3; MünchKomm/Schubert § 180 Rn 3 mwNw; NK-BGB/Ackermann § 180 Rn 5; Palandt/Ellenberger § 180 Rn 1; Merle, in: FS Seuß [2007] 193, 207; s auch Hartmann DNotZ 2002, 253, 256 f: analoge Anwendung). Insoweit steht einer entsprechenden Anwendung der §§ 177 ff BGB und damit auch einer rückwirkenden Genehmigung nach § 184 Abs 1 BGB weder das GmbH-Recht (OLG Frankfurt DNotZ 2003, 458) noch das Aktienrecht (Hartmann DNotZ 2002, 253 mwNw, str) entgegen. Hingegen ist die *Gründung einer Ein-Mann-GmbH* iSd § 180 S 1 BGB ein einseitiges Rechtsgeschäft und damit bei Vornahme durch einen vollmachtlosen Vertreter unwirksam (KG DZWir 2012, 214, 215; LG Berlin GmbHR 1996, 123; Erman/Maier-Reimer § 177 Rn 3; jurisPK-BGB/Weinland § 180 Rn 4; MünchKomm/Schubert § 180 Rn 6 mwNw; Soergel/Leptien § 180 Rn 2; Hirsch Rn 1088; Grooterhorst NZG 2007, 605, 610; Wachter GmbHR 2003, 660, 661, ganz hM – **aA** Dürr GmbHR 2008, 408 mwNw; Hasselmann ZIP 2011, 772; Tonikidis MittBayNot 2014, 514, 516 f).

b) Auf **rechtsgeschäftsähnliche Handlungen** findet § 180 BGB entsprechende An- 12
wendung (BGH NJW 2006, 687, 688; OLG Koblenz NJW-RR 1992, 1093, 1094; OLG Bremen FamRZ 1995, 1515; BRHP/Schäfer § 180 Rn 2 und 5; Erman/Maier-Reimer § 180 Rn 2; Hk-BGB/Dörner § 180 Rn 2; jurisPK-BGB/Weinland § 180 Rn 3, Rn 6; MünchKomm/Schubert § 180 Rn 2; NK-BGB/Ackermann § 180 Rn 2; Palandt/Ellenberger § 180 Rn 1; Soergel/Leptien § 180 Rn 5; vgl auch OLG Hamm NJW-RR 1995, 482, 483 zur Wissenserklärungsvertretung), sodass etwa eine Mahnung durch einen ohne Vertretungsmacht handelnden Stellvertreter unwirksam ist, wenn nicht § 180 S 2 BGB eingreift; auch § 180 S 3 BGB kann in Empfangsfällen analog anwendbar sein (vgl OLG Frankfurt FamRZ 1986, 592; MünchKomm/Schubert § 180 Rn 20; Soergel/Leptien § 180 Rn 5).

c) Auf **Prozesshandlungen** ist § 180 BGB nicht anwendbar (s auch § 177 Rn 2; RGZ 13
64, 217; jurisPk-BGB/Weinland B§ 180 Rn 3; MünchKomm/Schubert § 180 Rn 4; Stein/Jonas/Bork, ZPO [21. Aufl 1993] § 89 Rn 13; **aA** MünchKommZPO/Toussaint [5. Aufl 2016] § 89 Rn 17); dies gilt auch für die Unterwerfung unter die sofortige Zwangsvollstreckung. Prozesshandlungen eines Vertreters ohne Vertretungsmacht sind vielmehr gem § 89 ZPO grundsätzlich genehmigungsfähig (RGZ 146, 308; BGB-RGRK/Steffen § 180 Rn 6; BRHP/Schäfer § 180 Rn 2; Erman/Maier-Reimer § 180 Rn 2; MünchKomm/Schubert § 180 Rn 4; NK-BGB/Ackermann § 180 Rn 3; Palandt/Ellenberger § 180 Rn 1; PWW/Frensch § 180 Rn 1; Soergel/Leptien § 180 Rn 7; Tempel 253; ausf Stein/Jonas/Bork § 89 Rn 13 ff). Ebenso liegt es grundsätzlich bei Verfahrenshandlungen der Freiwilligen Gerichtsbarkeit, etwa in Verfahren nach der GBO (MünchKomm/Schubert § 180 Rn 4; Soergel/Leptien § 180 Rn 7 mwNw).

5. Beweislast

Die Vertretungsmacht für ein einseitiges Rechtsgeschäft muss derjenige nachweisen, 14
der dessen Wirksamkeit geltend macht. Wer sich auf die tatsächlichen Voraussetzungen der Ausnahmeregelungen des § 180 S 2 oder S 3 BGB beruft, trägt hierfür die Beweislast (BRHP/Schäfer § 180 Rn 14; Erman/Maier-Reimer § 180 Rn 13; jurisPK-BGB/Weinland § 180 Rn 8; MünchKomm/Schubert § 180 Rn 21; NK-BGB/Ackermann § 180 Rn 10; PWW/Frensch § 180 Rn 5; Soergel/Leptien § 180 Rn 14; **aA** BGB-RGRK/Steffen § 180 Rn 7).

§ 181
Insichgeschäft

Ein Vertreter kann, soweit nicht ein anderes ihm gestattet ist, im Namen des Vertretenen mit sich im eigenen Namen oder als Vertreter eines Dritten ein Rechtsgeschäft nicht vornehmen, es sei denn, dass das Rechtsgeschäft ausschließlich in der Erfüllung einer Verbindlichkeit besteht.

Materialien: E II § 149; III § 177; Mot I 224;
Prot I 261; II 1 274, 517; II 2 73; Jakobs/
Schubert, AT II 873 ff.

§ 181

Schrifttum

AIGNER, Die Selbstermächtigungserklärung des Gesellschafter-Geschäftsführers einer Einmann-GmbH (Diss München 1965)

ALLMENDINGER, Vertretungsverbot bei Insichgeschäften, Ergänzungspflegschaft und gerichtliche Genehmigung: rechtsgeschäftlicher Minderjährigenschutz bei Eltern-Kind-Schenkungen (2009)

ALTMEPPEN, Gestattung zum Selbstkontrahieren in der GmbH, NJW 1995, 1182

ders, In-sich-Geschäfte der Geschäftsführer in der GmbH, NZG 2013, 401

BACHMANN, Zum Verbot von Insichgeschäften im GmbH-Konzern, ZIP 1999, 85

BÄRWALDT, Befreiung vom Verbot des Selbstkontrahierens, Rpfleger 1990, 102

BAETZGEN, Insichgeschäfte im Gesellschaftsrecht, RNotZ 2005, 193

BENECKE/EHINGER, Vollmachtlose Mehrvertretung. Die Anwendung des § 181 BGB, MDR 2005, 1265

BERNS, Die Einmann-Gesellschaft mit beschränkter Haftung und das Selbstkontrahieren ihres geschäftsführenden Alleingesellschafters (Diss Marburg 1964)

BERNSTEIN/A SCHULTZE-vLASAULX, Gilt für Änderungen des Gesellschaftsvertrages einer GmbH & Co KG das Verbot des Selbstkontrahierens?, ZGR 1976, 33

W BLOMEYER, Zur Problematik des § 181 für die Einmann-GmbH, NJW 1969, 127

ders, Die teleologische Korrektur des § 181 BGB, AcP 172 (1972) 1

BOEHM, Das sogenannte Selbstkontrahieren des Vertreters (Diss Greifswald 1903)

BOESEBECK, Insichgeschäfte des Gesellschafter-Geschäftsführers einer Einmann-GmbH, NJW 1961, 481

BOETTGER, Das Selbstkontrahieren des Vertreters (Diss Marburg 1931)

BORK, Zur Anwendung des § 181 BGB bei der Einrichtung eines Doppeltreuhandkontos, NZI 2006, 530

BOURIER, Zur Auslegung des § 181 BGB, DNotZ 1913, 553

ders, Zur Frage der Teilungspfleger, DNotZ 1918, 369

BRODMANN, GmbH und § 181 BGB, JW 1925, 596

BUCHHOLZ, Insichgeschäft und Erbschaftsausschlagung, NJW 1993, 1161

BÜHLER, Die Befreiung des Geschäftsführers der GmbH von § 181 BGB, DNotZ 1983, 588

CLAUSSEN, Grenzen der Insichgeschäfte im Gesellschaftsrecht (Diss Kiel 2000)

COING, Die gesetzliche Vertretungsmacht der Eltern bei der Ausschlagung einer Erbschaft, NJW 1985, 6

DITTMANN, Selbstkontrahieren im Wechselrecht, NJW 1959, 1957

FELLER, Teleologische Reduktion des § 181 letzter Halbsatz BGB bei nicht lediglich rechtlich vorteilhaften Erfüllungsgeschäften, DNotZ 1989, 66

FESTNER, Interessenkonflikte im deutschen und englischen Vertretungsrecht (2006) 105 ff (Selbstkontrahieren), 249 ff (Mehrvertretung)

FISCHER, Zur Anwendung von § 181 BGB im Bereich des Gesellschaftsrechts, in: FS Hauß (1978) 61

FRANK, Selbstkontrahieren bei der GmbH & Co KG, NJW 1974, 1073

GÖGGERLE, Die teleologische Reduktion des § 181 BGB unter besonderer Berücksichtigung der Einmann-GmbH mit identischem Gesellschafter-Geschäftsführer (Diss Tübingen 1974)

GÖTZE, „Selbstkontrahieren" bei der Geschäftsführerbestellung in der GmbH, GmbHR 2001, 217

GUSTAVUS, Insichgeschäfte bei Amtsverwaltern (Diss Heidelberg 1963)

HADDING, Insichgeschäfte bei Personalgesellschaften, in: FS Merle (2010) 143

HAEGELE, Der Testamentsvollstrecker und das Selbstkontrahierungsverbot des § 181 BGB, Rpfleger 1958, 370

HÄSEMEYER, Selbstkontrahieren des gesetzlichen Vertreters bei zusammengesetzten Rechtsgeschäften, FamRZ 1968, 502

HARDER, Das Selbstkontrahieren mit Hilfe eines Untervertreters, AcP 170 (1970) 295

HARDER/WELTER, Drittbegünstigung im Todesfall durch Insich-Geschäft?, NJW 1977, 1139

HASLACH, Rechtlich nachteilige Grundstücks-

übertragung an einen Minderjährigen ohne die Mitwirkung eines Ergänzungspflegers?, JA 2017, 490
HELDRICH, Schranken der elterlichen Vertretungsmacht bei der Ausschlagung einer Erbschaft, in: FS Lorenz (1991) 97
HERZFELDER, Stimmrecht und Interessenkollision bei den Personenverbänden des deutschen Reichsprivatrechts (Diss Erlangen 1926)
H HONSELL, Das Insichgeschäft nach § 181 BGB: Grundfragen und Anwendungsbereich, JA 1977, 55
U HÜBNER, Interessenkonflikt und Vertretungsmacht (1977)
ders, Grenzen der Zulässigkeit von Insichgeschäften, Jura 1981, 288
ISING, Befreiung von § 181 BGB durch ihrerseits nicht selbst befreite Organe, NZG 2011, 841
JACOBY, Die Einschaltung der eigenen Sozietät durch den Insolvenzverwalter, ZIP 2005, 1060
JÄGER, Teleologische Reduktion des § 181 BGB (1999)
JÄNICKE/BRAUN, Vertretungsausschluss bei rechtlich nachteiligen Verfügungen zu Gunsten Minderjähriger, NJW 2013, 2474
KANNOWSKI, Insichgeschäft und vollmachtloser Vertreter, in: FS Leipold (2009) 1083
KELLER, Grundstücksschenkung an Minderjährige, JA 2009, 561
KERN, Wesen und Anwendungsbereich des § 181 BGB, JA 1990, 281
KIEHNLE, Das Selbsteintrittsrecht des Kommissionärs (§ 400 HGB) und das Verbot des Selbstkontrahierens (§ 181 BGB), AcP 212 (2012) 875
KIRSTGEN, Zur Anwendbarkeit des § 181 BGB auf Gesellschafterbeschlüsse in der GmbH, GmbHR 1989, 406
KLAMROTH, Selbstkontrahierungsverbot bei Abstimmung über laufende Angelegenheiten in Familiengesellschaften?, BB 1974, 160
KNÖCHLEIN, Stellvertretung und Insichgeschäft (1994)
KÖGEL/LOOSE, Die Befreiung des Insolvenzverwalter von § 181 BGB, ZInsO 2006, 17
vKOERBER, Das Rechtsgeschäft des Stellvertreters mit sich selbst nach dem Bürgerlichen Gesetzbuche (Diss Heidelberg 1907)
KREUTZ, § 181 BGB im Lichte des § 35 Abs 4 GmbHG, in: FS Mühl (1981) 409

KREUZER, § 181 in seiner Anwendung auf die vom Vertreter sich selbst erteilte Zustimmung und die Berechtigung seiner Anwendung im Familienrecht (Diss Münster 1937)
KRÜGER, Grundstücksschenkungen an Minderjährige, ZNotP 2006, 202
LANGE, Schenkungen an beschränkt Geschäftsfähige und § 107 BGB, NJW 1955, 1339
LESSMANN, Teleologische Reduktion des § 181 BGB beim Handeln des Gesellschafter-Geschäftsführers der Einmann-GmbH, BB 1976, 1377
LIPP, Dass Verbot des Selbstkontrahierens im Minderjährigenrecht, Jura 2015, 477
LOBINGER, Insichgeschäft und Erfüllung einer Verbindlichkeit, AcP 213 (2013) 366
vLÜBTOW, Schenkungen der Eltern an ihre minderjährigen Kinder und der Vorbehalt dinglicher Rechte (1949)
ders, Insichgeschäfte des Testamentsvollstreckers, JZ 1960, 151
MAIER-REIMER, Mehrstufige Vertretung, in: FS Hellwig (2010) 205
MAIER-REIMER/MARX, Die Vertretung Minderjähriger beim Erwerb von Gesellschaftsbeteiligungen, NJW 2005, 3025
MELCHIOR, Vollmachten bei Umwandlungsvorgängen – Vertretungshindernisse und Interessenkollisionen, GmbHR 1999, 520
MEILICKE, Selbstkontrahieren nach europäischem Gemeinschaftsrecht, RIW 1996, 713
MENZEL/FÜHR, Die Grundstücksschenkung an Minderjährige, JA 2005, 859
MEYER-ARNDT, Die Anwendbarkeit des § 181 BGB auf Gesellschaftsverträge und Gesellschaftsbeschlüsse der Handelsgesellschaften (Diss Göttingen 1959)
MÜLLER, Die Bedeutung des § 181 im Familienrecht, MDR 1952, 209
MUSKAT, Der Vertrag des Stellvertreters mit sich selbst, ZHR 33, 507
NIPPERDEY, Die Gestattung der Mehrvertretung durch das Vormundschaftsgericht, in: FS Raape (1948) 305
PETERS, Das Vertretungsverbot nach § 181 BGB bei der Beschlussfassung der GmbH, ZNotP 2006, 89
PETERSEN, Insichgeschäfte, Jura 2007, 418
PLANDER, Die Geschäfte des Gesellschafter-

Geschäftsführers der Einmann-GmbH mit sich selbst (1969)
ders, Rechtsgeschäfte zwischen Gesamtvertretern, Betrieb 1975, 1493
Predari, Zwei Fragen aus dem Gebiete des Geschäftsabschlusses in sich selbst, Gruchot 63, 675
Preuss, Das für den Minderjährigen lediglich rechtlich vorteilhafte Geschäft, JuS 2006, 305
Raape, § 181 und Unterhaltspflicht, AcP 140 (1935) 352
Rawer/Endres, Der falsus procurator und § 181 BGB, ZIP 2015, 2197
Rein/Pfeiffer, Eltern-Kind-Geschäfte durch Banküberweisung – Ein Beitrag zur Dogmatik des § 181 BGB, BKR 2005, 142
Reinhardt, Gedanken zum Identitätsproblem bei der Einmanngesellschaft, in: FS Lehmann (1956) 576
Reinicke, Gesamtvertretung und Insichgeschäft, NJW 1975, 1185
Reinicke/Tiedtke, Das Erlöschen der Befreiung von dem Verbot der Vornahme von Insichgeschäften, WM 1988, 441
Reymann, Die Vertretungsbefugnis der Liquidatoren bei der GmbH, GmbHR 2009, 176
Riedel, Die Bedeutung des § 181 im Familien- und Erbrecht, JR 1950, 40
Robles Y Zepf, Praxisrelevante Probleme der Mehrvertretung bei der GmbH und der Aktiengesellschaft gem. § 181 2. Alt. BGB, BB 2012, 1876
Röll, Selbstkontrahieren und Gesellschafterbeschlüsse, NJW 1973, 627
Römer, Rechtsgeschäft des Stellvertreters mit sich selbst, ZHR 19, 67
Röthel/Krackhardt, Lediglich rechtlicher Vorteil und Grunderwerb, Jura 2006, 161
Rümelin, Das Selbstkontrahieren des Stellvertreters nach gemeinem Recht (1888)
Säcker/Klinkhammer, Verbot des Selbstkontrahierens auch bei ausschließlich rechtlichem Vorteil des Vertretenen?, JuS 1975, 626
Schanze, § 181 BGB und die organschaftliche Vertretung von Kapitalgesellschaften, 2018
Schiller, Vertretungskompetenzen bei Mehrfachmandaten im (Aktien-)Konzern, GWR 2019, 102
Schilling, Gesellschaftsbeschluß und Insichgeschäft, in: FS Ballerstedt (1975) 257
Schlüter, Das Selbstkontrahieren (Insichgeschäft nach § 181 BGB) bei der Umschreibung von Schutzrechten, GRUR 1953, 470
Th Schmidt, Das Selbstkontrahieren des Stellvertreters nach gemeinem Recht und dem Recht des BGB (Diss Greifswald 1904)
W Schmidt, Die Bedeutung des § 181 BGB für das Handelsgesellschaftsrecht (Diss Köln 1935)
Schmitt, Praktische Probleme der Mehrfachvertretung, § 181 2. Alt. BGB, in Unternehmen, WM 2009, 1784
Schneider, Selbstkontrahieren beim Abschluß eines Gesellschaftsvertrages mit minderjährigen Kindern?, BB 1954, 705
Schott, Das Insichgeschäft des Stellvertreters im gemeinen Recht, in: FS Coing (1982) Bd I 307
Schubert, Die Einschränkung des Anwendungsbereichs des § 181 BGB bei Insichgeschäften, WM 1978, 290
Siemes, Das Verbot der Insichgeschäfte im heutigen deutschen Recht (Diss Köln 1964)
Sohn, Die Befreiung des Verwalters vom Verbot des Selbstkontrahierens, NJW 1985, 3060
Sonnenfeld, Das Zusammenspiel von „rechtlichem Vorteil" und „Erfüllung einer Verbindlichkeit" als Ausnahme vom Vertretungsausschluss, Rpfleger 2011, 475
Sprinz, Das Selbstkontrahieren des Vertreters (Diss Erlangen 1907)
Stenzel, Das Verbot der Mehrfachvertretung im Aktien- und GmbH-Konzern (2017)
Stürner, Der lediglich rechtliche Vorteil, AcP 173 (1973) 402
Tebben, Das schwebend unwirksame Insichgeschäft und seine Genehmigung, DNotZ 2005, 173
K Tiedtke, Fortbestand der Befreiung vom Verbot des Selbstkontrahierens bei der Umwandlung einer mehrgliedrigen in eine Einmann-GmbH, ZIP 1991, 355
ders, Zur Form der Gestattung von Insichgeschäften des geschäftsführenden Mitgesellschafters einer GmbH, GmbHR 1993, 385
S Tiedtke, Teleologische Reduktion und analoge Anwendung des § 181 BGB (Diss Münster 2002)
Timm, Mehrfachvertretung im Konzern, AcP 193 (1993) 423

URBAN, Das Selbstkontrahieren des Stellvertreters im BGB (Diss Straßburg 1907)
WACKE, Selbstkontrahieren im römischen Vertretungsrecht, in: FG Kaser (1986) 289
ders, Tilgungsakte durch Insichgeschäfte, SZRA 103, 223
WÄLZHOLZ, Die Vertretung der GmbH im Liquidationsstadium – Insbesondere zur Befreiung vom Verbot des Selbstkontrahierens gem § 181 BGB, GmbHR 2002, 305
WAHNSCHAFF, Der Selbstabschluß und die Doppelvertretung im heutigen Recht (Diss Jena 1907)
WILHELM, Stimmrechtsausschluß und Verbot des Insichgeschäfts, JZ 1976, 674
ders, Das Merkmal „lediglich rechtlich vorteilhaft" bei Verfügungen über Grundstücksrechte, NJW 2006, 2353
WINKLER, Insichgeschäfte des Gesellschafter-Geschäftsführers einer Einmann-GmbH, DNotZ 1970, 476
WÜNSCH, Zur Lehre vom Selbstkontrahieren im Gesellschaftsrecht, in: FS Hämmerle (1972) 451
ZICHE, Die Verweisung des § 35 Absatz 4 GmbHG auf das Verbot der Vornahme von Insichgeschäften (1991)
ZORN, Erfüllung einer Verbindlichkeit oder lediglich rechtlicher Vorteil, FamRZ 2011, 776.

Systematische Übersicht

I. Geschichte und Aufgaben der Vorschrift	
1. Die Begriffe Insichgeschäft, Selbstkontrahieren und Mehrvertretung	1
2. Die geschichtliche Entwicklung	2
a) Das gemeine Recht	2
b) Die Vorarbeiten zum BGB	3
3. Die Aufgaben des § 181	4
a) Die Wahrung der Verkehrssicherheit	5
b) Der Schutz bei Interessenkonflikten	6
c) Personenidentität als Voraussetzung für die Anwendbarkeit des § 181	8
II. Anwendungsbereich des § 181	
1. Unmittelbare Anwendung bei Insichgeschäften	9
a) Selbstkontrahieren	10
b) Einseitige empfangsbedürftige Rechtsgeschäfte	13
c) Mehrvertretung	15
d) Anwendbarkeit des § 181 bei Gesamtvertretung	16
e) Anwendbarkeit des § 181 bei gesetzlicher Vertretung	18
f) Anwendbarkeit des § 181 bei organschaftlicher Vertretung	19
g) Gesellschaftsverträge	22
h) Beschlüsse in juristischen Personen und Personengesellschaften	23
i) Prozesshandlungen	27
k) Öffentlich-rechtliche Verträge	29
2. Einschränkungen der Anwendung des § 181	30
a) Ein-Mann-GmbH	31
b) Lediglich rechtlich vorteilhafte Geschäfte	32
c) Weitere Fälle	33
3. Erweiterungen des Anwendungsbereichs des § 181	34
a) Handeln durch Untervertreter	35
b) Handeln in auferlegter Verwaltung	38
c) Amtsempfangsbedürftige Erklärungen	40
d) Wahlweise zu adressierende Erklärungen	41
e) Weitere Fälle	42
III. Die Folgen eines Verstoßes gegen § 181	
1. Die schwebende Unwirksamkeit	45
a) Schwebende Unwirksamkeit und Genehmigung	45
b) Genehmigung bei gesetzlicher Vertretung	47
2. Pflicht zur Genehmigung	48
IV. Erlaubte Insichgeschäfte	
1. Die Gestattung durch den Vollmachtgeber (Befreiung)	49
a) Inhalt und Form der Erklärung	49
b) Ausdrückliche Gestattung	50
c) Konkludente Gestattung und Verkehrsübung	51

2.	Die Gestattung bei Organhandeln	53	b) Erfüllungsgeschäfte	61
3.	Die Gestattung bei gesetzlicher Vertretung	55	c) Die Fälle teleologischer Reduktion	63
a)	Gestattung durch Pfleger oder Verkehrsübung	55	**V. Die Publizität der zulässigen Insichgeschäfte**	
b)	Gestattung durch das Vormundschaftsgericht	57	1. Die Bedeutung der Publizität	64
4.	Die Gestattung bei Amtswaltern	58	2. Die Publizitätserfordernisse	65
a)	Der Testamentsvollstrecker	58	a) Verfügungsgeschäfte	65
b)	Der Insolvenzverwalter und andere Verwalter	59	b) Verpflichtungsgeschäfte	67
5.	Die gesetzliche Gestattung	60	**VI. Beweislast**	68
a)	Unmittelbare Gesetzesregeln	60		

Alphabetische Übersicht

Analoge Anwendung des § 181	34 ff		Öffentlichrechtliche Verträge	29
Anwendungsbereich des § 181	9 ff		Ordnungscharakter des § 181	4 ff
Auslegung zur Ermittlung der Gestattung	51		Organe	19 ff, 53
Befreiung	49 ff, 54a		Prozesshandlungen	27 f
Beschlüsse	23 ff		Publizitätserfordernisse	64 ff
Beweislast	68			
Bürgschaftsübernahme	42		Rechtsgeschäfte, amtsempfangsbedürftige	40
			– einseitige	13
Einmann-GmbH	6, 20, 31, 53		– formbedürftige	66 f
Erbauseinandersetzung	18		– lediglich rechtlich vorteilhafte	6, 32
Erfüllung einer Verbindlichkeit	61		– wechselrechtliche	11
			– zusammengesetzte	12
Form der Gestattung	49			
			Schuldübernahme	42
Genehmigung	45 ff		Schutz der Verkehrssicherheit	5
Gesamtvertretung	16		Schutz vor Interessenkonflikten	6 f
Geschäftsähnliche Handlungen	14		Schwebende Unwirksamkeit	4
Geschichtliche Entwicklung	2 f		Selbstkontrahieren	1, 10
Gesellschaftsrecht	22 ff		Sozialakte	24
Gesellschaftsverträge	22		Stimmabgabe	24
Gesetzliche Vertretung	18, 32, 55 ff			
Gestattung	49 ff		Teleologische Reduktion	6 f, 30 ff, 63
			Testamentsvollstrecker	38, 58
Insichgeschäft	1, 9 ff			
Insolvenzverwalter	39, 59		Untervertreter	35 ff
			Unterwerfungserklärung	27
Konzernrecht	21, 33			
			Verkehrssicherheit	5
Mehrvertretung	1, 15, 46, 57		Verkehrsübung	52, 56
Minderjähriger	62a		Verwaltungsakte	29
Nachlassverwalter	39, 59		Wohnungseigentumsverwalter	25, 39

I. Geschichte und Aufgaben der Vorschrift

1. Die Begriffe Insichgeschäft, Selbstkontrahieren und Mehrvertretung

Die Vorschrift des § 181 BGB befasst sich mit der Problematik der Zulässigkeit von **1** **Insichgeschäften** im Rahmen der Stellvertretung. Es handelt sich dabei um Fälle, in denen jemand als Stellvertreter mit sich selbst in eigenem Namen **(Selbstkontrahieren)** oder mit sich als Vertreter eines Dritten **(Mehrvertretung)** Rechtsgeschäfte vornimmt; dabei kann es sich um Verträge, aber auch um einseitige empfangsbedürftige Willenserklärungen handeln, und der Vertreter kann als aktiver oder/und passiver Stellvertreter handeln. Ein solches Insichgeschäft liegt auch dann vor, wenn ein Kollektivvertreter in der beschriebenen Weise tätig wird, nicht hingegen, wenn jemand auf derselben Seite des Rechtsgeschäfts sowohl für sich selbst als auch für einen von ihm Vertretenen handelt (s Rn 8 f).

Im juristischen Schrifttum werden die genannten Begriffe allerdings mit unterschiedlicher Bedeutung verwendet. Oft wird das Selbstkontrahieren als Oberbegriff für sämtliche Formen der von § 181 BGB erfassten Insichgeschäfte, von anderen aber auch als Teiloberbegriff – im Gegensatz zur Mehrvertretung – für diejenigen Fälle verwandt, in denen der Vertreter ein Rechtsgeschäft mit sich selbst vornimmt. Allerdings fallen unter diese Möglichkeit des Handelns iSd § 181 BGB nicht nur Vertragsschlüsse, sondern auch die Abgabe und Entgegennahme einseitiger Erklärungen. Im Folgenden wird deshalb das *Insichgeschäft als Oberbegriff* verwendet, unter den das Selbstkontrahieren und die Vornahme einseitiger empfangsbedürftiger Rechtsgeschäfte mit sich selbst einerseits und die Mehrvertretung andererseits fallen.

§ 181 BGB ist nur anwendbar, wenn sich die Vertretungsmacht nach deutschem Recht richtet (s zu ausländischen Rechten Vorbem 100 ff zu §§ 164 ff und unten Rn 19; ERMAN/ MAIER-REIMER § 181 Rn 4).

2. Die geschichtliche Entwicklung

a) In der *gemeinrechtlichen Doktrin* hatte sich zunächst die Ansicht herausgebil- **2** det, dass Rechtsgeschäfte mit sich selbst begrifflich ausgeschlossen seien, da eine Person nicht zwei sich gegenüberstehende Willenserklärungen abgeben könne. Diese Auffassung wurde jedoch dann aufgegeben (s RGZ 6, 11; 7, 119; RÖMER ZHR 19, 67 ff; MUSKAT ZHR 33, 507 ff; HÜBNER 28 ff; HUPKA 258 ff; grundlegend RÜMELIN, Das Selbstkontrahieren des Stellvertreters nach gemeinem Recht [1888]; s zur Entwicklung auch KIEHNLE AcP 212 [2012], 890 ff; zum Selbstkontrahieren im römischen Vertretungsrecht s WACKE, in: FS Kaser 289 ff sowie SZRA 103, 223 ff zu Tilgungsakten durch Insichgeschäfte; KASER/KNÜTEL, Römisches Privatrecht [18. Aufl 2005] § 11 III 3).

b) Von grundsätzlicher Zulässigkeit des Selbstkontrahierens ging auch die *erste* **3** *Kommission* aus, die nur für bestimmte Fälle ein Verbot vorgesehen hatte (FLUME § 48 3). Die *zweite Kommission* hingegen formulierte auf der Grundlage eines Beschlusses der Vorkommission des Reichsjustizamtes den jetzigen § 181 BGB. Sie entschied sich damit für ein *grundsätzliches Verbot* mit zwei generell gefassten Ausnahmen (vgl SCHUBERT WM 1978, 297; zur Entstehungsgeschichte s auch JÄGER 5 ff; KIEHNLE AcP 212 [2012] 893 f; LOBINGER AcP 213 [2013] 367 f). Das Problem der Kundgabe des im

Wege eines erlaubten Insichgeschäfts betätigten Willens hat die zweite Kommission nicht beschäftigt (s dazu noch unten Rn 64 ff).

3. Die Aufgaben des § 181

4 Die zentrale sachliche Problematik des Insichgeschäfts besteht zweifellos in der **Gefahr der Interessenkollision** (vgl Prot I 353; FLUME § 48 1), nämlich der Überschneidung der Interessen von Vertreter und Vertretenem bei Selbstkontrahieren und einseitigem Insichgeschäft und derjenigen der beiden Vertretenen bei der Mehrvertretung. Da der Stellvertreter grundsätzlich die Interessen des Vertretenen wahren soll, bergen Interessenkonflikte bei Insichgeschäften die Gefahr eines Missbrauchs in sich, weshalb das Gesetz dem Vertreterhandeln zum präventiven Schutz des Vertretenen Grenzen setzt (MünchKomm/SCHUBERT § 181 Rn 2 f; SCHANZE 23 f mwNw, allgM). Allerdings stellt der Tatbestand des § 181 BGB – sieht man von den Ausnahmen der Gestattung und der Erfüllung einer Verbindlichkeit ab – nicht auf das Vorliegen einer konkreten Interessenkollision ab, sondern trifft für die dort aufgeführten Fallgruppen (Selbstkontrahieren, Mehrvertretung, s Rn 1) eine generelle Verbotsregelung, die sich allein am Tatbestand des Vorliegens eines Insichgeschäfts im beschriebenen Sinne ausrichtet. Damit wird § 181 BGB jedenfalls auch zu einer Ordnungsvorschrift im Interesse der Verkehrssicherheit (s zu den beiden Zwecken des Schutzes des Vertretenen und der Rechtssicherheit JÄGER 3 ff, 21 ff; zum daraus resultierenden Aspekt des Gläubigerschutzes CLAUSSEN 30 ff; zu beiden Zwecken krit jetzt aber SCHANZE 25 ff). Heftig umstritten ist bei diesem Ausgangspunkt, ob es bei einem solchen strengen Verständnis der Vorschrift zu bewenden hat oder ob ihr Anwendungsbereich in (typischen) Fällen fehlender Interessenkollision einzuschränken, andererseits vielleicht auf vergleichbare Kollisionsfälle zu erweitern ist.

5 a) Soweit § 181 BGB der **Wahrung der Verkehrssicherheit** dient, stellt sich diese Aufgabe unabhängig von der Frage, ob durch das konkrete Geschäft Interessen des Vertretenen gefährdet werden oder nicht. Demnach könnte § 181 BGB selbst dann eingreifen, wenn das Insichgeschäft für den Vertretenen rechtlich lediglich vorteilhaft ist (vgl SCHUBERT WM 1978, 290).

Unter vorrangiger Betonung dieser Zielsetzung wurde § 181 BGB von der Rechtsprechung des RG als formale **„Ordnungsvorschrift"** (dazu krit ERMAN/MAIER-REIMER § 181 Rn 2) verstanden, welche bestimmte Arten des Geschäftsabschlusses verbiete, ohne dass es auf konkrete Interessenverletzungen ankomme (RGZ 68, 172, 176; 103, 417; 157, 24, 31; s dazu und zur weiteren Entwicklung SCHMOECKEL 93 ff; s auch HKK/SCHMOECKEL §§ 164–181 Rn 32 ff; jurisPK-BGB/WEINLAND § 181 Rn 2; MünchKomm/SCHUBERT § 181 Rn 4 f; NK-BGB/STOFFELS § 181 Rn 3 ff). Auch der BGH folgte zunächst dieser Ansicht (BGHZ 21, 229, 231; 33, 189; 50, 8, 11), ebenso (bis heute) Teile des Schrifttums (ENNECCERUS/NIPPERDEY § 181 III; FLUME § 48 1; PAWLOWSKI Rn 794 ff; WERTENBRUCH § 33 Rn 2; BOEHMER Grundlagen II 2 44 ff; ausführlich dazu ALLMENDIGER 65 ff; JÄGER 33 ff mwNw). Vor dem Zweck einer Wahrung der Sicherheit des Rechtsverkehrs, der gegenüber die „lästigen Folgen" des generellen Verbots ein geringeres Übel seien, kann sich diese Auffassung auf den eindeutigen Wortlaut des § 181 BGB berufen („tatbestandsgetreue Auslegung").

6 b) Im Schrifttum (ausf dazu ALLMENDIGER 68 ff) ist aber überwiegend schon gegenüber der älteren Rechtsprechung eine weniger formale Auslegung des § 181 BGB vertreten worden, die vor allem eine einschränkende Anwendung der Vorschrift zum Ziel hat. Im Vordergrund der Argumentation steht dann der Gesichtspunkt, § 181 BGB diene vorrangig dem Zweck, die **Gefahren eines Interessenkonfliktes** abzuwenden, sodass bei Geschäften ohne solche Gefahr eine teleologische Reduktion des § 181 BGB erfolgen könne (s bereits HOENIGER DJZ 1910, 1348). Das Ausmaß der Abwendung vom Wortlaut des § 181 BGB ist in der Literatur allerdings sehr unterschiedlich. Heute nur noch vereinzelt wird darauf abgestellt, ob im Einzelfall ein **konkreter Interessenkonflikt** besteht, vor dem der Vertretene – bei der Mehrvertretung die Vertretenen – zu schützen sei; das führe zur Nichtanwendung des § 181 BGB bei Insichgeschäften ohne Interessenkonflikt, andererseits zur Unwirksamkeit vergleichbarer Rechtsgeschäfte auch über den eigentlichen Anwendungsbereich des § 181 BGB hinaus (LEHMANN/HÜBNER § 36 IV 4 c; LEHMANN SJZ 1948, 313; dazu ausf ALLMENDINGER 69 ff). Der überwiegende Teil des Schrifttums will bei Anerkennung der Sicherungsfunktion der Vorschrift dem Aspekt der (fehlenden) Interessenkollision nur dann den Vorzug geben, wenn **nach typischen, formalisierten Merkmalen** – „generell-abstrakt" – eine **Interessenkollision ausgeschlossen** ist. Die dahingehenden Äußerungen im Schrifttum stammen teils schon aus älterer Zeit, teilweise knüpfen sie an die neuere, geänderte Rechtsprechung zu § 181 BGB an, nachdem auch der BGH seine frühere Auffassung (s Rn 5) aufgegeben hat (BGHZ 56, 97, 102 f; 59, 236, 239 f; 64, 72, 75; 75, 358, 359 ff; 77, 7, 9, stRpr; aus dem Schrifttum unter Außerachtlassung engerer Differenzierungen BGB-AK/OTT § 181 Rn 5; BGB-RGRK/STEFFEN § 181 Rn 2; BRHP/SCHÄFER § 181 Rn 2; ERMAN/MAIER-REIMER § 181 Rn 2; Hk-BGB/DÖRNER § 181 Rn 1, Rn 18; JAUERNIG/MANSEL § 181 Rn 6 f; MünchKomm/SCHUBERT § 181 Rn 5 f; NK-BGB/STOFFELS § 181 Rn 6 ff; PALANDT/ELLENBERGER § 181 Rn 9 ff, Rn 12 ff; PWW/FRENSCH § 181 Rn 1; SOERGEL/LEPTIEN § 181 Rn 6; StudKomm § 181 Rn 1; BITTER/RÖDER § 10 Rn 210; BORK Rn 1592 f; BREHM Rn 479; BROX/WALKER § 26 Rn 10 ff; EISENHARDT Rn 443; FAUST § 28 Rn 36; GRIGOLEIT/HERRESTHAL Rn 588 ff; HÜBNER Rn 1322 ff, insbesondere Rn 1324; KÖHLER § 11 Rn 64; ausf LEENEN § 9 Rn 117 ff; MEDICUS/PETERSEN Rn 959 ff; SCHACK Rn 502 f; STADLER § 30 Rn 60; WOLF/NEUNER § 49 Rn 111; FROTZ 536; TIEDTKE 32 ff; BAETZGEN RNotZ 2005, 193, 195; HERRLER ZNotP 2007, 448, 449; KIEHNLE AcP 212 [2012] 895 ff; MOCK JuS 2008, 486, 488; TEBBEN DNotZ 2005, 173174; wNachw unten Rn 30 ff). In neuerer Zeit befürwortet JÄGER (passim, insbes 79 ff und zu einzelnen Anwendungsfällen 125 ff, 227 ff; dagegen ausf TIEDTKE 75 ff) die hM mit gewissen Modifikationen, namentlich mit der Zulassung der Reduktion schon bei relativ, dh jedenfalls im Verhältnis von Vertretenem und In-Sich-Geschäftspartner rechtlich vorteilhaften Geschäften einerseits, und mit ihrem Ausschluss bei Möglichkeit der Gestattung durch den Vertretenen andererseits. Die letztere Schranke erscheint aber als Überbetonung des Aspekts der privatautonomen Gestaltung bei fehlender Interessenkollision, während das den Anwendungsbereich des Selbstkontrahierens erweiternde Kriterium bloß relativer Neutralität den jedenfalls aus heutiger Normsicht gebotenen umfassenden Schutz des Vertretenen auch vor zugunsten Dritter eintretender Schäden missachtet; zudem wird die Erkennbarkeit eines typischen lediglich rechtlichen Vorteils durch die Relativität erschwert. Allerdings wird die so verstandene Konzeption und Berechtigung des § 181 BGB – namentlich für gesellschaftsrechtliche Fälle – auch grundsätzlich bezweifelt (s HAUSCHILD ZIP 2014, 954; ausf jetzt SCHANZE 23 ff und zu Reformüberlegungen 214 ff; s rechtsvergleichend auch MünchKomm/SCHUBERT § 181 Rn 8 ff).

Nach der überwiegenden Auffassung waren zumindest zwei (von der hM) anerkannte Fallgruppen einer teleologischen Reduktion des § 181 BGB entwickelt worden, nämlich für Geschäfte, die dem Vertretenen lediglich rechtlichen Vorteil bringen (BGHZ 59, 236; 94, 332; s unten Rn 32) sowie für Geschäfte des Alleingesellschafters und Geschäftsführers einer GmbH mit der GmbH (BGHZ 56, 97; s unten Rn 20, 31). § 35 GmbHG bestimmt jetzt aber ausdrücklich in Abs 3 die Anwendbarkeit des § 181 BGB (zur Bedeutung und zum Anwendungsbereich des § 35 Abs 3 GmbHG s ALTMEPPEN NZG 2013, 401; ROBLES Y ZEPF BB 2012, 1876, 1878 f; zu weiteren Fällen und zur analogen Anwendung s unten Rn 34 ff). Damit hat auch der mit der Wahrung der Verkehrssicherheit verbundene Aspekt des **Gläubigerschutzes** Anerkennung gefunden (CLAUSSEN 30 ff mwNw; abl hingegen SCHANZE 34 ff mwNw).

7 Der vermittelnden Auffassung der hM ist grundsätzlich zu folgen. Wortlaut und formale Auslegung verdienen aus Gründen der Rechtssicherheit und auch des Gläubigerschutzes den Vorzug vor einer Auflösung in unbestimmte Interessenbewertungen. Allein das Vorliegen einer Interessenkollision genügt nicht. Andererseits ist der Zweck der Sicherung des Rechtsverkehrs vor den Gefahren von Interessenkollisionen nur Hilfsmittel zur Verwirklichung dieses materiellen Ziels. Wenn aufgrund abstrakter Merkmale typische Konstellationen ermittelt werden können, in denen eine Interessenkollision – und damit eine Rechtsunsicherheit – ausscheidet, so muss nach den Grundsätzen teleologischer Auslegung der formale Ordnungszweck gegenüber der Interessenwahrung zurücktreten. Immerhin kommt diese Sicht auch in den beiden schon in § 181 BGB unmittelbar geregelten Ausnahmen zum Ausdruck. Mittel dieser Auslegung ist eine Einschränkung des Anwendungsbereichs, doch kommt umgekehrt auch seine Erweiterung durch entsprechende Anwendung der Vorschrift in Betracht, wenn ein typisierend beschreibbarer Interessenkonflikt vorliegt (s näher Rn 30 ff, Rn 34 ff und zusammenfassend Rn 44).

8 c) **Keine Anwendung** findet § 181 BGB, wenn jemand auf derselben Seite des Rechtsgeschäfts sowohl für sich als auch für einen von ihm Vertretenen oder als Vertreter für mehrere Vertretene handelt (RGZ 127, 103, 105; RG WarnR 1912 Nr 399; BGHZ 50, 8, 10; 94, 132, 137; BayObLG NJW-RR 1986, 1077, 1078; OLG Düsseldorf NJW 1985, 390; OLG Jena NJW 1995, 3126; BGB-RGRK/STEFFEN § 181 Rn 6; BRHP/SCHÄFER § 181 Rn 8; ERMAN/MAIER-REIMER § 181 Rn 9; MünchKomm/SCHUBERT § 181 Rn 24; NK-BGB/STOFFELS § 181 Rn 19; PALANDT/ELLENBERGER § 181 Rn 7; PWW/FRENSCH § 181 Rn 5; SOERGEL/LEPTIEN § 181 Rn 2 und 12 [„Personenidentität"]; BORK Rn 1587; HÜBNER Rn 1324; AUKTOR NZG 2006, 334, 335; BAETZGEN RNotZ 2005, 193 f, 197; GEBELE BB 2012, 728, 729; ROBLES Y ZEPF BB 2012, 1876, 1879 f; OTT DNotZ 2017, 646 f; SCHMITT WM 2009, 1784; krit SOHN NJW 1985, 3060). Auch ein im Einzelfall vorliegender Interessenwiderstreit vermag hier die Anwendung des § 181 BGB nicht zu begründen, weil es an einer durch abstrakt-generelle Merkmale geprägten typischen Interessenkollision (s Rn 6 f) fehlt (RG JW 1931, 2229; BGB-RGRK/STEFFEN § 181 Rn 10; MünchKomm/SCHUBERT § 181 Rn 24; vgl BGHZ 94, 132, 137 [Verrechnungsvereinbarung unter mehreren Beteiligten]; OLG Jena NJW 1995, 3126, 3127).

II. Anwendungsbereich des § 181

1. Unmittelbare Anwendung bei Insichgeschäften

9 Insichgeschäfte kommen als Selbstkontrahieren und als Mehrvertretung in Betracht (s oben Rn 1). § 181 BGB erfasst dabei nicht nur Verträge, sondern auch einseitige Rechtsgeschäfte, nämlich empfangsbedürftige Willenserklärungen (s noch Rn 13).

Streng einseitige Rechtsgeschäfte – nichtempfangsbedürftige Willenserklärungen – fallen heraus, weil es an einer Gegenseite fehlt, mit deren Interessen das Handeln des Vertreters kollidieren könnte (BayObLGZ 1953, 261, 266 f; BGB-RGRK/Steffen § 181 Rn 5; BRHP/Schäfer § 181 Rn 9; Erman/Maier-Reimer § 181 Rn 7; MünchKomm/Schubert § 181 Rn 16; NK-BGB/Stoffels § 181 Rn 17; Palandt/Ellenberger § 181 Rn 6; PWW/Frensch § 181 Rn 4; Soergel/Leptien § 181 Rn 17, allgM). Entsprechendes gilt für reine Realakte (BGH NJW 1976, 49; BayObLGZ 1958, 370 f; BRHP/Schäfer § 181 Rn 9; PWW/Frensch § 181 Rn 4; Soergel/Leptien § 181 Rn 17; s auch Vytlacil 222 zu Fällen bloßer Willensbetätigung, zB nach §§ 144, 155, 959 BGB). Mit diesen Grenzen gilt § 181 BGB aber grundsätzlich für alle von Stellvertretern vorgenommenen privaten Rechtsgeschäfte, wegen des grundsätzlichen Interessenkonflikts auch solchen von **Vertretern ohne Vertretungsmacht** (BayObLG MitBayNot 1986, 68; OLG Düsseldorf MittBayNot 1999, 470; BRHP/Schäfer § 181 Rn 7; jurisPK-BGB/Weinland § 181 Rn 5; NK-BGB/Stoffels § 181 Rn 9; Palandt/Ellenberger § 181 Rn 3; Schanze 76 ff; Auktor MittBayNot 2012, 377, 378 f; Kannowski, in: FS Leipold [2009] 1085 mwNw; Robles y Zepf BB 2012, 1876, 1879; anders namentlich MünchKomm/Schubert § 181 Rn 43; Lichtenberger MittBayNot 1999, 470, 471; Schindeldecker RNotZ 2015, 533, 537 ff; Schneeweiss MittBayNot 2001, 341, 342). Allerdings kann eine Genehmigung der vollmachtlosen Vertretung trotz unterschiedlicher Schutzrichtung je nach Sachlage zugleich gem §§ 133, 157 BGB als Genehmigung des Insichgeschäfts ausgelegt werden (s auch Rn 46; zu evtl Einschränkungen bei der Mehrvertretung s noch Rn 15). In jedem Fall greift § 181 BGB ein, wenn die Genehmigung für den Genehmigenden ein Insichgeschäft darstellt (MünchKomm/Schubert § 181 Rn 43). Einschränkende Sonderregelungen zur Zulässigkeit von Insichgeschäften gelten gem §§ 450 ff BGB für besondere Verkaufsfälle, namentlich solche im Wege der Zwangsvollstreckung.

Darüber hinaus ist die entsprechende Anwendbarkeit bei Prozesshandlungen und im sonstigen Öffentlichen Recht zu diskutieren (s Rn 19, Rn 27 ff). Voraussetzung für die Anwendbarkeit des § 181 BGB ist jedenfalls stets, dass der Vertreter auch auf der anderen Seite des Rechtsgeschäfts auftritt, dass also sog Personenidentität (s Rn 8) vorliegt.

a) Selbstkontrahieren im engeren Sinne (s Rn 1) betrifft den Abschluss von Verträgen aller Art, die der Vertreter mit sich selbst als anderer Partei tätigt. Derartige Rechtsgeschäfte stehen bei der Anwendung des § 181 BGB im Vordergrund. Die Vorschrift gilt dabei für sämtliche Verträge, seien sie obligatorischer oder dinglicher Natur. Da zum Vertrag der auf eine rechtsgeschäftliche Regelung bezogene übereinstimmende Wille von mindestens zwei Partnern gehört, ergibt sich der Vertragstatbestand beim erlaubten Selbstkontrahieren freilich letztlich erst aus der gesetzlichen Zulassung in § 181 BGB (vgl Flume § 48 3). **10**

Neben *schuldrechtlichen* zwei- und mehrseitigen *Rechtsgeschäften* unterliegen danach insbes auch *familienrechtliche* (RGZ 79, 282) und *erbrechtliche Verträge* (BGHZ 50, 8, 10; Zimmer ZEV 2007, 159, auch zum Widerruf wechselbezüglicher Verfügungen) der Anwendung des § 181 BGB. Namentlich greift § 181 BGB ferner bei der *dinglichen Einigung* im Rahmen von Verfügungstatbeständen ein (s etwa RGZ 73, 415; 89, 367; RG DJZ 1931, 303; BGB-RGRK/Steffen § 181 Rn 5; BRHP/Schäfer § 181 Rn 6; Erman/Maier-Reimer § 181 Rn 7; jurisPK-BGB/Weinland § 181 Rn 4; MünchKomm/Schubert § 181 Rn 17; NK-BGB/Stoffels § 181 Rn 15; Palandt/Ellenberger § 181 Rn 6; Soergel/Leptien § 181 Rn 15). Auf *wechselrechtliche Geschäfte* ist § 181 BGB ebenfalls anzuwenden (BGB-RGRK/Steffen § 181 **11**

Rn 5; BRHP/Schäfer § 181 Rn 7; Erman/Maier-Reimer § 181 Rn 7; MünchKomm/Schubert § 181 Rn 17; NK-BGB/Stoffels § 181 Rn 15; Palandt/Ellenberger § 181 Rn 7; Soergel/Leptien § 181 Rn 15; K Tiedtke BB 1976, 1536 ff; S Tiedtke 165 ff; vgl aber auch Dittmann NJW 1959, 1957), so bei Ausstellung des Wechsels im eigenen Namen und Annahme als Vertreter des Bezogenen (Tiedtke BB 1976, 1535 ff), es sei denn, der Begebungsvertrag würde mit einem Dritten abgeschlossen (vgl BGH WM 1968, 651, 655; BGH WM 1978, 1002; MünchKomm/Schubert § 181 Rn 17; ie str, s ausf Dittmann NJW 1959, 1957 und Tiedtke BB 1976, 1536 ff). Auch bei der *Einlösung von Wertpapieren* durch dasselbe Kreditinstitut liegt idR ein Insichgeschäft iSd § 181 BGB vor (RGZ 111, 345, 349; BGHZ 26, 167, 171 f; Erman/Maier-Reimer § 181 Rn 7; MünchKomm/Schubert § 181 Rn 17; NK-BGB/Stoffels § 181 Rn 15; Palandt/Ellenberger § 181 Rn 7; Soergel/Leptien § 181 Rn 15), mangels Personenidentität hingegen trotz möglichen Interessenkonflikts nicht bei Überweisungen des Vertreters des Kontoinhabers auf ein Konto des Vertreters (s Rn 44).

12 Bei einem **zusammengesetzten Rechtsgeschäft**, wie zB einer Erbauseinandersetzung mit mehreren Beteiligten, gilt § 181 BGB grundsätzlich nur für das jeweilige *Teilgeschäft*. Jedoch kann der Parteiwille im Falle einer Einheit der Rechtsgeschäftsteile (§ 139 BGB) dahin gehen, dass jemand, der bei einem Teilgeschäft nach § 181 BGB von der Vertretung ausgeschlossen ist, bei den übrigen Teilgeschäften ebenfalls ausgeschlossen sein soll (BGHZ 50, 8, 12; BGB-RGRK/Steffen § 181 Rn 9, Erman/Maier-Reimer § 181 Rn 18; MünchKomm/Schubert § 181 Rn 19; NK-BGB/Stoffels § 181 Rn 16; Soergel/Leptien § 181 Rn 14; **krit** zur Übernahme der zu § 139 BGB entwickelten Grundsätze Häsemeyer FamRZ 1968, 503).

13 b) Auch **einseitige empfangsbedürftige Rechtsgeschäfte**, wie Kündigung, Anfechtung, Vollmachtserteilung, Löschungsbewilligung oder Zustimmung, unterfallen dem Anwendungsbereich des § 181 BGB (BGHZ 77, 7, 9; BGH NJW-RR 1991, 1441; grunds auch BayObLG FGPrax 1996, 19, 20 m zust Anm Bestelmeyer; BGB-RGRK/Steffen § 181 Rn 6; BRHP/Schäfer § 181 Rn 6; Erman/Maier-Reimer § 181 Rn 7; jurisPK-BGB/Weinland § 181 Rn 4; MünchKomm/Schubert § 181 Rn 16; NK-BGB/Stoffels § 181 Rn 17; Palandt/Ellenberger § 181 Rn 6; PWW/Frensch § 181 Rn 7; Soergel/Leptien § 181 Rn 16; Flume § 48 2; Hübner 94 ff und AT Rn 1330; Allmendinger 73 f; allgM). So kann jemand, der als Vertreter ohne Vertretungsmacht gehandelt hat und dann gesetzlicher Vertreter geworden ist, das Rechtsgeschäft mit sich selbst nicht genehmigen, wohl aber dem Dritten gegenüber (BGHZ 41, 104, 107; OLG Hamm Rpfleger 1971, 432). Ein als Alleinerbe eingesetzter gesetzlicher Vertreter kann nicht wirksam die Anfechtung des Testaments gem § 2079 BGB im Namen seines nach Testamentserrichtung geborenen Kindes erklären (RGZ 143, 150; s noch unten Rn 40 zu amtsempfangsbedürftigen Willenserklärungen). Auch auf die Gestattung zum Selbstkontrahieren ist § 181 BGB anwendbar (BGHZ 33, 189, 191; 58, 115, 118; BRHP/Schäfer § 181 Rn 6; MünchKomm/Schubert § 181 Rn 16; NK-BGB/Stoffels § 181 Rn 17; Soergel/Leptien § 181 Rn 16; Tebben DNotZ 2005, 173, 178). Die Anwendbarkeit bei einseitigen Rechtsgeschäften ist auch zu bejahen, wenn der Vertreter am Insichgeschäft nur als Empfangsvertreter iSd § 164 Abs 3 BGB beteiligt ist (MünchKomm/Schubert § 181 Rn 16; NK-BGB/Stoffels § 181 Rn 17; Soergel/Leptien § 181 Rn 16; Hübner Rn 1330), nicht hingegen bei einseitigen nicht empfangsbedürftigen Geschäften (jurisPK-BGB/Weinland § 1812 Rn 4 mwNw).

14 Auf empfangsbedürftige **geschäftsähnliche Handlungen** wie Mahnungen, Fristsetzungen, Ablehnungsandrohungen uam findet § 181 BGB ebenfalls (entsprechende)

Anwendung (BGHZ 47, 353, 357; BRHP/Schäfer § 181 Rn 6; Erman/Maier-Reimer § 181 Rn 7; Hk-BGB/Dörner § 181 Rn 4; jurisPK-BGB/Weinland § 181 Rn 4; MünchKomm/Schubert § 181 Rn 16; NK-BGB/Stoffels § 181 Rn 18; Palandt/Ellenberger § 181 Rn 8; PWW/Frensch § 181 Rn 7; Soergel/Leptien § 181 Rn 16; Hübner 99 ff, allgM).

c) Des Weiteren versagt § 181 BGB der **Mehrvertretung** (s Rn 1) durch einen Stellvertreter die Wirksamkeit. Voraussetzung ist das doppelte Auftreten derselben Person als Stellvertreter von zwei anderen Personen, zwischen denen das Rechtsgeschäft wirken soll. Dieses Verbot der Mehrvertretung soll auch gelten, wenn der Stellvertreter auf einer Seite – wie in der notariellen Praxis nicht selten – als *Vertreter ohne Vertretungsmacht* (s dazu grds schon Rn 9) mit nachfolgender Genehmigung handelt (BayObLG Rpfleger 1988, 61; OLG Düsseldorf DB 1999, 578; OLG München NJOZ 2014, 405, 406, dazu aber nachfolgend BGH 1. 10. 2015 – V ZB 181/14, WM 2016, 479, s unten Rn 61; s auch BGH 9. 2. 2017 – III ZR 428/16 Rn 17, DNotZ 2017, 549; BRHP/Schäfer § 181 Rn 29; jurisPK-BGB/Weinland § 181 Rn 12, Rn 34; Palandt/Ellenberger § 181 Rn 3, Rn 15; Bitter/Röder § 10 Rn 220c; Baetzgen RNotZ 2005, 193, 197 f mwNw; ausf Tebben DNotZ 2005, 173 ff mwNw, str, **aA** zB OLG Zweibrücken NJOZ 20121, 1678, 1679; MünchKomm/Schubert § 181 Rn 43 mwNw; Benecke/Ehinger MDR 2005, 1265; Lichtenberger MittBayNot 1999, 470 f; Schneeweiss MittBayNotK 2001, 341, 342; einschränkend auch Rawert/Endres ZIP 2015, 2197 ff für Selbstkontrahieren; differenzierend Auktor MittBayNot 2012, 377, 378 f; Robles Y Zepf BB 20121, 1876, 1879; Schanze 81 f), wobei ein zusätzliches Schutzinteresse für den ohnehin über die Genehmigung entscheidenden Geschäftsherrn in der Tat nicht immer bestehen wird. Jedenfalls kommt hier ggf im Wege der Auslegung eine (doppelte) Genehmigung (s dazu Rn 51) und bei allseits vollmachtloser Vertretung auch eine teleologische Reduktion des § 181 BGB (s Rn 30 ff) in Betracht, wenn man darin einen generell-abstrakten Ausschluss von Interessenkollision (s Rn 6) erblickt (dafür Benecke/Ehinger MDR 2005, 1265, 1266; Rawert/Endres ZIP 2015, 2197 ff; dem zust Bitter/Röder § 10 Rn 220c Fn 676; im Konzern Robles Y Zepf BB 2012, 1876, 1879; insoweit auch Kannowski, in: FS Leipold [2009] 1086 f). Unzulässige Mehrvertretung liegt iÜ wie beim Selbstkontrahieren nicht vor, wenn der Stellvertreter die beiden Vertretenen lediglich gemeinsam gegenüber einem Dritten vertritt (s oben Rn 8), wohl aber, wenn eine Darlehensnehmerin und ihre Sicherungsgeberin bei Abschluss der Gesamtvereinbarung von derselben Person vertreten wird (OLG Frankfurt 11. 4. 2018 – 13 U 31/16 Rn 43 ff, AG 2018, 635; jurisPK-BGB/Weinland § 181 Rn 13.1).

d) Die für die Anwendbarkeit des § 181 BGB erforderliche Personenidentität der sich gegenüberstehenden Parteien (s oben Rn 8) kommt grundsätzlich nicht nur bei Einzelvertretung, sondern auch in Fällen der **Gesamtvertretung** (s Vorbem 20 zu §§ 164 ff) in Betracht (zu Besonderheiten im Gesellschaftsrecht s noch Rn 22 ff). Die Voraussetzungen des § 181 BGB sind dort erfüllt, wenn jemand auf einer Seite des Geschäfts als Gesamtvertreter, auf der anderen für sich oder – iS einer Mehrvertretung – als Einzelvertreter tätig wird (RGZ 89, 367, 373; KG JW 1930, 1419; Erman/Maier-Reimer § 181 Rn 12; jurisPK-BGB/Weinland § 181 Rn 5; MünchKomm/Schubert § 181 Rn 25; NK-BGB/Stoffels § 181 Rn 20; PWW/Frensch § 181 Rn 6; Soergel/Leptien § 181 Rn 12; zur Wissenszurechnung in solchen Fällen s BGH NJW 2010, 861, 862 [GbR]). Daran ändert es nichts, dass neben dem betreffenden Gesamtvertreter noch andere Gesamtvertreter an dem Geschäft mitwirken (RGZ 89, 367, 373; vgl auch OLG Celle SJZ 1948, 311; BRHP/Schäfer § 181 Rn 11; MünchKomm/Schubert § 181 Rn 12; Soergel/Leptien § 181 Rn 12;

PLANDER Betrieb 1975, 1493, 1494). Das gilt grundsätzlich auch für die Gesamtvertretung bei OHG und KG sowie bei den juristischen Personen (s auch Rn 23 ff).

17 Allerdings wird es von der Rechtsprechung (BGHZ 64, 72, 74 ff = LM § 181 Nr 18 m zust Anm FLECK; 91, 334, 336; BGH NJW-RR 1986, 778; BAG NJW 1981, 2374; OLG Celle SJZ 1948, 311, 313 m abl Anm LEHMANN) und einem Teil des Schrifttums (zB BRHP/SCHÄFER § 181 Rn 15; NK-BGB/STOFFELS § 181 Rn 20; PALANDT/ELLENBERGER § 181 Rn 12; PWW/FRENSCH § 181 Rn 6, Rn 10; SOERGEL/LEPTIEN § 181 Rn 13; FAUST § 28 Rn 32; SCHANZE 65 ff; BAETZGEN RNotZ 2005, 193, 201 ff mwNw; HADDING, in: FS Merle [2012] 152; ROBLES Y ZEPF BB 2012, 1876, 1877 f) als zulässig angesehen, dass von zwei *Gesamtvertretern* (idR Geschäftsführer oder Gesellschafter) der eine den anderen bevollmächtigt oder *ermächtigt* (s § 167 Rn 51 ff), in Alleinvertretung ein Rechtsgeschäft zwischen ihm und der vertretenen Person/Gesellschaft vorzunehmen; das soll auch gelten, wenn zwei miteinander kontrahierende Gesellschaften dieselben Organmitglieder haben und diese sich gegenseitig zur Alleinvertretung ermächtigen (ROBLES Y ZEPF BB 2012, 1876, 1877 f). Die gegenteilige Ansicht (zB ERMAN/MAIER-REIMER § 181 Rn 12; JAUERNIG/MANSEL § 181 Rn 8; MünchKomm/SCHUBERT § 181 Rn 12, Rn 25 f mwNw zum handelsrechtlichen Schrifttum; CLAUSSEN 49 ff; HÜBNER 237 ff; KLAMROTH BB 1975, 851; PLANDER Betrieb 1975, 1493; REINICKE NJW 1975, 1185; ausf TIEDTKE 177 ff mwNw) gelangt hingegen zu einer (analogen) Anwendung des § 181 BGB im Hinblick darauf, dass ein Verstoß gegen die Zielsetzung der Vorschrift iS eines Interessenkonfliktes vorliege, den Vertretenen – insbesondere nichtvertretungsberechtigte Gesellschafter – vor Nachteilen zu bewahren. Die für § 181 BGB erforderliche Personenidentität ist indessen nicht gegeben und die Ermächtigung ist keine Bevollmächtigung, sondern als Übertragung selbständiger, alleiniger und – im Gegensatz zur Untervollmacht – weisungsfreier Verantwortung zur Wahrung der Interessen des Vertretenen (idR der Gesellschaft) auch gegenüber dem anderen Gesamtvertreter anzusehen (FLECK LM § 181 Nr 18); sie gewährt dem ermächtigenden Gesamtvertreter keinen Einfluss auf das Vertretergeschäft und der Kontrollzweck der Gesamtvertretung fällt nicht in den Schutzbereich des § 181 BGB. Zu Recht wird auf die Parallele zu der allgemein zugelassenen Möglichkeit hingewiesen, dass ein Einzelvertreter mit einem anderen Einzelvertreter (in eigenem oder fremdem Namen) ein Rechtsgeschäft abschließt (SOERGEL/LEPTIEN § 181 Rn 13; ENNECERUS/NIPPERDEY § 181 III 2). Die Umdeutung einer gegen § 181 BGB verstoßenden Mitwirkung eines Gesamtvertreters auf beiden Seiten des Vertretergeschäfts in eine Ermächtigung des anderen Gesamtvertreters ist hingegen unzulässig (BGH NJW 1992, 618; BayObLGZ 1979, 187, 192; MünchKomm/SCHUBERT § 181 Rn 28 mwNw, auch zur Gegenansicht; NK-BGB/STOFFELS § 181 Rn 20; ROBLES Y ZEPF BB 2012, 1876, 1877).

Im Gesellschaftsrecht gestatten die §§ 125 Abs 2 S 2, 150 Abs 2 S 1 HGB, § 78 Abs 4 AktG, § 25 Abs 3 GmbHG die Ermächtigung einzelner Personen durch die organschaftlichen Gesamtvertreter – oder auch untereinander (BAG NJW 1981, 2374 mwNw) – zum alleinigen Handeln. Das ändert freilich nichts an dem beschriebenen umstrittenen Konflikt (s MünchKomm/SCHUBERT § 181 Rn 26 mwNw).

18 **e)** § 181 BGB gilt auch in Fällen der **gesetzlichen Vertretung** (RGZ 71, 162; RG JW 1924, 2862; BGHZ 33, 189; 50, 8, 10 f; BGB-RGRK/STEFFEN § 181 Rn 6; BRHP/SCHÄFER § 181 Rn 5; ERMAN/MAIER-REIMER § 181 Rn 8; jurisPK-BGB/WEINLAND § 181 Rn 5; MünchKomm/SCHUBERT § 181 Rn 11 ff; NK-BGB/STOFFELS § 181 Rn 9; PALANDT/ELLENBERGER § 181 Rn 3; PWW/FRENSCH § 181 Rn 2; SOERGEL/LEPTIEN § 181 Rn 18, allgM; ausf zum Verbot des Selbst-

Titel 5
Vertretung und Vollmacht   § 181

kontrahierens im Minderjährigenrecht LIPP Jura 2015, 477, 481 ff und unten Rn 62a; zum Betreuer s ZIMMER ZEV 2007, 159, 161 mwNw), s etwa §§ 1629 Abs 2 S 1, 1795 Abs 2, 1908i Abs 1 BGB. Ist für ein Elternteil die Vertretung des Kindes gem § 181 BGB unzulässig, so gilt das wegen des Gesamtvertretungsprinzips auch für den anderen Elternteil und kann auch nicht durch eine Ermächtigung umgangen werden (BGH NJW 1956, 1433; 1972, 1708; MünchKomm/SCHUBERT § 181 Rn 13). Das Verbot erlangt vor allem im Rahmen der Auseinandersetzung einer Erbengemeinschaft mit Beteiligung Minderjähriger und ihrer gesetzlichen Vertreter Bedeutung (vgl RGZ 67, 61; BGHZ 21, 229; 50, 8; OLG Stuttgart Rpfleger 1959, 158 m Anm HAEGELE; OLG Jena NJW 1995, 3126; OLG München NJW-RR 2015, OTT DNotZ 2017, 646; s noch unten Rn 62) mit der Folge, dass die Bestellung eines Ergänzungspflegers erforderlich wird (zur Möglichkeit vormundschaftsgerichtlicher Gestattung s noch unten Rn 57). Im Falle der Miterbschaft von Betreuer und Betreutem liegt bei Abgabe der Willenserklärung durch den Betreuer idR ein Insichgeschäft nach § 181 BGB vor (OLG München 17. 7. 2015 – 34 Wx 179/15 Rn 9 ff, NJW-RR 2015, 1222). Andere Anwendungsfälle betreffen etwa den Abschluss eines Gesellschaftsvertrages zwischen Eltern und minderjährigen Kindern (s dazu ausf RUST DStR 2005, 1942 und 1992 mwNw) oder für mehrere Mündel oder die Genehmigung eines vom gesetzlichen Vertreter im eigenen Namen vorgenommenen Rechtsgeschäfts namens des Vertretenen (RG SeuffA 77 Nr 62), aber auch das Vaterschaftsanfechtungsverfahren (BGH MDR 2012, 713). – Spezialregeln für das Vertretungsverbot in solchen Fällen sind für den Lebensversicherungsvertrag in § 150 Abs 2 S 2 VVG, für den Unfallversicherungsvertrag in § 179 Abs 2 S 2 VVG vorgesehen. – Im Übrigen allerdings kann gerade bei gesetzlicher Vertretung uU über eine teleologische Reduktion die Einschränkung des § 181 BGB eingreifen, nach welcher die Anwendung der Vorschrift bei für den Vertretenen lediglich rechtlich vorteilhaften Geschäften ausscheidet (s oben Rn 6 f, unten Rn 32; ausführlich JÄGER 185 ff). – Ebenso ist § 181 BGB auf *Verwalter fremder Vermögen* (analog) anzuwenden, wenn diese im Namen des Rechtsträgers ein Rechtsgeschäft mit sich selbst abschließen (s näher Rn 38 f).

f)   Auch bei **organschaftlicher Vertretung juristischer Personen** – und ebenso bei   **19** den **Personengesellschaften** – findet § 181 BGB unabhängig davon Anwendung, ob man die Organe als gesetzliche Vertreter ansieht oder nicht (BGHZ 33, 189; 56, 97, 101; 59, 236, 239 f; 77, 7, 9; BGH WM 1967, 1164; BGB-RGRK/STEFFEN § 181 Rn 7; BRHP/SCHÄFER § 181 Rn 12; ERMAN/MAIER-REIMER § 181 Rn 8; jurisPK-BGB/WEINLAND § 181 Rn 5; MünchKomm/ SCHUBERT § 181 Rn 9; NK-BGB/STOFFELS § 181 Rn 10; PALANDT/ELLENBERGER § 181 Rn 3; PWW/ FRENSCH § 181 Rn 2; SOERGEL/LEPTIEN § 181 Rn 18; CLAUSSEN 39 ff, dort 136 ff ausf zur Anwendung des § 181 BGB in den einzelnen Gesellschaftsformen; zu Kapitalgesellschaften ausf und krit auch SCHANZE 71 ff, 214 ff; BAETZGEN RNotZ 2005, 193, 201; HELLER ZVglRWiss 107 [2008] 293, 294 ff, jew mwNw; zur Bedeutung des § 181 BGB im Anstellungsverhältnis der nicht nach dem MitbestG mitbestimmten GmbH VON DER HÖH GmbHR 2015, 241); im letzteren Fall läge eine analoge Anwendung vor (so der BGH, vgl BGHZ 33, 189). Es kann demnach etwa ein Vorstandsmitglied einer AG nicht namens der AG einen Vertrag mit sich selbst abschließen (BGH BB 1960, 754; WM 1990, 803; für die GmbH BGH WM 1975, 157, 158) oder in Mehrvertretung als Organ verschiedener juristischer Personen handeln. Dasselbe gilt für die Geschäfte, welche bei der GmbH & Co KG der geschäftsführende Gesellschafter der Komplementär-GmbH in Vertretung der KG mit sich selbst abschließt (BGHZ 58, 115, 117; vgl dazu CLAUSSEN 204 ff; ausf zur Bedeutung des § 181 BGB bei der GmbH & Co KG SCHANZE 151 ff). In seiner Reichweite noch über § 181 BGB hinaus geht § 112 AktG, der die Vertretung der AG gegenüber Vorstandsmitgliedern schlechthin dem

§ 181

Aufsichtsrat zuweist (dazu ausf CAHN, in: FS Hoffmann-Becking [2013] 247, 249 ff; SCHANZE 44 ff); § 181 BGB bleibt aber daneben anwendbar, da § 112 AktG nur eine spezielle Fallgruppe regelt (MünchKomm/SCHUBERT § 181 Rn 14 mwNw; CRAMER NZG 2012, 765, 767 f, str). Zur Möglichkeit einer Ermächtigung s oben Rn 17. – Ebenso gilt § 181 BGB für die **Organe juristischer Personen des öffentlichen Rechts** bei der Vornahme privatrechtlicher Rechtsgeschäfte (BayObLG DNotZ 1974, 226; OLG Hamm Rpfleger 1974, 310; BRHP/SCHÄFER § 181 Rn 17; ERMAN/MAIER-REIMER § 181 Rn 6; jurisPK-BGB/WEINLAND § 181 Rn 5; MünchKomm/SCHUBERT § 181 Rn 20; NK-BGB/STOFFELS § 181 Rn 10; PALANDT/ELLENBERGER § 181 Rn 3; SOERGEL/LEPTIEN § 181 Rn 24; ALSCHER NJW 1972, 800, 803; zu öffentlich-rechtlichen Verträgen s noch Rn 29). Wegen der abweichenden Behandlung von Insichgeschäften im englischen Recht (s Vorbem 104 zu §§ 164 ff) wird die Eintragungsfähigkeit einer Befreiung nach § 181 BGB bei der englischen **Private Limited Company** überwiegend abgelehnt (s etwa OLG München NJW-RR 2005, 1486 m Anm JUST EWiR 2005, 765; 2006, 1042 m Anm WACHTER EWiR 2006, 401 und WILLER/KRAFKA MittBayNot 2006, 434; OLG Celle NJW-RR 2006, 324; OLG Hamm ZIP 2006, 1947, 1950 m Anm WERNER GmbHR 2006, 1202; OLG Frankfurt FGPrax 2008, 165; SCHMIDT WM 2007, 20932097 mwNw; WACHTER NZG 2005, 338 mwNw; ERMAN/MAIER-REIMER § 181 Rn 4; jurisPK-BGB/WEINLAND § 181 Rn 33; s ferner WILLER/KRAFKA NZG 2006, 495, aber auch SCHALL NZG 2006, 54; BRHP/SCHÄFER § 181 Rn 37 mwNw).

20 Besondere Bedeutung hatte die Frage der Anwendbarkeit des § 181 BGB auf das Organhandeln des geschäftsführenden **Alleingesellschafters einer GmbH**. Nachdem früher die Anwendbarkeit der Vorschrift bejaht wurde, hatte sich im Anschluss an BGHZ 56, 97, 101 diese Konstellation als eine der von der hM anerkannten Fallgruppen teleologischer Reduktion des § 181 BGB (s oben Rn 6 und noch unten Rn 31) herausgebildet (s dazu ausf JÄGER 125 ff; TIEDTKE 48 ff). Inzwischen bestimmt jedoch § 35 Abs 3 (bis 2008 Abs 4) GmbHG ausdrücklich, dass auf die Rechtsgeschäfte des geschäftsführenden Alleingesellschafters mit der GmbH § 181 BGB anzuwenden ist (dazu ausf BAETZGEN RNotZ 2005, 193, 208 ff; krit JÄGER 134 ff). Entsprechendes gilt für die allerdings in § 35 Abs 3 GmbHG nicht ausdrücklich angeführte Mehrvertretung (BRHP/SCHÄFER § 181 Rn 20; MünchKomm/SCHUBERT § 181 Rn 33; NK-BGB/STOFFELS § 181 Rn 25; PWW/FRENSCH § 181 Rn 9; SOERGEL/LEPTIEN § 181 Rn 26; ROBLES Y ZEPF BB 2012, 1876, 1878; iE auch CLAUSSEN 150 ff; aA BAETZGEN RNotZ 2005, 193, 210 f mwNw; diff BACHMANN ZIP 1999, 85, 90 f). Ebenso ist § 181 BGB aber anwendbar, wenn es neben dem Alleingesellschafter und Geschäftsführer noch weitere Geschäftsführer gibt und In-Sich-Geschäfte durch Selbstkontrahieren oder Mehrvertretung getätigt werden (MünchKomm/SCHUBERT § 181 Rn 34; NK-BGB/STOFFELS § 181 Rn 25, jew. mwNw, zT str, **aA** zB SOERGEL/LEPTIEN § 181 Rn 26; SCHANZE 100 ff – Zu Vollmachtsmängeln bei der Gründung einer GmbH s STENZEL GmbHR 2015, 567). Zur umstrittenen Möglichkeit einer Ermächtigung s oben Rn 17, zur Befreiung vom Verbot des § 181 BGB s unten Rn 53.

21 Auch im **Konzernrecht** kann § 181 BGB Bedeutung erlangen, da die rechtlich selbständigen Gesellschaften idR mit personenidentischen Leitungsorganen besetzt sind, sodass bei Binnengeschäften eine Mehrvertretung vorliegt, wenn dieselben Vertreter zweier verbundener Gesellschaften bei einem Vertragsschluss zwischen diesen für beide Vertragsseiten tätig werden (s AUKTOR NZG 2006, 334, 335; SCHNEIDER BB 1986, 201, 205; ausf SCHANZE 85 ff; TIMM AcP 193, 423 ff; JÄGER 181 ff; s auch ERMAN/MAIER-REIMER § 181 Rn 25; MünchKomm/SCHUBERT § 181 Rn 40, Rn 50 f mwNw). Die Anwendbarkeit des § 181 2. Alt BGB ist in diesem Bereich sehr umstritten. TIMM hat hierzu herausgearbeitet, dass § 181 BGB auf Binnengeschäfte im faktischen GmbH-Verbund uneingeschränkte Anwendung finde, während bei Ausübung einer Mehrvertretung im Vertragskonzern sowie im Aktienkonzern eine Herausnahme aus dem Anwendungsbereich des § 181 BGB durch teleologische Reduktion geboten sei (iE zust, wegen der immerhin vorhandenen Interessenkollision aber zur Begründung im Wege teleologischer Reduktion krit Jäger 183 f; Claussen 58 ff; ausf jetzt Schanze 85 ff; und krit Stenzel 26 ff, 79 ff, 168 ff [gegen teleologische Reduktion], 218 ff [für Zurücktreten wegen Gesetzeskonkurrenz in bestimmten Fallgruppen]; aA und großzügiger Bachmann ZIP 1999, 85 ff; gegen die Ansicht von Timm auch Tiedtke 85 ff; s ferner zur vollmachtlosen Mehrvertretung zust Benecke/Ehinger MDR 2005, 1265; Pluskat/Bassler Konzern 2006, 403; ausf auch MünchKomm/Schubert § 181 Rn 40, Rn 50 f mwNw). Überwiegend wird demgegenüber aber eine Anwendbarkeit des § 181 BGB insbesondere für die Fälle der Mehrvertretung bei Doppelmandaten der Geschäftsleiter der Konzernobergesellschaft (OLG München NJW-RR 2012, 998, 999) sowie einer Identität des Alleingesellschafters der Konzernobergesellschaft und des Geschäftsführers der Tochtergesellschaft bejaht (s ausf MünchKomm/Schubert § 181 Rn 50 f mwNw; Schiller GWR 2019, 102) und eine konzernspezifische Einschränkung des § 181 BGB abgelehnt (MünchKomm/Schubert § 181 Rn 40 mwNw).

g) Auch ansonsten (s bereits Rn 16, Rn 20 f; ausf Baetzgen RNotZ 2005, 193 ff) erlangt **22** § 181 BGB im **Gesellschaftsrecht** unter verschiedenen Aspekten besondere Bedeutung. Unter das Verbot des Selbstkontrahierens fällt grundsätzlich auch der *Abschluss eines Gesellschaftsvertrages* als schuldrechtlichen mehrseitigen Rechtsgeschäftes (s oben Rn 10 f). Ein Gesellschaftsvertrag zur Begründung einer bürgerlich-rechtlichen Gesellschaft oder zur Errichtung einer handelsrechtlichen Personalgesellschaft kann also – insbesondere bei Beteiligung von Minderjährigen und Eltern – nur unter Beachtung des § 181 BGB wirksam geschlossen werden (BGB-RGRK/Steffen § 181 Rn 5; PWW/Frensch § 181 Rn 8; Soergel/Leptien § 181 Rn 19; Meyer-Arndt 54; Baetzgen RNotZ 2005, 193, 221; Hadding, in: FS Merle [2010] 146 f; vgl etwa OLG Zweibrücken OLGZ 1980, 213). Gleiches gilt für die Abänderung eines Gesellschaftsvertrages bzw der Satzung, wobei der ursprüngliche Vertrag bereits eine Gestattung enthalten kann (BGH NJW 1961, 724; 1976, 1538, 1539; 1989, 168, 169; BayObLGZ 1977, 76, 80; BRHP/Schäfer § 181 Rn 12; Erman/Maier-Reimer § 181 Rn 19; jurisPK-BGB/Weinland § 181 Rn 20; MünchKomm/Schubert § 181 Rn 38; NK-BGB/Stoffels § 181 Rn 29; PWW/Frensch § 181 Rn 8; Soergel/Leptien § 181 Rn 20; Flume AT I § 14 IX; Baetzgen RNotZ 2005, 193, 223; Hadding, in: FS Merle [2010] 147) und den Beitritt eines neuen Gesellschafters, zB eines gesetzlich vertretenen Minderjährigen, in die bestehende Gesellschaft (BayObLG FamRZ 1959, 125; LG Aachen Rpfleger 1994, 104; PWW/Frensch § 181 Rn 8; Soergel/Leptien § 181 Rn 19 mwNw; Hadding, in: FS Merle [2010] 147). Bei Übertragung von Gesellschaftsanteilen eines Elternteils an mehrere minderjährige Kinder können diese allerdings von einem gemeinsamen Ergänzungspfleger vertreten werden, weil kein Rechtsgeschäft zwischen den Kindern vorliegt (OLG München MDR 2011, 49). Vertritt jemand, der selbst am Abschluss des Gesellschaftsvertrags beteiligt ist, zugleich eine andere Person, die gleichfalls Gesellschafter werden soll, so muss ihm die Vertretung von allen am Vertragsschluss Beteiligten gestattet werden (Hadding, in: FS Merle [2010] 146 f). Entsprechendes ist anzunehmen für den Abschluss eines Gesellschaftsvertrages über eine Kapitalgesellschaft und den Eintritt in eine solche Gesellschaft (Soergel/Leptien § 181 Rn 19).

h) Heftig umstritten ist die Behandlung von **Beschlüssen**, die der Willensbildung innerhalb *einer juristischen Person oder einer Personengesellschaft* dienen, im **23**

§ 181

Hinblick auf § 181 BGB (dazu ausf Jäger 143 ff). Vor allem bei den juristischen Personen soll nach teilweise vertretener Meinung § 181 BGB nicht eingreifen (Rn 24 f), aber auch für Personengesellschaften kommt dies in Betracht (Rn 26).

24 **aa)** Bei den **Kapitalgesellschaften** werden die in Ausübung des Stimmrechts in der Gesellschafterversammlung gefassten Beschlüsse teilweise nicht als Rechtsgeschäfte der Gesellschafter untereinander angesehen, sondern als sog *Sozialakte* (gegen diesen Begriff zB Flume, AT I § 14 IX; Hübner 271 ff; Wiedemann JZ 1970, 292) der Anwendung des § 181 BGB entzogen; maßgebend hierfür sei vor allem der Gesichtspunkt, dass es an einer „Gegenseite" fehle, wenn zB über Satzungsänderungen bei der juristischen Person beschlossen werde (s noch BGHZ 33, 189, 191; 51, 209, 217; 52, 316, 318; BGB-RGRK/Steffen § 181 Rn 5 und 10; Fischer 75 ff mit differenzierter Begründung; Boesebeck NJW 1961, 482; Röll NJW 1976, 627; vgl auch BFH NJW 1976, 1287). Freigestellt von einer Anwendung des § 181 BGB werden danach alle Arten von Beschlüssen, und zwar sowohl unter dem Gesichtspunkt des Selbstkontrahierens mit der Gesellschaft als auch der Mehrvertretung bei der Stimmabgabe; in Betracht kommen neben Satzungsänderungen zB auch eine Organbestellung und selbst die Auflösung der Gesellschaft (BGHZ 52, 316). Diese Begründung einer von § 181 BGB abweichenden Rechtsfolge bietet jedoch keine sachgerechte Problemlösung und ist abzulehnen (s dazu etwa Erman/Maier-Reimer § 181 Rn 19; MünchKomm/Schubert § 181 Rn 18; NK-BGB/Stoffels § 181 Rn 28; PWW/Frensch § 181 Rn 8; Soergel/Leptien § 181 Rn 21; Claussen 92 ff; Hübner 271 ff; Schäfer 143 ff mwNw; Schilling 257 ff; auch Fischer 75 ff; Jäger 145 f; W Blomeyer NJW 1969, 127; Klamroth BB 1974, 160; Peters ZNotP 2006, 89, 90; Wiedemann JZ 1970, 291; Winkler DNotZ 1970, 476, 484). Die Stimmabgabe im Rahmen der Beschlussfassung ist eine Willenserklärung (Schilling 261), wenn auch als solche kein Handeln in Vertretung der Gesellschaft (Flume, AT I § 14 IX; **aM** Meyer-Arndt 41). Damit kann aber der durch die einzelnen Erklärungen zustande kommende Beschluss der Gesellschafter als mehrseitiges Rechtsgeschäft verstanden werden, sodass es auch nicht an der „Gegenseite" fehlt (NK-BGB/Stoffels § 181 Rn 28; Soergel/Leptien § 181 Rn 21 mwNw).

25 Auf dieser Basis ist von einer grundsätzlichen Anwendbarkeit des § 181 BGB auszugehen. Jedenfalls bei Grundlagengeschäften wie Satzungsänderungen und Auflösungsbeschlüssen der GmbH ist daran festzuhalten, weil das mehrseitige Auftreten Interessenkollisionen bewirken kann, die durch das Verbot des Insichgeschäfts gerade vermieden werden sollen; jeder Gesellschafter soll selbständig und eigenverantwortlich nach seinen Interessen über die anstehende Änderung entscheiden. Demnach gilt § 181 BGB in diesem Bereich – zB für Stimmabgabe durch den bevollmächtigten Gesellschafter bei seiner Bestellung zum Geschäftsführer (BGH JZ 1991, 877 m Anm Hübner; BayObLG NJW-RR 2001, 469 mwNw; OLG Düsseldorf RNotZ 2006, 68, 69; BRHP/Schäfer § 181 Rn 13; Erman/Maier-Reimer § 181 Rn 19; jurisPK-BGB/Weinland § 181 Rn 20; MünchKomm/Schubert § 181 Rn 36; NK-BGB/Stoffels § 181 Rn 29; Palandt/Ellenberger § 181 Rn 11a; PWW/Frensch § 181 Rn 8; Soergel/Leptien § 181 Rn 21; ausf zur Beschlussfassung in der GmbH Peters ZNotP 2006, 89; zur Beteiligung minderjähriger Gesellschafter Bürger RNotZ 2006, 156; Czeguhn/Dickmann FamRZ 2004, 1534; Ivo ZNotP 2007, 210; Maier-Reimer/Marx NJW 2005, 3025; Pluskat FamRZ 2004, 677; Werner GmbHR 2006, 737. – S aber auch [krit] BGB-RGRK/Steffen § 181 Rn 10; Schemmann NZG 2008, 89 mwNw) und erst recht bei einer Änderung des Gesellschaftsvertrages bzw der Satzung (BGH NJW 1989, 168, 169; 1991, 691, 692; BRHP/Schäfer § 181 Rn 13; Erman/Maier-Reimer § 181 Rn 19; MünchKomm/

Schubert § 181 Rn 36; NK-BGB/Stoffels § 181 Rn 29; Palandt/Ellenberger § 181 Rn 11a; PWW/Frensch § 181 Rn 8; Claussen 199 mwNw) oder Auflösung (MünchKomm/Schubert § 181 Rn 36; NK-BGB/Stoffels § 181 Rn 29; Soergel/Leptien § 181 Rn 21 entgegen BGHZ 52, 316, 318) – für die GmbH (s auch BGHZ 51, 209, 214 ff; BGH GmbHR 1988, 337, 338), und entsprechendes ist für den *rechtsfähigen Verein* anzunehmen; auch eine teleologische Reduktion des § 181 BGB ist insoweit abzulehnen (ausf Claussen 90 ff; weitere Beispiele bei Jäger 160 ff; zur Bedeutung des § 181 BGB bei Umwandlungen Melchior GmbH-Rdsch 1999, 520, 524 ff). Zutreffend wird allerdings darauf hingewiesen (BRHP/Schäfer § 181 Rn 13; Erman/Maier-Reimer § 181 Rn 19; NK-BGB/Stoffels § 181 Rn 31; Baetzgen RNotZ 2005, 193, 222; **aA** aber Soergel/Leptien § 181 Rn 21), dass § 181 BGB dennoch bei der *Aktiengesellschaft* im Hinblick auf eine gebotene erweiternde Auslegung des § 135 AktG für Beschlüsse der Hauptversammlung ausgeschlossen ist.

Etwas Anderes kann – dann freilich in teleologischer Reduktion des § 181 BGB (s auch Rn 30 ff, 33) – bei einer Mehrvertretung für solche Gesellschafter- und Mitgliederbeschlüsse angenommen werden, bei denen es lediglich um Maßnahmen der laufenden Geschäfts- bzw Vereinsführung geht. Hier kommt der Schutzzweck des § 181 BGB, Interessenkollisionen auszuschließen, nicht zum Zuge, sondern es steht dann die Verfolgung des gemeinsamen (Gesellschafts- oder Vereins-)Zwecks im Vordergrund, sodass § 181 BGB nicht anwendbar ist (s bereits BGHZ 65, 93, 97 für Personengesellschaft; BGH NJW 1976, 958, 959 und 1538, 1539; 1989, 168; BRHP/Schäfer § 181 Rn 13 f; Erman/Maier-Reimer § 181 Rn 19; jurisPK-BGB/Weinland § 181 Rn 20; MünchKomm/Schubert § 181 Rn 36; NK-BGB/Stoffels § 181 Rn 30; Palandt/Ellenberger § 181 Rn 11; PWW/Frensch § 181 Rn 8; Soergel/Leptien § 181 Rn 20; Flume, AT I § 7 V 8; Claussen 199 f; Tiedtke 44 ff; Klamroth BB 1976, 1453; Kuntze JR 1975, 45, 46; Rust DStR 2005, 1992, 1993; krit Jäger 156 ff mwNw, der 227 ff aufgrund des Kriteriums der relativen Neutralität – s dazu oben Rn 6 – zu teilweise abweichenden Ergebnissen gelangt).

Soweit der Gegenstand einer Stimmabgabe durch Stimmrechtsverbote in § 34 oder in §§ 136 Abs 1 AktG, 47 Abs 4 GmbHG, 43 Abs 5 und 6 GenG erfasst wird, verdrängen diese Spezialvorschriften ohnehin die Anwendung des § 181 BGB; sie erfassen sowohl die Ausübung des eigenen Stimmrechts als auch des Stimmrechts anderer Personen per Vollmacht (MünchKomm/Schubert § 181 Rn 35 f; NK-BGB/Stoffels § 181 Rn 31; Soergel/Leptien § 181 Rn 22; Fischer 72 ff; Peters ZNotP 2006, 89, 90 f mwNw; Wilhelm JZ 1976, 678; einschr Hübner 282 ff).

bb) Auch bei den **Personalgesellschaften** müssen jedenfalls Beschlüsse der Gesellschafter über den Gesellschaftsvertrag (s Rn 22), über den Übergang – nicht aber die bloße Belastung – oder die Kündigung der Mitgliedschaft (ausf Hadding, in: FS Merle [2010] 147 ff), ferner über wichtige Grundlagengeschäfte wie die Bestellung eines Gesellschafters zum Geschäftsführer, Gewinnverteilung und Beitragserhöhung und selbstverständlich über die Auflösung der Gesellschaft richtiger Ansicht nach wegen Interessenkollision bei Vornahme eines mehrseitigen Rechtsgeschäfts (s Rn 24 f) das Verbot des § 181 BGB respektieren (so neben den in Rn 25 Genannten auch BGHZ 112, 339, 341 f; BGH NJW 1961, 724; 1976, 49 uö; MünchKomm/Schubert § 181 Rn 38; ausf Hadding, in: FS Merle [2012] 149 f; Röll NJW 1979, 627, 630; Rust DStR 2005, 1992, 1993; s aber auch Jaeger 143 ff und krit 167 ff). Soweit es hingegen nur um Maßnahmen der Geschäftsführung oder sonstige gemeinsame Gesellschaftsangelegenheiten geht, kann das mehrseitige Auftreten in teleologischer Reduktion des § 181 BGB auch hier (vgl Rn 25) zugelas- **26**

sen werden (ebenso insbes BGHZ 65, 93 = BB 1976, 1453 m zust Anm KLAMROTH; 112, 339, 341; BGH NJW 1976, 49; 1991, 691, 692 sowie die in Rn 25 aufgeführten Autoren, zB BRHP/SCHÄFER § 181 Rn 14; MünchKomm/SCHUBERT § 181 Rn 37; NK-BGB/STOFFELS § 181 Rn 30; SOERGEL/LEPTIEN § 181 Rn 20; HADDING, in: FS Merle [2012] 150 f; RUST DStR 2005, 1992, 1993; differenzierend auch hier JÄGER 227 ff). Aber auch bei Rechtsgeschäften namens der Gesellschaft kann § 181 BGB einschlägig sein, wenn ein Gesellschafter Partner des mit der Gesellschaft zu schließenden Rechtsgeschäfts oder Vertreter eines daran beteiligten Dritten ist (dazu ausf HADDING, in: FS Merle [2012] 151 f).

27 **i)** Auf **Prozesshandlungen** ist § 181 BGB nicht unmittelbar anzuwenden, da es sich nicht um bürgerlich-rechtliche Rechtsgeschäfte handelt und die Bestimmungen und Grundsätze des Verfahrensrechts vorgehen (BGHZ 41, 104, 107; BGH ZZP 71, 473; BGB-RGRK/STEFFEN § 181 Rn 5; BRHP/SCHÄFER § 181 Rn 16; ERMAN/MAIER-REIMER § 181 Rn 5; jurisPK-BGB/WEINLAND § 181 Rn 5; MünchKomm/SCHUBERT § 181 Rn 21; NK-BGB/STOFFELS § 181 Rn 12; PWW/FRENSCH § 181 Rn 3; SOERGEL/LEPTIEN § 181 Rn 23; JACOBY ZIP 2005, 1060, 1063). Der Grundgedanke, dass niemand als Vertreter eines anderen mit sich selbst prozessieren oder beide Prozessparteien zugleich vertreten kann, ist aber als Verfahrensgrundsatz – etwa für eine Unterwerfungserklärung nach § 794 Abs 1 Nr 5 ZPO – anerkannt, ohne dass es insoweit einer entsprechenden Anwendung des § 181 BGB bedürfte (s etwa RGZ 66, 240; BGHZ 41, 104, 107; BGH NJW 1996, 658; BayObLGZ 1962, 1, 2; OLG Koblenz NJW 2006, 3649; BRHP/SCHÄFER § 181 Rn 16; ERMAN/MAIER-REIMER § 181 Rn 5; jurisPK-BGB/WEINLAND § 181 Rn 5; MünchKomm/SCHUBERT § 181 Rn 21; NK-BGB/STOFFELS § 181 Rn 12; PALANDT/ELLENBERGER § 181 Rn 5; PWW/FRENSCH § 181 Rn 3; ROSENBERG/GAUL/SCHILKEN, Zwangsvollstreckungsrecht § 13 IV 7 mwNw; JACOBY ZIP 2005, 1060, 1063. – **Anders** in der Begründung SOERGEL/LEPTIEN § 181 Rn 23; HÜBNER Rn 1328: entsprechende Anwendung des § 181 BGB; s auch BGB-RGRK/STEFFEN § 181 Rn 5). Er folgt aus der Prozesshandlungsvoraussetzung der ordnungsgemäßen Vertretung der Parteien, nicht hingegen aus dem Zweiparteienprinzip (ROSENBERG/SCHWAB/GOTTWALD § 40 III 1 Rn 27, § 53 I 4 Rn 6).

28 Entsprechendes gilt für **Verfahrenshandlungen** im Rahmen **der freiwilligen Gerichtsbarkeit**, soweit es sich um echte Streitsachen handelt; auch dort kann niemand zugleich Beteiligter oder Vertreter eines Beteiligten und zugleich Vertreter eines anderen Beteiligten sein (RGZ 66, 240; BayObLGZ 1962, 1, 2; BRHP/SCHÄFER § 181 Rn 16; ERMAN/MAIER-REIMER § 181 Rn 5; jurisPK-BGB/WEINLAND § 181 Rn 5; MünchKomm/SCHUBERT § 181 Rn 22 mwNw; NK-BGB/STOFFELS § 181 Rn 12; PALANDT/ELLENBERGER § 181 Rn 5; PWW/FRENSCH § 181 Rn 3; SOERGEL/LEPTIEN § 181 Rn 23). Das gilt namentlich auch für das Verfahren der Vaterschaftsanfechtung im Hinblick auf § 1795 Abs 1 Nr 3, Abs 2 BGB, so dass es der Bestellung eines Ergänzungspflegers bedarf (BGH NJW 2012, 1731; OLG Celle NJW 2012, 3450; OLG Koblenz FamRZ 2015, 1122; MünchKomm/SCHUBERT § 181 Rn 22 mwNw). Entsprechendes ist für geschiedene Ehegatten und gemeinsam sorgeberechtigte unverheiratete Eltern anzunehmen (OLG Dresden 29. 1. 2016 – 22 WF 1381/15 Rn 13, NJW 2016, 1028; MünchKomm/SCHUBERT § 181 Rn 22; anders bei alleinigem Sorgerecht BGH 2. 11. 2016 – XII ZB 583/15 Rn 13 ff, NJW 2017, 561 m Anm LÖHNIG). In den nichtstreitigen Angelegenheiten der freiwilligen Gerichtsbarkeit, etwa in Verfahren vor dem Grundbuchamt (LG Ansbach DNotZ 1969, 547) oder dem Registergericht (BayObLG Rpfleger 1970, 288; PALANDT/ELLENBERGER § 181 Rn 5), kommt hingegen eine Anwendung dieser dem § 181 BGB gleichenden Regeln nicht in Betracht, weil und soweit die Beteiligten dort nicht in einem Gegnerverhältnis stehen, wie es freilich evtl doch etwa in Erbscheinsverfahren der Fall sein kann.

k) Auf **öffentlich-rechtliche Verträge** findet § 181 BGB als Rechtsgrundsatz eben- 29
falls (entsprechende) Anwendung (BRHP/Schäfer § 181 Rn 17; Erman/Maier-Reimer
§ 181 Rn 6; MünchKomm/Schubert § 181 Rn 20; NK-BGB/Stoffels § 181 Rn 13; Soergel/Leptien § 181 Rn 24; Alscher NJW 1972, 800, 803; vgl LG Arnsberg Rpfleger 1983, 63). Dies gilt für
sämtliche Arten des in §§ 54 ff VwVfG geregelten öffentlich-rechtlichen Vertrages
(s § 62 S 2 VwVfG). Hingegen gilt § 181 BGB nicht für Rechtsgeschäfte zwischen
Verwaltungsstellen derselben juristischen Person des öffentlichen Rechts, weil es
dann mangels Interessenkollision am Tatbestand des § 181 BGB mangelt (RG JW
1927, 2848; BRHP/Schäfer § 181 Rn 17). Im Bereich der Verwaltungsakte ist § 181 BGB
ohnehin unanwendbar (vgl BGH VwRspr 6 Nr 153; MünchKomm/Schubert § 181 Rn 20). Zu
privatrechtlichen Rechtsgeschäften juristischer Personen des öffentlichen Rechts
s oben Rn 19.

2. Einschränkungen der Anwendung des § 181

In Verfolgung der zutreffenden Auffassung, die eine **teleologische Reduktion** des 30
Anwendungsbereichs des § 181 BGB (nur) in bestimmten Fallgruppen mangelnder
Interessenkollision vertritt (s oben Rn 7 m Nachw), haben sich einige Konstellationen
herausgebildet, bei denen das Verbot des Insichgeschäfts ausgeschlossen sein kann
(s dazu analysierend HKK/Schmoeckel §§ 164–181 Rn 32; ausf Claussen 56 ff; Baetzgen RNotZ
2005, 193, 195 ff mwNw, namentlich zum Fall des Abschlusses von Übernahmeverträgen; zur Genehmigung beidseitiger Auflassungserklärungen durch einen zugleich vom Erwerber bevollmächtigten Prokuristen der veräußernden Gesellschaft zutr KG 11. 4. 2017 – 1 W 128-129/17 Rn 6 ff, NJW
2017, 2358; jurisPK-BGB/Weinland § 181 Rn 20. 1).

a) Die Diskussion um die Zulässigkeit von Geschäften des Alleingesellschafters 31
und Geschäftsführers der GmbH **(Ein-Mann-GmbH)** für die GmbH mit sich selbst
hat sich durch die gesetzliche Regelung des § 35 Abs 3 GmbHG (bis 2008 Abs 4)
erledigt (s oben Rn 20). Hinzuweisen ist aber darauf, dass von dem Verbot des Insichgeschäfts, das sich auch auf die Mehrvertretung erstreckt, jedenfalls durch die Satzung oder aufgrund der Satzung durch Gesellschafterbeschluss Befreiung erteilt
werden kann (vgl BGHZ 33, 189; 87, 59; BGH VersR 2001, 193, 194; BayObLG BB 1981, 869;
WM 1984, 1570; 1987, 982; BayObLGZ 1989, 375; OLG Hamm BB 1998, 1328; OLG Celle NJW-RR
2001, 175; MünchKomm/Schubert § 181 Rn 30, Rn 76; NK-BGB/Stoffels § 181 Rn 26; ausf Bachmann ZIP 1999, 85, der jedoch entgegen hM im Einzelfall eine Befreiung durch einfachen Beschluss
genügen lassen will; Claussen 162 ff; gegen die Notwendigkeit einer Satzungsermächtigung auch
Altmeppen NJW 1995, 1182, 1185 f und ausf NZG 2013, 401; s ferner zur Befreiung bei späterer
Entstehung der Ein-Mann-GmbH BGH DNotZ 1991, 614 und NK-BGB/Stoffels § 181 Rn 27
[erteilte Befreiung wirkt fort]; vgl iÜ zur Befreiung bei juristischen Personen noch Rn 53). Eine
nachträgliche Genehmigung unzulässigen Selbstkontrahierens setzt zunächst dessen
Gestattung durch Satzungsänderung voraus (BFH NJW 1997, 1031; Soergel/Leptien § 181
Rn 26 mwNw).

b) Eine praktisch besonders bedeutsame Einschränkung betrifft Insichgeschäfte, 32
durch die der Vertretene **lediglich einen rechtlichen Vorteil** erlangt oder die für ihn
neutral sind (s schon oben Rn 5 ff). Nach Rechtsprechung und ganz hM sind solche
Geschäfte mangels Interessenkollision und Schutzbedürftigkeit des Vertretenen aus
dem Anwendungsbereich des § 181 BGB herauszunehmen, da auch eine Gefahr für
die Sicherheit des Rechtsverkehrs nicht besteht; es handelt sich danach um eine

objektiv und abstrakt zu bestimmende, typische Fallgruppe fehlender Kollision (BGHZ 59, 236, 240; 94, 232, 235; BGH 7. 9. 2017 – IX ZR 224/16 Rn 17, NJW 2017, 3516, st Rspr; BRHP/Schäfer § 181 Rn 19; Erman/Maier-Reimer § 181 Rn 23; Hk-BGB/Dörner § 181 Rn 13; jurisPK-BGB/Weinland § 181 Rn 19; MünchKomm/Schubert § 181 Rn 32; NK-BGB/Stoffels § 181 Rn 22; Palandt/Ellenberger § 181 Rn 9; PWW/Frensch § 181 Rn 9; Soergel/Leptien § 181 Rn 27 mwNw; Staudinger/Veit [2014] § 1795 Rn 14 ff; StudKomm § 181 Rn 2; Bitter/Röder § 10 Rn 219; Boecken Rn 664; Boemke/Ulrici § 13 Rn 89; Bork Rn 1593 f; Brehm Rn 479; Faust § 28 Rn 37; Hirsch Rn 995; Hübner Rn 1325; Köhler § 11 Rn 64; Leenen § 9 Rn 119; Leipold § 27 Rn 9; Medicus/Petersen Rn 961; Medicus/Petersen BR Rn 115; Musielak/Hau Rn 1197 ff; Schack Rn 501; Schmidt Rn 867; Stadler § 30 Rn 59; Wertenbruch § 33 Rn 3; Wolf/Neuner § 49 Rn 117; Tiedtke 41 ff; Baetzgen RNotZ 2005, 193, 195; W Blomeyer AcP 172, 1, 11 ff; Giesen JR 1973, 62; Petersen JA 2007, 418, 419; Reuter JuS 1973, 184; Stürner JZ 1973, 286 und AcP 173, 402, 446; Säcker/Klinkhammer JuS 1975, 626; ausf Jäger 185 ff, freilich mit den von ihm entwickelten Einschränkungen, s oben Rn 6; krit Allmendinger 94 ff, 128 ff [Beschränkung der Reduktion auf reine Schenkungen]; aA Jauernig/Mansel § 181 Rn 7; Pawlowski Rn 794 f). Die nicht immer ganz einfache Beurteilung der rechtlichen Vorteilhaftigkeit oder der Neutralität des Rechtsgeschäfts – was für die Unanwendbarkeit des § 181 BGB in Anknüpfung an die entsprechende Reduktion des § 107 BGB ebenfalls ausreichen soll (BGH NJW 1975, 1885, 1886; OLG Hamm DNotZ 1978, 434; BRHP/Schäfer § 181 Rn 19; MünchKomm/Schubert § 181 Rn 32; Soergel/Leptien § 181 Rn 27; Faust § 28 Rn 37; Heller ZVglRWiss 107 [2008] 293, 295; vgl auch Jäger 227 ff, freilich schon für relative Neutralität, s oben Rn 6) – nimmt die hM dabei in Kauf (krit deshalb Klamroth BB 1973, 398 und BB 1975, 525, 526; Jäger 205 ff). In der Praxis fallen darunter vor allem die Fälle von Schenkungen seitens der Eltern an ihre nicht geschäftsfähigen Kinder, bei denen die Eltern zugleich für ihre Kinder die Annahme des Schenkungsangebotes – und ggf der dinglichen Rechtsänderung – erklären (insoweit iE übereinstimmend auch Allmendinger 128 ff; Jäger 211 ff; s dazu ausf Keller JA 2009, 561). Diese Tatsache verstellt freilich allzu sehr den Blick darauf, dass es bei § 181 BGB nicht um Minderjährigenschutz, sondern allein um Schutz vor Interessenkollisionen geht. Die teleologische Reduktion muss sich deshalb auf das Merkmal der rechtlichen Vorteilhaftigkeit (oder mindestens Neutralität) des Insichgeschäfts beschränken: Solche Vertretergeschäfte sind ein typischer Fall fehlender Interessenkollision, ohne dass es dabei auf – aus § 107 BGB hergeleitete – Wertungen des Minderjährigenschutzes ankommt (insoweit zu Recht krit Lobinger AcP 213 [2013] 366, 376 ff). Deshalb besteht auch kein Anlass, die teleologische Reduktion des § 181 BGB auf reine Eltern-Kind-Schenkungen zu beziehen (dafür Allmendinger 128 ff).

Im konkreten Fall ist freilich trotz der Typisierung der Fallgruppe im Hinblick auf die Erfüllungshandlung eine Prüfung der Nachteilsfrage unerlässlich (s dazu noch Rn 62). – Auch zur Entschärfung des Wettlaufs zwischen Erben und Begünstigtem beim Vertrag zugunsten Dritter auf den Todesfall (s § 168 Rn 30) wird ein Selbstkontrahieren des Versprechensempfängers mit sich selbst als (vollmachtlosem) Vertreter des Begünstigten vorgeschlagen, das wegen des lediglich rechtlichen Vorteils nicht zur Anwendung des § 181 BGB führt (Gubitz ZEV 2006, 333, 336 ff mwNw).

33 c) Eine weitere Fallgruppe kann bei der Ausübung von Mehrvertretung im *Konzern* anerkannt werden (s oben Rn 21, str). Auch die Zulassung des mehrseitigen Auftretens bei Gesellschafter- und Mitgliederbeschlüssen verwaltender Art (s oben Rn 25 und 26) nach der hier vertretenen Auffassung beruht auf einer teleologischen

Reduktion des § 181 BGB (s ferner JÄGER 227 ff zu weiteren Fällen relativ neutraler Geschäfte, vgl Rn 6). Entsprechendes kann für eine allseits vollmachtlose Mehrvertretung angenommen werden (s Rn 15). Eine konkrete Determinierung des Geschäftsinhaltes durch die Vollmacht oder durch Weisungen im Innenverhältnis reicht hingegen für die rechtssichere Fixierung einer typischen Konstellation fehlender Interessenkollision (s oben Rn 7) nicht aus (**aA** KIEHNLE AcP 212 [2012] 900 ff).

3. Erweiterungen des Anwendungsbereichs des § 181

Für einige Fallgruppen wird andererseits in Anknüpfung an den vorrangigen Schutzzweck des § 181 BGB eine **analoge Anwendung** der Vorschrift vertreten, wenn ein Interessenkonflikt drohe und die in § 181 BGB vorausgesetzte Personenidentität nur formal nicht gegeben sei. Hinzu kommen weitere Sonderfälle, in denen eine solche Erweiterung des aus sonstigen Gründen unmittelbar nicht passenden § 181 BGB in Betracht kommt. Da im Rahmen des Anwendungsbereichs der Vorschrift idR auch die Interessen Dritter betroffen sind, die nur bei einer Bevorteilung gerade zulasten des Vertretenen zurückstehen müssen (generell abl JÄGER 79 ff, s oben Rn 6), kann eine derartige Erweiterung nur ausnahmsweise in Betracht kommen (s BRHP/SCHÄFER § 181 Rn 21 ff; ERMAN/MAIER-REIMER § 181 Rn 2; MünchKomm/SCHUBERT § 181 Rn 44; NK-BGB/STOFFELS § 181 Rn 32; PWW/FRENSCH § 181 Rn 12; SOERGEL/LEPTIEN § 181 Rn 28; BOEMKE/ULRICI § 13 Rn 90; FLUME § 48 4 und 5; HIRSCH Rn 990; MEDICUS/PETERSEN Rn 962 f; STADLER § 30 Rn 61; TIEDTKE 122 ff; BAETZGEN RNotZ 2005, 193, 203 f: „extensive Auslegung" [zu den methodischen Begrifflichkeiten krit KIEHNLE AcP 212, 903 f]; PETERSEN JA 2007, 418, 420; großzügiger HÜBNER Rn 1328 ff; KÖHLER § 11 Rn 64).

a) Die (analoge) Anwendung des § 181 BGB wird vor allem für bestimmte Fallkonstellationen diskutiert, in denen der Vertreter einen **Untervertreter** bestellt (s dazu § 167 Rn 61) und diesem gegenüber ein Rechtsgeschäft für sich mit dem Vertretenen vornimmt (Selbstkontrahieren) oder als Vertreter zweier Parteien für eine Partei einen Untervertreter bestellt und mit diesem das Geschäft zwischen den Parteien tätigt (Mehrvertretung); im ersten Fall handelt es sich genau genommen nicht um eine Untervertretung, sondern um eine Eigenvertretung, da der bestellte „Untervertreter" den Stellvertreter als Partei vertritt. Die Rechtsprechung des RG hat solche Einschaltungen von Untervertretern stets für zulässig gehalten, weil nach dem Wortlaut des § 181 BGB – was wohl zutrifft (s allerdings FLUME § 48 4) – keiner der dort geregelten Fälle des Insichgeschäfts vorliege (RGZ 56, 104; 103, 417; 108, 405; 157, 24, 31; s zur früheren Rspr JÄGER 36 ff; HARDER AcP 170, 295 ff). Der BGH hat sich demgegenüber für eine Anwendung des § 181 BGB entschieden (BGH NJW 1991, 691, 692; vorbereitend schon BGHZ 64, 72, 74; ebenso bereits OLG Frankfurt OLGZ 1974, 347, 349; OLG Hamm NJW 1982, 1105; BayObLG NJW-RR 1993, 441; KG NJW-RR 1999, 168), weil die Gefahr eigennütziger Bewertung der kollidierenden Interessen des am Insichgeschäft gehinderten Vertreters nicht auf dem Umweg über die Bestellung eines Untervertreters (bzw Eigenvertreters) beseitigt werden könne. Eine vergleichbare Problematik kann je nach Fallkonstellation auch entstehen, falls der Vertreter ein Rechtsgeschäft, das der Untervertreter als nicht gestattetes Insichgeschäft vorgenommen hat, genehmigt (MünchKomm/SCHUBERT § 181 Rn 49; s dazu noch Rn 46), wenn ein von der Beschränkung des § 181 BGB nicht befreiter Vertreter auch keine von den Beschränkungen des § 181 BGB freigestellte Untervollmacht hätte erteilen können (s § 167 Rn 67).

36 Das neuere Schrifttum nimmt fast einhellig an, dass derartige Geschäfte, bei denen der Vertreter die für § 181 BGB kennzeichnende Personenidentität (s oben Rn 8) durch einen Kunstgriff ausschaltet, dem Verbot des § 181 BGB zu unterstellen sind (grundlegend FLUME § 48 4; **abl** PAWLOWSKI Rn 794 ff). Zur Begründung wird überwiegend auf die Ähnlichkeit der Sachlage hinsichtlich der von § 181 BGB erfassten Interessenkollision verwiesen (so etwa BGB-RGRK/STEFFEN § 181 Rn 12; BRHP/SCHÄFER § 181 Rn 22; Hk-BGB/DÖRNER § 181 Rn 15; JAUERNIG/MANSEL § 181 Rn 8; jurisPK-BGB/WEINLAND § 181 Rn 17, Rn 33; MünchKomm/SCHUBERT § 181 Rn 47; NK-BGB/STOFFELS § 181 Rn 33; PALANDT/ELLENBERGER § 181 Rn 12; SOERGEL/LEPTIEN § 181 Rn 29; StudKomm § 181 Rn 3; BITTER/RÖDER § 10 Rn 211 f; BOECKEN Rn 665; BREHM Rn 480; ENNECCERUS/NIPPERDEY § 181 III 2; FAUST § 28 Rn 38; GRIGOLEIT/HERRESTHAL Rn 588 ff; KÖHLER § 11 Rn 64; LEENEN § 9 Rn 120 ff; LEIPOLD § 27 Rn 11; MEDICUS/PETERSEN Rn 962; MEDICUS/PETERSEN BR Rn 113; MUSIELAK/HAU Rn 1200 f; SCHMIDT Rn 868 f; WERTENBRUCH § 33 Rn 7; WOLF/NEUNER § 49 Rn 123; CLAUSSEN 43 ff; TEMPEL 258; TIEDTKE 158 ff; AUKTOR NZG 2006, 334; BAETZGEN RNotZ 2005, 193, 202 mwNw; W BLOMEYER AcP 172, 1, 15 ff; HARDER AcP 170, 295, 300 ff; ISING NZG 2011, 841, 843; MAIER-REIMER, in: FS Hellwig 215; REIN/PFEIFFER BKR 2005, 142, 143; REINICKE NJW 1975, 1185; ROBLES Y ZEPF BB 2012, 1876, 1878; SCHMITT WM 2009, 1784, 1786 ff; WÜRDINGER/BERGMEISTER Jura 2007, 15, 20 f; dazu krit ERMAN/MAIER-REIMER § 181 Rn 2, Rn 11 mit der zutreffenden Begründung [s § 167 Rn 67], ein am Rechtsgeschäft durch § 181 BGB verhinderter Vertreter könne dafür ohnehin auch keine Untervollmacht erteilen), teils auch (zusätzlich) der Gesichtspunkt der Gesetzesumgehung in den Vordergrund gestellt (NK-BGB/STOFFELS § 181 Rn 33; PWW/FRENSCH § 181 Rn 10; BREHM Rn 480; BROX/WALKER § 27 Rn 16; HÜBNER Rn 1328, der iÜ 186 ff kaum praktikabel auf den konkreten Nachweis der Interessenwahrung abstellen will; STADLER § 30 Rn 61). Bei einem für den Vertretenen lediglich rechtlich vorteilhaften Geschäft ist aber der Vorrang der teleologischen Reduktion (s oben Rn 32) zu beachten.

Wenn man die Wirksamkeit der Untervollmacht nicht schon an der fehlenden Befreiung des Hauptvertreters scheitern lässt (s oben und § 167 Rn 67), ist jedenfalls mit der hL für die angeführten Fallgruppen eine zumindest entsprechende Anwendung des § 181 BGB zu bejahen. Entscheidend sollte dann die Überlegung sein, dass der Vertreter auch als Vollmachtgeber der Untervollmacht am Rechtsgeschäft beteiligt bleibt und zudem auf die Entscheidung des Untervertreters einwirken kann, sodass die Interessenkollision auf der Hand liegt und Rechtssicherheitsinteressen zurücktreten müssen. Im Falle der Eigenvertretung, also beim Selbstkontrahieren des Vertreters, der für seine eigene Person einen Vertreter bestellt und mit diesem als Vertreter des Geschäftsherrn abschließt (für eine analoge Anwendung des § 181 BGB bei solcher Eigenvertretung MünchKomm/SCHUBERT § 181 Rn 49; NK-BGB/STOFFELS § 181 Rn 33; HARDER AcP 170, 295, 301), liegt im Grunde genommen sogar ein unmittelbarer Anwendungsfall des § 181 BGB vor (ERMAN/MAIER-REIMER § 1812 Rn 11; SOERGEL/LEPTIEN § 181 Rn 29; FLUME § 48, 4).

Des Weiteren kann auch beim *Verwalter einer Wohnungseigentümergemeinschaft,* der zugleich Mitglied der Gemeinschaft ist, eine zumindest entsprechende Anwendung des § 181 BGB geboten sein (jurisPK-BGB/WEINLAND § 181 Rn 5; PWW/FRENSCH § 181 Rn 2; SOHN NJW 1985, 3060; **aA** BayObLG NJW-RR 1986, 1077; OLG Düsseldorf NJW 1985, 390; SOERGEL/LEPTIEN § 181 Rn 31). Wird der Verwalter von den Wohnungseigentümern als Stimmrechtsvertreter in der WEG-Versammlung bevollmächtigt, so liegt – zumal bei Mehrvertretung – sogar ein unmittelbarer Anwendungsfall des § 181 BGB vor (MünchKomm/Schubert § 181 Rn 41). Auch bei der Bestellung zum Verwalter und dem Abschluss des Verwaltervertrages sowie bei (Zustimmung zur) Veräußerung seiner Eigentumswohnung sollte der Verwalter durch § 181 BGB an der Abstimmung für die Wohnungseigentümer gehindert sein (s KG NJW-RR 2004, 1161, 1162 [dort aber kein Insichgeschäft]; Palandt/Ellenberger § 181 Rn 3; PWW/Frensch § 181 Rn 2; Claussen 226 mwNw; Herrler ZNotP 2007, 448; **aA** BayObLG Rpfleger 1983, 350; OLG Düsseldorf NJW 1985, 390; OLG Hamburg ZMR 2001, 997; OLG Hamm NJW-RR 2007, 161; Erman/Maier-Reimer § 181 Rn 9; jurisPK-BGB/Weinland § 181 Rn 5; krit aber auch MünchKomm/Schubert § 181 Rn 15, Rn 42).

Hingegen scheidet eine (analoge) Anwendung des § 181 BGB aus, wenn ein Bevollmächtigter, dem das *Selbstkontrahieren gestattet* ist, zur Ausführung eines derartigen Geschäfts einen Untervertreter bestellt (BGH WM 1960, 420; Erman/Maier-Reimer § 181 Rn 11; MünchKomm/Schubert § 181 Rn 48). Missbraucht ein solcher befreiter Vertreter unter Einschaltung eines arglosen Untervertreters seine Vollmacht, um mit sich als Geschäftsgegner ein Geschäft zum Nachteil des Vertretenen abzuschließen, so ist der Vertrag allerdings wegen sittenwidriger Kollusion nichtig (BGH NZG 2014, 389; s § 167 Rn 93). – Ebenso wenig ist § 181 BGB einschlägig, wenn *Prokuristen* oder *Handlungsbevollmächtigte* einer GmbH für diese mit einem alleinvertretungsberechtigten Vorstand eines Vereins abschließen, selbst wenn dieser zugleich alleiniger Geschäftsführer und Gesellschafter der GmbH ist (BGHZ 91, 334; Erman/Maier-Reimer § 181 Rn 11; MünchKomm/Schubert § 181 Rn 48 mwNw; NK-BGB/Stoffels § 181 Rn 33; PWW/Frensch § 181 Rn 10; Wolf/Neuner § 49 Rn 125; Baetzgen RNotZ 2005, 193, 203 ff; Robles y Zepf BB 2012, 1876, 1878; einschränkend Claussen 43 ff mwNw; **aA** Ziche 371). In solchen und ähnlichen Fällen reicht eine bloß wirtschaftliche Identität zur (analogen) Anwendung des § 181 BGB nicht aus (s BGH NJW 1991, 982, 983; MünchKomm/Schubert § 181 Rn 23; **aA** Schanze 72 ff). Auch auf den Abschluss eines Mandatsvertrages zwischen einem Insolvenzverwalter und der eigenen Sozietät, der kein Selbstkontrahieren und idR auch keine Mehrvertretung beinhaltet, ist § 181 BGB nicht (entsprechend) anwendbar (zutr Jacoby ZIP 2005, 1060 mwNw).

b) Das Tätigwerden im Rahmen **auferlegter Verwaltung** (s Vorbem 57 ff zu §§ 164 ff) ist kein Handeln in Vertretungsmacht, sondern Ausübung eines privaten Amtes. Eine unmittelbare Anwendung des § 181 BGB auf Verwalter kraft Amtes scheidet daher aus (vgl RGZ 61, 139; BGH LM § 2203 Nr 1).

Namentlich für den *Testamentsvollstrecker* wird aber eine (analoge) Anwendung des § 181 BGB auch auf dem Boden der Amtstheorie diskutiert. Die Rechtsprechung hat allerdings zunächst eine entsprechende Anwendung des § 181 BGB durchweg abgelehnt, solange sich seine Insichgeschäfte im Rahmen einer ordnungsgemäßen Verwaltung des Nachlasses hielten (s etwa RGZ 58, 299; 61, 139; BGH NJW 1954, 1036; KG JFG 12, 202; JW 1937, 2100; OLG München JFG 21, 240). Der BGH hat sich dann aber zu einer analogen Anwendung des § 181 BGB auf Insichgeschäfte des Testamentsvollstreckers entschlossen (BGHZ 30, 67, 69; 51, 209, 214; 108, 21, 24; 113, 262, 270; s auch BayObLG DNotZ 1983, 176; OLG Frankfurt NJW-RR 1998, 795; OLG Düsseldorf NJW 2014, 322) und zu Recht zusätzlich darauf abgestellt, dass sich das Insichgeschäft im Falle der Gestattung (s noch unten Rn 49 ff, 58) im Rahmen ordnungsgemäßer Verwaltung des Nachlasses iSd § 2216 BGB halten müsse; die Gestattung durch den Erblasser wird in diesem Rahmen nach der Rechtsprechung vermutet (vgl BGHZ 30, 67, 71; 108,

37

38

§ 181

21, 24; MünchKomm/Schubert § 181 Rn 106 mwNw; Coing NJW 1977, 1793, 1796). Im Ergebnis ist mit der heute ganz hL (BGB-RGRK/Steffen § 181 Rn 8; BRHP/Schäfer § 181 Rn 10, Rn 47; Erman/Maier-Reimer § 181 Rn 8; Hk-BGB/Dörner § 181 Rn 3; Jauernig/Mansel § 181 Rn 2; jurisPK-BGB/Weinland § 181 Rn 5; MünchKomm/Schubert § 181 Rn 57 f; NK-BGB/Stoffels § 181 Rn 11; Palandt/Ellenberger § 181 Rn 3; PWW/Frensch § 181 Rn 2; Soergel/Leptien § 181 Rn 32; Staudinger/Reimann [2016] § 2205 Rn 108 ff; Wertenbruch § 33 Rn 6; Claussen 225 f; Hübner 80 ff; Gustavus 49 ff; Grunsky/Theiss WM 2006, 1561, 1563; vLübtow JZ 1960, 154) von einer (entsprechenden) Anwendbarkeit des § 181 BGB auszugehen. Hierfür kann es nicht auf die Einordnung nach den Theorien, sondern nur auf die Vergleichbarkeit der Konfliktslage ankommen. Diese ist typischerweise und generell zu bejahen, wenn der Testamentsvollstrecker Geschäfte zu Lasten des Nachlasses mit sich selbst abschließt, weil dann treuhänderisches Interesse und Eigeninteresse kollidieren. Das Verbot des § 181 BGB ist daher zu beachten, wenn ein Testamentsvollstrecker, der kraft seines Amtes Anteilsrechte an einer GmbH verwaltet, über seine Bestellung und Anstellung als Geschäftsführer mit entscheidet (BGHZ 51, 209), ebenso in dem Fall, dass der Testamentsvollstrecker den an ihn ausgezahlten Betrag aus einer Lebensversicherung anlegt und sich dadurch selbst ein Darlehen gewährt (OLG Frankfurt NJW-RR 1998, 795, 796).

39 Auch auf die Insichgeschäfte eines *Nachlassverwalters* ist § 181 BGB (analog) anzuwenden (BGB-RGRK/Steffen § 181 Rn 8; BRHP/Jäger § 181 Rn 10; Erman/Maier-Reimer § 181 Rn 8; Hk-BGB/Dörner § 181 Rn 3; Jauernig/Mansel § 181 Rn 2; jurisPK-BGB/Weinland § 181 Rn 5; MünchKomm/Schubert § 181 Rn 59; Palandt/Ellenberger § 181 Rn 3; Soergel/Leptien § 181 Rn 33; Bork Rn 1587; Wertenbruch § 33 Rn 6; vgl auch BGHZ 30, 67, 69), ebenso auf den *Insolvenzverwalter* (BGHZ 113, 262, 270 mwNw; OLG Frankfurt BB 1976, 570, 571; Schrifttum wie vor, ferner Claussen 224 f; Hübner 82 ff; Bork NZI 2006, 530; Falk/Schäfer 2004, 1337, 1338; Graeber/Pape ZIP 2007, 991, 993 mwNw; Jacoby ZIP 2005, 1060, 1061; Kögel/Loose ZInsO 2006, 17, 18 f) und den *Zwangsverwalter* (Kommentare wie vor).

40 c) Bei **amtsempfangsbedürftigen Willenserklärungen** scheidet eine unmittelbare Anwendung des § 181 BGB aus, weil sie iS des BGB eine nichtempfangsbedürftige Willenserklärung beinhalten. Handelt es sich um ein einseitiges Rechtsgeschäft, das der Vertreter wahlweise auch gegenüber sich selbst hätte vornehmen können (s etwa §§ 875 Abs 1 S 2, 876 S 3, 880 Abs 3, 1168 Abs 2, 1183 S 2 BGB), so wäre allerdings in diesem Fall ohnehin § 181 BGB einschlägig; da er materiell auch bei Erklärung gegenüber der staatlichen Stelle der eigentlich betroffene Empfänger ist, liegt aber auch dann die von § 181 BGB geregelte Kollisionslage vor und ist die Vorschrift deshalb entsprechend anzuwenden (BGH JR 1980, 413 m zust Anm Kuntze; BGB-RGRK/Steffen § 181 Rn 5; BRHP/Schäfer § 181 Rn 23; Erman/Maier-Reimer § 181 Rn 14; Hk-BGB/Dörner § 181 Rn 16; Jauernig/Mansel § 181 Rn 8; jurisPK-BGB/Weinland § 181 Rn 18; MünchKomm/Schubert § 181 Rn 53; NK-BGB/Stoffels § 181 Rn 34; Palandt/Ellenberger § 181 Rn 13; PWW/Frensch § 181 Rn 11; Soergel/Leptien § 181 Rn 30; Flume § 48, 2; Grigoleit/Herresthal Rn 590; Wolf/Neuner § 46 Rn 122; Claussen 42 f; Tiedtke 67 ff – Zum Rangtausch s hingegen zu Recht abl Erman/Maier-Reimer § 181 Rn 14). Entsprechendes muss gelten, wenn eine solche Erklärung nur gegenüber einer staatlichen Stelle abgegeben werden kann, der Sache nach aber an eine Privatperson gerichtet ist (zB gem §§ 376 Abs 2, 2079 ff BGB), da auch in diesen Fällen der Schutzzweck des § 181 BGB eingreift (RGZ 143, 350; BRHP/Schäfer § 181 Rn 24; Erman/Maier-Reimer § 181 Rn 14; MünchKomm/Schubert § 181 Rn 54; NK-BGB/Stoffels § 181 Rn 34; Palandt/Ellenberger § 181 Rn 13; PWW/Frensch

§ 181 Rn 11; SOERGEL/LEPTIEN § 181 Rn 30; FLUME § 48 2; CLAUSSEN 42 f). So kann ein gesetzlicher Vertreter nicht namens des vertretenen Kindes ein Testament anfechten, in dem er selbst der Begünstigte ist; selbst bei Unterlassung der Anfechtung kann im Hinblick darauf die Anfechtungsfrist noch nicht abgelaufen sein (RGZ 143, 350; ERMAN/MAIER-REIMER § 181 Rn 14; MünchKomm/SCHUBERT § 181 Rn 54; NK-BGB/STOFFELS § 181 Rn 34; PWW/ FRENSCH § 181 Rn 11; SOERGEL/LEPTIEN § 181 Rn 30; s auch oben Rn 13). Auch kann sich ein Vertreter die Eintragung der Abtretung einer Hypothek des Vertretenen an ihn selbst nicht gegenüber dem Grundbuchamt bewilligen (KG KGJ 41, 168; abl zu einem vergleichbaren Fall aus dem Patentrecht allerdings SCHLÜTER GRUR 1953, 470; vgl auch BayObLGZ 1951, 456). Hingegen steht § 181 BGB nicht entgegen, wenn die staatliche Stelle auch materielle Erklärungsempfängerin ist, sodass die als Vorerbin eingesetzte Mutter nicht gehindert ist, für ihr als Nacherbe eingesetztes, von ihr gesetzlich vertretenes Kind die Nacherbschaft auszuschlagen, selbst wenn sie dadurch Erbin wird (BayObLGZ 1983, 213, 220 f; OLG Frankfurt FamRZ 1964, 154; BRHP/SCHÄFER § 181 Rn 25; ERMAN/ MAIER-REIMER § 181 Rn 14; jurisPK-BGB/WEINLAND § 181 Rn 18; MünchKomm/SCHUBERT § 181 Rn 55; NK-BGB/STOFFELS § 181 Rn 34; PALANDT/ELLENBERGER § 181 Rn 13 mwNw; PWW/ FRENSCH § 181 Rn 11; SOERGEL/LEPTIEN § 181 Rn 30; CLAUSSEN 43; COING NJW 1985, 6 , 9; **aA** BUCHHOLZ NJW 1993, 1161; HELDRICH, in: FS Lorenz 97).

d) Kann eine einseitige Erklärung **wahlweise an mehrere private Adressaten** ge- 41 richtet werden (so zB nach §§ 182 Abs 1, 1064, 1255 Abs 1 BGB) und wäre sie gegenüber einer der Personen ein Insichgeschäft, so ist die (entsprechende) Anwendbarkeit des § 181 BGB zweifelhaft, weil der gewählte Adressat auch materiell betroffener Erklärungsempfänger ist. So liegt es zB bei der Zustimmung des Nacherben zu einer Verfügung des Vorerben über den Nachlass, die sowohl gegenüber dem Vorerben als auch gegenüber dem Erwerber erklärt werden kann, wenn der Vorerbe als gesetzlicher Vertreter des Nacherben die Zustimmungserklärung nicht gegenüber sich selbst (dann Fall des § 181 BGB), sondern gegenüber dem Erwerber abgibt; auch die Zustimmung des Betreuers eines geschäftsunfähigen Ehegatten zu Gesamtvermögensgeschäften nach §§ 1365, 1366 BGB fällt in diesen Bereich, da er sie sowohl gegenüber sich selbst als auch dem Vertragspartner erklären kann. Die Rspr (RGZ 76, 89, 92; OLG Hamm NJW 1965, 1489 f und DNotZ 2003, 635; KG NJW-RR 2004, 1161; s auch BayObLGZ 1977, 81 zur Zustimmung bei Abtretung eines Gesellschaftsanteils; vgl ferner BGH JZ 1985, 745 m krit Anm HÜBNER zur Konzernverrechnungsabrede; BayObLG NJW-RR 1986, 1077, 1078; OLG Düsseldorf NJW 1985, 390) und ein Teil des Schrifttums (BRHP/SCHÄFER § 181 Rn 26; ERMAN/MAIER-REIMER § 181 Rn 15; NK-BGB/STOFFELS § 181 Rn 35; PALANDT/ELLENBERGER § 181 Rn 8; SOERGEL/LEPTIEN § 181 Rn 31; WOLF/NEUNER § 49 Rn 124; HAERTLEIN 26 f; TIEDTKE 160 ff mwNw; zum Doppeltreuhandmodell im Insolvenzeröffnungsverfahren: BORK NZI 2005, 530, 531 ff mwNw; MAROTZKE ZInsO 2004, 721 ff uö; WERRES ZInsO 2006, 918, 921 f uö) sehen in solchen Fällen keinen Anknüpfungspunkt für eine (entsprechende) Anwendung des § 181 BGB. Demgegenüber wird zwar darauf hingewiesen (grundlegend FLUME § 48 2; MünchKomm/SCHUBERT § 181 Rn 56; CLAUSSEN 41 f; COING NJW 1985, 6, 8; FRIND ZInsO 2005, 1296, 1301 uö zum Doppeltreuhandmodell; HÜBNER Anm zu BGH JZ 1085, 745; MÜLLER ZNotP 2005, 419, 420 f), es sei ein eindeutiger Fall einer Interessenkollision gegeben, weil der Stellvertreter die Anwendung des § 181 BGB dadurch verhindern könne, dass er sich unter mehreren ohne Berücksichtigung der Problematik des Insichgeschäfts vorgesehenen Empfängern denjenigen aussuchen könne, bei dem die in § 181 BGB formal vorausgesetzte Personenidentität nicht vorliege. Indessen erscheint diese Konstellation angesichts der materiell-rechtlich vorgegebenen Wahlmöglichkeit doch eher *nicht* als typisierter generell-abstrakter Fall einer Interessenkollision, bei dem auf die Personenidentität verzichtet und § 181 BGB entsprechend angewendet werden könnte.

42 e) Darüber hinaus kommen **weitere Sonderfälle** einer (entsprechenden) Anwendung des § 181 BGB in Betracht (allgemein krit zu einer erweiterten Anwendung auf Fälle eines Interessenkonflikts ohne Personenidentität MEDICUS/PETERSEN Rn 963). Das RG (JW 1928, 215 m Anm HOMBURGER) hat § 181 BGB sogar unmittelbar angewendet, wenn jemand ein Vertragsangebot, das er als Vertreter eines Dritten an sich selbst abgegeben hat, nach dem *Erlöschen der Vertretungsmacht* annimmt. Da beim Vertragsschluss nicht auf den Teilakt des Angebots abgestellt werden kann und bei Vollendung des Vertragstatbestandes durch die Annahme keine Vertretungsmacht mehr gegeben war, ist in dieser besonderen Konstellation jedenfalls eine analoge Anwendung des § 181 BGB gerechtfertigt.

43 Auch in Fällen der **Interzession**, des Eintretens für eine fremde Schuld (Schuldübernahme, Bürgschaftsübernahme) wird im Schrifttum teilweise eine entsprechende Anwendung des § 181 BGB befürwortet (BOEHMER, Grundlagen II 2 67; LEHMANN/HÜBNER § 36 IV 4 c; HÜBNER 195 ff, 205 ff und AT Rn 1328). Soweit es sich um eine *Schuldübernahme nach § 415 BGB* handelt, bei der der Vertreter mit Zustimmung seines Gläubigers den Übernahmevertrag zwischen sich als Schuldner und dem Vertreter als Übernehmer abschließt, greift § 181 BGB ohnehin unmittelbar ein (RGZ 51, 422; vgl auch RG JW 1931, 2229; ERMAN/MAIER-REIMER § 181 Rn 16; MünchKomm/SCHUBERT § 181 Rn 46; SOERGEL/ LEPTIEN § 181 Rn 34; CLAUSSEN 54). Schließt er aber *im Falle des § 414 BGB* den Übernahmevertrag als Vertreter des Übernehmers mit dem Gläubiger, so ist mit der ganz hM (BGB-RGRK/STEFFEN § 181 Rn 11; BRHP/SCHÄFER § 181 Rn 27; ERMAN/MAIER-REIMER § 181 Rn 16; JAUERNIG/MANSEL § 181 Rn 8; MünchKomm/SCHUBERT § 181 Rn 46; PALANDT/ELLENBERGER § 181 Rn 14; PWW/FRENSCH § 181 Rn 12; SOERGEL/LEPTIEN § 181 Rn 34; ENNECERUS/NIPPERDEY § 181 III 1; FLUME § 48 5; GRIGOLEIT/HERRESTHAL Rn 591; CLAUSSEN 54 f; TIEDTKE 152 ff mwNw; PETERSEN JA 2007, 418, 420; vgl BGHZ 91, 334, 337) eine entsprechende Anwendung des § 181 BGB abzulehnen. Die fehlende Personenidentität kann nicht mit dem Hinweis auf die Interessenkollision und die Möglichkeit des Vertreters zur Wahl zwischen § 414 BGB und § 415 BGB überwunden werden, da das Gesetz für die Schuldübernahme zwei – keineswegs nur rein formal unterschiedliche – Wege zur Verfügung stellt, über deren Auswahl nicht der Schuldner, sondern letztlich der Gläubiger entscheidet, indem er nämlich durch Verweigerung der Genehmigung nach § 415 BGB nur die ihn besser schützende Alternative des § 414 BGB offen lässt. Dieser Drittschutz darf nicht über eine analoge Anwendung des § 181 BGB entwertet werden. Hingegen ist § 181 BGB wegen Selbstkontrahierens anwendbar, wenn der Vertreter eine Schuldübernahme seiner Schuld als Vertreter des Übernehmers vereinbart mit sich selbst vereinbart (MünchKomm/SCHUBERT § 181 Rn 46). – Auch im Falle der *Bürgschaft* (RGZ 71, 219) und der *Übernahme sonstiger Sicherheiten* (zB Pfandrechte, Garantie, Schuldbeitritt) ist § 181 BGB nach zutreffender hM (s oben) nicht entsprechend anzuwenden, zumal der Vertreter an dem jeweiligen Sicherungsgeschäft dort zwar interessiert, aber nicht mit einer eigenen Willenserklärung beteiligt ist. Vorrang hat der Schutz des Dritten, soweit nicht die Grundsätze über den Missbrauch der Vertretungsmacht (s § 167 Rn 91 ff) eingreifen (BGB-RGRK/STEFFEN § 181 Rn 11; BRHP/SCHÄFER § 181 Rn 28; ERMAN/MAIER-REIMER § 181 Rn 16; jurisPK-BGB/WEINLAND § 181 Rn 18; MünchKomm/SCHUBERT § 181 Rn 46; NK-BGB/STOFFELS § 181 Rn 32; PALANDT/

ELLENBERGER § 181 Rn 14; PWW/FRENSCH § 181 Rn 12; SOERGEL/LEPTIEN § 181 Rn 34; StudKomm § 181 Rn 3; ENNECCERUS/NIPPERDEY § 181 III 3; FLUME § 48 5; GRIGOLEIT/HERRESTHAL Rn 591; MEDICUS/PETERSEN Rn 963; MEDICUS/PETERSEN BR Rn 114; PAWLOWSKI Rn 796; WOLF/NEUNER § 49 Rn 124; CLAUSSEN 55; PETERSEN JA 2007, 418, 420; vgl auch OLG Düsseldorf ZIP 1992, 1488, 1491).

Insgesamt entspricht es der vermittelnden Grundauffassung zum Anwendungsbereich des § 181 BGB (s oben Rn 7), nicht schon die bloße Tatsache einer Interessenkollision für eine analoge Anwendung ausreichen zu lassen (vgl auch BGHZ 91, 334, 337; BGH NJW 1991, 982, 983; s ferner ERMAN/MAIER-REIMER § 181 Rn 2; Hk-BGB/DÖRNER § 181 Rn 18; jurisPK-BGB/WEINLAND § 181 Rn 18; MünchKomm/SCHUBERT § 181 Rn 44; NK-BGB/STOFFELS § 181 Rn 6, Rn 32; PWW/FRENSCH § 181 Rn 12; BORK Rn 1587). So ist etwa auf eine Anweisung des Stellvertreters an ein Kreditinstitut, Geld vom Konto des Vertretenen auf das Vertreterkonto zu übertragen, oder auf (sonstige) Überweisungsaufträge zu seinen Gunsten § 181 BGB nicht anwendbar (BGH WM 1958, 552, 553; WM 1982, 548; NJW 2004, 2517, 2518 m Anm MADAUS EWiR 2004, 1023, MEDER LMK 2004, 206 und SPIEKER FamRZ 2004, 1350; STREISSLE EWiR 2002, 891; ERMAN/MAIER-REIMER § 181 Rn 17; MünchKomm/ SCHUBERT § 181 Rn 17; HAERTLEIN 21 ff; SCHRAMM/DAUBER § 32 Rn 20 f; krit HÜBNER 213 f; REIN/ PFEIFFER BKR 2005, 142; WILHELM JuS 1983, 752); anders als bei Einschaltung eines Untervertreters (s Rn 35 f) fehlt es hier an der für § 181 BGB erforderlichen Personenidentität nicht durch bloßen Kunstgriff, sondern aufgrund der Rechtsnatur des Überweisungsgeschäftes. Entsprechendes gilt bei Abhebung von Geldbeträgen vom Konto des Vertretenen (SOERGEL/LEPTIEN § 181 Rn 34). Eine Anwendbarkeit der Regeln über den Missbrauch der Vertretungsmacht bleibt iÜ auch in diesen Fällen unberührt. Nicht anwendbar ist § 181 BGB ferner auf Verträge, die der Vertreter im Namen des Vertretenen zu seinen (des Vertreters) Gunsten abschließt, wie etwa im Falle eines Versicherungsvertrages (OLG Hamm BB 1956, 900). Unbedenklich ist es auch, wenn ein Gläubiger als Vertreter des bisherigen Schuldners mit dem Dritten eine Schuldübernahme vereinbart und als Gläubiger diesem gegenüber der Schuldübernahme zustimmt (RGZ 127, 103). Schließlich ist auch im Rahmen einer Ermächtigung nach § 113 BGB keine analoge Anwendung des § 181 BGB zu befürworten (ausf TIEDTKE 122 ff mwNw, str). **44**

III. Die Folgen eines Verstoßes gegen § 181

1. Die schwebende Unwirksamkeit

a) Da nach dem Wortlaut des § 181 BGB der Vertretene nicht mit sich selbst **45** kontrahieren kann, und diese Ausdrucksweise grundsätzlich die Nichtigkeit eines hiergegen verstoßenden Rechtsgeschäfts zum Ausdruck bringen soll, hat man ursprünglich beim Verstoß gegen § 181 BGB die *Nichtigkeitsfolge* bejaht (RGZ 51, 422, 426). Später entwickelte sich jedoch die heute allgemeine Ansicht, dass, ebenso wie bei vollmachtloser Vertretung, **schwebende Unwirksamkeit** und damit Genehmigungsfähigkeit hinsichtlich des gegen § 181 BGB verstoßenden Rechtsgeschäfts eintreten solle (s etwa RGZ 56, 104, 107; 119, 114, 116; BGHZ 21, 229; 30, 67, 71; 65, 123, 125; BGH NJW-RR 1994, 291, 292; BGB-RGRK/STEFFEN § 181 Rn 15; BRHP/SCHÄFER § 181 Rn 29 mwNw; ERMAN/MAIER-REIMER § 181 Rn 32; jurisPK-BGB/WEINLAND § 181 Rn 42; MünchKomm/ SCHUBERT § 181 Rn 60; NK-BGB/STOFFELS § 181 Rn 50; PALANDT/ELLENBERGER § 181 Rn 15; PWW/FRENSCH § 181 Rn 19; SOERGEL/LEPTIEN § 181 Rn 45; LOBINGER AcP 213 [2013] 366, 399;

zusätzlich für relative Unwirksamkeit U Hübner 104 ff). Bei einseitigen Rechtsgeschäften ist allerdings § 180 BGB mit Nichtigkeitsfolge anzuwenden (BayObLG NJW-RR 2003, 663; BRHP/Schäfer § 181 Rn 29; Erman/Maier-Reimer § 181 Rn 32; jurisPK-BGB/Weinland § 181 Rn 42; MünchKomm/Schubert § 181 Rn 60; NK-BGB/Stoffels § 181 Rn 50; Palandt/Ellenberger § 181 Rn 15; PWW/Frensch § 181 Rn 19; Soergel/Leptien § 181 Rn 45), sofern nicht die Ausnahmen des § 180 S 2 BGB eingreifen (MünchKomm/Schubert § 181 Rn 60). Die Vertretungsbefugnis des Organs einer juristischen Person wird durch § 181 BGB mit Wirkung im Außenverhältnis beschränkt (BGHZ 33, 189, 192; BGH WM 1960, 803). Ist ein Vertretergeschäft als unzulässiges Insichgeschäft (schwebend) unwirksam, so treten die Rechtsfolgen der Stellvertretung – auch einer evtl Zurechnung von Wissen und Wissenmüssen des Vertreters – (zunächst) nicht zu Lasten des Vertretenen ein (MünchKomm/Schubert § 181 Rn 61; vgl BGH JR 2011, 156 m Anm Schubert). Eine Unwirksamkeit kann allerdings nach den Regeln des Missbrauchs der Vertretungsmacht bei sittenwidriger Kollusion eintreten (s dazu § 167 Rn 93).

46 Die **Genehmigung** kann ausdrücklich oder durch schlüssiges Verhalten erklärt werden (BGH BB 1971, 12122, 1213; BAG AP § 242 Nr 1; BRHP/Schäfer § 181 Rn 29; Erman/Maier-Reimer § 181 Rn 33; MünchKomm/Schubert § 181 Rn 62; NK-BGB/Stoffels § 181 Rn 52), auch durch einen Vertreter (BGH WM 1960, 611, 612; NJW-RR 1994, 291, 293; Soergel/Leptien § 181 Rn 45; Claussen 134; ausf Baetzgen RNotZ 2005, 193, 198 f mwNw), der jedoch ggf selbst von § 181 BGB befreit sein muss (OLG Düsseldorf DB 1999, 578; OLG München NJOZ 2014, 405, 406; BRHP/Schäfer § 181 Rn 29; jurisPK-BGB/Weinland § 181 Rn 42; MünchKomm/Schubert § 181 Rn 43, Rn 62; Palandt/Ellenberger § 181 Rn 15; Harder AcP 170, 295, 302 ff), sofern für ihn ein Insichgeschäft vorliegt, er das Rechtsgeschäft also nicht selbst ohne Verstoß gegen § 181 BGB hätte vornehmen können (so zu Recht einschränkend KG DNotZ 1941, 164; Erman/Maier-Reimer § 181 Rn 34; MünchKomm/Schubert § 181 Rn 62; Soergel/Leptien § 181 Rn 36; Schanze 148 ff; Auktor NZG 2006, 334, 336 mwNw; Baetzgen RNotZ 2005, 193, 198; Benecke/Ehinger MDR 2005, 1265, 1266 f und Leitzen WM 2010, 637, 39 [für vollmachtlose Mehrvertretung]; Lichtenberger MittBayNot 1999, 470, 472 und 2000, 434, 435; Robles Y Zepf BB 2012, 1876, 1882 f; Tebben DNotZ 2005, 173, 177 ff mwNw; zu weit gehend [Befreiung generell unerheblich] hingegen LG Saarbrücken MittBayNot 2000, 433; Neumeyer RNotZ 2001, 249, 256; s ferner Ising NZG 2011, 841, 844; für die Notwendigkeit einer Befreiung des Genehmigenden von § 181 BGB nur im Falle eines Insichgeschäfts auch Rawert/Endres ZIP 2015, 2197, 2201 f). Im Falle der Mehrvertretung ist eine Genehmigung – des Insichgeschäfts bzw des vollmachtlosen Handelns – durch alle nicht wirksam Vertretenen erforderlich (BRHP/Schäfer § 181 Rn 29; Erman/Maier-Reimer § 181 Rn 33; jurisPK-BGB/Weinland § 181 Rn 42; MünchKomm/Schubert § 181 Rn 63; NK-BGB/Stoffels § 181 Rn 52; Palandt/Ellenberger § 181 Rn 15; Soergel/Leptien § 181 Rn 45; vgl OLG Düsseldorf DB 1999, 578: ggf zusätzlich zu einer Genehmigung vollmachtlosen Handelns; BayObLGZ 2000, 433; krit Auktor NZG 2006, 334, 335 f; Benecke/Ehinger MDR 2005, 1266 f; Blasche/König NZG 2012, 812, 816; Lichtenberger MittBayNot 1999, 470, 471; Robles Y Zepf BB 2012, 1876, 1882 mwNw), nach dem Tod des Vertretenen durch den Erben (OLG Hamm OLGZ 1979, 44, 45). Bloßer Zeitablauf rechtfertigt nicht die Annahme konkludenter Genehmigung, führt aber ohne weitere Umstände andererseits nicht zur Verwirkung der Geltendmachung der schwebenden Unwirksamkeit (OLG München NJW 1968, 2109). Ist aufgrund des schwebend unwirksamen Rechtsgeschäftes in Unkenntnis eine Leistung erbracht worden, so kann diese nach § 812 BGB schon vor Verweigerung der Genehmigung zurückverlangt werden (BGHZ 65, 123, 126; BRHP/Schäfer § 181 Rn 29; NK-BGB/Stoffels § 181 Rn 51; Soergel/Leptien § 181 Rn 45). Zum Zusammentreffen von genehmigungspflichtigem Insichgeschäft und vollmachtloser Vertretung s Rn 9, Rn 51.

b) Dieselbe Rechtslage schwebender Unwirksamkeit besteht im Falle **gesetzlicher** **47** **Vertretung** (RG JW 1924, 1862) und bei **organschaftlicher Vertretung**. Bei Insichgeschäften organschaftlicher Vertreter muss die Genehmigung durch das zuständige Organ erfolgen, nämlich dasjenige, das den Vertreter bestellen und ihm die Vornahme von Insichgeschäften gestatten kann (MünchKomm/Schubert § 181 Rn 64; Auktor NZG 2006, 334, 336; Baetzgen RNotZ 2005, 193, 198; Robles Y Zepf BB 2012, 1876, 1882; vgl BGH NJW-RR 1994, 291, 292; s zur Zuständigkeit auch Rn 53). Der gesetzlich Vertretene kann nur bei (inzwischen) voller Geschäftsfähigkeit selbst genehmigen. Ansonsten ist nicht das Familiengericht zur Genehmigung befugt, weil es den Mündel nicht vertreten kann; vielmehr muss zur Genehmigung ein besonderer Vertreter, nämlich ein Ergänzungspfleger (§ 1909 BGB) bestellt werden (RGZ 71, 162, 165; BGHZ 21, 229, 234; OLG Hamm OLGZ 1975, 173; BGB-RGRK/Steffen § 181 Rn 16; BRHP/Schäfer § 181 Rn 30; Erman/Maier-Reimer § 181 Rn 34; jurisPK-BGB/Weinland § 181 Rn 42; MünchKomm/Schubert § 181 Rn 66; NK-BGB/Stoffels § 181 Rn 53; PWW/Frensch § 181 Rn 19; Bork Rn 1600; Flume § 48 6; Medicus/Petersen Rn 957; Pawlowski Rn 791a; Wertenbruch § 33 Rn 13; Schilling 269 mwNw; vLübtow, Schenkungen 21; Petersen JA 2007, 418, 419). Auch § 1795 BGB würde im Falle des Selbstkontrahierens einer Genehmigung durch das Gericht entgegenstehen (Nipperdey, in: FS Raape 305 ff). Insbesondere für den Fall der Mehrvertretung ist das allerdings – wie bei der Gestattung (s unten Rn 57) – umstritten (aA zB Soergel/Leptien § 181 Rn 42, 45; Enneccerus/Nipperdey § 181 II 1; Hübner 125 ff [auch für Selbstkontrahieren]; Nipperdey 308; Schilling 269). Das Gericht ist aber kein allgemeiner gesetzlicher Ersatzvertreter, sondern nur im Rahmen des § 1846 BGB zu unmittelbaren Maßnahmen, sonst lediglich zur Bestellung eines (hier) Pflegers berechtigt (Nachw s oben, s nur MünchKomm/Schubert § 181 Rn 66; ferner Boehmer, Grundlagen II 2 56).

2. Pflicht zur Genehmigung

Eine Verpflichtung zur Genehmigung des gegen § 181 BGB verstoßenden Rechts- **48** geschäfts wird von der hM grundsätzlich abgelehnt, aber für den Fall angenommen, dass sich die Verweigerung der Genehmigung als *Verstoß gegen Treu und Glauben* (§ 242 BGB) darstellen würde (RGZ 64, 366, 373; 110, 214; BRHP/Schäfer § 181 Rn 29; Erman/Maier-Reimer § 181 Rn 35; jurisPK-BGB/Weinland § 181 Rn 42; MünchKomm/Schubert § 181 Rn 68; NK-BGB/Stoffels § 181 Rn 54; Palandt/Ellenberger § 181 Rn 15; Soergel/Leptien § 181 Rn 45; Enneccerus/Nipperdey § 181 Fn 26; Flume § 48 1 Fn 11 mwNw; Baetzgen RNotZ 2005, 193, 198). Indessen ist die Erteilung oder Verweigerung der Genehmigung der privatautonomen Entscheidung des Vertretenen hier ebenso überlassen wie im Falle des § 177 BGB (Flume § 48 1 Fn 11; vgl auch § 177 Rn 17). Allerdings kann sich aus dem Innenverhältnis zwischen dem Vertreter und dem Vertretenen ein Anspruch auf Genehmigung ergeben.

IV. Erlaubte Insichgeschäfte

1. Die Gestattung durch den Vollmachtgeber (Befreiung)

a) Bei rechtsgeschäftlicher Vertretung wird das Selbstkontrahieren vom Ver- **49** tretenen durch eine einseitige empfangsbedürftige Willenserklärung gestattet, mit welcher er **auf den Schutz des § 181 BGB verzichtet** und damit die Vertretungsmacht erweitert. Grundsätzlich ist nur der Vertretene zur Abgabe der Gestattungserklärung fähig. Im Falle der Mehrvertretung liegt die Zuständigkeit bei allen Vertretenen (BRHP/Schäfer § 181 Rn 34; jurisPK-BGB/Weinland § 181 Rn 23; MünchKomm/Schubert § 181 Rn 70; NK-BGB/Stoffels § 181 Rn 40; PWW/Frensch § 181 Rn 14; Soergel/Leptien § 181 Rn 36; Hübner 109; **aA** LG Bayreuth Rpfleger 1982, 17). Zur Gestattung bei Organhandeln s Rn 53 ff, zu Amtswaltern Rn 38, Rn 58 f.

Einem Untervertreter kann das Insichgeschäft nur gestatten, wer selbst vom Verbot des § 181 BGB befreit ist, sofern er nicht das Geschäft selbst wirksam vornehmen könnte (s § 167 Rn 67; vgl auch oben Rn 35 und MünchKomm/Schubert § 181 Rn 78 f; ausf und krit dazu Schanze 140 ff). Bei mehreren Stellvertretern kann nicht der eine den anderen von den Beschränkungen des § 181 BGB befreien (BGHZ 33, 189, 192; zur Ermächtigung bei Gesamtvertretung s oben Rn 16). Selbstverständlich kann der Vertreter die Gestattung auch nicht sich selbst gegenüber erklären (BGHZ 58, 115, 118; BRHP/Schäfer § 181 Rn 34 mwNw; MünchKomm/Schubert § 181 Rn 70). Erfolgt die Gestattung durch Formularvertrag, so unterliegt sie der AGB-Kontrolle (OLG Düsseldorf NJW 2006, 3645, 3646 mwNw [Wohnungseigentümer-Verwaltervertrag]; Erman/Maier-Reimer § 181 Rn 27; MünchKomm/Schubert § 181 Rn 77; s auch Vogel ZMR 2008, 270).

Die Gestattung bedarf regelmäßig keiner **Form**, nach (jedoch abzulehnender) ganz hM (s nur BGH NJW 1979, 2306, 2307; BRHP/Schäfer § 181 Rn 32; Erman/Maier-Reimer § 181 Rn 27; Hk-BGB/Dörner § 181 Rn 7; jurisPK-BGB/Weinland § 181 Rn 23; NK-BGB/Stoffels § 181 Rn 38; Palandt/Ellenberger § 181 Rn 17; Soergel/Leptien § 181 Rn 37) auch dann nicht, wenn sich die Gestattung auf ein Insichgeschäft bezieht, welches zB nach § 311b BGB dem Formzwang unterliegt (s § 167 Rn 22 mwNw, auch zur hier vertretenen abw Ansicht; s auch MünchKomm/Schubert § 181 Rn 75 f; Baetzgen RNotZ 2005, 193, 201). Anders soll es nach der hM nur ausnahmsweise dann sein, wenn bereits mit der Vollmachtserteilung eine Bindung des Vollmachtgebers eintritt. Indessen ist eine teleologische Reduktion des § 167 Abs 2 BGB insgesamt zu befürworten. Soweit eine Gestattung vorliegt, kommt das erlaubte Geschäft auch bei irrtümlicher Falschbezeichnung mit dem gewollten Inhalt zustande (BGH NJW 1991, 1730; OLG Düsseldorf NJW-RR 1995, 784).

50 b) Eine Gestattung muss vor dem Vertretergeschäft erfolgen (MünchKomm/Schubert § 181 Rn 69). Danach ist aber wegen der schwebenden Unwirksamkeit des Rechtsgeschäfts bei einem Verstoß gegen den § 181 BGB (s oben Rn 30) noch eine Genehmigung möglich, die auch mit einer (konkludenten) Gestattung für künftige Insichgeschäfte verbunden sein kann (MünchKomm/Schubert § 181 Rn 69). Häufig ist bereits in der Vollmachtsurkunde – zB auch in einer Vorsorgevollmacht –, in Gesellschaftsverträgen und Satzungen eine Befreiungsklausel enthalten. Die Worte, dass der Vertreter zur Vertretung berechtigt sein soll, „soweit die Gesetze eine Vertretung zulassen", enthalten allerdings im Zweifel noch keine Befreiung, sondern beziehen sich nur auf den objektiven Kreis der Geschäfte, bei denen eine Stellvertretung zulässig ist (KG HRR 1937 Nr 231; JR 1952, 438; MünchKomm/Schubert § 181 Rn 71 mwNw). Ebenso ist in eine Generalvollmacht nicht ohne weiteres die Befreiung vom Verbot des § 181 BGB eingeschlossen (KG DR 1943, 802; BRHP/Schäfer § 181 Rn 33; Erman/Maier-Reimer § 181 Rn 27; jurisPK-BGB/Weinland § 181 Rn 29; MünchKomm/Schubert § 181 Rn 67 mwNw; NK-BGB/Stoffels § 181 Rn 39; PWW/Frensch § 181 Rn 14; Soergel/Leptien

§ 167 Rn 37; ALTMEPPEN NJW 1995, 1182), ebenso wenig in einer Prokura (vgl RG Recht 1921 Nr 1829; BayObLG BB 1980, 1487 und die Nachw zuvor). Im Falle der *Unwirksamkeit* der einer Vollmacht beigefügten Gestattungserklärung gilt § 139 BGB (KG HRR 1933 Nr 988).

c) Wie jede Willenserklärung kann die Gestattung grundsätzlich durch **konkludentes Handeln** erfolgen (RGZ 68, 172, 177; 99, 208, 210; BGH BB 1971, 1212, 1213; NJW 1983, 1186, 1187; OLG Hamm NJW-RR 2011, 541, 542; BGB-RGRK/STEFFEN § 181 Rn 16; BRHP/ SCHÄFER § 181 Rn 33; ERMAN/MAIER-REIMER § 181 Rn 27; Hk-BGB/DÖRNER § 181 Rn 7; JAUERNIG/MANSEL § 181 Rn 9; jurisPK-BGB/WEINLAND § 181 Rn 23; MünchKomm/SCHUBERT § 181 Rn 71 f; NK-BGB/STOFFELS § 181 Rn 39; PALANDT/ELLENBERGER § 181 Rn 17; PWW/FRENSCH § 181 Rn 14; SOERGEL/LEPTIEN § 181 Rn 38; FLUME § 48 6; ENNECCERUS/NIPPERDEY § 181 II 1; JÄGER 49; BAETZGEN RNotZ 2005, 193, 201; MOCK JuS 2008, 486, 488; ROBLES Y ZEPF BB 2012, 1876, 1880). Das bloße Schweigen des Vertretenen und Dulden des Selbstkontrahierens stellt allerdings keine Gestattung dar, die sich vielmehr unzweifelhaft aus den Umständen ergeben muss (RGZ 51, 422, 427; MünchKomm/SCHUBERT § 181 Rn 71; FLUME § 48 6; s schon Rn 49, dort auch zur evtl Formpflicht). Bei einem *Zusammentreffen von Insichgeschäft und vollmachtloser Vertretung* (s Rn 9) liegt in der Genehmigung der Vertretung – zumal bei angenommener Formbedürftigkeit (s Rn 49) – angesichts der unterschiedlichen Schutzziele nicht ohne weiteres zugleich eine Gestattung nach § 181 BGB, eine entsprechende Auslegung ist aber möglich (s näher oben Rn 15). Sofern sich die Gestattung auf ein *grundbuchrechtlich* erhebliches Rechtsgeschäft bezieht, bedarf sie des Nachweises nach Maßgabe des § 29 GBO. Dabei kann jedoch auf den Gesamtzusammenhang der vorgelegten Urkunden zurückgegriffen werden (KG HRR 1937 Nr 927; LG Berlin WM 1959, 128; SOERGEL/LEPTIEN § 181 Rn 38; einschränkend OLG Köln OLGZ 1966, 577).

Mangels unmittelbarer Verlautbarung in der Bevollmächtigungserklärung kann eine **52** konkludente Gestattung *durch Auslegung gewonnen* werden (s auch schon Rn 50) und dabei auch auf das vorgesehene Vertretergeschäft oder das Grundverhältnis zwischen Vertreter und Vertretenem zurückgegriffen werden (s auch § 167 Rn 85; MünchKomm/SCHUBERT § 181 Rn 72). So wird vor allem ein auf Befreiung vom Verbot des § 181 BGB gerichteter Wille angenommen, wenn Verkäufer und Käufer derselben Person Auflassungsvollmacht erteilen (KG KGJ 21 A 292; JW 1937, 471; LG Kassel DNotZ 1958, 429), oder wenn der (künftige) Hypothekengläubiger den Grundstückseigentümer zur Empfangnahme des Briefes (vgl RGZ 73, 415, 418) oder Erteilung der Löschungsbewilligung (KG HRR 1937 Nr 927) bevollmächtigt, aber auch, wenn der Grundpfandrechtsgläubiger den Eigentümer zur Eintragung eines betragsmäßig nicht näher bestimmten Grundpfandrechts ermächtigt (BayObLG NJW-RR 1995, 1167, 1168). Eine konkludente Gestattung ist anzunehmen, wenn dem Versteigerer ein Ersteigerungsauftrag erteilt (BGH NJW 1983, 1186, 1187) oder ein Ehegatte bevollmächtigt wird, den anderen in allen Angelegenheiten zu vertreten (vgl RG Recht 1929 Nr 1826; KG Recht 1919 Nr 262). Ebenso ist eine Gestattung zu bejahen, wenn in einer Bankvollmacht dem Vertreter erlaubt wird, über das Guthaben „auch zu eigenen Gunsten" zu verfügen (OLG München WM 1973, 1252), wenn die beiden Gesellschafter einer GmbH einen Vertrag mit einem von ihnen als dem geschäftsführenden Gesellschafter abschließen (BGH Betrieb 1971, 1761), wenn dieselbe Person zum Vorstand/ Geschäftsführer zweier Gesellschaften mit enger Geschäftsbeziehung bestellt ist (OLG Celle NJW 1947/48, 300; BAETZGEN RNotZ 2005, 193, 201; SCHMITT WM 2009, 1784, 1785;

§ 181

s auch Rn 53 aE – **aA** Soergel/Leptien § 181 Rn 45) oder wenn ein weiterer Geschäftsführer einem anderen – von den Beschränkungen des § 181 BGB befreiten – „mit allen Rechten und Befugnissen gleich gestellt" wird (OLG Hamm NJW-RR 2011, 541). Auch mit der Erteilung einer Stimmrechtsvollmacht kann eine Befreiung vom Verbot des Insichgeschäfts verknüpft sein, etwa für die Abstimmung über eine Änderung des Gesellschaftsvertrages oder der Satzung (BGH NJW 1976, 958, 959; jurisPK-BGB/Weinland § 181 Rn 29; MünchKomm/Schubert § 181 Rn 73 mwNw).

Ebenso dient, wie bei jeder Auslegung, auch die *Verkehrssitte* der Willensbestimmung. So ist zB eine Gestattung anzunehmen, wenn sich ein Angestellter zum Geldwechseln eigenen Geldes bedient. Eine vom Willen unabhängige, selbstständige Grundlage für die Befreiung vom Verbot des § 181 BGB ist jedoch die Verkehrssitte entgegen früher sogar hM (s Jauernig/Mansel § 181 Rn 9; Soergel/Leptien § 181 Rn 41; Flume § 48 6; Jäger 186 mwNw) nicht (BGB-RGRK/Steffen § 181 Rn 16; BRHP/Schäfer § 181 Rn 33; Erman/Maier-Reimer § 181 Rn 27; MünchKomm/Schubert § 181 Rn 71; PWW/Frensch § 181 Rn 16; Soergel/Leptien § 181 Rn 41; Brehm Rn 478. Zur Gestattung durch Verkehrsübung bei gesetzlicher Vertretung s Rn 56).

2. Die Gestattung bei Organhandeln

53 Die Organe juristischer Personen können schon durch die Satzung von den Verboten des § 181 BGB befreit werden (RGZ 80, 180, 183; 103, 418; BGHZ 87, 59; BGH VersR 2001, 193, 194; BRHP/Schäfer § 181 Rn 36; Erman/Maier-Reimer § 181 Rn 29; MünchKomm/Schubert § 181 Rn 80; NK-BGB/Stoffels § 181 Rn 41; Palandt/Ellenberger § 181 Rn 19; PWW/Frensch § 181 Rn 15; Soergel/Leptien § 181 Rn 36, allgM, ausf zur Gestattung bei Gesellschaften Baetzgen RNotZ 2005, 204 ff mwNw; vgl auch zur ausreichenden Befreiungsermächtigung in der Satzung BayObLG GmbH-Rdsch 1982, 257; OLG Zweibrücken OLGZ 1983, 36; OLG Stuttgart Rpfleger 1985, 116; OLG Celle NJW-RR 2001, 175; zur notwendigen Bestimmtheit der Befreiung OLG Nürnberg 12. 2. 2015 – 12 W 129/15, Rn 14 ff, NJW-RR 2015, 1073). Auch die generelle Befreiung des Geschäftsführers einer GmbH, die auch bei der Ein-Personen-GmbH gem § 35 Abs 3 GmbHG zulässig ist (s oben Rn 31, ausf Jager 214 mwNw), bedarf gem § 10 Abs 1 S 2 GmbHG nach der Rspr und hL der Aufnahme in die Satzung und der Eintragung in das Handelsregister (BGHZ 87, 59, 61; BGH NJW 2000, 664, 665; NJW-RR 2004, 120; BayObLG Rpfleger 1979, 310 uö sowie allgemeine OLG-Rechtsprechung, s etwa OLG Nürnberg MDR 2010, 822 mwNw; BRHP/Schäfer § 181 Rn 36; Jauernig/Mansel § 181 Rn 7; jurisPK-BGB/Weinland § 181 Rn 20, Rn 33; MünchKomm/Schubert § 181 Rn 80, s aber andererseits Rn 83; NK-BGB/Stoffels § 181 Rn 41; Palandt/Ellenberger § 181 Rn 21; PWW/Frensch § 181 Rn 15; Soergel/Leptien § 181 Rn 39; ausf Baetzgen RNotZ 2005, 193, 204 ff mwNw; s auch Mayer NZG 2007, 448; Schäfer ZGR 2014, 731, 733. – AA namentlich MünchKomm/Schubert § 181 Rn 83 mwNw; Altmeppen NJW 1995, 1182; DNotZ 2008, 305; NZG 2013, 401; Bachmann ZIP 1999, 85; Schanze 105 ff, zur Registereintragung 117 ff); ein einfacher Gesellschafterbeschluss genügt – anders als bei bloßer Befreiung für einen konkreten Einzelfall (BGH WM 1971, 1082, 1084; NJW 1976, 1538, 1539) – somit nicht, sofern nicht in der Satzung eine entsprechende Ermächtigung der Gesellschafterversammlung zur Befreiung enthalten ist (BayObLG GmbHR 1982, 257; OLG Köln NJW 1993, 1018; KG ZIP 2006, 2085, 2086; OLG Düsseldorf NZI 2014, 957; BRHP/Schäfer § 181 Rn 36; jurisPK-BGB/Weinland § 181 Rn 33; NK-BGB/Stoffels § 181 Rn 41; Schmitt WM 2009, 1784, 1785; anders die zuvor zur **aA** Genannten; ausf zum Ganzen Schanze 105 ff mwNw; s auch Kanzleiter DNotZ 1996, 819, 820; Leitzen RNotZ 2010, 566, 571). Wird eine mehrgliedrige GmbH durch

Ausscheiden weiterer Gesellschafter zu einer Ein-Personen-GmbH, so behält die Gestattung ihre Wirksamkeit, wenn die Satzung für diese Situation eine Befreiung des Gesellschafter-Geschäftsführers vorsieht (BGH NJW 1991, 1731; GmbHR 2000, 136, 137; jurisPK-BGB/WEINLAND § 181 Rn 20; MünchKomm/SCHUBERT § 181 Rn 80 mwNw; PWW/ FRENSCH § 181 Rn 15; ausf SCHANZE 132 ff und TIEDTKE 92 ff mwNw; aA noch BayObLGZ 1987, 153; 1989, 375); wird umgekehrt ein weiterer Geschäftsführer bestellt, so ist die Fortgeltung der Befreiung umstritten (s OLG Stuttgart NZG 2009, 754; OLG Bremen GmbHR 2009, 1210; OLG Hamm GmbHR 2009, 1334 einerseits, abl OLG Nürnberg 15. 7. 2015 – 12 W 1208/ 15 Rn 39 ff, ZIP 2016, 74 mwNw und abl Anm SCHMIDT andererseits; dazu jurisPK-BGB/WEINLAND § 181 Rn 30; MünchKomm/SCHUBERT § 181 Rn 81; dort Rn 81 und Rn 86 auch zur im vereinfachten Verfahren gegründeten GmbH; dazu auch OLG Nürnberg MittBayNot 2015, 502; jurisPK-BGB/ WEINLAND § 181 Rn 31).

Die Gestattung muss für den organschaftlichen Vertreter durch das zuständige **53a** Bestellorgan erfolgen, sofern sie nicht schon in der Satzung oder im Gesellschaftsvertrag geregelt ist (ausf zum Folgenden ROBLES Y ZEPF BB 2012, 1876, 1880 f; MünchKomm/ SCHUBERT § 181 Rn 87 mwNw; zur umstr Notwendigkeit einer entsprechenden Rechtsgrundlage s Rn 53), während die Organvertreter einander kein Insichgeschäft gestatten können. Zuständig ist demnach bei der Aktiengesellschaft der Aufsichtsrat, bei der GmbH die Gesellschafterversammlung (BGHZ 87, 59; BGH NJW-RR 1994, 291, 293; JÄGER 214 mwNw; ALTMEPPEN NJW 1995, 1182; SCHMITT WM 2009, 1784, 1785 f) und beim Verein die Mitgliederversammlung (BGH WM 1960, 803; 1971, 1048; 1975, 157; JÄGER 214 mwNw).

Entsprechendes gilt für die teilrechtsfähigen **Personenhandelsgesellschaften**, wo **54** grundsätzlich also ein Gesellschafterbeschluss erforderlich, aber auch eine Eintragung der Befreiung in das Handelsregister zuzulassen ist (BGH MDR 1970, 398; NJW-RR 2004, 120; BayObLG Betrieb 1980, 2235; NJW-RR 2000, 1421, 1422; OLG Hamm Betrieb 1983, 982; OLG Hamburg ZIP 1986, 1186; OLG Frankfurt NZG 2006, 830, 831; jurisPK-BGB/ WEINLAND § 181 Rn 33; MünchKomm/SCHUBERT § 181 Rn 90; NK-BGB/STOFFELS § 181 Rn 42; PALANDT/ELLENBERGER § 181 Rn 20 f; PWW/FRENSCH § 181 Rn 15; SOERGEL/LEPTIEN § 181 Rn 36 und 39; JÄGER 214 mwNw; BAETZGEN RNotZ 2005, 193, 200,). Bei einer GmbH & Co KG benötigt der Geschäftsführer der GmbH für ein Rechtsgeschäft mit der KG deren Gestattung, während eine solche der GmbH nicht ausreicht (BGHZ 58, 115, 117; BGH ZIP 2014, 1278; BRHP/SCHÄFER § 181 Rn 36; ERMAN/MAIER-REIMER § 181 Rn 29; MünchKomm/ SCHUBERT § 181 Rn 88; SOERGEL/LEPTIEN § 181 Rn 36; HÜBNER 246. Ausf zur Gestattung bei solchen Gesellschaften SCHANZE 166 ff; BACHER/BLUMENTHAL GmbHR 2015, 457; BAETZGEN RNotZ 2005, 193, 199 ff; PETERS ZNotP 2006, 89, 93). Ist die persönlich haftende Gesellschafterin zweier *GmbH & Co KG* identisch, muss der einzige Geschäftsführer der GmbH bei einem Rechtsgeschäft zwischen beiden Gesellschaften durch diese nicht von den Beschränkungen des § 181 BGB befreit werden, wenn die KG-Gesellschaften bereits jeweils der GmbH die Mehrvertretung gestattet haben (KG ZIP 2013, 162; MünchKomm/SCHUBERT § 181 Rn 88). Ist der Geschäftsführer vom Verbot des § 181 BGB befreit, so kann er gewöhnliche Rechtsgeschäfte auch als Insichgeschäfte vornehmen (juris-PK-BGB/WEINLAND § 181 Rn 31; MünchKomm/SCHUBERT § 181 Rn 89; s etwa BGH 15. 3. 2016 – II ZR 114/15 Rn 21 ff, ZIP 2016, 1376 betr die wechselseitige Bewilligung von Tätigkeitsvergütungen durch die beiden Gesellschafter der Komplementär-GmbH; BGH 19. 4. 2016 – II ZR 123/15 Rn 21 ff, ZIP 2016, 1332 betr die Verlängerung des Anstellungsvertrages mit dem Geschäftsführer der GmbH).

54a Bei der **Auflösung** einer juristischen Person oder Personengesellschaft, deren vertretungsberechtigtes Organ vom Verbot des § 181 BGB befreit wurde, erstreckt sich die Befreiung nicht ohne Weiteres auf den Liquidator, doch kann sich etwas Anderes im Wege der Auslegung ergeben (BGH NJW-RR 2009, 333; BayObLG NJW-RR 1996, 611; OLG Zweibrücken NJW-RR 1999, 38; OLG Köln 21. 9. 2016 – 2 Wx 377/16 Rn 12, ZIP 2017, 79; OLG Frankfurt GmbHR 2012, 394, 396; OLG Hamm GmbHR 2011, 432; OLG Rostock NJW-RR 2004, 1109, 1110; jurisPK-BGB/Weinland § 181 Rn 33; MünchKomm/Schubert § 181 Rn 84 mwNw; Becker NotBZ 2017, 102; Reymann GmbHR 2009, 176; Schmidt NotBZ 2017, 93; ausf und krit zum Ganzen Schanze 132 ff). Ob im Liquidationsstadium insoweit eine strenge Handhabung dahin geboten ist, dass Satzung bzw Gesellschaftsvertrag eine Befreiung für die Liquidatoren vorsehen müssen, erscheint allerdings zweifelhaft (großzügiger zB OLG Zweibrücken RNotZ 2011, 502, 504; MünchKomm/Schubert § 181 Rn 85; Wälzholz GmbHR 2002, 305. Zu den Eintragungsvoraussetzungen betr die Befreiung eines Liquidators OLG Düsseldorf 23. 9. 2016 – 3 Wx 130/15 Rn 18 ff, ZIP 2016, 2270).

3. Die Gestattung bei gesetzlicher Vertretung

55 a) Dem gesetzlichen Vertreter muss das Selbstkontrahieren durch einen hierfür besonders bestellten **Pfleger** gestattet werden (s Rn 47); außerdem kann der vorher Vertretene nach dem Ende der gesetzlichen Vertretung das Geschäft genehmigen (BGB-RGRK/Steffen § 181 Rn 16). Der gesetzliche Vertreter seinerseits kann Dritte vom Verbot der Mehrvertretung befreien, zB wenn ein Notar im Zusammenhang des § 1829 BGB vom Vormund zur Mitteilung der Genehmigung an den Vertragsgegner und von diesem zum Empfang der Mitteilung ermächtigt wird (RGZ 121, 30, 32; BayObLG JW 1923, 758; OGHBrZ NJW 1949, 64).

56 Eine Gestattung des Selbstkontrahierens *aufgrund Verkehrsübung* (s Rn 52) wird zT für Geschäfte des gesetzlichen Vertreters bejaht, welche im Rahmen des Üblichen liegen, wie Einzahlungen auf ein für das Kind angelegtes Sparkonto (KG OLGE 22, 158; OLG München Recht 1936 Nr 2361; Flume § 48 6; **aM** OLG Köln MDR 1947, 197; BGB-RGRK/Steffen § 181 Rn 16; Soergel/Leptien § 181 Rn 41). Die Bedeutung der Problematik ist zurückgegangen, seit für dem Vertretenen rechtlich lediglich vorteilhafte Geschäfte eine Anwendung des § 181 BGB im Wege der teleologischen Reduktion ausgeschlossen wird (s oben Rn 32; Schubert WM 1978, 293). Jedenfalls aber ist die Verkehrsübung nicht als selbstständiger Gestattungsgrund anzuerkennen (Nachw s Rn 52).

57 b) Nach ganz hM kann dem gesetzlichen Vertreter – ebenso wie bei der Genehmigung (s oben Rn 47) – das Selbstkontrahieren vom **Familiengericht** nicht gestattet werden, weil das Gericht nicht zur Vertretung des gesetzlich Vertretenen befugt ist, sondern fürsorgliche Aufgaben wahrzunehmen hat (RGZ 71, 162, 165; BGHZ 21, 229, 234; BayObLG NJW 1959, 989; OLG Hamm OLGZ 1975, 173; BRHP/Schäfer § 181 Rn 35; Erman/Maier-Reimer § 181 Rn 28, 25; MünchKomm/Schubert § 181 Rn 91; NK-BGB/Stoffels § 181 Rn 43; PWW/Frensch § 181 Rn 16; Soergel/Leptien § 181 Rn 42; Medicus/Petersen Rn 957; Pawlowski Rn 791a; Wolf/Neuner § 49 Rn 116; **aM** Hübner 125 ff; für eine gerichtliche Gestattung de lege ferenda mit guten Gründen Allmendinger 84 ff).

Das muss auch in den Fällen der *Mehrvertretung* gelten, sodass für ein Rechtsgeschäft unter mehreren vom selben Vertreter gesetzlich Vertretenen für jeden von

Titel 5
Vertretung und Vollmacht   § 181

ihnen ein besonderer Vertreter bestellt werden muss (RGZ 93, 334, 336; KG Recht 1924 Nr 945; BRHP/Schäfer § 181 Rn 35; MünchKomm/Schubert § 181 Rn 91; NK-BGB/Stoffels § 181 Rn 43 Fn 114; PWW/Frensch § 181 Rn 16; Wolf/Neuner § 49 Rn 116; w Nachw, auch zur Gegenmeinung, oben Rn 47). Danach ist besonders für die *Erbauseinandersetzung* unter mehreren Miterben, die denselben gesetzlichen Vertreter haben, die Bestellung von gesonderten Pflegern erforderlich, sofern der Vertreter Miterbe ist oder die Voraussetzungen der §§ 1629, 1795 Abs 1 Nr 1 (vgl auch Abs 2) BGB vorliegen (s BGHZ 21, 229, 231; 50, 8, 10; OLG Stuttgart Rpfleger 1959, 158; BRHP/Schäfer § 181 Rn 35; MünchKomm/Schubert § 181 Rn 91; PWW/Frensch § 181 Rn 16; Flume § 48 6). Zulässig ist hingegen eine Vertretung der Miterben bei einem (zB Verwaltungs- oder Folge-) Geschäft gegenüber einem Dritten (s oben Rn 8).

4. Die Gestattung bei Amtswaltern

a)   Sofern man den § 181 BGB auf das Handeln privater **Amtswalter** unmittelbar **58** oder analog anwendet (s oben Rn 38 f), wird die Frage nach der Gestattung des Selbstkontrahierens bedeutsam. Für den **Testamentsvollstrecker** muss sie durch den Erblasser erfolgen (BGHZ 30, 67, 69; BGH BB 1961, 583; OLG Düsseldorf NJW 2014, 322; OLG Frankfurt 2. 1. 2018 – 20 W 331/17, Rn 18, NJW-RR 2018, 1098; BRHP/Schäfer § 181 Rn 10; Erman/Maier-Reimer § 181 Rn 30; jurisPK-BGB/Weinland § 181 Rn 33 f; MünchKomm/Schubert § 181 Rn 74; NK-BGB/Stoffels § 181 Rn 44; PWW/Frensch § 181 Rn 16; Soergel/Leptien § 181 Rn 32; Staudinger/Reimann [2016] § 2205 Rn 111; Grunsky/Theiss WM 2006, 1561, 1563). Die Bestellung zum Testamentsvollstrecker als solche enthält zwar noch keine Gestattung von Insichgeschäften, doch ist eine konkludente Befreiung vom Verbot des § 181 BGB anzunehmen, wenn ein Testamentsvollstrecker als eingesetzter Miterbe im Rahmen ordnungsgemäßer Verwaltung ein Insichgeschäft vornimmt (BGHZ 30, 67, 70; BGH WM 1960, 1420; BGH NJW 2014, 322; BGB-RGRK/Steffen § 181 Rn 8; BRHP/Schäfer § 181 Rn 10; Erman/Maier-Reimer § 181 Rn 30; MünchKomm/Schubert § 181 Rn 74; Palandt/Ellenberger § 181 Rn 18; Soergel/Leptien § 181 Rn 32; ausf Staudinger/Reimann [2016] § 2205 Rn 111 ff; Grunsky/Theiss WM 2006, 1561, 1563, 1564), insbesondere, wenn er Anordnungen und Weisungen des Erblassers ausführt. Entsprechendes kann bei Ernennung eines Testamentsvollstreckers für Erben und Vermächtnisnehmer angenommen werden (BGH NJW 1954, 1036).

Dem Erben oder dem Nachlassgericht steht eine Gestattung grundsätzlich nicht zu. Allerdings wird teilweise bei fehlender Befreiung vom Verbot des § 181 BGB durch den Erblasser die Bestellung eines Pflegers zur Gestattung im Einzelfall für möglich gehalten (Gustavus 110). Indessen ist eine Gestattung durch Zustimmung aller Erben zuzulassen und vorzugswürdig, wenn dies dem Willen des Erblassers nicht widerspricht (BGHZ 51, 209, 215; BRHP/Schäfer § 181 Rn 10; Erman/Maier-Reimer § 181 Rn 30; jurisPK-BGB/Weinland § 181 Rn 33; MünchKomm/Schubert § 181 Rn 74; Palandt/Ellenberger § 181 Rn 18; PWW/Frensch § 181 Rn 16; Hübner 113; vLübtow JZ 1960, 157; **krit** Soergel/Leptien § 181 Rn 36; **aA** auch NK-BGB/Stoffels § 181 Rn 44; Staudinger/Reimann [2016] § 2205 Rn 111 mwNw) und die Grenzen des § 2216 BGB nicht überschritten werden (BGH NJW 1959, 1429; OLG Düsseldorf NJW 2014, 322, 323 mwNw; MünchKomm/Schubert § 181 Rn 74).

b)   Beim **Insolvenzverwalter** scheitert eine Gestattung durch den Schuldner an **59** dessen fehlender Verfügungsbefugnis. Auch den Gläubigern kann die Gestattungsbefugnis nicht zustehen (aM Erman/Maier-Reimer § 181 Rn 30; Hübner 115), doch kann man jedenfalls im eröffneten Verfahren bei Einigkeit von Gläubigern und Schuldner deren Gestattung genügen lassen (BRHP/Schäfer § 181 Rn 34; NK-BGB Stoffels § 181 Rn 44; PWW/Frensch § 181 Rn 16; Soergel/Leptien § 181 Rn 36; Kögel/Loose ZInsO 2006, 17, 20). Auch eine Zuständigkeit des Gläubigerausschusses, der Gläubigerversammlung und notfalls des Insolvenzgerichts wird neuerdings mit beachtlichen Gründen vertreten (Kögel/Loose ZInsO 2006, 17, 20 ff). Ansonsten ist allerdings für die Genehmigung eines unter Verstoß gegen § 181 BGB vorgenommenen Rechtsgeschäfts (s aber auch Rn 41) ggf gem § 56 InsO ein Sonderverwalter als Unterpfleger zu bestellen (BRHP/Schäfer § 181 Rn 34; NK-BGB/Stoffels § 181 Rn 44; PWW/Frensch § 181 Rn 16; Soergel/Leptien § 181 Rn 33; Jaeger/Henckel/Gerhardt, Insolvenzordnung [2007] § 56 Rn 76 f; Bork NZI 2005, 530; Marotzke ZInsO 2004, 721, 723; ausf Kögel/Loose ZInsO 2006, 17; vgl zur KO Gustavus 137 [Sonderpfleger]). Entsprechendes gilt auch für den **Zwangsverwalter** und den **Nachlassverwalter** (vgl BGHZ 30, 69; BGB-RGRK/Steffen § 181 Rn 8; Erman/Maier-Reimer § 181 Rn 30; PWW/Frensch § 181 Rn 16; Soergel/Leptien § 181 Rn 33; s auch oben Rn 39).

5. Die gesetzliche Gestattung

60 a) Die Gestattung von Insichgeschäften kann sich **unmittelbar aus dem Gesetz** ergeben. Nach hM enthält § 1009 BGB eine gesetzliche Gestattung dieser Art (BGB-RGRK/Steffen § 181 Rn 16; jurisPK-BGB/Weinland § 181 Rn 22; NK-BGB/Stoffels § 181 Rn 45; Palandt/Ellenberger § 181 Rn 16; PWW/Frensch § 181 Rn 13; Soergel/Leptien § 181 Rn 40; Ennecerus/Nipperdey § 181 Fn 7; vgl auch RGZ 47, 209); indessen handelt der Miteigentümer dort nicht als Vertreter, sondern jeweils in eigenem Namen (BRHP/Schäfer § 181 Rn 38; Erman/Maier-Reimer § 181 Rn 26; MünchKomm/Schubert § 181 Rn 99; Flume § 48 6 Fn 45). Hingegen sind die §§ 125 Abs 2 S 2 HGB und 78 Abs 4 AktG iS einer gesetzlichen Gestattung zu verstehen (BRHP/Schäfer § 181 Rn 38; jurisPK-BGB/Weinland § 181 Rn 22; MünchKomm/Schubert § 181 Rn 99; NK-BGB/Stoffels § 181 Rn 45; Palandt/Ellenberger § 181 Rn 16; PWW/Frensch § 181 Rn 13; Soergel/Leptien § 181 Rn 40; Flume § 48 6), sofern man die Fälle nicht ohnehin als von § 181 BGB nicht erfasst ansieht (s oben Rn 17; vgl Erman/Maier-Reimer § 181 Rn 26; MünchKomm/Schubert § 181 Rn 99), ebenso § 10 Abs 3 BBiG (BRHP/Schäfer § 181 Rn 37; Erman/Maier-Reimer § 181 Rn 26; MünchKomm/Schubert § 181 Rn 99; Palandt/Ellenberger § 181 Rn 16; PWW/Frensch § 181 Rn 13; Soergel/Leptien § 181 Rn 40). Beim Selbsteintrittsrecht des Kommissionärs (§ 400 HGB) liegt kein Fall gesetzlicher Gestattung vor; handelt der Kommissionär beim Vertragsschluss zugleich für den Kommittenden, so bedarf es vielmehr einer Befreiung nach § 181 BGB (aA Erman/Maier-Reimer § 181 Rn 26). Demgegenüber will Kiehnle (AcP 212 [2012], 886 ff, 900 ff, 918 f). die Anwendbarkeit des § 181 BGB auf das Selbsteintrittsrecht (nur) für solche Fälle teleologisch reduzieren, in denen der Geschäftsinhalt unabhängig vom Willen des als Vertreter handelnden Kommissionärs feststeht (s dazu aber Rn 33). – Auch aus dem Kirchenrecht können sich gesetzliche Befreiungen ergeben (vgl BayObLGZ 1973, 328; OLG Hamm Rpfleger 1974, 310; BRHP/Schäfer § 181 Rn 38; jurisPK-BGB/Weinland § 181 Rn 22; MünchKomm/Schubert § 181 Rn 99).

61 b) Das Selbstkontrahieren ist gem § 181 BGB gesetzlich gestattet, wenn das Rechtsgeschäft ausschließlich in der **Erfüllung einer Verbindlichkeit** besteht (dazu ausf Lobinger AcP 213 [2013] 366 ff; zum Vormund s Staudinger/Veit [2014] § 1795 Rn 6 ff). Dies

Titel 5
Vertretung und Vollmacht   § 181

gilt angesichts des eindeutigen Wortlautes und der Entstehungsgeschichte (s dazu ausf LOBINGER AcP 213 [2013] 366, 381 ff) sowohl für die Erfüllung von Verbindlichkeiten des Vertreters gegenüber dem Vertretenen als auch umgekehrt (BRHP/SCHÄFER § 181 Rn 39; ERMAN/MAIER-REIMER § 181 Rn 31; Hk-BGB/DÖRNER § 181 Rn 10; JAUERNIG/MANSEL § 181 Rn 10; jurisPK-BGB/WEINLAND § 181 Rn 35; MünchKomm/SCHUBERT § 181 Rn 92; NK-BGB/STOFFELS § 181 Rn 46; PALANDT/ELLENBERGER § 181 Rn 22; PWW/FRENSCH § 181 Rn 17; FAUST § 28 Rn 41; WOLF/NEUNER § 49 Rn 114; LOBINGER AcP 213 [2013] 366, 381 ff; WACKE SZRA 103, 223, 224; aA KRÜGER ZNotP 2006, 202, 203 f: nur Verbindlichkeiten des Vertretenen). Es gilt ferner bei *Mehrvertretung,* wenn jemand namens eines von ihm Vertretenen dessen Verbindlichkeit gegenüber einem anderen von ihm Vertretenen erfüllt (BGH 1. 10. 2015 – V ZB 181/14 Rn 8 ff, WM 2016, 479; MünchKomm/SCHUBERT § 181 Rn 92; PALANDT/ELLENBERGER § 181 Rn 22; JÄGER 13). Ob die Verbindlichkeit auf Gesetz oder Rechtsgeschäft beruht, ist unerheblich (KG JR 1950, 690; vgl BGH NJW 2014, 322, 323; BayObLG DNotZ 1983, 176, 177; OLG Düsseldorf NJW 2014, 322 zur Erfüllung einer wirksamen Nachlassverbindlichkeit durch den Testamentsvollstrecker; BRHP/SCHÄFER § 181 Rn 39; jurisPK-BGB/WEINLAND § 181 Rn 38; NK-BGB/STOFFELS § 181 Rn 46; PWW/FRENSCH § 181 Rn 17), ebenso, ob sie unstreitig ist (HÜBNER 133 f; WACKE SZRA 103, 224 Fn 2; anders wohl BGB-RGRK/STEFFEN § 181 Rn 17), wenn sie nur tatsächlich besteht, was derjenige zu beweisen hat, der sich auf die Wirksamkeit des Insichgeschäftes beruft (zutr SOERGEL/LEPTIEN § 181 Rn 43; s auch Rn 68). Um die Erfüllung einer Verbindlichkeit handelt es sich zB auch beim Abschluss eines dinglich wirkenden Einbringungsvertrages anlässlich der Gründung oder Kapitalerhöhung einer GmbH (BAETZGEN RNotZ 2005, 193, 195 mwNw) oder eines Kaufvertrages über eine noch zu vermessende Grundstücksteilfläche (BGH 1. 10. 2015 – V ZB 181/124, Rn 8 ff, WM 2016, 47; jurisPK-BGB/WEINLAND § 181 Rn 36 f mwNw; MünchKomm/SCHUBERT § 181 Rn 93 mwNw, str). Dass aufgrund der Erfüllung kraft Gesetzes neue Verbindlichkeiten entstehen können, zB aus Gewährleistung, steht der gesetzlichen Gestattung des Rechtsgeschäfts nicht entgegen (MünchKomm/SCHUBERT § 181 Rn 94; NK-BGB/STOFFELS § 181 Rn 46). Unberührt bleibt auch die Möglichkeit, dass die auch im Rahmen des Insichgeschäfts anwendbaren Regeln über den Missbrauch der Vertretungsmacht eingreifen (s § 167 Rn 93 ff; jurisPK-BGB/WEINLAND § 181 Rn 32; SOERGEL/LEPTIEN § 181 Rn 43; FLUME § 48 6; s auch Rn 43 f und zu einem Sonderfall s BGH NJW 2008, 1225). Der vom Vertreter erfüllten Verbindlichkeit darf keine Einrede entgegenstehen, die – wie zB bei der Verjährung, uU auch bei der Fälligkeit (vgl SOERGEL/LEPTIEN § 181 Rn 43) – durch die Erfüllung zum Nachteil des Vertretenen entfallen würde (BRHP/SCHÄFER § 181 Rn 40; ERMAN/MAIER-REIMER § 181 Rn 31; Hk-BGB/ DÖRNER § 181 Rn 10; JAUERNIG/MANSEL § 181 Rn 10; MünchKomm/SCHUBERT § 181 Rn 94; NK-BGB/STOFFELS § 181 Rn 46; PALANDT/ELLENBERGER § 181 Rn 22; PWW/FRENSCH § 181 Rn 17; SOERGEL/LEPTIEN § 181 Rn 43; JÄGER 14; ENNECCERUS/NIPPERDEY § 181 II 2; WACKE SZRA 103, 224; MOCK JuS 2008, 486, 488). Der erfüllungsbedingte Verlust einer Einrede des Vertreters gegen einen Anspruch des Vertretenen ist hingegen unbeachtlich (MünchKomm/SCHUBERT § 181 Rn 94; SOERGEL/LEPTIEN § 181 Rn 43; JÄGER 14).

Die **Erfüllungssurrogate** sind der Erfüllung nicht ohne weiteres gleichzustellen (s dazu **62** JÄGER 13 f). So ist zwar die *Hinterlegung* mit Erfüllungswirkung durch § 181 BGB gedeckt (MünchKomm/SCHUBERT § 181 Rn 95; NK-BGB/STOFFELS § 181 Rn 45), nicht aber ein *Erlassvertrag.* Ebenso wenig wird die Hingabe an *Erfüllungs Statt* oder *erfüllungshalber* durch die Gestattung nach § 181 BGB erfasst (KG OLGE 8, 32; BRHP/SCHÄFER § 181 Rn 40; ERMAN/MAIER-REIMER § 181 Rn 31; jurisPK-BGB/WEINLAND § 181 Rn 35; MünchKomm/SCHUBERT § 181 Rn 96; NK-BGB/STOFFELS § 181 Rn 46; PALANDT/ELLENBERGER § 181

§ 181

Rn 22; PWW/Frensch § 181 Rn 17; Soergel/Leptien § 181 Rn 43; Flume § 48 6; Jäger 13 mwNw; Wacke SZRA 103, 223, 224). Im Falle der *Aufrechnung* greift die Gestattung des § 181 BGB nicht nur ein, wenn eine beiderseitige Aufrechnungslage bestand oder nur der Vertreter mit einer fälligen und einredefreien Forderung aufrechnen konnte (Erman/Maier-Reimer § 181 Rn 31; NK-BGB/Stoffels § 181 Rn 46; Palandt/Ellenberger § 181 Rn 22; Soergel/Leptien § 181 Rn 43; Bork Rn 1598; Enneccerus/Nipperdey § 181 Fn 16), sondern auch bei alleiniger Aufrechnungsbefugnis des Vertretenen (Jauernig/Mansel § 181 Rn 10; MünchKomm/Schubert § 181 Rn 95; PWW/Frensch § 181 Rn 17; Bork Rn 1598; Flume § 48 6 Fn 39): Da der Stellvertreter das vom Vertretenen Geschuldete wirksam an sich selbst leisten könnte, ohne seine eigene Schuld zu erfüllen, muss auch die Aufrechnung möglich sein; die Herrschaft über die Rückwirkung der Aufrechnung (§ 389 BGB) würde ihm auch dadurch genommen und steht deshalb nicht entgegen (entgegen Soergel/Leptien § 181 Rn 43; einschränkend auf die zuvor genannten Konstellationen Erman/Maier-Reimer § 181 Rn 31, auf beiderseitige Aufrechenbarkeit Palandt/Ellenberger § 181 Rn 22). Die Erfüllung einer *einredebehafteten Forderung* – auch im Wege der Aufrechnung – wird durch § 181 BGB hingegen nicht gestattet, sofern dadurch eine Einrede des Vertretenen preisgegeben wird (BRHP/Schäfer § 181 Rn 40; Erman/Maier-Reimer § 181 Rn 31; jurisPK-BGB/Weinland § 181 Rn 35; MünchKomm/Schubert § 181 Rn 95; NK-BGB/Ackermann § 181 Rn 46; Palandt/Ellenberger § 181 Rn 22; Soergel/Leptien § 181 Rn 43; Enneccerus/Nipperdey § 181 II 2; Jäger 14, allgM; s auch Rn 61 aE).

Erfüllung einer Verbindlichkeit liegt auch dann nicht vor, wenn die erfüllte Verbindlichkeit erst durch die Erfüllungshandlung begründet wurde, zB bei der Auflassung aufgrund eines nichtigen Grundstückskaufvertrages (RGZ 94, 147, 150) oder bei dem Vollzug eines formungültigen Schenkungsversprechens (BRHP/Schäfer § 181 Rn 40; Erman/Maier-Reimer § 181 Rn 31; jurisPK-BGB/Weinland § 181 Rn 35; MünchKomm/Schubert § 181 Rn 94; NK-BGB/Stoffels § 181 Rn 46; Palandt/Ellenberger § 181 Rn 22; PWW/Frensch § 181 Rn 17; Soergel/Leptien § 181 Rn 43; Wacke SZRA 103, 223, 224). Ebenso wenig stellt die Überführung von Gesamthandseigentum der Erbengemeinschaft in Bruchteilseigentum eines Miterben eine Erfüllung der Erbauseinandersetzungsverpflichtung dar (RGZ 93, 334, 336; BGHZ 21, 229, 231; BGH LM § 181 Nr 6 m Anm Hückinghaus). Für eine Erbauseinandersetzung zwischen Eltern/Betreuer und Kindern/Betreutem als Miterben gilt § 181 BGB, sofern die Auseinandersetzung lediglich nicht nach Maßgabe der gesetzlichen Vorschriften (§§ 2042 ff BGB) vorgenommen wird (OLG München NJW-RR 2015, 1222; Ott DNotZ 2017, 646 ff). Andererseits liegt ein Fall der Erfüllung vor, wenn ein minderjähriger Nacherbe mit seinem gesetzlichen Vertreter und Vorerben zugleich Miterbe ist, durch seinen gesetzlichen Vertreter (mit gerichtlicher Genehmigung) ein zur Erbschaft gehörendes Grundstück veräußert und nunmehr der gesetzliche Vertreter die Zustimmung des Nacherben zu der Veräußerung und die Bewilligung zur Löschung des Nacherbenvermerks erklärt (BayObLG FGPrax 1995, 19 m zust Anm Bestelmeyer).

62a Ist ein **Minderjähriger** (beschränkt Geschäftsfähiger) Gläubiger der zu erfüllenden Verbindlichkeit – namentlich einer Schenkung des gesetzlichen Vertreters –, so ist die gesetzliche Gestattung des § 181 letzter HS BGB für erfüllende Rechtsgeschäfte seiner gesetzlichen Vertreter (s §§ 1629 Abs 2 S 1 iVm 1795 Abs 2 BGB) zu seinem Schutz dahin einzuschränken, dass ihm aus der Erfüllung der Verbindlichkeit **kein rechtlicher Nachteil** entsteht. Das lässt sich allerdings nicht mit einer – dem Abstraktionsprinzip widersprechenden und die Besonderheit der Ausnahme des § 181 letzter

HS BGB missachtenden – Gesamtbetrachtung des schuldrechtlichen und dinglichen Geschäfts begründen (so noch BGHZ 78, 28, 34 f bei Erwerb von Wohnungseigentum; s auch BayObLG NJW 1998, 3574, 3575 f; 2003, 1129; OLG Köln ZMR 2004, 189, 190; BRHP/Schäfer § 181 Rn 41; Hk-BGB/Dörner § 181 Rn 12; Palandt/Ellenberger § 181 Rn 22; PWW/Frensch § 181 Rn 17; Boecken Rn 346, Rn 663; Hübner Rn 708; Medicus/Petersen Rn 565; Tiedtke 52 ff; Gitter/Schmitt JuS 1982, 253; Keller JA 2009, 561, 564; Kulke JuS 2000, L 84 f; Menzel/Führ JA 2005, 859, FamRZ 2005, 1729 und JR 2005, 418; Preuss JuS 2006, 305; Schmitt NJW 2005, 1090 [offen]; Wojcik DNotZ 2005, 655; ausf dazu Lobinger AcP 213 [2013] 366, 373 ff). Die neuere Rechtsprechung und die hM befürworten aber heute bei wertender Betrachtung des Erwerbs eine **teleologische Einschränkung** der Ausnahme des § 181 letzter HS BGB, wenn der Erwerb mit einem über eine rein dingliche Minderung des Eigentumserwerbes (Belastung) hinausgehenden Nachteil (persönliche Haftung für Belastungen, Eintritt in Miet- oder Pachtverträge oder in eine Wohnungseigentümergemeinschaft) verbunden ist (s dazu unter Ablehnung einer Gesamtbetrachtung, die Berechtigung einer teleologischen Reduktion allerdings offen lassend BGH NJW 2005, 415, 416 f [m Anm Everts ZEV 2005, 69; Führ/Menzel JR 2005, 418; Joswig ZfIR 2005, 292; Lorenz LMK 2005, 25; Reiss RNotZ 2005, 224]; BGH NJW 2005, 1430 zu § 1795 Abs 1 Nr 1 [m Anm Berger LMK 2005, 89; Everts ZEV 2005, 211; Fembacher DNotZ 2005, 627]; s auch BGH NJW 2010, 3643; OLG Frankfurt NJW-RR 2015, 842; Erman/Müller § 107 Rn 5; Erman/Maier-Reimer § 181 Rn 23, Rn 31; Jauernig/Mansel § 181 Rn 10; jurisPK-BGB/Weinland § 181 Rn 39; MünchKomm/Schubert § 181 Rn 97; NK-BGB/Stoffels § 181 Rn 23a; Soergel/Leptien § 107 Rn 5, § 181 Rn 44; Bitter/Röder § 10 Rn 217 f; Bork Rn 1599; Brehm Rn 289 f; Faust § 28 Rn 42; Köhler § 10 Rn 16 f; Wertenbruch § 33 Rn 10 ff; Wolf/Neuner § 49 Rn 120; Böttcher Rpfleger 2006, 293 und NJW 2012, 822, 828; Everts ZEV 2004, 231; Feller DNotZ 1989, 66, 75 f; Jauernig JuS 1982, 576, 577; Keller JA 2009, 561, 565 f; Kern JA 1990, 281, 284; Krüger ZNotP 2006, 202 ff [mit einschränkender Interpretation des § 181 2. HS, s Rn 61]; ausf Lipp Jura 2015, 477, 481 ff, 489 f; Petersen JA 2007, 418, 419 f; Röthel/Krackhardt Jura 2006, 161; Ultsch Jura 1998, 524, 527 f; Wilhelm NJW 2006, 2353). Dieser Begründung wird entgegengehalten, dass danach als rechtlich nachteilig eigentlich auch Rechtsgeschäfte ausgeschlossen sein müssten, die der Erfüllung von Verbindlichkeiten des Minderjährigen selbst dienen (Lobinger AcP 213 [2013] 366, 376 ff). Dieses Bedenken lässt sich aber mit der Überlegung überwinden, dass der Minderjährige nur im umgekehrten Fall mit Verpflichtungen belastet wird, für die er künftig persönlich mit seinem Vermögen haftet (vgl BGH NJW 2005, 415, 417). Einer stringenteren Begründung anhand der familienrechtlichen Beschränkungen (dafür mit beachtlichen Überlegungen Lobinger AcP 213 [2013] 366, 387 ff) steht die Lückenhaftigkeit dieser Regelungen entgegen. Im Ergebnis korrespondiert diese Einschränkung von § 181 letzter HS BGB mit der teleologischen Reduktion des § 181 BGB bei lediglich rechtlich vorteilhaften Insichgeschäften (s oben Rn 32): Ist (auch) das dingliche Erfüllungsgeschäft vorteilhaft, so bedarf es nicht einmal der Zugriffs auf § 181 letzter HS BGB (vgl MünchKomm/Schubert § 181 Rn 98); ist es aber mit den angeführten Nachteilen verbunden, so kann diese Regelung aufgrund teleologischer Einschränkung das Insichgeschäft nicht wirksam machen. Demgegenüber wird freilich neuerdings mit beachtlichen Gründen geltend gemacht, im Falle einer bloßen Zustimmung der Eltern zu einem vom Minderjährigen selbst nach Maßgabe des § 107 BGB vorgenommenen erfüllenden Rechtsgeschäft – also nicht einer Vertretung durch die Eltern zB bei Annahme einer Auflassung – sei § 181 BGB von vornherein unanwendbar, weil es sich bei der Zustimmung nicht um ein Vertretergeschäft, sondern um ein eigenes Rechtsgeschäft der Eltern handele (Heuser JR 2013, 125 ff).

Eine teleologische Reduktion des § 181 letzter HS BGB ist wegen des gleich gelagerten Schutzinteresses entgegen wohl hM jedenfalls auch unabhängig davon geboten, ob es sich um die Erfüllung einer vertraglichen Verpflichtung (zB Schenkung) oder einer gesetzlichen Verbindlichkeit (zB Vermächtnis zugunsten des Minderjährigen) handelt (Jänicke/Braun NJW 2013, 2474 mwNw; ebenso noch OLG München MDR 2011, 49. – **AA** zur Erfüllung eines Vermächtnisses dann jedoch OLG München NJW-RR 2012, 137; jurisPK-BGB/Weinland § 181 Rn 40 mwNw; MünchKomm/Schubert § 181 Rn 98; Haslach JA 2017, 490; Sonnenfeld Rpfleger 2011, 475; Zorn FamRZ 2011, 776. S zum Problembereich ferner OLG München DNotZ 2012, 205; Böttcher NJW 2013, 2805, 2807 f mwNw; Röhl MittBayNot 2012, 111 und 189). Die teilweise vertretene Erstreckung dieser allerdings durchweg speziell mit dem Minderjährigenschutz begründeten Einschränkung auf weitere Fallgruppen gesetzlicher Vertretung oder Verwaltung fremden Vermögens, bei denen sich die Wirkung der Verfügung nicht in der Erfüllung erschöpft, sondern weitere Rechtswirkungen zulasten des Vertretenen mit sich bringt (Feller DNotZ 1989, 66, 75 ff; zust Jänicke/Braun NJW 2013, 2474, 2476 f; Lobinger AcP 213 [2013] 366, 378 mwNw), hat sich hingegen bisher nicht durchsetzen können, obwohl dafür nicht zuletzt die Konkordanz mit der teleologischen Reduktion des § 181 BGB bei lediglich vorteilhaften Geschäften (s Rn 32) spricht.

63 c) Auch die *Fälle teleologischer Reduktion* des § 181 erster HS BGB (s oben Rn 30 ff) stellen der Sache nach eine gesetzliche Gestattung von Insichgeschäften dar.

V. Die Publizität der zulässigen Insichgeschäfte

1. Die Bedeutung der Publizität

64 Die Frage, inwieweit einer *Gefährdung Dritter* durch unerkennbar stattfindende Insichgeschäfte vorgebeugt werden müsse, wurde bei der Abfassung des § 181 BGB nicht aufgeworfen (s oben Rn 3). Sie besteht jedoch bei den infolge teleologischer Reduktion vom Verbot des § 181 BGB freigestellten Rechtsgeschäften (s oben Rn 30 ff) ebenso wie bei den erlaubten (s oben Rn 44 ff) Insichgeschäften. Da ein Rechtsgeschäft stets als Regelungsakt erkennbar werden muss, ist auch beim zulässigen Insichgeschäft die äußere Erkennbarkeit erforderlich (s etwa RGZ 140, 223, 230; BGH NJW 1962, 587, 589; 1991, 1730; Betrieb 1976, 2238; OLG Nürnberg NJW-RR 1990, 675, 677; OLG Düsseldorf NJW-RR 2000, 851; BGB-RGRK/Steffen § 181 Rn 4; BRHP/Schäfer § 181 Rn 42; Erman/Maier-Reimer § 181 Rn 3; jurisPK-BGB/Weinland § 181 Rn 41; MünchKomm/Schubert § 181 Rn 100 ff; NK-BGB/Stoffels § 181 Rn 47; Palandt/Ellenberger § 181 Rn 23; PWW/Frensch § 181 Rn 18; Soergel/Leptien § 181 Rn 8; Bork Rn 1586; Flume § 48 1; Pawlowski Rn 790; Baetzgen RNotZ 2005, 193, 199; s zur Erkennbarkeit auch Jäger 28 ff, 58 f, 122; s auch die Nachw in Rn 65).

2. Die Publizitätserfordernisse

65 a) Bei **Verfügungsgeschäften** müssen die Willenserklärungen, auch sofern kein Formerfordernis besteht, äußerlich und *für Dritte wahrnehmbar* in Erscheinung treten; anderenfalls sind sie nicht wirksam (so im Zusammenhang des § 181 RGZ 63, 403, 405; 73, 415, 418; 76, 133, 138; 99, 208, 210; 121, 30, 33; 139, 114, 117; OLG Hamburg MDR 1956, 416; BRHP/Schäfer § 181 Rn 44; Erman/Maier-Reimer § 181 Rn 3; jurisPK-BGB/Weinland § 181 Rn 41; MünchKomm/Schubert § 181 Rn 103; NK-BGB/Stoffels § 181 Rn 48; Palandt/

ELLENBERGER § 181 Rn 23; PWW/FRENSCH § 181 Rn 18; SOERGEL/LEPTIEN § 181 Rn 10). Es genügt „jede Art der Manifestation" (FLUME §§ 48 1). So ist das Erfordernis der Publizität zB gewahrt, wenn eine Nachricht über das Geschäft Dritten zur Kenntnis gebracht wird. Ebenso reicht im Normalfall das Eintragen in Geschäftsbücher oder die Einzahlung von Geld bei einer öffentlichen Kasse aus (vgl HÜBNER 162 ff mwNw).

Zusätzlich bedarf die *Sachübergabe als Realakt* der Publizität aufgrund des sachenrechtlichen *Bestimmtheitsgrundsatzes* in ganz besonderer Weise. Das RG hat zB das Einlegen von Geld in einen mit besonderer Aufschrift versehenen Umschlag für ausreichend erklärt (RGZ 63, 16, 17; vgl auch RGZ 116, 198, 202). Soll die Übergabe durch ein *Besitzmittlungsverhältnis* ersetzt werden, das als Insichgeschäft begründet wird, so muss wegen der fehlenden Beteiligung eines Einigungspartners trotz der Auflockerung der Publizität in § 930 BGB die Änderung vom Eigenbesitzer zum Fremdbesitzer nach außen – etwa durch eine Kennzeichnung der Sache – hervortreten (vgl Vorbem 45 zu §§ 164 ff; RGZ 99, 208, 210; 140, 223, 229 f; BGB-RGRK/STEFFEN § 181 Rn 4; BRHP/ SCHÄFER § 181 Rn 45; MünchKomm/SCHUBERT § 181 Rn 103; NK-BGB/STOFFELS § 181 Rn 48; PALANDT/ELLENBERGER § 181 Rn 23; PWW/FRENSCH § 181 Rn 18; SOERGEL/LEPTIEN § 181 Rn 10; anders FLUME § 48 1). **66**

Als Manifestation kommen je nach Art der Verfügung auch Aussonderung, besondere Kennzeichnung, Anzeigen und Vermerke in Betracht. Eine tatsächliche Kenntnisnahme durch Dritte oder den Vertreter ist nicht erforderlich (BRHP/SCHÄFER § 181 Rn 45; MünchKomm/SCHUBERT § 181 Rn 101; FLUME § 48 1; JÄGER 29). Bei formbedürftigen Rechtsgeschäften ist die Publizität schon durch die Wahrung der Form des beurkundeten Insichgeschäfts gewährleistet (OLG Düsseldorf MDR 1977, 1018; BRHP/SCHÄFER § 181 Rn 45; ERMAN/MAIER-REIMER § 181 Rn 3; NK-BGB/ACKERMANN § 181 Rn 47; PWW/ FRENSCH § 181 Rn 18; SOERGEL/LEPTIEN § 181 Rn 9; FLUME § 48 1). Auch eine irrtümliche Falschbezeichnung (falsa demonstratio) schadet nicht, wenn das übereinstimmend Gewollte klar ist (BGH NJW 1991, 1730; OLG Düsseldorf NJW-RR 1995, 784; BRHP/SCHÄFER § 181 Rn 46; ERMAN/MAIER-REIMER § 181 Rn 3; jurisPK-BGB/WEINLAND § 181 Rn 41; MünchKomm/SCHUBERT § 181 Rn 101; PALANDT/ELLENBERGER § 181 Rn 23).

b) **Verpflichtungsgeschäfte** unterliegen hinsichtlich ihrer Wirksamkeit geringeren Publizitätserfordernissen. Es genügt bei derartigen Insichgeschäften, wenn ihre Vornahme aus späteren Maßnahmen, insbesondere aus ihrer Erfüllung, gefolgert werden kann (RG JW 1912, 237; 1926, 2572; BGB-RGRK/STEFFEN § 181 Rn 4; BRHP/SCHÄFER § 181 Rn 43; ERMAN/MAIER-REIMER § 181 Rn 3; MünchKomm/SCHUBERT § 181 Rn 100 f; NK-BGB/STOFFELS § 181 Rn 49; PALANDT/ELLENBERGER § 181 Rn 23; PWW/FRENSCH § 181 Rn 18; SOERGEL/ LEPTIEN § 181 Rn 11; PALANDT/ELLENBERGER § 181 Rn 23). Jedoch muss bei allen *formbedürftigen Rechtsgeschäften* (s Rn 66) das Insichhandeln aus der Urkunde zu entnehmen sein (OLG Düsseldorf MDR 1977, 1018; BRHP/SCHÄFER § 181 Rn 43; ERMAN/MAIER-REIMER § 181 Rn 3; jurisPK-BGB/WEINLAND § 181 Rn 41; MünchKomm/SCHUBERT § 181 Rn 102; PALANDT/ELLENBERGER § 181 Rn 23; PWW/FRENSCH § 181 Rn 18; SOERGEL/LEPTIEN § 181 Rn 9). Bei der Ein-Personen-GmbH sind die Anforderungen an die Manifestation höher anzusetzen (BGH NJW 1980, 932, 933; OLG Zweibrücken NJW-RR 1998, 1097; BRHP/SCHÄFER § 181 Rn 43 mwNw; jurisPK-BGB/WEINLAND § 181 Rn 41). **67**

VI. Beweislast

68 Da § 181 BGB als Regel die Unwirksamkeit von Insichgeschäften statuiert, sind die tatsächlichen Voraussetzungen der Ausnahmen von demjenigen zu beweisen, der sich auf die Wirksamkeit des Geschäftes beruft (BRHP/Schäfer § 181 Rn 48; jurisPK-BGB/Weinland § 181 Rn 43 ff mwNw; MünchKomm/Schubert § 181 Rn 105; NK-BGB/Stoffels § 181 Rn 55; s aber auch BGH NJW-RR 2004, 1035: tatsächliche Vermutung der Befreiung bei der Einmann-GmbH). Entsprechendes gilt für die Voraussetzungen einer Einschränkung des Anwendungsbereiches der Vorschrift (s oben Rn 30 ff). Umgekehrt sind die eine Erweiterung des Anwendungsbereichs begründenden Umstände (s oben Rn 34 ff) von demjenigen zu beweisen, der sich auf die Unwirksamkeit des Geschäftes beruft (MünchKomm/Schubert § 181 Rn 105). Zur Vermutung der Gestattung des Erblassers im Falle der Testamentsvollstreckung s oben Rn 38.

Titel 6
Einwilligung und Genehmigung

Vorbemerkungen zu §§ 182 ff

Schrifttum

ANTON, Die Genehmigung von Rechtsgeschäften und Prozeßhandlungen (Diss Bonn 1969)
BARING, Die Kündigung in besonderen Fällen, SächsArch 1934, 134
C BERGER, Rechtsgeschäftliche Verfügungsbeschränkungen (1998)
vBLUME, Zustimmung kraft Rechtsbeteiligung und Zustimmung kraft Aufsichtsrecht, JherJb 48 (1904) 417
BÖTTCHER, Zwangshypothek und Insolvenzeröffnung, Rpfleger 2007, 86
BRAUN, Die Rückabwicklung der Verfügung eines Nichtberechtigten nach § 185 BGB, ZIP 1998, 1469
BRÜGGEMANN, Die Verpflichtungsermächtigung: ein Beitrag zur Ermächtigungslehre und zum Problem der indirekten Stellvertretung (1939)
BÜLOW, Mehrfachübertragung von Kreditsicherheiten – Konvaleszenz und Insolvenz, WM 1998, 845
BULTMANN, Kaufpreiszahlungen des Schuldners im Insolvenzverfahren ohne Zustimmung des vorläufigen Insolvenzverwalters, ZInsO 786
CANARIS, Die Rechtsfolgen rechtsgeschäftlicher Abtretungsverbote, in: FS Serick (1992) 9
ders, Die Vertrauenshaftung im deutschen Privatrecht, 1971
DÖLLING, Mehrere Verfügungen eines Nichtberechtigten über denselben Gegenstand (Diss Münster 1961)
DORIS, Die rechtsgeschäftliche Ermächtigung bei Vornahme von Verfügungs-, Verpflichtungs- und Erwerbsgeschäften (1974)
EGERT, Die Rechtsbedingung im System des bürgerlichen Rechts (1974)
EICKELMANN, Die Rückwirkung im System des Bürgerlichen Gesetzbuches (Diss Konstanz 2017)

EINSELE, Formerfordernisse bei mehraktigen Rechtsgeschäften, DNotZ 1996, 835
EPSTEIN, Das Verhältnis des § 185 Abs 2 BGB zur gemeinrechtlichen exceptio rei venditae et traditae (1904)
FINKENAUER, Rückwirkung der Genehmigung, Verfügungsmacht und Gutglaubensschutz, AcP 203 (2003) 282
ders, Konvaleszenz und Erbenhaftung in § 185 Abs 2 S 1 BGB, in: FS E Picker (2010) 201
FROTZ, Verkehrsschutz im Vertretungsrecht (1972) (insbes S 488 ff: Der nachgeschaltete genehmigungsrechtliche Verkehrsschutz)
GEHRMANN, Das Problem der Konvaleszenz, ein Beitrag zur Frage der ausweitenden Anwendbarkeit des § 185 BGB (Diss Hamburg 1963)
GIESEN, Merhfachverfügungen des Sicherungsgebers AcP 203 (2003) 210
GRABA, Bestätigung und Genehmigung von Rechtsgeschäften (Diss München 1967)
GUNDLACH, Die Grenzen der Weiterveräußerungs- und der Einziehungsermächtigung, KTS 2000, 307
HABERSACK, Erbenhaftung und Konvaleszenz – Zum Anwendungsbereich der Konvaleszenz kraft Haftung gemäß § 185 Abs 2 S 1 Fall 3 BGB, JZ 1991, 70
HAEDICKE, Der bürgerlich-rechtliche Verfügungsbegriff, JuS 2001, 966
HAGEN, Der Zusammenhang von Verfügungs- und Verpflichtungsgeschäft im § 185 Abs 2 BGB (Diss Kiel 1958)
ders, Zur Rechtsgrundabhängigkeit der Konvaleszenz, AcP 167 (1967) 481
HARDER, Zur Konvaleszenz von Verfügungen eines Nichtberechtigten bei Beerbung durch den Berechtigten, in: FS H H Seiler (1999) 637

Vorbem zu §§ 182 ff

HECKSCHEN, Die Formbedürftigkeit mittelbarer Grundstücksgeschäfte (1987)
HELLWIG, Grenzen der Rückwirkung, in: FS Juristische Fakultät Gießen (1907) 21
HILLEBRENNER, Die private Zustimmung zu Rechtsgeschäften Dritter im englischen, dänischen und deutschen Recht (2004)
HOFFMANN, Die Genehmigung im bürgerlichen Gesetzbuch (Diss Greifswald 1903)
ISAY, Vollmacht und Verfügung, AcP 122 (1924) 195
JACOBI, Über Rückwirkungsanordnungen im Bürgerlichen Gesetzbuch (Diss Hamburg 1966)
JAHR, Fremdzurechnung bei Verwaltergeschäften, in: FS Weber (1975) 275
JANSSEN, Kirchenrechtliche Genehmigungsvorbehalte in der civilistischen Praxis, AcP 218 (2018) 767
JAUERNIG, Zeitliche Grenzen für die Genehmigung von Rechtsgeschäften eines falsus procurator, in: FS Niederländer (1991) 285
KANZLEITER, Bedarf die Verpflichtung zur Genehmigung eines beurkundungspflichtigen Rechtsgeschäfts der Beurkundung?, in: FS Hagen, 1999, 313
KATZENSTEIN, Verfügungsermächtigung nach § 185 BGB durch Zustimmung zum Abschluß eines Schuldvertrags, Jura 2004, 1
KELLER, Die Rückschlagsperre nach § 88 InsO – eine überflüssige Vorschrift, ZIP 2018, 2156
ders, Die Wirkungen der Rückschlagsperre des § 88 InsO auf die Sicherungshypothek nach §§ 866, 867 ZPO, ZIP 2006, 1174
KIEHNLE, Rechtsgrundabhängigkeit der Konvaleszenz?, Jura 2017, 877
KLINGENBERG, Partielle Konvaleszenz, in: FS Arnold Kränzlein (1986) 53
KNOPF, Die Genehmigung im BGB unter dem Gesichtspunkt der §§ 182 ff und ihre rechtliche Bedeutung (Diss Berlin 1912)
KÖHLER, Findet die Lehre von der Einziehungsermächtigung im geltenden bürgerlichen Recht eine Grundlage? (1953)
KOHLER, Rang konvaleszierender Sicherungshypotheken im Fall des § 88 InsO, ZIP 2015, 1471
KRANTZ, Zur Auslegung des § 184 BGB (Diss Breslau 1934)
KUHN, Vollmacht und Genehmigung beim Grundstückskaufvertrag, RNotZ 2001, 305
KÜHNE, Tatbestandsteilung (1936)
M LANGE, Kündigungen durch einen Vertreter ohne Vertretungsmacht – Bedeutung der Rückwirkung der Genehmigung gemäß § 184 BGB, in: FS Sandrock (1999) 243
LATZEL, Rückbewirkte Leistungsstörungen, AcP 216 (2016) 674
LEMPENAU, Direkterwerb oder Durchgangserwerb bei der Übertragung künftiger Rechte (1968)
LERCH, Beurkundung und formfreie Genehmigung, ZRP 1998, 347
B LORENZ, Die Rückwirkung der Genehmigung von schwebend unwirksamen Verträgen (§ 184 BGB), ZRP 2009, 214
LUDEWIG, Die Ermächtigung nach bürgerlichem Recht (1922)
MANKOWSKI, Allgemeiner Zustimmungsvorbehalt in der vorläufigen Insolvenzverwaltung und Rechtsgeschäftslehre, NZI 2005, 572
ders, Beseitigungsrechte (2003)
MAROTZKE, Das Anwartschaftsrecht, ein Beispiel sinnvoller Rechtsfortbildung? (1977) (insbes S 18 f)
ders, Die logische Sekunde – Ein nullum mit Dauerwirkung?, AcP 191 (1991) 177
MERLE, Risiko und Schutz des Eigentümers, AcP 183 (1983) 81
MERTEN, Einwilligung bei unwirksamem Rechtsgeschäft (Diss Jena 1913)
MÜLLER, Die Heilung der fehlenden Verpflichtungsbefugnis des Testamentsvollstreckers, JZ 1981, 370
MÜNZEL, Nachträgliche Erteilung einer verweigerten Genehmigung?, NJW 1959, 601
ders, Die Rückwirkung der privatrechtlichen und öffentlich-rechtlichen Genehmigung unter Einschluß des Kartellrechts, NJW 1959, 1657
NATHAN, Einfluß der Eröffnung des Konkursverfahrens auf die Heilung von Verfügungen Nichtberechtigter (§ 185 BGB, § 15 KO), JW 1921, 228
NEUBERT, Erwerb vom Nichtberechtigten aufgrund einer Konvaleszenz des Abhandenkommens (1998)
NÖRR/SCHEYHING/PÖGGELER, Sukzessionen:

Forderungszession, Vertragsübernahme, Schuldübernahme (2. Aufl 1999)
OERTMANN, Die Rechtsbedingung (1924)
OPPERMANN/BERTHOLD, Korporativ wirkende Verfügungsermächtigungen?, ZIP 2017, 1929
PALM, Die nachträgliche Erteilung der verweigerten Genehmigung (1964)
PAYRHUBER, Die Genehmigungsfähigkeit von ohne Vertretungsmacht erklärten Kündigungen, JuS 2018, 222
PETERS, Die Verpflichtungsermächtigung, AcP 171 (1971) 234
PETERSEN, Einseitige Rechtsgeschäfte, Jura 2005, S 248
PEUTSCH, Die Genehmigung nach dem BGB (Diss Heidelberg 1911)
W PFEIFFER, Die Konvaleszenz unwirksamer Rechtsgeschäfte nach dem BGB (Diss Erlangen 1910)
PFISTER, In welchem Zeitpunkt muß der die Verfügung eines Nichtberechtigten Genehmigende Verfügungsmacht haben?, JZ 1969, 623
PHILIPOWSKI, Schweigen als Genehmigung, BB 1964, 1069
PLETSCHER, Genehmigung und Konvaleszenz des Rechtsgeschäfts (Diss Mannheim 2000)
PÖGGELER, Vertragsübernahme und Privatautonomie, in: Jahrbuch junger Zivilrechtswissenschaftler (1996) 81
POTJEWIJD, Beschikkingsbevoegdheid, bekrachtiging en convalescentie: een romanistische studie (1998)
PRIBILLA, Die Klage des Berechtigten als Genehmigung der Verfügung des Nichtberechtigten (Diss Bonn 1935)
RAAPE, Zustimmung und Verfügung, AcP 121 (1923) 257
ders, Verfügungsvollmacht, AcP 123 (1925) 194
RAICH, Die dogmatische Stellung der Ermächtigung (Diss Tübingen 1962)
REHME, Die rechtsgeschäftliche Ermächtigung unter besonderer Berücksichtigung der Prozeßermächtigung (Diss Göttingen 1934)
RODI, Die bedingte Zustimmung (Diss Tübingen 2016)
ROSENZWEIG, Ist die dingliche Einigung des § 873 BGB als Verfügung im Sinne des § 184 Abs 2 BGB anzusehen?, JherJb 58 (1911) 403

ROTHKUGEL, Die Rückwirkung der Genehmigung nach dem Bürgerlichen Gesetzbuche (Diss Jena 1911)
SALOMON, Die Genehmigung im ersten Buch des BGB in ihrer Beziehung zur Einigung des dritten Buches (Diss Marburg 1903)
SCHIPPERS, Vollmachtlose Vollmachterteilung, DNotZ 1997, 683
K SCHMIDT, Zur Durchsetzung vorvertraglicher Pflichten, DNotZ 1990, 708
ders, Beseitigung der schwebenden Unwirksamkeit durch Verweigerung einer Genehmigung, AcP 189 (1989) 1
ders, Vertragsnichtigkeit durch Genehmigungsverweigerung, JuS 1995, 102
ders, Zur Anwendung des § 185 in der Mobiliarvollstreckung, ZZP 87 (1974) 315
P SCHMIDT, Das Wirksamwerden der Verfügung eines Nichtberechtigten nach § 185 Abs 2 BGB (Diss Heidelberg 1919)
E SCHNEIDER, Kettenauflassung und Anwartschaft, MDR 1994, 1057
SCHUBERT, Zur Rückwirkung der Genehmigung fristgebundener Geschäfte, JR 1974, 415
SCHULTZ, Abschied vom Durchgangserwerb und der logischen Sekunde bei § 185 Abs 2 S 1 Alt 2 BGB, BB 1998, 75
SCHULZE, Liegenschaftserwerb vom Nichtberechtigten und Genehmigung (Diss Berlin 1962)
SICK, Wechsel des Hauptmieters im Zuge der Gebrauchsüberlassung an Dritte: Verfügung im Sinne der §§ 182 ff. BGB?, NJ 2015, 504
SIEBERT, Das rechtsgeschäftliche Treuhandverhältnis (1933) 235
SIMMON, Das Wirksamwerden der Verfügung eines Nichtberechtigten (Diss Göttingen 1923)
D V SIMON, Vermieterpfandrecht und Sicherungsübereignung, in: FS JG Wolf (2000) 221
SINGER, Selbstbestimmung und Verkehrsschutz im Recht der Willenserklärungen (1995)
SPINDLER, Der Rang von Pfandrechten bei Verfügungen des Nichtberechtigten, MDR 1960, 454
STATHOPOULOS, Die Einziehungsermächtigung (1968)
STECKERMEIER, Der Eingriff in die rechtsgeschäftlichen Grundlagen der Anwartschaft aus Vorbehaltsübereignung zu Lasten des Zwischenerwerbers (1993)

Vorbem zu §§ 182 ff

STÖCKER, Konvaleszenz nach § 185 Abs 2 BGB (Diss Köln 1934)
W STOLL, Die Ermächtigung als selbständiger Rechtsbegriff (Diss Gießen 1935)
THIELE, Die Zustimmungen in der Lehre vom Rechtsgeschäft (1966)
THIETZ-BERTRAM, Keine Sperre gegen die Rückschlagsperre – Zur Heilung der Unwirksamkeit von gegen § 88 InsO verstoßenden Vollstreckungen, ZInsO 2006, 527
TIEDTKE, Pfändungspfandrecht an einer nach Pfändung wiedererworbenen Forderung, NJW 1972, 746
ders, Zugang und Zugangsbedürftigkeit der notariell beurkundeten Genehmigung, BB 1989, 924
vTUHR, Zum Begriff der Verfügung nach BGB, AcP 117 (1919) 193
ders, Konvaleszenz der Eintragungsbewilligung, Recht 1919, 318
UFFMANN, Überwachung der Geschäftsführung durch einen schuldrechtlichen GmbH-Beirat?, NZG 2015, 169
VOGT, Die Zustimmung des Dritten zum Rechtsgeschäft (1982; zum schweizerischen Recht)
WACHTER, Die Rückwirkung von Genehmigungen im Steuerrecht, ZErb 2002, 334
WACKE, Die Konvaleszenz der Verfügung eines Nichtberechtigten, SavZ RA 114 (1997) 197
ders, Personalunion von Gläubiger und Schuldner, Vertragsschluß mit sich selbst und die Ungerechtigkeit der Konvaleszenz durch Erbenhaftung, JZ 2001, 380
E WAGNER, Vertragliche Abtretungsverbote im System zivilrechtlicher Verfügungshindernisse (1994)
J WEBER, Widerruf der Veräußererzustimmung im Wohnungseigentums- Und Erbbaurechtsgesetz, ZWE 2017, 341
WEBER/SERR, Die Genehmigung des Berechtigten in der Insolvenz des nichtberechtigten Grundstücksveräußerers, MittBayNot 2015, 114
WEYL, „Einwilligung", „Genehmigung" und „Zustimmung" im Bürgerlichen Gesetzbuche und im Handelsgesetzbuche, BayZ 1908, 53
WINKELMANN, Die Grundsätze der Konvaleszenz unwirksamer Verfügungen und ihre Anwendung auf die Entstehung der gesetzlichen Pfandrechte (Diss Heidelberg 1922)
WINTRICH, Wird die Pfändung einer dem Schuldner im Zeitpunkte der Pfändung nicht gehörigen Forderung bei nachfolgendem Erwerbe wirksam?: eine Untersuchung zur Frage der Konvaleszenz im Zwangsvollstreckungsrecht (Diss Erlangen 1934)
M WOLFF, Genehmigung und Zwischenverfügung, Archeion idiotikou dikaiou 1 (1934) 14
WUFKA, Formfreiheit oder Formbedürftigkeit der Genehmigung von Grundstücksverträgen, DNotZ 1990, 339
WUSSOW, Genehmigungsfähigkeit von Handlungen, die der Wahrung gesetzlicher Fristen dienen, NJW 1963, 1756
ZEHELEIN, Verdeckt, ermächtigt, konkludent handeln – oder verloren?, NZM 2015, 31.

Systematische Übersicht

I.	**Überblick**	1
II.	**Terminologie**	
1.	Gesetzliche Terminologie	9
2.	Rechtsgeschäftliche Terminologie	14
III.	**Zweck und Funktion der Zustimmung**	
1.	Ausgangspunkt: Dreiecksverhältnis	15
2.	Rechtsbetroffenheit	17
3.	Aufsicht und Kontrolle	19
4.	Verwaltungsrecht	21
5.	Zweck der §§ 182–185	22
IV.	**Begründung von Zustimmungserfordernissen**	
1.	Gesetzliche Vorgaben	25
2.	Keine rechtsgeschäftliche Begründung	28
3.	Rechtsgeschäftlicher Zugriff auf gesetzliche Zustimmungserfordernisse	31
4.	Kollektivvertragliche Zustimmungen	35

V.	**Zustimmung als Rechtsgeschäft**		d) Verbringung eines Kindes	92
1.	Einseitiges Rechtsgeschäft	36	e) Genehmigung	93
2.	Trennung und Abstraktion	39	11. Vorbereitung einer behördlichen Entscheidung	96
3.	Zustimmung als Verfügung	46		
4.	Rechtsschein	50	**X.** **Keine Verpflichtung zur Zustimmung**	97
VI.	**Zustimmung und Gut-Glaubensschutz**		1. Ausnahmen	100
1.	Guter Glaube an die Zustimmung	51	a) Gesetzliche Vorgaben	100
2.	Verhältnis der §§ 182 ff zu Gutglaubensschutzregelungen	52	b) Rechtsgeschäftliche Vereinbarungen	103
			2. Aufklärungspflichten	105
VII.	**Folgen der Zustimmung**	53	a) Vorvertragliche Haftung	105
			b) Deliktische Haftung	107
VIII.	**Verweigerung der Zustimmung**	58		
			XI. **Behördliche Zustimmung**	
IX.	**Abgrenzung und Anwendung**	63	1. Behördliche Zustimmung zum Rechtsgeschäft	108
1.	Vertretung	64	a) Beispiele für die notwendige behördliche Zustimmung	108
2.	Rechtsgeschäftliches Einverständnis kein Wirksamkeitserfordernis	68	b) Keine Anwendung der §§ 182 ff	115
a)	Erlaubnis	68	aa) Widerruf und Rücknahme	119
b)	„Soll-Genehmigungen"	69	bb) Schwebende Unwirksamkeit und Rückwirkung	123
c)	Sicherungsrelevante Zustimmung	70	cc) Behördliche Entscheidung	129
3.	Bezugspunkt: eigenes Rechtsgeschäft	71	α) Genehmigung	129
a)	Bestätigung	71	β) Versagung der Genehmigung	131
b)	Zustimmung zur Mieterhöhung	72	dd) Negativattest	132
c)	Mitwirkung an Beschlüssen	73	ee) Bindung der Zivilgerichte	133
4.	Bezugspunkt: Innenverhältnis	75	ff) Zustimmungen im Arbeitsrecht	134
5.	Rechtsgeschäftlich vereinbartes Einverständnis: Bedingung	77	2. Zustimmung Dritter zum öffentlich-rechtlichen Vertrag	135
a)	Allgemeines	77	3. Behördliche Zustimmungen zu behördlichen Akten	136
b)	Billigung	81	4. Familiengerichtliche Genehmigungen	137
6.	Zustimmung zur Vertragsübernahme	82		
7.	Überwindung der Vinkulation der Forderung	83	**XII.** **Zustimmung zu Prozesshandlungen**	138
8.	Verfahrensrechtliche Zustimmungen	84	**XIII.** **Sozialrecht**	143
9.	Betriebsverfassungsrecht	85	**XIV.** **Steuerrecht**	144
10.	Bezugsobjekt: tatsächliches Verhalten	87	**XV.** **IPR**	145
a)	Einwilligungen in Rechtsgutsverletzungen	87		
b)	Wohnsitzbegründung	90		
c)	Zustimmung nach dem WEG	91		

Vorbem zu §§ 182 ff

Alphabetische Übersicht

Abstraktionsprinzip	39, 44
Abtretung	32, 83
Adressaten	22, 50
Annahme als Kind	26
Aufforderung	98
Aufsicht	19 ff
Aufsichtsrat	75
Außenwirtschaftsgesetz	109
Bedingung	29, 33, 77
Bekanntmachung	130
Bestätigung	71
Betreuung	19, 27
Betriebsrat	85, 111
Betriebsvereinbarung	35
Bevollmächtigung	66
Deliktische Haftung	107
Dispositivität	8, 24
Dreieckskonstellation	5, 16
Dritte Verfügung	127
Ehegatten	26
Ehevertrag	27
Einbenennung	10
Elternzeit	110, 134
Erbbaurecht	26
Erbschaft	26
Erbvertrag	26
Ermächtigung	11, 23, 65
Erstattung	57
Erweiterung, Unwiderruflichkeit	60
Familiengericht	20, 96, 137
Form	22
Gebrauchsüberlassung	68
Gesamtgut	26
Gesamtvertretung	67
Geschäftsfähigkeit	11, 27
Geschäftsführung	13
Geschäftsführung ohne Auftrag	93
Gesellschaft	30, 31, 73, 74, 96
Grundbuch	84
Grundgeschäft	7
Grundschuld	26
Grundstück	26, 109
Guter Glaube	51
Gütergemeinschaft	26
Hilfsgeschäft	42
Hypothek	26
Insolvenz	13, 21, 26, 27
Kauf auf Probe	81
Kaufvertrag	26
Klageerhebung	142
Klammerverhältnis	3
Kommission	26
Kommunalrecht	13, 76, 106
Kondiktion	45
Leasing	31
Leistungsaustausch	97
Machtgeschäft	55
Markenrecht	13
Massenentlassung	110
Miete	72
Mitbetroffenheit	18
Mitarbeitervertretung	86
Mitgliederversammlung	26
Mutterschutz	110, 134
Nachbar	135
Nacherbe	26, 100
Nachlass	21, 27
Namenserteilung	10
Negativattest	132
Nicht empfangsbedürftige Willenserklärung	6
Nießbrauch	26, 109
Numerus clausus	25, 77
Öffentlich-rechtlicher Vertrag	135
Personenbeförderungsgesetz	109
Pfandverkauf	26
Privatautonomie	15, 28
Prozessführung	139
Prozesshandlung	139
Rechtsgeschäftliche Kommunikation	12
Rechtsgutsverletzung	87

Titel 6
Einwilligung und Genehmigung

Vorbem zu §§ 182 ff

Rentenschuld	26	Verein	73 f
		Verfügung	17, 46 ff
Schadensersatz	69, 57, 104, 105	Verfügung durch Nichtberechtigte	26
Schuldübernahme	10, 26, 70	Verfügungsverbot	26
Schwebende Unwirksamkeit	54	Verpflichtung zur Zustimmung	30
Schwerbehinderung	110, 134	Versicherung	26
Spedition	26	Versorgungsvertrag	114
Stellvertretung	64	Vertragsterminologie	14
Stiftung	113	Vertragsübernahme	82
		Verwaltungsakt	115, 119 ff
Tarifvertrag	35, 112	Verweigerung	58 ff
Telefonmarketing	89	Verwendungsersatz	94
Testament	21, 27	Vorerbe	26
Trennungsprinzip	39	Vormund	27, 68 f
		Vorvertrag	103
Überlassung	68		
Untervermietung	68	Wohnsitzbegründung	90
Unterverpachtung	68	Wohnungseigentum	26, 30, 91, 101, 109
Vaterschaft	26	Zahlungsdienste	95
Verbringung eines Kindes	92	Zivilgerichte	133
		Zustimmung zur Zustimmung	43

I. Überblick

Die §§ 182 bis 185 BGB regeln nach der Titelüberschrift die **Einwilligung und die** **1** **Genehmigung**. Das präzisiert § 182 Abs 1 BGB, indem an die an verschiedenen Stellen des BGB und darüber hinaus vorgesehene Zustimmungsbedürftigkeit eines Rechtsgeschäfts angeknüpft wird. Der Gesetzgeber – und nur er – macht die Wirksamkeit eines zustimmungsbedürftigen Rechtsgeschäfts vom ebenfalls rechtsgeschäftlich zu erklärenden Einverständnis eines Dritten, nicht unmittelbar am zustimmungsbedürftigen Rechtsgeschäft Beteiligten, abhängig. Dabei wird terminologisch – wenngleich nicht durchgängig – anhand der zeitlichen Abfolge unterschieden: Die vor der Vornahme des Hauptgeschäfts erklärte Zustimmung ist die Einwilligung, § 183 S 1 BGB, die danach erklärte Zustimmung ist Genehmigung, § 184 Abs 1 BGB.

Die §§ 182 bis 184 BGB legen nicht selbst fest, ob für ein bestimmtes Rechtsgeschäft **2** eine Zustimmung eines Dritten erforderlich ist, sondern sie setzen gleichsam „**technisches Recht**" (siehe auch Mot I 246; BORK AT⁴ S 662; BeckOK BGB/BUB [1. 11. 2018] § 182), indem Vorgaben über die Adressaten der Zustimmung, § 182 Abs 1 BGB, die Form der Zustimmung, § 182 Abs 2 BGB, Besonderheiten bei der Zustimmung zu einem einseitigen Rechtsgeschäft, die Widerruflichkeit der Einwilligung, § 183 S 1 BGB, sowie ihrer Adressaten, § 183 S 2 BGB, und über die Rückwirkung der Genehmigung, § 184 BGB gesetzt werden. § 184 Abs 2 BGB bestimmt, dass bei einer Genehmigung der Verfügung eines Nichtberechtigten eine so genannte Zwischenverfügung, also eine Verfügung im Zeitraum zwischen der Verfügung des Nichtberechtigten und der Genehmigung, grundsätzlich wirksam ist.

3 Diese allgemeinen Vorgaben stehen freilich in einem „**Klammerverhältnis**" zu den speziellen, das Zustimmungserfordernis begründenden gesetzlichen Regelungen: sehen diese von den §§ 182 bis 184 BGB Abweichendes vor, so gehen sie nach der lex-specialis-Regelung vor (Flume, AT 2. Bd [4. Aufl 1992] S 889).

4 **§ 185 BGB** fällt systematisch aus diesen Regelungen heraus, weil hier für die Verfügung eines Nichtberechtigten ein materielles Zustimmungserfordernis aufgestellt wird, auf das die §§ 182 bis 184 BGB wiederum Anwendung finden. § 185 BGB folgt dem Kerngedanken, dass ein Nichtberechtigter über einen Gegenstand grundsätzlich nicht unabhängig vom Einverständnis des Berechtigten verfügen kann – Ausnahmen ergeben sich nur aus den Gut-Glaubens-Regelungen, wie etwa den §§ 892, 932 BGB.

5 Typisch für das Zustimmungsrecht ist die **Dreieckkonstellation**, für die die §§ 182 bis 185 ff BGB explizite Regelungen vorsehen: Dieses Dreieck wird (regelmäßig) durch die **zwei Beteiligten** des zustimmungsbedürftigen Rechtsgeschäfts, regelmäßig als Hauptgeschäft oder Hauptrechtsgeschäft bezeichnet, sowie durch den **Zustimmungsberechtigten** gebildet. Dabei ergeben sich innerhalb dieses Dreiecks besondere Näheverhältnisse, weil die Zustimmungsbedürftigkeit regelmäßig durch das rechtsgeschäftliche Handeln nur eines am Hauptgeschäft Beteiligten ausgelöst wird (Flume, AT 2. Bd [4. Aufl 1992] S 890). Das löst – etwa im Rahmen der Anfechtung der Zustimmung (§ 182 Rn 64 ff) – wiederum Sonderfragen aus.

6 Das **Hauptgeschäft** kann dabei ein mehrseitiges Rechtsgeschäft, und so ein Vertrag (zum Beschluss siehe Rn 73) oder ein einseitiges Rechtsgeschäft sein. Das gilt auch für einseitige Rechtsgeschäfte, die durch eine **nicht empfangsbedürftige Willenserklärung** konstituiert werden (BeckOGK/Regenfus [1. 4. 2019] § 182 Rn 4; NK-BGB/Staffhorst[3] § 182 Rn 3; Staudinger/Gursky [2014] Vorbem 17 zu §§ 182–185). Dass diese in § 182 Abs 1 BGB nicht genannt werden, ist kein Argument, die Anwendung auszuschließen (Staudinger/Gursky [2014] Vorbem 17 zu §§ 182–185; so aber BGB-RGRK/Steffen[12] § 182 Rn 4), weil sich bei diesen Rechtsgeschäften – etwa die Dereliktion, § 956 BGB, die Anordnung über den Anteil einer Gütergemeinschaft, § 1516 Abs 3 BGB oder die Aufhebung eines erbvertraglichen Vermächtnisses durch Testament, § 2291 BGB – die Frage des Erklärungsempfängers nicht stellt. Dass aber die anderen zustimmungsrechtlichen Vorgaben ebenfalls nicht auf nicht empfangsbedürftige Willenserklärungen angewandt werden könnten, lässt sich grundsätzlich nicht sagen (BeckOGK/Regenfus [1. 4. 2019] § 182 Rn 4).

7 Zwischen dem Zustimmungsberechtigten und demjenigen, dessen Willenserklärung der Zustimmung bedarf, besteht – freilich nicht notwendigerweise – mit dem so genannten **Grundgeschäft** eine weitere rechtliche Bindung: Dieses Grundgeschäft regelt zuerst das rechtliche Dürfen im Innenverhältnis und ist von der Zustimmung abstrakt, allerdings vermag es auch auf die Reichweite der Zustimmung (etwa durch Begrenzung des Widerrufs der Einwilligung, dazu § 183 Rn 76 ff) auszustrahlen.

8 Die §§ 182 bis 185 BGB (siehe zur rechtshistorischen Entwicklung HKK/Finkenauer §§ 182–185 Rn 3 f), die seit dem Inkrafttreten des BGB am 1. 1. 1900 inhaltlich unverändert sind, sind **zwingendes Gesetzesrecht**, wie insgesamt das Recht der Zustimmungen weitgehend dem Zugriff der Beteiligten entzogen ist: so kann – wie bereits § 137

BGB zeigt – ein Zustimmungserfordernis nicht rechtsgeschäftlich begründet werden, sondern nur gesetzlich grundgelegt (siehe dazu Rn 28). Über die Vorgaben der §§ 182 bis 185 BGB können die Beteiligten nur mittelbar disponieren, indem sie für die Erklärung der Zustimmung im Hauptgeschäft (aufschiebende) Bedingungen setzen: Sie haben Zugriff auf das Hauptgeschäft, nicht aber auf die Zustimmung selbst (Rn 29 f).

II. Terminologie

1. Gesetzliche Terminologie

Die Zustimmung der §§ 182 ff BGB meint das zur vollen Wirksamkeit eines Rechts- **9** geschäfts Dritter durch Gesetz notwendige rechtsgeschäftliche Einverständnis des Zustimmenden (ERMAN/MAIER-REIMER[15] Vor § 182 Rn 2; SOERGEL/LEPTIEN[13] Vor § 182 Rn 3; PALANDT/ELLENBERGER[78] Einf § 182 Rn 1; BORK, AT[4] S 663). Maßgebliches und notwendiges Zustimmungsobjekt ist also stets ein getrenntes und abstraktes ein- oder mehrseitiges Rechtsgeschäft anderer, regelmäßig Hauptgeschäft genannt (STAUDINGER/GURSKY [2014] Vorbem 3 zu §§ 182–185). Instrument zur Erteilung des Einverständnisses zum Hauptgeschäft ist das einseitige Rechtsgeschäft der Zustimmung. Dabei nimmt das Gesetz die Möglichkeit auf, dass die Zustimmung zeitlich sowohl vor als auch nach der Vornahme des Hauptgeschäftes erteilt werden kann. So fällt unter dem Oberbegriff der Zustimmung sowohl die Einwilligung als vorherige oder gleichzeitige Zustimmung zum externen Hauptgeschäft, § 183 BGB, als auch die nachträgliche Zustimmung, § 184 BGB, dann Genehmigung (ERMAN/MAIER-REIMER[15] Vor § 182 Rn 2; SOERGEL/LEPTIEN[13] Vor § 182 Rn 1; WERTENBRUCH, BGB AT[4] S 291; STAUDINGER/GURSKY [2014] Vorbem 3 zu §§ 182–185).

Die **Begriffe** der Zustimmung, der Einwilligung oder der Genehmigung sind im BGB **10** und erst Recht in der weiteren Rechtsordnung **nicht eindeutig festgelegt** (SOERGEL/LEPTIEN[13] Vor § 182 Rn 1, 2; ERMAN/MAIER-REIMER[15] Vor § 182 Rn 2). Das gilt selbst für die engere Betrachtung der rechtsgeschäftlichen Zustimmungen, die unter §§ 182 ff BGB fallen, selbst hier ist nicht immer eine eindeutige Terminologie zu finden (SOERGEL/LEPTIEN[13] Vor § 182 Rn 2; jurisPK/TRAUTWEIN[8] [Stand: 13. 2. 2019] § 182 Rn 2; PALANDT/ELLENBERGER[78] Einf § 182 Rn 1; STAUDINGER/GURSKY [2014] Vorbem 3 zu §§ 182–185; BeckOGK/REGENFUS [1. 4. 2019] § 182 Rn 12): So etwa dort, wo die Genehmigung auch die vorherige Zustimmung und damit die Einwilligung meint, wie etwa bei den §§ 415 Abs 1, 1001, 1002, 1411, 1643, 1809, 1812, 1819 f, 1906 BGB (siehe BGH 24. 6. 2002 – II ZR 266/01, NJW 2002, 2875 = JuS 2002, 1230; BGH 25. 10. 1995 – IV ZR 22/95, NJW-RR 1996, 193 = MDR 1996, 263; ERMAN/MAIER-REIMER[15] Vor § 182 Rn 2; jurisPK/TRAUTWEIN[8] [Stand: 13. 2. 2019] § 182 Rn 2; STAUDINGER/GURSKY [2014] Vorbem 3 zu §§ 182–185). Auf der anderen Seite wiederum ist die in § 1618 S 3 BGB geforderte Einwilligung zur Einbenennung oder die in § 1617a Abs 2 S 2 BGB geforderte Einwilligung zur Namenserteilung als Zustimmung insgesamt zu verstehen, so dass hier auch eine nachträgliche Zustimmung und damit eine Genehmigung im Sinne des §§ 182 ff BGB möglich ist (BayObLG 25. 5. 1999 – 1 Z BR 208/98, FamRZ 2000, 252; MünchKomm/vSACHSEN-GESSAPHE § 1618 Rn 20; STAUDINGER/GURSKY [2014] Vorbem 3 zu §§ 182–185). Insgesamt gilt, dass sich die Bedeutung einer Terminologie – ist jeweils Einwilligung und Genehmigung gemeint – aus der Regelung zum materialen Zustimmungserfordernis ergibt (BAG 4. 3. 2004 – 2 AZR 147/03, NJW 2004, 2612 = NZA 2004, 717; STAUDINGER/

Gursky [2014] Vorbem 3 zu §§ 182–185). Im Zweifel wird aber die Terminologie der §§ 182 ff BGB gemeint sein (Staudinger/Gursky [2014] Vorbem 4 zu §§ 182–185; Beck-OGK/Regenfus [1. 4. 2019] § 182 Rn 12).

11 Zudem kennt das Gesetz den Terminus der **Ermächtigung**. Dieser begegnet etwa in den §§ 112, 113 BGB, dort meint er die Zustimmung zur Statusänderung hin zur partiellen Geschäftsfähigkeit (Staudinger/Klumpp [2017] § 112 Rn 20; § 113 Rn 24) oder aber in §§ 370, 783 BGB, die bereits einen Rechtsschein der Ermächtigung schützen (siehe Palandt/Grüneberg § 370 Rn 1). Außerdem wird die Einwilligung zu einer Verfügung, § 185 BGB, ebenfalls – und rechtsumgangssprachlich besonders wirkmächtig – Ermächtigung genannt (Staudinger/Gursky [2014] Vorbem 5 zu §§ 182–185), obwohl das Gesetz diesen Begriff in den §§ 182 ff BGB nicht eigens nennt (NK-BGB/Staffhorst[3] § 182 Rn 2), wie auch gleichsam kehrseitig die durch diese Einwilligung erlangte Rechtsmacht verstanden (Flume, AT 2. Bd [4. Aufl 1992] S 901 f; BeckOGK/Regenfus [1. 4. 2019] § 182 Rn 11; siehe zur Ermächtigung nach § 185 ausführlich § 185 Rn 57 ff).

12 Mit welcher Formulierung der Zustimmende konkret sein Einverständnis erklärt, welcher Bezeichnung er sich also in der alltäglichen **rechtsgeschäftlichen Kommunikation** bedient, ist letztlich insofern unerheblich, als es lediglich auf den nach den §§ 133, 157 BGB objektiv feststellbaren Zustimmungswillen ankommt (kritisch zum Unterschied der gesetzlichen zur umgangssprachlichen Terminologie bereits Weyl BayZ 1908, 53 f). Ist dieser feststellbar, so schadet die Bezeichnung der vorherigen Zustimmung als „Genehmigung" ebenso wenig wie die spätere Zustimmung als „Einwilligung" (NK-BGB/Staffhorst[3] § 182 Rn 2). Durch die Möglichkeit der Umdeutung, § 140 BGB, wird die Flexibilität noch mehr gesteigert (BeckOGK/Regenfus [1. 4. 2019] § 182 Rn 11), wenn eine als spezifische Genehmigung gemeinte Erklärung in eine Einwilligung umgedeutet wird, oder aber eine Einwilligung „zu spät kommt" und das Hauptgeschäft schon vorgenommen wurde. Das kann gerade bei gestreckten Hauptgeschäften (§ 183 Rn 56 f) wie beim Grundstückserwerb praktisch werden, wenn etwa eine Eintragung ins Grundbuch wieder gelöscht wurde, und der Tatbestand der Eigentumsübertragung nicht vorgenommen wurde, der Zustimmende aber von einem abgeschlossenen Hauptgeschäft ausgeht (NK-BGB/Staffhorst[3] § 182 Rn 2; Staudinger/Gursky [2014] § 184 Rn 10).

13 Diese Notwendigkeit der Auslegung besteht auch **außerhalb des BGB** (Staudinger/Gursky [2014] Vorbem 3 zu §§ 182–185). So ist etwa die Zustimmung des Markeninhabers zur Nutzung der Marke durch einen Nichtberechtigten, § 26 Abs 2 MarkenG, als Einwilligung zu verstehen, die vor der Nutzung vorliegen muss (BGH 6. 2. 2013 – I ZR 106/11, GRUR 2013, 925 = WRP 2013, 1198; BGH 11. 10. 1984 – I ZB 14/83, GRUR 1985, 385 = MDR 1985, 996; BeckOK MarkenR/Bogatz MarkenG § 26 Rn 167). In diesem Fall hat die spätere Zustimmung gerade keine rückwirkende – und in diesem Fall besser: heilende – Wirkung, sondern rechtfertigt lediglich die Nutzung der Marke ab dem Zeitpunkt der Zustimmung. In der InsO meinen die Zustimmungserfordernisse der §§ 160, 263 InsO mit Zustimmung die Einwilligung als auch die Genehmigung, in den §§ 158, 275, 276 InsO aber nur die vorherige Zustimmung. Will man die notwendige Zustimmung des Aufsichtsrates nach § 111 Abs 4 S 2 AktG als Zustimmung und nicht als Einschränkung der Geschäftsführungsmacht bezeichnen, so ist auch hierunter die vorherige Zustimmung und so die Einwilligung zu verstehen (Kölner Komm AktG/Mertens/Cahn Rn 106); allerdings handelt es sich hier nicht um eine Zustimmung im Sinne der §§ 182 ff BGB, sondern um eine Innenbeschränkung der Geschäftsführung (BGH 10. 7. 2018 – II ZR 24/17, NJW 2018, 3574 = RNotZ 2018, 707; MünchKomm/Bayreuther[8] Vor § 182 Rn 13; MünchKommAktG/Habersack § 111 Rn 140, der allerdings in Rn 147 auch darauf hinweist, dass eine fehlende Zustimmung keine Außenwirkung zeitigt, sondern das Innenverhältnis betrifft).

Die Begriffe der Zustimmung, der Genehmigung und der Einwilligung werden auch **außerhalb des Privatrechts** verwendet. Auch dann ist jeweils zu ermitteln, was das Gesetz genau meint. So werden Genehmigungserfordernisse regelmäßig auch (und bisweilen nur) die vorherige Zustimmung umfassen (OLG Rostock 26. 4. 2001 – 1 U 117/98, OLGR 2002, 252, 256 = NVwZ-RR 2002, 526; Staudinger/Gursky [2014] Vorbem 3 zu §§ 182–185). Kommunalrechtliche Vorbehaltsregulierungen meinen regelmäßig Einwilligungen (BeckOGK/Regenfus [1. 4. 2019] § 182 Rn 14; Staudinger/Gursky [2014] Vorbem 4 zu §§ 182–185). Allerdings sind auf diese Zustimmungen die §§ 182 ff BGB ohnehin nicht (entsprechend) anzuwenden, weil die zustimmungsrechtlichen Fragen aus der jeweiligen Regelung und ihrer Systematik heraus zu beantworten sind (siehe für behördliche Zustimmungserfordernisse Rn 108 f).

2. Rechtsgeschäftliche Terminologie

Erst recht offen ist die Terminologie im Bereich rechtsgeschäftlicher und hier vor allem vertraglicher Regelungen. Zwar können durch Rechtsgeschäft keine Zustimmungserfordernisse im Sinne der §§ 182 ff BGB begründet werden (Rn 28 f), allerdings stehen den Vertragsparteien andere Möglichkeiten offen, die volle Wirksamkeit eines Vertrages vom Einverständnis Dritter abhängig zu machen, regelmäßig geschieht dies etwa durch die Vereinbarung einer entsprechenden aufschiebenden Bedingung (Rn 33). Hier wird man häufig eine **Vertragsterminologie** finden, die Begriffe wie Einwilligung, Genehmigung oder Zustimmung umfasst. Diese sind in ihrer gewollten rechtlichen Wirkungsweise nach den allgemeinen Maßstäben, §§ 133, 157 BGB, auszulegen (RG 31. 3. 1931 – II 222/30, RGZ 132, 149; Erman/Maier-Reimer[15] Vor § 182 Rn 2; Soergel/Leptien Vor § 182 Rn 2, 4). 14

III. Zweck und Funktion der Zustimmung

1. Ausgangspunkt: Dreiecksverhältnis

Zustimmungserfordernisse im Sinne der §§ 182 ff BGB können nur gesetzlich begründet werden, sie sind regelmäßig (siehe aber § 184 Abs 1 BGB) zwingend und stehen so dem rechtsgeschäftlichen Zugriff nicht offen. Deshalb müssen sie auch, weil sie in die privatautonome Gestaltungsfreiheit der am zustimmungsbedürftigen Rechtsgeschäft Beteiligten eingreifen, gerechtfertigt sein (Wolf/Neuner S 678). Zustimmungserfordernisse finden sich zunächst dort, wo durch ein Rechtsgeschäft die Rechte eines Dritten zumindest mitbetroffen werden (Rn 17 f), und dort, wo das Gesetz dem Zustimmungsberechtigten die Aufsicht oder die Kontrolle über das rechtsgeschäftliche Handeln einer Person zuerkennt (Rn 19). Bildlich wird beschrieben, dass mindestens einer der am Rechtsgeschäft Beteiligten einen „Defekt" aufweise, entweder in seiner Person oder in Bezug auf das Hauptgeschäft selbst, der durch das Zustimmungserfordernis ausgeglichen werde (NK-BGB/Staffhorst[3] § 182 Rn 1). Letztlich schützt das Zustimmungserfordernis die **Privatautonomie** (Flume, 15

AT 2. Bd [4. Aufl 1992] S 886): Im Falle der eigenen Rechtsbetroffenheit diejenige des Zustimmenden und im Falle der Zustimmung wegen eines Aufsichtsrechts diejenige dessen, den es zu beaufsichtigen gilt, was gerade im Recht der beschränkten Geschäftsfähigkeit und dem Betreuungsrecht manifest wird (BeckOGK/REGENFUS [1. 4. 2019] § 182 Rn 6). Hinzu kommen noch Teilfunktionen – so etwa im Fall der Zustimmung nach §§ 107 ff BGB, hier schützt die Notwendigkeit der Zustimmung ebenfalls das Erziehungsrecht der gesetzlichen Vertreter und damit die Personensorge (dazu STAUDINGER/KLUMPP [2017] Vorbem 26 zu §§ 104 f).

16 Damit wird regelmäßig ein **„zustimmungsrechtliches Dreieck"** gespannt, das durch mehrere Rechtsbeziehungen gekennzeichnet ist: zunächst das der Zustimmung bedürftige **Hauptgeschäft**, das durch das jeweilige gesetzliche Zustimmungserfordernis beschrieben wird, so dann die **Zustimmung**, die durch die §§ 182 ff BGB geregelt werden, selbst. Hinzu kommt noch – für die Stabilität der Zustimmung freilich nicht zwingend – die rechtliche Beziehung zwischen dem Zustimmenden und demjenigen, dessen rechtsgeschäftliches Handeln der Zustimmung bedarf: dieses Rechtsverhältnis wird regelmäßig **Grundverhältnis** genannt, in Anlehnung an die Formulierung in § 183 S 1 aE BGB (NK-BGB/STAFFHORST[3] § 182 Rn 8).

2. Rechtsbetroffenheit

17 Am häufigsten sieht das Gesetz ein Zustimmungserfordernis vor, wenn ein Rechtsgeschäft in die Rechtszuständigkeit eines Dritten zumindest mittelbar eingreift. Man liest dann von einem **Zustimmungsrecht wegen Rechts- oder Interessenbetroffenheit** (STAUDINGER/GURSKY [2014] Vorbem 20 zu §§ 182–185; ERMAN/MAIER-REIMER[15] Vor § 182 Rn 1; NK-BGB/STAFFHORST[3] § 182 Rn 1; SOERGEL/LEPTIEN[12] Vor § 182 Rn 6), **Rechtseingriff** (PALANDT/ELLENBERGER[78] Einf § 182 Rn 5) oder wegen **Rechtsbeteiligung** (BeckOGK/REGENFUS [1. 4. 2019] § 182 Rn 7; BORK, AT[4] S 662; MünchKomm/BAYREUTHER[8] Vor § 182 Rn 4), das dem Schutz des Zustimmungsberechtigten dient (WOLF/NEUNER S 678). Alles meint dasselbe: auf der einen Seite kann die Privatrechtsordnung nicht tolerieren, dass Rechte einer Person durch das unabhängige rechtsgeschäftliche Handeln anderer beeinträchtigt werden, so dass ohne die Möglichkeit der Zustimmung ein entsprechendes Rechtsgeschäft von vornherein unwirksam und rechtlich unmöglich wäre: wegen des Verbotes von Rechtsgeschäften, insbesondere Verträgen, zu Lasten Dritter (BORK, AT[4] S 662; zu Verträgen zu Lasten Dritter insgesamt STAUDINGER/KLUMPP [2016] Vorbem 59 zu §§ 328–335). Auf der anderen Seite würde eine solche Rigidität letztlich auch den Verkehrsinteressen und den Interessen des Betroffenen selbst widersprechen, könnte dieser nicht durch Zustimmung dem Hauptgeschäft zur Wirksamkeit verhelfen. Der Rechtsverkehr hat ein Interesse an einer schnellen, auch auf Arbeitsteilung basierenden Güterübertragung (STAUDINGER/GURSKY [2014] Vorbem 23 zu §§ 182–185; NK-BGB/STAFFHORST[3] § 182 Rn 1), der Betroffene und Rechtsinhaber kommt deshalb auch und darüber hinaus durch die Zustimmungsmöglichkeit zu einer Erweiterung seiner rechtsgeschäftlichen Handlungsmöglichkeit: Er kann ein fremdes Rechtsgeschäft genehmigen und so – im Falle der Verfügung auch über § 816 Abs 1 BGB – von diesem profitieren.

Das wird deutlich am **Grundfall der Verfügung** über eine fremde Sache, § 185 Abs 1 BGB. Hier kann die Verfügung eines Nichtberechtigten über eine fremde Sache (jenseits der Möglichkeit des gutgläubigen Erwerbs) als solche keine Rechtsänderung herbeiführen und damit den Rechtsverlust des Eigentümers auslösen. Allerdings ermöglicht es nun die Zustimmung, dass der Berechtigte das Rechtsgeschäft doch gelten lassen kann. Damit gibt das Zustimmungsrecht eine Wahlmöglichkeit: Der Berechtigte kann zustimmen und das aus dem dann gültigen Rechtsgeschäft Erlangte entweder aufgrund erfolgter Vereinbarung oder aber bereicherungsrechtlich aus § 816 BGB geltend machen.

Ein weiteres wirkmächtiges Beispiel ist das Handeln des *falsus procurator,* durch das der vermeintlich Vertretene Vertragspartner werden soll (Wolf/Neuner AT[4] S 678; Staudinger/Gursky [2014] Vorbem 20 zu §§ 182–185), hier wird das „Heranziehen" eines durch Dritte abgeschlossenen Vertrags (und ausnahmsweise auch eines einseitigen Rechtsgeschäfts, § 180 BGB) zum Genehmigenden ermöglicht: Durch die Genehmigung wird der Vertretene selbst Vertragspartei. Dies gilt auch für den passiven *falsus procurator* (Staudinger/Gursky [2014] Vorbem 26 zu §§ 182–185). Bisweilen wird § 177 BGB mit einer anderen Funktion verbunden, und auf die prägende „Arbeitsteilung" zwischen *falsus procurator* und Vertretenem verwiesen (MünchKomm/Bayreuther[8] Vor § 182 Rn 5). Das ändert aber nichts daran, dass durch den Vertrag des *falsus procurators* der (vermeintlich) Vertretene zur Vertragspartei werden soll, und so entsprechend gebunden werden *soll*.

Der gleiche Kerngedanke, freilich in geminderter Schwere, kommt auch im Falle der **18** **Mitbetroffenheit** durch ein Rechtsgeschäft zum Tragen (Wolf/Neuner AT[4] S 678): Hier kommt es zwar nicht zu einem Rechtsentzug durch das rechtsgeschäftliche Handeln Dritter, aber zu einer anderweitigen Beeinträchtigung – wie im Falle des § 1369 BGB zu einem Entzug der materialen Basis des Zusammenlebens der Ehegatten (Palandt/Brudermüller § 1369 Rn 1).

3. Aufsicht und Kontrolle

Weiter sieht das Gesetz Zustimmungserfordernisse dort vor, wo es eine **Aufsicht** **19** **über das rechtsgeschäftliche Handeln einer Person** als grundsätzlich für deren Schutz notwendig ansieht (Staudinger/Gursky [2014] Vorbem 22 zu §§ 182–185; Bork, AT[4] S 662; Bork AT[4] S 662; Wolf/Neuner AT[4] S 678; Soergel/Leptien Vor § 182 Rn 6; NK-BGB/Staffhorst[3] § 182 Rn 1; Erman/Maier-Reimer[15] Vor § 182 Rn 1). Der Zustimmungsberechtigte fungiert hier gleichsam als „Kontrollinstanz" (Wolf/Neuner AT[4] S 678; NK-BGB/Staffhorst[3] § 182 Rn 1: „Defekt" der Handelnden). Das ist prominent zunächst beim beschränkt Geschäftsfähigen der Fall, der durch die notwendige Beteiligung der gesetzlichen Vertreter über die Zustimmungsregelungen der §§ 107 ff BGB vor der Bindung an für ihn rechtlich nachteilhafte Rechtsgeschäfte geschützt werden soll (Staudinger/Klumpp [2017] § 107 Rn 4 f). Dem Aufsichts- und Erziehungsrecht (und umgekehrt auch die Aufsichts- und Erziehungspflicht) dient als maßgebliches rechtsgeschäftliches Instrument gerade die Zustimmung.

Das gilt über die Gruppe der beschränkt Geschäftsfähigen hinaus auch dort, wo das Gesetz eine entsprechende Schutzsystematik anwendet, wie etwa im **Betreuungsrecht, § 1903 BGB** (auch §§ 1411, 1596, 1600a, 1746 BGB).

Dabei ist die **Aufsicht** über das rechtsgeschäftliche Handeln des Schutzbedürftigen **20** bisweilen **gestaffelt**: zu der Zustimmung des gesetzlichen Vertreters muss dann noch die Genehmigung des **Familiengerichts** hinzukommen, §§ 1809, 1812, 1813 Abs 2, 1832 BGB (Staudinger/Gursky [2014] Vorbem 22 zu §§ 182–185).

4. Verwaltungsrecht

21 Eine große Rolle spielen die §§ 182 ff BGB auch dann, wenn eine Person, wie der Insolvenzverwalter, der Testamentsverwalter oder der Nachlassverwalter zur Verwaltung eines fremden Vermögens eingesetzt werden (MünchKomm/Bayreuther[8] Vor § 182 Rn 7). Ein eigenständiges rechtsgeschäftliches Handeln der Inhaber des verwalteten Vermögens ist dann nicht möglich, sondern das Einverständnis des Verwalters Voraussetzung für deren Wirksamkeit. Dieses Einverständnis wird durch eine Zustimmung im Sinne der §§ 182 ff BGB erreicht. Damit ist die Zustimmung ein maßgebliches Instrument der Durchführung solcher auf die Fremdverwaltung zielender Sachverhalte (MünchKomm/Bayreuther[8] Vor § 182 Rn 7).

5. Zweck der §§ 182–185

22 Die §§ 182–184 BGB begründen keine eigenen, materialen Zustimmungerfordernisse, sondern setzen diese voraus und regeln die rechtsgeschäftlichen Voraussetzungen (Adressat, Form, Zeitpunkt, Widerruf) und Wirkungen (wie § 184 Abs 1 BGB die Rückwirkung der Genehmigung) der anderweitig gesetzlich begründeten Zustimmungserfordernisse (Bork, AT[4] S 662): Deshalb teilen sie auch nicht die materielle Funktion des Zustimmungsrechts als solchem, sondern sie regeln dessen rechtsgeschäftliche Ausübung. Sie werden regelmäßig als **technisches Recht** beschrieben (BeckOGK/Regenfus [1. 4. 2019] § 182 Rn 2; Finkenauer AcP 203 [2003] 282).

Dabei lassen sich aus diesen Regelungen eigene Zwecke erkennen, die die Interessen der Beteiligten abbilden: So geht es dem **Adressatensystem** der §§ 182 Abs 1, § 183 S 2 BGB darum, die **rechtsgeschäftliche Kommunikation über die Zustimmung möglichst variabel** zu halten, indem sowohl die Zustimmung selbst wie auch der Widerruf der Einwilligung jedem der am Hauptgeschäft Beteiligten gegenüber erklärt werden kann. Das ermöglicht dem Zustimmungsberechtigten eine weitgehend flexible Kommunikation, die so weit geht, dass der Adressat der Einwilligung nicht identisch mit dem Adressaten eines Widerrufs sein muss (§ 183 Rn 14). Diese Flexibilität wird aber auf der anderen Seite mit einer **Einbuße an Rechtssicherheit** erkauft, weil durch die §§ 182 ff BGB nicht sichergestellt ist, dass jeder der Beteiligten von der Zustimmung oder dem Widerruf der Einwilligung Kenntnis hat. Diese Unsicherheit wird durch die Anwendung der Rechtsscheinsgrundsätze für die Bevollmächtigung aufzufangen versucht (siehe § 182 Rn 73; § 183 Rn 84).

Diese Flexibilitätsfunktion des Zustimmungsrechts begegnet auch weiter bei § 182 Abs 2 BGB, der die **Form** des zustimmungsbedürftigen Hauptgeschäfts nicht für die Zustimmung übernimmt, sondern diese formfrei hält. Das birgt zwar Gefahren insbesondere dann, wenn das Zustimmungserfordernis wegen eigener Rechtsbetroffenheit begründet wurde und die Form des Hauptgeschäfts gerade der Warnung vor einem übereilten rechtsgeschäftlichen Handeln dient, folgt aber auf der einen Seite dem Recht der Bevollmächtigung und wird auf der anderen Seite als gerechtfertigt angesehen (§ 182 Rn 95 ff).

Lediglich (aber wirkmächtig) § 185 BGB sieht **ein echtes materiales Zustimmungs-** **23** **erfordernis** vor – für den Fall der Verfügung eines Nichtberechtigten. Dieses hat zunächst vor allem eine Schutzfunktion, weil es den Berechtigten (jenseits von Gutglaubensregelungen [Rn 51 ff]) vor einem Rechtsverlust ohne sein rechtsgeschäftliches Einverständnis schützt (dazu im Einzelnen § 185 Rn 6).

Die §§ 182–185 BGB sind **zwingendes Recht** (NK-BGB/STAFFHORST³ § 182 Rn 6), das **24** allerdings durch zahlreiche gesetzliche Sonderregelungen Modifikationen erfährt. So etwa durch die §§ 108 Abs 2 S 2; 177 Abs 2 S 2 BGB bei der Frage des richtigen Adressaten der Genehmigungserklärung (NK-BGB/STAFFHORST³ § 182 Rn 1). Durch das Instrument der Bedingung haben die Beteiligten des Hauptgeschäfts auch die Möglichkeit, die Vorgaben des §§ 182 ff BGB für ihr Rechtsgeschäft „anzupassen": So können sie es etwa unter die aufschiebende Bedingung stellen, dass die Genehmigung einer bestimmten Form bedarf. Damit regeln sie aber lediglich das Hauptgeschäft, auf das allein sie Zugriff haben: Eine Modifikation des § 182 Abs 2 BGB als solche erfolgt nicht, lediglich kommt es dazu, dass die entgegen des Bedingungsinhalts erteilte Zustimmung dann auf die Vorgaben des Hauptgeschäfts „nicht passt" und so nicht inhaltsgleich ist. So kommt es insgesamt zu einer Zweiteilung des autonomen Zugriffs der am Hauptgeschäft Beteiligten: Sie können zwar über die §§ 182 ff BGB (grundsätzlich, etwa § 184 Abs 1 BGB) nicht disponieren, aber sie können das Hauptgeschäft so gestalten, dass nur eine bestimmte Ausübung der Zustimmung damit deckungsgleich ist. Das wird gerade und vor allem für die notwendige nachträgliche Zustimmung, die Genehmigung praktisch (siehe § 184 Rn 8).

Der **Zustimmende selbst** hat dagegen deutlich geringeren Spielraum: Im Falle der Genehmigung kann er lediglich dem schwebend unwirksame Hauptgeschäft so, wie es ist, zustimmen, aber keine Vorgabe für einen alternativen Inhalt machen (zur Teilbarkeit siehe § 184 Rn 10), bei der Einwilligung wiederum kann er durch entsprechende Reichweite den Umfang und Inhalt des Hauptgeschäfts vorgeben. Auf die Vorgaben der §§ 182 ff BGB hat aber der Zustimmende selbst keinen rechtsgeschäftlichen Zugriff (siehe Rn 33).

IV. Begründung von Zustimmungserfordernissen

1. Gesetzliche Vorgaben

Lediglich das Gesetz kann ein Zustimmungserfordernis im Sinne der §§ 182–185 **25** BGB begründen (STAUDINGER/GURSKY [2014] Vorbem 27 zu §§ 182–185; SOERGEL/LEPTIEN¹² Vor § 182 Rn 4; WERTENBRUCH, BGB AT⁴ S 292; NK-BGB/STAFFHORST³ § 182 Rn 1). Es herrscht somit ein **numerus clausus der Zustimmungserfordernisse** (WOLF/NEUNER AT⁴ S 677; BeckOGK/REGENFUS [1. 4. 2019] § 182 Rn 33), der, weil eine rechtsgeschäftliche Begründung eines Zustimmungserfordernisses grundsätzlich nicht möglich ist, als solcher der Rechtssicherheit dient: Entweder das Hauptgeschäft ist mit der Zustimmung wirksam oder es ist unwirksam – *tertium non datur*. Die Möglichkeit einer relativen Unwirksamkeit des Hauptgeschäfts zugunsten des Rechtsbetroffenen wurde im Gesetzgebungsverfahren abgelehnt (Mot III 463; Prot III 72).

Zustimmungserfordernisse **aufgrund der (mittelbaren) Rechtsbetroffenheit** des Zu- **26** stimmungsberechtigten sind etwa:

- Aus dem **Allgemeinen Teil**: § 35 BGB (Zustimmung der Mitgliederversammlung zur Beeinträchtigung von Sonderrechten eines Vereinsmitglieds); §§ 135, 136 BGB (Zustimmung zum gegen ein relatives Verfügungsverbot verstoßendes Rechtsgeschäft durch den Geschützten (freilich nicht ausdrücklich); § 177 BGB (Genehmigung eines von einem Vertreter ohne Vertretungsmacht geschlossenen Vertrages durch den Vertretenen); § 185 BGB (Zustimmung der Verfügung eines Nichtberechtigten durch den Berechtigten);

- Aus dem **Schuldrecht**: § 415 BGB (Genehmigung der zwischen Schuldner und Drittem vereinbarten Schuldübernahme durch den Gläubiger); § 450 BGB (Ausschluss des Kaufs durch einen mit der Leitung des Verkaufs im Wege der Zwangsvollstreckung Beauftragten), § 451 BGB (Zustimmung zum Kauf einer gem § 450 ausgeschlossenen Person durch bei dem Verkauf als Schuldner, Eigentümer oder Gläubiger Beteiligte);

- Aus dem **Sachenrecht**: § 876 BGB (Zustimmung des Dritten, mit dessen Recht ein Grundstück belastet ist, zur Aufhebung des Rechts); § 877 BGB (Zustimmung des Rechtsinhabers zur Inhaltsänderung des Rechts, mit dem ein Grundstück belastet ist); § 880 Abs 2, Abs 3 BGB (Zustimmung des Eigentümers und ggf Dritten zum Zurücktreten im Rang von Grundschuld, Hypothek oder Rentenschuld); § 1071 BGB (Zustimmung des Nießbrauchers zur Aufhebung eines mit einem Nießbrauch belasteten Rechts); § 1178 Abs 2 BGB (Zustimmung des Dritten, dem Recht an Anspruch auf Nebenleistungen und Kosten zusteht, zu Verzicht auf Hypothek für Nebenleistungen und Kosten); § 1183 BGB (Zustimmung des Eigentümers zur Aufhebung der Hypothek); § 1245 Abs 1 S 2 BGB (Zustimmung eines Dritten, dem Recht an Pfand zusteht, zum Pfandverkauf); § 1255 Abs 2 BGB (Zustimmung eines Dritten, dem Recht an Pfand zusteht, zur Aufhebung des Pfandrechts); § 1276 BGB (Zustimmung des Pfandgläubigers zur Aufhebung oder Änderung des verpfändeten Rechts); § 1283 BGB (Zustimmung des Pfandgläubigers zur Kündigung);

- Aus dem **Familienrecht**: § 1365 BGB (Einwilligung des Ehegatten in Verfügung über Vermögen im Ganzen bzw zur Verpflichtung zur Verfügung); § 1366 BGB (Genehmigung des Ehegatten von ohne erforderliche Einwilligung geschlossenen Verträgen); § 1369 BGB (mittelbare Rechtsbetroffenheit) (Einwilligung des Ehegatten in Verfügung über Haushaltsgegenstände); § 1423 ff BGB (Einwilligung des Ehegatten in Verfügung über Gesamtgut im Ganzen); § 1516 BGB (Zustimmung des Ehegatten zu Verfügungen gemäß §§ 1511 bis 1515 BGB); § 1517 BGB (Zustimmung des Ehegatten zu Vertrag, in dem Abkömmling auf Anteil am Gesamtgut der fortgesetzten Gütergemeinschaft verzichtet); § 1595 BGB (Zustimmung der Mutter bzw des Kindes zur Anerkennung der Vaterschaft); § 1746 BGB (Einwilligung des Kindes in Annahme als Kind); § 1747 BGB (Einwilligung der Eltern in Annahme eines Kindes);

- Aus dem **Erbrecht**: § 2113 BGB (Zustimmung des Nacherben zu Verfügungen des Vorerben, die Recht des Nacherben vereiteln oder beeinträchtigen würden); § 2120 BGB (Einwilligung des Nacherben in Verfügungen des Vorerben zur ordnungsgemäßen Verwaltung); § 2291 Abs 1 S 2 BGB (Zustimmung des anderen Teils des Erbvertrags zu Aufhebung einer vertragsmäßigen Verfügung durch Testament);

Titel 6
Einwilligung und Genehmigung   **Vorbem zu §§ 182 ff**

– Aus dem **WEG**: § 12 WEG (mittelbare Rechtsbetroffenheit) (Zustimmung anderer Wohnungseigentümer oder eines Dritten zu Veräußerung von Wohnungseigentum);

– Aus dem **ErbbauRG**: § 5 ErbbauRG (Zustimmung des Grundstückseigentümers zur Veräußerung des Erbbaurechts);

– Aus dem **Gesellschaftsrecht**: § 15 Abs 5 GmbHG (mittelbare Rechtsbetroffenheit) (Genehmigung der Gesellschaft zur Abtretung von Geschäftsanteilen); § 53 Abs 3 GmbHG (Zustimmung der beteiligten Gesellschafter zur Vermehrung der den Gesellschaftern obliegenden Leistungen);

– Aus dem **HGB**: § 397 S 1 HGB (Zustimmung eines Dritten zu Kauf oder Verkauf des Kommissionsgutes); § 464 S 1 HGB (Zustimmung eines Dritten zu Versendung des Gutes); § 475b Abs 1 S 1 HGB (Zustimmung eines Dritten zur Lagerung); § 495 Abs 1 S 1 HGB (Zustimmung eines Dritten zur Beförderung);

– Aus der **InsO**: § 158 InsO (Zustimmung des Gläubigerausschusses zur Veräußerung oder Stilllegung des Unternehmens des Schuldners durch Insolvenzverwalter); § 160 InsO (Zustimmung des Gläubigerausschusses zu besonders bedeutsamen Rechtshandlungen); § 162 InsO (Zustimmung des Gläubigerausschusses zu Veräußerung des Unternehmens oder eines Betriebs an bestimmte Personen); § 187 Abs 3 S 2 InsO (Zustimmung des Gläubigerausschusses zu Verteilungen an die Insolvenzgläubiger); § 213 InsO (Zustimmung der Insolvenzgläubiger zu Einstellung des Insolvenzverfahrens); § 226 InsO (Zustimmung aller Beteiligten zur unterschiedlichen Behandlung der Beteiligten einer Gruppe); § 230 InsO (Zustimmung des Schuldners zur Fortführung seines Unternehmens, Zustimmung der Gläubiger zur Übernahme von Anteils- oder Mitgliedschaftsrechten, Zustimmung eines Dritten zur Übernahme von Verpflichtungen gegenüber den Gläubigern); § 231 InsO (Zustimmung des Gläubigerausschusses zum Antrag des Insolvenzverwalters auf Zurückweisung des Insolvenzplans); § 246 InsO (Zustimmung nachrangiger Insolvenzgläubiger zum Insolvenzplan); § 247 InsO (Zustimmung des Schuldners zum Insolvenzplan);

– Aus dem **VVG**: § 150 Abs 2 S 1, Abs 3 VVG Zustimmung zur Versicherungsnahme auf den Fall des Todes.

Zustimmungserfordernisse aufgrund einer Aufsichts- und Verwaltungsfunktion: **27**

– Aus dem **Allgemeinen Teil**: §§ 107 ff BGB (Zustimmung der gesetzlichen Vertreter zu rechtlich nachteilhaften Rechtsgeschäften des beschränkt Geschäftsfähigen); § 131 Abs 2 BGB (Einwilligung der gesetzlichen Vertreter in den Zugang einer Willenserklärung an einen beschränkt Geschäftsfähigen);

– Aus dem **Familienrecht**: § 1411 Abs 1 BGB (Zustimmung des Betreuers zum Ehevertrag des Betreuten); § 1809, § 1812, § 1813 Abs 2 BGB (Genehmigungen des Gegenvormunds); § 1903 Abs 1 BGB (Einwilligungsvorbehalt für Willenserklärungen des Betreuten zur Abwendung einer erheblichen Gefahr);

– Aus dem **Erbrecht**: Im Rahmen der Nachlassverwaltung, §§ 1975 ff BGB; und der Testamentsvollstreckung, §§ 2197 ff BGB;

– Aus der **InsO**: § 21 Abs 2 Nr 2 InsO (Verfügungen des Schuldners nur mit Zustimmung des vorläufigen Insolvenzverwalters), § 55 Abs 4 InsO (Zustimmung des Insolvenzverwalters zur Begründung von Verbindlichkeiten aus dem Steuerschuldverhältnis durch den Schuldner), § 160 InsO (Zustimmung des Gläubigerausschusses zu besonders bedeutsamen Rechtshandlungen), § 263 InsO (Zustimmung des Insolvenzverwalters zu bestimmten Geschäften des Schuldners oder der Übernahmegesellschaft während der Zeit der Überwachung), § 275 InsO (Zustimmung des Sachwalters zur Eingehung von Verbindlichkeiten durch den Schuldner, die nicht zum gewöhnlichen Geschäftsbetrieb gehören), § 276 InsO (Zustimmung des Gläubigerausschusses zu Rechtsgeschäften des Schuldners, die für das Insolvenzverfahren von besonderer Bedeutung sind).

2. Keine rechtsgeschäftliche Begründung

28 Rechtsgeschäftliche Zustimmungserfordernisse im Sinne des § 182 BGB können **nicht vereinbart** werden (BGH 29. 6. 1989 – VII ZR 211/88, BGHZ 108, 172 = NJW 1990, 109; BeckOGK/Regenfus [1. 4. 2019] § 182 Rn 33; jurisPK/Trautwein[8] [Stand: 13. 2. 2019] § 182 Rn 5; Palandt/Ellenberger[78] Einf § 182 Rn 5; Flume, AT, 2. Bd [4. Aufl 1992] S 886; MünchKomm/Bayreuther[8] Vor § 182 Rn 21; Soergel/Leptien[13] Vor § 182 Rn 4: im Allgemeinen nicht möglich). Das folgt für Verfügungen bereits aus § 137 BGB. Der tiefere Grund hier liegt in der sonst gegebenen **Abhängigkeit des eigenen rechtsgeschäftlichen Handelns von einem Dritten** (Flume, AT 2. Bd [4. Aufl 1992] S 886). Das gefährdet zum einen die Privatautonomie, es ist von (partieller) „Selbstentmündigung" zu lesen (Wolf/Neuner AT[4] S 677; Staudinger/Gursky [2014] Vorbem 27 zu §§ 182–185; BeckOGK/Regenfus [1. 4. 2019] § 182 Rn 33); aber noch mehr den Rechtsverkehr (Wolf/Neuner AT[4] S 677).

Diese Kernüberlegung mag in Anbetracht der Möglichkeit, die Mitwirkung eines Dritten über die Vereinbarung einer (aufschiebenden) Bedingung oder einer Drittleistungsbestimmung, § 317 BGB, zu begründen (Wolf/Neuner AT[4] S 677; Wertenbruch, BGB Allgemeiner Teil [4. Aufl 2017] S 292), zu hinterfragen sein, ist aber **systematisch richtig**: Der Zustimmung geht es um die Wirksamkeit eines rechtsgeschäftlichen Handelns selbst, ohne die Drittbeteiligung kann keine rechtsgeschäftliche Bindung entstehen. Eigenes und damit autonomes rechtsgeschäftlich wirksames Handeln ist für denjenigen, dessen Willenserklärung der Zustimmung unterliegt, also nicht möglich. In den genannten Fällen der Bedingung und der Drittleistungsbestimmung dagegen geht der Dritteinbezug aber gerade von der eigenen wirksamen rechtsgeschäftlichen Handlung aus.

29 Wird ein rechtsgeschäftliches „Zustimmungserfordernis" begründet und so die Wirksamkeit des Hauptgeschäft vom Einverständnis eines Dritten abhängig gemacht, so handelt es sich um eine (aufschiebende) **Bedingung** des Hauptgeschäfts – auf die die §§ 158 ff BGB Anwendung finden (Bork AT[4] S 663; Flume, AT, 2. Bd [4. Aufl 1992] S 887). Diese schränken aber gegenüber der Wirkung der §§ 182 ff BGB ein: So lässt sich etwa keine Rückwirkung wie im Falle des § 184 Abs 1 BGB erreichen (BeckOGK/Regenfus [1. 4. 2019] § 182 Rn 39; MünchKomm/Bayreuther[8] Vor § 182 Rn 22), außerdem kann die

Bedingung bei bedingungsfeindlichen Rechtsgeschäften, etwa § 925 Abs 2 BGB, nicht greifen.

Möglich ist es aber, **sich gegenüber einem Dritten zu verpflichten**, ein Rechtsgeschäft nur dann vorzunehmen, wenn eine andere Person diesem zustimmt (STAUDINGER/ GURSKY [2014] Vorbem 30 zu §§ 182–185; BeckOGK/REGENFUS [1. 4. 2019] § 182 Rn 41). Die Folge einer solchen Vereinbarung ist aber nicht eine Zustimmungsnotwendigkeit im Sinne der §§ 182 ff BGB, deshalb kann das betreffende Hauptgeschäft auch ohne diese Zustimmung wirksam abgeschlossen werden. Vielmehr macht sich der entgegen der Verpflichtung rechtsgeschäftlich Handelnde unter Umständen schadensersatzpflichtig.

3. Rechtsgeschäftlicher Zugriff auf gesetzliche Zustimmungserfordernisse

Einige gesetzliche Zustimmungserfordernisse lassen den Beteiligten dennoch einen gewissen Spielraum und werden bisweilen als „unechte Ausnahmen" vom Numerus-clausus-Grundsatz bezeichnet (BeckOGK/REGENFUS [1. 4. 2019] § 182 Rn 34).

So § 12 WEG, wonach die Wohnungseigentümer vereinbaren können, dass die Veräußerung des Wohnungseigentums durch einen Eigentümer der Zustimmung der anderen Wohnungseigentümer oder Dritter bedarf (OLG München 31. 5. 2017 – 34 Wx 386/16, MDR 2017, 937; jurisPK/TRAUTWEIN[8] [Stand: 13. 2. 2019] § 182 Rn 19.1; SOERGEL/ LEPTIEN[13] Vor § 182 Rn 4; STAUDINGER/GURSKY [2014] Vorbem 28 zu §§ 182–185): Eine Zustimmung ist in diesen Fällen also nicht zwangsläufig, kann aber vereinbart werden. Hier handelt es sich aber nur um **scheinbare Ausnahme vom Grundsatz**, dass nur das Gesetz Zustimmungserfordernisse im Sinne der §§ 182 ff BGB aufstellen kann – weil auch bei § 12 WEG das Gesetz die Grundlage für die potentielle Möglichkeit eines Zustimmungserfordernisses setzt. Ist auf der Grundlage eines solchen gesetzlichen Spielraums eine Zustimmung vereinbart worden, so handelt es sich nicht um eine Bedingung (siehe § 183 Rn 21; § 184 Rn 15), sondern um eine Zustimmung im Sinne der §§ 182 ff BGB, die auch anwendbar sind – denn Grundlage ist das Gesetz (NK-BGB/ STAFFHORST[3] § 182 Rn 16).

Ähnliche gesetzlich gesetzte Spielräume für die Vereinbarung von Zustimmungserfordernissen finden sich in §§ 15 Abs 5 GmbHG oder § 68 Abs 2 AktG oder in § 5 Abs 1 ErbbauRG (dazu BGH 29. 6. 2017 – V ZB 144/16, NJW 2017, 3514 = RNotZ 2017, 654). Man kann auch § 102 Abs 6 BetrVG und damit die Möglichkeit, ein Zustimmungsrecht des Betriebsrats zu Kündigung (und nicht nur das Anhörungsrecht nach § 102 Abs 1 BetrVG) durch Vereinbarung zwischen Arbeitgeber und Betriebsrat zu begründen, hier einordnen.

Möglich ist auch das Zustimmungserfordernis aus der Entwicklung **neuer Vertragstypen** heraus (siehe auch STAUDINGER/GURSKY [2014] Vorbem 27 zu §§ 182–185). So kann etwa der Leasingnehmer, der die Pflicht zur Instandsetzung gegenüber dem Leasinggeber und Eigentümer für jeden Schadensfall übernommen und im konkreten Schadensfall nicht erfüllt hat, nicht ohne Zustimmung des Eigentümers nach § 249 Abs 2 S 1 BGB statt der Herstellung die fiktiven Herstellungskosten verlangen (BGH 29. 1. 2019 – VI ZR 481/17, MDR 2019, 414). Freilich geben hier meist die „neueren Vertragstypen" die Gelegenheit, die gesetzliche vorgesehenen Zustimmungserfordernisse, im geschilderten Fall auf der Grundlage der Ersetzungsbefugnis, anzuwenden. Die gleiche Überlegung greift etwa bei der Zustimmung der Übertragung von Anteilen in der Personengesellschaft, bei der auch die übrigen Gesellschafter zustimmen müssen (BeckOGK/Regenfus [1. 4. 2019] § 182 Rn 37), früher war dieser Weg insgesamt wegen § 719 Abs 1 BGB verbaut.

32 **Zustimmungsmöglichkeit aus einem Erst-Recht-Schluss**: Für die Abtretung und die Aufrechnung sehen §§ 399 Alt 2 BGB und 391 Abs 2 BGB die Möglichkeit des Ausschlusses der Vornahme dieser Rechtsgeschäfte vor. Die herrschende Meinung leitet daraus ab, dass dann erst recht die Möglichkeit einer Vereinbarung eines Zustimmungserfordernisses gegeben sei (Staudinger/Gursky [2014] Vorbem 28 zu §§ 182–185).

33 Die Parteien des Hauptgeschäfts können das Zustimmungserfordernis faktisch **rechtsgeschäftlich verschärfen**, indem sie die Wirksamkeit der Zustimmung an zusätzliche Bedingungen knüpfen – so etwa die Zustimmung nur dann gelten lassen wollen, wenn diese in einer bestimmten Form erklärt wird oder wenn sie an einen bestimmten Adressaten erklärt wird. Hier ist zu trennen: richtig gelten für die Zustimmung selbst die §§ 182 ff BGB, für das Hauptgeschäft aber die (aufschiebende) Bedingung (Staudinger/Gursky [2014] Vorbem 29 zu §§ 182–185). Die Parteien des Hauptgeschäfts können das Zustimmungserfordernis rechtsgeschäftlich verschärfen, indem sie die Wirksamkeit der Zustimmung an zusätzliche Bedingungen knüpfen – so etwa die Zustimmung nur dann gelten lassen wollen, wenn diese in einer bestimmten Form erklärt wird (Staudinger/Gursky [2014] Vorbem 29 zu §§ 182–185).

34 Die §§ 182 ff selbst lassen den Beteiligten am Hauptgeschäft ebenfalls Spielräume für die rechtsgeschäftliche Regelung (NK-BGB/Staffhorst[3] § 182 Rn 6), so kann nach § 183 S 1 BGB die Widerruflichkeit der Einwilligung ausgeschlossen werden (§ 183 Rn 71 f), ebenfalls sieht § 184 Abs 1 BGB die Möglichkeit der Beschränkung oder des Ausschlusses der Rückwirkung der Genehmigung vor.

4. Kollektivvertragliche Zustimmungen

35 Zustimmungserfordernisse, die durch **Tarifvertrag oder Betriebsvereinbarung** begründet werden – und eine Zustimmungsnotwendigkeit des Betriebsrats zur Kündigung vorsehen – werden als Zustimmungen nach §§ 182 ff BGB eingeordnet (BAG 24. 2. 2011 – 2 AZR 830/09, NZA 2011, 708 = AP KSchG 1969 § 1 Nr 91; Staudinger/Gursky [2014] Vorbem 28 zu §§ 182–185; NK-BGB/Staffhorst[3] § 182 Rn 48). Die Zulässigkeit solcher Vereinbarungen widersprechen dem genannten Grundsatz aber nur scheinbar: Zwar sind sowohl der Tarifvertrag als auch die Betriebsvereinbarung Rechtsgeschäfte, allerdings sind sie zugleich Normenvertrag, die das Arbeitsverhältnis jeweils normativ regeln, §§ 4 Abs 1 TVG, 77 Abs 4 BetrVG. Tarifvertragliche Zustimmungserfordernisse kommen etwa bei Kündigungen vor, dann beginnt die Klagefrist nach § 4 Satz 4 KSchG erst mit dem Zugang Zustimmung.

Für die Anwendung der §§ 182 ff BGB besteht aber (will man sie überhaupt zulassen) regelmäßig wenig bis gar kein Raum, weil in den kollektivvertraglichen Vorgaben meist selbst die in den gesetzlichen Regelungen aufgegriffenen Fragen vorgegeben werden. Ohnehin ist etwa bei Zustimmungen zur Kündigung die Anwendung wesentlicher Strukturelemente des Zustimmungsrechts wie etwa die Rückwirkung des § 184 Abs 1 BGB absolut ausgeschlossen – auch die Fälle des § 180 S 2, 3 BGB; ebenso ist der Widerruf der gegebenen Einwilligung nicht möglich.

V. Zustimmung als Rechtsgeschäft

1. Einseitiges Rechtsgeschäft

Die Zustimmung ist ein einseitiges Rechtsgeschäft, das durch eine empfangsbedürftige Willenserklärung konstituiert wird (SOERGEL/LEPTIEN[13] Vor § 182 Rn 3; ERMAN/MAIER-REIMER[15] Vor § 182 Rn 12; PALANDT/ELLENBERGER[78] Einf § 182 Rn 3; NK-BGB/STAFFHORST[3] § 182 Rn 7). Es gelten deshalb die allgemeinen Regelungen, die auf Rechtsgeschäfte anzuwenden sind (BGH 3. 12. 1997 – XII ZR 6/96, BGHZ 137, 255 = NJW 1998, 531; SOERGEL/LEPTIEN[13] Vor § 182 Rn 5; WERTENBRUCH, BGB Allgemeiner Teil [4. Aufl 2017] S 291; jurisPK/TRAUTWEIN[8] [Stand: 13. 2. 2019] § 182 Rn 17), Auf die Zustimmung sind die allgemeinen rechtsgeschäftlichen Regelungen anzuwenden (ERMAN/MAIER-REIMER[15] Vor § 182 Rn 13; SOERGEL/LEPTIEN[13] Vor § 182 Rn 5). So regelt sich der Zugang nach § 130 BGB, die Auslegung nach §§ 133, 157 BGB, die Regelungen über die Geschäftsfähigkeit, §§ 104 ff BGB und das Recht der Willensmängel (siehe dazu ausführlich § 182 Rn 63 ff). **36**

Als **einseitiges Rechtsgeschäft** sind für die Zustimmung allgemein die §§ 111, 180, 182 Abs 3, 1367, 1831 BGB zu beachten (STAUDINGER/GURSKY [2014] Vorbem 41 zu §§ 182–185; BeckOGK/REGENFUS [1. 4. 2019] § 182 Rn 65), wobei § 182 Abs 3 ausdrücklich auf die Sätze 2 und 3 des § 111 BGB verweist und diese Regelungen damit auf alle einseitigen Rechtsgeschäfte ausdehnt, nicht nur auf die des beschränkt Geschäftsfähigen (siehe dazu ausführlich § 182 Rn 126 f). **37**

Im Einzelnen siehe zum objektiven Tatbestand § 182 Rn 5 f; zur Form § 182 Rn 95 f; zum Adressaten § 182 Rn 41 ff; zur Möglichkeit der bedingten Zustimmung § 183 Rn 21; § 184 Rn 15; zur Vertretung § 182 Rn 56 f; zu den Willensmängeln § 182 Rn 63 f; zur Geschäftsfähigkeit § 182 Rn 60 ff. **38**

2. Trennung und Abstraktion

Die Zustimmung ist eigenständiges Rechtsgeschäft, das **getrennt** vom Hauptgeschäft ist (STAUDINGER/GURSKY [2014] Vorbem 38 zu §§ 182–185; SOERGEL/LEPTIEN[12] Vor § 182 Rn 3; PALANDT/ELLENBERGER[78] Einf § 182 Rn 3; BORK AT[4] S 663; NK-BGB/STAFFHORST[3] § 182 Rn 8). Einen „Gesamtzusammenhang", der es erlaubt, mit Zustimmung und Hauptgeschäft nur ein Rechtsgeschäft anzunehmen und so den Zustimmenden zur Partei des Hauptgeschäfts zu machen, gibt es nicht (so aber THIELE, Die Zustimmungen, S 243 ff). Er lässt sich nicht systematisch ableiten, was sich etwa aus § 182 Abs 2, 183 S 1 BGB ergibt (SOERGEL/LEPTIEN[13] Vor § 182 Rn 3). **39**

Inhaltlich kann die Zustimmung das Hauptgeschäft nicht ändern, ihr Ziel kann nur die Wirksamkeit des Hauptgeschäfts als solches sein (SOERGEL/LEPTIEN Vor § 182 Rn 3; STAUDINGER/GURSKY [2014] Vorbem 37 zu §§ 182–185: „exakt die Regelung"). Insofern muss auch die Zustimmung sich inhaltlich auf die Wirksamkeit gerade des Hauptgeschäfts beziehen, sie muss **korrespondieren** und deckungsgleich sein (BeckOGK/REGENFUS [1. 4. 2019] **40**

§ 182 Rn 63; STAUDINGER/GURSKY [2014] Vorbem 37 zu §§ 182–185; NK-BGB/STAFFHORST³ § 182 Rn 11; dazu siehe noch § 182 Rn 40). Das schließt jedoch nicht aus, unter Umständen eine Teileinwilligung (§ 182 Rn 40) oder Teilgenehmigung (§ 184 Rn 10) anzunehmen.

41 Dennoch ist die **Zustimmung ohne Hauptgeschäft nicht denkbar** (STAUDINGER/GURSKY [2014] Vorbem 37 zu §§ 182–185; FLUME, AT 2. Bd [4. Aufl 1992] S 890), und insofern kann man von einem Gesamttatbestand sprechen (MANKOWSKI S 69). Zum einen ergibt sich das Zustimmungsbedürfnis allein aus dem Hauptgeschäft selbst, zum anderen geht die Zustimmung ohne Hauptgeschäft „ins Leere" (SOERGEL/LEPTIEN¹² Vor § 182 Rn 3): Die Zustimmung selbst kann nur im Zusammenhang mit dem Hauptgeschäft die rechtliche Wirkung entfalten, auf die sie zielt. Sie ist zwar vom Hauptgeschäft getrennt und abstrakt, aber doch allein gleichsam „in der Luft hängend".

42 Die Zustimmung ist deshalb zwar eigenständiges Rechtsgeschäft, ohne vorgenommenes Hauptgeschäft aber rechtlich wirkungslos, weshalb es regelmäßig als **Hilfsgeschäft** (FLUME, AT, 2. Bd [4. Aufl 1992] S 890; SOERGEL/LEPTIEN¹² Vor § 182 Rn 3; PALANDT/ELLENBERGER⁷⁸ Einf § 182 Rn 3; BORK, AT⁴ S 664; NK-BGB/STAFFHORST³ § 182 Rn 11), ergänzendes Rechtsgeschäft (STAUDINGER/GURSKY [2014] Vorbem 37 zu §§ 182–185) oder Komplementärgeschäft (WOLF/NEUNER AT⁴ S 681) bezeichnet wird. Die Beschreibung als akzessorisch (RAAPE AcP 121 [1923] 257, 279) ist zumindest unglücklich.

43 Die **Zustimmung kann ihrerseits wiederum der Zustimmung** bedürfen, wie sich am Beispiel der Verfügung eines Nichtberechtigten über eine Sache eines beschränkt Geschäftsfähigen zeigt: Hier ist der Minderjährige nach § 185 Abs 1 BGB zustimmungsberechtigt, weil aber die Zustimmung zum Rechtsverlust führt, muss der gesetzliche Vertreter nach § 107 BGB einwilligen (STAUDINGER/GURSKY [2014] Vorbem 44 zu §§ 182–185). Eine Genehmigung wird in diesen Fällen grundsätzlich nicht in Betracht kommen, weil die Zustimmung als einseitiges Rechtsgeschäft grundsätzlich keinen Schwebezustand verträgt (dazu ausführlich § 184 Rn 105 f).

44 Die Zustimmung ist auch gegenüber dem **Hauptgeschäft abstrakt** (STAUDINGER/GURSKY [2014] Vorbem 38 zu §§ 182–185; NK-BGB/STAFFHORST³ § 182 Rn 8), so dass sich Fehler des einen Rechtsgeschäfts grundsätzlich nicht auf das andere Rechtsgeschäft auswirken. Eine Fehleridentität, also derselbe Mangel, der sich sowohl auf das Hauptgeschäft als auch auf die Zustimmung bezieht, ist freilich – wie stets – möglich (BeckOGK/REGENFUS [1. 4. 2019] § 182 Rn 67).

Die Abstraktion gilt in mehrfacher Hinsicht: zum einen besteht sie gegenüber dem Hauptgeschäft, zum anderen aber auch gegenüber dem Grundverhältnis zwischen dem Zustimmenden und dem zustimmungsbedürftig Handelnden. Freilich gibt es durchaus Verknüpfungen. Eine sieht für die Einwilligung § 183 S 1 aE BGB selbst vor, nachdem die Widerruflichkeit der Einwilligung mit dem ihrer Erteilung zugrundeliegenden Rechtsgeschäft verbunden werden kann – gemeint ist das Grundgeschäft zwischen dem der Zustimmung bedürftigen und dem Zustimmenden (§ 183 Rn 71 f). Ebenfalls findet § 168 S 1 BGB entsprechende Anwendung auch auf die Zustimmung, sodass das Ende des Grundgeschäfts auch Auswirkungen auf den Bestand der Zustimmungsberechtigung und die Stabilität der Zustimmung hat (§ 183 Rn 76 f). Und zum Dritten kann eine Zustimmung keine rechtlichen Wirkungen entfalten, wenn evident ist, dass der der Zustimmung Bedürftige (etwa im Falle einer

Ermächtigung) von seiner Rechtsmacht im Widerspruch zu seinen Bindungen im Grundverhältnis Gebrauch macht. Deshalb werden im Falle des **Missbrauchs von der Einwilligung** (insbesondere in ihrer Form der Ermächtigung, § 182 Rn 72) Anleihen bei der Rechtslage im Falle des Missbrauchs der Vertretungsmacht gemacht (STAUDINGER/ GURSKY [2014] Vorbem 39 zu §§ 182–185; NK-BGB/STAFFHORST[3] § 182 Rn 8; BeckOGK/REGENFUS [1. 4. 2019] § 182 Rn 69): Bei entsprechender Evidenz oder Kollusion zu Lasten des Einwilligenden kommt es dann zur Unwirksamkeit des Hauptgeschäfts, § 138 BGB im Falle der Kollusion.

Kondizierbar ist die Zustimmung nicht, auch nicht, wenn sie in der irrtümlichen **45** Meinung einer entsprechenden Verpflichtung erklärt wurde: sie setzt einen eigenen Rechtsgrund nicht voraus, sondern ist sich selbst genug und trägt ihren Rechtsgrund in sich (STAUDINGER/GURSKY [2014] Vorbem 68 zu §§ 182–185; BeckOGK/REGENFUS [1. 4. 2019] § 182): Deshalb bedarf die Zustimmung auch keines Grundgeschäfts. Das gilt für die Genehmigung und auch für die Einwilligung, bei der jedoch vor Vornahme des Hauptgeschäfts ein Bedürfnis der Kondizierbarkeit auch gar nicht besteht: Sie ist grundsätzlich frei, jedenfalls aber aus wichtigem Grund widerruflich, § 183 S 1 BGB (§ 183 Rn 80 f).

3. Zustimmung als Verfügung

Ob die Zustimmung zu einer Verfügung selbst eine Verfügung ist, ist umstritten, **46** früher wurde dies so gesehen (RG 10. 10. 1932 – IV 232/32, RGZ 137, 356; RG 25. 11. 1936 – V B 15/36, RGZ 152, 380; RAAPE AcP 121 [1923] 257, 259; ders AcP 123 [1925] 123, 194; BGB-RGRK/STEFFEN[12] § 185 Rn 185 Rn 4; siehe auch BayObLG 14. 11. 1996 – 2 Z BR 83/96, DNotZ 1998, 138 = FamRZ 1997, 710; RG 7. 7. 1917 – V 66/17, RGZ 90, 395). Richtig wird dies aber von der herrschenden Meinung abgelehnt (STAUDINGER/GURSKY [2014] Vorbem 48 zu §§ 182–185; SOERGEL/LEPTIEN[12] Vor § 182 Rn 3; WOLF/NEUNER AT[11] § 54 S 681).

Die widerrufliche **Einwilligung** ist jedenfalls keine Verfügung, weil sie nicht zu einer **47** unmittelbaren Rechtsfolge führt und selbst noch kein Recht ändert, aufhebt, überträgt oder belastet (siehe dazu § 185 Rn 12). Als Verfügung angesehen wird eine Einwilligung, die kraft Gesetzes unwiderruflich ist (dazu § 183 Rn 69 f), weil es hier bereits mit der Einwilligung zu einer Verringerung der Rechtsposition des Zustimmenden komme (BeckOGK/REGENFUS [1. 4. 2019] § 182 Rn 73; FLUME, AT, 2. Bd [4. Aufl 1992] S 897; PWW/FRENSCH[13] Rn 3; NK-BGB/STAFFHORST[3] § 183 Rn 14; kritisch THIELE 300). Das hat immerhin für sich, dass es nach der ratio der gesetzlichen Unwiderruflichkeit (§ 183 Rn 70) nicht darauf ankommen soll, ob der Einwilligende später die Zustimmungsmacht verliert (BeckOGK/REGENFUS [1. 4. 2019] § 182 Rn 73), so dass sie gerade zum Zeitpunkt der Einwilligung eben als „Verfügungsmacht" gegeben sein muss. Auch hier ist aber eine Einordnung als Verfügung nicht angezeigt, weil sich diese Folge aus der Auslegung der entsprechenden, den Widerruf ausschließenden Vorschriften ergibt. Das gilt aber auch für die auf rechtsgeschäftlicher Basis unwiderrufliche Einwilligung (§ 183 Rn 71), die auch keine unmittelbaren Rechtsfolgen für das Hauptgeschäft und so den Gegenstand auslöst. Auch kann diese Einwilligung aus wichtigem Grund stets widerrufen werden, so dass gerade keine „absolute" Bindung besteht.

Die **Genehmigung** einer Verfügung führt zwar zur Wirksamkeit des Hauptgeschäfts, **48** weshalb sie bisweilen als Verfügung angesehen wird (OLG München 10. 12. 2009 – 34 Wx

110/09, juris; Palandt/Ellenberger[78] Vor § 104 Rn 16; PWW/Frensch[13] Rn 3; vTuhr AcP 117 [1919] 193, 194; vThur BGB AT II/2 S 229), ist aber ebenfalls nicht unmittelbar verfügend, sondern auch und lediglich **Hilfsgeschäft** – deshalb wird von der richtigen überwiegenden Meinung der Verfügungscharakter abgelehnt (mit Ausnahmen BeckOGK/Regenfus [1. 4. 2019] § 182 Rn 73).

49 Letztlich ist die Frage weitgehend **theoretisch**, weil auch diejenigen, die den Verfügungscharakter ablehnen, zu einer Anwendung der Regelungen über Verfügungen (etwa § 185 BGB) kommen (Flume, AT, 2. Bd [4. Aufl 1992] S 894; NK-BGB/Staffhorst[3] § 182 Rn 10), so dass etwa die Verfügungsmacht des Zustimmenden stets vorauszusetzen ist (BGH 27. 9. 1962 – III ZR 83/61, NJW 1963, 36; Staudinger/Gursky [2014] Vorbem 48 zu §§ 182–185; Egert, 72) oder auch bei einer Zustimmung eines Nichtberechtigten zu einer Verfügung § 185 Abs 2 S 1 2. Alt BGB anzuwenden ist (BeckOGK/Regenfus [1. 4. 2019] § 182 Rn 72). Deshalb wird, auch wenn die Einordnung als Verfügung abgelehnt wird, bisweilen auch vom „Verfügungscharakter" der Zustimmung geschrieben (Soergel/Leptien[12] Vor § 182 Rn 3) – dadurch zeigt sich wiederum die notwendige Verbindung von Zustimmung und Hauptgeschäft (Flume, AT 2. Bd [4. Aufl 1992] S 894).

4. Rechtsschein

50 Nicht zuletzt durch die **flexible Adressatensystematik** der §§ 182 ff BGB (§ 182 Rn 41 f) kann es dazu kommen, dass der Rechtsschein einer Zustimmung gesetzt wird – etwa, wenn eine Außeneinwilligung durch einen „Innenwiderruf" beendet wird. Zur Lösung dieser Frage wird auf die §§ 170 ff BGB zurückgegriffen, weil in der Tat eine parallele Interessenlage wie bei der Vollmacht vorliegt, sie sind deshalb entsprechend anwendbar und zwar ohne Rekurs auf die Funktion der Zustimmung wegen Rechtsbetroffenheit oder Aufsichtsrecht (VGH Mannheim 21. 7. 1992 – 14 S 2326/90, NJW 1993, 1812; Palandt/Ellenberger[78], § 182 Rn 3; BeckOGK/Regenfus [1. 4. 2019] § 182 Rn 136; MünchKomm/Bayreuther[8] § 182 Rn 15; Staudinger/Gursky [2014] § 182 Rn 20; Soergel/Leptien[12] § 182 Rn 10; jurisPK-BGB/Trautwein Rn 16; Erman/Maier-Reimer[15] § 182 Rn 14; Flume, AT, 2. Bd [4. Aufl 1992] S 897; Planck/Flad § 183 Anm 2; Wolf/Neuner BGB AT § 54 Rn 123; Bork AT[4] S 665; Doris 182, 185; Canaris, Vertrauenshaftung 70, 148; gegen eine analoge Anwendbarkeit vThur BGB AT II/2 S 224 [Fn 94]). Das gilt zum einen für die Frage, ob überhaupt eine Zustimmung besteht (§ 182 Rn 73 f), aber auch, ob eine widerrufene Einwilligung wegen des durch sie gesetzten Rechtsschein nicht (immer noch) wirksam ist (§ 183 Rn 84 f).

VI. Zustimmung und Gut-Glaubensschutz

1. Guter Glaube an die Zustimmung

51 Der **gute Glaube**, es läge eine Zustimmung vor, wird durch die §§ 182 ff BGB **nicht geschützt** (NK-BGB/Staffhorst[3] § 182 Rn 13). Deshalb ist die Annahme, es läge eine Einwilligung vor (oder erst recht: es werde zur Genehmigung kommen) nicht belastbar. Die Unsicherheit über das Bestehen der Zustimmung hat der Gesetzgeber in Sonderregelungen der zustimmungsbegründenden Normen aufgenommen: So etwa durch die Möglichkeit des Zurückweisungsrechts nach § 111 S 2, 3 BGB (§ 182 Rn 86 f).

2. Verhältnis der §§ 182 ff zu Gutglaubensschutzregelungen

Die sachenrechtlichen Gutglaubensschutzregelungen stehen neben den gesetzlichen Zustimmungserfordernissen: Liegen bei der Verfügung eines Nichtberechtigten die Voraussetzungen der §§ 892, 932 BGB vor, so kommt es zum Eigentumsübergang, einer Zustimmung durch den Berechtigten bedarf es nicht, die §§ 182 ff und insbesondere § 185 BGB greifen nicht ein. Der (ehemals) Zustimmungsberechtigte hat durch den Gutgläubigen Erwerb auch die Verfügungsmacht über die Sache verloren, seine Zustimmung geht deshalb ins Leere (§ 185 Rn 4). 52

Eine **zustimmungsrechtliche Konnotation** erhalten die Gutglaubensvorschriften dort, wo die Zustimmung gerade beim gutgläubigen Erwerb notwendig ist (§ 184 Rn 110). So etwa, wenn auf Seiten des Erwerbers ein *falsus procurator* auftritt, dessen Einigung mit dem Veräußerer nach § 177 Abs 1 BGB zustimmungsbedürftig ist. Eine nachträgliche Genehmigung durch den Vertretenen muss sich mit der Frage auseinandersetzen, zu welchem Zeitpunkt es auf die Bösgläubigkeit des Zustimmenden ankommt. Hier kann aber nur der Zeitpunkt der Genehmigung und nicht des Hauptgeschäfts maßgeblich sein (siehe § 184 Rn 110).

VII. Folgen der Zustimmung

Liegt eine **Einwilligung** vor, so ist das vorgenommene Hauptgeschäft **von Anfang an wirksam** (siehe nur ERMAN/MAIER-REIMER[15] Vor § 182 Rn 14; FLUME, AT, 2. Bd [4. Aufl 1992] S 896). Auf den Inhalt des Hauptgeschäfts als solchen hat die Zustimmung keinen Einfluss – sie kann dem Hauptgeschäft nur so, wie es vorgenommen wurde, zur Wirksamkeit verhelfen, es aber nicht inhaltlich ändern (PALANDT/ELLENBERGER[78] Einf § 182 Rn 4). Dazu noch § 182 Rn 81 ff. 53

Wird ein Rechtsgeschäft, für das eine Zustimmung erforderlich ist, ohne Einwilligung vorgenommen, so kommt es grundsätzlich (§ 184 Rn 43 f) zur **schwebenden Unwirksamkeit** des Hauptgeschäfts (ERMAN/MAIER-REIMER[15] Vor § 182 Rn 14). Diese kann durch die Genehmigung beendet werden, so dass das Hauptgeschäft nach dem Grundsatz des § 184 BGB ex tunc wirksam ist, oder aber durch deren Verweigerung, durch die ebenfalls ex tunc endgültige Unwirksamkeit eintritt (ERMAN/MAIER-REIMER[15] Vor § 182 Rn 15). Dazu noch § 184 Rn 71. 54

Damit wird die Zustimmung auch als „**Machtgeschäft**" bezeichnet, was den Blick auf denjenigen lenkt, dessen rechtsgeschäftliches Handeln der Zustimmung bedürftig ist (BeckOGK/REGENFUS [1. 4. 2019] § 182 Rn 61): Dieser wird durch die Zustimmung, besonders ersichtlich wird dies für die Einwilligung, mit der Rechtsmacht ausgestattet, das Hauptgeschäft wirksam vorzunehmen, und so auch die entsprechenden Rechtsfolgen für den Zustimmenden auszulösen. Deshalb zielt sie „eigentlich" nur auf die Willenserklärung des der Zustimmung Bedürftigen. Die Verleihung von Rechtsmacht hat die Zustimmung mit der Bevollmächtigung gemein, deren Spiegelbild sie auch im Stellvertretungsrecht ist, wenn ein *falsus procurator* gerade ohne die vorherige Zustimmung handelt. Auf der anderen Seite führt aber die Zustimmung – wie ebenfalls die Bevollmächtigung – nicht dazu, dass der Zustimmende seine rechtsgeschäftliche Handlungsfreiheit einbüßt: Er kann so auch nach der gegebenen Einwilligung das betreffende Rechtsgeschäft selbst vornehmen. Im 55

Falle einer Verfügung eines Nichtberechtigten, § 185 BGB, geht damit die erteilte Einwilligung ins Leere, wenn der betreffende Gegenstand vor dem beabsichtigten Hauptgeschäft übertragen wurde (zur Bedeutung für die Zustimmungsbefugnis siehe § 184 Rn 28 f).

56 **Pflichten** ergeben sich für den Zustimmenden aufgrund seiner Zustimmung aus dem Hauptgeschäft grundsätzlich nicht. Das ist nur etwa dann anders, wenn er durch die Zustimmung nach § 177 Abs 1 BGB das ihn verpflichtende Geschäft des falsus procurators genehmigt. Ob seine Zustimmung daneben einen weiteren Erklärungswert hat, etwa für einen eigenen Vertragsbeitritt, ist eine Frage der Auslegung, die allerdings in keinem strengen Zusammenhang mit der Zustimmung selbst steht (siehe BeckOGK/REGENFUS [1. 4. 2019] § 182 Rn 184).

57 Die Zustimmung führt zur **Wirksamkeit des Hauptgeschäfts**, im Falle der Einwilligung kommt es damit ohne eine Phase der schwebenden Unwirksamkeit zur rechtlich durch den Zustimmungsberechtigten abgesicherten Situation. So liegt etwa im Falle der Ermächtigung bei der Verfügung des Nichtberechtigten von vornherein kein widerrechtlicher Eingriff etwa in das Eigentum des Berechtigten vor. Das ist bei der Genehmigung anders, sie wirkt zwar ebenfalls ex tunc, allerdings lässt sie einen rechtswidrigen Zugriff etwa auf das Eigentum nicht rückwirkend entfallen, sie heilt nicht vollumfänglich (BGH 6. 11. 1990 – VI ZR 99/90, NJW 1991, 695 = JA 1991, 275; SOERGEL/ LEPTIEN[12] § 185 Rn 24). Deshalb entfallen auch bei Genehmigung nicht eventuelle Ansprüche aus deliktischer Haftung oder auf der Grundlage der §§ 987 ff BGB (BeckOGK/REGENFUS [1. 4. 2019] § 182 Rn 193). Ob in der Genehmigung ein Verzicht auf diese Ansprüche zu sehen ist, ist durch Auslegung zu ermitteln. Im Zweifel wird der Genehmigende einen solchen Verzicht nicht wollen (BGH 6. 11. 1990 – VI ZR 99/90, NJW 1991, 695 = JA 1991, 275).

VIII. Verweigerung der Zustimmung

58 Die Verweigerung der Zustimmung wird ebenfalls als einseitiges Rechtsgeschäft eingeordnet (PALANDT/ELLENBERGER[78] § 182 Rn 4). Das gilt jedenfalls für die **Verweigerung der Genehmigung** (§ 184 Rn 71). Sie ist in § 182 Abs 1 BGB erwähnt und unterliegt damit auch dessen Adressatensystem (§ 182 Rn 41 f). Weil deshalb auch § 182 Abs 2 BGB gilt, ist stets zu fragen, ob in einer Ablehnung der Genehmigung auch ein entsprechender Rechtsbindungswille zu sehen ist, sie also endgültig ist – und nicht etwa eine Vertröstung („Jetzt noch nicht!" oder „derzeit" nicht) ist (BGH 13. 10. 2008 – II ZR 76/07, NJW 2009, 229 = DStR 2008, 2428). Dass der Erklärungsempfänger weiß, dass der Ablehnende den Inhalt des Vertrages, dem er zustimmen soll, nicht kennt, ist für seinen Empfängerhorizont bedeutsam (BGH 2. 12. 1981 – IVb ZR 553/80, NJW 1982, 1099 = FamRZ 1982, 249), spricht aber nicht zwangsläufig gegen die Endgültigkeit und damit die rechtliche Verbindlichkeit. Eine Verweigerung kann auch darin liegen, dass der Zustimmungsberechtigte Ansprüche geltend macht, die nur bei unwirksamem Rechtsgeschäft bestehen können (BGH 15. 5. 1963 – V ZR 141/61, NJW 1963, 1613; BeckOK BGB/BUB [1. 11. 2018] § 182 Rn 26), man wird dies aber ohne weiteres nicht allein daraus schließen können, dass ein Berechtigter im Falle der Verfügung eines Nichtberechtigten den entsprechenden Gegenstand herausverlangt (BeckOGK/REGENFUS [1. 4. 2019] § 182 Rn 143. 1).

59 Die Verweigerung der Genehmigung ist einseitiges Rechtsgeschäft, weil mit ihrer Wirksamkeit das bis dahin schwebend unwirksame Hauptgeschäft endgültig und ex tunc unwirksam ist (BGH 1. 10. 1999 – V ZR 168/98, NJW 1999, 3704 = DNotZ 2000, 288; BGH 28. 4. 1954 – II ZR 8/53, BGHZ 13, 179 = NJW 1954, 1155; BeckOGK/Regenfus [1. 4. 2019] § 182 Rn 139; § 184 Rn 71). Das ist zwar umstritten, und die Verweigerung wird auch als rechtsgeschäftsähnliche Handlung beschrieben, eine maßgebliche Folge hätte dies aber nicht, weil dann die §§ 182 ff BGB entsprechend anwendbar wären (siehe dazu Staudinger/Gursky [2014] Vorbem 40 zu §§ 182–185). Diese Folge wurde zwar im Gesetzgebungsverfahren offengelassen (Mot I 247), ist aber wegen der notwendigen Rechtssicherheit zwangsläufig. Siehe dazu im Einzelnen (§ 184 Rn 71).

Wollen die Beteiligten des Hauptgeschäfts nach der Verweigerung am Vertrag festhalten, so können sie es erneut vornehmen, was dann aber wiederum die Zustimmungsbedürftigkeit auslöst, es sei denn, diese wäre dann entfallen – etwa, weil der bislang Minderjährige voll geschäftsfähig wird. Allerdings können die Parteien durch bloße Bestätigung auf das frühere Geschäft zugreifen, müssen es also nicht neu vornehmen (Staudinger/Gursky [2014] § 182 Rn 40; BeckOK BGB/Bub [1. 11. 2018] § 183 Rn 28), freilich sind dann etwaige Formvorschriften nochmals zu beachten (BGH 28. 9. 1999 – XI ZR 90/98, NJW 1999, 3705 = DStR 1999, 1914; anders K Schmidt AcP 89 [1989] 1, 9).

60 Ob dies auch für die **Verweigerung der Einwilligung** gilt, ist fraglich, weil diese keine Bindungswirkung hat, sondern bis zum Zeitpunkt der Vornahme des Rechtsgeschäfts einer erneuten Einwilligung und später einer Genehmigung nicht im Wege steht (BGH 2. 12. 1981 – IVb ZR 553/80, NJW 1982, 1099 = JZ 1982, 207; NK-BGB/Staffhorst³ § 182 Rn 9; BeckOK BGB/Bub [1. 11. 2018] § 183 Rn 27; BeckOGK/Regenfus [1. 4. 2019] § 182 Rn 138). Eine Rechtsfolge in Form einer rechtlichen Bindung wird dadurch also nicht ausgelöst, sie ist – mit Gursky – „rechtlich belanglos" (Staudinger/Gursky [2014] Vorbem 35 zu §§ 182–184), auch wenn sie mit einem Verzicht auf die Einwilligung verbunden und so „unwiderruflich" wird: Auch hier kann sich der Zustimmungsberechtigte nicht selbst der Zustimmungsmöglichkeit begeben, wie sich das aus dem Rechtsgedanken des § 137 S 1 BGB ergibt (BeckOGK/Regenfus [1. 4. 2019] § 182 Rn 138 Fn 397; anders: BeckOK BGB/Bub [1. 11. 2018] § 182 Rn 27, endgültiger Verlust). Er kann sich aber schuldrechtlich verpflichten, keine Einwilligung mehr zu erklären, was letztlich nur bei einer Vereinbarung mit einer der am Hauptgeschäft Beteiligten sinnvoll ist, die nicht mehr an diesem festhalten will, aber auch keinen Aufhebungsvertrag (§ 184 Rn 39) schließen kann. Die Verweigerung der Einwilligung kann freilich faktische Folgen haben, so dass die potenziellen Beteiligten am Hauptgeschäft nunmehr endgültig von diesem ablassen und die Möglichkeit einer nochmaligen Zustimmung nicht in Betracht ziehen oder verwerfen.

61 Deshalb mag man diese Verweigerung als rechtsgeschäftsähnlich begreifen (NK-BGB/Staffhorst³ § 182 Rn 9), allerdings löst eine gegebene Verweigerung jedenfalls eine erneute Zustimmungsmöglichkeit aus. Eine praktische Folge der Einordnung als rechtsgeschäftsähnliche Handlung der Einwilligungsverweigerung ist nicht ersichtlich, weil zum einen keine bindende Rechtsfolge ausgelöst wird und zum anderen die Regelungen über die Rechtsgeschäfte entsprechend anzuwenden sind (NK-BGB/Staffhorst³ § 182 Rn 9).

62 Dazu noch im Einzelnen § 182 Rn 86 ff; § 183 Rn 86; § 184 Rn 71.

IX. Abgrenzung und Anwendung

63 Der Zustimmungssachverhalt, den die §§ 182 ff BGB im Verein mit den jeweiligen die Zustimmungsbedürftigkeit begründenden gesetzlichen Vorgaben regeln, zeichnet sich regelmäßig durch zwei Merkmale aus: zum einen durch das konstitutive rechtsgeschäftliche Einverständnis eines am Hauptgeschäft nicht Beteiligten und durch die flexible zeitliche Dimension dieser Beteiligung. Beide Elemente finden sich in unterschiedlicher Ausprägung auch bei anderen Rechtsinstituten, bei denen dann die (entsprechende) Anwendung der §§ 182 ff BGB in Rede steht.

1. Vertretung

64 Eine sehr enge Bindung, die bis in die entsprechende Anwendung der einschlägigen gesetzlichen Regelungen geht, weist die Zustimmung mit der Bevollmächtigung auf (MünchKomm/Bayreuther[8] Vor § 182 Rn 8). Die Regelungen etwa der §§ 170–173 BGB (§ 182 Rn 73 f) oder des § 180 S 1 BGB (§ 182 Rn 83) sind nach herrschender Meinung entsprechend anzuwenden – hier werden die knappen Regelungen der §§ 182 ff BGB als ergänzungsbedürftig angesehen (NK-BGB/Staffhorst[3] § 182 Rn 15). In der Tat gibt es bisweilen keine Zwangsläufigkeit, welches Modell der arbeitsteiligen rechtsgeschäftlichen Gestaltung gewählt wird: Die Bevollmächtigung oder die Zustimmung. Die systematischen Parallelen, die stets für die entsprechende Anwendung der stellvertretungsrechtlichen Regelungen herangezogen werden, sind offenbar: Zustimmung wie Bevollmächtigung sind einseitige, empfangsbedürftige Rechtsgeschäfte, die grundsätzlich abstrakt und getrennt vom Hauptgeschäft sind; das Adressatensystem der Bevollmächtigung und ihres Widerrufs gleicht dem der §§ 182 ff BGB. Gleiches gilt für die Formfreiheit der Bevollmächtigung, § 167 BGB und der Zustimmung, § 182 Abs 2 BGB. Die Frage nach der Bedeutung des Grundverhältnisses für die Stabilität des jeweiligen Hilfsgeschäfts betrifft beide Bereiche und ist in § 168 S 1 BGB geregelt.

65 Das gilt insbesondere für die Ermächtigung des Zustimmenden an einen Dritten zur Verfügung nach § 185 BGB (NK-BGB/Staffhorst[3] § 182 Rn 15). Der Unterschied liegt zunächst darin, dass die Bevollmächtigung die Grundlagen der wirksamen Stellvertretung des Vertretenen begründet, so dass dieser direkt rechtsgeschäftlich gebunden wird. Der Stellvertreter ist also gleichsam Instrument zur eigenen rechtlichen Bindung. Die Zustimmung dagegen bezieht sich auf ein Rechtsgeschäft, das Dritte schließen, aus dem aber auch (lediglich) Dritte gebunden werden. Der Zustimmende selbst wird also nicht Partei des Rechtsgeschäfts (siehe dazu MünchKomm/Bayreuther[8] Vor § 182 Rn 8). Maßgeblicher Unterschied zur Stellvertretung ist aber zudem das im Zustimmungsrecht fehlende Offenkundigkeitsprinzip – wegen des Adressatensystems der §§ 182 ff BGB ist es möglich, dass ein am Hauptgeschäft Beteiligter überhaupt keine Kenntnis vom Zustimmungserfordernis oder einer erfolgten Zustimmung hat. So etwa, wenn ein der Vertragspartner die beschränkte Geschäftsfähigkeit der anderen Vertragspartei nicht erkennt, diese aber mit Einwilligung des gesetzlichen Vertreters handelt. Umgekehrt muss der Minderjährige von einer gegenüber seinem Vertragspartner abgegebenen Zustimmung keine Kenntnis haben. Siehe dazu noch § 185 Rn 29 ff.

Die Bevollmächtigung nach § 167 BGB ist deshalb keine Zustimmung (ERMAN/MAIER- **66**
REIMER[15] Vor § 182 Rn 5), sondern ein eigenes rechtsgeschäftliches Instrument. Es gelten die Regelungen der §§ 167 ff BGB, die (umgekehrt) als Orientierung auch für zustimmungsrechtliche Probleme dienen (siehe § 182 Rn 73 ff; 83 ff).

Zu unterscheiden von der Bevollmächtigung ist ersichtlich die Genehmigung des vom *falsus procurator* abgeschlossenen Vertrages, § 177 Abs 1 BGB (oder im Falle des § 180 BGB des einseitigen Rechtsgeschäfts). Diese Genehmigung ist Zustimmung im Sinne der §§ 182 ff BGB.

Im Falle der **Gesamtvertretung** liegt auch keine Zustimmung im Sinne der §§ 182 ff **67**
BGB vor, wenn ein Gesamtvertreter ein Rechtsgeschäft im Namen des Vertretenen vornimmt, und die anderen Gesamtvertreter später ihr Einverständnis erklären (STAUDINGER/GURSKY [2014] Vorbem 9 zu §§ 182–185). Freilich wird das Adressatensystem des § 182 Abs 1 BGB entsprechend angewandt (OLG Karlsruhe 24. 7. 2007 – 17 Verg 6/07, BeckRS 2008, 08723 = NJOZ 2008, 3347; BeckOGK/REGENFUS [1. 4. 2019] § 182 Rn 20).

2. Rechtsgeschäftliches Einverständnis kein Wirksamkeitserfordernis

a) Erlaubnis

Die **Erlaubnis** nach § 553 BGB (Erlaubnis zur Gebrauchsüberlassung der Mietsache **68**
an Dritte), § 540 BGB (Erlaubnis zur Untervermietung); § 590 BGB (Erlaubnis zur Unterverpachtung), § 603 BGB (Erlaubnis zur Überlassung einer geliehenen Sache an einen Dritten), § 1784 BGB (Beamter oder Religionsdiener als Vormund), § 1888 BGB (Entlassung von Beamten und Religionsdienern) bezieht sich nicht auf die Wirksamkeit eines fremden Rechtsgeschäfts, sondern auf das rechtliche Dürfen des rechtsgeschäftlich handelnden Dritten, sie betrifft das Innenverhältnis (SOERGEL/LEPTIEN Vor § 182 Rn 1; BeckOGK/REGENFUS § 182 Rn 15.2; STAUDINGER/GURSKY [2014] Vorbem 11 zu §§ 182–185; NK-BGB/STAFFHORST[3] § 182 Rn 4; MünchKomm/BAYREUTHER[8] Vor § 182 Rn 10). Deshalb ist etwa ein ohne solche Erlaubnis abgeschlossener Untermietvertrag nicht unwirksam, es tritt also eine Bindung zwischen dem Mieter und dem Untermieter ein, allerdings handelt der Mieter gegenüber dem Vermieter pflichtwidrig, weil er sein rechtliches Dürfen im Außenverhältnis überschritten hat (BeckOK BGB/BUB [1. 11. 2018] § 182 Rn 7; MünchKomm/BAYREUTHER[8] Vor § 182 Rn 10; SOERGEL/LEPTIEN Vor § 182 Rn 1; BeckOGK/REGENFUS § 182 Rn 15.2.) Die Rechtsprechung lässt es offen, ob in diesen Fällen § 182 BGB jedenfalls entsprechend anzuwenden ist (BGH 25. 4. 2008 – LwZR 10/07, juris Rn 18 = GuT 2009, 110). Das allerdings ist nicht angezeigt: Letztlich handelt es sich um keine „Ausstrahlung" wie bei der Zustimmung.

b) „Soll-Genehmigungen"

Das Gesetz sieht bisweilen vor, dass eine Genehmigung eingeholt werden „soll" – so **69**
in §§ 1810, 1806, 1807, 1823 BGB für die Genehmigung des Gegenvormunds. Kommt der Vormund dieser Aufforderung des Gesetzes nicht nach, kommt aber lediglich zu Schadensersatzforderungen, nicht aber zur Unwirksamkeit des durch das Mündel vorgenommenen Rechtsgeschäfts (BeckOGK/REGENFUS [1. 4. 2019] § 182 Rn 15.1; FLUME, AT 2. Bd [4. Aufl 1992] S 889; STAUDINGER/GURSKY [2014] Vorbem 6 zu §§ 182–185; MünchKomm/KROLL-LUDWIGS § 1810 Rn 3: Sollvorschrift ohne Außenwirkung). Die Anwendung der §§ 182 ff BGB kann hier nur entsprechend erfolgen.

c) Sicherungsrelevante Zustimmung

70 Die Zustimmung nach § 418 Abs 1 S 3 BGB zum Weiterbestehen von Sicherungen im Fall der Schuldübernahme ist keine Zustimmung nach §§ 182 ff BGB sein, weil sie die Übernahme unberührt lassen und lediglich weitere durch die Schuldübernahme ausgelösten Rechtsfolgen, nämlich den Bestand der Sicherungsrechte, betreffen (BeckOGK/Regenfus [1. 4. 2019] § 182 Rn 15. 3; Staudinger/Gursky [2014] Vorbem 18 zu §§ 182–185). Außerdem passt das Schutzkonzept der Zustimmungen nicht (Rn 15 f): Nicht die Schuldübernahme betrifft den Weiterbestand der Sicherungen, sondern das Gesetz sieht im Gegenteil deren Erlöschen vor – und die Zustimmung lässt diese weiterbestehen. Dennoch wendet der BGH die §§ 182 ff BGB direkt an (BGH 8. 5. 2015 – V ZR 56/14, NJW 2015, 2872 = DNotZ 2015, 673; ebenfalls Staudinger/Rieble [2017] § 418 Rn 20 ff).

3. Bezugspunkt: eigenes Rechtsgeschäft

a) Bestätigung

71 Die **Bestätigung** nach §§ 141, 144 BGB folgt nicht den Regelungen der §§ 182 ff BGB, sie ist keine Zustimmung im Sinne dieser Regelungen. Zwar ist die Bestätigung auch einseitiges Rechtsgeschäft, das darauf gerichtet ist, einen bisher nichtiges oder unwirksames, § 141 BGB, oder anfechtbares, § 144 BGB, Rechtsgeschäft zur endgültigen Wirksamkeit zu führen, allerdings bezieht sich die Bestätigung stets auf ein eigenes Rechtsgeschäft des Bestätigenden (Staudinger/Gursky [2014] Vorbem 15 zu §§ 182–185; Erman/Maier-Reimer[15] Vor § 182 Rn 4; Palandt/Ellenberger[78] Einf § 182 Rn 2; Soergel/Leptien Vor § 182 Rn 1; jurisPK/Trautwein[8] [Stand: 13. 2. 2019] § 182 Rn 4; NK-BGB/Staffhorst[3] § 182 Rn 4).

b) Zustimmung zur Mieterhöhung

72 Die Zustimmung zur Mieterhöhung nach § 558b BGB ist ebenfalls keine im Sinne der §§ 182 ff BGB, sondern die Annahme eines Angebots auf Vertragsänderung (OLG Frankfurt 21. 3. 2001 – 20 RE-Miet 2/99, NZM 2001, 418 = NJW-RR 2001, 945; Staudinger/Gursky [2014] Vorbem 12 zu §§ 182–185; BeckOGK/Regenfus [1. 4. 2019] § 182 Rn 22).

c) Mitwirkung an Beschlüssen

73 Keine Zustimmung im Sinne der §§ 182 ff BGB ist die vereins- oder gesellschaftsrechtliche Mitwirkung an Beschlüssen, die bisweilen ebenfalls mit dem Terminus Zustimmung bezeichnet wird (MünchKomm/Bayreuther[8] Vorbem 12 §§ 182 f; Soergel/Leptien Vor § 182 Rn 2; jurisPK/Trautwein[8] [Stand: 13. 2. 2019] § 182 Rn 15; NK-BGB/Staffhorst[3] § 182 Rn 4; Erman/Maier-Reimer[15] Vor § 182 Rn 4; Palandt/Ellenberger[78] Einf § 182 Rn 2). Der Beschluss als solcher ist mehrseitiges Rechtsgeschäft (Wolf/Neuner S 338), Zustimmung meint in diesen Fällen die Mitwirkung durch eigene Willenserklärung, aber nicht Einwilligung oder Genehmigung in ein von anderen vorgenommenes Rechtsgeschäft (Staudinger/Gursky [2014] Vorbem 7 zu §§ 182–185). Das gilt etwa in den Fällen § 32 Abs 2, § 709 Abs 1, § 744 Abs 2, § 115 Abs 2 HGB oder § 119 Abs 1 HGB.

74 Allerdings gibt es auch im Vereins- und Gesellschaftsrecht Zustimmungen im Sinne des § 182 BGB: So etwa bei § 35 BGB oder § 53 Abs 3 GmbHG, wenn der mit den Sonderrechten ausgestattete Gesellschafter oder das Vereinsmitglied nicht selbst am Beschluss teilhatte, sind die §§ 182 ff BGB deshalb anwendbar (BeckOGK/Regenfus [1. 4. 2019] § 182 Rn 18).

4. Bezugspunkt: Innenverhältnis

Eine Kontrollfunktion (Rn 19 ff) begegnet zwar auch im Gesellschaftsrecht, wenn besondere Entscheidungen des geschäftsführenden Organs an die Zustimmung etwa des Aufsichtsrats gebunden werden, § 111 Abs 4 S 2 AktG (siehe auch § 82 Abs 2 AktG) – allerdings wird hier in der Regel keine Zustimmung im Sinne der §§ 182 ff BGB vorliegen, sondern eine Beschränkung der Handlungsmacht im Innenverhältnis (dazu MünchKommAktG/Habersack § 111 Rn 147). Damit gelten die §§ 182 ff BGB nicht (Flume, AT 2. Bd [4. Aufl 1992] S 889; BeckOGK/Regenfus [1. 4. 2019] § 182 Rn 21). 75

Kommunalrechtliche Zustimmungserfordernisse betreffen ebenfalls regelmäßig das Innenverhältnis (BeckOGK/Regenfus [1. 4. 2019] § 182 Rn 21). Siehe dazu auch § 182 Rn 121. 76

5. Rechtsgeschäftlich vereinbartes Einverständnis: Bedingung

a) Allgemeines

Die Vertragsparteien können die Wirksamkeit des Vertrages – oder für zukünftige einseitige Rechtsgeschäfte – auch grundsätzlich unter die Bedingung stellen, dass ein Dritter mit der Vornahme des jeweiligen Rechtsgeschäfts einverstanden ist. Auch wenn hier wohl häufig der Begriff der Zustimmung, Genehmigung oder Einwilligung verwendet werden dürfte, handelt es sich wegen des numerus clausus der gesetzlichen Zustimmungserfordernisse um eine aufschiebende Bedingung im Sinne der §§ 158 ff BGB (OLG Düsseldorf 11. 10. 2018 – 15 U 28/18, juris). Maßgeblich ist, dass die Vertragsparteien eben keine zukünftigen Zustimmungserfordernisse setzen, sondern das konkrete Rechtsgeschäft an das Einverständnis eines Dritten knüpfen (Staudinger/Gursky [2014] Vorbem 29 zu §§ 182–185). Deshalb finden die §§ 158 ff BGB Anwendung, nicht die §§ 182 ff BGB (BAG 10. 11. 1994 – 2 AZR 207/94, NJW 1995, 1981, 1982 = NZA 1995, 309; Soergel/Leptien Vor § 182 Rn 4; NK-BGB/Staffhorst[3] § 182 Rn 16; Palandt/Ellenberger[78] Einf § 182 Rn 5; NK-BGB/Staffhorst[3] § 182 Rn 16; Erman/Maier-Reimer[15] Vor § 182 Rn 3; jurisPK/Trautwein[8] [Stand: 13. 2. 2019] § 182 Rn 5; Bork, Allgemeiner Teil [4. Aufl] S 663; Wolf/Neuner AT[4] S 677; Wertenbruch, BGB Allgemeiner Teil [4. Aufl 2017] S 292; Staudinger/Gursky [2014] Vorbem 29 zu §§ 182–185). Freilich ist zu klären, ob sich bei der Vereinbarung nicht um eine letztlich gesetzlich begründete Rechtsbedingung handelt, für ein solches (letztlich deklaratorisch vereinbartes) Zustimmungserfordernis gelten die §§ 182 ff BGB (Flume, AT, 2. Bd [4. Aufl 1992] S 887 f; Bork AT[4] S 663). 77

Das hat Auswirkungen auf den Zeitpunkt der Wirksamkeit des Hauptgeschäfts: Bei der Bedingung ist (grundsätzlich) der Zeitpunkt des Bedingungseintritts maßgeblich, § 159 BGB, während der Genehmigung § 184 einschlägig ist. Außerdem kann eine solche Bedingung nur dann vereinbart werden, wenn der Vertrag nicht bedingungsfeindlich ist (Staudinger/Gursky [2014] Vorbem 29 zu §§ 182–185). Ein einseitiges Rechtsgeschäft ist grundsätzlich bedingungsfeindlich (Palandt/Ellenberger[78] Einf § 182 Rn 5). 78

Ob auf die rechtsgeschäftliche Bedingung über das notwendige Einverständnis eines Dritten die §§ 182 ff BGB entsprechend angewendet werden, ist strittig. Ein Verweis auf die etwa nach § 12 WEG eröffnete Nutzung eines gesetzlichen Spielraums 79

(Rn 31) hilft hier nicht (so aber BeckOK BGB/Bub [1. 11. 2018] § 182 Rn 4), weil es sich hier letztlich doch um eine gesetzliches Zustimmungserfordernis handelt (Rn 31). Allerdings werden sich wegen der Symmetrie des Vorganges, dieselben Fragen stellen, die durch §§ 182 ff BGB gelöst werden. Deshalb kommt eine starke Meinung zur entsprechenden Anwendung der §§ 182 ff BGB (OLG Düsseldorf 11. 10. 2018 – 15 U 28/18, juris; auch BeckOK/Bub § 182 Rn 4; Staudinger/Gursky [2014] Vorbem 29 zu §§ 182–185), allerdings nur punktuell: So wird etwa die Widerrufsmöglichkeit des § 183 S 1 BGB nicht angewandt, die Adressatenregelung des § 182 Abs 1 BGB aber schon. Dieser punktuellen Anwendung kann gefolgt werden. Ausgangspunkt allerdings ist stets die Vereinbarung der Parteien, das ist der grundlegende Unterschied zur Zustimmung nach §§ 182 ff BGB: Aus diesem haben die Parteien gerade keinen unmittelbaren Zugriff.

80 Keine Bedingung im Sinne der §§ 158 ff BGB, sondern letztlich Klarstellung der rechtlichen Lage liegt in einer Vereinbarung, dass das Hauptgeschäft von der **gesetzlich notwendigen Zustimmung** abhängig ist – so wenn auf das Genehmigungsrecht des Vertretenen bei einem durch den falsus procurator abgeschlossenen Geschäft verwiesen wird (BGH 29. 3. 2000 – VIII ZR 81/99, NJW 2000, 2272 = MDR 2000, 817; Staudinger/Gursky [2014] Vorbem 30 zu §§ 182–185: Rechtsbedingung).

b) Billigung

81 Die Billigung beim Kauf auf Probe im Sinne des § 454 BGB ist keine Zustimmung im Sinne der §§ 182 ff BGB, sondern letztlich vereinbarte Bedingung (RG 4. 10. 1932 – II 79/32, RGZ 137, 297, 299; Staudinger/Gursky [2014] Vorbem 14 zu §§ 182–185; Erman/Maier-Reimer[15] Vor § 182 Rn 4; BeckOGK/Regenfus [1. 4. 2019] § 182 Rn 16; BeckOK BGB/Bub [1. 11. 2018] § 182 Rn 6; MünchKomm/Bayreuther[8] Vor § 182 Rn 9). Die (hypothetische) Billigung nach § 665 BGB und § 692 BGB ist für die Rechtmäßigkeit des Handelns des Auftragsnehmers und Verwahrers maßgeblich, entfaltet also rechtfertigende Wirkung und ist deshalb nicht unter die §§ 182 ff BGB einzuordnen (MünchKomm/Bayreuther[8] § 182 Rn 9).

6. Zustimmung zur Vertragsübernahme

82 Nach der herrschenden Meinung sind die §§ 182 ff BGB auf die Zustimmung zur Vertragsübernahme anzuwenden (BGH 20. 1. 2010 – VIII ZR 84/09, MDR 2010, 739 = NZM 2010, 471; BGH 3. 12. 1997 – XII ZR 6/96, BGHZ 137, 255 = NJW 1998, 531; Saarländisches Oberlandesgericht Saarbrücken 10. 1. 2018 – 5 U 5/17, NZI 2018, 402; OLG Karlsruhe 10. 5. 2007 – 12 W 15/07, MDR 2007, 1412; Staudinger/Rieble [2017] § 414 Rn 145; MünchKomm/Bayreuther[8] Vor § 182 Rn 25; Bettermann MDR 1958, 90, 91; Wagner JuS 1997, 690, 694; Staudinger/Gursky [2014] Vorbem 32 zu §§ 182–185; mit weiteren Nachweisen, auch zur Gegenmeinung; jurisPK/Trautwein[8] [Stand: 13. 2. 2019] § 182 Rn 12; BeckOGK/Regenfus [1. 4. 2019] § 182 Rn 27). Neben der Möglichkeit eines dreiseitigen Vertrags zwischen allen Beteiligten wird auch die Möglichkeit eines Übernahmevertrages zwischen dem alten und dem übernehmenden Vertragspartner unter Zustimmung des verbleibenden Vertragspartners oder der verbleibenden mit Zustimmung des ausscheidenden Vertragspartners anerkannt. Diese herrschende Meinung ist richtig (siehe nur Staudinger/Rieble [2017] § 414 Rn 142), wenngleich nicht unumstritten (Dörner, Dynamische Relativität, 133 ff; ders NJW 1986, 2919: nur für das Zustimmungsmodell). Damit ist bei der Anwendung der §§ 182 ff BGB – insbesondere des Widerrufs, § 183 S 1 BGB – zunächst zu fragen, welcher

Titel 6
Einwilligung und Genehmigung   **Vorbem zu §§ 182 ff**

Weg beschritten werden soll: So kann ein Vertragsangebot nur nach § 130 Abs 1 S 2 BGB widerrufen werden, die Einwilligung aber nach § 183 S 1 BGB. Allerdings ist die Anwendung der §§ 182 ff BGB im Falle der Wahl des Zustimmungsmodells eben auch schlicht Folge dieser Modellwahl (BeckOGK/Regenfus [1. 4. 2019] § 182 Rn 27).

7. Überwindung der Vinkulation der Forderung

Die Übertragbarkeit einer Forderung kann nach § 399 2. Alt BGB zwischen Gläu- **83** biger und Schuldner ausgeschlossen werden (Vinkulation; dazu Staudinger/Busche [2017] § 399 Rn 50 ff). Es ist anerkannt, dass diese Vinkulation durch Zustimmung des Schuldners aufgehoben werden kann. Allerdings besteht über den Weg Uneinigkeit: Manche ermöglichen eine Forderungsabtretung in diesen Fällen bereits dann, wenn der Schuldner im Sinne der §§ 182 ff BGB zustimmt, andere fordern zuvor die Aufhebung der Vinkulation mit der Vereinbarung einer Zustimmungsmöglichkeit.

Folgt man dem **Vertragsmodell** (dafür MünchKomm/Bayreuther[8] Vor § 182 Rn 24; Staudinger/Busche [2017] § 399 Rn 63; BeckOK BGB/Bub [1. 11. 2018] Rn 9; unentschieden BGH 8. 10. 1997 – IV ZR 220/96, BGHZ 136, 395 = NJW 1998, 454), so sind die §§ 182 ff BGB letztlich überflüssig und nicht zielführend: Die Zession kommt dann erst mit dem Vertragsschluss zustande, womit aber keine Rückwirkung verbunden ist (BGH 20. 1. 1992 – II ZR 115/91, ZIP 1992, 763 = NJW-RR 1992, 866; BGH 29. 6. 1989 – VII ZR 211/88, BGHZ 108, 172 = NJW 1990, 109; BGH 1. 2. 1978 – VIII ZR 232/75, BGHZ 70, 299 = NJW 1978, 813; NK-BGB/Staffhorst[3] § 182 Rn 5; BeckOGK/Regenfus [1. 4. 2019] § 182 Rn 29). Hier sind die §§ 182 ff aber richtigerweise entsprechend anzuwenden (Soergel/Leptien § 182 Rn 11; MünchKomm/Bayreuther[8] Vor § 182 Rn 24). Folge ist dann, dass eine Rückwirkung § 184 Abs 1 BGB ausgeschlossen ist, weil der Zustimmungsvertrag ex nunc gilt (Staudinger/Busche [2017] § 399 Rn 63 mwNw).

Folgt man dagegen dem – zu unterstützenden – **Zustimmungsmodell**, so sind die §§ 182 ff BGB direkt anwendbar, es kommt auch zur Rückwirkung nach § 184 Abs 1 BGB (Staudinger/Gursky [2014] § 184 Rn 34; BeckOGK/Regenfus § 182 Rn 35; Soergel/Leptien[12] § 184 Rn 11), andere halten die §§ 182 ff BGB zumindest entsprechend anwendbar (MünchKomm/Bayreuther[8] Vor § 182 Rn 24). Das ist jedenfalls insofern folgerichtig, als die Zustimmungsnotwendigkeit nicht gesetzlicher, sondern im Kern rechtsgeschäftlicher Natur ist. Auch passt § 185 BGB nicht richtig, weil der zustimmungsberechtigte Schuldner nicht Rechtsinhaber ist (so auch Staudinger/Busche [2017] § 399 Rn 63). Eine entsprechende Anwendung ermöglicht dann auch die Rückwirkung der Zustimmung und die Möglichkeit, innerhalb einer Zessionskette die Abtretung zu wählen, der zugestimmt werden soll. Ob § 184 Abs 2 BGB anwendbar ist, ist umstritten, aber abzulehnen, weil eine Forderungspfändung beim Zedenten vor der Genehmigung sich gerade nicht gegen den Verfügenden richtet (Staudinger/Gursky [2014] Vorbem 34 zu §§ 182–185; BeckOGK/Regenfus [1. 4. 2019] § 182 Rn 30).

Die Zustimmung des Schuldners (oder der Schuldner) ist aber dann jenseits der oben beschriebenen Fragen um § 399 BGB notwendig, wenn es durch die Abtretung zur Gläubigermehrung kommt: Wird so eine Forderung gegen einen Gesamtschuldner übertragen, so müssen die anderen wegen der resultierenden Gläubigerdopplung zustimmen (OLG Hamm 22. 9. 1997 – 6 W 14/97, NJW-RR 1998, 486 = MDR 1998, 205; Beck-

OGK/Regenfus [1. 4. 2019] § 182 Rn 32; Staudinger/Gursky [2014] Vorbem 35 zu §§ 182–185). Für eine Forderungsabtretung, die mit mehreren in Anspruchskonkurrenz steht, ist deshalb ebenfalls die Zustimmung des Schuldners erforderlich (BGH 9. 12. 1998 – XII ZR 170/96, BGHZ 140, 175 = NJW 1999, 715; BGH 5. 3. 1975 – VIII ZR 97/73, BGHZ 64, 70 = NJW 1975, 969).

8. Verfahrensrechtliche Zustimmungen

84 Die verfahrensrechtlichen Zustimmungen zur Eintragung oder Löschung ins Grundbuch, §§ 19 GBO, 29 GBO, § 888 BGB sind keine Zustimmungen im Sinne der §§ 182 ff BGB, diese sind auch nicht entsprechend anzuwenden (MünchKomm/Bayreuther[8] Vor § 182 Rn 14; BeckOGK/Regenfus [1. 4. 2019] § 182 Rn 25). Dass die Zustimmung nach § 888 BGB wie die Einwilligung auch auch vor der Eintragung verlangt werden darf, ändert an ihrer rein verfahrensrechtlichen Struktur nichts (BGH 2. 7. 2010 – V ZR 240/09, NJW 2010, 3367 = NZM 2010, 799; BGH 26. 4. 2007 – IX ZR 139/06, NJW-RR 2007, 1247 = DNotZ 2007, 829; MünchKomm/Bayreuther[8] Vor § 182 Rn 14).

9. Betriebsverfassungsrecht

85 Die **Zustimmung des Betriebsrats** nach den §§ 99, 102 und 103 BetrVG ist keine Zustimmung im Sinne der §§ 182–185 BGB (NK-BGB/Staffhorst[3] § 182 Rn 48; MünchKomm/Bayreuther[8] Vor § 182 Rn 15; Palandt/Ellenberger[78] Einf § 182 Rn 5; nur als Einwilligung begreifend Soergel/Leptien[12] Vor § 182 Rn 2). Sie verfolgen ein eigenes (Schutz-) Konzept und unterliegen deshalb allein betriebsverfassungsrechtlichen Vorgaben (BAG 4. 3. 2004 – 2 AZR 147/03, NJW 2004, 2612 = NZA 2004, 717; anders LAG Hamm 22. 7. 1998 – 3 Sa 766/98, NZA-RR 1999, 242; BeckOGK/Regenfus [1. 4. 2019] § 182 Rn 26). So kann etwa die Zustimmung nach § 103 BetrVG zur außerordentlichen Kündigung eines Betriebsrats nicht nach § 182 Abs 3 iVm 111 S 2 BGB zurückgewiesen werden, wenn sie nicht schriftlich erfolgt (BAG 4. 3. 2004 – 2 AZR 147/03, AP BetrVG 1972 § 103 Nr 50 = NZA 2004, 717; Eylert/Rinck BB 2018, 313 für das entsprechende Zustimmungserfordernis zur außerordentlichen Kündigung eines Wahlbewerbers).

Davon zu unterscheiden ist aber, ob überhaupt eine Zustimmungserfordernis im Sinne der §§ 182 ff BGB besteht: Das kann der Fall sein, wenn etwa der Personalvertretungsvorsitzende einer tariflich grundgelegten Personalvertretung in der Luftfahrtbranche mit dem Arbeitgeber eine Vereinbarung ohne entsprechenden Beschluss schließt: Dann kann die Personalvertretung nach § 177 Abs 1 BGB genehmigen, hier gelten dann auch die §§ 182 ff BGB (BAG 17. 11. 2010 – 7 ABR 120/09, NZA-RR 2011, 415 = AP BetrVG 1972 § 99 Versetzung Nr 50; BAG 10. 10. 2007 – 7 ABR 51/06, NZA 2008, 369 = AP BetrVG 1972 § 26 Nr 17).

Ob die in kollektivvertraglichen Regelungen vorgesehene Zustimmung zur Kündigung durch den Betriebsrat oder die Gewerkschaft unter die §§ 182 ff BGB fallen, ist hingegen weniger klar, zwar wird man nicht darauf abstellen können, dass lediglich eine rechtsgeschäftliche Vereinbarung vorliege (Rn 35), allerdings passen die §§ 182 ff BGB in vielfacher Hinsicht nicht: So ist die Rückwirkung der Zustimmung zur Kündigung stets ausgeschlossen und auch der Adressat ist stets der kündigende Arbeitgeber; außerdem wird regelmäßig vorgesehen sein, dass die Zustimmung einer bestimmten Form bedarf.

Zustimmungen nach § 77 Abs 4 S 2 BetrVG werden dagegen unter die §§ 182 ff BGB gefasst (BAG 27. 1. 2004 – 1 AZR 148/03, NZA 2004, 667 = AP BetrVG 1972 § 112 Nr 166; BAG 3. 6. 1997 – 3 AZR 25/96, NZA 1998, 382 = AP BetrVG 1972 § 77 Nr 69; Richardi/Richardi § 77 Rn 196; NK-BGB/Staffhorst³ § 182 Rn 48), allerdings ist auch das fraglich, weil auch hier eine Rückwirkung der Genehmigung mit dem Schutzzweck des § 77 Abs 4 S 2 BetrVG nicht in Einklang steht. Hier wird man eingrenzen müssen.

Gleiches gilt auch für **Zustimmungen von Mitarbeitervertretungen** des kirchlichen Mitarbeitervertretungsrechts (BAG 12. 4. 2002 – 2 AZR 148/01, NZA 2002, 1081 = AP KSchG 1969 § 1 Nr 65). 86

10. Bezugsobjekt: tatsächliches Verhalten

a) Einwilligungen in Rechtsgutsverletzungen

Keine Zustimmung (und bereits kein Rechtsgeschäft) ist die rechtfertigende **Einwilligung in die Rechtsgutsverletzung** (Staudinger/Gursky [2014] Vorbem 10 zu §§ 182–185; jurisPK/Trautwein[8] [Stand: 13. 2. 2019] § 182 Rn 16; NK-BGB/Staffhorst³ § 182 Rn 4; Münch-Komm/Bayreuther[8] Vor § 182 Rn 16; Erman/Maier-Reimer[15] Vor § 182 Rn 4; Palandt/Ellenberger[78] Einf § 182 Rn 2; Wolf/Neuner AT[4] S 678). Hier ist das Objekt der Einwilligung auch kein Rechtsgeschäft Dritter, sondern eine tatsächliche Handlung mit der Folge einer Rechtsgutsverletzung. Wie allgemein etwa bei den §§ 104 ff BGB gilt auch hier, dass die rechtsgeschäftlichen Regelungen auf diese rechtfertigenden Einwilligungen keine Anwendung finden (Staudinger/Klumpp [2017] Vorbem 24 zu §§ 104–113). 87

Das wirkt sich etwa bei einer nachträglichen Einwilligung aus: Hier kommt es nicht zur Rückwirkung, so dass die Rechtsgutsverletzung ex tunc gerechtfertigt wäre. Auch eine solche Einwilligung kann nur ex nunc wirken (Wolf/Neuner AT[11] S 678). Zudem muss eine rechtfertigende Einwilligung, auch die spätere, stets widerrufbar sein, die Regelungen der §§ 182 ff BGB „passen" deshalb auch hier nicht (Wolf/Neuner AT[11] S 678; siehe hier auch LG München I 2. 5. 2018 – 9 O 7697/17, FamRZ 2018, 1629 = MedR 2018, 978). 88

Das gilt auch für Einwilligungen etwa zum Telefonmarketing (jurisPK/Trautwein[8] [Stand: 13. 2. 2019] § 182 Rn 16; Staudinger/Gursky [2014] § 182 Rn 17.5; Drewes/Siegert RDV 2006, 139; LG Braunschweig 25. 4. 2006 – 21 O 3329/05, juris), wenn die Rechtsprechung hier für einen Widerruf der Einwilligung auf § 183 BGB abstellt (BGH 1. 2. 2018 – III ZR 196/17, NJW-RR 2018, 487 = MDR 2018, 756; OLG Schleswig 17. 10. 2017 – 3 U 24/17, NJW-RR 2018, 269 = NZM 2018, 247), dann ist dies ungenau, weil die Widerrufbarkeit aus der rechtfertigenden Funktion resultiert. 89

b) Wohnsitzbegründung

Nach BayObLG vom 2. 12. 1982 – Allg Reg 52/82, FamRZ 1983, 744 sollen die §§ 182 ff BGB auch auf die Wohnsitzbegründung entsprechend angewandt werden (ebenso NK-BGB/Staffhorst³ § 182 Rn 3). 90

c) Zustimmung nach dem WEG

Für Zustimmungen nach dem WEG, die tatsächliche Sachverhalte betreffen, wie etwa § 22 WEG, werden die §§ 182 ff BGB entsprechend angewandt (OLG Düsseldorf 91

10. 3. 2006 – 3 Wx 16/06, NZM 2006, 702; NK-BGB/Staffhorst³ § 182 Rn 5, Staudinger/Gursky [2014] Vorbem 10 zu §§ 182–185; BeckOGK/Regenfus [1. 4. 2019] § 182 Rn 17. 6).

d) Verbringung eines Kindes

92 Auf die Zustimmung über die Verbringung eines Kindes nach Art 13 Abs 1 lit a HÜK werden die § 182 ff entsprechend angewandt (OLG Hamm 4. 6. 2013 – II-11 UF 95/13, BeckRS 2013, 10969; NK-BGB/Staffhorst³ § 182 Rn 5).

e) Genehmigung

93 Die Genehmigung nach § 684 S 2 und § 1001 BGB richten sich auf eine tatsächliche Handlung, nicht auf ein zustimmungsbedürftiges Rechtsgeschäft. Dennoch wird jedenfalls für die Genehmigung nach § 684 S 2 BGB die Rückwirkung nach § 184 Abs 1 BGB befürwortet (BGH 14. 2. 1989 – XI ZR 141/88, NJW 1989, 1672, 1673; MünchKomm/Bayreuther⁸ § 182 Rn 11; Staudinger/Gursky [2014] Vorbem 14 zu §§ 182–185; NK-BGB/Staffhorst³ § 182 Rn 5). Allerdings besteht hier kein Bezug zur Wirksamkeit des durch den Geschäftsführer vorgenommenen Geschäfts, sondern die Rückwirkung hat lediglich Auswirkungen auf den Aufwendungsersatzanspruch (BeckOGK/Regenfus [1. 4. 2019] § 182 Rn 17. 2).

94 Für die Genehmigungen nach §§ 1001, 1002 BGB, die auch vor Verwendung der Sache erfolgen und somit auch „Einwilligung" sein kann (BGH 24. 6. 2002 – II ZR 266/01, NJW 2002, 2875 = JuS 2002, 1230; kritisch Gursky JZ 2005, 385), gilt ebenso die grundsätzliche entsprechende Anwendung der §§ 182 ff BGB (MünchKomm/Bayreuther⁸ § 182 Rn 11) – ausgenommen allerdings ist die Rückwirkung nach § 184 Abs 1 BGB, weil die Genehmigung für die Verwendungsersatzansprüche konstitutiv ist (BeckOGK/Regenfus [1. 4. 2019] § 182 Rn 17. 2).

95 Die Zustimmung nach § 675j BGB zu einem Zahlungsvorgang ist Willenserklärung, und sowohl als Einwilligung als auch als Genehmigung möglich. Sie betrifft den Zahlungsvorgang als tatsächliches Verhalten, die Anwendung der §§ 182 ff BGB wird als denkbar beschrieben (MünchKomm/Bayreuther⁸ Vor § 182 Rn 11), allerdings sind die §§ 675 ff BGB ein abgeschlossener Regelungskomplex (BeckOGK/Regenfus [1. 4. 2019] § 182 Rn 17. 3).

11. Vorbereitung einer behördlichen Entscheidung

96 Im Familienrecht finden sich Zustimmungserfordernisse, die nicht ein Rechtsgeschäft zum Zustimmungsobjekt haben, sondern für eine gerichtliche Entscheidung notwendig sind – wie die Einwilligung in Scheidung, § 1566 oder in die Adoption, §§ 1746, 1747, 1749 BGB (Staudinger/Gursky [2014] Vorbem 13 zu §§ 182–185). Die §§ 182 ff BGB sind nicht anwendbar (BGH 30. 11. 1994 – IV ZR 290/93, BGHZ 128, 125 = NJW 1995, 1082; BGH 27. 2. 1980 – IV ZB 167/79, NJW 1980, 1746; BeckOGK/Regenfus [1. 4. 2019] § 182 Rn 24), es bestehen auch geschlossene Vorgaben für die Ausübung der Zustimmung, so kann die Zustimmung zur Scheidung nur gegenüber dem Gericht erklärt werden (BGH 30. 11. 1994 – IV ZR 290/93, BGHZ 128, 125 = NJW 1995, 1082).

X. Keine Verpflichtung zur Zustimmung

97 Den Zustimmungsberechtigten trifft grundsätzlich keine Verpflichtung zur Zustimmung (BeckOGK/REGENFUS [1. 4. 2019] § 182 Rn 188; MünchKomm/BAYREUTHER⁸ § 182 Rn 30). Ihn trifft nicht einmal eine Verpflichtung, sich überhaupt zu äußern – also auch keine Pflicht, die Verweigerung der Zustimmung zu erklären (NK-BGB/STAFFHORST³ § 182 Rn 12). Das ergibt sich schon aus der Funktion der Zustimmung bei eigener Rechtsbetroffenheit und bei Aufsicht über das rechtsgeschäftliche tun einer anderen Person. Der Zustimmungsberechtigte darf also schlicht schweigen, und dieses Schweigen hat grundsätzlich nach allgemeinen Maßstäben (§ 182 Rn 23 f) keinen Erklärungswert. Damit kommt dem Zustimmenden eine erhebliche **Zustimmungsautonomie** zu.

Dabei ist es gleichgültig, ob es bei einem schwebend unwirksamen Geschäft bereits zum Leistungsaustausch oder sonstigen Vollzug gekommen ist, eine Verpflichtung zur Genehmigung besteht auch dann nicht, das Recht der §§ 182 ff BGB kennt keine Zustimmungsfiktion (MünchKomm/BAYREUTHER⁸ § 182 Rn 30; BeckOGK/REGENFUS [1. 4. 2019] § 182 Rn 188; BGH LM BGB § 185 Nr 5; STAUDINGER/GURSKY [2014] § 184 Rn 2; MünchKomm/BAYREUTHER⁸ § 184 Rn 5). Selbst wenn der Zustimmungsberechtigte an dem (vermeintlichen) Vollzug mitgewirkt hat (freilich ohne dass dies als Zustimmung zu werten wäre [§ 182 Rn 19]), weil er etwa von der Wirksamkeit ausgeht, besteht keine Pflicht zur Zustimmung (BeckOGK/REGENFUS [1. 4. 2019] § 182 Rn 188).

Die sich daraus ergebende potenziell ewige Unsicherheitslage kann verschieden aufgelöst werden. Zunächst durch die Verpflichtung der am zustimmungsbedürftigen Rechtsgeschäft Beteiligten, insbesondere dessen, dessen Erklärung die Zustimmungsbedürftigkeit auslöst, die Zustimmung einzuholen. Ob hier eine Pflicht des Zustimmungsberechtigten besteht, dieser Aufforderung nachzukommen, ist eine Frage des Innenverhältnisses. **98**

Im Falle der schwebenden Unwirksamkeit wegen (noch) fehlender Genehmigung kennt das Gesetz für Verträge einen Klärungsmechanismus, indem die §§ 108 Abs 2, 177 Abs 2, 1366 Abs 3 BGB es dem Vertragspartner erlauben, den Genehmigungsberechtigten zur Zustimmung aufzufordern. Auch dann wird freilich keine Pflicht zur Erklärung ausgelöst, allerdings wird die Zweiwochenfrist ausgelöst, nach deren Ablauf die gesetzliche Fiktion der Zustimmungsverweigerung tritt. Die herrschende Meinung wendet im Rahmen einer Gesamtanalogie diesen Mechanismus auf andere Verträge an (§ 184 Rn 61 f).

Das bedeutet folgerichtig, dass grundsätzlich weder die Verweigerung der Zustimmung noch das Unterlassen einer Erklärung des Zustimmungsberechtigten überhaupt Grundlage für einen **Anspruch der am Hauptgeschäft Beteiligten auf Schadensersatz** sein kann. **99**

1. Ausnahmen

a) Gesetzliche Vorgaben
Gesetzliche Verpflichtungen zur Erklärung der Zustimmung kommen nur selten vor: Eine gesetzliche Pflicht zur Zustimmung enthält aber § 2120 S 1 BGB, wonach der Nacherbe im Falle der ordnungsgemäßen Verwaltung dem Nacherben gegenüber zur Zustimmungen zu Verfügungen verpflichtet ist, die der Vorerbe nicht mit Wirkung gegen den Nacherben vornehmen kann (dazu OLG Koblenz 2. 5. 2002 – 5 U 1272/01, BB 2002, 1288; OLG Düsseldorf 23. 1. 1987 – 7 U 244/85, ZIP 1987, 227 = NJW-RR 1987, 732). **100**

101 § 12 Abs 2 S 1 WEG sieht vor, dass die Zustimmung der anderen Wohnungseigentümer zur Veräußerung des Wohnungseigentums nur bei **wichtigem Grund** verweigert werden darf (dazu STAUDINGER/GURSKY [2014] Vorbem 53 zu §§ 182–185). Ähnlich muss bei einem nach § 15 Abs 5 GmbHG möglichen Zustimmungserfordernis, die Zustimmung zur Veräußerung von Gesellschaftsanteilen im pflichtgemäßen Ermessen der Gesellschafterversammlung stehen, womit bei Ermessenreduzierung ein Anspruch auf die Zustimmung ausgelöst wird (OLG Schleswig 20. 2. 2003 – 5 U 29/02, NZG 2003, 821).

102 Eine solche Pflicht bedeutet richtig nicht, dass auf die Zustimmung selbst – etwa bei mehrfacher Aufforderung – verzichtet werden könnte. Vielmehr muss auch in diesen Fällen gegenüber dem Verpflichteten die Zustimmung gerichtlich nach § 894 ZPO durchgesetzt werden (BGH 29. 9. 1989 – V ZR 1/88, BGHZ 108, 380 = NJW 1990, 508; NK-BGB/STAFFHORST[3] § 182 Rn 12; STAUDINGER/GURSKY [2014] Vorbem 53 zu §§ 182–185).

b) Rechtsgeschäftliche Vereinbarungen

103 Eine Verpflichtung zur Zustimmung kann sich aus Rechtsgeschäft ergeben. Maßgeblich werden hier vor allem Vereinbarungen im Rahmen eines Vorvertrages sein, wobei dann der Vertrag von einem falsus procurator geschlossen wird (BGH 29. 9. 1989 – V ZR 1/88, BGHZ 108, 380 = NJW 1990, 508; BeckOGK/REGENFUS [1. 4. 2019] § 182 Rn 189). Besteht eine solche Verpflichtung, so kann es nicht dazu führen, dass im Falle der Ablehnung (also nach den Begriffen der §§ 182 ff BGB der Verweigerung) eine weitere Zustimmung nicht möglich wäre und der Gläubiger der Zustimmungspflicht auf sekundärrechtliche Mechanismen angewiesen wäre. Vielmehr kann die Zustimmung dann eingeklagt werden (BGH 29. 9. 1989 – V ZR 1/88, BGHZ 108, 380 = NJW 1990, 508; MünchKomm/BAYREUTHER[8] § 182 Rn 40). Allerdings ist das eine Sache der Auslegung der Vereinbarung: Wollen die Vertragsparteien, dass eine Ablehnung endgültig ist, so besteht kein Anspruch auf Zustimmung, sondern lediglich auf Entscheidung über die Wirksamkeit des Rechtsgeschäfts.

Auf der anderen Seite ist es auch möglich, sich zu verpflichten, keine Rechtsgeschäfte ohne das Einverständnis eines Dritten vorzunehmen (FLUME, AT 2. Bd [4. Aufl 1992] S 888), was freilich auf die Reichweite der Verpflichtung ankommt – ein gänzlicher oder weitgehender Ausschluss der eigenen, unabhängigen rechtsgeschäftlichen Handlungsfreiheit scheitert in jedem Falle an § 138 Abs 1 BGB (FLUME, AT 2. Bd [4. Aufl 1992] S 888).

104 Das **Inaussichtstellen einer Genehmigung** kann zu einer Schadensersatzverpflichtung aus §§ 280 Abs 1, 311 Abs 2, 241 Abs 2 BGB führen, was freilich nur in seltenen Fällen wegen Treu und Glauben, § 242 BGB, bei Verweigerung der Zustimmung befürwortet wird (BGH 9. 11. 2012 – V ZR 182/11, DNotZ 2013, 288 = NJW 2013, 928; BeckOGK/REGENFUS [1. 4. 2019] § 182 Rn 190; NK-BGB/STAFFHORST[3] § 182 Rn 12).

2. Aufklärungspflichten

a) Vorvertragliche Haftung

105 Wegen der grundsätzlich fehlenden Verpflichtung zur Zustimmung kommt der Frage der Aufklärung der am Hauptgeschäft Beteiligten über die Zustimmungsbedürftigkeit selbst eine erhebliche Rolle zu. Besteht eine solche Pflicht, so kann ihre

Verletzung über die §§ 311 Abs 2, 241 Abs 2, 280 Abs 1 BGB zur Schadensersatzpflicht führen (BeckOGK/Regenfus [1. 4. 2019] § 182 Rn 185) – allerdings nur dann, wenn die andere Seite nicht ohnehin das Zustimmungsbedürfnis kennt (BGH 22. 9. 2009 – XI ZR 286/08, NJW 2010, 144 = DNotZ 2010, 289).

Freilich ist eine allgemeine Aufklärungspflicht des Beteiligten, deswegen die Zustimmungsnotwendigkeit besteht, grundsätzlich abzulehnen. Das ist zum einen in den Fällen ersichtlich, in denen – wie bei den §§ 107 ff BGB – der Schutz des Handelnden zumindest Teilgrund für das Zustimmungserfordernis ist. Der beschränkt Geschäftsfähige darf nicht über den Umweg der Aufklärungspflichten in eine vorvertragliche Haftung gedrängt werden – die ohnehin nicht besteht (Staudinger/Klumpp [2017] Vorbem 25 zu §§ 104–113).

In anderen Fällen mag dies anders sein, etwa, wenn es für den der Zustimmung bedürftigen Teil ersichtlich ist, dass das Geschäft für den Vertragspartner von wirtschaftlich großer Bedeutung ist. Hier können Anleihen zu den allgemeinen Aufklärungspflichten gemacht werden (Staudinger/Olzen [2015] § 241 Rn 442 f).

Kommt es zu einer vertraglichen Bindung einer Gemeinde, so wird eine Aufklärungspflicht des handelnden Organs der Gemeinde und damit dieser selbst, befürwortet (BGH 22. 9. 2009 – XI ZR 286/08, NJW 2010, 144 = DNotZ 2010, 289; BGH 10. 6. 1999 – IX ZR 409/97, BGHZ 142, 51 = NJW 1999, 3355; BGH 13. 10. 1983 – III ZR 158/82, NJW 1984, 606; BeckOGK/Regenfus [1. 4. 2019] § 182 Rn 187). **106**

b) Deliktische Haftung
Eine deliktische Haftung wegen einer Verletzung von Aufklärungspflichten wird regelmäßig – jenseits der §§ 823 Abs 2 BGB iVm § 263 StGB und § 826 BGB – ausscheiden. **107**

XI. Behördliche Zustimmung

1. Behördliche Zustimmung zum Rechtsgeschäft

a) Beispiele für die notwendige behördliche Zustimmung:
Bisweilen sieht das Gesetz für Rechtsgeschäfte unter Privaten die Notwendigkeit einer Zustimmung einer Behörde vor. Diese Zustimmungen oder Genehmigungen, denen kein einheitlicher Begriffsgebrauch zugrunde liegt, kommen in unterschiedlichen Kontexten vor und sind deshalb auch in ihrem Schutzweck nicht einheitlich. Gemein ist ihnen freilich, dass der Gesetzgeber das rechtsgeschäftliche Handeln nur unter Staatsaufsicht zulässt. Es liegt auf der Hand, dass die Notwendigkeit der staatlichen Zustimmung nur zur Gewährleistung besonderer Interessen der Allgemeinheit oder aber der Interessen besonders zu schützender Dritter gerechtfertigt ist. **108**

Die Zustimmung durch eine Behörde begegnet zunächst bei grundstücksbezogenen Rechtsgeschäften, bei denen für die Staatsaufsicht ein besonderes Interesse der Allgemeinheit besteht. So etwa: **109**

– Bei der Genehmigung grundstücksbezogener Rechtsgeschäfte für landwirtschaftliche und forstwirtschaftliche Grundstücke sowie für Moor- und Ödland, das in landwirtschaftliche oder forstwirtschaftliche Kultur gebracht werden kann, § 2 GrstVG; hier auch Genehmigung grundstücksbezogener Rechtsgeschäfte im Beitrittsgebiet nach § 1 Abs 1 GrundStVO.

– Im BauGB nach dessen § 22 BauGB die notwendige Genehmigung etwa der Teilung von Wohnungseigentum in Gemeinden mit überwiegender Prägung durch den Fremdenverkehr; § 51 BauGB Genehmigung bei Verfügung über ein Grundstück bei Verfügungssperre nach einem Umlegungsbeschluss; § 144 BauGB Genehmigung von grundstücksbezogenen Rechtsgeschäften in einem förmlichen Sanierungsgebiet; oder im städtischen Entwicklungsbereich, § 169 Abs 1 Nr 3 BauGB.

– Nießbrauch: Nach § 1059a Abs 1 Nr 2 BGB muss die zuständige Behörde die Zweckdienlichkeit einer Nießbrauchsübertragung auf eine juristische Person feststellen, dadurch kommt es zu einer gewissen Verkehrsfähigkeit des Nießbrauchs, der nach § 1059 BGB grundsätzlich höchstpersönlich ist (dazu auch BeckOGK/SERVATIUS [1. 4. 2019] § 1059a Rn 2 f). Festgestellt wird die Zweckdienlichkeit durch einen Justizverwaltungsakt nach § 23 EGGVG (BeckOGK/SERVATIUS [1. 4. 2019] § 1059a Rn 2 68; auch RG 16. 1. 1943 – VII [VIII] 139/42, RGZ 170, 292, 297).

– Genehmigung nach § 4 Außenwirtschaftsgesetz

– Genehmigung nach § 2 Abs 2 PBefG.

110 Nicht selten begegnen behördliche Zustimmungserfordernisse im Arbeitsrecht, maßgeblich im Bestandsschutzrecht. Hier geht es darum, über das die Kündigungsentscheidung des Arbeitgebers ohne bindenden Vorgaben gerade des allgemeinen Kündigungsschutzes ein für manche Arbeitnehmergruppen bestehendes besonderes Schutzbedürfnis durch die staatliche Zustimmung zur Kündigung zu gewährleisten. Das gilt etwa für die:

– Zustimmung der Kündigung eines schwerbehinderten oder diesem gleichgestellten Arbeitnehmer, § 168 SGB IX

– Zustimmung der Kündigung eines Arbeitnehmers in Elternzeit, § 18 BEEG

– Zustimmung der Kündigung einer Arbeitnehmerin in Mutterschutz, § 9 Abs 3 MuSchG

– Zustimmung zu Massenentlassungen im Sinne des § 17 KSchG, § 18 Abs 1 KSchG.

111 Die Zustimmung des Betriebsrats zu personellen Maßnahmen nach § 99 BetrVG ist keine öffentlich-rechtliche Zustimmung, der Betriebsrat ist keine Behörde. Ebenfalls keine öffentlich-rechtliche Zustimmung ist die in Tarifverträgen bisweilen vorgesehene Zustimmung der Tarifvertragsparteien zu Rechtsgeschäften auf der Ebene des Arbeitsvertrages (Rn 35).

112 Sonstige behördliche Zustimmungserfordernisse:

Titel 6
Einwilligung und Genehmigung **Vorbem zu §§ 182 ff**

– **Lotterievertrag**: Durch behördliche Genehmigung der Lotterie oder Ausspielung kommt es nach § 763 BGB in Ausnahme zu § 762 BGB zur Verbindlichkeit des Lotterie- oder Ausspielspielvertrages. Hier begegnet eine Genehmigungsnotwendigkeit, die durch fiskalpolitische und ordnungspolitische Gründe getragen wird (BeckOGK/Härtlein § 763 BGB Rn 4).

Nichts mit den vorhergenannten öffentlich-rechtlichen Zustimmungserfordernissen 113 zu tun hat auch etwa die Anerkenntnisentscheidung zur Errichtung der Stiftung nach § 80 BGB. Hier zielt der Verwaltungsakt nicht auf die Wirksamkeit des Stiftungsgeschäfts, sondern ist hinzukommende Voraussetzung für die Begründung der juristischen Person (dazu mehr BeckOGK/Roth [1. 3. 2019] § 80 BGB Rn 229).

Ebenso begegnet ein Zustimmungserfordernis in den Fällen, in denen eine behördliche 114 Aufsicht über das privatrechtliche Handeln öffentlich-rechtlicher juristischer Personen angeordnet ist. So etwa bei Anwendung der §§ 182 ff BGB auf Genehmigung eines Versorgungsvertrages nach § 109 Abs 3 S 2 SGB V (BSG 21. 2. 2006 – B 1 KR 22/05 R, juris). Grundsätzlich kommt es aber auf die einzelne sozialversicherungsrechtliche Regelung an, der Begriff der „Genehmigung" reicht nicht (BSG 31. 5. 2006 – B 6 KA 7/05 R – NZS 2007, 389; jurisPK-Trautwein[8] [Stand: 13. 2. 2019] § 182 Rn 11). Oder für die Genehmigung von Rechtsgeschäften zur Vermögensanlage von Sozialversicherungsträgern, § 85 SGB IV.

b) Keine Anwendung der §§ 182 ff
Auf diese Beispiele für behördliche Zustimmungserfordernisse und insgesamt auf 115 diese sind die §§ 182 ff BGB **nicht anzuwenden** (BGHZ 84, 70; Flume, AT, 2. Bd [4. Aufl 1992] S 895; Wolf/NeunerAT[4]S 677; NK-BGB/Staffhorst[3] § 182 Rn 50; Bork AT[4] S 663; Staudinger/Gursky [2014] Vorbem 54 zu §§ 182–185; BeckOK BGB/Bub [1. 11. 2018] § 182 Rn 8; PWW/Frensch[13] § 182 Rn 1; Soergel/Leptien[12] Vor § 182 Rn 8; jurisPK-BGB/Trautwein[8] [19. 2. 2019] Rn 5; BeckOGK/Regenfus § 182 Rn 217; **anders** noch in Mot I 246). Sie sind keine Zustimmungen im Sinne der §§ 182 ff BGB, sondern regelmäßig **privatrechtsgestaltende oder -mitgestaltende Verwaltungsakte** (BGH 13. 5. 1982 – V BLw 22/80, BGHZ 84, 70 = NJW 1982, 2251; Erman/Maier-Reimer[15] Vor § 182 Rn 8; Palandt/Ellenberger[78] Einf § 182 Rn 6; beide Begriffe meinen im Ergebnis dasselbe; für privatrechtsmitgestaltend Staudinger/Gursky [2014] Vorbem 63 zu §§ 182–185; dazu auch BeckOGK/Regenfus § 182 Rn 217 Fn 626). Deshalb bemessen sich sowohl die Notwendigkeit, die Zuständigkeit als auch die Erteilung und Wirkung der Zustimmung oder ihrer Versagung nach den öffentlich-rechtlichen Vorgaben, also zunächst nach den das Zustimmungserfordernis begründenden Regelungen und nach den Verwaltungsverfahrensgesetzen (BVerwG 4. 11. 1960 – VI C 163.58, BVerwGE 11, 195; Palandt/Ellenberger[78] Einf § 182 Rn 6; Soergel/Leptien[12] Vor § 182 Rn 8; jurisPK/Trautwein[8] [Stand: 13. 2. 2019] § 182 Rn 6; Bork AT[4] S 663). Das wurde früher anders gesehen und die entsprechende Anwendung der §§ 182 ff BGB propagiert (BGH 14. 3. 1956 – V ZR 108/54, BB 1956, 385; RG 26. 2. 1938 – VI 236/37, RGZ 157, 207; Egert 79; auch Flume, AT 2. Bd [4. Aufl 1992] S 895; unentschieden BVerwGE 11, 195) wird heute aber soweit ersichtlich recht einheitlich vertreten (siehe nur BeckOGK/Regenfus § 182 Rn 217; Staudinger/Gursky [2014] Vorbem 50 zu §§ 182–185 mwNw).

Freilich ist die verwaltungsrechtliche Antwort auf die Frage nach den Folgen der 116 behördlichen Zustimmung oder ihrer Versagung im Ergebnis zwar nicht insgesamt, aber doch in **wesentlichen Punkten im Ergebnis deckungsgleich** (NK-BGB/STAFFHORST[3] § 182). Ob dies daran liegt, dass, wenn sich aus den verwaltungsrechtlichen Vorgaben nichts ergibt, die Regelungen der §§ 182 ff BGB entsprechend angewendet werden könnten, mag bezweifelt werden (so aber SOERGEL/LEPTIEN[12] Vor § 182 Rn 8), vielmehr liegen auch dem Verwaltungsrecht Überlegungen zugrunde, wie sie sich auch in den §§ 182 ff BGB finden: So ist auch verwaltungsrechtlich anerkannt, dass das zustimmungsbedürftige Hauptgeschäft bis zum Zeitpunkt der späteren Genehmigung oder deren Verweigerung schwebend unwirksam ist (BGH 10. 6. 1999 – IX ZR 409/97, BGHZ 142, 51 = NJW 1999, 3335; BGH 9. 11. 1994 – VIII ZR 41/94, BGHZ 127, 368 = NJW 1995, 318; BGH 15. 10. 1992 – IX ZR 43/92, NJW 1993, 648 = MDR 1993, 693; BGH 20. 6. 1962 – V ZR 219/60, BGHZ 37, 233 = NJW 1962, 1715; BGH 20. 2. 1957 – V ZR 125/55, BGHZ 23, 342 = NJW 1957, 830; BGH 4. 6. 1954 – V ZR 18/53, BGHZ 14, 1 = NJW 1954, 1442; OLG Koblenz 6. 5. 1988 – 2 U 240/87, NJW 1988, 3099; BeckOGK/REGENFUS § 182 Rn 223; BGB-RGRK/STEFFEN[12] Rn 12; MANSSEN S 287; ERMAN/MAIER-REIMER[15] Vor § 182 Rn 8). Das Rechtsgeschäft entfaltet bis zur Genehmigung keine Rechtswirkung außerhalb einer grundsätzlichen Bindung, wie dies auch beim zustimmungsbedürftigen Rechtsgeschäft nach den §§ 182 ff BGB der Fall ist (§ 184 Rn 43 f). Außerdem wird eine Nebenpflicht angenommen, die behördliche Genehmigung einzuholen und alles zu unterlassen, was die Genehmigung gefährden könnte (STAUDINGER/GURSKY [2014] Vorbem 54 zu §§ 182–185).

117 Nichts mit § 182 ff BGB hat auch die Konstellation zu tun, dass die am Hauptgeschäft Beteiligten, eine behördliche Genehmigung von vornherein zwar kannten, aber nicht beachten wollten, und das Hauptgeschäft auch ohne behördliche Beteiligung durchführen wollten. Dann scheitert bereits das Hauptgeschäft allein an § 138 Abs 1 BGB oder an § 134 BGB (BGH 23. 10. 1980 – III ZR 100/79, WM 1981, 186; RG 13. 10. 1932 – VIII 292/32, RGZ 138, 52; LANGE AcP 152 [1952] 241, 253; BULLINGER DÖV 1957, 761, 762; KIECKEBUSCH, 34, 80; STAUDINGER/GURSKY [2014] Vorbem 65 zu §§ 182–185 mwNw). Umgekehrt führt eine irrige Annahme der behördlichen Zustimmungsbedürftigkeit regelmäßig zur anfänglichen Wirksamkeit des Rechtsgeschäfts (BGH 21. 11. 1975 – V ZR 21/74, MDR 1976, 480 = NJW 1976, 519; BGH 22. 9. 1953 – V BLw 34/53 – RdL 1953, 326; SOERGEL/LEPTIEN[12] Vor § 182 Rn 10; BeckOGK/REGENFUS § 182 Rn 223.1), die Auslegung kann aber auch ergeben, dass die Parteien das Rechtsgeschäft unter die aufschiebende Bedingung der Zustimmung gestellt haben (BGH 21. 11. 1975 – V ZR 21/74, MDR 1976, 480 = NJW 1976, 519; BGH 11. 3. 1959 – V ZR 160/57, WM 1959, 668; SOERGEL/LEPTIEN[12] Vor § 182 Rn 10; EGERT S 43; BeckOGK/REGENFUS [1. 4. 2019] § 182 Rn 223.1).

118 Die **Verweigerung der Genehmigung** ist für ihre Wirksamkeit auf die Bestandskraft des Verwaltungsaktes angewiesen, die dann wiederum regelmäßig zur Unwirksamkeit des zustimmungsbedürftigen Rechtsgeschäfts führt (BGH 15. 10. 1992 – IX ZR 43/92, NJW 1993, 648 = MDR 1993, 693).

aa) Widerruf und Rücknahme

119 Für den Widerruf und die Rücknahme der behördlichen Zustimmung gilt ausschließlich das Verwaltungsverfahrensrecht, nicht aber etwa § 183 S 1 BGB (STAUDINGER/GURSKY [2014] Vorbem 63 zu §§ 182–185; SOERGEL/LEPTIEN[12] Vor § 182 Rn 12; BULLINGER DÖV 1957, 761). Sofern nicht spezialgesetzliche Regelungen bestehen, richten sich Widerruf und Rücknahme also nach den §§ 48, 49 VwfG der Bundes oder der Länder.

120 Nach § 48 VwfG kann ein **rechtswirksamer rechtswidriger Verwaltungsakt** zurück-

genommen werden, sofern er begünstigend ist, aber nur unter den Einschränkungen des § 48 Abs 2 VwfG.

Nach § 49 Abs 1 VwfG kann ein **rechtmäßiger** nicht **begünstigender** Verwaltungsakt auch nachdem er unanfechtbar geworden ist, ganz oder teilweise mit Wirkung für die Zukunft widerrufen werden, außer wenn ein Verwaltungsakt gleichen Inhalts erneut erlassen werden müsste oder aus anderen Gründen ein Widerruf unzulässig ist. Liegt ein begünstigender Verwaltungsakt vor, gelten die weiteren Einschränkungen des § 49 Abs 2 VwfG. **121**

Für den Fall der eingetretenen privatrechtlichen Wirksamkeit gelten aber die §§ 48, 49 VwfG ebenfalls. Allein deshalb, weil das zustimmungsbedürftige Rechtsgeschäft wirksam geworden ist (die „Gestaltungswirkung" [STAUDINGER/GURSKY [2014] Vorbem 63 zu §§ 182–185] des Verwaltungsaktes also eingetreten ist), folgt nicht, dass diese die Möglichkeiten der §§ 48, 49 VwvfG sperren. Das sah man früher anders (BGH 6. 12. 1968 – V ZR 92/65, WM 1969, 273; BGH 29. 3. 1966 – V ZR 118/63, WM 1966, 640; SOERGEL/ LEPTIEN Vor § 182 Rn 12; LANGE AcP 152 [1952/1953] 241, 263; auch OLG München 1. 2. 1951 – 2 W 1317/50, DNotZ 1951, 418; siehe auch BGH 13. 5. 1982 – V BLw 22/80, BGHZ 84, 70 = NJW 1982, 2251; STEINER DVBl 1970, 34; ZACHARIAS NVwZ 2002, 1306, 1307; STAUDINGER/GURSKY [2014] Vorbem 63 zu §§ 182–185 mwNw). Damit ist letztlich im Rahmen der Verhältnismäßigkeit eine Abwägung zu treffen (STAUDINGER/GURSKY [2014] Vorbem 63 zu §§ 182– 185; BeckOGK/REGENFUS [1. 4. 2019] § 182 Rn 233; BVerwG 12. 8. 1977 – IV C 20/76, NJW 1978, 338 = VerwRspr 1978, 597; OLG Hamm 7. 6. 1978 – 15 W 159/78, OLGZ 1978, 304; LG Bielefeld 3. 3. 1978 – 3 T 63/78 – Rpfleger 1978, 216; STEINER DVBl 1970, 34, 37; ZACHARIAS NVwZ 2002, 1306; MANSSEN S 296; KOPP/RAMSAUER VwVfG § 48 Rn 39). Hier freilich spielt die bereits eingetretene privatrechtliche Stabilität und die Auswirkungen einer Rücknahme oder eines Widerrufs auf alle am Rechtsgeschäft Beteiligten eine wesentliche Rolle, so dass allgemein anzunehmen ist, dass jedenfalls eine Rücknahme eines Verwaltungsaktes nicht in Frage kommt (BGH 13. 5. 1982 – V BLw 22/80, BGHZ 84, 70 = NJW 1982, 2251; BGH 15. 6. 1960 – V ZR 105/59, BGHZ 32, 383 = NJW 1960, 1808; NK-BGB/STAFFHORST[3] § 182 Rn 50; BeckOGK/REGENFUS [1. 4. 2019] § 182 Rn 233). **122**

bb) Schwebende Unwirksamkeit und Rückwirkung
Bis zur Genehmigung oder deren Versagung ist das zustimmungsbedürftige Hauptgeschäft grundsätzlich schwebend unwirksam (BGH 10. 6. 1999 – IX ZR 409/97, BGHZ 142, 51 = NJW 1999, 3335; BGH 15. 10. 1992 – IX ZR 43/92, NJW 1993, 648 = MDR 1993, 693; RG 23. 2. 1942 – V 110/41, RGZ 168, 346; RG 29. 10. 1921 – V 227/21, RGZ 103, 104; BeckOK BGB/BUB [1. 11. 2018] § 182 Rn 11: im Zweifelsfall). Durch die Genehmigung kommt es dann zur Wirksamkeit ex tunc, durch die Versagung zur Unwirksamkeit ex tunc. Grundlage für diese anzunehmende Rückwirkung ist aber nicht die entsprechende Anwendung des § 184 BGB (siehe aber SOERGEL/LEPTIEN[12] Vor § 182 Rn 8, 10), sondern sie erfolgt regelmäßig aus den Genehmigungsregelungen selbst (BVerwG 24. 6. 1999 – 7 C 20/98, NJW 1999, 3357 = VIZ 1999, 596; BGH 7. 10. 1964 – V ZR 142/62, NJW 1965, 41; BGH 15. 6. 1960 – V ZR 105/59, BGHZ 32, 383 = NJW 1960, 1808; OLG Rostock 30. 4. 1998 – 7 U 153/97, OLGR 1998, 410; OVG Münster 16. 12. 1981 – 14 A 1894/81, NJW 1982, 1771; OVG Münster 8. 10. 1958 – IV A 1218/56, NJW 1959, 1700; RG 21. 2. 1929 – VI 80/29, RGZ 123, 327; RG 10. 4. 1937 – V 251/36, RGZ 154, 304; STAUDINGER/GURSKY [2014] Vorbem 62 zu §§ 182–185; BeckOK BGB/BUB [1. 11. 2018] § 182 Rn 11; jurisPK-BGB/TRAUTWEIN[8] [19. 2. 2019] § 182 Rn 5; BULLINGER DÖV 1961, 946, 947; KIECKEBUSCH S 42). **123**

124 Die **Intensität der Bindung** an das schwebend Unwirksame Hauptgeschäft ist gleich der, die auch bei der privatrechtlichen Zustimmung nach den §§ 182 ff BGB gegeben ist: Schwebend unwirksam meint nicht vollkommen unverbindlich, so dass sich die Parteien nicht einseitig vom vorgenommenen Hauptgeschäft lösen können (§ 184 Rn 73); sie haben aber nach wie vor durch Aufhebungs- oder Änderungsvertrag Zugriff auf das Hauptgeschäft. Leistungspflichten erwachsen im Stadium der schwebenden Unwirksamkeit keine, deshalb kann auch kein Verzug eintreten, für die Verjährung gilt ebenfalls das in § 184 Rn 95 f genannte (insgesamt und für alle BeckOGK/ REGENFUS [1. 4. 2019] § 182 Rn 224). Davon unabhängig können die Beteiligten einzelne Pflichten – die für sich nicht dem behördlichen Zustimmungsgebot unterfallen – vereinbaren, etwa die einer vorzeitigen Zahlungspflicht (BGH 29. 7. 1999 – V ZR 340/98, NJW 1999, 3040; BGH 20. 11. 1998 – V ZR 17/98, NJW 1999, 1329 = DNotZ 1999, 477; BGH 6. 10. 1978 – V ZR 211/77, WM 1979, 74 = DNotZ 1979, 306; BeckOGK/REGENFUS [1. 4. 2019] § 182 Rn 227). Freilich wird eine **Pflicht** angenommen, die **behördliche Genehmigung herbeizuführen** und alles zu unterlassen, was diese Genehmigung verhindert – auch hier gilt nichts anderes als bei der privatrechtlichen Zustimmung (BeckOGK/REGENFUS [1. 4. 2019] § 182 Rn 225).

125 Bereicherungsrechtlich gilt für die erbrachte Leistung Gleiches wie bei der privatrechtlichen Zustimmung. Freilich wird hier eine verschärfte Haftung nach § 819 BGB regelmäßig in Betracht kommen, weil beide Teile um die Möglichkeit der Verweigerung der Genehmigung wissen (BeckOGK/REGENFUS [1. 4. 2019] § 182 Rn 226).

126 Aus den einzelnen öffentlich-rechtlichen Regelungen zur Zustimmungsbedürftigkeit ergibt sich auch, welches Rechtsgeschäft der behördlichen Entscheidung unterliegen soll und bei welchem also die schwebende Unwirksamkeit eintritt (BGH 28. 11. 2003 – V ZR 123/03, BGHZ 157, 133 = MittBayNot 2004, 255; BGH 20. 6. 1962 – V ZR 219/60, BGHZ 37, 233 = NJW 1962, 1757). Es ist deshalb jeweils festzustellen, ob etwa das Verpflichtungs- oder aber das Verfügungsgeschäft gemeint ist. Ist das Verfügungsgeschäft gemeint, so kommt es bei der Versagung der Zustimmung durch die Behörde zur nachträglichen Unmöglichkeit der Leistungsverpflichtung kommen (BGH 28. 1. 1997 – XI ZR 42/ 96, NJW-RR 1997, 686; BGH 15. 10. 1992 – IX ZR 43/92, NJW 1993, 648 = MDR 1993, 693; BGH 26. 10. 1979 – V ZR 58/76, NJW 1980, 700; BGH 7. 10. 1977 – V ZR 131/75, NJW 1978, 1262; BGH 7. 2. 1969 – V ZR 112/65, NJW 1969, 837; BGH 9. 10. 1964 – V ZR 155/62, WM 1964, 1195; BGH 8. 4. 1964 – V ZR 94/63, WM 1964, 828; BGH 20. 6. 1962 – V ZR 219/60, BGHZ 37, 233 = NJW 1962, 1757; BayObLG 2. 7. 1987 – BReg 2 Z 42/87, NJW-RR 1987, 1416 = DNotZ 1988, 157; SOERGEL/ LEPTIEN[12] Vor § 182 Rn 14; vertieft REGENFUS, Komplexe Prozessführung, 2007, 70). Was die entsprechenden Sekundäransprüche der §§ 280 Abs 1, 3; 283 BGB oder ein Rücktrittsrecht, § 323 BGB nach sich ziehen kann.

127 Anders als bei § 185 BGB (s § 182 Rn 91), kommt es bei einer **Kettenverfügung**, bei denen die einzelnen (Weiter-)Verfügungsgeschäfte behördlich zustimmungsbedürftig sind, nicht zur Möglichkeit, wirksam nur ein Verfügungsgeschäft in der Kette zu wirksam zu genehmigen. Vielmehr muss jedes dem Zustimmungserfordernis unterliegende Rechtsgeschäft selbst genehmigt werden (RG 28. 5. 1930 – V 282/29, RGZ 129, 150; BeckOGK/REGENFUS [1. 4. 2019] § 182 Rn 218). Fehlt eine Zustimmung in der Kette, so kann das folgende Rechtsgeschäft auch nicht durch den guten Glauben an das Vorliegen der behördlichen Zustimmung aufgefangen werden.

Entfällt das behördliche Zustimmungserfordernis durch eine Gesetzesänderung, so **128** wird regelmäßig das schwebend unwirksame Rechtsgeschäft ex tunc wirksam werden (siehe KG DR, Ausgabe A, 1941, 1902 [1903]; BeckOGK/Regenfus [1. 4. 2019] § 182 Rn 221).

Im Falle der Zustimmungsvoraussetzungen, die auf der **Aufsicht** über das privatrechtliche Handeln juristischer Personen gründen, wie etwa § 111 Abs 4 AktG, ist aber stets zu fragen, ob nicht lediglich eine Wirkung im Innenverhältnis gemeint ist, oder ob das außenwirksame Rechtsgeschäft selbst in seiner Wirkung getroffen werden soll (BGH 28. 11. 2003 – V ZR 123/03, BGHZ 157, 133 = NJW 2004, 1662; BGH 10. 6. 1999 – IX ZR 409/97, BGHZ 142, 51 = NJW 1999, 3355; BGH 20. 2. 1979 – VI ZR 256/77, NJW 1980, 115 = VersR 1979, 523; BeckOGK/Regenfus [1. 4. 2019] § 182 Rn 220).

cc) Behördliche Entscheidung
α) Genehmigung

Ob die Genehmigung zu erteilen ist, richtet sich nach den die Zustimmungsbe- **129** dürftigkeit begründenden Regelungen. Das gilt auch für den Zeitpunkt der Genehmigung. Einseitige Rechtsgeschäfte bedürfen regelmäßig der vorherigen Zustimmung.

Für die **formelle Wirksamkeit** der Genehmigung sind die verwaltungsrechtlichen **130** Regelungen maßgeblich (Bork AT⁴ S 663). So für die Bekanntmachung § 41 VwVfG, für die Form § 37 VwVfG. Hier liegt denn auch ein Unterschied zum System der §§ 182 ff BGB, die als Adressaten jeweils einen der Beteiligten am Hauptgeschäft ausreichen lassen, § 182 Abs 1; 183 S 2 BGB. Das ist nach § 41 VwVfG anders, hier muss der Verwaltungsakt allen Beteiligten zugehen (BVerwG 19. 9. 1969 – IV C 16. 68, NJW 1970, 345 = VerwRspr 1970, 317; BeckOK BGB/Bub [1. 11. 2018] § 183 Rn 11; BeckOGK/Regenfus [1. 4. 2019] § 182 Rn 232).

β) Versagung der Genehmigung

Auch das Rechtsgeschäft, das zur Wirksamkeit eine behördliche Zustimmung benö- **131** tigt, ist bis zu deren rechtswirksamer Vornahme schwebend unwirksam. Damit ist auch für die Versagung der Genehmigung der Zeitpunkt der Unanfechtbarkeit des ablehnenden Verwaltungsaktes maßgeblich (BGH 26. 11. 2004 – V ZR 83/04, NZM 2005, 318; BGH 9. 11. 1994 – VIII ZR 41/94, BGHZ 127, 368 = NJW 1995, 318; BGH 20. 11. 1992 – V ZR 82/91, BGHZ 120, 239 = NJW 1993, 925; BGH 15. 10. 1992 – IX ZR 43/92, NJW 1993, 648 = MDR 1993, 693; BGH 13. 5. 1982 – V BLw 22/80, BGHZ 84, 70 = NJW 1982, 2251; BGH 7. 10. 1977 – V ZR 131/75, NJW 1978, 1262; RBGH 11. 2. 1972 – V ZR 186/70, WM 1972, 1097 = VerwRspr 1973, 298; BGH 22. 6. 1965 – V ZR 55/64, WM 1965, 868; RG 23. 2. 1942 – V 110/41, RGZ 168, 346; RG 3. 1. 1923 – V 390/22, RGZ 106, 142; Manssen, Privatrechtsgestaltung durch Hoheitsakt [1994] 288; BeckOGK/Regenfus [1. 4. 2019] § 182 Rn 236; Staudinger/Gursky [2014] Vorbem 64 zu §§ 182–185). Nach der Unanfechtbarkeit ist das Hauptgeschäft ex tunc endgültig unwirksam – es gilt nichts anderes als bei der Verweigerung der Genehmigung nach § 184 BGB (§ 184 Rn 71). Allerdings kann auch die Versagung der Genehmigung nach den §§ 48, 49 VwVfG zurückgenommen oder widerrufen werden. Dann aber soll, wenn die Genehmigung später noch erteilt wird, das vorgenommene Rechtsgeschäft nicht wieder „aufleben", sondern unwirksam bleiben (BeckOGK/Regenfus § 182 Rn 237; BGH 11. 2. 1972 – V ZR 186/70, WM 1972, 1097 = VerwRspr 1973, 298; BGH 24. 10. 1956 – V ZR 21/55, NJW 1956, 1918 = VerwRspr 1956, 796; BGH 8. 5. 1953 – V ZR 85/51, NJW 1953, 1301; RG 23. 2. 1942 – V 110/41, RGZ 168, 346; RG 3. 1. 1923 – V 390/22, RGZ 106, 142; RG 29. 10. 1921 – V 227/21, RGZ

103, 104; Lange AcP 152 [1952/1953] 241, 264; Erman/Maier-Reimer[15] Vor § 182 Rn 9; zweifelnd Manssen 297). Es muss dann neu vorgenommen werden – die neue Genehmigung kann sich dann auf dieses Rechtsgeschäft beziehen (Staudinger/Gursky [2014] Vorbem 64 zu §§ 182–185). Gleiches gilt, wenn die Genehmigung an eine behördliche Bedingung geknüpft ist (OLG Schleswig SchlHA 1960, 114; Kieckebusch 279).

Ist nur das **Erfüllungsgeschäft zustimmungsbedürftig**, führt die Versagung zur nachträglichen Unmöglichkeit der Leistung (BGH 28. 1. 1997 – XI ZR 42/96, VersR 1997, 1414 = NJW-RR 1997, 686; BGH 20. 6. 1962 – V ZR 219/60, BGHZ 37, 233 = NJW 1962, 1715; NK-BGB/Staffhorst[3] § 182 Rn 50; Staudinger/Gursky [2014] Vorbem 64 zu §§ 182–185).

dd) Negativattest

132 In einem Negativattest, also der Feststellung durch Verwaltungsakt, dass eine Genehmigung nicht erforderlich ist, wird regelmäßig eine Genehmigung zu sehen sein, die zum Ende des Schwebezustandes führt (BGH 22. 9. 2009 – XI ZR 286/08, NJW 2010, 144 = DNotZ 2010, 289; BGH 15. 3. 1951 – IV ZR 9/50, BGHZ 1, 294, 300 = NJW 1951, 645; MünchKomm/Bayreuther[8] § 182 Rn 18; BeckOGK/Regenfus [1. 4. 2019] § 182 Rn 222; Erman/Maier-Reimer[15] Vor § 182 Rn 9 Soergel/Leptien[12] Vor § 182 Rn 11; jurisPK/Trautwein[8] [Stand: 13. 2. 2019] § 182 Rn 8). Das ist ausdrücklich etwa in § 5 S 2 GrundSVG vorgesehen, wird aber allgemein angenommen (BGH 3. 4. 1985 – I ZR 29/83, GRUR 1986, 79; BGH 14. 3. 1980 – V ZR 115/78, BGHZ 76, 242 = NJW 1980, 1691; BGH 4. 6. 1954 – V ZR 18/53, BGHZ 14, 1 = NJW 1954, 1442; BGH 15. 3. 1951 – IV ZR 9/50, BGHZ 1, 294 = NJW 1951, 645; siehe auch Bullinger DÖV 1957, 761, 76). Das hat Auswirkungen für die Bindung der Gerichte im Zivilprozess (Palandt/Ellenberger[78] Einf § 182 Rn 6) – jedenfalls dann, wenn das (vermeintliche) behördliche Zustimmungserfordernis dem Schutz öffentlicher Interessen dient (BGH 22. 9. 2009 – XI ZR 286/08, NJW 2010, 144 = DNotZ 2010, 289; BGH 30. 11. 1965 – V ZR 58/63, BGHZ 44, 325 = NJW 1966, 652; BeckOGK/Regenfus [1. 4. 2019] § 182 Rn 222; Staudinger/Veit [2014] § 1828 Rn 49 je für die vormundschaftliche Genehmigung; BGH 22. 9. 2009 – XI ZR 286/08, NJW 2010, 144 = DNotZ 2010, 289; BeckOK BGB/Bub [1. 11. 2018] § 182 Rn 11).

ee) Bindung der Zivilgerichte

133 Die Trennung in das privatrechtliche Hauptgeschäft und die verwaltungsrechtliche Zustimmung führt dazu, dass die Zivilgerichte die Zustimmung oder ihre Versagung selbst nicht beurteilen können (BeckOK BGB/Bub [1. 11. 2018] § 182 Rn 11). Wollen also die am Hauptgeschäft Beteiligten eine Versagung angreifen, so muss der Verwaltungsrechtsweg beschritten werden. Eine zivilgerichtliche Inzidentkontrolle hat nicht zu erfolgen (BeckOGK/Regenfus § 182 Rn 221). Der Zivilrichter hat aber zu beurteilen, ob das behördliche Genehmigungserfordernis überhaupt besteht und ob eine Genehmigung vorliegt oder nicht (BGH 4. 2. 2004 – XII ZR 301/01, BGHZ 158, 19 = NZM 2004, 340; BGH 28. 11. 2003 – V ZR 123/03, BGHZ 157, 133 = NJW 2004, 1662; BGH 22. 1. 2016 – V ZR 27/14, BGHZ 208, 316 = NJW 3162; BeckOK BGB/Bub [1. 11. 2018] § 182 Rn 11; K Schmidt NJW 1995, 2255, 2257; BeckOGK/Regenfus § 184 Rn 221; BGB-RGRK-BGB/Steffen[12] Rn 14; anders OLG Rostock 22. 11. 2012 – 3 U 10/08 – GE 2013, 1002), er kann aber nicht die behördliche Entscheidung vorwegnehmen oder selbst ersetzen, sondern hat den bestandskräftigen Verwaltungsakt hinzunehmen (BeckOGK/Regenfus [1. 4. 2019] § 182 Rn 221; ders, Komplexe Prozessführung [2007] 116).

ff) Zustimmungen im Arbeitsrecht

134 Für arbeitnehmerschützende Zustimmungserfordernisse ist die Kündigung durch den Arbeitgeber nur dann wirksam, wenn zum Zeitpunkt des Zugangs der Kündigung die behördliche Genehmigung vorliegt: So Mütter im Mutterschutz, § 17 Abs 2 S 1 MuSchG, Eltern während der Elternzeit oder schwerbehinderte Arbeitnehmer §§ 168, 174 Abs 1 SGB IX. Hier besteht ein Unterschied bereits darin, dass eine nachträgliche Zustimmung nicht möglich ist, es also nicht zum Zustand der schwebenden Unwirksamkeit kommen kann. Insgesamt sind die verwaltungsverfahrensrechtlichen Regelungen zu beachten.

2. Zustimmung Dritter zum öffentlich-rechtlichen Vertrag

135 Die Zustimmung eines Dritten zum öffentlich-rechtlichen Vertrag ist Zustimmung im Sinne der §§ 182 ff BGB, diese sind anwendbar – weil das VwVfG keine eigenen Regelungen enthält und § 62 S 2 VwVfG entsprechend verweist (BVerwG 24. 6. 1999 – 7 C 20/98, NJW 1999, 3357 = VIZ 1999, 596; NK-BGB/Staffhorst³ § 182 Rn 51; BeckOK BGB/Bub [1. 11. 2018] § 182 Rn 12; Kopp/Ramsauer VwVfG § 62 Rn 12; BeckOK VwVfG/Bader/Ronellenfitsch/Spieth § 58 Rn 11). Damit kann die Zustimmung durch Einwilligung oder durch Genehmigung erfolgen, allerdings muss die Zustimmung schriftlich erfolgen, § 58 Abs 1 VwVfG. Für den öffentlich-rechtlichen Vertrag selbst hat die fehlende Zustimmung nur dann und soweit Unwirksamkeit zur Folge, wie der mögliche Eingriff in die Rechte des zustimmungsberechtigten Dritten reicht (siehe zu den Rechtsfolgen auch Stelkens/Bonk/Sachs/Siegel, § 58 Rn 29; 32; BeckOK VwVfG/Bader/Ronellenfitsch/Spieth § 58 Rn 23).

Für die Zustimmung eines Dritten zu einem Verwaltungsakt gelten die §§ 182 ff BGB nicht (VGH München 3. 11. 2005 – 2 BV 4.1756 – DÖV 2006, 303; Soergel/Leptien Vor § 182 Rn 9; jurisPK/Trautwein⁸ [Stand: 13. 2. 2019] § 182 Rn 6; Jäde UPR 2005, 161, 163). Gleiches gilt für die Zustimmung zu anderen hoheitlichen Akten, etwa die Zustimmung zur Straßenwidmung (offenlassend gleichwohl VGH München 20. 7. 2010 – 8 ZB 10.1109, juris).

3. Behördliche Zustimmungen zu behördlichen Akten

136 Rein öffentlich-rechtliche Zustimmungsregelungen, wie etwa die Herstellung des gemeindlichen Einvernehmens nach § 36 BauGB, finden keinen Anknüpfungspunkt in einem einzelnen Rechtsgeschäft. Sie sind ausschließlich nach verwaltungsrechtlichen Regelungen zu beurteilen, §§ 182 ff BGB finden keine – auch keine punktuelle – Anwendung (Soergel/Leptien Vor § 182 Rn 9; anders: Niedersächsisches FG 19. 9. 2007 – 12 K 334/05, EFG 2008, 180; auch: VG Augsburg 19. 5. 2014 – Au 4 S 14.242, juris).

4. Familiengerichtliche Genehmigungen

137 Für familiengerichtliche Genehmigungen enthalten die §§ 1828 ff; 1643 Abs 3 BGB und §§ 40 Abs 2, 41 Abs 3, 47 FamG eigenen Regelungen, sie sind „im Wesentlichen abschließende Regelung" (Palandt/Ellenberger⁷⁸ Einf § 182 Rn 6). Die §§ 182 ff BGB sind nicht anwendbar (so ausschließlich Staudinger/Gursky [2014] Vorbem 5 zu §§ 182–185), sollen aber ergänzend herangezogen werden (RG 28. 9. 1933 – IV 178/33, RGZ 142, 59; NK-BGB/Staffhorst³ § 182 Rn 49; MünchKomm/Bayreuther⁸ Vor § 182 Rn 20; BeckOK BGB/Bub [1. 11. 2019] § 182 Rn 13; PWW/Frensch¹³ § 182 Rn 1).

XII. Zustimmung zu Prozesshandlungen

138 Die §§ 182 ff BGB werden, allerdings nur ergänzend, soweit prozessrechtliche Regelungen einen Spielraum lassen auch auf Prozesshandlungen angewandt (BeckOGK/Regenfus [1. 4. 2019] § 182 Rn 106; NK-BGB/Staffhorst[3] § 182 Rn 47; PWW/Frensch[13][13] § 182 Rn 1; MünchKomm/Bayreuther[8] Vor § 182 Rn 20), auch wenn sie keine materiellrechtlichen Rechtsgeschäfte sind. Dies gilt etwa für die Widerruflichkeit von vorherigen Zustimmungen (RG 10. 5. 1940 – VII 246/39, RGZ 164, 240).

139 Dies gilt zunächst dann, wenn das Prozessrecht **Zustimmung zu Handlungen** des Prozessgegners vorsieht. So etwa die Zustimmung zur Übernahme des Rechtsstreits durch den Rechtsnachfolger nach der Veräußerung der streitbefangenen Sache, § 256 Abs 2 S 2 ZPO; oder aber die Einwilligung in die Klageänderung oder Klagerücknahme, § 263, 267, 269 ZPO. Im Rechtsmittelrecht muss in die Einlegung der Sprungrevision und damit das außen vor lassen der Berufung eingewilligt werden, § 566 Abs 1 ZPO.

140 Die **Prozessführung durch einen vollmachtlosen Vertreter** kann nach § 89 Abs 2 ZPO durch den Vertretenen ausdrücklich oder stillschweigend genehmigt werden. In § 89 Abs 2 ZPO ist ebenfalls der Grundsatz der Rückwirkung der Genehmigung festgelegt. Dieser Grundsatz wird in § 547 Nr 4 ZPO und § 579 Abs 1 Nr 4 ZPO bestätigt, bei denen die vollmachtlose Prozessführung dann keinen absoluten Revisions- oder Nichtigkeitsgrund ergibt, wenn eine ausdrückliche oder stillschweigende Genehmigung vorliegt. Richtig wird darauf hingewiesen, dass eine Anwendung des § 180 BGB wegen der Vollmacht rechtlich abschließenden Wirkung der zivilprozessualen Regelungen in den §§ 80 ff ZPO nicht zur Anwendung kommt, so dass die durch regelmäßig einseitige Prozesshandlungen erfolgende Prozessführung nicht an dem Dogma scheitert, das schwebend unwirksamen einseitige Rechtsgeschäfte nicht zulässt (BeckOGK/Regenfus [1. 4. 2019] § 185 Rn 208). Die Prozessführung kann grundsätzlich nur insgesamt genehmigt werden, einzelne Prozesshandlungen durch den vollmachtlosen Vertreter können nicht isoliert genehmigt werden (BGH 19. 7. 1984 – X ZB 20/83, BGHZ 92, 137 = NJW 1987, 130; BeckOGK/Regenfus [1. 4. 2019] § 182 Rn 214; NK-BGB/Staffhorst[3] § 182 Rn 47).

Eine Prozessführungsermächtigung (§ 185 Rn 153) kann auch noch mit materiell-rechtlicher Wirkung während des Rechtsstreits widerrufen werden, nach dem Beginn der mündlichen Verhandlung aber mit verfahrensrechtlicher Wirkung für die Prozessführungsbefugnis nicht mehr, wenn nicht der Beklagte einer Abweisung der Klage als unzulässig zustimmt (BGH 27. 2. 2015 – V ZR 128/14, NJW 2015, 2425 = MDR 2015, 1031).

Adressat der Genehmigung ist nicht der Prozessgegner, sondern das Gericht (BeckOK BGB/Bub [1. 11. 2018] § 182 Rn 14). Das Gesetz weist in den §§ 89 Abs 2, 547 Nr 4, 579 Abs 1 Nr 4 ZPO darauf hin, dass auch eine konkludente Genehmigung möglich ist. Hier ist (wie im materiellen Recht auch) durch Auslegung der Erklärungswert einer Handlung zu bestimmen. Nimmt etwa eine Partei eine Begründung eines durch den vollmachtlosen Vertreter eingelegten Rechtsmittels vor, zeigt sie damit ihren Genehmigungswillen (BeckOGK/Regenfus [1. 4. 2019] § 182 Rn 209).

Zeitlich ist die Genehmigung grundsätzlich nicht an den Ablauf für die jeweilige 141
Rechtsbehelfsfrist gebunden, allerdings kann sie nicht nach der Verwerfung dieses
Rechtsbehelfs durch Prozessurteil als unzulässig vorgenommen werden (BGH 27. 3.
2003 – IX ZB 402/02, NZI 2003, 375 = NZG 2003, 583; GemS-OGB 17. 4. 1984 – GmS-OGB 2/83,
BGHZ 91, 111 = NJW 1984, 2149; NK-BGB/Staffhorst[3] § 182 Rn 47; OLG Bremen 20. 10. 2005 –
2 U 9/05, BeckRS 2005, 30364196 = OLGR Bremen 2006, 60; BPatG 16. 4. 2008 – 29 W [pat] 44/06,
BeckRS 2008, 16114). Innerhalb dieser Frist vorgenommene Genehmigungen wirken
zurück auf die Vornahme der Handlung (BeckOGK/Regenfus [1. 4. 2019] § 185 Rn 210).

Bei der Klageerhebung sind verschiedene Konstellationen zu unterscheiden: Die 142
Genehmigung der Klageerhebung durch einen vollmachtlosen Vertreter hat Rückwirkung, die Genehmigung einer Klageerhebung im eigenen Namen im Rahmen
einer gewillkürten Prozessstandschaft dagegen nicht (§ 185 Rn 153). Daraus etwa folgt
für den Eintritt der Verjährungshemmung nach § 204 Abs 1 Nr 1 BGB, dass die
Genehmigung der durch den Vetreter erhobenen Klage deren verjährungsrechtliche
Wirkmächtigkeit rückwirkend begründet.

XIII. Sozialrecht

Auch im Sozialrecht wird bisweilen auf die punktuelle Anwendung der §§ 182 ff 143
BGB zurückgegriffen -oder vielmehr einzelne Rechtsgedanken angewandt, so etwa
die Rückwirkung der Genehmigung auf § 53 Abs 2 Nr 2 SGB I (BSG 6. 4. 2000 – B 11
AL 47/99 R – NZS 2001, 104 = JuS 2001, 618; BSG 31. 5. 2006 – B 6 KA 7/05 R – NZS 2007, 389)
oder auf die Genehmigung eines Versorgungsvertrages nach § 109 III 2 SGB V (BSG
21. 2. 2006 – B 1 KR 22/05 R, juris). Grundsätzlich kommt es aber auf die einzelne
sozialversicherungsrechtliche Regelung an, der Begriff der „Genehmigung" reicht
nicht (BSG 31. 5. 2006 – B 6 KA 7/05 R – NZS 2007, 389; jurisPK/Trautwein[8] [Stand: 13. 2. 2019]
§ 182 Rn 11). Kein Rekurs auf die §§ 182 ff BGB wurde etwa für die Zustimmung zur
Verlegung des Vertragsarztsitzes § 24 Abs 7 Ärzte-ZV genommen (BSG 31. 5. 2006 –
B 6 KA 7/05 R – NZS 2007, 389).

XIV. Steuerrecht

Für das materielle Steuerrecht selbst gelten die steuerverwaltungsrechtlichen Vor- 144
gaben. Problematisch ist freilich die Auswirkung einer rechtsgeschäftlichen Zustimmung auf steuerrechtliche Sachverhalte und hier vor allem die Frage der steuerrechtlichen Bedeutung der Rückwirkung der Genehmigung nach § 184 Abs 1 BGB.
Hier folgt das Steuerrecht mit seiner wirtschaftlichen Betrachtung anderen Grundsätzen als das Genehmigungsrecht: Maßgeblich für die steuerrechtlichen Tatbestände ist damit der Zeitpunkt der Genehmigung, nicht der der Vornahme des zustimmungsbedürftigen Hauptgeschäfts (BFH 29. 5. 2009 – IX B 23/09, juris): So kommt es
grundstückssteuerrechtlich nicht zur Rückwirkung einer Genehmigung über den
Grundstückserwerb (BFH 8. 2. 2000 – II R 51/98, BB 2000, 968). Siehe dazu noch § 184
Rn 114.

XV. IPR

Die Zustimmung unterliegt als Hilfsgeschäft grundsätzlich dem Statut des Haupt- 145
geschäfts (BGH 25. 3. 2015 – VIII ZR 125/14, NJW 2015, 2584 = WM 2015, 1580; BGH 29. 5.

2000 – II ZR 334/98, WM 2000, 1640 = IHR 2001, 86; BGH 14. 11. 1996 – I ZR 201/94, NJW 1997, 1150 = MDR 1997, 572; BGH 17. 11. 1994 – III ZR 70/93, BGHZ 128, 41 = MDR 1995, 427; BGH 8. 10. 1991 – XI ZR 64/90, NJW 1992, 618 = JZ 1992, 579; BGH 22. 6. 1965 – V ZR 55/64, WM 1965, 868; OLG Düsseldorf 8. 12. 1994 – 6 U 250/92, IPRax 1996, 423; Staudinger/Gursky [2014] Vorbem 69 zu §§ 182–185; MünchKomm/Spellenberg Vor Art 11 EGBGB Rn 26). Damit legen die Vertragsparteien mit dem Statut für den Vertrag auch zugleich die Rechtsordnung fest, die für die Zustimmung als solche maßgeblich ist (BeckOGK/Regenfus [1. 4. 2019] § 182 Rn 196).

146 Eine **Sonderanknüpfung an das Sachenrecht** ergibt sich bei ins Inland verbrachten Sache (BeckOGK/Regenfus [1. 4. 2019] § 182 Rn 197; Staudinger/Gursky [2014] Vorbem 69 zu § 3 182–185; BGH 29. 5. 2000 – II ZR 334/98, WM 2000, 1640 = IHR 2001, 86).

147 **Zustimmungserfordernisse nach §§ 1365, 1366 BGB** knüpfen nach Art 14, 15 EGBGB an das Ehestatut an (BayObLG 28. 1. 1976 – BReg 2 Z 68/75, BayObLGZ 1976, 15 = DNotZ 1976, 421; LG Aachen 17. 10. 1961 – 7 T 413/61, FamRZ 1962, 385; Reithmann FamRZ 1959, 268; BeckOGK/Regenfus [1. 4. 2019] § 182 Rn 197; MünchKomm/Spellenberg EGBGB⁸ Vor Art 11 Rn 29; Staudinger/Mankowski [2010] Art 15 EGBGB Rn 260), das wird auch für das Zustimmungserfordernis nach § 1369 BGB vertreten (Staudinger/Mankowski [2010] Art 15 EGBGB Rn 261), von der herrschenden Meinung allerdings nicht dem Ehestatut zugeordnet (siehe etwa MünchKomm/Spellenberg⁸ EGBGB Vor Art 11 Rn 36).

§ 182
Zustimmung

(1) Hängt die Wirksamkeit eines Vertrags oder eines einseitigen Rechtsgeschäfts, das einem anderen gegenüber vorzunehmen ist, von der Zustimmung eines Dritten ab, so kann die Erteilung sowie die Verweigerung der Zustimmung sowohl dem einen als dem anderen Teil gegenüber erklärt werden.

(2) Die Zustimmung bedarf nicht der für das Rechtsgeschäft bestimmten Form.

(3) Wird ein einseitiges Rechtsgeschäft, dessen Wirksamkeit von der Zustimmung eines Dritten abhängt, mit Einwilligung des Dritten vorgenommen, so finden die Vorschriften des § 111 Satz 2, 3 entsprechende Anwendung.

Materialien: E I 127 Abs 1, 2; II § 150, rev § 178; III § 178; Mot I 245 ff; Prot I 176 ff; VI 124, 128, 138; Jakobs/Schubert, AT II 947 ff.

Systematische Übersicht

I.	**Überblick**	1	2.	Erklärungstatbestand der Zustimmung	4
II.	**Zustimmung als Rechtsgeschäft**		a)	Grundsätzliches	5
1.	Rechtsgeschäftliche Systematik	2	b)	Konkludente Zustimmung	11

aa)	Behandlung des Hauptgeschäfts als wirksam	13	III. **Rechtsfolgen**	
bb)	Zustimmung durch Schweigen	23	1. Der Zustimmung	81
c)	Zustimmungsbewusstsein	30	2. Der fehlenden Zustimmung	82
d)	Falsa demonstratio	33	IV. **Zustimmungsverweigerung**	86
3.	Umfang der Zustimmung	35	a) Verweigerung der Einwilligung	88
4.	Adressat	41	b) Verweigerung der Genehmigung	90
a)	Grundsatz	41		
b)	Ausnahmen	51	V. **Form, Abs 2**	
aa)	Gesetzliche Ausnahmen	51	1. Grundsatz	95
bb)	Gewillkürte Ausnahmen	52	2. Ausnahmen	113
c)	Falscher Adressat	53	a) Gesetzliche Ausnahmen	113
5.	Abgabe der Zustimmung	54	b) Teleologische Reduktion des § 182 Abs 2?	116
a)	Zustimmung im fremden Namen	56	c) Öffentlich-rechtliche Formvorgaben	121
b)	Zustimmung im eigenen Namen	59	d) Gewillkürte Form	123
6.	Geschäftsfähigkeit	60		
7.	Willensmängel	63	VI. **Zurückweisung nach Abs 3**	126
a)	Anfechtungsrecht	64		
b)	Anfechtungserklärung	69	VII. **Beweislast**	131
c)	Adressat der Anfechtung	70		
d)	Schadensersatz, § 122	71		
8.	Missbrauch	72		
9.	Zustimmung und Rechtsschein	73		

Alphabetische Übersicht

Annahme als Kind	113	Erklärungsempfänger, Auslegung	8
Anscheinszustimmung	77	Erlösherausgabe	17
Arglistige Täuschung	67	Ermächtigung	14, 39
Auflassung	16	Evidenz	72
Aufrechnung	17		
Außenzustimmung	41	Falsa demonstratio	33
		Fälligkeit	20
Bauvertrag	19	Familiengericht	13
Bedingung	36	Formgebot, gewillkürtes	99
Befristung	36	Formgebot, mittelbares	112, 124
Belastung eines Rechts	51		
Beschränkte Geschäftsfähigkeit	95	Geschäftsfähigkeit, beschränkte	61
Bestätigung	90	Geschäftsführer	95
Bevollmächtigung	22	Geschäftsführung	89
		Geschäftsunfähigkeit	60
Darlehen	19, 20	Gesellschaft	13, 115
Deckungsgleichheit	7, 40	Gesetzgebungsverfahren	5
		GmbH	13
Duldung	10	Grundbuch	115
Duldungszustimmung	76	Grundstück	95
Empfangsvertreter	43	Handelsrecht	25, 115
Erklärungsbewusstsein	13, 30	Hypothek	41

Irrtum	65	Termini, juristische	6
		Testament	113
Kaufvertrag	19	Treuhand	13
Kenntnis	47		
Kirchliche Formvorgaben	192	Urkunde	74
Klage	17		
Kollision	72	Vaterschaftsanerkenntnis	113
Kommunalrecht	121	Verbraucherkredit	114
		Versicherung	13, 115
Leistungsannahme	18	Vertragsübernahme	15, 70, 97
		Verweigerung, Anfechtung	92
Miete	19, 26	Verweigerungswille	91
Minderjähriger	13	Verzögerung der Zustimmung	9
		Volljährigkeit	28
Nacherbe	113	Vorbehaltskauf	16
Nießbrauch	51	Vormund	51
Notarielle Beurkundung	50		
		Wertpapier	115
Pfandrecht	51	Willenserklärung, abhandengekommene	53
		Willenstheorie	32
Rechtsgeschäft, ungewöhnliches	15		
Rechtsnachfolge	49	Zimmer aufräumen	36
Rechtsverzicht	21	Zinsvereinbarung	20
		Zurückweisung	128
Schadensersatz	71	Zwangsvollstreckung	116

I. Überblick

1 Die Vorschrift regelt die Zustimmung insgesamt, betrifft also Einwilligung und Genehmigung. Unterliegen die vorherige und die spätere Zustimmung jeweils Sondervorgaben, gelten die ergänzenden Regelungen der § 183 BGB für die Einwilligung und § 184 BGB für die Genehmigung. § 182 BGB gibt drei Grundelemente des Zustimmungsrechts vor: Abs 1 bestimmt, dass Adressat der Zustimmung nicht nur derjenige sein kann, dessen Willenserklärung zustimmungsbedürftig ist, sondern jeder am Hauptgeschäft Beteiligten, also auch der „andere Teil". Damit kommt es zu einer erheblichen Flexibilität des Adressatensystems. § 182 Abs 1 BGB wird für den Widerruf der Einwilligung in § 183 S 2 BGB entsprechend ergänzt: Auch dieser kann gegenüber allen am Hauptgeschäft Beteiligten erfolgen (§ 183 Rn 48). Abs 2 greift die Trennung und Abstraktion der Zustimmung vom Hauptgeschäft auf und bestätigt (in Parallelität zu § 167 Abs 2 BGB für die Vollmacht), dass die Zustimmung nicht formbedürftig ist, auch wenn das Hauptgeschäft selbst einem Formgebot unterliegt (Rn 95). Abs 3 schließlich sieht für einseitige zustimmungsbedürftige Hauptgeschäfte mit dem Verweis auf § 111 S 2, 3 BGB die Möglichkeit vor, dass der Erklärungsempfänger ein einseitiges Rechtsgeschäft (etwa eine Gestaltungserklärung) zurückweisen kann, wenn die Einwilligung nicht in schriftlicher Form vorgelegt wird und er vom Einwilligenden nicht über die Einwilligung anderweitig in Kenntnis gesetzt wurde (Rn 126 f).

II. Zustimmung als Rechtsgeschäft

1. Rechtsgeschäftliche Systematik

Die Zustimmung, sowohl Einwilligung als auch Genehmigung, ist einseitiges Rechtsgeschäft, das durch **eine empfangsbedürftige Willenserklärung** konstituiert wird (für alle STAUDINGER/GURSKY [2014] § 182 Rn 1) – sie bedarf keiner Annahme oder einer sonstigen Bestätigung durch den Erklärungsempfänger (MünchKomm/BAYREUTHER[8] § 182 Rn 2). Es gelten die allgemeinen Regelungen über Willenserklärungen (BORK, Allgemeiner Teil des BGB [4. Aufl 2016] S 664). 2

Darüber hinaus ist auch die **Verweigerung der Genehmigung** einseitiges Rechtsgeschäft, bei der Verweigerung der Einwilligung ist das umstritten (Rn 86 f) – ebenso wie der Widerruf der Einwilligung (§ 183 Rn 47 f). Der **Verzicht auf die Einwilligung** ist kein Rechtsgeschäft, weil er als solcher keine Rechtsfolge auslöst (§ 183 Rn 25) – er wird deshalb regelmäßig gerade als Einwilligung ausgelegt werden können. Der Verzicht auf den Widerruf wiederum ist, weil er die gegebene Einwilligung stabilisiert, Rechtsgeschäft, das sowohl einseitig als auch durch Vertrag begründet werden kann (§ 183 Rn 71 f). 3

2. Erklärungstatbestand der Zustimmung

Für den objektiven Tatbestand der Zustimmung ist maßgebend, ob sich aus Sicht des Erklärungsempfängers – zum Adressaten siehe (Rn 41 f) – der rechtsgeschäftliche Wille des Erklärenden ergibt, das Hauptgeschäft gerade durch die eigene Erklärung gelten zu lassen: Für die Einwilligung so wie vorgesehen und für die Genehmigung so wie vorgenommen. 4

a) Grundsätzliches

Wie bei jeder Willenserklärung und insbesondere jeder empfangsbedürftigen Willenserklärung (für die Frage der Feststellung des Willens bei nicht empfangsbedürftigen Willenserklärungen siehe STAUDINGER/BORK [2015] § 151 Rn 15 f) muss sich auch bei der Zustimmung der Wille, das zustimmungsbedürftige Rechtsgeschäft sowie es geschlossen werden soll oder so, wie es geschlossen wurde, durch die eigene Erklärung gelten zu lassen, aus der Sicht des Empfängers, **§§ 133, 157 BGB**, ermitteln lassen (dazu allgemein STAUDINGER/SINGER [2017] § 133 Rn 11 f). Dies gelingt am rechtssichersten dann, wenn der Zustimmungsberechtigte ausdrücklich sein Einverständnis äußert. Im Gesetzgebungsverfahren wurde noch – § 127 Abs 2 S 1 E I – eine ausdrückliche Zustimmung gefordert, diese Forderung wurde aber aufgegeben (STAUDINGER/GURSKY [2014] § 182 Rn 9). 5

Wie stets ist es nicht notwendig, dass der Zustimmende genaue **juristische Termini** – wie eben den der Einwilligung oder der Genehmigung – verwendet: Es ist durch Auslegung der entsprechende Wille zum Einverständnis zum Hauptgeschäft zu ermitteln, steht dieser fest, kommt es auf die Terminologie nicht an (STAUDINGER/GURSKY [2014] § 182 Rn 2). Im Übrigen könnte man ein wenig ketzerisch anmerken, dass dem Zustimmenden nicht mehr abverlangt wird, als der Gesetzgeber selbst leistet und der ist in seiner Terminologie durchaus indifferent (Vorbem 9 f zu §§ 182–185). 6

7 Zustimmung und Hauptgeschäft müssen **deckungsgleich** sein, deshalb muss die Auslegung ergeben, dass der Zustimmungsberechtigte das Hauptgeschäft auch **in seiner von ihm vorgegebenen (Einwilligung) oder der abgeschlossenen (Genehmigung) Form** gelten lassen will. Dieser Wille kommt dann nicht zum Ausdruck, wenn das Einverständnis selbst unter die Bedingung der Änderung des Hauptgeschäfts gestellt wird oder aber die Zustimmung ein anderes Hauptgeschäft mit anderem Inhalt betreffen soll. In diesem Fall geht das Einverständnis am Hauptgeschäft vorbei, es liegt keine wirksame Zustimmung vor (Rn 40).

8 Für die Auslegung der Zustimmung kommt es – allein – auf die **Person des Erklärungsempfängers** an, den der Zustimmende nach § 182 Abs 1 BGB unter den am Hauptgeschäft Beteiligten wählen kann (Rn 41 f). Der nicht ausgewählte und nur potentielle Adressat spielt keine Rolle (siehe BeckOGK/Regenfus [1. 4. 2019] § 182 Rn 85), auch wenn er von der Zustimmung in Kenntnis gesetzt wird. Der Erklärungsempfänger kann regelmäßig davon ausgehen, dass der Zustimmende den Inhalt des Geschäfts kennt (BGH 29. 3. 2000 – VIII ZR 81/99, LM BGB § 166 Nr 39 [9/2000] = NJW 2000, 2272): Er kann sich also auf ein schlichtes „Ich stimme zu!" verlassen – allerdings kann diese Erklärung unter Umständen anfechtbar sein, wenn sich der Zustimmende über den Inhalt des Hauptgeschäfts irrt (Rn 63 f).

Es kommt auch nicht darauf an, dass der **Erklärungsempfänger** von der Zustimmungsbedürftigkeit des Hauptgeschäfts ausgeht, solange er nach §§ 133, 157 BGB den entsprechenden Zustimmungswillen in der Erklärung erkennen kann: Geht etwa ein Geschäftspartner eines Minderjährigen davon aus, dass der geschlossene Vertrag dem beschränkt Geschäftsfähigen keinen rechtlichen Nachteil bringt und deshalb nicht nach §§ 107 ff BGB zustimmungsbedürftig ist, so hindert dies die Wirksamkeit der an ihn gerichteten Zustimmung nicht. Auf der anderen Seite – und das ist zu unterscheiden – muss der Erklärungsempfänger aber erkennen können, dass dem Zustimmungsberechtigten die Unwirksamkeit des Vertrages bekannt war oder dass dieser jedenfalls mit der Möglichkeit einer Unwirksamkeit rechnete (OLG Hamm 10. 7. 2006 – 31 U 200/05, BeckRS 2007, 04447), nur dann wird man überhaupt auf den Zustimmungswillen schließen können.

9 Für die Auslegung kann es auch eine Rolle spielen, ob der Zustimmungsberechtigte die **Zustimmung bislang verzögert hat**, oder ob er anderweitig die Ablehnung einer Zustimmung geäußert hat, ohne jedoch rechtsgeschäftlich verbindlich eine Verweigerung der Genehmigung zu erklären: In diesen Fällen wird man eine konkludente Genehmigung nur unter klaren Indizien annehmen können. Dies gilt auch im Falle der Einwilligung und eines erfolgten Widerrufes.

10 Eine **eigene Kategorie des Duldens des Hauptgeschäfts** als solche ist aber jenseits einer rechtsgeschäftlichen Belastbarkeit abzulehnen (OLG Karlsruhe 10. 2. 1981 – 3 RE-Miet 1/81, NJW 1981, 1278; so begrifflich aber auch Palandt/Ellenberger[78], § 182 Rn 3). Das Verhalten des Zustimmungsberechtigten muss den Rechtsbindungswillen zur Zustimmung (oder ihrer Verweigerung) erkennen lassen. Deshalb liegt eine relevante „Duldung" nur vor, wenn eine Willenserklärung vorliegt (so wohl auch im Ergebnis Palandt/Ellenberger[78], § 182 Rn 3), die nur ausnahmsweise in einem „duldenden Schweigen" liegen kann (Rn 23 f).

b) Konkludente Zustimmung

Folge der Formfreiheit der Zustimmung (Rn 95 f) ist, dass auch eine konkludente **11** Zustimmung möglich ist, so dass der Inhalt einer (Erklärungs-)Handlung zunächst durch Auslegung, §§ 133, 157 BGB, bestimmt werden muss (BGH 16. 12. 2009 – XII ZR 146/07, BGHZ 184, 35 = NJW 2010, 861; BGH 10. 5. 2006 – II ZR 209/04, NJW-RR 2006, 1414; BGH 20. 4. 2004 – XI ZR 164/03, BGHR BGB vor § 171 Rechtsscheinhaftung 10 = NJW 2004, 2745; BGH 15. 5. 1990 – X ZR 82/88 = WM 1990, 1573, 1575; BGH 16. 11. 1987 – II ZR 92/87, LM Nr 32 zu § 167 BGB = NJW 1988, 1199, 1200; BGH 25. 11. 1965 – III ZR 88/64, WM 1966, 229, 231; BGH 27. 11. 1953 – V ZR 82/52, LM Nr 2 zu § 1697 BGB = NJW 1954, 145; BGH 20. 10. 1952 – IV ZR 44/52, LM Nr 15 zu § 812 BGB = NJW 1953, 58; RG 13. 10. 1942 – I 129/41, RGZ 170, 233; OLG Köln 28. 3. 2018 – 11 U 147/14, BeckRS 2018, 7221; OLG Düsseldorf 8. 5. 2007 – I-24 U 128/06 – 24 U 128/06, OLGR Düsseldorf 2008, 105; OLG Koblenz 18. 5. 1990 – 10 U 285/89, VersR 1991, 209; OLG Hamm 16. 11. 2017 – I-6 U 58/17, NJW-RR 2018, 613; BGB-RGRK/Steffen[12] § 182 Rn 7; MünchKomm/Bayreuther[8] § 182 Rn 10; Soergel/Leptien[12] § 182 Rn 7; Erman/Meier-Reimer[15] § 182 Rn 8; BeckOK BGB/Bub [1. 11. 2018] § 185 Rn 17; Wertenbruch, BGB Allgemeiner Teil [4. Aufl 2017] S 294; Staudinger/Gursky [2014] § 182 Rn 10 mwNw.). Es ist aber ersichtlich, dass auch in diesen Fällen der zustimmende Erklärungsinhalt **klar und eindeutig nach außen treten muss** (Staudinger/Gursky [2014] § 182 Rn 10; NK-BGB/Staffhorst[3] § 182 Rn 18: „strenge Prüfung"), und es ist ebenfalls selbstverständlich, dass eine konkludent erteilte Zustimmung die gleiche rechtsgeschäftliche Kraft hat, wie die ausdrücklich geäußerte.

Wie stets ist im Rahmen einer **Gesamtwürdigung der Umstände** das Vorliegen des **12** Zustimmungswillens zu ermitteln. Weil die §§ 133, 157 BGB zwar formelle, aber nicht materielle Auslegungsregeln sind und § 182 BGB keine Auslegungsregel enthält, ist letztlich jeder Einzelfall gesondert zu beurteilen. Das dogmatische Grundgerüst ist für die Einwilligung und die Genehmigung zwar gleich, gleichwohl haben sich insbesondere für die Genehmigung Fallgruppen herausgebildet, die im Rahmen der Auslegung zu beachten sind. Das ist wenig verwunderlich, besteht hier doch mit dem vorgenommenen Hauptgeschäft bereits ein Bezugsobjekt für das Handeln des Zustimmungsberechtigten, das Aufschluss über seinen Zustimmungswillen geben kann. Allerdings gibt es hier keine Zwangsläufigkeit, eine gesetzliche Auslegungsregel, die einen bestimmten Erklärungsinhalt unwiderruflich vermutet oder eine Fiktion der Zustimmung oder ihrer Verweigerung aufstellt, gibt es – wie etwa bei §§ 108 Abs 2, 177 Abs 2 BGB – nur vereinzelt (dazu für § 108 BGB Staudinger/Klumpp [2017] § 108 Rn 40 f).

aa) Behandlung des Hauptgeschäfts als wirksam

So kann es für eine Zustimmung sprechen, wenn der Zustimmungsberechtigte das **13** **betreffende Rechtsgeschäft als gültig** behandelt (BGH 15. 5. 1990 – X ZR 82/88, WM 1990, 1573; RG 13. 10. 1942 – I 129/41, RGZ 170, 233; OLG Düsseldorf 11. 10. 2018 – 15 U 28/18, juris; Soergel/Leptien[12] § 182 Rn 9; Palandt/Ellenberger[78] § 182 Rn 3; MünchKomm/Bayreuther[8] § 182 Rn 12). Regelmäßiger Bezugspunkt ist hier, dass der Zustimmungsberechtigte durch Handlungen, die sich sinnvoll nur auf ein wirksames Hauptgeschäft gründen lassen, seinen Wirksamkeitswillen zum Ausdruck bringt. Allerdings auch nur dann, wenn er bei seinen Handlungen nicht ohnehin von einem bereits wirksamen Hauptgeschäft ausgeht und der Erklärungsempfänger dies weiß (ansonsten ist auch dieser Fall nach der Theorie des fehlenden Erklärungsbewusstseins zu lösen [Rn 30 ff]) – so etwa, wenn der vertretene der Meinung ist, dass beim Handeln eines *falsus procurator* Vertretungsmacht bestanden habe.

Mit den Beispielen nach STAUDINGER/GURSKY (2014) § 182 Rn 10: Bedarf die treuhänderische Übertragung eines GmbH-Geschäftsanteils nach dem Gesellschaftsvertrag etwa der Zustimmung der übrigen Gesellschafter, so kann deren konkludente Zustimmung schon darin liegen, dass sie den Treunehmer als nunmehrigen Gesellschafter behandeln (BGH 10. 5. 2006 – II ZR 209/04, NJW-RR 2006, 1414 = MDR 2007, 96). Eine konkludente Zustimmung ist auch gegeben, wenn jemand, der als Minderjähriger einer GmbH beigetreten ist, nach Eintritt der Volljährigkeit und damit nach Übergang des Genehmigungsrechtes auf ihn selbst in Kenntnis der Genehmigungsbedürftigkeit seiner Beitrittserklärung weiterhin als Gesellschafter tätig wird (BGH 21. 1. 1980 – II ZR 153/79, DNotZ 1981, 183). Ein wegen fehlender familiengerichtlicher Genehmigung zunächst schwebend unwirksamer Versicherungsvertrag wird von dem volljährig gewordenen Versicherungsnehmer aber noch nicht dadurch konkludent genehmigt, dass er weiterhin Prämienabbuchungen aufgrund der früher erteilten Einziehungsermächtigung hinnimmt (LG Aachen 14. 3. 1986 5 S 439/85, VersR 1987, 978; AG Waldshut-Tiengen – 7. 12. 1984 – 3 C 342/84, VersR 1985, 937; LG Waldshut-Tiengen 7. 12. 1984 – 2 S 3/85, VersR 1985, 937; HILBERT VersR 1986, 948, 950), auch nicht, wenn er den jährlichen Anpassungen der Prämien nicht widerspricht, eine vom Versicherer vorgeschlagene Vertragsanpassung ablehnt und schließlich die Umwandlung in eine beitragsfreie Versicherung beantragt (NK-BGB/STAFFHORST[3] § 182 Rn 22; **anders** HILBERT VersR 1986, 948, 951; SOERGEL/LEPTIEN[12] § 182 Rn 9).

14 Wenn freilich eine **Ermächtigung nur bedingt** erklärt wurde (§ 183 Rn 21 f), diese Bedingung aber (noch) nicht eingetreten ist, der Ermächtigte die Verfügung aber dennoch vornimmt, § 185 BGB, so kann dieser ein Verhalten des Berechtigten, das Dritten als Genehmigung erscheinen mag, jedenfalls dann nicht als (nunmehr unbedingte) Genehmigung werten, wenn der Berechtigte für den Erklärungsempfänger ersichtlich von der Vorstellung ausgeht, die Bedingung sei eingetreten gewesen (BGH 29. 5. 2000 – II ZR 334/98, NJW-RR 2000, 1583 = WM 2000, 1640; STAUDINGER/GURSKY [2014] § 182 Rn 10).

15 Für die Auslegung heranzuziehen ist auch der Inhalt des Hauptgeschäftes. Ergeben sich aus dem Hauptgeschäft für den **Zustimmungsberechtigten erhebliche Verpflichtungen** – die etwa auch wirtschaftlich in einem nicht belastbaren Verhältnis zur Gegenleistung stehen – oder kommt es etwa durch die Verfügung eines Nichtberechtigten zu einem erheblichen Rechtsverlust (wobei die Erheblichkeit sowohl in ökonomischer oder auch persönlicher Hinsicht grundgelegt sein kann), so sind an die Feststellung eines konkludent geäußerten Zustimmungswillens auch verstärkte Anforderungen zu stellen (BeckOGK/REGENFUS [1. 4. 2019] § 182 Rn 117). Gleiches gilt, wenn es sich um ein **ungewöhnliches Rechtsgeschäft** handelt (STAUDINGER/GURSKY [2014] § 182 Rn 10). Hohe Anforderungen an die Sicherheit des Schlusses auf einen Zustimmungswillen sind daher bei der Zustimmung des Gläubigers zu einer intern vereinbarten Schuldübernahme (BGH 20. 10. 1982 – IVa ZR 81/81, LM Nr 9 zu § 414 BGB = ZIP 1982, 1447; BAG 11. 11. 1986 – 3 AZR 194/85, AP Nr 61 zu § 613a BGB = ZIP 1987, 866) und an die Zustimmung des verbleibenden **Vertragspartners zur Vertragsübernahme** zu stellen. Eine konkludente Genehmigung einer befreienden Schuldübernahme kann ebenfalls nur ausnahmsweise angenommen werden (STAUDINGER/RIEBLE [2017] § 415 Rn 73). Das OLG Düsseldorf hat allerdings den Umstand, dass der Vertreter des verbleibenden Vertragspartners dem Ausscheidenden zu der mit dem Eintretenden vereinbarten Vertragsübernahme gratuliert, zu Recht als konkludente Zustimmung

Titel 6
Einwilligung und Genehmigung § 182

gewertet (OLG Düsseldorf 28. 9. 2006 – 5 U 6/06, NZG 2007, 273). Auch im bei der Bürgschaft müssen hohe Anforderungen gestellt werden (OLG Hamm 25. 11. 1992 – 31 U 126/92, OLGR 1993, 228).

Auch das **Sicherungsinteresse der Beteiligten** in bedeutsam: In der **Auflassung** eines 16 Grundstücks liegt regelmäßig die konkludente Ermächtigung des Auflassungsempfängers, das Grundstück weiter aufzulassen, um dem Erwerber bereits vor der Eintragung die wirtschaftliche Weiterverwertung des Grundstücks zu ermöglichen (BGH 22. 11. 1996 – V ZR 233/95, LM § 185 BGB Nr 40 = NJW 1997, 936; BGH 14. 5. 1992 – IX ZR 262/91, BGHWarn 1992, Nr 165 = NJW-RR 1992, 1178; BGH 28. 10. 1988 – V ZR 14/87, BGHZ 106, 1; RG 7. 3. 1932 – VI 447/31, RGZ 135, 378; RG 28. 5. 1930 – V 282/29, RGZ 129, 150; RG 6. 12. 1916 – V 268/16, RGZ 89, 152; RG 9. 5. 1903 – V 493/02, RGZ 54, 362; BayObLG 30. 1. 1997 – 2 Z BR 110/96, WM 1997, 340). Die gleiche Überlegung gilt beim Abschluss eines Vorbehaltskaufvertrages – jedenfalls für die ordnungsgemäße Weiterveräußerung (§ 185 Rn 74).

Eine Zustimmung wird dann grundsätzlich anzunehmen sein, wenn der Zustim- 17 mungsberechtigte ihm aus dem Hauptgeschäft zustehende **Ansprüche geltend macht**. Dies ist vor allem praktisch bei der notwendigen Zustimmung nach § 177 Abs 1 BGB, weil dem zustimmungsberechtigten Vertretenen regelmäßig aus dem vertraglichen Handeln des *falsus procurator* auch Ansprüche zustehen mögen.

So wird eine **Klage des Zustimmungsberechtigten**, die auf das zustimmungsbedürftige Rechtsgeschäft gestützt wird, regelmäßig konkludente Genehmigung sein, das gilt für Ansprüche aus dem Hauptgeschäft selbst (RG 21. 11. 1931 – V 185/31, RGZ 134, 185; OLG Düsseldorf 28. 9. 2006 – 5 U 6/06, NZG 2007, 273); gleiches gilt für die Aufrechnung (STAUDINGER/RIEBLE [2017] § 415 Rn 73 für die Schuldübernahme) oder die Klageerhebung aufgrund einer durch den *falsus procurator* geschlossenen Gerichtstandvereinbarung (BGH 25. 3. 2015 – VIII ZR 125/14 – IPRspr 2015, Nr 198, 459 = NJW 2015, 2584; BeckOK BGB/BUB [1. 11. 2018] § 183 Rn 18). Freilich hat nicht nur die Geltendmachung von schuldrechtlichen Ansprüchen direkt aus dem zustimmungsbedürftigen Rechtsgeschäft einen möglichen Erklärungswert. Bei der Verfügung eines Nichtberechtigten kann es beredt sein, wenn der Zustimmungsberechtigte seine möglichen Erlösherausgabeansprüche aus § 816 Abs 1 geltend mach, die nur dann gegeben sein können, wenn die Verfügung wirksam ist (BGH 12. 7. 2012 – IX ZR 213/11, NJW-RR 2012, 1129; BGH 19. 4. 1972 – IV ZR 117/70, LM Nr 9 zu § 2034 BGB = NJW 1972, 1199; BGH 29. 4. 1968 – VIII ZR 27/66, LM Nr 18 zu § 816 BGB = NJW 1968, 1326; RG 12. 3. 1923 – IV 596/22, RGZ 106, 44, 45; BAMBERGER/ROTH/BUB [1. 11. 2018] § 182 Rn 17; vTUHR, AT II 2, S 277; SOERGEL/LEPTIEN[12] § 185 Rn 25; BeckOK BGB/BUB [1. 11. 2018] § 182 Rn 18; STAUDINGER/GURSKY [2014] § 182 Rn 9 ff mwNw). Siehe hierzu auch § 185 Rn 86).

Ob bereits die **Annahme einer Leistung** einen entsprechenden zustimmenden Erklä- 18 rungswert hat, ist weniger klar. Das gilt etwa ersichtlich für den Fall, dass der Gläubiger bei einer Schuldübernahme eine Leistung entgegennimmt: Hier wird nicht zwangsläufig in der Leistungsannahme, gerade bei Teilleistungen, auch eine Zustimmung zur Schuldübernahme vorliegen (STAUDINGER/RIEBLE [2017] § 415 Rn 73; BeckOGK/REGENFUS [1. 4. 2019] § 182 Rn 117).

Auf der anderen Seite kann ein Zustimmungswille auch dann grundsätzlich ange- 19 nommen werden, wenn der Zustimmungsberechtigte **Verpflichtungen erfüllt**, die im schwebend unwirksamen Hauptgeschäft gründen (BGH 2. 11. 1989 – IX ZR 197/88, BGHZ 109, 171, 177 = NJW 1990, 454; OLG Düsseldorf 27. 4. 2001 – 22 U 153/00, IBR 2001, 407; OLG Hamburg 25. 4. 2001 – 13 U 38/00, OLGR Hamburg 2001, 281 = ZIP 2001, 847; OLG Dresden 31. 1. 2000 – 7 U 1098/99, OLGR Dresden 2000, 391; LG München 20. 1. 2000 – 6 O 10218/99, WM 2000, 820; jurisPK-BGB/Trautwein[8] [13. 2. 2019] § 182 Rn 35; Staudinger/Gursky [2014] § 182 Rn 10 mwNw). Allerdings wird das nicht anzunehmen sein, wenn der Zustimmungsberechtigte erkennbar davon ausgeht, dass das Hauptgeschäft nicht zustimmungsbedürftig ist (BeckOK BGB/Bub [1. 11. 2018] § 182 Rn 18).

Als Beispiel wird hier etwa die Vertragsübernahme zwischen Vermieter und neuem Mieter genannt, nach der der alte Mieter die Mietsache dem neuen Mieter überlässt (BeckOGK/Regenfus [1. 4. 2019] § 182 Rn 118) oder die Miete vom neuen Mieter entgegennimmt (BGH 30. 1. 2013 – XII ZR 38/12, MietPrax-AK § 550 BGB Nr 32 = NJW 2013, 1084; BeckOK BGB/Bub [1. 11. 2018] § 183 Rn 18). Zum anderen können auch hier wiederum die Fälle angeführt werden, in denen ein *falsus procurator* einen den Vertretenen verpflichtenden Vertrag schließt. Oder etwa (Beispiele nach Staudinger/Gursky [2014] § 182 Rn 10), wenn der vollmachtlos vertretene Darlehensnehmer Zins- und Tilgungsleistungen erbringt (OLG Zweibrücken 18. 5. 2000 – 7 W 15/00, OLGR Zweibrücken 2000, 336) oder der vollmachtlos vertretene Verkäufer eine Teillieferung erbringt und Klage auf Zahlung des Kaufpreises für den gelieferten Teil erhebt (KG 3. 6. 1918 – 6 U 425/18, LZ 1919, 545); wenn der vollmachtlos vertretene Bauherr erhebliche Zahlungen auf ihm übersandte Abschlagsrechnungen des Bauunternehmers leistet (BGH 23. 6. 2005 – VII ZR 144/03, NJW-Spezial 2005, 503, der allerdings die Konkludenz nicht allein darauf stützt); wenn nur einer der beiden nur gesamtvertretungsberechtigten Geschäftsführer einer GmbH, § 35 Abs 2 GmbHG, für diese einen Mietvertrag abschließt, und die GmbH den angemieteten Raum inzwischen mehr als 6 Monate lang nutzt (OLG Düsseldorf 17. 3. 2005 - I-10 U 172/03, NZM 2005, 909); wenn der Bauherr die Schlussrechnung des Bauunternehmers, der neben den vereinbarten auch von einem falsus procurator des Bauherren in Auftrag gegebene Zusatzarbeiten ausführt, bis auf die Einbehaltung von 5 % als Sicherheit bezahlt, obwohl diese explizit auf Zusatzarbeiten hinweist.

20 Der Zustimmungswille kann auch dadurch geäußert werden, dass der Berechtigte **rechtsgeschäftlich Einfluss auf das Hauptgeschäft** nimmt (OLG Dresden 11. 1. 2006 – 8 U 1373/05 – ZBB 2006, 215; BeckOK BGB/Bub [1. 11. 2018] § 182 Rn 18). Das ist ersichtlich, wenn der Zustimmungsberechtigte an dem zustimmungspflichtigen Geschäft als Partei mitwirkt (vTuhr, AT II 2, S 227), etwa wenn die Eltern ihrem minderjährigen Kind eine Sache verkaufen (Staudinger/Gursky [2014] § 182 Rn 10). Gilt aber etwa auch, wenn er mit den anderen beteiligten Vertragsänderungen vornimmt, oder aber andere Folgevereinbarungen schließt, wie etwa Fälligkeitsregelungen oder Zinsvereinbarungen, so im Falle einer Zinsneuvereinbarung zu einem Darlehensvertrag, der von einem falsus procurator abgeschlossen worden war und auf dessen Unwirksamkeit sich der Darlehensnehmer zunächst berufen hatte (OLG Karlsruhe 18. 7. 2006 – 17 U 259/05, OLGR Karlsruhe 2006, 865 = ZIP 2006, 2074); oder durch Abschluss eines neuen Darlehensvertrages für den Saldo des schwebend unwirksamen alten Darlehensvertrags (OLG Frankfurt 13. 8. 2003 – 9 U 112/02, BKR 2003, 831) sowie durch Konditionenanpassung (OLG Frankfurt 13. 4. 2005 – 23 U 143/04, NJW-RR 2005, 1514; **anders** aber OLG Frankfurt 30. 6. 2008 – 23 U 160/06, juris; LG Braunschweig 20. 5. 2005 – 5 O 3147/04 [557], 5 O 3147/04 – WuB VIII D Art 1 § 1 RBerG 3.6 = VuR 2005, 296). Auf das Bewusstsein der Unwirksamkeit des Hauptgeschäfts kommt es dann nicht an, wenn sich aus der Sicht des Erklärungsempfängers ein entsprechender Zustimmungswille ergibt; deshalb ist es bedenklich, wenn der Abschluss einer Prolongationsvereinbarung zu einem schwebend unwirksamen Darlehensvertrag nur deshalb nicht als Zustimmung gewertet wurde, weil dem Darlehensnehmer diese Unwirksamkeit gar nicht bewusst war (OLG München 21. 6. 2005 – 5 U 1531/05, VuR 2005, 337, 338; STAUDINGER/GURSKY [2014] § 185 Rn 10; REITER/METHNER VuR 2005, 327, 329).

Ebenso kann der **Verzicht auf Rechte** aus dem Hauptgeschäft auf die Zustimmung zum Hauptgeschäft hindeuten. Zwingend freilich ist auch das nicht. Es kann aber die nach § 2113 erforderliche Zustimmung des Nacherben dadurch zum Ausdruck gebracht werden, dass dieser rechtsgeschäftlich auf die Eintragung eines Nacherbenvermerks verzichtet (STAUDINGER/GURSKY [2014] § 182 Rn 10). 21

In einer **nachfolgenden Bevollmächtigung** des (bisherigen) *falsus procurator* kann unter Umständen auch eine Zustimmung zu dessen bisherigen Vertreterhandeln gesehen werden. Gleiches gilt für die Fälle, in denen auf andere Art und Weise allgemein (und nicht offensichtlich bezogen auf das Hauptgeschäft) die zustimmungsbedürftige Person unterstützt oder bestätigt wird. Allerdings muss dieses Handeln stets rechtsgeschäftlichen Erklärungswert haben und dieser muss sich gerade auf das zustimmungsbedürftige Handeln der Person beziehen. Das wird regelmäßig eine Frage des Einzelfalles sein. 22

Umgekehrt liegt darin, dass der Berechtigte selbst die Verfügung als Bevollmächtigter einer anderen Person in deren Namen vollzieht, regelmäßig zugleich die Einwilligung zur Verfügung des nicht berechtigten Vertretenen (RG 14. 3. 1913 – 570/12 II, JW 1913, 594; SOERGEL/LEPTIEN[12] § 185 Rn 23; STAUDINGER/GURSKY [2014] § 182 Rn 10).

bb) Zustimmung durch Schweigen

Schweigen hat – wie allgemein in der Rechtsgeschäftslehre – grundsätzlich keinen rechtsgeschäftlichen und damit auch keinen Zustimmungswert (PALANDT/ELLENBERGER[78] § 182 Rn 3; MünchKomm/BAYREUTHER[8] § 182 Rn 14). Grundsätzlich gibt es keine Erklärungspflicht des Zustimmungsberechtigten (PALANDT/ELLENBERGER[78] § 182 Rn 3), auch nicht auf Anfrage (BGH 23. 2. 1967 – II ZR 111/64, BGHZ 47, 113; BORK, Allgemeiner Teil des BGB [4. Aufl 2016] S 665). 23

Von diesem Grundsatz gibt es freilich **Ausnahmen**. Zunächst kann das **Gesetz** durch entsprechende Anordnung dem Schweigen des Zustimmungsberechtigten einen Erklärungswert zumessen. Das etwa ist im Fall der Aufforderung zur Genehmigung nach §§ 108 Abs 2, 177 Abs 2; § 1366 Abs 2 BGB so, wonach nach Ablauf der zweiwöchigen Erklärungsfrist auch bei Untätigkeit des Genehmigungsberechtigten die Zustimmung als verweigert gilt. Allgemein sieht die herrschende Meinung die entsprechende Anwendung der §§ 108 Abs 2, 177 Abs 2 BGB vor (§ 184 Rn 61), so dass der Vertragspartner nach herrschender und richtiger Meinung diesen Mechanismus auch bei anderen der Zustimmung bedürftigen Verträgen auslösen kann (dazu § 184 Rn 61). Allerdings führt die Aufforderung zu einer Genehmigung nicht zu einer Erklärungslast, so dass der Aufgeforderte seinen fehlenden Zustimmungswillen zum Ausdruck bringen muss, vielmehr führt die Aufforderung (nur) dazu, die zweiwöchige Frist des § 108 Abs 2 S 1 BGB entsprechend in Gang zu setzen. 24

25 Auch hier sind etwa handelsrechtliche Sonderregelungen zu beachten, so § 91a HGB, wonach ein durch einen Handelsvertreter im Namen des Unternehmers vollmachtlos abgeschlossenes Geschäft von dem Unternehmer als genehmigt gilt, wenn dieser nicht unverzüglich, nachdem er von dem Handelsvertreter oder dem Dritten über Abschluss und wesentlichen Inhalt benachrichtigt worden ist, dem Dritten gegenüber das Geschäft ablehnt. Paralleles gilt nach § 75h HGB für das vollmachtlose Handeln des Handlungsgehilfen (dazu BGH 21. 12. 2005 – VIII ZR 88/05, NJW-RR 2006, 1106 = VersR 2006, 1137) und das Schweigen auf eine kaufmännisches Bestätigungsschreiben an den Zustimmungsberechtigten (BGH NJW-RR 2006, 1106; NK-BGB/ STAFFHORST[3] § 182 Rn 18).

26 In manchen Fällen kann sich aus dem **Grundsatz von Treu und Glauben** ergeben, dass der Zustimmungsberechtigte verpflichtet ist, seinen ablehnenden Willen zu äußern (MünchKomm/BAYREUTHER[8] § 182 Rn 14). Solche Fälle sind freilich restriktiv zu sehen: In dem Fall, dass ein *falsus procurator* später doch (noch) bevollmächtigt wird und er so in die Lage versetzt wird, in Vertretung zuzustimmen, wird gerade in der Bevollmächtigung regelmäßig auch eine Zustimmung in den schwebend unwirksamen Vertrag, § 177 Abs 1 BGB, liegen. Deshalb ist es ebenso regelmäßig nicht nötig, im Falle eines längeren Schweigens des Vertreters dann ein Erklärungswert anzunehmen – das dann auch nur in der Verweigerung der Genehmigung liegen könnte (dazu MünchKomm/BAYREUTHER[8] § 182 Rn 14). GURSKY (STAUDINGER/GURSKY [2014] § 185 Rn 12) macht den Gedanken der „Vertrauenshaftung kraft widersprüchlichen Verhaltens" fruchtbar (anknüpfend an CANARIS, Die Vertrauenshaftung im deutschen Privatrecht [1971] 317), fordert dann aber zwangsläufig ein besonderes Schutzbedürfnis des Geschäftspartners. Dieser müsse im Vertrauen auf die vermeintliche konkludente Genehmigung Dispositionen getroffen haben, die sich nur noch unter Verlusten abändern lassen.

Angenommen wird dies etwa (beispielhaft ausgewählt von STAUDINGER/GURSKY [2014] § 182 Rn 10), wenn der Eigentümer es geschehen lässt, dass ein Nichtberechtigter seine Sache in seiner Gegenwart veräußert (vTUHR, AT II 2, S 228) oder, wenn der Zwangsverwalter eines Grundstücks die Einziehung von Mietzinsforderungen durch einen unbefugten Dritten widerspruchslos hinnimmt und selbst die ausstehenden Mieten nicht beitreibt (BGH 2. 11. 1989, BGHZ 109, 171 = NJW 1990, 454) oder wenn der Vorbehaltsverkäufer es wissentlich duldet, dass der Vorbehaltskäufer die Kaufsache verpfändet (siehe ENNECCERUS/NIPPERDEY, AT § 204 Fn 31); oder wenn ein Ehegatte für den anderen vollmachtlos aufgetreten ist und dieser schweigt (OLG Celle 17. 3. 1999 – 3 U 146/98, OLGR Celle 2000, 41; OLG Karlsruhe 7. 11. 1991 – 9 U 245/90, VersR 1992, 1363); oder wenn bei einer Lastschriftabbuchung bei erkennbar regelmäßigen wiederkehrenden Lastschriften aus Dauerschuldverhältnissen, laufenden Geschäftsbeziehungen oder zum Einzug von wiederkehrenden Steuervorauszahlungen und Sozialversicherungsbeiträgen, die der Kontoinhaber in der Vergangenheit bereits einmal genehmigt hat, der Schuldner in Kenntnis eines erneuten Lastschrifteinzugs, der sich im Rahmen des bereits Genehmigten bewegt, keine Einwendungen erhoben hat – und zwar im unternehmerischen und im Verbraucherverkehr (BGH 3. 5. 2011 – XI ZR 152/09, NJW 2011, 2499 = WM 2011, 1267).

27 Auch wenn dem Schweigen (jenseits der gesetzlichen Fiktion, vgl § 108 Abs 2 S 2; § 177 Abs 2 S 2) ausnahmsweise Erklärungswert zukommt, so muss dieser Erklärungswert dem **richtigen „Adressaten"** nach § 182 Abs 1 BGB zur Kenntnis gelangen: Das Schweigen gegenüber einem Dritten reicht ebenso wenig aus, wie eine ausdrückliche Erklärung diesem gegenüber (siehe BGH 9. 2. 1951 – I ZR 35/50, LM § 177 BGB Nr 1 = NJW 1951, 398).

Dass der **Volljährige** in den Fällen der §§ 108 Abs 3, 1829 Abs 3 BGB eine Äußerungspflicht hätte, weil er das schwebend unwirksame Hauptgeschäft selbst in Kenntnis der noch fehlenden vollen Geschäftsfähigkeit abgeschlossen hat, lässt sich ersichtlich nicht sagen: richtig scheitert dies schon an den Schutzfunktionen der §§ 107 ff BGB (CANARIS, Vertrauenshaftung 318; STAUDINGER/GURSKY [2014] § 182 Rn 10). **28**

Zudem können die Beteiligten **vereinbaren**, dass Schweigen einen entsprechenden Erklärungswert haben soll. Dies gilt etwa für die Absprache der Beteiligten mit dem Zustimmungsberechtigten, dass eine Zustimmung innerhalb von einer Woche erfolgen muss: Dann liegt im Überschreiten der Frist die Verweigerung der Zustimmung. Vereinbaren lediglich die am Hauptgeschäft Beteiligten eine entsprechende Frist, so liegt eine auflösende Bedingung des Hauptgeschäfts vor, wenn die Zustimmung nicht bis zum Ablauf dieser Frist erfolgt. Die spätere doch noch erfolgte Zustimmung geht dann ins Leere. **29**

c) Zustimmungsbewusstsein
Der Streit darum, ob eine Willenserklärung durch das Erklärungsbewusstsein, also den Willen, überhaupt rechtsgeschäftlich zu handeln, konstituiert wird (dazu allgemeine WOLF/NEUNER S 368), wirkt sich spezifisch zustimmungsrechtlich dort aus, wo für eine wirksame Zustimmung das **Bewusstsein des Erklärenden von der Zustimmungsbedürftigkeit oder zumindest ihrer Möglichkeit** gefordert wird (siehe etwa BGH 28. 4. 2009 – XI ZR 228/08, IBRRS 2009, 2085 [freilich indifferent: „im Allgemeinen"]; BGH 27. 10. 2008 – II ZR 158/06, BGHZ 178, 192 = NJW 2009, 289; BGH 20. 4. 2004 – XI ZR 164/03, NJW 2004, 2745: „regelmäßig"; BGH 17. 5. 2002 – V ZR 149/01, LM EGBGB 1986 Art 233 Nr 37 [4/1999] = NJW 2002, 2863: „grundsätzlich"; BGH 27. 11. 1998 – V ZR 180/97, BGHR BGB § 185 Abs 2 S 1 Konvaleszenz 1 = VIZ 1999, 161; BGH 15. 5. 1990 – X ZR 82/88, NJW-RR 1990, 1251; BGH 16. 11. 1987 – II ZR 92/87, NJW 1988, 1199; BGH 30. 12. 1963 – VII ZR 168/63, WM 1964, 224; BGH 24. 10. 1962 – V ZR 27/61, WM 1963, 219; BGH 18. 1. 1961 – VIII ZR 235/59, LM Nr 3 zu § 1829 BGB = MDR 1961, 407; BGH 12. 7. 1957 – VIII ZR 249/56, LM Nr 8 zu § 167 BGB = WM 1957, 1132; BGH 16. 5. 1951 – II ZR 61/50, BGHZ 2, 150; OLG München 10. 7. 2008 – 19 U 5500/07, WM 2009, 217; OLG München 21. 6. 2005 – 5 U 1531/05, VuR 2005, 337; OLG München 18. 12. 2002 – 15 U 4147/02, NJOZ 2003, 362; OLG Düsseldorf 5. 11. 1994 – 22 U 23/94, NJW-RR 1995, 755; OLG Hamm 20. 9. 1993 – 23 U 17/93, NJW-RR 1994, 439; OLG Hamm 3. 4. 1992 – 20 U 322/91, NJW-RR 1992, 1186; OLG Koblenz 23. 5. 1991 – 5 U 1492/90, WM 1992, 73; OLG Koblenz 18. 5. 1990 – 10 U 285/89, VersR 1991, 209; RG 13. 10. 1942 – I 129/41, RGZ 170, 233; RG 21. 7. 1938 – V 19/38, RGZ 158, 40; RG 4. 11. 1927 – VII 346/27, RGZ 118, 335; auch WOLF/NEUNER AT[11] S 681; FLUME, AT, 2. Bd [4. Aufl 1992] S 893; SCHUBERT JR 2011, 2011, 160). Folgt man der Meinung, die das Erklärungsbewusstsein jedenfalls dann nicht zum konstitutiven Tatbestand der Willenserklärung zählt, wenn, nach der hergebrachten Formel der Erklärende „bei Anwendung der im Verkehr erforderlichen Sorgfalt hätte erkennen und vermeiden können, dass seine Äußerung nach Treu und Glauben und der Verkehrssitte als Willenserklärung aufgefasst werden durfte, und wenn der Empfänger sie auch tatsächlich so verstanden hat" (siehe nur BGH 17. 11. 2014 – I ZR 97/13, GRUR 2015, 187 = MDR 2015, 169) – der Erklärende also zumindest damit rechnen musste, dass sein Handeln als rechts- **30**

geschäftlich verbindlich aufgefasst wird (BGH 14. 6. 2004 – II ZR 393/02, BGHZ 159, 294; BGH 22. 10. 1996 – XI ZR 249/95, LM BGB § 164 Nr 80 = NJW 1997, 312; Erman/Meier-Reimer[15] § 182 Rn 11; BeckOK BGB/Bub [1. 11. 2018] § 182 Rn 17), ist für die Annahme eines konstituierenden tatsächlichen Zustimmungswillens und auch überhaupt eines Bewusstseins der Zustimmungsbedürftigkeit kein Raum, wenn eine solche „**Zustimmungsfahrlässigkeit**" oder ein potentielles Zustimmungsbewusstsein vorliegt (so richtig BGH 17. 11. 2014 – I ZR 97/13, GRUR 2015, 187 = MDR 2015, 169; BGH 2.11. 11989 – IX ZR 197/88, BGHZ 109, 171 = NJW 1990, 454; BGH 17. 11. 1994 – III ZR 70/93, BGHZ 128, 41, 49 = WM 1995, 427; BGH 29. 4. 2003 – XI ZR 201/02, ZIP 2003, 1692 = NJOZ 2003, 1811; BGH 16. 9. 2003 – XI ZR 74/02, BKR 2003, 942 = NJOZ 2003, 3231; BGH 29. 5. 2000 – II ZR 334/98, WM 2000, 1640 = NJR-RR 2000, 1583; BGH 16. 9. 2003 – XI ZR 74/02, BKR 2003, 942 = IBRRS 2003, 3047; BGH 27. 9. 2005 – XI ZR 79/04, BKR 2005, 501; KG 6. 6. 2006 – 4 U 115/05, NZG 2006, 706 = ZIP 2006, 1814; OLG Hamm 6. 2. 2006 – 31 U 133/05, juris; OLG Saarbrücken 10. 1. 2018 – 5 U 5/17, ZMR 2018, 588; OLG Düsseldorf 17. 3. 2005 – I-10 U 172/04, ZMR 2006, 35; OLG Frankfurt 10. 4. 2007 – 9 U 43/05, juris; OLG München 21. 6. 2005 – 5 U 1531/05, VuR 2005, 337; Bork, Allgemeiner Teil des BGB [4. Aufl 2016] S 665; NK-BGB/Staffhorst[3] § 182 Rn 22; BeckOK BGB/Bub [1. 11. 2018] § 182 Rn 17; Palandt/Ellenberger[78] § 182 Rn 3; Frotz S 489 ff, S 497 ff, 517; Philipowski BB 1964, 1071). Damit liegt eine Zustimmung vor, wenn der Zustimmungsberechtigte hätte erkennen und vermeiden können, dass sein Handeln als Zustimmung aufgefasst wird – das gilt für die Genehmigung wie für die Einwilligung. In diesen Fällen (die selbstredend stets voraussetzen, dass der Erklärungsempfänger eine entsprechende Zustimmungswillen nach §§ 133, 157 BGB annehmen darf, oben Rn 11) wäre dann eine Zustimmung gegeben, die aber nach der herrschenden Meinung analog der §§ 119 ff BGB (unverzüglich) anfechtbar wäre (NK-BGB/Staffhorst[3] § 182 Rn 28). Dabei wird allerdings die Intention der Lehre vom fehlenden Erklärungsbewusstsein, den Erklärungsempfänger zu schützen (wie im klassischen Weinversteigerungsfall) zu Recht ausgedehnt, so dass etwa im Fall BGH 17. 11. 2014 (I ZR 97/13, GRUR 2015, 187 = MDR 2015, 169) allein die Klage auf Zahlung einer Vertragsstrafe auf der Grundlage einer vollmachtslos geschlossenen Unterlassungserklärung für die Annahme einer Genehmigung maßgeblich war. Es kommt hier nicht darauf an, dass sich der Erklärungsempfänger, der sich dem Vertragsstrafenverlangen ausgesetzt sah – und der deshalb dazu ersichtlich keinen Grund hatte – auf die Gültigkeit der Erklärung beruft. Freilich kann er dann die Zustimmungsfahrlässigkeit angreifen und nachweisen, dass der Erklärende nicht mit dem Erklärungswert seiner Handlung rechnen konnte.

31 Andere wollen sogleich beim Grundsatz des *venire contra proprium* ansetzen: Es erschiene etwa widersprüchlich, wenn der Erklärende nicht aus einem Vertrag verpflichtet würde, obwohl er früher deutlich machte, dass er „diesen als vollgültig ansieht" (MünchKomm/Bayreuther[8] § 182 Rn 12). Freilich wird man dadurch der Grundsatzentscheidung, ob der Wille, einem schwebend unwirksamen Rechtsgeschäft zur Wirksamkeit zu verhelfen, für das „Ansehen der Vollgültigkeit" vorauszusetzen ist oder nicht entgehen können.

32 Lehnt man es dagegen ab, wirksame Willenserklärungen zuzulassen, ohne dass ein Erklärungsbewusstsein gegeben ist (so die ganz überwiegende frühere Meinung siehe etwa nur BGH 28. 4. 2009 – XI ZR 228/08, NJOZ 2009, 2672; BGH 27. 10. 2008 – II ZR 158/06, NJW 2009, 289; BGH 29. 7. 2008 – XI ZR 387/06, NJW 2008, 3357; BGH 27. 11. 1998 – V ZR 180/97, BGHR BGB § 185 Abs 2 S 1 Konvaleszenz 1 = Rpfleger 1999, 176; BGH 16. 11. 1987 – II ZR 92/87,

NJW 1988, 1199; BGH 29. 1. 1970 – VII ZR 34/68, BGHZ 53, 174 = NJW 1970, 752; BGH 30. 4. 1965 – V ZR 17/63, WM 1965, 1009; BGH 30. 12. 1963 – VII ZR 168/63, WM 1964, 224; OLG München 10. 7. 2008 – 19 U 5500/07, WM 2009, 217; OLG München 10. 5. 2005 – 5 U 4975/04, juris; auch RG 13. 10. 1942 – I 129/41, RGZ 170, 233; RG 21. 7. 1938 – V 19/38, RGZ 158, 40; RG 21. 6. 1935 – V 489/34, SeuffA 89 Nr 155; RG 28. 2. 1930 – II 424/29, WarnR 1930 Nr 92; RG 4. 11. 1927 – VII 346/27, RGZ 118, 335; RG 27. 10. 1927 – 60/27 VI, JW 1928, 215; RG 16. 10. 1924 – IV 260/24, WarnR 1925 Nr 20; RG 28. 4. 1919 – IV 1/19, WarnR 1919 Nr 132) so muss ein entsprechendes Bewusstsein zumindest der potenziellen Zustimmungsbedürftigkeit vorliegen (dafür BGB-RGRK/STEFFEN[12] § 182 Rn 8; SOERGEL/LEPTIEN[1212] § 182 Rn 7; jurisPK/TRAUTWEIN[8] [19. 2. 2019] § 182 Rn 26; PALANDT/ELLENBERGER[78] § 182 Rn 3; FLUME, AT, 2. Bd [4. Aufl 1992] S 893). Das entspricht zwar in recht rigider Weise der – sich nicht völlig im Gesetz niederschlagenden – so genannten Willenstheorie (WOLF/NEUNER AT[11] S 353) und ermöglicht so einen weitgehenden Autonomieschutz, allerdings lässt sie das Interesse der Erklärungsempfängers, auf entsprechend (und nur) objektiv vorliegende Zustimmungserklärungen vertrauen zu dürfen, hinten an. Mit anderen Worten: Die Interessenlage ist die gleiche, wie bei der allgemeinen Diskussion um das Erklärungsbewusstsein auch. Aus der Möglichkeit, dass sich die Zustimmung auf ein Handeln Dritter bezieht, das zu einem Rechtsverlust des Zustimmenden führen kann, wie bei der Verfügung des Nichtberechtigten, § 185 BGB, folgt nichts anderes: Auch hier ist das Vertrauen des Verfügenden und des Erwerbers regelmäßig schützenswert. Deshalb sollte auch für die Zustimmung die so genannte **Erklärungsfahrlässigkeit** für die konstituierende Zustimmung **ausreichen** – der Zustimmende mag sich dann durch Anfechtung von der Zustimmung wieder lösen (dazu Rn 63 f).

d) Falsa demonstratio

Wird der zustimmungsbedürftige Vertrag unter einer **falsa demonstratio** geschlossen **33** (WOLF/NEUNER AT[11] S 410), und verwendet und versteht der Genehmigende die betreffende Bezeichnung objektiv richtig und damit different zu den am Hauptgeschäft Beteiligten, so liegt keine Genehmigung des Hauptgeschäfts vor – weil die Genehmigung auf einen anderen Vertragsinhalt zielt (OLG Düsseldorf 15. 12. 1993 – 9 U 96/93, NJW-RR 1995, 784; STAUDINGER/GURSKY [2014] § 184 Rn 13; MünchKomm/BAYREUTHER[8] § 184 Rn 11). Das heißt, um beim klassischen Fall zu bleiben: Gehen die Vertragsparteien davon aus, dass Haakjöringsköd Walfischfleisch heißt, der Zustimmungsberechtigte aber richtig Haifischfleisch meint, so decken sich Hauptgeschäft und Inhalt der Zustimmung nicht, wenn dieser „den Vertrag" genehmigt. Erkennt der Genehmigende aber die Falschbezeichnung und verwendet er den falschen Begriff, so stimmen Genehmigung und Hauptgeschäft überein. Freilich setzt auch das voraus, dass sich überhaupt ein entsprechender Zustimmungswille äußert.

Gleiches gilt für die Einwilligung: Verwendet der Einwilligende einen objektiv fal- **34** schen Begriff, verstehen aber die am Hauptgeschäft Beteiligten diesen Begriff ebenso falsch oder sind sie sich des vom Einwilligenden vorausgesetzten Inhalts im Klaren, so kommt das Hauptgeschäft als von Anfang an wirksam zustande, es liegt Deckungsgleichheit vor. Differiert das Begriffsverständnis aber, so decken sich Einwilligung und Hauptgeschäft nicht, wenn die Differenz durch Auslegung für den Empfänger der Zustimmung erkennbar war. Ist dies nicht der Fall, liegt eine deckungsgleiche Einwilligung vor, der Zustimmende kann aber anfechten (Rn 63 f).

3. Umfang der Zustimmung

35 Der Umfang der Zustimmung ergibt sich aus dieser selbst, er ist durch Auslegung zu ermitteln (MünchKomm/Bayreuther[8] § 182 Rn 9). Weitgehend flexibel ist der Einwilligende: Er kann einem einzelnen Hauptgeschäft zustimmen, aber auch einem ganzen Bündel (Generalzustimmung). Der Einwilligende kann den am Hauptgeschäft Beteiligten damit einen durchaus großen Spielraum ermöglichen (Staudinger/Gursky [2014] § 182 Rn 2a), das kann den Inhalt des Hauptgeschäfts betreffen, aber auch (im Falle eines Vertrages) die Auswahl des Geschäftspartners.

36 Zudem kann die Einwilligung **befristet werden** oder unter einer **Bedingung** stehen (§ 183 Rn 21 f). Gerade hier bedarf es der Abgrenzung zwischen der inhaltlichen Beschränkung der Einwilligung und einer Bedingung. Regelmäßig wird die Bedingung, unter der die Einwilligung erteilt wird, bei näherer Betrachtung gerade eine Einschränkung der Zustimmung und damit Teil ihres Inhalts sein: Wenn die Einwilligung gegenüber dem beschränkt Geschäftsfähigen unter der „Bedingung" erteilt wird, dass der Kaufpreis nicht über 10,– € liegt, so ist dies ersichtlich keine Bedingung im Sinne des § 158 BGB, sondern eine Frage der Reichweite der Zustimmung selbst. Allerdings gibt es, wie Rodi (S 45 f) gezeigt hat, keinen Automatismus, so dass die Figur der bedingten Zustimmung überflüssig wäre: So können insbesondere Sachverhalte außerhalb des Hauptgeschäfts nicht als Inhalt der mit diesem deckungsgleichen Zustimmung gesehen werden, weil sie das Hauptgeschäft überhaupt nicht betreffen. Instruktiv etwa das von Staffhorst (NK-BGB/Staffhorst[3] § 182 Rn 33) und Rodi (S 47) aufgegriffene Beispiel, bei der der gesetzliche Vertreter die Einwilligung zu einem Kaufvertrag des beschränkt Geschäftsfähigen davon abhängig macht, dass dieser sein Zimmer aufräumt. In diesen Fällen der „Inhaltsferne" des Zustimmungsvorgabe liegt aber keine Beschränkung der Zustimmung, sondern eine bedingte Zustimmung vor (wiederum Rodi S 52).

37 Insgesamt gelten auch hier die §§ 133, 157 BGB: So wird sich bei einem eingeschränkten Abtretungsverbot die vom Schuldner erteilte Zustimmung regelmäßig nur auf eine konkrete Abtretung beziehen (BGH 11. 3. 1997 – X ZR 146/94, ZIP 1997, 1072 = LM § 399 BGB Nr 36; E Wagner JZ 1998, 258, 259; Staudinger/Busche [2017] § 399 Rn 62), nicht aber auf weitere Abtretungen (Staudinger/Gursky [2014] § 185 Rn 10).

38 In manchen Fällen freilich **begrenzt das Gesetz** die Reichweite der Zustimmung: So ist im Falle der Einwilligung nach § 107 BGB ein unbeschränkter Generalkonsens, und so die vorherige Zustimmung in alle möglichen zukünftigen Rechtsgeschäfte des Minderjährigen aus Schutzzweckgründen gerade nicht möglich (Staudinger/Klumpp [2017] § 107 Rn 102). In wieder anderen Fällen gibt das Gesetz den Umfang der Einwilligung vor – wie im Falle der §§ 112, 113 BGB für die statusändernde Ermächtigung des beschränkt Geschäftsfähigen zur Führung eines Erwerbsgeschäfts oder zur Aufnahme eines Dienst- oder Arbeitsverhältnisses (dazu Staudinger/Klumpp [2017] § 112 Rn 20 ff; § 113 Rn 24 f).

39 Eine weitere Begrenzung liegt ersichtlich für die **Ermächtigung** nach § 185 Abs 1 BGB darin, dass der Ermächtigende keine weitere Verfügungsmacht grundlegen kann, als er selbst hat. Überschreitet der Ermächtigende so seine eigene Verfügungsmacht, ermächtigt er seinerseits als Nichtberechtigter (§ 185 Rn 12 f).

Zustimmung und Hauptgeschäft müssen grundsätzlich **deckungsgleich** sein, das heißt, die Zustimmung muss sich gerade auf den Inhalt des Hauptgeschäfts beziehen (STAUDINGER/GURSKY [2014] § 182 Rn 2a) – allerdings ist nicht zu fordern, dass der Zustimmende jedes Detail des Vertrages kennt und diese auch in seine Zustimmung aufnimmt (BeckOGK/REGENFUS [1. 4. 2019] § 182 Rn 83), es genügt der wesentliche Geschäftsinhalt (BGH 2. 12. 1981 – IVb ZR 553/80, NJW 1982, 1099).

40

So muss sich das spätere Hauptgeschäft im Rahmen der gegebenen **Einwilligung** halten, was freilich erst nach späterer Subsumtion festgestellt werden kann (STAUDINGER/GURSKY [2014] § 182 Rn 2a): Geschieht dies nicht, kommt es auf die Teilbarkeit der Einwilligung und des Hauptgeschäfts an. Das gilt etwa, wenn die Einwilligung nur einen Teil des Hauptgeschäfts erfasst. Allerdings ist auch dies eine Frage der Auslegung (BeckOGK/REGENFUS [1. 4. 2019] § 182 Rn 87): Gibt etwa, im Beispiel von STAUDINGER/GURSKY (2014) § 182 Rn 10 der gesetzliche Vertreter die Einwilligung zum Kauf von zehn Sachen einer bestimmten Art durch den Minderjährigen, kauft dieser aber nur acht, so kann nicht zwangsläufig auf eine Teilung und damit auf eine Einwilligung in den Kauf des Minderjährigen geschlossen werden: Der gesetzliche Vertreter mag einen Grund haben, zehn und nicht acht Kaufgegenstände zu erlauben – vielleicht, weil diese so preisgünstiger sind.

Bei der **Genehmigung** ist es umgekehrt, sie trifft auf „Vorgefundenes" und muss auf das bereits vorgenommene Hauptgeschäft „passen". Ist dies nicht der Fall – und auch keine entsprechende Teilung von Genehmigung und Hauptgeschäft möglich (§ 184 Rn 10) – geht die Zustimmung ins Leere. Weiß der Genehmigende nicht genau, welchen Inhalt das Hauptgeschäft hat, so kann er auch unter der Maßgabe eines ganz bestimmten Inhalts genehmigen und so im Inhalt nicht genehme Hauptgeschäfte gerade nicht gelten lassen. Hierin liegt dann aber keine Bedingung im Sinne der §§ 158 ff BGB, sondern ein Inhalt der Genehmigung selbst (STAUDINGER/GURSKY [2014] § 182 Rn 2a). Wird schlicht das Hauptgeschäft („der Vertrag") genehmigt, so ist zu scheiden: Macht sich der Genehmigende irrige Vorstellungen vom Inhalt des Vertrages, so kann er nach § 119 Abs 1 BGB anfechten (Rn 63 f); macht er sich keine Vorstellung, so unterliegt er auch keinem Irrtum, die Genehmigung „ins Blaue hinein" ist wirksam (dazu allgemein WOLF/NEUNER AT[11] S 474 f).

4. Adressat

a) Grundsatz

Die die Zustimmung konstituierende empfangsbedürftige Willenserklärung muss nach § 130 Abs 1 S 1 BGB zugehen, um wirksam zu sein, also in den Machtbereich des Adressaten kommen unter der Möglichkeit der Kenntnisnahme unter üblichen Umständen. Hier stellt § 182 Abs 1 BGB klar, dass die Zustimmung sowohl dem zustimmungsbedürftig Handelnden als auch dem anderen am Rechtsgeschäft Beteiligten gegenüber erklärt werden kann. Im ersten Fall liegt eine interne (**Innenzustimmung**), im zweiten Fall eine externe (**Außenzustimmung**) vor (STAUDINGER/GURSKY [2014] § 182 Rn 5). § 182 Abs 1 BGB handelt also von der möglichen zustimmungsrechtlichen Kommunikation und ermöglicht eine weitgehende **Adressatenautonomie** des Zustimmenden. Damit folgt das Zustimmungsrecht auch hier dem Recht der Bevollmächtigung, wo in § 167 BGB ebenfalls eine entsprechende Adressatensystematik besteht. Diese Systematik nimmt § 183 S 2 BGB für den Widerruf der

41

Einwilligung auf, der ebenfalls an alle am Hauptgeschäft Beteiligten gerichtet werden kann.

Diese Wahlmöglichkeit gilt sowohl bei einem mehrseitigen wie grundsätzlich bei einem **einseitigen Hauptgeschäft** (Bork, Allgemeiner Teil des BGB [4. Aufl 2016] S 666; BeckOK BGB/Bub [1. 11. 2018] § 182 Rn 19); bei einem Rechtsgeschäft, das durch eine nicht empfangsbedürftige Willenserklärung konstituiert wird, nicht, hier kommt es nur auf die Abgabe an – weshalb auch § 182 Abs 1 BGB diesen Fall nicht aufführt (Staudinger/Gursky [2014] Vorbem 41 zu §§ 182–185; siehe auch oben Vorbem 6 zu §§ 182–185).

42 Daraus ergeben sich dann Folgefragen für den Fall der **mangelnden Transparenz** der Kommunikation, wenn der eine Beteiligte von einer Einwilligung oder einem Widerruf keine Kenntnis hat und deshalb von einer falschen Rechtslage ausgeht. Diese Fragen werden über die entsprechende Anwendung der §§ 170 ff BGB und damit der **Rechtsscheingrundsätze** gelöst (Rn 73 f).

43 Dabei kann nach den allgemeinen Regelungen – § 164 Abs 3 BGB – die Zustimmung auch dann wirksam werden, wenn sie dem **Passivvertreter** des richtigen Adressaten zugeht (MünchKomm/Bayreuther[8] § 182). Das wird etwa für die dem Notar gegenüber erklärte Zustimmung praktisch (Staudinger/Gursky [2014] § 182 Rn 4). **Empfangsvertreter** kann auch der Notar bei einem zustimmungsbedürftigen Hauptgeschäft sein, richtiger Adressat nach § 182 Abs 1 BGB ist er aber nicht – auch wenn, wie bei der Auflassung, für das Hauptgeschäft die notarielle Beurkundung vorgeschrieben ist (OLG Köln 20. 2. 1995 – II ZB 16/94, NJW 1995, 1499; MünchKomm/Bayreuther[8] § 182 Rn 7). Dann verschiebt sich die Frage dahin, in welchen Fällen eine Bevollmächtigung des Notars zur Entgegennahme der Zustimmung gegeben ist. Ist der Passivvertreter falsus procurator, gilt § 180 S 3 BGB – der Zugang ist wiederum zustimmungsbedürftig. An das Grundbuchamt kann die Zustimmung aber nicht gerichtet werden (Thüringer OLG 20. 8. 2012 – 9 W 388/12 Rn 5 f; Soergel/Leptien[12] § 182 Rn 4; jurisPK-BGB/Trautwein[8] [13. 2. 2019] § 182 Rn 23).

44 Die Regel des § 182 Abs 1 gilt auch für die nach § 2113 erforderliche Zustimmung des Nacherben zur Verfügung des Vorerben (BayObLG Recht 1912 Nr 1136; OLG Hamm 19. 3. 1965 – 15 W 46/65, NJW 1965, 1489; Erman/Meier-Reimer[15] Rn 3; **anders** KG 22. 1. 1906 – OLGE 14, 132); für die Genehmigung einer privativen Schuldübernahme durch den Gläubiger (OLGR Hamm 1995, 9, 10); für die vom Gläubiger erteilte Ermächtigung des Schuldners zur Leistung an einen Dritten, § 362 Abs 2 BGB (Staudinger/Gursky [2014] § 182 Rn 10; Muscheler/Bloch JuS 2000, 729, 739).

45 Die **Außenzustimmung** muss an den „anderen" Beteiligten am zustimmungsbedürftigen Rechtsgeschäft gerichtet sein (MünchKomm/Bayreuther[8] § 182 Rn 6), also an denjenigen, dessen Willenserklärung nicht der Zustimmung bedarf. Das gilt auch dann, wenn etwa im Falle der folgenden Forderungsabtretung dieser mit der Zustimmung kein Zessionar mehr ist (so Staudinger/Gursky [2014] § 182 Rn 5; anders aber und BGH 29. 9. 1951 – II ZR 62/51, LM Art 7 WG Nr 1 = NJW 1952, 64; RG 6. 7. 1934 – II 73/34, RGZ 145, 87). Für Verträge sind dies alle Vertragspartner. So gilt auch bei **mehrseitigen Verträgen**, dass es nicht ausreicht, wenn die Zustimmung nur einem der Vertragspartner zugeht (MünchKomm/Bayreuther[8] § 182 Rn 6; PWW/Frensch[13] § 182 Rn 5; BeckOK BGB/Bub

[1. 11. 2018], 1. 11. 2018, § 182 Rn 19), das gilt auch für konkludent erteilte Zustimmungen (RG 28. 4. 1919 – IV 1/19, WarnR 1919 Nr 132; RG 1. 2. 1915 – VI 515/14, WarnR 1915 Nr 10; MünchKomm/Bayreuther[8] § 182 Rn 10). Allerdings kann ein Vertragspartner als Empfangsvertreter für die anderen auftreten, dann genügt selbstredend der Zugang der Zustimmung bei diesem (MünchKomm/Bayreuther[8] § 182 Rn 6).

In jedem Falle reicht es nicht aus, dass ein die **Konkludenz** begründendes Verhalten nur von Dritten wahrgenommen wird, nicht aber von dem am Hauptgeschäft Beteiligten (BGH 20. 10. 1952 – IV ZR 44/52, NJW 1953, 58; Soergel/Leptien[12] § 182 Rn 8; Staudinger/Gursky [2014] § 182 Rn 9; **anders** BayObLG 4. 11. 1904, OLGE 10, 70 = SeuffA 59, 146; OLG Stettin 2. 12. 1916 – U 28/16, LZ 1917, 617). So wird ein Kaufvertrag, den ein falsus procurator für den Verkäufer abgeschlossen hat, nicht allein dadurch konkludent genehmigt, dass der Verkäufer über den auf sein Konto überwiesenen Kaufpreis verfügt (BGH 20. 10. 1952 – IV ZR 44/52, NJW 1953, 58). **46**

Die **Kenntnis des anderen Teils**, demgegenüber die Zustimmung nicht erklärt wird, ist für deren Wirksamkeit irrelevant (Erman/Meier-Reimer[15] § 182 Rn 1). Ebenso ist eine entsprechende Information nach der internen Zustimmung nicht notwendig. Daraus ergeben sich freilich Probleme der Rechtssicherheit (Rn 63 f). **47**

Der Empfänger der Zustimmung selbst muss nicht davon ausgehen, dass das Hauptgeschäft, an dem er beteiligt ist, überhaupt **zustimmungsbedürftig** ist (MünchKomm/Bayreuther[8] § 182 Rn 12). Er muss nur, im Rahmen der §§ 133, 157 BGB, die Erklärung des Zustimmenden als eine solche Erklärung wahrnehmen, die die Wirksamkeit des Hauptgeschäfts herbeiführen *soll*. Das wird anders gesehen (Staudinger/Gursky [2014] § 182 Rn 10), weil der Erklärungsempfänger nur dann einen zustimmenden Erklärungsinhalt annehmen könne, wenn er selbst mit der Zustimmungsbedürftigkeit zumindest rechnete. Das freilich ist nicht zwangsläufig, sondern eine Frage der Auslegung nur der Zustimmungserklärung: Geht der Erklärungsempfänger etwa davon aus, dass keine Zustimmungsbedürftigkeit vorliegt (etwa weil er glaubt, eine Zustimmung sei bereits gegenüber dem anderen Vertragsbeteiligten erfolgt), so kann eine Zustimmung ihm gegenüber ersichtlich nicht an dieser Disposition des Erklärungsempfängers scheitern. Richtig ist aber, dass die Annahme einer fehlenden Zustimmungsbedürftigkeit regelmäßig bei der Ermittlung des objektiven Zustimmungswillens eine maßgebliche Rolle spielen wird. **48**

Kommt es zur **Rechtsnachfolge**, so geht die Adressatenstellung auf den Rechtsnachfolger über (RG 6. 7. 1934 – II 73/34, RGZ 145, 87, 93; Erman/Meier-Reimer[15] § 182 Rn 1). **49**

Für den notariell beurkundeten, aber nach § 177 schwebend unwirksamen Vertrag ist der Zugang der Genehmigung beim Adressaten nach § 182 Abs 1 BGB nicht entsprechend § 152 BGB entbehrlich (so aber OLG Karlsruhe 3. 2. 1988 – 13 U 52/87, NJW 1988, 2050 = DNotZ 1990, 368). Das stimmt schon deshalb, weil § 152 BGB an die Form des Hauptgeschäfts anknüpft und diese Verknüpfung für die Zustimmung gerade nicht zielführend ist (ablehnend auch NK-BGB/Staffhorst[3] § 182 Rn 45). Das ergibt sich aus dem § 182 Abs 2 BGB zugrundeliegenden Gedanken, dass Zustimmung und Hauptgeschäft getrennt zu betrachten sind (Staudinger/Gursky [2014] § 182 Rn 10 mwNw). **50**

b) Ausnahmen
aa) Gesetzliche Ausnahmen

51 Ausnahmen vom Grundsatz der Adressatenwahl sieht das Gesetz in nicht wenigen Fällen vor. Diese Einschränkung führt dann zu einer Kanalisierung der rechtsgeschäftlichen Kommunikation hin zu einer Wirksamkeit der Zustimmung lediglich gegenüber einem Adressaten.

- Im Bereich des **Allgemeinen Teils** gilt dies für die Genehmigung nach Aufforderung durch den Vertragspartner nach §§ **108 Abs 1, 177 Abs 2 BGB**.

- Im **Sachenrecht**: § **876 S 2 BGB**: Zustimmung zur Aufhebung eines belasteten Rechts durch den aus der Belastung Berechtigten nur gegenüber de, Grundbuchamt oder gegenüber demjenigen, zu dessen Gunsten sie erfolgt; § **1071 Abs 1 S 2 BGB**: Zustimmung zur Aufhebung eines dem Nießbrauch unterliegenden Rechts durch den Nießbraucher nur gegenüber demjenigen, zu dessen Gunsten sie erfolgt; § **1178 Abs 2 S 2 BGB**: Zustimmung zum Verzicht auf eine Hypothek für Nebenleistungen und Kosten demgegenüber, zu dessen Gunsten er erfolgt; § **1245 Abs 1 S 3 BGB**: Zustimmung zur Veräußerung des Pfandrechts durch einen am Pfand Berechtigten gegenüber demjenigen, zu dessen Gunsten sie erfolgt; § **1255 Abs 2 S 2 BGB**: Zustimmung zur Aufhebung des Pfandrechts durch einen berechtigten Dritten gegenüber demjenigen, zu dessen Gunsten sie erfolgt; § **1276 Abs 1 S 2 BGB**: Zustimmung zur Aufhebung eines verpfändeten Rechts durch den Pfandgläubiger gegenüber dem, zu dessen Gunsten sie erfolgt.

- Im Bereich des **Familienrechts** nach § 1366 Abs 3 S 1 BGB; § 1750 Abs 1 BGB: Einwilligung nach §§ 1746, 1747, 1749 ist gegenüber dem Familiengericht vorzunehmen; § 1829 BGB: Mitteilung der Genehmigung des FamG an den Dritten durch den Vormund. Gilt für § 1643 entsprechend.

bb) Gewillkürte Ausnahmen

52 Die Beteiligten des Hauptgeschäfts selbst haben mittelbar Zugriff auf die Adressatensystematik: Sie können vereinbaren, dass das Hauptgeschäft nur dann gelten soll, wenn die Genehmigung nur gegenüber einem von ihnen oder aber gegenüber beiden gemeinsam erfolgt. Dann steht das Hauptgeschäft unter der aufschiebenden Bedingung der in diesem Sinne richtigen Adressatenwahl durch den Genehmigenden. Hält sich dieser nicht an diese Vereinbarung, geht seine Genehmigung ins Leere, weil sie die Bedingung nicht erfüllt. Der Zustimmungsberechtigte hat sein Zustimmungsrecht dadurch aber nicht verbraucht, sondern kann sich dann an den „richtigen" Adressaten wenden.

c) Falscher Adressat

53 Eine Zustimmung gegenüber dem falschen Adressaten ist unwirksam (RG 28. 4. 1919 – IV 1/19, WarnR 1919 Nr 132; RG 1. 2. 1915 – VI 515/14, WarnR 1915 Nr 10;; RG 3. 10. 1906 – I 66/06, RGZ 64, 149; STAUDINGER/GURSKY [2014] § 182 Rn 4; MünchKomm/BAYREUTHER[8] § 182 Rn 5; BeckOK BGB/BUB [1. 11. 2018] § 182 Rn 19; **anders** BayObLG OLGE 10, 70, 71; OLG Stettin 2. 12. 1916 – U 28/16, LZ 1917, 617). Als empfangsbedürftiger Willenserklärung gelten die Vorgaben des § 130 Abs 1 S 1 BGB, so dass durch eine Weiterleitung an den richtigen Adressaten die Wirksamkeit eintreten kann (ERMAN/MEIER-REIMER[15] § 182 Rn 2). Allerdings ist hier zu beachten, dass die Abgabe einer Willenserklärung nur dann erfolgt ist, wenn diese mit Willen des Erklärenden in Richtung des richtigen Empfängers in den Rechtsverkehr gebracht wurde (dazu diff STAUDINGER/SINGER/BENEDICT [2017] § 130 Rn 33). Damit scheiden aber Fälle der **zufälligen Weitergabe** an den richtigen Adressaten für eine wirksame Abgabe und damit auch einen wirksamen Zugang dann aus, wenn dem faktischen Empfänger aus Sicht des Zustimmenden die Erklärung auch zugehen sollte (STAUDINGER/GURSKY [2014] § 182 Rn 4; MünchKomm/BAYREUTHER[8] § 182 Rn 5). Weil die Willenserklärung zur rechtsgeschäftlichen, zielgerichteten Kommunikation dient, reicht es auch nicht aus, dass bei der Abgabe an einen Dritten mit einer Weiterleitung an den richtigen Adressaten lediglich zu rechnen war und der mutmaßliche (!) Wille des Zustimmenden einer solchen Weiterleitung nicht entgegensteht (so aber SOERGEL/LEPTIEN[12] § 182 Rn 4; siehe auch jurisPK-BGB/TRAUTWEIN[8] [19. 2. 2019] § 182 Rn 23). Hier kann man unter Umständen mit der Figur der abhandengekommenen Willenserklärung helfen (dazu STAUDINGER/SINGER/BENEDICT [2017] § 130 Rn 32). Hat der Zustimmende die Erklärung an den richtigen Empfänger gesandt, erhält aber ein Dritter die Erklärung und gibt sie dann weiter, liegt eine wirksame Zustimmung vor (STAUDINGER/GURSKY [2014] § 182 Rn 4).

5. Abgabe der Zustimmung

Die Zustimmung unterliegt als empfangsbedürftige Willenserklärung den allgemeinen Regelungen. Damit gilt zunächst § 130 Abs 1 BGB, wonach die Zustimmung wirksam wird, wenn sie abgegeben (STAUDINGER/SINGER/BENEDICT [2017] § 130 Rn 27 ff) und zugegangen (STAUDINGER/SINGER/BENEDICT [2017] § 130 Rn 39 f) ist. **54**

Müssen **mehrere Personen zustimmen**, etwa die gesetzlichen Vertreter, so genügt die Abgabe durch einen Zustimmungsberechtigten allein grundsätzlich nicht, es muss zumindest die Kenntnis der anderen Zustimmungsberechtigten vorliegen (MünchKomm/BAYREUTHER[8] § 182 Rn 10). § 166 Abs 1 BGB gilt nicht. **55**

a) Zustimmung im fremden Namen

Die Zustimmung ist **grundsätzlich kein höchstpersönliches Rechtsgeschäft**, deshalb kann auch ein Vertreter für den Zustimmungsberechtigten zustimmen (STAUDINGER/GURSKY [2014] § 182 Rn 3; BeckOK BGB/BUB [1. 11. 2018] § 182 Rn 19), das kann, im Rahmen des § 181 BGB, auch ein am Hauptgeschäft Beteiligter sein (BeckOGK/REGENFUS [1. 4. 2019] § 182 Rn 76). Ein solches Vertreterhandeln ist nur dann nicht möglich, wenn durch entsprechende Vereinbarung Höchstpersönlichkeit vorgesehen ist. Dies kann durch Vereinbarung zwischen den am Hauptgeschäft Beteiligten geschehen, wobei hier die höchstpersönliche Erklärung durch den Berechtigten als aufschiebende Bedingung vereinbart werden kann. Der Zustimmungsberechtigte kann Höchstpersönlichkeit auch einseitig gewährleisten – indem er keine entsprechende Vertretungsmacht erteilt. **56**

Fehlt die entsprechende Vertretungsmacht, handelt also ein **falsus procurator**, so kann dessen Handeln nach den allgemeinen Regelungen genehmigt werden. Weil die Zustimmung einseitiges Rechtsgeschäft ist, führt eine Zustimmung durch den falsus procurator aber grundsätzlich zur anfänglichen Unwirksamkeit der Zustimmung. Schwebend unwirksam und damit genehmigungsfähig ist die Zustimmung des falsus procurator nur unter den Voraussetzungen des § 180 S 2 BGB und so dann gegeben, wenn sich der Erklärungsempfänger durch fehlende Beanstandung oder **57** durch Einverständnis der Unsicherheit der schwebenden Unwirksamkeit selbst ausgesetzt hat (STAUDINGER/GURSKY [2014] § 182 Rn 3).

58 Hat der falsus procurator selbst das zustimmungsbedürftige Rechtsgeschäft abgeschlossen, so kann er selbst eine Genehmigung erklären, aber nur als Vertreter des Zustimmungsberechtigten und mit entsprechender Vertretungsmacht. Das alles folgt freilich den allgemeinen stellvertretungsrechtlichen Vorgaben, zustimmungsrechtliche Besonderheiten, die sich etwa auf § 108 Abs 3 BGB gründen müssten, ergeben sich nicht (STAUDINGER/GURSKY [2014] § 182 Rn 3).

b) Zustimmung im eigenen Namen

59 Im Falle einer Verfügung kann der Nichtberechtigte die Zustimmung im eigenen Namen erklären, wenn er wiederum eine entsprechende Einwilligung des Berechtigten hat (BeckOGK/REGENFUS [1. 4. 2019] § 185 Rn 77; STAUDINGER/GURSKY [2014] § 185 Rn 47). Auch kann die von einem ermächtigungslos handelnden Nichtberechtigten im eigenen Namen erklärte Zustimmung genehmigungsfähig sein: wenn der Zustimmende die Einwilligung des Berechtigten behauptet und der Erklärungsadressat diese Behauptung nicht beanstandet hat (STAUDINGER/GURSKY [2014] § 182 Rn 3).

6. Geschäftsfähigkeit

60 Nach § 105 Abs 1 BGB es ist dem **Geschäftsunfähigen** nicht möglich, eigene Willenserklärungen abzugeben (STAUDINGER/KLUMPP [2017] § 105 Rn 4), deshalb muss auch dann, wenn er zustimmungsberechtigt ist, der gesetzliche Vertreter für ihn handeln – und die Zustimmung in seinem Namen abgeben. Das gilt für den noch nicht Siebenjährigen, § 104 Nr 1 BGB, und den nach § 104 Nr 2 BGB Geschäftsunfähigen. Nach den allgemeinen Regelungen bedarf der gesetzliche Vertreter in manchen Fällen noch der Zustimmung durch das Familiengericht (STAUDINGER/KLUMPP [2017] Vorbem 51 zu §§ 104–113 f).

61 Ist der **beschränkt Geschäftsfähige** zustimmungsberechtigt, § 106 ff BGB, so kommt es für die Wirksamkeit seiner Zustimmung auf die Analyse des Hauptgeschäfts an: Führt dieses zu einer Rechtsbeeinträchtigung oder der Begründung einer Verpflichtung, so bedarf er wiederum der Zustimmung durch die gesetzlichen Vertreter, § 107 BGB (BeckOGK/REGENFUS [1. 4. 2019] § 185 Rn 99). Hier freilich gilt § 111 BGB, so dass regelmäßig nur die Einwilligung als Zustimmungsinstrument der gesetzlichen Vertreter in Frage kommt. Rechtlich lediglich vorteilhaft ist etwa die Zustimmung zu einer vom falsus procurator vereinbarten Schenkung an den beschränkt Geschäftsfähigen (BeckOGK/REGENFUS [1. 4. 2019] § 185 Rn 99. 2; STAUDINGER/GURSKY [2014] § 182 Rn 44).

62 Ist der Minderjährige selbst nichtberechtigt, stimmt er aber dennoch etwa einer Verfügung nach § 185 BGB zu, so benötigt er nicht die Zustimmung der gesetzlichen Vertreter: In diesen Fällen reicht allein die Zustimmung des Berechtigten, weil die Rechtsfolgen den beschränkt Geschäftsfähigen nicht selbst treffen. Für diesen liegt ein neutrales Geschäft vor (MünchKomm/BAYREUTHER[8] § 182 Rn 4; STAUDINGER/GURSKY [2014] § 185 Rn 99. 3; dazu allgemein STAUDINGER/KLUMPP [2017] § 107 Rn 76).

Titel 6
Einwilligung und Genehmigung § 182

7. Willensmängel

Die Zustimmung ist Rechtsgeschäft, ihre konstituierende Willenserklärung unterliegt deshalb den §§ 116 ff BGB: Danach ist auch bei der Zustimmung die Mentalreservation, § 116 BGB, unbeachtlich, die „scherzhaft" erklärte Zustimmung aber nichtig, § 118 BGB. Eine mit Einverständnis der am Hauptgeschäft Beteiligten nur zum Schein abgegebene Zustimmungserklärung ist nach § 117 Abs 1 BGB nichtig. 63

a) Anfechtungsrecht

Die Zustimmung kann nach den allgemeinen Regelungen angefochten werden, §§ 119, 123 BGB. Dabei wird die Anfechtung aber regelmäßig nur im Falle der unwiderruflichen Einwilligung (§ 183 Rn 68 f), beim mit der Einwilligung bereits vorgenommenen Hauptgeschäft und bei der Genehmigung bedeutsam, ist die Einwilligung noch instabil, weil sie jederzeit und ohne Grund widerrufen werden kann (§ 183 Rn 44 f), wird der Widerruf Mittel der Wahl sein, um die Einwilligung zu vernichten (MünchKomm/Bayreuther[8] § 182 Rn 17). 64

Ein hier **relevanter Willensmangel** liegt aber nur dann vor, wenn diese die **Zustimmungserklärung selbst** betrifft, ob das zustimmungsbezogene Hauptgeschäft unter einem Willensmangel vorgenommen wurde, sich also dessen Parteien etwa geirrt haben, spielt dagegen keine Rolle (BGH 7. 6. 1990 – III ZR 142/89, BGHZ 111, 347 = NJW 1990, 3085; Palandt/Ellenberger[78] Einf § 182 Rn 3; Erman/Meier-Reimer[15] Vor § 182 Rn 13). Allerdings kann ein Inhaltsirrtum nach § 119 Abs 1 Var 2 BGB vorliegen, wenn sich der Zustimmende eine falsche Vorstellung vom Inhalt des Hauptgeschäfts macht: Die Zustimmung zielt auf die Wirksamkeit des Hauptgeschäfts, wie es abgeschlossen ist, weshalb es über den geschlossenen oder zu schließenden Inhalt zum Irrtum kommen kann (Staudinger/Gursky [2014] Vorbem 45 zu §§ 182–185; Bork, Allgemeiner Teil des BGB [4. Aufl 2016] S 665; BeckOGK/Regenfus [1. 4. 2019] § 185 Rn 90; BeckOK BGB/Bub [1. 11. 2018] § 182 Rn 23; NK-BGB/Staffhorst[3] § 182 Rn 41). Ebenfalls einschlägig kann in diesen Fällen auch § 119 Abs 2 BGB sein, wenn sich der Zustimmungsberechtigte eine falsche Vorstellung vom Gegenstand des Hauptgeschäfts macht (MünchKomm/Bayreuther[8] § 182 Rn 18). Kein relevanter Willensmangel, sondern bloßer Motivirrtum ist die irrige Auffassung des Zustimmenden, er sei zur Zustimmung verpflichtet oder aber wenn die am Hauptgeschäft Beteiligten einem Motivirrtum unterlegen sind (BeckOGK/Regenfus [1. 4. 2019] § 185 Rn 91; MünchKomm/Bayreuther[8] § 182 Rn 18). 65

Gleiches gilt für das der Zustimmung **zugrundeliegende Grundgeschäft**: Auch hier gilt der Abstraktionsgrundsatz, so dass ein Fehler im Grundgeschäft, etwa einem Arbeitsvertrag, nicht automatisch auf die Zustimmung „durchschlägt". Freilich ist der Bestand der Einwilligung über § 168 S 1 BGB entsprechend (§ 183 Rn 27 f) mit dem Bestand des Grundgeschäfts verknüpft, so dass das Ende dieses auch die Einwilligung erlöschen lässt. 66

Die typische Dreieckskonstellation, die den Zustimmungssachverhalt kennzeichnet (Vorbem 15 zu §§ 182–185), prägt auch die Diskussion um die **arglistige Täuschung** durch Dritte. Zunächst kann der Zustimmende seine Erklärung nach § 123 Abs 1 BGB selbstredend dann anfechten, wenn er durch den Erklärungsempfänger getäuscht wurde. Komplexer wird es bei der Täuschung durch einen Dritten, in diesen Fällen ist nach § 123 Abs 2 S 1 BGB die Anfechtung nur möglich, wenn der Empfänger der 67

Zustimmungserklärung die Täuschung kannte oder kennen musste. Das wirft im Rahmen der Dreieckskonstellation Probleme auf: Bei der internen Zustimmung kommt es zunächst auf die Person des Erklärungsempfängers an, die Kenntnis des Vertragspartners kann über die entsprechende Anwendung des § 123 Abs 2 S 2 BGB berücksichtigt werden (BeckOGK/Regenfus [1. 4. 2019] § 185). Kam es zur externen Zustimmung, so wäre eine Anfechtungsmöglichkeit nicht gegeben, auch wenn der der Zustimmung Bedürftige Kenntnis über die Täuschung hatte, das ist ein in der Tat „befremdliches" Ergebnis, weil es von der Zufälligkeit der Wahl von Innen- oder Außenzustimmung determiniert wird (vTuhr, AT II 2, S 233; Staudinger/Gursky [2014] § 182 Rn 46; NK-BGB/Staffhorst[3] § 182 Rn 43). Dieser Zufälligkeit soll mit einer dem Recht der arglistigen Täuschung nicht unbekannten Lagertheorie begegnet werden: Der zustimmungsbedürftig Erklärende (also etwa der beschränkt Geschäftsfähige) wird hier dem Lager des Zustimmungsberechtigten zugeschlagen, so dass es insgesamt – und so auch bei der Innenzustimmung – bei der Täuschung durch einen Dritten auf die Kenntnis oder das Kennenmüssen des Vertragspartners nach § 123 Abs 2 S 1 BGB ankomme (Flume, AT, 2. Bd [4. Aufl 1992] S 546; Staudinger/Gursky [2014] § 182 Rn 46; BeckOGK/Regenfus [1. 4. 2019] § 185 Rn 95; enger NK-BGB/Staffhorst[3] § 182 Rn 44: aller Personen). Das nimmt richtig die Zielrichtung der Anfechtung auf: Ihr geht es um den geschlossenen Vertrag (Flume, AT 2. Bd [4. Aufl 1992] S 893), an dessen Wirksamkeit aber der Vertragspartner ein schützenswertes Interesse hat. Deshalb soll er den Vertrag auch nur verlieren, wenn seine Kenntnis und sein Kennenmüssen im Sinne des § 123 Abs 2 S 1 BGB gegeben ist. Andere wollen eine Anfechtung stets dann zulassen, wenn überhaupt nur einer der am Hauptgeschäft Beteiligten mindestens von der Täuschung hätte Kenntnis haben müssen (Soergel/Leptien[12] Vor § 182 Rn 5; jurisPK-BGB/Trautwein[8] [19. 2. 2019] § 182 Rn 16; Erman/Meier-Reimer[15] Vor § 182 Rn 13; BeckOK BGB/Bub [1. 11. 2018] § 182 Rn 23).

68 Die Zustimmung des Vermieters zum Mieterwechsel durch Vertrag zwischen Alt- und Neumieter kann nach der Rechtsprechung nur dann wegen arglistiger Täuschung durch den neuen Mieter angefochten werden, wenn der Altmieter die Täuschung kannte oder zumindest kennen musste (BGH 3. 12. 1997 – XII ZR 6/96, BGHZ 137, 155 = LM BGB § 123 BGB Nr 79). Die vom BGH hierzu herangezogene Wertung des § 123 Abs 2 S 2 trägt dieses Ergebnis nicht, da diese Vorschrift nicht zur Einschränkung, sondern zur Ausdehnung der Anfechtungsmöglichkeit (bei Verträgen zugunsten Dritter reicht im Falle einer von einem Vierten begangenen Täuschung statt der Kenntnis des Vertragspartners auch die des Dritten) geschaffen wurde (kritisch auch BeckOGK/Regenfus [1. 4. 2019] § 182 Rn 95.1).

b) Anfechtungserklärung

69 Anfechtungsberechtigter ist der Zustimmende, nicht derjenige, dessen Willenserklärung der Zustimmung bedarf. Im Falle der Zustimmungsberechtigung mehrerer ist das derjenige, der in seiner Person den Willensmangel begründet (Staudinger/Gursky [2014] Vorbem 45 zu §§ 182–185). Bei §§ 108 Abs 3 BGB geht das für den gesetzlichen Vertreter begründete Anfechtungsrecht mit der Volljährigkeit auf den nunmehr voll geschäftsfähigen über (BeckOGK/Regenfus [1. 4. 2019] § 182 Rn 92).

c) Adressat der Anfechtung

70 Problematisch ist – ebenfalls als Ausfluss des zustimmungsrechtlichen Dreiecks – der **Adressat der Anfechtungserklärung**. Im Falle der Zustimmung zum einseitigen

Rechtsgeschäft ist der richtige Adressat der Anfechtung der Empfänger der Zustimmungserklärung, § 143 Abs 3 S 1 BGB (BeckOGK/Regenfus [1. 4. 2019] § 185 Rn 93). Im Falle eines Vertrages kommen zunächst potenziell mehrere in Betracht: Zunächst der Adressat der Zustimmung selbst, aber auch der andere Vertragspartner. Die Frage des richtigen Adressaten wird noch dadurch komplizierter, dass auch zeitlich verschiedene Phasen zu unterscheiden sind, nämlich im Falle der Einwilligung der Zeitpunkt vor der Vornahme des Hauptgeschäftes und die Zeit danach (was an die ähnliche Problematik der Anfechtung der ausgeübten Innenvollmacht erinnert, Wolf/Neuner AT[11] S 632 f). Das hat zur Meinung geführt, dass im Falle einer anfechtbaren Einwilligung diese vor Vornahme des Hauptgeschäftes dem Zustimmungsempfänger erklärt werden muss, hernach aber dem Vertragspartner (Flume, AT 2. Bd [4. Aufl 1992] S 563). Für den richtigen Adressaten kommt es dann maßgeblich auf den Zeitpunkt der Vornahme des Hauptgeschäftes an, auf den aber der Anfechtungsberechtigte regelmäßig keinen Einfluss hat und von dem er nicht unbedingt Kenntnis haben muss. Deshalb ist aus Gründen der Rechtssicherheit eine solche Aufsplittung in zeitlicher Hinsicht nicht zielführend (BeckOGK/Regenfus [1. 4. 2019] § 182 Rn 94), sondern es ist richtig, wenn der Adressat der Zustimmungserklärung auch der Adressat der Anfechtungserklärung ist und damit die Regel des § 143 Abs 3 S 1 BGB beachtet wird (Erman/Meier-Reimer[15] Vor § 182 Rn 13; BeckOK BGB/Bub [1. 11. 2018] § 182 Rn 23; Staudinger/Gursky [2014] Vorbem 45 zu §§ 182–185; MünchKomm/Bayreuther[8] § 182 Rn 19; NK-BGB/Staffhorst[3] § 182 Rn 42). Ob **daneben** im Falle eines Vertrages (und zwar unabhängig Zeitpunkt) auch der andere Vertragspartner richtiger Adressat ist, ist wiederum umstritten. Auch hier ist die herrschende Meinung zu Recht rigide, und lässt nur den Erklärungsempfänger als richtigen Adressaten zu: Eine Ausnahme soll nur dann gelten, wenn es sich um eine **Vertragsübernahme** handelt, weil dann durch die Anfechtung eine Betroffenheit aller drei Beteiligten gegeben sei (BGH 3. 12. 1997 – XII ZR 6/96, BGHZ 137, 255; BGH 27. 11. 1985 – VIII ZR 316/84, BGHZ 96, 302 = NJW 1986, 918), in diesen Fällen soll die Anfechtung nur gegenüber beiden Vertragsparteien der Vertragsübernahme möglich sein. Das allerdings ist abzulehnen, weil eine Sondersituation für die Vertragsübernahme gegenüber den allgemeinen Erwägungen nicht ersichtlich ist (Staudinger/Rieble [2017] § 14 Rn 155; MünchKomm/Bayreuther[8] § 182 Rn 19).

d) Schadensersatz, § 122

Die genannte Adressatenlehre ist auch deshalb belastbar, weil der **Anspruch aus § 122 BGB** stets dem Geschäftspartner und nicht demjenigen zusteht, der die zustimmungsbedürftige Willenserklärung abgegeben hat (Flume, AT, 2. Bd [4. Aufl 1992] S 894; Staudinger/Gursky [2014] Vorbem 46 zu §§ 182–185; MünchKomm/Bayreuther[8] § 182 Rn 21; BeckOGK/Regenfus [1. 4. 2019] § 182 Rn 96; NK-BGB/Staffhorst[3] § 182 Rn 42 anders BeckOK BGB/Bub [1. 11. 2018] § 182 Rn 23: beiden). Das gilt unabhängig davon, ob eine Innen- oder Außenzustimmung gegeben ist. Die richtige herrschende Meinung folgt damit dem Zweck des Schadensersatzanspruches aus § 122 BGB, denjenigen zu entschädigen, der auf den Bestand der anfechtbaren Willenserklärung vertraut hat und in dessen Verantwortungsbereich die Anfechtung gerade nicht fällt. Das entspricht auch dem Grundzweck des § 122 BGB. Dieser Gedanke des Verkehrsschutzes (Flume, AT, 2. Bd [4. Aufl 1992] S 894; NK-BGB/Staffhorst[3] § 182 Rn 42) ist gerade im Rahmen der zustimmungsbedürftigen Rechtsgeschäfte wichtig, wenn der Vertragspartner von der Zustimmungsbedürftigkeit nichts weiß (anders aber Flume, AT 2. Bd [4. Aufl 1992] S 894, der nicht auf das Vertrauen in den Bestand des Vertrages, sondern nur in den der Zustimmung abstellt). Eine Grenze des Schadensersatzanspruches nach § 122 BGB ist freilich dann gegeben, wenn (was wenig praktisch sein dürfte) die Anfechtung vor Vornahme des Hauptgeschäftes erklärt wird. Dann hätte der Anfechtungsberechtigte auch widerrufen können, § 183 BGB, so dass ohnehin für den potenziellen Vertragspartner wegen der Instabilität der Einwilligung kein schützenswertes Vertrauen gegeben ist (BeckOGK/REGENFUS [1. 4. 2019] § 182 Rn 97).

8. Missbrauch

72 Wegen der Nähe der Zustimmung zur Vollmacht, können auch die Grundsätze über den Missbrauch der Vertretungsmacht entsprechend angewandt werden (MünchKomm/BAYREUTHER[8] § 182 Rn 16) – diese zielen auf eine bestehende Differenz der gegebenen Einwilligung (vor allem der Ermächtigung nach § 185 Abs 1 BGB, § 185 Rn 47 f) und des rechtlichen Dürfens, das durch das Grundverhältnis geregelt wird (Vorbem 7 zu §§ 182–185): Kommt es für den Erklärungsempfänger ersichtlich (evident) zu einem pflichtwidrigen Überschreiten der im Grundverhältnis gesetzten Einschränkungen, so ist das vorgenommene Hauptgeschäft trotz der Einwilligung nach § 138 BGB nichtig. Freilich wird dies wohl regelmäßig wenig praktisch sein, weil in der Beschränkung des Grundverhältnis ebenso regelmäßig eine auch nach außen wirkende Einschränkung der Einwilligung selbst zu sehen sein wird (§ 183 Rn 27 f). Denkbar ist auch der Fall des **kollusiven Zusammenwirkens** der am Hauptgeschäft Beteiligten (zum Stellvertretungsrecht WOLF/NEUNER AT[11] S 621 f), in dem diese die gegebene Einwilligung zielgerichtet zum Schaden des Einwilligenden gebrauchen.

9. Zustimmung und Rechtsschein

73 Wegen der (regelmäßigen) Dreieckskonstellation ist im Zustimmungsrecht auch die Frage nach der Bedeutung eines vom (vermeintlich) Zustimmenden gesetzten Rechtsscheins zu fragen. Das gilt etwa für die Frage einer erfolgten Einwilligung und eines dann folgenden Widerrufs, der allerdings einem Beteiligten unbekannt bleibt, und also für den Fall, dass durch die gegebene Einwilligung eine starker Rechtsschein gesetzt wurde. Das gilt aber auch für ein solches Verhalten, das bei einem am Hauptgeschäft Beteiligten einen entsprechenden Rechtsschein einer erfolgten Zustimmung auslöst – vorausgesetzt, dieser ist gutgläubig.

Insgesamt besteht hier wiederum eine große Nähe zur Vollmacht, weshalb von der ganz herrschenden und richtigen Meinung zunächst die **§§ 170–173 BGB entsprechend** angewandt werden (STAUDINGER/GURSKY [2014] § 182 Rn 20; NK-BGB/STAFFHORST[3] § 182 Rn 46). Das gilt zunächst für die Einwilligung (CANARIS, Die Vertrauenshaftung im deutschen Privatrecht [1971] 70 ff, 120, 139, 148; FLUME, AT, 2. Bd [4. Aufl 1992] S 897; BORK Rn 1698, 1705; PLANCK/FLAD § 183 Anm 2; MünchKomm/BAYREUTHER[8] § 182 Rn 15; SOERGEL/LEPTIEN[12] Rn 10; jurisPK-BGB/TRAUTWEIN[8] [19. 2. 2019] § 182 Rn 35; ERMAN/MEIER-REIMER[15] § 183 Rn 7; PALANDT/ELLENBERGER[78] § 182 Rn 3; PWW/FRENSCH[13] Rn 3 f; STAUDINGER/GURSKY [2014] § 185 Rn 20 mwNw; **anders** vTUHR, AT II 2, 224 Fn 94). Liegt eine Rechtsscheinzustimmung vor, so wird die Einwilligung oder die Genehmigung fingiert – das Hauptgeschäft ist dann entweder mit Vornahme oder **rückwirkend endgültig wirksam.**

74 So kann der Rechtsschein einer Einwilligung zunächst durch deren Erteilung und deren Bekanntgabe gegenüber dem anderen Beteiligten oder aber durch die Aus-

stellung einer Einwilligungsurkunde gesetzt werden, auch wenn es später zum Widerruf kommt (§ 183 Rn 44 f). Das ergibt sich folgerichtig aus den §§ 170 ff BGB entsprechend.

Aber auch dann, wenn keine solche Einwilligung gegeben ist, die später widerrufen wurde, wird auf die Erkenntnisse aus dem Recht der Stellvertretung zurückgegriffen. Anerkannt sind hier die Duldungs- und die Anscheinseinwilligung. Weil diese Duldungs- und Anscheinstatbestände aber einen zuerst gesetzten Rechtsschein voraussetzen, lassen sich diese Fälle auch auf die Genehmigung übertragen (siehe auch NK-BGB/Staffhorst³ § 182 Rn 46). 75

Für die **Duldungszustimmung** (zur Duldungsvollmacht siehe Wolf/Neuner AT¹¹ S 645) ist danach ein durch den Zustimmungsberechtigten gesetzter Schein der Einwilligung zu fordern, den dieser trotz Kenntnis des Handelns des der Zustimmung Bedürftigen nicht zerstört (MünchKomm/Bayreuther⁸ § 182 Rn 15). Das ist etwa dann der Fall, wenn ein Nichtberechtigter ständig über Gegenstände des Berechtigten verfügt, der Berechtigte dies weiß, aber nicht eingreift. Das macht ein Beispiel von Gursky deutlich (Staudinger/Gursky [2014] § 182 Rn 21): Ein Minderjähriger kauft bei einem bestimmten Händler immer wieder ohne Einwilligung seines gesetzlichen Vertreters teure Briefmarken auf Kredit, die er in den nächsten Wochen aus seinem Taschengeld abstottert, der gesetzliche Vertreter schreitet aber trotz Kenntnis und Missbilligung dieser Verhaltensweise aus Nachlässigkeit nicht ein. Falls der Händler unter diesen Umständen nach Treu und Glauben annehmen durfte und angenommen hat, dass der gesetzliche Vertreter seine Einwilligung erteilt habe, muss der letztere wiederum an den Rechtsschein der intern erteilten Einwilligung gebunden sein. Eine Duldungseinwilligung kann auch bei § 1369 BGB praktisch werden, wenn ein Ehegatte nichts dagegen unternimmt, dass der andere immer wieder gebrauchte Haushaltsgegenstände ohne Absprache durch neue ersetzt und die alten dabei jeweils an denselben Trödler veräußert. 76

Neben dem Hinweis, dass solche Fälle nicht allzu praktisch sein dürften, jedenfalls solange man sich im Bereich von Spezialzustimmungen bewegt (Staudinger/Gursky [2014] § 182 Rn 23; MünchKomm/Bayreuther⁸ § 182 Rn 15), ist der Duldungszustimmung auch das entgegenzuhalten, was jedenfalls die Bedeutung der Duldungsvollmacht einschränkt: Viele „Verdachtsfälle" werden sich bereits dann lösen lassen, wenn man danach fragt, ob nicht eine konkludente und damit rechtsgeschäftliche Zustimmung vorliegt. Ist dies nicht der Fall, kann eine Zustimmung durch Rechtsschein angenommen werden.

Für die **Anscheinszustimmung** gelten ebenfalls zunächst die Einwände, die gegenüber der Anscheinsvollmacht erhoben werden (kritisch Wolf/Neuner AT¹¹ S 648). Überwindet man diese mit der herrschenden Meinung, so muss ein Rechtsschein der Zustimmung vorliegen, den der Zustimmungsberechtigte zwar nicht kennt, aber kennen müsste und infolge dessen auch nicht verhindert, obwohl er ihn verhindern könnte (OLG Brandenburg BeckRS 2010, 8958; MünchKomm/Bayreuther⁸ § 182 Rn 15). 77

In allen Fällen ist der andere Teil nur dann zu schützen, wenn er **berechtigt auf den Rechtsschein vertraut** – und damit gegenüber dem Bestehen der Zustimmung gutgläubig ist. 78

79 Die Rechtsscheingrundsätze sind unabhängig davon anzuwenden, ob das Zustimmungsrecht wegen einer **eigenen Rechtsbetroffenheit oder wegen eines Aufsichts- und Kontrollrechts** besteht (Staudinger/Gursky [2014] § 182 Rn 21; BeckOGK/Regenfus [1.4.2019] § 182 Rn 136.2). Immerhin könnte man der Meinung sein, dass etwa im Falle der Zustimmung nach den §§ 107 ff BGB der beschränkt Geschäftsfähige durch die Akzeptanz der Rechtsscheinzustimmung ein ungerechtfertigtes Schutzdefizit hinzunehmen hätte, weil eine rechtsgeschäftliche Zustimmung fehlt und weil damit der Grundsatz durchbrochen würde, dass der Gute Glaube an eine Zustimmung grundsätzlich nicht geschützt wird. Allein wird im Vertretungsrecht gerade keine Einschränkung mit Blick auf die gesetzliche Stellvertretung vorgenommen, auch wenn die §§ 170 bis 173 BGB direkt nicht anwendbar sind, weil diese die Bevollmächtigung als rechtsgeschäftliche Vermittlung der Vertretungsmacht umfassen. Weil aber die Zustimmung als rechtsgeschäftliches Instrument unabhängig von der Grundlage der Zustimmungsberechtigung der entsprechenden Anwendung der §§ 170 bis 173 BGB unterliegt, haben diese Regelung hier im Bereich des gesetzlichen Vertreters, der zustimmungsberechtigt ist, eine eigene Bedeutung. Das gilt für die gesetzlich geregelten Rechtscheintatbestände, aber auch für die im Wege der Gesamtanalogie entwickelten Tatbestände durch Duldung und Anschein (§ 183 Rn 40 f).

80 Direkt anwendbar sind die §§ 170 bis 173 BGB und die vertretungsrechtlichen Ableitungen, wenn die Zustimmung durch einen Vertreter mit Wirkung für den Zustimmenden erklärt wird: dann ist auch „bloße" Stellvertretung gegeben.

III. Rechtsfolgen

1. Der Zustimmung

81 Wird die Einwilligung erteilt, so ist sie bis zur Vornahme des Hauptgeschäfts widerruflich (§ 183 Rn 44 f); wird sie nicht widerrufen oder erlischt sie nicht anderweitig (§ 183 Rn 20 f), so ist das vorgenommene Hauptgeschäft von Anfang an und endgültig wirksam (§ 183 Rn 16 f). Ein ohne Einwilligung geschlossener Vertrag ist schwebend unwirksam, wird er genehmigt, so führt dies zur Wirksamkeit des Hauptgeschäfts ex tunc (§ 184 Rn 78 f).

2. Der fehlenden Zustimmung

82 Fehlt die Zustimmung zu einem **zustimmungsbedürftigen Vertrag** endgültig, ist dieser ex tunc und endgültig unwirksam. Das führt dazu, dass eine fehlende Einwilligung lediglich mit dem Vertragsschluss zur schwebenden Unwirksamkeit führt (§ 184 Rn 43 f) und erst mit der Verweigerung der Genehmigung endgültig unwirksam werden (§ 184 Rn 71).

83 Es ist dagegen strittig, ob **zustimmungsbedürftige einseitige Rechtsgeschäfte**, die einer Einwilligung ermangeln, in das Stadium der schwebenden Unwirksamkeit und damit der Genehmigungsfähigkeit gelangen, oder aber ob sie gerade wegen der fehlenden Einwilligung nichtig sind. Das Gesetz verhält sich zu dieser Frage allenfalls mittelbar, wenn es in § 182 Abs 3 BGB auf die Sätze 2 und 3 des § 111 BGB verweist, nicht aber auf § 111 S 1 BGB. Daraus ist für die Frage nach der fehlenden Einwilligung in

Titel 6
Einwilligung und Genehmigung § 182

diesen Fällen aber keine unmittelbare Frucht zu ziehen, weil dieser Verweis die zwar vorliegende, aber eben nicht urkundlich nachweisbare Einwilligung meint. Das führt dazu, dass ein allgemeiner Grundsatz, einwilligungslos vorgenommene einseitige Rechtsgeschäfte seien nichtig, insgesamt abgelehnt wird – damit wären solche Rechtsgeschäfte grundsätzlich schwebend unwirksam (ERMAN/MEIER-REIMER[15] § 182 Rn 16; BeckOK BGB/BUB [1. 11. 2018] § 182 Rn 3; MEYER DZWir 2004, 58, 62; JAUERNIG, in: FS Niederländer [1991] 285, 290; ZIMMERMANN ZTR 2007, 119, 123; DANWERTH jura 2014, 559, 561; PLANCK/FLAD Anm 4). Auf der anderen Seite kennt das Gesetz weitere einzelne Regelungen, die wie § 180 S 1, 1367, 1831 S 1 BGB ebenfalls die Nichtigkeit des einseitigen Rechtsgeschäfts anordnen. Das wird zum Anlass genommen, eine Gesamtanalogie zu bilden und insgesamt die Nichtigkeit von einwilligungslos vorgenommenen einseitigen Rechtsgeschäfts anzunehmen (so im Ergebnis die ganz hM, BGH 14. 11. 1996 – I ZR 201/94, LM BGB § 185 Nr 39 = NJW 1997, 1150 = LM § 185 BGB Nr 39; BGH 29. 5. 1991 – VIII ZR 214/90, BGHZ 114, 360 = LM § 184 BGB Nr 20 = NJW 1991, 2552; BAG 11. 11. 1976 – 2 AZR 457/75, AP Nr 8 zu § 103 BetrVG 1972 = DB 1977, 1191; KG 28. 4. 1907 – OLGE 15, 327, 328; OGH BrZ 14. 7. 1949 – I ZS 6/49, NJW 1949, 669; RG 17. 1. 1935 – IV 236/34, RGZ 146, 314, 316; RG 17. 1. 1935 – IV 236/34, RGZ 146, 314; OLG Brandenburg 28. 6. 2000 – 7 U 262/99, MDR 2000, 1306; Brandenburg 1. 12. 2005 – 3 Sa 161/05; STAUDINGER/GURSKY [2014] § 182 Rn 48; MünchKomm/BAYREUTHER[8] § 182 Rn 32; SOERGEL/LEPTIEN[12] § 182 Rn 12; NK-BGB/STAFFHORST[3] § 182 Rn 63; jurisPK-BGB/TRAUTWEIN[8] [19. 2. 2019] § 182 § 182 Rn 18; PWW/Frensch[13] § 182 Rn 10; BORK BGB AT Rn 1696; WOLF/NEUNER AT[11] S 679; THIELE 276; vTUHR BGB AT II/2 § BGB § 78 S 223; OLG Brandenburg 28. 6. 2000 – 7 U 262/99, MDR 2000, 1306; BGH 29. 5. 1991 – VIII ZR 214/90, BGHZ 114, 360 = NJW 1991, 2552; offen lassend BGH 27. 10. 2008 – II ZR 158/06, BGHZ 178, 192 = NJW 2009, 289; BayObLG 12. 12. 1957 – BReg 1 Z 24/57, BayObLGZ 1957, 360; **anders** BeckOK BGB/BUB [1. 11. 2018] § 184 Rn 3; JAUERNIG, in: FS Niederländer [1991] 285, 290 f; ZIMMERMANN ZTR 2007, 119, 123). Das führt zu einem **höheren Grad an Rechtssicherheit** (und damit Planungssicherheit) als der Verweis auf eine analoge Anwendung der §§ 108 Abs 2, 177 Abs 2 BGB und damit der Anwendung des Aufforderungsrechts (§ 184 Rn 61) auch im Falle des einseitigen Rechtsgeschäfts (dafür BeckOK BGB/BUB [1. 11. 2018] § 184 Rn 3). Einer solchen Analogie steht auch sehr klar die Systematik des Gesetzes gegenüber, das die Aufforderung zur Genehmigung (grundsätzlich) lediglich bei Verträgen zulässt. Vielmehr ist es nach wie vor richtig, aus Gründen des Interesses des Erklärungsempfängers an **Rechtssicherheit**, ein **ohne Einwilligung** vorgenommenes einseitiges Rechtsgeschäft **als grundsätzlich nichtig** einzustufen (PALANDT/ELLENBERGER[78], § 182 Rn 5; BeckOGK/REGENFUS [1. 4. 2019] § 182 Rn 180). Dem wird entgegengehalten, dass es einen allgemeinen Grundsatz, den Adressaten eines einseitigen Rechtsgeschäftes vor Rechtsunsicherheit durch Vermeidung jedweden Schwebezustandes zu schützen, nicht gebe, was sich schon aus § 180 S 2 und 3 BGB ergebe (so ERMAN/MEIER-REIMER[15] § 182 Rn 16). In der Tat lässt diese Vorschrift einen Schwebezustand zu, der Verweis auf sie ist aber für das zu lösende Problem nur insofern hilfreich, als die Nichtigkeit eines der Einwilligung entbehrenden einseitigen Rechtsgeschäfts dann ausscheidet, wenn sich der Erklärungsempfänger bewusst dem Schwebezustand aussetzt, eben weil er damit einverstanden ist. Dann ist er aber – und das bestätigt wiederum die Grundannahme – nicht schutzwürdig.

Deshalb ist eine darüber hinaus gehende Frage, ob der Rechtsgedanke des **§ 180 S 2 BGB** einer Verallgemeinerung zugänglich ist und so entweder dem Erklärungsempfänger aufzuerlegen, eine lediglich behauptete Einwilligung zu beanstanden oder

84

aber sein Einverständnis mit der Schwebelage für die Genehmigungsfähigkeit ausreichen zu lassen. In der Tat begibt sich der Erklärungsempfänger in diesen Fällen selbst in die rechtsunsichere Phase der schwebenden Unwirksamkeit, er ist deshalb in diesen Fällen **nicht schützenswert** (OLG Düsseldorf 7. 9. 2006 – 10 U 30/06, NJOZ 2006, 4058; Flume, AT, 2. Bd [4. Aufl 1992] S 892; MünchKomm/Bayreuther[8] § 182 Rn 32; NK-BGB/Staffhorst[3] § 182 Rn 63; PWW/Frensch[13] § 182 Rn 10; Palandt/Ellenberger[78] Rn 5; Zimmermann ZTR 2007, 119, 122 ff;; Staudinger/Gursky [2014] § 182 Rn 47; BeckOGK/Regenfus [1. 4. 2019] § 182 Rn 181; jurisPK-BGB/Trautwein[8] [19. 2. 2019] § 182 § 182 Rn 18; Petersen, jura 2005, 248; Meyer DZWir 2004, 58, 62; Wolf/Neuner AT[11] S 679; Zimmermann ZTR 2007, 119, 122 ff; Ebbecke Gruchot 63 [1919] 177, 182 f; **anders** OLG Celle 2. 12. 1998 – 2 U 60/98, OLGR Celle 1999, 97; Soergel/Leptien[12] § 182 Rn 12). Deshalb ist § 180 S 2, 3 BGB entsprechend auf das einwilligungslose einseitige Rechtsgeschäft anwendbar.

85 Insgesamt bleibt es dabei, dass grundsätzlich das zustimmungsbedürftige, aber einwilligungslos vorgenommene einseitige Rechtsgeschäft nicht genehmigungsfähig und nichtig ist. Das schließt aber, wie gezeigt, die analoge Anwendung des § 180 S 2, 3 BGB nicht aus, so dass sich der Erklärungsempfänger der Rechtssicherheit durch den dargestellten Grundsatz selbst begeben kann (Palandt/Ellenberger[78] § 182 Rn 5). Eine zur Bevollmächtigung parallele Wertung ist also für die Zustimmung auch hier angezeigt.

IV. Zustimmungsverweigerung

86 Die Verweigerung der Zustimmung wird grundsätzlich ebenfalls als einseitiges Rechtsgeschäft eingeordnet (Palandt/Ellenberger[78], § 182 Rn 4; Bork, Allgemeiner Teil des BGB [4. Aufl 2016] S 669). Das gilt jedenfalls für die Verweigerung der Genehmigung, die rechtsgestaltend ist. (§ 184 Rn 71 f). Die Verweigerung ist in § 182 Abs 1 BGB erwähnt und unterliegt damit auch dessen Adressatensystem (Rn 41 f). Weil deshalb auch § 182 Abs 2 BGB gilt, und die Verweigerung **kein Formgebot kennt**, auch wenn das Hauptgeschäft einem solchen Gebot unterliegt, ist auch eine konkludente Verweigerung möglich (BGH 2. 12. 1981 – IVb ZR 553/80, LM Nr 2 zu § 1366 BGB = NJW 1982, 1099; Erman/Meier-Reimer[15] § 182 Rn 17). Es ist stets zu fragen, ob in einer Ablehnung der Zustimmung auch ein entsprechender Rechtsbindungswille zu sehen ist, sie also endgültig ist – und nicht etwa eine Vertröstung („Jetzt noch nicht!" oder „derzeit" nicht) ist (BGH 13. 10. 2008 – II ZR 76/07, NJW 2009, 229). Dass der Erklärungsempfänger weiß, dass der Ablehnende den Inhalt des Vertrages, dem er zustimmen soll, nicht kennt, ist für seinen Empfängerhorizont bedeutsam (BGH 2. 12. 1981 – IVb ZR 553/80, NJW 1982, 1099), spricht aber nicht zwangsläufig gegen die Endgültigkeit und damit die rechtliche Verbindlichkeit. Eine Verweigerung kann auch darin liegen, dass der Zustimmungsberechtigte Ansprüche geltend macht, die nur bei unwirksamem Rechtsgeschäft bestehen können (BGH 15. 5. 1963 – V ZR 141/61, NJW 1963, 1613; BeckOK BGB/Bub [1. 11. 2018] § 182 Rn 26). Man wird dies aber ohne weiteres nicht allein daraus schließen können, dass ein Berechtigter im Falle der Verfügung eines Nichtberechtigten den entsprechenden Gegenstand herausverlangt (BeckOGK/Regenfus [1. 4. 2019] § 182 Rn 143. 1).

Rn 87 ist frei.

a) Verweigerung der Einwilligung

Für die Verweigerung der Einwilligung ist die Einordnung als einseitiges Rechtsgeschäft fraglich, weil diese keine Bindungswirkung hat, sondern bis zum Zeitpunkt der Vornahme des Rechtsgeschäfts einer erneuten Einwilligung und später einer Genehmigung nicht im Wege steht (BGH 2. 12. 1981 – IVb ZR 553/80, NJW 1982, 1099; NK-BGB/Staffhorst³ § 182 Rn 9; BeckOK BGB/Bub [1. 11. 2018] § 183 Rn 27; BeckOGK/Regenfus [1. 4. 2019] § 182 Rn 138), der Zustimmungsberechtigte hat damit die Entscheidung lediglich „verschoben" (Bork, Allgemeiner Teil des BGB [4. Aufl 2016] S 669). Eine rechtliche Bindung wird dadurch also nicht ausgelöst, sie ist – mit Gursky – „rechtlich belanglos" (Staudinger/Gursky [2014] Vorbem 35 zu §§ 182–184), auch wenn sie mit einem Verzicht auf die Einwilligung verbunden und so nach dem Willen des Erklärenden „unwiderruflich" wird: Auch hier kann sich der Zustimmungsberechtigte nicht selbst der Zustimmungsmöglichkeit begeben, wie sich das aus dem Rechtsgedanken des § 137 S 1 BGB ergibt (BeckOGK/Regenfus [1. 4. 2019] § 182 Rn 138 Fn 397; **anders**: BeckOK BGB/Bub [1. 11. 2018] § 182 Rn 27, endgültiger Verlust). Er kann sich nur schuldrechtlich verpflichten, keine Einwilligung mehr zu erklären, was letztlich nur bei einer Vereinbarung mit einer der am Hauptgeschäft Beteiligten sinnvoll ist, die nicht mehr an diesem festhalten will, aber auch keinen Aufhebungsvertrag schließen kann. Die Verweigerung der Einwilligung kann freilich faktische Folgen haben, so dass die potenziellen Beteiligten am Hauptgeschäft nunmehr endgültig von diesem ablassen und die Möglichkeit einer nochmaligen Zustimmung nicht in Betracht ziehen oder verwerfen. **88**

Deshalb mag man diese Verweigerung als (lediglich) rechtsgeschäftsähnlich begreifen (NK-BGB/Staffhorst³ § 182 Rn 9), allerdings löst eine gegebene Verweigerung jedenfalls eine erneute Zustimmungsmöglichkeit aus. Eine praktische Folge der Einordnung als rechtsgeschäftsähnliche Handlung der Einwilligungsverweigerung ist nicht ersichtlich, weil zum einen keine bindende Rechtsfolge ausgelöst wird und zum anderen die Regelungen über die Rechtsgeschäfte entsprechend anzuwenden sind (NK-BGB/Staffhorst³ § 182 Rn 9). Mittelbar kann sich der verweigernde Zustimmungsberechtigte freilich dann Schadensersatzansprüchen aussetzen, wenn er zur Einwilligung verpflichtet ist. Siehe Vorbem 97 ff zu §§ 182–185. **89**

b) Verweigerung der Genehmigung

Die Verweigerung der Genehmigung ist einseitiges Rechtsgeschäft, weil mit ihrer Wirksamkeit das bis dahin schwebend unwirksame Hauptgeschäft endgültig und ex tunc unwirksam ist (BGH 2. 12. 1981 – IVb ZR 553/80, LM Nr 2 zu § 1366 BGB = NJW 1982, 1099; RG 14. 12. 1932 – V 275/32, RGZ 139, 118; Erman/Meier-Reimer¹⁵ § 182; Bork, Allgemeiner Teil des BGB [4. Aufl 2016] S 669; MünchKomm/Bayreuther⁸ § 182 Rn 28; BeckOGK/Regenfus [1. 4. 2019] § 182 Rn 139). Das ist zwar umstritten, und die Verweigerung wird auch als rechtsgeschäftsähnliche Handlung beschrieben, eine maßgebliche Folge hätte dies aber nicht, weil dann die §§ 182 ff BGB entsprechend anwendbar wären (siehe dazu Staudinger/Gursky [2014] Vorbem 40 zu §§ 182–185). Die rechtsgeschäftliche Qualität der Genehmigungsverweigerung wurde zwar im Gesetzgebungsverfahren offengelassen (Mot I 247), ist aber wegen der notwendigen Rechtssicherheit zwangsläufig. Wollen die Beteiligten des Hauptgeschäfts nach der Verweigerung am Vertrag festhalten, so können sie es erneut vornehmen, was dann aber wiederum die Zustimmungsbedürftigkeit auslöst, es sei denn, diese wäre dann entfallen – etwa, weil der bislang Minderjährige voll geschäftsfähig wird. Allerdings können die Parteien durch bloße **90**

Bestätigung, § 141 BGB, auf das frühere Geschäft zugreifen, müssen es also nicht neu vornehmen (Staudinger/Gursky [2014] § 182; BeckOK BGB/Bub [1. 11. 2018] § 183 Rn 28; Bork, Allgemeiner Teil des BGB [4. Aufl 2016] S 669), freilich sind dann etwaige Formvorschriften nochmals zu beachten (BGH 28. 9. 1999 – XI ZR 90/98, BGHZ 142, 332 = NJW 1999, 3705; anders K Schmidt AcP 89 [1989] 1, 9).

91 Festzustellen, §§ 133, 157 BGB, ist der **Verweigerungswille** des Zustimmungsberechtigten, so dass feststehen muss, dass der Verweigernde das Rechtsgeschäft endgültig nicht gelten lassen will. Deshalb ist es notwendig, dass der Verweigernde das zu genehmigende Rechtsgeschäft kennt (Erman/Meier-Reimer15 § 182 Rn 17). Freilich kann man hier nicht immer eine allzu tiefe Kenntnis voraussetzen. So kann etwa der gesetzliche Vertreter als pauschal alle vorgenommenen Rechtsgeschäfte des beschränkt Geschäftsfähigen über lediglich abstrakt bekannte Rechtsgeschäfte verweigern: Etwa die Verweigerung der Genehmigung aller Rechtsgeschäfte über digitale Spiele oder mit einer besonderen Person. Maßgeblich ist hier, wie zu Recht festgestellt wird, der sich auf das konkret zu beurteilende Rechtsgeschäft beziehende Verweigerungswille (Erman/Meier-Reimer15 § 182 Rn 17).

92 Als Rechtsgeschäft wird die Verweigerung durch eine Willenserklärung konstituiert, die wiederum **anfechtbar** ist (MünchKomm/Bayreuther8 § 182 Rn 28; BeckOGK/Regenfus [1. 4. 2019] § 182 Rn 152). Die Anfechtung führt ex tunc zur Nichtigkeit der Genehmigung, § 142 Abs 1 BGB, womit wiederum die schwebende Unwirksamkeit ausgelöst wird (BeckOGK/Regenfus [1. 4. 2019] § 182 Rn 152).

93 Sieht das Gesetz vor, dass der Zustand der schwebenden Unwirksamkeit durch Aufforderung des Vertragspartners zur Genehmigung beendet werden kann, § 108 Abs 2, § 177 Abs 2 BGB, so gilt die Genehmigung als verweigert, wenn sich der zur Genehmigung Berechtigte innerhalb einer zweiwöchigen Frist nicht äußert (dazu § 184 Rn 61). Das Gesetz arbeitet hier mit einer Fiktion, die zur endgültigen Unwirksamkeit des Rechtsgeschäfts führt.

94 Siehe zur Verweigerung der Genehmigung im Falle einer Verpflichtung zur Genehmigung § 184 Rn 87.

V. Form, Abs 2

1. Grundsatz

95 § 182 Abs 2 BGB entkoppelt die Zustimmung zu einem Rechtsgeschäft von einem Formgebot, das für dieses selbst besteht. Das mag man für überflüssig halten, weil die Vorschrift letztlich lediglich die Trennung zwischen der Zustimmung und dem Hauptgeschäft aufnimmt: Die Zustimmung ist als bloßes Hilfs- oder Komplementärrechtsgeschäft grundsätzlich formfrei und damit auch konkludent möglich (Palandt/Ellenberger78, § 182 Rn 2; siehe auch Rn 11 f). Damit geht das Zustimmungsrecht aber parallel zu den Regelungen über die Vollmacht, für die mit § 167 Abs 2 BGB eine entsprechende Trennung kennen (MünchKomm/Bayreuther8 § 182 Rn 22).

Das belegen die Beispiele nach Staudinger/Gursky (2014) § 182 Rn 23: Die Zustimmung des gesetzlichen Vertreters zur Bürgschaftserklärung des Minderjährigen muss nicht erteilt werden (RG 27. 1. 1927 – 633/26 IV, JW 1927, 1363); die Zustimmung zu einer von einem vollmachtlosen Vertreter vorgenommenen Auflassung bedarf nicht der Form des § 925 BGB (RG 21. 4. 1937 – V 297/36, RGZ 154, 355; BGH 23. 1. 1998 – V ZR 272–96, LM BGB § 183 Nr 5 = NJW 1998, 1482; LG Aurich 2. 1. 1987 – 3 T 298/86, NJW-RR 1987, 850; KG 21. 10. 1937 – 1 Wx506/37, JW 1937, 3230); die Genehmigung eines von einem falsus procurator abgeschlossenen Grundstückskaufvertrages muss nicht nach § 311b Abs 1 notariell beurkundet werden (BGH 25. 2. 1994 – V ZR 63/93, BGHZ 125, 218 = NJW 1994, 1344; BFH 28. 5. 2003 – II R 38/01, BFH/NV 2003, 1449); die die Genehmigung von Wechselerklärungen ist ebenfalls formlos möglich (RG 4. 10. 1927 – II 37/27, RGZ 118, 170); die Genehmigung eines langfristigen Geschäftsraummietvertrages, den nur einer der beiden gesamtvertretungsberechtigten Geschäftsführer der anmietenden GmbH geschlossen hat, kann trotz § 550 formlos erfolgen und deshalb auch konkludent von dem anderen Geschäftsführer erteilt werden (OLG Düsseldorf 17. 3. 2005 – I-10 U 172/03, NZM 2005, 909).

Ebenfalls formfrei ist die **Vereinbarung einer Verpflichtung**, eine Genehmigung zu einem formbedürftigen Hauptgeschäft zu erteilen (BGH 25. 9. 1996 – VIII ZR 172/95, BGHR BGB § 182 Abs 2 GmbH-Geschäftsanteil 1 = NJW 1996, 3338; STAUDINGER/GURSKY [2014] § 182 Rn 34; **anders** KANZLEITER, in: FS Hagen [1999] 309, 315 ff; für den Fall, dass die Formvorschrift Warnfunktion hat, siehe auch EINSELE DNotZ 1996, 835, 844 ff; 1999, 43, 45). 96

Anzuwenden ist § 182 Abs 2 BGB auch auf die Zustimmung zur **Vertragsübernahme** – ein Formgebot gibt es auch hier nicht (OLG Nürnberg 24. 4. 2013 – 12 U 932/12, ZMR 2013, 650; OLG Düsseldorf 8. 5. 2007 – I-24 U 128/06, ZMR 2008, 122; BGH 20. 4. 2005 – XII ZR 29/02, NJW-RR 2005, 958; BGH 12. 3. 2003 – XII ZR 18/00, BGHZ 154, 171 = NJW 2003, 2158; OLG Düsseldorf 20. 12. 1999 – 24 U 186/98, OLGR Düsseldorf 2001, 98; STAUDINGER/RIEBLE [2017] § 414 Rn 145). Das ist zwar dann anders, wenn nicht das Zustimmungsmodell gewählt wird, sondern ein dreiseitiger Übernahmevertrag geschlossen wird (STAUDINGER/RIEBLE [2017] § 414 Rn 147) – das wiederum wirkt sich aber nicht gleichsam zurück auf die unter § 182 Abs 2 BGB fallende Zustimmung beim nicht gewählten Zustimmungsmodell aus (STAUDINGER/GURSKY [2014] § 182 Rn 24; BGH 12. 3. 2003 – XII ZR 18/00, BGH 154, 171 = NJW 2003, 2158 zur Formfreiheit der Zustimmung des Mieters beim Austausch des Vermieters durch Vertrag zwischen dem alten und dem neuen Vermieter; BGH 20. 4. 2005 – XII ZR 29/02, NJW-RR 2005, 958 zur formlosen Zustimmung des Neumieters zu einem zwischen Vermieter und Altmieter vereinbarten Mieteraustausch; OLG Düsseldorf 20. 12. 1999 – 24 U 186/98, OLGR Düsseldorf 2001, 98 = NJW-RR 2001, 641; OLG Düsseldorf 8. 5. 2007 – I-24 U 128/06, 24 U 128/06, ZMR 2008, 122; OLG Nürnberg 24. 4. 2013 – 12 U 932/12, ZMR 2013, 650; jurisPK-BGB/TRAUTWEIN[8] [13. 2. 2019] § 182 Rn 62.1; MAURER BWNotZ 2005, 114, 117; **anders** RAPPENGLITZ JA 2000, 472, 474). 97

Ist die **Zustimmungsberechtigung** auf den am Hauptgeschäft Beteiligten **übergegangen**, etwa durch Eintritt der Volljährigkeit, § 108 Abs 3 BGB, soll gleiches gelten, auch dann besteht für dessen Genehmigung obwohl er Vertragspartner ist kein Formgebot. Das ist schon deshalb richtig, weil für das bis dahin schwebend unwirksame Hauptgeschäft das Formgebot selbstredend einzuhalten ist (OLG Köln 28. 3. 1995 – 2 Wx 13/95, MDR 1995, 888; BGH 21. 1. 1980 – II ZR 153/79, LM Nr 4 zu § 108 BGB = NJW 1980, 1842; ERMAN/MEIER-REIMER[15] § 182 Rn 5; STAUDINGER/GURSKY [2014] § 182 Rn 23; BeckOK BGB/BUB [1. 11. 2018] § 182 Rn 20). 98

99 Die Formfreiheit ergibt sich erst Recht für die **gewillkürten Formgebote** für das Hauptgeschäft, § 125 S 2 BGB (STAUDINGER/GURSKY [2014] § 182 Rn 25; BGH 15. 5. 1990 – X ZR 82/88, WM 1990, 1573; OLG Düsseldorf 30. 4. 1987 – 10 U 220/86, ZMR 1988, 305; SOERGEL/LEPTIEN[12] § 182 Rn 5; STAUDINGER/GURSKY [2014] § 182 Rn 25). Das gilt auch für Vereinbarungen, dass Vertragsänderungen einer bestimmten Form bedürfen, weil die Zustimmung keine Vertragsänderung oder Vertragsergänzung ist (SOERGEL/LEPTIEN[12] § 182 Rn 5).

100 Der BGH begründet die Formfreiheit der Zustimmung des verbleibenden Teils zur Parteiauswechselung bei einem Vertrag, der für Änderungen und Ergänzungen Schriftform verlangte, dagegen mit der Rechtsnatur der Zustimmung als eines gegenüber dem Vertrag selbstständigen Rechtsgeschäftes (BGH 18. 10. 1995 – VIII ZR 149/94, LM BGB § 127 Nr 9 [2/1996] = DtZ 1996, 56). Bei einem Vertrag, der die Auswechselung eines Lizenznehmers betraf, hat der BGH dagegen ergänzend auf § 182 Abs 2 hingewiesen (BGH 15. 5. 1990 – X ZR 82/88, WM 1990, 1573).

Rn 101–110 sind frei.

111 Für die **Zustimmung selbst** können Vereinbarungen über die Form aber vereinbart werden (BeckOGK/REGENFUS [1. 4. 2019] § 183 Rn 172; SOERGEL/LEPTIEN[12] § 182 Rn 5) – erfolgt die Zustimmung dann nicht dieser Vereinbarung entsprechend, so „passt" sie nicht auf das Hauptgeschäft, weil eine dort vereinbarte Bedingung nicht erfüllt ist.

112 Ein **mittelbares Formerfordernis** folgt aber für einseitige Rechtsgeschäfte aus dem Verweis in Abs 3 auf § 111 BGB (BeckOGK/REGENFUS [1. 4. 2019] § 182 Rn 174). Die Zustimmung zu einem einseitigen Rechtsgeschäft kann vom Erklärungsempfänger des einseitigen Rechtsgeschäfts zurückgewiesen werden, wenn keine Urkunde über die Zustimmung vorgelegt wird, mit der Zurückweisung wird die Zustimmung unwirksam (Rn 126 f).

2. Ausnahmen

a) Gesetzliche Ausnahmen

113 Bisweilen macht das Gesetz von § 182 Abs 2 BGB ausdrücklich Ausnahmen und sieht für bestimmte Zustimmungserklärungen Formgebote vor.

– Im **Familienrecht**: So bedarf die Zustimmung nach **§ 1516 Abs 1 BGB** sowie des Verzichts nach **§ 1517 BGB** der notariellen Beurkundung, **§ 1516 Abs S 3 BGB**, **§ 1517 Abs 1 S 2 BGB**; die Zustimmungserklärung der Mutter beim Vaterschaftsanerkenntnis bedarf nach **§§ 1595, 1597 Abs 1 BGB** der öffentlichen Beurkundung; Einwilligungserklärung des Kindes, der Eltern des Kindes sowie des Ehegatten des Annehmenden zu dessen Annahme als Kind der notariellen Beurkundung, **§§ 1750 Abs 1 S 2 iVm 1746, 1747, 1749 BGB**.

– Im **Erbrecht**: der Ausschlagung der Erbschaft des Kindes durch die Eltern bedarf der formgerechten Ausschlagung durch beide Elternteile, **§ 1945 BGB** – so kann ein Elternteil allein der Ausschlagung des anderen Teils nicht formlos zustimmen (BayObLG 14. 6. 1977 – BReg 1 Z 17/77, BayObLGZ 1977, 163, 167; OLG Frankfurt 24. 10. 1961 – 6 W 593/60, NJW 1962, 52; BayObLG 12. 12. 1957 – BReg 1 Z 24/57, BayObLGZ 1957, 361 = NJW 1958, 260). Ebenfalls der notariellen Beurkundung bedarf die Zustimmung zur Aufhebung einer erbvertragsgemäßen Verfügung durch Testament, **§ 2291 Abs 2 BGB**. Auf Verlangen ist die Einwilligung des Nacherben nach § 2120 S 1 BGB in öffentlich beglaubigter Form zu erklären, **§ 2120 S 2 BGB**.

Die Nähe der Zustimmung zur Vollmacht wird dort deutlich, wo die für die **114** Bevollmächtigung vorgesehene Form auf die Zustimmung übertragen wird: So soll die Form der Bevollmächtigung zum Abschluss eines Verbraucherkreditvertrages nach **§ 492 Abs 4 BGB** auch entsprechend auf die Zustimmung zu solchen Verträgen übertragen werden (ERMAN/MEIER-REIMER[15] § 182 Rn 7. Dazu MünchKomm/BAYREUTHER[8] § 182 Rn 22). Das gelingt aber nur deshalb, weil ansonsten die inhaltsheilende Folge des § 492 Abs 2 S 2 BGB nicht greifen könnte (MünchKomm/BAYREUTHER[8] § 182 Rn 22).

Außerhalb des BGB gibt es für die Zustimmung folgende Formgebote: **115**

– Zwangsvollstreckungsrecht: **§ 71 ZVG**

– Gesellschaftsrecht: **§ 2 Abs 2 GmbHG** (OLG Köln 28. 3. 1995 – 2 Wx 13/95, BB 1995, 2545)

– Grundbuchrecht: **§ 29 GBO** (BGH 6. 3. 1959 – V ZB 3/59: LM Nr 2 § 29 GBO, NJW 1959, 883; OLG München 10. 12. 2009 – 34 Wx 110/09, BeckRS 2010, 2245; OLG Frankfurt 19. 8. 1996 – 20 W 174/96, OLGR Frankfurt 1996, 208 = MDR 1996, 1293)

– Versicherungsrecht: **§ 150 Abs 2 VVG**

– Wertpapierrecht: **§ 5 Abs 1 DepotG, § 10 DepotG, § 12 Abs 1 DepotG**

– Handelsrecht: **§ 12 Abs 1 S 2 2 HGB** (OLG Frankfurt GmbHR 2012, 751: Vollmacht zur Anmeldung zum Handelsregister).

b) Teleologische Reduktion des § 182 Abs 2?
Die Rigidität der Regelung des § 182 Abs 2 BGB hat für die Fälle Bedenken her- **116** vorgerufen, in denen das gesetzliche Formgebot des Hauptgeschäftes (vor allem) einen **Warnzweck und damit einen Übereilungsschutz** verfolgt (WOLF/NEUNER AT[11] S 681). Auch hier wird auf die entsprechende Rechtslage bei der Vollmacht verwiesen (die aber nicht unumstritten ist, dazu WERTENBRUCH AT[4] S 341 f), wobei sich das gesehene praktische Bedürfnis vor allem auf die Genehmigung nach § 177 Abs 1 BGB bezieht, in anderen Fällen, wie der Zustimmung nach § 107 ff BGB, ist bei besonders sensiblen Geschäften, die ja wie die Bürgschaft, § 766 BGB oder die Grundstücksveräußerung, § 311b Abs 1 BGB, einem Formgebot gerade wegen des Übereilungszweckes unterliegen, ohnehin auch die familiengerichtliche Genehmigung notwendig, § 1821 Abs 1 Nr 1, 4 BGB, § 1822 Nr 10 (FLUME, AT 2. Bd [4. Aufl 1992] S 891).

Deshalb wird vertreten, in diesen Fällen die Zustimmung ebenfalls dem für das **117** Hauptgeschäft geltenden Formgebot zu unterwerfen (FLUME, AT, 2. Bd [4. Aufl 1992] S 891; BGB-RGRK/STEFFEN[12] § 182 Rn 7; DORIS 168 f; LERCH ZRP 1998, 347 f; THIELE 137 Fn 370;

Einsele DNotZ 1996, 835, 865 f; DNotZ 1999, 43, 45). Dieser These kann jedoch nicht gefolgt werden (BGH 29. 3. 2000 – VIII ZR 81/99, LM BGB § 166 Nr 39 = 2000, 2272; BGH 23. 1. 1998 – V ZR 272–96 -LM § 183 BGB Nr 5 = NJW 1998, 1482, = DNotZ 1999, 40; BGH 25. 2. 1994 – V ZR 63/93, BGHZ 125, 218 = NJW 1994, 1344; OLG Schleswig-Holstein 25. 5. 2000 – 2 U 19/00, OLGR Schleswig 2000, 350, 352; OLG Karlsruhe 8. 6. 1994 – 6 U 47/93, NJW-RR 1994, 1290; OLG Köln 12. 3. 1993 – 20 U 218/92, Rpfleger 1993, 440; Bork, Allgemeiner Teil des BGB [4. Aufl 2016] S 666; Flume, AT, 2. Bd [4. Aufl 1992] S 891; Soergel/Leptien[12] Rn 4; BeckOK/Bub [1. 11. 2018] § 182 Rn 20; HKK/Finkenauer §§ 182–185 Rn 11; Palandt/Ellenberger[78] § 182 Rn 2; Prölss JuS 1985, 577, 585; Wufka DNotZ 1990, 339, 344; Hagen WM 1989, Sonderbeil 7, S 10; ders, in: FS Schippel [1996] 173, 182 f; Kanzleiter, in: FS Hagen [1999] 309, 312; Canaris, in: FS Medicus [1999] 25, 56 f; Kuhn RNotZ 2001, 305, 319; B Mertens JZ 2004, 431, 435). Eine solche allgemeine Einschränkung des § 182 Abs 2 BGB führte nämlich – ebenfalls in paralleler Argumentation zur Diskussion – über die Formbedürftigkeit der Vollmacht (dazu Wolf/Neuner AT[11] S 632) und mit dem Blick auf überwiegende (Teil-)Funktion der Warnung – **zu einer weit reichenden Aushöhlung der gesetzlichen Grundentscheidung** (BGH 13. 10. 2008 – II ZR 76/07, NJW 2009, 229; BGH 1. 4. 1998 – XII ZR 278/96, BGHZ 138, 239 = NJW 1998, 1857; BGH 23. 1. 1998 – V ZR 272/96, BGHR BGB § 182 Abs 2 Auflassung 1 = NJW 1998, 1482; OLG Karlsruhe 8. 6. 1994 – 6 U 47/93, NJW-RR 1994, 1290; BGH 25. 2. 1994 – V ZR 63/93, BGHZ 125, 218 = NJW 1994, 1344; OLG Köln 12. 3. 1993 – 20 U 218/92, NJW-RR 1993, 1364; KG Berlin 4. 7. 1961 – 6 U 2084/60, NJW 1962, 1062; RG 21. 4. 1937 – V 297/36, RGZ 154, 367; RG 4. 10. 1927 – II 37/27, RGZ 118, 170; BGB-RGRK/Steffen[12] Rn 7; Doris 168 f). **Deshalb kann dieser These nicht gefolgt werden** (BGH 25. 2. 1994 – V ZR 63/93, BGHZ 125, 218, 220 ff = LM § 182 BGB Nr 14 Bl 2 R = NJW 1994, 1344, 1345 = JZ 1995, 97; BGH 23. 1. 1998 – V ZR 272/ 96, LM § 183 BGB Nr 5 = NJW 1998, 1482, 1484; OLG Köln 12. 3. 1993 – 20 U 218/92, OLGR Köln 1993, 162 = Rpfleger 1993, 440 [für die Genehmigung]; Soergel/Leptien[12] § 182 Rn 4; jurisPK-BGB/Trautwein[8] [13. 2. 2019] § 182 Rn 38; BeckOK BGB/Bub [1. 11. 2018] § 182 Rn 20; HKK/Finkenauer §§ 182–185 Rn 11; Palandt/Ellenberger[78] Rn 2; Prölss JuS 1985, 577, 585; Wufka DNotZ 1990, 339, 344; Hagen WM 1989, Sonderbeil 7, S 10; ders, in: FS Schippel [1996] 173, 182 f; Kanzleiter, in: FS Hagen [1999] 309, 312; Canaris, in: FS Medicus [1999] 25, 56 f; Kuhn RNotZ 2001, 305, 319; B Mertens JZ 2004, 431, 435; auch OLG Karlsruhe NJW-RR 1994, 1290 [zu § 34 GWB]; OLGR Schleswig 2000, 350, 352; RG 27. 1. 1927 – IV 633/26, JW 1927, 1363; Staudinger/Gursky [2014] § 182 Rn 20 mwNw). Auch wenn auf der anderen Seite damit jedenfalls im Falle eines Handelns eines Nichtberechtigten für den unmittelbar Betroffenen die Warnfunktion selbst erheblich geschwächt ist (Staudinger/Gursky [2014] § 182 Rn 27), ist sie **abzulehnen** (Erman/Meier-Reimer[15] § 182 Rn 5; MünchKomm/ Bayreuther[8] § 182 Rn 22; BeckOK BGB/Bub [1. 11. 2018] § 182 Rn 20; Palandt/Ellenberger[78] § 182 Rn 2).

118 Eine engere Meinung will jedenfalls dann, wenn die **Einwilligung unwiderruflich** ist, das Formgebot durchschlagen lassen (BGH 23. 1. 1998 – V ZR 272–96, LM § 183 BGB Nr 5 = NJW 1998, 1482, OLG München 28. 6. 1950 – U 217/50, DNotZ 1951, 31, 32; Bork Rn 1701; Wolf/Neuner AT[11] S 682; Enneccerus/Nipperdey § 204 Fn 30; Bork AT[4] S 666; HKK/Finkenauer §§ 182–185 Rn 11). Das nimmt die entsprechende herrschende Meinung zur Formbedürftigkeit der unwiderruflich erteilten Vollmacht aus (dazu auch Staudinger/Schilken § 167 Rn 20 f). Die bloße systematische Parallelität zum Ergebnis bei § 167 Abs 2 BGB ist freilich kein hinreichend materiales Argument (MünchKomm/ Bayreuther[8] § 182 Rn 22; so aber Wolf/Neuner [11. Aufl 2016] S 682), sondern es wird vielmehr auf den Gedanken abgestellt, dass nach der gegebenen unwiderruflichen Einwilligung der Einwilligende gerade grundsätzlich (§ 183 Rn 68 f) keine Möglichkeit mehr hat, Einfluss auf die Wirksamkeit des formbedürftigen Hauptgeschäftes zu nehmen. Deshalb wird hier einer entsprechenden teleologischen Reduktion des § 182 Abs 2 BGB das Wort geredet. Dagegen wird vorgebracht, dass eine solche materiale Übereinstimmung nicht bestehe, weil der Zustimmende dem Hauptgeschäft nicht so nahestehe wie der Bevollmächtigende (MünchKomm/Bayreuther[8] § 182 Rn 22; Soergel/Leptien[12] § 183 Rn 5) – und außerdem kein Verlangen der Rechtswirklichkeit bestehe (Soergel/Leptien[12] § 183 Rn 5). Entscheidender ist aber die Systematik des Zustimmungsrechts selbst: Der Gedanke der Schutzwürdigkeit durch das Formgebot bei nichtwiderruflicher Zustimmung träfe auch immer auf die Genehmigung zu, die aus sich selbst heraus und stets unwiderruflich ist (§ 184 Rn 73). Ließe man hier die teleologische Reduktion zu, liefe § 182 Abs 2 BGB ebenfalls in einem erheblichen Teil leer (Staudinger/Gursky [2014] § 182 Rn 28) – außerdem kann dem Zustimmenden, der sich falsche Vorstellungen über den Inhalt des Hauptgeschäfts macht, durch die Anfechtungsmöglichkeit geholfen werden (BeckOK BGB/Bub [1. 11. 2018] § 182 Rn 20). Die herrschende Meinung lehnt deshalb zur Recht **jede teleologische Einschränkung des § 182 Abs 2 BGB ab** (BGH 2. 4. 2004 – V ZR 107/03, BGHR BGB § 177 Abs 2 Aufforderung 2 = NJW 2004, 2382; BGH 23. 1. 1998 – V ZR 272–96, LM § 183 BGB Nr 5 = NJW 1998, 1482, 1484; BGH 25. 2. 1994 – V ZR 63/93, BGHZ 125, 218 = NJW 1994, 1344; Staudinger/Gursky [2014] § 182 Rn 28; MünchKomm/Bayreuther[8] § 182 Rn 22; BeckOGK/Regenfus [1. 4. 2019] § 185 Rn 156 f; Palandt/Ellenberger[78] Rn 2; Wolf/Neuner AT[11] S 682; Erman/Meier-Reimer[15] § 182 Rn 5; PWW/Frensch[13] § 183 Rn 6; gegen jede Einschränkung Soergel/Leptien[12] § 182 Rn 5).

Für die Genehmigung wird eine Übertragung der für § 167 Abs 2 BGB entwickelten **119** Grundsätze und damit eine Einschränkung von § 182 Abs 2 BGB aber insgesamt abgelehnt (BGH 11. 2. 1994 – V ZR 254/92, BGHZ 125, 128 = NJW 1994, 1283; Erman/Meier-Reimer[15] § 182 Rn 5). In der Tat ist für eine Differenzierung nach der Widerruflichkeit hier auch kein Raum, weil die Genehmigung nicht widerruflich ist (§ 184 Rn 11), und so stets bei Formgeboten mit Warnzweck § 182 Abs 2 BGB nicht griffe.

Nimmt man ein Formgebot an, so ist bei einem Verstoß die Nichtigkeit der Zustimmung die Folge, § 125 BGB. **120**

c) Öffentlich-rechtliche Formvorgaben
Regelungen in Kommunalordnungen, die die Verpflichtung der Gemeinde an bestimmte Formvorgaben binden – wie etwa die Unterzeichnung von zwei Gesamtvertretern –, unterfallen nicht § 182 Abs 2 BGB (Staudinger/Gursky [2014] § 182 Rn 31). Eine entsprechende Zustimmung zum rechtsgeschäftlichen Handeln durch einen Gemeindevertreter ist also nicht formlos möglich (BGH 15. 4. 1998 – VIII ZR 129/97, LM DDR-KommVerfG Nr 7 [11/1998] = NJW 1998, 3058; BGH 6. 5. 1997 – KZR 43/95, BGHR BGB § 181 Gesamtvertretung 2 = NVwZ-RR 1997, 725 zu § 63 Abs 2 NGO; BGH 13. 10. 1983, III ZR 158/82, LM Nr 42 zu § 125 BGB = NJW 1984, 606 f [zu § 56 Abs 1 NRWGO]; BGH 4. 12. 1981 – V ZR 241/80, NJW 1982, 1036, 1037; BAG 26. 3. 1986 – 7 AZR 585/84, AP Nr 2 zu § 180 BGB = NJW 1987, 1038 zu § 54 Abs 3 NRWGO; OVG NRW 26. 4. 1996 – 6 A 2670/94, NVwZ-RR 1997, 725 zu § 63 Abs 2 NiedersächsGO; OLG Frankfurt 20. 12. 1988 – 22 U 35/88, NJW-RR 1989, 1425; OLG München 1. 1. 1984 – 24 U 459/83, NVwZ 1985, 293 zu Art 38 Abs 2 BayGO; BGH 13. 10. 1983 – III ZR 158/82, LM Nr 42 zu § 125 BGB = NJW 1984, 606 f [zu § 56 Abs 1 NRWGO aF]; BGH 4. 12. 1981 – V ZR 241/80, NJW 1982, 1036, 1037). Das kann mehrfach begründet werden: Zunächst handelt es sich die den kommunalrechtliche Formgeboten um öffentlich- **121**

rechtliche Vertretungsregelungen, die § 182 Abs 2 BGB nicht meint (BGH 13. 10. 1983 – III ZR 158/82, LM Nr 42 zu § 125 BGB = NJW 1984, 606 zu § 56 Abs 1 NRWGO; OLG Frankfurt 20. 12. 1988 – 22 U 35/88, NJW-RR 1989, 1425; Staudinger/Gursky [2014] § 182 Rn 31, **anders** BeckOGK/Regenfus [1. 4. 2019] § 182 Rn 170 der eine Analogie auf öffentlich-rechtliche Formgebote nicht ablehnt). Eine entsprechende Anwendung ist aber auch nicht angezeigt, weil der Zweck der Formvorgaben eine solche Analogie nicht zulässt: Dieser liegt im Schutz der Gemeinde vor dem einseitigen und übereilten Vertreterhandeln (BGH 13. 10. 1983, III ZR 158/82, LM Nr 42 zu § 125 BGB = NJW 1984, 606 f [zu § 56 Abs 1 NRWGO]; OLG Frankfurt 20. 12. 1988 – 22 U 35/88, NJW-RR 1989, 1425; OLG München 12. 1. 1984 – 24 U 459/83, NVwZ 1985, 293 f zu Art 38 Abs 2 BayGO; BeckOGK/Regenfus [1. 4. 2019] § 182 Rn 171).

122 Für **kirchliche Formvorgaben und Vertretungsregelungen** gilt Gleiches (OLG Düsseldorf 20. 6. 2018 – I-24 U 159/17 – NJW-Spezial 2019, 12; Janssen AcP 218 [2018] 767; BeckOGK/Regenfus [1. 4. 2019] § 182 Rn 171: Staudinger/Gursky [2014] § 182 Rn 31).

d) Gewillkürte Form

123 Für die Zustimmung selbst können Vereinbarungen über die Form im Hauptgeschäft vereinbart werden (BeckOGK/Regenfus [1. 4. 2019] § 183 Rn 172; Soergel/Leptien[12] § 182 Rn 5; NK-BGB/Staffhorst[3] § 182 Rn 56; jurisPK-BGB/Trautwein[8] [19. 2. 2019] § 182 Rn 59 ff; offengelassen in BGH 23. 6. 1988 – III ZR 84/87, BGHR BGB § 164 Bestimmtheit 1 = WM 1988, 1418). Wird die Zustimmung dann nicht in der für sie durch die Beteiligten am Hauptgeschäft vereinbarten Form erteilt, ist eine aufschiebende Bedingung nicht erfüllt (Staudinger/Gursky [2014] § 182 Rn 32).

124 Ein **mittelbares Formerfordernis** folgt aber für einseitige Rechtsgeschäfte aus dem Verweis in Abs 3 auf § 111 BGB (Flume, AT 2. Bd [4. Aufl 1992] S 891; BeckOGK/Regenfus [1. 4. 2019] § 182 Rn 174; Staudinger/Gursky [2014] § 182 Rn 33; Bork 667). Die Zustimmung zu einem einseitigen Rechtsgeschäft kann vom Erklärungsempfänger des einseitigen Rechtsgeschäfts zurückgewiesen werden, wenn keine Urkunde über die Zustimmung vorgelegt wird, mit der Zurückweisung wird die Zustimmung dann unwirksam (Rn 126 f).

125 § 182 Abs 2 BGB gilt auch für die rechtsgeschäftlich eingegangene Verpflichtung zur Erteilung der Genehmigung zu einem formbedürftigen Rechtsgeschäft (BGH 25. 9. 1996 – VIII ZR 172/95, NJW 1996, 3338; Wolf DNotZ 1995, 179, 188; **anders** Kanzleiter, in: FS Hagen [1999] 309, 315 ff; jedenfalls für den Fall, dass die Formvorschrift Warnfunktion hat, auch Einsele DNotZ 1996, 835, 844 ff; ders DNotZ 1999, 43, 45).

VI. Zurückweisung nach Abs 3

126 Abs 3 schlägt einen Bogen zur Sonderkonstellation im Recht der Einwilligung zu einseitigen Rechtsgeschäften beschränkt Geschäftsfähiger (siehe dazu Staudinger/Klumpp [2017] § 111 Rn 27 f). Der dort in § 111 S 2, 3 BGB aus Gründen des Schutzes des Erklärungsempfängers aufgestellte Grundsatz, dass ein zustimmungsbedürftiges einseitiges Rechtsgeschäft des beschränkt Geschäftsfähigen, zu dem die Einwilligung nicht schriftlich nachgewiesen wird, vom Erklärungsempfänger zurückgewiesen werden kann, wird auf alle Einwilligungen übertragen, §§ 182 Abs 3 iVm 111 S 2 BGB. Dadurch soll das Interesse des Erklärungsempfängers an Rechtssicherheit unter-

stützt werden – was wiederum nur notwendig ist, wenn der Erklärungsempfänger nicht anderweitig durch den Zustimmenden von der Einwilligung in Kenntnis gesetzt wurde §§ 182 Abs 3 iVm 111 S 3 BGB.

Danach hat der Empfänger des einseitigen Rechtsgeschäfts aber die **Obliegenheit**, **127** das einseitige Rechtsgeschäft wegen der fehlenden schriftlichen Einwilligung zurückzuweisen (PALANDT/ELLENBERGER[78], § 182 Rn 6). Das setzt aber zunächst voraus, dass **eine Einwilligung vorliegt**. Ist dies nicht der Fall, liegt kein Fall des § 111 S 2, 3 BGB vor, sondern das einseitige Rechtsgeschäft ist grundsätzlich nichtig (Rn 83), es sei denn, eine Einwilligung wurde behauptet und der Erklärungsempfänger hat sich auf die Unsicherheit einer Schwebelage durch fehlende Beanstandung oder Einverständnis eingelassen (dazu auch STAUDINGER/KLUMPP [2017] § 111 Rn 14 ff).

Die **Zurückweisung** muss gerade wegen der fehlenden schriftlichen Einwilligung, **128** also der fehlenden Urkunde erfolgen (BAG 10. 10. 2002 – 2 AZR 532/01, AP Nr 1 zu § 21 InsO = NZA 2003, 909; ebenso für eine vergleichbare Situation BGH 25. 10. 2012 – V ZB 5/12, NJW 2013, 297; BeckOGK/REGENFUS [1. 4. 2019] § 182 Rn 175; STAUDINGER/GURSKY [2014] Rn 46); Wobei eine Einwilligung in elektronischer Form der schriftlichen Urkunde hier gleichsteht (**anders** STAUDINGER/GURSKY [2014] § 182 Rn 46). Die Zurückweisung muss unverzüglich, also ohne schuldhaftes Zögern geschehen. Dabei liegt im Falle der Zurückweisung wegen fehlender Vollmachtsurkunde sogleich auch eine Zurückweisung wegen fehlender Einwilligung (BAG 10. 10. 2002 – 2 AZR 532/01, AP Nr 1 zu § 21 InsO = NZA 2003, 909; LAG Düsseldorf 24. 8. 2001 – 18 Sa 671/01, LAGE § 21 InsO Nr 1 = BB 2001, 2480; STAUDINGER/GURSKY [2014] Rn 46; BeckOGK/REGENFUS [1. 4. 2019] § 184 Rn 175; MEYER DZWir 2004, 58, 61).

Ob eine Berufung des Erklärenden auf die bestehende Einwilligung Voraussetzung **129** dafür ist, dass für die Unwirksamkeit des einseitigen Rechtsgeschäfts die Zurückweisung notwendig ist, ist durchaus umstritten (dafür PETERSEN, jura 2005, 248, 250; BÖRSTINGHAUS NZM 2009, 681, 682; siehe auch STAUDINGER/GURSKY [2014] § 182 Rn 46; MünchKomm/BAYREUTHER[8] Rn 32). Dass dies nicht richtig ist, zeigt aber ein Blick auf die Folge, wenn der Erklärende keine Einwilligung behauptet: Dann müsste man das Rechtsgeschäft sogleich für nichtig ansehen. Das würde aber zu weit reichen (BGH 19. 3. 2014 – VIII ZR 203/13, NJW 2014, 1802). Es reicht aus, dass der Erklärungsempfänger auch in diesem Fall ein Zurückweisungsrecht hat (BeckOGK/REGENFUS [1. 4. 2019] § 184 Rn 176).

Keine Möglichkeit der Zurückweisung hat der Erklärungsempfänger, wenn er vom **130** Einwilligenden über die Einwilligung anderweitig in Kenntnis gesetzt wurde, Abs 3 iVm § 111 S 3 BGB (dazu STAUDINGER/KLUMPP [2017] § 111 Rn 27 f).

VII. Beweislast

Für die Beweislast gelten die allgemeinen Grundsätze: Wer sich auf die Wirksamkeit **131** eines Rechtsgeschäfts gerade wegen der erfolgten Zustimmung beruft, hat diese darzulegen und zu beweisen (NK-BGB/STAFFHORST[3] § 182 Rn 64; BeckOK BGB/BUB [1. 11. 2018] § 182 Rn 29). Ist nachgewiesen, dass eine Zustimmung erteilt wurde, hat wiederum die Gegenpartei darzulegen und zu beweisen, dass diese Zustimmung nicht wirksam ist, etwa weil eine Einwilligung widerrufen wurde oder aber weil eine

Genehmigung aufgrund einer vorherigen Genehmigungsverweigerung ins Leere ging (BAUMGÄRTEL/LAUMEN/PRÜTTING[4] § 182 Rn 1; PWW/FRENSCH[13] § 182 Rn 11). Das gilt auch, wenn ein beim Vertragsschluss beschränkt geschäftsfähiger Vertragpartner die Unwirksamkeit der von ihm selbst inzwischen nach § 108 Abs 3 erteilten Genehmigung geltend macht (BGH FamRZ 1989, 476; STAUDINGER/GURSKY [2014] § 182 Rn 49).

§ 183
Widerruflichkeit der Einwilligung

Die vorherige Zustimmung (Einwilligung) ist bis zur Vornahme des Rechtsgeschäfts widerruflich, soweit nicht aus dem ihrer Erteilung zugrunde liegenden Rechtsverhältnis sich ein anderes ergibt. Der Widerruf kann sowohl dem einen als dem anderen Teil gegenüber erklärt werden.

Materialien: E I § 127 Abs 3; II § 151, rev § 179; III § 179; Mot I 245 ff; Prot I 176 ff; VI 124, 128; JAKOBS/SCHUBERT, AT II 948 ff.

Systematische Übersicht

I. Überblick und Systematik	1	3. Rechtsscheintatbestände ... 40
II. Zweck und Anwendbarkeit	2	VI. Widerruf
		1. Zweck ... 44
III. Entsprechende Anwendung	6	2. Widerruf als Rechtsgeschäft ... 47
		3. Zeitpunkt des Widerrufs ... 55
IV. Die Einwilligung		4. Rechtsfolgen des Widerrufs ... 64
1. Einwilligung als Rechtsgeschäft	9	5. Ausschluss des Widerrufs ... 68
2. Folgen der Einwilligung	16	a) Gesetzlicher Ausschluss ... 69
		b) Rechtsgeschäftlicher Ausschluss ... 71
V. Erlöschen der gegebenen Einwilligung	20	aa) Eigenes Rechtsgeschäft ... 71
1. Einwilligungsimmanente Erlöschensgründe	21	bb) Ausschluss und Grundverhältnis ... 76
a) Bedingung und Befristung	21	c) Widerruf aus wichtigem Grund ... 80
b) Verzicht, Verweigerung	25	6. Widerruf und Rechtsschein ... 84
c) Wegfall des Grundverhältnisses	27	VII. Verweigerung der Einwilligung ... 86
d) Nicht: Zeitablauf	30	VIII. Prozessuales ... 87
2. Personenbezogene Erlöschensgründe	31	IX. Beweislast ... 91
a) Der Einwilligende	32	
b) Der Ermächtigte	37	

Alphabetische Übersicht

Adoption	69	Anscheinseinwilligung	43
Adressat	14	Anspruch auf Einwilligung	38

Titel 6
Einwilligung und Genehmigung **§ 183**

Auflassungsermächtigung	70	Offerte, bindende	50
Auflassungsermittlung	30		
Aufsichtsrecht	45, 70	Pfandrecht	69
		Prozessführungsermächtigung	88
Bedingung	12, 21		
Befristung	12, 21	Rechtsgeschäft, mehraktiges	4
Belastung eines Grundstücks	69	Rechtsmacht	16
Bevollmächtigung	11		
		Sachverzeichnis	183
Duldungseinwilligung	42	Sicherungszession	81
		Sozialversicherung	8
Eigentumsvorbehalt	70		
Einigungsbindung	58	Tod des Einwilligenden	32
Einwilligung, Anspruch	15	Tod des Ermächtigten	7, 30
Einwilligung, zeitgleiche	3	Trennungsprinzip	43
Einzelrechtsnachfolge	33	Treuhand	70
Erbbaurecht	33, 61		
Erbvertrag	69	Übertragbarkeit	17
		Unlauterer Wettbewerb	7
Form	10	Unterwerfung unter die Zwangsvollstreckung	89
Gesamtrechtsnachfolge	32		
Geschäftsfähigkeit	13	Verfassungsprinzip	53
Geschäftsunfähigkeit	32	Verfügung	69
Grundpfandrecht	70	Vertrag	70
Grundverhältnis	27, 176	Verzicht	25
Grundverhältnis, Erlöschen	27	Vorbehaltskauf	30, 81
Grundverhältnis, Nichtigkeit	29	Vorläufige Insolvenzverwaltung	35
Guter Glaube	19	Vorwärtskauf	39
Herausgabeanspruch	60	Widerruf, Adressat	48
Hypothek	69, 76	Widerruf, Form	51
		Widerruf, Grund	49
Insolvenz	35	Widerruf, teilweiser	52
Insolvenz des Ermächtigten	39	Wohnungseigentum	6
Kunsturhebergesetz	6	Zahlungsvorgang	69
		Zeitablauf	30
Nießbrauch	9, 16		

I. Überblick und Systematik

§ 183 BGB regelt mit der Einwilligung die **vorherige Zustimmung** zu einem zustimmungsbedürftigen Hauptgeschäft. Dabei geht es maßgeblich um die Frage der rechtsgeschäftlichen Stabilität der Einwilligung: diese ist grundsätzlich bis zur Vornahme des Hauptgeschäfts widerruflich. § 183 S 1 BGB weicht damit vom Grundsatz ab, dass Willenserklärungen mit ihrem Zugang nicht mehr widerrufen werden können, § 130 Abs 1 S 2 BGB, und mit diesem Zeitpunkt auch verbindlich werden

1

(Staudinger/Singer/Benedict [2017] § 130 Rn 99 f). Für den Widerruf der Einwilligung wird die bereits für die Zustimmung insgesamt in § 182 Abs 1 BGB eingeführte Adressatensystematik aufgenommen. Dieser kann sowohl dem Empfänger der Einwilligung als auch dem anderen Teil des Hauptgeschäfts gegenüber erklärt werden (Rn 48). Wie die §§ 182–184 BGB insgesamt enthält § 183 BGB also allgemeine (technische) Vorgaben für die Ausübung der Einwilligung und des Widerrufs, setzt selbst aber keine materialen Rechte für die Einwilligung. Diese ergeben sich aus den besonderen Regelungen (siehe Vorbem 25 f zu §§ 182–185). Auf der anderen Seite wird die durch § 183 BGB grundsätzlich gegebene Widerrufsmöglichkeit der Einwilligung durch besondere Regelungen wieder eingeschränkt, etwa wenn das Gesetz den Widerruf einer gegebenen Einwilligung ausschließt (Rn 68) oder dies rechtsgeschäftlich grundgelegt wurde.

II. Zweck und Anwendbarkeit

2 § 183 BGB ist nur auf die Einwilligung anwendbar (Wolf/Neuner AT[11] S 679; BeckOK BGB/Bub [1. 11. 2018] § 183). Dabei wird diese als vorherige Zustimmung legaldefiniert (jurisPK/Trautwein[8] [13. 2. 2019] § 183 Rn 1; BeckOGK/Regenfus [1. 4. 2019] § 183 Rn 1). Begrifflich verbleibt § 183 BGB ganz im Raum der rechtsgeschäftlichen Zustimmung im Sinne des § 182 BGB, so dass keine Verwechslung mit der rechtfertigenden Einwilligung in eine Rechtsgutsverletzung erfolgen kann (Vorbem 87 zu §§ 182–185). Welches Begriffsverständnis allerdings die einzelne, das Zustimmungsrecht begründende gesetzliche Regelung für die vorherige Zustimmung hat, ist durch Auslegung zu ermitteln, weil das Gesetz manches Mal indifferent ist und auch vorherige Zustimmung Genehmigung nennt (siehe Vorbem 9 ff zu §§ 182 ff). Auch in diesen Fällen ist § 183 BGB anwendbar.

3 Wesentliches Scheidungsmerkmal von **Einwilligung und Genehmigung** ist der Zeitpunkt der Zustimmung, den § 183 BGB in Bezug zum zustimmungsbedürftigen Hauptgeschäft setzt: Eine Zustimmung, die **vor oder auch zeitgleich** mit der Vornahme des Hauptgeschäfts wirksam wird, ist Einwilligung (Staudinger/Gursky [2014] § 183 Rn 1; zur zeitgleichen Einwilligung siehe BeckOGK/Regenfus [1. 4. 2019] § 183 Rn 2; MünchKomm/Bayreuther[8] § 183 Rn 1; vTuhr BGB AT II/2 S 222; differenzierend Planck/Flad Vorbem 2 1a). Allzu deutlich wird aus der Regelung selbst zwar nicht, dass auch die zeitgleiche Zustimmung Einwilligung ist, und die Gesetzesmaterialien lassen die Frage auch offen (Mot I 247; dazu auch BeckOGK/Regenfus [1. 4. 2019] § 184), dennoch ist es folgerichtig: Auch bei der zeitgleichen Zustimmung kann es nicht zu einer Phase der schwebenden Unwirksamkeit kommen, weil auch dann von Anfang an die Zustimmung nicht fehlt. Fragen der Rückwirkung, an die aber § 184 BGB mit seiner Rückwirkungsanordnung anknüpft, stellen sich nicht (BeckOGK/Regenfus [1. 4. 2019] § 183 Rn 2). Allzu bedeutsam wird eine zeitgleiche Einwilligung wohl nicht sein, in dogmatischer Hinsicht weist sie wiederum im Ergebnis keine Unterschiede zur allgemeinen, durch § 130 Abs 1 S 2 BGB grundgelegten Verbindlichkeitssystematik auf: Weil ein Widerruf in diesem Fall nur dann wirksam sein kann, wenn er ebenfalls zeitgleich zugeht. Damit ginge in diesem Fall die Widerrufsmöglichkeit nach § 183 BGB nicht über die des § 130 Abs 1 S 2 BGB hinaus (zu deren Verhältnis Rn 50). Zudem stellt sich die Frage, ob bei einer zeitgleichen – gar unter Anwesenden erteilten – Zustimmung jedenfalls bei Verträgen der „Zustimmende" nicht selbst Vertragspartei werden will.

Ist das Zustimmungsbedürftige Hauptgeschäft ein **mehraktiges oder gestrecktes** **4** **Rechtsgeschäft** – wie etwa die Grundstücksübertragung, §§ 925, 873 BGB –, so ist es erst dann im Sinne des § 183 S 1 BGB vorgenommen, wenn sein letzter notwendiger Wirksamkeitsakt abgeschlossen ist. Damit sind auch alle Zustimmungen, die während eines solchen gestreckten Rechtsgeschäfts und so gleichsam **in die Vornahme hinein** wirksam werden, Einwilligungen im Sinne des § 183 S 1 BGB (BGH 27. 9. 1962 – III ZR 83/61, NJW 1963, 36; BeckOGK/Regenfus [1. 4. 2019] § 184 Rn 3; vTuhr BGB AT II/2 S 222; Staudinger/Gursky [2014] Rn 1; MünchKomm/Bayreuther[8] § 183 Rn 1; Boor RNotZ 2017, 444, 446; BGB-RGRK/Steffen[12] § 182 Rn 2). Richtig weist Gursky (Staudinger/Gursky [2014] § 183 Rn 1) darauf hin, dass die beiden gesetzlich genannten Zeitpunkte „vorherig" und „bis zur Vornahme" damit deckungsgleich sind.

Durch die Möglichkeit des Widerrufs ist die Einwilligung gegenüber der Genehmi- **5** gung **ersichtlich rechtsgeschäftlich instabiler** (zu den Ausnahmen siehe Rn 68 f): Die Genehmigung ist grundsätzlich unwiderruflich (Bork AT[4] S 667; siehe auch § 184 Rn 11). Dieser Unterschied erklärt sich beim Blick auf das zustimmungsbedürftige Hauptgeschäft selbst: Im Stadium bis zu seiner Vornahme, in dem § 183 BGB greift, ist es selbst rechtlich noch nicht existent, eine rechtsgeschäftliche Bindung besteht nicht. Letztlich geht es nur um die Absicht, das Hauptgeschäft vorzunehmen. Das wird nach der Vornahme des Hauptgeschäfts ohne Zustimmung anders: Hier kommt es zur schwebenden Unwirksamkeit, die zwar keine Leistungspflichten auslöst, aber doch für die Beteiligten bindend ist (§ 184 Rn 45). Durch die Widerruflichkeit der gegebenen Einwilligung wird die (noch) fehlende Existenz des Hauptgeschäfts in gewissem Maße und folgerichtig auf diese übertragen – der Zustimmende soll nicht stärker gebunden werden als die unmittelbar am Rechtsgeschäft Beteiligten, auch, wenn er bereits eine Einwilligung erklärt hat. Damit dient die Widerrufsmöglichkeit der Einwilligung letztlich dem **Schutz der Privatautonomie** des Einwilligungsberechtigten: Er ist frei, Entwicklungen, die zwischen der Einwilligung und der Vornahme des Rechtsgeschäfts stattfinden, in seine schließliche Entscheidung über die Stabilität seines rechtsgeschäftlichen Einverständnisses aufzunehmen. Dieser *telos* hat Auswirkungen auf die Bestimmung des Zeitpunktes, wann das zustimmungsbedürftige Rechtsgeschäft „vorgenommen" ist (Rn 51 f). In ihn fügt sich auch das schützenswerte Interesse ein, die Unsicherheit, ob das Rechtsgeschäft schließlich vorgenommen wird oder nicht, durch Widerruf zu beenden (BeckOGK/Regenfus [1. 4. 2019] § 183 Rn 9.2), immerhin folgt aus der Einwilligung allein keine Verpflichtung zur Vornahme des Hauptgeschäfts und eine gesetzliche Befristung der Einwilligung gibt es nicht (Rn 30). Hier mag der Einwilligende den Widerruf (oder seine Androhung) auch als Mittel verwenden, um Einfluss auf die baldige Vornahme des Hauptgeschäfts zu nehmen.

Diese Flexibilität erhält dort eine zusätzliche, über den „bloßen" Autonomieschutz hinausgehende Dimension, wenn die Zustimmungsbedürftigkeit eines Rechtsgeschäfts Ausdruck einer Erziehungs- und Aufsichtsaufgabe ist, wie in den §§ 107 ff BGB grundgelegt (dazu allgemein Staudinger/Klumpp [2017] Vorbem 25 zu §§ 104 ff). In diesen Fällen ermöglicht es der Widerruf der gegebenen Einwilligung dem gesetzlichen Vertreter auch sich ändernde Umstände in die Entscheidung über die rechtsgeschäftlichen Möglichkeiten des beschränkt Geschäftsfähigen aufzunehmen.

III. Entsprechende Anwendung

6 Auf die **Zustimmung nach dem WEG**, etwa §§ 14, 22 WEG, wird § 183 BGB jedenfalls entsprechend angewandt, freilich steht hier nicht die Zustimmung zu einem Rechtsgeschäft in Rede, sondern die Durchführung einer tatsächlichen Maßnahme, wie etwa einer Baumaßnahme (OLG München 31. 5. 2017 – 34 Wx 386/16, RNotZ 2017, 440; offen lassend OLG Düsseldorf 10. 3. 2006 – I-3 Wx 16/06, OLGR Düsseldorf 2006, 674–676 = NZM 2006, 702; BayObLG 31. 8. 2000 – 2 Z BR 39/00, NZM 2001, 138, 139; BeckOGK/REGENFUS [1. 4. 2019] § 183 Rn 28; MünchKomm/BAYREUTHER[8] § 183 Rn 12). Dann wird man aber für den der Vornahme des Rechtsgeschäfts vergleichbaren Zeitpunkt nicht den Abschluss, sondern auf den Beginn der Baumaßnahme abstellen müssen (OLG Düsseldorf 10. 3. 2006 – I-3 Wx 16/06, OLGR Düsseldorf 2006, 674–676 = NZM 2006, 702; BeckOGK/REGENFUS [1. 4. 2019] § 183 Rn 28). Ob man hier freilich überhaupt auf § 183 BGB zurückgreifen muss, und nicht auf der Grundlage des jeweiligen Zustimmungsrechts des WEG entscheiden kann, wird zu Recht gefragt (STAUDINGER/GURSKY [2014] § 183 Rn 18).

Umstritten ist, ob die Einwilligung in die Bildnisverbreitung oder -veröffentlichung nach § 22 S 1 KUG eine Einwilligung im Sinne des § 183 BGB ist. Das BAG hat diese Frage im Falle der Einwilligung von Arbeitnehmern zur Nutzung von Filmaufnahmen für die unternehmerische Öffentlichkeitsarbeit offengelassen (BAG 11. 12. 2014 – 8 AZR 1010/13, AP Nr 42 zu § 611 BGB Persönlichkeitsrecht = NZA 2015, 604; dafür aber OLG München 17. 3. 1989 – 21 U 4729/88, OLGZ 1990, 97–100 = NJW-RR 1990, 999; jurisPK/TRAUTWEIN[8] [13. 2. 2019] § 183 Rn 5). Systematisch richtig ist eine solche Einordnung nicht, in den entschiedenen Fällen war sie aber auch ohne Folge, weil der rechtfertigenden Einwilligung ebenso wie der Einwilligung nach § 183 BGB ihre Instabilität durch Widerrufsmöglichkeit zu eigen ist, auf die es hier ankam (BAG 11. 12. 2014 – 8 AZR 1010/13, AP Nr 42 zu § 611 BGB Persönlichkeitsrecht = NZA 2015, 604). Damit ist mit einer entsprechenden Anwendung des § 183 BGB in diesen Fällen für die Frage des Widerrufs nicht viel zu gewinnen. Auswirkungen hätte eine solche Einordnung als Rechtsgeschäft oder als rechtsgeschäftsähnlich aber etwa dort, wo es um die rechtsgeschäftsbezogenen Voraussetzungen der Einwilligung geht – wie etwa im Bereich der (beschränkten) Geschäftsfähigkeit (STAUDINGER/KLUMPP [2017] Vorbem 44 zu §§ 104–113).

7 Für die **Einwilligung nach § 7 Abs 2 Nr 2 UWG** hat das OLG Karlsruhe richtig auch eine Einordnung als rechtsgeschäftliche Einwilligung abgelehnt, sondern als Einverständnis in einen tatsächlichen Eingriff verstanden (OLG Karlsruhe 12. 6. 2018 – 8 U 153/17, NJW-RR 2018, 1263 = NZM 2019, 101).

8 Im **Sozialversicherungsrecht** wird § 183 BGB auf die Zustimmungserklärung nach § 7a Abs 6 Nr 1 SGB IV als öffentlich-rechtlicher Willenserklärung entsprechend angewandt (LSG Baden-Württemberg 30. 9. 2014 – L 11 R 2662/13, BeckRS 2014, 74171; LSG Hamburg 13. 7. 2016 – L 2 R 91/15, BeckRS 2016, 122975). Für das Einverständnis des abgebenden Dienstherrn zur Versetzung eines Beamten nach § 28 Abs 5 BBG, § 15 Abs 3 Satz 1 BeamtStG tendiert die Rechtsprechung ebenfalls zur Berücksichtigung **des § 183 BGB** (OVG Berlin 27. 11. 2018 – OVG 4 S 45. 18, juris). Das ist systematisch falsch, weil die §§ 182 ff. insgesamt nicht auf öffentlich-rechtliche Genehmigungen für Rechtsgeschäfte und erst recht nicht auf rein öffentlich-rechtliche Sachverhalte anwendbar sind (Vorbem 136 zu §§ 182–185). Allerdings wird das jeweilige gesetzliche Umfeld eine solche Widerrufbarkeit ebenfalls zulassen, was die Grundlage für die

Annahme eines allgemeinen Rechtsgedankens ist (so letztlich auch OVG Berlin 27. 11. 2018 – OVG 4 S 45. 18, juris).

IV. Die Einwilligung

1. Einwilligung als Rechtsgeschäft

Die Einwilligung selbst ist **einseitiges Rechtsgeschäft**, das durch eine empfangsbedürftige Willenserklärung konstituiert wird (OLG Düsseldorf 3. 4. 2014 – I-6 U 113/13, juris; BeckOGK/Regenfus [1. 4. 2019] § 183; PWW/Frensch[13] § 183 Rn 1). Deshalb sind die allgemeinen Vorgaben für Rechtsgeschäfte zu beachten (Wolf/Neuner AT[11] S 681; Staudinger/Gursky [2014] § 183 Rn 2). **9**

Einer **Form** bedarf die Einwilligung nicht, § 182 Abs 2 BGB (Wolf/Neuner AT[11] S 681; Staudinger/Gursky [2014] § 183 Rn 2, § 182 Rn 95 f). Dies gilt auch dann, wenn das zustimmungsbedürftige Rechtsgeschäft selbst formbedürftig ist. Sie ist auch konkludent möglich, womit **nach den §§ 133, 157 BGB auszulegen** ist, ob sich der Wille zur Einwilligung in das zustimmungsbedürftige Hauptgeschäft erkennen lässt, oder nicht. Das ist – wie regelmäßig – situationsabhängig (BeckOGK/Regenfus [1. 4. 2019] § 183 Rn 5; siehe dazu ausführlich § 182 Rn 5 f). Schweigen wird nach den allgemeinen Grundsätzen nur ausnahmsweise als Einwilligung auszulegen sein (Brandenburgisches OLG 9. 2. 2012 – 5 U 29/11, juris; siehe dazu § 182 Rn 23 f). **10**

Durch Auslegung muss auch ermittelt werden, ob eine Einwilligung, also die Zustimmung zum eigenen Geschäft des Handelnden, oder aber eine **Bevollmächtigung** gewollt ist – und so die Legitimation dieses Handelns für und im Namen des Erklärenden (Staudinger/Gursky [2014] § 183 Rn 2) oder aber im eigenen Namen: Maßgeblich ist, ob der Erklärende selbst am Hauptgeschäft beteiligt werden will, etwa als Vertragspartei, oder ob der Adressat seiner Erklärung selbst und im eigenem Namen handeln soll. Diese Unterscheidung ist für die Anwendung der §§ 164 ff BGB auf das rechtsgeschäftliche Handeln des Adressaten wichtig. **11**

Die Einwilligung kann unter einer **Bedingung oder Befristung** gestellt werden, die Bedingungsfeindlichkeit des Hauptgeschäfts hindert daran nicht (Staudinger/Gursky [2014] § 183 Rn 5; dazu noch Rn 21 f). **12**

Ist die Einwilligung, wie bei durch das Hauptgeschäft für den beschränkt Geschäftsfähigen ausgelöstem Rechtsverlust oder begründeter Verpflichtung stets, **rechtlich nachteilhaft** (dazu allgemein Staudinger/Klumpp [2017] § 107 Rn 4 f), so kann sie dieser nach § 107 BGB nicht selbst wirksam vornehmen, sondern bedarf wiederum der Einwilligung seiner gesetzlichen Vertreter. Eine Anwendung des § 108 BGB auf die Einwilligung scheidet grundsätzlich aus, weil sie einseitiges Rechtsgeschäft und kein Vertrag ist, vielmehr gilt § 111 BGB. Der **Geschäftsunfähige, § 104 BGB**, kann von vornherein nicht einwilligen, weil er wegen § 105 Abs 1 BGB keine wirksame Willenserklärung abgeben kann (dazu Staudinger/Klumpp [2017] § 105 Rn 3). **13**

Der **Adressat der Einwilligung** wird (anders als der des Widerrufs Rn 48) durch § 183 BGB nicht festgelegt, hier genügt auch die Vorgabe des § 182 Abs 1 BGB: Jeder der am zustimmungsbedürftigen Rechtsgeschäft Beteiligten ist potenzieller Erklärungsemp- **14** fänger. Das kann, wie regelmäßig in solchen Dreieckskonstellationen, zu Rechtsunsicherheiten führen: Zwar besteht keine Möglichkeit, durch Aufforderung nach § 108 Abs 2 BGB analog auch den Entfall einer gegebenen Einwilligung herbeizuführen und so die zustimmungsbezogene Kommunikation zu kanalisieren (siehe STAUDINGER/KLUMPP [2017] § 108 Rn 48), allerdings helfen nach der zu unterstützenden herrschenden Meinung Rechtsscheinüberlegungen (Rn 49 f).

15 Einen **Anspruch auf Einwilligung** gibt es grundsätzlich nicht, ebenso wie es grundsätzlich keinen Anspruch auf Unterlassen des Widerrufs gibt. Gesetzliche Ausnahmen (Vorbem 100 f zu §§ 182–185), bestätigen die Regel. Auch auf rechtsgeschäftlicher Ebene kann anderes vereinbart werden, so dass der Einwilligungsberechtigte zur Einwilligung gezwungen werden kann, § 894 ZPO (dazu etwa Vorbem 102 zu §§ 182–185). Freilich kann der Anspruch auf die Einwilligung diese nicht ersetzen, umso weniger die begründete Aussicht, dass der Zustimmungsberechtigte einverstanden ist.

2. Folgen der Einwilligung

16 Die Einwilligung führt zunächst (lediglich) zur Möglichkeit (Rechtsmacht) des der Zustimmung Bedürftigen, das Hauptgeschäft (mit anderen) von Anfang an wirksam vorzunehmen zu können. Genauer wird der „Defekt" (Vorbem 15 zu §§ 182–185) des Beteiligten, dessen Willenserklärung der Zustimmung bedarf, durch die Einwilligung ausgeglichen. Damit wird ihm die entsprechende und auf das Hauptgeschäft bezogene **Rechtsmacht** zur wirksamen Vornahme verliehen. Allerdings werden weder die Beteiligten am (potenziellen) Hauptgeschäft durch die Einwilligung gebunden – etwa, dass sie dadurch zu dessen Vornahme verpflichtet wären – noch wird wegen der grundsätzlichen Widerruflichkeit der Einwilligung der Einwilligende selbst gebunden. Verpflichtungen zur Vornahme des Hauptgeschäfts können freilich auf schuldrechtlichem Wege begründet werden (Vorbem 103 ff zu §§ 182–185).

17 Der Ermächtigte kann die Rechtsmacht, die ihm durch die Einwilligung gegeben ist, **grundsätzlich nicht weiterübertragen** (STAUDINGER/GURSKY [2014] § 183 Rn 5). Das ist in vielen Fällen auch nicht zielführend, wenn es um Zustimmungsrechte aufgrund eines Aufsichtsrechts geht, weil diese nur die betreffende Person, etwa den beschränkt Geschäftsfähigen betreffen. Für andere Einwilligungen – etwa die Ermächtigung nach § 185 Abs 1 BGB (dazu § 185 Rn 57 f) – allerdings ist es eine Frage der Reichweite der Einwilligung selbst, ob sie sich nicht von vornherein auf einen größeren Personenkreis erstreckt oder ob die Einwilligung deren Übertragung auf einen Dritten nicht ohnehin umfasst. Der Ermächtigte ist aber grundsätzlich nicht gehindert, sich im Rahmen der stellvertretungsrechtlichen Vorgaben beim Hauptgeschäft vertreten zu lassen (STAUDINGER/GURSKY [2014] § 183 Rn 6).

18 Wird das zustimmungspflichtige Hauptgeschäft mit Einwilligung vorgenommen, so ist es **von Anfang an, ex nunc, wirksam**. Eine Phase der schwebenden Unwirksamkeit wird vermieden. Diese Rechtsfolge tritt **unabhängig davon** ein, ob alle der am Hauptgeschäft Beteiligten die Einwilligung **kennen**. Die Frage des Kenntnisinteresses (und damit der Kanalisierung der rechtsgeschäftlichen Kommunikation) wird durch die einzelnen Einwilligungserfordernisse, wie etwa bei zustimmungsbedürftigen einseitigen Rechtsgeschäften, durch entsprechende Schutzmechanismen wie das Zurückweisungsrecht des § 111 S 2, 3 BGB, aufgenommen (dazu § 182 Rn 126 f).

Darüber hinaus wird auch der **gute Glaube** an die Einwilligung grundsätzlich nicht 19
geschützt – allerdings sind nach der herrschenden Meinung die Rechtsscheingrundsätze anzuwenden (Rn 40 f).

V. Erlöschen der gegebenen Einwilligung

Die Einwilligung erlischt durch Widerruf, den § 183 S 2 BGB ausdrücklich regelt 20
oder aufgrund allgemeiner rechtsgeschäftlicher Mechanismen (MünchKomm/Bayreuther[8] § 183 Rn 2; Staudinger/Gursky [2014] § 183 Rn 19).

1. Einwilligungsimmanente Erlöschensgründe

a) Bedingung und Befristung

Diese liegen zunächst **in der Reichweite der Einwilligung** selbst begründet: So kann 21
sie unter eine (aufschiebende oder auflösende) **Bedingung oder eine Befristung** gestellt werden (Staudinger/Gursky [2014] § 183 Rn 19; BeckOGK/Regenfus [1. 4. 2019] § 183 Rn 8; NK-BGB/Staffhorst[3] § 183 Rn 15; Palandt/Ellenberger[78] § 183 Rn 2; PWW/Frensch[13] § 183 Rn 4; jurisPK/Trautwein[8] [13. 2. 2019] § 183 Rn 6; Soergel/Leptien[12] § 183 Rn 2; Erman/Maier-Reimer[15] § 183 Rn 2). Eine solche Bedingung stößt sich grundsätzlich nicht an der Bedingungsfeindlichkeit des Hauptgeschäftes, weil die Zustimmung bloßes Hilfsgeschäft ist (MünchKomm/Bayreuther[8] § 183 Rn 3; jurisPK/Trautwein[8] [13. 2. 2019] § 183 Rn 6; BeckOGK/Regenfus [1. 4. 2019] § 183 Rn 8; Staudinger/Gursky [2014] § 183 Rn 5; anders vTuhr, Allgemeiner Teil II, S 212, Fn 52; siehe zur Abgrenzung der bedingten Zustimmung zur Beschränkung des Inhalts der Zustimmung § 182 Rn 36; siehe für die bedingte Genehmigung § 184 Rn 15). Durch die Bedingung kann der Einwilligende auch eine Verbindung zum Grundgeschäft herstellen und so – jenseits der entsprechenden Anwendung des § 168 S 1 BGB (Rn 27) – die Wirksamkeit der Einwilligung an den Bestand des Grundverhältnisses koppeln (BeckOGK/Regenfus [1. 4. 2019] § 183 Rn 32). Bedenken wegen der mangelnden Rechtssicherheit, wie sie etwa die grundsätzliche Bedingungsfeindlichkeit von Gestaltungserklärungen tragen (siehe auch § 184 Rn 15 f), greifen im Falle der Einwilligung nicht: Wenn für die am Hauptgeschäft Beteiligten die Erklärung der Einwilligung und auch wegen der Widerrufsmöglichkeit ihr Bestand unsicher ist, wird diese Unsicherheit durch eine Bedingung nicht wesentlich gesteigert. Hier liegt auch der zentrale Unterschied zur Genehmigung, die bedingungsfeindlich ist (§ 184 Rn 15 f): Diese soll die Schwebephase rechtsgestaltend beenden und somit für das Hauptgeschäft Rechtssicherheit schaffen, damit verträgt sich eine zusätzliche Unsicherheit durch eine Bedingung der Genehmigung selbst, nicht. Bei der Einwilligung ist aber eine größere Unsicherheit zu ertragen (siehe auch Rodi 83). Allerdings ist stets zu fragen, ob eine Bedingung überhaupt vorliegt, oder nicht vielmehr eine Begrenzung der Einwilligung selbst, das ist durch Auslegung zu ermitteln (Staudinger/Gursky [2014] § 183 Rn 5; dazu auch Rodi 45 ff).

Eine **auflösende Bedingung** ist grundsätzlich möglich. Tritt sie bis zur Vornahme mit 22
dem Hauptgeschäft ein, so ist führt dies – wie der Widerruf – zur Unwirksamkeit der Einwilligung. Das dennoch vorgenommene Hauptgeschäft ist schwebend unwirksam, kann aber noch genehmigt werden. Tritt die Bedingung nach Vornahme des Hauptgeschäfts ein, liegt der Fall anders: Hier kommt das Hauptgeschäft wirksam zustande, stünde dann aber unter der Unsicherheit des Entfalls der Wirksamkeit bei Bedingungseintritt. Meist wird die Frage nach der Bedeutung für das Hauptgeschäft

durch die Auslegung der Einwilligung selbst zu beantworten sein, wenn man feststellen kann, dass der Bedingungseintritt nach Vornahme des Rechtsgeschäfts unbeachtlich sein soll (siehe hier auch STAUDINGER/GURSKY [2014] § 183 Rn 5). Soll dagegen eine solche Bedingung auch nach Vornahme greifen, stellt sich die Frage nach der Bedeutung der Rechtssicherheit für die Beteiligten (siehe NK-BGB/STAFFHORST³ § 182 Rn 35). Die Lösung ist deshalb die Unbeachtlichkeit der Bedingung nach Vornahme des Hauptgeschäfts: Sie kann nur bis zur Vornahme des Hauptgeschäftes greifen, tritt die Bedingung später ein oder endet die Befristung später, so hat dies keine Auswirkungen auf die Wirksamkeit des dann mit Einwilligung vorgenommenen und deshalb von Anfang an wirksamen Rechtsgeschäfts (BeckOK BGB/BUB [1. 11. 2018] § 183 Rn 7). Das wird auch dem Willen des Einwilligenden entsprechen.

23 Für die **aufschiebende Bedingung** stellt sich dieses Problem nicht, weil diese erst bei Bedingungseintritt greift (siehe auch RODI 83). Allerdings wirkt der Bedingungseintritt wegen § 159 BGB dann nicht *ex tunc*, wenn das Hauptgeschäft vorher vorgenommen wurde. Hier begreift RODI die aufschiebende Bedingung umfassender: Eine aufschiebend bedingte Einwilligung wird danach grundsätzlich nach dem vorgenommenen Hauptgeschäft zur antizipierten aufschiebend bedingten Genehmigung, womit bei Bedingungseintritt zur rückwirkenden Wirksamkeit des Hauptgeschäfts führt (RODI 71 ff). Damit freilich kommt man in Konflikt mit der (richtigen) Bedingungsfeindlichkeit der Genehmigung.

24 Im Gegensatz zur Bedingung ist die **Befristung rechtssicher**: Damit kann ein „Zeitkorridor" vorgegeben werden, innerhalb das Hauptgeschäft abgeschlossen werden muss. Ist die Frist abgelaufen, besteht auch keine Einwilligung mehr. Entsprechend den Rechtsfolgen des Widerrufs (Rn 64 f) führt dies aber nicht dazu, dass das Einwilligungsrecht verbraucht wäre: Vielmehr kann der Zustimmungsberechtigte nach Fristablauf nochmals einwilligen oder ein vorgenommenes Hauptgeschäft genehmigen.

b) Verzicht, Verweigerung

25 Der **Verzicht auf die Einwilligung** wird ebenfalls als möglich angesehen (SOERGEL/LEPTIEN¹² § 183 Rn 2; STAUDINGER/GURSKY [2014] § 183 Rn 19; BeckOGK/REGENFUS [1. 4. 2019] § 183 Rn 30; RAAPE AcP 121 [1923] 257, 275). Dabei wird man aber regelmäßig dazu kommen, dass in dem Verzicht letztlich die Einwilligung zum Rechtsgeschäft selbst liegt – mithin eine **konkludente Einwilligung** gegeben ist. Ein Verzicht auf das Einwilligungserfordernis ist aber jedenfalls dann nicht möglich, wenn der Zweck der Zustimmung Ausfluss eines Aufsichts- oder Erziehungsrechtes ist. Der Erziehungsberechtigte kann sich etwa im Falle der §§ 107 ff BGB nicht durch eine Beteiligung ausschließenden Verzicht seiner Erziehungspflicht begeben (STAUDINGER/KLUMPP [2017] Vorbem 19 zu §§ 104 ff). Allerdings ist auch hier auszulegen und wird im Verzicht auf die Einwilligung letztlich eine Einwilligung zu sehen sein.

26 **Verweigert der Zustimmungsberechtigte die Einwilligung**, so führt dies nicht zum Entfall des Zustimmungsrechts – die Zustimmung kann auch noch danach als Einwilligung oder Genehmigung erteilt werden (BeckOGK/REGENFUS [1. 4. 2019] § 183 Rn 6).

c) Wegfall des Grundverhältnisses

27 Zum anderen kann der Bestand der Einwilligung an den Bestand des **Grundverhältnisses** zur zustimmungsbedürftigen Partei gekoppelt werden, so dass sie mit dem

Ende des Grundverhältnisses ebenfalls erlischt (siehe BGH 20. 1. 2012 – V ZR 55/11, NJW 2012, 1207; STAUDINGER/GURSKY [2014] § 183 Rn 20; SOERGEL/LEPTIEN[12] § 183 Rn 2; PALANDT/ ELLENBERGER[78] § 183 Rn 3; ERMAN/MAIER-REIMER[15] § 183 Rn 2; MünchKomm/BAYREUTHER[8] § 183 Rn 4; BeckOK BGB/BUB [1. 11. 2018] § 183 Rn 7). Hier ist **§ 168 S 1 BGB entsprechend anzuwenden** (BeckOGK/REGENFUS [1. 4. 2019] § 183 Rn 31; STAUDINGER/GURSKY [2014] § 183 Rn 20; PWW/FRENSCH[13] § 183 Rn 4; jurisPK/TRAUTWEIN[8] [13. 2. 2019] § 183 Rn 6; BGB-RGRK/ STEFFEN[12] § 183 Rn 2; SOERGEL/LEPTIEN[12] § 183 Rn 2; NK-BGB/STAFFHORST[3] § 183 Rn 15; BeckOK BGB/BUB [1. 11. 2018] § 183 Rn 8; HKK/FINKENAUER §§ 182–185 Rn 11), was sich durch die Entstehungsgeschichte der §§ 182 ff BGB belegen lässt, die die Anwendbarkeit der für die Vollmacht geltenden Regelungen bestätigt – wenn auch der im ersten Entwurf in § 127 III BGB-E vorgesehene Verweis auf die § 168 entsprechend Regelung (im ersten Entwurf § 119 III BGB-E) unterblieb (JAKOBS/SCHUBERT AT I 953; MUGDAN I 761, HKK/FINKENAUER §§ 182–185 Rn 11; dazu auch STAUDINGER/GURSKY [2014] § 183 Rn 20; Beck-OGK/REGENFUS [1. 4. 2019] § 183 Rn 31).

Die analoge Anwendung des § 168 S 1 BGB kommt aber nur dann in Betracht, wenn **28** ein Grundverhältnis zwischen dem Einwilligenden und dem, dessen Willenserklärung der Zustimmung bedarf, überhaupt regelmäßig besteht. Das ist vor allem für die Ermächtigung nach § 185 Abs 1 BGB praktisch (STAUDINGER/GURSKY [2014] § 183 Rn 21). Ist das Zustimmungserfordernis Ausfluss eines gesetzlichen Aufsichts- oder Erziehungsrechts und fällt dessen Grundlage weg – etwa, weil der bislang beschränkt Geschäftsfähige nun volljährig ist –, so bedarf es eines Rückgriffs auf § 168 S 1 BGB nicht: Die Einwilligung erlischt mit Wegfall der Zustimmungsbedürftigkeit (Münch-Komm/BAYREUTHER[8] § 183 Rn 4).

Ist das **Grundgeschäft von Anfang an nichtig**, so wirkt sich dies grundsätzlich nicht auf **29** die Einwilligung aus – wo kein Grundverhältnis besteht, kann auch keines enden (MünchKomm/BAYREUTHER[8] § 183 Rn 4; BeckOGK/REGENFUS [1. 4. 2019] § 183 Rn 32; STAUDINGER/GURSKY [2014] § 183 Rn 22). Hier sind die Folgen für die Einwilligung allein in dieser zu suchen. Klar ist der Fall, wenn sich der Nichtigkeitsgrund im Wege einer Fehleridentität auch in der Einwilligung selbst wiederfindet – etwa weil der Einwilligende zum Zeitpunkt der Vornahme des Grundgeschäfts sowie der Einwilligung geschäftsunfähig ist: dann ist auch die Einwilligung nichtig. Weniger deutlich ist dies dann, wenn lediglich das Grundgeschäft an einem rechtsgeschäftlichen Mangel leidet. Dann kann die Einwilligung wegen ihrer Abstraktheit selbst bestehen, § 139 BGB gilt nicht (MünchKomm/BAYREUTHER[8] § 183 Rn 4; Vorbem 39 f zu §§ 182–185): Der Einwilligende kann dann aber zum Widerruf greifen, um die Einwilligung zu beseitigen (STAUDINGER/GURSKY [2014] § 183; BeckOGK/REGENFUS [1. 4. 2019] § 183 Rn 32; MünchKomm/ BAYREUTHER[8] § 183 Rn 4; NK-BGB/STAFFHORST[3] Rn 13; anders vTUHR BGB AT II/2, S 23). Das soll auch dann gelten, wenn der Widerruf rechtsgeschäftlich ausgeschlossen ist, weil in der Nichtigkeit des Grundgeschäfts ein wichtiger Grund für den Widerruf liege (STAUDINGER/GURSKY [2014] § 183 Rn 22; siehe zum Widerruf aus wichtigem Grund auch Rn 80 f), deshalb wird auch eine Kondiktion der Einwilligung in diesen Fällen abzulehnen ist (BeckOGK/REGENFUS [1. 4. 2019] § 183 Rn 33). Die Nichtigkeit des Grundgeschäfts kann aber in der Einwilligung selbst aufgenommen werden, wenn der die Einwilligung unter die Bedingung gestellt wird, dass das Grundgeschäft wirksam ist (STAUDINGER/ GURSKY [2014] § 183 Rn 22), das muss die Auslegung aber eindeutig ergeben (BeckOGK/ REGENFUS [1. 4. 2019] § 183 Rn 34).

d) Nicht: Zeitablauf

30 Der bloße **zeitliche Abstand** zwischen Einwilligung und Vornahme des Rechtsgeschäfts ist für die Wirksamkeit der Einwilligung grundsätzlich bedeutungslos – es sei denn, die Einwilligung wäre unter eine Befristung gestellt. Auch wenn sehr lange Zeit verstreicht, führt dies allein nicht zum Erlöschen der Einwilligung wegen Zeitablaufs (BGH 1. 2. 2018 – III ZR 196/17, NJW-RR 2018, 486; BeckOGK/Regenfus [1. 4. 2019] § 183 Rn 9. 1). Allerdings wird zu prüfen sein, ob das Verhalten des Einwilligenden in diesem Zeitraum als konkludenter Widerruf zu werten ist (Rn 51). Wegen dieser Möglichkeit des jederzeitigen Widerrufs, kann nur in extremen Ausnahmefällen die Auslegung des Grundgeschäftes und hier die Beachtung des Grundsatzes von Treu und Glauben dazu führen, dass eine Vornahme des Hauptgeschäfts nach langer Zeit treuwidrig ist – und auch nur dann, wenn der Einwilligende ein berechtigtes Interesse daran hat, dass das Hauptgeschäft nicht vorgenommen wird.

2. Personenbezogene Erlöschensgründe

31 Für die personenbezogenen Erlöschensgründe der Einwilligung wird regelmäßig auf deren Nähe zur Vollmacht hingewiesen und entsprechend den dort entwickelten und geltenden Vorgaben das Erlöschen der Einwilligung beurteilt (Soergel/Leptien[12] § 183 Rn 2). Dieser Parallelität kann das Wort geredet werden, denn in beiden Fällen geht es um die Gewährleistung der rechtsgeschäftlichen Autonomie bei einem Handeln Dritter.

a) Der Einwilligende

32 **Stirbt der Einwilligende** oder wird er nach der Einwilligung **geschäftsunfähig**, so wirkt sich dies für die Einwilligung selbst grundsätzlich nicht aus (Staudinger/Gursky [2014] § 183 Rn 28; Erman/Maier-Reimer § 183 Rn 2; NK-BGB/Staffhorst[3] § 183 Rn 15; MünchKomm/Bayreuther[8] § 183 Rn 6; jurisPK/Trautwein[8] [13. 2. 2019] § 183 Rn 6; BeckOGK/Regenfus [1. 4. 2019] § 183 Rn 36). Das lässt sich insgesamt auf eine eintretende **Gesamtrechtsnachfolge** übertragen (Staudinger/Gursky [2014] § 183 Rn 28; BeckOGK/Regenfus [1. 4. 2019] § 183 Rn 36; MünchKomm/Bayreuther[8] § 182 Rn 6; NK-BGB/Staffhorst[3] Rn 15). Allerdings kann die Einwilligung selbst diesen Fall aufnehmen und so zum Erlöschen führen. Ist dieser Fall weder in der Einwilligung noch im maßgeblichen Grundverhältnis geregelt, so erlischt die gegebene Einwilligung zwar nicht, ist aber weiter widerruflich: Die Widerrufsbefugnis geht dann auf die Erben im Falle des Todes oder die gesetzlichen Vertreter im Falle der Geschäftsunfähigkeit über (NK-BGB/Staffhorst[3] § 183 Rn 15).

33 Geht der bislang Zustimmungsberechtigte dieser Berechtigung aber durch **Einzelrechtsnachfolge** verlustig, so führt dies grundsätzlich zum Erlöschen der Einwilligung (Staudinger/Gursky [2014] § 183 Rn 28). Ist dies der Fall, dann geht die dennoch gegebene Einwilligung des vormals Berechtigten ins Leere: Die Einwilligungsberechtigung muss zum Zeitpunkt der Vornahme des Hauptgeschäfts bestehen (BGH 17. 6. 1999 – IX ZR 176/98, BGHZ 142, 72 = NJW 1999, 2969 dazu Rn 57 f). Ist also etwa das Eigentum an einer Sache übertragen worden, so ist der bisherige Eigentümer nicht mehr zustimmungs- und damit auch nicht mehr einwilligungsberechtigt. Freilich kann der neue Berechtigte die Zustimmung nach § 185 Abs 2 S 1 Var 1 BGB genehmigen (§ 185 Rn 97 ff). Damit liegt der Fall hier anders als bei der Genehmigung, wo es für die Zustimmungsberechtigung auf den Zeitpunkt der Genehmigung ankommt (§ 184 Rn 28 f), was aber der Rückwirkung der Genehmigung geschuldet ist (BeckOGK/REGENFUS [1. 4. 2019] § 183 Rn 42).

So etwa für die vom bisherigen Eigentümer nach § 5 ErbbRG erteilte Zustimmung zur Veräußerung des Erbbaurechts durch eine Einzelrechtsnachfolge im Eigentum vor dem Vollzug des Hauptgeschäfts (OLG Düsseldorf 20. 3. 1996 – 3 Wx 33/96, MittRhNotK 1996, 276, 277; OLG Köln 31. 7. 1995 – 2 Wx 20/95, Rpfleger 1996, 106). Gleiches gilt für § 12 WEG (OLG Celle 19. 1. 2005 – 4 W 14/05, RNotZ 2005, 542, 543 = NJW-Spezial 2005, 102), die unwirksam wird, wenn der Zustimmungsberechtigte noch vor der wirksamen Vollendung des Hauptgeschäfts durch Umschreibung im Grundbuch sein eigenes Wohnungseigentum, auf dem die Zustimmungsbefugnis basiert, weiterüberträgt (STAUDINGER/GURSKY [2014] § 183 Rn 5). Dabei kann für den Zeitpunkt auf die Rechtsprechung zum Entfall der Widerruflichkeit zurückgegriffen werden: Der BGH (29. 6. 2017 – V ZB 144/16, NJW 2017, 3514) lässt dies mit Abschluss des Verpflichtungsgeschäfts entfallen (so schon STAUDINGER/GURSKY [2014] § 183 Rn 28; KESSELER RNotZ 2005, 543, 548).

Die bloße Verpflichtung des Einwilligenden zur Vornahme des die Berechtigung 34 beendenden Rechtsgeschäfts (wie etwa der Eigentumsübertragung) reicht ebenso ersichtlich für das Erlöschen der Einwilligungsberechtigung nicht aus (STAUDINGER/GURSKY [2014] § 183 Rn 11).

Im Falle der **Insolvenz des Einwilligenden** erlischt die Einwilligung mit **Eröffnung des** 35 **Insolvenzverfahrens**, wenn das Rechtsgeschäft einen Gegenstand aus der Insolvenzmasse betrifft, nach § 81 Abs 1 S 1 InsO muss das Ende des Grundverhältnisses nicht abgewartet werden (BGH 10. 11. 1999 – VIII ZR 78/98, BGHR BGB § 168 Prozessstandhaft, gewillkürte 1 = NJW 2000, 738; BGH 17. 6. 1999 – IX ZR 176/98, BGHZ 142, 72 = NJW 1999, 2969; jurisPK/TRAUTWEIN[8] [13. 2. 2019] § 183 Rn 6; PWW/FRENSCH[13] § 183 Rn 4; ERMAN/MAIER-REIMER[15] § 183 Rn 2; NK-BGB/STAFFHORST[3] § 183 Rn 16; MünchKomm/BAYREUTHER[8] § 183 Rn 7; BeckOK BGB/BUB [1. 11. 2018] § 183 Rn 7). Das folgt dem schlichten Gedanken, dass der Ermächtigte durch die Einwilligung keine größere Rechtsmacht haben kann, als der Ermächtigende selbst (STAUDINGER/GURSKY [2014] § 183 Rn 25). Der über §§ 115 Abs 3, 116 S 1 InsO, 675 Abs 1, 674 BGB scheinbar anwendbare § 168 S 1 BGB ist hier nicht einschlägig (BeckOGK/REGENFUS [1. 4. 2019] § 183 Rn 39. 1; STAUDINGER/GURSKY [2014] § 183 Rn 25).

Im Falle der **vorläufigen Insolvenzverwaltung** und der Anordnung nach § 21 Abs 2 1. 1. Alt InsO ist aber die Notgeschäftsführung nach §§ 115 Abs 2 InsO zu beachten, wobei für die Einwilligung § 117 Abs 2 InsO entsprechend gilt (BeckOGK/REGENFUS [1. 4. 2019] § 183 Rn 39).

Bei einer **Einwilligung im Eigeninteresse des Ermächtigten, wie etwa beim Vorbehalts-** 36 **kauf oder der Auflassungsermächtigung**, kommt es auf die Durchführung des Geschäfts durch den Insolvenzverwalter an (STAUDINGER/GURSKY [2014] § 183 Rn 25; BeckOGK/REGENFUS [1. 4. 2019] § 183 Rn 40). Das ergibt sich auch aus § 107 Abs 1 InsO, der insofern die Rechte des Vorbehaltskäufers schützt. Allerdings kommt es auf die unmittelbare Betroffenheit der (Vermögens-)Interessen des Einwilligenden an, so dass in den Fällen der bloßen mittelbaren Betroffenheit wie §§ 1365, 1366 BGB die Insolvenz des Einwilligenden keine Auswirkungen auf die gegebene Einwilligung hat (BeckOGK/REGENFUS [1. 4. 2019] § 183 Rn 41; STAUDINGER/GURSKY [2014] § 183 Rn 27).

b) Der Ermächtigte

37 **Stirbt der Adressat der Einwilligung**, so kann man auch hier Anleihe bei § 168 S 1 BGB nehmen und im Falle eines Geschäftsbesorgungsvertrages, § 675, 673 BGB, auch das Erlöschen der Einwilligung annehmen (Staudinger/Gursky [2014] § 183 Rn 23; MünchKomm/Bayreuther[8] § 183 Rn 5; NK-BGB/Staffhorst[3] § 183 Rn 15). Dies ist in Analogie zu § 168 S 1 BGB auch zu befürworten (jurisPK/Trautwein[8] [13. 2. 2019] § 183 Rn 6; BeckOGK/Regenfus [1. 4. 2019] § 183 Rn 35; Staudinger/Gursky [2014] § 183 Rn 23). Wird der Ermächtigte geschäftsunfähig, geht die Einwilligung ins Leere, weil die Vornahme eines Rechtsgeschäfts durch den Geschäftsunfähigen an § 105 Abs 1 BGB scheitert.

In der Einwilligung selbst kann auch die Bedeutung von Änderungen auf der Seite der Person des Ermächtigten aufgenommen werden – so dass etwa durch eine grundgelegte Höchstpersönlichkeit das Erlöschen der Einwilligung mit dem Tod des Ermächtigten eintritt (MünchKomm/Bayreuther[8] § 183 Rn 5; Staudinger/Gursky [2014] § 183 Rn 22) oder aber, dass diese Einwilligung dann für eine andere Person gelten soll. Auch dies wird nur dann praktisch, wenn kein Zustimmungsrecht kraft Aufsichtsrecht vorliegt.

38 Vom Grundsatz des Erlöschens der Einwilligung im Falle des Todes auszunehmen ist der Fall, dass der Ermächtigte einen eigenen **Anspruch auf Einwilligung** hat. In diesen Fällen geht die Einwilligung auf die Erben über (MünchKomm/Bayreuther[8] § 183 Rn 5; Erman/Maier-Reimer[15] § 183 Rn 2; BeckOGK/Regenfus [1. 4. 2019] § 183 Rn 35), die Auslegung des zugrundeliegenden Grundgeschäfts und der Einwilligung selbst kann aber auch hier anderes ergeben.

39 Fällt der **Ermächtigte in Insolvenz** kommt es auf die rechtsgeschäftliche Auslegung der Einwilligung an und damit darauf, ob der Einwilligende an der Einwilligung auch im Falle der Insolvenz des Ermächtigten mit der Folge des Handelns des Insolvenzverwalters festhalten will (BeckOGK/Regenfus [1. 4. 2019] § 183 Rn 37). Hier werden zwei Auslegungsobjekte vorgeschlagen: Einmal das Grundgeschäft zwischen dem Einwilligenden und dem Ermächtigten (NK-BGB/Staffhorst[3] § 183 Rn 16) und zum anderen die Einwilligung selbst (Staudinger/Gursky [2014] § 183 Rn 24). Letztlich kann sich das Erlöschen der Einwilligung aus beiden Quellen speisen: Ohne jede Frage aus der Einwilligung selbst, deren Reichweite von vornherein an die Solvenz des Ermächtigten gekoppelt werden kann (etwa auch durch eine entsprechende auflösende Bedingung). Lässt man aber ein Erlöschen der Einwilligung allgemein durch Koppelung an den Bestand des Grundverhältnisses zu, so besteht kein Grund, eine Vereinbarung im Grundverhältnis über den Fall der Insolvenz als unbeachtlich anzusehen. Maßgeblich wird dies etwa bei Vorbehaltsverkauf und der Insolvenz des Verkäufers (Staudinger/Gursky [2014] § 183 Rn 24; MünchKomm/Bayreuther[8] § 183 Rn 8; BeckOGK/Regenfus [1. 4. 2019] § 183 Rn 95): Die erteilte Ermächtigung erlischt hier regelmäßig mit der Eröffnung des Insolvenzverfahrens.

3. Rechtsscheintatbestände

40 Aus den §§ 170–173 BGB lässt sich auch für die Einwilligung Frucht ziehen (Flume, AT, 2. Bd [4. Aufl 1992] S 897; Soergel/Leptien[12] § 183 Rn 2; BeckOK BGB/Bub [1. 11. 2018] § 183 Rn 6). Das gilt insbesondere für den Fall, in dem die Einwilligung durch Widerruf erlöschen sollte, der Einwilligende aber einen Rechtsscheintatbestand gesetzt hat (Rn 84 f).

Auf der anderen Seite stellt sich aber die Frage, ob eine Rechtsscheineinwilligung **41** auch darüber hinaus anzuerkennen ist. Nicht zuletzt wegen der oft zitierten Nähe der Einwilligung zur Bevollmächtigung wird hier einer **Duldungs- oder einer Anscheinseinwilligung** das Wort geredet. Darunter ist zum einen Handeln eines lediglich vermeintlich Ermächtigten zu verstehen, das vom Zustimmungsberechtigten erkannt, aber geduldet wird, oder aber das nicht erkannt wird, hätte aber erkannt werden müssen und verhindert werden können (allgemein zur Rechtsscheinvollmacht siehe BORK AT⁴ S 601 f).

Im Rahmen der Frage der **Duldungseinwilligung** ist wie bei der Duldungsvollmacht **42** zunächst zu klären, ob nicht ohnehin eine konkludente Einwilligung vorliegt, immerhin ist die Einwilligung an keine Form gebunden, selbst wenn das Hauptgeschäft formbedürftig ist (§ 182 Rn 95 f). Dies dürften die meisten der entsprechenden Fälle sein. Siehe auch § 182 Rn 76 f.

Die **Anscheinseinwilligung** begegnet den Einwänden, denen auch die Anscheins- **43** vollmacht ausgesetzt wird (und die auf entsprechenden Grundgedanken aufbauenden Theorien zum fehlenden Erklärungsbewusstsein [BORK, Allgemeiner Teil des BGB [4. Aufl 2016] S 229] und zur so genannten abhandengekommenen Willenserklärung [STAUDINGER/SINGER/BENEDICT [2017] § 130 Rn 32]): Aus einer unsorgfältigen Handlungsweise heraus soll es zur rechtsgeschäftlichen Bindung kommen. Wer insgesamt eine solche rechtsgeschäftliche Bindung ablehnt und deshalb den Weg über eine Schadensersatzhaftung nach §§ 280 Abs 1; 241 Abs 2; 311 Abs 2 BGB bevorzugt, muss zur Ablehnung der Figur der Anscheinseinwilligung gelangen. Wer dagegen eine solche rechtsgeschäftliche Folge zulässt, wird die Anscheinseinwilligung neben die Anscheinsvollmacht stellen. Siehe dazu insgesamt § 182 Rn 73 ff.

VI. Widerruf

1. Zweck

Die Einwilligung kann bis zur Vornahme des Rechtsgeschäfts grundsätzlich **frei und** **44** **damit ohne Nachweis und Angabe von qualifizierten Gründen widerrufen** werden. Diese Widerrufsmöglichkeit ist die durch § 183 S 2 BGB **gesetzte Grundcharakteristik** der Einwilligung (STAUDINGER/GURSKY [2014] § 183 Rn 8; MünchKomm/BAYREUTHER⁸ § 183 Rn 9; BeckOGK/REGENFUS [1. 4. 2019] § 183 Rn 9; PALANDT/ELLENBERGER § 183 Rn 1) und entspricht der entsprechenden Regelung des § 168 S 2 BGB bei der Vollmacht. Damit behält der Einwilligungsberechtigte grundsätzlich bis zur Vornahme des Hauptgeschäfts seine volle Entscheidungssouveränität. Ihre potentielle Instabilität hat die Einwilligung mit der Bevollmächtigung gemein (ERMAN/MAIER-REIMER § 183 Rn 3), sie führt zu dem sinnvollen Ergebnis, dass der Einwilligende nicht vor den am Hauptgeschäft Beteiligten gebunden wird (BeckOK BGB/BUB [1. 11. 2018] § 183 Rn 1). Das Gesetz nimmt damit die Situation auf, dass es für die Vornahme des Hauptgeschäfts keine gesetzlich festgelegte Frist gibt, nach deren Ablauf die wirksame Vornahme nicht mehr möglich wäre. Der Einwilligende wäre also bei einer Bindung an die Einwilligung ebenso lange seiner Dispositionsmöglichkeit beraubt (NK-BGB/STAFF-

Horst[3] § 183 Rn 1). Zwar folgt etwa aus der Ermächtigung in eine Verfügung, § 185 Abs 1 BGB, (§ 185 Rn 69 f) nicht, dass durch die Ermächtigung die eigene Verfügungsbefugnis des Ermächtigenden entfiele, dennoch ergäbe sich aus einer Bindung an die Ermächtigung eine Autonomieeinschränkung: Die eigene Verfügung müsste vor der des Ermächtigten erfolgen, weil sie danach ins Leere ginge – dem Ermächtigenden ist die Rechtsinhaberschaft und damit die Verfügungsbefugnis entzogen. Durch den Widerruf erlangt der Einwilligende dann Planungssicherheit, weil eine unmittelbar rechtsentziehende parallele Verfügung nicht mehr möglich ist. Freilich kann dem entgegenhalten werden, dass bereits die Einwilligung mit einer Befristung oder Bedingung (Rn 21) erklärt werden kann.

45 Ist das Zustimmungserfordernis Ausfluss eines **Aufsichtsrechtes** (Vorbem 19 f zu §§ 182–185), wie etwa im Falle der §§ 107 ff BGB, so soll die Widerruflichkeit dessen Funktionen schützen: Das zeigt sich, wenn man das Zustimmungserfordernis für rechtlich nicht vorteilhaft Rechtsgeschäft des beschränkt Geschäftsfähigen auch als Erziehungsinstrument begreift (Staudinger/Klumpp [2017] Vorbem zu §§ 104–113), dann dient die Widerruflichkeit gerade dessen Schutz.

46 Der **Geschäftspartner** kann bis zu diesem Zeitpunkt auch nicht auf die Stabilität des Rechtsgeschäfts vertrauen (Bork AT[4] S 667; siehe freilich zu Rechtsscheintatbeständen Rn 40). Gerade deshalb geht der Einwilligungsberechtigte auch erst mit Vornahme des Rechtsgeschäfts seiner Entscheidungsfreiheit verlustig: Die dann vorliegende Einwilligung ist bindend, ein Einfluss auf das Rechtsgeschäft nicht mehr möglich.

2. Widerruf als Rechtsgeschäft

47 Der Widerruf ist wie die Einwilligung **einseitiges Rechtsgeschäft**. Er wird regelmäßig durch eine empfangsbedürftige Willenserklärung konstituiert (Flume, AT, 2. Bd [4. Aufl 1992] S 897; Erman/Maier-Reimer[15] § 183 Rn 4; Soergel/Leptien[12] § 183 Rn 3; jurisPK/Trautwein[8] [13. 2. 2019] § 183 Rn 3; NK-BGB/Staffhorst[3] § 183 Rn 2; Staudinger/Gursky [2014] § 183 Rn 9). Die Regelungen über Willensmängel sind anwendbar.

48 Wirksam wird der Widerruf dann durch Zugang, § 130 BGB, oder Zustellung, § 132 BGB, beim **richtigen Adressaten** (BeckOK BGB/Bub [1. 11. 2018] § 183 Rn 2; Staudinger/Gursky [2014] § 183 Rn 9; BeckOGK/Regenfus [1. 4. 2019] § 183 Rn 10). Das kann – in Parallelität zu § 168 S 2 BGB und damit der Vollmacht (BeckOGK/Regenfus [1. 4. 2019] § 183 Rn 9) – der Empfänger der Einwilligung oder aber der andere Beteiligte des zustimmungsbedürftigen Rechtsgeschäfts sein, § 183 S 2 BGB (Palandt/Ellenberger[78] § 183 Rn 1; Bork AT[4] S 667; MünchKomm/Bayreuther[8] § 183 Rn 10; BeckOK BGB/Bub [1. 11. 2018] § 183 Rn 2; NK-BGB/Staffhorst[3] § 183 Rn 17; Staudinger/Gursky [2014] § 183 Rn 9). Es besteht also keine Kanalisierung der Kommunikation hin zum Adressaten der Einwilligung selbst. Hier führt das Gesetz für den Widerruf die Adressatenflexibilität der Einwilligung fort. Das ist konsequent, birgt aber Gefahren für die **Rechtssicherheit**, weil es zu einem Auseinanderfallen der Kenntnisstände der unmittelbar am Rechtsgeschäft Beteiligten kommen kann: So kann der Adressat der Einwilligung nach wie vor vom Bestehen der Einwilligung ausgehen, während der andere Teil bereits in Kenntnis des Widerrufs gesetzt ist. Helfen können hier wiederum Rechtsscheinüberlegungen (BGH 20. 1. 1961 – II ZR 150/62, WM 1964, 224; Soergel/

Leptien[12] § 183 Rn 2; Bork, Allgemeiner Teil des BGB [4. Aufl 2016] S 667; MünchKomm/Bayreuther[8] § 183 Rn 14; Erman/Maier-Reimer[15] § 183 Rn 7; siehe Rn 80 f).

Weil der Widerruf grundsätzlich **frei widerruflich** ist (Soergel/Leptien[12] § 183 Rn 3), bedarf es keines materialen Widerrufsgrundes und erst recht nicht dessen formaler Geltendmachung (Erman/Maier-Reimer[15] § 183 Rn 3). Weil aber auch ein rechtsgeschäftlicher Verzicht auf den Widerruf möglich ist (siehe Rn 71 f), ist es ebenso möglich, durch Rechtsgeschäft mit dem Zustimmungsberechtigten eine Begrenzung des Widerrufsrechts zu vereinbaren und so etwa den Widerruf von besonderen Gründen abhängig zu machen. **49**

Der Widerruf nach § 183 S 1 BGB hat systematisch wenig mit dem **Widerruf nach § 130 Abs 1 S 2 BGB** gemein: Denn es geht nicht darum, die Wirksamkeit der Einwilligung zu verhindern, sondern ihre eingetretene Wirkung zurückzunehmen. Im Ergebnis ist geht der Widerruf nach § 183 S 1 BGB deshalb weiter, weil er die bereits durch Zugang wirksame Willenserklärung unwirksam macht. Ist die Einwilligung selbst noch nicht durch Zugang wirksam, so greift § 130 Abs 1 S 2 für den zuvor oder gleichzeitig zugehenden Widerruf. Im Ergebnis macht dies freilich keinen Unterschied. Auf die Erklärung der Einwilligung (wie auch auf die Erklärung des Widerrufs nach § 183 S 1 BGB) ist selbstredend § 130 Abs 1 S 2 BGB anwendbar (BeckOGK/Regenfus [1. 4. 2019] § 183 Rn 11; Staudinger/Gursky [2014] § 183 Rn 16). **50**

Der Widerruf bedarf grundsätzlich keiner **Form**. § 182 Abs 2 BGB gilt auch hier. Deshalb ist auch der konkludente Widerruf möglich, es gelten die §§ 133, 157 BGB (RGZ 133, 253, 254; Soergel/Leptien[12] § 183 Rn 3; jurisPK/Trautwein[8] [3. 2. 2019] § 183 Rn 3; Staudinger/Gursky [2014] § 183 Rn 9). Maßgeblich ist der nach Außen tretende Wille, die gegebene Einwilligung nicht mehr gelten zu lassen. Auch hier kann es, fehlt das Erklärungbewusstsein, nach der herrschenden Meinung zu einem Widerruf kommen, wenn der Erklärende mit der so genannten „Erklärungsfahrlässigkeit" handelt (siehe für die Zustimmung § 182 Rn 30 f). **51**

Ein **teilweiser Widerruf** ist dann möglich, wenn auch die Einwilligung sich auf einen Teil des Rechtsgeschäfts beziehen konnte, was wiederum dessen **Teilbarkeit** voraussetzt. Hier gilt – gleichsam umgekehrt – das zur Einwilligung Geschriebene (§ 182 Rn 40). Ansonsten muss der Widerruf zur Einwilligung passen – gelingt etwa eine Teilung des Hauptgeschäfts nicht, geht ein Widerruf, der nur einen Teil der gegebenen Einwilligung angreifen will, ins Leere. Freilich wird man hier regelmäßig zur Auslegung kommen, dass dann insgesamt widerrufen werden soll. **52**

Auch ist das **Trennungs- und Abstraktionsprinzip** zu beachten: Der Widerruf in das Verfügungsgeschäft wird nicht durch die Vornahme des Verpflichtungsgeschäfts, wie etwa des Kaufvertrages, ausgeschlossen (BGH 28. 6. 1954 – IV ZR 40/54, BGHZ 14, 114; BeckOGK/Regenfus [1. 4. 2019] § 183 Rn 16; Staudinger/Gursky [2014] § 183 Rn 11). Freilich kann sich ein Ausschluss des Widerrufsrechts aus einer schuldrechtlichen Vereinbarung ergeben – das kann auch im Beispiel ein Kaufvertrag sein (Staudinger/Gursky [2014] § 183 Rn 11). **53**

Interessant ist die Lage dann, wenn die Einwilligungsberechtigung nach der gegebenen Einwilligung, aber vor der Vornahme des zustimmungsbedürftigen Rechts- **54** geschäfts **auf eine andere Person übergeht**. Dann stellt sich die Frage nach der Widerrufsberechtigung. Richterweise steht das Recht zum Widerruf nach § 183 S 1 BGB dann dem neuen Einwilligungsberechtigten zu. Dieser kann dann entscheiden, ob er die Einwilligung gelten lassen will – und damit regelmäßig den Rechtsverlust in Kauf nehmen will – oder ob nicht. Er kann die Einwilligung dann auch widerrufen und gegebenenfalls unter Fristsetzung oder Bedingungen (Rn 21) selbst nochmals erteilen. Dies ist allerdings nur bis zur Vornahme des Rechtsgeschäfts möglich, weil die Widerrufsmöglichkeit nach diesem Zeitpunkt nicht mehr besteht. Ob der ehemals Einwilligungsberechtigte in einem solchen Fall des Widerrufs gegenüber den am zustimmungsbedürftigen Rechtsgeschäft Beteiligten für das Ausfallen haftet, ist eine Frage des schuldrechtlichen Verhältnisses.

3. Zeitpunkt des Widerrufs

55 Der Widerruf kann bis zur Vornahme des Rechtsgeschäfts erklärt werden, das ist die Grundaussage des § 183 S 1 BGB. Mit der Erklärung des Widerrufs ist dessen Zugang, nicht (lediglich) deren Abgabe gemeint (STAUDINGER/GURSKY [2014] § 183 Rn 10).

56 Wann freilich das zustimmungsbedürftige Hauptgeschäft vorgenommen ist, sagt § 183 S 1 BGB nicht. Auf den Zeitpunkt der Wirksamkeit der konstituierenden Willenserklärungen des Hauptgeschäfts abzustellen oder gar nur der „bindenden Offerte" (FLUME, 2. Bd [4. Aufl 1992] S 896 f), ist ersichtlich zu rigide. Das mag bei einseitigen Rechtsgeschäften ohne weiteres einleuchten und auch zu keinen weiteren Friktionen führen, weil diese regelmäßig nicht „gestreckt" sind und sich deshalb in der einen sie konstituierenden Willenserklärung erschöpfen. Das geht aber ersichtlich bereits beim Vertrag fehl, wenn auf den Zugang einer Vertragsklärung abgestellt werden soll. Das Vertragsangebot selbst ist kein Rechtsgeschäft, sondern führt erst zum Vertrag als Rechtsgeschäft. Die Phase einer Bindung an den Vertrag (nicht lediglich an das Angebot), die es rechtfertigte, das Widerrufsrecht entfallen zu lassen, ist noch nicht erreicht. Für Verträge ist diese Meinung zu eng (BeckOGK/REGENFUS [1. 4. 2019] § 183 Rn 15; STAUDINGER/GURSKY [2014] § 183 Rn 10). Richtig kann der Grundgedanke deshalb nur für einseitige Rechtsgeschäfte sein (STAUDINGER/GURSKY [2014] § 183 Rn 10), wobei hier zu den anderen Meinungen wegen des regelmäßigen „punktuellen" rechtsgeschäftlichen Aktes im Ergebnis kein Unterschied besteht.

57 Eine weiter gehende, aber immer noch einschränkende Meinung sieht in gestreckten rechtsgeschäftlichen Konstellationen wie etwa bei Verfügungen nach § 929 BGB, die Einigung und Übergabe, oder nach §§ 925, 873 BGB, die Auflassung und Eintragung in das Grundbuch fordern, die Vornahme bereits nach den willenserklärungsbezogenen Teilakten als gegeben an (etwa RAPP DNotZ 2018, 413, 418). Auch das geht freilich fehl, nicht zuletzt deshalb, weil das Widerrufsrecht mit der instabilen Lage des zustimmungsbedürftigen Hauptgeschäfts korrespondiert, die bis zum letzten notwendigen Wirksamkeitsakt besteht (siehe auch BeckOGK/REGENFUS [1. 4. 2019] § 183 Rn 13.2).

58 Gerade bei Grundstücksübereignungen wird freilich präzisiert und gerade wegen der Bedeutung der Verbindlichkeit auf die Bindung an die Einigung nach § 873 Abs 2 BGB abgestellt (BGH 23. 1. 1998 – V ZR 272/96, BGHR BGB § 925 Abs 1 Einwilligung 1 = NJW 1998, 1482; BGH 27. 9. 1962 – III ZR 83/61, NJW 1963, 36; BGH 23. 1. 1998 – V ZR 272/96, BGHR BGB § 925 Abs 1 Einwilligung 1 = NJW 1998, 1482; OLG Köln 31. 7. 1995 – 2 Wx 20/95,

Rpfleger 1996, 106; OLG Hamburg 15. 3. 2011 – 13 W 15/11, juris; OLG München 29. 9. 2016 – 34 Wx 191/16, FGPrax 2016, 256; BeckOGK/REGENFUS [1. 4. 2019] § 183 Rn 14; FLUME, AT, 2. Bd [4. Aufl 1992] S 897; PALANDT/ELLENBERGER[78] § 183 Rn 1; ERMAN/MAIER-REIMER[15] § 183 Rn 3; BeckOK BGB/BUB [1. 11. 2018] § 183 Rn 3; SOERGEL/LEPTIEN[12] § 183 Rn 3; MünchKomm/BAYREUTHER[8] § 183 Rn 12; jurisPK/TRAUTWEIN[8] [13. 2. 2019] § 183 Rn 5). Das wird angegriffen (STAUDINGER/GURSKY [2014] § 183 Rn 10: „allzu kühne Analogie"), allerdings zu Unrecht: Im Falle des § 873 Abs 2 BGB hat sich die Dispositionsbefugnis über die Eintragung verbraucht, eine Bindung erfolgt, das muss sich auch auf die Stabilität der Einwilligung auswirken (BeckOGK/REGENFUS [1. 4. 2019] § 184 Rn 14).

Ansonsten gilt, dass § 183 S 1 BGB mit der herrschenden Meinung den Zeitpunkt **59** der **abschließenden Rechtswirksamkeit** des Hauptgeschäfts meint, weshalb es auch auf die Vollendung des letzten notwendigen Aktes zur Wirksamkeit ankommt (BGH 27. 2. 2015 – V ZR 128/14, NJW 2015, 2425; BGH 28. 6. 1954 – IV ZR 40/54, BGHZ 14, 114, 118 = DB 1954, 693; ERMAN/MAIER-REIMER § 183 Rn 3; vTuhr, AT II 2, 231 Fn 139; BeckOGK/REGENFUS [1. 4. 2019] § 183 Rn 3; PWW/FRENSCH[13] § 183 Rn 1; SOERGEL/LEPTIEN[12] § 183 Rn 3; NK-BGB/STAFFHORST[3] § 183 Rn 3; STAUDINGER/GURSKY [2014] § 183 Rn 10; jurisPK/TRAUTWEIN[8] [13. 2. 2019] § 183 Rn 4). Das wird gerade dort relevant, wo – wie etwa bei Verfügungen nach §§ 873, 929 BGB außer den konstituierenden Willenserklärungen noch weitere Wirksamkeitsakte, wie etwa die Grundbucheintragung oder die Übergabe, notwendig sind (SOERGEL/LEPTIEN[12] § 183 Rn 3; MünchKomm/BAYREUTHER[8] § 183 Rn 12; BeckOK BGB/BUB [1. 11. 2018] § 183 Rn 3).

Bei der **Übereignung nach § 931 BGB** ist das Rechtsgeschäft deshalb mit der Abtre- **60** tung des Herausgabeanspruches vorgenommen – und ab diesem Zeitpunkt nicht mehr widerruflich (BGH 3. 7. 1961 – II ZR 96/59, LM Nr 7 zu § 407 BGB = WM 1961, 888; jurisPK/TRAUTWEIN[8] [13. 2. 2019] § 183 Rn 5; BeckOGK/REGENFUS [1. 4. 2019] § 183 Rn 13. 1).

Nur scheinbar vom oben genannten Grundsatz weicht die Entscheidung des BGH **61** für den **Widerruf nach § 5 ErbbauRG** ab (BGH 29. 6. 2017 – V ZB 144/16, NJW 2017, 3514, dazu RAPP DNotZ 2018, 43), wonach die Zustimmung des Grundeigentümers zur Übertragung des Erbbaurechts bereits mit dem wirksamen Kaufvertrag unwiderruflich wird (siehe auch BGH 27. 9. 1962 – III ZR 83/61, NJW 1963, 36; ERMAN/MAIER-REIMER[15] § 183 Rn 3; SOERGEL/LEPTIEN[12], § 183 Rn 3; PALANDT/ELLENBERGER[78] § 183 Rn 1; PWW/FRENSCH[13] § 183 Rn 1): Hier ging es nicht um die Frage der Vornahme des übertragenden Verfügungsgeschäfts, sondern darum, ob sich aus dem Grundverhältnis zwischen dem Grundstückseigentümer und dem Erbbauberechtigten die Unwiderruflichkeit ergibt. Dass das Grundgeschäft sich zur Widerruflichkeit verhalten kann, ist anerkannt (Rn 76). Gleiches gilt nun auch für das in **§ 12 WEG** ermöglichte Zustimmungsrecht, hier hatte des OLG München für die Widerrufsmöglichkeit noch auf den Eingang des Umschreibungsantrags beim Grundbuchamt, nicht aber auf das Verpflichtungsgeschäft, abgestellt (OLG München 31. 5. 2017 – 34 Wx 386/16, ZMR 2017, 756; OLG München 31. 5. 2017 – 34 Wx 371/16, BeckRS 2017, 155056; OLG München 29. 9. 2016 – 34 Wx 191/16, NJW-Spezial 2017, 2, siehe dazu WEBER ZWE 2017, 341), der BGH (BGH 6. 12. 2018 – V ZB 139/17, BeckRS 2018, 39420) hat auch hier auf das Grundgeschäft abgestellt.

Keine Widerrufsmöglichkeit besteht mehr, wenn das Hauptgeschäft unter einer **62** Bedingung oder Befristung steht, aber bereits vorgenommen wurde (BeckOGK/REGENFUS [1. 4. 2019] § 183 Rn 15; MünchKomm/BAYREUTHER[8] § 183, Rn 12): Auch dann gilt die volle Bindung an das Hauptgeschäft, die Bedingung oder die Befristung sind Inhalt dieses Hauptgeschäfts.

63 Selbstredend keine Auswirkung auf das Widerrufsrecht für eine gegebene Ermächtigung, § 185 Abs 1 BGB, hat der zuvor erfolgende Abschluss des Verpflichtungsgeschäfts (BGH 28. 6. 1954 – IV ZR 40/54, BGHZ 14, 114). Auf der anderen Seite kann aus dem Grundgeschäft – wie etwa im Falle des Vorbehaltskaufs – die Unwiderruflichkeit der Einwilligung folgen (Staudinger/Gursky [2014] § 185 Rn 11; siehe auch Rn 76).

4. Rechtsfolgen des Widerrufs

64 Der Widerruf beseitigt – vorbehaltlich des Eingreifens von Rechtsscheintatbeständen (Rn 84 ff) – die zuvor oder zeitgleich gegebene Einwilligung und damit die Legitimation und so die Rechtsmacht des Handelnden zur von Anfang an wirksamen Vornahme des Hauptgeschäfts (MünchKomm/Bayreuther⁸ § 183 Rn 14; BeckOK BGB/Bub [1. 11. 2018] § 183 Rn 6): Die Einwilligung wird so wirkungslos und erlischt, das danach dennoch vorgenommene Hauptgeschäft ist **nicht wirksam** (Erman/Maier-Reimer¹⁵ § 183 Rn 7; jurisPK/Trautwein [Stand: 13. 2. 2019] § 183 Rn 7). Sofern kein einseitiges Rechtsgeschäft vorliegt (§ 184 Rn 66), ist es regelmäßig schwebend unwirksam und kann nurmehr durch Genehmigung wirksam werden (§ 184 Rn 43 f).

65 Durch den Widerruf begibt sich der Einwilligungsberechtigte aber nicht der Möglichkeit, **erneut in das Rechtsgeschäft einzuwilligen** oder es nach einwilligungsloser Vornahme zu genehmigen (MünchKomm/Bayreuther⁸ § 183 Rn 11; Erman/Maier-Reimer¹⁵ § 183 Rn 7; NK-BGB/Staffhorst³ § 183 Rn 4; BeckOGK/Regenfus [1. 4. 2019] § 183 Rn 18; Staudinger/Gursky [2014] § 183 Rn 13; PWW/Frensch¹³ § 183 Rn 3; jurisPK/Trautwein, [Stand: 13. 2. 2019], § 183 Rn 7). Seine Zustimmungsautonomie wird dadurch nicht eingeschränkt. Auf der schuldrechtlichen Ebene kann freilich die Verpflichtung bestehen, die Einwilligung (nochmals) zu erteilen oder aber die Einwilligung zu unterlassen (Vorbem 103 f zu §§ 182–185).

66 Der Widerruf kann aber nur dann gegenüber allen Beteiligung wirksam werden, wenn er sich nicht an Rechtsscheinüberlegungen bricht (Staudinger/Gursky [2014] § 183; siehe auch Rn 80 f).

Rn 67 ist frei.

5. Ausschluss des Widerrufs

68 Der Grundsatz der Widerruflichkeit der gegebenen Einwilligung kann eingeschränkt sein (Soergel/Leptien¹² § 183 Rn 4): durch entsprechende gesetzliche Regelung oder durch Rechtsgeschäft. Ist ein Widerruf auf diesen Grundlagen ausgeschlossen, so kommt es mit Wirksamkeit der Einwilligung zur Bindung des Einwilligenden, der auf die Wirksamkeit des Hauptgeschäfts dann keinen Einfluss mehr nehmen kann (NK-BGB/Staffhorst³ § 183 Rn 14). Damit haben die Parteien des Hauptgeschäftes Planungssicherheit. Eine Verpflichtung, das Hauptgeschäft auch wirklich vorzunehmen, ergibt sich aber aus der Einwilligung, auch aus der unwiderruflichen, als solcher nicht.

a) Gesetzlicher Ausschluss

In manchen Fällen stabilisiert das Gesetz die gegebene Einwilligung, indem es den **69** Widerruf ausschließt. Damit geht der Einwilligende durch die Einwilligung auch der Möglichkeit des Widerrufs verlustig. Dass das aber bei der Einwilligung zu einer Verfügung selbst eine **Verfügung** wäre (Flume, AT, 2. Bd [4. Aufl 1992] S 898; Erman/Maier-Reimer[15] § 183 Rn 5), ist zu weit gegriffen: Maßgebliches verfügendes Geschäft ist nach wie vor das Hauptgeschäft selbst (ausführlich § 185 Rn 12 f).

Die gesetzliche Beschränkung des Widerrufs gilt etwa für §§ 675j Abs 2 iVm 675p BGB (kein Widerruf bei der Zustimmung über einen Zahlungsvorgang); § 876 S 3 BGB (Zustimmung zur Aufhebung einer Belastung), §§ 877, 880 Abs 2 S 3, 1071 Abs 1 S 2 BGB (Zustimmung zur Aufhebung eines dem Nießbrauch unterliegenden Rechts durch den Nießbraucher), § 1178 Abs 2 S 3 BGB (Zustimmung zum Verzicht auf eine Hypothek für Nebenleistungen und Kosten), §§ 1183 S 2, 1245 Abs 1 S 3 BGB (Zustimmung zur Veräußerung des Pfandrechts durch einen am Pfand Berechtigten), § 1255 Abs 2 S 2 BGB (Zustimmung zur Aufhebung des Pfandrechts durch einen berechtigten Dritten), § 1276 Abs 1 S 2 BGB (Zustimmung zur Aufhebung eines verpfändeten Rechts durch den Pfandgläubiger), §§ 1516 Abs 2 S 4, 1517 Abs 1 S 2, 1750 Abs 2 S 2 BGB(Zustimmung zur Adoption) und § 2291 Abs 2 HS 2 BGB (Zustimmung zur Aufhebung eines Erbvertrages).

Der **Grund für den gesetzlichen Ausschluss der Widerrufsmöglichkeit** folgt aus den **70** jeweiligen Zustimmungsrechten selbst. Hier lässt sich grob unterteilen in die Fälle, bei denen der Ausschluss des Widerrufs aus einem verstärkten Bedürfnis nach Rechtssicherheit bei verfügungsrechtlichen Tatbeständen, bei denen Dritte eine erhöhte Planungssicherheit erhalten sollen, etwa § 876 S 3 BGB, oder aber dann, wenn die Einwilligung in die Nähe einer eigenen Vertragserklärung gestellt werden kann, wie etwa § 1516 Abs 2 BGB (siehe dazu ausführlich Mankowski S 71 f; ebenso BeckOGK/Regenfus [1. 4. 2019] § 183 Rn 21. 1; NK-BGB Staffhorst[3] § 183 Rn 7).

b) Rechtsgeschäftlicher Ausschluss
aa) Eigenes Rechtsgeschäft

Der Widerruf kann auch **rechtsgeschäftlich ausgeschlossen** werden (Palandt/Ellenberger[78] § 183 Rn 2; Staudinger/Gursky [2014] § 183 Rn 14; Erman/Maier-Reimer[15] § 183 Rn 6; jurisPK/Trautwein [Stand: 13. 2. 2019] § 183 Rn 5; NK-BGB/Staffhorst[3] § 183 Rn 5 f): **71** So kann – als einfachste Möglichkeit – der Einwilligungsberechtigte selbst auf das Widerrufsrecht verzichten (Wolf/Neuner AT[11] S 679).

Für Zustimmungserfordernisse, die das Aufsichts- oder Erziehungsrecht umsetzen sollen, ist der rechtsgeschäftliche Zugriff freilich nicht möglich, weil sich der Berechtigte hier der Entscheidungsflexibilität begibt (Flume, AT 2. Bd [4. Aufl 1992] S 897; Erman/Maier-Reimer § 183 Rn 6). Das Interesse etwa des potenziellen Geschäftspartners des Minderjährigen kann den Schutzzweck der §§ 107 ff BGB hier nicht schlagen. Bei Zustimmungsrechten, die auf Rechtsbetroffenheit gründen, bestehen solche Bedenken nicht, weil der Berechtigte hier selbst Betroffener des späteren Hauptgeschäfts ist (Erman/Maier-Reimer[15] § 183 Rn 69).

Richtig wird aber für einen solchen einseitigen Ausschluss des Widerrufsrechts **72** Eindeutigkeit gefordert (BeckOK BGB/Bub [1. 11. 2018] § 183 Rn 5), auch wenn er **konkludent** möglich, weil insgesamt im Recht der Zustimmung auch bei formnotwendigen Hauptgeschäft nach § 182 Abs 2 BGB kein Formgebot besteht (Palandt/Ellenberger[78] § 183 Rn 2). Für den Verzicht, der einseitiges Rechtsgeschäft ist, gelten die allgemeinen Regelungen.

73 **„Transportrechtsgeschäft" des Verzichts** ist einmal die Einwilligung selbst, die unwiderruflich gegeben werden kann (Staudinger/Gursky [2014] § 183 Rn 14; NK-BGB/Staffhorst[3] § 183 Rn 8; PWW/Frensch[13] § 183 Rn 2; MünchKomm/Bayreuther[8] § 183 Rn 16; Soergel/Leptien[12] § 183 Rn 4; BeckOGK/Regenfus [1. 4. 2019] § 183 Rn 22). Der Ausschluss des Widerrufsrechts kann aber nicht nur immanent oder ausdrücklich in der Einwilligung geschehen, sondern auch **zeitlich gestreckt**. Dann liegt ein **eigenständiger Verzicht** auf den Widerruf vor (Staudinger/Gursky [2014] § 183 Rn 14; Soergel/Leptien[12] § 183 Rn 4; MünchKomm/Bayreuther[8] § 183 Rn 16; BeckOGK/Regenfus [1. 4. 2019] § 183 Rn 22; BeckOK BGB/Bub [1. 11. 2018] § 183 Rn 5; NK-BGB/Staffhorst[3] § 183 Rn 8). Dieser Verzicht kann nach dem Rechtsgedanken des § 183 S 2 BGB allen am Hauptgeschäft Beteiligten gegenüber erklärt werden.

74 Zudem kann sich der Einwilligende gegenüber einem oder allen am Hauptgeschäft Beteiligten **rechtsgeschäftlich durch Vertrag verpflichten**, die Einwilligung nicht zu widerrufen (MünchKomm/Bayreuther[8] § 183 Rn 16; BeckOGK/Regenfus [1. 4. 2019] § 183 Rn 22; Staudinger/Gursky [2014] § 183 Rn 14; BGH 27. 9. 1962 – III ZR 83/61, NJW 1963, 36; Boor RNotZ 2017, 444, 449). Eine solche Abrede ist zwar vom Grundverhältnis zu unterscheiden, dennoch ergibt sich diese Möglichkeit der (gleichsam isolierten) Verzichtsvereinbarung ebenfalls aus § 183 S 1 BGB (Bork, Allgemeiner Teil des BGB [4. Aufl 2016] S 667; Soergel/Leptien[12] § 183 Rn 4). In dieser Verpflichtung liegt dann regelmäßig ein Verzicht, der direkt auf das Widerrufsrecht wirkt und dieses erlöschen lässt (Staudinger/Gursky [2014] § 183 Rn 14; jurisPK/Trautwein[8] [13. 2. 2019] § 183 Rn 5). Diese Verzichtsvereinbarung muss nicht mit allen Beteiligten geschlossen werden, letztlich genügt eine solche Vereinbarung mit einem der potenziell richtigen Adressaten des Widerrufs. Wenn die Mitgesellschafter der treuhänderischen Sicherungsabtretung eines Kommanditanteils zustimmen, so liegt darin ohne weiteres eine unwiderrufliche Zustimmung zur Rückübertragung nach Erledigung des Sicherungszwecks (BGH 30. 6. 1980 – II ZR 219/79, BGHZ 77, 392, 396 f = NJW 1980, 2708).

75 Die **Reichweite einer solchen rechtsgeschäftlichen Verpflichtung** ist aber privatautonom festzulegen, wenn es auch eher unpraktisch sein dürfte, dass sich der Einwilligungsberechtigte dazu verpflichtet, die Einwilligung nicht zu widerrufen, diese Verpflichtung aber lediglich dazu führen soll, dass ein dennoch erklärter Widerruf zwar wirksam ist, aber Schadensersatzansprüche nach sich ziehen soll. Eine Verpflichtung, einen Widerruf zu unterlassen, die gegenüber einem am zustimmungsbedürftigen Rechtsgeschäft nicht unmittelbar Beteiligten abgegeben wird, kann nach allgemeiner Meinung aber nicht das Widerrufsrecht erlöschen lassen, sondern führt bei Verletzung lediglich zu Schadensersatzansprüchen (Staudinger/Gursky [2014] § 183 Rn 14). Anderes gilt dann, wenn einem am Hauptgeschäft Beteiligten ein Anspruch auf Unterlassen in einem Vertrag zu Gunsten Dritter zugewandt wird, § 328 BGB (Staudinger/Gursky [2014] § 183 Rn 14; BeckOGK/Regenfus [1. 4. 2019] § 183 Rn 22. 1).

bb) Ausschluss und Grundverhältnis

76 **§ 183 S 1 aE BGB** geht aber weiter (Staudinger/Gursky [2014] § 183 Rn 14, 16): Gleich § 168 S 1 BGB wird hier ein Konnex zwischen dem Grundverhältnis und der Reich-

weite des Widerrufsrechts erreicht. Das Widerrufsrecht entfällt, wenn das Grundgeschäft zwischen dem Einwilligungsberechtigten und einem der am Rechtsgeschäft Beteiligten dies vorsieht (BGH 29. 6. 2017 – V ZB 144/16, NJW 2017, 3514; Soergel/Leptien[12] § 183 Rn 4; PWW/Frensch[13] § 183 Rn 2). Dieser Ausschluss des Widerrufs muss nicht ausdrücklich vereinbart werden, sondern ist im Rahmen der Auslegung, §§ 133, 157 BGB, zu ermitteln (BGH 14. 4. 1969 – VIII ZR 173/67, LM Nr 22 zu § 455 BGB = NJW 1969, 1171). Damit wirkt eine Verpflichtung zur Einwilligung gegenüber dem Ermächtigten in diesem Grundverhältnis regelmäßig als Widerrufsverzicht, was schon aus dem Gedanken des Verbots des widersprüchlichen Verhaltens einleuchtet (Staudinger/Gursky [2014] § 183 Rn 16; NK-BGB/Staffhorst[3] § 183 Rn 5). Das gilt erst recht dann, wenn das Grundgeschäft als solches einen Widerruf untersagt – etwa weil sich aus diesem ergibt, dass dem Ermächtigten in dessen Interesse die Einwilligung gegeben werden soll, um ihm Sicherheit zu leisten (Staudinger/Gursky [2014] § 183 Rn 16). Aber § 183 S 1 BGB ist eine Auslegungsregel (wie bei § 168 S 2 BGB): Im Zweifel bleibt es bei der Widerruflichkeit.

Beispiel ist hier der so genannte **verlängerte Eigentumsvorbehalt**, bei dem der Ausschluss des Widerrufs sich aus dem Kaufvertrag ergibt (BGH 14. 4. 1969 – VIII ZR 173/67, LM Nr 22 zu § 455 BGB = NJW 1969, 1171; NK-BGB/Staffhorst[3] § 183 Rn 6; PWW/Frensch[13] § 183 Rn 2): Ein jederzeitiger Widerruf würde dem Zweck des Vorbehaltskaufs widersprechen, das Vorbehaltsgut möglichst effizient weiterzuveräußern, auch, um den Vorbehaltsverkäufer durch Kaufpreiszahlung befriedigen zu können. Auch im Falle der **Auflassungsermächtigung**, die mit der Auflassung erteilt wird und zur Weiterveräußerung des Grundstücks ermächtigt, kann eine Vereinbarung der Unwiderruflichkeit liegen (BGH 21. 12. 1960 – VIII ZR 89/59, BGHZ 34, 122 = JA 1997, 458; BayObLG 2. 12. 1960 – BReg 2 Z 164/1960 – BayObLGZ 1960, 456 = JZ 1961, 543, 544; KG Berlin 15. 11. 2012 – 12 U 101/09, KGJ 53, 145; KG 10. 3. 1921 – OLGE 41, 147; Soergel/Leptien[12] Rn 4; PWW/Frensch[13] § 183 Rn 2); bei der Einwilligung des **Hypothekengläubigers** in die Auszahlung der Feuerversicherungssumme an den Versicherten (RG 26. 10. 1917 – 237/17 VII, JW 1918, 365), bei der Veräußerungsermächtigung im Rahmen des **contractus mohatrae** (Trödelvertrag, § 185 Rn 71), ferner bei der Einwilligung der Mitgesellschafter in eine **treuhänderische Sicherungszession eines Kommanditanteils** (BGH 30. 6. 1980 – II ZR 219/79, BGHZ 77, 392, = NJW 1980, 2708). Wenn der Grundstückskaufvertrag die **Bestellung eines Finanzierungsgrundpfandrechtes** durch den Verkäufer vorsieht, ergibt sich aus dem Kaufvertrag nicht nur die Einwilligung des durch Eigentumsvormerkung gesicherten Grundstückskäufers, sondern auch seine (die Widerruflichkeit ausschließende) Zustimmungspflicht (Gursky DNotZ 1998, 273; anders OLG Saarbrücken 16. 1. 1995 – 5 W 331/94, FGPrax 1995, 135). Allen diesen Fällen ist gemeinsam, dass die Ermächtigung letztlich der Absicherung des Ermächtigten dient (Staudinger/Gursky [2014] § 183 Rn 18).

Ist das **Grundgeschäft unwirksam**, so kann dessen Erlöschen nicht zum Ausschluss **77** des Widerrufsrechts führen (auch Staudinger/Gursky [2014] § 183 Rn 16; BeckOGK/Regenfus [1. 4. 2019] § 183 Rn 24). Hier kann nur bei der Einwilligung selbst angesetzt werden: Soll sie auch unter Berücksichtigung der Unwirksamkeit des Grundgeschäfts nicht widerrufen werden können? (dazu NK-BGB/Staffhorst[3] § 183 Rn 8; Staudinger/Gursky [2014] § 183 Rn 17).

Wenn die Unwiderruflichkeit der Einwilligung sich schon aus dem Grundverhältnis **78** ergibt, zudem aber auch in einem bei der Einwilligungserteilung erklärten Verzicht ihren Ausdruck findet, so ist das eine unnötige, aber **unschädliche Doppelung**. Erweist sich dann aber das Grundverhältnis als unwirksam, wird dadurch der Verzicht nicht ohne weiteres mit infiziert; Fehleridentität ist natürlich denkbar.

79 Einen anderen Weg geht FLUME (AT, 2. Bd [4. Aufl 1992] S 897), für den Unwiderruflichkeit nur dann möglich ist, wenn einer der am zustimmungsbedürftigen Rechtsgeschäft Beteiligten einen Anspruch auf die Vornahme des Hauptgeschäftes hat.

c) **Widerruf aus wichtigem Grund**

80 Stets möglich ist aber ein **Widerruf der Einwilligung aus wichtigem Grund**, wenn ein rechtsgeschäftlicher Verzicht vorliegt, auch hier zeigt sich die Parallelität zur Vollmacht (BGH 30. 6. 1980 – II ZR 219/79, BGHZ 77, 392 = NJW 1980, 2708; BGH 14. 4. 1969 – VIII ZR 173/67, LM Nr 22 zu § 455 BGB = NJW 1969, 1171; STAUDINGER/GURSKY [2014] § 183 Rn 14; PALANDT/ELLENBERGER § 183 Rn 2; BeckOGK/REGENFUS [1. 4. 2019] § 183 Rn 27; NK-BGB/STAFFHORST[3] § 183 Rn 13; ERMAN/MAIER-REIMER[15] § 183 Rn 6; SOERGEL/LEPTIEN[12] § 183 Rn 4; jurisPK/TRAUTWEIN [Stand: 13. 2. 2019] § 183 Rn 5; BeckOK BGB/BUB [1. 11. 2018] § 183 Rn 5). Dies gilt freilich nur für rechtsgeschäftliche Tatbestände, ist der Widerruf gesetzlich ausgeschlossen, so greifen lediglich die gesetzlichen Ausnahmen (NK-BGB/STAFFHORST[3] § 183 Rn 12). Hier wird aber vorgeschlagen, in Extremfällen über § 242 BGB zu helfen (NK-BGB/STAFFHORST[3] § 183 Rn 12).

81 Ein **wichtiger Grund liegt vor, wenn für den Einwilligenden ein Festhalten an der Einwilligung nicht zumutbar ist**. Das ergibt sich aus dem allgemeinen Rechtsgedanken, wie er auch in den §§ 314, 626 BGB grundgelegt ist. Hier manifestiert sich die grundlegende Vorgabe, dass eine rechtsgeschäftliche Bindung nicht unzumutbar bestehen bleiben kann. Eine dogmatische Verankerung in § 138 BGB (so PALANDT/ELLENBERGER § 183 Rn 2) drängt sich demgegenüber nicht auf.

Ein wichtiger Grund wird etwa angenommen, wenn im Falle des **Vorbehaltsverkaufs** der Vorbehaltskäufer das Sicherungsinteresse des Verkäufers erheblich gefährdet (BGH 14. 4. 1969 – VIII ZR 173/67: LM Nr 22 zu § 455 BGB = NJW 1969, 1171; OLG München 18. 10. 1985 – 23 U 2983/85, WuB I F 4 Sicherungsabtretung 6. 86 = BB 1985, 2270; BayObLG 2. 12. 1960 – BReg 2 Z 164/1960 – BayObLGZ 1960, 456 = JZ 1961, 543; LEIBLE/SOSNITZA JuS 2001, 449, 454). Wobei in diesen Fällen regelmäßig nicht von einer ordnungsgemäßen Weiterveräußerung ausgegangen werden kann, so dass sich die Ermächtigung ohnehin nicht darauf bezieht (§ 185 Rn 65 f). Entsprechendes gilt für die Einziehungsermächtigung bei der **stillen Sicherungszession** (OLG München 18. 10. 1985 – 23 U 2983/85, BB 1985, 2270) und den Widerruf der Einwilligung in die Weiterübereignung oder **Belastung des aufgelassenen Grundstücks durch den Auflassungsempfänger** (BayObLG 2. 12. 1960 – BReg 2 Z 164/60 – BayObLGZ 1960, 456 = JZ 1961, 543; SOERGEL/LEPTIEN[12] Rn 4).

82 Ist das Grundverhältnis zwischen dem Einwilligenden und dem Erklärungsempfänger erloschen, so wird ein wichtiger Grund auch darin gesehen, dass das **Grundverhältnis von vornherein unwirksam** oder nichtig ist (STAUDINGER/GURSKY [2014] § 183 Rn 22; NK-BGB/STAFFHORST[3] § 183 Rn 22). Daran ist richtig, dass die entsprechend Anwendung des § 168 S 1 BGB (Rn 27) hier ins Leere geht. Allerdings ist fraglich, ob es hier einen Automatismus geben kann. Das Vorliegen eines wichtigen Grundes ist vielmehr im Einzelfall festzustellen.

Wenn bisweilen vertreten wird, es seien **Ausnahmen** vom Grundsatz der Möglichkeit 83
des Widerrufs aus wichtigem Grund zu machen, etwa, dass diese entfallen, wenn der
wichtige Grund von dem Ermächtigten nicht zu vertreten sei und der Widerruf für
ihn erhebliche finanzielle Nachteile bringe (BGH 30. 6. 1980 – II ZR 219/79, BGHZ 77, 392
= NJW 1980, 2708; Staudinger/Gursky [2014] § 183 Rn 14), scheint dies ungenau. Bei Lichte
betrachtet ist dies aber kein Fall der Ausnahme, sondern der Bestätigung: Weil in
diesen Fällen bereits – in Folge der Abwägung der Interessen der Beteiligten – gar
kein wichtiger Grund vorliegt.

6. Widerruf und Rechtsschein

Ist eine Einwilligung zunächst erteilt, später aber widerrufen worden, so ergeben sich 84
aus der klassischen Dreieckskonstellation Rechtssicherheitsrisiken, wenn ein Beteiligter, der zwar von der Einwilligung, aber nicht vom Widerruf Kenntnis hat, auf die
gegebene Einwilligung vertraut. Die ganz herrschende und richtige Meinung wendet
hier die Rechtsscheintatbestände, die in den **§§ 171–173 BGB** begründet sind, **entsprechend** an (BGH 20. 1. 1961 – II ZR 150/62, WM 1964, 224; MünchKomm/Bayreuther[8] § 183
Rn 14; Palandt/Ellenberger § 183 Rn 2; Staudinger/Gursky [2014] § 183 Rn 9, 17; BeckOGK/
Regenfus [1. 4. 2019] § 183 Rn 19; Staudinger/Gursky [2014] § 183 Rn 17; Wolf/Neuner AT[11]
S 679; NK-BGB/Staffhorst[3] § 183 Rn 17; jurisPK/Trautwein [Stand: 13. 2. 2019], § 183 Rn 8; RG
JW 1928, 1367; Soergel/Leptien[12] § 183 Rn 2; Erman/Maier-Reimer[15] § 183 Rn 7; Palandt/
Ellenberger[78] § 183 Rn 2; Flume, AT, 2. Bd [4. Aufl 1992] S 897; Enneccerus/Nipperdey,
AT § 204 II 3; vTuhr, AT II 2, 232 f). Dass im Gesetzgebungsverfahren zum BGB ein
Verweis auf die Regelungen der Bevollmächtigung nicht weiterverfolgt wurde, lässt
nicht anders entscheiden – die Parallelität von Vollmacht und Zustimmung ließ
letztlich eine ausdrückliche Verweisung, wie in § E I § 127 Abs 3 vorgesehen, überflüssig erscheinen (HKK/Finkenauer §§ 182–185 Rn 11).

Wird von der Möglichkeit Gebrauch gemacht, dem einen Beteiligten die Einwilli- 85
gung, dem anderen aber den Widerruf zu erklären (Rn 48), so ergibt sich für denjenigen, demgegenüber die Einwilligung erklärt wurde, ein Rechtsschein, den der
Widerrufende zerstören muss, §§ 170, 173 BGB entsprechend (Staudinger/Gursky
[2014] § 183 Rn 17). Hier wird der in Bezug auf die Einwilligung Gutgläubige geschützt,
wenn er den Widerruf nicht kannte oder nicht kennen musste. Deshalb kommt einer
Urkunde, in der die Einwilligung niedergelegt ist, grundsätzlich eine Rechtsscheinwirkung zu, die der Widerrufende durch Einzug der Urkunde oder anderweitiges
Inkenntnissetzen über den Widerruf zerstören muss, § 172 BGB analog (BeckOGK/
Regenfus [1. 4. 2019] § 183 Rn 19; Staudinger/Gursky [2014] § 183 Rn 17). Hier wird als
Urkunde auch die Vertragsurkunde gesehen, aus der sich eine Einwilligung zumindest konkludent ergibt (Staudinger/Gursky [2014] § 183 Rn 17). Damit kommt im Falle
der Auflassungsermächtigung auch die Auflassungsurkunde in Frage – allerdings
muss sich die Ermächtigung auch aus der Urkunde ergeben, um das geschützte
Vertrauen auszulösen (Staudinger/Gursky [2014] § 185 Rn 17).

VII. Verweigerung der Einwilligung

Wird die Einwilligung verweigert, so führt dies nicht zu einem rechtlich anderen 86
Zustand als ohne jede Äußerung des Verweigernden: Der Verweigernde kann auch
danach noch die Einwilligung erteilen oder später das Hauptgeschäft genehmigen,

und er kann auch die dann gegebene Einwilligung in den gegebenen Grenzen widerrufen (Staudinger/Gursky [2014] § 183 Rn 4). Das unterscheidet die Verweigerung der Einwilligung elementar von der Verweigerung der Genehmigung, die gestaltendes Rechtsgeschäft und grundsätzlich stabil ist (§ 184 Rn 11) – wenn nicht das Gesetz, wie etwa in den §§ 108 Abs 2, 177 Abs 2 BGB, etwas anderes vorsieht (Staudinger/Gursky [2014] § 183 Rn 4). Dazu ausführlich § 182 Rn 88.

VIII. Prozessuales

87 Auf Prozesshandlungen ist § 183 nach herrschender Meinung entsprechend anwendbar (Staudinger/Gursky [2014] § 183 Rn 12). Dabei kommt es auf die einzelne Prozesshandlung an, etwa die Klageerhebung, nicht aber auf den Abschluss des Verfahrens als Ganzes (Staudinger/Gursky [2014] § 183 Rn 12; Erman/Maier-Reimer § 183 Rn 4, siehe noch Vorbem 138 f zu §§ 182–185).

88 § 183 BGB – und damit die Widerrufsmöglichkeit – ist auch für die Prozessführungsermächtigung im Rahmen der gewillkürten Prozessstandschaft entsprechend anwendbar (BGH 27. 2. 2015 – V ZR 128/14, NJW 2015, 2425; BGH 9. 10. 2014 – IX ZR 140/11, BGHZ 202, 324 = MDR 2015, 242; RG 10. 5. 1940 – VII 246/39, RGZ 164, 240; MünchKomm/Bayreuther[8] § 183; jurisPK-BGB/Trautwein Rn 7; Staudinger/Gursky [2014] § 183 Rn 12; Palandt/Ellenberger § 183 Rn 1; PWW/Frensch[13] § 183 Rn 1). Die Unwiderruflichkeit tritt mit Beging der mündlichen Verhandlung ein (BGH 27. 2. 2015 – V ZR 128/14, NJW 2015, 2425), andere wollen freilich den Widerruf der Einwilligung zur Klageerhebung bis zur Zustellung der Klage ermöglichen (RG 10. 5. 1940 – VII 246/39, RGZ 164, 240; BeckOGK/Regenfus [1. 4. 2019] § 183 Rn 29; Staudinger/Gursky [2014] § 183 Rn 12).

89 Für die Unterwerfung unter die sofortige Zwangsvollstreckung, und Ermächtigung des Notars zur Erteilung einer vollstreckbaren Ausfertigung, § 795 Abs 1 Nr 5 ZPO, gilt auch § 183 S 1 BGB entsprechend, maßgeblicher Zeitpunkt für den Widerruf ist hier die erstmalige Ausfertigung der Urkunde (BayObLG 6. 8. 2003 – 3 Z BR 137/03, RNotZ 2003, 586, 587; Staudinger/Gursky [2014] § 183 Rn 12; Erman/Maier-Reimer § 183 Rn 4; BeckOGK/Regenfus [1. 4. 2019] § 184 Rn 17; MünchKomm/Bayreuther[8] § 183 Rn 12).

90 Siehe noch Vorbem 138 ff zu §§ 182–185.

IX. Beweislast

91 Für die Darlegungs- und Beweislast gelten die allgemeinen Grundsätze: Wer sich auf die Einwilligung beruft, hat diese darzulegen und zu beweisen (BGH 30. 4. 1959 – III ZR 24/58, BGHZ 30, 67 = NJW 1959, 1429; Baumgärtel/Laumen/Prütting[4] § 182). Wer sich auf den Widerruf beruft, hat diesen darzulegen und zu beweisen (BGH 28. 9. 1960, WM 1960, 1419; BGH 30. 4. 1959 – III ZR 24/58, BGHZ 30, 67 = NJW 1959, 1429; Baumgärtel/Laumen/Prütting[4] § 182 Rn 1).

Titel 6
Einwilligung und Genehmigung § 184

§ 184
Rückwirkung der Genehmigung

(1) Die nachträgliche Zustimmung (Genehmigung) wirkt auf den Zeitpunkt der Vornahme des Rechtsgeschäfts zurück, soweit nicht ein anderes bestimmt ist.

(2) Durch die Rückwirkung werden Verfügungen nicht unwirksam, die vor der Genehmigung über den Gegenstand des Rechtsgeschäfts von dem Genehmigenden getroffen worden oder im Wege der Zwangsvollstreckung oder der Arrestvollziehung oder durch den Insolvenzverwalter erfolgt sind.

Materialien: E I § 127 Abs 4; II § 152, rev § 180; III § 180; Mot I 247; Prot I 176 ff; VI 129 ff, 133; JAKOBS/SCHUBERT, AT II 948 ff; Abs 2 geändert durch Art 33 EGInsO v 5. 10. 1994 (BGBl I 2911).

Systematische Übersicht

I. Überblick	1	
II. Anwendung	3	
III. Genehmigung		
1. Genehmigung als Rechtsgeschäft	6	
2. Keine Pflicht zur Genehmigung	14	
3. Bedingung und Genehmigung	15	
4. Rechtsfolge der Genehmigung	21	
IV. Genehmigungsberechtigung	23	
1. Aufsichtsrecht	24	
2. Rechtsbetroffenheit	27	
a) Grundsatz: Zeitpunkt der Genehmigung	28	
b) Ausnahmen	29	
aa) Untergang des Genehmigungsobjektes	29	
bb) Ersitzung	32	
cc) Fehlende Verfügungsbefugnis zum Zeitpunkt des Hauptgeschäfts	33	
dd) Keine Verfügungsbefugnis in der Insolvenz	35	
V. Genehmigungsobjekt	36	
VI. Schwebende Unwirksamkeit		
1. Grundsätzliches	43	
2. Nebenpflichten	50	
3. Schwebende Unwirksamkeit und Dritte	54	
4. Dauer	56	
a) Keine gesetzliche Genehmigungsfrist	57	
b) Aufforderungsmechanismus	61	
c) Befristungen	63	
d) Entfall des Zustimmungserfordernisses	68	
e) Verweigerung der Genehmigung	71	
f) Wiederaufleben der Schwebephase	77	
VII. Rechtsfolge der Genehmigung		
1. Grundsätzliches	78	
2. Rechtgeschäftlicher Zugriff	84	
3. Auswirkungen auf das Verpflichtungsgeschäft	88	
a) Grundsätzliches	88	
b) Ausnahmen von der Rückwirkung	92	
aa) Verzug	93	
bb) Verjährung	95	
cc) Vertragsstrafe	96	
dd) Fristen	97	
4. Gestaltungsrechte, einseitige Rechtsgeschäfte	105	
5. Verfügungsgeschäfte	106	
6. Gesellschaftsrecht	111	
7. Familiengerichtliche Genehmigung	112	

8. Prozessrecht	113
9. Steuerrecht	114

VIII. Wirksamkeit von Zwischenverfügungen

1. Grundsatz und Zweck	116
2. Zwischenverfügung	118
3. Zwangsvollstreckungsmaßnahmen	133
4. Rechtsfolge	137
5. Allgemeines Prinzip?	141

IX. Beweislast ... 142

Alphabetische Übersicht

Änderungsvertrag	39
Anfechtungsfrist	103
Angebot, befristet	65
Annahmeverzug	94
Arrest	116
Aufforderung zur Genehmigung	15, 61
Aufhebungsvertrag	39, 45
Ausschlussfrist	98
Bedingung	119
Culpa in contrahendo	53
Deckungsgleichheit	8
Dereliktion	125
Eigentumsverlust	28
Ergänzungspfleger	114
Erlösherausgabe	17
Ersitzung	32
Falsa demonstratio	9
Familiengericht	112, 124
Forderungsabtretung	120
Genehmigung im öffentlichen Recht	4
Genehmigung, Anfechtung	112
Genehmigung, Form	13
Genehmigung, Widerruf	11
Geschäftsfähigkeit	42
Grundbuch	42
Guter Glaube	110, 130
Hauptgeschäft, befristet	64
Insolvenz	25, 35, 99
Kaufvertrag	89
Klage	87, 100, 113
Kondiktion	47
Kündigungsfrist	97
Kündigungsschutzklage	100
Leistungspflicht	46, 90
Leistungsverzug	70
Minderjährigkeit	24
Nachfrist	101
Nachlass	20
Personengesellschaft	111
Personenidentität	128
Pfändungsbeschluss	133 f
Potestativbedingung	17
Prozesshandlung	5
Rechtsmittel	113
Rücksichtnahmepflicht	50
Schenkungsteuer	115
Schuldnerverzug	93
Spekulationsgeschäft	114
Tatsachen	80
Teilgenehmigung	10
Testament	25
Überweisungsbeschluss	135
Unmöglichkeit	91
Untergang der Sache	28 f
Unterlassungspflicht	51
Verarbeitung	29
Verbindung	29
Verbraucherschutz	102
Verfügung Dritter	197
Verfügung, mehraktige	106
Verjährung	95 ff
Vermieterpfandrecht	20

Titel 6
Einwilligung und Genehmigung § 184

Vermischung	29	Widerruf	41, 45, 62
Vernichtung der Sache	29	Widerspruch	136
Versicherung	135	Wiederauftauchen	18
Vertrag zu Gunsten Dritter	50		
Vertragsstrafe	96	Zinsen	88
Verweigerung, Widerruflichkeit	73	Zwangsversteigerung	31
Verwirkung	58 f	Zwangsvollstreckung	133
Volljährigkeit	69	Zwischenverfügung	60 ff
Vorkaufsrecht	99		

I. Überblick

Bei der Zustimmung nach Vornahme des Hauptgeschäfts, der Genehmigung, muss die Frage nach der Wirkung auf das Hauptgeschäft beantwortet werden. Dass dies, wie Abs 1 regelt, grundsätzlich der Zeitpunkt der Vornahme des Hauptgeschäfts selbst und nicht der spätere des Zugangs der Genehmigung ist, ist mit Blick auf das Recht der Bedingung – siehe dort § 159 BGB – nicht zwingend, gerade weil sich dann etwa für schuldrechtliche Hauptgeschäfte leistungsrechtliche Folgefragen für den Zeitraum der schwebenden Unwirksamkeit stellen (Rn 43 f). Aus der Entscheidung für die Rückwirkung folgt zudem, dass – auf dem richtigen Konzept der Verfügungsbefugnis aufbauend (Rn 116 f) – Verfügungen, die im Zeitraum zwischen der Verfügung des Nichtberechtigten und der Genehmigung durch den Berechtigten vorgenommen wurden (deshalb „Zwischenverfügungen"), nicht durch eine rückwirkend „überholende" Genehmigung unwirksam werden können. Dies stellt Abs 2 klar, der solchen Verfügungen Akte der Zwangsvollstreckung, der Arrestvollziehung und des Insolvenzverwalters gleichstellt. Insofern ist Abs 2 eher eine deklaratorische und letztlich überflüssige Regelung (Rn 117). **1**

Das Konzept der Rückwirkung nach Abs 1 war und ist umstritten. Im Gesetzgebungsverfahren baute man (wahrscheinlich, HKK/FINKENAUER §§ 182–184 Rn 6) auf der sogenannten Deklarationstheorie auf, wonach die Genehmigung lediglich zum Hauptgeschäft hinzutritt und dieses ergänze (siehe dazu HKK/FINKENAUER §§ 182–185 Rn 6): Damit würde die Genehmigung in das Hauptgeschäft gleichsam einbezogen, dieses würde durch sie lediglich bestätigt. Dieses Verständnis hat sich freilich später nicht durchgesetzt, sondern die Genehmigung wird nunmehr als **konstitutiver Akt** angesehen, der eigene Wirksamkeitsvoraussetzung ist (BeckOGK/REGENFUS [1. 4. 2019] § 184 Rn 1 ff; siehe auch HKK/FINKENAUER §§ 182–185 Rn 10, der dies freilich als nicht mit der Konzeption des BGB vereinbar ansieht). Heute stößt die Rückwirkung vor allem deswegen auf Kritik, weil die zahlreichen Ausnahmen (Rn 92 f) als inkonsistent und rechtsunsicher angesehen werden. Es wird eine Wirkung der Genehmigung *ex nunc* propagiert (dazu EICKELMANN S 84 f). Das freilich sind Forderungen, die aufgrund der klaren Aussage des § 184 Abs 1 BGB nur *de lege ferenda* erhoben werden können. Freilich ist die Rückwirkung disponibel, so dass die Parteien des Hauptgeschäftes auch anderes – und für sie „Passgenaueres" vereinbaren können (BeckOK BGB/BUB [1. 11. 2019] § 184 Rn 1). **2**

Steffen Klumpp

II. Anwendung

3 § 184 BGB ist auf alle zustimmungsbedürftigen Rechtsgeschäfte anwendbar, sofern diese nach dem Gesetz überhaupt für eine schwebende Unwirksamkeit offen sind. So ist für eine Rückwirkung der Genehmigung etwa nach ganz herrschender und richtiger Meinung (§ 182 Rn 83) bei zustimmungsbedürftigen **einseitigen Rechtsgeschäften** wegen des erhöhten Bedürfnisses des Erklärungsempfängers nach Rechtssicherheit grundsätzlich kein Raum (BeckOGK/Regenfus [1. 4. 2019] § 184 Rn 60). Eine Ausnahme von diesem Grundsatz ist nur dann zu machen, wenn der Erklärungsempfänger selbst mit der eintretenden schwebenden Unwirksamkeit entsprechend § 180 S 2, 3 BGB einverstanden ist und sich so selbst in die Ungewissheit begibt (§ 182 Rn 84). Aus welchem Grund die Zustimmungsberechtigung besteht, spielt keine Rolle.

4 Für **Genehmigungen im öffentlichen Recht** gelten die Regelungen des Verwaltungsrechts (Vorbem 108 f zu §§ 182–185). Enthalten diese die Rückwirkungsanordnung, tritt die gleiche Wirkung wie bei § 184 Abs 1 BGB ein, allerdings eben auf rein verwaltungsrechtlicher Basis. Man mag § 184 Abs 1 BGB als Ausdruck eines allgemeinen Grundsatzes verstehen, der auch für öffentlich-rechtliche Genehmigungen gilt (siehe OLG Celle RdL 1954, 46; OLG Köln RdL 1954, 71; Riedel JZ 1955, 110; Erman/Maier-Reimer[15] § 184). Das bedeutet aber nicht die Anwendung des § 184 Abs 1 BGB, sondern dass sich dieser allgemeine Grundsatz (dem man auf dem Boden zahlreicher Sonderregelungen durchaus skeptisch gegenüberstehen kann, § 184 Rn 92 f) sowohl hier wie auch verwaltungsrechtlich niedergeschlagen hat. Das gilt für öffentlich-rechtliche Genehmigungen, die ein rechtsgeschäftliches Verhältnis regeln, aber erst recht für solche, die eine rein verwaltungsrechtliche Wirkung entfalten (siehe hier BVerwG 24. 6. 1999 – 7 C 20/98, BVerwGE 109, 169 = NJW 1999, 3357; Erman/Maier-Reimer[15] § 184 Rn 4).

5 § 184 BGB kann aber für **Genehmigungen im Zivilverfahren** entsprechend angewandt werden (BGH 7. 6. 1990 – III ZR 142/89, BGHZ 111, 339, 343 = NJW 1990, 3085; Erman/Maier-Reimer[15] § 184 Rn 4): So kann etwa die Klageerhebung und die Einlegung von Rechtsmitteln durch einen vollmachtlosen Vertreter genehmigt werden (Rn 113). Allerdings gilt dies in den Vorgaben des Zivilprozessrechts und die Genehmigung ist nur dann „atomisierbar" und so auf einzelne Prozesshandlungen anwendbar, wenn dies verfahrensrechtlich möglich ist. So ist etwa eine Genehmigung des Handelns eines vollmachtlosen Vertreters bezogen auf einzelne Prozesshandlungen nicht möglich, sondern muss sich auf die gesamte Prozessführung beziehen (BGH 19. 7. 1984 – X ZB 20/83, BGHZ 92, 137 = NJW 1987, 130; Erman/Maier-Reimer[15] § 184 Rn 4; siehe dazu Vorbem 100 Rn 138 f). Zudem kommt es zu einer Einschränkung der Rückwirkung der Genehmigung (dazu Rn 21).

III. Genehmigung

1. Genehmigung als Rechtsgeschäft

6 Die Genehmigung ist die nachträgliche Zustimmung (Wolf/Neuner AT[11] S 679; Erman/Maier-Reimer[15] § 184 Rn 1; Staudinger/Gursky [2014] § 184 Rn 1). Sie ist einseitiges Rechtsgeschäft und wird durch eine empfangsbedürftige Willenserklärung konstituiert (Wolf/Neuner[11] S 681; jurisPK/Trautwein[8] [Stand: 13. 2. 2019] § 184 Rn 1).

Der **Unterschied zur Einwilligung** und damit die dogmatische Besonderheit (Münch- 7
Komm/Bayreuther[8] § 184 Rn 1) zeigt sich nicht nur in der zeitlichen Dimension, die
die Einwilligung für den Zeitraum vor der Vornahme des Hauptgeschäfts, für die
Genehmigung für den Zeitraum nach dessen Vornahme vorsieht, sondern vor
allem in der durch die Genehmigung unmittelbar ausgelösten Rechtsfolge: Die
Genehmigung wirkt selbst **rechtsgestaltend**, in dem sie dem Hauptgeschäft ex tunc
zur Wirksamkeit verhilft und die seit der Vornahme des Hauptgeschäfts bestehende Phase der schwebenden Unwirksamkeit beendet. Diese gestaltende Wirkung
kennt die Einwilligung nicht, weil sie vor dem Hauptgeschäft vorgenommen wird.
Sie lässt die Genehmigung einer Verfügung für manche selbst zur Verfügung
werden (Vorbem 46 f zu §§ 182–185). Die Unterschiede gehen freilich weiter. Die
Einwilligung ist vorbereitende *Aktion:* Die Beteiligten am Hauptgeschäft müssen
sich, um dessen Wirksamkeit zu gewährleisten, innerhalb der Vorgaben des Einwilligenden halten, dieser hat insofern eine hohe Gestaltungsautonomie (Vorbem 15
zu §§ 182–185). Die Genehmigung dagegen ist *Reaktion* auf eine Einwirkung in die
Rechtssphäre des Zustimmungsberechtigten – gleich ob dies nun die eigene Rechtsbetroffenheit oder das Aufsichts- oder Verwaltungsrecht betrifft (BeckOGK/Regenfus [1. 4. 2019] § 184 Rn 2). Zwar kann der Weg über einen Nichtberechtigten durchaus auch vom Berechtigten gewollt und gesteuert sein, dogmatisch kann sich die
Genehmigung aber stets nur auf das Hauptgeschäft beziehen, so wie es konkret
vorgenommen wurde. Der Genehmigende hat also inhaltlich bei vorgenommenem
Rechtsgeschäft keine Flexibilität.

So kann die Genehmigung den **Inhalt des Hauptgeschäfts nicht ändern**, sondern sie 8
zielt nur auf dessen Wirksamkeit genau so, wie es durch die Beteiligten vorgenommen wurde – sie muss also „passen" (OLG Hamburg 11. 7. 2007 – 5 U 93/06, OLGR
Hamburg 2008, 597 = NJOZ 2008, 2360; KG 2. 5. 1941 – 4 D 160/41, HRR 1941 Nr 835; BeckOGK/Regenfus [1. 4. 2019] § 184 Rn 8; Staudinger/Gursky [2014] § 184 Rn 12; MünchKomm/
Bayreuther[8] § 184 Rn 10). Das Zustimmungserfordernis trägt keinen Zugriff auf die
inhaltliche Gestaltung des Hauptgeschäfts, weil dem Zustimmungsberechtigten
keine einseitige inhaltliche Gestaltungsmacht gegeben ist. Zwar kann der Genehmigende die Genehmigung für ein Rechtsgeschäft eines bestimmten Inhalts erteilen
und er kann hier auch sehr konkret werden (einschränkend oder erweiternd, siehe
allgemein § 182 Rn 35 f), allerdings hat eine solche Genehmigung eben keine inhaltsändernde Kraft, die auf das Hauptgeschäft wirken könnte. Folge einer **inhaltlichen
Differenz zwischen Genehmigung und Hauptgeschäft** wird deshalb regelmäßig sein,
dass der Genehmigende den Inhalt des Hauptgeschäfts nicht gelten lassen möchte
und so die Genehmigung verweigert – das lässt das bislang schwebend unwirksame,
inhaltsabweichende Rechtsgeschäft endgültig entfallen (§ 182 Rn 40). In einem nächsten Schritt kann diese Verweigerung als eine Einwilligung in ein neu vorzunehmendes Hauptgeschäft mit dem Genehmigungsinhalt ausgelegt werden (OLG Hamburg 11. 7. 2007 – 5 U 93/06, OLGR Hamburg 2008, 597 = NJOZ 2008, 2360; OLG Hamm 10. 8.
2000 – 27 U 55/00, OLGR Hamm 2001, 231 = DNotZ 2002, 266; OLG Hamm 25. 11. 1992 – 31 U
126/92, OLGR Hamm 1993, 228; MünchKomm/Bayreuther[8] § 184 Rn 10; Erman/Maier-Reimer[15] § 184 Rn 3; Staudinger/Gursky [2014] § 184 Rn 12). Das ist aber nicht zwangsläufig
so, sondern Frage der Auslegung. Zur bedingten Genehmigung siehe Rn 15 ff.

Auch hier sind die allgemeinen rechtsgeschäftlichen Vorgaben zu beachten: Wird 9
der zustimmungsbedürftige Vertrag unter einer **falsa demonstratio** geschlossen (§ 182

Rn 33) und verwendet und versteht der Genehmigende die betreffende Bezeichnung objektiv richtig und damit different zu den am Hauptgeschäft Beteiligte, so liegt keine Genehmigung des Hauptgeschäfts vor – weil die Genehmigung auf einen anderen Vertragsinhalt zielt (OLG Düsseldorf 15. 12. 1993 – 9 U 96/93, NJW-RR 1995, 784; STAUDINGER/GURSKY [2014] § 184 Rn 13; MünchKomm/BAYREUTHER[8] § 184 Rn 10).

10 Das Hauptgeschäft kann **auch in Teilen genehmigt** werden (MünchKomm/BAYREUTHER[8] § 184 Rn 10; ERMAN/MAIER-REIMER[15] § 184 Rn 3; STAUDINGER/GURSKY [2014] § 184 Rn 12; BeckOGK/REGENFUS [1. 4. 2019] § 184 Rn 8). Das setzt **zweierlei** voraus: Zum einen muss durch Auslegung ermittelt werden, ob sich die **Genehmigung** nur oder zumindest auch **auf Teile** des Hauptgeschäfts **beziehen soll**. Will der Zustimmungsberechtigte nur das gesamte Hauptgeschäft genehmigen, so liegt darin regelmäßig die Ablehnung einer bloßen Teilgenehmigung (ERMAN/MAIER-REIMER[15] § 182 Rn 3). Einen Auslegungsgrundsatz, dass stets jedenfalls der größtmögliche Teil des Hauptgeschäfts genehmigt werden soll, gibt es nicht (siehe auch § 182 Rn 40). Richtig muss der Wille, lediglich Teile zu genehmigen eindeutig ermittelt werden. Liegt eine Genehmigung des Rechtsgeschäftes als Ganzes vor, so kann darin aber unter Umständen eine Einwilligung in ein dann noch vorzunehmendes späteres Rechtsgeschäfts gesehen werden, das sich auf diesen Teilaspekt bezieht (ERMAN/MAIER-REIMER[15] § 184 Rn 3).

Zum anderen muss das **Rechtsgeschäft teilbar sein** (ERMAN/MAIER-REIMER[15] § 182 Rn 3). Das betrifft zunächst die rechtlich sinnvolle Teilbarkeit als Grundfrage, aber ebenso den Willen der am Hauptgeschäft Beteiligten, lediglich einen Teil gelten lassen zu wollen, auch wenn der andere Teil wegen der Verweigerung der Genehmigung unwirksam ist. Es gilt hier der Grundsatz des § 139 BGB (STAUDINGER/GURSKY [2014] § 184 Rn 12; BeckOGK/REGENFUS [1. 4. 2019] § 184 Rn 8; MünchKomm/BAYREUTHER[8] § 184 Rn 10).

11 Die **Genehmigung ist unwiderruflich** (bereits BGH 14. 10. 1963 – VII ZR 33/62, BGHZ 40, 156 = MDR 1964, 136; WOLF/NEUNER[11] S 680; STAUDINGER/GURSKY [2014] § 184 Rn 14; ERMAN/MAIER-REIMER[15] § 184 Rn 2). Eine Regelung wie § 183 S 1 BGB, die die Widerrufsmöglichkeit für die Einwilligung vorsieht, fehlt. Und dieses Fehlen ist beredt (BeckOGK/REGENFUS [1. 4. 2019] § 184 Rn 9; NK-BGB/STAFFHORST[3] § 182 Rn 40). Eine Widerrufsmöglichkeit für die Genehmigung führte zu einer nicht hinnehmbaren Rechtsunsicherheit für die am Hauptgeschäft Beteiligten, weil sie sich des Bestandes des Hauptgeschäfts nie sicher sein könnten. Im Gegensatz zum Widerruf der Einwilligung mit der Vornahme des Hauptgeschäfts fehlte für einen Widerruf der Genehmigung auch eine belastbare zeitliche Vorgabe für das Ende der Widerrufsmöglichkeit. § 130 Abs 1 S 2 BGB, der selbstredend auch für die zur Genehmigung führenden Willenserklärung gilt, hat damit ersichtlich nichts zu tun: Dieser Widerruf zielt nicht auf die Vernichtung der erteilten wirksamen Genehmigung, sondern gerade auf das Verhindern ihres Wirksamwerdens (BeckOGK/REGENFUS [1. 4. 2019] § 184 Rn 9 Fn 20).

12 Die Willenserklärung, die die Genehmigung als einseitiges Rechtsgeschäft konstituiert, ist **anfechtbar** (STAUDINGER/GURSKY [2014] § 184 Rn 14; BeckOGK/REGENFUS [1. 4. 2019] § 184 Rn 10; ERMAN/MAIER-REIMER[15] § 184 Rn 2). Siehe dazu § 182 Rn 63 ff.

13 Die Genehmigung bedarf grundsätzlich **keiner Form, § 182 Abs 2 BGB** (MünchKomm/BAYREUTHER[8] § 184 Rn 2; WOLF/NEUNER[11] S 682), dies gilt auch dann, wenn das Hauptgeschäft formbedürftig ist und dieses Formgebot einen Warnzweck verfolgt. Wenn von manchen von § 182 Abs 2 BGB bei unwiderruflichen Einwilligungen in Kombination mit einem aus Warnzwecken aufgestellten gesetzlichen Formgebot eine Ausnahme gemacht werden soll, zeigt gerade die ohnehin nicht widerrufliche Genehmigung, dass dieser Gedanke nicht trägt, weil er § 182 Abs 2 BGB für die Genehmigung weitgehend aushöhlte. Dazu § 182 Rn 95 ff.

2. Keine Pflicht zur Genehmigung

Es besteht, wie bei der Zustimmung insgesamt (Vorbem 97 f zu §§ 182–185), weder **eine Verpflichtung des Zustimmungsberechtigten zur Genehmigung**, noch ist die Genehmigung entbehrlich, wenn sie mit Sicherheit erteilt worden wäre (SOERGEL/LEPTIEN[12] § 184 Rn 1; STAUDINGER/GURSKY [2014] § 184 Rn 2). Diese Erkenntnis trifft beim bereits vorgenommenen Hauptgeschäft und einem (auch ohne bestehende Leistungspflichten, Rn 46) folgenden Leistungsaustausch auf ein Vertrauensinteresse der am Hauptgeschäft Beteiligten, gerade (aber freilich nicht nur), wenn es sich etwa bei einem Kaufvertrag um sensible, weil verderbliche Ware handelt. Aus einem solchen Leistungsaustausch mag zwar unter Umständen ein faktischer Genehmigungsdruck entstehen, eine rechtliche Verengung der Genehmigungsautonomie des Zustimmungsberechtigten folgt daraus aber nicht (STAUDINGER/GURSKY [2014] § 184 Rn 2). Die Leistungsdurchführung erfolgt bei späterer Verweigerung der Genehmigung somit auf eigenes bereicherungsrechtliches Risiko der am Hauptgeschäft Beteiligten (siehe dazu Rn 47). Auch wenn der Zustimmungsberechtigte selbst an der Durchführung des Hauptgeschäfts beteiligt ist, weil er irrtümlich von einem wirksamen Hauptgeschäft ausgeht, führt dies nicht automatisch zur Wirksamkeit des Hauptgeschäftes, weil hier regelmäßig kein nach Außen dringender Genehmigungswille festgestellt werde kann. Freilich wird man hier stets zu prüfen haben, ob in der Durchführung durch den Zustimmungsberechtigten nicht eine konkludente Genehmigung liegt (dazu ausführlich § 182 Rn 11 f).

Besteht **ausnahmsweise doch eine Pflicht zur Genehmigung** – so durch Gesetz, etwa § 2120 BGB, oder durch Rechtsgeschäft (Vorbem 103 f zu §§ 182–185) – muss diese gerichtlich nach § 894 ZPO durchgesetzt werden. Auch hier kann es nicht allein auf der Grundlage der Verpflichtung selbst zum Selbstvollzug und damit der automatischen Wirksamkeit des zustimmungsbedürftigen Hauptgeschäfts kommen: Es bedarf vielmehr der Rechtskraft des entsprechenden Urteils (OLG Hamburg 4. 5. 1998 – 8 W 112/98, MDR 1998, 1051 = OLGR Hamburg 1998, 306; STAUDINGER/GURSKY [2014] § 184 Rn 3).

3. Bedingung und Genehmigung

Die Genehmigung ist grundsätzlich wie alle gestaltenden einseitigen Rechtsgeschäfte und im Unterschied zur Einwilligung **bedingungsfeindlich** (OLG Rostock 8. 3. 2018 – 3 U 16/17, MDR 2018, 982; jurisPK/TRAUTWEIN[8] [Stand: 13. 2. 2019] § 182 Rn 5; MünchKomm/BAYREUTHER[8] § 184 Rn 10; BeckOGK/REGENFUS [1. 4. 2019] § 184 Rn 11; PWW/FRENSCH[13] § 184 Rn 2; STAUDINGER/GURSKY [2014] § 184 Rn 4 mwNw; **anders** BGB-RGRK/STEFFEN[12] § 184 Rn 1; NK-BGB/STAFFHORST[3] § 182 Rn 32 ff; BRUNNER MittBayNot 1997, 197, 198; für generelle Zulässigkeit zumindest aufschiebender BEDINGUNGEN vTUHR, AT II 2, 238 f; ebenso RODI 104 f). Es spielt dabei keine Rolle, ob das Hauptgeschäft bedingungsfreundlich oder -feindlich ist (BeckOGK/REGENFUS [1. 4. 2019] § 184 Rn 11).

Das basiert zunächst auf der allgemeinen Überlegung, dass sich eine Bedingung nicht mit dem Erfordernis der Rechtssicherheit verträgt, die die Empfänger des einseitigen Rechtsgeschäfts einfordern dürfen (MünchKomm/Bayreuther[8] § 184 Rn 11). Dass dieser Gedanke allerdings im Recht der Zustimmung allein zu formal ist, zeigt der Blick auf die grundsätzlich bedingungsfreundliche Einwilligung (§ 183 Rn 21). Stärker zu gewichten ist deshalb der Zweck der Genehmigung, die bestehende Schwebephase zu beenden: Anders als die Einwilligung ist die Genehmigung rechtsgestaltend und führt zum Ende der Schwebephase. Das aber soll für die am Hauptgeschäft Beteiligten rechtssicher geschehen – deshalb ist es auch nicht sehr belastbar, wenn für die Bedingungsfreundlichkeit der Genehmigung vorgebracht wird, eine Unsicherheit bestehe ohnehin, weil ungewiss sei, ob und wann die Genehmigung erteilt werde (darauf abstellend Rodi 86 f). Das verkennt die „Abschlussfunktion" der Genehmigung, von der – über allgemeine rechtsgeschäftliche Risiken hinaus – gerade keine weitere Unsicherheit ausgehen darf (BeckOGK/Regenfus [1. 4. 2019] § 184 Rn 11).

Wenn vorgeschlagen wird, dem Bedürfnis nach Rechtssicherheit durch die entsprechende Anwendung des **Aufforderungs- und Widerrufsrechts nach §§ 108 Abs 2, 177 Abs 2, 109, 179 BGB** im Falle einer bedingten Genehmigung zu begegnen, so dass der Geschäftsgegner durch die Aufforderung eine unbedingte Genehmigung (oder deren Verweigerung) erreichen kann (so NK-BGB/Staffhorst[3] § 182 Rn 36, 38), so steht auch das der Abschlussfunktion entgegen: der Geschäftsgegner wäre etwa unter Umständen gehalten, zweimal zur Genehmigung aufzufordern, wenn nach der ersten Aufforderung nur unter einer Bedingung genehmigt würde.

16 Viele Fälle einer **vermeintlichen Bedingung** werden regelmäßig aber ohnehin eine Beschränkung des Inhalts der Genehmigung sein: deckt dies das Hauptgeschäft nicht ab, so geht die Genehmigung ins Leere, weil das Hauptgeschäft, so wie es geschlossen wurde, nicht gelten soll (Staudinger/Gursky [2014] § 184 Rn 6; zur Möglichkeit der Auslegung als Einwilligung § 183 Rn 21, siehe zur Abgrenzung Rodi 41 f). Eine Bedingung liegt auch dann nicht vor, wenn sie lediglich das Verhalten eines Vertreters oder Boten betrifft, so ist etwa eine Vorgabe an den Notar, die Genehmigung erst nach Begleichung der dem vollmachtlos Vertretenen entstandenen Beglaubigungskosten durch den Vertragspartner weiterzuleiten, keine Bedingung und auch keine inhaltliche Einschränkung der Genehmigung – sondern eine vorläufige Verhinderung des Zugangs der Genehmigung oder (wenn Empfangsvertretung vorliegt) der weiteren Gestaltung der Zustimmungskommunikation (siehe auch Staudinger/Gursky [2014] § 184 Rn 6).

17 Umstritten ist aber, ob die Bedingungsfeindlichkeit dort aufzuweichen ist, wo es um **potestative Bedingungen** geht, bei denen es nicht zu einem Mangel an Rechtssicherheit für den Erklärungsempfänger kommt, weil dieser den Eintritt der Bedingung selbst beeinflussen kann (dazu allgemein Wolf/Neuner AT[11] S 667). Dieses Instrument wird von manchen dann zugelassen, wenn im Falle einer Verfügung durch den Nichtberechtigten die Erlösherausgabe nach § 816 Abs 1 BGB für den Berechtigten unsicher ist. Er soll dann die Möglichkeit haben, die Genehmigung mit der auflösenden Bedingung der Nichtrealisierung der Erlösherausgabe zu verknüpfen (LG Duisburg 9. 8. 2007 – 5 S 27/07, juris 11; Staudinger/Gursky [2014] § 184 Rn 4; jurisPK/Trautwein[8] [Stand: 13. 2. 2019] § 182 Rn 6; BeckOK BGB/Bub [Stand: 1. 11. 2018] § 185 Rn 10; Merle AcP 183 [1983] 81, 93 ff; Staudinger/Gursky [2014] § 184 Rn 4 mwNw).

Andere fordern darüber hinaus gar, dass das **„Wiederauftauchen"** des Gegenstandes, **18** über den der Nichtberechtigte verfügt hat, als auflösende Bedingung gesetzt werden könne – dass also die Verfügung nur solange genehmigt wird, bis der Verfügungsgegenstand wieder auftaucht (so WILCKENS AcP 183 [1983] S 81, 94, ebenso JOCHEM MDR 1975, 176, 182). Das wird aber richtig von der ganz herrschenden Meinung abgelehnt (BeckOGK/REGENFUS [1. 4. 2019] § 184 Rn; STAUDINGER/GURSKY [2014] § 184 Rn 5). Dazu Rn 19.

Freilich wird die **Forderung nach Rechtssicherheit** dazu führen, solchen Abweichun- **19** gen vom Grundsatz der Bedingungsfeindlichkeit insgesamt nur mit Zurückhaltung zu begegnen (so MünchKomm/BAYREUTHER[8] § 184 Rn 11): denn bei zustimmungsbedürftigen Rechtsgeschäften liegt die „klassische" Situation der Lehre von der ausnahmsweise möglichen Potestativbedingung nicht vor, weil es sich um eine Mehrbeteiligtensituation und nicht lediglich um eine Beziehung zwischen dem Erklärenden und dem Erklärungsempfänger handelt. Hat einer dieser Beteiligten (so etwa der, gegen den sich der Erlösherausgabeanspruch nicht richtet) keinen Einfluss auf den Eintritt der Bedingung, ist er der Rechtsunsicherheit im Hinblick auf den Bedingungseintritt schutzwürdig ausgesetzt, was die Unsicherheit, die sich aus dem Adressatensystem des § 182 Abs 1 BGB (§ 182 Rn 41 f) und der vorliegenden Phase der schwebenden Unwirksamkeit ohnehin ergibt, noch verstärkt: Deshalb wird man nur schwer argumentieren können, dass der andere Teil ohnehin einer gewissen Rechtsunsicherheit ausgesetzt ist (so aber STAUDINGER/GURSKY [2014] § 184 Rn 4), weil gerade die Bedingung diese Unsicherheit noch verstärkt und dieses Argument auch für die Zulässigkeit der Bedingung insgesamt ins Feld geführt werden könnte.

Denn die potestative Bedingung ist bei Lichte wegen der Drittbetroffenheit ebenfalls bedenklich (dafür sensibel auch BeckOGK/REGENFUS [1. 4. 2019] § 184 Rn 12, der aber zwischen Verpflichtungs- und Verfügungsgeschäften unterscheidet). Das gilt auch dann, wenn man fordert, dass die Potestativbedingung nur gegenüber dem Erklärungsempfänger erhoben werden dürfe (so NK-BGB/STAFFHORST[3] § 182 Rn 33 für das in § 182 Rn 36 angeführte Zimmerbeispiel). Gänzlich klar wird dies dann, wenn die Bedingung an vollkommen externe Vorgänge anknüpft – wie etwa beim Fall des Wiederauftauchens des verschwundenen Gegenstandes (RODI 139 f), dann liegen (jedenfalls regelmäßig) nicht einmal bei einem der Beteiligten die Voraussetzungen einer Potestativbedingung vor (MünchKomm/BAYREUTHER[8] § 184 Rn 11). Das Interesse des Genehmigenden an der Beibringung des erzielten Erlöses (ausführlich: STAUDINGER/GURSKY [2014] § 184 Rn 4) wiegt dann wegen der Möglichkeit, vor der Genehmigung eine entsprechende Verpflichtung zu vereinbaren, nicht mehr ganz so schwer.

Ist also eine Genehmigung unter Bedingungen grundsätzlich ausgeschlossen, so kann **20** sie nach den Vorgaben des § 140 BGB als Einwilligung in ein dann noch vorzunehmendes Hauptgeschäft umgedeutet werden (MünchKomm/BAYREUTHER[8] § 184 Rn 10). Ansonsten ist die Genehmigung nichtig und der Schwebezustand besteht weiter, der Zustimmungsberechtigte kann ihn also immer noch durch Genehmigung oder deren Verweigerung beenden.

4. Rechtsfolge der Genehmigung

Ist die Genehmigung wirksam, so ist das bislang schwebend unwirksame Haupt- **21** geschäft mit ihrem Zugang **ex tunc endgültig wirksam** (BeckOGK/REGENFUS [1. 4. 2019]

§ 184 Rn 28; NK-BGB/Staffhorst³ § 184 Rn 10), die Möglichkeit der Anfechtung ausgenommen (§ 182 Rn 63 f). Kommt es zur Anfechtung der Genehmigung, so ist diese ex tunc nichtig, § 142 Abs 1 BGB, die Phase der schwebenden Unwirksamkeit lebt wieder (ebenfalls ex tunc) auf (BeckOGK/Regenfus [1. 4. 2019] § 184 Rn 10). Damit kann der Zustimmungsberechtigte wiederum genehmigen oder aber die Genehmigung verweigern. Aus der Anfechtung allein folgt regelmäßig keine endgültige Verweigerung einer (weiteren) Genehmigung. Die Auslegung kann aber anderes ergeben. Ebenfalls lebt die Phase der schwebenden Unwirksamkeit wieder auf, wenn der Vertragspartner nach §§ 108 Abs 2; 177 Abs 2 BGB (die in Gesamtanalogie auch auf andere Vertragssituationen anwendbar sind [Rn 61 ff]), den Zustimmungsberechtigten zur Genehmigung auffordert.

22 Für Verfügungen ist allerdings zu beachten, dass **Zwischenverfügungen** des Berechtigten ebenso wie Zwangsvollstreckungsakte, die nach dem Hauptgeschäft vorgenommen werden, zum Verlust der Verfügungsbefugnis führen, und damit eine spätere Genehmigung des Hauptgeschäfts nicht mehr möglich ist. Das ordnet (letztlich überflüssig) § 184 Abs 2 BGB an (Rn 116 f).

IV. Genehmigungsberechtigung

23 Den Schwebezustand durch Genehmigung beenden kann nur, wer zur Genehmigung berechtigt ist (Staudinger/Gursky [2014] § 184 Rn 28). Dabei resultiert die Genehmigungsberechtigung aus dem jeweiligen Zweck des Zustimmungserfordernisses.

1. Aufsichtsrecht

24 Folgt das Zustimmungserfordernis einem **Aufsichts- oder Erziehungsrecht**, so ist der zustimmungsberechtigt, dem das Aufsichtsrecht zusteht. Im Rahmen der gesetzlichen Vertretung Minderjähriger also regelmäßig die Eltern, §§ 1626, 1629a BGB. Das Aufsichtsrecht, das die Genehmigung trägt, muss zum Zeitpunkt der Genehmigung (oder ihrer Verweigerung) vorliegen (BeckOK BGB/Bub [Stand: 1. 11. 2018] § 184 Rn 5; Erman/Maier-Reimer¹⁵ § 182 Rn 5).

25 **Wechselt das Aufsichtsrecht**, so kommt es stets auf den Zeitpunkt der Genehmigung an, eine Rückwirkung der Genehmigung in diesen Fällen – wie etwa im Falle des Untergangs einer Sache bei Rechtsbetroffenheit (Rn 29) – nur auf den Zeitpunkt des Wechsels des Aufsichtsrechts erfolgt nicht: Die Genehmigung wirkt stets auf den Zeitpunkt des Hauptgeschäfts zurück (MünchKomm/Bayreuther⁸⁸ § 182 Rn 22; Staudinger/Gursky [2014] § 184 Rn 28; BeckOGK/Regenfus [1. 4. 2019] § 184 Rn 47). Das gilt etwa bei Wechsel des Vormunds oder nach der Adoption und somit insgesamt dem Wechsel der gesetzlichen Vertreter (Staudinger/Gursky [2014] § 184 Rn 28; Soergel/Leptien¹² Rn 7). Und auch beim Eintritt des Verwaltungsrechts, so dass die Genehmigung des Insolvenzverwalters, Zwangsverwalters, Nachlassverwalters oder Testamentsvollstreckers auch auf eine vor seinem Amtsantritt vorgenommenes schwebendes Rechtsgeschäft zurückwirkt (OLG Celle 13. 8. 2003 – 2 U 23/03, OLGR Celle 2003, 407). Im Beispiel nach Staudinger/Gursky (2014) § 184 Rn 28: Veräußert etwa ein Vermieter vor der Eröffnung des Insolvenzverfahrens über das Vermögen seines Mieters wegen Mietrückständen freihändig und damit unerlaubt Sachen seines Mieters, die seinem Vermieterpfandrecht unterliegen, so kann deshalb der

Titel 6
Einwilligung und Genehmigung § 184

Insolvenzverwalter des Mieters diese Verfügung mit Rückwirkung (§§ 185 Abs 2 S 1 Fall 1, 184 Abs 1 BGB) genehmigen, um der Masse den Anspruch aus § 816 Abs 1 S 1 BGB zu verschaffen (OLG Celle 13. 8. 2003 – 2 U 23/03, OLGR Celle 2003, 407). Dabei kommt es nicht darauf an, ob der jetzige Insolvenzverwalter bereits bei der Veräußerung vorläufiger Insolvenzverwalter war, weil maßgeblich ist, dass der etwaige Erlösherausgabeanspruch auch als Neuerwerb des Insolvenzschuldners nach § 35 Abs 1 InsO seiner Verwaltungs- und Verfügungsbefugnis (§ 80 Abs 1 InsO) unterliegt.

Erlischt das Aufsichtsrecht, weil der bislang beschränkt Geschäftsfähige volljährig 26 und voll geschäftsfähig wird, wird er für ein schwebend unwirksames Rechtsgeschäft, das er noch als Minderjähriger abgeschlossen hat, genehmigungsberechtigt, § 108 Abs 3 BGB.

2. Rechtsbetroffenheit

Für die Fälle, in denen die Zustimmung aus Gründen der unmittelbaren, etwa § 185 27 BGB, oder mittelbaren, etwa §§ 876, 877, 880 Abs 2 und 3, 1071, 1078, 1183, 1245 Abs 1 S 2, 1255 Abs 2, 1276, 1283, 2113, 2120 BGB, Rechtsbetroffenheit besteht (Vorbem 17 ff zu §§ 182–185), kommt ein Genehmigungsrecht nur für denjenigen in Betracht, dem die Verfügungsbefugnis über das entsprechende, die Zustimmungsbedürftigkeit letztlich auslösende Recht zusteht.

a) Grundsatz: Zeitpunkt der Genehmigung

Das wirft die Frage auf, auf welchen **Zeitpunkt** für die Feststellung der Rechtszu- 28 ständigkeit – bei § 185 BGB der Verfügungsbefugnis – abzustellen ist, was etwa relevant wird, wenn zwischen der Vornahme des Hauptgeschäfts und der Genehmigung das Eigentum wechselt und keine Zwischenverfügung im Sinne des § 184 Abs 2 BGB gegeben ist, die insofern (überflüssige) Sonderregelung ist. Maßgeblicher Zeitpunkt ist nach weit überwiegender Meinung und zu Recht der Zeitpunkt der Genehmigung und damit deren Zugang (BGH 23. 5. 1989 – IX ZR 135/88, BGHZ 107, 340 = NJW 1989, 2049; BGH 22. 5. 1989 – VIII ZR 192/88, BGHZ 107, 320 = NJW 1989, 2049; BGH 6. 5. 1971 – VII ZR 232/69, BGHZ 56, 131, 132 f = NJW 1971, 1452; BGH 27. 9. 1962 – III ZR 83/61, LM Nr 2 zu § 5 ErbbauVO = NJW 1963, 36; RG 16. 12. 1931 – V 164/31, RGZ 134, 283, 286; MünchKomm/Bayreuther[8] § 184; Staudinger/Gursky [2014] § 184 Rn 23; Soergel/Leptien[13] Rn 7; PWW/Frensch[13] § 184 Rn 3; jurisPK-BGB/Trautwein[8] [13. 2. 2019] § 184 Rn 8; BeckOGK/Regenfus [1. 4. 2019] § 184 Rn 38; Palandt/Ellenberger[78] Rn 3; Flume, AT II § 57, 3 a; Bork, Allgemeiner Teil des BGB [4. Aufl 2016] S 673; Raape AcP 121 [1923] 257, 289; **anders** Finkenauer AcP 2003, 282, 297, 309, 313 f; Rodi S 23 f; differenzierend BeckOK BGB/Bub [1. 11. 2018] § 184 Rn 5). Das leuchtet ein: Käme es auf den Zeitpunkt des Hauptgeschäftes an, und käme es danach zu einer Weiterveräußerung des Gegenstandes, könnte der (dann nicht mehr) Berechtigte durch eine noch spätere Genehmigung in den Rechtskreis des neuen Erwerbers eingreifen (Staudinger/Gursky [2014] § 184 Rn 23).

Andere halten den Zeitpunkt der **Vornahme des Hauptgeschäfts** für maßgeblich (BGB-RGRK/Steffen[12] § 184 Rn 6; Erman/Maier-Reimer[15] § 184 Rn 6; Rodi S 23 f; Pfister JZ 1969, 623 f; Finkenauer AcP 203 [2003] 282, 287; Erman/Maier-Reimer[15] § 184 Rn 5 f; Rodi 25; einschränkend BeckOK BGB/Bub [1. 11. 2018] Rn 5), weil ansonsten § 184 Abs 2 eine überflüssige Regelung wäre (was die herrschende Meinung ja in der Tat annimmt). Das sticht als unsystematisch nicht: Weil dadurch die Position eines Dritten, der zum Zeitpunkt der Genehmigung, nicht aber des Hauptgeschäfts rechtszuständig war, ungerechtfertigt betroffen ist. Hier könnte etwa der ehemalige Eigentümer dem neuen Eigentümer sein Recht entziehen. Dass man mit der herrschenden Meinung für manche Sonderkonstellationen (Untergang der Sache, gesetzlicher Eigentumsverlust, sogleich Rn 29 f) Ausnahmen machen muss, ist keine Schwäche der herrschenden Meinung (so aber ERMAN/MAIER-REIMER[15] § 184 Rn 6), sondern bestätigt die Regel. Auch der Einwand, jedenfalls für die Genehmigung des *falsus procurators* gelte anderes, weil es hier nicht um die Beanspruchung der Rechtsmacht als Rechtsinhaber, sondern um die Herrschaft über das vorgenommene Verfügungsgeschäft als eigene Vertragspartei ginge und deshalb ein Bezug der Verfügungsmacht zum Zeitpunkt des Hauptgeschäfts hergestellt werden müsse (FINKENAUER AcP 203 [2003] 282, insbes 286 f), geht fehl: Auch hier scheitert doch die Verfügung des Nichtberechtigten an dessen fehlender Verfügungsmacht, die eben (grundsätzlich) nur der Verfügende hat, in dessen Rechtsposition eingegriffen wird (MünchKomm/BAYREUTHER[8] § 184 Rn 20; BeckOGK/REGENFUS [1. 4. 2019] § 185 Rn 38). Ebenfalls nicht überzeugend ist der Hinweis auf die Genehmigung durch den gesetzlichen Vertreter im Falle des § 108 BGB, dem ersichtlich keine Verfügungsmacht zum Zeitpunkt der Genehmigung zukomme (RODI 25). Das ist richtig, dem gesetzlichen Vertreter steht die Verfügungsmacht über einen Gegenstand des beschränkt Geschäftsfähigen zu keinem Zeitpunkt zu, allerdings lässt sich hier keine Frucht für Zustimmungserfordernisse wegen eigener Rechtsbetroffenheit ziehen – schlicht, weil es um die Ausübung eines Aufsichtsrechts geht, für die eine eigene Systematik gilt.

b) Ausnahmen
aa) Untergang des Genehmigungsobjektes

29 Ist das Genehmigungsobjekt nach dem Hauptgeschäft untergegangen, durch Vernichtung, durch Verarbeitung, Verbindung oder Vermischung, §§ 946 ff BGB, kann man an dem richtigen Grundsatz der notwendigen Verfügungsbefugnis zum Zeitpunkt der Genehmigung freilich nicht festhalten, weil dem (bislang) Berechtigten ohne seinen Willen die Verfügungsbefugnis genommen wurde: Hier kann es nur auf den Zeitpunkt des Untergangs des Gegenstandes ankommen (BGH 6. 5. 1971 – VII ZR 232/69, NJW 1971, 1452 = BGHZ 56, 131; BGH 29. 4. 1968 – VIII ZR 27/66, LM Nr 18 zu § 816 BGB = NJW 1968, 1326; BGH 15. 2. 1960 – VII ZR 10/59, LM Nr 2 zu § 19 GebOA = NJW 1960, 860; BGH 8. 1. 1959 – VII ZR 26/58, BGHZ 29, 157 = NJW 1959, 668; RG 28. 10. 1926 – IV 273/26, RGZ 115, 31; RG 12. 3. 1923 – IV 596/22, RGZ 106, 44; STAUDINGER/GURSKY [2014] § 184 Rn 25; BGB-RGRK/STEFFEN[12] § 184 Rn 6; SOERGEL/LEPTIEN[12] § 184 Rn 7; NK-BGB/STAFFHORST[33] § 184 Rn 2; jurisPK-BGB/TRAUTWEIN § 184 Rn 15; BeckOGK/REGENFUS [1. 4. 2019] § 184 Rn 41; BeckOK BGB/BUB [Stand: 1. 11. 2018] § 184 Rn 5, 11; ERMAN/MAIER-REIMER[13] § 184 Rn 5 f; PALANDT/ELLENBERGER[78] Rn 3; FINKENAUER AcP 203 [2003] 282, 303; REHM/LERACH JuS 2008, 613, 617; **anders** E WOLF § 11 A III c 2 S 527 Fn 43; KÖHLER § 14 Rn 9; differenzierend MünchKomm/BAYREUTHER[88] § 184 Rn 23). Für den Fall der **Vernichtung** ist dies auch kein Widerspruch zur allgemeinen Regel: Denn hier kommt es nicht zu einer Beeinträchtigung Dritter (STAUDINGER/GURSKY [2014] § 184 Rn 23; MünchKomm/BAYREUTHER[8] § 182 Rn 23). Außerdem ist der zum Zeitpunkt des Hauptgeschäfts Verfügungsbefugte zu schützen: Er kann sich nur durch die Genehmigung in den Anspruch aus § 816 Abs 1 BGB setzen (STAUDINGER/GURSKY [2014] § 184 Rn 25). Allerdings wird richtig darauf hingewiesen, dass sich die Genehmigung nicht lediglich auf diesen Erlösherausgabeanspruch bezieht (wie allgemein, ist sie Voraussetzung für diesen), sondern zum Zeitpunkt des

Untergangs des Gegenstandes volle Rechtsinhaberschaft vermittelt, so scheiden etwa Ansprüche aus §§ 987 ff BGB aus (Staudinger/Gursky [2014] § 184 Rn 25; Beck-OGK/Regenfus [1.4.2019] § 184 Rn 41.2).

Für den **Rechtsverlust durch die §§ 946 ff BGB** ist dies der (freilich etwas zirkuläre, MünchKomm/Bayreuther⁸ § 182 Rn 23) Rechtfertigungsgrund für die Ausnahme vom oben genannten Grundsatz der notwendigen Verfügungsbefugnis zum Genehmigungszeitpunkt. Gerechtfertigt ist sie vielmehr deshalb, weil es nicht zum gewollten Eigentumsverlust kam – das zeigt sich in dem von Bayreuther genannten Beispiel, dass zuerst eine Verfügung eines Nichtberechtigten stattfindet (etwa wegen § 935 BGB im Rahmen eines fehlgeschlagenen gutgläubigen Erwerbs) und dann der vermeintliche Erwerber das Eigentum an der Sache durch einen der Tatbestände der §§ 946 ff BGB erlöschen lässt (MünchKomm/Bayreuther⁸ § 184 Rn 23). 30

Gleiches gilt auch für den **Zuschlag in der Zwangsversteigerung**. Auch hier kommt es aufgrund des Hoheitsaktes durch die Genehmigung nicht zum Rechtsverlust des Rechtserwerbers (BeckOGK/Regenfus [1.4.2019] § 184 Rn 42). 31

bb) Ersitzung
Eine Ausnahme wird auch für den Fall der Ersitzung des Gegenstandes gemacht, auch hier soll es für die Verfügungsbefugnis auf den Zeitpunkt des Hauptgeschäftes ankommen (Staudinger/Lorenz [2007] § 816 Rn 10; BeckOGK/Regenfus [1.4.2019] § 184 Rn 43; Finkenauer AcP 203 [2003] 282, 305; offengelassen in BGH 1.3.1967 – VIII ZR 247/64, BGHZ 47, 128 = NJW 1967, 1021). Dem wird aber zu Recht entgegengehalten, dass im Falle der Ersitzung dem bisherigen Eigentümer Ansprüche auf Nutzungsherausgabe zustünden und im Falle der rückwirkenden Genehmigung noch Ansprüche aus § 816 Abs 1 BGB (analog), er deshalb nicht zu schützen ist und es zu einer Doppelbegünstigung käme (MünchKomm/Bayreuther⁸ § 184 Rn 23; Staudinger/Gursky [2014] § 184 Rn 26). Dass aber an diesen Ansprüchen gegenüber stets gerade an der Erlösherausgabe ein besonderes Interesse besteht, das über die Nutzungsherausgabe hinausgeht, kann in der Tat eine grundsätzliche Doppelberechtigung durch die mögliche Genehmigung nicht rechtfertigen (dafür aber Staudinger/Lorenz [2007] § 816 Rn 10). 32

cc) Fehlende Verfügungsbefugnis zum Zeitpunkt des Hauptgeschäfts
Stellt man grundsätzlich auf den Zeitpunkt der Genehmigung ab, muss noch die Verfügungsbefugnis zum Zeitpunkt des Hauptgeschäfts in den Blick genommen werden. Die Forderung einer kumulativen Verfügungsbefugnis, also sowohl zum Zeitpunkt der Genehmigung als auch des verfügenden Hauptgeschäfts hätte zur Folge, dass Fälle, in denen es zwischenzeitlich zu einer Übertragung des Rechts gekommen ist, schwierig zu lösen wären: Der zum Zeitpunkt des Hauptgeschäfts Zustimmungsberechtigte könnte nicht genehmigen (und er will es regelmäßig oftmals nicht, sonst hätte er es bereits bei eigener Rechtsinhaberschaft getan); der zum Zeitpunkt der Genehmigung Verfügungsberechtigte aber ebenfalls nicht. Die Lösung wäre eine gemeinsame Genehmigung, die aber bereits aus praktischen Gründen abzulehnen ist (Staudinger/Gursky [2014] § 184 Rn 27). Die herrschende Meinung geht denn auch zu Recht einen anderen Weg, weil die Alternativen (nur „durchgängige" Rechtsinhaberschaft oder gemeinsame Ausübung der Genehmigung) entweder eine Genehmigung ausschließen oder aber praktisch schwer durchführbar sind. Auch hier kommt es **allein auf den Zeitpunkt der Genehmigung** an, allerdings 33

kann diese Genehmigung nur auf den Zeitpunkt des Rechtserwerbs zurückreichen, damit wird dem Interesse des Rechtsinhabers zur Zeit des Hauptgeschäfts ebenfalls Rechnung getragen: Es wird nicht tangiert (STAUDINGER/GURSKY [2014] § 184 Rn 27; BeckOGK/REGENFUS [1. 4. 2019] § 184 Rn 39; BeckOK BGB/BUB [1. 11. 2018] Rn 9; MünchKomm/BAYREUTHER[8] § 184 Rn 22; SOERGEL/LEPTIEN[12] § 184 Rn 7; PWW/FRENSCH § 184 Rn 3, 6; NK-BGB/STAFFHORST[3] § 184 Rn 24; jurisPK-BGB/TRAUTWEIN[8] [13. 2. 2019] § 184 Rn 8; EGERT 73; ERMAN/MAIER-REIMER § 184 Rn 5 f; für die Zustimmung des Vormunds OLG Celle 13. 8. 2003 – 2 U 23/03, OLGR Celle 2003, 407; OLG Naumburg 13. 1. 1997 – 10 Wx 41/96, OLGR Naumburg 1998, 157 = FGPrax 1998, 1; BayObLG 2. 12. 1982 – Allg Reg 52/82, FamRZ 1983, 744). Außerdem sprechen historische Gründe für dieses Verständnis (FLUME, AT 2. Bd [4. Aufl 1992] S 911 [Fn 16a]; BeckOGK/REGENFUS [1. 4. 2019] § 185 Rn 39).

34 Ein **konträres Genehmigungsrecht** oder eine „Restgenehmigungsmöglichkeit" für den Rechtsinhaber zum Zeitpunkt des Hauptgeschäfts selbst, der die Phase *bis* zu seinem Rechtsverlust genehmigen könnte und so die in diesen Fällen lediglich bis zum Rechtserwerb zurückreichende Genehmigung des Berechtigten gleichsam „von vorne" ergänzte (dafür aber EGERT 73), wird zu Recht als nicht praktisch angesehen. Es scheitert daran, dass § 184 BGB solche zwischenzeitlichen Wirksamkeitsphasen nicht kennt und am praktischen Bedürfnis: Dem (vermeintlichen) Erwerber kann es ja nur um die zwischenzeitlich angefallenen Früchte gehen oder um die Freistellung von Nutzungs- oder Schadensersatzansprüchen. Über beide ist der bis dahin Berechtigte selbst Herr, er kann sie also auch dem vermeintlichen Interimserwerber über- oder erlassen (STAUDINGER/GURSKY [2014] § 184 Rn 27; BeckOGK/REGENFUS [1. 4. 2019] § 185 Rn 40).

dd) Keine Verfügungsbefugnis in der Insolvenz

35 Der Insolvenzschuldner kann nicht genehmigen, wenn er in Insolvenz und der maßgebliche Gegenstand in die Insolvenzmasse fällt, § 81 Abs 1 S 1 InsO (STAUDINGER/GURSKY [2014] § 184 Rn 30). Nach dem Insolvenzverfahren ist er wiederum genehmigungsberechtigt, sofern keine Verfügung durch den Insolvenzverwalter vorgenommen wurde (BeckOGK/REGENFUS [1. 4. 2019] § 184 Rn 44). Genehmigungen die Masse belastender verpflichtender Rechtsgeschäfte sind dem Insolvenzschuldner ebenfalls nicht möglich, hier muss der Insolvenzverwalter nach § 80 Abs 1; 80 Abs 1 S 1 entsprechend genehmigen.

V. Genehmigungsobjekt

36 Eine Genehmigung ist nur dann möglich, wenn das zustimmungsbedürftige Hauptgeschäft genehmigungsfähig und (noch) genehmigungsbedürftig ist (FLUME, AT II § 56; ENNECCERUS/NIPPERDEY, AT § 204 IV 1; STAUDINGER/GURSKY [2014] § 184 Rn 7).

37 Das zu genehmigende Hauptgeschäft selbst muss genehmigungsfähig sein (STAUDINGER/GURSKY [2014] § 184 Rn 7). Das setzt zunächst voraus, dass es für seine **Wirksamkeit nur an der Genehmigung selbst mangelt**. Ist das Hauptgeschäft aus anderen Gründen unwirksam, nichtig oder aufgehoben, so vermag auch eine Genehmigung diese Unwirksamkeit nicht zu überwinden oder zu heilen. Dabei kommt es für die Bestimmung der Nichtigkeit oder Unwirksamkeit des Hauptgeschäfts auf den Zeitpunkt von dessen Vornahme an, nicht aber auf den der Genehmigung (ERMAN/MAIER-REIMER[15] § 184 Rn 12).

Titel 6
Einwilligung und Genehmigung § 184

Der Mangel an der Genehmigungsfähigkeit kann (neben originären Mängeln des **38** Hauptgeschäfts als Rechtsgeschäft, etwa aus §§ 134, 138 BGB selbst), aus verschiedenen Gründen resultieren. Zunächst kann die **Verweigerung der Genehmigung** durch den Zustimmungsberechtigten selbst den Zustand der schwebenden Unwirksamkeit beenden und zur endgültigen Unwirksamkeit führen (BeckOGK/Regenfus [1. 4. 2019] § 184 Rn 3). Ist die Genehmigung verweigert, wird die Schwebephase beendet (Rn 71).

Sodann können die **Beteiligten des Hauptgeschäftes** die Schwebephase beenden, **39** indem sie das Geschäft so ändern, dass keine Zustimmungsbedürftigkeit mehr gegeben ist oder in dem sie das Hauptgeschäft selbst vernichten oder beenden (Staudinger/Gursky [2014] § 184 Rn 8; BeckOGK/Regenfus [1. 4. 2019] § 184 Rn 3). Der Zugriff gelingt einmal durch einseitiges Rechtsgeschäft, wenn einem der Beteiligten ein entsprechendes Gestaltungsrecht – wie Anfechtung, Rücktritt oder Widerruf – zusteht und dieses geltend gemacht wird, oder aber durch **Aufhebungs- oder Änderungsvertrag** (Soergel/Leptien[12] Rn 4; Planck/Flad Anm 4a; jurisPK-BGB/Trautwein[8] [13. 2. 2019] § 184 Rn 2; Flume, AT II § 56 S 900; Staudinger/Gursky [2014] § 184 Rn 8). Für diesen gelten dann die allgemeinen Regelungen wie etwa bei Beteiligung von beschränkt Geschäftsfähigen die §§ 106 ff BGB: Damit kann der Aufhebungsvertrag selbst wiederum zustimmungsbedürftig sein, vermittelt das Hauptgeschäft dem beschränkt Geschäftsfähigen Rechte, so muss dem Aufhebungsvertrag nach §§ 107 ff BGB zugestimmt werden, weil durch die Aufhebung ein Rechtsverlust des beschränkt Geschäftsfähigen droht. Zwar war das Hauptgeschäft lediglich schwebend unwirksam, dennoch bereits verbindliche Grundlage für die späteren Leistungsansprüche.

Aus der Genehmigungsbedürftigkeit selbst folgt also kein **ausschließliches Zugriffs- 40 recht des Zustimmungsberechtigten**, weil auch die am Hauptgeschäft Beteiligten Zugriff auf das Hauptgeschäft haben. Das ist Ausfluss der allgemeinen Vertragsfreiheit (Staudinger/Gursky [2014] § 184 Rn 8). Einschränkungen sind freilich beim durch einen *falsus procurator* geschlossenen Vertrag zu machen: Hier wird nicht der Vertreter ohne Vertretungsmacht selbst Vertragspartei, sodass er eine Änderung oder eine Aufhebung auch nicht in eigenem Namen vereinbaren kann. Deshalb ist in diesem Fall eine Aufhebung durch die am Hauptgeschäft Beteiligten durch Vertrag nicht möglich (Staudinger/Gursky [2014] § 184 Rn 8; Flume, AT § 56 S 900, Zum Anfechtungsrecht des falsus procurator siehe Wolf/Neuner AT[11] S 657).

Neben den allgemeinen Mechanismen der Vertragsbeendigung kennt das Zustim- **41** mungsrecht einen besonderen Zugriff des Vertragspartners dessen, der für sein rechtsgeschäftliches Handeln der Zustimmung und insbesondere der Genehmigung bedarf. In den §§ 109, 178, 1366 Abs 2, 1427 Abs 2, 1453 Abs 2, 1830, 1908i Abs 1 BGB wird es ihm ermöglicht, während der Schwebephase seine Willenserklärung (und damit den Vertrag) zu **widerrufen** und damit einseitig die Schwebephase zu beenden und die endgültige Unwirksamkeit des Hauptgeschäfts herbeizuführen (siehe für § 109 Staudinger/Klumpp [2017] § 109 Rn 20 ff). Hier hat man darüber nachgedacht, ob aus diesen Regelungen ein allgemeiner Grundsatz abzuleiten ist, dass der Vertragspartner in jedem Fall und unabhängig von den gesetzlich geregelten Fällen, ein solches Widerrufsrecht hat (dafür NK-BGB/Staffhorst[3] § 184 Rn 5). Das ist aber abzulehnen, weil die einzelnen Widerrufsrechte keinem homogenen Zweck folgen und so in ihrer Verschiedenheit nicht Grundlage für einen allgemeinen Rechtsgedanken sein können, der letztlich den Grundsatz des *pacta sunt servanda* einschränkt (STAUDINGER/ GURSKY [2014] § 184 Rn 9). Diese einseitige Lösungsmöglichkeit unterscheidet das Widerrufsrecht auch vom bloßen Aufforderungsrecht nach §§ 108 Abs 2, 177 Abs 2, 1366 Abs 2 BGB, für das richtig eine Gesamtanalogie angenommen wird (Rn 61).

42 Ist die **Eintragung eines Rechts im Grundbuch** wieder gelöscht, geht die Genehmigung ins Leere (BGH 5. 2. 1971 – V ZR 91/68, LM § 107 BGB Nr 7 = MDR 1971, 380; RG 20. 12. 1930 – V 59/30, RGZ 131, 97; KG HRR 1930 Nr 887; BGB-RGRK/STEFFEN[12] § 184 Rn 8; SOERGEL/ LEPTIEN[12] § 184 Rn 5; NK-BGB/STAFFHORST[3] § 184 Rn 1; jurisPK-BGB/TRAUTWEIN[8] [13. 2. 2019] § 184 Rn 17, 20; PALANDT/ELLENBERGER[78] § 184 Rn 3; **anders** RG Gruchot 67 [1925] 549, 552 f; WEIGERT JW 1929, 712 f), kann aber wieder als Einwilligung für eine neue Eintragung umgedeutet werden (STAUDINGER/GURSKY [2014] § 184 Rn 10).

VI. Schwebende Unwirksamkeit

1. Grundsätzliches

43 Das ohne Einwilligung vorgenommene Hauptgeschäft ist, soweit keine sonstigen Mängel vorliegen, bis zur Genehmigung oder ihrer Ablehnung durch den Zustimmungsberechtigten **schwebend unwirksam** (WOLF/NEUNER[11] S 680; ERMAN/MAIER-REIMER[15] § 184 Rn 9; MünchKomm/BAYREUTHER[8] BGB § 184 Rn 3; STAUDINGER/GURSKY [2014] § 184 Rn 15).

Rn 44 ist frei.

45 Diese Phase der schwebenden Unwirksamkeit ist aber durch rechtliche Verbindlichkeit für die Beteiligten des Hauptgeschäfts gekennzeichnet: dessen Parteien können sich grundsätzlich **nicht einseitig von diesem lösen** (BGH 15. 10. 1992 – IX ZR 43/92, BGHR BGB § 275 Unwirksamkeit, schwebende = NJW 1993, 648; RG 3. 10. 1906 – I 66/06, RGZ 64, 149, 154; SOERGEL/LEPTIEN § 184 Rn 4; MünchKomm/BAYREUTHER[8] BGB § 184 Rn 4; STAUDINGER/GURSKY [2014] § 184 Rn 15; BeckOGK/REGENFUS [1. 4. 2019] § 184 Rn 29; BeckOK BGB/BUB [1. 11. 2018] § 182 Rn 25). Die Parteien des Hauptgeschäftes haben zwar durchaus Zugriff auf den Bestand des Hauptgeschäfts und damit auch auf ihre eigene Bindung daran – etwa durch einen Aufhebungsvertrag oder einen Widerruf durch den anderen Teil wie etwa nach §§ 109, 178 BGB (MünchKomm/BAYREUTHER[8] § 184 Rn 4) – allerdings ist ein solches aufhebendes oder widerrufendes Rechtsgeschäft auch nötig, um die Bindung des Hauptgeschäfts zu beenden. Deshalb tragen auch diese Ausnahmen nicht die These, dass hieraus eine völlig fehlende Bindung der Parteien folge (so aber KROPPENBERG WM 2001, 844, 848). Für den Fall des Vertrages durch einen *falsus procurator* ist der Zugriff der unmittelbar rechtsgeschäftlich Handelnden ohne hin erheblich eingeschränkt: Hier ist der Vertretene und damit Genehmigungsberechtigte selbst Partei des schwebend unwirksamen Vertrages und so kann nur er, nicht aber der *falsus procurator* selbst etwa durch Anfechtung oder Aufhebungsvertrag rechtsgeschäftlich Einfluss nehmen (MünchKomm/BAYREUTHER[8] § 184 Rn 4; STAUDINGER/GURSKY [2014] § 184 Rn 8). Dass der falsus procurator im Fall der Inanspruchnahme nach § 179 BGB selbst anfechten kann (WOLF/NEUNER AT[11] S 657), hat damit nichts zu tun.

46 In dieser Phase der schwebenden Unwirksamkeit entstehen zwischen den Parteien zwar **keine Leistungspflichten**, weshalb während dieser Phase keine Ansprüche gel-

tend gemacht werden können (OLG Karlsruhe 15. 5. 1985 – 13 U 193/83, NJW-RR 1986, 57; BGH 8. 10. 1975 – VIII ZR 115/74, BGHZ 65, 123 = NJW 1976, 104; Erman/Maier-Reimer[15] § 184 Rn 9; Staudinger/Gursky [2014] § 184 Rn 15; BeckOGK/Regenfus [1. 4. 2019] § 184 Rn 30). Auf der anderen Seite muss der Gläubiger die Leistung nicht annehmen, er kann nicht in Gläubigerverzug geraten und verhält sich, wenn die Annahme der Leistung im bestehenden Vertrag eine Pflicht wäre, in der Schwebephase gerade nicht pflichtwidrig (Latzel AcP 216 [2016] 674, 691, der richtig auch auf die Vermeidung der verschärften Haftung nach § 820 BGB hinweist, wenn der schwebend unwirksame Vertrag durch Genehmigungsverweigerung endgültig unwirksam würde).

47 Weil das Hauptgeschäft wenn auch schwebend, so doch unwirksam ist, kann im Falle der doch erfolgten Leistung diese **Leistung kondiziert** werden, § 812 Abs 1 S 1. 1 Alt BGB. Das kann auch schon während der Schwebephase geschehen, wenn in Unkenntnis der Schwebephase geleistet wurde (BGH 8. 10. 1975 – VIII ZR 115/74, BGHZ 65, 123 = NJW 1976, 104; PWW/Frensch[13] Rn 1; BeckOGK/Regenfus [1. 4. 2019] § 184 Rn 31). Allerdings sind §§ 813, 814 BGB zu beachten: Hat der Leistende Kenntnis von der schwebenden Unwirksamkeit und erfolgt die Leistung aber in Erwartung der Genehmigung, so kann nur kondiziert werden, wenn der mit der Leistung bezweckte Erfolg nicht eingetreten ist – das ist mit der Verweigerung der Genehmigung der Fall (BeckOGK/Regenfus [1. 4. 2019] § 185 Rn; Latzel AcP 216 [2016] 674, 691; siehe auch BGHZ 65, 123).

48 Freilich können die Parteien des Hauptgeschäfts durchaus Leistungspflichten für die Phase der schwebenden Unwirksamkeit **vereinbaren**, die dann auch (entsprechend der Vereinbarung) eingeklagt werden können. Allerdings ist dies nicht möglich, wenn dadurch das Zustimmungserfordernis konterkariert würde (BeckOGK/Regenfus [1. 4. 2019] § 184 Rn 32) – so dass etwa mit einem beschränkt Geschäftsfähigen eine solche Leistungsverpflichtung nur einseitig, also zu dessen Gunsten vereinbart werden könnte; oder dass durch die Vereinbarung einer solchen Pflicht nicht etwa das Sicherungsinteresse für den Fall der Genehmigung umgesetzt würde, sondern die Pflichten aus dem noch schwebend unwirksamen Hauptgeschäft vorweggenommen würden. Freilich wird man dort, wo eine solche Vorwegnahme bereits aus den bestehenden Nebenpflichten in der Phase der schwebenden Unwirksamkeit faktisch erfolgt, wie bei Unterlassungspflichten (Rn 51), auch eine entsprechende Vereinbarung zulassen.

49 **Vereinbarungen für den Fall der Verweigerung der Genehmigung** können ebenfalls getroffen werden – freilich ist auch hier zu beachten, ob nicht auch diese Vereinbarung wiederum unter das Zustimmungserfordernis fällt.

2. Nebenpflichten

50 Die schwebende Unwirksamkeit führt zwar nicht zu Leistungspflichten, ist aber doch Sonderverbindung zwischen der am Hauptgeschäft Beteiligten. Daraus resultieren zunächst Rücksichtnahmepflichten und damit die allgemeinen Pflichten aus **§ 241 Abs 2 BGB**. Zwar liegt kein leistungspflichtbezogenes Schuldverhältnis vor, dagegen aber sehr wohl eine unter § 311 Abs 2 BGB zu fassende Verdichtung, die zur Anwendung des § 241 Abs 2 BGB verweist (BeckOGK/Regenfus [1. 4. 2019] § 184 Rn 33; MünchKomm/Bayreuther[8] § 184 Rn 13).

51 Richtig trifft den Schuldner hier die **Pflicht, seine Leistung vorzuhalten**, um im Falle der Genehmigung leistungsbereit zu sein. Das führt bei Unterlassungspflichten des schwebend unwirksamen Vertrags weit: Weil der Schuldner die aus dem Vertrag folgenden Pflichten auch während der schwebenden Unwirksamkeit nicht gleichsam im Vorfeld vereiteln darf, hat er auch in diesem Stadium im (schwebenden) Vertrag vorgesehene Unterlassungspflichten zu beachten – verletzt er sie, macht er sich schadensersatzpflichtig, eine Vertragsstrafe wird aber erst ab Eintritt der Wirksamkeit verwirkt (Latzel AcP 216 (2016) 674, 712: faktische Vorwegnahme der Unterlassungspflicht).

52 Eine andere Frage ist es, ob aus der schwebenden Unwirksamkeit als solche die **Pflicht** einer oder beider Parteien folgt, die **Entscheidung über die Genehmigung aktiv herbeizuführen**. Zweifellos folgt aus dem schwebend unwirksamen Geschäft, dass die Beteiligten die Entscheidung über die Genehmigung nicht hintertreiben dürfen (BVerwG 20. 3. 1986 – VII ZR 81/85, LM Nr 11 zu 21 WohnungseigentumsG = NJW-RR 1986, 756; BGH 13. 7. 1956 – I ZR 197/54, LM Nr 1 § 612 BGB = BB 1956, 869; RG 7. 7. 1930 – VI 646/29, RGZ 129, 357, 376; Erman/Maier-Reimer[15] § 184 Rn 9; Staudinger/Gursky [2014] § 184 Rn 15; BeckOGK/Regenfus [1. 4. 2019] § 184 Rn 33). Das fußt auf dem Grundsatz des *pacta sunt servanda*. Deshalb haben sie alles zu unterlassen, was die Entscheidung verhindern oder erschweren würde. Auf der anderen Seite kann eine Pflicht, die Entscheidung herbeizuführen – etwa durch Aufforderung nach § 108 Abs 2 BGB – nicht zwangsläufig bejaht werden. Dass sie vereinbart werden kann, ist unzweifelhaft, liegt keine ausdrückliche Vereinbarung vor, so wird die Auslegung helfen müssen. Die herrschende Meinung bejaht eine Pflicht, alles in der Kraft der Beteiligten am Hauptgeschäft Stehende und Zumutbare zu unternehmen, um die Genehmigung herbeizuführen (Staudinger/Gursky [2014] § 184 Rn 15; Latzel AcP 216 [2016] 674, 713; BeckOGK/Regenfus [1. 4. 2019] § 184 Rn 33).

Einigkeit besteht freilich zu Recht darüber, dass den **beschränkt Geschäftsfähigen** keine der genannten Verpflichtungen treffen kann (Erman/Maier-Reimer[15] § 184 Rn 9; Staudinger/Gursky [2014] § 184 Rn 15). Im Falle der Vertretung im Vertrag durch einen falsus procurator wird der Vertretene zwar Partei des schwebend unwirksamen Vertrages, aber auch ihn können keine der oben genannten Verpflichtungen treffen (Staudinger/Gursky [2014] § 184 Rn 15) – weil es nicht über den Umweg des § 241 Abs 2 BGB zu einer Genehmigungspflicht kommen darf.

53 Wird eine solche bestehende Verpflichtung verletzt, so kommt grundsätzlich eine Haftung nach §§ 311 Abs 2; 241 Abs 2, 280 Abs 1 BGB in Betracht (RG 23. 6. 1926 – V 487/25, RGZ 114, 155; Staudinger/Gursky [2014] § 184 Rn 15; BeckOGK/Regenfus [1. 4. 2019] § 185 Rn 33; Soergel/Leptien[12] Rn 4; NK-BGB/Staffhorst[3] Rn 6; jurisPK-BGB/Trautwein[8] [13. 2. 2019] § 182 Rn 2).

3. Schwebende Unwirksamkeit und Dritte

54 Dritte können aus dem schwebend unwirksamen Hauptgeschäft nicht berechtigt werden: So kann etwa ein Makler während der Schwebephase noch keinen Maklerlohn beanspruchen. Ein **schwebend unwirksamer Vertrag zugunsten Dritter, § 328 BGB**, ist zwar möglich, führt aber in der Schwebephase nicht zu einer Drittberechtigung. Es gelten die allgemeinen Grundsätze mit der Maßgabe, dass der Dritte nach

§ 333 BGB ein Zurückweisungsrecht hat, das neben der Genehmigung ein weiteres Element ist, das zur vollen Anspruchsentstehung zu berücksichtigen ist (BeckOGK/ REGENFUS [1. 4. 2019] § 184 Rn 34). Eine Verpflichtung eines Dritten scheitert bereits am Verbot eines Vertrages zu Lasten Dritter und ist schon deshalb nicht möglich (dazu STAUDINGER/KLUMPP [2015] Vorbem 30 zu §§ 328 ff).

Ein Dritter, nicht gesetzlich Zustimmungsberechtigter, kann einen schwebend unwirksamen Vertrag auch nicht im Sinne des § 184 BGB „genehmigen" – eine entsprechende Vereinbarung, dass für die Wirksamkeit des Hauptgeschäfts (neben der Zustimmung des gesetzlich Zustimmungsberechtigten) noch eine weitere Person sein Einverständnis zum Hauptgeschäft geben muss, ist aufschiebende Bedingung, die den §§ 158 ff BGB unterfällt. 55

4. Dauer

Die Phase der schwebenden Unwirksamkeit kann verschieden beendet werden: zur endgültigen Wirksamkeit führt die Genehmigung des Hauptgeschäfts, zur endgültigen Unwirksamkeit führt die Verweigerung der Genehmigung, die Aufhebung oder Vernichtung des Hauptgeschäfts durch die daran Beteiligten, der Widerruf nach §§ 109, 178 BGB sowie in seltenen Fällen die Verwirkung des Zustimmungsrechts. 56

a) Keine gesetzliche Genehmigungsfrist
Die Schwebephase ist **grundsätzlich zeitlich unbegrenzt** (BeckOGK/REGENFUS [1. 4. 2019] § 184 Rn 13; ERMAN/MAIER-REIMER[15] § 184 Rn 10; MünchKomm/BAYREUTHER[8] BGB § 184 Rn 5; STAUDINGER/GURSKY [2014] § 184 Rn 16). Das Gesetz kennt keine absolute Frist oder Dauer der Schwebephase. Weil die Verwirkung des Genehmigungsrechts nur sehr selten eingreift – und hier der bloße Zeitablauf nicht relevant ist („krasser Fall verspäteter Illoyalität" BeckOGK/REGENFUS [1. 4. 2019] § 184 Rn 22), sondern sich die Beteiligten am Hauptgeschäft auch auf das Ausbleiben der Genehmigung durch anderweitige Disposition berechtigt verlassen haben müssen, Umstandsmoment (BeckOGK/ REGENFUS [1. 4. 2019] § 184 Rn 22) – kann also auch nach sehr langer Zeit noch die Genehmigung oder deren Verweigerung ausgesprochen werden (OLG Düsseldorf 11. 10. 2018 – 15 U 28/18, juris: „nach Jahr und Tag"; OLG Hamm 8. 8. 2011 – 5 U 41/11, juris; OLG Stuttgart 25. 6. 1953 – 3 U 189/52, NJW 1954, 36; LG Krefeld 28. 3. 2008 – 1 S 61/07; MünchKomm/BAYREUTHER[15] § 184 Rn 5). Eine **Verwirkung** der Zustimmungsberechtigung führte freilich letztlich zur endgültigen Unwirksamkeit des Hauptgeschäfts (STAUDINGER/ GURSKY [2014] § 184 Rn 16; BeckOGK/REGENFUS [1. 4. 2019] § 184 Rn 22; MünchKomm/BAYREUTHER[8] § 184 Rn 5; jurisPK/TRAUTWEIN[8] [Stand: 13. 2. 2019] § 184 Rn 3) Die in einer früheren Entscheidung des BGH aufgestellte Forderung, der Schwebezustand dürfe nicht auf längere Zeit erstreckt werden, als für die Erreichung der Entschließung des Zustimmungsberechtigten unbedingt erforderlich sei (BGH 9. 6. 1969 – III ZR 231/65, LM Nr 40 zu § 3 ZPO = MDR 1969, 916), ist zu Recht kein Gemeingut geworden. 57

Einen dogmatischen Ansatz für die **Verwirkung durch Nichtnachfrage** der Genehmigung durch die Beteiligten des Hauptgeschäfts gibt es nicht – weil es grundsätzlich kein Recht auf Genehmigung gibt, das verwirken könnte. Ebenfalls gibt es keine Pflicht, durch deren Nichtausübung man sich den Vorwurf des widersprüchlichen Verhaltens aussetzen könnte (MünchKomm/BAYREUTHER[8] BGB § 184 Rn 5). Freilich wird 58 richtig darauf hingewiesen, dass in der unterbliebenen Nachfrage zur Genehmigung unter Umständen ein konkludenter Aufhebungsvertrag der am Hauptgeschäft Beteiligten gesehen werden könnte (BeckOGK/REGENFUS [1. 4. 2019] § 184 Rn 23).

59 Eine **zeitliche Begrenzung** kann auch nicht daraus resultieren, dass eine gewisse Zeit verstreicht, ohne dass die am Hauptgeschäft Beteiligten **um die Genehmigung nachsuchen** (so aber BGH 9. 6. 1969 – III ZR 231/65, LM Nr 40 zu § 3 ZPO = MDR 1969, 916). Das ist abzulehnen, weil das Gesetz eben eine solche Begrenzung nicht vorsieht (BeckOGK/ REGENFUS [1. 4. 2019] § 184 Rn 23; STAUDINGER/GURSKY [2014] § 184 Rn 19; MünchKomm/BAYREUTHER[8] § 184 Rn 5). Solche Fälle längerer Untätigkeit sind einmal mit Blick auf das Hauptgeschäft selbst zu lösen, das auf eine etwaige Befristung oder Bedingung hin zu untersuchen ist, und zum anderen durch die sehr strenge Prüfung, ob das Zustimmungsrecht nicht mittlerweile verwirkt ist (STAUDINGER/GURSKY [2014] § 184 Rn 19; BeckOGK/REGENFUS [1. 4. 2019] § 184 Rn 23; MünchKomm/BAYREUTHER[8] § 184 Rn 5; HILBERT VersR 1986, 948, 951). Im Fall BGH 9. 6. 1969 – III ZR 231/65, LM Nr 40 zu § 3 ZPO = MDR 1969, 916 lag denn auch eher eine solche Verwirkung vor: die abgelaufene Frist betrug 30 Jahre. Allerdings können die Parteien die Genehmigungsfrist selbst bestimmen, weil sie Zugriff auf den Inhalt des Hauptgeschäftes haben; allerdings gibt es auch keinen Grund dafür, eine solche Frist (etwa der Unverzüglichkeit) grundsätzlich und im Zweifel anzunehmen (so aber wiederum BGH 9. 6. 1969 – III ZR 231/ 65, LM Nr 40 zu § 3 ZPO = MDR 1969, 916).

60 Freilich ist hier bei solch einer langen Zeit jedenfalls bei Verfügungsgeschäften auch stets daran zu denken, dass der Schwebezustand auch durch **Zwischenverfügungen** beendet werden kann, § 184 Abs 2 BGB (Rn 116 f).

b) Aufforderungsmechanismus

61 Das System der §§ 182 ff BGB selbst kennt **keinen Mechanismus zur Beendigung der Schwebephase**. Ein solcher ist vielmehr in den entsprechenden Sondermaterien vorgesehen, so in §§ 108 Abs 2, 177 Abs 2, 1366 Abs 3, 1427 Abs 1, 1453 Abs 1 BGB sowie § 1829 Abs 2 BGB. Hier kann der Vertragspartner den Zustimmungsberechtigten zur Erklärung über die Genehmigung oder ihre Verweigerung zwingen, indem er **zur Genehmigung auffordert**. Der „Zwang" zur Erklärung folgt dann aus der zweiwöchigen Frist, die diese Aufforderung in Gang setzt – und an deren Ablauf das Gesetz die Fiktion der Genehmigungsverweigerung setzt. Richtig wird freilich darauf hingewiesen, dass die Aufforderung als rechtsgeschäftsähnliche Handlung (zur Aufforderung nach § 108 Abs 2 BGB siehe STAUDINGER/KLUMPP [2017] § 108 Rn 40 mwNw) auch den Willen zum Ausdruck bringen müsse, dass der Genehmigungsberechtigte endgültig entscheiden solle, eine bloße Anfrage, die keine entsprechende Ernsthaftigkeit enthält, erfüllt diese Anforderung nicht (MünchKomm/ BAYREUTHER[8] § 184 Rn 9).

Dieser Mechanismus wird für Verträge im Wege einer **Gesamtanalogie** insgesamt angewandt (ERMAN/MAIER-REIMER[15] § 184 Rn 10; SOERGEL/LEPTIEN[12] Rn 4; jurisPK-BGB/ TRAUTWEIN[6] Rn 3; PALANDT/ELLENBERGER[78] Rn 1; FLUME, AT II § 56 aE; STAUDINGER/GURSKY [2014] § 184 Rn 18; BeckOK BGB/BUB [1. 11. 2018] § 184 Rn 13; MünchKomm/BAYREUTHER[8] Rn 4; ERMAN/MAIER-REIMER[15] § 184 Rn 10; SOERGEL/LEPTIEN[12] Rn 4; PWW/FRENSCH[13] § 182 Rn 8; jurisPK-BGB/TRAUTWEIN[8] [13. 2. 2019] § 184 Rn 3; FLUME BGB AT II § 56; BORK BGB AT Rn 1710; NK-BGB/STAFFHORST[3] Rn 4 f; DORIS 185; skeptisch auch OLG Oldenburg 12. 11. 1997 – 2 U 195/97,

OLGR 1998, 144, 145 = NJWE-VHR 1998, 226). Das ist richtig: nicht nur in den gesetzlich vorgesehenen Fällen hat der Vertragspartner ein Interesse an einer sicheren Klärung der Wirksamkeit des von ihm abgeschlossenen Vertrages. Immerhin gelingt es dem Vertragspartner so, Stabilität zu schaffen, die ansonsten wegen der zeitlich nicht beschränkten Schwebelage für ihn sicher nur durch Aufhebungsvereinbarung zu erreichen wäre: Dann aber wäre die Sicherheit durch das Ende des Vertrags erkauft.

Eine Gesamtanalogie zu den §§ 109, 178, 1366 Abs 2 BGB, so dass auch stets der 62 Widerruf des Vertragspartners möglich ist (so NK-BGB/STAFFHORST[3] § 184 Rn 5; KRONENBERG WM 2001, 844, 848), ist aber abzulehnen, weil die in diesen Vorschriften aufgenommenen Sondersituationen nicht verallgemeinerbar sind (STAUDINGER/GURSKY [2014] § 184 Rn 9; SOERGEL/LEPTIEN[12] § 184 Rn 4; MünchKomm/BAYREUTHER[8] § 184 Rn 4; ERMAN/MAIER-REIMER[15] § 184 Rn 10). Der Fall ist klar von der vorher beschriebenen Gesamtanalogie der §§ 108 Abs 2, 177 Abs 2, 1366 Abs 2 BGB abzugrenzen: Ein Widerrufsrecht führt zum Konflikt mit dem Grundsatz des pacta sunt servanda, weil es zum einseitigen Lösungsrecht führte und damit gleichsam stets ein „Reuerecht" für den Vertragspartner ermöglichte. Damit würde der Bestand des Vertrages aber stets (mit) in die Hände des Vertragspartners gelegt. Das ist nur in den gesetzlich vorgesehenen Fällen gerechtfertigt, aber nicht darüber hinaus.

c) Befristungen

Die **Parteien des Hauptgeschäfts** können selbst über die Dauer der Schwebephase 63 bestimmen und eine Frist zur Ausübung der Genehmigung setzen, allerdings nur mit dem Ergebnis, dass nach Ablauf dieser Genehmigungsfrist die endgültige Unwirksamkeit eintritt. Das Hauptgeschäft steht dann unter der auflösenden Bedingung, dass die Genehmigung nicht bis zu einem bestimmten Zeitpunkt erteilt wird (STAUDINGER/GURSKY [2014] § 184 Rn 20; BeckOGK/REGENFUS [1. 4. 2019] § 184 Rn 14; MünchKomm/ BAYREUTHER[8] § 184 Rn 6).

Ist das **Hauptgeschäft selbst befristet**, so ist auch die Genehmigung nur innerhalb 64 dieser Frist möglich. Erfolgt sie außerhalb dieser Frist, geht sie ins Leere, sie trifft auf kein bestehendes Genehmigungsobjekt mehr: So kann etwa ein von einem *falsus procurator* geschlossener Dienstvertrag, der zu einem bestimmten Termin enden soll, nicht sinnvoll nach diesem Termin genehmigt werden.

Anders zu sehen ist dies dann, wenn die Befristung nicht das Hauptgeschäft 65 inhaltlich betrifft, sondern wenn das **Angebot auf Abschluss des Hauptgeschäfts befristet ist, § 148 BGB** (so aber die wohl herrschende Meinung BVerwG 24. 6. 1999 – 7 C 20/98, BVerwGE 109, 169 = NJW 1999, 3357; BAG 26. 3. 1986 – 7 AZR 585/84, AP § 180 BGB Nr 2 = NJW 1987, 1038; BGH 13. 7. 1973 – V ZR 16/73, NJW 1973, 1789; BGH 15. 6. 1960 – V ZR 191/58, BGHZ 32, 375 = NJW 1960, 1805; OLG Düsseldorf 7. 9. 2006 – 10 U 30/06, OLGR Düsseldorf 2006, 817; OLG Hamm 23. 5. 1995 – 15 W 167/95, OLGR Hamm 1995, 207 = DNotZ 1996, 384, 387 f; SOERGEL/LEPTIEN[12] § 184 Rn 8; jurisPK-BGB/TRAUTWEIN[8] [13. 2. 2019] § 184 Rn 3; PALANDT/ELLENBERGER[78] § 184 Rn 2; PRÖLSS JuS 1985, 577, 585; M LANGE, in: FS Sandrock [1999] 243, 246 f; **[zu Recht] anders** SCHUBERT JR 1974, 415 ff; STAUDINGER/GURSKY [2014] § 184 Rn 21; BeckOK BGB/BUB [1. 11. 2018] § 184 Rn 6; JAUERNIG, in: FS Niederländer [1991] 285 ff). Im Gesetzgebungsverfahren wurde die Frage offengelassen (dazu SCHUBERT JR 1974, 415; auch BeckOGK/REGENFUS [1. 4. 2019] § 184 Rn 15). Dass das nicht richtig ist, zeigt schon der Blick auf §§ 146, 147 Abs 1 BGB: Bände man die Genehmigung an eine solche Frist, dann wäre sie zwangsläufig regelmäßig nur sofort möglich, was gegen die Intention des Gesetzes verstieße (MünchKomm/Bayreuther[8] BGB § 184 Rn 6). Es käme damit letztlich faktisch in weiten Bereich gar nicht zur Genehmigungsfähigkeit des Hauptgeschäfts. Das zeigt sich im Falle des durch den falsus procurator geschlossenen Vertrages, § 177 Abs 1 BGB. Die durch § 177 Abs 1 BGB ermöglichte Wahl des Vertretenen und damit dessen Zugriffsprivileg auf den schwebenden Vertrag würde grundlegend entwertet, der Mechanismus des § 177 Abs 2 BGB nicht mehr praktizierbar. Dieser soll im Übrigen auch Sicherheit für den Vertragspartner schaffen, so dass dieser nicht auf die durch das befristete Angebot geschaffene Sicherheit allein angewiesen ist (Staudinger/Gursky [2014] § 184 Rn 21; BeckOGK/Regenfus [1. 4. 2019] § 185 Rn 16). Außerdem wird verkannt, dass das Hauptgeschäft in diesen Fällen bereits geschlossen ist, wenn während das befristete Vertragsangebot angenommen wurde (BeckOGK/Regenfus [1. 4. 2019] § 184 Rn 16): Damit wechselt das „Wirksamkeitsregime" von der Vertragsschlussphase der §§ 145 ff BGB hin zur Zustimmungsphase des Zustimmungsrechts in Verbindung mit §§ 182, 184, 185 BGB.

66 Fraglich ist allerdings, ob bei **einseitigen Rechtsgeschäften**, die nur in einer gesetzlich vorgesehenen Frist ausgeübt werde dürfen, die Genehmigung ebenfalls in dieser Frist ausgeübt werden darf, wie etwa §§ 121; 626 Abs 2 BGB – ob mithin nach Ablauf dieser Frist auch die Schwebephase endet und eine Genehmigung nicht mehr möglich ist (so BAG 26. 3. 1986 – 7 AZR 585/8, AP § 180 BGB Nr 2 = NJW 1987, 1038; BGH 15. 6. 1960 – V ZR 191/58, BGHZ 32, 375 = NJW 1960, 1805; LAG Nürnberg 15. 3. 2004 – 9 [5] Sa 841/02, ZTR 2004, 492; Wolf/Neuner[11] S 680; MünchKomm/Bayreuther[8] § 183 Rn 13; Soergel/Leptien[13] § 184 Rn 8; BeckOK BGB/Bub Rn 9; Palandt/Ellenberger[78] § 184 Rn 2; Prölss JuS 1985, 577, 585; Thiele 263 f; Schubert JR 1974, 415 ff; Zimmermann ZTR 2007, 124 ff, 127; auch OLG Düsseldorf 7. 9. 2006 – 10 U 30/06, OLGR Düsseldorf 2006, 817 = NJOZ 2006, 4058, 4060; LG Paderborn 22. 5. 1975 – 1a S 71/75, NJW 1975, 1748). Hier gilt aber, dass eine solche Koppelung nicht notwendig ist, weil eine Schwebephase bei einseitigen Rechtsgeschäften ohnehin grundsätzlich ausgeschossen sei – siehe etwa §§ 111 S 1, 180 S 1 BGB – und nur dann eintreten könne, wenn der Erklärungsempfänger diese Schwebephase selbst hinnehme, er mithin selbst die rechtsunsichere Schwebephase akzeptiere, §§ 111 S 2, 180 S 2 BGB (Staudinger/Gursky [2014] § 184 Rn 21). Damit würde denn auch der Zweck der Koppelung der Genehmigung an die gesetzliche Frist obsolet (BeckOGK/Regenfus [1. 4. 2019] § 184 Rn 19). Das stimmt, allerdings besteht das Problem dann nur für eben diese Fälle weiter.

67 Richtig wird der Blick deshalb auf das jeweilige Fristerfordernis gerichtet werden müssen: So wurde für die Frist zur Anspruchsanmeldung nach § 651g Abs 1 BGB aF (jetzt: § 651g Abs 1 S 2 BGB) entschieden, dass wegen des Zwecks des Verbraucherschutzes auch eine Genehmigung nach Ablauf der Frist möglich ist (BGH 26. 5. 2010 – Xa ZR 124/09, NJW 2010, 2950 = MDR 2010, 1099; BeckOGK/Regenfus [1. 4. 2019] § 184 Rn 21); so wird die Geltendmachung des Restitutionsanspruchs durch einen vollmachtlosen Vertreter nach nicht mehr nach Ablauf der Ausschlussfrist des § 30a VermG rückwirkend genehmigt werden können (BVerwG 24. 6. 1999 – 7 C 20/98, BVerwGE 109, 169 = NJW 1999, 3357); so soll für die Nachfristsetzung nach §§ 281 Abs 1, 323 Abs 1 BGB eine Fristbindung der Genehmigung gegeben sein (BGH 22. 10. 1999 – V ZR 401/98, BGHZ 143, 42 = NJW 2000, 506; MünchKomm/Bayreuther[8] § 184 Rn 7). Gleiches soll für

die Zweimonatsfrist des § 469 S 2 BGB für das Vorkaufsrecht gelten (BGH 15. 6. 1960 – V ZR 191/58, BGHZ 32, 375 = NJW 1960, 1805; MünchKomm/BAYREUTHER[8] § 184 Rn 7); so ist bei der Kündigung aus wichtigem Grund nach § 626 BGB durch einen falsus procurator (und nach Maßgabe des § 80 S 2 BGB) auch die Genehmigung innerhalb der Zweiwochenfrist zu verlangen (BAG 26. 3. 1986 – 7 AZR 585/84, AP § 180 BGB Nr 2 = NJW 1987, 1038; B. ZIMMERMANN ZTR 2007, 119, 123; die Genehmigungsmöglichkeit in diesem Fall offenlassend BAG 10. 2. 2005 – 2 AZR 584/03, AP § 174 BGB Nr 18 = ZTR 2005, 658; MünchKomm/BAYREUTHER[8] § 184 Rn 6), allerdings kommt auf seine zurechenbare Kenntnis der zur Kündigung berechtigenden Umstände an (dazu ErfK/NIEMANN[19] § 626 Rn 200 f). Für die ordentliche Kündigung kommt dagegen eine Rückwirkung in Betracht, die Kündigungsfrist nach § 622 BGB ist keine Ausschlussfrist, sondern sie zielt auf den Zeitpunkt der Beendigungswirkung der Kündigung (so auch BeckOGK/ REGENFUS [1. 4. 2019] § 185 Rn 18.1; M LANGE, in: FS Sandrock [1995] 243 [250 f]; PAYRHUBER JuS 2018, 222, 225).

d) Entfall des Zustimmungserfordernisses

Entfällt während der Phase der schwebenden Unwirksamkeit die Zustimmungsnotwendigkeit wegen Wegfall der entsprechenden gesetzlichen Regelung (Vorbem 25 f zu §§ 182–185), so endet die Schwebephase ebenfalls: das Hauptgeschäft ist dann ex tunc endgültig wirksam (BeckOGK/REGENFUS [1. 4. 2019] § 184 Rn 27; STAUDINGER/GURSKY [2014] § 184 Rn 17; BeckOK BGB/BUB § 182 Rn 25). Umgekehrt freilich gilt es für die Einführung eines öffentlich-rechtliches Genehmigungserfordernis oder gesetzliches Verbot auf das konkrete neue Zustimmungserfordernis zu blicken und zu fragen, ob bereits vorgenommene Geschäft erfasst werden sollen (STAUDINGER/GURSKY [2014] § 184 Rn 369). Weiter kann auch die Genehmigungsbedürftigkeit entfallen, weil das zunächst bestehende (konkrete) Zustimmungsrecht entfällt. Das gilt etwa bei Auflösung der Ehe durch Tod, §§ 1365, 1369 BGB (BeckOGK/REGENFUS [1. 4. 2019] § 184 Rn 6), sowie auch (und gerade) bei öffentlich-rechtlichen Genehmigungserfordernissen (STAUDINGER/GURSKY [2014] § 184 Rn 17). **68**

Kein Fall des Entfalls der Genehmigungsbedürftigkeit ist dagegen gegeben, wenn der beschränkt Geschäftsfähige durch Erreichen des Volljährigkeitsgrenze nach § 108 Abs 3 BGB selbst zum Zustimmungsberechtigten wird (BeckOGK/REGENFUS [1. 4. 2019] § 184 Rn 6). Hier bleibt es bei der schwebenden Unwirksamkeit des Hauptgeschäfts, lediglich die Genehmigungsberechtigten geht auf den nunmehr Volljährigen über. **69**

Der bloße Leistungsvollzug führt nicht zum Entfall der Genehmigungsbedürftigkeit (Rn 14). **70**

e) Verweigerung der Genehmigung

Der Mangel an Genehmigungsfähigkeit kann (neben originären Mängeln des Hauptgeschäfts als Rechtsgeschäft, etwa aus §§ 134, 138 BGB, selbst), aus verschiedenen Gründen resultieren. Zunächst kann die **Verweigerung der Genehmigung** durch den Zustimmungsberechtigten selbst den Zustand der schwebenden Unwirksamkeit beenden und zur endgültigen Unwirksamkeit führen (MEDICUS/PETERSEN, Allgemeiner Teil S 441; BeckOGK/REGENFUS [1. 4. 2019] § 184 Rn 3; STAUDINGER/ GURSKY [2014] § 184 Rn 17). Dabei ist auszulegen, §§ 133, 157 BGB, ob eine rechtsgeschäftliche Verweigerung vorliegt, ob also das schwebend unwirksame Rechts- **71** geschäft endgültig unwirksam sein soll, oder aber, ob lediglich im Moment keine zustimmende Entscheidung getroffen werden soll (Wolf/Neuner, AT¹¹ S 680; Beck-OGK/Regenfus [1. 4. 2019] § 184 Rn 24: Frage des „letzten Wortes"). Die Verweigerung der Genehmigung kann auch konkludent erfolgen, sie ist, ebenso wie die Genehmigung selbst, an kein Formgebot gebunden, auch dann nicht, wenn das Hauptgeschäft selbst formbedürftig ist (§ 182 Rn 95 f). § 182 Abs 2 BGB gilt auch hier. Ist die Genehmigung verweigert, wird die Schwebephase beendet. Eine spätere „Dochnochgenehmigung" geht ins Leere, weil die einmal erteilte Genehmigung im Gegensatz zur Einwilligung nicht widerruflich ist. Gleiches gilt für die Beendigung der Schwebephase durch § 108 Abs 2 S 2 (RG 17. 1. 1935 – IV 236/34, RGZ 146, 314, 316; Staudinger/Gursky [2014] § 184 Rn 7).

72 Sieht das Gesetz vor, dass der Vertragsteil, der nicht der Zustimmung für sein rechtsgeschäftliches Handeln bedürftig ist, den Genehmigungsberechtigten zur Erklärung über die Genehmigung auffordern kann, wie in §§ 108 Abs 2, 177 Abs 2 BGB, so gilt die Genehmigung als verweigert, wenn sich der aufgeforderte Genehmigungsberechtigte nicht innerhalb einer Frist von zwei Wochen äußert (§ 182 Rn 93). Tritt diese gesetzliche Fiktion ein, so hat der Zustimmungsberechtigte hernach ebenfalls keine Möglichkeit zur späteren Genehmigung mehr. Dieser spezielle Mechanismus kann verallgemeinert werden.

73 Die **Verweigerung der Genehmigung ist unwiderruflich** (Staudinger/Gursky [2014] § 184 Rn 14; Wolf/Neuner AT¹¹ S 680; Bork, AT⁴ S 669). Das unterscheidet die Verweigerung der Genehmigung von der Verweigerung der Einwilligung (§ 183 Rn 86) – dort ändert sich an der grundsätzlichen weiter bestehenden Einwilligungsfähigkeit nichts. Eine solche Rechtsunsicherheit durch die Möglichkeit eines Widerrufs ohne endgültige Wirkung für die Einwilligungsfähigkeit ist für die Phase vor Vornahme des Hauptgeschäftes gerechtfertigt, danach aber nicht mehr, weil die Beteiligten am Hauptgeschäft bereits (wenn auch im Rahmen der schwebenden Unwirksamkeit) an dieses gebunden sind und jedenfalls allein (und jenseits eventueller Willensmängel) nicht mehr Abstand vom Hauptgeschäft nehmen können.

74 Die bereits erteilte Innenverweigerung wird dann unwirksam, wenn der Vertragspartner in den Fällen der §§ 108 Abs 2, 177 Abs 2 BGB oder im Wege der Gesamtanalogie auch in anderen Vertragssituationen den Zustimmungsberechtigten zur Genehmigung auffordert.

75 Weil die **Verweigerung Rechtsgeschäft** ist, unterfällt sie den allgemeinen Regelungen: Sie wird etwa wirksam mit Zugang, § 130 BGB, kann mit einem Willensmangel behaftet sein, §§ 116 ff BGB und die Verweigerung der Zustimmung eines beschränkt Geschäftsfähigen ist an die §§ 106 ff BGB gebunden. Die Anfechtung der Verweigerung ist möglich (MünchKomm/Bayreuther⁸ § 182 Rn 28), ein Irrtum nach § 119 Abs 1 BGB kann auch dann vorliegen, wenn sich der Genehmigende über den Inhalt des Hauptgeschäfts irrt (**anders** Wertenbruch, BGB AT, S 295: bloßer Motivirrtum).

76 Siehe zur Verweigerung auch § 182 Rn 86 ff.

f) Wiederaufleben der Schwebephase

Das Gesetz lässt auch bei bereits erfolgter Innengenehmigung in einigen Fällen das Wiederaufleben der Schwebephase zu: So sieht § 108 Abs 2 BGB oder § 177 Abs 2 BGB aus Gründen der Rechtssicherheit für den Vertragspartner, vor, dass dessen Aufforderung zur Genehmigung zur Wiederherstellung der schwebenden Unwirksamkeit führt, wenn der Zustimmungsberechtigte bereits im Innenverhältnis (gegenüber dem beschränkt Geschäftsfähigen im Falle des § 108 Abs 2 BGB, gegenüber dem *falsus procurator* im Falle des § 177 Abs 2 BGB) die Genehmigung erteilt hatte. Diese durchaus bemerkenswerte Regelung erklärt sich aus dem Bestreben, dem Vertragspartner ein mögliches Maß an Rechtssicherheit zukommen zu lassen (siehe zu § 108 Abs 2 STAUDINGER/KLUMPP [2017] § 108 Rn 48).

VII. Rechtsfolge der Genehmigung

1. Grundsätzliches

Die Genehmigung hat grundsätzlich Rückwirkung: Sie beseitigt die schwebende Unwirksamkeit und es kommt ex tunc zur anfänglichen Wirksamkeit des genehmigten Rechtsgeschäfts (RG 28. 9. 1933 – IV 178/33, RGZ 142, 59; RG 21. 11. 1931 – V 185/31, RGZ 134, 185; FLUME, AT, 2. Bd [4. Aufl 1992] S 898; BROX/WALKER, Allgemeiner Teil des BGB [42. Aufl 2018] S 225; STAUDINGER/GURSKY [2014] § 184 Rn 31; ERMAN/MAIER-REIMER[15] § 184 Rn 12). Damit bedient sich das Gesetz einer Fiktion: Das Hauptgeschäft wird so behandelt, als hätte der Mangel der Zustimmung nicht vorgelegen (BeckOGK/REGENFUS [1. 4. 2019] § 184 Rn 53; MünchKomm/BAYREUTHER[8] § 184 Rn 12). Das wiederum wird auch den Willen der am Hauptgeschäft Beteiligten treffen (STAUDINGER/GURSKY [2014] § 184 Rn 31; BeckOGK/REGENFUS [1. 4. 2019] § 184 Rn 49) – wollen sie eine andere zeitliche Wirkung der Genehmigung, so können sie selbst das Hauptgeschäft entsprechend gestalten; wissen sie nichts von der Zustimmungsbedürftigkeit, so wollen sie ohnehin eine sofortige Wirksamkeit. Damit unterscheidet sich die Wirkung der Genehmigung entscheidend von der einer nachträglich eintretenden Bedingung: diese wirkt nicht zurück, sondern aus § 159 BGB folgt (lediglich) eine Verpflichtung, sich so zu stellen, als sei das Hauptgeschäft von Anfang an wirksam (STAUDINGER/GURSKY [2014] § 184 Rn 32). Nach § 184 Abs 1 BGB ist das Hauptgeschäft aber bereits *ex tunc* wirksam, es bedarf so gleichsam keines Umsetzungsaktes mehr.

Richtig wird darauf hingewiesen, dass die durch § 184 BGB angeordnete Rückwirkung **systematisch nicht zwingend** ist (BeckOGK/REGENFUS [1. 4. 2019] § 184 Rn 49; kritisch de lege ferenda denn auch EICKELMANN S 84 ff), im Falle der Bedingung etwa geht das Gesetz einen anderen Weg und lässt das Rechtsgeschäft erst mit Eintritt der Bedingung wirksam werden (BeckOGK/REGENFUS [1. 4. 2019] § 184 Rn 49. 1). Grund für die Rückwirkung der Genehmigung ist der Wille der Parteien des Hauptgeschäfts, sogleich eine Wirksamkeit herbeizuführen – im Falle der Bedingung liegt dies anders, hier stellen die Parteien bewusst auf einen späteren Bedingungseintritt ab.

Diese Rückwirkung nach § 184 BGB unterscheidet grundsätzlich nicht anhand verschiedener rechtsgeschäftlicher Kategorien, sie tritt sowohl bei schuldrechtlichen wie auch dinglichen Rechtsgeschäften ein (OLG Zweibrücken 21. 9. 1995 – 3 W 100/95 = NJW-RR 1996, 710; RG 29. 10. 1907 – III 151/07, RGZ 66, 430; STAUDINGER/GURSKY [2014] § 184

Rn 32; BeckOGK/Regenfus [1. 4. 2019] § 184 Rn 53; MünchKomm/Bayreuther[8] § 184 Rn 12). Hat der Schuldner nach einer zustimmungsbedürftigen Zession eine Teilleistung an den Zessionar erbracht, so war das zunächst eine Leistung an einen Nichtberechtigten, wird aber mit der Genehmigung rückwirkend zu einer an den wirklichen Gläubiger erbrachten und damit schuldtilgenden Leistung (Staudinger/Gursky [2014] § 184 Rn 32; BSG 6. 4. 2000 – B 11 AL 47/99 R – SozR 3-1200 § 53 Nr 9 = NZS 2001, 104).

81 Rückwirkung entfaltet auch die kraft **mittelbarer Rechtsbeteiligung** erforderliche Genehmigung des Drittberechtigten zu Verfügungen über das belastete Recht (Staudinger/Gursky [2014] § 184 Rn 27). Durch Zwischenverfügungen des Inhabers des belasteten Rechts kann das Genehmigungsrecht des Dritten und die Rückwirkung der Genehmigung nicht ausgeschlossen werden (Egert 76 f).

82 Damit die Rückwirkung eintritt, muss die Genehmigung auf ein ansonsten wirksames Hauptgeschäft treffen. Die Genehmigung „heilt" nicht. Für die sonstigen Wirksamkeitsvoraussetzungen des Hauptgeschäftes kommt es auf den Zeitpunkt von dessen Abschluss an (BeckOGK/Regenfus [1. 4. 2019] § 184 Rn 54) – für die Wirksamkeitsvoraussetzungen der Genehmigung auf diese.

83 Die Rückwirkung kann nur die Wirksamkeit des Hauptgeschäfts treffen, aber **keine Tatsachen ändern** (RG 20. 12. 1930 – V 59/30, RGZ 131, 97; RG 7. 1. 1911 – V 104/10, RGZ 75, 114; Staudinger/Gursky [2014] § 184 Rn 37; Soergel/Leptien[12] Rn 8; Münzel NJW 1959, 1657, 1658; kritischer Finkenauer AcP 203 [2003] 282, 291; BeckOGK/Regenfus [1. 4. 2019] § 184 Rn 50; Latzel AcP 216 [2016] 674, 681): Sie ist Rechtsgeschäft. So kann etwa nicht die Frage der tatsächlichen Sachherrschaft nachträglich beeinflusst werden (Staudinger/Gursky [2014] § 184 Rn 37). Ebenso wenig erstreckt sich die Rückwirkung auf die Voraussetzungen der Genehmigung selbst (OLG Schleswig 23. 10. 2003 – 2 U 1/03, OLGR Schleswig 2004, 43, 45 = InVo 2004, 297; RG 16. 12. 1931 – V 164/31, RGZ 134, 283; Soergel/Leptien[12] Rn 6; Pfister JZ 1969, 623, 624). Die Genehmigung ist vielmehr nach dem Zeitpunkt ihrer Erklärung zu beurteilen (Flume, AT II § 56 S 898 f). So ist nicht derjenige gesetzliche Vertreter genehmigungsberechtigt, der zur Zeit des Hauptgeschäfts Vertreter war, inzwischen aber durch einen anderen gesetzlichen Vertreter abgelöst wurde (Flume § 57, 3 a; Staudinger/Gursky [2014] § 184 Rn 37).

2. Rechtsgeschäftlicher Zugriff

84 Die durch § 184 Abs 1 BGB angeordnete Rückwirkung ist dispositiv, sie tritt nur „in der Regel" ein (Staudinger/Gursky [2014] § 184 Rn 39; Wolf/Neuner[11] S 680; Erman/Maier-Reimer[15] § 184 Rn 14; BGHZ 108, 380; BGB-RGRK/Steffen[12] Rn 5; Soergel/Leptien[12] Rn 8; jurisPK-BGB/Trautwein[8] [13. 2. 2019] § 184 Rn 21; HKK/Finkenauer §§ 182–185 Rn 8; MünchKomm/Bayreuther[8] § 184 Rn 28; Palandt/Ellenberger[78] Rn 2; M Lange, in: FS Sandrock [1999] 243, 246; Schubert JR 1974, 415, 416). Auch das ist Ausfluss der Annahme des Gesetzes, dass die Parteien des Hauptgeschäfts die Wirksamkeit grundsätzlich sofort eintreten lassen wollen, was ja auch die Rückwirkung und § 184 Abs 1 BGB als solchen trägt. Die Parteien des Hauptgeschäfts können die Rückwirkung deshalb in diesem selbst begrenzen (BGH 29. 9. 1989 – V ZR 1/88, BGHZ 108, 380 = NJW 1990, 508; Soergel/Leptien[12] Rn 8; BeckOK BGB/Bub Rn 10; Erman/Maier-Reimer[13] Rn 14; Schubert JR 1974, 415, 416; Flume, AT § 56 S 900). Weil die Genehmigung selbst das Hauptgeschäft inhaltlich nicht verändern kann, setzt sie auch gerade diese Vorgabe in

Wirksamkeit (STAUDINGER/GURSKY [2014] § 184 Rn 40). Eine solche Begrenzung ist auch konkludent möglich (STAUDINGER/GURSKY [2014] § 184 Rn 40). Der Ausschluss der Rückwirkung der Genehmigung kann auch **konkludent** vereinbart werden (BGH 29. 9. 1989 – V ZR 1/88, BGHZ 108, 380, 384 = NJW 1990, 508; STAUDINGER/GURSKY [2014] § 184 Rn 40). Das freilich bedarf deutlicher Hinweise: allein die Vereinbarung einer Einverständnisbedingung oder einer bestimmten Form reicht ebenso wenig wie ein schlichter Übernahmevertrag, oder auch die Vereinbarung, der Vertrag solle erst nach der Genehmigung gelten (BeckOGK/REGENFUS [1. 4. 2019] § 184 Rn 92; siehe auch OLG Bremen 13. 7. 1995 – 2 U 147/94, OLGR 1996, 356). Im Zweifel bleibt es bei der Rückwirkung (BGH 7. 10. 1964 – V ZR 142/62, BGHZ 37, 233 = NJW 1965, 41; BGH 15. 6. 1960 – V ZR 105/59, BGHZ 32, 383 = NJW 1960, 1808; RG 21. 2. 1929 – VI 80/29, RGZ 123, 327; MünchKomm/BAYREUTHER[8] § 184 Rn 28).

Ist die Rückwirkung ausgeschlossen, so tritt die Wirksamkeit mit der Genehmigung ex nunc ein – oder zu einem anderen vereinbarten Zeitpunkt. Das erinnert zwar an § 159 BGB für die aufschiebende Bedingung, dennoch bleibt es bei der Anwendung des § 184 BGB – das gilt insbesondere für Zwischenverfügungen (MünchKomm/BAYREUTHER[8] § 184 Rn 30). Allerdings gerät die Beschränkung der Rückwirkung bislang in Konflikt mit der Bedingungsfeindlichkeit mancher Rechtsgeschäfte: Wird etwa für die Auflassung die Rückwirkung ausgeschlossen und führt dies dann zu einer Wirksamkeit in der Zukunft, kollidiert dies mit dem Zweck des § 925 Abs 2 BGB. Hier kommt eine Beschränkung der Rückwirkung deshalb nicht in Betracht (MünchKomm/BAYREUTHER[8] § 182 Rn 30; offen lassen KG 30. 5. 2013 – 1 W 86/13, NJOZ 2013, 1928). **85**

Die Rückwirkung kann aber nicht **vom Genehmigenden selbst** ausgeschlossen oder begrenzt werden (BeckOGK/REGENFUS [1. 4. 2019] § 184 Rn 93; BeckOK BGB/BUB § 184 Rn 10; MünchKomm/BAYREUTHER[8] § 184 Rn 31; ERMAN/MAIER-REIMER[15] § 184 Rn 14; NK-BGB/ STAFFHORST[3] Rn 12; PWW/FRENSCH[13] § 182 Rn 5; SCHIPPERS DNotZ 1997, 683; FLUME BGB AT II § BGB § 56; vTHUR BGB AT II/2 § BGB § 78, BGB § 241; THIELE 131; HKK/FINKENAUER §§ 182–185 Rn 8 [Fn 59]; STAUDINGER/GURSKY [2014] § 184 Rn 42 mwNw) – eine scheinbare Ausnahme ist hier die Möglichkeit einer Teilgenehmigung (ERMAN/MAIER-REIMER[15] § 184 Rn 14). Vielmehr ist die Genehmigung selbst stets auf das vorgenommene Hauptgeschäft zu beziehen. Sie kann dieses weder inhaltlich noch in seiner zeitlichen Wirksamkeit ändern (MünchKomm/BAYREUTHER[8] § 184 Rn 31; ERMAN/MAIER-REIMER[15] § 184 Rn 14). Deshalb gelingt eine durch den Genehmigenden beschränkte Rückwirkung nur dann, wenn dies im Hauptgeschäft durch entsprechende Vereinbarung vorbereitet wurde, mithin dieses seinem Inhalt nach auch (oder nur) die Wirkung der Genehmigung ex nunc zulässt (BeckOGK/REGENFUS [1. 4. 2019] § 184 Rn 93). **86**

Eine Genehmigung, die nach **§ 894 ZPO** und damit durch gerichtliche Entscheidung grundgelegt ist, und zu der der Genehmigende verurteilt ist, wirkt grundsätzlich ebenfalls zurück (ERMAN/MAIER-REIMER[15] 184 Rn 14; MünchKomm/BAYREUTHER[8] § 182 Rn 29; BeckOGK/REGENFUS [1. 4. 2019] § 184 Rn 94). Die Entscheidung BGHZ 108, 380 widerspricht dem nur scheinbar, weil es hier im Ergebnis um einen Anspruch aus einem Vortrag auf Vertragsschluss ging, den der Kläger durch Abschluss mit einem falsus procurator und anschließender Klage auf Zustimmung für sich zeitlich vorteilhaft erreichen wollte, der Fall ist deshalb nicht verallgemeinerbar (MünchKomm/BAYREUTHER[8] § 184 Rn 29). Anders entscheiden hieße, dass der zur Genehmigung verpflichtete **87** es selbst in der Hand hätte, ob (bei freiwilliger) Genehmigung Rückwirkung oder (bei klagweise Durchsetzung) ex-nunc-Wirkung besteht, diesen Zugriff lässt § 184 Abs 1 BGB aber nicht zu (Staudinger/Gursky [2014] § 184 Rn 43).

3. Auswirkungen auf das Verpflichtungsgeschäft

a) Grundsätzliches

88 Die Fälligkeit der Ansprüche aus dem genehmigten Rechtsgeschäft erfolgt mit der Genehmigung, die Ansprüche selbst entstehen aber bereits zum Zeitpunkt der Vornahme des Hauptgeschäfts (MünchKomm/Bayreuther[8] § 184 Rn 13) – sofern die Parteien des Hauptgeschäfts keinen anderen Zeitpunkt vereinbart haben, der nach dem Zeitpunkt der Genehmigung liegt (BeckOGK/Regenfus [1. 4. 2019] § 184 Rn 56). Zinsen sind – soweit nichts anderes vereinbart ist – vom Wirksamkeitszeitpunkt, also grundsätzlich von Anfang an zu entrichten (BGH 25. 10. 2000 – VIII ZR 326/99, LM BGB § 284 Nr 46 [7/2001] = NJW 2001, 365; MünchKomm/Bayreuther[8] § 184 Rn 13; Staudinger/Gursky [2014] § 184 Rn 32).

89 Die Rückwirkung der Genehmigung eines schwebend unwirksamen Kaufvertrages kann auch zum Übergang der Preisgefahr auf den Käufer führen (vTuhr II 2, 241 Fn 212). Ist die von einem falsus procurator verkaufte und dem Käufer bereits übergebene Sache bei Letzterem durch Zufall untergegangen, kann der Vertretene sich durch die Genehmigung den Vorteil des § 446 S 1 BGB verschaffen und damit den eingetretenen Verlust auf den Käufer abwälzen, allerdings nur, wenn die Kaufsache bereits übergeben wurde (Staudinger/Gursky [2014] § 184 Rn 43; Latzel AcP 216 [2016] 274, 691, 694, auch zur Mängelgewährleistung; aA Kisch, Unmöglichkeit 67).

90 Den Parteien steht es aber frei, **eine (vorläufige) Leistungspflicht**, etwa zur Hinterlegung eines Kaufpreises, zu vereinbaren (BGH 20. 11. 1998 – V ZR 17/98, LM BGB § 157 [Ge] Nr 48 [7/1999] = NJW 1999, 1329). Allerdings ist dann stets zu prüfen, ob nicht diese Vereinbarung ebenfalls zustimmungsbedürftig ist.

91 Geht der Leistungsgegenstand in der Zeit zwischen Vornahme des Hauptgeschäfts und der Genehmigung unter, so führt dies bei Genehmigung zur nachträglichen, nicht zur anfänglichen **Unmöglichkeit** (BeckOGK/Regenfus [1. 4. 2019] § 184 Rn 58; Staudinger/Gursky [2014] § 184 Rn 32). Deshalb sind grundsätzlich auch die Regelungen der §§ 280 Abs 1, Abs 3, 283 ff BGB einschlägig, nicht § 311a BGB. Allerdings ist bei der Frage des Vertretenmüssens zu berücksichtigen, dass der Schuldner noch nicht zur Leistung verpflichtet war, das Vertretenmüssen kann sich aber auf seine Pflicht beziehen, nichts zu unternehmen, was in der Schwebephase seine (zukünftige) Leistungspflicht gefährden könnte (Latzel AcP 216 [2016] 274, 693, der als Anspruchsgrundlage deshalb §§ 280 Abs 1, 241 Abs 2 BGB heranzieht).

b) Ausnahmen von der Rückwirkung

92 Die Rückwirkung erfolgt nach § 184 Abs 1 BGB nur, soweit nichts anderes bestimmt ist. Damit sind zum einen abweichende gesetzliche Regelungen gemeint. Daneben ist die Rückwirkungsanordnung des § 184 Abs 1 BGB aber auch dispositiv und damit für rechtsgeschäftlichen Zugriff offen (MünchKomm/Bayreuther[8] § 184 Rn 28).

aa) Verzug

93 Ab dem Zeitpunkt der Genehmigung kann es auch zum **Schuldnerverzug** kommen (BeckOGK/Regenfus [1. 4. 2019] § 184 Rn 57), dieser kann aber nicht rückwirkend eintreten auf den Zeitpunkt des Hauptgeschäfts (BGH 25. 10. 2000 – VIII ZR 326/99, LM BGB § 284 Nr 46 [7/2001] = NJW 2001, 365; BGH 26. 10. 1978, BGHZ 72, 246 = WM 1979, 74; BGH 8. 10. 1975 – VIII ZR 115/74, LM Nr 111 zu § 812 BGB = NJW 1976, 104; OLG Rostock 11. 5. 1995 – 1 U 350/94, NJW 1995, 3127 = FamRZ 1995, 1583; OLG Karlsruhe 15. 5. 1985 – 13 U 193/83, NJW-RR 1986, 57; Erman/Maier-Reimer[15] § 184 Rn 15; MünchKomm/Bayreuther[8] § 184 Rn 13; OLG Rostock NJW 1995, 3127; Staudinger/Gursky [2014] § 184 Rn 38; Eickelmann 100; jurisPK-BGB/Trautwein[8] [13. 2. 2019] § 184 Rn 2; Soergel/Leptien[12] Rn 8; HKK/Finkenauer §§ 182–185 Rn 9; BeckOK BGB/Bub [1. 11. 2018] § 184 Rn 9; Erman/Maier-Reimer[15] § 184 Rn 15). Ist im Vertrag ein Leistungszeitpunkt vereinbart, so dass mit dessen Ablauf nach § 286 Abs 2 Nr 1 BGB Schuldnerverzug eintritt, so ist zu unterscheiden: Erfolgt die Genehmigung vor diesem Zeitpunkt, so kommt der nicht leistende Schuldner auch dann in Verzug, wenn die Genehmigung erst sehr kurz vor diesem Leistungszeitpunkt erfolgt (BGH 25. 10. 2000 – VIII ZR 326/99, LM BGB § 284 Nr 46 [7/2001] = NJW 2001, 365; Staudinger/Gursky [2014] § 184 Rn 32; Erman/Maier-Reimer[15] § 184 Rn 15; Staudinger/Gursky [2014] § 184 Rn 32; MünchKomm/Bayreuther[8] § 184 Rn 13). Der Schuldner ist – weil er diesen Zeitpunkt vereinbart hat – nicht schützenswert, er muss stets mit der Genehmigung rechnen und kann zudem regelmäßig den Zustimmungsberechtigten zur Genehmigung auffordern, so dass er Klarheit über die Genehmigung bekommen kann (BGH 15. 10. 1992 – IX ZR 43/92, LM BGB § 852 Nr 122 = NJW 1993, 648; jurisPK/Trautwein [Stand: 13. 2. 2019] § 184 Rn 24). Die Kürze der verbleibenden Frist kann sich allenfalls bei der Frage des Vertretenmüssens nach § 286 Abs 4 BGB niederschlagen (BeckOGK/Regenfus [1. 4. 2019] § 184 Rn 66). Anders zu beurteilen ist der Fall, dass die Genehmigung nach diesem Zeitpunkt erfolgt: Dann tritt nicht mit der Genehmigung Schuldnerverzug ein, weil § 286 Abs 2 Nr 1 BGB obsolet ist – es greift hier vielmehr § 286 Abs 1 BGB ein und für den Eintritt des Schuldnerverzuges ist eine Mahnung erforderlich (Erman/Maier-Reimer[15] § 184 Rn 15).

94 Gleiches gilt für den **Annahmeverzug** (RG 21. 6. 1933 – V 419/32, RGZ 141, 220; Staudinger/Gursky [2014] § 184 Rn 38; HKK/Finkenauer §§ 182–185 Rn 9; MünchKomm/Bayreuther[8] § 184 Rn 13).

bb) Verjährung

95 Die Rückwirkung erfasst zudem grundsätzlich nicht die Verjährung von Ansprüchen (OLG Karlsruhe 15. 5. 1985 – 13 U 193/83, NJW-RR 1986, 57; RG 7. 1. 1911 – V 104/10, RGZ 75, 114; RG 28. 2. 1907 – V 282/06, RGZ 65, 245; BeckOK BGB/Bub [Stand: 1. 11. 2018] Rn 9; Erman/Maier-Reimer[15] § 184 Rn 15; Soergel/Leptien[12] § 184 Rn 8; Staudinger/Gursky [2014] § 184 Rn 38; Flume BGB AT II § 56 MünchKomm/Bayreuther[8] § 184 Rn 13; MP 442; Wolf/Neuner AT[11] S 680: HKK/Finkenauer §§ 182–185 Rn 9; NK-BGB/Staffhorst[3] § 184 Rn 20; jurisPK-BGB/Trautwein[8] [13. 2. 2019] § 184 Rn 26; Erman/Maier-Reimer[15] § 184 Rn 15; Palandt/Ellenberger[78] § 184 Rn 2). Das ist der Einsicht geschuldet, dass ansonsten die Zeit zwischen Vornahme des Hauptgeschäfts und der Genehmigung die Verjährungsfrist effektiv verkürzt würde oder dass unter Umständen bei Genehmigung bereits Verjährung eingetreten sein könnte (MünchKomm/Bayreuther[8] § 184 Rn 13). Dagegen streiten aber bereits die verjährungsrechtlichen Regelungen der §§ 205, 206 BGB. Auf der anderen Seite kann aber auch durch eine genehmigungsbedürftige Erklärung keine Hemmung oder Unterbrechung der Verjährung ausgelöst werden (MünchKomm/Bayreuther[8] § 184 Rn 13; Staudinger/Gursky [2014] § 184 Rn 28; Wussow NJW 1963, 1756). Die Genehmigung kann die bereits eingetretene Verjährung nicht wieder beleben, da die Verjährung dem Rechtsfrieden und damit öffentlichen Interessen dient (Schubert JR 1974, 415, 416).

Ausnahmen von der fehlenden Rückwirkung der Genehmigung auf die Verjährung wurde freilich dann vorgeschlagen, wenn es um Ansprüche des Genehmigenden selbst oder des von ihm vertretenen Minderjährigen geht: Dann wäre ja der Genehmigende selbst Herr über die Verjährungsauslösung, so dass er die Verjährung zu seinen Gunsten steuern könnte. Hier wurde eine entsprechende Anwendung der §§ 199, 200 aF für möglich gehalten (vgl v Tuhr AT II 2, 518 f). Diese Missbrauchsgefahr ist aber nicht allzu groß: Der Vertragspartner kann ja den Weg über die §§ 108 Abs 2, 177 Abs 2 BGB gehen – und so die Entscheidung über die Genehmigung erzwingen (Staudinger/Gursky [2014] § 184 Rn 38).

cc) Vertragsstrafe

96 Eine Vertragsstrafe kann nur ab dem Zeitpunkt der Genehmigung verwirkt werden (BGH 17. 11. 2014 – I ZR 97/13, MDR 2015, 169 = GRUR 2015, 187; MünchKomm/Bayreuther[8] § 184 Rn 13). Das folgt schon daraus, dass Vertragsstrafen Leistungspflichten absichern sollen, die während der Phase der schwebenden Unwirksamkeit nicht bestehen und deshalb auch nicht schuldhaft verletzt werden können (jurisPK/Trautwein[8] [Stand: 13. 2. 2019] § 184 Rn 24).

dd) Fristen

97 Ist ausnahmsweise die Genehmigung einer Kündigung möglich, so beginnt der Lauf der **Kündigungsfrist**, etwa aus § 622 BGB, erst zum Zeitpunkt der Genehmigung, nicht ab dem Zeitpunkt des Zugangs der Kündigung (BAG 6. 9. 2012 – 2 AZR 858/11, NZA 2013, 524 = MDR 2013, 533; MünchKomm/Bayreuther[8] § 184 Rn 14).

98 **Ausschlussfristen**, wie sie etwa in kollektivrechtlichen Vereinbarungen vorkommen, beginnen erst mit Wirksamkeit der Genehmigung (BeckOGK/Regenfus [1. 4. 2019] § 184 Rn 75).

99 Die Frist zur Ausübung eines **Vorkaufsrechts** beginnt er mit Erteilung der Genehmigung und deren Mitteilung an den Vorkaufsberechtigten (BGH 15. 5. 1998 – V ZR 89/97, BGHZ 139, 29 = NJW 1998, 2352; BGH 15. 6. 1960 – V ZR 191/58, BGHZ 32, 375 = NJW 1960, 1763; BGH 20. 2. 1957 – V ZR 125/55, BGHZ 23, 342 = NJW 1957, 830; BeckOK BGB/Bub [1. 11. 2018] § 184 Rn 9; BeckOGK/Regenfus [1. 4. 2019] § 184 Rn 69).

100 Die **Frist nach § 4 KSchG** beginnt ebenfalls mit Zugang der Genehmigung, wenn die Kündigung durch einen *falsus procurator* erfolgte (BAG 6. 9. 2012 – 2 AZR 858/11, AP Nr 74 zu § 4 KSchG 1969 = DB 2013, 520; BAG 26. 3. 2009 – 2 AZR 403/07, AP Nr 70 zu § 4 KSchG 1969 = NZA 2009, 1146;), das ergibt sich jedenfalls aus dem Schutzkonzept des § 4 KSchG. Dabei bedarf wegen § 4 KSchG die Genehmigung entgegen § 182 Abs 2 BGB der Schriftform (BAG 6. 9. 2012 – 2 AZR 858/11, AP Nr 74 zu § 4 KSchG 1969 = DB 2013, 520; anders BeckOGK/Regenfus [1. 4. 2019] § 184 Rn 76; Stiebert NZA 2013, 657).

Fristsetzung nach § 281 Abs 1 BGB oder § 323 Abs 1 BGB entfaltet keine Rückwirkung (BGH 22. 10. 1999 – V ZR 401/98, BGHZ 143, 41 = NJW 2000, 506; OLG Karlsruhe 28. 4. 2004 – 7 U 62/03, OLGR 2004, 428 = NZA 2005, 300; MünchKomm/Bayreuther[8] § 184 Rn 13). **101**

Der Lauf von **verbraucherschützenden Fristen** beginnt erst mit dem Zeitpunkt der Genehmigung (BGH 10. 5. 1995 – VIII ZR 264/94, BGHZ 129, 371 = NJW 1995, 2290 Siehe aber BGH 23. 9. 2010 – VII ZR 6/10, BGHZ 187, 97 = NJW 2010, 3503; Staudinger/Gursky [2014] § 184 Rn 28). **102**

Die **Anfechtungsfrist nach § 4 AnfG** beginnt ebenfalls mit der Genehmigung (BGH 20. 9. 1978 – VIII ZR 142/77, LM Nr 15 zu § 184 BGB = BGH NJW 1979, 102; MünchKomm/ Bayreuther[8] § 184 Rn 13; Staudinger/Gursky [2014] § 184 Rn 28). Ein durch Genehmigung wirksam gewordenes Zuwendungsgeschäft ist nach § 3 Abs 1 AnfG schon dann anfechtbar, wenn dem Begünstigten die Gläubigerbenachteiligungsabsicht wenigstens im Zeitpunkt der Genehmigung bekannt war; die Rückwirkung steht also einer Berücksichtigung der vor der Genehmigung erlangten Kenntnis nicht entgegen (RG 2. 5. 1916 – VII 13/16, RGZ 88, 216; Staudinger/Gursky [2014] § 184 Rn 28). **103**

Rn 104 ist frei.

4. Gestaltungsrechte, einseitige Rechtsgeschäfte

Für Gestaltungsrechte soll eine Ausnahme von der Rückwirkung gelten (BGH 22. 10. 1999 – V ZR 401/98, BGHZ 143, 41 = NJW 2000, 506; OLG Karlsruhe 28. 4. 2004 – 7 U 62/03, OLGR Karlsruhe 2004, 428 = NZA 2005, 300; OLG Rostock 9. 8. 2001 – 1 U 219/99, OLGR Rostock 2002, 532 = DAR 2002, 128; jurisPK-BGB/Trautwein[7] [19. 2. 2019] § 184 Rn 33); das wird auch für die (rechtsgeschäftsähnlichen) Fristsetzungen nach § 281 Abs 1, 323 Abs 1 BGB vertreten (NK-BGB/Staffhorst[33] § 184 Rn 23) und für einseitige Rechtsgeschäfte insgesamt vertreten (Brehm Rn 499; Köhler AT[36] § 14 Rn 6). Freilich ist ein solcher Rigorismus abzulehnen: zum einen kommt eine Genehmigung grundsätzlich nicht in Betracht, weil aus Gründen der Rechtssicherheit solche Rechtsgeschäfte nur mit Einwilligung wirksam werden können (§ 182 Rn 83). Begibt sich der Erklärungsempfänger aber wegen § 180 S 2 BGB dieser Rechtssicherheit, so ist auch eine Rückwirkung gerechtfertigt – diese Vorschriften nehmen die Interessen des Erklärungsempfängers gerade auf (MünchKomm/Bayreuther[8] § 184 Rn 14; BeckOGK/Regenfus [1. 4. 2019] § 184 Rn 60; BeckOK BGB/Bub [1. 11. 2019] § 184 Rn 3; siehe dazu § 182 Rn 84), das gilt für Gestaltungsrechte, aber auch für die Fristsetzungen nach §§ 281 Abs 1, 323 Abs 1 BGB (Staudinger/Gursky [2014] § 184 Rn 38a). Für die Fristsetzungen nach §§ 281 Abs 1, 323 Abs 1 BGB mag eine Einschränkung gelten: Fällt die Genehmigung in die gesetzte Frist, so liegt eine Rückwirkung vor, der Schuldner muss sich an diese halten. Erfolgt die Genehmigung außerhalb der Frist, geht diese ins Leere – der Zweck der Frist kann auch nicht mehr erreicht werden. **105**

5. Verfügungsgeschäfte

Die Rückwirkung gilt auch für Verfügungsgeschäfte und so auch für die Auflassung, § 925 BGB (Erman/Maier-Reimer[15] § 184 Rn 12). Im Falle **mehraktiger Verfügungen**, wie bei Verfügungen über Grundstücke, stellt sich die Frage der Rückwirkung dann, **106** wenn die Genehmigung nicht nach der Vornahme aller Teilakte erfolgt, sondern gleichsam „in die Verfügung hinein" – und so in die Zeit zwischen Einigung und Eintragung oder nach Löschung der einmal erfolgten Eintragung trifft. In diesen Fällen liegt aber keine rückwirkende Genehmigung vor, weil das zustimmungsbedürftige Rechtsgeschäft hier nicht vorgenommen ist, und deshalb § 183 BGB eingreift (BeckOGK/REGENFUS [1. 4. 2019] § 184 Rn 4; MünchKomm/BAYREUTHER[8] § 184 Rn 16). Richtig wird darauf hingewiesen, dass die praktische Frage ist, ob in diesen Fällen die gegebene „Genehmigung" nach § 183 S 1 BGB widerrufen werden kann (MünchKomm/BAYREUTHER[8] § 184 Rn 16). Hier kann die Zustimmung zunächst einmal nur in einer Einwilligung bestehen. Ob diese dann widerruflich ist, ist dann eine Folgefrage, die durch Auslegung zu ermitteln ist. Will ein Zustimmungsberechtigter aber „genehmigen", so wird darauf hingewiesen, dass in diesen Fällen die endgültige Zustimmung gewollt ist – und damit konkludent der Widerruf ausgeschlossen sei (MünchKomm/BAYREUTHER[8] § 184 Rn 16). Allerdings kann der Widerruf aus wichtigem Grund auch dann nicht ausgeschlossen werden (§ 183 Rn 80 f).

107 Kommt es bei gestreckten Verfügungen – wie etwa dem Eigentumsübergang am Grundstück – zur einer Folgeverfügung des Nichtberechtigten, so geht bei deren Wirksamkeit die Genehmigung fehl. Das ist etwa der Fall, wenn der wegen einer Verfügung eines Nichtberechtigten zu Unrecht im Grundbuch Eingetragene das Grundstück weiterveräußert und diese Verfügung wegen gutgläubigen Erwerbs wirksam ist (MünchKomm/BAYREUTHER[8] § 184 Rn 17). Geht die zweite Übereignung dagegen fehl so liegen zwei Verfügungen Nichtberechtigter vor, die Genehmigung trifft die, die sie will – ist es die erste, wird damit aber in einer juristischen Sekunde auch die zweite wirksam, § 185 Abs 2 S 1 Var 2 BGB (BeckOGK/REGENFUS [1. 4. 2019] § 185 Rn 3. 5; ERMAN/MAIER-REIMER[15] § 184 Rn 8; BGB-RGRK-BGB/STEFFEN[12] § 184 Rn 8; SOERGEL/LEPTIEN[12] § 184 Rn 6).

108 Die **Verfügungsmacht der Genehmigenden** muss grundsätzlich zum Zeitpunkt der Genehmigung bestehen, nicht zum Zeitpunkt des Hauptgeschäfts (dazu ausführlich § 185 Rn 54 ff).

109 Die Rückwirkung führt auch dazu, dass der Erwerber als Eigentümer ex tunc auch Eigentümer der vom Grundstück getrennten Früchte und sonstigen Bestandteile ist, § 953 BGB, wenn nicht die besonderen Voraussetzungen der §§ 954–957 vorliegen. Ist ein auf dem Grundstück stehendes Gebäude in der Zwischenzeit beschädigt worden, steht der Schadensersatzanspruch dem Erwerber zu (STAUDINGER/GURSKY [2014] § 184 Rn 40).

110 Die Voraussetzungen für einen **gutgläubigen Erwerb** müssen grundsätzlich noch im Zeitpunkt der Genehmigung gegeben sein (KRAMPE/AMSHOFF JuS 2009, 55; anders bezogen auf die subjektiven Voraussetzungen FINKENAUER AcP 203 [2003] 282, 311). § 184 Abs 1 BGB ist hier nicht einschlägig, weil sie sich nur auf die Genehmigung durch den Berechtigten bezieht (LUTTER AcP 164 [1964] 122, 168). Die ist freilich ohnehin in den Fällen überflüssig, in denen der gutgläubige Erwerb gelingt, weil der Nichtberechtigte im eigenen Namen verfügt – dann geht die Genehmigung ins Leere. Ist aber ein falsus procurator eingeschaltet, so bedarf dessen Vereinbarung der Genehmigung. Hier ist aber für die Gutgläubigkeit des Genehmigenden auf den Zeitpunkt der Genehmigung abzustellen, ist er – auf der Seite des Erwerbers – zwischenzeitlich bösgläubig geworden, kann der Erwerb nicht gelingen (BeckOGK/REGENFUS [1. 4. 2019] § 184 Rn 77; STAUDINGER/GURSKY [2014] § 184 Rn 38; MünchKomm/BAYREUTHER[8] Rn 24; ZUNFT AcP 152 [1952/53] 289). Das gilt ebenso dann, wenn auf der Seite des nichtberechtigt Verfügenden ein falsus procurator auftritt (BeckOGK/REGENFUS [1. 4. 2019] § 184 Rn 78).

6. Gesellschaftsrecht

Bei der Aufnahme eines neuen Gesellschafters in eine Personengesellschaft durch einen im Namen der Gesellschaft auftretenden, von den übrigen Gesellschaftern nicht bevollmächtigten Gesellschafter nehmen SCHLEGELBERGER/GESSLER (HGB [4. Aufl 1963] § 130 Rn 7) ebenfalls einen Ausschluss der Rückwirkung für die Genehmigung an, sodass der Beitritt mit der letzten Genehmigungserklärung ex nunc wirksam wird (STAUDINGER/GURSKY [2014] § 184 Rn 28). REGENFUS verweist richtig darauf, dass hier eine sinnvolle Umkehr der Lehre vom faktischen Gesellschaftsverhältnis vorliege, weil die rückwirkende Aufnahme eines Gesellschafters erhebliche Probleme aufwürfe (BeckOGK/REGENFUS [1. 4. 2019] § 184 Rn 80). **111**

7. Familiengerichtliche Genehmigung

Eine familiengerichtliche Genehmigung wird nach § 1829 Abs 1 S 2 BGB erst wirksam, wenn sie vom gesetzlichen Vertreter dem Geschäftspartner mitgeteilt wird. Das betrifft aber die gerichtliche Genehmigung, als sie für die Genehmigung des gesetzlichen Vertreters notwendige Voraussetzung ist. Deshalb wirkt nicht die familiengerichtliche Genehmigung zurück, sondern die des gesetzlichen Vertreters, deren Wirksamkeit aber wiederum von der familiengerichtlichen Genehmigung abhängt. Es liegen also keine zwei konkurrierenden oder parallel laufenden Genehmigungen vor, sondern die familiengerichtliche Genehmigung ist gleichsam innerhalb der Genehmigung des gesetzlichen Vertreters zu begreifen (OLG Zweibrücken 21. 9. 1995 – 3 W 100/95 = NJW-RR 1996, 710; RG 28. 9. 1933 – IV 178/33, RGZ 142, 59; STAUDINGER/GURSKY [2014] § 184 Rn 35; MünchKomm/BAYREUTHER[8] § 184 Rn 43). **112**

8. Prozessrecht

Die Genehmigung kann auch auf Prozesshandlungen zurückwirken (STAUDINGER/GURSKY [2014] § 184 Rn 33; NK-BGB/STAFFHORST[3] § 182 Rn 47; BeckOGK/REGENFUS [1. 4. 2019] § 182 Rn 210; offen MünchKomm/BAYREUTHER[8] § 184 Rn 15). Das gilt etwa für die durch einen vollmachtlosen Vertreter erhobene Klage (BeckOGK/REGENFUS [1. 4. 2019] § 185 Rn 231) – im Unterschied zur gewillkürten Prozessstandschaft (§ 185 Rn 153) – und das gilt auch für das von einem vollmachtlosen Vertreter eingelegte Rechtsmittel, welches auch noch nach Ablauf der Rechtsmittelfrist mit Rückwirkung genehmigt werden kann, wenn noch kein das Rechtsmittel verwerfendes Urteil ergangen ist (GemS OBG 17. 4. 1984 – GmS-OGB 2/83, BGHZ 91, 111, 115 = NJW 1984, 2149; BGH 19. 7. 1984 – X ZB 20/83, BGHZ 92, 137, 140 = NJW 1987, 130; BGH 27. 3. 1980 – IX ZR 20/77, BGHR InsO § 13 Abs 2 Eröffnungsantrag 1 = RzW 1980, 112 Nr 26; BGH 19. 9. 1967 – VI ZR 82/66, LM Nr 32 § 847 BGB = NJW 1967, 2304; BGH 2. 7. 1953 – IV ZB 49/53, BGHZ 10, 147; OLG Brandenburg 7. 5. 2003 – 3 U 192/02, NJOZ 2004, 565, 566; OLG Frankfurt 25. 1. 1984 – 17 U 125/83, OLGZ 1984, 193 = MDR 1984, 499; RG 12. 10. 1939 – V 34/39, RGZ 161, 350, 351; STAUDINGER/GURSKY [2014] § 184 Rn 33; BeckOGK/REGENFUS [1. 4. 2019] § 182 Rn 211). Allerdings hängt dies davon ab, dass an- **113** sonsten die prozessualen Voraussetzungen vorliegen – so wirkt die Genehmigung einer von einem nichtpostulationsfähigen Anwalt vorgenommenen Prozesshandlung durch einen postulationsfähigen Bevollmächtigten nicht (BGH 7. 6. 1990, BGHZ 111, 339, 343 f = NJW 1990, 3085; STAUDINGER/GURSKY [2014] § 184 Rn 33).

Der von einem vollmachtlosen Vertreter gestellte Insolvenzantrag ist genehmigungsfähig und wirkt analog § 184 Abs 2 zurück (BGH 27. 3. 2003 – IX ZB 402/02, BGHR InsO § 13 Abs 2 Eröffnungsantrag 1 = NZG 2003, 583; STAUDINGER/GURSKY [2014] § 182 Rn 33; BeckOGK/REGENFUS [1. 4. 2019] § 182 Rn 210).

Auf der anderen Seite wird eine **Klage**, die auf die Genehmigung eines zustimmungsbedürftigen, vor dem Prozess abgeschlossenen Rechtsgeschäfts gerichtet ist, nicht rückwirkend unbegründet (BGH 26. 9. 1958 – I ZR 81/57, LM § 185 Nr 9 = GRUR 1959, 147; RG 18. 3. 1936 – V 195/35, JW 1936, 2387; OLG Köln vom 11. 1. 1994 – 3 U 61/93, VersR 1994, 1170; BeckOGK/REGENFUS [1. 4. 2019] § 184 Rn 87; STAUDINGER/GURSKY [2014] § 184 Rn 38; PALANDT/ELLENBERGER[78] Rn 2). Hier kommt es zur Erledigung des Rechtsstreites (BeckOGK/REGENFUS [1. 4. 2019] § 185 Rn 87).

Gründet eine Klage auf einem zustimmungsbedürftigen Rechtsgeschäft und wird während des Prozesses die Genehmigung erteilt, so kommt es prozessual nicht zur Rückwirkung, die Klage wird also nicht rückwirkend begründet (BGH 26. 9. 1958 – I ZR 81/57, LM § 185 Nr 9 = GRUR 1959, 147; RG 18. 3. 1936 – V 195/35, JW 1936, 2387; BeckOGK/REGENFUS [1. 4. 2019] § 184 Rn 87; STAUDINGER/GURSKY [2014] § 184 Rn 38; PALANDT/ELLENBERGER[78] § 184 Rn 2). Der Beklagte kann dann anerkennen und sich so Kostenvorteile sichern (BeckOGK/REGENFUS [1. 4. 2019] § 185 Rn 86).

9. Steuerrecht

114 Die Wirkung der Genehmigung ist bei der steuerrechtlichen Betrachtung von Bedeutung, wenn steuerrechtliche Tatbestände an den Erwerb eine Gegenstands anknüpfen oder aber, wenn die Steuerfreiheit wie bei Spekulationsgeschäften vom Ablauf einer Frist abhängig ist. Zivilrechtliche Wirkung und steuerrechtliche Beurteilung laufen hier regelmäßig nicht parallel, weil im Steuerrecht eine wirtschaftliche Betrachtung angestellt wird (BFH 29. 5. 2009 – IX B 23/09, juris; jurisPK-BGB/TRAUTWEIN § 184 Rn 31).

Für **Spekulationsgeschäfte** gilt die Frist von zehn Jahren für Grundstücke, § 23 Abs 1 S 1 Nr 1 EstG, und sonstige Wirtschaftsgüter, außer denen des täglichen Gebrauchs, § 23 Abs 1 S 1 Nr 2 EstG: Erfolgt das Veräußerungsgeschäft innerhalb dieser Frist, die Genehmigung aber außerhalb, so ist der Spekulationstatbestand nicht gegeben: Hier wird auf die rechtlich endgültige Bindung abgestellt (BFH 10. 2. 2015 – IX R 23/13, DStR 2015, 742; BFH 18. 9. 2006 – IX B 154/05, BFH/NV 2007, 31; BFH 2. 10. 2001 – IX R 45/99, BFHE 196, 567 = DStRE 2002, 154; REICH/SCHÄFER NotBZ 2002, 72; WACHTER ZErb 2002, 334; NK-BGB/STAFFHORST[3] § 182 Rn 53; jurisPK-BGB/TRAUTWEIN[8] [13. 2. 2019] § 184 Rn 31; siehe auch BFH 10. 2. 2015 – IX R 23/13, BFHE 249, 149, BStBl II 2015, 487). Dieser Gedanke begegnet auch im Grundsteuerrecht, hier sieht § 14 Nr 2 GrundStG aber ausdrücklich vor, dass für die steuerrechtliche Beurteilung der Zeitpunkt der Genehmigung maßgeblich ist (BFH 9. 11. 2007 – II B 2/07, UVR 2008, 41; BFH 12. 1. 2006 – II B 65/05, BFH/NV 2006, 813; BFH 8. 2. 2000 – II R 51/98, BFHE 191, 411 = BB 2000, 968; BFH 18. 5. 1999 – II R 16/98,

BFHE 188, 453 = DB 1999, 1685; FG Schleswig-Holstein 30. 6. 1999 – III 1513/98, EFG 1999, 1247; FG Berlin 15. 1. 1998 – 1544/97, EFG 1998, 894; Wachter ZErb 2002, 334 f; BeckOGK/Regenfus [1. 4. 2019] § 184 Rn 83).

Die Nichtbeachtlichkeit der Rückwirkung nach § 184 Abs 1 BGB begegnet auch dort, wo ein beschränkte Geschäftsfähiger ein Darlehen gewährt: Dort kommt es für die steuerrechtliche Betrachtung auf den Zeitpunkt der Genehmigung durch den Ergänzungspfleger an (FG Hannover 17. 12. 2003 – 1 K 10543/00, juris Rn 27 = DStRE 2004, 1193–1194; jurisPK-BGB/Trautwein[8] [13. 2. 2019] § 184 Rn 31).

Für die **Schenkungssteuer** ist der Zeitpunkt der Ausführung der Schenkung maßgeblich, das ist bei der Schenkung eines Grundstücks grundsätzlich der Zeitpunkt der der Eintragungsbewilligung, § 190 GBO bei bestehender Auflassung. Auch hier gilt der Grundsatz der Bindung und des Zugriffs auf das Schenkungsgut, § 9 Abs 1 Nr 2 ErbStG. Eine notwendige Genehmigung nach § 177 Abs 1 BGB verzögert diese Bindung bis zum Zeitpunkt der Genehmigung (BFH 27. 4. 2005 – II R 52/02, BFHE 210, 507 = ZEV 2005, 530; FG Rheinland-Pfalz 23. 8. 2002 – 4 K 1204/01, EFG 2002, 1622 = DStRE 2002, 1398; FG Niedersachsen 27. 2. 2007 – 3 K 34/06, EFG 2007, 1258 = DStRE 2007, 1325; Schuck DStR 2004, 1948; jurisPK-BGB/Trautwein[8] [13. 2. 2019] § 184 Rn 32; Noll DStR 2003, 968). Eine behördliche oder gerichtliche Genehmigung aber nur, bis sich die Parteien um die Genehmigung bemühen – als einen entsprechenden Antrag stellen (siehe Schuck DStR 2004, 1948, 1950; Noll DStR 2003, 968, 971). **115**

VIII. Wirksamkeit von Zwischenverfügungen

1. Grundsatz und Zweck

Nach Abs 2 werden Verfügungen nicht unwirksam, die vor der Genehmigung über den Gegenstand des Rechtsgeschäfts von dem Genehmigenden getroffen worden oder im Wege der Zwangsvollstreckung, der Arrestvollziehung oder durch den Insolvenzverwalter erfolgt sind. Damit ist es nicht möglich, dass eine Genehmigung eine in der Phase der schwebenden Unwirksamkeit durch den Berechtigten vorgenommene Verfügung „durchbricht" und es so zum Rechtsverlust des Erwerbers der Zwischenverfügung kommt. Die Unwirksamkeitsanordnung soll deshalb zunächst verhindern, dass diese so genannten Zwischenverfügungen missbräuchlich durch die spätere Genehmigung konterkariert werden (BGH 1. 2. 1978 – VIII ZR 232/75, BGHZ 70, 299 = NJW 1978, 813; RG 14. 10. 1931 – IX 241/31, RGZ 134, 73; RG 15. 6. 1929 – V 209/28, RGZ 125, 53; RG 14. 10. 1908 – V 546/07, RGZ 69, 263; BeckOGK/Regenfus [1. 4. 2019] § 184 Rn 95.1; so schon Mot I 247; ebenso Soergel/Leptien[12] Rn 10; Raape AcP 121 [1923] 257, 288; Krantz 38; Finkenauer AcP 203 [2003] 282, 289; krit M Wolff 16; Mot I 247; vThur BGB AT II/2 § BGB § 78 S 244; H Lange, in: FS Schmidt-Rimpler [1957] 139 [149]; Fritze NJW 1956, 538; jurisPK-BGB/Trautwein[8] [13. 2. 2019] § 184 Rn 14). Sie schützt so im Ergebnis den durch die Zwischenverfügung Berechtigten (MünchKomm/Bayreuther[8] § 184 Rn 32). Derjenige, der durch das Hauptgeschäft erwerben sollte, ist wegen der bestehenden schwebenden Unwirksamkeit dagegen nicht entsprechend schützenswert – er hat noch keine verbindliche Aussicht auf den Erwerb (BeckOGK/Regenfus [1. 4. 2019] § 184 Rn 95.3; MünchKomm/Bayreuther[8] § 184 Rn 32). **116**

Bei Lichte betrachtet führt § 184 Abs 2 BGB Selbstverständliches aus, und wird **117** deshalb folgerichtig von der herrschenden Meinung als letztlich überflüssig angesehen, weil die wirksame Zwischenverfügung ohnehin dazu führt, dass die Verfügungsberechtigung des Zustimmungsberechtigten entfällt (STAUDINGER/GURSKY [2014] § 184 Rn 45; MünchKomm/BAYREUTHER[8] § 184 Rn 32; PWW/FRENSCH[13] § 184 Rn 7; FLUME BGB AT II § 57 § 3a; WOLF/NEUNER AT[11] S 684; RAAPE AcP 121 [1923] 257, 285; EGERT, Die Rechtsbedingung im System des bürgerlichen Rechts [1974] 71; SOERGEL/LEPTIEN[12] Rn 10; STAUDINGER/GURSKY [2014] § 184 Rn 45; FLUME, AT II § 57, 3 a S 911; DÖRNER, Dynamische Relativität [1985] 205 f). Das freilich wird – gerade unter auf die auch von der herrschenden Meinung vorgenommenen Ausnahmen (Rn 29 f) – bestritten (SOERGEL/LEPTIEN[12] § 184 Rn 10). Insbesondere wird auf den Wortlaut der Regelung abgestellt und (lediglich) die Rückwirkung der Genehmigung als solche, nicht aber deren Unwirksamkeit propagiert (FINKENAUER AcP 203 [2003] 282, 301).

2. Zwischenverfügung

118 Wirksam nach § 184 Abs 2 BGB bleiben alle Verfügungen, die durch den Genehmigenden nach Vornahme des Hauptgeschäftes und vor der „Genehmigung" vorgenommen werden (MünchKomm/BAYREUTHER[8] § 182 Rn 35). Es gilt der Vornahmebegriff, der auch § 183 S 1 BGB zugrunde liegt (§ 183 Rn 56 f). Für Verfügungen vor der Vornahme des Hauptgeschäfts stellt sich die Frage der Rückwirkung der Genehmigung ohnehin nicht, sondern die nach der Stabilität der gegebenen Einwilligung. Weil aber die Zustimmungsberechtigung zum Zeitpunkt des letzten Aktes des Hauptgeschäfts vorliegen muss (§ 183 Rn 59), führt jede zuvor vollzogene Verfügung zum Verlust der Zustimmungsberechtigung – womit die Einwilligung hinfällig wird.

119 **Zeitlich** kommt es grundsätzlich auf die Wirksamkeit der Zwischenverfügung nach dem Hauptgeschäft an (BeckOGK/REGENFUS [1. 4. 2019] § 184 Rn 103; MünchKomm/BAYREUTHER[8] § 184 Rn 35): Auch wenn die Zwischenverfügung bei einem mehraktigen Verfügungsgeschäft vor der Vornahme des Hauptgeschäfts begonnen wurde, aber erst nach diesem vollendet wird, liegt eine Zwischenverfügung vor.

Auf der anderen Seite muss die Zwischenverfügung zum Zeitpunkt der Genehmigung bereits vorgenommen worden sein, darf dieser also nicht nachfolgen. Ausnahmen werden hier für den Fall einer aufschiebenden Bedingung gemacht (BeckOGK/REGENFUS [1. 4. 2019] § 184 Rn 103; STAUDINGER/GURSKY [2014] § 184 Rn 47). Die Zwischenverfügung muss auch dann vorgenommen sein, wenn sie auf der Grundlage des § 894 ZPO gerichtlich durchgesetzt wird. Auch hier ist der gesamte Verfügungsvorgang maßgeblich, allein die Verurteilung zur Abgabe der entsprechenden Willenserklärung reicht allein nicht aus (BeckOGK/REGENFUS [1. 4. 2019] § 184 Rn 104; MünchKomm/BAYREUTHER[8] § 184 Rn 34).

120 **§ 184 Abs 2 BGB** ist **entsprechend** anzuwenden, wenn eine nach § 399 Alt 2 BGB unabtretbare Forderung, § 399 Alt 2 BGB, mehrfach abgetreten wird (BGH 14. 10. 1963 – VII ZR 33/62, BGHZ 40, 156 = NJW 1964, 243; BGB/STEFFEN[12] § 185 Rn 15; SOERGEL/LEPTIEN[12] Rn 11; STAUDINGER/GURSKY [2014] § 184 Rn 62; MünchKomm/BAYREUTHER[8] § 184 Rn 41). Eine Genehmigung führt ex tunc zur wirksamen Zession. Leistet der Schuldner in der Schwebephase an den Neugläubiger, kommt es zur Erfüllungswirkung. Eine Leistung an den Altgläubiger vor der Genehmigung ist an § 407 BGB zu messen: Freilich steht dem Schuldner das Zustimmungsrecht zu, so dass er vom Gläubigeraustausch weiß (dazu BeckOGK/Regenfus [1. 4. 2019] § 185 Rn 54).

Umstritten ist, ob der Gläubiger die vom Schuldner an einen angeblichen Zessionar oder sonstigen Nichtberechtigten wie einen falsus procurator erbrachte Leistung noch genehmigen kann, auch wenn er in der Zwischenzeit in Unkenntnis dieses Vorgangs dem Schuldner die Forderung erlassen (oder sie durch Aufrechnung verbraucht) hat (zu Recht verneinend: BeckOGK/Regenfus [1. 4. 2019] § 184 Rn 111). Das wird mit dem Argument bejaht, dass der Erlassvertrag regelmäßig so auszulegen sei, dass dieser für den Fall der bereits erfolgten Leistung nicht wirken solle (MünchKomm/Bayreuther[8] § 182 Rn 40; Flume BGB AT II § 57, 3c Fn 20; Soergel/Leptien[k] § 184 Rn 13;). Die Annahme, der Erlassvertrag sei „genehmigungsfreundlich" auszulegen, ist jedenfalls nicht zwingend: immerhin kann der Gläubiger hier sehr verschiedene Motive verfolgen (kritisch auch BeckOGK/Regenfus [1. 4. 2019] § 184 Rn 111). Der Hinweis, dass hier im Ergebnis ein Motivirrtum des Gläubigers honoriert würde (Staudinger/Gursky [2014] § 184 Rn 46) ist auch nur scheinbar stechend, weil § 184 Abs 2 BGB nicht greift: Beide Verfügungen zielen nämlich mit dem Schuldner auf dieselbe Person (MünchKomm/Bayreuther[8] § 184 Rn 40; RG 3. 2. 1934 – V 211/33, RGZ 143, 286 [288]; Soergel/Leptien[12] Rn 12; Finkenauer AcP 203 [2003] 282 [307]; zudem ist die Verfügungsberechtigung des erlassenden Gläubigers entfallen (BeckOGK/Regenfus [1. 4. 2019] § 184 Rn 111).

121 Auch hier ist entsprechend der **technischen Definition** (Staudinger/Gursky [2014] § 184 Rn 47; MünchKomm/Bayreuther[8] § 184 Rn 34; BeckOGK/Regenfus [1. 4. 2019] § 184 Rn 97; dazu § 185 Rn 12) eine Verfügung jedes Rechtsgeschäft, durch das ein bestehendes Recht unmittelbar übertragen, geändert, aufgehoben oder belastet wird. Dabei ist zwischen verschiedenen in Frage kommenden Verfügungen zu unterscheiden: Übereignung und Verpfändung eines Gegenstandes etwa sind getrennt zu beurteilen, so dass eine Genehmigung zwar eine Eigentumsübertragung rückwirkend wirksam werden lässt, aber nicht die Verpfändung, wenn diese später auch durch den Berechtigten erfolgt ist (BeckOGK/Regenfus [1. 4. 2019] § 184 Rn 96; Staudinger/Gursky [2014] § 184 Rn 48; MünchKomm/Bayreuther[8] § 184 Rn 33).

122 Die **Zwischenverfügung** muss – selbstredend – ihrerseits **wirksam** sein. Ist sie es nicht, hat der Genehmigende seine Verfügungsberechtigung nicht verloren (MünchKomm/Bayreuther[8] § 184 Rn 35).

123 **Gegenstand der Verfügung** (siehe dazu § 185 Rn 27 f) muss der sein, über den auch (ohne Einwilligung) im Hauptgeschäft verfügt worden ist (BeckOGK/Regenfus [1. 4. 2019] § 184 Rn 98), besteht diese Gegenstandidentität nicht, kommt kann § 184 Abs 2 BGB ersichtlich nicht eingreifen.

124 § 184 Abs 2 BGB meint auch **familienrechtliche Genehmigungen**, so dass die Verfügung eines Vormundes oder aber Zwangsvollstreckungsmaßnahmen wirksam bleiben, wenn hernach das Familiengericht eine Verfügung des Mündels genehmigt (Mot IV 1155; BeckOGK/Regenfus [1. 4. 2019] § 184 Rn 96; MünchKomm/Bayreuther[8] § 184 Rn 43; Staudinger/Gursky [2014] § 184 Rn 64).

125 Zwischenverfügung kann auch eine **Dereliktion** sein, weil auch sie zum Verlust der Verfügungsbefugnis führt (BeckOGK/Regenfus [1. 4. 2019] § 184 Rn 113; Staudinger/

GURSKY [2014] § 184 Rn 61; FLUME BGB AT II § 57; RAAPE AcP 121 [1923] 257, 291; **anders** M. WOLFF, Archeion idiotiku dikaiu [1934] 14 [20 f], nur mit rückwirkender Unwirksamkeit der Dereliktion).

126 § 184 Abs 2 **verhindert die Wirksamkeit des Hauptgeschäfts** zugunsten der Zwischenverfügung. Es kommt auch nicht im Zeitraum zwischen der Vornahme des Hauptgeschäftes und der Zwischenverfügung zur Wirksamkeit des Hauptgeschäftes (MünchKomm/BAYREUTHER[8] § 184 Rn 33).

127 § 184 Abs 2 BGB trifft zunächst die Verfügung des Genehmigenden, aber auch **Verfügungen Dritter**, denen der Genehmigende bereits zugestimmt hat (STAUDINGER/GURSKY [2014] § 184 Rn 48; MünchKomm/BAYREUTHER[8] § 184 Rn 33). Damit verliert eine erste Verfügung eines Nichtberechtigten, die nicht genehmigt wird, ihre Wirksamkeit endgültig, wenn der Zustimmungsberechtigte eine zweite, spätere Verfügung eines Nichtberechtigten genehmigt – eine dann „doch noch" erfolgte Genehmigung der ersten Verfügung geht ins Leere (BeckOGK/REGENFUS [1. 4. 2019] § 184 Rn 97; STAUDINGER/GURSKY [2014] § 184 Rn 47; MünchKomm/BAYREUTHER[8] § 184 Rn 33; vTHUR BGB AT II/2 S 244).

128 Eine **Personenidentität** auf Seiten des Genehmigenden muss nicht bestehen: so kann der Zwischenverfügende eine andere Person sein als der Genehmigende. Es kommt lediglich auf die Verfügungsberechtigung an. Das zeigt sich am Beispiel des genehmigenden gesetzlichen Vertreters im Falle einer ersten Verfügung durch den beschränkt Geschäftsfähigen und einer weiteren durch den gesetzlichen Vertreter selbst (BeckOGK/REGENFUS [1. 4. 2019] § 184 Rn 99: „aus dem Recht des Genehmigungsberechtigten heraus")). Dies gilt auch für den Insolvenzverwalter (AG Hamburg 13. 10. 2006 – 67c IN 343/06, ZIP 2007, 388), den Nachlassverwalter und den Testamentsvollstrecker (MünchKomm/BAYREUTHER[8] § 184 Rn 34). Auf der anderen Seite schadet es aber auch nicht, wenn die Zwischenverfügung zugunsten derselben Person vorgenommen wurde, die auch am Hauptgeschäft erwerben sollte (STAUDINGER/GURSKY [2014] § 184 Rn 56 mwNw).

129 Kein Fall des § 184 Abs 2 BGB ist es, wenn das **Zustimmungsbedürfnis nicht auf der Seite des Verfügenden**, sondern der des Erwerbers besteht – etwa, wenn eine Verfügung, durch die ein beschränkt Geschäftsfähiger rechtlich nachteilhaft erwirbt (dazu STAUDINGER/KLUMPP [2017] § 107 Rn 4 f), durch den gesetzlichen Vertreter genehmigt wird. Hier führt eine spätere Verfügung nicht dazu, dass die Genehmigung des gesetzlichen Vertreters nicht auf die erste Verfügung wirken könnte (BeckOGK/REGENFUS [1. 4. 2019] § 184 Rn 105; FLUME BGB AT II § BGB § 57 BGB § 3c; STAUDINGER/GURSKY [2014] § 184 Rn 54; MünchKomm/BAYREUTHER[8] § 184 Rn 37; SOERGEL/LEPTIEN[12] § 184 Rn 12 f; EGERT 68).

130 Auf den **guten Glauben** des durch die Zwischenverfügung Begünstigten kommt es nicht an (STAUDINGER/GURSKY [2014] § 184 Rn 50; BeckOGK/REGENFUS [1. 4. 2019] § 184 Rn 106; MünchKomm/BAYREUTHER[8] § 184 Rn 36; STAUDINGER/GURSKY [2014] § 184 Rn 50; SOERGEL/LEPTIEN[12] Rn 10; NK-BGB/STAFFHORST[3] Rn 16; jurisPK-BGB/TRAUTWEIN[8] [19. 2. 2019] § 184 Rn 14; vTHUR BGB AT II/2 S 244 f). Richtig wird darauf hingewiesen, dass § 184 Abs 2 BGB keine Verkehrsschutzregelung ist, sondern der (schlichten) Überlegung folgt, dass eine wirksame Genehmigung die Verfügungsberechtigung des Genehmigenden

voraussetzt (BeckOGK/Regenfus [1. 4. 2019] § 184 Rn 106). Deshalb führt auch weder die Kenntnis des Erwerbers der Zwischenverfügung von der schwebenden Unwirksamkeit der ersten Verfügung noch die Tatsache, dass dieser mit einer Genehmigung rechnete zur Unwirksamkeit der Zwischenverfügung (MünchKomm/Bayreuther[8] § 184 Rn 36; Staudinger/Gursky [2014] § 185 Rn 56 mwNw). Die Interessen des (dann vermeintlichen) Erwerbers der Erstverfügung sind dann im Verhältnis zum Berechtigten zu schützen.

Allerdings müssen im Falle der Zwischenverfügung durch **gutgläubigen Erwerb** zum Zeitpunkt der Genehmigung dessen Voraussetzung gegeben sein (Staudinger/Gursky [2014] § 184 Rn 56 mwNw; aA Finkenauer AcP 203 [2003] 282, 311 f; für die subjektiven Voraussetzungen auch jurisPK-BGB/Trautwein[8] [13. 2. 2019] § 184 Rn 20). Tritt auf Seiten des Erwerbers der Zwischenverfügung beim gutgläubigen Erwerb ein falsus procurator auf, so muss die Gutgläubigkeit noch zum Zeitpunkt von dessen Genehmigung bestehen. Das ist aber keine Ausnahme des § 184 Abs 2 BGB, sondern schlicht Folge davon, dass in diesen Fällen wegen der Bösgläubigkeit keine Zwischenverfügung gelingt. 131

Eine **Zwischenverfügung zugunsten des Genehmigenden** fällt nicht unter § 184 Abs 2 BGB (BeckOGK/Regenfus [1. 4. 2019] § 184 Rn 108; Staudinger/Gursky [2014] § 184 Rn 57; Finkenauer AcP 203 [2003] 282, 299; HKK/Finkenauer §§ 182–185 Rn 8; RG 24. 2. 1942 – VII 80/41, HRR 1942 Nr 424 = DR 1942, 1159): Das betrifft etwa den Fall, dass der Eigentümer sein Grundstück nach der von einem vollmachtlosen Vertreter vorgenommenen Veräußerung mit einer Eigentümergrundschuld belastet hat und anschließend die Veräußerung genehmigt hat. Dann hat die Zwischenverfügung die Verfügungsmacht des Genehmigenden nur formal, nicht aber materiell beeinträchtigt; seine ursprüngliche Rechtsposition ist der Sache nach erhalten, nur in zwei getrennte Rechte aufgespalten worden. Hier muss die Genehmigung deshalb ihre normale Wirkung haben (s Staudinger/Gursky [2014] § 185 Rn 57; Finkenauer AcP 203 [2003] 282, 299; HKK/Finkenauer §§ 182–185 Rn 8). 132

3. Zwangsvollstreckungsmaßnahmen

Der eigenen Zwischenverfügung des Genehmigenden gleich gesetzt werden Zwangsvollstreckungsmaßnahmen, wenn diese Maßnahmen die Verfügungsbefugnis des Genehmigenden ebenfalls einschränken oder entfallen lassen (Staudinger/Gursky [2014] § 184 Rn 48; MünchKomm/Bayreuther[8] § 184 Rn 38; BeckOGK/Regenfus [1. 4. 2019] § 184 Rn 100). Durch eine spätere Genehmigung eines schwebend unwirksamen Verfügungsgeschäfts können solche Zwangsvollstreckungsmaßnahmen deshalb nicht konterkariert werden. 133

Abs 2 geht es um Zwangsverfügungen gegen den Zustimmenden (BeckOGK/Regenfus [1. 4. 2019] § 184 Rn 101). Allein die Eröffnung des Insolvenzverfahrens über das Vermögen dessen, der eine genehmigungsbedürftige Verfügung vorgenommen hat, ist keine Maßnahme im Sinne des § 184 Abs 2 BGB (BeckOGK/Regenfus [1. 4. 2019] § 184 Rn 101; Staudinger/Gursky [2014] § 184 Rn 48). Hier verbleibt es bei der Rückwirkung, die wiederum § 91 Abs 1 InsO ausschließt, weil der Insolvenzschuldner sich durch die schwebend unwirksame Verfügung schon in ähnlicher Weise wie durch eine aufschiebend bedingte Verfügung gebunden hatte (Staudinger/Gursky [2014] § 185 Rn 48). 134

135 Abs 2 BGB greift ebenfalls nicht bei einem Pfändungs- und Überweisungsbeschluss zu Lasten des Versicherers als Drittschuldner (OLG Karlsruhe 10. 5. 2007 – 12 W 15/07, OLGR Karlsruhe 2007, 879, 880 = MDR 2007, 1412). So etwa wenn bei einem Lebensversicherungsvertrag eine Auswechselung des Versicherungsnehmers durch Einigung zwischen dem aus dem Vertragsverhältnis Ausscheidenden und dem Eintretenden mit Zustimmung des Versicherers erfolgt (OLG Karlsruhe 10. 5. 2007 – 12 W 15/07, OLGR Karlsruhe 2007, 879, 880 = MDR 2007, 1412), eine noch vor der Zustimmung des Versicherers erfolgte Pfändung der Ansprüche des bisherigen Versicherungsnehmers bleibt nicht nach § 184 Abs 2 wirksam (OLG Karlsruhe 10. 5. 2007 – 12 W 15/07, OLGR Karlsruhe 2007, 879, 880 = MDR 2007, 1412). Die Pfändung geht vielmehr wegen der Rückwirkung der Genehmigung des Versicherers (§ 184 Abs 1 BGB) ins Leere (STAUDINGER/GURSKY [2014] § 185 Rn 48; BeckOGK/REGENFUS [1. 4. 2019] § 185 Rn 101).

136 Die **Eintragung eines Widerspruchs** ins das Grundbuch ist keine Zwangsverfügung im Sinne des § 184 Abs 2 BGB (RG 16. 12. 1931 – V 164/31, RGZ 134, 283, 286; RG 14. 10. 1908 – V 546/07, RGZ 69, 263; BeckOGK/REGENFUS [1. 4. 2019] § 184 Rn 102; MünchKomm/BAYREUTHER[8] § 184 Rn 39; NK-BGB/STAFFHORST[3] § 184 Rn 14; SOERGEL/LEPTIEN[12] § 184 Rn 12; PLANCK/FLAD Anm 1 b; FINKENAUER AcP 203 [2003] 282, 295; STAUDINGER/GURSKY [2014] § 185 Rn 59). Hat so ein vollmachtloser Vertreter im Namen eines Nichtberechtigten über ein Grundstück oder Grundstücksrecht verfügt, so kann die vor der Genehmigung des Vertretenen und vor der Eintragung des Erwerbers erfolgte Eintragung eines Widerspruchs gegen die Eigentümerstellung des Vertretenen nicht als eine nach § 184 Abs 2 irrelevante Zwangsverfügung gegen den Vertretenen behandelt werden (**aA** PFISTER JZ 1969, 623, 626). Dafür besteht aber auch gar kein Bedürfnis, weil schon § 184 Abs 1 nicht anwendbar ist; diese Norm meint nur die vom materiell wirklich Berechtigten erteilte Genehmigung (RG 16. 12. 1931 – V 164/31, RGZ 134, 283, 286; PLANCK/FLAD § 184 Anm 1 b; BGB-RGRK/STEFFEN[12] § 184 Rn 9; STAUDINGER/GURSKY [2014] § 184 Rn 102; NK-BGB/STAFFHORST[3] § 184 Rn 14; PALANDT/ELLENBERGER[78] § 184 Rn 5; LUTTER AcP 164 [1964] 122, 168; kritisch BeckOGK/REGENFUS [1. 4. 2019] § 184 Rn 102; **anders** FINKENAUER AcP 203 [2003] 282 ff, 295 f, 313 f). Damit schließt der noch vor der Vollendung des Rechtserwerbs eingetragene Widerspruch nach § 892 Abs 1 BGB den gutgläubigen Erwerb grundsätzlich aus und die in § 892 Abs 2 BGB vorgesehene Vorverlagerung des maßgeblichen Zeitpunkts für das Gutglaubensschutzhindernis des wirksam eingetragenen Widerspruchs gegen die Buchposition des Verfügenden gilt gerade nicht (BeckOGK/REGENFUS [1. 4. 2019] § 184 Rn 102). Ein gutgläubiger Erwerb scheitert damit an der Beachtlichkeit des Widerspruchs (**anders** BeckOK BGB/BUB [1. 11. 2018] § 184 Rn 9).

4. Rechtsfolge

137 Die Zwischenverfügung bleibt auch nach der Genehmigung wirksam. Sie wird auch in ihrer rechtlichen Qualität nicht beeinträchtigt (BeckOGK/REGENFUS [1. 4. 2019] § 184 Rn 112). Das verfügende Hauptgeschäft ist damit endgültig unwirksam. Die Genehmigung führt auch nicht zu einer zeitlich befristeten Wirksamkeit der vermeintlich genehmigten Verfügung im Zeitraum zwischen deren Vornahme und der Zwischenverfügung (MünchKomm/BAYREUTHER[8] § 184 Rn 33; BeckOGK/REGENFUS [1. 4. 2019] § 184 Rn 112). Das wird mit Blick auf den Wortlaut des § 184 Abs 2 BGB anders gesehen (FINKENAUER AcP 203 [2003] 282, 301), allerdings verkennt diese Auffassung, dass es eben wegen der Zwischenverfügung an der Verfügungsberechtigung des Genehmigenden fehlt, weshalb auch einer bloßen zeitlich begrenzt wirkenden Genehmigung von vornherein der Boden entzogen ist (BeckOGK/Regenfus [1. 4. 2019] § 184 Rn 112.1; Staudinger/Gursky [2014] § 184 Rn 58; MünchKomm/Bayreuther⁸ § 184 Rn 33).

138 Die Zwischenverfügung sperrt aber die Rückwirkung der Genehmigung nur insofern, als sich die erste Verfügung des Nichtberechtigten und die Zwischenverfügung decken. Ist dies nicht Fall, etwa wenn die erste Verfügung eine Eigentumsübertragung war, die Zwischenverfügung aber eine Belastung, so führt die Genehmigung zur Übertragung des belasteten Eigentums (BeckOGK/Regenfus [1. 4. 2019] § 184 Rn 112).

139 Zudem kann die Rechtsposition des Erwerbers der Zwischenverfügung grundsätzlich nicht dazu führen, dass sich der Rang des mit der Zwischenverfügung bestellten beschränkten dinglichen Rechtes verschlechtert: Wenn die Forderung des G vom Nichtberechtigten N an A verpfändet und anschließend von G selbst an B verpfändet worden ist, kann G dem A auch durch eine Genehmigung der Verfügung des N nur ein zweitrangiges Pfandrecht verschaffen (Beispiel nach Staudinger/Gursky [2014] § 184 Rn 58).

140 Die Genehmigung kann dagegen der ersten Verfügung zur Wirksamkeit verhelfen, soweit die Zwischenverfügung nicht berührt wird: So ist die Genehmigung einer Übereignung möglich, wenn die Zwischenverfügung eine Verpfändung war, allerdings ist auch in diesem Fall die Zwischenverfügung wirksam: Der Erwerber erhält die Sache mit dem Pfandrecht belastet (Staudinger/Gursky [2014] § 184 Rn 58; MünchKomm/Bayreuther⁸ § 184 Rn 33).

5. Allgemeines Prinzip?

141 Die Annahme, dass § 184 Abs 2 BGB ein allgemeines Prinzip enthalte, wonach wohlerworbene Rechte Dritter durch die in Abs 1 angeordnete Rückwirkung nicht beeinträchtigt werden können (siehe OLG Hamburg 22. 12. 1952 – 2 W 260/52, MDR 1953, 481; OLG Hamburg 1. 10. 1910 – 406/09, LZ 1911, 65; Planck/Flad Anm 1 b; Enneccerus I¹³ 631 Fn 18; Dernburg, BR I § 114 III 2; Pfister JZ 1969, 623, 626; Schmidt GmbH-RdSch 1952, 9; zweifelnd Oertmann Anm 4d γ) wird **heute nicht mehr aufrechterhalten** (RG 24. 2. 1942 – VII 80/41, HRR 1942 Nr 424 = DR 1942, 1159; RG 2. 5. 1936 – V 271/35, JW 1936, 2063; RG 4. 11. 1931 – V 62/31, RGZ 134, 121; OLG Stuttgart 25. 6. 1953 – 3 U 189/52, NJW 1954, 36; OLG Hamburg 22. 12. 1952 – 2 W 260/52, MDR 1953, 481; BeckOK BGB/Bub [1. 11. 2018] § 184 [Stand: 1. 11. 2018] Rn 12; Erman/Maier-Reimer¹⁵ § 184 Rn 20; Palandt/Ellenberger⁷⁸ § 184 Rn 5; BGB-RGRK/Steffen¹² § 184 Rn 9; Soergel/Leptien¹² § 184 Rn 11; MünchKomm/Bayreuther⁸ § 184 Rn 42; NK-BGB/Staffhorst³ § 184 Rn 17; Flume, AT II § 57, 3 c; Finkenauer AcP 2003, 182, 299 Fn 69; Raape AcP 121 [1923] 257, 292; Staudinger/Gursky [2014] § 184 Rn 51 mwNw).

Dabei ist aber zu differenzieren (Staudinger/Gursky [2014] § 185 Rn 51; BeckOGK/Regenfus [1. 4. 2019] § 185 Rn 110): Sind diese Rechte zu Lasten der bisherigen Rechtsposition des Zustimmungsberechtigten und ohne dessen Mitwirkung entstanden, wie in einem Fall einer Angliederung eines Jagdgrundstückes nach § 4 LJagdG-MV (OLG Rostock 30. 3. 2005 – 4 U 66/04, OLGR Rostock 2006, 725, 728 = AUR 2005, 404; MünchKomm/Bayreuther⁸ § 182 Rn 42), so kann § 184 Abs 2 BGB entsprechend angewandt werden. Das gilt etwa auch bei anderen **Hoheitsakten**, wenn eine Sache zwischenzeitlich enteignet oder in einem Strafurteil eingezogen wurde – was sich auch aus den Materialien ergibt: Diesen Fall wollte die 2. Kommission ursprünglich in Übereinstimmung mit dem Vorschlag der Vorkommission des Reichsjustizamtes in der Vorgängernorm zu § 184 Abs 2 BGB mit aufnehmen. Dass dieses Vorhaben nicht umgesetzt wurde, ist aber nicht beredt (Prot I 184; Jakobs/Schubert, AT I 952 f, 954–957; Staudinger/Gursky [2014] § 184 Rn 51). Gleiches gilt bei der Entstehung eines **gesetzlichen Pfandrechts** oder bei **sofort folgender berechtigter Verfügung des bislang Nichtberechtigten** (BeckOGK/Regenfus [1. 4. 2019] § 184 Rn 110. 2; Staudinger/Gursky [2014] § 184 Rn 51). Schließlich auch dann, wenn eine schwebend unwirksame Verfügung durch die anschließende sofort wirksame Verfügung eines Nichtberechtigten überholt worden ist. Im Beispiel nach Gursky (Staudinger/Gursky [2014] § 184 Rn 51): Der minderjährige Erbe tritt eine Nachlassforderung ohne Einwilligung seines gesetzlichen Vertreters ab; ein durch Erbschein legitimierter Putativerbe zediert anschließend dieselbe Forderung noch vor der Genehmigung.

IX. Beweislast

142 Die Beweislast folgt allgemeinen Grundsätzen (§ 182 Rn 131).

§ 185
Verfügung eines Nichtberechtigten

(1) Eine Verfügung, die ein Nichtberechtigter über einen Gegenstand trifft, ist wirksam, wenn sie mit Einwilligung des Berechtigten erfolgt.

(2) Die Verfügung wird wirksam, wenn der Berechtigte sie genehmigt oder wenn der Verfügende den Gegenstand erwirbt oder wenn er von dem Berechtigten beerbt wird und dieser für die Nachlassverbindlichkeiten unbeschränkt haftet. In den beiden letzteren Fällen wird, wenn über den Gegenstand mehrere miteinander nicht in Einklang stehende Verfügungen getroffen worden sind, nur die frühere Verfügung wirksam.

Materialien: VE SR §§ 134, 31; E I § 310, 830, 876; E II 1253; rev § 181; III § 181; Prot I 179; Jakobs/Schubert, AT II 957 ff.

Schrifttum siehe Vorbem zu §§ 182–185.

Systematische Übersicht

I.	**Systematik und Zweck**		b)	Speziell: einseitige Verfügungen	15
1.	Systematik	1	2.	Gegenstand	27
2.	Zweck	6	3.	Im eigenen Namen	29
			a)	Keine Stellvertretung	29
II.	**Tatbestand**	11	b)	Keine subjektiven Voraussetzungen	36
1.	Verfügung	12	4.	Nichtberechtigter	38
a)	Technische Definition	12	a)	Fehlende volle Rechtsinhaberschaft	39

Titel 6
Einwilligung und Genehmigung § 185

b) Fehlende Verfügungsmacht	43	
5. Berechtigter	51	
6. Zeitpunkt der Berechtigung	54	
III. Einwilligung als Ermächtigung		
1. Grundsatz und Rechtsfolge	57	
a) Einwilligung als Rechtsgeschäft	57	
b) Umfang der Ermächtigung	65	
c) Verbleibende Verfügungsmacht	69	
2. Anwendungsfälle	70	
a) Verkaufskommission	70	
b) Eigentumsvorbehalt	72	
c) Sicherungsübereignung von Warenlagern	80	
d) Auflassung	81	
e) Oderkonto	85	
IV. Genehmigung		
1. Allgemeines	86	
2. Rechtsfolge	93	
V. Konvaleszenz		
1. Nachträglicher Erwerb	97	
a) Grundsätzliches	97	
b) Unerheblicher Erwerbsgrund	106	
c) Bestehende Schwebephase	107	
d) Keine schuldrechtliche Verpflichtung	109	
e) Verfügungsmacht	110	
f) Nicht: bloße Verfügungsmacht	113	
2. Beerbung des Nichtberechtigten durch den Berechtigten, § 185 Abs 2 S 2 Var 3	114	

3. Einander widersprechende Verfügungen	123	
VI. Entsprechende Anwendung		
1. Rechtsgeschäftsähnliche Handlungen; Mahnungen	128	
a) Fristsetzung	128	
b) Zwangsvollstreckung	129	
c) Gesetzliche Pfandrechte	136	
d) Vormerkungswidrige Verfügungen	139	
e) Gerichtliche Veräußerungsverbote	141	
f) Eintragungsbewilligung	143	
g) Vermietung, Verpachtung einer fremden Sache	145	
h) Unterwerfungserklärungen	150	
i) Grenzüberbau	151	
k) Prozesshandlungen	152	
l) Einziehungsermächtigung	158	
m) Entsprechende Anwendung § 185 Abs 2	161	
aa) Vorausverfügungen	161	
bb) Zustimmung durch den Nichtberechtigten	162	
cc) Wiedererlangen der Verfügungsmacht	163	
dd) Rückschlagsperre	164	
ee) Handeln für eine nicht existente Gesellschaft	165	
2. Keine Anwendung	166	
a) Verpflichtungsermächtigung	166	
b) Erwerbsermächtigung	169	
VII. Beweislast	161	

Alphabetische Übersicht

Abtretung	111	Eigentumsvorbehalt		72
Alleinerbe	115	Eigentumsvorbehalt, verlängert		76
Annahme als Erfüllung	23	Eintragungsbewilligung	26,	143
Arbeitsverhältnis	19, 134	Einzugsermächtigung		158
Auflassung	81	Empfangsermächtigung		174
Aufrechnung	25	Erbengemeinschaft		40
Autonomie	6	Erbrecht	55,	115
		Erklärungsbewusstsein		65
Barverkäufe	77	Erlösherausgabe	86,	95
Belastung	41			
Bruchteilsrecht	102	Forderungspfändung		133
		Fristsetzung		21
Effizienz	9			

Steffen Klumpp

Gemeines Recht	5	Rangverhältnis	132
Gesamthand	40, 101	Rechtsmacht	59
Gesamtrechtsnachfolge	106	Rückschlagsperre	167
Geschäftigkeit	118	Rücktritt	27
Gesellschaft, nicht existente	168		
Gesetzliches Pfandrecht	136	Schuldübernahme	22
Gestaltungsrecht	15, 104	Stellvertretung	30
Grundstück	41		
Grundverhältnis	67	Testamentsvollstrecker	35, 43, 50, 113
Guter Glaube	4	Treuhand	47
Insolvenz	43	Überbau	141
Insolvenzverwalter	35, 52, 113	Unterermächtigung	68
		Unterwerfungserklärung	150
Juristische Person	49		
		Veräußerungsverbot	141
Kettenverfügung	91	Verkaufskommission	70
		Verkehrsfähigkeit	8
Leistung an einen Dritten	96	Verkehrsschutz	10
		Vermietung	145
Mahnung	20	Verpachtung	145
Miete	18, 24	Verpfändung	90
Miteigentümer	40	Verpflichtungsermächtigungen	168
Miterbe	115	Vertragsübernahme	27
		Vollmacht	32, 87
Nachlasshaftung	120	Vollstreckung	129
Nachlassverwalter	35, 52, 113	Vorausverfügung	160
		Vorerbe	45, 116
Oder-Konto	85	Vormerkung	139
Offenkundigkeit	31		
		Warenlager	80
Pfändungsrecht	132		
Posterioritätsprinzip	126	Zurückweisung	16, 61
Prioritätsprinzip	125	Zustimmungserfordernis, materielles	1
Prozessstandschaft	152	Zwangsverwalter	113

I. Systematik und Zweck

1. Systematik

1 § 185 Abs 1 BGB setzt zunächst für die Wirksamkeit einer Verfügung eines Nichtberechtigten ein eigenes, **materielles Zustimmungserfordernis** (MünchKomm/BAYREUTHER[8] § 185; NK-BGB/STAFFHORST[3] § 185 Rn 1; BeckOGK/REGENFUS [1. 4. 2019] § 185 Rn 4: nur indirektes Zustimmungserfordernis), damit ist § 185 BGB im System des 6. Abschnitts des Titels über die Rechtsgeschäfte ein *Solitär*. Der Berechtigte muss bei einer Verfügung durch den Nichtberechtigten der Verfügung zustimmen, der Grundsatz des § 185 Abs 1 BGB ist hier vorherige Einwilligung, regelmäßig mit Ermächtigung bezeichnet (Rn 18). Damit fällt die Vorschrift aus der Systematik der §§ 182 ff BGB

heraus, weil es nicht lediglich um die abstrakte Regelung eines Zustimmungsmechanismus handelt („technisches Recht"), sondern um eine für grundsätzlich alle Verfügungen durch Nichtberechtigte geltende Zustimmungsnotwendigkeit. Darüber hinaus sieht § 185 Abs 2 S 1 Var 2 und 3 BGB auch die Wirksamkeit der Verfügung eines Nichtberechtigten ohne Zustimmung des Berechtigten vor, wenn nachträglich eintretende Ereignisse diese Wirksamkeit fordern: Hier ist der Bereich des Zustimmungsrechts der §§ 182–184 BGB gänzlich verlassen, weil für die Wirksamkeit der Verfügung keine Zustimmung mehr nötig ist (BeckOGK/REGENFUS [1. 4. 2019] § 185 Rn 4). § 185 Abs 2 S 2 BGB schließlich fasst sich mit der Frage des zeitlichen Vorrangs mehrfacher Konvaleszenzakte.

Insgesamt enthält § 185 BGB so **vier verschiedene Fallgestaltungen**: In Abs 1 wird als 2 Grundfall für die wirksame Verfügung des Nichtberechtigten die Einwilligung (oder hier, wenngleich Gesetz nicht ausdrücklich gebraucht: Ermächtigung) des Berechtigten gefordert (Rn 18 f); Abs 2 S 1 Var 1 BGB betrifft die Genehmigung der ohne die Einwilligung schwebend unwirksamen Verfügung des Nichtberechtigten (Rn 86 f). Diese Fälle entsprechen der Systematik der §§ 183, 184 BGB, wonach die Zustimmung sowohl vor Vornahme des Hauptgeschäfts durch Einwilligung als auch danach durch Genehmigung erfolgen kann. Sodann sieht Abs 2 S 1 Var 2 BGB die Wirksamkeit der Verfügung des Nichtberechtigte für den Fall vor, dass dieser den Gegenstand seiner Verfügung nachträglich erwirbt (Rn 97 f); Abs 2 S 1 Var 3 schließlich wiederum knüpft daran an, dass der verfügende Nichtberechtigte vom Berechtigten beerbt wird und dieser für die Nachlassverbindlichkeiten unbeschränkt haftet (Rn 114 f). Bisweilen werden alle diese Fälle als **Konvaleszenz** (Heilung) bezeichnet (BGB-RGRK/STEFFEN[12] § 185 Rn 1; jurisPK/TRAUTWEIN[8] [Stand: 13. 2. 2019] § 185 Rn 1; STAUDINGER/GURSKY [2014] § 185 Rn 1; BeckOGK/REGENFUS [1. 4. 2019] § 185 Rn 1: Konvaleszenz im weiteren Sinne); bisweilen nur die Fallgruppen des Abs 2 (BeckOK BGB/BUB [1. 11. 2018] § 185 Rn 1; BeckOGK/REGENFUS [1. 4. 2019] § 185 Rn 1: Konvaleszenz im engeren Sinne); bisweilen noch enger nur die beiden letzten (so offenbar MünchKomm/BAYREUTHER[8] § 185 Rn 1). Fasst man den Begriff weit, und versteht darunter im Kern richtig das Zusammentreffen von Verfügung und Verfügungsmacht und so deren Konzentration im Verfügungsgeschäft insgesamt, so können alle Fälle des § 185 BGB darunter firmieren. Für die Konvaleszenz im engeren Sinne legt § 185 Abs 2 S 2 BGB mit dem Prioritätsprinzip fest, dass hier nur die frühere Verfügung wirksam wird, wenn über den Gegenstand mehrere miteinander nicht in Einklang stehende Verfügungen getroffen worden sind (Rn 123 f).

Für die Ermächtigung des § 185 Abs 1 BGB und die Genehmigung nach § 185 Abs 2 3 S 1 Var 1 BGB, die ein Zustimmungserfordernis grundlegen, gelten ebenfalls die „technischen" **Regelungen der §§ 182 bis 184 BGB** (NK-BGB/STAFFHORST[3] § 185 Rn 1), so dass für das Adressatensystem (§ 182 Rn 41 f), die Form (§ 182 Rn 95 f), die Vorgaben für einseitige Rechtsgeschäfte (§ 182 Rn 51) oder die Widerrufbarkeit der Ermächtigung (§ 183 Rn 44 f) auf diese Regelungen verwiesen werden kann.

Zwar schützt das Zustimmungserfordernis des § 185 Abs 1, Abs 2 S 1 Var 1 BGB in 4 seinem Grundanliegen den Rechtsinhaber vor einem Rechtsverlust durch die Verfügung eines Dritten, allerdings bricht sich dies an den **Gutglaubensvorschriften**, §§ 892, 932 BGB, § 366 HGB, die (sofern die Voraussetzungen erfüllt sind) dem § 185 BGB vorgehen: Der durch diese Vorschriften unterstützte Verkehrsschutz (siehe etwa STAUDINGER/WIEGAND [2017] Vorbem 1 zu §§ 932–936 ff) setzt sich gegenüber der Ausübung der eigenen Rechtsstellung durch, eine Zustimmung in diesen Fällen geht ins Leere (jurisPK/Trautwein[8] [Stand: 13. 2. 2019] § 185 Rn 3; NK-BGB/Staffhorst[3] § 185 Rn 3). Allerdings kann es dann zur Kombination kommen, wenn etwa beim rechtsgeschäftlichen Akt des gutgläubigen Erwerbs ein falsus procurator beteiligt ist, so dass das Einigungsgeschäft der Genehmigung nach § 177 Abs 1 BGB bedarf – dann kommt es für die Frage der Gutgläubigkeit gerade des vertretenen Erwerbers auf den Zeitpunkt der Genehmigung nach § 185 Abs 2 S 1 Var 1 BGB an.

5 **Gemeinrechtlich** trat die Konvaleszenz der Verfügung eines Nichtberechtigten zwar im Falle der Genehmigung durch den Berechtigten ein, nicht aber in den anderen in § 185 Abs 2 BGB behandelten Fällen. Hier war vielmehr der durch die Verfügung des Nichtberechtigten begünstigte Dritte gegen den dinglichen Anspruch des Verfügenden oder des Berechtigten im Wesentlichen auf die *exceptio rei venditae et traditae* beschränkt, es trat also kein Eigentumsübergang ein (Mot II 309; Windscheid/Kipp I § 197 Fn 6; Dernburg Pand I § 216; Wacke SavZ RA 114 [1997] 197, 203 Fn 22, 210 f; Klingenberg, in: FS Kränzlein [1986] 53 f; HKK/Finkenauer §§ 182–185 Rn 2, 17; Kiehnle, JA 2017, 877, 878; Staudinger/Gursky [2014] § 185 Rn 1). Die verschiedenen Vorschläge der Konvaleszenz, die sich im E I in ebenso unterschiedlichen Regelungen niederschlugen, §§ 310, 830, 876 BGB-E (Mot II 139 ff; III 188 ff, 340 ff; Jakobs/Schubert, AT I 957), wurden später einheitlich und auf hohem Abstraktionsniveau mit dem Ergebnis des § 185 BGB zusammengefasst, auch, um die Analogiefähigkeit der Regelung deutlich zu machen (Prot I 179; HKK/Finkenauer §§ 182–185 Rn 7 BGB; ders, in: FS Picker [2010] 201, 209 f; Jakobs/Schubert, AT I 975 f; BeckOGK/Regenfus [1. 4. 2019] § 185 Rn 3).

2. Zweck

6 Die Regelung des § 185 BGB ist multifunktional. Zentrales Anliegen des Zustimmungserfordernisses des § 185 Abs 1, Abs 2 S 1 1. Var BGB ist der **Autonomieschutz** des Rechtsinhabers: Dieser soll zunächst (jenseits anderweitiger gesetzlicher Vorgaben, wie etwa der Gutglaubensvorschriften oder der §§ 946 ff BGB) sein Recht nicht ohne sein rechtsgeschäftliches Einverständnis verlieren. Damit dient § 185 BGB der rechtsgeschäftlichen Selbstbestimmung. Der Rechtsverlust ohne Einverständnis ist mithin freilich in der durch die Privatautonomie geprägten Zivilrechtsordnung selbstverständlich, so dass es einer Bestätigung durch § 185 BGB jedenfalls im Hinblick darauf nicht bedürfte – die wesentliche Bedeutung der Vorschrift liegt denn auch darin, dass sie aufzeigt, unter welchen Voraussetzungen bei Berücksichtigung der Autonomie des Berechtigten eine Verfügung eines Nichtberechtigten ausnahmsweise anzuerkennen ist (Staudinger/Gursky [2014] § 185 Rn 1), so dass hier der Autonomieraum des Berechtigten im Ergebnis erweitert wird: Gäbe es die Möglichkeit des § 185 BGB nicht, könnte der Berechtigte nur allein (wenn auch unter Einschaltung eines Vertreters) verfügen (BeckOGK/Regenfus [1. 4. 2019] § 185 Rn 3; NK-BGB/Staffhorst[3] § 185 Rn 3).

7 Allerdings zielt § 185 BGB auch auf diejenigen, **zugunsten derer dem Rechtsinhaber seine Verfügungsmacht entzogen** wird – wie im Falle der Insolvenzverwaltung, der Nachlassverwaltung oder der Testamentsvollstreckung (Rn 43 f) – in diesen Fällen ist allein der verfügungsbefugte Verwalter Berechtigter im Sinne des § 185 BGB. Damit dient die Vorschrift auch dem Schutz der entsprechend verwalteten Vermögen und ihrer Gläubiger.

Durch die Möglichkeit, einer Verfügung eines Nichtberechtigten zuzustimmen, **8** kommt es zu einer erhöhten **Verkehrsfähigkeit eines Gegenstandes** (Bork, Allgemeiner Teil des BGB [4. Aufl 2016] S 670). Es wird so möglich, über diesen Gegenstand arbeitsteilig (Vorbem 17 zu §§ 182–185) zu verfügen (siehe für die entsprechenden Überlegungen bereits im Gesetzgebungsverfahren HKK/Finkenauer §§ 182–185 ff Rn 12 mwNw). Das kommt – wie etwa das Beispiel des Vorbehaltsverkaufs zeigt – sowohl dem Berechtigten als auch dem nichtberechtigt Verfügenden zugute (Rn 72 f).

Schließlich dienen insbesondere § 185 Abs 2 S 1 Var 2 und 3 BGB der **Rechtssicher-** **9** **heit**: im Falle des Erwerbs des Gegenstandes durch den vorher nichtberechtigt Verfügenden oder im Falle seiner Beerbung durch den Berechtigten kommt es zum automatischen Durchgangserwerb beim Geschäftspartner. Weil nach richtiger Meinung (Rn 109 f; Rn 117) hier kein Anspruch auf Übertragung des Gegenstandes vorliegen muss, tritt die Wirkung der Verfügung mit dem (regelmäßig leicht feststellbaren) Konvaleszenzzeitpunkt ein. Damit wird auch dem Erwerber die Last einer gerichtlichen Durchsetzung seiner schuldrechtlichen Ansprüche abgenommen (Rn 98). Ebenso wie durch die Gewährleistung der arbeitsteiligen Verfügung geht es auch in diesen Fällen um **Rechtseffizienz**.

Allerdings ist § 185 BGB **keine Verkehrsschutznorm**, auf die fehlende Kenntnis von **10** der mangelnden Verfügungsberechtigung und das entsprechend gebildete Vertrauen des Erklärungsempfängers oder Geschäftspartners darauf kommt es nicht an (Staudinger/Gursky [2014] § 185 Rn 3). Die verkehrsschützenden Regelungen der §§ 892, 932 BGB, 366 HGB, kommen nicht in Konflikt mit § 185 BGB: Ist eine Verfügung mit Einwilligung erfolgt, so bleibt kein Raum für ihre Anwendung, umgekehrt ist dann, wenn ein gutgläubiger Erwerb wirksam ist, keine Möglichkeit für eine Genehmigung oder die engeren Konvaleszenztatbestände des § 185 Abs 2 S 1 BGB: Sie treffen gerade nicht auf eine schwebend unwirksame Verfügung (§ 184 Rn 43 f).

II. Tatbestand

§ 185 BGB setzt für alle vier Fallgruppen (Rn 2) voraus, dass ein Nichtberechtigter **11** über einen Gegenstand im eigenen Namen verfügt.

1. Verfügung

a) Technische Definition

Verfügung im Sinne des § 185 BGB ist ein **Rechtsgeschäft**, das auf ein bestehendes **12** Recht einwirkt, in dem dieses unmittelbar übertragen, belastet, verändert oder aufgehoben wird, es gilt der so genannte **technische Verfügungsbegriff** (soweit ersichtlich nicht angegriffene Meinung BGH 3. 12. 1998 – III ZR 288/96, LM BGB § 816 Nr 47; BGH 24. 10. 1979 – VIII ZR 289/78, BGHZ 75, 221; BGH 22. 5. 1957 – IV ZR 4/57 = BGH LM BGB § 185 Nr 6; BGH 15. 3. 1951 – IV ZR 9/50 = BGHZ 1, 294 = NJW 1951, 645; RG 7. 7. 1917 – V 66/17 = RGZ 90, 395; RG 9. 7. 1925 – IV 514/24, RGZ 111, 247; RG 22. 12. 1927 – VI 183/27, RGZ 119, 332; Staudinger/Gursky [2014] § 185 Rn 4; BeckOGK/Regenfus [1. 4. 2019] § 185 Rn 5; BeckOK BGB/Bub [1. 11. 2018] § 185 Rn 2; jurisPK/Trautwein[8] [Stand: 13. 2. 2019] § 185 Rn 4; NK-BGB/ Staffhorst[3] § 185 Rn 4; MünchKomm/Bayreuther[8] § 185 Rn 3; vTuhr AT II/1 S 238). **Verfügender** ist dabei derjenige, der ein Recht überträgt, verändert, belastet oder aufhebt, so dass beim zweiseitigen Erwerbsakt nur der Übertragende, nicht aber der erwerbende Teil verfügt (BeckOGK/Regenfus [1. 4. 2019] § 185 Rn 6; MünchKomm/Bayreuther⁸ § 185 Rn 3; BeckOK BGB/Bub [1. 11. 2018] § 185 Rn 2; Staudinger/Gursky [2014] § 185 Rn 4). Mit der Verfügung von Todes wegen, §§ 1937, 2064 BGB, hat dieser Verfügungsbegriff nichts zu tun, weil diese nicht unmittelbar auf ein Recht einwirkt – § 185 BGB gilt nicht (BGH 24. 10. 1979 – VIII ZR 289/78, BGHZ 75, 221; RG 9. 7. 1925 – IV 514/24, RGZ 111, 247; MünchKomm/Bayreuther⁸ § 185 Rn 3; BeckOK BGB/Bub [1. 11. 2018] § 185 Rn 2; BeckOGK/Regenfus [1. 4. 2019] § 185 Rn 7).

13 § 185 BGB umfasst **alle in diesem technischen Sinne verfügenden Rechtsgeschäfte ebenfalls mehrseitige wie einseitige** (RG 9. 5. 1903 – V 493/02, RGZ 54, 366; BeckOGK/Regenfus [1. 4. 2019] § 185 Rn 6; BGB-RGRK/Steffen¹² § 185 Rn 4) und sowohl sachenrechtliche als auch schuldrechtliche Verfügungen: wie etwa die Forderungsabtretung nach §§ 398 ff BGB, den Erlass nach § 397 BGB oder die vertragliche Aufrechnung nach § 387 BGB (Staudinger/Gursky [2014] § 185 Rn 5; BGB-RGRK/Steffen¹² § 185 Rn 4; BeckOK BGB/Bub [1. 11. 2018] § 185 Rn 2; BeckOGK/Regenfus [1. 4. 2019] § 185 Rn 7). Familien- und erbrechtliche Sachverhalte können ebenfalls durch Verfügungen im Sinne des § 185 BGB gekennzeichnet sein (Staudinger/Gursky [2014] § 185 Rn 5).

14 § 185 BGB gilt auch für **Verfügungen außerhalb des BGB**, so etwa für solche über Immaterialgüterrechte (OLG Brandenburg 16. 12. 1997 – 6 W 28-97, OLG Brandenburg NJW-RR 1999, 839 für den Lizenzvertrag; Staudinger/Gursky [2014] § 185 Rn 6).

b) Speziell: Einseitige Verfügungen

15 § 185 BGB gilt grundsätzlich auch für Verfügungen durch **einseitiges Rechtsgeschäft** (BGH 29. 5. 1991 – VIII ZR 214/90, BGHZ 114, 360; OLG Brandenburg 28. 6. 2000 – 7 U 262/99, OLG Brandenburg MDR 2000, 1306; BeckOGK/Regenfus [1. 4. 2019] § 185 Rn 17;; Soergel/Leptien¹² Rn 4; BeckOK BGB/Bub [1. 11. 2018] § 185 Rn 2; Erman/Maier-Reimer¹⁵ § 185 Rn 6; Palandt/Ellenberger § 185 Rn 2; PWW/Frensch¹³ § 185 Rn 5; Soergel/Leptien¹² § 185 Rn 8; **anders noch** BGH 23. 5. 1962 – V ZR 123/60, BGH NJW 1962, 1344; Sohm 11 ff). Das gilt für einseitige verfügende Rechtsgeschäfte insgesamt, aber auch für **Gestaltungsrechte** wie die Anfechtung ebenso wie für die Kündigung und den Rücktritt (BGH 10. 12. 1997 – XII ZR 119/96, LM BGB § 185 Nr 43; Staudinger/Gursky [2014] § 185 Rn 6; jurisPK/Trautwein⁸ [Stand: 13. 2. 2019] § 185 Rn 5), wenngleich diese wegen des fehlenden Erwerbs auch lediglich als verfügungsähnlich bezeichnet werden (BeckOK BGB/Bub [1. 11. 2018] § 185 Rn 3). Das ist sicher mit Blick auf die entsprechende vertretungsrechtliche Situation **richtig**: Wenn es möglich ist, dass eine Gestaltungserklärung in Vertretung und damit offen für den Berechtigten abgegeben wird, besteht kein Grund, eine Erklärung in eigenem Namen, aber mit Einwilligung des Berechtigten, nicht zuzulassen (jurisPK/Trautwein⁸ [Stand: 13. 2. 2019] § 185 Rn 5). Das Offenkundigkeitsprinzip steht – anders als bei der nicht anzuerkennenden Verpflichtungsermächtigung – nicht entgegen: Es kommt gerade nicht zur Neubegründung einer Verpflichtung.

16 § 185 Abs 2 wird bei einseitigen Rechtsgeschäften freilich **regelmäßig nicht einschlägig** sein, weil diese aus Gründen der Rechtssicherheit (§ 182 Rn 51) grundsätzlich nicht in einen Schwebezustand verfallen können, § 180 S 1 entsprechend (BGH 22. 10. 1999 – V ZR 401/98, BGHZ 143, 41; BGH 14. 11. 1996 – I ZR 201/94, BGH MDR 1997, 572 = LM § 185 BGB Nr 39; BGH 29. 5. 1991 – VIII ZR 214/90, BGHZ 114, 360; BGH 15. 6. 1960 – V ZR 191/58, BGHZ 32, 375; OLG Brandenburg 28. 6. 2000 – 7 U 262/99, OLG Brandenburg MDR 2000, 1306;

Titel 6
Einwilligung und Genehmigung § 185

OLG Hamm 26. 11. 1991 – 7 U 121/91, OLG Hamm NJW-RR 1993, 273; Soergel/Leptien[12] § 185 Rn 4; Staudinger/Gursky [2014] § 185 Rn 6; BeckOK BGB/Bub [1. 11. 2018] § 185 Rn 3; BGB-RGRK/Steffen[12] § 185 Rn 8; jurisPK/Trautwein[8] [Stand: 13. 2. 2019] § 185 Rn 5, Erman/Maier-Reimer[15] § 185 Rn 6; **anders** Merle AcP 183 [1983] 81, 90 ff; Kluckhohn 15; Sternberg JW 1928, 3036; Molitor 72 f). Ebenso besteht ein **Zurückweisungsrecht nach § 174 BGB**, wenn für den Zustimmungsberechtigten ein Vertreter handelt und dieser seine Vertretungsmacht nicht entsprechend nachweisen kann (BAG 10. 10. 2002 – 2 AZR 532/01, BAGE 103, 123).

Freilich ist auch hier § **180 S 2 BGB entsprechend** anzuwenden, hat sich also der Erklärungsempfänger selbst der Rechtssicherheit begeben, finden in diesen Fällen § 185 Abs 2 BGB ebenfalls Anwendung, wenn der Empfänger die behauptete Einwilligung des Berechtigten nicht beanstandet hat oder mit der Vornahme des Geschäfts ohne Einwilligung des Berechtigten einverstanden war (Staudinger/Gursky [2014] § 185 Rn 6; NK-BGB/Staffhorst[3] § 185 Rn 4; jurisPK/Trautwein[8] [Stand: 13. 2. 2019] § 185 Rn 5; BeckOGK/Regenfus [1. 4. 2019] § 185 Rn 18; BeckOK BGB/Bub [1. 11. 2018] § 185 Rn 3). **Unheilbar nichtig** ist die einseitige ermächtigungslose Verfügung also nur dann, wenn dem Adressaten die Nichtberechtigung des Verfügenden gar nicht bekannt war oder wenn der Adressat die behauptete Ermächtigung nicht akzeptiert und die Verfügungserklärung deshalb zurückgewiesen hat. Wer dies anders sieht, und eine schwebende Unwirksamkeit auch bei einwilligungslos vorgenommenen einseitigen Rechtsgeschäften bejaht (§ 182 Rn 51), kommt dagegen zur vollen Anwendung des § 185 BGB. 17

Praktisch wird die Ermächtigung durch einseitiges Rechtsgeschäft etwa dann, wenn der **Zugriff auf einen bestehenden Vertrag über die Nutzung eines Gegenstandes** gelingen soll: So etwa für Kündigung eines Mietvertrages durch den Grundstückskäufer, der noch nicht Eigentümer ist, aber durch den bisherigen Eigentümer zur Kündigung ermächtigt wird (BGH 24. 11. 2006 – LwZR 6/05, juris; BGH 11. 9. 2002 – XII ZR 187/00, NJW 2002, 3389; OLG Celle 9. 6. 1999 – 2 U 166/98, OLGR Celle 1999, 281; OLG Naumburg 10. 12. 1999 – 6 U 1107/97 = OLG Naumburg MDR 2000, 260; LG Stuttgart 25. 3. 1970 – 6 S 363/69 = LG Stuttgart MDR 1970, 682 f; BGH 10. 12. 1997 – XII ZR 119/96 = BGH NJW 1998, 896; KG 4. 2. 2008 – 8 U 167/07 = KG ZMR 2008, 365; OLG Naumburg 10. 12. 1999 – 6 U 1107/97 = OLG Naumburg NJW-RR 2001, 423; BeckOGK/Regenfus [1. 4. 2019] § 185 Rn 17; NK-BGB/Staffhorst[3] § 185 Rn 4; Doris, 76; BeckOK BGB/Bub [1. 11. 2018] § 185 Rn 3; NK-BGB/Staffhorst[3] § 185 Rn 4; PWW/Frensch[13] § 185 Rn 5; Holtfester MDR 2000, 421, 422; siehe für das Mieterhöhungsverlangen nach § 558a BGB BGH 19. 3. 2014 VIII ZR 203/13, NJW 2014, 1802). 18

Ein weiteres praktisches Bedürfnis der Anwendung ergibt sich bei der **Kündigung des Arbeitsvertrages**, gerade im Konzernverbund kann es hier dazu kommen, dass der „falsche" Arbeitgeber kündigt (Fornasier/Werner NJW 2007, 2729, 2732 f; Staudinger/Gursky [2014] § 185 Rn 6). Es kann sich auch im Falle des Betriebsübergangs ergeben, wenn etwa der Betriebserweber vor dem Betriebsübergang kündigt oder nach dem Widerspruch des Arbeitnehmers nach § 613a Abs 6 BGB (dazu Löwisch BB 2009, 326, 327; siehe auch BAG 10. 10. 2002 – 2 AZR 532/01, BAG NZA 2003, 909; allgemein Staudinger/Annuss [2016] § 613a Rn 291 f). Praktisch kann die Ermächtigung zur Kündigung auch im Falle der Insolvenz und hier gerade in der Phase des Eröffnungsverfahrens werden, weil nach § 21 Abs 2 Nr 2 Alt 1 oder Alt 2 InsO; § 22 Abs 2 InsO 19 der (vorläufige) Insolvenzverwalter und nicht mehr der Arbeitgeber kündigungsbefugt ist (BAG 10. 10. 2002 – 2 AZR 532/01, BAGE 103, 123; Meyer DZWir 2004, 58 ff).

20 Die **Mahnung nach § 286 Abs 1 BGB** wird unter die Verfügungen des § 185 BGB gefasst (BeckOGK/Regenfus [1. 4. 2019] § 185 Rn 7; 7. 1.), als rechtsgeschäftsähnliche Erklärung ist dies zwar nicht zwangsläufig, allerdings ist § 185 BGB mindestens entsprechend anzuwenden, schon, weil dadurch die Rechtsfolgen des Schuldnerverzuges ausgelöst werden, die einen erheblichen Einfluss auf die bestehenden Rechte des Gläubigers haben. Zudem wird richtig darauf hingewiesen, dass eine Anwendung des § 185 BGB auf die Mahnung notwendig ist, um die – ersichtlich mögliche (Rn 158) – Einzugsermächtigung zu ergänzen: Der Ermächtigte kann dann den Schuldner auch in Verzug setzen (BeckOGK/Regenfus [1. 4. 2019] § 185 Rn 7. 1; Staudinger/Gursky [2014] Rn 6).

21 Die **Fristsetzung nach den §§ 281 Abs 1 BGB und § 323 Abs 1 BGB** sind zwar keine Verfügungen, denn sie bewirken (anders als die alte Fristsetzung mit Ablehnungsandrohung nach § 326 BGB aF; dazu BGH 29. 5. 1991 – VIII ZR 214/90, BGHZ 114, 360) selbst noch keine Rechtsänderung (BeckOGK/Regenfus [1. 4. 2019] § 185 Rn 7; MünchKomm/Bayreuther[8] 185 Rn 7; jurisPK-BGB/Trautwein § 184 Rn 12; jurisPK-BGB/Trautwein[8] [13. 2. 2019] § 185 Rn 6). Das wird anders gesehen, weil durch den Fristablauf die Möglichkeit zur Ausübung des Rücktrittrechts und der Geltendmachung des Anspruches auf Schadensersatz statt der Leistung möglich sei (Staudinger/Gursky [2014] § 185 Rn 6), dieses Argument sticht nicht, weil die Fristsetzung nur vorbereitend wirkt – der Gläubiger mag nach Fristsetzung dann Schadensersatz statt der Leistung sowie Rücktritt wählen, die dann Verfügung sind. Bedeutsamer ist anderes: Wenn zur Leistungseinziehung im eigenen Namen ermächtigt werden kann, dann muss es auch möglich sein, den Zugriff auf Sekundäransprüche durch einen Dritten zu ermöglichen (immerhin kann ja zum Rücktritt ermächtigt werden); dann gebieten es aber bereits Praktikabilitätsgesichtspunkte, dass entsprechend § 185 Abs 1 BGB auch zur Fristsetzung ermächtigt werden kann (BeckOK BGB/Bub [1. 11. 2018] § 185 Rn 3).

22 **Schuldübernahme nach § 415 BGB** ist Verfügung (RG 9. 2. 1928 – VI 238/27, RGZ 120, 153; RG 21. 11. 1931 – V 185/31, RGZ 134, 185; BGB-RGRK/Steffen[12] § 185 Rn 7; Staudinger/Rieble [2018] § 415 Rn 7).

23 Die Annahme einer Leistung als Erfüllung wird ebenfalls als Verfügung angesehen (BeckOGK/Regenfus [1. 4. 2019] § 185 Rn 7), was zur unmittelbaren Anwendung des § 185 BGB führt: das ist vor dem Hintergrund etwa der Theorie der realen Leistungsbewirkung nicht zwangsläufig (Staudinger/Olzen [2016] Vorbem 10 zu §§ 362 ff). Allerdings ist der Streit nicht fruchtbringend, weil in jedem Falle eine entsprechende Anwendung möglich ist (BeckOK BGB/Bub [1. 11. 2018] § 185 Rn 3) und § 362 Abs 2 BGB diese Möglichkeit ohnehin eröffnet.

24 Ob die **Ankündigung einer Modernisierung nach § 555c BGB und das Begehren der Mieterhöhung nach § 558a BGB** Verfügungen im Sinne des § 185 BGB sind (so BGH 13. 2. 2008 – VIII ZR 105/07, BGH NJW 2008, 1218; BGH 19. 3. 2014 – VIII ZR 203/13, BGH NJW 2014, 1802), wird dagegen bezweifelt (MünchKomm/Bayreuther[8] § 185 Rn 7): Im Falle des § 555c BGB zu Unrecht, weil das Sonderkündigungsrecht des § 555e BGB ausgelöst wird; im Falle des § 558a BGB zu Recht, weil hier ein Angebot zur

Vertragsänderung vorliegt (weshalb auch bei Anwendung des § 185 Abs 1 BGB [hier systemwidrig] die Offenlegung der Ermächtigung gefordert wird, LG Berlin 11. 10. 2007 – 67 S 65/07, LG Berlin GE 2007, 1489; jurisPK-BGB/Trautwein Rn 47; für die Anwendung auch BGH 19. 3. 2014 VIII ZR 203/13, NJW 2014, 1802; BeckOK BGB/Bub [1. 11. 2018] § 185 Rn 3; Staudinger/Gursky [2014] § 185 Rn 6).

Für die **Aufrechnung** ist zu scheiden: die einseitige Aufrechnung durch einen Nicht- 25 berechtigten scheitert schon daran, dass keine Gegenseitigkeit gegeben ist, weshalb § 185 BGB nur auf den Aufrechnungsvertrag angewendet werden kann, der aber (ersichtlich) kein einseitiges Rechtsgeschäft ist (RG 22. 1. 1910 – V 142/09, RGZ 72, 377; RG 24. 2. 1912 – I 49/11, RGZ 78, 382; Staudinger/Gursky [2014] § 185 Rn 5; BGB-RGRK/Steffen[12] § 185 Rn 8; Soergel/Leptien[12] § 185 Rn 4; Doris, 73 f; BeckOGK/Regenfus [1. 4. 2019] § 185 Rn 7. 2; BeckOK BGB/Bub [1. 11. 2018] § 185 Rn 2).

Die **Eintragungsbewilligung nach § 39 GBO** wird ebenfalls als Verfügung angesehen, 26 die einer Ermächtigung zugänglich ist (BGH 15. 7. 2010 – V ZB 107/10, NJW-RR 2011, 19; OLG Köln 25. 2. 1980 – 2 Wx 4/80, OLGZ 1980, 406; OLG Frankfurt 13. 12. 1996 – 20 W 356/96, NJW-RR 1997, 719; OLG Frankfurt 19. 8. 1996 – 20 W 174/96, MDR 1996, 1293–1294; jurisPK/Trautwein[8] [Stand: 13. 2. 2019] § 185 Rn 4; BeckOK BGB/Bub [1. 11. 2018] § 185 Rn 4)

2. Gegenstand

Der Begriff des Gegenstandes im Sinne des § 185 BGB ist weit zu verstehen, er 27 umfasst zunächst alle Sachen und Rechte, eine Beschränkung auf § 90 BGB erfolgt nicht (jurisPK/Trautwein[8] [Stand: 13. 2. 2019] § 185 Rn 12; MünchKomm/Bayreuther[8] § 185 Rn 4; Soergel/Leptien[12] § 185 Rn 7; NK-BGB/Staffhorst[3] § 185 Rn 4; Haedicke JuS 2001, 966, 967; Thiele 40; Doris, 75 f), damit sind bewegliche Sachen, Grundstücke, und an ihnen bestehende beschränkt dingliche Rechte gemeint, ebenso Inhaber- und Orderpapiere (MünchKomm/Bayreuther[8] § 185 Rn 5), sowie Forderungen und Immaterialgüterrechte (NK-BGB/Staffhorst[3] § 185 Rn 4). Aber auch alle sonstigen absoluten wie relativen Vermögensrechte, die einer Übertragung, Änderung, Belastung oder Aufhebung zugänglich sind (Staudinger/Gursky [2014] § 185 Rn 7); so auch die Stellung als Vertragspartei (was im Hinblick auf die Vertragsübernahme aber auch auf den Aufhebungsvertrag oder einseitige Rechtsgeschäfte mit Vertragsbezug wie Kündigung, Anfechtung oder Rücktritt von Bedeutung ist [NK-BGB/Staffhorst[3] § 185 Rn 4]) oder als Gesellschafter einer Personengesellschaft (BeckOGK/Regenfus [1. 4. 2019] § 185 Rn 15; MünchKomm/Bayreuther[8] § 185 Rn 7; Staudinger/Gursky [2014] § 185 Rn 6).

Gegenstand der Zustimmung kann auch die **Zustimmung eines Nichtberechtigten** zur 28 Verfügung eines anderen Nichtberechtigten sein (BeckOGK/Regenfus [1. 4. 2019] § 185 Rn 19; Staudinger/Gursky [2014] § 185 Rn 7; Thiele 296; ablehnend Reuter/Martinek, Ungerechtfertigte Bereicherung, S 303): In der Tat macht es keinen Unterschied, ob der Berechtigte für die Verfügung des Nichtberechtigten oder aber für die Zustimmung zu dieser die Ermächtigung erteilt und sie so wirksam werden lässt. Gründe der Rechtssicherheit und der zu enge Blick allein auf die Verfügung des (ersten) Nichtberechtigten jedenfalls verhindern die Möglichkeit der „Zustimmung zur Zustimmung" nicht (Staudinger/Gursky [2014] § 185 Rn 7). Damit hat der Berechtigte die Wahl, ob der direkt der Verfügung des Nichtberechtigten oder aber der Zustimmung des (zweiten) Nichtberechtigten zu dieser Verfügung zustimmt. Das hat Auswirkungen auf den Anspruch aus § 816 Abs 1 BGB. Die Gegenmeinung, nur die „erste" Verfügung sei Verfügung und nur sie sei deshalb der Zustimmung (oder der sonstigen Konvaleszenz) fähig, ist zu formal (siehe aber RG 10. 10. 1932 – IV 232/32 = RGZ 137, 356).

3. Im eigenen Namen

a) Keine Stellvertretung

29 Die Verfügung im Sinne des §§ 185 BGB führt der Nichtberechtigte in **eigenem Namen** durch (BeckOGK/REGENFUS [1. 4. 2019] § 185 Rn 9; STAUDINGER/GURSKY [2014] § 185 Rn 2; MünchKomm/BAYREUTHER[8] § 185 Rn 2; BeckOK BGB/BUB [1. 11. 2018] § 185 Rn 5; SOERGEL/LEPTIEN[12] § 185 Vor § 182 Rn 17; NK-BGB/STAFFHORST[3] § 184 Rn 3; FINKENAUER AcP 203 [2003] 282, 292). Der Nichtberechtigte selbst ist also nicht nur der rechtsgeschäftlich Handelnde, sondern auch der unmittelbar rechtsgeschäftlich Gebundene – der Berechtigte erfährt durch das vom Nichtberechtigten vorgenommene Rechtsgeschäft erst eine Bindung, wenn er der Verfügung zugestimmt hat.

30 Hier verläuft die **Abgrenzung zur Stellvertretung** (STAUDINGER/GURSKY [2014] § 185 Rn 3; BeckOGK/REGENFUS [1. 4. 2019] § 185 Rn 10). Handelt der Nichtberechtigte als Vertreter, so schließt er durch eigene Willenserklärungen Rechtsgeschäfte im Namen des Vertretenen. Damit wird aber der Vertretene zum Verfügenden, nicht aber der Vertreter. Hier kann es bei der Frage, ob nun eine Ermächtigung vorliegt oder aber eine Bevollmächtigung in der Praxis zu Abgrenzungsschwierigkeiten kommen. Das **Handeln unter fremdem Namen** im Rahmen der Identitätstäuschung ist dabei kein Fall des § 185 BGB, weil der Vertragspartner mit dem Namensträger abschließen will (WOLF/NEUNER AT[11] S 610), hier sind allein die § 164 ff BGB entsprechend anwendbar, es liegt also kein eigenes Geschäft des Nichtberechtigten vor (BeckOGK/REGENFUS [1. 4. 2019] § 185 Rn 12; STAUDINGER/GURSKY [2014] § 185 Rn 2).

31 Maßgeblich ist hier die **Offenkundigkeit**, für einen anderen rechtsgeschäftlich zu handeln (jurisPK/TRAUTWEIN[8] [Stand: 13. 2. 2019] § 185 Rn 22). Ist sie gegeben, so sind die Regelungen der §§ 164 ff. anwendbar, nicht aber § 185 BGB (siehe nur MünchKomm/BAYREUTHER[8] § 185 Rn 2; SOERGEL/LEPTIEN[12] § 182 Rn 12). Tritt die Offenkundigkeit, in fremdem Namen zu handeln, nicht hervor, so liegt nach § 164 Abs 2 BGB ein Eigengeschäft vor (dazu BORK, Allgemeiner Teil des BGB [4. Aufl 2016] S 543).

32 Allein das **Mittel und der Begriff der Bevollmächtigung** lässt noch nicht darauf schließen, dass nur eine Stellvertretung gegeben ist – weil in der Bevollmächtigung (besser: parallel) auch eine Ermächtigung liegen kann (BayObLG 27. 7. 1973 – 19 U 2210/73, WM 1973, 1252; jurisPK/TRAUTWEIN[8] [Stand: 13. 2. 2019] § 185 Rn 22). Auch anderweitig können Vertretung und Ermächtigung verquickt sein: So wenn ein Vertreter bei der Verfügung **einen Nichtberechtigten vertritt** oder wenn für den Nichtberechtigten ein falsus procurator auftritt. Im letzten Fall muss der Nichtberechtigte das Vertreterhandeln nach § 177 Abs 1 BGB genehmigen, während der Berechtigte nach § 185 BGB zustimmen muss (BeckOGK/REGENFUS [1. 4. 2019] § 185 Rn 11).

33 Auch für die **Frage der Konvaleszenz** des Abs 2 kommt es auf den vertretenen Nichtberechtigten an: So müssen in den Fällen, in denen ein Nichtberechtigter bei einer Verfügung vertreten wird, die Voraussetzungen der Konvaleszenz in seiner

Person erfüllt sein, auf die Person des Vertreters kommt es nicht an: Erwirbt dieser – auch als falsus procurator – später den Gegenstand, so wird die Verfügung etwa nicht nach § 185 Abs 2 S 1 Var 2 BGB wirksam (OLG München 10. 12. 2009 – 34 Wx 110/09, juris; OLG Frankfurt 19. 8. 1996 – 20 W 174/96, NJW-RR 1997, 17; OLG Frankfurt 26. 8. 1983 – 20 W 528/83, OLG Frankfurt OLGZ 1984, 13; BayObLG 18. 5. 1956 – BReg 2 Z 64, 66/56 = BayObLG NJW 1956, 1279, 1280; LG München I 28. 10. 1949 – 1 T 831/49, DNotZ 1950, 33; Staudinger/Gursky [2014] § 185 Rn 2; BeckOGK/Regenfus [1. 4. 2019] § 185 Rn 10; BGB-RGRK/Steffen[12] Rn 10; Soergel/Leptien[12] § 185 Rn 12; BeckOK BGB/Bub [1. 11. 2018] § 185 Rn 5; Flume, AT II § 68 S 915; Jahr, in: FS Weber [1975] 275, 277; **anders** vTuhr, AT II 2 S 446; Habersack JZ 1991, 70). Das ist auch dann so, wenn der Vertragspartner nach § 179 Abs 1 BGB vom falsus procurator Erfüllung verlangt (BeckOGK/Regenfus [1. 4. 2019] § 185 Rn 10; siehe aber auch BGH 14. 4. 2005 – V ZB 9/05 = BGH NJW-RR 2005, 1359).

Damit ist es allerdings schwer zu vereinbaren, dass nach BGH 10. 4. 2008 – V ZB 114/07, BGH NZM 2008, 541 die fehlende Zustellung der Vollmacht für den Vertreter des Eigentümers bei der Vollstreckungsunterwerfung im Rahmen der späteren Zwangsvollstreckung aus der Urkunde wegen § 185 Abs 2 unschädlich sein soll, wenn der seinerzeitige Stellvertreter inzwischen das Grundstückseigentum erworben hat (BeckOGK/Regenfus [1. 4. 2019] § 185 Rn 10. 1; Staudinger/Gursky [2014] § 185 Rn 2).

In jedem Falle muss der Nichtberechtigte **über ein fremdes Recht** verfügen. Legt er **34** gegenüber dem Erwerber offen, dass er **zur Zeit der Verfügung noch nicht Inhaber des betreffenden Rechtes** ist, so ist zunächst zu fragen, ob die Verfügung nicht erst dann wirksam werden soll, wenn der Nichtberechtigte selbst in die Rechtsinhaberschaft gelangt. Ergibt die Auslegung der Vereinbarung, dass diese erst mit Eintritt der Rechtsinhaberschaft des jetzt Nichtberechtigten wirksam sein soll, dann ist sie nicht schwebend unwirksam und damit auch nicht genehmigungsfähig (siehe zur Verfügung über künftige Rechte [Vorausverfügung] Rn 160). Eine dennoch durch den Berechtigten gegebene Genehmigung kann aber in das Angebot zum Rechtserwerb umgedeutet werden (Staudinger/Gursky [2014] § 185 Rn 49).

Kein eigenes Geschäft liegt vor, wenn ein **Insolvenzverwalter, ein Nachlassverwalter** **35** **oder ein Testamentsvollstrecker** für die jeweilige Vermögensmasse handelt (BeckOGK/Regenfus [1. 4. 2019] § 185 Rn 13), sofern der Verwalter als solcher handelt. Auch dann kann keine Konvaleszenz eintreten, wenn der Verwalter später den Gegenstand erwirbt (anders Erman/Maier-Reimer[13] § 185 Rn 24; wie hier BeckOGK/Regenfus [1. 4. 2019] § 185 Rn 13; Staudinger/Gursky [2014] Rn 2). Das schließt aber nicht aus, dass es auch Fälle geben kann, in denen der Verwalter in eigenem Namen auftritt.

b) Keine subjektiven Voraussetzungen

§ 185 BGB kennt (jenseits der allgemeinen Vorgaben des Verfügungsgeschäfts) **36** **keine subjektiven Voraussetzungen**, weil die Regelung keine Verkehrsschutznorm ist: Es ist weder zu fordern, dass der Nichtberechtigte seine Nichtberechtigung offenlegt (RG 9. 5. 1903 – V 493/02 = RGZ 54, 362; Staudinger/Gursky [2014] § 185 Rn 2; NK-BGB/Staffhorst[3] § 185 Rn 3; Erman/Maier-Reimer[15] § 185 Rn 12; Jahr, in: FS Weber, [1975] 275, 280; Brehm KTS 1985, 1, 7; Egert 115; BeckOGK/Regenfus [1. 4. 2019] § 185 Rn 14), noch, dass er sie verschweigt – weder muss er seine Nichtberechtigung selbst kennen, noch muss er sie umgekehrt gerade nicht kennen (OLG Naumburg 13. 1. 1997 – 10 Wx 41/96, OLGR Naumburg 1998, 157= FGPrax 1998, 1). Ebenfalls ist nicht zu fordern, dass der Geschäftspartner des Nichtberechtigten die Nichtberechtigung kennt. Diese Fragen spielen erst auf der sekundärrechtlichen Ebene des Schadensersatzes eine Rolle, wenn keine Genehmigung oder sonstige Konvaleszenz erfolgt (Rn 97 f) – oder aber im Rahmen des gutgläubigen Erwerbs.

37 Besonders ist der Fall, in dem der Nichtberechtigte mit dem potenziellen Erwerber vereinbart, dass eine Sache übereignet wird, die **erst noch beschafft** werden müsse und so seine Nichtberechtigung zum Abschlusszeitpunkt offenlegt. Das lässt sich regelmäßig dahin auslegen, dass die Übereignung aufschiebend bedingt auf den eigenen Rechtserwerb vereinbart wird (BeckOGK/Regenfus [1. 4. 2019] § 185 Rn 81; Staudinger/Gursky [2014] § 185 Rn 49). Damit handelt es sich aber um die Verfügung eines Berechtigten – die eben erst mit seiner Berechtigung wirksam wird. Hier muss dann die Genehmigung des Berechtigten Übertragung des Eigentums sein, ansonsten tritt die Bedingung nicht ein. Allerdings muss die entsprechende Vereinbarung ausgelegt werden: so kann in dem Hinweis auf die notwendige Beschaffung auch ein Hinweis auf die Zustimmungsbedürftigkeit liegen.

4. Nichtberechtigter

38 Nichtberechtigter ist derjenige Verfügende, der zur Verfügung im Zeitpunkt ihrer Vornahme **nicht, nicht mehr oder noch nicht berechtigt** ist, dem also die Verfügungsmacht (sim. die Verfügungsmacht) fehlt (jurisPK/Trautwein[8] [Stand: 13. 2. 2019] § 185 Rn 13; NK-BGB/Staffhorst[3] § 185 Rn 4; BGB-RGRK/Steffen[12] § 185 Rn 2; BeckOK BGB/Bub [1. 11. 2018] § 185 Rn 6; MünchKomm/Bayreuther[8] § 185 Rn 18; Staudinger/Gursky [2014] § 185 Rn 8) weshalb auch angemerkt wird, dass es besser „Verfügung eines Nichtbefugten" hieße (BeckOGK/Regenfus [1. 4. 2019] § 185 Rn 21 verweisend auf Reuter/Martinek, Ungerechtfertigte Bereicherung S 293). Die Nichtberechtigung des Verfügenden kann sich aus zwei Quellen speisen: Zum einen daraus, dass dem Verfügenden das Recht, über das verfügt wird, nicht voll zusteht, er also nicht (alleiniger) Rechtsinhaber ist; zum anderen aber dass ihm, obwohl er Rechtsinhaber ist, die Verfügungsmacht nicht zusteht (Staudinger/Gursky [2014] § 185 Rn 8).

a) Fehlende volle Rechtsinhaberschaft

39 Dem Nichtberechtigten fehlt die Rechtsinhaberschaft gerade **zum Zeitpunkt der Verfügung** (BeckOK BGB/Bub [1. 11. 2018] § 185 Rn 6). Damit kommt es nicht darauf an, ob er zuvor einmal Rechtsinhaber war oder aber in der Zukunft Rechtsinhaber werden wird (BGH 15. 1. 1990 – II ZR 311/88, BGH NJW 1990, 2678; BGH 10. 10. 1984 – VIII ZR 244/83, BGHZ 92, 280 = NJW 1985, 376; BGH 24. 10. 1979 – VIII ZR 289/78, BGHZ 75, 221 = NJW 1980, 175; Staudinger/Gursky [2014] § 185 Rn 9). Das bedeutet, dass aufschiebend bedingtes Eigentum an einer (mobilen, § 925 Abs 2 BGB!) Sache den Erwerber erst mit Eintritt der Bedingung zum Vollrechtsinhaber im Hinblick auf das Eigentum macht. Allerdings ist genau nach dem einzelnen Gegenstand im Sinne des § 185 BGB zu differenzieren: so kann einem Verfügenden zwar das Eigentum nicht zustehen – und er ist hier Nichtberechtigter, wenn er es übertragen will (Staudinger/Gursky [2014] § 185 Rn 9) – sehr wohl aber ein Anwartschaftsrecht (BGH 10. 10. 1984 – VIII ZR 244/83, BGHZ 92, 288 = NJW 1985, 376; BGH 10. 4. 1961 – VIII ZR 68/60, BGHZ 35, 85 = NJW 1961, 1349; BGH 24. 6. 1958 – VIII ZR 205/57, BGHZ 28, 16 = NJW 1958, 1133; BGH 22. 2.

Titel 6
Einwilligung und Genehmigung   § 185

1956 – IV ZR 164/55, BGHZ 20, 88 = NJW 1956, 665; MünchKomm/Bayreuther[8] § 185 Rn 22; BeckOGK/Regenfus [1. 4. 2019] § 185 Rn 22; BeckOK BGB/Bub [1. 11. 2018] § 185 Rn 6; Soergel/Leptien[12] § 185 Rn 17; BGB-RGRK/Steffen[12] § 185 Rn 16; MünchKomm/Bayreuther[8] § 185 Rn 20; Marotzke AcP 186 [1986] 490, 494; siehe aber OLG Stuttgart 21. 6. 1950 – 1 U 38/50, NJW 1951, 445, 447; Schreiber NJW 1966, 2333). Die Berechtigung besteht auch, wenn entgegen § 137 BGB im Kaufvertrag vorgesehen ist, dass eine Verfügung über das Anwartschaftsrecht zustimmungsbedürftig ist – weil § 137 BGB dinglich wirkende Verfügungsverbote ausschließt (Staudinger/Gursky [2014] § 185 Rn 9). Überträgt der Zedent eine Forderung ein zweites Mal, so ist er – ersichtlich – Nichtberechtigter (MünchKomm/Bayreuther[8] § 185 Rn 18).

Nichtberechtigter ist auch der, dem **ein Recht nicht allein zusteht**, so der an einer **40** Gesamthand Beteiligte wie der Miterbe oder der Gesellschafter für einen Gegenstand der der Gesamthand zusteht (jurisPK/Trautwein[8] [Stand: 13. 2. 2019] § 185 Rn 18; Staudinger/Gursky [2014] § 185 Rn 10; BeckOK BGB/Bub [1. 11. 2018] § 185 Rn 6, MünchKomm/Bayreuther[8] § 185 Rn 18; BeckOGK/Regenfus [1. 4. 2019] § 185 Rn 23). Das gilt auch für den Miteigentümer: Er kann nicht alleine wirksam verfügen, § 747 S 2 BGB, verfügt er doch, ist er Nichtberechtigter, seine Verfügung kann durch die Zustimmung der anderen Mitberechtigten wirksam werden. Das gilt etwa für die Erbengemeinschaft. Verfügt der Miteigentümer allein über den Gegenstand, so ist er Nichtberechtigter, freilich wird zu Recht darauf hingewiesen, dass durch Auslegung zu ermitteln ist, ob nicht die Übertragung des Anteils an der Bruchteilsgemeinschaft gemeint ist, § 747 S: 1 BGB (BeckOGK/Regenfus [1. 4. 2019] § 185 Rn 23; MünchKomm/Bayreuther[8] § 185 Rn 19) – unter Umständen kann die Umdeutung, § 140 BGB, helfen (BGH 4. 2. 1994 – V ZR 277/92, BGH NJW 1994, 1470; Staudinger/Gursky [2014] § 185 Rn 10).

Wer voll über ein **bestehendes Recht verfügen kann, das aber belastet ist**, verfügt als **41** Nichtberechtigter, wenn er über das unbelastete Recht verfügen will – er ist dann „Nicht-so-Berechtigter" (BeckOGK/Regenfus [1. 4. 2019] § 185 Rn 24; MünchKomm/Bayreuther[8] § 185 Rn 18; BeckOK BGB/Bub [1. 11. 2018] § 185 Rn 6; Soergel/Leptien[12] § 185 Rn 15; Staudinger/Gursky [2014] § 185 Rn 11; BGB-RGRK/Steffen[12] § 185 Rn 2; Erman/Maier-Reimer[15] § 185 Rn 7; Kollhosser JZ 1985, 370, 372; Marotzke AcP 186 [1986] 186, 490; Scholz MDR 1990, 679, 680): Der Eigentümer eines belasteten Grundstückes kann über dieses also nicht als unbelastet verfügen und es entsprechend veräußern – dann kommt es (ausnahmsweise, Rn 36), darauf an, ob die Belastung und damit die Nichtberechtigung offengelegt wird: Das dem Verfügenden zustehende Recht kann übertragen werden, die Belastung nicht, ihre Übertragung harrt dann der Konvaleszenz nach § 185 Abs 2 BGB – sofern keine Ermächtigung nach § 185 Abs 1 BGB vorliegt (BeckOGK/Regenfus [1. 4. 2019] § 185 Rn 24). Ist der Erwerber aber wegen der Belastung in gutem Glauben (und hat also der Verfügende die Belastung verschwiegen), so kommt ein Erwerb des lastenfreien Eigentums nach den Regelungen des gutgläubig lastenfreien Erwerbs in Betracht, § 936 BGB (Staudinger/Gursky [2014] § 185 Rn 11).

Das betrifft auch den Rechtsinhaber, dessen Recht **befristet ist oder einer auflösenden** **42** **Bedingung** unterliegt (RG 29. 3. 1911 – V 335/10, RGZ 76, 89; Staudinger/Gursky [2014] § 185 Rn 12; BeckOGK/Regenfus [1. 4. 2019] § 185 Rn 25). Hier kann der Verfügende berechtigt verfügen, wenn das Recht mit der Befristung oder Bedingung übertragen wird. Die Rechtsfolge des § 161 BGB kann durch die Zustimmung des Berechtigten verhindert werden (Mot I 260; BGH 4. 3. 2004 – IX ZR 463/00, BGH NZG 2004, 517; BGH 10. 10. 1984 – VIII ZR 244/83, BGHZ 92, 288; RG 29. 3. 1911 – V 335/10, RGZ 76, 89; OLG 27. 7. 1978 – 12 U 100/77, OLG Celle OLGZ 1979, 329; Staudinger/Gursky [2014] § 185 Rn 12; BGB-RGRK/Steffen[12] § 161 Rn 5; BeckOK BGB/Bub [1. 11. 2018] § 183 Rn 6). § 185 BGB gilt dann ebenfalls (offen auch für eine Analogie der §§ 876, 877 Staudinger/Gursky [2014] § 185 Rn 12).

b) Fehlende Verfügungsmacht

43 Ist dem Rechtsinhaber zum Zeitpunkt der Verfügung (lediglich) die Verfügungsmacht über das betreffende Recht entzogen, so handelt er ebenfalls als Nichtberechtigter – oder besser: als Nichtbefugter (Staudinger/Gursky [2014] § 185 Rn 13; MünchKomm/Bayreuther[8] § 185 Rn 19). Das gilt für den Insolvenzschuldner und hierfür die Gegenstände, die der Insolvenzmasse zugehörig sind, §§ 80 ff InsO (jurisPK/Trautwein[8] [Stand: 13. 2. 2019] § 185 Rn 14), für den Erben im Rahmen der Nachlassverwaltung, § 1984 BGB (BGH 9. 11. 1966 – V ZR 176/63, BGHZ 46, 221) oder die Testamentsvollstreckung, § 2211 BGB (Staudinger/Gursky [2014] § 185 Rn 13). § 185 BGB ist hier direkt anzuwenden, einer entsprechenden Anwendung bedarf es nicht (so aber BGB-RGRK/Steffen[12] § 185 Rn 2): Der Inhaber des Rechts bedarf zur Verfügung der Ermächtigung durch den verfügungsberechtigten Verwalter (BeckOGK/Regenfus [1. 4. 2019] § 185 Rn 26).

44 Liegt kein allgemeiner Entzug der Verfügungsmacht, sondern lediglich eine **punktuelle Verfügungsbeschränkung** vor - wie etwa bei §§ 1365, 1369, 1423 ff BGB, § 5 ErbbauRG, § 12 WEG, § 35 WEG – so ist § 185 BGB nicht anwendbar (Staudinger/Gursky [2014] § 185 Rn 13) – fraglich ist allein die (zu unterstützende) entsprechende Anwendung der Konvaleszenzregelungen nach § 185 Abs 2 Var 2, 3 BGB (Rn 160 f). Bei Verstoß gegen ein relatives Verfügungsverbot nach §§ 135, 136 BGB ist § 185 BGB ebenfalls entsprechend anzuwenden (BeckOGK/Regenfus [1. 4. 2019] § 185 Rn 27; siehe auch MünchKomm/Bayreuther[8] § 185 Rn 19).

45 Für die Verfügungsbeschränkungen des **Vorerben** der §§ 2113, 2114, 2115 BGB wird die Anwendung des § 185 BGB insgesamt vertreten (OLG München 7. 8. 2013 – 34 Wx 161/13, OLG München NJW-RR 2014, 8; BayObLG 3. 9. 1998 – 2 Z BR 117/98, BayObLG 1998, 206; BayObLG 14. 11. 1996 – 2 Z BR 83/96, BayObLG DNotZ 1998, 138; RG 19. 1. 1925 – IV 474/24, RGZ 110, 94; RG 21. 4. 1937 – V 297/36, RGZ 154, 355; BeckOGK/Regenfus [1. 4. 2019] § 185 Rn 28; MünchKomm/Bayreuther[8] § 185 Rn 19; Soergel/Leptien[12] § 185 Rn 19; jurisPK/Trautwein[8] [Stand: 13. 2. 2019] § 185 Rn 14; C Berger 31 ff; Staudinger/Gursky [2014] § 185 Rn 13 mwNw).

46 Ist ein Recht **aufschiebend bedingt oder befristet**, so kann der Berechtigte dieses Recht auch nur entsprechend übertragen – überträgt er es ohne die Bedingung oder Befristung, handelt er als Nichtberechtigter (RG 29. 3. 1911 – V 335/10 = RGZ 76, 89; Staudinger/Gursky [2014] § 185 Rn 12; MünchKomm/Bayreuther[8] § 185 Rn 19; BeckOK BGB/Bub [1. 11. 2018] § 185 Rn 6).

47 **Ein Überschreitung des rechtlichen Dürfens** im Innenverhältnis durch das rechtliche Können im Außenverhältnis, führt ersichtlich nicht zur Nichtberechtigung (BGH 3. 12. 1998 – III ZR 288/96, NJW 1999, 1026 = LM BGB § 816 Nr 47; jurisPK/Trautwein[8] [Stand: 13. 2. 2019] § 185 Rn 15; MünchKomm/Bayreuther[8] § 185 Rn 19). Das wird etwa bei der Treuhand bedeutsam: Verstößt der Treuhänder lediglich gegen die Beschränkungen des schuldrechtlichen Treuhandvertrages, ist ihm aber die Verfügungsmacht über die der Treuhand unterfallenden Gegenstände vollständig übertragen, so bleibt für § 185 BGB kein Raum, weil der Treuhänder als Berechtigter handelt. Ist aber die Ermächtigung selbst beschränkt, so wirkt sich diese Beschränkung auch auf das verfügende Handeln nach Außen aus (BGH 3. 12. 1998 – III ZR 288–96, BGH NJW 1999, 1026; Staudinger/Gursky [2014] § 185 Rn 14; BeckOGK/Regenfus [1. 4. 2019] § 185 Rn 30;; Münch-Komm/Bayreuther[8] § 185 Rn 19; jurisPK-BGB/Trautwein Rn 15; Erman/Maier-Reimer[15] § 185 Rn 8; PWW/Frensch[13] § 185 Rn 5).

Für die Nichtberechtigung kommt es auf den **Zeitpunkt der Vornahme** des Hauptgeschäftes an (BGB-RGRK/Steffen[12] § 185 Rn 2). Damit ist (§ 183 Rn 56 f) bei mehraktigen Verfügungsgeschäften der letzte Teilakt maßgeblich (Staudinger/Gursky [2014] § 185 Rn 18; jurisPK/Trautwein[8] [Stand: 13. 2. 2019] § 185 Rn 20). Verliert er bis zu diesem Zeitpunkt also seine Berechtigung, so handelt er insgesamt als Nichtberechtigter; gewinnt er bis zu diesem Zeitpunkt die Berechtigung, so handelt er als Berechtigter (Staudinger/Gursky [2014] § 185 Rn 18, 19). Ebenso wie der noch nicht Berechtigte etwa im Falle eines Vorbehaltsverkaufs (jurisPK/Trautwein[8] [Stand: 13. 2. 2019] § 185 Rn 18; BeckOK BGB/Bub [1. 11. 2018] § 185 Rn 6), wobei hier zu scheiden ist: eine Berechtigung des Vorbehaltskäufers besteht sehr wohl, aber lediglich für das Anwartschaftsrecht. **48**

Keine Nichtberechtigung soll vorliegen, wenn bei einer **juristischen Person**, der das (Voll-)Recht zusteht, der Verfügende – wie etwa der Alleingesellschafter der GmbH – bestimmenden Einfluss auf die Willensbildung der juristischen Person hat (BGH 22. 9. 2003 – II ZR 74/01, BGH NJW 2004, 365; BeckOGK/Regenfus [1. 4. 2019] § 185 Rn 31; Münch-Komm/Bayreuther[8] § 185 Rn 18). Ob die gegebene Begründung, dass der bestimmende Gesellschafter jederzeit eine entsprechende Weisung an das geschäftsführende Organ geben kann und es auch hier auf die Verfügungsmacht ankomme, die beim Gesellschafter liege, trägt, ist aber fraglich. **49**

Als Nichtberechtigter handelt auch ein Verwalter, der eine **Verfügung außerhalb seiner Verfügungsmacht** vornimmt (kritisch zum Begriff des Überschreitens der Verfügungsmacht Staudinger/Gursky [2014] § 185 Rn 14). So etwa wenn der Testamentsvollstrecker über Nachlassgegenstände verfügt, wozu der nach § 2205 S 3 BGB oder wegen einer vom Erblasser angeordneten gegenständlichen Beschränkung seines Amtes, § 2208 Abs 1 S 1 BGB, nicht befugt ist; hier können die Erben und Vermächtnisnehmer zustimmen (BGH 24. 9. 1971 – V ZB 6/71, BGHZ 57, 84; Staudinger/Gursky [2014] § 185 Rn 14; Offergeld 129 ff). **50**

5. Berechtigter

Berechtigter ist, wem zum Zeitpunkt der Verfügung die Rechtsinhaberschaft zusteht. Es handelt sich also um einen **Komplementärbegriff zum Nichtberechtigten** („spiegelbildlich" Wolf/Neuner AT[11] S 682; BeckOGK/Regenfus [1. 4. 2019] § 185 Rn 35; BGB-RGRK/Steffen[12] § 185 Rn 3; Staudinger/Gursky [2014] § 185 Rn 15). Im Falle einer Mitberechtigung wie der Gesamthand sind dies alle Gesamthänder zusammen (Staudinger/Gursky [2014] § 185 Rn 15; jurisPK/Trautwein[8] [Stand: 13. 2. 2019] § 185 Rn); ebenso im Falle des § 2040 BGB (BGB-RGRK/Steffen[12] § 185 Rn 3). Allerdings ist es aus Gründen der Praktikabilität ausreichend, dass lediglich die anderen Mitberechtigten zustimmen **51**

(BeckOGK/Regenfus [1. 4. 2019] § 185 Rn 36), so dass auch dann, wenn etwa die Erbengemeinschaft Rechtsinhaber ist, die Zustimmung der anderen Miterben ausreicht und der verfügende nichtberechtigte Miterbe nicht (nochmals) zustimmen muss, auch die gleichzeitige Zustimmung aller Miterben ist nicht notwendig – es kommt auf den geäußerten einheitlichen Willen an. Daran hindern auch die § 2040 Abs 1 und § 747 S 2 BGB nicht, die eine gemeinschaftliche Verfügung erlangen (Staudinger/Gursky [2014] § 185 Rn 15).

52 Ist dem Rechtsinhaber die Verfügungsmacht entzogen, so ist auch derjenige berechtigt, dem die Verfügungsmacht in diesem Fall zusteht (BGB-RGRK/Steffen[12] § 185 Rn 3; jurisPK/Trautwein[8] [Stand: 13. 2. 2019] § 185 Rn 21; Staudinger/Gursky [2014] § 185 Rn 16) – so der Insolvenzverwalter, der Nachlassverwalter oder der Testamentsvollstrecker (Staudinger/Gursky [2014] § 185 Rn 16). Allerdings müssen diese Personen bei der Verfügung innerhalb der Verfügungsmacht handeln, deren Beschränkungen sind deshalb zu beachten, siehe etwa für den Testamentsvollstrecker die Beschränkung auf entgeltliche Verfügungen, § 2205 s. 3 BGB oder auf Nachlassgegenstände, § 2208 Abs 1 S 1 BGB. Außerhalb dieser Verfügungsmacht liegt Nichtberechtigung vor (BGH 24. 9. 1971 – V ZB 6/71, BGHZ 57, 92, NJW 1971, 2264; BeckOGK/Regenfus [1. 4. 2019] § 185 Rn 29).

53 Die Berechtigung kann sich unter Umständen auch aus **Rechtsscheintatbeständen** ergeben (Staudinger/Gursky [2014] § 185 Rn 16a): so wenn der Nichtberechtigte die Zustimmung behauptet und im Besitz der Sache ist (BGH 11. 6. 1953 – IV ZR 181/52, BGHZ 10, 81; BGH 5. 5. 1971 – VIII ZR 217/69 = BGHZ 56, 123, 129; BeckOGK/Regenfus [1. 4. 2019] § 185 Rn 39).

6. Zeitpunkt der Berechtigung

54 Für die Berechtigung kommt es auf den **Zeitpunkt der vorgenommenen Verfügung** an – und also bei mehraktigen Verfügungen auf den letzten zur Wirksamkeit fehlenden Teilakt (BGB-RGRK/Steffen[12] § 185 Rn 2, 3; Staudinger/Gursky [2014] § 185 Rn 18; jurisPK-BGB/Trautwein § 185 Rn 20; Palandt/Ellenberger § 185 Rn 5; Rapp MittBayNot 1998, 77, 79): Das gilt zunächst für die Feststellung der Nichtberechtigung. Der zum letzten Teilakt „Nichtmehrberechtigte" ist also ebenfalls Nichtberechtigter (jurisPK/Trautwein[8] [Stand: 13. 2. 2019] § 185 Rn 16). Liegt also beim Grundstückserwerb für den Zeitpunkt der Auflassung die Verfügungsmacht vor, entfällt sie aber vor der Eintragung, so liegt insgesamt eine Nichtberechtigung vor (BGH 22. 5. 1957 – IV ZR 4/57, BGH LM § 185 Nr 6; MünchKomm/Bayreuther[8] § 185 Rn 18) erwirbt auf der anderen Seite der zum Zeitpunkt der Auflassung Nichtberechtigte die Verfügungsmacht bis zum Zeitpunkt der Eintragung, so liegt Berechtigung vor, einer Anwendung des § 185 Abs 2 S 1 Var 1 BGB bedarf es nicht (Staudinger/Gursky [2014] § 185 Rn 19; BeckOGK/Regenfus [1. 4. 2019] § 185 Rn 32, 33). Aus § 878 BGB wird gefolgert, dass bei Verlust der Verfügungsmacht nach der Bindung an die Einigungserklärung und der Antragstellung auf Grundbucheintrag unschädlich ist (MünchKomm/Bayreuther[8] § 185 Rn 18). Das kann aber nicht verallgemeinert werden (OLG Frankfurt 26. 11. 1979 – 20 W 724/79, OLG Frankfurt OLGZ 1980, 100; Staudinger/Gursky [2014] § 185 Rn 18): Der Verlust der Rechtsinhaberschaft ist damit nicht gemeint (BGH 22. 5. 1957 – IV ZR 4/57, BGH LM § 185 Nr 6).

Gleiches gilt, freilich in entsprechender Anwendung des § 185 Abs 2 S 1 Var 2 BGB 55
dann, wenn der Einwilligende seine Verfügungsmacht zwischenzeitlich wiedererhält
(STAUDINGER/GURSKY [2014] § 185 Rn 21). Ein **Verlust der Verfügungsmacht in der Zwischenzeit** führt zur Zustimmung eines Nichtberechtigten. Für die Genehmigung muss die Berechtigung zum Zeitpunkt des Zugangs der Erklärung vorliegen. Auf diesen Zeitpunkt kommt es ebenfalls bei Eintritt der Erbschaft an (BeckOGK/REGENFUS [1. 4. 2019] § 185 Rn 41, 42).

Für das Vorliegen der Berechtigung kommt es lediglich auf den Verfügungstatbe- 56
stand an, nicht auf weitere Zustimmungen, seien sie privatrechtlich, §§ 108, 177
Abs 2 BGB oder öffentlich-rechtlich (Vorbem 20, 108 f zu §§ 182 ff). Fehlt eine solche
externe Zustimmung, und handelt der Verfügende als Berechtigter, ist § 185 BGB
nicht anwendbar. Freilich scheitert die Verfügung insgesamt an der fehlenden externen Zustimmung (siehe BeckOGK/REGENFUS [1. 4. 2019] § 185 Rn 34).

IV. Einwilligung als Ermächtigung

1. Grundsatz und Rechtsfolge

a) Einwilligung als Rechtsgeschäft

Die Einwilligung nach § 185 Abs 1 BGB, hier regelmäßig als Verfügungsermäch- 57
tigung oder schlicht Ermächtigung bezeichnet (BeckOK BGB/BUB [1. 11. 2018] § 185
Rn 7), ist **einseitiges Rechtsgeschäft**, auf das die Vorgaben der §§ 182–184 BGB
Anwendung finden (BGB-RGRK/STEFFEN[12] § 185 Rn 11). So kann die Einwilligung nach
§ 182 Abs 1 BGB an alle an der Verfügung beteiligten adressiert werden, ebenso
ist sie formlos möglich, auch dann, wenn die Verfügung selbst formbedürftig ist,
§ 182 Abs 2 BGB. Die Ermächtigung ist nach § 183 BGB grundsätzlich widerruflich
(Rn 44 f).

Der Begriff der Ermächtigung begegnet zwar ausdrücklich nur an anderer Stelle des 58
BGB, wie etwa in den §§ 37 Abs 2, 112, 113, 370, 385, 450 Abs 2, 714, 783, 805, 1221,
1825, 2199, 2209 BGB, er meint, fasst man den Zweck dieser Instrumente zusammen,
die Überlassung der Rechtsausübung (nicht aber das Recht selbst) an einen anderen
(HKK/FINKENAUER §§ 182–185 Rn 12; hier auch zur Begriffsgeschichte), insofern ist es im Falle
der Einwilligung in die Verfügung eines Nichtberechtigten folgerichtig, diesen Terminus ebenfalls zu nutzen.

Durch die Einwilligung wird der Nichtberechtigte in die rechtliche Lage versetzt und 59
so **legitimiert**, im eigenen Namen über den Gegenstand wirksam verfügen zu können
(BORK AT[4] S 671; STAUDINGER/GURSKY [2014] § 185 Rn 24). Er erhält eine entsprechende
Rechtsmacht (BeckOK BGB/BUB [1. 11. 2018] § 185 Rn 7; FLUME, AT, 2. Bd [4. Aufl 1992]
S 904 f). Damit ist die Ermächtigung Ausdruck der Rechtsinhaberschaft selbst, die
es ermöglicht, auch Dritte zur Verfügung über eben dieses Recht gleichsam „einzuschalten" (zur Funktion der Arbeitsteilung siehe Rn 8 ff), der Ermächtigte bleibt aber
Nichtberechtigter, er wird nicht zum Mitinhaber der betreffenden Rechtsposition
(BORK, Allgemeiner Teil des BGB [4. Aufl 2016] S 672). Allerdings kann der Ermächtigende
nicht größere Rechtsmacht vermitteln als er selbst hat, die Verfügungsermächtigung
ist stets nur abgeleitet *(nemo plus transferre potest quam ipse habet*, BeckOGK/REGENFUS [1. 4. 2019] § 185 Rn 3; SIMON, in: FS J G Wolf, [2000] 221, 224; dieser Grundsatz gilt

selbstredend auch für die Genehmigung). Der Ermächtigte kann über Rechte am Gegenstand im eigenen Namen und damit selbst zu verfügen (jurisPK/TRAUTWEIN⁸ [Stand: 13. 2. 2019] § 185 Rn 23). Dies unterscheidet die Wirksamkeit der Einwilligung von der Bevollmächtigung, bei der gerade nicht im eigenen Namen, sondern offenkundig in fremdem Namen gehandelt wird. Hier ist das rechtsgeschäftliche Einverständnis auszulegen: Unabhängig von der Verwendung der Begriffe Bevollmächtigung, Ermächtigung, Einwilligung oder Genehmigung ist stets zu fragen, welche Rechtsfolge herbeigeführt werden soll. Es ist auch möglich, dass in einer rechtsgeschäftlichen Erklärung *uno actu* sowohl eine Bevollmächtigung als auch eine Ermächtigung liegt und dem Erklärungsempfänger freigestellt wird, welche Art des rechtsgeschäftlichen Handelns er wählt (siehe auch STAUDINGER/GURSKY [2014] § 185 Rn 29).

60 Freilich ist es nicht notwendig, dass der Nichtberechtigte seine fehlende Rechtsinhaberschaft verschweigt: Es ändert an der Wirksamkeit seiner Verfügung nichts, wenn er dem Geschäftspartner das Fehlen seiner Rechtsinhaberschaft offenlegt (STAUDINGER/GURSKY [2014] § 185 Rn 6). Auf der anderen Seite kann sich aus dem Grundgeschäft ergeben, dass eine Offenlegung der fremden Rechtsinhaberschaft unterbleiben soll (jurisPK/TRAUTWEIN⁸ [Stand: 13. 2. 2019] § 185 Rn 23).

61 Zwar greift die Einwilligung im Sinne des §§ 185 BGB nicht in die Rechte des Nichtberechtigten ein, es kommt also zu keinem Rechtsverlust, sondern zu einer Ausweitung der rechtsgeschäftlichen Handlungsmöglichkeiten, dennoch ergibt sich aus dem **Rechtsgedanken des § 333 BGB** (dazu STAUDINGER/JAGMANN [2015] § 333 Rn 2), dass der Nichtberechtigte die durch die Einwilligung begründete Verfügungsberechtigung auch zurückweisen können muss. Das kann auch nachträglich geschehen, so dass sich der Nichtberechtigte zu jeder Zeit seiner durch Einwilligung verliehenen Rechtsmacht begeben kann (STAUDINGER/GURSKY [2014] § 185 Rn 24; RAAPE AcP 121 [1923] 247, 252).

62 Die Verfügungsmacht des Ermächtigenden muss zum **Zeitpunkt der Vornahme des Hauptgeschäfts** vorliegen, nicht aber zum Zeitpunkt der Ermächtigung: Der spätere Rechtserwerb durch den zuerst ohne Verfügungsmacht Ermächtigenden führt dann zur Konvaleszenz nach § 185 Abs 2 S 1 Var 2 BGB (BORK AT⁴ S 672; im Ergebnis ebenso SOERGEL/LEPTIEN¹² § 185 Rn 21; dazu ausführlich Rn 97 f).

63 Einen **Anspruch auf Ermächtigung** gibt es grundsätzlich ebenso wenig wie es insgesamt einen Anspruch auf Zustimmung gibt (Vorbem 97 f zu §§ 182–185). Allerdings kann ein solcher Anspruch gesetzlich begründet sein (Vorbem 100 f zu §§ 182–185) oder rechtsgeschäftlich begründet werden (Vorbem 103 f zu §§ 182–185).

64 Die Ermächtigung wird aber (in der Tat) gegenstandslos, wenn der Ermächtigende nach ihrer Erteilung, aber vor Vornahme des Hauptgeschäfts seine Verfügungsmacht verliert (BeckOGK/REGENFUS [1. 4. 2019] § 185 Rn 50).

b) Umfang der Ermächtigung

65 Der Ermächtigende muss grundsätzlich das Bewusstsein haben, selbst Berechtigter zu sein und so durch seine Erklärung die Rechtsfolge der Wirksamkeit der Verfügung des Nichtberechtigten herbeizuführen. Hat er dies nicht, so gelingt eine Er-

mächtigung aber doch, wenn er hätte erkennen können, dass seine Erklärung als Ermächtigung aufgefasst werden darf – die Überlegungen zum fehlenden Bewusstsein gelten auch hier (siehe § 182 Rn 30 f). In jedem Fall muss sich der Wille, in die Verfügung eines Nichtberechtigten einzuwilligen, auf der Grundlage der §§ 133, 157 BGB durch Auslegung ermitteln lassen. Dabei kommt es regelmäßig nicht auf die Wortwahl des Einwilligenden an, wenn der entsprechende Rechtsbindungswille sich anderweitig dokumentiert (§ 182 Rn 6). Wegen des fehlenden Formerfordernisses, § 182 Abs 2 BGB, ist eine entsprechende Einwilligung auch konkludent möglich (dazu § 182 Rn 11 f). Das kann etwa auch dadurch erfolgen, dass der Berechtigte, als Vertreter des Nichtberechtigten auftritt (BGB-RGRK/Steffen[12] Rn 11; Staudinger/Gursky [2014] § 185 Rn 28).

Der **Umfang der Ermächtigung** ist – wie bei anderen Rechtsgeschäften auch – ebenfalls durch Auslegung ermitteln, §§ 133, 157 BGB (NK-BGB/Staffhorst[3] § 185 Rn 16; BeckOK BGB/Bub [1. 11. 2018] § 185 Rn 8). Möglich ist zunächst die Einzelermächtigung, die sich auf eine konkrete Verfügung bezieht. Daneben ist auch die abstrakte Beschreibung von Rechtsgeschäften durch den Einwilligenden möglich (Staudinger/Gursky [2014] § 185 Rn 30). Ebenso möglich ist eine Generalermächtigung, die sich auf alle Verfügungen bezieht. Das ist insofern vor dem Hintergrund der zu garantierenden Privatautonomie des Einwilligenden unproblematisch, als er durch die Einwilligung seiner eigenen rechtlichen Handlungsfähigkeit nicht beraubt wird (Vorbem 15 f zu §§ 182–185). 66

Ebenso kann der Ermächtigende die Ermächtigung selbst inhaltlich begrenzen (Staudinger/Gursky [2014] § 185 Rn 30). Dabei wird, sofern ein **Grundverhältnis** vorliegt (Vorbem 16 f zu §§ 182–185), zu unterscheiden sein zwischen der Begrenzung der Ermächtigung selbst und der Verpflichtung, eine Ermächtigung nur innerhalb entsprechender Begrenzungen auszuüben. Diese Unterscheidung ist theoretisch wirkmächtig, weil eine Überschreitung der nur im Innenverhältnis gesetzten Grenzen an der Wirksamkeit der Verfügung nichts ändert (siehe aber zum Missbrauch § 182 Rn 72), auf der anderen Seite wird sie in der Praxis deshalb keine übermäßige Bedeutung erlangen, weil im Rahmen der Auslegung regelmäßig gewollt sein wird, dass das Können nach außen nicht über das Dürfen nach innen hinausgeht, dass also auch die Ermächtigung regelmäßig selbst beschränkt ist (BGH 28. 10. 1988 – V ZR 14/87, BGHZ 106, 1 = NJW 1989, 521; MünchKomm/Bayreuther[8] § 185 Rn 24; Staudinger/Gursky [2014] Rn 30; Samhat WM 2017, 891, 898; Doris 179; BeckOGK/Regenfus [1. 4. 2019] § 185 Rn 52). Zwangsläufig ist dies aber nicht. 67

Der Ermächtigende kann wiederum ebenfalls die sich aus der Ermächtigung ergebende Verfügungsmacht für die Übertragung auf einen Dritten freigeben, dann liegt eine **Unterermächtigung** vor (BeckOGK/Regenfus [1. 4. 2019] § 185 Rn 53; Staudinger/Gursky [2014] § 185 Rn 31; Doris 180). Ob dies der Fall ist, ist eine Frage der Auslegung. Im Zweifel wird eine Ermächtigung, die aus Gründen des Vertrauensverhältnisses gegenüber dem Ermächtigten erfolgt ist, keine Unterermächtigung zulassen (Staudinger/Gursky [2014] § 185 Rn 31; insofern gilt Gleiches wie für die Untervollmacht Wolf/Neuner AT[11] S 636). 68

c) Verbleibende Verfügungsmacht
Durch die Ermächtigung verliert der Berechtigte selbst seine Verfügungsmacht nicht 69

(Staudinger/Gursky [2014] § 185 Rn 26; Bork, Allgemeiner Teil des BGB [4. Aufl 2016] S 672). Er kann also auch weiterhin selbst über das fragliche Recht disponieren und verfügen (BeckOGK/Regenfus [1. 4. 2019] § 185 Rn 50; NK-BGB/Staffhorst[3] § 185 Rn 16; Flume, AT, 2. Bd [4. Aufl 1992] S 897). Das folgt bereits aus § 137 Abs 1 BGB und gilt auch dann, wenn die Einwilligung unwiderruflich erfolgte. So ist eine freiwillige Aufgabe der eigenen Verfügungsmacht nicht möglich (Staudinger/Gursky [2014] § 185 Rn 26; NK-BGB/Staffhorst[3] § 185 Rn 16; Flume, AT, 2. Bd [4. Aufl 1992] S 897; Liebs AcP 175 [1975] 1 ff;). Damit kommt es durch die Ermächtigung zu einer **mehrfachen, parallelen Verfügungsmacht** über denselben Gegenstand. Verfügt hier der Rechteinhaber vor der Verfügung des ermächtigten Nichtberechtigten, so kommt es zum Verlust der Verfügungsberechtigung auf Seiten des (bisher) Berechtigten, damit entfällt freilich ebenso die Grundlage für die gegebene Ermächtigung: Damit kann auch der Ermächtigte nicht mehr wirksam über den Gegenstand verfügen (Staudinger/Gursky [2014] § 185 Rn 26; BeckOGK/Regenfus [1. 4. 2019] § 185 Rn 50; vThur BGB AT II/2 § BGB § 78 S 229; Doris 77 f): Er verfügt als Nichtberechtigter, der (bisher) Berechtigte kann dann dieser Verfügung nicht mehr nach § 185 BGB zustimmen.

2. Anwendungsfälle

a) Verkaufskommission

70 Die Ermächtigung wird etwa im Fall der **Verkaufskommission**, §§ 383 ff HGB, praktisch. Hier erhält der dem Käufer erteilte Auftrag zur Veräußerung des Kommissionsgutes regelmäßig die Ermächtigung zur Verfügung (Baumbach/Hopt HGB § 383 Rn 22; EBJS/Krüger HGB § 383 Rn 47; MünchKomm/Bayreuther[8] § 185 Rn 25; BeckOK BGB/Bub [1. 11. 2018] § 185 Rn 9; Staub/Koller, HGB[4] § 383 Rn 86). Der Umfang der Ermächtigung wird durch den Inhalt des Kommissionsvertrages und die dem Kommissionär erteilten Weisungen festgelegt. Davon regelmäßig gedeckt ist auch eine Sicherungsübereignung an einen Dritten, der dem Käufer den Kaufpreis als Darlehen zur Verfügung stellt (RG 6. 3. 1931 – VII 270/30 -RGZ 132, 196; MünchKomm/Bayreuther[8] § 185 Rn 25; Staudinger/Gursky [2014] § 185 Rn 32) Eine Überschreitung der dort gemachten Vorgaben führt dann zur Nichtberechtigung, nicht lediglich zur Überschreitung des Dürfens im Innenverhältnis – es bleibt lediglich die Möglichkeit des gutgläubigen Erwerbs, hier freilich unter Beachtung des § 366 HGB (BeckOGK/Regenfus [1. 4. 2019] § 185 Rn 55; Staudinger/Gursky [2014] § 185 Rn 32). Dies gilt auch bei nicht unverzüglicher Zurückweisung nach § 386 Abs 1 HGB, weil die Vorschrift nicht das dingliche Erfüllungsgeschäft meint (Staub/Koller HGB § 383 Rn 174; EBJS/Krüger HGB § 386 Rn 5; BeckOGK/Regenfus [1. 4. 2019] § 185 Rn 55; **anders noch** Schmidt-Rimpler, Das Kommissionsgeschäft, EhrenbHdb V 1. Abt, 2. Hälfte [1928] S 924). Eine Besonderheit besteht freilich darin, dass der Kommissionär einen Anspruch auf die Erteilung der Ermächtigung hat (BeckOGK/Regenfus [1. 4. 2019] § 185 Rn 55), der dann auch klagweise durchgesetzt werden kann.

71 Der Verkaufskommission gleicht der **Trödelvertrag** (oder: **contractus mohatrae**), wonach der Trödler ermächtigt wird, über den Gegenstand zu verfügen. Der Unterschied zur Verkaufskommission liegt darin, dass der Eigentümer einen vorher festgelegten Preis erhält (BeckOGK/Regenfus [1. 4. 2019] § 185 Rn 56).

b) Eigentumsvorbehalt

72 Praktisch bedeutsam ist die **Veräußerungsermächtigung beim Eigentumsvorbehalt**, dem so genannten Vorbehaltskauf. Hier kauft ein Händler Waren, die zum Weiterverkauf bestimmt sind, es kommt aber aus Sicherungsgründen nicht zur Übereignung. Der Käufer soll aber regelmäßig berechtigt und damit im Sinne des § 185 Abs 1 BGB ermächtigt sein, die Vorbehaltsware im „ordnungsgemäßen Geschäftsbetrieb", „ordentlichen Geschäftsgang" oder „normalen Geschäftsgang" weiter zu veräußern (BeckOK BGB/Bub [1. 11. 2018] § 185 Rn 9; BeckOGK/Regenfus [1. 4. 2019] § 185 Rn 57; Staudinger/Gursky [2014] § 185 Rn 33; Serick, Eigentumsvorbehalt und Sicherungsübereignung I 154; Gundlach KTS 2000, 307, 309 ff). Dabei werden beim verlängerten Eigentumsvorbehalt diese Ermächtigung und eine Vorauszession der Kaufpreisforderungen aus der Veräußerung der Vorbehaltsware verquickt. Ein solcher Eigentumsvorbehalt scheitert auch nicht daran, dass sich der Käufer durch eigene Abwehrklauseln auf schuldrechtlicher Ebene gegen den Vorbehalt wehrt: Diese werden schon gegenüber den Klauseln des Verkäufers regelmäßig nicht vereinbart sein, aber selbst wenn, so ist die (auch konkludente) Erklärung des Verkäufers in seinem Klauselwerk, er wolle nur unter Vorbehalt liefern, maßgeblich für die dinglich Einigung (BGH 3. 2. 1982 – VIII ZR 316/80, BGH NJW 1982, 1749; BGH 20. 3. 1985 – VIII ZR 327/83, BGH NJW 1985, 1838; BGH 18. 6. 1986 – VIII ZR 165/85, BGH NJW-RR 1986, 1378; BGH 9. 11. 1998 – II ZR 144-97, BGH NJW 1999, 425; BeckOGK/Regenfus [1. 4. 2019] § 185 Rn 63).

Die **Ermächtigung und ihr Umfang** ergeben sich meist bereits konkludent (BeckOK BGB/Bub [1. 11. 2018] § 185 Rn 9): Einer ausdrücklichen Vereinbarung der Ermächtigung bedarf es regelmäßig nicht, sie gilt als vereinbart, wenn ersichtlich ist, dass der Käufer ein Wiederverkäufer ist und die Waren zu seinem Geschäftsbetrieb gerechnet werden können (OLG Hamburg 5. 3. 1970 – 6 U 204/69, MDR 1970, 506; Staudinger/Gursky [2014] § 185 Rn 33; BeckOGK/Regenfus [1. 4. 2019] § 185 Rn 57. 1.). Das gilt auch für die Beschränkung der Ermächtigung auf den normalen oder ordnungsgemäßen Geschäftsgang (Palandt/Ellenberger § 185 Rn 9), weil der Verkäufer nicht in sämtliche Weiterveräußerungen (etwa auch im privaten Bereich) einwilligen will (BeckOGK/Regenfus [1. 4. 2019] § 185 Rn 58). **73**

Aber auch hier sind die Besonderheiten des Einzelfalls zu berücksichtigen: Behält der Verkäufer im Falle des Verkauf eines Kraftfahrzeugs bei der Übergabe des Fahrzeugs der Zulassungsbescheinigung Teil II ein, so wird eine konkludente Ermächtigung des Käufers zur Weiterveräußerung des noch nicht bezahlten Fahrzeugs im ordnungsgemäßen Geschäftsverkehr nicht angenommen, weil deutlich wurde, dass er zur Sicherung seiner Kaufpreisforderung bis zur Kaufpreiszahlung Eigentümer des Fahrzeugs bleiben will (BGH 13. 9. 2006 – VIII ZR 184/05, BGH NJW 2006, 3488; BeckOGK/Regenfus [1. 4. 2019] § 185 Rn 57. 2; Beispiel nach Staudinger/Gursky [2014] § 185 Rn 33).

Verschiedene Fallkonstellationen führen regelmäßig dazu, dass eine Weiterveräußerung im **ordnungsgemäßen Geschäftsverkehr** nicht angenommen werden kann, sie nehmen als Ausgangspunkt alle das Sicherungsinteresse des Verkäufers, das diese stets geschützt wissen will (BeckOK BGB/Bub [1. 11. 2018] § 185 Rn 9; BeckOGK/Regenfus [1. 4. 2019] § 185 Rn 59): so die Weiterveräußerung größerer Warenmengen en bloc durch einen Einzelhändler an einen Wiederverkäufer veräußert (OLG Celle 24. 4. 1959 – 11 U 122/58, OLG Celle NJW 1959, 1686); die Weiterveräußerung des gesamten Warenlagers (MünchKomm/Bayreuther[8] § 185 Rn 27), der Weiterverkauf zu Schleuderpreisen oder zu Preisen unterhalb des Einkaufspreises (OLG Hamburg 5. 3. 1970 – 6 U 204/ **74**

69, MDR 1970, 506; BGH LM § 455 Nr 23; BGH 30. 3. 1988 – VIII ZR 340/86, BGHZ 104, 129, 133). In all diesen Fällen würde dem Sicherungsinteresse des ermächtigenden Verkäufers nicht entsprochen. Das kann freilich bei der „unterpreisigen" Veräußerung im normalen so genannten „Schlussverkauf" anders sein (siehe STAUDINGER/GURSKY [2014] § 185 Rn 33; BeckOK BGB/BUB [1. 11. 2018] § 185 Rn 9).

Nicht gedeckt ist eine Sicherungsübereignung der Vorbehaltsware (BGH 23. 11. 1966 – VIII ZR 177/64, BGH WM 1966, 1327, 1328; BGH 30. 3. 1988 – VIII ZR 340/86, BGHZ 104, 129; PALANDT/ELLENBERGER § 185 Rn 9) – und zwar auch dann, wenn die Sicherungsübereignung im Rahmen eines Finanzierungsgeschäftes erfolgt, der Sicherungsnehmer also den vom Abnehmer des Vorbehaltskäufers geschuldeten Kaufpreis durch ein entsprechendes Darlehen vorfinanziert (BGH 30. 3. 1988 – VIII ZR 340/86, BGHZ 104, 129, 133 f; STAUDINGER/GURSKY [2014] § 185 Rn 33; **anders** LG Hamburg 14. 7. 1954 – 25 O 38/54, MDR 1955, 97, 98).

Ebenfalls nicht ermächtigt ist der Käufer zur Nutzung des *Sale-and-Lease-back,* weil auch hier das Sicherungsinteresse des Verkäufers berührt wird: Es entstehen durch die Miet- oder Leasingzahlungen neue Pflichten des Käufers (BGH 30. 3. 1988 – VIII ZR 340/86, BGHZ 104, 129 = JZ 1988, 926; GURSKY JZ 1991, 496, 500; BeckOK BGB/BUB [1. 11. 2018] § 185 Rn 9; BeckOGK/REGENFUS [1. 4. 2019] § 185 Rn 60; MünchKomm/BAYREUTHER[8] § 185 Rn 27). Keine Ermächtigung liegt auch für den Fall vor, dass der Vorbehaltskäufer die verkaufte Ware anschließend zu einem höheren Preis zurückkaufen soll und der Wiederkäufer den Kaufpreis zum Teil durch Verrechnung mit seinen Forderungen aus den vorgesehenen Rückkäufen des Vorbehaltskäufers erbringen soll (BGH 3. 11. 1988 – IX ZR 213/87, BGH JZ 1989, 198 = WM 1988, 1784; BeckOGK/REGENFUS [1. 4. 2019] § 185 Rn 60; dazu GURSKY JZ 1991, 496, 500; TIEDTKE JZ 1989, 179; krit WEBER BB 1989, 1768). In der Tat ist dies für den Vorbehaltsverkäufer nicht seinem Sicherungsinteresse entsprechend, weil er keinen Gegenwert für den Verlust seines Vorbehaltseigentums erhält (STAUDINGER/GURSKY [2014] § 185 Rn 43).

75 Nach der Rechtsprechung führt die Weiterveräußerung der Ware durch den Vorbehaltskäufer dann nicht zur Überschreitung der Ermächtigung, wenn die **Vorausabtretung infolge der Einbeziehung der Kaufpreisforderung des Vorbehaltskäufers in ein Kontokorrent scheitert** (BGH 7. 2. 1979 – VIII ZR 279/77, BGHZ 73, 259; BeckOK BGB/BUB [1. 11. 2018] § 185 Rn 9; PALANDT/ELLENBERGER Rn 9; kritisch GUNDLACH KTS 2000, 307, 315 ff; siehe dazu vertieft BeckOGK/REGENFUS [1. 4. 2019] § 185 Rn 64). Regulär abgewickelte Warenlieferungen durch den Vorbehaltskäufer fallen nicht schon deshalb aus dem Rahmen des ordnungsgemäßen Geschäftsbetriebes heraus, weil der Vorbehaltskäufer zu ihrem Zeitpunkt bereits gegenüber Dritten betrügerische Machenschaften begangen hatte und sich aus diesem Grunde in einer finanziellen Krise befand (BGH 16. 3. 1977 – VIII ZR 215/75, BGHZ 68, 199, 202 f; STAUDINGER/GURSKY [2014] § 185 Rn 34).

76 War ein **verlängerter Eigentumsvorbehalt** vereinbart, so reicht die Ermächtigung nur soweit, als der Verkäufer die übertragene Kaufpreisforderung gegen den Abnehmer des Vorbehaltskäufers auch wirklich erlangt (SERICK I 157 f) – was der Fall ist, wenn der Weiterverkäufer zuvor eine wirksame Globalzession vereinbart hat (BGH 23. 5. 1958 – VIII ZR 434/56, BGHZ 27, 306; BGH 11. 6. 1959 – VII ZR 53/58, BGHZ 30, 176; BGH 7. 2. 1979 – VIII ZR 279/77, BGHZ 73, 259; BGH 10. 11. 1969 – II ZR 40/67, BGH WM 1970, 280; BGH

9. 12. 1970 – VIII ZR 52/69, WM 1971, 71, 72; BGH 3. 12. 1987 – VII ZR 374/86, DB 1988, 647; Palandt/Ellenberger Rn 9; BeckOGK/Regenfus [1. 4. 2019] § 185 Rn 62). Die Gefahr einer Vinkulierung der Forderung zwischen Vorbehaltskäufer und Wiederkäufer spielt dagegen wegen § 354a HGB keine große Rolle (dazu BeckOGK/Regenfus [1. 4. 2019] § 185 Rn 62). Hier wird man die Ermächtigung des Vorbehaltskäufers zur Weiterveräußerung im Rahmen des ordnungsgemäßen Geschäftsverkehrs wegen § 354a S 1 HGB auch auf solche Weiterveräußerungen erstrecken müssen, bei denen zugunsten des Erwerbers ein Abtretungsverbot vereinbart worden ist (Staudinger/Gursky [2014] § 185 Rn 34; Wagner WM 1994, 2093, 2102; ders WM 1996, Sonderbeil Nr 1, 16; K Schmidt NJW 1999, 400, 401).

Barverkäufe sind allgemein durch die Ermächtigung gedeckt: Hier ist das Sicherungsinteresse des Verkäufers gerade nicht gefährdet und ein entsprechendes Verbot wäre mit Blick auf § 138 BGB bedenklich (BeckOGK/Regenfus [1. 4. 2019] § 185 Rn 65; Staudinger/Gursky [2014] Rn 39). **77**

Ein Unterschied zur „normalen" Ermächtigung (Rn 57) besteht bei der Weiterveräußerungsermächtigung darin, dass sie grundsätzlich **nicht frei widerruflich** ist (Staudinger/Gursky [2014] § 185 Rn 39; MünchKomm/Bayreuther[8] § 185 Rn 26; BeckOK BGB/Bub [1. 11. 2018] § 185 Rn 9; BeckOGK/Regenfus [1. 4. 2019] § 185 Rn 66; entgegen BGH 28. 6. 1954 – IV ZR 40/54, BGHZ 14, 114 = LM § 455 Nr 5; BGB-RGRK/Steffen[12] Rn 16; Soergel/Leptien[1212] § 185 Rn 23), weil sich der Vorbehaltskäufer in seinen Dispositionen darauf verlassen können muss, dass die Einwilligung des Vorbehaltsverkäufers zur Weiterveräußerung der gelieferten Vorbehaltsware Bestand behält, solange der Käufer sich selbst vertragsgemäß verhält (BGH 16. 4. 1969 – VIII ZR 176/66, BGH LM § 455 BGB Nr 22 = NJW 1969, 1171; Staudinger/Gursky [2014] § 185 Rn 39; Palandt/Ellenberger § 183 Rn 2; Leible/Sosnitza JuS 2001, 449, 454). Das ist aber keine dogmatische Besonderheit, sondern letztlich Auslegung des Vorbehaltskaufvertrages. Der Vorbehaltsverkäufer darf die Ermächtigung deshalb **nur aus „wichtigem Grund" widerrufen**, nämlich wenn der Vorbehaltskäufer sich grob vertragswidrig verhält oder wenn die Bezahlung des Restkaufpreises durch den Vorbehaltskäufer gefährdet ist (BGH 16. 4. 1969 – VIII ZR 176/66, NJW 1969, 1171; MünchKomm/Bayreuther[8] § 185 Rn 26). **78**

Eine weitere Grenze der Weiterveräußerungsermächtigung wird dann gesehen, wenn über das Vermögen des Käufers das Insolvenzverfahren eröffnet wird und der Insolvenzverwalter das Vorbehaltsgut weiterveräußern möchte (BGH 2. 10. 1952 – IV ZR 2/52 – NJW 1953, 217, 218 f; Serick V 330 f; BeckOK BGB/Bub [1. 11. 2018] § 185 Rn 9; BeckOGK/Regenfus [1. 4. 2019] § 185 Rn 67; MünchKomm/Bayreuther[8] § 185 Rn 27). Das scheitert auch nicht an der Möglichkeit der Erfüllungswahl nach § 103 InsO. Manche gehen noch weiter und lassen die Ermächtigung schon dann entfallen, wenn der Vorbehaltskäufer die Kaufpreiszahlung einstellt (Serick I § 13 II 4; V § 62 II 3 a; Gundlach KTS 2000, 307, 318 ff, 324; Staudinger/Gursky [2014] § 185 Rn 40). **79**

c) Sicherungsübereignung von Warenlagern
Die Ermächtigung zur Veräußerung greift nach den gleichen Grundsätzen wie beim verlängerten Eigentumsvorbehalt auch bei der Sicherungsübereignung von Warenlagern: Hier erfolgt zwar zuerst eine Übereignung an den Sicherungsnehmer, dieser ermöglicht aber dem Sicherungsgeber die Weiterveräußerung zur Finanzierung des Kaufpreises, die Interessenlage ist hier im Vergleich zum Eigentumsvorbehalt gleich **80**

(BeckOK BGB/Bub [1. 11. 2018] § 185 Rn 9; Staudinger/Gursky [2014] Rn 41; BeckOGK/Regenfus [1. 4. 2019] § 185 Rn 68).

d) Auflassung

81 Die rechtswirksame **Auflassung** enthält regelmäßig die konkludente Ermächtigung des Auflassungsempfängers zur Weiterveräußerung des Grundstücks an einen Dritten (BGH 28. 10. 1988 – V ZR 14/87, BGHZ 106, 4 = NJW 1989, 521; BGH 1. 12. 1988 – V ZB 10/88, BGHZ 106, 108 = NJW 1989, 1093; BGH 14. 5. 1992 – IX ZR 262/91, BGH NJW-RR 1992, 1178; BGH 22. 11. 1996 – V ZR 234/95 – BGH NJW 1997, 860; BGH 22. 11. 1996 – V ZR 233/95, BGH NJW 1997, 936; BayObLG 2. 12. 1960 – BReg 2 Z 164/1960 – BayObLGZ 1960, 456; BayObLG 26. 10. 1970 – BReg 2 Z 71/70, BayObLGZ 1970, 254; BayObLG 6. 8. 1987 – BReg 2 Z 124/86, NJW-RR 1988, 330; BayObLG 26. 7. 1990 – BReg 2 Z 77/90, BayObLGZ NJW-RR 1991, 465; RG 9. 5. 1903 – V 493/02, RGZ 54, 362; RG 6. 12. 1916 – V 268/16, RGZ 89, 152; RG 28. 5. 1930 – V 282/29, RGZ 129, 150; RG 7. 3. 1932 – VI 447/31, RGZ 135, 378; OLG Hamm 16. 10. 2000 – 22 U 33/00, NJW-RR 2001, 376; Staudinger/Gursky [2014] § 185 Rn 42; BeckOK BGB/Bub [1. 11. 2018] § 185 Rn 9; MünchKomm/Bayreuther[8] § 185 Rn 13; Kuchinke JZ 1964, 144, 148; Soergel/Leptien[12] Rn 22; Schneider MDR 1994, 1057, 1058; BeckOGK/Regenfus [1. 4. 2019] § 185 Rn 69; Soergel/Leptien[12] Rn 22; NK-BGB/Staffhorst[3] § 185 Rn 17). Eine zwangsläufige Ermächtigung liegt in der Auflassung aber nicht (BeckOK BGB/Bub [1. 11. 2018] § 185 Rn 9; NK-BGB/Staffhorst[3] § 185 Rn 17; **anders** Streuer Rpfleger 1998, 314 ff). So kann etwa keine Ermächtigung erkannt werden, wenn der Erwerb des Grundstücks durch den Dritten einer vereinbarten Zweckbestimmung zuwiderliefe (BGH 22. 11. 1996 – V ZR 234/95, BGH NJW 1997, 860; BGH 22. 11. 1996 – V ZR 233/95, BGH NJW 1997, 936; BeckOGK/Regenfus [1. 4. 2019] § 185 Rn 70; NK-BGB/Staffhorst[3] § 185 Rn 17; BeckOK BGB/Bub [1. 11. 2018] § 185 Rn 9) oder wenn die Rechtsstellung des Auflassenden durch die Weiterauflassung unter den gegebenen Umständen verschlechtert würde (BGH 22. 11. 1996 – V ZR 234/95, BGH NJW 1997, 860; Erman/Maier-Reimer[13] § 185 Rn 7; BeckOGK/Regenfus [1. 4. 2019] § 185 Rn 70; BeckOK BGB/Bub [1. 11. 2018] § 185 Rn 9 **anders** Streuer Rpfleger 1998, 314 ff) oder wenn eine Eintragung einer Rückauflassungsvormerkung vereinbart worden ist, die einen aufschiebend bedingten Rückübereignungsanspruch des Verkäufers sichern soll (BGH 22. 11. 1996 – V ZR 234/95, BGH NJW 1997, 860; OLG Düsseldorf 18. 10. 1978 – 9 U 63/78, OLGZ 1980, 343; Staudinger/Gursky [2014] § 185 Rn 42; MünchKomm/Bayreuther[8] § 185 Rn 29; Palandt/Ellenberger Rn 8; BeckOGK/Regenfus [1. 4. 2019] § 185 Rn 72), was schon deshalb richtig ist, weil die Rückauflassungsvormerkung nur nach der Eintragung des Käufers und Auflassungsempfängers eingetragen werden kann. Gleiches wird angenommen, wenn die Eintragung einer Hypothek für den Kaufpreisrest vereinbart wurde (BeckOGK/Regenfus [1. 4. 2019] § 185 Rn 70). **Verzögerungen im Übereignungsvorgang** sprechen ebenfalls für eine Ausnahme der konkludenten Weiterveräußerungsermächtigung – etwa durch Hinausschieben der Eintragung (BeckOGK/Regenfus [1. 4. 2019] § 185 Rn 70).

82 Regelmäßig bezieht sich die Ermächtigung jedoch nur auf die Weiterveräußerung, nicht aber auf die **Belastung des Grundstücks** (BayObLG 26. 10. 1970 – BReg 2 Z 71/70, BayObLGZ 1970, 254, 257 = NJW 1971, 514; BayObLG 26. 10. 1970 – BReg 2 Z 71/70, BayObLG NJW 1971, 1140; BayObLG 28. 12. 1972 – BReg 2 Z 76/72, DNotZ 1973, 298; OLG Naumburg 21. 3. 2000 – 11-U 150/99 [juris]; BeckOGK/Regenfus [1. 4. 2019] § 185 Rn 71; BGB-RGRK/Steffen[12] Rn 11; Staudinger/Gursky [2014] § 185 Rn 42; NK-BGB/Staffhorst[3] § 185 Rn 17). Ob es hier eine Rolle spielt, ob der Kaufpreis bereits bezahlt ist oder nicht, ist eine Frage des Einzelfalls, wird aber regelmäßig eher nicht anzunehmen sein, weil durch eine

Belastung selbst weitere Pflichten des Eigentümers entstehen können, § 1134 BGB (STAUDINGER/GURSKY [2014] § 185 Rn 42).

Was für die Auflassung gilt, muss im Ergebnis auch für die bindende Einigung über die Übertragung von Grundstücksrechten zutreffen (BGH 15. 7. 2010 – V ZB 107/10, BGH DNotZ 2011, 199; RG 9. 5. 1903 – V 493/02, RGZ 54, 362; OLG Düsseldorf 20. 12. 1995 – 3 Wx 413/95, DNotZ 1996, 559; LG Detmold 26. 2. 2001 – 3 T 42/01, Rpfleger 2001, 299; STAUDINGER/GURSKY [2014] Rn 42; SOERGEL/LEPTIEN[12][12] Rn 22; BeckOGK/REGENFUS [1. 4. 2019] § 185 Rn 73; MünchKomm/BAYREUTHER[8] § 185 Rn 29). Die Einigung über die Übertragung eines Buchgrundpfandrechts enthält beispielsweise (zumindest bei gleichzeitiger Aushändigung einer Umschreibungsbewilligung) regelmäßig die konkludente Einwilligung dazu, dass der Erwerber dieses ohne eigene Eintragung weiterüberträgt (RG 9. 5. 1903 – V 493/02, RGZ 54, 362, 369; OLG Düsseldorf 20. 12. 1995 – 3 Wx 413/95, DNotZ 1996, 559, 561; LG Detmold 26. 2. 2001 – 3 T 42/01, Rpfleger 2001, 299; BGB-RGRK/STEFFEN[12] Rn 11; SOERGEL/LEPTIEN[12] Rn 22). **83**

Die Ermächtigung kann grundsätzlich **widerrufen** werden (BayObLG 28. 12. 1972 – BReg 2 Z 76/72, BayObLGZ 1972, 397; STAUDINGER/GURSKY [2014] § 185 Rn 44; BeckOGK/REGENFUS [1. 4. 2019] § 185 Rn 74; **anders** BeckOK BGB/BUB [1. 11. 2018] § 185 Rn 9: „grundsätzlich unwiderruflich"), allerdings kann sich aus dem Grundgeschäft des Kaufvertrags eine Beschränkung der Widerrufsmöglichkeit geben, insbesondere, wenn der Erwerber ein berechtigtes Interesse an einer solchen stabilen Ermächtigung hat (siehe auch BeckOGK/REGENFUS [1. 4. 2019] § 185 Rn 74; BeckOK BGB/BUB [1. 11. 2018] § 185 Rn 9). Dann führt der Wegfall des Grundgeschäfts auch zur Möglichkeit des Widerrufs, solange der Dritterwerber nicht eingetragen ist (BayObLG 28. 12. 1972 – BReg 2 Z 76/72, BayObLGZ 1972, 397). Dabei ist der Widerruf getrennt von der Auflassung zu sehen, als eigenes Rechtsgeschäft, weshalb die Person auch direkten Zugriff haben und die Ermächtigung – sollte der Widerruf ausgeschlossen sein – auch durch Vereinbarung aufheben können (BayObLG 28. 12. 1972 – BReg 2 Z 76/72, BayObLGZ 1972, 397 = DNotZ 1973, 298; BeckOGK/REGENFUS [1. 4. 2019] § 185 Rn 74). Allerdings ist anzunehmen, dass sich eine Anfechtung der Auflassung auch auf die Ermächtigung erstreckt, was freilich nur dann erfolgreich ist, wenn – wie wohl regelmäßig – Fehleridentität vorliegt (RG 6. 12. 1916 – V 268/16, RGZ 89, 152). **84**

e) Oderkonto

In der Vereinbarung über ein so genanntes Oder-Konto, nach der ein Kontoinhaber beim Gemeinschaftskonto allein über Forderungen verfügen können soll, liegt richtig kein Fall des § 185 BGB (so aber OLG Karlsruhe 10. 7. 1985 – 6 U 206/84, NJW 1986, 63). Die Annahme einer Ermächtigung ist nicht nötig, weil jeder Kontoinhaber selbst berechtig ist, aus § 428 BGB (BGH 20. 3. 2018 – XI ZR 30/16, BGH NJW 2018, 2632; OLG Celle 2. 8. 1995 – 3 W 65/93, WM 1995, 1871; WAGNER WM 1991, 1145; BeckOGK/REGENFUS [1. 4. 2019] § 185 Rn 78). **85**

V. Genehmigung

1. Allgemeines

Verfügt der Nichtberechtigte ohne nach Abs 1 ermächtigt zu sein, so ist seine Verfügung schwebend unwirksam (§ 184 Rn 43 f), der Verfügungsberechtigte kann diese **86**

Schwebephase aber durch nachträgliche Zustimmung beenden und so die Verfügung durch Genehmigung wirksam werden lassen, § 185 Abs 2 S 1 Var 1 BGB, auch so kommt es zur Konvaleszenz, weil nachträglich erklärt aber doch *ex tunc* wirkend, Verfügung und Verfügungsberechtigung zusammenfallen (jurisPK/Trautwein[8] [Stand: 13. 2. 2019] § 185 Rn 29; BeckOK BGB/Bub [1. 11. 2018] § 185 Rn 10; Flume, AT, 2. Bd [4. Aufl 1992] S 909 f). Die Genehmigung ist einseitiges Rechtsgeschäft, sie unterfällt in ihren Voraussetzungen und ihrer Wirkung insbesondere § 184 BGB (§ 184 Rn 6 f). Sie ist nach § 182 Abs 1 BGB nicht nur an den nichtberechtigt Verfügenden, sondern auch an seinen Geschäftspartner adressierbar (§ 182 Rn 41 f). Sie ist ebenso formlos möglich, auch wenn die Verfügung selbst einem gesetzlichen Formgebot unterfällt, § 182 Abs 2 (§ 182 Rn 95 f). Deshalb kann sie konkludent erklärt werden – etwa auch durch eine Klage auf Erlöherausgabe, § 816 Abs 1 BGB (jurisPK/Trautwein[8] [Stand: 13. 2. 2019] § 185 Rn 30; § 182 Rn 17); zur Verknüpfung mit der Bedingung siehe (§ 184 Rn 15 f). Im Gegensatz zur Ermächtigung ist die Genehmigung nicht widerruflich, ist eine Zwischenverfügungen erfolgt, so bricht sich die Genehmigung nach § 184 Abs 2 BGB an dieser, weil der Genehmigende keine Verfügungsmacht mehr innehat (§ 184 Rn 116 f).

87 Die **nachträgliche Erteilung einer „Vollmacht"** wird man als Genehmigung nach § 185 Abs 2 1. Alt BGB auslegen können, wenn der Nichtberechtigte in eigenem Namen aufgetreten ist. Ist er in fremdem Namen aufgetreten, liegt eine Genehmigung nach § 177 Abs 1 BGB vor. Auch hier ergibt sich aber keine Zwangsläufigkeit.

88 Eine Genehmigung ist nur dann möglich, wenn die durch die Nichtberechtigten vorgenommene Verfügung noch **schwebend unwirksam** ist. Ist der Schwebezustand durch Verweigerung der Genehmigung, durch Aufhebung der Verfügung oder durch Verwirkung des Zustimmungsrechts (§ 184 Rn 58 ff) beendet worden, so geht eine Genehmigung des Berechtigten ins Leere (Staudinger/Gursky [2014] § 185 Rn 48).

89 Verfügen **mehrere Nichtberechtigte über denselben Gegenstand**, so liegen mehrere schwebend unwirksame Verfügungen nebeneinander vor. Der Berechtigte kann freilich nur eine davon genehmigen. Hier wird die Verfügung durch den Nichtberechtigten wirksam, die **dieser genehmigt**, der Zustimmungsberechtigte hat ein **Wahlrecht**: Er ist grundsätzlich weder an eine bestimmte Person des Verfügenden, noch an die zeitliche Reihenfolge, noch an die Person des Erwerbers gebunden (MünchKomm/Bayreuther[8] § 185 Rn 44; BeckOK BGB/Bub [1. 11. 2018] § 185 Rn 12; jurisPK-BGB/Trautwein Rn 24; NK-BGB/Staffhorst[3] § 185 Rn 19; Flume, AT, 2. Bd [4. Aufl 1992] S 904 f). Auch eine Verpflichtung zur Genehmigung einer bestimmten Verfügung (Vorbem 97 ff zu §§ 182 ff) hindert die Wirksamkeit einer anderen, dann pflichtwidrig genehmigten Verfügung nicht: Die Pflichtwidrigkeit ist im schuldrechtlichen Verhältnis zum Anspruchsberechtigten aufzulösen. Die Anwendung des § 182 Abs 2 S 2 BGB, wonach es auf die erste der Verfügungen ankommt, ist in diesen Fällen nicht angezeigt: Die Regelung bezieht sich beredt gerade nicht auf § 185 Abs 2 S 1 BGB. Genehmigt der Berechtigte (der dann seinerseits zum Nichtberechtigten wird) danach noch weitere Verfügung durch Nichtberechtigte, so gehen diese bereits nach § 184 Abs 2 BGB ins Leere (Staudinger/Gursky [2014] § 185 Rn 50; BeckOGK/Regenfus [1. 4. 2019] § 185 Rn 83). Statt seiner kann nun der neue Erwerber genehmigen (Staudinger/Gursky [2014] § 185 Rn 50). Für den (durchaus wohl seltenen) Fall der **Gleichzeitigkeit mehrerer Genehmigungen** führt die analoge Anwendung des §§ 185 Abs 2

S 2 BGB dazu, dass die erste der verschiedenen Verfügungen durch Nichtberechtigte die maßgebliche ist und durch die Genehmigung wirksam wird (BeckOGK/Regenfus [1. 4. 2019] § 185 Rn 84; MünchKomm/Bayreuther[8] § 185 Rn 60; NK-BGB/Staffhorst[3] § 185 Rn 36; Planck/Flad Anm 8; BeckOK BGB/Bub [1. 11. 2018] § 185 Rn 12; jurisPK-BGB/Trautwein Rn 34; Staudinger/Gursky [2014] § 185 Rn 51).

Hat der Nichtberechtigte eine fremde Sache **erst verpfändet und dann übereignet,** kann der Eigentümer nach der Genehmigung der Verpfändung auch noch die Übereignung genehmigen (Staudinger/Gursky [2014] § 185 Rn 51; Dölling 25 f): es liegen zwei verschiedene Verfügungen vor, weil beide Verfügungen eine entsprechende Genehmigung jeweils zulassen (NK-BGB/Staffhorst[3] § 185 Rn 20). Der umgekehrte Weg kann nicht beschritten werden, weil die Genehmigung der Eigentumsübertragung zum Verlust der Verfügungsmacht insgesamt führt. Auch hier gilt § 184 Abs 2 BGB. Treffen mehrere Belastungen aufeinander, so ist für die Frage der Geltung des § 184 Abs 2 BGB das Rangverhältnis zu beachten, folgt etwa der spätere Nießbrauch an einer Sache der Bestellung eines Pfandrechts durch den Nichtberechtigten nach, kann dieser zuerst die Verpfändung und dann den rangniedrigeren Nießbrauch genehmigen, ohne an § 184 Abs 2 BGB zu scheitern (siehe auch BeckOGK/Regenfus [1. 4. 2019] § 185 Rn 83 zu den verschiedenen Konstellationen). 90

Kommt es zur **Kettenverfügung** und so zu mehreren Verfügungen durch Nichtberechtigte hintereinander, so kann der Berechtigte wählen, welche der Verfügungen er genehmigt (Staudinger/Gursky [2014] § 185 Rn 53; MünchKomm/Bayreuther[8] 185 Rn 45; NK-BGB/Staffhorst[3] § 185 Rn 21; Soergel/Leptien[12] § 185 Rn § 185 26; BeckOK BGB/Bub [1. 11. 2018] § 185 Rn 12; BeckOGK/Regenfus [1. 4. 2019] § 185 Rn 85; Erman/Maier-Reimer[13] Rn 23). Die Frage, welche der Verfügungen der Berechtigte genehmigt, wird insbesondere davon abhängen, gegen wen sich der Anspruch auf Erlösherausgabe nach § 816 Abs 1 BGB richten soll. Durch die Genehmigung einer Verfügung in der Verfügungskette werden alle zeitlich nachfolgenden Verfügungen gedeckt (Staudinger/Gursky [2014] § 185 Rn 53). Allerdings besteht dann keine Verfügungsmacht mehr (BeckOGK/Regenfus [1. 4. 2019] § 185 Rn 85; NK-BGB/Staffhorst[3] § 185 Rn 21): Der (bislang) Zustimmungsberechtigte vermag die dann früheren Verfügungen nicht mehr zu genehmigen, auch wenn er sich davon bessere Chancen auf die Erlösrealisierung erhofft (Staudinger/Gursky [2014] Rn 53; MünchKomm/Bayreuther[8] § 185 Rn 45; BeckOGK/Regenfus [1. 4. 2019] § 185 Rn 85; aA Pfister JZ 1969, 623, 625). 91

Haben bei einer Verfügung durch einen Nichtberechtigten **andere Nichtberechtigte zugestimmt**, so ist (wenn diese Zustimmungen als einseitige Rechtsgeschäfte überhaupt schwebend unwirksam sind [§ 182 Rn 83]) auch die Genehmigung dieser Zustimmung möglich. Auch hierdurch kann die Wirksamkeit der Verfügung selbst erreicht werden (Staudinger/Gursky [2014] § 185 Rn 76). 92

2. Rechtsfolge

Durch die Genehmigung wird der Zustand der schwebenden Unwirksamkeit beendet und die Verfügung ex tunc wirksam, § 184 BGB (jurisPK/Trautwein[8] [Stand: 13. 2. 2019] § 185 Rn 31; BGB-RGRK/Steffen[12] § 185 Rn 12; siehe zur Rückwirkung auch § 184 Rn 73 f). Die **Widerrechtlichkeit der Verfügung** im deliktischen Sinne oder nach § 987 ff BGB wird durch die Genehmigung nicht geheilt, was sich auf etwaige Schadensersatzansprüche 93

§ 185

auswirkt – die Genehmigung betrifft lediglich die Verfügung als solche (BGH 9. 2. 1960 – VIII ZR 51/59, NJW 1960, 860; BeckOK BGB/Bub [1. 11. 2018] § 185 Rn 12).

94 Die Genehmigung führt mittelbar auch dazu, dass der Genehmigende einen Anspruch auf Herausgabe des Erlöses aus **§ 816 Abs 1 S 1 BGB** gegen den Nichtberechtigten erlangt. Die Vorschrift ist auch auf die Genehmigung nach § 185 Abs 2 S 1 Var 1 BGB anwendbar (BeckOGK/Regenfus [1. 4. 2019] § 185 Rn 86; BeckOK BGB/Bub [1. 11. 2018] § 185 Rn 10; Staudinger/Gursky [2014] Rn 54; Reuter/Martinek, Ungerechtfertigte Bereicherung S 299 f; Wilckens AcP 157 [1958] 399; Staudinger/Lorenz [2007] § 816 Rn 9; BeckOK BGB/Bub [1. 11. 2018] § 185 Rn 10). Der Anspruch auf Erlösherausgabe geht bisweilen eine interessante Verbindung mit der Genehmigung selbst ein, die darin besteht, dass die Genehmigung und die daraus resultierende wirksame Verfügung des Nichtberechtigten Voraussetzung für den Anspruch auf Erlösherausgabe ist. Nach herrschender Meinung reicht es für die Genehmigung bereits aus, dass der Genehmigende Klage auf Erlösherausgabe erhebt (BGH 29. 4. 1968 – VIII ZR 27/66, BGH NJW 1968, 1326; RG 12. 3. 1923 – IV 596/22, RGZ 106, 44; RG 28. 10. 1926 – IV 273/26, RGZ 115, 31; Staudinger/Gursky [2014] § 185 Rn 54), er die Anspruchsvoraussetzungen (des § 816 Abs 1 BGB!) darlegt und sich aus der Klage der Genehmigungswille ergibt (BeckOGK/Regenfus [1. 4. 2019] § 185 Rn 87 verweisend auf BGH 16. 9. 2008 – IX ZR 172/07, NJW 2008, 3570; BGH 15. 1. 2009 – IX ZR 237/07, NJW-RR 2009, 705). Das lässt sich leicht zeitlich einfügen: Die Klageerhebung ist materiell-rechtlich die konkludente Genehmigung, die dann zum Zeitpunkt der letzten mündlichen Verhandlung bereits erklärt wurde. Das macht die Klage begründet. Wenn darauf verwiesen wird, dass auch eine außergerichtliche Aufforderung zur Erlösherausgabe für die Genehmigung und dann für eine entsprechende Klage ausreichen kann (BeckOGK/Regenfus [1. 4. 2019] § 185 Rn 87), so wird hier in der Regel nichts anderes als eine konkludente Genehmigung bereits im Vorfeld der späteren Klage zu sehen sein.

95 Diese klare Abfolge ist im Falle der Klage auf Erlösherausgabe Zug um Zug gegen die Erteilung der Genehmigung nicht gegeben (dafür aber BeckOK BGB/Bub [1. 11. 2018] § 185 Rn 10; Staudinger/Lorenz [2007] § 816 Rn 9). Hier kommt man zum Konflikt mit den Voraussetzungen des § 816 Abs 1 BGB, weil eine Erlösherausgabe vor der Genehmigung gerade nicht beansprucht werden kann und eine Genehmigung in diesen Fällen erst im Vollstreckungsverfahren vorliegt (Staudinger/Gursky [2014] § 185 Rn 54; BeckOGK/Regenfus [1. 4. 2019] § 185 Rn 89). Diese Lösung muss also ebenso ausscheiden wie die Genehmigung unter die **auflösende Bedingung** der Nichtbeitreibbarkeit der Erlösherausgabe zu stellen (Staudinger/Gursky [2014] § 185 Rn 44). Das nämlich gerät in Widerspruch zur Bedingungsfeindlichkeit der Genehmigung (siehe dazu ausführlich § 184 Rn 15 f).

96 Ähnliches gilt auch für den Fall, dass ein Schuldner die geschuldete **Leistung an einen Dritten**, aber nicht an den Gläubiger erbringt (BGH 12. 7. 2012 – IX ZR 213/11, NZI 2012, 803; BSG 22. 3. 2012 – B 8 SO 24/10 R – NZS 2012, 798). Hier kann der Gläubiger die Leistung nach § 362 Abs 2, 185 Abs 2 S 1 Var 1 BGB gutheißen, um dann zum Erlösherausgabeanspruch nach § 816 Abs 2 BGB zu kommen (BeckOGK/Regenfus [1. 4. 2019] § 185 Rn 93). Auch hier soll die Begründung des Leistungsanspruch aus § 816 Abs 2 BGB durch Klageerhebung und die darin liegende konkludente Genehmigung möglich sein (BGH 10. 11. 1982 – VIII ZR 252/81, BGHZ 85, 267 = NJW 1983, 446; BGH 6. 4. 1972 – VII ZR 118/70, NJW 1972, 1197; BGH 7. 3. 1974 – VII ZR 110/72, NJW 1974, 944; BGH 20. 3.

1986 – III ZR 236/84, NJW 1986, 2104; BGH NJW 1986, 2340; BGH 20. 6. 1990 – XII ZR 93/89, BGH NJW-RR 1990, 1200; BGH 27. 1. 2005 – I ZR 119/02, NJW 2005, 2698; BGH 18. 9. 2008 – V ZB 32/08, NJW 2008, 3571; BGH 15. 1. 2009 – IX ZR 237/07, NJW-RR 2009, 705; BGH 12. 7. 2012 – IX ZR 213/11, NZI 2012, 803; BeckOK BGB/Bub [1. 11. 2018] § 182 Rn 17; Staudinger/Gursky [2014] § 185 Rn 44a). Freilich ist hier – wie stets – die Handlung des Gläubigers auszulegen, so dass eine Klage auf Erlösherausgabe dann nicht zur Genehmigung führen könnte, wenn mehrere Anspruchsgrundlagen in Betracht kommen (BGH 20. 6. 1990 – XII ZR 93/89, NJW-RR 1990, 1200; BGH 27. 1. 2005 – I ZR 119/02, NJW 2005, 2698).

VI. Konvaleszenz

1. Nachträglicher Erwerb

a) Grundsätzliches

Wird der Nichtberechtigte nach der Verfügung selbst zum Rechtsinhaber, so wird seine Verfügung gemäß § 185 Abs 2 S 1 2. Alt BGB wirksam. Einer Genehmigung, etwa entsprechend § 108 Abs 3 BGB, bedarf es dann nicht mehr (MünchKomm/Bayreuther[8] § 185 Rn 47; jurisPK/Trautwein[8] [Stand: 13. 2. 2019] § 185 Rn 37). Diese **Konvaleszenz im engeren Sinne** (Wolf/Neuner S 685; siehe auch Rn 2) wirkt *ex nunc*, also nicht auf den Zeitpunkt der Verfügung zurück, sondern ab dem Zeitpunkt der Konvaleszenz (BeckOK BGB/Bub [1. 11. 2018] § 185 Rn 13). Es gibt auch keine Veranlassung und keine Rechtfertigung, dem zum Zeitpunkt der Verfügung Berechtigten diese Berechtigung rückwirkend zu entziehen (Staudinger/Gursky [2014] § 185 Rn 60; siehe auch Rn 105).

97

Die Regelung des § 185 Abs 2 S 1 2. Alt BGB hat den **Zweck**, widersprüchliches Verhalten auf der Seite des nichtberechtigt Verfügenden nicht gelten zu lassen: Er wird an seiner Verfügung festgehalten und hat nicht die Möglichkeit, dieser Verbindlichkeit durch die Verweigerung der Genehmigung zu entgehen (**venire contra factum proprium**; BeckOGK/Regenfus [1. 4. 2019] § 185 Rn 96 Staudinger/Gursky [2014] Rn 60; MünchKomm/Bayreuther[8] § 185 Rn 47; NK-BGB/Staffhorst[3] § 185 Rn 22; Bork AT[4] S 675; Habersack JZ 1991, 70). Zudem nimmt das Gesetz auch dem Erwerber die Last, durch einen Rechtsstreit gegenüber dem nunmehrigen Berechtigten seinen (regelmäßig gegebenen) Anspruch auf Übertragung durchzusetzen – § 185 Abs 2 S 1 2. Alt BGB ordnet vielmehr sofort die Wirksamkeit der ersten Verfügung an (NK-BGB/Staffhorst[3] § 185 Rn 22).

98

Rechtstechnisch erfolgt die Konvaleszenz im Wege des **Durchgangserwerbs** – der (vormals) Nichtberechtigte wird also für eine juristische Sekunde Rechtsinhaber (jurisPK/Trautwein[8] [Stand: 13. 2. 2019] § 185 Rn 34; Staudinger/Gursky [2014] § 185 Rn 59). Deshalb gelingt die Konvaleszenz auch im Falle einer Verfügung des Nichtberechtigten, die das Recht ändert oder belastet. Für die Bestellung eines beschränkten Liegenschaftsrechtes, kommt man über § 879 Abs 2 BGB zu einer partiellen Rückwirkung: Der Rang des Rechts richtet sich nach dem Zeitpunkt der Eintragung (Staudinger/Gursky [2014] § 185 Rn 60).

99

Der Durchgangserwerb erfolgt aber nur, wenn das Vollrecht übertragen wurde, geht es um eine Anwartschaftsrecht, so wird der Erwerber sogleich und unmittelbar Rechtsinhaber (BGH 18. 12. 1967 – V ZB 6/67, BGHZ 49, 197; jurisPK/Trautwein[8] [Stand: 13. 2. 2019] § 185 Rn 34).

100 Die Konvaleszenz nach § 185 Abs 1 S 2 Var 1 BGB ist **willensunabhängig**: Weder muss sich der Wille des Nichtberechtigten im Falle des Erwerbs der Berechtigung auf sie beziehen, noch bedarf es eines eigenen, zustimmenden Aktes, etwa in Form einer Erklärung, für die Konvaleszenz selbst (BeckOGK/REGENFUS [1. 4. 2019] § 185 Rn 95). Damit ist die Konvaleszenz effizient: Die Verfügung gelingt ohne weitere rechtsgeschäftliche Zwischenschritte (STAUDINGER/GURSKY [2014] Rn 60; BORK AT[4] S 675).

101 Der Verfügende muss **alleiniger Berechtigter** werden (NK-BGB/STAFFHORST[3] § 185 Rn 23). Erwirbt etwa eine Gesamthandsgemeinschaft, der der Verfügende angehört, den Gegenstand, so führt dies nicht zur Konvaleszenz, weil der Verfügende auch dann noch Nichtberechtigter bleibt, es besteht gerade keine Personenidentität (BeckOGK/REGENFUS [1. 4. 2019] § 185 Rn 103; MünchKomm/BAYREUTHER[8] § 185 Rn 49; BeckOK BGB/BUB [1. 11. 2018] Rn 13; SOERGEL/LEPTIEN[12] § 185 Rn 28).

102 Kommt es zur Übertragung eines **Bruchteils an einem Recht**, über das der Verfügende alleine verfügen kann, so kann dieser Bruchteil der Konvaleszenz nach § 185 Abs 2 S 2. Alt BGB unterfallen (RG HRR 1939 Nr 1462 = DRW 1939, 1949, 1950; BeckOK BGB/BUB [1. 11. 2018] § 185 Rn 13). Allerdings nur dann, wenn auch das Verfügungsgeschäft sich auf diesen Bruchteil reduzieren lässt (BGH 26. 9. 1958 – I ZR 81/57, LM § 185 Nr 9 = GRUR 1959, 147; BeckOGK/REGENFUS [1. 4. 2019] § 185 Rn 104; MünchKomm/BAYREUTHER[8] § 185 Rn 49; BeckOK BGB/BUB [1. 11. 2018] § 185 Rn 13; SOERGEL/LEPTIEN[12] § 185 Rn 28; NK-BGB/STAFFHORST[3] § 185 Rn 23; STAUDINGER/GURSKY [2014] Rn 63). Gleiches gilt auch dann, wenn eine Verfügung über einen Teil eines Gegenstandes vorliegt, etwa einen Grundstücksteil: Hat der Nichtberechtigte über diesen Teil verfügt, erlangt er dann aber den gesamten Gegenstand, führt die Konvaleszenz zur Durchgangsübertragung des Teils, sofern der Gegenstand teilbar ist (STAUDINGER/GURSKY [2014] § 185 Rn 63).

103 Ein **bedingter Erwerb durch den Nichtberechtigten** führt auch zum bedingten Erwerb durch den Erwerber: § 185 Abs 2 S 1 Var 2 BGB führt also zum bedingten Erwerb beim von der Konvaleszenz begünstigen Erwerber vom (vorher) Nichtberechtigten (BeckOGK/REGENFUS [1. 4. 2019] § 185 Rn 107; STAUDINGER/GURSKY [2014] § 185 Rn 64).

104 § 185 Abs 2 S 1 Var 2 BGB gilt auch für **Gestaltungsrechte**. Wird etwa von einem Arbeitgeber zugunsten eines Arbeitnehmers eine Lebensversicherung abgeschlossen und übertragen später Arbeitgeber und Arbeitnehmer zusammen das Bezugsrecht des Arbeitnehmers und das Kündigungsrecht des Arbeitgebers sicherungshalber an eine Bank, die dem Arbeitnehmer ein Darlehen gibt, so ist eine nunmehr vom Arbeitgeber (bzw dessen Insolvenzverwalter) erklärte Kündigung des Versicherungsvertrages unwirksam. Sie wird jedoch nach § 185 Abs 2 S 1 Fall 2 wirksam, wenn die Bank nach Rückzahlung des gesicherten Darlehens die Sicherheit freigibt (OLG Bamberg 9. 2. 2006 – 1 U 175/05, NZI 2006, 355).

105 Die Konvaleszenz führt zur Wirksamkeit der Verfügung zum Zeitpunkt des Rechtserwerbs, also **ex nunc**, und hat damit keine Rückwirkung auf den Zeitpunkt der Verfügung selbst (Mot II 140; Prot I 179; RG 6. 12. 1916 – V 268/16, RGZ 89, 152; MünchKomm/BAYREUTHER[8] § 185 Rn 47; NK-BGB/STAFFHORST[3] § 185 Rn 25; STAUDINGER/GURSKY [2014] § 185 Rn 59; BeckOK BGB/BUB [1. 11. 2018] § 185 Rn 13; ERMAN/MAIER-REIMER[15] § 185 Rn 27; HAGEN AcP 167 [1967] 481, 481; WACKE NJW 1981, 1577, 1581; vTUHR

BGB AT II/1 S 386; Wolf/Neuner S 685; BeckOGK/Regenfus [1. 4. 2019] § 185 Rn 133). Anderes lässt sich nicht begründen, weil eine Wirkung ex tunc zum Entfall der Rechtsposition auf der Seite des bis dahin Berechtigten führte. Damit kommt es auch zum Durchgangserwerb, für eine logische Sekunde wird also der (bis dahin) Nichtberechtigte Rechtsinhaber. Das wirkt sich aus, wenn es zu entsprechenden Belastungen, etwa durch ein gesetzliches Pfandrecht kommt (BeckOGK/Regenfus [1. 4. 2019] § 185 Rn 134). Deshalb ist der Erwerb auch nicht insolvenzfest (NK-BGB/Staffhorst[3] § 185 Rn 25).

b) Unerheblicher Erwerbsgrund
Der Grund, aus welchem der Nichtberechtigte zum Rechtsinhaber wird, spielt keine **106** Rolle (Staudinger/Gursky [2014] § 185 Rn 61; NK-BGB/Staffhorst[3] § 185 Rn 23; jurisPK/Trautwein[8] [Stand: 13. 2. 2019] § 185 Rn 36). Es kommt jede Einzelrechtsnachfolge, auch im Wege des gutgläubigen Erwerbs oder durch Verfügung eines Nichtberechtigten, die ihrerseits nach § 185 BGB wirksam wurde, in Betracht. Ebenso möglich ist der Rechtserwerb im Rahmen der Gesamtrechtsnachfolge – durch Erbschaft oder Umwandlung nach dem UmwG (Staudinger/Gursky [2014] § 185 Rn 62). Dann liegt gleichsam der umgekehrte Fall von § 185 Abs 2 Var 3 BGB vor (jurisPK/Trautwein[8] [Stand: 13. 2. 2019] § 185 Rn 36). Dabei spielt die Frage der unbeschränkten Haftung für Nachlassverbindlichkeiten anders als in § 185 Abs 2 S 2 Var 3 BGB keine Rolle (BeckOGK/Regenfus [1. 4. 2019] § 185 Rn 99). Ob derjenige, von dem erworben wird, gerade zum Zeitpunkt der Verfügung des Nichtberechtigten, der die Konvaleszenz nach § 185 Abs 2 S 2 Var 2. BGB zur Wirksamkeit verhilft, ebenfalls Berechtigter war, spielt ebenfalls keine Rolle.

c) Bestehende Schwebephase
Freilich muss die (neue) Berechtigung des ehemals als Nichtberechtigter Verfügen- **107** den auf ein **bestehende Schwebephase treffen**. Ist die vorgenommene Verfügung, etwa wegen Willensmängeln oder Aufhebungsvertrag (§ 184 Rn 39), nicht mehr genehmigungsfähig, so scheidet auch eine Konvaleszenz nach § 185 Abs 2 S 1 Var 2. BGB aus (BeckOGK/Regenfus [1. 4. 2019] § 185 Rn 979; NK-BGB/Staffhorst[3] § 185 Rn 23). Das leuchtet (entgegen RG Recht 1911 Nr 3618) schon deshalb ein, weil die Regelung an den geäußerten Übertragungswillen, der sich m Verfügungsgeschäft manifestiert hat, anknüpft. Ein widersprüchliches Verhalten liegt aber dann nicht mehr vor, wenn sich dieser Wille nicht mehr rechtsgeschäftlich niederschlägt (Staudinger/Gursky [2014] Rn 65). Ebenfalls keine Schwebephase tritt ein, wenn der Verfügende bei einem mehrteiligen Erwerbsakt vor dem letzten Teilakt selbst erwirbt, dann ist er bereits Berechtigter – § 185 BGB greift insgesamt nicht.

Die herrschende Meinung nimmt auch zu Recht an, dass es nicht zur Anwendung **108** des §§ 185 Abs 2 S 1 2. Alt kommt, wenn der **Berechtigte die Genehmigung bereits verweigert** hat (BGH 30. 3. 1994 – XII ZR 30/92, NJW 1994, 1785; BGH 28. 4. 1954 – II ZR 8/53, BGHZ 13, 179; BGH 24. 2. 1967 – V ZR 75/65, BGHZ 47, 266 = NJW 1967, 1272; MünchKomm/Bayreuther[8] § 185 Rn 47; BeckOK BGB/Bub [1. 11. 2018] § 185 Rn 13; Soergel/Leptien[12] § 185 Rn 27; NK-BGB/Staffhorst[3] § 185 Rn 23; jurisPK-BGB/Trautwein[8] [13. 2. 2019] § 185 Rn 38; PWW/Frensch[13] § 185 Rn 10; Bork AT[4] S 674; Danwerth jura 2014, 559, 563; Planck/Flad Anm 6; Wacke SavZrg 114 [1997] 197, 203). Das trägt dem Gedanken Rechnung, dass durch die Verweigerung ein endgültig unwirksames Hauptgeschäft vorliegt, das auch durch Konvaleszenz nicht „geheilt" werden kann (§ 184 Rn 71). Dann kann auch der nachträgliche Rechtserwerb des nichtberechtigt Verfügenden nicht für den zwangsläufigen Durchgangserwerb für den Geschäftspartner grundlegend sein. Das stimmt, weil auch hier das den Willen des nichtberechtigt Verfügenden tragende Hauptgeschäft wegfällt. Wenn dagegen die Unabhängigkeit der Konvaleszenztatbestände von der Genehmigung oder ihrer Verweigerung ins Feld geführt wird (dazu STAUDINGER/GURSKY [2014] § 185 Rn 68; BeckOGK/REGENFUS [1. 4. 2019] § 185 Rn 109), geht das fehl: Auch die Konvaleszenz nach § 185 Abs 2 S 1 Var 2 BGB muss auf ein bestehendes (wenn auch schwebendes) Hauptgeschäft treffen, weil nur dieses Anknüpfungspunkt für den Schutz des (potenziellen) Erwerbers ist – und dieses Hauptgeschäft fällt auch mit der Verweigerung der Genehmigung weg. Zudem ist der Hinweis, dass die Parteien den durch Konvaleszenz eingetretenen Erwerb auch wieder rückabwickeln können, nicht hinreichend, weil § 185 Abs 2 S 2 Var 2 BGB eine solche Abwicklungslast gerade auch verhindern will.

d) Keine schuldrechtliche Verpflichtung

109 Umstritten ist, ob zwischen dem Verfügenden und dem Erwerber eine **schuldrechtliche Verpflichtung zur Rechtsübertragung** notwendig ist (dafür jurisPK/TRAUTWEIN § 185 Rn 39; SOERGEL/LEPTIEN[12] Rn 27; FINKENAUER, in: FS Picker [2010] 201 [205 f]; WACKE JZ 2001, 380, 385; HKK/FINKENAUER §§ 182–185 Rn 3; HAGEN AcP 167 [1967] 481, 499; dagegen BeckOGK/REGENFUS [1. 4. 2019] § 185 Rn 102; OLG Celle 13. 7. 1993 – 4 U 84/92, NJW-RR 1994, 646; BeckOGK/REGENFUS [1. 4. 2019] § 185 Rn 102; MünchKomm/BAYREUTHER[8] § 185 Rn 51; WOLF/NEUNER AT[11] S 685; BOLTEN JA 2000, 374, 378; HABERSACK JZ 1991, 70, 72; BÜLOW WM 1998, 845, 846; RIELÄNDER JZ 2016, 1150, 1153; KIEHNLE jura 2017, 877, 881; BeckOK BGB/BUB [1. 11. 2018] § 185 Rn 13; PWW/FRENSCH Rn 10; jurisPK-BGB/TRAUTWEIN Rn 29; ERMAN/MAIER-REIMER[15] § 185 Rn 25; STAUDINGER/GURSKY [2014] § 185 Rn 66 mwNw). Für die Notwendigkeit einer bestehenden Verpflichtung werden neben rechtsgeschichtlichen Erwägungen (Mot II 139; FINKENAUER, in: FS Picker [2010] 201 [205 f]; HKK/FINKENAUER §§ 182–185 Rn 3; ferner KIEHNLE jura 2017, 877 ff mit Rückgriff auf die *exceptio rei venditae et traditae*), teleologische Argumente ins Feld geführt: Treuwidrigkeit bei der Verweigerung der Genehmigung könne nicht eintreten, wenn zur Rechtsübertragung gar keine Verpflichtung bestehe. Allerdings streitet – neben dem Hinweis, dass im Gesetzgebungsverfahren unter Berufung auf das Sachleistungsprinzip (Mot II 139), gerade keine Verbindung zu einer schuldrechtlichen Verpflichtung gewollt war (STAUDINGER/GURSKY [2014] § 185 Rn 66) – vor allem das Bestreben, Rechtssicherheit zu schaffen, gegen eine notwendige schuldrechtliche Verpflichtung (STAUDINGER/GURSKY [2014] Rn 66; MünchKomm/BAYREUTHER[8] § 185 Rn 51; PWW/FRENSCH[13] § 185 Rn 10; DANWERTH jura 2014, 559, 562; RIELÄNDER JZ 2016, 1150, 1153; diesen Zusammenhang erkennend wohl auch Mot II 139). Nicht zuletzt deshalb wird richtig – und letztlich maßgeblich – darauf hingewiesen, dass durch den geforderten Rekurs auf den Bestand eines Verpflichtungsgeschäfts (oder einer sonstigen Verpflichtung) eine Verletzung des Abstraktionsprinzips vorliegt (BeckOGK/REGENFUS [1. 4. 2019] § 185 Rn 102; BeckOK BGB/BUB [1. 11. 2018] § 185 Rn 13; MEDICUS/PETERSEN, Allgemeiner Teil, S 444), weil die Wirksamkeit einer Verfügung vom Bestehen einer Verpflichtung abhängt.

e) Verfügungsmacht

110 Für den Eintritt der Konvaleszenz ist es freilich notwendig, dass der vormals Nichtberechtigte nicht nur zum Rechtsinhaber wird, sondern dass er auch die **Verfügungsmacht erhält** (BGH 5. 2. 1962 – II ZR 141/60, BGHZ 36, 329; BGH 26. 9. 1958 – I ZR 81/57, BGH LM § 185 Nr 9 = GRUR 1959, 147; OLGR Naumburg 2001, 47; STAUDINGER/GURSKY [2014] § 185

Rn 70; jurisPK/Trautwein[8] [Stand: 13. 2. 2019] § 185 Rn 37; MünchKomm/Bayreuther[8] § 185 Rn 49; Staudinger/Gursky [2014] § 185 Rn 70; BeckOK BGB/Bub [1. 11. 2018] § 185 Rn 13; NK-BGB/Staffhorst[3] § 185 Rn 23; Bork AT[4] S 674).

111 Deshalb ist Konvaleszenz etwa ausgeschlossen, wenn der Nichtberechtigte in Insolvenz fällt (BGH 25. 9. 2003 – IX ZR 213/03 -BGH NJW-RR 2004, 259; BGH 18. 4. 2013 – IX ZR 165/12, BGH NZI 2013, 641; Staudinger/Gursky [2014] Rn 70; MünchKommInsO/Breuer InsO § 91 Rn 46) oder der Berechtigte (lediglich) einer Gesamthandsgemeinschaft angehört (jurisPK/Trautwein[8] [Stand: 13. 2. 2019] § 185 Rn 37). Gleiches gilt, wenn der Nichtberechtigte erbt, das Erbe aber unter die Testamentsvollstreckung fällt (BGH 1. 10. 1957 – VI ZR 215/56 BGHZ 25, 272; BeckOGK/Regenfus [1. 4. 2019] § 185 Rn 111; Staudinger/Gursky [2014] Rn 70; Zimmermann ZEV 2017, 100). Erwirbt der beschränkt Geschäftsfähige den Gegenstand, über den er zuvor ohne Zustimmung der gesetzlichen Vertreter verfügt hat, so greift § 185 Abs 2 S 2 Var 2 BGB ebenfalls nicht ein (Flume BGB AT II § BGB § 13, BGB § 7b [S 194]; Staudinger/Gursky [2014] Rn 70; BeckOGK/Regenfus [1. 4. 2019] § 185 Rn 111; Bolten JA 2000, 374, 378). Den Mangel der beschränkten Geschäftsfähigkeit will die Konvaleszenz nicht ausgleichen.

112 Kommt es – ausnahmsweise wie etwa in § 399 BGB – zur Möglichkeit einer Vereinbarung eines dinglichen Veräußerungsverbotes, so wirkt sich dies auch auf die Konvaleszenz aus: Der Nichtberechtigte, der etwa eine vinkulierte Forderung erwirbt, kann diese auch nicht weiterübertragen, weshalb auch die Konvaleszenz ausfällt (BeckOGK/Regenfus [1. 4. 2019] § 185 Rn 111; Staudinger/Gursky [2014] Rn 70; BGH 26. 9. 1958 – I ZR 81/57, BGH LM BGB § 185 Nr 9 = GRUR 1959, 147).

f) Nicht: bloße Verfügungsmacht

113 § 185 Abs 2 S 1 2. Alt BGB ist freilich dann nicht anwendbar und es kommt nicht zu der dort geregelten Konvaleszenz, wenn der nichtberechtigt Verfügende nachträglich **lediglich die Verfügungsmacht** erhält, ohne selbst Rechtsinhaber zu werden (BGH 26. 9. 1958 – I ZR 81/57, GRUR 1959, 147; BGH 27. 11. 1998 – V ZR 180-97, VIZ 1999, 161; Bork ZIP 2006, 589, 594; ders, Allgemeiner Teil des BGB [4. Aufl 2016] S 674; MünchKomm/Bayreuther[8] § 185 Rn 52; Staudinger/Gursky [2014] § 185 Rn 74; NK-BGB/Staffhorst[3] § 185 Rn 26; jurisPK-BGB/Trautwein[8] [13. 2. 2019] § 185 Rn 27; PWW/Frensch[13] § 185 Rn 10; BeckOGK/Regenfus [1. 4. 2019] § 185 Rn 127). Das gilt etwa für den Fall, dass der Nichtberechtigte nachträglich zum Insolvenzverwalter bestellt wird. Hier ist sowohl die direkte als auch die analoge Anwendung der Konvaleszenzregelung des § 185 Abs 2 S 1 Var 2 BGB abzulehnen (OLG München 10. 12. 2009 – 34 Wx 110/09, juris; BGB-RGRK/Steffen[12] § 185 Rn 13; Soergel/Leptien[12] § 185 Rn 28; Palandt/Ellenberger[78] § 185 Rn 11; Bork ZIP 2006, 589, 594; Staudinger/Gursky [2014] § 185 Rn 74). Beispiele nach Staudinger/Gursky (2014) § 185 Rn 75: Dies gilt auch, wenn ein als Testamentsvollstrecker Vorgesehener Verfügungen über den Nachlass vornimmt, obwohl er die Annahmeerklärung gegenüber dem Gericht (§ 2202 BGB) erst später abgibt (**anders** OLG München 8. 9. 2005 – 32 Wx 58/05, FGPrax 2005, 243, 244; K Müller JZ 1981, 370). Ebenso, wenn ein amtlicher Verwalter seine Verfügungsmacht überschreitet und später dann das Verfügungsobjekt erwirbt (**anders** RG HRR 1939 Nr 1462 = DRW 1939, 1949, 1950 [unerlaubte schenkweise Bestellung einer Hypothek]; Soergel/Leptien[12] § 185 Rn 28).

2. Beerbung des Nichtberechtigten durch den Berechtigten, § 185 Abs 2 S 2 Var 3

114 Nach § 185 Abs 2 S 2 Var 3 BGB kommt es auch dann zur Konvaleszenz, wenn der Berechtigte den nichtberechtigt Verfügenden beerbt und er für die Nachlassverbindlichkeiten unbeschränkt haftet. Dieser Konvaleszenzfall gründet darauf, dass mit der Verfügung des Nichtberechtigten (regelmäßig) eine entsprechende Verpflichtung desselben zur Verfügung einhergeht – jedenfalls dann, es zur unbeschränkten Nachlasshaftung kommt. Der Erbe, der dann für diese Verpflichtung haftet, müsste letztlich ohnehin gegenüber dem Gläubiger der Verpflichtung zur Verfügung kommen: „Heilung nach Haftung" (Flume, AT, 2. Bd [4. Aufl 1992] S 916; Medicus/Petersen, Allgemeiner Teil, S 444; auch vThur BGB AT II/1 § 60 S 384: Der Erbe hat für Handlungen des Erblassers einzustehen; BeckOGK/Regenfus [1. 4. 2019] § 185 Rn 139; BeckOK BGB/Bub [1. 11. 2018] § 185 Rn 16). Die Notwendigkeit einer entsprechenden Klage wird durch § 185 Abs 2 S 2 Var 3 BGB überflüssig (Staudinger/Gursky [2014] § 185 Rn 77; Habersack JZ 1991, 70, 72; Finkenauer, in: FS Picker [2010] 201, 222 f; NK-BGB/Staffhorst³ § 185 Rn 27). Letztlich wird Var 3 durch den übergeordneten Gedanken getragen, dass der Erbe für das rechtsgeschäftliche Handeln – gerade, wenn es noch nicht „abgeschlossen" ist – einstehen muss. Zudem greift der Sukzessionsgedanke: Der Erbe tritt in die schwebende Unwirksamkeit des Verfügungsgeschäfts ein (BeckOGK/Regenfus [1. 4. 2019] § 185 Rn 139; Wolf/Neuner AT¹¹ S 685)

Das wird **angriffen** (Wacke SavZRG 114 [1997] 197, 200; ders JZ 2001, 380), weil es die Annahme eines Erbes unattraktiver mache, wenn die Erbschaft letztlich en Verlust eigener Vermögensgegenstände des Erben bedeutet. Außerdem trifft den nichtberechtigten Erblasser (sofern keine anderweitige Heilung eintritt) bei endgültigem Ende der Schwebelage „nur" eine schadensersatzrechtliche Haftung, durch die Konvaleszenz kommt es aber zum unmittelbar verfügungsrechtlichen Rechtsentzug oder zumindest zur Rechtsbelastung, deshalb wird hier gleichsam eine Asynchronität der Rechtsfolgen, allein ausgelöst durch die Erbschaft, festgestellt (Wacke SavZRG 114 [1997] 197, 200; ders JZ 2001, 380). Diese Einwände werden freilich zurückgewiesen – weil der Erbe insgesamt in die Verpflichtungen des Erblassers eintrete, es also zu einer Gleichstellung komme und sich so auch nicht gegen Belastungen wehren könne (so dezidiert BeckOGK/Regenfus [1. 4. 2019] § 185 Rn 141; Finkenauer, in: FS Picker [2010] 201 [221 f]; HKK/Finkenauer §§ 182–185 Rn 18). In der Tat: Wenn durch die schwebenden Verfügungen eine Erbschaft unattraktiv wird, kann der Erbe die Erbschaft ausschlagen – seine Autonomie ist also geschützt.

115 Die Konvaleszenz tritt **unabhängig vom erbrechtlichen Modell** ein: so macht weder die gesetzliche noch die gewillkürte Erbfolge einen Unterschied, noch spielt es eine Rolle, ob der Berechtigte zum Alleinerben oder nur zum Miterben des Nichtberechtigten wird (Staudinger/Gursky [2014] § 185 Rn 80; Flume BGB AT II § 185 Rn 58; MünchKomm/Bayreuther⁸ § 185 Rn 58; BeckOK BGB/Bub Rn 16; NK-BGB/Staffhorst³ § 185 Rn 28; BeckOGK/Regenfus [1. 4. 2019] § 185 Rn 146). Ist allerdings der Erwerber ebenfalls Miterbe, so greift § 185 Abs 2 S 1 Var 3 BGB schon deshalb nicht ein, weil es nach § 2063 Abs 2 BGB nicht zur unbeschränkten Haftung des berechtigten Miterben kommt (RG 19. 1. 1925 – IV 474/24, RGZ 110, 94; MünchKomm/Bayreuther⁸ § 185 Rn 58; BeckOK BGB/Bub [1. 11. 2018] § 185 Rn 16; Staudinger/Gursky [2014] § 185 Rn 85; Soergel/Leptien¹² § 185 Rn 30; BGB-RGRK/Steffen¹² Rn 14; NK-BGB/Staffhorst³ § 185

Rn 28; BeckOGK/Regenfus [1. 4. 2019] § 185 Rn 146). Auf der anderen Seite wiederum ist auch der irrtümlich als Alleinerbe verfügende Nichtberechtigter im Sinne des § 185 BGB (Rn 38 f). Wird er später durch andere (Mit-)Erben beerbt, so kommt es zur Konvaleszenz nach § 185 Abs 2 S 2 Var 3 BGB (BGH 5. 3. 1964 – II ZR 208/61, WM 1964, 629; MünchKomm/Bayreuther[8] § 185 Rn 58).

Wird ein **Vorerbe durch den Nacherben beerbt** greift § 185 Abs 2 S 2 Var 3 BGB **116** ebenfalls ein (BeckOGK/Regenfus [1. 4. 2019] § 185 Rn 147; RG 19. 1. 1925 – IV 474/24, RGZ 110, 94; BeckOK BGB/Bub [1. 11. 2018] § 185 Rn 16; OLG Breslau OLGE 24, 84).

Besteht auch der Zweck des §§ 185 Abs 2 S 1 Var 3 BGB darin, entsprechende **117** Erfüllungsklagen gegen den Erben überflüssig zu machen, so ist **entsprechende Verpflichtung des Nichtberechtigten nicht Voraussetzung** für den Konvaleszenzfall (BeckOK BGB/Bub [1. 11. 2018] § 185 Rn 16; BeckOGK/Regenfus [1. 4. 2019] § 185 Rn 143; Staudinger/Gursky [2014] § 185 Rn 79; Wolf/Neuner AT[11] S 685). Dabei ist auf die Gesetzgebungsmaterialien (Mot II 139) zu verweisen: Die Erleichterung der Durchsetzung bestehender schuldrechtlicher Ansprüche ist lediglich gesetzliches Motiv, aber nicht Tatbestandsvoraussetzung (so Staudinger/Gursky [2014] § 185 Rn 77), zudem stellt die Vorschrift nicht auf die konkrete Nachlassverbindlichkeit ab, sondern nur allgemein auf Nachlassverbindlichkeiten. Dem wird widersprochen (BGH 4. 2. 1994 – V ZR 277/92, NJW 1994, 1470; OLG Celle 13. 7. 1993 – 4 U 84/92, NJW-RR 1994, 646; OLG Saarbrücken 5. 6. 1997 – 8 U 310/96 – MDR 1997, 1107; OLG München 16. 5. 2018 – 20 U 2903/17, ZErb 2018, 170; Hagen AcP 167 [1967] 481, 493; Erman/Maier-Reimer[15] § 185 Rn 28; MünchKomm/Bayreuther[8] § 185 Rn 59; Soergel/Leptien[12] § 185 Rn 30; Habersack JZ 1991, 70, 71; Wacke SavZRG 114 [1997] 197 [197 f]. Nehme man den Grundsatz der Heilung durch Haftung ernst, so lasse sich ein Erwerb nur dann rechtfertigen, wenn gerade die gewünschte Erleichterung der Rechtsdurchsetzung einen Heilungsgrund liefern könne. Im Kern spricht für das Außenvorlassen einer bestehenden Verpflichtung zunächst die Rechtssicherheit, bei der der Gesetzgeber zwar auch typisieren darf (darauf abstellend BeckOGK/Regenfus [1. 4. 2019] § 185 Rn 143), die aber wegen der sehr spezifischen Zweckrichtung des § 185 Abs 2 S 2 Var 3 BGB nicht allein durchdringen kann. Zumal die Verfügung auch dann, wenn sie ohne bestehende Verpflichtung des nichtberechtigten Erblassers beim Berechtigten konvalesziert, nicht stabil ist – sie muss schuldrechtlich abgewickelt werden (so auch Staudinger/Gursky [2014] § 185 Rn 79; deswegen für die Notwendigkeit einer Verpflichtung Habersack JZ 1991, 70, 71; Bülow WM 1998, 845, 845; Soergel/Leptien[12] § 185 Rn 30), was den Gewinn an Rechtssicherheit wieder deutlich relativiert. Stärker und maßgeblich ist auch hier das Argument, dass durch die Berücksichtigung der schuldrechtlichen Verpflichtung das Abstraktionsprinzip berührt wird (BeckOGK/Regenfus [1. 4. 2019] § 185 Rn 143): In der Tat kommt es zur Verquickung einer schuldrechtlichen Bindung mit der Wirksamkeit einer Verfügung. Das ist aber der zentrale Gedanke, an dem sich das Erfordernis der Rechtssicherheit Bahn bricht. Der Verkehrsschutz wird ja gerade durch das Abstraktionsprinzip getragen, eine Durchbrechung dieses Grundsatzes hätte einer entsprechenden gesetzlichen Vorgabe bedurft (Kuhn, Heilung kraft Haftung [2009] 18; BeckOGK/Regenfus [1. 4. 2019] § 185 Rn 143.3). Gerade deshalb kann auch auf den schuldrechtlichen Ausgleich verwiesen werden, wenn eine Verpflichtung nicht besteht. **Aus diesem Grund ist eine Verpflichtung nicht notwendig** (BeckOK BGB/Bub [1. 11. 2018] § 185 Rn 16).

118 Besteht für eine bestehende Verpflichtung keine Notwendigkeit, so führen auch Mängel in der Geschäftsfähigkeit des nichtberechtigt Verfügenden nicht zum Ausschluss der Konvaleszenz nach § 185 Abs 2 S 2 Var 3 BGB. Ebenso spielt zwangsläufig die Entgeltlichkeit einer eventuellen Verpflichtung keine Rolle (BeckOGK/REGENFUS [1. 4. 2019] § 185 Rn 145).

119 Für die Konvaleszenz des §§ 185 Abs 2 S 1 3. Alt BGB muss der Berechtigte **endgültig unbeschränkt** für die Nachlassverbindlichkeiten haften (STAUDINGER/GURSKY [2014] § 185 Rn 81; BayObLG 14. 11. 1996 – 2 Z BR 83/96, DNotZ 1998, 138; OLG Stuttgart 16. 5. 1994 – 8 W 287/93, OLGZ 1994, 513; BayObLG 14. 11. 1996 – 2 Z BR 83/96, DNotZ 1998, 138; Ebel NJW 1982, 724, 725; MünchKomm/BAYREUTHER[8] § 185 Rn 57; SOERGEL/LEPTIEN[12] § 185 Rn 30; ERMAN/MAIER-REIMER[15] § 185 Rn 28; HABERSACK JZ 1991, 70, 72; HARDER, in: FS Seiler [1999] 637, 638; WACKE NJW 1981, 1577, 1580; KUHN, 16; **anders** BeckOK BGB/BUB [1. 11. 2018] § 185 Rn 16; zweifelnd HKK/FINKENAUER §§ 182–185 Rn 18). Die vorläufige, aber beschränkbare Haftung reicht teleologisch ersichtlich nicht aus, weil die Beschränkung ansonsten nicht sinnvoll wäre: Jede Erbschaft tritt zunächst unbeschränkt ein (BeckOGK/REGENFUS [1. 4. 2019] § 185 Rn 148; STAUDINGER/GURSKY [2014] § 185 Rn 81). Das wird wegen § 2013 BGB selten vorkommen (jurisPK/TRAUTWEIN[8] [Stand: 13. 2. 2019] § 185 Rn 43; weshalb auch BeckOK BGB/BUB [1. 11. 2018] § 185 Rn 16 auf die Endgültigkeit verzichten will), begründet aber darauf, dass im Falle der beschränkten Haftung die Durchsetzung eines Anspruches gegen den Erben nicht gewiss ist – eine solche Unsicherheit passt aber nicht mit der Intention der Konvaleszenzregelung, die Durchsetzung der Erfüllungsansprüche zu erleichtern.

Die unbeschränkte Haftung muss gerade gegenüber dem Erwerber bestehen: Hier kommt es zur Konvaleszenz, auch wenn die Erbenhaftung gegenüber anderen Personen noch beschränkt ist (BeckOGK/REGENFUS [1. 4. 2019] § 185 Rn 149; MünchKomm/BAYREUTHER[8] § 185 Rn 57 BeckOK BGB/BUB [1. 11. 2018] § 185 Rn 16).

Auch reicht das bloße Ende der Nachlassverwaltung nicht aus (STAUDINGER/GURSKY [2014] § 185 Rn 82) – weil auch in diesen Fällen zumindest noch die Dürftigkeitseinrede nach § 1990 BGB besteht und so gerade keine unbeschränkte Haftung vorliegt (BeckOGK/REGENFUS [1. 4. 2019] § 185 Rn 150).

120 **Verfügungen, die vor der unbeschränkten Nachlasshaftung** vorgenommen wurden, bleiben unwirksam (BayObLG 24. 5. 1973 – BReg 2 Z 13/73, Rpfleger 1973, 296; BayObLG 14. 11. 1996 – 2 Z BR 83/96, MittBayNot 1997, 44; OLG Stuttgart 16. 5. 1994 – 8 W 287/93, NJW-RR 1995, 968; jurisPK/TRAUTWEIN[8] [13. 2. 2019] § 182 Rn 44; zum Problem der Verfügungsmacht des nicht befreiten Vorerben RICKEN AcP 202 [2002] 465, 465).

121 Die Wirkung tritt mit der unbeschränkten Haftung ex nunc ein, **sie wirkt nicht zurück** (NK-BGB/STAFFHORST[3] § 185 Rn 29; BeckOGK/REGENFUS [1. 4. 2019] § 185 Rn 151).

122 § 185 Abs 2 S 1 Var 3 BGB gilt wegen § 362 Abs 2 BGB **auch für die Erfüllung gegenüber dem Nichtberechtigten**, weshalb es auch zur Erfüllung kommt, wenn der Gläubiger den Erblasser beerbt, an den geleistet worden ist (BeckOGK/REGENFUS [1. 4. 2019] § 185 Rn 152).

3. Einander widersprechende Verfügungen

§ 185 Abs 2 S 2 BGB legt (im Rahmen allgemeiner Grundsätze) für die Frage der **123** (potenziellen) Konvaleszenz mehrerer Verfügungen durch Nichtberechtigte das **Prioritätsprinzip** fest – wonach die erste Verfügung maßgeblich ist (Staudinger/Gursky [2014] § 185 Rn 86; jurisPK/Trautwein[8] [Stand: 13. 2. 2019] § 185 Rn 45; MünchKomm/Bayreuther[8] § 185 Rn Rn 60; BeckOK BGB/Bub [1. 11. 2018] § 185 Rn 15; HKK/Finkenauer §§ 182–185 Rn 17; Marotzke AcP 186 [1986] 490, 505; Kohler ZIP 2015, 1471, 1476). Übertragen also ein oder mehrere Nichtberechtigte einen Gegenstand zweimal, und wird er noch später Eigentümer, so konvalesziert die erste Verfügung, die zweite geht ins Leere. Das ist systematisch richtig: Wäre der Verfügende von vornherein Berechtigter gewesen oder hätte der Erbe als Eigentümer die Verfügung selbst vorgenommen, so gölte ebenfalls nur die erste Verfügung, weil die zweite an der dann fehlenden Verfügungsmacht scheiterte (Bork AT[4] S 676; vThur BGB AT II/1 § 60 S 385; Dölling 30; BeckOGK/Regenfus [1. 4. 2019] § 185 Rn 154). Diese systematische Richtigkeit verbindet sich mit dem Zweck, Missbrauch zu vereiteln: der Ersterwerber soll seine Erwerbung nicht durch manipulative Zweitverfügungen verlieren (Marotzke AcP 186 [1986] 490, 503).

Voraussetzung für die Konvaleszenz nach § 185 Abs 2 S 2 Var 3 BGB ist freilich, **124** dass sich die **Verfügungen widersprechen**, und so sich die Wirksamkeit der einen mit der der anderen Verfügung trifft. (BeckOGK/Regenfus [1. 4. 2019] § 185 Rn 155; NK-BGB/Staffhorst[3] § 185 Rn 34; BeckOK BGB/Bub [1. 11. 2018] § 185 Rn 15). Das ist nicht nur eine zeitliche, sondern vor allem eine inhaltliche Frage: Zwei Übereignungen desselben Gegenstandes widersprechen sich offensichtlich, eine Übereignung und eine Verpfändung dagegen nicht (Staudinger/Gursky [2014] § 185 Rn 87; jurisPK/Trautwein[8] [Stand: 13. 2. 2019] § 185 Rn 45; NK-BGB/Staffhorst[3] § 185 Rn 34). Kommt es bei sich nicht widersprechenden Verfügungen zur Konvaleszenz, so werden beide ex nunc wirksam: Im Beispiel erhält dann der Erwerber das Eigentum mit dem Pfandrecht belastet (Staudinger/Gursky [2014] § 185 Rn 87).

Widersprüchlich ist etwa auch eine mehrfache Belastung eines Rechts im gleichen Rangverhältnis: Eine mehrfache Verpfändung im gleichen (ersten) Rang schließt sich ersichtlich aus, allerdings keine rangunterschiedliche Verpfändung. Auch hier greift der Gedanke des § 185 Abs 2 S 2 BGB: Die Konvaleszenz lässt zwar die Pfandrechte als solche unberührt, führt aber dazu, dass die erste Belastung den nachfolgenden im Rang vorgeht (Staudinger/Gursky [2014] § 185 Rn 88).

Nach dem **Prioritätsprinzip** des § 185 Abs 2 S 1 Var 3 BGB wird im Falle der **125** Konvaleszenz die zeitlich erste Verfügung wirksam, die folgenden widersprechenden unwirksam (NK-BGB/Staffhorst[3] § 185 Rn 35). Dabei kommt es nicht auf den ersten Teilakt der Verfügung an, sondern – wie regelmäßig im Zustimmungsrecht – auf den letzten: Vorgenommen ist die Verfügung also etwa im Falle der Grundstücksübertragung erst dann, wenn Auflassung und Eintragung erfolgt sind (Staudinger/Gursky [2014] § 185 Rn 89; vThur BGB AT II/1 § 60 S 385 f [Fn 128]; Dölling, 30). Dabei kommt es darauf an, dass die Verfügung insgesamt vorgenommen wurde, in welcher Reihenfolge die einzelnen Teilakte abgeschlossen wurden, spielt keine Rolle: so ist eine vorherige Eintragung unschädlich, wenn sie später durch eine Auflassung gedeckt wird; ebenso ist es unschädlich, wenn bei zwei gestellten Anträgen auf Eintragung falsch der zweite Antrag bearbeitet wird (Staudinger/Gursky [2014] § 185 Rn 88).

126 Das **Posterioritätsprinzip** gilt, wenn mehrere Pfandrechte für denselben Absender tätiger Frachtführer schwebend unwirksam sind – hier gilt § 443 HGB als Sonderregelung (siehe STAUDINGER/GURSKY [2014] § 185 Rn 90).

127 Zwar zielt § 185 Abs 2 S 2 BGB nicht auf den Fall, dass **mehrere Verfügungen eines Nichtberechtigten** genehmigt werden, aber auch hier ist der Prioritätsgrundsatz anzuwenden, so dass stets die zeitlich erste Genehmigung Wirkung entfaltet und für die weiteren dem „Genehmigenden" die Verfügungsmacht fehlt (jurisPK/TRAUTWEIN[8] [Stand: 13. 2. 2019] § 185 Rn 46).

VI. Entsprechende Anwendung

1. Rechtsgeschäftsähnliche Handlungen; Mahnungen

a) Fristsetzung

128 Auf die Fristsetzung nach **§§ 281 Abs 1 BGB; 323 Abs 1 BGB** wird § 185 BGB zumindest entsprechend angewandt (jurisPK/TRAUTWEIN[8] [Stand: 13. 2. 2019] § 185 Rn 6; siehe dazu Rn 21).

b) Zwangsvollstreckung

129 § 185 BGB nennt Zwangsverfügungen – im Gegensatz zu §§ 135 Abs 1 S 2; 161 Abs 1 S 2, 184 Abs 2, 883 Abs 2 S 2 BGB – nicht. Dennoch wird die Regelung auf diese Zwangsverfügungen, die Mobilien betreffen, richtig analog angewandt (BGH 5. 7. 1971 – II ZR 176/68, BGHZ 56, 339 = NJW 1971, 1938; STAUDINGER/GURSKY [2014] § 185 Rn 91; MünchKomm/BAYREUTHER[8] § 185 Rn 14; BGB-RGRK/STEFFEN[12] § 185 Rn 6; jurisPK/TRAUTWEIN[8] [Stand: 13. 2. 2019] § 185 Rn 10; SOERGEL/LEPTIEN[12] § 185 Rn 6; BeckOGK/REGENFUS [1. 4. 2019] § 185 Rn 171; NK-BGB/STAFFHORST[3] § 185 Rn 9; PWW/FRENSCH § 185 Rn 5; BeckOK BGB/BUB [1. 11. 2018] § 185 Rn 4; PALANDT/ELLENBERGER § 185 Rn 4; K MEDICUS/PETERSEN, Allgemeiner Teil, S 445; SCHMIDT ZZP 87 [1974] 316 ff; SCHANBACHER JuS 1993, 382, 384; FLUME, AT, 2. Bd [4. Aufl 1992] S 917 [nur für Vorwegpfändungen]; **anders** vTUHR, AT II 1, 264). Das Schweigen des Gesetzes in § 185 BGB wird zu Recht als nicht beredt angesehen, weil eine Parallelität zur Wirkung der Verfügung durch den Nichtberechtigten besteht: die Pfändungsmaßnahme ist wirksam, aber anfechtbar – so dass auch hier eine der Schwebelage durchaus entsprechende Situation besteht (BeckOGK/REGENFUS [1. 4. 2019] § 185 Rn 170; dazu auch EGERT 56).

130 Damit kommt es bei Einwilligung des Eigentümers der schuldnerfremden Sache bei deren Pfändung zu einem Pfändungspfandrecht (K SCHMIDT 319 f; **anders** vTUHR, AT II 1, 264) oder rückwirkend auf den Pfändungszeitpunkt bei nachträglicher Genehmigung (K SCHMIDT 320 f; FLUME, AT II § 58 S 917; BeckOGK/REGENFUS [1. 4. 2019] § 185 Rn 171; M WOLFF, in: FG Hübler [1905] 63 [66]; MünchKomm/BAYREUTHER[8] § 185 Rn 14). Keine Rückwirkung erfolgt, wenn der Schuldner die gepfändete Sache erwirbt, § 185 Abs 2 S 1 Var 2 BGB entsprechend (OLG Braunschweig 27. 7. 1971 – 5 U 60/71, MDR 1972, 57; BeckOGK/REGENFUS [1. 4. 2019] § 185 Rn 171; STAUDINGER/GURSKY [2014] § 185 Rn 91; vTUHR BGB AT II/1 S 387; SOERGEL/LEPTIEN[12] § 185 Rn 6; H LEHMANN JW 1934, 221; K SCHMIDT 322 f; KELLER ZIP 2006, 1174, 1177; zumindest im Ergebnis RG 31. 0. 1905 – VII 321/04, RGZ 60, 70; K SCHMIDT 322 f; **anders** FLUME, AT, 2. Bd [4. Aufl 1992] S 917 keine Anwendung von § 185 Abs 2 S 1 Var 2 BGB, wenn aber doch dann Gleichrangigkeit der Pfändungspfandrechte) oder aber, wenn der Berechtigte den Schuldner beerbt und für dessen Nachlassverbindlichkeiten unbeschränkt haftet (K Schmidt 325 f; Staudinger/Gursky [2014] § 185 Rn 91).

Wie allgemein (§ 182 Rn 4 ff) ist auszulegen, ob eine entsprechende Zustimmung **131** vorliegt, allein aus dem **Unterlassen einer Drittwiderspruchsklage** wird man dies aber isoliert nicht feststellen können, freilich ist jeweils auszulegen (BGH 2. 7. 1992 – IX ZR 274/91, BGHZ 119, 75 = NJW 1992, 2570; MünchKomm/Bayreuther⁸ § 185 Rn 14; Staudinger/ Gursky [2014] § 185 Rn 91; BeckOGK/Regenfus [1. 4. 2019] § 185 Rn 171). Für die Genehmigung mehrerer Akte der Zwangsvollstreckung kann der Eigentümer, unter Berücksichtigung des AnfG wählen (BeckOGK/Regenfus [1. 4. 2019] § 185 Rn 171; K Schmidt ZZP 87 [1974] 316, 321).

Für die Konvaleszenz nach § 185 Abs 2 S 1 Var 2, 3 BGB findet auch das Prioritäts- **132** prinzip des Abs 2 S 2 BGB entsprechende Anwendung, so dass für das **pfändungsrechtliche Rangverhältnis** die zeitliche Reihenfolge der Pfändungsakte maßgeblich ist (Staudinger/Gursky [2014] § 184 Rn 91; Rosenberg JW 1929, 2958 f; Meister NJW 1959, 608, 609; Spindler MDR 1960, 454, 455; M Wolff, in: FG Hübler [1905] 63, 66; K Schmidt ZZP 87 [1974] 316, 325; vTuhr II 2, 309 Fn 116; **anders** [gleicher Rang] RG 31. 1. 1905 – VII 321/04 RGZ 60, 70, 73; Schwinge 93; Flume, AT II § 58 S 917; Weimar MDR 1959, 819; Pawlowski ZZP 90, 81, 85; Werner JR 1971, 278, 286; Bülow WM 1998, 845, 846;). Dabei geht ein Pfändungspfandrecht, das ein Gläubiger des Eigentümers der Sache an dieser hat, im Fall der Konvaleszenz den durch diese entstehenden Pfandrechten nach (Staudinger/Gursky [2014] § 185 Rn 91), das ergibt sich schon aus der ex-nunc-Wirkung der Konvaleszenz. Voraussetzung einer Konvaleszenz ist aber, dass der Gerichtsvollzieher noch Besitz an der Sache hat (Keller ZIP 2006, 1174, 1181; BeckOGK/Regenfus [1. 4. 2019] § 185 Rn 171).

Die **Pfändung einer schuldnerfremden Forderung** ist der Konvaleszenz aber nicht **133** zugänglich – weil die Pfändung hier nicht greift: eine Forderung des Vollstreckungsschuldners liegt nicht vor, es fehlt am „Substrat", eine Verstrickung kann nicht erfolgen (RG JW 1930, 551; BGH 2. 10. 1957 – V ZR 212/55, LM § 313 BGB Nr 14; BGH 5. 7. 1971 – II ZR 176/68, BGHZ 56, 339; BGH 5. 2. 1987 – IX ZR 161/85, BGHZ 100, 36; BGH 26. 5. 1987 – IX ZR 201/86, NJW 1988, 495; BGH 12. 12. 2001 – IV ZR 47/01, NJW 2002, 755; BAG 17. 2. 1993 – 4 AZR 161/92, NJW 1993, 2699; OLG München 4. 11. 2009 – 20 U 3116/09; OLGR Düsseldorf 2000, 14, 16; OLG Schleswig 9. 11. 2006 – 11 U 59/06, NJOZ 2007, 182; BeckOGK/Regenfus [1. 4. 2019] § 185 Rn 172; BGB-RGRK/Steffen¹² § 185 Rn 6; NK-BGB/Staffhorst³ § 185 Rn 9; PWW/ Frensch¹³ § 185 Rn 5; Bamberger/Roth/Bub [1. 11. 2018] § 185 Rn 4; MünchKomm/Bayreuther⁸ § 185 Rn 15; Erman/Maier-Reimer¹⁵ § 185 Rn 3; Palandt/Ellenberger § 185 Rn 4; Egert 56; Merz NJW 1955, 347) Demgegenüber wird **anders** unter Hinweis auf die Möglichkeit der Pfändung einer zukünftigen Forderung eine Anwendung bejaht, jedenfalls dann, wenn die Forderung hinreichend bestimmt ist (K Schmidt ZZP 87 [1974] 316, 326 ff; Tiedtke NJW 1972, 746 ff; Soergel/Leptien¹² § 185 Rn 6; Medicus/Petersen, Allgemeiner Teil, S 445) – allerdings ist dies mit dem Interesse an Rechtssicherheit des Drittschuldners nicht in Einklang zu bringen (BeckOGK/Regenfus [1. 4. 2019] § 185 Rn 172.1).

Das gilt auch für die Fälle, in denen der Vollstreckungsgläubiger die Abtretung **134** erfolgreich wegen Gläubigerbenachteiligung anficht und der Zessionar aufgrund der vom Vollstreckungsgläubiger erhobenen Anfechtungsklage verurteilt wird, die Zwangsvollstreckung in die Forderung zu dulden (BGH 5. 2. 1987 – IX ZR 161/85, BGHZ 100, 36; BGH KTS 1992, 115; BGH 19. 9. 1991 – IX ZR 69/90, NJW-RR 1992, 612; LG Hamburg

11. 7. 1991 – 302 O 83/91, ZIP 1991, 1507; Kindl NZG 1998, 321, 328; Gerhardt JR 1987, 415, 416 f; Münzberg ZZP 101 [1998] 436, 439 ff; dazu auch BeckOGK/Regenfus [1. 4. 2019] § 185 Rn 173, 3; **anders** RG 28. 6. 1905 – I 47/05, RGZ 61, 150, 151; LAG Hamm 15. 10. 1991 – 2 Sa 917/91, JZ 1993, 98; K Schmidt JZ 1987, 889, 895; Schanbacher JuS 1993, 382, 385; MünchKomm/Bayreuther[8] § 185 Rn 15; Tiedtke JZ 1993, 73, 74) und ebenso, wenn eine vom Vollstreckungsschuldner vor der Pfändung bereits abgetretene Forderung nachträglich an den Vollstreckungsschuldner zurückzediert wird (BGH 5. 7. 1971 – II ZR 176/68, BGHZ 56, 339; Staudinger/Gursky [2014] § 185 Rn 91; Erman/Maier-Reimer[13] § 185 Rn 3; MünchKomm/Bayreuther[8] § 185 Rn 15; **anders** K Schmidt ZZP 87 [1974] 316, 326 ff; Tiedtke JZ 1993, 73, 74). Für die Pfändung künftiger laufender **Forderungen aus dem Arbeitsverhältnis** nimmt das BAG die Heilung nach § 185 Abs 2 S 1 Var 2 BGB an, wenn der Vollstreckungsschuldner die gepfändete Forderung zurückerwirbt – weil bei künftigen Forderungen ohnehin Rechtsunsicherheit über ihr Bestehen vorliege (BAG 17. 2. 1993 – 4 AZR 161/92, NZA 1993, 813).

135 Steht eine Miet- oder Pachtforderung im Hypothekenverband und wurde sie vom Grundstückseigentümer vor der Beschlagnahme durch Anordnung der Zwangsverwaltung abgetreten und wird sie danach vom Grundstückseigentümer zurückerworben, greift die Beschlagnahmewirkung nach § 185 Abs 2 S 1 Var 2 BGB auf diese Forderung nicht (OLG Karlsruhe 7. 3. 2002 – 19 U 108/01, NJOZ 2002, 2314, 2315; MünchKomm/Bayreuther[8] § 185 Rn 15).

c) Gesetzliche Pfandrechte

136 Die **gesetzlichen Pfandrechte der §§ 397, 441, 464 HGB** entstehen bereits dann, wenn der Kommittent, Absender oder Versender zwar nicht selbst Eigentümer der betreffenden Sache, aber vom Eigentümer zum Abschluss des Kommissions- oder Fracht- oder Speditionsvertrages und zur Aushändigung der Sache an den Vertragspartner ermächtigt war. Das ist nach §§ 397 S 1, 440 Abs 1 S 1, 464 Abs 1 S 1, 475b Abs 1 S 1, 495 Abs 1 S 1 HGB möglich, ohne dass es dann auf den guten Glauben ankäme (OLG Düsseldorf 29. 4. 2008 – 3 VA 2/08, MDR 2008, 1365; Staudinger/Gursky [2014] § 184 Rn 93; NK-BGB/Staffhorst[3] § 185 Rn 14; BeckOGK/Regenfus [1. 4. 2019] § 185 Rn 173. 1). Das führt zu einer Anwendung des § 185 Abs 1 BGB auf diesen Fall des gesetzlichen Erwerbs der handelsrechtlichen Pfandrechte.

137 Auf diese handelsrechtlichen Regelungen wird auch verwiesen, wenn für die gesetzlichen Pfandrechte des BGB die entsprechende Anwendung des § 185 BGB befürwortet wird: Danach können die **gesetzlichen Pfandrechte des Vermieters, § 562 Abs 1 S 1 BGB, des Verpächters, § 592 S 1 BGB, des Werkunternehmers, § 647 BGB und des Gastwirts, § 704 S: 1 BGB**, die nach dem Gesetzeswortlaut Eigentum des Vertragspartners voraussetzen, in Analogie zu § 185 Abs 1 BGB auch an Sachen eines Dritten entstehen, wenn dieser der Bearbeitung oder Einbringung der Sache zustimmt (Canaris, in: FS Medicus [1999] 25, 48; MünchKomm/Bayreuther[8] § 185 Rn 9; BGB-RGRK/Steffen[12] § 185 Rn 5; Soergel/Leptien[12] § 185 Rn 9; Stöber NJW 1958, 821; Erman/Maier-Reimer[15] § 185 Rn 4; Beutler NJW 1957, 1560; Benöhr ZHR 135 [1971] 144; L Raiser JZ 1961, 285, 286; Picker NJW 1978, 1418; Weimar JR 1976, 51; Schwerdtner JuS 1970, 66; Katzenstein Jura 2004, 1, 6). Das aber verkennt im Kern, dass diese Pfandrechte ohne einen entsprechenden Willen des Bestellers oder Gastes entstehen, sondern allein aufgrund der gesetzlichen Anordnung entstehen und damit der rechtsgeschäftliche Boden verlassen ist (BGH 21. 12. 1960 – VIII ZR 89/59, BGHZ 34, 122; OLG Köln 31. 7. 1967 –

10 U 22/67, NJW 1968, 304; Staudinger/Gursky [2014] § 185 Rn 93; Palandt/Ellenberger[78] § 185 Rn 3; BeckOGK/Regenfus [1. 4. 2019] § 185 Rn 177; Berg JuS 1970, 30; Münzel NJW 1961, 1236; Hohenester NJW 1958, 212; Jakobs Jura 1970, 707; Kunig JR 1976, 13; Doris 145 ff; Risch TranspR 3 [2005] 108, 110 f; offener MünchKomm/Bayreuther[8] § 185 Rn 9). Der Hinweis auf eine Parallelität zur Verpflichtungsermächtigung (Peters AcP 171 [1971] 234, 238) ist dagegen nicht zwingend, weil es zu einer Verpflichtung nicht kommt, also eher eine „Belastungsermächtigung" eintritt (BeckOGK/Regenfus [1. 4. 2019] § 185 Rn 177. 1; Raiser JZ 1961, 286, 287; Schwerdtner JuS 1970, 64, 66; Katzenstein jura 2004, 1, 3; Wilhelm DB 2014, 406, 408). Das wird zwar rechtspolitisch auch von denen kritisiert, die eine entsprechende Anwendung ablehnen (etwa BeckOGK/Regenfus [1. 4. 2019] § 185 Rn 177 mwNw), allerdings wird die Berücksichtigung der gegebenen Interessenlage insbesondere mit dem Verweis auf die moderne arbeitsteilige Produktionssituation als Frage an den Gesetzgeber gestellt (BeckOGK/Regenfus [1. 4. 2019] § 185 Rn 177).

Erwirbt der Schuldner die eingebrachte Sache nachträglich, ist kein Raum für eine **138** entsprechende Anwendung des § 185 Abs 2 S 1 2. Var BGB, weil die gesetzlichen Tatbestände vorgehen (Erman/Maier-Reimer[13] § 185 Rn 5): Bereits danach entsteht ein Pfandrecht, was den Vorteil hat, dass das Prioritätsprinzip des § 185 Abs 2 S 2 BGB nicht gilt (BeckOGK/Regenfus [1. 4. 2019] § 185 Rn 174; MünchKomm/Bayreuther[8] § 185 Rn 53; vThur BGB AT II/1 § BGB § 60 S 387; anders aber Staudinger/Gursky [2014] § 185 Rn 94 mwNw: entsprechende Anwendung des § 185 Abs 2 S 1 Var 2, 3 BGB mit konsequenter entsprechender Anwendung des § 185 Abs 2 S 2 BGB).

d) Vormerkungswidrige Verfügungen

§ 185 Abs 2 S 1 Var 1 BGB findet entsprechende Anwendung, wenn der Vormer- **139** kungsgläubiger eine vormerkungswidrige Verfügung genehmigt und sich so des Schutzes der §§ 883, 888 Abs 1 BGB begibt, das gelingt gerade wegen der quasi dinglichen Wirkung der Vormerkung (RG 21. 4. 1937 – V 297/36, RGZ 154, 355; OLG Saarbrücken 16. 1. 1995 – 5 W 331/94-186, FGPrax 1995, 135; Staudinger/Gursky [2013] § 883 Rn 248 mwNw; MünchKomm/Bayreuther[8] § 185 Rn 11; Lehmann NJW 1993, 1558; BeckOGK/Regenfus [1. 4. 2019] § 185 Rn 178; Staudinger/Gursky [2014] Rn 95; Soergel/Leptien[12] § 185 Rn 19; Danwerth jura 2014, 559, 564; BGB-RGRK/Steffen[12] § 185 Rn 4; NK-BGB/Staffhorst[3] § 185 Rn 12; Bamberger/Roth/Bub [1. 11. 2018] § 185 Rn 6; **anders** RG 1. 12. 1933 – III 129/33 – RGZ 142, 331). Dass lediglich relative Unwirksamkeit vorliegt, schadet einer entsprechenden Annahme nicht, im Gegenteil: Gerade dann kann man die Entscheidung über die Wirksamkeit in die Hand des Vormerkungsgläubigers legen (BeckOGK/Regenfus [1. 4. 2019] § 185 Rn 178 mit Hinweis auf die Möglichkeit der Eintragung eines Wirksamkeitsvermerks ins Grundbuch, dazu auch BGH 25. 3. 1999 – V ZB 34/98, BGHZ 141, 169 = NJW 1999, 2275; OLG Hamm 11. 11. 1998 – 15 W 350/98, Rpfleger 1999, 68) – hier gilt entsprechendes wie bei den relativen Verfügungsverboten der §§ 135, 136 BGB (Rn 141).

Auch die Konvaleszenztatbestände von § 185 Abs 2 S 1 Var 2, 3 BGB sind bei **140** vormerkungswidrigen Verfügungen entsprechend anzuwenden (BeckOGK/Regenfus [1. 4. 2019] § 185 Rn 178; Staudinger/Gursky [2014] § 185 Rn 95). Für die Konvaleszenz durch Beerbung nach § 185 Abs 2 S 1 Var 3 BGB ist allerdings die Einschränkung zu machen, dass der Vormerkungsgläubiger lediglich Miterbe des Vormerkungsschuldners wird, weil sonst die unbeschränkbare Erbenhaftung dazu führen kann, dass die Vormerkung erlischt (Staudinger/Gursky [2014] § 185 Rn 95).

e) Gerichtliche Veräußerungsverbote

141 § 185 findet auch bei solchen Verfügungen Anwendung, die gegen ein gerichtliches Veräußerungsverbot nach §§ 135 BGB, 136 BGB, 938 Abs 2 ZPO verstoßen (BGH 10. 10. 1984 – VIII ZR 244/83, BGHZ 92, 280 = NJW 1985, 376; MünchKomm/Bayreuther[8] § 185 Rn 11; BeckOK BGB/Bub [1. 11. 2018] § 185 Rn 6; Soergel/Leptien[12] § 185 Rn 19; jurisPK/Trautwein[8] [13. 2. 2019] § 185 Rn 19; Danwerth jura 2014, 559, 560; BeckOGK/Regenfus [1. 4. 2019] § 185 Rn 180; NK-BGB/Staffhorst[3] § 185 Rn 12; Erman/Maier-Reimer[15] § 185 Rn 8; C Berger 31 ff). Der durch das Verbot Geschützte kann sich durch, auch hier rückwirkende, Genehmigung selbst dieses Schutzes begeben und letztlich auf den Verbotsschutz verzichten (Staudinger/Gursky [2014] § 184 Rn 96; BeckOGK/Regenfus [1. 4. 2019] § 185 Rn 180; **anders** Ruhwedel JuS 1990, 161, 166 Fn 39).

142 Wird das Verbot aufgehoben oder erlischt das verbotsgeschützte Recht, so gilt § 185 Abs 2 S 1 Var 2 BGB entsprechend (BeckOGK/Regenfus [1. 4. 2019] § 185 Rn 180; Staudinger/Gursky [2014] § 185 Rn 96).

f) Eintragungsbewilligung

143 § 185 BGB ist entsprechend auch auf die rein verfahrensrechtliche Verfügungserklärung der Eintragungsbewilligung nach § 19 GBO anzuwenden (BGH 15. 7. 2010 – V ZB 107/10, NJW-RR 2011, 19; BGH 15. 7. 2010 – V ZB 107/10, Rpfleger 2010, 651; OLG Nürnberg 23. 6. 2014 – 15 W 1126/14, NJW 2015, 562; OLG Düsseldorf 17. 5. 2010 – I-3 Wx 94/10, FGPrax 2010, 274; OLG Köln 25. 2. 1980 – 2 Wx 4/80, OLG Köln DNotZ 1980, 628; OLG Naumburg 15. 3. 1999 – 11 Wx 13–98, NJW-RR 1999, 1462; BeckOGK/Regenfus [1. 4. 2019] § 185 Rn 197; Staudinger/Gursky [2014] § 185 Rn 101; Staudinger/Gursky [2014] § 185 Rn 101; BGB-RGRK/Steffen[12] § 185 Rn 4; Soergel/Leptien[12] § 185 Rn 8; MünchKomm/Bayreuther[8] § 185 Rn 13; NK-BGB/Staffhorst[3] § 185 Rn 8; jurisPK/Trautwein[8] [13. 2. 2019] § 185 Rn 4; BeckOK BGB/Bub [1. 11. 2018] , 1. 11. 2018, § 185 Rn 4; zur früheren unmittelbaren Anwendung BayObLG 26. 10. 1970 – BReg 2 Z 71/70, BayObLGZ 1970, 254; OLG Düsseldorf 29. 10. 1962 – 3 W 285/62, NJW 1963, 162; OLG München HRR 1941, 2; ebenso wohl BayObLG 21. 7. 1988 – BReg 3 Z 54/88, DNotZ 1989, 391, 392). Damit kann der Grundstücksverkäufer den Käufer ermächtigen, eine (ebenfalls durch Ermächtigung mögliche) Belastung im eigenen Namen in das Grundbuch eintragen zu lassen (MünchKomm/Bayreuther[8] § 185 Rn 13).

144 Unmittelbar anwendbar ist § 185 BGB bei der materiellrechtlichen Bewilligungserklärung des § 885 BGB BGB (Staudinger/Gursky [2014] § 185 Rn 101); entsprechend auf § 888 BGB (MünchKomm/Bayreuther[8] § 185 Rn 13, der aber kein praktisches Bedürfnis sieht).

g) Vermietung, Verpachtung einer fremden Sache

145 Bei der Vermietung oder Verpachtung einer Sache räumt der Vermieter oder Verpächter ein obligatorisches Besitzrecht ein, das gegen einen Herausgabeanspruch streitet. Hier wird § 185 BGB entsprechend angewandt, so dass bei der entsprechenden Einräumung dieses Besitzrechts durch den Nichtberechtigten die Ermächtigung oder Genehmigung möglich ist (RG 25. 9. 1912 – III 309/12, RGZ 80, 395; RG 27. 3. 1929 – I 16/29, RGZ 124, 28; KG OLGR 1998, 369, 370; BGB-RGRK/Steffen[12] § 185 § 185 Rn 5; BeckOK BGB/Bub [1. 11. 2018] § 183 Rn 4; BeckOGK/Regenfus [1. 4. 2019] § 185 Rn 181; Erman/Maier-Reimer[15] § 185 Rn 2, 18; Soergel/Leptien[12] § 185 Rn 9; NK-BGB/Staffhorst[3] § 185 Rn 10; MünchKomm/Bayreuther[8] § 185 Rn 8; PWW/Frensch[13] § 185 Rn 5; Flume, AT, 2. Bd [4. Aufl 1992] S 907; Doris 123 ff; Raape JherJb 71 [1922] 97 ff, 172 ff; Peters AcP 171 [1971] 234, 238, 248;

CANARIS, in: FS Flume I [1978] 371, 402; GURSKY JR 1983, 265, 266 ff; HAEDICKE JuS 2001, 966, 972; KATZENSTEIN Jura 2004, 1, 3 f, 7 ff; STAUDINGER/GURSKY [2014] § 185 Rn 102 mwNw; **anders** KRENEK Jura 1993, 79, 80 f; vMORGEN JZ 1989, 725, 726 f; HAGMANN NJW 1989, 822 f; CREZELIUS JZ 1984, 70, 73). Damit kann in der Erlaubnis des Eigentümers einer Sache einem Dritten gegenüber, dass dieser diese im eigenen Namen vermieten oder verpachten kann, eine Ermächtigung zur Besitzüberlassung gesehen werden. Dadurch kommt es nicht zu Verpflichtungen aus dem Vertrag, so dass kein Fall der Verpflichtungsermächtigung vorliegt (BeckOGK/REGENFUS [1. 4. 2019] § 185 Rn 181. 1; **anders** aber BGH 20. 3. 1991 – VIII ARZ 6/90, BGHZ 114, 96; CREZELIUS JZ 1984, 70, 73; vMORGEN JZ 1989, 725, 726; KRENEK Jura 1993, 79, 80 f), ein Herausgabeanspruch gegenüber dem Mieter oder Pächter besteht aber nicht, dieser hat ein eigenes Recht zum Besitz unmittelbar gegenüber dem Eigentümer (STAUDINGER/GURSKY [2014] § 185 Rn 102).

Anders entscheiden hieße, die Kunden solcher Firmen, die langfristig bewegliche **146** Sachen vermieten oder verpachten, schutzlos zu stellen, die die gemieteten Gegenstände unter Eigentumsvorbehalt überlassen bekommen haben (STAUDINGER/GURSKY [2014] § 185 Rn 102; BeckOGK/REGENFUS [1. 4. 2019] § 185 Rn 181; DORIS 138). Eine Sperrwirkung der Regelungen über die Untervermietung, §§ 540 ff BGB, greift hier nicht: Weil es nicht um ein abgeleitetes Mietverhältnis vom Hauptmieter geht, sondern um ein Besitzrecht, dessen Grundlage im Mietvertrag allein mit dem Ermächtigten begründet wird und das dem Eigentümer entgegengehalten werden soll (STAUDINGER/GURSKY [2014] § 185 Rn 104; **anders** aber BGH 20. 3. 1991 – VIII ARZ 6/90, BGHZ 114, 96; CREZELIUS JZ 1984, 70, 73; vMORGEN JZ 1989, 725, 726; KRENEK Jura 1993, 79, 80).

Für die Erklärung der Ermächtigung gelten auch hier die allgemeinen Regelungen, **147** sie ist nicht formbedürftig und auch konkludent möglich. Die Ermächtigung kann sich bereits aus der Auflassung über ein Grundstück ergeben (STAUDINGER/GURSKY [2014] § 185 Rn 102; BeckOGK/REGENFUS [1. 4. 2019] § 185 Rn 181).

Ebenfalls gilt § 185 BGB entsprechend in den Fällen der Unternehmens-, Jagd- und **148** Fischereipacht (MünchKomm/BAYREUTHER[8] § 185 Rn 8; BeckOGK/REGENFUS [1. 4. 2019] § 185 Rn 183).

Zur früheren analogen Anwendung des § 185 BGB auf die Fälle der Weitervermie- **149** tung durch einen gewerblichen Zwischenvermieter, der den Mietinteressenten gegenüber wie der Eigentümer auftritt siehe (BVerfG 11. 6. 1991 – 1 BvR 538/90, BVerfG NJW 1991, 2272; BGH 21. 4. 1982 – VIII ARZ 16/81, BGHZ 84, 90, 96 ff; BGH 20. 3. 1991 – VIII ARZ 6/90, BGHZ 114, 96, 99; GURSKY JR 1983, 265, 266 f); wegen § 565 BGB ist dies nun obsolet (BeckOGK/REGENFUS [1. 4. 2019] § 185 Rn 181. 2).

h) Unterwerfungserklärungen

Die entsprechende Anwendung des § 185 BGB auf die Unterwerfung unter die **150** sofortige Zwangsvollstreckung wird überwiegend abgelehnt, mit dem Hinweis auf deren Charakter als reiner Prozesshandlung (BayObLG 26. 10. 1970 – BReg 2 Z 71/70, BayObLGZ 1970, 254, 258 = NJW 1971, 514, 515; OLG Frankfurt 10. 8. 1971 – 12 W 59/71, DNotZ 1972, 85; OLG Saarbrücken 7. 4. 1977 – 5 W 19/77, NJW 1977, 1202; BGB-RGRK/STEFFEN[12] § 185 BGB Rn 4; SOERGEL/LEPTIEN[12] § 185 Rn 11; BeckOK BGB/BUB [1. 11. 2018] § 185 Rn 4; für § 185 Abs 2 auch OLG Köln 16. 3. 1990 – 2 Wx 32/89, Rpfleger 1991, 13, 14; OPALKA NJW 1991, 1796, 1799 f; skeptisch NK-BGB/STAFFHORST[3] § 185 Rn 15; **anders** BGH 28. 9. 1989 – V ZB 17/88, BGHZ

108, 372; OLG Köln 25. 2. 1980 – 2 Wx 4/80, OLGZ 1980, 409; Wolfsteiner NJW 1971, 1140; MünchKomm/Bayreuther[8] § 185 Rn 16; jurisPK-BGB/Trautwein[8] [13. 2. 2019] § 185 Rn 9; Palandt/Ellenberger[78] § 185 Rn 4; für § 185 Abs 1 auch OLG Köln 16. 3. 1990 – 2 Wx 32/89, Rpfleger 1991, 13, 14; Zimmer NotBZ 2006, 302, 306). Außerdem wird angemahnt, dass sich der Zweck der Grundlegung eines Vollstreckungstitels nicht mit einem durch § 185 BGB ausgelösten Schwebezustand verträgt (Opalka NJW 1991, 1796, 1799). Diese rigide Ablehnung wird aber zunehmend aufgebrochen und grundsätzlich ein Bedürfnis nach einer entsprechenden Anwendung bejaht (siehe BGH 28. 9. 1989 – V ZB 17/88, BGHZ 108, 372; OLG Köln 25. 2. 1980 – 2 Wx 4/80, OLGZ 1980, 409; Wolfsteiner NJW 1971, 1140; MünchKomm/Bayreuther[8] § 185 Rn 16; jurisPK-BGB/Trautwein § 185 Rn 9; Palandt/Ellenberger § 185 Rn 4; für § 185 Abs 1 auch OLG Köln 16. 3. 1990 – 2 Wx 32/89, Rpfleger 1991, 13, 14; Zimmer NotBZ 2006, 302, 306). In der Tat wird die entsprechende Anwendung auf die Unterwerfung jedenfalls dann abzulehnen sein, wenn keine dingliche Belastung verstärkt wird, so dass aber in den Fällen des § 800 ZPO eine Anwendung des § 185 BGB entsprechend zu befürworten ist (BeckOGK/Regenfus [1. 4. 2019] § 185 Rn 195; siehe auch NK-BGB/Staffhorst[3] § 185 Rn 15). § 185 Abs 2 S 1 Var 2 BGB dient zur Begründung der Wirksamkeit der Unterwerfungserklärung durch einen Nichtberechtigten, wenn dieser im Zeitpunkt der Eintragung das Eigentum bereits erworben hatte (BGH 28. 9. 1989 – V ZB 17/88, BGHZ 108, 372; Böttcher BWNotZ 2007, 109, 113; Wolf ZNotP 2007, 86, 88; MünchKomm/Bayreuther[8] § 185 Rn 16; keine notwendig der Anwendung sieht NK-BGB/Staffhorst[3] § 185 Rn 15), dann aber kommt man nicht in Konflikt mit der Rechtssicherheit (BeckOGK/Regenfus [1. 4. 2019] § 185 Rn 195). Das KG (12. 5. 1987 – 1 W 2053/86, DNotZ 1988, 238, 239) wiederum stellt darauf ab, dass die Unterwerfungserklärung nur für den Fall des künftigen Eigentumserwerbs (und damit aufschiebend bedingt) erklärt wird.

i) Grenzüberbau

151 Die herrschende Meinung wendet auch auf die Zustimmung des Grundstückseigentümers zum Überbau nach § 912 BGB durch einen Nichtberechtigten (also etwa des Mieters) § 185 BGB entsprechend an – das wird daraus gefolgert, dass der Überbau eine Rentenlast auf dem Stammgrundstück nach § 912 Abs 2 S 1 BGB auslöst, so dass eine Zustimmung zumindest verfügungsähnlich ist. Damit kann der Eigentümer durch eine Zustimmung zum Überbau des Dritten diesen Überbau gleichsam zu seinem Überbau machen (BGHZ 15, 216; OLG Frankfurt MDR 1968, 496; OLG Brandenburg BeckRS 2005, 30363019; OLG Celle NZM 2003, 982; Staudinger/Gursky [2014] § 185 Rn 98; Staudinger/Roth [2016] § 912 Rn 11; BGB-RGRK/Steffen[12] § 185 Rn 4; Soergel/Leptien[12] § 185 Rn 8; NK-BGB/Staffhorst[3] § 185 Rn 11; Tersteegen RNotZ 2006, 433, 442). Das wird von einer zunehmenden Meinung zu Recht anders gesehen – und eine Anwendung des § 185 BGB deshalb verneint, weil sich die Rechtsfolge aus der analogen Anwendung des § 912 BGB selbst ergibt: Entsprechend der praktischen Erfordernisse wird eine Duldungspflicht nach § 912 Abs 1 BGB jedenfalls auch dann ausgelöst, wenn der berechtigte Mieter des Stammgrundstücks den Überbau vornimmt (MünchKomm/Bayreuther[8] § 185 Rn 10; für eine direkte Anwendung des § 912 BGB BeckOGK/Regenfus [1. 4. 2019] § 185 Rn 184).

k) Prozesshandlungen

152 § 185 kann auf Prozesshandlungen und damit auf prozessuale Willenserklärungen grundsätzlich nicht entsprechend angewandt werden (BGB-RGRK/Steffen[12] § 185 Rn 8; Soergel/Leptien[1212] § 185 Rn 11; BeckOK BGB/Bub [1. 11. 2018] § 185 Rn 4; NK-BGB/Staff-

Horst³ § 185 Rn 15; Palandt/Ellenberger⁷⁸ § 185 Rn 4; BeckOGK/Regenfus [1. 4. 2019] § 185 Rn 186).

Freilich wird auch (punktuell) von der entsprechenden Anwendung der §§ 183 ff **153** BGB ausgegangen (siehe etwa BGH 27. 2. 2015 – V ZR 128/14, NJW 2015, 2425; MünchKomm/Bayreuther⁸ § 185 Rn 41). Jedoch ist die Frage letztlich nur aus dem Prozessrecht heraus zu beantworten, dessen besondere prozessuale Vorgaben müssen beachtet werden – etwa für den Widerruf von Prozesshandlungen (BGH 27. 2. 2015 – V ZR 128/14, NJW 2015, 2425, freilich wird hier auch auf § 183 BGB abgestellt; BeckOGK/Regenfus [1. 4. 2019] § 185 Rn 188). So ist etwa eine „freie" gewillkürte Prozessstandschaft und damit die voraussetzungslose Ermächtigung zur Prozessführung im eigenen Namen gerade nicht möglich, sondern nur, wenn ein besonderes Interesse an der Prozessführung besteht (siehe nur BGH 10. 6. 2016 – V ZR 125/15, NJW 2017, 486; BeckOGK/Regenfus [1. 4. 2019] § 185 Rn 189; NK-BGB/Staffhorst³ § 185 Rn 6), so dass hier ein Unterschied zu § 185 BGB zu sehen ist: Für die Wirksamkeit der Ermächtigung verlangt die Vorschrift gerade kein spezielles „Verfügungsinteresse" des Nichtberechtigten. Liegt aber das Prozessführungsinteresse vor, so kommt auch eine Ermächtigung in Frage – deren dogmatischen „Sitz" man dann in § 185 BGB annehmen kann (wohl auch BeckOGK/Regenfus [1. 4. 2019] § 185 Rn 188). Auch muss – im Gegensatz zu §§ 185, 182 Abs 1 BGB – für die andere Partei erkennbar sein, dass der Kläger in Prozessstandschaft für den Berechtigten handelt, damit diese sich entsprechend gegen den geltend gemachten Anspruch wehren kann (BGH NJW 2004, 1043; BGH NJW 1972, 1580; Staudinger/Gursky [2014] § 185 Rn 99; NK-BGB/Staffhorst³ § 185 Rn 6). Ist die notwendige Transparenz hergestellt, so führt dies nicht zur Rückwirkung der Ermächtigung. Freilich soll im Falle einer stillen Sicherungszession eine Offenlegung entbehrlich sein, was mit Blick auf deren Üblichkeit einleuchtet (Staudinger/Gursky [2014] § 185 Rn 99).

Durch die Prozessstandschaft wird der Standschafter selbst Partei, die gerichtliche **154** Entscheidung wirkt sich aber auch auf den Ermächtigenden aus, den deren Rechtskraft bindet.

Erhebt ein Nichtberechtigter, ohne ermächtigt zu sein, Klage, so führt dies nicht zur **155** Hemmung der Verjährung (BeckOGK/Regenfus [1. 4. 2019] § 185 Rn 191), dies gelingt nur, wenn die Ermächtigung vorlag und offenbar war (Staudinger/Gursky [2014] § 185 Rn 99). Eine spätere Genehmigung wirkt verjährungsrechtlich ex nunc, vermag als keine rückwirkende Hemmung auszulösen (OLG München Beck RS 2009, 00320). Erwirbt der Nichtberechtigte die Forderung, so wird (ebenfalls ex nunc) entsprechend § 185 Abs 2 S 1 Fall 2 ex nunc die Hemmungswirkung ausgelöst (Staudinger/Gursky [2014] § 185 Rn 99).

Anders ist die Situation, wenn ein vollmachtloser Vertreter Klage erhebt, dann wird **156** die Hemmungswirkung rückwirkend ausgelöst (Staudinger/Gursky [2014] § 185 Rn 99; NK-BGB/Staffhorst³ § 185 Rn 15). Das gilt auch für eine Klage unter fremdem Namen (Parteifälschung) – die letztlich unter vertretungsrechtlichen Grundsätzen zu beurteilen ist.

Wird ein Rechtsmittel durch eine nichtbeschwerdeberechtigte Person im eigenen **157** Namen eingelegt, so kann der an sich Beschwerdeberechtigte dieses Rechtsmittel nicht durch Genehmigung zu seinem eigenen machen (OLG Hamm 27. 11. 1996 – 15 W 311/96, NJW-RR 1997, 1326; OLG Hamm 9. 2. 1968 – 15 W 44/68, NJW 1968, 1147).

l) Einziehungsermächtigung

158 Eine **Einzugsermächtigung** führt zur Rechtsmacht des Ermächtigten, eine Leistung des Schuldners des Ermächtigenden mit befreiender Wirkung für den Schuldner einzuziehen (jurisPK/Trautwein[8] [Stand: 13. 2. 2019] § 185 Rn 50; Bork, Allgemeiner Teil des BGB [4. Aufl 2016] S 678). Sie wird allgemein und zu Recht anerkannt (BGH 3. 7. 1996 – XII ZR 99/95, NJW 1996, 3273 = MDR 1996, 1150; BGH 11. 11. 1981 – VIII ZR 269/80, BGHZ 82, 283 = NJW 1982, 571; BGH 10. 12. 1951 – GSZ 3/51, BGHZ 4, 153; MünchKomm/Bayreuther[8] § 182 Rn 14; NK-BGB/Staffhorst[3] § 185 Rn 6; HKK/Finkenauer §§ 182, 185 Rn 15; Bork, Allgemeiner Teil des BGB [4. Aufl 2016] S 678). § 185 BGB (und die §§ 182 ff BGB insgesamt) ist auf die Einziehungsermächtigung entsprechend anwendbar; bisweilen wird die Einzugsermächtigung auch als Gewohnheitsrecht bezeichnet (Bork, Allgemeiner Teil des BGB [4. Aufl 2016] S 677). Die dagegen erhobenen Bedenken – wie die Schutzrichtung des § 362 Abs 2 BGB für den Schuldner, nicht aber für den Gläubiger – stechen nicht, weil die Vorschrift nur die Erfüllungswirkung regeln will (BeckOGK/Regenfus [1. 4. 2019] § 185 Rn 165). Eine befürchtete Gläubigerdopplung (etwa Medicus, Allgemeiner Teil des BGB[10] AT, Rn 1008), ist nicht zu befürchten, hier ist auf den Schutz durch die §§ 428, 409 ff BGB zu verweisen (Bork, Allgemeiner Teil des BGB [4. Aufl 2016] S 679). Der Umfang der Einzugsermächtigung wird regelmäßig alle zur Einziehung notwendigen Rechte (etwa Mahnung, Fristsetzung) umfassen. Für die Einzugsermächtigung im **Lastschriftverfahren** gilt § 185 BGB dagegen nicht – hier sind die §§ 675 BGB abschließend (siehe auch NK-BGB/Staffhorst[3] § 185 Rn 7).

159 Keine Einzugsermächtigung ist möglich, wenn die Forderung nicht abtretbar ist, § 399 BGB (NK-BGB/Staffhorst[3] § 185 Rn 6). Allerdings ist hier der Zweck des Abtretungsverbotes auszulegen: Erlaubt dieser eine Geltendmachung des Anspruches durch einen Dritten, so steht das Abtretungsverbot nicht entgegen (BeckOGK/Regenfus [1. 4. 2019] § 185 Rn 166). Ob eine Untereinzugsermächtigung möglich ist, muss durch Auslegung ermittelt werden, wird im Zweifel aber abzulehnen sein (OLG Jena MDR 1998, 1468; NK-BGB/Staffhorst[3] § 185 Rn 6).

160 Die Einziehungsermächtigung ist von der **Empfangsermächtigung** zu unterscheiden, bei der der Ermächtigte eine Leistung an sich zwar entgegennehmen kann, diese Leistung aber nicht zu fordern berechtigt ist (jurisPK/Trautwein[8] [Stand: 13. 2. 2019] § 185 Rn 50; NK-BGB/Staffhorst[3] § 185 Rn 5; MünchKomm/Fetzer[8] § 362 Rn 16 f). Die Empfangsermächtigung ist schon wegen § 362 Abs 2 BGB möglich, der § 185 BGB verweist (Bork, Allgemeiner Teil des BGB [4. Aufl 2016] S 677). Durch Auslegung zu ermitteln ist, ob der Ermächtigte die Leistung an sich oder nur an den ermächtigenden Gläubiger fordern kann (jurisPK/Trautwein[8] [Stand: 13. 2. 2019] § 185 Rn 50).

m) Entsprechende Anwendung § 185 Abs 2
aa) Vorausverfügungen

161 Entsprechend (oder direkt) anwendbar ist § 185 Abs 2 Satz 1 2. Alt BGB im Fall sogenannter **Vorausverfügungen** (RGZ 149, 19; MünchKomm/Bayreuther[8] § 185 Rn 55; Simon, in: FS J G Wolf [2000] 221, 222; Giesen AcP 203 [2003] 210, 238; Egert 60 f). Verfügt nicht ein Nichtberechtigter über ein ihm nicht zustehendes Recht, sondern über ein Recht, das ihm zukünftig zustehen soll und dass dann in seiner Person entstehen soll (zukünftiges Recht) (STAUDINGER/GURSKY [2014] § 185 Rn 71), so ist es auch in diesem Fall angezeigt, dem Erwerber des Rechts sogleich seine Rechtsposition im Wege des Durchgangserwerbs zukommen zu lassen (BeckOGK/REGENFUS [1.4.2019] § 185 Rn 113). Die Interessen der Beteiligten stehen dem Fall gleich, der ursprünglich von § 185 Abs 2 S 1 2. Alt BGB gemeint war. Kommt es zu mehreren Vorausverfügungen, gilt § 185 Abs 2 S 2 BGB: wirksam wird dann die zeitlich erste (BGH 7.7.2003 – II ZR 271/00, NJW-RR 2003, 1690 = MDR 2003, 1168; BGH 15.1.1990 – II ZR 311/88, NJW 1990, 2678 = MDR 1990, 799; BGH 16.5.1988 – II ZR 375/87, BGHZ 104, 351 = NJW 1989, 458; BGH 19.9.1983 – II ZR 12/83, BGHZ 88, 205 = NJW 1984, 492; BGH 6.10.1978 – I ZR 103/76, WM 1978, 1406; BGH 9.6.1960 – VII ZR 228/58, BGHZ 32, 361 = NJW 1960, 1716; BGH 9.6.1960 – VII ZR 229/58, BHGZ 32, 367 = NJW 1960, 1715; BGH 30.4.1959 – VII ZR 19/58, BGHZ 30, 149 = NJW 1959, 1533; MünchKomm/BAYREUTHER[8] § 185 Rn 55; HENNRICHS JZ 1993, 225, 227; GIESEN AcP 203 [2003] 210, 229; vTHUR BGB AT II/1 S 387).

bb) Zustimmung durch den Nichtberechtigten

162 Entsprechende Anwendbarkeit wird auch bejaht in dem Fall, in dem ein **Nichtberechtigter** der einer anderen Verfügung eines Nichtberechtigten **zugestimmt** hat, den entsprechenden Gegenstand nachträglich erwirbt und auch die Verfügungsmacht hat (BGHZ 36, 329 = NJW 1962, 861; BGH LM § 185 Nr 7; NK-BGB/STAFFHORST[3] § 185 Rn 26; MünchKomm/BAYREUTHER[8] § 185 Rn 48; für eine unmittelbare Anwendung FLUME, AT, 2. Bd [4. Aufl 1992] S 915; RAAPE AcP 121 [1923] 257, 283; BeckOGK/REGENFUS [1.4.2019] § 185 Rn 114; STAUDINGER/GURSKY [2014] § 185 Rn 72).

cc) Wiedererlangen der Verfügungsmacht

163 Ebenso entsprechend anwendbar ist § 185 Abs 2 S 1 2. Alt BGB in dem Fall, in dem die **Verfügung deshalb schwebend unwirksam** war, weil dem Verfügenden die Verfügungsmacht nicht zustand, er sie aber später wieder erhält (BGH 18.6.1993 – V ZR 47/92, BGHZ 123, 58 = NJW 1993, 2525; BGH 19.1.2006 – IX ZR 232/04, BGHZ 166, 74 = NJW 2006, 1286; BGH 18.4.2013 – IX ZR 165/12, NZI 2013, 641 = MDR 2013, 1314; MünchKomm/BAYREUTHER[8] § 185 Rn 52; BeckOGK/REGENFUS [1.4.2019] § 185 Rn 116; STAUDINGER/GURSKY [2014] Rn 58, 70; SOERGEL/LEPTIEN[12] § 185 Rn 28; jurisPK-BGB/TRAUTWEIN[8] [13.2.2019] § 185 Rn 30; ERMAN/MAIER-REIMER[15] § 185 Rn 26; C BERGER 30). Das gilt etwa, wenn der Gegenstand zum Zeitpunkt der Verfügung unter die Insolvenzverwaltung fiel: Erlangt der Verfügende dann – etwa nach Abschluss des Insolvenzverfahrens oder durch Freigabe eines Gegenstandes – die Verfügungsmacht wieder, tritt Konvaleszenz ein (RGZ 149, 19; MünchKommInsO/OTT/VUIA § 81 Rn 18; BeckOK BGB/BUB Rn 14). Der Insolvenzverwalter darf selbstverständlich nicht zuvor anderweitig verfügt haben (STAUDINGER/GURSKY [2014] Rn 73). Das gilt auch für die Aufhebung der Testamentsvollstreckung oder der Nachlassverwaltung (BeckOGK/REGENFUS [1.4.2019] § 185 Rn 118; für die Testamentsvollstreckung: STAUDINGER/REIMANN [2016] § 2211 Rn 4; für die Nachlassverwaltung: BGH 9.11.1966 – ZR 176/63, BGHZ 46, 221 = NJW 1967, 568; BeckOK BGB/BUB Rn 14). Fällt der Nacherbe weg, so wirkt auch die durch den Vorerben nichtberechtigt vorgenommene Verfügung (BeckOGK/REGENFUS [1.4.2019] § 185 Rn 116).

dd) Rückschlagsperre

164 Der BGH wendet § 185 Abs 2 S 1 Var 2 BGB entsprechend auch beim Wegfall der insolvenzrechtlichen Rückschlagsperre, § 88 InsO, an (BGH 12.7.2012 – V ZB 219/11, BGHZ 194, 60 = NJW 2012, 3574; BGH 19.5.2011 – IX ZB 284/09, NJW-RR 2011, 1353 = MDR 2011, 1205; BGH 19.1.2006 – IX ZR 232/04, BGHZ 166, 74 = NJW 2006, 1286). Das führt dazu, dass etwa eine Zwangshypothek, die zugunsten eines Insolvenzgläubigers begründet und eingetragen wurde, dann, wenn etwa der Insolvenzverwalter das Grundstück freigibt, ex nunc gleichrangig wirksam wird (BGH 12. 7. 2012 – V ZB 219/11, BGHZ 194, 60 = NJW 2012, 3574; BGH 19. 5. 2011 – IX ZB 284/09, NJW-RR 2011, 1353 = MDR 2011, 1205; BGH 19. 1. 2006 – IX ZR 232/04, BGHZ 166, 74 = NJW 2006, 1286). Diese Rechtsprechung wird sehr kritisch gesehen (etwa NK-BGB/STAFFHORST[3] § 185 Rn 26; STAUDINGER/GURSKY [2014] § 185 Rn 73a). In der Tat ist die Analogie gewagt (STAUDINGER/GURSKY [2014] § 185 Rn 73a), weil die Grundsituation des § 185 Abs 2 BGB – zunächst schwebend unwirksame Verfügung – auf § 88 InsO nicht passt: hier entsteht zunächst eine wirksames Recht, das später infolge der Rückschlagsperre unwirksam wird (siehe KELLER ZIP 2006, 1174; BeckOGK/REGENFUS [1. 4. 2019] § 185 Rn 122. 2; MünchKomm/BAYREUTHER[8] § 182 Rn 52). Eine starke Meinung lehnt deshalb die Anwendung des § 185 Abs 2 S 1 Var 2 BGB hier ab und wählt den Weg über die entsprechende Anwendung des § 868 ZPO, mit der Folge, dass etwa bei einer Zwangshypothek bei Freigabe durch den Insolvenzverwalter eine Eigentümergrundschuld entsteht (DEMHARTER Rpfleger 2006, 256, STAUDINGER/GURSKY [2014] § 185 Rn 73a). Zudem führt die durch den BGH angenommene Gleichrangigkeit zu Friktionen mit § 878 Abs 2 BGB, so dass die Reihenfolge der Eintragung zu berücksichtigen ist (STAUDINGER/GURSKY [2014] § 185 Rn 73a; BESTELMEYER Rpfleger 2006, 386, 389; BÖTTCHER NJW 2008, 2088, 2091; BÖTTCHER NotBZ 2007, 86, 88; KOHLER ZIP 2015, 1471, 1473; BeckOGK/REGENFUS [1. 4. 2019] § 185 Rn 123).

Außerdem ist die Rechtsprechung potentiell folgenreich: Sie würde auch für die Pfändung beweglichen Vermögens gelten (BeckOGK/REGENFUS [1. 4. 2019] § 185 Rn 125). Ebenso für Vormerkungen (STAUDINGER/GURSKY [2014] § 185 Rn 73a). Für die Forderungspfändung kann das freilich keine Rolle spielen, da diese (anders als die Zwangshypothek im Falle des § 88 InsO) von vornherein ins Leere geht (MünchKomm/BAYREUTHER[8] § 182 Rn 52). Außerdem wird richtig darauf hingewiesen, dass folgerichtig die Rechtsprechung auch für die Einstellung des Insolvenzverfahrens wegen Massenarmut gelten müsse (STAUDINGER/GURSKY [2014] § 185 Rn 73a; BeckOGK/REGENFUS [1. 4. 2019] § 185 Rn 126).

ee) Handeln für eine nicht existente Gesellschaft

165 Verfügt der Nichtberechtigte für eine nicht existente Gesellschaft – und also: in fremdem Namen – so wird ebenfalls die entsprechende Anwendung des § 185 Abs 2 S 2. Alt BGB befürwortet (BeckOGK/REGENFUS [1. 4. 2019] § 185 Rn 132; KOHLER NZG 2012, 441, 446). Das betrifft vor allem die GbR, weil in diesen fällen § 899a BGB nicht hilft (Anwendbarkeit LEMKE/LEMKE § 899a Rn 6; MünchKomm/BAYREUTHER[8] § 899a Rn 20; STEFFEK ZIP 2009, 1445, 1453; ALTMEPPEN ZIP 2011, 1937; 1942; KRÜGER NZG 2010, 801, 805; SCHMIDT jura 2012, 7, 9).

2. Keine Anwendung

a) Verpflichtungsermächtigung

166 Eine so genannte Verpflichtungsermächtigung, also die Erteilung der Rechtsmacht, einen anderen im eigenen Namen verpflichten zu können, gibt es nicht (BGH 20. 3. 1991 – VIII ARZ 6/90, juris Rn 13, BGHZ 114, 96–105; STAUDINGER/GURSKY [2014] § 185 Rn 108; PALANDT/ELLENBERGER § 185 Rn 3; jurisPK/TRAUTWEIN[8] [Stand: 13. 2. 2019] § 185 Rn 7; BGB-RGRK/STEFFEN[12] § 185 Rn 6; MünchKomm/BAYREUTHER[8] § 185 Rn 31 f; NK-BGB/STAFFHORST[3] § 185 Rn 13; ERMAN/MAIER-REIMER[13] § 185 Rn 18; Rn 18; AK-BGB/OTT § 185 Rn 10, 19;

Titel 6
Einwilligung und Genehmigung § 185

JAUERNIG/MANSEL[15] § 185 Rn 3; BORK, Allgemeiner Teil des BGB [4. Aufl 2016] S 680; ENNECCERUS/NIPPERDEY, AT § 204 I 3; siehe dazu auch ausführlich STAUDINGER/KLUMPP [2015] Vorbem 72 zu §§ 328–335 f). § 185 BGB gibt hier (in einer allein potenziell in Frage kommenden entsprechenden Anwendung) keine Grundlage (anders aber noch LUDEWIG 29 f, 39, 72 ff; KROLL 30 ff; SEITZ 11 ff, 63 ff; BETTERMANN JZ 1951, 321 ff; DÖLLE, in: FS F Schulz II [1951] 268, 277 ff; THIELE 207 ff; LAUFKE, in: FS Lehmann I [1956] 170; DORIS 112 ff, 136 f; PETERS AcP 171 [1971] 234, 246; MARTENS AcP 177 [1977] 113, 150; SOERGEL/LEPTIEN[12] § 185 Rn 35: „Brückenschlag" sei zugelassen). Der Hauptgrund für die richtige Ablehnung gegen die Verpflichtungsermächtigung liegt in der fehlenden Transparenz für den Dritten, der durch ein solches Rechtsgeschäft als Gläubiger und als Schuldner in ein Verpflichtungsgeschäft eingebunden wäre. Dieses Interesse nimmt im Stellvertretungsrecht das Offenkundigkeitsprinzip auf (STAUDINGER/SCHILKEN § 164 Rn 1 ff), das hier der systematischen Belastbarkeit einer entsprechenden Anwendung des § 185 BGB entscheiden entgegensteht: Für Verpflichtungen durch Dritte setzt es die Maßgabe, dass der Geschäftspartner die Person, mit der er sich vertraglich bindet, kennt oder zumindest – wie im Falle des offenen Geschäfts, den es angeht –, diese Kenntnis bewusst verweigern kann (WOLF/NEUNER AT[11] S 609). Die Ausnahme, die die herrschende Meinung hier mit dem so genannten verdeckten Geschäft, für den, den es angeht, macht, bestätigt die Regel: Bei dieser stellvertretungsrechtlichen Figur kommt es zwar in engen Grenzen zu einer Aufgabe des Offenkundigkeitsprinzips, allerdings nur deshalb, weil der Geschäftspartner kein Interesse an der konkreten Person des Vertretenen hat. Diese enge Ausnahme (regelmäßig für Bargeschäfte des täglichen Lebens) lässt sich aber nicht für die Verpflichtungsermächtigung verallgemeinern. Deshalb spricht die autonomieschützende Funktion des Offenkundigkeitsprinzips eindeutig gegen sie. Gerade deshalb ist auch der Verweis auf Tarifverträge, die eine Verpflichtung der Arbeitsvertragsparteien ohne deren Beteiligung nicht zielführend: Hier geht es gerade um den Schutz der (dann kollektiv ausgeübten) Privatautonomie. Zudem käme es zur vertraglichen Bindung gegenüber dem Ermächtigten, weil dieser ja in eigenem Namen handelt – das dann aufgespannte Dreieckverhältnis ist zwar im Grunde nichts Unbekanntes (siehe den Vertrag zu Gunsten Dritter, § 328 BGB), allerdings kommt man ganz erheblich in Konflikt mit dem Verbot des Vertrages zu Lasten Dritter (siehe auch jurisPK/TRAUTWEIN[8] [Stand: 13. 2. 2019] § 185 Rn 7).

Auch einer Einschränkung in den Fällen, in denen es (lediglich) zur Mitverpflichtung **167** des Ermächtigenden kommt, ist nicht das Wort zu reden (dafür BETTERMANN 323; DÖLLE 277 ff; THIELE 207 ff; WIELING, in: DÖRR/NISHIMURA, Mandatum und Verwandtes [1993] 235 ff, 258; SOERGEL/LEPTIEN[12] § 185 Rn 37; HKK/FINKENAUER §§ 182–185 Rn 16; MARTENS AcP 177 [1977] 113, 150; **dagegen** FLUME, AT II § 57, 1 d; NK-BGB/STAFFHORST[3] § 185 Rn 13; PETERS AcP 171 [1971] 234; WEIMAR JR 1973, 494; STAUDINGER/GURSKY [2014] § 185 Rn 109; jurisPK/TRAUTWEIN[8] [Stand: 13. 2. 2019] § 185 Rn 7). Auch hier ergeben sich, wenngleich wegen der Mitverpflichtung anderer für den Geschäftspartner vielleicht in geringerer Intensität, dieselben Offenkundigkeitsprobleme. Dass es bei „einem Verpflichteten unter vielen" auf den Autonomieschutz des Vertragspartners nicht mehr ankäme, lässt sich jedenfalls nicht belastbar behaupten. Hinzu kommen noch erhebliche konstruktive Probleme, wenn der Ermächtigende neben die anderen auf seiner Seite Verpflichteten tritt: Er selbst ist, sonst wäre es keine Ermächtigung, nicht Vertragspartei, hätte also keinen Zugriff auf den Vertrag selbst. Wie sich entsprechende Schuldnerrechte hier einfügen lassen, ist fraglich, der Ermächtigte kann nicht Schuldner „zweiter Klasse" sein. Zwar könnte man, um die Autonomie der Beteiligten zu schützen, auf die Zurückweisungsrechte zurückgreifen, hier wäre § 333 BGB ein Beispiel, allerdings wird auch in diesem Fall der Ermächtigte nicht Vertragspartei – er bleibt im Hintergrund.

168 Ergänzend zu den nicht zu überwindenden dogmatischen Bedenken kommt noch, dass die Verpflichtungsermächtigung gar nicht gebraucht wird (Medicus/Petersen, Allgemeiner Teil, S 436): Es gibt so, will man keine Offenheit, etwa das Mittel des Schuldbeitritts im Rahmen eines Vertrages zu Gunsten Dritter, das systematisch passgenauer ist. Deshalb ist auch eine **offene Verpflichtungsermächtigung** abzulehnen (BeckOGK/Regenfus [1. 4. 2019] § 185 Rn 162), bei der der Dritte weiß, dass sein Vertragspartner nicht der Verpflichtete ist – für diese Fälle sieht das Gesetz gerade die Stellvertretung als Mittel an.

b) Erwerbsermächtigung

169 Eine Erwerbsermächtigung, also die Rechtsmacht im eigenen Namen für einen anderen zu erwerben (und so gleichsam die zur Ermächtigung nach § 185 BGB umgekehrte Rechtsfigur; Bork AT[4] S 679) gibt es ebenfalls nicht (NK-BGB/Staffhorst[3] § 185 Rn 13; MünchKomm/Bayreuther[8] § 182 Rn 33; Soergel/Leptien[12] § 185 Rn 40; Bork AT[4] S 680). Auch hier besteht mindestens kein Bedürfnis, das nicht durch die Stellvertretung erreicht werden könnte (Bork AT[4] 680) oder aber über die (freilich sehr umstrittene und auch nur einschränkend zuzulassende) Verfügung zugunsten Dritter (Medicus/Petersen, AT[11] S 436; ausführlich Staudinger/Klumpp [2015] Vorbem 34 zu §§ 328 ff).

VIII. Beweislast

170 Für die Beweislast gelten die allgemeinen Regelungen, siehe § 182 Rn 74.

Abschnitt 4
Fristen, Termine

§ 186
Geltungsbereich

Für die in Gesetzen, gerichtlichen Verfügungen und Rechtsgeschäften enthaltenen Frist- und Terminsbestimmungen gelten die Auslegungsvorschriften der §§ 187 bis 193.

Materialien: TE-AllgT § 162 (SCHUBERT, AT, Bd 2, 277, 289); E I § 147; II § 154; III § 182; Prot I 315; Prot II 1, 188; Mot I 282; JAKOBS/SCHUBERT, AT 2, 977–979, 981, 984–985, 987, 989–990; Sten Ber 9. Leg IV. Session, 2751.

Schrifttum

BILFINGER, Der bürgerliche Tag (1888)
BRINZ, Über die Zeit im Rechte (1882)
EKRUTT, Gesetzliche Regelung der Zeitmessung, NJW 1978, 1844
FUCHS/GAUMANN, Fristen im Rechtsleben (1957)
GOTTWALD, Fristen im Erbrecht: Allgemeine Fristen, ZEV 2006, 293
HERMANN, §§ 186–193. Fristen. Termine, in: HKK-BGB I (2003) 976
HÖLDER, Die Theorie der Zeitberechnung nach römischem Recht (1873)
JOSEF, Die Tagesstunde im Rechtsverkehr, AcP 96 (1905) 200
LAWSON, Zeitablauf als Rechtsproblem, AcP 159 (1960/61) 97
HW MÜLLER, Gelten so allgemein gehaltene Vorschriften wie § 186 BGB ohne weiteres für die gesamte Rechtsordnung?, NJW 1964, 1116
ders, Über die Geltungsbreite allgemein gehaltener Vorschriften, NJW 1966, 2253
vMÜNCH, Die Zeit im Recht, NJW 2000, 1

REPGEN, Der Sonntag und die Berechnung rückwärtslaufender Fristen im Aktienrecht, ZGR 2006, 121
ROMEICK, Fristbestimmung (1901)
RUTZ, Die gesetzliche Befristung (1905)
SÄCKER, Fristenhemmung und Fristenrestitution im Zivil- und Zivilprozeßrecht, ZZP 80, 421
SCHIESSLER, Fristenwahrung und amtliche Einrichtungen, NJW 1958, 1573
SCHNEIDER, Die einseitigen Fristsetzungen im BGB (Diss Rostock 1903)
SCHROETER, Die Fristenberechnung im Bürgerlichen Recht, JuS 2007, 29
STRÄTZ, Über eine Rechtsgrundlage öffentlichen Lebens: Vergessen, doch in Kraft seit mehr als 220 Jahren, in: Mélanges Fritz Sturm Bd 1 (1999) 913
VOGT, Zur Berechnung von Fristen im Arbeitsrecht, BB 1966, 625
ZIEGLTRUM, Grundfälle zur Berechnung von Fristen und Terminen gem §§ 187 ff BGB, JuS 1986, 705, 784.

Systematische Übersicht

I.	**Regelungszweck und Grundlagen der Zeitbestimmung**	
1.	Dimension der Zeit	1
2.	Regelungszweck	2
3.	Kalender	3
4.	Normative Grundlage	5
II.	**Begrifflichkeit, Regelungsinhalt und Anwendungsbereich**	
1.	Begrifflichkeit	6
a)	Frist	6
b)	Termin	11
2.	Regelungsinhalt und Anwendungsbereich	12
a)	Bürgerliches Recht	12
aa)	Gesetzliche Fristen	13
bb)	Gerichtliche Verfügungen	15
cc)	Rechtsgeschäfte	16
b)	Öffentliches Recht	17
c)	Gemeinschaftsrecht	19
d)	Principles of European Contract Law	21
e)	Draft Common Frame of Reference	22
f)	Europäisches Übereinkommen	23
3.	Rechtswirkung der §§ 186 ff	24
a)	Auslegungsregeln	24
b)	Schutz	25
c)	Dispositivität	26

Alphabetische Übersicht

Allgemeine Geschäftsbedingungen	26
Auffangnormen	14
Auslegungsregeln	24
Ausschlussfrist	8
Dispositivität	26
Draft Common Frame of Reference	22
EG-FristenVO	19
europäisches Übereinkommen	23
Fristbegriff	6
Gemeinschaftsrecht	19
gerichtliche Verfügungen	15
gesetzliche Frist	13
Kalender	3
Kirchenrecht	17
Kommunalrecht	17
öffentliches Recht	17
Personenstandsrecht	17
Präklusionsfrist	8
Principles of European Contract Law	21
Prozessrecht	18
rechtsgeschäftliche Vereinbarungen	16
rückwärtslaufende Frist	10
Sozialrecht	17
Termin	11
Verfallsfrist	8
Verjährungsfrist	13
Verwaltungsrecht	17
Zweck	2

I. Regelungszweck und Grundlagen der Zeitbestimmung

1 1. Die Dimension der Zeit gehört zu den selbstverständlichen Grundlagen des menschlichen Lebens. Das Gesetz interessiert sich für das Phänomen „Zeit" nur insofern, als diese eine Bezugsgröße für menschliche Handlungen und Ereignisse aller Art ist. Sie werden nämlich durch die Zeit in eine Abfolge gebracht. Dieses Nacheinander bedarf einer Ordnung, die nicht naturgesetzlich vorgegeben ist, sondern auf Konvention beruht, die sich freilich an der natürlichen Abfolge von Tag und

Abschnitt 4
Fristen, Termin

§ 186

Nacht sowie den verschiedenen Jahreszeiten und dem Sonnenstand sowie dem Lauf des Mondes orientiert. Die kalendermäßigen Einteilungen von Jahren, Monaten, evtl Wochen und schließlich Tagen werden vom BGB ebenso vorausgesetzt wie die Bestimmung der Dauer von Stunden, Minuten und Sekunden. Im SächsBGB von 1865 wurde die Zeiteinteilung noch ausdrücklich geregelt, vgl §§ 82, 83, 85 SächsBGB.

2. Der Rechtsverkehr ist vielfach auf Fristen und Termine angewiesen, die der Koordination von Leistungen und sonstiger Handlungen dienen. Der Ablauf von Fristen hat regelmäßig vertraglich oder gesetzlich bestimmte Rechtsfolgen wie zB bei der Verjährung. Auf Grund des konventionellen Charakters der Zeitbestimmung treten häufig Schwierigkeiten auf, die die konkrete Berechnung des jeweiligen Zeitpunktes fraglich erscheinen lassen. Die §§ 186 ff BGB **bezwecken** eine subsidiäre Regelung einer *sicheren Auslegung zeitlicher Bestimmungen* (weiter dazu unten Rn 24), um für mehrdeutige Ausdrucksweisen eine einheitliche Sprachregelung zu treffen (GEBHARD, Begründung Teilentwurf II 3, S 1 [= SCHUBERT, AT 2, S 289]; Mot I 282). Die §§ 186 ff BGB dienen zugleich indirekt dem Zweck sämtlicher Fristen selbst, nämlich Rechtssicherheit und -klarheit zu gewährleisten. Selbstverständlich muss sich darin nicht der Zweck einer Fristsetzung erschöpfen. In § 281 Abs 1 Satz 1 BGB dient die Fristsetzung zB in erster Linie der Sicherung der Durchführung des Vertragsprogramms im Sinne des Prinzips der Vertragstreue. 2

3. Die der Fristberechnung logisch vorgelagerte Konvention über den **Kalender** und die Zeiteinteilung der Tage wird vom BGB nicht geregelt. *Grundlage der Zeitberechnung* ist der von Papst Gregor XIII. mit Wirkung seit dem 15. Oktober 1582 eingeführte Kalender, der den von Cäsar 46 v Chr eingeführten Julianischen Kalender ablöste. Letzterer hatte sich in der Berechnung des Jahreswechsels im Vergleich zum Sonnenlauf als zu ungenau erwiesen, sodass im 16. Jahrhundert bereits eine Abweichung von 10 Tagen gegenüber dem astronomischen Jahr entstanden war. Der *Gregorianische Kalender* vermeidet diesen Fehler dadurch, dass er erstens dem Donnerstag, den 4. Oktober 1582, zehn Tage hinzuzählte und ihm Freitag, den 15. Oktober 1582, folgen ließ. Zweitens wurde für die Zukunft festgelegt, dass in durch 100 glatt teilbaren Jahren der vierjährige Schalttag ausfällt, wenn die Jahreszahl nicht ihrerseits durch 400 teilbar ist. Die Abweichung vom astronomischen Jahreslauf beträgt nach diesem Kalender nur 11 Sekunden, sodass eine Abweichung von einem Tag sich erst nach 3333 Jahren ergibt (zu den Einzelheiten STRÄTZ, in: FS Sturm [1999] 917 ff). 3

Der Kalender, auf den das Gesetz zwar nicht in §§ 186 ff BGB, wohl aber in § 286 Abs 2 Nr 2 BGB und öfters Bezug nimmt, ist **nicht bundesrechtlich geregelt**. Dass seine reichseinheitliche Einführung – unter Einschluss der Bestimmung des Ostertermins – durch einen entsprechenden Beschluss des Reichstags von 1776 noch heute eine wirksame Rechtsgrundlage darstellt (so STRÄTZ, in: FS Sturm [1999] 931), ist hinsichtlich der faktischen Geltung richtig, normativ aber mangels staatsrechtlicher Kontinuität schwerlich haltbar. Im Einflussbereich der orthodoxen Kirche hielt sich der Julianische Kalender bis ins 20. Jahrhundert (Russland bis 1918, Griechenland bis 1923, Rumänien bis 1924). Heute ist der Gregorianische Kalender nahezu weltweit anerkannt. Die damit verbundene chronologische Simultaneität war noch bis zu Beginn des 20. Jahrhunderts keine Selbstverständlichkeit (weiterführend HKK/HERMANN §§ 186–193 Rn 3). DIN 1355 beschreibt als Konvention, nicht als Rechtsnorm, im 4

Wesentlichen den Gregorianischen (bürgerlichen) Kalender mit der bekannten Einteilung in Monate und Tage sowie der davon unabhängigen Unterteilung in 52 oder 53 Wochen. Als erste Kalenderwoche zählt diejenige, in die mindestens vier der ersten sieben Tage des Monats Januar fallen. Jahre, die mit einem Donnerstag beginnen oder enden, haben daher 53 Wochen, weil den 52 regulären Wochen dann jedenfalls ein Wochenteil von mindestens vier Tagen hinzutritt, der als eine ganze Kalenderwoche gezählt wird.

In Gebrauch sind neben dem Gregorianischen noch die – im internationalen Verkehr wichtigen – Kalender der Juden und der Mohammedaner, die sich vorwiegend nach dem Mond und nicht nach der Sonne richten. In der islamischen Zeitrechnung beginnt das Jahr 1 mit der Auswanderung (Hidjra) Mohammeds von Mekka nach Medina im Jahr 622 n Chr und lässt in alter arabischer Tradition das Jahr am 15. oder (nach anderer Berechnung) am 16. Juli beginnen (allgemein zur Kalenderentwicklung: HERZOG, Der Streit um die Zeit. Zeitmessung – Kalenderreform – Gegenzeit – Endzeit [2002]). Auch sonst gilt mitunter ein abweichendes Kalendersystem. ZB kennt Äthiopien, abgeleitet vom koptischen Kalender, einen dreizehnmonatigen Kalender, mit zwölf Monaten zu 30 Tagen und einem mit fünf bis sechs Schalttagen. Der Datumswechsel geschieht dort ungewöhnlicherweise auch nicht um Mitternacht, sondern man lässt den Tag nach unserer Zeitrechnung erst um 6 Uhr in der Frühe beginnen. Der Jahreswechsel findet am 11. bzw. 12. September statt. Im Verwaltungs- und Geschäftsverkehr aber ist daneben auch der Gregorianische Kalender in Gebrauch. – Kalenderverschiedenheiten im internationalen Verkehr sind nach den Regeln des Internationalen Privatrechts zu beurteilen (vgl etwa GIRSBERGER, Verjährung und Verwirkung im internationalen Obligationenrecht [1989] 117: maßgeblich ist das Forderungsstatut). Für den internationalen Warenverkehr ist Art 20 CISG wichtig, der insoweit die Anwendung des IPR zur Ermittlung des für die Frist maßgeblichen Rechts verhindert (STAUDINGER/MAGNUS [2018] Art 20 CISG Rn 12).

4. Normative Grundlage der Zeit ist das Gesetz über die Einheiten im Messwesen und die Zeitbestimmung (Einheiten- und Zeitgesetz) vom 3. 7. 2008 (BGBl I 1185), das mit Wirkung vom 12. 7. 2008 das Zeitgesetz vom 25. 7. 1978 (BGBl I 1110) abgelöst hat. § 4 Abs 1 Satz 1 EinhZeitG legt die *mitteleuropäische Zeit* als gesetzliche Zeit fest. Ihre Darstellung und Verbreitung ist eine Aufgabe der Physikalisch-Technischen Bundesanstalt (§ 6 Abs 2 S 1 Nr 2 EinhZeitG). § 5 EinhZeitG (früher § 3 ZeitG) ermächtigt das Bundesministerium für Wirtschaft zur Einführung der Sommerzeit im Wege einer Rechtsverordnung. Aufgrund § 2 der SommerzeitVO vom 12. 7. 2001 (BGBl I 1591) dauert die in Deutschland geltende **Sommerzeit** vom letzten Sonntag des März morgens um 2 Uhr (= 1 Uhr Weltzeit) bis zum letzten Sonntag des Oktobers, an dem die Uhren morgens um 3 Uhr auf 2 Uhr (= 1 Uhr Weltzeit) zurückgestellt werden (in Umsetzung von Art 2 und 3 der Richtlinie 2000/84/EG, ABl 2001 L 31, 21, die dem nationalen Gesetzgeber bei der Festlegung der Sommerzeit keinen Spielraum mehr lässt; die genauen Daten werden zu Klarstellungszwecken regelmäßig im ABl EG, C 61 vom 17. 2. 2016, S 1, sowie auch im Bundesanzeiger, zuletzt in AT 20. 10. 2015 B 1, mitgeteilt). Derzeit wird ein Vorschlag für eine Richtlinie des Europäischen Parlaments und des Rates zur Abschaffung der jahreszeitlich bedingten Zeitumstellung und zur Aufhebung der Richtlinie 2000/84/EG (COM/2018/639 final, Celex-Nr 52018 PC0639) diskutiert. Der Ausgang der politischen Diskussion bleibt also abzuwarten.

II. Begrifflichkeit, Regelungsinhalt und Anwendungsbereich

1. Begrifflichkeit

a) Frist

§ 186 BGB spricht von *Frist- und Terminsbestimmungen*. Eine *Frist* im Sprachgebrauch des Gesetzes ist zunächst einmal *jeder abgegrenzte Zeitraum* (GEBHARD, Teilentwurf, Begründung 1 [= SCHUBERT, AT 2, 289]). Im engeren Sinn – und so wird der Begriff in der Praxis gebraucht – bezeichnet man als Frist einen bestimmten oder bestimmbaren **Zeitraum** (RG 8. 6. 1928 – III 426/27, RGZ 120, 355, 362), **innerhalb dessen eine Leistung oder sonstige Handlung vorgenommen**, insbesondere ein Recht ausgeübt oder eine Willenserklärung abgegeben werden soll (VGH München 23. 7. 1990 – GrS 1/90, NJW 1991, 1250, 1251). Die Dauer der Frist kann durch zeitlich feste Grenzen bestimmt werden (zB 8 Tage), sie kann aber auch durch einen unbestimmten Rechtsbegriff ausgedrückt werden (zB „angemessen", vgl etwa §§ 281 Abs 1, 323 Abs 1 BGB oder „unverzüglich", vgl etwa §§ 121 Abs 1 Satz 1, 965 Abs 1 u 2 Satz 1 BGB). Die zeitliche Grenze muss mindestens aufgrund der Umstände des Einzelfalls bestimmbar sein (BGH 12. 8. 2009 – VII ZR 254/08, NJW 2009, 3153, 3154 Rn 10 f m Anm W KLEIN NJW 2009, 3154 f – für die Nachfristsetzung gem § 281 Abs 1 genügt es, wenn der Käufer „umgehende" Nachbesserung verlangt; zust MünchKomm/ERNST § 323 Rn 70). 6

Der Zeitraum, während dessen die *Verjährung gehemmt* ist (vgl § 209 BGB) wird nach der Rechtsprechung des Reichsgerichts (RG 1. 9. 1939 – VII B 28/39, RGZ 161, 125, 127) nicht als Frist iSv § 186 anerkannt (vgl RG 19. 1. 1927 – B 2 27 I, JW 1927, 842 Nr 4; RG 5. 3. 1928 – I B 1/28, RGZ 120, 1, 3; MünchKomm/GROTHE Rn 4), obgleich er durchaus abgegrenzt oder bestimmbar sein kann. Dieser Zeitraum wird deshalb auch nicht in den Lauf der Verjährungsfrist eingerechnet. Tritt die Hemmung etwa im Laufe des letzten Tages einer Frist ein, so läuft der Rest der Frist nach dem Ende der Hemmung weiter. Auf den Beginn der Hemmung ist folglich die Berechnungsweise des § 187 BGB nicht anwendbar. Schon dieses Beispiel der Hemmung zeigt, dass eine Frist auch aus nicht zusammenhängenden Zeiträumen bestehen kann (s a § 191 BGB). Die Verjährung tritt aber selbstverständlich nach Ablauf einer Frist im engeren Sinne ein. 7

Ausschlussfristen, Verfallsfristen und Präklusionsfristen sind ebenfalls Fristen im engeren Sinn. So ist es etwa üblich, dass Geldinstitute in ihren AGB die Buchungen als genehmigt betrachten, wenn der Kontoinhaber nicht innerhalb einer bestimmten Frist nach Rechnungsabschluss widersprochen hat. Auch das Gesetz kennt solche Ausschlussfristen. § 676b Abs 2 BGB ordnet zB für Ansprüche und Einwendungen eines Zahlungsdienstnutzers gegen den Zahlungsdienstleiter eine Ausschlussfrist von 13 Monaten nach dem Tag der Kontenbelastung an. Der Fristbeginn ist hier abhängig von entsprechenden Informationen des Dienstleisters, § 676b Abs 2 Satz 2 BGB. Die Versäumung der Ausschlussfrist bewirkt den Untergang eines Anspruchs oder sonstigen Rechts und ist eine von Amts wegen zu beachtende Einwendung im Unterschied zur lediglich ein Leistungsverweigerungsrecht bewirkenden Einrede der Verjährung (BGH 18. 1. 2006 – VII ZR 94/05, NJW 2006, 903; weiterführend STAUDINGER/PETERS/JACOBY Vorbem 14 ff zu §§ 194–225). 8

Von einer Frist im engeren Sinn spricht man jedoch nicht, wenn wie in § 122 Abs 2 BGB, Abs 2a AO ein bestimmter Zeitpunkt durch Ablauf einer Zeitspanne ermittelt 9 werden soll (VGH München 23. 7. 1990 – GrS 1/90 – 19 B 88. 185, NJW 1991, 1250, 1251), weil in diesem Zeitraum keine Handlung oä vorgenommen werden soll. In der zitierten Norm geht es um die Ermittlung des Zeitpunkts der Bekanntgabe eines Verwaltungsakts bei postalischer oder elektronischer Übermittlung. Ist allerdings der tatsächliche Zeitpunkt des Zugangs eines Bescheides bekannt, kommt es auf die Vermutungsregel der Vorschrift nicht mehr an (vgl auch unten § 188 Rn 6).

10 Nicht selten wird eine **Frist rückwärtslaufend** dergestalt bestimmt, dass, ausgehend von einem Ereignis – zB dem Termin einer Versammlung (§ 51 Abs 1, 4 GmbHG; § 123 AktG) – ein Zeitpunkt bestimmt wird, bis zu dem gewisse Erklärungen abgegeben werden können, die, gehen sie später zu, als verfristet angesehen werden. § 51 Abs 4 GmbHG schreibt beispielsweise vor, dass Beschlussgegenstände mindestens drei Tage vor der Gesellschafterversammlung angekündigt sein müssen, wenn über sie wirksam beschlossen werden soll und bei der Versammlung nicht sämtliche Gesellschafter zugegen sind. Man muss diese Ankündigungsfrist vom Termin der Gesellschafterversammlung zurückrechnen. Die Hauptversammlung muss gemäß § 123 Abs 1 AktG regelhaft spätestens dreißig Tage vor dem Tag der Versammlung einberufen worden sein. Wird die Hauptversammlung weniger als dreißig Tage vor der Versammlung einberufen, können ihre Beschlüsse angefochten werden (MünchKomm/KUBIS § 123 AktG Rn 49). Gerade zu § 123 Abs 1 AktG hat man früher eifrig den Berechnungsmodus diskutiert (vgl REPGEN ZGR 2006, 121 mwNw), sodass sich für diesen Fall der Gesetzgeber zu einer gegenüber den §§ 186 ff BGB vorrangigen Sondervorschrift in § 121 Abs 7 AktG entschieden hat, die freilich im Ergebnis nur klarstellenden Charakter hat.

Gelegentlich wird die Auffassung vertreten, derartige rückwärtslaufende „Fristen" seien in Wirklichkeit gar keine „Fristen", weil hier nicht *innerhalb* eines Zeitraums eine Handlung vorgenommen werden solle, sondern es sei lediglich ein „Zeitraum", für den dann die §§ 186 ff BGB keine Geltung hätten (so in Bezug auf Nrn 4141 und 5115 des Vergütungsverzeichnisses [BGBl I 2004, 803 ff] zum RechtsanwaltsvergütungsG: SCHNEIDER DAR 2007, 671, 672). Die oben in Rn 6 dargestellte **Differenz zwischen dem vom Gesetzgeber vorausgesetzten und in der Praxis eingeengten Begriff „Frist"** sollte man **nicht überbewerten**. Ist das Fristende rückwärtsrechnend bestimmt, hängt es allein von der Rechtsfolgenanordnung ab, ob eine bestimmte Handlung erst von diesem Zeitpunkt an möglich oder in dieser Zeit gerade nicht mehr möglich sein soll. Für die Einordnung als Frist dürfte diese Frage unerheblich sein. Ohne Beleg behauptet SCHNEIDER, bei Zeiträumen werde der erste Tag und der letzte Tag mitgerechnet (DAR 2007, 671, 672; zur Berechnung unten § 193 Rn 30). Selbst wenn man die §§ 186 ff BGB nur analog anwenden wollte, ist doch sicher, dass der Gesetzgeber diese Vorschriften als Auffangnormen für alle zeitlichen Berechnungsprobleme in der Rechtsordnung aufgefasst hat (unten Rn 12 ff). Nichts spricht dagegen, dies auch für rückwärts zu berechnende Zeiträume – wie zB im Fall des § 51 GmbHG – zu tun (BOCHMANN GmbHR 2017, 558, 563). In § 123 AktG werden übrigens die rückwärtslaufenden Zeiträume, in denen man zB nicht mehr wirksam zur Hauptversammlung laden kann, ganz selbstverständlich als „Fristen" bezeichnet (vgl auch den Sprachgebrauch in Art I–1:110 Abs 6 S 2 DCFR [unten Rn 22]). Die Kongruenz mit der von der Praxis vertretenen Begriffsdefinition (oben Rn 6) ließe sich auch damit begründen, dass man dort den Begriff der „Handlung" weit fasst und das Unterlassen dem Handeln gleichstellt.

Zu den Berechnungsproblemen rückwärtslaufender Fristen vgl im Übrigen § 187 Rn 7, § 188 Rn 23a und § 193 Rn 25 ff

b) Termin
Ein *Termin* ist im Unterschied zur Frist ein **Zeitpunkt**, an dem etwas geschehen soll oder Rechtswirkungen eintreten (VGH München 23. 7. 1990 – GrS 1/90 – 19 B 88. 185, NJW 1991, 1250, 1251). 11

2. Regelungsinhalt und Anwendungsbereich

a) Bürgerliches Recht
§ 186 BGB bestimmt die Geltung der §§ 187 bis 193 BGB für alle in *Gesetzen* enthaltenen Frist- und Terminbestimmungen. Der **Anwendungsbereich** umschließt jedenfalls das gesamte materielle **Privatrecht** einschließlich des Wirtschaftsrechts, vorbehaltlich gesetzlicher Sonderregeln (MünchKomm/GROTHE Rn 1; PALANDT/ELLENBERGER Rn 2). Auch im Arbeitsrecht finden die §§ 186 ff BGB Anwendung, zB zur Bestimmung der Überlassungsdauer von Arbeitnehmern (BAYREUTHER NZA 2017, 18, 19, 22; BISSELS/FALTER ArbRAktuell 2017, 4, 5; LEMBKE NZA 2017, 1, 4; PÜTZ DB 2017, 425; TALKENBERG NZA 2017, 473, 475–477). Zur Geltung im öffentlichen Recht vgl unten Rn 17 f. 12

Ob eine Frist gesetzlich, richterlich oder rechtsgeschäftlich ist, ist davon abhängig, wer die Fristdauer festlegt. Diese Differenzierung ist für die Berechnung der Fristen ohne Belang. Ihrem Zweck nach können die Fristen die Begründung oder das Erlöschen von Rechten oder die Entstehung einer Einrede zur Folge haben (SOERGEL/NIEDENFÜHR Rn 9).

aa) Gesetzliche Fristen des Privatrechts sind zahlreich im BGB selbst enthalten. Schon die systematische Nähe zum Verjährungsrecht zeigt einen der wichtigsten Anwendungsfälle für die allgemeinen Auslegungsregeln in §§ 187 bis 193 BGB: die **Verjährungsfristen** (s insb §§ 195, 199 BGB für die regelmäßige Verjährung [mit Rücksicht auf Entstehung und Kenntnis: 3 Jahre, absolut: 10 bzw 30 Jahre] und die besonderen Verjährungsfristen in §§ 196 [Rechte an Grundstücken: 10 Jahre], 197 Abs 1 BGB [dingliche Herausgabeansprüche, Herausgabeanspruch des Erben gegen den Erbschaftsbesitzer nach § 2018 BGB und des Nacherben gem § 2130 BGB sowie des wirklichen Erben nach § 2362 BGB, titulierte und vollstreckbare Ansprüche: 30 Jahre], § 438 BGB [kaufrechtliche Mängelansprüche: meistens 2 Jahre, bei dinglichen Rechten Dritter 30 Jahre, bei Bauwerk und diesen dienenden Sachen 5 Jahre], § 476 Abs 2 BGB [gebrauchte Gegenstände eines Verbrauchsgüterkaufs evtl 1 Jahr], § 445b Abs 1 BGB [Regressansprüche des Unternehmers: 2 Jahre], § 548 BGB [Ersatzansprüche und Wegnahmerecht des Vermieters: 6 Monate], § 591b BGB [Ersatzansprüche des Verpächters: 6 Monate], § 606 BGB [Ersatzansprüche des Verleihers: 6 Monate], § 634a BGB [werkvertragliche Mängelansprüche: bei Herstellung, Wartung oder Veränderung einer Sache oder darauf bezogenen Planungs- und Überwachungsleistungen 2 Jahre, bei Bauwerken und darauf bezogenen Planungs- und Überwachungsleistungen 5 Jahre, sonst Regelverjährung in 3 Jahren], § 651-j BGB [reisevertragliche Mängelansprüche: 2 Jahre, vgl auch oben Rn 8], § 801 BGB [Anspruch aus Schuldverschreibung: längstens 30 Jahre bzw 2 Jahre ab Vorlegung], § 804 Abs 1 Satz 3 BGB [Anspruch aus verlorenem Zins-, Renten- oder 13

Gewinnanteil: 4 Jahre], § 852 BGB [deliktischer Bereicherungsanspruch: 10 oder 30 Jahre], § 1028 BGB [Beseitigung der Beeinträchtigung einer Grunddienstbarkeit: 3 Jahre ohne Rücksicht auf § 892 BGB, s dazu aber STAUDINGER/WEBER [2017] § 1028 Rn 1 u 4], § 1057 BGB [Ersatzansprüche beim Nießbrauch: 6 Monate], § 1226 BGB [Ersatzansprüche bei der Verpfändung: 6 Monate], § 1302 BGB [Ansprüche aus Auflösung des Verlöbnisses: 2 Jahre], § 1390 Abs 3 BGB [Ausgleichsforderung gegen Dritte, absolute Frist: 3 Jahre], § 2287 Abs 2 BGB [Beeinträchtigung des Vertragserben durch Schenkung: 3 Jahre], § 2332 BGB [Pflichtteilsanspruch, ohne Rücksicht auf Kenntnis: 3 Jahre]), deren Ablauf zu einer dauernden Einrede führt. Zu den **außerhalb des BGB** geregelten Verjährungsfristen vgl unten STAUDINGER/PETERS/JACOBY § 195 Rn 43 ff.

14 **Weitere gesetzliche Fristbestimmungen**, für die die §§ 187 ff BGB gelten, sind **im BGB zB** §§ 51 BGB (Sperrfrist für Auszahlung des Vermögens aufgelöster Vereine), § 73 BGB (Entziehung der Rechtsfähigkeit des Vereins bei Unterschreiten der Mitgliederzahl unter drei), § 121 BGB (Irrtumsanfechtung), § 124 BGB (Anfechtung wegen Täuschung oder Drohung), § 176 BGB (Kraftloserklärung der Vollmachtsurkunde), § 355 BGB (14tägiges Widerrufsrecht bei Verbraucherverträgen), § 469 BGB (Mitteilungs- und Ausübungspflicht beim Vorkaufsrecht), § 651k Abs 2 BGB (Abhilfe durch Reiseveranstalter), § 676b Abs 2 BGB (Ausschlussfrist zur Geltendmachung von Ansprüchen und Einwendungen gegen Zahlungsdienstleister), § 937 Abs 1 BGB (Ersitzung), § 965 BGB (Anzeigepflicht des Finders), § 1944 BGB (Ausschlagung der Erbschaft), § 1974 BGB (Verschweigungseinrede), § 2015 BGB (Einrede des Aufgebotsverfahrens), § 2034 Abs 2 BGB (Ausübung des Vorkaufsrechts durch einen Miterben), § 2044 Abs 2 BGB (Ausschluss der Auseinandersetzung einer Erbengemeinschaft), § 2109 BGB (Unwirksamwerden der Nacherbschaft), § 2162 BGB (aufschiebend bedingtes Vermächtnis), § 2210 BGB (Dauervollstreckung), § 2252 BGB (Gültigkeit von Nottestamenten), § 2306 BGB (Ausschlagung durch den als Erbe eingesetzten Pflichtteilsberechtigten), § 2325 BGB (Pflichtteilsergänzungsanspruch bei Schenkungen). – **Die §§ 187 ff BGB gelten auch für Fristbestimmungen außerhalb des BGB als Auffangnormen** wie zB im Versicherungsrecht (BVerwG 2. 12. 2015 – 10 C 19/14, juris Rn 12 – Unverfallbarkeitsfrist von Zusatzversorgungsanwartschaft, § 1b Abs 1 S 1 BetrAVG; BAG 14. 1. 2009 – 3 AZR 529/07, juris Rn 15 f – Unverfallbarkeitsfrist einer Versorgungszusage, § 30 f Abs 1 S 1 HS 2 BetrAVG; LAG Sachsen 12. 9. 2007 – 2 Sa 80/07 Rn 40 – zu § 30 f S 1 HS 2 BetrAVG) und im Arbeitsrecht (BAG 26. 1. 1967 – 5 AZR 395/66, DB 1967, 824; LAG Berlin 21. 6. 1999 – 18 Sa 71/99 bzgl der Anhörungsfrist in § 102 Abs 2 BetrVG 1972 [für unmittelbare Geltung der §§ 186 ff entgegen LAG Hamm 11. 2. 1992 – 2 Sa 1615/91 LAGE Nr 33 zu § 102 BetrVG 1972; zu den Fristen im BetrVG RUDOLPH AiB 2007, 653]; LAG Düsseldorf 19. 8. 1999 – 11 Sa 675/99; LSG 11. 3. 2014 – L 18 KN 78/13 Rn 32 zu § 28 f Abs 3 S 2 SGB IV).

15 bb) Das BGB kennt ferner Fristen aufgrund **gerichtlicher Verfügungen**. Im Unterschied zur materiellrechtlichen Verfügung iS einer Belastung, Übertragung, Änderung oder Aufhebung eines Rechts (vgl BGH 4. 5. 1987 – II ZR 211/86, BGHZ 101, 26) meint Verfügung hier eine schriftliche richterliche Anordnung einer Frist, zB §§ 1052 Abs 1 Satz 2 BGB (Frist zur Sicherheitsleistung durch den Nießbraucher), § 1994 Abs 1 Satz 1 BGB (Inventarfrist), § 2151 Abs 3 Satz 2 BGB (Festlegung der Person des Vermächtnisnehmers), § 2198 Abs 2 BGB (Festlegung der Person des Testamentsvollstreckers) (zum Begriff der richterlichen Verfügung STEIN/JONAS/LEIPOLD Vor § 300 Rn 15; ROSENBERG/SCHWAB/GOTTWALD § 58 I 3 b).

cc) Schließlich spricht § 186 BGB von Fristen in **Rechtsgeschäften**. Selbstverständlich können in den Grenzen der Privatautonomie beliebige Frist- und Terminsbestimmungen getroffen werden, auch im Sinne einer Bedingung gem § 163 BGB (vgl STAUDINGER/BORK [2015] § 163 Rn 1). Insbesondere gehören dazu die vom Gesetz geforderten rechtsgeschäftlich bestimmten angemessenen Fristen, deren unter Umständen erfolgloser Ablauf erforderlich ist, damit die gewünschte Rechtsfolge eintreten kann: §§ 250 BGB (Übergang von der Naturalrestitution zum Geldersatz), § 264 Abs 2 Satz 1 BGB (Wahrnehmung des Wahlrechts bei einer Wahlschuld), § 281 Abs 1 Satz 1 BGB (Schadensersatz statt der Leistung), § 323 Abs 1 Satz 1 BGB (Rücktritt), § 350 BGB (Ausübung des vertraglichen Rücktrittsrechts), § 516 Abs 2 Satz 1 BGB (Erklärung über die Annahme einer Schenkung), § 1003 Abs 1 Satz 1 BGB (Erklärung des Eigentümers über die Genehmigung von Verwendungen des Besitzers). – Hierher gehören aber auch alle sonstigen vereinbarten Frist- und Terminbestimmungen, die der Rechtsverkehr in unüberschaubarer Menge kennt, zB bei Transport- und Lieferverträgen, in Mietverträgen, im Arbeitsrecht etwa in Gestalt der häufigen Ausschlussfristen, die auch in Tarifverträgen festgelegt sein können, die die Rechtsausübung an ein Handeln innerhalb der Frist binden, andernfalls das Recht nicht mehr geltend gemacht werden kann (vgl KÜTTNER/SCHMIDT, Personalbuch 83 Rn 1 ff). **16**

b) Öffentliches Recht

Ob die §§ 187 bis 193 BGB auch für öffentlich-rechtliche Vorschriften *unmittelbar* gelten, wird unterschiedlich beurteilt (dafür H MÜLLER NJW 1964, 1116, 1118; ders NJW 1966, 2253, 2254; SOERGEL/NIEDENFÜHR Rn 4 f; dagegen mit Recht STAUDINGER/WERNER [2001] § 186 Rn 3 f; MünchKomm/GROTHE Rn 1). Auf die Streitfrage kommt es allerdings praktisch nicht an, weil für das öffentliche Recht **jedenfalls eine entsprechende Anwendung anerkannt** ist, wenn Sinn und Zweck des zugrunde liegenden Gesetzes nicht entgegenstehen (GemSOGB 6. 7. 1972 – Gms-OGB 2/71, BGHZ 59, 396, 397). Wenn eine öffentlich-rechtliche Norm eine – unter Umständen erst durch Auslegung zu ermittelnde – entgegenstehende Regelung enthält, so finden §§ 186 ff BGB schon tatbestandlich keine Anwendung, weil sie nur eine Auffangfunktion besitzen. Fehlt es hingegen gänzlich an einer Sonderregel, so wird man die Fragen der Fristberechnung usw nicht offen lassen können, sondern **diese Vorschriften des BGB jedenfalls als allgemeine Rechtsgrundsätze** auffassen müssen, weil die dortigen Regeln den Rechtsverkehr entsprechend geprägt haben. **17**

Ausdrücklich ordnet § 31 Abs 1 VwVfG im Grundsatz die entsprechende Geltung der §§ 187 bis 193 BGB für das **Verwaltungsrecht** an, trifft aber in § 31 Abs 2 bis 5 VwVfG vorrangige, zum Teil vom BGB abweichende Vorschriften (dazu APP VR 1993, 3, für die Anwendung der §§ 187 ff auf das AsylVfG: VG Frankfurt 13. 2. 2001 – 9 G 433/01.AF [1], AuAS 2001, 118–120; für die Anwendung auf § 69 Abs 3 S 1 Nr 2 AuslG [Antragstellung mit Fiktion eines erlaubten Aufenthaltes] OVG Münster 7. 5. 1999 – 18 B 732/99, AuAS 1999, 208; BVerwG 9. 8. 2007 – 9 B 13/07, Buchholz 424. 01 § 6 FlurbG Nr 3, 2 – Auslegungsfrist für die Bekanntmachung eines Flurbereinigungsbeschlusses; für die Anwendung auf die Frist für das Fälligwerden von Erschließungsbeiträgen gem § 135 Abs 1 BauGB: OLG Koblenz 27. 10. 2011 – 2 U 762/10 Rn 28; VGH Baden-Württemberg 30. 10. 2014 – 8 S 1353/12, BauR 2015, 448, 449 – Frist für Einwendungen gegen einen Flächennutzungsplan nach § 215 Abs 1 BauGB; die Dauer der ausländerrechtlichen Abschiebehaft nach § 62 AufenthG errechnet sich nach §§ 187 ff BGB: OLG Hamm 8. 1. 2007 – 15 W 285/06, juris Rn 12 – verbunden mit der Empfehlung, aus Gründen der Klarheit einen Endtermin für die

§ 186

Haft anzuordnen). Ähnlich gelten §§ 187 ff BGB auch im **Abgaben- und Steuerrecht**: § 108 Abs 1 AO (BFH 24. 7. 1996 – XR 119/92, DB 1997, 79, 80; BFH 28. 3. 2012 – II R 43/11, NJW-RR 2012, 973, 974 Rn 10; FG Düsseldorf 27. 7. 2001 – 18 J 5121/00 Kg, EFG 2002, 408–410; Kirchhof/Söhn/Jachmann § 32 EStG Rn C 23). Der BFH (6. 6. 2001 – II R 56/00, DStR 2001, 1752 f) hat ganz selbstverständlich die §§ 186 ff BGB analog auf die rückwärtslaufende Fünfjahresfrist des § 6 Abs 4 GrEStG angewendet. Außerdem gelten die §§ 187 ff BGB auch im **Sozialverwaltungsverfahren** gem § 26 Abs 1 SGB X (BAG 29. 11. 2007 – 2 AZR 617/06 m Anm Düwell jurisPR-ArbR 19/2008; LSG Essen 8. 8. 2000 – L 5 KR 25/00; LSG Stuttgart 21. 8. 2008 – L 7 AL 3358/08 m Anm Harks jurisPR-SozR 24/2008; LSG Niedersachsen-Bremen 4. 6. 2014 – L 2 R 294/12 Rn 44; LSG Sachsen-Anhalt 28. 1. 2015 – L 5 AS 390/14 Rn 21). Auch im **Kommunalrecht** werden die Fristen nach §§ 187 ff BGB berechnet (SAnhVerfG 19. 11. 2013 – LVG 70/10, NVwZ-RR 2014, 289, 290). Die §§ 187 ff BGB gelten auch im **Kirchenrecht und Personenstandsrecht** (BayObLG 5. 7. 1926 – II 253/26, JW 1926, 2450; Soergel/Niedenführ Rn 4; Beck-OK/Henrich Rn 4) und im **Strafrecht** (OLG Zweibrücken 16. 2. 1981 – 1 Ss 47/81, DAR 1981, 331; AG Rosenheim 27. 11. 1995 – 2 OWi 460 Js 34149/95, DAR 1996, 70; BGH 15. 7. 2014 – 5 StR 270/14, wistra 2014, 414 – Eintritt der Tilgungsreife für Eintragung einer Strafe im Bundeszentralregister). Die Verjährungsfrist des Gebührenanspruchs eines Prüfingenieurs für Baustatik gem § 17 **VwKostG** Th berechnet sich ebenfalls nach BGB (VG Gera 20. 2. 2002 – 4 E 30/02 GE).

18 Auch die **Verfahrensrechte** folgen hinsichtlich der Berechnung der Fristen weitgehend den BGB-Regeln, wobei aber im Einzelnen auch vorrangige Sonderregeln getroffen werden. Die entsprechende Anwendung des BGB ordnet § 222 Abs 1 ZPO für den Zivilprozess (Übersicht über die Fristen bei Zöller/Feskorn Vor § 214 ZPO Rn 7; zur Fristberechnung auch Prechtel ZAP [2006] Fach 13, 1335, 1342 ff) an. Einige weitere Verfahrensrechte nehmen auf § 222 ZPO Bezug und verweisen damit auf die §§ 186 ff BGB, so § 57 Abs 2 VwGO für das verwaltungsgerichtliche Verfahren, § 54 Abs 2 FGO für das finanzgerichtliche Verfahren (BFH 7. 8. 2001 – I B 16/01, BFHE 196, 12; BFH 27. 7. 2015 – X B 107/14, BFH/NV 2015, 1432, 1433 f Rn 15) an, § 16 Abs 2 FamFG für Familiensachen und Angelegenheit der freiwilligen Gerichtsbarkeit, § 4 InsO für das Insolvenzverfahren. Die Frist für die Einlegung einer Verfassungsbeschwerde gem § 93 Abs 3 BVerfGG berechnet sich nach §§ 187 ff BGB (BVerfG 22. 11. 2000 – 1 BvR 2307/94, BVerfGE 102, 254, 295; BVerfG 10. 4. 2007 – 2 BvR 2228/05 Rn 2; BVerfG 3. 5. 2007 – 1 BvR 1847/05, UPR 2007, 344; BVerfG 6. 5. 2009 – 1 BvR 3153/07 Rn 8; VerfGH Baden-Württemberg 21. 1. 2016 – 1 VB 64/15, Die Justiz 2017, 229, 230 zu § 56 Ab 2 VerfGHG BW). Auch die Frist zur Revisionsbegründung nach § 74 Abs 1 S 1 u 2 ArbGG wird nach §§ 187 ff BGB berechnet (BAG 12. 10. 2005 – 4 AZR 314/04 m Anm Treber jurisPR-ArbR 17/2006 Nr 1). – § 64 SGG enthält eine eigene Vorschrift zur Fristberechnung, die jedoch inhaltlich mit dem Fristregime des BGB übereinstimmt (Beck-OK/Mink § 64 SGG Rn 2 f); abweichend von der Differenzierung des § 188 Abs 2 BGB und im Sinne einer abschließenden Regelung aber §§ 42, 43 StPO (OLG Bamberg 10. 5. 2007 – 3 Ss OWI 1542/06, OLGSt Nr 12 zu § 345 StPO).

19 c) Für das europäische **Gemeinschaftsrecht** und das darauf beruhende angeglichene nationale Recht (zB die Verzugsvorschriften des § 286 Abs 3 BGB) trifft mit Gültigkeit seit dem 1. 7. 1971 die *Verordnung (EWG, EURATOM) Nr 1182/71 des Rates vom 3. 6. 1971 zur Festlegung der Regeln für die Fristen, Daten und Termine* (ABl EG v 8. 6. 1971, Nr L 124/1) eine eigenständige Regelung, die jedoch inhaltlich weitgehend mit den entsprechenden Bestimmungen des BGB übereinstimmt. Die

Verordnung ist gem Art 288 Abs 2 AEUV in den Mitgliedsstaaten unmittelbar geltendes Recht (aA MünchKomm/Grothe Rn 2; NK-BGB/Krumscheid Rn 2). Sie ist beispielsweise aufgrund der Verordnung (EWG) Nr 2913/92 ABl EG v 19. 10. 1992 Nr L 302/1 zur Festlegung des Zollkodex der Gemeinschaft in Verbindung mit der Durchführungsverordnung Nr 2454/93 für die Bestimmung zollrechtlicher Pflichten unmittelbar anzuwenden (Möller AW-Prax 1999, 30 ff). Dasselbe gilt etwa für die Berechnung von Fristen gemäß Art 14 in Verfahren nach der Verordnung (EG 861/2007) des Europäischen Parlaments und des Rates zur Einführung eines europäischen Verfahrens für geringfügige Forderungen (EuGFVO), ABl L 199 vom 31. 7. 2001, 1 ff (Sujecki, zu Art 14 EuGFVO, in: Gebauer/Wiedmann, Zivilrecht unter europäischem Einfluss [2. Aufl 2010] Kap 35 Rn 63). Auf die Einzelheiten der Fristen-VO wird im Zusammenhang mit den jeweiligen Vorschriften des BGB eingegangen (vgl insb § 188 Rn 15, § 193 Rn 6). Die hier interessierenden Passagen der Verordnung lauten:

„Artikel 1   20

Diese Verordnung gilt, soweit nichts anderes bestimmt ist, für die Rechtsakte, die der Rat und die Kommission auf Grund des Vertrages zur Gründung der Europäischen Wirtschaftsgemeinschaft oder des Vertrages zur Gründung der Europäischen Atomgemeinschaft erlassen haben bzw erlassen werden.

Kapitel I: Fristen

Artikel 2

(1) Für die Anwendung dieser Verordnung sind die Feiertage zu berücksichtigen, die als solche in dem Mitgliedstaat oder in dem Organ der Gemeinschaft vorgesehen sind, bei dem eine Handlung vorgenommen werden soll.

Zu diesem Zweck übermittelt jeder Mitgliedstaat der Kommission die Liste der Tage, die nach seinen Rechtsvorschriften als Feiertage vorgesehen sind. Die Kommission veröffentlicht im *Amtsblatt der Europäischen Gemeinschaften* die von den Mitgliedstaaten übermittelten Listen, die durch Angabe der in den Organen der Gemeinschaften als Feiertage vorgesehenen Tage ergänzt worden sind.

(2) Für die Anwendung dieser Verordnung sind als Arbeitstage alle Tage außer Feiertagen, Sonntagen und Sonnabenden zu berücksichtigen.

Artikel 3

(1) Ist für den Anfang einer nach Stunden bemessenen Frist der Zeitpunkt maßgebend, in welchem ein Ereignis eintritt oder eine Handlung vorgenommen wird, so wird bei der Berechnung dieser Frist die Stunde nicht mitgerechnet, in die das Ereignis oder die Handlung fällt.

Ist für den Anfang einer nach Tagen, Wochen, Monaten oder Jahren bemessenen Frist der Zeitpunkt maßgebend, in welchem ein Ereignis eintritt oder eine Handlung vorgenommen wird, so wird bei der Berechnung dieser Frist der Tag nicht mitgerechnet, in den das Ereignis oder die Handlung fällt.

(2) Vorbehaltlich der Absätze 1 und 4 gilt folgendes:

a) Eine nach Stunden bemessene Frist beginnt am Anfang der ersten Stunde und endet mit Ablauf der letzten Stunde der Frist.

b) Eine nach Tagen bemessene Frist beginnt am Anfang der ersten Stunde des ersten Tages und endet mit Ablauf der letzten Stunde des letzten Tages der Frist.

c) Eine nach Wochen, Monaten oder Jahren bemessene Frist beginnt am Anfang der ersten Stunde des ersten Tages der Frist und endet mit Ablauf der letzten Stunde des Tages der letzten Woche, des letzten Monats oder des letzten Jahres, der dieselbe Bezeichnung oder dieselbe Zahl wie der Tag des Fristbeginns trägt. Fehlt bei einer nach Monaten oder Jahren bemessenen Frist im letzten Monat der für ihren Ablauf maßgebende Tag, so endet die Frist mit dem Ablauf der letzten Stunde des letzten Tages dieses Monats.

d) Umfasst eine Frist Monatsbruchteile, so wird bei der Berechnung der Monatsbruchteile ein Monat von dreißig Tagen zugrunde gelegt.

(3) Die Fristen umfassen die Feiertage, die Sonntage und die Sonnabende, soweit diese nicht ausdrücklich ausgenommen oder die Fristen nach Arbeitstagen bemessen sind.

(4) Fällt der letzte Tag einer nicht nach Stunden bemessenen Frist auf einen Feiertag, einen Sonntag oder einen Sonnabend, so endet die Frist mit Ablauf der letzten Stunde des folgenden Arbeitstags.

Diese Bestimmung gilt nicht für Fristen, die von einem bestimmten Datum oder einem bestimmten Ereignis an rückwirkend berechnet werden.

(5) Jede Frist von zwei oder mehr Tagen umfaßt mindestens zwei Arbeitstage.

Kapitel II: Daten und Termine

(...)"

21 **d)** Die auf die LANDO-Kommission für Europäisches Vertragsrecht zurückgehenden **Principles of European Contract Law** (PECL) enthalten in Art 1:304 ebenfalls die Regelung einiger Fragen, die in §§ 187 bis 193 BGB angesprochen sind. Ihr Text lautet in der Übersetzung (nach vBAR/ZIMMERMANN, Grundregeln des Europäischen Vertragsrechts [2002] 134):

„**Artikel 1:304: Berechnung von Fristen**

(1) Eine Frist, die von einer Partei in einem Schriftstück dem Empfänger zur Antwort oder zur Vornahme einer anderen Handlung gesetzt wird, beginnt mit dem Datum zu laufen, das als Datum des Schriftstücks angegeben ist. Wenn kein Datum angegeben ist, beginnt die Frist in dem Augenblick zu laufen, in dem das Schriftstück dem Empfänger zugeht.

(2) Gesetzliche Feiertage oder gesetzlich arbeitsfreie Tage, die in die Frist fallen, werden bei der Fristberechnung mitgezählt. Wenn jedoch der letzte Tag der Frist an dem Ort der Anschrift des

Abschnitt 4
Fristen, Termin § 186

Empfängers oder an dem Ort, an dem die vorgeschriebene Handlung zu verrichten ist, ein gesetzlicher Feiertag oder ein gesetzlich arbeitsfreier Tag ist, verlängert sich die Frist bis zum ersten darauffolgenden Arbeitstag an jenem Ort.

(3) Fristen, die in Tagen, Wochen, Monaten oder Jahren angegeben sind, beginnen am darauffolgenden Tag um 0:00 zu laufen und enden am letzten Tag der Frist um 24:00. Jede Antwort jedoch, die der Partei zugehen muss, die die Frist gesetzt hat, oder jede andere vorzunehmende Handlung, muss am letzten Tag der Frist bis zum gewöhnlichen Ende der Geschäftszeit an dem maßgeblichen Ort ankommen beziehungsweise abgeschlossen sein."

e) Auch der bislang nur in englischer Sprache publizierte **Draft Common Frame of Reference** (zu diesem im Überblick REINHARD ZIMMERMANN, Handwörterbuch des Europäischen Privatrechts I [2009] 276–280) regelt in enger Anlehnung an die EG-FristenVO (oben Rn 19) detailliert die Berechnung von Fristen. Obgleich die Normen weitgehend zu denselben Ergebnissen führen wie die §§ 186 ff BGB, gibt es in Einzelheiten Abweichungen, auf die im Zusammenhang mit den betreffenden Vorschriften des BGB zurückzukommen ist (vgl insbesondere unten § 187 Rn 9 [verlängernde Berechnungsweise], § 188 Rn 11 [Zivilkomputation, Fristende nach ganzen Tagen und Stunden], § 188 Rn 18 [Fristende bei Wochenfristen], § 188 Rn 26 [Fristende bei Monatsfristen], § 193 Rn 4 [Begriff des Werktags], § 193 Rn 27 [rückwärtslaufende Fristen]). 22

„Art I – 1:110: „Computation of time" [Berechnung von Fristen]

(1) The provisions of this Article apply in relation to the computation of time for any purpose under these rules.

[Die Bestimmungen dieses Artikels im Hinblick auf die Berechnung der Zeit finden für jeden Zweck in diesem Regelwerk Anwendung.]

(2) Subject to the following provisions of this Article:

[Für die folgenden Bestimmungen dieses Artikels gilt:]

(a) a period expressed in hours starts at the beginning of the first hour and ends with the expiry of the last hour of the period;

[eine Stundenfrist beginnt am Anfang der ersten Stunde und endet mit dem Ablauf der letzten Stunde der Frist;]

(b) a period expressed in days starts at the beginning of the first hour of the first day and ends with the expiry of the last hour of the last day of the period;

[eine Tagesfrist beginnt am Anfang der ersten Stunde des ersten Tages und endet mit dem Ablauf der letzten Stunde des letzten Tages der Frist;]

(c) a period expressed in weeks, months or years starts at the beginning of the first hour of the first day of the period, and ends with the expiry of the last hour of whichever day in the last week, month or year is the same day of the week, or falls on the same date, as the day from which the period runs; with the qualification that if, in a period expressed in months or in years, the day on which the period should expire does not occur in the last month, it ends with the expiry of the last hour of the last day of that month;

[eine Wochen-, Monats- oder Jahresfrist beginnt am Anfang der ersten Stunde des ersten Tages der Frist und endet mit dem Ablauf der letzten Stunde des letzten Tages der letzten Woche bzw des Monats oder Jahres, der derselbe Wochentag ist oder auf dasselbe Tagesdatum fällt wie der Tag, an dem der Fristlauf begann – mit der Besonderheit, dass, falls bei einer Monats- oder Jahresfrist der Tag, an dem die Frist ablaufen sollte, in dem letzten Monat nicht vorkommt, die Frist mit dem Ablauf der letzten Stunde des letzten Tages dieses Monats endet;]

(d) if a period includes part of a month, the month is considered to have thirty days for the purpose of calculating the length of the part.

[wenn eine Frist Teile eines Monats umfasst, wird für den Zweck der Berechnung der Länge dieses Teils angenommen, dass der Monat dreißig Tage hat.]

(3) Where a period is to be calculated from a specified event or action, then:

[Wenn eine Frist ausgehend von einem bestimmten Ereignis oder einer Handlung zu berechnen ist, gilt:]

(a) if the period is expressed in hours, the hour during which the event occurs or the action takes place is not considered to fall within the period in question; and

[wenn die Frist in Stunden angegeben wird, wird die Stunde, in die das Ereignis fällt oder in der die Handlung stattfindet, nicht in die fragliche Frist einberechnet; und]

(b) if the period is expressed in days, weeks, months or years, the day during which the event occurs or the action takes place is not considered to fall within the period in question.

[wenn die Frist in Tagen, Wochen, Monaten oder Jahren angegeben wird, wird der Tag, in den das Ereignis fällt oder an dem die Handlung stattfindet, nicht in die fragliche Frist einberechnet.]

(4) Where a period is to be calculated from a specified time, then:

[Wenn eine Frist von einem bestimmten Zeitpunkt aus berechnet wird, gilt:]

(a) if the period is expressed in hours, the first hour of the period is considered to begin at the specified time; and

[wenn die Frist in Stunden angegeben wird, beginnt die erste Stunde der Frist zu dem bestimmten Zeitpunkt; und]

(b) if the period is expressed in days, weeks, months or years, the day during which the specified time arrives is not considered to fall within the period in question.

[wenn die Frist in Tagen, Wochen, Monaten oder Jahren angegeben wird, wird der Tag, an dem der Zeitpunkt eintritt, nicht in die Frist einberechnet.]

Abschnitt 4
Fristen, Termin § 186

(5) The periods concerned include Saturdays, Sundays and public holidays, save where these are expressly excepted or where the periods are expressed in working days.

[Die genannten Fristen schließen Samstage, Sonntage und Feiertage ein, es sei denn, diese sind ausdrücklich ausgenommen oder die Fristen werden in Werktagen angegeben.]

(6) Where the last day of a period expressed otherwise than in hours is a Saturday, Sunday or public holiday at the place where a prescribed act is to be done, the period ends with the expiry of the last hour of the following working day. This provision does not apply to periods calculated retroactively from a given date or event.

[Wenn der letzte Tag einer Frist, die keine Stundenfrist ist, an dem Ort, an dem eine Handlung erbracht werden muss, ein Samstag, Sonntag oder Feiertag ist, endet die Frist mit dem Ablauf der letzten Stunde des folgenden Werktags. Diese Vorschrift gilt nicht für solche Fristen, die von einem gegebenen Datum oder Ereignis aus rückwärts berechnet werden.]

(7) Any period of two days or more is regarded as including at least two working days.

[Jede Frist von zwei oder mehr Tagen ist so zu verstehen, dass sie zumindest zwei Werktage umfasst.]

(8) Where a person sends another person a document which sets a period of time within which the addressee has to reply or take other action but does not state when the period is to begin, then, in the absence of indications to the contrary, the period is calculated from the date stated as the date of the document or, if no date is stated, from the moment the document reaches the addressee.

[Wenn jemand einem anderen ein Schriftstück sendet, das dem Empfänger für die Antwort oder für eine andere Handlung eine Frist setzt, aber nicht festschreibt, wann diese Frist beginnt, dann wird, wenn nichts Gegenteiliges erkennbar ist, die Frist von dem Datum an berechnet, das als Datum des Schriftstücks angegeben ist oder sonst von dem Augenblick an, in dem das Dokument dem Empfänger zugeht.]

(9) In this Article: [In dieser Vorschrift:]

(a) „public holiday" with reference to a member state, or part of a member state, of the European Union means any day designated as such for that state or part in a list published in the official journal; and

[meint der Begriff „Feiertag" mit Bezug auf einen Mitgliedsstaat oder einen Teil eines Mitgliedsstaates jeden Tag, der als Feiertag für diesen Staat oder Teil des Staates im Amtsblatt aufgeführt ist; und]

(b) „working day" means all days other than Saturdays, Sundays and public holidays.

[meint der Begriff „Werktag" alle Tage außer Samstagen, Sonn- und Feiertagen.]"

f) Das *Europäische Übereinkommen über die Berechnung von Fristen* (Eur TS Nr 56) des Europarats ist zwar am 16. 5. 1972 von Deutschland unterzeichnet, jedoch – anders als in Liechtenstein, Luxemburg, Österreich und der Schweiz (WICKE, Art **23**

Fristberechnung, Handwörterbuch des Europäischen Privatrechts I 622, 624) – nicht ratifiziert worden.

3. Die Rechtswirkung der §§ 186 ff

24 **a)** § 186 BGB bezeichnet die in §§ 187 ff BGB enthaltenen Vorschriften ausdrücklich als *Auslegungsregeln*. Sie sind nach dem Willen des Gesetzgebers **subsidiär**, dienen also als Auffangvorschriften, um Rechtssicherheit bei der Berechnung von Fristen und Terminen zu finden (Mot I 282).

Vorrangig ist grundsätzlich zunächst der Wille der Vertragsparteien. So wird zB bei rechtsgeschäftlicher Fristsetzung mit den Worten „heute in acht Tagen" meist – außer bei Handelsgeschäften, für die § 359 Abs 2 HGB eine klare Anordnung im Sinne acht voller Tage trifft (ebenso Art 36 Abs 4 WG für das Wechselrecht) – regelmäßig eine Wochenfrist zum Ausdruck gebracht (Mot I 285). Der allgemeine Sprachgebrauch folgt hier einer auf das Mittelalter zurückreichenden Tradition (vgl KLEIN-BRUCKSCHWAIGER, Handwörterbuch zur Deutschen Rechtsgeschichte II [1978] Sp 288). Erklärlich ist der Sprachgebrauch mit dem ebenfalls alten Brauch der Zivilkomputation und der verlängernden Berechnungsweise, die dazu führt, dass eine Wochenfrist in der Regel erst am Tag nach dem fristauslösenden Ereignis zu laufen beginnt (Einzelheiten unten § 187 Rn 2 und 5 sowie § 188 Rn 12). Selbstverständlich können auch dem BGB unbekannte Fristen vereinbart werden, etwa Fristen nach Stunden und Minuten oder der dem New Yorker Scheckrecht entnommene Ausdruck „within a reasonable time" (RG 4. 1. 1927 – II 237/26, RGZ 115, 195, 196). Wenig klar ist die aus dem deutschen Rechtskreis stammende Fristangabe „Jahr und Tag" (dazu DUSIL, Handwörterbuch zur Deutschen Rechtsgeschichte II [2011] 1348), die eine Jahresfrist bezeichnete mit einer flexiblen Zugabezeit von maximal sechs Wochen und drei Tagen in Abhängigkeit vom Termin des nächsten Gerichtstags. Im preussischen ALR I 3, § 49 wurde diese Frist auf ein Jahr und dreißig Tage festgelegt.

Erstreckt sich der Parteiwille nicht erkennbar auf die Fragen der Frist- und Terminsbestimmungen, so ist in zweiter Linie zu prüfen, ob anderweitige besondere gesetzliche Regeln einschlägig sind. Meistens betreffen diese aber nur das fristauslösende Ereignis und die Fristdauer, nicht jedoch die Fragen der Berechnung von Fristen, die allein Gegenstand der §§ 187 ff BGB sind. Stets müssen aber die besonderen Regeln darauf geprüft werden, ob sie nicht auch Einzelheiten der Berechnungsweise behandeln. Allein das BGB kennt mehrere Dutzend Normen mit Fristen: zB §§ 355 Abs 2, 356 Abs 3, 356a Abs 3, 356b Abs 2, 356d, 356e, 357 Abs 1, 357a Abs 1, 545, 613a Abs 1 S, 2, 626 Abs 2 Satz 2, 676b, 1170 Abs 1 Satz 2, 1600b, 1944, 2017, 2202, 2283 BGB; ferner außerhalb des BGB, zum Teil auch mit abweichenden Berechnungsbestimmungen zB §§ 257 IV, 359, 361 HGB, Art 20 CISG, Art 36, 37, 72, 73 WG, Art 29, 30, 55, 56 ScheckG, §§ 10, 11 VVG, vgl auch oben Rn 18.

Erst wenn keine anderen Regeln einschlägig sind, gelten die §§ 187 bis 193 BGB.

25 **b)** **Jede Frist darf voll ausgenutzt werden** (RG 6. 5. 1942 – IV B 9/42, HRR 1942 Nr 583; BGH 17. 2. 2005 – III ZR 172/04, NJW 2005, 1354, 1355 [Rn 16] – Kündigung eines Werbevertrags; SOERGEL/NIEDENFÜHR Rn 2; ERMAN/MAIER-REIMER Rn 9; jurisPK-BGB/BECKER Rn 18). Zugleich ist aber auch zu sagen, dass *Fristen dazu da sind, eingehalten zu werden.* Nur unter besonderen Umständen kann eine geringfügige und schuldlose Fristüberschreitung noch als fristwahrend angesehen werden. Dabei ist aber im Interesse der Rechtssicherheit größte Zurückhaltung geboten (BGH 7. 12. 1973 – V ZR 24/73, NJW 1974, 360; vgl auch § 226 Rn 24a). **Regelmäßig dienen die Fristen dem Schutz eines anderen und sind daher strikt zu behandeln.** In seltenen Fällen kann sogar die volle Ausnutzung der Frist rechtsmissbräuchlich erscheinen und zur Verwirkung führen (vgl unten STAUDINGER/PETERS/JACOBY Vorbem 18 ff zu §§ 194 ff). Soweit es um empfangsbedürftige Erklärungen geht, kann es jedoch spezifische Zugangsprobleme geben (vgl § 188 Rn 4–8). Ähnliches gilt für Leistungen, die eine Mitwirkung des Gläubigers erfordern. Hier kann es sein, dass die Frist zwar noch bis 24.00 Uhr läuft, aber der Vertragspartner um diese Zeit nicht empfangsbereit sein muss.

c) Die Vorschriften der §§ 187 ff BGB über die Fristenberechnung sind Auslegungsregeln (oben Rn 24) und nicht zwingendes Recht. Ihre Abänderbarkeit durch vertragliche Abreden steht außer Frage. Ob man in **Allgemeinen Geschäftsbedingungen** abweichen darf, ist weniger eindeutig, denn die Fristenregeln gelten als allgemeine Rechtsgrundsätze. Eine Abweichung von allgemeinen Rechtsgrundsätzen könnte man ggf als überraschend im Sinne von § 305c Abs 1 BGB einstufen. Als unangemessene Benachteiligung im Sinne von § 307 Abs 2 BGB wird man eine Abweichung hingegen kaum bewerten können. Die Rechtsgrundsätze der §§ 187 ff BGB stehen im Interesse der Rechtssicherheit und mögen als Gebote praktischer Vernunft begriffen werden, enthalten aber, von § 193 BGB einmal abgesehen, keine Gerechtigkeitsgebote (REPGEN ZGR 2006, 121, 128; ebd Seite 134 zur Frage der Satzungsdispositivität der §§ 187–193). **26**

§ 187
Fristbeginn

(1) Ist für den Anfang einer Frist ein Ereignis oder ein in den Lauf eines Tages fallender Zeitpunkt maßgebend, so wird bei der Berechnung der Frist der Tag nicht mitgerechnet, in welchen das Ereignis oder der Zeitpunkt fällt.

(2) Ist der Beginn eines Tages der für den Anfang einer Frist maßgebende Zeitpunkt, so wird dieser Tag bei der Berechnung der Frist mitgerechnet. Das Gleiche gilt von dem Tage der Geburt bei der Berechnung des Lebensalters.

Materialien: TE-AllgT § 163 (SCHUBERT, AT, Bd 2, S 277, 289); E I § 148 Abs 1; II § 155; III § 183; Prot I 316; Prot II 1, 188 f; Mot I 282; JAKOBS/SCHUBERT, AT 2, 977, 979, 981, 984–987, 989–991; Sten Ber 9. Leg IV Session, 2751.

Systematische Übersicht

I.	**Regelungszweck**		2. Zivilkomputation	2
1.	Naturalkomputation	1	3. Zweck	3

II. Regelungsinhalt

1. Tageweise Berechnung der Fristen — 4
   a) Grundregel — 4
   b) Berechnung nach ganzen Tagen und verlängernd — 5
   c) Einzelfälle — 6
   d) Principles of European Contract Law — 8
   e) Gemeinschaftsrecht — 9

2. Ausnahmen von der Grundregel der verlängernden Berechnungsweise — 9a
   a) Vereinbarung — 9a
   b) § 187 Abs 2 S 1 — 10
   c) Inkrafttreten von Gesetzen — 11
   d) § 187 Abs 2 S 2 — 12
3. Stundenfristen — 13
4. Termine — 14

Alphabetische Übersicht

Anfang der Frist	5
Annahmeerklärung	10a
Arbeitsverhältnis	10a
Bauleitplanung	7, 10a
Beweislast	9a
Darlehen	6a
Gemeinschaftsrecht	9
Gesellschafterversammlung	7
Grundsteuer	7
Inkrafttreten von Gesetzen	11
Insolvenz	6i, 7, 10a
Insolvenzverfahren	6b
Kündigung	6
Lebensalter	12
Naturalkomputation	1
Principles of European Contract Law	8
Prozesszinsen	6h
Rechtsanwaltsgebühr	7
Rücktritt	6d
Rückwärtslaufende Fristen	7, 10b
Schadensersatz statt der Leistung	6d
Schriftsatz	7
Sozialrecht	10a
Steuerrecht	10a
Stundenfristen	13
Teilzeitarbeit	7
Termine	14
Übergabe	6c
Umwandlungsrecht	7
Vereinbarung	9a
Verjährungsfrist	6b, 10
verlängernde Berechnungsweise	2, 3, 5
Versicherungsrecht	6j
Vertragsende	7
Verwaltungsverfahren	10a
Verzug	6g
Widerrufsfrist	6e, 6f
Wohnungsmiete	10a
Zinsen	10a
Zivilkomputation	2

I. Regelungszweck

1 1. Die Vorschrift bestimmt den für die Fristberechnung wichtigen Beginn des Fristlaufs. Muss aber ein Zeit*raum* gemessen werden, so bieten sich theoretisch zwei Methoden an. Nach der ersten zerlegt man die Frist in Tage von je 24 Stunden. Man zählt nun dem Ausgangspunkt so viel mal 24 Stunden hinzu, wie die Frist betragen soll und gelangt auf diese Weise zum Endpunkt (sog **Naturalkomputation**). Bsp:

Abschnitt 4
Fristen, Termin

§ 187

A kauft bei Juwelier J einen Goldring für 1.200 Euro am Montag um 10 Uhr vormittags. Vereinbarte Zahlungsfrist für den Kaufpreis: 7 Tage. Nach der Naturalkomputation würde die Frist nach 168 Stunden am folgenden Montag um 10 Uhr vormittags ablaufen. Die Naturalkomputation begreift die Frist also als eine Zeitspanne, deren Endpunkt durch die natürliche Addition zum fristauslösenden Ereignis bestimmt wird. Bei der Naturalkomputation wird also *a momento ad momentum* gerechnet.

2. Gegen diese Methode sprechen aber in der Regel praktische Bedenken, weil das den Fristbeginn auslösende Ereignis (im Bsp der Kaufvertragsabschluss) meistens schwer auf Stunde oder gar Minute genau zu beweisen ist. Selten wird dem Zeitmoment insoweit überhaupt Aufmerksamkeit geschenkt. Die Naturalkomputation wird daher – außer bei der Vereinbarung einer Frist von Stunden (vgl schon GEBHARD, Begründung Teilentwurf 16 [= SCHUBERT, AT 2, 304]) – von einer zweiten, als **Zivilkomputation** bezeichneten Methode der Fristberechnung ersetzt. Im Anschluss an das römische Recht (Paul D 50.16.134 – non ad momenta temporum, sed ad dies numeramus) werden nach dieser Methode die *Fristen nur nach ganzen Kalendertagen* berechnet (zum geschichtlichen Hintergrund vgl HKK/HERMANN §§ 186–193 Rn 7–12; M SCHMITZ, Die Fristberechnung nach römischem Recht [2002]; rechtsvergleichend WICKE, Art Fristberechnung, Handwörterbuch des Europäischen Privatrechts I 622, 623).

Die Durchführung der Fristberechnung nach der Methode der Zivilkomputation war gemeinrechtlich noch umstritten (vgl nur SAVIGNY, System IV §§ 182 ff; WINDSCHEID, Pandekten I § 103; WÄCHTER, Pandekten II § 121). Uneinheitlich wurde insbesondere beurteilt, ob der Tag, in dessen Lauf das fristauslösende Ereignis fiel, mitzuzählen sei. § 187 Abs 1 BGB folgt nach dem Vorbild von Art 32 WO und Art 328 ADHGB (dazu im Einzelnen GEBHARD, Begründung Teilentwurf 3 f [= SCHUBERT AT 2, 291 f]; rechtsvergleichend WICKE, Art Fristberechnung, Handwörterbuch des Europäischen Privatrechts I 622, 624) insoweit im Rahmen der Zivilkomputation einer *verlängernden Berechnungsweise,* die dem fristauslösenden Ereignis so viele Stunden und Minuten hinzurechnet, wie an der Vollendung des Tages fehlen. Damit möchte der Gesetzgeber der Tatsache Rechnung tragen, dass die meisten Fristen eine Schutzfunktion haben, sodass es angemessener erscheint, die Frist verlängernd zu berechnen als sie zu verkürzen (GEBHARD, Begründung Teilentwurf 4 [= SCHUBERT, AT 2, 292]; zur dahinter liegenden Billigkeitsfrage bereits SAVIGNY, System IV § 182). Die Tagesfrist beginnt also erst um 0.00 Uhr des *Folgetages* zu laufen und läuft am letzten Tag der Frist um 24.00 Uhr ab, wobei schon im römischen Recht anerkannt war, dass ein Tag von Mitternacht bis zur Mitte der folgenden Nacht dauert (Paul D 2.12.8). Die dabei auftretende Ungleichmäßigkeit einer Frist im Sinne der Naturalkomputation ist systembedingt nicht zu vermeiden, aber durch die praktischen Vorteile dieser Berechnungsweise gerechtfertigt.

3. Die Methode der Zivilkomputation voraussetzend **bezweckt** daher § 187 Abs 1 BGB im Sinne einer einheitlichen und sicheren Fristberechnung die grundsätzliche **Festlegung der verlängernden Berechnungsweise.** Sie gilt, wie Rn 4 ff näher ausgeführt wird, für Ereignisfristen, wie sie in der Mehrzahl der Fristbestimmungen vorliegen. In den weniger zahlreichen Fällen, in denen der Beginn eines Tages für die Fristberechnung maßgeblich ist (§ 187 Abs 2 BGB), ist die Einheitlichkeit und Sicherheit der Fristberechnung durch das Tagesdatum gewährleistet, vgl unten Rn 9a ff.

II. Regelungsinhalt

1. Tageweise Berechnung der Fristen

4 a) Für die Fristberechnung gilt als **Grundregel**: Die Frist wird nur nach ganzen Tagen berechnet (sog Zivilkomputation). Sie beginnt mit dem Anfang eines Kalendertages um Mitternacht (0.00 Uhr) und endet mit dem Schluss eines solchen um Mitternacht (24.00 Uhr) (Mot I 285, **allgM** ENNECCERUS/NIPPERDEY § 221 III 1, S 1359; BORK, AT [4. Aufl 2016] Rn 336; PALANDT/ELLENBERGER § 187 Rn 1; MünchKomm/GROTHE Rn 1; Beck-OK/HENRICH Rn 1). Dabei ist es für den Frist*beginn* unerheblich, ob der erste Tag zu einem Wochenende gehört oder ein Feiertag ist (RG Recht 1937 Nr 1915; Münch-Komm/GROTHE Rn 1). § 193 BGB gilt lediglich für Termine und das Fristende.

5 b) § 187 Abs 1 BGB ergänzt die im Gesetz vorausgesetzte Grundregel der Berechnung nach ganzen Tagen (s Rn 4), um eine Entscheidung der gemeinrechtlich streitigen Frage nach verlängernder oder verkürzender Berechnungsweise (vgl Rn 2; [ungenau jurisPK-BGB/BECKER Rn 10]) im ersten Sinn: Der Tag, in dessen Verlauf das Ereignis oder der Zeitpunkt fällt, nach welchem sich der Fristbeginn richten soll, bleibt gem § 187 Abs 1 BGB grundsätzlich außer Betracht; es wird *vom folgenden Tag an* gezählt (sog *verlängernde Berechnungsweise*).

Es sind daher zwei *Prinzipien* zu unterscheiden, die die Fristberechnung prägen: (1) Die **Zivilkomputation**, wonach die Fristen in *ganzen* Tagen berechnet werden. Sie wird im Gesetz nicht ausdrücklich ausgesprochen, sondern vorausgesetzt. (2) Die **verlängernde Berechnungsweise**, die § 187 Abs 1 BGB festschreibt, bewirkt, dass der Fristlauf erst an dem Tag, der dem fristauslösenden Ereignis folgt, beginnt.

Die amtliche Überschrift von § 187 BGB („Fristbeginn") ist irreführend (so mit Recht jurisPK-BGB/BECKER Rn 2). Der Fristbeginn ergibt sich nämlich erst aus dem Zusammenspiel der jeweiligen Norm, die das auslösende Ereignis benennt und der verlängernden Berechnungsweise gemäß § 187 Abs 1 BGB, also etwa der Übergabe bzw Ablieferung der Kaufsache gemäß § 438 Abs 2 BGB für die Gewährleistungsfrist. In § 187 BGB geht es mithin nicht um das den Fristbeginn auslösende Ereignis selbst, sondern nur um den **Anfang des Fristlaufs** und die daraus folgende Berechnung der Fristdauer. Der Gesetzgeber spricht auch dann vom „Beginn" einer Frist, wenn er das fristauslösende Ereignis selbst bezeichnet, zB § 355 Abs 3 BGB. Die Begrifflichkeit ist also unscharf, denn mal nennt das Gesetz das fristauslösende Ereignis den Beginn einer Frist, mal den Anfang des Fristlaufs selbst (Überschrift § 187 BGB). In der Praxis sollte man schärfer zwischen dem fristauslösenden Ereignis und dem Fristlauf selbst unterscheiden, um Missverständnisse und gar Fehler zu vermeiden (vgl als negatives Beispiel die problematische Entscheidung BFH 9. 11. 2005 – I R 111/04, NJW 2006, 1615 m abl Anm vCÖLLN AO-StB 2006, 100 ff; zu diesem Urteil noch unten § 188 Rn 6 und § 193 Rn 56).

Die verlängernde Berechnungsweise ist auch außerhalb Deutschlands üblich. Der EuGH hat sie sich zur Auslegung von Art 81 § 1 der Verfahrensordnung des Europäischen Gerichtshofes vom 19. 6. 1991 (ABl L 176 v 4. 7. 1991, 7) zu eigen gemacht (Rs 152/85, Rudolf Misset gegen Rat der Europäischen Gemeinschaften, Slg 1987, 223, 236; vgl auch KNÜTEL JuS 1996, 768, 770 f).

c) **Einzelfälle**: Die Fristberechnung nach § 187 Abs 1 BGB ist bei einer **Kündigung** 6 mit Monatsfrist maßgebend, sodass die wirksame Kündigung am letzten Tag des Vormonats erfolgt sein muss. Die Regel gilt auch für die Kündigung eines Arbeitsvertrags (LSG Berlin 30. 11. 2001 – L 10 AL 116/00, NZS 2002, 392 – Kündigungsfrist läuft ab dem Tag, der dem Zugang des Kündigungsschreibens folgt). Da die Frist in solchen Fällen *rückwärts* zu rechnen ist, muss für das Fristende (dh für den Tag, an dem etwa die Kündigung erklärt werden soll) § 193 BGB beachtet werden (zum Problem rückwärtslaufender Fristen unten Rn 7 sowie § 193 Rn 25). Zum Gemeinschaftsrecht vgl Art 3 Abs 4 S 2 EG-FristenVO, wonach hier Sonn- und Feiertage nicht beachtet werden (vgl § 186 Rn 20). Der Tag, an dem die Kündigung erklärt wird, fällt in Anwendung der verlängernden Berechnungsweise gem § 187 Abs 1 BGB nicht in die Frist.

Ist ein **Darlehen** mit einer „Ankündigungsfrist von 2 Target Bankarbeitstagen" 6a kündbar, so muss sie spätestens am dritten Bankarbeitstag vor dem vereinbarten Termin erklärt werden (OLG Frankfurt 9. 4. 2008 – 17 U 233/06 Rn 34). – Ferner beginnt die Verzinsungspflicht für ein Darlehen erst am Tag nach dem Empfang (BGH 6. 5. 1997 – XI ZR 208/96, WM 1997, 1192, 1193; Borges WM 1998, 105, 106).

Abweichend vom gemeinen Recht gilt § 187 Abs 1 BGB auch für den Lauf der 6b **Verjährungsfristen**. Wenn also § 199 Abs 1 BGB bestimmt, die Frist beginne mit dem Schluss des Jahres, dh mit dem 31. Dezember, so ist dieser, den Fristlauf auslösende Tag nicht in die Frist einzuberechnen, sondern die Frist läuft ab dem 1. Januar (OLG Stuttgart 13. 4. 2010 – 12 U 189/09, NJW-RR 2010, 1645, 1647). Wenn § 438 Abs 2 BGB bestimmt, die Verjährungsfrist beim Kauf einer beweglichen Sache beginne mit der Ablieferung der Sache, so läuft die Frist am der Ablieferung folgenden Tag ab 0. 00 Uhr (vgl noch zu § 477 BGB aF: Büdenbender JuS 1997, 481, 488). Auch der Lauf der Verjährungsfrist für den Anfechtungsanspruch im **Insolvenzverfahren** gem § 146 Abs 1 InsO bemisst sich nach §§ 187 Abs 1, 188 Abs 2 Var 1 BGB (BGH 13. 1. 2005 – IX ZR 33/04, WM 2005, 381 m Anm Kreft WuB VI A § 146 InsO 1. 05 sowie m Anm Flöther jurisPR-InsR 1/2005 Anm 2; Uhlenbruck/Hirte/Ede § 146 InsO Rn 4; für den Beginn der relativen Verjährung ist § 199 zu beachten, dazu M Huber ZInsO 2005, 190 ff). Selbst wenn der Eröffnungsbeschluss genau um 0. 00 Uhr unterzeichnet werden sollte, richtet sich die Fristberechnung nicht nach § 187 Abs 2 S 1 BGB, sondern nach der Grundregel des § 187 Abs 1 BGB, da es hier um ein Ereignis iSv Abs 1 geht. Die Frist läuft erst vom Folgetag an (BGH 13. 1. 2005 – IX ZR 33/04, WM 2005, 381, 382; PWW/Deppenkemper Rn 1; aA Erman/Maier-Reimer Rn 2). Seit dem Verjährungsanpassungsgesetz (BGBl I 2004, 3214) gilt hier die Regelverjährung gem §§ 195, 199 BGB.

Wenn die **Übergabe** einer Sache durch Abtretung des Herausgabeanspruchs und 6c Einräumung des mittelbaren Besitzes vollzogen wird, ist die Abtretung ein Ereignis iSv § 187 Abs 1 BGB (BGH 3. 2. 1989 – V ZR 278/87, WM 1989, 826, 827).

Im allgemeinen Leistungsstörungsrecht verlangen **Schadensersatz statt der Leistung** 6d gem § 281 Abs 1 BGB und **Rücktritt** gem § 323 Abs 1 BGB eine Fristsetzung, auf die § 187 Abs 1 BGB anzuwenden ist.

§ 187 Abs 1 BGB gilt auch für die Bestimmung des Beginns von **Widerrufsfris-** 6e **ten** nach § 355 Abs 2 BGB (BGH 27. 4. 1994 – VIII ZR 223/93, BGHZ 126, 56, 63 – noch zu § 1b AbzahlungsG; BGH 14. 1. 2017 – XI ZR 183/15, ZIP 2017, 761, 763 Rn 26; OLG Stuttgart

§ 187

29. 9. 2015 – 6 U 21/15, ZVertriebsR 2016, 4, 7 Rn 48 f und OLG Stuttgart 27. 9. 2016 – 6 U 46/16, juris Rn 51; OLG Brandenburg 9. 8. 2017 – 4 U 112/16, juris Rn 54; PALANDT/GRÜNEBERG § 355 Rn 11; NK-BGB/RING § 355 Rn 29). Die Widerrufsfrist beginnt regelhaft mit Vertragsschluss, § 355 Abs 2 BGB, also einem Ereignis im Sinne von § 187 Abs 1. Die Konsequenz der verlängernden Berechnungsweise (vgl Rn 5) erschließt sich freilich nicht aus dem Wortlaut von § 355 Abs 2 BGB, sondern nur aus der Lektüre von § 187 Abs 1 BGB. In der Widerrufsbelehrung, vgl § 356 Abs 3 BGB iVm Art 246a § 1 Abs 2 S 1 Nr 1 EGBGB bzw Art 246b § 2 Abs 1 EGBGB, muss auf die Berechnungsweise der Frist nicht gesondert hingewiesen werden (BGH 27. 4. 1994 – VIII ZR 223/93, BGHZ 126, 56, 63; BGH 11. 2. 2015 – IV ZR 310/13, VersR 2015, 829, 831 Rn 18; OLG Hamm 18. 10. 2007 – 4 U 126/07, CR 2008, 451, 452 m Anm S ERNST jurisPR-ITR 12/2008 Nr 5; OLG Stuttgart 14. 4. 2015 – 6 U 66/14, juris Rn 32; LG Braunschweig 6. 11. 2007 – 21 O 1899/07, MMR 2008, 59 m Anm FAUSTMANN/LEHMANN; **aA** OLG Schleswig 25. 10. 2007 – 16 U 70/07, ZGS 2008, 158, 159; LG Halle 13. 5. 2005 – 1 S 28/05, BB 2006, 1817, 1818; LG Koblenz 20. 12. 2006 – 12 S 128/06, BB 2007, 239 – es herrscht aber Einigkeit darüber, dass § 187 Abs 1 für die Berechnung der Widerrufsfrist gilt; der Streit betrifft die Frage, ob das Belehrungsmuster älterer wie neuerer Form der Berechnungsweise entspricht; zum Problem RÖSSEL ITRB 2008, 136 ff; FLOHR ZGS 2008, 289 ff), es darf aber auch nichts Falsches in der Widerrufsbelehrung stehen. Daher ist die Formulierung *„Die Frist beginnt frühestens mit Erhalt dieser Belehrung"* ungenügend, denn der Fristlauf beginnt gem § 187 Abs 1 BGB erst am Folgetag (BGH 15. 8. 2012 – VIII ZR 378/11, BGHZ 194, 238, 241 Rn 9; BGH 10. 2. 2015 – II ZR 163/14, juris Rn 14; vgl auch OLG Stuttgart 29. 9. 2015 – 6 U 21/15, ZVertriebsR 2016, 4, 7 Rn 43; OLG Koblenz 29. 7. 2016 – 8 U 911/15, juris Rn 29 ff und 5. 8. 2016 – 8 U 1091/15, juris Rn 54; OLG Stuttgart 6. 9. 2016 – 6 U 207/15, ZIP 2016, 1915, 1916 mit Anm THEEWEN EwiR 2017, 35 f und 27. 9. 2016 – 6 U 46/16, juris Rn 51; OLG Dresden 30. 6. 2017 – 5 U 1681/16, Rn 15; LG Köln 29. 12. 2016 – 15 O 195/16, juris Rn 21; die insbesondere vom OLG Stuttgart in den zitierten Entscheidungen diskutierte Frage, ob die Information über die Widerrufsfrist in einer Belehrung nach dem Muster: „Der Lauf der Frist beginnt einen Tag nachdem Ihnen – ein Exemplar dieser Widerrufserklärung und – eine Vertragsurkunde [...] zur Verfügung gestellt [worden ist]", ob also eine solche Belehrung unklar im Hinblick auf den Fristbeginn gem § 187 Abs 1 ist, was das OLG Stuttgart bejaht hat, andere aber wie zum Beispiel OLG Karlsruhe 10. 10. 2017 – 17 U 129/16, ZIP 2018, 415, 417, verneint haben, ist eine Frage des Widerrufsrechts nach § 355, nicht der hier interessierenden Fristberechnung und mag deshalb an dieser Stelle dahinstehen.).

6f Durch Art 229 § 38 Abs 3 EGBGB wurde für Altverträge über Immobiliendarlehen, die zwischen dem 1. 9. 2002 und dem 1. 6. 2010 geschlossen worden waren, festgelegt, dass ein wegen fehlerhafter Widerberufsbelehrung fortbestehendes („ewiges") Widerrufsrecht „spätestens drei Monate nach dem 21. März 2016" erlischt. An diesem Datum war die Regelung in Kraft getreten. Daraus, dass für das Inkrafttreten eines Gesetzes die Berechnung nach § 187 Abs 2 S 1 BGB analog gilt (vgl unten Rn 11) haben manche (LG Essen 8. 12. 2016 – 6 O 383/16, juris Rn 82 ff; LG Stuttgart 12. 1. 2017 – 25 O 259/16, BKR 2017, 121, 122 m zustimmender Anm OMLOR BKR 2017, 123; LG Köln 9. 3. 2017 – 15 I 300/16, BKR 2017, 300 Rn 12 f; OMLOR NJW 2016, 1265, 1267 f; SPITZER MDR 2016, 1297, 1301 f) gefolgert, es handele sich bei dieser Frist um eine solche, deren Beginn sich nach § 187 Abs 2 S 1 BGB richte, mit der Folge, dass der Fristablauf am 20. Juni 2016, 24h, eingetreten wäre (zur Berechnungsweise unten Rn 10). Der BGH (16. 1. 2018 – XI ZR 477/17, WM 2018, 369 f = ZIP 2018, 572; Bestätigung von OLG Dresden 30. 6. 2017 – 5 U 1681/16, Rn 13; nur im Ergebnis gleich OLG Stuttgart 24. 2. 2017 – 6 U 35/17, juris Rn 6–8) hat diese Auslegung mit Recht zurückgewiesen und die Absendung der Widerrufserklärung im Laufe des 21. Juni 2016 für zur Fristwahrung ausreichend angesehen, denn systematisch knüpfe die Vorschrift an die Widerrufsfrist in § 355 BGB an – also an eine Ereignisfrist mit verlängernder Berechnungsweise gem § 187 Abs 1, wie man ergänzen muss – und so habe es auch der Gesetzgeber verstanden (Hinweis auf BT-Drucks 18/7584, 146).

Für die den **Verzug** begründende Frist des § 286 Abs 2 BGB („angemessene Zeit") **6g** und Abs 3 („30 Tage nach Fälligkeit und Zugang") gilt § 187 Abs 1 BGB (PALANDT/GRÜNEBERG § 286 Rn 30; zur hier seltenen Notwendigkeit einer richtlinienkonformen Auslegung: NK-BGB/SCHULTE-NÖLKE § 286 Rn 65 f; BAG 15. 5. 2001 – 1 AZR 672/00, MDR 2001, 1419 f: noch zu § 284 Abs 2 S 1 aF; SCHROETER JuS 2007, 29, 30). Die **Verzugszinsen** gem § 288 BGB v sind erst ab dem Tag zu berechnen, der dem Verzugseintritt folgt (BAG 19. 5. 2015 – 3 AZR 891/13, juris Rn 45; OLG München 15. 12. 2017 – 10 U 104/17, BeckRS 2017, 135757 Rn 18; PALANDT/ELLENBERGER Rn 1; MünchKomm/GROTHE Rn 3; PWW/KESSELER Rn 4; **aM** GÖHNER NJW 1980, 570; SOERGEL/NIEDENFÜHR Rn 7; ZIMMERMANN JuS 1991, 229, 232). Dabei ist es gleichgültig, ob der Verzug durch Mahnung, Klagezustellung, Mahnbescheid oder nach den Regeln von § 286 Abs 2 und 3 BGB ausgelöst worden ist.

Prozesszinsen nach § 291 S 1 BGB sind von dem Tag an geschuldet, der dem Eintritt **6h** der Rechtshängigkeit folgt (BGH 24. 1. 1990 – VIII ZR 296/88, NJW-RR 1990, 518, 519; 2. 12. 2015 – 4 StR 411/15, juris; BAG 15. 11. 2000 – 5 AZR 365/99, BAGE 96, 228, 233; **aA** SG Mainz 22. 10. 2014 – S 3 KR 288/14, juris Rn 51 f; SOERGEL/NIEDENFÜHR Rn 7; BeckOK/HENRICH Rn 7, der einen Fall des § 187 Abs 2 S 1 annimmt). Allgemein treten die Wirkungen der Rechtshängigkeit in analoger Anwendung von § 187 Abs 1 BGB erst am Tag nach der Zustellung der Klage ein (AG Ludwigslust 26. 2. 2013 – 5 C 10/13, juris Rn 9). Zu Unrecht hat SG Mainz (22. 10. 2014 – S 3 KR 288/14, juris Rn 51 f) gemeint, der Tag, an dem die Klageerhebung stattgefunden habe und damit die Rechtshängigkeit eingetreten sei, zähle mit, da bei der Bestimmung des Zeitraums, in dem Prozesszinsen zu zahlen sind, für die analoge Anwendung von § 187 Abs 1 BGB eine Regelungslücke fehle. Unstreitig geht es um die Abgrenzung eines Zeitraums. Insofern könnte man auch abweichend vom Sprachgebrauch der Praxis von einer Frist sprechen (vgl § 186 Rn 6). Das hätte jedoch nur zur Folge, dass § 187 BGB unmittelbar Anwendung finden müsste. Dann wäre aber nicht einfach die Rechtsfolge des § 187 Abs 2 S 1 BGB anzuwenden, wie es im Ergebnis das SG Mainz vertritt, sondern erst einmal zu entscheiden, welche Berechnungsweise gelten soll. Da die Rechtshängigkeit mit der Zustellung der Klage beginnt, die fraglos ein Ereignis im Laufe eines Tages ist, gilt § 187 Abs 1 BGB für die Berechnung der Prozesszinsen.

Str ist, ob diese Regel auch für die **Verzinsung des Rückgewähranspruchs nach einer 6i Insolvenzanfechtung** gilt. Nach § 143 Abs 1 S 2 InsO gelten die Vorschriften über die Rechtsfolgen einer ungerechtfertigten Bereicherung, bei der dem Empfänger der Mangel des rechtlichen Grundes bekannt ist, also verschärfte Haftung nach §§ 819 Abs 1, 818 Abs 4 BGB. Von dort verweist das Gesetz auch auf die §§ 291, 288 Abs 1 S 2 BGB. Danach sind Geldschulden vom Eintritt der Rechtshängigkeit an zu verzinsen (vgl soeben Rn 6h). Die Rechtshängigkeit wird hier ersetzt durch die Eröffnung des Insolvenzverfahrens. Dabei ist umstritten, ob der Eröffnungstag mitzählt (so scheint es BGH 25. 2. 2016 – IX ZR 109/15, ZIP 2016, 627 Rn 31 zu sehen, wo es ohne Begründung im Einzelnen heißt: „Zinsen sind .... ab dem Zeitpunkt der Insolvenzeröffnung zuzuerkennen.") oder ob analog zu den Prozesszinsen die Verzinsung des Rückgewähranspruchs erst ab dem Tag nach der Eröffnung des Insolvenzverfahrens geschuldet ist (BAG 27. 2. 2014 – 6 AZR 367/13, NZA 2014, 681, 685 Rn 39 f; OLG Hamburg 7. 10. 2016 – 1 U 292/15, ZIP 2016, 2080, 2081 m ablehnender Anm Laubach EWiR 2017, 183 f). Für die Auffassung, dass der Tag der Eröffnung des Insolvenzverfahrens mitzählt, wird angeführt, dass auch die verschärfte Haftung des wie ein bösgläubiger Bereicherungsschuldner behandelten Anfechtungsgegners sofort beginne und daher nicht einzusehen sei, warum die Haftung für die Hauptforderung sofort fällig sei, diejenige für die Zinsforderung aber erst später (Laubach EWiR 2017, 183, 184 in Anlehnung an BeckOK/Wendehorst [1. 8. 2018] § 818 Rn 99). Für jenes Auseinanderfallen von verschärfter Haftung und Beginn der Zinsforderung gibt es aber einen einfachen Grund: Die Zinsen sind für einen abgegrenzten Zeitraum zu leisten. Die Berechnung von Zeiträumen richtet sich – soweit keine abweichende Regel getroffen ist – nach §§ 187 ff BGB. Schon aus Praktikabilitätsgründen verbietet sich ein Rückgriff auf die Methode der Naturalkomputation, wie sie bei wörtlicher Anknüpfung an die Eröffnung des Insolvenzverfahrens geschehen müsste. Vielmehr ist in Anwendung von § 187 BGB nur die Anknüpfung entweder an den Beginn des Tages (so wohl BeckOK/Wendehorst [1. 8. 2018] § 818 Rn 99) oder an das Ereignis der Verfahrenseröffnung möglich. Im Fall der Verzinsung des Rückgewähranspruchs nach einer Insolvenzanfechtung ist allerdings nirgends gesagt, dass der *Beginn des Tages* der Eröffnung des Insolvenzverfahrens der für den Anfang der Frist maßgebende Zeitpunkt sei (§ 187 Abs 2 S 1 BGB). Daher bleibt nur ein Rückgriff auf das Ereignis der Verfahrenseröffnung. Somit bestimmt sich richtigerweise der Fristbeginn nach § 187 Abs 1 BGB und der Tag der Eröffnung des Insolvenzverfahrens zählt bei der Berechnung der Zinsanspruchs *nicht* mit. Der Zinsanspruch ist erst ab dem Tag nach der Eröffnung des Insolvenzverfahrens gegeben.

6j Auch für die Zahlungsfristen des **Versicherungsrechts** gilt § 187 Abs 1 BGB, da die Spezialregelung des § 10 VVG auf die Bestimmung der Dauer des Versicherungsschutzes beschränkt ist (RG 3. 12. 1937 – VII 115/37, JW 1938, 683 zu § 7 VVG aF). – Nach § 12 Abs 3 VVG aF galt, dass ein Versicherer von seiner Leistungspflicht frei wird, wenn der Versicherungsnehmer nicht innerhalb von sechs Monaten nach der schriftlichen Ablehnung der Leistung durch den Versicherer seinen Anspruch gerichtlich geltend gemacht hat. Dabei musste der Versicherer über die Rechtsfolge des Fristablaufs belehren. Ähnlich wie in den Fällen der Widerrufsbelehrung darf der Versicherungsnehmer dabei nicht in die Irre geführt werden. Das ist jedoch der Fall, wenn es in dem Ablehnungsschreiben heißt: *„Die Frist beginnt mit dem Zugang dieses Schreibens",* was im Hinblick auf die verlängernde Berechnungsweise nach § 187 Abs 1 BGB unrichtig ist (OLG Düsseldorf 28. 1. 2014 – I-4 U 182/09, VersR 2014, 1121, 1123).

7 Rückwärtslaufende Fristen: § 187 Abs 1 BGB, mithin die verlängernde Berechnungsweise, gilt analog für Fristen, die von einem bestimmten Zeitpunkt zurückreichen, etwa im **Umwandlungsrecht** (Bekanntgabe eines Umwandlungsvertragsentwurfs bzw -beschlusses spätestens einen Monat vor der Versammlung der Anteilseigner gem §§ 5 Abs 3, 126 Abs 3, 194 Abs 2 UmwG, dazu: Müller-Eising/Bert DB 1996, 1398; Krause NJW 1999, 1448 f). Solche Fristen sind *rückwärts* zu berechnen, §§ 187, 188 BGB gelten dann in umgekehrter Chronologie: Findet das fristauslösende Ereignis am 31. 8. statt, so beginnt die Monatsfrist analog § 187 Abs 1 BGB am 30. 8. um 24.00 Uhr und endet analog § 188 Abs 2 BGB am 31. 7. um 0.00 Uhr (so zurecht

KRAUSE NJW 1999, 1448 f; im Ergebnis ebenso SCHARFF BB 2016, 437, 438; ERMAN/MAIER-REIMER Rn 8 und § 186 Rn 4 möchte zwischen Mindest- und Höchstfristen bei den rückwärtslaufenden Fristen differenzieren, wofür das Gesetz keinen Anhalt bietet. Der Unterschied liegt nicht in Fristbeginn und -ende, sondern darin, ob die betreffende Handlung oder das Ereignis innerhalb des rückwärtsgerichteten Fristlaufs [so bei einer Höchstfrist, zB § 17 II UmwG] oder vorher geschehen sein muss [Mindestfristen, zB bei Kündigungen]). – **Endet ein Vertrag** am 31. 12. um 24. 00 Uhr, zählt dieser Tag als fristauslösendes Ereignis nicht mit, sondern der rückwärtige Fristlauf beginnt am 30. 12. um 24. 00 Uhr. Ist das Vertragsende hingegen 1. Januar um 0. 00 Uhr, rechnet die Frist vom 31. 12. um 24. 00 Uhr zurück (**aA** PLETSCH VersR 2006, 483, 484, freilich ohne Begründung). Obgleich sich 31. Dezember, 24. 00 Uhr und 1. Januar, 0. 00 Uhr zeitlich völlig entsprechen, entsteht also je nach Datumswahl ein unterschiedlicher Fristlauf. Das ist jedoch der Rechtssicherheit geschuldet (vgl BGH 13. 1. 2005 – IX ZR 33/04, WM 2005, 381, 382 – für eine vorwärtslaufende Frist). Der 1. Januar ist fraglos ein anderer Tag als der 31. Dezember. Das Ereignis (Vertragsende) wird einmal dem 31. Dezember, ein anderes Mal dem 1. Januar zugeordnet. – Die umgekehrt chronologische Fristberechnung gilt auch für die **Insolvenzanfechtung**, §§ 130–136 InsO, die durch Rechtshandlungen vor dem Antrag auf Eröffnung des Insolvenzverfahrens ausgelöst wird. Allerdings enthält § 139 Abs 1 InsO eine insofern von § 187 Abs 1 BGB abweichende Vorschrift, als im Insolvenzrecht auf die rückwärtige Berechnung die *verlängernde Berechnungsweise* gerade keine Anwendung findet (Bsp nach BAG 24. 10. 2013 – 6 AZR 466/12 Rn 47: Antrag auf Eröffnung des Insolvenzverfahrens am 10. 5. 2007. Die Dreimonatsfrist des § 131 Abs 1 Nr 2 InsO begann nach § 139 Abs 1 InsO am 10. 2. 2007 um 0. 00h, da dieser Tag durch seine Zahl dem Tag entspricht, an dem der Antrag auf Eröffnung des Insolvenzverfahrens gestellt worden ist. Dasselbe ergäbe sich, wenn man § 187 Abs 2 S 1 anwendete. S a MünchKomm/KIRCHHOF § 139 InsO Rn 6 ff; KÜBLER/PRÜTTING/BORK § 139 InsO Rn 7; UHLENBRUCK/HIRTE/EDE § 139 InsO Rn 3). – Ein Arbeitnehmer muss bei der Geltendmachung eines Anspruchs auf **Teilzeitarbeit** spätestens drei Monate vor deren Beginn die Verringerung seiner Arbeitszeit ankündigen, § 8 Abs 2 S 1 TzBfG. Für diese Frist gelten die §§ 187 Abs 1, 188 Abs 2 BGB (BAG 14. 10. 2003 – 9 AZR 636/02, BB 2004, 2821, 2822). Zwischen dem Zugang der Erklärung des Arbeitnehmers und dem Beginn der Arbeitszeitverkürzung müssen volle drei Monate liegen. – Nach Nr 4141 bzw 5115 Vergütungsverzeichnis zum RechtsanwaltsvergütungsG hängt eine **zusätzliche Gebühr** für den Rechtsanwalt davon ab, ob der Einspruch gegen einen Strafbefehl oder gegen einen Bußgeldbescheid früher als zwei Wochen vor Beginn des Tages, der für die Hauptverhandlung vorgesehen ist, zurückgenommen wird. Auch hier gilt für die Berechnung des Fristbeginns § 187 Abs 1 BGB (aA SCHNEIDER DAR 2007, 671, 672 – dazu bereits oben § 186 Rn 10). Allerdings handelt es sich um eine rückwärts zu berechnende Frist. Das fristauslösende Ereignis ist der Tag der Hauptverhandlung (Bsp 15. Juli); Fristbeginn ist daher das Ende des Tages vor der Hauptverhandlung (14. Juli, 24. 00 Uhr). – Durch das Gesetz zur Umsetzung der Aktionärsrichtlinie (ARUG) vom 29. Mai 2009 (BGBl I 2479) ist die analoge Anwendung der §§ 187–193 BGB auf die Berechnung der rückwärtslaufenden Fristen im Zusammenhang mit der Einberufung der **Hauptversammlung einer Aktiengesellschaft** abgeschafft worden, vgl § 121 Abs 7 AktG. Der Sache nach ist damit aber für die Bestimmung des Fristbeginns nichts Neues gesagt; § 121 Abs 7 S 1 AktG und § 123 Abs 1 S 2 AktG stellen klar, dass der Tag der Hauptversammlung, also das fristauslösende Ereignis, nicht in die Frist einberechnet wird. Nichts anderes ergäbe eine analoge Anwendung von § 187 Abs 1 BGB (vgl auch REPGEN ZGR 2006, 121 ff). Nach § 126 Abs 1 AktG müssen Gegenanträge „mindestens 14 Tage vor der Versammlung" gestellt werden. Angenommen, die Hauptversammlung findet am 15. Juli statt, so rechnet die Frist nun vom 14. Juli, 24.00 Uhr an vierzehn volle Tage (es heißt im Gesetz: „vor" der Versammlung) zurück und endet am 1. Juli um 0.00 Uhr. Gegenanträge können mithin nur bis 30. Juni, 24.00 Uhr gestellt werden (so auch im Ergebnis SEIBERT/FLORSTEDT ZIP 2008, 2145, 2149; MIETTINEN/ROTHBÄCHER BB 2008, 2084, 2087). – Die einwöchige Einberufungsfrist der **Gesellschafterversammlung der GmbH** nach § 51 Abs 1 GmbHG ist nach §§ 187 Abs 1, 188 Abs 2 BGB analog zu berechnen. Soll die Versammlung am Mittwoch stattfinden, muss die Einladung spätestens am Dienstag der Vorwoche zugehen (NK-BGB/KRUMSCHEID § 193 Rn 4; ausführlich zur Lage im GmbH-Recht TETTINGER GmbHR 2008, 346 ff). Es ist hier wie auch sonst bei der rückwärtslaufenden Fristberechnung darauf zu achten, dass „Beginn" und „Ende" der Frist in umgekehrter Chronologie liegen. Unrichtig ist es daher, für den Frist*beginn* darauf abzustellen, „wann nach der üblichen Postlaufzeit spätestens mit dem Zugang des Einladungsschreibens gerechnet werden kann" (so aber OLG Jena 15.6.2018 – 2 U 16/18, NZG 2018, 922, 993 [bezogen auf die Drei-Tages-Frist in § 51 Abs 4 GmbHG; in diesem Sinne schon BGH 30.3.1987 – II ZR 180/86, BGHZ 100, 264, 268 f mwNw; auch RÜPPELL/HOFFMANN BB 2016, 645, 648, die – insofern inkonsequent auf diesen Zeitpunkt aber § 193 anwenden, der eindeutig das Fristende reguliert; zur Bedeutung von § 193 in diesem Fall unten § 193 Rn 29b). Der Fristbeginn ist vielmehr der Tag vor der Versammlung. Wie die pünktliche Zustellung zum Fristende, das nach § 188 BGB analog bestimmt wird, gelingen kann, ist eine vom Fristbeginn unabhängige Frage (dazu unten § 188 Rn 8a). Bei der **Erhebung von Grundsteuer**, die bei der Auflösung einer Gesamthand anfallen kann, ist gem § 6 Abs 4 GrdEStG eine rückwärtslaufende Fünfjahresfrist zu beachten, für die die §§ 187 ff BGB analog gelten (BFH 6.6.2001 – II R 56/00, DStR 2001, 1752 f). – Die öffentliche **Auslegung** der Entwürfe **von Bauleitplänen** muss spätestens eine Woche vor Beginn der Auslegung bekanntgemacht werden, § 3 Abs 2 S 3 BauGB. Auch für diese Fristberechnung gelten die §§ 187 ff BGB analog. – Nach § 132 Abs 1 ZPO beträgt die Frist für **Einreichung eines vorbereitenden Schriftsatzes** eine Woche vor der mündlichen Verhandlung. Sie ist also rückwärts zu berechnen. Ist der Termin der Hauptverhandlung auf einen Mittwoch festgelegt, endet die Frist des § 132 Abs 1 ZPO also am Dienstag der Vorwoche um 24.00 Uhr (DRUCKENBRODT NJW 2013, 2390 ff). – Ist der 11. April 2011 der Termin der mündlichen Verhandlung, so muss die Folgesache iSv § 137 Abs 2 FamFG vor 0.00 Uhr am 28. März 2011 anhängig gemacht sein (OLG Brandenburg 20.12.2011 – 13 UF 128/11 Rn 7 f – ohne Rücksicht auf § 193 bzw § 222 Abs 2 ZPO; vgl auch SPECKBROCK, Die Frist zur Einbeziehung von Folgesachen in den Scheidungsverbund gem § 137 Abs 2 S 1 FamFG [2013] 107–116, 124). – Nach § 28 f Abs 3 S 2 SGB IV aF muss der Arbeitgeber zwei Tage vor Fälligkeit [heute: „rechtzeitig"] der für die Beitragsberechnung zuständigen Stelle einen ordnungsmäßigen **Nachweis über das Arbeitsentgelt** mitteilen. Analog § 187 Abs 1 BGB zählt der Fälligkeitstag selbst nicht in die Frist (LSG NRW 11.3.2014 – L 18 KN 78/13, Rn 32 f). – Ein Beispiel für eine rückwärtslaufende, nach verlängernder Berechnungsweise zu bestimmende gemeinschaftsrechtliche Frist unten in Rn 9.

Zur Berechnung rückwärtslaufender Fristen in Fällen des § 187 Abs 2 BGB vgl unten Rn 10b. Zum dabei häufig relevanten Problem des Zugangs von Schriftstücken vgl unten § 188 Rn 8a und 8b. Zur Auswirkung der Sonn- und Feiertagsregelung des § 193 BGB auf das Ende rückwärtslaufender Fristen vgl unten § 193 Rn 25 ff.

d)   Eine **Auslegungshilfe** für die Frage, auf welches Datum das fristauslösende **8** Ereignis fällt, enthält für schriftlich gesetzte Fristen Art 1:304 Abs 1 PECL (vgl § 186 Rn 21), der das auf dem Schriftstück angegebene Datum für maßgeblich hält. Mit der Dogmatik empfangsbedürftiger Willenserklärungen ist die in Satz 1 enthaltene, hinsichtlich der Beweisfragen vorteilhafte Auslegungsregel hingegen kaum vereinbar, da deren Wirksamkeit vom Zugang der Erklärung abhängig ist.

e)   Zivilkomputation und verlängernde Berechnungsweise (Rn 2 und 5) gelten auch **9** im **Gemeinschaftsrecht** nach Art 3 EG-FristenVO (vgl § 186 Rn 20); ebenso nach Art 3 Abs 1 des Europäischen Übereinkommens über die Berechnung von Fristen. Art 1:304 Abs 3 S 1 PECL (vgl § 186 Rn 21) hat sie übernommen. Letztere Vorschrift hat zwar nicht den Charakter einer verbindlichen Rechtsnorm, aber enthält den europäischen Standard (vgl vBar/Zimmermann, Grundregeln des Europäischen Vertragsrechts [2002] 137). Auch Art I-1:110 DCFR (vgl § 186 Rn 22) folgt dieser Linie. Art I-1:110 Abs 2a–c DCFR legt für Stunden-, Tages-, Wochen-, Monats- und Jahresfristen die ursprünglich auf die Tagesfrist bezogene Zivilkomputation fest, indem die ganze erste und ganze letzte Stunde bzw der ganze erste und der ganze letzte Tag in die Frist einberechnet werden. Die Vorschrift bestimmt für alle Fristen die verlängernde Berechnungsweise, indem die Stunde, in die das fristauslösende Ereignis fällt (Art I-1:110 Abs 3a DCFR) bzw der Tag, in den das fristauslösende Ereignis fällt (Art I-1:110 Abs 3b DCFR), nicht mitgezählt werden. – Ein **Beispiel** für die Anwendung der verlängernden Berechnungsweise gem Art 3 Abs 1 S 2 EG-FristenVO ist die rückwärts zu berechnende *closed period* gem Art 19 XI MAR (Market Abuse Regulation), wonach Führungspersonen eines Unternehmens innerhalb von 30 Tagen vor der Ankündigung eines Zwischen- oder Jahresabschlussberichts, keine Eigengeschäfte oder Geschäfte für Dritte mit den einschlägigen Finanzinstrumenten tätigen dürfen. Hier zählt der Tag der Ankündigung nicht in die Frist hinein, sondern sie beginnt rückwärts um 24.00 h am Vortag (Mohamed NZG 2018, 1376, 1379).

2.   Ausnahmen von der Grundregel der verlängernden Berechnungsweise

a)   Da § 187 Abs 1 BGB nur eine Auslegungsregel enthält (vgl § 186 Rn 24), kann **9a** von der Regel der verlängernden Berechnungsweise (Rn 5) durch **Vereinbarung** abgewichen werden. Es ist daher in allen Fällen zunächst nach einer abweichenden Parteivereinbarung zu fragen. Wer eine Rechtswirkung aus einer solchen Vereinbarung ableitet, trägt die **Beweislast** (Baumgärtel/Prütting, Beweislast [4. Aufl 2019] § 193 Rn 1). – So kann zB bei der Bestimmung einer nach Tagen bemessenen Probezeit der Anfangstag eingeschlossen sein. Auch Bahnfahrkarten und ähnliche Zeitkarten sind üblicherweise sofort mit Beginn des Tages, der das Gültigkeitsdatum trägt, gültig. – Gerade für den grenzüberschreitenden Verkehr empfiehlt es sich, von der Vereinbarungsmöglichkeit Gebrauch zu machen, um möglichste Klarheit zu schaffen.

b)   **§ 187 Abs 2 S 1 BGB** bestimmt eine *gesetzliche* Ausnahme von der verlängern- **10** den Berechnungsweise: Soll nicht ein bestimmtes Ereignis im Laufe des Tages oder ein bestimmter Zeitpunkt, sondern der **Anfang des Tages** der für den Fristbeginn maßgebliche Zeitpunkt sein, so wird dieser Tag als der erste des Fristlaufs mitgezählt. *Ob* der Beginn eines Tages für den Anfang der Frist der maßgebliche Zeitpunkt ist, ergibt sich im Wege der *Auslegung*.

10a Ein praktisch wichtiger Anwendungsfall des § 187 Abs 2 S 1 BGB ist die **Wohnungsmiete**: Wer eine Wohnung zB ab 1. April mietet, darf diese ab 1. 4. um 0.00 Uhr benutzen (BORK, AT [4. Aufl 2016] Rn 337). Hinsichtlich der **Fristsetzung für** eine **Annahmeerklärung** gem § 148 BGB ist zu lesen, die Frist beginne „mit dem Datum des Antrags" oder der Erklärungstag zähle mit (PALANDT/ELLENBERGER § 148 Rn 3; SOERGEL/WOLF § 148 Rn 8, in diesem Sinne auch STAUDINGER/BORK [2015] § 148 Rn 3 mit Hinweis auf OLG Hamburg [1. 10. 1920] OLGRspr 41, 91). Damit ist sinnvollerweise nur gemeint, dass dieser Tag und nicht der Zugang des Angebots das fristauslösende Ereignis bezeichnet. Es bedeutet aber keine Abweichung von der verlängernden Berechnungsweise gem § 187 Abs 1 BGB. Der Anbietende möchte, wie schon OLG Hamburg (1c) dargelegt hat, mit der Setzung einer Annahmefrist erreichen, nach einer für ihn überprüfbaren Zeit wieder frei disponieren zu können. Würde er den Fristlauf dabei von dem für ihn regelmäßig nicht oder nur schwer überprüfbaren Zugang des Angebots abhängig machen, wäre für ihn nicht sicher, ob und wann er wieder ungebunden wäre. Trägt der Antrag zB das Datum: Donnerstag, den 6. März, und soll das Angebot innerhalb von vierzehn Tagen angenommen werden können, beginnt die Frist am 7. März um 0.00 Uhr und endet am Donnerstag, den 20. März um 24.00 Uhr. Es geht also bei der Annahmefrist nicht um einen Anwendungsfall des § 187 Abs 2 S 1 BGB. Etwas anderes kann selbstverständlich vereinbart werden. – Es entspricht ständiger Rechtsprechung, bei Fristberechnungen im **Arbeitsverhältnis** den ersten geschuldeten Arbeitstag mitzuzählen, sodass für diesen zB Lohn zu zahlen ist und dieser auch ganz in die Probezeit fällt (BAG 2. 11. 1978 – 2 AZR 74/77, NJW 1980, 1015, 1016; 27. 6. 2002 – 2 AZR 382/01 AP Nr 22 zu § 620 BGB – Probezeit; BAG 9. 4. 2014 – 10 AZR 635/13, NZA 2014, 1038, 1039 Rn 11 – Beginn eines Arbeitsverhältnisses; LAG Baden-Württemberg 20. 7. 2007 – 20 Sa 106/06 Rn 35 ff, 39 zu § 30 f S 1 HS 2 BetrAVG; LAG Rheinland-Pfalz 23. 5. 2016 – 2 Sa 571/15, BeckRS 2016/71597 Rn 20 – Betriebszugehörigkeit; LAG Hamm 16. 2. 2018 – 1 Sa 1476/17, BeckRS 2018, 3139 Rn 32 – Höchstbefristungsdauer nach § 14 Abs 2 TzBfG: begann das Arbeitsverhältnis am 27. 6. 2015, so lief die Zweijahresfrist am 26. 6. 2017 ab; ArbG Hamburg 17. 11. 2004 – 23 Ca 119/04, juris Rn 27 – Betriebszugehörigkeit; SOERGEL/NIEDENFÜHR Rn 10; HENSSLER RdA 2017, 83, 95; HAMANN/RUDNIK NZA 2017, 209, 210 – Überlassungshöchstdauer bei Leiharbeitnehmern gem § 1 Abs 1b AÜG; **aA** GREINER RdA 2017, 153, 158 mit dem Argument, es dominiere hier das faktische Element der Aufnahme der Tätigkeit). – Ebenso ist bei Berechnung der **baurechtlichen** Auslegungsfrist gem § 3 Abs 2 S 1 BauGB der erste Tag der Auslegung mitzuzählen (GemSOBG 6. 7. 1972 – GmS-OGB 2/71, MDR 1973, 28, zum früheren § 2 Abs 6 S 1 BBauG; Berechnungsbeispiele bei LEY BauR 2000, 654–660). – Für **Verwaltungsakte** ist in § 31 Abs 2 VwVfG zugelassen, dass der Fristbeginn anders als auf den Tag nach der Bekanntgabe festgesetzt wird. Die Norm hat letztlich klarstellende Funktion, denn die in § 31 Abs 1 VwVfG angesprochenen §§ 187–193 BGB sind selbst nur Auslegungsregeln. Ob in den Fällen des § 31 Abs 2 VwVfG nach § 187 Abs 2 S 1 BGB der Tag der Bekanntgabe mitgezählt werden soll oder aber eine ganz andere Regelung gewollt ist, ist demnach Auslegungsfrage (Bsp bei KNACK/HENNEKE/RITGEN § 31 VwVfG Rn 33); im Zweifel gilt jedoch die verlängernde Berechnungsweise wie in § 187 Abs 1 BGB (KOPP/RAMSAUER § 31 VwVfG Rn 28c). – Die **steuerrechtliche** Frist des § 32 Abs 4 S 1 Nr 2b EStG berechnet sich nach § 108 Abs 1 AO iVm § 187 Abs 2 S 1 BGB, beginnt in diesem Fall also am Anfang des Tages nach dem Abschluss des vorausgegangenen Ausbildungsabschnitts (FG Köln 28. 1. 2000 – 7 K 7624/98, EFG 2002, 626–627). Dasselbe gilt für die Zehnjahresfrist des § 14 Abs 1 S 1 ErbStG, die durch den Letzterwerb ausgelöst wird, der kein Ereignis iSv § 187 Abs 1 BGB ist, sodass die Frist nach § 187 Abs 2 S 1 BGB zu berechnen ist (BFH 28. 3. 2012 – II R 43/11 Rn 14 ff; vorgängig

FG Hannover 16. 6. 2011 – 3 K 136/11 mit ausführlicher dogmatischer Begründung). Bei der Berechnung von Erstattungszinsen nach § 238 AO wird der Zahlungstag voll mitgerechnet, es gilt § 187 Abs 2 S 1 BGB (BFH 31. 5. 2017 – I R 92/15, DStR 2018, 29, 31 Rn 21 f). – Nach Art 84 CISG ist im Falle der **Rückabwicklung eines Kaufvertrags** der Verkäufer verpflichtet, vom Tag der Zahlung an auf den Betrag Zinsen zu zahlen. Dieser Tag soll bei der Berechnung der Zinspflicht mitgezählt werden (vgl STAUDINGER/ MAGNUS [2018] Art 84 CISG Rn 8). – § 6 Abs 4 S 1 EGBGB legt fest, dass die **Verjährungsvorschriften** in der seit dem 1. Januar 2002 gültigen Fassung gelten, wenn sie kürzere Fristen als das alte Verjährungsrecht enthalten. Diese kürzeren Fristen werden „von dem 1. Januar 2002 an berechnet". Damit ist ein Stichtag iSv § 187 Abs 2 S 1 BGB bezeichnet, der daher bereits in den Fristlauf fällt und mitgerechnet wird (LG Köln 28. 10. 2005 – 28 O 410/05, ZGS 2006, 38, 40; SCHULTE-NÖLKE/HAWXWELL NJW 2005, 2117, 2118; ASSMANN/WAGNER NJW 2005, 3169, 3171; aA KANDELHARD NJW 2005, 530, 532; STAUDINGER/ JACOBY/PETERS [2016] Art 229 § 6 EGBGB Rn 10). – Wird die **Entscheidung eines Insolvenzgerichts** öffentlich bekannt gemacht, beginnt die zweiwöchige Notfrist für die sofortige Beschwerde zwei Tage später (§ 9 Abs 1 S 3 InsO). Für den Fristbeginn gilt hier § 187 Abs 2 BGB, weil es auf den Ablauf der Frist des § 9 Abs 1 S 3 InsO ankam (BGH 14. 11. 2013 – IX ZB 101/11 Rn 5, 8 f – Bekanntmachung am 29. März 2010, Fristbeginn 30. März, Fristende [§ 188 Abs 2 Var 2] 12. April). – Die **Widerspruchsklage** im Verteilungsverfahren muss „binnen einer Frist von einem Monat, die mit dem Terminstag beginnt" erhoben werden, § 878 Abs 1 S 1 ZPO. Das Gesetz knüpft hier ausdrücklich an den Beginn des Tages an, wie es dem klaren Wortlaut von § 187 Abs 2 S 1 BGB entspricht. Diese Norm findet daher auf die Bestimmung des Fristbeginns Anwendung. War der Terminstag der 18. 12. 2013, so zählt dieser Tag vollständig in die Frist hinein. Das Ende der Monatsfrist war dann gem § 188 Abs 2 Var 2 BGB der Ablauf des Tages, der dem Tag vorging, der durch seine Zahl dem Anfangstag der Frist entspricht. Der Anfangstag war der 18. 12. Dem entspricht der Zahl nach im Folgemonat der 18. 1. Die Frist endete also mit dem Ablauf des 17. 1. 2014 (Bsp nach LG Halle 26. 3. 2014 – 2 T 54/14, BeckRS 2014, 16263; gegen den klaren Wortlaut des § 878 ZPO für die Anwendung der verlängernden Berechnungsweise gem § 187 Abs 1, die hier den Terminstag nicht berücksichtigt: STEIN/JONAS/ MÜNZBERG § 878 ZPO Rn 5). – Die Berechnung der Frist des **sozialrechtlichen Beanstandungsverfahrens** nach § 94 Abs 1 SGB V richtet sich nach § 26 SGB X iVm § 187 Abs 2 BGB (LSG Berlin-Brandenburg 27. 5. 2015 – L 7 KA 44/11 KL, juris Rn 67).

Die Fristberechnung in Abhängigkeit vom Beginn eines Tages nach § 187 Abs 2 S 1 BGB kann auch analog auf **rückwärtslaufende Fristen** Anwendung finden, wie zB in § 6 Abs 2 S 1 Kommunalwahlgesetz für das Land Sachsen-Anhalt. Die Pflicht zur öffentlichen Bekanntmachung „spätestens zwei Monate vor dem Wahltag" knüpft an den Beginn des Tages und nicht das Ereignis der Wahl an, sodass § 187 Abs 2 BGB gilt. Für das Fristende wird § 188 Abs 2 Var 2 BGB spiegelbildlich angewendet. Fristende ist der Beginn desjenigen Tages, welcher dem Tag nachfolgt, der durch seine Benennung oder seine Zahl dem Anfangstag der Frist entspricht. Der Wahltag wird also in dem Beispielsfall mitgerechnet. Ist der 29. 11. 2009 der Wahltag, so beginnt die Rückwärtszählung am 29. 11. 2009 um 0. 00 h und rechnet zurück bis 30. 9. 2009, 24 h (SAnVerfG 19. 11. 2013 – LVG 70/10, NVwZ-RR 2014, 289, 290). Das wäre in Anwendung von § 187 Abs 1 BGB anders (dazu s o Rn 7). **10b**

c) § 187 Abs 2 S 1 BGB gilt entsprechend für das **Inkrafttreten von Gesetzen**. **11** Sollen Gesetze mit dem Tag ihrer Verkündung oder mit einem bestimmten Datum in

Kraft treten, gelten sie vom Beginn dieses Tages (0.00 Uhr) an (RG 7. 12. 1917 – II 293/17, RGZ 91, 339, 340, allerdings ohne ausdrückliche Bezugnahme auf § 187 Abs 2; vgl auch BVerfG 22. 11. 2000 – 1 BvR 2307/94, BVerfGE 102, 254 ff, 295; BVerfG 6. 5. 2009 – 1 BvR 3153/07 Rn 8).

Wann ein Gesetz bzw seine Änderung in Kraft tritt, ist zunächst eine Frage des Verfassungsrechts (für die Änderungen des BGB seit dem 1. 1. 1900 findet sich bis Mitte 2005 eine entsprechende Liste im Sonderband STAUDINGER/BGB-Synopse 1896–2005, XIX–XLIII; leichten Zugriff auf die entsprechenden Daten bietet auch zB die Datenbank „juris"). Während der Gültigkeitsdauer des BGB hat die verfassungsmäßige Grundlage mehrfach gewechselt:

Nach Art 2 Verfassung des Deutschen Reiches vom 16. 4. 1871 (BGBl [Norddeutscher Bund] 1871, 64 ff) sollte ein Gesetz „mit dem vierzehnten Tage nach dem Ablauf desjenigen Tages, an welchem das betreffende Stück des Reichsgesetzblattes in Berlin ausgegeben worden ist" oder an dem im publizierten Gesetz ausdrücklich festgelegten Tag in Kraft treten.

Inhaltsgleich war Art 71 Weimarer Reichsverfassung v 11. 8. 1919 (RGBl 1383). Besonderheiten gelten für die Rechtsverordnungen, die nach Art 48 II WRV Reichsgesetze ändern konnten. Mehrfach wurde davon im Zusammenhang mit dem BGB Gebrauch gemacht (vgl Nachweise der Verordnungen in STAUDINGER/BGB-Synopse 1896–2005, XX–XXII). Hierfür galt nicht etwa Art 71 WRV analog, sondern es gab ein eigenes „Gesetz über die Verkündung von Rechtsverordnungen" vom 13. 10. 1923 (RGBl I 959). Dort war bestimmt, dass die Verordnungen im Reichsgesetzblatt, im Reichsministerialblatt oder im Deutschen Reichsanzeiger verkündet werden können. Nach § 2 dieses VerordnungsG traten Rechtsverordnungen des Reichs, soweit sie nichts anderes bestimmten, mit dem auf die Verkündung folgenden Tage in Kraft. Durch Art 3 des „Gesetzes zur Behebung der Not von Volk und Reich" vom 24. 3. 1933 (sog ErmächtigungsG, RGBl I 141) wurde Art 71 WRV geändert, um eine raschere Gesetzeskraft der Beschlüsse zu erreichen; danach traten auch die Reichsgesetze bereits mit dem auf die Verkündung folgenden Tage in Kraft. Das Ermächtigungsgesetz trat nach seinem Art 5 mit dem Tag seiner Verkündung in Kraft. Es war zeitlich befristet bis zum 1. 4. 1937. Es sollte ferner außer Kraft treten, wenn die Reichsregierung durch eine andere abgelöst wird. Man kann darüber streiten, ob dieser Tatbestand schon 1934 bei der Regierungsumbildung eingetreten ist; damals wurde es allerdings nicht so aufgefasst, was sich daran zeigt, dass das Ermächtigungsgesetz 1937, 1939 und 1943 jeweils verlängert worden ist (RGBl 1937 I 105; 1939 I 95; 1943 I 295).

Art 82 Abs 2 GG ist schließlich wieder zur alten Regelung wie in Art 71 WRV zurückgekehrt. Danach soll jedes Gesetz und jede Rechtsverordnung den Tag des Inkrafttretens bestimmen. Fehlt aber eine solche Bestimmung, so treten die Normen mit dem vierzehnten Tage nach Ablauf des Tages in Kraft, an dem das Bundesgesetzblatt ausgegeben worden ist. Im Bundesgesetzblatt wird daher nicht nur der Tag der Ausfertigung, also der Erteilung des Verkündungsbefehls, sondern auch der „Tag der Ausgabe", angegeben. Dieses ist der Tag, der bei gewöhnlicher Postbeförderung den Eingang bei den Beziehern bezeichnet. Wenn deshalb ein Gesetz oder eine Verordnung *am Tag der Verkündung* in Kraft tritt, ist damit der *Ausgabetag* gemeint, nicht der Tag der Ausfertigung, denn die Verkündung erfolgt durch den Abdruck des Gesetzestextes im BGBl *und* dessen Ausgabe. Der Sinn der Regelung ist, dass die Öffentlichkeit die Möglichkeit haben soll, vom Gesetzesinhalt Kenntnis zu erlangen. Der Zeitpunkt der tatsächlichen Auslieferung des Gesetzblattes an die Mehrzahl der Bezieher ist daher maßgeblich (vMünch/Bryde Art 82 GG Rn 12; Mercker BB 1952, 865 ff; Heinze NJW 1965, 524 f; das BVerfG hat mit Recht betont, dass es nicht auf die Einlieferung bei der Post ankomme (BVerfG 2. 4. 1963 – 2 BvL 22/60, BVerfGE 16, 6, 18 f = NJW 1963, 1443 ff.), denn die Veröffentlichung könnte auch anders als durch die Post bewerkstelligt werden). Der Tag der mutmaßlichen Auslieferung durch die Post wird im BGBl als Ausgabetag eingetragen. Die Angabe bewirkt allerdings nur eine widerlegliche Vermutung. Tritt ein Gesetz also am Tage *nach* der Verkündung in Kraft, so ist – wenn im Postlauf keine Unregelmäßigkeiten geschehen sind – dem Datum der Ausgabe, das im Kopf des Gesetzblattes eingedruckt wird, ein weiterer Tag hinzuzurechnen. In entsprechender Anwendung von § 187 Abs 2 S 1 BGB beginnt die Gültigkeit der jeweiligen Norm um 0.00 Uhr des betreffenden Tages (BVerfG 6. 5. 2009 – 1 BvR 3153/07 Rn 8). Eine Ausnahme im Sinne der Naturalkomputation gilt jedoch wegen des Rückwirkungsverbots für Strafvorschriften. Eine Tat, die am Tag des Inkrafttretens, aber noch vor der tatsächlichen Ausgabe des Gesetzblattes begangen worden ist, kann nicht nach der neuen Strafvorschrift beurteilt werden.

Auf der Ebene des *Gemeinschaftsrechts* gilt für das Inkrafttreten von Rechtsakten aller Art eine inhaltlich § 187 Abs 2 S 1v entsprechende Regel, Art 4 Abs 2 EG-Ratsverordnung Nr 1182/71 (ABl EG v 8. 6. 1971 Nr L 124/1): „Rechtsakte des Rates oder der Kommission oder einzelne Bestimmungen dieser Rechtsakte, für deren Inkrafttreten, deren Wirksamwerden oder deren Anwendungsbeginn ein bestimmtes Datum festgesetzt worden ist, treten mit Beginn der ersten Stunde des diesem Datum entsprechenden Tages in Kraft bzw werden dann wirksam oder angewandt."

d) **§ 187 Abs 2 S 2 BGB** trifft eine besondere Bestimmung für die *Berechnung des* **12** *Lebensalters* mit entsprechend großer praktischer Bedeutung. Hier soll in Übereinstimmung mit der Verkehrsanschauung (Prot II 1, 189) der Tag der Geburt entgegen dem Prinzip der verlängernden Berechnungsweise (Rn 2, 5) mitgezählt werden. Die Volljährigkeit tritt demnach schon mit dem Beginn desjenigen Tages ein, an welchem das 18. Lebensjahr vollendet wird; wer mittags um 13.00 Uhr am 21. 1. 1998 geboren worden ist, wurde am 21. 1. 2016 um 0.00 Uhr volljährig. – Ein am 29. Februar Geborener wird nach der allgemeinen Regel des § 187 Abs 2 S 2 BGB mit dem Ablauf des 28. Februar volljährig (vgl Peters StAZ 1969, 50; LSG Bayern 16. 12. 2015 – L 13 R 65/14, juris Rn 40–43 – Anrechnung von schulischer Ausbildungszeit nach dem vollendeten 17. Lebensjahr bei der Rentenberechnung). Ist jemand am Monatsersten geboren, vollendet er ein Lebensjahr mit dem Ablauf des letzten Tages des vorhergehenden Monats um 24.00 Uhr. Kommt es auf das Alter an diesem Monatsletzten an, bleibt die Vollendung des Lebensjahres um 24.00 Uhr außer Betracht (OLG Oldenburg 23. 2. 2005 – 3 UF 3/05, FamRZ 2005, 1257). – Die Berechnung nach § 187 Abs 2 S 2 BGB gilt auch für das Eintreten eines Beamten in den *Ruhestand* oder für den *Beginn des Rentenalters* eines Arbeitnehmers (BVerwG 26. 8. 1968 – VI C 3. 68, BVerwGE 30, 167 ff; BAG 19. 8. 1965 – 2 AZR 448/64, DB 1965, 1368; BSG 1. 7. 1970 – 4 RJ 13/70, DB 1970, 1548) und auch für das Ende eines Kindergeldanspruchs mit Vollendung des 25. Lebensjahres (BFH 18. 4. 2017 – V B 147/16 HFR 2016, 732 Rn 6). – Schließlich ist auch die von Altersgrenzen abhängige *strafrechtliche Verantwortlichkeit* nach § 187 Abs 2 S 2 BGB zu berechnen.

3. Stundenfristen

13 Die in § 187 vorausgesetzte Zivilkomputation betrifft schon ihrem Ursprung nach Fristen von mindestens Tageslänge. Bei Fristen, welche nach *kürzeren Zeiträumen* als nach Tagen berechnet werden sollen, gilt selbstverständlich nicht die nach Tagen rechnende Zivilkomputation (zum Begriff oben Rn 2), sondern es bleibt nur die nach Stunden zählende Naturalkomputation übrig (s aber Rn 1). Auch hier gilt zunächst das durch Auslegung zu ermittelnde Ergebnis. Dabei stellt sich allerdings analog dasselbe Problem einer verlängernden oder verkürzenden Berechnungsweise hinsichtlich der angebrochenen Zeiteinheit. Läuft, wenn jemand zB um 10.37 Uhr eine Jacke in eine Schnellreinigung gibt, die nach einer Stunde fertig sein soll, die Frist bis 11.37 Uhr oder bis 12.00 Uhr? Letzteres würde einer analogen Anwendung der verlängernden Berechnungsweise von § 187 Abs 1 BGB entsprechen. Da dieselben Praktikabilitätsüberlegungen wie bei einer Tagesfrist (vgl o Rn 2) auch auf die Stundenfristen übertragbar sind, erscheint es am sinnvollsten, die *verlängernde Berechnungsweise § 187 BGB analog* auf die Stundenfristen anzuwenden. Die angebrochene Stunde wird also nicht mitgerechnet (aA MünchKomm/GROTHE Rn 8, der die angefangene Stunde mitzählen möchte). Die Frist im Beispiel endet um 12.00 Uhr.

Die Anwendung der verlängernden Berechnungsweise auch auf Stundenfristen entspricht im Übrigen dem *gemeinschaftsrechtlich* verbindlichen Art 3 Abs 1 EG-FristenVO (vgl § 186 Rn 20). Die Vorschrift gilt mittelbar für eine nach Stunden zu berechnende Verzugsfrist iSv § 286 Abs 2 Nr 2 BGB unter Berücksichtigung von Art 3 Abs 1 lit a Richtlinie 2000/35/EG (Verzugs-RL; NK-BGB/SCHULTE-NÖLKE § 286 Rn 33). Auch *prozessuale* Stundenfristen werden verlängernd berechnet (zB §§ 217, 604 Abs 2 ZPO; vgl THOMAS/HÜSSTEGE § 222 ZPO Rn 4; STEIN/JONAS/ROTH § 222 ZPO Rn 9). Es ist allerdings unpräzise, eine solche Berechnung einer Stundenfrist, auf die § 187 BGB analog angewendet wird, als „Naturalkomputation" zu bezeichnen (so aber SOERGEL/NIEDENFÜHR Rn 2 Fn 2), denn bei einer Stundenfrist kommt die ursprünglich auf Tagesfristen bezogene Zivilkomputation begrifflich (oben Rn 2) nur analog in Betracht. Entscheidend ist, dass auf die Stundenfristen die verlängernde Berechnungsweise des § 187 Abs 1 BGB entsprechend angewendet wird. – Art I-1:110 Abs 3a DCFR (vgl § 186 Rn 22) legt ebenfalls für die Stundenfristen die verlängernde Berechnungsweise fest. Anders als im BGB wird das im DCFR ausdrücklich ausgesprochen.

4. Termine

14 Wird eine Zeitangabe, also ein Termin (vgl § 186 Rn 11), durch Bezeichnung eines bestimmten Kalendertags definiert, so bedarf es insoweit keiner *Berechnung* einer Frist. „Am ersten Juli" oder an „Martini" (11. November) usw sind eindeutige Bestimmungen. § 187 BGB ist hier ohne Bedeutung. Er gilt nur für Fristen.

Abschnitt 4
Fristen, Termin

§ 188

§ 188
Fristende

(1) Eine nach Tagen bestimmte Frist endigt mit dem Ablauf des letzten Tages der Frist.

(2) Eine Frist, die nach Wochen, nach Monaten oder nach einem mehrere Monate umfassenden Zeitraum – Jahr, halbes Jahr, Vierteljahr – bestimmt ist, endigt im Falle des § 187 Abs. 1 mit dem Ablauf desjenigen Tages der letzten Woche oder des letzten Monats, welcher durch seine Benennung oder seine Zahl dem Tage entspricht, in den das Ereignis oder der Zeitpunkt fällt, im Falle des § 187 Abs. 2 mit dem Ablauf desjenigen Tages der letzten Woche oder des letzten Monats, welcher dem Tage vorhergeht, der durch seine Benennung oder seine Zahl dem Anfangstag der Frist entspricht.

(3) Fehlt bei einer nach Monaten bestimmten Frist in dem letzten Monat der für ihren Ablauf maßgebende Tag, so endigt die Frist mit dem Ablauf des letzten Tages dieses Monats.

Materialien: TE-AllgT §§ 163, 165 (SCHUBERT, AT, Bd 2, S 277, 289); E I § 148 Abs 2, 149; II § 156; III § 184; Prot I, 316 ff; Prot II 1, 189 und 6, 138 f; Mot I 282; JAKOBS/SCHUBERT, AT 2, 977, 979, 981, 984–987, 989–991; Sten Ber 9. Leg IV Session, 2751.

Systematische Übersicht

I.	Regelungszweck	1
II.	**Regelungsinhalt**	
1.	Tagesfristen	2
a)	§ 188 Abs 1	2
b)	Die Bedeutung des Zugangs von Schriftstücken für die Fristberechnung	4
c)	Beispielrechnungen	9
aa)	Vorwärtslaufende Frist	9
bb)	Rückwärtslaufende Frist	9a
d)	Mindestdauer	10
e)	Gemeinschaftsrecht	11
2.	Wochenfristen	
a)	§ 188 Abs 2	12
b)	Zwei-Wochenfrist	13
c)	Einzelfälle	14
d)	Gemeinschaftsrecht	15
e)	Principles of European Contract Law	17
f)	Draft Common Frame of Reference	18
3.	Monats- und Jahresfristen	19
a)	Berechnung von Datum zu Datum	19
b)	Fristen, die durch ein Ereignis ausgelöst werden, § 187 Abs 1	20
c)	Fristen, für die der Beginn eines Tages maßgeblich ist, § 187 Abs 2	21
d)	§ 188 Abs 3	23
e)	Grundgedanke	24
f)	Gemeinschaftsrecht	26
4.	Stundenfristen	27

Alphabetische Übersicht

30-Tagesfrist	20b
Draft Common Frame of Reference	18
Eingang eines Schriftstückes	6
Ereignisfristen	20
Gemeinschaftsrecht	11, 15, 26, 28

Tilman Repgen

Geschäftszeiten	3	Regelungszweck	1, 24
		rückwärtslaufende Fristen	8a, 9a, 14a, 20a, 23a
Jahresfrist	19		
		Schalttag	25
Kündigungsschutzklage	14	Stundenfrist	27
Lebensalter	21	Tagesfristen	2
Mindestdauer	10	Wochenfrist	12
Mitwirkungshandlungen	3a		
Monatsfrist	19	Zugang	4 ff
		Zwei-Wochenfrist	13
Principles of European Contract Law	17		
prozessuale Fristen	6		

I. Regelungszweck

1 § 188 BGB enthält in Abs 1 die Anwendung des Prinzips der Zivilkomputation (vgl § 187 Rn 2) auf das Fristende, in Abs 2 und 3 sodann einige Auslegungsregeln für solche Fristen, die nicht nach Tagen bemessen sind.

II. Regelungsinhalt

1. Tagesfristen

2 a) **§ 188 Abs 1 BGB** bestimmt, dass *Tagesfristen* um Mitternacht des letzten Tages der Frist ablaufen. Die Gesetzesmaterialien erklären diesen Satz aus der „Natur der Sache" (GEBHARD, Begründung Teilentwurf 11 [SCHUBERT, AT 2, 299]). Dass der Wechsel des Tages um Mitternacht geschieht, entspricht einer seit der Antike gelebten Tradition, die bereits im römischen Recht normativen Ausdruck fand (vgl oben § 187 Rn 2). Legt man das Prinzip der Zivilkomputation zugrunde, wie es das Gesetz tut, entspricht die gesetzliche Regelung in der Tat einer inneren Notwendigkeit. Die Fristen werden nach diesem Grundsatz in ganze Tage zerlegt, die um 0.00 Uhr beginnen und um 24.00 Uhr enden, um möglichste Einfachheit in der Fristberechnung zu erreichen (vgl oben § 186 Rn 2). Endet ein Arbeitsverhältnis am 31. März um 24.00 h und zugleich ein bis dahin bestehender Urlaubsabgeltungsanspruch, so hat am 31. März um 24.00 h kein noch abzugeltender Urlaubsanspruch mehr bestanden (LAG Hamm 9. 10. 2014 – 16 Sa 711/14, ZTR 2015, 214, 215 Rn 20 f). – Zu beachten ist allerdings, dass sich eine an einem Samstag, Sonntag oder Feiertag ablaufende Frist bis zum nächsten Werktag verlängert, § 193 BGB (s dort).

3 Eine Frist kann regelmäßig bis zum Schluss ausgeschöpft werden (vgl Art 1:304 Abs 3 PECL, oben § 186 Rn 21). Mit der Regelung des Fristendes in § 188 BGB ist aber *nicht* gesagt, dass in den Fällen, in denen eine Mitwirkungshandlung der Gegenseite erforderlich ist, die Frist bis 24.00 Uhr des letzten Tages ausgenutzt werden darf (jurisPK-BGB/BECKER Rn 5). Soweit zum Teil gesagt wird, im Verkehr sei es üblich, dass man sich zur Fristwahrung an die regelmäßigen Geschäftszeiten, Schalter- oder Dienststunden zu halten habe (so BGH 14. 2. 1957 – VII ZR 250/56, BGHZ 23, 307, 310 f; LG Hamburg

4. 10. 1996 – 313 S 128/96, NJW-RR 1997, 502; AG Frankfurt 11. 3. 1993 – 30 C 3203/92-20, NJW-RR 1993, 1332; MünchKomm/Grothe Rn 1; einschränkend Thannheiser AiB 1997, 498, 499 f, der bei Vorhandensein eines Faxgerätes eine Bereitschaft zur Entgegennahme von Willenserklärungen bis 24. 00 Uhr annimmt; vgl auch unten Rn 5), ist das nur überzeugend, wenn man für den entsprechenden Fall durch Auslegung dieses Ergebnis ermitteln kann. Eine allgemeine Vermutungsregel dieses Inhalts widerspräche dem klaren Sinn des Gesetzes.

Dem steht nicht entgegen, dass man aus § 188 Abs 1 BGB nicht folgern kann, die Gegenseite habe sich zu eventuell erforderlichen **Mitwirkungshandlungen** bis Mitternacht des letzten Tages der Frist bereitzuhalten (RG 10. 3. 1910 – IV 550/1909, Gruchot 54 [1910] 1127, 1128 f; MünchKomm/Grothe Rn 1). Hier ist im Einzelfall unter Berücksichtigung aller Umstände und der Verkehrssitte zu entscheiden (zum Zugang von Schriftstücken sogleich Rn 4–6). § 358 HGB bestimmt für Leistungspflichten aus Handelsgeschäften, dass diese nur während der regelmäßigen Geschäftszeiten erfüllt werden können. Gegenüber § 188 Abs 1 BGB iVm dem Prinzip der Zivilkomputation ist § 358 HGB jedoch eine Spezialvorschrift, die einer erweiternden Auslegung nicht zugänglich ist. – Art 1:304 Abs 3 S 2 PECL (vgl § 186 Rn 21) lässt wie § 358 HGB die Frist nur bis zum gewöhnlichen Ende der Geschäftszeit an dem für die Leistung bzw den Zugang maßgeblichen Ort laufen. Entsprechendes gilt gemäß Art 3 Abs 2 des Europäischen Übereinkommens über die Berechnung von Fristen. Die EG-Fristen-VO (vgl § 186 Rn 20) enthält keine besondere Regel über die Maßgeblichkeit der Geschäftszeiten. 3a

b)   Die Bedeutung des Zugangs von Schriftstücken für die Fristberechnung
Für den fristgerechten **Zugang von Schriftstücken** sind nicht nur die Vorschriften über das Fristende zu beachten, sondern es sind darüber hinaus auch die *Anforderungen an den Zugang* zu beachten. Es besteht Einigkeit darüber, dass ein rechtzeitiger – dh fristgerechter – Zugang nur vorliegt, wenn innerhalb der Frist, die bei einer Tagesfrist nach § 188 Abs 1 BGB um 24. 00 Uhr abläuft, die Zugangsvoraussetzungen bewirkt werden (zum Sonderfall rückwärtslaufender Fristen s unten Rn 8a). Eine Willenserklärung ist zugegangen, „wenn sie so in den Herrschaftsbereich des Empfängers gelangt ist, dass unter normalen Umständen mit Kenntnisnahme zu rechnen ist" (Bork, AT [4. Aufl 2016] Rn 619). Daraus folgert man mit Recht für einen Zugang unter Abwesenden, dass die Erklärung erstens in den Herrschaftsbereich des Empfängers gelangt ist und zweitens unter normalen Umständen mit der Kenntnisnahme zu rechnen ist (Bork, AT [4. Aufl 2016] Rn 622 f; für das UN-Kaufrecht gelten dieselben Voraussetzungen, vgl Staudinger/Magnus [2018] Art 24 CISG Rn 15). Wer also zB bis zum 30. April eine Willenserklärung abgeben möchte, deren Wirkung am 1. Mai um 0. 00 Uhr beginnt, wird durch Einwurf in den Briefkasten des Empfängers um 23. 59 Uhr keinen fristgerechten Zugang bewirken. Das liegt aber nicht daran, dass die Frist schon abgelaufen wäre, sondern dass er normalerweise nicht mehr mit der Kenntnisnahme rechnen kann und daher den Tatbestand des Zugangs an diesem Tage nicht mehr verwirklicht. Trifft der Kündigende zufällig den Adressaten zu dieser ungewöhnlichen Zeit persönlich an und kann er ihm die Kündigung aushändigen, so ist der Zugang vor Ablauf des Tages bewirkt und die Frist gewahrt. Der Einwurf in den Briefkasten genügt für den Zugang, sobald *normalerweise* mit der Entnahme und damit der Kenntnisnahme gerechnet werden kann. Auf die individuellen Verhältnisse des Empfängers (zB Urlaubsabwesenheit) kommt es insoweit nicht an (BGH 3. 11. 1976 – VIII ZR 140/75, BGHZ 67, 271, 275; 21. 1. 2004 – XII ZR 214/00, NJW 4

2004, 1320). Bei einem Briefeinwurf bis 18.00 Uhr kann man noch mit der Entnahme, also dem Zugang rechnen, während ein nach 18.00 Uhr eingeworfener Brief erst am folgenden Tag zugeht (BGH 10. 2. 1994 – IX ZR 7/93, VersR 1994, 586; VGH München 15. 10. 1992 – Vf 117-VI-91, NJW 1993, 517; LG München II 14. 11. 1991 – 8 S 983/91, WuM 1993, 331; LAG Brandenburg 11. 3. 1998 – 7 Sa 216/97, MDR 1999, 368; AG Berlin-Tempelhof-Kreuzberg 5. 2. 1991 – 12 C 379/90, Grundeigentum 1991, 575; AG Ribnitz-Damgarten 11. 12. 2006 – 1 C 324/06, WuM 2007, 18, 19), falls sich nicht beweisen lässt, dass der Empfänger ihn vorher zur Kenntnis genommen hat. Beim Einwurf eines Briefes in den Hausbriefkasten an einem Sonntag kann unter üblichen Bedingungen nicht mit der Kenntnisnahme gerechnet werden, sodass der Zugang erst am folgenden Werktag bewirkt wird (LAG Kiel 13. 10. 2015 – 2 Sa 149/15, juris Rn 22). Wird ein Brief am Silvestertag um ca 15.50 Uhr in den Briefkasten eines Bürobetriebs geworfen, der branchenüblicherweise an diesem Tag nicht arbeitet, ist mit seinem Zugang am 31. Dezember nicht mehr zu rechnen (BGH 5. 12. 2007 – XII ZR 148/05, NJW 2008, 843). Die Frage ist häufig im Zusammenhang mit der fristgerechten Mitteilung der Betriebskostenabrechnung gem § 556 Abs 3 S 2 BGB innerhalb eines Jahres Gegenstand des Streits. Da es sich um eine Wissens-, nicht eine Willenserklärung handelt, finden die Zugangsregelung und auch § 193 BGB analoge Anwendung (vgl zB AG Hamburg-St Georg 16. 6. 2005 – 921 C 37/05, WuM 2005, 775 – Einwurf am 31. 12. zwischen 12.00 und 13.00 Uhr genügt, m Anm WALL jurisPR-MietR 5/2006 Anm 1; dazu auch unten § 193 Rn 10).

5 Die Notwendigkeit einer Differenzierung zwischen der Rechtzeitigkeit (zu bestimmen nach § 188 Abs 1 BGB) und den Anforderungen des Zugangs ist gleichermaßen bei Privatpersonen und bei Behörden zu beachten. Hier wird man unter normalen Umständen nur während der Geschäftszeiten den Zugang bewirken können. Wenn es jedoch gelingt, noch danach den Tatbestand des Zugangs oder auch einer Mitwirkungshandlung einer Behörde oder einer Privatperson zu erreichen, so kann die Frist bis 24.00 Uhr ausgeschöpft werden. Ob jemand verpflichtet ist, sich bis 24.00 Uhr zu entsprechenden Mitwirkungshandlungen bereit zu halten, ergibt sich nicht aus den Regeln über die Fristen, sondern aus dem jeweiligen Rechtsverhältnis. Nach der hier entwickelten Auffassung, ist es also nicht richtig, von Besonderheiten des Fristendes dann zu sprechen, wenn der Tatbestand der Leistungshandlung oder auch der Zugang der Willenserklärung nicht bis 24.00 Uhr bewirkt werden kann (so aber noch STAUDINGER/WERNER [2001] Rn 6 f). Die Frist dauert bis zum Ablauf des Tages, wenn nichts anderes vereinbart ist. Sie kann nur uU nicht solange genutzt werden, weil zB der Zugang nicht mehr tatbestandlich verwirklicht werden kann. Das hat aber nichts mit dem Fristende nach § 188 BGB zu tun, sondern nur mit den Voraussetzungen von § 130 BGB.

6 Wenn lediglich der *Eingang* eines Schriftstückes oder einer elektronisch übermittelten Erklärung maßgeblich ist, wie es zB bei den *prozessualen Fristen* der Fall ist (richtig SOERGEL/NIEDENFÜHR § 188 Rn 7) und auch im Verwaltungsverfahren zu sein pflegt (vgl STAUDINGER/DILCHER[12] § 130 Rn 75; für Fristen im Verwaltungsverfahren: BVerfG 3. 6. 1975 – 2 BvR 99/74, BVerfGE 40, 42, 45; 11. 2. 1976 – 2 BvR 652/75, BVerfGE 41, 323, 327; 7. 4. 1976 – 2 BvR 847/75, BVerfGE 42, 128, 131; 3. 10. 1979 – 1 BvR 726/78, BVerfGE 52, 203, 207; BVerwG 12. 2. 1964 – IV C 95.63, BVerfGE 18, 51, 52; KOPP/RAMSAUER § 31 VwVfG Rn 21 f), so kommt es auf die Öffnungszeiten von Gerichten und Behörden nicht an, vorausgesetzt diese haben einen für die Öffentlichkeit zugänglichen Briefkasten. Es ist aber nicht allgemein richtig, dass es auf die Öffnungszeiten dieser Institutionen nicht ankomme (so aber BVerfG 3. 10. 1979 – 1 BvR 726/78, BVerfGE 52, 203, 209; BVerfG 29. 4. 1981 – 1 BvR 159/80, NJW 1981, 1951; BGH 12. 2. 1981 – VII ZB 27/80, BGHZ 80, 62, 63 f; BGH 25. 1. 1984 – IV b ZR 42/82, NJW 1984, 1237; ähnlich MünchKomm/GROTHE § 188 Rn 1), denn es kann auch einmal die persönliche Mitwirkung eines Bediensteten erforderlich sein. Wird ein Schriftsatz per Telefax an das Gericht übersendet, muss der vollständige Empfang der Signale noch vor Ablauf des letzten Tages der Frist geschehen sein (BGH 25. 4. 2006 – IV ZB 20/05, BGHZ 167, 214, 219 ff; BFH 24. 4. 2008 – IX B 164/07). Die Wahrung der zweimonatigen Frist gem § 124a Abs 4 S 4 VwGO zur Antragsbegründung setzt den vollständigen Eingang der Begründung bei Gericht, nicht nur die Absendung auf dem Postweg, bis zum Ablauf des letzten Tages der Frist voraus (OVG Münster 15. 12. 2005 – 6 A 2791/05 Rn 3).

Wenn es um den *Zugang* einer Willenserklärung innerhalb einer bestimmten Frist geht, so ist für die Berechnung des Fristendes nach dem Zeitpunkt der tatsächlichen Kenntnisnahme oder der Möglichkeit dazu unter normalen Umständen zu fragen, was regelmäßig nur während der Geschäftszeiten zu bejahen sein wird. Für elektronische Willenserklärungen gelten da keine Besonderheiten (BORK, AT [4. Aufl 2016] Rn 628 mwNw; ausführlich WIEBE, Die elektronische Willenserklärung [2002] 396 ff, insbes 402 [für automatisierte Willenserklärungen soll es hingegen nicht auf die Möglichkeit der Kenntnisnahme ankommen]; GÖSSMANN, in: FS Hadding [2004] 819 ff). Dasselbe gilt für die *Bekanntgabe* eines Verwaltungsaktes (vgl BFH 13. 10. 1994 – IV R 100/93, BFHE 176, 510). Wird ein Steuerbescheid an einem Samstag in den Briefkasten einer Krankenhausverwaltung geworfen, die an diesem Tag nicht arbeitet, so wird richtigerweise der Steuerbescheid erst am folgenden Werktag bekannt (FG Brandenburg 7. 9. 2004 – 6 K 2047/02, EFG 2005, 1002). Abweichend davon hat jedoch der BFH geurteilt (9. 11. 2005 – I R 111/04, NJW 2006, 1615, 1616 m abl Anm vCÖLLN AO-StB 2006, 100 ff; zu diesem Urteil vgl auch § 187 Rn 5). Der Bescheid werde bekannt, so der BFH, wenn „nach allgemeinen Gepflogenheiten" von dem Empfänger eine Kenntnisnahme erwartet werden könne (BFH 9. 12. 1999 – III R 37/97, NJW 2000, 1742). Dazu genüge ein Einwurf in den Briefkasten des Empfängers. Das gelte auch dann, wenn in dem betreffenden Betrieb samstags gar nicht gearbeitet und der Briefkasten nicht geleert werde (BFH 14. 8. 1975 – IV R 150/71, NJW 1976, 2040 – der Leitsatz lautet dort: „Ein in einem einfachen Brief enthaltener Bescheid ist dem Adressaten zugegangen, wenn er in einen für den Adressaten bestimmten Briefkasten eingeworfen wird. Wird die Briefsendung in ein Postfach des Adressaten eingelegt, so ist sie ihm zugegangen, wenn und sobald nach dem gewöhnlichen Verlauf und normaler Gestaltung der Verhältnisse mit einer Leerung des Postfachs zu rechnen ist"; NJW 2006, 1615, 1616). Dabei setzt sich dann offenbar das Anliegen durch, Unsicherheiten bei der Bestimmung der Rechtsmittelfrist zu vermeiden, wie es auch der Absicht der Zugangsfiktion nach Ablauf der Drei-Tagesfrist gem § 122 Abs 2 Nr 1 AO entspricht. Auf die individuelle Situation soll schematisierend keine Rücksicht genommen werden. Woher aber die Überzeugung rührt, „nach allgemeinen Gepflogenheiten" lasse der Einwurf in den Briefkasten an einem arbeitsfreien Samstag bei einem Betrieb die Kenntnisnahme erwarten, bleibt offen. Niemand kann in dieser Situation die Kenntnisnahme erwarten. Zu rechnen ist vielmehr genau mit dem Gegenteil: Kenntnisnahmemöglichkeit erst am folgenden Werktag (zum Problem der Berücksichtigung von § 193 bzw § 108 Abs 3 AO in diesem Zusammenhang vgl unten § 193 Rn 56).

Für den **fristgerechten Zugang einer Willenserklärung** unter Abwesenden sind also zusammengefasst drei Voraussetzungen zu prüfen: 7

(1) Tatsächlicher Eingang der Erklärung in den Machtbereich des Empfängers.

(2) Ferner muss der Empfänger die Erklärung tatsächlich zur Kenntnis nehmen. Es genügt aber dafür (schon wegen der Beweisprobleme), dass bei normalem Lauf der Dinge damit zu rechnen war, dass der Empfänger die Erklärung zur Kenntnis nehmen wird (Möglichkeit der Kenntnisnahme).

(3) Die Voraussetzungen (1) *und* (2) müssen innerhalb der Frist erfüllt sein.

Zum Sonderfall rückwärtslaufender Fristen s unten Rn 8a.

8 Nach diesen Voraussetzungen bemisst sich auch, ob bei einer Annahmefrist bis Freitag die Erklärung rechtzeitig zugegangen ist, wenn sie nach Geschäftsschluss per Fax eingeht. Da unter normalen Bedingungen nicht mehr mit der Kenntnisnahme gerechnet werden kann, fällt die Voraussetzung (2) aus, es sei denn, der Empfänger hätte – trotz der Unwahrscheinlichkeit dieses Geschehens – tatsächlich die Erklärung zur Kenntnis genommen. Das gilt auch für den internationalen Handel nach UN-Kaufrecht (vgl Soergel/Lüderitz/Fenge [2000] Art 24 CISG Rn 5; **aA** Staudinger/Magnus [2018] Art 24 CISG Rn 18 mwNw mit Rücksicht auf die Einfachheit und Sicherheit des Verkehrs). Auf den Geschäftsschluss kommt es also nicht für den Fristlauf, sondern nur für die Zugangsvoraussetzung (2) der Kenntnisnahme an.

8a Mitunter ordnet das Gesetz eine **rückwärts zu berechnende Frist** an, die dazu dienen soll, dass der Empfänger eines Schreibens Zeit zum Nachdenken und Vorbereiten seiner Reaktion haben soll. Man spricht dabei von einer „Dispositionsfrist" (BGH 30. 3. 1987 – II ZR 180/86, BGHZ 100, 264, 268 f). So ordnet zum Beispiel § 51 Abs 1 GmbHG an, dass die Einladung zu einer Gesellschafterversammlung „mit einer Frist von mindestens einer Woche zu bewirken" ist. Oder § 51 Abs 4 GmbHG, dass die Beschlussfassung über „nicht wenigstens drei Tage vor der Versammlung" angekündigte Gegenstände nur in Anwesenheit sämtlicher Gesellschafter stattfinden darf. Der Fristlauf findet hier rückwärts, also in umgekehrter Chronologie, statt. Das hat für die Fristberechnung den merkwürdigen Effekt, dass das Fristende kalendarisch vor dem Fristbeginn liegt. Es gelten insoweit in analoger Weise die §§ 187 ff BGB. Bis zu diesem rückwärts berechneten Fristende muss in diesen Fällen die Einladung oder Ankündigung bewirkt sein, also der Zugang des betreffenden Schriftstücks bei dem Empfänger, in unserem Beispiel: dem Gesellschafter. Es ist daher auch hier nicht richtig, wenn man den Fristbeginn mit dem Zugangsproblem vermengt, wie es aber oft geschieht, wenn es etwa heißt, für den Fristbeginn komme es (bei § 51 Abs 4 GmbHG) „nicht auf den Tag der Absendung der Ankündigung oder den tatsächlichen Zugang" an, sondern darauf, „wann nach der üblichen Postlaufzeit spätestens mit dem Zugang ... gerechnet werden kann" (so OLG Jena 15. 6. 2018 – 2 U 16/18 Rn 25, NZG 2018, 992, 993; in diesem Sinne schon BGH 30. 3. 1987 – II ZR 180/86, BGHZ 100, 264, 268 f; MünchKommGmbHG/Liebscher [3. Aufl 2019] § 51 Rn 37 mwNw). Die übliche Postlaufzeit mag allenfalls für den Beweis der Rechtzeitigkeit des Zugangs erheblich sein (str, dazu mit Nachweisen Baumgärtel/Kessen, Beweislast [4. Aufl 2019] § 130 Rn 13, der mit guten Gründen einen Anscheinsbeweis hier ablehnt), aber für die Bestimmung der nach Tagen bestimmten Frist ist die Dauer der Postlaufzeit unerheblich, weil die Vorschrift des § 51 GmbHG nicht die Postlaufzeit (und auch nicht den Zeitpunkt der Aufgabe der Einschreibesendung, insofern richtig BGH 30. 3. 1987 – II ZR 180/86, BGHZ

100, 264, 268 f) in den Tatbestand der Frist einschließt. Der Zeitpunkt des Zugangs ist allerdings für die Frage der Einhaltung der (bereits bestimmten) Frist relevant.

Für die **Fälle rückwärtslaufender Dispositionsfristen** ist daher jeweils zu prüfen: **8b**

(1) Tatsächlicher Eingang der Erklärung in den Machtbereich des Empfängers.

(2) Ferner muss der Empfänger die Erklärung tatsächlich zur Kenntnis nehmen. Es genügt aber dafür (schon wegen der Beweisprobleme), dass bei normalem Lauf der Dinge damit zu rechnen war, dass der Empfänger die Erklärung zur Kenntnis nehmen wird (Möglichkeit zur Kenntnisnahme).

(3) Die Voraussetzungen (1) *und* (2) müssen *vor* dem rückwärts berechneten Ende der Frist erfüllt sein.

c) Beispielrechnungen
aa) Vorwärtslaufende Frist: Wird eine Kündigung am Mittwoch, den 19. März, **9** mit *14-tägiger Frist* ausgesprochen, so beginnt der Fristlauf am Donnerstag, den 20. März, um 0.00 Uhr (§ 187 Abs 1 BGB) und endet nach Ablauf von vierzehn ganzen Tagen am Mittwoch, den 2. April, um 24.00 Uhr (Tages-, nicht Wochenfrist, § 188 Abs 1 BGB; irrtümlich **anders** LSG Berlin 30.11.2001 – L 10 AL 116/00, Breith 2002, 198, 200: 3. April, 24.00 Uhr).

bb) Rückwärtslaufende Frist: Findet am Freitag, den 17. Mai, die Gesellschafter- **9a** versammlung einer GmbH statt, muss die Ankündigung von Beschlussgegenständen gemäß § 51 Abs 4 GmbHG mit dreitägiger Dispositionsfrist vor der Versammlung angekündigt werden. Der Fristlauf beginnt also am Donnerstag, den 16. Mai, um 24.00 h und läuft rückwärts drei volle Tage bis zum 14. Mai um 0.00 h, sodass die Ankündigung den Gesellschaftern spätestens am 13. Mai bis 24.00 h zugehen muss. Ob bis Mitternacht Zugang im Sinne der Voraussetzung (2) (Rn 8b) möglich ist, ist keine Frage der Fristberechnung und -wahrung, sondern ein Zugangsproblem. Wird der Brief zum Beispiel erst um 21.30 h beim Empfänger eingeworfen und ist der Zugang tatsächlich aber nur bis 18.00 h möglich, so wird der Zugang erst am Folgetag bewirkt und die Ankündigung ist verfristet.

d) Eine Fristsetzung ist unwirksam, wenn eine *gesetzlich vorgeschriebene Min-* **10** *destdauer* bei der Bestimmung des Endtages nicht eingehalten wurde. – Das gilt beispielsweise, wenn ein Betriebsrat entgegen § 41 BetrVGDV 1 WO die Einreichungsfrist bei Wahlvorschlägen am letzten Fristtag auf 12 Uhr mittags zu begrenzen versucht. Die Frist dauert bis zum Ablauf des letzten Tages (LAG Hessen 31.8.2006 – 9 TaBV 16/06, NZA-RR 2007, 198, 199; ähnlich LAG München 18.7.2007 – 7 TaBV 79/07, juris Rn 33 – das LAG ließ offen, ob die Frist mit Betriebsende zusammenfalle; das dürfte zu verneinen sein, da die Zugangsproblematik, vgl oben Rn 4 ff, nicht mit der Frage des Fristendes vermischt werden darf; LAG Hessen 12.1.2012 – 9 TaBV 115/11, juris Rn 34; LAG Köln 20.5.2015 – 5 TaBV 18/15, juris Rn 24.).

e) Für das *Gemeinschaftsrecht* gilt nach Art 3 Abs 2 lit b EG-FristenVO (vgl § 186 **11** Rn 20) dasselbe wie nach § 188 Abs 1 BGB. – Art I-1:110 Abs 2a und b DCFR (vgl § 186 Rn 22) bestimmen völlig parallel zu § 188 Abs 1 BGB das Ende der Tagesfristen mit dem Ablauf der letzten Stunde des letzten Tages (Abs 2b) und das Ende der Stundenfristen mit dem Ablauf der letzten Stunde der Frist (Abs 2a).

2. Wochenfristen

12 a) Ist eine *Frist nach Wochen* bestimmt, so wird gem § 188 Abs 2 BGB *von Wochentag zu Wochentag* gerechnet. Die Frist läuft mit dem letzten Tag um 24.00 Uhr ab. (Es gelten die Ausführungen zu Tagesfristen entsprechend.) Das Gesetz unterscheidet für den Endtermin zwischen Fristen, die (1) nach § 187 Abs 1 BGB aufgrund eines in den Tageslauf fallenden Ereignisses oder Zeitpunktes beginnen und solchen, für die (2) nach § 187 Abs 2 BGB der Beginn eines Tages (0.00 Uhr) maßgeblich ist. **Beispiel (1)**: Fällt das nach § 187 Abs 1 BGB fristauslösende Ereignis in den Lauf eines Dienstags, so beginnt die Frist am folgenden Mittwoch um 0.00 Uhr und endet die Frist mit dem Ablauf eines Dienstags (vgl auch OLG Nürnberg 28.6.1966 – 3 V 20/66, VersR 1966, 1125, 1126). **Beispiel (2)**: Ist hingegen der Beginn eines Dienstags (0.00 Uhr) der nach § 187 Abs 2 BGB maßgebende Zeitpunkt, so endigt gem § 188 Abs 2 BGB die Frist mit dem Ablauf eines Montags. Der Fristlauf umfasst mithin stets Wochen von je 7 ganzen Tagen. Der Sprachgebrauch schließt oft den Tag des fristauslösenden Ereignisse mit ein und setzt statt „Woche" auch „acht Tage" (vgl oben § 186 Rn 24).

13 b) Der Gesetzgeber wie auch die Rechtspraxis verwenden manchmal Fristen von *zwei Wochen,* manchmal solche von *vierzehn Tagen.* So hat der Gesetzgeber mit Wirkung vom 11.6.2010 die frühere Zwei-Wochenfrist in § 355 Abs 1 S 2 BGB durch eine 14-Tagesfrist im neuen § 355 Abs 2 S 1 BGB ersetzt. Im Ergebnis kommt das auf dasselbe heraus, aber die Berechnungsweise ist unterschiedlich. Angenommen, die Belehrung über das Widerrufsrecht geht am Dienstag, den 24. Juni 2014, dem Verbraucher zu, so hätte nach altem Recht die zweiwöchige Widerrufsfrist gemäß § 188 Abs 2 Variante 1 BGB an dem Tag geendet, der durch seine Benennung dem Tag entspricht, in den das fristauslösende Ereignis (Zugang der Widerrufsbelehrung) fiel, also hier: Dienstag, den 8. Juli 2014, 24.00 Uhr. Dasselbe gilt für eine 14-tägige Frist, da hier der Tag des fristauslösenden Ereignisses grundsätzlich nicht mitgezählt wird (Grundsatz der verlängernden Berechnungsweise, oben § 187 Rn 2, 5). Es wird in diesem Fall also der 24. Juni nicht mitgezählt, sondern es zählen die folgenden Tage ab dem 25. Juni. Der vierzehnte Tag ist dann wieder Dienstag, der 8. Juli 2014, an dem die Frist um 24.00 Uhr abläuft (§ 188 Abs 1 BGB).

14 c) **Einzelfälle**: Nach § 4 KSchG muss die *Kündigungsschutzklage* drei Wochen nach Zugang der schriftlichen Kündigung erklärt werden. Geht ein Kündigungsschreiben am Montag, den 30. Oktober 2006, zu, so beginnt die Frist am Dienstag, den 31. Oktober 2006 (das gilt auch dort, wo dieser Tag gesetzlicher Feiertag war, weil § 193 BGB für den Fristbeginn unerheblich ist, vgl § 193 Rn 56). Nach § 188 Abs 2 BGB endet die Frist mit dem Ablauf desjenigen Tages der letzten Woche, der durch seine Benennung dem Tag entspricht, in den das fristauslösende Ereignis (Zugang der Kündigung) fällt. Die Frist endet mithin am Montag, den 20. November 2006, um 24.00 Uhr (LAG Schleswig-Holstein 24.5.2007 – 4 Ta 147/07, Rn 27 ff – die Klage wurde im Streitfall am 21. November eingereicht). – Die rückwärtslaufende Wochenfrist des *§ 126 Abs 1 AktG aF* endete nach § 188 Abs 2 BGB am letzten Tag der Woche um 24.00 Uhr (BGH 24.1.2000 – II ZR 268/98, BGHZ 143, 339–343 mit zustimmender Anm

GRUNEWALD EWiR 2000, 367 f und SCHWARZ JR 2001, 157 f; zur vorinstanzlichen Entscheidung: BORK EWiR 1998, 819 f; str). Heute kennt § 126 AktG eine rückwärtslaufende 14-tägige Frist, deren Berechnung aufgrund der Geltung der verlängernden Berechnungsweise gemäß § 126 Abs 1 S 2 AktG zum selben Ergebnis wie früher führt (zum Problem rückwärtiger Fristberechnung vgl oben § 186 Rn 10, § 187 Rn 7, § 188 Rn 23a und § 193 Rn 25 ff). – Der Antrag auf *Wiedereinsetzung* muss innerhalb von zwei Wochen nach Wegfall des Hindernisses gestellt werden. Fällt also das Hindernis am Montag, dem 6. Oktober, weg, so läuft die Frist am Montag, dem 20. Oktober, um 24.00 Uhr ab (§ 188 Abs 2 BGB; OVG Münster 23. 11. 2000 – 18 B 1472/00, NWVBl 2001, 145). – Besteht gegen einen Verwaltungsakt eine zweiwöchige *Anfechtungsfrist,* so beginnt diese Frist am Tag nach der Bekanntgabe und endet nach § 188 Abs 2 BGB an dem Tag der letzten Woche, der seiner Benennung nach dem Tag des fristauslösenden Ereignisse (Bekanntgabe) entspricht. Wird der Verwaltungsakt am Freitag, den 17. Januar 2003 zugestellt, endet die Frist am Freitag, den 31. Januar 2003 um 24.00 Uhr (VG Saarlouis 28. 11. 2007 – 10 K 52/07, juris Rn 22). – Hängt die Fristberechnung vom *Ablauf einer anderen Frist* ab, wie etwa die Beschwerdefrist gegen eine Entscheidung eines Insolvenzgerichts in den Fällen des § 9 Abs 1 S 3 InsO, bestimmt sich das Fristende nach § 188 Abs 2 Var 2 BGB (BGH 14. 11. 2013 – IX ZB 101/11 Rn 5, 8 f, Bekanntmachung am 29. März 2010, Fristbeginn: 30. März [vgl oben § 187 Rn 10], Fristende: 12. April).

Für die Bestimmung des Fristendes **rückwärtslaufender Wochenfristen** gilt dasselbe **14a** wie für die Tagesfristen (dazu oben Rn 8a und 8b). Insbesondere ist zu beachten, dass Fristbeginn und Fristende umgekehrt chronologisch liegen. Ob für das Fristende § 193 BGB gilt, ist eine gesonderte Frage (dazu unten § 193 Rn 25 ff). Oftmals geht es bei rückwärtslaufenden Fristen um bestimmte Erklärungen, die zum Schutz der Dispositionsmöglichkeiten des Empfängers zugehen müssen. Die Frage des Zugangs ist von derjenigen des Fristendes strikt zu trennen.

d) Im **Gemeinschaftsrecht** gilt dem Wortlaut nach eine von § 188 Abs 2 BGB **15** abweichende Regelung gem Art 3 Abs 2 lit c EG-FristenVO (vgl § 186 Rn 20). Zwar wird auch nach dieser Vorschrift von Wochentag zu Wochentag gerechnet. Im BGB beginnt die Zählung aber regelmäßig am Tag des fristauslösenden Ereignisses (§ 188 Abs 2 Variante 1 BGB), während nach EG-FristenVO der Tag des Fristbeginns maßgeblich sein soll. Der Fristbeginn ist aber in Art 3 Abs 1 S 2 EG-FristenVO wie in § 187 Abs 1 BGB nach der verlängernden Berechnungsweise zu bestimmen. Mit anderen Worten beginnt die Frist danach erst am Tag nach dem fristauslösenden Ereignis. Läuft sie dann von Wochentag zu Wochentag, zählt die Frist acht volle Tage. Bsp: Die Frist wird an einem Montag ausgelöst. Der Fristlauf beginnt dann (nach BGB wie nach EG-FristenVO) am Dienstag um 0.00 Uhr. Nach § 188 Abs 2 Variante 1 BGB endet die Frist an dem Wochentag, der dem Tag des fristauslösenden Ereignisses entspricht, also wieder am Montag um 24.00 Uhr (also sieben volle Tage). Nimmt man die EG-FristenVO wörtlich, so endet die Frist jedoch erst mit dem Ablauf des Dienstags, weil in Art 3 Abs 2 lit c auf den Fristbeginn abgestellt wird, der am Tag nach dem fristauslösenden Ereignis geschieht (bei wörtlicher Auslegung der EG-FristenVO würde also eine Wochenfrist von Montag an nicht am folgenden Montag, sondern am übernächsten Dienstag, also 8 Tage später enden). Es ist allerdings mehr als zweifelhaft, dass dieses Ergebnis von der Verordnung wirklich gewollt ist. Bei der Auslegung von Rechtsnormen sind stets auch Sinn und Zweck der Vorschrift in Betracht zu ziehen. Der Sinn der EG-FristenVO ist aber kein anderer als derjenige der BGB-Vorschriften über die Fristen. Es geht um sichere und praktikable Regeln, die Missverständnissen vorbeugen und dem Rechtsverkehr eine einfache Möglichkeit zur Bestimmung der notwendigen Fristenberechnungen geben sollen (vgl § 186 Rn 2). Unter diesem Gesichtspunkt wäre es sinnlos, wenn die EG-FristenVO etwas vom BGB und anderen europäischen Zivilrechtsordnungen Abweichendes dieser Art hätte festlegen wollen. Denn die Rechtssicherheit wird nur erreicht, wenn man keine für den Alltagsgebrauch völlig unerwartete Regelung trifft. Eine Woche hat aber in der Alltagswelt niemals acht volle Tage. Dem steht nicht die umgangssprachlich anzutreffende Gleichsetzung von „Woche" und „acht Tagen" entgegen, weil bei dieser Redeweise der Tag der Fristauslösung mitgezählt wird. Daher scheint es geboten, Art 3 Abs 2 lit c EG-FristenVO in der Weise auszulegen, dass „Fristbeginn" hier abweichend vom sonstigen Sprachgebrauch der Verordnung ausnahmsweise im Sinne der Naturalkomputation gemeint ist und mit dem Tag der Fristauslösung gleichzusetzen ist. Bei anderer Auslegung (so zB Möller AW-Prax 1999, 30, 31) würde den Beteiligten ein eindeutiger Anhaltspunkt für die tatsächliche Dauer der Frist genommen, der durch die Vorschrift aber gerade festgeschrieben werden soll.

16 Ob die hier vertretene Auslegung in dem Wörtchen „vorbehaltlich" eingangs von Art 3 Abs 2 EG-FristenVO (vgl § 186 Rn 20) eine Bestätigung findet, kann offen bleiben. „Vorbehaltlich" könnte im Sinne von „unabhängig von" verstanden werden und dann die verlängernde Berechnungsweise, die in Art 3 Abs 1 S 2 EG-FristenVO vorgeschrieben wird, ausklammern. Für die Wochen- und Monatsfristen hätte das in der Tat einen guten Sinn. Das passt aber nicht für die Tages- und Stundenfristen, die in Art 3 Abs 2 lit a und b angesprochen sind. Würde man auch hier die verlängernde Berechnungsweise ausschalten (arg „vorbehaltlich"), so würde Art 3 Abs 1 S 2 EG-FristenVO leer laufen, was ebenso wenig sinnvoll wäre. Festzuhalten bleibt, dass demnach die Wochenfrist wie nach § 188 Abs 2 BGB auch nach EG-FristenVO vom Wochentag der Fristauslösung zu berechnen ist und mithin lediglich sieben volle Tage umfasst.

17 e) Die **Principles of European Contract Law** (vgl § 186 Rn 21) lassen offen, wie das Ende einer nach Wochen, Monaten oder Jahren bemessenen Frist zu bestimmen ist, obwohl angesichts der unklaren Formulierung in der EG-FristenVO eine Festlegung sinnvoll erschiene.

18 f) Der **Draft Common Frame of Reference** (vgl § 186 Rn 22) bestimmt in Art I-1:110 Abs 2 lit c, dass eine Wochenfrist mit dem Ablauf der letzten Stunde des letzten Tages der letzten Woche endet, der derselbe Wochentag ist wie der Tag, an dem der Fristlauf begann. Die Frist beginnt nach derselben Norm am Anfang der ersten Stunde des ersten Tages der Frist. In Anwendung von Art I-1:110 Abs 3 lit b DCFR bedeutet das wie in § 187 Abs 1 BGB, dass der Tag, an dem die Frist ausgelöst wird, nicht mitgezählt wird. Löst ein Ereignis an einem Montag den Lauf einer Wochenfrist aus, beginnt die Wochenfrist am Dienstag. Wie in der EG-FristenVO weicht der DCFR in diesem Punkt bei wörtlichem Verständnis der Norm von der Situation nach § 188 Abs 2 Variante 1 ab. Da die vom DCFR vorgeschlagene Regelung mit ihrer Anknüpfung an den Fristbeginn und nicht an das fristauslösende Ereignis ebenso wie die EG-FristenVO zu Rechtsunsicherheit führt und damit einen zentralen Zweck des Fristenrechts verfehlt, ist auch Art I-1:110 Abs 2 lit c DCFR dahin zu verstehen,

Abschnitt 4
Fristen, Termin § 188

dass die Wochenfrist mit Ablauf des Wochentages endet, an dem das fristauslösende Ereignis stattgefunden hat (in diesem Sinne auch WICKE, Art Fristberechnung, Handwörterbuch des Europäischen Privatrechts I 622, 625; vgl auch die Überlegungen oben in Rn 15).

3. Monats- und Jahresfristen

a) Für Fristen, die *nach Monaten bemessen* sind oder einen Zeitraum von mehreren Monaten umfassen, insbesondere ein *Jahr*, ein *halbes Jahr* oder ein *Vierteljahr*, schreibt **§ 188 Abs 2 BGB** die *Berechnung von Datum zu Datum* vor. Damit soll insbesondere dem Verkehrsbedürfnis einer einfachen Fristberechnung gedient werden, die auf eine fehlerträchtige Auszählung der Tage verzichtet (vgl GEBHARD, Begründung Teilentwurf, 5 [SCHUBERT, AT 2, 293]). 19

b) Das bedeutet für Fristen, deren *Beginn gem § 187 Abs 1 BGB* durch ein Ereignis oder einen in den Lauf eines Tages fallenden Zeitpunkt ausgelöst wird, dass sie mit dem Ablauf des Tages enden, dessen Zahl dem Tag der Auslösung der Frist entspricht. Wenn also eine Monatsfrist durch ein Ereignis am 1. Februar ausgelöst wird, so endet die Frist mit dem Ablauf des 1. März um 24.00 Uhr. Dabei kommt es nicht darauf an, wie viele Tage der Monat hat. – **Beispiele**: Löst ein Ereignis die Dreimonatsfrist des § 108 Abs 4 SGB XII am 2. November aus, beginnt die Frist am 3. November um 0.00 Uhr und endet am 2. Februar um 24.00 Uhr (vgl OVG Koblenz 3.12.2001 – 12 A 11498/01 noch zu § 107 Abs 2 S 1 BSHG). – Nach § 32 Abs 4 S 1 Nr 2b EStG findet ein Kind in einer Übergangszeit zwischen zwei Ausbildungsabschnitten für die Bemessung des Kindergeldes Berücksichtigung, wenn diese Übergangszeit höchstens vier Monate dauert. Endet die Fachoberschule am 27. Juni, läuft die Frist am 27. Oktober ab (FG Köln 28.1.2000 – 7 K 7624/98, EFG 2002, 626 f). – Wird die einmonatige Einspruchsfrist gegen einen Steuerbescheid am 24. Februar ausgelöst, so endet sie am 24. März um 24.00 Uhr (FG Hamburg 10.11.2006 – 1 K 101/06, EFG 2007, 730). – Dasselbe gilt für eine einmonatige Widerspruchsfrist nach § 84 Abs 1 SGG. Ging der Bescheid am 25. August zu, begann der Fristlauf am 26. August um 0.00 h und die Frist endete am 25. September um 24.00h. Die Einreichung des Widerspruchs am 26. September ist dann verfristet (LSG Sachsen-Anhalt 28.1.2015 – L 5 AS 390/14, BeckRS 2015, 70250 unter II 1). – Berechnet ein Tarifvertrag den Urlaubsanspruch nach „Tätigkeitsmonaten", so sind damit volle Kalendermonate gemeint (LAG Stuttgart 9.7.2008 – 20 Sa 15/08 Rn 24 f). – Wird eine immissionsschutzrechtliche Genehmigung für ein Jahr ausgesprochen, so beginnt die Jahresfrist mit der Erteilung dieser Genehmigung (§ 187 Abs 1 BGB) und endet von Datum zu Datum rechnend nach § 188 Abs 2 BGB (OLG Koblenz 24.6.2009 – 1 U 1229/08 Rn 17 f). – Die verlängernde Berechnungsweise des Fristbeginns nach § 187 Abs 1 BGB bewirkt bei der Berechnung des Fristendes von Datum zu Datum nicht, dass man etwa einen Tag später als das fristauslösende Ereignis zu zählen anfinge, sondern der klare Wortlaut von § 188 Abs 2 BGB gebietet die Berechnung nach dem Tag, der durch seine Zahl dem Tage entspricht, *in* den das Ereignis fällt. Unrichtig zB LG Berlin (25.10.2016 – 63 S 35/16, Das Grundeigentum 2016, 1508, 1509), wo eine Frist für die Einwendung gegen eine Betriebskostenabrechnung berechnet werden sollte, die durch Zugang des Schreibens am 1.9.2014 ausgelöst worden war. Nach §§ 187 Abs 1, 188 Abs 2 BGB wäre von Datum zu Datum rechnend die Frist am 1.9.2015 um 24.00 h abgelaufen (das LG Berlin hat das Fristende am 2.9.2015 angenommen). 20

20a Analog gilt die Berechnungsmethode des § 188 Abs 2 BGB auch für **rückwärtslaufende** Fristen. Wird beispielsweise die Zulassung zu einer Abiturprüfung in der Prüfungsordnung von der Einhaltung einer einjährigen Wartefrist vor dem Prüfungstermin abhängig gemacht, berechnet man diese Frist gem § 188 Abs 2 BGB von Datum zu Datum (OVG Münster 19. 3. 2014 – 19 B 148/14, juris Rn 9 – Prüfungstermin war im Fall der 29. 4. 2014, sodass die Wartefrist in analoger Anwendung der §§ 187 Abs 1, 188 Abs 2 rückwärts bis zum 29. 4. 2013, 0. 00 h reichte).

20b Wird hingegen eine *Frist von 30 Tagen* vereinbart, ist das keine Monatsfrist. Ihr Ende bestimmt sich nach § 188 Abs 1 BGB. Auch eine Frist von „vier Wochen" ist keine Monatsfrist, sondern eine Wochenfrist. Beginnt sie am Donnerstag, den 29. Juni, so endet sie am Donnerstag, den 27. Juli (§ 188 Abs 2 BGB; so BFH 7. 8. 2001 – I B 16/01, BGHE 196, 12 für eine gem § 65 Abs 2 S 2 FGO durch richterliche Verfügung gesetzte Ausschlussfrist). – Es ist auch möglich, dass eine Rechtsnorm den Begriff der Monatsfrist anders als das BGB versteht. So liegt es zB bei Eichgültigkeitsdauer nach der EichO, die zB für Atemalkoholmessgeräte sechs Monate beträgt. Hier wird nicht von Datum zu Datum gerechnet, sondern die Gültigkeit der Eichung verfällt erst mit Ablauf des letzten Monats der Frist (OLG Dresden 25. 1. 2008 – Ss OWi 706/07, NJ 2008, 275 m Anm MÜLLER).

21 c) Ist der *Beginn eines Tages nach § 187 Abs 2 BGB* für den Fristbeginn maßgeblich, so endet die Monatsfrist mit dem Ablauf des Tages des letzten Monats, welcher dem Tag *vorhergeht,* der dem Datum nach dem Anfangstag der Frist entspricht. – **Beispiele**: Beginnt eine solche Frist am 10. Februar um 0. 00 Uhr, so endet sie gem § 188 Abs 2 Var 2 BGB am 9. März um 24. 00 Uhr. – Ist ein Gesetz am 1. Dezember *in Kraft getreten,* so endet die Jahresfrist des § 93 Abs 3 BVerfGG am nächsten 30. November um 24. 00 Uhr (BVerfG 22. 11. 2000 – 1 BvR 2307/94, BVerfGE 102, 254, 295). – Tritt eine *Betriebsvereinbarung* über eine Jubiläumszuwendung für 25-jährige Betriebszugehörigkeit am 31. Dezember 2002 um 24. 00 Uhr infolge Kündigung außer Kraft und vollendet ein am 1. Januar 1978 eingestellter Mitarbeiter mithin am 31. Dezember 2002 um 24. 00 Uhr seine 25-jährige Betriebszugehörigkeit, so hat er keinen Anspruch auf die Zuwendung, weil er die Voraussetzung nicht während der Gültigkeit der Vereinbarung verwirklicht hat. Der früheste Zeitpunkt, in dem man von einer Vollendung der 25 Jahre sprechen konnte, „war … zugleich der erste Zeitpunkt, zu dem die Betriebsvereinbarung nicht mehr galt" (ArbG Hamburg 17. 11. 2004 – 23 Ca 119/04 Rn 32 f). – Wird im *Tarifvertrag* die Zahlung einer Zulage wegen vorübergehender höherwertiger Tätigkeit davon abhängig gemacht, dass diese Tätigkeit mindestens einen Monat lang ausgeübt wurde, so berechnet sich das Fristende nach § 188 Abs 2 Var 2 BGB (LAG Chemnitz 2. 12. 2010 – 6 Sa 466/10 Rn 28). – Die *Zehnjahresfrist* des § 14 Abs 1 S 1 ErbStG, die durch den Letzterwerb ausgelöst wird, wird rückwärts berechnet. Sie beginnt mit dem Tag des Letzterwerbs (§ 187 Abs 2 BGB) und läuft zehn Jahre zurück, endet also nach § 188 Abs 2 Var 2 BGB analog mit dem Beginn des Tages, der dem Tag nachfolgt, der durch sein Datum dem Anfangstag der Frist entspricht (BFH 28. 3. 2012 – II R 43/11 Rn 17). Im Streitfall hatte am 31. Dezember 1998 ein Vater seinem Sohn ein Grundstück geschenkt. Das Finanzamt wollte diese Schenkung bei der Berechnung der Steuer für Schenkungen am 31. Dezember 2008 mitberücksichtigen. Fristbeginn war der 31. Dezember 2008, Fristende 1. Januar 1999. Die Schenkung fiel nicht mehr in die Zehnjahresfrist. – Zu den wichtigen Anwendungsfällen des § 187 Abs 2 BGB gehört die *Berechnung des Lebensalters*. Nach § 188 Abs 2 Var 2 BGB vollendet man ein Lebensjahr jeweils am Abend vor dem Geburtstag um 24.00 h (LSG Bayern 16. 12. 2015 – L 13 R 65/14, juris Rn 40–43 – Anrechnung von schulischer Ausbildungszeit auf nach dem vollendeten 17. Lebensjahr bei der Rentenberechnung; FG Köln 21. 9. 2016 – 4 K 392/14, juris Rn 15 – Berechnung von Kindergeld, mit ausführlicher Begründung, bestätigt durch BFH 18. 4. 2017 – V B 147/16 HFR 2016, 732 Rn 6).

Die unterschiedliche Zahl der Tage der einzelnen Monate ist unerheblich. Es wird **22** bei Monatsfristen immer von Datum zu Datum gerechnet. Das Gesetz drückt das dadurch aus, dass es von der „Zahl des Tages" spricht. Löst ein Ereignis am 28. Februar eine Monatsfrist aus, endet diese nicht am 31. März, sondern am 28. März (BGH 23. 11. 1983 – IV a ZB 13/83, NJW 1984, 1358; **aA** OLG Celle 16. 5. 1978 – 7 V 77/78, OLGZ 1979, 360).

d) Fehlt dem Monat, in dem die Frist endet, das dem Beginn entsprechende **23** Datum, so bestimmt **§ 188 Abs 3 BGB** zum Zwecke der Erleichterung der Fristberechnung eine Ausnahme von dem Prinzip, dass von Datum zu Datum zu rechnen ist. Für das Fristende ist in diesen Fällen der jeweils letzte Tag des Monats maßgeblich. Beginnt die Frist am 31. März, so endet sie am 30. April. Eine Monatsfrist kann daher 31, 30, 29 oder 28 volle Tage umfassen. Endet eine Zweimonatsfrist am 28. Februar eines Jahres ohne Schalttag, so kann sie am 28., 29., 30. oder 31. Dezember begonnen haben. – Nach § 517 ZPO beträgt die Berufungsfrist einen Monat nach Zustellung des Urteils. Wird ein Urteil am 31. Oktober zugestellt, endet die Berufungsfrist am 30. November (sofern dies kein Sams-, Sonn- oder Feiertag ist; OLG Frankfurt 4. 1. 2008 – 14 U 244/07 Rn 3, 5). Auch nach § 66 Abs 1 S 1 u 2 ArbGG beträgt die Berufungsfrist einen Monat. Die Frist wird ausgelöst durch die Zustellung des Urteils, spätestens jedoch fünf Monate nach der Verkündung. Wird nun ein Urteil am 30. September verkündet, endet die Frist, auf die die Sonn- und Feiertagsregelung keine Anwendung findet (BAG 17. 2. 2000 – 2 AZR 350/99, EZA § 551 ZPO Nr 8, vgl § 193 Rn 30), mit dem Ablauf des 28. Februars. Die darauffolgende Berufungsfrist wird mit dem Ablauf des 28. Februars ausgelöst und läuft von Datum zu Datum nach § 188 Abs 2 BGB mit dem Ablauf des 28. März (LAG Köln 1. 9. 2006 – 4 Sa 365/06 Rn 36 f). Falsch wäre es im gewählten Beispiel, eine sechsmonatige Frist zu berechnen, die dann am 30. März enden würde.

Ist die Monatsfrist **rückwärts** zu berechnen (zum Fristbeginn in diesem Fall vgl § 187 Rn 7), **23a** so gilt § 188 Abs 3 BGB analog. Rechnet die Frist vom 31. März rückwärts einen Monat, so „endet" sie am 28. Februar um 0.00 Uhr. Ob für das Fristende § 193 BGB gilt, ist eine gesonderte Frage (dazu unten § 193 Rn 25 ff). Oftmals geht es rückwärtslaufenden Fristen um bestimmte Erklärungen, die zum Schutz der Dispositionsmöglichkeiten des Empfängers zugehen müssen. Die Frage des Zugangs ist von derjenigen des Fristendes strikt zu trennen (dazu oben § 188 Rn 8a und 8b).

e) Der **Grundgedanke** von § 188 BGB ist, dass jeweils der ganze bezeichnete **24** Zeitraum in die Frist fällt, die Frist also erst mit dem Ablauf des letzten Tages dieses Zeitraums endet. Das entspricht auch der dem Gesetz zugrunde liegenden *verlängernden Berechnungsweise* (GEBHARD, Begründung Teilentwurf, 5 [SCHUBERT, AT 2, 293]). Wird zB eine „Lieferzeit Oktober bis Mai" vereinbart, so ist der zuletzt genannte Monat in die Frist einzubeziehen (RG 18. 2. 1919 – II 369/18, RGZ 95, 20, 22).

Soll eine Handlung „*bis zu*" einem kalendermäßig bestimmten Tag vorgenommen werden, so enthält § 188 BGB zwar keine ausdrückliche Regel darüber, ob die Handlung noch an diesem letzten Tage vorgenommen werden kann. Vielmehr ist dies durch Auslegung zu entscheiden. Entsprechend dem Grundsatz, den ganzen bezeichneten Zeitraum in die Frist fallen zu lassen, ist die Vereinbarung „bis zu" im Zweifel so auszulegen, dass der zuletzt genannte Tag oder Monat (oder auch Woche oder Jahr oder Stunde) gänzlich mit umfasst wird (RG 6. 12. 1922 – V 114/22, RGZ 105, 417, 419 f; MünchKomm/Grothe § 188 Rn 3).

Gelegentlich ordnet das Gesetz Abweichendes an. So ist in § 25 Abs 1 Hamburgisches Ausführungsgesetz zum Bürgerlichen Gesetzbuch vom 1. Juli 1958 (HmbBl I 40-e) bestimmt, dass in den Fällen der Raummiete die Räumungsfrist bei einer vierteljährlichen oder längeren Kündigungsfrist „bis 12 Uhr mittags des auf die Beendigung nächstfolgenden Werktages" dauert.

25 Der *Schalttag* bildet jeweils einen selbstständigen Tag (Mot I 284). So umfasst eine bis Ende Februar laufende Frist in Schaltjahren den 29. Februar, sonst endet sie mit dem Ablauf des 28. Februars (Zur Berechnung des Lebensalters am 29. 2. Geborener vgl § 187 Rn 12).

Wie bei den Tagesfristen ist auch bei Wochen-, Monats- und Jahresfristen zu beachten, dass der letzte Tag der Frist unter Umständen dann nicht gänzlich ausgenutzt werden kann, wenn es um den Zugang einer Willenserklärung oder eine Mitwirkungshandlung der anderen Seite geht (vgl oben Rn 7 f).

26 f) Im **Gemeinschaftsrecht** ergibt sich für das Ende der Monats- und Jahresfristen aus Art 3 Abs 2 lit c EG-FristenVO (vgl § 186 Rn 20) dasselbe Ergebnis wie nach § 188 Abs 2 BGB. Hinsichtlich des irreführenden Wortlauts gilt nichts anderes als oben zu den Wochenfristen (vgl Rn 15). – Entsprechendes (vgl Rn 17) gilt auch für Art I-1:110 Abs 2 lit c DCFR (vgl § 186 Rn 22).

4. Stundenfristen

27 Für die im Gesetz nicht geregelten Stundenfristen ergeben sich hinsichtlich des Fristendes keine Besonderheiten. Es gilt insoweit die Regelung über die Tagesfristen gem § 188 Abs 1 BGB analog. Die Frist endet mit Ablauf der letzten Minute der letzten Stunde. Zur Berechnung von Stundenfristen vgl im Übrigen oben § 187 Rn 13.

28 Identisch ist die Regelung im **Gemeinschaftsrecht** gem Art 3 Abs 2 lit a EG-FristenVO (vgl § 186 Rn 20), der hier im Unterschied zu den Wochen- und Monatsfristen (vgl oben Rn 15) wörtlich genommen werden kann. – Auch hier ist Art I-1:110 Abs 2 lit a DCFR (vgl § 186 Rn 22) parallel zur EG-FristenVO. – Die PECL (vgl § 186 Rn 21) enthalten keine Bestimmung über die Stundenfristen.

§ 189
Berechnung einzelner Fristen

(1) Unter einem halben Jahr wird eine Frist von sechs Monaten, unter einem Vierteljahr eine Frist von drei Monaten, unter einem halben Monat eine Frist von 15 Tagen verstanden.

(2) Ist eine Frist auf einen oder mehrere ganze Monate und einen halben Monat gestellt, so sind die 15 Tage zuletzt zu zählen.

Materialien: TE-AllgT §§ 165, 168 (SCHUBERT, AT Bd 2, S 277, 300 f); E I § 150; II § 157; III § 185; Prot I, 317 ff; Prot II 1, 189 und 6, 139; Mot I 285; JAKOBS/SCHUBERT, AT 2, S 977, 980, 983, 986, 988–990; Sten Ber 9. Leg IV. Session, 2751.

I. Die Auslegungsregeln des § 189 Abs 1

1. § 189 Abs 1 BGB formuliert die Auslegungsregel, dass unter einem *halben* **1** *Jahr* eine Frist von sechs Monaten und unter einem *Vierteljahr* eine Frist von drei Monaten zu verstehen ist. Systematisch ergänzt die Vorschrift die Regelung des § 188 Abs 2 BGB. Ein Abzählen der Tage ist hier ebenso wenig wie dort nötig, sondern es wird *von Datum zu Datum* gerechnet. Der Verkehr soll möglichst einfach und sicher die Frist berechnen können (vgl GEBHARD, Begründung Teilentwurf, 5 [SCHUBERT, AT 2, 293]). Die Frist ist also wie eine nach Monaten bestimmte gem § 188 Abs 2 BGB zu behandeln (vgl § 188 Rn 19 ff).

§ 189 Abs 1 BGB ordnet ferner an, dass unter einem *halben Monat* eine Frist von 15 Tagen verstanden wird. Ihr Ende bestimmt sich daher nach § 188 Abs 1 BGB. Es bleibt also außer Betracht, dass manche Monate 31 Tage, der Februar nur 28 oder 29 Tage hat. Auch im Februar dauert ein halber Monat nach § 189 Abs 1 BGB fünfzehn ganze Tage. – Eine dem § 189 Abs 1 BGB entsprechende Regelung enthält Art 36 Abs 5 WG.

Für die Ausdrucksweise „*acht*" bzw „*vierzehn Tage*" kennt das bürgerliche Recht in Abweichung vom Handelsrecht (§ 359 Abs 2 HGB; vgl auch Art 36 Abs 4 WG), wo darunter eine Tagesfrist von 8 oder 14 vollen Tagen verstanden wird, keinen einheitlichen Sprachgebrauch. Es ist durch Auslegung zu ermitteln, ob eine Tagesfrist oder eine Wochenfrist gemeint ist. „Heute in acht Tagen" meint in der Alltagssprache eine einwöchige Frist (vgl oben § 186 Rn 24). „Vierzehn Tage" hingegen wird man als eine Tagesfrist auffassen müssen. Zu deren Gleichlauf mit einer Zwei-Wochenfrist vgl oben § 188 Rn 13. Eine Festlegung schien dem Gesetzgeber nicht erforderlich (GEBHARD, Begründung Teilentwurf, 13 [SCHUBERT, AT 2, 301]; Prot I 319 [JAKOBS/ SCHUBERT, AT 2, 981]).

2. Eine Frist von vier oder sechs Wochen ist als eine Wochenfrist iS des § 188 **2** Abs 2 BGB zu verstehen, nicht als Monatsfrist oder als Frist von eineinhalb Monaten iS des § 189 BGB. Als Wochenfrist endet demnach die Frist gem § 188 Abs 2 BGB mit demjenigen Tag, der durch seine Benennung dem Tag entspricht, der den

Fristlauf ausgelöst hat. – Für die Bezeichnungen „Frühjahr" oder „Herbst" vgl § 192 Rn 4.

II. Die Berechnungsbestimmungen des § 189 Abs 2

3 Nach § 189 Abs 2 BGB werden bei einer Frist, welche auch einen halben Monat enthält, die 15 Tage des halben Monats zuletzt gezählt. Damit soll vermieden werden, dass die Frist in Abhängigkeit von der Monatslänge variiert. Die Vorschrift folgt u a dem Vorbild von Art 32 Abs 2 WO (heute Art 36 Abs 2 WG; Gebhard, Begründung Teilentwurf, 12 [Schubert, AT 2, 300]). Eine am 20. Februar beginnende Frist von dreieinhalb Monaten endet demnach mit dem Ablauf des 4. Juni, unabhängig davon, ob es sich um ein Schaltjahr oder ein normales Jahr handelt.

III. Gemeinschaftsrecht

4 Weder die EG-FristenVO noch der DCFR oder die PECL enthalten eine § 189 BGB entsprechende Auslegungsregel.

§ 190
Fristverlängerung

Im Falle der Verlängerung einer Frist wird die neue Frist von dem Ablauf der vorigen Frist an berechnet.

Materialien: TE-AllgT § 167 (Schubert, AT, Bd 2, S 277 f, 304 f); E I § 152; II § 158; III § 186; Prot I, 318; Prot II 1, 189; Mot I 286; Jakobs/Schubert, AT 2, 978, 980, 983, 986, 988–990; Sten Ber 9. Leg IV. Session, 2751.

I. Der Begriff der Fristverlängerung

1 § 190 BGB bewirkt nicht selbst die Verlängerung einer Frist, sondern enthält eine Auslegungsregel dafür, wie sich eine rechtsgeschäftliche, gerichtliche oder gesetzliche Verlängerung auf eine Frist auswirkt. Es ist deshalb zunächst daran zu erinnern, dass wie bei den übrigen Vorschriften über die Fristen stets zu prüfen ist, was zB die Parteien mit der Fristverlängerung meinen. Keine Fristverlängerung ist vereinbart, wenn die neue Frist nicht eindeutig bestimmbar ist (LAG Sachsen 16. 4. 2008 – 5 TaBV 31/06, juris Rn 63 – Aussetzung der Wochenfrist des § 99 Abs 3 BetrVG).

Dreierlei kann gewollt sein, wenn **während des Laufes** eines Zeitraums eine weitere Frist bewilligt wird: *Erstens* kann die laufende durch eine neue, von der Bewilligung an zu berechnende Frist ersetzt werden; *zweitens* kann sich die neue Frist unmittelbar an das gewöhnliche Ende der ursprünglichen Frist anschließen oder *drittens* die laufende Frist eine längere Dauer erhalten (Verlängerung ieS), als anfänglich vereinbart worden ist.

Abschnitt 4
Fristen, Termin

§ 190

Auch die Verlängerung einer **bereits abgelaufenen Frist** ist möglich. Der Sache nach handelt es sich dabei immer um eine neue Frist. Aber auch hier kann es unklar sein, ob dieselbe vom Tage der Bewilligung oder vom Ablauf der verstrichenen Frist – so § 190 BGB – an zu berechnen ist (GEBHARD, Begründung Teilentwurf 16 f [SCHUBERT, AT 2, 304 f]).

Das Gesetz möchte nur für die Fälle eine Regel bereithalten, wo die Auslegung zu keinem sicheren Ergebnis führt. *Keine Fristverlängerung* nach § 190 vliegt daher vor, wenn eine laufende Frist aufgehoben und *durch eine neue ersetzt* wird (Mot I 286). Die neue Frist beginnt dann unabhängig vom Schicksal der alten nach § 187 BGB.

II. Der Regelungsinhalt des § 190

1. § 190 BGB gilt sowohl für die Verlängerung einer noch *laufenden* als auch einer *bereits abgelaufenen Frist*. In beiden Fällen wird die verlängerte Frist im Zweifel (Auslegungsfrage) nicht vom Tage der Verlängerungsbewilligung an berechnet, sondern sie beginnt nach der Regel des § 187 BGB mit dem Ablauf der ursprünglichen Frist und endet nach der Regel des § 188 BGB. Die verlängerte Frist bildet dann mit der ursprünglichen Frist eine Einheit (RG 27. 2. 1931 – VII 590/30, RGZ 131, 337, 338; SOERGEL/NIEDENFÜHR Rn 2). – Das gilt auch, wenn die ursprüngliche Frist an einem Feiertag oder einem Wochenende geendet haben würde; so wird im Fall der Verlängerung einer am Ostersonntag endenden Frist mit dem Ostermontag weitergerechnet. **§ 193 BGB findet keine Anwendung**, denn sein Schutzzweck ist nicht berührt. 2

Auch für die Verlängerung einer *gesetzlichen Frist* gilt § 190 BGB, wenn eine zweite gesetzliche Frist folgt (BAG 20. 4. 1956 – 1 ABR 2/56, DB 1956, 598). Sie schließt ohne Hinzurechnung eines Zwischentages an den Ablauf der ersten an.

2. Die Regel des § 190 BGB gilt im Prinzip auch für **Prozessfristen**: Bei diesen ist eine Verlängerung unter der Voraussetzung möglich, dass der Verlängerungsantrag *vor Fristablauf* gestellt worden ist (vgl § 139 Abs 3 S 3 VwGO; § 120 Abs 2 S 3 FGO; §§ 160a Abs 2, 164 Abs 2 S 2 SGG). Die verlängernde Entscheidung selbst kann auch nach Fristablauf mit Rückwirkung erlassen werden (BGH GrS 18. 3. 1982 – GSZ 1/18, BGHZ 83, 217, 219 f). Das gilt – nach jahrzehntelanger gefestigter Rechtsprechung – auch für die zivilprozessualen Fristen, obgleich die ZPO dies nicht ausdrücklich vorsieht (BGH GrS 18. 3. 1982 – GSZ 1/18, BGHZ 83, 217, 219 f; BAG GrS 24. 8. 1979 – GS 1/78, NJW 1980, 309 ff). Nach Fristablauf kann nur keine Verlängerung prozessualer Fristen mehr *beantragt* werden (BGH 17. 12. 1991 – VI ZB 26/91, BGHZ 116, 377, 379). Etwas anderes gilt für behördliche Fristen, deren Verlängerung gemäß § 31 Abs 7 S 2 VwVfG auch erst nach Fristablauf beantragt werden kann (STELKENS/KALLERHOFF/STAMM § 31 VwVfG Rn 49). Ähnliches gilt für Steuererklärungen und finanzbehördliche Fristen gem § 109 Abs 1 S 2 AO (KLEIN/BROCKMEYER § 109 AO Rn 4). Unter Umständen ist auch eine Wiedereinsetzung möglich. 3

Durch Fristsetzung mittels Endtermins vermeidbare Meinungsverschiedenheiten bestehen über die **Berücksichtigung von § 193 BGB** bei der Verlängerung *prozessualer* Fristen. Unter Berufung auf den Wortlaut von § 224 Abs 3 ZPO behauptet abweichend von der Grundregel des § 190 BGB die hM, Wochenenden und Feiertage 4 seien entsprechend § 193 BGB (bzw § 222 Abs 2 ZPO) zu berücksichtigen. Wenn also eine Frist bis zu einem Sonntag laufe, so beginne die Verlängerungszeit erst am folgenden Dienstag um 0.00 Uhr (so im Ergebnis: BGH 1. 6. 1956 – V ZB 8/56, BGHZ 21, 43, 44 ff; bestätigt von BGH 14. 12. 2005 – IX ZB 198/04, NJW 2006, 700 und 10. 3. 2009 – VII ZB 87/08, NJW-RR 2010, 211 Rn 6, 7, ohne Beschäftigung mit der zB hier begründeten Gegenansicht; BGB-RGRK/Johanssen Rn 1; Palandt/Ellenberger Rn 1; Erman/Maier-Reimer Rn 2; Thomas/Hüsstege § 222 Rn 9; § 224 ZPO Rn 8; Stein/Jonas/Roth § 224 ZPO Rn 11). Die *Gegenansicht* behandelt materiellrechtliche und prozessuale Fristen gleich (MünchKomm/Grothe Rn 3; NK-BGB/Krumscheid Rn 3).

Von der hM übersehen, aber entscheidend ist, dass die alte und neue Frist eine *Einheit* bilden (RG 27. 2. 1931 – VII 590/30, RGZ 131, 337, 338; OLG Karlsruhe 29. 6. 1971 – 8 U 37/71, DB 1971, 1410; OLG Rostock 28. 7. 2003 – 3 U 151/03, NJW 2003, 3141 f; Beck-OK/Henrich Rn 2 hält diesen Gesichtspunkt allerdings für irrelevant). Innerhalb des Fristlaufs findet aber auch sonst die Anzahl von Wochenenden und Feiertagen keine Berücksichtigung (vgl unten § 193 Rn 49). Es gibt daher keinen Grund, bei prozessualen Fristen davon eine Ausnahme zu machen. Sofern man die rückwirkende Verlängerung einer prozessualen Frist – was inzwischen allgemein anerkannt ist – zulässt, besteht nicht einmal ein praktisches Bedürfnis, prozessuale Fristen anders als materiellrechtliche zu behandeln, weil der Schutzzweck des § 193 BGB im Verlängerungsfall nicht berührt wird. Sogar der Wortlaut von § 224 Abs 3 ZPO deutet – entgegen der hM und nicht zufällig (vgl Gebhard, Begründung Teilentwurf 16 [Schubert, AT 2, 304]) – auf eine gleiche Behandlung beider Fristen hin, denn § 224 Abs 3 ZPO ergänzt nur die Regel wie in § 190 BGB um die Einschränkung „wenn nichts anderes bestimmt ist". Im BGB wird dieser Vorbehalt durch § 186 BGB erreicht. Es gilt mithin auch für prozessuale Fristen, dass die Verlängerung ohne Rücksicht auf § 193 BGB unmittelbar an das Ende der ursprünglichen Frist anknüpft (so auch schon RG 27. 2. 1931 – VII 590/30, RGZ 131, 337).

5 Weder die EG-FristenVO noch der DCFR oder die PECL enthalten eine § 190 BGB entsprechende Auslegungsregel.

§ 191
Berechnung von Zeiträumen

Ist ein Zeitraum nach Monaten oder nach Jahren in dem Sinne bestimmt, dass er nicht zusammenhängend zu verlaufen braucht, so wird der Monat zu 30, das Jahr zu 365 Tagen gerechnet.

Materialien: TE-AllgT § 168 (Schubert, AT, Bd 2, S 278, 305 f); E I § 151; II § 159; III § 187; Prot I, 318 ff; Prot II 1, 189; Mot I 286; Jakobs/Schubert AT 2, 978, 980, 981, 983, 985 f, 988–990; Sten Ber 9. Leg IV. Session, 2751.

Abschnitt 4
Fristen, Termin

§ 191

I. Die nicht zusammenhängend verlaufende Zeitbestimmung

§ 191 BGB gilt nur für solche Fälle, in denen eine Zeitbestimmung nicht zwingend 1
einen zwischen Anfangs- und Endpunkt zusammenhängenden Zeitraum von
Monaten oder Jahren, sondern eine *Summe* von nicht notwendig aufeinander folgenden Tagen bedeutet (OVG Saarlouis 12. 1. 2010 – 3 A 325/09, juris Rn 60 zur sechsmonatigen Mindesthaftdauer nach § 17a Abs 1 S 1 StrRehaG aF; unrichtig allerdings die Begründung in VG München [19. 7. 2011] M 12 K 11. 30454 Rn 23, weil die Frist des § 38 Abs 1 S 1 AsylVfG eindeutig einen zusammenhängenden Zeitraum meint). – **Beispiele**: Ein Grundstück ist unter der Auflage vermacht worden, es sechs Monate im Jahr zu bewohnen (Mot I 286); im Arbeitsvertrag wird die jährliche Ferienzeit auf drei Monate festgelegt; ein Geschäftsreisender verpflichtet sich, jährlich mindestens neun Monate auf Reisen zu sein (GEBHARD, Begründung Teilentwurf 17 f [SCHUBERT, AT 2, 305 f]); § 17a Abs 1 S 1 StrRehaG machte bis Ende des Jahres 2010 die besondere Zuwendung für Haftopfer von einer insgesamt sechsmonatige Mindesthaftdauer abhängig (jetzt: 180 Tage), wobei diese Frist nicht zusammenhängend verlaufen musste, sodass die Tage auszuzählen waren. Beamtenbezüge werden grundsätzlich taggenau nach Monaten zu je 30 Tagen berechnet. Fristen im Beamtenbesoldungs- und Versorgungsrecht müssen daher nicht zusammenhängend verlaufen, sondern werden durch Summierung der jeweils relevanten Tage gemäß § 191 BGB bestimmt (VGH Baden-Württemberg 22. 11. 2017 – 4 S 2143/17, juris Rn 21 – zweijährige Wartefrist gem § 19 Abs 3 S 1 BeamtVG BW beträgt genau 730 Tage). – Das LG Kassel (20. 9. 2017 – 3 T 335/17, BtPrax 2017, 247, 249) hat hingegen für die Berechnung der Vergütung eines Betreuers nach § 5 Abs 4 S 2 VBVG die Anwendung des § 191 BGB abgelehnt und eine anteilige Vergütung auf die tatsächliche Anzahl der Tage des Vergütungsmonats bezogen, sodass der Divisor 31 und nicht 30 lautete, weil es um den Monat Januar ging.

Nach § 1 Abs 1b S 1 AÜG darf ein Leiharbeitnehmer „nicht länger als 18 aufeinan- 1a
der folgende Monate demselben Entleiher überlassen" bleiben, sonst wird gem §§ 9
Abs 1 Nr 1b, 10 Abs 1 AÜG ein Arbeitsverhältnis mit dem Entleiher fingiert. Str
ist, ob für die Berechnung der **Höchstüberlassungsdauer von Leiharbeitnehmern**
§ 191 BGB Anwendung findet, da § 1 Abs 1b S 2 AÜG bestimmt, dass Unterbrechungen der Beschäftigungseinsätze nicht den Neubeginn des Fristlaufs bewirken,
wenn die Unterbrechung maximal drei Monate dauerte. Entscheidend kommt es
darauf an, ob das Gesetz die 18-Monatsfrist als eine zwingend zusammenhängende
Frist versteht.

Gegen eine Anwendung von § 191 BGB und zu Gunsten einer Berechnung von 1b
Datum zu Datum nach § 188 Abs 2 BGB wird ins Feld geführt, der Gesetzgeber
spreche nun einmal in § 1 Abs 1b S 1 AÜG von „aufeinanderfolgenden Monaten"
(zB BISSELS/FALTER ArbRAktuell 2017, 33, 36).

Der Gesetzgeber hat zur Höchstfrist für die Überlassung gemeint, sie brauche nicht 1c
zusammenhängend zu verlaufen (BT-Drucks 18/9232, 20). Das führt dann zur Anwendung von § 191 BGB, sodass es darauf ankommt, ob der Arbeitnehmer insgesamt 18
mal 30 Tage, also maximal 540 Tage beim fremden Unternehmen zur Erbringung
von Arbeit überlassen war. Unterbrechungen dieses Arbeitseinsatzes hindern dies
nicht, wenn sie maximal drei Monate dauerten (§ 1 Abs 1b S 2 AÜG: „Der Zeitraum
vorheriger Überlassungen ... an denselben Entleiher ist vollständig anzurechnen,

wenn zwischen den Einsätzen jeweils nicht mehr als drei Monate liegen"). Die „Uhr" wird also dann zurückgestellt, wenn der Arbeitnehmer länger als drei Monate am Stück („jeweils") nicht im Einsatz war. Beträgt die Unterbrechung hingegen einmal oder mehrmals weniger als drei Monate, so läuft die Gesamtfrist nach 18 Monaten ab. Neben der Gesetzesbegründung spricht jedoch dafür, dass die 18-Monatsfrist nicht zusammenhängend verlaufen muss, der bereits zitierte § 1 Abs 1b S 2 AÜG, der eine Unterbrechung dieser „aufeinanderfolgenden" Monate bis zu drei Monaten zulässt (so Pütz DB 2017, 425). Die Aufeinanderfolge ist also nicht strikt zeitlich zu verstehen, sondern es sind Zwischenräume möglich, sie dürfen nur eben eine wiederum bestimmte Zwischenzeit nicht überschreiten, soll die Frist nicht von vorn beginnen. Bei konsequenter Anwendung des § 191 BGB muss man die einzelnen Einsatztage des Arbeitnehmers zusammenzählen. Rechtspolitisch mag das nicht gewünscht sein (in diesem Sinne wohl Bayreuther NZA 2017, 18, 19), aber das entspricht nun einmal der auf Rechtssicherheit angelegten Wirkung des § 191 BGB (unten Rn 2).

1d Lehnt man wie ein großer Teil der Literatur die Anwendung des § 191 BGB ab und berechnet die Überlassungshöchstfrist nach § 188 Abs 2 BGB, so stellt sich das Folgeproblem, welche Wirkung die kurzfristige Unterbrechung der Einsatzzeiten hat. Nimmt man eine Hemmung des Fristlaufs an, müsste man § 209 BGB analog anwenden. Dafür fehlt aber angesichts des § 191 BGB eine planwidrige Regelungslücke (so mit Recht Ulrici, Arbeitnehmerüberlassungsgesetz [2017] § 1 Rn 95). Es bliebe dann, solange die Unterbrechung nicht drei Monate dauerte, die Fristberechnung von der Aufnahme der tatsächlichen Tätigkeit des Leiharbeitnehmers beim Entleiher gem § 187 Abs 2 S 1 BGB (s o § 187 Rn 10a) an nach dem Datum zu berechnen und endete nach § 188 Abs 2 BGB mit dem Ablauf desjenigen Tages des letzten Monats, welcher dem Tag vorhergeht, der durch seine Zahl dem Anfangstag der Frist entspricht. Beginnt die Frist am 8. Januar, so endet sie im Folgejahr mit Ablauf des 7. Juli. Dann würden aber die tatsächlichen Einsatzmonate merkwürdig verkürzt, was mit Recht niemand vorschlägt. **Richtigerweise findet also § 191 BGB** auf die Berechnung der Höchstüberlassungsdauer von Leiharbeitnehmern **Anwendung** (Pütz DB 2017, 425; Ulrici, Arbeitnehmerüberlassungsgesetz [2017] § 1 Rn 95; aA Henssler RdA 2017, 83, 95; Bayreuther NZA 2017, 18, 19; Bissels/Falter ArbRAktuell 2017, 33, 36; im Ergebnis auch Hamann/Rudnik NZA 2017, 209, 210; Lembke NZA 2017, 1, 4; differenzierend Talkenberg NZA 2017, 473, 476, die die Berechnung von Datum zu Datum nach § 188 nur für den ununterbrochenen Höchstdauereinsatz befürwortet, bei unterbrochenen Einsatzzeiten hingegen § 191 anwenden möchte. Diese Differenzierung verkennt aber, dass § 191 nicht einen tatsächlich, sondern nur möglicherweise unzusammenhängenden Verlauf der Frist voraussetzt).

II. Der Regelungsinhalt des § 191

2 In den Fällen nicht zusammenhängend verlaufender Zeitbestimmungen werden die *Tage gezählt,* wobei die Monatsfrist ohne Rücksicht auf die wirkliche Länge der Monate zu 30 Tagen, die Jahresfrist ohne Rücksicht auf Schaltjahre zu 365 Tagen gerechnet wird (zB OLG München 30. 1. 2008 – 33 Wx 10/08, NJW-RR 2008, 1032 f – Dauer einstweiliger Unterbringung in psychiatrischem Krankenhaus). Es gilt also nicht die Berechnungsweise von Datum zu Datum wie nach § 188 Abs 2 BGB. Vielmehr wird die Frist in Tage umgerechnet. Durch die anschließende Summierung der *tatsächlich* verstrichenen Tage ergibt sich, ob die Frist abgelaufen ist (Erman/Maier-Reimer Rn 2).

Beispiel: Die Zahlung einer „Marinezulage" für Soldaten macht das Bundesbesoldungsgesetz von einer zehnjährigen zulageberechtigten Verwendung auf einem Marineschiff abhängig. Diese muss nicht zusammenhängend geschehen. Danach ist es iVm § 191 BGB erforderlich, dass der Zulageberechtigte insgesamt 3.650 Tage entsprechend an Bord verwendet worden ist. War das in einem Schaltjahr ununterbrochen der Fall, zählen aus diesem Jahr 366 Tage in den Zeitraum (VG Bremen 26. 3. 2009 – 2 K 1309/08 Rn 25 ff). Während bei der Berechnung nach § 188 Abs 2 BGB eine Monatsfrist, die am 1. Februar beginnt am 1. März endet, also nach 28 bzw 29 Tagen, wäre dieser Zeitraum kein voller Monat (= 30 Tage) gem § 191 BGB.

Die kaufmännische Berechnungsmethode, die ein Jahr in zwölf Monate mit 30 Tagen, also insgesamt 360 Tagen, rechnet, dient der Vereinfachung der Zinsberechnung, hat aber keine gesetzliche Grundlage (BLUM WuM 2011, 69). Dennoch kann diese Methode selbstverständlich vereinbart werden.

Die Vorschrift des § 191 BGB darf aber nicht zu dem Fehlschluss verleiten, es gebe eine Art „Einheitsmonat" von dreißig Tagen (vgl FG Hamburg 10. 11. 2006 – 1 K 101/06, m Anm TILLMANN AO-StB 2007, 176). – Das LG Berlin hat § 191 BGB analog bei der Berechnung der Zinstage für eine Mietkaution angewendet. Dort soll das Zinsjahr 365 Tage umfassen (2. 9. 1999 – 62 S 107/99, NJW-RR 2000, 1537 f).

Bei der *Trennungsfrist* gem § 1566 BGB können unzusammenhängende Zeiträume **3** des Getrenntlebens von Ehegatten entgegen der Regel des § 191 BGB nicht zusammengerechnet werden (PALANDT/BRUDERMÜLLER § 1567 Rn 6; MünchKomm/GROTHE Rn 1; jurisPK-BGB/BECKER § 191 Rn 7), weil es dort gerade auf einen zusammenhängenden Zeitraum der Trennung ankommt. Ausnahmen können sich nach § 1567 Abs 2 BGB ergeben (vgl STAUDINGER/RAUSCHER [2018] § 1567 Rn 152 ff).

Das **Gemeinschaftsrecht** kennt keine § 191 BGB entsprechende Regelung in der **4** EG-FristenVO, aber doch eine besondere Auslegungsregel für die Fälle, in denen Monatsbruchteile als Frist vereinbart werden. Hier gilt gem Art 3 Abs 2 lit d EG-FristenVO (vgl § 186 Rn 19), dass der Monat dreißig Tage zählt. – Ganz entsprechend ordnet es auch Art I-1:110 Abs 2 lit d DCFR (vgl § 186 Rn 22) an.

§ 192
Anfang, Mitte, Ende des Monats

Unter Anfang des Monats wird der erste, unter Mitte des Monats der 15., unter Ende des Monats der letzte Tag des Monats verstanden.

Materialien: TE-AllgT § 166 (SCHUBERT, AT, Bd 2, S 277, 300 f); E I § 153; II § 160; III § 188; Prot I, 317 ff; Prot II 1, 189; Mot I 286; JAKOBS/SCHUBERT AT 2, 978, 980, 983, 986, 988, 990; Sten Ber 9. Leg IV. Session, 2751.

1. Zweck des § 192

1 Zweck der Vorschrift ist es, dem Verkehr eine sichere Festlegung für die unscharfen Begriffe des Monatsersten, -letzten und der Monatsmitte zu geben (GEBHARD, Begründung Teilentwurf 12 [SCHUBERT, AT 2, 300]). Wer eine abweichende Interpretation behauptet, trägt die Beweislast. – Das Gesetz folgt u a dem Vorbild Art 30 WO (vgl heute: Art 36 Abs 3 WG), Art 327 Abs 2 ADHGB sowie der Nürnberger Wechselnovelle Ziff 7 (BGBl des Norddeutschen Bundes 1869, Anlage B, 402 f). – Spricht das Gesetz wie in § 556 Abs 3 BGB vom „Ablauf" eines Monats, ist damit das Ende des Monats wie in § 192 BGB gemeint (LG Frankfurt/Oder 20. 11. 2012 – 16 S 47/12, WuM 2013, 40, 41).

2. In § 192 nicht geregelte Fälle

2 a) Ist ein *Kalendertag* ohne Angabe eines Jahres rechtsgeschäftlich festgesetzt worden (Bsp: „am Sechzehnten"), so ist im Zweifel darunter der nächstfolgende entsprechende Kalendertag zu verstehen (Mot I 286).

3 Für den Ausdruck *„Beginn der Woche"* oder *„Ende der Woche"* fehlen eindeutige Konventionen. Der Gesetzgeber hielt eine Auslegungsregel insoweit für nicht erforderlich, weil für ihn die Kalenderwoche, die hier gemeint ist, selbstverständlich entsprechend der jüdisch-christlichen Tradition (Sabbath [Samstag] als Ruhetag, vgl Genesis 2, 2–3 und Exodus 20, 8–10; dass im Christentum der Sonntag zum Ruhetag wurde, hängt mit dem Ostertermin zusammen, ändert aber nichts am Verständnis vom Wochenrhythmus) mit dem Sonntag anfing und mit dem Samstag endete (GEBHARD, Begründung Teilentwurf, 1 [SCHUBERT, AT 2, 289]). Diese Selbstverständlichkeit ist heute abhanden gekommen. Im Geschäftsverkehr üblich und darüber hinaus verbreitet ist es, den Montag als ersten Tag einer Woche aufzufassen. Als Ende der Woche wird meistens der Samstag verstanden, bei Arbeitstagen jedoch uU auch der Freitag (SOERGEL/NIEDENFÜHR Rn 2; MünchKomm/GROTHE Rn 1; PALANDT/ELLENBERGER § 192 Rn 1; Beck-OK/HENRICH Rn 2). Lässt man die Woche allerdings am Montag beginnen, wäre es folgerichtig – wenngleich traditionswidrig –, den Sonntag als letzten Tag einer Woche aufzufassen.

4 b) Jahreszeitangaben wie „Frühjahr" oder „Herbst" sind im Handelsverkehr gem § 359 Abs 1 HGB nach dem *Handelsbrauch* am Leistungsort zu bestimmen. Fehlt – wie im bürgerlichen Rechtsverkehr – ein bestimmter Sprachgebrauch und ergibt sich aus der Fristvereinbarung nichts anderes, so wird man auf den Kalender abstellen müssen (PALANDT/ELLENBERGER Rn 1; MünchKomm/GROTHE § 189 Rn 1; SOERGEL/NIEDENFÜHR Rn 2). Ist zB eine Leistung „im Frühjahr" zu erbringen, ist sie zwischen dem 21. März und 20. Juni zu bewirken.

5 c) Zum Problem einer Befristung auf das *Kriegsende* vgl STAUDINGER/WERNER (2001) Rn 4 und MünchKomm/GROTHE Rn 1.

3. Internationale Auslegungsregeln

6 Weder die EG-FristenVO noch der DCFR oder die PECL enthalten eine § 192 BGB entsprechende Auslegungsregel.

§ 193
Sonn- und Feiertag; Sonnabend

Ist an einem bestimmten Tage oder innerhalb einer Frist eine Willenserklärung abzugeben oder eine Leistung zu bewirken und fällt der bestimmte Tag oder der letzte Tag der Frist auf einen Sonntag, einen am Erklärungs- oder Leistungsort staatlich anerkannten allgemeinen Feiertag oder einen Sonnabend, so tritt an die Stelle eines solchen Tages der nächste Werktag.

Materialien: E II § 228; III § 265; Prot I, 319; Prot II 1, 190–194, 310; Mot I 286; JAKOBS/SCHUBERT AT 2, 978, 981, 988–990, 992 f; Bericht der Reichstags-Kommission über den Entwurf eines Bürgerlichen Gesetzbuchs (1896) 30 f; STAUDINGER/BGB-Synopse (2000) 96 f.

Schrifttum

ACHTEN, „... denn was uns fehlt, ist Zeit". Geschichte des arbeitsfreien Wochenendes (1988)
CASPERS, Fristablauf am Sonnabend, DB 1965, 1239
HÄBERLE, Der Sonntag als Verfassungsprinzip (2. Aufl 2006)
HÄUBLEIN, Ist der Sonnabend ein Werktag? – Das kommt auf den Zweck der Regelung an, NZM 2010, 651
MARSCHNER, Wegfall von Feiertagen im Zusammenhang mit der Einführung der Pflegeversicherung, DB 1995, 1026
MAURER, Der Sonntag in der frühen Neuzeit, Archiv f Kulturgeschichte 88 (2006) 75
MOSBACHER, Sonntagsschutz und Ladenschluss (2007)
MÜLLER, Über die Geltungsbreite allgemein gehaltener Vorschriften, NJW 1966, 2253
PILLMAYR, Ist die Klageerhebung als Abgabe einer Willenserklärung im Sinne des § 193 des BGB zu betrachten?, SeuffBl 71 (1906) 574
RUDORFF, Ist § 193 BGB auf Verjährungsfristen anwendbar?, AcP 102 (1907) 405
SCHERLIN, Auf welche Fristen findet § 193 BGB Anwendung?, Gruchot 51 (1951) 129
SCHIEPEK, Der Sonntag und kirchlich gebotene Feiertage nach kirchlichem und weltlichem Recht (2. Aufl 2009)
SIEGER/GÄTSCH, Sonnabende, Sonntage und Feiertage bei der Berechnung der Hinterlegungsfrist nach § 123 AktG, NZG 1999, 1041
SPIEGEL, Gesetz über den Fristablauf am Sonnabend, BB 1965, 1001
Stiftung Haus der Geschichte der Bundesrepublik Deutschland (Hrsg), Am siebten Tag. Geschichte des Sonntags (Begleitbuch zur Ausstellung im Haus der Geschichte der Bundesrepublik Deutschland, Bonn, 25. Oktober 2002 bis 21. April 2003 und im Zeitgeschichtlichen Forum Leipzig, 17. Juni bis 12. Oktober 2003).
WALDENFELS, § 193 BGB, § 222 Abs. 2 ZPO – aufgepasst!, ArbRAktuell 2015, 189.

Systematische Übersicht

I. **Allgemeines**	
1. Entstehungsgeschichte	1
a) Vorentwurf und erste Kommission	1
b) Kritik, zweite Kommission und Reichstag	2
2. Zweck der Vorschrift	3
3. Samstag (Sonnabend) und Werktag	4
4. Andere gesetzliche Regelungen	7
II. **Voraussetzungen**	
1. Willenserklärungen	9
a) Willenserklärungen	9
b) geschäftsähnliche Handlungen	10
c) Prozesshandlungen	11
d) Widerruf eines gerichtlichen Vergleichs	12
e) Verjährungs- und Ausschlussfristen	13

f)	Bedingung	14	c)	Regelungen der einzelnen Bundesländer ... 36
g)	Kündigungserklärungen	15	d)	Kirchliche Feiertage ... 48
aa)	Grundprinzip	15	**III.**	**Rechtsfolgen**
bb)	Arbeitsvertrag	16	1.	Fristverlängerung ... 49
cc)	Mietvertrag, Karenzzeit	17	2.	Kein Einfluss auf Leistungsannahme ... 50
dd)	Versicherungsvertrag	23	3.	Kein Ablehnungsrecht ... 51
ee)	Pachtvertrag	24	4.	Fälligkeit ... 52
h)	Rückwärtslaufende Fristen	25	5.	Verzug ... 55
2.	Leistungen	31	6.	Weitere Einzelfälle der Anwendung des § 193 ... 56
3.	Die von Fristende ausgenommenen Tage	32	7.	Einzelfälle der Nichtanwendung von § 193 ... 57
a)	Samstage, Sonntage, Staatsfeiertag	32		
b)	Sonstige gesetzliche Feiertage	34		

Alphabetische Übersicht

Ablehnungsrecht	51
Aktienrecht	26, 57
Allerheiligen	36, 37, 41, 42, 43
Arbeitsvertrag	16
Asylverfahren	56
Auslegungsregel	49
Ausschlussfristen	13
Baden-Württemberg	36
Bankgeschäftstage	5
Bayern	37
Bedingung	14
Berlin	35
Betriebskostenabrechnung	10
Brandenburg	38
Bremen	35
Buß- und Bettag	35, 44
Christi Himmelfahrt	34
Darlehenszinsen	54
Dreißigtagefrist	55
Dreitagefrist	56
Entscheidungsgründe	57
Entstehungsgeschichte	1 f
Erfüllung	31
Erscheinung des Herrn	36, 37, 45
Fälligkeit	52–54
Faschingsdienstag	48
Fixgeschäft	49
Friedensfest	37
Fristbeginn	57
Fristende	49
Fristverlängerung	49
Fronleichnam	36, 37, 39, 41, 42, 43, 46
Fünfmonatsfrist	57
Gemeinschaftsrecht	6, 27 f, 50, 55
Geschäftsähnliche Handlungen	10
Gesetzliche Feiertage	32 ff
Hamburg	35
Handelsgeschäft	50
Heiligabend	48
Hemmung	11
Hessen	39
Insolvenzrecht	57
Karenzzeit	5, 18 ff
Karfreitag	34
Kirchliche Feiertage	47
Klagefristen	49, 56
Kündigungserklärungen, -fristen	15 ff
Ladungsfrist	29
Leistungen	31
Leistungsannahme	50
Maifeiertag	34
Mecklenburg-Vorpommern	40
Mietvertrag	17 ff

Abschnitt 4
Fristen, Termin

§ 193

Mietzins	5	Silvester	48
Mitwirkungspflicht	51	Sonntage, Staatsfeiertag	32
		Sonntagsruhe	2, 3
Neujahr	34	Sperrfrist	57
Niedersachsen	35	Steuerrecht	56
Nordrhein-Westfalen	41	Stichtagsregelungen	57
		Stundenfristen	49
Ostermontag	34		
		Tagesfristen	49
Pachtvertrag	24	Thüringen	46
Pfingstmontag	34		
Prozess-, Verfahrensrecht	8, 49	UN-Kaufrecht	7
Prozesshandlungen	11	Urteilsbegründungsfrist	57
Rechtsanwaltsvergütung	30	Verjährungsfristen	11, 13
Rechtsfolgen	49 ff	Versicherungsvertrag	23
Rechtssicherheit	15, 19, 21, 28	Verzug	55
Reformationstag	38, 40, 44, 45, 46		
Religiöse Feiertage	48	Weihnachten	34
Rheinland-Pfalz	42	Werbevertrag	15
Rücknahme eines Einspruchs	30	Werktag	4–6, 20 f
Rückwärtslaufende Fristen	25 ff	Widerruf eines Vergleichs	12
		Widerspruchsverfahren	56
Saarland	43	Willenserklärungen	9
Sachsen	44	Wissenserklärungen	10
Sachsen-Anhalt	45		
Samstag, Sonnabend	4, 20 f, 32	Zustellung	56
Schleswig-Holstein	35	Zweck der Vorschrift	2, 3, 21 f, 28
Schutzfrist	15, 22 f		

I. Allgemeines

1. Entstehungsgeschichte

a) Keine andere Vorschrift des Abschnitts über Fristen und Termine wurde von **1**
den am Gesetzgebungsverfahren beteiligten Kommissionen intensiver beraten als
diese, die im ersten Entwurf noch keine Berücksichtigung gefunden hatte, weil der
zuständige Redaktor sich zunächst mit der Auffassung durchsetzen konnte (vgl Protokolle 1. Kommission, 319 [Jakobs/Schubert, AT 2, 981]), eine Bestimmung des Inhalts,
an Sonn- oder Feiertagen könne eine Rechtshandlung einem anderen gegenüber ohne
dessen Zustimmung nicht mit Wirksamkeit vorgenommen werden oder deren Vornahme nicht gefordert werden, „würde sichtlich zu weit gehen" (Gebhard, Begründung
Teilentwurf 15 [Schubert, AT 2, 303]). Gebhard lehnte eine solche Einschränkung der
Privatautonomie ab. Allenfalls sei im Zusammenhang mit der Erfüllung von Verbindlichkeiten zu überlegen, ob man entsprechend Art 329 ADHGB eine Bestimmung ins
Schuldrecht aufnehmen solle (Gebhard, Begründung Teilentwurf 15). Im Übrigen sah
Gebhard die Bedürfnisse durch die bereits existierenden reichsgesetzlichen Vorschriften der WO, der CPO und StPO erfüllt.

2 b) Unter dem Eindruck der Kritik namentlich von GIERKE (Der Entwurf [1889] 173) sowie vor allem zahlreicher Handelskammern und Verbände (vgl Zusammenstellung der gutachtlichen Äußerungen [1890/91] Bd I 210 f, Bd VI 182 f) befürwortete dann aber bereits die Vorkommission des Reichsjustizamtes die Aufnahme einer Art 329 ADHGB entsprechenden Vorschrift, beschränkt auf die Erfüllung von Leistungspflichten (Protokolle RJA 125 f [JAKOBS/SCHUBERT, AT 2, 986 f]). Die Kritiker hatten vor allem das Ziel der Einhaltung der Sonntagsruhe vor Augen. Die 2. Kommission folgte unter Berufung auf das Vorbild des preußischen ALR, des Handelsrechts und der Prozessordnungen diesem Anliegen nach der Diskussion von sechs differenzierenden Anträgen (Prot II 1, 190–194). Auf Antrag des Zentrumsabgeordneten GRÖBER beschloss dann die Reichstagskommission mit knapper Mehrheit (9:8) gegen den Widerstand namentlich von ENNECCERUS und GEBHARD (übrigens jeweils unter Berufung auf die Interessen der Arbeiter und Dienstleute, vgl Bericht der XII. Reichstagskommission [1896] 31), nicht nur Fristen für Leistungen, sondern auch für Willenserklärungen der Sonn- und Feiertagsregelung zu unterwerfen (vgl JAKOBS/SCHUBERT, AT 2, 992 f; zu den Beratungen der Reichstagskommission auch WOLTERS, Die Zentrumspartei und die Entstehung des BGB [2001] 140 ff).

2. Zweck der Vorschrift

3 Die Entstehungsgeschichte erhellt zugleich den Zweck der Vorschrift. In erster Linie ging es um einen Schutz der jüdisch-christlichen Tradition der Heiligung von Sonn- und Feiertagen, wie er dem 3. der Zehn Gebote entspricht (Ex 20, 8–11, Dtn 5, 12; weiterführend OTTO, Deuteronomium 4,44–11,32, Herders Theologischer Kommentar zum Alten Testament [2012] 738 ff). Störende Handlungen zur Einhaltung der Frist sollen vermieden werden. Der Erklärungs- oder Leistungspflichtige soll nicht in eine Art Torschlusspanik geraten. Außerdem sollte so auch einem Bedürfnis der Arbeiterschaft nach Sonn- und Feiertagsruhe genügt werden (Prot II 1, 191), das ein wichtiges Thema der Sozialpolitik im Bismarckreich war (dazu AYASS, Bismarck und der Arbeiterschutz, Vierteljahrsschrift für Wirtschafts- und Sozialgeschichte 89 [2002] 400, 416 ff oder zeitgenössisch als Beispiel: vGALEN [Rede v 26. 8. 1889], Verhandlungen der XXXVI. Generalversammlung der Katholiken Deutschlands [1889] 72 ff, 73, 78; die sozialpolitische Dimension spiegelt übrigens den theologischen Hintergrund der Vorschrift im 3. Gebot wider, denn dieses steht im Zusammenhang mit der Befreiung Israels aus dem „Sklavenhaus" Ägyptens [Ex 20,2], vgl OTTO lc, 741. Die Sonntagsruhe hat damit zugleich eine freiheitssichernde Funktion). Die Einschaltung eines Ruhetags und der damit verbundene Wochenrhythmus entsprechen nicht nur einem religiösen, sondern zugleich einem allgemein menschlichen, kulturellen und psychologischen Anliegen (vertiefend: Am siebten Tag. Geschichte des Sonntags [2002]; D V SIMON, Zum Einfluss des Christentums auf die Gesetzgebung Kaiser Konstantins des Großen, in: FS U Ebert [2011] 77). Die Verlegung des Fristendes vom Sonntag oder Feiertag auf den nächstfolgenden Werktag dient dabei dem Schutz des Erklärungs- oder Leistungsverpflichteten (vgl Prot II 1, 193; zur Situation bei rückwärtslaufenden Fristen unten Rn 25 ff). Das BVerfG hat für die Sonn- und Feiertagsruhe aus Art 4 Abs 1 und 2 GG iVm Art 139 WRV eine verfassungsrechtliche Konnexgarantie abgeleitet, sodass man heute sagen kann, dass die grundsätzliche Arbeitsruhe an diesen Tagen verfassungsrechtlich garantiert ist (BVerfG 1. 12. 2009 – 1 BvR 2857/07 Rn 138–147; außerdem mit detaillierten Angaben zur Debatte um Art 139 WRV STERN, Staatsrecht, Bd IV/2, § 119 VI 6, S 1333 ff).

§ 193 BGB steht trotz seiner ordnungspolitischen Zielsetzung aufgrund seines **dispositiven** Charakters nicht im Gegensatz zum Prinzip der Vertragsfreiheit. Die Parteien können jederzeit Abweichendes vereinbaren. Wird zum Beispiel in den AGB eines Kreditvertrags die Geltung des § 193 BGB bei der Bestimmung der Widerrufsfrist nach § 355 BGB abbedungen, so führt das weder zu einer unangemessenen Benachteiligung des Kreditkunden noch zu einer unzutreffenden Widerrufsbelehrung (BGH 3. 7. 2018 – XI ZR 758/17, juris; OLG Hamm 22. 11. 2017 – 31 U 41/17, juris Rn 25–27; OLG Stuttgart 15. 6. 2018 – 6 U 245/17, juris Rn 10 f, 19; OLG Münster 21. 3. 2018 – 14 O 562/14, juris Rn 32; LG Nürnberg-Fürth 11. 7. 2018 – 6 O 44/17, BeckRS 2018, 15974 Rn 19–25; **aA** LG Düsseldorf 15. 12. 2017 – 10 O 143/17, WM 2018, 1179, 1181 Rn 39, da § 193 verbraucherschützende Wirkung habe und halbzwingendes Recht sei). Die Beweislast für die Abbedingung der Rechtsfolgen des § 193 BGB trägt dann, wer sich auf die Abweichung von § 193 BGB beruft. 3a

3. Samstag (Sonnabend) und Werktag

Nach Einführung der Fünf-Tage-Woche in einigen Bereichen des Wirtschaftslebens und der öffentlichen Verwaltung (dazu: G Schulz, „Samstags gehört Vati mir", Der arbeitsfreie Samstag, in: Am siebten Tag. Geschichte des Sonntags [2002] 56–60; Achten, „... denn was uns fehlt, ist Zeit" [1988]) wurde durch das Gesetz über den Fristablauf (BGBl 1965 I 753) mit Wirkung vom 1. 10. 1965 der Sonnabend oder Samstag (nach süd- und westdeutschem Sprachgebrauch), in die gesetzliche Regelung einbezogen. Das gilt auch, wenn der Samstag für den nicht an Arbeitszeiten gebundenen Rechtsverkehr nicht arbeitsfrei ist. Begründet wurde die Gesetzesänderung damit, einer tatsächlichen Verkürzung der Fristen entgegenzuwirken, weil es zunehmend problematisch geworden sei, am Samstag die erforderlichen Leistungshandlungen vorzunehmen, sodass zur Wahrung einer samstags ablaufenden Frist praktisch schon am Freitag erfüllt werden musste (BT-Drucks IV/3394, 3). Nicht beabsichtigt war es hingegen, den Samstag nicht mehr länger als Werktag zu betrachten (so ausdrücklich BT-Drucks IV/3394, 3 – das entspricht im Übrigen auch der sozialen Wirklichkeit der Nutzung des Samstags, vgl G Schulz 56–60). Im Privatrecht wie auch im öffentlichen Recht ist der **Samstag** grundsätzlich **ein Werktag** (vgl Art 72 Abs 1 S 2 WG, Art 55 Abs 1 ScheckG, § 3 Abs 2 BUrlG; BGH 25. 9. 1978 – VII ZR 263/77, NJW 1978, 2594 [zu § 11 Nr 3 VOB/B]; 28. 6. 1979 – VII ZR 242/78, WM 1979, 1045 f [ebenfalls zu § 11 Nr 3 VOB/B]; 27. 4. 2005 – VIII ZR 206/04, NJW 2005, 2154, 2155 – Karenzzeit [vgl auch unten Rn 19] m Anm Gsell jurisPR-BGHZivilR 30/2005 Anm 2 und Anm Schreiber WuM 2005, 564; LG Wuppertal 6. 7. 1993 – 16 S 42/93, WuM 1993, 450 [zu § 565 aF, vgl in neuer Fassung §§ 573c Abs 1, 573d Abs 2, 580a]; OLG Hamburg 12. 2. 1984 – 1 Ss 14/84 OWi, VRS 66 [1984] 379 f; OLG Düsseldorf 5. 12. 1990 – 2 Ss [OWi] 332/90-83/90 II, VRS 81 [1991] 132 f; AG Rosenheim 27. 11. 1995 – 2 OWi 460 Js 34149/95, DAR 1996, 70; MünchKomm/Grothe Rn 2; **aA** LG Berlin 3. 3. 1989 – 65 S 204/88, Grundeigentum 1989, 509 – Samstag ist kein Werktag, sondern als arbeitsfreier Tag „reinen" Freizeitaktivitäten gewidmet [dagegen klar die oben referierten Gesetzesmaterialien]). 4

Nach § 556b Abs 1 BGB ist der *Mietzins* spätestens bis zum dritten Werktag des Monats zu bezahlen. Mit Urteil vom 13. Juli 2010 hat der BGH nunmehr entschieden, dass für die pünktliche Mietzinszahlung der Samstag bei der Bestimmung der **Karenzzeit** nicht mitzähle, weil der Samstag kein Bankgeschäftstag sei und der Mieter entsprechend keine Mietzinszahlung bewirken könne. Das ändere nichts daran, dass der Samstag weiterhin als ein Werktag zu betrachten sei (BGH 13. 7. 2010 – 5

VIII ZR 129/09, NJW 2010, 2879, 2881 f Rn 43, 48 mit zust Anm HÄUBLEIN NZM 2010, 651). Der BGH folgt damit einer namentlich vom LG Berlin vertretenen Auffassung (LG Berlin 20. 8. 2008 – 63 S 316/08, MM 2008, 334; BOTTENBERG/KÜHNEMUND ZMR 1999, 221, 222–224 [mit der Begründung, die Zahlung solle drei Tage lang möglich sein]; aA zB MEIST ZMR 1999, 801, 802, vgl auch die Nachweise bei BGH 13. 7. 2010 – VIII ZR 129/09, NJW 2010, 2881 Rn 40). Die Karenzzeit für den Mieter dürfte ihren Grund darin haben, dass er die Gutschrift seines Lohnes oder Gehaltes, die zum Monatsletzten oder auch Monatsersten geschehen soll, abwarten kann, um nicht in Liquiditätsschwierigkeiten zu geraten (die Argumentation von BGH 13. 7. 2010 – VIII ZR 129/09, NJW 2010, 2881 Rn 46 greift diesbezüglich zu kurz). Da aber heutzutage normalerweise die Mietzahlung unbar abgewickelt wird, kommt es in der Tat auf die Geschäftstage der Banken an. Wenn nun das Gesetz in § 556b Abs 1 BGB einen dreitägigen Zahlungsaufschub zum Schutz des Mieters einräumt, so erscheint es passend, diese drei Tage als solche aufzufassen, an denen die Zahlung auch bewirkt werden kann, mit der Folge, dass der Samstag nicht länger in diese Karenzzeit fällt (zur Karenzzeit bei der Kündigungsfrist s unten Rn 15 ff). Dem steht nicht entgegen, dass *aufgrund Auslegung* im Einzelfall etwas anderes gelten mag.

6 Dass ein Samstag grundsätzlich ein Werktag ist, beansprucht allerdings nur für das autonome deutsche Recht Gültigkeit. Soweit das **Gemeinschaftsrecht** oder gemeinschaftsrechtlich beeinflusstes nationales Recht betroffen ist, ist der *Samstag nicht als Werktag* aufzufassen (so mit Recht MünchKomm/GROTHE Rn 3). Art 2 Abs 2 EG-Fristen-VO (vgl § 186 Rn 20) grenzt die Arbeitstage von Samstagen, Sonn- und Feiertagen ab. „Werktag" und „Arbeitstag" sind im Gemeinschaftsrecht synonym (vgl EuGH 7. 7. 1988 – 55/87 *Moksel v Balm* Slg 1988, 3845, 3846, 3870–3872; vgl auch den Text von Art 5 Abs 2 des Vorschlags einer Verordnung [EWG, Euratom] des Rates über die Berechnung der Fristen, ABl 1970, C 51/25–27, der ohne Sinnverschiebung von „Werktagen" spricht). – Art I-1:110 Abs 9 lit b DCFR (vgl § 186 Rn 22) folgt der gemeinschaftsrechtlichen Festlegung und klammert ebenfalls die Samstage aus dem Begriff des Werktags aus. Für den gemeinschaftsrechtlichen „Werktagsbegriff" spricht, dass hier ein Gleichlauf mit dem Schutz von Sams-, Sonn- und Feiertagen gefunden wird, der im deutschen Recht seit der Einbeziehung des Samstags in den Schutzbereich des § 193 BGB im Jahre 1965 nicht mehr gewährleistet ist (vgl REPGEN ZGR 2006, 121, 129 f). – Art 1:304 Abs 2 PECL trifft demgegenüber keine Festlegung, welche Tage arbeitsfrei sind und daher am Fristende zu einer Verlängerung der Frist führen können. Entsprechend der Situation im Gemeinschaftsrecht und in Österreich, Belgien, Frankreich, Deutschland, Portugal und im Nordischen Gesetz über Schuldurkunden sowie in Art 5 des Übereinkommens über die Berechnung von Fristen von 1972 des Europarats (dazu § 186 Rn 23) sind Samstage auch nach den PECL „arbeitsfrei" und daher als *dies ad quem* (dh als Tag, an dem die Frist abläuft) ungeeignet (vBAR/ZIMMERMANN, Grundregeln des Europäischen Vertragsrechts [2002] 135 f).

4. Andere gesetzliche Regelungen

7 Das *materielle Recht* kennt zahlreiche parallele Vorschriften über die Wirkung von Sams-, Sonn- und Feiertagen auf Fristen, so etwa § 77b Abs 1 S 2 StGB, Art 72 WG, Art 55 Abs 1 und 2 ScheckG.

Nach Art 20 Abs 2 CISG kann eine Annahmefrist auch an Sonn- und Feiertagen oder sonstigen arbeitsfreien Tagen ablaufen, ohne um diese Tage verlängert zu werden. Arbeitsfreie Tage finden nur bei Problemen der Zustellung am Ort der Niederlassung Berücksichtigung (STAUDINGER/MAGNUS [2018] Art 20 CISG Rn 12 f; zum Zusammenhang von Zugang und Fristende vgl oben § 188 Rn 4–8).

Für das *Verfahrensrecht* bestehen die besonderen, sachlich allerdings mit § 193 BGB übereinstimmenden Regeln der §§ 222 Abs 2 und 3 BGB (letzterer für die in § 193 BGB nicht berücksichtigten Stundenfristen) ZPO, § 16 Abs 2 FamFG, §§ 43 Abs 2 und 229 Abs 4 S 2 StPO, § 64 Abs 3 SGG, § 31 Abs 3 bis 6 VwVfG (parallel für das Steuer- und Abgabenrecht § 108 Abs 3 bis 6 AO; für das Sozialverwaltungsverfahren: § 26 Abs 3 SGB-X). Im Verwaltungsverfahren gelten jedoch einige wichtige Ausnahmen: Ist ein bestimmter Tag als Fristende oder sonst als Termin festgesetzt worden, so gilt dieser auch dann, wenn er etwa auf einen Samstag, Sonntag oder Feiertag fällt (§ 31 Abs 3 S 2, Abs 5 VwVfG; § 26 Abs 3 S 2, Abs 5 SGB-X; hinsichtlich der Terminfestsetzung auch § 108 Abs 5 AO); wenn eine Behörde eine befristete Leistung zu erbringen hat, endet die Leistungsfrist uU auch an einem Sonntag usw (§ 31 Abs 4 VwVfG; § 108 Abs 4 AO; § 26 Abs 4 SGB-X). **8**

II. Voraussetzungen

1. Willenserklärungen

a) § 193 BGB regelt die Auswirkungen von Samstagen, Sonntagen und Feiertagen auf Fristen und „bestimmte Tage" (dh Termine), sofern zu diesem Zeitpunkt eine *Willenserklärung* abzugeben oder eine Leistung zu erbringen ist. Eine Willenserklärung ist „jedes menschliche Verhalten, durch das jemand zu erkennen gibt, dass nach seinem Willen bestimmte Rechtsfolgen eintreten sollen" (BORK, AT [4. Aufl 2016] Rn 566). Es kommt für § 193 BGB nicht darauf an, ob die Willenserklärung der Wahrnehmung eigener Rechte dient oder ob der Erklärende zu ihrer Abgabe verpflichtet war (BGH 18. 12. 1986 – IX ZR 62/86, BGHZ 99, 289, 291). – Beispiel: Endet die Angebotsfrist im Vergabeverfahren (§ 10 VOL/A) an einem Sonntag, können die Angebote fristwahrend bis Montag, 24.00 Uhr abgegeben werden, wenn zuvor nichts anderes vereinbart wurde (OLG Jena 14. 11. 2001 – 6 Verg 6/01, WuW/E Verg 542–545 Rn 10). **9**

b) Die Vorschrift gilt grundsätzlich für alle Arten von Willenserklärungen. Sie wird *analog* auch auf *geschäftsähnliche Handlungen* angewendet (PALANDT/ELLENBERGER § 193 Rn 2; MünchKomm/GROTHE Rn 8), dh auf an einen Adressaten gerichtete Erklärungen, die einen tatsächlichen Erfolg bezwecken, deren Rechtsfolgen aber kraft Gesetzes eintreten (BGH 17. 4. 1967 – II ZR 228/64, BGHZ 47, 352, 357; PALANDT/ELLENBERGER Überbl v § 104 Rn 6), wie zB eine den Verzug auslösende Mahnung iSv § 286 Abs 1 S 1 BGB oder auch auf sogenannte *Wissenserklärungen* wie die Mitteilung der Betriebskostenabrechnung gem § 556 Abs 3 S 2 BGB (vgl zB AG Hamburg-St Georg 16. 6. 2005 – 921 C 37/05, WuM 2005, 775 m Anm WALL jurisPR-MietR 5/2006 Anm 1; LÜTZENKIRCHEN NJW 2015, 3078). Zum hierbei häufigen Zugangsproblem vgl § 188 Rn 4. **10**

c) Ebenfalls wird § 193 BGB analog auf *Prozesshandlungen* angewendet, wenn diese zur materiellrechtlichen Fristwahrung dienen sollen, wie zB eine Hemmung der Verjährung durch Klageerhebung gem § 204 Abs 1 Nr 1 BGB oder durch Antrag auf Erlass eines Mahnbescheids gem § 204 Abs 1 Nr 3 BGB iVm § 167 ZPO (BGH 5. 8. 2014 – XI ZR 172/13, NJW 2014, 3435 Rn 10; BGH 25. 4. 2017 – VIII ZR 217/16, BeckRS 2017, **11**

110843 Rn 22) oder der Neubeginn der Verjährung durch Beantragung einer Vollstreckungshandlung gem § 212 Abs 1 Nr 2 BGB oder die Klage aufgrund einer Insolvenzanfechtung gem §§ 130 ff InsO. – Das gilt auch im Bereich der Verwaltungsgerichtsbarkeit (BVerwG 30. 8. 1973 – II C 21/71 Rn 17; OVG Bautzen 15. 1. 2013 – 11 F 1/12 Rn 18 f zu Art 23 S 6 ÜberlVfRSchG).

12 d) Auf den *Widerruf eines gerichtlichen Vergleiches* wird § 193 BGB manchmal unmittelbar (BGH 21. 6. 1978 – VIII ZR 127/76, NJW 1978, 2091; VGH Kassel 24. 3. 2000 – 11 TG 3096/99, NVwZ-RR 2000, 544–547), manchmal entsprechend angewendet (OLG München 10. 3. 1975 – 20 U 1121/75, NJW 1975, 933; LG Berlin 19. 11. 1964 – 51 T 75/64, NJW 1965, 765; OLG Saarbrücken 24. 3. 1950 – 3 W 6/50, DRZ 1950, 299 f).

13 e) Analog gilt § 193 BGB auch für den *Ablauf von Verjährungs- und Ausschlussfristen* (BGH 21. 12. 1989 – IX ZR 234/88, NJW-RR 1990, 1532, 1534 f; 6. 12. 2007 – III ZR 146/07, NJW-RR 2008, 459, 460; BAG 19. 11. 2014 – 5 AZR 121/13, NZA-RR 2015, 255, 257 Rn 28–33; RG 11. 6. 1936 – VI 480/35, RGZ 151, 345, 347 f; OLG Düsseldorf 11. 3. 2008 – I-24 U 138/07, ZMR 2009, 23 f; OLG München 3. 6. 2008 – 30 U 751/07 Rn 29, 30; LG Mannheim 8. 6. 1956 – 1 O 123/55, MDR 1957, 36 f; LG Göttingen 30. 6. 2016 – 16 O 1777/13, juris Rn 82, 118; Rudorff AcP 102, 405–408; MünchKomm/Grothe Rn 8). Auch für die steuerrechtliche Festsetzungsfrist gilt die Regel des § 193 BGB analog in Verbindung mit § 108 Abs 3 AO (BFH 20. 1. 2016 – VI R 14/15, DStR 2016, 753, 754 Rn 12 m Anm Geserich BFH/PR 2017, 263 f). Die direkte Anwendung ist ausgeschlossen, weil es hier nicht um die Abgabe einer Willenserklärung oder die Erbringung einer Leistung geht. Erhebt jemand am 2. Januar eine Klage, wenn die Forderung am vorausgehenden 31. Dezember verjährt wäre, dieser aber ein Sonntag war, ist der Ablauf der Verjährung gehemmt.

14 f) Nicht einmal eine analoge Anwendung findet § 193 BGB hingegen auf den Eintritt einer zeitlichen oder sonstigen *Bedingung* (RG 16. 12. 1931 – I 257/31, SeuffA 86 [1932] Nr 59; Soergel/Niedenführ Rn 12) sowie auf den Verfall einer Vertragsstrafe gemäß § 11 Abs 3 VOB/B (BGH 25. 9. 1978 – VII ZR 263/77, NJW 1978, 2594; Samstage sind regelmäßig Werktage vgl auch oben Rn 4).

15 g) Besonderheiten gelten für **Kündigungserklärungen**:

aa) Grundprinzip: Bei Kündigungserklärungen ist zu unterscheiden, ob sie eine Schutzfrist zugunsten des Adressaten auslösen oder nicht. Entscheidend ist, dass solche Schutzfristen nicht zu Lasten des Adressaten dadurch abgekürzt werden dürfen, dass die Kündigungserklärung wegen der Sonn- und Feiertagsregelung erst am nächstfolgenden Werktag abgegeben wird (insoweit übereinstimmend BGH 17. 2. 2005 – III ZR 172/04, NJW 2005, 1354, 1355). Der 3. Zivilsenat des BGH hat jedoch im Zusammenhang mit einem Streit über die fristgerechte Kündigung eines Werbevertrags mit einem Sportverein entschieden, aus Gründen der Rechtsklarheit und Rechtssicherheit sei eine Differenzierung nach der Schutzbedürftigkeit des Kündigungsempfängers abzulehnen. Auf Kündigungserklärungen finde daher **§ 193 BGB keine Anwendung** (BGH 17. 2. 2005 – III ZR 172/04, NJW 2005, 1354, 1355 m Anm Schott, jurisPR-BGHZivilR 15/2005 Anm 3sowie Anm Schimmel/Meyer EWiR 2005, 455 sowie Anm Palm BGHR 2005, 682 sowie Anm U Meyer AuA 2005, 660; anders vorgehend OLG München 14. 1. 2004 – 15 U 2301/03, VuR 2004, 266 m Anm Remmertz). Richtig ist, dass es hier zunächst gar nicht um echte Fristen geht, weil insofern ein Anfangszeitpunkt fehlt, wenn es etwa heißt, es dürfe mit einer Frist von einem Monat zu einem bestimmten Tag gekündigt werden (so schon BAG 28. 7. 1967 – 2 AZR 380/66, BAGE 20, 8, 11; jetzt auch BGH 17. 2. 2005 – III ZR 172/04, NJW 2005, 1354, 1355; zustimmend SCHMIDT-FUTTERER/BLANK [13. Aufl 2017] § 573c Rn 9). Die Kündigungserklärung löst dann aber den Lauf einer echten Frist, nämlich der Kündigungsfrist aus. Möchte man einen Vertrag zu einem bestimmten Termin durch Kündigung auflösen, ergibt sich für die Kündigungserklärung *rückwärtsrechnend* ein Termin, bis zu dem die Kündigungserklärung spätestens ausgesprochen sein muss. Zweifellos passen hier im Prinzip die Vorschriften der §§ 187 ff BGB analog. Beispielsweise bestimmt sich der Ablauf der Kündigungsfrist, die oft in Monaten zu berechnen ist, völlig unstreitig nach § 188 Abs 2 BGB. Das bezweifelt auch nicht der BGH. Der BGH lehnt jedoch wie das BAG eine analoge Anwendung von § 193 BGB auf die Kündigungsfristen nunmehr generell ab. Die Verpflichtung zur Einhaltung einer Kündigungsfrist diene, so der BGH, stets dem Schutz des Kündigungsgegners, der sich auf die Vertragsbeendigung solle einstellen können. Auch sei es methodisch unzulässig, eine Vorschrift zu Lasten dessen entsprechend anzuwenden, der durch sie geschützt werden solle (BGH 17. 2. 2005 – III ZR 172/04, NJW 2005, 1354, 1355). Das möchte allerdings auch niemand. Auch nach der hier vertretenen Auffassung ist die Verkürzung einer „Kündigungsfrist" nach Maßgabe des § 193 BGB unzulässig, wenn die Frist den Adressaten der Kündigung schützen soll. Die Entscheidung des BGH vom 17. Februar 2005 ist nur insofern problematisch, als sie *kategorisch* Ausnahmen ausschließt – und zwar nicht mit dem Argument, dass es keine Kündigungsfristen gebe, die nicht als Mindestfristen dem Kündigungsgegner Schutz bieten sollten, sondern dass sonst die erforderliche Rechtssicherheit und Rechtsklarheit nicht erreicht werden könne. Der BGH schreibt: Der erkennende Senat „hält ... im Interesse der Rechtsklarheit und Rechtssicherheit eine Ausdehnung der dort [BAG 5. 3. 1970 – 2 AZR 112/69, BAGE 22, 304, 305 ff] entwickelten Grundsätze auf alle Kündigungsfristen ohne Rücksicht auf die Natur der in Rede stehenden Verträge und die Frage einer besonderen Schutzbedürftigkeit des Kündigungsempfängers für geboten" (BGH 17. 2. 2005 – III ZR 172/04, NJW 2005, 1354, 1355; dezidiert zustimmend SCHIMMEL/MEYER EWiR 2005, 455, 456). Man kann also kaum davon sprechen, der BGH habe die Frage etwa für die Kündigung eines Mietvertrags durch den Mieter offengelassen (so aber PALANDT/WEIDENKAFF § 573c Rn 10).

Die Entscheidung des BGH vom 17. 2. 2005 (Werbevertrag) trifft zwar für die meisten Kündigungserklärungen wohl das richtige Ergebnis, verkennt aber, dass der Gesetzgeber mit § 193 BGB einen Kompromiss zwischen der Rechtssicherheit einerseits und dem Interesse an der Aufrechterhaltung der Sonntagsruhe andererseits treffen wollte. Die einseitige Betonung der Rechtssicherheit und Rechtsklarheit geht damit am Willen des Gesetzes vorbei. Passender erscheint es, danach zu fragen, ob der Adressat der Kündigung im Hinblick auf die Sonntagsruhe schutzbedürftig ist.

bb) Wird durch die *Kündigung eines Arbeitsvertrags* für den Adressaten eine *Kündigungsschutzfrist* ausgelöst, so ist insoweit die Anwendbarkeit des § 193 BGB zu verneinen, als dem Adressaten der ungeschmälerte Schutz dieser Frist zugute kommen muss. Es darf die Kündigungsfrist nicht durch eine wegen § 193 BGB spätere Kündigung gekürzt werden (BGH 28. 9. 1972 – VII ZR 186/71, BGHZ 59, 265, 267 f; 17. 2. 2005 – III ZR 172/04, NJW 2005, 1354, 1355; BAG 24. 10. 2013 – 2 AZR 1057/12, NZA 2014, 725, 729 Rn 48; LAG Mecklenburg-Vorpommern 9. 10. 2014 – 5 Sa 74/14, juris Rn 75; WALDENFELS ArbRAktuell 2015, 189; STÜCK Arbeit und Arbeitsrecht 2015, 375; BOEMKE JuS 2014, 1130, 1132; ders BB 16

2014, 2999, 3002 f; ders jurisPR-ArbR 12/2016 Anm 3). Eine am 2. Mai erklärte Kündigung beendet daher zB bei einmonatiger Kündigungsfrist das Arbeitsverhältnis erst zum 30. Juni, nicht schon – wie es die Feiertagsregel des § 193 BGB nahe legen würde – einen Monat früher. Es kommt nicht darauf an, ob die Kündigungsfrist auf Gesetz, Tarifvertrag oder Einzelvertrag beruht (BAG 5. 3. 1970 – 2 AZR 112/69, BAGE 22, 304–311; LAG Düsseldorf 9. 8. 1960 – 8 Sa 174/60, DB 1960, 1218 f; LAG Köln 26. 10. 2001 – 11 Sa 832/01, NZA-RR 2002, 355, 356). Der Bundesgerichtshof teilt diese Auffassung für das Handelsvertreterverhältnis (BGH 28. 9. 1972 – VII ZR 186/71, BGHZ 59, 265, 267 f).

17 cc) Sofern durch die *Kündigung eines Mietvertrags* eine gesetzliche Schutzfrist ausgelöst wird, zB nach § 574b Abs 2 S 1 BGB, kann § 193 BGB ebenfalls nicht zu Lasten des Kündigungsadressaten angewendet werden. Es gilt also die oben (Rn 15) skizzierte Regel auch hier.

18 Im Mietrecht gibt es allerdings eine Reihe von Kündigungsfristen mit einer flexiblen Dauer in Abhängigkeit von den Werktagen eines Kalendermonats (vgl etwa §§ 573c Abs 1, 573d Abs 2, 580a BGB). Nach § 573c Abs 1 BGB zB ist die ordentliche Kündigung der Miete spätestens am dritten Werktag eines Kalendermonats zum Ablauf des übernächsten Monats für Vermieter und Mieter zulässig. Die gesetzlich eingeräumte **Karenzzeit** begrenzt also die für den Kündigungsadressaten vorgesehene Kündigungsfrist, die demzufolge nur ungefähr drei Monate dauert. Ihre exakte Dauer hängt von der Lage der Werktage am Anfang der Frist ab. Das Ende wird durch § 188 Abs 2 BGB bestimmt. Insbesondere im Lichte der Entscheidung des 3. Zivilsenats des BGH vom 17. Februar 2005 stellt sich die Frage, welche Bedeutung § 193 BGB für den Tag, an dem die Kündigung erklärt werden muss, hat. Dazu werden drei unterschiedliche Auffassungen vertreten, die trotz der erwähnten Entscheidung des 3. Zivilsenats des BGH nicht abschließend geklärt sind (so auch MünchKomm/Häublein § 573c Rn 10):

19 (1) Aus Gründen der Rechtssicherheit und Rechtsklarheit findet § 193 BGB bei der Berechnung der Karenzzeit nach höchstrichterlicher Rechtsprechung keine Berücksichtigung (Schmidt-Futterer/Blank [13. Aufl 2017] § 573c Rn 9 in Anwendung von BGH 17. 2. 2005 – III ZR 172/04, NJW 2005, 1354, 1355; jurisPK-BGB/Becker Rn 29; Schach Grundeigentum 2005, 698, 700). Dies ergebe sich, so meint man, daraus, dass § 193 BGB weder direkt noch analog passe, weil die Kündigungserklärung nicht an einem bestimmten Tag und auch nicht in einer bestimmten Zeit abgegeben werden müsse. Außerdem dürfe die Kündigungsfrist, die ausschließlich dem Schutz des Adressaten diene, nicht beschränkt werden (Schmidt-Futterer/Blank [13. Aufl 2017] § 573c Rn 9, die Argumente der BGH-Entscheidung aufgreifend; zum Problem bereits oben Rn 15). Die Karenzzeit kann nach dieser Auffassung auch an einem Samstag enden, sofern dessen Charakter als Werktag nicht durch einen gesetzlichen Feiertag verdrängt wird (zB 3. Oktober auf einem Samstag; hier wäre unstreitig der 5. Oktober der dritte Werktag).

20 (2) Nach anderer Auffassung sind die Samstage niemals Werktage iSv § 573c Abs 1 BGB, sodass es auf eine Anwendung des § 193 BGB gar nicht ankomme. Die Kündigung könne nur montags bis freitags – sofern diese nicht zugleich Feiertag sind – erklärt werden. Nur dann sei der Zugang der Kündigungserklärung bei einem gewerblichen Vermieter möglich und nur so habe der Kündigende die Chance, innerhalb der Karenzzeit Rechtsrat einzuholen (MünchKomm/Häublein § 573c Rn 13;

ders NZM 2010, 651, 653; vgl auch LG Berlin 3. 3. 1989 – 65 S 204/88, Grundeigentum 1989, 509, zu dieser Entscheidung, die generell Samstage nicht als Werktage betrachtet, vgl die Absicht des Gesetzgebers, die oben Rn 4 referiert wird; LG Aachen 22. 10. 2003 – 6 T 67/03, WuM 2004, 32; BOTTENBERG/KÜHNEMUND ZMR 1999, 221–224). Auch nach dieser Auffassung findet also § 193 BGB keine Berücksichtigung. Dennoch kann die Karenzzeit nach dieser Auffassung niemals an einem Samstag enden.

(3) Richtigerweise findet § 193 BGB bei der Berechnung der Karenzzeit Berücksichtigung. Fällt der erste oder zweite Werktag eines Monats auf einen Samstag, zählt er ganz gewöhnlich in den Lauf der Karenzzeit (BGH 27. 4. 2005 – VIII ZR 206/04, NJW 2005, 2154, 2155; LG Wuppertal 6. 7. 1993 – 16 S 42/93, WuM 1993, 450 [zu § 565 aF]; LG Aachen 22. 10. 2003 – 6 T 67/03, WuM 2004, 32; STAUDINGER/ROLFS [2018] § 573c Rn 12). Da der Gesetzgeber durch die Einräumung der Karenzzeit selbst die Schutzfrist für den Kündigungsadressaten nicht starr bestimmt hat, steht der u a von BLANK (SCHMIDT-FUTTERER/BLANK [13. Aufl 2017] § 573c Rn 9) herangezogene Rechtsgedanke der Anwendung des § 193 BGB nicht entgegen. Auch die vom 3. Zivilsenat des BGH ins Treffen geführten Überlegungen zur Rechtssicherheit verfangen nicht, da man sonst die Anwendung von § 193 BGB generell verwerfen müsste. Da weiterhin die Karenzzeit nur Werktage umfasst, ist allein die Frage zu beantworten, wie ein Samstag, der rechnerisch der dritte Werktag eines Kalendermonats ist, zu berücksichtigen ist. Dass Samstage „Werktage" sind, gilt auch im Mietrecht (BGH 27. 4. 2005 – VIII ZR 254/ 01, NJW 2005, 2154, 2155; 13. 7. 2010 – VIII ZR 129/09, NJW 2010, 2879 Rn 41, 50; vgl oben Rn 5). Dafür, dass der Gesetzgeber in § 573c BGB einen besonderen Werktagsbegriff verstanden wissen wollte, spricht nichts (vgl BGH 13. 7. 2010 – VIII ZR 254/01 lc Rn 50). Die Karenzzeitformulierung geht bereits auf die ursprüngliche Fassung des § 565 BGB beim Inkrafttreten des BGB am 1. 1. 1900 zurück (vgl STAUDINGER/REPGEN/ SCHULTE-NÖLKE/STRÄTZ, BGB-Synopse 1896–2005, 288). Damals war ein Samstag völlig selbstverständlich ein Werktag. Daran hat der Gesetzgeber bei der Einbeziehung der Samstage in den Sonn- und Feiertagsschutz des § 193 BGB nichts ändern wollen (vgl oben Rn 4). Das Argument, dem Kündigenden solle die volle Zeit von drei Tagen zur Überlegung, Vorbereitung und Erledigung so erhalten bleiben, dass er auch Rechtsrat an diesen Tagen einholen könne (vgl oben Rn 20), findet jedenfalls im Gesetz keinen Ausdruck. Vielmehr sollte der Vermieter Gelegenheit haben, das Mietverhältnis noch am Quartalsanfang zu beenden, wenn der Mieter mit der Zahlung des Mietzinses im Rückstand war. Der Mieter sollte hingegen vor allem am Anfang der Mietzeit, unmittelbar nach dem Einzug zum nächsten Termin kündigen dürfen, wenn die Wohnung nicht seinen Bedürfnissen entsprach (JAKOBS/SCHUBERT, Die Beratungen des BGB, Recht der Schuldverhältnisse 2, §§ 433–651 [1980] 546). Im Übrigen bezieht sich § 193 BGB *nur* auf das Fristende und möchte eine Torschlusspanik an einem der privilegierten Tage verhindern. Ansonsten zählen auch Samstage, Sonn- und Feiertage vollständig in die Frist, gleichgültig ob sie lang oder kurz ist. Eine Frist von 30 Tagen zählt beispielsweise völlig unstreitig die Wochenenden mit. *Ist der dritte Werktag eines Monats aber ein Samstag, so bewirkt § 193 BGB die Verlängerung der Karenzzeit bis zum Ablauf des nächsten Werktags* (LG Kiel 2. 12. 1992 – 5 S 165/92, WuM 1994, 542 f; LG Wuppertal 6. 7. 1993 – 16 S 42/93, WuM 1993, 450 [zu § 565 aF]; LG Aachen 22. 10. 2003 – 6 T 67/03, WuM 2004, 32; LG Berlin 22. 2. 2017 – 65 S 395/16, WuM 2017, 215, 216 f; AG Düsseldorf 18. 1. 2008 – 21 C 17001/06, ZMR 2008, 538, 539 m Anm LAMMEL jurisPR-MietR 23/2008 Anm 1; PALANDT/WEIDENKAFF § 573c Rn 10; STAUDINGER/ROLFS [2018] § 573c Rn 12; ausdrücklich offengelassen von BGH 27. 4. 2005 – VIII ZR 254/01, NJW 2005,

2154, 2155). Damit ist zugleich der Einwand der Gegenseite ausgeräumt, die auf die Schwierigkeiten des Zugangs einer Kündigungserklärung bei einem gewerblichen Vermieter hinweist (MünchKomm/HÄUBLEIN § 573c Rn 13). Für den Zugang gilt auch nach der hier vertretenen Auffassung, dass immer ein Werktag, der nicht zugleich Samstag ist, der letzte mögliche Tag in der Frist ist.

22 **Beispiel**: Möchte jemand zum 31. Dezember kündigen, so muss er die Erklärung bis zum Ablauf des dritten Werktags im Oktober erklären. Fällt der Feiertag des 3. Oktobers auf einen Freitag, so dauert die Karenzzeit, in der der Mieter noch zum 31. Dezember kündigen kann, bis Montag, den 6. Oktober um 24.00 Uhr. Zählte man nur die Werktage, würde die Karenzzeit des § 573c Abs 1 BGB am 4. Oktober ablaufen, weil dieser der dritte Werktag im Oktober ist. Aus § 193 BGB ergibt sich die Verlängerung der Karenzzeit bis Montag, den 6. Oktober. Nach der Auffassung des 3. Zivilsenats des BGH (17. 2. 2005 – III ZR 172/04, NJW 2005, 1354, 1355; zustimmend SCHMIDT-FUTTERER/BLANK [13. Aufl 2017] § 573c Rn 9) müsste in diesem Beispiel die Kündigung spätestens mit Ablauf des Samstags, dem 4. Oktober, erklärt worden sein, um zum 31. Dezember zu wirken. Der Gesetzgeber selbst hat aber die im Beispiel den Vermieter begünstigende Schutzfrist durch eine gegenläufige Schutzfrist (Karenzzeit) des die Kündigung erklärenden Mieters eingeschränkt. Fällt der letzte Karenztag auf einen Samstag, wird der Schutzzweck des § 193 BGB, nicht an einem der privilegierten Tage eine Willenserklärung abgeben zu müssen, wirksam. Der Kündigende soll – im Interesse seiner Ungebundenheit nach Beginn des Mietverhältnisses (JAKOBS/SCHUBERT, Die Beratungen des BGB, Recht der Schuldverhältnisse 2, §§ 433–651 [1980] 546) – sofort kündigen können, andererseits durch eine in Werktagen bemessene Karenzzeit vor einer Torschlusspanik geschützt werden. Die Kündigung muss dann bis zum Ablauf des dem Samstag folgenden Werktags, im Beispiel also bis zum Ablauf des Montags, dem 6. Oktober, dem Adressaten zugegangen sein.

23 **dd)** Ist von der Kündigungserklärung keine Schutzfrist zugunsten des Adressaten abhängig, so gilt § 193 BGB uneingeschränkt, zB bei der Kündigung eines Versicherungsvertrags (AG Hamburg 19. 1. 1951 – 7 C 1416/50, VersR 1951, 125; LG Köln 20. 2. 1953 – 15 S 441/52, VersR 1953, 185).

24 **ee)** Der BGH (16. 10. 1974 – VIII ZR 74/73, NJW 1975, 40) hat § 193 BGB auf die Ablehnung der Verlängerung eines Pachtvertrags nach § 595 Abs 5 BGB angewendet, wobei es dort in Wahrheit nicht um eine Kündigung, sondern um ein befristetes Angebot zum Abschluss eines neuen Vertrags gehe (ähnlich BGH 29. 4. 2002 – II ZR 330/00, NJW 2002, 2170). Nichts anderes gilt bei Verlängerungsklauseln in Gewerberaummietverträgen (OLG Dresden 8. 11. 2013 – 5 U 1101/13, NZM 2014, 473, 474).

25 **h)** Ob § 193 BGB auf die **rückwärtslaufende Berechnung von Fristen** Anwendung findet, ist nicht einheitlich zu bewerten:

26 *Manchmal ist die Anwendung des § 193 BGB auf rückwärtslaufende Fristen gesetzlich ausgeschlossen.* So ordnet es zB § 121 Abs 7 AktG für die Fristen im *Aktienrecht* an. Dort hatte man früher darüber diskutiert, ob für die Fristen zur Einberufung der Hauptversammlung einer Aktiengesellschaft (§ 123 Abs 1 AktG), die dreißig Tage vor dem Versammlungstermin geschehen sein muss, sowie die Mitteilung an die Namensaktionäre (§ 125 AktG, 21 Tage gegenüber den institutionellen Anlegern,

14 Tage für registrierte Aktionäre), die Ergänzungsanträge (§ 122 Abs 2 S 3 AktG) Gegenanträge zur Tagesordnung und die Wahlvorschläge (§§ 126 f AktG), die Anmeldung zur Stimmrechtsausübung (§ 123 Abs 2 S 2 AktG) und den Nachweisstichtag (record date) gem § 123 Abs 4 S 2 AktG (21 Tage vor der Versammlung) § 193 BGB Anwendung finde. Mit der Änderung des Fristenregimes im Aktienrecht durch das ARUG vom 29. 5. 2009 (BGBl I 2479) hat der Gesetzgeber die Anwendung des § 193 BGB (wie auch der §§ 187–192 BGB) auf die Berechnung dieser Frist ausgeschlossen, § 121 Abs 7 AktG (zur früheren Rechtslage REPGEN ZGR 2006, 121 ff mwNw; kritisch dazu MIMBERG ZIP 2006, 649 ff). Der Vorteil der neuerlichen Änderung des Fristenregimes im Aktienrecht liegt in seiner Vereinfachung, die sich durch eine einheitliche, rückwärtslaufende Berechnungsweise auszeichnet (ausführlich zu den Problemen des alten und der Regelung des neuen Rechts: FLORSTEDT Der Konzern 2008, 504, 508 ff; die früher nach §§ 124 Abs 1, 125 Abs 1 AktG vorwärtslaufenden Fristen im Vorfeld der Hauptversammlung sind nunmehr der einheitlichen Berechnungsrichtung angepasst worden). Die Abschaffung des Sonn- und Feiertagsschutzes im Zusammenhang mit der Vorbereitung der Hauptversammlung erscheint im Hinblick darauf, dass hier insbesondere die Vorbereitungs- und Reaktionszeit der Aktionäre geschützt werden soll, durchaus gut vertretbar, weil der spezifische Sinn des § 193 BGB, die Torschlusspanik des Betroffenen just an einem Sonn- oder Feiertag zu vermeiden, nicht betroffen ist (in diesem Sinne schon REPGEN ZGR 2006, 121, 133 zum früheren Recht; ausführlich zum Reformanliegen FLORSTEDT Der Konzern 2008, 504, 509 f [sowie SEIBERT/FLORSTEDT ZIP 2008, 2145, 2149], der den Sonn- und Feiertagsschutz im Aktienrecht für nicht zeitgemäß hält und die Vorteile bei der Praktikabilität betont; diesbezüglich ist allerdings zu erinnern, dass auch nach der aktienrechtlichen Abschaffung des Sonn- und Feiertagsschutzes iSv § 193 die Schwierigkeiten des fristgerechten Zugangs von Willenserklärungen bestehen bleiben, vgl § 188 Rn 4–6). Einheitlich gilt nun für die Fristen im AktG, dass der Versammlungstag und der Tag, an dem etwas bekanntgemacht, mitgeteilt, beantragt oder nachgewiesen werden muss, bei der Berechnung der Frist nicht mitgezählt werden. **Beispiel**: Die Hauptversammlung soll am Mittwoch, den 6. Mai 2015 stattfinden. Die Frist zur Einberufung beträgt 30 Tage, wobei in vollen Kalendertagen (nicht Werktagen, SEIBERT/FLORSTEDT ZIP 2008, 2145, 2149) gezählt und der „Tag der Einberufung" (das ist der Tag, an dem die Einberufung bekannt gemacht wird) nicht mitgerechnet wird (§ 123 Abs 1 AktG). § 121 Abs 7 AktG legt fest, dass der Tag der Versammlung nicht mitzurechnen sei. Beginnend mit Dienstag, dem 5. Mai 2015 sind nun 30 Tage zurückzuzählen: Montag, 6. April 2015. Da auch der Tag der Einberufung nicht mitgerechnet wird, muss die Einberufung spätestens am Sonntag, dem 5. April 2015 stattfinden. Nun ist dieser Tag der Ostersonntag. Wenn es der Aktiengesellschaft gelingt, an diesem Tage wirksam die Einberufung bekannt zu machen, was allein aus dem Gesichtspunkt des Zugangs der Einberufung problematisch sein kann, ist die Einberufungsfrist gewahrt.

Auch Art I-1:110 Abs 6 S 2 DCFR (vgl § 186 Rn 22) schließt nach dem Vorbild von Art 3 Abs 4 S 2 EG-FristenVO (vgl § 186 Rn 20) die Berücksichtigung der Sonn- und Feiertagsregelung auf rückwärts zu berechnende Fristen aus. **27**

Soweit die §§ 187 ff BGB nicht ausgeschlossen sind, bleibt die Frage, ob § 193 BGB auch bei der Berechnung rückwärtslaufender Fristen zu beachten ist. Die Lösung muss beim Ordnungsziel des materiellen Rechts ansetzen (so auch FLORSTEDT Der Konzern 2008, 504, 506; SPECKBROCK, Die Frist zur Einbeziehung von Folgesachen in den Scheidungsverbund gem § 137 Abs 2 S 1 FamFG [2013] 123). Dieses Ordnungsziel ist freilich nicht **28** einseitig und stets in der Rechtssicherheit zu erblicken, auch wenn dadurch die Komplexität der Lösung beträchtlich gesteigert wird (nicht unbedingt bis zum „Übermaß", wie FLORSTEDT Der Konzern 2008, 504, 507 zu bedenken gibt, der zwischen Ordnungszielen und der Frage nach Wertungen unterscheiden möchte, eine „teleologische Determination" jedoch aus dem Fristenrecht ausklammern möchte. Allerdings schließt die Feststellung des Ordnungsziels [telos] die Berücksichtigung der komplexen Entscheidungen bzw Wertungen des Gesetzes ein). Problematisch erscheint bei einer rückwärtigen Berechnung einer Frist vor allem die Frage, ob bis zum oder am letzten Tag einer Frist gehandelt werden muss (§ 188 Abs 1 BGB) bzw ob § 193 BGB den Tag vor oder nach dem Feiertag als rechtzeitig definieren möchte. Zunächst ist an den Schutzzweck von § 193 BGB zu erinnern: Die Vorschrift dient primär dem Schutz der (öffentlichen) Sonn- und Feiertagsruhe, auch wenn der BGH den Gesichtspunkt der Gefahr der Verkürzung einer Frist zu Lasten des Leistungspflichtigen in den Vordergrund rückt (17. 2. 2005 – III ZR 172/04, NJW 1354, 1355). Zugleich schützt § 193 BGB auch das Interesse der Einzelnen an der Einhaltung von Ruhezeiten. Niemand soll sich ausgerechnet an einem Sonn- oder Feiertag zum Handeln gezwungen sehen. Insbesondere der Arbeiterschaft soll ein freier Tag – und seit Einführung der Fünf-Tage-Woche: ein freies Wochenende – gesichert werden (vgl oben Rn 3; REPGEN ZGR 2006, 121, 127 f). Grundsätzlich gilt § 193 BGB für alle Fristen, also auch für die rückwärtslaufende Frist. Fällt danach das „rückwärtige" Fristende auf einen Samstag, muss in analoger Anwendung des § 193 BGB der Freitag davor in die Frist einbezogen werden, sodass das Fristende analog § 188 Abs 1 BGB Freitag 0.00 Uhr ist. Zu fragen bleibt aber, ob dieses Ergebnis teleologisch sinnvoll ist. Das ist zu verneinen, wenn das Fristende – wie in § 123 AktG, der erst seit der Änderung durch das ARUG vom 29. Mai 2009 die Anwendung von § 193 BGB ausschließt – lediglich eine angemessene Vorbereitungszeit des Adressaten, zB des Aktionärs, beginnen lassen soll. § 193 BGB möchte eine „Torschlusspanik" am Ende der Frist vermeiden. Das passt für eine rückwärtslaufende Frist nur selten, da die Fristen meistens dem Schutz des Handlungspflichtigen dienen, ist aber in Abhängigkeit von der Norm zu entscheiden, die die Frist selbst (nicht ihre Berechnungsweise) vorschreibt (vgl REPGEN ZGR 2006, 121, 130). Der Ausschluss der Sonn- und Feiertagsregelung für die rückwärtslaufenden Fristen, wie ihn Art I-1:110 Abs 6 S 2 DCFR vorschlägt, ist für den Regelfall de lege ferenda vorzugswürdig, da er den Vorzug sicherer Klarheit hat, auch wenn die Zugangsproblematik (vgl § 188 Rn 4–6) bleibt (BGH 17. 2. 2005 – III ZR 172/04, NJW 2005, 1354 lag ein Streit um den Zugang eines Kündigungsschreibens zugrunde).

29 Ist beispielsweise zu einer Mitglieder- oder Gesellschafterversammlung die **Ladungsfrist** von zwei Wochen vor dem Termin der Versammlung einzuhalten, so dient diese Frist vor allem dazu, den Mitgliedern bzw Gesellschaftern die Vorbereitung der Sitzung zu ermöglichen und eine Prüfzeit einzuräumen (OLG Hamm 14. 3. 2000 – 27 U 102/99, NJW-RR 2001, 105, 107). Das Schutzziel von § 193 BGB wird dadurch nicht berührt. Die Vorschrift des § 193 BGB gilt hier daher nicht (SCHROETER JuS 2007, 29, 32).

29a Nach **§ 5 Abs 3 UmwG** muss ein Verschmelzungsvertrag bzw dessen Entwurf „spätestens einen Monat vor dem Tage der Versammlung der Anteilsinhaber" dem zuständigen Betriebsrat zugeleitet werden. Die **Zuleitungsfrist** ist rückwärts zu berechnen. Der Tag der Versammlung zählt nicht zur Frist (verlängernde Berechnungsweise, § 187 Abs 1 BGB; SIMON, in: SEMLER/STENGEL, Umwandlungsgesetz, [4. Aufl 2017] § 5 Rn 144; TIESLER, in: MAULBETSCH/KLUMPP/ROSE, Umwandlungsgesetz [2. Aufl 2017]

§ 5 Rn 202). Auch hier hängt die Berücksichtigung des § 193 BGB vom Zweck der Frist ab (vgl oben Rn 28). In § 5 Abs 3 UmwG geht es darum, den jeweils zuständigen Arbeitnehmervertretungen Gelegenheit zur Kenntnis- und Stellungnahme zu geben (TIESLER, in: MAULBETSCH/KLUMPP/ROSE, Umwandlungsgesetz, [2. Aufl 2017] § 5 Rn 194; WILLEMSEN, in: KALLMEYER, Umwandlungsgesetz, [6. Aufl 2017] § 5 Rn 74; SIMON, in: SEMLER/STENGEL, Umwandlungsgesetz [4. Aufl 2017] § 5 Rn 140). Das berührt nicht das Schutzziel des § 193 BGB, da die Mitglieder der Arbeitnehmervertretung nicht am rückwärts gerechneten „Fristende" zu einer rechtserheblichen Handlung veranlasst sind. Fällt das Fristende auf einen Samstag oder Sonntag, so genügt die Zuleitung an diesem Tag. § 193 BGB gilt hier nicht (aA SCHARFF BB 2016, 437, 438, die eine Zuleitung am Wochenende kategorisch ausschließt). Es wird allerdings oftmals praktisch schwierig sein, den Zugang des Vertrags(entwurfs) zu bewirken, weil der Zugang die regelhafte Möglichkeit zur Kenntnisnahme voraussetzt. In Betrieben, in denen auch am Wochenende gearbeitet wird, mag es aber auch möglich sein, dass der Betriebsrat an diesen Tagen die Zuleitung zur Kenntnis nehmen kann.

Nach § 51 GmbH sind bei der **Einladung zur Gesellschafterversammlung** Ladungsfristen bzw Ankündigungsfristen zu beachten, die rückwärts zu berechnen sind (dazu schon insbesondere § 188 Rn 8a). Die Frist dient den Mitgliedern der Gesellschaft dazu, entsprechend über ihre Teilnahme etc disponieren zu können. Das kann ohne Verstoß gegen den Zweck des § 193 BGB geschehen, sodass § 193 BGB auch für diese Fristberechnung keine Anwendung findet. Endet die Frist an einem Samstag, Sonntag oder Feiertag, so hat das zwar auf den Fristlauf keine Auswirkung, wohl aber kann es sein, dass an diesen Tagen nicht der Zugang der Einladung oder Ankündigung bewirkt werden kann. Dann muss entsprechend am Werktag zuvor der Zugang stattfinden (im Ergebnis ebenso, aber fälschlich von einer Verschiebung des Fristbeginns sprechend: RÜPPELL/HOFFMANN BB 2016, 645, 648). **29b**

Gem § 3 Abs 2 S 2 BauGB müssen Ort und Dauer der **Auslegung von Bauleitplänen** eine Woche vorher ortsüblich bekannt gemacht werden. Das OVG Lüneburg (4. 11. 2015 – 1 KN 199/13, juris Rn 25 mit Anm THIES, jurisPR-UmwR 2/2016 Anm 4) hat hier für den Fristbeginn § 193 BGB angewendet. Hier gilt analog, was bereits zu den Dispositionsfristen im Gesellschaftsrecht gesagt ist (vgl oben Rn 29a und b). Einerseits ist es nicht richtig, § 193 BGB auf den Fristbeginn zu beziehen, da diese Vorschrift klar nur das Ende regelt. Bei rückwärtslaufenden Fristen ist liegt das Fristende aber zeitlich vor dem Fristbeginn, sodass diese Ungenauigkeit das Ergebnis nicht betrifft. Wichtiger ist aber, dass man die Zugangsproblematik strikt von der Bestimmung des Fristendes trennen muss (§ 188 Rn 8a). In § 3 Abs 2 S 2 BauGB geht es nun nicht um den Zugang einer Willenserklärung, sondern um die ortsübliche Bekanntmachung. Ob diese an einem Sonn- oder Feiertag stattfinden kann, ist eine Frage des Ortsgebrauchs. Das Fristende wird davon nicht berührt. Die Dispositionsmöglichkeit der Öffentlichkeit wird auch dann in vollem Umfang gewahrt, wenn das Fristende auf einen Sonntag fällt und an einem Samstag die Bekanntmachung stattgefunden hat. § 193 BGB gilt hier also nicht, da sein Zweck nicht berührt ist. **29c**

Bei der Mitwirkung eines Anwalts in Straf- oder Bußgeldverfahren verdient dieser eine zusätzliche Gebühr, wenn er „früher als zwei Wochen vor Beginn des Tages, der für die Hauptverhandlung vorgesehen war" den **Einspruch zurücknimmt** (Nrn 4141 und 5115 VV RechtsanwaltsvergütungsG; vgl schon oben § 186 Rn 10). An- **30** genommen, der für die Hauptverhandlung vorgesehene Termin war Montag, der 23. Juni 2014. In analoger Anwendung von § 187 Abs 1 BGB war dieser Tag nicht mitzuzählen. Die Frist begann dann am Sonntag, dem 22. Juni 2014 um 24.00 Uhr ihren zweiwöchigen, rückwärtsgerichteten Lauf. § 193 BGB hat für den Fristbeginn keine Wirkung. Nach § 188 Abs 2 BGB analog endete die Frist dann mit dem Ablauf des Tages der zweiten Woche, welcher durch seine Benennung dem Tag des fristauslösenden Ereignisses, also dem Termin der Hauptverhandlung entspricht. Dieser Tag war mithin wiederum ein Montag, nämlich der 9. Juni 2014. Da nur nach ganzen Tagen zu rechnen ist (§ 188 Abs 1 BGB), endete die Frist auf den ersten Blick am Montag um 0.00 Uhr. Dieser Tag war aber 2014 Pfingstmontag. Es stellt sich mithin die Frage, ob § 193 BGB analog (oder auch der gleichgerichtete § 43 Abs 2 StPO) auf diese Frist anzuwenden wäre mit der Folge, dass die Frist am vorhergehenden Werktag, der nicht zugleich Samstag ist, also Freitag, den 6. Juni 2014 um 0.00 Uhr endete. Das ist zu verneinen. Die Frist schützt einerseits das Gericht vor organisatorischen Schwierigkeiten (BT-Drucks 12/6292, 196), möchte aber andererseits dem Betroffenen möglichst lange Gelegenheit zur Rücknahme des Einspruchs einräumen. § 193 BGB gilt hier also nicht (im Ergebnis ebenso SCHNEIDER DAR 2007, 671, 672). Das hat zur Folge, dass der Betroffene die Rücknahme bis zum Ablauf des Sonntags, dem 8. Juni 2014 um 24.00 Uhr erklären konnte, falls die Erklärung dann wirksam zugehen konnte (zur Zugangsproblematik vgl § 188 Rn 4–6).

Nicht anders verhält es sich mit der Frist zur **Einbeziehung von Folgesachen in den Scheidungsverbund gem § 137 Abs 2 S 1 FamFG**. Danach sind Folgesachen „spätestens zwei Wochen vor der mündlichen Verhandlung im ersten Rechtszug" anhängig zu machen. Die Vorschrift sichert so dem Gericht eine gewisse Zeit zur Vorbereitung des Verhandlungstermins. Unter Berücksichtigung der verlängernden Berechnungsweise, die § 187 Abs 1 BGB (iVm § 222 Abs 1 ZPO und § 113 Abs 1 S 2 FamFG) anordnet, beginnt die Frist, wenn der Verhandlungstermin an einem Dienstag stattfindet, am Montag zuvor um 24.00 Uhr und läuft zurück zum Dienstag der vorvorherigen Woche, an dem sie um 0.00 Uhr endet. Die Folgesache muss deshalb bis zum Montag, 24.00 Uhr anhängig gemacht werden. Ob dieser Tag zufällig ein Feiertag ist, ist nach dem oben Ausgeführten (Rn 28) unerheblich. § 222 Abs 2 ZPO (der insoweit § 193 BGB entspricht) findet in diesem Fall keine Anwendung (so auch mit eingehender Begründung SPECKBROCK, Die Frist zur Einbeziehung von Folgesachen in den Scheidungsverbund gem § 137 Abs 2 S 1 FamFG [2013] 116–125; vgl auch oben § 187 Rn 7 aE).

Ebenso liegt es bei der **Wochenfrist zum Termin gem § 132 Abs 1 S 1 ZPO** (zur Berechnung vgl oben § 187 Rn 7). Ihr Ziel ist die Sicherung einer Mindestvorbereitungszeit des Gegners nach dem Grundsatz der Gewährung rechtlichen Gehörs (DRUCKENBRODT NJW 2013, 2390, 2393 mwNw). Endet zB an einem Montag um 0.00 Uhr, so verschiebt sich dieses Fristende nicht mit Rücksicht auf § 222 Abs 2 ZPO. Gelingt die Zustellung des Schriftsatzes an dem Sonntag, genügt das zur Fristwahrung. Diese Überlegungen gelten analog selbstverständlich auch für die Drei-Tagesfrist nach § 132 Abs 2 ZPO.

2. Leistungen

31 § 193 BGB gilt nicht nur für die Abgabe von Willenserklärungen, sondern auch – und in erster Linie (vgl Entstehungsgeschichte Rn 2) – für die Bewirkung einer Leistung innerhalb einer Frist. Wie schon der ursprüngliche systematische Zusammenhang des § 228 E II zeigt, bezieht sich der Begriff der Leistung auf die Anforderungen an die Erfüllung. Er ist daher identisch mit der Bedeutung in § 362 BGB. Ob die dort geforderte Leistung neben dem tatsächlichen Leistungserfolg auch subjektive Voraussetzungen hat, ist streitig (vgl STAUDINGER/OLZEN [2016] Vorbem 7–15 zu §§ 362 ff; HKK/REPGEN §§ 362 ff Rn 53–63). Mit Rücksicht auf die Freiheit des Schuldners dürfte es richtig sein zu verlangen, dass der Schuldner willentlich in zurechenbarer Weise den Leistungserfolg bewirkt hat (ausführliche Begründung dazu HKK/REPGEN §§ 362 ff Rn 64–72; ders, Freiheit als Ende von Schuld, in: 50 Jahre Koreanisches Zivilgesetzbuch [2011] 153, 165–168). Diese Voraussetzung muss in den Fällen des § 193 BGB spätestens beim Ablauf des dem Fristende folgenden nächsten Werktags erfüllt sein.

3. Die vom Fristende ausgenommenen Tage

a) Soweit § 193 BGB **Samstage** und **Sonntage** betrifft, ist die Regelung ohne 32 weiteres klar. Sie sind bundesweit einheitlich *nach dem Kalender* bestimmt.

Die in § 193 BGB angesprochenen sogenannten **gesetzlichen Feiertage** werden den Sonntagen gleichgestellt. Fällt das Fristende auf einen Feiertag, so läuft die Frist regelmäßig erst am nächstfolgenden Werktag ab. Nicht zu den Feiertagen iSv § 193 BGB zählen hingegen die *kirchlichen* Feiertage, soweit sie nicht zugleich gesetzliche Feiertage sind. Das gilt auch, wenn die kirchlichen Feiertage gesetzlich geregelt sein sollten, wie zB in Baden-Württemberg (§§ 2, 4 FeiertagsG, GBl 1995, 450). Die Relevanz nicht bundeseinheitlicher Feiertage richtet sich nach dem Erklärungs- oder Leistungsort (vgl §§ 269 f BGB). Bei voneinander abweichenden Feiertagsregeln gilt also das Recht des Leistungsortes.

Kraft Bundesgesetzes ist der **3. Oktober** zur Erinnerung an den Einigungsvertrag, 33 der den Beitritt der Länder der ehemaligen DDR zum Bundesgebiet regelte, als Tag der deutschen Einheit staatlich anerkannter allgemeiner (dh gesetzlicher) Feiertag (Art 2 Abs 2 Einigungsvertrag v 31. 8. 1990, BGBl II 889). Er löst den 1953 eingeführten Feiertag am 17. Juni (G v 4. 8. 1953, BGBl I 778) ab.

b) Darüber hinaus gibt es eine Reihe von Tagen, die landesrechtlich *im ganzen* 34 *Bundesgebiet* übereinstimmend als gesetzliche Feiertage anerkannt sind. Die notwendig auf einen Sonntag fallenden Feiertage (Ostern, Pfingsten) können im Zusammenhang mit § 193 BGB außer Betracht bleiben, da diese Tage als Sonntag ohnehin geschützt sind. Zu nennen sind jedoch die kalendermäßig festen Feiertage: **Neujahr** (1. Januar), **1. Mai** und **Weihnachten** (25./26. Dezember). Hinzu kommen einige, im Kalender bewegliche, kirchliche Feiertage, die zugleich gesetzlich anerkannt sind: **Karfreitag, Ostermontag, Christi Himmelfahrt, Pfingstmontag**.

Seit der Abschaffung des Buß- und Bettages als gesetzlichem Feiertag (hierzu 35 MARSCHNER DB 1995, 1026) gab es in den Ländern **Berlin** (§ 1 Abs 1 G über die Sonn- und Feiertage idF v 2. 12. 1994, GVBl 491), **Bremen** (§ 2 Abs 1 G über die Sonn- und Feiertage idF v 29. 11. 1994, GBl 307), **Hamburg** (§ 1 FeiertagsG idF v 20. 12. 1994, GVBl 441), **Niedersachsen** (§ 2 Abs 1 NFeiertagsG v 7. 3. 1995, GVBl 51) und **Schleswig-Holstein** (§ 2 Abs 1 G über die Sonn- und Feiertage idF v 6. 3. 1997, GVOBl 149; Abschaffung des Buß- und Bettages bereits im G v 5. 11. 1996, GVOBl 650) keine anderen Feiertage als die in Rn 33 und 34 aufgezählten Tage. Aus Anlass des

500. Jubiläums des **Reformationstags** am 31. Oktober 2017 haben die Länder Bayern, Baden-Württemberg, Berlin, Bremen, Hamburg, Niedersachsen und Schleswig-Holstein diesen Tag als gesetzlichen Feiertag festgelegt. In Bayern, Baden-Württemberg und Berlin war das einmalig. In den norddeutschen Ländern Bremen, Hamburg, Niedersachsen und Schleswig-Holstein hingegen ist der Reformationstag 2018 dauerhaft als gesetzlicher Feiertag eingeführt worden. Berlin hat 2019 einen abweichenden Weg genommen. Für die Einzelheiten s sogleich unten Rn 36–47.

36 c) In den Bundesländern sind *zusätzlich* zu den in Rn 34 genannten weitere Feiertage gesetzlich anerkannt. Hinsichtlich der Rechtsfolgen in Bezug auf § 193 BGB ist zu beachten, dass sich diese Feiertage **nur** dann **auswirken**, wenn sie dort gelten, **wo der Erklärungs- oder Leistungsort ist.** Läuft zB eine Rechtsmittelfrist am BAG am Fronleichnamstag ab, der in Erfurt kein gesetzlicher Feiertag ist, so muss ein Kläger aus Nordrhein-Westfalen notfalls eben an diesem Feiertag tätig werden (BAG 24. 8. 2011 – 8 AZN 808/11 Rn 5, 8 – Fristende: Donnerstag, 23. Juni 2011, obwohl in Nordrhein-Westfalen dieser Tag ein Feiertag ist).

37 In **Baden-Württemberg** sind nach § 1 FeiertagsG (GBl 1995, 450) zusätzliche gesetzliche Feiertage das Fest Erscheinung des Herrn (6. Januar), Fronleichnam (2. Donnerstag nach Pfingsten) und Allerheiligen (1. November).

38 Regional sehr unterschiedliche Bestimmungen gelten in **Bayern** (G über den Schutz der Sonn- und Feiertage idF v 23. 12. 1994, GVBl 1049; vgl im Übrigen FeiertagsG v 21. 5. 1980, GVBl 1980, 215). Einheitlich gilt als zusätzlicher Feiertag im ganzen Land das Fest Erscheinung des Herrn (6. Januar), das Fronleichnamsfest (2. Donnerstag nach Pfingsten) und Allerheiligen (1. November). Mariä Himmelfahrt (15. August) ist nur in Gemeinden mit überwiegend katholischer Bevölkerung gesetzlicher Feiertag. Im Stadtkreis Augsburg ist auch das Friedensfest am 8. August gesetzlicher Feiertag in Erinnerung an die Wiederherstellung der konfessionellen Gleichberechtigung der Protestanten im Zusammenhang mit dem Westfälischen Frieden von 1648 (dazu: JESSE, Friedensgemälde 1650–1789. Zum Hohen Friedensfest am 8. August in Augsburg [1981]).

38a Nach § 1 Nr 2 G über die Sonn- und Feiertage idF v 30. 1. 2019 (GVBl 2019, 22) ist nunmehr (nur) in **Berlin** der 8. März als Frauentag ein gesetzlicher Feiertag. Nach § 1 Nr 11 desselben Gesetzes ist außerdem einmalig der 8. Mai 2020 als 75. Jahrestag der Befreiung vom Nationalsozialismus und der Beendigung des zweiten Weltkrieges in Europa ein gesetzlicher Feiertag.

39 In **Brandenburg** ist nach dem § 2 G über die Sonn- und Feiertage idF v 19. 12. 1994 (GVBl I 514; die Änderung v 7. 4. 1997, GVBl I 32 betraf nur andere Teile des FeiertagsG) neben den in allen Bundesländern geltenden Feiertagen nur der Reformationstag am 31. Oktober Feiertag.

39a In **Bremen** ist nach § 2 I lit j G über die Sonn- und Feiertage idF v 28. 6. 2018 (GBl 2018, 302) der Reformationstag am 31. Oktober ein gesetzlicher Feiertag.

39b In **Hamburg** ist nach § 1 Nr 8 G über Sonntage, Feiertage, Gedenktage und Trauertage idF v 12. 3. 2018 (GVBl 2018, 63) der Reformationstag am 31. Oktober ein gesetzlicher Feiertag.

In **Hessen** ist nach § 1 HFeiertagsG idF v 26. 11. 1997 (GVBl 1997 I 396) das Fronleichnamsfest am 2. Donnerstag nach Pfingsten ein zusätzlicher Feiertag. **40**

In **Mecklenburg-Vorpommern** gilt nach § 2 Abs 1 FeiertagsG M-V idF v 20. 12. 1994 **41** (GVOBl 342, 1055) dieselbe Regelung wie in Brandenburg: der Reformationstag am 31. Oktober ist der einzige zusätzliche Feiertag.

Auch **Niedersachsen** hat wie Bremen, Hamburg und Schleswig-Holstein den Reformationstag am 31. Oktober als Feiertag eingeführt (§ 2 I lit h Niedersächsisches G über Feiertage idF v 22. 6. 2018, GVBl 2018, 122). **41a**

In **Nordrhein-Westfalen** sind nach § 2 Abs 1 FeiertagsG NW idF v 20. 12. 1994 (GVBl **42** 1114) das Fronleichnamsfest am 2. Donnerstag nach Pfingsten und Allerheiligen (1. November) zusätzliche Feiertage.

In **Rheinland-Pfalz** gilt nach § 2 Abs 1 FeiertagsG idF v 20. 12. 1994 (GVBl 474) **43** dieselbe Regelung wie in Nordrhein-Westfalen.

Im **Saarland** gilt nach § 2 Abs 1 G über die Sonn- und Feiertage idF v 14. 12. 1994 **44** (ABl 1976, 13 ff; 1995, 18) dieselbe Regelung wie in Nordrhein-Westfalen.

In **Sachsen** sind nach dem § 1 Abs 1 G über Sonn- und Feiertage v 10. 11. 1992 **45** (GVBl 536) neben den in allen Bundesländern geltenden Feiertagen der Reformationstag (31. Oktober) und – einzigartig in der Bundesrepublik – der Buß- und Bettag (3. Mittwoch im November) sowie in den durch VO bestimmten Regionen auch das Fronleichnamsfest am 2. Donnerstag nach Pfingsten gesetzliche Feiertage.

In **Sachsen-Anhalt** sind nach § 2 G über die Sonn- und Feiertage idF v 16. 12. 1994 **46** (GVBl 1044) das Fest der Erscheinung des Herrn (6. Januar) und der Reformationstag (31. Oktober) zusätzliche gesetzliche Feiertage.

Schleswig-Holstein hat durch § 2 Abs 1 Nr 8 G über Sonn- und Feiertage idF v 21. 3. **46a** 2018 (GVBl 2018, 69) den Reformationstag am 31. Oktober zum zusätzlichen Feiertag erklärt.

In **Thüringen** schließlich ist nach § 2 ThürFtG idF v 21. 12. 1994 (GVBl 1221) neben **47** den in allen Bundesländern geltenden Feiertagen wie in Brandenburg und Mecklenburg-Vorpommern nur der Reformationstag gesetzlicher Feiertag. In Gemeinden mit überwiegend katholischer Wohnbevölkerung kann der Innenminister durch Rechtsverordnung den Fronleichnamstag als gesetzlichen Feiertag bestimmen. Bis dahin gilt nach § 10 Abs 1 ThürFtG das Fronleichnamsfest in den Gemeinden als gesetzlicher Feiertag, in denen es im Jahre 1994 als solcher begangen wurde. Dazu zählten 93 Gemeinden im Landkreis Eichsfeld, 7 Gemeinden im Unstrut-Hainich-Kreis und 6 Gemeinden im Wartburgkreis, nicht aber die Landeshauptstadt Erfurt, die auch Sitz des BAG ist (BAG 24. 8. 2011 – 8 AZN 808/11 Rn 8).

d) Religiöse bzw **kirchliche Feiertage** außer den in Rn 35–47 aufgeführten sind **48** keine gesetzlichen Feiertage, selbst dann nicht, wenn beide Vertragspartner derselben Konfession angehören (vgl schon für die Zeit vor dem Inkrafttreten des BGB ROHGE [27. 6. 1871] 2, 409, 411). Sie spielen daher für den Fristablauf keine Rolle, unabhängig davon, dass die Feiertagsgesetze der Länder manchen kirchlichen Feiertagen einen gewissen öffentlich-rechtlichen Schutz gewähren, indem beispielsweise öffentliche Sportveranstaltungen oä für bestimmte Tageszeiten untersagt werden. Selbstverständlich können solche kirchlichen Feiertage aber aufgrund privatautonomer Vereinbarung Berücksichtigung finden. Außerdem kann unter Kaufleuten ein religiöser Feiertag durch Handelsbrauch iS des § 346 HGB bindend sein (vgl STAUDINGER/COING[11] Rn 6). Tage wie Heilig Abend (24. Dezember; OVG Hamburg 9. 2. 1993 – Bs VI 4/93, NJW 1993, 1941; VGH Mannheim 24. 11. 1996 – 1 S 1106/86, NJW 1987, 1353) oder Silvester (31. Dezember) fallen ebenso wenig wie der Rosenmontag oder der Faschingsdienstag unter § 193 BGB (VGH München 12. 2. 2008 – 14 ZB 07. 3116; aA für die Auslegungsfrist nach § 3 Abs 2 Satz 1 BauGB LEY BauR 2000, 654, 655, da am letzten Tag der Frist die Einsichtnahme in den Planentwurf möglich sein müsse).

III. Rechtsfolgen

1. Fristverlängerung

49 § 193 BGB ordnet an, es trete an die Stelle eines Sonnabends, Sonntags oder Feiertags der nächste Werktag. Eine **Frist** wird also **um den nächstfolgenden Werktag verlängert**, ein Termin entsprechend verlegt, wenn sonst das *Fristende* bzw der Termin auf einen der in § 193 BGB genannten Tage fiele. Fällt das Fristende auf einen Freitag, der zugleich ein Feiertag ist, so tritt an dessen Stelle der folgende Werktag. Bei Anwendung deutschen Rechts wäre das der folgende Samstag. Aber auch dieser Tag ist nach § 193 BGB ausgenommen. So verschiebt sich das Fristende auf den nächsten Montag um 24. 00 Uhr, wenn dieser Montag nicht seinerseits – wie zB Ostermontag – auch ein Feiertag ist (SOERGEL/NIEDENFÜHR Rn 2). Wenn Samstage, Sonn- und Feiertage in den Lauf der Frist, also nicht auf deren Ende fallen, ist das für die Dauer der Frist ohne Bedeutung (LG Wuppertal 6. 7. 1993 – 16 S 42/93, WuM 1993, 450; PWW/DEPPENKEMPER Rn 4).

Allerdings enthält § 193 BGB, wie es in § 186 BGB ausdrücklich vorgesehen ist, nur eine *Auslegungsregel*. Aus einer rechtsgeschäftlichen Vereinbarung, insbesondere einem Fixgeschäft (so schon Prot II 1, 191), kann die Verpflichtung zur Leistung gerade an einem Sonn- oder Feiertag folgen. Es genügt, wenn dies konkludent vereinbart wird, wie es insbesondere bei Tages- oder Stundenfristen häufig der Fall sein wird (PALANDT/ELLENBERGER Rn 4). – Bei *prozessualen Tages-* und *Stundenfristen* ist allerdings in § 222 Abs 3 ZPO die Berücksichtigung der Ruhe- und Feiertage vorgeschrieben. Wenn an einem Gericht ein dienstfreier Tag stattfindet, der kein gesetzlicher Feiertag ist, so führt das nicht zu einer Verlängerung der Frist bis zum Ablauf des nächsten Werktages (BFH 18. 4. 1996 – V R 25/95, NJW 1997, 416). – Was von den prozessualen Fristen gesagt ist, gilt auch für die im materiellen Recht anzutreffenden Klagefristen (AG Berlin-Schöneberg 26. 10. 2006 – 106 C 208/06, Grundeigentum 2006, 1621 zu § 558b Abs 2). – Zur Bedeutung des § 193 BGB bei der Verlängerung einer prozessualen Frist vgl § 190 Rn 4.

2. Kein Einfluss auf Leistungsannahme

Für die *Leistungsannahme* gilt auf der Empfängerseite bei Handelsgeschäften § 358 **50** HGB, wonach Leistungen nur während der Geschäftszeit angenommen werden müssen. Andere Empfänger müssen Leistungen nach Maßgabe des § 294 BGB nur *zur angemessenen Zeit* annehmen; gem § 271 BGB können Treu und Glauben und die Verkehrssitte eingreifen (Soergel/Niedenführ Rn 4). § 193 BGB ändert diese Regeln ebenso wenig wie diejenigen des Zugangs von *Willenserklärungen* (dazu § 188 Rn 4–8). Eine Verpflichtung zu besonderen Empfangsvorkehrungen an den Tagen des § 193 BGB ist nicht aus dieser Vorschrift ableitbar. – Zur Situation nach Art 3 Abs 2 Europäisches Übereinkommen über die Berechnung von Fristen und nach Art 1:304 Abs 3 S 2 PECL vgl § 188 Rn 3a.

3. Kein Ablehnungsrecht

§ 193 BGB soll nur den Erklärenden oder Leistenden begünstigen. Dies bedeutet, **51** dass der Adressat bzw Leistungsempfänger durch § 193 BGB *kein besonderes Ablehnungsrecht* an Ruhe- oder Feiertagen erhält (vgl Palandt/Ellenberger Rn 5; BGB-RGRK/Johannsen Rn 8; MünchKomm/Grothe Rn 13; aA Schroeter JuS 2007, 29, 33 unter Hinweis darauf, dass auch die Sonntagsruhe des Gläubigers geschützt sei). Ob der Gläubiger zur Mitwirkung verpflichtet ist, bestimmt sich nach dem Inhalt des Rechtsgeschäfts unter Berücksichtigung von Treu und Glauben. Der Gesetzgeber meinte zwar, der Gläubiger könne mit demselben Recht wie der Schuldner Schutz gegen eine Störung der Sonntagsruhe fordern, aber er hielt dafür, es werde dies durch die Verkehrssitte eine befriedigende Lösung finden (Prot II 1, 193), sodass auch die Entstehungsgeschichte der hier vertretenen Auffassung nicht entgegensteht.

4. Fälligkeit

Uneinheitlich wird der Einfluss von § 193 BGB auf den Eintritt der Fälligkeit beur- **52** teilt. Fälligkeit bezeichnet dabei denjenigen Zeitpunkt, von dem ab der Gläubiger die Leistung verlangen kann (Palandt/Grüneberg § 271 Rn 1). Wann eine Leistung fällig wird, ist in erster Linie Auslegungsfrage. Sofern ein besonderes Leistungsinteresse an einem der Tage des § 193 BGB besteht, bleibt § 193 BGB ohne Beachtung. Besteht aber keine besondere Vereinbarung oder hat das Geschäft sonst keinen fixen Charakter, so gilt für die Leistungspflicht § 193 BGB. Die Leistung kann dann nicht vor dem Ablauf von Samstag, Sonntag oder Feiertag verlangt werden. Das entspricht gerade dem Schutzzweck der Wahrung der Sonntagsruhe. § 193 BGB bewirkt daher eine Fristverlängerung. Der Leistungserfolg muss erst am folgenden Werktag eintreten. Endet eine Leistungsfrist, zB für die Vergütung, an einem der Tage des § 193 BGB, so verschiebt sich der Fälligkeitstag auf den nächsten Werktag (so BAG 15. 5. 2001 – 1 AZR 672/00, MDR 2001, 1419 f; BGH 1. 2. 2007 – III ZR 159/06, NJW 2007, 1581, 1583 Rn 24 – Telekom, m Anm Schroeter EWiR 2007, 515 sowie Artz LMK 2005, 85; 30. 11. 2010 – VIII ZR 293/08 Rn 12; BAG 19. 11. 2014 – 5 AZR 121/13, NZA-RR 2015, 255, 257 Rn 32 f; BAG 19. 5. 2015 – 3 AZR 891/13, BeckRS 2015, 71026 Rn 45; BAG 19. 5. 2015 – 3 AZR 892/13, BeckRS 2015, 71027 Rn 24; BAG 13. 1. 2016 – 10 AZR 42/15, juris Rn 27; LAG Mecklenburg-Vorpommern 24. 1. 2008 – 1 Sa 168/07 Rn 32 – Zahltag; Schroeter JuS 2007, 29, 33; Palandt/ Ellenberger Rn 5; MünchKomm/Grothe Rn 13; jurisPK-BGB/Becker Rn 41).

53 Gelegentlich wird verallgemeinernd ein Einfluss des § 193 BGB auf den Fälligkeitstermin geleugnet (Soergel/Niedenführ Rn 6; so wohl auch obiter BGH 10. 5. 2001 – XII ZR 60/99, NJW 2001, 2324, 2325; **aA** – ohne Begründung – Boujong-Ebenroth-Joost/Kindler § 353 HGB Rn 14). Diese Auffassung ist jedoch mit dem Begriff der Fälligkeit schwerlich vereinbar, denn eine Forderung ist dann fällig, wenn der Gläubiger die Bewirkung der Leistung verlangen darf (BGH 19. 12. 1990 – VIII ARZ 5/90, BGHZ 113, 188, 191 f; Staudinger/Bittner [2014] § 273 Rn 25; Staub/Canaris § 353 HGB Rn 14). Nach § 193 BGB darf der Gläubiger eben gerade nicht die Leistung schon am Samstag oder Sonntag oder Feiertag verlangen, wenn es nicht besonders ausdrücklich oder konkludent vereinbart worden ist; die Leistung ist noch nicht fällig. Eine Differenzierung zwischen der Zeit der Zahlungspflicht und dem Fälligkeitstermin ist begrifflich nicht möglich (zustimmend BGH 1. 2. 2007 – III ZR 159/06, NJW 2007, 1581, 1583 Rn 25). Das Gesetz möchte durch die Verlagerung des Fälligkeitszeitpunktes den Schuldner davor bewahren, entweder die Sonn- und Feiertagsruhe zu stören oder aber Nachteile, wie evtl die Verpflichtung zur Zahlung von Verzugszinsen, in Kauf nehmen zu müssen. Würde der Fälligkeitstermin nicht durch § 193 BGB verschoben, realisierten sich aber gerade solche Nachteile (BGH 1. 2. 2007 – III ZR 159/06, NJW 2007, 1581, 1583 Rn 25). – Das gilt auch für die Verpflichtung zur Zahlung von *Fälligkeitszinsen* nach § 353 S 1 HGB. Sie entsteht erst mit der Fälligkeit der Forderung, die aber nicht an einem der Tage des § 193 BGB eintreten kann, solange nichts anderes vereinbart ist (BGH 1. 2. 2007 – III ZR 159/06, NJW 2007, 1581, 1584 Rn 30).

54 Einigkeit besteht aber im Ergebnis darüber, dass die am folgenden Werktag nachgeholte Leistung nicht auf den ursprünglichen Fälligkeitstermin zB am vorausgegangenen Samstag zurückwirkt. Wer ein Darlehen eigentlich am Samstag zurückzuzahlen hat, aber wegen § 193 BGB mit befreiender Wirkung am Montag zahlt, muss auch für Samstag und Sonntag *Darlehenszinsen* entrichten, gerät aber nicht in Verzug (so der Fall in OLG Frankfurt 23. 1. 1975 – 1 U 79/74, NJW 1975, 1971 f – mit dieser Entscheidung lässt sich die in Rn 52 erläuterte Auffassung eines Teils der Kommentarliteratur nicht begründen, weil die Verpflichtung zur Zahlung der Darlehenszinsen nicht auf der Fälligkeit der Rückzahlung beruht). – Zur Fälligkeit des Mietzinses vgl oben Rn 5.

5. Verzug

55 Nach § 286 Abs 3 S 1 BGB tritt nach Ablauf von dreißig Tagen nach Fälligkeit und Zugang einer Rechnung Verzug ein mit der Folge, dass vom einunddreißigsten Tag an Verzugszinsen nach § 288 BGB zu zahlen sind. Nach verbreiteter Auffassung gilt für diese Dreißigtagefrist nicht § 193 BGB (LG Bonn 1. 4. 2005 – 11 O 112/04; Beck-OK/ Lorenz § 286 Rn 47; U Huber JZ 2000, 743, 744). Begründet wird diese Auffassung im Wesentlichen damit, die Dreißigtagefrist verschiebe nicht die Fälligkeit und damit die Leistungspflicht des Schuldners, sondern setze nur fest, wann der Verzug eintrete. Die Leistung sei „sofort" nach Fälligkeit zu bewirken (U Huber JZ 2000, 743, 744 Fn 8). Zuzugeben ist, dass die Fälligkeit von der Regelung in § 286 Abs 3 S 1 BGB unabhängig und die Leistung einklagbar ist. Zugleich gilt aber auch, dass die *Verzugsfolgen* nach dieser Vorschrift an eine weitere Frist gebunden werden. Sie setzen den Verzugseintritt voraus. Nichts hindert den Gesetzgeber, im Anschluss an die Fälligkeit eine weitere Frist beginnen zu lassen, deren Ablauf über den Eintritt der Verzugsfolgen entscheidet. Diese Verzugsfrist berechnet sich als Tages-, nicht Monatsfrist, nach den Vorschriften der §§ 187 ff BGB. Hätte der Gesetzgeber etwas anderes gewollt, hätte er dem Ausdruck verleihen müssen. Daher verschiebt sich gem § 193 BGB der Verzugseintritt auf den nächstfolgenden Werktag, wenn die Dreißigtagefrist auf einen Samstag, Sonn- oder Feiertag fällt (BGH 1. 2. 2007 – III ZR 159/06, NJW 2007, 1581, 1583 f Rn 27–30; Palandt/Grüneberg § 286 Rn 30; MünchKomm/Ernst § 286 Rn 89 [seit 6. Aufl]; PWW/Schmidt-Kessel § 286 Rn 21; Staudinger/Löwisch/Feldmann [2014] § 286 Rn 109; Erman/Hager § 286 Rn 54; Jauernig/Stadler § 286 Rn 34).

Nichts anderes ergibt sich aus dem Urteil des EuGH 01051 Telecom vs Deutsche Telekom (3. 4. 2008 – C-306/06, NJW 2008, 1935, 1936 Rn 28, 32 m zust Anm Staudinger DNotZ 2009, 198 ff sowie m Anm Gsell GRP 2008, 165 ff), das im Zusammenhang mit dem oben Rn 52 erwähnten, vom BGH am 1. Februar 2007 (III ZR 159/06, NJW 2007, 1581) entschiedenen, Rechtsstreit steht. Der EuGH hatte sich auf Vorlage des OLG Köln mit der Frage zu beschäftigen, zu welchem Zeitpunkt eine Zahlung durch Banküberweisung als rechtzeitig bewirkt anzusehen sei, sodass keine Verzugszinsen nach Art 3 Abs 1 lit c Ziff ii der Richtlinie EG 2000/35 zu zahlen seien. Hinsichtlich der Verpflichtung zur Zahlung von Zinsen aus dem zwischen den Parteien geschlossenen Fakturierungs- und Inkassovertrag hatte das OLG durch Teilurteil entschieden, womit sich der BGH in seinem Revisionsurteil zu beschäftigen hatte. Das Urteil des EuGH behandelt und bejaht die Frage, ob für die Leistungsbewirkung die Gutschrift auf dem Konto des Empfängers erforderlich ist. Welche Auswirkung hingegen das Ende der Dreißigtagesfrist an einem Samstag, Sonn- oder Feiertag für die Auslösung der Verzugsfolgen hat, war nicht Gegenstand des EuGH-Urteils. Es ist aber daran zu erinnern, dass **Art 3 Abs 4 EG-FristenVO** (vgl § 186 Rn 20) **völlig parallel zu § 193 BGB** liegt, soweit vorwärtslaufende Fristen betroffen sind. Also ist auch bei gemeinschaftsrechtskonformer Auslegung von § 286 Abs 3 BGB die Vorschrift des § 193 BGB für den Ablauf der Dreißigtagefrist zu beachten (vgl OLG Köln 21. 4. 2009 – 18 U 78/05 Rn 45).

6. Weitere Einzelfälle der Anwendung von § 193

Die Zweitagesfrist zugunsten der Behörde für die Entscheidung über die *Einreise* **56** *eines Ausländers* auf dem Luftweg gemäß § 18a Abs 6 Nr 2 AsylVfG kann nicht an einem Samstag, Sonntag oder Feiertag ablaufen (VG Frankfurt 13. 2. 2001 – 9 G 433/01.AF [1], AuAS 2001, 118–120). – Das Fristende für die Stellung eines Antrags auf Fortführung eines *Widerspruchsverfahrens* richtet sich nach § 193 BGB (VG Frankfurt 9. 9. 1999 – 15 E 4015/96, NVwZ-RR 2000, 262 f). – Fällt das Ende der Dreitagesfrist des § 122 Abs 2 Nr 1 AO *(Fiktion der Bekanntgabe eines Verwaltungsaktes* bei postalischer Übermittlung) auf einen der Tage des § 193 BGB (bzw des inhaltsgleichen § 108 Abs 3 AO), so verlängert sich die Frist entsprechend bis zum nächsten Werktag (BFH 14. 10. 2003 – IX R 68/98, BStBl II 2003, 898; bestätigt von BFH 9. 11. 2005 – I R 111/04, NJW 2006, 1615, 1616 [zu diesem Urteil bereits § 187 Rn 5 und § 188 Rn 6]; FG Brandenburg 7. 9. 2004 – 6 K 2047/02, EFG 2005 Nr 569). Das soll aber nach der Auffassung des BFH (9. 11. 2005 – I R 111/04, NJW 2006, 1615, 1616) jedoch nicht gelten, wenn es nicht auf die Zugangsvermutung nach § 122 Abs 2 Nr 1 AO ankomme, sondern auf den Tag des tatsächlichen Zugangs. Dann sehe das Gesetz keine Verschiebung auf den nächstfolgenden Werktag vor. Diese Differenzierung wird zwar in der Praxis nunmehr Beachtung verlangen, überzeugt aber nicht. Plausibel ist, dass es in den Fällen, in denen der Zugang nicht anhand der Dreitagefrist fingiert werde, gar nicht um eine Frist gehe (BFH 9. 11. 2005 – I R 111/04, NJW 2006, 1615, 1616). Die Bekanntgabewirkung einer

Zustellung eines Bescheides an eine Firma an einem arbeitsfreien Samstag bleibt hingegen zweifelhaft (vgl oben § 188 Rn 6).

7. Einzelfälle der Nichtanwendung von § 193

57 Für den *Fristbeginn* ist § 193 BGB ohne Bedeutung. Eine Frist kann daher auch an einem Samstag, Sonntag oder Feiertag zu laufen beginnen (BFH 28. 11. 2007 – IX B 175/ 07 Rn 3). So setzt zB die Zustellung eines Widerspruchsbescheids an einem Samstag die einmonatige Klagefrist in Lauf, und zwar auch dann, wenn die Zustellung außerhalb der Geschäftszeit durch Einlegung in den Briefkasten gem § 180 S 2 ZPO fingiert wird (AnwGH Hessen 20. 8. 2015 – 1 AGH 14/12; in diesem Sinne auch OVG Rheinland-Pfalz 30. 10. 2014 – 10 A 11170/13, juris Rn 36 mwNw; BPatG 24. 2. 2017 – 7 W [pat] 22/16, BlPMZ 2017, 264, 265). – Auf *Stichtagsregelungen* ist § 193 BGB nicht anwendbar (OVG Münster 15. 7. 2010 – 12 A 617/09 Rn 16 zu § 18b Abs 3 BAFöG; AG Ludwigslust 13. 12. 2001 – 2 C 8/01 zu § 10 Abs 1 MeAnlG), solange nicht an dem Stichtag eine Erklärung abgegeben oder eine Leistung erbracht werden muss. – Die *Sperrfrist des § 88 InsO* wird nach § 139 InsO ohne Rücksicht auf Wochenenden und Feiertage berechnet. § 193 BGB gilt hier nicht (LG Berlin 25. 9. 2001 – 86 T 574/01, ZIP 2001, 2293 f). – Die *Geltendmachung der Nichtigkeit* eines Hauptversammlungsbeschlusses einer Aktiengesellschaft ist nach Ablauf von drei Jahren ausgeschlossen, § 242 Abs 2 S 1 AktG. Diese Frist läuft nach Auffassung des OLG Düsseldorf ohne Rücksicht auf § 193 BGB ab (5. 4. 2001 – 6 U 91/ 00, DB 2001, 2086 f). Dasselbe gilt für die rückwärts zu berechnenden Fristen nach §§ 121 ff AktG (vgl oben Rn 26). – Enthält ein *Urteil* entgegen den gesetzlichen Bestimmungen *keine Gründe,* beruht es auf einer Verletzung des Rechts (zB §§ 547 Nr 6 ZPO, 138 Nr 6 VwGO). Nach Auffassung der Rechtsprechung liegt dieser Fall auch dann vor, wenn die Entscheidungsgründe nicht innerhalb von fünf Monaten nach der Verkündung schriftlich niedergelegt, vom Richter unterschrieben und der Geschäftsstelle zur Zustellung übergeben worden sind, weil sonst die Gefahr bestehe, dass aufgrund von Erinnerungslücken die schriftlichen Urteilsgründe nicht mehr beurkunden, was zuvor auf der Grundlage der mündlichen Verhandlungen und der Beratung geurteilt worden ist (GemS-OGB 27. 4. 1993 – GmS-OGB 1/92, NJW 1993, 2603, 2604 f). Die Fünfmonatsfrist endet mit Ablauf desjenigen Tages des letzten der fünf Monate, der der Zahl nach dem Tag der Verkündung des Urteils entspricht, wie es § 188 Abs 2 BGB entspricht. Ob dieser Tag ein Samstag, Sonn- oder Feiertag ist, spielt für den Fristablauf entgegen § 193 BGB keine Rolle, da die fünf Monate eine äußerste Grenze darstellen und das Erinnerungsvermögen nicht nur an Werktagen abnimmt. Im Interesse der Rechtssicherheit wird diese Grenze starr, unabhängig vom Einzelfall, gezogen (BAG 17. 2. 2000 – 7 AZR 734/97, BB 2000, 1683, 1684; BSG 17. 2. 2009 – B 2 U 189/08 B). – Für *Zehnjahresfrist des § 14 Abs 1 S 1 ErbStG,* die durch den Letzterwerb ausgelöst wird, kommt es trotz § 108 Abs 3 AO nicht darauf an, ob die rückwärtslaufende Frist an einem Samstag, Sonn- oder Feiertag endet, weil der Zweck von § 14 Abs 1 ErbStG die Berechnung der Schenkungssteuer für den Letzterwerb ist. Der Zeitraum des Vorerwerbs hat nichts mit dem Schutzziel von § 193 BGB bzw dem insoweit gleichen § 108 Abs 3 AO zu tun (BFH 28. 3. 2012 – II R 43/11 Rn 18 f, zur Berechnung des Fristendes in diesem Fall s oben § 188 Rn 21). – § 193 BGB ist für den in *§ 11 Abs 1 und 2 EStG* festgelegten Zeitraum des Zu- oder Abflusses von Geld ohne Bedeutung, weil es schon tatbestandlich weder um eine Erklärung noch eine Leistung geht (BFH 11. 11. 2014 – VIII R 34/12, DStR 2015, 215, 217 Rn 18, vorgehend FG Hannover 24. 2. 2012 – 3 K 468/11 Rn 22; FG Sachsen 30. 11. 2016 – 2 K 1277/16, DStRE 2018, 402,

403; Pezzer BFH/PR 2015, 136; Möller EStB 2015, 84). – Bei der Berechnung der Rückfrist für den *Verbund von Scheidungs- und Folgesachen* gem § 137 Abs 2 FamFG bleibt § 193 BGB unberücksichtigt (OLG Brandenburg 20. 12. 2011 – 13 UF 128/11 Rn 8). – Ist in einem *Wohnungsmietvertrag* als *Anfangstermin* ein Datum festgelegt, das auf einen Sonntag fällt, muss die Übergabe im Zweifel spätestens zu diesem Tag ohne Rücksicht auf § 193 BGB geschehen (LG Berlin 16. 3. 2012 – 65 S 219/10 Rn 5). – Auf die *Höchstüberlassungsdauer* bei einem Zeitarbeitnehmer im Sinne von § 1 Abs 1b S 1 AÜG (dazu auch oben § 191 Rn 1a–1d). findet bei der Bestimmung des Fristendes § 193 BGB keine Anwendung, da die Leistung der Zeitarbeitsfirma (nämlich die Überlassung) nicht in einer bestimmten Frist erbracht werden muss (Pütz DB 2016, 425, 426; Ulrici, Arbeitnehmerüberlassungsgesetz [2017] § 1 Rn 95; **aA** Lembke NZA 2017, 1, 4, jedoch ohne Begründung dieses Punktes). Der Schutzzweck des § 193 BGB wird in diesem Fall nicht berührt.

Abschnitt 5
Verjährung

Vorbemerkungen zu §§ 194–225

Schrifttum

AMELOTTI, La prescrizione delle azioni in diritto romano (1958)
BALDUS, Anspruch und Verjährung – Geschichte und System, in: Verjährungsrecht in Europa (2011) 5
BECKER/BADER, Bedeutung der gesetzlichen Verjährungsfristen und tariflichen Ausschlussfristen im Kündigungsrechtsstreit, BB 1981, 1709
BIRR, Verjährung und Verwirkung (2. Aufl 2006)
BRENNER, Die exceptio doli generalis in den Entscheidungen des Reichsgerichts (Diss Frankfurt 1926)
BUCHKA, Der unvordenkliche Besitz des gemeinen deutschen Zivilrechts (1841)
BÜDENBENDER, Die Verjährung zivilrechtlicher Ansprüche, JuS 1997, 481
CHAB, in: ZUGEHÖR/FISCHER/VILL/FISCHER/RINKLER/CHAB, Handbuch der Anwaltshaftung (3. Aufl 2011) Rn 1263 ff
DANCO, Die Perspektiven der Anspruchsverjährung in Europa (Diss Berlin 2001)
DÖRNER, Die Verjährung (2. Aufl 1962)
DÖRR, Die Verjährung vermögensrechtlicher Ansprüche im öffentlichen Recht, DÖV 1984, 12
ERDSIEK, Verjährungseinrede, NJW 1959, 471
D FISCHER, in: ZUGEHÖR/FISCHER/VILL/FISCHER/RINKLER/CHAB, Handbuch der Anwaltshaftung (3. Aufl 2011) Rn 2075 ff
GAUL, Tarifliche Ausschlussfristen (1964)
GRAWEIN, Verjährung und gesetzliche Befristung (1880)
GRUNSKY, Ausschlussfristen und Verjährung, in: FS Kissel (1994) 281
GUCKELBERGER, Die Verjährung im öffentlichen Recht (2004)
HACHEM, Verjährungs- und Verwirkungsfragen bei CISG-Verträgen, IHR 2017, 1
HAENICKE, Zur Einrede der Verjährung im öffentlichen Recht, NVwZ 1995, 348
HEYMANN, Das Vorschützen der Verjährung (1895)
HOCHE, Unstimmigkeiten im Verjährungsrecht, in: FS H Lange (1970) 241
HÖLDER, Die Normierung der Verjährung im Entwurfe eines bürgerlichen Gesetzbuchs für das Deutsche Reich, ArchBürgR 11, 217
JAHNKE, Verjährung und Verwirkung im Schadensersatzrecht, VersR 1998, 1343, 1473
JAHR, Die Einrede des bürgerlichen Rechts, JuS 1964, 125, 218, 293
KARAKANTAS, Die Verwirkung (1938)
KEGEL, Verwirkung, Vertrag und Vertrauen, in: FS Pleyer (1986) 513
KLEIN/MOUFANG/KOOS, Ausgewählte Fragen zur Verjährung, BauR 2009, 333
KLEINSCHMIDT, Einheitliche Verjährungsregeln für Europa?, AcP 213 (2013) 538
KRANZ, Verjährung von öffentlich-rechtlichen Unterlassungsansprüchen, NVwZ 2018, 864
KOCH/BEHR, Zivilrechtliche Verjährung trotz strafrechtlicher Unverjährbarkeit, JZ 2018, 702
LANDFERMANN, Das Uncitral-Abkommen über die Verjährung beim internationalen Warenkauf, RabelsZ 39 (1975) 253
LANGE, Die verwaltungsrechtliche Verjährung (1984)
LANGER, Gesetzliche Ausschlussfristen im Arbeitsrecht (1993)
LARENZ, Unvordenkliche Verjährung und Wasserbenutzungsrecht, NJW 1955, 1786

LAWSON, Zeitablauf als Rechtsproblem, AcP 159 (1960/61) 97

LEENEN, § 477: Verjährung oder Risikoverlagerung (1997)

LOHBECK, Zur Frage der Verjährungseinrede von Körperschaften des öffentlichen Rechts, NJW 1965, 1575

MOUFANG, Das Verhältnis der Ausschlussfristen zur Verjährung: Ein ausgewähltes Rechtsproblem aus der Inhaltskontrolle vertraglicher Ausschlussfristen (Diss Frankfurt aM 1996)

MÜGGENBORG/HORBACH, Die Verwirkung des Widerrufsrechts bei Immobiliendarlehen, NJW 2015, 2145

NABHOLZ, Verjährung und Verwirkung als Rechtsuntergangsgründe infolge Zeitablaufs (Diss Zürich 1961)

NAENDRUP, Die Verjährung als Rechtsscheinswirkung, JherJb 76, 237

NOLL, Zur Verjährung von Erfüllungsansprüchen aus Dauerschuldverhältnissen und anderen Ansprüchen auf eine dauernde Leistung (2003)

NÖRR, Die Entstehung der longi temporis praescriptio (1989)

OETKER, Die Verjährung. Strukturen eines allgemeinen Rechtsinstituts (1994)

OMLOR, Erlöschen des „ewigen" Widerrufsrechts bei Immobiliardarlehensverträgen, NJW 2016, 1265

PETERS, Die Verjährung im Familien- und Erbrecht. Eine exemplarische Fragestellung, AcP 208 (2008) 37

PIEKENBROCK, Befristung, Verjährung, Verschweigung und Verwirkung (2006)

RAKE, Die Renaissance des Umstandsmoments in der BGH-Rechtsprechung zur Verwirkung von Unterhaltsrückständen, FuR 2018, 446

REGELSBERGER, Zur Lehre von der Wirkung der Anspruchsverjährung, JherJb 41, 328

REMIEN (Hrsg), Verjährungsrecht in Europa – zwischen Bewährung und Reform (2011)

RIEZLER, Venire contra factum proprium (1912)

ROLL, Wandlungen im Verjährungsrecht, WM 1977, 1214

ROSENBERG, Verjährung und gesetzliche Befristung (1904)

ROTH, Die Einrede des Bürgerlichen Rechts (1988)

RUTZ, Die Wesensverschiedenheit von Verjährung und gesetzlicher Befristung, AcP 101 (1907) 405

ders, Zum Begriffe der Verjährung, ArchBürgR 33, 302

SÄCKER, Fristenhemmung und Fristenrestitution im Zivil- und Zivilprozessrecht, ZZP 80 (1967) 421

SALZMANN, Die zivilrechtliche Verwirkung durch Nichtausübung (Diss München 2014)

SCHERER-LEYDECKER/LABORANOWITSCH, Die Verjährung subventionsrechtlicher Rückforderungsansprüche, NVwZ 2017, 1837

SCHMIDT, Die Unvordenklichkeit, ihr Ursprung und ihre Beziehungen zur Verschweigung und zum Rechtsbesitz (Diss Münster 1913)

SCHNEGRAF, Verjährung öffentlich-rechtlicher Forderungen, DVBl 1959, 803

SCHWINTOWSKI, Aktuelle Verjährungsfragen aus dem Bank- und Kapitalmarktrecht, BKR 2009, 89

SIEBERT, Verwirkung und Unzulässigkeit der Rechtsausübung (1934)

SPIRO, Die Begrenzung privater Rechte durch Verjährungs-, Verwirkungs- und Fatalfristen, 2 Bde (1975)

STUMPF, Die Verjährung öffentlichrechtlicher Ansprüche nach der Schuldrechtsreform, NVwZ 2003, 1198

STURM, Die Verjährung von Schadensersatzansprüchen der Gesellschaft gegen Leitungsorganmitglieder gemäß §§ 93 Abs 6 AktG, 43 Abs 4 GmbHG, 34 Abs 6 GenG (Diss Jena 2005)

vSPRECKELSEN, Verjährung von Fristenablauf, JZ 1951, 298

ders, Verjährung und Fristenablauf nach dem Gesetz vom 28. Dezember 1960, JZ 1951, 76

UCHIKE, Das japanische Recht heute und seine Entwicklung unter europäischem Einfluss – aufgezeigt am Rechtsinstitut der Verjährung, AcP 184 (1984) 329

UNTERHOLZNER, Ausführliche Entwicklung der gesamten Verjährungslehre aus den gemeinen in Deutschland geltenden Rechten (2. Aufl 1858)

VIEFHUES, Verwirkung von Unterhaltsrückständen, FuR 2017, 2

DE WALL, Die Anwendbarkeit privatrechtlicher Vorschriften im Verwaltungsrecht, dargestellt anhand der privatrechtlichen Regeln über Rechtsgeschäfte und anhand des Allgemeinen Schuldrechts (1999) 471

WEISS, Verjährung und gesetzliche Befristung (1905)
ZIMMERMANN, Die Verjährung, JuS 1984, 409.

Systematische Übersicht

I. Begriff und Geschichte der Verjährung	
1. Verjährung im weiteren Sinne	1
2. Praescriptio extinctiva, acquisitiva	2
3. Anspruchsverjährung des BGB	3
4. Wirkungsweise	4
II. Zweck und Rechtfertigung der Verjährung	
1. Die verdunkelnde Macht der Zeit	5
2. Beschränkung der Stellung des Gläubigers	8
3. Wahrung der Belange des Schuldners	11
4. Ausgleich der Interessen	12
III. Ausschlussfristen	
1. Begriff	14
2. Regelung	15
IV. Verwirkung	
1. Allgemeines	18
2. Gegenstand der Verwirkung	22
3. Das Zeitmoment als Voraussetzung der Verwirkung	26
4. Das Umstandsmoment: 1. Objektive Elemente	28
5. Das Umstandsmoment: 2. Verhalten des Gläubigers	29
6. Das Umstandsmoment: 3. Verhalten des Schuldners	32
7. Rechtsfolge	34
8. Verwirkung im Prozess	35
9. Einrede der Verjährung	36
V. Unvordenkliche Verjährung	37
VI. Zivilrechtliche Ansprüche außerhalb des BGB	38
VII. Öffentliches Recht	39
1. Gesetzgebungskompetenz	40
2. Gewohnheitsrecht	41
3. Verweisungen auf das BGB	43
4. Einzelheiten	44
VIII. Auslegung und Analogiebildung	46
1. Auslegung	47
2. Analogiebildung	48
IX. Intertemporales Recht, Recht der DDR	
1. Überleitungsregelungen	49
2. Recht der DDR	52
X. Europarecht	52a
XI. Internationales Privatrecht, Rechtsvergleichung	
1. Anknüpfung generell	53
2. Art 40 Abs 3 EGBGB	54
3. Ordre public	55
4. Rechtsvergleichung	57
XII. Verjährung im CESL	57a
XIII. Reform des Verjährungsrechts	
1. Modernisierung des Schuldrechts	58
2. Die bisherigen Bestimmungen der §§ 194–225	60

Alphabetische Übersicht

AGB des Gläubigers	13
Analogie	48
Anerkenntnis	12
Anknüpfung im IPR	53
Anspruchsverjährung	3
Anspruch, unbegründeter	5
Auslegung	47
Ausschluss	
– Anwendung von Verjährungsvorschriften	16

– Fristen 14 ff
– Wiedereinsetzung in den vorigen Stand 17
– Wirkungsweise 15

Beihilfen, Rückforderung europarechtswidriger 52a
Beweisnot, Schutz vor 5

Chance der Rechtsverwirklichung 11
Common European Sales Law (CESL) 57a ff
– Ablaufhemmung 57e f
– Anerkenntnis 57g
– Anwendungsbereich 57b
– Beginn der Verjährung 57c
– Dauerverpflichtung 57c
– Fristen 57c
– Hemmung 57d f
– Mängelrechte 57j
– Nichtleistung 57i
– Rechtsfolgen der Verjährung 57h
– Vereinbarungen über die Verjährung 57k

DDR 49, 52

Eigentum 8
Einrede 4
Entlastung der Gerichte 7
Ersitzung 1, 2
Europarecht 52a

Gemeinsames Europäisches Kaufrecht 57a ff
Geschäftsgrundlage 28
Gesetzgebungskompetenz 40
Gestaltungsrechte 14
Gewohnheitsrecht 41
Guter Glaube des Schuldners 5

Hemmung der Verjährung 13

Interessenabwägung 8 f
Interessenausgleich 12 f
Internationales Privatrecht 53 ff
Intertemporales Recht 49

Kenntnis des Gläubigers 9

Modernisierung des Schuldrechts 50, 58 f

Nichtgebrauch von Sachen 3

Öffentliches Interesse 7
Öffentliches Recht 19, 39
Ordre public 55

Praescriptio acquisitiva 2
Praescriptio extinctiva 2

Rechtsfrieden 7
Rechtsprechung, Änderung der 51
Rechtssicherheit 7, 14
Rechtsvergleichung 57
Reform des Verjährungsrechts 50, 58 f
Regressmöglichkeiten 5
Richtlinie, verspätete Umsetzung europäischer 52a

Schadenseinheit, Grundsatz der 10
Schuldner, gutwilliger 12
Schuldner, böswilliger 12
Synopse der Regelungen 60

Überleitungsregelungen 49 f

Vereinheitlichung 58
Verjährung
– Anspruchs, des 3
– Begriff 1 ff
– Geschichte 1 ff
– im weiteren Sinne 1
– unvordenkliche 37
Vertragsfreiheit 13
Verwirkung 18 ff
– Arbeitsrecht, im 23
– Begriff 18
– Berufung auf 36
– Darlegungs- und Beweislast 35
– Dispositionen des Schuldners 33
– dogmatische Rechtfertigung 20
– Funktionen 20
– Gegenstand 22
– Kenntnis des Gläubigers 31
– Mietrecht, im 25, 26
– Prozess, im 35
– Rechtsfolge 34
– Rechtsgrund, verwirkte Forderung als 34
– öffentlichen Recht, im 19
– Stillhalten des Gläubigers 30
– Umstandsmoment 28 ff
– Umstände, fördernde 24

– von Unterhalt	23	– der Verjährungseinrede	36
– Verhalten des Gläubigers	29 ff	– Vertrauen	18 ff, 28, 29, 32 f
– Verhalten des Schuldners	32 f	– Verzicht	19
– und Verjährung	21, 22, 27	– Wirkung	21
– unzulässigen Rechtsausübung, Fall der	18	– Zeitmoment	26

I. Begriff und Geschichte der Verjährung

1. Unter *Verjährung im weiteren Sinne* versteht man die Herbeiführung eines neuen Rechtszustands durch Zeitablauf: Einmal kann der Zeitablauf zum *Rechtserwerb im Wege der Ersitzung* führen; er kann auch den *Untergang von Rechten durch Nichtgebrauch* bewirken oder den Untergang von Ansprüchen durch Nichtausübung nach sich ziehen. Ein solcher umfassender Begriff der Verjährung hat für das geltende deutsche Recht jedoch nur noch historische Bedeutung; praktisch ist er wertlos. **1**

2. Das römische und das kanonische Recht sprachen allerdings noch von der *praescriptio extinctiva* und der *praescriptio acquisitiva* (zur geschichtlichen Entwicklung im Übrigen vgl STAUDINGER/COING[11] Vorbem 7 zu § 194). – Im 19. Jh trat dann bei der praescriptio extinctiva an die Stelle der primär prozessual gesehenen Actionenverjährung die rein materiellrechtlich verstandene Anspruchsverjährung (vgl § 194 Rn 2 ff). **2**

3. Auch das BGB bezeichnet als Verjährung nur den Fall der *Anspruchsverjährung;* nur hierauf beziehen sich die Vorschriften der §§ 194 ff BGB, vgl freilich die „Verjährung" bestimmter Gestaltungsrechte nach § 218 BGB. – Die Regeln über die Ersitzung sind in den §§ 900, 937 ff, 1033 BGB enthalten und in der Sache eigenständig. **3**

Einen Rechtsuntergang durch Nichtgebrauch von Sachen kennt das BGB nicht mehr. Jedoch sieht § 901 BGB vor, dass mit dem Eintritt der Verjährung der Verlust des dem verjährten Anspruch zugrunde liegenden, aber nicht eingetragenen oder gelöschten Grundstücksrechts eintritt. Ebenso erlischt nach den §§ 1028 und 1090 Abs 2 BGB eine Dienstbarkeit insoweit, als der Beseitigungsanspruch hinsichtlich einer die Dienstbarkeit beeinträchtigenden Anlage verjährt ist.

4. Die *Verjährung* des BGB *lässt das Recht nicht erlöschen,* sondern gibt dem Verpflichteten nur eine Einrede, von der er also keinen Gebrauch zu machen braucht und die eine Rückforderung des gleichwohl Geleisteten nicht ermöglicht, vgl näher § 214 BGB. Diese fehlende Rückforderungsmöglichkeit und der Erhalt von Sicherheiten nach § 216 BGB weisen der Verjährung im Kreise der peremptorischen Einreden, zu denen sie gehört, eine schwächere Sonderstellung zu, vgl auch § 813 Abs 1 BGB. **4**

II. Zweck und Rechtfertigung der Verjährung

1. Die verdunkelnde Macht der Zeit

a) Die Verjährung dient Zwecken nahezu ausschließlich zugunsten des Schuldners.

5 aa) Hier ist primär zu nennen der *Schutz vor Beweisnot* (Spiro I 8 ff; Palandt/Ellenberger Rn 7 ff vor § 194). Zwar ist es an sich Aufgabe des Gläubigers, seinen Anspruch zu beweisen, doch mag ihm das trotz des Zeitablaufs noch gelingen, und dann ist der Schuldner aufgerufen, zu den anspruchsbegründenden Tatsachen den Gegenbeweis zu führen, für anspruchshemmende oder anspruchsvernichtende Tatsachen (zB Geschäftsunfähigkeit oder Erfüllung) den Vollbeweis. Der Zeitablauf kann aber zum Verlust von Belegen, bei Zeugen zur Unerreichbarkeit oder zum Vergessen führen. Die Verjährung hat hier die *Funktion der Beweisersparung* (BGHZ 17, 199, 206). Dem Schuldner wird die Möglichkeit der pauschalen Abwehr gegeben. *Ansprüche verjähren, weil sie unbegründet sind oder dies sein könnten.*

bb) Des Schutzes bedarf der Schuldner aber auch vor *begründeten Ansprüchen*. Sie können ihm – auch ohne Fahrlässigkeit – unbekannt bleiben; bei bekannten Ansprüchen kann das Anstehenlassen durch den Gläubiger Vertrauen darauf verstärken, dass die Forderung nicht würde durchgesetzt werden. Ohne die Verjährung würde der Schuldner den *Verlust etwaiger Regressmöglichkeiten* befürchten müssen, müsste er *Reserven für Risiken* bilden und könnte sich dann auch nicht mit der nötigen Freiheit neuen Geschäften und Unternehmen zuwenden (vgl Spiro I 11 ff).

cc) Diese beiden Zwecke sind gleichwertig (Spiro I 17). Sie sind auch nicht auf den Fall des guten Glaubens des Schuldners zu beschränken, so aber noch prALR I 9 § 569, vgl zur Unmaßgeblichkeit dieses Gesichtspunkts Spiro I 12 ff.

6 b) *Zwecke zugunsten des Gläubigers* erfüllt die Verjährung jedenfalls *nicht*. Der von ihr ausgehende Ansporn zur Geltendmachung von Forderungen, der hier genannt wird (vgl Staudinger/Dilcher[12] Vorbem 4 zu §§ 194 ff), scheidet aus (Spiro I 20 f), Erziehung ist nicht Aufgabe des Privatrechts, ebenso wenig Bevormundung.

7 c) Die Allgemeinheit profitiert allerdings von der Verjährung. Die durch sie bewirkte *Entlastung der Gerichte* kann aber nicht Zweck, sondern nur angenehmer *Nebeneffekt* der Verjährung sein (vgl Spiro I 21 f). Wäre es anders, so müsste die Verjährung von Amts wegen zu berücksichtigen sein, was sie nicht ist. – Die Verjährung fördert allerdings die *Sicherheit des Verkehrs* (BGHZ 59, 73, 74), dient damit der Rechtssicherheit (Palandt/Ellenberger Vor § 194 Rn 9), freilich nicht auch dem Rechtsfrieden (**aA** BGHZ 59, 73, 74; 128, 74, 82; BeckOGK BGB/Piekenbrock [1. 2. 2019] § 194 Rn 9; Palandt/Ellenberger Vor § 194 Rn 9); erzeugt es doch Verbitterung, wenn ein unstreitig begründeter Anspruch nur wegen Verjährung abgewiesen wird. Indessen besteht ein *eigenständiges öffentliches Interesse* an der Verjährung *nicht* (vgl Spiro I 23) oder jedenfalls keines, das über die Summe der geschützten Einzelinteressen hinausginge und von diesen zu unterscheiden wäre.

2. Beschränkung der Stellung des Gläubigers

8 Wenn Forderungen Eigentum iSd Art 14 GG sind (vgl BVerfGE 45, 174; 68, 222), bedeutet die Anordnung ihrer Verjährbarkeit eine *Bestimmung von Inhalt und Schranken dieses Eigentums* iSd Art 14 Abs 1 S 2 GG. Dabei ist der Gesetzgeber nicht völlig frei. Es müssen die Interessen von Gläubiger und Schuldner in einen gerechten Ausgleich gebracht werden (BVerfGE 37, 140); eine einseitige Begünstigung des Schuldners durch die Verjährung zu Lasten des Gläubigers verbietet sich ebenso wie auch das Gegenteil einer „endlosen" Belastung des Schuldners, was § 207 Abs 1 S 1 BGB nicht hinreichend berücksichtigt. Vgl näher zur Gestaltungsfreiheit des Gesetzgebers PETERS AcP 208 (2008) 37.

a) Die Aufgabe einer Abwägung der Interessen beider Seiten stellt sich allerdings nur teilweise. Die *Verjährung von Ansprüchen als solche* ist notwendig, *unentbehrlich,* ein natürliches Postulat (SPIRO I 18 f). Ansprüche sind ihrem Wesen nach zeitgebunden, verändern ihren Charakter mit deren Ablauf. Es kann schon zur Unmöglichkeit der Erfüllung kommen oder zur Funktionslosigkeit der Erfüllung. Der Anspruch aus dem Jahre 1979 ist 2009 nicht mehr derselbe. Irgendwann muss einmal Schluss sein. Und dieser Zeitpunkt ist mit dem Ablauf von dreißig Jahren (§§ 197 Abs 1, 199 Abs 2, Abs 3 Nr 2, 202 Abs 2 BGB) sicher nicht zu früh angesetzt als der längstmöglichen Frist.

b) Wenn Ansprüche regelmäßig weit früher verjähren, vgl nur die §§ 195, 199 BGB, lässt sich dies schwerlich allein durch die Interessen des Schuldners rechtfertigen. Indessen sinken auch mit dem Anwachsen der legitimen Interessen des Schuldners an der Nichtdurchsetzung der Forderung die schützenswerten Interessen des Gläubigers an ihrer Durchsetzung. Dass er seine Forderung nicht realisiert, kann uU einem Verzicht gleichkommen, es lässt jedenfalls auf *mangelndes Interesse* an der Forderung schließen, das damit mit der Zeit auch weniger schutzwürdig erscheint (STAUDINGER/DILCHER[12] Rn 4). Dem Gläubiger geschieht kein Unrecht, wenn er denn *die Möglichkeit hatte, dem Eintritt der Verjährung vorzubeugen* (SPIRO I 24; PALANDT/ ELLENBERGER Vor § 194 Rn 10). Es gilt jedoch der Grundsatz, dass er eine reelle, faire Chance haben muss, sein Recht zu realisieren.

Damit setzt die Regelung der Verjährung zwar nicht zwingend voraus, dass der Gläubiger sein Recht kannte oder von diesem hätte wissen können (BGHZ 77, 215, 220; 88, 130, 140): Äußerst bedenklich waren jedoch die knappen Fristen der §§ 477, 638 BGB aF, gar wenn sie – wie die des § 477 BGB aF – auch noch auf Ansprüche wegen Mangelfolgeschäden angewendet wurden, die ja uU erst deutlich außerhalb der Fristen eintraten; die Verlängerung der Fristen des § 477 BGB aF in § 438 nF hat hier einen gewissen Ausgleich geschaffen, zumal § 204 BGB und namentlich § 203 BGB die Möglichkeiten deutlich erweitern, ihren Ablauf anzuhalten, außerdem die §§ 823 Abs 1, 199 Abs 2 BGB demjenigen Gläubiger weiteren zeitlichen Freiraum verschaffen, der im Kern seiner Rechtsgüter betroffen ist.

Obwohl das jetzige Verjährungsrecht bei dem weiten – und erweiterten – Kreis der Ansprüche, die der regelmäßigen Verjährungsfrist des § 195 BGB unterliegen, in § 199 Abs 1 Nr 2 BGB gebührende Rücksicht auf die Kenntnismöglichkeiten des Gläubigers nimmt, bleibt bedenklich der Grundsatz der Schadenseinheit (§ 199 Rn 34 ff), nach dem auch spätere Schäden schon jetzt als bekannt gelten.

3. Wahrung der Belange des Schuldners

So wenig wie die Verjährung die Stellung des Gläubigers unangemessen beschneiden darf, so wenig darf sie auch die Chance des Schuldners beeinträchtigen, zu gegebener Zeit die Inanspruchnahme pauschal abwehren zu können. Auch hier war und ist die lex lata nicht unbedenklich.

Die Frist des § 197 Abs 1 Nr 2 BGB aF für alle erbrechtlichen Ansprüche war indiskutabel, wenn man etwa an die zeitliche Dimension der Haftung des Testamentsvollstreckers denkt oder an die Abrechnung zwischen vorläufigem und endgültigem Erben nach § 1959 Abs 1 BGB, wie sie doch weithin Bagatellen betreffen wird. Das *G zur Änderung des Erb- und Verjährungsrechts* v 24. 9. 2009 (BGBl I 3142) bringt durch die Beschränkung der 30-jährigen Verjährung auf die Ansprüche aus den §§ 2018, 2130, 2362 BGB Besserung, aber doch nicht vollends. Bei den §§ 2018, 2030 BGB kann es um mühsame Fragen des Details gehen, bei denen der langjährige Aufschub der Klärung jedenfalls dann unangemessen ist, wenn der Grund der Ansprüche bekannt ist, wovon jedenfalls bei Vor- und Nacherbschaft in aller Regel auszugehen sein wird.

Aber auch bei titulierten Ansprüchen besteht eine bemerkenswerte Diskrepanz zu dem Zeitraum, innerhalb dessen der insolvente Schuldner *Restschuldbefreiung* (sechs Jahre nach §§ 287, 300 InsO) erlangen kann.

Überdimensioniert sind aber auch schon die Fristen der §§ 195, 438 Abs 1 Nr 3 BGB insoweit, als sie den *täglichen Einkauf des Verbrauchers* betreffen. Die letzteren Fristen sind im Grunde nur wegen des strikten Gebots haltbar, im Verjährungsrecht zu pauschalieren. Freilich lässt zudem Art 5 der Verbrauchsgüterkaufrichtlinie dem nationalen Gesetzgeber beim Verbrauchsgüterkauf allein die Möglichkeit, die Verjährungsregelung um eine kenntnisabhängige Obliegenheit des Käufers zur Mängelanzeige binnen zwei Monaten zu ergänzen.

4. Ausgleich der Interessen

12 Der angemessene Ausgleich der Interessen von Gläubiger und Schuldner hängt im Übrigen nicht nur von der Bemessung der Verjährungsfristen und ihrem Beginn ab. Gerade in einem Regime eher kurzer Fristen, für das § 195 BGB paradigmatisch ist, kommt es entscheidend auch auf die *Möglichkeiten* an, *den Fristablauf anzuhalten*.

a) Insoweit ist eine Zentralnorm des jetzigen Verjährungsrechts zunächst § 212 Abs 1 Nr 1 BGB: Durch ein *Anerkenntnis* kann es der Schuldner vermeiden, allein wegen drohenden Fristablaufs vor Gericht gezogen zu werden. Umgekehrt nimmt die Bestimmung dem Gläubiger den Zwang, einen „gutwilligen" Schuldner zur bloßen Fristwahrung vor Gericht zu ziehen. Derlei ist wegen § 212 Abs 1 Nr 1 BGB nur gegenüber dem „böswilligen" Schuldner geboten.

Auf die Bemessung der Frist, die die regelmäßige sein soll, wirkt dies unmittelbar zurück. Wenn sich der Schuldner seit drei Jahren auf Leugnen oder Ausflüchte verlegt hat, jedenfalls von dem Bekenntnis zur Schuld abgerückt ist, ist dem Gläubiger ein gerichtliches Vorgehen ohne weiteres anzusinnen. Diesen Mechanismus verkennt freilich der Gesetzgeber selbst, wenn er die Zehnjahresfrist des § 196 BGB bei Grundstücksgeschäften damit rechtfertigt, der Gläubiger solle nicht gezwungen werden, „voreilig gegen den Schuldner vorzugehen, der selbst leistungsbereit ist" (RegE BT-Drucks 14/6040, 105).

13 b) Sodann sind von Bedeutung die *Bestimmungen über die Hemmung der Verjährung:* § 205 BGB ermöglicht dem Gläubiger eine (insoweit) risikolose Stundung,

§ 203 BGB erlaubt gefahrlose Verhandlungen. Vor allem ist von Bedeutung die beträchtliche Erweiterung der Handlungsmöglichkeiten, die dem Gläubiger eigenständig zur Fristwahrung durch § 204 Abs 1 BGB zur Verfügung gestellt werden; sie nehmen auf den Minderbemittelten Rücksicht (Nr 14), erlauben zunächst nur klärende Maßnahmen (Nrn 7, 8) und beziehen Arrest und sonstigen einstweiligen Rechtsschutz ein (Nr 9).

c) Wenn damit das Verjährungssystem des G zur Modernisierung des Schuldrechts von dem ersichtlichen Bemühen getragen ist, den Schutz von Gläubiger und Schuldner auszutarieren, ergibt sich der paradoxe Effekt, dass die *Vertragsfreiheit* der Parteien, die § 202 nF betont, auf äußerste Bedenken stößt, sind doch gezielte Abweichungen von den §§ 194 ff BGB leicht missbräuchlich, was namentlich AGB des Gläubigers betrifft, oder nicht hinreichend durchdacht; die Parteien können in der Frage der Verjährung bei Vertragsschluss zur Sorglosigkeit neigen.

III. Ausschlussfristen

1. Begriff

Von Verjährungsfristen zu unterscheiden sind Ausschlussfristen.

a) Letztere unterscheiden sich von der Verjährung insbesondere durch ihre *Wirkungsweise*. Während die Verjährung nur ein Leistungsverweigerungsrecht begründet, lässt der Ablauf der Ausschlussfrist das betroffene Recht überhaupt untergehen (RGZ 48, 157, 163; 128, 47; ENNECCERUS/NIPPERDEY § 230 III 1; MünchKomm/GROTHE vor § 194 Rn 10). Folgerichtig ist der Ablauf einer Ausschlussfrist *von Amts wegen* im Prozess *zu berücksichtigen*. **14**

b) Ausschlussfristen kommen gegenüber Rechten aller Art in Betracht. Betroffen sein können ausnahmsweise absolute Rechte, vgl § 64 UrhG. Regelmäßig gelten Ausschlussfristen für Gestaltungsrechte, vgl zB §§ 121, 124, 148, 462, 532, 626 Abs 2, 1944, 1954 BGB. Doch unterliegen gerade *auch Ansprüche* zuweilen einer Ausschlussfrist, vgl §§ 382, 562b Abs 2, 651g Abs 1, 801 Abs 1, 864 Abs 1, 977 S 2, 1002 Abs 1 BGB, außerhalb des BGB zB § 13 ProdHaftG.

Die Deutung einer Frist in dem einen oder dem anderen Sinne folgt aus Sinn und Zweck der Regelung. Ausschlussfristen sind dann anzunehmen, wenn es mit dem Fristablauf sein endgültiges Bewenden haben soll; ihre Anordnung liegt also vorzugsweise im Interesse der *Rechtssicherheit und Rechtsklarheit*, weniger – gegenüber der Verjährung – im Schuldnerschutz. Das BGB bringt die Zuordnung regelmäßig hinreichend deutlich durch seine Formulierung zum Ausdruck, indem es einerseits von „verjähren" spricht, andererseits von „kann nur ... erfolgen", „erlischt" oder „ist ausgeschlossen".

c) Ausschlussfristen können außer auf Gesetz auch auf vertraglicher Vereinbarung beruhen. Namentlich das Arbeitsrecht ist reich an derartigen Abreden.

d) Die Dauer der Ausschlussfristen variiert stark. Teilweise finden sich lang bemessene, vgl die dreißig Jahre des § 462 BGB, teilweise mittlere, vgl § 864 Abs 1

BGB (1 Jahr), weithin aber auch sehr knappe, vgl die zwei Wochen in § 626 Abs 2 BGB. Dabei sind die knappen Fristen uU nicht bestimmt festgelegt, sondern den Besonderheiten des konkreten Falles anheimgestellt, so das „unverzüglich" des § 121 Abs 1 S 1 BGB, die Annahmefrist des § 147 Abs 1 BGB, oder auch dem Ermessen einer Partei, vgl die Fristen der §§ 281 Abs 1, 323 Abs 1 BGB, ferner die Fristen der §§ 264 Abs 2, 637 Abs 1, 643 S 1 BGB.

15 2.   Eine *eigenständige* übergreifende **Regelung** haben die Ausschlussfristen im Gesetz *nicht* erfahren. Das erklärt sich schon aus den starken Unterschieden, die zwischen den einzelnen Fällen bestehen und die dann auch die Herausbildung einer eigenständigen Dogmatik verhindert haben. Nur einige wenige Dinge lassen sich einheitlich feststellen:

a)   Einheitlich ist die *Wirkungsweise* der Fristversäumung im Sinne eines Rechtsverlustes.

b)   Wo Ansprüche Ausschlussfristen unterworfen sind, hindert das die *zusätzliche Anwendung der Verjährungsvorschriften* nicht, vgl §§ 12, 13 ProdHaftG. Auch dort, wo Verjährungs- und Ausschlussfrist nicht wie in diesen Fällen ausdrücklich nebeneinandergestellt sind, unterliegt der Anspruch, dessen Ausschlussfrist gewahrt ist, immer noch zusätzlich der Verjährung.

16 **c)**   Diskutiert wird, ob auf Ablauf und Wahrung von Ausschlussfristen die *Bestimmungen über die Verjährung*, namentlich über deren Hemmung oder Neubeginn *angewendet* werden können.

aa)   In einigen Fällen hat der Gesetzgeber ausdrücklich Bestimmungen über die Hemmung der Verjährung, die §§ 206, 210, 211 BGB, in Bezug genommen, vgl §§ 124 Abs 2, 204 Abs 3, 802 S 3, 1954 Abs 2, 1997, 2082 Abs 1 S 2 BGB. Soweit insoweit von „gemischten Ausschlussfristen" die Rede ist (vgl Enneccerus/Nipperdey § 230 III 3; Staudinger/Dilcher[12] Rn 10), ist dies freilich ein wenig glücklicher und irreführender Ausdruck.

bb)   Aus dieser partiellen Teilverweisung lässt sich der Rückschluss ziehen, dass *die Bestimmungen über die Hemmung und den Neubeginn der Verjährung grundsätzlich keine entsprechende Anwendung* finden (vgl RGZ 88, 294, 296; 102, 339, 341 und 381; BGB-RGRK/Johannsen Vor § 194 Rn 7; Staudinger/Dilcher[12] Rn 10). Aber das gilt doch *nicht ohne Ausnahmen,* vgl BGHZ 43, 235, 237 (zur unverschuldeten Versäumung der Frist des § 12 Abs 3 VVG aF); 73, 99 (Anwendung des § 207 BGB aF [§ 211 nF] auf die Frist des § 89b Abs 4 S 2 HGB); 112, 95 (keine Anwendung des § 208 BGB aF [§ 212 Abs 1 Nr 1 nF] auf die Frist des § 612 HGB aF); BAG DB 1992, 1147 (abgelehnte Anwendung der §§ 211, 212 BGB aF auf tarifvertragliche Ausschlussfristen).

Danach wird man die *Anwendung einzelner Bestimmungen* über die Verjährung nicht grundsätzlich ausschließen können (BGH NJW 2008, 2258 Rn 21; BAG NZA 2018, 1402 Rn 19). Es kommt vielmehr entscheidend auf *Sinn und Zweck* der einzelnen Ausschlussfrist an (vgl BGHZ 112, 95, 101), damit aber bei vertraglich statuierten Fristen auf die von den Parteien verfolgten Ziele. Soweit BGHZ 112, 95, 101 zusätzlich auch auf die Umstände des Einzelfalls abstellen will, kann dem freilich nicht gefolgt werden:

Der einzelne Umstand – etwa das Hindernis höherer Gewalt oder mangelnder Vertretung – hat gegenüber dieser Frist vielmehr entweder immer Bedeutung oder nie. Dabei leuchtet weiter ein, dass die Ergebnisse unterschiedlich ausfallen können für die einzelnen in Betracht zu ziehenden Bestimmungen des Verjährungsrechts.

Soweit möglich, wird bei diesen auf die Einzelheiten eingegangen. Als generelles Entscheidungskriterium ist jeweils danach zu fragen, ob die betreffende Ausschlussfrist unter allen Umständen für Rechtsklarheit und Rechtssicherheit sorgen soll oder nicht. Es versteht sich außerdem, dass bei der entsprechenden Anwendung von Bestimmungen des Verjährungsrechts auf Ausschlussfristen *Vorsicht und Zurückhaltung* geboten sind.

d) Können aber zuweilen Vorschriften über die Hemmung oder den Neubeginn der Verjährung auf die Wahrung von Ausschlussfristen entsprechend angewendet werden, dann verbietet es sich, auf die Versäumung von Ausschlussfristen die prozessualen Bestimmungen über die *Wiedereinsetzung in den vorigen Stand* entsprechend anzuwenden (vgl KG NJW-RR 1997, 643; PALANDT/ELLENBERGER vor § 194 Rn 14; MünchKomm/GROTHE vor § 194 Rn 12). Auch soweit Ausschlussfristen durch Klage zu wahren sind, handelt es sich doch um Regelungen des materiellen Rechts. **17**

IV. Verwirkung

1. Allgemeines

Ein Recht ist dann *verwirkt*, wenn der Berechtigte *es längere Zeit hindurch* nicht geltend gemacht hat und sich der Verpflichtete *nach dem gesamten Verhalten des Berechtigten* darauf einrichten durfte und auch eingerichtet hat, dass dieser das Recht *auch in Zukunft* nicht geltend machen werde (RGZ 158, 100, 107 f; BGHZ 25, 47, 52; 43, 289, 292; 84, 280, 281; 105, 290, 298). Es liegt dann eine *illoyale Rechtsausübung* vor, die keine Berücksichtigung mehr verdient. Die Verwirkung ist damit ein besonders typischer und wichtiger Fall der unzulässigen Rechtsausübung wegen widersprüchlichen Verhaltens (MünchKomm/SCHUBERT § 242 Rn 386; PALANDT/GRÜNEBERG § 242 Rn 87) und damit dogmatisch wie diese in den Geboten von Treu und Glauben, in § 242 BGB verankert. **18**

a) Als umfassendes Institut kommt der Einwand der Verwirkung damit *gegenüber allen subjektiven Rechten* – nicht nur gegenüber Ansprüchen – in Betracht (BeckOGK BGB/PIEKENBROCK [1. 2. 2019] § 194 Rn 63; PALANDT/GRÜNEBERG § 242 Rn 88). Er ist auch nicht auf das Privatrecht beschränkt, sondern gilt auch im öffentlichen Recht (BVerwGE 6, 205; 44, 339), außer im materiellen Recht auch im Prozessrecht (BGHZ 20, 198, 206; 97, 212, 220; BAGE 18, 54, 59 f), wobei natürlich der Gegenstand oder das Rechtsgebiet Zurückhaltung bei der Annahme einer Verwirkung gebieten können. Wegen der Einzelheiten ist auf die Erl zu § 242 BGB zu verweisen. **19**

Die Verwirkung ist mit einem Verzicht auf das betroffene Recht nicht gleichzusetzen (in diese Richtung aber BeckOGK BGB/PIEKENBROCK [1. 2. 2019] § 194 Rn 62), wenn sie aufseiten des Berechtigten einen entsprechenden – rechtsgeschäftlichen – Willen nicht voraussetzt (vgl zur Kenntnis u Rn 30). Speziell bei Ansprüchen als Gegenstand der Verwirkung wäre ein Verzicht wegen § 397 BGB auch nur in der Form eines Erlassvertrages möglich, der dann eine Annahme durch den Verpflichteten notwendig machen würde, die aber ebenfalls nicht erforderlich ist.

20 b) Bei *Ansprüchen* ist es ersichtlich, dass die *Funktionen der Verwirkung denen der Verjährung vergleichbar* sind, wenn beide namentlich dem Zeitablauf Rechnung tragen wollen. Bei langfristig verjährenden Ansprüchen kommt der Verwirkung sogar die Funktion eines *Verjährungsersatzes* zu. Beide Institute sind aber doch scharf voneinander zu unterscheiden.

aa) Das gilt zunächst für ihre *dogmatische Rechtfertigung*. Die Verwirkung wird dem Anspruch entgegengesetzt, weil Vertrauen aufseiten des Schuldners zu schützen ist und nur unter der Voraussetzung, dass hier schützenswertes Vertrauen vorhanden ist. Bei verjährten Ansprüchen wird zwar ebenfalls oft berechtigtes Vertrauen des Schuldners darauf vorliegen, dass der Anspruch nicht mehr geltend gemacht werde, notwendig ist dies jedoch nicht: Die Einrede der Verjährung kann auch dann erhoben werden, wenn der Gläubiger es unmissverständlich deutlich gemacht hat, dass er sein Recht zu verfolgen gedenke.

bb) Die Unterschiede setzen sich dann auch in den *Voraussetzungen* fort: Bei der Verwirkung muss ein Vertrauenstatbestand geschaffen sein, wie ihn die Verjährung gerade nicht voraussetzt. Folgerichtig kann sich die Verwirkung dann aber auch mit geringeren Fristen als die Verjährung begnügen (und gewinnt gerade dadurch ihre Funktion als Verjährungsersatz).

Ist dann aber der Eintritt der Verwirkung abhängig von einem hinreichenden Zeitablauf einerseits und einem hinreichenden Vertrauenstatbestand andererseits, so kann er nur auf Grund einer *umfassenden Würdigung der konkreten Umstände des Einzelfalls* festgestellt werden, während bei der Verjährung im Prinzip nur der nicht erneuerte und ungehemmte Ablauf einer bestimmten Frist den Ausschlag gibt.

21 cc) Unterschiedlich ist dann auch die *Wirkungsweise*. Während § 214 Abs 1 BGB es dem Verpflichteten anheimstellt, sich auf die Verjährung zu berufen, erlauben es die massiveren Voraussetzungen der Verwirkung, sie von Amts wegen zu berücksichtigen (vgl aber auch u Rn 35).

dd) Die nachhaltigen Unterschiede bestimmen auch das *Konkurrenzverhältnis:* Verjährung und Verwirkung bestehen unabhängig voneinander und schließen sich wechselseitig nicht aus (MünchKomm/Schubert § 242 Rn 376; Palandt/Grüneberg § 242 Rn 88). Das hat praktische Bedeutung, wenn der Verpflichtete – etwa aus Unkenntnis – die Einrede der Verjährung nicht erhebt: Das Gericht kann die Klageforderung dann gleichwohl als verwirkt betrachten. Allerdings sollten die Wirkungen der Verwirkung dem Verpflichteten nicht aufgedrängt werden, sodass auch sie nur auf Einrede hin Berücksichtigung finden kann (Roth 263; **aA** Staudinger/Looschelders/Olzen [2019] § 242 Rn 324 ff). Dann aber muss die bewusste Nichterhebung der Einrede der Verjährung regelmäßig dahin verstanden werden, dass der Verpflichtete auch aus einer Verwirkung der Forderung Rechte nicht herleiten will. Das Gericht kann freilich nachfragen, ohne sich dem Vorwurf der Befangenheit auszusetzen.

2. Gegenstand der Verwirkung

Der Verwirkung unterliegen außer mehreren Rechten, auf die hier nicht einzugehen 22 ist (vgl zum Widerrufsrecht zusammenfassend etwa BGH NJW 2018, 1390), grundsätzlich *Ansprüche aller Art,* auch unverjährbare, so etwa der Grundbuchberichtigungsanspruch (BGH NJW 1993, 2178, 2179). Das schließt es nicht aus, dass bestimmte Eigenschaften des Anspruchs die Möglichkeiten seiner Verwirkung modifizieren.

a) Überwiegend sind hier Gesichtspunkte zu nennen, die die Möglichkeit der Verwirkung ausschließen oder jedenfalls beschränken.

aa) Dass ein Anspruch schon einer *kurzen Verjährung* unterliegt, schließt die Möglichkeit seiner Verwirkung zwar nicht aus, setzt ihr aber enge Grenzen (BGHZ 80, 240; MünchKomm/SCHUBERT § 242 Rn 376; PALANDT/GRÜNEBERG § 242 Rn 93; BGH NJW 2014, 1888 Rn 50; BAG NJW 2015, 2061 Rn 26 zur Regelverjährung). Es müssen dann besonders gewichtige anderweitige Gesichtspunkte für die Verwirkung sprechen.

Dabei sind im eigentlichen Sinne lang aber nur die Fristen des § 197 Abs 1 BGB. Die regelmäßige dreijährige Frist des § 195 BGB kann es ausnahmsweise sein, wenn es um *alltägliche Geschäfte des täglichen Lebens* geht; dann sind auch die Gewährleistungsfristen der §§ 438, 634a BGB lang: Wer als Kunde wegen verdorbener Nahrungsmittel reklamiert, kann sich damit zweifellos nicht bis zu zwei Jahren Zeit lassen. In aller Regel sind die Fristen der §§ 195, 438, 634a BGB nicht lang. Sie werden es auch nicht dadurch, dass sie sich nach § 199 Abs 1 BGB (§ 634a Abs 1 Nr 3 BGB) uU nachhaltig verlängern können. Denn das liegt dann an einer fehlenden Kenntnismöglichkeit des Gläubigers, § 199 Abs 1 Nr 2 BGB, und dies schließt zwar die Möglichkeit der Verwirkung nicht vollends aus (u Rn 31), schränkt sie aber doch deutlich ein.

Von den § 197 BGB unterliegenden Ansprüchen kommen für eine Verwirkung vor allem solche auf wiederkehrende Leistungen – *Unterhalt* (vgl BGH NJW 2003, 128) – in Betracht, wie sie durch ihr Auflaufen leicht eine drückende Höhe erreichen können.

Insgesamt ist der legitime Anwendungsbereich des Instituts der Verwirkung durch das jetzt geltende Verjährungsrecht deutlich beschnitten.

bb) Entgegenstehen können der Verwirkung besonders gewichtige *öffentliche Interessen* an der Durchsetzung des Anspruchs, vgl BGHZ 5, 196 zum Recht des unlauteren Wettbewerbs, ferner zu Grundbuchsachen MünchKomm/SCHUBERT § 242 Rn 361.

cc) *Mangelnde Schutzwürdigkeit des Verpflichteten* kann der Verwirkung entgegenstehen. Bei Ansprüchen aus vorsätzlicher unerlaubter Handlung wird eine Verwirkung teilweise für überhaupt ausgeschlossen gehalten (BAG AP [Verwirkung] Nr 36), bei sonstigen Ansprüchen aus unerlaubter Handlung regelmäßig vor Ablauf der Dreijahresfrist des § 195 BGB (BGH DAR 1992, 173).

dd) Ebenfalls hinderlich für die Annahme der Verwirkung ist besondere *Schutz-* 23 *bedürftigkeit des Berechtigten.* Das spielt insbesondere eine Rolle im Arbeitsrecht.

Hier schließt § 4 Abs 4 TVG die Verwirkung tarifvertraglich begründeter Rechte überhaupt aus. Die besondere Schutzbedürftigkeit des Arbeitnehmers ist namentlich zu berücksichtigen während des bestehenden Arbeitsverhältnisses (BAG NJW 1955, 159) bei den für ihn „existentiellen" (MünchKomm/SCHUBERT § 242 Rn 401) Ansprüchen auf Lohn und Gehalt (BAG BB 1958, 117), Urlaub (BAG DB 1970, 787), Versorgung und Provisionen. Eher denkbar bleibt eine Verwirkung bei dem Anspruch auf Urlaubsentgelt (BAG DB 1970, 787), auf Ersatz von Umschulungskosten (SchlHLAG BB 1976, 1418), beim Zeugnisanspruch (BAG NJW 1988, 1616), bei dem Anspruch auf die Entfernung von Abmahnschreiben aus den Personalakten (BAG NJW 1989, 2564).

Dagegen genießt der *Arbeitgeber* keine besonderen Vergünstigungen, vgl zur Verwirkung des Anspruchs auf Schadensersatz BAGE 6, 166, auf Rückzahlung überzahlten Lohns BAGE 15, 275.

Die Ansprüche des Beamten sollen dagegen nicht besonders gegenüber der Verwirkung privilegiert sein (RGZ 158, 235, 239; BVerwGE 6, 204 [Gehalt]).

Die besondere Schutzbedürftigkeit des *Unterhaltsberechtigten* schützt ihn nur vor der Verwirkung der Unterhaltsansprüche für Gegenwart und Zukunft (BGHZ 84, 280, 282), nicht dagegen hinsichtlich der Unterhaltsrückstände, wie dies BGHZ 103, 62, schon nach einem Jahr für möglich gehalten hat (vgl auch BGH NJW 2003, 128; 2007, 1273, 1275).

24 b)   An Umständen, die *die Möglichkeit der Verwirkung fördern,* sind zu nennen:

aa)   nicht schon der Umstand als solcher, dass der Anspruch einer langfristigen Verjährung unterliegt. Grundsätzlich muss diese dem Gläubiger auch zur Verfügung stehen; dann kann sie auch nicht durch eine allein auf den Zeitablauf gestützte Annahme der Verwirkung ausgehöhlt werden (MünchKomm/SCHUBERT § 242 Rn 380; vgl auch BGH WM 1971, 1084 [keine Verwirkung trotz Ablaufs von 28 Jahren]).

25 bb)   Dagegen sind zu berücksichtigen die besondere *Schutzbedürftigkeit des Verpflichteten,* ein etwaiger Bagatellcharakter der Forderung, das Entspringen der Forderung aus einem *Dauerschuldverhältnis,* namentlich wenn dieses eine unübersichtliche Vielzahl von Ansprüchen erzeugt, Ansprüche, die schwer zu überprüfen sind oder die bedrohlich anwachsen können (Gedanke des § 197 Abs 2 BGB).

cc)   Die eben angeführten Gegebenheiten liegen in besonderer Weise im *Mietverhältnis* vor, soweit sich die Ansprüche gegen den Mieter richten.

Das gilt zunächst für die Nachforderung von Nebenkosten, insbesondere wegen der Heizung, für die die jährliche Abrechnung typisch und zu erwarten ist (vgl LG Mannheim WoM 1976, 253; LG Darmstadt WoM 1976, 253; LG München WoM 1978, 5; LG Berlin WoM 1978, 116; LG Bonn WoM 1979, 235), vgl jetzt auch § 556 Abs 3 S 2, 3 BGB, dann aber doch auch – unter strengeren Voraussetzungen – für die Miete selbst (vgl zur vorbehaltlosen Hinnahme eines Mietabzugs LG Mainz ZMR 1953, 112, zur Nichtgeltendmachung von Mieterhöhungen LG Berlin ZMR 1982, 87; **aA** OLG Celle NJW-RR 1988, 724). Hat der Vermieter es über mehrere Jahre hinweg unterlassen, die Erhöhung einer Indexmiete (OLG Düsseldorf NJW-RR 2001, 1666) oder die Anpassung einer Staffelmiete (KG ZMR

2004, 577) zu verlangen, müssen allerdings besondere Umstände hinzutreten, um eine Verwirkung des Mietanspruchs zu begründen.

Freilich muss sich auch der Mieter Verwirkung entgegenhalten lassen, wenn er überhöhte Miete jahrelang trotz Zweifeln widerspruchslos zahlt (RGZ 144, 90), wenn er Forderungen erst längere Zeit nach Beendigung und Abrechnung des Mietverhältnisses stellt (RG JW 1935, 2883). Allein die vorbehaltlose Zahlung der vollen Miete begründet freilich keine Verwirkung des aus einer Mietminderung, § 536 BGB, folgenden Rückzahlungsanspruchs (BGH NJW 2003, 2601; 2005, 1503; 2007, 147).

3. Das Zeitmoment als Voraussetzung der Verwirkung

Die Verwirkung setzt voraus, dass *längere Zeit* verstrichen sein muss *seit Entstehen der Möglichkeit, das Recht geltend zu machen*. Über die dazu notwendige Zeitspanne lassen sich nur schwer allgemeine Aussagen treffen, weil es ganz auf die Umstände des Einzelfalls ankommt (so auch BeckOGK BGB/PIEKENBROCK [1. 2. 2019] § 194 Rn 61). **26**

a) Jedenfalls ist durchweg notwendig die Fälligkeit der Forderung als das Recht, sie geltend zu machen (MünchKomm/SCHUBERT § 242 Rn 380). Daran fehlt es bei Dauerschuldverhältnissen in den Fällen des § 159 Abs 3 HGB, sodass ein etwa als notwendig empfundener Schutz des ausgeschiedenen Gesellschafters gegenüber Forderungen aus laufenden und weiterlaufenden Verträgen jedenfalls nicht durch die Annahme einer Verwirkung dieser Forderungen erreicht werden kann.

Freilich sind auch Ausnahmen von dem Gebot der Fälligkeit denkbar. Das gilt namentlich im Mietrecht, wo § 548 Abs 1 S 2 BGB bestimmte Schadensersatzansprüche des Vermieters erst mit dem Rückerhalt der Mietsache fällig werden lässt (vgl BGH NJW 1959, 1629; MünchKomm/SCHUBERT § 242 Rn 416). Auch hier wird die Verwirkung freilich erst nach Rückgabe der Mietsache eintreten können, insoweit jedoch unter Berücksichtigung des vorherigen Geschehens.

b) Beeinflusst wird die Zeitspanne durch die für den Anspruch *einschlägige Verjährungsfrist*. Eine kurze Verjährungsfrist drängt die Möglichkeit der Verwirkung regelmäßig zurück (vgl BGH NJW 2012, 3569 Rn 20; NJW 2011, 212 Rn 22 zur Regelverjährung). Doch bleibt auch hier Verwirkung grundsätzlich möglich (vgl o Rn 25 zur Miete, o Rn 23 zu Ansprüchen des Arbeitnehmers und Unterhalt sowie allgemein o Rn 22). Bei einer Frist von 30 Jahren, wie sie bei prozessualen Kostenerstattungsansprüchen oder bei den Ansprüchen des Erben auf Nutzungen und Früchte aus § 2020 BGB einschlägig ist (bei § 197 Abs 1 Nrn 2, 3, 4 BGB hat die lange Frist eine innere Rechtfertigung), kann man an eine Zeitspanne von acht bis zehn Jahren denken. **27**

c) Doch ist auch diese Zeitspanne deshalb nur ein äußerst grober Anhaltspunkt, weil sich die die Verwirkung prägenden Faktoren wechselseitig beeinflussen. Insofern kann ein intensiver Vertrauenstatbestand die Frist ebenso verkürzen wie nachhaltige Dispositionen des Verpflichteten (PALANDT/GRÜNEBERG § 242 Rn 95), entsprechend kann sich unter umgekehrten Vorzeichen die Frist dann auch verlängern.

d) Spezifische Probleme weisen Sachlagen auf, in denen wie bei Dauerschuldverhältnissen und Störungen eine Verjährung wegen des ständig neu entstehenden

Anspruchs nach hM ausgeschlossen ist (§ 199 Rn 20c, 109 f). In diesen Sachlagen scheint der BGH für die Verwirkung ebenfalls danach abgrenzen zu wollen, ob neue Ansprüche entstehen, wenn er etwa zu Unterlassungsansprüchen zwischen wiederholten gleichartigen Störungen, die neue Ansprüche auslösen, und ununterbrochen andauernden Einwirkungen, bei denen nur ein Anspruch bestehen soll, unterscheidet (BGH NZM 2006, 192 Rn 11; ähnlich BGH NZM 2018, 909 Rn 18, NZM 2015, 495 Rn 12). Dem Zweck der Verwirkung entspricht es indessen mehr, darauf abzustellen, ob aufgrund einer neuen Willensentscheidung des Störers (BGH NZM 2018, 909 Rn 18) eine Zäsur eingetreten ist, die einen Neubeginn der Verwirkung erfordert.

4. Das Umstandsmoment: 1. Objektive Elemente

28 **a)** Wenig glücklich – weil den Kernpunkt verschleiernd – wird der für die Verwirkung notwendige Vertrauenstatbestand weithin als das *„Umstandsmoment"* der Verwirkung bezeichnet.

b) Insoweit kommt es für die Verwirkung allein auf das Verhalten der beiden beteiligten Parteien an; sonstige äußere, objektive Umstände sind auszuscheiden. Zwar ergibt es sich vielfältig, dass ein Anspruch nicht nur vor längerer Zeit begründet worden ist, sondern auch in einer Situation, die sich nachhaltig verändert hat und die damit seine Durchsetzung jetzt fragwürdig erscheinen lässt, zB soll ein vor dem Krieg, vor der Wiedervereinigung begründeter Anspruch nachher durchgesetzt werden. Das aber ist kein Fall der Verwirkung, sondern in Konstellationen dieser Art geht es darum, ob die *Geschäftsgrundlage* des Anspruchs bzw des Rechtsverhältnisses, aus dem er stammt, noch besteht. Verwirkung und Wegfall der Geschäftsgrundlage sind als Institute scharf voneinander zu unterscheiden; der jeweils notwendige Zeitablauf bildet nur eine zufällige Übereinstimmung.

c) Im Übrigen kommt es aber auf eine objektive Sicht der Dinge an. Ob der Schuldner auf die Nichteinforderung vertrauen durfte und ob seine in der Folge getätigten Dispositionen schutzwürdig sind, beurteilt sich nicht nach seinem (subjektiven) Dafürhalten, sondern aus der Sicht eines verständigen Dritten, und dies unter Berücksichtigung aller Umstände des Einzelfalls.

5. Das Umstandsmoment: 2. Verhalten des Gläubigers

29 **a)** Der Gläubiger muss ein Verhalten gezeigt haben, aus dem der Schuldner den Schluss ziehen durfte, dass *er nicht mehr in Anspruch genommen werden würde* (BeckOGK BGB/Piekenbrock [1. 2. 2019] § 194 Rn 62).

aa) Das kann ohne weiteres in positiven Erklärungen des Gläubigers zu sehen sein, etwa dahin, dass sich der Schuldner keine Sorgen zu machen brauche, dass ihm nichts geschehen werde oä. Bei Erklärungen dieser Art bleibt freilich durch Auslegung zu erschließen, ob der Gläubiger endgültig von seiner Forderung Abstand nehmen oder nur der gegenwärtigen, sich vielleicht noch wieder ändernden Lage des Schuldners Rechnung tragen wollte. Ebenfalls die Frage nach der Endgültigkeit stellt sich, wenn der Gläubiger ankündigt, gegen einen Dritten vorgehen zu wollen.

bb) Umgekehrt kann der Gläubiger der Verwirkung dadurch entgegenwirken, dass er *mahnt* (BGH FamRZ 1988, 480) oder in sonstiger Weise *auf seinem Recht beharrt* (PALANDT/GRÜNEBERG § 242 Rn 94), wobei freilich zu berücksichtigen bleibt, dass ein solches Beharren uU auch wieder auf das Niveau bloßer, nicht mehr ernst zu nehmender Absichtserklärungen herabsinken kann. Das kann die Verwirkung dann nicht mehr hindern.

cc) Den kritischen Regelfall bildet es, dass sich der Gläubiger einfach *still verhält*. 30 Das kann zur Verwirkung nicht ausreichen (BGH NZM 2018, 909 Rn 22; NJW 2018, 1013 Rn 17; BeckOGK BGB/PIEKENBROCK [1. 2. 2019] § 194 Rn 62). Zu fordern ist vielmehr, dass *Anlass* – nicht: eine Rechtspflicht – bestanden hat, *aktiv zu werden*. Ein solcher Anlass besteht zB dann, wenn sich die Parteien über sonstige Forderungen auseinandersetzen; wenn die periodische Klärung der Beziehungen notwendig und üblich ist, wie etwa bei laufender Rechnung; er kann sich auch aus äußeren Umständen ergeben, wie etwa der Auflösung eines Mietverhältnisses, die gewärtigen lässt, dass sich die Parteien aus den Augen verlieren, oder äußeren Faktoren. So werden etwa Rechnungen an die öffentliche Hand einer Kontrolle durch den Rechnungshof unterzogen: Anlass mit Rückforderungsansprüchen wegen Überzahlungen hervorzutreten, wenn solche Prüfungen äußerstenfalls beendet sein müssen, Anlass zur Rechtsbehauptung ergibt sich auch dann, wenn der Gläubiger sein Recht zunächst behauptet, dann aber auf Widerspruch der Gegenseite hin schweigt.

Andererseits wirkt es sich zugunsten des Gläubigers aus, wenn die frühere Anbringung seines Rechts nicht möglich oder nicht tunlich war (BGH MDR 1970, 486).

b) Die Verwirkung des Anspruchs kann es natürlich fördern, wenn der Gläubiger 31 von seinem Anspruch Kenntnis hatte. Doch ist eine solche Kenntnis nicht zwingend zu fordern (RGZ 134, 38, 41; BGHZ 25, 47, 53; SOERGEL/KNOPP § 242 Rn 300; aA BVerwGE 6, 206; BAG NJW 1978, 724). Notwendig ist es jedoch, dass es dem Gläubiger jedenfalls möglich und zumutbar war, sich von seiner Forderung Kenntnis zu verschaffen (aA OLG Saarbrücken NJW-RR 1989, 558, 559; LG München I NJW-RR 1989, 852; PALANDT/GRÜNEBERG § 242 Rn 94): Wo es daran fehlte, wird man nicht mehr von einer illoyalen Ausübung des Rechts sprechen können. Insoweit ist auch die Wertung des § 199 Abs 1 Nr 2 BGB zu beachten.

6. Das Umstandsmoment: 3. Verhalten des Schuldners

a) Auf Seiten des Schuldners ist es erforderlich, dass *er aufgrund des Verhaltens* 32 *des Gläubigers in schutzwürdiger Weise auf seine Nichtinanspruchnahme vertraut hat*. Sein Vertrauen ist dann nicht schutzwürdig, wenn er selbst dem Gläubiger den Anspruch verheimlicht hat (BGHZ 25, 47, 53). Die Schutzwürdigkeit wird dadurch beeinflusst, welchen Kenntnisstand der Schuldner hinsichtlich des Anspruchs bei dem Gläubiger vorausgesetzt hat oder voraussetzen konnte: Sie fehlt grundsätzlich, wenn von einem Wissen des Gläubigers nicht ausgegangen werden konnte (BGH NJW 2000, 140; MünchKomm/SCHUBERT § 242 Rn 387), erst recht, wenn der Schuldner den Gläubiger über die Forderung hätte aufklären müssen.

Schutzwürdiges Vertrauen des Schuldners setzt aber nicht voraus, dass er seinerseits von der Forderung Kenntnis hatte, Schutz ist sicher möglich, wenn er die Forderung kannte, aber es genügt doch, wenn Kenntnis von der Person des Gläubigers besteht. Dann muss es reichen, wenn der Schuldner mit Forderungen von dieser Seite nicht rechnet oder zu rechnen braucht, zB mit Ansprüchen aus einem Vertrag, den er für längst abgerechnet halten kann.

33 **b)** Allein das berechtigte Vertrauen des Schuldners darauf, aus der Forderung nicht mehr in Anspruch genommen zu werden, genügt für die Annahme der Verwirkung jedoch nicht, *er muss sich vielmehr entsprechend eingerichtet haben* (BGHZ 67, 56, 68; PALANDT/GRÜNEBERG § 242 Rn 95). Die Inanspruchnahme muss ihm unzumutbar geworden sein (MünchKomm/SCHUBERT § 242 Rn 393), weil er *Vertrauensdispositionen* getroffen hat (BGH NZBau 2007, 252; MünchKomm/SCHUBERT § 242 Rn 393), die die jetzige Inanspruchnahme als eine mit Treu und Glauben nicht zu vereinbarende Härte erscheinen lassen (BGHZ 25, 47, 52). Diese Dispositionen müssen vermögensmäßiger Art sein. Da es sich bei der Verwirkung um einen außerordentlichen Rechtsbehelf handelt, dürfen die Anforderungen hier nicht zu gering angesetzt werden (sie werden es in der Praxis aber vielfach). Bei Unterhaltsnachforderungen fehlt es daran in der Regel nicht (BGHZ 103, 62, 71): Der Schuldner wird sich in seiner Lebensführung entsprechend einrichten und dann durch die Nachforderung in wirtschaftliche Bedrängnis geraten. Der schon in der ratio legis des § 197 Abs 2 BGB berücksichtigte bedrohliche Kumulierungseffekt schlägt auch hier durch und rechtfertigt eine typisierende Betrachtungsweise (vgl PALANDT/GRÜNEBERG § 242 Rn 95). Entsprechende Erwägungen gelten für Nachforderungen auf Miete und Mietnebenkosten. Dagegen sind bei einmalig zu erfüllenden Verbindlichkeiten konkrete Verhaltensweisen des Schuldners notwendig, zB unterlassener Regress (BGH VersR 1997, 1004), anderweitige Verwendung der „Ersparnis". Hier wird aber durchweg der notwendige Kausalitätsnachweis nicht gelingen.

Wenn hier zuweilen auf die *Verschlechterung der Beweisposition* abgestellt wird (vgl PALANDT/GRÜNEBERG § 242 Rn 95), ist das deshalb bedenklich, weil diesem Gesichtspunkt schon das Institut der Verjährung Rechnung trägt (BGH NJW-RR 1992, 1240; BAG NJW 2015, 2061 Rn 30). Hier wird man es aber ausreichen lassen dürfen, wenn der Schuldner seine Unterlagen über die Angelegenheit bereits vernichtet hat und dies – weniger streng MünchKomm/SCHUBERT § 242 Rn 394 – auch berechtigterweise durfte. Maßstäbe hierfür bieten namentlich die kaufmännischen Grundsätze über die Aufbewahrung von Unterlagen, §§ 257 ff HGB, im Bereich des Handelsverkehrs. Für Nichtkaufleute gelten naturgemäß weniger strenge Anforderungen, doch kann Sorglosigkeit auch hier nicht geduldet werden und sind bestimmte Beweisschwierigkeiten naturgemäß Sache des Schuldners, wie etwa die des Erben.

7. Rechtsfolge

34 Sind die genannten Anforderungen erfüllt, dann kann das Recht nicht mehr durchgesetzt werden. Zuweilen wird angenommen, dass es erlösche (MünchKomm/SCHUBERT § 242 Rn 373). Dem dürfte jedoch für Ansprüche nicht zuzustimmen sein; vorzugswürdig dürfte die Annahme eines *dauernden Ausübungshindernisses* sein (vgl STAUDINGER/LOOSCHELDERS/OLZEN [2019] § 242 Rn 316): Dem Schuldner muss es nämlich möglich sein, sich trotz eingetretener Verwirkung auf die Forderung einzulassen (**aA** MünchKomm/GROTHE vor § 194 Rn 14); dies kann eine Neubegründung des Rechts nicht voraussetzen (aA MünchKomm/Schubert § 242 Rn 374), wie sie andernfalls erforderlich wäre.

Da die Verwirkung stärker trifft als die Verjährung, ist davon auszugehen, dass die verwirkte Forderung nicht genügt als Rechtsgrund für eine gleichwohl erbrachte Leistung; die §§ 214 Abs 2, 813 Abs 1 S 2 BGB sind also nicht anzuwenden (vgl auch § 214 Rn 38). Freilich gibt die Leistung des Schuldners Anlass zu der Prüfung, ob Verwirkung tatsächlich eingetreten war. Und wenn der Schuldner in Kenntnis seiner Berechtigung zur Leistungsverweigerung geleistet hat, dann muss die Leistung ebenfalls kondiktionsfesten Bestand haben. Hierzu genügt es freilich nicht, dass er die tatsächlichen Voraussetzungen der Verwirkung kannte; er muss vielmehr aus ihnen den Schluss auf seine Berechtigung zur Leistungsverweigerung gezogen haben (vgl auch o Rn 29 ff).

Die Frage, ob die Verwirkung späterhin wieder entfallen kann, dürfte zu verneinen sein (aA Staudinger/Looschelders/Olzen [2019] § 242 Rn 328, 316; MünchKomm//Schubert § 242 Rn 374).

8. Verwirkung im Prozess

a)   Im Prozess ist die Verwirkung *von Amts wegen zu berücksichtigen,* setzt also **35** nicht voraus, dass sich der Schuldner auf sie beruft (BGH NJW 1966, 343, 345). Das nimmt ihr den Einredecharakter nicht vollends, weil sie dem Schuldner nicht aufgedrängt werden darf (vgl o Rn 32). Macht er deutlich, dass er aus ihr Rechte nicht herleiten will, dann muss sie unberücksichtigt bleiben.

b)   Die *Darlegungs- und Beweislast* trifft grundsätzlich den Schuldner. Doch muss der Gläubiger verwirkungshindernde Aktivitäten – das wiederholte Bestehen auf seinem Recht – darlegen, freilich nicht mehr beweisen (BGH NJW 1958, 1188) und streitet für den Schuldner ausnahmsweise eine tatsächliche Vermutung dafür, dass er sich auf seine Nichtinanspruchnahme eingerichtet hat, so in Miete- und Unterhaltssachen oder nach Ablauf der Aufbewahrungsfristen für Unterlagen.

9. Einrede der Verjährung

Die Einrede der Verjährung kann ihrerseits nicht verwirkt, dh dauernd ausgeschlos- **36** sen sein. Doch kann es natürlich auch ein berechtigtes Vertrauen des Gläubigers darauf geben, dass sie seinem Anspruch nicht entgegengesetzt werde. Dann aber ist mit dem Institut der *unzulässigen Rechtsausübung* zu arbeiten, was sich in der Rechtsfolge bemerkbar macht: Wenn der Schuldner doch unerwartet auf die Einrede der Verjährung zurückgreift, ergibt sich für den Gläubiger eine (knapp zu bemessende) Nachfrist, innerhalb derer er die verjährungshemmende Klage doch noch anbringen kann. Zu den Einzelheiten § 214 Rn 23 f.

V.   Unvordenkliche Verjährung

Die unvordenkliche Verjährung entstand im Mittelalter im kanonischen Recht. Ein **37** Zustand, der seit Menschengedenken bestanden hatte, sollte rechtlich nicht mehr angefochten werden. Dies galt sowohl hinsichtlich der Ausübung als auch der Nichtausübung eines Rechts. Bewiesen wurde die Unvordenklichkeit eines Zustandes dadurch, dass glaubwürdige Zeugen mit etwa vierzigjähriger Lebenserfahrung sich an nichts anderes erinnern konnten und auch von älteren Personen nichts anderes gehört hatten (vgl RGZ 55, 373).

Die unvordenkliche Verjährung besteht in den von EGBGB dem *Landesrecht* vorbehaltenen Materien weiter (RG SeuffA 80 Nr 62); so gem Art 65 EGBGB im Wasserrecht (RGZ 111, 90); gem Art 66 EGBGB im Deich- und Sielrecht, gem Art 69 EGBGB im Fischereirecht, gem Art 73 EGBGB im Regalienrecht, gem Art 74 EGBGB bei den Zwangs- und Bannrechten sowie gem Art 132 EGBGB für die Kirchenbaulast und gem Art 133 EGBGB für das Kirchenstuhlrecht (vgl LG Kiel SchlHA 1961, 87). – Sie kann dabei nicht nur rechtsmindernde, sondern auch rechtsbegründende Kraft entfalten, sofern der beanspruchte Zustand mindestens vierzig Jahre lang unangefochten bestanden hat (BGHZ 16, 234, 238). Rechtstechnisch schafft das Ablaufen einer unvordenklichen Verjährung allerdings nur eine Beweisvermutung (BayObLGZ 32, 57; ENNECCERUS/NIPPERDEY § 229 II 3).

Im gleichen Sinne gilt die unvordenkliche Verjährung im öffentlichen Wegerecht, zB hinsichtlich der Widmung eines Weges für den Gemeingebrauch.

VI. Zivilrechtliche Ansprüche außerhalb des BGB

38 Die Regelungen der §§ 194 ff BGB finden auf sämtliche Ansprüche Anwendung, die sich aus dem BGB ergeben, soweit nicht Sonderbestimmungen zu beachten sind, die dann Vorrang genießen. Beispielsweise finden sich solche in den §§ 438, 634a BGB für die Mängelansprüche gegen den Verkäufer bzw Werkunternehmer in Bezug auf die Verjährungsfristen und ihren Beginn. Diese Punkte regeln sich dann nach diesen Bestimmungen, alle nicht besonders angesprochenen Punkte nach den §§ 194 ff BGB, also beispielsweise die Hemmung der Verjährung durch Verhandlungen, § 203 BGB, die Maßnahmen des § 204 Abs 1 BGB, die langfristige Verjährung im Falle der Titulierung nach § 197 Abs 1 BGB.

Nichts anderes ist dann aber anzunehmen, soweit zivilrechtliche Ansprüche außerhalb des BGB normiert sind (so auch BeckOGK BGB/PIEKENBROCK [1. 2. 2019] § 194 Rn 70). Vorrang dortiger Spezialbestimmungen, vgl zB § 11 UWG, ergänzende Ausgestaltung durch die §§ 195 ff BGB. Die Aufhebung der §§ 88 HGB, 51b BRAO aF hat insoweit keine Lücken hinterlassen, sondern die dortigen Regelungen zu Dauer und Beginn der Verjährung werden ersetzt durch die §§ 195, 199 BGB.

VII. Öffentliches Recht

39 Das öffentliche Recht kennt zahlreiche spezielle Regelungen der Verjährung, vgl nur aus dem VwVfG § 53, s ferner § 195 Rn 15. Sie sind indessen lückenhaft, sodass sich die Frage stellt, wie die breiten bestehenden Lücken zu füllen sind. Dazu wurde bisher allgemein auf die Regelungen der §§ 195 ff BGB zurückgegriffen. Deren nachhaltige Umgestaltung durch die Schuldrechtsmodernisierung macht die Frage nach dem jetzigen Recht brisant.

Abschnitt 5
Verjährung

Vorbem zu §§ 194–225

1. Gesetzgebungskompetenz

Für den Bereich des öffentlichen Rechts gibt es drei Gesetzgeber, den des Landes, **40** des Bundes sowie den europäischen. Es liegt auf der Hand, dass der Bundesgesetzgeber die beiden anderen Gesetzgeber nicht in Materien binden kann, die nicht seiner Regelungskompetenz unterliegen. Insofern ist die Annahme einer Analogie zu den §§ 195 ff BGB (BVerwG NVwZ 2017, 56 Rn 35 für Ansprüche nach Art 104a Abs 2 GG; allgemein MünchKomm/GROTHE § 195 Rn 18; ferner BeckOGK BGB/PIEKENBROCK [1. 2. 2019] § 194 Rn 71 ff mit umfangreichen Nachweisen zu Einzelfragen) zwar vielleicht für den Bereich des Bundesrechts möglich, scheidet aber im Bereich des Landesrechts aus (aA SCHERER-LEYDECKER/LABORANOWITSCH NVwZ 2017, 1837, 1839). Insoweit bedarf es einer Verweisung (u Rn 43), die ihrerseits analogiefähig sein mag.

2. Gewohnheitsrecht

a) Es steht indessen der Annahme nichts im Wege, dass das Regelwerk der **41** §§ 194 ff BGB im öffentlichen Recht gewohnheitsrechtlich gilt (aA GUCKELBERGER 264 ff). Der ständige Rückgriff der Rechtsprechung auf diese Bestimmungen und seine grundsätzlich widerspruchsfreie Hinnahme durch die Betroffenen und die Literatur lässt einen anderen Schluss nicht zu.

Dabei ist das Besondere dieses Gewohnheitsrechts, dass es nicht der Einzelbestimmung aus den §§ 195 ff BGB gilt, sondern der Gesamtheit dieses Regelwerks. So manche Einzelbestimmung der §§ 194 ff BGB aF mag im öffentlichen Recht nicht zum Tragen gekommen sein, und so manche Bestimmung wird nicht in das allgemeine Bewusstsein gedrungen sein. Das hindert nicht die Annahme eines Konsenses über die Möglichkeit und Notwendigkeit des Rückgriffs auf die §§ 194 ff BGB.

b) Dieses Gewohnheitsrecht gilt aber dem Normenbestand in seiner jeweiligen Fassung (so im Ergebnis auch MünchKomm/GROTHE § 195 Rn 18; aA NK-BGB/MANSEL/STÜRNER § 194 Rn 22 ff). Einerseits wäre es praktisch unerträglich, wenn im öffentlichen Recht – jedenfalls teilweise – die modifizierten §§ 195 ff BGB aF noch weiterhin zur Anwendung kommen müssten, andererseits geht eben die allgemeine Überzeugung dahin, dass die §§ 195 ff BGB in ihrer aktuellen Fassung „schon das Richtige sagen werden".

c) Ein Gewohnheitsrecht dieser Art lässt sich zwanglos auch im Bereich des Lan- **42** desrechts annehmen, es stößt nicht auf Probleme der Gesetzgebungskompetenz.

Natürlich ist außer dem Bundesgesetzgeber namentlich der Landesgesetzgeber frei, im Rahmen seines Regelungsbereichs sich von der damit vorgegebenen subsidiären Geltung der §§ 195 ff BGB zu lösen.

3. Verweisungen auf das BGB

Verweisungen auf das Regelwerk der §§ 194 ff BGB könnten – jedenfalls im Landes- **43** recht – nur statisch verstanden werden (BVerwGE 132, 324 Rn 10 ff), versteht man sie als konstitutiv, sodass uU bei älteren noch die §§ 195 ff BGB aF zur Anwendung zu bringen wären und es zu Komplikationen käme, sollten die §§ 195 ff BGB fortentwickelt werden, was ja nicht auszuschließen ist. Die Problematik löst sich indessen auf, wenn man die Verweisung nur als deklaratorische versteht, als Ausdruck der communis opinio, dass subsidiär die Bestimmungen der §§ 195 ff BGB heranzuziehen sind (vgl BVerwGE 158, 199 Rn 18).

4. Einzelheiten

44 a) Die dargelegte subsidiäre Geltung der §§ 194 ff BGB gilt zunächst für den Ablauf der Verjährung. Es kann nicht sein, dass zB Verhandlungen, § 203 BGB, die Verjährung im öffentlichen Recht ungehemmt weiterlaufen lassen, und gerade der Katalog des § 204 Abs 1 BGB ist anwendbar. Dass sich die Klage auf die Verjährung auswirkt, wird im öffentlichen Recht geradezu vorausgesetzt, aber dies kann nur die Hemmung des heutigen Rechts sein, nicht die Unterbrechung des früheren. Das Widerspruchsverfahren nach §§ 68 ff VwGO ist bei § 204 Abs 1 Nr 12 BGB zu subsumieren, das Nacheinander von Primär- und Sekundärrechtsschutz bei § 213 BGB.

b) Ebenso gelten für die Fristen und ihren Beginn die §§ 195, 199 BGB (vorbehaltlich von Sonderregelungen). Wo der Gesetzgeber des Landes oder Bundes diese Bestimmungen für inadäquat hält, mag – und muss – er sich von ihnen distanzieren.

45 c) Bei alledem bleiben freilich Besonderheiten des öffentlichen Rechts von Bedeutung. So ist der Bürger zB nicht gehindert, gegenüber der Verwaltung die Einrede der Verjährung nach jenem freien Belieben zu erheben, das ihm § 214 Abs 1 BGB einräumt, umgekehrt wird die Behörde ihr Ermessen insoweit pflichtgemäß auszuüben haben; ggf kann ihre Berufung auf die Verjährung missbräuchlich sein. – Der Beginn der Verjährung knüpft nach § 199 Abs 1 Nr 1 BGB im Rahmen der regelmäßigen Verjährungsfrist an die Entstehung des Anspruchs an. Der sich ergebende Zeitpunkt kann namentlich im Polizeirecht zweifelhaft sein, zB im Falle von Altlasten. Genügt es, dass die Behörde den Bürger in Anspruch nehmen könnte, oder ist es zu verlangen, dass sie ihr Begehren konkretisiert? Der Begriff der Entstehung des Anspruchs ist insoweit auslegungsfähig, und diese Auslegung kann sich an den Wertungen des Polizeirechts orientieren.

Soweit § 199 Abs 1 Nr 2 BGB auf die Kenntnismöglichkeiten des Gläubigers abstellt, wird man von der Behörde eine gehörige Organisation erwarten dürfen, die die Erfassung ihrer Ansprüche optimiert.

VIII. Auslegung und Analogiebildung

46 Die Auslegung der Bestimmungen über die Verjährung und die Bildung von Analogien in diesem Bereich folgt den allgemeinen Regeln (Spiro § 22).

47 1. Soweit für die *Auslegung des Gesetzes* betont wird, sie müsse sich grundsätzlich eng am Wortlaut orientieren (RGZ 120, 355, 359; BGHZ 53, 43, 47; 59, 323, 326; 156, 232, 242; zustimmend MünchKomm/Grothe vor § 194 Rn 7), sagt das letztlich nichts. Denn der Wortlaut ist der Interpretation sowohl fähig als auch bedürftig. Das gilt etwa für den Begriff der Verhandlungen des § 203 BGB, bei dem man geneigt sein könnte, nur solche mit Mindestaussichten genügen zu lassen, erst recht für die grobe Fahrlässigkeit des § 199 Abs 1 Nr 2 BGB. Nicht eindeutig dem Gesetzeswortlaut zu entnehmen ist es, ob die Streitverkündung des § 204 Abs 1 Nr 7 BGB auch im selbstständigen Beweisverfahren mit verjährungshemmender Wirkung möglich ist, oder ob die Rechte, die dem Käufer aus seinem mangelbedingten Rücktritt erwachsen, in der Verjährungsfrage immer noch § 438 BGB unterliegen oder nicht nunmehr den §§ 195, 199 BGB. In Fällen dieser Art ist auf die üblichen Auslegungsregeln – ohne Vorrang des Gesetzeswortlauts – zurückzugreifen, also namentlich auf den Zweck der Regelung, die Vorstellungen des Gesetzgebers etc (PALANDT/ELLENBERGER vor § 194 Rn 12).

2. Auch *Analogien* sind ohne Einschränkungen möglich (PALANDT/ELLENBERGER vor **48** § 194 Rn 12; **aA** MünchKomm/GROTHE vor § 194 Rn 7), ebenso wie erweiternde Auslegungen, von denen sie sich nicht trennscharf abgrenzen lassen. Dass im Rahmen des § 634a Abs 3 BGB ein Organisationsverschulden des Unternehmers seiner Arglist gleichgestellt wird, ist ebenso sinnvoll wie die Anwendung des § 548 BGB auf deliktische Ansprüche. Von der Möglichkeit der Analogie ist in der Vergangenheit vielfach Gebrauch gemacht worden, so etwa bei der Anwendung des § 196 BGB aF auf gesetzliche Ansprüche, die an die Stelle der vorgesehenen vertraglichen treten, bei der Anwendung des § 477 BGB aF auf Ansprüche aus positiver Forderungsverletzung wegen Mangelfolgeschäden. Insoweit ist allenfalls zu hoffen, dass das reformierte Recht der Verjährung in geringerem Umfang als bisher zur Bildung von Analogien nötigt.

IX. Intertemporales Recht, Recht der DDR

1. Überleitungsregelungen

a) Die Überleitungsprobleme, die sich hinsichtlich der Verjährung aus der Einführung des BGB ergaben, regelt Art 169 EGBGB; sie dürften heute praktisch bedeutungslos sein. **49**

b) Entsprechende Probleme ergeben sich aus dem *Beitritt der DDR*. Sie werden in Art 231 § 6 Abs 1, 2 EGBGB nach Grundsätzen gelöst, die mit denen des Art 169 EGBGB identisch sind. Auf die Erl zu beiden Bestimmungen wird Bezug genommen. Darüber hinaus erklärt Art 231 § 6 Abs 3 EGBGB diese Regelungen auch für Ausschlussfristen für anwendbar.

c) Die Überleitung für das G zur Modernisierung des Schuldrechts v 26. 11. 2001 **50** (BGBl I 3138) regelt Art 229 § 6 EGBGB, soweit es die Neufassung des Rechts der Verjährung betrifft, vgl die Erl dort.

d) Wenn der *Gesetzgeber* ändernd in die Verjährung von Ansprüchen eingreift, *ohne* zugleich eine *Überleitungsvorschrift* zu erlassen, werden ebenfalls die Grundsätze des Art 169 EGBGB angewendet (BGH NJW 1961, 25; 1965, 106; 1974, 236; BGHZ 73, 363, 365), wie Art 229 § 6 EGBGB sie im Kern aufgreift. Das bedeutet, dass es der Gläubiger uU hinnehmen muss, dass für seinen Anspruch nunmehr eine kürzere Verjährungsfrist gilt, Art 169 Abs 1 S 1 EGBGB; eine nunmehr kürzere Frist läuft jedoch erst ab Inkrafttreten der Neuregelung, Art 169 Abs 2 S 1, 229 § 6 Abs 4 EGBGB. Das lässt den Fall denkbar werden, dass sich so die Frist insgesamt doch verlängern würde; Art 169 Abs 2 S 2, 229 § 6 Abs 4 S 2 EGBGB beugt dem vor.

Sieht die Neuregelung dagegen eine längere Verjährungsfrist vor, so erfährt der Schuldner keinen Vertrauensschutz.

Beginn, Hemmung und Unterbrechung bzw Neubeginn der Verjährung sind nach der jeweils geltenden Regelung zu beurteilen, Art 169 Abs 1 S 2, 229 § 6 Abs 1 EGBGB. Hier kommt es also zu einem stichtagsbezogenen Wechsel der Beurteilung.

Diese Grundsätze können nur dort Anwendung finden, wo ein Anspruch trotz der Neuregelung erhalten bleibt. Schneidet der Gesetzgeber einen bisher bestehenden Anspruch im Zuge der Neuregelung ab, so stellt sich die Verjährungsfrage nicht mehr. Wird ein Anspruch neu geschaffen, so stellen sich ebenfalls keine Überleitungsprobleme: Er beginnt erst jetzt zu verjähren; dass seine tatbestandlichen Voraussetzungen vielleicht schon vor der Neuregelung existent waren, führt nicht dazu, dass der Verjährungsbeginn auf einen Zeitpunkt vor Inkrafttreten der Neuregelung zurückzudatieren wäre (BGH NJW 1974, 237). Probleme ergeben sich, wenn der Anspruch im früheren Recht Entsprechungen hatte. Ist Identität der Ansprüche zu bejahen, so gelten die Grundsätze der Art 169, 229 § 6 EGBGB mit ihrer Fortsetzung der Verjährung. Ist Identität zu verneinen, so beginnt jetzt eine neue Verjährung (BGH NJW 1974, 237).

51 e) Ändert sich bei gleichbleibender Gesetzeslage die *Beurteilung der Verjährungsfrage in der Rechtsprechung,* so genießt der Schuldner jedenfalls keinen Schutz, falls dies zu seinen Lasten geht. Diskutiert wird, ob der Gläubiger im umgekehrten Fall zu schützen ist. Auch dies ist jedoch im Ergebnis zu verneinen (vgl dazu § 206 Rn 7 f).

2. Recht der DDR

52 Nach dem Vorstehenden kann die Rechtsordnung der DDR für die Beurteilung der Verjährungsfrage weiterhin von Bedeutung sein. Ein Überblick über sie in den Erl zu Art 231 § 6 EGBGB.

X. Europarecht

52a 1. Es versteht sich, dass das nationale Recht etwaigen Vorgaben europäischer Richtlinien zu entsprechen hat. So verstößt die durch § 476 Abs 2 BGB eingeräumte Vertragsmacht, die Verjährungsfrist beim Kauf gebrauchter Sachen auf ein Jahr und damit auf weniger als zwei Jahre zu verkürzen, gegen Art 5, 7 VerbrGKRL (EuGH 13. 7. 2017 – C-133/16, JZ 2018, 298).

2. Zuweilen kann das europäische Recht das nationale Recht auch verdrängen. Ist zB europarechtswidrig eine Beihilfe gewährt worden, kann die zehnjährige Rückforderungsbefugnis der Kommission nach Art 15 Abs 1 VO 659/1999 nicht durch kürzere deutsche Verjährungsvorschriften ausgehebelt werden (BGHZ 188, 326 = JZ 2011, 580 Rn 43 ff mit einem entbehrlichen Verweis auf § 242). Im Übrigen unterliegen aber auch Ansprüche aus Unionsrecht wie etwa der unionsrechtliche Staatshaftungsanspruch der regelmäßigen Verjährung (BVerwG NVwZ 2012, 1472 Rn 35).

XI. Internationales Privatrecht, Rechtsvergleichung

1. Die Verjährungsfähigkeit ist eine Eigenschaft des betreffenden Anspruchs, wie er dem *materiellen Recht angehört* (vgl § 194 Rn 2). Das bedeutet für die Frage nach dem jeweils anzuwendenden Recht in Fällen mit Auslandsberührung, dass es jedenfalls nicht auf das Recht des Gerichtsstandes ankommt (STAUDINGER/DILCHER[12] Rn 7), auch wenn ausländische Rechtsordnungen die Verjährung zuweilen als eine Frage des Prozessrechts beurteilen, und dass es gleichzeitig *eine eigenständige Anknüpfung für die Verjährung nicht gibt:* Für die Beurteilung der Verjährungsfrage ist vielmehr stets jene Rechtsordnung anwendbar, die auf den Anspruch als solchen anwendbar ist. Der nach italienischem Recht zu beurteilende Anspruch verjährt mithin nach den Regeln des italienischen Rechts etc. 53

Das gilt ohne weiteres für die einschlägigen Fristen, aber doch auch für die Regelungen über Beginn, Hemmung und Neubeginn der Verjährung (vgl OLG Saarbrücken WPM 1998, 2465). ZB legt das italienische Recht verzugsbegründenden Maßnahmen erneuernde Wirkung bei, Art 2943 Abs 4 cc it, und damit der Mahnung durch eingeschriebenen Brief, Art 1219 cc it. Das genügt zur Erneuerung der Verjährung dann auch, wenn der italienischem Recht unterliegende Anspruch in Deutschland verfolgt wird. Umgekehrt kann die Verjährung des deutschem Recht unterliegenden Anspruchs in Italien nicht durch eingeschriebenen Brief gehemmt werden, sondern es sind bei seiner Verfolgung dort weiterhin Maßnahmen notwendig, die den Anforderungen des § 204 Abs 1 BGB genügen.

Wenn das deutsche Recht hinsichtlich der Hemmung der Verjährung vielfältig auf prozessuale Ereignisse Bezug nimmt, vgl § 204 Abs 1 BGB, dann ist bei Ereignissen im Ausland zu prüfen, ob sie jenen entsprechen, die in Deutschland relevant sind. Das kann zB bei der Streitverkündung zweifelhaft werden (vgl § 204 Rn 85), aber doch auch über die Hemmungstatbestände hinaus. So kann zB § 204 Abs 2 S 3 BGB bei einer Rechtsverfolgung im Ausland nur dann relevant werden, wenn und soweit das ausländische Prozessrecht den Betrieb des Prozesses in die Hände der Parteien legt.

2. Eine Grenze für die danach mögliche Anwendung ausländischen Rechts zog für Ansprüche aus unerlaubter Handlung Art 38 EGBGB aF. Diese Bestimmung galt namentlich auch für die Beurteilung der Verjährungsfrage (RGZ 118, 141, 142; BGHZ 71, 175, 176; MünchKomm/vFELDMANN[3] § 194 Rn 19), vgl jetzt – einschränkend – Art 40 Abs 3 EGBGB. 54

3. Im Übrigen können ausländische Regelungen denkbarerweise dem deutschen *ordre public* widersprechen und damit nach Art 6 EGBGB unbeachtlich sein (vgl RGZ 106, 82). Praktisch wird das freilich kaum jemals der Fall sein. 55

a) Es ist nämlich die außerordentliche Gestaltungsfreiheit des Gesetzgebers im Recht der Verjährung zu beachten. Der deutsche Gesetzgeber hat sie selbst in Anspruch genommen, wenn er Ansprüche aus demselben Vertrag nebeneinander den Fristen der §§ 195, 196 BGB aF unterworfen hat. Diese Freiheit muss auch der ausländische Gesetzgeber haben, zumal nach dem Gesagten, dass seine Verjährungsregelung nur dann zum Tragen kommt, wenn der Anspruch auch nach seinem Recht begründet worden ist. Außerdem ist eine Gesamtschau geboten. Eine kurze Verjährungsfrist kann zB durch die leichte Möglichkeit der Hemmung ausgeglichen werden, eine lange durch die schnellere Anwendung des Instituts der Verwirkung. Die ausländische Regelung müsste also unter Berücksichtigung aller einschlägigen Gesichtspunkte unvertretbar erscheinen.

b) Danach können bloße Fristenunterschiede gegenüber dem deutschen Recht jedenfalls nicht genügen (vgl RGZ 151, 193, 201). Auch sonstige Details dürfen abweichend geregelt sein, zB die Möglichkeit der Wahrung der Verjährung durch Mahnung per eingeschriebenen Brief, Art 2943 Abs 4, 1219 cc it, die etwaige Berücksichtigung der Verjährung von Amts wegen oä.

56 **c)** Gegen den ordre public verstoßen kann allenfalls die *Überschreitung äußerster Grenzen.*

aa) Dies kommt in Betracht, wenn das ausländische Recht dem Gläubiger jede realistische Möglichkeit vorenthält, sein Recht auch zu realisieren. Derartige Regelungen sind auch nach deutschem Recht vor dem Hintergrund des Art 14 GG bedenklich, vgl Art 6 S 2 EGBGB. Betrachtet man freilich die Zumutungen, die zB die §§ 477, 638 BGB aF für den Gläubiger bereitgehalten haben, so wird deutlich, dass die Entrüstung über ausländische Rechtsordnungen nur ganz ausnahmsweise angebracht sein kann.

bb) Ein Verstoß gegen den ordre public ist ferner denkbar, wenn ein Anspruch überhaupt unverjährbar gestellt wird (RGZ 106, 82). Auch das kann freilich durchaus im Einzelfall durch seine besondere Natur gerechtfertigt sein, vgl wiederum RGZ 106, 82, 84 für den Fall des rechtskräftig festgestellten Anspruchs, dessen Verjährbarkeit schwerlich zwingend ist. Auch können die großzügige Annahme der Verwirkung, Beweislastregelungen oä die Unverjährbarkeit kompensieren. – Eine Verjährungsfrist von zB 30 Jahren kann nicht schon deshalb gegen den ordre public verstoßen, selbst wenn das deutsche Recht konkret eine kurze Verjährung statuiert.

cc) Das Gesagte schließt es nicht aus, dass sich aus der Verjährung Effekte ergeben können, die gegen den ordre public verstoßen. Nicht hinzunehmen wäre es etwa, wenn bei einem Kaufvertrag der Erfüllungsanspruch des Verkäufers kurzfristig verjährt, vgl § 196 Abs 1 Nr 1 BGB aF, der des Käufers langfristig, vgl § 195 BGB aF, und der Käufer dann seinen Anspruch durchsetzen könnte, ohne den Gegenanspruch des Verkäufers berücksichtigen zu müssen, weil es an einer Bestimmung wie § 215 BGB fehlt.

57 **4.** *Rechtsvergleichende Hinweise* s STAUDINGER/DILCHER[12] Vorbem 23 ff zu §§ 194 ff. Die Rechtsvergleichung wird dadurch erschwert, dass es nicht genügt, Details der einzelnen Regelungen – zB die Fristen – einander gegenüberzustellen, sondern eine nähere Würdigung ist nur dann möglich, wenn man alle Details in die Betrachtung einbezieht, also namentlich auch die Regelung über Beginn, Hemmung, Erneuerung und Wirkung der Verjährung, sowie ihr Umfeld, wie dies etwa geprägt wird durch Ausschlussfristen, durch das Institut der Verwirkung, durch Beweislastregelungen. Die insoweit unentbehrliche Vertiefung kann hier nicht geboten werden.

XII. Verjährung im CESL

Regelungen für ein europäisches Verjährungsrecht beinhaltet der Vorschlag der Europäischen Kommission für eine Verordnung des Europäischen Parlaments und des Rates über ein *Gemeinsames Europäisches Kaufrecht* vom 11. 10. 2011 (KOM [2011] 635 endgültig). Anhang 1 zur vorgeschlagenen Verordnung enthält den eigentlichen Entwurf des Gemeinsamen Europäischen Kaufrechts (Common European Sales Law, kurz: CESL). Im Wege der Verordnung soll den Kaufvertragsparteien die Option eingeräumt werden, dem Vertrag nicht das nationale Kaufrecht eines Mitgliedsstaats, sondern das CESL zugrunde zu legen (vgl STADLER AcP 212 [2012] 473, 475 ff zur Rechtsnatur dieses „optionalen Instruments"). Die Bestimmungen des CESL beruhen auf rechtsvergleichenden Studien. Das lädt zu einem Vergleich des einschlägigen *Kapitels 18 des CESL zur Verjährung* mit §§ 194 ff BGB ein. Dabei ist freilich zu berücksichtigen, dass der Anwendungsbereich der Regelungen des CESL auf kaufrechtliche Ansprüche beschränkt ist. 57a

Abschnitt 1: Allgemeine Bestimmungen

Art 178 Der Verjährung unterliegende Rechte

Ein Recht, die Erfüllung einer Verpflichtung zu vollstrecken, sowie etwaige Nebenrechte unterliegen der Verjährung durch Ablauf einer Frist nach Maßgabe dieses Kapitels.

Art 178 CESL begrenzt den *Anwendungsbereich* der Verjährung wie § 194 BGB (s § 194 Rn 15 ff) auf Ansprüche, während etwa Gestaltungsrechte nicht der Verjährung unterliegen (KLEINSCHMIDT AcP 213 [2013] 538, 539 ff). Insbesondere umfasst der Begriff der Nebenrechte *keine Gestaltungsrechte,* sondern nur solche Ansprüche, die im deutschen Recht in den Anwendungsbereich von § 217 BGB fallen. Dieses Verständnis des Begriffs der Nebenrechte stützt Art 185 (3) CESL (u Rn 57h). 57b

Auch *Rechtsbehelfe* der Vertragsparteien *wegen Nichterfüllung,* die als Gestaltungsrechte ausgestaltet sind, unterliegen daher nicht selbst der Verjährung. Für das so bezeichnete „*Recht auf Vertragsbeendigung",* das dem Rücktritt entspricht, werden aber zunächst materielle Ausschlussfristen angeordnet, vgl Art 119 CESL zum Recht des Käufers und Art 139 CESL zum Recht des Verkäufers. Eine verjährungsrechtliche Auswirkung auf Gestaltungsrechte hält dann vor allem die Regelung über die Wirkung der Verjährung in Art 185 (1) CESL bereit. Danach verliert der Gläubiger mit der Verjährung eines Anspruchs alle Rechtsbehelfe, die ihm aufgrund der Nichterfüllung zustehen (u Rn 57i). Weil diese Regelung nicht nur Gestaltungsrechte, sondern darüber hinaus auch als Ansprüche ausgestaltete *Sekundärrechtsbehelfe* umfasst, geht diese Bestimmung über § 218 BGB hinaus, führt hinsichtlich der Gestaltungsrechte aber zu entsprechenden Wirkungen.

Abschnitt 2: Verjährungsfristen und Fristbeginn

Art 179 Verjährungsfristen

1. Die kurze Verjährungsfrist beträgt zwei Jahre.

2. Die lange Verjährungsfrist beträgt zehn Jahre beziehungsweise bei Schadensersatzansprüchen wegen Personenschäden dreißig Jahre.

Art 180 Beginn der Verjährungsfristen

1. Die kurze Verjährungsfrist beginnt mit dem Zeitpunkt, zu dem der Gläubiger von den das Recht begründenden Umständen Kenntnis erhielt oder hätte Kenntnis erhalten müssen.

2. Die lange Verjährungsfrist beginnt mit dem Zeitpunkt, zu dem der Schuldner leisten muss, beziehungsweise bei einem Recht auf Schadensersatz mit dem Zeitpunkt, zu dem die das Recht begründende Handlung erfolgte.

3. Hat der Schuldner eine fortdauernde Verpflichtung zu einem Tun oder Unterlassen, so erwächst dem Gläubiger aus jeder Nichterfüllung der Verpflichtung ein gesondertes Recht.

57c Die Ausgestaltung von *Verjährungsfrist und Fristbeginn* entspricht dem deutschen Konzept der regelmäßigen Verjährung in §§ 195, 199 BGB. So wird im CESL ebenfalls das *subjektive Verjährungssystem* verwirklicht, das die Verjährung mit Kenntnis oder Kennenmüssen von den den Anspruch begründenden Umständen beginnen lässt, Art 180 (1) CESL. Im Vergleich zum deutschen Recht ist die Verjährung freilich in zweierlei Hinsicht erleichtert. Die (kurze) Verjährungsfrist beträgt nach Art 179 (1) CESL lediglich zwei Jahre im Unterschied zu den drei Jahren des § 195, und der Fristbeginn ist anders als in § 199 Abs 1 BGB nicht bis zum Jahresende aufgeschoben, § 180 (1) CESL.

Die Regelung der langen Verjährungsfrist in Art 179 (2), 180 (2) CESL ergänzt das subjektive System um *objektive Höchstfristen,* wie es § 199 Abs 2–4 BGB ebenfalls tut. Auch die Differenzierung in der Länge der Höchstfrist zwischen zehn und 30 Jahren ist dem deutschen Recht bekannt.

Art 180 (3) CESL verhält sich ausdrücklich zu dem speziellen Problem der *Dauerverpflichtung.* Dass die Verjährung der Ansprüche, die aus solchen Verpflichtungen folgen, nicht zu laufen beginnt, solange die Dauerverpflichtung fortdauert, ist zum deutschen Recht ebenfalls anerkannt (s § 199 Rn 20c).

Abschnitt 3: Verlängerung der Verjährungsfristen

Art 181 Hemmung bei gerichtlichen und anderen Verfahren

1. Beide Verjährungsfristen sind von dem Zeitpunkt an gehemmt, zu dem ein gerichtliches Verfahren zur Durchsetzung des Rechts eingeleitet wird.

2. Die Hemmung dauert an, bis rechtskräftig entschieden worden ist oder der Rechtsstreit anderweitig beigelegt wurde. Endet das Verfahren innerhalb der letzten sechs Monate der Verjährungsfrist ohne Entscheidung in der Sache, endet die Verjährungsfrist nicht vor Ablauf von sechs Monaten nach Beendigung des Verfahrens.

3. Die Absätze 1 und 2 gelten entsprechend auch für Schiedsverfahren, für Mediationsverfahren, für Verfahren, in denen die abschließende Entscheidung über eine Streitfrage zweier Parteien

einer dritten Partei überlassen wird, sowie für alle Verfahren, deren Ziel es ist, über das Recht zu befinden oder eine Insolvenz abzuwenden.

4. Mediation bezeichnet unabhängig von ihrer Benennung ein geordnetes Verfahren, in dem zwei oder mehrere Streitparteien mit Hilfe eines Mediators auf freiwilliger Basis selbst versuchen, eine Vereinbarung über die Beilegung ihrer Streitigkeiten zu erzielen. Das Verfahren kann von den Parteien eingeleitet, von einem Gericht angeregt oder angeordnet werden oder nach innerstaatlichem Recht vorgeschrieben sein. Die Mediation endet mit der Einigung der Parteien oder mit einer Erklärung des Mediators oder einer der Parteien.

57d Art 181 CESL bestimmt die *Hemmung der Verjährung durch Rechtsverfolgung.* Angesichts der unterschiedlichen nationalstaatlichen Möglichkeiten zur Rechtsverfolgung kommt ein abgeschlossener Katalog, wie ihn § 204 BGB im deutschen Recht enthält, kaum in Betracht. Die allgemeine Formulierung des gerichtlichen Verfahrens zur Durchsetzung eines Rechts in Art 181 (1) CESL wirft damit natürlich Auslegungsfragen auf. Aus deutscher Sicht sollte man beispielsweise die Streitverkündung, die im europäischen Vergleich ohnehin eine Sonderrolle spielt, vgl Art 65 EuGVVO, als Rechtsverfolgung in diesem Sinne verstehen. Dass Art 181 CESL weit auszulegen ist, ergibt sich auch aus Abs 3.

Die Verjährung *rechtskräftig festgestellter Ansprüche* (§ 197 Abs 1 Nr 3 BGB) und der Neubeginn der Verjährung aufgrund von *Vollstreckungshandlungen* (§ 212 Abs 1 Nr 2 BGB) gehört nicht zum Anwendungsbereich des CESL.

Art 182 Ablaufhemmung bei Verhandlungen

Verhandeln die Parteien über das Recht oder über Umstände, die einen Anspruch hinsichtlich des Rechts begründen könnten, so enden beide Verjährungsfristen nicht vor Ablauf eines Jahres, nachdem die letzte Mitteilung im Rahmen der Verhandlungen erfolgt ist oder nachdem eine der Parteien der anderen Partei mitgeteilt hat, dass sie die Verhandlungen nicht fortsetzen möchte.

57e Art 182 CESL misst wie § 203 BGB *Verhandlungen* verjährungshemmende Wirkung bei. Während § 203 BGB den Verhandlungen sowohl Hemmungswirkung zuspricht als auch eine Ablaufhemmung von drei Monaten vorsieht, beschränkt sich Art 182 CESL auf eine *Ablaufhemmung,* deren Frist ein Jahr beträgt. Zu den Begriffen der Hemmung und der Ablaufhemmung s § 209 m Erl.

Art 183 Ablaufhemmung bei fehlender Geschäftsfähigkeit

Ist eine geschäftsunfähige Person ohne gesetzlichen Vertreter, enden die beiden Verjährungsfristen nicht vor Ablauf eines Jahres, nachdem die Person entweder geschäftsfähig geworden ist oder ein Vertreter bestellt wurde.

57f Die *Ablaufhemmung bei fehlender Geschäftsfähigkeit* in Art 183 CESL entspricht § 210 BGB, freilich ist die Frist des CESL doppelt so lang wie die des § 210 BGB.

Abschnitt 4: Neubeginn der Verjährungsfristen

Art 184 Neubeginn infolge Anerkenntnis

Erkennt der Schuldner das Recht gegenüber dem Gläubiger durch Teilzahlung, Zahlung von Zinsen, Leistung einer Sicherheit, Aufrechnung oder in anderer Weise an, so beginnt eine neue kurze Verjährungsfrist.

57g Das *Anerkenntnis eines Anspruchs* führt nach Art 184 CESL zum *Neubeginn der Verjährung* wie nach § 212 Abs 1 Nr 1 BGB.

Abschnitt 5: Wirkung der Verjährung

Art 185 Wirkung der Verjährung

1. Nach Ablauf der geltenden Verjährungsfrist ist der Schuldner berechtigt, die Erfüllung der betreffenden Verpflichtung zu verweigern, während der Gläubiger alle ihm wegen Nichterfüllung zustehenden Abhilfen verliert mit Ausnahme des Rechts, seine Leistung zurückzuhalten.

2. Was immer der Schuldner in Erfüllung der betreffenden Verpflichtung gezahlt oder übertragen hat, kann nicht allein deshalb zurückgefordert werden, weil die Leistung zu einem Zeitpunkt erbracht wurde, zu dem die Verjährungsfrist abgelaufen war.

3. Die Verjährung eines Rechts auf Zinsen und anderen Nebenrechten tritt spätestens mit der Verjährung des Hauptrechts ein.

57h Die *Rechtsfolgen der Verjährung* bestimmt Art 185 CESL in weitgehender *Übereinstimmung mit dem deutschen Recht.* So gestaltet Art 185 (1) CESL die Verjährung wie § 214 BGB als Leistungsverweigerungsrecht aus, belässt dem Gläubiger aber wie § 215 BGB, sich mit der verjährten Forderung durch ein *Zurückbehaltungsrecht* zu verteidigen. Das dürfte auf die Aufrechnung entsprechend anzuwenden sein. Art 185 (2) CESL schließt wie § 214 Abs 2 BGB die *Rückforderung* aus, wenn der Gläubiger eine verjährte Forderung erfüllt hat. Art 185 (3) CESL erstreckt in Übereinstimmung mit § 217 BGB die Verjährung der Hauptforderung auf *Nebenrechte.*

57i Eine dem *deutschen Recht nicht vertraute Regelung enthält Art 185 (1) CESL* allerdings für Rechtsbehelfe, die auf der Nichterfüllung eines Anspruchs beruhen. Diese Rechtsbehelfe sind für den Käufer in Art 106 (1) CESL und für den Verkäufer in Art 118 (1) CESL aufgezählt. Sie entsprechen der Art nach den Instituten des deutschen Rechts in §§ 280 ff, 323 ff, 437 BGB. Es handelt sich um (Nach-)Erfüllung, Vertragsbeendigung, Schadensersatz und für den Käufer im Falle der Schlechtleistung zusätzlich um Minderung. Diese Rechtsbehelfe verliert der Gläubiger nach Art 185 (1) CESL, wenn der Primäranspruch verjährt.

Die *Auswirkungen dieser Bestimmung bei Nichtleistung* sind dem deutschen Recht nicht unbekannt: Verjährt die nichterfüllte Forderung, verliert der Gläubiger sein Recht auf Vertragsbeendigung (o Rn 57b). Diese Folge des Art 185 (1) CESL entspricht § 218 Abs 1 BGB. Es fehlt allein im Unterschied zu § 218 Abs 1 S 2 BGB in Art 185 (1) CESL die Bestimmung, dass der *Untergang des Gestaltungsrechts in der hypothetischen Verjährungsfrist des Erfüllungsanspruchs* auch dann eintritt, wenn der Erfüllungsanspruch wegen Unmöglichkeit untergeht und daher nicht mehr verjähren kann. Art 185 (1) CESL erfasst aber auch Schadensersatzansprüche, die auf der Nichterfüllung beruhen. Soweit davon der Schadensersatz statt der Leistung betroffen ist, geht das über das deutsche Recht hinaus; denn § 213 BGB knüpft die Verjährung des Ersatzanspruchs nur gläubigerfreundlich im Hinblick auf Hemmung, Ablaufhemmung und Neubeginn an den Erfüllungsanspruch. Grundsätzlich verjährt der Schadensersatzanspruch aber selbstständig. Allerdings wird mit guten Gründen zu § 281 BGB vertreten, dass ein Schadensersatzanspruch nach dieser Bestimmung aus materiell-rechtlichen Gründen untergeht, wenn der Erfüllungsanspruch verjährt, bevor der Gläubiger sich für Schadensersatz durch Geltendmachung nach § 281 Abs 4 BGB entschieden hat (MünchKomm/ERNST § 281 Rn 92).

Besondere Probleme wirft der Nacherfüllungsanspruch auf, den das CESL in Art 110 als *„Forderung nach Erfüllung der Verpflichtungen des Verkäufers"* bezeichnet. Im Unterschied zum deutschen Recht trifft das CESL für diesen Anspruch keine eigenständige Verjährungsregelung. Es fehlt nicht nur an einer speziellen Verjährungsfrist, sondern auch an der Anordnung eines objektiven Verjährungsbeginns. Welche Folgen diese Ausgestaltung gerade im Falle verdeckter Mängel zeitigt, ist noch nicht geklärt: **57j**

Entweder betont man die *Identität von Erfüllungs- und Nacherfüllungsanspruch* auch in verjährungsrechtlicher Hinsicht. Dann hat die Verjährung dieses einheitlichen Anspruchs regelmäßig vor der Leistung bereits zu laufen begonnen. Die Leistung führt dann nach Art 184 CESL wegen des in ihr liegenden Anerkenntnisses zum Neubeginn der Verjährung. Folglich wäre der Nacherfüllungsanspruch zwei Jahre nach der Lieferung verjährt. Mit dieser Verjährung könnten nach Art 185 (1) CESL auch keine weiteren Rechtsbehelfe mehr geltend gemacht werden. Diese Identitätslösung führte innerhalb des subjektiven Systems des CESL ohne ausdrückliche Regelung zu einer kurzen zweijährigen Verjährung der Mängelrechte (so im Ergebnis KLEINSCHMIDT AcP 213 [2013] 538, 553 ff).

Zum anderen kann man die *„Forderung nach Erfüllung der Verpflichtungen des Verkäufers"* angesichts ihrer besonderen gesetzlichen Voraussetzungen jedenfalls in verjährungsrechtlicher Hinsicht für einen *selbstständig zu beurteilenden Anspruch halten* (so der Ausgangspunkt von KLEINSCHMIDT AcP 213 [2013] 538, 553). Dieser Anspruch entsteht dann erst mit der (mangelhaften) Leistung des Verkäufers, sodass der Beginn der Verjährung nach Art 180 (1) CESL Kenntnis oder Kennenmüssen von den den Anspruch begründenden Umständen, mithin der Schlechtleistung voraussetzt. Damit wäre das subjektive System auch auf die Mängelrechte erstreckt. Dagegen dringt die von KLEINSCHMIDT (AcP 213 [2013] 538, 553 ff) verfochtene Argumentation nicht durch, dass nach Art 185 (1) CESL ohnehin alle kaufrechtlichen Rechtsbehelfe wegen Schlechtleistung nach zwei Jahren durch die Verjährung des Erfüllungsanspruchs dem Käufer verloren gingen. Denn der ursprüngliche Erfüllungsanspruch würde nach der Leistung des Verkäufers nicht mehr bestehen und könnte daher nicht mehr verjähren. Für diese Auslegung, dass das *CESL das subjektive Verjährungssystem auch für Mängelrechte verwirklicht,* spricht die in Art 122 (2) CESL für den unternehmerischen Verkehr vorgesehene objektive Ausschlussfrist von zwei Jahren. Dieser Ausschluss, aber auch dessen Beschränkung auf den unternehmerischen Verkehr entbehrte jeden Sinn, wenn die Verjährung ohnehin nach zwei Jahren eintreten sollte.

Abschnitt 6: Einvernehmliche Änderung

Art 186 Vereinbarungen über die Verjährung

1. Die Vorschriften dieses Kapitels können von den Parteien einvernehmlich geändert werden, vor allem durch Verkürzung oder Verlängerung der Verjährungsfristen.

2. Die kurze Verjährungsfrist darf auf höchstens ein Jahr verkürzt und auf höchstens zehn Jahre verlängert werden.

3. Die lange Verjährungsfrist darf auf höchstens ein Jahr verkürzt und auf höchstens dreißig Jahre verlängert werden.

4. Die Parteien dürfen die Anwendung dieses Artikels nicht ausschließen, davon abweichen oder dessen Wirkungen abändern.

5. Bei einem Vertrag zwischen einem Unternehmer und einem Verbraucher darf dieser Artikel nicht zum Nachteil des Verbrauchers angewandt werden.

57k Art 186 CESL bestimmt die *Grenzen für eine Vereinbarung über die Verjährung* abweichend von § 202 BGB. Die verbraucherschützende Regelung in Art 186 (5) CESL entspricht freilich dem auf der Verbrauchsgüterkauf-RL beruhenden § 475 BGB.

XIII. Reform des Verjährungsrechts

1. Modernisierung des Schuldrechts

58 Im Bereich der Verjährung hat das G zur Modernisierung des Schuldrechts formal und in der Sache besonders nachhaltig in den bisherigen Normenbestand eingegriffen. Die Neuerungen betreffen grundsätzliche Fragen wie Dauer und Beginn der regelmäßigen Verjährungsfrist, Fragen von mehr dogmatischem Interesse wie die Umformung von Klage und sonstigen Arten der gerichtlichen Rechtsverfolgung, § 209 Abs 1, Abs 2 Nrn 1–4 BGB aF, von Tatbeständen der Unterbrechung (jetzt: des Neubeginns) der Verjährung zu solchen der Hemmung sowie zahllose Details. Insbesondere hat der Gesetzgeber eine *Vereinheitlichung* angestrebt, was zu dem seltenen Phänomen geführt hat, dass sich der Normenbestand rein quantitativ verringert hat, innerhalb der §§ 194 ff BGB, aber auch andernorts. Dabei hat der Bundesrat in seiner Stellungnahme zu dem Regierungsentwurf angeregt, die Reform des Verjährungsrechts noch umfassender zu gestalten (BT-Drucks 14/6857). Diese Anregung hat aufgegriffen das G zur Anpassung von Verjährungsvorschriften an das G zur Modernisierung des Schuldrechts v 9. 12. 2004 (BGBl I 3214).

59 Wegen der *einzelnen Schritte der Reformdiskussion* ist auf die Darstellung von STAUDINGER/PETERS (2001) Rn 45 ff zu verweisen, die auf dem Stand von Mai 2001 steht. Dort sind wiedergegeben die Gesetzesvorschläge von PETERS/ZIMMERMANN (in: Gutachten und Vorschläge zur Überarbeitung des Schuldrechts I [1981] 77 ff) und der

Schuldrechtskommission (Abschlussbericht der Kommission zur Überarbeitung des Schuldrechts [1992]). Der Diskussionsentwurf von Mitte 2000 aus dem Bundesministerium der Justiz ist wiedergegeben und kommentiert.

2. Die bisherigen Bestimmungen der §§ 194–225

Bei den einzelnen Bestimmungen ist jeweils angegeben, welches die Vorgängernormen waren. Auf diese und ihre Interpretation kann weithin zurückgegriffen werden. **60**

Hier eine Übersicht zum Schicksal der §§ 194–225 BGB aF:

§ 194 BGB aF: erhalten als § 194 BGB

§ 195 BGB aF: erhalten als § 195 BGB

§ 196 BGB aF: aufgegangen in § 195 BGB

§ 197 BGB aF: aufgegangen in § 195 BGB

§ 198 BGB aF: abgelöst durch §§ 199–201 BGB

§ 199 BGB aF: entfallen

§ 200 BGB aF: entfallen

§ 201 BGB aF: aufgegangen in § 199 Abs 1 S 1 BGB

§ 202 BGB aF: ersetzt durch § 205 BGB

§ 203 BGB aF: ersetzt durch § 206 BGB

§ 204 BGB aF: ersetzt und erweitert durch § 207 BGB

§ 205 BGB aF: erhalten als § 209 BGB

§ 206 BGB aF: erhalten als § 210 BGB

§ 207 BGB aF: erhalten als § 211 BGB

§ 208 BGB aF: erhalten als § 212 Abs 1 Nr 1 BGB

§ 209 BGB aF: übergeleitet in § 204 Abs 1, § 212 Abs 1 Nr 2 BGB

§ 210 BGB aF: erhalten als § 204 Abs 1 Nrn 12, 13 BGB

§ 211 BGB aF: Abs 1: ersetzt durch § 204 Abs 2 S 1 Abs 2 BGB: erhalten in § 204 Abs 2 S 3 BGB

§ 212 BGB aF: ersetzt durch § 204 Abs 2 S 1 BGB

§ 212a BGB aF: ersetzt durch § 204 Abs 2 BGB

§ 213 BGB aF: ersetzt durch § 204 Abs 2 S 1 BGB

§ 214 BGB aF: ersetzt durch § 204 Abs 2 BGB

§ 215 BGB aF: ersetzt durch § 204 Abs 2 BGB

§ 216 BGB aF: ersetzt durch § 212 Abs 2, 3 BGB

§ 217 BGB aF: entfallen

§ 218 BGB aF: ersetzt durch § 197 Abs 1 Nrn 3–5, Abs 2 BGB

§ 219 BGB aF: ersetzt durch § 197 Abs 1 Nr 3 BGB

§ 220 BGB aF: ersetzt durch §§ 197 Abs 1 Nr 3, 204 Abs 1 Nr 11 BGB

§ 221 BGB aF: erhalten als § 198 BGB

§ 222 BGB aF: erhalten als § 214 BGB

§ 223 BGB aF: erhalten als § 216 BGB

§ 224 BGB aF: erhalten als § 217 BGB

§ 225 BGB aF: modifiziert erhalten als § 202 BGB.

Titel 1
Gegenstand und Dauer der Verjährung

§ 194
Gegenstand der Verjährung

(1) Das Recht, von einem anderen ein Tun oder Unterlassen zu verlangen (Anspruch), unterliegt der Verjährung.

(2) Ansprüche aus einem familienrechtlichen Verhältnis unterliegen der Verjährung nicht, soweit sie auf die Herstellung des dem Verhältnis entsprechenden Zustands für die Zukunft oder auf die Einwilligung in eine genetische Untersuchung zur Klärung der leiblichen Abstammung gerichtet sind.

Materialien: Abs 2 idF d G zur Modernisierung des Schuldrechts v 26. 11. 2001 (BGBl I 3138), Abs 2 Alt. 2 eingeführt d G zur Klärung der Vaterschaft unabhängig vom Anfechtungsverfahren v 26. 3. 2008 (BGBl I 441), Art 1. E I § 154, II § 161, III § 189; Mot I 288; Prot II 1 194 ff; Jakobs/Schubert, AT 993, 1001 ff, 1012, 1047 ff, 1083 ff, 1090 ff, 1103 ff, 1122.

Schrifttum

Bolze, Der Anspruch, Gruchot 46, 753
de Boor, Gerichtsschutz und Rechtssystem (1941)
ders, Der Begriff der actio im deutschen und italienischen Prozessrecht, in: FS Boehmer (1954) 99
Bornemann, Die Lehre vom Anspruch (1971)
Crosse-Hagenbrock, Die Verjährung der Einreden nach dem Bürgerlichen Gesetzbuch (Diss Erlangen 1934)
Eichel, Verjährung in Dauerschuldverhältnissen, NJW 2015, 3265
Ebbecke, Der Begriff des Anspruchs im Sinne der Verjährungsvorschriften, LZ 1917, 833
Grote, Aushebelung der dreijährigen Verjährungsfrist bei Forderungen aus unerlaubter Handlung durch den BGH?, NJW 2011, 1121
Hellmann, Können Feststellungsklagen verjähren?, AcP 84 (1895) 130
Hellwig, Anspruch und Klagerecht (1900)
Hölder, Über Ansprüche und Einreden, AcP 93 (1902) 1
Kaufmann, Zur Geschichte des aktionsrechtlichen Denkens, JZ 1964, 482
Köhler, Zur Geltendmachung und Verjährung von Unterhaltsansprüchen, JZ 2005, 489
Langheineken, Anspruch und Einrede nach dem Deutschen Bürgerlichen Gesetzbuch (1903)
Leonhardt, Der Anspruchsbegriff des Entwurfs eines Bürgerlichen Gesetzbuchs für das Deutsche Reich, ZZP 15, 327
Marburger, Verjährung und Verwirkung von Schadensersatzansprüche bei Verkehrsunfällen, NVZ 2015, 218
Medicus, Anspruch und Einrede als Rückgrat einer zivilistischen Lehrmethode, AcP 174 (1974) 313
Meier, Der Auskunftsanspruch des durch Samenspende gezeugten Kindes gegen die behandelnden Ärzte, NZFam 2016, 692
Neussel, Anspruch und Rechtsverhältnis (1952)
Okuda, Über den Anspruchsbegriff im deutschen BGB, AcP 164 (1964) 536
Peter, Actio und writ (1957)
Peters, Der Anspruch als unverjährbares Rechtsverhältnis?, JR 2011, 461

RECH, Der Begriff der Einrede im Bürgerlichen Recht und im Zivilprozessrecht (Diss Heidelberg 1907)
RIMMELSPACHER, Materiellrechtlicher Anspruch und Streitgegenstandsprobleme im Zivilprozess (1970)
S SCHMIDT, Actio – Anspruch – Forderung, in: FS Jahr (1993) 401
SEIBEL/FREIIN vPREUSCHEN-vLEWINSKI, Die Verjährung der Prospekthaftung bei geschlossenen Fonds, in: FS v Westphalen (2010) 629
SIMON, Aufhebungseinreden (Diss Bochum 1999)

SIMSHÄUSER, Zur Entwicklung des Verhältnisses von materiellem Recht und Prozessrecht seit Savigny (1965)
WIESER, Die Forderung als Anrecht und Zuständigkeit, JR 1967, 321
WINDSCHEID, Die Actio des römischen Zivilrechts vom Standpunkt des heutigen Rechts (1856)
ders, Die Actio. Abwehr gegen Dr. Theodor Muther (1857).

Systematische Übersicht

I. **Der Anspruch**
1. Legaldefinition — 1
2. Regelung des materiellen Rechts — 2
3. Begriff — 6
4. Terminologie — 14

II. **Weitere Rechtspositionen**
1. Vergleichbare Positionen — 15
2. Gestaltungsrechte — 18
3. Absolute Rechte — 19
4. Einreden — 20

III. **Regelungsgehalt des § 194 Abs 1**
1. Grundsatz der Verjährung von Ansprüchen — 22
2. Anwendbare Vorschriften — 23
3. Rechtfertigung der Verjährung — 24
4. Sonstige Wirkungen des Zeitablaufs — 25
5. Andere Verteidigung des Schuldners — 26

IV. **Anspruchskonkurrenz** — 27

V. **Unverjährbare Ansprüche**
1. Herstellung eines Zustands aus einem familienrechtlichen Verhältnis für die Zukunft — 28
2. Vertragliche Vereinbarung, Verwirkung — 29

Alphabetische Übersicht

Absolute Rechte — 6, 19
Actio — 2
Anspruchsbegriff — 1 ff

Dilatorische Einrede — 20
Dingliche Ansprüche — 13
Dulden — 8

Einrede — 20

Fälligkeit — 9
Familienrecht — 12
Familienrechtliche Ansprüche — 28
Forderung — 14

Gegenanspruch — 21
Gestaltungsrechte — 18

Hauptanspruch — 13

Immateriellen Rechten, zeitliche Schranken von — 19

Klagbarkeit — 9
Konkurrenz der Verjährung mit anderweitiger Verteidigung — 26

Leistungsklage — 8
Leistungsverweigerungsrecht — 20, 23

Titel 1
Gegenstand und Dauer der Verjährung   **§ 194**

Materielles Recht	2	Selbstständige Einrede	20
		Stammrecht	16
Naturalobligation	10, 15		
Nebenanspruch	13	Tun	8
Obliegenheit	11	Unbegründeter Anspruch	4
		Unerlaubte Handlung, vorsätzlich begangene	22
Peremptorische Einrede	20		
Prozessuales Begehren	5	Unselbstständige Einrede	21
		Unterhalt	28
Sachenrecht	12	Unterlassen	8
Schadenseinheit	16	Unterteilung	13
Schuld	14	Unverjährbarkeit	22, 28
Schuldrecht	12	Urheberrecht	19
Schuldverhältnis	7		
		Zweierbeziehung	6

I. Der Anspruch

1. § 194 Abs 1 BGB enthält eine *Legaldefinition* des Begriffs des Anspruchs als **1** das Recht, von einem anderen ein Tun oder Unterlassen zu verlangen. Damit wird einer der zentralen Begriffe des Bürgerlichen Rechts und der Rechtsordnung überhaupt umschrieben.

2. An dieser Definition ist zunächst bemerkenswert ihr Standort, nämlich in **2** einem Gesetz des *materiellen Rechts*.

a) Das ist nur vor dem *historischen Hintergrund* verständlich. Das klassische römische Recht, an das die maßgebliche Pandektistik des 19. Jahrhunderts angeknüpft hat, stellte nämlich den primär prozessual geprägten Begriff der *actio,* der *Klagemöglichkeit,* in den Vordergrund (vgl zu ihm KASER, Das Römische Privatrecht I [2. Aufl 1971] 223 ff). Danach kam es entscheidend darauf an, ob die prozessualen Instanzen, namentlich der Prätor, für ein bestimmtes Begehren die Möglichkeit der prozessualen Durchsetzung, eben eine actio, zur Verfügung stellen konnten. Begehrte zB jemand den Kaufpreis für eine Ware, so konnte ihm insoweit die actio venditi zur Verfügung gestellt werden, dieselbe auch für ein Schadensersatzbegehren aus einem Kauf, eine andere Klage wiederum bei einem Darlehen. Schwierigkeiten bereitete insoweit die Erfassung ungewöhnlicher Tatbestände, für die bestimmte actiones noch nicht eingebürgert waren. Hier gab es uU ad hoc geschaffene Klagemöglichkeiten, sog actiones utiles. Bei dieser prozessualen Betrachtungsweise war natürlich durchaus das Bewusstsein vorhanden, dass dieses Begehren ein materiellrechtliches Substrat hatte, eben den Anspruch im heutigen Sinne; dieser blieb aber letztlich nur ein Reflex.

b) Die *Herausbildung des materiell-rechtlichen Anspruchsbegriffs,* wie er dem **3** BGB zugrunde liegt, beruht maßgeblich auf der Schrift von WINDSCHEID, Die Actio des römischen Zivilrechts vom Standpunkt des heutigen Rechts (1856). Die grundsätzliche Trennung des Anspruchs von den Möglichkeiten seiner prozessualen Verwirklichung hat unleugbare *dogmatische Fortschritte* gebracht. ZB konnte die Möglichkeit der Zession von Forderungen richtig erst nach der Trennung vom Prozessrecht entwickelt werden. Überhaupt konnte die Dogmatik des Bürgerlichen Rechts wesentlich freier nach der Erkenntnis ihrer Eigenständigkeit gegenüber dem Prozessrecht entwickelt werden, wobei seinerseits auch das letztere von der Abkoppelung vom materiellen Recht profitiert hat (vgl die grundlegenden Arbeiten von BÜLOW, Die Lehre von den Prozesseinreden und die Prozessvoraussetzungen [1868]; Die neue Prozessrechtswissenschaft und das System des Civilprozessrechts, ZZP 27, 201).

4 c) Es darf aber nicht übersehen werden, dass die Trennung der Bereiche zu *Problemen* führt. Zunächst interessiert den Bürger weniger, was ihm materiell-rechtlich zusteht, als was er (notfalls) vor Gericht durchsetzen kann. Sodann hat es der Lehre erhebliche Probleme bereitet, dass das eine Begehren oft auf mehrere Ansprüche gestützt werden kann (vgl zur Lehre von der Anspruchskonkurrenz § 195 Rn 32 ff). Schließlich lässt sich die Trennung gerade im Bereich der Verjährung gar nicht durchführen. Vor allem hinsichtlich ihrer Hemmung, vgl § 204 BGB, aber auch sonst spielen prozessuale Fragen eine maßgebliche Rolle. Im Falle der Verjährung wäre auch eine Abweisung der Klage als unzulässig statt als unbegründet möglich, wie dies in ausländischen Rechtsordnungen auch zuweilen geschieht. Dem Grundgedanken der Verjährung, dass die Angelegenheit „so lange her ist", dass man sich mit ihr nicht mehr zu befassen braucht, entspräche dies sogar eher. Und wenn § 194 BGB den Anspruch verjähren lässt, weil er auch unbegründet sein könnte (Vorbem 5 zu §§ 194 ff), dann bedeutet das, was vielfach übersehen wird, *dass gerade auch der unbegründete Anspruch verjähren kann.* § 194 BGB verdeckt das eher; eine prozessuale Sichtweise würde den Blick dafür schärfen.

5 d) Jedenfalls ist der materiell-rechtliche Begriff des Anspruchs *nicht identisch mit dem prozessualen Begehren* eines Klägers, wie dies freilich auch häufig als „Anspruch", „Klaganspruch" bezeichnet wird, vgl zB in § 253 Abs 2 Nr 2 ZPO. Zu unterscheiden von dem Begriff des Anspruchs sind auch die weiteren prozessualen Begriffe des Streitgegenstandes und des Antrags. Das Bestehen eines Anspruchs ist weithin vielmehr die Voraussetzung dafür, dass ein Klageantrag Erfolg haben kann; sein Nichtbestehen führt zur Abweisung der Klage als unbegründet.

6 3. Anspruch ist das Recht, von einem anderen ein Tun oder ein Unterlassen zu verlangen.

a) Damit setzt ein Anspruch zunächst eine *Zweierbeziehung* voraus, wobei natürlich auf jeder Seite und sogar auf beiden Seiten eine Mehrheit von Personen stehen kann. Gemeinhin werden sie als Gläubiger und Schuldner bezeichnet, als Beteiligte eines Prozesses als Kläger und Beklagter, doch ist diese Terminologie nicht zwingend.

An der genannten Zweierbeziehung fehlt es jedenfalls bei den sog *absoluten Rechten* wie insbesondere dem Eigentum, das zunächst nur eine Beziehung zu einer Sache, aber nicht, wie erforderlich, zu einer bestimmten anderen Person eröffnet. Das schließt nicht aus, dass das Eigentum zur Quelle von Ansprüchen werden kann, wenn es etwa verletzt wird. Die dann aus dem Eigentum fließenden Ansprüche sind aber scharf von diesem selbst zu unterscheiden.

b) Bedeutet der Anspruch eine Zweierbeziehung, so ist umgekehrt nicht jede **7** rechtlich anerkannte Zweierbeziehung ein Anspruch. Das gilt zB für den Kauf, die Gesellschaft, die Beziehungen zwischen Ehegatten oder Eltern und Kind. Aus diesen Beziehungen können und werden jeweils Ansprüche erwachsen (auf Zahlung des Kaufpreises, Leistung von Beiträgen zur Gesellschaft, auf Unterhalt). Soweit die Zweierbeziehung auf einem der Sachverhalte der §§ 433–853 BGB beruht, bezeichnet das Gesetz sie, vgl §§ 241, 311 BGB, als *Schuldverhältnis*. Dieser Ausdruck ist aber mehrdeutig. In den §§ 241, 311 BGB ist der Komplex der Beziehungen bezeichnet, wie er die Quelle der Ansprüche ist, zB der Kauf, die Geschäftsführung ohne Auftrag, die unerlaubte Handlung, mithin das *Schuldverhältnis im weiteren Sinne*. Dem steht das mit dem Anspruch identische *Schuldverhältnis im engeren Sinne* gegenüber, von dem etwa § 362 Abs 1 BGB redet.

c) Gegenstand des Anspruchs ist *ein Tun oder ein Unterlassen;* prozessual wird **8** der Anspruch damit vorzugsweise durch eine Leistungsklage durchgesetzt. Vom Gesetz nicht besonders hervorgehobener, aber doch selbstverständlich miteinbegriffener Sonderfall des Unterlassens ist *das Dulden* als das Unterlassen von Widerstand, vgl etwa § 867 BGB und die Ansprüche auf Duldung der Zwangsvollstreckung, die Vollstreckungstitel und Grundpfandrechte vermitteln. Während der Anspruch auf ein Tun, Fälligkeit vorausgesetzt, regelmäßig ohne weiteres im Prozess durchgesetzt werden kann, bestehen hier beim Unterlassen Probleme. Üblicherweise ist es notwendig, dass jedenfalls eine Gefährdung des zu schützenden Rechtsguts vorliegt. Ob dies eine prozessuale Voraussetzung des Rechtsschutzes oder eine materielle des Unterlassungsanspruchs ist, sei an dieser Stelle dahingestellt, jedenfalls tragen die §§ 199 Abs 5, 200 S 2, 201 S 2 BGB den angedeuteten Problemen bei Unterlassungsansprüchen hinsichtlich des Verjährungsbeginns Rechnung.

Gegenstand des Tuns ist jede denkbare menschliche Verhaltensweise auf tatsächlichem oder rechtlichem Gebiet; Zahlung, Abgabe einer Willenserklärung, Leistung von Diensten, Bewirkung eines Erfolges, Herausgabe. Gleiches gilt spiegelbildlich für das Unterlassen. Dabei ist die Abgrenzung, ob Tun oder Unterlassen, im Bereich der Verjährung nur für deren Beginn bedeutsam, vgl §§ 199 Abs 5, 200 S 2, 201 S 2 BGB.

Der Anspruch muss bestimmt sein nach Inhalt, Gläubiger und Schuldner (vgl Soergel/Niedenführ Rn 2). Das folgt schon aus den Geboten des § 253 Abs 2 ZPO für die primär die Verjährung hemmende Leistungsklage. Doch kann uU die Verjährung zu laufen beginnen, bevor diese Bestimmtheit gegeben ist, vgl zB § 438 Abs 2 BGB; sie kann auch vorher schon durch Feststellungsklage gehemmt werden.

d) Nicht zum Begriff des Anspruchs gehört seine *Fälligkeit* als das Recht, die **9** Leistung zu erbringen bzw einzufordern (Ennecerus/Nipperdey § 222 II 4). Der noch nicht fällige – „betagte" – Anspruch erfährt zwar in manchem eine Sonderbehandlung, indem zB seine Verjährung grundsätzlich noch nicht beginnt (vgl § 199 Rn 7), und auch seine prozessuale Durchsetzbarkeit eingeschränkt ist, vgl §§ 257 ff ZPO, aber er erfüllt doch alle Begriffsmerkmale und ist durchaus schon existent, vgl zB die Möglichkeit seiner Abtretung.

Ob auch die *Klagbarkeit* zum Begriff des Anspruchs gehört, ist zweifelhaft (vgl bejahend Ennecerus/Nipperdey § 222 II 5, verneinend R Schmidt, AT [1952] § 11). Jedenfalls gibt § 204 BGB zu erkennen, dass die §§ 194 ff BGB den Anspruch als selbstverständlich klagbar betrachten. Dem lässt sich freilich entgegenhalten, dass Schadensersatzansprüche, namentlich aus den §§ 280 Abs 1, 241 Abs 2, 311 Abs 2 BGB, Pflichten, und damit Anspruchsverletzungen voraussetzen, dieser verletzte Anspruch aber schwerlich (immer) zum Gegenstand einer Klage gemacht werden könnte.

Die Fragestellung ist einigermaßen müßig. Festzuhalten bleibt jedenfalls:

aa) Auch der erfolglos eingeklagte Anspruch ist ein Anspruch. Dies ist ohne weiteres ersichtlich, falls die Klage deshalb erfolglos bleibt, weil der Schuldner eine Einrede erhebt, zB die der Verjährung. Der Anspruch besteht dann erfüllbar fort, vgl §§ 813 Abs 1 S 2, 214 Abs 2 BGB. Das gilt aber auch dann, wenn das Gericht nicht einmal die Voraussetzungen des Anspruchs sicher festzustellen vermag. Es darf die Klage dann – jedenfalls – wegen Verjährung abweisen.

10 bb) Neben dem einklagbaren Anspruch gibt es eine Reihe von *Verbindlichkeiten minderen Rechtes,* die zwar nicht aktiv im Wege der Klage verfolgt werden können, aber doch im Falle der freiwilligen Erfüllung einen hinreichenden Rechtsgrund für diese abgeben. Das gilt für Spiel und Wette, § 762 Abs 1 BGB, für die Vereinbarung eines Ehemäklerlohns, § 656 Abs 1 BGB. Man verwendet hierfür den aus dem römischen Recht entlehnten Ausdruck der *Naturalobligation,* der dort freilich anderes bezeichnete. Konkrete Begriffsbestimmungen sind entbehrlich und fruchtlos, wenn aus ihnen dennoch nichts hergeleitet werden kann, sondern die Beantwortung der sich ergebenden Einzelfragen von der konkreten gesetzlichen Regelung abhängt.

11 cc) Abzugrenzen ist der gegen den Schuldner gerichtete Anspruch außerdem von der *gegen den Gläubiger gerichteten Obliegenheit,* wie sie nicht eingeklagt werden kann, aber bei Versäumung rechtliche Nachteile erzeugt. Obliegenheiten unterliegen nicht der Verjährung. Das BGB kennt sie vielfältig, zB in § 254 Abs 1 BGB, bei der Mitwirkung des Bestellers beim Werkvertrag, §§ 642, 643 BGB, bei der Annahme der Leistung durch den Gläubiger, §§ 293 ff BGB, das HGB in § 377, überhaupt die gesamte Rechtsordnung, wobei das Versicherungsrecht hervorzuheben ist (zum Begriff vgl REIMER SCHMIDT, Die Obliegenheiten [1953]; WIELING AcP 176 [1976] 334, 345 ff). Festgehalten sei, dass ein und dasselbe Verhalten gleichzeitig Schuldnerpflicht und Gläubigerobliegenheit sein kann, so etwa die Entgegennahme des Kaufgegenstandes durch den Käufer, vgl § 433 Abs 2 BGB einerseits, §§ 433 Abs 1 S 1, 293 BGB andererseits.

12 e) Der *Entstehungsgrund* des Anspruchs kann vielfältig sein. Ansprüche werden im *Schuldrecht* erzeugt durch Vertrag (zB auf Zahlung des Kaufpreises) oder durch Gesetz (zB auf Schadensersatz aus unerlaubter Handlung), im *Sachenrecht* (auf Herausgabe der Sache, auf Duldung der Zwangsvollstreckung aus einer Grundschuld etc, aus den §§ 987 ff BGB), im *Familienrecht* (auf Herstellung der ehelichen Lebensgemeinschaft, auf Unterhalt), im *Erbrecht* (auf Herausgabe der Erbschaft, auf Leistung des Vermächtnisses), im privaten Recht wie im *öffentlichen* Recht, hier in beide Richtungen (auf Zahlung von Steuern, auf Leistungen nach dem BAföG).

Die Ausgestaltung dieser Ansprüche im Einzelnen ist naturgemäß stark unterschiedlich. Festzustellen ist hier nur, dass auf alle – Sonderregelungen vorbehalten – die

§§ 194 ff BGB anzuwenden sind. Nur ausnahmsweise hat der Gesetzgeber die Unverjährbarkeit angeordnet (vgl den Überblick über anderweitige Verjährungsfristen bei § 195 Rn 43 ff u zur Unverjährbarkeit dort Rn 53).

f) Man kann die Ansprüche vielfältig *klassifizieren;* ihr Charakter wirkt sich durchaus auf ihre Behandlung in der Verjährungsfrage aus, so gelten die §§ 195 ff BGB unmodifiziert nicht durchweg, zB für den Nacherfüllungsanspruch des Käufers. Es können sich aber der Entstehungsgrund auswirken (zB zur Verjährung nach den §§ 196, 197 Abs 1 Nrn 1, 2 BGB führen), die Tilgungsweise (zB zur kurzen Verjährung nach § 197 Abs 2 BGB zurückführen), der Charakter, dieser vielfältig: beim Nebenanspruch kommt die Anwendung des § 217 BGB in Betracht, zu Hilfsansprüchen vgl § 195 Rn 26, beim dinglichen Anspruch ist an § 198 BGB zu denken, Eigenschaften von Gläubiger und Schuldner können die Anwendung des § 207 BGB zur Folge haben. **13**

So lassen sich zB unterscheiden:

aa) Nach dem Entstehungsgrund *obligatorische* (schuldrechtliche), *familienrechtliche, erbrechtliche.* Unter denen aus dem Sachenrecht verdienen Hervorhebung die *dinglichen,* die unmittelbar auf Durchsetzung des dinglichen Rechts gerichtet sind, zB aus den §§ 894, 985, 1004 BGB, doch erzeugt das Sachenrecht auch Ansprüche, bei denen der obligatorische Charakter überwiegt und die deshalb nicht eigentlich dinglich zu nennen sind, vgl die der §§ 987 ff BGB.

bb) Ebenfalls nach dem Entstehungsgrund vertragliche, quasivertragliche (zB aus Geschäftsführung ohne Auftrag) und gesetzliche,

cc) bei vertraglichen Ansprüchen nach der Stellung im Schuldverhältnis Primäransprüche (auf Erfüllung) und Sekundäransprüche (zB auf Schadensersatz oder Gewährleistung),

dd) nach den Funktionen Haupt- und Nebenansprüche, letztere zB beim Kauf auf Abnahme der Sache gerichtet, hier und andernorts auf Auskunft, auf Ersatz von Verzugsschäden,

ee) wiederum nach den Funktionen Haupt- und Hilfsansprüche, wobei als Beispiel der letzteren ebenfalls der Auskunftsanspruch dienen mag.

4. Die *Terminologie* ist schon innerhalb des Gesetzes nicht einheitlich. Sinngleich mit dem Ausdruck „Anspruch" kann aus der Sicht des Gläubigers auch von einer *Forderung* gesprochen werden, so zB die §§ 398 ff BGB, aus der Sicht des Schuldners von einer *Schuld,* so zB die §§ 414 ff BGB, aber auch von einer Pflicht, Verpflichtung oder einer Obligation. **14**

Einer Legaldefinition der Beteiligten enthält sich die Bestimmung des § 194 BGB. Das jetzige Recht spricht von Gläubiger und Schuldner, die §§ 194 ff BGB aF sprachen von Berechtigtem und Verpflichtetem.

II. Weitere Rechtspositionen

1. Vergleichbare Positionen

Abzugrenzen ist der Anspruch zunächst

15 a) von der *Naturalobligation* (dazu o Rn 10). Auch Naturalobligationen können verjähren (BeckOK/Henrich [1. 5. 2019] Rn 14; Erman/Schmidt-Räntsch Rn 7; aA Staudinger/Dilcher[12] Rn 34), da man ihre nähere Aufklärung auch mit der Überlegung unterlassen kann, dass jedenfalls eine für die Verjährung ausreichende Zeit verstrichen sei. Praktische Bedeutung wird dem freilich kaum zukommen,

b) von der sich an den Gläubiger wendenden *Obliegenheit* (dazu o Rn 11),

c) von dem Verhältnis, aus dem der Anspruch fließt. Dieses Verhältnis kann ein sachenrechtliches, familienrechtliches, vgl § 194 Abs 2 BGB, erbrechtliches sein. Zahlenmäßig dürften die Schuldverhältnisse überwiegen.

Die Unterscheidung ist deshalb wichtig, weil nur der einzelne Anspruch der Verjährung unterliegt, nicht das Verhältnis, aus dem er fließt. Ein Kauf kann so wenig verjähren wie eine Ehe, sondern nur die sich jeweils ergebenden Ansprüche auf Kaufpreis, Kaufgegenstand, Unterhalt. Das gilt namentlich auch für Dauerschuldverhältnisse wie etwa den Mietvertrag (BGH NJW 2008, 2995 Rn 16; NZM 2016, 640 Rn 36; Palandt/Ellenberger Rn 7; vgl ferner zur „Unverjährbarkeit" von Dauerpflichten § 199 Rn 20c).

16 d) Demgegenüber wird freilich angenommen, dass es Stammrechte gebe, die vom einzelnen Anspruch zu unterscheiden seien und ihrerseits der Verjährung unterlägen (RGZ 136, 427, 432; BGH NJW 1973, 1684; NJW 2019, 1874 Rn 13; Staudinger/Dilcher[12] Rn 8; BGB-RGRK/Johanssen Rn 8; Palandt/Ellenberger Rn 7, MünchKomm/Grothe Rn 3). Beispielsfall soll die Leibrente sein, bei der die Gesamtforderung zu verjähren beginne, sobald die einzelne Teilforderung zu verjähren beginne.

Eine solche Vorstellung ist jedoch abzulehnen (Eichel NJW 2015, 3265, 3269).

aa) In der Gesetzgebung sind allerdings derartige Regelungen erwogen worden, vgl § 160 E I:

> Hängen wiederkehrende Leistungen von einem Hauptrecht nicht ab, so beginnt die Verjährung des Anspruchs im ganzen mit dem Zeitpunkt, in welchem die Verjährung des Anspruchs auf eine Leistung begonnen hat.

und entsprechend § 184 E I (= § 217 BGB) Abs 2 (dazu Mot I 310):

> Bei selbstständigen wiederkehrenden Leistungen ist mit der Verjährung des Anspruchs im ganzen auch der Anspruch auf die bis dahin verfallenen Leistungen verjährt.

Beide Bestimmungen sind dann aber mangels Bedürfnisses gestrichen worden; die Unterstellung eines Gesamtanspruchs beruhe auch auf einer künstlichen Fiktion (vgl Prot I 212).

bb) Danach kann die Existenz und die eigenständige Verjährung eines Stammrechts jedenfalls nicht als dem Willen des Gesetzgebers entsprechend angenommen werden, **aA** RGZ 136, 427, 429, wo die Auffassung des Gesetzgebers als offen gewertet wird.

Richtig ist allerdings, dass sich bei deliktischen Ansprüchen Effekte ergeben, die sich auch mit der Annahme eines Stammrechts erzielen lassen, und die Rechtsprechung, die von Stammrechten spricht, bezieht sich auch auf Fälle dieser Art (vgl BGH VersR 1972, 1079; NJW 1973, 1684). Dort beginnt die Verjährung mit der Möglichkeit der Kenntnis vom Schaden, und nach dem Grundsatz der Schadenseinheit wird angenommen, dass auch der gesamte künftige Schaden, mit dem zu rechnen ist, schon jetzt bekannt sei, sodass die Verjährung seinetwegen schon jetzt – notfalls durch Feststellungsklage – zu hemmen sei (vgl zur Schadenseinheit § 199 Rn 34 ff): Dann verjährt in der Tat drei Jahre nach Erlangung der Kenntnismöglichkeit jeder Einzelanspruch, mithin das „Stammrecht", das hier dann aber doch eine entbehrliche dogmatische Figur bildet. Mit demselben Recht ließe sich sagen, ohne dass dies üblich wäre, dass die §§ 438, 634a BGB ein „Stammrecht" verjähren lassen. Dass die §§ 823 ff, 199 BGB auch künftig anfallende Leistungen erfassen – namentlich dort, wo Rentenleistungen geschuldet werden – ergibt sich also aus der besonderen Auslegung des § 199 Abs 1 BGB bei anhaltenden Schäden.

cc) Als allenfalls legitimer Anwendungsbereich für die Annahme eines Stammrechts bleiben sonstige Fälle, vgl RGZ 136, 427 (wiederkehrende Leistungen aus einem Vergleich von 1796, die zuletzt 1880 erbracht worden waren und jetzt [1932] eingeklagt wurden): In Fällen dieser Art liegt aber der Gedanke an eine Verwirkung dringend nahe, wenn die Nichterbringung der Einzelleistungen nachhaltig hingenommen worden ist. Die Verwirkung der einzelnen Ansprüche, dh der kurz zurückliegenden und der künftigen, erscheint hier gegenüber der Annahme eines verjährten Stammrechts als der vorzugswürdige dogmatische Ansatz, wenn letzteres Recht in der Tat künstlich und dem BGB fremd ist. **17**

dd) Hingegen vertreten Rechtsprechung und Literatur die Auffassung, dass ein Stammrecht bzgl Versicherungsleistungen aus einem Versicherungsfall anzuerkennen ist. So soll bei einer Berufs- und Erwerbsunfähigkeitsversicherung das Stammrecht als solches und keine einzelnen wiederkehrenden Teilansprüche in Form von Renten verjähren können, wenn der Versicherungsnehmer seinen Leistungsanspruch bei dem Versicherungsgeber anmeldet, dieser aber ebendiesen zurückweist und der Versicherungsnehmer dagegen keine verjährungshemmenden Maßnahmen ergreift (BGH NJW 2019, 1874 Rn 13 ff; OLG Saarbrücken VersR 2018, 1243 Rn 8; OLG Hamm VersR 2015, 705 Rn 18 ff; MünchKommVVG/Dörner § 172 Rn 240; Neuhaus VersR 2018, 711, 712 ff; **aA** OLG Thüringen VersR 2018, 723 Rn 20; Krumscheid EWiR 2019, 47, 48). Der Versicherungsgeber soll, so der BGH, davor geschützt werden, nach längerer Zeit nicht erneut aufgrund desselbigen Versicherungsfalles in Anspruch genommen zu werden. Das hat zur Folge, dass nicht nur in der Vergangenheit fällige Rentenansprüche verjährt sind, sondern auch zukünftige. Hingegen steht es dem Versicherungsnehmer freilich zu, zu einem erneuten Versicherungsfall vorzutragen. Wird dieser ebenfalls durch den Versicherungsgeber zurückgewiesen, so soll die Verjährung eines „neuen" Stammrechts erneut beginnen können.

2. Gestaltungsrechte

18 Gestaltungsrechte gewähren ebenfalls eine Rechtsmacht, aber doch eine grundsätzlich andere als die Ansprüche, nämlich die *Befugnis*, durch ein einseitiges Rechtsgeschäft *ein Recht zu begründen, aufzuheben oder zu ändern*, Beispiele hierfür sind Anfechtung, Rücktritt, Kündigung, Aufrechnung. Diese Rechte unterliegen nicht der Verjährung, vgl aber § 218 Abs 1 BGB, freilich uU Ausschlussfristen (vgl Vorbem 14 ff zu §§ 194 ff), und der Verwirkung (vgl Vorbem 18 ff zu §§ 194 ff). Allerdings erzeugt ihre Ausübung vielfach Ansprüche, die dann ihrerseits der Verjährung unterliegen (vgl BGH NJW 2012, 2504 Rn 25 zum Wiederkaufsrecht).

3. Absolute Rechte

19 Absolute Rechte begründen eine *Rechtsmacht an einer Sache* (zB Eigentum, Pfandrecht) *oder Rechten* (zB Allgemeines Persönlichkeitsrecht, Urheberrecht), die gegenüber jedermann wirkt. Diese Rechtsmacht als solche ist *unverjährbar*, allerdings unterliegen immaterielle Rechte als solche zeitlichen Schranken, vgl § 64 UrhG. Im Verletzungsfall können aus dem absoluten Recht Ansprüche fließen, zB auf Herausgabe, § 985 BGB, Unterlassung, §§ 12, 1004 BGB, Schadensersatz, § 823 Abs 1 BGB, die dann ihrerseits der Verjährung unterliegen, vgl allerdings die Ausnahmen der §§ 898, 902 BGB im Liegenschaftsrecht (zur letzteren Bestimmung BGH NJW 2011, 518 Rn 17 ff; STAUDINGER/GURSKY [2013] § 902 Rn 9). Im Falle des Eigentums an beweglichen Sachen kann das dazu führen, dass Eigentum und Besitz dauerhaft auseinanderfallen, wenn nämlich der Anspruch aus § 985 BGB in der Frist des § 197 Abs 1 Nr 2 BGB verjährt (vgl RGZ 138, 296, 300: dominium sine re; zur rechtspolitischen Diskussion § 197 Rn 3). Das kann aber kein Anlass sein, nunmehr auch das Eigentum der Verjährung zu unterwerfen oder es gar untergehen zu lassen (**aA** KEGEL, in: FS vCaemmerer [1978] 149, 175). Derlei wäre rechtlich nicht konstruierbar, widerspräche der Konzeption der §§ 898, 902, 197 Abs 1 Nr 2, 198 BGB und entspricht auch nicht praktischen Bedürfnissen. Kommt es nämlich zu einem unfreiwilligen Besitzwechsel, so gilt für den jetzigen Besitzer § 198 BGB nicht und der Herausgabeanspruch entsteht gegen ihn unverjährt neu. Schon wegen dieser Möglichkeit behält das Eigentum durchaus einen Restwert (vgl auch § 198 Rn 9).

Das Recht des Käufers zum Besitz wird von der Verjährung seines Anspruchs auf Eigentumsverschaffung nicht betroffen (RGZ 138, 296, 298 f; BGHZ 90, 269, 370). Vgl aber für den Fall des Eigentumsvorbehalts § 216 Abs 2 S 2 BGB.

4. Einreden

20 Einreden begründen *Leistungsverweigerungsrechte;* die Einrede ist also geradezu ein Komplementärbegriff zu dem des Anspruchs, wenn sie dessen Durchsetzung einschränkt. Man unterscheidet dauernde, *peremptorische* Einreden, die den Anspruch endgültig nicht mehr durchsetzbar sein lassen, zB die der Verjährung, und *dilatorische*, die diesen Effekt nur zeitweilig haben, zB die der Stundung. Ihre Existenz hat zT hemmenden Einfluss auf die Verjährung des Anspruchs, vgl § 205 BGB. – Zum Wesen der Einreden gehört es, dass sie nur zu berücksichtigen sind, wenn sich der Schuldner auf sie beruft. Das unterscheidet sie von den Einwendungen, die im Prozess von Amts wegen zu berücksichtigen sind (vgl BGH NJW 2013, 1074 Rn 28).

a) Einreden unterliegen der Verjährung selbst jedenfalls dann nicht, wenn sie sich nur als Beschränkungen des Anspruchs des Gläubigers darstellen, also nicht auf einem eigenständigen Gegenanspruch das Schuldners beruhen (vgl nur PALANDT/ELLENBERGER Rn 6). Das ist zB der Fall bei der Einrede der Verjährung, der Stundung, der beschränkten Erbenhaftung.

b) Unübersichtlich ist die Lage dagegen, wo ein eigenständiger Gegenanspruch des Schuldners besteht. **21**

aa) Dieser Fall hat zT eine eigenständige gesetzliche Regelung gefunden. Zu nennen sind die §§ 821 und 853 BGB, die die Einreden der ungerechtfertigten Bereicherung und der unerlaubten Handlung gegenüber der derart begründeten Forderung auch dann erhalten, wenn die eigenen Ansprüche des Schuldners aus ungerechtfertigter Bereicherung oder unerlaubter Handlung ihrerseits verjährt sind. Zu nennen sind aus dem Gewährleistungsbereich die §§ 438 Abs 4 S 2, 634a Abs 4 S 2 BGB, die gegenüber dem Anspruch auf Kaufpreis bzw Werklohn die Mängeleinrede erhalten, aus dem Insolvenzrecht § 146 Abs 2 InsO.

bb) Bei den Zurückbehaltungsrechten der §§ 273, 320 BGB müssen sich die Ansprüche jedenfalls zeitweilig unverjährt gegenübergestanden haben, § 215 BGB.

III. Regelungsgehalt des § 194 Abs 1

Die Bestimmung ordnet an, dass Ansprüche der Verjährung unterliegen. **22**

1. Damit gilt sie für alle Ansprüche, die das BGB normiert, aber auch das sonstige Zivilrecht sowie das öffentliche Recht, vgl insoweit Vorbem 39 ff zu §§ 194 ff.

Nur ausnahmsweise ist die Unverjährbarkeit von Ansprüchen angeordnet, vgl § 194 Abs 2 BGB und den Überblick § 195 Rn 53.

Mit den genannten Ausnahmen können Ansprüche der Verjährbarkeit nicht entgehen, selbst ihre rechtskräftige Titulierung schließt diese nicht endgültig aus, vgl § 197 Abs 1 Nr 3 BGB.

Verjährung tritt auch insoweit ein, wie nicht der Anspruch selbst verfolgt wird, sondern es nur um die Feststellung einer seiner Eigenschaften geht, namentlich seiner nach den §§ 850 f Abs 2 ZPO, 302 Nr 1 InsO relevanten Genese aus einer vorsätzlich begangenen unerlaubten Handlung (**aA** BGHZ 187, 337 = NJW 2011, 1133; krit dazu GROTE NJW 2011, 1121; PETERS JR 2011, 461), einer Konstellation, bei der es im Übrigen auch um den Anspruch auf Duldung einer erweiterten Zwangsvollstreckung oder einer Zwangsvollstreckung überhaupt geht.

2. Dass Ansprüche der Verjährung unterliegen, macht auf sie – vorbehaltlich **23** spezieller Sondervorschriften, wie es sie vielfältig gibt – die Bestimmungen der §§ 195–218 BGB anwendbar. Das bedeutet, dass der Ablauf einer bestimmten Frist zwar nicht zum Erlöschen des Anspruchs führt, aber doch zu einem *Leistungsverweigerungsrecht* des Schuldners, § 214 Abs 1 BGB, dass dieser Zeitpunkt zwar durch

Neubeginn oder Hemmung der Verjährung hinausgeschoben, aber auch rechtsgeschäftlich nicht gänzlich ausgeschlossen werden kann, § 202 Abs 2 BGB.

Diese Wesensmerkmale der Verjährung gelten für alle Ansprüche. Die *Sondervorschriften*, die zu beachten sind, ändern an den Wirkungen der Verjährung nichts, aber auch nicht an den Möglichkeiten der Hemmung oder Erneuerung. Sie heben auch die Hemmungs- und Erneuerungsmöglichkeiten nach dem BGB nicht auf, sondern beschränken sich in aller Regel darauf, dass sie die einschlägigen Fristen modifizieren, vgl zB §§ 438, 634a BGB, uU auf den Verjährungsbeginn Einfluss nehmen, vgl §§ 438 Abs 2, 634a Abs 2 BGB.

24 3. Zur *Rechtfertigung der Verjährung* und den zugrunde liegenden Motiven des Gesetzgebers vgl Vorbem 5 zu §§ 194 ff.

25 4. Die Verjährung ist nicht die einzige Form, in der sich ein *Zeitablauf* nachteilig auf den Bestand der Forderung auswirken kann.

a) Zur Verwirkung von Forderungen vgl Vorbem 18 ff zu §§ 194 ff.

b) In einigen Fällen unterliegen Ansprüche Ausschlussfristen, vgl dazu Vorbem 14 ff zu §§ 194 ff.

26 5. Das Verhältnis der Verjährung zu *anderen Verteidigungsmöglichkeiten* des Schuldners gegenüber dem Anspruch ist im BGB nur teilweise explizit geregelt (vgl dazu § 214 Rn 12).

Grundsätzlich braucht sich der Schuldner auf die Verjährung nicht zu berufen, vgl § 214 Abs 1 BGB. Beruft er sich gleichzeitig auf diese und verteidigt sich anderweitig, ist es eine Frage der Zweckmäßigkeit, worauf das Gericht die Klagabweisung stützt.

IV. Anspruchskonkurrenz

27 Vgl § 195 Rn 32 ff.

V. Unverjährbare Ansprüche

28 1. Ein Überblick über die einschlägigen Ansprüche befindet sich in § 195 Rn 53. § 194 Abs 2 BGB nennt, in seiner herkömmlichen ersten Alternative praktisch nahezu ohne Bedeutung, Ansprüche aus einem *familienrechtlichen Verhältnis*, soweit sie *auf die Herstellung des dem Verhältnis entsprechenden Zustandes für die Zukunft* gerichtet sind. Das entspricht nach den Anschauungen des Gesetzgebers ihrer sittlichen Fundierung (vgl Mot I 204). § 11 Abs 1 LPartG macht § 194 Abs 2 BGB auf eingetragene Lebenspartner entsprechend anwendbar.

Zu nennen ist unter Ehegatten der Anspruch auf Herstellung der ehelichen Lebensgemeinschaft, § 1353 Abs 1 S 2 BGB (Mot I 295), der Anspruch auf künftigen Unterhalt (Mot I 295), letzterer auch im Falle der Scheidung, im Verhältnis der Eltern zu den Kindern der Anspruch auf Leistung von Diensten, § 1619 BGB (Mot I

295). Es geht aber auch um Ansprüche gegen Dritte, unter denen der Anspruch auf Herausgabe des Kindes nach § 1632 BGB hervorzuheben ist (MünchKomm/Grothe Rn 7). Insoweit gilt § 194 Abs 2 BGB auch für den Vormund, nicht dagegen für Pfleger (außer dem Ergänzungspfleger) und Betreuer. Zu Lebenspartnern vgl §§ 11 Abs 1, 9 Abs 1, 2 LPartG. – Vermögensrechtliche Ansprüche sind nicht ausgeschlossen (Mot I 294).

Die 2008 eingeführte zweite Alternative des § 194 Abs 2 BGB bezieht sich auf die Ansprüche der § 1598a Abs 1 BGB. Es ist konsequent, auch den Anspruch aus § 1598a Abs 2 BGB als unverjährbar zu behandeln.

Der Verjährung unterworfen bleiben Ansprüche auf Schadensersatz, wie sie freilich unter Ehegatten in Bezug auf die Ansprüche des § 194 Abs 2 BGB kaum anzunehmen sein werden (BGH FamRZ 1977, 38), und in ihrem Entstehungstatbestand in der Vergangenheit abgeschlossene Ansprüche, namentlich auf rückständigen Unterhalt, vgl hier aber den Hemmungstatbestand des § 207 BGB, ferner Ansprüche, die auf eine anderweitige Beziehung der Beteiligten zurückgehen, zB auf gesamtschuldnerischen Ausgleich unter Ehegatten nach einer gemeinsamen Verpflichtung.

2. Wo das Gesetz einen Anspruch unverjährbar stellt, kann die Möglichkeit der Verjährung – trotz § 202 Abs 1 BGB – auch *nicht vertraglich vereinbart* werden (Staudinger/Dilcher[12] Rn 28). – Die Möglichkeit einer *Verwirkung* des Anspruchs schließt das nicht aus, vgl zB § 1353 Abs 2 BGB. Sie kommt bei den unverjährbaren Ansprüchen aber nicht durchweg in Betracht, zB kaum im Bereich der §§ 749, 758 BGB. **29**

§ 195
Regelmäßige Verjährungsfrist

Die regelmäßige Verjährungsfrist beträgt drei Jahre.

Materialien: Art 1 G zur Modernisierung des Schuldrechts v 26. 11. 2001 (BGBl I 3138). BGB aF § 195: E I § 155, II § 162, III § 190; Mot I 295; Prot I 320; II 1 194, 201; Jakobs/Schubert, AT 993, 1001 ff, 1012, 1051, 1083 ff, 1092, 1103 ff, 1139 ff; Peters/Zimmermann § 195, Gutachten 184, 187, 214, 290, 319; Schuldrechtskommission – (§§ 195, 197, 198, 199, 200, 201, 202, 203) Abschlussbericht 42; RegE § 195, BT-Drucks. 14/6040, 103.

Schrifttum

1. Zur Anspruchskonkurrenz
Arens, Zur Anspruchskonkurrenz bei mehreren Haftungsgründen, AcP 170 (1970) 392
Behrens, Die Anspruchshäufung im Zivilprozess (1935)
Bruns, Die Anspruchskonkurrenz im Zivilrecht, eine Krebswucherung unserer Zivilistik?, JuS 1971, 221
Dietz, Anspruchskonkurrenz bei Vertragsverletzung und Delikt (1934)
Eichler, Die Konkurrenz der vertraglichen und deliktischen Haftung im deutschen Recht, AcP 162 (1963) 401
Eisele, Die Lehre von der Klagenkonkurrenz, AcP 79 (1892) 327

GEORGIADES, Die Anspruchskonkurrenz im Zivilrecht und Zivilprozessrecht (1968)
LENT, Die Gesetzeskonkurrenz im bürgerlichen Recht und Zivilprozessrecht, 2 Bde (1912, 1916)
SCHLECHTRIEM, Vertragsordnung und außervertragliche Haftung (1972)
RUDOLF SCHMIDT, Gesetzeskonkurrenz im bürgerlichen Recht (1915).

2. Sonstiges

ALTMEPPEN, „Fortschritte" im modernen Verjährungsrecht, DB 2002, 515
AMANN, Grunddienstbarkeiten im Wandel der Zeit und von Verjährung bedroht – Zugleich Anmerkungen zu den Urteilen des BGH v. 18. 7. 2014 – V ZR 151/13 und v. 22. 10. 2010 – V ZR 43/10 –, DNotZ 2015, 164
ARMBRÜSTER/KÄMMERER, Verjährung von Staatshaftungsansprüchen wegen fehlerhafter Richtlinienumsetzung, NJW 2009, 3601
ASSMANN/WAGNER, Die Verjährung so genannter Altansprüche der Erwerber von Anlagen des freien Kapitalanlagemarkts, NJW 2005, 3169
BALDUS, Anspruch und Verjährung – Geschichte und System, in: Verjährungsrecht in Europa (2011) 5
vBAR, Die Verjährung von Ansprüchen aus Verkehrsunfall, NJW 1977, 143
BERG, Verjährung des Anspruchs aus Geschäftsführung ohne Auftrag bei Tilgung einer bereits verjährten Forderung, MDR 1968, 717
BRANDNER, Der Anwalt als Regressschuldner, AnwBl 1969, 384
BRINKER, Die Verjährung von Ersatzansprüchen gegen den Rechtsanwalt (1990)
BRUGGNER-WOLTER, Verjährung bei Schadensersatz aus Schutzpflichtverletzung (1993)
BÜNING, Die Verjährung der Ansprüche aus unerlaubten Handlungen (1964)
BUNTE, Zur Verjährung von Garantieansprüchen gegen den Hersteller, NJW 1982, 1629
BYDLINSKI, Verjährung und Abtretbarkeit von Bürgschaftsansprüchen, ZIP 1989, 953
CREZELIUS, Konstitutives und deklaratorisches Anerkenntnis, DB 1977, 1541
EBEL, Zur Verjährung und Versicherbarkeit von Schadensersatzansprüchen in Anlegermodellen, VersR 1988, 872

ECKERT, Die Verjährung vertraglicher Schadensersatzansprüche gegen Rechtsanwälte und Steuerberater, NJW 1989, 2081
EHLING/GAFFKE, Verjährungsfristen des Auslandes im Zivil- und Handelsrecht (1959)
ENGEL, Die Verjährung im Kraftfahrzeug-Leasinggeschäft, DB 1997, 761
GEROLD, Verjährung des Anspruchs auf Erstattung von Zwangsvollstreckungsgebühren, JurBüro 1961, 221
HÜBNER, Die Berufshaftung – ein unzumutbares Berufsrisiko?, NJW 1989, 5
JENDREK, Verjährungsfragen im Mietrecht, NZM 1998, 593
KELLNER, Auswirkungen der Schuldrechtsreform auf die Verjährung im Staatshaftungsrecht, NZVw 2002, 395
KIETHE, Immobilienkapitalanlagen: Verjährung der Prospekthaftungsansprüche, BB 1999, 2253
KIRCHHOF, Einfluss des neuen Verjährungsrechts auf die Insolvenzanfechtung, WM 2002, 2037
KREBS, Verjährung im Haftpflichtrecht, VersR 1959, 163
LAST, Anspruchskonkurrenz und Gesamtschuldverhältnis (1908)
LEPA, Die Verjährung im Deliktsrecht, VersR 1986, 301
LIPPMANN, Beiträge zur Theorie der Schuldübernahme des Bürgerlichen Gesetzbuchs, AcP 107 (1911) 1
LITTBARSKI, Rechtsprobleme des Garantievertrages zwischen Produzent und Endabnehmer – BGH NJW 1981, 2248, in: JuS 1983, 345
LORENZ, Zu den Schadensersatzansprüchen aus dem Zusammenstoß eines ausländischen Seeschiffes mit einem deutschen Binnenschiff in deutschen Gewässern, IPRax 1981, 85
LÜNEBORG, Verjährung von Ersatz-, Hilfs- und Nebenansprüchen, NJW 2012, 2145
LUX, Verjährung von Prospekthaftungsansprüchen, NJW 2003, 2966
MARBURGER, Zur Verjährung von Sozialleistungen, ZfHS 1982, 43
MENNACHER, Die Verjährung des Schadensersatzanspruchs gegen den Steuerberater (1984)
vMORGEN, Die differenzierende Rechtsprechung des BGH zur Verjährung von Prospekt-

haftungsansprüchen: Eine „halbherzige" Lösung, NJW 1987, 474
MÜHLBAUER, Die Verjährung der Schadensersatzansprüche gegen den Rechtsanwalt, AnwBl 1979, 475
MÜLLER, Verjährung des Einlageanspruchs der GmbH nach der Schuldrechtsreform, BB 2002, 1377
vOLSHAUSEN, Voraussetzungen und Verjährung der Ansprüche auf ein stellvertretendes commodum bei Sachmängeln, ZGS 2002, 194
PENTZ, Eingeschränkte Unverjährbarkeit von Einlageansprüchen und von Forderungen wegen Verstoßes gegen das Auszahlungsverbot als Folge der Schuldrechtsreform, GmbR 2002, 225
PETERS, Zur Verjährung der Ansprüche aus culpa in contrahendo und positiver Forderungsverletzung, VersR 1979, 103
PRÜTTING, Verjährungsprobleme bei falscher rechtlicher Beratung, insbesondere in Steuersachen, WM 1978, 130
REICHEL, Verjährung des Anspruchs gegen den Schuldmitübernehmer, Recht 1912, 376
REINICKE, Verjährung von Rückgriffsforderungen, VersR 1967, 1
ROLL, Die Verjährung beim Vorvertrag, BB 1978, 69
SCHINDLER/WALTER, Reform der erbrechtlichen Verjährungsvorschriften durch das ErbVerjÄndG bei §§ 2287, 2329 BGB: eine Reform ohne (inhaltliche) Änderung?, ZEV 2017, 7
SCHLUND, Schadensersatzansprüche von Kapitalanlegern in „steuerbegünstigte" Anlagen und deren Verjährung, BB 1984, 1437
SCHMIDT/WEIDERT, Zur Verjährung von Prospekthaftungsansprüchen bei geschlossenen Immobilienfonds, DB 1998, 2309
SCHMIDT-BURGK/LUDWIG, Abstrakte Schuldversprechen in der Bankpraxis und die Reform des Verjährungsrechts, DB 2003, 1046

SCHOCKENHOFF/FIEGE, Neue Verjährungsfragen im Kapitalgesellschaftsrecht, ZIP 2002, 917
SCHWANDER, Die Verjährung außervertraglicher und vertraglicher Schadensersatzforderungen (1963)
SCHWARK, Kaufvertragliche Mängelhaftung und deliktsrechtliche Ansprüche, AcP 179 (1979) 57
SEEFELDER, Verjährungsfristen des Auslandes, DAR 1958, 208
SELB, Der Regress des Versicherungs- und Versorgungsträgers über § 683 und § 812 BGB, NJW 1963, 2056
SIMONSON, Zur Frage der Verjährung von Ansprüchen aus Wechselremboursgeschäften, ZBlHR 1928, 294
SONNENSCHEIN/WEITEMEYER, Rückerstattung und Verjährung preisrechtswidriger Mietzahlungen, NJW 1993, 2201
STÖBER, Die Verjährung von Ansprüchen auf Schadensersatz statt der Leistung, ZGS 2005, 290
STOECKER, Die Verjährungsproblematik der vertraglichen Haftung des Rechtsanwalts und des Steuerberaters (Diss Hamburg 1992)
STÖTTER, Der Verjährungseinwand gegen Handelsvertreter-Provisionsansprüche, NJW 1978, 799
THEDA, Zur Rechtsnatur und Verjährung des Selbstbehalts, VP 1978, 29
VAN VENROOY, Die Verjährung der Schadensersatzansprüche gegen Rechtsanwälte, Steuerberater, Wirtschaftsprüfer und Notare, DB 1981, 2364
WITTKOWSKI, Zur Verjährung von Schadensersatzansprüchen auf Grund unrichtiger vertragsmäßiger Auskunftserteilung, DJZ 1909, 1487
ZÖLLNER, Das neue Verjährungsrecht im deutschen BGB – Kritik eines verfehlten Regelungssystems, in: FS Honsell (2002) 153.

Systematische Übersicht

I.	**Allgemeines**	
1.	Die regelmäßige Verjährungsfrist	1
a)	Auffangtatbestand	1
b)	Übliche Verjährungsfrist	2
c)	Bemessung der Frist	3
d)	Leitbildfunktion	4
2.	Vereinheitlichung der Fristen	5
3.	Verwirkung	6
4.	Problemfälle	7
a)	Gesellschaftsrecht	8

aa)	Einlageschulden	8	**V.**	**Anwendbarkeit mehrerer Verjährungsfristen**	
bb)	Weitere Ansprüche des Körperschaftsrechts	8	1.	Prinzip	28
cc)	Einlageforderungen in Personengesellschaften	8	2.	Anknüpfung an den einzelnen Anspruch	29
b)	Identität von Schuldner und der zur Verfolgung der Ansprüche berufenen Person	9	**VI.**	**Anspruchskonkurrenz**	
			1.	Allgemeines	30
c)	Regressansprüche	10	a)	Interessenlagen	30
			b)	Gesetzeskonkurrenz	31
II.	**Anwendungsbereich des § 195**		c)	Anspruchskonkurrenz	32
1.	Prinzip	11	d)	Verjährung	33
2.	Beispiele	12	2.	Fälle der Anspruchskonkurrenz	34
3.	Bezugnahmen auf § 195	13	a)	Subsidiarität	34
4.	Zivilrechtliche Nebengesetze	14	b)	Vertraglicher Bereich	35
5.	Öffentliches Recht	15	c)	Deliktischer Bereich	36
6.	Einzelfälle	16	d)	Nebeneinander vertraglicher und deliktischer Haftung	37
a)	Beratungsvertrag	16			
b)	Regress nach Tilgung fremder Schulden	17	**VII.**	**Überblick über anderweitige Verjährungsfristen**	
aa)	Bereicherungsanspruch	17			
bb)	Ansprüche aus GoA	18	1.	Vorbemerkung	43
cc)	§ 11 UWG	19	2.	Drei Monate	44
dd)	Gesamtschuldnerausgleich	20	3.	Sechs Monate	45
			4.	Ein Jahr	46
III.	**Anwendungsbereich der Verjährungsfristen**		5.	Zwei Jahre	47
1.	Maßgeblicher Zeitpunkt	21	6.	Drei Jahre	48
2.	Nachträgliche Ereignisse	22	7.	Vier Jahre	49
3.	Novation	23	8.	Fünf Jahre	50
			9.	Zehn Jahre	51
IV.	**Ersatz- und Nebenansprüche**		10.	Dreißig Jahre	52
1.	Ersatzansprüche	24	11.	Unverjährbarkeit	53
2.	Zinsansprüche	25	12.	Prospekthaftung	54
3.	Auskunftsansprüche	26	a)	Im engeren Sinne	55
4.	Vor- und Rahmenvertrag	27	b)	Im weiteren Sinne	56
			13.	Überleitungsvorschriften	57

Alphabetische Übersicht

Abmahnkosten	19		Auskunft	26
Anerkenntnis	3, 22			
Anspruchskonkurrenz	30 ff		Beispiele	12
Ansprüche, nicht verjährende	53		Beratungsvertrag	16
Ansprüche aus eingetragenen Rechten	11		Bereicherungsanspruch	11, 17
Anwendbarkeit			Berufspezifische Verjährungsvorschriften, Aufhebung der	40
– des § 195	11			
– mehrerer Verjährungsfristen	28 f		Bezugnahmen	13
Anwendungsbereich	21 ff			
Auffangtatbestand	1, 56		Culpa in contrahendo	24, 34, 56

Titel 1
Gegenstand und Dauer der Verjährung § 195

Einlagenerstattung	8	Nebeneinander vertraglicher und deliktischer Haftung	37
Einlageschuld	8	Nebengesetze, zivilrechtliche	14
Entstehung des Anspruchs	21	Novation	23
Ereignisse, nachträgliche	21		
Ersatzanspruch	24	Öffentliches Recht	15
Frist		Personenidentität	9
– Anwendungsbereich	1, 21 ff, 28 ff	Prospekthaftung	
– Beginn	3	– Begriff	54
– Bemessung	3	– im engeren Sinne	55
– konkurrierende	28 f	– im weiteren Sinne	56
– regelmäßige	1	– Sonderbestimmungen	55
– Überblick über anderweitige Fristen	43 ff	Rahmenvertrag	27
– übliche	2	Rechenschaft	26
– vereinbarte	5, 11	Regressanspruch	10, 17 ff
– Vereinheitlichung der Fristen	5	Richtlinien, verspätete Umsetzung von	15
Gesamtgläubiger	20	Sonderbestimmungen	2, 11, 43 ff, 55
Gesamtschuld	12, 20	Schuldanerkenntnis	22
Geschäftsführer einer GmbH	40	Staatshaftung	15
Geschäftsführung ohne Auftrag	12, 18	Streitverkündung	10
Gesellschaftsrecht	8		
Gesetzeskonkurrenz	31	Testamentsvollstrecker	9
Gewährleistungsrecht	41, 45 ff	Überleitungsregelung	57
GmbH	8, 40	Unerlaubte Handlung, vorsätzlich begangene	12
Haftung, deliktische	36 ff		
Herausgabeanspruch, vertraglicher	41	Vergleich	
Hilfsanspruch	26	– außergerichtlicher	22
		– gerichtlicher	22
Insolvenzverwalter	9	Vereinbarungen der Parteien	4
		Vertreter	
Kontokorrent	23	– eigene Haftung	9
		– fehlender	9
Leitbildfunktion	4	– Verwirkung	6
Leugnen der Schuld	3	Vorvertrag	27
Mängelrechte	30		
Mangelfolgeschaden	41	Zinsen	25
Mangelschaden	41		

I. Allgemeines

1. Die regelmäßige Verjährungsfrist

a) Auffangtatbestand

Wenn das G zur Modernisierung des Schuldrechts die Frist von 30 Jahren des § 195 **1**

BGB aF durch eine Frist von 3 Jahren ersetzt hat, hat es den Charakter der Bestimmung des § 195 BGB insoweit nicht geändert, als sie einen Auffangtatbestand für alle jene Ansprüche – primär des Zivilrechts, aber doch auch des öffentlichen Rechts (vgl dazu Vorbem 39 ff zu §§ 194 ff) – liefert, für die keine besondere Verjährungsfrist durch das Gesetz angeordnet ist. So tritt sie zB hinter die Bestimmungen der §§ 438 Abs 1, 634a Abs 1 Nrn 1, 2 BGB zurück, aber erfasst nach Aufhebung zB der §§ 196, 197, 852 BGB aF jene zahlreichen Ansprüche, die diesen Bestimmungen unterlagen, jetzt aber eben ohne eine eigenständige Regelung sind, dies zusätzlich zu den Ansprüchen, die schon immer bei § 195 BGB eingeordnet wurden (dazu den Überblick STAUDINGER/PETERS [2001] Rn 38 ff).

b) Übliche Verjährungsfrist

2 Damit hat sich aber der *Charakter der Bestimmung radikal* gewandelt, wenn man die Dinge *statistisch* betrachtet. Aus dieser Sicht beherrschte § 195 BGB aF nicht das Feld, weil eben die Bedeutung der Sonderbestimmungen groß war, etwa die der eben genannten §§ 196, 197, 852 BGB aF; die Frist des § 195 nF ist demgegenüber auch aus statistischer Sicht die *regelmäßige*. Dieser Befund erlaubt, die Bestimmung auch als Grundnorm zu bezeichnen und ihr Leitbildfunktion iSv § 307 Abs 2 Nr 1 BGB zuzuweisen (BeckOGK BGB/PIEKENBROCK [1. 2. 2019] Rn 13, der sich deswegen gegen den Begriff des Auffangtatbestands wendet).

c) Bemessung der Frist

3 Die dreijährige Frist des § 195 BGB entspricht jener des § 852 BGB aF und bewegt sich in der Größenordnung der §§ 196, 197 BGB aF. Die Verkürzung der Frist gegenüber § 195 BGB aF ist deutlich weniger radikal, als es der bloße Vergleich der Zahlen vermuten lässt. Dafür sorgt zunächst schon der in § 199 Abs 1 BGB flexibel gestaltete Verjährungsbeginn. Außerdem aber ist – was durchweg übersehen wird – § 212 Abs 1 Nr 1 BGB zu beachten: *Solange sich der Schuldner zu seiner Schuld bekennt*, wird die Verjährung immer wieder durch Anerkenntnis erneuert, sodass der Gläubiger nicht in Zeitnöte geraten kann. Wenn der Schuldner aber anfängt, seine Schuld zu leugnen, sollte dem Gläubiger die Frist des § 195 BGB genügen, seine Rechte zu wahren, zumal die §§ 203, 204 BGB hierfür ein reichhaltiges Arsenal bereithalten. Die dreijährige Frist kann insofern nicht als zu kurz bemessen angesehen werden (**aA** zB ZÖLLNER, in: FS Honsell [2002] 153).

Die benötigte Zeit zur Klärung der Voraussetzungen des Anspruchs ist in die Frist des § 195 BGB nicht einberechnet (PALANDT/ELLENBERGER Rn 1), sondern verbleibt nach § 199 Abs 1 Nr 2 BGB in ihrem Vorfeld. Die Frist des § 195 BGB ist eine solche für die notwendigen Konsequenzen aus der Leistungsverweigerung des Schuldners und dafür angemessen.

d) Leitbildfunktion

4 Im Gegenteil ergeben sich praktische Folgerungen daraus, dass die Frist des § 195 BGB gleichzeitig regelmäßig und angemessen ist: § 202 BGB erweitert die *Möglichkeiten vertraglicher Vereinbarungen* über die Verjährung gegenüber § 225 BGB aF. Wenn derlei in AGB der einen oder der anderen Seite vorgesehen ist, kann die Abweichung von einer im Wortsinne regelmäßigen Frist umso leichter überraschend iSd § 305c Abs 1 BGB sein. Vor allem aber muss die jetzige Frist des § 195 BGB als ein *wesentlicher Grundgedanke der gesetzlichen Regelung* iSd § 307 Abs 2

Nr 1 BGB betrachtet werden, sodass Abweichungen der besonderen Rechtfertigung bedürfen.

2. Vereinheitlichung der Fristen

Die nachhaltige Vereinheitlichung der Fristen hebt zunächst die unsäglichen *Ab-* **5** *grenzungsprobleme* des bisherigen Rechts jedenfalls zu einem Teil auf: innerhalb des § 196 BGB aF, im Verhältnis von § 196 BGB aF zu § 197 BGB aF.

Sie *gebietet* außerdem *Rechtsfortbildungen Einhalt,* wie sie letztlich nur vor dem Hintergrund unterschiedlich willkommener Verjährungsfristen erfolgt sind, vgl zB die erhebliche Ausdehnung des deliktischen Haftungsbereichs gegenüber dem vertraglichen. Fortbildungen des Rechts sind natürlich notwendig, aber diese Notwendigkeit sollte sich aus ihnen selbst heraus ergeben.

Schließlich ergeben sich *dogmatische Entlastungen:* Bei gleichen Fristen verliert die anspruchsvolle Lehre von der Anspruchskonkurrenz an Bedeutung, die Relevanz der Zuordnung von Regressansprüchen zu Bereicherung, Geschäftsführung ohne Auftrag oder gar dem Eigentümer-Besitzer-Verhältnis.

3. Verwirkung

Die Ausgestaltung der regelmäßigen Verjährung in den §§ 195, 199 BGB führt **6** jedenfalls für ihren Bereich dazu, dass das unsichere Institut der Verwirkung (Vorbem 18 ff zu §§ 194 ff) an praktischer Bedeutung verliert.

4. Problemfälle

Es kann nicht ausbleiben, dass problematische Fälle verbleiben. Indessen müssen **7** diese als solche – notfalls durch den Gesetzgeber – gelöst werden. Der Gesetzgeber bleibt aufgerufen, den bunten Flickenteppich zu überprüfen, der sich durch die Beibehaltung zahlloser Bestimmungen ergeben hat, so schon das Petitum des Bundesrates in seiner Stellungnahme zu dem Regierungsentwurf des G zur Modernisierung des Schuldrechts (BT-Drucks 14/6857). Es ist aber jedenfalls unangemessen, wenn ALTMEPPEN (DB 2002, 515) in Bezug auf zwei bestimmte Konstellationen von „barem Unsinn" der Neuregelung redet und suggeriert, dies gelte letztlich für sie insgesamt, zumal er selbst Lösungsvorschläge unterbreitet.

a) Gesellschaftsrecht
aa) Einlageschulden
§ 195 nF verkürzte die Verjährungsfrist für die Einlagepflicht des Gesellschafters **8** einer GmbH von bisher 30 Jahren (BGHZ 118, 83, 101) auf 3 Jahre. Dies wurde als unangemessen empfunden und namentlich auch als Widerspruch zu der fünfjährigen Frist des § 9 Abs 2 GmbG aF für einen Nachschuss bei zu niedriger Sacheinlage (vgl ALTMEPPEN DB 2002, 515; PENTZ GmbR 2002, 225; SCHOCKENHOFF/FIEGE ZIP 2002, 917; SOERGEL/NIEDENFÜHR Rn 35 ff; MÜLLER ZGS 2002, 280; BRINKMANN NZG 2002, 855; **aA** NOLTING BB 2002, 1765); in der Folge wurden teils Unverjährbarkeit erwogen (PENTZ GmbR 2002, 225), teils eine analoge Anwendung des § 9 Abs 2 GmbG aF (SCHOCKENHOFF/FIEGE ZIP 2002, 917), teils die Nichtanwendung des § 199 Abs 1 Nr 2 BGB und damit die Anwendung

des § 199 Abs 4 BGB (Schockenhoff/Fiege ZIP 2002, 917; Altmeppen DB 2002, 515), teils eine entsprechende Anwendung der §§ 196, 197 BGB. Der BGH wendete in Übereinstimmung mit dem Wortlaut treffend (vgl Staudinger/Peters [2004] Rn 7) § 195 BGB an (BGH ZIP 2008, 643 Rn 17).

Gleichwohl hat der Gesetzgeber des G zur Anpassung von Verjährungsvorschriften an das G zur Modernisierung des Schuldrechts vom 9. 12. 2004 (BGBl I 3214) sich durch die Kritik veranlasst gesehen, durch § 19 Abs 6 GmbHG eine zehnjährige Verjährungsfrist für Einlageschulden zu statuieren. Zum Übergangsrecht BGH ZIP 2008, 643; ZIP 2008, 1379.

bb) Weitere Ansprüche des Körperschaftsrechts

Dieselbe zehnjährige Verjährungsfrist sehen jetzt die §§ 9 Abs 2, 31 Abs 5 GmbHG idF d G v 9. 12. 2004 (BGBl I 3214) für die Nachschusspflicht bei einer überbewerteten Sacheinlage bzw die Erstattung unzulässiger Kapitalrückzahlungen vor. Das verdoppelt die früheren Fristen.

Keine spezielle Verjährungsfrist enthält das Gesetz indessen für die Ausfallhaftung des Kaduzierten nach § 21 Abs 3 GmbHG, die Haftung der Rechtsvorgänger nach § 22 GmbHG und die Ausfallhaftung der Mitgesellschafter nach § 24 GmbHG. Insbesondere für die Haftung aus § 24 GmbHG wurde eine Analogie zu § 19 Abs 6 GmbHG erwogen. Der BGH hat das zu Recht abgelehnt (BGH ZIP 2018, 2018 Rn 56 ff). Der Gesetzgeber hat keine planwidrige Lücke dadurch geschaffen, dass er § 19 GmbH ergänzt, bei § 24 GmbHG entsprechendes aber versehentlich unterlassen hat (BGH ZIP 2018, 2018 Rn 56 ff, Rn 63).

cc) Einlageforderungen in Personengesellschaften

§ 195 BGB ist hingegen auf Einlageforderungen in Personengesellschaften anwendbar. Die abweichenden Sonderregelungen der §§ 54 Abs 4 AktG, 19 Abs 4 GmbHG und 22 Abs 4 GenG sind auf Körperschaften beschränkt (OLG Schleswig NZG 2009, 256, 258; MünchKommHGB/K Schmidt § 105 Rn 182).

b) Identität von Schuldner und der zur Verfolgung der Ansprüche berufenen Person

9 Es ergibt sich vielfältig die Situation, dass sich Ansprüche gegen eine Person richten, die gleichzeitig auch zu ihrer Durchsetzung berufen ist, zB bei dem Testamentsvollstrecker, beim Insolvenzverwalter, bei dem § 92 InsO sie erkennt, im Verhältnis zwischen Eltern und Kindern, wo sie freilich wegen § 207 Abs 1 S 2 Nr 2 BGB praktisch bedeutungslos ist. Namentlich ist sie im Bereich der GmbH von Bedeutung.

Hier genügt es zunächst nicht für § 199 Abs 1 Nr 2 BGB, dass die betreffende Person den dortigen Wissensstand hat. Es kommt vielmehr auf den Wissensstand anderer zur Durchsetzung des Anspruchs berufener Personen an (vgl § 199 Rn 57 ff).

Wenn es an solchen Personen fehlt, ist § 210 BGB entsprechend anzuwenden (vgl dort Rn 2).

c) Regressansprüche

Für einen Sonderfall erkennt es der Gesetzgeber selbst in § 479 Abs 2, 3 BGB an, **10** dass die Fristwahrung in Regressfällen schwierig sein kann, wenn die Regressfrist mit der Ursprungsfrist gleichzeitig läuft, vielleicht gar schon vorher begonnen hat. In Regressfällen – gar in mehrstufigen – kann aber letztlich jede Frist unauskömmlich werden. Hier hilft einmal das verfahrensmäßige Mittel der Hemmung der Verjährung durch Streitverkündung, § 204 Abs 1 Nr 6 BGB, die zudem den praktischen Vorteil hat, die einzelnen Prozesse miteinander zu verbinden. Zum anderen geht es nicht primär um die Länge der Frist, sondern um ihren Beginn, die Frage der Entstehung des Regressanspruchs iSd § 199 Abs 1 Nr 1 BGB, vgl dazu § 199 Rn 8.

II. Anwendungsbereich des § 195

1. Prinzip

Der Anwendungsbereich des § 195 BGB kann im Kern *nur negativ bestimmt werden:* **11** Er erfasst alle jene Ansprüche, für die sich *anderweitig keine Sonderbestimmung* findet, wie dies zB in den §§ 196, 197, 438, 634a BGB im Schuldrecht, nach § 902 Abs 1 S 1 BGB bei Ansprüchen aus eingetragenen Rechten der Fall ist, oder die Parteien *nicht* (wirksam) *anderes vereinbart haben.*

Dabei ist es unerheblich, ob sich der Anspruch aus einem Vertrag oder einem gesetzlichen Schuldverhältnis ergibt; § 195 BGB erfasst ebenso den Anspruch auf Kaufpreiszahlung wie einen Bereicherungsanspruch. Es ist auch unerheblich, ob es sich um einen Primäranspruch auf Erfüllung handelt oder um einen Sekundäranspruch wegen Nichterfüllung. Auch ist nach Aufhebung des § 197 Abs 1 Nr 2 BGB (vgl dazu § 197 Rn 20) das Rechtsgebiet unbeachtlich, dem der Anspruch entstammt; § 195 BGB gilt also ebenso für schuldrechtliche Ansprüche wie für sachenrechtliche, beides freilich unter dem Vorbehalt anderweitiger Spezialregelungen, vgl einerseits die §§ 196, 438, 634a BGB, andererseits § 197 Abs 1 Nr 1 u 2 BGB.

2. Beispiele

§ 195 BGB gilt **12**

– für die vertraglichen Erfüllungsansprüche des § 196 Abs 1 BGB aF (vorbehaltlich von § 196 nF)

– sowie die von § 196 Abs 1 BGB aF nicht erfassten Gegenansprüche (wieder vorbehaltlich von § 196 BGB)

– für Erfüllungsansprüche aus gesetzlich nicht erfassten Vertragstypen

– für Sekundäransprüche auf

– Schadensersatz statt der Leistung (vorbehaltlich der §§ 438 Abs 1, 634a Abs 1 Nrn 1, 2 BGB)

- ein stellvertretendes commodum, § 285 BGB

- Rückabwicklung nach Rücktritt oder Minderung (mit demselben Vorbehalt)

- Schadensersatz wegen Verletzung von Nebenpflichten (mit demselben Vorbehalt)

- oder aus Verschulden bei Vertragsverhandlungen (mit demselben – leerlaufenden – Vorbehalt)

- für Regressansprüche

- aus Gesamtschuldnerausgleich, § 426 Abs 1 BGB

- aus Geschäftsführung ohne Auftrag

- aus ungerechtfertigter Bereicherung

- für deliktische Schadensersatzansprüche, insoweit auch für die nach den §§ 850 f Abs 2 ZPO, 302 Nr 1 InsO relevante Feststellung der Grenze des Anspruchs aus einer vorsätzlich begangenen unerlaubten Handlung (aA BGH NJW 2011, 1133; vgl § 194 Rn 22)

- Ansprüche aus dem Eigentümer-Besitzer-Verhältnis

- Ansprüche wegen Störung des Eigentums

- und unabhängig von der Struktur der Forderung, namentlich also auch bei wiederkehrenden Leistungen.

3. Bezugnahmen auf § 195

13 Zuweilen finden sich ausdrückliche Bezugnahmen auf § 195 BGB, vgl die §§ 197 Abs 2, 438 Abs 3, 634a Abs 1 Nr 3, Abs 3 BGB. Einige zivilrechtliche Nebengesetze nehmen Bezug auf die für unerlaubte Handlungen geltenden Verjährungsvorschriften des BGB (§§ 14 StVG, 11 HaftpflG, 17 UmweltHG, 32 Abs 8 GenTG, 39 LuftVG, 83 Abs 5 BDSG): Diese auf § 852 BGB aF vermünzten Verweisungen sind jetzt zwanglos auf die §§ 194 ff nF zu beziehen, wobei letztere überhaupt nur deklaratorisch zu verstehen sind.

ZT benennt das Gesetz auch einen bestimmten Verjährungsbeginn, ohne eine Aussage zur Verjährungsfrist zu treffen, vgl die §§ 604 Abs 5, 1302, 1390 Abs 3 S 1, 2332 Abs 1 BGB. Die einschlägige Frist ist dann die des § 195 BGB, es wird nur das Regelwerk des § 199 BGB ausgeschaltet.

4. Zivilrechtliche Nebengesetze

14 Zuweilen sehen zivilrechtliche Nebengesetze Ansprüche vor, ohne eine eigenständige Regelung ihrer Verjährung zu treffen. Hier sind dann ohne weiteres die

§§ 194 ff BGB – namentlich die §§ 195, 199 BGB – anzuwenden. Ganz in diesem Sinne hatte es in § 194 Abs 3 BGB des Diskussionsentwurfs aus dem Bundesministerium der Justiz vom 4. 8. 2000 geheißen:

Die Vorschriften dieses Abschnitts gelten, soweit nicht ein anderes bestimmt ist, auch für die Verjährung von Ansprüchen, gleich aus welchem Rechtsgrund, die nicht in diesem Gesetz geregelt sind.

Die Übernahme dieser Bestimmung in das Gesetz ist nicht aus Vorsicht unterblieben (so aber MünchKomm/Grothe Rn 13), sondern weil das Gesetz von Selbstverständlichkeiten freizuhalten ist: Wie sonst, wenn nicht mit den §§ 194 ff BGB sollten sich ergebende Fragen der Verjährung denn gelöst werden? Im Wege freier Rechtsschöpfung?

5. Öffentliches Recht

Im öffentlichen Recht sind bislang die §§ 194 ff BGB, damit namentlich § 195 BGB aF beim Fehlen von Sonderbestimmungen entsprechend angewendet worden, zB bei Ansprüchen aus Aufopferung und Enteignung oder enteignungsgleichem Eingriff, aber auch im Rahmen der Ansprüche des Beamten gegen seinen Dienstherrn wegen Verletzung seiner Fürsorgepflicht, § 78 BBG. Insoweit *gelten hinsichtlich der Verjährungsfrist die §§ 195, 199 nF* (vgl Vorbem 39 ff zu §§ 194 ff; skeptisch BVerwGE 132, 324 Rn 10 ff; BeckOGK BGB/Piekenbrock [1. 2. 2019] § 194 Rn 74); sie können auch dort *nur durch konkrete Spezialregelungen verdrängt* werden.

Die Bestimmungen der §§ 195, 199 BGB gelten namentlich auch für die Verjährung von Staatshaftungsansprüchen wegen fehlerhafter, insbesondere verspäteter Umsetzung von europäischen Richtlinien (Armbrüster/Kämmerer NJW 2009, 3601; BeckOGK BGB/Piekenbrock [1. 2. 2019] § 194 Rn 75); diese deutsche Regelung hat EuGH NVwZ 2009, 771 nicht beanstandet. Gleichfalls der aktuellen regelmäßigen Verjährung unterliegen der Kostenerstattungsanspruch gem Art 104a Abs 2 GG (BVerwG NVwZ 2017, 56 Rn 35) und der öffentlich- rechtliche Erstattungsanspruch gem § 49a VwVfG (BVerwGE 158, 199 Rn 16).

6. Einzelfälle

a) Beratungsvertrag

Die §§ 195, 199 BGB gelten auch für die Pflichten aus Beratungsverträgen bzw der aus ihnen folgenden Pflichten. Dies gilt auch dann, wenn sich die Aufklärungspflichten auf die Eigenschaften einer zu erwerbenden Sache oder eines zu erstellenden Werkes beziehen (BGH ZIP 2001, 1463); die §§ 195, 199 BGB werden dann nicht durch die §§ 438, 634a BGB verdrängt. Freilich liegen bei dem Abschluss von Kauf- und erst recht Werkverträgen weithin Beratungspflichten an, die durchaus intensiven Charakter annehmen können und gleichwohl im Abschlussfall nach den §§ 437 Nr 3, 634 Nr 4 BGB sanktioniert werden, damit aber den Gewährleistungsfristen unterliegen. Damit stellt sich für die Verjährung die *Vorfrage,* ob die fehlerhafte Beratung *noch vertragsimmanent* war oder schon *Gegenstand eines selbstständigen Vertrages*. Sie ist regelmäßig in dem ersteren Sinne zu beantworten.

b) Regress nach Tilgung fremder Schulden

17 aa) Soweit aus der Tilgung fremder Schulden ein **Bereicherungsanspruch** resultiert, unterliegt er § 195 BGB, aber gegebenenfalls einer für die getilgte Schuld geltenden kürzeren Verjährungsfrist (BGHZ 70, 389, 398; 89, 82, 87; BGH NJW 1978, 1375, 1377; 2000, 3492, 3494 f; vCAEMMERER, in: FS Dölle I [1963] 135, 153 f; MünchKomm/LIEB[4] § 812 Rn 334). Der zugrundeliegende Gedanke, dass der Bereicherungsanspruch den Schuldner nicht stärker belasten soll als der ursprüngliche Anspruch, führt dabei nicht nur dazu, dass dessen Frist gilt, sondern auch schon dazu, dass dessen schon begonnene Frist weiterläuft; REUTER/MARTINEK (Ungerechtfertigte Bereicherung 754) sprechen insoweit treffend von einer accessio temporis.

Zu einer Fristverlängerung für den Bereicherungsanspruch kann die getilgte Schuld aber nicht führen (aA PALANDT/ELLENBERGER Rn 5).

18 bb) Bei **Ansprüchen aus Geschäftsführung ohne Auftrag** ist ebenfalls § 195 BGB anzuwenden (PALANDT/ELLENBERGER Rn 5). Bestand die Geschäftsführung ohne Auftrag in der *Tilgung einer kürzerfristig verjährenden Verbindlichkeit* des Geschäftsherrn, schlägt deren Verjährungsfrist hier – anders als beim Regress aus ungerechtfertigter Bereicherung (vgl o Rn 17) – nicht durch (BGHZ 47, 370, 375; OLG Jena OLG-NL 1998, 2; STAUDINGER/BERGMANN [2015] Vorbem 253 zu §§ 677 ff; MünchKomm/SCHÄFER § 683 Rn 32). Denn schon im Tatbestand des § 683 BGB ist zu berücksichtigen, ob es sich bei der Tilgung angesichts der Verjährungsfrist um eine interessengerechte und somit berechtigte Geschäftsführung handelte. Daran braucht es allerdings selbst dann, wenn die Forderung bei Tilgung bereits verjährt war, nicht zwingend zu fehlen.

Stand die Verjährung kurz bevor, kann die Lage ähnlich sein. Ist aber gleichwohl der Tatbestand einer berechtigten GoA zu bejahen, so ist an der hM festzuhalten. Der Anspruch ist ein eigenständiger. Gegenüber Ansprüchen aus ungerechtfertigter Bereicherung besteht der entscheidende, auch für die Verjährung beachtliche Unterschied darin, dass einmal mit, einmal gegen den Willen des Schuldners gehandelt wurde. Im Übrigen wäre ein Gleichklang mit dem Bereicherungsrecht auch gar nicht herzustellen, weil eine Anrechnung der schon verstrichenen Frist auf diesen Anspruch kaum möglich und für den Geschäftsführer kaum zumutbar wäre, wenn er sich mit einer knappen „Restverjährung" begnügen müsste. Bei Schaffung von Gleichklang hier würde sich im Übrigen eine missliche Diskrepanz zum Ausgleich unter Gesamtschuldnern (u Rn 20) auftun.

19 cc) § 11 UWG ist auch auf den aus Geschäftsführung ohne Auftrag herzuleitenden Anspruch auf Ersatz der Abmahnkosten anzuwenden (BGHZ 115, 210).

20 dd) Der **Ausgleichsanspruch unter Gesamtschuldnern** nach § 426 Abs 1 BGB verjährt mangels anderweitiger gesetzlicher Anordnung nach § 195 BGB. Das gilt namentlich auch für den Fall, dass die auszugleichende Verbindlichkeit selbst einer kürzeren Verjährung unterlag (BGHZ 58, 216, 218 für den Fall, dass dort § 638 BGB aF einschlägig war; aA EHMANN, Gesamtschuld [1972] 110; krit SCHLECHTRIEM NJW 1972, 1554). Das Ergebnis, dass damit dem anderen Gesamtschuldner die Vorteile der ihm gegenüber im Verhältnis zum Gläubiger vielleicht schon eingetretenen Verjährung, vgl § 425 Abs 2 BGB, wieder entzogen werden können, ist misslich, aber doch nicht zu vermeiden: Wollte man die Verjährungsfrist jener Forderung hier übertragen und die im Verhältnis Gläubiger/Mitschuldner schon abgelaufene Zeit anrechnen, was man müsste, um dem Mitschuldner die Vorteile „seiner" Verjährung voll zu erhalten, so würde man den ausgleichsberechtigten Gesamtschuldner unter unangemessenen Zeitdruck setzen und ihm die Möglichkeit des Regresses vielleicht sogar ganz nehmen. Die Erstreckung der Verjährungsfrist ohne eine solche Anrechnung würde wiederum den eigenständigen Charakter des Ausgleichsanspruchs missachten und wäre eine recht freie Rechtsschöpfung.

Die Frist des § 195 BGB gilt für diesen Ausgleichsanspruch (zu ihrem Beginn vgl § 199 Rn 8). Sofern Regress auch aus anderen Rechtsgründen begehrt werden kann, ist die Verjährungsfrage dort eigenständig zu beurteilen. Soweit das Recht des befriedigten Gläubigers nach § 426 Abs 2 BGB auf den leistenden Gesamtschuldner übergeht, übernimmt er es mit der ihm eigenen Verjährungsfrist und in schon teilverjährter Form (vgl § 198 Rn 1).

Die Anwendung des § 195 BGB auf die Ausgleichspflicht unter mehreren Gesamtgläubigern nach § 430 BGB unterliegt keinen Bedenken.

III. Anwendungsbereich der Verjährungsfristen

1. *Maßgeblicher Zeitpunkt* für die Auswahl der einschlägigen Verjährungsfrist ist der der *Entstehung des Anspruchs* (PALANDT/ELLENBERGER Rn 14). *Nachträgliche Umstände* bleiben unbeachtlich, auch wenn sie als solche für die Verjährungsfrist durchaus von Bedeutung sind, zB Arglist (§§ 438 Abs 3, 634a Abs 3 BGB). Unerheblich bleiben namentlich Wechsel in der Person des Gläubigers (BGHZ 60, 235, 240; Mot I 340) oder in der Person des Schuldners (Mot I 340). Ausnahmsweise kann freilich ein solcher Personenwechsel zur Entstehung neuer Ansprüche führen, sodass nunmehr deren Verjährung neu beginnt. Das ist zB bei dem Anspruch aus § 985 BGB der Fall, wenn der Besitz wechselt. Hier beschränkt indessen § 198 BGB den neuen Anlauf der Verjährung auf den Fall des unfreiwilligen Besitzwechsels (vgl dort Rn 6). Nachträgliche Ereignisse sind freilich für den Lauf der Frist von Bedeutung, vgl die Erlangung der notwendigen Kenntnis bei § 199 BGB, die Rückgabe der Sache in den §§ 548 Abs 1 S 2, 606 S 2 BGB.

2. Die *grundsätzliche Unbeachtlichkeit nachträglicher Ereignisse* führt dazu, dass es bei der bisher einschlägigen Verjährungsfrist verbleibt, wenn es späterhin zu einem bestätigenden *(deklaratorischen) Schuldanerkenntnis* kommt (BGH NJW 1982, 1809; 1992, 2228; MünchKomm/GROTHE Rn 39; PALANDT/ELLENBERGER Rn 14). Dies wird freilich nach § 212 Abs 1 Nr 1 BGB von Bedeutung sein, verändert aber eben die Frist als solche nicht. In der Regel belässt es auch ein *außergerichtlicher Vergleich* trotz seiner modifizierenden Wirkung bei dem bisherigen Anspruch und schafft keinen neuen, der nunmehr eigenständig verjähren könnte (BGH NJW 1972, 157, 158; NJW-RR 1987, 1426, 1427; STAUDINGER/MARBURGER [2015] § 779 Rn 38; MünchKomm/GROTHE Rn 39; PALANDT/ELLENBERGER Rn 14). Gleiches gilt für die Zahlungszusage eines Schuldners für den Fall einer Besserung seiner Vermögensverhältnisse (RG JW 1906, 457). Dagegen überführt ein *gerichtlicher Vergleich* die Forderung in die Verjährungsfristen des § 197 Abs 1 Nr 4 BGB. Letzterem setzt es die Rechtsprechung gleich, wenn ein Anerkenntnis dem Grunde nach ein Feststellungsurteil ersetzen soll (vgl BGH NJW

1985, 791, 792; VersR 1992, 1091; DAR 1998, 447); dies wird heute schon durch § 202 Abs 2 BGB legitimiert.

23 **3.** Anders liegt es, wenn es zu einer *Novation* (Schuldumschaffung) kommt. Dann entsteht ein neuer Anspruch mit der ihm jetzt eigenen Verjährungsfrist. Dies ist in aller Regel die Frist des § 195 BGB, so namentlich im Falle des Vereinbarungsdarlehens, aber auch im Falle des selbstständigen Schuldanerkenntnisses (RGZ 75, 4, 6; BGH NJW 1982, 1809, 1810). Von Bedeutung ist dies insbesondere auch bei *Anerkennung eines Kontokorrentsaldos* (BGHZ 49, 24, 27). Nicht anders ist es, wenn ein echtes Kontokorrentverhältnis nicht vorliegt, die beiderseitigen Forderungen aber so in einer laufende Rechnung aufgenommen werden, dass sie in dem sich am Schluss der Rechnungsperiode ergebenden Saldo aufgehen (vgl im Verhältnis von Arbeitgeber und Arbeitnehmer RGZ 132, 320, 326; BAG DB 1967, 1638). Wird allerdings nach Kündigung des Kontokorrentverhältnisses der Saldo nicht anerkannt, verbleibt es bei den einzelnen Forderungen (und ihrer Verjährung; BGHZ 49, 24, 27; BGH WM 1970, 548; 1982, 291, 292). Nicht anders ist es, wenn es zur Feststellung des Saldos nicht kommt oder in das Kontokorrent einzustellende Forderungen nicht in dieses aufgenommen worden sind (BGHZ 51, 346, 349).

IV. Ersatz- und Nebenansprüche

1. Ersatzansprüche

24 Der Satz des bisherigen Rechts, dass Ersatzansprüche, die wirtschaftlich an die Stelle eines Primäranspruchs treten, zB bei nichtigem Vertrag aus Bereicherung oder Geschäftsführung ohne Auftrag, culpa in contrahendo, seiner Verjährungsfrist unterliegen, ist entwickelt worden, um Diskrepanzen der §§ 195, 196 BGB aF zu vermeiden. Er gilt als solcher nicht mehr fort (vgl krit NK-BGB/Mansel/Stürner § 196 Rn 29 f; einschränkend MünchKomm/Grothe Rn 41 für den Fall des § 196 in der – kaum vorstellbaren – Konstellation, dass der Ersatzanspruch denselben Inhalt hat wie der Primäranspruch). Das gilt einerseits bei § 196 BGB, andererseits bei § 197 Abs 1 Nr 2 BGB für solche Ansprüche, die die rei vindicatio wertmäßig fortsetzen (vgl NK-BGB/Mansel/Stürner § 197 Rn 33; Palandt/Ellenberger § 197 Rn 2 f; **aA** MünchKomm/Grothe Rn 41). Für alle Sekundäransprüche enthalten vielmehr die §§ 195, 199 BGB angemessene Regeln.

Wegen der idR identischen Frist des § 195 BGB hat die Frage im Rahmen dieser Bestimmung an praktischer Bedeutung verloren, gleichzeitig hat sie sich aber nach § 199 BGB verlagert, indem sich dort die Frage stellt, ob die Kenntnis oder Kenntnismöglichkeit des Primäranspruchs in Hinblick auf den Ersatzanspruch genügt, was regelmäßig der Fall sein wird.

2. Zinsansprüche

25 Auf *Zinsen* gerichtete Nebenansprüche verjähren nach § 195 BGB. Für alle Nebenansprüche gilt § 217 BGB, nach dem die Verjährung des Hauptanspruchs zugleich auch den Nebenanspruch verjähren lässt, obwohl seine eigene Verjährung uU noch nicht vollendet ist.

3. Auskunftsansprüche

Hilfsansprüche, wie sie namentlich auf *Auskunft* oder *Rechenschaft* gerichtet sein **26** können, sind in ihrer Verjährung im Ergebnis grundsätzlich an die Verjährung des Hauptanspruchs angelehnt (vgl BGH NJW 2018, 950 Rn 27; NJW 2017, 2755 Rn 8; ZIP 2009, 559 Rn 33, s Anh 1 ff zu § 217 zu Auskunftsansprüchen, s dort allerdings Rn 5 gegen die Einordnung von Auskunftsansprüchen als verhaltene Ansprüche durch BGHZ 192, 1 = NJW 2012, 917 Rn 11; NJW 2012, 58 Rn 29). Ausnahmsweise kann der Auskunftsanspruch losgelöst sein, wenn die Auskunft noch einem weiteren Zweck als der Verfolgung des Hauptanspruchs dient, vgl BGH NJW 1985, 384: Verjährter Anspruch des Pflichtteilsberechtigten gegen den Erben, aber weiterbestehendes Interesse an dessen Auskunft, weil noch ein Vorgehen gegen den Beschenkten möglich wäre. Der Fortfall des Interesses ist mit der Verjährung des Hauptanspruchs indessen zu vermuten, der Auskunftsberechtigte muss seinen Fortbestand darlegen und beweisen (BGH NJW 1985, 384).

4. Vor- und Rahmenvertrag

Bei einem *Vor- oder Rahmenvertrag* ist zu unterscheiden: Ergeben sich aus ihm **27** Pflichten, die denen aus dem endgültigen Vertrag entsprechen und die deshalb als solche schon jetzt eingeklagt werden können, gelten die Fristen für jene Ansprüche, wie sie sich zB aus § 196 BGB ergeben können (vgl BGH WM 1974, 216, 217; OLG Hamm MDR 1984, 27; PALANDT/ELLENBERGER Rn 3). Anders hingegen, wenn diese noch nicht konkretisierbar sind und eine Klage deshalb einstweilen nur auf Abschluss eines Vertrages gerichtet sein könnte, dann gilt § 195 (BGH NJW 1983, 1483, 1484; BAG AP § 611 Film Nr 3 [Bl 6]; **aA** ROLL BB 1978, 69).

V. Anwendbarkeit mehrerer Verjährungsfristen

1. Es kann sich ergeben, dass ein Anspruch die *Voraussetzungen mehrerer Ver-* **28** *jährungsvorschriften* erfüllt, zB gleichzeitig die der §§ 196 und 197 BGB. Das beruht darauf, dass die Einführung unterschiedlich bemessener Verjährungsfristen auf unterschiedlichen Gesichtspunkten beruht, in dem genannten Beispiel dem Entstehungsgrund der Forderung einerseits, ihrer Dignität andererseits. Dann müssen die unterschiedlichen rationes legis in Vergleich gesetzt werden, damit *das „stärkere" Gestaltungsprinzip* herausgefunden werden kann; es muss sich durchsetzen. Die Arbeitsmethode ähnelt der Auswahl der anwendbaren Rechtsordnung im internationalen Privatrecht. Die Bewertung des Gesetzes hier ist freilich schwierig. Im Prinzip lässt sich annehmen, dass die besondere Länge einer Frist darauf beruht, dass der tragende Gesichtspunkt vom Gesetzgeber als besonders wichtig empfunden wurde.

2. Im vertraglichen Bereich ist zu beachten, dass die Verjährungsregelungen nicht **29** etwa an den Vertrag als solchen anknüpfen, sondern an *die einzelnen aus ihm fließenden Ansprüche*. Folgerichtig kann ein und derselbe Vertrag Ansprüche mit unterschiedlicher Verjährung erzeugen. So verjähren zB bei einem Reparaturvertrag die Erfüllungsansprüche jeweils nach § 195 BGB, die Gewährleistungsrechte nach § 634a BGB. Dabei ist aber auch die Identität der Fristen bei den Erfüllungsansprüchen nur eine scheinbare, weil es nämlich zu unterschiedlichen Hemmungen und

Erneuerungen kommen kann. Sich an dieser Stelle ergebende Diskrepanzen werden dann durch § 215 BGB abgemildert, freilich nicht aufgehoben: Die eine Seite mag schon voll erfüllt haben, und jedenfalls ist nur der einen Seite noch ein aktives Vorgehen möglich. Gegenstand der Betrachtung ist also immer der einzelne Anspruch. Differenzierend können sich bei Beteiligung mehrerer auf einer Seite des Vertrages die §§ 425 Abs 2, 429 Abs 3 BGB auswirken.

VI. Anspruchskonkurrenz

1. Allgemeines

30 a) Ein Sachverhalt kann die *Voraussetzung mehrerer Anspruchsgrundlagen* erfüllen. Dabei sind unterschiedliche Konstellationen denkbar. Die mehreren Ansprüche können zunächst auf die *Abdeckung unterschiedlicher Interessen* gerichtet sein. Wenn zB der Mieter die Mietsache beschädigt, erwachsen dem Vermieter Schadensersatzansprüche sowie Ansprüche auf Herausgabe (nach Ausspruch der Kündigung): Anspruchshäufung, wobei es für diesen Fall charakteristisch ist, dass die Tilgung des einen Anspruchs den anderen bestehen lässt. Die Verknüpfung kann aber auch enger sein. Der Gläubiger kann im Falle der §§ 281, 283 BGB Schadensersatz oder Rückabwicklung verlangen, der mangelhaft bediente Besteller Nachbesserung, Schadensersatz oder zurücktreten bzw mindern. Hier bestehen – zT eingeschränkte – Wahlrechte, die Erfüllung des einen Anspruchs schließt den anderen aus, die jeweils verfolgten Interessen sind verschiedene, überschneiden sich aber doch uU. Bei Verschiedenheit der verfolgten Interessen kann es sich ergeben, dass sie zwar klar zu trennen sind, sich aber doch wechselseitig ausschließen. Den Fall ihres wechselseitigen Ausschlusses berücksichtigt in der Verjährungsfrage § 213 BGB. Der Gläubiger kann zB nicht gleichzeitig Erfüllung und Schadensersatz statt der Leistung verlangen. Auch seine Mängelrechte sind gestaffelt (erst Nacherfüllung, dann Rücktritt, Minderung oder Schadensersatz). § 213 BGB trägt dem Rechnung, dass ein Anspruch noch nicht verfolgt werden kann oder der Gläubiger von einem Anspruch zum anderen übergehen will oder sich ganz einfach bei der Wahl des gegenwärtig verfolgten Anspruchs vertut. Die mehreren Ansprüche des Gläubigers können aber auch gleichzeitig verfolgbar sein, was dann kein Fall des § 213 BGB ist. Der Dieb muss zB nach § 812 BGB seine Bereicherung herausgeben, nach § 823 BGB den Schaden des Bestohlenen ersetzen. Das ist zweierlei, doch wird die Rückgabe der Sache beides befriedigen. Schließlich können die verschiedenen Anspruchsgrundlagen ein *identisches Interesse des Gläubigers* abdecken, so zB gegenüber dem Dieb § 823 Abs 1, § 823 Abs 2, § 826 BGB. Standardbeispiel ist das Nebeneinander von vertraglicher positiver Forderungsverletzung und Delikt, wie es sich ua im Bereich der §§ 437 Nr 3, 634 Nr 4 BGB auswirken kann.

Die Probleme, die sich hier ergeben können, sind vielfältig. Bei Schadensersatzansprüchen fragt es sich, ob Haftungsmilderungen für den einen auf den anderen durchschlagen, bei allen, ob Einheitlichkeit in der Verjährung besteht, bei gleichgerichteten Ansprüchen, ob sie isoliert voneinander abgetreten werden können, bei diesen auch, ob dem Richter im Prozess Vorschriften gemacht werden können, welchen er anwenden kann.

b) Es ist anerkannt, dass in einigen Fällen sog **Gesetzeskonkurrenz** besteht, dass **31** also *der eine Anspruch den anderen* ausschließt. Das ist natürlich belanglos, wenn beide bestehen, erlangt aber erhebliche Bedeutung, wenn der vorrangige Anspruch in seinen Voraussetzungen nicht erfüllt ist, wohl aber der nachrangige es wäre. Beispiele hierfür sind die Beamtenhaftung nach § 839 BGB gegenüber der Haftung des Beamten aus § 823 BGB, mit überaus streitigen, hier nicht darzustellenden Einzelheiten, die Haftung aus den §§ 987 ff BGB gegenüber der aus den §§ 823 ff BGB, der Vorrang der vertraglichen Haftung gegenüber der aus den §§ 987 ff BGB, aus § 812 BGB. Dabei können die Fälle der Gesetzeskonkurrenz auf besonderer gesetzlicher Anordnung beruhen, vgl § 993 Abs 1 aE BGB, sich durch Auslegung der Gesetze ergeben, vgl § 992 BGB, oder daraus, dass sich die Ansprüche tatbestandlich ausschließen (Vertrag und ungerechtfertigte Bereicherung). Die Regel ist die Gesetzeskonkurrenz nicht. Sie bietet im Hinblick auf die Verjährung keine Probleme, weil eben nur noch ein Anspruch verbleibt.

c) Was außerhalb des Bereiches der Gesetzeskonkurrenz gilt, ist umstritten. **32**

aa) Die hM, namentlich die Rechtsprechung, folgt der insbesondere von Dietz (Anspruchskonkurrenz bei Vertragsverletzung und Delikt [1934]), begründeten Lehre von der **Anspruchskonkurrenz** (vgl RGZ 49, 92; 74, 434; 103, 263; 118, 141; BGHZ 9, 301; 17, 214; 24, 188; 46, 140; 66, 315; 100, 201; Enneccerus/Nipperdey § 228 III 1; Palandt/Ellenberger Rn 17). Danach bestehen die einzelnen Ansprüche auch bei identischem Ziel grundsätzlich selbstständig nebeneinander; Ausnahmen im Sinne einer wechselseitigen Beeinflussung werden anerkannt; dazu sogleich Rn 41 f.

bb) Demgegenüber hat insbesondere Georgiades (Die Anspruchskonkurrenz im Zivilrecht und im Zivilprozessrecht [1967]; zust Wolf/Neuner AT § 21 Rn 8; weitere Nachweise bei Arens AcP 170 [1970] 395 Fn 6) die Lehre vertreten, dass der eine Sachverhalt auch nur einen Anspruch erzeuge, der eben nur mehrfach begründet sein könne (Lehre von der **Anspruchsnormen-** oder **Begründungskonkurrenz**; vgl dazu Arens AcP 170 [1970] 395 Fn 6).

cc) Allgemeine Theorien der einen oder der anderen Art sind wenig hilfreich, **33** wenn denn der Teufel im Detail steckt. Es ist anerkannt, dass sich die einzelnen Ansprüche – oder Anspruchsgrundlagen – im Einzelnen wechselseitig beeinflussen können, aber doch im Wesentlichen selbstständig zu prüfen sind. So kann der Richter sicherlich das klägerische Begehren unter vertraglichen wie deliktischen Aspekten prüfen. Kommt er mit dem einen aus tatbestandlichen Gründen, wegen Beweislast, Verjährung oä nicht weiter, darf und muss er auf den anderen zurückgreifen; die Klagabweisung ist ihm nur nach Verneinung beider möglich. Sind die Ansprüche insoweit selbstständig, so erfasst die Rechtskraft des Urteils, die vom Streitgegenstand und nicht vom Anspruch abhängt, sicherlich alle. Umgekehrt darf § 548 BGB für die Verjährung deliktischer Ansprüche schwerlich unberücksichtigt bleiben (vgl u Rn 41). Vertragliche Haftungsmilderungen dürfen im Deliktsrecht sicher nicht völlig irrelevant sein. Die notwendige Abstimmung der einzelnen Ansprüche miteinander muss jedoch am Detailproblem orientiert sein, sodass ein Ansatz wie der von Schlechtriem (Vertragsordnung und außervertragliche Haftung [1972]) sinnvoll erscheint, der, von der grundsätzlichen Eigenständigkeit der einzelnen Ansprüche ausgehend, die notwendige Abstimmung dem konkreten Detailproblem vorbehält.

d) Speziell im *Bereich der Verjährung* verbieten sich pauschale Lösungen. Zu Recht kennt die hM Ausnahmen von dem Grundsatz, dass mehrere auf dasselbe Ziel gerichtete Ansprüche jeweils nach der ihnen eigenen Verjährungsfrist verjähren. Absurd ist die gegenteilige Auffassung von GEORGIADES 184 ff, es müsse hier stets eine einheitliche Verjährungsfrist geben und dies sei grundsätzlich – Ausnahme: § 548 BGB – die dem Gläubiger günstigere. Gewiss ließe sich an eine einheitliche Verjährung denken, aber diese könnte dann auch nicht die vertragliche sein (so aber LARENZ, AT [1. Aufl 1967] § 20 IV), sondern müsste einer wertenden Betrachtung unterliegen, die dann aber die Rechtssicherheit torpedieren würde.

2. Fälle der Anspruchskonkurrenz

34 a) Allgemein gilt, dass es zur Anspruchskonkurrenz überhaupt nur kommen kann, wenn mehrere auf dasselbe Ziel gerichtete Ansprüche als nebeneinander bestehend anerkannt werden, also **keine Gesetzeskonkurrenz** vorliegt (dazu o Rn 31). Am Nebeneinander fehlt es namentlich dort, wo ein Anspruch nur *subsidiär* gewährt wird. Dies wird im vertraglichen Bereich insbesondere angenommen für den Anspruch aus culpa in contrahendo gegenüber den Ansprüchen aus Gewährleistung, im deliktischen Bereich, soweit Ansprüche aus § 823 Abs 1 BGB wegen der Verletzung des Rechtes am eingerichteten und ausgeübten Gewerbebetrieb hergeleitet werden können (BGHZ 43, 359; 45, 296, 307). Das wirkt sich im Wettbewerbsrecht aus: Die kurze Verjährungsfrist des § 11 UWG kann nicht durch einen derartigen deliktischen Anspruch umgangen werden (BGHZ 36, 252, 257; BGH NJW 1964, 493, 494; WRP 1981, 514, 516); mag es nun um Schadensersatz gehen (BGH NJW 1964, 493, 494) oder um Widerruf (BGH LM UWG § 21 Nr 3 = NJW 1973, 2285, 2286). Freilich gilt anderes, wenn die anderweitige tatbestandliche Erfassung des Wettbewerbsverstoßes einen eigenen Unrechtsgehalt betrifft: §§ 195, 199 BGB bei der Namensverletzung, § 12 BGB (BGH GRUR 1984, 820, 824), dem Verstoß gegen § 824 BGB (BGHZ 36, 252, 258), gegen § 826 BGB (BGH GRUR 1964, 218, 220).

35 b) *Innerhalb des vertraglichen Bereichs* sind Fälle der Anspruchskonkurrenz kaum denkbar, weil in Hinblick auf ein Ziel grundsätzlich immer nur ein Anspruch gewährt wird. Das führt freilich dort zu Merkwürdigkeiten, wo der Gläubiger die Wahl hat, mit welchem Anspruch er sein Ziel erreichen will. Wird etwa dem Besteller ein mangelhaftes Werk angedient, so kann er die Abnahme verweigern und behält den Erfüllungsanspruch mit der diesem eigenen Verjährung, oder er nimmt gleichwohl ab und sieht sich damit jetzt den Fristen des § 634a BGB ausgesetzt. Die Problematik echter Anspruchskonkurrenz kann sich ergeben, wenn man zB neben Ansprüchen aus Gewährleistung auch auf Sachmängel gestützte Ansprüche aus culpa in contrahendo zulässt, wie dies zuweilen vertreten wird. Dann ist aber anzunehmen, dass sich die Fristen des Gewährleistungsrechtes auch auf diese Ansprüche erstrecken, vgl BGHZ 87, 302, 308 (zum Falle der Eigenhaftung des Verkaufsvermittlers aus culpa in contrahendo).

36 c) Innerhalb des *Deliktsrechts* können sich zwar vielfältige parallele Ansprüche ergeben, störende Diskrepanzen werden aber dadurch vermieden, dass idR unterschiedslos § 195 BGB gilt. So können sich unterschiedliche Verjährungsfristen nur ausnahmsweise ergeben, etwa wenn Ansprüche aus dem UWG (§ 11 UWG) neben deliktischen stehen. Zum Fall, dass letztere allein aus dem Recht am eingerichteten und ausgeübten Gewerbebetrieb hergeleitet werden können, schon o Rn 34. Sonst können die unterschiedlichen Fristen durchaus hingenommen werden (RGZ 119, 114, 117; BGHZ 36, 252, 254 f; BGH WRP 1958, 302; NJW 1985, 1023, 1024), beruhen doch sowohl die Ansprüche wie auch die ihnen zugeordneten Verjährungsfristen auf jeweils eigenständigen Erwägungen, die sich wechselseitig nicht ausschließen.

d) Problematisch ist der weite Bereich des *Nebeneinanders der vertraglichen und der deliktischen Haftung.* **37**

Der Grundsatz der bisherigen Rechtsprechung, der nur von wenigen Ausnahmen durchbrochen wird, die *Ansprüche jeweils eigenständig verjähren zu lassen,* ist in der Tendenz zu billigen.

aa) Es besteht kein Anlass, für deliktische Ansprüche die Fristen der §§ 195, 199 BGB dort aufzugeben, wo konkurrierende vertragliche Ansprüche längerfristig verjähren, wie sich dies aus entsprechender Vereinbarung ergeben kann. Die Regelung der §§ 195, 199 BGB ist sachgerecht und ausgewogen; sie belässt dem Gläubiger hinreichende Gelegenheit, sein Recht zu realisieren. Wenn die Parteien vereinbarte lange Fristen auch für deliktische Ansprüche gelten lassen wollen, müssen sie dies schon klar zum Ausdruck bringen, kann es aber immer noch gegen § 307 BGB verstoßen (5 Jahre ab positiver Kenntnis).

bb) Umgekehrt ist äußerste Zurückhaltung dort geboten, wo es darum geht, *ob die deliktische Verjährung an eine kürzere vertragliche angepasst werden soll.* Das Deliktsrecht schützt elementare Rechtsgüter. Es kann nicht davon ausgegangen werden, dass sich der Gläubiger dessen durch den Erwerb zusätzlicher vertraglicher Ansprüche begeben will. Das wäre ihm grundsätzlich auch schwerlich zuzumuten. Der Schuldner darf seinerseits nicht darauf spekulieren, durch das Vertragsrecht dem Deliktsrecht zu entgehen. Außerdem könnte ihm ein solcher Schutz nachhaltig auch praktisch kaum gewährt werden. Wo nämlich – wie oft – auch Dritte deliktisch belangt werden können, könnten diese ohne Bindung an die Vertragsfrist gesamtschuldnerischen Regress bei ihm nehmen. Konsequenterweise müssten auch die deliktischen Ansprüche des Gläubigers gegen Dritte beschnitten werden. Aber das stößt einerseits auf zwangsläufige Grenzen und bedürfte andererseits der ganz besonderen Rechtfertigung gegenüber dem Gläubiger. **38**

cc) Danach kann es hingenommen werden, dass die §§ 548, 581 Abs 2, 606, 1057 BGB auch auf deliktische Ansprüche erstreckt werden (vgl nur MünchKomm/GROTHE Rn 51 ff), was im Übrigen nicht nur eine Beschränkung des Gläubigers bedeutet, sondern ihm wegen des hinausgeschobenen Verjährungsbeginns auch nützen kann. Wegen der Einzelheiten ist auf die Erl zu § 548 BGB Bezug zu nehmen (Kreis der auf Aktiv- und Passivseite betroffenen Personen, der erfassten Schäden, der erfassten Ansprüche). § 548 BGB und seine Erstreckung auf deliktische Ansprüche gelten auch bei der probeweisen Überlassung von Sachen (BGHZ 119, 35, 39 f). **39**

Dem entspricht es, dass Art 32 CMR auf Ansprüche aller Art angewendet wird, die mit der Güterbeförderung zusammenhängen (BGH LM CMR Nr 2 = NJW 1972, 1003; NJW 1975, 1075; 1979, 2473, 2474; VersR 1982, 649, 650). Auch das Transportrecht kennt in § 439 HGB eine einheitliche Verjährungsregelung für vertragliche und außervertragliche

Ansprüche (BAUMBACH/HOPT/MERKT § 439 HGB Rn 1; MünchKomm/GROTHE Rn 43) Diese Bestimmung ist freilich nur anwendbar, wenn der Vertrag wirksam und nicht insbesondere wegen einer Schmiergeldabrede nichtig ist (BGH ZIP 2014, 1280 Rn 29 ff). Auf § 439 HGB nehmen die §§ 463, 475a HGB für Spedition bzw Lagergeschäft Bezug.

Vorrangig gegenüber den §§ 195, 199 BGB sind auch die Fristen der §§ 61 Abs 2, 113 Abs 3 HGB, soweit nicht zugleich der Tatbestand des § 826 BGB erfüllt ist (BAUMBACH/HOPT/ROTH § 61 HGB Rn 4; aA BAGE 94, 199, 200 = NJW 2001, 172).

§ 902 Nr 2 HGB aF (= § 606 Nr 2 HGB) soll nach BGH VersR 1980, 968, 969 (aA LORENZ IPRax 1981, 85, 86) auch für Ansprüche gegen den Reeder aus § 831 BGB gelten.

40 **dd)** Begeht der *Geschäftsführer der GmbH* eine unerlaubte Handlung gegen die Gesellschaft, so begründet diese Handlung eine entsprechende eigenständige deliktische Haftung auch dann, wenn diese Haftung nur auf der Verletzung seiner vertraglichen Pflichten beruht, ein Dritter das Delikt also nicht begehen könnte. Da dazu die besonderen subjektiven Voraussetzungen des § 266 StGB (§ 823 Abs 2 BGB) oder des § 826 BGB gegeben sein müssen, scheint es nicht gerechtfertigt, dies schon durch die Haftung nach § 43 GmbHG als „abgegolten" anzusehen und dann auch die Verjährung allein nach § 43 Abs 4 GmbHG zu bemessen. Es muss hier vielmehr ein eigenständig verjährender deliktischer Anspruch angenommen werden (vgl BGHZ 100, 190, 200 gegenüber RGZ 87, 306, 309), vgl auch die §§ 34, 41 GenG, 93, 116 AktG.

ee) Die berufsspezifischen Verjährungsvorschriften der §§ 51b BRAO, 68 StBerG, 45b PatAnwO sind zum 15. 12. 2004 aufgehoben worden, die der §§ 51a WPO, 323 Abs 5 HGB zum 1. 1. 2004. Soweit die betreffenden Personen dienstvertraglich tätig wurden, waren diese Bestimmungen vorrangig gegenüber den §§ 195, 199 BGB; das ist jetzt entfallen. Bei werkvertraglichen Leistungen waren bzw sind die §§ 638 BGB aF, 634a BGB nF vorrangig.

41 **ff)** *Mängel des Kaufgegenstandes* oder *des Werkes* können uU auch *deliktische Ansprüche* auslösen. Die sich dann ergebende Frage, ob Gewährleistungsfristen verkürzend die der §§ 823 ff BGB verdrängen, wurde von der bisherigen Rechtsprechung verneint, vgl BGHZ 55, 392, 395 (Werkvertrag); 66, 315, 319 (Kaufvertrag); 67, 359, 362 f (Produzentenhaftung), umfassend bestätigt in BGHZ 116, 297, 300. Daran ist festzuhalten (MünchKomm/GROTHE Rn 54 ff).

Das Vertragsrecht darf den deliktischen Rechtsschutz nicht verkürzen; es geht im Bereich der §§ 823 ff BGB um elementare Rechte des Geschädigten.

Bei Mangelfolgeschäden wurde § 638 BGB aF auf etwaige deliktische Ansprüche nicht angewendet, sondern § 195 BGB aF. Hier würde also die Anwendung des § 634a BGB eine massive Fristverkürzung ergeben, soweit es das Werkvertragsrecht betrifft. Im Kaufrecht würde demgegenüber § 438 BGB eine Verlängerung gegenüber dem früher angewendeten § 477 BGB aF ergeben. Eine einheitliche Behandlung der Fragen ist geboten. Hier wie dort wäre es nicht zu rechtfertigen, wenn die

Verjährung deliktischer Ansprüche eingetreten sein könnte, bevor es überhaupt zu dem Schaden gekommen ist.

Nichts anderes kann aber letztlich auch bei Mangelschäden gelten, wenn man sie unter § 823 BGB subsumiert. Dass diese deliktische Zuordnung zuweilen fragwürdig erscheint, müsste durch eine entsprechende Auslegung dieser Bestimmung korrigiert werden, nicht im Bereich der Verjährung (aA NK-BGB/MANSEL/STÜRNER Rn 71 ff).

gg) Der Grundsatz, dass nebeneinander bestehende Ansprüche jeweils eigenständig verjähren, gilt praktisch ausnahmslos dort, wo *vertragliche Ansprüche* mit *anderen gesetzlichen Ansprüchen* zusammentreffen.

Vertragliche Herausgabeansprüche unterliegen den §§ 195, 199 BGB; der Herausgabeanspruch aus § 985 BGB dagegen § 197 Abs 1 Nr 2 BGB. Auch § 548 BGB verdrängt ihn nicht, nicht einmal, soweit es um die Herausgabe von Zubehör geht (BGHZ 65, 86).

hh) Die eben dargestellten Grundsätze gelten nicht nur für die eigentlichen Verjährungsfristen, sondern auch soweit das Gesetz bei konkurrierenden Ansprüchen nur einseitig *Sonderregelungen für Beginn, Hemmung und Neubeginn der Verjährung* kennt, vgl zB § 199 BGB gegenüber den §§ 438 Abs 2, 634a Abs 2 BGB. **42**

VII. Überblick über anderweitige Verjährungsfristen

1. Bei dem folgenden Überblick ist zunächst zu beachten, dass Vollständigkeit weder angestrebt noch auch möglich ist. Sodann ist darauf hinzuweisen, dass eine *isolierte Betrachtung der statuierten Fristen* nicht sinnvoll ist, wenn sie denn geprägt werden einerseits unmittelbar durch Sonderregelungen über ihren Beginn, andererseits mittelbar durch Sonderregelungen über Neubeginn und Hemmung. Schließlich werden die einzelnen Regelungen durchaus unterschiedlich in ihrer Tragweite verstanden: einige (wenige) vermögen es, die Verjährungsregelungen konkurrierender Ansprüche zu verdrängen, vgl die §§ 548, 581 Abs 2, 606 BGB, 439 HGB, Art 22 CMR (BGH NJW 1976, 1594), §§ 117, 118 BinnSchG (BGHZ 69, 62). **43**

2. *Drei Monate* gelten bei Wettbewerbsverstößen des Handlungsgehilfen, § 61 Abs 2 HGB, des Gesellschafters, § 113 Abs 3 HGB. **44**

3. *Sechs Monate* gelten bei Ersatzansprüchen des Vermieters gegen den Mieter, § 548 Abs 1 BGB, und umgekehrt für Ersatzansprüche und Wegnahmerechte des Mieters nach § 548 Abs 2 BGB, die wieder aufgegriffen wird beim Pachtvertrag, § 581 Abs 1 BGB, beim Landpachtvertrag, § 591b BGB, bei der Leihe, § 606 BGB, beim Nießbrauch, § 1057 BGB, beim Pfand, § 1226 BGB, beim Heimfall- und Vertragsstrafeanspruch des Grundstückseigentümers gegen den Erbbauberechtigten, § 4 ErbbauRG, bei Ansprüchen des Indossanten eines Wechsel gegen andere Indossanten und den Aussteller, Art 70 Abs 3 WG, bei scheckrechtlichen Rückgriffsansprüchen, Art 52 ScheckG, bei wettbewerbsrechtlichen Ansprüchen auf Unterlassung oder Schadensersatz, § 11 Abs 1 UWG. **45**

4. *Ein Jahr* gilt für bestimmte Mängel beim VOB-Werkvertrag, § 13 Abs 4 S 2 **46**

VOB/B, für Ansprüche aus einem Beförderungsvertrag, § 439 HGB, in Bezug genommen in den §§ 452b Abs 2 S 2 HGB (multimodaler Transport), 463 HGB (Speditionsgeschäft), 475a HGB (Lagergeschäft), bei bestimmten seehandelsrechtlichen Ansprüchen, § 605 HGB, und binnenschifffahrtsrechtlichen Ansprüchen, § 117 BinnSchG, für Ausgleichsansprüche unter mehreren Schiffseignern, § 118 Abs 2 S 1 BinnSchG, die Ansprüche des Wechselinhabers gegen die Indossanten und den Aussteller, Art 70 Abs 2 WG, Scheckbereicherungsansprüche, Art 58 Abs 2 ScheckG. – Vgl auch die Festsetzungsfrist für Zölle und Verbrauchssteuern § 169 Abs 2 S 1 Nr 1 AO (mit Ausnahmen).

47 5. *Zwei Jahre* gelten bei Gewährleistungsansprüchen nach den §§ 438 Abs 1 Nr 3, 634a Abs 1 Nr 1 BGB, § 13 Abs 4 Nr 2 S 3 f, Nr 2 VOB/B, für den Regress beim Verbrauchsgüterkauf, § 445b BGB, bei Reisemängeln, § 651j BGB, bei Ansprüchen aus Inhaberschuldverschreibungen, § 801 Abs 1 S 2 BGB, der aber auf die Verjährung von Laufzeitinsen einer globalverbrieften Inhaberschuldverschreibung ohne separate Zinsscheine nicht anwendbar ist (BGH NJW 2016, 2806 Rn 9), bei Ansprüchen nach dem Rücktritt vom Verlöbnis, § 1302 BGB, bei bestimmten Ansprüchen aus dem Seehandelsrecht, § 606 HGB, bei Ansprüchen aus dem Zusammenstoß von Binnenschiffen, § 118 Abs 1 BinnSchG, bei Ansprüchen des ausgeschiedenen Genossen wegen des Geschäftsguthabens und des Anteils an der Ergebnisrücklage, § 74 GenG.

48 6. *Drei Jahre* gelten für Ansprüche gegen den Entschädigungsfonds bei Kraftfahrzeugunfällen, § 12 Abs 3 S 1 PflVG, Schadensersatzansprüche des Dienstherrn gegen den Beamten, § 78 Abs 2 S 1 BBG, den Anspruch des Vertragserben gegen Dritte aus Schenkungen, § 2287 Abs 2 BGB, wechselmäßige Ansprüche gegen den Akzeptanten, Art 70 Abs 1 WG, Wechselbereicherungsansprüche, Art 89 Abs 1 S 2 WG, öffentlichrechtliche Ansprüche auf Zahlung von Verwaltungskosten, § 20 Abs 1 S 1 VwKostG, auf Erstattung von Verwaltungskosten, § 21 Abs 2 VwKostG. Gleiches galt für Ersatzansprüche aus dem WertpapierhandelsG nach § 37a WpHG, der aber durch das G zur Neuregelung der Rechtsverhältnisse bei Schuldverschreibungen aus Gesamtemissionen und zur verbesserten Durchsetzbarkeit von *Ansprüchen von Anlegern aus Falschberatung* v 31. 7. 2009 (BGBl I 2512) zugunsten der regelmäßigen Verjährung aufgehoben wurde, um den Anleger vor der Verjährung nicht erkannter Ansprüche zu schützen.

49 7. *Vier Jahre* gelten idR für die Gewährleistung nach der VOB/B, § 13 Abs 4 Nr 1 VOB/B, für die Rückzahlung rechtsgrundloser Leistungen an den Wohnungsvermittler, § 5 Abs 1 S 2 WoVermittG, bei Ansprüchen gegen den Aussteller einer Inhaberschuldverschreibung nach Abhandenkommen des Zins-, Renten- oder Gewinnanteilsscheins, § 804 Abs 1 S 3 BGB, Ansprüche auf Sozialleistungen, § 45 Abs 1 SGB I, auf deren Erstattung, § 50 Abs 4 S 1 SGB X, Ansprüche auf Zahlung von Kosten im gerichtlichen Bereich, vgl § 5 Abs 1, Abs 2 S 1 GKG, § 6 Abs 1, 2 GNotKG, § 8 Abs 1, Abs 2 S 1 GvKostG. – Vgl auch die vierjährige Festsetzungsfrist für bestimmte Steuern und Steuervergütungen nach § 169 Abs 2 S 1 Nr 2 AO.

50 8. *Fünf Jahre* gelten für die Sachmängelhaftung beim Kauf- und Werkvertrag in Bezug auf Bauwerke, §§ 438 Abs 1 Nr 2, 634a Abs 1 Nr 2 BGB (anders bei Vereinbarung der VOB/B), für die Nachhaftung des früheren Inhabers eines veräußerten

Handelsgeschäftes, § 26 Abs 1 HGB, und des ausgeschiedenen Gesellschafters einer Handelsgesellschaft, § 159 Abs 1 HGB, in Bezug genommen in § 736 Abs 2 BGB, das freilich nur, soweit der Anspruch nicht von vornherein einer kürzeren Verjährung unterlag, Ansprüche im Bereich der GmbH, zB die Haftung des Geschäftsführers, § 43 Abs 4 GmbHG, was seine längerfristige Haftung als Gesellschafter nicht tangiert (BGH NJW 1999, 781), der AG, der Genossenschaft, vgl jeweils dort. – Vgl auch die Festsetzungsfrist für leichtfertig verkürzte Steuern, § 169 Abs 2 S 2 AO, die Zahlungsansprüche aus dem Steuerschuldverhältnis, § 228 S 2 AO.

9. *Zehn Jahre* gelten im Recht der AG und der GmbH für den Anspruch auf die Einlage, §§ 54 Abs 4 AktG, 19 Abs 6 GmbHG, die Nachschusspflicht bei überbewerteter Sacheinlage, § 9 Abs 2 GmbHG, und die Haftung beim Empfang verbotener Leistungen von Seiten der Gesellschaft, §§ 62 Abs 3 AktG, 31 Abs 5 GmbHG. **51**

10. *Dreißig Jahre* gelten in den Fällen des § 197 Abs 1 BGB, vgl aber die Einschränkungen des § 197 Abs 2 BGB, in einigen Fällen der Rechtsmängelhaftung, § 438 Abs 1 Nr 1 BGB, bei der betrieblichen Altersversorgung, § 18a BetrAVG; soweit es nicht um regelmäßig wiederkehrende Leistungen geht (Regelverjährung). **52**

11. An *nicht verjährenden Ansprüchen* sind zu nennen Ansprüche aus einem familienrechtlichen Verhältnis, soweit sie auf die Herstellung eines diesem entsprechenden Zustandes für die Zukunft gerichtet sind, § 194 Abs 2 BGB, der Anspruch auf Aufhebung der Gemeinschaft, § 758 BGB, nach § 898 BGB der Anspruch auf Grundbuchberichtigung, § 894 BGB, und die in den §§ 895, 896 BGB genannten Hilfsansprüche, Ansprüche aus eingetragenen Grundstücksrechten, § 902 Abs 1 S 1 BGB, soweit sie auf dessen Durchsetzung gerichtet, wie namentlich der Anspruch aus § 1004 BGB (vgl die nähere Darstellung bei STAUDINGER/GURSKY [2013] § 902 Rn 9) mit den Einschränkungen des § 902 Abs 1 S 2 BGB, vgl hierzu auch die rechtswahrende Wirkung des Widerspruchs nach § 902 Abs 2 BGB, nach § 924 BGB mehrere nachbarrechtliche Ansprüche (§§ 907–909, 915, 917 Abs 1, 918 Abs 2, 919, 920, 923 Abs 2 BGB), die Ansprüche auf Berichtigung des Schiffsregisters, § 18 Abs 1 SchiffsRG, des Registers für Pfandrechte an Luftfahrzeugen, § 18 Abs 2 LuftfzRG, die Rechte aus dort jeweils eingetragenen Rechten, §§ 23 Abs 1 SchiffsRG, 23 Abs 1 LuftfzRG. **53**

12. Besondere Grundsätze galten für die *Prospekthaftung* (vgl zur Entwicklung SCHIMANSKY/BUNTE/LWOWSKI/SIOL, Bankrechts-Handbuch [5. Aufl 2017] § 45 Rn 27 ff). Die *Prospekthaftung im engeren Sinne* (eigentliche Prospekthaftung) schützt typisiertes Vertrauen, insbesondere solches in die Richtigkeit und Vollständigkeit der von dem Prospektverantwortlichen gemachten Angaben. Diese Haftung wird durch Spezialgesetze geregelt. Die *Prospekthaftung im weiteren Sinne* (uneigentliche Prospekthaftung) fußt auf dem besonderen persönlichen Vertrauen, das Anleger, Verhandlungspartnern und Vertretern, namentlich Anlageberatern oder Anlagevermittlern, entgegenbringen. Solche Ansprüche beruhen auf culpa in contrahendo (§§ 280 Abs 1, 241 Abs 2, 313 Abs 2 u 3 BGB). **54**

a) Ansprüche aus *Prospekthaftung im engeren Sinne* verjährten nach der Rechtsprechung des BGH in Anwendung von und Analogie zu Bestimmungen des Kapitalanlagerechts, namentlich § 20 Abs 5 KAGG und § 12 AuslInvestmG nach **55**

altem Recht binnen sechs Monaten ab dem Zeitpunkt, in dem der Anleger von der Unrichtigkeit bzw Unvollständigkeit des Prospekts Kenntnis erlangt, spätestens jedoch in drei Jahren ab Vertragsschluss (BGH ZIP 2008, 412 Rn 29). Zu den inzwischen aufgehobenen Regelungen s STAUDINGER/PETERS/JACOBY (2014) Rn 55. Heute fehlt es an speziellen Verjährungsregelungen, so dass §§ 195, 199 BGB greifen. Das gilt insbesondere für die Haftung aus §§ 21, 22 WpPG, §§ 20, 21, 22 VermAnlG, § 306 KAGB. Eine weitergehende Haftung aus unerlaubter Handlung §§ 823 Abs 2, 826 BGB bleibt unberührt. Schutzgesetze sind insbesondere §§ 263, 264a StGB sowie nach überwiegender Auffassung § 26 BörsG (BAUMBACH/HOPT/KUMPAN § 26 BörsG Rn 3). Angesichts der ab dem 21. 7. 2019 geltenden EU-Prospektverordnung stehen weitere Änderungen an, die ebenfalls das Verjährungsrecht aber nicht speziell betreffen.

56 **b)** Für die *Prospekthaftung im weiteren Sinne* bestehen ebenfalls keine Sonderregelungen, sodass der cic-Anspruch der regelmäßigen Verjährung nach §§ 195, 199 BGB unterliegt (BGHZ 83, 222 = NJW 1982, 1514; BGH ZIP 2015, 2414 Rn 31). Grundsätzlich schließt die spezialgesetzlich normierte Prospekthaftung die allgemeine zivilrechtliche Haftung aus culpa in contrahendo aus (BGH WM 2019, 20 Rn 55). Die Grundsätze der Prospekthaftung im weiteren Sinne können jedoch neben die Prospekthaftung im engeren Sinne treten, falls bei den Vertragsverhandlungen ein Vertreter, Sachwalter oder Garant über den Inhalt der Prospekte hinaus besonderes persönliches Vertrauen in Anspruch genommen hat (BGHZ 177, 25 = ZIP 2008, 1526 Rn 11 ff). Auffangfunktion kommt ihnen zu, wenn neben den gesetzlich vorgeschriebenen Prospekten anderweitige Schriftstücke verwandt werden (ASSMANN/SCHÜTZE/ ASSMANN, Handbuch des Kapitalanlagerechts [4. Aufl 2015] § 5 Rn 38; BAUMBACH/HOPT/KUMPAN § 21 WpPG Rn 1).

57 **13.** Soweit das G zur Modernisierung des Schuldrechts Fristen geändert hat, gilt für die *Überleitung* Art 229 § 6 EGBGB: Stichtag ist der 1. 1. 2002. Ist die für den älteren Anspruch herkömmlich maßgebliche Frist länger als die neu vorgesehene, läuft sie aus, gleichzeitig läuft aber die neue Frist ab 1. 1. 2002. Verjährung tritt dann ein, wenn die erste dieser beiden parallelen Fristen abläuft, Art 229 § 6 Abs 4. Ist dagegen die herkömmlich vorgesehene Frist kürzer als die sie jetzt substituierende, bleibt die erstere kürzere maßgeblich, Art 229 § 6 Abs 3. Wegen der Einzelheiten vgl die Erl dort.

Auf Art 229 § 6 EGBGB verweist Art 229 § 12 EGBGB als Überleitungsvorschrift für das G zur Anpassung von Verjährungsvorschriften an das G zur Modernisierung des Schuldrechts v 9. 12. 2004 (BGBl I 3214); Stichtag ist hier der 15. 12. 2004.

Entsprechendes gilt nach Art 229 § 21 EGBGB, soweit das G zur Änderung des Erb- und Verjährungsrechts v 24. 9. 2009 (BGBl I 3142) Fristen geändert hat.

§ 196
Verjährungsfrist bei Rechten an einem Grundstück

Ansprüche auf Übertragung des Eigentums an einem Grundstück sowie auf Begründung, Übertragung oder Aufhebung eines Rechts an einem Grundstück oder

auf Änderung des Inhalts eines solchen Rechts sowie die Ansprüche auf die Gegenleistung verjähren in zehn Jahren.

Materialien: Art 1 G zur Modernisierung des Schuldrechts v 26. 11. 2001 (BGBl I 3138). BGB aF: – (§ 195 aF) Peters/Zimmermann: –; Schuldrechtskommission § 195 Abs 5, Abschlussbericht 53; RegE § 196, BT-Drucks 14/6040, 105; BT-Drucks 14/7052, 5, 179.

Schrifttum

Amann, Das Verjährungsrecht nach der Schuldrechtsreform aus notarieller Sicht, DNotZ 2002, 94
Brambring, Schuldrechtsreform und Grundstückskaufvertrag, DNotZ 2001, 904
Budzikiewicz, Keine Unverjährbarkeit des Anspruchs auf Rückgewähr der „stehengelassenen" Grundschuld, ZGS 2002, 276
dies, „Stehengelassene" Sicherungsgrundschulden: Beginn der Verjährung des Rückgewähranspruchs, ZGS 2002, 358
Otte, Verjährt der Anspruch auf Rückgewähr einer „stehengelassenen" Grundschuld schon in 10 Jahren?, ZGS 2002, 57
ders, Die Verjährung des Anspruchs auf Rückübertragung einer „stehengelassenen" Sicherungsgrundschuld, DNotZ 2011, 897
Prote, Der dingliche Anspruch auf Rückgewähr eines Grundpfandrechts – Zur Abtretbarkeit und Verjährbarkeit des Anspruchs aus § 1169 BGB (2007)
Schäfer, Unverjährbarkeit des Anspruchs auf Rückgewähr der stehengelassenen Grundschuld nach Erledigung des Sicherungszwecks?, WM 2009, 1308
Wolfsteiner, Zur Verjährung des Rückgewähranspruchs und zum Rechtscharakter des § 1169 BGB, DNotZ 2003, 321.

Systematische Übersicht

I. Zweck der Regelung	**IV. Ansprüche aus Eigentum und beschränkten dinglichen Rechten** 10
1. Technische Abwicklungsprobleme bei Grundstücksgeschäften 1	**V. Zahlungsansprüche**
2. „Stehengelassene" Grundschulden 2	1. Gegenleistung 11
3. Nachteilige Folgen 4	2. Zinsen, Kosten 12
II. Ansprüche auf Übertragung von Grundeigentum	**VI. Sekundäransprüche** 13
1. Grundeigentum 5	**VII. Verjährungsbeginn** 14
2. Anspruch auf Übertragung 6	
3. Anspruch auf Besitzüberlassung 7	
III. Beschränkte dingliche Rechte	
1. Einschlägige Rechte 8	
2. Anspruchsgrundlagen 9	

I. Zweck der Regelung

Die Bestimmung ist durch das G zur Modernisierung des Schuldrechts ohne Vorbilder im BGB aF neu geschaffen worden. Ausweislich der Begründung (RegE 1

BT-Drucks 14/6040, 105) soll die erhebliche Fristverlängerung gegenüber der Regelfrist des § 195 BGB zwei Situationen Rechnung tragen:

1. Technische Abwicklungsprobleme bei Grundstücksgeschäften

Zunächst gebe es von den Parteien nicht beherrschbare äußere Probleme bei der Abwicklung von Grundstücksgeschäften: Vermessung eines Grundstücks und Erfassung im Kataster, die Notwendigkeit von Unbedenklichkeitsbescheinigungen durch das Finanzamt, eine mögliche Überlastung der Grundbuchämter.

Diese Sorgen sind indessen nicht begründet. Unzutreffend weist SOERGEL/NIEDENFÜHR (Rn 2) darauf hin, dass man nicht den Gläubiger dazu zwingen solle, voreilig gegen einen Schuldner vorzugehen, der selbst leistungsbereit sei. Eine Argumentation dieser Art, die schon in der Gesetzesbegründung verwendet wird (BT-Drucks 14/6040, 105), übersieht § 212 Abs 1 Nr 1 BGB: Solange sich der Schuldner zu seiner Schuld bekennt, erkennt er an und die Verjährung wird erneuert. Die genannten Gefahren ergeben sich erst in dem Moment, in dem der Schuldner aufhört, sich zu seiner Verpflichtung zu bekennen. Von diesem Moment an aber bestünde aller Anlass, innerhalb von drei Jahren eine gerichtliche Klärung herbeizuführen.

2. „Stehengelassene" Grundschulden

2 Mit gewichtigerem Anlass weist die Gesetzesbegründung auf jene „stehengelassenen" Grundschulden hin, die nicht mehr valutiert sind, aber deshalb nicht rückübertragen werden, weil man daran nicht denkt oder vor allem weil man mit einer weiteren Kreditgewährung rechnet, die mit dieser schon vorhandenen Grundschuld kostengünstig abgesichert werden kann. Der Löschungsanspruch folgt dann nicht nur schuldrechtlich aus dem Sicherungsvertrag, sondern auch dinglich aus §§ 1169, 1192 BGB. Jedes rechtspolitische Bedürfnis für eine lange Verjährungsfrist entfällt freilich, wenn man denjenigen folgt, die den dinglichen Anspruch aufgrund von § 902 BGB für unverjährbar halten (STAUDINGER/GURSKY [2013] § 902 Rn 10, OTTE DNotZ 2011, 897, 903 ff; SCHÄFER WM 2009, 1308 ff; STAUDINGER/WOLFSTEINER [2015] § 1169 Rn 23; aA BUDZIKIEWICZ ZGS 2002, 276, 278; MünchKomm/GROTHE Rn 5). Aber auch wenn man den Löschungsanspruch mit der Gesetzesbegründung für verjährbar hält, ist der Regelungsbedarf letztlich gering und die jetzige Regelung wird ihm, soweit er besteht, auch wieder nicht gerecht:

Zunächst wird bei laufender Kreditgewährung der besicherte Kredit selten auf „0" gehen, sodass der Löschungsanspruch entsteht. Das ist bei Unternehmenskrediten eigentlich nur denkbar, wenn das Unternehmen schuldenfrei liquidiert worden ist. Häufiger dürften Privatpersonen sein, die einen Kredit zum Grundstückserwerb mittlerweile getilgt haben. Wird dort nun die Frage der vollständigen Tilgung streitig, so wird das Kreditinstitut alsbald einen vorhandenen Titel (§ 794 Abs 1 Nr 5 ZPO) nutzen oder einen Titel anstreben; nur in dem letzteren Fall müsste der Schuldner – zumutbar – über die bloße Verteidigung hinausgehen und Widerklage erheben (vgl §§ 204 Abs 1 Nr 1, 197 Abs 1 Nr 3 BGB).

Wo der ausgereichte Kredit unstreitig getilgt ist, wird das Kreditinstitut den Löschungsanspruch anerkennen (§ 212 Abs 1 Nr 1 BGB). **3**

Es bleiben die Fälle, in denen die Angelegenheit einfach in Vergessenheit gerät: Der Kredit ist längst getilgt, aber der Kreditnehmer – oder gar seine Erben – haben keinen konkreten Anlass, die Löschung zu betreiben. Dann könnte es der notariellen Praxis – bei Meidung der Haftungsfolgen des § 19 BNotO – ohne weiteres angesonnen werden, die Gestaltungsmöglichkeiten des § 202 BGB zu nutzen. Zweckmäßig ist die von EVERTS empfohlene Klausel: *„Die Bank erhält die Grundschuld und die weiter eingeräumten Sicherheiten mit der Maßgabe, dass der Rückgewähranspruch erst mit Kündigung fällig wird und erst dreißig Jahre nach seiner Fälligkeit verjährt."* (Beck'sches Notarhandbuch[6] Teil A VI Rn 68). Aus der notariellen Praxis ist allerdings zu hören, dass einige Kreditinstitute sich gegenüber einer solchen Regelung sperren. Immerhin schützt den Kreditnehmer stets die unverjährbare Einrede der Nichtvalutierung, § 821 BGB.

Außerdem wird eben in der letztgenannten Konstellation des längst getilgten Kredits die Zehnjahresfrist mit ihrem starren Beginn nach § 200 BGB leicht wiederum zu eng.

3. Nachteilige Folgen

Schließlich trägt § 196 BGB der verdunkelnden Macht der Zeit, die die Fristwahl des **4**
§ 195 BGB motiviert hat, nicht hinreichend Rechnung: Man stelle sich den Grundstückskaufvertrag vor, bei dem die Geschäftsfähigkeit einer der beiden Seiten seit neun Jahren streitig ist; der Prozess zur „Klärung" wäre zehn Jahre lang problemlos möglich. Oder: Der vollzogene Grundstückskaufvertrag wird nach acht Jahren angefochten. Der Prozess über die Anfechtung kann achtzehn Jahre nach Vertragsschluss geführt werden.

II. Ansprüche auf Übertragung von Grundeigentum

1. Grundeigentum

Grundeigentum iSd § 196 BGB ist außer dem Alleineigentum ein Miteigentumsanteil, Wohnungseigentum, das Erbbaurecht, Bergwerkseigentum, ein Recht nach **5**
Art 196 EGBGB, das Altenteil nach Art 96 EGBGB. Auch das DDR-Übergangsrecht stellt bestimmte Rechtspositionen dem Grundeigentum gleich, was ebenfalls zur Anwendung von § 196 BGB führt; s etwa BGH ZfIR 2018, 265 Rn 43 zu Gebäudeeigentum mit und ohne Nutzungsrecht über den Verweis in Art 233 § 4 Abs 1 S 1, Art 233 § 2b Abs 4 EGBGB. Wo ein Recht unter Gesellschaftern anwächst, ist § 196 BGB nicht anwendbar (vgl PALANDT/ELLENBERGER Rn 2).

2. Anspruch auf Übertragung

Im Vordergrund steht der Anspruch aus Kauf nach § 433 Abs 1 BGB. Die Frist des **6**
§ 196 BGB gilt dabei auch für den Anspruch des Erwerbers gegen den Bauträger, auch wenn wirtschaftlich die Errichtung des Hauses oder der Eigentumswohnung die Überlassung des Grundstücks überwiegt. Die Probleme, denen die Bestim-

mung vorbeugen will, können aber doch auch die Errichtung des Hauses aufhalten. Freilich werden mit der Entgegennahme als Erfüllung die Fristen des Gewährleistungsrechts vorrangig. Bleibt sie aus, genießt der Erwerber den Schutz des § 196 BGB.

Ein vertraglich begründeter Anspruch kann aber durchaus auch andere Grundlagen haben: Schenkung, Anspruch aus Gesellschaftsvertrag auf Einbringung eines Grundstücks. Auch der Anspruch auf ein vermachtes Grundstück fällt unter § 196 BGB.

§ 196 BGB bezieht sich auch auf gesetzlich begründete Ansprüche. Zu nennen ist zunächst der Anspruch aus § 667 BGB gegen den Beauftragten, der zugleich deutlich macht, dass eigenes Grundeigentum des Schuldners nicht Voraussetzung ist für die Anwendung des § 196 BGB. Hierher gehören aber auch Ansprüche auf Rückabwicklung – sogar eines nichtigen Vertrags (BGH NJW-RR 2008, 824 Rn 21; NJW-RR 2015, 1008 Rn 18) – zB aus Rücktritt (**aA** LG Rottweil NJW-RR 2007, 452, 453; BeckOK/HENRICH [1. 5. 2019] Rn 3), Störung des Vertrages (BGHZ 208, 210 = NJW 2016, 629 Rn 17; NJW 2015, 1014 Rn 35 ff; **aA** BeckOK/HENRICH [1. 5. 2019] Rn 3) oder § 812 BGB (BGH NJW-RR 2008, 824 Rn 19; NJW 2011, 218 Rn 19 ff; PALANDT/ELLENBERGER Rn 5; BeckOK/HENRICH [1. 5. 2019] Rn 3), damit aber für jene vielfältigen Ansprüche die wie § 528 BGB (zu dieser Bestimmung BGH NJW 2011, 218 Rn 18 ff) auf Herausgabe nach den Vorschriften über die Herausgabe einer ungerechtfertigten Bereicherung gerichtet sind, schließlich ggf Schadensersatzansprüche aus culpa in contrahendo oder den §§ 823 Abs 2, 826 BGB (PALANDT/ELLENBERGER Rn 5).

Es braucht dabei gar nicht immer ein Anspruch auf Übertragung eines Grundstücks oder eines Rechts an einem Grundstück verletzt worden zu sein. Zutreffend hat der BGH (NJW 2011, 218 Rn 20 ff; NJW 2015, 1014 Rn 38 ff) im Falle des § 528 BGB einen Anspruch auf Teilwertersatz für ein Grundstück § 196 BGB unterworfen. Zum Anspruch auf Zahlung Zug um Zug gegen Grundstücksrückübertragung u Rn 11.

Ausnahmsweise kann auch der Anspruch auf Abschluss eines Vertrags, der zur Eigentumsübertragung am Grundstück verpflichtet, bereits von § 196 BGB erfasst werden. Das hat der BGH (NJW-RR 2015, 338 Rn 22; ZfIR 2018, 265 Rn 42) für Ansprüche nach dem SachenRBerG ausgesprochen, wenn diese wie der Bereinigungsanspruch des Nutzers nach § 32 S 1, § 61 Abs 1 SachenRBerG (BGH NJW-RR 2015, 338 Rn 22) oder der Verkaufsanspruch nach § 29 Abs 5 und § 81 SachenRBerG (BGH ZfIR 2018, 265 Rn 42) gerade das Ziel haben, die Grundstücksübertragung herbeizuführen. Entsprechendes muss dann auch für solche Ansprüche gelten, wenn diese nicht aus Gesetz, sondern einem schuldrechtlichen Vorvertrag folgen.

3. Anspruch auf Besitzüberlassung

7 § 196 BGB ist nicht anwendbar auf den Anspruch zB des Käufers auf den *Besitz* an dem Grundstück (PALANDT/ELLENBERGER Rn 6; **aA** BeckOGK BGB/PIEKENBROCK [1. 2. 2019] Rn 13; NK-BGB/MANSEL/STÜRNER Rn 20 f; SOERGEL/NIEDENFÜHR Rn 4; BeckOK/HENRICH [1. 5. 2019] Rn 9; ERMAN/SCHMIDT-RÄNTSCH Rn 8). Hier bleibt es bei § 195 BGB; wo dessen Frist versäumt ist, muss der Eigentumserwerb durchgesetzt werden. Anschließend eröffnen die §§ 985, 197 Abs 1, Nr 1 BGB die Möglichkeit eines langfristigen Vorgehens.

III. Beschränkte dingliche Rechte

1. Einschlägige Rechte

Beschränkte dingliche Rechte sind Grunddienstbarkeit, beschränkte persönliche **8** Dienstbarkeit, Wohnungsrecht, Nießbrauch, dingliches Vorkaufsrecht, Reallast, Hypothek, Grundschuld, Rentenschuld, Erbbaurecht, Wohnungserbbaurecht, Dauerwohnungsrecht, ggf landesrechtliche Rechte (Art 184 EGBGB). Hierher gehört namentlich auch die *Vormerkung*.

Der Anspruch muss auf die *Begründung* eines dieser Rechte gerichtet sein oder auf eine *Verfügung* über sie: Übertragung, Aufhebung oder inhaltliche Änderung. Es ist nicht notwendig, dass sich die Verfügung im Grundbuch widerspiegelt, weil die Übertragung des Rechts nach § 1154 BGB vollzogen wird (aA BeckOGK BGB/Piekenbrock [1. 2. 2019] Rn 15; MünchKomm/Grothe Rn 5; Soergel/Niedenführ Rn 6). Das gibt der Wortlaut des Gesetzes nicht her.

2. Anspruchsgrundlagen

Der Anspruch auf Begründung des Rechts oder die Verfügung darüber kann sich **9** wiederum aus Vertrag oder Gesetz ergeben (vgl o Rn 6). Zu nennen sind zB der Anspruch auf Löschung der Grundschuld nach Tilgung des Kredits aus der Sicherungsabrede oder auch den §§ 1192, 1169 BGB (zur **aA**, die den Anspruch aus § 1169 für unverjährbar nach § 902 hält, s Rn 2). Als gesetzlicher Anspruch ist auch jener aus § 917 BGB auf Einräumung eines Notwegrechts hervorzuheben.

Auch der Anspruch aus einem Vermächtnis gehört ggf hierher (MünchKomm/Grothe Rn 5), doch wird dadurch § 199 Abs 3a BGB nicht ausgeschlossen.

IV. Ansprüche aus Eigentum und beschränkten dinglichen Rechten

§ 196 BGB gilt nicht für die Ansprüche aus den dinglichen Rechten, die unter **10** die Bestimmung fallen. Soweit sie eingetragen sind, gilt vielmehr § 902 BGB, sonst § 197 Abs 1 Nr 2 BGB. Zum Anspruch auf Berichtigung des Grundbuchs vgl § 898 BGB.

V. Zahlungsansprüche

1. Gegenleistung

§ 196 BGB nennt auch den Anspruch auf die Gegenleistung. An sich wäre der **11** Gegner schon durch § 215 BGB in gewisser Weise geschützt, solange sein eigener Anspruch noch offen ist; § 196 BGB erlaubt ihm demgegenüber ein aktives Vorgehen über die Frist des § 195 BGB hinaus. § 215 BGB behält dann Bedeutung, wenn es zu unterschiedlichen Hemmungen der Verjährung gekommen ist; insoweit wirkt § 215 BGB in beide Richtungen.

a) *Gegenleistung* ist zunächst die vertraglich vorgesehene, namentlich der Kaufpreis, insoweit auch die Forderung des *Bauträgers,* insgesamt, nicht nur mit ihrem

Grundstücksanteil (Brambring DNotZ 2001, 904; aA Mansel/Budzikiewicz, Das Neue Verjährungsrecht [2002] § 4 Rn 32 ff, 35; NK-BGB/Mansel/Stürner Rn 25, die den Preis aufspalten wollen). Eine Aufspaltung des Preises begegnet aber schon erheblichen praktischen Problemen bei ihrer Berechnung und bei der Verrechnung von Abschlagszahlungen. Geboten ist vielmehr wie nach bisherigem Recht (vgl BGHZ 72, 229) eine einheitliche Verjährungsfrist. Dies kann aber nicht mehr die wirtschaftlich erhebliche Forderung für das Haus sein (aA Ott NZBau 2003, 233, 234); vielmehr schlägt jetzt die Frist des § 196 BGB durch. Die Gefahren, denen die Bestimmung vorbeugen soll, betreffen im Übrigen auch die Errichtung des Hauses, vgl außerdem o Rn 6 zum Erfüllungsanspruch des Erwerbers. – Wegen der § 197 Abs 1 Nr 4 BGB, § 794 Abs 1 Nr 5 ZPO wird freilich oft die längere Frist des § 197 Abs 1 BGB einschlägig sein, was sich dann wegen § 215 BGB auch vorteilhaft für alle Erfüllungs- und Nacherfüllungsansprüche des Erwerbers auswirkt. Der Begriff der Gegenleistung ist aber schon hier weit zu verstehen: Die Einräumung einer Gesellschafterstellung, die Valutierung des grundbuchlich abzusichernden Kredits. Bei dem letzteren Beispiel ist freilich zu beachten, dass § 196 BGB nur einschlägig ist, wenn das Grundpfandrecht neu bestellt werden soll, nicht auch schon dann, wenn eine schon bestehende Grundschuld nur neu valutiert werden soll (§§ 195, 199 BGB).

b) Ist der Anspruch auf Gegenleistung – wie insbesondere bei den Ansprüchen auf den dinglichen und auf den schuldrechtlichen Erbbauzins – auf wiederkehrende Leistungen gerichtet, entfällt der Grund für die Verlängerung der Verjährungsfrist. Wie bei § 197 Abs 2 BGB greift daher die Regelverjährung (BGH NJW 2010, 224 Rn 11; NJW 2014, 1000 Rn 13; BeckOGK BGB/Piekenbrock [1. 2. 2019] Rn 22).

c) Der Anspruch auf eine „Gegenleistung" kann sich auch *aus dem Gesetz* ergeben: ist zB ein Grundstückskaufvertrag nichtig oder durch Rücktritt beendet worden, sind die allfälligen *Rückgewähransprüche* beider Seiten durch § 196 BGB abgesichert (BGH NJW 2010, 297 Rn 7; NJW-RR 2008, 824 Rn 20 f; BeckOGK BGB/Piekenbrock [1. 2. 2019] Rn 20), die des Käufers nicht nur durch § 215 BGB.

d) Der Anspruch auf die Gegenleistung fällt auch dann (noch) unter § 196 BGB, wenn die eigene Leistung erbracht ist (aA MünchKomm/Grothe Rn 5; wie hier BeckOGK BGB/Piekenbrock [1. 2. 2019] Rn 23; NK-BGB/Mansel/Stürner Rn 28).

Gegenleistung ist es nicht, wenn ein Anspruch auf Schadensersatz nach § 249 Abs 1 BGB nur Zug um Zug gegen eine Grundstücksübertragung besteht.

2. Zinsen, Kosten

12 Nach Sinn und Zweck des § 196 BGB fallen unter die Bestimmung auch die *Kosten* der Rechtsänderung, soweit ihre Erstattung von der Gegenseite verlangt werden kann, ferner eine etwaige *Verzinsung* der Gegenleistung. Bei Forderungen dieser Art bleibt freilich § 217 BGB zu beachten.

Zweifelhaft ist die Rechtslage dann, wenn der Grundstückserwerber zur Tragung von *Erschließungskosten* herangezogen wird, er ihretwegen aber Regress bei dem Grundstücksveräußerer nehmen kann. Hier wird man § 196 BGB wohl nicht anzuwenden haben, wobei aber im Rahmen der §§ 195, 199 BGB zu beachten ist, dass der Regressanspruch erst entsteht, wenn der Erschließungskostenbescheid gegen den Erwerber ergeht.

VI. Sekundäransprüche

§ 196 BGB ist nicht anwendbar auf den Anspruch auf Schadensersatz statt der Leistung, der sich ergeben kann, wenn das Grundstück nicht geliefert oder der Kaufpreis nicht gezahlt wird (PALANDT/ELLENBERGER Rn 6; SOERGEL/NIEDENFÜHR Rn 8; BeckOGK BGB/PIEKENBROCK, 1. 2. 2019 Rn 11; zT **aA** BGH NJW-RR 2008, 824 Rn 24; Münch-Komm/GROTHE Rn 5). Konstellationen dieser Art werden vielmehr angemessen von den §§ 195, 199 BGB erfasst (zur Rückabwicklung des Vertrages vgl o Rn 6). Bei Mängelrechten kann § 438 Abs 1 Nr 1 BGB greifen (vgl BGH NJW 2015, 2029 Rn 16 f). 13

VII. Verjährungsbeginn

Zum Verjährungsbeginn vgl § 200 BGB. 14

§ 197
Dreißigjährige Verjährungsfrist

(1) In 30 Jahren verjähren, soweit nicht ein anderes bestimmt ist,

1. Schadensersatzansprüche, die auf der vorsätzlichen Verletzung des Lebens, des Körpers, der Gesundheit, der Freiheit oder der sexuellen Selbstbestimmung beruhen,

2. Herausgabeansprüche aus Eigentum, anderen dinglichen Rechten, den §§ 2018, 2130 und 2362 sowie die Ansprüche, die der Geltendmachung der Herausgabeansprüche dienen,

3. rechtskräftig festgestellte Ansprüche,

4. Ansprüche aus vollstreckbaren Vergleichen oder vollstreckbaren Urkunden,

5. Ansprüche, die durch die im Insolvenzverfahren erfolgte Feststellung vollstreckbar geworden sind, und

6. Ansprüche auf Erstattung der Kosten der Zwangsvollstreckung.

(2) Soweit Ansprüche nach Absatz 1 Nr. 3 bis 5 künftig fällig werdende regelmäßig wiederkehrende Leistungen zum Inhalt haben, tritt an die Stelle der Verjährungsfrist von 30 Jahren die regelmäßige Verjährungsfrist.

Materialien: Art 1 G zur Modernisierung des Schuldrechts v 26. 11. 2001 (BGBl I 3138). Abs 1 Nr 1: BGB aF – (§ 195 aF); PETERS/ZIMMERMANN § 194 S 2, Gutachten 186, 287, 318; Schuldrechtskommission § 203, Abschlussbericht 78; RegE § 197 Abs 1 Nr 1 (BT-Drucks 14/6040, 105); Abs 1 Nr 2: BGB aF: – (§ 195 aF); PETERS/ZIMMERMANN: –; Schuldrechtskommission § 203, Abschlussbericht 78; RegE § 197 Abs 1 Nr 2, BT-Drucks. 14/6040, 106; Abs 1 Nrn 3–5, Abs 2: BGB aF § 218: E I § 177; II § 183; III § 213; Mot I 337; Prot I 382 ff; II 1, 230; JAKOBS/SCHUBERT, AT 999, 1001 ff, 1041 ff, 1076 ff, 1083 ff, 1101, 1118; Art 33 EGInsO v 5. 10. 1994 (BGBl I 2911). S STAUDINGER/ BGB-Synopse (2000) § 218. PETERS/ZIMMERMANN § 197 Abs 1, Gutachten 262, 310, 320, 326; Schuldrechtskommission § 205, Abschlussbericht 78; RegE § 197 Abs 1 Nrn 3–5, Abs 2, BT-Drucks 14/6040, 106.

Abs 1 Nrn 4 und 5 geändert, Nr 6 eingefügt durch Art 7 G v 9. 12. 2004 (BGBl I 3214). BT-Drucks 15/3653, 15/4060.

Bisheriger Abs 1 Nr 2 gestrichen, Abs 2 geändert durch G zur Änderung des Erb- und Verjährungsrechts v 24. 9. 2009 (BGBl I 3142). BT-Drucks 16/8954, 16/13543.

Bisheriger Abs 1 Nr 1 geändert, bisheriger Abs 1 Nr 1 in Abs 1 Nr 2 überführt, heutiger Abs 1 Nr 1 eingefügt durch G zur Stärkung der Rechte von Opfern sexuellen Missbrauchs (StORMG) v 26. 6. 2013 (BGBl I 1805). BT-Drucks 17/6261, 17/12735.

Schrifttum

AMENDT, Auswirkungen des neuen Verjährungsrechts auf das Erbrecht, JuS 2002, 743
ARMBRÜSTER, Verjährbarkeit der Vindikation? – Zugleich ein Beitrag zu den Zwecken der Verjährung, in: FS HP Westermann (2008) 53
BALDUS, Anspruch und Verjährung – Geschichte und System, in: Verjährungsrecht in Europa (2011) 5
BERGJAN/WERMES, Die Verjährung titulierter Unterhaltsansprüche bereits nach drei Jahren?, FamRZ 2004, 1087
BRAMBRING, Die Auswirkungen der Schuldrechtsreform auf das Erbrecht, ZEV 2002, 137
BRENNECKE/POLLMEIER, Die Verjährung von Zinsen eines Kostenerstattungsanspruchs, NJW 2018, 2306
CHRISTMANN, Zur Verjährung titulierter Ansprüche, DGVZ 1992, 81
EFFER-UHE, Die Folgen der Verjährung des Vindikationsanspruchs, AcP (215) 2015, 245
FABRICIUS, Zur Frage der Verjährung rechtskräftig festgestellter Unterlassungsansprüche, JR 1972, 452
FINKENAUER, Die Verjährung bei Kulturgütern. Zur geplanten „lex Gurlitt", JZ 2014, 479
FRANCK, Die Verjährung erbrechtlicher Ansprüche – Auslegung und Kritik des § 197 Abs 1 Nr 2 BGB, ZEV 2007, 114
GOMILLE, Der unfreiwillige Verlust von Eigentümerbefugnissen im internationalen Sachenrecht, Jura 2017, 54
GREISER, Unterbrechung der Verjährung rechtskräftig festgestellter Ansprüche durch erneute Klagerhebung?, JW 1934, 1894
HIEKE, Verkürzung der Verjährung, FPR 2008, 553
JERGER/WOLFFSKEEL VREICHENBERG, Das Auseinanderfallen von Eigentum und Besitz durch Verjährung und seine Konsequenzen am Beispiel der Raubkunst, GWR 2015, 265
KÄHLER, Vom bleibenden Wert des Eigentums nach der Verjährung des Herausgabeanspruchs, NJW 2015, 1041
KEIM, Wie kann die Verjährungsfrist von Pflichtteilsansprüchen verlängert werden?, ZEV 2004, 173
KUTTNER, Die privatrechtlichen Nebenwirkungen der Civilurteile (1908)
LANGE, Kann die Verjährung des Pflichtteilsanspruchs verlängert werden?, ZEV 2003, 433
LANGE, Wann verjährt ein Anspruch aus § 2018 BGB?, JZ 2013, 598
LEHMANN, Unterbrechung der Verjährung rechtskräftig festgestellter Ansprüche durch erneute Klagerhebung?, JR 1934, 224
LÖHNIG, Die Verjährung der im 5. Buch des BGB geregelten Ansprüche, ZEV 2004, 267
MAGNUS/WAIS, Unberechtigter Besitz und Verjährung, NJW 2014, 1270
MAIER, Zur Frage der Unterbrechung der Verjährung rechtskräftig festgestellter Ansprüche durch erneute Klagerhebung, JW 1934, 2449
OLZEN, Verjährungsunterbrechung bei titulierten Ansprüchen, JR 1986, 56
OLZEN/REISINGER, 30 Jahre sind genug? Zur

Verjährung rechtskräftig festgestellter Ansprüche, DGVZ 1993, 65
Ossenbrügge, Zur Verjährung von rechtskräftig festgestellten Unterlassungsansprüchen, WRP 1973, 320
Otte, Die Verjährung familienrechtlicher Ansprüche, ZGS 2010, 15
ders, Die Verjährung erbrechtlicher Ansprüche, ZGS 2010, 157
ders, Immer noch Unklarheit über die Verjährung im Erbrecht?, in: Schröder (Hrsg), Erbrecht – Aktuelle Fragen (2012) 79
Pohle, Die Verordnung über die Behandlung wiederkehrender Leistungen bei der Zwangsvollstreckung in das unbewegliche Vermögen, DJ 1936, 817
Quandt, Wann verjähren Ansprüche des Notars aus einer vollstreckbaren Kostenrechnung?, JurBüro 1959, 446
Remien, Vindikationsverjährung und Eigentumsschutz, AcP 201 (2001) 730
Ricken, Die Verjährung titulierter Zinsansprüche, NJW 1999, 1146
Sarres, Das neue Schuldrecht und erbrechtliche Auskunftsansprüche, ZEV 2002, 97
Schlichting, Schuldrechtsmodernisierung im Erbrecht, ZEV 2002, 478
Schreiber, Die Verjährung titulierter Ansprüche, in: FS Medicus (1999) 575
Siehr, Verjährung der Vindikationsklage?, ZRP 2001, 346
Weimar, Kann trotz des Feststellungsurteils bei eingetretenem Spätfolgeschaden eine kurze Verjährungsfrist laufen?, JR 1970, 137
Wever, Vermögensauseinandersetzung der Ehegatten außerhalb des Güterrechts (2. Aufl 2000).

Systematische Übersicht

I. Allgemeines	
1. Langfristige Verjährung nach Abs 1	1
2. Motive der Regelung	2
a) Dignität des Anspruchs	3
b) Verletzung elementarer Rechtsgüter	4a
c) Ansprüche mit gesicherter Grundlage	5
d) Weitere Fälle langfristiger Verjährung außerhalb des § 197 Abs 1	6
3. Anderweitige Bestimmung; § 197 Abs 2	8
II. Verletzung elementarer persönlicher Rechtsgüter	
1. Allgemeines	8a
2. Die tatbestandlichen Voraussetzungen	8b
3. Die einschlägigen Ansprüche	8c
4. zeitlicher Anwendungsbereich	8d
5. Ablauf der Verjährung	8e
III. Herausgabeansprüche aus Eigentum und anderen dinglichen Rechten	
1. Dingliche Herausgabeansprüche	9
2. Fälle der Unanwendbarkeit	10
a) Störung des Eigentums	10
b) Schadensersatz	10
c) Sekundäransprüche	10
d) Eingetragene Rechte	10
3. Ablauf der Verjährung	11
IV. Die Ansprüche aus den §§ 2018, 2130 und 2362	12
1. Der Anspruch des Erben aus § 2018	13
a) Anwendungsbereich	13
b) Verjährungsbeginn mit Entstehung	14
c) Einzelansprüche	14a
2. Der Anspruch des Nacherben aus § 2130 Abs 1	15
3. Der Anspruch auf Herausgabe des unrichtigen Erbscheins, § 2362 Abs 1	16
4. Der Geltendmachung der Herausgabeansprüche dienende Ansprüche	17
a) Allgemeines	18
b) Einzelne Auskunftsansprüche	19
c) Eidesstattliche Versicherung	19a
V. Erb- und familienrechtliche Ansprüche	
1. Allgemeines	20

2. Erbrechtliche Ansprüche	21
3. Familienrechtliche Ansprüche	22
VI. Rechtskräftige Feststellung des Anspruchs	32
1. Rechtskräftige Feststellung	33
2. Rechtskraft inter partes	44
a) Auf Seiten des Berechtigten	45
b) Auf Seiten des Verpflichteten	46
3. Die einschlägigen Titel	49
a) Leistungsurteil	49
b) Feststellungsurteil	50
c) Vollstreckungsbescheid; Kostenfestsetzungsbeschluss	51
d) Schiedsspruch	52
e) Kostenrechnung des Notars	53
f) Verwaltungsakt	54
g) Anderweitige Titel	55
VII. Ansprüche aus vollstreckbaren Vergleichen und vollstreckbaren Urkunden	
1. Vollstreckbare Vergleiche	56
2. Vollstreckbare Urkunden	58
3. Parteivereinbarungen	59
VIII. Feststellung im Insolvenzverfahren	
1. Insolvenzverfahren	60
2. Schifffahrtsrechtliches Verteilungsverfahren	61
IX. Kosten der Zwangsvollstreckung	62
X. Regelmäßig wiederkehrende Leistungen	
1. Allgemeines	63
2. Rückstände	64
3. Begriff	66
a) Grundsätze	66
b) Zinsen	75
c) Sonstige künftig wiederkehrende Leistungen	83
4. Unterhaltsleistungen	86
5. Erneute Klage	87

Alphabetische Übersicht

Altenteil	71
Amortisationsdarlehen	75
Anderweitige Bestimmung	8
Ansprüche	
– aus eingetragenen Rechten	10
– dem Herausgabeanspruch dienende	17 ff
– des Vermächtnisnehmers	20
– elementarer persönlicher Rechtsgüter, wegen Verletzung	8a ff
– erbrechtliche	4, 20, 21
– familienrechtliche	20, 22
– Feststellung der	32 ff
– gesicherter Grundlage, mit	5
– titulierte	5, 8, 32 ff
Aufrechnungsforderung	55
Auskunft	4, 17 ff
Besitzer, früherer	9
Bürge	48
Eidesstattliche Versicherung	19a
Erbrechtliche Ansprüche	12 ff, 21
Erbschaftsbesitzer	13 ff
Erbschein, Herausgabe des	16
Familienrechtliche Ansprüche	22
Feststellung, rechtskräftige	32 ff
Feststellungsklage, negative	42
Feststellungsurteil	37, 50, 65
Freistellungsurteil	41
Frist, Vereinbarung einer	7
Gesellschafter	47
– Gewinnanteil des Gesellschafters	70
Gesetz zur Änderung des Erb- und Verjährungsrechts	4, 12, 20, 63
Gesetz zur Stärkung der Rechte von Opfern sexuellen Missbrauchs (StORMG)	8a ff
Gestaltungsurteil	50
Grundschuldzinsen	80
Grundurteil	34
Hemmung der Verjährung	6
Herausgabeanspruch	
– dienende, diesem	17 ff

– dinglicher	9	Sachleistung, wiederkehrende	85
– Eigentum, aus	9 f	Schadensersatz	10
– Nacherben, des	15	Schiedsspruch	52
– obligatorischer	9	Schifffahrtsrechtliches Verteilungs-	
– Sekundäranspruch	10	verfahren	61
– unrichtigen Erbscheins, des	16	„Schwabinger Kunstfund"	3 f
– vermeintlichen Erben, gegen den	13	Störung des Eigentums	10
Hypothekenzinsen	80		
		Titel, einschlägige	49 ff
Insolvenzverfahren	60 ff		
		Unterhalt	63 ff, 86
Kapitalisierung künftiger Leistungen	74	Unterhaltsbedarf, einmaliger	86
Klage, erneute	87	Unverjährbarkeit	3, 10
Kosten	82	Urkunde, vollstreckbare	58
Kosten der Zwangsvollstreckung	62	Urteil, ausländisches	50, 52
Kostenfestsetzungsbeschluss	51		
Kostenrechnung des Notars	53	Vergleich	
Kulturgut-Rückgewähr-Gesetz (KRG)	3 f	– Beitritt eines Dritten	56
		– vollstreckbarer	57
Leistung		Vermächtnisnehmer	20
– künftige	65, 83	Versorgungsleistungen	84
– regelmäßig wiederkehrende	64	Verwaltungsakt	54
Leistungsurteil	49	Verzugszinsen	79
		Vollstreckungsbescheid	51
Mietgarantie	83	Vorbehaltsurteil	55
Motive der Regelung	2		
		Wohnungseigentümer	9
Nacherbe	15		
Nachverfahren	55	Zinsen	75
Nießbraucher	9	– einberechnete	48
Notar, Kostenrechnung des	53	– Grundstücksgeschäften, aus	78
		– Hypotheken und Grundschulden, aus	80
Parteivereinbarungen	7, 59	– Scheckansprüchen, aus	81
Pfandgläubiger	9	– Verzugszinsen	79
		– Wechsel, aus	81
Rechtsnachfolger	45 f	Zwangsvollstreckung, Kosten der	62
Rei vindicatio	3		
Rückstände	8, 64 f		

I. Allgemeines

1. Langfristige Verjährung nach Abs 1

§ 197 Abs 1 BGB ordnet für einige Ansprüche eine lange Verjährungsfrist an. Sie **1** beträgt freilich nur auf den ersten Blick das Zehnfache der regelmäßigen Frist des § 195 BGB, weil im Bereich des § 197 BGB für den Verjährungsbeginn die Bestimmungen der §§ 200, 201 BGB gelten, die an starre Daten anknüpfen und namentlich gegenüber § 199 Abs 1 Nr 2 BGB keine Rücksicht auf die Kenntnismöglichkeiten des Gläubigers nehmen. Eine Sonderstellung nimmt freilich die Nr 1 ein, bei der die Hemmungstatbestände der §§ 207 und 208 BGB für einen nachhaltigen Aufschub des Eintritts der Verjährung sorgen können.

2. Motive der Regelung

2 Die langfristige, aber immerhin § 195 BGB aF entsprechende Verjährung beruht auf unterschiedlichen Gesichtspunkten.

a) Dignität des Anspruchs
3 Die besondere „Würde" des Anspruchs liegt den Fällen der Nr 2 zugrunde.

Bei der rei vindicatio als einem Hauptanwendungsfall der Nr 2 war es umstritten gewesen, ob sie überhaupt verjährbar gestellt werden sollte (dagegen zB PETERS/ZIMMERMANN 186; SIEHR ZRP 2001, 346; REMIEN AcP 201 [2001] 730, 755; vgl auch noch ARMBRÜSTER, in: FS HP Westermann 53). Anlass für das Postulat der Unverjährbarkeit hatten nicht zuletzt Kunstschätze gegeben, die im Zuge der Wirren in und nach dem 2. Weltkrieg verschollen waren, in verjährter Zeit (§§ 195, 221 BGB aF) aber wieder auftauchten. Es berührt insoweit äußerst merkwürdig, dass die Deutsche Bundesregierung in einem Londoner Prozess um ein derartiges Kunstwerk mit Erfolg damit argumentierte, die Verjährung der rei vindicatio nach deutschem Recht verstoße gegen den englischen ordre public (zu dem Prozess, dessen Urteil nicht veröffentlicht ist, näher CARL/GÜTTLER/SIEHR [Hrsg], Kunstdiebstahl vor Gericht. City of Gotha v Sotheby's [2001]). Auch einige ausländische Rechtsordnungen stellen die rei vindicatio unverjährbar (England: Sect 4 Limitation Act c 58; Schweiz: SchweizBGE 48 II, 38, 45). Inzwischen hat der „Schwabinger Kunstfund" die rechtspolitische Diskussion neu entfacht (BR-Drucks 2/14, BR-Drucks 94/14; FINKENAUER JZ 2014, 479).

4 Freilich würde dem Eigentümer und namentlich dem Erben und Nacherben die langfristige Verjährung der Herausgabeansprüche wenig nützen, wenn sie sich nicht Klarheit über den Anspruchsinhalt verschaffen könnten. Deshalb hat das G zur Änderung des Erb- und Verjährungsrechts – unvollkommen, vgl u Rn 18 und Anh 1 ff zu § 217 BGB – auch die vorbereitenden Auskunftsansprüche langfristig verjährbar gestellt; dem entspricht der Entwurf des Landes Bayern für einen neuen § 214 Abs 2 BGB im Kulturgut-Rückgewähr-Gesetz (KRG, s BR-Drucks 2/14).

b) Verletzung elementarer Rechtsgüter
4a Weil es um elementare Rechtsgüter geht, wurde 2013 die heutige Nr 1 eingefügt. Bei diesen wollte der Gesetzgeber der besonderen Gefahr vorbeugen, dass ein Verletzter, obwohl er Kenntnis von den anspruchsbegründenden Tatsachen hat, seinen Anspruch nicht geltend macht (RegE BT-Drucks 17/6261, 20). Nach Auffassung des Gesetzgebers besteht diese Gefahr gerade bei Ansprüchen wegen der Verletzung von Körper, von Gesundheit oder des Rechts auf sexuelle Selbstbestimmung, wenn diese Verletzungen in Heimen, Schulen, anderen gesellschaftlichen Einrichtungen oder auch innerhalb von Familien zugefügt würden.

c) Ansprüche mit gesicherter Grundlage
5 Die Nrn 3–6 des Abs 1 übernehmen das Regelwerk des § 218 Abs 1 BGB aF: Die Titulierung gibt dem Anspruch eine verlässliche Grundlage, wenn ihr ein streitiges

Verfahren (Prozess), förmliches Verfahren (Feststellung zur Insolvenztabelle), die Mitwirkung des Schuldners (Vergleich, vollstreckbare Urkunde) oder doch jedenfalls seine Widerspruchsmöglichkeit (Vollstreckungsbescheid, Versäumnisurteil) zugrunde liegt. Auf dieser Basis kann dem Gläubiger langfristige Sicherheit gegeben werden, zumal er sie sich idR durch ein Vorgehen nach § 204 Abs 1 BGB „erarbeitet" hat. Das gegenläufige Ziel einer Entschuldung von Schuldnern kann nicht Aufgabe der Verjährung sein, sondern muss mit den Mitteln des Insolvenzrechts gelöst werden; der RegE (BT-Drucks 14/6040, 106) weist auf die dortige Möglichkeit der Restschuldbefreiung hin.

d) Weitere Fälle langfristiger Verjährung außerhalb des § 197 Abs 1

Hinzuweisen ist zunächst auf § 207 BGB, namentlich dessen Abs 1 und Abs 2 Nr 1, **6** nach dem sich unter Ehegatten und eingetragenen Lebenspartnern auch bei anderweitig begründeten Ansprüchen durch die Hemmung der Verjährung ohne weiteres ähnliche zeitliche Wirkungen wie nach § 197 Abs 1 BGB ergeben können.

Zur Haftung für Rechtsmängel vgl § 438 Abs 1 Nr 1 BGB.

Außerdem räumt § 202 Abs 2 BGB den Parteien – gegenüber § 225 S 1 BGB aF – **7** die *Möglichkeit* ein, die *Verjährungsfrist des § 197 Abs 1 BGB* anderweitig *zu vereinbaren*. Dazu kann wiederum der besondere Charakter der Forderung Anlass geben, zB der Wunsch, Spareinlagen langfristig von der Notwendigkeit zu wiederholender Anerkenntnisse, § 212 Abs 1 Nr 1 BGB, unabhängig zu machen. Außerdem legitimiert die Bestimmung des § 202 Abs 2 BGB nunmehr die bisherige Rechtsprechung zum *titelersetzenden Anerkenntnis dem Grunde* nach (BGH NJW 1985, 791, 792; NJW-RR 1990, 664; VersR 1992, 1091; DAR 1998, 447), mit dem namentlich bei deliktischen Schädigungen mit noch ungewissen Folgen die Notwendigkeit eines Feststellungsurteils – und seine Kosten – erspart werden sollten, indem man dem Anspruch eine dreißigjährige Verjährungsfrist beimaß.

3. Anderweitige Bestimmung; § 197 Abs 2

§ 197 Abs 1 BGB gilt nur, „soweit nichts anderes bestimmt ist". Einen Ausschluss **8** der Verjährung überhaupt sehen die §§ 898, 902 BGB vor (u Rn 9). Eine kürzere Verjährungsfrist stellt § 197 Abs 2 BGB vor; anderweitige Bestimmungen dieser Art sind nicht ersichtlich.

Praktische Bedeutung hat insoweit vor allem § 197 Abs 2 BGB (u Rn 63), wenn er bei titulierten Ansprüchen dann eine Ausnahme von der langfristigen Verjährung macht, sofern sie Unterhalt oder andere wiederkehrende Leistungen zum Gegenstand haben. Das greift die §§ 197, 218 Abs 2 BGB aF auf und beruht wie diese Bestimmungen auf dem Gedanken, dass hier Rückstände leicht eine den Schuldner bedrückende Höhe erreichen können.

II. Verletzung elementarer persönlicher Rechtsgüter

1. Allgemeines

Die auf das StORMG des Jahres 2013 zurückgehende heutige Nr 1 des § 197 Abs 1 **8a**

BGB wurde veranlasst durch die Fälle sexuellen Missbrauchs, die in der Öffentlichkeit aus den Bereichen Kirche, der Internate und aus Heimen bekannt geworden waren, wie sie insbesondere dadurch gekennzeichnet waren, dass es den Betroffenen aus psychischen Gründen schwer gefallen war, ihre Ansprüche zeitnah – dh innerhalb der damals einschlägigen §§ 195, 199 BGB – anzumelden, auch wenn zu ihren Gunsten die §§ 207 und 208 BGB in einem gewissen Rahmen für zeitlichen Aufschub sorgen konnten (BT-Drucks 17/6261, 18). Die Bestimmung geht freilich über diesen Anlass hinaus, wenn sie auch Ansprüche wegen Verletzung des Lebens, des Körpers, der Gesundheit und der Freiheit einbezieht, bei denen besondere psychische Hemmungen, sie zu realisieren, durchweg nicht bestehen werden.

Damit und in ihrer Kombination mit den §§ 207 und 208 BGB – der Gesetzesentwurf wollte immerhin noch § 208 BGB streichen (BT-Drucks 17/6261, 20) – ist § 197 Abs 1 Nr 1 BGB freilich rechtspolitisch fragwürdig. Die Verjährung soll der verdunkelnden Macht der Zeit Rechnung tragen, wie sie aber in den sich so ergebenden Zeiträumen von rund einem halben Jahrhundert ihre Wirkungen zeigen kann. Gerade Fälle sexuellen Missbrauchs zeichnen sich oft durch eine dürftige Beweislage aus, und so ist es nicht auszuschließen, dass die Bestimmung spätere, auf Indizien gestützte Rachefeldzüge ermöglicht. Zum Haftungsgrund ist an die Bestimmung des § 286 ZPO zu erinnern.

2. Die tatbestandlichen Voraussetzungen

8b Die Begriffe des Lebens, des Körpers, der Gesundheit und der Freiheit sind nicht anders zu verstehen als in § 823 Abs 1 BGB, auf die dortigen Erläuterungen kann Bezug genommen werden. Der Begriff der sexuellen Selbstbestimmung ist der Überschrift zu §§ 174–184g StGB entnommen, im Verjährungsrecht ist er aus § 208 BGB bekannt (§ 208 Rn 3). Die Verwirklichung der genannten Straftatbestände führt zu Ersatzansprüchen, wenn diese denn den Charakter eines Schutzgesetzes iSd § 823 Abs 2 BGB erfüllen. Aber auch außerhalb des strafrechtlichen Bereichs kann eine Verletzung von § 825 BGB oder des von § 823 Abs 1 BGB geschützten allgemeinen Persönlichkeitsrecht genügen, soweit dadurch gerade die sexuelle Selbstbestimmung geschützt wird (STAUDINGER/HAGER [2017] § 823 Rn C 244).

Eine Verletzung des allgemeinen Persönlichkeitsrechts genügt als solche nach einhelliger Auffassung hingegen nicht (ERMAN/SCHMIDT-RÄNTSCH Rn 1b). Ungeachtet des ähnlichen Wortlauts wie bei § 199 Abs 2 BGB ist anders als dort (s § 199 Rn 95) eine entsprechende Anwendung nicht angezeigt. Denn der Normzweck ist mit der Berücksichtigung der unter Rn 4a, 8a dargestellten psychischen Hürden hier ganz anders als dort, wo die Bedeutung der dem deliktischen Schutz unterfallenden Rechtsgüter und Rechte maßgeblich ist.

Es müssen Rechtswidrigkeit und Vorsatz gegeben sein.

3. Die einschlägigen Ansprüche

8c Es sind alle Schadensersatzansprüche erfasst, die an die genannten Schutzgüter anknüpfen (BeckOGK BGB/PIEKENBROCK [1. 2. 2019] Rn 8). Daher geht es um Ansprüche aus § 823 Abs 1 und Abs 2 BGB, ferner aus § 825 BGB. Regelmäßig wird auch der

Tatbestand des § 826 BGB erfüllt sein. Und einschlägig sein kann auch § 280 Abs 2 BGB iVm § 241 Abs 2 BGB und auch § 311 Abs 2 BGB.

4. Zeitlicher Anwendungsbereich

Aus Art 229 § 31 EGBGB ergibt sich, dass auch frühere Ansprüche einbezogen sind, deren Verjährung am Stichtag des 30. 6. 2013 noch nicht vollendet war. **8d**

5. Ablauf der Verjährung

Der Verjährungsbeginn ergibt sich aus § 200 S 1 BGB; zur danach maßgeblichen Entstehung von Schadensersatzansprüchen s § 199 Rn 27 ff. **8e**

III. Herausgabeansprüche aus Eigentum und anderen dinglichen Rechten

1. Dingliche Herausgabeansprüche

Im Mittelpunkt der Bestimmung des § 197 Abs 1 Nr 2 BGB steht der Anspruch aus § 985 BGB, wobei aber für eingetragene Rechte vorrangig § 902 BGB gilt, der den aus ihnen folgenden Herausgabeanspruch überhaupt unverjährbar stellt, vgl ferner zum Anspruch aus § 894 BGB den gleiche Wirkung zeitigenden § 898 BGB. Ohne weiteres erfasst werden aber auch die Parallelansprüche für Pfandgläubiger (§ 1227 BGB), Nießbraucher (§ 1036 Abs 1 BGB), Erbbauberechtigte (§ 11 Abs 1 ErbbVO), des Wohnungseigentümers, des Bergwerkeigentümers (§ 9 Abs 1 BBergG). **9**

Weniger eindeutig ist die Lage bei den Bestimmungen, die es dem Pfandgläubiger ermöglichen sollen, sein Pfandrecht durchzusetzen (§ 1231 BGB gegenüber dem Verpfänder, § 1251 BGB gegenüber dem früheren Pfandgläubiger), aber § 197 Abs 1 Nr 2 BGB ist doch auch hier anwendbar. Unbehelflich aber der Hinweis auf § 562b Abs 2 S 1 BGB bei NK-BGB/Mansel/Stürner Rn 21; Palandt/Ellenberger Rn 2; Mansel/Stürner weisen zutreffend darauf hin, dass § 197 Abs 1 Nr 2 BGB hier nur selten bedeutsam werden könne.

Aus dem Eigentum fließen auch die Rückgabeansprüche, denen der ehemalige Nießbraucher und der ehemalige Pfandgläubiger nach den §§ 1055, 1223 BGB unterliegen; damit ist auch § 197 Abs 1 Nr 2 BGB anwendbar (**aA** BeckOGK BGB/Piekenbrock [1. 2. 2019] Rn 24; NK-BGB/Mansel/Stürner Rn 22).

Die Anwendbarkeit des § 197 Abs 1 Nr 2 BGB auf den Anspruch aus § 861 BGB wird durchweg wegen der Rechtsnatur des Besitzes verneint (vgl nur BeckOGK BGB/Piekenbrock [1. 2. 2019] Rn 28; NK-BGB/Mansel/Stürner Rn 26; MünchKomm/Grothe Rn 11). Diese Begründung ist aber zweifelhaft; den Ausschlag für das Ergebnis ergibt die Sonderregelung des § 864 Abs 1 BGB. Entgegen den Genannten ist § 197 Abs 1 Nr 2 BGB aber jedenfalls auf den Anspruch aus § 1007 BGB anzuwenden; es würde nicht einleuchten, wenn nur der Eigentümer, nicht auch der Pächter innerhalb seiner Frist gegen den Hehler vorgehen könnte.

Dagegen scheiden *rein obligatorisch begründete Herausgabeansprüche* aus, wie jene aus den §§ 546, 604 Abs 1, 667, 812 BGB, mögen sie sich auch – in den Fällen der

§§ 546 Abs 2, 596 Abs 3, 604 Abs 3, 822 BGB – unmittelbar gegen einen Dritten richten (BeckOGK BGB/Piekenbrock [1. 2. 2019] Rn 28; MünchKomm/Grothe Rn 11).

2. Fälle der Unanwendbarkeit

10 **a)** Nach der klaren Fassung des Gesetzes gilt § 197 Abs 1 Nr 2 BGB nicht (sondern die §§ 195, 199 BGB), wenn es nur um eine durch § 1004 BGB sanktionierte *Störung des Eigentums* geht (BeckOGK BGB/Piekenbrock [1. 2. 2019] Rn 30; Palandt/Ellenberger Rn 3; Soergel/Niedenführ Rn 6). Eine Ausnahme hat der BGH (NJW 2014, 3780 Rn 13 ff) allerdings für den Fall gemacht, dass eine Anlage eine Grunddienstbarkeit stört. In einem solchen Falle stehen dem Berechtigten aus der Grunddienstbarkeit die Ansprüche aus § 1004 BGB über § 1027 BGB zu. Als besondere Rechtsfolge der Verjährung dieses Anspruchs bestimmt § 1028 Abs 1 S 2 BGB, dass die Grunddienstbarkeit mit der Verjährung erlischt. Diese Regelung ist schon angesichts dessen eine Besonderheit, weil die Rechte aus der Grunddienstbarkeit als eingetragenem Recht gem § 902 BGB gar nicht verjähren würden, die Verjährbarkeit überhaupt erst aus § 1028 Abs 1 S 1 BGB folgt. Angesichts dessen passt nach BGH die eigentlich seit der Schuldrechtsmodernisierung einschlägige bloß noch dreijährige Regelverjährung für den Anspruch aus §§ 1004, 1027 BGB nicht. Die seitdem bestehende verdeckte Lücke schließt er durch Anwendung von § 197 Abs 1 Nr 2 BGB (BGH NJW 2014, 3780 Rn 29).

b) Erst recht ist die Anwendung des § 197 Abs 1 Nr 2 BGB ausgeschlossen, wo es um *Schadensersatz* wegen der Verletzung von Eigentum geht oder um gezogene Nutzungen, mag dies auch im Rahmen eines Eigentümer-Besitzer-Verhältnisses nach den §§ 987 ff BGB sich ergeben.

Freilich: Dem Anspruchsgegner erhält § 215 BGB die Möglichkeit, sich mit Zurückbehaltungsrechten zu verteidigen, dies namentlich mit einem solchen aus § 1000 BGB. Gegenüber dieser Verteidigung kann der Eigentümer dann – wieder nach § 215 BGB – Ansprüche aus den §§ 987 ff BGB zur „Gegenverteidigung" vorschützen.

c) Ebenfalls nicht anwendbar ist § 197 Abs 1 Nr 2 BGB auf *Sekundäransprüche,* die an die Stelle des dinglichen Herausgabeanspruchs treten, mögen sie nun wie jene der §§ 989, 990 BGB auf Schadensersatz gerichtet sein, oder wie jene der §§ 812, 818 BGB und vor allem § 816 BGB auf Wertersatz. Sie haben nicht mehr jene dingliche Wurzel, die § 197 Abs 1 Nr 2 BGB ausdrücklich anspricht, vor allem sind sie – anders als das Eigentum selbst – jener Verdunkelungsgefahr ausgesetzt, der das Institut der Verjährung Rechnung tragen will. Bei ihnen muss es bei den §§ 195, 199 BGB verbleiben (BeckOGK BGB/Piekenbrock [1. 2. 2019] Rn 26; aA MünchKomm/Grothe Rn 41).

d) Für Ansprüche aus *eingetragenen Rechten* ordnet vorrangig § 902 BGB die Unverjährbarkeit an.

3. Ablauf der Verjährung

11 **a)** Der Verjährungsbeginn ergibt sich aus § 200 S 1 BGB; es kommt auf das Entstehen der Vindikationslage an, was insbesondere dann von Bedeutung ist, wenn der Besitzer zunächst zum Besitz berechtigt war. Die Anfechtung einer Übereignung hat hier keine rückwirkende Kraft. Ändert sich der Gegenstand des Eigentums durch dingliche Surrogation, entsteht der Anspruch nicht etwa neu, sondern läuft die bisherige Verjährungsfrist weiter.

b) Bei einem Wechsel auf der Passivseite ist § 198 BGB zu beachten. Bei einem Wechsel auf der Aktivseite ist jene Bestimmung entsprechend anwendbar.

IV. Die Ansprüche aus den §§ 2018, 2130 und 2362

Das G zur Änderung des Erb- und Verjährungsrechts v 24. 9. 2009 (BGBl I 3142) hat **12** diese Ansprüche mit Wirkung zum 1. 1. 2010 aus § 197 Abs 1 Nr 2 BGB in den bisherigen § 197 Abs 1 Nr 1 BGB überführt, nunmehr das StORMG mit Wirkung zum 30. 6. 2013 zurück in den heutigen Abs 1 Nr 2. Irgendwelche sachlichen Auswirkungen hatten diese Verschiebungen freilich nicht.

1. Der Anspruch des Erben aus § 2018

a) Der Anspruch des Erben gegen den Erbschaftsbesitzer, die hereditatis petitio, **13** ist ein *Gesamtanspruch,* wie er sich auf die Herausgabe der Erbschaft in ihrem jeweiligen Bestand richtet (vgl näher STAUDINGER/GURSKY [2016] Vorbem 14 ff zu §§ 2018 ff). Das bedeutet, dass die Verjährungsregel des § 197 Abs 1 BGB nicht nur auf den noch vorhandenen ursprünglichen Bestand der Erbschaft zu beziehen ist, sondern auch auf das, was durch die dingliche Surrogation des § 2019 Abs 1 BGB in die Erbschaft gelangt ist, sowie auf das, was der Erbschaftsbesitzer an Nutzungen herauszugeben hat oder was er an Schadensersatz schuldet. In letzterer Beziehung besteht ein gewichtiger Unterschied zwischen den Ansprüchen aus §§ 2018 und 985 BGB, wie Letzterer eben nicht die Ansprüche aus den §§ 987 ff BGB in seine Verjährungsfrist einbezieht.

Aus Gründen der Waffengleichheit wird man auch die Gegenansprüche des Erbschaftsbesitzers aus § 2022 BGB wegen Verwendungen und Aufwendungen bei § 197 Abs 1 Nr 2 BGB einzuordnen haben; der Schutz des § 215 BGB genügt seinen Interessen nicht hinreichend.

b) Umstritten ist der Beginn der Verjährung, wie er nach § 200 S 1 BGB zu **14** beurteilen ist. Im Vordringen ist die Auffassung, es sei jeder Erbschaftsgegenstand separat nach dem Zeitpunkt seiner Erlangung zu beurteilen (vgl STAUDINGER/GURSKY [2016] § 2026 Rn 4; MUSCHELER, Erbrecht II [2010] Rn 3208; LANGE JZ 2013, 598). Doch kann diese Auffassung nicht befriedigen. Sie versagt bei Forderungen, an denen der Erbschaftsbesitzer nicht eigentlich Besitz erlangt (sondern sich nur seiner Inhaberschaft berühmt) und kann in den Fällen des § 2019 Abs 1 BGB nicht durchgehalten werden (so auch die Genannten), wenn man nicht zu einem unvertretbar späten Verjährungsbeginn gelangen will; wo es um Nutzungen und Schadensersatz geht, gilt dasselbe. Zu folgen ist vielmehr der hM, dass die Verjährung des Anspruchs als eines Gesamtanspruchs einheitlich zu laufen beginnt (BGH ZEV 2004, 378, 380; MünchKomm/ HELMS § 2026 Rn 3; ERMAN/HORN vor § 2018 Rn 7). Insoweit gibt es freilich zwei Möglichkeiten der Anknüpfung. Auf den letzten Erbschaftsgegenstand abzustellen (SIBER, Erbrecht [1928] 124; KIPP, Erbrecht [1930] § 66 I; LÖHNIG ZEV 2004, 267, 269) belastet den

Erbschaftsbesitzer übermäßig. Wenn man auf die Besitzerlangung an dem ersten Erbschaftsgegenstand abstellt (so die zuvor Genannten), muss man sich darüber im Klaren sein, dass dieser Vorgang nur symbolischen Charakter hat, wenn dieser Gegenstand als solcher unbedeutend ist. Den Ausschlag geben muss vielmehr stattdessen, dass sich der Erbschaftsbesitzer ernstlich seiner Erbenstellung berühmt, was eben auch auf andere Weise als durch Besitzerwerb geschehen kann. Schon dies verschafft dem Erben die für § 200 S 1 BGB entscheidende Möglichkeit der Klage, nämlich es zu unterlassen, Gegenstände aus der Erbschaft an sich zu nehmen.

14a c) § 197 Abs 1 Nr 2 BGB betrifft nur den Gesamtanspruch des Erben aus den §§ 2018 ff BGB, nicht auch seine Einzelansprüche, wie sie sich namentlich aus den §§ 985 ff, 812 BGB ergeben können. Das ist kaum von Belang für den in gleicher Frist verjährenden Anspruch aus § 985 BGB und jedenfalls ohne Belange für die in kürzerer – der regelmäßigen – Verjährungsfrist verjährenden Ansprüche der §§ 987 ff, 812 BGB. Es wird aber auch vertreten, die Verjährung des Gesamtanspruchs sperre über § 2029 BGB auch jene Einzelansprüche, die die §§ 898, 902 BGB unverjährbar stellen (PLANCK/FLAD § 2029 Anm 3; STAUDINGER/GURSKY [2016] § 2029 Rn 6; aA OLG Brandenburg ZEV 2003, 516, 518; PALANDT/WEIDLICH § 2029 Rn 2). Doch ist dem nicht zu folgen. Befindet sich das Grundstück im Besitz bzw Buchbesitz eines Dritten, muss sich ohnehin die Position des wahren Erben durchsetzen, und es wäre nicht einzusehen, warum er gegenüber dem Erbschaftsbesitzer so grundlegend schlechter gestellt werden sollte. § 2029 BGB gibt das auch ausweislich der Materialien zur der Bestimmung nicht her.

2. Der Anspruch des Nacherben aus § 2130 Abs 1

15 Für den Anspruch des Nacherben gegen den Vorerben auf Herausgabe der Erbschaft aus § 2130 Abs 1 BGB gilt Entsprechendes wie für den Anspruch aus § 2018 BGB. Auf die Erläuterungen eben, Rn 13 ff, kann Bezug genommen werden.

3. Der Anspruch auf Herausgabe des unrichtigen Erbscheins, § 2362 Abs 1

16 Der Anspruch des Erben auf Herausgabe des unrichtigen Erbscheins an das Nachlassgericht ist geradezu die Verkörperung seiner Erbenstellung, wie sie als solche nicht der Verjährung unterliegt. Es muss verwundern, dass der Anspruch überhaupt verjährbar gestellt ist. Im Falle des unrichtigen Grundbuchs sind die Dinge in den §§ 894, 898 BGB anders geregelt.

4. Der Geltendmachung der Herausgabeansprüche dienende Ansprüche

17 § 197 Abs 1 Nr 2 BGB nennt seit seiner Neufassung durch das G zur Änderung des Erb- und Verjährungsrechts v 24. 9. 2009 (BGBl I 3142) – freilich seinerzeit als Abs 1 Nr 1 – auch diese Ansprüche.

a) Allgemeines
18 Der Grundgedanke der Regelung ist sinnvoll. Die Herausgabeansprüche namentlich des Erben und des Nacherben wären ineffektiv, wenn sie nicht in Erfahrung bringen könnten, was sie konkret herausverlangen können. Ihre Auskunftsansprüche dürfen also nicht eher verjähren als die Herausgabeansprüche.

aa) Durch die gleiche Bemessung der Verjährungsfristen löst § 197 Abs 1 Nr 2 BGB das Problem allerdings nur teilweise, wenn es denn dazu kommen kann, dass die Verjährung des Hauptanspruchs gehemmt worden ist, die des Hilfsanspruchs aber nicht. Hier wird man der ratio legis nur damit gerecht, dass man Haupt- und Hilfsanspruch überhaupt gleich behandelt.

bb) Die Gleichbehandlung in der Verjährungsfrage ist aber auch in der umgekehrten Situation geboten, dass die Verjährung des Hilfsanspruchs über die Verjährung des Hauptanspruchs hinausragt. Hier ist konstruktiv allerdings nicht davon auszugehen, dass der Eintritt der Verjährung des Hilfsanspruchs – wie im Falle des § 217 BGB – zeitlich vorgezogen wird. Es entfällt vielmehr das schutzwürdige Interesse an der Auskunft, wenn sie doch zu nichts mehr führen kann. Das lässt die Möglichkeit offen, dass das schutzwürdige Interesse anderweitig dargetan werden kann.

cc) Diese Überlegungen ergeben sich nun allerdings nicht nur bei den in § 197 Abs 1 Nr 2 BGB genannten Ansprüchen, sie sind vielmehr bei allen Ansprüchen anzustellen, sodass auch schon der spezielle Ort der Regelung nicht befriedigen kann (s Anh 1 zu § 217).

b) Einzelne Auskunftsansprüche
aa) Für die sachenrechtlichen Ansprüche kommt vorzugsweise der allgemeine, aus § 242 BGB herzuleitende Auskunftsanspruch in Betracht, im Einzelfall auch jener des § 666 BGB. **19**

bb) Der Erbe kann sich auf die §§ 2027, 2028, 2362 Abs 2 BGB stützen.

cc) Für den Nacherben geht es um den Anspruch auf ein Verzeichnis der Erbschaftsgegenstände nach § 2121 BGB, den Anspruch auf Duldung der Feststellungen eines Sachverständigen nach § 2122 S 2 BGB, den Auskunftsanspruch des § 2127 BGB, den Rechenschaftsanspruch des § 2130 Abs 2 BGB.

Dabei macht schon das Beispiel des § 2028 BGB deutlich, dass sich der Auskunftsanspruch auch gegen Dritte richten kann. So wird etwa im Falle des § 985 BGB der Dieb mitzuteilen haben, bei welchem Hehler er die Sache abgesetzt hat.

c) Eidesstattliche Versicherung
Der Geltendmachung der Herausgabeansprüche dient auch der Anspruch auf eidesstattliche Versicherung der Richtigkeit der Auskunft, wie er bei diesbezüglichen Zweifeln aus den §§ 259 Abs 2, 260 Abs 2, 2028 Abs 2 BGB resultiert. Zum Beginn der Verjährung dieses Anspruchs ist zu beachten, dass er iSd einschlägigen § 200 S 1 BGB erst dann entsteht, wenn sich Zweifel an der Richtigkeit der Auskunft ergeben. Freilich wird das schutzwürdige Interesse an dem Anspruch entfallen, wenn sich Konsequenzen aus einer berichtigten Auskunft nicht mehr ergeben können. **19a**

V. Erb- und familienrechtliche Ansprüche

1. Allgemeines

20 Die Bestimmung des früheren § 197 Abs 1 Nr 2 BGB ist aufgehoben worden durch Art 1 Nr 1 lit a bb des G zur Änderung des Erb- und Verjährungsrechts v 24. 9. 2009 (BGBl I 3142), das damit die von der Bestimmung betroffenen Ansprüche im Wesentlichen dem Anwendungsbereich der §§ 195, 199 BGB überantwortet hat, so namentlich aus dem Erbrecht den Anspruch des Vermächtnisnehmers aus § 2174 BGB. Teilweise sind erbrechtliche Ansprüche allerdings gleichzeitig in den bisherigen § 197 Abs 1 Nr 1 BGB, nunmehr also wieder Abs 1 Nr 2, aufgenommen worden (vgl o Rn 4, 12 ff), insoweit ohne irgendwelche sachlichen Konsequenzen.

§ 197 Abs 1 Nr 2 BGB aF behält eine sachliche Bedeutung auf Grund der Überleitungsbestimmung des Art 229 § 21 EGBGB für früher entstandene Ansprüche. Die Neuregelung gilt danach nur für Ansprüche, die nach dem Stichtag des 1. 1. 2010 entstanden sind, Art 229 § 21 Abs 1 S 1 EGBGB. Ist der Anspruch früher entstanden, bleibt es nach Art 229 § 21 Abs 1 S 2 EGBGB bei der früheren Regelung, sofern die Verjährungsfrist danach eher abläuft.

Praktisch bedeutet dies:

Ist der Anspruch zB des Vermächtnisnehmers 1981 entstanden, lief die bisherige Verjährungsfrist – früher endend als nach der Neuregelung – 2011 (taggenau) ab.

Ist dieser Anspruch 1990 entstanden, konkurrieren die Fristen des § 197 Abs 1 Nr 2 BGB aF und des § 195 Abs 1 BGB. Hat der Vermächtnisnehmer am Stichtag des 1. 1. 2010 den Kenntnisstand des § 199 Abs 1 Nr 2 BGB, setzt sich die „neue" Frist durch, sodass die Verjährung mit Ablauf des 31. 12. 2013 eingetreten ist. Entsprechendes gilt, wenn der Vermächtnisnehmer den einschlägigen Kenntnisstand später erlangt. Spätestens 2020 tritt nach bisherigem Recht Verjährung ein.

2. Erbrechtliche Ansprüche

21 Der Begriff der erbrechtlichen Ansprüche ist rein formal dahin zu verstehen, dass er alle Ansprüche erfasst, die sich unmittelbar oder mittelbar durch gesetzliche Verweisungen aus dem 5. Buch des BGB ergeben haben (BGH NJW 2007, 2174; aA OTTE ZGS 2010, 157), sofern keine Sonderregelungen bestanden haben wie zB nach § 2332 Abs 1 aE BGB für den Anspruch des Pflichtteilsberechtigten gegen den Erben. Näher zur Begriffsbestimmung § 199 Rn 99 ff.

3. Familienrechtliche Ansprüche

22 Die Bezugnahme des § 197 Abs 1 Nr 2 BGB aF auf familienrechtliche Ansprüche war praktisch bedeutungslos (vgl die nähere Darstellung bei OTTE ZGS 2010, 15; STAUDINGER/PETERS/JACOBY [2009] § 197 Rn 22 ff). Diesem Befund entspricht es, dass der Gesetzgeber § 197 Abs 1 Nr 2 BGB aF zwar in Bezug auf das Erbrecht in § 199 Abs 3a BGB überführt hat, nicht aber in Bezug auf das Familienrecht.

Titel 1
Gegenstand und Dauer der Verjährung § 197

Rn einstweilen frei. 23–31

VI. Rechtskräftige Feststellung des Anspruchs

Im Anschluss an § 218 Abs 1 aF lässt § 197 Abs 1 Nr 3 BGB die lange Verjährungs- **32** frist der Bestimmung – vorbehaltlich des § 197 Abs 2 BGB – dann eingreifen, wenn der Anspruch durch Urteil oder in sonstiger Weise (u Rn 49) rechtskräftig festgestellt ist; dann ist eben sein Bestehen hinreichend verlässlich geklärt.

1. Die neue Verjährungsfrist greift nur insoweit ein, wie der Anspruch rechts- **33** kräftig festgestellt ist.

a) An einer rechtskräftigen Feststellung fehlt es, wenn ein Anspruch nur *hilfs-* **34** *weise* geltend gemacht wurde und insoweit bei dem stattgebenden Titel nicht berücksichtigt wurde. Eine rechtskräftige Feststellung trifft auch das *Grundurteil,* § 304 ZPO, *nicht* (RGZ 66, 10; 90, 238; 117, 423, 425; BGH NJW 1985, 792; MünchKomm/GROTHE Rn 17), wohl aber das Feststellungsurteil, das der Gläubiger erwirkt hat (u Rn 42, 49).

Freilich liegt eine hinreichende rechtskräftige Feststellung dann vor, wenn ein Schiedsgericht nach dem Schiedsvertrag nur über den Grund des Anspruchs entscheiden sollte; seine Entscheidung kommt einem Feststellungsurteil hinreichend nahe (RGZ 100, 118, 122 f; MünchKomm/GROTHE Rn 17).

b) Bei einem rechtskräftig festgestellten Anspruch kommt es auf Entstehungs- **35** grund, Rechtsnatur und Ausgestaltung – vorbehaltlich des § 197 Abs 2 BGB – nicht an. § 197 Abs 1 Nr 3 BGB gilt also namentlich auch bei Ansprüchen, für die die Parteien vertraglich eine kürzere als die gesetzliche Verjährungsfrist vereinbart haben (vgl RGZ 109, 234, 236).

Keine Sondervorschrift zu § 197 Abs 1 Nr 3 BGB stellt § 159 HGB dar: Wird der Anspruch gegen die Gesellschaft vor dem Ausscheiden des Gesellschafters gegen diesen tituliert, so verbleibt es für ihn in der Verjährungsfrage bei der Frist des § 197 BGB (RG JW 1938, 1173 m zust Anm vGODIN; BGH NJW 1981, 2579; SCHLEGELBERGER/ K SCHMIDT § 159 HGB Rn 24; MünchKomm/GROTHE Rn 18).

Wird ein Anspruch gegen einen Geschäftsinhaber tituliert, so bleibt es bei der Verjährungsvorschrift des § 197 Abs 1 Nr 3 BGB auch dann, wenn der Fall der §§ 25, 26 HGB eintritt; die fünfjährige Frist des § 26 HGB verdrängt nicht die des § 197 BGB (offengelassen von RG JW 1938, 1173; wie hier MünchKomm/GROTHE Rn 18; BAUMBACH/HOPT/HOPT § 26 HGB Rn 5 iVm § 160 Rn 3; **aA** STAUDINGER/DILCHER[12] § 218 aF Rn 8; SCHLEGELBERGER/HILDEBRANDT § 26 HGB Rn 5; PALANDT/ELLENBERGER Rn 9). Doch sollte die Frist des § 26 HGB verdrängend wirken, müsste man trotz vorhandenen Titels noch einmal klagen.

c) Die dreißigjährige Verjährungsfrist gilt nur, soweit der Anspruch rechtskräftig **36** festgestellt ist. Das ist für Teilklage und Teilurteil von Bedeutung (RGZ 66, 266, 271).

Hingegen enthält ein Urteil, mit dem dem Auftraggeber Vorschuss auf Mängelbeseitigungskosten zugesprochen wird, regelmäßig die Feststellung, dass der Auftragnehmer verpflichtet ist, die gesamten Mängelbeseitigungskosten zu tragen. Die 30-jährige Verjährung des § 197 Abs 1 Nr 3 BGB trifft damit nicht nur den titulierten Vorschussanspruch, sondern ergreift auch die weiterhin einklagbare Nachforderung (BGH NJW 2009, 60; aA OLG Nürnberg BauR 2008, 2049, das die Nachforderung nach den allgemeinen Vorschriften verjähren lassen will).

Die Verjährung gilt auch nur für den festgestellten Anspruch selbst, *nicht auch für von ihm abhängige Ansprüche* zB auf Ersatz von Verzugsschäden (BGH LM § 286 Nr 3).

37 **d)** Die dreißigjährige Verjährungsfrist gilt auch dann, wenn der Gläubiger ein rechtskräftiges **Feststellungsurteil** herbeiführt (RGZ 84, 370, 373 f). Das ergibt der klare Wortlaut der Bestimmung und folgt auch schon aus Sinn und Zweck der Eignung der Feststellungsklage zur Verjährungshemmung, vgl § 204 Abs 1 Nr 1 BGB. Unerheblich ist es dabei, ob das Feststellungsurteil nach prozessualen Maßstäben zulässig ergangen ist oder nicht.

38 **aa)** Das Urteil muss allerdings das Bestehen eines Anspruchs feststellen; nicht genügt die Feststellung eines Rechtsverhältnisses – zB eines wirksamen Vertrages –, aus dem dann erst die konkreten Ansprüche folgen (BAG AP § 196 Nr 2 [Feststellung der Eingruppierung des Klägers in eine bestimmte Vergütungsgruppe]; MünchKomm/Grothe Rn 20; Staudinger/Dilcher¹² § 218 aF Rn 2).

39 **bb)** Die dreißigjährige Verjährungsfrist des § 197 Abs 1 BGB gilt zunächst für alle jene Ansprüche, die bis zum Eintritt der Rechtskraft entstanden waren, also namentlich auch für bis dahin aufgelaufene Zinsansprüche (Palandt/Ellenberger Rn 10), für bis dahin aufgelaufene Teile einer Unterhaltsrente (BGH NJW-RR 1989, 215); die kurze Verjährungsfrist des § 197 Abs 2 BGB gilt erst für die nach Eintritt der Rechtskraft fälligen Teile dieser Ansprüche auf wiederkehrende Leistungen (vgl dazu u Rn 63 ff).

40 **cc)** Die Verjährungsfrist des § 197 Abs 1 Nr 3 BGB gilt aber auch für *künftig*, dh nach Eintritt der Rechtskraft, *fällige Ansprüche*, die sich aus dem dem Grunde nach rechtskräftig festgestellten Anspruch herleiten lassen, zB künftige Heilungskosten. Dass die Höhe des Anspruchs noch der Feststellung bedarf, ist unerheblich (BGH NJW 1975, 1320). Vorrangig ist hier allerdings die Fristbestimmung des § 197 Abs 2 BGB (dazu u Rn 63 ff).

Die Verjährungsfrist des § 197 Abs 1 BGB ist selbst dann einschlägig, wenn Ansprüche dieser Art erst nach Eintritt der Rechtskraft gesetzlich eröffnet werden (BGH NJW 1967, 563). Folgerichtig muss die Bestimmung *auch dann* gelten, *wenn die Parteien nachträglich bestimmte Ansprüche* auf der Basis des Feststellungsurteils *begründen;* es erkennt zB der Schädiger seine Einstandspflicht für bestimmte Heilungskosten an.

41 **dd)** § 197 Abs 1 Nr 3 BGB ist auch hinsichtlich des *Zahlungsanspruchs* anwendbar, der aus einem *Freistellungsurteil* folgen kann (BGH NJW 1991, 2014; BeckOGK BGB/Piekenbrock [1. 2. 2019] Rn 39); diese Umwandlung begründet keine neue Verjährungsfrist.

e) Die dreißigjährige Verjährungsfrist des § 197 Abs 1 Nr 3 BGB soll nach hM **42** auch dann einschlägig sein, wenn die rechtskräftige Feststellung des Anspruchs dadurch erfolgt, dass eine entsprechende **negative Feststellungsklage** des Verpflichteten aus sachlichen Gründen abgewiesen wird (RAGE 21, 99, 102; BGH NJW 1972, 1043; 1975, 1320; BGHZ 72, 23, 31; BeckOGK BGB/PIEKENBROCK [1. 2. 2019] Rn 40; MünchKomm/ GROTHE Rn 17; PALANDT/ELLENBERGER Rn 7; SCHREIBER, in: FS Medicus 578; krit GÜRICH MDR 1980, 359). Inwieweit die Abweisung der negativen Feststellungsklage zugleich eine rechtskraftfähige positive Feststellung des Anspruchs enthalte, soll dabei den Entscheidungsgründen zu entnehmen sein.

Diese Auffassung ist *abzulehnen*. Dabei ist hier nicht der Frage nachzugehen, in- **43** wieweit ein derartiges Urteil Rechtskraft zugunsten des Gläubigers bewirkt, obwohl schon dieses prozessrechtliche Problem Fragen aufwirft, wie sie in dem nach Klarheit und Durchsichtigkeit strebenden Recht der Verjährung tunlichst vermieden werden sollten. Für die hM spricht allein der mit ihr kompatible Wortlaut des § 197 Abs 1 Nr 3 BGB. Gegen sie, dass weder die negative Feststellungsklage des Schuldners als solche noch auch die Verteidigung des Gläubigers gegen sie eine Hemmung der Verjährung bewirkt (vgl § 204 Rn 39). Damit ist eine Verlängerung der Verjährung durch § 197 Abs 1 Nr 3 BGB nicht vereinbar. Dem Eintritt der Rechtskraft käme so auch die Wirkung einer Erneuerung der Verjährung zu, wie sie – als erstmalige! – nirgends normiert ist. Die Interessen des Gläubigers, der leicht mit einer Widerklage antworten könnte, fordern diese Auslegung des § 197 Abs 1 Nr 3 BGB nicht, die des Schuldners erst recht nicht. Die bisherige Systematik des Gesetzes, die § 218 BGB aF an die Unterbrechungsgründe der §§ 209, 210 BGB aF anschloß, wie sie Maßnahmen des Berechtigten voraussetzen, spricht gegen die hM. Daran sollte die Neufassung nichts ändern. Mit GÜRICH MDR 1980, 359, ist insofern anzunehmen, dass allenfalls eine analoge Anwendung in Betracht kommt. Die besseren Gründe sprechen indessen für einen Umkehrschluss.

2. Die rechtskräftige Entscheidung muss *inter partes,* zwischen dem Berechtigten **44** und dem Verpflichteten, ergangen sein.

a) Auf Seiten des *Berechtigten* wirkt die rechtskräftige Entscheidung auch zu- **45** gunsten eines *Rechtsnachfolgers,* sofern die Rechte nach Eintritt der Rechtskraft übergehen (BGH NJW 1967, 562). Wegen der §§ 265, 325 ZPO genügt insoweit freilich auch ein Rechtsübergang während des Prozesses. Ein vorprozessualer Rechtsübergang reicht auch im Falle des § 407 Abs 2 BGB nicht, weil diese Bestimmung nur zu Lasten, nicht auch zu Gunsten des neuen Gläubigers gilt (**aA** BGH NJW 2002, 1877 für den Fall, dass der Anspruch vorab auf einen Sozialhilfeträger übergegangen ist).

b) Auf Seiten des *Verpflichteten* wirkt die rechtskräftige Entscheidung ebenfalls zu **46** Lasten des Rechtsnachfolgers, zB im Erbfall. Bei der rechtsgeschäftlichen Schuldübernahme oder dem rechtsgeschäftlichen Schuldbeitritt gilt, dass diese so übernommen wird, wie sie besteht. Unterlag die Schuld also im Zeitpunkt von Übernahme oder Beitritt schon dem § 197 Abs 1 Nr 3 BGB, so gilt dessen Frist auch gegenüber dem Übernehmenden oder Beitretenden (BGH NJW 1987, 2863). Ein nachträgliches Urteil braucht ein Beitretender oder sonstiger Gesamtschuldner dagegen nicht gegen sich gelten zu lassen, vgl § 425 Abs 2 BGB. Bei einem Rechtsnachfolger bleiben hinsichtlich des maßgeblichen Zeitpunkts ebenfalls die §§ 265, 325 ZPO zu beachten.

47 Die *Gesellschafter einer oHG* müssen die Frist des § 197 Abs 1 Nr 3 BGB gegen sich gelten lassen, wenn der Anspruch gegenüber der oHG rechtskräftig tituliert ist, §§ 128, 129 HGB (BeckOGK BGB/Piekenbrock [1. 2. 2019] Rn 42). Scheidet der Gesellschafter aus, kommt ihm die kürzere Frist des § 159 HGB auch dann zugute, wenn der Anspruch zu Lasten der Gesellschaft zuvor tituliert war (Schlegelberger/ K Schmidt § 159 HGB Rn 24), erst recht, wenn der Anspruch gegenüber der Gesellschaft erst nachträglich tituliert wird (RGZ 70, 325). Dagegen kann sich der seinerseits verurteilte Gesellschafter nicht darauf berufen, dass der Anspruch gegenüber der Gesellschaft mittlerweile verjährt war (BGH NJW 1981, 2579).

48 Der *Bürge* haftet für die Hauptschuld in ihrem jeweiligen Zustand, §§ 767, 768 BGB. Er muss es also hinnehmen, wenn die noch nicht verjährte Hauptschuld in die Verjährungsfrist des § 197 Abs 1 Nr 3 BGB überführt wird (BGH NJW 1980, 1461), kann sich aber auch dann auf die zwischenzeitliche Verjährung der Hauptforderung berufen, § 768, wenn er selbst rechtskräftig verurteilt worden ist (§ 214 Rn 10). Die Bürgschuld verjährt allerdings eigenständig, so unterliegt auch der Anspruch aus einer Prozessbürgschaft nicht der dreißigjährigen Verjährungsfrist des § 197 Abs 1 Nr 3 BGB, sondern der Regelverjährung (BGHZ 203, 162 = NJW 2015, 351 Rn 23).

3. Die einschlägigen Titel

49 a) Im Mittelpunkt steht das *Leistungsurteil,* unabhängig von seinem Inhalt (Zahlung, sonstige Handlung, Unterlassung, Duldung) und unabhängig von der Gerichtsbarkeit, in der es ergangen ist, vgl § 220 Abs 1 BGB aF, der nur aus Gründen der Selbstverständlichkeit seiner Aussage nicht in das neue Recht übernommen wurde. Entscheidend ist nur, dass das Urteil formell unanfechtbar geworden ist. Insofern reichen also vorläufig vollstreckbare Entscheidungen nicht aus, wohl aber Entscheidungen, die im Rahmen einer einstweiligen Verfügung ergangen sind.

Maßgeblich ist dabei die rechtskräftige Entscheidung. Es kommt auf ihre Form nicht an, ob sie in Urteils- oder in Beschlussform ergangen ist. Es kommt auch auf ihre Korrektheit nicht an, solange nur überhaupt noch von einer wirksamen Entscheidung gesprochen werden kann. An einer wirksamen Entscheidung fehlt es freilich, wenn der zugrundeliegende Anspruch, um dessen Verjährung es ja geht, nicht hinreichend bestimmt ist, wie es sich bei der Teilklage ergeben kann, die auf mehrere Forderungen gestützt ist, ohne diese auszuschöpfen (vgl BGHZ 124, 164 = NJW 1994, 460). Dass ohne eine Klarstellung der Zuordnung die Hemmungswirkung des § 204 Abs 1 BGB ausbleibt (vgl § 204 Rn 39) setzt sich in der Unanwendbarkeit des § 197 Abs 1 Nr 3 BGB fort. – Das vorangegangene Verfahren (kontradiktorisch oder Anerkenntnis oder Säumnis) ist unerheblich. Es muss sich nur um eine gerichtliche Entscheidung handeln. Dabei reicht Gerichtsbarkeit im formellen Sinne stets, aber doch auch Gerichtsbarkeit im materiellen Sinne, vgl die Erwähnung der Schiedsgerichtsbarkeit in § 220 Abs 1 BGB aF.

50 b) Neben dem Leistungsurteil reicht ein *Feststellungsurteil,* vgl § 204 Abs 1 Nr 1 BGB (dazu o Rn 37), ein Gestaltungsurteil hinsichtlich der Kosten, ein Urteil, das die Vollstreckungsklausel erteilt nach den §§ 731, 796, 797 ZPO, oder ein Vollstreckungsurteil nach den §§ 722, 1042 ZPO, vgl § 204 Abs 1 Nr 1 BGB. Nicht genügt ein Grundurteil (vgl BGH NJW 1985, 791, 792).

Ausländische Urteile sind *nicht* geeignet, die Wirkungen des § 197 Abs 1 Nr 3 BGB herbeizuführen (**aA** FRANK IPRax 1983, 108, 111; MünchKomm/GROTHE Rn 16; einschränkend OLG Stettin JW 1930, 1882, 1883; STAUDINGER/DILCHER[12] § 218 aF Rn 3). Maßgeblich ist vielmehr die Entscheidung, die es für das Inland anerkennt bzw für vollstreckbar erklärt, vgl Art 38 EUGVO, §§ 3 ff AVAG.

c)   Es reichen auch unanfechtbare *Vollstreckungsbescheide,* unanfechtbare *Kostenfestsetzungsbeschlüsse* (STAUDINGER/DILCHER[12] § 218 aF Rn 4; BGB-RGRK/JOHANNSEN § 218 aF Rn 2), und überhaupt reicht schon die rechtskräftige Kostengrundentscheidung (BGH NJW 2006, 1962 Rn 6 ff), auch wenn die Kostenfestsetzung zunächst unterbleibt, sowie im Falle ihrer Unanfechtbarkeit jene sonstigen Beschlüsse, aus denen *§ 794 Abs 1 Nrn 2, 3 ZPO* bzw § 86 Abs 1 Nrn 1, 3 FamFG die Zwangsvollstreckung zulassen. **51**

d)   Wegen des *Schiedsspruches* des Schiedsrichters vgl § 220 Abs 1 BGB aF. Er hat unmittelbar die Wirkungen des § 197 Abs 1 Nr 3 BGB, nicht erst seine Vollstreckbarkeitserklärung, die freilich – bei Rechtskraft – die Wirkungen des § 197 BGB wiederholt. **52**

Ein ausländischer Schiedsspruch hat die Wirkungen des § 197 Abs 1 Nr 3 BGB dann nicht, wenn die Verjährungsfrage nach ausländischem Recht zu beurteilen ist; dann ist auf dieses abzustellen. Ist inländisches Recht anzuwenden, wird man wie bei dem ausländischen Urteil auf die Vollstreckbarkeitserklärung abzustellen haben (**aA** JUNKER KTS 1987, 45).

e)   *Kostenforderungen von Notaren* verjähren gemäß § 6 Abs 1 S 3 GNotKG in vier Jahren nach Ablauf des Kalenderjahres, in denen sie fällig geworden sind. § 197 BGB ist nicht anwendbar, selbst wenn der Notar eine Kostenrechnung nach § 19 GNotKG erteilt und diese aufgrund § 89 GNotKG für vollstreckbar erklärt hat (BORMANN/DIEHN/SOMMERFELDT/NEIE, GNotKG § 6 Rn 16). Die Gegenansicht berief sich zum alten Recht auf den Nichtanwendbarkeitskatalog für Gebührennotare in § 143 Abs 1 KostO aF, der die Verjährungsvorschriften der alten KostO ausnahm, sodass keine andere Bestimmung iS von § 197 BGB gegeben war. Mit der Schuldrechtsreform (Art 5 Abs 7 Nr 2 G v 26. 11. 2001, BGBl I 3138) wurde aber die spezielle Verjährungsvorschrift aus jenem Katalog gestrichen (KORINTENBERG/LAPPE/BENGEL/REIMANN/BENGEL/TIEDTKE, KostO[18] § 143 Rn 6), sodass seitdem zunächst KostO und nunmehr GNotKG dem § 197 vorgehen. Auch für im Verfahren nach § 127 GNotKG rechtskräftig festgestellte Ansprüche verdrängt die Vierjahresfrist des § 6 Abs 1 S 3 GNotKG den § 197 BGB (BORMANN/DIEHN/SOMMERFELDT/NEIE, GNotKG § 6 Rn 16; **aA** freilich ders § 127 Rn 73; KORINTENBERG/LAPPE/BENGEL/REIMANN/BENGEL/TIEDTKE, KostO[18] § 156 Rn 18). Für eine analoge Anwendung von § 197 Abs 1 Nr 4 BGB oder § 53 Abs 2 VwVfG fehlt es damit an einer planwidrigen Regelungslücke (zu § 218 BGB aF BGH DNotZ 2005, 68 ff; **aA** OLG Zweibrücken MittBayNot 2000, 578 unter Verweis auf OLG Zweibrücken MittBayNot 1981, 208 ff; OLG Oldenburg DNotZ 1990, 330 f). **53**

54 f) Soweit *Verwaltungsakte* der Selbsttitulierung staatlicher Ansprüche dienen, treffen § 53 Abs 2 VwVfG § 52 Abs 2 SGB X eine dem § 197 Abs 1 Nr 3 BGB, Abs 2 entsprechende Regelung. Werden im Verwaltungsverfahren Ansprüche Privater – insbesondere durch Restitutionsbescheid – bestandskräftig festgestellt, fehlt eine entsprechende Regelung, die § 220 BGB aF noch enthielt. Diese Lücke ist durch Anwendung von § 197 Abs 1 Nr 3, Abs 2 BGB zu schließen (BGH NJW-RR 2013, 1236 Rn 23 ff).

55 g) Unter § 197 Abs 1 Nr 3 BGB fällt auch das *Vorbehaltsurteil*, das § 219 BGB aF noch eigens erwähnte. Dessen Aufhebung sollte in der Sache nichts ändern (RegE BT-Drucks 14/6040 99 f, 106). Dies betrifft die Fälle der §§ 302 (Vorbehalt der Aufrechnung), 599 (Vorbehalt der Rechte im Urkundenprozess) ZPO. Die ergehende Entscheidung erwächst eben ggf in die für § 197 Abs 1 Nr 3 BGB maßgebliche formelle Rechtskraft, auch wenn die Aufhebung des Urteils im Nachverfahren noch möglich bleibt.

§ 197 Abs 1 Nr 3 BGB gilt nicht für die *Aufrechnungsforderung*, die einstweilen unberücksichtigt geblieben ist. Die hemmende Wirkung der Aufrechnung, § 204 Abs 1 Nr 5 BGB, kann sich der Gegner dadurch erhalten, dass er gegen das noch nicht rechtskräftige Vorbehaltsurteil Rechtsmittel einlegt, sonst durch das Betreiben des Nachverfahrens; er muss dabei § 204 Abs 2 S 3 BGB beachten.

Das *Nachverfahren* hemmt erneut für Klage und Aufrechnungsforderung und führt ggf zu einem wieder § 197 Abs 1 Nr 3 BGB unterliegenden Titel (mit späterem Verjährungsbeginn).

Zweifelhaft sind die Folgen, wenn im Nachverfahren die Klage trotz eines rechtskräftigen Vorbehaltsurteils zurückgenommen oder als unzulässig abgewiesen wird. Hier entfällt die Wirkung des § 197 Abs 1 Nr 3 BGB mit der Folge, dass wieder die ursprüngliche Verjährungsfrist maßgeblich ist, freilich mit der sich aus § 204 BGB ergebenden Hemmung.

VII. Ansprüche aus vollstreckbaren Vergleichen und vollstreckbaren Urkunden

56 § 197 Abs 1 Nr 4 BGB führt nicht anders als § 197 Abs 1 Nr 3 BGB die Regelung des § 218 Abs 1 BGB aF fort.

1. Vollstreckbare Vergleiche

§ 197 Abs 1 Nr 4 BGB betrifft die Vergleiche, auf die sich *§ 794 Abs 1 Nr 1 ZPO* bezieht: Vergleiche zur Beendigung eines Prozesses, vor einer landesrechtlich eingerichteten oder anerkannten Gütestelle, Vergleiche nach § 118 Abs 1 S 3 ZPO im Rahmen des Verfahrens über die Bewilligung von Prozesskostenhilfe oder im selbstständigen Beweisverfahren. Für das familiengerichtliche Verfahren und sonstige Angelegenheiten der freiwilligen Gerichtsbarkeit nimmt § 86 Abs 1 Nr 3 FamFG auf § 794 Abs 1 Nr 1 ZPO Bezug. Die Bestimmungen sind auch dann anwendbar, wenn der Vergleich *zusätzlich Ansprüche erfasst*, die bislang nicht Gegenstand des Rechtsstreits waren (aA offenbar SOERGEL/NIEDENFÜHR Rn 33; MünchKomm/GROTHE Rn 23). Sie erfassen weiterhin auch *Ansprüche für oder gegen einen Dritten, der dem Ver-*

gleich beitritt. Werden ohne seinen Beitritt für ihn selbstständige Ansprüche begründet, müssen sie ebenfalls § 197 Abs 1 Nr 4 BGB unterliegen: Sie haben dieselbe Genese und es wäre ein Unterschied in den Verjährungsfristen paradox zwischen ihnen und den parallelen eigenen Ansprüchen des vergleichsbeteiligten Versprechensempfängers (BeckOGK BGB/Piekenbrock [1. 2. 2019] Rn 52; aA Wehrmann, Die Position des Dritten im Prozessvergleich in materiellrechtlicher und prozessualer Hinsicht [1995] 131). Freilich tritt bei Vergleichen – gegenüber § 197 Abs 1 Nr 3 BGB – eine Rechtskraft nicht ein: Zur Anwendung des § 197 Abs 1 Nr 4 BGB kommt es nicht, wenn sie wegen anfänglicher Mängel unwirksam sind oder durch Anfechtung unwirksam werden.

Soweit § 197 Abs 1 Nr 4 BGB an einen *vollstreckbaren Vergleich* anknüpft, ist dies missverständlich: Der Vergleich braucht nur allgemein vollstreckbar zu sein, nicht aber gerade in Bezug auf den konkreten Anspruch. Es muss genügen, dass ein Anspruch dem Grunde nach anerkannt wird. *Sekundäransprüche* auf Schadensersatz oder aus Rücktritt, Minderung haben nicht an der Privilegierung des § 197 Abs 1 Nr 4 BGB teil, weil sie nicht vollstreckbar tituliert sind. **57**

Weitere Anwendungsfälle des § 197 Abs 1 Nr 4 BGB sind der gerichtlich bestätigte Vergleich nach § 278 Abs 6 ZPO oder der gerichtlich bestätigte Schuldenbereinigungsplan nach § 308 InsO.

Anders liegen die Dinge beim Vergleich im schiedsgerichtlichen Verfahren, § 1053 ZPO, und beim Anwaltsvergleich, § 796a ZPO bzw §§ 796h, 796c ZPO, weil diese erst noch für vollstreckbar erklärt werden müssen; hier kommt es auf diese letzteren Entscheidungen an, vgl § 794 Abs 1 Nrn 4a, 4b ZPO, sodass der Weg zu § 197 Abs 1 Nr 3 BGB führt (NK-BGB/Mansel/Stürner Rn 56, 60; aA BeckOGK BGB/Piekenbrock [1. 2. 2019] Rn 45; Soergel/Niedenführ Rn 33).

2. Vollstreckbare Urkunden

Vollstreckbare Urkunden iSd § 197 Abs 1 Nr 4 BGB sind die notariellen Urkunden nach § 794 Abs 1 Nr 5 ZPO. Der Vollstreckungstitel muss wirksam geschaffen worden sein (BeckOGK BGB/Piekenbrock [1. 2. 2019] Rn 55; MünchKomm/Grothe Rn 23). Dass die der Urkunde zugrundeliegende Forderung – zB aus Darlehen – zwischenzeitlich verjährt ist, ist unerheblich (BGH ZIP 2007, 570). Die Frist des § 197 Abs 1 BGB ersetzt die anderweitige, der Heranziehung des Gedankens des § 216 Abs 2 BGB bedarf es dazu nicht (so aber OLG Frankfurt NJW 2008, 379; BeckOGK BGB/Piekenbrock [1. 2. 2019] Rn 54. 1). **58**

3. Parteivereinbarungen

Bei den von ihnen selbst geschaffenen Titeln sind die Parteien nicht gehindert, von der Gestaltungsmöglichkeit des § 202 Abs 1 BGB Gebrauch zu machen und eine kürzere Verjährungsfrist zu vereinbaren. **59**

VIII. Feststellung im Insolvenzverfahren

1. Insolvenzverfahren

60 § 197 Abs 1 Nr 5 BGB knüpft daran an, dass die Feststellung einer Forderung zur Insolvenztabelle nach Verfahrensbeendigung die Vollstreckung gegen den Schuldner selbst ermöglicht, § 201 InsO; vgl auch § 257 InsO zum rechtzeitig bestätigten Insolvenzplan.

2. Schifffahrtsrechtliches Verteilungsverfahren

61 Die Anmeldung einer Forderung im Schifffahrtsrechtlichen Verteilungsverfahren ermöglicht nicht das spätere Vorgehen gegen den Schuldner, dessen Schuld vielmehr bei korrekter Betreibung des Verfahrens erlischt, § 24 der Schifffahrtsrechtlichen VerteilungsO (BGBl 1999 I 531); deshalb braucht § 197 Abs 1 Nr 5 BGB die zweite Alternative des § 204 Abs 1 Nr 10 BGB nicht auch aufzugreifen. Zur Wahrung der Rechte des Gläubigers genügt vielmehr die durch die letztere Bestimmung bewirkte Hemmung der Verjährung, falls er ausnahmsweise doch noch gegen den Schuldner vorgehen kann.

IX. Kosten der Zwangsvollstreckung

62 § 197 Abs 1 Nr 6 BGB betrifft die nach § 788 ZPO zu erstattenden Kosten der Zwangsvollstreckung, bei denen zu beachten ist, dass sie zwar gesondert festgesetzt werden können, dies aber wegen § 788 Abs 1 S 1 HS 2 BGB zur Beitreibung nicht notwendig ist, sodass die langfristige Verjährung also auch dann einschlägig ist, wenn ein eigener Titel nicht vorliegt. – Soweit es um die Vollstreckung künftig fällig werdender, regelmäßig wiederkehrender Leistungen geht, muss § 197 Abs 2 BGB vorrangig angewendet werden.

X. Regelmäßig wiederkehrende Leistungen

1. Allgemeines

63 § 197 Abs 2 BGB greift ebenso wie § 216 Abs 3 BGB (s § 216 Rn 8) den Gedanken der §§ 197, 218 Abs 2 BGB aE auf, dass regelmäßig wiederkehrende Verbindlichkeiten – nicht bedient – für den Schuldner leicht zu einer erdrückenden Höhe anwachsen können.

Dabei ist zwischen Rückständen und künftig fällig werdenden Leistungen zu unterscheiden.

Die Bestimmung trifft in ihrer jetzigen Gestaltung durch das G zur Änderung des Erb- und Verjährungsrechts v 24. 9. 2009 (BGBl I 3142) keine Aussage mehr zu Rückständen; das Gesetz hat den oben kursiv wiedergegebenen Satzteil entfallen lassen. Dieser war im Rahmen der Modernisierung des Schuldrechts notwendig geworden, weil nach ihr Unterhaltsansprüche zwar allgemein der Verjährungsregelung der §§ 195, 199 BGB unterfielen, aber doch nicht in ihrem praktisch wichtigsten Fall familien- (oder erb)rechtlicher Genese. Es gibt heute kein Pendant mehr zu § 197

BGB aF, sondern in ihrer jetzigen Fassung entspricht die Bestimmung des § 197 Abs 2 BGB der des § 218 Abs 2 BGB aF.

Auswirkungen in der Sache hat die Neufassung des § 197 Abs 2 BGB also nicht.

2. Rückstände

a) Rückstände regelmäßig wiederkehrender Leistungen unterliegen also zunächst den §§ 195, 199 BGB. **64**

Dabei ist freilich oft zu prüfen, ob sie nicht verwirkt sind, vgl näher Vorbem 18 ff zu §§ 194 ff. Gerade im Unterhaltsrecht wird sich der Schuldner regelmäßig darauf einrichten, dass er nicht in Anspruch genommen worden ist.

b) Werden Rückstände tituliert, werden sie damit in die dreißigjährige Verjährungsfrist der Nrn 3–5 des § 197 Abs 1 BGB überführt.

c) Bei der *Abgrenzung* zwischen Rückständen und künftig fällig werdenden Leistungen ist auf den *Zeitpunkt der letzten mündlichen Verhandlung* abzustellen, soweit es um eine gerichtliche Entscheidung geht, nicht auf den Eintritt der Rechtskraft, was § 201 BGB freilich nahelegen könnte (so Palandt/Ellenberger Rn 10). Letztere Bestimmung ist nur für den Verjährungsbeginn von Bedeutung: Letzte mündliche Verhandlung im Unterhaltsprozess am 1. 10. 2006, Entscheidungstermin am 1. 11. 2006, Eintritt der Rechtskraft am 15. 12. 2006: Künftig iSd § 197 Abs 2 BGB sind die Unterhaltsansprüche ab Oktober 2006. **65**

Ein Rechtsmittelverfahren kann die Abgrenzung zwischen rückständig und künftig verschieben: Hätte der Schuldner in dem genannten Beispiel Berufung eingelegt, über die auf Grund der mündlichen Verhandlung vor dem Berufungsgericht am 15. 7. 2007 entschieden wird, so wäre dies der Stichtag für die Abgrenzung.

Bei künftig wiederkehrenden Leistungen kommt es auf die Art der Titulierung nicht an: Im Mittelpunkt steht natürlich der Leistungstitel, doch kann auch die bloße *Feststellung des Anspruchs* dem Grunde nach den Anwendungsbereich des § 197 Abs 2 BGB nicht verlassen: Das Unfallopfer, das seine Ansprüche 2006 hat feststellen lassen, wird 2009 berufsunfähig und damit unterhaltsbedürftig: Für die Verfolgung seines Rentenanspruchs bleiben jetzt drei Jahre, nicht etwa 30 Jahre ab 2006.

Es versteht sich, dass § 197 Abs 2 BGB auch künftige Leistungen nur betrifft, soweit sie später fällig und damit rückständig geworden sind. Dies belegt § 201 BGB mit seinem „nicht jedoch vor Entstehung des Anspruchs".

3. Begriff

a) Grundsätze

Wiederkehrende Leistungen liegen nicht schon dann vor, wenn mehrere – uU sogar gleichmäßige – Leistungen zu erbringen sind, zB bei Tilgung einer Schuld in Raten (BGH WM 1975, 1281; Mot I 306; RGZ 84, 400, 407; MünchKomm/Grothe Rn 29), vgl die in **66**

Raten abzutragende Kapitalabfindung (RG JW 1931, 1457). Auch ein Aufopferungsanspruch, der durch wiederkehrende Zahlungen erfüllt wird, ist nicht hierher zu rechnen; wohl aber ein in Rentenform zu erfüllender Schmerzensgeldanspruch (BeckOGK BGB/PIEKENBROCK [1. 2. 2019] Rn 71; aA MünchKomm/GROTHE Rn 29). Gerade in diesem Fall wird die Abgrenzung freilich zweifelhaft: Entscheidend ist, ob es sich um nur *eine* Schuld handelt, deren Erfüllung nur zeitlich gestreckt wird, oder ob *mehrere* Ansprüche vorliegen, die in gleichartiger Weise gerade durch den Zeitablauf immer wieder neu und selbstständig entstehen. Beispiel für letzteres sind die in § 197 aF ausdrücklich angeführten Miet- und Pachtzinsen, die eben durch die Nutzungsüberlassung für die betreffende Periode letztlich neu erzeugt werden. Wenn man Schadensersatzrenten nach § 845 BGB zu Recht bei § 197 Abs 2 BGB einordnet (vgl BGH VersR 1980, 927), dann deshalb, weil diese den entgangenen Verdienst gerade dieser Periode ausgleichen sollen, mögen sie auch insgesamt aus dem einen Ereignis der Schädigung herrühren. Entsprechend dient eine Schmerzensgeldrente dem Ausgleich der in dieser Periode erlittenen Schmerzen. Die Hauptanwendungsfälle des § 197 Abs 2 BGB bilden Ansprüche auf Unterhalt und auf Miete.

67 **aa)** Die notwendige *Zeitbezogenheit,* Periodizität der Leistung kann sich einmal aus ihr selbst ergeben (zB Leibrente), aber doch auch aus der Gegenleistung, für die sie steht. Das ist zB der Fall bei den Monatspauschalen eines Unternehmens zur Fernwärmeversorgung (aA MünchKomm/GROTHE Rn 29), bei den Ansprüchen auf Gewinnanteil bei einem Patentverwertungsvertrag (BGHZ 28, 144; BeckOGK BGB/PIEKENBROCK [1. 2. 2019] Rn 69), bei den Ansprüchen gegen den Wohnungseigentümer auf Zahlungen aus dem Beschluss über den Wirtschaftsplan auf Grundlage von §§ 16 Abs 2, 28 WEG (BGH NJW 2005, 3146 zu § 197 BGB aF; OLG München NJW-RR 2007, 1097).

68 **bb)** Notwendig ist ein *einheitlicher Rechtsgrund* der Leistungen. Es genügen nicht regelmäßig wiederholte Verträge, dies auch dann nicht, wenn sie durch einen Rahmenvertrag vorgeformt und miteinander verbunden sind.

69 **cc)** Die Leistungen müssen *regelmäßig wiederkehren.*

(1) Dass ihr Gesamtbetrag feststeht, ist weder erforderlich noch schädlich.

(2) Aus der eben skizzierten Zeitbezogenheit (Rn 67) folgt, dass es *nicht* auf *Gleichartigkeit* der Leistungen ankommt. Die Beträge dürfen also der Höhe nach wechseln und uU sogar ganz ausfallen (BGHZ 28, 144; 80, 357, 358; BAGE 23, 356, 359 = AP Nr 3; MünchKomm/GROTHE Rn 29; PALANDT/ELLENBERGER Rn 10), wie dies insbesondere bei Gewinnbeteiligungen, Dividenden der Fall sein kann.

70 **dd)** Sonderprobleme ergeben sich bei *Gewinnansprüchen von Gesellschaftern.*

(1) Sofern der Gewinn, wie dies der Ausgangspunkt des § 721 Abs 1 BGB ist, erst nach Auflösung der Gesellschaft beansprucht werden kann, betrifft der auf ihn gerichtete Anspruch eine einmalige Leistung, kann also schon deshalb nur § 195 BGB, nicht § 197 Abs 2 BGB unterliegen.

(2) In der Regel ist freilich der Gewinn periodisch festzustellen und dann zu verteilen, vgl § 721 Abs 2 BGB.

Wird er dann nicht entnommen, so wächst er dem Konto des jeweiligen Gesellschafters zu. Mangels eines Anspruchs kann hier nichts verjähren. Ein denkbarer Anspruch auf Gutschrift hätte nur deklaratorische Bedeutung, kann aber die Anwachsung der Sache nach nicht beeinflussen. Bei fehlerhafter Gutschrift kann allerdings Verwirkung hinsichtlich des Anspruchs auf Berichtigung eintreten, wenn diese längerfristig widerspruchslos hingenommen wird.

Dann aber kann auch der *Anspruch auf Auszahlung des festgestellten Gewinns* einstweilen nicht verjähren, vgl zur Nichtanwendbarkeit des § 197 BGB aF auch RGZ 88, 42; BGHZ 80, 357. Dies folgt freilich aus seiner Verknüpfung mit dem bestehenbleibenden Guthaben, nicht daraus, dass es den Schuldner erdrückende Rückstände zu vermeiden gelte, so aber das RG, oder daraus, dass der Anspruch der besonderen Feststellung bedürfe, so aber BGHZ 80, 357, 358 f. Solche Feststellungen sind für die Ansprüche des § 197 Abs 2 BGB einerseits irrelevant, andererseits unschädlich (solange sie keine Novation zB im Rahmen eines Kontokorrents beinhalten und deshalb zu § 195 BGB führen). Damit unterliegt der Anspruch § 195 BGB (so auch BGHZ 80, 357, 358 f). Die Verjährung beginnt aber erst mit der Liquidation, § 721 BGB, nicht schon in dem Zeitpunkt, in dem der Gewinn hätte abgerufen werden können (**aA** offenbar BGHZ 80, 357, 358 f).

ee) Inhaltlich werden Ansprüche auf wiederkehrende Leistungen in der Regel auf **71** Zahlung von Geld gerichtet sein. Das ist aber nicht zwingend. In Betracht kommen zB auch Ansprüche auf Gutschriften oder auf Freihaltung von Verbindlichkeiten, auf Naturalleistungen (zB bei Altenteilsverträgen).

ff) Die *Grundlage der Ansprüche* kann ein Vertrag bilden, eine Satzung, zB die **72** Vereinssatzung hinsichtlich der Vereinsbeiträge (BeckOGK BGB/PIEKENBROCK [1. 2. 2019] Rn 74), aber doch auch das Gesetz selbst, zB bei einer Rente gemäß § 843 BGB. Dabei kann ihre Grundlage auch *im öffentlichen Recht* zu finden sein (vgl BVerwGE 28, 340; OVG Münster NJW 1981, 1328).

gg) § 197 Abs 2 BGB erfasst *Ansprüche, die an die Stelle des ursprünglichen An-* **73** *spruchs treten oder ihn ergänzen* (vgl PALANDT/ELLENBERGER Rn 10).

Das gilt zunächst für Schadensersatzansprüche wegen Nichterfüllung, zB des Beamten wegen Nichtbeförderung (BVerwG NJW 1997, 1321, 1322), des Vermieters wegen Nichtzahlung der Miete (BGH NJW 1984, 794, 795), für die Mietgarantie (OLG Düsseldorf NJW-RR 1994, 11), für Schadensersatzansprüche wegen Verzuges mit diesen Leistungen; das ist unabhängig von der Frage, ob Verzugszinsen selbst schon unter die Bestimmung fallen (vgl dazu u Rn 79), für Ansprüche aus Rücktritt bzw, wie dies hier eher in Betracht kommen wird, aus Kündigung. Dabei spielt es keine Rolle, wenn die so begründeten Ersatz- oder Zusatzforderungen ihrerseits in einem Betrag zu zahlen sind (**aA** PALANDT/ELLENBERGER Rn 10; RICKEN NJW 1999, 1146).

Das gilt aber auch dann, wenn die Vereinbarung nichtig ist und sich Ansprüche aus Bereicherung oder uU auch aus Geschäftsführung ohne Auftrag ergeben. Ist zB der

Mietvertrag unwirksam, dann verjährt der Bereicherungsanspruch des Vermieters wegen gewährter Gebrauchsüberlassung ebenfalls nach § 197 Abs 2 BGB. Auch Zinsnutzungen, die nach § 818 Abs 1 BGB herauszugeben sind, fallen unter § 197 Abs 2 BGB (BGH NJW 2000, 1637).

74 hh) Wiederkehrende Leistungen verlieren ihren Charakter nicht ohne weiteres dadurch, dass sie in einer Summe ausgeworfen werden, zB Unterhaltsleistungen. Maßgeblich ist bei einer Vereinbarung jedenfalls der durch Auslegung zu ermittelnde Wille der Parteien (BGH NJW 2014, 2637 Rn 16 f), der im Zweifel freilich darauf gerichtet ist, den Charakter der Schuld unberührt zu lassen. In einer einverständlichen Schuldumschaffung liegt freilich idR ein Anerkenntnis des Schuldners iSd § 212 Abs 1 Nr 1 BGB (BeckOGK BGB/PIEKENBROCK [1. 2. 2019] Rn 73).

Wenn künftige Leistungen – eine Unterhaltsrente – kapitalisiert und so tituliert werden (die Zahlung aber dann nicht erfolgt), ändert sich der Charakter der Schuld so nachhaltig, dass in aller Regel von einer Novation auszugehen ist, sodass § 197 Abs 1 BGB (Nrn 3–5) anwendbar ist, nicht Abs 2.

b) Zinsen

75 Eine der wichtigsten Fallgruppen der wiederkehrenden Leistungen bilden Zinsen. Sie unterfallen als rückständige stets den §§ 195, 199 BGB bzw – tituliert – § 197 Abs 1 Nrn 3–5 BGB; künftig anfallenden Zinsansprüche unterliegen stets den §§ 197 Abs 2, 201 BGB (BeckOGK BGB/PIEKENBROCK [1. 2. 2019] Rn 69).

76 aa) Zinsen sind dabei in einem materiellen Sinne zu verstehen, als Entgelt für die Überlassung oder Vorenthaltung von Kapital, sofern dieses Entgelt nur *laufzeitabhängig bemessen* wird, wie zB ein Disagio, nicht aber laufzeitunabhängige Bearbeitungs- oder Vermittlungsgebühren.

Dabei spielt es wiederum keine Rolle, ob eine einmalige Leistung vorgesehen ist (zB das Disagio bei einem mit vollstreckbarer Urkunde abgesicherten Kredit). Der Zinscharakter geht auch nicht dadurch verloren, dass Kapital und Zinsen einheitlich in gleichbleibenden Beträgen zu tilgen sind.

77 bb) Freilich wurde bei dieser Konstellation auch der allmählich steigende Kapitalanteil der Zahlungen durch die ausdrückliche Anordnung des § 197 BGB aF den Bestimmungen der §§ 197, 218 BGB aF unterworfen. Das verbietet sich jetzt: Die *Kapitalanteile der Zahlungen* sind heute Ratenzahlungen auf eine Schuld. In Bezug auf sie können also zB die Regelungen der §§ 197 Abs 1 Nrn 3–5, 196 BGB mit einer längeren Frist Anwendung finden. Damit gewinnen bei unzulänglichen Leistungen die Tilgungsbestimmungen besondere Bedeutung, also die des Schuldners, §§ 366 Abs 1, 367 Abs 2 BGB, oder des Gesetzes, §§ 366 Abs 2, 367 Abs 1, 497 Abs 3 S 1, 2 BGB.

Kann der Schuldner geleistete Zinszahlungen zurückfordern, zB wegen sittenwidriger Überhöhung der Zinsen, führt dies heute stets zu den §§ 195, 199 BGB, wobei § 199 Abs 1 Nr 1 BGB dazu nötigt, die geleisteten Zahlungen (auf Kapital und Zinsen) korrekt zuzuordnen.

cc) Für Zinsansprüche aus Grundstücksgeschäften gelten die §§ 195, 199, 197 Abs 2 BGB, nicht § 196 BGB, vgl aber auch § 217 BGB.

78

dd) Unter den *Verzugszinsen* erfasst § 197 Abs 2 BGB jedenfalls die nach § 288 Abs 1 BGB geschuldeten (RGZ 109, 345, 348, hM). Dagegen hat das RG (RGZ 109, 345, 348; zustimmend SOERGEL/WALTER[12] Rn 6; **aA** MünchKomm/GROTHE Rn 31) weitergehend nach den §§ 288 Abs 3, 286 BGB geschuldete Zinsen von der Bestimmung des § 197 BGB aF ausnehmen wollen. Dem ist nicht zu folgen (vgl BGH NJW 1993, 1384; SOERGEL/ NIEDENFÜHR Rn 6; PALANDT/ELLENBERGER Rn 10). Auf den Rechtsgrund der Zinsschuld kann es nicht ankommen. Der Kumulationseffekt, den das Gesetz verhindern soll, kann sich auch und gerade bei Schadensersatzzinsen ergeben.

79

ee) Die Bestimmung erfasst auch Zinsen auf *Hypotheken* und *Grundschulden* (BGH ZIP 1993, 257, 258), wie sie im Gegensatz zu diesen überhaupt der Verjährung unterliegen, § 902 Abs 1 BGB.

80

Namentlich werfen vollstreckbare Urkunden iSd § 197 Abs 1 Nr 4 BGB in aller Regel jährlich fällige Zinsen aus. Doch ist zu beachten, dass der Gläubiger nach den zugrundeliegenden Vereinbarungen erst im Sicherungsfall (auch) auf die Zinsen zugreifen darf. BGH ZIP 1995, 1973, 1976 hatte darin eine verjährungshemmende Stundung iSd § 202 Abs 1 BGB aF (§ 205 nF) gesehen; richtigerweise wird man annehmen müssen, dass auch der Anspruch auf die Grundschuld erst im Sicherungsfall fällig wird und damit iSd § 201 S 1 BGB entsteht. Das Ergebnis bleibt sich gleich. Nicht zu folgen ist jedenfalls BGH ZIP 1999, 1883, wo das „fällig" der Bestellungsurkunden wörtlich genommen, die Verjährung also als jeweils sofort einsetzend gesehen wird. Die Folge der hiesigen Sicht und der früheren des BGH ist zwar eine unerträgliche Kumulierung der Zinsen, aber das Mittel dagegen ist nicht die Verjährung, sondern die materielle Kontrolle, zB nach § 138 BGB oder den §§ 305 ff BGB (vgl PETERS JZ 2001, 1017).

Die Regeln über Zinsen werden aber *unanwendbar,* wenn die Zinsen *der Hauptforderung zuzuschlagen* sind und dann einen Teil dieser selbst bilden, zB Zinsansprüche aus Sparguthaben (OLG Frankfurt NJW 1998, 997; **aA** LG Kaiserslautern WM 1984, 1604; PALANDT/ELLENBERGER Rn 10), die Zinsen auf die Kaution des Mieters (LG Hamburg WM 1996, 765). Das ist unabhängig davon, ob die Zuschrift erfolgt oder nicht; nicht etwa lässt sich auch ein kurzfristig verjährender Anspruch auf die Zuschrift annehmen.

Erst recht gelten sie nicht, wo eine gestreckt zu erbringende Zahlung mit Rücksicht darauf von vornherein um einen *einberechneten Zinsanteil* höher angelegt wird. Das gilt namentlich auch dann, wenn dieser Zinsanteil gesondert ausgewiesen wird oder gar – wie nach § 502 Abs 1 BGB – ausgewiesen werden muss.

ff) Zuweilen bestehen *Sonderbestimmungen,* vgl §§ 801 Abs 2, Abs 1 S 1, 2 BGB (Zins-, Renten- und Gewinnanteilscheine), 497 Abs 3 S 4 BGB, der in seinem Anwendungsbereich § 197 Abs 2 BGB für unanwendbar erklärt.

81

Vgl zur Verjährung von Wechselzinsen Art 70 WG, zu Scheckansprüchen Art 52 ScheckG.

82 gg) Auf *Kosten* findet § 197 Abs 2 BGB keine Anwendung; auch eine entsprechende ist nicht möglich.

c) Sonstige künftig wiederkehrende Leistungen

83 aa) § 197 Abs 2 BGB erfasst namentlich Miet- und Pachtzinsen einschließlich Betriebskostennachforderungen aus einer Jahresabrechnung des Vermieters (BGH NJW 2016, 3231 Rn 17 ff), Ansprüche aus einer Mietgarantie, Vergütungsansprüche aus Lizenzen. Die Ansprüche werden idR vertraglich begründet sein, notwendig ist das aber nicht, vgl die Überbaurente des § 912 Abs 2 BGB, die Notwegrente des § 917 Abs 2 BGB. Die Gebrauchsüberlassung kann, wie diese Beispiele schon zeigen, auch dinglich abgesichert sein, zB durch ein Erbbaurecht, eine Dienstbarkeit.

84 bb) Wiederkehrenden Charakter haben auch Besoldungs- und Versorgungsleistungen: Die Gehälter der Beamten, Richter und Soldaten, ihre Ruhegehaltsansprüche und die ihrer Hinterbliebenen, auch die von Ministern und Parlamentarischen Staatssekretären, von Abgeordneten. Entsprechendes gilt für Besoldungs- und Versorgungsleistungen auf privatrechtlicher Basis (BeckOGK BGB/Piekenbrock [1. 2. 2019] Rn 70.1). Dabei ist die Grundlage der Leistungen unerheblich. Weithin wird es die Leistung von Diensten sein, aber es kommen doch auch Altenteilsleistungen in Betracht oder etwa eine Leibrente, zB nach einem Grundstückskaufvertrag.

85 cc) Gegenstand der Leistungen werden idR Geldzahlungen sein, doch kommen – etwa beim Altenteil – auch Sachleistungen in Betracht. Dann gilt § 197 Abs 2 BGB auch für die Sekundäransprüche, die sich aus ihrer Nichterbringung ergeben.

4. Unterhaltsleistungen

86 Unterhalt stellt einen der Hauptanwendungsfälle des § 197 Abs 2 BGB dar, dies auch dann, wenn er nur kurzfristig zu leisten ist oder einen Sonderbedarf betrifft. In Fällen dieser Art wird man freilich idR um Rückstände streiten, nicht um künftig fällig werdende Leistungen.

5. Erneute Klage

87 Namentlich bei jenen titulierten Ansprüchen, die § 197 Abs 2 BGB unterliegen, kann der erneute Eintritt der Verjährung drohen. Es ist das Prozesshindernis des *ne bis in idem* zu berücksichtigen. Eine *erneute Klage* ist nicht schon deshalb zulässig, weil so die Ansprüche aus dem Geltungsbereich des § 197 Abs 2 BGB in den des § 197 Abs 1 BGB überführt werden können (BGHZ 93, 287, 291 f; BGH NJW-RR 2003, 1076, 1077). Es ist aber jedenfalls zulässig, einer bisherigen bloßen Feststellungsklage eine Leistungsklage nachzuschieben; das folgt schon aus allgemeinen Gesichtspunkten. Eine Klage zu erneuern, ist ferner dann zulässig, wenn dies – insbesondere gegenüber § 212 Abs 1 Nr 2 BGB und den anderen Möglichkeiten – der einzige Weg ist, die Verjährung aufzuhalten (BGHZ 93, 287, 291; BGH NJW 2018, 2056 Rn 15), zB gegenüber dem flüchtigen Unterhaltsschuldner. Bei bereits titulierten Ansprüchen genügt dann eine Feststellungsklage (BGH NJW-RR 2003, 1076, 1077).

§ 198
Verjährung bei Rechtsnachfolge

Gelangt eine Sache, hinsichtlich derer ein dinglicher Anspruch besteht, durch Rechtsnachfolge in den Besitz eines Dritten, so kommt die während des Besitzes des Rechtsvorgängers verstrichene Verjährungszeit dem Rechtsnachfolger zugute.

Materialien: Art 1 G zur Modernisierung des Schuldrechts v 26. 11. 2001 (BGBl I 3138). BGB aF: § 221; E I § 181; II § 186; III § 216; Mot I 340; Prot I 386 ff; II 1, 231; JAKOBS/SCHUBERT, AT 1000, 1043 f; 1079, 1083 ff, 1101, 1118 f; PETERS/ZIMMERMANN: Gutachten 326; Schuldrechtskommission § 204, Abschlussbericht 78; RegE § 198, BT-Drucks 14/6040, 107.

Schrifttum

FINKENAUER, Zum Begriff der Rechtsnachfolge in § 221 BGB, JZ 2000, 241
ders, Eigentum und Zeitablauf – das dominium sine re im Grundstücksrecht (2000)
ders, Die Verjährung bei Kulturgütern. Zur geplanten „lex Gurlitt", JZ 2014, 479
MAGNUS/WAIS, Unberechtigter Besitz und Verjährung, NJW 2014, 1270

ORDEMANN, Zur Auslegung des § 221 BGB, JR 1961, 93
PICKER, Beseitigungsanspruch, nachbarrechtliches Selbsthilferecht und Verjährung von Ansprüchen aus eingetragenen Rechten – BGHZ 60, 235, JuS 1974, 357
PLAMBECK, Die Verjährung der Vindikation (Diss Hamburg 1996).

I. Allgemeines

1. Die Rechtsnachfolge hat auf den Lauf der Verjährung eines Anspruchs grundsätzlich keine Auswirkungen; diese hat schon zu laufen begonnen und läuft weiter. Das gilt unabhängig von der Rechtsnatur des Anspruchs ebenso für die Rechtsnachfolge auf der Gläubigerseite wie für die auf der Schuldnerseite; es gilt sowohl für die Singularsukzession als auch für die Universalsukzession (Mot I 340). Nur ausnahmsweise können sich aus der Rechtsnachfolge Besonderheiten ergeben, zB kann der Hemmungsgrund des § 207 BGB entfallen, der des § 211 BGB entstehen.

Die *grundsätzliche Unbeachtlichkeit der Rechtsnachfolge* gilt im Prinzip auch für dingliche Ansprüche. Hier weist freilich der Begriff der Rechtsnachfolge Besonderheiten auf: Rechtsnachfolge in dem genannten Sinne ergibt sich für Ansprüche, die unmittelbar aus einem dinglichen Recht fließen, aus dem Übergang des dinglichen Rechts selbst: Der Erwerber des Eigentums erwirbt den Anspruch aus § 1004 BGB in jener teilverjährten Form, in der er bei Eigentumserwerb bestand (BGHZ 60, 235, 240). Gleiches ist für den Anspruch aus § 985 BGB anzunehmen. Anderes gilt natürlich für schuldrechtliche Ansprüche, die – in sich abgeschlossen – aus dem Eigentum hergeleitet werden können: Der Anspruch auf gezogene Nutzungen gegen den bösgläubigen Besitzer, §§ 987, 990 BGB, folgt nicht unmittelbar dem Eigentum, sondern muss gesondert übertragen werden; dies geschieht dann in seiner teilverjährten Form.

Soweit für Ansprüche der Besitz bedeutsam ist, ist für die erbrechtliche Rechtsnachfolge § 857 BGB zu beachten.

2 2. Dingliche Ansprüche, deren Begriff das BGB nur in § 198 BGB verwendet, richten sich zwar wie andere Ansprüche gegen eine bestimmte Person, finden ihre Grundlage jedoch nicht in einem Verpflichtungsverhältnis, sondern in einer Sachbeziehung des Berechtigten und des Verpflichteten. Das hat zur Folge, dass jedenfalls bei einem *Wechsel der Sachbeziehung auf der Passivseite* der bisherige Anspruch – wegen Fortfalls seiner Voraussetzungen – erlischt und ein neuer Anspruch entsteht, der dann neuerlich verjähren müsste. Unter Übernahme der accessio temporis des römischen Rechts und mit Rücksicht auf die Verkehrsanschauung, nach der dem Besitznachfolger die Rechtslage seines Vorgängers verbleibt (Mot I 341), lässt die Bestimmung die zugunsten des früheren Besitzers begonnene Verjährung trotz des Besitzwechsels weiterlaufen. Praktisch wichtig ist das insbesondere für rückständige Hypothekenzinsen oder Leistungen auf Grund von Reallasten, vgl § 902 Abs 1 S 2 BGB, heute auch für in den Wirren des Kriegsendes oder der ersten Nachkriegszeit begründete Herausgabeansprüche, wenn sich für sie jetzt erstmalig Realisierungsmöglichkeiten ergeben.

3 3. Die Bestimmung betrifft nur die Rechtsnachfolge auf der *Passivseite*. Bei den meisten einvernehmlichen Veränderungen auf der *Aktivseite* kann man mit den Überlegungen (o Rn 1) arbeiten, aber doch auch mit einer entsprechenden Anwendung der Bestimmung (so MünchKomm/Grothe Rn 5; BeckOGK BGB/Piekenbrock [1. 2. 2019] Rn 6). Ihr entsprechend muss eine Anrechnung der früheren Rechtsinhaberschaft hier unterbleiben, wo diese nicht einvernehmlich übernommen wird, wie zB im Falle der Aneignung. Vgl zum Problemkreis näher Plambeck 132 ff.

Bei Eigentumserwerb durch dingliche Surrogation, zB nach § 2019 BGB, ist die für den vorangegangenen Anspruch abgelaufene Zeit anzurechnen.

II. Die „Rechtsnachfolge"

4 1. Die Sache, hinsichtlich derer ein dinglicher Anspruch gegen den Besitzer zwar besteht, muss „*durch Rechtsnachfolge*" in den Besitz des Dritten gelangt sein. Der Begriff der Rechtsnachfolge bezieht sich in diesem Zusammenhang auf den Besitz als tatsächliches Verhältnis, sodass besser von *Besitznachfolge* gesprochen würde (Staudinger/Dilcher[12] § 221 aF Rn 4).

2. Eine derartige Nachfolge liegt zunächst – und im eigentlichen Sinne – beim Besitzerwerb kraft *Erbgangs* vor, wo die Bestimmung wegen § 857 BGB freilich entbehrlich gewesen wäre (vgl BeckOGK BGB/Piekenbrock [1. 2. 2019] Rn 8; MünchKomm/ Grothe Rn 2).

5 3. Rechtsnachfolge iSd Bestimmung liegt ferner und vor allem dann vor, *wenn der Besitz mit Willen des bisherigen Besitzers auf den neuen Besitzer* übergeht (BeckOGK BGB/Piekenbrock [1. 2. 2019] Rn 8; MünchKomm/Grothe Rn 2). Die Umstände des Besitzerwerbs sind bedeutungslos. Auf Redlichkeit des Erwerbers kommt es hier nicht an (Staudinger/Dilcher[12] § 221 aF Rn 5; Erman/Schmidt-Räntsch Rn 5), sodass die Bestimmung insbesondere auch anwendbar ist, wenn ein Erwerb vom Nichtberechtigten an bösem Glauben (oder an § 935 BGB) scheitert. Es reicht auch der Besitzerwerb bei der Rückabwicklung unwirksamer Verträge (BeckOGK BGB/PIEKENBROCK [1. 2. 2019] Rn 10; MünchKomm/GROTHE Rn 2; mit abweichender Begründung Mot I 341; aA PLANCK/KNOKE § 221 aF Anm 2).

Rechtsnachfolge ist auch dann gegeben, wenn die Überlassung auf einer entsprechenden Verurteilung beruht, dies selbst dann, wenn sie durch den Gerichtsvollzieher durchgesetzt werden muss.

Der Besitzwechsel kann ein mehrfacher sein mit der Folge, dass die *Besitzzeit aller Vorgänger* – nicht nur des unmittelbaren – angerechnet wird (BeckOGK BGB/PIEKENBROCK [1. 2. 2019] Rn 11; MünchKomm/GROTHE Rn 2; aA ORDEMANN JR 1961, 93, entgegen dessen Auffassung Wortlaut und Zweck gerade für die hM sprechen).

4. Folgerichtig ist die Bestimmung dann *unanwendbar,* wenn **6**

a) ein originärer Besitzerwerb stattfindet, wie etwa im Falle des Fundes oder der Aneignung (STAUDINGER/DILCHER[12] § 221 aF Rn 7 mit missverständlichem Hinweis auf den Fall der Ersitzung).

b) ein *Besitzerwerb ohne den Willen des bisherigen Besitzers* vorliegt (STAUDINGER/DILCHER[12] § 221 aF Rn 6). Das beurteilt sich nach den Maßstäben des § 858 BGB, sodass es insbesondere auch bedeutungslos ist, ob der jetzige Besitzer einen Anspruch auf Gewährung des Besitzes gegen den früheren hatte (**aA** STAUDINGER/DILCHER[12] § 221 aF Rn 6; BGB-RGRK/JOHANNSEN § 221 aF Rn 4; wie hier BeckOGK BGB/PIEKENBROCK [1. 2. 2019] Rn 10; MünchKomm/GROTHE Rn 3; ERMAN/SCHMIDT-RÄNTSCH Rn 5). Nach den Maßstäben des § 858 BGB beurteilen sich auch Geschäftsunfähigkeit des früheren Besitzers und sonstige Willensmängel(BeckOGK BGB/PIEKENBROCK [1. 2. 2019] Rn 9).

5. Die Bestimmung gilt für die Rechtsnachfolge im unmittelbaren Besitz wie für **7** die im mittelbaren Besitz (MünchKomm/GROTHE Rn 4). Begründet der bisherige unmittelbare Besitzer durch Überlassung der Sache an einen anderen mittelbaren Besitz, so läuft die bisherige Verjährung gegen ihn weiter (STAUDINGER/DILCHER[12] § 221 aF Rn 7), für den jetzigen unmittelbaren Besitzer gilt § 198 BGB mit der Folge, dass er sich auch auf eine für sich nicht für die Verjährung ausreichende Besitzzeit des bisherigen unmittelbaren, jetzigen mittelbaren Besitzers berufen kann (**aA** BeckOGK BGB/PIEKENBROCK [1. 2. 2019] Rn 15; SOERGEL/NIEDENFÜHR Rn 5, die nur § 986 anwenden wollen und auch dies nur für den Fall, dass die Verjährung schon in der Person des Vorgängers vollendet ist). – § 198 BGB bleibt anwendbar, wenn der unmittelbare Besitzer Eigenbesitz begründet (MünchKomm/GROTHE Rn 3).

6. Die *Beweislast* für die fehlende Rechtsnachfolge ist – in Anlehnung an die **8** Regelung in § 935 Abs 1 BGB – dem Gläubiger zuzuweisen (BeckOGK BGB/PIEKENBROCK [1. 2. 2019] Rn 9).

III. Rechtsfolgen

1. Liegt eine Rechtsnachfolge iSd § 198 BGB vor, ist in Ansehung der Verjäh- **9** rung nicht zwischen dem früheren und dem jetzigen Besitzer zu unterscheiden.

Letzterer kann sich auf die schon abgelaufene Zeit berufen, muss aber andererseits Hemmungen oder einen Neubeginn der Verjährung gegen sich gelten lassen (BeckOGK BGB/Piekenbrock [1. 2. 2019] Rn 4).

2. Ist die *Besitznachfolge* eine *unfreiwillige,* entsteht der dingliche Anspruch unverjährt neu. Rechtsmissbrauch liegt allerdings vor, wenn sich der dinglich Berechtigte dies zunutze macht.

3. Tritt im Ergebnis Verjährung ein, ist die Folge die entsprechende Abschwächung des dinglichen Anspruchs. Das dingliche Recht als solches bleibt bestehen (vgl näher Plambeck 153 ff; Finkenauer, Eigentum 158 ff). Das Auseinanderfallen von Recht und Besitz mag „unordentlich" sein, aber ein Verlust des Rechts lässt sich dogmatisch ebenso wenig begründen wie auch nur ein Recht des Besitzers zum Besitz (aus der Verjährung). Das verbleibende Recht ist auch nicht bedeutungslos: Der Besitzer braucht sich nicht auf die Verjährung zu berufen; es kann später ein unfreiwilliger Besitzwechsel eintreten; bei Verfügungen des Besitzers über die Sache bleibt das dingliche Recht ein geldwerter Störfaktor, weil der Erwerber eben nicht das Eigentum selbst erwirbt.

IV. Die Ansprüche der §§ 2018, 2130

10 § 198 BGB muss auch – jedenfalls entsprechende – Anwendung bei den Ansprüchen aus den §§ 2018, 2130 BGB finden, wie sie § 197 Abs 1 Nr 2 BGB an die Seite der dinglichen Ansprüche stellt (im Ausgangspunkt zustimmend BeckOGK BGB/Piekenbrock [1. 2. 2019] Rn 7; **aA** MünchKomm/Grothe Rn 6). Es ist namentlich denkbar, dass der Erbschaftsbesitzer seinen Erbschaftsbesitz vererbt oder die Erbschaft verkauft. Dass der Anspruch aus § 2018 BGB zT nur obligatorischen Charakter hat, ändert daran nichts.

V. Dingliche Surrogation

11 § 198 BGB ist entsprechend anzuwenden, wo nicht die Person des Herausgabepflichtigen wechselt, sondern diese gleich bleibt, jetzt aber etwas anderes herauszugeben hat, also in den Fällen der dinglichen Surrogation. Ein solcher Vorgang vermag den zeitlichen Spielraum des Herausgabeberechtigten nicht zu erweitern.

§ 199
Beginn der regelmäßigen Verjährungsfrist und Verjährungshöchstfristen

(1) Die regelmäßige Verjährungsfrist beginnt, soweit nicht ein anderer Verjährungsbeginn bestimmt ist, mit dem Schluss des Jahres, in dem

1. der Anspruch entstanden ist und

2. der Gläubiger von den den Anspruch begründenden Umständen und der Person des Schuldners Kenntnis erlangt oder ohne grobe Fahrlässigkeit erlangen müsste.

(2) Schadensersatzansprüche, die auf der Verletzung des Lebens, des Körpers, der Gesundheit oder der Freiheit beruhen, verjähren ohne Rücksicht auf ihre Entstehung und die Kenntnis oder grob fahrlässige Unkenntnis in 30 Jahren von der Begehung der Handlung, der Pflichtverletzung oder dem sonstigen, den Schaden auslösenden Ereignis an.

(3) Sonstige Schadensersatzansprüche verjähren

1. ohne Rücksicht auf die Kenntnis oder grob fahrlässige Unkenntnis in zehn Jahren von ihrer Entstehung an und

2. ohne Rücksicht auf ihre Entstehung und die Kenntnis oder grob fahrlässige Unkenntnis in 30 Jahren von der Begehung der Handlung, der Pflichtverletzung oder dem sonstigen, den Schaden auslösenden Ereignis an.

Maßgeblich ist die früher endende Frist.

(3a) Ansprüche, die auf einem Erbfall beruhen oder deren Geltendmachung die Kenntnis einer Verfügung von Todes wegen voraussetzt, verjähren ohne Rücksicht auf die Kenntnis oder grob fahrlässige Unkenntnis in 30 Jahren von der Entstehung des Anspruchs an.

(4) Andere Ansprüche als die nach den Absätzen 2 bis 3a verjähren ohne Rücksicht auf die Kenntnis oder grob fahrlässige Unkenntnis in zehn Jahren von ihrer Entstehung an.

(5) Geht der Anspruch auf ein Unterlassen, so tritt an die Stelle der Entstehung die Zuwiderhandlung.

Materialien: Art 1 G zur Modernisierung des Schuldrechts v 26. 11. 2001 (BGBl I 3138). BGB aF § 198: E I § 158 Abs 1, 2; II § 165 Abs 1; III § 193; Mot I 307; Prot I 334 ff; II 1 209 ff; JAKOBS/SCHUBERT, AT 995, 1001 ff, 1020 f, 1057 ff, 1083 ff, 1095, 1110 f, 1137 f.BGB aF § 201: E I § 159; II § 166; III § 196; Mot I 310; Prot I 336; II 1 211, 216 ff; VI 140 ff; JAKOBS/SCHUBERT, AT 994, 1021, 1059, 1083 ff, 1095, 1111, 1138. PETERS/ZIMMERMANN § 196, Gutachten 172, 244, 302, 305, 319, 324; Schuldrechtskommission §§ 196, 199 Abs 1, 203, Abschlussbericht 54, 69, 77; RegE § 199, BT-Drucks 14/6040, 105; BT-Drucks. 14/7052, 6, 199. Abs 3a neu, Abs 1, 4 neugefasst durch G zur Änderung des Erb- und Verjährungsrechts v 24. 9. 2009 (BGBl I 3142); BT-Drucks 16/8954, 16/13543.

Schrifttum

ADAM, Die Verjährung des Pflichtteilsanspruchs nach der Reform des Erb- und Verjährungsrechts, ZErb 2015, 1
BITTER, Aufschub des Verjährungsbeginns bei unklarer und klarer Rechtslage?, JZ 2015, 170
BITTER/ALLES, Die Rechtsprechung zum Aufschub des Verjährungsbeginns bei unklarer Rechtslage, NJW 2011, 2081
BORCK, Zur Verjährung wettbewerblicher Unterlassungsansprüche, WRP 1979, 341
BRÄUER, Der Verjährungsbeginn bei der Gewährleistungsbürgschaft, NZBau 2007, 477
BRANDIS, Beginn des Laufs der Anspruchsver-

jährung im Gemeinen Recht und im Bürgerlichen Gesetzbuch (Diss Leipzig 1903)
BREITKOPF, Verjährungs- und Ausschlussfristen im Lohnsteuerregress, DB 2018, 2049
BRINKER, Die Verjährung von Ersatzansprüchen gegen den Rechtsanwalt (1990)
BUDZIKIEWICZ, Die Verjährung im neuen Darlehensrecht, WM 2003, 264
CHAB, in: ZUGEHÖR/FISCHER/VILL/FISCHER/RINKLER/CHAB, Handbuch der Anwaltshaftung (3. Aufl 2011) 1263
DAMRAU, Zur Frage der Verjährung von Grundstücksvermächtnissen, ZErb 2015, 333
DORST, Die Verjährung des Anspruches auf Rückerstattung der Bearbeitungsgebühr bei Verbraucherdarlehensverträgen, VuR 2014, 342
ECKERT, Die Verjährung vertraglicher Schadensersatzansprüche gegen Rechtsanwälte und Steuerberater, NJW 1989, 2081
EICHEL, Verjährung in Dauerschuldverhältnissen, NJW 2015, 3265
G FISCHER, Tendenzen der Rechtsprechung des BGH zum Anwaltshaftungsrecht, NJW 1999, 2997
S FISCHER, Die Verjährung beim Gesamtschuldnerregress unter Organmitgliedern, ZIP 2014, 406
FISCHINGER, Sind die §§ 203 ff. BGB auf die Höchstfristen des § 199 Abs 2–4 BGB anwendbar?, VersR 2006, 1475
FRITZSCHE, Zum Verjährungsbeginn bei Unterlassungsansprüchen, in: FS Rolland (1999) 115
GAIER, Der Beginn der regelmäßigen Verjährung von gemeinschaftlichen Ansprüchen der Wohnungseigentümer nach neuem Recht, NZM 2003, 90
GAY, Der Beginn der Verjährungsfrist bei Bürgschaftsforderungen, NJW 2005, 2585
GEHRLEIN, Die Fehlberatung – Die Schadensentstehung als Voraussetzung des Verjährungsbeginns, MDR 2010, 1225
GILL, Der besondere Verjährungsbeginn für Schadensersatzansprüche in § 852 I BGB (Diss Hamburg 1983)
GOJ, Verjährungsbeginn der aktienrechtlichen Organhaftung bei sog. „Dauerunterlassen", ZIP 2019, 447
GRÄFE, Zur Entstehung von Schadensersatzansprüchen gegen Steuerberater, BB 1980, 1265
GRÜNEBERG, Aktuelle höchstrichterliche Rechtsprechung zur Verjährung im Kapitalanlagerecht, BKR 2015, 485
ders, Zur Verjährung und Rechtskrafterstreckung bei mehreren Aufklärungs- und Beratungsfehlern in demselben Kapitalanlagegespräch, WM 2014, 1109
GRÜTZNER/SCHMIDL, Verjährungsbeginn bei Garantieansprüchen, NJW 2007, 3610
HARNISCH, Der Beginn der Anspruchsverjährung nach § 198 BGB (Diss Heidelberg 1907)
HARRINGER, Die Verjährung von Unterlassungsansprüchen (Diss Rostock 1931)
HEMPEL, Verjährung von Rückforderungsansprüchen bei unbilliger Leistungsbestimmung im Sinne von § 315 BGB, ZIP 2007, 1196
HERRESTHAL, Die Verschiebung des Verjährungsbeginns bei unsicherer und zweifelhafter Rechtslage – Contra legale Rechtsgewinnung im Verjährungsrecht, WM 2018, 401
HILLINGER, Nochmals zur Verjährung von Unterlassungsansprüchen, GRUR 1973, 254
JACOBY, Die Verjährung des Rückforderungsanspruchs wegen Durchführung nicht geschuldeter Schönheitsreparaturen, ZMR 2010, 335
JAEGER, Verjährung des Schmerzensgeldanspruchs, ZGS 2003, 329
JENNE/MILLER, Verjährungsbeginn und Selbstbezichtigung in der Organhaftung, AG 2019, 112
KLEIN/MOUFANG/KOSS, Ausgewählte Fragen zur Verjährung, BauR 2009, 333
KLUTINIUS/KARWATZKI, Der Verjährungsbeginn des Ausgleichsanspruchs nach § 426 Abs 1 BGB, VersR 2008, 617
KNOPS, Verjährungsbeginn durch Anspruchsentstehung bei Schadensersatzansprüchen, AcP 205 (2005) 821
KÖHLER, Zur Geltendmachung und Verjährung von Unterlassungsansprüchen, JZ 2005, 489
KOLLER, Konkurrenz der vertraglichen Zahlungs- oder Freistellungsansprüche mit Ansprüchen aus Drittschadensliquidation und die Verjährung, NJW 2015, 361
KORVES, Ewiges Recht? Zur Anspruchsverjährung bei der Haftung für Umwelteinwirkungen, NVwZ 2015, 200

Krämer, Verhaltener Anspruch und Verjährung, in: FS vWestphalen (2010) 401
Krieger, Zur Verjährung von Unterlassungsansprüchen auf dem Gebiet des gewerblichen Rechtsschutzes, GRUR 1972, 696
Latzel, Rückbewirkte Leistungsstörungen, AcP (216) 2016, 216
Lange, Bürgschaft und Verjährung, BKR 2017, 447
Mertins/Gansel, Verjährungsfristen benachteiligten geschädigte Anleger, ZRP 2011, 193
Morath, Verjährungsrechtliche Probleme bei der Geltendmachung von Spätschäden im Deliktsrecht (Diss Freiburg 1995)
Müller, Die Verjährung von Einlageansprüchen im Kapitalgesellschaftsrecht, ZGS 2002, 280
Munte, Verjährung abgetretener Forderungen im Schadenersatzrecht – ein Stürmchen im Wasserglas, DAR 2018, 536
Neu, Die Verjährung der gesetzlichen Unterlassungs-, Beseitigungs- und Schadensersatzansprüche des Wettbewerbs- und Warenzeichenrechts, GRUR 1985, 335
Otte, Die Verjährung erbrechtlicher Ansprüche, ZGS 2010, 157
ders, Immer noch Unklarheit über die Verjährung im Erbrecht?, in: Schröder (Hrsg), Erbrecht – Aktuelle Fragen (2012) 79
Otto, Die Bestimmung des § 199 Abs 1 Nr 2 BGB (Diss Hamburg 2006)
Panier, Der Grundsatz der Schadenseinheit (2009)
Peters, Der Beginn der Verjährung bei Regressansprüchen, ZGS 2010, 154
ders, Der Beginn der Verjährung bei Freihaltungsansprüchen, ZGS 2010, 465
Petrasincu, Verjährung des Gesamtschuldnerregresses wegen Kartellschadensersatzansprüchen, NZKart 2014, 437
Picker, Beseitigungsanspruch, nachbarliches Selbsthilferecht und Verjährung von Ansprüchen aus eingetragenen Rechten – BGHZ 60, 235, JuS 1974, 357
Pott, Verjährung von Sozialplanansprüchen in der Insolvenz, NZI 2015, 539
Reinicke/Tiedtke, Verjährung eines Anspruchs vor seiner Entstehung, ZIP 1999, 1905

Rieble, Verjährung „verhaltener" Ansprüche am Beispiel der Vertragsstrafe, NJW 2004, 2270
Rosenthal, Die Anspruchsverjährung bei der fortgesetzten Handlung, LZ 1918, 676
Schindler/Walter, Reform der erbrechtlichen Verjährungsvorschriften durch das ErbVerjÄndG bei §§ 2287, 2329 BGB: eine Reform ohne (inhaltliche) Änderung?, ZEV 2017, 7
Schnaufer, Die Kenntnis des Geschädigten als Auslöser für den Beginn der Verjährungsfrist (Diss Mannheim 1997)
Schmid, Der Beginn der Regelverjährung nach §§ 195, 199 BGB bei juristischen Personen, ZGS 2002, 180
Schultz, Verjährung und Fälligkeit, JZ 1973, 718
Schultz, Der Zeitpunkt der Schadensentstehung bei Fehlern von Anwälten und Steuerberatern, VersR 1994, 142
Schwintowski, Die Verjährung von Ansprüchen auf Rückzahlung überhöhter Stromentgelte, ZIP 2006, 2302
Stoecker, Die Verjährungsproblematik der vertraglichen Haftung des Rechtsanwaltes und des Steuerberaters (Diss Hamburg 1992)
Theisen/Theisen, Zum Gegenstand der Kenntnis in § 199 Abs 1 Nr. 2 BGB am Beispiel bankrechtlicher Ansprüche, in: FS Nobbe (2009) 453
Teuber, Der Beginn der Verjährungsfrist zuwendungsrechtlicher Erstattungs- und Zinsansprüche, NVwZ 2017, 1814
Wacke, Verjährungsbeginn nicht vor Rechnungserteilung?, in: FS Jagenburg (2002) 953
Wardenbusch, Verschiebung der Regelverjährungsfrist nach § 199 Abs. 1 Nr. 2 BGB durch Unzumutbarkeit der Klageerhebung wegen anspruchsfeindlicher Rechtsprechung?, BB 2015, 2
Weitbrecht, Verjährung, Verzinsung und Geltendmachung kartellrechtlicher Schadensersatzansprüche, NJW 2018, 2450
Wiederhold, Verjährungsprobleme des Pflichtteilsberechtigten bei unklarer Rechtslage unter Geltung des ErbverjRÄndG, ZErb 2015, 299
Zeuner, Gedanken zur Abgrenzung des Anspruchs als Objekt der Verjährung und der Verjährungsunterbrechung, in: FS Henckel (1995) 940

ZIEGLER/OYNAR, Der Beginn der Verjährung im Arzthaftungsrecht, NJW 2017, 2438
ZIMMERMANN, Verjährungsbeginn von Rückzahlungsansprüchen der öffentlichen Auftraggeber, BauR 2007, 1798
ZUGEHÖR, Die Verjährung in der Berufshaftung der Rechtsanwälte, NJW 1995, Beil zu H 21.

Systematische Übersicht

I. Allgemeines	
1. Prinzipien der Regelung	1
2. Abschließende Regelung	1a
II. Anwendungsbereich	2
III. Entstehung des Anspruchs	
1. Grundsatz	3
a) Allgemeines	3
b) Entstehung des Anspruchs und Fälligkeit	5
c) Klagemöglichkeit	6
2. Fälligkeit des Anspruchs	7
3. Erteilung einer Rechnung/Abrechnung	17
4. Dauerpflichten	20c
5. Einzelne Ansprüche	21
a) Vertragliche Erfüllungsansprüche	21
b) Bürgschaft	22
c) Sekundäransprüche	23
d) Bereicherungsansprüche	26
e) Aufwendungsersatzansprüche	26
6. Insbesondere: Schadensersatzansprüche	27
a) Allgemeines	27
b) Wiederholte und dauernde Schädigungen	28
c) Schadensersatzansprüche verfahrensrechtlichen Ursprungs	31
d) Schadenseintritt	32
e) Verwaltungsrechtlicher Primärrechtsschutz	38
f) Subsidiäre Haftung	41
aa) Allgemeines	41
bb) Entstehung des Anspruchs	42
cc) Maßnahmen zur Realisierung des anderweitigen Ersatzes	43
g) Grundsatz der Schadenseinheit	44
aa) Inhalt	44
bb) Vorhersehbare Schäden	45
cc) Konsequenzen	46
dd) Kritik	47
ee) Kein „Stammrecht"	52
IV. Kenntnis des Gläubigers	
1. Die maßgebliche Person	53
2. Gegenstand der Kenntnis	62
a) Die den Anspruch begründenden Umstände	62
b) Die Person des Schuldners	70
c) Intensität der Kenntnis	71
3. Zeitpunkt der Kenntnis	72
V. Grob fahrlässige Unkenntnis des Gläubigers	
1. Allgemeines	73
2. Zur Dogmatik	76
3. Organisationspflichten	77
4. Verdachtsmomente	79
5. Anforderungen an den Gläubiger	80
6. Hilfspersonen	81
7. „Grobe" Fahrlässigkeit	82
8. Verhalten des Schuldners	83
9. Darlegungs- und Beweislast	84
VI. Reduktion bei ungeklärter Rechtslage	84a
1. Ausgestaltung durch den BGH	84b
2. Kritik	84c
VII. Verjährungsbeginn mit Jahresschluss	85
VIII. Verjährungshöchstfristen	
1. Allgemeines	89
2. Verletzung persönlicher Rechtsgüter, § 199 Abs 2	94
a) Schadensersatzansprüche	94
b) Betroffene Rechtsgüter	95
c) Verjährungsbeginn	96
3. Sonstige Schadensersatzansprüche, § 199 Abs 3	97

Titel 1
Gegenstand und Dauer der Verjährung § 199

4. Erbfall und Testament	99	2. Möglichkeit der Verjährung ... 109
a) Ansprüche, die auf einem Erbfall beruhen	100	3. Titulierung des Anspruchs ... 112
		4. Pflicht zu dauerndem positivem Tun 113
b) Notwendige Kenntnis einer Verfügung von Todes wegen	105	5. Gehalt des § 199 Abs 5 ... 114
5. Weitere Ansprüche, § 199 Abs 4	106	6. Beseitigungsansprüche ... 115
IX. Ansprüche auf Beseitigung und Unterlassung		X. Abweichende Regelungen ... 117
1. Unterlassungsansprüche	107	

Alphabetische Übersicht

Absolute Rechtsgüter, Verletzung von — 33	Eigentumsverletzung — 97 f
Abrechnungsfehler — 19	Einreden des Schuldners — 7, 67
Abrechnungsguthaben — 20a	Einrede der Vorausklage — 22
Amtspflichtverletzung — 38, 41	Einwendungen des Schuldners — 7, 67
Anfechtung — 10, 64	Eltern — 57
Anspruch	Entlastungsmöglichkeit des Schuldners — 63
– gegen sich selbst — 37, 61	Entnahmerecht — 14
– verhaltener — 12	Entstehung des Anspruchs — 3 ff, 50
Anwaltshaftung — 35, 37, 86	Erbfall — 99 ff
Arzthaftung — 63a	Erbschaftskauf — 103
Aufklärungskosten — 82	Ereignis, den Schaden auslösendes — 96
Aufopferung — 94	Erfüllungsanspruch — 21
Auskunft des Schuldners — 66, 83	Ermittlungen des Gläubigers — 80
	Ersatzmöglichkeit, anderweitige — 41 ff
Beauftragter — 60	Fälligkeit — 4 ff
Beeinträchtigung	Fahrlässigkeit, grobe — 73 ff
– dauernde — 110	Feststellungsklage — 3, 8b, 46
– wiederholte — 110	Forderung, ungewöhnliche — 77
Befriedigung des Anspruchs — 3	Freihaltungsanspruch — 7, 8 ff
Begehung der Handlung — 50, 96	Fürsorge für den Anspruch — 73
Behörde — 59	
Bereicherungsanspruch — 26	Gebührentatbestand — 21
Beseitigungsanspruch — 115 f	Gefährdungshaftung — 94
Beweisführung des Schuldners — 74	Gegenvorstellung bei der Amtshaftung — 39
Beweislast — 84	Genehmigung als Anspruchsvoraussetzung 10
Beweismöglichkeiten — 68	Gesamtgläubiger — 15
BGB-Gesellschaft — 14	Gesamtschuldnerausgleich — 8 f, 65
Bürgschaft — 22	Gesellschafter, Ansprüche der — 8b, 14, 16
– Regressanspruch des Bürgen — 8b	Gestaltungsrecht, Ausübung des — 11
	Gewährleistung — 23
cessio legis — 78	Gewissheit des Gläubigers — 71
	Grundregel, systematische — 2
Darlegungslast — 68	Gutschrift von Zinsen — 13
Dauerhandlungen — 29	
Dauerpflichten — 20c	Haftung, subsidiäre — 16, 41 ff

Handlung, Begehung der	50
Hemmung, anfängliche	76
Hilfspersonen	60, 81
Hinterleger	12, 88
Höchstfristen	1, 89 ff
– Beginn	89, 93
– als Kappung	91
– Subsidiarität	91
– Voraussetzungen	89 f
Immissionen	111, 116
Indizien für den Anspruch	79
Insolvenzverwalter	55, 72
Jahresschluss	1, 85 ff
Juristische Person, Organe der	58
Kapitalisierung des Schadens	51
Kausalität	47
Kenntnis des Gläubigers	48, 53 ff, 75
– des Anspruchs	69
– Gegenstand	62 ff
– teilweise	66
– Verlust der	87
– Zeitpunkt der	71
Klagemöglichkeit	6
Körperschaft, öffentliche	59
Kommanditist	14
Kündigung als Anspruchsvoraussetzung	11, 21
Leistungen, wiederkehrende	21
Leistungsklage	3, 47
Leistungsurteil	7
Mehrheit von Gläubigern	15, 54
Miete	23
Mietsache, Mängel an der	20c
Nachforderung	20b
Name und Anschrift	70
Notarhaftung	41 ff
Obliegenheit	73
Organisationspflicht	77 f
Partei kraft Amtes	55
Person des Schuldners	70
Pflichtverletzung	63a, 95 f
Positive Forderungsverletzung	94
Positives Tun, dauerndes	113
Primärrechtsschutz, verwaltungsrechtlicher	38
Prospektmängel	65
Prozesskostenhilfe	6
Prozessstandschaft, gewillkürte	55
Rechnung	17 ff
– konstitutive	17
– Prüfungspflicht	80
– unvollständige	19
– verzögerte	18
Rechnungshof	77
Rechtfertigungsgrund	63
Rechtsbehelf, formloser	39
Rechtslage, unklar und unsicher	84a ff
Rechtsgrund, fehlender	21
Rechtsnachfolger	56
Regressgläubiger	8 ff, 77 f
Rücktritt als Anspruchsvoraussetzung	24
Schaden, vorhersehbarer	45
Schadenseinheit, Grundsatz der	34, 44 ff, 96
Schadenseintritt	32 ff
Schadensersatz statt der Leistung	24
Schadensersatzanspruch	27 ff, 94 ff
– verfahrensrechtlichen Ursprungs	31
Schadensfolgen, spätere	44 ff
Sekundäranspruch	23
Sekundärhaftung von Anwälten und Steuerberatern	37, 83
Sparguthaben	13
Staatshaftung	41 ff
Stammrecht	52
Stellvertretendes commodum	15
Steuerberaterhaftung	35 f, 37, 83
Stiller Gesellschafter	14
Störungsquelle	115 f
Streitverkündung	43
Stufenklage	6, 83
Stundung	9, 43
Tatsachenkenntnis	62 ff
Testament	99, 105
Testamentsvollstrecker	55, 101
Überleitung	76, 92
Überzahlung nach Rechnungserstellung	20

Titel 1
Gegenstand und Dauer der Verjährung § 199

Ultimo-Verjährung	85	Vertragsstrafe	15, 25
Umstände, anspruchsbegründende	62 ff	Vertreter	57 f
Unkenntnis, grob fahrlässige	73 ff	Verwahrer	12, 88
Unterlassungsansprüche	107 ff	Verwaltungsakt, günstiger	40
Unsichere und zweifelhafte Rechtslage	1a, 62	Voluntativbedingung	11
		Vorauszahlung	20a f
Verdachtsmomente	79	Vorbescheid, behördlicher	40
Verfügung von Todes wegen	105	Vormund	57
Verfügungsbefugnis	55	Vorschuss	20a
Verhandlungen	43		
Verjährungsbeginn, fester	47	Wirtschaftsplan	20b
Verjährungsfrist, regelmäßige	2		
Verleiher	12, 88	Zession	55 f
Vermögensgefährdung	35	Zollfahndung	78
Vermögensschaden	33, 97	Zuwiderhandlung, Zeitpunkt der	108
Vertrag zugunsten Dritter	54	Zumutbarkeit der Rechtsverfolgung	84a ff
– auf den Todesfall	104		

I. Allgemeines

1. Prinzipien der Regelung

Die nachhaltige Verkürzung der regelmäßigen Verjährungsfrist von dreißig auf drei **1** Jahre durch § 195 BGB nF gegenüber § 195 BGB aF darf dem Gläubiger nicht die reelle Chance nehmen, seinen Anspruch auch durchzusetzen. Dieses Ziel versucht das G zur Modernisierung des Schuldrechts zunächst dadurch zu erreichen, dass es die Möglichkeiten des Gläubigers beträchtlich erweitert, den Lauf der Verjährung anzuhalten, namentlich durch Verhandlungen, § 203 BGB, oder zB durch ein Prozesskostenhilfegesuch, § 204 Abs 1 Nr 14 BGB. Derlei setzt freilich voraus, dass er sich seines Anspruchs überhaupt bewusst ist, und deshalb wird die Dreijahresfrist des § 195 BGB ergänzt und gar erst ermöglicht durch die Berücksichtigung seiner *Kenntnis* oder *Kenntnismöglichkeit* in § 199 Abs 1 Nr 2 BGB.

Nun kann es freilich auf Schwierigkeiten stoßen, den Zeitpunkt des § 199 Abs 1 Nr 2 BGB exakt zu ermitteln. Zum Zwecke der Erleichterung des Verkehrs, dem die Aufgabe der taggenauen Bestimmung nach Möglichkeit genommen werden soll, stellt § 199 Abs 1 BGB auf den *Schluss des einschlägigen Jahres* ab.

Da die Möglichkeit der Kenntnis des Gläubigers ausbleiben kann, statuiert § 199 BGB in seinen Abs 2–4 *kenntnis-unabhängige Höchstfristen*. § 199 Abs 1–4 BGB entspricht damit in seinen Strukturen § 852 Abs 1 BGB aF, erweitert diese aber eben auch auf solche Ansprüche, die dem Gläubiger im Regelfall bekannt sein werden wie zB vertragliche Erfüllungsansprüche. Die Möglichkeit der Unerkennbarkeit ist doch auch bei ihnen nicht auszuschließen, wenn man zB auf eine Auskunft des Schuldners angewiesen ist.

Bei alledem sind jedenfalls die Bezugspunkte des Verjährungsbeginns unverändert geblieben: Es ist dies die *Entstehung* des Anspruchs, § 199 Abs 1 Nr 1 BGB, im

Sonderfall der Unterlassungsansprüche die *Zuwiderhandlung*, § 199 Abs 5 BGB. Das entspricht § 198 S 1, S 2 BGB aF.

2. Abschließende Regelung

1a Für die § 195 BGB unterfallenden Ansprüche stellt § 195 Abs 1 BGB eine abschließende Regelung ihres Verjährungsbeginns dar.

Namentlich kommt es nicht darauf an, ob der Gläubiger Kenntnis oder hinreichende Kenntnismöglichkeiten in Bezug auf seinen Anspruch selbst hat. Das belegt die insoweit eindeutige Fassung des § 199 Abs 1 Nr 2 BGB, die eben nur auf die den Anspruch begründenden Umstände abstellt. Zu diesen Umständen können durchaus auch rechtliche Aspekte gehören. Hat jemand zB eine Leistung erbracht, die er jetzt nach § 812 BGB zurückfordern will, muss er wissen, oder ohne grobe Fahrlässigkeit erkennen können, dass ihr der rechtliche Grund gefehlt hat. Daran kann es bei einem Laien leicht fehlen, wie er von der Wirksamkeit des abgeschlossenen Vertrages ausgehen wird.

Zur Zumutbarkeit der Klageerhebung bei unsicherer und zweifelhafte Rechtslage s u Rn 84a f.

II. Anwendungsbereich

2 § 199 BGB bezieht sich ausschließlich auf *jene Ansprüche, die § 195 BGB unterliegen* (vgl dort Rn 11 ff). Dabei ist es unerheblich, ob § 195 BGB unmittelbar anwendbar ist oder kraft einer Verweisung wie in § 634a Abs 1 Nr 3 BGB. Freilich kennt das Gesetz andernorts Einschränkungen des sich an sich aus § 195 BGB ergebenden Anwendungsbereichs des § 199 BGB (vgl §§ 604 Abs 5, 695 S 2, 696 S 3, 2332 Abs 1 nF). Auf diese Fälle bezieht sich der klarstellende Hinweis in Abs 1 „soweit nicht ein anderer Verjährungsbeginn bestimmt ist" des G zur Änderung des Erb- und Verjährungsrechts v 24. 9. 2009 (BGBl I 3142).

Unter den Bestimmungen der §§ 199–201 BGB über den Verjährungsbeginn ist *aus systematischer Sicht § 200 S 1 BGB die Grundregel*: Verjährungsbeginn mit der Entstehung des Anspruchs, aber es gehen speziellere Sonderregelungen vor, wie zB § 201 BGB für titulierte Ansprüche, § 548 Abs 1 S 2, Abs 2 BGB bei der Rückgabe der Mietsache, die §§ 438 Abs 2, 634a Abs 2 BGB im Gewährleistungsrecht von Kauf und Werkvertrag und schließlich eben § 199 BGB für anderweitig nicht eigens erfasste Ansprüche.

III. Entstehung des Anspruchs

1. Grundsatz

a) Allgemeines

3 Die Verjährung kann gegen den Gläubiger im Prinzip – anders §§ 438 Abs 2, 634a Abs 2 BGB – frühestens dann zu laufen beginnen, wenn er die Möglichkeit hat, ihren Lauf aufzuhalten (BGH NJW 2015, 3299 Rn 14); wenn die Verjährung ohne diese Möglichkeit laufen kann, vermindert sich die reelle Chance des Gläubigers, sein

Recht auch durchzusetzen. Dass der Gläubiger sie haben soll, bekräftigt § 199 Abs 1 Nr 2 BGB nachdrücklich mit seiner Rücksichtnahme auf den Kenntnisstand des Gläubigers.

Dabei ist das primäre Mittel, dem Eintritt der Verjährung vorzubeugen, die **Leistungsklage** (BGHZ 55, 340, 341; 73, 363, 365; 79, 176, 178): Sie hemmt zunächst die Verjährung, § 204 Abs 1 Nr 1, Abs 2 S 1 BGB, und führt den Anspruch dann in das Verjährungsregime der §§ 197 Abs 1 Nr 3, 201 BGB über. Ihr gleichstehen müssen aus dem Katalog des § 204 Abs 1 BGB *jene anderen Maßnahmen, die geeignet sind, zur Befriedigung des Anspruchs zu führen;* das sind die Fälle der Nrn 2, 3 (Mahnbescheid), 5 (Aufrechnung, vgl WAGNER, Prozessverträge [1998] 431), 10 (Anmeldung in der Insolvenz), 14 (Antrag auf Gewährung von Prozesskostenhilfe).

Der BGH lässt auch die **bloße Feststellungsklage** genügen (BGHZ 181, 310 = NJW 2010, 60 Rn 19; BGH NZG 2017, 753 Rn 12). Typischer Anwendungsfall sind Schadensersatzansprüche, bei denen sich der Schaden noch nicht beziffern lässt (BGHZ 100, 228, 231; BGH NJW 2019, 596 Rn 17; NZG 2017, 753 Rn 12). Dem ist zu widersprechen (näher zur Problematik u Rn 32). Zwar ist auch die Feststellungsklage geeignet, die Verjährung zu hemmen, vgl § 204 Abs 1 Nr 1 BGB, und führt sogar zu dem Verjährungsregime der §§ 197, 201 BGB (§ 197 Rn 37 ff). Aber ihr Erfolg befriedigt den Gläubiger eben noch nicht; er müsste ggf ein zweites Mal ansetzen. Das kann ihm im Bereich der Verjährung nicht angesonnen werden, es wird nur unausweichlich in der besonderen Situation, dass sein Anspruch schon vollstreckungsfähig tituliert ist, vgl § 212 Abs 1 Nr 2 BGB (vgl BGH NJW 2018, 2056 Rn 15 f). Sich durch eine Feststellungsklage gegen den Eintritt der Verjährung zu sichern, ist *nur eine Option,* die der Gläubiger wahrnehmen kann, aber nicht wahrzunehmen braucht, ein „Kann", kein „Muss".

Dabei setzen die auf Befriedigung des Anspruchs gerichteten Maßnahmen grundsätzlich dessen **Fälligkeit** voraus. Ein Mahnbescheid wegen einer noch nicht fälligen Forderung ist zB nicht möglich (hM, vgl ZÖLLER/SEIBEL § 688 ZPO Rn 3); im Insolvenzverfahren stellt § 41 InsO die Fälligkeit eigens her. Eine Ausnahme von der Notwendigkeit der Fälligkeit der Forderung gilt auch nicht für die Klage. Zwar kann die Leistungsklage unter den Voraussetzungen der §§ 257–259 ZPO auch in Bezug auf erst künftige Forderungen erhoben werden, aber das Gesetz mutet dem Gläubiger eine solche Klage zur Hemmung der Verjährung nicht zu. **4**

b) Entstehung des Anspruchs und Fälligkeit

Der Zusammenhang zwischen der Entstehung des Anspruchs und seiner Fälligkeit, ja die **Identität dieser Begriffe** ist in der Genese der §§ 198 BGB aF, 199 BGB nF in unterschiedlicher Weise zum Ausdruck gebracht worden. **5**

§ 158 Abs 1 E I hatte formuliert:

> „Die Verjährung des Anspruchs beginnt mit dem Zeitpunkt, in dem die Befriedigung des Anspruchs rechtlich verlangt werden kann (Fälligkeit)."

Das stellte also eindeutig auf die Fälligkeit ab und bestätigt zugleich, dass der Gläubiger wegen künftig fälliger Ansprüche einstweilen keine Maßnahmen zur Hemmung der Verjährung zu ergreifen braucht. Die Kommission für die zweite Lesung des BGB sprach dann von der Entstehung des Anspruchs statt von der Fälligkeit, um Definitionsschwierigkeiten zu vermeiden (vgl Prot I 210), dies aber ohne die Absicht einer sachlichen Änderung.

Im Regierungsentwurf des G zur Modernisierung des Schuldrechts lautete § 199 BGB dann wieder

„(1) Die regelmäßige Verjährungsfrist beginnt, wenn

1. der Anspruch fällig ist (...)"

(BT-Drucks 14/6040, 3). Die Begründung (BT-Drucks 14/6040, 108) betont, dass mit der Umformulierung eine Änderung gegenüber der bisherigen Rechtslage nicht verbunden sei. Erst im weiteren Gesetzgebungsverfahren ist dann wieder auf die Entstehung des Anspruchs abgestellt worden (BT-Drucks 14/7052, 180). Hintergrund dieser Rückkehr zur Formulierung des § 198 BGB aF war die Absicht, den im Deliktsrecht entwickelten Grundsatz der Schadenseinheit nicht zu gefährden, nach dem der Geschädigte schon jetzt (Feststellungs-)Klage wegen möglicher künftiger Schäden erheben muss; seine diesbezüglichen Ansprüche würden sich schwerlich jetzt als fällig bezeichnen lassen (vgl RegE BT-Drucks 14/6040, 108, Rechtsausschuss BT-Drucks 14/7052 und näher u Rn 44 ff).

c) Klagemöglichkeit

6 Damit der Lauf der Verjährung in Gang gesetzt werden kann, muss also jedenfalls die Möglichkeit der jetzigen Leistungsklage gegeben sein. *Diese Möglichkeit braucht aber nur objektiv zu bestehen* (MünchKomm/GROTHE Rn 5). Etwa können bestimmte Schadensersatzansprüche der Gläubiger, aber auch des Schuldners aus § 60 InsO gegen den Insolvenzverwalter während des Insolvenzverfahrens nicht geltend gemacht werden. Deren Verjährung beginnt folglich erst mit rechtskräftiger Beendigung des Insolvenzverfahrens (BGH NJW 2015, 3299 Rn 14). Bloße Schwierigkeiten bei der subjektiven Rechtsverfolgung hindern den Verjährungsbeginn im Rahmen der Nr 1 des § 199 Abs 1 BGB nicht, sondern können nur nach seiner Nr 2 beachtlich sein. Fehlen dem Gläubiger die Mittel zur Rechtsverfolgung, muss er von der Möglichkeit der Prozesskostenhilfe Gebrauch machen, § 204 Abs 1 Nr 14 BGB. Kann er seinen Klageantrag nicht beziffern, muss er Stufenklage erheben, sofern er auf eine Auskunft des Schuldners angewiesen ist. Dabei ist freilich zu beachten, dass der Leistungsantrag schon jetzt angekündigt werden muss; die isolierte Auskunftsklage genügt auch vor dem Hintergrund des § 213 BGB nicht zur Wahrung der Verjährung. Wenn er seinen Anspruch aus anderen Gründen nicht (voll) zu überschauen vermag, ist ihm die unbezifferte Leistungsklage anzusinnen.

2. Fälligkeit des Anspruchs

7 Der Anspruch muss fällig sein, damit der Lauf der Verjährung in Gang gesetzt werden kann (BGH NJW 2015, 1818 Rn 22). Der Gläubiger muss also mit seiner Klage ein Leistungsurteil erwirken können, aufgrund dessen sein Anspruch befriedigt wird (o Rn 3).

a) Der Zeitpunkt der Fälligkeit ergibt sich aus den *Kriterien des § 271 BGB* (vgl die Erl dort). Er kann gesetzlich bestimmt sein, vgl zB § 556b Abs 1 BGB zur Miete, oder sich aus den Umständen ergeben, wie dies etwa bei vielen Werkleistungen der Fall ist: Gartenbestellung im Frühjahr, Ausmalen der Zimmer im Neubau bei dessen entsprechendem Fertigungsstand. Von hoher praktischer Bedeutung ist die *Vereinbarung eines Leistungstermins* durch die Parteien, zB die Auszahlung der Versicherungssumme auf den 65. Geburtstag, einer aufschiebenden Bedingung, des Abrufs der Ware. Fehlt es an derlei Verzögerndem, tritt die Fälligkeit nach § 271 Abs 1 BGB *sofort* ein. Sofortige Fälligkeit ist insbesondere anzunehmen bei Freihaltungsansprüchen zB des Treuhänders (**aA** BGH NJW 2010, 2197, fällig erst, wenn die Drittforderung fällig wird, von der freizuhalten ist).

b) Der Anspruch muss nach **hM** nicht *in seiner konkreten Form fällig* sein. Das ist **8** von Bedeutung namentlich bei Ausgleichsansprüchen, wie sie insbesondere nach § 426 Abs 1 BGB dem einen Gesamtschuldner gegenüber den anderen zustehen. Nach gefestigter Rechtsprechung des BGH beginnt die Verjährung für den auf Ausgleich gerichteten Anspruch einheitlich, gleich ob der Anspruch auf Freihaltung oder auf Zahlung gerichtet ist (BGHZ 181, 310 = NJW 2010, 60; NZG 2017, 753 Rn 11; ZIP 2015, 1189 Rn 19; ebenso BeckOGK BGB/BACH [1. 10. 2018] § 214 Rn 124.1; BeckOGK BGB/ PIEKENBROCK [1. 2. 2019] Rn 62; PALANDT/ELLENBERGER Rn 3; STAUDINGER/LOOSCHELDERS [2017] § 426 Rn 10). Grundlage dieser Auffassung ist, dass es sich um einen wenn auch nicht inhaltsgleichen, aber einheitlichen Anspruch handele, der ab seiner Fälligkeit verjähre. Befreiungsansprüche werden freilich außerhalb des Anwendungsbereichs des § 775 BGB nach § 271 BGB im Zweifel mit ihrer Begründung fällig, ohne dass es darauf ankommt, ob diejenige Verbindlichkeit bereits fällig ist, auf die sich die Befreiung bezieht. So bestimmt § 257 S 2 BGB etwa, dass der Befreiungsgläubiger vor dieser Fälligkeit Sicherstellung verlangen kann. Um „Unzuträglichkeiten und Wertungswidersprüche" zu vermeiden, stellt der BGH für den Verjährungsbeginn daher nicht allein auf die Fälligkeit des Freistellungsanspruchs, sondern zusätzlich auf die Fälligkeit der Drittforderung ab, auf die sich die Freistellungspflicht bezieht (BGHZ 185, 310 = NJW 2010, 2197 Rn 22). Für dieses ausnahmsweise Abstellen auf die Drittforderung entfällt freilich auch nach BGH der Grund, falls sich der Befreiungsanspruch vorzeitig in einen Zahlungsanspruch umwandelt, insbesondere in solchen Sachlagen, in denen abzusehen ist, dass der eigentliche Schuldner zur Leistung nicht im Stande ist (BGHZ 216, 234 = NJW 2018, 1873 Rn 22 f).

Diese Rechtsprechung ist abzulehnen (PETERS ZGS 2010, 154 ff; ZGS 2010, 495 ff). Es **8a** kommt nicht auf die schwer zu bestimmende Einheitlichkeit von Befreiungs- und Regressanspruch (vgl HOLZMANN, Das Regressrisiko des Befreiungsgläubigers 16 ff), sondern maßgeblich auf den Anspruchsinhalt an. Der Freihaltungsanspruch und der auf Zahlung gerichtete Regressanspruch haben unterschiedliche Inhalte. Vor der eigenen Zahlung an den gemeinsamen Gläubiger könnte der Zahlungsanspruch gar nicht in der für den Verjährungsbeginn erforderlichen Weise einer Leistungsklage (o Rn 3) gerichtlich durchgesetzt werden, sodass er nicht schon mit der Begründung der Gesamtschuld „entsteht" (**aA** BGHZ 181, 310 = NJW 2010, 60 Rn 19; BGH NZG 2017, 753 Rn 12, die eine Feststellungsklage genügen lassen). Die Hemmung der Verjährung des Freihaltungsanspruchs teilt sich freilich nach § 213 BGB dem späteren Zahlungsanspruch mit. Aber diese Bestimmung spricht eben auch nur die Hemmung der Verjährung an, nicht auch den Beginn der Verjährung der verschiedenen Ansprüche und bestätigt damit die hier vertretene Auffassung, dass insoweit der zunächst zu verfolgende Anspruch nicht den späteren „infiziert". Ein anderes Ergebnis wäre auch grob interessenwidrig.

Den Ausgleich nach § 426 Abs 1 BGB hindert es auch nicht, dass nach § 425 Abs 2 BGB die Ansprüche des Gläubigers gegen die anderen Gesamtschuldner schon verjährt sein können. Das nimmt nur die Regressmöglichkeit des § 426 Abs 2 BGB.

8b Entsprechendes gilt, wenn ein Gesellschaftsgläubiger einen der Gesellschafter nach § 128 HGB in Anspruch genommen hat. Dessen Regressanspruch gegen die anderen Gesellschafter hängt in seiner Fälligkeit zunächst auch davon ab, dass sich die Erholung bei der Gesellschaft nach § 110 HGB als aussichtslos erweist (u Rn 16).

Der Rückgriffsanspruch des Bürgen gegen den Hauptschuldner aus § 670 BGB bzw Geschäftsführung ohne Auftrag entsteht mit seiner Zahlung an den Gläubiger.

Ähnlich wird der Anspruch gegen den Vertreter ohne Vertretungsmacht mit der Verweigerung der Genehmigung des Vertretenen fällig (BGHZ 73, 266, 272).

9 c) *Einreden des Schuldners* gegen den Anspruch hindern dessen Fälligkeit nicht, namentlich nicht jene aus den §§ 271, 320 BGB; hier bleibt freilich § 215 BGB zu beachten. Die Stundung des Anspruchs wirkt allerdings nach § 205 BGB. Ist die Stundung anfänglich vereinbart, ist es eine müßige Frage, ob ihre Verjährung hindernde Wirkung aus § 199 Abs 1 Nr 1 BGB oder aus § 205 BGB herzuleiten ist (§ 205 Rn 6).

10 d) Die nach § 199 Abs 1 Nr 1 BGB notwendige Fälligkeit des Anspruchs kann *nicht rückwirkend hergestellt* werden. Das gilt etwa – gegenüber § 184 Abs 1 BGB – für eine *Genehmigung* des Vertrages, aus dem der Anspruch hergeleitet wird (MünchKomm/Grothe Rn 5; Latzel AcP [216] 2016, 675, 694), oder – gegenüber § 142 Abs 1 BGB – für die Ansprüche, die aus der *Anfechtung* eines Vertrages hergeleitet werden. Wenn die Parteien einen Vertrag rückdatieren, ist dasselbe für die aus ihm folgenden Ansprüche anzunehmen. Es wäre ihnen zwar eine die Verjährung erleichternde Vereinbarung nach § 202 Abs 1 BGB möglich, aber eine solche ist im Zweifel nicht gewollt und wäre jedenfalls besonders festzustellen.

11 e) Es genügt für seine Entstehung nicht, dass der Anspruch *durch Ausübung eines Gestaltungsrechts* – Anfechtung, Kündigung – *fällig gestellt werden kann*. Das ist selbstverständlich, soweit es um Gestaltungsrechte des Schuldners geht, gilt nach jetzigem Recht aber doch auch dort, wo der Gläubiger das Gestaltungsrecht ausüben könnte. Anderes sahen die §§ 199, 200 BGB aF für Anfechtung oder Kündigung des Gläubigers vor; sie sind ersatzlos aufgehoben worden. Folgerichtig handelt der Gläubiger auch nicht treuwidrig, gar im Sinne des § 162 Abs 1 BGB, wenn er die Ausübung des Gestaltungsrechtes „aufschiebt", was ihm ja vor dem Hintergrund der Jahresschlussverjährung uU beträchtlichen zeitlichen Vorteil zu bringen vermag.

Der Gläubiger kann und darf den Beginn der Verjährung aber auch sonst manipulieren. Das gilt da, wo die Fälligkeit seines Anspruchs von einer in sein Belieben gestellten Voluntativbedingung abhängig ist, und namentlich dort, wo seine Rechnung Fälligkeitsvoraussetzung ist, vgl die §§ 16 Abs 3 Nr 1 S 1 VOB/B, 15 Abs 1 HOAI. Hier ist es ja uU ein Leichtes, sie kurzfristig über den Jahreswechsel hinaus zu verzögern.

f) Sog *verhaltene Ansprüche* sind jederzeit zu erfüllen, dies aber nur auf Verlangen des Gläubigers, so etwa die Rückforderungsansprüche des Verleihers, des Hinterlegers und der Rücknahmeanspruch des Verwahrers. Da derartige Verhältnisse langfristig bestehen können, droht bei Anwendung der §§ 195, 199 uU eine vorzeitige Verjährung, sind doch namentlich Verleiher und Hinterleger nicht immer durch die lange Frist des § 197 Abs 1 Nr 2 BGB geschützt. Das G zur Modernisierung des Schuldrechts hat hier deshalb in den §§ 604 Abs 5, 695 S 2, 696 S 3 BGB von § 199 BGB abweichende Sonderregelungen geschaffen: Verjährungsbeginn mit dem Rückgabeverlangen (Verleiher, Hinterleger) bzw dem Rücknahmeverlangen des Verwahrers. **12**

Es wird gesagt, dass hierin ein allgemeiner Rechtsgedanke zum Ausdruck komme, der auf alle verhaltenen Ansprüche Anwendung finde (NK-BGB/Mansel/Stürner Rn 32 ff; Palandt/Ellenberger Rn 8; MünchKomm/Grothe Rn 7). Dem ist zuzustimmen, nur sind die Besonderheiten der in Betracht kommenden Ansprüche sorgsam zu prüfen (zustimmend BGH NJW-RR 2015, 338 Rn 26):

aa) Hierher gehört zunächst der Anspruch auf Auszahlung des *Sparguthabens,* soweit er nicht von einer besonderen Kündigung abhängig ist (dann gilt § 199 Abs 1 BGB unmittelbar). Die Sparkasse, der die Verwaltung des „Uraltguthabens" lästig wird, mag ihrerseits kündigen und so nach § 199 Abs 1 BGB den Lauf der Verjährung in Gang setzen. Hier bleibt freilich anzumerken, dass die *Gutschrift von Zinsen* den Tatbestand des § 212 Abs 1 Nr 1 BGB erfüllt und, soweit sie als interner Vorgang erfolgt, § 151 BGB entsprechend anzuwenden ist. **13**

bb) Der *Gewinnanteil des Gesellschafters einer oHG* wird nach § 120 Abs 2 HGB zunächst seinem Kapitalkonto gutgeschrieben. Hier geht es nicht um einen Anspruch, sodass die Regeln über die Verjährung keine Anwendung finden können. Sie finden dann aber Anwendung auf sein *Entnahmerecht* nach § 122 Abs 1 HGB; insoweit gelten die §§ 604 Abs 5, 695 S 2 BGB entsprechend. **14**

Der *Kommanditist* hat nach § 169 HGB einen „normalen" Anspruch auf Auszahlung des Gewinnanteils, für den die §§ 195, 199 BGB uneingeschränkt gelten; er kann die Verjährung nicht dadurch hinauszuzögern, dass er die Auszahlung nicht verlangt. Freilich wird ihm bei der Verjährung § 212 Abs 1 Nr 1 BGB zur Seite stehen, wenn denn sein unerledigter Auszahlungsanspruch anerkannt worden ist.

Der *stille Gesellschafter* muss seinen Gewinnanteil nach § 232 Abs 1 HGB ebenfalls einfordern, soll sein Anspruch nicht nach Maßgabe der §§ 195, 199, 212 Abs 1 Nr 1 BGB verjähren.

Bei Kommanditist und stillem Gesellschafter bleibt freilich zu beachten, dass vorab der Jahresabschluss und die Gewinnfeststellung zur Entstehung des Anspruchs iSd § 199 Abs 1 Nr 1 BGB gehören und dass bei Beendigung einer stillen Gesellschaft

§ 199

zunächst die Auseinandersetzung nach § 235 HGB in Form der Durchführung einer Gesamtabrechnung zu erfolgen hat (BGH ZIP 2017, 517 Rn 16).

Bei der *BGB-Gesellschaft* ist von § 721 BGB auszugehen.

Das bedeutet bei der Gelegenheitsgesellschaft nach § 721 Abs 1 BGB, dass der Anspruch auf den Gewinnanteil nicht eigenständig entsteht, sondern ununterscheidbar in dem Anspruch auf das Auseinandersetzungsguthaben aufgeht und damit mit diesem nach Berichtigung der Schulden, §§ 733, 734, iSd § 199 Abs 1 Nr 1 BGB entsteht.

Bei der *auf Dauer angelegten Gesellschaft* sind über § 721 Abs 2 BGB die Grundsätze zur oHG (vgl soeben) zur Anwendung zu bringen. Scheidet ein Gesellschafter vorzeitig aus, so ist für die Verjährung seines Anspruchs auf das Auseinandersetzungsguthaben im Rahmen des § 199 Abs 1 Nr 1 BGB auf die Erstellung der Abschichtungsbilanz abzustellen (vgl RG JW 1917, HRR 1939 Nr 917; aA MünchKomm/SCHÄFER § 738 Rn 18; STAUDINGER/HABERMEIER [2003] § 738 Rn 9, Fälligkeit mit Ausscheiden, sofern der Umfang des Anspruchs bestimmbar ist [Buchwert]). Anderes wird den §§ 195, 199 BGB nicht gerecht.

15 cc) Es werden weitere Ansprüche als Fälle einer entsprechenden Anwendung der §§ 604 Abs 5, 695 S 2 BGB genannt (PALANDT/ELLENBERGER Rn 8). Sie sind jedoch unmittelbar mit § 199 BGB zu erfassen, soweit es um ihre Verjährung geht:

(1) Die Ansprüche aus den §§ 285 und 340 BGB auf das *stellvertretende commodum* bzw eine verwirkte *Vertragsstrafe* sind nicht im Beginn ihrer Verjährung davon abhängig, dass der Gläubiger sie einfordert, beides kann vielmehr sogleich verlangt werden (aA für den Vertragsstrafeanspruch STAUDINGER/RIEBLE [2015] § 339 Rn 426). Dass der Gläubiger die Verjährung des Erfüllungsanspruchs hemmt, kommt freilich nach § 213 BGB auch diesen Ansprüchen zugute (aA für den Vertragsstrafeanspruch KLEIN/ MOUFANG/KOOS BauR 2009, 333, 340).

(2) Soweit nach den §§ 432 Abs 1, 660 Abs 2, 1077 Abs 1, 1281 S 2, 2039 BGB bei einer Mehrheit von Gläubigern jeder von ihnen forderungsberechtigt ist, dies aber nur zugunsten aller – ggf auf Hinterlegung –, ist diese seine Stellung nicht irgendwie „verhalten". In der Verjährungsfrage muss sich jeder für sich behandeln lassen, vgl § 432 Abs 2 BGB und auch § 425 Abs 2 BGB.

(3) Zu Auskunftsansprüchen Anh 5 ff zu § 217.

16 dd) Im Falle *subsidiärer Haftung* muss erst die anderweitige Haftung ausgeschöpft sein. Das ergibt sich im Falle der Amtshaftung aus § 839 Abs 1 S 2 BGB (bei bloßer Fahrlässigkeit, vgl dazu noch u Rn 41 f) sowie beim Regress unter den nach § 128 HGB gesamtschuldnerisch haftenden Gesellschaftern von OHG oder Gesellschaft bürgerlichen Rechts daraus, dass vorrangig der Ausgleich bei der Gesellschaft nach § 110 HGB zu suchen ist. Die Erfolglosigkeit dieses Ausgleichs ist negatives Tatbestandsmerkmal für die Ansprüche aus § 839 bzw 426 Abs 1 BGB, sodass es die Fälligkeit/ Entstehung der letzteren Ansprüche hinausschiebt.

Titel 1
Gegenstand und Dauer der Verjährung § 199

3. Erteilung einer Rechnung/Abrechnung

a) In bestimmten Sonderfällen ist die Fälligkeit einer Forderung von der Ertei- **17** lung einer Rechnung abhängig. Das gilt teilweise kraft Gesetzes, vgl zB § 650g Abs 4 Nr 2 BGB zum Bauvertrag, § 15 HOAI (dazu BGH NJW-RR 1986, 1279), § 12 GOÄ für das ärztliche Honorar, teilweise wird dies auch ohne ausdrückliche gesetzliche Anordnung daraus hergeleitet, dass der Schuldner ohne eine Abrechnung den Umfang seiner Verpflichtung nicht erkennen kann; hierin sieht man die Fälligkeit beeinflussende Umstände iSd § 271 Abs 1 BGB, vgl BGH WM 1983, 132; BGHZ 113, 188, 194 zu dem Anspruch des Vermieters auf Nachzahlung von Heizkosten. In bestimmten Sonderfällen ergeben auch die besonderen Vereinbarungen der Parteien, dass eine Rechnung Fälligkeitsvoraussetzung sein soll, so etwa aus der Vereinbarung der VOB/B (§ 16 Abs 3 Nr 1 S 1; vgl BGHZ 53, 222, 225).

Dabei ist bei diesen Rechnungen die *Prüfungsfähigkeit* Voraussetzung dafür, dass sie die Fälligkeit der Forderung herbeiführen können (vgl §§ 14 Abs 1 VOB/B, 15 HOAI; zum Begriff der Prüfungsfähigkeit STAUDINGER/PETERS/JACOBY [2014] § 641 Rn 29 ff). Daran ist auch insoweit festzuhalten, wie es um den Beginn der Verjährung geht (BGH BauR 1990, 605, 607). Allerdings muss der Schuldner den Einwand fehlender Prüfungsfähigkeit fristgebunden erheben (binnen 2 Monaten; vgl näher STAUDINGER/ PETERS/JACOBY [2014] § 641 Rn 39). Tut er das nicht, entscheidet wieder das Datum des Zugangs der Rechnung.

b) Die Erteilung einer Rechnung kann auch dort notwendig und damit Voraussetzung der Fälligkeit sein, wo der Gläubiger die Höhe der Forderung nach den §§ 315, 316 BGB zu bestimmen hat. Die Rechnung hat hier konstitutiven Charakter.

c) Wenn die Erteilung einer Rechnung Voraussetzung der Fälligkeit ist, können **18** sich Probleme daraus ergeben, dass der Gläubiger ihre *Erteilung verzögert*. Das ändert aber nichts daran, dass die Erteilung der Rechnung selbst den Verjährungsbeginn markiert; nicht etwa der Zeitpunkt, in dem sie hätte erteilt werden können oder gar müssen (BGHZ 113, 188, 195 f; aA BeckOGK BGB/PIEKENBROCK [1. 2. 2019] Rn 33). Manipulationen des Gläubigers am Verjährungsbeginn nimmt das Gesetz hin. Der Schuldner ist hier in anderer Weise zu schützen. Im Bereich der VOB/B ermöglicht es ihm deren § 14 Abs 4, selbst die die Fälligkeit auslösende Rechnung zu erstellen. Verzögert der Gläubiger die ihm nach den §§ 315 f BGB obliegende Leistungsbestimmung, kann der Schuldner nach § 315 Abs 3 S 2 aE auf eine sie ersetzende gerichtliche Entscheidung antragen. Wo Bestimmungen dieser Art fehlen, ist dem Schuldner jedenfalls nach § 242 BGB ein Anspruch auf Erteilung einer Rechnung zuzubilligen, den er durchsetzen mag (vgl BGHZ 113, 188, 195 f). Er kann auch, gestützt auf diesen Anspruch, Druck ausüben, indem er etwa nach den §§ 273 oder 320 BGB ein Zurückbehaltungsrecht hinsichtlich weiterer Leistungen ausübt (BGHZ 113, 188, 195 f); zur Zurückforderung geleisteter Vorauszahlungen u Rn 20a. In krassen Fällen wird an eine Verwirkung der nicht abgerechneten Forderung des Gläubigers zu denken sein (vgl dazu Vorbem 17 ff zu §§ 194 ff). Zur Abrechnung von Mietnebenkosten gilt die Ausschlussfrist des § 556 Abs 3 S 2, 3 BGB.

d) Die die Fälligkeit auslösende *Abrechnung* des Gläubigers kann *unvollständig* **19** sein.

aa) Ist es ersichtlich, dass sie nur einen Teil seiner Forderung erfasst, so bleibt es für den nicht abgerechneten Rest dabei, dass der nicht abgerechnete Rest in seiner Fälligkeit und damit Verjährung von einer entsprechenden weiteren Rechnung abhängig ist.

bb) Häufig werden freilich *Abrechnungsfehler* dergestalt sein, dass Positionen nicht aufgenommen werden, ohne dass dies erkennbar würde, oder dass die Rechnung in ihren Ansätzen und damit auch im Ergebnis falsch ist; der Architekt legt zB zu niedrige Baukosten zugrunde.

Hier stellt sich zunächst – unabhängig von der Verjährung der zusätzlichen Forderung und vorab – die Frage, ob eine *Bindung an die unzutreffende Rechnung* eintritt. Das will BGH JZ 1993, 898 m abl Anm DERLEDER in Fortführung der bisherigen Rechtsprechung nach den Grundsätzen der *Verwirkung* beurteilt wissen, in Einschränkung der bisherigen Rechtsprechung jedoch nicht mehr generell annehmen, sondern von den *Umständen des jeweiligen Einzelfalls* abhängig machen (vgl auch BGH NJW-RR 2012, 1227). Im Recht der Mietnebenkosten schließen grundsätzlich weder die vorbehaltlose Zahlung einer sich aus einer Betriebskostenabrechnung ergebenden Nachforderung noch die bloße vorbehaltlose Auszahlung oder Gutschrift eines aus einer Betriebskostenabrechnung folgenden Guthabens eine Korrektur der Abrechnung aus (vgl BGH NJW 2013, 2885 Rn 9 ff; NJW 2011, 843 Rn 18: kein deklaratorisches Schuldanerkenntnis). Ist danach ein Fortbestand der weitergehenden Forderung anzunehmen, so wird man hier doch für den Beginn ihrer Verjährung die erteilte (unvollständige) Rechnung für maßgeblich halten müssen. Aus der Regelung des § 16 Abs 3 VOB/B kann entnommen werden, dass dort auch solche Forderungsteile fällig werden, die in die Rechnung nicht aufgenommen wurden (vgl BGHZ 53, 322, 325 f; BGH NJW 1987, 382); der dem zugrundeliegende Gedanke ist verallgemeinerungsfähig.

20 e) Die Konstellation, dass der Schuldner ohne die Erteilung einer Rechnung das Ausmaß seiner Verpflichtung nicht zuverlässig zu beurteilen vermag, kann sich vielfältig ergeben. Dass dann die Erteilung einer Rechnung für die Fälligkeit der Forderung und damit für den Beginn ihrer Verjährung maßgeblich wäre, erkennt die Rechtsprechung jedoch nur ausnahmsweise an (vgl zu Nachforderungen wegen Mietnebenkosten o Rn 17 f), insbesondere aber nicht dort, wo handwerkliche Leistungen – außerhalb des Bereichs der VOB/B – erbracht worden sind (vgl BGHZ 79, 176; **aA** PETERS NJW 1977, 552, 554). Auch wenn man der Rechnung angesichts ihrer Notwendigkeit und der sich daraus ergebenden praktischen Bedeutung größeres praktisches Gewicht einräumen will, als dies die Rechtsprechung tut, ist ihr Ergebnis jedenfalls hinsichtlich der Verjährung nicht unbillig, würden hier sonst doch Manipulationen möglich, die das Abstellen des § 199 Abs 1 BGB auf den Jahresschluss ausnutzen könnten.

20a f) Wird über *Vorauszahlungen* abgerechnet, hängt von der Abrechnung des Vorauszahlungsgläubigers auch das Bestehen von Erstattungsansprüchen des Vorauszahlungsschuldners wegen Überzahlungen ab (BGH NJW 2012, 2647 Rn 10). Grundsätzlich werden diese Ansprüche also auch erst mit Abrechnung, hier freilich des Schuldners der Erstattungsansprüche, fällig.

Vorauszahlungen können aber auch ohne Abrechnung zurückgefordert werden: Zum einen kann die Auslegung der Vorauszahlungsabrede ergeben, dass derjenige, der Vorauszahlungen erbracht hat, diese vollen Umfangs zurückfordern kann, wenn die *Abrechnung* nach Fälligkeit der Abrechnungspflicht innerhalb angemessener Frist schuldhaft *unterbleibt* (BGH NJW 2005, 1499, 1501, NJW 2012, 3508 Rn 8). Im Mietrecht hat zB der Vermieter grundsätzlich bis zum 31. 12. des Folgejahres abzurechnen, § 556 Abs 3 S 2 BGB. Versäumt der Vermieter die Abrechnung und kann der Mieter dem Vermieter die fehlende Abrechnung insbesondere bei beendetem Mietverhältnis nicht anderweit im Wege eines Zurückbehaltungsrechts entgegenhalten, entsteht der Rückzahlungsanspruch mithin am 1. 1. des darauf folgenden Jahres. Der Rückzahlungsanspruch, für die im Jahr 2015 gezahlten Vorauszahlungen, über die bis zum 31. 12. 2016 abzurechnen war, verjährt also nicht vor dem 31. 12. 2020. Zum anderen besteht ein Rückforderungsanspruch, wenn der Vorschussgläubiger den Vorschuss nicht zweckentsprechend verwendet (vgl BGH NJW 2010, 1195 Rn 9 zum Vorschuss nach § 637 Abs 3, dazu näher STAUDINGER/PETERS/JACOBY [2014] § 634 Rn 96).

g) Auch wenn geschuldete Vorauszahlungen offen geblieben sind, setzt eine **20b** Abrechnung nur hinsichtlich etwaiger *Nachzahlungen* die Verjährung in Gang, während im Umfange der ohnehin schon offenen Vorauszahlungen für den Verjährungsbeginn allein auf die Fälligkeit der Vorauszahlungen abzustellen ist. Das hat der BGH im Wohnungseigentumsrecht für das Verhältnis von Forderungen aus dem Wirtschaftsplan (Vorauszahlung) und der Jahresabrechnung ausgesprochen (BGH NJW 2012, 2797 Rn 18 ff). Es gilt aber grundsätzlich, weil die Vorauszahlungsregelung schlicht eine besondere Fälligkeitsbestimmung darstellt (JACOBY ZMR 2017, 781, 786 f zum Anspruch auf Erstattung von Betriebskosten im Mietrecht; insoweit aA SCHMIDT-FUTTERER/LANGENBERG § 556 Rn 512, der quasi eine novierende Wirkung der Abrechnung annimmt).

4. Dauerpflichten

Vornehmlich bei Dauerschuldverhältnissen existieren Dauerpflichten, die fortlau- **20c** fend neu entstehen, was sie der Sache nach *unverjährbar* macht (BGH NZM 2016, 640 Rn 36; krit EICHEL NJW 2015, 3265, 3266; s u Rn 109 ff zu dauernden Beeinträchtigungen, die unverjährbare Unterlassungsansprüche auslösen). Eine solche Pflicht trifft den Vermieter, der die Mietsache während der gesamten Mietzeit im vertragsgemäßen Zustand zu erhalten hat, § 535 Abs 1 S 2 BGB. Daher verjährt der Anspruch auf Mängelbeseitigung während der Fortdauer des Mietverhältnisses nicht (BGHZ 184, 253 = NJW 2010, 1292 Rn 17). Im Wohnungseigentumsrecht ist der Anspruch der Wohnungseigentümer untereinander auf ordnungsmäßige Verwaltung, § 21 Abs 4 WEG, unverjährbar (BGH NJW-RR 2012, 910 Rn 10). In diesen Fällen führt angesichts des Dauercharakters der Verpflichtung auch die Vornahme der geschuldeten Handlung nicht nach § 362 BGB zur Erfüllung der Verpflichtung, sondern allein zur Änderung des Inhalts dieser fortbestehenden Pflicht.

Der Charakter eines Rechtsverhältnisses als Dauerschuldverhältnis darf aber nicht dazu verführen, zu leicht eine Dauerpflicht anzunehmen. So ist die Verpflichtung des Vermieters, die vom Mieter gezahlte Barkaution anzulegen, § 551 Abs 3 S 3 BGB, keine Dauerverpflichtung, sondern entsteht schlicht mit Zahlung der Kaution (aA SCHMIDT-FUTTERER/STREYL § 566a Rn 45). Zur Einordnung der Auskunftspflicht nach

§ 666 Var 2 BGB als Dauernebenpflicht während der Geschäftsbesorgung durch BGHZ 192, 1 = NJW 2012, 917 Rn 15 s Anh 5 zu § 217; zu schädigenden Dauerhandlungen u Rn 29.

5. Einzelne Ansprüche

a) Vertragliche Erfüllungsansprüche

21 Für vertragliche *Erfüllungsansprüche* gilt – vorbehaltlich von Sonderregelungen –, dass sie *mit Vertragsabschluss fällig* werden, vgl § 271 BGB, und damit zu verjähren beginnen. Das gilt insbesondere etwa für den Kaufvertrag, sodass der Kaufpreisanspruch des Verkäufers schon jetzt, nicht erst mit der Lieferung, zu verjähren beginnt (vgl freilich zum Abruf der Ware o Rn 7).

aa) Der Verjährungsbeginn verschiebt sich durch Abreden über die Fälligkeit, wie sie durch Vereinbarung einer aufschiebenden Bedingung, einer Stundung getroffen werden können (vgl o Rn 7 ff) oder die Abrede „Kasse gegen Dokumente" (BGHZ 55, 340, 342).

bb) Bei einigen Verträgen sind *gesetzliche Regelungen der Fälligkeit* zu beachten, vgl zur Miete § 556b BGB, zur Landpacht § 587 BGB, zur Leihe § 604 BGB, zum Darlehen §§ 488, 608 f BGB, zum Dienstvertrag § 614 BGB, zum Werkvertrag § 641 BGB, zur Gesellschaft § 721 BGB (vgl dazu aber o Rn 14), zu Geldleistungen des Versicherers § 14 VVG.

cc) Zuweilen ist für die Fälligkeit eine Kündigung erforderlich. Sie kann kraft Gesetzes notwendig sein, vgl namentlich zum Darlehen § 488 Abs 3 BGB, aber auch von den Parteien als notwendig vereinbart werden. Gegenüber § 199 BGB aF schiebt dies die Fälligkeit entsprechend auf.

dd) Zu beachten bleibt, dass sich eine spätere Fälligkeit nach § 271 BGB auch und gerade aus den *Umständen* ergeben kann.

ee) Zur zuweilen beachtlichen Erteilung einer Rechnung vgl o Rn 17 ff.

ff) Sieht der Vertrag wiederkehrende Leistungen vor, so gibt es für die diesbezüglichen Ansprüche keinen einheitlichen, sondern einen entsprechend gestaffelten Verjährungsbeginn.

gg) Besonderheiten ergeben sich namentlich im Bereich des Dienstvertrages dort, wo Ausmaß und Umfang der erbrachten Leistungen die Vergütung in ihrer Höhe prägen. Dann kommt es darauf an, wann *der einschlägige Gebührentatbestand erfüllt* ist. Für den Bereich anwaltlicher Leistungen präzisiert § 8 Abs 1 RVG das auf die Erledigung des Auftrags oder die Beendigung der Angelegenheit, wobei das jeweils frühere Ereignis entscheidet (BGH NJW 1998, 2670), vgl aber auch § 8 Abs 2 RVG für den Fall eines gerichtlichen Verfahrens, das die Verjährung hemmt. Für Steuerberater ist entsprechend § 7 StBVV zu beachten (OLG Köln VersR 1998, 1388). Das Gesagte gilt aber ganz allgemein, wo fremde Angelegenheiten gegen Vergütung zu besorgen sind, vgl § 675 BGB, insoweit trotz der andersartigen Rechtsgrundlage auch für den Notar, bei dem es dann auf die Vornahme der Beurkundung (oder den anderweitigen Abschluss der Angelegenheit) ankommt (OLG Frankfurt JurBüro 1995, 653; MünchKomm/GROTHE Rn 19).

b) Bürgschaft
Die Schuld des Bürgen wird durch den Eintritt des Bürgschaftsfalles fällig. War die Hauptforderung also nicht auf Geld gerichtet, wie zB bei der Erfüllungsbürgschaft im Werkvertragsrecht, so muss sich die Hauptforderung zunächst in einen Zahlungsanspruch umgewandelt haben. 22

Das genügt dann aber auch für die Entstehung der Bürgschaftsschuld, sodass die selbstschuldnerische Bürgschaft zeitgleich mit der auf Zahlung gerichteten Hauptforderung fällig wird (BGH NJW 2008, 1729; NJW-RR 2009, 425; BeckOGK BGB/PIEKENBROCK [1. 2. 2019] Rn 41). Gleiches gilt für eine Bürgschaft auf erstes Anfordern (BGH NJW-RR 2009, 378 Rn 22). Dass die Einrede der Vorausklage die Verjährung hemmt, folgt aus § 771 S 2 BGB, ohne dass es der Erhebung der Einrede bedarf (BeckOGK BGB/PIEKENBROCK [1. 2. 2019] Rn 43). In keinem Falle hängt der Verjährungsbeginn davon ab, dass der Gläubiger den Bürgen in Anspruch nimmt (BGHZ 203, 162 = NJW 2015, 351; BGHZ 175, 161 = NJW 2008, 1729 Rn 24; BGH NJW 2013, 1228; MünchKomm/GROTHE Rn 7; STAUDINGER/HORN [2013] § 765 Rn 274; BRÄUER NZBau 2007, 477; **aA** GAY NJW 2005, 2585, 2587 f). Dass ein Anspruch angemeldet wird, ist auch sonst für seine Entstehung/Fälligkeit unerheblich. Es weicht auch in unangemessener Weise vom Leitbild des Gesetzes, §§ 199 Abs 1 Nr 1, 307 Abs 2 Nr 1 BGB, ab, wenn der Gläubiger in seinen AGB formuliert, dass der Bürge „nach Aufforderung" zu leisten habe (STAUDINGER/HORN [2013] § 765 Rn 274; **aA** OLG München WM 2006, 1813 = BauR 2006, 2076, freilich ohne Sicht des Problems). Damit könnte der Gläubiger den Verjährungsbeginn beliebig zu Lasten des Bürgen manipulieren.

Zum Regress des Bürgen o Rn 8.

c) Sekundäransprüche
Bei vertraglichen Sekundäransprüchen ist zu unterscheiden: 23

aa) Rühren sie aus der *Verletzung von Nebenpflichten* und sind sie also nach den §§ 280 Abs 1, 241 Abs 2 BGB zu liquidieren, entstehen sie mit dem Eintritt des Schadens, obwohl er ausweislich der Fassung des § 280 Abs 1 BGB nicht (mehr) zum haftungsbegründenden Tatbestand gehört; daran knüpft nach § 199 Abs 1 Nr 1 BGB dann auch ihre Verjährung an. Entsprechendes gilt für Ansprüche aus culpa in contrahendo.

Von dieser Regel finden sich aber Ausnahmen:

Im *Gewährleistungsrecht* datieren die §§ 438 Abs 2, 634a Abs 2 BGB den Verjährungsbeginn auch für Ansprüche aus Mangelfolgeschäden vor auf den Zeitpunkt der Ablieferung des Kaufgegenstandes bzw der Abnahme des Werkes. Das gilt aber eben auch nur für Ansprüche aus Mangelfolgeschäden. Ist der Käufer bzw der Besteller geschädigt worden, ohne dass ein Mangel Teil der Kausalkette wäre, verbleibt es bei § 199 BGB: Es kann zB der Besteller während oder gar durch die Erstellung des Werkes Schäden erlitten haben.

Bei der *Miete* gilt für alle Schäden an der Sache für den Verjährungsbeginn § 548 Abs 1 S 2 BGB. Die Bestimmung ist bei Pacht und Leihe entsprechend anzuwenden, §§ 581 Abs 1, 606 S 2; § 591b BGB sieht beim Landpachtvertrag Entsprechendes vor.

24 bb) Bei *Schadensersatz statt der Leistung* nach den §§ 280, 281 BGB entsteht der allfällige Schadensersatzanspruch des Gläubigers nicht schon mit dem Erfüllungsanspruch, den er ersetzt (aA MünchKomm/Grothe Rn 24), sondern erst, *wenn seine eigenen Voraussetzungen erfüllt sind.* Das ist nicht unbedenklich, wenn etwa der Gläubiger erst kurz vor Ablauf der Verjährungsfrist für seinen Erfüllungsanspruch nach § 281 Abs 1 BGB vorgeht. Einerseits kann er sich so seinen zeitlichen Spielraum nahezu verdoppeln. Andererseits kommen Maßnahmen zur Hemmung der Verjährung des Erfüllungsanspruchs nach § 213 BGB auch dem Sekundäranspruch zugute. Aber die gesetzliche Regelung ist eindeutig. Insbesondere die Aufhebung der §§ 199 f BGB aF und die Nichterwähnung des Verjährungsbeginns in § 213 BGB machen deutlich, dass ihm die Umgestaltung des Schuldverhältnisses auch dann zugutekommt, wenn er sie selbst herbeiführen kann. Er muss nur darauf achten, dass er die angemessene Frist des § 281 Abs 1 BGB noch innerhalb der Verjährungsfrist des Primäranspruchs „unterbringt".

Das eben Gesagte gilt auch in den Fällen, in denen nach § 281 Abs 2 BGB eine *Fristsetzung entbehrlich* ist. Diese Bestimmung soll dem Gläubiger helfen, aber nicht seine Ansprüche – zeitlich – verkürzen.

Damit ist freilich der Verjährungsbeginn noch nicht zweifelsfrei bezeichnet: Man kann entweder auf den *fruchtlosen Fristablauf* abstellen oder auf die Wahl des Schadensersatzes, die nach § 281 Abs 4 BGB den Erfüllungsanspruch nimmt (vgl MünchKomm/Ernst § 281 Rn 170 f). Ersteres ist im Falle der Fristsetzung vorzuziehen, weil auch im Falle des fortbestehenden Erfüllungsanspruchs der Schadensersatzanspruch verfolgbar geworden ist. Der Zeitpunkt des Schadensersatzbegehrens entscheidet nur, wenn der Gläubiger Ersatz ohne vorherige Fristsetzung verlangt.

Entsprechendes gilt für die Ansprüche, die dem Gläubiger sein *Rücktritt* nach § 323 BGB verschafft, sowie dann auch für die allfälligen Gegenansprüche aus den §§ 281 Abs 5, 346 BGB, wobei bei der Abwicklung noch § 215 BGB zu beachten bleibt.

Zu einem vorverlegten Verjährungsbeginn führen im Mietrecht § 548 Abs 1 S 2 BGB und im Gewährleistungsrecht wiederum die §§ 438 Abs 2, 634a Abs 2 BGB; letztere Bestimmungen gelten im Übrigen auch nicht nur für die Befugnisse zu Rücktritt oder Minderung, sondern auch für die Rechte aus Rücktritt bzw Minderung (vgl § 218 Rn 6, 9).

25 cc) Der Anspruch auf eine Vertragsstrafe wird mit der Verwirkung der Strafe durchsetzbar und entsteht damit (s oben Rn 15). Muss sich der Gläubiger – wie im Falle des § 340 Abs 1 BGB – zwischen Erfüllung und Vertragsstrafe entscheiden, entsteht der Anspruch auf die Vertragsstrafe sofort, nicht erst im Zeitpunkt seiner Entschließung (aA Rieble NJW 2004, 2270).

d) *Bereicherungsansprüche* entstehen unmittelbar mit der rechtsgrundlosen Leistung, sofern ihr Rechtsgrund von vornherein fehlte. Entfällt er nachträglich durch Anfechtung, wirkt dies hier nur ex nunc. Ist auf die Leistungsbestimmung einer Partei oder eines Dritten geleistet worden, die den Anforderungen der §§ 315 Abs 3 S 1 bzw 319 Abs 1 S 1 BGB nicht entsprach, war sie von vornherein nicht verbindlich (Staudinger/Rieble [2015] § 319 Rn 20), sodass der entsprechenden Leistung von vornherein der Rechtsgrund fehlte (Hempel ZIP 2007, 1196; aA Schwintowski ZIP 2006, 2302: erst mit der entsprechenden gerichtlichen Feststellung). 26

e) *Aufwendungsersatzansprüche* entstehen erst mit Vornahme der Aufwendung. Das gilt auch, in einem einheitlichen Rechtsverhältnisse wiederholend Aufwendungen getätigt werden. Dann ist für jeden Anspruch gesondert jeweils auf den Zeitpunkt der Aufwendung abzustellen (BGH NJW 2018, 2714 Rn 27).

6. Insbesondere: Schadensersatzansprüche

a) Allgemeines

Zum Verjährungsbeginn bei vertraglichen Schadensersatzansprüchen, insbesondere im Verhältnis zu vorangehenden Erfüllungsansprüchen vgl schon soeben Rn 21. Im Übrigen ergeben sich bei Schadensersatzansprüchen Probleme in mehrfacher Hinsicht: Zunächst dort, wo die Schädigung mehrfach erfolgt oder aber eine dauerhafte ist (a). Sodann ist der Zeitpunkt zu bestimmen, in dem der Schaden überhaupt erstmals eintritt (b). Schließlich ist zu klären, ob er mit seinem erstmaligen Eintritt auch insgesamt eingetreten ist, also auch insoweit, wie er noch in der Zukunft liegt; allgemein wird hier – dies bejahend – der sog Grundsatz der Schadenseinheit angenommen (c). 27

b) Wiederholte und dauernde Schädigungen

Es muss im Rahmen des § 199 Abs 1 Nr 1 BGB der Tatbestand jener Norm erfüllt sein, aus der der Anspruch herzuleiten ist. 28

aa) Wird dieser Tatbestand *wiederholt erfüllt,* so ergibt sich jeweils ein eigenständiger Anspruch, der mithin jeweils eigenständig zu verjähren beginnt (RGZ 134, 335, 338 f; BGHZ 97, 97, 100; BGH NJW 1981, 573; 1985, 1023, 1024; 2008, 506 Rn 16), auch wenn sämtliche tatbestandsmäßigen Handlungen denselben Schaden nach sich ziehen (aA OLG Saarbrücken OLGR 2008, 983). Der strafrechtliche Begriff der fortgesetzten Handlung, der hier vielleicht erfüllt sein mag, aber auch dort aufgegeben ist, kann auf das Zivilrecht nicht übertragen werden (RGZ 134, 335, 338; BGHZ 71, 86, 94; 95, 238, 240).

Das bereitet keine Probleme, wo *mehrere pflichtwidrige Handlungen* des Schädigers vorliegen, die zwar in dieselbe Richtung weisen, aber doch voneinander abgegrenzt werden können (vgl zB BGHZ 95, 238: Ein Prüfling wird bei mehreren Prüfungen pflichtwidrig behandelt). Ebenso kann es bei der Besorgung fremder Angelegenheiten liegen: Der Steuerberater setzt zunächst die Steuererklärung falsch auf und unterlässt dann die Prüfung der entsprechenden Steuerbescheide. Doch ist eine wiederholte Erfüllung des haftungsbegründenden Tatbestandes auch dort möglich, wo nur ein Verhalten des Schädigers vorliegt; vgl RGZ 106, 283, 286: Eine fehlerhaft errichtete Schleuse führt mehrfach zu Überschwemmungsschäden. Hier ist es nicht einmal nötig, mit dem Reichsgericht darauf abzustellen, dass zu der fehlerhaften Errichtung als erneut vorwerfbar die weitere Aufrechterhaltung dieser Schleuse tritt, vgl BGHZ 97, 97, 109 f, wo zutreffend die wiederholten Immissionen von geruchlichen Belästigungen als jeweils neu anspruchserzeugend gewertet werden. Die unberechtigte Verwendung einer fremden Firma im Geschäftsverkehr erfolgt ständig neu (BGH NJW 1985, 1023, 1024). Geschäftsschädigende Äußerungen können unterschiedlich zu beurteilen sein. An sich sind sie ungeachtet der Tatsache, dass sie schädigend fortwirken, einmalige Handlungen (vgl BGH LM § 21 UWG Nr 3 = NJW 1973, 2285), aber es kann sich doch konkret die Verpflichtung zur Beseitigung des geschaffenen Zustands ergeben, und dann stellt das Unterlassen insoweit eine erneute schädigende Handlung dar, vgl BGHZ 71, 84, 96 zur aufrechterhaltenen unberechtigten Patentrechtsverwarnung. Letzteres gilt auch bei dem dauernden Unterlassen einer gebotenen Handlung (BGH NJW 2007, 830 Rn 27).

29 **bb)** Bei *schädigenden Dauerhandlungen* beginnt die Verjährung des aus ihnen hergeleiteten Schadensersatzanspruchs nicht vor ihrem Abschluss (BGH NJW 1973, 2285; 2008, 3361 Rn 12; Palandt/Ellenberger Rn 22). Die Abgrenzung zur wiederholten Handlung ist kaum möglich (BGHZ 181, 199 = EuZW 2009, 865 Rn 30; Goj ZIP 2019, 447, 451 ff; der Sache nach Jenne/Miller AG 2019, 112, 115 ff; auch BGH NJW 2019, 596 Rn 18 ff grenzt nur im Obersatz ab; vgl allerdings MünchKomm/Grothe Rn 14) und nur insoweit nötig, als es um Schäden geht, die um mehr als die einschlägige Verjährungsfrist vor der verjährungshemmenden Klage liegen. Besteht der Schaden, der aufgrund der andauernden pflichtwidrigen Nichtgeltendmachung eines Anspruchs entsteht, darin, dass dieser Anspruch verjährt, entsteht der Schaden erst mit dem Eintritt der Verjährung, sodass die Verjährung erst dann zu laufen beginnt (BGH NJW 2019, 596 Rn 18 ff; Jenne/Miller AG 2019, 112, 116). Entstehen hingegen Schäden bereits sukzessive, während die zum Schadensersatz verpflichtende Handlung andauert, wird man allerdings einen sukzessiven Verjährungsbeginn vor Beendigung der Dauerhandlung anzunehmen haben (BGH NJW 2015, 3165 Rn 23: Jeder Tag einer unbefugten öffentlichen Zugänglichmachung von Bildern im Internet mag eine neue Rechtsverletzung darstellen, maßgeblich ist das Anwachsen des Schadens an jedem Tag). Der Begriff der Dauerhandlung hat nämlich, wenn man den Begriff der fortgesetzten Handlung ablehnt, neben dem der wiederholten Handlung keine eigene Existenzberechtigung; die Dauerhandlung ist nichts anderes als eine ständig wiederholte Handlung (vgl Goj ZIP 2019, 447 ff zur Organhaftung).

30 **cc)** Von der wiederholten und der Dauerhandlung zu unterscheiden ist die *einmalige Handlung,* die eine *dauernde Beeinträchtigung* (Schaden) auslöst (MünchKomm/Grothe Rn 15). Hier geht es darum, inwieweit die Verjährung auch schon hinsichtlich eines späteren, noch nicht eingetretenen Schadens laufen kann (vgl dazu u Rn 115 f).

c) **Schadensersatzansprüche verfahrensrechtlichen Ursprungs**

31 Dass ein Schaden eingetreten ist – dazu sogleich – genügt nicht immer, den Ersatzanspruch fällig zu stellen. In den Fällen der §§ 302 Abs 4 S 2, 727 Abs 2, 945 ZPO kann die Verjährung nicht zu laufen beginnen, bevor der der Vollstreckung zugrundeliegende Titel aufgehoben worden ist (aA RGZ 106, 289, 292; 157, 14, 18; wie hier BGHZ 75, 1). Das ist freilich entgegen der Rechtsprechung keine Frage des subjektiven Elements der einschlägigen deliktischen Verjährung (damals § 852 Abs 1 BGB aF), sondern der Fälligkeit des Schadensersatzanspruchs. Vor Aufhebung des Titels kann er nicht sinnvoll verfolgt werden, vgl die Umstände des § 271 Abs 1 BGB. Verzögert der Schuldner bei Arrest oder einstweiliger Verfügung den Widerspruch, muss das triftige Gründe haben, zB das Abwarten der – nicht notwendig rechtskräftigen (aA BGH NJW 1992, 2297, 2298) – Entscheidung in der Hauptsache. Dann ist Verjährungsbeginn jener Zeitpunkt, in dem die gerichtliche Entscheidung bei zumutbaren Vorgehen zu erwarten gewesen wäre. Es genügt natürlich auch der Verzicht des Gläubigers auf die Rechte aus dem Titel.

d) Schadenseintritt

aa) Schadensersatzansprüche setzen entgegen BGH (BGHZ 100, 228, 231; BGH NJW 2019, 596 Rn 17; NZG 2017, 753 Rn 12) begrifflich voraus, dass der Schaden überhaupt eingetreten ist; vorher kann die nach den Überlegungen o Rn 3 notwendige Leistungsklage nicht erhoben werden und damit auch die Verjährung nicht einsetzen. Die Notwendigkeit des Schadenseintritts gilt selbst dort, wo er – sinnwidrig – aus dem Tatbestand der anspruchsbegründenden Norm ausgeklammert bleibt, wie zB in § 280 Abs 1 BGB. Von der Notwendigkeit des Schadenseintritts als Verjährungsvoraussetzung kann freilich der Gesetzgeber dispensieren und tut dies zB in den §§ 438 Abs 2, 634a Abs 2 BGB. Im Übrigen wird aber in einigen Normen sogar ausdrücklich auf den Zusammenhang von Schadenseintritt und Verjährungsbeginn hingewiesen, vgl zB § 852 Abs 1 BGB aF, und anders waren auch der mittlerweile aufgehobene § 51b BRAO und seine Parallelbestimmungen nicht zu verstehen. Der hier offenbar werdende Konflikt zur Rechtsprechung des BGH wurzelt in der Ablehnung des Grundsatzes der Schadenseinheit (u Rn 34 ff).

Vgl zum Schadenseintritt im Falle des Verzuges BGH LM § 286 Nr 3, zum Anspruch aus positiver Forderungsverletzung BGHZ 73, 363, 365.

Der hier angesprochene Schaden ist *der die Haftung ausfüllende,* sofern der Haftungstatbestand selbst eine Schädigung nicht verlangt (vgl o Rn 23).

bb) Bei der Verletzung absoluter Rechtsgüter wirft der Schadenseintritt regelmäßig besondere Probleme nicht auf. Er liegt dann in der Verletzung von Körper, Gesundheit oder Eigentum etc. Probleme ergeben sich dagegen dort, wo es um den *Ersatz von Vermögensschäden* geht. Hier schließt sich oft dem pflichtwidrigen Handeln eine *Phase wachsender Vermögensgefährdung* an, die dann schließlich in einen Vermögensschaden umschlägt, bei dem aber auch noch wieder unterschiedliche Situationen feststellbar sind. Erhebt zB der Steuerberater den maßgeblichen Steuertatbestand falsch (1) und erstellt er auf dieser Basis eine unrichtige Steuererklärung (2), die dann eingereicht wird (3) und einen entsprechenden Steuerbescheid auslöst (4), der nach Ablauf der einschlägigen Frist rechtskräftig wird (5) und dann die Zahlung des Mandanten an das Finanzamt zur Folge hat (6), so kann man das pflichtwidrige Verhalten des Steuerberaters in den Phasen (1) bis (5) verorten, den Eintritt des Schadens in den Phasen (1) bis (6), wenn denn schon in Phase (1) eine Vermögensgefährdung vorliegt, die sich bis hin zu Phase (5) intensiviert, freilich immer noch abwendbar bleibt. Es fragt sich dann, welche Intensität die Gefährdung erreicht haben muss, damit sie als Schaden angesehen werden kann.

(1) Die Problematik stellt sich dann verschärft, wenn man mit der hM vom *Grundsatz der Schadenseinheit* ausgeht (dazu u Rn 44 ff), also davon, dass der gesamte

(spätere) Schaden als – im Verjährungssinne – schon dann eingetreten gilt, wenn er nur vorhersehbar ist. Gibt man den Grundsatz auf, mindert sich die Problematik; dann wäre in dem genannten Beispiel die schon lange vorhersehbare Zahlung des Mandanten ein eigenständiger und damit eine neue Verjährungsfrist auslösender Schaden. Stellt man dagegen mit dem Grundsatz der Schadenseinheit auf die Vorhersehbarkeit des weiteren Geschehens ab, so verschwimmt der Zeitpunkt des Schadenseintritts.

Die Möglichkeit der Verjährungshemmung als das für den Verjährungsbeginn entscheidende Element (vgl o Rn 3 f) besteht jedenfalls von vornherein durch die Feststellungsklage, § 204 Abs 1 Nr 1 BGB. Sie muss verjährungshemmend auch schon bei der bloßen Vermögensgefährdung zulässig sein.

35 (2) Die durch BGHZ 119, 69 eingeleitete Rechtsprechung, ergangen zu den inzwischen aufgehobenen §§ 51b BRAO, 68 StBerG, ist auf das geltende Recht übertragbar. Sie ist dargestellt bei ZUGEHÖR/FISCHER/VILL/FISCHER/RINKLER/CHAB, Anwaltshaftung[3] Rn 1375 ff, 1454. Sie erwartet von dem Geschädigten noch nicht das hemmende Vorgehen bei einem bloßen Vermögensrisiko, sondern verlangt eine objektive Verschlechterung seines Vermögens: den Zugang des nachteiligen Steuerbescheids (BGHZ 119, 69), den Ablauf der zu wahrenden Frist (zur Verjährung BGH NJW 1994, 2822, 2223: nicht erst die Erhebung der Einrede durch den Gegner; zur Einspruchsfrist beim Versäumnisurteil BGH NJW 1996, 48, 50), den Abschluss des nachteiligen Vergleichs (BGH NJW 1993, 1325, 1328), die Tätigung der nachteiligen empfohlenen Geldanlage (BGH NJW 2019, 1739 Rn 13; NJW-RR 2015, 1076 Rn 19: Abschluss des Verpflichtungsgeschäfts; BGH WM 1991, 1303, 1305: nicht erst die Augenscheinlichkeit des Verlustes; aA BGH NJW 2019, 356 Rn 19: erst nach Ablauf einer etwaigen Widerrufsfrist), die erste Gerichtsentscheidung nach fehlsamem Prozessvortrag (BGH NJW-RR 1998, 742). Bloße Vermögensgefährdungen sind dagegen angenommen worden bei unzulässiger Teilkündigung eines Vertrages (BGH WM 1993, 610, 612), bei einem mangelhaft konzipierten Vertrag (BGH WM 1996, 610, 612; 1832, 1833; NJW 2000, 1498, 1499): Hier soll es jeweils darauf ankommen, dass der Gegner des Mandanten seine (vermeidbar gewesenen) Rechte nun auch wahrnimmt.

Bei der Haftung des Steuerberaters verlangt BGHZ 119, 69 die *Manifestation des Schadens* durch einen Steuerbescheid selbst da, wo der Fehler nicht in der Abgabe einer unrichtigen Steuererklärung liegt, sondern in der Veranlassung des Mandanten zu einer nachteiligen steuerlichen Gestaltung (zB dem Beitritt zu einem Bauherrenmodell): Die Finanzbehörde könne den steuerlich relevanten Sachverhalt übersehen oder von seiner Berücksichtigung absehen. Vgl auch BGH NJW-RR 2008, 798 Rn 12: Verjährungsbeginn frühestens mit Bekanntgabe des Steuerbescheids, ebenso BGH WM 2009, 863 Rn 12 ff zu Säumniszuschlägen. Hinreichend ist freilich die verbindliche Feststellung der Bemessungsgrundlage durch Bescheid, wenn diese der Steuerfestsetzung vorausgeht (BGH NJW-RR 2008, 1508 Rn 15). Es kann auch die Feststellung gegenüber einem anderen Feststellungsbeteiligten als dem geschädigten Mandanten hinreichend sein (BGH NJW-RR 2008, 796 Rn 14).

Insgesamt geht die *Tendenz* dieser Rechtsprechung zur subjektiv angeknüpften Beraterhaftung dahin, *den Verjährungsbeginn nach hinten zu verschieben* (vgl ZUGEHÖR, Anwaltshaftung Rn 1340, 1456), so auch BGH ZIP 2009, 1427 Rn 28: Anspruch aus Anwaltshaftung wegen Rat zur verdeckten Sacheinlage entsteht erst mit

Geltendmachung der fortbestehenden Bareinlageverpflichtung durch die Gesellschaft.

(3) Im Ergebnis wird man bei der Prüfung des Verjährungsbeginns zweigleisig **36** verfahren müssen.

Zunächst ist die pflichtwidrige Handlung festzustellen. Das kann im Falle des Steuerberaters die unrichtige Anlageberatung sein, die unrichtige Abgabe einer Steuererklärung. Aber Steuerberater (und Anwalt) sind doch ständig verpflichtet, ihr Tun und dessen Folgen zu überprüfen. Mithin müssen sie Möglichkeiten der Überprüfung und Korrektur wahrnehmen und nutzen. Insofern kann in der Hinnahme eines nachteiligen Steuerbescheides eine *neue* und damit eine neue Verjährungsfrist auslösende *Pflichtverletzung* liegen.

Sodann wird man im zweiten Schritt den Verjährungsbeginn für die *jeweilige* Pflichtverletzung zu ermitteln haben. Dafür kann es nicht maßgeblich sein, dass der Schaden unabwendbar feststeht; nicht die endgültige Zahlung kann den Ausschlag geben. Insofern muss eine Vermögensgefährdung ausreichen, wenn sie denn intensiv genug ist. Danach wird man den Eintritt eines Vermögensschadens kaum leugnen können, wenn ein nachteiliger Vertrag abgeschlossen wird, auch wenn vielleicht noch Reparaturmöglichkeiten verbleiben oder es abzuwarten bleibt, ob die Gegenseite die Konsequenzen zieht, die dann unmittelbar den Nachteil bedeuten. Ebenso ist ein ergehender behördlicher Bescheid ein Schaden, selbst wenn er noch angefochten werden kann. Geboten ist eine *wirtschaftliche Betrachtungsweise:* Ein Schaden tritt in dem Moment ein, in dem es angezeigt ist, eine Rückstellung zu bilden. Nur kann eben jeweils auch noch ein späteres pflichtwidriges Verhalten gegeben sein, das zur Erhöhung der Rückstellung führen muss oder ihre sonst mögliche Auflösung hindert.

(4) Die Beraterhaftung folgt darüber hinaus spezifischen Regeln. Der Bundesge- **37** richtshof hat seine Rechtsprechung zur sog Sekundärhaftung von Anwälten und Steuerberatern (vgl dazu BGH NJW 2008, 2041 Rn 33 ff; NJW-RR 2013, 113 Rn 21; ZUGEHÖR/FISCHER/VILL/FISCHER/RINKLER/CHAB, Anwaltshaftung[3] Rn 1454; s ferner § 214 Rn 28) nach Streichung der §§ 51b BRAO, 68 StBerG aufgegeben (BGH VersR 2009, 651 Rn 2). Heute setzt der BGH bei den subjektiven Voraussetzungen des § 199 Abs 1 Nr 2 an (BGHZ 213, 213 = ZIP 2017, 236 Rn 11; BGHZ 200, 172 = NJW 2014, 993 Rn 14; BGH NJW 2014, 2345 Rn 26; BGH NJW-RR 2019, 116 Rn 9 f). Insoweit knüpft er an in der Rechtsprechung entwickelte allgemeine Aussagen zum Verjährungsbeginn von Schadensersatzansprüchen an, die auf Pflichtverletzungen beruhen (u Rn 63a). Danach verlangt die Tatsachenkenntnis nicht nur die Kenntnis vom Geschehensablauf, sondern muss auch auf den Inhalt der verletzten Pflicht erstrecken.

Diese neue Rechtsprechung des BGH wird teilweise gerade deswegen kritisiert, weil sie die Verjährung erschwere und damit an die zu §§ 51b BRAO, 68 StBerG entwickelte Sekundärhaftung erinnere (BeckOGK BGB/PIEKENBROCK [1. 2. 2019] Rn 84). Dieses Institut war zwar insoweit verfehlt, als es aus Unzulänglichkeiten dieser inzwischen aufgehobenen Verjährungsbestimmungen hergeleitet worden ist. Indessen hatte es den zutreffenden materiell-rechtlichen Kern, dass Personen, die selbstständig fremde Vermögensinteressen wahrzunehmen haben, nach den §§ 675, 666 Fall 1

BGB gehalten sind, von sich aus auf solche Ansprüche hinzuweisen, die sich aus der Entwicklung der Dinge neu ergeben (s § 214 Rn 29a). Hat zB der Anwalt eine Frist versäumt, macht ihn diese Pflichtverletzung zum neuen Schuldner seiner Mandanten; im Rahmen der umfassend geschuldeten Interessenwahrnehmung ist darauf hinzuweisen. Mit § 199 Abs 1 Nr 2 BGB kollidiert das nicht, denn diese Bestimmung legt nur die Anforderungen fest, die an den Gläubiger bei der Ermittlung seines Anspruchs zu stellen sind. § 199 Abs 1 Nr 2 BGB macht die Hinweispflicht bestimmter Schuldner nicht überflüssig. Es ist nämlich denkbar, dass der Mandant seinen Anspruch grob fahrlässig verkennt. Das darf dem seine eigene Haftung verschweigenden Anwalt nicht zum Vorteil gereichen (vgl auch § 214 Rn 28 f; ferner BGH ZIP 2019, 768 Rn 21 zur beachtlichen Rechtsunkenntnis bei Falschbelehrung durch Notar). Daher ist dem BGH zu folgen, wenn er nunmehr die Sorgfaltsanforderungen eines Mandanten reduziert, Haftungsansprüchen gegenüber seinem Rechtsanwalt bei laufendem Mandat nachzuspüren (BGH NJW 2014, 993 Rn 17). Damit geht der BGH aber nicht weit genug, da sich nicht in allen Fällen grobe Fahrlässigkeit ausschließen lässt. Richtigerweise darf grobe Fahrlässigkeit dem Mandanten nicht zur Last gereichen (s § 214 Rn 29a). Eine Zäsur greift erst, wenn der Mandant einen anderen Rechtsanwalt mit der Verfolgung von Ersatzansprüchen einschaltet (BGH NJW-RR 2019, 116 Rn 14; BGH NJW 2015, 2190 Rn 15).

e) Verwaltungsrechtlicher Primärrechtsschutz

38 aa) Der Lauf der Verjährung wird für allfällige Schadensersatzansprüche aus Amtspflichtverletzung angehalten, wenn der Geschädigte versucht, seinen Schaden durch die Inanspruchnahme verwaltungsgerichtlichen Primärrechtsschutzes abzuwenden, indem er zB eine Anfechtungsklage gegen den rechtswidrigen Verwaltungsakt erhebt (BGHZ 95, 238; 97, 97, 110; 103, 242; 122, 317, 323; BGH NJW 1995, 2778; STAUDINGER/WÖSTMANN [2013] § 839 Rn 381 f) oder den sozialrechtlichen Herstellungsanspruch vor dem Sozialgericht geltend macht (BGHZ 103, 242). In der Tat ist es dem Betroffenen nicht anzusinnen, schon jetzt vor dem Zivilgericht zu klagen, solange er noch hoffen kann, die Benachteiligung vor dem Verwaltungsgericht abzuwenden.

Wenn die Rechtsprechung dieses Ergebnis auf eine entsprechende Anwendung der §§ 209 Abs 1, 210 BGB aF (= § 204 Abs 1 Nrn 1, 12 BGB) gestützt hat, wird dies für das jetzige Recht durch § 213 BGB gestützt: Der Amtshaftungsanspruch – oder der Anspruch aus enteignungsgleichem Eingriff – tritt eben an die Stelle des Anspruchs auf die richtige Verwaltungsentscheidung. Das bedeutet, dass dem Geschädigten auch noch die zusätzliche Hemmung des § 204 Abs 2 S 1 BGB zugutekommt. Dabei führt § 213 BGB zu einer unmittelbaren Anwendung von § 204 Abs 1 Nrn 1, 12 BGB.

39 bb) Die genannten Bestimmungen versagen freilich, wenn der Geschädigte *formlose* und damit nicht unter § 204 Abs 1 BGB fallende *Rechtsbehelfe* ergreift, wie sie ihm die Rechtsprechung zur Meidung eines Anspruchsverlustes nach § 839 Abs 3 BGB ansinnt (vgl die Darstellung bei STAUDINGER/WÖSTMANN [2013] § 839 Rn 341), zB eine Erinnerung oder Gegenvorstellung. Diese Konstellation lässt sich aber – zunächst – mit § 203 BGB erfassen, sofern die Behörde eine *Prüfung der Eingabe zusagt*. Außerdem aber ist der Amtshaftungsanspruch noch nicht entstanden iSd § 199 Abs 1 Nr 1 BGB, solange noch die begründete Aussicht besteht, die Behörde werde ihren Standpunkt ändern. Dieser Aspekt gilt im Übrigen auch bei „echtem" Rechtsschutz, nur ist er dort wegen § 204 Abs 2 S 1 BGB bedeutungslos.

cc) Die genannten Grundsätze gelten auch, wenn der Anspruch aus einem *dem* **40** *Geschädigten günstigen Verwaltungsakt* oder Handeln hergeleitet wird (BGHZ 122, 317: Bauvorbescheid; BGHR § 852 Amtshaftung 2: günstige Auskunft), die Behörde sich aber im Ergebnis ungünstig verhalten hat und es jetzt um den Ersatz des Vertrauensschadens geht. Hier wirkt es also nach den §§ 204 Abs 1 Nrn 1, 12, 213 BGB die Verjährung hemmend, wenn der Betroffene zB eine Baugenehmigung einklagt, die dem Vorbescheid entspricht, wenn er mit der Behörde verhandelt, § 203 BGB, und ist sein Anspruch noch nicht entstanden, solange er noch hoffen kann, dass seine Gegenvorstellung fruchtbar ist.

dd) Außer im Falle der formlosen Rechtsbehelfe kommt es nicht darauf an, dass der nachgesuchte primäre Rechtsschutz Aussicht auf Erfolg hat.

ee) Die genannten Grundsätze gelten zunächst insoweit, wie der Primärrechtsschutz geeignet war, den Schaden abzuwenden. Freilich wirkt er insoweit erst mit zeitlicher Verzögerung: Wer die nachteilige Prüfungsentscheidung anficht, kann die begehrte und nur mit ihr mögliche Anstellung nicht rückwirkend antreten, sondern erst nach dem Erfolg vor dem Verwaltungsgericht. In Bezug auf die Entstehung des Anspruchs und die Hemmung seiner Verjährung ist insoweit jedoch nicht zu differenzieren.

f) Subsidiäre Haftung
aa) Allgemeines
Namentlich die Staatshaftung, aber auch die Haftung des Notars nach § 19 BNotO **41** setzen als negatives Tatbestandsmerkmal (STAUDINGER/WÖSTMANN [2013] § 839 Rn 299) weithin voraus, dass eine *anderweitige Ersatzmöglichkeit nicht besteht*, vgl §§ 839 Abs 1 S 2 BGB, 19 Abs 1 S 2 BNotO. Das ist im Hinblick auf die Verjährung nach § 199 Abs 1 BGB in doppelter Hinsicht relevant, wobei im Übrigen für § 852 BGB aF nichts anderes anzunehmen war: Es geht einmal um die Frage, wann der entsprechende Schadensersatzanspruch *entsteht*, § 199 Abs 1 Nr 1 BGB, zum anderen um den für den *Kenntnisstand des Geschädigten* in dem nach § 199 Abs 1 BGB relevanten Zeitpunkt (vgl dazu u Rn 53 ff).

Subsidiär kann eine Haftung aber auch durch die *Vereinbarung der Parteien* ausgestaltet sein, zB durch die Vereinbarung einer Ausfallbürgschaft oder durch die Abtretung von Gewährleistungsansprüchen zur Abwendung der eigenen Gewährleistung, vgl § 309 Nr 8b aa BGB. Subsidiär ist schließlich die Eigenhaftung des Vertreters nach § 179 BGB.

Bei alledem ist die Frage naturgemäß schwierig zu beantworten, ob der anderweitige Ersatz tatsächlich zu realisieren ist. Damit verbunden ist die Frage nach der verjährungsrechtlichen Relevanz von ergebnislosen Maßnahmen des Gläubigers zur anderweitigen Schadloshaltung.

bb) Entstehung des Anspruchs
Die Fälligkeit (o Rn 7 ff) des Amtshaftungsanspruchs und der anderen eben genann- **42** ten Ansprüche setzt voraus, dass die anderweitige Ersatzmöglichkeit *objektiv nicht besteht* oder nur geeignet ist, den Schaden teilweise abzudecken, bzw – im Falle des § 179 BGB – dass die Genehmigung endgültig ausbleibt (BGH ZIP 2019, 768 Rn 16; NJW

2004, 774). Eine Einschätzungsprärogative hat der Gläubiger an dieser Stelle nicht, freilich ist seine Beurteilung der Sachlage nach § 199 Abs 1 Nr 2 BGB uU relevant (u Rn 53 ff). Allerdings ist zu beachten, dass die *Beweislast* für das Fehlen der anderweitigen Ersatzmöglichkeit bei dem Schuldner liegt, soweit es – hier – um den Beginn der Verjährung geht.

cc) Maßnahmen zur Realisierung des anderweitigen Ersatzes

43 (1) Soweit der Gläubiger anderweitige Ersatzmöglichkeiten durch nach § 204 Abs 1 BGB relevante Maßnahmen verfolgt, ist es ihm jedenfalls zur Meidung der Verjährung dringend anzuraten, gegenüber dem Haftungsschuldner eine *Streitverkündung* vorzunehmen, § 204 Abs 1 Nr 6 BGB. Denn zum einen versagt die Bestimmung des § 213 BGB, wenn die anderweitige Ersatzmöglichkeit nicht gegenüber dem Haftungsschuldner verfolgt wird, sondern eben gegenüber einem Dritten. Zum anderen wirkt die Streitverkündung auch dann verjährungshemmend, wenn das Vorgehen gegenüber dem Dritten letztlich aussichtslos ist. Hier könnte er in das Dilemma geraten, dass einerseits das Vorgehen gegenüber dem Dritten nichts erbringt, andererseits aber die Verjährung seines Anspruchs schon läuft.

(2) Soweit der Gläubiger die anderweitige Schadloshaltung im *Einverständnis mit dem Schuldner* versucht, gilt jedenfalls § 203 BGB.

(3) Im Einzelfall kann auch § 205 BGB in Betracht kommen. Das gilt namentlich bei der vertraglichen Abtretung von Ansprüchen des Schuldners gegenüber Dritten zur Abwendung seiner eigenen Haftung. Im Zweifelsfall erfolgt diese Abtretung erfüllungshalber (STAUDINGER/OLZEN [2016] § 364 Rn 36) und ist damit mit einer *Stundung* der primären Verpflichtung verbunden bzw einem pactum de non petendo (STAUDINGER/OLZEN [2016] § 364 Rn 27 f).

g) Grundsatz der Schadenseinheit
aa) Inhalt

44 Rechtsprechung und Literatur gehen bei Schadensersatzansprüchen vom sog Grundsatz der Schadenseinheit aus (vgl RG JW 1907, 302; RGZ 70, 150, 157; 83, 354, 360; 87, 306, 312; 106, 283, 285; BGHZ 50, 21, 24; BGH NJW 1973, 702; 1979, 264; 1991, 2833, 2835; NJW-RR 2017, 37 Rn 15; NZG 2017, 753 Rn 15; BeckOGK BGB/PIEKENBROCK [1. 2. 2019] Rn 58. 3; MünchKomm/GROTHE Rn 11; SOERGEL/NIEDENFÜHR Rn 19; krit, aber zustimmend ERMAN/SCHIEMANN[10] § 852 aF Rn 13; NK-BGB/MANSEL/STÜRNER Rn 25 f; ablehnend PANIER, Der Grundsatz der Schadenseinheit [2009]). Dieser Grundsatz soll außer für deliktische Ansprüche (RGZ 87, 311; 106, 283) auch für vertragliche Ansprüche gelten (BGHZ 50, 21, 24; BGH NJW 1986, 1162).

Danach beginnt bei Schädigungen, die mehrere Schadensfolgen zeitigen, die Verjährung des Ersatzanspruchs zwar erst mit dem erstmaligen Eintritt des Schadens (dazu o Rn 32), dann aber in diesem Zeitpunkt auch hinsichtlich der späteren Schadensfolgen, mögen sie uU auch erst in der Zukunft liegen. Verletzt zB A den B am 1. 4. 2002 bei einem Verkehrsunfall, so beginnt die Verjährung mit dem 1. 1. 2003 nicht nur für die Schäden des Jahres 2002, sondern auch für jene des Jahres 2003 und gar für jene des Jahres 2022.

bb) Vorhersehbare Schäden

Der Grundsatz der Schadenseinheit soll sich freilich nur auf vorhersehbare Schäden beziehen, also *nicht auf unabsehbare Spätfolgen* (RGZ 83, 354, 360; BGHZ 50, 21, 24; BGH NJW 1991, 2833, 2835; MünchKomm/GROTHE Rn 9). Für nicht vorhersehbare Schäden beginnt mithin eine neue Verjährungsfrist mit ihrem Eintritt zu laufen (STAUDINGER/SCHÄFER[12] § 852 aF Rn 46 mwNw). Dabei kommt es nicht auf die subjektive Voraussicht oder das Vorstellungsvermögen des konkret Geschädigten an, der *Maßstab* ist vielmehr ein *objektiver*. Auf welchen Betrachter dabei abzustellen ist, ist streitig. MünchKomm/vFELDMANN[3] § 198 aF Rn 3 bezieht sich auf die Anschauungen des Verkehrs; BGH NZV 1991, 143 m abl Anm PETERS bei einer Körperverletzung auf das, was in medizinischen Fachkreisen voraussehbar (und von den konkret behandelnden Ärzten übersehen worden) war, korrigiert das Ergebnis dann allerdings mit der Annahme, dass die Berufung auf die eingetretene Verjährung treuwidrig sei. Letzteres erscheint als Umweg; man wird die Anforderungen jedenfalls nicht überspannen dürfen. Abzustellen sein wird auf einen verständigen durchschnittlichen Betrachter, der mit dem Fall vertraut ist, nicht auf einen Fachmann (aA BGH NJW 2000, 861). Dass Fachleute die mögliche Weiterentwicklung des Schadens nicht bedacht haben, indiziert vielmehr die Unvorhersehbarkeit der dann doch eingetretenen späteren Schäden. BGH NJW 1973, 702, 703 stellt auf die Lebenserfahrung ab. Danach sind dann auch nachhaltige Komplikationen von Knochenbrüchen durchaus vorhersehbar, aber nicht mehr schwere Spätfolgen anscheinend ganz leichter Verletzungen (vgl STAUDINGER/SCHÄFER[12] § 852 aF Rn 48). Unvorhersehbar können uU auch Kostensteigerungen sein. Die insoweit zitierte Entscheidung RGZ 102, 143, 144 hatte allerdings 1921 eine Kostensteigerung auf ein Vielfaches durch Kriegsausgang und Revolution zu beurteilen.

cc) Konsequenzen

Um den Eintritt der Verjährung zu meiden, muss der Geschädigte innerhalb der Frist des § 199 Abs 1 BGB – gerechnet ab Erfüllung des Haftungstatbestandes – **Feststellungsklage** nach § 256 Abs 1 ZPO erheben, dass der Schädiger auch für künftige Schäden einzustehen habe, bei Körperverletzungen idR mit der Einschränkung, soweit die Ansprüche nicht auf den Träger der Sozialversicherung übergegangen sind. Das notwendige *Feststellungsinteresse* folgt aus der sonst drohenden Verjährung und lässt sich praktisch nie verneinen, wenn denn Spätfolgen normalerweise kaum mit Sicherheit auszuschließen sind.

Wenn die Einstandspflicht des Schädigers dem Grunde nach unstreitig ist, empfehlen Kostengründe die *Alternative*, von der Möglichkeit des § 202 Abs 2 BGB Gebrauch zu machen und den Effekt einer Feststellungsklage, die Anwendbarkeit der Frist des § 197 BGB, rechtsgeschäftlich herbeizuführen.

Bei beiden Wegen bleibt zu beachten, dass *wegen künftig regelmäßig wiederkehrender Leistungen* (Rente) die regelmäßige dreijährige Verjährungsfrist der §§ 197 Abs 2, 195 BGB ab ihrer Fälligkeit nicht überwunden werden kann.

dd) Kritik

Der Grundsatz der Schadenseinheit ist **abzulehnen** (aA BeckOGK BGB/PIEKENBROCK [1. 2. 2019] Rn 58.3); er gilt *nur dort, wo der Verjährungsbeginn an ein festes Datum geknüpft ist,* wie dies zB nach den §§ 438 Abs 2, 634a Abs 2, 548 Abs 1 S 2 BGB der

Fall ist. In ihrem Anwendungsbereich beginnt die Verjährung von Ansprüchen wegen späterer Schäden in der Tat schon mit Ablieferung bzw Abnahme bzw Rückerhalt der Mietsache. Sonst sprechen gegen einen Grundsatz der Schadenseinheit mehrfache Gesichtspunkte:

(1) Er zwingt zu Feststellungsklagen, die sich weithin als entbehrlich erweisen, wenn es dann doch nicht zu späteren Schäden kommt. Treten aber spätere Schäden ein, so wird die Kernfrage ihrer Regulierung die der *Kausalität* sein. Auf diese Frage vermag das Feststellungsurteil eine Antwort nicht zu geben.

(2) Der Grundsatz der Schadenseinheit weist Schadensersatzansprüchen eine *nicht zu rechtfertigende Sonderstellung* zu: Auch in anderen Bereichen ist es denkbar, dass sich künftige Ansprüche aus einem Rechtsgrund ergeben, der jetzt schon gelegt ist. Gleichwohl darf der Inhaber dieser Ansprüche bis zu ihrer Fälligkeit mit Maßnahmen zuwarten, die dem Eintritt der Verjährung vorbeugen.

(3) Der Grundsatz der Schadenseinheit nötigt zur Feststellungsklage. Das wird dem althergebrachten Grundsatz nicht gerecht, dass es bei der Entstehung des Anspruchs auf die *Möglichkeit der Leistungsklage* ankommt (o Rn 3); die Feststellungsklage ist nur ein „Kann", kein „Muss", eine besondere Vergünstigung für den um seinen Anspruch besorgten Gläubiger.

48 (4) Er wird außer der Nr 1 des § 199 Abs 1 BGB aber auch dessen Nr 2 nicht gerecht:

Zu den den Anspruch begründenden Tatsachen gehört bei einem Schadensersatzanspruch eben der Schaden bzw sein Eintritt. Vor dem Eintritt des Schadens bzw soweit der Schaden nicht eingetreten ist, ist der Schadensersatzanspruch nicht begründet, nicht fällig.

Auch die *Kenntnis des Gläubigers* kann sich – schon im bloßen Sprachsinn – nur auf Tatsachen der Gegenwart oder der Vergangenheit beziehen. Über das, was in Zukunft sein wird, lässt sich letztlich nur spekulieren, mag die Gewissheit dessen, was kommen wird, letztlich auch weithin sicher sein.

49 (5) Der Grundsatz der Schadenseinheit ist in sich nicht konsistent. Es überfordert sicher den Gläubiger einzukalkulieren, womit nur die Experten rechnen müssen. Wenn diese aber letztlich die schlimmsten Entwicklungen nicht überraschen können, wird einerseits die Einschränkung des Grundsatzes in Bezug auf unvorhersehbare Spätschäden zweifelhaft, andererseits ist es eine dogmatisch nicht stimmige „Notbremse", die Berufung auf den Eintritt der Verjährung als treuwidrig zurückzuweisen.

(6) So verstößt er gegen die Grundidee des modernisierten Schuldrechts zur Verjährung, dem Gläubiger eine *reelle Chance zur Realisierung seines Anspruchs zu geben,* auf der nicht nur die Fassung des § 199 Abs 1 BGB beruht, sondern zB auch die in § 204 Abs 1 BGB nachhaltig erweiterten Möglichkeiten, den Lauf der Verjährung anzuhalten, § 202 Abs 2, § 203 BGB. Die Preisgabe dieser Grundidee im Gewährleistungsrecht ist auf beträchtliche Kritik gestoßen; sie mag dort noch durch

Planungssicherheit für Verkäufer bzw Unternehmer gerechtfertigt sein. Der Grundsatz der Schadenseinheit besorgt Planungssicherheit letztlich nur für Versicherer, die nun aber in der Lage wären, das Schadensrisiko exakt zu kalkulieren.

(7) Das *Bekenntnis der Gesetzgebungsorgane* zum Grundsatz der Schadenseinheit **50** durch die Rückkehr zur „Entstehung" des Anspruchs statt seiner „Fälligkeit" in der Formulierung des Gesetzes (o Rn 5) hat ein gewisses Gewicht. Es ist indessen *in der lex lata nicht hinreichend zum Ausdruck* gekommen, wenn es denn nicht möglich ist, diese beiden Begriffe auseinanderzudividieren.

(8) Vielmehr spricht gerade die lex lata unmissverständlich gegen den Grundsatz der Schadenseinheit:

Der mit ihm postulierte Verjährungsbeginn – mit der Erfüllung des Haftungstatbestandes, aber vor dem Eintritt des Schadens, dessen Ersatz verfolgt wird – findet sich nämlich tatsächlich in § 199 BGB und wird dort in Abs 2 sowie in Abs 3 S 1 Nr 1 jeweils gleichlautend mit der Formulierung bezeichnet „*Begehung der Handlung, der Pflichtverletzung oder dem sonstigen den Schaden auslösenden Ereignis*". Ihm stellt nun § 199 Abs 3 S 1 Nr 1 BGB die „*Entstehung*" (des Schadensersatzanspruchs) gegenüber. Mithin muss zwischen beidem („Begehung der Handlung, der Pflichtverletzung oder dem sonstigen den Schaden auslösenden Ereignis" einerseits und der „Entstehung" andererseits) ein *inhaltlicher Unterschied* bestehen; ohne eine Unterscheidung fiele gerade die Differenzierung der beiden Nummern des § 199 Abs 3 S 1 BGB in sich zusammen. Dieser Unterschied kann aber nur darin gesehen werden, dass eben die „Entstehung" des Anspruchs über die Erfüllung des haftungsbegründenden Tatbestandes hinaus zusätzlich den schon erfolgten Eintritt liquidierbarer Schäden voraussetzt (vgl auch u Rn 96 ff).

Braucht auch derselbe Ausdruck des Gesetzes in unterschiedlichen Zusammenhängen nicht denselben Inhalt zu haben, so ist doch nicht der geringste Anhalt dafür ersichtlich, dass der Ausdruck Entstehung in § 199 Abs 1 Nr 1 BGB und in § 199 Abs 3 S 1 Nr 1 BGB einen unterschiedlichen Inhalt haben könnte und dass er in Abs 1 Nr 1 jenen Inhalt haben könnte, von dem ihn Abs 3 S 1 gerade abgrenzt.

(9) Letztlich und ursprünglich geht es um ein Problem der §§ 249 ff BGB, speziell **51** der §§ 249 Abs 2 S 1, 254 Abs 2 S 1 BGB: Der Gläubiger, der den Verlust einer Sache durch die Schädigung zu beklagen hat, kann seinen Schaden nicht auf der Basis liquidieren, dass sie ihm immer fehlen wird, und damit fortlaufende Zahlung begehren, sondern hat sich mit der einmaligen Zahlung eines Betrages abzufinden; sein entsprechender Anspruch mag alsbald verjähren. Je weniger ein Schaden auf diese Weise sicher und ein für alle Mal aus der Welt geschafft werden kann, sondern als Ursache weiterer Folgerungen latent verbleibt – und so liegt es weithin bei den im Mittelpunkt stehenden Körperschäden –, desto höher ist das Restrisiko, das bei einer Kapitalisierung verbleibt; den *Zahlungsanspruch auf einen Kapitalisierungsbetrag* könnte man allerdings auch hier mit der Leistungsklage verfolgen und damit nach Maßgabe der §§ 195, 199 Abs 1 BGB verjähren lassen. Unterbleibt die Kapitalisierung wegen ihrer spekulativen Elemente sinnvollerweise, ist das Restrisiko eher den Versicherern als den Geschädigten zuzuweisen und sind die §§ 194 ff BGB der denkbar ungeeigneteste Ort einer Zuweisung.

ee) Kein „Stammrecht"

52 Der Grundsatz der Schadenseinheit ist abzulehnen. Auch bei Schadensersatzansprüchen ist nicht von einem *nebulösen Stammrecht* auszugehen, das insgesamt verjähren könnte. Es knüpft vielmehr die Verjährung an die einzelne bezifferbare Schadensposition an, die im Wege der Leistungsklage verfolgt werden kann, zB die einzelne Arztrechnung nach einer Körperverletzung.

IV. Kenntnis des Gläubigers

1. Die maßgebliche Person

53 Nach § 199 Abs 1 Nr 2 BGB kommt es für den Beginn der Verjährung auf die Kenntnis des Gläubigers von den anspruchsbegründenden Umständen und der Person des Schuldners an (bzw die ohne grobe Fahrlässigkeit bestehende Möglichkeit, diese Kenntnis zu erlangen, dazu u Rn 73 ff). Dabei ist auf den Inhaber des Anspruchs abzustellen. In den Fällen der §§ 116 SGB X, 844, 845 BGB ist dies nicht der deliktisch Geschädigte, sodass seine Kenntnis die Verjährung noch nicht beginnen lässt.

Die einmal in Gang gesetzte Verjährung kann auch durch entschuldigte spätere Unkenntnis nicht wieder außer Lauf gesetzt werden. Spätere Unkenntnis – namentlich von der aktuellen Anschrift des Schuldners – ist nach § 206 BGB zu beurteilen; dh der Gläubiger muss alle erdenklichen Mühen auf sich nehmen, sich die zur Durchsetzung des Anspruchs notwendige Kenntnis wieder zu verschaffen. Bleibt die Anschrift des Schuldners dann unbekannt, muss er nach § 185 ZPO auf öffentliche Zustellung der Klage antragen.

54 a) Bei einer *Mehrheit von Gläubigern* ergeben die §§ 429 Abs 3, 425 Abs 2 und 432 Abs 2 BGB, dass die Verjährungsfrage für jeden einzeln zu beurteilen ist. Das führt aber nicht zu einem unterschiedlichen Verjährungsbeginn, weil die Bestimmungen diesen nicht nennen; es kommt auf die Kenntnis des Gläubigers an (vgl BGH ZEV 2007, 272 zur Erbengemeinschaft).

Entsprechendes gilt, soweit bei dem *Vertrag zugunsten Dritter* der Versprechensempfänger und der Dritte nebeneinander forderungsberechtigt sind, §§ 328, 335 BGB. § 334 BGB bildet kein Gegenargument, weil der Anspruch von vornherein in der Person eines jeden von ihnen entsteht.

55 b) Außer der Inhaberschaft an der Forderung genügt die *Verfügungsbefugnis* über die Forderung. Das gilt zunächst für die Fälle, in denen das Gesetz jemanden ermächtigt, eine fremde Forderung im eigenen Namen geltend zu machen, vgl die *Parteien kraft Amtes* wie Insolvenzverwalter (BGH NJW-RR 2015, 1321 Rn 12) und Testamentsvollstrecker u den Fall des § 265 ZPO. In den Fällen der §§ 2039 S 1, 428, 432 BGB präkludiert die Kenntnis eines Mitberechtigten nicht auch die anderen, vgl §§ 429 Abs 3, 432 Abs 2 BGB. Nichts anderes ist aber auch bei *gewillkürter Prozessstandschaft* anzunehmen, vgl namentlich die *Inkassobefugnis* des Zedenten bei der Sicherungszession; in letzterem Fall kommt freilich auch eine mögliche Kenntnis des Zessionars zusätzlich in Betracht, wenn er denn nicht gehindert ist, die Forderung seinerseits geltend zu machen.

c) Im Falle der *Zession*, der *Rechtsnachfolge kraft Gesetzes* (BAG NJW 2015, 429 Rn 38 **56** zu § 613a BGB) und des Wechsels des gesetzlichen Vertreters, des Organs, kommt es zunächst auf den Kenntnisstand des ursprünglichen Gläubigers an (BGH NJW 2015, 2190 Rn 22; NJW 2014, 2492 Rn 13): Kannte er den Anspruch, geht dieser mit in Gang gesetzter Verjährung über, auch wenn die Kenntnis vielleicht gerade durch den Rechtsübergang verloren geht. War der ursprüngliche Kenntnisstand noch nicht geeignet, die Verjährung in Lauf zu setzen, ist jetzt auf den Rechtsnachfolger abzustellen.

d) Bei der *gesetzlichen Vertretung* durch Eltern oder Vormund kommt es auf deren **57** Wissensstand an; nichts anderes gilt für den Betreuer im Falle des § 1903 BGB.

Dabei genügt bei der Vertretung des Minderjährigen die Kenntnis von Vater *oder* Mutter, sofern sie beide das Sorgerecht haben; die Kenntnis des nicht sorgeberechtigten Teils ist nicht zuzurechnen.

e) Entsprechendes gilt bei der *gesetzlicher Vertretung juristischer Personen;* es **58** kommt auf die Kenntnis ihrer Organe an. Sind zu ihrer Vertretung mehrere Personen berufen, so genügt die Kenntnis einer von ihnen; die Frage kann hier nicht anders als bei § 626 Abs 2 BGB beantwortet werden (vgl dort STAUDINGER/PREIS [2019] § 626 Rn 304). Das gilt namentlich auch dann, wenn Gesamtvertretung besteht.

Ist Gläubiger die nach § 10 Abs 6 WEG rechtsfähige Wohnungseigentümergemeinschaft, kommt es auf die Kenntnisse des Wohnungseigentumsverwalters an (STAUDINGER/PETERS/JACOBY [2018] § 27 WEG Rn 245 f; vgl BGH NJW 2014, 2861 Rn 18). Zwar ist der Verwalter nicht umfassend zur Vertretung ermächtigt, § 27 WEG. Er ist aber Zustellungsvertreter und zur (Wissens)-Organisation der Gemeinschaft berufen. Fehlt ein Verwalter, so sind alle Eigentümer gemeinschaftlich vertretungsbefugt, § 27 Abs 3 S 2 WEG, sodass nach dem gerade Gesagten schon das Wissen eines Eigentümers schadet. Macht der Verwalter gegen ihn selbst gerichtete Ansprüche nicht geltend, kann § 210 BGB analog heranzuziehen sein (s § 210 Rn 10; ferner § 214 Rn 20; s allgemein u Rn 61).

Steht ein Anspruch indessen einzelnen Eigentümern zu, ist grundsätzlich allein auf diese, nicht auf den Verwalter abzustellen (BGH NJW 2014, 2861 Rn 15 ff). Eine Ausnahme ist allerdings zu machen, wenn die rechtsfähige Gemeinschaft nach § 10 Abs 6 S 3 WEG allein zur Geltendmachung eines Anspruchs der Eigentümer befugt ist. Das ist der Fall bei sog gemeinschaftsbezogenen Ansprüchen nach § 10 Abs 6 S 3 Fall 1 WEG, etwa solchen aus der Schädigung des gemeinschaftlichen Eigentums. Bei sonstigen Ansprüchen des § 10 Abs 6 S 3 Fall 2 WEG, die sich ebenfalls auf die Verwaltung des gemeinschaftlichen Eigentums beziehen müssen, kommt es darauf an, dass die Eigentümer durch sog Vergemeinschaftungsbeschluss sich für die gemeinschaftliche Geltendmachung entscheiden. Auch dann ist das Verwalterwissen erst ab Beschlussfassung erheblich (BGH NJW 2014, 2861 Rn 20).

f) Bei Behörden und öffentlichen Körperschaften entscheidet die Kenntnis des **59** zuständigen Bediensteten der verfügungsberechtigten Behörde, dh jener Behörde, der die Entscheidungskompetenz für die zivilrechtliche Verfolgung von Ansprüchen zukommt (BGHZ 134, 343; BGH NJW 2007, 834, 835; WM 2009, 1526 Rn 12). Gerade Behörden obliegt es aber, sich so zu organisieren, dass Ansprüche auch zeitnah zur Kenntnis genommen werden können, um dem Vorwurf eines Organisationsmangels (dazu u Rn 77 f, 84) und damit grober Fahrlässigkeit zu entgehen. Das unterscheidet § 199 nF von § 852 BGB aF, in dessen Rahmen grobe Fahrlässigkeit irrelevant war.

60 **g)** Für § 199 Abs 1 Nr 2 BGB kann auch die Kenntnis einer *gewillkürt eingeschalteten Person* genügen; dies ist unabhängig davon, ob ihr Vertretungsmacht erteilt ist oder nicht. Die konkrete Einschaltung ist auch bei dem Ehegatten des Gläubigers erforderlich (BGH NJW 2013, 448). Herzuleiten ist das Ergebnis aus dem Rechtsgedanken des § 166 Abs 1 BGB (BGH NJW 2017, 949 Rn 14; NJW 2016, 3445 Rn 61; ferner BGHZ 134, 343, 347 f zu § 852 BGB aF). Diese Zurechnung erfasst grds allerdings nur geschäftlich, nicht das privat erlangte Wissen (BGH NJW 2016, 3445 Rn 61).

aa) Das gilt zunächst dort, wo einer Person ein Wirkungskreis zur eigenständigen Bearbeitung so übertragen ist, dass sie Einfluss auf die Wahrung der Verjährungsfrist nehmen kann, sei es, dass sie eine Maßnahme nach § 204 Abs 1 BGB anregen kann, sei es, dass sie selbst schon verjährungshemmend, § 203 BGB, verhandeln kann. Unbeachtlich bleibt insoweit die Kenntnis subalterner Personen, zB von Schreibkräften. Unbeachtlich bleibt auch die Kenntnis von Personen, die für die *Verfolgung dieses Anspruchs nicht zuständig wären*.

bb) Gleichzustellen sind aber auch die Kenntnisse von *ad hoc bestellten Dritten:* des Rechtsanwaltes, dem das Vorkommnis zur Bearbeitung übertragen wurde (BGH NJW 1989, 2323; 1996, 2508, 2510; MünchKomm/Grothe Rn 38), des Architekten, dem die Bauaufsicht oblag.

61 **h)** Soweit im Vorstehenden die Zurechnung der Kenntnis Dritter angenommen wurde, ist eine Ausnahme für den Fall zu machen, dass sich die *Ansprüche gerade gegen diesen Dritten* richten (RG JW 1936, 3111; BGH NJW-RR 1989, 1255, 1258 f; NJW 2009, 2127, 2130; NJW-RR 2011, 832; NJW 2014, 1294 Rn 20 f; MünchKomm/Grothe Rn 37). Das gilt nicht nur in der Konstellation einer Haftung aus sittenwidriger Schädigung, sondern ganz allgemein kann nicht erwartet werden, dass der Dritte die Ansprüche gegen sich selbst seriös verfolgt. Die Zurechnung der Kenntnis ist aber nicht nur hinsichtlich der Ansprüche gegen ihn selbst ausgeschlossen, sondern auch wegen der Ansprüche, die aus diesem Komplex gegen weitere Personen hergeleitet werden könnten (BGH MDR 2014, 330 Rn 20 f; NJW-RR 1989, 1255, 1258 ff).

2. Gegenstand der Kenntnis

a) Die den Anspruch begründenden Umstände

62 **aa)** § 199 Abs 1 Nr 2 BGB stellt zunächst ab auf die Kenntnis der den Anspruch begründenden Umstände. Dabei kommt es an auf die Kenntnis *jener Tatsachen, aus denen der Anspruch herzuleiten* ist. Auf die zutreffende rechtliche Würdigung, dass aus diesen Tatsachen ein Anspruch folgt, kommt es indessen nicht an (BGH NJW-RR 2008, 1237 Rn 7; NJW 2009, 984 Rn 13; enger Theisen/Theisen, in: FS Nobbe [2009] 453, 468).

63 (1) Im Falle des *§ 823 Abs 1 BGB* sind die Tatsachen, aus denen der Anspruch herzuleiten ist, die Rechtsgutverletzung, die Handlung des Schädigers, ihre Kausalität für die Rechtsgutverletzung, die Rechtswidrigkeit, die den Verschuldensvorwurf begründenden Tatsachen und der Schaden. Keine Kenntnis liegt also zB vor, wenn der Gläubiger, der tatsächlich körperlich verletzt ist, dies verkennt, weil er annimmt, es liege nur eine vorübergehende Unpässlichkeit bei den Schmerzen vor, die er empfindet. Hier fehlt die Kenntnis der Körperverletzung. Sie muss als solche erkannt worden sein, wenn auch nicht in ihrem Umfang und gar in ihrer Ursache. Ebenfalls fehlt es an der Kenntnis, wenn er annimmt, der Schädiger sei nur seinerseits geschubst worden (hier verkennt er dessen Handlung) oder gar einen anderen als Täter vermutet. An der Kenntnis des Gläubigers fehlt es auch, wenn sich ihm das Vorkommnis so darstellt, dass der Täter die im Verkehr erforderliche Sorgfalt beachtet hat. Dagegen braucht er keine Kenntnis davon zu haben, dass dem Täter *besondere Rechtfertigungsgründe* nicht zur Seite stehen (denn dies würde er, der Gläubiger, nicht zu beweisen haben). Folgerichtig braucht er im Falle des § 831 BGB keine Kenntnisse über die *Entlastungsmöglichkeiten* der anderen Seite zu haben, soweit es Auswahl oder Überwachung betrifft. Anders liegt es im Falle des § 839 Abs 1 S 2 BGB: Die fehlende anderweitige Ersatzmöglichkeit ist hier ein negatives Tatbestandsmerkmal.

(2) Beruhen Ersatzansprüche auf Pflichtverletzungen, ist zwischen der Kenntnis **63a** vom tatsächlichen Verlauf und derjenigen über den Inhalt der bestehenden Pflichten zu unterscheiden. Unkenntnis über den Verlauf hindert grds den Verjährungsbeginn. Bei der **Arzthaftung** genügt es nicht, dass eine Operation negativ ausgegangen ist, weil das noch schicksalhaft gewesen sein kann; es müssen weitere Indizien für eine Haftung zur Kenntnis des Patienten gelangen (BGH NJW 1998, 2736; NJW-RR 2010, 681; vgl auch die Beweislastregeln des § 630h). Eine wichtige zeitliche Zäsur, die den Verjährungsbeginn markieren kann, ist die Einsicht der Patientenakte (BUDZIKIEWICZ MedR 2016, 340, 341). Es können aber auch die Gedächtnisaufzeichnungen des Patienten selbst die erforderliche Kenntnis vermitteln (BGH NJW 2017, 949 Rn 11). Der Umfang der Amtspflichten ist indessen eine Rechtsfrage, deren Inhalt allein durch Rechtsberatung nicht durch Tatsachenermittlung zu bestimmen ist. Insoweit bestehende Rechtsunkenntnis ist für den Verjährungsbeginn daher grds. unbeachtlich. Das gilt namentlich im Hinblick auf die **Amtspflichtverletzung** (BGHZ 138, 247, 252 f; BGH ZIP 2019, 768 Rn 18) und die Anlageberaterhaftung wegen **Aufklärungspflichtverletzung** (BGH WM 2008, 1346 Rn 27; WM 2002, 1445, 1447). Freilich müssen auch hier die tatsächlichen Umstände, die die Pflicht begründen, dem Geschädigten bekannt sein (BGHZ 200, 172 = NJW 2014, 993 Rn 10 ff). Großzügiger entscheidet der BGH für die Haftung von Rechtsanwälten (BGHZ 200, 172 = NJW 2014, 993 Rn 15; dazu o Rn 37), Steuerberatern (BGH NJW-RR 2019, 116 Rn 10) und Wirtschaftsprüfern (BGH NJW 2014, 2345 Rn 26). Er trägt damit dem Umstand Rechnung, dass bei laufendem Mandat für den Mandanten keine Veranlassung besteht, anderweit Rechtsrat über den Pflichtenumfang einzuholen (vgl § 214 Rn 29a). Entsprechend sind die subjektiven Voraussetzungen jedenfalls regelmäßig dann erfüllt, wenn der Geschädigte einen neuen Berater mit der Prüfung des Sachverhalts betraut (BGHZ 213, 213 = ZIP 2017, 236 Rn 11; BGH NJW-RR 2019, 116 Rn 14; NJW 2015, 2190 Rn 15). In ähnlicher Weise hat der BGH jetzt auch für die Amtshaftung des Notars eine Ausnahme von der Unbeachtlichkeit der Rechtsunkenntnis gemacht, wenn diese auf der Falschbelehrung durch den Notar beruht (BGH ZIP 2019, 768 Rn 21).

(3) Will der Gläubiger einen *Bereicherungsanspruch* verfolgen, so kommt es auf **64** Kenntnis von Leistung oder Bereicherung in sonstiger Weise an, ferner auf die

Kenntnis vom Fehlen des Rechtsgrunds; bei letzterer wiederum auf die Kenntnis der Tatsachen, aus denen dessen Fehlen folgt. Will zB der Gläubiger gezahlte Zinsen als wucherisch zurückverlangen, kommt es für § 199 Abs 1 Nr 2 BGB auf den Zeitpunkt an, in dem ihm deutlich wurde, dass die vereinbarten Zinsen bedenklich über den marktüblichen lagen. Dabei gehen Fehleinschätzungen zu seinen Lasten: Hält er den vereinbarten Zinssatz für nicht mehr tolerabel, obwohl er es nach den Grundsätzen der Rechtsprechung noch ist, so mag er alsbald klagen; das Gericht hat sonst die Wahl, die Klage als verspätet oder als sonst nicht begründet abzuweisen. Nimmt der Gläubiger irrig an, zu beanstanden sei nur ein noch höherer Zinssatz als der vereinbarte, so kann er nicht hoffen, dass sich seine Lage durch Zuwarten verbessert; also mag er ebenfalls alsbald klagen.

Da eine zutreffende rechtliche Würdigung nicht Voraussetzung ist, reichen für einen Rückforderungsanspruch aus § 812 BGB bei nichtigen Verträgen die Kenntnis der die Nichtigkeit begründenden Tatsachen, so etwa BGH NJW-RR 2008, 1237 Rn 7 ff zum Verstoß gegen das RBerG u BGH NJW 2009, 984 Rn 13 bei sittenwidrigen Schenkkreisen. Für einen Rückforderungsanspruch von Schwiegereltern kommt es regelmäßig auf das Scheitern der Ehe und damit das Stellen des Scheidungsantrags an (BGHZ 208, 210 = NJW 2016, 629 Rn 21). Soll eine Leistung nach *Anfechtung* zurückverlangt werden, so müssen Grund und Erklärung der Anfechtung bekannt sein.

Für den Anspruch auf Rückforderung einer Zahlung auf eine überhöhte Schlussrechnung kommt es darauf an, dass der Besteller das Leistungsverzeichnis, die Aufmaße und die Schlussrechnung kennt (BGH NJW 2008, 2427).

65 (4) Bei dem *Ausgleich unter Gesamtschuldnern* entscheidet die Kenntnis der gemeinsamen Verpflichtung. Irrtümer über die Quoten sind irrelevant. Hier bildet eine Ausnahme nur § 426 Abs 1 S 2 BGB: Dass sich die Quote des anderen durch den Ausfall eines weiteren Gesamtschuldners erhöht, muss als Anspruchsvoraussetzung für die Mehrforderung gegen diesen bekannt sein, damit insoweit die Verjährung zu laufen beginnen kann.

(5) Bei *vertraglichen Erfüllungsansprüchen* kann die Kenntnis des Gläubigers dadurch ausgeschlossen sein, dass sie erst aus einer Auskunft des Schuldners herzuleiten sind.

(6) Lässt sich ein Anspruch *mehrfach begründen,* so zB aus mehreren Mängeln eines Prospekts, kommt es für den Verjährungsbeginn auf die einzelne Anspruchsbegründung an; die einzelnen Prospektmängel brauchen nicht gleichzeitig aufgedeckt zu werden und bei mehreren betroffenen Anlegern können die Zeitpunkte wiederum differieren (BGH NJW 2011, 1666 Rn 13). Entsprechendes gilt zB für den Anspruch auf Schadensersatz statt der ganzen Leistung in den Fällen der §§ 438 Abs 3, 634a Abs 1 Nr 3, Abs 3 BGB.

66 bb) Die Kenntnis des Anspruchs – und entsprechend die grob fahrlässige Unkenntnis – braucht *quantitativ* keine vollständige zu sein; soweit der Gläubiger seinen Anspruch kennt, kann der Lauf der Verjährung einsetzen. Diese Konstellation kann sich etwa ergeben, wenn der Gläubiger zur Bezifferung des Anspruchs auf eine

Auskunft des Schuldners angewiesen ist und dessen erteilte Auskunft einen zu niedrigen Anspruchsumfang ergibt: Kenntnis des sich so schon ergebenden Anspruchsteils, Unkenntnis des in Wahrheit darüber hinausgehenden Anspruchsteils.

cc) Auf Einiges braucht sich die Kenntnis des Gläubigers iSd § 199 Abs 1 Nr 2 BGB *nicht* zu beziehen: **67**

(1) Hierher gehören zunächst *Einwendungen und Einreden* des Schuldners bzw ihr Fehlen: Dass der Gläubiger nach seinem Wissensstand eine erfolgreiche Verteidigung des Schuldners gewärtigen muss, kann kein Anlass sein, ihm zeitlich einen weiteren Spielraum für die Verfolgung seines Anspruchs zu gewähren.

(2) Hierher gehört ferner die *Kenntnis von Beweismöglichkeiten* für den Anspruch. **68** Dem Gläubiger sind die Maßnahmen des § 204 Abs 1 BGB auch dann zuzumuten, wenn sich die Beweislage ungünstig darstellt. Es besteht kein Anlass, die Verjährung so lange anzuhalten, bis sie sich verbessert hat (BeckOGK BGB/Piekenbrock [1. 2. 2019] Rn 104). Zum einen könnten sich damit die Beweismöglichkeiten des Schuldners verschlechtern, zum anderen ist die regelmäßige Verjährungsfrist ja auch geräumig genug, nach Beweismöglichkeiten zu suchen.

(3) Schließlich braucht der Gläubiger auch nur die „den Anspruch begründenden **69** Umstände" zu kennen; den *Anspruch selbst* braucht er nicht zu kennen (s oben Rn 62 ff). Ohne dass dies die Verjährung aufhalten könnte, darf es ihm also verborgen bleiben, dass die ihm bekannten Umstände a, b, c und d in ihrer Kombination einen Anspruch für ihn ergeben. So ist es zB denkbar, dass er nicht realisiert, dass eine Berichterstattung in der Presse über ihn zu einem Anspruch auf Schmerzensgeld wegen Verletzung des Allgemeinen Persönlichkeitsrechts führen kann. Erst recht braucht der Gläubiger seinen Anspruch nicht richtig einzuordnen. So mag er zB meinen, er habe einen vertraglichen Anspruch und dabei die Unwirksamkeit des Vertrages verkennen: Er kennt dann durchaus auch Ansprüche aus ungerechtfertigter Bereicherung oder Geschäftsführung ohne Auftrag, die die Rechtsprechung ersatzweise an ihrer Stelle gewährt.

b) Die Person des Schuldners
Hier knüpft § 199 Abs 1 Nr 2 BGB unmittelbar – freilich erweiternd – an § 852 Abs 1 **70** BGB aF an, der von der Person des Ersatzpflichtigen sprach.

Kenntnis von der Person des Schuldners hat der Gläubiger, wenn ihm *Name und Anschrift bekannt* sind (BGH NJW 1998, 988; 2001, 1721, 1722; 2009, 587 Rn 12; BeckOGK BGB/Piekenbrock [1. 2. 2019] Rn 119), sodass er also eine der Maßnahmen des § 204 Abs 1 BGB in die Wege leiten kann. Bei mehreren Schuldnern kann sich ein unterschiedlicher Verjährungsbeginn ergeben (BGH VersR 1963, 285). Ist der bekannte Schuldner verstorben, ohne dass seine Erben bekannt wären, muss der Gläubiger eine Nachlasspflegschaft beantragen, § 1961 BGB (Otte 79, 81 ff). Bei unbekanntem Aufenthalt des Schuldners ist der Gläubiger nicht gehalten, die öffentliche Zustellung der Klage zu beantragen, denn das würde ihm mehr an Ermittlungen abverlangen als § 199 Abs 1 Nr 2 BGB (BGH NJW 2012, 1645 Rn 21 ff).

c) Intensität der Kenntnis

71 Die §§ 852 Abs 1 BGB aF, 199 Abs 1 Nr 2 BGB nF verwenden den Ausdruck der Kenntnis, der *von einer Gewissheit abzugrenzen* ist. Der Gläubiger braucht sich nicht uneingeschränkt sicher – gewiss – zu sein, dass die den Anspruch begründenden Umstände vorliegen und dass diese Person sein Schuldner ist. Restliche Zweifel dürfen verbleiben (BeckOGK BGB/PIEKENBROCK [1. 2. 2019] Rn 98). § 199 Abs 1 Nr 2 BGB will den Zeitpunkt markieren, in dem die Klage zumutbar geworden ist, dh ein weiteres Zuwarten des Gläubigers – über die Frist des § 195 BGB hinaus – nun wiederum für den Schuldner unzumutbar würde. Fehlt einem Geschädigten wegen einer retrograden Amnesie die Erinnerung an das Geschehen, fehlt es freilich an der Kenntnis (BGH NJW 2013, 939 Rn 6).

3. Zeitpunkt der Kenntnis

72 Für die Kenntnis kommt es auf den Zeitpunkt der Begründung des Anspruchs, nicht den seiner Fälligkeit an, während vorherige Kenntnis nicht ausreicht (BGH NJW 2009, 587 Rn 11 ff zum Fall des unbekannt verzogenen Bürgen). Die Kenntnis kann nachträglich begründet werden. Ihre späte Erlangung kann allerdings die Zeiträume des § 199 Abs 2–4 BGB nicht überspielen.

Der Wegfall der Kenntnis durch Tod des Wissenden oder Änderung der Umstände ist im Rahmen des § 199 BGB irrelevant (**aA** BeckOGK BGB/PIEKENBROCK [1. 2. 2019] Rn 146, der Ausnahme anerkennen will). Das wirkt zu Lasten des Insolvenzverwalters bei Begründung des Anspruchs vor Verfahrenseröffnung und des Erben bei Begründung vor dem Erbfall. Ihnen kann auch nicht mit § 206 BGB geholfen werden.

V. Grob fahrlässige Unkenntnis des Gläubigers

1. Allgemeines

73 Dass auch grob fahrlässige Unkenntnis des Gläubigers von den den Anspruch begründenden Umständen und der Person des Schuldners genügt, den Lauf der Verjährung in Gang zu setzen, bedeutet eine *radikale Änderung gegenüber § 852 Abs 1 BGB aF*. Hier kommen mehrere Aspekte zum Tragen:

a) Zunächst erkennt es das Gesetz an, dass sich der Gläubiger um seinen Anspruch zu kümmern hat. Es wird eine *Obliegenheit* (keine Schuldnerpflicht) geschaffen, die mit dem Preis der Verjährung des Anspruchs sanktioniert wird; gleichzeitig wird mit dem Maßstab der groben Fahrlässigkeit die Intensität der Fürsorge bestimmt, die der Gläubiger seinem Anspruch angedeihen lassen muss. Diese *Fürsorgepflicht* entspricht dem Grundanliegen der Verjährung, den Schuldner vor der verdunkelnden Macht der Zeit zu schützen. Wo es nicht wie in § 197 Abs 1 BGB um überragend wichtige Rechtsgüter oder um eine geklärte Rechtslage geht, müssen die Dinge zeitnah zum Ausgleich gebracht werden.

74 b) Außerdem ist die eigentlich maßgebliche *Kenntnis* des Gläubigers eine *innere Tatsache*, die sich als solche kaum durch den für den Beginn der Verjährung beweispflichtigen Schuldner beweisen lässt. Er wäre entweder auf das unsichere Beweismittel der Parteivernehmung verwiesen oder müsste einen Indizienbeweis antreten: Die für den Anspruch sprechenden Umstände waren für den Gläubiger so nachhaltig, dass er den Schluss auf den Anspruch nicht nur a) ziehen musste, sondern b) auch gezogen hat. Die Formulierung des Gesetzes befreit von der Notwendigkeit des gedanklichen Schrittes b), wie ihm zwangsläufig ein gewisses spekulatives Element innewohnt, steht es doch nie fest, dass der sich aufdrängende Schluss auch tatsächlich gezogen wurde. Dem Gläubiger geschieht durch diese *Verkürzung der Beweisführung* kein Unrecht: Dass er sich aufdrängende Schlüsse nicht zieht, muss sein Risiko sein.

c) Strukturell hat die Kenntnis den Vorrang vor der grob fahrlässigen Unkenntnis: Die Kenntnis des Gläubigers setzt den Lauf der Verjährung in Gang, mag sie auch auf Zufall beruhen oder auf überobligationsmäßigen Anstrengungen zur Ermittlung des Sachverhalts. **75**

Praktisch wird in den streitigen Fällen die grob fahrlässige Unkenntnis des Gläubigers wegen ihrer leichteren Beweisbarkeit im Vordergrund stehen.

Im Übrigen muss § 199 Abs 1 Nr 2 BGB weithin leerlaufen. Seine vertraglichen Erfüllungsansprüche kennt man eben in aller Regel oder es beruht auf vorwerfbarer Unordnung, wenn man sie nicht kennt. Ähnliches gilt für vertragliche Sekundäransprüche. Anwendungsfall wird primär das Deliktsrecht bleiben. Bedeutug hätte § 199 Abs 1 Nr 2 BGB im Gewährleistungsrecht gewinnen können, wenn die Bestimmung hier nicht durch die §§ 438 Abs 2, 634a Abs 2 BGB ausgeschlossen worden wäre. Hier verbleibt als Anwendungsfall des § 199 Abs 1 Nr 2 BGB nur § 634a Abs 1 Nr 3 BGB.

2. Zur Dogmatik

Aus dogmatischer Sicht stellt sich die entschuldbare Unkenntnis des Gläubigers als ein Fall der anfänglichen Hemmung der Verjährung dar. „Eigentlich" und praktisch in der Mehrzahl der Fälle beginnt die Verjährung sogleich mit der Entstehung des Anspruchs zu laufen bzw dem Ende des entsprechenden Jahres, aber das Gesetz nimmt Rücksicht auf das Verfolgungshindernis, das im Wissensstand des Gläubigers liegt: agere non valenti non currit praescriptio. Diese Hemmung darf aber aus naheliegenden Gründen nicht länger andauern, als es die Höchstfristen des § 199 Abs 2–4 BGB erlauben. **76**

Diese Überlegung hat ihre praktischen Konsequenzen. Die *Überleitungsregelung des Art 229 § 6 EGBGB* zwingt in ihren Abs 3 und 4 zur Klärung der Frage, ob das bisherige oder das neue Recht die kürzere bzw längere Verjährungsfrist bereithält: In diesen Vergleich ist die jetzige regelmäßige Verjährungsfrist mit den drei Jahren des § 195 BGB einzustellen und nicht mit jener Frist, die sich konkret durch § 199 Abs 1 Nr 2 BGB ergibt (vgl auch STAUDINGER/PETERS/JACOBY [2016] Art 229 § 6 EGBGB Rn 7 f), oder gar den Höchstfristen des § 199 Abs 2–4 BGB. § 199 Abs 1 Nr 2 BGB stellt eben vielmehr einen Fall der Hemmung der Verjährung dar, wie er mit Art 229 § 6 Abs 1 EGBGB zu erfassen ist.

3. Organisationspflichten

77 a) Wer als Teilnehmer am Markt einen größeren Bestand an Außenständen hat, muss seine Forderungen organisiert und kontrolliert verwalten (BGHZ 204, 30 = NJW 2015, 1948 Rn 36). Wenn eine Forderung außer Kontrolle gerät, wird das freilich dann zu der ersten Alternative des § 199 Abs 1 Nr 2 BGB führen; wenn es sich um eine normale Forderung handelt, zB aus einer Rechnung, die nicht beglichen worden ist: Diese Forderung war ja schon mit ihrem Entstehen bekannt. Aber es ist doch auch mit einer gewissen Quote *ungewöhnlicher Forderungen* zu rechnen: Ein Vertrag wird angefochten, storniert, seine Durchführung scheitert. Auch für die *zeitnahe Erfassung* solcher Forderungen muss Sorge getragen werden.

Der größere Marktteilnehmer muss ferner mit Schädigungen rechnen, die mit den §§ 280 Abs 1, 241 Abs 2, 311 Abs 2 BGB oder den §§ 823 ff BGB zu regulieren sind. Auch die diesbezüglichen Ansprüche müssen kontrolliert und systematisch erfasst und aufgeklärt werden.

Die öffentlichen Hände lassen die von ihnen beglichenen Rechnungen durch Rechnungshöfe überprüfen. Diese sind so einzubinden und auszustatten, dass sie etwaige Überzahlungen (und damit Rückforderungsansprüche) zeitnah aufdecken können.

Der regressberechtigte Träger der Sozialversicherung braucht sich an sich nur die Kenntnis der Regressabteilung zurechnen zu lassen, doch ist organisatorisch sicherzustellen, dass die Kenntnisse der Leistungsabteilung auch an diese gelangen (BGH NJW 2012, 1789). Diese Organisation vorzuhalten ist Sache der gemeinsamen übergeordneten Stelle (**aA** BGH NJW 2012, 2644: der Regressabteilung).

Organisationsmängel an einer dieser Stellen begründen ohne Weiteres den Vorwurf grober Fahrlässigkeit. Der Tatbestand des § 199 Abs 1 Nr 2 BGB ist in seiner 2. Alternative in dem Zeitpunkt erfüllt, in dem die tatsächlichen Grundlagen des Anspruchs bei gehöriger Organisation geklärt gewesen wären.

78 b) Entsprechende Organisationspflichten ergeben sich dort, wo *Ansprüche regelmäßig anfallen, der Gläubiger ihre tatsächlichen Grundlagen aber nicht aus eigener Kraft klären kann*, vgl den Arbeitgeber, der dem verletzten Arbeitnehmer nach § 3 EFZG den Lohn fortzahlt, sodass es zur cessio legis nach § 6 EFZG kommt, den Träger der Sozialversicherung im Falle des § 116 SGB X, oder – die Konstellation in BGHZ 134, 343 – das Hauptzollamt, das auf die Ermittlungen einer anderen Stelle angewiesen ist. Hier ist das fremde Wissen zwar nicht zuzurechnen (BGHZ 134, 343), es ist aber für einen ordentlichen Informationsfluss zu sorgen, soweit sich dies organisatorisch bewerkstelligen lässt (vgl BGH NJW 2012, 447 Rn 18). Zu einer hinreichenden Organisation gehört es auch, dass ihre Einhaltung überwacht wird. Insofern ist abzulehnen die Entscheidung BGH NJW 2011, 1799. Dort hatte eine gesetzliche Krankenkasse nach einem Unfall an ihren Versicherungsnehmer geleistet und also dringenden Anlass zu der Annahme, dass Regressansprüche im Raum stehen könnten. Tatsächlich nahm die ihm zugeordnete Regressabteilung § 46 I, II SGB XI, wegen ihrer Leistungen erst wesentlich später Regress. Zwar ist richtig, dass die Kenntnis der Leistungsabteilung nicht unmittelbar der Regressabteilung zuzurechnen ist, doch begründet es einen schweren, für § 199 Abs 1 Nr 2 BGB ausreichenden

Organisationsmangel, wenn in einem derartigen Fall nicht für einen gehörigen Informationsfluss gesorgt ist. Organisationspflichten beschränken sich grds auf geschäftlich erlangtes Wissen im Unterschied zu solchem, das aus dem privaten Bereich stammt (BGH NJW 2016, 3445 Rn 61).

Zur Darlegungs- und Beweislast bei einem Organisationsmangel u Rn 84.

4. Verdachtsmomente

Im Übrigen hat der Gläubiger *Indizien nachzugehen,* die auf einen Anspruch gegen eine andere Person hindeuten: Wer bei einem Unfall verletzt worden ist, muss sich erkundigen, ob Polizei oder Staatsanwaltschaft ermitteln, gegen wen und wie der Stand der Ermittlungen ist. Ist er auf Auskünfte des Schuldners angewiesen, zB ob und inwieweit dieser leistungsfähig für Unterhalt ist, hat er ihn zu befragen. Dritte sind zu befragen, ob sie als Zeugen zur Aufklärung beitragen können, wenn dafür Anhaltspunkte bestehen. **79**

Ein Insolvenzverwalter hat die Buchhaltung des Schuldners auf etwaige Anfechtungsansprüche zu untersuchen. In umfangreichen Verfahren kann der Aufwand aber so erheblich sein, dass nicht aus der Möglichkeit, auf die Buchhaltung zuzugreifen, auf grobe Fahrlässigkeit geschlossen werden kann (BGH ZIP 2017, 139 Rn 21).

5. Anforderungen an den Gläubiger

Jeder Gläubiger hat jedenfalls die *Ermittlungen* anzustellen, *die auf der Hand liegen* und deren Notwendigkeit jedem einleuchten. So sind Rechnungen auf ihre Richtigkeit zu überprüfen (BGH NJW 2008, 2427) und zwar schon vor ihrer Begleichung (BGH ZIP 2017, 139 Rn 16), sodass Rückforderungsansprüche – leichte Erkennbarkeit des Fehlers vorausgesetzt – mit der Begleichung zu verjähren beginnen. Doch können die Anspruchsvoraussetzungen auch schwer zu durchschauen sein (vgl BGH NJW-RR 2012, 1240 Rn 17 zur Existenzvernichtungshaftung; BGH NJW 2012, 3569 Rn 16 zum überzahlten Architektenhonorar). **80**

Dabei ist nach den *Verkehrskreisen* zu differenzieren, denen der Gläubiger angehört. Es kann zB bei einem Unfall ein Rechtsanwalt ungleich besser beurteilen, worauf es für einen Anspruch ankommt und wie dies zu ermitteln ist, als ein Hilfsarbeiter. Der Gläubiger muss ihm gegebene Ermittlungsmöglichkeiten auch einsetzen, braucht sich dabei aber nicht in besondere Kosten zu verstricken. Zumutbar sind dabei die Kosten einfacher Schriftwechsel, nicht etwa die eines Detektivs. Wer zB erfährt, dass Zahnschäden eines Kindes auf Kindertee zurückzuführen sind, muss dessen Hersteller in Erfahrung bringen.

6. Hilfspersonen

Zuzurechnen sind die Erkenntnismöglichkeiten von Hilfspersonen, die der Gläubiger zur Klärung der tatsächlichen Grundlagen seines Anspruchs einsetzt (vgl BGH NJW 2008, 2427 Rn 15 u schon o Rn 60 zum Einsatz eines Architekten bei der Bauaufsicht, eines Rechtsanwalts zur Klärung der Folgen eines Unfalls). Wenn wegen der eben genannten Zahnschäden des Kindes ein Rechtsanwalt eingeschaltet ist, handelt dieser in zurechen- **81** barer Weise grob fahrlässig, wenn er nicht realisiert, dass in dem haftenden Unternehmen auch wieder konkrete Personen selbst haftbar sind, und diese ermittelt.

7. „Grobe" Fahrlässigkeit

82 Der Begriff der groben Fahrlässigkeit verschwimmt. Es genügt für § 199 Abs 1 Nr 2 BGB jedenfalls kein leichtes Versehen. In dem Beispielsfall der Zahnschäden des Kindes (vgl BGH NJW 2001, 964) handeln die Eltern selbst nicht grob fahrlässig, wenn sie nicht die zusätzliche Haftung konkreter Personen über die des Herstellers hinaus bedenken. Es kann dem Gläubiger auch nicht zum Vorwurf der groben Fahrlässigkeit gereichen, dass er den *Aufwand besonderer Aufklärungskosten* gescheut hat. Aber es muss doch dort, wo der Gläubiger professionelle Hilfspersonen (Architekt oder Rechtsanwalt) eingeschaltet hat, auch im Bereich des § 199 Abs 1 Nr 2 BGB erwartet werden, dass sie einigermaßen professionell arbeiten. Auf unmittelbar auf der Hand liegende, in ihrer Notwendigkeit jedem einleuchtende Maßnahmen kann sich deshalb letztlich nur jener Gläubiger beschränken, der geschäftlich nicht versiert ist und sich einem für ihn ungewöhnlichen Ereignis gegenübersieht. Er handelt insbesondere nicht schon dann grob fahrlässig, wenn er es unterlässt, professionelle Hilfe in Anspruch zu nehmen, denn das wäre mit Kosten verbunden, die ihm nicht zuzumuten sind.

8. Verhalten des Schuldners

83 a)   Der Gläubiger kann zur Durchsetzung seines Anspruchs auf *Auskünfte des Schuldners* angewiesen sein. Seine Auskunftsklage schaltet jedenfalls § 199 Abs 1 Nr 1 BGB aus, wegen ihrer Kosten und ihres Aufwands kann es aber nicht als grob fahrlässig betrachtet werden, wenn sie nicht erhoben wird.

b)   Davon abgesehen darf der Gläubiger durchaus *Vertrauen* zu seinem Schuldner haben. Der Anleger, dem die Anlage mündlich erläutert worden ist, braucht weder Prospekt noch Zeichnungsschein durchzulesen, aus dem sich anderes ergibt (BGH NJW 2010, 3292; WM 2016, 780 Rn 35; WM 2017, 799 Rn 11; WM 2017, 1702 Rn 25; NJW 2017, 3367 Rn 25). Eine Lektüre des Prospekts bei früherer Gelegenheit reicht regelmäßig nicht (BGH NJW 2011, 3573). Wer bei einer Bank ein Darlehen aufnimmt, braucht nicht damit zu rechnen, dass der ihm vorgelegte Vertrag nach § 494 Abs 1 BGB zur Nichtigkeit führende Formmängel aufweist.

c)   Wenn der Schuldner die tatsächlichen Voraussetzungen in Abrede stellt oder eine andere Person als Schuldner bezeichnet, ist das zugunsten des Gläubigers in die Abwägung einzustellen, ob er *grob fahrlässig* gehandelt hat.

d)   Im Übrigen ist darauf hinzuweisen, dass einige Schuldner den Gläubiger gerade vor dem Verlust von Ansprüchen schützen sollen, dies auch, soweit sich diese *Ansprüche gegen sie selbst* richten (Rechtsanwälte, Steuerberater, Verwalter, Architekten; s o Rn 37). § 199 Abs 1 Nr 2 BGB sagt nur, welche Anforderungen an den Gläubiger zur Wahrung seiner Rechte zu stellen sind, regelt etwaige aus den §§ 675, 666 Alt 1 BGB abzuleitende Pflichten des Schuldners nicht. Hier kann die Verjährung erst mit der Erteilung der Informationen einsetzen (vgl auch § 214 Rn 26 ff; ferner BGH NJW 2014, 993 Rn 17).

9. Darlegungs- und Beweislast

Die Beweislast für den Beginn der Verjährung und damit auch für die Voraussetzungen des § 199 Abs 1 Nr 2 BGB trägt der Schuldner, der sich auf die Verjährung beruft. Geht es um die Klärung grober Fahrlässigkeit, muss der Schuldner darlegen, welche Anhaltspunkte für den Gläubiger dafür bestanden, dass ein Anspruch in seinen tatsächlichen Voraussetzungen gegeben war, der Gläubiger, welche Schritte zur Ermittlung er unternommen hat (BGH NJW 2017, 248 Rn 12). Soweit es um einen möglichen *Organisationsmangel* geht, hat der Schuldner diesen indiziell zu belegen, zB mit der ungewöhnlichen Dauer der Ermittlungen, der Gläubiger hat dann in sekundärer Darlegungslast die Leistungsfähigkeit der von ihm gewählten Organisation darzutun bzw dass sie nicht besser zu organisieren war. **84**

VI. Reduktion bei ungeklärter Rechtslage

Die subjektiven Voraussetzungen des § 199 Abs 1 BGB knüpfen allein an die Tatsachenkenntnis an (o Rn 62 ff). Ungeachtet dieser eindeutigen Regelung hat der BGH in inzwischen ständiger Rechtsprechung die Zumutbarkeit der gerichtlichen Geltendmachung des Anspruchs als übergreifende Voraussetzung für den Verjährungsbeginn erkannt (BGHZ 215, 172 = NJW 2017, 2986 Rn 86; BGHZ 208, 210 = NJW 2016, 629 Rn 26; BGHZ 204, 30 = NJW 2015, 1948 Rn 38; BGHZ 203, 115 = NJW 2014, 3713 Rn 35; BGHZ 179, 260 = NJW 2009, 2046 Rn 47; BGH NJW 2018, 1469 Rn 15; BGH NJW 2014, 3092 Rn 23; NJW 2012, 1572 Rn 3; NJW 2011, 1278 Rn 15; NJW 2009, 2046 Rn 47; NJW-RR 2008, 1237 Rn 7; NJW 2008, 1942; NJW-RR 2009, 547 Rn 15; vgl ferner die Auswertung der älteren Rechtsprechung durch BITTER/ALLES NJW 2011, 2081). Daran soll es fehlen, wenn eine unsichere und zweifelhafte Rechtslage vorliegt, die selbst ein rechtskundiger Dritter nicht zuverlässig einzuschätzen vermag. Diese Rechtsprechung wird darauf gestützt, dass der Gläubiger nur so über eine faire Chance verfüge, seinen Anspruch durchzusetzen (BGHZ 203, 115 = NJW 2014, 3713 Rn 52 f) und nur so mit Rücksicht auf das verfassungsrechtlich geschützte Forderungsrecht (Art 14 Abs 1 GG) ein angemessener Ausgleich zwischen den Interessen des Schuldners und des Gläubigers erreicht werde (BGH WM 2005, 1801, 1804). **84a**

1. Ausgestaltung durch den BGH

Auf dieser Grundlage hat der BGH Kriterien aufzuzeigen, welche Anforderungen an eine unsichere und zweifelhafte Rechtslage zu stellen sind, die eine Klage in dieser Form unzumutbar machen. Es handelt sich um eine Rechtsfrage, die im Einzelfall der uneingeschränkten Überprüfung durch den BGH unterliegt (BGHZ 208, 210 = NJW 2016, 629 Rn 27; NJW-RR 2010, 1574 Rn 13). Positiv wird teilweise formuliert, die gerichtliche Geltendmachung eines Anspruchs sei zumutbar, sobald sie hinreichende Aussicht auf Erfolg habe (BGHZ 215, 172 = NJW 2017, 2986 Rn 108; vgl BeckOGK BGB/PIEKENBROCK [1. 2. 2019] Rn 127, der auf § 114 Abs 1 S 1 ZPO zurückgreifen will). Daher liegt Zumutbarkeit keinesfalls erst dann vor, wenn die Rechtsverfolgung risikolos möglich wäre (BGHZ 215, 172 = NJW 2017, 2986 Rn 100; BGHZ 208, 210 = NJW 2016, 629 Rn 27; BGHZ 203, 115 = NJW 2014, 3713 Rn 56). **84b**

Wichtigste Fallgruppe der Unzumutbarkeit ist nach BGH, dass der Durchsetzung des Anspruchs eine gegenteilige höchstrichterliche Rechtsprechung entgegenstehe

(BGHZ 215, 172 = NJW 2017, 2986 Rn 105; BGHZ 203, 115 = NJW 2014, 3713 Rn 35; BGHZ 160, 216, 232). Das grenzt der BGH davon ab, dass eine Rechtsfrage umstritten und noch nicht höchstrichterlich entschieden sei (BGH NJW 2018, 1469 Rn 17; WM 2018, 512 Rn 17; NJW 2011, 1278 Rn 21). Dann sei eine Klage grundsätzlich zumutbar. Anzeichen für die Zumutbarkeit sei auch, dass der Kläger seinen Anspruch bereits vorprozessual erhoben habe (BGH NJW 2018, 1469 Rn 17; WM 2018, 512 Rn 17).

Das Kriterium der entgegenstehenden höchstrichterlichen Rechtsprechung hat den Vorteil, recht klar die einschlägigen Fälle benennen zu können. Jede Ausweitung birgt die Gefahr in sich, dass unter dem Deckmantel der Zumutbarkeit verjährungsfremde Wertungen der Einzelfallgerechtigkeit einfließen. Daher sollte von der Fallgruppe der Unzumutbarkeit der Rechtsverfolgung bei bloß unklarer Rechtslage Abstand genommen werden (**aA** BeckOGK BGB/Piekenbrock [1. 2. 2019] Rn 124). Auch taugt das Dilemma der alternativen Rechtsverhältnisse zu mehreren Beteiligten kaum, um Unzumutbarkeit zu begründen (vgl indessen BGHZ 204, 30 = NJW 2015, 1948 Rn 39 ff; Bank klagt gegen Dritten, der die Darlehensvaluta erhalten hat, erst nachdem die Bank zur Rückzahlung an den Kunden verurteilt wurde). Dieses Problem adressiert Nebenintervention und Streitverkündung.

2. Kritik

84c Die Weichenstellung der Rechtsprechung hat in der Literatur Zustimmung (MünchKomm/Grothe Rn 29; BeckOGK BGB/Piekenbrock [1. 2. 2019] Rn 123 ff; Erman/Schmidt-Räntsch Rn 18a; vgl auch NK-BGB/Mansel/Stürner Rn 61 ff), aber auch Kritik erfahren (Bitter JZ 2015, 170, 174 ff; Herresthal WM 2018, 401; Jacoby ZMR 2010, 335, 338 f). Auch wenn der BGH die Kritik bereits zurückgewiesen hat (BGHZ 203, 115 = NJW 2014, 3713 Rn 48 ff), soll sie hier wiederholt werden:

Als **Wortlaut**argument streitet gegen diese Rechtsprechung, dass § 199 Abs 1 Nr 2 BGB, den der BGH als Grundlage benennt (BGHZ 203, 115 = NJW 2014, 3713 Rn 49), kein Raum für eine solche objektive Begrenzung des Verjährungsbeginns enthält. Die Kenntnis hat sich nicht auf den Anspruch selbst, sondern – in ersichtlich bewusster Diktion des Gesetzgebers – auf die ihn begründenden Umständen zu beziehen. Diese Fassung des Gesetzes gilt es zu respektieren. Für Verwirrung mag die auch o Rn 3 verwendete Formulierung sorgen, dass eine klageweise Geltendmachung des Anspruchs möglich sein muss. Dadurch sollen aber allein die durch § 199 Abs 1 Nr 1 BGB gestellten Voraussetzungen an das materiell-rechtliche Entstehen des Anspruchs beschrieben werden.

Nach altem Recht wurde eine ungeklärte Rechtslage zutreffend als Problem des § 206 BGB behandelt (s dort Rn 8 ff); das ist heute nicht anders. Früher wie heute trägt bei Abwägung der Interessen von Gläubiger und Schuldner das Verjährungsrisiko der Gläubiger. Der BGH leugnet diesen **systematischen Konflikt** zu § 206 BGB, weil die hier einschlägige Rechtsprechung im Gewande des § 199 mit dem Beginn der Verjährung eine ganz andere Rechtsfolge behandele, als sie § 206 BGB anordne (BGHZ 203, 115 = NJW 2014, 3713 Rn 51). Werde die Rechtslage erst nach Beginn des Verjährungslaufs unsicher, wirke sich das auch nicht auf die einmal begonnene Verjährung aus (BGHZ 203, 115 = NJW 2014, 3713 Rn 45). Dieses Konzept des BGH, das dem Wortlaut des § 199 BGB nicht entspricht, überzeugt auch wertungsmäßig nicht. Wenn die Unmöglichkeit der Rechtsverfolgung durch Stillstand der Rechtspflege von § 206 BGB abschließend erfasst wird, muss dort auch die Lösung der Problematik weniger einschneidenden, dem verjährenden Anspruch entgegenstehenden Rechtsprechung gesucht werden.

Schließlich entspricht es dem **Zweck** der Verjährung, ein Zuwarten im Interesse der Rechtssicherheit zu sanktionieren. Zuwarten lässt auch keine Klärung der Rechtslage erwarten. Nicht nur ein Musterkläger, sondern alle Gläubiger sind aufgerufen, ihre Ansprüche nach § 204 BGB geltend zu machen, wollen sie sich vor Verjährung schützen. Der Gläubiger mag anstreben, mit dem Schuldner eine Musterprozessabrede mit Wirkungen nach §§ 202, 203, 205 BGB zu schließen (s § 202 Rn 21, § 203 Rn 13). Lässt sich der Schuldner nicht darauf ein, ist aber ein Vorgehen nach § 204 BGB geboten, um die Verjährung zu hemmen.

VII. Verjährungsbeginn mit Jahresschluss

1. § 199 Abs 1 BGB greift § 201 BGB aF auf und erweitert seinen Anwendungsbereich nachhaltig: Nicht schon die Entstehung des Anspruchs und die entsprechende Kenntnis bzw Kenntnismöglichkeit des Gläubigers setzen den Lauf der Verjährung „taggenau" in Gang, sondern die Verjährung beginnt mit dem Schluss des Jahres, in dem diese beiden Momente vorliegen (sog Ultimo-Verjährung): Ist der Anspruch am 1. 4. 2003 fällig geworden (entstanden) und hat der Gläubiger am 1. 7. 2003 den Kenntnisstand des § 199 Abs 1 Nr 2 BGB erreicht, so zählt der Rest des Jahres 2003 noch nicht bei der Verjährung mit, sondern diese setzt mit dem 1. 1. 2004 ein und läuft folglich mit dem 31. 12. 2006 ab. Wenn Art 229 § 6 Abs 4 EGBGB eine noch offene längere Frist des bisherigen Rechts durch die Frist des § 195 nF ersetzt und diese in S 1 „von dem 1. Januar 2002 an berechnet", zählt folglich das Jahr 2002 bei der Berechnung der jetzigen Frist nicht mit, sondern sie läuft ab dem 1. 1. 2003 (vorbehaltlich der Kappung nach Art 229 § 6 Abs 4 S 2 EGBGB). 85

2. Diese Regelung ermöglicht dem Gläubiger einerseits Manipulationen, in dem er zB eine die Fälligkeit begründende Rechnung erst im neuen Jahr ausstellt, andererseits erleichtert sie die Anwendung des § 199 Abs 1 Nr 2. Schließlich ist sie hilfreich bei dem Management der Außenstände: Diese brauchen nicht ständig auf drohende Verjährung überprüft zu werden, sondern der nahende 31. 12. bietet den geeigneten Anlass.

3. Hinzuweisen ist auf § 167 ZPO, nach dem die Einreichung der verjährungshemmenden Maßnahme (Klage, Mahnantrag) bei Gericht noch am 31. 12. genügt, sofern die Zustellung nur demnächst im folgenden Jahr erfolgt (vgl dazu § 204 Rn 34 ff). 86

Hat zB ein Anwalt eine § 199 BGB unterliegende Forderung seines Mandanten verjähren lassen, führt die Möglichkeit, bis zum 31. 12., 24.00 Uhr Maßnahmen zur Hemmung der Verjährung zu ergreifen, dazu dass der den Regressanspruch des Mandanten konstituierende Schaden des Mandanten erst im neuen Jahr eintritt und damit die Verjährung des Regressanspruchs erst mit Ablauf dieses Jahres beginnt (BGH NJW 2012, 673). Dies folgt im Übrigen erst recht daraus, dass die von § 199 Abs 1 Nr 2 BGB postulierte Möglichkeit der Kenntnis von den Voraussetzungen des Regressanspruchs erst im neuen Jahr gegeben ist.

87 4. Hat die Verjährung einmal nach § 199 Abs 1 BGB zu laufen begonnen, so bleibt es auch dabei. Unschädlich ist es insbesondere, wenn Kenntnis oder Kenntnismöglichkeit in Bezug auf den Anspruch nachträglich verloren gehen. Dazu kann eine Erbfolge führen oder es legt der Schuldner dem Gläubiger plausibel dar, dass er doch nicht – nicht mehr – schulde.

88 5. Die Maßgeblichkeit der Trias Entstehung/Kenntnis(möglichkeit)/Jahresschluss gilt für alle Ansprüche, die § 195 BGB und seiner regelmäßigen Verjährungsfrist unterliegen. Das Gesetz kennt freilich *Ausnahmen:* Der Rückgabeanspruch des Verleihers unterliegt zwar der Frist des § 195 BGB, seine Verjährung beginnt aber unmittelbar mit der Beendigung der Leihe, § 604 Abs 5 BGB. Bei der Hinterlegung kann der Hinterleger die Sache nach § 695 S 1 BGB jederzeit zurückfordern; die Verjährung dieses Anspruchs beginnt nach § 695 S 2 BGB mit der Rückforderung. Wenn der Verwahrer die Rücknahme der Sache verlangen kann, beginnt die Verjährung dieses Anspruchs mit dem Rücknahmeverlangen, § 696 S 3 BGB. Dabei ist bei den beiden erstgenannten Fällen freilich weithin schon § 197 Abs 1 Nr 2 BGB einschlägig. In allen drei Fällen liegen an sich sogleich die Voraussetzungen der Nrn 1 und 2 des § 199 Abs 1 BGB vor; ausgeschaltet wird also letztlich nur der Aufschub des Verjährungsbeginns auf das Jahresende. – Die praktische Bedeutung der Regelungen ist ebenso gering wie die Notwendigkeit ihrer Sonderstellung.

VIII. Verjährungshöchstfristen

1. Allgemeines

89 a) Dass § 199 Abs 1 BGB in seiner Nr 2 auf den Kenntnisstand des Gläubigers Rücksicht nimmt, könnte den Beginn – und damit den Ablauf – der Verjährung langfristig hindern, wenn nämlich die Unkenntnis des Gläubigers langfristig hinreichend zu entschuldigen ist. Das könnte an sich weithin hingenommen werden, denn mit einem jahrelangen Zeitablauf verschlechtern sich auch die Beweismöglichkeiten des Gläubigers, der ja aus seiner Unkenntnis heraus hier keine Vorsorge treffen konnte, und die sonstigen Vorbedingungen für ein gerichtliches Vorgehen, sodass tendenziell auch die Wahrscheinlichkeit sinkt, dass er doch noch eine der Maßnahmen des § 204 Abs 1 BGB ergreifen wird. Aber das kann doch nicht ausgeschlossen werden, und so normiert § 199 BGB in seinen Abs 2–4 *Höchstfristen* für die Verjährung, die entweder 10 oder 30 Jahre betragen.

90 b) Diese Höchstfristen haben gemeinsam, dass sie dann gelten, wenn es in hinreichend entschuldigter Weise an der Kenntnis des Gläubigers von den den Anspruch begründenden Umständen und der Person des Schuldners fehlt. Außerdem setzen sie unmittelbar mit den genannten Zeitpunkten ein und *nicht erst mit dem darauf folgenden Jahresende.*

91 c) Die Fristen der Abs 2–4 des § 199 BGB laufen neben der des Abs 1 her.

Dabei sind sie *zunächst subsidiär:* Tritt zB Kenntnis des Gläubigers iSd § 199 Abs 1 Nr 2 BGB 6 Jahre nach der Entstehung des Anspruchs ein bzw wird seine Unkenntnis nach 6 Jahren unentschuldbar, gilt nur § 199 Abs 1 BGB, auf seine Abs 2–4 kommt es nicht mehr an.

Anders liegt es, wenn die Voraussetzungen des § 199 Abs 1 Nr 2 BGB erst kurz vor Ablauf der Höchstfristen erfüllt werden: Dann entscheidet nur deren Fristbeginn, dh nach Ablauf von 27 bzw 7 Jahren. Anders ausgedrückt *kappen* die Abs 2–4 die sich möglicherweise aus Abs 1 ergebende Frist.

d) Wenn im Rahmen der *Überleitung* nach Art 229 § 6 Abs 3, 4 EGBGB die Frage zu stellen ist, ob das bisherige Recht bzw das neue die kürzere Frist bzw die längere bereithält, ist die jetzige regelmäßige Verjährungsfrist mit den drei Jahren des § 195 nF in den Vergleich einzustellen und nicht mit den Höchstfristen, die sich aus § 199 Abs 2–4 BGB ergeben (o Rn 76). **92**

e) Die Darstellung des Rechtszustandes in § 199 Abs 2–4 BGB ist wenig durchsichtig. **93**

aa) Es kommt zunächst auf den *Charakter des Anspruchs* an. Das Gesetz unterscheidet zwischen Schadensersatzansprüchen (Abs 2 und 3), solchen aufgrund von Erbfall und Testament (Abs 3a) und anderen Ansprüchen (Abs 4). Es unterscheidet innerhalb der Schadensersatzansprüche weiter nach dem betroffenen Rechtsgut (Leben, Körper, Gesundheit, Freiheit in Abs 2 und anderen wie Eigentum und Vermögen in Abs 3). Unerheblich ist dabei die konkrete Anspruchsgrundlage; es kommt also nicht darauf an, ob der Anspruch aus Vertrag, Delikt oder Gefährdungshaftung herzuleiten ist. Die Fälle des Abs 3a betreffen im Wesentlichen – nicht nur – erbrechtliche Ansprüche.

bb) Für den *Verjährungsbeginn* kommt es teils auf die Entstehung des Anspruchs an (Abs 3 S 1 Nr 1, Abs 3a), teils auf anderes (Abs 2, Abs 3 S 1 Nr 2).

cc) Verfehlt eingestellt ist § 199 Abs 3 S 2 BGB: Dass die früher endende Frist maßgeblich ist, gilt ersichtlich nicht nur innerhalb des § 199 Abs 3 S 1 BGB (Nrn 1 und 2), sondern ist das allgemeine Gestaltungsprinzip des § 199 Abs 1–4 BGB.

f) Die Höchstfristen sind Bestandteil der regelmäßigen Verjährung. Wird durch Verweis die regelmäßige Verjährung für anwendbar erklärt, erstreckt sich das grds auch auf die Höchstfristen. Eine Ausnahme gilt freilich, wenn das Gesetz selbst wie § 62 S 2 InsO eine eigene spezielle Regelung zur Höchstfrist enthält (BGH ZIP 2018, 1402 Rn 3). **93a**

2. Verletzung persönlicher Rechtsgüter, § 199 Abs 2

a) Schadensersatzansprüche

Nach dem eben Gesagten kommt es für die 30-jährige Höchstfrist des § 199 Abs 2 BGB nicht auf die konkrete Anspruchsgrundlage an (BeckOGK BGB/PIEKENBROCK [1. 2. 2019] Rn 153). Das wird weithin § 823 Abs 1 BGB sein, es kommen aber auch andere Anspruchsgrundlagen der §§ 823 ff BGB in Betracht (zB §§ 823 Abs 2, 831, 833, 836, 844, 845 BGB), ferner solche der *Gefährdungshaftung* (zB § 7 StVG) und die vertraglichen der *positiven Forderungsverletzung*, §§ 280 Abs 1, 241 Abs 2 BGB, der culpa in contrahendo, § 311 Abs 2 BGB. Unerheblich ist es, ob die Haftung auf ein Verschulden zurückgeht oder nicht. Es genügt auch ein Anspruch aus *Aufopferung*, §§ 74, 75 Einl PrALR. **94**

b) Betroffene Rechtsgüter

95 Soweit § 199 Abs 2 BGB Leben, Körper, Gesundheit, Freiheit nennt, sind diese Begriffe nicht anders zu verstehen als in § 823 Abs 1 BGB (vgl die Erl dort). Für diese höchstpersönlichen Rechtsgüter hielt der Gesetzgeber bloß zehn Jahre des § 199 Abs 3 BGB nicht für hinreichend, sodass er es bei der Höchstfrist von 30 Jahren in Anknüpfung an § 852 BGB aF beließ. Im Hinblick auf die allein dem Vermögensschutz dienenden Rechte wie das Eigentum meinte der Gesetzgeber indessen, dass die zehnjährige Frist des § 199 Abs 3 Nr 1 BGB genügend sei (BT-Drucks 16/6040, 109).

Die Verletzung eines sonstigen Rechtsgutes muss aber dann auch genügen, soweit dieses eher in der Nähe zu den genannten höchstpersönlichen Rechtsgütern steht als in der Nähe zum Eigentum. § 199 Abs 2 BGB ist daher auch bei einer Verletzung des *allgemeinen Persönlichkeitsrechts* anwendbar (BeckOK/Henrich [1. 5. 2019] Rn 52; Erman/Schmidt-Räntsch Rn 33a; aA NK-BGB/Mansel/Stürner Rn 94; MünchKomm/Grothe Rn 51; Palandt/Ellenberger Rn 44; BeckOGK BGB/Piekenbrock [1. 2. 2019] Rn 155). Gegen das Wortlautargument ist auf die besondere Eigenart des Persönlichkeitsrechts zu verweisen, dass dieses Recht im BGB an keiner Stelle erwähnt wird. Daher konnte der Gesetzgeber es nicht zum Gegenstand allein einer Verjährungsregelung machen (Erman/Schmidt-Räntsch Rn 33a).

c) Verjährungsbeginn

96 Für den Verjährungsbeginn knüpft § 199 Abs 2 an die *Erfüllung des haftungsbegründenden Tatbestandes* an (BeckOGK BGB/Piekenbrock [1. 2. 2019] Rn 157): die schuldhafte und rechtswidrige Verletzung zB des Körpers im Rahmen des § 823 Abs 1 BGB; gerade auch die Rechtsgutsverletzung muss eingetreten sein, soll auch die Verjährung zu laufen beginnen. Das ist von Bedeutung, soweit die verletzende Handlung erst langfristig die Körperverletzung zur Folge hat. Der Begriff der *Handlung* kann hier nicht anders als in § 32 ZPO verstanden werden, dh den Erfolg einschließend. Abgekoppelt wird der Verjährungsbeginn nur von dem später eintretenden und dann zu ersetzenden Schaden.

Bei der Haftung aus den §§ 280 Abs 1, 241 Abs 2 BGB gehört der Schaden nicht mehr zum haftungsbegründenden Tatbestand. Hier genügt nach der insoweit übereinstimmenden Diktion der §§ 199 Abs 2, 280 Abs 1 BGB die (zu vertretende) *Pflichtverletzung*.

Das „sonstige den Schaden auslösende Ereignis", von dem § 199 Abs 2 BGB am Ende spricht, meint ebenfalls nichts anderes als die Erfüllung des haftungsbegründenden Tatbestandes. Es ist sprachlich überbordend und passt vielleicht besser nur auf die Bereiche der Gefährdungshaftung und der Aufopferung.

Wenn § 199 Abs 2 BGB den Verjährungsbeginn nicht einfach mit der Entstehung des Anspruchs bezeichnet, enthält die Bestimmung eine *klare Absage an den Grundsatz der Schadenseinheit:* Die Bestimmung zeigt nämlich, dass zur Entstehung des Schadensersatzanspruchs nicht nur die Erfüllung des Haftungstatbestandes gehört, sondern eben auch noch der Eintritt des dann zu ersetzenden Schadens.

3. Sonstige Schadensersatzansprüche, § 199 Abs 3

a) Die sonstigen Schadensersatzansprüche des § 199 Abs 3 BGB sind negativ **97** abzugrenzen von jenen des § 199 Abs 2 BGB; sie basieren also auf der Verletzung von nicht personenbezogenen Rechtsgütern: *Eigentum*, eigentumsähnliche sonstige Rechte iSd § 823 Abs 1 BGB, überhaupt auch der Verletzung des *Vermögens*. Unerheblich ist auch hier die konkrete Anspruchsgrundlage (vgl o Rn 93).

b) Der Verjährungsbeginn ist differenziert ausgestaltet: Es kommt nach Nr 2 auf **98** die Erfüllung des Haftungstatbestandes an (wie o Rn 96), sonst nach Nr 1 auf die Entstehung des Anspruchs (also einschließlich des Eintritts des jetzt zu ersetzenden Schadens). Diese Unterscheidung ist wiederum nur möglich und nachvollziehbar, wenn man zur Entstehung des Anspruchs mehr zählt als die Erfüllung des Haftungstatbestandes: eben zusätzlich den Eintritt des Schadens.

Die Höchstfristen betragen bei Nr 2 30 Jahre, bei Nr 1 10 Jahre.

Angesichts der eindeutigen Regelung des Verjährungsbeginns verbietet es sich, bei (sekundären) Schadensersatzansprüchen, die aus der Verletzung primärer Pflichten herzuleiten sind – etwa nach den §§ 280 Abs 1, 281, 283 BGB – die gegen den Primäranspruch schon gelaufene Verjährung anzurechnen.

4. Erbfall und Testament

Der durch das G zur Änderung des Erb- und Verjährungsrechts v 24. 9. 2009 (BGBl I **99** 3142) neu geschaffene § 199 Abs 3a BGB erfasst zwei Gruppen von Ansprüchen, solche, die *„auf einem Erbfall beruhen"*, und solche, *„deren Geltendmachung die Kenntnis einer Verfügung von Todes wegen voraussetzt"*. Es betrifft nicht die in § 197 Abs 1 Nr 2 BGB genannten Ansprüche aus den §§ 2018, 2130, 2362 BGB (nennt zugehörige Auskunftsansprüche), die vielmehr nach wie vor – vgl § 197 Abs 1 Nr 2 BGB aF – einer starren dreißigjährigen Frist unterliegen.

a) Ansprüche, die auf einem Erbfall beruhen

aa) Diese erste Alternative greift den durch dasselbe Gesetz aufgehobenen § 197 **100** Abs 1 Nr 2 BGB aF partiell auf. Die dort ebenfalls genannten familienrechtlichen Ansprüche unterliegen jetzt – Sonderbestimmungen wie insbesondere § 196 BGB (einschränkend SCHINDLER/WALTER ZEV 2017, 7, 8; DAMRAU ZErb 2015, 333, 336) vorbehalten – den §§ 195, 199 BGB, wobei die einschlägige Verjährungshöchstfrist idR die zehnjährige des § 199 Abs 4 BGB sein wird, ausnahmsweise kann es die ebenfalls zehnjährige des § 199 Abs 3 Nr 1 BGB sein (Schädigung des Ehepartners oder Kindes am Vermögen) oder die dreißigjährige des § 199 Abs 2 BGB (körperliche Verletzung dieser Personen).

Die erbrechtlichen Ansprüche des § 199 Abs 1 Nr 2 aF hat das G zur Änderung des Erb- und Verjährungsrechts teils weiterhin bei § 197 BGB, nach den neuerlichen Änderungen durch G zur Stärkung der Rechte von Opfern sexuellen Missbrauchs wiederum in Abs 1 Nr 2, mit seiner starren 30-jährigen Verjährungsfrist eingeordnet (s § 197 Rn 12 ff, 20 f), teils eben bei den §§ 195, 199 Abs 1, 3a BGB. Von den erbrechtlichen Sonderbestimmungen ist die des § 2332 Abs 1 BGB aF (Anspruch des

Pflichtteilsberechtigten gegen den Erben) entfallen, sodass dieser Anspruch jetzt bei den §§ 195, 199 Abs 1, 3a BGB einzuordnen ist. Der Anspruch des Pflichtteilsberechtigten gegen den Beschenkten, § 2329 BGB, hat in § 2332 Abs 1 BGB nF eine Sonderregelung hinsichtlich seines Beginns erfahren, unterliegt aber sonst den §§ 195, 199 Abs 3a BGB.

101 **bb)** Auf einem Erbfall beruhen zunächst all jene Ansprüche, deren Grundlage sich unmittelbar aus dem 5. Buch des BGB ergibt.

Insoweit sind beispielhaft zu nennen der Anspruch des Vermächtnisnehmers aus § 2174 BGB, der Anspruch auf den Voraus nach § 1932 BGB, der Anspruch auf Vollziehung einer Auflage aus § 2194 BGB, der Anspruch des Pflichtteilsberechtigten aus § 2303 BGB, der Anspruch gegen den Erben wegen der Bestattungskosten aus § 1968 BGB, wegen des Dreißigsten, § 1969 BGB.

Bei § 199 Abs 3a BGB einzuordnen sind aber auch jene Ansprüche, die sich aus einer Verweisung auf anderweitige Bestimmungen im 5. Buch des BGB ergeben. Insoweit sei etwa auf die Bezugnahme auf das Recht der Geschäftsführung ohne Auftrag in § 1959 BGB hingewiesen.

Einschlägig ist § 199 Abs 3a BGB namentlich bei den Ansprüchen zwischen dem Testamentsvollstrecker und dem Erben. Dabei ist bei den Ansprüchen gegen den Testamentsvollstrecker – insbesondere auf Schadensersatz – die Hemmung nach § 206 BGB zu beachten, weil ihre gerichtliche Durchsetzung die Entlassung des Testamentsvollstreckers durch das Nachlassgericht voraussetzt, wie sie der Erbe nicht erzwingen kann.

102 **cc)** § 199 Abs 3a BGB betrifft in seiner ersten Alternative außer Primär- auch Sekundäransprüche (**aA** für Ansprüche, die sich nur [mittelbar] „aus Handlungen und Rechtsgeschäften bei Abwicklung des Erbfalls ergeben", OTTE ZGS 2010, 157, 162: § 199 Abs 4). Dass Sekundäransprüche nur mittelbar auf einem Erbfall beruhen, ist ein unklares und nicht tragfähiges Argument, sie § 199 Abs 4 BGB und nicht Abs 3a zuzuordnen. Das gilt etwa für Ansprüche gegen den vorläufigen Erben und den Testamentsvollstrecker (**aA** OTTE ZGS 2010, 157, 162).

Bei Sekundäransprüchen wird der für den Beginn der dreißigjährigen Frist des § 199 Abs 3a BGB maßgebliche Zeitpunkt der Entstehung des Anspruchs später liegen als bei dem Primäranspruch. Es ist aber auch insoweit auf die Entstehung des Primäranspruchs abzustellen. Das Ergebnis, das sich sonst einstellen würde, wäre absurd, dass etwa die Beschädigung des vermachten Gegenstands Ansprüche auslösen würde, die sich 59 Jahre lang verfolgen ließen. Es stünde vor allem nicht im Einklang mit der Lage bei dem Anspruch aus § 2018 BGB, der doch der stärkste erbrechtliche Anspruch ist, bei dem es aber nur auf die Entstehung des Primäranspruchs ankommt (vgl § 197 Rn 13 f).

103 **dd)** Die Ansprüche, die ein Erbschaftskauf erzeugt oder eines der im § 311b Abs 4, 5 BGB angesprochenen Geschäfte, beruhen nicht (hinreichend) auf einem Erbfall, sondern auf eben diesen Geschäften; der Erbfall ist nur gleichsam ihre Geschäftsgrundlage. Sie fallen nicht unter § 199 Abs 3a BGB.

ee) § 199 Abs 3a BGB knüpft an den Erbfall an, nicht an den Todesfall; wo es auf **104** den letzteren ankommt, ist die Bestimmung unanwendbar. Das ist zB der Fall bei dem Vertrag zugunsten Dritter auf den Todesfall, § 331 BGB und bei der Schenkung auf den Todesfall, § 2301 BGB (jeweils § 199 Abs 4 BGB). Bei § 844 BGB hat freilich § 199 Abs 2 BGB denselben Effekt wie § 199 Abs 3a BGB.

b) Notwendige Kenntnis einer Verfügung von Todes wegen
Die dieser zweiten Alternative des § 199 Abs 3a BGB unterliegenden Ansprüchen **105** werden weithin schon der ersten Alternative der Bestimmung unterfallen, sodass ihr insoweit kaum praktische Bedeutung zukommt.

Die zweite Alternative des § 199 Abs 3a BGB kann aber eigenständige Bedeutung außerhalb des Erbrechts gewinnen. Es verkauft zB jemand ein Bild unter der Bedingung, dass es ihm als Vermächtnis angefallen ist oder anfallen wird. Dann unterliegen die kaufrechtlichen Ansprüche beider Seiten § 199 Abs 3a BGB. Wenn der Kauf unter der Bedingung erfolgt, dass das Bild geerbt werden wird, ist § 199 Abs 3a BGB einschlägig, wenn die Erbfolge eine testamentarische ist, nicht bei gesetzlicher Erbfolge. Die Ergebnisse wirken wenig gereimt, zumal wenn man § 196 BGB in die Betrachtung einbezieht, der die Verjährungsfrist bei einem Grundstück auf zehn Jahre deckelt.

Die Regelung ist Teil des § 199 Abs 3a BGB, nicht des § 199 Abs 1 Nr 2 BGB, ändert also nichts an den dortigen Kriterien für den Verjährungsbeginn. Dass Kenntnis von einer einschlägigen letztwilligen Verfügung nicht besteht, schließt die Möglichkeit nicht aus, dass – für § 199 Abs 1 BGB genügend – grobfahrlässige Unkenntnis besteht.

5. Weitere Ansprüche, § 199 Abs 4

§ 199 Abs 4 BGB betrifft alle Ansprüche, die einerseits § 195 BGB unterliegen, **106** andererseits nicht auf Schadensersatz gerichtet sind (dann: vorrangig Abs 2 oder Abs 3) oder von § 199 Abs 3, 3a BGB erfasst werden, also zB vertragliche Erfüllungsansprüche, Ansprüche aus Bereicherung oder Geschäftsführung ohne Auftrag, aus § 1004 BGB und auf Unterhalt. Die Höchstfrist von 10 Jahren rechnet hier ab der Fälligkeit.

IX. Ansprüche auf Beseitigung und Unterlassung

1. Bei *Unterlassungsansprüchen* ist zu unterscheiden: **107**

a) Die *allgemeine Pflicht, fremde Rechtsgüter nicht zu verletzen,* wie sie in den §§ 12, 861, 1004 BGB für die dort genannten Rechtsgüter vorgesehen ist und entsprechend für die in § 823 BGB benannten angenommen werden kann, unterliegt nicht der Verjährung (MünchKomm/Grothe Rn 56); hier entsteht ein verjährbarer Anspruch vielmehr erst mit der Beeinträchtigung des betreffenden Rechtsguts.

b) Ein Verjährungsproblem stellt sich auch nicht dort, wo ein *einmaliges Unterlassen* verlangt werden kann: Bis zur Zuwiderhandlung kann die Verjährung nicht beginnen, § 199 Abs 5 BGB, anschließend ist Unmöglichkeit eingetreten und es kommt nur noch Beseitigung oder Schadensersatz in Betracht (Staudinger/Dilcher¹² § 198 aF Rn 15; MünchKomm/Grothe Rn 56; Palandt/Ellenberger Rn 23; BeckOGK BGB/ Piekenbrock [1. 2. 2019] Rn 168).

108 c) Relevant wird die Bestimmung des § 199 Abs 5 BGB über den Verjährungsbeginn bei Unterlassungspflichten deshalb dort, wo ein *konkreter Anspruch auf Unterlassung* besteht.

Hier knüpft das Gesetz den Verjährungsbeginn deshalb an den *Zeitpunkt der Zuwiderhandlung an,* weil vorher kein hinreichender Anlass für den Gläubiger besteht, gegen den Schuldner vorzugehen (BGHZ 59, 72, 74). Damit wird der Verjährungsbeginn durchaus abweichend von der Entstehung des Anspruchs angesetzt, wird es doch zB bei dem Unterlassungsanspruch aus § 1004 BGB als ausreichend angesehen, dass die Beeinträchtigung nur bevorsteht (vgl MünchKomm/Baldus § 1004 Rn 289). Schon im Interesse der Klarheit ist jedoch bei § 199 Abs 5 BGB am Wortlaut des Gesetzes festzuhalten.

Die Fassung des Gesetzes ergibt dabei, dass die bloße Zuwiderhandlung des Schuldners gegen seine Unterlassungspflicht nicht genügt, die Verjährung in Lauf zu setzen: § 199 Abs 5 BGB ersetzt nur § 199 Abs 1 Nr 1 BGB. Notwendig ist weiterhin ein § 199 Abs 1 Nr 2 BGB genügender Kenntnisstand des Gläubigers (gerade Verstöße gegen Unterlassungspflichten können entschuldigt unbekannt bleiben) und nach § 199 Abs 1 BGB der Ablauf des betreffenden Jahres.

109 2. Schwierigkeiten, den Lauf der Verjährung mittels § 199 Abs 5 BGB zu bestimmen, ergeben sich bei wiederholten und fortgesetzten Beeinträchtigungen. Der BGH knüpft inzwischen für solche Sachlagen die Verjährung konsequent an die jeweilige Zuwiderhandlung an (BGH NZM 2019, 143; NZM 2015, 495 Rn 9). Bei andauernden Zuwiderhandlungen wie störenden Nutzungen beginne die Verjährung nicht vor Beendigung der in der Nutzung liegenden Zuwiderhandlung. Bei Wiederholungen setze jede Zuwiderhandlung den Lauf der Verjährungsfrist erneut in Gang. Das gelte sowohl für auf Vertrag beruhende Ansprüche wie im Falle des § 541 BGB als auch für gesetzliche Ansprüche, wie sie sich meist aus §§ 12 S 2, 1004 Abs 1 S 2 BGB herleiten lassen.

110 Hingegen wurde hier bislang dem § 199 Abs 5 BGB eine verjährungsfreundlichere Aussage entnommen (Staudinger/Peters/Jacoby [2014] Rn 109 ff; Jacoby ZWE 2012, 70, 74). Grundgedanke war, dass aus Vertrag oder Gesetz ein Unterlassungsanspruch folge, der nach § 199 Abs 5 BGB bei der Zuwiderhandlung zu verjähren beginnt. Der Lauf der Verjährung dieses Anspruchs sollte nicht dadurch beeinflusst werden, dass die Zuwiderhandlung fortdauert oder wiederholt wird. Allein Zuwiderhandlungen einer neuen Dimension sollten zum Beginn der Verjährung eines neuen Anspruchs führen. Diese Auffassung wird hier aufgegeben. Vielmehr wird mit der Anknüpfung des § 199 Abs 5 BGB an die Zuwiderhandlung ernst gemacht. Damit wird die Verjährung erschwert, wie es bei auf positives Tun gerichteten Ansprüchen für solche aus sog Dauerverpflichtungen (o Rn 20c) anerkannt ist.

111 Insbesondere Unterlassungsansprüchen hinsichtlich absolut geschützter Rechtsgüter verjähren also bei fortgesetzten Beeinträchtigungen nicht (BGH NZM 2015, 495 Rn 9;

RGZ 80, 436, 438 zum fortgesetzten Firmengebrauch; MünchKomm/Grothe Rn 57; aA OLG Celle JW 1911, 609, 613 zum unbefugten Namensgebrauch; ferner auch BeckOGK BGB/Piekenbrock [1. 2. 2019] Rn 173). Insoweit spielt es dann keine Rolle, ob man die Anwendung des § 902 auf § 1004 BGB ausschließt (so BGH NZM 2019, 350 Rn 13; NJW 2016, 1735 Rn 26; NJW 2011, 1068 Rn 6 ff; kritisch BeckOGK BGB/Piekenbrock [1. 2. 2019] Rn 173). Freilich ist die Abgrenzung nicht immer leicht. So nimmt der BGH eine einmalige Zuwiderhandlung an, wenn über eine Grundstücksgrenze ragende Äste sukzessive wachsen (BGH NZM 2019, 350 Rn 15).

3. Wird der Unterlassungsanspruch *tituliert,* dann bedarf es einer neuen Zuwiderhandlung für den Verjährungsbeginn (BGHZ 59, 72). **112**

4. Einer entsprechenden Anwendung des § 199 Abs 5 BGB auf den Fall, dass der Schuldner zu einem dauernden positiven Tun verpflichtet ist (so BGH NJW 1995, 2548, 2549; Eichel NJW 2015, 3265, 3269; Erman/Schmidt-Räntsch Rn 43; MünchKomm/Grothe Rn 56) bedarf es nicht. Das Ergebnis ist zwar richtig, doch folgt es schon daraus, dass der Schuldner, der sich positiv verpflichtungsgemäß verhält, iSd § 212 Abs 1 Nr 1 BGB anerkennt (BeckOGK BGB/Piekenbrock [1. 2. 2019] Rn 165). Die Notwendigkeit des § 199 Abs 5 BGB gegenüber dieser Bestimmung für den Fall des Unterlassens ergibt sich daraus, dass ein Unterlassen keine hinreichend sicheren Schlüsse auf die zugrundeliegenden Motive ermöglicht. **113**

5. § 199 Abs 5 BGB enthält für Unterlassungsansprüche nur eine Ausnahmebestimmung zu § 199 Abs 1 Nr 1 BGB. § 199 Abs 1 Nr 2 BGB muss für den Verjährungsbeginn ebenfalls erfüllt sein, dh der Gläubiger muss Kenntnis von den seinen Anspruch begründenden Umständen und namentlich auch von der Zuwiderhandlung des Schuldners haben bzw seine Unkenntnis muss auf grober Fahrlässigkeit beruhen. Außerdem ist auch hier der Verjährungsbeginn auf das Jahresende verschoben. – Es gelten auch die Höchstfristen des § 199 Abs 2–4 BGB. **114**

Zu beachten ist, dass bei der Störung des Eigentums oder anderer dinglicher Rechte § 197 Abs 1 Nr 2 BGB nicht anwendbar ist.

6. Die Verjährung eines *Beseitigungsanspruchs* beginnt nach der Grundregel des § 199 Abs 1 BGB. **115**

a) Dieser Tatbestand braucht nicht sofort mit Vornahme der lästigen Handlung einzutreten, wenn diese sich nämlich nicht sofort als störend darstellt, einstweilen noch hinzunehmen ist. Das kann zB beim Pflanzen oder Entstehen eines lästigen Baumes auf dem Nachbargrundstück der Fall sein (aA BGHZ 60, 235, 240, wo bereits dies als ausreichend für den Verjährungsbeginn angesehen wird). Aber einstweilen stört der Setzling eben noch nicht; dass er sich bei natürlicher Fortentwicklung zur Störungsquelle auswachsen kann und wird, lässt den Beseitigungsanspruch noch nicht „entstehen".

Ebenso kann der geschaffene Tatbestand erst nachträglich zu einem störenden werden, weil er erst nachträglich nicht mehr hinzunehmen ist. Die Wurzeln des Baumes und die von ihm ausgehenden Immissionen werden zB erst lästig, nachdem sich die Nutzung des Nachbargrundstücks geändert hat, vgl § 910 Abs 2 BGB:

Erst jetzt kann der Nachbar vorgehen; erst jetzt entsteht sein Beseitigungsanspruch. Gleiches gilt, wenn eine Duldungspflicht nachträglich entfällt (BGHZ 125, 56, 63).

Dagegen entsteht der Beseitigungsanspruch nicht schon dadurch neu, dass das beeinträchtigte Recht seinen Inhaber wechselt (BGHZ 60, 235, 239 f; 125, 56, 65; STAUDINGER/ GURSKY [2012] § 1004 Rn 206). Das folgt schon daraus, dass die eingetretene Verjährung oder die drohende nicht einfach durch eine Rechtsübertragung ausgeschaltet werden darf. Das gilt dann gerade auch für die Sonderrechtsnachfolge (aA BAUR JZ 1973, 560; MünchKomm/BALDUS § 1004 Rn 270). Für den Wechsel auf der Passivseite gilt § 198 BGB (vgl PICKER JuS 1974, 357, 359).

116 **b)** An dem Gesagten ändert sich nichts dadurch, dass *die zu beseitigende Störung fortdauert,* wenn etwa die einmalige wahrheitswidrige und deshalb zu widerrufende Tatsachenbehauptung Nachwirkungen zeugt.

Das gilt selbst dann, wenn – wie mit einem gepflanzten Baum – eine ihrerseits *dauernde Störungsquelle* geschaffen wird (vgl BGHZ 60, 235, 240 f): Zwar noch kein Lauf der Verjährung, solange eine Störung noch nicht eingetreten ist, aber dann Fortlauf der Verjährung, falls sich die Störungsquelle auswächst (vgl STAUDINGER/ GURSKY [2013] § 1004 Rn 204; aA MünchKomm/BALDUS § 1004 Rn 269 für den Fall, dass die Störungen wesentlich zunehmen). Einen neuen Verjährungsbeginn wird man nur dann und insoweit annehmen können, wie neue und qualitativ andersartige Störungen eintreten.

Wird die Störung wiederholt wie zB bei Immissionen (vgl o Rn 111), entsteht auch bei Gleichartigkeit ein jeweils neuer Beseitigungsanspruch.

c) Die Verjährungsfrist ist die des § 195 BGB, die Höchstfrist die zehnjährige des § 199 Abs 4 BGB.

X. Abweichende Regelungen

117 Zu beachten bleibt der durchaus beschränkte Anwendungsbereich des § 199 BGB (o Rn 2), wie er dem beschränkten Anwendungsbereich der regelmäßigen Verjährungsfrist des § 195 BGB entspricht. Grundregel für Verjährungsbeginn ist § 200 BGB, und es finden sich innerhalb und außerhalb des BGB nicht wenige *Sonderbestimmungen,* die eine eigene Verjährungsfrist kennen und dann auch einen eigenständigen Beginn für diese vorsehen, vgl einerseits zB die §§ 438, 634a, 548 BGB, andererseits zB § 439 Abs 2 HGB. Sie knüpfen an besonders markante Ereignisse an wie die Ablieferung der Kaufsache, § 438 Abs 2 BGB, die Rückgabe der Mietsache, § 548 Abs 1 S 2 BGB, die Abnahme des Werkes, § 634a Abs 2 BGB. Trotz der Vereinheitlichung des Rechts der Verjährung durch das G zur Modernisierung des Schuldrechts muss deshalb stets damit gerechnet werden, dass eine besondere Verjährungsfrist gilt und dann auch für ihren Beginn eine eigenständige Regelung. Vor der Anwendung der §§ 195, 199 BGB ist deshalb leider auch insoweit stets der vergewissernde Blick in die Spezialmaterie notwendig.

Titel 1
Gegenstand und Dauer der Verjährung § 200

§ 200
Beginn anderer Verjährungsfristen

Die Verjährungsfrist von Ansprüchen, die nicht der regelmäßigen Verjährungsfrist unterliegen, beginnt mit der Entstehung des Anspruchs, soweit nicht ein anderer Verjährungsbeginn bestimmt ist. § 199 Abs. 5 findet entsprechende Anwendung.

Materialien: Art 1 G zur Modernisierung des Schuldrechts v 26. 11. 2001 (BGBl I 3138). BGB aF: – (in § 198 aF enthalten). PETERS/ZIMMERMANN: –; Schuldrechtskommission: –; RegE § 200; BT-Drucks. 14/6040, 109; BT-Drucks. 14/7052, 6, 180.

Schrifttum

bei § 199.

Systematische Übersicht

I.	Allgemeines	1	IV.	Eigenständige Gestaltungen des Verjährungsbeginns
II.	Gehalt des § 200		1.	Allgemeines ... 5
1.	Ansprüche auf ein positives Tun	2	2.	Mängelansprüche ... 6
2.	Unterlassungsansprüche	3	3.	Vorverlegung des Verjährungsbeginns ... 7
III.	Verwirkung	4	4.	Jahresschluss nach Fälligkeit ... 8
			5.	Kenntnis des Gläubigers ... 9
			6.	Markante Ereignisse ... 10

I. Allgemeines

Die Bestimmung des § 199 BGB betrifft nur den Beginn der regelmäßigen Verjährungsfrist des § 195 BGB. Bei Ansprüchen, die von § 195 BGB – und damit § 199 BGB – nicht erfasst werden, ergeben sich zwei Alternativen: Entweder – und vorrangig – unterliegen sie einer eigenständigen Regelung, die sich jeweils in ihrem Kontext findet, vgl zB zu den in § 197 Abs 1 Nrn 3, 4, 5 BGB bezeichneten Ansprüchen § 201 BGB, ferner die §§ 438 Abs 2, 634a Abs 2, 548 Abs 1 S 2, Abs 2 BGB. Oder es greift als *Auffangtatbestand* § 200 BGB ein. Damit ist § 200 BGB aus systematischer Sicht die Zentralnorm unter den Bestimmungen über den Verjährungsbeginn. **1**

II. Gehalt des § 200

Anwendbar ist § 200 BGB nur selten, weil eben entweder § 199 BGB verdrängt oder die jeweilige Spezialregelung. Zu nennen sind die Ansprüche der §§ 196, 197 Abs 1 Nr 1 u Nr 2 BGB. **2**

1. Ansprüche auf ein positives Tun

Es kommt nach § 200 S 1 BGB nur auf die Entstehung der Ansprüche an, soweit sie auf ein positives Tun gerichtet sind. Unbeachtlich sind hier also die weiteren Kriterien des § 199 Abs 1 BGB: Kenntnis bzw Kennenkönnen und Jahresschluss. Folgerichtig kann sich die Verjährungsfrist auch nicht nach Maßgabe von § 199 Abs 2–4 BGB verlängern.

Mit seinem verbliebenen Anwendungsbereich entspricht § 200 BGB der früheren Zentralnorm des § 198 aF.

Zu dem Begriff der Entstehung des Anspruchs vgl § 199 Rn 3 ff, speziell zu der Entstehung der in § 197 Abs 1 Nr 1 u Nr 2 BGB genannten Ansprüche § 197 Rn 8d, 11, 14, 19a.

2. Unterlassungsansprüche

3 § 200 S 2 BGB betrifft Unterlassungsansprüche. Die Bestimmung wird verbreitet dahin verstanden, dass die erstmalige Zuwiderhandlung gegen das Unterlassungsgebot die Verjährungsfrist unmittelbar in Lauf setze (vgl Soergel/Niedenführ Rn 6; MünchKomm/Grothe Rn 4; Palandt/Ellenberger Rn 2). So sieht es wohl auch der Regierungsentwurf (BT-Drucks 14/6040, 109). Indessen müsste dazu die Formulierung des Gesetzes wie die des § 199 Abs 5 BGB lauten. So ist die Bestimmung aber eben nicht gefasst, sondern sie ordnet die *entsprechende Anwendung des § 199 Abs 5 BGB* an. Dieser ist nun wieder im Zusammenhang mit § 199 Abs 1 BGB zu lesen, dh im Bereich der regelmäßigen Verjährungsfrist kommt es – außer auf die an die Stelle der Anspruchsentstehung zu setzende Zuwiderhandlung – zusätzlich auf die Kenntnismöglichkeit des Gläubigers an sowie den Ablauf des einschlägigen Jahres. Diese beiden zusätzlichen Faktoren sind in § 199 Abs 5 BGB integriert und damit dann auch in § 200 S 2 BGB, wenn letztere Bestimmung nicht auf die Zuwiderhandlung als solche Bezug nimmt, sondern eben auf § 199 Abs 5 BGB.

Dieses Verständnis des § 200 S 2 BGB (Zuwiderhandlung plus Kenntnismöglichkeit plus Jahresschluss; ergänzt um die Höchstfristen der § 199 Abs 2–4 BGB) ist auch sinnvoll (kritisch BeckOGK BGB/Piekenbrock [1. 2. 2019] Rn 8.1): Gerade das Zuwiderhandeln des Schuldners kann dem Gläubiger verborgen bleiben; dies darf ihn aber nicht um die Chance des erfolgreichen Vorgehens bringen.

III. Verwirkung

4 Jedenfalls sind aus § 199 die Abs 2–4 BGB nicht anwendbar, wie sie gerade auf die Frist des § 195 BGB zugeschnitten sind. Daraus ergeben sich uU sehr lange Verjährungsfristen, vgl namentlich die Fälle des § 197 Abs 1 Nr 1 u Nr 2 BGB, sodass hier im Einzelfall die Verjährung durchaus durch Verwirkung überholt werden kann (dazu Vorbem 18 ff zu § 194).

IV. Eigenständige Gestaltungen des Verjährungsbeginns

1. Allgemeines

Die weitreichende Vereinheitlichung der Verjährungsfristen, die § 195 nF anstrebt 5
und § 199 BGB im Hinblick auf den Fristbeginn absichert, erfährt Durchbrechungen gerade auch bei letzterem. Das ist in der Tat notwendig, wo der Gesetzgeber insgesamt eine kurze Frist anstrebt, weil der flexible Verjährungsbeginn des § 199 Abs 1 BGB dieses Ziel vereiteln könnte.

Freilich tauchen doch Gesichtspunkte auf, die denen des § 199 Abs 1 BGB ähneln: Es sind nämlich idR bestimmte Ereignisse, die die Verjährung in Lauf setzen, vgl schon die rechtskräftige Titulierung in § 201 BGB, ferner zB die Ablieferung des Schuldgegenstandes oder die Rückgabe einer Sache, die Beendigung eines Schuldverhältnisses. Ereignisse dieser Art geben allen Anlass, das Bestehen von Ansprüchen zu überprüfen, gemahnen also an § 199 Abs 1 Nr 2 BGB, allerdings mit dem Unterschied, dass es nicht mehr darauf ankommt, ob der Gläubiger bei dieser Überprüfung grob fahrlässig versagt hat; dem Gesetzgeber genügt die bloße Prüfungsmöglichkeit.

Zuweilen sind die eigenständigen Regelungen auch schlicht willkürlich. Denn wenn sie gleich § 199 Abs 1 Nr 2 BGB auf den Kenntnisstand des Gläubigers abstellen – freilich meist nur positive Kenntnis für den Fristbeginn genügen lassen –, ist es nicht einzusehen, warum es bei dem eigenständigen Verjährungsbeginn geblieben ist.

2. Mängelansprüche

Die wichtigsten Ausnahmen von § 199 Abs 1 BGB finden sich bei den Mängelan- 6
sprüchen von Käufer und Besteller in den §§ 438 Abs 2 BGB (Übergabe des verkauften Grundstücks, Ablieferung der verkauften beweglichen Sache) und 634a Abs 2 BGB (Abnahme des Werkes), wobei freilich bei Arglist von Verkäufer oder Unternehmer der Weg zu § 199 Abs 1 BGB zurückführt, §§ 438 Abs 3, 634a Abs 3, und § 634a Abs 2 BGB auch nicht bei allen Werkleistungen gilt, sondern nur für die in § 634a Abs 1 Nrn 1 und 2 BGB bezeichneten: Bei sonstigen Werkleistungen greift nach § 634a Abs 1 Nr 3 BGB die regelmäßige Verjährungsfrist und damit auch § 199 BGB ein. Hier bestehen also durchweg mit Übergabe/Ablieferung/Abnahme markante Ereignisse, die Anlass bieten zur Überprüfung der Ansprüche. Vergleichbar wirken die §§ 548 Abs 1 S 2, Abs 2, 606 S 2 BGB bei Miete und Leihe.

3. Vorverlegung des Verjährungsbeginns

Gegenüber den §§ 199, 200 BGB aF finden sich jedenfalls im BGB keine Bestim- 7
mungen mehr, die den Verjährungsbeginn gegenüber der Entstehung des Anspruchs ausdrücklich vorverlegen.

In verschiedenen Sachlagen kann sich indes dieser Effekt dennoch ergeben, dass die Verjährung vor der Anspruchsentstehung zu laufen beginnt: Zunächst betroffen sind die sekundären Mängelrechte von Käufer, § 437 Nr 2 u Nr 3 BGB, und Besteller, § 634 Nr 2–4 BGB. Wenn diese nämlich in der Regel eine vorherige Fristsetzung zur Nacherfüllung voraussetzen, sind sie in den Zeitpunkten der §§ 438 Abs 2, 634a Abs 2 BGB noch nicht eigentlich entstanden, sondern nur in der Entstehung angelegt. Außerdem führt der Grundsatz der Schadenseinheit (dazu § 199 Rn 34 ff) zur Vorverlegung des Verjährungsbeginns wegen der Ansprüche, die erst aus späteren Schäden herzuleiten sind. Ferner erfasst die Verjährungsregelung des § 548 Abs 2 BGB Ansprüche wie solche auf Wegnahme einer Einrichtung, die erst mit dem Auszug des Mieters entstehen, während der Verjährungsbeginn von dieser Regelung von der Beendigung des Vertragsverhältnisses abhängig gemacht wird, die vielfach lange vor dem Auszug liegen kann (JACOBY DMT-Bilanz [2011] 337, 340 f; vgl auch die Einzelfallkorrektur von BGH NJW 2008, 2256 Rn 18, wenn die Vertragsbeendigung auf Rechtsübergang, § 566, beruht). Schließlich verjähren Pflichtteilsansprüche gegen den Erben ab ihrer Entstehung mit dem Erbfall, ohne dass es nach § 2332 Abs 2 BGB darauf ankommt, ob die Person des Erben, gegen den diese Ansprüche geltend gemacht werden können, sich durch Ausschlagung nachträglich noch ändert.

4. Jahresschluss nach Fälligkeit

8 Die Regelungstechnik des § 199 Abs 1 BGB mit dessen Nr 1 (Fälligkeit plus Schluss des Jahres), aber ohne dessen flexibilisierende Nr 2 kehrt mehrfach außerhalb des BGB wieder in den § 607 Abs 3 u 4 HGB (bestimmte Ansprüche aus dem Seehandelsrecht), § 117 Abs 2 BinnSchG (bestimmte Ansprüche aus dem Binnenschifffahrtsrecht), § 45 Abs 1 SGB I, § 50 Abs 4 S 1 SGB X (Ansprüche auf Sozialleistungen und deren Erstattung), § 5 Abs 1, Abs 2 S 1 GKG, § 6 Abs 1, Abs 2 GNotKG, § 8 Abs 1, Abs 2 S 1 GvKostG (Ansprüche auf Zahlung oder Rückerstattung von Kosten), §§ 170, 229 AO (Steuerfestsetzung, Steuerzahlungsansprüche), § 20 Abs 1 S 2 VwKostG (Ansprüche auf Zahlung von Verwaltungskosten).

5. Kenntnis des Gläubigers

9 Auf den Kenntnisstand des Gläubigers stellen gleich § 199 Abs 1 Nr 2 BGB, aber teilweise positive Kenntnis fordernd die Bestimmungen der § 117 Abs 2 S 1 BBergG (Ersatz von Bergschaden), §§ 61 Abs 2, 113 Abs 3 HGB (Ansprüche aus Verletzung eines Wettbewerbsverbots), § 11 Abs 1 UWG (Ansprüche aus unlauterem Wettbewerb), § 78 Abs 2 BBG (Schadensersatzansprüche des Dienstherrn gegen den Beamten), § 1378 Abs 4 S 1 (Ansprüche auf Zugewinnausgleich), § 4 ErbbauRRG (Anspruch auf Heimfall oder Vertragsstrafe), § 118 Abs 2 S 3 BinnSchG (Ausgleichsansprüche unter mehreren Schiffseignern) ab. Hierher gehören namentlich auch deliktische Ansprüche im weiteren Sinne, vgl § 12 ProdHaftG, der auch grobfahrlässige Unkenntnis genügen lässt. Soweit die §§ 17 UmweltHG, 11 HaftpflG, 14 StVG, 39 LuftVG in der Verjährungsfrage auf das Recht der unerlaubten Handlungen des BGB Bezug nehmen, ist diese auf § 852 BGB aF gemünzte Verweisung jetzt zwanglos als eine solche namentlich auf § 199 BGB zu verstehen.

6. Markante Ereignisse

10 Markante Ereignisse – wie Ablieferung und Abnahme bei der Gewährleistung – geben den Ausschlag in den §§ 548 Abs 1 S 2, 581 Abs 2, 591b Abs 3, 1057 S 2, 1226

BGB (jeweils Rückgabe des Vertragsgegenstands). Demgegenüber beginnt die Verjährung von Ansprüchen wegen sachbezogener Verwendungen des Vertragspartners mit der Beendigung des Vertragsverhältnisses, vgl die §§ 548 Abs 2, 581 Abs 2, 591b Abs 2 S 1, 1057 S 2, 1226 BGB. Die Beendigung des Vertragsverhältnisses ist auch für Rückgabeansprüche von Verleiher, § 604 Abs 5 BGB, und Hinterleger, § 695 Abs 2 BGB, maßgeblich, für den Rücknahmeanspruch des Verwahrers, § 696 S 3 BGB, vgl ferner § 651g Abs 2 BGB zum Reisevertrag, § 1302 BGB zum Verlöbnis. – Ein markantes Ereignis stellt auch die Vorlage von Schuldverschreibungen dar, § 801 Abs 1 S 2 BGB. Hierher gehört auch die Beendigung des Güterstandes, § 1390 Abs 3 S 1 BGB, der Erbfall, §§ 2287 Abs 2, 2332 Abs 1 BGB, die Ablieferung oder der Ablieferungstermin beim Frachtgut, § 439 Abs 2 HGB.

§ 201
Beginn der Verjährungsfrist von festgestellten Ansprüchen

Die Verjährung von Ansprüchen der in § 197 Abs. 1 Nr. 3 bis 6 bezeichneten Art beginnt mit der Rechtskraft der Entscheidung, der Errichtung des vollstreckbaren Titels oder der Feststellung im Insolvenzverfahren, nicht jedoch vor der Entstehung des Anspruchs. § 199 Abs. 5 findet entsprechende Anwendung.

Materialien: Art 1 G zur Modernisierung des Schuldrechts v 26. 11. 2001 (BGBl I 3138). BGB aF: – (in § 198 aF enthalten). Peters/Zimmermann: Schuldrechtskommission: RegE § 201, BT-Drucks 14/6040, 109; BT-Drucks 14/7052, 6, 180. S 1 geändert durch Art 7 G zur Anpassung von Verjährungsvorschriften an das G zur Modernisierung des Schuldrechts v 9. 12. 2004 (BGBl I 3214).

Schrifttum

Vgl § 199.

I. Allgemeines

Die Bestimmung betrifft die titulierten Ansprüche des § 197 Abs 1 Nrn 3–6 BGB; sie führt die sich aus den §§ 218, 219, 220 aF ergebende Rechtslage fort (Palandt/Ellenberger Rn 1; MünchKomm/Grothe Rn 1; BeckOGK BGB/Piekenbrock [1. 2. 2019] Rn 2). Grundsätzlich kommt es an auf die Bestandskraft des Titels; freilich kann sich der Verjährungsbeginn uU noch hinausschieben (u Rn 7 f). **1**

II. Gerichtlich geschaffene Titel

Bei Urteilen und sonstigen gerichtlich geschaffenen Titeln, zB Vollstreckungsbescheiden oder Kostenfestsetzungsbeschlüssen, kommt es auf den Zeitpunkt der Unanfechtbarkeit an, also den *Eintritt der formellen Rechtskraft.* **2**

Dies gilt auch dann, wenn der Titel selbst nur vorläufigen Charakter hat: Das Urteil unter dem Vorbehalt der Aufrechnung nach § 302 ZPO, das Vorbehaltsurteil im

Urkunden- oder Wechselprozess nach § 599 ZPO können ja nach Ablauf der Rechtsmittelfristen durchaus noch im jeweiligen Nachverfahren wieder aufgehoben werden.

III. Vollstreckbare Titel

3 Die vollstreckbaren Titel, die § 201 BGB neben den gerichtlichen Entscheidungen weiter nennt, sind die des § 197 Abs 1 Nr 4 BGB, also *vollstreckbare Urkunden* nach § 794 Abs 1 Nr 5 ZPO, *gerichtliche Vergleiche,* sei es auch im Verfahren der Bewilligung von Prozesskostenhilfe nach § 118 Abs 1 S 3 ZPO, nach § 492 Abs 3 ZPO. Hier kommt es jeweils auf *Beurkundung* bzw *Protokollierung* an, vgl § 160 Abs 3 Nr 1 ZPO, nicht etwa auch den Ablauf einer etwaigen Widerrufsfrist. Bei einem Vergleich nach § 278 Abs 6 ZPO entscheidet das Datum des Feststellungsbeschlusses des Gerichts. Bei Schiedssprüchen, die für vollstreckbar zu erklären sind, ist maßgeblich die Rechtskraft der entsprechenden Entscheidung. Bei dem Schuldenbereinigungsplan nach den §§ 305 ff InsO ist auf den Beschluss nach § 308 Abs 1 S 1 InsO abzustellen. Beim Anwaltsvergleich kommt es auf den Zeitpunkt der Vollstreckbarkeitserklärung durch den Notar, § 796c ZPO, oder das Gericht § 796b ZPO, vgl § 796b Abs 2 S 3 BGB, an. Der Abschluss des Vergleichs ist nur nach § 212 Abs 1 Nr 1 BGB relevant.

IV. Feststellung im Insolvenzverfahren

4 § 201 BGB ist völlig misslungen, soweit die Bestimmung auf die Feststellung einer Forderung im Insolvenzverfahren abstellt.

1. Die Feststellung der Forderung ist primär innerhalb des Insolvenzverfahrens von Bedeutung, vgl § 178 InsO, wenn sie dem Gläubiger die Teilnahme an der Verteilung der Masse sichert. Hier sind Fragen der Verjährung nicht ersichtlich. Nicht tituliert ist jedenfalls ein Anspruch gegen den Insolvenzverwalter wegen fehlerhafter Verteilung.

5 2. Die Feststellung der Forderung ermöglicht freilich auch *das spätere Vorgehen gegen den Schuldner* selbst, vgl § 201 InsO zur Verfahrensaufhebung, § 215 BGB zur Verfahrenseinstellung, § 257 BGB zum Insolvenzplan. Insoweit ist allerdings tatsächliche Voraussetzung, dass der Schuldner – als juristische Person – noch fortbesteht oder dass er – als natürliche Person – Restschuldbefreiung nicht beantragt hat oder sie ihm nach § 290 InsO versagt wird. Das mindert die praktische Bedeutung des § 201 BGB auch hier. Für die verbleibenden wenigen Fälle ist es aber sinnlos, wenn § 201 BGB auf den Zeitpunkt der Feststellung der Forderung abstellt, wenn doch einstweilen ein Vorgehen gegen den Gemeinschuldner noch nicht möglich ist, § 87 InsO, sondern erst nach Beendigung des Verfahrens oder feststehender versagter Restschuldbefreiung.

Dieser Mangel der Bestimmung wird nicht dadurch geheilt, dass sie einer späteren Entstehung des Anspruchs Bedeutung beimisst, weil die Ansprüche, um die es hier geht, schon längst entstanden sind. Es bedarf vielmehr einer berichtigenden Auslegung dahin, dass es nicht auf die Feststellung des Anspruchs ankommt, sondern auf den *Zeitpunkt der Möglichkeit, daraus gegen den Schuldner* vorzugehen.

V. Kosten der Zwangsvollstreckung

Lässt sich der Gläubiger seine Vollstreckungskosten, § 788 Abs 1 ZPO, nach § 788 **6**
Abs 2 ZPO titulieren, kommt es auf die Rechtskraft dieses Kostentitels an. Diese
Titulierung ist aber fakultativ (MünchKommZPO/K Schmidt/Brinkmann § 788 Rn 2, 40;
Stein/Jonas/Münzberg § 788 Rn 32); unterbleibt sie, ist an den der Vollstreckung zugrunde liegenden Titel anzuknüpfen. Dabei kann die Verjährung jeweils vorzeitig
nach § 217 BGB eintreten.

Der Rückzahlungsanspruch des Schuldners, § 788 Abs 3 ZPO, unterliegt an sich den
§§ 195, 199 BGB. Wird er tituliert, kommt es auf die Rechtskraft des entsprechenden
Titels an. Das gilt auch bei der Belastung des Gläubigers nach § 788 Abs 4 ZPO.

VI. Schifffahrtsrechtliches Verteilungsverfahren

Aus dem Schifffahrtsrechtlichen Verteilungsverfahren, das § 204 Abs 1 Nr 10 BGB
dem Insolvenzverfahren an die Seite stellt, ergibt sich keine spätere Vorgehensmöglichkeit gegen den Schuldner (§ 197 Rn 61), sodass § 201 BGB hier auch keine
Regelung zu treffen braucht.

VII. Späterer Verjährungsbeginn

Die im Vorstehenden genannten Zeitpunkte markieren nur den frühestmöglichen **7**
Beginn der Verjährung. Wenn der titulierte Anspruch erst später „entsteht", kommt
es auf den Zeitpunkt der Entstehung an; es wird zB Unterhalt auch für die Zukunft
tituliert. Zum Begriff der Entstehung vgl § 199 Rn 3 ff. Es können sich so Verjährungszeiträume ergeben, die deutlich über die Fristen des § 197 BGB hinausragen, dies insbesondere bei den Kosten der Zwangsvollstreckung, § 788 ZPO. Dies
übersehen die Begründung zum RegE der Ergänzung des § 201 S 1 BGB um § 197
Abs 1 Nr 6 BGB (BT-Drucks 15/3653, 17) sowie MünchKomm/Grothe Rn 5, die auf
den Zeitpunkt der Schaffung des Titels abstellen, doch folgen die Vollstreckungskosten der Titulierung eben notwendig nach. Freilich gilt § 217 BGB für das Verhältnis der Vollstreckungskosten zum titulierten Anspruch (BeckOGK BGB/Piekenbrock [1. 2. 2019] Rn 14).

Ist die Forderung in dem in § 201 BGB bezeichneten Zeitpunkt fällig, so beginnt die
Frist des § 197 Abs 1 BGB auch sogleich, nicht erst nach Ablauf jener Hemmung
(BeckOGK BGB/Piekenbrock [1. 2. 2019] Rn 4), die sich in vielen Fällen aus § 204 Abs 2
S 1 BGB ergeben kann.

VIII. Unterlassungsansprüche

Unterlassungsansprüche weisen Besonderheiten auf.

1. Die Bezugnahme in § 201 S 2 BGB auf § 199 Abs 5 BGB ergibt zunächst, dass **8**
die erstmalige Zuwiderhandlung für den Fristbeginn von Bedeutung ist. Dadurch
kann er nachhaltig hinausgeschoben werden (vgl BGHZ 59, 72). Wenn § 201 S 2 BGB
aber nicht unmittelbar auf die Zuwiderhandlung abstellt, sondern eben auf § 199
Abs 5 BGB verweist, bedeutet das, dass auch die weiteren Voraussetzungen des in

diesen zu integrierenden § 199 Abs 1 BGB gegeben sein müssen (Kenntnismöglichkeit des Gläubigers, Jahresschluss; aA MünchKomm/GROTHE Rn 2; BeckOGK BGB/PIEKENBROCK [1. 2. 2019] Rn 4). Die Dinge liegen nicht anders als bei § 200 BGB (dort Rn 3).

9 2. Ist positive Kenntnis des Gläubigers von der Zuwiderhandlung gegeben, wird allerdings in vielen Fällen weit vor Ablauf der Verjährungsfrist Verwirkung eingetreten sein.

IX. Ablauf der Verjährung

10 Die Verjährungsfrist kann ihrerseits gehemmt oder erneuert werden. Das richtet sich nach den allgemeinen einschlägigen Regeln.

Eine Ablaufhemmung kommt namentlich nach den §§ 210, 211 BGB in Betracht, eine allgemeine nach § 207 BGB oder auch nach § 203 BGB.

Unter den Erneuerungsgründen ist ohne weiteres einschlägig der des § 212 Abs 1 Nr 2 BGB, der gerade auf die Frist des § 197 BGB hin konzipiert ist.

Soweit der Schuldner einzelne Ansprüche erfüllt, greift § 212 Abs 1 Nr 1 BGB ein (BGH LM § 208 BGB Nr 4; BGB-RGRK/JOHANNSEN § 218 aF Rn 6).

Die Problematik der *Zulässigkeit einer erneuten Klage,* die allein dem Zweck dient, die Verjährung nach § 197 BGB zu hemmen, ist primär vor dem Hintergrund der knappen Frist der §§ 197 Abs 2, 195 BGB von Bedeutung; sie stellt sich aber doch auch gegenüber der Frist des § 197 Abs 1 BGB. Mit BGHZ 93, 267 = NJW 1985, 1711 – zu § 218 Abs 2 BGB aF, aber verallgemeinerungsfähig – besteht für eine solche Klage dann ein *Rechtsschutzbedürfnis* und ist sie deshalb für zulässig zu erachten, wenn sie *der einzige Weg* ist, der drohenden Verjährung zu entgehen (BGH NJW 2018, 2056 Rn 16). Das ist namentlich dann der Fall, wenn die Möglichkeiten des § 212 Abs 1 Nr 2 BGB auf Grund der konkreten Gegebenheiten des Falles ausscheiden; sonst wären sie vorrangig und würden das Rechtsschutzbedürfnis nehmen. Wegen der Darstellung des Meinungsstandes und der Argumentation ist auf die Entscheidung zu verweisen.

§ 202
Unzulässigkeit von Vereinbarungen über die Verjährung

(1) Die Verjährung kann bei Haftung wegen Vorsatzes nicht im Voraus durch Rechtsgeschäft erleichtert werden.

(2) Die Verjährung kann durch Rechtsgeschäft nicht über eine Verjährungsfrist von 30 Jahren ab dem gesetzlichen Verjährungsbeginn hinaus erschwert werden.

Materialien: Art 1 G zur Modernisierung des Schuldrechts v 26. 11. 2001 (BGBl I 3138). BGB aF § 225: E I § 185; II § 190; III § 220; Mot I 345; Prot I 395 ff; II 1 238; JAKOBS/SCHUBERT, AT 1000, 1001 ff, 1047, 1082 f, 1083 ff, 1092, 1103, 1121. PETERS/ZIMMERMANN § 213, Gutachten

267, 311, 323; Schuldrechtskommission § 220; Abschlussbericht 97; RegE § 202, BT-Drucks 14/6040, 109.

Schrifttum

GILDEGGEN/RIEHLE/SCHIPPAN, Zur wirksamen Vereinbarung zehnjähriger Gewährleistungsfristen in Einkaufsbedingungen für langlebige Produkte, NJOZ 2017, 1618
GRUNSKY, Die Auswirkungen des urteilsvertretenden Anerkenntnisses auf die Verjährung, NJW 2013, 1336
HAAS/SCHULZE, Urteilsvertretendes Anerkenntnis und Verjährung, in: FS vWestphalen (2010) 253

KAINZ, Verjährungsvereinbarungen auf dem Prüfstand, BauR 2004, 1696
KRÄMER, Die Zulässigkeit von Verjährungsvereinbarungen nach neuem Recht, ZAP 2004, 413
LAKKIS, Die Verjährungsvereinbarung nach neuem Recht, AcP 203 (2003) 763
SCHIMMEL/BUHLMANN, Verjährungsklauseln in AGB nach der Schuldrechtsreform, ZGS 2002, 109.

Systematische Übersicht

I. Allgemeines	
1. Zulassung von Vereinbarungen über die Verjährung	1
2. Bedürfnisse der Parteien	2
3. Kritik	3
II. Mittelbare Vereinbarungen über die Verjährung	4
III. Zulässige Dauer der vertraglichen Bindung des Schuldners	4a
1. Langfristige Bindung	4b
2. Kurzfristige Bindung	4c
IV. Verzicht auf die Einrede der Verjährung	5
V. Vereinbarungen über die Verjährung	
1. Allgemeines	6
2. Gegenstand	7
3. Reichweite von Vereinbarungen	8
4. AGB	9
VI. Einseitige Leistungsbestimmung	9a
VII. Einseitige Rechtsgeschäfte	10
VIII. Erleichterungen der Verjährung	
1. Unverjährbare Ansprüche	11
2. Haftung für Vorsatz	12
3. Individualvertragliche Möglichkeiten der Erleichterung der Verjährung	13
4. AGB des Schuldners zur Erleichterung der Verjährung	15
IX. Erschwerungen der Verjährung	
1. Allgemeines	19
2. Zeitliche Schranke	20
3. Vereinbarungen über den Ablauf der Verjährung	21
4. Vereinbarungen über den Beginn der Verjährung	23
a) Transparenzgebot	23
b) Kenntnis als Verjährungsvoraussetzung	24
c) Kenntnismöglichkeit als Verjährungsvoraussetzung	25
d) Bloße Fristverlängerungen	27
e) Höchstfristen	28
5. Beschränkungen der Befugnisse des Schuldners	29

§ 202

Alphabetische Übersicht

AGB	2, 9, 15 ff, 27	Neubeginn der Verjährung	7
Anerkenntnis dem Grunde nach	19	Novation	4
Anspruchskonkurrenz	8		
Aufklärungspflicht	12	Organisationsmangel	12
Beginn der Verjährung	7	Pactum de non petendo	4
Berechtigungsausweise	9a		
Bindung des Schuldners, vertragliche	4a ff	Rechtsgeschäft	5
		Rechtsgeschäft, einseitiges	10
Deliktsanspruch	8	Regelverjährung	18
Dritten, Wirkungen gegenüber	8	Regress	22
		Rückgabe der Mietsache	16
Eheleute	7		
Einigung, fehlende	5	Schadensersatzanspruch	18
Einseitige Leistungsbestimmung	9a f	Schranken, zeitliche	20
Einseitige Rechtsgeschäfte	10	Sittenwidrigkeit	3
Erleichterung	11 ff, 13, 15 f	Stundung	4
Erschwerung	19 ff	Subunternehmer	23
Fälligkeit	4	Telefonkarten	9a
Formgebote	6	Transparenzgebot	23
Fristen	16, 27	Treu und Glauben	3
– überlange	20		
– Verkürzung	17	Unterhalt, künftiger	20
– Verlängerung	27	Unverjährbarkeit	11
Garantievertrag, selbstständiger	4	Vereinbarung	
Gewährleistung	17, 26	– Beginn, über	23 f
		– mittelbare	4
Hemmung	7, 20	– späterer Fälligkeit	4
Hemmungstatbestände	13, 15	– Verjährung, über	6 f
Höchstfristen	18, 28	– Zulässigkeit	1
		Verhandlungen	2, 5
Individualabreden	3, 6, 12, 13 f, 27, 29	Verjährungsbeginn, objektiver	16
		Verschweigen, arglistiges	1, 12
Kenntnis des Gläubigers	16, 18, 24	Vertrag der Parteien	5
– Möglichkeit der	16, 25 f	Verwirkung	3
Kurzfristige Bindung	4c	Verzicht	5
		Vorsatz	12
Langfristige Bindung	4b		
Leistungen, künftig wiederkehrende	20	Zeitliche Schranke	20
Leistungsverlangen, schriftliches	21	Zeitpunkt der Vereinbarung	6
Musterprozess	5, 21		

I. Allgemeines

1. Zulassung von Vereinbarungen über die Verjährung

Die Bestimmung des § 202 BGB lässt Vereinbarungen über die Verjährung grundsätzlich zu, Abs 1 solche, die ihren Eintritt beschleunigen sollen, Abs 2 solche, die den Eintritt hinausschieben sollen; im Anschluss an die Vorgängerbestimmung des § 225 BGB aF ist bei Beschleunigung von einer „Erleichterung" der Verjährung die Rede, bei ihrem Hinausschub von einer „Erschwerung". Das ist jeweils die Sicht des Schuldners. § 202 BGB lässt Vereinbarungen in beide Richtungen zu und zieht dabei nur äußerste Grenzen, einerseits bei der Haftung für Vorsatz, andererseits durch die Bestimmung einer zulässigen Höchstfrist. Die Vorgängerbestimmung des § 225 BGB aF hatte in ihrem S 1 einen Aufschub des Verjährungseintritts grundsätzlich untersagt, kannte freilich im Gewährleistungsrecht in den §§ 477 Abs 1, S 2, 638 Abs 2 BGB aF für Kauf und Werkvertrag gewichtige Ausnahmen. Die Beschleunigung des Verjährungseintritts hatte § 225 S 2 BGB aF grundsätzlich zugelassen, es fand sich aber die Grenze des § 202 Abs 1 BGB auch schon in den §§ 477 Abs 1 S 1, 638 Abs 1 S 1 BGB aF (für den Fall des arglistigen Verschweigens von Mängeln). **1**

Die liberalere Haltung des § 202 BGB soll dem Grundsatz der Privatautonomie Rechnung tragen (MünchKomm/Grothe Rn 2; Soergel/Niedenführ Rn 3). Allerdings erweckt ihre amtliche Überschrift eher den gegenteiligen Eindruck ihrer Einschränkung. Gemäß dem Vorschlag des Bundesrates (BT-Drucks 14/6487, 43) hätte sie besser gelautet „Vereinbarungen über die Verjährung".

2. Bedürfnisse der Parteien

Ob § 202 BGB den Bedürfnissen der Parteien in besonderem Maße Rechnung trägt (so die Begründung des RegE BT-Drucks 14/6040, 110; MünchKomm/Grothe Rn 2; Soergel/Niedenführ Rn 1; NK-BGB/Mansel/Stürner Rn 5), ist zweifelhaft: **2**

Gegen anfängliche Abreden der Parteien ist im Grundsatz nichts einzuwenden, wenn sie auf besonderer Aushandlung beruhen; namentlich im Gewährleistungsrecht kann die Übernahme besonderer Haltbarkeitsgarantien zweckmäßig sein. Durchweg finden sich aber einschlägige Regelungen in den AGB der marktmächtigeren – oder gewandteren – Seite. Dann ist eine *strikte AGB-Kontrolle* geboten (Palandt/Ellenberger Rn 12 ff); ihre Notwendigkeit hat schon der Gesetzgeber in den §§ 475 Abs 2, 309 Nr 8 b ff BGB anerkannt: Gerade Regelungen der Verjährung haben für die Beteiligten bei Vertragsschluss oft wenig Bedeutung, was dann letztlich auch individuelle Vereinbarungen dubios erscheinen lassen kann.

In Bezug auf nachträgliche Vereinbarungen geht der Hinweis von Soergel/Niedenführ (Rn 1) fehl, dass Erfolg versprechende Verhandlungen nicht gefährdet werden dürften, denn dafür sorgt heute schon § 203 BGB.

3. Kritik

Die nachhaltige Stärkung der Privatautonomie erscheint unangemessen in einem Verjährungssystem, das die Interessen der Parteien gerade auszutarieren sucht. Es **3** kann sich bei einer Erleichterung der Verjährung schnell ergeben, dass der Gläubiger rechtlos gestellt wird. Zu ihrer Erschwerung lässt § 202 Abs 2 BGB Fristen zu, die – praktisch gesehen – zu einer endlosen Einstandspflicht des Schuldners führen. Schon der Gedanke befremdet, dass man bei Vertragsverhandlungen 2014 seriös über die Verhältnisse im Jahre 2044 soll nachdenken können.

Den Missständen, die sich ohne weiteres einstellen können, kann man im Bereich von AGB-Klauseln verhältnismäßig einfach mit den §§ 305 ff BGB steuern. Bei Individualabreden stehen im Prinzip nur die §§ 134, 138 BGB zur Verfügung. Aus dogmatischer Sicht befremdet es, wenn NK-BGB/MANSEL/STÜRNER (Rn 22, 24) ohne weiteres auf § 242 BGB als Kontrollmaßstab zurückgreifen wollen. Das entspricht freilich bisheriger Übung (BGH NJW 1979, 1406, 1407; 1982, 2243, 2244; BGHZ 101, 350, 355; 108, 164, 168) und in der Tat wird man vielleicht noch weiter mit einer Privatautonomie unter dem schlichten Vorbehalt von Treu und Glauben leben müssen. Beurteilungszeitpunkt ist – wie stets – der Zeitpunkt der Vereinbarung (aA LAKKIS AcP 203 [2003] 763, 769: Beurteilung ex post).

Tatsächlich wird man aber bei Benachteiligungen des Gläubigers die *Schwelle zur Sittenwidrigkeit niedrig* ansetzen müssen. Fehl geht der Hinweis, dass man Ansprüche ja auch ganz ausschließen könne (BReg BT-Drucks 14/6857, 43; MünchKomm/GROTHE Rn 2): Der Gläubiger, der sich einem harten Verjährungsregime unterwirft, will nicht (partiell) verzichten, sondern vertraut darauf, dass er die Sache rechtzeitig regeln kann.

Entsprechend *leichtfertig* kann der Schuldner handeln, der sich auf lange Fristen einlässt. Ihn muss außer § 138 BGB die *Verwirkung* schützen.

Die Hoffnung, dass die Parteien schon das Richtige zur Wahrung ihrer Interessen finden werden, kann im Bereich der Verjährung trügen: Mit der gebotenen Intensität wenden sie sich den Kernpunkten zu; dazu gehört die Verjährungsfrage oft nicht.

II. Mittelbare Vereinbarungen über die Verjährung

4 § 202 BGB betrifft nur unmittelbare Vereinbarungen über die Verjährung, namentlich die Fristen, die einschlägig sein sollen (näher u Rn 6). Denkbar sind aber auch mittelbare Beeinflussungen der Verjährung, zB durch eine Novation, wie sie schon wegen des ihr notwendig innewohnenden Anerkenntnisses, § 212 Abs 1 Nr 1 BGB, zu einem Neubeginn der Verjährung führt. Ob die novierte Forderung darüber hinaus einer neuen eigenen Verjährungsfrist – meist der des § 195 BGB – unterliegen soll und nicht wiederum der bisherigen, ist eine im Zweifel zu verneinende Auslegungsfrage. Eine neue Frist ergibt sich natürlich in den Fällen des § 197 Abs 1 Nr 4 BGB.

Die Unanwendbarkeit des § 202 BGB auf mittelbare Vereinbarungen hat keine praktische Bedeutung gegenüber § 202 Abs 1 BGB: Soweit die Ansprüche auf einer Haftung für Vorsatz beruhen, sind mittelbare Beeinflussungen nur nachträglich denkbar, werden also von der Bestimmung von vornherein nicht erfasst. Wohl aber kann die Schranke des § 202 Abs 2 BGB überschritten werden.

In dem letzteren Sinne wirken sich verjährungsverlängernd aus außer der schon genannten Novation die Vereinbarung späterer Fälligkeit (§ 199 Abs 1 Nr 2 BGB), Stundung und pactum de non petendo (§ 205 BGB), das – sogar einseitige – Anerkenntnis des Schuldners (§ 212 Abs 1 Nr 1 BGB), schließlich und besonders nachhaltig die Titulierung der Forderung nach § 197 Abs 1 Nr 4 BGB.

III. Zulässige Dauer der vertraglichen Bindung des Schuldners

§ 202 BGB verhält sich nicht zu der Frage, wie lang- oder kurzfristig die vertragliche Bindung eines Schuldners ausgestaltet werden kann. **4a**

1. Langfristige Bindung

Namentlich ist die Frist von 30 Jahren des § 202 Abs 2 BGB nicht zur Beantwortung der Frage heranzuziehen, wie langfristig ein Schuldner vertraglich gebunden werden kann. Das belegt schon für einen *Spezialfall § 544 BGB,* der nach Ablauf von 30 Jahren nur ein außerordentliches Kündigungsrecht vorsieht. Allgemein ist das Augenmerk darauf zu richten, ob die Geschäftsgrundlage noch fortbesteht; uU kann sich die Möglichkeit der Kündigung aus § 313 Abs 3 BGB ergeben, ggf auch aus § 314 BGB. **4b**

Vorab ist freilich zu fragen, ob die langfristige Bindung des Schuldners nicht *knebelnde Wirkung* hat und damit nach § 138 BGB relevant ist, vgl namentlich zu Bierlieferungsverträgen STAUDINGER/SACK/FISCHINGER (2017) § 138 Rn 177 ff, 350 ff. Im Ergebnis zutreffend hat BGH NJW 2011, 515 Rn 9 ff ein nach 90 Jahren auszuübendes Rückkaufsrecht für zulässig gehalten, freilich nicht ohne die Konditionen des Rückkaufs gegenüber dem Wortlaut des Vertrages zu modifizieren. Bedenklich BGH NJW 2008, 2995 Rn 13 ff zu einer *Haltbarkeitsgarantie* über 40 Jahre (zustimmend indessen BeckOGK BGB/PIEKENBROCK [1.2.2019] Rn 22). Zwar trifft es zu, dass erst der Garantiefall dann die normal verjährenden Gewährleistungsansprüche auslöst, doch sind diese schon im Zeitpunkt der Lieferung selbst angelegt, sodass sich im Einzelfall eine die Fristen des § 438 BGB massiv überschreitende Frist ergeben kann (Entdeckung des Mangels nach 20 oder gar 35 Jahren).

2. Kurzfristige Bindung

Erst recht lässt sich § 202 Abs 1 keine Aussage darüber entnehmen wie kurzfristig der Schuldner die Verjährung der gegen ihn gerichteten Ansprüche ausgestalten darf, vgl dazu u Rn 11 ff. **4c**

IV. Verzicht auf die Einrede der Verjährung

§ 202 setzt in seinen beiden Absätzen ein Rechtsgeschäft voraus, an dem nach dem offenkundigen Verständnis des Gesetzgebers beide Seiten beteiligt sein müssen (vgl aber auch u Rn 10), Gläubiger und Schuldner; einen *einseitigen Verzicht* des Schuldners erfasst die Bestimmung nicht (**aA** BGH ZIP 2007, 2206 Rn 15; MünchKomm/GROTHE Rn 15; WINDORFER NJW 2015, 3329, 3330), wie schon die amtliche Überschrift belegt. Die einseitige Erklärung des Schuldners, sich nicht auf die Einrede der Verjährung berufen zu wollen, bedarf der Auslegung, ob sie ihm die Hoheit über die Einrede belassen **5** soll – dann einstweiliger Verzicht – oder ein Vertragsangebot darstellt, das dann auch nach § 151 BGB angenommen werden kann (für Letzteres BeckOGK BGB/Piekenbrock [1. 2. 2019] Rn 6). Regt der Gläubiger den Verzicht an, wird das als ein Angebot zu einer entsprechenden Vereinbarung zu verstehen sein.

Der einseitig bleibende Verzicht des Schuldners ist frei widerruflich, und zwar auch dann, wenn er einen Termin genannt hat, bis zu dem er stillhalten will. Bis zum Widerruf wird der Gläubiger in seinem Vertrauen auf die Erklärung geschützt; alsdann muss er alsbald verjährungshemmende Maßnahmen ergreifen (zu den Einzelheiten vgl § 214 Rn 30 ff zum nachträglichen Verzicht).

Der Verzicht des Schuldners vermag schutzwürdiges Vertrauen des Gläubigers auch über die zeitliche Schranke des § 202 Abs 2 BGB hinaus zu erzeugen, wenn zB die Bedienung von Forderungen aus Spareinlagen über einen längeren Zeitraum zugesagt wird. Eine gescheiterte Vereinbarung iSd § 202 Abs 2 BGB wird sich oft in einen einseitigen Verzicht umdeuten lassen.

Wenn der Verzicht – wie regelmäßig – im Rahmen von Verhandlungen ausgesprochen wird, bleibt § 203 BGB zu beachten.

Erst recht fehlt eine Vereinbarung, wenn die Parteien unabhängig voneinander zuwarten, mag auch ihr Motiv dasselbe sein, zB das Warten auf den Ausgang eines Musterprozesses.

V. Vereinbarungen über die Verjährung

1. Allgemeines

6 § 202 BGB setzt eine Vereinbarung der Parteien voraus. Sie ist ein Rechtsgeschäft; der Vertreter bedarf der Vollmacht. Der begünstigten Seite bringt sie nur rechtlichen Vorteil, § 107 BGB. Ihre Annahme kann sich nach § 151 BGB vollziehen.

Die Vereinbarung kann zu einem beliebigen Zeitpunkt geschlossen werden, selbst nach Eintritt der Verjährung. Vor ihrem Beginn ist sie in einem Rahmenvertrag denkbar, später mag zB das Entstehen von Streitigkeiten den Anlass geben; die Regel wird der Zeitpunkt der Begründung des Anspruchs bilden.

Als solche ist die Abrede nicht formbedürftig. Sie unterliegt aber ggf einem Formbedürfnis, das für den betroffenen Anspruch besteht, zB aus § 766 BGB oder aus § 311b Abs 1 S 1 BGB (Palandt/Ellenberger Rn 5; aA MünchKomm/Grothe Rn 5; differenzierend BeckOGK BGB/Piekenbrock [1. 2. 2019] Rn 8: kein Formgebot für nachträgliche Vereinbarungen). Im Einzelfall ist dann freilich zu prüfen, wie weit das jeweilige Formgebot reicht (Erman/Schmidt-Räntsch Rn 3).

Individualvertraglich ist die Vereinbarung grundsätzlich möglich, vgl aber § 475 Abs 2 BGB. Sie wird sich vielfach in AGB der einen oder anderen Seite finden; dann ist eine strenge AGB-Kontrolle geboten. Für ihren Bereich schließen freilich die §§ 439 Abs 4, 463, 475a HGB entsprechende AGB aus.

2. Gegenstand

Gegenstand der Vereinbarung der Parteien wird idR die einschlägige Verjährungs- 7
frist sein. Es sind aber auch Modifikationen denkbar in Bezug auf die Bestimmungen
über Beginn, Hemmung oder Neubeginn der Verjährung (MünchKomm/Grothe Rn 5,
10; Palandt/Ellenberger Rn 2; BeckOGK BGB/Piekenbrock [1. 2. 2019] Rn 10; vgl aber auch u
Rn 14 f, 20 ff). So sieht § 13 Abs 5 Nr 1 S 2 VOB/B einen Tatbestand des Neubeginns
in dem schriftlichen Verlangen der Mängelbeseitigung und kennt § 13 Abs 5 Nr 1 S 3
VOB/B einen Sonderfall des Beginns der Verjährung. Kann so der Katalog der
Begünstigungen des Gläubigers erweitert werden, so sind gegenteilig auch Einschränkungen möglich; zB kann es Eheleuten nur angeraten werden, den Hemmungstatbestand des § 207 Abs 1 S 1 BGB abzubedingen. Auch die Wirkungen
der eingetretenen Verjährung können gegenüber den §§ 214 ff BGB modifiziert
werden. Freilich ist der Spielraum bei Modifikationen der §§ 203 ff, 214 ff BGB
geringer, als es der Wortlaut des § 202 BGB vermuten lässt (u Rn 12 ff, 21 ff).

3. Reichweite von Vereinbarungen

Bei konkurrierenden Ansprüchen bedarf die Reichweite der Vereinbarung der Er- 8
mittlung durch Auslegung (vgl BGH NJW 2002, 3777), wenn nebeneinander vertragliche
und gesetzliche Ansprüche bestehen. Wenn eine klare und eindeutige Regelung
fehlt, ist zunächst festzuhalten, dass die Fristverkürzung für die vertraglichen Ansprüche entwertet wird, wenn daneben längerfristig verjährende gesetzliche Ansprüche bestehen bleiben. Gleichwohl ist es aber grundsätzlich nicht anzunehmen, dass
der Gläubiger über den vertraglichen Rahmen hinaus seine Rechte beschränken will
(aA NK-BGB/Mansel/Stürner Rn 12; Soergel/Niedenführ Rn 6; Erman/Schmidt-Räntsch
Rn 6). Deliktische Ansprüche schützen elementare Rechte und damit mehr als die
vertragliche Erfüllungserwartung, müssen also im Zweifel als unbeschränkt erhalten
bleibend angesehen werden. Bei den Schadensersatzpflichten des Geschäftsführers
einer GmbH aus Vertrag einerseits und § 43 Abs 2 GmbHG gilt das so nicht (BGH
NJW 2002, 3777).

Wirkungen gegenüber Dritten entfalten Vereinbarungen bei einem Vertrag zugunsten Dritter oder mit Schutzwirkung für Dritte; deliktische Ansprüche der Dritten
können sie nicht beschränken, wohl aber erweitern.

4. AGB

AGB bedürfen unterschiedlicher Würdigung, je nachdem, ob sie die Verjährung 9
erleichtern oder erschweren sollen. Generell müssen sie den allgemeinen Einbeziehungsvoraussetzungen genügen, §§ 305, 305a BGB, und reicht ihre Unwirksamkeit
nicht über sie hinaus, § 306 BGB. Beispielsweise ist eine Klausel wegen ihrer Unklarheit unwirksam, wenn ihre Geltung pauschal davon abhängig gemacht wird, dass
zwingende gesetzliche Vorschriften nicht entgegenstehen (BGH ZIP 2015, 2414 Rn 19)

Zu ihrer inhaltlichen Ausgewogenheit gehört namentlich die möglichste *Gleichbehandlung* der Parteien (vgl BGHZ 75, 218, 220 zur Verkürzung der Frist des § 88 HGB aF).
Außerdem kann sich ihre Unangemessenheit daraus ergeben, dass *Vorteile* für die
eine Seite *nicht* nach Möglichkeit durch solche für die andere Seite *kompensiert*

werden, vgl zB § 13 Abs 5 Nr 1 VOB/B: Einerseits erleichterter Neubeginn der Verjährung, andererseits jetzt nur eine kürzere Frist; ferner BGHZ 205, 83 = NJW 2015, 2571 Rn 21: Erhöhung der Verjährungsfrist auf fünf Jahre bei gleichzeitiger Reduzierung der Verjährungshöchstfrist auf ebenfalls fünf Jahre, mithin also kenntnisunabhängigem Verjährungsbeginns.

VI. Einseitige Leistungsbestimmung

9a 1. Wenn der Schuldner Telefonkarten oder andere *Berechtigungsausweise* ausgegeben hat, kann er uU berechtigt sein, sie zu sperren. Der dann gebotene Ersatzanspruch für den Gläubiger ist gerade auch in der Frage seiner Verjährung an § 315 BGB zu messen (BGH NJW 2010, 1956); die Verjährungsfrist muss der Billigkeit entsprechen.

Das bedeutet dann, wenn der Berechtigungsausweis eine *zeitlich unbegrenzte Gültigkeit* hatte, dass es nicht der Billigkeit entspräche, den Ersatzanspruch des Gläubigers dem Einwand groben Verschuldens aus § 199 Abs 1 Nr 2 BGB auszusetzen; der BGH gelangt damit zu der zehnjährigen Frist des § 199 Abs 4 BGB.

Konnte die Leistung nur *zeitlich beschränkt* in Anspruch genommen werden, dürfte es zulässig sein, diese zeitliche Schranke auch dem Ersatzanspruch zu setzen.

9b 2. Davon zu unterscheiden ist der Fall, dass der Berechtigungsausweis deshalb nicht voll in Anspruch genommen werden kann, weil die *Leistung vorzeitig eingestellt* wird. Diesbezügliche Ansprüche unterliegen den §§ 195, 199 BGB.

VII. Einseitige Rechtsgeschäfte

10 Wenn die beiden Absätze der Bestimmung von einem Rechtsgeschäft reden, spricht nichts dagegen, auch das einseitige genügen zu lassen (Palandt/Ellenberger Rn 6; aA MünchKomm/Grothe Rn 4). Hierfür bestehen auch praktische Bedürfnisse. Der Auslobende, § 657 BGB, mag den Fristen der §§ 195, 199 BGB ausweichen wollen, namentlich der Maximalfrist des § 199 Abs 4 BGB. Insbesondere den Erblasser mag die Frist des § 197 Abs 1 Nr 2 BGB aF geschreckt haben, er kann zB die zügige Abwicklung eines Vermächtnisses anstreben oder den Testamentsvollstrecker vor uferloser Haftung bewahren wollen. Auch war der Kreis der § 197 Abs 1 Nr 2 BGB aF unterfallenden Ansprüche unsicher (vgl dort Rn 20 f); da mag ihm an Klarheit gelegen gewesen sein. Nicht möglich ist ihm die Verkürzung der Frist des Anspruchs des Pflichtteilsberechtigten, der nach Neufassung des § 2332 BGB durch das G zur Änderung des Erb- und Verjährungsrechts v 24. 9. 2009 (BGBl I 3142) der regelmäßigen Verjährung unterliegt. Denn diese Frist ist der Mindeststandard für den Pflichtteilsberechtigten, dessen gesetzliche Rechtsposition der Erblasser nicht beschneiden kann. Aber er mag diese Frist verlängern wollen, um zu vermeiden, dass der enterbte Abkömmling zeitnah gegen den eingesetzten Erben – die Ehefrau – vorgehen „muss". Das muss ohne ein Ausweichen auf ein Vermächtnis möglich sein (Amann DNotZ 2002, 94, 125; Löhnig ZEV 2004, 267, 268; **aA** Soergel/Dieckmann § 2332 Rn 1; Palandt/Ellenberger Rn 6; MünchKomm/Grothe Rn 4; Lakkis AcP 203 [2003] 763, 767; BeckOGK BGB/Piekenbrock [1. 2. 2019] Rn 18). Das Argument, dass der Pflichtteilsanspruch gar nicht zwischen Erblasser und Pflichtteilsberechtigtem bestehe, ist allzu formal, soweit es nicht gegen eine Verkürzung, sondern gegen die Verlängerung der Frist gebraucht wird. Der

Erblasser begründet immer Ansprüche, die nicht ihn selbst betreffen. Unerheblich ist auch, dass es ein gesetzlicher Anspruch ist, § 202 BGB schließt auch solche ein.

VIII. Erleichterungen der Verjährung

1. Unverjährbare Ansprüche

Abreden, die bei unverjährbaren Ansprüchen den Eintritt der Verjährung überhaupt erst ermöglichen sollen, sind nicht zulässig (Mot I 345; RegE BT-Drucks 14/6040, 110, 111; MünchKomm/GROTHE Rn 6). 11

2. Haftung für Vorsatz

Auch Individualvereinbarungen unterwirft § 202 Abs 1 BGB einer Schranke dahin, dass sie in Bezug auf eine Haftung wegen Vorsatzes im Voraus nicht möglich sein sollen. 12

a) Der Umkehrschluss dahin, dass sie nach dem Entstehen des Anspruchs beliebig möglich sein sollen (so etwa MünchKomm/GROTHE Rn 7; BeckOGK BGB/PIEKENBROCK [1. 2. 2019] Rn 20), gilt nicht uneingeschränkt, sondern nur dann, wenn der Gläubiger die Vorsätzlichkeit der Schädigung auch erkannt hat; andernfalls behält das Verhalten des Schuldners jenes Odium der Sittenwidrigkeit, das die ratio legis bildet.

b) Im Übrigen stellt sich die Haftung wegen Vorsatzes – wie auch sonst – als eine solche der bewussten und gewollten Erfüllung des haftungsbegründenden Tatbestands dar, wobei es unerheblich ist, ob die Haftung vertraglich oder deliktisch ist.

Im vertraglichen Bereich ist dies freilich zu erweitern: die sich aus den §§ 438 Abs 3, 634a Abs 3 BGB ergebende Frist kann auch individualvertraglich nicht abkürzbar sein, vgl auch die §§ 444, 639 BGB. Es genügt also außer der vorsätzlichen Schädigung selbst eine vielleicht nur fahrlässige Schädigung, bei der dann aber eine *Aufklärungspflicht über diese vorsätzlich verletzt* wurde. Solche Aufklärungspflichten über das eigene Fehlverhalten postuliert das Gewährleistungsrecht, vgl §§ 438 Abs 3 S 1, 634a Abs 3 S 1 BGB; sie können sich auch anderweitig ergeben (vgl zB zu Rechtsanwalt, Steuerberater, Wirtschaftsprüfer und Architekt § 214 Rn 26 ff).

Hinzuweisen ist dabei darauf, dass jedenfalls im Gewährleistungsrecht ein Organisationsmangel als der Arglist gleichwertig angesehen wird (BGHZ 117, 318).

Hinzuweisen ist schließlich darauf, dass § 202 Abs 1 BGB nicht nur einen möglichen Schadensersatzanspruch des Gläubigers vor einer Erleichterung der Verjährung schützt, sondern auch seine *sonstigen Befugnisse*, zB einen Anspruch auf Nacherfüllung, die Befugnis zu Rücktritt oder Minderung.

3. Individualvertragliche Möglichkeiten der Erleichterung der Verjährung

a) Als Verjährungserleichterungen sind Einwirkungen auf die *Tatbestände der §§ 203–206, 210–212 BGB* zu diskutieren. Unter Verweis auf den weiten Wortlaut 13 des § 202 Abs 1 BGB wird teilweise der Ausschluss dieser Tatbestände für möglich erachtet, auch wenn diese Auffassung durch das nicht näher spezifizierte Erfordernis einer Inhaltskontrolle nach §§ 138, 242 BGB eingeschränkt wird (BeckOGK BGB/ Piekenbrock [1. 2. 2019] Rn 10, 10. 3). Die Privatautonomie erlaube, dass ein Gläubiger durch Vereinbarung mit dem Schuldner seinen Anspruch als nicht erzwingbare Naturalobligation ausgestalte. Dann müsse er auch die Verjährung in jeglicher Form erleichtern können, weil für den verjährten Anspruch die gleichen Rechtsfolgen gelten würden. Es sei also nur der Weg, aber nicht das Ergebnis verschieden. Andere halten Einschränkungen der Hemmungstatbestände für zulässig (Palandt/Ellenberger Rn 4; MünchKomm/Grothe Rn 6) oder bezeichnen diese als möglichen Regelungsgegenstand von Vereinbarungen (BeckOK/Henrich [1. 5. 2019] Rn 3; Mansel NJW 2002, 89, 96; Soergel/Niedenführ Rn 6 hält eine Vereinbarung dahin für zulässig, dass die Verjährung nur durch Klage gehemmt werden kann).

Indessen sind die genannten Bestimmungen im Kern als zwingend anzusehen. Der Vergleich zur Vereinbarung einer Naturalrestitution passt nicht, weil die einschränkende Wirkung auch im Falle der Verjährungserleichterung kraft Gesetzes gem § 214 BGB eintreten soll. Deswegen müssen sich alle verjährungserleichternden Vereinbarungen daran messen lassen, dass sie den Ausgleich des Instituts der Verjährung zwischen den Interessen von Gläubiger und Schuldner nicht erschüttern. Im Falle des § 208 BGB ergibt sich die Unabdingbarkeit schon aus § 202 Abs 1 BGB. Es kann aber auch nicht angehen, dass es zu Verhandlungen kommt, die keine hemmende Wirkung haben (§ 203 Rn 18), der Schuldner anerkennt, aber die Verjährung dadurch nicht neu beginnt, gar dem Gläubiger die hemmende Wirkung der Maßnahmen nach § 204 Abs 1 BGB vorenthalten wird.

Im Hinblick auf die genannten Tatbestände sind freilich *Randkorrekturen* zu Lasten des Gläubigers möglich; zB mag man ihm im Rahmen einer Gerichtsstandsvereinbarung auferlegen, eine die Verjährung hemmende Klage nur in diesem Gerichtsstand zu erheben. Auch Modifizierungen der Nachfrist des § 203 S 2 BGB (§ 203 Rn 18) oder der Frist in § 204 Abs 2 S 1 BGB (BeckOGK BGB/Meller-Hannich [1. 3. 2019] § 204 Rn 414) sind zulässig.

14 **b)** Möglich sind *Abkürzungen der einschlägigen Fristen,* dem Gläubiger nachteilige Vereinbarungen über ihren Beginn. Freilich sind die Bestimmungen der §§ 195 ff nF sowie auch die Gewährleistungsfristen von dem Bestreben geprägt, dem Gläubiger die faire Chance zu geben, sein Recht auch durchzusetzen (Palandt/Ellenberger Rn 8): Wo diese Chance gefährdet ist, wird die den Gläubiger benachteiligende Abrede an § 138 Abs 1 BGB scheitern können (vgl o Rn 3; ebenfalls für eine Inhaltskontrolle NK-BGB/Mansel/Stürner Rn 20 f; Erman/Schmidt-Räntsch Rn 4).

c) Im Übrigen sind die Sperren einiger Spezialvorschriften zu beachten:

– § 476 Abs 2 BGB sieht beim Verbrauchsgüterkauf Mindestfristen vor, die vor Mitteilung des Mangels einzuhalten sind. Allerdings sieht der EuGH (v 13. 7. 2017 – C-133/16, JZ 2018, 298) darin, dass § 476 Abs 2 BGB eine Verkürzung der Verjährungsfrist beim Kauf gebrauchter Sachen auf ein Jahr und damit auf weniger als zwei Jahre zulässt, einen Verstoß gegen Art 5, 7 VerbrGKRL.

– § 478 Abs 2 BGB lässt Erleichterungen beim Regress des Unternehmers nur zu, wenn gleichwertiger Ausgleich eingeräumt wird.

4. AGB des Schuldners zur Erleichterung der Verjährung

a) Die §§ 439 Abs 3, 463, 475a HGB schließen für den Bereich des Fracht-, Speditions- und Lagergeschäfts von dem Gesetz abweichende Verjährungsregelungen in Allgemeinen Geschäftsbedingungen überhaupt aus, damit auch solche zu ihrer Erleichterung. **15**

b) Regelungen, die die *Tatbestände der Hemmung* der Verjährung iSd §§ 203 ff BGB ausschalten bzw einem Anerkenntnis die Wirkung des § 212 Abs 1 Nr 1 BGB nehmen sollen, werden schon überraschend iSd § 305c Abs 1 BGB sein. Im Übrigen haben die genannten Tatbestände der §§ 203 ff BGB einen besonderen Gerechtigkeitsgehalt, sodass es nicht vorstellbar ist, dass Abweichungen von ihnen zu Lasten des Gläubigers vor § 307 Abs 1, 2 Nr 1 BGB bestehen könnten. Insoweit genießt also auch der Gläubiger umfassenden Schutz, der Unternehmereigenschaft hat, § 14 BGB.

c) Soweit der *Verjährungsbeginn objektiv* ausgestaltet ist, verstößt seine Vorverlegung in aller Regel gegen § 307 Abs 2 Nr 1 BGB. Denn Daten wie die Ablieferung der Kaufsache, die Abnahme des Werkes, die Rückgabe der Mietsache ergeben überhaupt erst die Möglichkeit, bestehende Ansprüche festzustellen und geben jedenfalls Anlass, über sie nachzudenken. **16**

Soweit der regelmäßige Verjährungsbeginn an die Kenntnismöglichkeiten des Gläubigers anknüpft, § 199 Abs 1 S 1 Nr 2 BGB, ist der entsprechende Zeitpunkt für den Schuldner nicht ohne weiteres erkennbar und damit kalkulationsfähig, sodass ein gewisses Interesse anzuerkennen ist, den Verjährungsbeginn starr festzulegen. Indessen sind derartige Versuche in weiten Bereichen schon durch § 309 Nr 7 lit a, b BGB ausgeschlossen (BGH NJW 2009, 1486 Rn 17; NJW 2013, 2584), der auch im unternehmerischen Bereich sinngemäß anzuwenden ist (PALANDT/GRÜNEBERG § 309 Rn 38). Für Schäden an Eigentum und Vermögen kann dasselbe Ergebnis daraus folgen, dass sie auf einer Verletzung von Kardinalpflichten beruhen, § 307 Abs 2 Nr 2 BGB. Bei den verbleibenden Ansprüchen, zB auf Erfüllung oder auf Ersatz sonstiger Schäden ist aber zu sehen, dass es tragender Grundgedanke der gesetzlichen Regelung ist, § 307 Abs 2 Nr 1 BGB, dem Gläubiger eine reelle Chance zur Durchsetzung des Anspruchs zu geben; dazu gehört gerade auch die Möglichkeit der Kenntnisnahme vom Anspruch. Mithin müsste der Schuldner in seinen AGB einen kompensatorischen Ausgleich durch eine nachhaltige Verlängerung der Frist des § 195 BGB gewähren. Das rechnet sich aber nicht, wenn denn idR dem Gläubiger seine Ansprüche bald bekannt werden.

d) Grundsätzlich möglich ist eine *Verkürzung der Verjährungsfristen*. **17**

aa) Schranken bilden dabei freilich schon – wie eben – die §§ 307 Abs 2 Nr 2 und 309 Nr 7 BGB in Bezug auf Schadensersatzpflichten, die auf der Verletzung von Kardinalpflichten beruhen, auf der Verletzung von Leben, Körper oder Gesundheit oder auf grobem Verschulden (vgl BGHZ 170, 31 = NJW 2007, 674 Rn 20 zu § 309 Nr 7b).

bb) Im *Gewährleistungsrecht* gilt beim Verbrauchsgüterkauf § 476 Abs 2 BGB. Außerdem sieht § 309 Nr 8 b ff BGB einzuhaltende Mindestfristen vor: Generell ein Jahr, bei Bauwerk fünf Jahre, dort ausnahmsweise die kürzeren Fristen der VOB/B, wenn diese ohne Einschränkungen gegenüber einem Unternehmer iSd § 14 BGB verwendet wird, vgl § 310 Abs 1 S 3 BGB. Gegenüber einem Verbraucher fallen die Fristen des § 634a BGB unter § 307 Abs 2 Nr 1 BGB. Das gilt dann auch gegenüber einem Unternehmer iSd § 14 BGB, sofern die VOB/B modifiziert wurde.

18 cc) Bei *Schadensersatzansprüchen mit objektivem Verjährungsbeginn* hat BGHZ 97, 21, 25 die Dreijahresfrist des § 68 StBerG aF für nicht unterschreitbar gehalten. Das muss für Bestimmungen dieser Art gerade auch nach neuem Recht gelten, wenn die Regelverjährung eine entsprechende Frist ab Kenntnismöglichkeit vorsieht. Auch bei leichter durchschaubaren Schadensersatzansprüchen ist davon auszugehen, dass der Gesetzgeber besondere statuierte Fristen einerseits für auskömmlich, andererseits aber doch auch für notwendig gehalten hat.

dd) Im weiten Bereich der *Regelverjährung* nach den §§ 195, 199 BGB ist zunächst von einem Gläubiger auszugehen, der seinen Anspruch entweder kennt oder sich seine Unkenntnis als grob fahrlässig vorhalten lassen muss. Von daher gesehen hätte er bei einer Frist von ein bis zwei Jahren eine reelle Chance, seinen Anspruch durchzusetzen. Indessen trägt einerseits die Verjährung Züge der Verwirkung in sich und hat andererseits der Schuldner keinen Anspruch auf besondere Beeilung seines Gläubigers: Will er eine schnelle Abwicklung, mag er leisten oder negative Feststellungsklage erheben. Außerdem hat sich der Gesetzgeber in Abwägung der Aspekte für eine Frist von drei Jahren entschieden. Dann hat der Schuldner seinem Gläubiger jedenfalls eine Frist von zwei Jahren zu belassen. Der BGH (NZBau 2013, 104) hält freilich eine Frist von zwei Jahren für den Werklohnanspruch des Unternehmers für unangemessen. Mit einer Frist von einem Jahr würde er seine Wertung an die Stelle der Wertung des Gesetzgebers setzen. Eine so weitgehende Abweichung vom *Leitbild des Gesetzes,* § 307 Abs 2 Nr 1 BGB, bedürfte der ganz besonderen Rechtfertigung.

Bei den kenntnisunabhängigen Höchstfristen des § 199 Abs 3 Nr 1, Abs 4 BGB von 10 Jahren hält PALANDT/ELLENBERGER eine Halbierung für noch zulässig (Rn 16). Dem ist mit dem Vorbehalt zuzustimmen, dass der Schuldner besondere schutzwürdige Interessen belegen muss.

e) Eine Modifikation der §§ 214 ff BGB in AGB des Schuldners zu Lasten des Gläubigers würde letzteren unangemessen benachteiligen.

IX. Erschwerungen der Verjährung

1. Allgemeines

19 § 202 Abs 2 BGB kehrt das Prinzip des § 225 S 2 BGB aF um, dass der Eintritt der Verjährung von den Parteien auch einverständlich nicht hinausgeschoben werden kann.

Das legitimiert zunächst die ständige Rechtsprechung (BGH NJW 1985, 791, 792; NJW-RR 1990, 664; VersR 1992, 1091; DAR 1998, 447), dass der Schuldner ein *Anerkenntnis dem Grunde nach* abgeben könne, das zu einer dreißigjährigen Verjährung führt. Bei ungewisser Anspruchshöhe hilft dies, Aufwand und Kosten einer Feststellungsklage zu vermeiden.

2. Zeitliche Schranke

§ 202 Abs 2 BGB zieht eine zeitliche Schranke von 30 Jahren ab gesetzlichem Ver- **20** jährungsbeginn. Dieser Fristbeginn ist sinnwidrig: Kommt es erst spät zu einer Vereinbarung der Parteien, so mindert dies nicht die Möglichkeiten ihrer Voraussicht; es kann eine volle Frist von 30 Jahren immerhin dadurch erreicht werden, dass man den Anspruch tituliert, § 197 Abs 1 Nrn 3, 4 BGB. Außerdem bedarf § 202 Abs 2 BGB freilich der berichtigenden Auslegung: Es kann nicht sein, dass die bloße Vereinbarung der Parteien eine längere Verjährungsfrist erzeugt als die Titulierung des Anspruchs. Mithin muss für *Unterhalt und künftig fällig werdende regelmäßig wiederkehrende Leistungen* § 197 Abs 2 BGB entsprechend gelten: Sie können der regelmäßigen Verjährungsfrist nicht entzogen werden.

Die zeitlichen Schranken des § 202 Abs 2 BGB gelten *nur für die* von den Parteien gewählte *Verjährungsfrist als solche*. Hemmungen und auch ein Neubeginn der Verjährung können über sie hinausführen. Dies gilt ohne weiteres bei den gesetzlichen Tatbeständen der Hemmung oder des Neubeginns zB nach den §§ 203–212 BGB, aber doch auch dann, wenn sich die Fristüberschreitung aus einem von den Parteien geschaffenen Hemmungstatbestand ergibt (**aA** NK-BGB/Mansel/Stürner Rn 37; Palandt/Ellenberger Rn 4: Wenn die Parteien davon ausgehen können, dass die Frist nicht überschritten wird).

Vereinbaren die Parteien individualvertraglich eine *längere Frist,* ist dies *nicht nichtig* (vgl BGH ZIP 2007, 2206 Rn 16; BeckOGK BGB/Piekenbrock [1. 2. 2019] Rn 13; **aA** NK-BGB/ Mansel/Stürner Rn 23 ff; MünchKomm/Grothe Rn 11); es bleibt vielmehr der zulässige Fristenteil erhalten nach dem Ausnahmefall des § 139 BGB. Der unzulässige Teil erzeugt immerhin Vertrauen, dass sich der Schuldner nicht auf Verjährung berufen wird. Gleiches gilt, wenn der *Schuldner in seinen AGB* eine längere Leistungsbereitschaft zugesagt hat. § 306 Abs 2 BGB mit seinem Weg zurück zu den gesetzlichen Bestimmungen findet Anwendung nur bei entsprechenden AGB des Gläubigers.

3. Vereinbarungen über den Ablauf der Verjährung

Es steht den Parteien grundsätzlich frei, neue Tatbestände der Hemmung der Ver- **21** jährung zu schaffen. Angesichts des weiten Kanons der §§ 203 ff BGB fällt es allerdings schwer, einschlägige Beispiele zu finden.

Soweit eine *Musterprozessklausel* nach Entstehung der Streitigkeit abgeschlossen wird, fällt sie dann schon unter § 205 BGB, wenn sie den Schuldner einstweilen zur Verweigerung der Leistung berechtigt. Wenn dies nicht der Fall ist, kann man das einverständliche Zuwarten auf den Ausgang eines Musterprozesses zwanglos als einen Fall der Verhandlungen über den Anspruch iSd § 203 BGB verstehen (dort Rn 13).

Möglich erscheinen *Randkorrekturen* an den Regeln des Gesetzes: So mag man die Nachfrist des § 203 S 2 BGB an die des § 204 Abs 2 S 1 BGB angleichen, also verdoppeln.

Weitergehende Eingriffe wären jedenfalls nicht von Vernunft geprägt, was sich auch im Rahmen der Inhaltskontrolle nach AGB auswirken muss (kritisch indessen BeckOGK BGB/PIEKENBROCK [1. 2. 2019] Rn 10. 2): Das gilt etwa, wenn – wie in § 13 Abs 5 Nr 1 S 2 VOB/B – das bloße *schriftliche Leistungsverlangen* des Gläubigers zu einem *Neubeginn* der Verjährung führen soll. Mit guten Gründen sieht der Katalog des § 204 Abs 1 BGB stärkere Förmlichkeiten für das Vorgehen des Gläubigers vor und beschränkt die Wirkungen außerdem auf eine bloße Hemmung der Verjährung. Wenn sich der Schuldner auf das Leistungsbegehren des Gläubigers einlässt, erkennt er an, § 212 Abs 1 Nr 1 BGB, oder es kommt jedenfalls zu Verhandlungen, § 203 BGB.

Möglich und sinnvoll sind Klauseln, die unter bestimmten Voraussetzungen zur Aufnahme von Verhandlungen verpflichten. Hemmungswirkung kommt freilich erst den *aufgenommenen Verhandlungen* zu. Möglich ist es auch, schon die bloße Anmeldung eines Anspruchs zur Verjährungshemmung genügen zu lassen, vgl § 18 Abs 2 Nr 2 VOB/B. Das benachteiligt den Schuldner nicht unangemessen, weil er die Hemmung durch Zurückweisung des Anspruchs beenden kann. Solche Vereinbarungen können aber jedenfalls nicht – nun verjährungserleichternd – § 203 BGB verdrängen, § 307 Abs 2 Nr 1 BGB.

22 Auch bei *nachträglichen Vereinbarungen* über den Ablauf der Verjährung genügt der Kanon der §§ 203 ff BGB vollauf zur Wahrung der Rechte des Gläubigers. Das gilt auch in den kritischen Fällen. Sieht sich der Gläubiger einer *kurzen Frist* ausgesetzt wie zB der des § 11 UWG, genügen die Möglichkeiten, Verhandlungen aufzunehmen, ein Anerkenntnis herbeizuführen oder eine einstweilige Verfügung zu beantragen, was heute nach § 204 Abs 1 Nr 9 BGB entgegen der früheren Rechtslage hemmende Wirkung hat. Geht es um *Regress,* hofft der Gläubiger aber einstweilen noch, die gegen ihn gerichtete Forderung abzuwehren, ist es ihm zuzumuten, den Regressschuldner durch Streitverkündung einzubinden, § 204 Abs 1 Nr 6 BGB, wenn bereits ein Primärverfahren anhängig ist. Wenn dies nicht der Fall ist, hat der mögliche Regressschuldner ein legitimes Interesse an alsbaldiger Benachrichtigung. Mit dieser kann der mögliche Regressgläubiger zu den Hemmungsgründen der §§ 203, 205 BGB gelangen.

Im Ergebnis ist schon von individuellen Abreden über den Ablauf der Verjährung abzuraten. Wo sie gleichwohl getroffen werden, sind sie kritisch zu sehen. Entsprechende AGB des Gläubigers werden am Leitbild der §§ 203 ff BGB scheitern, § 307 Abs 2 Nr 1 BGB, sofern sie nicht schon als überraschend gar nicht erst Vertragsinhalt werden, § 305c Abs 1 BGB.

4. Vereinbarungen über den Beginn der Verjährung

a) Transparenzgebot

23 AGB des Gläubigers, die den Beginn der Verjährung hinausschieben, müssen jedenfalls transparent sein, § 307 Abs 1 S 2 BGB. Daran fehlt es dann, wenn auf dritte Ereignisse abgestellt wird, die der Schuldner nicht kennen und nicht beeinflussen

kann. Im Gewährleistungsrecht des Werkvertrages ergibt sich eine derartige Situation, wenn die Abnahme der Leistung des Subunternehmers von der Abnahme des eigenen Bestellers abhängig gemacht wird oder von einer behördlichen Abnahme (BGH NJW 1989, 1602, 1603). Den Mieter benachteiligt es unangemessen, wenn der Fristbeginn des § 548 Abs 1 S 2 BGB von der Einsicht des Vermieters in polizeiliche Ermittlungsakten abhängig gemacht wird (BGH NJW 1986, 1608) oder auch nur der Möglichkeit dazu (BGH NJW 1994, 1788). Derlei bedarf jedenfalls der engen zeitlichen Begrenzung.

b) Kenntnis als Verjährungsvoraussetzung
Bei der regelmäßigen Verjährungsfrist benachteiligt es den Schuldner unangemessen 24 iSd § 307 Abs 2 Nr 1 BGB, wenn entgegen § 199 Abs 1 Nr 2 BGB der Verjährungsbeginn davon abhängig gemacht wird, dass der Gläubiger positive Kenntnis von seinem Anspruch erlangt hat. Mit dem Abstellen auf grob fahrlässige Unkenntnis erlegt die Bestimmung dem Gläubiger ein Mindestmaß an Fürsorge für seinen Anspruch auf. Davon kann er sich nicht freizeichnen.

c) Kenntnismöglichkeit als Verjährungsvoraussetzung
Dagegen muss es als grundsätzlich zulässiger Inhalt von AGB des Gläubigers an- 25 gesehen werden, wenn er bei Ansprüchen, deren Verjährung an objektive Ereignisse anknüpft, die Möglichkeit der Kenntnisnahme entsprechend § 199 Abs 1 Nr 2 BGB zur Voraussetzung des Verjährungsbeginns macht, dies gekoppelt mit einer Höchstfrist nach dortigem Vorbild.

Das gilt zunächst in jenen weiten Bereichen, in denen das G zur Modernisierung des Schuldrechts bestehende Verjährungsregelungen unangetastet gelassen hat. Wenn erwogen wird, Sonderbestimmungen zugunsten der §§ 195, 199 BGB zu tilgen, kann es nicht getadelt werden, wenn der Gläubiger dies in seinen AGB vorwegnimmt; vielmehr verwirklicht er geradezu das verjährungsrechtliche Leitbild dieses Gesetzes.

Dabei bestehen freilich Grenzen: Im *Bereich des § 548 BGB* und seinen Parallelbestimmungen ist dies nicht möglich; sie haben ein abweichendes Leitbild.

Im *Gewährleistungsrecht* hat sich der Gesetzgeber des G zur Modernisierung des 26 Schuldrechts gerade gegen das Modell der §§ 195, 199 BGB entschieden; die Grundstruktur der §§ 438, 634a BGB kann danach nur durch Individualvereinbarungen überwunden werden. Freilich ist eine Ausnahme bei Mangelfolgeschäden zu machen. Soweit sie zusätzlich auf deliktischer Basis liquidiert werden können, sind die §§ 195, 199 BGB ohnehin anwendbar. Dann kann es aber nicht als eine unangemessene Benachteiligung von Verkäufer oder Unternehmer angesehen werden, wenn sich die Gegenseite derlei in ihren AGB auch für bloße fahrlässig verursachte Vermögensschäden ausbedingt. Jedenfalls gegenüber den Personen des § 14 BGB kann das keine unangemessene Benachteiligung sein.

Durch Individualvereinbarung ist ein Umschwenken auf die §§ 195, 199 BGB stets möglich.

d) Bloße Fristverlängerungen

27 Durch *Individualvereinbarung* können Verjährungsfristen im Rahmen des § 202 Abs 2 BGB verlängert werden. Freilich sollte von den erweiterten Gestaltungsmöglichkeiten nicht unbedacht Gebrauch gemacht werden. Je weiter der Umfang ist, in dem man dies tut, desto mehr geraten heutige Dispositionen zu einer kaum mehr vor sich selbst oder seinen Rechtsnachfolgern zu verantwortenden Spekulation; bei einer Ausschöpfung ist stets an eine Verwirkung zu denken.

In seinen AGB hat der Gläubiger die *Leitbildfunktion* der gesetzlichen Fristen zu achten und darf nur mit besonderer Rechtfertigung nachhaltig von ihnen abweichen (BGHZ 205, 83 = NJW 2015, 2571 Rn 17; vgl auch BGHZ 110, 88, 92 zu einer Verlängerung der sechsmonatigen Frist des § 477 BGB aF auf drei Jahre: unwirksam). Berechtigt ist zwar das Bedürfnis des Bestellers nach einer zehnjährigen Gewährleistung bei Flachdächern, ist bei ihnen doch gerade die Haltbarkeit von besonderem Interesse. Gleichwohl ist der Entscheidung BGH NJW 1986, 1609 nach heutigem Recht nicht mehr zu folgen. Denn soweit ein Mangel ohne weiteres erkennbar wird, müsste der Besteller aktiv werden. Heute wäre hier und in vergleichbaren Fällen die *Regelverjährung angemessen.* Unter den Voraussetzungen des § 199 Abs 1 Nr 2 BGB muss der Gläubiger die Verjährung auch gegen sich laufen lassen, will er den Schuldner nicht unangemessen benachteiligen.

e) Höchstfristen

28 § 199 BGB markiert in seinen Abs 2–4 Höchstfristen, die in AGB nicht überschritten werden können, sondern der individuellen Vereinbarung bedürfen.

5. Beschränkungen der Befugnisse des Schuldners

29 Auch individualvertraglich können die Befugnisse des Schuldners nicht eingeschränkt werden, die sich aus dem Eintritt der Verjährung ergeben. Unwirksam wäre die Verabredung einer Vertragsstrafe für den Fall der Erhebung der Einrede, die Erweiterung der eigenen Rechte nach § 215 BGB, der Vorbehalt einer eigenständigen Verjährung von Nebenleistungen trotz § 217 BGB.

Titel 2
Hemmung, Ablaufhemmung und Neubeginn der Verjährung

Vorbemerkungen zu §§ 203–213

Schrifttum

DERLEDER/KÄHLER, Die Kombination von Hemmung und Neubeginn der Verjährung, NJW 2014, 1617

SCHMOLKE, Bürgschaft und Verjährung. Zur Reichweite der Durchsetzungsakzessorietät im Bürgschaftsrecht, WM 2013, 148.

I. Hemmung, Ablaufhemmung

Zu den Begriffen der Hemmung und der Ablaufhemmung vgl § 209 m Erl. Bei beiden wird der betroffene Zeitraum aus der laufenden Verjährungsfrist herausgerechnet bzw „hinten angehängt", bei der Hemmung insgesamt, bei der Ablaufhemmung wird das Fristende um den betroffenen Zeitraum hinausgeschoben. **1**

II. Neubeginn der Verjährung

1. Begriff

Der Neubeginn der Verjährung ist an die Stelle der *Unterbrechung* der Verjährung des bisherigen Rechts getreten. Das geltende Recht erläutert ihn nicht, dies im Gegensatz zur Begriffsbestimmung der Unterbrechung in § 217 aF. Dieser lautete: „Wird die Verjährung unterbrochen, so kommt die bis zur Unterbrechung verstrichene Zeit nicht in Betracht; eine neue Verjährung kann erst nach der Beendigung der Unterbrechung beginnen" (dazu STAUDINGER/PETERS [2001] § 217). Die Änderung des Ausdrucks soll nur deutlicher machen, worum es geht, eine *sachliche Änderung* aber *nicht bewirken*. **2**

Neubeginn der Verjährung bedeutet, dass der bisher verstrichene Teil der Verjährungsfrist unbeachtlich bleibt; sie steht von dem entsprechenden Ereignis an wieder uneingeschränkt zur Verfügung. Zum Neubeginn kann es also nicht kommen, wenn die Frist schon abgelaufen war. Freilich mag ein so spätes Bekenntnis des Schuldners zu dem Anspruch zwar nicht § 212 Abs 1 Nr 1 BGB genügen, aber doch ein Verzicht des Schuldners auf die Einrede der Verjährung sein (dazu § 214 Rn 30 ff), auch kann die Verjährung einverständlich wieder nach § 202 Abs 2 BGB in Lauf gesetzt werden.

Die im Falle des Neubeginns der Verjährung einschlägige Frist ist wieder die bisherige, zB die des § 195 BGB, des § 196 BGB. Im Falle des § 195 BGB beginnt sie aber sofort nach § 187 Abs 2 S 1 BGB, gegenüber § 199 Abs 1 BGB nicht erst am nächsten Jahresende.

Einen Fall des Neubeginns der Verjährung enthält auch die Titulierung einer Forderung nach § 197 Abs 1 Nrn 3–5 BGB (falls die Forderung vorab schon bestand), freilich gelten jetzt die Fristen des § 197 BGB, nicht mehr die bisherigen.

III. Fälle von Neubeginn, Hemmung und Ablaufhemmung

1. Neubeginn

3 Innerhalb der §§ 203 ff BGB sind die Gewichte verschoben worden: Hier finden sich in § 212 Abs 1 BGB nur noch die beiden Fälle des Anerkenntnisses und der Vollstreckungsmaßnahmen. Die sonstigen Unterbrechungsgründe der §§ 209 ff BGB aF sind zwar beibehalten – und sogar ergänzt – worden, aber in § 204 BGB nF zu Fällen der Hemmung umgewandelt worden, wobei der Unterschied freilich mehr dogmatischer Natur ist und weniger das praktische Ergebnis betrifft. Hier geht es um Maßnahmen des Gläubigers zur Rechtsverfolgung. Sind sie erfolgreich, verschaffen sie ihm die Fristen des § 197 Abs 1 Nrn 3–5 BGB. Kommt es dazu nicht, gewährten ihm auch die §§ 212 ff BGB aF letztlich nur einen – einer Hemmung vergleichbaren – zeitlichen Aufschub.

§ 212 BGB nennt aber nicht die einzigen Fälle eines Neubeginns der Verjährung. Außerhalb des BGB ist zu verweisen auf die Regelungen der § 7 Abs 3 S 2 FamGKG. Auf vertraglicher Basis beruht der Neubeginn der Verjährung des § 13 Abs 5 Nr 1 S 2 VOB/B.

2. Hemmung, Ablaufhemmung

4 Umfangreicher ist der Katalog der Hemmungstatbestände außerhalb der §§ 203 ff BGB: Zu nennen sind etwa die Bestimmungen der §§ 497 Abs 3 S 3, 771 S 2, 802 S 3 BGB, 439 Abs 3 HGB, 5 Abs 2 S 3 GKG, 7 Abs 2 S 3 FamGKG, § 4 Abs 3 S 2 JVEG, § 8 Abs 2 RVG, §§ 15, 115 Abs 2 S 3 VVG, Art 32 Abs 2 CMR, §§ 39 Abs 2, 47 LuftVG, § 230 AO, § 20 Abs 2 VwKostG, § 34 Abs 2 EGGVG.

Einen Fall der Ablaufhemmung kennt zB § 445b Abs 2 BGB.

IV. Persönlicher Anwendungsbereich der Regelungen

5 1. Bei der *Schuldübernahme* wirken der Neubeginn oder die Hemmung der Verjährung gegenüber dem bisherigen Schuldner auch gegenüber dem neuen Schuldner (RGZ 143, 154). Entsprechendes gilt bei Rechtsnachfolge auf der Gläubigerseite. Bei einer *Mehrheit von Schuldnern* ergibt sich aus § 425 Abs 2 BGB bloße Einzelwirkung. Das gilt auch im Falle des *Schuldbeitritts* (BGH NJW 1977, 1879; 1984, 794), sofern die relevanten Ereignisse nicht schon vor dem Beitritt lagen. Das Anerkenntnis eines Gesamtschuldners gilt nur für ihn, es sei denn, er hat auch im Namen und mit Vertretungsmacht für die anderen anerkannt; ob er von seiner Vertretungsmacht Gebrauch machen wollte, ist eine Frage der Auslegung. Das Vorgehen gegen eine *oHG* wirkt wegen § 129 Abs 1 HGB auch gegen den persönlich haftenden Gesellschafter (BGHZ 73, 217, 223). Hat der Gläubiger den Gesellschafter rechtzeitig in Anspruch genommen, kann dieser sich nicht darauf berufen, dass inzwischen gegenüber der Gesellschaft Verjährung eingetreten sei (BGHZ 104, 76). Wenn und soweit man die Haftungsverfassung der *BGB-Gesellschaft* nach dem Vorbild jener der oHG behandelt, muss Entsprechendes auch bei ihr gelten.

Die rechtzeitige Klage gegen den Hauptschuldner nimmt dem *Bürgen* die Möglichkeit der Berufung auf § 768 BGB. Der Bürge muss nach § 768 BGB auch Verhandlungen des Hauptschuldners, § 203 BGB, hinnehmen (BGH NJW-RR 2010, 475 Rn 15 ff). Es bleibt die Möglichkeit der Verjährung der eigenen Bürgenschuld. Ist der Bürge rechtzeitig in Anspruch genommen worden, bleibt ihm die Berufung auf die – auch nachträglich – eingetretene Verjährung der Hauptschuld. Dies freilich nur, wenn ihm die Einrede der Vorausklage zur Verfügung stand (aA BGHZ 76, 222; BGH NJW 1998, 2972; 2003, 1250). Sonst würden die §§ 768, 214 BGB die gerade erlassene Inanspruchnahme der Hauptschuld im Ergebnis doch erzwingen. Es muss nur der Bürge belangt werden, bevor die Hauptschuld verjährt ist. Das gilt auch dann, wenn der Hauptschuldner als Rechtsperson untergegangen ist (BGH NJW 2012, 1645 Rn 12 f). Für den nach § 128 HGB in Anspruch genommenen Gesellschafter besteht die Möglichkeit der Verteidigung mit der Verjährung der Hauptschuld nicht (BGHZ 104, 76, 79 ff; BGH NJW 1998, 2972). – Bei dem Direktanspruch gegen den Versicherer des § 115 VVG ist § 115 Abs 2 VVG zu beachten (dazu BGHZ 83, 162).

2. Bei einer Mehrheit von Gläubigern beschränkt sich die Wirkung der Hemmung oder des Neubeginns ebenfalls grundsätzlich auf den, der vorgeht, §§ 429 Abs 3 S 1, 425 Abs 2 BGB. Das gilt auch dann, wenn die geschuldete Leistung unteilbar ist, vgl § 432 Abs 2 BGB. Allerdings kommt die Verjährungshemmung durch einen Miterben wegen § 2039 S 2 BGB allen zugute. Erkennt der Schuldner gegenüber einem der Gläubiger an, so bedarf es der Auslegung, ob der Neubeginn der Verjährung nach § 212 Abs 1 Nr 1 BGB nur ihm oder allen gegenüber erfolgen soll. Grundsätzlich ist von letzterem auszugehen, sofern nicht konkrete Anhaltspunkte für ein persönlich eingeschränktes Anerkenntnis vorhanden sind. **6**

V. Wahrung von Ausschlussfristen

1. Anerkenntnis

a) Die Frage, ob ein Anerkenntnis des Verpflichteten, § 212 Abs 1 Nr 1 BGB, eine Ausschlussfrist erneuern kann, hat BGH NJW 1990, 3207, 3208 f für die frühere Fassung des § 612 HGB aF verneint. Dem ist grundsätzlich zuzustimmen (Vorbem 16 zu §§ 194–203). **7**

Freilich bleibt der *Grundgedanke des § 212 Abs 1 Nr 1 BGB* zu beachten, dass der Verpflichtete hier durch sein Verhalten den Berechtigten davon abhält, seinerseits rechtzeitig Maßnahmen zur Wahrung der Frist zu ergreifen. Das bedeutet bei Ausschlussfristen, die die Durchsetzung von Ansprüchen betreffen, dass die Berufung auf den Ablauf der Ausschlussfrist nach einem Anerkenntnis des Verpflichteten treuwidrig sein kann. Die unterschiedliche Wirkungsweise der Ausschlussfrist gegenüber der Verjährung (Berücksichtigung von Amts wegen statt nur auf Einrede) wird dadurch nicht in Frage gestellt, weil auch schon ein treuwidriges Verhalten von Amts wegen zu berücksichtigen ist. Die Wirkungen des treuwidrigen Verhaltens sind wie bei der treuwidrigen Erhebung der Einrede der Verjährung zu beurteilen (vgl dazu § 214 Rn 18 ff).

Soweit Ausschlussfristen die Ausübung von Gestaltungsrechten betreffen, muss ein Anerkenntnis des Gegners unbeachtlich bleiben.

b) Wenn vertraglich (tarifvertraglich) vorgesehen ist, dass Ansprüche innerhalb bestimmter Frist (schriftlich) anzumelden sind, soll dies im Zweifel nur dem Verpflichteten Vertrauen verschaffen, dass er nach Fristablauf nicht mehr in Anspruch genommen werden wird. Dieses Vertrauen kann nicht entstehen, wenn er seinerseits den Anspruch rechtzeitig anerkannt hat (BAG NJW 1980, 359). Folgerichtig wahrt hier das Anerkenntnis die laufende Ausschlussfrist; der Anspruch unterliegt nur noch der für ihn geltenden Verjährung (BAG NJW 1980, 359).

2. Klage

8 a) Soweit eine Klage zur Wahrung einer Ausschlussfrist notwendig ist, ergibt sich die Frage, welche Anforderungen an sie zu stellen sind. Das ist zwar im Einzelfall nach dem jeweiligen Zweck der Ausschlussfrist und des Klagepostulats zu beurteilen (vgl RGZ 102, 339, 341, 381), doch wird man sich im Zweifel an jenen Anforderungen orientieren können, die an die Klage als Mittel der Verjährungshemmung gestellt werden (vgl dazu § 204 Rn 31).

b) Soweit eine Klage zur Wahrung der Ausschlussfrist erforderlich ist, wird man grundsätzlich alle in § 204 Abs 1 Nr 1 BGB genannten Klagearten ausreichen lassen müssen (aA STAUDINGER/GUTZEIT [2018] § 864 Rn 4 zur Feststellungsklage im Rahmen des § 864; wie hier MünchKomm/JOOST § 864 Rn 3), aber doch auch die der Klage in § 204 Abs 1 BGB gleichgestellten Maßnahmen sowie den Antrag auf Bestimmung des zuständigen Gerichts nach § 36 ZPO, § 204 Abs 1 Nr 13 BGB, vgl auch zur Anwendung des § 210 aF (§ 204 Abs 1 Nr 13 BGB) auf die Ausschlussfrist des § 215 Abs 2 BGB aF BGHZ 53, 270, zur Wahrung einer vertraglichen Ausschlussfrist durch Aufrechnung im Prozess BGHZ 83, 260, 270. Es muss die Auslegung der gesetzlichen Bestimmungen, erst recht die Auslegung einer vertraglichen Vereinbarung einer Ausschlussfrist schon deutlich ergeben, dass gerade nur eine bestimmte Maßnahme zur Fristwahrung genügen soll. Unter allen Umständen reicht insoweit die Klage gegenüber der vertraglich vorgesehenen schriftlichen Anmeldung.

3. Wirkung der Fristwahrung

9 Das Gesetz ordnet in einigen Sonderfällen an, dass Regelungen über die Hemmung der Verjährung entsprechende Anwendung auf Ausschlussfristen finden; meist sind dies die Bestimmungen der §§ 206, 210, 211 BGB, vgl etwa § 124 Abs 2 S 2 BGB. Daraus ist der Schluss zu ziehen, dass grundsätzlich in anderen Fällen und in weiterem Umfang die *Hemmung* – als Fristverlängerung – gegenüber Ausschlussfristen *nicht in Betracht* kommt; regelmäßig werden sie eben nur *gewahrt, nicht gehemmt*. Wird zB eine Klage wegen Besitzstörung innerhalb der Frist des § 864 Abs 1 BGB angestrengt, dann aber wieder zurückgenommen, müsste auch eine neue Klage die von der Besitzstörung an laufende Frist einhalten; dies gegenüber § 204 Abs 2 S 1 BGB.

§ 167 ZPO betrifft durch Klage zu wahrende Ausschlussfristen unmittelbar.

§ 203
Hemmung der Verjährung bei Verhandlungen

Schweben zwischen dem Schuldner und dem Gläubiger Verhandlungen über den Anspruch oder die den Anspruch begründenden Umstände, so ist die Verjährung gehemmt, bis der eine oder der andere Teil die Fortsetzung der Verhandlungen verweigert. Die Verjährung tritt frühestens drei Monate nach dem Ende der Hemmung ein.

Materialien: Art 1 G zur Modernisierung des Schuldrechts v 26. 11. 2001 (BGBl I 3138). Abs 1 Nr 1: BGB aF: – (vgl aber §§ 639 Abs 2, 651g Abs 2 S 2, 852 Abs 2 aF). PETERS/ZIMMERMANN § 200, Gutachten 250, 308, 320; Schuldrechtskommission § 216, Abschlussbericht 91; RegE § 203, BT-Drucks 14/6040, 111; BT-Drucks 14/7052, 7, 180.

Schrifttum

ARNOLD, Verjährung und Nacherfüllung, in: FS Eggert (2008) 41
BOEMKE/DORR, Verjährungshemmung durch Verhandlung, NJOZ 2017, 1578
BYDLINSKI, Vergleichsverhandlungen und Verjährung; Anlageschäden und überholende Kausalität, JBL 1967, 130
DINGLER, Hemmt die Verhandlung gemäß § 203 Satz 1 BGB die Verjährung der Hauptschuld auch gegenüber dem Bürgen?, BauR 2008, 1379
EIDENMÜLLER, Die Auswirkungen der Einleitung eines ADR-Verfahrens auf die Verjährung, SchiedsVZ 2003, 163
FISCHINGER, Zur Hemmung der Verjährung durch Verhandlungen nach § 203 BGB, VersR 2005, 1642
FUDER, Verlängerung und Hemmung der kurzen Verjährungsfrist nach der Schuldrechtsmodernisierung, NZM 2004, 851
GRAMER/THALHOFER, Hemmung oder Neubeginn der Verjährung bei Nachlieferung durch den Verkäufer, ZGS 2006, 250
JÄNIG, Das Einschlafen von Verhandlungen im Regelungszusammenhang des § 203 BGB, ZGS 2009, 350
LAKKIS, Die Verjährungsvereinbarung nach neuem Recht, AcP 203 (2003) 763
dies, Der Verjährungsverzicht heute, ZGS 2003, 423
LUCKEY, Verdamp lang her, verdamp lang?

Haftungsfalle Verjährung im Personenschaden, SVR 2015, 41
MANKOWSKI/HÖPKER, Die Hemmung der Verjährung bei Verhandlungen gemäß § 203 BGB, MDR 2004, 721
MENGES, Verjährungsfolgen der kaufrechtlichen Nacherfüllung (2008)
NETTESHEIM, Unterbrechung der Gewährleistungsfrist durch Nachbesserungsarbeiten, BB 1972, 1022
OPPENBORN, Verhandlungen und Verjährung (2008)
PETERS, Vergleichsverhandlungen und Verjährung, NJW 1982, 1857
ders, Zur Verjährung wiederaufgelebter Gewährleistungsansprüche, NJW 1983, 562
PÜSCHEL, Die Auswirkungen schuldnerischen Verhaltens und der Einfluss von Verhandlungen auf die Verjährung (Diss Hamburg 1982)
REINKING, Die Geltendmachung von Sachmängelrechten und ihre Auswirkung auf die Verjährung, ZGS 2002, 140
RIES/STRAUCH, Verhandlungen – nur innerhalb des Rahmens von § 203 BGB oder auch über dessen Geltung?, BauR 2014, 450
SCHMOLKE, Bürgschaft und Verjährung – Zur Reichweite der Durchsetzungsakzessorität im Bürgschaftsrecht, WM 2013, 148
SCHNEIDER, Verjährungshemmende Verhandlungen, MDR 2000, 1114
SIEGBURG, Verjährung im Baurecht (1993)
USINGER, Die Hemmung der Verjährung durch

Prüfung oder Beseitigung des Mangels, NJW 1982, 1021

WAGNER, Alternative Streitbeilegung und Verjährung, NJW 2001, 182

WEYER, § 639 II BGB aF durch § 203 BGB nF ersetzt, nicht ersatzlos weggefallen, NZBau 2002, 366.

Systematische Übersicht

I.	**Allgemeines**	
1.	Rechtfertigung der Bestimmung	1
2.	Hemmung und Neubeginn der Verjährung	2
3.	Mehrere gleichzeitige Hemmungstatbestände; Hemmung und Neubeginn	3
4.	Hemmung und Lauf der Verjährungsfrist	3a
5.	Früheres Recht	4
II.	**Anwendungsbereich**	
1.	Erfasste Ansprüche	5
2.	Mehrheit von Beteiligten	6
III.	**Verhandlungen**	
1.	Begriff	7
2.	Beginn und Ende von Verhandlungen	9
3.	Gegenstand der Verhandlungen	14
4.	Beispiele für Verhandlungen	16
IV.	**Nachfrist**	17
V.	**Unabdingbarkeit**	18
VI.	**Beweislast**	19
VII.	**Verwandte Bestimmungen**	20
VIII.	**Ausschlussfristen**	21
IX.	**Öffentliches Recht**	22

Alphabetische Übersicht

Abdingbarkeit	18
Ablaufhemmung	17
Abtretung von Ansprüchen	16
AGB	18
Alternativen, Angebot von	16
Anerkenntnis	2, 14
Anmeldung des Anspruchs	20
Anspruch	15
– erfasster	5
Auskunft	16
Ausschlussfrist	21
Behelf, Angebot eines	16
Beweislast	19
Bürgschaft	6
Einlassung des Gegners	9
Entgegenkommen	8
Frachtrecht	20
Freiwilligkeit	8
Früheres Recht	4
Geschäftsfähigkeit, beschränkte	8
Gesprächsbereitschaft	7
Hemmung	
– und Neubeginn	2
– durch Vorgehen des Gläubigers	3
Hemmungstatbestände, mehrere	3
Individualabreden	17
Kompensation	15
Kompromisslosigkeit	15
Kulanz	16
Lebenssachverhalt	14
Mahnung	7
Mangelerscheinung	14
Mehrheit von Beteiligten	6
Meinungsaustausch	1, 7 ff
Minderung	15
Musterprozess	13

Titel 2
Hemmung, Ablaufhemmung und Neubeginn der Verjährung § 203

Nachfrist	17	– Beginn	9
Neubeginn der Verjährung	2	– Dauer	11
		– Einschlafen von	13
Öffentliches Recht	22	– Ende	11
		– erfolgreiche	13
Rücktritt	15	– als Gläubiger	10
		– mehrfache	12
Strafverfahren	13	– als Schuldner	10
		Verhandlungsvollmacht	9
Verhandlungen		Versicherer	9
– Anfechtung von	10	Vertreter	9

I. Allgemeines

1. Rechtfertigung der Bestimmung

§ 203 BGB hält den Lauf der Verjährung an, solange zwischen Gläubiger und **1**
Schuldner Verhandlungen über den Anspruch schweben. Bei laufenden Verhandlungen hat *der Gläubiger keinen Anlass,* zur Wahrung der Verjährung eine der Maßnahmen des § 204 Abs 1 BGB zu ergreifen. Ohne die Bestimmung würde der *Schuldner widersprüchlich handeln,* wenn er einerseits zum Gespräch bereit ist, sich dann aber doch rein formal mit dem Eintritt der Verjährung verteidigt. Wenn § 203 BGB es erlaubt, Maßnahmen nach § 204 Abs 1 BGB zurückzustellen, fördert die Bestimmung damit die gütliche Beilegung, die durch jene Maßnahmen empfindlich gestört werden könnte (vgl BGH ZIP 2009, 1608 Rn 22). Dabei liegt die gütliche Einigung durchaus auch im öffentlichen Interesse. Nach früherem Recht wurde im Rahmen von Verhandlungen oft einstweilen auf die Einrede der Verjährung verzichtet, was das praktische Bedürfnis nach der Gesetz gewordenen Regelung belegt und solche Verzichtserklärungen (dazu § 214 Rn 20) – jedenfalls teilweise – entbehrlich macht. Gleichzeitig verringert sich das Bedürfnis, die Berufung auf die Einrede der Verjährung für missbräuchlich zu halten (dazu § 214 Rn 19 ff). Dem Schuldner geschieht durch die – uU langfristige – Hemmung kein Unrecht: Er mag Verhandlungen ablehnen oder ihre Fortsetzung verweigern. Dabei dürfte aber eine kontraproduktive Wirkung der Bestimmung in der Weise nicht zu befürchten sein, dass der Schuldner ihretwegen Verhandlungen von vornherein ablehnt.

Der Hemmungstatbestand des § 203 BGB ist ein eigentümlicher Mischtatbestand. Einerseits ist die Behinderung des Gläubigers an der Rechtsverfolgung geringer als in den „klassischen" Hemmungstatbeständen der heutigen §§§ 205 ff BGB, andererseits liegt eben auch schon eine den Schuldner warnende Rechtsverfolgung vor, die insoweit an § 204 BGB gemahnt.

Bei alledem ist die Förderung der gütlichen Einigung freilich nur Anlass für die Bestimmung des § 203 BGB. Dass eine gütliche Einigung möglich ist, Chancen hat, gehört nicht zu ihren Tatbestandsmerkmalen. Ohnehin kommt die Bestimmung nur in den Fällen der Erfolglosigkeit zum Tragen, und es wäre auch nicht möglich, ein bestimmtes Mindestmaß an Erfolgsaussichten festzulegen und dann gar noch im

Einzelfall zu überprüfen. Insofern reicht letztlich für Verhandlungen der *bloße Meinungsaustausch* der Parteien über die Forderung aus (u Rn 7 ff).

2. Hemmung und Neubeginn der Verjährung

2 § 203 BGB sieht eine bloße Hemmung der Verjährung um den Zeitraum der Verhandlungen vor, ggf ergänzt um die Nachfrist nach § 203 S 2 BGB. Die Bereitschaft des Schuldners, sich auf die Forderung des Gläubigers einzulassen, kann aber gleichzeitig ein **Anerkenntnis** dieser Forderung iSd § 212 Abs 1 Nr 1 BGB sein. Ob die Voraussetzungen eines derartigen Anerkenntnisses vorliegen (§ 212 Rn 22 ff), ist durch Auslegung zu ermitteln. Es ist anzunehmen, wenn die Verhandlungen auf der Basis geführt werden, dass der Anspruch als solcher – ganz oder teilweise – unstreitig ist. Namentlich im Gewährleistungsrecht ist ein solches Zusammentreffen von Anerkenntnis und Verhandlungen häufig, wenn etwa der Werkunternehmer den Mangel seiner Leistung einräumt und zu seiner Beseitigung ansetzt (BeckOGK BGB/Meller-Hannich [1. 3. 2019] Rn 21; vgl BGH NJW 1988, 254 zum Verhältnis der §§ 639 Abs 2, 208 BGB aF zueinander).

Die Hemmung der Verjährung durch Verhandlungen und ihr Neubeginn durch Anerkenntnis schließen sich nicht aus, vielmehr sind sie zu *„addieren"* (BeckOGK BGB/Meller-Hannich [1. 3. 2019] Rn 6): Die durch das Anerkenntnis erneut beginnende Verjährungsfrist rechnet erst ab Abschluss der durch die Verhandlungen bewirkten Hemmung; die Nachfrist des § 203 S 2 BGB kann dabei nicht zum Tragen kommen.

3. Mehrere gleichzeitige Hemmungstatbestände; Hemmung und Neubeginn

3 a) Eine Hemmung der Verjährung nach § 203 BGB kann vielfältig mit den Hemmungstatbeständen des § 204 Abs 1 BGB zusammentreffen. Es erhebt zB der Gläubiger während laufender Verhandlungen Klage oder beantragt einen Mahnbescheid, ohne dass die Verhandlungen darüber zum Abschluss kämen. Gut denkbar ist die Koinzidenz bei der Streitverkündung, § 204 Abs 1 Nr 6 BGB: Der Beklagte eines schwebenden Prozesses verhandelt mit seinem Regressschuldner und verkündet ihm vorsorglich den Streit; gemeinsam ist man um die Abwehr der Ansprüche des Dritten bemüht. Überhaupt zwingend ist die Erfüllung beider Tatbestände der §§ 203 und 204 BGB in den Fällen der einverständlichen Anrufung einer Gütestelle, § 204 Abs 1 Nr 4 BGB, oder bei einem vereinbarten Begutachtungsverfahren, § 204 Abs 1 Nr 8 BGB.

In diesen Fällen *laufen die Zeiträume der Hemmung nebeneinander her,* sind also nicht zu addieren (BGH NJW-RR 2015, 1321 Rn 9). Praktisch bedeutet das, dass sich die Hemmung nach § 204 Abs 1 BGB „durchsetzt", weil die Nachfrist des § 204 Abs 2 S 1 BGB länger ist als die des § 203 S 2 BGB. – Eine Addition ist natürlich vorzunehmen im Hinblick auf jene Zeiträume, in denen sich die Hemmungstatbestände nicht überschnitten haben (BeckOGK BGB/Meller-Hannich [1. 3. 2019] Rn 9); es wurden zB zunächst nur Verhandlungen geführt, und dann kam es zur Hemmung nach § 204 Abs 1 BGB. Dieselbe Konstellation ergibt sich, wenn die Hemmung nach § 204 Abs 1 BGB durch Stillstand des Verfahrens geendet hat, § 204 Abs 2 S 3 BGB, die Parteien aber außerprozessual (weiter) verhandeln.

b) Kommt es während einer laufenden Hemmung zu einem Neubeginn der Verjährung, ist dieser auf das Ende der Hemmung zu datieren. Hier kommt es also zu einer Addition (BeckOGK BGB/MELLER-HANNICH [1. 3. 2019] Rn 10).

4. Hemmung und Lauf der Verjährungsfrist

Nach § 209 BGB ist der Zeitraum der Hemmung der Verjährungsfrist hinzuzurechnen. Dieser Zeitraum muss daher während des Laufs der Verjährung liegen. Unbeachtlich sind daher sowohl Verhandlungen vor Beginn der Verjährung (BGH NJW 2017, 3144 Rn 12 ff) als auch nach Eintritt der Verjährung (BGHZ 213, 213 = ZIP 2017, 236 Rn 18). **3a**

5. Früheres Recht

§ 203 BGB knüpft an die Bestimmungen des § 852 Abs 2 BGB aF, des § 639 Abs 2 BGB aF (BGH NJW 2007, 587 Rn 11 ff), wie er im Kaufrecht entsprechend angewendet wurde, sowie des § 651g Abs 2 S 3 BGB aF und erweitert den Anwendungsbereich. Sachliche Veränderungen haben sich dabei nur im Verhältnis zu § 651g Abs 2 S 3 BGB aF ergeben, sodass jedenfalls auf die Erkenntnisse zu den §§ 852 Abs 2 BGB aF, 639 Abs 2 BGB aF uneingeschränkt zurückgegriffen werden kann (MünchKomm/GROTHE Rn 4). **4**

II. Anwendungsbereich

1. Erfasste Ansprüche

§ 203 BGB erfasst Ansprüche aller Art. Unerheblich ist es also zunächst, ob sie der Regelverjährung unterliegen, § 195 BGB, oder besonderen Verjährungsfristen, zB der §§ 196, 197 BGB. Die Bestimmung ist namentlich im Gewährleistungsrecht anwendbar, also im Bereich der §§ 438, 634a BGB, und erlangt besondere praktische Bedeutung dort, wo die Verjährungsfristen knapp bemessen sind, so etwa nach § 548 BGB und seinen Parallelvorschriften, nach § 11 UWG, vgl aber auch u Rn 20 zu den Ansprüchen, die den §§ 439 HGB, 32 CMR unterliegen. **5**

Insofern kommt es namentlich nicht auf den Inhalt der Ansprüche an; sie mögen primär auf *Schadensersatz* gerichtet sein wie nach den §§ 823 ff BGB oder sekundär wie nach den §§ 280 ff BGB oder im *Gewährleistungsrecht*. Erfasst werden auch primäre *Erfüllungsansprüche*. § 203 BGB wirkt sich auch aus, wenn es um die Rechtzeitigkeit von *Rücktritt* oder *Minderung* geht, vgl die §§ 218, 438 Abs 5, 634a Abs 5 BGB.

BAG NZA 2018, 1402 Rn 23, 30 wendet § 203 S 1 BGB, aber nicht § 203 S 2 BGB auf eine arbeitsrechtliche Ausschlussfrist an (vgl Vorbem 16 zu §§ 194 ff).

2. Mehrheit von Beteiligten

Bei einer Mehrheit von Schuldnern tritt die Hemmung durch Verhandlungen nur für jenen ein, der sie führt, § 425 Abs 2; Entsprechendes gilt bei einer Mehrheit von Gläubigern, §§ 429 Abs 3 S 1, 432 Abs 2 BGB. **6**

Wegen § 129 Abs 1 HGB muss der Gesellschafter einer OHG deren Verhandlungen gegen sich gelten lassen (vgl BGHZ 73, 217, 222 f; BeckOGK BGB/MELLER-HANNICH [1. 3. 2019] Rn 27), entsprechend der Gesellschafter einer BGB-Gesellschaft, soweit man dort das Haftungsregime der §§ 128 ff HGB entsprechend anwendet.

§ 768 BGB führt dazu, dass der Bürge Verhandlungen des Hauptschuldners über die Hauptschuld gegen sich gelten lassen muss (BGHZ 182, 76 = ZIP 2009, 1608 Rn 22; BeckOGK BGB/MELLER-HANNICH [1. 3. 2019] Rn 28); seine eigene Bürgschuld und deren Verjährung berühren diese Verhandlungen nicht (vgl BGH ZIP 2007, 1379 Rn 18).

III. Verhandlungen

1. Begriff

7 Verhandlungen führen die Parteien – Gläubiger und Schuldner –, wenn es unter ihnen zu einem **Meinungsaustausch** kommt, auf Grund dessen der Gläubiger davon ausgehen darf, dass sein Begehren von der Gegenseite **noch nicht endgültig abgelehnt wird** (BGHZ 93, 64, 66 f; BGH NJW 1990, 245, 247; NJW 2007, 587 Rn 10; BAG NZA 2018, 1402 Rn 32; SOERGEL/NIEDENFÜHR § 203 Rn 4; MünchKomm/GROTHE Rn 5; PALANDT/ELLENBERGER Rn 2).

a) Dass ein Meinungsaustausch erforderlich ist, bedeutet, dass auf beiden Seiten Gesprächsbereitschaft bekundet werden muss, mag es – in geheimem Vorbehalt – an ihr auch tatsächlich fehlen: Der Gläubiger bietet keine Verhandlungen an, der nur kategorisch das ihm Zustehende einfordert, zB durch eine Mahnung. Ebenso kann ein klares Nein des Schuldners Verhandlungen nicht einleiten (sondern nur beenden).

Die einen Meinungsaustausch ausschließende Kompromisslosigkeit der einen oder anderen Seite hat zwei Bezugspunkte: Den Anspruch und das Gespräch über ihn. Jener Gläubiger, der kategorisch fordert, aber gleichzeitig erklärt, auf Wunsch werde er seinen Anspruch noch erläutern oder belegen oder die Zahlungsmodalitäten könnten noch geklärt werden, lehnt den Meinungsaustausch über den Anspruch noch nicht ab. Gleiches gilt für den Schuldner, der den Anspruch zwar ablehnt, aber ein Gespräch darüber anbietet, warum er ihn ablehnt (BGH NJW 1997, 3447), bzw eine Erläuterung des Anspruchs noch entgegennehmen will (BGH NJW-RR 2001, 1168, 1169).

8 **b)** Das Gesagte belegt zugleich, dass eine Bereitschaft zu einem besonderen Entgegenkommen nicht notwendig ist, solange eben nur das Gespräch andauert (BGH NJW-RR 1988, 730; 1991, 796; 2001, 1168, 1169; NJW 2001, 1723; ZIP 2009, 1608 Rn 16; MünchKomm/GROTHE Rn 5). Natürlich belegt aber signalisiertes Entgegenkommen Verhandlungsbereitschaft. Auf ein Gespräch lässt sich auch der Schuldner ein, der den Anspruch ablehnt, aber *Kulanz* anbietet oder gar praktiziert (BGH BauR 1977, 348).

c) Während ein Anerkenntnis des Schuldners nur von Bedeutung ist, wenn es freiwillig abgegeben wurde (§ 212 Rn 18), ist es bei § 203 BGB *ohne Belang*, ob sich der Schuldner *freiwillig* auf den Meinungsaustausch eingelassen hat: Der Werkunternehmer setzt etwa zur Nachbesserung an, weil sein Werklohnanspruch Zug um Zug gegen Nachbesserung tituliert ist (BGH NJW 1990, 1472), der Straftäter will nur einer Bewährungsauflage nachkommen.

d) Verhandlungen setzen aber Geschäftsfähigkeit auf beiden Seiten voraus. Freilich sind sie für den Gläubiger nur vorteilhaft, sodass insoweit der beschränkt Geschäftsfähige (§§ 108, 1903 BGB) mit den Folgen des § 203 verhandeln kann (BeckOGK BGB/MELLER-HANNICH [1. 3. 2019] Rn 26. 1).

2. Beginn und Ende von Verhandlungen

a) Verhandlungen führen können im Ausgangspunkt nur Gläubiger und Schuldner selbst. Bei Schuldnermehrheit verhandelt jeder einzelne Schuldner grundsätzlich nur mit Wirkung für sich, § 425 Abs 2 BGB, sofern er nicht als Vertreter der anderen auftritt (OLG Koblenz ZIP 2007, 2021, 2022 zu Verhandlungen eines Ehegatten). Verhandlungen durch *Dritte* setzen voraus, dass diese Vollmacht für Gläubiger bzw Schuldner haben, und zwar eine *Verhandlungsvollmacht* (BGH VersR 2014, 1226 Rn 27). Diese kann ausdrücklich erteilt werden, vgl zum Haftpflichtversicherer des Schuldners § 5 Nr 7 AHB, wobei der Haftpflichtversicherer unbeschränkt „verhandlungsbefugt" ist, mag auch seine Einstandspflicht nach unten (Selbstbehalt) oder nach oben (Deckungssumme) beschränkt sein (BGH NJW 2007, 69), es sei denn, der Versicherer beschränkt seine Verhandlungen ausdrücklich. Eine Vertretungsmacht kann und wird sich ferner oft aus einer Duldungs- oder Anscheinsvollmacht ergeben. Es gilt auch § 1357 BGB.

Die Verhandlungen eines Vertreters ohne Vertretungsmacht können nicht rückwirkend genehmigt werden (BGH VersR 2014, 1226 Rn 27). Führt er sie auf Schuldnerseite, kann er nach § 179 BGB für den Schaden verantwortlich sein, den der Gläubiger durch den Eintritt der Verjährung erleidet.

b) Notwendig ist weiterhin ein *Einverständnis* der Parteien; es genügt für Verhandlungen nicht, dass der Schuldner von sich aus in Ermittlungen über den an ihn herangetragenen Anspruch eintritt, ohne dies dem Gläubiger zur Kenntnis zu bringen; so mag zB der Werkunternehmer einseitig einem ihm angezeigten Mangel nachgehen (BeckOGK BGB/MELLER-HANNICH [1. 3. 2019] Rn 26).

In zeitlicher Hinsicht ergibt sich aus der Notwendigkeit eines Einverständnisses, dass nicht schon die Anfrage der einen oder anderen Seite genügt, sondern dass es auf die *Einlassung des Gegners* auf den Meinungsaustausch ankommt. Erfolgt diese freilich, ist der Beginn der Verhandlungen auf das Einleitungsschreiben *zurückzudatieren* (BGH ZIP 2014, 687 Rn 2; vgl BGHZ 213, 213 = ZIP 2017, 236 Rn 20). Dabei genügt aber keine bloße formularmäßige Eingangsbestätigung (PALANDT/ELLENBERGER Rn 2), wohl aber der Hinweis auf eine spätere Antwort.

Dabei kommt es darauf an, dass sich die andere Seite tatsächlich auf Verhandlungen einlässt. Es genügt nicht, dass sie dazu – etwa auf Grund einer Verhandlungs- oder Mediationspflicht – verpflichtet ist (aA NK-BGB/BUDZIKIEWICZ Rn 28; MünchKomm/GROTHE Rn 5; EIDENMÜLLER SchiedsVZ 2003, 163, 167; BeckOGK BGB/MELLER-HANNICH [1. 3. 2019] Rn 24). Leitet freilich der Gläubiger entsprechende Verhandlungen ein, macht sich der Schuldner schadensersatzpflichtig, wenn er sich nicht einlässt. Der Gläubiger muss nachweisen, dass der Eintritt der Verjährung verhindert worden wäre. Das ist zB der Fall, wenn die Nachfrist des § 203 S 2 BGB genügt hätte.

c) IdR wird es der Gläubiger sein, der die Verhandlungen einleitet; es kann dies aber durchaus auch der Schuldner sein, sei es, dass er Erleichterungen gegenüber der als drückend empfundenen Verpflichtung sucht, sei es, dass er das Risiko von erhobenen Ansprüchen abschätzen will (vgl BGH NJW 2001, 1723).

10 d) Der Meinungsaustausch muss zwischen den *Parteien als Gläubiger und Schuldner* aufgenommen werden: Keine Hemmung der Haftung des Architekten, wenn er an einer Besichtigung teilnimmt, die Mängeln der Handwerksleistung gilt (BGH NJW 2002, 288), keine Hemmung der Haftung des Rechtsanwalts, wenn er wegen eines Schadens gegen einen Dritten vorgeht, den sein Mandant für den allein Verantwortlichen hält. Anders liegt dies, wenn Anwalt und Mandant gemeinsam von der möglichen Haftung des Anwalts ausgehen: Dann ist das Vorgehen gegen den Dritten ein Versuch der Schadensminderung, wie er dem weit zu fassenden Begriff der Verhandlungen genügt.

e) In dem genannten Rahmen ist die beiderseitige Bekundung der Bereitschaft zum Meinungsaustausch notwendig und genügend (BGH NJW 2007, 587). Sie bedarf *keiner Form* und auch nicht der ausdrücklichen Erklärung, sondern kann konkludent aus dem Verhalten der Beteiligten abzuleiten sein. Entsprechende Fälle nannte die Vorgängerbestimmung des § 639 Abs 2 BGB aF zu § 203 BGB: Prüfung oder Beseitigung des vom Besteller gerügten Mangels. Insoweit genügen also *jedwede Aktivitäten* des Schuldners, ohne dass es darauf ankäme, dass die Erfüllung des Gläubigerinteresses überhaupt oder auf diese Weise möglich wäre.

Verhandlungen können nicht angefochten werden (**aA** Boemke/Dorr NJOZ 2017, 1578, 1583), etwa mit der Begründung, man habe an einen anderen Anspruch gedacht. Veranlasst der Gläubiger den Schuldner freilich mit den Mitteln des § 123 BGB zur Aufnahme von Verhandlungen, erwächst diesem aber ein Schadensersatzanspruch dahin, dass sich der Gläubiger nicht auf die Hemmung berufen darf.

11 f) Beendet werden Verhandlungen durch ein doppeltes Nein des Schuldners (o Rn 7) zum Anspruch überhaupt und zu weiteren Gesprächen über diesen. Es muss klar und eindeutig sein (BGH NJW 1998, 2819, 2820; NJW 2017, 949 Rn 18; NZFam 2019, 170 Rn 38; BeckOGK BGB/Meller-Hannich [1. 3. 2019] Rn 52). Hinhaltendes Verhandeln genügt keinesfalls (**aA** NK-BGB/Budzikiewicz Rn 50). Es kann natürlich auch der Gläubiger die Verhandlungen abbrechen, indem er kompromisslos auf Erfüllung beharrt und das weitere Gespräch verweigert.

g) Dabei kann die Dauer von Verhandlungen äußerst unterschiedlich sein: Es können wenige Tage, ja Stunden oder gar nur Minuten sein. Letzteres ist zB der Fall, wenn sich der Schuldner die Forderung des Gläubigers kurz erläutern lässt und sie dann zurückweist; es muss nur über eine bloße Bezeichnung der Forderung hinauskommen. Solche *Kurzverhandlungen* sind von Bedeutung im zeitlichen Rahmen des § 203 S 2 BGB, dh der letzten drei Monate der Verjährungsfrist. Die Formulierung des Gesetzes, dass Verhandlungen (im Plural) „schweben", ist irreführend.

Es kann sich auch um *langfristige Zeiträume* handeln. Das ist der Fall, wenn man einverständlich die weitere Entwicklung abwarten will, den Ausgang eines gerichtlichen Verfahrens, einer sachverständigen Begutachtung.

Diese Beispiele machen zugleich deutlich, dass auch nicht ständig etwas zu geschehen braucht, um die Verhandlungen aufrecht zu erhalten.

h) Es kann über einen Anspruch *mehrfach* verhandelt werden. Der BGH will dann beide Hemmungstatbestände isoliert betrachten, den Zwischenraum also auf die Verjährung anrechnen (BGHZ 213, 213 = ZIP 2017, 236 Rn 22 f; ebenso BeckOGK BGB/ Meller-Hannich [1. 3. 2019] Rn 56). Das wurde hier immer schon so gesehen für den Fall, dass die ersten Verhandlungen durch ein klares Nein des Schuldners beendet wurden. Indessen wurde vertreten, beide Verhandlungen samt Zwischenraum als eine hemmende Verhandlung anzusehen, wenn bei wertender Betrachtungsweise die späteren Verhandlungen letztlich nur die früheren fortführen. So ist abweichend vom BGH das Institut der einschlafenden Verhandlungen (sogleich Rn 13) dadurch aufzuweichen, dass ex post kein Einschlafen anzunehmen ist, wenn die früheren Verhandlungen – mit Verspätung – wieder aufgenommen werden. Auch mehrere Versuche eines Werkunternehmers, einen Mangel zu beheben, können sich als Einheit darstellen. **12**

i) Auch ohne eine klare Äußerung der einen oder der anderen Seite können Verhandlungen zum Erliegen kommen, *einschlafen*. Die Rechtsprechung zu § 852 Abs 2 BGB aF kann auf das neue Verjährungsrecht übertragen werden (BGHZ 213, 213 = ZIP 2017, 236 Rn 15; BGH NJW 2009, 1806 Rn 11). In diesem Fall enden die Verhandlungen in jenem Zeitpunkt, in dem nach Treu und Glauben eine Äußerung der anderen Seite spätestens zu erwarten gewesen wäre (BGH NJW 1963, 492; VersR 1967, 502; NJW-RR 1990, 664, 665; NJW 2008, 576 Rn 24; NJW 2017, 949 Rn 16). Dabei ist es unerheblich, welche Seite sich nun verschweigt (BGH NJW 2017, 949 Rn 25) und ob die Ansprüche intern weitergeprüft werden, wenn das nicht nach außen dringt (BGH NJW 2017, 949 Rn 23). **13**

Haben sich die Parteien darauf geeinigt, die weitere Entwicklung abzuwarten, ist es grundsätzlich Sache des Schuldners, den weiteren Meinungsaustausch zu suchen, um ein Ende der Hemmung zu erreichen (BGH NJW 1986, 1337).

Haben die Parteien sich dahin verständigt, dass ein bestimmtes Ereignis abgewartet werden soll, zB der Ausgang eines Musterprozesses oder eines Strafverfahrens, muss der Gläubiger nach seinem Eintritt die Initiative ergreifen, will er die Hemmung fortdauern lassen. Hierzu ist ihm eine gewisse Überlegungsfrist nach Eintritt des Ereignisses einzuräumen, die man mit etwa vier Wochen ansetzen mag, sofern es nur auf den Eintritt des Ereignisses als solchen ankommt. Die Frist verlängert sich, wenn noch weitere Ermittlungen anzustellen sind, etwa die Begründung einer gerichtlichen Entscheidung auszuwerten ist.

k) Die Hemmung endet mit einer *positiven (oder negativen) Einigung* der Parteien.

3. Gegenstand der Verhandlungen

14 Verhandlungen iSd § 203 BGB betreffen einen bestimmten Lebenssachverhalt, aus dem die eine Seite Rechte gegenüber der anderen herleitet (vgl RegE BT-Drucks 14/ 6040, 112).

a) *Lebenssachverhalt* – „die den Anspruch begründenden Umstände" in der Formulierung des Gesetzes – in diesem Sinne ist die Gesamtheit der tatsächlichen Umstände, die einen Anspruch erzeugen (BGH NJW-RR 2014, 981 Rn 12; BVerwGE 158, 199 Rn 24). Das ist zB im Gewährleistungsrecht der einzelne Mangel (BGH BauR 1989, 603), im vertraglichen Bereich der Abschluss des Vertrages, der den Erfüllungsanspruch erzeugt, oder die Nichterfüllung eben dieses Vertrages, oder die einzelne mit den §§ 280 Abs 1, 241 Abs 2 BGB zu erfassende Schädigung des Gläubigers, im deliktischen der einzelne ärztliche Behandlungsfehler, der Verkehrsunfall, die Schlägerei.

aa) Dabei brauchen die Parteien den Lebenssachverhalt nicht richtig erfasst zu haben. ZB kommt es bei Mängeln oft vor, dass nur ihr äußeres Erscheinungsbild wahrgenommen wird (das Nichtfunktionieren der Maschine, der nasse Fleck an der Wand), die Ursachen aber unklar bleiben oder gar falsch eingeschätzt werden: Die Verhandlungen beziehen sich dann auf den Mangel mit seiner wahren Ursache (BGH NJW 2008, 576 Rn 18; BeckOGK BGB/MELLER-HANNICH [1. 3. 2019] Rn 37). Auch ist es schadlos, wenn der Umfang der entstehenden Ansprüche verkannt wird: Die Körperverletzung führt noch zu unerwarteten weiteren Heilungskosten oder verursacht – ebenso unerwartet – darüber hinaus noch Verdienstausfall. Eine Hemmung tritt ein auch wegen dieser von den Verhandelnden nicht bedachten Folgen.

bb) Dabei wird der Lebenssachverhalt grundsätzlich *in seiner Gesamtheit* verhandelt, bei dem Verkehrsunfall also in Bezug auf Heilungskosten, Schmerzensgeld, Verdienstausfall, Sachschäden, Vermögensschäden. Beschränkungen des Verhandlungsgegenstandes sind möglich, müssen aber deutlich zum Ausdruck gebracht werden (BGH NJW-RR 2014, 981 Rn 12; NJW 1998, 1142); es gelten strenge Maßstäbe, zB kann aber die eine oder die andere Seite bestimmte Ansprüche als nicht verhandelbar oder verfolgt darstellen.

Verhandeln die Parteien nur über die Höhe eines Anspruchs, wird idR in Bezug auf seinen unstreitigen Teil das Anerkenntnis des § 212 Abs 1 Nr 1 BGB gegeben sein.

cc) Es wird aber auch nur dieser Lebenssachverhalt verhandelt, nicht auch ein weiterer, also zB ein anderer Mangel, eine andere Schädigung. Anders liegt es nur, wenn die Parteien bei komplexen Beziehungen eine Generalbereinigung anstreben.

15 b) Erfasst werden grundsätzlich jeweils *alle Rechte,* die der Gläubiger aus diesem Lebenssachverhalt herleiten kann (BeckOGK BGB/MELLER-HANNICH [1. 3. 2019] Rn 41). Dazu gehören außer den Ansprüchen, die sich für ihn ergeben können, wegen der §§ 218, 438 Abs 5, 634a Abs 5 BGB auch die Gestaltungsrechte des Rücktritts und der Minderung. Dabei brauchen seine Rechte – oder eines von ihnen – auch nicht unmittelbar zum Verhandlungsgegenstand gemacht zu werden, sondern es reicht auch der Meinungsaustausch über eine *anderweitige Kompensation*

(BGH NJW 1990, 245, 247; BGHZ 122, 317), eine Leistung an Erfüllungs statt. Bei Verhandlungen über vertragliche Ansprüche werden zugleich auch etwaige gesetzliche, zB aus den §§ 812 ff, 823 ff BGB, Geschäftsführung ohne Auftrag, erfasst (SOERGEL/ NIEDENFÜHR Rn 6).

Das Ergebnis ist allerdings nicht aus § 213 BGB herzuleiten, sondern aus dem zu vermutenden Willen der Parteien, die den Gegenstand ihrer Verhandlungen festlegen und dann auch Bestimmtes als nicht verhandelbar benennen können. ZB mag sich der Verkäufer auf Gespräche über Nacherfüllung, Rücktritt, Minderung einlassen, aber Schadensersatz kategorisch ablehnen.

c) Missverständlich ist das „oder", mit dem das Gesetz den Anspruch und die ihn begründenden Umstände verknüpft: Ein Gedankenaustausch über den betreffenden Lebenssachverhalt als rein historisches Ereignis genügt nicht, sondern er muss gemeinsam als Quelle möglicher Ansprüche gesehen werden (BeckOGK BGB/MELLER-HANNICH [1. 3. 2019] Rn 38). Und umgekehrt ist der Anspruch des Gläubigers natürlich nicht sinnvoll zu erfassen ohne seine Quelle. Entgegen der Formulierung des § 203 BGB muss es also heißen: „Verhandlungen über den Anspruch und die den Anspruch begründenden Umstände", wobei das Schwergewicht des Meinungsaustauschs hier oder dort liegen mag.

4. Beispiele für Verhandlungen

Der für § 203 BGB notwendige Meinungsaustausch der Parteien kann durch *tatsächliche Verhaltensweisen* des Schuldners erfolgen, vgl das Beseitigen des Mangels des § 639 Abs 2 BGB aF, Maßnahmen zur Erfüllung, Nacherfüllung oder Schadensbeseitigung von seiner Seite. Er kann sich auf *tatsächliche Fragen* beziehen (BeckOGK BGB/MELLER-HANNICH [1. 3. 2019] Rn 16.2, 35), wenn man zB gemeinsam den Ausgang eines Strafverfahrens abwartet oder ein Gutachten einholt, eigene Ermittlungen anstellt oder solche des Gegners abwartet oder gar nur die bloße weitere Entwicklung, die Erteilung von Auskünften zum Anspruch oder ihr Angebot (BGH NJW-RR 2001, 1168, 1169). Gleichermaßen genügt ein *Meinungsaustausch zu Rechtsfragen* oder der Versuch, in dieser Hinsicht Klärung herbeizuführen (Abwarten eines Musterprozesses, Begutachtung). Verhandeln steht nicht entgegen, dass der Schuldner sein Verhalten als bloße Kulanz bezeichnet (o Rn 8; aA ERMAN/SCHMIDT-RÄNTSCH Rn 5b). Es genügt auch eine nur wirtschaftlich geprägte Behandlung der Sache: Angebot eines Behelfs, *Suche nach Alternativen,* die dem Gläubiger mitgeteilte Weiterleitung der Sache an die eigene Versicherung. Insoweit macht der BGH (NJW 2011, 1594 Rn 13) eine Einschränkung für den Fall, dass der Schuldner anmerkt, er selbst könne zum Anspruch nichts sagen. Diese Einschränkung ist aber verfehlt, wenn der tragende Grund des § 203 BGB auch hier gegeben ist: Der Gläubiger kann sich immer noch der Hoffnung hingeben, dass Maßnahmen nach § 204 Abs 1 BGB entbehrlich sein werden (vgl auch BGH NJW 2012, 2435 Rn 68). **16**

Hierher gehört es auch, dass dem Gläubiger eigene Ansprüche gegen Dritte abgetreten werden, damit er dort seine Befriedigung suchen kann, zB im Gewährleistungsrecht. Die Hemmung endet dann, wenn sich das Vorgehen als erfolglos erweist oder vom Gläubiger aufgegeben wird.

Notwendig ist dabei nur immer das Einvernehmen: Der Besteller kann die Verjährung seiner Gewährleistungsrechte nicht dadurch hemmen, dass er nach § 634 Nr 2 BGB zur eigenen Ersatzvornahme schreitet.

IV. Nachfrist

17 Hemmende Wirkung entfalten Verhandlungen der Parteien unabhängig davon, wie sie im Ablauf der Verjährung liegen, also namentlich auch dann, wenn sie schon alsbald nach Beginn der Frist geführt werden. In der besonderen, freilich tatsächlich wohl häufigen Situation, dass sie an deren Ende liegen, stellt § 203 S 2 BGB sie unter einen besonderen Schutz, indem die Bestimmung eine *Ablaufhemmung von drei Monaten* vorsieht. Die Parallelbestimmung des § 12 Abs 2 ProdHaftG kennt sie nicht; bei jenem Gesetz kann § 203 S 2 BGB nicht angewendet werden (MünchKomm/WAGNER § 12 ProdHaftG Rn 12).

Sind im Zeitpunkt des Endes der Verhandlungen noch vier Monate der einschlägigen Frist unverbraucht, wirkt sich das nicht aus, wohl aber, wenn zB nur noch ein Monat offen ist: Dann tritt die Verjährung zwei Monate später ein, als dies eigentlich der Fall wäre. Der Gläubiger soll eben bei einem abrupten, ihn gar überraschenden Ende der Verhandlungen noch genügend Zeit zur Neuorientierung – nach § 204 Abs 1 BGB – haben.

V. Unabdingbarkeit

18 Ob die hemmende Wirkung von Verhandlungen abdingbar ist, wird für die praktisch freilich seltenen Individualabreden unterschiedlich beurteilt. Teils wird unter Hinweis auf § 202 Abs 1 BGB die Zulässigkeit bejaht (AUKTOR/MÖNCH NJW 2005, 1686, 1688; EIDENMÜLLER SchiedsVZ 2003, 163, 167; MANKOWSKI/HÖPKER MDR 2004, 721, 727; MENGES S 63; BeckOGK BGB/PIEKENBROCK [1. 2. 2019] Rn 10, 10. 3; NK-BGB/BUDZIKIEWICZ Rn 64). Jedoch ist die auf freiwilligen Verhandlungen beruhende Verjährungshemmung gerade Ausfluss der Privatautonomie (ERMAN/SCHMIDT-RÄNTSCH § 202 Rn 4). Wer verhandelt, die verjährungsrechtlichen Folgen aber ausschließen will, verhält sich widersprüchlich (BeckOGK BGB/MELLER-HANNICH [1. 3. 2019] Rn 13; OPPENBORN 209 ff; s Rn 1). Daher ist ein Ausschluss von § 203 BGB unbeachtlich (s § 202 Rn 13). Erst recht ist ein Ausschluss in AGB unwirksam (AUKTOR/MÖNCH NJW 2005, 1686, 1688; MANKOWSKI/HÖPKER MDR 2004, 721, 727; BeckOGK BGB/MELLER-HANNICH [1. 3. 2019] Rn 13; MENGES S 65 ff; OPPENBORN 223 ff). Im Einzelnen gilt:

1. Die Unwirksamkeit gilt zunächst für Ausschlüsse, die zum Zeitpunkt der Begründung des Anspruchs getroffen werden. AGB des Schuldners, die die Wirkungen des § 203 BGB ausschließen sollen, wären überraschend iSd § 305c Abs 1 BGB und eine unangemessene Abweichung vom Leitbild des Gesetzes, § 307 Abs 2 Nr 1 BGB. Aber auch individualvertraglich kann der Schuldner nicht im Voraus die Verbindlichkeit des eigenen Wortes beschränken. Wenn er sich später auf Verhandlungen einlässt, dann tut er das auch. Wäre der Hemmungsausschluss nicht ohnehin unwirksam, könnte man daran denken, dass dieser konkludent aufgehoben wird (EIDENMÜLLER SchiedsVZ 2003, 163, 167).

2. § 202 BGB gilt aber auch dann nicht, wenn der Versuch unternommen wird, die Hemmungswirkung in dem Zeitpunkt auszuschließen, in dem die Verhandlungen aufgenommen werden. Der Schuldner, der verhandelt, verhält sich widersprüchlich, wenn er die Folgen des Verhandelns nicht in Kauf nehmen will.

3. Die Nachfrist des § 203 S 2 BGB ist jedenfalls individualvertraglich modifizierbar (BeckOGK BGB/MELLER-HANNICH [1. 3. 2019] Rn 13). Entsprechende AGB sind mit § 307 Abs 2 Nr 1 BGB unvereinbar. Es ist eine wohlerwogene Entscheidung des Gesetzgebers, dem Gläubiger eine Nachfrist zu gewähren, die einerseits auskömmlich, andererseits nicht übermäßig sein soll.

4. Zu Mediations- und Verhandlungsklauseln o Rn 9.

5. Schriftformklauseln für die Aufnahme von Verhandlungen widersprechen schon § 307 Abs 2 Nr 1 BGB und werden jedenfalls dadurch aufgehoben, dass sich der Schuldner auf Verhandlungen einlässt. Schriftformklauseln für den Abbruch von Verhandlungen können es jedenfalls nicht verhindern, dass diese einschlafen, sondern allenfalls die dafür anzunehmende Frist verlängern.

6. Zulässig sind Klauseln, die schon die Anmeldung des Anspruchs zur Hemmung der Verjährung genügen lassen. Sie benachteiligen den Schuldner nicht unangemessen, wenn er denn diese Hemmung durch Zurückweisung des Anspruchs beenden kann. Klauseln dieser Art sind aber nicht geeignet, § 203 BGB zu verdrängen, falls tatsächlich Vereinbarungen aufgenommen werden.

VI. Beweislast

Den Beginn der Verhandlungen hat der Gläubiger als ihm günstige Tatsache darzulegen und zu beweisen, der Schuldner ihr Ende (BeckOGK BGB/MELLER-HANNICH [1. 3. 2019] Rn 57; aA zu Letzterem WINDORFER NJW 2015, 3329; NK-BGB/BUDZIKIEWICZ Rn 60; MünchKomm/GROTHE Rn 1, der aber immerhin substantiierten Vortrag des Schuldners verlangt). Damit obliegt ihm bei wiederholten Verhandlungen insbesondere auch der Nachweis, dass es zwischenzeitlich zu einem Ende der Verhandlungen gekommen ist, ihm also ein zeitlicher Zwischenraum zugutekommt. **19**

VII. Verwandte Bestimmungen

1. Das Gesetz sieht es mehrfach vor, dass eine Hemmung der Verjährung dadurch eintritt, dass *ein Anspruch angemeldet* wird, diese Hemmung dann aber wieder *endet,* wenn die Gegenseite ihn *zurückweist,* vgl § 439 Abs 3 HGB, auf den die §§ 463, 475a HGB Bezug nehmen. Gleich § 203 BGB privilegieren diese Bestimmungen die außergerichtlichen Auseinandersetzungen der Parteien, und so wird vereinzelt angenommen, dass sie als leges speciales § 203 verdrängten (HARMS TranspR 2001, 294, 297), inzwischen aber überwiegend die Hemmungstatbestände nebeneinander für anwendbar gehalten (PALANDT/ELLENBERGER Rn 1; MünchKomm/GROTHE Rn 13; NK-BGB/BUDZIKIEWICZ Rn 53 ff; KOLLER TranspR 2001, 425, 429; BeckOGK BGB/MELLER-HANNICH [1. 3. 2019] Rn 8). Tatsächlich besteht ein tiefgreifender Unterschied zwischen § 203 BGB und den genannten Bestimmungen, wenn jene Verhandlungen gerade nicht voraussetzen, mögen sie auch faktisch häufig sein. § 203 BGB verlangt **20**

auch insofern mehr zur Hemmung, als eben die einseitige Anmeldung des Anspruchs dieser Bestimmung nicht genügt.

Damit bestehen die Hemmungstatbestände *uneingeschränkt nebeneinander,* wenn denn jeweils die Voraussetzungen erfüllt sind (BGH VersR 2008, 1669 Rn 22 ff). Wo entgegen § 439 Abs 3 HGB die schriftliche Anmeldung des Anspruchs versäumt ist, kann § 203 BGB greifen. Außerdem kann es nach der § 439 Abs 3 HGB genügenden Zurückweisung des Anspruchs immer noch wieder zu einer Hemmung nach § 203 BGB kommen.

2. Entsprechendes gilt für die Anmeldung des Direktanspruchs in der Pflichtversicherung, § 115 Abs 2 S 3 VVG, bei dem Entschädigungsfonds in der Kfz-Haftpflichtversicherung, § 12 Abs 3 S 3 PflVersG, im internationalen Frachtgeschäft nach Art 32 Nr 2 CMR, 58 § 3 CIM.

VIII. Ausschlussfristen

21 Auf Ausschlussfristen kann § 203 BGB jedenfalls dann nicht entsprechend angewendet werden, wenn sie – wie zB § 864 Abs 1 BGB – der Rechtsbereinigung dienen sollen.

Erst recht kann § 203 BGB nicht herangezogen werden, wenn Gestaltungsrechte befristet auszuüben sind (aA MANKOWSKI, Beseitigungsrechte [2003] 814 f): Anfechtung, Widerrufsrechte des Verbrauchers. Sie sollen idR für schnelle Klarheit sorgen, was § 203 S 1 BGB – und gar S 2 – verhindern würde (BeckOGK BGB/MELLER-HANNICH [1. 3. 2019] Rn 12).

IX. Öffentliches Recht

22 Vorbehaltlich von Sonderbestimmungen ist § 203 BGB auch im öffentlichen Recht heranzuziehen (vgl Vorbem 44 zu §§ 194 ff). Das gilt zweifellos für öffentlich-rechtliche Verträge und ihre Anbahnung, vgl § 62 S 2 VwVfG, aber auch dort, wo einseitig hoheitlich gehandelt wird (SOERGEL/NIEDENFÜHR Rn 3; NK-BGB/BUDZIKIEWICZ Rn 11; aA GUCKELBERGER 600). Auch dort verdienen Verhandlungen Schutz.

§ 204
Hemmung der Verjährung durch Rechtsverfolgung

(1) Die Verjährung wird gehemmt durch

1. die Erhebung der Klage auf Leistung oder auf Feststellung des Anspruchs, auf Erteilung der Vollstreckungsklausel oder auf Erlass des Vollstreckungsurteils,

1a. die Erhebung einer Musterfeststellungsklage für einen Anspruch, den ein Gläubiger zu dem zu der Klage geführten Klageregister wirksam angemeldet hat, wenn dem angemeldeten Anspruch derselbe Lebenssachverhalt zugrunde liegt wie den Feststellungszielen der Musterfeststellungsklage,

2. die Zustellung des Antrags im vereinfachten Verfahren über den Unterhalt Minderjähriger,

3. die Zustellung des Mahnbescheids im Mahnverfahren oder des Europäischen Zahlungsbefehls im Europäischen Mahnverfahren nach der Verordnung (EG) Nr. 1896/2006 des Europäischen Parlaments und des Rates vom 12. Dezember 2006 zur Einführung eines Europäischen Mahnverfahrens (ABl. EU Nr. L 399 S. 1),

4. die Veranlassung der Bekanntgabe eines Antrags, mit dem der Anspruch geltend gemacht wird, bei einer

   a) staatlichen oder staatlich anerkannten Streitbeilegungsstelle oder

   b) anderen Streitbeilegungsstelle, wenn das Verfahren im Einvernehmen mit dem Antragsgegner betrieben wird;

die Verjährung wird schon durch den Eingang des Antrags bei der Streitbeilegungsstelle gehemmt, wenn der Antrag demnächst bekannt gegeben wird,

5. die Geltendmachung der Aufrechnung des Anspruchs im Prozess,

6. die Zustellung der Streitverkündung,

6a. die Zustellung der Anmeldung zu einem Musterverfahren für darin bezeichnete Ansprüche, soweit diesen der gleiche Lebenssachverhalt zugrunde liegt wie den Feststellungszielen des Musterverfahrens und wenn innerhalb von drei Monaten nach dem rechtskräftigen Ende des Musterverfahrens die Klage auf Leistung oder Feststellung der in der Anmeldung bezeichneten Ansprüche erhoben wird,

7. die Zustellung des Antrags auf Durchführung eines selbständigen Beweisverfahrens,

8. den Beginn eines vereinbarten Begutachtungsverfahrens,

9. die Zustellung des Antrags auf Erlass eines Arrests, einer einstweiligen Verfügung oder einer einstweiligen Anordnung, oder, wenn der Antrag nicht zugestellt wird, dessen Einreichung, wenn der Arrestbefehl, die einstweilige Verfügung oder die einstweilige Anordnung innerhalb eines Monats seit Verkündung oder Zustellung an den Gläubiger dem Schuldner zugestellt wird,

10. die Anmeldung des Anspruchs im Insolvenzverfahren oder im Schifffahrtsrechtlichen Verteilungsverfahren,

11. den Beginn des schiedsrichterlichen Verfahrens,

12. die Einreichung des Antrags bei einer Behörde, wenn die Zulässigkeit der Klage von der Vorentscheidung dieser Behörde abhängt und innerhalb von drei Monaten nach Erledigung des Gesuchs die Klage erhoben wird; dies gilt entspre-

chend für bei einem Gericht oder bei einer in Nummer 4 bezeichneten Streitbeilegungsstelle zu stellende Anträge, deren Zulässigkeit von der Vorentscheidung einer Behörde abhängt,

13. die Einreichung des Antrags bei dem höheren Gericht, wenn dieses das zuständige Gericht zu bestimmen hat und innerhalb von drei Monaten nach Erledigung des Gesuchs die Klage erhoben oder der Antrag, für den die Gerichtsstandsbestimmung zu erfolgen hat, gestellt wird, und

14. die Veranlassung der Bekanntgabe des erstmaligen Antrags auf Gewährung von Prozesskostenhilfe oder Verfahrenskostenhilfe; wird die Bekanntgabe demnächst nach der Einreichung des Antrags veranlasst, so tritt die Hemmung der Verjährung bereits mit der Einreichung ein.

(2) Die Hemmung nach Absatz 1 endet sechs Monate nach der rechtskräftigen Entscheidung oder anderweitigen Beendigung des eingeleiteten Verfahrens. Die Hemmung nach Absatz 1 Nummer 1a endet auch sechs Monate nach der Rücknahme der Anmeldung zum Klageregister. Gerät das Verfahren dadurch in Stillstand, dass die Parteien es nicht betreiben, so tritt an die Stelle der Beendigung des Verfahrens die letzte Verfahrenshandlung der Parteien, des Gerichts oder der sonst mit dem Verfahren befassten Stelle. Die Hemmung beginnt erneut, wenn eine der Parteien das Verfahren weiter betreibt.

(3) Auf die Frist nach Absatz 1 Nr. 6a, 9, 12 und 13 finden die §§ 206, 210 und 211 entsprechende Anwendung.

Materialien: Art 1 G zur Modernisierung des Schuldrechts v 26. 11. 2001 (BGBl I 3138). **Abs 1 Nrn 1–6, 10**: BGB aF § 209 PETERS/ZIMMERMANN § 205, Gutachten 254, 308, 321, 325; Schuldrechtskommission § 208, Abschlussbericht 83; RegE § 204, BT-Drucks. 14/6040, 112; BT-Drucks. 14/7052, 7, 181. Abs 1 Nr 3 neugefasst durch Art 7 durch G zur Verbesserung der grenzüberschreitenden Forderungsdurchsetzung und Zustellung v 30. 10. 2008 (BGBl I 2122). **Abs 1 Nr 1a** eingefügt durch Art 6 Nr 1 G zur Einführung einer zivilprozessualen Musterfeststellungsklage v 12. 7. 2018 (BGBl I 1151), BT-Drucks. 19/2439, 29, BT-Drucks. 19/2701, 7, 9 f. **Abs 1 Nr 4** geändert durch Art 6 Nr 1a G zur Umsetzung der Richtlinie über alternative Streitbeilegung in Verbraucherangelegenheiten und zur Durchführung der Verordnung über Online-Streitbeilegung in Verbraucherangelegenheiten v 19. 2. 2016 (BGBl I 254), BT-Drucks. 18/5089, 80. **Abs 1 Nr 6a** eingefügt durch Art 7 des G zur Reform des Kapitalanleger-Musterverfahrensgesetzes und zur Reform anderer Vorschriften v 19. 10. 2012 (BGBl I 2182) mit Wirkung v 1. 11. 2012, BT-Drucks. 17/10160, 28. **Abs 1 Nr 7**: BGB aF – (§§ 477 Abs 2, 639 Abs 1) PETERS/ZIMMERMANN § 207 Abs 1, Gutachten 255, 309, 322; Schuldrechtskommission § 208 Abs 2 Nr 6; Abschlussbericht 83; RegE § 204 Nr 7, BT-Drucks 14/6040, 114. **Abs 1 Nr 8**: BGB aF – (§ 639 Abs 2) PETERS/ZIMMERMANN § 207 Abs 1, Gutachten 322; Schuldrechtskommission: –; RegE § 204 Nr 8, BT-Drucks 14/6040, 114. Abs 1 Nr 8 neugefasst durch das ForderungssicherungsG v 23. 10. 2008 (BGBl I 2022) mit Wirkung v 1. 1. 2009 [Entfallen der Worte „oder die Beauftragung des Gutachters in dem Verfahren nach § 641a"], bisherige Fassung noch in Kraft für vor dem 1. 1. 2009 abgeschlossene Verträge, Art 229 § 19 Abs 1 EGBGB. **Abs 1 Nr 9**: BGB aF – PETERS/ZIMMERMANN § 205 Abs 2 Nr 3, Gutachten 258, 321; Schuldrechtskommission § 208 Abs 2 Nr 8, Abschlussbericht 86; RegE § 204 Nr 8,

BT-Drucks 14/6040, 115; BT-Drucks 14/7052, 7, 181. **Abs 1 Nr 11**: BGB aF § 220 PETERS/ZIMMERMANN § 205 Abs 2 Nr 5, Gutachten 321; Schuldrechtskommission § 208 Abs 1; RegE § 204 Nr 11, BT-Drucks 14/6040, 115; BT-Drucks 14/7052, 8, 181. **Abs 1 Nrn 12, 13**: BGB aF § 210 PETERS/ZIMMERMANN § 205 Abs 2, Gutachten 259, 321; Schuldrechtskommission § 208 Abs 2 Nrn 9, 10, Abschlussbericht 85; RegE § 204 Nrn 12, 13, BT-Drucks 14/6040, 116. **Abs 1 Nr 12** geändert durch Art 6 Nr 1b G zur Umsetzung der Richtlinie über alternative Streitbeilegung in Verbraucherangelegenheiten und zur Durchführung der Verordnung über Online-Streitbeilegung in Verbraucherangelegenheiten v 19. 2. 2016 (BGBl I 254), BT-Drucks 18/5089, 80. **Abs 1 Nr 14**: BGB aF – PETERS/ZIMMERMANN § 205 Abs 2 Nr 5, Gutachten 255, 321; Schuldrechtskommission § 208 Abs 2 Nr 2, Abschlussbericht 85; RegE § 204 Abs 1 Nr 14, BT-Drucks 14/6040, 116; BT-Drucks 14/7052, 8, 181. Abs 1 Nr 14 neugefasst durch Art 50 Nr 4a FGG-ReformG v 17. 12. 2008 (BGBl I 2586). **Abs 2 S 1**: BGB aF § 211 (Klage) BGB aF § 213 (Mahnbescheid) BGB aF § 212a (Güteantrag) BGB aF § 214 Abs 2 (Insolvenzverfahren) BGB aF § 215 Abs 2 (Aufrechnung, Streitverkündung) PETERS/ZIMMERMANN § 206, Gutachten 261, 321; Schuldrechtskommission § 210, Abschlussbericht 87; RegE § 204 Abs 2 S 1, BT-Drucks 14/6040, 117; BT-Drucks 14/7052, 8, 181. **Abs 2 S 2** eingefügt, Abs 2 S 2, 3 wird zu **Abs 2 S 3, 4** durch Art 6 Nr 1 G zur Einführung einer zivilprozessualen Musterfeststellungsklage v 12. 7. 2018 (BGBl I 1151), BT-Drucks 19/2507, 28. **Abs 2 S 3, 4** (seinerzeit Abs 2 S 2, 3): BGB aF § 211 Abs 2 PETERS/ZIMMERMANN –, Gutachten 325; Schuldrechtskommission § 210 Abs 1 S 2, Abschlussbericht 82; RegE § 204 Abs 2 S 2, 3, BT-Drucks 14/6040, 118; BT-Drucks 14/7052, 8, 181. **Abs 3**: BGB aF §§ 212 Abs 2 S 2, 212a S 2, 213, 215 Abs 2 S 2; PETERS/ZIMMERMANN –, Gutachten 325; Schuldrechtskommission: –; RegE § 204 Abs 3, BT-Drucks 14/6040, 118, ergänzt durch Art 7 des G zur Reform des Kapitalanleger-Musterverfahrensgesetzes und zur Reform anderer Vorschriften v 19. 10. 2012 (BGBl I 2182) mit Wirkung v 1. 11. 2012 (Nr 6a), BT-Drucks 17/10160, 28.

Schrifttum

ADDICKS, Rechtshängigkeit und Verjährungsunterbrechung, MDR 1992, 331
ALTHAMMER/WÜRDINGER, Die verjährungsrechtlichen Auswirkungen der Streitverkündung, NJW 2008, 2620
ARENS, Zur Verjährungsunterbrechung durch Klageerhebung, in: FS KH Schwab (1990) 17
ASSIES/FAULENBACH, Prozessuale Probleme des Güteverfahrens – (Verjährungshemmung durch Güteanträge), BKR 2015, 89
BALTZER, Die negative Feststellungsklage aus § 256 I ZPO (1980)
BARNIKEL, Keine Verjährungsunterbrechung durch Beweissicherungsantrag gegen Unbekannt, BlGBW 1980, 176
BODE, Unterbricht ein beim unzuständigen Gericht eingereichter Antrag auf Erlaß eines Mahnbescheids die Verjährung?, MDR 1982, 632
BORGMANN, „Zustellung demnächst" bei Zahlungsbefehlen, AnwBl 1975, 434
BRANDNER, Zur Verjährung wegen gestiegener Preise und Löhne erhöhter Schadensersatzforderungen, VersR 1970, 873
vBERNUTH/HOFFMANN, Nach der Schuldrechtsreform: Verjährungshemmung bei Klagen vor einem ordentlichen Gericht trotz Schiedsklausel, SchiedsVZ 2006, 127
BUDZIKIEWICZ, Anmerkung zur Unterbrechung der Verjährung, ZEuP 2010, 418
BURBULLA, Parteiberichtigung, Parteiwechsel und Verjährung, MDR 2007, 439
DISCHLEIN, Unterbrechung durch Verwaltungsakt, DÖV 1967, 804
DONAU, Verjährungsunterbrechung bei Vor- und Nacherbschaft, MDR 1958, 735
DUCHSTEIN, Die Bestimmtheit des Güteantrags zur Verjährungshemmung, NJW 2014, 342
DUNZ, Der unbezifferte Leistungsantrag nach der heutigen Rechtsprechung des Bundesgerichtshofs, NJW 1984, 1734

EBERT, Verjährungshemmung durch Mahnverfahren, NJW 2003, 732

EHRICKE, Probleme bei der Geltendmachung mehrerer Teilforderungen als ein Teilbetrag im Mahnverfahren aus Sicht des Insolvenzverwalters, ZIP 2011, 1851

FENN, Anschlussberufung, Beschwer und unbezifferter Klageantrag, ZZP 89 (1976) 121

FRAEB, Anspruchsbetätigung und Anspruchspreisgabe, JW 1938, 2934

FRANK, Unterbrechung der Verjährung durch Auslandsklage, IPRax 1983, 108

FRIEDRICH, Die Anerkennung der alternativen Streitbeilegung durch die neuere Gesetzgebung im Zivil- und Zivilprozessrecht, JR 2002, 307

ders, Verjährungshemmung durch Güteverfahren, NJW 2003, 1781

FRIES, Die Hemmung der Verjährung durch Güteanträge im System der §§ 203 und 204 BGB, JZ 2016, 723

GARTZ, Verjährungsprobleme bei selbstständigen Beweisverfahren, NZBau 2010, 676

GEIMER/FRANK, Nochmals: Zur Unterbrechung der Verjährung durch Klageerhebung im Ausland, IPRax 1984, 83

GERHARDT, Wahrung der Konkursanfechtungsfrist durch Antragstellung bei der „Hamburger Gütestelle", NJW 1981, 1542

GÖSSL, Verjährungshemmung bei grenzüberschreitender Streitbeilegung, MDR 2017, 251

GREGER, Die von der Landesjustizverwaltung anerkannten Gütestellen: Alter Zopf mit Zukunftschancen, NJW 2011, 1478

GROTHE, Verjährungshemmung durch Mahnbescheid bei mehreren Mängeln, NJW 2015, 17

GSELL, Negative Feststellungsklage und Hemmung der Verjährung, in: GS Wolf (2011) 393

GÜNTNER, Der Einfluss der Kündigungsschutzklage auf die Verjährung von Lohn- und Gehaltsansprüchen, BB 1962, 1044

GÜRICH, Verjährungsrechtliche Auswirkungen der negativen Feststellungsklage, MDR 1980, 359

HALFMEIER, Zur Neufassung des KapMuG und zur Verjährungshemmung bei Prospekthaftungsansprüchen, DB 2012, 2145

HANISCH, Fremdwährungsforderung, Mahnbescheid und Verjährung, IPRax 1989, 276

HEFELMANN, Die gerichtliche Geltendmachung des Anspruchs als Grund der Verjährungsunterbrechung (1930)

HEGMANNS, Verjährungsunterbrechung durch Antragstellung bei der „Hamburger Gütestelle" trotz anderweitigen ausschließlichen Gerichtsstandes?, ZIP 1984, 925

HENCKEL, Die Grenzen der Verjährungsunterbrechung, JZ 1962, 335

HENNINGS, Die Arbeit der öffentlichen Rechtsauskunfts- und Vergleichsstelle in Hamburg: Hilfeleistung bei der Bewältigung von Rechtskonflikten durch Beratung und unparteiische Vermittlung, in: BLANKENBURG/GOTTWALD/STREMPEL, Alternativen in der Ziviljustiz (1982) 51

HINZ, Der Prozess auf negative Feststellung und seine Wirkungen für das Verjährungsrecht des BGB, in: FS vLübtow (1980) 729

JUNCKER, Verjährungsunterbrechung beim Übergang vom Zivilprozess zum Schiedsverfahren, KTS 1987, 37

KÄHLER, Verjährungshemmung nur bei Klage des Berechtigten?, NJW 2006, 1769

KEMPER/SEEGER, Zur Verjährung von Ansprüchen, die dem Jugendamt wegen Gewährung von Hilfen zur Erziehung eines Minderjährigen gegenüber Dritten zustehen, DAVorm 1986, 757

KIRCHHOF, Einfluss des neuen Verjährungsrechts auf das Insolvenzverfahren, WM 2002, 2037

KLAFT/NOSSEK, Hemmung von Vergütungsansprüchen des Werkunternehmers durch selbstständiges Beweisverfahren?, BauR 2008, 1980

KLOSE, Der Lauf der Verjährung bei Mediation und sonstigen außergerichtlichen Streitlösungsmodellen, NJ 2010, 100

ders, Die Hemmung der Verjährung durch den Antrag auf Erlass eines Mahnbescheids, MDR 2010, 11

KOCH, Die gerichtliche Geltendmachung der Aufrechnung als Mittel der Verjährungsunterbrechung nach § 209 Abs 2 Nr. 3 BGB (Diss Hamburg 1995)

KÖHNE/LANGNER, Geltendmachung von Gegenforderungen im internationalen Schiedsverfahren, RIW 2003, 361

KUNTZE-KAUFHOLD/BEICHEL-BENEDETTI,

Verjährungsrechtliche Auswirkungen durch das Europäische Zustellungsrecht, NJW 2003, 1998
LANG, Verjährungsunterbrechung durch Mahnantrag beim unzuständigen Gericht, AnwBl 1984, 200
LIERMANN, Ende des Verjährungsunterbrechung gemäß § 211 Abs 2 S 1 BGB, MDR 1998, 257
LINKE, Die Bedeutung ausländischer Verfahrensakte im deutschen Verjährungsrecht, Beiträge zum internationalen Verfahrensrecht und zur Schiedsgerichtsbarkeit (1987) 209
LOOSCHELDERS, Anpassung und Substitution bei der Verjährungsunterbrechung durch unzulässige Auslandsklage, IPRax 1998, 296
LÜKE, Arbeitsgerichtliche Kündigungsschutzklage und Verjährung des Gehaltsanspruchs, NJW 1960, 1333
LUCAS, Unterbricht die Anmeldung von Hypothekenzinsen in der Zwangsversteigerung die Verjährung?, JW 1938, 2932
LUCKEY, Verdamp lang her, verdamp lang? Haftungsfälle Verjährung im Personenschaden, SVR 2015, 41
MANIAK, Die Verjährungsunterbrechung durch Zustellung eines Mahnbescheids im Mahnverfahren (2000)
MAURER, Verjährungshemmung durch vorläufigen Rechtsschutz, GRUR 2003, 208
MAY/MOESER, Anerkannte Gütestellen in der anwaltlichen Praxis, NJW 2015, 1637
MCGUIRE, Verfahrenskoordination und Verjährungsunterbrechung im Europäischen Zivilprozessrecht (2004)
MEKAT/NORDHOLTZ, Die Flucht in die Musterfeststellungsklage, NJW 2019, 411
MELLER-HANNICH, Rechtshängigkeit im Mahnverfahren, wenn nach Widerspruch nicht „alsbald" in das streitige Verfahren abgegeben wird, JR 2010, 139
MERSCHFORMANN, Der Umfang der Verjährungsunterbrechung durch Klageerhebung (Diss Freiburg 1991)
S MEYER, Verjährung von Schadensersatzansprüchen bei bezifferter verdeckter Teilklage, NJW 2002, 3067
MÜNZBERG, Feststellungsurteil und Verjährung einzelner Unfallfolgen, NJW 1960, 1605
NATZEL, Verjährung von Lohnansprüchen im Rahmen eines Kündigungsschutzverfahrens, DB 1960, 176
NORDMEIER, Die Bedeutung des anwendbaren Rechts für die Rückwirkung der Zustellung nach § 167 ZPO, ZZP 124 (2011) 95
OEHLERS, Verjährungsunterbrechung durch hilfsweise Geltendmachung eines Anspruchs, NJW 1970, 845
PHILIPP, Verjährungshemmung durch Rechtsverfolgung (2018)
PIOCH, Die verjährungshemmende Wirkung des Mahnbescheids, MDR 2016, 863
PETERS, Der Antrag auf Gewährung von Prozesskostenhilfe und die Hemmung der Verjährung, JR 2004, 137
PIETZCKER, Feststellungsprozess und Anspruchsverjährung, GRUR 1998, 293
RABE, Verjährungshemmung nur bei Klage des Berechtigten?, NJW 2006, 3089
REGENFUS, Ungeschriebene Voraussetzungen der Verjährungshemmung durch Rechtsverfolgung, NJW 2016, 2977
REWOLLE, Unterbricht die Erhebung der Kündigungsschutzklage die Verjährung der Lohn- und Gehaltsansprüche?, DB 1908, 1696
RIEHM, Alternative Streitbeilegung und Verjährungshemmung, NJW 2017, 113
RIMMELSPACHER, Materiellrechtlicher Anspruch und Streitgegenstandsprobleme im Zivilprozess (1970)
RUTH, Der Einfluss der Feststellungsklage auf die Verjährung der Ansprüche, ArchBürgR 42, 253
SAERBECK, Zur Hemmung der Verjährung durch Rechtsverfolgung, in: FS Thode (2005) 139
SCHAAF, Unterbricht eine Wechselklage die Verjährung der Forderung aus dem Grundgeschäft?, NJW 1986, 1029
SCHABENBERGER, Zur Hemmung nach § 204 Abs 1 Nr 9 in wettbewerbsrechtlichen Auseinandersetzungen, WRP 2002, 200
SCHACK, Wirkungsstatut und Unterbrechung der Verjährung im Internationalen Privatrecht durch Klageerhebung, RIW/AWD 1981, 301
SCHANZ, Die Unterbrechung der Verjährung durch Geltendmachung eines Anspruchs im Güteverfahren, LZ 1928, 300
SCHLOSSER, Ausschlussfristen, Verjährungsun-

terbrechung und Auslandsklage, in: FS Bosch (1976) 859

SCHLÖSSER/KÖBLER, der Eintritt der Verjährungshemmung beim selbstständigen Beweisverfahren, NZBau 2012, 669

K SCHMIDT, Mahnverfahren für Fremdwährungsforderungen?, NJW 1989, 65

SCHNAUDER, Unterbrechung der Verjährung durch Zustellung eines Mahnbescheids – BGH NJW 2001, 305, JuS 2001, 1054

SCHULTZ, Missbrauch des Mahnverfahrens durch Kapitalanleger?, NJW 2014, 827

SCHÜTZE, Die Unterbrechung und Inlaufsetzung der Verjährung von Wechselansprüchen durch ausländische Klageerhebung, WM 1967, 246

ders, Zur Vollstreckung ausländischer Zivilurteile bei Zweifeln an der Verbürgung der Gegenseitigkeit, DB 1977, 2129

SCHUMACHER, Güteantrag unterbricht Verjährung, BB 1956, 1119

SCHUMANN, Zur örtlichen Allzuständigkeit der Öffentlichen Rechtsauskunfts- und Vergleichsstelle zu Hamburg in bürgerlich-rechtlichen Güteverfahren, DRiZ 1970, 60

SEGGEWISSE, Streitverkündung im Mahnverfahren, NJW 2006, 303

SEIBEL, Die Verjährungshemmung im selbständigen Beweisverfahren nach § 204 Abs 1 Nr 7 BGB, ZfBR 2008, 9

ders, Führt eine Klagerücknahme zum rückwirkenden Wegfall der Verjährungshemmung?, MDR 2015, 491

SÖHNER, Das neue Kapitalanleger-Musterverfahrensgesetz, ZIP 2013, 7

SPICKHOFF, Verjährungsunterbrechung durch ausländisches Beweissicherungsverfahren, IPRax 2001, 37

STEINEKER, Die Verjährungsunterbrechung durch die Streitverkündung – §§ 209 Abs 2 Nr 4, 215 BGB (Diss Hamburg 2000)

STEIKE/BOROWSKI, Verjährungshemmung in Gütestellenverfahren, VuR 2017, 218

STÖHR, Geltendmachen von Zahlungsansprüchen durch Kündigungsschutzklage?, NZA 2016, 210

TAUPITZ, Verjährungsunterbrechung im Inland durch unfreiwillige Beteiligung am fremden Rechtsstreit im Ausland, ZZP 102 (1989) 288

TEPLITZKY, Zur Unterbrechung und Hemmung der Verjährung wettbewerbsrechtlicher Ansprüche, GRUR 1984, 307

TIEDTKE, Die Unterbrechung der Verjährung durch Klage des Prozessstandschafters, DB 1981, 1317

ders, Die Unterbrechung der Verjährung durch unzulässige Aufrechnung im Gesellschaftsprozess, BB 1981, 1920

TRAUB, Eilverfahren und Verjährung nach § 21 UWG, WRP 1979, 186

TOUSSAINT, Verjährungshemmung durch selbständiges Beweisverfahren, in: Liber amicorum Detlef Leenen (2012) 279

VOGEL, Verjährung und Insolvenzverfahren, BauR 2004, 1365

VOLLKOMMER, Verjährungsunterbrechung und „Bezeichnung" des Anspruchs im Mahnbescheid, in: FS Lüke (1997) 865

WAGNER, Alternative Streitbeilegung und Verjährung, NJW 2001, 182

WEIMAR, Kann trotz des Feststellungsurteils bei eingetretenem Spätfolgeschäden eine kurze Verjährung laufen?, JR 1970, 137

WENNER/SCHULZ, Zum Jahresende: Die Hemmung der Verjährung durch Anmeldung von Forderungen im Insolvenzverfahren, BB 2006, 2649

WEYER, Keine Verjährungshemmung ohne förmliche Zustellung des Beweissicherungsantrags, NZBau 2008, 228

WOLF, Verjährungshemmung auch durch Klage vor einem international unzuständigen ausländischen Gericht?, IPRax 2007, 180

M WOLF, Die Befreiung des Verjährungsrechts vom Streitgegenstandsdenken, in: FS Schumann (2001) 579

WURZ, Feststellungsurteil und Verjährung einzelner Unfallfolgen, NJW 1960, 470, 1605

WUSSOW, Genehmigungsfähigkeit von Handlungen, die der Wahrung gesetzlicher Fristen dienen, NJW 1963, 1756

WUST, Streitverkündung und Streithilfe im selbständigen Beweisverfahren am Beispiel eines Werkvertrags, NJW 2017, 2886

ZENKER, Geltendmachung der Insolvenz- und Gläubigeranfechtung, NJW 2008, 1038.

Titel 2
Hemmung, Ablaufhemmung und Neubeginn der Verjährung § 204

Systematische Übersicht

I.	**Allgemeines**	
1.	Schutz vor Verjährung	1
2.	Hemmung der Verjährung	2
3.	Zur Dogmatik	3
4.	Möglichkeiten des Gläubigers	4
5.	Konkurrenzen	5
II.	**Die Parteien der Hemmung**	
1.	Ihre Bezeichnung	6
2.	Inhaber der Forderung	7
3.	Geltendmachung fremder Forderung	9
4.	Heilung von Mängeln	11
5.	Person des Schuldners	12
III.	**Der betroffene Anspruch**	
1.	Maßgeblichkeit des Streitgegenstands	13
2.	Umfang der Geltendmachung	17
3.	Andere Streitgegenstände	22
IV.	**Anforderungen an die Klage**	
1.	Parteien; Schlüssigkeit, Begründetheit	23
2.	Zulässigkeit	24
3.	Wirksamkeit der Klageerhebung	28
4.	Zustellung der Klage	31
5.	Zeitpunkt der Zustellung	34
6.	Heilung von Mängeln	36
7.	Nachträgliche Einführung des Anspruchs in den Prozess	37
8.	Klage vor Beginn der Verjährung	38
V.	**Die Klagearten**	
1.	Negative Feststellungsklage des Schuldners	39
2.	Mindere Maßnahmen als eine Klage	40
3.	Deutsche, ausländische Klage	41
4.	Zuständige Gerichtsbarkeit	42
5.	Leistungsklage	43
6.	Feststellungsklage	44
7.	Klage auf Erteilung der Vollstreckungsklausel	45
8.	Vollstreckungsurteil	46
9.	Schiedsspruch	47
10.	Gestaltungsklage	48
VI.	**Musterfeststellungsklage bei Klageregisteranmeldung, Nr 1a**	
1.	Voraussetzungen der Hemmung	48b
2.	Umfang der Hemmung	48g
3.	Zeitraum der Hemmung	48h
VII.	**Antrag auf Festsetzung von Unterhalt Minderjähriger, Nr 2**	
1.	Anforderungen an den Antrag	49
2.	Zurückweisung des Antrags	50
3.	Alsbaldige Zustellung	51
4.	Überleitung in das streitige Verfahren	52
5.	Untätigkeit der Parteien	53
VIII.	**Mahnbescheid, Nr 3**	
1.	Antrag des Gläubigers	54
2.	Zustellung des Mahnbescheids	56
3.	Verzögerungen durch den Gläubiger	57
4.	Zurückweisung des Antrags	58
5.	Dauer der Hemmung	58
IX.	**Antrag bei Streitbeilegungsstelle, Nr 4**	
1.	Streitbeilegungsstelle	59
2.	Bekanntgabe des Antrags	60
3.	Anforderungen an den Antrag	61
4.	Wirkungen	62
X.	**Aufrechnung im Prozess, Nr 5**	
1.	Allgemeines	63
2.	Sonstige Geltendmachung der Forderung	64
3.	Aufrechnung des Beklagten, des Klägers	65
4.	Sachliche Bescheidung der Aufrechnung	66
5.	Unberücksichtigte Aufrechnung	67
6.	Materielle Voraussetzungen der Aufrechnung	68
7.	Aufrechnung im Prozess	72
8.	Wirkung	73
9.	Ausschlussfristen	74
XI.	**Streitverkündung, Nr 6**	75
1.	Die beiden Fälle der Streitverkündung	75a

2. Allgemeines	75b	
3. Anwendungsbereich der Bestimmung	76	
4. Voraussetzungen	77	
5. Präjudizialität	78	
6. Wirkung der Hemmung	83	
7. Andere Verfahren; selbstständiges Beweisverfahren	84	
8. Ausländisches Verfahren	85	

XII. Anspruchsanmeldung zum Musterverfahren, Nr 6a
1. Allgemeines — 85a
2. Zustellung — 85c
3. Voraussetzungen von § 10 KapMuG — 85d
4. Vorgreiflichkeit des Musterverfahrens — 85e
5. Lauf der Verjährung — 85f

XIII. Selbstständiges Beweisverfahren, Nr 7
1. Allgemeines — 86
2. Antrag — 87
3. Anforderungen — 88
4. Der verfolgte Anspruch — 89
5. Beweissicherung durch den Schuldner — 89
6. Umfang der Hemmung — 90
7. Ende der Hemmung — 90
8. Streitverkündung — 90

XIV. Begutachtungsverfahren, Nr 8
1. Vereinbarte Begutachtung — 91
2. Verfahren nach § 641a — 92

XV. Einstweiliger Rechtsschutz, Nr 9
1. Allgemeines — 93
2. Einstweiliger Rechtsschutz — 94
3. Zustellung — 95

XVI. Insolvenzverfahren, Schifffahrtsrechtliches Verteilungsverfahren, Nr 10
1. Allgemeines — 97
2. Anmeldung als Insolvenzforderung — 97
3. Reichweite der Hemmung — 98
4. Hemmung einer Insolvenzforderung — 98
5. Ende der Hemmung — 98
6. Schifffahrtsrechtliches Verteilungsverfahren — 99

XVII. Schiedsrichterliches Verfahren, Nr 11
1. Allgemeines — 100
2. Beginn des Verfahrens — 101
3. Schiedsverfahren — 102
4. Ausländisches Verfahren — 103

XVIII. Behördliches Vorverfahren, Nr 12
1. Allgemeines — 104
2. Vorentscheidung einer Behörde — 105
3. Rechtswahrung durch Klage oder Antrag bei Streitbeilegungsstelle — 107
4. Reichweite der Hemmung — 108

XIX. Gerichtliche Bestimmung der Zuständigkeit, Nr 13
1. Anwendungsbereich — 109
2. Zuständigkeitsbestimmende Sachentscheidung — 110
3. Ausschlussfrist zur Klage — 111
4. Gerichtsinterner Zuständigkeitsstreit — 112

XX. Antrag auf Prozess- oder Verfahrenskostenhilfe, Nr 14
1. Allgemeines — 113
2. Missbrauchsmöglichkeiten — 114
3. Anwendungsbereich — 115
4. Anforderungen an den Antrag — 116
5. Bekanntgabe — 117
6. Wahrung von Ausschlussfristen — 117

XXI. Ende der Hemmung
1. Allgemeines — 118
2. Stillstand des Verfahrens — 122
   a) Allgemeines — 122
   b) Unterbrechung und Aussetzung des Prozesses im prozesstechnischen Sinne — 123
   c) Ruhen des Verfahrens, §§ 251, 251a, 278 Abs 4 ZPO — 124
   d) Faktisches Nichtbetreiben des Prozesses — 125
   e) Weiterbetreiben des Prozesses — 132
   f) Teilweises Nicht- oder Weiterbetreiben — 134

Titel 2
Hemmung, Ablaufhemmung und Neubeginn der Verjährung § 204

g)	Beweislast	135	f)	Wirkungsverlust der Anschließung	147a
h)	Ausschlussfristen	136	g)	§ 701 ZPO	148
i)	Die einzelnen Fälle des § 204 Abs 1	137	h)	Fehlen eines förmlichen Verfahrensendes	149
3.	Ende der Hemmung bei Abschluss des Verfahrens	141	i)	Verfahren vor einer Streitbeilegungsstelle	150
a)	Allgemeines	141	k)	Übergang in das streitige Verfahren	150
b)	Rechtskräftige Entscheidung	142	l)	Wirkung des § 204 Abs 2 S 1	151
c)	Vergleich	145			
d)	Erledigung der Hauptsache	146			
e)	Rücknahme	147			

Alphabetische Übersicht

Ablaufhemmung	151	Begründung des Anspruchs nach Mahnverfahren	138
Alternative Haftung	81	Begutachtung, vereinbarte	91
Anhörungsrüge	144	Behördliches Vorverfahren	104
Anmeldung zum Musterverfahren	85a ff	Berechtigter	6 ff
Anordnung, einstweilige	93	Beschwerde, sofortige	144
Anschlussberufung	37, 147a	Bestimmung der Zuständigkeit, gerichtliche	109
Anspruch		Betreiben des Verfahrens	
– aberkannter	142	– durch den Beklagten	132
– Identifizierung des	16, 30, 55	– teilweises	134
– nachträglich eingeführter	37	Beweisaufnahme	127
– verfolgter	13 ff	Beweisverfahren, selbstständiges	86 ff
Anspruchskonkurrenz	13 f	– Anforderungen an	88
Antrag		– Antrag auf Durchführung	87
– auf Durchführung des streitigen Verfahrens	138	– ausländisches	86
– auf Prozess- oder Verfahrenskostenhilfe	113 ff	– gegen Unbekannt	88
Anwaltsprozess	28	– über Mängel	89
Aufgebotsverfahren	40	– über Tatsachen	89
Aufrechnung	63 ff, 138	– verfolgter Anspruch	89
– erfolgreiche	66	Bezeichnung der Parteien	6
– Erklärung der	71	BGB-Gesellschaft	7
– Geltendmachung der	72	Bisheriges Recht	2, 49
– des Klägers	65	Bürgschaft	12
– Prozess, im	63 ff, 138		
– Stillstand des Verfahrens	138	Dritte, Rechtsverfolgung durch	6 ff
– Umfang der Hemmung bei	73		
– unzulässige	67	Einlassung, rügelose	36
– Verbot der	67	Einreichung der Klage	34
Aufrechnungslage	68 ff	Eintritt des Gläubigers in den Prozess	11
Auskunftsanspruch	15	Einziehungsermächtigung	10
Ausländersicherheit, fehlende	27	Ende der Hemmung	118
Auslandszustellung	35	Entscheidung	
Ausschlussfrist	21, 74, 136	– nicht in der Sache	142
Aussetzung des Prozesses	123	– rechtskräftige	142

Erledigungserklärung — 146
Europäisches Mahnverfahren — 53 ff

Fahrlässigkeit bei der Fristwahrung — 35
Faktisches Nichtbetreiben des Prozesses — 125
Fertigstellungsbescheinigung — 92
Festsetzung von Unterhalt — 49, 137
Feststellungsklage — 20, 44
– negative — 39 f
Förderung des Verfahrens — 125, 130

Gehörsrüge — 144
Genehmigung der Prozessführung — 11
Gericht, ausländisches — 41
Gerichtliche Bestimmung der Zuständigkeit — 109
Gerichtsbarkeit
– deutsche — 24
– zuständige — 42
Gesamtgläubiger — 7
Gestaltungsklage — 48
Grundurteil — 126, 143
Gütestelle — 59

Hemmung, Ende der — 118 ff
Hilfsanspruch — 15

Inhaber der Forderung — 7
Insolvenzverfahren — 97 f
– Bestreiten der Forderung — 140
– Stillstand — 140

Kapitalanleger-Musterverfahren — 85a ff
Klage
– Anforderungen an — 23 ff
– auf Leistungsbestimmung durch Urteil — 48
– nicht statthafte — 142
– unbegründete — 23
– unbezifferte — 19
– unschlüssige — 23
– Unterschrift unter — 28
– unzulässige — 24
– vor Verjährungsbeginn — 38
Klageänderung — 142
Klageerweiterung — 37
Klageregister
– Musterfeststellungsklage — 48a ff
– Musterverfahren — 85d

Konkurrenzen — 5
Kostenvorschuss, Zahlung des weiteren — 138

Ladung des Beklagten — 29
Leistungsklage — 43
Leistungsverfügung — 94

Mahnantrag
– Anforderungen — 55
– Einreichung — 57
– mehrere Forderungen in einem — 57
– Rückweisung — 58
Mahnbescheid — 54 ff
– Wegfall — 148
– Zustellung — 54
Mahnverfahren
– Ende — 148 f
– Europäisches — 53 ff
– Nichtbetreiben — 148
– Rechtsmissbrauch — 54
– Statthaftigkeit — 54
Mehrheit von Gläubigern — 7
Mehrheit von Schuldnern — 12
Möglichkeiten des Gläubigers — 4
Musterfeststellungsklage — 48a ff
– Ende der Hemmung — 48h, 137
– Lebenssachverhalt — 48 f
– Rücknahme — 48h
– Stillstand des Verfahrens — 48h
– Umfang der Hemmung — 48g
– Verbraucher — 48e
– Voraussetzungen — 48b ff
Musterverfahren — 85a ff

Nachfrist — 3
Naturpartei — 28
Nebenintervention — 75a
Negative Feststellungsklage — 39 f
Neubeginn — 2
Neuorientierung — 119
Nichtbetreiben
– der Parteien — 130
– des Prozesses, faktisches — 125
– des Verfahrens — 125

Partei — 6 ff
– kraft Amtes — 9
– Bezeichnung — 6, 28
– Existenz — 25

Parteifähigkeit	25	Stillstand des Verfahrens	122
Pfändung der Forderung	8	Streitbeilegungsantrag	59 ff
Postulationsfähigkeit	28	– Begründetheit	61
Prozessaufrechnung	63 ff, 138	– Bekanntgabe	60
Prozessfähigkeit	26	– Zulässigkeit	61
Prozessführungsbefugnis	27	Streitbeilegungsstelle	59
Prozesshandlung des Gläubigers	125 ff	Streitbeilegungsverfahren	
Prozesskostenhilfe	113 ff	– Ende	150
– Antrag auf	116	– Ergebnis	62
– Bekanntgabe	117	– Rechtsmissbrauch	61
– Missbrauch	114	– Stillstand	138
– für das Prozesskostenhilfeverfahren	115	Streitgegenstand	13
– weiterer Antrag	113	– Änderung	22
– für die Zwangsvollstreckung	115	Streitiges Verfahren, Übergang in das	52
Prozesskostenhilfeverfahren, Stillstand des	140	Streitverkündung	75 ff, 142
		– Anforderungen	77 f
Prozesskostenvorschuss	29	– Angabe des Grundes	77
		– Folgeprozess	76
Recht, ausländisches	41	– Notar, an	76
Rechtshängigkeit, anderweitige	27	– selbstständigen Beweisverfahren, im	84
Rechtskraft		– Voraussetzungen	77 ff
– anderweitige	27	Stufenklage	15, 131
– formelle	144		
Rechtsmissbrauch	4, 114	Teilklage	17
Rechtsmittel, unzulässiges	144	Terminierung	126
Rechtsmittelfrist	144	Terminsantrag	133
Rechtsnachfolger des Schuldners	12	Titelverjährung	141
Rechtsschutz, einstweiliger	93 ff		
Rechtsschutzbedürfnis	27	Übergang in das streitige Verfahren	150
Rechtsverteidigung	92	Umfang der Hemmung	17
Rechtsweg, falscher	27	Unterbrechung	
Regress	75, 81	– des Prozesses	123
Rücknahme	147	– der Verjährung	2
Ruhen des Verfahrens	124	Unterhalt Minderjähriger, Festsetzung von	49
		Urkunde, vollstreckbare	45
Schiedsgutachten	100	Urteilsverfassungsbeschwerde	144
Schiedsrichterliches Verfahren	100 ff		
– im Ausland	103	Veräußerung der Streitsache	27
– Stillstand	140	Verfahrensende	141 ff
Schiedsspruch	47	– Fehlen eines förmlichen	149
Schifffahrtsrechtliches Verteilungsverfahren	99	Verfahrenskostenhilfe, Antrag auf	113 ff
		Verfahrensstillstand	122 ff
Schlüssigkeit	16	Verfassungsbeschwerde	40
Schuldner	6, 12	Verfügung, einstweilige	93 ff
Sechsmonatsfrist	151	Verfügungsmacht, Beschränkung der	8
Selbständiges Beweisverfahren	85 ff	Vergleich	
– Ende	149	– als Verfahrensbeendigung	145
– Stillstand	139	– unwirksamer	145
Sicherung des Anspruchs	94	– vollstreckbarer	45

Verhandlungen	5, 118, 122
Verrechnung	64
Vollstreckungsabwehrklage	45
Vollstreckungsbescheid, nicht beantragter	138
Vollstreckungsklausel	45
Vorbehaltsurteil	73, 143
Vorentscheidung der Behörde	105 f
– Stillstand	140
Vorläufiger Rechtsschutz	93 ff
– Stillstand	139
Vorverfahren, behördliches	104 ff
Weiterbetreiben des Prozesses	132
– Teilweises Nicht- oder Weiterbetreiben	134
Widerklage, unzulässige	142
Wirkung der Hemmung	83 f
Wohnungseigentümergemeinschaft	6, 7, 12
Zession	7, 10
Zusatzfrist	119
Zuständigkeit des Gerichts	25
Zuständigkeitsbestimmung, gerichtliche	109
Zuständigkeitsstreit, gerichtsinterner	112
Zustellung	
– Anspruch auf	96
– im Ausland	35
– demnächst	34 ff
– einstweilige Verfügung	95 f
– Klage, der	31
– öffentliche	33, 35
– unwirksame	32
Zustellungsmangel	36
Zwangsvollstreckung	93

I. Allgemeines

1. Schutz vor Verjährung

1 Die Entwertung der Forderung, die der Eintritt der Verjährung bewirkt, § 214 BGB, ist dem Gläubiger nur zuzumuten, wenn ihm die Möglichkeit an die Hand gegeben wird, dem vorzubeugen. § 204 BGB verlangt das aktive Betreiben der Forderung und zählt dazu in seinem Abs 1 die Möglichkeiten auf, die insoweit bestehen. Wenn die Verjährung den Schuldner vor Beweisnöten durch Zeitablauf schützen soll, so ist er durch dieses Vorgehen des Gläubigers jetzt gewarnt.

2. Hemmung der Verjährung

2 Die Bestimmung des § 204 BGB setzt eine *Hemmung* der Verjährung an die Stelle von deren Unterbrechung – in heutiger Terminologie: ihrem *Neubeginn* – gemäß der Vorgängervorschriften namentlich des § 209 BGB aF, aber auch der §§ 210, 220, 477 Abs 2, 639 Abs 1 BGB aF; dh die Dauer des einschlägigen Verfahrens wird heute nur ausgeblendet aus der Berechnung der einschlägigen Verjährungsfrist, § 204 BGB setzt diese aber nicht völlig neu wieder in Lauf, sei es mit der Einleitung des Verfahrens, sei es mit seinem Abschluss. Die herkömmliche Unterbrechung der Verjährung, die noch fortlebt in den beiden Fällen des Neubeginns der Verjährung gemäß § 212 Abs 1 BGB, hatte eine überschießende Wirkung, deren der Gläubiger in diesem Umfang nicht bedurfte: Teils führt die Geltendmachung der Forderung im Prozess überhaupt schon zu ihrer Tilgung (Aufrechnung, jetzt § 204 Abs 1 Nr 5 BGB), teils verschaffte sie dem Gläubiger einen langfristig verjährenden Titel (jetzt §§ 197 Abs 1 Nrn 3, 4, 201 BGB). Der Neubeginn der Verjährung war also dort von praktischer Bedeutung, wo ein Vollstreckungstitel nicht erreicht wurde, zB bei der Rücknahme der Klage oder ihrer Abweisung als unzulässig, oder wo ein Titel gar nicht erreicht werden konnte, zB bei der Streitverkündung oder im selbstständigen Beweisverfahren. Gerade in den letztgenannten kritischen Fällen konnte die Unterbrechungswirkung aber nach bisherigem Recht wieder verloren gehen, vgl zB § 212 BGB aF zur Rücknahme der Klage, § 215 BGB aF zu Aufrechnung und Streitverkündung. Zur Meidung des Rechtsverlustes war der Gläubiger dann gehalten, binnen bestimmter Frist wieder vorzugehen.

3. Zur Dogmatik

Bestimmungen wie die eben genannten §§ 212, 215 BGB aF waren nicht nur sehr unübersichtlich, sondern näherten die Unterbrechung im praktischen Ergebnis einer Hemmung an. Deshalb ist die jetzige Hemmung eine durchsichtigere Regelung. **3**

a) Diese Hemmung darf freilich nicht umgehend mit Verfahrensschluss enden: War zB die Klage am äußersten Ende der Verjährungsfrist eingereicht, gar unter Ausnutzung des § 167 ZPO, so hätte zB der Gläubiger, dessen Klage als unzulässig abgewiesen wird, keine Chance mehr zu der Realisierung seiner Forderung. Deshalb gewährt § 204 Abs 2 S 1 BGB eine Nachfrist von sechs Monaten nach Beendigung des Verfahrens zur Neuorientierung.

b) Bei dieser Hemmung nach § 204 Abs 1, Abs 2 S 1 BGB handelt es sich um einen völlig *neuartigen Hemmungstatbestand*. Herkömmlich und heute noch in den Fällen der §§ 203, 205–208, 210, 211 BGB wird der Ablauf der Verjährung gehemmt, weil dem Gläubiger eine aktive Verfolgung seines Anspruchs nicht zumutbar ist, er würde zB Verhandlungen stören, § 203 BGB, müsste gegen seinen Ehegatten vorgehen, § 207 BGB, würde wegen Stundung die Abweisung der Klage riskieren, § 205 BGB. Die Hemmung nach § 204 BGB beruht demgegenüber gerade darauf, dass er den Versuch der Realisierung des Anspruchs unternimmt (BeckOGK BGB/Meller-Hannich [1. 3. 2019] Rn 6). Dadurch muss der Schuldner gewarnt sein, dass er auch nach Ablauf der Verjährungsfrist in Anspruch genommen wird (BGH NJW 2017, 886 Rn 35; NJW-RR 2015, 257 Rn 17; eingehend Philipp 87 ff).

4. Möglichkeiten des Gläubigers

§ 204 Abs 1 BGB erweitert von Anfang an den Kanon der möglichen Vorgehensweisen gegenüber dem Rechtszustand vor der Schuldrechtsmodernisierung, vgl zB die Nrn 7 (selbstständiges Beweisverfahren), 9 (Arrest, einstweilige Verfügung), 14 (Prozess- und Verfahrenskostenhilfeantrag). Später eingefügt wurden Nr 1a (Klageregisteranmeldung bei Musterfeststellungsklage) und Nr 6a (Anspruchsanmeldung zum Musterverfahren). Das kann in Fällen, in denen der Ablauf der Verjährungsfrist bevorsteht, vor dem Hintergrund der zu erlangenden und nicht wieder einbüßbaren Nachfrist des § 204 Abs 2 S 1 BGB zu – für sich genommen – Befremdlichem führen, zB dazu, dass der eindeutig Begüterte einen Antrag auf Gewährung von Prozesskostenhilfe stellt: Auch bei ihm kommt es zur Wahrung der Verjährungsfrist nicht darauf an, dass er zulässig und begründet ist – wie auch bei der Klage nicht. Darin kann aber kein Rechtsmissbrauch gesehen werden, der dann unbeachtlich bleiben müsste, die Verjährung nicht hemmen würde: Die Mittel zur Hemmung der Verjährung müssen ausgeschöpft werden können, außerdem könnte eine sinnvolle Grenze zwischen noch Zulässigem und schon Missbräuchlichem gar nicht gezogen werden. Bittet der Gläubiger freilich, den Gegner zunächst noch nicht zu kontaktieren, würde das eine demnächstige Zustellung iSd § 167 ZPO ausschließen. **4**

Die Hemmungswirkung der gerichtlichen Geltendmachung der Forderung tritt *unabhängig vom Willen des Gläubigers* ein.

Entsprechend kommt es auch auf die Motivation des Gläubigers zur gerichtlichen Geltendmachung nicht an (BeckOGK BGB/Meller-Hannich [1. 3. 2019] Rn 103; **aA** RGZ 66, 412, 414 f; MünchKomm/Grothe Rn 3): Hemmung tritt auch dann ein, wenn der Gläubiger erklärt, an einer gerichtlichen Entscheidung nicht interessiert zu sein, sondern nur die Verjährung hemmen zu wollen. Bittet er freilich, einstweilen nicht zuzustellen, hindert er so die Erhebung der Klage und schaltet § 167 ZPO aus.

Weitere Möglichkeiten sind grds nicht anzuerkennen. In den anderen Fällen vermittelt der Gläubiger dem Schuldner nicht in geeigneter Form die Warnung, dass die Inanspruchnahme noch über die Verjährungsfrist hinaus droht (o Rn 3). So wird etwa die Verjährung des Regressanspruchs der Staatskasse gegen den Betreuten wegen gezahlter Betreuervergütung nicht durch die Einleitung des Regressverfahrens nach § 168 FamFG oder durch die Anhörung des Betreuten gehemmt (BGH NJW-RR 2015, 257 Rn 17 f).

5. Konkurrenzen

5 Die Hemmungstatbestände des § 204 Abs 1 BGB können sich mit anderweitigen überschneiden, vgl § 207 BGB und namentlich § 203 BGB: Selbst die Klage schließt es nicht aus, dass Verhandlungen weiterlaufen, und der einverständliche Streitbeilegungsversuch, § 204 Abs 1 Nr 4 BGB, das vereinbarte Begutachtungsverfahren, § 204 Abs 1 Nr 8 BGB, sind überhaupt nur Sonderformen von Verhandlungen. Freilich kann auch ein bloß einseitiger Streitbeilegungsversuch unter § 204 Abs 1 Nr 4 BGB fallen, ohne dass § 203 BGB greift (u Rn 60). In diesen Fällen decken sich die Hemmungsfristen, sind nicht zu addieren. Wegen § 204 Abs 2 S 1 BGB führt das dazu, dass die Hemmung nach § 204 Abs 1 BGB im Vordergrund steht, weil die Hemmung des § 204 Abs 2 S 1 BGB länger ist als die Ablaufhemmung des § 203 S 2 BGB. Praktische Bedeutung gewinnt § 203 BGB gegenüber § 204 Abs 1 BGB in den Fällen des § 204 Abs 2 S 3 BGB: Das Nichtbetreiben des Prozesses lässt zwar – nach sechs Monaten – die Hemmung nach § 204 Abs 1 BGB enden, aber es beruht vielleicht gerade auf schwebenden Verhandlungen, wie sie dann nach § 203 BGB relevant sind.

Überschneidungen sind auch innerhalb des § 204 Abs 1 BGB möglich: Während des laufenden Prozesses wird ein selbstständiges Beweisverfahren eingeleitet; der Antragsteller im einstweiligen Verfügungsverfahren erhebt die Hauptsacheklage. Das bleibt dann im Hinblick auf die Verjährung folgenlos.

II. Die Parteien der Hemmung

6 1. § 204 Abs 1 BGB lässt die Hemmungswirkung eintreten, wenn *der Berechtigte* Klage erhebt (BGH NJW 2010, 2270), wie dies § 209 Abs 1 BGB aF deutlicher als die jetzige Fassung des § 204 Abs 1 BGB formulierte. Entsprechend muss die Klage auch *gegen den Verpflichteten* erhoben werden. Der Fortfall des Ausdrucks „Berechtigter" in der Neufassung des Gesetzes war freilich nicht als sachliche Änderung gedacht (Nachweise bei Rabe NJW 2006, 3089). Es muss nach wie vor der Berechtigte vorgehen. Die bloße Rechtsverteidigung reicht nicht. Missverständlich aus dem Katalog des § 204 Abs 1 die Nrn 7 und 8 BGB, die es scheinbar genügen lassen, dass der Verpflichtete vorgeht. Die Verjährung hemmt nicht das von dem Schuldner eingeleitete Beweissicherungsverfahren (OLG Saarbrücken NZBau 2006, 714 zum alten Recht). Die zwingende Notwendigkeit, die richtigen Parteien zu wählen, wird auch bestätigt durch die §§ 425 Abs 2, 429 Abs 3 S 1 BGB. Es reicht also nicht die Klage eines Dritten oder gegen einen Dritten.

PHILIPP, 337 ff, hat eine Neubestimmung der Tatbestandsmerkmale Berechtigter und Schuldner vorgeschlagen. Maßgeblich sei ausgehend vom Zweck des § 204 BGB (o Rn 3) die hinreichende Warnung des Schuldners durch die Rechtsverfolgung. Daher könne zB nicht nur die Rechtsverfolgung des Berechtigten die Verjährung hemmen, sondern auch die anderer, namentlich die des ursprünglichen Gläubigers, wenn nur der Schuldner hinreichend gewarnt sei. Diese zweckorientierte Großzügigkeit entspreche auch dem, dass einhellig die Zulässigkeit der Rechtsverfolgungsmaßnahme (s etwa o Rn 24) nicht verlangt werde. Dieser Ansatz entspricht insoweit den auch hier im Folgenden vertretenen Ergebnissen, dass vereinzelt Ausnahmen zuzulassen sind. Indessen sollte man im Interesse der Rechtssicherheit nicht von vornherein die klaren Tatbestandsmerkmale der Berechtigung und Schuldnerstellung opfern.

Fehlsame Bezeichnungen sind freilich unschädlich, solange sich nur ergibt, dass die richtigen Parteien gemeint sind. Die Wirkung tritt also zB ein, wenn jemand unter einer unzulässigen Firma klagt oder wenn bei einer Handelsfirma der Inhaber falsch bezeichnet wird (BGH VersR 1961, 831, 833; MünchKomm/GROTHE Rn 17). Entsprechend schadete es nicht, dass die Klage damals unzulässig gegen eine – erst seit 2007 nach § 10 Abs 6 WEG rechts- und parteifähige – Wohnungseigentümergemeinschaft gerichtet wurde; hier wurde die Verjährung gegenüber den einzelnen Eigentümern gehemmt (BGH NJW 1977, 1686; vgl nunmehr BGH NJW-RR 2013, 1169 Rn 17, ferner u Rn 7). Werden bei einer Forderung, die einer Gesellschaft bürgerlichen Rechts zusteht, im Aktivrubrum die Gesellschafter aufgeführt, wird die Auslegung idR ergeben, dass die Gesellschaft klagt. Eine solche Auslegung ist angesichts der entsprechenden Anwendung des § 128 HGB nicht möglich, wo die Gesellschafter im Passivrubrum erscheinen (BeckOGK BGB/MELLER-HANNICH [1. 3. 2019] Rn 81.1). Hier führt dann allerdings die spätere Vollstreckung nach § 736 ZPO zu § 212 Abs 1 Nr 2 BGB.

2. Es muss im Grundsatz der richtige *Inhaber der Forderung* klagen. 7

a) Die Inhaberschaft an der Forderung muss bei der Einreichung der Klage bestehen. Eine spätere Abtretung – auch vor der Zustellung der Klage – schadet nicht (BGH NJW 2013, 1730). Sie wird nicht durch die unzutreffende Mitteilung der Zession genommen, § 409 BGB (BGHZ 64, 117, 120; SCHUBERT JR 1975, 503; MünchKomm/GROTHE Rn 18). Hier erfolgt die Verurteilung vielmehr antragsgemäß Zug um Zug gegen Vorlage der Zustimmungserklärung nach § 409 Abs 2 BGB. Umgekehrt hemmt hier nicht die Klage des Scheinzessionars zugunsten des Scheinzedenten.

b) *Steht eine Forderung mehreren zu,* etwa bei der Gemeinschaft, der ungeteilten Erbengemeinschaft, so müssen grundsätzlich die Personen gerichtlich vorgehen, die zur Geltendmachung der Forderung materiellrechtlich zuständig sind. Bei der Gesellschaft bürgerlichen Rechts ist es diese selbst, wenn man ihr Rechts- und Parteifähigkeit zuerkennt (so BGH NJW 2001, 1056). Der einzelne Gesellschafter kann bei Vertretungsbefugnis in ihrem Namen klagen. Er kann auch ermächtigt werden, § 185 BGB, im eigenen Namen zu klagen. Bei der Gemeinschaft ist nach § 744 Abs 1 BGB von gemeinschaftlicher Vertretung auszugehen. Sind allerdings die Voraussetzungen des § 744 Abs 2 BGB erfüllt, dann genügt auch die Klage eines Teilhabers, dies dann mit hemmender Wirkung für alle Teilhaber (BGHZ 94, 117, 120; REINICKE/TIEDTKE JZ 1985, 891). Letzteres Ergebnis folgt für die Miteigentümergemeinschaft aus § 1011 BGB, für die ungeteilte Erbengemeinschaft aus § 2039 BGB, für mehrere Gläubiger einer unteilbaren Leistung aus § 432 BGB, sofern jeweils auf Leistung an alle geklagt wird. – Wenn der Einzelne unzulässigerweise auf Leistung an sich allein klagt, wird man auch das genügen lassen müssen (vgl BGHZ 94, 117, 123 zum Falle des § 744 Abs 2; aA LG Wiesbaden WM 1998, 18 zum Falle des § 2039). Notwendig ist nur, dass der verfolgte Anspruch auch so hinreichend deutlich wird. Dann werden schutzwürdige Belange des Schuldners nicht beeinträchtigt.

Bei der Wohnungseigentümergemeinschaft sind Ansprüche entweder der nach § 10 Abs 6 WEG rechtsfähigen Gemeinschaft oder den Eigentümern zugeordnet. Allerdings kann die Wohnungseigentümergemeinschaft aufgrund von § 10 Abs 6 S 3 WEG dazu berufen sein, in Verdrängung der Eigentümer Rechte dieser entweder schon kraft Gesetzes oder aufgrund eines Beschlusses als Prozessstandschafter geltend zu machen (BGHZ 172, 42 = NJW 2007, 1952 Rn 15; NJW-RR 2013, 1169 Rn 13). Hier reicht das Vorgehen aller Eigentümer, wo die Gemeinschaft hätte vorgehen müssen; dem Zweck des § 204 Abs 1 BGB ist genüge getan. Im umgekehrten Fall – die Gemeinschaft geht statt der Eigentümer vor – kann, wenn es an den Voraussetzungen der Prozessstandschaft fehlt, nur eine berichtigende Auslegung helfen (BGH NJW-RR 2013, 1169 Rn 17).

Sind mehrere *Gesamtgläubiger* iSd § 428 BGB, so genügt zur Hemmung der Verjährung die Klage des einzelnen Gläubigers, § 428 S 2 BGB. Wegen § 429 Abs 3 S 1 BGB wirkt sie aber nur zu seinen eigenen Gunsten.

8 c) Wenn der *Gläubiger in seiner Verfügungsmacht über die Forderung beschränkt* ist, ist er nicht mehr hinreichend berechtigt iSd § 204 BGB. Das folgt namentlich für den Erben aus der Nachlassverwaltung (BGHZ 46, 221, 229; BeckOGK BGB/MELLER-HANNICH [1. 3. 2019] Rn 32) oder aus der Testamentsvollstreckung (STAUDINGER/DILCHER[12] § 209 aF Rn 7), für den Gemeinschuldner aus der Insolvenzeröffnung. Gibt allerdings der Insolvenzverwalter die Forderung frei, so wird der Gemeinschuldner damit Berechtigter (BGH MDR 1965, 892).

Die *Pfändung und Überweisung einer Forderung* nimmt dem Gläubiger nicht die Berechtigung (BGH NJW 1978, 1914; 1986, 423). Er darf vielmehr die erhobene Klage zur Hemmung der Verjährung aufrechterhalten oder gar mit dieser Wirkung Klage erheben. Nicht einmal die gebotene Umstellung des Klagantrags (auf Leistung an den Pfändungsgläubiger) ist im Rahmen des § 204 BGB notwendig. – Außerdem hat natürlich die Klage des Pfändungsgläubigers hemmende Wirkung (BeckOGK BGB/MELLER-HANNICH [1. 3. 2019] Rn 34).

3. Berechtigter iSd § 204 BGB ist aber auch derjenige, der zur *Geltendmachung* **9** *einer fremden Forderung* befugt ist, vgl zum Falle der Ermächtigung BGH NJW 1999, 3707. Freilich ist hier zu unterscheiden:

a) Berechtigte sind zunächst die *Parteien kraft Amtes* (ohne dass dabei der Konstruktion und Sichtweise ihrer Stellung maßgebliche Bedeutung zukäme): Testamentsvollstrecker, Nachlassverwalter, Insolvenzverwalter.

b) Bei *Eltern,* Vormündern und Betreuern hemmt die im eigenen Namen erhobene Klage nicht, wohl aber die im Namen des Vertretenen.

c) Im Falle der *Zession* reicht die Klage des Zedenten – mangels Rechtsinhaber- **10** schaft – nicht aus (RGZ 85, 424, 429; 152, 115, 117; BGH VersR 1965, 610, 611; BGB-RGRK/ JOHANNSEN § 209 aF Rn 11; BeckOGK BGB/MELLER-HANNICH [1. 3. 2019] Rn 30; MünchKomm/ GROTHE Rn 18; großzügiger PHILIPP, 340 f), bei der unwirksamen Zession die des Zessionars nicht (OLG Düsseldorf NJW 1994, 2433; VersR 1997, 1094; BeckOGK BGB/MELLER-HANNICH [1. 3. 2019] Rn 30). Das gilt bei der Abtretung ebenso wie beim gesetzlichen Forderungsübergang und auch bei der Abtretung erfüllungshalber (OLG Celle OLGZ 1969, 218). Dass das Ergebnis des Prozesses uU nach § 407 Abs 2 BGB gegen den Zessionar wirkt, ändert daran nichts, weil es bei der Hemmung der Verjährung um Wirkungen zugunsten des Zessionars geht, nicht um den dort vom Gesetz intendierten Schuldnerschutz. Das Gesagte gilt für die Leistungs- wie für die Feststellungsklage (BGH VersR 1965, 610, 611). Bei der Rückabtretung hemmt die Klage des Zedenten ex nunc (BGH NJW 1995, 1675). Sie braucht nicht offengelegt zu werden (BGH NJW 1995, 1675).

Anders ist es freilich, wenn die *Abtretung während des laufenden Prozesses* erfolgt. Dann war die Klage als solche zunächst ohnehin durch den Berechtigten erhoben, und § 265 ZPO bewirkt, dass ihre Hemmungswirkung auch über die Abtretung hinaus fortbesteht (PALANDT/ELLENBERGER Rn 9), dies selbst dann, wenn der Antrag nicht auf Leistung an den neuen Rechtsinhaber umgestellt wird (BGH NJW 1984, 2102). Eine überdies vom Zessionar erhobene Klage ist zwar wegen §§ 265 Abs 2, 261 Abs 3 Nr 1 ZPO unzulässig, was aber dem nicht entgegensteht, dass diese Klage die Verjährung ebenfalls hemmt (BGH NJW 2011, 2193 Rn 13 ff; BeckOGK BGB/MELLER-HANNICH [1. 3. 2019] Rn 31; s unten Rn 24 ff).

d) Die Inkassozession macht den Inkassozessionar (hinreichend) zum Berechtigten mit der Folge, dass seine Klage hemmt, nicht die des Zedenten (vgl aber sogleich).

e) Bei der *Einziehungsermächtigung* ist es zunächst für die Hemmungswirkung der Klage des Ermächtigten notwendig, dass diese materiellrechtlich wirksam ist (BAUR JZ 1958, 246). Dann tritt die Hemmungswirkung sicherlich dann ein, wenn jene Voraussetzungen vorliegen, die man prozessual für die Zulässigkeit der gewillkürten Prozessstandschaft aufstellt, nämlich insbesondere das Bestehen eines eigenen Interesses an der Durchsetzung der Forderung (BGHZ 78, 1 5; OLZEN JR 1981, 108; TIEDTKE DB 1981, 1317). Offengelegt zu werden braucht eine stille Zession nicht (BGH NJW 1999, 2110). Fehlt es an den Voraussetzungen der Prozessstandschaft, sodass die Klage an sich als unzulässig abzuweisen wäre, so ist die Verjährung aber gleichwohl gehemmt, weil die Zulässigkeit der Klage nicht Voraussetzung der Verjährungshemmung ist (vgl u Rn 24 ff) und sich Verjährungsfragen als Fragen des materiellen Rechts ohnehin primär am materiellen Recht zu orientieren haben (vgl BGHZ 78, 1, 5; aA TIEDTKE DB 1981, 1317). Das Ergebnis einer nicht gehemmten und damit eingetretenen Verjährung wäre ohnehin äußerst befremdlich, sofern die Klage Erfolg hat. Wird sie aber wegen Fehlens der Voraussetzungen der gewillkürten Prozessstandschaft als unzulässig abgewiesen, so erscheint die Anwendung des § 204 Abs 2 S 1 BGB allein sachgerecht.

Ob der Kläger Inhaber der Forderung war oder nur zur Einziehung ermächtigt, braucht wegen der identischen Folgen für die Verjährung nicht geklärt zu werden (BGH NJW 2007, 2560).

11 4. War die Klage nach dem Gesagten nicht geeignet, die Verjährung zu hemmen, so tritt diese Wirkung dadurch ein, dass die „richtige" Partei *in den Prozess eintritt*, dies freilich nur ex nunc (MünchKomm/GROTHE Rn 20; PALANDT/ELLENBERGER Rn 11).

Die Hemmungswirkung kann weiterhin in entsprechender Anwendung des § 185 Abs 2 S 1, 1. Alt dadurch eintreten, dass der Berechtigte die Prozessführung genehmigt; wiederum wirkt dies ex nunc (BGHZ 46, 229; BGH NJW-RR 1989, 1269; LM Nr 13; MünchKomm/GROTHE Rn 20; PALANDT/ELLENBERGER Rn 11; BeckOGK BGB/MELLER-HANNICH [1. 3. 2019] Rn 35).

Aber auch die anderen Tatbestände des § 185 Abs 2 S 1 BGB können zur jetzigen Hemmung der Verjährung führen, so der Erwerb des Anspruchs durch den Kläger durch Abtretung (KG Recht 1940 Nr 3605) oder durch gesetzlichen Forderungsübergang (RGZ 85, 424, 429; BGH VersR 1965, 611; STAUDINGER/DILCHER[12] § 209 Rn 10) oder wenn der durch Nachlassverwaltung beschränkte Erbe den Prozess führt und die Nachlassverwaltung aufgehoben wird (BGHZ 46, 221, 229 f).

Davon ist das gerichtliche Vorgehen des vollmachtlosen Vertreters – dh das Vorgehen im Namen des wahren Berechtigten – zu unterscheiden: Hier wirkt die Genehmigung zurück (BGH LM § 209 aF Nr 10; MünchKomm/GROTHE Rn 20; PALANDT/ELLENBERGER Rn 11).

12 5. Die Hemmungswirkung tritt nur dann ein, wenn die Klage *gegenüber dem richtigen Schuldner* erhoben wird; die Klage gegenüber dem falschen Schuldner hemmt – im Verhältnis zum wahren Schuldner – nicht (BAG BB 1957, 822; BGHZ 80, 226; BeckOGK BGB/MELLER-HANNICH [1. 3. 2019] Rn 39), dies selbst dann nicht, wenn der Beklagte früher selbst Schuldner war (OLG Schleswig SchlHA 1958, 335). Das Risiko, den richtigen Schuldner in Anspruch zu nehmen, trägt der Gläubiger. Bei dem Vorgehen gegen den falschen Schuldner reicht es auch nicht, wenn der wahre Schuldner davon Kenntnis erhält, zB weil die Vertretungsorgane identisch sind (offengelassen in BGH NJW-RR 1991, 1034). Die Frage ist rein formal zu beurteilen (aA PHILIPP 345 ff).

Der falsche Schuldner ist an sich auch dann in Anspruch genommen, wenn die Klage gegen die Gesamtheit der Wohnungseigentümer gerichtet worden ist, Schuldner aber die rechtsfähige Wohnungseigentümergemeinschaft ist. Doch ist hier dem Zweck des § 204 Abs 1 BGB genüge getan, dem Schuldner deutlich zu machen, dass der Anspruch verfolgt werden soll; einer Bemühung des § 242 BGB bedarf es nicht (so aber BGH NJW 2011, 1453 Rn 19). Ähnlich – und erst recht – genügt auch eine gegen sämtliche Gesellschafter gerichtete Klage gegenüber der schuldenden Gesellschaft, was freilich BGHZ 104, 76, 81 f, offengelassen hat für die Klage gegen nur einen Gesellschafter.

Freilich kann gegenüber der Einrede der Verjährung – auch ohne Arglist – der Einwand der unzulässigen Rechtsausübung gegeben sein, wenn der Schuldner den Gläubiger zur Klage gegen einen anderen veranlasst hat (BGH NJW-RR 1991, 1034). Davon ist insbesondere dann auszugehen, wenn der Gläubiger bei undurchsichtigen gesellschaftlichen Verhältnissen vorab angefragt hatte, wer denn nun der Schuldner sei. Die schlichte Verweisung des Gläubigers an einen Dritten kann nicht genügen. – Zur technischen Behandlung dieses Einwands der unzulässigen Rechtsausübung vgl § 214 Rn 18 ff.

Tritt der richtige Schuldner nachträglich in den Prozess ein, so wird die Verjährung jetzt gegen ihn gehemmt.

Bei einer Mehrzahl von Schuldnern wird die Verjährung nur gegenüber demjenigen gehemmt, gegen den vorgegangen wird, vgl § 425 Abs 2 BGB. Das gilt selbst dann, wenn die Schuldner notwendige Streitgenossen sind (BGH NJW 1996, 1060, 1061).

Die Hemmung der Verjährung wirkt auch gegenüber dem Rechtsnachfolger des Schuldners.

Im Falle der *Bürgschaft* wirkt die Hemmung der Verjährung gegenüber dem Hauptschuldner hinsichtlich der Hauptschuld auch gegenüber dem Bürgen, §§ 767 Abs 1 S 1, 768 BGB, sofern nicht der Hemmungstatbestand wie im Falle des Verzichts auf rechtsgeschäftlichem Verhalten des Hauptschuldners beruht, das nach § 768 Abs 2 BGB nicht gegenüber dem Bürgen wirkt (BGH ZIP 2009, 1608 Rn 22; 2007, 2206 Rn 18). – Für die Gesellschafter einer OHG folgt die Erstreckung der Hemmungstatbestände aus den §§ 128, 129 HGB, erweitert durch § 160 HGB auf ausgeschiedene Gesellschafter; wegen der dortigen entsprechenden Anwendung der §§ 128, 129 HGB gilt Gleiches aber auch bei einer Gesellschaft bürgerlichen Rechts (vgl PALANDT/ELLENBERGER Rn 12).

Zu den Wirkungen der Bürgschaftsklage Vorbem 5 zu §§ 203 ff.

III. Der betroffene Anspruch

Die gerichtliche Geltendmachung hemmt die Verjährung für den verfolgten Anspruch, vgl aber auch die dies erweiternde Bestimmung des § 213 BGB. **13**

1. Dabei kommt es auf den *Streitgegenstand der erhobenen Klage* an (BGH NJW 1988, 965; 1996, 1171; 2009, 56 Rn 15; 2015, 3711 Rn 9; 2017, 2673 Rn 20); entscheidend ist der prozessuale, nicht der materiellrechtliche Anspruch. Das bedeutet, dass die Klage oder die sonstige gerichtliche Geltendmachung die Verjährung für alle Ansprüche hemmt, die im Rahmen des gestellten Antrags aus dem dem Gericht zur Entscheidung unterbreiteten Sachverhalt hergeleitet werden können.

Wird der Streitgegenstand unzutreffend bezeichnet, zB ein falsches Grundstück benannt, hemmt das nicht. Freilich kann eine Auslegung der Klage den Mangel bereinigen (BGH NJW-RR 1997, 1216). Dabei ist Großzügigkeit geboten, wenn denn der Gegner wissen wird, worum es geht. Unzutreffend zB OLG Hamm FamRZ 1996, 864, das den Zugewinnausgleich daran scheitern lassen will, dass als Stichtag die Einreichung des Scheidungsantrags gewählt wird, statt seiner Zustellung (richtig KG FamRZ 2001, 105; OLG Zweibrücken FamRZ 2001, 865).

Unterschiedliche Streitgegenstände liegen zB vor, wenn zunächst die Feststellung der Ersatzpflicht wegen des materiellen Schadens begehrt wird und es dann um den immateriellen Schaden geht (OLG München VersR 1996, 63), oder zunächst um einen Pflichtteilsanspruch und dann um einen Pflichtteilsergänzungsanspruch (BGH NJW 1996, 1743), zunächst um nachlässige Führung eines Steuervergütungsverfahrens, dann um von vornherein unterlassene Neutralisierung der steuerlichen Belastung (BGH VersR 2001, 199), derselbe, falls der vorgetragene Sachverhalt – je nach Würdigung – vertragliche oder gesetzliche Ansprüche trägt (BGH NJW 2000, 3492, 3493).

a) Daraus folgt zunächst, dass ausschließlich der Kläger – im Falle der Aufrechnung der Beklagte – mit seinem Antrag den Gegenstand der Verjährungshemmung bestimmt.

14 b) Daraus ergibt sich weiter, dass die Hemmungswirkung *sämtliche Ansprüche erfasst, auf die das klägerische Begehren gestützt werden könnte.* Das ist etwa dort von Bedeutung, wo Schadensersatzansprüche aus Delikt und Gefährdungshaftung, aus Delikt und vertraglicher Haftung hergeleitet werden können, Herausgabeansprüche aus Vertrag, unerlaubter Handlung und dinglichem Recht. Die Hemmungswirkung ist stets umfassend, unabhängig von der Sicht des Gläubigers; sie unterliegt auch seiner Disposition nicht.

Es reicht natürlich die Hemmungswirkung nicht über den Streitgegenstand hinaus (BGH NJW 2000, 2678 zu dem Fall, dass sich aus dem Verhalten des Gegners mehrere Schadensersatzansprüche herleiten lassen. Den einen Schaden einzuklagen, ist unbehelflich für den anderen).

c) *Modifikationen des Antrags,* die den Streitgegenstand unberührt lassen, ändern nichts an der Hemmungswirkung (BeckOGK BGB/MELLER-HANNICH [1. 3. 2019] Rn 54; vgl BGHZ 104, 271: Valuta statt DM; BGH NJW-RR 1990, 183: DM statt Valuta). Entsprechendes muss gelten, wo der Empfänger der eingeklagten Leistung falsch bezeichnet ist: Leistung an den Kläger statt Leistung an einen Dritten (BGHZ 104, 268, 272; BGH NJW 1985, 1152), Leistung an einen Dritten statt Leistung an den Kläger.

15 d) Da § 204 BGB auf die Klageerhebung oder gleichgestellte Maßnahmen abhebt, ist die Antragstellung nicht notwendig. Insofern reicht es für die Hemmung der Verjährung des Zahlungsanspruchs aus, wenn *Stufenklage* erhoben wird (BAG NJW 1986, 2527) und wenn dort zunächst nur der Auskunftsanspruch gestellt wird (BGH NJW 1975, 1409; NJW 2012, 2180; MünchKomm/GROTHE Rn 11). Dabei ist allerdings zu beachten, dass die zunächst umfassende Hemmungswirkung sich nach der Rechtsprechung späterhin – und rückwirkend – auf jenen Betrag beschränkt, der schließlich beziffert verfolgt wird (BGH NJW 1993, 862; ebenso BeckOGK BGB/MELLER-HANNICH

[1. 3. 2019] Rn 61). Dem ist jedoch nicht zuzustimmen. Hinsichtlich des den gestellten Antrag überschießenden Betrages tritt vielmehr mit Antragstellung der Fall des § 204 Abs 2 S 3 BGB ein (NK-BGB/Mansel Rn 23 f). Es trifft nicht zu, dass der Gläubiger seinen Anspruch von vornherein nur in beschränkter Höhe hat verfolgen wollen. Vielmehr hat er seine Verjährung zunächst umfassend gehemmt. Freilich muss der Zahlungsanspruch jedenfalls antragsmäßig angekündigt werden. Geschieht dies nicht, kann er verjähren (BAG NJW 1996, 1693), auch wenn er in der Klage „vorbehalten" bleibt (BGH NJW 2017, 1954 Rn 30; OLG Celle NJW-RR 1995, 1411). Das kann dann auch zur Abweisung des Auskunftsbegehrens führen (BAG NJW 1996, 1693), weil das schutzwürdige Interesse an der Auskunft entfällt, wenn sie zu nichts mehr führen kann. – Ebenfalls reicht es aus, wenn ein Anspruch nur *hilfsweise geltend gemacht* wird (BGH NJW 1959, 1819; 1978, 261; MünchKomm/Grothe Rn 6).

e) An die Geltendmachung des Anspruchs sind geringe Anforderungen zu stellen. *Er braucht nicht schlüssig dargetan zu werden,* insbesondere auch nicht substantiiert (BGH NJW 1959, 1819; NJW 1967, 2210; VersR 1979, 764). Schlüssiger Vortrag kann vielmehr nach Fristablauf nachgeholt werden (BGH NJW-RR 1996, 1409), sogar in einem Zweitprozess, wenn zB im Erstprozess die Klage mangels Schlüssigkeit zurückgenommen wurde. So ist auch die anwaltliche Berechnung nach § 18 BRAGO (jetzt § 10 RVG) nachholbar (BGH NJW 1998, 3468). Entsprechend der Funktion der Klageerhebung, den Schuldner nachhaltig auf den Willen des Gläubigers zur Durchsetzung seines Rechts hinzuweisen, reicht es vielmehr aus, dass der Anspruch *als solcher identifizierbar* ist (BeckOGK BGB/Meller-Hannich [1. 3. 2019] Rn 46). Insoweit kann es gerade bei der Teilklage vorkommen, dass verschiedene Ansprüche ohne nähere Aufgliederung geltend gemacht werden. Es wird dann die Verjährung für jeden der geltend gemachten Ansprüche – bis hin zur Höhe der gesamten Klagesumme – gehemmt (BGH NJW 1959, 1819; 1967, 2210; NJW-RR 1988, 692; NJW 2000, 3492, 3494; offenbar enger BGH NJW 2001, 305, 307; Arens ZZP 82, 145). Nimmt hier der Kläger späterhin die notwendige Zuordnung der Ansprüche zum Antrag vor, dann entfällt damit für die nicht mehr verfolgten Ansprüche oder Anspruchsteile die Hemmungswirkung, soweit sie nicht weiterhin wenigstens hilfsweise geltend gemacht werden; für die noch verfolgten ist die Hemmung nach § 204 BGB eingetreten. Unterbleibt diese Zuordnung überhaupt und kommt es damit zu einem Urteil, dessen materielle Reichweite nicht festgestellt werden kann, ist eine Hemmung insgesamt nicht eingetreten, es kann freilich der Gläubiger innerhalb der Frist des § 204 Abs 2 S 1 BGB eine neue Klage anstrengen, die ihren Anspruch hinreichend bezeichnet; für diesen wirkt der Vorprozess hemmend nach § 204 BGB.

2. Für den geltend gemachten Anspruch tritt die Hemmungswirkung nur in dem Umfang ein, in dem er geltend gemacht wird.

a) Das bedeutet für die *Teilklage,* dass sie die Verjährung nur entsprechend teilweise hemmt (BGHZ 66, 142, 148; BGH NJW 1978, 1058; VersR 1984, 391; BeckOGK BGB/Meller-Hannich [1. 3. 2019] Rn 62). Das gilt auch dann, wenn der Kläger seinen Anspruch sogleich seinem ganzen Umfang nach darlegt und sich die Geltendmachung des Restes ausdrücklich vorbehält (RGZ 57, 372, 375; 66, 365, 366). Auch die spätere Klageerweiterung ändert daran nichts; sie wirkt vielmehr nur ex nunc (BGHZ 103, 20); § 167 ZPO ist zu beachten.

Die Teilklage braucht nicht als solche erkennbar zu sein (vgl BGH NJW 2009, 1950 zur sog verdeckten Teilklage). Der angekündigte Antrag begrenzt die Reichweite der Hemmung natürlich auch dann, wenn der Kläger nicht einmal deutlich macht, dass er noch von weiteren Ansprüchen ausgeht.

18 **b)** Diese limitierende Wirkung des Klageantrags gilt aber *nicht ausnahmslos*. Es ist denkbar, dass der Kläger seine gesamte Forderung einklagen will, diese aber zu niedrig bemisst.

Zutreffend hat die Rechtsprechung bei einer Schadensersatzklage Unterbrechung (bzw jetzt: Hemmung) hinsichtlich der gesamten Forderung angenommen, wenn die Preisentwicklung einen höheren Betrag als in der Klage angegeben notwendig macht (BGH NJW 1970, 1682; 1982, 1809; VersR 1984, 868). Gleiches ist angenommen worden, wenn Sachverständige späterhin den zur Behebung eines Schadens erforderlichen Betrag höher angenommen haben, als er sich zunächst darstellte (RGZ 102, 143, 144 f), oder wenn der Vorschuss zur Mängelbeseitigung, § 637 Abs 3 BGB (jetzt § 634 Nr 2 BGB), voll eingeklagt werden sollte, aber aus denselben Gründen zu niedrig bemessen wurde (BGHZ 66, 138, 141; BGH NJW-RR 2005, 1037 = NZBau 2005, 514; NJW 2009, 60 [entgegen Rn 8 letzterer Entscheidung enthält ein Vorschussurteil allerdings nicht „auch Elemente eines Feststellungsurteils"]) oder wenn ein Irrtum über die Grundlage der Schadensbemessung bei einer Schadensersatzklage wegen unberechtigter Kündigung berichtigt wurde (BGH WM 1978, 461, 465).

Das lässt sich dahin verallgemeinern, dass das natürliche Risiko von Zukunftsprognosen dem Kläger genommen werden soll und kann. Dementsprechend geht es aber wieder zu seinen Lasten, wenn seine Forderung insgesamt feststeht und er sie nur betraglich nicht hinreichend überschaut (BeckOGK BGB/MELLER-HANNICH [1. 3. 2019] Rn 63; vgl BGHZ 66, 147 für die Kosten der bereits durchgeführten eigenen Mängelbeseitigung).

19 **c)** Bei der *unbezifferten Klage* kommt es zu einer Hemmung hinsichtlich des gesamten Anspruchs (BGH NJW 1974, 1551; BGHZ 103, 298, 301 f). Dies gilt jedenfalls dann, wenn sich der Kläger nicht auf einzelne Teile seines Anspruchs beschränkt; tut er das, kann darüber hinaus Verjährung eintreten (BGH LM BGB § 847 Nr 3 = VersR 1983, 497, 498; LM GG Art 14 [Cc] Nr 43 = VersR 1984, 390, 391; BeckOGK BGB/MELLER-HANNICH [1. 3. 2019] Rn 73). Tut er das nicht, so wird die Verjährung auch hinsichtlich bislang nicht erwähnter Positionen gehemmt. Anders ist es freilich, wenn der Kläger zB bei der Schmerzensgeldklage einen bestimmten Rahmen vorgibt. Dann wird die Verjährung auch nur in diesem Rahmen gehemmt, auch wenn der Kläger späterhin höhere Wertvorstellungen äußert (BGH VersR 1971, 1148, 1150; vgl aber großzügiger BGH NJW 2002, 3769, 3770).

Die so gekennzeichnete Reichweite der Hemmung bei der unbezifferten Klage gilt ohne Weiteres dort, wo sie in zulässiger Weise erhoben wird. Da es aber im Bereich des § 204 BGB auf die Zulässigkeit der Klage nicht ankommt (vgl u Rn 24 ff), gilt nichts anderes dort, wo es unzulässig war, den Antrag unbeziffert zu lassen.

20 **d)** Die genannten Grundsätze gelten außer für die Leistungsklage auch für die *Feststellungsklage.* Sie hat also nur eine eingeschränkte Hemmungswirkung, wenn sie betraglich eingeschränkt wird (OLG München JurBüro 1964, 448; MünchKomm/GROTHE

Rn 16). Ist sie – wie in der Regel – nicht eingeschränkt, so hemmt sie vollen Umfangs (BGHZ 103, 298, 301), dies wiederum unabhängig von der Zulässigkeit des Feststellungsantrags.

e) Die beschränkte Reichweite der Teilklage gilt nur für die Hemmung der Verjährung. Bei gesetzlichen *Ausschlussfristen* genügt grundsätzlich die Teilklage zur Wahrung, kann die Klage also späterhin erweitert werden, weil schon die Teilklage den Willen des Berechtigten hinreichend deutlich bekundet, seinen Anspruch geltend zu machen (vgl BGHZ 25, 225, 227). Dagegen ist bei vertraglich vorgesehenen Ausschlussfristen nach ihrem Sinn und Zweck zu differenzieren (RGZ 152, 330, 336). Die Teilklage genügt, wenn es primär darum geht, den Berechtigten zur rechtzeitigen Bekundung seines Willens zu veranlassen; sie genügt nicht, wenn mit Fristablauf ein endgültiger, zuverlässiger Zustand geschaffen werden soll. **21**

3. Grundsätzlich bestimmt der nach prozessualen Gesichtspunkten zu ermittelnde Streitgegenstand die Reichweite der Hemmung der Verjährung (HENCKEL JZ 1962, 336). Das folgt schon aus der Formulierung des § 204 BGB mit seiner Bezugnahme auf das Prozessrecht. Dann kann aber – jedenfalls im Ausgangspunkt – eine Hemmungswirkung nicht auch für andere Ansprüche eintreten, die einen *anderen Streitgegenstand* bilden würden. Zu dieser Problematik verhält sich § 213 BGB, die Hemmungswirkung für alternative Ansprüche erweiternd. **22**

IV. Anforderungen an die Klage

1. Parteien; Schlüssigkeit, Begründetheit

Inhaltlich muss die Klage zwischen den richtigen Parteien angestrengt werden (vgl dazu o Rn 6 ff) und den Anspruch betreffen (dazu o Rn 13 ff). **23**

Dabei braucht die Klage *nicht schlüssig oder gar begründet* zu sein; ihre Hemmungswirkung ist gerade dann von Bedeutung, wenn sie dies nicht ist, vgl BGH NJW 1999, 2115 zum fehlenden Beschluss der Gesellschafterversammlung bei der Schadensersatzklage gegen den früheren Geschäftsführer der GmbH. Die geringen Anforderungen belegt schon § 204 Abs 1 Nr 1 iVm Abs 2 S 1 BGB.

2. Zulässigkeit

Die Klage braucht auch nicht zulässig zu sein, vgl wiederum § 204 Abs 2 S 1, iVm Abs 1 Nr 1 BGB (BGHZ 78, 1, 5; BGH NJW 2011, 2193 Rn 13; MünchKomm/GROTHE Rn 25; PALANDT/ELLENBERGER Rn 4 f; BeckOGK BGB/MELLER-HANNICH [1. 3. 2019] Rn 28). Es dürfen also die einzelnen Sachurteilsvoraussetzungen fehlen, solange der Mangel nicht so schwer wiegt, dass darüber überhaupt eine unwirksame Klage anzunehmen ist, die die Verjährung nicht hemmt (vgl dazu u Rn 28 ff). Ein bloßer Klageentwurf (im Rahmen eines Antrags auf Gewährung von Prozesskostenhilfe) genügt freilich nicht (OLG Köln NJW 1994, 3360; OLG Oldenburg MDR 1996, 851); für das erstmalige Prozesskostenhilfegesuch gilt aber § 204 Abs 1 Nr 14 BGB. Im Einzelnen ist dazu zu bemerken: **24**

a) Gegeben sein muss freilich die *deutsche Gerichtsbarkeit* iSd §§ 18 ff GVG, deren Fehlen überhaupt schon die Zustellung verbietet und ein gleichwohl ergehendes Sachurteil nichtig machen würde (ZÖLLER/LÜCKEMANN Vor §§ 18–20 GVG Rn 3 f). Der von der Gerichtsbarkeit Ausgenommene braucht eben Maßnahmen deutscher Gerichte nicht hinzunehmen und braucht sich deshalb durch die Klageerhebung nicht aufgefordert zu fühlen, dem Anspruch entgegenzutreten. Damit würde § 204 BGB hier seine Funktion nicht erfüllen können.

25 b) Nicht gegeben zu sein braucht die *Zuständigkeit des Gerichts* (BGH NJW 1978, 1058) in örtlicher, sachlicher (BGH NJW 1978, 1058), instanzieller und internationaler Hinsicht. Das ist unproblematisch, wo der Mangel der Klage entschuldigt oder gar übersehen werden kann, wird aber zweifelhaft, wenn der Mangel grob ist und vielleicht von dem Kläger bewusst in Kauf genommen wurde, zB bei der erstinstanzlichen Klage vor dem BGH. Hier – und bei den weiteren Sachurteilsvoraussetzungen – wird man aber weder nach der Schwere des Mangels differenzieren können noch erst recht sinnvoll auf die subjektiven Gegebenheiten bei dem Kläger abstellen dürfen. Ebenso wenig darf es darauf ankommen, ob sich der Beklagte zur Abwehr der Klage herausgefordert fühlen durfte oder musste. Entscheidender Maßstab muss vielmehr – hier und auch sonst bei den Sachurteilsvoraussetzungen – der objektive sein, ob ein gleichwohl ergehendes Sachurteil wirksam wäre.

c) Die *Partei muss existent* sein. Es hemmt die Klage gegen einen Verstorbenen nicht (OLG Hamburg HansRGZ 1922 B 167, 168; OLG München Rpfleger 1963, 302, 303; OLG Hamm MDR 1969, 47; MünchKomm/GROTHE Rn 22; BeckOGK BGB/MELLER-HANNICH [1. 3. 2019] Rn 28); ebenso wenig eine im Namen eines Verstorbenen erhobene Klage. Dagegen kommt es auf die Parteifähigkeit nicht an; hemmend wirkt also die Klage einer Erbengemeinschaft ebenso wie die Klage gegen sie. Notwendig ist in Fällen dieser Art nur, dass die richtige Partei mit Sicherheit durch jeden Dritten ermittelt werden kann (BGH LM ZPO § 253 Nr 58 = NJW 1977, 1686; DB 1978, 2409).

26 d) Hinsichtlich der *Prozessfähigkeit* wird gesagt, dass sie fehlen dürfe (RGZ 149, 321, 326; BGH MDR 1974, 388; PALANDT/ELLENBERGER Rn 5). Auf klägerischer Seite wird man dem schon deshalb zustimmen müssen, weil die Verjährungshemmung hier nur positiv wirkt. Abzulehnen ist diese Auffassung jedoch für die Beklagtenseite. Hier hilft dem Gläubiger § 210 BGB.

27 e) Fehlt die *Prozessführungsbefugnis,* so kann die Klage die Verjährung nicht hemmen; wenn die Genehmigung des wahren Rechtsinhabers fehlt, dann fehlt es schon materiellrechtlich an einer Klage des Berechtigten. Folgt die Genehmigung später, so wirkt sie ex nunc. Liegt sie aber vor, dann tritt eine Hemmungswirkung auch dann ein, wenn es an den weiteren Voraussetzungen einer zulässigen Prozessstandschaft fehlt, namentlich dem eigenen Interesse an der Rechtsverfolgung.

f) *Anderweitige* Rechtskraft oder *Rechtshängigkeit* ändern nichts an der Hemmungswirkung der Klage. Das gilt zB für die wegen §§ 265 Abs 2, 261 Abs 3 Nr 1 ZPO unzulässige Klage des Zessionars (BGH NJW 2011, 2193 Rn 13 ff; s unten Rn 24 ff).

g) Unschädlich ist es, wenn der *falsche Rechtsweg* beschritten wird. Führt dies – heute unter Verstoß gegen § 17a Abs 2 GVG – zur Abweisung der Klage als unzulässig, gilt § 204 Abs 2 S 1 BGB. Kommt es dagegen zur Verweisung, so dauert die Hemmung ununterbrochen fort, vgl § 17b Abs 1 GVG.

h) Nicht notwendig ist ein *Rechtsschutzbedürfnis* für die Klage (BGHZ 39, 287, 291; 103, 298, 302), das sich im Übrigen gerade aus dem drohenden Eintritt der Verjährung ergeben kann.

i) Die *Einreden* der Schiedsgerichtsbarkeit, § 1032 ZPO, der fehlenden Ausländersicherheit, §§ 110 ff ZPO, und der mangelnden Kostenerstattung, § 269 Abs 6 ZPO, nehmen der Klage nicht die hemmende Wirkung. Die letztgenannte führt aber zu § 204 Abs 2 S 3 BGB, solange die Kostenerstattung nicht erfolgt.

k) Die fehlende Statthaftigkeit der Klage im Urkundenprozess nimmt ihr die Hemmungswirkung nicht.

3. Wirksamkeit der Klageerhebung

Die Klage muss wirksam erhoben werden, damit sie die Verjährung hemmen kann **28** (MünchKomm/GROTHE Rn 21; PALANDT/ELLENBERGER Rn 4; BGH NJW 1959, 1819). Es müssen also im Wesentlichen die Anforderungen des § 253 Abs 1, 2 ZPO gewahrt sein (BGH NJW-RR 1989, 508).

a) Die erhobene Klage muss

aa) das angerufene *Gericht* zweifelsfrei bezeichnen, § 253 Abs 2 Nr 1 ZPO, wobei dies freilich nicht das zuständige zu sein braucht.

bb) die *Parteien* zweifelsfrei bezeichnen, § 253 Abs 2 Nr 1 ZPO (BGH NJW 1977, 1686; DB 1978, 2409). Solange sich keine Zweifel an der Identität von Kläger und Beklagtem ergeben, brauchen die näheren Angaben nach den §§ 253 Abs 4, 130 Nr 1 ZPO nicht zu erfolgen und sind sogar auch fehlerhafte Angaben unschädlich, wie etwa eine falsche Schreibweise des Namens, die fehlende Angabe des Berufes oder bei juristischen Personen des gesetzlichen Vertreters. Unverzichtbar ist die Angabe des Wohnsitzes insofern, als Fehler hier die Identifizierung der Person gefährden können. Mängel der Klage in diesem Bereich wirken sich freilich nur dann aus, wenn sie die Zustellung der Klage verhindern. Im Übrigen kommt es nicht allein auf die Bezeichnung an, sondern vielmehr darauf, welcher Sinn ihr im Wege der Auslegung bei objektiver Würdigung des Erklärungsinhalts der Klageschrift beizulegen ist (BGH NJW 1983, 2448).

cc) *unterschrieben* sein (vgl aber u Rn 36), weil es sonst an einer wirksamen Klageerhebung überhaupt fehlt.

Dabei braucht die *Postulationsfähigkeit* des Unterschreibenden aber nicht gegeben zu sein; unschädlich etwa, wenn die Naturpartei trotz Anwaltszwanges selbst Klage erhebt (PHILIPP 284; **aA** OLG Braunschweig MDR 1957, 425, 426; OLG Naumburg FamRZ 2001, 1006 m abl Anm GOTTWALD; MünchKomm/GROTHE Rn 22; PALANDT/ELLENBERGER Rn 4) oder für die Partei ein Dritter als Vertreter, der weder Rechtsanwalt ist noch im Parteiprozess die Voraussetzungen des § 79 Abs 2 S 2 ZPO erfüllt. Freilich kann daran die notwendige Zustellung der Klage scheitern.

29 **b)** Von den bei der Klageerhebung zu beachtenden *Formalien* verzichtbar sind:

aa) die Bezeichnung als Klage; es muss nur die Auslegung ergeben, dass eine solche gewollt ist (vgl BGH NJW-RR 1989, 508: Antrag auf Terminanberaumung),

bb) die Wahrung der Anforderungen der Abs 3–5 des § 253 ZPO,

cc) die Einzahlung eines Prozesskostenvorschusses (woran freilich die notwendige Zustellung der Klage scheitern kann),

dd) die Ladung des Beklagten.

30 **c)** *Inhaltlich* muss die Klage

aa) *den Anspruch,* dessen Verjährung gehemmt werden soll, *in zweifelsfrei identifizierbarer Weise bezeichnen,* § 253 Abs 2 Nr 2 ZPO. Passt die Bezeichnung auf mehrere Ansprüche, so genügt es, wenn die Identifizierung späterhin nachgeholt wird (vgl o Rn 16). Die neuere Rechtsprechung stellt freilich an die Verjährungshemmung durch Mahnbescheid strengere Anforderungen (vgl u Rn 55).

bb) überhaupt ein Begehren des Klägers erkennen lassen. Ein unbestimmter Antrag reicht ohnehin dort, wo er zulässig ist; er muss aber auch genügen, wenn er nicht zulässig ist, solange er nur Richtung und Umfang des klägerischen Begehrens erkennen lässt. Verjährungshemmend wirkt eben die unzulässige Klage (noch) im Gegensatz zur unwirksamen, und diese Grenze muss überschritten sein (BeckOGK BGB/MELLER-HANNICH [1. 3. 2019] Rn 29.1).

cc) *Nicht erforderlich* ist eine, gar substantiierte *Begründung* des Anspruchs, die über seine Bezeichnung hinausgeht.

4. Zustellung der Klage

31 Die Klage muss zugestellt werden, damit eine Hemmung der Verjährung eintreten kann, § 253 Abs 1 ZPO. Zu beachten ist freilich, dass nicht in allen Gerichtszweigen die Erhebung der Klage, auf die § 204 Abs 1 Nr 1 BGB abstellt, von ihrer Zustellung abhängt, vgl zB § 81 VwGO, und dass die Wahl des richtigen Rechtswegs zur Hemmung der Verjährung nicht erforderlich ist. Die Zustellung kann dort auch nicht als unabdingbar im Rahmen des § 204 Abs 1 Nr 1 BGB angesehen werden, wenn zB auch § 212 Abs 1 Nr 2, 2. Alt BGB auf sie verzichtet, vgl auch § 204 Abs 1 Nr 12 BGB.

Hinzuweisen ist auf die durch § 261 Abs 2 ZPO eröffnete Möglichkeit, Klage in der mündlichen Verhandlung zu erheben.

a) *Unterbleibt* im Rahmen der ZPO die Zustellung der Klage, so kommt es nicht zu einer Hemmung der Verjährung. Die Gründe für das Unterbleiben der Zustellung sind zunächst unerheblich. Sie kann etwa unterbleiben, weil eine zustellungsfähige Adresse fehlt oder eine missdeutige Bezeichnung der Partei die Aushändigung der niedergelegten Klage an den Beklagten verhindert (LG Paderborn NJW 1977, 2077). Nicht anders ist es, wenn das Gericht die Zustellung unterlässt, wozu es triftige oder weniger triftige Gründe haben mag. Fehlen dem Gericht triftige Gründe, so bleibt § 167 ZPO zu beachten: Die spätere Zustellung wirkt fristwahrend, wenn die Gründe für die Verzögerung dem Kläger nicht zugerechnet werden können (vgl u Rn 34 f).

b) Die Zustellung muss den entsprechenden Bestimmungen der ZPO genügen **32** (BGH NJW 2017, 886 Rn 32). Eine danach *unwirksame Zustellung* vermag die Verjährung nicht zu hemmen (OLG Düsseldorf VersR 1995, 1191). Eine Heilung der Zustellung kann allerdings nach § 189 ZPO erfolgen. Eine solche Heilung erfolgt freilich erst mit Wirkung ex nunc (vgl aber zu § 295 ZPO u Rn 36).

Zugestellt werden muss dabei die eingereichte Klage. Unterschiede zwischen der eingereichten und der zugestellten Schrift sind freilich hinzunehmen, wenn diese nur im Wesentlichen übereinstimmen (BGH NJW 1978, 1058, 1059).

Eine gleichzeitige Terminsanberaumung ist nicht notwendig (OLG Nürnberg MDR 1967, 669). Unterbleibt sie allerdings auf Anregung des Klägers, kann der Fall des § 204 Abs 2 S 3 BGB gegeben sein. Verzichtbar ist auch (für die Hemmung der Verjährung) die Ladung des Beklagten.

c) Zur Hemmung der Verjährung genügt auch die *öffentliche Zustellung der* **33** *Klage* nach §§ 185 ff ZPO. Die Zustellung muss freilich wirksam sein, was nicht schon aus ihrer Bewilligung folgt (BGH NJW 2002, 827 gegenüber BGHZ 57, 158; 64, 5). Schädlich ist es jedenfalls, wenn die Voraussetzungen des § 185 ZPO für das Gericht erkennbar nicht vorliegen (BGH NJW 2017, 886 Rn 34; NJW 2017, 1735 Rn 11), dh insbesondere der Aufenthaltsort des Schuldners muss tatsächlich allgemein – und nicht nur dem Gläubiger – unbekannt sein, § 185 Nr 1 ZPO. In der Tat verdient der Gläubiger, der sehen muss, dass er nicht gehörig recherchiert hat, einerseits keinen Schutz, andererseits belegt gerade nach der Modernisierung des Schuldrechts die Fassung des § 204 Abs 1 BGB, dass der Schuldner – soweit möglich – davor gewarnt sein muss, dass etwas auf ihn zukommt. Beruht die Unwirksamkeit der Zustellung allerdings auf einem für den Gläubiger nicht abwendbaren Fehler des Gerichts, kann ein Fall des § 206 BGB vorliegen (BGH NJW 2017, 1735 Rn 14).

5. Die Zustellung der Klage muss grundsätzlich innerhalb der Verjährungsfrist **34** erfolgen, um diese hemmen zu können. Das wird aber von *§ 167 ZPO* in gewichtiger Weise modifiziert.

a) Nach dieser Bestimmung genügt es, dass *die Klage innerhalb der Verjährungsfrist eingereicht* wird; dies ist aber auch wieder unverzichtbar, eine Wiedereinsetzung in den vorigen Stand gibt es hier nicht. Zur Einreichung kommt es darauf an, dass das Gericht die Verfügungsgewalt über die Klage erhält (vgl näher ZÖLLER/SCHULTZKY/ GREGER § 167 ZPO Rn 5 ff).

aa) Die Verjährungsfrist ist unter Berücksichtigung von einem etwaigen Neubeginn und Hemmungen nach den §§ 186 ff BGB zu berechnen; für ihr Ende sind namentlich die §§ 188, 193 BGB von Bedeutung, sodass also bei Fristende an Wochenenden oder Feiertag noch der nächste Werktag zur Verfügung steht (RGZ 151, 345; BGH WM 1978, 464; Palandt/Ellenberger Rn 8). Diese Frist darf der Kläger voll – bis 24 Uhr – ausnutzen (BGH NJW 1995, 3380, 3381). Verfügt das Gericht nicht über hinreichende Zugangsmöglichkeiten nach Dienstschluss, gilt zu seinen Gunsten § 206 BGB. Freilich braucht das Gericht über den Dienstschluss hinaus keine Geschäftsstelle für zu Protokoll abzugebende Anträge zur Verfügung zu stellen.

Andererseits braucht sich der Kläger nur die fehlende Empfangsmöglichkeit des Gerichtes nicht entgegenzuhalten lassen. Der Postlauf und dessen etwaige Verzögerungen gehen zu seinen Lasten, vgl aber § 206 Rn 14.

35 bb) Wenn die Klage danach rechtzeitig eingereicht ist, genügt es zur Hemmung der Verjährung, wenn die *Zustellung demnächst* erfolgt; sie darf also nach Ablauf der Verjährungsfrist liegen.

Dabei kommt es auf die Länge des Zeitablaufs zwischen der Einreichung der Klage und ihrer Zustellung nicht an, wenn *die aufgetretene Verzögerung von dem Kläger nicht zu vertreten* ist, sondern in den Verantwortungsbereich des Gerichtes, seinen Geschäftsablauf fällt (BGHZ 103, 28; BGH NJW-RR 1992, 471). Wenn die Klage innerhalb von zwei Wochen zugestellt wird, ist dies ohnehin „demnächst", sodass sich etwaige Nachlässigkeiten des Klägers jedenfalls nicht ausgewirkt haben. Diese zwei Wochen sind nicht ab Einreichung der Klage zu rechnen, wenn denn der Kläger die Frist voll ausnutzen darf, sondern ab Ablauf der Verjährungsfrist (BGH NJW 1993, 2320; 1994, 1073). Wenn dem Kläger ein Vorwurf nicht gemacht werden kann, sollen auch mehrere Monate unschädlich sein (BGHZ 168, 306 = NJW 2006, 3206); das BAG (NJW 2013, 252) hat bei einer in Chile zu bewirkenden Auslandszustellung zweifelhaft gar 19 Monate für unschädlich gehalten. Indessen sind so lange Verzögerungen aber beachtlich und verhindern die Annahme einer demnächstigen Zustellung. Dabei ist der Maßstab einfache Fahrlässigkeit (BGH NJW 1988, 1082; 1991, 1746); das Verschulden des Prozessbevollmächtigten genügt nach § 85 Abs 2 ZPO. Insoweit muss der Kläger alles Zumutbare für die alsbaldige Zustellung der Klage tun (BGH Betrieb 1972, 2108). Dabei braucht er zwar den Streitwert in der Klage nicht anzugeben und darf der Anwalt insoweit bei der Partei rückfragen (BGH NJW 1972, 1948), auch braucht der Prozesskostenvorschuss nicht unaufgefordert eingezahlt zu werden (BGHZ 69, 364), der angeforderte Vorschuss muss aber binnen (etwa) zwei Wochen eingezahlt werden (BGH NJW-RR 1992, 471). Verzögert sich die Anforderung unangemessen, muss der Kläger von sich aus aktiv werden (BGHZ 69, 361: Erinnerung des Gerichts oder Selbsteinzahlung). Auch sonstige *Nachlässigkeiten schaden:* Verzögerung der Zustellung durch lückenhafte Adressenangabe, Angabe eines unrichtigen Aktenzeichens (BGH WM 1984, 209), verzögerte Einreichung der für die Zustellung notwendigen Abschriften (BGH VersR 1974, 1106).

Unschädlich sind dem Gläubiger Verzögerungen aus dem Bereich des Gerichts. Hat er zB den Kostenvorschuss rechtzeitig eingezahlt, braucht er nicht noch einmal nachzufragen, ob nun auch die Zustellung erfolgt ist.

b) Die Bedeutung des § 167 ZPO erschöpft sich nicht darin, die Fristwahrung zu ermöglichen. Die Bestimmung verlängert die Dauer der Hemmung, die bereits ab

Anhängigkeit, nicht erst ab der Begründung der Rechtshängigkeit durch Zustellung zu berechnen ist (BGH NJW 2010, 856 Rn 8 ff).

c) Ungeachtet seiner *Stellung im Prozessrecht ist § 167 ZPO* in dem vorliegenden Zusammenhang eine Norm des materiellen Rechts. Sollte der Anspruch – und damit auch seine Verjährung – nach ausländischem Recht zu beurteilen sein, kommt es darauf an, ob dieses eine entsprechende Regelung kennt (BeckOGK BGB/MELLER-HANNICH [1. 3. 2019] Rn 85).

6. Heilung von Mängeln

Leidet die Klage oder ihre Zustellung an einem Mangel, der durch *rügelose Einlassung* des Beklagten nach § 295 ZPO geheilt werden kann, so wird dieser Mangel dadurch unbeachtlich (BGH NJW-RR 2010, 1438 Rn 16 zur rügelosen Einlassung in unverjährter Zeit), und zwar mit Wirkung ex tunc (RGZ 87, 271, 272; BGH VersR 1967, 395, 398; PALANDT/ELLENBERGER Rn 6; THOMAS/PUTZO/REICHOLD § 295 Rn 7; **aA** BeckOGK BGB/MELLER-HANNICH [1. 3. 2019] Rn 29; MünchKomm/GROTHE Rn 24, beide: ex nunc). Um dies zu vermeiden, muss der Beklagte den Mangel in der mündlichen Verhandlung rügen; dass er sich zuvor schriftsätzlich auf den Mangel berufen hat, genügt – außer bei konkludenter Bezugnahme darauf – ebenso wenig (RGZ 135, 119), wie die schon schriftsätzlich erhobene Einrede der Verjährung (OLG Bremen GmbH-Rdsch 1964, 10). 36

Welche Mängel im Einzelnen rückwirkend durch rügelose Einlassung geheilt werden können, ist zweifelhaft. BGH NJW 1960, 1947, 1948 hat dies für eine Klageerweiterung angenommen, die zwar formlos mitgeteilt, aber weder zugestellt noch in der Antragstellung im nächsten Termin berücksichtigt worden war. Dasselbe wird man für die Unterschrift unter der Klage annehmen können (vgl BAG NJW 1986, 3224, freilich zur Ausschlussfrist des § 4 KSchG).

RGZ 86, 246 hat die rückwirkende Genehmigung der Zustellung an einen nicht bevollmächtigten Vertreter zugelassen.

Wo eine Heilung des Mangels nach § 295 Abs 1 ZPO nicht möglich ist (§ 295 Abs 2 ZPO), wirkt seine Behebung nicht zurück (BGH LM ZPO § 253 Nr 16).

7. Nachträgliche Einführung des Anspruchs in den Prozess

Einer Klage gleichzustellen und entsprechend zu beurteilen ist es, wenn ein *Anspruch nachträglich in den Prozess* eingeführt wird. Dies kann geschehen, § 261 Abs 2 ZPO: durch nachträgliche Anspruchshäufung, §§ 260, 263 ZPO, dh der Kläger behält seinen Antrag bei, stützt ihn aber zusätzlich auf einen weiteren Lebenssachverhalt, der ihm zusätzliche Ansprüche eröffnet, durch eine Klageerweiterung, §§ 263, 264 ZPO, durch die Erhebung einer Widerklage, § 33 ZPO, das Stellen eines Antrags nach § 510b ZPO. Die Erweiterung kann auch im Wege der Anschlussberufung erfolgen (BGH WM 2019, 663 Rn 9). Bedeutungslos ist insoweit die Erhebung einer Zwischenfeststellungsklage nach § 256 Abs 2 ZPO, weil die Feststellung eines Rechtsverhältnisses nicht die Verjährung der aus diesem fließenden Ansprüche zu hemmen vermag. 37

a) *Unerheblich* für die Hemmungswirkung des neuen Antrags ist seine *prozessuale Zulässigkeit*, was zB für die weder sachdienliche noch vom Gegner konsentierte Klageänderung gilt. Weist das Gericht den Antrag als unzulässig zurück, gilt § 204 Abs 2 S 1 BGB.

b) Die Hemmungswirkung tritt ein entweder mit der Stellung des Antrags in der mündlichen Verhandlung, § 261 Abs 2 ZPO, oder zuvor schon nach derselben Bestimmung mit der Zustellung des entsprechenden vorbereitenden Schriftsatzes. Freilich ist die förmliche Zustellung wegen des § 189 ZPO entbehrlich, reicht also die formlose Übersendung.

Nicht zu folgen ist BGH NJW 1995, 252; Zeuner, in: FS Henckel (1995) 940, 952, die die Wirkung der Klageerweiterung uU zurückdatieren wollen auf die Erhebung der Ursprungsklage (BeckOGK BGB/Meller-Hannich [1. 3. 2019] Rn 64; vgl RGZ 65, 398; BGHZ 67, 372, 373).

c) Im Übrigen sind dieselben Anforderungen wie an die Klage zu stellen. Der Antrag darf also nicht überhaupt wirkungslos sein.

8. Klage vor Beginn der Verjährung

38 Wird die *Klage vor Beginn der Verjährung* erhoben, so wird der Verjährungsbeginn dadurch nicht vorverlegt. Die Verjährung wird dann jedenfalls in dem Moment gehemmt, in dem sie zu laufen beginnt (BGHZ 52, 47, 49; BGH NJW 1995, 3380; BeckOGK BGB/Meller-Hannich [1. 3. 2019] Rn 17). Eine frühere Hemmung der Verjährung bereits durch die Klageerhebung lehnen die Genannten ab. Die Problematik wird bedeutsam, wenn die Klage noch vor dem eigentlichen Verjährungsbeginn zurückgenommen oder abgewiesen wird, vgl § 204 Abs 2 S 1 BGB. Man wird hier aber eine sofortige Hemmung der Verjährung anzunehmen haben. Eine allzu naturalistische Betrachtung – nur die laufende Verjährung kann gehemmt werden – ist fehl am Platz: Der Schuldner wird auch durch diese Klage hinreichend darauf hingewiesen, dass er sich verteidigen muss. Der Gläubiger bringt sein Interesse an der Forderung hinreichend zum Ausdruck. Der konkrete Verjährungsbeginn mag unklar sein; das darf nicht zu seinen Lasten gehen. Letztlich nicht anders liegen die Dinge aber, wo er sich – wie bei der Klage auf zukünftige Leistung – bewusst darüber hinwegsetzt. Ungereimt wäre es auch, dem späteren Titel die Verjährungsfrist des § 197 Abs 1 Nr 3 BGB mit Beginn nach § 201 BGB beizumessen, was zweifellos geboten ist, der zu ihm führenden Klage aber jede Auswirkung auf die Verjährung abzusprechen.

V. Die Klagearten

39 **1.** Notwendig ist nach § 204 Abs 1 Nr 1 BGB die Klage des *Gläubigers*.

Das bedeutet, dass die *negative Feststellungsklage des Schuldners* gegenüber der Forderung nicht genügt (BGH NJW 2012, 2633 Rn 27; BeckOGK BGB/Meller-Hannich [1. 3. 2019] Rn 20; aA Gsell, in: GS Wolf [2011] 393; Thole NJW 2013, 1192); das Gegenteil wäre auch sinnwidrig, wie schon der Gegenschluss aus § 212 Abs 1 Nr 1 BGB belegt. Der Schuldner muss anerkennen, nicht leugnen. Zweifelhaft kann nur sein, ob jedenfalls der Abweisungsantrag des Gläubigers gegenüber dieser Klage zur Verjährungshemmung geeignet ist. Auch das wird aber von der zutreffenden hM verneint (RGZ 75, 302, 305; 153, 375, 383; BGHZ 72, 23, 25; 122, 287, 293; BGH NJW 2012, 3633; MünchKomm/Grothe Rn 7; Palandt/Ellenberger Rn 3; aA OLG Schleswig NJW 1976, 970; Spiro § 136 [306 f]; Müller-Freienfels JZ 1978, 80; Hinz, in: FS vLübtow [1980] 735 ff; Baltzer 161 ff; Jauernig § 204 Rn 2). Dem Gläubiger ist die Erhebung der Widerklage anzusinnen; mit seinem bloßen Abweisungsantrag bringt er sein Interesse an der Forderung nicht mit der von § 204 BGB geforderten Intensität zum Ausdruck. Die Fassung der Hemmungstatbestände im Gesetz ist insoweit bewusst einschränkend erfolgt (BGHZ 72, 23, 25). Der Hinweis auf die identische Rechtskraft von negativer Feststellungsklage des Schuldners und Leistungsklage des Gläubigers genügt nicht.

2. Notwendig ist weiterhin eine *Klage,* soweit nicht das Gesetz selbst Ausnahmen **40** zulässt, zB in § 204 Abs 1 Nrn 2 ff BGB. Über diese Ausnahmen hinaus können Maßnahmen geringerer Intensität nicht ausreichen.

a) Zum Abweisungsantrag gegenüber der negativen Feststellungsklage des Schuldners vgl soeben Rn 39.

b) Die außergerichtliche Geltendmachung der Forderung kann allenfalls mittelbar dadurch auf die Verjährung einwirken, dass sie ein Anerkenntnis des Schuldners provoziert, § 212 Abs 1 Nr 1 BGB, oder Verhandlungen einleitet, § 203 BGB. Zur Rechtslage, wenn sich der Schuldner nur zu einem Verzicht auf die Einrede der Verjährung bereitfindet, vgl § 214 Rn 30.

c) Die Geltendmachung der Forderung durch *Einrede im Prozess* hat keine Wirkung (Mot I 328; Staudinger/Dilcher[12] § 209 aF Rn 48). Es ist nicht die notwendige aktive Verfolgung der Forderung. Die Ausnahme, die § 204 Abs 1 Nr 5 BGB für die Aufrechnung im Prozess macht, bestätigt das Ergebnis.

d) Die Einlegung der Verfassungsbeschwerde hemmt die Verjährung nicht (BGH VersR 1957, 428; Staudinger/Dilcher[12] § 209 aF Rn 25; vgl aber u Rn 144).

e) Das Aufgebotsverfahren, §§ 945 ff ZPO, hemmt die Verjährung nicht (Staudinger/Dilcher[12] § 209 aF Rn 47).

3. Die Klage muss *vor einem Gericht* erhoben werden. Auf dessen Zuständigkeit **41** kommt es dabei nicht an (vgl o Rn 25). Zur Klage vor dem Schiedsgericht vgl § 204 Abs 1 Nr 11 BGB (u Rn 100).

Die Klage *vor einem deutschen Gericht* reicht jedenfalls dann, wenn für die Beurteilung der Verjährung insgesamt deutsches Recht maßgeblich ist. Ist die Verjährung dagegen nach ausländischem Recht zu beurteilen, so kommt es darauf an, ob dieses Recht der Klage vor dem deutschen Gericht Wirkung beimisst, was uU an der fehlenden Anerkennungsmöglichkeit des deutschen Urteils scheitern kann.

Gibt sich das materiellrechtlich maßgebliche ausländische Recht mit geringeren Anforderungen zufrieden, so brauchen auch nur diese eingehalten zu werden. Reicht zB eine Mahnung, so würde das nicht gegen den deutschen ordre public verstoßen.

Die *Klage vor einem ausländischen Gericht* hemmt die Verjährung jedenfalls dann, wenn dieses zuständig ist (OLG Hamburg SeuffA 63 Nr 20; OLG Breslau JW 1932, 3826; Staudinger/Dilcher¹² § 209 aF Rn 14; **aA** Schütze WM 1967, 234; ders DB 1977, 2129, 2130). Ob es dabei zu einer Hemmung der Verjährung oder zu ihrem Neubeginn kommt, beurteilt sich nach dem einschlägigen materiellen Recht. Zweifelhaft ist dagegen, ob die Anerkennungsvoraussetzungen nach § 328 ZPO für das Urteil gegeben sein müssen, so die hM (vgl RGZ 129, 385, 389 f; RG JW 1926, 374; Staudinger/Dilcher¹² § 209 aF Rn 14; Palandt/Ellenberger Rn 3; **aA** MünchKomm/Grothe Rn 9; BeckOGK BGB/Meller-Hannich [1. 3. 2019] Rn 90; Schack RIW/AWD 1982, 301; Frank IPRax 1983, 108, 110; vgl auch Schlosser, in: FS Bosch 859, 866).

Man wird für die Wirkung der Klage nicht auf das spätere Urteil abstellen dürfen. Angesichts der Warnfunktion der Klage, die ihre Wirkung legitimiert, kann es nur darauf ankommen, dass sich der Schuldner auf das Verfahren einlassen musste. Das setzt zunächst die internationale Zuständigkeit des Gerichts voraus (§ 328 Abs 1 Nr 1 ZPO), sodann die ordnungsgemäße Ladung des Schuldners (§ 328 Abs 1 Nr 2 ZPO). Unerheblich bleiben muss für die Frage der Verjährungshemmung die Einhaltung des § 328 Abs 1 Nr 3 ZPO: Das wäre auch bei einem deutschen Prozess unbeachtlich. Unerheblich bleiben muss weiter § 328 Abs 1 Nr 4 ZPO: Soweit der Verstoß gegen den ordre public die Forderung betrifft, ist dies im Rahmen der Verjährungshemmung unbeachtlich. Durch die Klage als Mittel der Verjährungshemmung kann – bei Zuständigkeit des Gerichts und ordentlicher Ladung des Beklagten – der deutsche ordre public nicht verletzt sein.

Notwendig ist freilich die Verbürgung der Gegenseitigkeit, § 328 Abs 1 Nr 5 ZPO, weil nach den angestellten Überlegungen sonst die Erwähnung der Klage auf Erteilung der Vollstreckungsklausel oder auf Erlass des Vollstreckungsurteils in § 204 Abs 1 Nr 1 BGB allzu weitgehend entwertet würde (**aA** Schlosser, in: FS Bosch 859, 866).

Wo es nach internationalen Abkommen einer Anerkennung des späteren Urteils nicht bedarf, hemmt auch die Klage vor dem unzuständigen Gericht (OLG Düsseldorf NJW 1978, 1752; Staudinger/Dilcher¹² § 209 aF Rn 14; Palandt/Ellenberger Rn 3).

42 4. In der zuständigen Gerichtsbarkeit braucht die Klage nicht erhoben zu werden.

43 5. Mittel der Verjährungshemmung ist zunächst die Leistungsklage. Die Klage kann als solche erhoben werden, im Wege der Klageerweiterung oder der Widerklage (vgl dazu o Rn 37), auch als Stufenklage (o Rn 15). Zu den inhaltlich zu stellenden Anforderungen o Rn 23 ff, zu den Anforderungen an die Erhebung der Klage o Rn 28.

Zum Antrag im strafprozessualen Adhäsionsverfahren vgl § 404 Abs 2 StPO.

Zur Klage auf zukünftige Leistung o Rn 38.

44 6. Es genügt auch, wie das Gesetz ausdrücklich feststellt, die Feststellungsklage, die freilich *auf das Bestehen des Anspruchs gerichtet* sein muss (BeckOGK BGB/Meller-Hannich [1.3.2019] Rn 24); die Feststellung des ihm zugrundeliegenden Rechtsverhältnisses reicht nicht aus. Unerheblich ist es, ob zulässigerweise auf Feststellung geklagt wird; namentlich das Feststellungsinteresse des Klägers kann fehlen (o Rn 24 ff); auch hier kommt es nicht auf die Zulässigkeit der Klage an. Im Übrigen sind dieselben Anforderungen wie an die Leistungsklage zu stellen. Von praktischer Bedeutung ist die Feststellungsklage insbesondere bei deliktischen Ansprüchen mit noch ungewissen künftigen Schäden.

7. Die *Klage auf Erteilung der Vollstreckungsklausel* ist die der §§ 731, 796 Abs 3, **45** 797 Abs 5, 6, 797a Abs 3 ZPO.

a) Soweit es nur im Verhältnis zwischen dem durch den Titel ausgewiesenen Gläubiger und dem durch den Titel ausgewiesenen Schuldner um den Nachweis geht, dass die Voraussetzungen der Zwangsvollstreckung vorliegen, ist die Regelung in § 204 Abs 1 Nr 1 BGB nicht entbehrlich neben § 212 Abs 1 Nr 2 BGB, weil die dort genannten Vollstreckungshandlungen bzw Anträge auf Zwangsvollstreckung erst möglich sind, wenn die Vollstreckung überhaupt betrieben werden kann, was von der Erteilung der Vollstreckungsklausel abhängt, § 204 Abs 1 Nr 1 BGB wirkt auch anders, nämlich nur hemmend, und dies im Hinblick auf die ursprüngliche Frist, nicht die des § 197 BGB.

b) In den Fällen der §§ 727–729 ZPO gilt Entsprechendes. Die zu hemmende Verjährungsfrist wird hier regelmäßig die des § 197 BGB sein, doch ist es ausnahmsweise denkbar, dass es um die erstmalige Hemmung der noch ursprünglichen Verjährungsfrist geht, wenn zB der Titel nur vorläufig vollstreckbar ist.

c) Entsprechendes gilt auch bei vollstreckbaren Vergleichen und vollstreckbaren Urkunden; auch sie sind in § 197 BGB erwähnt (Abs 1 Nr 4). Richtet sich die vollstreckbare Urkunde gegen den jeweiligen Eigentümer eines Grundstücks, § 800 ZPO, ist die Hemmung der Verjährung wegen § 902 Abs 1 S 2 BGB notwendig. Die zu hemmende Frist ist hier die des § 197 BGB, namentlich die des § 197 Abs 2 BGB.

d) Für die Klage ist jeweils die Zulässigkeit nicht von Bedeutung. Das gilt insbesondere für die Wahrung des ausschließlichen Gerichtsstandes, § 802 ZPO.

e) Angesichts der gesetzlichen Regelung kann der *Antrag auf Erteilung der Vollstreckungsklausel* nicht genügen. Er fällt auch noch nicht unter § 212 Abs 1 Nr 2 BGB, wenn er die Zwangsvollstreckung überhaupt erst vorbereiten soll.

Zweifelhaft ist die Lage bei *Verweigerung der Vollstreckungsklausel*. Sicher wird die Verjährung hier durch eine Klage nach § 731 ZPO gehemmt, doch wird man den Gläubiger hierzu nicht zwingen dürfen, sondern es in entsprechender Anwendung des § 204 Abs 1 Nr 1 BGB genügen lassen müssen, wenn er die einschlägigen Rechtsbehelfe (Antrag auf Entscheidung des Prozessgerichts, Erinnerung, Beschwerde) einlegt (BeckOGK BGB/Meller-Hannich [1.3.2019] Rn 96). Wegen der Fristwahrung, die in den Fällen des § 197 Abs 2 BGB problematisch werden kann, wird man § 167 ZPO entsprechend anwenden können, rückwirkend auf den Antrag auf Erteilung der Vollstreckungsklausel.

f) Ein *Vorgehen des Schuldners,* etwa die Erinnerung gegen die Erteilung der Vollstreckungsklausel, § 732 ZPO, aber auch die Vollstreckungsabwehrklage, § 767 ZPO, genügt auch hier nicht zur Hemmung der Verjährung.

46 8. Zum Erlass des *Vollstreckungsurteils* vgl §§ 722, 723 ZPO. Die Klage hemmt die Verjährung auch dann, wenn ihr im Ergebnis mangels Anerkennungsfähigkeit des ausländischen Urteils, §§ 723 Abs 2 S 2, 328 ZPO, der Erfolg versagt bleiben muss (RG JW 1926, 374, 375). Für die Hemmungswirkung ist es auch nicht erforderlich, dass die Rechtskraft des ausländischen Titels bereits eingetreten ist.

Soweit ein Vollstreckungsurteil nicht mehr notwendig ist, die inländische Vollstreckbarkeit eines ausländischen Titels zu erreichen, die Erteilung der Vollstreckungsklausel vielmehr im Beschlusswege erfolgt, so namentlich nach dem AVAG, der EuGVO, muss in entsprechender Anwendung des § 204 Abs 1 Nr 1 BGB der Antrag auf Vollstreckbarkeitserklärung zur Hemmung der Verjährung genügen.

47 9. Liegt ein *Schiedsspruch* aus dem Inland oder dem Ausland vor oder ein Schiedsvergleich, so ist nach §§ 1060, 1061 ZPO auf die Vollstreckbarkeitserklärung anzutragen. Auch dieser Antrag hemmt in entsprechender Anwendung des § 204 Abs 1 Nr 1 BGB die Verjährung (aA STAUDINGER/DILCHER[12] § 209 aF Rn 22), auch wenn nach § 1063 ZPO im Beschlusswege zu entscheiden ist.

48 10. *Gestaltungsklagen* betreffen keinen Anspruch; sie sind damit zur Hemmung der Verjährung grundsätzlich ungeeignet (STAUDINGER/DILCHER[12] § 209 aF Rn 24) und müssen deshalb mit einer Klage hinsichtlich des aus dem Urteil folgenden Anspruchs kombiniert werden. In den Fällen der §§ 315, 319 BGB empfiehlt sich die sofortige Erhebung der Leistungsklage, freilich dürfte die bloße Klage auf Leistungsbestimmung durch Urteil genügen.

VI. Musterfeststellungsklage bei Klageregisteranmeldung, Nr 1a

48a Die Bestimmung des § 204 Abs 1 Nr 1a BGB bezieht sich auf die in Reaktion auf den sog Dieselskandal durch G v 12. 7. 2018 (BGBl I 1151) eingeführte Musterfeststellungsklage nach §§ 606 ff ZPO. Die von einem Verbraucherschutzverband gegen einen Unternehmer zu erhebende Musterfeststellungsklage allein eignet sich nicht zur Hemmung der Verjährung, auch nicht nach § 204 Abs 1 Nr 1 BGB, weil sie keine Ansprüche zum Gegenstand hat, sondern nur sog Feststellungsziele, also nach § 606 Abs 1 ZPO das Vorliegen oder Nichtvorliegen von tatsächlichen und rechtlichen Voraussetzungen für das Bestehen oder Nichtbestehen von Ansprüchen oder Rechtsverhältnissen. Zur Konkretisierung der Hemmungswirkung bedarf es daher noch der Anmeldung eines Anspruchs zur Eintragung in das Klageregister durch einen Verbraucher nach § 608 ZPO. Der Verbraucher könnte zwar seinen Anspruch auch isoliert von der Musterfeststellungsklage verfolgen. Durch die Klageregisteranmeldung erreicht der Verbraucher aber, dass die Entscheidung über die Feststellungsziele aus dem Musterklageverfahren Bindungswirkung in seinem Verhältnis zum beklagten Unternehmen nach § 613 Abs 1 ZPO entfaltet. Meldet er daher seinen Anspruch zur Eintragung ins Klageregister an, sperrt diese Anmeldung eine eigene Klage des Verbrauchers nach § 610 Abs 3 ZPO. § 204 Abs 1 Nr 1a BGB gewährleistet, dass der angemeldete Anspruch des Verbrauchers während der gesamten

Dauer der Musterfeststellungsklage schon ab Klageerhebung und vor Anspruchsanmeldung (u Rn 48h) nicht verjährt (BT-Drucks 19/2439, 29; 19/2701, 10).

1. Voraussetzungen der Hemmung

§ 204 Abs 1 Nr 1a BGB bezeichnet als Hemmungstatbestand die Erhebung der Musterfeststellungsklage (Rn 48c). Welche Ansprüche von dieser Hemmung erfasst werden, bestimmt zunächst der folgende Relativsatz mit seiner Voraussetzung einer wirksamen Anmeldung zum Klageregister (Rn 48d f). Missverständlich ist freilich die Verwendung des Perfekts im Relativsatz („angemeldet hat"). Dadurch wird Vorzeitigkeit suggeriert. Eine Anmeldung zur Eintragung ins Klageregister kann aber nicht vor Erhebung der Musterklage erfolgen. Denn im vom Bundesamt für Justiz auf seiner Internetseite geführten Klageregister ist zunächst die erhobene Musterklage entsprechend § 607 ZPO öffentlich bekannt zu machen. Schließlich verlangt § 204 Abs 1 Nr 1a BGB neben dem formellen Zusammenhang von Klage und angemeldetem Anspruch im Klageregister noch inhaltlich, dass beiden derselbe Lebenssachverhalt (Rn 48 f) zugrunde liegt. **48b**

a) Die Hemmung knüpft an die **Erhebung der Musterklage** an. Insoweit gelten die Aussagen zu § 204 Abs 1 Nr 1 BGB entsprechend: Die Klage braucht also nicht zulässig zu sein (o Rn 24 ff), die Klageerhebung und Zustellung (o Rn 31 ff) müssen aber wirksam sein (BeckOGK BGB/MELLER-HANNICH [1. 3. 2019] Rn 108). Für die Wirksamkeit der Klageerhebung verlangt § 606 Abs 2 ZPO – zusätzlich zu den nach § 253 ZPO einzuhaltenden Erfordernissen (o Rn 29 ff) – Angaben und Nachweise darüber, dass der klagende Verbraucherschutzverband die Anforderungen von § 606 Abs 1 S 2 ZPO an eine qualifizierte Einrichtung erfüllt und Ansprüche oder Rechtsverhältnisse von mindestens zehn Verbrauchern von den Feststellungszielen abhängen. Die weiteren tatsächlichen Erfordernisse, dass es sich bei der Klägerin um eine qualifizierte Einrichtung handelt und dass glaubhaft gemacht wird, dass Ansprüche von mindestens zehn Verbrauchern von den Feststellungszielen abhängen, sind nach § 606 Abs 3 ZPO Zulässigkeitsvoraussetzungen. Darauf kommt es für die von der Verjährungshemmung vorausgesetzte wirksame Klageerhebung nicht an. **48c**

b) § 204 Abs 1 Nr 1a BGB erfordert die **Wirksamkeit der Anmeldung**. Die Anmeldung wird von § 608 ZPO geregelt. **48d**

aa) Als Wirksamkeitsvoraussetzung verlangt § 608 Abs 2 ZPO die Einhaltung von Frist und Form:

Die **Frist** beginnt mit der Bekanntmachung der Musterklage im Klageregister und endet nach § 608 Abs 1 ZPO mit Ablauf des Tages vor dem ersten Termin iSv § 220 ZPO (BT-Drucks 19/2439, 25), ohne dass eine mündliche Verhandlung, § 137 Abs 1 ZPO, stattfinden müsste. Unter Anwendung von § 222 Abs 2 ZPO kann sich freilich ergeben, dass die Frist erst nach dem Termin endet, wenn der Vortag ein Sonntag oder Feiertag war. Eine Heilungsmöglichkeit oder Wiedereinsetzung bei Fristversäumung ist nicht vorgesehen.

Die Anmeldung hat nach § 608 Abs 4 ZPO in **Textform** gegenüber dem Bundesamt für Justiz zu erfolgen. Nach § 608 Abs 2 ZPO muss die Anmeldung beinhalten Name und Anschrift des Verbrauchers (Nr 1), Bezeichnung des Gerichts und Aktenzeichen der Musterfeststellungsklage (Nr 2), Bezeichnung des Beklagten der Musterfeststellungsklage (Nr 3), Gegenstand und Grund des Anspruchs oder des Rechtsverhältnisses des Verbrauchers (Nr 4) und Versicherung der Richtigkeit und Vollständigkeit der Angaben (Nr 5). Das Bundesamt für Justiz hält entsprechende PDF-Formulare auf der Internetseite bereit.

48e bb) § 608 Abs 2 S 3 ZPO stellt klar, dass die Richtigkeit dieser Angaben nicht geprüft wird. Daher hängt die Eintragung ins Klageregister nicht davon ab, ob der Anwendungsbereich der Anmeldung überhaupt eröffnet ist. Nach § 608 Abs 1 ZPO steht die Anmeldung nur **Verbrauchern** offen, deren Ansprüche oder Rechtsverhältnisse von den Feststellungszielen abhängen. Die objektive Voraussetzung der Abhängigkeit von den Feststellungszielen wird in § 204 Abs 1 Nr 1a BGB von dem Erfordernis desselben Sachverhalts aufgenommen (u Rn 48 f). Nicht eindeutig geregelt ist, ob nur die Anmeldung eines Verbrauchers hemmende Wirkung entfalten kann. Da von den prozessualen Wirkungen der Anmeldung, namentlich der Bindungswirkung des § 613 Abs 1 ZPO, nur Verbraucher erfasst sein können, wird auch zur Verjährungshemmung vertreten, dass nur die Anmeldung durch einen Verbraucher wirksam und verjährungshemmend sein kann (BeckOGK BGB/MELLER-HANNICH [1. 3. 2019] Rn 111). Dagegen spricht der Wortlaut von § 204 Abs 1 Nr 1a BGB, der den allgemeinen Begriff des Gläubigers, nicht den speziellen des Verbrauchers verwendet. Auch gestaltet § 608 ZPO die Verbrauchereigenschaft nicht als Wirksamkeitsvoraussetzung für die Anmeldung aus. Die Eintragung erfolgt vielmehr ohne Prüfung der Verbrauchereigenschaft. Freilich weist § 148 Abs 2 ZPO dem Unternehmer den Weg zu einer eigenen Klage, die bei Vorgreiflichkeit der Musterfeststellungsklage ausgesetzt werden kann. Wer sich aber bei Anmeldung für einen Verbraucher hält, dem sollte jedenfalls die Hemmungswirkung des § 204 Abs 1 Nr 1a BGB zugutekommen können.

48f c) Schließlich verlangt § 204 Abs 1 Nr 1a BGB, dass dem angemeldeten Anspruch und den Feststellungszielen der Musterfeststellungsklage **derselbe Lebenssachverhalt** zugrunde liegt. Es kommt also anders als bei der Bindungswirkung des § 613 Abs 1 ZPO nicht auf den Inhalt des Urteils auf die Musterfeststellungsklage, sondern allein wie bei den Anforderungen an die Anmeldung in § 608 Abs 1 ZPO auf den Vergleich zur Klage an. Insoweit kommt es darauf an, ob entsprechend des Zwecks der Musterfeststellungsklage mittels der Feststellungsziele etwas geklärt werden kann, was für den Anspruch des anmeldenden Verbrauchers vorgreiflich ist (vgl zur Anspruchsanmeldung zum Musterverfahren entsprechend u Rn 85e) ist. Während die Feststellungsziele sich auch auf rechtliche Fragen beschränken können, fordert § 204 Abs 1 Nr 1a BGB den gleichen Lebenssachverhalt. Der angemeldete Anspruch muss also auch in tatsächlicher Hinsicht von einem mit der Musterklage verfolgten Feststellungsziel abhängen. Ob das der Fall ist, ist Risiko des Verbrauchers, weil eine verbindliche Klärung erst der Folgeprozess von Verbraucher und Unternehmer herbeiführt (BeckOGK BGB/MELLER-HANNICH [1. 3. 2019] Rn 118).

2. Umfang der Hemmung

48g Die Hemmungswirkung beschränkt sich auf den *Anspruch*, den der Gläubiger zur Eintragung ins Klageregister anmeldet. Wie bei der Hemmung durch Klage nach

§ 204 Abs 1 Nr 1 BGB (o Rn 13 ff) wird damit auf den prozessualen Anspruch, mithin den **Streitgegenstand**, Bezug genommen. Es werden also alle materiellrechtlichen Ansprüche erfasst, die dem durch die Anmeldung beschriebenen Streitgegenstand unterfallen (BeckOGK BGB/MELLER-HANNICH [1. 3. 2019] Rn 118).

3. Zeitraum der Hemmung

Die Hemmung **beginnt** nach dem Wortlaut des § 204 Abs 1 Nr 1a BGB mit Erhebung der Musterfeststellungsklage (BeckOGK BGB/MELLER-HANNICH [1. 3. 2019] Rn 116; MünchKomm/GROTHE Rn 30a; MEKAT/NORDHOLTZ NJW 2019, 411, 412). Zu einer Vorwirkung kann § 167 ZPO führen (o Rn 34). Im Zeitpunkt der Klageerhebung steht zwar noch nicht fest, wer welche Ansprüche rechtzeitig anmeldet. Der Gesetzgeber wollte ausweislich der Gesetzesmaterialien aber den Eintritt der Hemmungswirkung auf den Zeitpunkt der Klageerhebung festschreiben, bezeichnete die Anmeldung bloß als (auflösende) Bedingung (BT-Drucks 19/2701, 9 f). Der beklagte Unternehmer sei durch die erhobene Musterfeststellungsklage hinreichend gewarnt (vgl o Rn 3 aE). Dieser Wille des Gesetzgebers kommt im Hauptsatz des § 204 Abs 1 Nr 1a BGB hinreichend zum Ausdruck, auch wenn die vorzeitige Formulierung des Relativsatzes ausgesprochen verunglückt ist (o Rn 48b). Solange im Zeitpunkt der Klageerhebung unter Berücksichtigung von § 167 ZPO der anzumeldende Anspruch des Verbrauchers gegen den Musterbeklagten noch nicht verjährt ist, genügt dann jede Anmeldung durch den Verbraucher in der Frist des § 608 Abs 1 ZPO (o Rn 48d). Darin liegt keine Hemmung eines möglicherweise verjährten Anspruchs, weil der Anspruch bereits mit Erhebung der Musterfeststellungsklage schwebend gehemmt war.

48h

Die Hemmung wird in den allermeisten Fällen nach § 204 Abs 2 S 1 BGB sechs Monate nach dem Zeitpunkt **enden**, in dem das Verfahren auf die Musterfeststellungsklage beendet wird. Selten wird es dazu kommen, dass dieses Verfahren durch Nichtbetreiben der Parteien in Stillstand gerät, § 204 Abs 2 S 3 BGB. Einen spezifischen Beendigungsgrund sieht § 204 Abs 2 S 2 BGB für den Fall vor, dass der anmeldende Gläubiger seine Anmeldung zurücknimmt (u Rn 137), was ihm § 608 Abs 3 ZPO freilich nur bis zum Beginn der mündlichen Verhandlung, § 137 Abs 1 ZPO, in erster Instanz erlaubt.

Der eigentümliche Hemmungsbeginn bringt ein praktisch wahrscheinlich selten auftretendes Problem mit sich. So kann eine Änderung oder (Teil-)Rücknahme der Musterfeststellungsklage vor dem ersten Termin dem Verbraucher es unmöglich machen, seinen Anspruch zur Eintragung ins Klageregister anzumelden. Mangels Anmeldung hat er dann nie die Voraussetzungen des § 204 Abs 1 Nr 1a BGB erfüllt. Das spricht maßgeblich dafür, ihm jede Berufung auf eine diesbezügliche Hemmung zu verwehren.

VII. Antrag auf Festsetzung von Unterhalt Minderjähriger, Nr 2

Die Bestimmung des § 204 Abs 1 Nr 2 BGB bezieht sich auf das Verfahren nach §§ 249 ff FamFG, wie sie seit dem 1. 9. 2009 anzuwenden sind. Zuvor war das Verfahren in den gleichzeitig aufgehobenen §§ 645 ff ZPO geregelt. In dem vorliegenden Zusammenhang relevante sachliche Änderungen sind nicht ersichtlich.

49

1. Anforderungen an den Antrag

Bei Mängeln der Antragstellung gelten die o Rn 23 ff dargestellten Grundsätze entsprechend. Namentlich ist die Anrufung eines unzuständigen Gerichts unschädlich (SOERGEL/NIEDENFÜHR Rn 49).

Dass die inhaltlichen Anforderungen, die die § 250 FamFG an den Antrag stellen, nicht gewahrt zu sein brauchen (so BeckOGK BGB/MELLER-HANNICH [1. 3. 2019] Rn 120. 2; MünchKomm/GROTHE Rn 36; SOERGEL/NIEDENFÜHR Rn 49; strenger als hier indessen BeckOK/HENRICH [1. 5. 2019] Rn 21), ist in dieser Allgemeinheit nicht richtig. Es müssen jedenfalls die Parteien zweifelsfrei bezeichnet werden, vgl § 250 Abs 1 Nr 1 FamFG. Fehlangaben zu den dort ebenfalls genannten gesetzlichen Vertretern und Prozessbevollmächtigten können die Zustellung überhaupt oder jedenfalls ihre Rechtzeitigkeit hindern. Angaben zu Zeitraum und Höhe des Unterhalts (§ 250 Abs 1 Nrn 4, 6 FamFG) sind zur Verjährungshemmung im Grundsatz entbehrlich; sie können später nachgeliefert werden. Werden sie gemacht, so begrenzen sie die Reichweite der Verjährungshemmung.

2. Zurückweisung des Antrags

50 Wenn die vielfältigen in den §§ 249, 250 FamFG genannten Angaben in dem Antrag nicht vollständig vorliegen, kann es dazu kommen, dass er zurückgewiesen wird, § 250 Abs 2 FamFG. Dann tritt eine Hemmungswirkung nicht ein, weil es ja an einer Zustellung oder sonstigen Mitteilung fehlt. Während ein entsprechender Mangel beim Mahnbescheid rückwirkend gemäß § 691 Abs 2 ZPO geheilt werden kann, fehlt es im Rahmen dieses Verfahrens – unsystematisch – an einer entsprechenden Heilungsvorschrift. Die Lücke kann auch nicht durch eine entsprechende Anwendung des § 691 Abs 2 ZPO geschlossen werden.

An der notwendigen Zustellung oder sonstigen Mitteilung fehlt es jedenfalls dann, wenn das Gericht diese nach den § 251 Abs 1 FamFG nicht verfügt.

3. Alsbaldige Zustellung

51 Für die Zustellung oder sonstige Mitteilung gilt § 167 ZPO nach § 251 Abs 2 FamFG entsprechend. Sie wirkt also auf den Zeitpunkt der Antragstellung zurück, wenn sie demnächst erfolgt (vgl dazu o Rn 34 f). Verzögert sich die Zustellung, ohne dass der Antragsteller dies zu vertreten hätte, so ist auch ein längeres Intervall unschädlich. Anders, wenn er es zu vertreten hat, wobei den Minderjährigen das Verschulden ihrer gesetzlichen Vertreter nach § 51 Abs 2 ZPO zuzurechnen ist. Zu vertreten sein kann namentlich die Unvollständigkeit der in den §§ 249, 250 FamFG geforderten Angaben im Antrag, insbesondere aber Nachlässigkeit oder Zögerlichkeit gegenüber der Nachfrage des Gerichts gemäß § 250 Abs 2 S 2 FamFG.

4. Überleitung in das streitige Verfahren

52 Das vereinfachte Verfahren kann nach § 255 FamFG in ein streitiges Verfahren übergehen, sofern der Antragsgegner Einwendungen erhebt, die nicht ohne Weiteres erledigt werden können. Die mit diesem verbundene Rechtshängigkeit wird gemäß § 255 Abs 3 FamFG auf den Zeitpunkt der Antragstellung rückdatiert.

Zu dem Antrag auf Überleitung in das streitige Verfahren sind beide Parteien berechtigt, vgl § 255 Abs 1 FamFG. Wird ein solcher Antrag nicht binnen sechs Monaten gestellt, so gilt der Festsetzungsantrag nach § 255 Abs 6 FamFG als zurückgenommen, soweit er nicht Erfolg gehabt hat. Die Frist für den Antrag auf Durchführung des streitigen Verfahrens rechnet ab gerichtlicher Mitteilung relevanter Einwendungen an den Antragsteller nach den §§ 255 Abs 6, 254 S 2 FamFG.

5. Untätigkeit der Parteien

Wird der Antrag auf Überleitung in das streitige Verfahren nicht gestellt, nimmt 53 auch die fingierte Rücknahme dem Festsetzungsantrag nicht seine die Verjährung hemmende Wirkung. Doch liegt darin ein Nichtbetreiben des Verfahrens, iSd § 204 Abs 2 S 3 BGB, sodass ggf die Hemmung nach § 204 Abs 2 S 1 BGB relevant wird. Sie rechnet ab der gerichtlichen Mitteilung von den erhobenen Einwendungen als der letzten Verfahrenshandlung des Gerichts, vgl wiederum § 204 Abs 2 S 3 BGB; dabei ist es ohne Belang, ob diese Mitteilung etwa verzögert wird oder ihr Inhalt dem Antragsteller gar schon bekannt ist.

VIII. Mahnbescheid, Nr 3

§ 204 Abs 1 Nr 3 BGB stellt – praktisch bedeutsam – die Zustellung eines Mahn- 54 bescheids der Erhebung einer Klage gleich. Auch ist der Europäische Zahlungsbefehl im Europäischen Mahnverfahren nach der Verordnung (EG) Nr 1896/2006 (= EuMVVO, dazu SUJECKI NJW 2007, 1622) von dieser Vorschrift umfasst.

1. Antrag des Gläubigers

Der Mahnbescheid ergeht auf *Antrag des Gläubigers,* §§ 688 ff ZPO, Art 7 Abs 1 EuMVVO.

a) Auf die *Zulässigkeit des Antrags* kommt es auch hier für die Hemmung der Verjährung nicht an; denkbar ist es freilich, dass das Gericht den Mahnbescheid wegen Mängeln der Zulässigkeit nicht erlässt oder ihn aus sonstigen Gründen nicht zustellt. Dann scheitert die Hemmung der Verjährung an der fehlenden Zustellung. Für das Europäische Mahnverfahren ist ausschließlich das AG Berlin-Wedding zuständig, § 1087 ZPO.

Werden die Mängel aber nach § 691 Abs 1 S 2 ZPO behoben, genügt die anschließende Zustellung nach § 167 ZPO (zu § 693 Abs 2 ZPO aF: BGH NJW 1999, 3125; 3717), sofern keine weiteren Verzögerungen eintreten. Als demnächst zugestellt iSd § 167 ZPO ist der Mahnbescheid anzunehmen, wenn die von der Partei verschuldete Verzögerung der Zustellung nicht mehr als einen Monat beträgt (BGH NJW 2002, 2794 unter Hinweis auf § 693 Abs 2 ZPO aF). Die Aufhebung des § 693 Abs 2 ZPO aF sollte nicht zu einer schärferen Beurteilung führen. Nicht zu folgen ist freilich ZÖLLER/SCHULTZKY/GREGER (§ 167 ZPO Rn 11), die den einen Monat aus § 691 Abs 2 ZPO mit zwei Wochen aus § 167 ZPO zu sechs Wochen addieren wollen (BeckOGK

BGB/Meller-Hannich [1. 3. 2019] Rn 130). § 1089 Abs 1 ZPO verweist für das Europäische Mahnverfahren auf die Vorschriften der §§ 166 ff ZPO und damit auch auf § 167 ZPO, weshalb die Zustellungsfiktion bei In- und Auslandszustellung greift, vgl Vollkommer/Huber NJW 2009, 1105 f. Die Zustellung hemmt die Verjährung einer dem deutschen Recht unterliegenden Forderung. Dies ergibt sich nach Art 15 lit h Rom II-VO, Art 12 Abs 1 lit d Rom I-VO daraus, dass die im Ausland vorgenommene Handlung lediglich Voraussetzungsbestandteil der deutschen Norm ist (vgl MünchKomm/Spellenberg Art 12 Rom I-VO Rn 126 ff).

Es ist unschädlich, wenn das Mahnverfahren nicht statthaft ist, weil es nicht um die Zahlung einer bestimmten Geldsumme in inländischer Währung geht, § 688 Abs 1 ZPO (BGHZ 104, 268, 274 f; Hanisch IPRax 1989, 276; K Schmidt NJW 1989, 65, 68) oder weil einer der Tatbestände des § 688 Abs 2 ZPO erfüllt ist.

Gelegentlich geben Gläubiger im Antrag nach § 690 Abs 1 Nr 4 ZPO bewusst wahrheitswidrig an, ihr Anspruch sei nicht (mehr) von einer Gegenleistung abhängig. Der dann *erlassene und zugestellte Mahnbescheid erfüllt die Voraussetzungen des § 204 Abs 1 Nr 3 BGB* (so auch BGH NJW 2012, 995). Ungeachtet dessen versagt der BGH dem Gläubiger in gefestigter Rechtsprechung die Hemmungswirkung (BGH NJW 2012, 995; 2015, 3160 Rn 17 ff; 2015, 3162 Rn 18 ff; BeckOGK BGB/Meller-Hannich [1. 3. 2019] Rn 159; MünchKomm/Grothe Rn 33). Der Mahnbescheid sei erschlichen, die Berufung auf ihn missbräuchlich. Dem ist zu widersprechen (Philipp 288; Schultz NJW 2014, 827, 829). Auch dieser Mahnbescheid erfüllt die Aufgabe des § 204 Abs 1 BGB, dem Schuldner zu verdeutlichen, dass der Gläubiger seine Forderung ernsthaft verfolgt, und Fehler des Verfahrens führen auch sonst gemeinhin nicht dazu, dass die Hemmung der Verjährung ausbleibt. So ist es zB auch unschädlich, wenn der Gläubiger bewusst eine unzulässige Klage erhebt. Der BGH hat einem Schadensersatzgläubiger immerhin zugestanden, im Mahnbescheid „kleinen Schadensersatz" geltend zu machen, um so auch die Verjährung für den von einer Gegenleistung abhängigen großen Schadensersatzanspruch zu hemmen, auf den er im Streitverfahren dann umgestellt hat (BGH NJW 2014, 3435 Rn 11).

Unschädlich ist auch die Adressierung an ein unzuständiges Gericht, §§ 689 Abs 2, 690 Abs 1 Nr 2 ZPO (BGHZ 86, 313, 322) bzw § 1087 ZPO, eine unsaubere Bezeichnung der Parteien, § 690 Abs 1 Nr 1 ZPO bzw Art 7 Abs 2 lit a EuMVVO, solange sie nur genau genug bestimmbar sind, sodass der Mangel die Zustellung nicht verhindert (BeckOGK BGB/Meller-Hannich [1. 3. 2019] Rn 140), die fehlende (oder unzutreffende) Angabe des Streitgerichts, § 690 Abs 1 Nr 5 ZPO. Zur Hemmung der Verjährung verzichtbar ist auch die von § 690 Abs 2 ZPO geforderte handschriftliche Unterzeichnung des Antrags (BGHZ 86, 313, 322) bzw Art 7 Abs 6 EuMVVO.

55 b) *Inhaltlich* braucht der Antrag – und dann der Mahnbescheid – den Anspruch nicht zu begründen; darauf verzichten die §§ 688 ff ZPO seit ihrer Neugestaltung durch Gesetz vom 3. 12. 1976 (BGBl I 3281). Entsprechend braucht der verfolgte Anspruch auch noch nicht in allen seinen Voraussetzungen vorzuliegen (BGH NJW 2007, 1452 Rn 43; BeckOGK BGB/Meller-Hannich [1. 3. 2019] Rn 151). Der Anspruch muss allerdings bezeichnet werden „unter bestimmter Angabe der verlangten Leistung", § 690 Abs 1 Nr 3 ZPO (BGH NJW 2000, 1420), was dann nach dieser Bestimmung auch für Nebenleistungen gilt. Gleiches gilt wegen Art 7 Abs 1 lit b–e EuMVVO auch für das Europäische Mahnverfahren.

Insoweit fordert der BGH (NJW 1992, 111; 1993, 862; 2009, 56 Rn 18; 2011, 2423 Rn 31 ff; 2013, 3509 Rn 14; 2016, 1083 Rn 16), dass der *Anspruch* derart *individualisiert* wird, dass er über einen Vollstreckungsbescheid Grundlage eines Vollstreckungstitels sein kann, und dass dem Schuldner die Beurteilung möglich ist, ob er sich gegen den Anspruch zur Wehr setzen will oder nicht. Die dazu notwendigen Angaben seien nach den Gegebenheiten des Einzelfalls zu beurteilen. Sie können sich mit hinreichender Deutlichkeit aus vorprozessualen Schreiben ergeben, die dem Mahnbescheid nicht beigefügt zu werden brauchen, sofern sie nur dem Antragsgegner bekannt sind; auf die Sicht eines Dritten kommt es nicht an (BGH NJW 2008, 1220 Rn 16 ff; 2008, 3498 Rn 7; 2013, 3509 Rn 14). Setzt sich ein *einheitlicher Anspruch aus mehreren Rechnungsposten* zusammen – so liegt es bei einem Werklohnanspruch, wenn alle erbrachten Leistungen mit demselben vertraglichen Leistungsziel in Zusammenhang stehen –, dann brauchen die einzelnen Rechnungsposten nicht im Mahnbescheid aufgeschlüsselt zu werden (BGH NJW 2013, 3509 Rn 16 ff). *Fasst der Gläubiger in einem Mahnbescheid jedoch mehrere Forderungen zusammen,* muss jede von ihnen hinreichend bezeichnet sein (BGH NJW 2008, 1220 Rn 19; 2016, 1083 Rn 26; WM 2018, 2052 Rn 13). Geht es zB um Kosten einer Mängelbeseitigung, bedarf es der Angabe der einzelnen Mängel und des auf den jeweiligen Mangel entfallenden Betrages (BGH NJW 2007, 1952, 1956 f; OLG Celle NJW 2015, 90; GROTHE NJW 2015, 17 ff; **aA** BGH NJW 2011, 513, wenn dieser Entscheidung zur Individualisierung die Angabe „Schadensersatz aus Mietvertrag" im Mahnbescheid genügt). Wenn es sich dabei ergibt, dass sich der Gläubiger einer höheren Gesamtforderung berühmt, als des von ihm beantragten Betrages, ist ohne dessen Zuordnung zu den einzelnen Forderungen letztlich für *keine der Forderungen die Verjährung gehemmt.* Diese Zuordnung muss innerhalb der noch laufenden Verjährungsfrist erfolgen und kann namentlich nicht in einem sich anschließenden streitigen Verfahren nachgeholt werden (BGH NJW 2009, 56 Rn 19 ff; 2008, 3498 Rn 16). Diese Differenzierung gegenüber der Klage (o Rn 16, 30) befremdet. Die Modernisierung des Schuldrechts gibt keinen Anlass, Klage und Mahnbescheid unterschiedlich zu behandeln (**aA** BGH NJW 2009, 56 Rn 22). Der Schuldner, der Widerspruch einlegt, ist hinreichend gewarnt. Gerade in Fällen, in denen unübersichtliche Forderungen kurzfristig verjähren (§ 548 BGB!) muss dringend vom Mahnverfahren abgeraten werden, das so entwertet wird. Es befriedigt nicht, dass der taktisch denkende Schuldner von einem Widerspruch absieht, weil er so mit einem Titel konfrontiert wird, den er leicht entsprechend § 767 ZPO bekämpfen kann.

2. Zustellung des Mahnbescheids

Notwendig ist die *Zustellung des Mahnbescheids,* wie sie von Amts wegen betrieben **56** wird, § 166 Abs 2 ZPO bzw Art 13–15 EuMVVO. Ohne eine Zustellung kann die Verjährung nicht gehemmt werden. Mängel der Zustellung sind nach § 295 ZPO heilbar (STAUDINGER/DILCHER[12] § 209 aF Rn 28; RGZ 87, 271; 113, 335), was freilich den Übergang in das streitige Verfahren voraussetzt (ZÖLLER/SEIBEL § 693 Rn 1a) – vgl Art 17 Abs 1 EuMVVO – und nicht schon im Mahnverfahren selbst erfolgen kann. Im Übrigen reicht aber der tatsächliche Zugang, § 189 ZPO, wie er vom Gläubiger zu beweisen ist (BeckOGK BGB/MELLER-HANNICH [1. 3. 2019] Rn 128 f).

3. Verzögerungen durch den Gläubiger

57 Die Zustellung des Mahnbescheids genügt zur Hemmung der Verjährung jedenfalls dann, wenn sie während der laufenden Verjährungsfrist erfolgt. Das ist aber nach § 167 ZPO, der auch über § 1089 Abs 1 ZPO für das Europäische Mahnverfahren gilt, nicht zwingend erforderlich. Danach genügt die rechtzeitige – bis zum Ablauf des letzten Tages – *Einreichung oder Anbringung des Antrags,* sofern die Zustellung des Bescheides *„demnächst"* erfolgt. Damit ist die Lage nicht anders als bei der Klage (BGH NJW 2014, 3435 Rn 10; dazu o Rn 34). Die Zustellung darf also auch hier nicht durch ein Verschulden der Partei verzögert worden sein, wobei insbesondere ein Verstoß gegen die Anforderungen des § 690 ZPO an den Antrag beachtlich sein kann. Das Verschulden muss jedenfalls geringfügig sein (BGHZ 86, 313, 322 f; BGH NJW 1990, 1368). Die Rechtsprechung verfährt kasuistisch: Die erstgenannte Entscheidung hält die Einreichung bei einem unzuständigen Gericht – kurz nach der Neuordnung des Mahnverfahrens – für unschädlich, die andere die Einreichung bei einem unzuständigen Gericht bei Adressierung an das zuständige (und umgehender Weiterleitung). Die unrichtige Bezeichnung des Antragsgegners oder der Zustellungsanschrift dürften jedenfalls schaden (OLG Schleswig SchlHA 1973, 154 bzw BGH NJW 1971, 891). Für die Zahlung des Kostenvorschusses und die Beantwortung von Rückfragen des Gerichtes gelten die Erläuterungen o Rn 35. Erheblich sind dem Gläubiger vorwerfbare Handlungen freilich nur dann, wenn sie sich auch konkret verzögernd ausgewirkt haben (vgl BGHZ 86, 313, 322 f zur fehlenden, aber vom Gericht übersehenen Unterschrift unter den Mahnantrag).

4. Zurückweisung des Antrags

58 Weist das Gericht den Antrag auf Erlass des Mahnbescheids zurück, vgl die Fälle des § 691 Abs 1 ZPO bzw Art 11 Abs 1 EuMVVO, so wahrt die rechtzeitige Einreichung des Mahnbescheids die Verjährungsfrist unter den Voraussetzungen des *§ 691 Abs 2 ZPO:* Einreichung einer Klage binnen Monatsfrist nach Zustellung der Zurückweisung und demnächstige, § 167 ZPO, Zustellung dieser Klage. Wegen Art 32 Abs 1 Nr 4 EGBGB hat dies auch für das Europäische Mahnverfahren zu gelten.

Soweit die Zurückweisung ausnahmsweise anfechtbar ist, § 691 Abs 3 ZPO, genügt der Antrag zur Fristwahrung, sofern der Antragsteller die Zurückweisung nicht zu vertreten hat und das Beschwerdeverfahren zügig betreibt, sofern dann die Zustellung binnen angemessener Frist erfolgt. Gegen die Zurückweisung des Antrags auf einen Europäischen Zahlungsbefehl kann kein Rechtsmittel eingelegt werden, Art 11 Abs 2 EuMVVO.

5. Dauer der Hemmung

Zur Dauer der Hemmung durch Mahnbescheid vgl u Rn 138.

IX. Antrag bei Streitbeilegungsstelle, Nr 4

59 § 204 Abs 1 Nr 4 BGB bezieht sich auf das Verfahren vor Streitbeilegungsstellen. Seine heutige Fassung beruht auf dem G zur Umsetzung der Richtlinie über alternative Streitbeilegung in Verbraucherangelegenheiten und zur Durchführung der

Verordnung über Online-Streitbeilegung in Verbraucherangelegenheiten v 19. 2. 2016 (BGBl I 254), das gleichzeitig das Verbraucherstreitbeilegungsgesetz (VSBG) geschaffen hat. Im Zuge dessen dient der Hemmungstatbestand des § 204 Abs 1 Nr 4 BGB auch der Umsetzung von Art 12 RL 2013/11/EU, sog ADR-Richtlinie, dass während der (auch bloß einseitigen) Inanspruchnahme eines ADR-Verfahrens der beizulegende Anspruch nicht verjähren darf.

1. Streitbeilegungsstelle

Der Anwendungsbereich des Hemmungstatbestands wurde dadurch erweitert, dass zur Verjährungshemmung der Antrag nicht mehr bei einer Gütestelle erforderlich ist, wie sie namentlich § 15a EGZPO verlangt, sondern jegliche Stelle genügt, die irgendeine Form der außergerichtlichen Streitbeilegung betreibt. Streitbeilegungsstellen gibt es in dreierlei Form (BT-Drucks 18/5089, 80):

a) Staatliche Stellen nach § 204 Abs 1 Nr 4 lit a Fall 1 BGB werden von einem öffentlich-rechtlichen Rechtsträger (Körperschaft, Anstalt, Stiftung) eingerichtet. Es lassen sich solche des Bundes, der Länder, der Gemeinden und Kammern unterscheiden. Beispielsweise haben Landesjustizverwaltungen Gütestellen nach § 15a Abs 1 EGZPO, die Länder Universalschlichtungsstellen nach § 29 VSBG, sowie die Bundesanstalt für Finanzdienstleistungsaufsicht bzw die Deutsche Bundesbank Schlichtungsstellen nach § 14 Abs 1 UKlaG bzw § 342 Abs 1 KAGB geschaffen. Wegen der Sonderregelung in § 15 Abs 9 UWG gehört hierzu nicht die Einigungsstelle nach § 15 Abs 1 UWG.

Staatlich anerkannte Stellen nach § 204 Abs 1 Nr 4 lit a Fall 2 BGB sind grds in privater Rechtsform organisiert, aber von Bund oder Land durch Genehmigung oder auf andere Weise anerkannt. Grundlage für eine solche Anerkennung können §§ 24 ff VSBG oder Landesrecht auf Grundlage von § 15a Abs 6 EGZPO sein. Ein weiteres Beispiel ist die Öffentliche Rechtsauskunfts- und Vergleichsstelle (ÖRA) in Hamburg.

b) § 204 Abs 1 Nr 4 lit b BGB handelt von sonstigen privaten Streitbeilegungsstellen auf nichtstaatlicher Grundlage, vgl die Erwähnung in § 15a Abs 3 EGZPO: Branchengebundene, zB die Ombudsmänner der Banken oder Versicherungen, solche der Industrie- und Handelskammern, der Handwerkskammer oder der Innungen. Der Kreis dieser Stellen ist prinzipiell offen, sie dürfen nur nicht aus Anlass des Einzelfalls gebildet sein (BeckOGK BGB/MELLER-HANNICH [1. 3. 2019] Rn 184).

Bei diesen Stellen verlangt § 204 Abs 1 Nr 6 lit b BGB zur Hemmung der Verjährung Einvernehmen über die Anrufung. Dieses Einvernehmen vermutet § 15a Abs 3 EGZPO, wenn ein Verbraucher einen Antrag bei einer branchenbezogenen Gütestelle oder der Gütestelle einer Innung stellt. Die dort ebenfalls genannten Kammern fallen bereits unter § 204 Abs 1 Nr 4 lit a Fall 1 BGB. Eine solche Einigung auf die Anrufung wird freilich unter § 203 BGB fallen. Letzteres gilt auch für die Einigung auf einen Schiedsgutachter oder ein Schiedsgericht, deren Anrufung zu § 204 Abs 1 Nr 8 bzw Nr 11 BGB führt.

2. Bekanntgabe des Antrags

60 Der Antrag des Gläubigers – nicht der nur des Schuldners (BeckOGK BGB/Meller-Hannich [1. 3. 2019] Rn 174) – muss der Gegenseite bekanntgegeben werden. Der Gesetzgeber stellt allerdings bewusst nicht auf den Zeitpunkt der Bekanntgabe, sondern bereits auf den der Veranlassung derselben ab (BT-Drucks 14/7052, 181; BGH NJW 2016, 236 Rn 38; BeckOGK BGB/Meller-Hannich [1. 3. 2019] Rn 189; Münch-Komm/Grothe Rn 36). Denn dieser Zeitpunkt werde aktenmäßig festgehalten. Das Ob und das Wann der tatsächlichen Bekanntgabe lasse sich indessen bei formloser Bekanntgabe nicht hinreichend nachweisen. Diese Entscheidung des Gesetzgebers ist hinzunehmen. Ohnehin greift freilich – entsprechend § 167 ZPO– vorrangig § 204 Abs 1 Nr 4 HS 2 BGB: Es reicht die Bekanntgabe demnächst, wenn der Antrag innerhalb der zu wahrenden Frist eingereicht ist.

3. Anforderungen an den Antrag

61 a) Der Antrag braucht nicht zulässig oder begründet zu sein (BGHZ 213, 281 = NJW 2017, 1879 Rn 15); insbesondere sind besondere Zulässigkeitsvoraussetzungen aus der Verfahrensordnung der jeweiligen Schlichtungsstelle nicht maßgeblich.

Grundsätzlich schadet auch die Unzuständigkeit der angerufenen Stelle nicht (BGHZ 123, 337, 345 = NJW-RR 1993, 1495, 1496; BeckOGK BGB/Meller-Hannich [1. 3. 2019] Rn 186). Freilich ist insoweit zu bedenken:

Die von den Landesjustizverwaltungen eingerichteten Stellen werden die Bekanntgabe nur veranlassen, wenn ihre Zuständigkeit betraglich oder gegenständlich gewahrt ist.

Bei den branchengebundenen Streitbeilegungsstellen mag das nach § 204 Abs 1 Nr 4 lit b BGB notwendige Einverständnis mit dem Verfahren nur vorliegen, wenn bestimmte Streitgegenstände nicht überschritten werden.

b) Der verfolgte Anspruch ist hinreichend genau zu bezeichnen. Insoweit lässt sich auf die für das Mahnverfahren geltenden Anforderungen (o Rn 55) verweisen (BGHZ 206, 41 = NJW 2015, 2407 Rn 20 ff). Der Verweis auf ein beigefügtes Anforderungsschreiben ist grds hinreichend (BGH NJW 2016, 236 Rn 15).

Die Bezeichnung des Anspruchs ist erforderlich, um wie bei der Hemmung durch Klage nach § 204 Abs 1 Nr 1 BGB (o Rn 13 ff) den Streitgegenstand und damit den Umfang der Hemmung zu bestimmen. Es werden alle materiellrechtlichen Ansprüche erfasst, die dem durch die Anmeldung beschriebenen Streitgegenstand unterfallen (BGHZ 206, 41 = NJW 2015, 2407 Rn 15). Das wirkt sich wiederum auf die Darlegungsanforderungen aus: Da zB alle im Rahmen einer Anlageberatung unterlaufenen Beratungsfehler einen einheitlichen Sachverhalt desselben Streitgegenstands bilden, brauchen nicht alle Pflichtverletzung im Antrag aufgezählt zu werden (BGH NJW 2016, 236 Rn 15).

c) Der BGH versagt dem Antragsteller vereinzelt die Wirkung des § 204 Abs 1 Nr 4 BGB wegen rechtsmissbräuchlicher Antragstellung (vgl BGHZ 123, 337, 345 = BGH

NJW-RR 1993, 1495, 1496 zur Unzuständigkeit). Insbesondere hält es der BGH für rechtsmissbräuchlich, wenn der Gläubiger den Antrag stellt, obwohl der Schuldner bereits zuvor eine Mitwirkung an einer einvernehmlichen Streitbeilegung abgelehnt hat (BGH NJW 2016, 233 Rn 33). Diese Tendenz ist abzulehnen (BeckOGK BGB/MELLER-HANNICH [1. 3. 2019] Rn 193; RIEHM NJW 2017, 113, 117). Es ist niemals rechtsmissbräuchlich, mittels der Behelfe des § 204 Abs 1 BGB die Verjährung zu hemmen. Denn der Schuldner wird dadurch hinreichend gewarnt (o Rn 3). Zu § 204 Abs 1 Nr 4 BGB ist zusätzlich zu berücksichtigen, dass ein anfängliches Einvernehmen allein in den Fällen des lit b verlangt wird.

4. Wirkungen

Das Ergebnis der Anrufung kann unterschiedlich ausfallen: 62

Es kann dem Antragsteller einen Vollstreckungstitel nach § 794 Abs 1 Nr 1 ZPO verschaffen, für den dann in der Verjährungsfrage § 197 Abs 1 Nr 4 BGB gilt. Wo die angerufene Stelle nicht in der Lage ist, bei der Schaffung eines derartigen Titels mitzuwirken, liegt jedenfalls mit der Unterwerfung unter ihren Spruch ein Anerkenntnis iSd § 212 Abs 1 Nr 1 BGB vor.

Das erfolglose Vorgehen hat immerhin die Wirkungen der Hemmung nach § 204 Abs 1 Nr 4, Abs 2 S 1 BGB (u Rn 150).

X. Aufrechnung im Prozess, Nr 5

1. Allgemeines

Nach § 204 Abs 1 Nr 5 BGB hat es hemmende Wirkung, wenn die Aufrechnung des 63 Anspruchs im Prozess geltend gemacht wird.

Die Bestimmung stellt eine Ausnahme von dem Grundsatz dar, dass es die Verjährung nicht hemmt, wenn ein Anspruch im Prozess nur zur Verteidigung vorgebracht wird; er muss vielmehr – sonst – zum aktiven Angriff genutzt werden. Das ist vor dem Hintergrund der Rechtskrafterstreckung des *§ 322 Abs 2 ZPO* zu sehen, was insofern *paradox* ist, als die Bestimmung nur dann *praktische Bedeutung* hat, *wenn die Aufrechnung unberücksichtigt bleibt* (BeckOGK BGB/MELLER-HANNICH [1. 3. 2019] Rn 202/204; MünchKomm/GROTHE Rn 37; PALANDT/ELLENBERGER Rn 20), also gerade in jenen Fällen, in denen eine Rechtskraftwirkung nach § 322 Abs 2 ZPO ausscheidet. Hat die Aufrechnung Erfolg, tritt Erfüllung ein; die Frage der Verjährung stellt sich nicht mehr.

2. Sonstige Geltendmachung der Forderung

Die Bestimmung betrifft die Aufrechnung der Forderung. Auf die sonstige Geltend- 64 machung der Forderung kann sie nicht, auch nicht entsprechend, angewendet werden. Das gilt namentlich in dem Fall, dass ein Zurückbehaltungsrecht auf die Forderung gegründet wird und dann uU nur zur Leistung Zug um Zug gegen ihre Erfüllung verurteilt wird (BGH NJW 2015, 1007 Rn 18; BeckOGK BGB/MELLER-HANNICH [1. 3. 2019] Rn 228).

Andererseits ist die Bestimmung aber auch dort anzuwenden, wo Schadensersatz statt der ganzen Leistung im Wege der Differenztheorie verlangt wird, §§ 280, 281 Abs 1 S 3 BGB. Dann soll ein etwaiger restlicher Vergütungsanspruch zum bloßen Rechenposten bei der Berechnung des einen Schadensersatzanspruchs herabsinken, ihm also nicht per Aufrechnung, sondern per „Verrechnung" mindernd gegenüberstehen (vgl RGZ 152, 112; BGHZ 87, 159; krit PETERS JZ 1986, 669): Dies ist jedenfalls nur eine stärkere Form der Aufrechnung.

3. Aufrechnung des Beklagten, des Klägers

65 Es muss die *Aufrechnung* der Forderung *im Prozess* geltend gemacht werden.

a) Dies trifft jedenfalls die jetzt im Prozess vom Beklagten erklärte Aufrechnung. Wortlaut, Sinn und Zweck der Bestimmung erfassen aber auch eine schon früher vom Beklagten erklärte Aufrechnung, die er jetzt zur Verteidigung in den Prozess einführt (PALANDT/ELLENBERGER Rn 20).

b) Die Hemmungswirkung tritt aber auch für eine klägerische Forderung ein, wenn der Beklagte die Aufrechnung mit einer eigenen Forderung erklärt und der Kläger vorträgt, dass dies nicht möglich sei, weil er selbst die Forderung des Beklagten schon mit der Aufrechnung mit einer eigenen, klägerischen Forderung getilgt habe: Hemmung der Verjährung hinsichtlich dieser zweiten Forderung des Klägers (BGH NJW 2008, 2429 Rn 15 ff).

c) Bei der Erklärung der Aufrechnung gilt in Zessionsfällen § 406 BGB (BGH NJW 2008, 2429 Rn 20 ff): Erklärung gegenüber dem Zessionar, Wirkung gegenüber dem Zedenten.

4. Sachliche Bescheidung der Aufrechnung

66 *Wenn die Aufrechnung des Beklagten Erfolg hat* und die Klage ihretwegen abgewiesen wird, ist die Forderung des Beklagten erfüllt; die Frage nach der Hemmung der Verjährung ist gegenstandslos (BeckOGK BGB/MELLER-HANNICH [1. 3. 2019] Rn 204; MünchKomm/GROTHE Rn 37; PALANDT/ELLENBERGER Rn 20; Prot I 229).

Wenn die *Aufrechnung* des Beklagten deshalb *erfolglos* bleibt, weil das Gericht die Klageforderung als gegeben, die Aufrechnungsforderung des Beklagten aber als nicht gegeben betrachtet, ist dies die Situation des § 322 Abs 2 ZPO: Über die Forderung des Beklagten ist rechtskräftig negativ entschieden, sodass die Frage einer Hemmung ihrer Verjährung wiederum irrelevant ist (BeckOGK BGB/MELLER-HANNICH [1. 3. 2019] Rn 204).

5. Unberücksichtigte Aufrechnung

67 Anwendungsfall des § 204 Abs 1 Nr 5 BGB ist deshalb zunächst die Situation, dass der Beklagte die *Aufrechnung* nur *hilfsweise* geltend macht, sich primär anderweitig verteidigt und schon jenes anderweitige Vorbringen zum Erfolg der Klageabweisung führt (BGHZ 73, 23, 29; 80, 222, 225 f; MünchKomm/GROTHE Rn 37; PALANDT/ELLENBERGER Rn 20). Dies gilt namentlich auch bei einer Abweisung der Klage als unzulässig

(BGHZ 80, 222, 226) oder dann, wenn der Beklagte mehrere Aufrechnungsforderungen hintereinander gestaffelt hat.

§ 204 Abs 1 Nr 5 BGB findet aber auch dann Anwendung, wenn die *Aufrechnung aus prozessualen Gründen unberücksichtigt* bleibt (MünchKomm/GROTHE Rn 37; PALANDT/ELLENBERGER Rn 20; aA STAUDINGER/DILCHER¹² § 209 aF Rn 31 [aber: § 212 BGB aF analog, was auf dasselbe Ergebnis hinausliefe]; SCHREIBER JR 1981, 62, 63; offengelassen in BGHZ 80, 222, 226).

Das muss jedenfalls dann gelten, wenn die Aufrechnung eigentlich zulässig in den Prozess eingeführt worden ist, das Gericht sie aber gleichwohl als nicht zu berücksichtigen behandelt hat. Zu Lasten des Beklagten darf das nicht gehen. Wurde die Aufrechnung dagegen zu Recht zurückgewiesen, zB als verspätet, § 296 ZPO, oder als nicht sachdienlich, § 533 Nr 1 ZPO, so kann nichts anderes gelten: Der Folgeprozess darf nicht mit der Klärung der Frage belastet werden, ob die Zurückweisung zu Recht oder zu Unrecht erfolgt, und auch hier hat der Beklagte seinen Willen zur Durchsetzung seiner Forderung hinreichend bekundet; es besteht kein Anlass, ihn in eine Hilfswiderklage zu zwingen (BeckOGK BGB/MELLER-HANNICH [1. 3. 2019] Rn 210).

Die Aufrechnung kann aber auch daran scheitern, dass *materiell-rechtlich ein – gesetzliches oder vertragliches – Aufrechnungsverbot* besteht. Auch hier muss man ihr hemmende Wirkung beimessen (BGHZ 83, 260, 270 f; BeckOGK BGB/MELLER-HANNICH [1. 3. 2019] Rn 219; MünchKomm/GROTHE Rn 37; PALANDT/ELLENBERGER Rn 20; insoweit auch JAUERNIG § 204 Rn 7).

6. Materielle Voraussetzungen der Aufrechnung

Von der eben behandelten Frage nach dem Anwendungsbereich des § 204 Abs 1 Nr 5 BGB zu unterscheiden ist die weitere Frage, ob die *Aufrechnung materiell wirksam erklärt* worden sein muss (so zutreffend JAUERNIG § 204 Rn 7). Hier ist anzunehmen: **68**

a) Unter den Voraussetzungen der Aufrechnung muss zunächst die der *Gleichartigkeit der Forderungen* gegeben sein. Die Aufrechnung mit einer ungleichartigen Forderung kann nämlich allenfalls als die Geltendmachung eines Zurückbehaltungsrechts angesehen werden, und dieser Verteidigung kommt eine hemmende Wirkung nicht zu (o Rn 64; ebenso BeckOGK BGB/MELLER-HANNICH [1. 3. 2019] Rn 220).

b) Die *Erfüllbarkeit der Gegenforderung* wird zwar bei der Aufrechnung im Prozess meist gegeben sein, kann aber nicht zur Voraussetzung der hemmenden Wirkung erhoben werden. Auch hier kommt der Wille zur Durchsetzung der Forderung hinreichend zum Ausdruck.

c) Zur Aufrechnungsvoraussetzung der *Fälligkeit der eigenen Forderung* lassen sich unterschiedliche Auffassungen vertreten. Wer der Klage aus einer nicht fälligen Forderung eine hemmende Wirkung nicht beimisst (vgl o Rn 38), muss es folgerichtig auch ablehnen, dass eine Hemmungswirkung nach § 204 Abs 1 Nr 5 BGB herbeigeführt werden kann. Die wirkungslose Erklärung der Aufrechnung wird dann auch nicht einmal durch das Fälligwerden der Forderung geheilt werden können, sondern wird zu diesem Zeitpunkt nachgeholt werden müssen. Anders dagegen, wenn man, **69**

wie dies hier vertreten wird, auch der Klage aus der noch nicht fälligen Forderung hemmende Wirkung beimisst (o Rn 38). Dann ist es nur konsequent, hier auch eine Verjährungshemmung nach § 204 Abs 1 Nr 5 BGB zuzulassen. Dies entspricht der ratio legis, der ernsthaften Bekundung des Willens zur Durchsetzung der Forderung.

Die gemeinhin als Vollwirksamkeit der Forderung bezeichnete *Einredefreiheit der Forderung* ist in ihren einzelnen Ausprägungen unterschiedlich zu beurteilen. Unschädlich dürften die in § 205 BGB genannten Einreden sein. Zwar besteht hier schon eine Hemmung der Verjährung, aber der Beklagte wird doch auch die Nachfrist des § 204 Abs 2 S 1 BGB in Anspruch nehmen dürfen. Peremptorische Einreden müssen der Aufrechnung im Prozess dagegen die hemmende Wirkung nehmen. Das gilt namentlich für die Einrede der Verjährung, auch wenn diese in den Fällen des § 215 BGB die Aufrechnung materiellrechtlich nicht ausschließt. Die einmal verjährte Forderung kann aber durch die Aufrechnung im Prozess nicht nachträglich zu neuem Leben erweckt werden.

70 **d)** Zweifelhaft ist die Behandlung der für die Aufrechnung notwendigen *Gegenseitigkeit der Forderungen.*

aa) Die Hemmungswirkung tritt jedenfalls ein, wenn der Schuldner die Aufrechnung gegenüber dem Gläubiger erklärt. Das gilt auch zugunsten des Zessionars, wenn damals der Zedent aufgerechnet hat. Im Falle der nochmaligen Insolvenz wirkt die Aufrechnungserklärung des Gemeinschuldners zugunsten des Verwalters; Entsprechendes gilt für die Aufrechnung des Verwalters, wenn das Insolvenzverfahren späterhin aufgehoben wird.

bb) Im Übrigen gilt für das Gegenseitigkeitsverhältnis das entsprechend, was o Rn 6 ff zur Verjährungshemmung durch Klage ausgeführt wurde: Keine Hemmungswirkung kommt der gegenüber dem falschen Schuldner erklärten Aufrechnung zu. Die Hemmungswirkung bleibt ebenfalls aus, wenn der aufrechnende Gläubiger in der Verfügung über seine Forderung beschränkt ist (**aA** BGHZ 80, 222, 226 ff; krit dazu TIEDTKE BB 1981, 1920; wie hier JAUERNIG/MANSEL § 204 Rn 7). Die Identität der Parteien vermag aber die hier fehlende Gegenseitigkeit nicht zu überspielen. Umgekehrt ist aber die Rechtsinhaberschaft über die Forderung für die hemmende Wirkung der Aufrechnung nicht erforderlich: Es genügt, wenn der Aufrechnende materiellrechtlich zur Einziehung der Forderung befugt war (BeckOGK BGB/MELLER-HANNICH [1. 3. 2019] Rn 222); das kommt dann dem wahren Rechtsinhaber zugute. Im Übrigen tritt bei mehreren Gläubigern oder Schuldnern die Hemmungswirkung nur in dem Verhältnis ein, in dem die Aufrechnung erklärt ist: Da es um die erfolglose Aufrechnung geht, ist nicht von den §§ 422 Abs 1, 429 Abs 3 BGB auszugehen, sondern vielmehr von den 425 Abs 2, 429 Abs 3 BGB. Hier bleibt im Übrigen auch die an § 422 Abs 2 BGB scheiternde Aufrechnung ohne Auswirkungen auf die Verjährung.

71 **e)** Zweifelhaft ist, inwieweit „die Geltendmachung der Aufrechnung des Anspruchs im Prozess" die Wirksamkeit der *Aufrechnungserklärung* voraussetzt. Daran kann es insbesondere dann fehlen, wenn die Aufrechnung nicht jetzt erklärt, sondern vielmehr nur eine früher erklärte in Bezug genommen wird. Nach der ratio legis wird man eine wirksame Aufrechnungserklärung nicht verlangen können; es genügt vielmehr, wenn nur überhaupt eine Erklärung vorliegt, mag diese auch – aus beliebigen Gründen – unwirksam sein. Außerdem muss sie die zur Aufrechnung gestellte Forderung bestimmbar bezeichnen (BeckOGK BGB/Meller-Hannich [1. 3. 2019] Rn 203).

f) Dass es unschädlich ist, wenn der Wirksamkeit der Aufrechnung gesetzliche, etwa der §§ 393 f BGB, oder vertragliche Ausschlüsse entgegenstehen, wurde bereits ausgeführt (o Rn 67).

7. Aufrechnung im Prozess

Die Aufrechnung muss im Prozess *geltend gemacht* werden. **72**

a) Dazu ist notwendig die bestimmte Bezeichnung der Forderung. Passt die Beschreibung des aufrechnenden Beklagten auf mehrere Forderungen, so tritt eine Hemmungswirkung nur und erst dann ein, wenn die Identität der Aufrechnungsforderung klargestellt ist (BeckOGK BGB/Meller-Hannich [1. 3. 2019] Rn 211); sie kann also uU ausbleiben. Nicht notwendig ist dagegen eine inhaltliche Begründung der Forderung.

Wird auf eine frühere Aufrechnungserklärung Bezug genommen, so muss auch diese bestimmbar dargetan werden, sofern sich nicht ergibt, dass sie jetzt wiederholt werden soll.

b) Unerheblich ist es, wenn die Aufrechnung nur hilfsweise – gar äußerst hilfsweise – geltend gemacht wird.

c) Die Aufrechnungserklärung wie auch ihre Geltendmachung müssen *innerhalb der noch laufenden Verjährungsfrist* liegen; § 215 BGB kann nicht – auch nicht entsprechend – angewendet werden (BeckOGK BGB/Meller-Hannich [1. 3. 2019] Rn 225).

Sofern dieses Vorbringen, wie üblicherweise, in einem vorbereitenden Schriftsatz enthalten ist, ist der maßgebliche Zeitpunkt nicht erst die nochmalige Bezugnahme auf ihn in der mündlichen Verhandlung. Andererseits kann auch nicht die bloße Einreichung des Schriftsatzes bei Gericht genügen (**aA** BeckOGK BGB/Meller-Hannich [1. 3. 2019] Rn 205; MünchKomm/Grothe Rn 38); man wird vielmehr dessen Zustellung an die Gegenseite für notwendig halten müssen, auf die sich aber § 167 ZPO entsprechend anwenden lässt. Danach reicht die Einreichung des Schriftsatzes am letzten Tage der Frist, sofern eine alsbaldige Zustellung folgt (vgl dazu näher o Rn 34 f). In diesem Zusammenhang ist nur zu beachten, dass die Zustellung des Schriftsatzes im Wesentlichen dem Einfluss des aufrechnenden Beklagten entzogen ist: Weder braucht er eine Zustellungsadresse aufzugeben noch ist die Zahlung eines Kostenvorschusses nötig.

8. Wirkung

Die Wirkung ist eine Hemmung der Verjährung. **73**

a) Zur notwendigen Identität zwischen der damals zur Aufrechnung verwendeten Forderung und der jetzt durchzusetzenden vgl § 213 BGB.

b) Die Hemmungswirkung tritt nur für den *Teil des Anspruchs* ein, mit dem die Aufrechnung erklärt wurde (BGHZ 57, 372, 375; BGH NJW 1990, 2680, 2681; MünchKomm/Grothe Rn 38; Palandt/Ellenberger Rn 20; BeckOGK BGB/Meller-Hannich [1. 3. 2019] Rn 226). Sie kann also jedenfalls nicht über die Höhe des eingeklagten Anspruchs hinausgehen (BGH WM 2009, 1522 Rn 19 ff) und wird uU noch weiter durch die Erklärung des Aufrechnenden beschränkt. Insoweit tritt sie aber auch uneingeschränkt ein; es kann nicht angenommen werden, dass bei mehreren Aufrechnungsforderungen, bei denen eine Bestimmung der Reihenfolge unterblieben ist, nur eine anteilige (nach welchen Maßstäben?) Hemmungswirkung eintritt (BeckOGK BGB/Meller-Hannich [1. 3. 2019] Rn 227; **aA** BGB-RGRK/Johannsen § 209 aF Rn 35; Staudinger/Dilcher[12] § 209 aF Rn 32).

Dieselbe quantitativ beschränkte Hemmungswirkung ergibt sich namentlich auch dann, wenn die Aufrechnung als Grundlage einer Vollstreckungsabwehrklage nach § 767 ZPO benutzt wird. Dass sie dort uU nach § 767 Abs 2 ZPO unberücksichtigt bleiben muss, hindert im Übrigen die Hemmungswirkung nicht.

c) Die Hemmung überdauert ein Vorbehaltsurteil nach § 302 ZPO, da dort die Aufrechnungsforderung anhängig bleibt, § 302 Abs 4 S 1 ZPO. Sie kann jetzt aber durch Nichtbetreiben des Nachverfahrens gemäß § 204 Abs 2 S 3 BGB enden (BeckOGK BGB/Meller-Hannich [1. 3. 2019] Rn 230).

9. Ausschlussfristen

74 Die Aufrechnung im Prozess ist nicht nur geeignet, die Verjährung zu hemmen. Sie wahrt im Zweifel in AGB gesetzte *Ausschlussfristen* (BGHZ 83, 260, 270; BeckOGK BGB/Meller-Hannich [1. 3. 2019] Rn 228; MünchKomm/Grothe Rn 38; Palandt/Ellenberger Rn 20). Dies kommt bei individualvertraglich gesetzten Ausschlussfristen in Betracht sowie bei gesetzlich statuierten. Entscheidend ist jeweils, ob sie zu einer endgültigen Bereinigung führen sollen oder ob der Inhaber des Anspruchs nur gehalten sein soll, sein Interesse an dem Anspruch rechtzeitig und mit dem nötigen Nachdruck zu bekunden.

XI. Streitverkündung, Nr 6*

75 Nach § 204 Abs 1 Nr 6 BGB hat es hemmende Wirkung, wenn wegen des Anspruchs der Streit verkündet wird. Die Streitverkündung ist der Klage insbesondere deshalb gleichgestellt worden, weil der Vorprozess, durch den die Voraussetzungen der

---

* **Schrifttum:** Althammer/Würdinger, Die verjährungsrechtlichen Auswirkungen der Streitverkündung, NJW 2008, 2620; Cuypers, Das selbständige Beweisverfahren in der juristischen Praxis, NJW 1994, 1985; Eibner, Möglichkeiten und Grenzen der Streitverkündung (Diss Erlangen 1986); ders, Aktuelle Probleme des Streitverkündungsrechts, JurBüro 1988, 149, 282; Hefelmann, Die gerichtliche Geltendmachung des Anspruchs als Grund der Verjährungsunterbrechung (1930); Hoeren, Streitverkündung im selbständigen Beweisverfahren, ZZP 108 (1995) 343; Kittner, Streithilfe und Streitverkündung, JuS 1985, 703; 1986, 131, 624;

Regresspflicht ganz oder teilweise festgestellt werden, über den Ablauf der Verjährungsfrist des Regressanspruchs hinaus andauern und so die Realisierung des Regressanspruchs gefährden könnte (Mot I 329).

Die Modernisierung des Schuldrechts weist dieser Möglichkeit einer Hemmung der Verjährung besondere praktische Bedeutung zu: Die *Verkürzung der regelmäßigen Verjährungsfrist* des § 195 BGB auf drei Jahre kann sich in Regressfällen hinderlich auswirken, gar, wenn der Regress sich über mehrere Stationen fortpflanzt. Das gilt namentlich im Falle des § 426 Abs 1 BGB. Freilich ist der erzeugte Druck, etwaige Regressschuldner sogleich durch Streitverkündung einzubinden, durchaus auch positiv zu bewerten.

1. Die beiden Fälle der Streitverkündung

Die Streitverkündung ist nach § 72 Abs 1 ZPO in zwei Fällen möglich, einmal dann, **75a** wenn man sich bei ungünstigem Ausgang des jetzigen Prozesses einen *eigenen Regressanspruch* ausrechnet (1. Fall), sodann, wenn man meint, dann selbst *Schuldner eines Regressanspruchs* zu sein (2. Alt). § 204 Abs 1 Nr 6 BGB ist nur auf die erste Alternative zugeschnitten, wenn denn auch für diese Bestimmung gilt, dass die verjährungshemmende Maßnahme vom Gläubiger ausgehen muss. Der Grundsatz der Waffengleichheit der Parteien gebietet freilich, auch dem Regressgläubiger der zweiten Alternative der Bestimmung die Möglichkeit der Verjährungshemmung zu eröffnen (Peters ZZP 2010, 321, 344). Auch er hat ja allen Anlass, mit seinem Regress zu warten, bis der jetzige Prozess verloren ist; sein Regress würde sich sonst erübrigen. Das Ergebnis dieser Analogie ist es dann, dass in seinem Fall der Beitritt (nach Streitverkündung) die Verjährung hemmt.

2. Allgemeines

Freilich kann nicht verkannt werden, dass die Streitverkündung im Katalog des § 204 **75b** Abs 1 BGB einen *Fremdkörper* darstellt: der mit ihr verfolgte Anspruch bleibt schemenhaft; er braucht nicht nach Grund und Höhe bezeichnet zu werden; insoweit ist er allenfalls mit dem selbstständigen Beweisverfahren vergleichbar, bleibt aber noch hinter der Aufrechnung zurück. Außerdem ist die Streitverkündung nicht wie

Küntzel, Unterbricht Streitverkündung die aufhebende Verjährung und wann beginnt die durch Streitverkündung unterbrochene Verjährung von Neuem?, Gruchot 21 (1877) 471; Kunze, Streitverkündung im selbständigen Beweisverfahren, NJW 1996, 102; Linke, Die Bedeutung ausländischer Verfahrensakte im deutschen Verjährungsrecht, in: FS Nagel (1987) 209; Martens, Grenzprobleme der Interventionswirkung, ZZP 85 (1972) 77; Milleker, Inlandswirkungen der Streitverkündung im ausländischen Verfahren, ZZP 80 (1967) 288; ders, Formen der Intervention im französischen Zivilprozess und ihre Anerkennung in Deutschland, ZZP 84 (1971) 91; Peters, Die Streitverkündung und das Gebot der Waffengleichheit der Parteien, ZZP 2010, 321; Quack, Streitverkündung im selbständigen Beweisverfahren und kein Ende?, BauR 1994, 153; Schilken, Grundlagen des Beweissicherungsverfahrens, ZZP 92 (1979) 238; Schreiber, Das selbständige Beweisverfahren, NJW 1991, 2600; Taupitz, Verjährungsunterbrechung im Inland durch unfreiwillige Beteiligung am fremden Rechtsstreit im Ausland, ZZP 102 (1989) 288; Weller, Selbständiges Beweisverfahren und Drittbeteiligung (Diss Bonn 1994).

die meisten sonstigen Fälle des § 204 Abs 1 BGB auf die unmittelbare Durchsetzung des Anspruchs gerichtet; diese strebt erst der Folgeprozess an. Gleichzeitig ist die Streitverkündung neben dem Prozesskostenhilfeantrag die billigste Art der Hemmung, jedenfalls zunächst, vgl aber § 101 ZPO.

Diese ihre geringere Dignität wird eindrucksvoll unterstrichen durch den Vergleich mit der außergerichtlichen Mahnung. Letztere hemmt nicht, obwohl der Gläubiger immerhin ernsthaft seinen Anspruch verfolgt. Bei der Streitverkündung tut er dies in geringerem Umfang, wenn sie konkludent die Erklärung enthält, dass er hoffe, den Anspruch nicht zu haben.

Das gemeine Recht hatte deshalb der Streitverkündung keine Wirkung beigemessen. Im Anschluss an die preußische Rechtsprechung (PrOTrE [Plenum] 25, 325) wurde gleichwohl aus reinen Gründen der Billigkeit und Zweckmäßigkeit eine Unterbrechungswirkung anerkannt. Vor Augen hatte man dabei ausschließlich Verkäuferketten (Käufer/Verkäufer/Lieferant), in denen die §§ 477 BGB aF und gar 482, 490 BGB aF es für den Verkäufer eng für den Regress gegen den Lieferanten werden ließen. Für ihn gab ja auch erst der verlorene Prozess gegen den Käufer Anlass zum Vorgehen gegen den Lieferanten. Man wollte den Verkäufer auch nicht in eine vielleicht überflüssige und jedenfalls wenig weiterführende Feststellungsklage treiben.

Damit lag historisch und sachlich eine *restriktive Anwendung* der Vorgängervorschrift des § 209 Abs 2 Nr 4 BGB aF nahe; sie war auch intendiert, wie der dortige Zusatz „in dem Prozess, von dessen Ausgange der Anspruch abhängt" belegt.

In Verkennung dieser Zusammenhänge hat die Leitentscheidung RGZ 58, 76 *jede prozessual zulässige* Streitverkündung zur Unterbrechung der Verjährung genügen lassen. Das machte außerdem den Zusatz im Gesetzestext des § 209 Abs 2 Nr 4 BGB aF sinnlos und verstieß damit gegen anerkannte Auslegungsgrundsätze. Schließlich überantwortete es – ebenfalls methodisch unzulässig – die dem materiellen Recht aufgegebene Festlegung der Unterbrechungsvoraussetzungen dem Prozessrecht (Der konkrete Fall hatte nicht einmal Anlass zu der Feststellung gegeben.).

Der Anwendungsbereich der Streitverkündung ist dann ständig ausgeweitet worden, materiell um die Fälle der alternativen Haftung, zB bei unklarer Vertretungsmacht oder mehreren denkbaren deliktischen Tätern, prozessual auf das selbstständige Beweisverfahren. Verfahrensmäßig mag das zu begrüßen sein, mehrere Verfahren aufeinander abzustimmen. Wenn damit automatisch nach RGZ 58, 76 auch die Möglichkeiten der Verjährungsunterbrechung erweitert wurden, war das bedenklich.

3. Anwendungsbereich der Bestimmung

76 § 204 Abs 1 Nr 6 BGB scheint seinem Wortlaut nach jeder Streitverkündung hemmende Wirkung beizumessen; die bisherige Einschränkung „in dem Prozess, von dessen Ausgange der Anspruch abhängt" des § 209 Abs 1 Nr 4 BGB aF bezeichnet die Gesetzesbegründung (BT-Drucks 14/6040, 114) ausdrücklich als „irreführend". Das kann indessen nicht richtig sein.

Die Ergebnisse wären absurd: Es könnte der Gesellschafter im Gesellschaftsprozess dem Klempner, der in seiner Wohnung – aus seiner Sicht mangelhaft – repariert hat, den Streit verkünden, um der Verjährung seiner Gewährleistungsansprüche vorzubeugen.

Es kann für die hemmende Wirkung der Streitverkündung aber nicht nur um eine Missbrauchsgrenze gehen. In den Kontext des § 204 Abs 1 BGB passt dessen Nr 6 vielmehr nur, wenn *die Streitverkündung geeignet ist, die Durchsetzung des Anspruchs zu fördern*. Das ist aber nur dann der Fall, wenn *verbindliche Feststellungen* nach den §§ 68, 74, 72 ZPO *für den Folgeprozess* zu gewärtigen sind. Mithin muss die Streitverkündung den Anforderungen des § 72 ZPO genügen (BGH NJW 2008, 519 Rn 20 ff; NJW 2009, 1488 Rn 18 ff; PALANDT/ELLENBERGER Rn 21; BeckOGK BGB/MELLER-HANNICH [1. 3. 2019] Rn 237; BeckOK/HENRICH [1. 5. 2019] Rn 33; NK-BGB/MANSEL Rn 94; **aA** ALTHAMMER/WÜRDINGER NJW 2008, 2620; PHILIPP 296 ff), zu denen namentlich der ungünstige Ausgang des Erstprozesses gehört, wie dies § 72 Abs 1 ZPO sagt. Zulässig und die Verjährung hemmend ist also die Streitverkündung an den Notar bei dem prozessualen Vorgehen gegen einen möglicherweise Haftenden. Das ist geeignet bei der späteren Inanspruchnahme des Notars § 19 Abs 1 S 2 BNotO auszuschalten. Dagegen hilft es nicht, bei der Inanspruchnahme des Notars dem Dritten den Streit zu verkünden (BGH NJW 2008, 519). Dieser muss sogleich verklagt werden.

Außerdem ist es nur dann gerechtfertigt, die Verjährung des Anspruchs gegenüber dem Schuldner aufzuhalten, wenn dieser die Möglichkeit hat, den Anspruch sachlich zu bekämpfen; in allen anderen Fällen des § 204 Abs 1 BGB ist sie gegeben. Daraus folgt, dass der Schuldner, dem der Streit verkündet worden ist, zu einer Nebenintervention nach § 66 ZPO in der Lage sein muss, wie sie übrigens als solche ohne Einfluss auf die Verjährung ist. Das ist er aber nicht, wenn die Voraussetzungen des § 66 ZPO nicht vorliegen und man ihn deshalb nach § 71 ZPO aus dem Prozess verweisen kann. Eine Verjährungshemmung ohne die Möglichkeit des rechtlichen Gehörs für den Schuldner ist § 204 Abs 1 BGB fremd.

Der Grundsatz, dass auch unzulässige Maßnahmen die Hemmungswirkung des § 204 Abs 1 BGB nicht hindern, erfährt im Falle des § 204 Abs 1 Nr 6 BGB mit der *Bindung an § 72 ZPO* eine gewichtige Einschränkung (BGHZ 175, 1 = NJW 2008, 519 Rn 24 f). Und der unmittelbare Anwendungsbereich des § 204 Abs 1 Nr 6 BGB bleibt sogar noch hinter § 72 ZPO zurück. Nach der zweiten Alternative des § 72 Abs 1 ZPO verkündet den Streit, wer sich im Zweitprozess in der Schuldnerrolle vorzufinden erwartet (dies verkennt BGH NJW 2009, 1488). Auch § 204 Abs 1 Nr 6 BGB geht aber davon aus, dass der Gläubiger des Anspruchs die verjährungshemmende Maßnahme trifft. Darin unterscheidet sich diese Bestimmung nicht von allen anderen Fällen des § 204 Abs 1 BGB (o Rn 6). Daher kann auf einer Streitverkündung nach § 72 Abs 1 2 Alt ZPO keine Hemmung beruhen. Freilich hemmt es hier dann die Verjährung des Regressanspruchs, wenn dessen Gläubiger dem Schuldner des Regressanspruchs beitritt (o Rn 75a).

4. Voraussetzungen

Voraussetzung für die Hemmungswirkung ist also eine *formal ordnungsgemäße,* den Anforderungen der §§ 72, 73 ZPO genügende *Streitverkündung* (BGHZ 175, 1 = NJW 2008, 519 Rn 11 ff; NJW 2009, 1488). **77**

a) Sie muss ausgehen von einer Partei des Rechtsstreits, Kläger oder Beklagtem, § 72 Abs 1 ZPO, oder dem Empfänger einer Streitverkündung, § 72 Abs 2 ZPO.

Dabei müssen diese wiederum materiellrechtlich in Bezug auf den Anspruch, um dessen Verjährungsunterbrechung es geht, *Berechtigter* sein; insoweit gilt bei der Streitverkündung nichts anderes als bei der Klage (BeckOGK BGB/MELLER-HANNICH [1. 3. 2019] Rn 251; PALANDT/ELLENBERGER Rn 21), sodass auf o Rn 6 ff Bezug genommen werden kann.

b) Die Streitverkündung muss vor rechtskräftiger Entscheidung des Prozesses erfolgen, § 72 Abs 2 ZPO, danach ist der konkrete Verfahrensstand bedeutungslos, namentlich kommt es nicht darauf an, in welcher Instanz sich der Prozess befindet (vgl zur Streitverkündung im Betragsverfahren BGH NJW 1979, 264; zur Streitverkündung im Verfahren der Nichtzulassungsbeschwerde BGH BauR 2010, 460 Rn 18).

c) Die Streitverkündung muss schriftsätzlich bei Gericht eingereicht und dem Schuldner zugestellt werden, §§ 204 Abs 1 Nr 6 BGB, 73 S 1, 2 ZPO; dabei gilt § 167 ZPO (BeckOGK BGB/MELLER-HANNICH [1. 3. 2019] Rn 235).

Soweit § 73 S 1 ZPO die Angabe der Lage des Prozesses fordert, sind Verstöße hiergegen – im Rahmen der Hemmung der Verjährung – unerheblich.

Notwendig ist allerdings die *Angabe des Grundes der Streitverkündung* (BGH NJW-RR 2015, 1058 Rn 29; BeckOGK BGB/MELLER-HANNICH [1. 3. 2019] Rn 253 f), wie er sich aus § 72 ZPO ergibt, dh der Annahme eines Anspruchs auf Gewährleistung oder Schadloshaltung im Falle des ungünstigen Ausgangs des Rechtsstreits. Dazu braucht der Streitverkündende, wenn er Gläubiger in dem Vorprozess ist, allerdings nur darzutun, welchen Anspruchs er sich dort berühmt, wenn er Schuldner in dem Vorprozess ist, nur, welchem Anspruch er sich dort ausgesetzt sieht. Insoweit genügt regelmäßig die Übersendung der Klageschrift, ggf ergänzt um die Klageerwiderung. Woraus der Regress im Einzelnen hergeleitet werden soll, braucht dagegen nicht näher dargetan zu werden, wie dies in der Praxis auch meist nicht geschieht. Namentlich ist es nicht erforderlich – und oft auch kaum möglich –, dass der Regressanspruch, dessen Verjährung gehemmt werden soll, in einer den Anforderungen des § 253 Abs 2 Nr 2 ZPO entsprechenden Weise näher bezeichnet wird; er muss sich nur in gegenständlich zuzuordnender Weise ergeben, wobei durchaus auch das Wissen des Streitverkündeten berücksichtigt werden kann. Etwa relevante Mängel werden im Übrigen durch rügelose Einlassung im Folgeprozess geheilt (BGHZ 96, 53).

d) Weitere formelle Anforderungen für die Hemmung der Verjährung bestehen nicht. Namentlich ist die von § 72 S 1 ZPO geforderte Mitteilung der Streitverkündung an den Prozessgegner entbehrlich. Auch kommt es nicht darauf an, dass der Streitverkündete dem Rechtsstreit beitritt. Freilich kann in einer Nebenintervention ein Anerkenntnis iSd § 212 Abs 1 Nr 1 BGB liegen; dazu kommt es auf die konkrete Einlassung des Nebenintervenienten an.

5. Präjudizialität

a) In der Sache notwendig für die Hemmung der Verjährung ist, wie aus § 72 ZPO folgt, *Präjudizialität* des Ausgangs des Vorprozesses für den Folgeprozess. Es kommt darauf an, dass der Folgeprozess nur deshalb notwendig wird, weil der Vorprozess ungünstig ausgeht. Wäre der Anspruch nämlich auch bei günstigem Ausgang des Vorprozesses gegeben, so würde er nicht von dem Ausgang des Vorprozesses abhängen (BGH NJW 2008, 519). **78**

aa) Kommt es damit auf Präjudizialität des ungünstigen Ausgangs an, so ist diese in drei Schattierungen denkbar. Möglich ist die objektive Präjudizialität des ungünstigen Ausgangs in dem Sinne, dass der Anspruch des Streitverkündeten nicht bestehen kann, wenn der Vorprozess ihm günstig ausgeht. Denkbar ist es weiter, dass bei objektiver Betrachtungsweise der ungünstige Ausgang des Vorprozesses die Entscheidung des Folgeprozesses beeinflussen kann. Und denkbar ist es schließlich – und so formuliert dies § 72 Abs 1 S 1 ZPO –, dass die Möglichkeit der Beeinflussung genügt, diese aber aus der subjektiven Sicht des Streitverkündenden zu beurteilen ist. **79**

bb) Auszugehen ist von der erstgenannten Alternative, dass *objektiv die ungünstige Entscheidung des Vorprozesses conditio sine qua non für jene Ansprüche* ist, die zu verjähren drohen und Gegenstand des Folgeprozesses sind. Nur bei ihnen ist es hinreichend gerechtfertigt, dem Gläubiger die Vergünstigung der Verjährungshemmung zu gewähren. Es kann nicht sinnvoll sein, die Hemmung auch bei solchen Ansprüchen anzunehmen, die letztlich vom Ausgang des Vorprozesses unabhängig sind. Das entspricht dem Zweck des § 72 Abs 1 S 1 ZPO. Dass dort die bloße Möglichkeit der Beeinflussung für genügend erklärt und auf die Sicht des Streitverkündenden abgestellt wird, folgt daraus, dass die Überprüfung der Regressansprüche nicht eigentlich Aufgabe des Gerichts des Vorprozesses ist, also die Möglichkeit der Präjudizialität genügen muss und dass dann für ihre Beurteilung ein anderer Maßstab als die Sicht des Gläubigers nicht ohne Weiteres zur Verfügung steht. Außerdem muss eben der Dritte die Möglichkeit des Beitritts nach § 66 ZPO haben (o Rn 76).

b) Danach tritt eine *Hemmung* durch die Streitverkündung *nicht* ein, **80**

aa) wenn der Anspruch von einem günstigen Ausgang des Vorprozesses abhängt (RG JW 1913, 32), zB Streitverkündung im Prozess gegen den Hauptschuldner hinsichtlich des Anspruchs gegen den Bürgen (vgl aber u Rn 82 zur Rechtsprechung des BGH),

bb) wenn der Anspruch vom Ausgang des Vorprozesses unabhängig ist, zB bei Streitverkündung in dem Prozess gegen einen Gesamtschuldner für den Anspruch gegen einen anderen Gesamtschuldner (BGHZ 8, 72, 80; 65, 127, 131; 70, 187, 189).

c) Sie tritt aber ein **81**

aa) im Falle der *Regressmöglichkeit,* für die § 72 Abs 1 S 1 ZPO beispielhaft den Fall der Gewährleistung (des Vorlieferanten) nennt. Regressmöglichkeiten können auf Schadensersatzansprüchen beruhen, zB vertraglichen gegen den Berater, etwa den Anwalt, deliktischen, etwa aus den §§ 823 Abs 1, 2, 826 BGB, auf einer Garantiezusage, auf Gesamtschuldnerschaft § 426 Abs 1, 2 BGB, aber auch auf sonstigen Rechtsgründen.

bb) bei *alternativer Haftung*. Klassischer Fall ist der der zweifelhaften Vertretungsmacht, sodass entweder der Vertretene oder der Vertreter haftet (vgl BGH NJW 1982, 281, 282). Oder für einen Baumangel kann ein Handwerker verantwortlich sein oder ein anderer oder gar der planende Architekt. Dass in Fällen dieser Art statt einer alternativen auch eine kumulative Haftung in Betracht kommt, schließt eine Streitverkündung und ihre hemmende Wirkung nicht aus (BGHZ 65, 127, 133). Zu den grundsätzlichen Bedenken bei dieser Fallgruppe o Rn 75.

82 d) Jedenfalls muss die *Streitverkündung von dem Gläubiger des Anspruchs* ausgehen; das Vorgehen des Schuldners reicht hier – wie auch sonst im Bereich des § 204 BGB – nicht aus. Insofern kann die Streitverkündung in dem zweiten Fall des § 72 Abs 1 S 1 ZPO, der Besorgung des Anspruchs eines Dritten, die Verjährung der Ansprüche des Dritten nicht hemmen. Hier ist vielmehr auf dessen Beitritt abzustellen.

e) Die Rechtsprechung (BGHZ 36, 212; 65, 127; 70, 187) und die ihr folgende hM (vgl etwa BeckOGK BGB/Meller-Hannich [1. 3. 2019] Rn 245; MünchKomm/Grothe Rn 40; NK-BGB/Mansel Rn 90; Soergel/Niedenführ Rn 68; Palandt/Ellenberger Rn 21; Jauernig JZ 1962, 410) zieht die Grenzen der Wirkung der Streitverkündung weiter: Sie fordert zwar die Zulässigkeit der Streitverkündung nach Maßgabe des § 72 Abs 1 S 1 ZPO, lässt diese aber auch genügen, mithin die subjektive Sorge des Streitverkündenden um Präjudizialität.

Daraus zieht BGHZ 36, 212, gebilligt in den Folgeentscheidungen (BGHZ 65, 127; 70, 187), den Schluss, dass die Verjährung auch dann unterbrochen (heute: gehemmt) sein könne, wenn der Vorprozess günstig für den Streitverkündenden ausgeht (billigend der Regierungsentwurf zu § 204 Abs 1 Nr 6 BGB [BT-Drucks 14/6040, 114]): Dort hatte ein Notar, der Beklagte des Folgeprozesses, einen Vertrag mangelhaft beurkundet, sodass die Käuferin, Beklagte des Vorprozesses, Anlass sah, dessen Erfüllung zu verweigern, was indessen im Ergebnis keinen Erfolg hatte. Der Verkäufer, Kläger beider Prozesse, nahm nunmehr den Notar auf Ersatz der Kosten des Erstprozesses in Anspruch, obwohl dieser für ihn günstig ausgegangen war. Hier mag es sein und wird wohl zutreffen, dass die prozessualen Wirkungen der Streitverkündung an den Notar im Erstprozess (im Folgeprozess) eintreten: Die Verjährung des Ersatzanspruches gegen den Notar war indessen durch die Streitverkündung nicht beeinflusst worden, weil der Ersatzanspruch wegen der offenbar nicht beitreibbaren Kosten des Vorprozesses von dessen Ausgang nicht abgehangen hatte.

f) Ist Präjudizialität zu fordern, so braucht sie doch nicht für den Anspruch in seiner ganzen Höhe gegeben zu sein. Es kommt auch nicht darauf an, dass das Zweitgericht die verbindlichen Feststellungen des Ersturteils verwertet (Staudinger/Dilcher[12] § 209 aF Rn 34).

6. Wirkung der Hemmung

Die Hemmungswirkung bezieht sich auf *alle Ansprüche, die im Falle des Unterliegens* **83** *im Erstprozess gegeben sind,* unabhängig von Gegenstand, Rechtsgrund und Höhe. Namentlich begrenzt es den Regress nicht, wenn es im Erstprozess nur um einen Teil des Schadens ging (BGH NJW 2012, 674 Rn 9; BeckOGK BGB/MELLER-HANNICH [1. 3. 2019] Rn 258). Hat zB der Streitverkündende im Falle zweifelhafter Vertretungsmacht zunächst gegen den Vertretenen geklagt und verloren, so ist die Verjährung gehemmt im Verhältnis zum streitverkündeten Vertreter für den Erfüllungsanspruch, § 179 Abs 1 BGB, den Schadensersatzanspruch, § 179 Abs 1 BGB, den Schadensersatzanspruch aus § 179 Abs 2 BGB und etwaige weitere Ansprüche, zB wegen der Kosten des Erstprozesses etwa aus culpa in contrahendo oder aus § 826 BGB. Dabei werden sie insbesondere *nicht der Höhe nach durch die Anträge des Erstprozesses beschränkt* (BGH ZIP 2019, 768 Rn 32).

Die Streitverkündung gegenüber einem Gesamtschuldner wirkt wegen § 425 Abs 2 BGB nicht gegenüber einem anderen Gesamtschuldner.

7. Andere Verfahren; selbstständiges Beweisverfahren

Die Streitverkündung ist möglich in allen Verfahren, die zu einer rechtskräftigen **84** Entscheidung führen, weil dann die Interventionswirkung der §§ 74, 68 ZPO eintreten kann. Hält man mit BGHZ 165, 358 = NJW 2006, 773, im Mahnverfahren eine Nebenintervention für möglich, dann muss auch in diesem Verfahren eine Streitverkündung mit ihrer verjährungshemmenden Wirkung möglich sein.

Wenn BGHZ 134, 190 die Streitverkündung *im selbstständigen Beweisverfahren* zulässt und ihr unterbrechende Wirkung beimisst, kann das nur eine entsprechende Anwendung sein (zustimmend RegE BT-Drucks 14/6040, 114). Angesichts der relativen Enge der Verjährungsfristen im Gewährleistungsrecht mag dies praktische Vorteile haben. Die Analogie versagt aber, weil das Beweisverfahren nichts verbindlich feststellt. Das Beweisergebnis bleibt immer noch der Würdigung offen, nur seine Einführung in den Prozess wird erleichtert.

8. Ausländisches Verfahren

Die Streitverkündung in einem *ausländischen Prozess* hemmt die Verjährung, wenn **85** dort für die Streitverkündung im Wesentlichen dieselben Voraussetzungen wie nach deutschem Recht gelten (RGZ 61, 390, 392). Freilich braucht das ausländische Prozessrecht dem Ersturteil keine dem deutschen Recht vergleichbare Bindungswirkung beizumessen (aA TAUPITZ ZZP 102, 288, 297): Grund der Wirkung ist nämlich nicht eine irgendwie geartete rudimentäre Titulierung des Regressanspruchs, sondern die Vermeidung überflüssiger und kostenträchtiger Doppelprozesse, von denen einer notwendigerweise scheitern muss (vgl o Rn 75). Freilich muss das zu gewärtigende ausländische Urteil im Erstprozess anerkennungsfähig (§ 328 ZPO) sein, denn nur wenn es im Inland Rechtskraft entfalten kann, kann ihm die noch weitergehende Interventionswirkung der §§ 74, 68 ZPO zukommen (vgl MILLEKER ZZP 80 [1967] 288 ff; TAUPITZ ZZP 102 [1989] 288 ff; aA RGZ 61, 390, 393 f; RG SeuffArch 83 Nr 104; MünchKomm/GROTHE Rn 42). Außerdem müssen in Bezug auf den Streitverkündeten die Voraussetzungen des § 328 Abs 1 ZPO Nrn 2, 3 und 4 gegeben sein (nicht auch der Nrn 1 und 5), was sich schon daraus ergibt, dass die ausländische Streitverkündung der inländischen gleichwertig sein muss.

XII. Anspruchsanmeldung zum Musterverfahren, Nr 6a

1. Allgemeines

85a Das Kapitalanleger-Musterverfahrensgesetz, KapMuG v 16. 8. 2005 (BGBl I 2437), novelliert durch G v 19. 10. 2012 (BGBl I 2182), eröffnet die Möglichkeit eines Musterverfahrens anlässlich von durch § 1 KapMuG näher beschriebenen *kapitalmarktrechtlichen Streitigkeiten.* Das Musterverfahren beruht auf Musterverfahrensanträgen, die während des ersten Rechtszuges in rechtshängigen Rechtsstreitigkeiten gestellt werden und in denen *Feststellungsziele,* nämlich die Feststellung bestimmter Tatsachen oder die Klärung von Rechtsfragen, formuliert werden, § 2 KapMuG. Das Musterverfahren wird nach § 6 KapMuG durch Vorlage an das Oberlandesgericht eröffnet, wenn mindestens zehn Musterverfahrensanträge vorliegen, deren Feststellungsziele den gleichen zugrunde liegenden Lebenssachverhalt betreffen, sog *gleichgerichtete Musterverfahrensanträge,* § 4 Abs 1 KapMuG. Während des Musterverfahrens vor dem OLG sind alle Rechtsstreitigkeiten, deren Entscheidung von den Feststellungszielen des Musterverfahrens abhängt, bis zum rechtskräftigen Abschluss des Musterverfahrens *von Amts wegen auszusetzen,* § 8 KapMuG. Während des Musterverfahrens können weitere Gläubiger durch Klage neue Verfahren einleiten. Zwar sind die Verfahren nach § 8 KapMuG auszusetzen, die Kläger werden aber am Musterverfahren beteiligt, von den Wirkungen des Musterentscheids erfasst, § 22 KapMuG, oder nach Maßgabe von § 23 KapMuG an einen Vergleich gebunden, tragen freilich auch ein Prozesskostenrisiko, § 24 KapMuG. Eine solche Klage hemmt die Verjährung nach § 204 Abs 1 Nr 1 BGB.

85b Die durch das G zur Reform des Kapitalanleger-Musterverfahrensgesetzes und zur Reform anderer Vorschriften v 19. 10. 2012 (BGBl I 2182) mit Wirkung v 1. 11. 2012 eingeführten § 10 Abs 2–4 KapMuG, § 204 Abs 1 Nr 6a BGB geben einem Gläubiger die Möglichkeit, während eines Musterverfahrens die Verjährung zu hemmen, ohne das Kostenrisiko einer Klage eingehen zu müssen (BT-Drucks 17/10160, 25). Wie in den Fällen der § 204 Abs 1 Nr 12 u Nr 13 BGB, denen § 204 Abs 1 Nr 6a BGB nachgebildet ist (BT-Drucks 17/10160, 28; u Rn 85 f) stellt die Anmeldung allein allerdings noch keinen Hemmungstatbestand dar. Es muss die *durch die Anmeldung vorbereitete Klage* hinzukommen, deren Hemmungswirkungen durch § 204 Abs 1 Nr 6a BGB vorverlegt werden.

2. Zustellung

85c Die Anmeldung des Anspruchs zu einem Musterverfahren muss dem Schuldner *zugestellt* werden, § 10 Abs 4 KapMuG, § 204 Abs 1 Nr 6 BGB; dabei gilt § 167 ZPO.

3. Voraussetzungen von § 10 KapMuG

85d Die Anmeldung muss die von § 10 KapMuG genannten Voraussetzungen wahren. Da dieses Institut der Anmeldung nur geschaffen wurde, um dem Gläubiger eine weitere Möglichkeit an die Hand zu geben, die Verjährung zu hemmen, müssen die vorgesehen Anforderungen als *Voraussetzungen dieser Wirkung* verstanden werden (aA PHILIPP 300 f). Wie bei der Streitverkündung (o Rn 76) findet hier also der Grundsatz, dass auch unzulässigen Maßnahmen verjährungshemmende Wirkung zukommt, eine Ausnahme. Im Einzelnen sind folgende Voraussetzungen zu erfüllen:

a) Die Anmeldung muss in der *Sechsmonatsfrist* des § 10 Abs 2 KapMuG erfolgen. Die Frist wird durch die Bekanntmachung des Musterverfahrens im Klageregister in Gang gesetzt. § 10 Abs 2 S 4 KapMuG verlangt, dass die Bekanntmachung im Klageregister über Form, Frist und Wirkungen des Antrags zu belehren hat. Eine Sanktion im Falle fehlerhafter Belehrung ist nicht genannt. Nur schwerwiegende Fehler können dazu führen, dass die Frist nicht in Gang gesetzt wird.

b) Die Anmeldung hat *schriftlich* nach Maßgabe von §§ 130 f ZPO bei dem OLG zu erfolgen, bei dem das Musterverfahren anhängig ist, § 10 Abs 2 S 1 KapMuG. Die Vertretung durch einen Rechtsanwalt ist erforderlich, § 10 Abs 2 S 3 KapMuG.

c) Den *Inhalt* der Anmeldung bestimmt § 10 Abs 3 KapMuG. Der anmeldende Gläubiger hat in Übereinstimmung mit § 253 Abs 2 Nr 1 ZPO sich, ggf unter Angabe des gesetzlichen Vertreters, zu bezeichnen (Nr 1), das Aktenzeichen des Musterverfahrens, in Bezug auf das er seine Anmeldung erklärt, anzugeben (Nr 2), den Schuldner des Anspruchs, der Musterbeklagter sein muss, zu bestimmen (Nr 3) und schließlich Anspruchsgrund und -höhe (Nr 4) zu nennen. Diese Bezeichnung des Anspruchs muss so präzise erfolgen, dass der Musterbeklagte sein Risiko abschätzen kann. Daher muss der Streitgegenstand des späteren Prozesses sich bereits aus dem Antrag ergeben, ohne dass es allerdings einer Substantiierung des Anspruchs bedarf. Grundsätzlich hat der Antragsteller also anzugeben, auf welche Pflichtverletzung er seinen Anspruch stützt (SÖHNER ZIP 2013, 7, 12). Dafür genügt freilich die Bezeichnung von Aktienerwerb und fehlerhaftem Prospekt (HALFMEIER DB 2012, 2145, 2149; enger SÖHNER ZIP 2013, 7, 12: Angabe des Prospektfehlers erforderlich; ebenso BeckOGK BGB/MELLER-HANNICH [1. 3. 2019] Rn 272). Indessen hat der BGH erkannt, dass ohnehin alle Pflichtverletzungen eines Prospekts oder einer einheitlichen Beratung denselben Streitgegenstand darstellen (BGHZ 203, 1 = NJW 2015, 236 Rn 145 ff; vgl auch BGHZ 206, 41 = NJW 2015, 2407 Rn 15; BGHZ 198, 294 = NJW 2014, 314 Rn 17).

d) Als negative Anmeldungsvoraussetzung darf der anzumeldende Anspruch noch *nicht Gegenstand einer Klage* gewesen sein. Ungeachtet von § 269 Abs 3 S 1 ZPO hindert auch eine zurückgenommene Klage die Anmeldung (BT-Drucks 17/10160, 26).

4. Vorgreiflichkeit des Musterverfahrens

§ 204 Abs 1 Nr 6a BGB knüpft die Hemmung schließlich an die Voraussetzung, dass dem angemeldeten Anspruch der *gleiche Lebenssachverhalt* zugrunde liegt wie den Feststellungszielen des Musterverfahrens. Der Gesetzgeber wollte damit zum Ausdruck bringen, dass ein statt der Anmeldung durch Klage eingeleiteter Rechtsstreit nach § 8 KapMuG auszusetzen (vgl o Rn 85a) gewesen wäre (BT-Drucks 17/10160, 28). Die Hemmung verlangt – ähnlich wie bei der Streitverkündung (o Rn 78 ff) – also,

85e

dass für den verfolgten Anspruch wenigstens ein Gegenstand des Musterverfahrens vorgreiflich ist.

5. Lauf der Verjährung

85f Die Hemmung ist – ähnlich wie bei § 204 Abs 1 Nr 12 u Nr 13 BGB – davon abhängig, dass zusätzlich zur Anmeldung binnen drei Monaten nach rechtskräftigem Abschluss des Musterverfahrens der *angemeldete Anspruch klageweise geltend gemacht* wird. Diese Frist ist eine *Ausschlussfrist,* auf die nach § 204 Abs 3 BGB die §§ 206, 210, 211 BGB entsprechende Anwendung finden. Wird diese Ausschlussfrist versäumt, so entfällt die zunächst eingetretene Hemmung rückwirkend (BeckOGK BGB/MELLER-HANNICH [1. 3. 2019] Rn 417). Damit kommt dem Gläubiger auch nicht die Hemmung nach § 204 Abs 2 S 1 BGB zugute.

XIII. Selbstständiges Beweisverfahren, Nr 7

86 § 204 Abs 1 Nr 7 BGB knüpft an die Bestimmungen der §§ 477 Abs 2, 639 Abs 1 BGB aF aus dem Gewährleistungsrecht von Kauf und Werkvertrag an. Die dortige Regelung wird – jetzt als eine der Hemmung – umfassend anwendbar, was namentlich für § 548 BGB von Bedeutung ist.

1. Allgemeines

Notwendig ist ein selbstständiges Beweisverfahren nach Maßgabe der §§ 485 ff ZPO, wie es 1990 an die Stelle des früheren Beweissicherungsverfahrens, geregelt in den §§ 485 ff ZPO aF, getreten ist. Ein bloßer Beweisantritt iSd §§ 282 ff ZPO im Rahmen eines anhängigen Prozesses genügt zur Hemmung der Verjährung selbst dann nicht, wenn ein entsprechender Beweis erhoben wird; es muss vielmehr bei *Anhängigkeit eines Prozesses* ein *Beweisantrag* nach § 486 Abs 2 ZPO angebracht werden. – Ausreichend ist auch ein gleichwertiges ausländisches Verfahren.

2. Antrag

87 Die Hemmung *beginnt mit der Zustellung des Antrags,* wobei § 167 ZPO anzuwenden ist. Wird der Verfahrensgegenstand erweitert – zB um weitere Mängel –, genügt insoweit die formlose Mitteilung. Verfahrenseinleitend ist nach der klaren Fassung des Gesetzes die Zustellung nötig (BGHZ 188, 128 = NJW 2011, 1965 Rn 29 f; WEYER NZBau 2008, 228; BeckOGK BGB/MELLER-HANNICH [1. 3. 2019] Rn 289; **aA** OLG Karlsruhe NJW-RR 2008, 402 f u SEIBEL ZfBR 2008, 9, 10 ff); der Antragsteller sollte darauf antragen. Die rügelose Einlassung heilt aber nach § 295 ZPO (zweifelnd BGH NJW 2011, 1965 Rn 32 ff, indessen eine Heilung nach § 189 ZPO annehmend. Indessen lässt dies das Zustellungserfordernis des § 204 Abs 1 Nr 7 praktisch leerlaufen). Wenn der Antragsteller derzeit nicht Inhaber des Anspruchs ist, beginnt sie mit seinem Rechtserwerb (BGH NJW 1993, 1916). Ein Antrag des Schuldners ist unbehelflich (BeckOGK BGB/MELLER-HANNICH [1. 3. 2019] Rn 286).

3. Anforderungen

88 Das Gesuch muss *wirksam,* aber es braucht *nicht unbedingt zulässig* zu sein. Nur eine Zurückweisung als unstatthaft darf nicht erfolgen (BGH NJW 1998, 1305). Es gelten *ähnliche Grundsätze wie für Mängel einer Klage* als Mittel der Hemmung der Verjährung (BeckOGK BGB/MELLER-HANNICH [1. 3. 2019] Rn 283).

a) Inhaltlich notwendig ist es, dass der *Gegner bezeichnet* wird (BeckOGK BGB/MELLER-HANNICH [1. 3. 2019] Rn 285); die von § 494 ZPO zugelassene Beweissicherung gegen einen unbekannten Gegner genügt schon deshalb nicht zur Verjährungshemmung, weil die Zustellung des Antrags unterbleibt. Zu bezeichnen sind auch die *Tatsachen*, über die Beweis erhoben werden soll, § 487 Nr 1, 2 ZPO, weil anders der Gegenstand der Verjährungshemmung gar nicht bestimmt werden könnte. Dagegen ist für die verjährungshemmende Wirkung der Beweissicherungsantrag *unerheblich*, wenn einstweilen entgegen § 487 Nr 3 ZPO das *Beweismittel* nicht benannt wird, erst recht, wenn entgegen § 487 Nr 4 ZPO nicht dargetan oder glaubhaft gemacht wird, dass ein Verlust oder eine Beeinträchtigung des Beweismittels droht. Freilich ist in den letztgenannten Fällen zu beachten, dass dann das Gesuch zurückgewiesen werden kann, ohne dass zugestellt wird.

b) Formal ist es *nicht erforderlich*, dass das Gesuch an ein *zuständiges Gericht* gerichtet wird (RGZ 66, 365; RG JW 1907, 739). Unschädlich ist die Nichtzahlung des Kostenvorschusses für den Sachverständigen, die aber ein Nichtbetreiben iSd § 204 Abs 2 S 3 BGB bedeuten kann.

4. Der verfolgte Anspruch

Eine nähere Bezeichnung des Anspruchs, dessen Verjährung gehemmt werden soll, ist nicht erforderlich (**aA** MünchKomm/GROTHE Rn 47); insoweit ähnelt der Hemmungstatbestand des § 204 Abs 1 Nr 7 BGB dem des § 204 Abs 1 Nr 6 BGB, der Streitverkündung. Soweit ein Rechtsstreit noch nicht anhängig ist, muss der Antragsteller freilich sein rechtliches Interesse an den begehrten Feststellungen dartun, § 485 Abs 2 ZPO. Wenn er dies nicht tut, riskiert er es, dass sein Antrag ohne die verjährungshemmende Zustellung zurückgewiesen wird. Im Übrigen wird sein Anspruch aus den Tatsachen, deren Feststellung begehrt wird, auch hinreichend deutlich, zB der Schadensersatzanspruch des Vermieters, §§ 280 Abs 1, 241 Abs 2, 823 Abs 1 BGB, der den Zustand der ihm zurückgegebenen Wohnung festgestellt wissen will, oder die Gewährleistungsrechte von Käufer oder Besteller aus den §§ 437, 634 BGB, wenn ein selbstständiges Beweisverfahren über Mängel eingeleitet wird.

Dabei müssen aber die *Tatsachen konkret bezeichnet* werden, wenn eine Hemmung der Verjährung eintreten soll (BeckOGK BGB/MELLER-HANNICH [1. 3. 2019] Rn 291). Die Hemmung bleibt aus, wenn nur festgestellt werden soll, „die Wohnung sei beschädigt", „der Gegenstand des Werkvertrages sei mangelhaft". Dabei ist es aber vor allem im Gewährleistungsrecht bedeutsam, dass nur das *äußere Erscheinungsbild* des störenden Zustands zu benennen ist; seine Ursachen brauchen nicht angegeben zu werden. So kann etwa der Bauherr ein selbstständiges Beweisverfahren gegen Architekt und Bauunternehmer wegen eines feuchten Flecks an der Kellerwand anstrengen: Dies hemmt die Verjährung bei allen sich ergebenden Ansprüchen, mag sich nun ein Planungsfehler des Architekten herausstellen oder ein Ausführungsfehler des Bauunternehmers. Die Hemmung der Verjährung tritt im Übrigen auch dann ein, wenn die behaupteten Tatsachen im selbstständigen Beweisverfahren nicht festgestellt werden (BGH NJW-RR 1998, 1475; BeckOGK BGB/MELLER-HANNICH [1. 3. 2019]

Rn 288). In dem gewählten Beispiel mag zB der Gutachter des selbstständigen Beweisverfahrens den feuchten Fleck als harmlos abgetan haben.

Ein Antrag des Werkunternehmers auf Durchführung des selbstständigen Beweisverfahrens mit dem Ziel der Feststellung der *Abwesenheit von Mängeln* bewirkt nach Abnahme indessen keine Hemmung der Verjährung des Werklohnanspruchs nach § 204 Abs 1 Nr 7 BGB (BGH NJW 2012, 1140 Rn 6; OLG Saarbrücken NJW-RR 2006, 163; **aA** KLAFT/NOSSEK BauR 2008, 1980), weil die Mangelfreiheit des Werkes nach Abnahme keine Anspruchsvoraussetzung mehr ist. Dass dem Besteller bei Mangelhaftigkeit eine Einrede, § 641 Abs 3 BGB, erwachsen würde, ist indessen unbeachtlich. Anders liegt es bei bei einem vor der Abnahme gestellten Beweissicherungsantrag des Werkunternehmers, mit dem dieser die Fälligkeit seines Werklohnanspruchs nach § 641 BGB belegen will (BGH NJW 2012, 1140 Rn 7).

5. Beweissicherung durch den Schuldner

Hemmung tritt nur ein, wenn der Gläubiger den Beweis gesichert wissen will.

6. Umfang der Hemmung

90 Die Hemmungswirkung tritt nur für jene Tatsache ein, für die der Beweis gesichert werden soll. Bei Mängeln tritt die Hemmung aber *für den einzelnen* – konstruktiven oder planerischen – *Mangel insgesamt* ein, mag der Besteller auch nur einzelne isolierte Auswirkungen in seinem Antrag als Mangel bezeichnet und für diese Auswirkungen gar noch eine unzutreffende Ursache benannt haben (BGH NJW 1987, 381; NJW-RR 1987, 336; 798; 1989, 149, vgl auch WEISE BauR 1991, 19). Es gelten für den Gegenstand der Hemmung die gleichen Grundsätze wie für das Beseitigungsverlangen nach § 13 Abs 5 Nr 1 VOB/B (dazu STAUDINGER/PETERS/JACOBY [2014] Anh I zu § 638 Rn 27 f).

7. Ende der Hemmung

Die Hemmung endet an sich mit der Erhebung des Beweises, der Vernehmung des Zeugen, der Zuleitung des erstatteten Gutachtens an die Parteien (BGH BauR 2009, 979 Rn 4), sofern weder das Gericht noch die Parteien – innerhalb einer angemessenen Frist – weitere Fragen stellen. Dann kommt es auf das fruchtlose Ende dieser Frist an. Soll es – auch auf Antrag des Schuldners – noch erläutert werden, dauert die Hemmung an, bis auch dies erledigt ist. Es entscheidet das Ende der sachlichen Erörterung der Beweissicherungsthemen (BGH NJW 2011, 594 Rn 11). Zieht sich das Beweissicherungsverfahren selbst noch aus formalen Gründen hin, verlängert das den Zeitraum der Hemmung nicht (BGH NJW 2011, 594 Rn 12 ff: Rüge einer Partei, dass der gerichtlich bestellte Sachverständige seinen Auftrag nicht habe delegieren dürfen). Es versteht sich, dass die Hemmung auch enden kann, ohne dass alle Fragen tatsächlich beantwortet sind (OLG Düsseldorf BauR 2009, 1776). Jedenfalls kann der Zeitpunkt des Endes der Hemmung nur aus einer Sicht ex post beurteilt werden. Geht es um mehrere Punkte (zB Mängel) können sich unterschiedliche Zeiträume der Hemmung ergeben, weil sich die Hemmungswirkung darauf bezieht, inwieweit der einzelne Mangel noch im Beweisverfahren behandlungsbedürftig ist, etwa weil zu einem Mangel bereits ein Gutachten erstellt ist und das Verfahren nur noch wegen anderer Mängel fortgesetzt wird (BGH NJW 1976, 956; OLG München NJW-RR 2007, 675).

8. Streitverkündung

Hinzuweisen ist auf die von der Rechtsprechung angenommene Möglichkeit der verjährungshemmenden Streitverkündung im selbstständigen Beweisverfahren (BGHZ 134, 190).

XIV. Begutachtungsverfahren, Nr 8

§ 204 Abs 1 Nr 8 BGB sieht eine Hemmung der Verjährung durch Begutachtung vor:

1. Vereinbarte Begutachtung

a) Die Parteien können eine Begutachtung streitiger Fragen vereinbaren. Das wird sich vorzugsweise auf tatsächliche Fragen beziehen, zB Sachmängel im Gewährleistungsrecht, Zustand der zurückgegebenen Mietsache im Bereich des § 548 BGB. Aber es ist doch auch die Begutachtung rechtlicher Fragen denkbar, zB der Reichweite übernommener Verpflichtungen. Insoweit geht die Möglichkeit nach § 204 Abs 1 Nr 8 BGB über die einer Hemmung der Verjährung nach § 204 Abs 1 Nr 7 BGB (Beweissicherungsverfahren) hinaus. Es ist unerheblich, ob das Ergebnis des Gutachtens verbindlich sein soll oder nicht. Es tritt allerdings zugleich auch eine Hemmung nach § 203 BGB ein, wenn denn die vereinbarte Begutachtung nur eine Sonderform der Verhandlungen ist, sofern die Begutachtung nachträglich, ad hoc, vereinbart wird. Gegenüber § 203 BGB hat § 204 Abs 1 Nr 8 BGB eigenständige Bedeutung, weil die Nachfrist nach § 204 Abs 2 S 1 BGB länger ist als jene nach § 203 S 2 BGB und stets gewährt wird. **91**

Die Hemmung setzt mit dem Beginn des Verfahrens ein, sofern die Begutachtung im Voraus vereinbart ist. Das ist nicht etwa erst jener Zeitpunkt, in dem der Gutachter tätig wird, sondern jener der Einigung auf einen Gutachter, falls er noch nicht feststeht. Es darf nicht zu Lasten des Gläubigers gehen, dass die Auswahl Zeit in Anspruch nehmen kann oder der Gutachter überlastet ist. Allerdings kann auch dieses Verfahren in Stillstand geraten, § 204 Abs 2 S 3 BGB, wenn zB nach der Absage des zunächst Vorgesehenen nichts passiert oder der Vorschussanspruch des Bestellten nicht bedient wird.

b) § 204 BGB betrifft ausweislich der Überschrift der Bestimmung eine Hemmung der Verjährung durch Rechtsverfolgung, dh durch den Gläubiger, nicht die Rechtsverteidigung des Schuldners. An einer Rechtsverfolgung des Gläubigers fehlt es nicht, wenn er sich beim Auftauchen von Streitpunkten ad hoc mit dem Schuldner auf eine Begutachtung einigt. An ihr kann es aber fehlen, wenn eine Begutachtung vorab vereinbart ist. Dann kommt es zu einer Hemmung der Verjährung nur und erst dann, wenn sich der Gläubiger aktiv auf das Begutachtungsverfahren einlässt (**aA** MünchKomm/GROTHE Rn 49).

2. Verfahren nach § 641a

§ 204 Abs 1 Nr 8 BGB aF nahm noch auf das Verfahren nach § 641a BGB Bezug. Dieser Hemmungstatbestand ist durch das ForderungssicherungsG vom 23. 10. 2008 **92**

(BGBl I 2022) aufgehoben worden. Nach der Überleitungsvorschrift des Art 229 § 19 Abs 2 EGBGB sind §§ 204 Abs 1 Nr 8, 641a BGB aF aber noch anzuwenden im Rahmen von Verträgen, die vor dem 1. 1. 2009 abgeschlossen worden sind. Zu dieser aufgehobenen Alternative von § 204 Abs 1 Nr 8 BGB s STAUDINGER/JACOBY/PETERS (2009) Rn 92.

XV. Einstweiliger Rechtsschutz, Nr 9

1. Allgemeines

93 § 204 Abs 1 Nr 9 BGB sieht eine Hemmung der Verjährung durch die Verfahren des einstweiligen Rechtsschutzes vor: des Arrests, §§ 916 ff ZPO, der einstweiligen Verfügung, §§ 935 ff ZPO, der einstweiligen Anordnung, §§ 49 ff, 246 ff FamFG bzw – in Altfällen – der §§ 621 f, 621g, 641d, 644, 661 Abs 2 ZPO aF (§ 11 UWG nF). Das weicht vom bisherigen Recht ab, in dem die Verjährung ungehemmt weiterlief. Namentlich im Wettbewerbsrecht führte die kurze Frist des § 21 UWG aF oft dazu, dass sich ein Verfahren der einstweiligen Verfügung durch Eintritt der Verjährung erledigte. Außerdem wurde dort ein Hauptsacheverfahren oft nur deshalb notwendig, um die Verjährungsfrist zu wahren.

Im bisherigen Recht konnte allerdings die Verjährung durch *Vollstreckung* aus dem vorläufig erwirkten Titel vermieden werden, § 209 Abs 2 Nr 5 BGB aF. Diese Möglichkeit besteht auch weiterhin nach § 212 Abs 1 Nr 2 BGB.

2. Einstweiliger Rechtsschutz

94 Für § 204 Abs 1 Nr 9 BGB ist es unerheblich, ob der begehrte Rechtsschutz auf die Befriedigung des Anspruchs des Gläubigers gerichtet ist, wie zB die Unterlassungsverfügung des Wettbewerbsrechts, die einstweilige Anordnung von Unterhalt, oder nur auf die Absicherung des Anspruchs, wie ihr der Arrest dient oder die Sicherungsverfügung nach § 940 ZPO. Für die Zulässigkeit und die Begründetheit des Antrags auf Erlass gelten dieselben Grundsätze wie bei der Klage (o Rn 23 ff).

3. Zustellung

Notwendig ist eine Zustellung an den Schuldner.

95 a)   Verjährungshemmend ist die Zustellung des Antrags des Gläubigers, § 204 Abs 1 Nr 9 1. Alt BGB. Es schadet nicht, wenn er nur zu dem Zweck gestellt ist, die Verjährung zu hemmen (BeckOGK BGB/MELLER-HANNICH [1. 3. 2019] Rn 310; **aA** PALANDT/ELLENBERGER Rn 24). Für seine Rechtzeitigkeit gilt § 167 ZPO. Das folgt schon aus der 2. Alternative der Bestimmung, ihre erste kann nicht anders behandelt werden.

b)   Oft entscheidet das Gericht *ohne vorherige Anhörung des Schuldners* im Beschlusswege. Dann gilt für die Hemmung der Verjährung § 204 Abs 1 Nr 9, 2. Alt BGB: Es kommt auf die Zustellung der stattgebenden Entscheidung an, wie sie *binnen Monatsfrist* erfolgen muss. Diese rechnet ab Verkündung einer Entscheidung (durch Urteil) bzw Zustellung einer Entscheidung (durch Beschluss) an den Gläubiger. Wird diese Frist durch die Zustellung der gerichtlichen Entscheidung gewahrt, dann wird der Eintritt der Hemmung zurückdatiert auf die Einreichung des Antrags auf einstweiligen Rechtsschutz.

c) Oft bleibt eine dieser beiden Zustellungen aus. Namentlich veranlasst das Gericht eine Zustellung des Antrags nicht, wenn es ihn abschlägig bescheiden will; das ist in § 922 Abs 2 ZPO vorgezeichnet.

aa) In dieser Situation führt es nicht zu einer Hemmung der Verjährung, wenn der Schuldner von dem Antrag erfahren hat und um seine Mitteilung bittet.

bb) Es hat aber jeder Antragsteller bei Gericht einen Anspruch darauf, dass sein Antrag auch der Gegenseite zugestellt wird (BeckOGK BGB/MELLER-HANNICH [1. 3. 2019] Rn 311); er wird nur sonst meistens selbstverständlich erfüllt und rückt deshalb nicht in das Bewusstsein. Wenn auf die sofortige Beteiligung des Gegners und überhaupt auf seine Benachrichtigung verzichtet wird, § 922 Abs 3 ZPO, geschieht dies mit Rücksicht auf die Interessen des Gläubigers. An der Warnung des Gegners kann ihm beim Arrest in der Tat nicht gelegen sein. Speziell bei der Unterlassungsverfügung des Wettbewerbsrechts, der regelmäßig eine Abmahnung vorausgegangen sein wird, ist § 922 Abs 3 ZPO funktionslos. Also kann der Gläubiger nicht gehindert sein, *auf die umgehende Zustellung seines Antrags* – auch im Falle seiner Erfolglosigkeit bzw für den Fall der drohenden Erfolglosigkeit – *anzutragen*. Die Meidung der Verjährung gibt ihm – ebenso wie einer Feststellungsklage – das Rechtsschutzbedürfnis. Die Nichtberücksichtigung dieser Bitte ist nach § 839 BGB iVm Art 34 GG relevant, vgl dabei auch § 839 Abs 2 S 2 BGB. **96**

Der Antrag auf Zustellung kann auch noch im Rechtsmittelverfahren nach Verweigerung der einstweiligen Verfügung gestellt werden.

d) Die Zustellungsfrist des § 204 Abs 1 Nr 9, 2. Alt ist eine Ausschlussfrist, auf die § 204 Abs 3 BGB die §§ 206, 210, 211 BGB entsprechend anwendbar sein lässt. Wird sie nicht gewahrt, entfällt die Hemmung rückwirkend (BeckOGK BGB/MELLER-HANNICH [1. 3. 2019] Rn 316).

XVI. Insolvenzverfahren, Schifffahrtsrechtliches Verteilungsverfahren, Nr 10

1. Allgemeines

Die Anmeldung der Forderung in der Insolvenz, die nach § 204 Abs 1 Nr 10 BGB verjährungshemmend wirkt, richtet sich nach den §§ 28, 174 InsO. Sie setzt eine wirksame Insolvenzeröffnung voraus; unschädlich ist es aber, wenn der Eröffnungsbeschluss späterhin auf sofortige Beschwerde des Gemeinschuldners, § 34 Abs 2 InsO, wieder aufgehoben wird (OLG Celle NJW 1959, 941; BeckOGK BGB/MELLER-HANNICH [1. 3. 2019] Rn 328). **97**

2. Anmeldung als Insolvenzforderung

Die *Anmeldung muss als Insolvenzforderung* erfolgen. Für Masseforderungen, § 55 InsO, gilt die Bestimmung, auch nach Anzeige der Masseunzulänglichkeit, nicht (BGH ZIP 2018, 233 Rn 21; BeckOGK BGB/MELLER-HANNICH [1. 3. 2019] Rn 332); ihretwegen ist die Hemmung vielmehr in der sonst üblichen Weise möglich und hat sie deshalb auch zu erfolgen (vgl LAG Hamburg ZIP 1988, 1271; PALANDT/ELLENBERGER Rn 25). Dabei kommt es auf die wahre Natur der Forderung an; ihre (irrtümliche) Qualifizierung durch die Parteien kann nicht den Ausschlag geben.

Die Anmeldung muss grundsätzlich den Anforderungen des § 174 Abs 2 InsO entsprechen (vgl MünchKomm/GROTHE Rn 52). Das gilt jedenfalls für die Angabe von Grund und Betrag (vgl RGZ 39, 37, 45 ff: Anmeldung eines unbestimmten Betrages), weil sonst auch die notwendige Individualisierung der Forderung gar nicht möglich ist (vgl dazu BGH NJW-RR 2013, 992). Entbehrlich ist dagegen die Angabe des beanspruchten Vorrechts.

Formal muss die Anmeldung schriftlich erfolgen, § 174 Abs 1 S 1 InsO, weil sie sonst gar nicht vorliegt. Nicht notwendig ist aber die Vorlage von urkundlichen Beweisstücken, § 174 Abs 1 S 2 InsO (aA offenbar MünchKomm/vFELDMANN³ § 209 aF Rn 18). Im Übrigen gilt auch hier, dass Mängel der Zulässigkeit der Anmeldung hinsichtlich der Hemmung der Verjährung nicht schaden, solange sie die Wirksamkeit nicht ausschließen (BeckOGK BGB/MELLER-HANNICH [1. 3. 2019] Rn 338). Unschädlich ist zB die Versäumung der Anmeldungsfrist (OLG Frankfurt KTS 1982, 483) und abzulehnen OLG Köln BB 1973, 19 (keine Unterbrechung bei Anrufung einer „schlechthin unzuständigen Abteilung").

3. Reichweite der Hemmung

98 Die Anmeldung hemmt in der *Höhe der Anmeldung* (BeckOGK BGB/MELLER-HANNICH [1. 3. 2019] Rn 345; MünchKomm/GROTHE Rn 52), wobei nachträgliche Änderungen der Berechnung der Forderung im Rahmen des angemeldeten Betrages nicht schaden (RGZ 170, 276, 278).

4. Hemmung einer Insolvenzforderung

Ist die *Forderung Insolvenzforderung,* dann kann nach Eröffnung der Insolvenz die Hemmung der Verjährung nur noch nach § 204 Abs 1 Nr 10 BGB erfolgen; namentlich ist jetzt das Erwirken eines Mahnbescheids unerheblich (RGZ 129, 344; aA BeckOGK BGB/MELLER-HANNICH [1. 3. 2019] Rn 353).

5. Ende der Hemmung

Um den Lauf der Hemmung nach § 204 Abs 2 S 1 BGB zu berechnen, kommt es auf den rechtskräftigen Abschluss des Insolvenzverfahrens an. Es endet nach Aufhebung gem § 200 InsO bzw der Einstellung des Verfahrens nach den §§ 207 ff InsO. Werden Rechtsmittel nach § 216 InsO eingelegt, ist auf die Rechtskraft der Beschwerdeentscheidung abzustellen.

6. Schiffahrtsrechtliches Verteilungsverfahren

99 Die gleiche hemmende Wirkung hat die Anmeldung im *Schifffahrtsrechtlichen Verteilungsverfahren.* Diese Regelung ist 1986 zunächst für den Bereich des Seerechts geschaffen worden (G vom 25. 7. 1986, BGBl I 1120). Das G zur Änderung der

Haftung in der Binnenschifffahrt vom 25. 8. 1998 (BGBl I 2489) hat sie auf den Bereich der Binnenschifffahrt erstreckt, sodass jetzt umfassend vom Schifffahrtsrechtlichen Verteilungsverfahren die Rede ist; die jetzige Schifffahrtsrechtliche Verteilungsordnung ist am 7. 4. 1999 neu bekannt gemacht worden (BGBl I 531). Die Anmeldung der Forderung ist in den §§ 13 ff SVertO geregelt; für die Anforderungen an die Anmeldung kann auf die Anmeldung zur Insolvenztabelle Bezug genommen werden. Die nach § 15 SVertO mögliche Anmeldung der Forderung durch den Schuldner dürfte zur Hemmung der Verjährung nicht ausreichen; das widerspräche jedenfalls allgemeinen Grundsätzen des Verjährungsrechts (vgl auch o Rn 39); freilich kann hierin ein Anerkenntnis der eigenen Verpflichtung liegen, § 212 Abs 1 Nr 1 BGB.

Die Hemmungswirkung tritt jedenfalls für die Ansprüche gegen den Fonds ein. Für die davon zu sondernde persönliche Verpflichtung des Schuldners dürfte sie dagegen nicht gelten, wenn diese nach § 24 SVertO durch die Entgegennahme von Leistungen durch den Fonds erlöschen soll. Insoweit besteht ein gewichtiger Unterschied zur Insolvenz, bei der die Feststellung der Forderung zur Insolvenztabelle späterhin einen Titel gerade gegen den Schuldner selbst liefert.

XVII. Schiedsrichterliches Verfahren, Nr 11*

1. Allgemeines

§ 204 Abs 1 Nr 11 BGB bezieht das schiedsrichterliche Verfahren der §§ 1025 ff ZPO in den Kreis der Hemmungstatbestände ein und entspricht insoweit § 220 BGB aF. Ein *Schiedsgutachterverfahren* nach den §§ 317 ff BGB gehört nicht hierher, ist aber nach § 204 Abs 1 Nr 8 BGB relevant; während seiner Dauer tritt auch Hemmung nach § 205 BGB ein, die Hinnahme seines Ergebnisses kann ein Anerkenntnis iSd § 212 Abs 1 Nr 1 BGB sein. Die vereinbarte Anrufung einer Güte- oder Schlichtungsstelle ist mit § 204 Abs 1 Nr 4 BGB zu erfassen. **100**

2. Beginn des Verfahrens

Den Eintritt der Hemmung bestimmt § 204 Abs 1 Nr 11 BGB durch die sachliche *Bezugnahme auf § 1044 ZPO* (BGH NJW 2014, 2574 Rn 20; BeckOGK BGB/MELLER-HANNICH [1. 3. 2019] Rn 362): Der Tag, an dem der Beklagte den Antrag empfangen hat, die Streitigkeit einem Schiedsgericht vorzulegen. Unverzichtbar sind dabei von den Angaben nach § 1044 S 2 ZPO die Bezeichnung der Parteien, die Angabe des Streitgegenstands; was den Hinweis auf die Schiedsvereinbarung betrifft, muss nur deutlich werden, dass eben ein Schiedsgericht entscheiden soll. **101**

Dabei lässt § 1044 S 1 ZPO, insoweit im Einklang mit § 202 BGB, *abweichende Vereinbarungen* der Parteien zu, zB die Festlegung des Beginns auf den Eingang bei der Geschäftsstelle des Schiedsgerichts. Vor dem Hintergrund des § 167 ZPO ist

---

* **Schrifttum**: HAUCK, Schiedshängigkeit und Verjährungsunterbrechung nach § 220 BGB unter besonderer Berücksichtigung der Verfahren nach ZPO, ICC-SchO, Uncitral-SchO und ZPO-E/Uncitral-MG (Diss Tübingen 1995); JUNKER, Verjährungsunterbrechung beim Übergang vom Zivilprozess zum Schiedsverfahren, KTS 1987, 37; SCHREIBER, Schiedsgericht und Verjährung, in: FS Schütze (1999) 807.

das im Grundsatz unbedenklich. Freilich kann damit allein – in der Verjährungsfrage – noch nicht die Notwendigkeit der Benachrichtigung des Schuldners als abbedungen gelten und auch nicht der zu § 270 Abs 3 aF/167 ZPO nF entwickelte Satz, dass vom Gläubiger verschuldete Verzögerungen dieser Benachrichtigung zu seinen Lasten gehen müssen (aA MünchKomm/GROTHE Rn 55 unter Berufung auf die Materialien). Schiedsvereinbarungen wollen im Zweifel nicht die materiellrechtliche Frage der Verjährung regeln. In Bezug auf die Verjährung enthält § 167 ZPO aber materielles Recht.

3. Schiedsverfahren

102 Mängel des Verfahrens sind für seine die Verjährung hemmende Wirkung – wie auch sonst im Bereich des § 204 Abs 1 BGB – grundsätzlich unbeachtlich. Anderes muss aber gelten, *wenn sich der Schuldner auf das Schiedsverfahren nicht einzulassen brauchte* und auch nicht durch rügelose Einlassung zur Hauptsache den Verfahrensmangel geheilt hat, vgl § 1031 Abs 6 ZPO. Ein überhaupt unzulässiges Schiedsverfahren kann dem Schuldner die Rechtswohltat der Verjährung nicht nehmen. Voraussetzung für das Ausbleiben der Hemmungswirkung ist freilich, dass einer der Tatbestände des § 1059 Abs 2 Nr 1, Nr 2 lit a ZPO vorliegt und der Schuldner die Dreimonatsfrist gewahrt hat, die § 1059 Abs 3 ZPO für einen Antrag auf Aufhebung des Schiedsspruchs vorsieht.

4. Ausländisches Verfahren

103 Auch im Ausland betriebene Schiedsverfahren sind geeignet, die Verjährung zu hemmen (RG SeuffA 67, Nr 240; MünchKomm/GROTHE Rn 57; JUNKER KTS 1987, 45; RegE BT-Drucks 14/6040, 116). Voraussetzung ist freilich, dass der Schiedsspruch im Inland nach § 1061 ZPO anerkennungsfähig ist (aA BeckOGK BGB/MELLER-HANNICH [1. 3. 2019] Rn 371). Im Übrigen ist nach dem anzuwendenden Recht zu unterscheiden: Ist der Anspruch, um dessen Verjährung es geht, nach deutschem Recht zu beurteilen, und damit auch seine Verjährung, so tritt die Hemmung nur unter den eben Rn 102 genannten Voraussetzungen ein, ohne dass der Schuldner freilich einen – hier nicht vorgesehenen – Aufhebungsantrag stellen müsste. Richtet sich die Verjährung nach einer ausländischen Rechtsordnung, so ist auch die Frage ihrer Hemmung nach dieser zu beurteilen.

XVIII. Behördliches Vorverfahren, Nr 12

1. Allgemeines

104 Die Hemmung der Verjährung kann zwar auch durch eine unzulässige Klage bewirkt werden (vgl o Rn 24), ihre Erhebung mutet das Gesetz aber – aus naheliegenden Kostengründen – dem Gläubiger in dem Fall nicht zu, dass die Zulässigkeit der Klage von der *Durchführung eines behördlichen Vorverfahrens* abhängt. Hier wird die Hemmung der Verjährung vielmehr vorverlegt auf den Zeitpunkt der Einreichung des entsprechenden Gesuchs bei der Behörde, § 204 Abs 1 Nr 12 BGB. Voraussetzung ist dafür freilich, dass die Klage selbst fristgemäß nachfolgt. Dem Gläubiger wird also insbesondere auch die Last genommen, in seine zeitlichen Dispositionen die Dauer des Vorverfahrens einzukalkulieren, was er ohnehin nicht zuverlässig könnte. Gleiches gilt dort, wo ein solches Vorverfahren einem sonstigen

Antrag bei Gericht oder einem Antrag bei einer Streitbeilegungsstelle nach § 204 Abs 1 Nr 4 BGB vorausgehen muss.

2. Vorentscheidung einer Behörde

a) Entsprechend der Zielsetzung der Bestimmung reicht es nicht aus, dass die **105** Vorentscheidung der Behörde Voraussetzung für die Begründetheit der Klage ist wie etwa die behördliche Genehmigung einer Mieterhöhung (vgl BGH WM 1980, 1173, 1174 f) oder wenn sie sonst keine Klagevoraussetzung ist (vgl BAG BB 1972, 222: Gehaltsansprüche von Arbeitnehmern des öffentlichen Dienstes).

b) Die Vorentscheidung der Behörde muss vielmehr für die spätere Klage *Sachurteilsvoraussetzung* sein (BGH LM Nr 5 Bl 3; MünchKomm/Grothe Rn 59; BeckOGK BGB/ Meller-Hannich [1. 3. 2019] Rn 373). Es kann um die Zulässigkeit der Klage gehen, aber doch auch um anderes. Beispiele dafür sind etwa die §§ 10 ff des Gesetzes über die Entschädigung für Strafverfolgungsmaßnahmen, § 24 SchutzbereichsG, §§ 49 ff BundesleistungsG; Art VII Nato-Truppenstatut. Doch reichen außer derartigen bundesrechtlichen Bestimmungen auch *landesrechtliche* aus, vgl zu §§ 8–12 VO über die Vertretung des Bayrischen Staates in bürgerl Rechtsstreitigkeiten v 8. 8. 1950 (BayBS III 594), dazu BayObLGZ 56, 65.

Die Bestimmung gilt auch im *öffentlichen Recht*. Insoweit ist Vorverfahren namentlich das Verfahren der §§ 68 ff VwGO (BVerwGE 57, 306, 308 f), Hemmungswirkung kommt dagegen nicht schon dem diesem vorausgehenden (erstmaligen) Antrag auf Erlass eines Verwaltungsakts zu (BVerwGE 57, 306, 308 f); der Bürger ist in diesem ersten Verfahrensabschnitt hinreichend durch die Möglichkeit der Untätigkeitsklage nach § 75 VwGO geschützt.

Die Bestimmung galt nicht für das Vertragshilfeverfahren nach dem VertragshilfeG v 26. 3. 1952 (BGBl I 198), das ein Gerichtsverfahren gerade ausschließen sollte (vgl BGH DB 1959, 659).

Das Gesuch muss – mutatis mutandis – den an eine Klage als Maßnahme der **106** Verjährungshemmung zu stellenden Anforderungen genügen (vgl dazu o Rn 23 ff).

Die ergehende Entscheidung der Behörde braucht *keine Sachentscheidung* zu sein (MünchKomm/Grothe Rn 60; NK-BGB/Mansel Rn 125 f). Es reicht also auch aus, wenn der Antrag als unzulässig zurückgewiesen wird oder die Behörde die Klage aus anderen Gründen nicht für zulässig erklärt.

3. Rechtswahrung durch Klage oder Antrag bei Streitbeilegungsstelle

a) Der Antrag auf behördliche oder gerichtliche Vorentscheidung reicht für sich **107** allein zur Hemmung der Verjährung nicht aus. Vielmehr muss binnen 3 Monaten eine den Anforderungen des § 204 Abs 1 Nr 1 BGB genügende *Klage* erhoben bzw ein *Antrag bei einer Streitbeilegungsstelle* gemäß § 204 Abs 1 Nr 4 BGB gestellt werden. Zur Rechtzeitigkeit dieser Maßnahmen vgl o Rn 34 ff; insbesondere genügt bei der Klage die fristgemäße Einreichung mit alsbaldiger Zustellung. Andere als diese beiden Maßnahmen zur Verjährungshemmung reichen nicht aus.

Die dreimonatige Frist ist eine Ausschlussfrist, auf die nach § 204 Abs 3 BGB die §§ 206, 210, 211 BGB entsprechende Anwendung finden. Die Frist des § 204 Abs 2 S 1 BGB kommt daneben nicht zur Anwendung (MünchKomm/Grothe Rn 107). Die Versäumung dieser Ausschlussfrist hat außerdem zur Folge, dass die *Hemmung rückwirkend entfällt,* denn die Hemmung ist davon abhängig, dass der Antrag eingereicht wird „und innerhalb von drei Monaten ... die Klage erhoben wird".

b) Die im Rahmen behördlicher Vorverfahren aufgestellten Klagefristen brauchen der Dreimonatsfrist des § 204 Abs 1 Nr 12 BGB nicht zu entsprechen. Sind sie länger, so darf der Gläubiger sie nicht ausschöpfen, um sich die verjährungshemmende Wirkung der Bestimmung zu erhalten (RG SeuffA 85 Nr 2). Sind sie kürzer, zB die Frist des § 74 VwGO, so tritt nicht etwa jene kürzere Frist an die Stelle der Frist des § 210 BGB (BeckOGK BGB/Meller-Hannich [1. 3. 2019] Rn 385; **aA** MünchKomm/Grothe Rn 59). Vielmehr bleibt es für die Verjährungshemmung bei der Frist des § 204 Abs 1 Nr 12 BGB; die Wahrung der anderweitigen kürzeren Klagefrist ist nur für das Schicksal jener Klage maßgeblich, was bei erneuter Klageerhebung von Bedeutung werden kann.

4. Reichweite der Hemmung

108 Die Reichweite der Hemmungswirkung wird durch die späterhin zulässigerweise erhobene Klage bestimmt, deren Wirkungen durch die Bestimmung eben nur vorverlegt werden sollen.

XIX. Gerichtliche Bestimmung der Zuständigkeit, Nr 13

109 1. § 204 Abs 1 Nr 13 BGB war im bisherigen Recht zusammengefasst mit § 204 Abs 1 Nr 12 BGB in der Bestimmung des § 210 BGB aF; der Grundgedanke ist in beiden Fällen derselbe. Nach § 204 Abs 1 Nr 13 BGB kann das verjährungshemmende gerichtliche Vorgehen dem Gläubiger nicht angesonnen werden, wenn und solange das zuständige Gericht nicht hinreichend deutlich feststeht und deshalb erst bestimmt werden muss. Diese Regelung nimmt Bezug auf § 36 ZPO, wie er entsprechend in anderen Gerichtsbarkeiten gilt und nicht nur bei der Klage bedeutsam werden kann, sondern auch andernorts, vgl die Nrn 2, 4, 7, 9, 14 des § 204 Abs 1 BGB, nicht nur bei der in § 36 ZPO unmittelbar angesprochenen örtlichen Zuständigkeit, sondern auch bei der sachlichen und funktionellen Zuständigkeit, der internationalen Notzuständigkeit, schließlich auch – und damit für § 212 Abs 1 Nr 2 BGB bedeutsam – in der Zwangsvollstreckung (vgl zum Anwendungsbereich der Bestimmung Zöller/Schultzky § 36 ZPO Rn 3 ff).

Die Bestimmung des § 204 Abs 1 Nr 13 BGB ist namentlich auch anwendbar im Falle des § 36 Abs 1 Nr 3 ZPO, in dem der Gläubiger an sich schon jetzt gerichtlich vorgehen könnte (BGHZ 160, 259, 262 = NJW 2004, 3772; BeckOGK BGB/Meller-Hannich [1. 3. 2019] Rn 391; MünchKomm/Grothe Rn 63).

110 2. Die Hemmungswirkung ist nicht davon abhängig, dass im Ergebnis eine zuständigkeitsbestimmende Sachentscheidung ergeht (BGHZ 160, 259, 261 ff = NJW 2004, 3772; BeckOGK BGB/Meller-Hannich [1. 3. 2019] Rn 390; MünchKomm/Grothe Rn 63); vielmehr wird die Verjährung auch dann gehemmt, wenn eine solche Bestimmung verweigert wird.

3. Die Hemmung ist aber – wie im Falle des § 204 Abs 1 Nr 12 BGB – davon abhängig, dass *kumulativ* binnen drei Monaten das intendierte Verfahren eingeleitet wird. Diese Frist ist eine Ausschlussfrist, auf die nach § 204 Abs 3 BGB die §§ 206, 210, 211 BGB entsprechende Anwendung finden. Wird diese Ausschlussfrist versäumt, so entfällt die zunächst eingetretene Hemmung rückwirkend (BeckOGK BGB/ MELLER-HANNICH [1. 3. 2019] Rn 397). Damit kommt dem Gläubiger auch *nicht die Hemmung nach § 204 Abs 2 S 1 BGB* zugute. **111**

4. Die Bestimmung findet keine Anwendung, wenn *innerhalb eines Gerichts* verschiedene Spruchkörper ihre Zuständigkeit leugnen, eine Befassung mit der Sache verweigern und so die verjährungshemmende Zustellung zunächst unterbleibt. Da der Gläubiger derlei nicht zu vertreten hat, bleibt die schließlich erfolgende Zustellung immer noch „demnächst" iSd § 167 ZPO. **112**

XX. Antrag auf Prozess- oder Verfahrenskostenhilfe, Nr 14

1. Allgemeines

Der Gleichheitssatz des Grundgesetzes und sein Sozialstaatsprinzip haben es veranlasst, die Stellung des finanziell Minderbemittelten auch in der Verjährungsfrage an die Stellung jenes Gläubigers heranzuführen, der sein gerichtliches Vorgehen selbst finanzieren kann. Gerichtliches Vorgehen meint zunächst prozessuales Vorgehen. Verfahrenskostenhilfe wird für Verfahren in Familiensachen und Angelegenheiten in der Freiwilligen Gerichtsbarkeit mit Abweichungen unter entsprechender Anwendung der ZPO gewährt, § 76 Abs 1 FamFG. **113**

§ 204 Abs 1 Nr 14 BGB führt die Gleichstellung des finanziell Minderbemittelten an den finanzkräftigen Gläubiger indessen nicht völlig durch: Nur der erstmalige Antrag ist geeignet, die Verjährung zu hemmen, aber während der uU nur verbleibenden Nachfrist des § 204 Abs 2 S 1 BGB braucht sich die Lage des Minderbemittelten, dessen erster Antrag zu Unrecht zurückgewiesen wurde, nicht gebessert zu haben. Der bemittelte Gläubiger kann aber innerhalb der Frist des § 204 Abs 2 S 1 BGB einen gleichen identischen Anlauf nehmen.

Wenn die verfassungsrechtlich gebotene Gleichstellung damit nicht hinreichend verwirklicht ist, bleibt Raum für die bisherige Rechtsprechung, die in dem Fehlen von finanziellen Mitteln einen *Fall höherer Gewalt* sah und § 203 Abs 2 BGB aF (= § 206 BGB nF) zur Anwendung brachte. § 206 BGB kann dem Gläubiger zugutekommen, dessen erstmaliger Antrag erfolglos blieb (vgl § 206 Rn 19 ff).

2. Missbrauchsmöglichkeiten

Vor dem Hintergrund der Hemmung des § 204 Abs 2 S 1 BGB kann bei drohendem Eintritt der Verjährung auch für durchaus bemittelte Gläubiger der Anreiz bestehen, von der Hemmungsmöglichkeit des § 204 Abs 1 Nr 14 BGB Gebrauch zu machen. Unbeachtlich wegen Missbrauchs ist das indessen nicht (Im Grundsatz ebenso BeckOGK **114**

BGB/Meller-Hannich [1. 3. 2019] Rn 404; aA Palandt/Ellenberger Rn 30; MünchKomm/ Grothe Rn 67; wie hier Soergel/Niedenführ Rn 98).

Alle Hemmungsmöglichkeiten des § 204 Abs 1 BGB dürfen ausgeschöpft werden. Missbrauch ist nicht hinreichend klar abgrenzbar. Der Gläubiger riskiert nur, dass die Bekanntmachung seines Antrags unterbleibt und so die Hemmung ausbleibt. So hat es auch das Gericht in der Hand, einem zu vermutenden Missbrauch dadurch vorzubeugen, dass es den offenbar unbegründeten Antrag a limine zurückweist und gar nicht erst der Gegenseite bekannt gibt (vgl aber u Rn 116 f u Peters JR 2004, 137, 138).

3. Anwendungsbereich

115 Ein Antrag auf Prozess- oder Verfahrenskostenhilfe kann im Bereich des § 204 Abs 1 BGB weithin gestellt werden. Es scheiden aus seine Nrn 5 und 6, weil jene Verfahren nichts kosten, und die Nrn 8 und 11, weil Prozess- bzw Verfahrenskostenhilfe nur für Verfahren vor deutschen staatlichen Gerichten möglich ist (Zöller/ Geimer § 114 ZPO Rn 1).

Zweifelhaft ist der Antrag auf Kostenhilfe für ein *Verfahren auf Gewährung von Prozess- oder Verfahrenskostenhilfe.* Wenn die Möglichkeit der Bewilligung hier abgelehnt wird (BGHZ 91, 311; Zöller/Geimer § 114 ZPO Rn 3), so ist die verjährungshemmende Wirkung eines solchen Antrags gleichwohl anzunehmen, weil es im Rahmen des § 204 Abs 1 BGB grundsätzlich nicht auf Zulässigkeit und Erfolgsaussichten ankommt, vgl namentlich die Aufrechnung des § 204 Abs 1 Nr 5 BGB. Immerhin verbraucht der Gläubiger mit einem derartigen Vorgehen aber die eine Chance des § 204 Abs 1 Nr 14 BGB.

Prozesskosten- und Verfahrenskostenhilfe kann insbesondere auch für die *Zwangsvollstreckung* gewährt werden, vgl § 117 Abs 1 S 3 ZPO, §§ 76 Abs 1, 77 Abs 2 FamFG. Hier ist das Ergebnis zweifelhaft, ob der Antrag in entsprechender Anwendung des § 212 Abs 1 Nr 2 BGB zu einem Neubeginn der Verjährung führt oder es bei einer Hemmung verbleibt; die besseren Gründe dürften für Letzteres sprechen.

4. Anforderungen an den Antrag

116 Für den Antrag auf Gewährung von Prozesskostenhilfe und dementsprechend auch Verfahrenskostenhilfe gilt Entsprechendes wie bei der Klage (o Rn 23 ff): Er muss den verfolgten Anspruch individualisieren, braucht aber weder zulässig noch schlüssig oder gar begründet zu sein (BeckOGK BGB/Meller-Hannich [1. 3. 2019] Rn 402; Soergel/Niedenführ Rn 99); freilich riskiert es der Gläubiger mit Mängeln der Zulässigkeit oder Schlüssigkeit, dass das Gericht den Antrag a limine zurückweist und von der für die Hemmung der Verjährung unumgänglichen Bekanntgabe an den Schuldner absieht.

Freilich ist Vorsicht geboten, wenn das Gericht von der Möglichkeit des § 118 Abs 1 S 1 ZPO Gebrauch machen will, von einer Bekanntgabe des Antrags an die Gegenseite abzusehen, nimmt es damit doch dem Antragsteller die Wirkungen des § 204

Abs 1 Nr 14, Abs 2 S 1 BGB. Schon vor ihrem Hintergrund kann der Antragsteller darum bitten, den Antrag auf jeden Fall bekannt zugeben, im Zweifel ist er zu befragen, ob er auf der Bekanntgabe besteht (BVerfG NJW 2010, 3083 Rn 15 f; BGH NJW 2008, 1939 Rn 17). Entsprechendes gilt für insoweit vergleichbare Antragsverfahren in FamFG-Sachen, § 77 Abs 1 S 2 FamFG (vgl auch BT-Drucks 16/6308, 213). Den Anspruch des Antragstellers der Verjährung auszuliefern, kann uU zur Amtshaftung führen (vgl Peters JR 2004, 137, 139).

Mit demselben Vorbehalt, dass dies die Bekanntgabe gefährden kann, sind die Angaben nach § 117 Abs 2 ZPO über die persönlichen und wirtschaftlichen Verhältnisse entbehrlich (Soergel/Niedenführ Rn 99; MünchKomm/Grothe Rn 67), auch die einstweilen fehlende Verwendung des Vordrucks, § 117 Abs 3, 4 ZPO.

5. Bekanntgabe

Notwendig ist die Veranlassung der Bekanntgabe des Antrags an den Schuldner **117** (BGH NJW 2008, 1939 Rn 7 ff; 2016, 151 Rn 10; MünchKomm/Grothe Rn 68); auf die tatsächliche Bekanntgabe kommt es nicht an. Es genügt aber die bloße Veranlassung nicht, wenn der Antragsteller die falsche Adresse des Schuldners mitgeteilt hat (BGH NJW 2016, 151 Rn 11). Keinesfalls hemmt allein die Einreichung des Antrags bei Gericht. In einem solchen Fall fehlender Bekanntgabe ist freilich auch die nur eine Chance der Hemmung nach § 204 Abs 1 Nr 14 BGB (BGH NJW 2009, 1137 Rn 22) nicht verbraucht.

Nach § 77 Abs 1 FamFG kann vor Bewilligung der Verfahrenskostenhilfe das Gericht den übrigen Beteiligten Gelegenheit zur Stellungnahme geben. In Antragsverfahren ist dem Antragsgegner vor der Bewilligung Gelegenheit zur Stellungnahme zu geben, wenn dies nicht aus besonderen Gründen unzweckmäßig erscheint. Dies ist mit einem kontradiktorischen Verfahren vergleichbar. Es sind damit Fälle gemeint, in denen die Stellung der anderen Beteiligten durch die Gewährung von Verfahrenskostenhilfe berührt wird (vgl BT-Drucks 16/6308, 213). Damit eine Hemmung des Anspruchs eintreten kann, gebietet es auch das FamFG-Verfahren, den Antrag auf Verfahrenskostenhilfe bekannt zu geben.

Die Bekanntgabe muss grundsätzlich innerhalb der noch laufenden Verjährungsfrist erfolgen. Freilich sieht § 204 Abs 1 Nr 14 BGB (selbst) eine § 167 ZPO entsprechende Regelung vor (BGH NJW 2016, 151 Rn 15): Es genügt, wenn der weitere Schritt „demnächst" folgt. In Abweichung von § 167 ZPO kommt es aber nicht darauf an, dass der Antrag den Schuldner demnächst erreicht, sondern es genügt die *demnächstige Veranlassung* der Bekanntgabe.

Es schließt den Eintritt der Hemmung auch aus, *§ 167 ZPO in entsprechender Anwendung,* wenn der Gläubiger durch schuldhaft fehlerhafte Angaben zB zur Adresse des Schuldners oder der Bezeichnung seiner Person den Zugang bei dem Schuldner hinauszögert (BGH NJW 2016, 151 Rn 16 ff). Insoweit gilt nichts anderes als bei der Klage (o Rn 35 f).

§ 204 Abs 1 Nr 14 BGB lässt – der üblichen Praxis entsprechend – die formlose Bekanntgabe des Antrags genügen. In kritischen Fällen wird das Gericht aber die *förmliche Zustellung* zu veranlassen haben, wenn nur sie geeignet ist, dem Gläubiger ein Beweismittel für den rechtzeitigen Eintritt der Hemmung der Verjährung zu verschaffen. Ein Fehlgriff an dieser Stelle kann als Amtspflichtverletzung zu werten sein.

6. Wahrung von Ausschlussfristen

Ein Antrag auf Prozesskosten- oder Verfahrenskostenhilfe ist grundsätzlich auch zur Wahrung von Ausschlussfristen geeignet (**aA** BGHZ 170, 108, 113 = NJW 2007, 439, 441 Rn 12 zur Frist des § 13 Abs 1 S 2 StrEG).

Dabei belegt § 204 Abs 1 Nr 14 BGB, dass der finanziell Minderbemittelte dieselben Zugangsmöglichkeiten zu den Gerichten haben soll wie andere. Mithin dürfen an ihn keine strengeren Anforderungen gestellt werden, sodass Mängel des Antrags – fehlende Erklärung über die persönlichen und wirtschaftlichen Verhältnisse – keine nachteiligen Folgen haben dürfen (**aA** BGHZ 170, 108, 113 = NJW 2007, 439, 441).

XXI. Ende der Hemmung

1. Allgemeines

118 Die aktive Rechtsverfolgung des Gläubigers bewirkt in den Fällen des § 204 Abs 1 BGB eine Hemmung der Verjährung. Diese Hemmung kann – und muss – wieder entfallen:

a) Zunächst ist kein hinreichender Grund mehr ersichtlich, die Uhr weiterhin anzuhalten, wenn das *Verfahren nicht mehr betrieben* wird. Dann lässt § 204 Abs 2 S 3 BGB iVm § 204 Abs 1 BGB die Verjährung sechs Monate nach der letzten Verfahrenshandlung erneut laufen, sofern sie nicht anderweitig – zB nach § 203 BGB durch schwebende Verhandlungen der Parteien – weiterhin gehemmt wird.

b) Wenn das Verfahren zu einem Abschluss dahin kommt, dass der Gläubiger einen *Titel* iSd § 197 Abs 1 Nrn 3, 4, 5 BGB *erlangt,* bedarf es einer Hemmung der bisherigen Verjährung nicht, weil jetzt eine *eigenständige Verjährungsregelung* nach den §§ 197 Abs 1, 2, 201 BGB gilt.

119 c) Die kritischen Fälle sind die, in denen der Gläubiger einen Titel nicht erlangt hat, sei es, dass ein solcher zwar zu erlangen gewesen wäre, aber zB die Klage als unzulässig behandelt wurde oder er sie zurückgenommen hat, sei es, dass eine Titulierung des Anspruchs von vornherein nicht zu erlangen war, so zB bei der Streitverkündung oder im selbstständigen Beweisverfahren. Hier gewährt § 204 Abs 2 S 1 BGB eine Zusatzfrist von sechs Monaten. Diese Frist dient der *Neuorientierung des Gläubigers.* Sie ist notwendig, wenn denn die Einleitung eines Verfahrens des § 204 Abs 1 BGB die Verjährung nur hemmt, aber nicht neu beginnen lässt. Hat sich der Gläubiger erst spät zur Rechtsverfolgung entschlossen, ist uU die bisherige Verjährungsfrist des Anspruchs schon nahezu – im Falle der Fristwahrung nach § 167 ZPO schon ganz – verbraucht. § 204 Abs 2 BGB sieht aber *keine bloße Ablaufhemmung* (s § 209 Rn 8) vor; die sechs Monate kommen dem Gläubiger also auch dann zugute, wenn bei Stillstand oder Beendigung des Verfahrens noch mehr als sechs Monate der ursprünglichen Verjährungsfrist offen sind. Im Sinne einer Ablaufhemmung wirkt die Bestimmung nur, wenn die Frist schon abgelaufen ist.

d) Kernaussage des § 204 Abs 2 BGB ist dabei nicht das Anhalten der Frist während des laufenden Verfahrens; das ergibt schon § 204 Abs 1 BGB und überhaupt der Wortsinn einer „Hemmung". § 204 Abs 2 BGB präzisiert dies zunächst in seinem S 3 dahin, dass das Verfahren eben auch „laufen" muss, dh nicht in Stillstand geraten darf. Wesentlicher Inhalt der Regelung ist außerdem die Gewährung zusätzlicher sechs Monate.

e) Das *bisherige Recht* war völlig anders strukturiert, wenn es in den Fällen des jetzigen § 204 Abs 1 BGB – soweit es sie kannte – eine Unterbrechung (jetzt: Neubeginn) der Verjährung eintreten ließ, diese Unterbrechungswirkung aber in den Fällen der §§ 211–215, 220 Abs 1 BGB aF rückwirkend wieder entfiel, wenn nicht der Gläubiger binnen sechs Monaten erneute geeignete Maßnahmen zur Unterbrechung der Verjährung ergriff. Schon wegen der gleichgebliebenen sechsmonatigen Frist war das *praktische Ergebnis kaum anders.* Die Neuregelung hat einerseits den Vorzug größerer Übersichtlichkeit, andererseits kommt sie dem Gläubiger dadurch entgegen, dass sie ihm zur Wahrung der Frist nicht nur den Zugang zu den Tatbeständen der §§ 209 BGB aF, 204 BGB nF erlaubt, sondern auch zu anderen Hemmungstatbeständen, namentlich dem der Verhandlungen, § 203 BGB. **120**

f) Im *öffentlichen Recht* enthält § 53 Abs 1 S 2 VwVfG eine § 204 Abs 2 S 1 BGB entsprechende Regelung für das Verwaltungsverfahren. Im Übrigen gilt § 204 Abs 2 BGB vorbehaltlich sonstiger Sonderregelungen auch im öffentlichen Recht, insbesondere also im Verwaltungsprozess. **121**

2. Stillstand des Verfahrens

a) Allgemeines

§ 204 Abs 2 S 3 BGB knüpft an § 211 Abs 2 BGB aF an und verallgemeinert jene auf die Klage bezogene Bestimmung. § 204 Abs 2 S 3 BGB ist im heutigen Recht durchaus ein Fremdkörper, denn hierher gehört auch das nach § 251 ZPO angeordnete Ruhen des Verfahrens (u Rn 124), das nun aber auf Antrag beider Parteien angeordnet wird und gerade auf schwebende Vergleichsverhandlungen Rücksicht nehmen soll. Indem § 211 Abs 2 BGB aF die die Verjährung anhaltende Wirkung der Klage enden ließ, entsprach die Bestimmung § 225 S 1 BGB aF, der die einverständliche Erschwerung der Verjährung nicht zuließ, sowie der grundsätzlichen Unbeachtlichkeit von Verhandlungen für die Verjährung. In beiden Aspekten geht das jetzige Recht neue Wege, vgl die §§ 202 Abs 2, 203 BGB. Wenn die Bestimmung des § 211 Abs 2 BGB aF gleichwohl als § 204 Abs 2 S 3 BGB beibehalten worden ist, *verändert sich die ratio legis:* In die Auseinandersetzung der Parteien soll eben *kein Schlendrian* einkehren. Das entspricht der Verkürzung der regelmäßigen Verjährungsfrist sowie der Zurückdrängung von Unterbrechung/Neubeginn zugunsten einer bloßen Hemmung. Gleichzeitig mindert sich aber massiv der Anwendungsbereich der Bestimmung, wenn und soweit denn dem Nichtbetreiben des Verfahrens nach § 203 BGB relevante Verhandlungen zugrunde liegen. **122**

b) Unterbrechung und Aussetzung des Prozesses im prozesstechnischen Sinne

123 aa) Die §§ 239–245 ZPO sehen beim Eintritt bestimmter Ereignisse, zB dem Tod einer Partei, einem Insolvenzverfahren (BGHZ 208, 227 = NJW 2016, 1592 Rn 35) oder dem Eintritt der Geschäftsunfähigkeit, eine Unterbrechung des Prozesses vor. Das fällt nicht unter die Bestimmung (BGHZ 208, 227 = NJW 2016, 1592 Rn 35; 1963, 2019; RGZ 72, 185, 187; 145, 239, 240; MünchKomm/Grothe Rn 81), weil es hier am Einfluss der Parteien fehlt. Das gilt freilich nur bis zum Wegfall dieses Grundes (BGHZ 208, 227 = NJW 2016, 1592 Rn 37).

bb) Gleiches gilt, wenn im Anwaltsprozess die Ereignisse der §§ 239, 241, 242 ZPO nicht schon von sich aus auf den Prozess einwirken, sondern erst auf Antrag einer Partei zum Beschluss der Aussetzung des Prozesses führen (vgl BGHZ 15, 80, 82; RGZ 145, 240; Staudinger/Dilcher[12] § 211 aF Rn 5): Hier ist es nicht eigentlich der Antrag der Partei, sondern der von ihr geltend gemachte gesetzliche Tatbestand, der zum Aussetzungsbeschluss führt.

cc) Gleiches gilt schließlich, wenn das Gericht den Prozess nach den §§ 148 ff ZPO, 21 FamFG aussetzt (BGHZ 106, 295, 297; MünchKomm/Grothe Rn 81): Auch hier sind es triftige Gründe, die das Gericht zum eigenständigen Handeln veranlassen. Freilich endet diese Aussetzung ohne Weiteres mit dem Fortfall des Aussetzungsgrundes, sodass die Parteien von dann untätig iSd § 204 Abs 2 S 3 BGB sein können, wenn sie nichts veranlassen (BGHZ 106, 295, 298).

dd) Dabei kommt es nicht darauf an, ob die Aussetzung im konkreten Fall zulässig war (OLG Köln OLGE 22, 173), und ob der Aussetzungsbeschluss sonst – zB hinsichtlich seiner Dauer – seine Richtigkeit hat (MünchKomm/Grothe Rn 81).

c) Ruhen des Verfahrens, §§ 251, 251a, 278 Abs 4 ZPO

124 aa) Auf *Antrag beider Parteien* kann das Gericht nach § 251 Abs 1 ZPO das Ruhen des Verfahrens anordnen. Das beendet nach § 204 Abs 2 S 3 BGB die Hemmung der Verjährung, da dieses Ruhen primär auf dem Willen der Parteien beruht, auch wenn noch eine Ermessensentscheidung des Gerichts und überhaupt dessen Mitwirkung erforderlich sind (vgl RGZ 136, 193, 195; 145, 239, 241 f; BGH NJW 1983, 2496, 2497; NJW-RR 1988, 279; Staudinger/Dilcher[12] § 211 aF Rn 6). Maßgeblich ist der Zugang des gerichtlichen Beschlusses. Allerdings bedeuten die Anträge der Parteien ein Nichtbetreiben des Verfahrens.

bb) Gleichzustellen ist der Fall, dass das Gericht nach § 251a Abs 3 ZPO oder nach § 278 Abs 4 ZPO das Ruhen des Verfahrens wegen Säumnis oder Nichtverhandelns beider Parteien anordnet (BeckOGK BGB/Meller-Hannich [1. 3. 2019] Rn 421).

Eine Ausnahme – weitere Hemmung der Verjährung – ist allerdings dann zu machen, wenn das Gericht mit seiner Anordnung nur das Ziel verfolgte, dem Kläger die Beschaffung von Beweisen zu ermöglichen (BGH VersR 1977, 646, 648).

cc) Die Hemmung der Verjährung endet bei einem Ruhensbeschluss des Gerichts nicht erst mit dessen Ergehen, sondern mit seiner Ursache, dh dem faktischen Nichtbetreiben des Prozesses, mithin der letzten Prozesshandlung, zB der Feststellung des Nichterscheinens im Sitzungsprotokoll (BGH NJW 1968, 692; 1983, 2496 f).

d) Faktisches Nichtbetreiben des Prozesses

Im Vordergrund des § 204 Abs 2 S 3 BGB steht das faktische Nichtbetreiben des Prozesses durch die Parteien; ein förmlicher Gerichtsbeschluss ist nicht notwendig (BGH NJW 1968, 694; BAG NJW 1972, 1247). Eine besondere Vereinbarung der Parteien ist dazu ebenfalls nicht notwendig. Das Nichtbetreiben kann sich auch auf einen Teil der Klage beziehen (BGH NJW 1999, 3774).

aa) Voraussetzung ist allerdings zunächst, dass die Förderung des Verfahrens nicht in den Händen des Gerichts liegt (BGH NJW 2013, 1666) und deshalb Sache der Parteien ist (BGH VersR 1976, 37; 1978, 1143). Liegt die Förderung des Verfahrens in den Händen des Gerichts, ist es auch unerheblich, wenn die Parteien es unterlassen haben, das Gericht durch Anträge zur Fortsetzung des Verfahrens zu veranlassen (BGH VersR 1977, 36, 37; NJW-RR 1994, 889).

(1) Dass die Förderung des Prozesses in den Händen des Gerichts, nicht der Parteien liegt, gilt zunächst im Wesentlichen bei der *Terminierung* (BeckOGK BGB/ MELLER-HANNICH [1. 3. 2019] Rn 422). Ohne Weiteres unschädlich für die fortdauernde Hemmung der Verjährung ist es, wenn das Gericht zwischen Terminsanberaumung und Terminstag einen Zeitraum legt, der die einschlägige Verjährungsfrist überschreitet (OLG Hamburg JW 1917, 174 Nr 3). Unschädlich ist es ebenfalls, wenn das Gericht nach Verweisung von Seiten eines unzuständigen Gerichts keinen Termin anberaumt, denn das müsste es von Amts wegen. Nach Durchführung des Mahnverfahrens obliegt es dem Gericht, den weiteren Kostenvorschuss als Voraussetzung der Terminierung anzufordern. Die Verjährung ist also weiterhin gehemmt, wenn beides unterbleibt (vgl OLG München NJW-RR 1988, 896). Ebenfalls Sache des Gerichts ist es, nach dem Widerruf eines Prozessvergleichs erneut zu terminieren; insbesondere darf es nicht auf weitere außergerichtliche Vergleichsversuche spekulieren (aA OLG Frankfurt DB 1972, 2349). Auch die bei Rechtsmittelgerichten verbreitete Praxis, nach Einlegung und Begründung des Rechtsmittels nicht umgehend zu terminieren, sondern schon die Anberaumung des Termins der Geschäftslage anzupassen, belässt die Förderung des Prozesses in den Händen des Gerichts. Anders ist es (in der ersten Instanz), wenn das Gericht von einer Terminierung deshalb absieht, weil der Kläger seine Klage nicht innerhalb einer ihm gesetzten Frist begründet (OLG Düsseldorf NJW-RR 1988, 703 = OLGZ 1988, 88; OLG Hamm OLGZ 1994, 348). Die Terminierung zum Betragsverfahren nach Erlass eines Grundurteils (und Eintritt von dessen Rechtskraft) ist ebenfalls Sache des Gerichts, unabhängig davon ob es selbst oder eine höhere Instanz das Grundurteil erlassen hat (BGH NJW 1979, 2307; aA GRUNSKY ZZP 1980, 179).

Der Gläubiger braucht dabei das Gericht grundsätzlich nicht an seine Verpflichtung zur Terminierung zu erinnern (vgl Mot I 333); anders liegt es, wenn er das Verhalten des Gerichts außergewöhnlich und unverständlich lange hinnimmt (BGH NJW 1979, 2307, 2308, dort verneint nach Ablauf von vier Jahren gegenüber der dreijährigen Frist des § 852 BGB aF und unter Berücksichtigung eines für $1^1/_2$ Jahre schwebenden Kostenerinnerungsverfahrens).

Sieht das Gericht freilich im *ausdrücklichen Einverständnis des Klägers* von einer Terminierung ab, endet die Hemmungswirkung, wobei es unerheblich ist, von wem (Gericht oder Partei) die Anregung zu dieser Verfahrensweise ausgeht (BGH NJW 1983, 2496, 2497).

127 (2) Von Amts wegen tätig zu werden hat das Gericht namentlich *nach Anordnung einer Beweisaufnahme* (RGZ 128, 191, 196; BGH JZ 1979, 31; BGB-RGRK/Johannsen § 211 aF Rn 8; Staudinger/Dilcher[12] § 211 aF Rn 7; **aA** LG Frankfurt MDR 1968, 147). Unschädlich ist es mithin, wenn eine Partei es unterlässt, die Anschrift eines Zeugen mitzuteilen (RGZ 97, 126; OLG Köln VersR 1970, 1022) oder sonstigen Auflagen in einem Beweisbeschluss nachzukommen (BGH VersR 1978, 1142).

Es kann auch hier nicht Aufgabe der Partei sein, das Gericht aufzufordern, einer ins Stocken geratenen Beweisaufnahme ihren Fortgang zu geben. Anders ist die Rechtslage wiederum zu beurteilen, wenn die Partei darum bittet, die Beweisaufnahme einstweilen ruhen zu lassen.

Dem steht es gleich, wenn das Gericht Auflagen zum Sachvortrag macht; bei Nichterfüllung muss es die Konsequenzen ziehen (OLG Hamm VersR 1999, 860).

(3) Die Unterbrechung oder die Aussetzung des Verfahrens entzieht die Förderung des Prozesses nicht vollends den Händen der Parteien, sondern nur solange, wie der jeweilige Anlass für sie besteht. Ist er fortgefallen und unternehmen die Parteien gleichwohl keine geeigneten Schritte, dem Prozess seinen Fortgang zu geben, so tritt nunmehr ein Stillstand iSd § 204 Abs 2 S 3 BGB ein. Notwendig ist es dafür freilich, dass der Fortfall des Aussetzungsgrundes für den Kläger oder seinen Prozessbevollmächtigten, § 85 ZPO, insgesamt einsehbar ist (BGHZ 14, 80, 82). Sonst kann ein Stillstand erst dann eintreten, wenn das Gericht von seinem Aussetzungsbeschluss abrückt.

128 bb) Liegt das Verfahren danach in den Händen der Parteien, so endet die Hemmung der Verjährung sechs Monate nach der letzten Prozesshandlung. Nach der ausdrücklichen Formulierung des § 204 Abs 2 S 3 BGB ist es unerheblich, von wem diese vorgenommen wird, es kann das Gericht sein, Kläger oder Beklagter. Ausreichen müssen aber auch Handlungen eines Nebenintervenienten, soweit nach § 67 ZPO zulässig.

Der Begriff der Prozesshandlung der Partei entspricht hier – in § 204 Abs 2 S 3 BGB – dem des Weiterbetreibens in § 204 Abs 2 S 4 BGB (MünchKomm/Grothe Rn 82); es ist insoweit auf die Erl u Rn 132 ff Bezug zu nehmen.

129 Prozesshandlungen des Gerichtes sind weit zu verstehen. Es sind alle seine Maßnahmen, die nach außen wirken – also nicht zB die bloße Befassung mit der Akte – und insoweit irgendwie – nicht notwendig nachhaltig – geeignet sind, den Abschluss des Verfahrens zu fördern (vgl MünchKomm/Grothe Rn 82). Es reicht der Erlass eines Grundurteils (LG München I VersR 1964, 984), das Anfordern der zweiten Hälfte der Prozessgebühr (BGH VersR 1981, 482, 483), sodass also insoweit auch nicht einmal ein richterliches Tun zwingend notwendig ist, aber auch schriftliche Anfragen des Vorsitzenden (KG DJZ 1917, 337), die nochmalige Aufforderung zur Anspruchsbegründung (BGH NZBau 2010, 366 Rn 11 f). Wegen ihrer Zielsetzung reicht nicht die Anordnung des Ruhens des Verfahrens, ebenfalls nicht die Ausstellung eines Notfristzeugnisses nach § 706 Abs 2 S 1 ZPO (OLG Nürnberg OLGZ 1966, 389, 390). Wertfestsetzungen fördern das Verfahren nicht (vgl RGZ 136, 193, 196; BGH NW 1968, 692, 694).

Titel 2
Hemmung, Ablaufhemmung und Neubeginn der Verjährung § 204

Bei Maßnahmen des Gerichts kommt es zeitlich auf den Zugang bei der Partei an (BGHZ 134, 387; BGH NJW-RR 1998, 954 [Mitteilungen der Geschäftsstelle nach §§ 697 Abs 1 bzw 695 ZPO]).

cc) Ein *Nichtbetreiben des Prozesses* durch die Parteien liegt dann vor, wenn sie **130** Maßnahmen der u Rn 132 f bezeichneten Art zu seiner Förderung *ohne einen triftigen Grund* unterlassen (BGH NJW 2009, 1598 Rn 27; NJW 2000, 3774, 3775; 1987, 371 = LM Nr 20; BAG 1990, 2578, 2579). Es reicht also aus, dass objektiv ein Verhalten gegeben ist, das die mit der Hemmung der Verjährung bewirkte Verlängerung der Verjährung nicht mehr hinreichend zu rechtfertigen vermag. Nicht erforderlich ist eine subjektive „Umgehungsabsicht" gegenüber den Bestimmungen über die Verjährung (Mot I 332; BGH NJW 1983, 2496; 1988, 279; 1989, 1729 = BGHZ 106, 295, 299; BGH NJW 1999, 3774, 3775; BAG NJW 1990, 2578, 2579). Triftig in diesem Sinne ist es, wenn die Parteien den Ausgang des Rechtsmittelverfahrens gegen ein Teilurteil abwarten, weil die dort zu treffende Entscheidung Bedeutung auch für den noch nicht entschiedenen Verfahrensteil hat (BGH NJW 1979, 810 = LM Nr 14). Daran fehlt es gegenüber dem Beklagten A, wenn das Teilurteil gegenüber dem Beklagten B diesem gegenüber die Klage dem Grunde nach abgewiesen hat (BGH NJW 2001, 218). Ein Nichtbetreiben liegt dann vor, wenn ein früher gestellter Antrag nicht wiederholt wird (RGZ 168, 56, 58). Das ist triftig, wenn das Gericht von seiner Stellung abgeraten hat (BGH NJW 1988, 128). Triftig ist es, den Ausgang eines Strafverfahrens abzuwarten (BGH NJW 2000, 132). Ein weiterer Fall des Nichtbetreibens ist das Zögern mit der Einlegung der Anschlussberufung (BGH ZZP 89, 199, 204 m zust Anm FENN ZZP 89, 133 f). Nicht triftig ist es, allein aus Kostengründen mit der Klageerweiterung zu warten (BGH NJW 2015, 1588 Rn 14). BGH NJW 1983, 2496; 2000, 3774, 3775 hat es für nicht hinreichend gehalten, wenn die Parteien den Prozess nicht fördern, um den Ausgang eines Musterprozesses abzuwarten (krit dazu BROMMANN AnwBl 1985, 5). Daran ist auch heute festzuhalten (BeckOGK BGB/MELLER-HANNICH [1.3.2019] Rn 426; aA BeckOK/HENRICH [1.5.2019] Rn 83): Liegt ein entsprechendes Einverständnis der Parteien vor, verhandeln sie; die Verjährung ist nach § 203 BGB gehemmt, dessen Wirkung freilich schwächer ist, vgl § 203 S 2 BGB gegenüber § 204 Abs 2 S 1 BGB; den Parteien ist es freilich unbenommen, sich nach § 202 Abs 2 BGB auf eine Hemmung in der Art des § 204 Abs 2 BGB zu einigen. Warten die Parteien aber unabhängig voneinander zu, ist es nicht gerechtfertigt, eine stärkere Hemmungswirkung anzunehmen, als sie sich aus § 204 Abs 2 S 3, 1 BGB ergibt, zumal ein „Musterprozess" einerseits in keiner Weise präjudiziell wirkt und außerdem zwischen diesen Parteien noch weitere Streitpunkte bestehen können, als sie in jenem Verfahren behandelt werden. So legitimiert auch ein selbstständiges Beweisverfahren das Nichtbetreiben des Prozesses nicht hinreichend (BGH NJW 2001, 218, 220). Ggf hemmt es vielmehr selbst.

Wenn ein Grund triftig das Nichtbetreiben des Prozesses rechtfertigt, muss er für den Beklagten einsichtig sein (OLG Karlsruhe NJW-RR 1990, 1012; AG Berlin-Tiergarten NJW-RR 1993, 1402).

Bei der *Stufenklage* wird der Prozess hinsichtlich des endgültigen Leistungsanspruchs **131** solange noch weiterbetrieben, wie die vorangehenden Anträge auf Rechnungslegung und Abgabe der eidesstattlichen Versicherung gestellt werden (BGH NJW 1975, 1409, 1410). Nach deren Bescheidung darf der Kläger triftig mit dem Herausgabeantrag zuwarten, bis das Teilurteil rechtskräftig und die Vollstreckung aus ihm abgeschlossen ist. Auch danach darf er das Ergebnis noch überprüfen (BGH NJW 1992, 2563; 1999, 1101).

dd) Die Folge des Nichtbetreibens des Prozesses ist, dass die Hemmung der Verjährung sechs Monate (§ 204 Abs 2 S 1 BGB) nach der letzten Prozesshandlung endet und dann die Verjährungsfrist weiterläuft.

e) Weiterbetreiben des Prozesses

132 Die erneut laufende Verjährung wird nach § 204 Abs 2 S 4 BGB erneut gehemmt, wenn eine der Parteien – das kann auch der Beklagte sein, ggf ein Nebenintervenient – den Prozess weiterbetreibt. Im Anschluss an diese Hemmung gilt dann wieder § 204 Abs 2 S 1 BGB.

Der Begriff des Weiterbetreibens ist weit zu verstehen (BGHZ 52, 47, 51 = NJW 1969, 1164; BGHZ 55, 212, 216 = NJW 1971, 751; BGHZ 73, 8, 11 = NJW 1979, 809). Es reicht jede Prozesshandlung, die dazu bestimmt und geeignet ist, den Prozess wieder in Gang zu setzen, ohne dass es darauf ankommt, dass sie eine Förderung des Prozesses tatsächlich demnächst bewirkt (BGHZ 73, 8, 10 f = NJW 1979, 809). Sie darf allerdings nicht nur lose mit dem Prozess verbunden sein; sie muss vielmehr unmittelbar auf ihn einwirken (können) (OLG Nürnberg OLGZ 1966, 388, 390). Zur Kenntnis des Gegners braucht sie nicht zu gelangen (BGH NJW 1984, 2104). Es reichen aber bloße Vorbereitungshandlungen nicht aus wie etwa eine Zahlungsaufforderung oder eine Dienstaufsichtsbeschwerde wegen ungebührlicher Behandlung (OLG Dresden OLGE 22, 172), die Ankündigung, den Prozess weiter betreiben zu wollen (OLG Nürnberg NJW-RR 1995, 1091). Ein Ablehnungsgesuch wird dagegen ausreichen.

133 Danach genügen ein *Terminsantrag* nach Abgabe an das Landgericht gem § 696 Abs 1 ZPO (BGHZ 55, 212, 216 = NJW 1971, 751), die *Begründung der abgegebenen Sache* (OLG Düsseldorf NJW-RR 1993, 1327), der Antrag, den Rechtsstreit ohne vorherige mündliche Verhandlung an das zuständige Gericht zu verweisen, auch wenn ein schriftlicher Verweisungsbeschluss nicht ergehen durfte (BGH VersR 1976, 36, 37), die *Zahlung der Prozessgebühr* (BGHZ 52, 47, 51), und zwar auch ohne Einreichung des Schriftsatzes, von dem das Gericht die Terminierung abhängig gemacht hatte (BGH NJW 1982, 2662), ein Antrag auf Prozesskostenhilfe (RGZ 77, 324, 333). Ein zweiter entsprechender Antrag reicht allerdings nicht, wenn er nach Ablehnung des ersten auf denselben Sachverhalt gestützt wird (OLG Hamburg MDR 1966, 925, 926), das Erwirken eines Grundurteils (RGZ 117, 423, 425), die Anschlussberufung (BGH ZZP 89, 199, 204), ein nicht von vornherein aussichtsloser Zustellungsversuch (BGHZ 73, 8, 11 = NJW 1979, 809). – Das Weiterbetreiben des Prozesses hemmt die Verjährung auch dann, wenn der Prozess schon vor dem Beginn der Verjährung anhängig gewesen und zum Stillstand gekommen ist. In diesem Fall ist es nicht erforderlich, die nunmehr einsetzende Verjährung durch eine neue Klage bzw andere Maßnahmen des § 204 Abs 1 BGB zu hemmen (BGHZ 52, 47, 49 = NJW 1969, 1164).

Das Weiterbetreiben bleibt auch nach Abtretung des Anspruchs möglich; die fehlende Umstellung des Antrags schadet nicht (BGH NJW 1984, 2102, 2104).

f) Teilweises Nicht- oder Weiterbetreiben

134 Ein Prozess kann auch nur teilweise nicht betrieben bzw weiterbetrieben werden. Ersteres gilt etwa, wenn ein bisheriger Antrag nicht wiederholt wird (RGZ 168, 56, 58) oder wenn die Partei neue Anträge stellt, ohne die bisherigen zurückzunehmen (RGZ 66, 12, 14 f; BGH VRS 57, 249, 251; BAG AP ZPO § 322 Nr 6). In Fällen dieser Art bleibt es allerdings zu prüfen, ob nicht in Wahrheit eine Klagerücknahme vorliegt, die zur Anwendung des § 204 Abs 2 S 1 BGB führt.

Ein Fall des teilweisen Nichtbetreibens liegt nicht vor, wenn ein Teil des Rechtsstreits entscheidungsreif ist und sich die Verhandlung deshalb ausschließlich auf andere Teile konzentriert, ohne dass das Gericht die Konsequenz des Erlasses eines Teilurteils, § 301 ZPO, zieht.

g) Beweislast

135 Die Beweislast für das Nichtbetreiben liegt bei dem Schuldner, die Beweislast dafür, dass dies unschädlich war, weil auf triftigem Grund beruhend, bei dem Gläubiger. Er hat auch das Weiterbetreiben des Prozesses zu beweisen.

h) Ausschlussfristen

136 Die Bestimmung ist grundsätzlich auch auf *Ausschlussfristen* entsprechend anwendbar, insbes die des § 864 Abs 1 BGB (aA MünchKomm/GROTHE § 204 Rn 71; wie hier OLG Düsseldorf OLGZ 1975, 331, 333). Dass der Gesetzgeber teilweise bei Ausschlussfristen auf einzelne Bestimmungen des Verjährungsrechts Bezug genommen hat, kann schwerlich als abschließend betrachtet werden. Gerade bei der Frist des § 864 Abs 1 BGB wäre es unerträglich, wenn sie innerhalb des Prozesses folgenlos ablaufen dürfte.

i) Die einzelnen Fälle des § 204 Abs 1

137 Die Regelung des § 204 Abs 2 S 3 BGB, dass die Hemmung nach § 204 Abs 1 BGB sechs Monate nach der letzten Prozesshandlung endet, wenn das Verfahren in Stillstand gerät, ist zugeschnitten auf den Fall der Verjährungshemmung durch Klage, § 204 Abs 1 Nr 1 BGB, gilt aber doch auch in den meisten anderen Fällen des § 204 Abs 1 BGB. Dazu ist im Einzelnen noch zu bemerken:

aa) Bei der *Klage* gilt die Stillstandsregelung unabhängig von der Gerichtsbarkeit. Zum nicht gestellten Antrag o Rn 134. Zur Stufenklage o Rn 131. Zum Teilurteil o Rn 130. Zum Grundurteil o Rn 126, 143.

bb) Im Falle einer Musterfeststellungsklage, § 204 Abs 1 Nr 1a BGB, ist zu unterscheiden (o Rn 48h). Zum einen gelten § 204 Abs 2 S 1, 3 u 4 BGB für die erhobene Musterfeststellungsklage. Zum anderen enthält § 204 Abs 2 S 2 BGB eine spezifische Regelung im Hinblick auf die Rücknahme der Anmeldung zur Eintragung in das Klageregister durch den einzelnen Anspruchsteller nach § 608 Abs 3 ZPO.

cc) Bei dem *Antrag auf Festsetzung des Unterhalts Minderjähriger,* § 204 Abs 1 Nr 2 BGB, ergibt sich ein Stillstand, wenn Einwendungen erhoben worden sind und der Antrag auf Durchführung des streitigen Verfahrens nicht gestellt wird, §§ 254, 255 Abs 1 FamFG, 650, 651 Abs 1 ZPO. Er rechnet ab der Mitteilung der Notwendigkeit des streitigen Verfahrens, §§ 255 Abs 1 S 2 FamFG, 651 Abs 1 S 2 ZPO. Bis hin zu dieser Mitteilung liegt das Verfahren noch in den Händen des Gerichts, sodass ein Stillstand nicht eintreten kann (o Rn 125 ff).

138 dd) Das *Mahnverfahren* betreibt der Antragsteller nicht, wenn er – bei ausbleibendem Widerspruch – nicht gemäß § 699 Abs 1 ZPO bzw Art 18 Abs 1 EuMVVO einen Vollstreckungsbescheid beantragt. Hat er diesen erhalten und sich zur eigenen Zustellung aushändigen lassen, § 699 Abs 4 S 2 ZPO bzw hat er diesen vom Gericht zugesendet bekommen, Art 18 Abs 3 EuMVVO iVm § 1089 Abs 1 ZPO, kommt es zum Stillstand (ab Aushändigung/Zusendung), wenn diese Zustellung unterbleibt. Der Antragsgegner betreibt seinerseits mit seinem Widerspruch eine Förderung des Prozesses (BGH NJW 1987, 382, 383). Im Falle des Widerspruchs ist der Antrag auf Durchführung des streitigen Verfahrens, § 696 Abs 1 ZPO bzw Art 16 f EuMVVO, ein Betreiben, seine Unterlassung also ein Nichtbetreiben. Ein Nichtbetreiben des Antragstellers liegt auch dann vor, wenn er den angeforderten weiteren Kostenvorschuss nicht zahlt, § 12 Abs 1 GKG. Nach der Abgabe betreibt der Antragsteller die Sache nicht, wenn er seinen Anspruch trotz Aufforderung durch das Gericht, § 697 ZPO ggf iVm Art 17 Abs 2 EuMVVO nicht innerhalb der ihm gesetzten Frist begründet. Andererseits betreibt der Gegner, wenn er nach § 697 Abs 3 ZPO Terminanberaumung beantragt.

ee) Für einen Stillstand des *Verfahrens* vor einer Streitbeilegungsstelle gelten keine Besonderheiten gegenüber o Rn 125 ff.

ff) Die *Aufrechnung im Prozess* kann § 204 Abs 2 S 3, 4 BGB nur mittelbar betreffen. Wenn im Rahmen des § 204 BGB nur die erfolglose Aufrechnung von Bedeutung ist (o Rn 63 ff), zB die unzulässige oder die nur hilfsweise geltend gemachte, auf die das Gericht gar nicht mehr eingeht, bedeutet das, dass das Verfahren wegen dieser Forderung auch gar nicht betrieben werden kann. Mithin ist im Bereich des § 204 Abs 2 S 3, 4 BGB darauf abzustellen, ob das Verfahren wegen der Klageforderung in Stillstand gerät; dies teilt sich dann der Aufrechnungsforderung mit.

139 gg) Entsprechendes wie soeben zur Aufrechnung gilt für die *Streitverkündung*.

hh) Bei dem *selbstständigen Beweisverfahren* ist § 204 Abs 2 S 3, 4 BGB in aller Regel funktionslos gegenüber § 204 Abs 2 S 1 BGB: § 204 Abs 2 S 3 BGB kann nur zur Anwendung kommen, wenn das Verfahren in den Händen der Parteien liegt. Das ist für einen Zeitraum von mehr als sechs Monaten kaum denkbar, wenn die Federführung denn primär bei Gericht oder Sachverständigen liegt. Möglich ist es, dass der Antragsteller einen angeforderten Kostenvorschuss nicht einzahlt.

ii) Im Falle des *§ 204 Abs 1 Nr 8 BGB* gilt Entsprechendes wie soeben zum selbstständigen Beweisverfahren.

kk) Ein Verfahren des *vorläufigen Rechtsschutzes* wird durch den Widerspruch des Antragsgegners gerade betrieben. Es kann in Stillstand geraten, wenn der Antragsteller dann bittet, von einer Terminierung abzusehen. Dem wird freilich idR ein Fall des § 203 BGB zugrunde zu liegen. Dass der Antragsteller nicht die nach § 926 ZPO angeordnete Klage zur Hauptsache erhebt, fällt nicht unter § 204 Abs 2 S 3 BGB, sondern führt mit der allfälligen Aufhebung von Arrest bzw einstweiliger Verfügung zu § 204 Abs 2 S 1 BGB.

ll) Bei der *Anmeldung zur Insolvenztabelle* tritt Stillstand ein, wenn die Forderung **140** bestritten wird, § 178 InsO (**aA** BGH NJW 2010, 1284 Rn 46 f); der Stillstand wird beendet durch die Klage auf Feststellung der Forderung, §§ 179, 184 InsO. Für diese Klage gelten dann wieder die allgemeinen Regeln für den Stillstand bei einem Prozess.

Entsprechend wirkt ein Widerspruch nach § 19 der Schifffahrtsrechtlichen VerteilungsO.

mm) Im *schiedsrichterlichen Verfahren* gelten die Grundsätze des normalen Klageverfahrens.

nn) In den Fällen des *behördlichen Vorverfahrens* und der *gerichtlichen Zuständigkeitsbestimmung*, § 204 Abs 1 Nrn 12, 13 BGB, kommt § 204 Abs 2 S 3 BGB nicht zum Tragen, weil diese von Amts wegen betrieben werden.

oo) Von Amts wegen betrieben und damit einem Stillstand nach § 204 Abs 2 S 3 BGB nicht zugänglich ist auch das *Verfahren auf Bewilligung von Prozesskostenhilfe*. Es kann sich zB ergeben, dass das Gericht die bisherigen Angaben des Antragstellers für unzureichend hält. Dann muss es nach § 118 Abs 2 S 2 ZPO eine Frist zur Vervollständigung setzen und ggf Prozesskostenhilfe versagen. Letzteres führt dann zu § 204 Abs 2 S 1 BGB.

3. Ende der Hemmung bei Abschluss des Verfahrens

a) Allgemeines

Wenn das Verfahren nicht in Stillstand geraten ist (o Rn 122 ff), gilt für das Ende der **141** Hemmung § 204 Abs 2 S 1 BGB: Sie endet sechs Monate nach der Beendigung des Verfahrens, wobei die eigens erwähnte rechtskräftige Entscheidung nur ein Sonderfall dieser Beendigung ist, zu dem es außerdem in einigen Fällen des § 204 Abs 1 BGB nicht kommt. Die Erwähnung der rechtskräftigen Entscheidung ist überdies missverständlich: Wenn und soweit sie dem Gläubiger günstig ist, gehört sie nicht hierher (als die bisherige Verjährung hemmend), sondern sie setzt das neue Verjährungsregime der §§ 197 Abs 1 Nr 3, Abs 2, 201 BGB in Kraft. Rechtskräftige Entscheidungen iSd § 204 Abs 2 S 1 BGB sind *nur dem Gläubiger nachteilige* (**aA** BeckOGK BGB/MELLER-HANNICH [1. 3. 2019] Rn 411: immer).

Bei ihnen und in den anderen Fällen der Verfahrensbeendigung soll die zeitliche Versetzung des Endes der Hemmung um sechs Monate dem Gläubiger die Gelegenheit zur Neuorientierung geben. Ihm bliebe uU nur wenig Zeit, in den Fällen des § 167 ZPO gar keine, seine Situation zu überdenken und weitere Schritte einzuleiten, die zur Verfolgung des Anspruchs sachgerecht und jedenfalls geeignet sind, den Eintritt seiner Verjährung zu hindern.

b) Rechtskräftige Entscheidung

aa) Die rechtskräftige Entscheidung iSd § 204 Abs 2 S 1 BGB darf nicht den **142** Anspruch zuerkennen (s soeben) und sie darf „*nicht in der Sache selbst entscheiden*", wie § 212 Abs 1 BGB aF dies deutlicher formulierte. Täte sie letzteres nämlich, so wäre *der Anspruch aberkannt* und würde sich die Frage seiner Verjährung gar nicht mehr stellen.

bb) Nicht in der Sache selbst entscheidet vor allem das Urteil, das die Klage als *unzulässig abweist.* Ein solches Urteil liegt auch dann vor, wenn die Klage als *in der gewählten Prozessart unstatthaft* abgewiesen wird, § 597 Abs 2 ZPO (STAUDINGER/ DILCHER¹² § 212 aF Rn 3), wenn zur *Widerklage* in der Berufungsinstanz die Voraussetzungen des § 533 ZPO als fehlend angenommen werden (RGZ 149, 321, 326), in der ersten Instanz die des § 33 ZPO, bei der Klageänderung die Voraussetzungen der §§ 263 bzw 533 ZPO. Nicht den Anspruch selbst betrifft ferner das Urteil, das die Klage als *zur Zeit unbegründet abweist.* Das Urteil in dem Prozess, in dem der *Streit verkündet* worden ist, § 204 Abs 1 Nr 6 BGB, das *Urteil im einstweiligen Rechtsschutz,* § 204 Abs 1 Nr 9 BGB, sind weitere Fälle. Im Falle der *Aufrechnung,* § 204 Abs 1 Nr 5 BGB, gehört hierher das Urteil, das den aufgerechneten Anspruch nicht verbraucht.

143 **cc)** Nicht hierher gehört das *Vorbehaltsurteil,* wie es im Falle der Aufrechnung ergehen kann, § 302 ZPO, oder im Urkundenprozess nach § 599 ZPO: Sie selbst führen schon zur Anwendbarkeit der §§ 197 Abs 1 Nr 3, Abs 2, 2, 201 BGB, die freilich mit ihrer Aufhebung entfallen kann. Kommt es derart zur Aufhebung, kann aber in Bezug auf das Nachverfahren § 204 Abs 2 S 3 BGB anwendbar sein.

Entsprechendes gilt für das *Grundurteil,* § 304 ZPO, das den Prozess nicht beendet.

144 **dd)** Entscheidend ist der *Eintritt der formellen Rechtskraft,* jener Zeitpunkt, in dem die Entscheidung mit Rechtsmitteln nicht mehr angefochten werden kann, also mit Berufung, Revision, bei dem Vollstreckungsbescheid dem Einspruch, schließlich – bei Beschlüssen – sofortiger Beschwerde, sei es, weil eine weitere Instanz nicht mehr eröffnet ist, sei es, weil die Frist für die Einlegung dieses Rechtsmittels verstrichen ist (BeckOGK BGB/MELLER-HANNICH [1. 3. 2019] Rn 413).

Rechtsmittel in diesem Sinne sind auch die *Gehörsrüge* nach § 321a ZPO, bei der Revision die *Nichtzulassungsbeschwerde,* vgl § 544 Abs 5 ZPO. Der Eintritt der Rechtskraft bestimmt sich primär nach prozessualen Maßstäben, vgl § 705 Abs 5 ZPO. Bei der Nichtzulassungsbeschwerde des § 544 ZPO hemmt dessen Abs 5 S 1 den Eintritt der Rechtskraft und damit weiterhin die Verjährung.

Zweifelhaft sind die Fälle der *Anhörungsrüge* des § 321a ZPO und der *Urteilsverfassungsbeschwerde,* § 90 Abs 2 BVerfGG. Dass diese Rechtsbehelfe den Eintritt der materiellen Rechtskraft voraussetzen, wird von der Rechtsprechung als Argument dafür verwendet, diesen Verfahren eine die Hemmung der Verjährung fortsetzende Bedeutung abzusprechen (BGH NJW 2012, 3087 Rn 13 ff); diese setze erst wieder ein, wenn das Verfahren fortgesetzt werde. Das greift jedoch zu kurz. Denn wenn das Verfahren fortgesetzt wird, dh im Falle des Erfolgs des Rechtsbehelfs, wird diese *Rechtskraft* ja gerade *durchbrochen.* Und das Postulat der formellen Rechtskraft hat in beiden Fällen nicht das Ziel, den Eintritt der Verjährung zu fördern, sondern soll dafür sorgen, dass der Grundrechtsverstoß nach Möglichkeit im regulären Rechtszug bereinigt wird. Jedenfalls bei dem *erfolgreichen Rechtsbehelf* hat man also von einer *ununterbrochenen Fortdauer der Hemmung* auszugehen. Die Ergebnisse wären sonst widersinnig: Der Gläubiger mag seine verjährungshemmende Klage am letzten Tag der Verjährungsfrist erhoben haben, und dann soll er zwar mit seiner Anhörungsrüge Erfolg haben, aber seine Klage soll gleichwohl wegen zwischenzeitlich eingetretener Verjährung abzuweisen sein, weil sich das Gericht Zeit gelassen hat? Die Dauer des Verfahrens der beiden Rechtsbehelfe hat der Gläubiger nicht in der Hand. Bleibt der *Rechtsbehelf ohne Erfolg,* ist die Interessenlage nicht so eindeutig. Immerhin steht das aber nur ex post fest; geboten ist aus Gründen der Rechtssicherheit die Beurteilung ex ante. Damit verbietet sich eine Differenzierung zwischen Erfolg und Misserfolg, mag Letzterer auch aus statistischer Sicht deutlich wahrscheinlicher sein. Dem Schuldner ist das zuzumuten, auch wenn er nicht zwingend an den Verfahren zu beteiligen ist (**aA** BGH NJW 2012, 3087 Rn 15; BeckOGK BGB/ MELLER-HANNICH [1. 3. 2019] Rn 260). Er braucht nämlich nur über den Beginn der Hemmung informiert werden, nicht über die Fortdauer, vgl namentlich den Fall der Streitverkündung, der ein Beitritt nicht folgt. Ist die Verjährung durch Prozessaufrechnung oder Streitverkündung gehemmt worden, rechnet die sechsmonatige Frist des § 204 Abs 2 S 1 BGB also ab der abschlägigen Entscheidung über die Anhörungsrüge oder die Verfassungsbeschwerde; im Sinne der Bestimmung ist das die anderweitige Beendigung des eingeleiteten Verfahrens. Sonst würde der Gläubiger zu einer Klage genötigt, die sich vielleicht als entbehrlich erweist.

c) Vergleich
Verfahrensbeendende Wirkung hat auch ein Vergleich der Parteien. Soweit er den Anspruch bestätigt, führt er zu den §§ 197 Abs 1 Nr 4, Abs 2, 201 BGB; soweit er ihn aberkennt, löst er damit die Verjährungsfrage (negativ). Notwendig ist es also einerseits, dass er die Existenz des Anspruchs offenlässt, andererseits das Verfahren beendet. Bei ihm kommt es auf Abschluss bzw Ablauf einer Widerrufsfrist an. Wird die *Unwirksamkeit* des Vergleichs – etwa auf Grund einer Anfechtung – geltend gemacht und der Prozess daraufhin fortgeführt, kann es sich einerseits ergeben, dass der geltend gemachte *Nichtigkeitsgrund besteht.* Dann verbleibt es für § 204 Abs 2 S 1 BGB bei dem eben genannten Zeitpunkt der Beendigung des Verfahrens. Erachtet andererseits das Gericht den geltend gemachten *Nichtigkeitsgrund für durchgreifend,* ist das Verfahren zunächst noch nicht beendet. Wenn es wegen des formal vorliegenden Vergleichs zeitweilig nicht betrieben worden ist, wird das in aller Regel triftig iSv o Rn 130 sein und damit nicht zu § 204 Abs 2 S 3 BGB führen.

145

d) Erledigung der Hauptsache
Soweit die Parteien die Hauptsache übereinstimmend für erledigt erklären, kommt es auf den prozessual zu bestimmenden Zeitpunkt der Wirksamkeit dieser Erledigungserklärungen an, bei einseitiger Erledigungserklärung auf die Rechtskraft der gerichtlichen Entscheidung, die die Erledigung bestätigt.

146

e) Rücknahme
Einen besonders wichtigen Fall des § 204 Abs 2 S 1 BGB bildet die Rücknahme der Klage oder des sonstigen verjährungshemmend eingeleiteten Verfahrens. Sie ist nicht nur in den gerichtlichen Verfahren möglich, sondern auch in außergerichtlichen der Nrn 4 und 8 des § 204 Abs 1 BGB, im Falle der Aufrechnung, § 204 Abs 1 Nr 5 BGB, entspricht ihr das Fallenlassen des Aufrechnungseinwands.

147

Es kommt auf den *Zeitpunkt an, in dem die Erklärung wirksam wird.* Im Falle der Rücknahme der Klage müssen also die Voraussetzungen des § 269 Abs 2 ZPO erfüllt sein, zu denen die Erklärung gegenüber dem Gericht gehört und die – uU durch Fristablauf fingierte – Zustimmung des Gegners.

Während die Rücknahme prozessual zurückwirkt, vgl § 269 Abs 3 S 1 ZPO, ist dies im Hinblick auf die Hemmung der Verjährung materiellrechtlich nicht der Fall (BeckOGK BGB/Meller-Hannich, 1. 3. 2019 Rn 14); die *Frist* des § 204 Abs 2 S 1 BGB läuft vielmehr *ex nunc.*

f) Wirkungsverlust der Anschließung

147a Die Rechtshängigkeit eines erst im Wege der Anschlussberufung durch Klageerweiterung erhobenen Anspruchs endet nach § 524 Abs 4 ZPO, wenn die Anschließung ihre Wirkung verliert, weil über die Berufung nicht in der Sache entschieden wird. Auch dies ist ein Fall des § 204 Abs 2 S 1 BGB (BGH WM 2019, 663 Rn 10).

g) § 701 ZPO

148 Zu § 204 Abs 2 S 1 BGB führt es auch, wenn im Mahnverfahren kein Widerspruch erhoben wird und der Antragsteller nicht – oder erfolglos – binnen sechs Monaten den Erlass des Vollstreckungsbescheids beantragt. Freilich werden in aller Regel die Fristen des § 701 ZPO und des § 204 Abs 2 S 1 BGB *nicht zu 12 Monaten zu addieren* sein, weil dem Ablauf der Frist des § 701 ZPO ein *Nichtbetreiben des Mahnverfahrens* vorausgegangen sein wird, das dann zu einem früheren – und entscheidenden – Ende der Hemmung nach § 204 Abs 2 S 3 BGB führt.

h) Fehlen eines förmlichen Verfahrensendes

149 Die bloße Erhebung oder Sicherung von Beweisen hat hemmende Wirkung in den Fällen des § 204 Abs 1 Nrn 7 und 8 BGB. Hier kommt es auf die *faktische Beendigung* des Verfahrens an, also die Einvernehmung der Zeugen oder die Erstattung des Gutachtens, die Einnahme des Augenscheins. Wenn ein *schriftliches Gutachten* erstattet wird, endet die Hemmung nicht schon mit dessen Eingang bei Gericht (so aber RG Recht 1916, Nr 2083; BGB-RGRK/Kuhn § 477 aF Rn 9), sondern erst mit der Mitteilung des Gutachtens an die Parteien (BGHZ 53, 43, 47; BGHZ 120, 329; Soergel/Huber § 477 aF Rn 64), es sei denn, es würde die mündliche Vernehmung des Sachverständigen vom Gericht angeordnet oder von den Parteien beantragt. Dann ist auf das Ende der Protokollierung abzustellen (BGHZ 80, 212, Soergel/Huber § 477 aF Rn 64). Vgl iÜ zum Ende des selbstständigen Beweisverfahrens o Rn 90.

i) Verfahren vor einer Streitbeilegungsstelle

150 Im Falle des § 204 Abs 1 Nr 4 BGB kommt es nicht auf den Beendigungszeitpunkt nach den jeweils divergierenden Verfahrensordnungen an, sondern auf denjenigen, in dem die Streitbeilegungsstelle die Bekanntgabe an den Gläubiger veranlasst (BGH NJW 2016, 236 Rn 30). Da eine förmliche Zustellung nicht vorgesehen ist, soll es – wie bei der Verfahrenseinleitung (o Rn 60) – nicht auf den schwer nachvollziehbaren Zeitpunkt des Zugangs beim Gläubiger ankommen. Beispiel dafür ist die von einer Gütestelle nach § 15a Abs 1 S 2 EGZPO auszustellende Bescheinigung über den erfolglosen Einigungsversuch.

k) Übergang in das streitige Verfahren
In den Fällen der Nrn 2 und 3 des § 204 Abs 1 BGB erfolgt ggf der Übergang in das streitige Verfahren. Dann wird die Hemmung durch sie überlagert durch dessen Hemmungswirkung, die eigene Frist des § 204 Abs 2 S 1 BGB wird bedeutungslos.

l) Wirkung des § 204 Abs 2 S 1
§ 204 Abs 2 S 1 BGB bezieht sich nicht auf die Fälle des § 204 Abs 1 Nrn 12 und 13 **151** BGB, die eine eigene Dreimonatsfrist haben.

In den übrig bleibenden Fällen des § 204 Abs 1 Nrn 1–11, 14 BGB berechnet sich die Dauer der Hemmung aus der Dauer des Verfahrens einerseits und der zusätzlichen Frist von sechs Monaten andererseits. Dabei bedeutet diese Sechsmonatsfrist *keine Ablaufhemmung:* Sie wirkt sich freilich in diesem Sinne aus, wenn die bisherige Verjährungsfrist schon so weit verbraucht ist, dass nur noch weniger als sechs Monate – oder gar: gar nichts – offen sind. Die sechs Monate kommen dem Gläubiger aber auch dann zugute, wenn noch mehr als sechs Monate offen sind. Sind dies zB sieben Monate, so stehen ihm insgesamt noch dreizehn Monate zur Verfügung. – Aus rechtspolitischer Sicht hätte eine Ablaufhemmung genügt.

Zu beachten ist, dass eine Hemmung der Verjährung aus anderen Gründen über den Zeitraum des § 204 Abs 2 S 1 BGB andauern kann. In Betracht kommen namentlich schwebende Verhandlungen, § 203 BGB.

§ 205
Hemmung der Verjährung bei Leistungsverweigerungsrecht

Die Verjährung ist gehemmt, solange der Schuldner auf Grund einer Vereinbarung mit dem Gläubiger vorübergehend zur Verweigerung der Leistung berechtigt ist.

Materialien: Art 1 G zur Modernisierung des Schuldrechts v 26. 11. 2001 (BGBl I 3138). BGB aF: § 202: E I § 162; II § 168; III § 197; Mot I 312; Prot I 340 ff, 1428; II 1 215 ff; II 518; VI 141, 383; JAKOBS/SCHUBERT, AT 994 f, 1001 ff, 1023 ff, 1059 ff, 1083 ff, 1096 f, 1112 ff, 1138, 1140 ff. PETERS/ZIMMERMANN: Gutachten 253, 308, 324; Schuldrechtskommission § 211, Abschlussbericht 88; RegE § 205, BT-Drucks 14/6040, 118.

Schrifttum

Vgl auch die Nachweise zu § 206.
BÜLOW, Aufschub des Verjährungseintritts bei Musterprozessen, insbesondere Bauprozessen, NJW 1971, 2254
DELP, Verjährungsrechtliche Folgen bei Kostenansprüchen der Staatskasse nach rechtskräftigem Abschluss eines gerichtlichen Wertfestsetzungsverfahrens, JurBüro 1978, 1285
GRAF FUGGER ZU GLÖTT, Die Rechtssätze des § 202 BGB über die Hemmung der Anspruchsverjährung im Verhältnis zu den entsprechenden gemeinrechtlichen (Diss Rostock 1908)
GAISBAUER, Hemmung der Verjährung durch Verhandlungen im Kraftfahrzeughaftpflichtrecht, ZfVers 1970, 238
HAUSEN, Die Hemmung der Verjährung, BB 1952, 963
PETERS, Zur Verjährung wiederaufgelebter Gewährleistungsansprüche, NJW 1982, 562
PÜSCHEL, Die Auswirkungen schuldnerischen

Verhaltens und der Einfluss von Verhandlungen auf die Verjährung (Diss Hamburg 1982)
SÄCKER, Fristenhemmung und Fristenrestitution im Zivil- und Zivilprozessrecht, ZZP 80 (1967) 421
SPIRO, Zur neueren Geschichte des Satzes „agere non valenti non currit praescriptio", in: FS Lewald (1953) 585
TEPLITZKY, Zur Unterbrechung und Hemmung der Verjährung wettbewerbsrechtlicher Ansprüche, GRUR 1984, 307
USINGER, Die Hemmung der Verjährung durch Prüfung oder Beseitigung des Mangels, NJW 1982, 1021
WAGNER, Prozessverträge (1998)
ders, Alternative Streitbeilegung und Verjährung, NJW 2001, 182.

Systematische Übersicht

I.	**Hemmung der Verjährung wegen unzumutbarer Rechtsverfolgung**	1
II.	**Allgemeines zu § 205**	
1.	Gründe der Hemmung	3
2.	Dauernde Leistungsverweigerungsrechte; Einwendungen	4
3.	Gesetzlich begründete Leistungsverweigerungsrechte	5
4.	Abgrenzungsfragen	6
III.	**Stundung**	
1.	Begriff	8
2.	Reichweite	10
3.	Stundung als Rechtsgeschäft	11
4.	Rechtsnachfolge	12
5.	Abrede des Ruhens des Prozesses	13
IV.	**Pactum de non petendo**	
1.	Begriff	14
2.	Voraussetzungen	16
3.	Beispiele	17
4.	Notwendigkeit der vertraglichen Bindung	18
V.	**Weitere Fälle des § 205**	19
1.	Moratorium	20
2.	Behördliche, gerichtliche Anordnungen	21
3.	Anderweitige Verfahren	22
4.	Sonstige Fälle	23
5.	Kontokorrent	24
6.	Pflichtverteidiger	25
VI.	**Ausschlussfristen**	26
VII.	**Öffentliches Recht**	27
VIII.	**Beweislast**	28

Alphabetische Übersicht

Anerkenntnis	6, 15
Anordnung	
– behördliche	21
– gerichtliche	21
Ausschlussfristen	26
Beweislast	28
Einrede	
– dauernde, peremptorische	4
– dilatorische, vorübergehende	4
– gesetzliche	5
– objektives Bestehen	3
– vereinbarte	3
Einwendung	4
Hemmung	1
Hindernis	
– rechtliches	7, 19
– der Rechtsverfolgung	1, 7
– tatsächliches	7
Kontokorrent	24
Kündigungsschutzklage	22
Leasingverträge	9
Leistung erfüllungshalber	9

Titel 2
Hemmung, Ablaufhemmung und Neubeginn der Verjährung § 205

Leistungsverweigerungsrechte, vereinbarte	5	Streitwertfestsetzung	25
Leistungsverweigerungsrechte, vorübergehende	4	Stundung	8 ff
		– anfängliche	6
		– Bitte um	6
		– Dauer	10
Moratorium	20	– Drittwirkung der	12
Musterprozess	18	– Gesamtschuldnerschaft, bei	12
		– Rechtsnachfolge, bei	12
Neubeginn der Verjährung	6	– rechtlicher Bindungswille bei	9
		– Reichweite	10
Öffentliches Recht	27	– Umfang	10
		– Vereinbarung der	8 f
Pactum de non petendo	14 ff	– Vertreter, durch	11
Pflichtverteidiger	25		
Prätendentenstreit	23	Teilungsabkommen	17
Rechtsnachfolger	12	Unpfändbarkeit des Schuldnervermögens	21
Ruhen des Verfahrens	13, 21	Unterhaltsanspruch	23
Schiedsgutachtenabrede	9	Vollstreckungsschutz	21
Sicherungsgrundschuld	24		

I. Hemmung der Verjährung wegen unzumutbarer Rechtsverfolgung

Agere non valenti non currit praescriptio: Wenn der Gläubiger sein Recht nicht **1** durchsetzen kann (und damit die Verjährung auch nicht seinerseits hemmen kann), darf die Verjährung nicht gegen ihn laufen. Dies berücksichtigen die §§ 205–211 BGB, indem sie bei *Hindernissen der Rechtsverfolgung* die Verjährung einstweilen stillstehen lassen.

Dabei trifft das Gesetz mehrfache Unterscheidungen. Die in den §§ 210, 211 BGB geregelte *Ablaufhemmung* verhindert den Eintritt der Verjährung trotz des stattgefundenen Fristablaufs. *Hemmung im eigentlichen Sinne* bedeutet, dass ihr Zeitraum bei der Berechnung der Verjährung „ausgeblendet" wird (§ 209 BGB). Diese Ausblendung tritt uneingeschränkt im Falle des § 205 BGB ein, im Falle des § 206 BGB dagegen nur, wenn der Hemmungsgrund in die letzten sechs Monate der Verjährungsfrist fiel. Das Gesetz kennt auch anderweitig Hemmungstatbestände (vgl §§ 802 BGB; 115 Abs 2 S 3 VVG). Bei ihnen gibt es die letztgenannte Einschränkung regelmäßig nicht.

Die *Hindernisse,* auf die die Rechtsverfolgung stößt, können *rechtlicher* oder *tatsächlicher* Natur sein. § 205 BGB betrifft die rechtlichen Hindernisse und berücksichtigt sie zeitlich uneingeschränkt (soweit sie beachtlich sein sollen), § 206 BGB erfasst demgegenüber die tatsächlichen Hindernisse und legt hier einmal einen strengen Maßstab für die Berücksichtigungsfähigkeit an („höhere Gewalt") und lässt sie zum anderen auch nur, wie eben schon bemerkt, zeitlich eingeschränkt relevant werden.

2 Die Bestimmungen der §§ 205, 206 BGB betreffen nur *echte Hindernisse* bei der Durchsetzung des Rechts. Es gibt auch die Konstellation, dass der Gläubiger davon ausgehen darf, dass er sein Recht nicht durchzusetzen braucht, oder dass dies sogar unzweckmäßig wäre. Die erstere Konstellation tritt ein, wenn der Schuldner freiwillig erfüllt: Darin kann und wird ein die Verjährung erneuerndes Anerkenntnis liegen, § 212 Abs 1 Nr 1 BGB. Unzweckmäßig kann die Rechtsverfolgung erscheinen, wenn, weil und solange Vergleichsverhandlungen schweben. Dann gilt § 203 BGB.

II. Allgemeines zu § 205

3   1. Die zur Hemmung der Verjährung notwendige Klage, § 204 Abs 1 Nr 1 BGB, braucht nicht zulässig oder gar begründet zu sein (vgl § 204 Rn 23 ff); entsprechendes gilt für die anderen Hemmungstatbestände des § 204 Abs 1 BGB. Gleichwohl mutet es das Gesetz dem Gläubiger nicht an, eine in der Sache aussichtslose Klage zu erheben, die ja gravierende Kostennachteile hätte. Deshalb haben *bestimmte Leistungsverweigerungsrechte* des Schuldners nach § 205 BGB eine die Verjährung hemmende Wirkung. Aus der Berücksichtigung der Lage des Gläubigers folgt, dass bereits das *objektive Bestehen der Einrede* die Verjährung hemmt (STAUDINGER/DILCHER[12] § 202 aF Rn 4); der Schuldner braucht sich auf sie nicht berufen zu haben bzw die Berufung in Aussicht zu stellen. Andererseits muss das Dilemma des Gläubigers objektiv bestehen; es genügt nicht, dass es nur nach einer Vorstellung begründet ist (BAG BB 1965, 372). – Ausnahmsweise mag der Gläubiger allerdings schon jetzt eine Klage auf künftige Leistung erheben können, vgl §§ 257–259 ZPO, und möglicherweise könnte er nach § 256 ZPO gegenwärtig auf Feststellung des Anspruchs klagen, wie dies nach § 204 Abs 1 Nr 1 BGB zur Hemmung der Verjährung genügen würde. Das aber schließt den Hemmungstatbestand des § 205 BGB nicht aus (RGZ 142, 258; BGB-RGRK/JOHANNSEN § 202 aF Rn 2; STAUDINGER/DILCHER[12] § 202 aF Rn 4).

4   2. § 205 BGB betrifft nur *vorübergehende Leistungsverweigerungsrechte* des Schuldners, dilatorische Einreden, *nicht* aber *dauernde,* peremptorische, wie sie etwa in den §§ 813 Abs 1, 886, 1169, 1254 BGB angesprochen sind (STAUDINGER/DILCHER[12] § 202 aF Rn 16). Bei ihnen ist die Interessenlage anders: Der Gläubiger kann auf eine Verbesserung der Chancen seiner Klage nicht hoffen, also mag er sie gleich anstrengen, wenn er es denn will: die Verjährung darf laufen. Ggf kann die Klage dann wahlweise wegen der Verjährung oder wegen der sonstigen Einrede abgewiesen werden.

Bei *Einwendungen* des Schuldners gebietet die Interessenlage ebenfalls keine Hemmung der Verjährung. Das gilt namentlich dort, wo der Schuldner anfechten oder aufrechnen kann (STAUDINGER/DILCHER[12] § 202 aF Rn 17). Vor der wirksamen Gestaltungserklärung des Schuldners besteht der Anspruch voll; danach ist er weggefallen, sodass eine Leistungsverweigerung des Schuldners nicht in Betracht kommt. In § 162 Abs 3 E I war dies ausdrücklich vorgesehen; die Vorschrift wurde dann als entbehrlich gestrichen (Prot I 218). Das bedeutet natürlich nicht, dass das Gericht das Bestehen der Einwendung endgültig klären müsste; es kann dies dahinstehen lassen und die Klage jedenfalls wegen Verjährung abweisen (mit der Ausnahme hinsichtlich der Aufrechnung des Schuldners, bei der § 322 Abs 2 ZPO Klarheit darüber gebietet, ob nun über sie entschieden wurde oder nicht).

3. § 205 BGB betrifft nur unter den Parteien *vereinbarte Leistungsverweigerungs-* **5**
rechte (BGH NJW 2015, 1007 Rn 22). Bei solchen, die auf dem Gesetz beruhen, kann es
dem Gläubiger grundsätzlich angesonnen werden, sie zu überwinden. In den Fällen
der §§ 273, 320 BGB mag er zB die ihm obliegende Leistung anbieten, um erfolgreich nach § 204 Abs 1 Nr 1 BGB vorgehen zu können. Die Einreden der §§ 2014,
2015, 1489 Abs 2 BGB hindern eine Klage nicht wegen § 305 ZPO. Die Einrede der
mangelnden Sicherheitsleistung, §§ 258, 811, 867, 1005 BGB, kann durch die Sicherheitsleistung überwunden werden. Im Falle der §§ 409 Abs 2, 410 BGB kann der
Gläubiger schon jetzt klagen und zB die Zustimmung nach § 409 Abs 2 BGB nach-
reichen (BGHZ 64, 121). Nachgereicht werden können auch die Urkunden des § 1160
Abs 2 BGB. In den Fällen der §§ 526, 1100 BGB kann die notwendige Zahlung
angeboten werden. Die Einreden des Bürgen nach den §§ 770, 771 BGB lassen sich
nach § 204 Abs 1 Nr 6 BGB im Prozess gegen den Hauptschuldner neutralisieren.
Zu den Haftungsbeschränkungen nach den §§ 611 Abs 1, 3, 612–616 HGB vgl etwa
§ 305a ZPO.

Immerhin gibt es einige gesetzlich begründete Leistungsverweigerungsrechte, die
analog zu § 205 BGB behandelt werden müssen, namentlich das Moratorium (dazu u
Rn 20 ff).

4. Abgrenzungsfragen ergeben sich bei § 205 BGB gegenüber dem Neubeginn **6**
der Verjährung sowie gegenüber den Tatbeständen der §§ 197–200, 206 BGB.

a) Die *Hemmung der Verjährung schließt* im Bereich des § 205 BGB – wie auch
sonst – *ihren Neubeginn nicht aus*. Insbesondere die Stundungsbitte wird in aller
Regel zugleich ein Anerkenntnis des Schuldners iSd § 212 Abs 1 Nr 1 BGB enthalten (PALANDT/ELLENBERGER Rn 2; WAGNER, Prozessverträge 417 f). Das bedeutet aber:

aa) Bei der erfolgreichen Stundungsbitte des Schuldners kommt nur § 205 BGB –
und nicht auch § 212 Abs 1 Nr 1 BGB – zum Tragen, wenn sie gleichzeitig mit einem
Bestreiten der Schuld verbunden ist. Das dürfte sich praktisch nur selten ergeben.

bb) Liegt regelmäßig in der Stundungsbitte auch ein Anerkenntnis des Schuldners,
kumulieren sich die Hemmung nach § 205 BGB bei gewährter Stundung und der
Effekt des § 212 Abs 1 Nr 1 BGB: Zunächst ist das Ende der Hemmung abzuwarten;
dieses Ende markiert den Neubeginn der Verjährung.

Damit ist es unter dem Aspekt der Verjährung für den Schuldner durchaus gefährlich, um Stundung nachzusuchen.

b) Verabreden die Parteien schon bei Begründung des Schuldverhältnisses, dass
der Schuldner erst später soll leisten müssen, dann soll dies nach hM nach § 199
Abs 1 Nr 1 BGB relevant sein, dh wegen späterer Entstehung des Anspruchs den
Verjährungsbeginn hinausschieben; die von § 205 BGB angesprochene Stundung
soll nur eine bereits fällige Forderung betreffen können (BGH WM 1977, 895; NJW-RR
1992, 255; BeckOGK BGB/PIEKENBROCK [1. 2. 2019] § 199 Rn 16. 4; MünchKomm/GROTHE Rn 1,
3). Es ist indessen nicht einzusehen, warum eine Forderung nicht schon anfänglich
soll gestundet werden können. Immerhin sind praktische Konsequenzen der Unterscheidung nicht ersichtlich. Namentlich ist bei § 199 Abs 1 BGB vom nächsten

Jahresende als Verjährungsbeginn auszugehen, falls die anfängliche Stundung über den Jahreswechsel hinausreicht.

7 **c)** Bedeutsamer ist die Abgrenzung zwischen den §§ 205 und 206 BGB, weil letztere Bestimmung Hemmnisse einschränkend nur dann berücksichtigt, wenn sie das letzte halbe Jahr der Verjährungsfrist betreffen. Die Abgrenzung wird dadurch problematisch, weil eine ganze Reihe von *rechtlichen Hindernissen* der Rechtsverfolgung als Hemmungsgründe anerkannt oder mindestens erwogen werden, die nicht eigentlich Leistungsverweigerungsgründe des Schuldners betreffen, zB Unkenntnis des Gläubigers, behördliches Verbot der Leistung, Einstellung der Forderung in ein Kontokorrentverhältnis etc. Die Abgrenzung muss danach erfolgen, ob Tatsachen – uU auch nur innere – die Verfolgung des Rechts behindern, dann § 206 BGB, oder ob ein Leistungsverweigerungsrecht des Schuldners gegeben ist, das auch wieder entfallen kann. Danach ist etwa eine *„anspruchsfeindliche"* Rechtsprechung allenfalls nach § 206 BGB relevant (vgl dort Rn 6 ff). Zu Einzelheiten u Rn 19 ff. Jedenfalls werden in der Diskussion viele Fälle bei § 205 BGB erörtert, die recht eigentlich zu § 206 BGB gehören.

III. Stundung

8 **1.** Unter einer Stundung als einem Hauptanwendungsfall des § 205 BGB ist die Vereinbarung der Parteien zu verstehen, dass ein Leistungsverweigerungsrecht des Schuldners bestehen soll.

a) Die Stundung setzt damit einen *Vertrag der Parteien* voraus. Ein bloßes einseitiges Angebot genügt nicht (MünchKomm/Grothe Rn 3; Palandt/Ellenberger Rn 1). Die Parteien müssen sich vielmehr – durch Angebot und dessen Annahme – einig geworden sein. Dabei wird ein Angebot des Gläubigers vielfach nach § 151 BGB angenommen werden können; umgekehrt ist dies kaum denkbar. – Zum möglichen Zeitpunkt der Einigung o Rn 6.

9 **b)** Notwendig ist dabei insbesondere ein *rechtlicher Bindungswille* der Parteien. Auf Seiten des Gläubigers genügt es vor allem nicht, dass er Leistungsverweigerungen des Schuldners oder entsprechende Ankündigungen nur resignierend hinnimmt. Es muss vielmehr der Wille feststellbar sein, sich hinsichtlich der Durchsetzbarkeit seiner Forderung rechtlich zu beschränken. Das ist unter umfassender Berücksichtigung der Umstände des Einzelfalls zu ermitteln, bei der sich – über den Gebrauch des Wortes „Stundung" hinaus, der aber nicht notwendig ist – zwingende Kriterien kaum angeben lassen. Selbst die Vereinbarung höherer Zinsen für den Fall der Nichtleistung lässt nicht unwiderleglich den Schluss zu, dass die Durchsetzbarkeit der Forderung eingeschränkt sein soll.

c) Eine Stundung kann namentlich auch *konkludent* vereinbart werden. Dies ist insbesondere für die Übernahme von zusätzlichen Verbindlichkeiten erfüllungshalber anzunehmen (BeckOGK BGB/Meller-Hannich [1.3.2019] Rn 7) oder für die entsprechende Abtretung eigener Forderungen gegen Dritte. Die Stundung endet dann entweder mit der Erfüllung oder damit, dass die anderweitige Befriedigung misslingt. Hierher gehört ua auch die Abtretung eigener Gewährleistungsansprüche des Baubetreuers gegen die Handwerker zur Abwendung der Ansprüche des Bestellers gegen ihn (BGH WM 1981, 902, 903; PETERS NJW 1982, 562); ferner der Anspruch des Leasinggebers gegen den Leasingnehmer auf Leasingraten während des Zeitraums, in dem der Leasingnehmer den Hersteller aus abgetretenen Mängelrechten in Anspruch nehmen muss (BGH NJW 2016, 397 Rn 21 f). Welche Schritte dem Gläubiger konkret zur Durchsetzung der abgetretenen Ansprüche anzusinnen sind, ob er insbesondere zur Klage gegen den Dritten verpflichtet ist, ist hier nicht näher darzustellen; es sei allerdings auf die Bestimmung des § 309 Nr 8b aa BGB verwiesen. Verzögert der Gläubiger das Vorgehen gegen den Dritten, endet die Hemmung (BGH NJW 1990, 1232). – Eine Stundung ist ferner angenommen worden, wenn der Gläubiger einer Handelsgesellschaft mit dieser vereinbart, während der Liquidation nicht gegen sie und den Bürgen vorzugehen: Hemmung hinsichtlich der Hauptschuldnerin und des Bürgen bis zum Abschluss der Liquidation (RG LZ 1919, 1233, 1234). Wenn der Arbeitgeber einem Arbeitnehmer („Haussohn") verspricht, er werde ihn für die geleisteten Dienste letztwillig bedenken, ist eine Stundung bis zum Widerruf des Versprechens oder bis zur Testamentseröffnung anzunehmen (BAG NJW 1963, 2188; 1978, 44; BGH NJW 1965, 1224). Die einseitige Erwartung der testamentarischen Zuwendung hemmt die Verjährung freilich nicht (BAG NJW 1970, 1701).

Es hemmt eine *Schiedsgutachterabrede* (RGZ 142, 258, 263; BGH NJW 1990, 1231, 1232). Die Hemmung endet, wenn die Voraussetzungen des § 319 Abs 1 S 2 BGB offenbar werden. Aktuell getroffen fällt sie auch unter § 203 BGB. Die Anrufung des Schiedsgutachters unterliegt § 204 Abs 1 Nr 8 BGB.

Verhandlungen führen zu § 203 BGB, regelmäßig nicht zu § 205 BGB.

2. Die *Reichweite der Stundung* können die Parteien bestimmen; es sind ihre **10** Erklärungen auszulegen.

a) *Gegenständlich* kann die Stundung auf bestimmte Beträge beschränkt werden, so etwa bei einem Sicherheitseinbehalt wegen möglicher Werkmängel. Bei mehreren konkurrierenden Ansprüchen trifft die Stundung im Prinzip jeden für sich, kann also eingeschränkt werden. Doch wird es dem Willen der Parteien idR entsprechen, alle konkurrierenden Ansprüche zu stunden, auch wenn sie sich der einen oder anderen Rechtsgründe nicht bewusst geworden sind. Anders kann es zu beurteilen sein bei alternativen Ansprüchen: Die Parteien haben an vertragliche gedacht, gegeben sind aber zB nur bereicherungsrechtliche. Hier wird man die Erklärungen eher eng auslegen und fordern müssen, dass die Parteien mit Ansprüchen dieser Art jedenfalls gerechnet haben.

b) Die *Dauer der Stundung* kann beliebig festgesetzt werden. Die Dauer kann nach Zeiträumen oder Daten bemessen, sein, sich an bestimmten Ereignissen orientieren, wie etwa dem Ausgang eines anderweitigen Prozesses, oder an bestimmten Vorgängen (Realisierung einer erfüllungshalber abgetretenen Forderung, RGZ 70, 37). In diesem Fall trifft den Gläubiger eine Förderungspflicht, die die Dauer der Hemmung zeitlich beschränken kann: Hemmung nicht für die reale Dauer des Vorgehens gegen den Dritten, sondern nur für eine angemessene; doch ist maßgeblich der Wille der Parteien.

Zweifelhaft zu beurteilen sind Diskrepanzen zwischen dem, was dem Gläubiger obliegt, und dem, was er tatsächlich tut: Er müsste den Dritten verklagen, unterlässt dies aber nach Fehlschlagen der außergerichtlichen Bemühungen und wendet sich sogleich wieder an den Schuldner: Hier wird man die Verjährung nicht mehr als um die mutmaßliche Dauer eines Prozesses gehemmt ansehen dürfen. Anders, wenn der Gläubiger den Dritten überobligationsmäßig verklagt. Dann wird die Prozessdauer zu seinen Gunsten Berücksichtigung zu finden haben.

11 3. Das Rechtsgeschäft der Stundung ist weder für den Gläubiger allein rechtlich vorteilhaft, noch auch – wegen § 205 BGB – für den Schuldner (§ 107 BGB). Es ist nach den §§ 119 ff BGB anfechtbar, doch wird eine Anfechtung einen schon eingetretenen Hemmungszeitraum nicht rückwirkend beseitigen können.

Ein Vertreter auf der einen oder anderen Seite bedarf der *Vertretungsmacht:* sonst ist Verfügungsbefugnis über die Forderung notwendig, aber auch ausreichend. Der pfändende Gläubiger, dem die Forderung zur Einziehung überwiesen worden ist, soll jedenfalls zu seinen eigenen Lasten und Gunsten eine Stundung mit dem Drittschuldner verabreden können, nicht aber mit Wirkung für den Pfändungsschuldner (BGH NJW 1978, 1914). Dieser mag die gegen ihn weiterlaufende Verjährungsfrist dadurch anhalten, dass er auf Leistung an den Pfändungsgläubiger klagt; die Pfändung hat ihm diese Möglichkeit nicht genommen (BGH NJW 2001, 2278). AGB des Schuldners, die eine Stundung vorsehen, sind an § 307 BGB zu messen; sie belasten den Gläubiger mit einem Insolvenzrisiko, das nicht überhöht ausfallen darf, vgl zum Sicherheitseinbehalt des Bestellers das detaillierte Regelwerk der VOB/B in ihrem § 17 Abs 5 f.

12 4. Wenn die Forderung abgetreten wird, wirkt die Stundung nach § 404 BGB auch gegenüber dem *Rechtsnachfolger des Gläubigers.* Wird die Stundung erst nach Abtretung der Forderung, aber unter den Voraussetzungen des § 407 Abs 1 BGB verabredet, wirkt sie jedenfalls zugunsten des Schuldners. Dann wird er sie aber auch im Rahmen des § 205 BGB gegen sich gelten lassen müssen, sofern er nicht von vornherein auf ihren Schutz verzichtet.

Der *Rechtsnachfolger des Schuldners* muss die nachteiligen Wirkungen der Stundung gegen sich gelten lassen. In gleicher Weise wirkt die der oHG bewilligte Stundung verjährungsmäßig außer zu ihren Lasten auch zu Lasten ihres Gesellschafters, § 129 Abs 1 HGB, die dem Hauptschuldner gewährte Stundung hinsichtlich der Hauptschuld zu Lasten des Bürgen, § 768 Abs 1 S 1 BGB; ein Fall des § 768 Abs 2 BGB liegt darin nicht.

Gibt es *mehrere Schuldner oder Gläubiger,* gilt die Stundung im Ausgangspunkt nur individuell, §§ 425 Abs 2, 429 Abs 2 S 1 BGB. Wo sie sich allerdings wechselseitig vertreten können, wird meist auch eine Stundung mit Wirkung gegenüber den anderen gewollt sein, vgl auch den Grundsatz des § 425 Abs 2 BGB einschränkend BGH NJW-RR 1994, 313.

Wenn es für zulässig erachtet wird, ein pactum de non petendo mit Wirkung für einen weiteren Schuldner abzuschließen (BGH NJW 1956, 119), dann muss es auch zulässig sein, auch *für einen weiteren Schuldner* eine Stundung zu vereinbaren. Vor dem Hintergrund des § 205 BGB, bei dem sich beide Institute gleichstehen, ist das freilich nicht unbedenklich; es kann zu einem Vertrag zu Lasten Dritter geraten. Man wird das Ergebnis einer Drittwirkung der Stundung aber gleichwohl jedenfalls dann akzeptieren müssen, wenn der Dritte die Stundung entweder genehmigt oder sonst von ihr Gebrauch macht. Dagegen wäre der Berufung des dritten Schuldners auf den ungehemmten Eintritt der Verjährung wohl kaum der Erfolg zu versagen, wenn er aus der Stundung bewussten Nutzen nicht gezogen hat.

5. Die Verabredung einer Stundung liegt nicht schon in der Vereinbarung, *einen* **13** *Prozess ruhen zu lassen* (RGZ 73, 394), auch nicht in der Vereinbarung, einen Prozess vorläufig nicht weiter zu betreiben (BGH NJW 1983, 2497). Bei Abreden dieser Art stellt sich aber die Frage der Abgrenzung zum pactum de non petendo, wie es für eine Hemmung nach § 205 BGB ebenfalls für genügend erachtet wird (vgl u Rn 14 ff).

Die Aufnahme von Vergleichsverhandlungen bedeutet für sich noch keine Stundung der Forderung, hemmt aber nach § 203 BGB.

IV. Pactum de non petendo

1. Die Verjährung kann auch dadurch gehemmt werden, dass die Parteien ver- **14** einbaren, dass der Anspruch nicht gerichtlich geltendgemacht werden soll, sog *pactum de non petendo,* Stillhalteabkommen.

a) Das pactum de non petendo ist – als Hemmungsgrund für die Verjährung – ein *rein zivilrechtlicher Begriff.* Es kommt nicht darauf an, welche prozessualen Folgen die Vereinbarung hat, dass der Anspruch nicht gerichtlich geltend gemacht wird, ob sie eine gleichwohl erhobene Klage also unzulässig sein lässt (vgl BGH NJW-RR 1989, 1049) oder jedenfalls (zur Zeit) unbegründet oder ob sie gar einer Verurteilung des Schuldners in der Sache nicht entgegensteht, weil sie nämlich weder die Klage unzulässig macht noch ein Leistungsverweigerungsrecht begründet.

b) Die *Abgrenzung* des pactum de non petendo *von der Stundung* ist schwierig **15** und kaum möglich, aber vor dem Hintergrund der gleichartigen Rechtsfolge der Anwendbarkeit des § 205 BGB auch nicht notwendig; WAGNER (Prozessverträge 418 f) stellt pactum de non petendo und Stundung gleich.

In der Regel liegt allerdings bei einer Stundung der Forderung ein Anerkenntnis des Schuldners vor, während das Bestehen des Anspruchs bei Abschluss eines pactum de non petendo gerade geleugnet wird. Doch ist eine Anerkenntnis der Forderung bei einer Stundung nicht notwendig (Stundung der Forderung für den vom Schuldner bestrittenen Fall ihrer Existenz). Immerhin macht die regelmäßige Koinzidenz von Stundung und Anerkenntnis das pactum de non petendo zum *Hauptanwendungsfall des § 205 BGB.*

Ob man den Unterschied darin sehen kann, dass die Stundung zu einem Leistungsverweigerungsrecht des Schuldners führt, das pactum de non petendo nicht, ist zweifelhaft. Der BGH (WM 1977, 311, 312; NJW 1983, 2496, 2497 f; 1999, 1101) hält es überhaupt für Wesen und Inhalt des pactum de non petendo, dass ein vorübergehendes Leistungsverweigerungsrecht des Schuldners begründet werde. In der Tat kann es hier dazu kommen, doch wäre das pactum de non petendo dann wiederum mit der Stundung identisch, und braucht es auch nicht in allen Fällen des pactum de non petendo zu einem Leistungsverweigerungsrecht des Schuldners zu kommen und braucht jedenfalls der Wille der Parteien auf diese materielle Rechtsfolge nicht gerichtet zu sein.

Man wird den Unterschied am ehesten in der *Zielrichtung* sehen können: Die Stundung bezweckt, dass die Leistung einstweilen gerechtfertigt unterbleibt, das pactum de non petendo bezweckt, dass die gerichtliche Auseinandersetzung einstweilen unterbleibt. Als Ausschluss der Klagemöglichkeit wird das pactum de non petendo verstanden in BGH NJW-RR 1989, 1049.

c) *Wesen des pactum de non petendo* und damit Gegenstand der zu seinem Abschluss notwendigen Einigung der Parteien ist es also, dass eine gerichtliche Auseinandersetzung über die Forderung einstweilen unterbleiben soll, dass sich der Gläubiger verpflichtet, insoweit stillzuhalten.

Eine Verpflichtung dieser Art ist ohne weiteres zulässig; namentlich stehen ihr Gesichtspunkte des Prozessrechts nicht entgegen. Freilich bedeutet der einstweilige Ausschluss der Klagbarkeit eine massive Verkürzung der Rechte des Gläubigers. In AGB des Schuldners ist eine die eigene Klage des Gläubigers ausschließende Verweisung auf Musterprozesse, Schiedsverfahren nicht zulässig, § 307 BGB. Und bei Individualvereinbarungen sind strenge Anforderungen an den Bindungswillen des Gläubigers zu stellen.

16 2. Wegen der *Voraussetzungen* eines pactum de non petendo kann auf die Erl o Rn 8 ff zur Stundung verwiesen werden, die entsprechend heranzuziehen sind. Hervorzuheben ist namentlich folgendes:

Notwendig ist auch hier ein *Vertrag der Parteien* (BGH NJW 1983, 2496, 2497). Es genügt insbesondere nicht, dass der Schuldner das passive Verhalten des Gläubigers nur hinnimmt. Es muss vielmehr einverständlich eine entsprechende Verpflichtung des Gläubigers begründet werden (vgl auch OLG Düsseldorf NJW-RR 2000, 836). Insoweit muss der Schuldner ein eindeutiges Angebot machen (BGH NJW 2000, 2661).

Einschränkungen hinsichtlich der *zeitlichen Möglichkeiten des Vertrages* bestehen nicht. Die Regel wird eine Vereinbarung sein, dass ein Prozess zunächst überhaupt unterbleiben soll, doch ist es auch denkbar, dass ein schon anhängiger Prozess nicht weiterbetrieben werden soll (BGH NJW 2000, 2661). Dann führt das Nichtbetreiben, § 204 Abs 2 S 3 BGB, zu einer Hemmung der Verjährung nach § 205 BGB. Auch im Vollstreckungsbereich ist ein pactum de non petendo denkbar.

Die *Dauer* der Nichtgeltendmachung der Forderung muss *irgendwie beschränkt* sein; würde der Gläubiger unbeschränkt auf die Geltendmachung der Forderung verzichten, könne er die Hemmungswirkung des § 205 BGB nicht für sich in Anspruch nehmen. Die Beschränkung kann in der Vereinbarung einer Frist liegen aber doch auch auf ein künftiges ungewisses Ereignis abgestellt sein, zB den Ausgang eines anderweitigen Prozesses, der Entscheidung eines Dritten (BGH NJW-RR 1995, 290).

3. Auch für das pactum de non petendo gilt, dass es auch *konkludent* abge- 17
schlossen werden bzw sich durch Auslegung aus schon bestehenden Vereinbarungen
der Parteien folgen kann (vgl BGH NJW 1999, 1022). Typische Fälle sind insbesondere:

Teilungsabkommen zwischen Sozialversicherungsträger und Haftpflichtversicherer
zugunsten des Schädigers (BGH LM Nr 12). Hier endet die Hemmung, wenn die
Leistungen des Versicherers die im Abkommen vorgesehene Höchstgrenze erreicht
haben (BGH NJW 1974, 698; 1978, 2506) oder wenn ein nicht an dem Abkommen
beteiligter Versicherer zuständig wird (OLG Braunschweig VersR 1977, 450).

Die Vereinbarung, eine weitere Klärung des Anspruchs in seinen Voraussetzungen
und seiner Entwicklung abzuwarten, so namentlich das Zuwarten auf den Abschluss
von Ermittlungen, die Entwicklung des Schadens (BGH LM Nr 3; NJW 1973, 316; VersR
1979, 348; NJW 1986, 1338), das Ergebnis der Inanspruchnahme eines Dritten (BGH LM
Nr 5; OLG Hamm NJW-RR 1993, 215), die einverständliche Einholung eines Schiedsgutachtens (OLG Hamm NJW 1976, 717; OLGZ 1982, 450), das Einverständnis des Gläubigers mit Versuchen des Schuldners, den Schaden zu verhindern oder zu beseitigen
(BGH LM Nr 5). In allen Fällen dieser Art kommt es – wie auch sonst – entscheidend
darauf an, ob Einverständnis und Bindungswille vorliegen (bedenklich OLG Köln
NJW-RR 1995, 1457; VersR 1997, 638). Hier kann aber jeweils der Fall des § 203 BGB
gegeben sein.

4. Auf der anderen Seite genügt es für sich *nicht* schon, dass man das Ruhen des 18
Verfahrens vereinbart (RGZ 73, 394, 395; BGH WM 1965, 1181; 1182; 1970, 548; NJW 1983,
2496, 2497; MünchKomm/GROTHE Rn 11). Hier fehlt es idR schon an der für ein pactum de
non petendo notwendigen zeitlichen Begrenzung. Insofern kann es anders liegen,
wenn bestimmte anderweitige Ereignisse abgewartet werden sollen, so etwa der
Ausgang eines anderen Prozesses (vgl BGH VersR 1979, 348, 349). Freilich muss aber
eben beim Abwarten des Ausganges eines Musterprozesses ein vertraglicher Bindungswille des Gläubigers festzustellen sein. Sonst gilt für den schon anhängigen,
aber nicht weiter betriebenen eigenen Prozess § 204 Abs 2 S 3 BGB (BGH MDR 1998,
856; vgl § 204 Rn 130). Freilich kann die Berufung des Schuldners auf die darüber
eingetretene Verjährung treuwidrig sein, wenn er nämlich in dem Gläubiger – durch
die gemeinsame Bezugnahme auf den Musterprozess – die berechtigte Erwartung
geweckt hat, er werde sich nur sachlich verteidigen, nicht mit dem Mittel der Verjährung (RGZ 145, 239, 244; BGH NJW-RR 1993, 1059, 1061). Dann steht dem Gläubiger
eine gewisse, knapp zu bemessende Nachfrist zur Unterbrechung der Verjährung zur
Verfügung (vgl dazu § 214 Rn 25). WAGNER (Prozessverträge 432) will auf Musterprozessvereinbarungen und Schlichtungsabreden, für die gleiches gilt, § 205 BGB analog
anwenden. Aber ohne eine klare Stillhaltepflicht des Gläubigers geht das zu weit.

V. Weitere Fälle des § 205

Eine Hemmung der Verjährung nach § 205 BGB kann über den Wortlaut der 19
Bestimmung hinaus auch dann angenommen werden, wenn der Durchsetzung des
Anspruchs *vorübergehend ein rechtliches Hindernis* entgegensteht, das nicht auf
einer Einrede im technischen Sinne beruht (RGZ 94, 180; BGHZ 10, 310; BGH LM Nr 11).
Ungeachtet der Gleichstellung der Feststellungsklage mit der Leistungsklage in § 204

Abs 1 Nr 1 BGB hinsichtlich der Eignung zur Wahrung der Verjährungsfrist, genügt es insoweit, dass der Gläubiger gegenwärtig an einer (erfolgreichen) Leistungsklage verhindert ist. Die Möglichkeit der Feststellungsklage oder der Klage auf künftige Leistung steht der Hemmung also nicht entgegen (BGH NJW 1969, 1662; LM Nr 12; KG VersR 1981, 1080). Die Fälle liegen durchaus verschiedenartig. Notwendig ist außer dem Ausschluss der gegenwärtigen Leistungsklage, dass das *Hindernis vorübergehend* ist und dass es *gerade auf der Seite des Schuldners* besteht (BGHZ 10, 310): Läge das Hindernis auf seiten des Gläubigers, wäre es nämlich – allenfalls – nach § 206 BGB relevant, also nur eingeschränkt, wenn es nämlich unüberwindlich ist und wenn es gerade die letzten sechs Monate des Laufs der Verjährungsfrist betrifft. Insofern sind namentlich die oft bei § 205 BGB diskutierten Fälle des Rechtsirrtums des Gläubigers allenfalls solche des § 206 BGB, vgl dort Rn 29, vgl ferner dort Rn 16 ff zur Beschlagnahme des Vermögens des Gläubigers, zur Eröffnung des Insolvenzverfahrens über sein Vermögen etc.

20 1. In Betracht kommen zunächst, in den Gesetzesmaterialien zu § 202 BGB aF ausdrücklich genannt, gesetzliche Hindernisse in Form eines *Moratoriums* (Mot I 313).

21 2. *Behördliche* oder *gerichtliche Anordnungen* können zur Stundung oder jedenfalls mangelnden Verfolgbarkeit von Ansprüchen führen. Das ist angenommen worden für die Bewilligung von Armenrecht (Prozesskostenhilfe), soweit sie von Zahlungspflichten einstweilen befreit (BGH MDR 1961, 302; KG JW 1935, 3044; 1938, 2488; OLG Bamberg Rpfleger 1958, 283).

Gleiches gilt, wenn das Gericht nach § 251 ZPO das *Ruhen des Verfahrens* anordnet, für die damit nach § 251 Abs 2 ZPO aF verbundene Sperrfrist von drei Monaten, für eine entsprechend kürzere Frist, falls mit Sicherheit mit einer Zustimmung des Gerichts zu einer vorzeitigen Aufnahme zu rechnen war (RGZ 136, 193, 196; BGH LM § 196 Nr 18 = NJW 1968, 692, 694).

Zum Verbot der Militärregierung an den Schuldner, die Leistung zu erbringen, vgl BGH LM Nr 1 zu § 202 BGB aF.

Auch der Gewährung von Vollstreckungsschutz wird man hemmende Wirkung beizumessen haben (aA OLG Breslau HRR 1939 Nr 1025; STAUDINGER/DILCHER[12] § 202 aF Rn 6; SOERGEL/NIEDENFÜHR § 202 aF Rn 8). Unpfändbarkeit des Schuldnervermögens hemmt nicht (BGH NJW 1998, 1058).

22 3. *Anderweitige Verfahren* hemmen dann, wenn sie eine Leistungsklage einstweilen ausschließen. Die Kündigungsschutzklage hat diese Wirkung für den Lohnanspruch nicht (BAG NJW 1960, 838; 1966; 1477; aA LÜKE NJW 1960 1333) (wegen des unterschiedlichen Streitgegenstandes hemmt sie dessen Verjährung auch nicht, vgl § 204 Rn 22, 44). Es hemmt das Wertermittlungsverfahren nach § 79 GNotKG (OLG Zweibrücken NJW-RR 1999, 1015 zu § 31 KostO aF). Weiter hemmt das Verfahren nach § 127 GNotKG bei Einwendungen gegen die Kostenrechnung eines Notars (vgl BayObLG JurBüro 1993, 103; genauer ist mit OLG Schleswig DNotZ 1995, 793 auf die Verteidigung des Notars im Beschwerdeverfahren abzustellen; jeweils für § 202 BGB aF u § 156 KostO aF).

Das Verfahren nach § 12 AUB hemmt die Verjährung des Anspruchs des Versicherungsnehmers (BGH VersR 1971, 435).

4. *Unsicherheit des Schuldners* über die Person des Gläubigers begründet kein **23** Leistungsverweigerungsrecht, § 273 BGB, und hemmt damit die Verjährung nicht. Das gilt auch dann, wenn ein Prätendentenstreit schwebt, dessen Ausgang für den Schuldner ja nicht verbindlich ist. Vgl zu dem Sonderfall, dass vor dem Sozialgericht über die Einstandspflicht des Trägers der Sozialversicherung gestritten wird (und damit über den Übergang der Forderung gegen den Schädiger auf ihn nach § 116 SGB X), MünchKomm/Grothe[4] § 202 aF Rn 10; OLG München (VersR 1961, 1147) hat hier eine Hemmung der Verjährung angenommen.

Ebenfalls eine Hemmung der Verjährung der Ansprüche gegen den Schädiger nach § 202 BGB aF hat BGH (NJW 1969, 1661) für den Fall angenommen, dass ein Sozialversicherungsträger Leistungen abgelehnt hatte und dann auch nicht nach § 1542 RVO aus übergegangenem Recht vorgehen konnte, bis hin zur Wiederbegründung seiner Einstandspflicht. Das ist aber abzulehnen: Im Vordergrund stand nicht das Leistungsverweigerungsrecht des Schädigers, der ja dann an den Geschädigten hätte leisten müssen, sondern die Behinderung des Gläubigers (§ 206 BGB), die dann aber schwerlich als auf höherer Gewalt beruhend angesehen werden konnte.

Wieder anders ist die Lage hinsichtlich des *Unterhaltsanspruchs* des in der Ehe geborenen, § 1592 Nr 1 BGB, Kindes gegen den Erzeuger. Der Anspruch entsteht erst mit der Feststellung der Vaterschaft, § 1600d Abs 1, 4 BGB, und kann auch erst dann zu verjähren beginnen (BeckOGK BGB/Piekenbrock [1. 2. 2019] § 199 Rn 73); BGH FamRZ 1981, 763 hatte insoweit eine Hemmung der Verjährung erwogen, BGH NJW 2017, 1954 Rn 16 lässt die dogmatische Begründung nunmehr offen).

Die Einrede des Schuldners nach § 409 Abs 1 BGB hemmt nicht, wenn sie den Gläubiger an einer Klage nicht hindert (**aA** Palandt/Ellenberger Rn 3).

5. Ein Anspruch ist nicht selbstständig durchsetzbar und damit in seiner Ver- **24** jährung gehemmt, wenn er in ein *Kontokorrent* einzustellen ist (BGHZ 49, 27). Das gilt auch dann, wenn tatsächlich die Einstellung in das Kontokorrent unterbleibt (BGHZ 51, 347). Die Hemmung dauert bis zum Schluss der Rechnungsperiode (BGHZ 51, 347), höchstens bis zur Beendigung des Kontokorrentverhältnisses.

Bei der *Sicherungsgrundschuld* hatte BGH ZIP 1993, 257; NJW 1996, 253 eine Hemmung der Verjährung der Zinsen angenommen bis zum Eintritt des Sicherungsfalles. Diese Rechtsprechung ist aufgegeben worden durch BGH NJW 1999, 1705: sofortiger Beginn der Verjährung. Wenn die Grundschuldzinsen auch die Valuta absichern, kann es in der Tat zu einem zu missbilligendem Anwachsen der Sicherheit zu Lasten des Eigentümers (und nachrangiger Gläubiger) kommen. Doch ist das Problem materiell zu lösen (zB §§ 138, 305c Abs 1, 307 BGB). Die Verjährung ist dazu untauglich: Die Summe steigt immer noch bedenklich, und die Verjährung kann gehemmt werden. Dogmatisch korrekt also die frühere aufgegebene Rechtsprechung (Peters JZ 2001, 1017). Vor dem Sicherungsfall gilt das agere non valenti non currit praescriptio. Zur Begründung dürfte freilich eher § 200 BGB als § 205 BGB heranzuziehen sein.

25 6. Der Anspruch des Rechtsanwalts aus einer Honorarvereinbarung ist während seiner Beiordnung als *Pflichtverteidiger* gehemmt (BGHZ 86, 98, 103 = NJW 1983, 1407).

Wird der gerichtliche Streitwert zu niedrig festgesetzt, wie er für den Honoraranspruch des Rechtsanwalts verbindlich ist, § 32 Abs 1 RVG, soll nach BGH NJW 1998, 2670, 2672, die Verjährung des überschießenden Honoraranspruchs bis zur Neufestsetzung des Streitwerts gehemmt sein. Das ist im Hinblick auf das eigene Beschwerderecht des Anwalts, § 32 Abs 2 RVG, bedenklich. Es kann von ihm erwartet werden, dass er das Durchsetzungshindernis beseitigt.

VI. Ausschlussfristen

26 § 205 BGB kann – in entsprechender Anwendung – zu einer Verlängerung von Ausschlussfristen nicht führen. Dies gilt jedenfalls dann, wenn diese auf gesetzlicher Regelung beruhen. Allenfalls könnte ein pactum de non petendo den Einwand unzulässiger Rechtsausübung begründen. Nicht anders sind grundsätzlich vertraglich vereinbarte Ausschlussfristen zu sehen, doch mag hier im Einzelfall die Auslegung etwas anderes ergeben.

VII. Öffentliches Recht

27 Im öffentlichen Recht kann § 205 BGB entsprechend angewendet werden, soweit nicht Sonderregelungen bestehen (BVerwG NJW 1977, 623).

VIII. Beweislast

28 Die Darlegungs- und Beweislast für den Hemmungstatbestand des § 205 BGB trifft den Gläubiger (MünchKomm/GROTHE § 203 Rn 1), weil es ihm günstige Tatsachen sind (vgl auch BGH NJW-RR 1994, 373, 374), obwohl anderweitig die Beweislast für diese Leistungsverweigerungsrechte dem Schuldner obliegt. Der Gläubiger muss jedenfalls den Eintritt der Hemmung beweisen, aber doch auch ihren Fortbestand, sofern der Schuldner diesen substantiiert bestreitet (**aA** BGH BauR 1977, 348, 349; NJW-RR 1994, 373, 374 [zu § 639 Abs 2 BGB aF]).

§ 206
Hemmung der Verjährung bei höherer Gewalt

Die Verjährung ist gehemmt, solange der Gläubiger innerhalb der letzten sechs Monate der Verjährungsfrist durch höhere Gewalt an der Rechtsverfolgung gehindert ist.

Materialien: Art 1 G zur Modernisierung des Schuldrechts v 26. 11. 2001 (BGBl I 3138). BGB aF: § 203; E I §§ 164, 165, II § 169, III § 198; Mot I 315; Prot I 348 ff, II 1 218 ff; JAKOBS/SCHUBERT, AT 996, 1001 ff, 1026 ff, 1063 ff, 1083 ff, 1097, 1114; PETERS/ZIMMERMANN § 201, Gutachten 252, 308, 321; Schuldrechtskommission § 212, Abschlussbericht 89; RegE § 206, BT-Drucks 14/6040, 118.

Titel 2
Hemmung, Ablaufhemmung und Neubeginn der Verjährung § 206

Schrifttum

Vgl auch die Nachweise bei § 205.
ADAMKIEWICZ, Die „höhere Gewalt" im Bürgerlichen Gesetzbuch, Gruchot 59, 577
ARNDT, Probleme rückwirkender Rechtsprechungsänderung (1974)
BROMMAN, Die Beeinflussung der Verjährung durch sogenannte Musterprozesse, AnwBl 1985, 5
BUCHNER, Vertrauensschutz bei Änderung der Rechtsprechung. Verfassungsrechtliches Gebot oder Hemmnis der Rechtsfortbildung, in: GS Dietz (1973) 175
FEURING, Hemmung der Verjährung durch Antrag auf Prozesskostenhilfe, MDR 1982, 898
FIEDLER, Zur Verjährung von Gebührenansprüchen der Notare, NJW 1979, 1976
GANTEN, Zum Vertrauensschutz bei der Verjährung von Honoraransprüchen der Architekten, NJW 1973, 1165
GERTH, Begriff der Vis Maior im Römischen und Reichsrecht (1890)
KNAUER, Die höhere Gewalt im Reichsrecht (1901)
KUHN, Hemmung der Verjährung und anspruchsfeindliche Rechtsprechung (Diss Köln 1966)
MELZER, Versäumung materiell-rechtlicher Fristen durch Vertreterverschulden, NJW 1959, 925
PETERS, Zur Verjährung des Amtshaftungsanspruchs bei Inanspruchnahme verwaltungsgerichtlichen Rechtsschutzes, NJW 1986, 1087
SACHS, Verjährungsprobleme nach der Nichtigerklärung notarieller Gebührenermäßigungspflichten, NJW 1979, 1139
SCHENKE, Verjährungsunterbrechung beim Amtshaftungsanspruch – BGHZ 95, 239, JuS 1984, 694
SCHLEE, Verjährungshemmung durch Prozesskostenhilfe, AnwBl 1989, 156
H SCHMIDT, Klageerhebung erst nach Wiedereintragung einer gelöschten GmbH? Verjährungshemmung wegen höherer Gewalt?, DB 1990, 1703.

Systematische Übersicht

I. Allgemeines	
1. Tatsächliche Hindernisse	1
2. Wirkungen	2
II. Höhere Gewalt: Allgemeines	
1. Theorien	3
2. Begriff	4
III. Die prozessuale Rechtsverfolgung	
1. Überlastung der Gerichte	5
2. Ablehnung der Tätigkeit	6
3. Anspruchsfeindliche Rechtsprechung	7
IV. Das Verhalten des Schuldners	
1. Wechsel der Anschrift	12a
2. Leugnen der Verpflichtung	12b
V. Äußere Ereignisse	
1. Amtliche Verzögerungen	13
2. Behinderung im Zugang zum Gericht	14
3. Fehler Dritter	15
VI. Den Gläubiger betreffende Ereignisse	
1. Freiheitsverlust	16
2. Krankheit	17
3. Mängel der prozessualen Handlungsfähigkeit	18
4. Mangelnde finanzielle Leistungsfähigkeit, Prozesskostenhilfe	19
5. Mängel der Handlungsfähigkeit	24
6. Irrtümer	25
VII. Wahrung der äußersten Sorgfalt	
1. Begriff	26
2. Maßstäbe und Zurechnung von Verschulden	27
3. Risikovermeidung	28
4. Irrtümer des Gläubigers	29

VIII. Nachfrist	30	**IX. Anderweitige Anwendungsfälle des § 206**	31

Alphabetische Übersicht

Ablaufhemmung	2	Nachteiliges Urteil	8
Amtliche Verzögerung	13	Neu entwickelter Anspruch	9
Anschriftswechsel	12a		
Anspruchsfeindliche Rechtsprechung	8	Objektive Theorie	3
Antrag auf Prozesskostenhilfe	19	Prozessuale Handlungsfähigkeit	18
		Prozessbevollmächtigter	27
Ausschlussfristen	31	Prozesskostenhilfe	19 ff
Fehlende Beweismittel	7	Relative Theorie	3
Fehler Dritter	15		
Finanzielles Unvermögen	19	Schuldnerverhalten	12a f
Freiheitsverlust	16	Stillstand der Rechtspflege	6
Gesetzlicher Vertreter	27	Überlastung der Gerichte	5
Handlungsfähigkeit	24	Unabwendbarer Zufall	4
Hindernis der Rechtsverfolgung	5 ff	Unerreichbarkeit der Gerichte	6
Höhere Gewalt	1, 3		
Irrtum	25, 29	Verfassungswidriges Gesetz	9
		vis maior	3
Krankheit	17	Wechsel der Rechtsprechung	8
Leugnen der Verpflichtung durch Schuldner	12b	Wiedereinsetzung in den vorigen Stand	4, 27
Nachfrist	30	Zugang zu den Gerichten	6

I. Allgemeines

1 1. Die Bestimmung des § 206 BGB betrifft *tatsächliche Hindernisse* an der Durchsetzung des Rechts. Die Rechtsverfolgung, von der sie spricht, ist die Hemmung der Verjährung durch Maßnahmen nach § 204 Abs 1 BGB, vorzugsweise die Klageerhebung. Der billigenswerte Grundgedanke ist es, dass es nicht zu Lasten des Gläubigers gehen darf, wenn er sein Recht gar nicht realisieren kann. Gleichzeitig aber macht der Maßstab der höheren Gewalt deutlich, dass insoweit *strenge,* äußerst strenge *Anforderungen* gelten.

2 2. Die Wirkungsweise ist eine *Hemmung der Verjährung.* Sie kommt einer Ablaufhemmung wie nach den §§ 210, 211 BGB nahe, ist ihr aber nicht gleichzusetzen.

Die Hemmung tritt nur ein, wenn das Hindernis innerhalb der letzten sechs Monate der Verjährungsfrist lag. Vorherige Hindernisse bleiben – auch wenn sie langfristig waren – außer Ansatz (BGH NJW-RR 1991, 574). Das ist zB dort von Bedeutung, wo

Ansprüche auf dem Gebiet der ehemaligen DDR etwa aus politischen Gründen nicht verfolgt werden konnten: Hier bestehen jedoch fraglos seit mehr als sechs Monaten wieder geregelte Verhältnisse, sodass § 206 BGB insoweit unbeachtlich geworden ist.

Eine Hemmung um bis zu sechs Monate ist auch dort möglich, wo die Verjährungsfrist selbst kürzer bemessen ist (MünchKomm/GROTHE Rn 2).

Die *Dauer der Hemmung* ist auf maximal sechs Monate beschränkt, ggf kürzer entsprechend der Dauer des Hindernisses (BGH NJW 1994, 2753; PALANDT/ELLENBERGER Rn 2).

II. Höhere Gewalt: Allgemeines

1. Der Begriff der höheren Gewalt wird im BGB nicht definiert; bei der Gesetzesabfassung ging man davon aus, dass der Begriff bekannt sei (Prot I 219). Dies war nur insofern richtig, als sich schon zu dieser Zeit zwei Auffassungen über den Begriff der vis maior gegenüberstanden: Nach der objektiven oder *absoluten Theorie* ist höhere Gewalt ein von außen kommendes, unabwendbares und unverschuldetes Ereignis (vis maior). Nach der subjektiven oder *relativen Theorie* liegt höhere Gewalt vor, wenn ein Schaden auch durch äußerste Sorgfalt nicht hätte vermieden werden können. Gemeinsam ist beiden Definitionen das *Erfordernis des fehlenden Verschuldens;* die zweite, weitere Definition berücksichtigt – jedenfalls im Ansatz – auch subjektive Gegebenheiten des Betroffenen. § 206 BGB legt den zweitgenannten weiteren Begriff zugrunde (vgl RG JW 1938, 176; BGHZ 81, 353, 355 = NJW 1982, 96; BAGE 103, 290, 292 = NJW 2003, 2849, 2850; anders noch RGZ 87, 52, 55; MünchKomm/GROTHE Rn 3). 3

2. Der Begriff der höheren Gewalt entspricht damit der Sache nach dem des *unabwendbaren Zufalls,* den § 233 Abs 1 ZPO aF zur Voraussetzung für die Wiedereinsetzung in den vorigen Stand machte (RG JW 1938, 176; BGHZ 81, 353, 355; PALANDT/ELLENBERGER Rn 4). Die Abmilderung für die Wiedereinsetzung in den vorigen Stand durch § 233 ZPO nF ist für den Hemmungsgrund des § 203 BGB aF nicht nachvollzogen worden, doch wird man die jetzigen Erkenntnisse zu § 233 ZPO – jedenfalls teilweise und vorsichtig – heranziehen können, **aA** der RegE (BT-Drucks 14/6040, 118 f), vgl aber auch OLG Karlsruhe NJW 2001, 3557 zur postalischen Verzögerung. 4

Der Begriff der höheren Gewalt kehrt anderweitig jedenfalls der Sache nach wieder, namentlich betrifft die vertragliche Gefahrtragung die Zuweisung ihres Risikos, kennen Tatbestände der Gefährdungshaftung diese oder verwandte Begriffe als Ausschlussgrund für die Haftung und spielt er in den Klauseln von Versicherungsverträgen eine wichtige Rolle. Schlüsse von der einen auf die andere Materie sind wegen der Unterschiede der zu regelnden Fragen kaum möglich.

III. Die prozessuale Rechtsverfolgung

1. Es kann eine *Überlastung der Gerichte* ausnahmsweise relevant sein, wenn sie nämlich deswegen nicht in der Lage sind, Maßnahmen zur Meidung des Eintritts der Verjährung innerhalb angemessener Frist zu treffen. Das wird sich zwar bei Zustel- 5 lungen wegen der Auslegung des § 167 ZPO (vgl § 204 Rn 35) nicht auswirken, kann aber von Bedeutung sein im Bereich des § 212 Abs 1 Nr 2 BGB.

6 2. Dagegen wird man von einem „Stillstand der Rechtspflege", wie § 203 Abs 1 BGB aF plastisch formulierte, auszugehen haben, wenn ihre Organe es ablehnen und gar ablehnen müssen, ihren Beitrag zur Hemmung oder dem Neubeginn der Verjährung zu liefern. Das kann sich im Bereich des § 212 Abs 1 Nr 2 BGB ergeben, sofern die Zwangsvollstreckung eingestellt wird, bevor der Gläubiger Vollstreckungsmaßnahmen erwirken konnte (vgl dort Rn 36). Denkbar ist dies ferner im Bereich der Amtshaftung: Hat der Kläger den Verwaltungsakt angefochten, so wird ein nach § 839 BGB seinetwegen angegangenes Zivilgericht den Rechtsstreit einstweilen aussetzen. Einen solchen Prozess jetzt schon einzuleiten, kann dem Kläger nicht angesonnen werden.

7 3. Ein Fall der höheren Gewalt liegt nicht vor, wenn der Gläubiger nur in der Sache ein ihm nachteiliges Urteil zu gewärtigen hat. An einer relevanten Behinderung muss es hier schon deshalb fehlen, weil die Hemmung der Verjährung ja gleichwohl möglich ist. Im Einzelnen sind freilich mehrere Fälle zu unterscheiden:

a) Unproblematisch zu Lasten des Gläubigers ist der Fall zu sehen, dass es dem Gläubiger an Beweismitteln für seinen Anspruch fehlt (BGH NJW 1975, 1465, 1466; MünchKomm/Grothe Rn 8; Palandt/Ellenberger Rn 8). Beweisschwierigkeiten sind das normale Risiko einer jeden Klage. Für sich später ergebende Beweismittel ist auf die Restitutionsklage, § 580 ZPO, zu verweisen. Auch die Beschlagnahme des Kaufgegenstandes hemmt die Verjährung der Wandlung/des Rücktritts nicht (BGH NJW 1997, 3164).

8 b) Der Gläubiger mag von gerichtlichen Maßnahmen absehen, weil eine *„anspruchsfeindliche" ständige Rechtsprechung* besteht, dh eine Rechtsprechung, die Ansprüche dieser Art ablehnt (s § 199 Rn 84a zur vermeintlichen Unzumutbarkeit der Klageerhebung in diesen Fällen).

Hier ist die Verjährung sicherlich nicht schon dann gehemmt, wenn nur das konkret zuständige Gericht sich anspruchsfeindlich verhält. Insoweit wäre der Gläubiger auf den Rechtsmittelzug zu verweisen (vgl auch BAG NJW 1962, 1077).

Dagegen ist ein Hemmungsgrund einer anspruchsfeindlichen ständigen Rechtsprechung *teilweise anerkannt* worden. Das Reichsgericht hat insoweit § 202 BGB aF (§ 205 BGB nF) aus Billigkeitsgründen erweiternd angewendet und zwar hinsichtlich des Aufwertungsanspruchs anlässlich der Geldentwertung nach dem 1. Weltkrieg; hier wurde eine Hemmung der Verjährung bis Ende 1923 bzw Anfang 1924 bejaht (RGZ 111, 147; 122, 28, 30 und 320, 327). Der Hemmungsgrund ist „spätestens mit dem 1. 7. 1924" weggefallen (RGZ 120, 355, 361; vgl ausführlich Kuhn 5 ff).

Auch späterhin wurde in mehreren Fällen eine Verjährungshemmung aufgrund anspruchsfeindlicher Rechtsprechung anerkannt: Bei dem Aufopferungsanspruch nach Art 125 Abs 1 bayAGBGB, der in anspruchsfeindlichem Sinne ausgelegt wurde (BGH NJW 1957, 1595), sowie für Ansprüche auf Entschädigung nach enteignungsgleichem Eingriff oder auf Beihilfe (BayObLGZ 1957, 252 und 336). – Allerdings hat

OLG Karlsruhe NJW 1959, 48 für einen über dreißig Jahre zurückliegenden Aufopferungsfall die Anwendung des § 202 BGB aF (= § 205 BGB nF) aus „Ordnungsgesichtspunkten" abgelehnt (ebenso LARENZ NJW 1959, 49), weil die für die Verjährung maßgebenden Gesichtspunkte (vgl dazu Vorbem 5 ff zu §§ 194 ff) gegenüber den für die Hemmung sprechenden als höherrangig anzusehen seien.

Anerkannt wurde eine Verjährungshemmung von BGH WM 1961, 998, wenn erst nach endgültiger Auslegung der Vorschriften über das Wertpapierbereinigungsverfahren festgestellt werden konnte, ob der Schuldner Vermögen hat. Auch bei den Unklarheiten hinsichtlich der Fortgeltung der Rechtsvorschrift über den Hausarbeitstag in NRW nach Einführung der Fünf-Tage-Woche hat das BAG die Hemmung der Verjährung bejaht (BAGE 11, 150, 154).

Die Stellungnahmen in der Rspr und der Lit sind nicht einheitlich. Zu den befürwortenden vgl soeben und AK-BGB/KOHL Rn 6; gegen die Anerkennung eines allgemeinen Hemmungsgrundes BAGE 12, 97; BAG NJW 1962, 1077; BB 1972, 222; OLG Düsseldorf NJW 1957, 913; BGB-RGRK/JOHANNSEN § 202 aF Rn 2; STAUDINGER/DILCHER[12] § 202 aF Rn 13; ERMAN/SCHMIDT-RÄNTSCH Rn 7; PALANDT/ELLENBERGER Rn 7.

Ein entsprechender Hemmungsgrund ist *abzulehnen*. Eine ständige Rechtsprechung begründet weder ein Leistungsverweigerungsrecht für den Schuldner iSd § 205 BGB noch bewirkt sie allgemeine Rechtskraft. Das Risiko, gegen sie anzugehen, hat irgendwann jemand auf sich genommen; es ist jedem zuzumuten: Die Rechtsprechung steht nicht still. Der Hemmungsgrund wäre nur schwer einzugrenzen: Wann ist das Hindernis gravierend genug? Welche Bedeutung hat die einer Rechtsprechungsänderung meist vorausgehende Diskussion in der Literatur? Die Folgen wären gegenüber den Zwecken der Verjährung nicht mehr hinzunehmen. Ihre Befriedungsfunktion würde verfehlt werden.

c) Nicht eindeutig von der eben genannten Fallgruppe abzugrenzen ist die weitere, dass ein Anspruch der jetzt zu verfolgenden Art erst neu in der Rechtsprechung entwickelt wird. Hier gelten jedenfalls dieselben Grundsätze. **9**

d) Der Durchsetzung des Anspruchs kann ein Gesetz entgegenstehen, das späterhin für verfassungswidrig erklärt wird, vgl die Notaren auferlegte Gebührenermäßigung nach § 144 Abs 3 KostO aF (BVerfGE 47, 285). Auch dieses Hindernis kann nicht als verjährungshemmend angesehen werden. Es hindert die Rechtsverfolgung nicht endgültig; die Erkennung der wahren Rechtslage ist allenfalls quantitativ, nicht qualitativ schwieriger als sonst. Gegen eine Berücksichtigung NK-BGB/BUDZIKIEWICZ Rn 11; PALANDT/ELLENBERGER Rn 8; OLG Hamm NJW 1980, 244; KG NJW 1980, 246, diese für den speziellen Fall des § 144 Abs 3 KostO aF, obwohl dort den ihre Ansprüche selbst titulierenden Notaren die unumgängliche gerichtliche Überprüfung noch erheblich erschwert war.

e) Nachteilig für den Gläubiger kann es sich schließlich auswirken, wenn die **10** Rechtsprechung bei einem Anspruch *von einer bisher ständig angewendeten längeren Verjährungsfrist zu einer kürzeren übergeht,* vgl BGHZ 59, 165 gegenüber BGHZ 45, 299 zum Honoraranspruch des Architekten: § 196 Abs 1 Nr 7 BGB aF (2 Jahre) statt bis dahin § 195 BGB aF (30 Jahre). Hier trifft die einen Vertrauensschutz durch Hemmung der Verjährung verneinende Überlegung von BGHZ 60, 98 sicher zu, dass der Gläubiger nicht schutzwürdig sei, wenn die Frage schon vorher umstritten war.

11 Zweifelhaft ist nur der Fall, wenn die Frage der einschlägigen Verjährung zuvor nicht ernstlich kontrovers gewesen war. Vertrauensschutz wollen hier gewähren GANTEN NJW 1973, 1165; JAGENBURG NJW 1973, 1728; SCHNEIDER MDR 1973, 305; BGB-RGRK/JOHANNSEN § 203 aF Rn 16; wohl auch STAUDINGER/DILCHER[12] § 203 aF Rn 14; ablehnend MünchKomm/GROTHE Rn 6; PALANDT/ELLENBERGER Rn 8. Letzteres trifft zu: Möglich war die Rechtsverfolgung; wer Verjährungsfristen ausschöpft, ohne sich durch Stundung oder Vereinbarungen, § 202 BGB, abzusichern, handelt insoweit auf eigenes Risiko. Auch schafft die Änderung der Rechtsprechung kein neues Recht. Härten ergeben sich im Recht der Verjährung auch sonst vielfältig. Die Gegenauffassung kann sie nicht vermeiden, sondern verlagert sie nur auf den Schuldner. Sie müsste im Übrigen auch eine befriedigende Lösung für den gegenteiligen Fall einer „Verlängerung" der Verjährungsfrist durch die Rechtsprechung anbieten können.

12 f) In der früheren DDR konnten die politischen Verhältnisse eine gerichtliche Rechtsverfolgung aussichtslos oder gar gefährlich erscheinen lassen. Das konnte unter Berücksichtigung der Umstände des Einzelfalls unter die § 206 BGB entsprechende Bestimmung des § 477 Abs 1 Ziffer 4 ZGB fallen (BGHZ 126, 87, 97 f), doch ist insoweit ein strenger Maßstab anzulegen (BGH JZ 1996, 971 m Anm RAUSCHER), weil namentlich ein Vertrauen der Gegenseite auf den Eintritt der Verjährung gegenzurechnen ist.

IV. Das Verhalten des Schuldners

12a 1. Der Schuldner kann seine dem Gläubiger zunächst bekannte *Anschrift wechseln*. Dann ist der Gläubiger gehalten, die neue Anschrift mit aller denkbaren Sorgfalt zu ermitteln. Lässt er es daran fehlen, beruht der faktische Verlust der Klagemöglichkeit nicht auf höherer Gewalt und der Gläubiger muss die Verjährung seines Anspruchs hinnehmen.

Lässt sich die aktuelle Anschrift des Schuldners auch mit aller erdenklichen Sorgfalt nicht ermitteln, liegen die Voraussetzungen einer öffentlichen Zustellung der verjährungshemmenden Klage nach § 185 Nr 1 ZPO vor. Der Gläubiger muss von dieser Möglichkeit Gebrauch machen.

12b 2. Der Schuldner kann seine Verpflichtung leugnen und den Gläubiger von ihrem Fehlen überzeugen.

Beruht das allein auf der vom Schuldner dargelegten *rechtlichen Würdigung,* ist das unbeachtlich. § 199 Abs 1 Nr 2 BGB ergibt, dass die zutreffende rechtliche Würdigung Risiko des Gläubigers ist.

Anders liegt es, wenn der Schuldner den Gläubiger von einer *Sachlage* überzeugt, bei der er nicht der Schuldner ist, zB davon, dass er nicht der Fahrer des Unfallfahrzeugs gewesen sei. Beruht das Vertrauen des Gläubigers auf dieser (unzutreffenden) Darstellung nicht auf Fahrlässigkeit, beruht es auf höherer Gewalt, wenn er von der Rechtsverfolgung absieht.

V. Äußere Ereignisse

1. *Amtliche Verzögerungen* sind geeignet, die Rechtsverfolgung in einer § 206 BGB genügenden Weise zu verhindern (MünchKomm/GROTHE Rn 8; PALANDT/ELLENBERGER Rn 5 f). Dabei ist freilich auf die Besonderheiten des konkreten Falles abzustellen; Verallgemeinerungen sind nur vorsichtig möglich.

Als relevant sind angesehen worden: Die Verzögerung der Entscheidung des Vormundschaftsgerichts über die Genehmigung der Erbausschlagung durch den gesetzlichen Vertreter (OLG Frankfurt OLGZ 1966, 337, 338 f); langwierige Dauer eines Verfahrens (OLG Hamm WRP 1978, 395, 398); Verzögerung durch unrichtige Sachbehandlung durch das Gericht (OLG Hamm FamRZ 1977, 551, 552 f); verzögerliche Behandlung der Sache durch den Notar oder sein Personal (OLG Schleswig SchlHA 1959, 194, 195).

Eine verzögerte Gesetzgebung, weitere Möglichkeiten der Verjährungshemmung zu schaffen, kann jedenfalls dann nicht unter § 206 BGB subsumiert werden, solange andere Wege zur Verfügung stehen (BGHZ 213, 1 = NJW 2015, 236 Rn 144).

2. Als relevant sind anzusehen **Behinderungen im Zugang zu den Gerichten**. Nach § 167 ZPO braucht zwar nur die verjährungshemmende Klage innerhalb der Frist eingereicht zu werden, wenn dann die Zustellung demnächst erfolgt, aber es kann doch auch schon die Einreichung der Klage auf unüberwindliche Schwierigkeiten stoßen (fehlender Nachtbriefkasten, Rosenmontag in Köln, Verzögerung der Briefbeförderung durch die Post). In Fällen dieser Art wird auf die Rechtsprechung zu § 233 ZPO nF zurückzugreifen sein: Die die verzögerte Postbeförderung betreffende Entscheidung BVerfG NJW 1980, 769 ist noch zu dem (§ 206 BGB „gleichgestellten") § 233 ZPO aF ergangen. Dass die Verjährungsfristen des BGB länger sind als die Notfristen der ZPO und deshalb leichter zu wahren, ist kein geeignetes Gegenargument. Auch sie dürfen ausgeschöpft werden. Zu größerer Strenge gegenüber dem Gläubiger besteht kein hinreichender Anlass. Die Interessen des Schuldners gebieten diese nicht, wenn er doch noch für geraume Zeit mit einer demnächst zugestellten Klage rechnen muss (vgl auch OLG Karlsruhe NJW 2001, 3557). BGH NJW 2017, 1735 Rn 14 benennt den Fall, dass die bei § 204 BGB schadende Unwirksamkeit der Zustellung (§ 204 Rn 33) auf einem für den Gläubiger nicht abwendbaren Fehler des Gerichts beruht.

Wenn es hier aber *genügt, die äußerste anzusinnende Vorsicht walten zu lassen,* und keine Schritte in so deutlichem Abstand vom Fristablauf notwendig sind, dass auch nicht konkret vorhersehbare Pannen aufgefangen werden können, dann ist höhere Gewalt auch grundsätzlich in jenen Fällen anzunehmen, in denen nach § 233 ZPO nF Wiedereinsetzung in den früheren Stand gewährt wird. Man würde sich auch in Wertungswidersprüche namentlich zu der Rechtsprechung für die Fälle des Antrags auf Gewährung von Prozesskostenhilfe verwickeln, wo auch dann eine Hemmung der Verjährung angenommen werden kann, wenn er scheitert (vgl u Rn 19): auch damit war ja prinzipiell zu rechnen.

15 3. *Fehler Dritter* können sich uU als höhere Gewalt darstellen. Dies gilt einmal für das Verschulden des beurkundenden Notars (KG DNotZ 1959, 51; BGB-RGRK/ JOHANNSEN § 203 aF Rn 12); zu nennen ist ferner das Vertrauen auf eine unrichtige Geburtsurkunde (RGZ 160, 92), oder sonstige falsche Urkunden, auf korrektes Verhalten der zuständigen Behörden (BGH LM Nr 27 [Auskunft des Jugendamtes, die Anfechtung der Ehelichkeit werde für das Kind betrieben]); erforderlich ist dann allerdings, dass ein Erkennen des Fehlers trotz größter Sorgfalt ausgeschlossen war (BSG BB 1960, 907). Hierher gehört auch die Löschung der schuldenden GmbH (OLG Hamm DB 1990, 1226; krit K SCHMIDT DB 1990, 1703). Zu amtlichen Verzögerungen vgl schon o Rn 13.

VI. Den Gläubiger betreffende Ereignisse

16 1. *Freiheitsverlust* kann sich als ein Fall der höheren Gewalt darstellen. Das gilt jedenfalls für die Kriegsgefangenschaft, für die Inhaftierung dann, wenn sie unverschuldet war (vgl zur verschuldeten OLG München OLGE 22, 171; OLG Schleswig SchlHA 1949, 367; MünchKomm/GROTHE Rn 8).

17 2. Gleiches gilt für *Krankheit*. Hier reicht allerdings nicht jede Erkrankung, die die Arbeitsfähigkeit aufhebt; erforderlich ist vielmehr eine Beeinträchtigung des Gläubigers, die ihm eine Besorgung seiner Angelegenheiten schlechthin unmöglich macht (RG JW 1912, 384; BGH VersR 1963, 93, 94).

18 3. *Mängel der prozessualen Handlungsfähigkeit* genügen grundsätzlich nicht für § 206 BGB. Für natürliche Personen enthält § 210 BGB eine abschließende Regelung des Falles der Prozessunfähigkeit. Fehlen juristischen Personen die Vertretungsorgane, so darf es nicht über § 206 BGB umgangen werden, dass § 210 BGB ihnen Schutz nicht bietet (vgl BGH BB 1971, 369).

Ausnahmsweise kann aber auch hier § 206 BGB Anwendung finden. Das ist angenommen worden, wenn Krieg die Kontaktaufnahme mit dem bestellten Prozessvertreter ausschloß (RG WarnR 1917 Nr 286; OLG Colmar DJZ 1916, 827, 828) oder wenn bei Anwaltszwang ein zur Vertretung bereiter Rechtsanwalt nicht zu finden ist und sich die Beiordnung eines Notanwalts verzögert. Auf die Möglichkeit der Verjährungshemmung durch Zahlungsbefehl (Mahnbescheid) soll sich jedenfalls die rechtsunkundige Partei, die dies nicht erkennen konnte, nicht verweisen lassen müssen (BGH NJW 1961, 600; BGB-RGRK/JOHANNSEN Rn 11; STAUDINGER/DILCHER[12] § 203 aF Rn 10): bedenklich.

19 4. *Mangelnde finanzielle Leistungsfähigkeit* fällt wegen der hemmenden Wirkung des Antrags auf Gewährung von Prozesskostenhilfe nach § 204 Abs 1 Nr 14 BGB an sich nicht mehr unter § 206 BGB, wie dies vor Schaffung der genannten Bestimmung im Rahmen der Modernisierung des Schuldrechts angenommen wurde. Doch lässt § 204 Abs 1 Nr 14 BGB nur den erstmaligen Antrag hemmend wirken. Bleibt er erfolglos, muss für den wiederholten Antrag doch wieder auf § 206 BGB zurückgegriffen werden, sodass insoweit die bisherigen Grundsätze fortgelten. Danach ist sie beachtlich, sofern aus ihr ein Anspruch auf **Gewährung von Prozesskostenhilfe** folgt, der Gläubiger also nach seinen persönlichen und wirtschaftlichen Verhältnissen die Kosten der Prozessführung nicht, nur zum Teil oder nur in Raten aufbringen kann, vgl § 114 ZPO. Notwendig ist dann aber die rechtzeitige Anbringung eines ordnungsgemäßen Antrags auf Gewährung von Prozesskostenhilfe.

a) Hemmung durch die Anbringung eines Antrags auf Gewährung von Prozesskostenhilfe tritt sicher dann ein, wenn die Vermögensverhältnisse des Gläubigers jenen Voraussetzungen entsprechen, die in den §§ 115, 116 ZPO umschrieben sind. Doch brauchen sie nicht wirklich gegeben zu sein. Die hemmende Wirkung des Antrags tritt auch dann ein, wenn der Gläubiger subjektiv der Ansicht sein durfte, bedürftig iSd Gesetzes zu sein (BGH VersR 1982, 41; OLG Bamberg FamRZ 1990, 763; OLG Hamm FamRZ 1996, 864; 1997, 421; OLG Düsseldorf WM 1998, 1628 zum Konkursverwalter).

Die hemmende Wirkung des zweiten Antrags auf Gewährung von Prozesskostenhilfe tritt auch dann ein, wenn diese bewilligt wird, ihre subjektiven Voraussetzungen aber in Wirklichkeit gar nicht vorlagen. Anders ist nur für den Fall des bewussten Missbrauchs zu entscheiden.

b) Es genügt zur Hemmung der Verjährung nicht schon die § 114 ZPO entsprechende wirtschaftliche Lage des Gläubigers; notwendig ist vielmehr die *Stellung eines Antrags auf Gewährung von Prozesskostenhilfe*. Das rechtfertigt sich doppelt, zunächst daraus, dass § 206 BGB von dem Gläubiger das äußerste ihm Zumutbare zur Durchsetzung seines Rechts verlangt, sodann aus der im Bereich der Verjährung klageersetzenden Funktion des Antrags. **20**

aa) Wegen dieser Funktion muss es genügen, wenn er *am letzten Tag der Verjährungsfrist* gestellt wird (BGHZ 70, 235, anders noch BGHZ 37, 113). Wird er vor Beginn der sechsmonatigen Frist des § 206 BGB zurückgewiesen, ist die Bestimmung nicht einschlägig (OLG Köln NJW 1994, 3360).

bb) Er muss *ordnungsgemäß begründet und vollständig* sein (BGHZ 70, 237; OLG Zweibrücken JurBüro 1980, 1102; OLG Hamm NJW-RR 1999, 1678), sodass namentlich auch die Erklärung über die persönlichen und wirtschaftlichen Verhältnisse in einer den Anforderungen des § 117 ZPO genügenden Form rechtzeitig – innerhalb der Verjährungsfrist – dem Gericht vorgelegt werden muss (BGH NJW 1989, 1149; 3149; OLG Brandenburg NJW-RR 1999, 1296; OLG Hamm FamRZ 1998, 1605) und der Antragsteller das Bewilligungsverfahren zügig betreiben muss (KG NJW-RR 1999, 1297). Das entspricht dem jetzt anwendbaren § 206 BGB.

cc) Die Hemmung besteht nur solange fort, wie der Gläubiger die zur Förderung des Verfahrens notwendigen Maßnahmen trifft (BGH NJW 1981, 1550; LM Nr 6). Die Hemmungszeit ist entsprechend zu kürzen, wenn der Gläubiger oder sein Prozessbevollmächtigter das Verfahren schuldhaft verzögern (BGH VersR 1977, 623). BGH NJW-RR 1991, 574 lässt die Hemmungswirkung insgesamt entfallen, wenn das Verfahren aus freien Stücken nicht weiter betrieben wird. Richtig ist jedenfalls, dass die Sorgfaltsanforderungen nicht überspannt werden dürfen, BGH NJW 1987, 3120 (Feststellung des wechselnden Aufenthaltsorts des Schuldners). Im Übrigen dürfte es aber vorzuziehen zu sein, keine allgemeine Förderungspflicht des Gläubigers anzunehmen, sondern nach einem Nichtbetreiben des Verfahrens zu fragen und auf dieses ggf die Bestimmung des § 204 Abs 2 S 3 BGB entsprechend anzuwenden. **21**

c) Die Hemmung *endet* mit der unanfechtbaren gerichtlichen Entscheidung, gleichviel ob sie richtig oder falsch ist (BGHZ 37, 113; BGH LM Nr 9; VersR 1977, 623). Erhebt der Gläubiger Gegenvorstellung und hat diese Erfolg, läuft sie jedoch weiter **22**

(vgl PALANDT/HEINRICHS[61] Rn 9 zu § 203 aF unter Berufung auf BGHZ 41, 1 [zu §§ 233, 234 ZPO]). Rechtskräftig in diesem Sinne ist nur die Entscheidung des Beschwerdegerichts.

d) Soweit *Rechtsmittel* möglich sind, muss der Gläubiger von ihnen Gebrauch machen (BGHZ 17, 201; 37, 116). Dann hemmen auch sie.

e) Die Hemmung betrifft den Anspruch quantitativ nur insoweit, als er im PKH-Verfahren geltend gemacht worden ist (PALANDT/HEINRICHS[61] Rn 9 zu § 203 aF; **aA** RGZ 163, 17).

23 Hat der Gläubiger die Klage schon eingereicht, dann ist sie nach Bewilligung der Prozesskostenhilfe von Amts wegen zuzustellen. Verzögerungen hierbei fallen dem Gläubiger nicht zur Last, vgl § 167 ZPO. Hat er die Klage dagegen nicht schon eingereicht, muss er dabei § 167 ZPO beachten.

Wird die Prozesskostenhilfe versagt, so genügt es nach der zutreffenden Auffassung von BGHZ 70, 235, 239 f, wenn die Klage nunmehr binnen 2 Wochen eingereicht wird. Diese Frist kann aus § 234 Abs 1 ZPO hergeleitet werden. Freilich kommt es auf sie nur an, wenn das Gesuch am letzten Tage der Verjährungsfrist eingereicht wurde. Wurde es eher eingereicht, kann sich für den Gläubiger aus § 206 BGB eine längere Überlegungs- und Handlungsfrist ergeben.

24 **5.** *Mängel der Handlungsfähigkeit* sind unterschiedlich behandelt worden. Höhere Gewalt angenommen hat KG DB 1952, 368 bei einer Vermögenssperre gegenüber dem Gläubiger nach MRG Nr 52, auch wenn der Gläubiger durch seinen Treuhänder Ansprüche geltendmachen konnte, weil dieser nicht sein gesetzlicher Vertreter sei, vielmehr nach eigenem Ermessen oder dem der Militärregierung handeln konnte. Demgegenüber hat BGH (LM Nr 6 = NJW 1963, 2019; VersR 1984, 136) in der Eröffnung des Insolvenzverfahrens über das Vermögen des Gläubigers höhere Gewalt nicht gesehen, zustimmend MünchKomm/GROTHE Rn 8; PALANDT/ELLENBERGER Rn 5; krit vZWEHL NJW 1964, 99, der dem Verwalter eine Prüfungs- und Überlegungsfrist einräumen will. Eine Hemmung der Verjährung wird man in Fällen dieser Art aber insgesamt nicht annehmen können, weil der Anspruch lückenlos verfolgbar ist. Es sind Probleme, wie sie letztlich bei jeder Rechtsnachfolge auftreten können und hinzunehmen sind.

25 **6.** Zu *Irrtümern des Gläubigers* vgl u Rn 29.

VII. Wahrung der äußersten Sorgfalt

26 **1.** Aus dem Begriff der höheren Gewalt folgt, dass § 206 BGB nur anwendbar ist, wenn das Hindernis auf Ereignissen beruht, die auch durch die äußerste, billigerweise zu erwartende Sorgfalt nicht verhütet werden konnten (so BGHZ 81, 353, 355; im Anschluss an RGZ 87, 52, 55; BGH NJW 1973, 698). Danach schließt schon das geringste Verschulden höhere Gewalt aus (BeckOGK BGB/MELLER-HANNICH [1. 3. 2019] Rn 4). Der zu wahrende Sorgfaltsmaßstab ist der der früheren culpa levissima (STAUDINGER/DILCHER[12] § 203 aF Rn 5).

Eine nähere Betrachtungsweise zeigt aber ein differenziertes Bild.

2. Auszugehen ist freilich davon, dass die Wahrung der Verjährungsfrist eine **27** Obliegenheit des Gläubigers ist. Auf diese können die §§ 276, 278 BGB – entsprechend – angewendet werden.

a) Soweit es um die Anforderungen an den Gläubiger selbst geht, werden dabei *seine persönlichen Kenntnisse und Fähigkeiten* berücksichtigt, vgl BGH NJW 1961, 600 (Unkenntnis der Möglichkeit der Verjährungsunterbrechung durch Mahnbescheid); vgl dazu aber u Rn 28; RG JW 1927, 1195; BayObLGZ 1960, 497; OLG Hamm FamRZ 1975, 589; 1977, 551 (Vertrauen auf unrichtige Rechtsbelehrungen durch einen Beamten). Letzterem ist zuzustimmen.

b) Zuzurechnen ist aber weiter ein *Verschulden von gesetzlichen Vertretern und von Personen,* die zur Wahrung der Rechte eingesetzt werden, also insbesondere von Prozessbevollmächtigten (BGHZ 17, 199, 203; 31, 342, 347; 81, 354, 356; MünchKomm/GROTHE Rn 4; STAUDINGER/DILCHER[12] § 203 aF Rn 11; PALANDT/ELLENBERGER Rn 4; **aA** RGZ 158, 357, 361; MELZER NJW 1959, 925, 926 f).

Die dogmatische Basis hierfür wird zT in einer entsprechenden Anwendung der Bestimmungen der ZPO über die Wiedereinsetzung in den vorigen Stand gesehen, §§ 233, 51 Abs 2, 85 Abs 2 ZPO (so MünchKomm/GROTHE Rn 4; dagegen MELZER NJW 1959, 925, 926 f), teils in dem Begriff der höheren Gewalt und den Grundgedanken der Verjährung (so BGHZ 17, 199, 206); richtiger dürfte jedoch die entsprechende Anwendung des § 278 BGB sein. – Jedenfalls scheint ein anderes Ergebnis als das der Zurechnung namentlich des Anwaltsverschuldens kaum tragbar. Das bedeutet dann freilich, dass die Anforderungen verobjektiviert und verschärft werden.

3. Immerhin muss für den Regelfall davon ausgegangen werden, dass § 206 BGB **28** Verhaltensanforderungen stellt und *keine objektive Risikozuweisung* beinhaltet. Das ist namentlich dort von Beachtung, wo der Gläubiger den Weg zum Gericht sucht, um die Verjährung zu hemmen. Er braucht sich nicht so zu verhalten, dass schlechthin jedes Risiko ausgeschlossen ist, jede Panne vermieden werden kann (vgl o Rn 14 zu den Fällen, die prozessual zur Wiedereinsetzung in den vorigen Stand führen, und die Rechtsprechung zur Armut, die zum Antrag auf Prozesskostenhilfe führt, o Rn 19 ff).

Die Anforderungen, die an das Verhalten des Gläubigers zu stellen sind, müssen nach dem Gegenstand differenziert werden. Der Maßstab der äußersten Sorgfalt ist nur die Regel; er wird nachhaltig durch das modifiziert, was billigerweise zu erwarten ist (vgl soeben). Geringere Anforderungen bestehen etwa, wenn der Schuldner – zB durch einen Verzicht auf die Einrede der Verjährung – Anlass zu der Erwartung gegeben hat, es werde eine Maßnahme nach § 204 Abs 1 BGB nicht nötig werden (vgl § 214 Rn 18 ff) oder bei der Beurteilung der Aussichten eines Antrags auf Gewährung von Prozesskostenhilfe (vgl o Rn 19). Äußerst strenge Anforderungen sind dagegen an jeden Gläubiger zu stellen, soweit es darum geht, sich Kenntnis über die Möglichkeiten der Hemmung der Verjährung zu verschaffen, dh über den Katalog des § 204 BGB und namentlich auch über die Möglichkeit, bei unbekanntem Aufenthaltsort des Schuldners Klage oder Mahnbescheid öffentlich zustellen zu lassen. Hier ist eine Entlastung des Gläubigers nur dann ausgeschlossen, wenn er sich um Klärung bemüht hat. Schließlich sind Risiken denkbar, die der Gläubiger objektiv zu tragen hat. Dies hat RGZ 126, 61 für die damalige Unmöglichkeit für einen

Ausländer angenommen, Armenrecht zu erlangen, wenn die Gegenseitigkeit nicht verbürgt war.

29 4. *Irrtümer des Gläubigers* können unterschiedliche Bezugspunkte haben, das Bestehen des Anspruchs, die einschlägige Verjährungsfrist, die Möglichkeiten der Hemmung der Verjährung. Sie können sich auf Tatsachen beziehen, aber auch auf die Rechtslage. In beiden Varianten können sie außerhalb des Anwendungsbereichs des § 199 Abs 1 BGB nicht als beachtlich angesehen werden. Bei tatsächlichen Irrtümern ergibt sich das schon daraus, dass teilweise der Möglichkeit der Kenntnis Einfluss auf die Verjährung eingeräumt wird, vgl § 199 Abs 1 Nr 2 BGB, zuweilen aber eben auch nicht, obwohl es an ihr fehlen kann, vgl insbesondere die §§ 438 Abs 2, 634a Abs 2 BGB. Aber auch der Rechtsirrtum muss unbeachtlich bleiben (vgl BGHZ 24, 134; Münch-Komm/GROTHE Rn 6; STAUDINGER/DILCHER¹² § 203 aF Rn 12; PALANDT/ELLENBERGER Rn 6). Andernfalls würde der Zweck der Verjährung verfehlt, die Rechtslage zu bereinigen.

Ausnahmen sind denkbar, wo der Gläubiger die äußersten Anstrengungen zur Klärung seines Anspruchs unternommen hat. Das gilt jedenfalls in tatsächlicher Hinsicht, zB bei der Überprüfung der Sache auf Mängel, aber doch auch in rechtlicher Hinsicht (MünchKomm/GROTHE Rn 6; offengelassen in BGHZ 24, 134, 136, vgl auch o Rn 7 ff zum Vertrauen auf die höchstrichterliche Rechtsprechung. Vgl aber auch BGHZ 129, 282, 289; BGH VIZ 2000, 168 [zu einer im Rahmen der Wiedervereinigung schlechterdings unaufklärbaren Rechtslage]).

Das gilt insbesondere, wenn konkret notarielle Urkunden oder spezielle behördliche Auskünfte einen besonderen Vertrauenstatbestand geschaffen haben (vgl o Rn 13, 15).

VIII. Nachfrist

30 Wo ein relevantes Hindernis speziell den Zugang zu Gericht betrifft, scheint es angezeigt, dem Gläubiger im Anschluss an BGHZ 70, 235, 239 f in Anlehnung an § 234 Abs 1 ZPO eine Nachfrist von bis zu 2 Wochen zu gewähren (**aA** BeckOGK BGB/MELLER-HANNICH [1. 3. 2019] Rn 8: keine Nachfrist vorgesehen).

IX. Anderweitige Anwendungsfälle des § 206

31 Die Bestimmung des § 206 BGB findet kraft besonderer gesetzlicher Anordnung auch auf einige Ausschlussfristen Anwendung, vgl §§ 124 Abs 2, 204 Abs 3, 802, 1002 Abs 2, 1944 Abs 2, 1954 Abs 2, 2082 Abs 2, 2283 Abs 2 BGB. Dort, wo eine solche Anordnung fehlt, ist sie grundsätzlich nicht anzuwenden (vgl BGHZ 19, 20 zu § 586 ZPO; BGHZ 26, 196 zu § 50 Abs 2 EheG; BGH DtZ 1994, 214 zu § 958 Abs 2 ZPO). Bei vertraglichen Ausschlussfristen ist die Anwendbarkeit eine – regelmäßig zu verneinende – Frage der Auslegung. Auch auf sonstige vertragliche Fristen kann die Bestimmung grundsätzlich nicht angewendet werden.

§ 207
Hemmung der Verjährung aus familiären und ähnlichen Gründen

(1) Die Verjährung von Ansprüchen zwischen Ehegatten ist gehemmt, solange die Ehe besteht. Das Gleiche gilt für Ansprüche zwischen

1. **Lebenspartnern, solange die Lebenspartnerschaft besteht,**

2. **dem Kind und**

    a) **seinen Eltern oder**

    b) **dem Ehegatten oder Lebenspartner eines Elternteils**

    bis zur Vollendung des 21. Lebensjahres des Kindes,

3. **dem Vormund und dem Mündel während der Dauer des Vormundschaftsverhältnisses,**

4. **dem Betreuten und dem Betreuer während der Dauer des Betreuungsverhältnisses und**

5. **dem Pflegling und dem Pfleger während der Dauer der Pflegschaft.**

Die Verjährung von Ansprüchen des Kindes gegen den Beistand ist während der Dauer der Beistandschaft gehemmt.

(2) § 208 bleibt unberührt.

Materialien: Art 1 G zur Modernisierung des Schuldrechts v 26. 11. 2001 (BGBl I 3138). BGB aF: § 204: E I § 168; II § 170; III § 199; Mot I 324; Prot I 352 ff; II 1 221 ff; Jakobs/Schubert, AT 996, 1001 ff, 1028 ff, 1069 ff, 1083 ff, 1098, 1115, 1143 ff. Peters/Zimmermann §§ 202, 208, Gutachten 249, 309, 321, 322; Schuldrechtskommission § 213, Abschlussbericht 90; RegE § 207, BT-Drucks 14/6040, 119; BT-Drucks 14/7052, 9, 181. Abs 1 S 2 Nr 2 neugefasst durch G zur Änderung des Erb- und Verjährungsrechts v 24. 9. 2009 (BGBl I 3142) Materialien BT-Drucks 16/8954, 14.

Schrifttum

Mork, Die Verjährungshemmung des § 204 BGB (Diss Hamburg 1992)
Salje, Haftung für Unfälle im Straßenverkehr und Ehegattenprivileg, VersR 1982, 922
Simon, Verjährung des Pflichtteilanspruchs minderjähriger Kinder, JW 1925, 2108
Spiro, Verjährung und Hausgemeinschaft, in: FS Bosch (1976) 975.

I. Allgemeines

1. Die Bestimmung geht davon aus, dass in bestimmten, namentlich familiären Beziehungen die Einschaltung von Gerichten, wie sie nach § 204 BGB zur Meidung des Eintritts der Verjährung erforderlich ist, untunlich und unzumutbar ist, weil dies die bestehenden *Pietätsverhältnisse stören* könnte. Bestimmungen dieser Art finden sich auch im Ausland vielfältig, vgl die Nachweise zu Schweiz, Österreich, Frankreich, Italien bei Spiro I § 74, auch schon ALR I 9 § 524; Dresd Entwurf § 404.

§ 207 BGB entspricht weitgehend § 204 BGB aF. Wenn § 207 Abs 1 S 2 Nr 1 BGB zusätzlich zur Ehe die *Lebenspartnerschaft* nennt, trägt die Bestimmung nur deren zwischenzeitlicher Anerkennung Rechnung. Soweit § 207 Abs 1 S 2 BGB in seinen Nrn 4 und 5 zusätzlich gegenüber § 204 BGB aF Betreuung und Pflegschaft nennt, wird lediglich die überkommene Rechtslage offengelegt.

Eine gewichtige Neuerung gegenüber dem bisherigen Recht enthält die Aufnahme von *Stiefkindschaftsverhältnissen* in § 207 Abs 1 S 2 Nr 2 BGB. Das liegt auf der Linie der §§ 1618, 1682, 1685 BGB, stellt aber insofern eine Besonderheit innerhalb der Bestimmung dar, als diese in ihren anderen Alternativen an rein formale rechtliche Kriterien anknüpft. Auch auf die Beistandschaft des § 207 Abs 1 S 3 BGB wurde § 204 BGB aF schon angewendet. Neu ist hier nur die einseitige Ausgestaltung der Hemmung.

2 2. Bei rechtspolitischer Würdigung sind die Fälle des § 207 BGB unterschiedlich zu sehen:

a) Soweit § 207 Abs 1 S 1 BGB die Ehe betrifft, begegnet die Bestimmung *schwerwiegenden und durchgreifenden Bedenken.* Sicherlich wird den Ehegatten einstweilen der Gang zum Gericht erspart und damit vordergründig Unruhe in der Familie. Es fragt sich jedoch zunächst schon, was von einer Ehe zu halten ist, in der weder Forderungen zum Ausgleich (Erlass oder Erfüllung) zu bringen, noch Anerkenntnisse zu erlangen sind, die nach § 212 Abs 1 Nr 1 BGB zu einem Neubeginn der Verjährung führen würden. Nach heutigem Eheverständnis wenig erfreulich ist die Methode der Erhaltung des Familienfriedens: Es werden die Dinge unter den Teppich gekehrt.

Mag man das noch akzeptieren – Bedenken werden nirgends geäußert –, so werden die Auswirkungen der Bestimmung im Falle der *Auflösung der Ehe* gefährlich, wenn man bedenkt, welche jahrzehntelange Dauer diese haben kann:

Bei Auflösung der Ehe durch *Tod* kann der überlebende Ehegatte die Bestimmung dazu benutzen, missliebige Erben des anderen durch andernfalls längst verjährte Ansprüche zu überraschen. Wenn die Verjährung ihnen eine durch Zeitablauf erschwerte materielle Verteidigung ersparen soll, werden schon hier die Zwecke namentlich kurzer Verjährungsfristen konterkariert.

Schlimmer ist es noch im Falle der *Scheidung der Ehe*. Hier ermöglicht § 207 BGB problemlos Rachefeldzüge gegen den anderen Teil. Indem diesem der Schutz der Verjährung weitestgehend entzogen wird, knüpft § 207 BGB an die Tatsache, verheiratet gewesen zu sein, einen Nachteil, von dem es andere Schuldner verschont. Das dürfte mit *Art 6 GG* nicht mehr vereinbar sein.

3 b) Auch in den Fällen der Kindschaft, § 207 Abs 1 S 2 Nr 2 BGB, bestehen schwerwiegende Bedenken gegen die erhebliche Verlängerung der Verjährungsfristen, die sich ergeben kann. Auch hier droht die Gefahr später Rachefeldzüge, namentlich im Verhältnis von Eltern und Kindern, die sich überworfen haben. Doch lässt sich die Bestimmung hier noch eher rechtfertigen aus der einstweiligen Erschwerung der Rechtsverfolgung (vgl AK-BGB/Kohl § 204 aF Rn 1). Beide Seiten müssten sonst zunächst einen Ergänzungspfleger besorgen, dabei wäre insbesondere der Minderjährige durch seinen Entwicklungszustand unzumutbar behindert: die Bestimmung gemahnt insoweit an § 206 BGB.

c) § 207 BGB gehört zu den wenigen gesetzlichen Bestimmungen, bei denen man es begrüßen muss, dass sie *weithin unbekannt* sind. De lege ferenda verdient die Bestimmung die Streichung; diskutabel ist allenfalls eine Ablaufhemmung zu Gunsten des minderjährigen Teils nach dem Vorbild des § 210 BGB.

3. Die Hemmung nach § 207 BGB ist von Amts wegen zu berücksichtigen; der Gläubiger braucht sich auf sie nicht zu berufen (RG JW 1908, 192; MünchKomm/Grothe Rn 2; Soergel/Niederführ Rn 4). **4**

Angesichts der Existenz der Bestimmung ist Vorsicht gegenüber dem Versuch geboten, ihre Wirkungen durch die Annahme einer *Verwirkung* aufzuheben (grds für Verwirkung BGH NJW 2018, 1013 Rn 17; wie hier MünchKomm/Grothe Rn 10). Der Gläubiger braucht seine Forderung eben einstweilen nicht anzumelden. Freilich genügt bloße Untätigkeit ohnehin nicht, um eine Verwirkung zu begründen (BGH NJW 2018, 1013 Rn 17).

Ehegatten sollten sich im Scheidungsfall eine Generalquittung erteilen lassen.

II. Das Pietätsverhältnis

1. Das von § 207 BGB vorausgesetzte *Pietätsverhältnis* zwischen den Beteiligten ist gesetzgeberisches Motiv, *nicht Tatbestandsmerkmal*. Daraus folgt zunächst, dass die Bestimmung auch dann anwendbar bleibt, wenn die Beziehungen tatsächlich zerrüttet sind (BGHZ 76, 293, 295 = NJW 1980, 1517). Es kommt allein auf die formalen Beziehungen an (BeckOGK BGB/Meller-Hannich [1. 3. 2019] Rn 3). **5**

Wegen dieser formalen Anknüpfung ist auch die nichteheliche Lebensgemeinschaft nicht mit einzubeziehen. Die Frage war in der Gesetzgebung streitig; dafür der Bundesrat (BT-Drucks 14/6857, 9), unentschieden die Bundesregierung, die Frage solle der Praxis überlassen bleiben (BT-Drucks 14/6857, 46). ZT wird auf ein konkretes Näheverhältnis abgestellt, an dem es also auch fehlen kann (MünchKomm/Grothe Rn 10; Erman/Schmidt-Räntsch Rn 7). Derlei ist aber abzulehnen. Zum einen wird mit dem Näheverhältnis ein Kriterium aufgestellt, das im Rahmen der Ehe ohne Belang ist; auch im Falle der zerrütteten Ehe ist § 207 BGB anwendbar. Zum anderen gibt es auch sonstige enge Partnerschaften, zB zwischen zusammenlebenden Geschwistern, Großeltern und bei ihnen lebenden Kindern, auf die die Bestimmung sicher nicht angewendet werden kann. Speziell bei den Lebenspartnern hat sich der Gesetzgeber in § 207 Abs 1 S 2 Nr 1 BGB für ein formales Kriterium entschieden.

2. Die Hemmung überdauert aber auch nicht die *Abtretung* an *einen Dritten* oder den gesetzlichen Übergang auf ihn, der nicht selbst unter § 207 BGB fällt, mag sein Vorgehen auch geeignet sein, den Familienfrieden zu stören (vgl zum Übergang des Unterhaltsanspruchs nach §§ 90, 91 BSHG BGHZ 209, 168 = NJW 2016, 1818 Rn 43, OLG Düsseldorf FamRZ 1981, 308; ferner Soergel/Niederführ Rn 6; MünchKomm/Grothe Rn 2; **6**

BGB-RGRK/Johannsen § 204 aF Rn 1; vgl auch zu Ansprüchen geschiedener Ehegatten untereinander wegen des Kindesunterhalts OLG Hamburg FamRZ 1982, 524). Die Hemmung endet schon mit einer Pfändung durch Dritte (BGB-RGRK/Johannsen § 204 aF Rn 1).

Im Falle des Rückerwerbs kommt es erneut zur Hemmung (vgl MünchKomm/Grothe Rn 2; BeckOGK BGB/Meller-Hannich [1. 3. 2019] Rn 5).

7 **3.** § 207 BGB kann *nicht entsprechend* auf ähnliche Pietätsverhältnisse angewendet werden. Eine Erstreckung auf Dienstverhältnisse hat der Gesetzgeber des BGB (vgl Mot I 325) erwogen, aber verworfen. Im Rahmen der Schaffung des G zur Modernisierung des Schuldrechts ist die Einbeziehung von nichtehelichen Lebensgemeinschaften und des Verhältnisses zwischen Kindern und Lebensgefährten eines Elternteils erwogen worden, vgl die Stellungnahme des Bundesrats (BT-Drucks 14/6857, 9) und die Gegenäußerung der Bundesregierung (BT-Drucks 14/6857, 46), die eine analoge Anwendung im Einzelfall bei tatsächlichem Bestehen eines Näheverhältnisses für möglich hält. Das ist indessen auch dann abzulehnen, wenn man den Grundgedanken der Bestimmung bejaht (NK-BGB/Budzikiewicz Rn 23 ff; **aA** MünchKomm/Grothe Rn 1). Dann müssten nämlich alle verfestigten häuslichen Gemeinschaften einbezogen werden, was nun aber nicht geht. Wenn man den Rahmen der unmittelbaren formalen Anknüpfungen des § 207 BGB verlässt, wird jede Grenzziehung willkürlich.

III. Betroffene Forderungen

8 Für die von § 207 BGB erfassten Ansprüche ist es *erforderlich, aber auch genügend,* dass Gläubiger und Schuldner in der von der Bestimmung genannten Beziehung zueinander stehen. Die Ansprüche werden zwar oft einen Ehe- bzw Kindschaftsbezug haben, notwendig ist dies aber nicht (vgl Soergel/Niedenführ Rn 5; MünchKomm/Grothe Rn 1). So reichen etwa auch Ansprüche aus Straßenverkehrsunfällen (vgl BGH NJW-RR 1987, 407 = LM Nr 2 § 204 BGB; NJW 1988, 1209; **aA** Salje VersR 1982, 922, 926). Die Ansprüche können vorehelich entstanden sein (vgl OLG Nürnberg MDR 1980, 668) oder während der Ehe zugunsten eines Dritten, der sie dann an den anderen Ehegatten abtritt, auch wenn solcherart die Hemmung manipuliert werden kann.

Die Hemmung in den von § 207 BGB genannten Beziehungen ist unbeeinflusst davon, ob es noch weitere Gläubiger oder Schuldner gibt (vgl BGH NJW-RR 1987, 407, OLG Hamm VersR 1998, 1392: Haftpflichtversicherer auf Schuldnerseite).

IV. Ehegatten

9 § 207 Abs 1 S 1 BGB betrifft Ehegatten, und zwar auch, soweit sie in zweiter Ehe miteinander leben. Die Hemmung setzt ein mit der Eheschließung und endet mit dem Tode des einen Ehegatten bzw der Rechtskraft der Ehescheidung (BGH NJW 2018, 2871 Rn 34). Die Rechtskraft des ausländischen Scheidungsurteils steht dem eines inländischen gleich, sofern es im Inland anerkennungsfähig ist (**aA** OLG Celle NJW 1967, 783; Erman/Schmidt-Räntsch Rn 5). Auf die tatsächliche Anerkennung kommt es indessen nicht an (MünchKomm/Grothe Rn 5; BeckOGK BGB/Meller-Hannich [1. 3. 2019] Rn 9). Die Verjährung ist auch dann gehemmt, wenn Gründe vorliegen, die zur Erhebung der Eheaufhebungsklage berechtigen (vgl §§ 1313 ff BGB; BGB-RGRK/

JOHANNSEN § 204 aF Rn 4). Auch diese Ehe ist eben einstweilen wirksam. Das gilt auch zugunsten des bösgläubigen Ehegatten.

Keine Hemmungswirkung entfaltet eine Nichtehe (ERMAN/SCHMIDT-RÄNTSCH Rn 5).

V. Lebenspartner

Lebenspartner, § 207 Abs 1 S 2 Nr 1 BGB, sind nur die eingetragenen iSd Lebenspartnerschaftsgesetzes v 16. 2. 2001 (BGBl I 266). Hier beginnt die Hemmung älterer Ansprüche mit dem Inkrafttreten des G zur Modernisierung des Schuldrechts am 1. 1. 2002 (Art 229 § 6 Abs 1 EGBGB). **10**

VI. Eltern und Kinder

Im Verhältnis von Eltern und Kindern, § 207 Abs 1 S 2 Nr 2 BGB, ist es unerheblich, ob den Eltern die elterliche Sorge zusteht, ob sie verheiratet sind (PALANDT/ELLENBERGER Rn 4). Das Kindschaftsverhältnis kann auch durch Adoption begründet werden, § 1754 BGB (STAUDINGER/DILCHER[12] § 204 aF Rn 5). Die Adoption beendet aber das bisherige Kindschaftsverhältnis, § 1755 BGB, und lässt damit die dortige Hemmung entfallen (vgl PALANDT/ELLENBERGER Rn 4; ERMAN/SCHMIDT-RÄNTSCH Rn 9; BeckOGK BGB/MELLER-HANNICH [1. 3. 2019] Rn 14; **aA** STAUDINGER/DILCHER[12] § 204 aF Rn 5; BGB-RGRK/JOHANNSEN § 204 aF Rn 5). **11**

Die Bestimmung gilt auch im Falle nichtehelicher Vaterschaft (BGHZ 76, 293, 295), dies gilt unabhängig von Anerkennung oder Feststellung der Vaterschaft, § 1592 Nrn 2, 3 BGB, dagegen nicht, wenn ein anderer wegen § 1592 Nr 1 BGB als Vater gilt.

Einbezogen sind seit dem 1. 1. 2002 Kinder, deren Vater oder Mutter mit ihrem Gläubiger oder Schuldner verheiratet sind. Es genügt auch eine entsprechende Lebenspartnerschaft, wie dies die Neufassung des § 207 Abs 1 S 2 Nr 2 BGB durch das G zur Änderung des Erb- und Verjährungsrechts v 24. 9. 2009 (BGBl I 3142) klarstellt.

Hier beginnt die Hemmung mit der Eheschließung bzw der Begründung der Lebenspartnerschaft. Endete die Hemmung nach bisherigem Recht mit dem Eintritt der Volljährigkeit, so endet sie jetzt nach dem genannten G erst mit der Vollendung des 21. Lebensjahres des Kindes. Das soll den Beteiligten den Druck nehmen, die Angelegenheit zügig zu betreiben (BT-Drucks 16/8954, 17).

VII. Geschwister

Nicht genannt werden in § 207 Abs 1 S 2 BGB Geschwister. Hier kann sich aber für die Zeit ihrer Minderjährigkeit eine Hemmung aus den § 210, 181 BGB ergeben, wenn sie dieselben gesetzlichen Vertreter haben und Ergänzungspfleger nicht bestellt werden. **12**

VIII. Die weiteren Fälle

Zur Vormundschaft, § 207 Abs 1 S 2 Nr 3 BGB, vgl die §§ 1773 ff BGB; hierher gehören auch Ansprüche für oder gegen einen Gegenvormund, Ansprüche aus **13**

Amtspflichtverletzung im Falle schuldhafter Verletzung der *familiengerichtlichen Aufsicht* über den Vormund.

Zu Betreuungsverhältnissen, § 207 Abs 1 S 2 Nr 4 BGB, vgl die §§ 1896 ff BGB.

Zur Pflegschaft, § 207 Abs 1 S 2 Nr 5 BGB, vgl die §§ 1909 ff BGB.

Zur Beistandschaft, § 207 Abs 1 S 3 BGB, vgl die §§ 1712 ff BGB. Hier wirkt die Hemmung nur einseitig zugunsten des Kindes.

Zu beachten ist, dass § 207 Abs 1 S 2 Nrn 3–5 BGB nicht für Ansprüche gilt, die Vormund, Betreuer oder Pfleger gegen die Staatskasse erwachsen.

IX. Abs 2

14 Der nur klarstellende Abs 2 betrifft den Fall, dass der Verletzte nach Ende der Hemmung nach § 207 BGB (zB durch Scheidung) weiterhin mit dem Schädiger in häuslicher Gemeinschaft lebt, § 208 S 2 BGB, oder das 21. Lebensjahr vollendet hat, § 208 S 1 BGB. Das entspricht freilich nur dem allgemeinen Grundsatz, dass die Verjährung aus mehreren Gründen gehemmt sein kann.

§ 208
Hemmung der Verjährung bei Ansprüchen wegen Verletzung der sexuellen Selbstbestimmung

Die Verjährung von Ansprüchen wegen Verletzung der sexuellen Selbstbestimmung ist bis zur Vollendung des 21. Lebensjahrs des Gläubigers gehemmt. Lebt der Gläubiger von Ansprüchen wegen Verletzung der sexuellen Selbstbestimmung bei Beginn der Verjährung mit dem Schuldner in häuslicher Gemeinschaft, so ist die Verjährung auch bis zur Beendigung der häuslichen Gemeinschaft gehemmt.

Materialien: Art 1 G zur Modernisierung des Schuldrechts v 26. 11. 2001 (BGBl I 3138). BGB aF: –. PETERS/ZIMMERMANN: –; Schuldrechtskommission: –; RegE § 208, BT-Drucks 14/6040, 119; BT-Drucks 14/7052, 9, 181.

Schrifttum

EGERMANN, Verjährung deliktischer Haftungsansprüche, ZRP 2001, 343
KEISER, Mehr Opferschutz durch veränderte Verjährungsvorschriften für deliktische Ansprüche, FPR 2002, 1

KRÄMER, Verjährungshemmung bei Ansprüchen wegen Verletzung der sexuellen Selbstbestimmung, ZFE 2003, 363.

I. Allgemeines

1. Opferschutz

Die Bestimmung enthält bei Ansprüchen aus der Verletzung der sexuellen Selbstbestimmung zwei Hemmungstatbestände (zur Länge der Frist gem § 197 Abs 1 Nr 1 s § 197 Rn 8a ff): Das geringe Alter des Opfers (S 1) und die häusliche Gemeinschaft mit dem Täter (S 2). Sie soll die freie Entschließungsmöglichkeit wahren, die Ansprüche zu verfolgen (oder auch nicht zu verfolgen). **1**

Bei kindlichen Opfern könnte die Rechtsverfolgung oft scheitern. Ihre gesetzlichen Vertreter könnten davon absehen aus Rücksichtnahme auf das Kind oder den Schuldner, wegen eigener Verstrickung oder Angst vor einem Skandal. Vielfach werden auch die §§ 1629 Abs 2 S 1, 1795 Abs 2, 181 BGB eine unmittelbare Vertretung hindern und es kommt nicht zur Bestellung eines Ergänzungspflegers.

Freilich hemmt § 208 S 1 BGB die Verjährung nur, die Bestimmung bewahrt das minderjährige Opfer also nicht davor, dass Ansprüche gegen seinen Willen verfolgt werden.

Bei allen – auch *volljährigen* – Opfern (zur Einbeziehung auch letzterer Rechtsausschuss BT-Drucks 14/7052, 181, obwohl das „auch" in § 208 S 2 durchaus Anlass zu einem anderen Verständnis geben könnte) könnte die häusliche Gemeinschaft mit dem Täter die Rechtsverfolgung behindern.

2. Ruhen der strafrechtlichen Verfolgungsverjährung

§ 208 S 1 BGB entspricht im Kern der Bestimmung des § 78b Abs 1 Nr 1 StGB, geht aber über diese Bestimmung hinaus: Die Grenze ist dort mit der Vollendung des 18. Lebensjahres enger gezogen als hier mit der des 21. Außerdem braucht nicht gerade nur ein Tatbestand der §§ 176–179 StGB erfüllt zu sein. **2**

3. Wahrung der Entschließungsfreiheit

Die Bestimmung sichert in ihren beiden Fällen die Entschließungsfreiheit nachhaltig, wenn sie dem volljährig werdenden Kind noch drei Jahre Zeit gewährt und auch dem erwachsenen Opfer in S 2 die volle Frist des § 195 BGB wahrt.

4. Grenzen des Schutzes

§ 208 BGB verlängert in seinen beiden Fällen die Verjährung nicht gegenüber *sonstiger körperlicher oder psychischer Gewalt*. Die Bestimmung kann dann auch nicht entsprechend angewendet werden (Mansel NJW 2002, 89, 98 f; MünchKomm/Grothe Rn 4). Freilich wird hier oft § 207 BGB anwendbar sein. Außerdem beschränkt § 208 S 2 BGB seine Geltung auf die häusliche Gemeinschaft; namentlich die Belästigung am *Arbeitsplatz* oder in sonstigen Nähe- oder gar Abhängigkeitsverhältnissen wird also *nicht erfasst* (MünchKomm/Grothe Rn 6). Derlei kann freilich unter § 208 S 1 BGB fallen.

In ihrem Schutzbereich beschränkt sich die Rechtsfolge der Norm auf die bürgerlich-rechtliche Verjährung (vgl bereits o zu § 78b StGB). Eine andere Beeinträchtigung des zivilrechtlichen Anspruchs ist nicht ausgeschlossen. Daher hat der BGH abgelehnt, die Rechtsfolgen der Restschuldbefreiung einzuschränken, wenn die von § 208 BGB geschützte Forderung nicht als Forderung aus vorsätzlich begangener unerlaubter Handlung, § 302 Nr 1 InsO, angemeldet worden war (BGH NJW-RR 2017, 37 Rn 18).

II. Verletzung der sexuellen Selbstbestimmung

3 Erfasst werden Ansprüche aus den §§ 823 Abs 2 BGB iVm den strafrechtlichen Schutzgesetzen der §§ 174–184b StGB (nicht nur den §§ 176–179 StGB); dabei insbesondere auch die Fälle des Versuchs, der Anstiftung und der Gehilfenschaft (PALANDT/ELLENBERGER Rn 2). Dabei braucht aber einer der genannten Tatbestände nicht exakt erfüllt oder versucht zu sein. Es kommt auch eine Verletzung des Allgemeinen Persönlichkeitsrechts nach § 823 Abs 1 BGB in Betracht (Münch-Komm/GROTHE Rn 4), natürlich auch der Tatbestand des § 825 BGB. Anspruchsgrundlage kann auch die Verletzung einer vertraglichen Nebenpflicht sein (zB gegenüber einer Dienstperson), §§ 280 Abs 1, 241 Abs 2 BGB, oder die Bestimmung des § 1664 BGB. Die schädigende Handlung muss jeweils nur sexuell motiviert gewesen sein, wobei die Verfolgung weiterer Motive die Anwendung des § 208 BGB nicht hindert (BeckOGK BGB/MELLER-HANNICH [1.3.2019] Rn 3). Sehr weitgehend lässt OLG Nürnberg NJW 2014, 1111, 1112 das Verschweigen der eigenen HIV-Infektion genügen.

Dabei schützt die Bestimmung namentlich den Anspruch auf Ersatz des immateriellen Schadens nach § 253 Abs 2 BGB (in Altfällen nach § 847 BGB aF bzw Art 1, 2 GG) ohne weiteres aber auch den Anspruch wegen materieller Folgeschäden (im beruflichen Fortkommen nach § 252 BGB, Heilungskosten bei psychologischer oder psychiatrischer Betreuung, Kosten eines Wohnungswechsels).

III. Jugendliches Alter des Opfers

4 § 208 S 1 BGB setzt voraus, dass das Opfer im Zeitpunkt der Tat das 21. Lebensjahr noch nicht vollendet hat; uU kann die Verjährung auch noch weiterhin nach § 208 S 2 BGB gehemmt sein. Außerdem setzt der Verjährungsbeginn weiterhin nach § 199 Abs 1 Nr 2 BGB die *Kenntnismöglichkeit* des Opfers voraus, die *eigene;* die Kenntnisse seiner früheren gesetzlichen Vertreter braucht es sich nicht zurechnen zu lassen. Ist die zeitliche Kenntnismöglichkeit bei Vollendung des 21. Lebensjahrs gegeben, beginnt die Verjährung – vorbehaltlich des § 208 S 2 BGB – unmittelbar damit zu laufen, sonst verschiebt sie sich auf das Ende des jeweiligen Jahres. Bei fehlender Kenntnismöglichkeit gilt § 199 Abs 2 BGB entsprechend, jetzt aber ansetzend nicht am Zeitpunkt des Eintritts der Volljährigkeit, sondern dem der schädigenden Handlung. Verstirbt das Opfer vor Vollendung des 21. Lebensjahrs, endet die Hemmung damit (BeckOK/HENRICH [1.5.2019] Rn 3).

IV. Häusliche Gemeinschaft

1. Begriff

Für die Hemmung der Verjährung genügt die häusliche Gemeinschaft der Parteien, § 208 S 2 BGB, sei es in nichtehelicher Lebensgemeinschaft, sei es im Verhältnis Stiefvater/Stiefkind, sei es auf Grund sonstiger Verwandtschafts-, Freundschafts- oder Näheverhältnisse. Der Gläubiger kann auch über 21 Jahre alt sein. Entscheidend ist außer der gemeinsamen Unterkunft das gemeinsame Wirtschaften, wie es zB im Verhältnis von Haupt- und Untermieter nicht der Fall ist und bei Wohngemeinschaften von der konkreten Ausgestaltung abhängt. Die gemeinsame Unterbringung in einem Internat oder Wohnheim genügt. Unterbrechungen heben die häusliche Gemeinschaft nicht auf, wenn sie nicht auf Dauer angelegt sind; dann dürfen sie tatsächlich auch länger dauern (Einsatz im Ausland, Strafhaft). Andererseits ist aber auch bei Beibehalt der gemeinsamen Wohnung ein die Hemmung beendendes *Getrenntleben* möglich, vgl § 1567 Abs 1 S 2 BGB. Die Wiederaufnahme der häuslichen Gemeinschaft bewirkt keine erneute Hemmung (aA BeckOK/Henrich [1. 5. 2019] Rn 6). 5

Eine zeitliche Höchstgrenze für die Hemmung besteht nicht (NK-BGB/Budzikiewicz Rn 27).

2. Zeitpunkt

Nach § 208 S 2 BGB kommt es auf eine häusliche Gemeinschaft „bei Beginn der Verjährung" an. Sie braucht also bei Vornahme der schädigenden Handlung noch nicht gegeben gewesen zu sein, sondern wegen § 199 Abs 1 BGB erst am Ende des einschlägigen Jahres. Eine noch spätere Begründung der häuslichen Gemeinschaft hemmt jedenfalls nicht (BeckOGK BGB/Meller-Hannich [1. 3. 2019] Rn 9; NK-BGB/Budzikiewicz Rn 21; Palandt/Ellenberger Rn 4; aA MünchKomm/Grothe Rn 7). Die Hemmung *endet* unmittelbar mit dem Beginn des Getrenntlebens; die nach § 199 Abs 1 Nr 2 BGB notwendige Kenntnismöglichkeit wird dann in aller Regel gegeben sein. Nur bei missbrauchten Kindern ist es praktisch denkbar, dass sie erst später von dem Vorgefallenen erfahren. 6

V. Zwingendes Recht

Die Vorschrift ist zwingendes Recht nur in den Grenzen des § 202 Abs 1 BGB (aA BeckOGK BGB/Meller-Hannich [1. 3. 2019] Rn 12; NK-BGB/Budzikiewicz Rn 28): Wenn die Haftung wegen begangener Taten erlassen werden kann, kann sie im Prinzip auch zeitlich beschränkt werden. Freilich: Vor § 138 Abs 1 BGB standhalten dürfte nur ein in freier Willensentschließung gefasster und auf Verzeihung und Aussöhnung beruhender Erlass. Mindere Formen des Erlasses – und damit auch ein Ausschluss der Hemmung – dürften sittenwidrig sein. 7

§ 209
Wirkung der Hemmung

Der Zeitraum, während dessen die Verjährung gehemmt ist, wird in die Verjährungsfrist nicht eingerechnet.

Materialien: Art 1 G zur Modernisierung des Schuldrechts v 26. 11. 2001 (BGBl I 3138). BGB aF: § 205: E I § 161 Abs 1; II § 167, III § 200; Mot I 311; Prot I 361 f; II 1 212; Jakobs/Schubert, AT 996, 1031 f, 1059, 1083 ff, 1098, 1111 f; Peters/Zimmermann: –, Gutachten 324; Schuldrechtskommission § 218, Abschlussbericht 95; RegE § 209, BT-Drucks 14/6040, 120.

I. Allgemeines zur Hemmung der Verjährung

1. Grundgedanken

1 In dem Institut der Hemmung der Verjährung fließen – nach heutigem Recht – zwei Gedanken zusammen.

Herkömmlich ist die Hemmung der Verjährung eine Ausprägung des Satzes agere non valenti non currit praescriptio: *Wenn der Gläubiger nicht klagen kann, darf die Verjährung nicht gegen ihn laufen.* Das ist zB der Fall, wenn eine der Parteien nicht voll geschäftsfähig ist (§ 210 BGB) oder die Zuordnung eines Nachlasses noch nicht geklärt ist (§ 211 BGB), gar höhere Gewalt die Rechtsverfolgung hindert (§ 206 BGB). Auch gegenüber einer dilatorischen Einrede des Schuldners ist der Gläubiger machtlos (§ 205 BGB). In anderen Fällen ist die *jetzige Rechtsverfolgung unzumutbar:* Sie würde schwebende Verhandlungen gefährden (§ 203 BGB), sie müsste sich gegen Nahestehende richten (§ 207 BGB), Höchstpersönliches müssten Dritte wahrnehmen, auf die kein sicherer Verlass ist (§ 208 BGB).

Auf einem ganz anderen Aspekt beruhen die *Hemmungsgründe des § 204 BGB*, bei denen der Gläubiger gerade sein Recht zu verwirklichen sucht, zB durch Klage, Mahnverfahren, Aufrechnung im Prozess. Hier soll die Hemmung weithin nur *überbrücken,* bis dem Gläubiger die langfristige Verjährung des § 197 Abs 1 Nr 3 BGB zuteil wird. Bei der Aufrechnung sucht der Gläubiger gar die unmittelbare Erfüllung. Doch gehören einige der Hemmungstatbestände in den zuvor genannten Kontext, vgl zB die Streitverkündung: Dem Gläubiger ist der Zweitprozess erst zuzumuten, wenn erst einmal seine Basis geklärt ist; ähnlich das selbstständige Beweisverfahren.

Wieder anders erklärt sich § 204 Abs 2 S 1 BGB: Nachdem das erste Verfahren nicht zum Erfolg geführt hat, wird dem Gläubiger Gelegenheit gegeben, sich neu zu orientieren.

2. Die Tatbestände der Hemmung

2 Die Tatbestände der Hemmung aus den §§ 203 ff BGB sind dort nicht abschließend geregelt, vgl zB die §§ 12 Abs 2 WG, 15 VVG.

Praktisch bedeutsam ist es, dass die Anfechtung eines Verwaltungsakts die Verjährung eines auf seinen Einfluss gestützten *Amtshaftungsanspruchs* hemmt (BGHZ 181, 199 Rn 35; BGH NJW 2011, 2586 Rn 35 ff)

Wegen § 202 Abs 2 BGB können auch die Parteien Hemmungsgründe vereinbaren. Freilich besteht dazu kaum praktischer Raum; zB wird eine Musterprozessabrede schon unter § 203 S 1 BGB fallen. Aber es kann zB die Frist des § 203 S 2 BGB verlängert werden.

3. Die Reichweite der Hemmung

a) Die Hemmung der Verjährung ist, soweit sie sich aus den §§ 203 ff BGB ergibt, grundsätzlich unabhängig davon, auf welche konkrete Anspruchsgrundlage der Anspruch gestützt wird, ergreift also *sämtliche Anspruchsgrundlagen,* soweit die Voraussetzungen des § 213 BGB vorliegen, vgl dort.

b) In *persönlicher Hinsicht* beschränkt sich die Hemmung auf die Personen, in deren Verhältnis der Hemmungsgrund besteht (BGH VersR 2014, 1226 Rn 25). Sie wirkt insbesondere nicht zu Lasten anderer Gesamtschuldner oder zu Gunsten anderer Gesamtgläubiger, §§ 425 Abs 2, 429 Abs 3, 432 Abs 2 BGB. Zu Gunsten oder zu Lasten des Rechtsnachfolgers wirkt jedenfalls die bei seinem Rechtsvorgänger schon verstrichene Hemmung; ob die Hemmung bei ihm andauert, hängt davon ab, ob der Hemmungsgrund in seiner Person fortbesteht.

Die Verjährung des Anspruchs gegen den Bürgen wird nicht dadurch berührt, dass die Verjährung des Anspruchs gegen den Hauptschuldner gehemmt ist (BGB-RGRK/ Johannsen § 205 aF Rn 1), doch kann sich der Bürge gemäß § 768 Abs 1 BGB erst entsprechend später auf die Verjährung der Hauptforderung berufen, wenn die Verjährung im Verhältnis zwischen Gläubiger und Hauptschuldner gehemmt war oder ist.

Ausnahmsweise lässt § 115 Abs 2 S 4 VVG die Hemmung gegenüber dem Haftpflichtversicherer auch gegenüber dem Versicherten wirken und umgekehrt. OLG Frankfurt VersR 1982, 66 lässt die Hemmung nach § 852 Abs 2 BGB aF (= § 203 BGB) gegenüber dem Geschädigten auch gegenüber dem Träger der Sozialversicherung wirken, zweifelhaft.

4. Verhältnis zu anderen Instituten

a) Von dem Neubeginn der Verjährung unterscheidet sich ihre Hemmung in ihrer Wirkungsweise. Die *Hemmung* der Verjährung und ihr *Neubeginn können zusammentreffen;* so kann etwa der Unternehmer bei Aufnahme der Prüfung des Mangels oder während seiner Beseitigung (Hemmung nach § 203 BGB) seine Verantwortlichkeit für den Mangel anerkennen (§ 212 Abs 1 Nr 1 BGB). In diesem Fall darf dem Berechtigten die Wirkung der Hemmung nicht genommen werden, sodass der bewirkte neuerliche Lauf der Verjährungsfrist erst mit der Beendigung der Hemmung beginnt (BGH LM § 13 VOB/B Nr 1; NJW 1990, 826; Staudinger/Dilcher[12] § 217 aF Rn 1). Das gilt auch dann, wenn die neu begonnene Verjährung eigentlich schon vor Ablauf der Hemmung beendet war (BGH NJW 1990, 826).

b) Die Unzulässigkeit der Berufung auf den Eintritt der Verjährung bewirkt keine Hemmung der Verjährung. Die kurze Nachfrist zur Hemmung der Verjährung, die sie gewährt, kann nicht gehemmt werden.

c) Die Frist zur Ersitzung wird durch die Hemmung des Anspruchs aus § 985 BGB entsprechend verlängert, § 939 BGB.

6 d) Auf *Ausschlussfristen* des Gesetzes sind die Vorschriften über die Hemmung der Verjährung insoweit entsprechend anwendbar, wie dies ausdrücklich vorgesehen ist, darüber hinaus dagegen grundsätzlich nicht (vgl Prot VI 438; RGZ 128, 46, 47; 151, 346, 347; MünchKomm/Grothe § 203 Rn 1). Gleiches gilt für vertraglich vereinbarte Ausschlussfristen (RG Recht 1925, Nr 438; **aA** im Sinne eines allgemeinen Hemmungsprinzips Hueck/Nipperdey II 2 Nachtrag 638; Säcker ZZP 80, 421, 434 ff). Ausnahmsweise kann sich durch Auslegung etwas anderes ergeben.

II. Wirkung der Hemmung

7 1. Der *Ablauf der Verjährungsfrist* wird um die Zeit der Hemmung *hinausgeschoben,* wobei es keine Obergrenze für diesen Aufschub gibt, wie vor allem § 207 BGB belegt (BGHZ 37, 113, 118; BGH NJW 1990, 176, 178; BeckOGK BGB/Meller-Hannich [1. 3. 2019] Rn 5). Der Beginn der Hemmung kann nicht vor Beginn der Verjährungsfrist liegen (BGH NJW 2017, 3144 Rn 12 ff), aber mit dem Beginn dieser Frist zusammenfallen, die Hemmung kann aber auch später beginnen. Ein vor Beginn der Verjährung gesetzter Hemmungstatbestand kann sich, wie die Wirkungen des § 204 Abs 2 S 1 BGB bei zurückgenommener Klage zeigen, aber stets auf den Verjährungslauf auswirken (§ 204 Rn 38). Treffen mehrere Hemmungsgründe zusammen, zB Verhandlungen und Stundung, überschneiden sie sich, aber addieren sie sich nicht. Das gilt auch dort, wo eine Hemmung und eine Ablaufhemmung zusammentreffen (BGH VersR 2001, 1269, 1270). Nach Eintritt der Verjährung scheidet eine Hemmung aus (BGHZ 213, 213 = ZIP 2017, 236 Rn 18; vgl zur Hemmung durch Musterfeststellungsklage § 204 Rn 48h).

2. Die Zeit der Hemmung ist *keine Frist* iSd §§ 186 ff BGB. Auf den Beginn der Hemmung kann damit § 187 Abs 1 BGB nicht angewendet werden, vielmehr ist unmittelbar der Tag – nicht die Stunde oder Minute – maßgeblich, an dem der Hemmungsgrund eingetreten ist (RGZ 161, 125, 127; BeckOGK BGB/Meller-Hannich [1. 3. 2019] Rn 7). Auch § 191 BGB ist unanwendbar: Eintritt der Hemmung im Laufe des 15. 8., Fortfall im Laufe des 15. 9.: Beide Tage werden einberechnet, Verlängerung der Verjährungsfrist um 32 Tage (vgl Soergel/Niederführ Rn 2). Namentlich beginnt also der neue Teil des Verjährungslaufs unmittelbar mit dem Fortfall des Hemmungsgrundes, ohne dass § 199 Abs 1 BGB angewendet werden könnte (RGZ 120, 355, 362; BGHZ 86, 98, 103 f; Erman/Schmidt-Räntsch Rn 1; Enneccerus/Nipperdey § 234 Fn 3).

3. Auf die Dauer der Hemmung wirkt sich insbesondere § 167 Fall 3 ZPO aus. Die Hemmung rechnet nicht erst ab der Zustellung zB der Klage, sondern im Falle ihrer demnächstigen Zustellung bereits ab Einreichung. Die Hemmung verlängert sich also um den Zeitraum, der zwischen der Einreichung der Klage und ihrer Zustellung liegt (BGH NJW 2010, 856 Rn 8 ff).

4. Die Beweislast für den Beginn der Hemmung liegt bei dem Berechtigten. Das gilt grundsätzlich auch für ihre Fortdauer, doch ist insoweit der Verpflichtete zu substantiiertem Vortrag gehalten, den der Berechtigte dann zu widerlegen hat.

III. Ablaufhemmung

Die Ablaufhemmung hindert den Eintritt der Verjährung trotz des an sich einge- **8** tretenen Fristablaufs. Fälle sind zunächst die der §§ 210, 211 BGB: Der Mangel der Geschäftsfähigkeit des Käufers wird verkannt, sodass er ohne gesetzlichen Vertreter bleibt. Eigentlich wäre der gegen ihn gerichtete Kaufpreisanspruch am 31. 12. 2008 verjährt, aber wenn erst am 1. 3. 2009 ein Betreuer bestellt wird, tritt die Verjährung erst am 1. 9. 2009 ein.

Tatbestände der Ablaufhemmung enthalten aber auch die §§ 203 S 2, 206 BGB. Dagegen ist § 204 Abs 2 S 1 BGB sinnwidrig nicht als Ablaufhemmung ausgestaltet.

Von der Besonderheit abgesehen, dass die Ablaufhemmung gerade den Eintritt der Verjährung behindert, ist sie eine „normale" Hemmung.

IV. Anlaufhemmung

Hemmungstatbestände besonderer Art ergeben sich, dann wenn der Beginn der **9** Verjährung zeitlich versetzt ist gegenüber der Entstehung des Anspruchs. Das ist im Rahmen des § 199 Abs 1 BGB für jeden Zeitraum der Fall, der zwischen der Entstehung des Anspruchs und dem Jahresende liegt. Nachhaltige Zeiträume ergeben sich insoweit in den Fällen des § 199 Abs 2–4 BGB. Besonders bedeutsam sein kann der verzögerte Beginn der Verjährung in den Fällen des § 548 Abs 1, Abs 2 BGB.

Man kann hier von einer Anlaufhemmung sprechen. Bei § 199 Abs 1 BGB liegt ihr alleiniger Zweck darin, die Berechnung der Verjährungsfristen zu vereinfachen. Bei § 199 Abs 2–4 BGB und bei § 548 Abs 1 BGB tritt Rücksichtnahme auf den Gläubiger hinzu, der seines Anspruchs nicht gewahr werden kann, bei § 548 Abs 1 und Abs 2 BGB der Gedanke, dass das laufende Mietverhältnis nicht aufgestört werden soll, wenn es bei seinem Ende doch zu einer Endabrechnung kommen muss.

§ 210
Ablaufhemmung bei nicht voll Geschäftsfähigen

(1) Ist eine geschäftsunfähige oder in der Geschäftsfähigkeit beschränkte Person ohne gesetzlichen Vertreter, so tritt eine für oder gegen sie laufende Verjährung nicht vor dem Ablauf von sechs Monaten nach dem Zeitpunkt ein, in dem die Person unbeschränkt geschäftsfähig oder der Mangel der Vertretung behoben wird. Ist die Verjährungsfrist kürzer als sechs Monate, so tritt der für die Verjährung bestimmte Zeitraum an die Stelle der sechs Monate.

(2) Absatz 1 findet keine Anwendung, soweit eine in der Geschäftsfähigkeit beschränkte Person prozessfähig ist.

Materialien: Art 1 G zur Modernisierung des Schuldrechts v 26. 11. 2001 (BGBl I 3138). BGB aF: § 206: E I § 166; II § 171; III § 201; Mot I 318; Prot I 348 ff; II 1 219 ff; VI 141; Jakobs/ Schubert, AT 996, 1027 f, 1064 f, 1083 ff, 1097 f, 1115; Peters/Zimmermann § 203, Gutachten 251, 308, 321; Schuldrechtskommission § 214; Abschlussbericht 90; RegE § 210, BT-Drucks 14/6040, 120.

I. Allgemeines

1 § 210 BGB trägt zunächst den Schwierigkeiten Rechnung, die für nicht voll Geschäftsfähige bestehen, geeignete Maßnahmen zur Hemmung der Verjährung von sich aus, also ohne einen gesetzlichen Vertreter, zu ergreifen. Ihren Gegnern stünde an sich die Möglichkeit offen, nach § 57 ZPO einen Prozesspfleger bestellen zu lassen. Sie sind also an der Möglichkeit des gerichtlichen Verfahrens weniger behindert, und deshalb hatte die Vorgängervorschrift des § 206 BGB aF die Ablaufhemmung zu ihren Gunsten nicht eingreifen lassen. Indessen ist aber auch dies praktisch kaum zumutbar und auch nicht in allen Fällen des § 204 Abs 1 BGB möglich, vgl dort etwa die Nrn 6, 8. Insofern ist § 210 nF zutreffend beidseitig gestaltet. Es kommt nicht darauf an, ob der Gegner Kenntnis vom Vorliegen der Voraussetzungen des § 210 BGB hatte oder nicht (Erman/Schmidt-Räntsch Rn 2).

Die Beweislast für den Hemmungstatbestand trägt der Gläubiger (BGH MDR 2000, 1193, 1194; MünchKomm/Grothe Rn 1; Erman/Schmidt-Räntsch Rn 2).

II. Juristische Personen

2 Nach dem Willen des Gesetzgebers (Prot I 220) gilt § 210 BGB nicht auch für juristische Personen, für die ein entsprechendes Bedürfnis nicht bestehe; anders noch der 1. Entwurf (§ 166 Abs 1 E I; Mot I 321; vgl auch BGH NJW 1968, 693). Ggf muss ein Notvorstand nach § 29 BGB bestellt werden. Doch ist die Bestimmung dann entsprechend anwendbar, wenn es um Ansprüche der juristischen Person geht, die sich (auch) gegen die einzige vertretungsberechtigte Person richten (s ferner § 214 Rn 20).

III. Nicht voll Geschäftsfähige

3 1. Der Kreis der nicht voll Geschäftsfähigen bestimmt sich nach den §§ 104, 106 BGB; die Bestimmung gilt also zunächst für Minderjährige.

Bei *Volljährigen* gilt § 210 BGB entsprechend, wenn ein Einwilligungsvorbehalt angeordnet ist, § 1903 Abs 1 S 2 BGB. Insoweit kommt es also nicht auf die konkrete Geschäftsunfähigkeit an. Fehlt es an einem Einwilligungsvorbehalt, ist wiederum unmittelbar auf die §§ 104, 210 BGB zurückzugreifen. Die Möglichkeit eines Geschäftsunfähigen, die Bestellung eines Betreuers selbst zu beantragen, § 1896 Abs 1 S 2 BGB, reicht für die Anwendung des § 210 Abs 2 BGB nicht aus.

4 2. § 210 BGB findet auch bei *teilweiser* (gegenständlich beschränkter) *Geschäftsunfähigkeit* – in deren Rahmen – Anwendung (BGH VersR 1969, 906, 907; 1969, 1020, 1021).

Auf der anderen Seite ist § 210 BGB unanwendbar, soweit sich aus den §§ 112, 113 BGB partielle volle Geschäftsfähigkeit ergibt, §§ 210 Abs 2, 52 ZPO (vgl Mot I 321; MünchKomm/Grothe Rn 2; Palandt/Ellenberger Rn 3).

Eine entsprechende Anwendung der Bestimmung ist nicht geboten, wenn ein Anspruch auf Eigentumsübertragung gepfändet und nach § 848 ZPO zu seiner Wahrnehmung ein Sequester bestellt wird (BGH WM 1967, 657, 658). Gleiches muss im Falle des § 21 InsO gelten, weil alle diese Maßnahmen nur dem Schutz der Gläubiger des Berechtigten, nicht seinem eigenen Schutz dienen.

IV. Gesetzliche Vertreter

Gesetzliche Vertreter sind bei Minderjährigen Eltern bzw Vormund. Bei geschäftsunfähigen Volljährigen ist auf das Vorhandensein eines Betreuers abzustellen. Im Falle der Insolvenz muss der Insolvenzverwalter als gesetzlicher Vertreter iSd § 210 BGB angesehen werden (Kirchhof WM 2002, 2037, 2039; BeckOGK BGB/Meller-Hannich [1. 3. 2019] Rn 11). Für den Fall des Todes enthält § 211 BGB eine Sonderregelung. 5

Kein gesetzlicher Vertreter ist der gewillkürte Vertreter (zB der Prokurist) bei fehlendem gesetzlichen Vertreter (Staudinger/Dilcher[12] § 206 aF Rn 5). Ebenso kann der amtlich bestellte Vertreter des Rechtsanwalts, § 53 BRAO, nicht als dessen gesetzlicher Vertreter angesehen werden (BGHZ 57, 204, 209 f = NJW 1972, 212).

Das Fehlen eines Abwesenheitspflegers nach § 1911 BGB reicht nicht aus; vielmehr kann sich der Abwesende auf seine eigene tatsächliche Verhinderung allenfalls nach § 206 BGB berufen. Anwendbar ist § 210 BGB dagegen auf die nach den §§ 1912, 1913 S 2 BGB zu bestellenden Pfleger.

V. Fehlen des gesetzlichen Vertreters

1. Es reicht nicht aus, dass der gesetzliche Vertreter nur tatsächlich an der Wahrnehmung seiner Aufgaben verhindert ist, sei es durch Unkenntnis (BGH NJW 1975, 260), oder durch schwere Krankheit (Prot I 22; BeckOGK BGB/Meller-Hannich [1. 3. 2019] Rn 12; Palandt/Ellenberger Rn 3); ggf kann hier § 206 BGB eingreifen, immer genügt natürlich das Vorliegen des Tatbestandes des § 104 Nr 2 BGB in der Person des gesetzlichen Vertreters. Es reicht auch nicht ein bloßer Wechsel in der Person des gesetzlichen Vertreters (MünchKomm/Grothe Rn 4). Zu dem Fall, dass der neue Vertreter keine Kenntnis von dem Anspruch iSd § 199 Abs 1 Nr 2 BGB zu haben braucht, vgl § 199 Rn 56. Dagegen braucht der gesetzliche Vertreter nicht überhaupt zu entfallen, zB durch Tod, es genügt, wenn er im konkreten Fall (MünchKomm/Grothe Rn 4) rechtlich verhindert ist, durch Interessenkollision, §§ 181, 1795 BGB, Entziehung der Vertretungsbefugnis, §§ 1629 Abs 2 S 3, 1796 BGB, Bestellung eines Pflegers, § 1630 Abs 1 BGB. Fehlsam wendet OLG Hamm NJW 2000, 1219 in der Konstellation der §§ 1629 Abs 2 S 1, 1795 Abs 1 Nr 3, § 204 BGB aF (§ 207 BGB nF) entsprechend an. Bei einem Betreuer ist darauf abzustellen, ob er auch für diesen Aufgabenkreis bestellt ist, § 1896 Abs 2, 3 BGB. 6

Für den Gläubiger des nicht voll Geschäftsfähigen kommt § 210 BGB auch dann zum Tragen, wenn er den Mangel der Vertretung nicht erkannt oder sich um Abhilfe bemüht hat. Wegen seiner Beweislast für den Hemmungstatbestand ist der Weg über § 57 ZPO vorzugswürdig (NK-BGB/Budzikiewicz Rn 24; MünchKomm/Grothe Rn 5).

2. Die Verhinderung des gesetzlichen Vertreters muss innerhalb der letzten sechs Monate der Verjährungsfrist bestehen; eine vorherige Verhinderung ist unerheblich (BGH VersR 1968, 1165, 1167). Allerdings reicht während dieses maßgeblichen Zeitraumes auch eine kurzfristige Verhinderung aus (MünchKomm/Grothe Rn 6; aA Staudinger/Dilcher[12] § 206 aF Rn 6; unklar BGB-RGRK/Johannsen § 206 aF Rn 5).

Da die letzten sechs Monate voll zur Verfügung stehen sollen, sind anderweitig begründete Hemmungen während dieses Zeitraums ihn erweiternd zu berücksichtigen.

VI. Wirkungen

7 Mit dem Fortfall des Hindernisses beginnt unmittelbar ein letzter Verjährungszeitraum von – regelmäßig – sechs Monaten. Diese Frist besteht auch dann, wenn das Hindernis selbst von kürzerer Dauer war, sodass der Berechtigte aus der Regelung des § 210 BGB zeitliche Vorteile ziehen kann (BeckOK/Henrich [1. 5. 2019] Rn 6). Für die Berechnung der Frist gelten die §§ 187, 188 Abs 2 BGB.

Eine kürzere Zusatzfrist ergibt sich nach § 210 Abs 1 S 2 BGB nur dann, wenn die laufende Verjährungsfrist ihrerseits kürzer war. Dann gilt eine entsprechende Zusatzfrist.

Der Lauf der Zusatzfrist kann seinerseits aus anderweitigen Gründen – und natürlich wieder nach § 210 BGB – gehemmt werden.

VII. Die Ausnahmeregelung des § 210 Abs 2

8 1. Gem § 210 Abs 2 BGB greift die Ablaufhemmung nicht ein, soweit eine in der Geschäftsfähigkeit beschränkte Person nach § 52 ZPO prozessfähig ist. Erfasst werden von dieser Regelung die Fälle der Teilgeschäftsfähigkeit nach den §§ 112, 113 BGB (BeckOGK BGB/Meller-Hannich [1. 3. 2019] Rn 16), ferner die Fälle der §§ 607 Abs 1, 640b S 1 ZPO aF, § 125 Abs 1 FamFG.

2. Nicht erfasst von der Regelung des § 210 Abs 2 BGB werden diejenigen Fälle, in denen Geschäfte eines beschränkt Geschäftsfähigen aufgrund der Einwilligung des gesetzlichen Vertreters wirksam sind; die Einwilligung begründet keine Prozessfähigkeit. Dies gilt auch bei einem beschränkten Generalkonsens.

VIII. Ausschlussfristen

9 Das Gesetz erklärt die Bestimmung des § 210 BGB mehrfach für entsprechend anwendbar bei Ausschlussfristen, vgl §§ 124 Abs 2, 204 Abs 3, 802 S 3, 1997, 2082 Abs 2 BGB. Aus dieser enumerativen Erwähnung ist im Einklang mit Prot VI, 383 der Schluss zu ziehen, dass die Bestimmung sonst auf gesetzliche Ausschlussfristen grundsätzlich nicht entsprechend anwendbar ist (vgl BeckOGK BGB/Meller-Hannich [1. 3. 2019] Rn 21; MünchKomm/Grothe Rn 7; aA Palandt/Ellenberger Rn 2; Erman/Schmidt-

Räntsch Rn 10), doch kann sich das Gegenteil zuweilen aus Sinn und Zweck der betreffenden Ausschlussfrist ergeben. So ist § 210 BGB angewendet worden auf die Frist des § 89b Abs 4 S 2 HGB (BGHZ 73, 99, 101), auf die Frist zur Geltendmachung des Entschädigungsanspruchs nach § 12 StrEG (BGHZ 79, 1, 3 f = NJW 1981, 285), im öffentlichen Recht auf die Frist zur Anzeige der Weiterversicherung nach § 26 Abs 1 S 3 SGB XI (BSG NJW 1964, 124, 125 zu § 313 Abs 2 S 1 RVO), und die Rentenantragsfrist nach § 99 Abs 1 S 1 SGB VI (BSG NJW 1974, 519 [Nr 31] 520 zu § 1290 Abs 2 RVO). Maßgebliches Kriterium muss sein, ob die Frist primär auf Gesichtspunkten der Zweckmäßigkeit beruht oder vielmehr der Gerechtigkeit. Insofern wird man § 210 BGB beispielsweise nicht auf die Frist des § 864 Abs 1 BGB anwenden können, wohl aber – in Anlehnung an BGHZ 43, 237 – auf die Klagefrist des § 12 Abs 3 VVG aF (vgl auch Säcker ZZP 80, 434 ff).

Bei vertraglich vereinbarten Ausschlussfristen wird unter den Voraussetzungen des § 210 BGB vielfach schon die Fristvereinbarung selbst hinfällig sein. Im Übrigen ist es eine Frage der Auslegung, ob § 210 BGB entsprechend angewendet werden kann. Angesichts des hohen Ranges des Schutzes Geschäftsunfähiger dürfte im Regelfall eine entsprechende Anwendung zu bejahen sein (MünchKomm/Grothe Rn 7; aA Soergel/Niedenführ Rn 7, unter missverständlicher Berufung auf OLG Hamburg SeuffA 63 Nr 158, das zwar eine entsprechende Anwendung des § 210 auf vertragliche Ausschlussfristen abgelehnt, die Berufung darauf, dass die Ausschlussfrist im Zustand der Geschäftsunfähigkeit versäumt worden sei, aber aus allgemeinen Erwägungen für zulässig gehalten hatte). In AGB wäre der Fristablauf gegen einen Geschäftsunfähigen eine unangemessene Benachteiligung des Geschäftsunfähigen iSd § 307 Abs 2 Nr 1 BGB; sonst entspricht es vernünftigem Parteiwillen, dass die Frist nicht für oder gegen einen Geschäftsunfähigen ablaufen soll. Zuweilen lässt sich dies einer ergänzenden Vertragsauslegung entnehmen, sonst kann die Berufung auf den Fristablauf Treu und Glauben widersprechen. Das gilt jedenfalls, wenn der Fristvereinbarung bloße Zweckmäßigkeitserwägungen zugrundeliegen, allerdings nicht wenn gerade eine endgültige Bereinigung im Interesse aller Beteiligten erreicht werden soll. Insofern wird auf die Frist zum Widerruf des Prozessvergleichs § 210 BGB nur mit äußerster Vorsicht anzuwenden sein. **10**

IX. Öffentliches Recht

Im öffentlichen Recht gilt § 210 BGB über § 62 S 2 VwVfG jedenfalls für den öffentlichrechtlichen Vertrag. Für behördlich gesetzte Fristen gibt § 31 Abs 7 VwVfG eine gleichwertige und vorrangige Regelung, bei gesetzlichen § 32 VwVfG. Sonst kann auf § 210 BGB zurückgegriffen werden (vgl MünchKomm/Grothe Rn 7). **11**

X. Die besondere Ablaufhemmung infolge Krieges

Die Abwesenheit vieler Menschen aus ihren normalen Lebensbereichen während des ersten und zweiten Weltkriegs gab Veranlassung zu Vorschriften, nach denen diese Abwesenheit keine Nachteile in Form einer Fristversäumnis nach sich ziehen sollte. Die einschlägigen Bestimmungen haben inzwischen ihre praktische Bedeutung verloren (zu den Einzelheiten vgl Staudinger/Coing[11] § 206 Rn 11–11e). **12**

§ 211
Ablaufhemmung in Nachlassfällen

Die Verjährung eines Anspruchs, der zu einem Nachlass gehört oder sich gegen einen Nachlass richtet, tritt nicht vor dem Ablauf von sechs Monaten nach dem Zeitpunkt ein, in dem die Erbschaft von dem Erben angenommen oder das Insolvenzverfahren über den Nachlass eröffnet wird oder von dem an der Anspruch von einem oder gegen einen Vertreter geltend gemacht werden kann. Ist die Verjährungsfrist kürzer als sechs Monate, so tritt der für die Verjährung bestimmte Zeitraum an die Stelle der sechs Monate.

Materialien: Art 1 G zur Modernisierung des Schuldrechts v 26. 11. 2001 (BGBl I 3138). BGB aF: § 207: E I § 167; II § 172; II § 202; Mot I 322; Prot I 355 ff; Prot II 1, 221; JAKOBS/SCHUBERT, AT 1030 ff, 1065 ff, 1083 ff, 1097 f, 1115; Art 33 EG InsO v 5. 10. 1994 (BGBl I 2911). S STAUDINGER/BGB-Synopse (2000) § 207. PETERS/ZIMMERMANN § 204, Gutachten 251, 308, 321; Schuldrechtskommission § 215, Abschlussbericht 91; RegE § 211, BT-Drucks 14/6040, 120.

I. Allgemeines

1 Die Bestimmung soll den Schwierigkeiten Rechnung tragen, die sich im Todesfall ergeben können, wenn Ansprüche des Nachlasses oder gegen den Nachlass verfolgt werden sollen; es entspricht ihr Grundgedanke dem des § 210 BGB.

II. Die zum Nachlass gehörenden Ansprüche

2 Die Vorschrift schützt alle Ansprüche dinglicher oder schuldrechtlicher Natur des Erben gegen die Nachlassschuldner (vgl zu deren Kreis KIPP/COING, Erbrecht [14. Bearb 1990] § 91 III 1, IV). Dabei braucht der Anspruch nicht schon voll in der Person des Erblassers begründet worden zu sein; es reicht, wenn die Position, aus der er fließt, in der Person des Erblassers gegeben war, sofern die Vollendung des Anspruchs vor einem der in § 211 BGB genannten Zeitpunkte lag (zB Beschädigung des Nachlassgegenstandes vor Annahme der Erbschaft, Lizenzgebühren aus der Zeit zwischen Todesfall und Annahme der Erbschaft). Der Anspruch kann auch originär in der Person des Erben entstanden sein (zB Anspruch auf Sterbegelder), sofern ihn nur die rechtlichen Hindernisse betreffen, die § 211 BGB überwinden helfen will. Mindestens entsprechend anzuwenden ist § 211 BGB, soweit im Recht der Personalgesellschaften eine Sonderrechtsnachfolge angenommen wird. Dagegen betrifft § 211 BGB keine Ansprüche, die nur aus Anlass eines Todesfalles entstehen (Rechte aus §§ 563, 2301 BGB), sowie solche, bei denen der Tod nur tatsächliche Schwierigkeiten bereiten kann, vgl wiederum § 2301 BGB.

Entsprechend anzuwenden sein wird § 211 BGB dort, wo Rechte nicht auf die Erben als solche übergehen, sondern auf die *Angehörigen,* zB die Wahrnehmung von Persönlichkeitsrechten.

Für den für tot Erklärten gilt § 2031 Abs 1 S 2 BGB.

III. Ansprüche gegen den Nachlass

Hier gilt Entsprechendes. Es reichen außer Ansprüchen, die schon gegen den Erblasser begründet waren, Nachlassverbindlichkeiten aller Art, vgl § 1967 Abs 2 BGB, namentlich also auch Ansprüche aus Pflichtteil oder Vermächtnis, aus § 2022 BGB. 3

IV. Wirkung der Hemmung

Es kommt zu einer *Ablaufhemmung,* die in ihrer Ausgestaltung der des § 210 BGB entspricht (vgl dort Rn 7), und zwar regelmäßig um sechs Monate, ausnahmsweise um eine kürzere Frist. 4

Die Frist *beginnt*

1. mit der *Annahme der Erbschaft* durch den Erben. Diese erfolgt gemäß § 1943 BGB durch Erklärung oder durch das Verstreichenlassen der Ausschlagungsfrist. Im Falle der Anfechtung der Annahme kommt es auf die Annahme des Nächstberufenen an. Die Annahme muss wirksam sein. Die Möglichkeit vorheriger Geltendmachung von Nachlassforderungen gemäß § 1959 BGB ist unschädlich. Bei Anordnung von Vor- und Nacherbschaft kommt es auf die Annahme der Vorerbschaft an, sofern und soweit diese die Verfolgung von Ansprüchen für und gegen den Nachlass ermöglicht, sonst auf die der Nacherbschaft, soweit nämlich Ansprüche mit dem Nacherbfall zusammenhängen. Bei Ansprüchen des Vermächtnisnehmers kommt es zusätzlich auf seine Annahme des Vermächtnisses an, dies auch bei Ansprüchen gegen ihn.

Bei einer Mehrheit von Erben ist zu unterscheiden: Richtet sich der Anspruch gegen die Erben und haften diese daher nach § 2058 BGB gesamtschuldnerisch, ist für jeden gesamtschuldnerisch haftenden Erben nach § 425 Abs 2 BGB auf seine Annahme abzustellen (BGH NJW 2014, 2574 Rn 24; zweifelnd MünchKomm/Grothe Rn 3); bei Ansprüchen des Nachlasses muss wegen § 2039 BGB und des Bedürfnisses, den Hemmungszeitraum nicht zu weit ausufern zu lassen, die Annahme des ersten ausreichen (aA Staudinger/Löhnig [2016] § 2039 Rn 26; BeckOGK BGB/Meller-Hannich [1.3.2019] Rn 6; MünchKomm/Grothe Rn 3; Palandt/Ellenberger Rn 1), doch hemmt ja auch schon die Klage des ersten für die anderen (Staudinger/Löhnig [2016] § 2039 Rn 26).

2. mit der *Eröffnung des Nachlassinsolvenzverfahrens* nach den §§ 315 ff InsO, die die Geltendmachung von Ansprüchen für und gegen den Nachlass ermöglicht. Wird das Insolvenzverfahren vor Ablauf der Sechsmonatsfrist aufgehoben oder eingestellt, beginnt mit einer späteren Vertreterbestellung – s sogleich – eine neue Frist. 5

3. mit der *Einsetzung eines Vertreters,* durch oder gegen den der Anspruch geltend gemacht werden kann. Fällt dieser während der laufenden Frist des § 211 BGB weg, beginnt sie erneut (BeckOK/Henrich [1.5.2019] Rn 3; BeckOGK BGB/Meller-Hannich [1.3.2019] Rn 9). Der Begriff des Vertreters ist hier nicht im Sinne der rechtsgeschäftlichen Stellvertretung zu verstehen. Vielmehr sind gemeint:

a) der *Nachlassverwalter* nach den §§ 1981 ff BGB,

b) der *Nachlasspfleger* nach den §§ 1960 ff BGB,

c) der *Abwesenheitspfleger* nach § 1911 BGB,

d) der *Testamentsvollstrecker* nach den §§ 2197 ff BGB. Bei ihm kommt es auf den Zeitpunkt der Annahme seines Amtes an (RGZ 100, 279, 281). Etwaige tatsächliche Schwierigkeiten der Rechtsverfolgung, wie sie ihm aus dem Fehlen des Testamentsvollstreckerzeugnisses erwachsen können, sind ohne Belang (RGZ 100, 279, 281).

Bei den anderen Vertretern kommt es dagegen auf den Zeitpunkt der gerichtlichen Bestellung an (MünchKomm/Grothe Rn 5). Bei ihrem Ausscheiden und der Bestellung eines neuen Vertreters kann ggf eine erneute Frist zu laufen beginnen (Soergel/Niedenführ Rn 3; MünchKomm/Grothe Rn 5).

V. Beweislast

5a Die Beweislast für den Hemmungstatbestand – Beginn und Ende – trägt der durch § 211 BGB begünstigte Gläubiger (BeckOGK BGB/Meller-Hannich [1. 3. 2019] Rn 12; NK-BGB/Budzikiewicz Rn 14).

VI. Ausschlussfristen

6 Bei gesetzlichen Ausschlussfristen ist zT eine entsprechende Anwendung des § 211 BGB neben der des § 210 BGB vorgesehen, vgl etwa § 124 Abs 2 S 2 BGB, aber doch deutlich seltener, vgl zB § 563 Abs 3 S 2 BGB, der nur § 210 BGB nennt. Darüber hinaus kommt auch sonst eine entsprechende Anwendung des § 211 BGB in Betracht (vgl zB BGHZ 73, 99, 102 f = NJW 1979, 651; BGH WM 1987, 22 zu § 89b Abs 4 S 2 HGB), aber doch weniger leicht als die des § 210 BGB, weil die von § 211 BGB erfasste Notlage weniger schwer wiegt als die in § 210 BGB geregelte. Das gilt insbesondere bei Ansprüchen des Nachlasses, bei denen die §§ 1959, 2039 BGB die Rechtsverfolgung erleichtern, wegen § 1958 BGB dagegen weniger bei Ansprüchen gegen den Nachlass.

Folgerichtig muss auch bei vertraglichen Ausschlussfristen eine entsprechende Anwendung des § 211 BGB eher die Ausnahme bleiben.

Die Kriterien, die für oder gegen eine entsprechende Anwendung heranzuziehen sind, sind dieselben wie bei § 210 BGB (vgl dort Rn 9 f).

§ 212
Neubeginn der Verjährung

(1) Die Verjährung beginnt erneut, wenn

1. der Schuldner dem Gläubiger gegenüber den Anspruch durch Abschlagszahlung, Zinszahlung, Sicherheitsleistung oder in anderer Weise anerkennt oder

§ 212

2. eine gerichtliche oder behördliche Vollstreckungshandlung vorgenommen oder beantragt wird.

(2) Der erneute Beginn der Verjährung infolge einer Vollstreckungshandlung gilt als nicht eingetreten, wenn die Vollstreckungshandlung auf Antrag des Gläubigers oder wegen Mangels der gesetzlichen Voraussetzungen aufgehoben wird.

(3) Der erneute Beginn der Verjährung durch den Antrag auf Vornahme einer Vollstreckungshandlung gilt als nicht eingetreten, wenn dem Antrag nicht stattgegeben oder der Antrag vor der Vollstreckungshandlung zurückgenommen oder die erwirkte Vollstreckungshandlung nach Absatz 2 aufgehoben wird.

Materialien: Art 1 G zur Modernisierung des Schuldrechts v 26. 11. 2001 (BGBl I 3138) Abs 1 Nr 1: BGB aF: § 208; E I § 169, II § 174, III § 203; Mot I 326; Prot I 361 ff, II 1 222 ff; Jakobs/Schubert, AT 997, 1001 ff, 1032 ff, 1072 f, 1083 ff, 1098, 1115. Peters/Zimmermann § 198, Gutachten 254, 310, 320; Schuldrechtskommission § 206, Abschlussbericht 80; RegE § 212 Abs 1, BT-Drucks 14/6040, 120. Abs 1 Nr 2: BGB aF § 209 Abs 2 Nr 5 (Nachweise bei § 204 nF). Peters/Zimmermann § 197 Abs 2, Gutachten 258, 310, 320; Schuldrechtskommission § 207 Abs 1, Abschlussbericht 80; RegE § 212 Abs 1 Nr 2, BT-Drucks 14/6040, 120. Abs 2, 3: BGB aF: § 216; E I § 173; II § 182; III § 211; Mot I 331; Prot I 374; II 1 228; Jakobs/Schubert, AT 999, 1038 f, 1075 f, 1083 ff, 1100, 1117; Peters/Zimmermann § 197 Abs 2, Gutachten 324; Schuldrechtskommission § 207 Abs 2, 3; Abschlussbericht 80; RegE § 212 Abs 2, 3, BT-Drucks 14/6040, 121.

Schrifttum

Arnold, Verjährung und Nacherfüllung, in: FS Eggert (2008) 41
Auktor/Mönch, Nacherfüllung – nur noch auf Kulanz?, NJW 2005, 1686
Beater, Anerkenntnis durch Aufrechnen mit bestrittener Forderung, MDR 1991, 528
Bennert, Die Unterbrechung der Verjährung durch Maßnahmen der Zwangsvollstreckung – § 209 II Nr. 5 BGB (Diss Hamburg 1996)
dies, Die Unterbrechung der Verjährung durch Maßnahmen der Zwangsvollstreckung, Rpfleger 1996, 309
Clemente, Verjährungsprobleme bei der durch eine Grundschuld gesicherten Kreditforderung, ZfIR 2007, 482
Derleder/Kähler, Die Kombination von Hemmung und Neubeginn der Verjährung, NJW 2014, 1617
Gramer/Thalhofer, Hemmung oder Neubeginn der Verjährung bei Nachlieferung durch den Verkäufer, ZGS 2006, 250
Grämiger, Der Einfluss des schuldnerischen Verhaltens auf Verjährungsablauf und Verjährungseinrede (1934)
Grunsky, Die Auswirkungen des „urteilsvertretenden Anerkenntnisses" auf die Verjährung, NJW 2013, 1336
Lehmann, Das Anerkenntnis verjährter Forderungen, JW 1937, 2169
Müller, Anerkenntnis durch Nacherfüllung, NJOZ 2016, 481
Nettesheim, Unterbrechung der Gewährleistungsfrist durch Nachbesserungsarbeiten, BB 1982, 1022
Orthal, Zur Auslegung der §§ 208, 222 BGB, Recht 1906, 1067
Overlack, Verjährung nach Anerkenntnis und Vergleich unter Heranziehung der Ergebnisse des französischen, schweizerischen und österreichischen Rechts (Diss Freiburg 1970)
Püschel, Die Auswirkungen schuldnerischen Verhaltens und der Einfluss von Verhandlungen auf die Verjährung (Diss Hamburg 1982)
Reiling/Walz, Der Neubeginn der Verjäh-

rung bei Nacherfüllung durch den Verkäufer, BB 2012, 982

K Schmidt, Zur Gesellschafterhaftung in der „Innen-KG", NZG 2009, 361

Schneider, Über die Beseitigung der Wirkung vollendeter Verjährung durch Anerkenntnis, JherJb 51, 25

Schulze-Osterloh, Erneuter Beginn der Verjährung von Ansprüchen gegen Gesellschafter durch Feststellung des Jahresabschlusses, in: FS HP Westermann (2008) 1487

Sicard, Verjährungsanspruch und Neufristsetzung (Diss Rostock 1936)

Tarnowski, Die Anerkennung als Grund der Unterbrechung der Anspruchsverjährung (1904)

Tiedtke/Holthusen, Auswirkungen eines Anerkenntnisses der Hauptschuld durch den Hauptschuldner auf die Haftung des Bürgen, WM 2007, 93

Zeiler, Anspruchsverjährung und Schuldanerkenntnis, AcP 103 (1908) 461.

Systematische Übersicht

I.	**Neubeginn der Verjährung**	
1.	Begriff	1
2.	Weitere Fälle	2
3.	Vergleichbare Fälle	2
II.	**Neubeginn durch Anerkenntnis des Schuldners**	3
III.	**Rechtsnatur des Anerkenntnisses**	
1.	Abgrenzung von anderen Erklärungen	6
2.	Erklärung des Bewusstseins vom Bestehen der Schuld	7
3.	Wissenserklärung	8
4.	Zurechenbarkeit	8a
5.	Geschäftsfähigkeit, Anfechtung, Stellvertretung	9
6.	Inhaltliche Anforderungen	11
IV.	**Gegenstand des Anerkenntnisses**	
1.	Parteien	16
2.	Forderung	17
V.	**Reichweite des Anerkenntnisses**	
1.	Teilanerkenntnis	19
2.	Anerkenntnis dem Grunde nach	20
3.	Zeitliche Reichweite	21a
4.	Wiederholte Anerkenntnisse	21b
VI.	**Erklärung des Anerkenntnisses**	
1.	Beispiele des Anerkenntnisses	22
2.	Erklärung dem Berechtigten gegenüber	30
3.	Zugang, Wirksamwerden	31
4.	Neubeginn und gleichzeitige Hemmung	31
VII.	**Zeitpunkt des Anerkenntnisses**	32
VIII.	**Beweislast**	33
IX.	**Ausschlussfristen**	34
X.	**Vollstreckungshandlung und Vollstreckungsantrag**	
1.	Allgemeines	35
2.	Behinderung der Vollstreckung durch den Schuldner	36
3.	Anträge des Gläubigers	37
4.	Zulässigkeit der Vollstreckung	38
5.	Beispiele	39
6.	Maßnahmen der Vollstreckungsorgane	41
7.	Zahlung des Drittschuldners	45
8.	Reichweite der Erneuerungswirkung	46
9.	Rücknahme des Vollstreckungsauftrags	47
10.	Zurückweisung des Vollstreckungsauftrags	48
11.	Neuer Antrag	49
12.	Eingetretene Verjährung	50

Titel 2
Hemmung, Ablaufhemmung und Neubeginn der Verjährung § 212

Alphabetische Übersicht

Abschlag	26	Erinnerung des Gläubigers	45
Abschlagszahlung	22, 25 f	Erklärungsbewusstsein	11
Abwehrklage	36	Erlass, Bitte um	23
Androhung von Zwangsmitteln	36		
Anerkenntnis	2 ff	Forderung, anerkannte	17
– Anfechtung	9		
– Deckung des Lebensbedarfs einer Familie	8a	Gerichtsvollzieher	39
		Geringstes Gebot, Feststellung des	43
– Empfänger	30		
– Erklärung	22 ff	Hemmung der Verjährung	31
– freiwilliges	18		
– Gegenstand des	16	Kenntnis des Gläubigers	30 f
– Genehmigung des fremden	10	Klausel, fehlende	48
– Gesamtschuldners, eines	8a	Kostenrecht	2
– dieses Gläubigers	16	Kostenvollstreckung	46
– dem Grunde nach	20	Kostenzahlung	24
– zur Kenntnis des Gläubigers	30		
– in nichtiger Erklärung	8	Mängelbeseitigungsverlangen (VOB/B)	2
– Rechtsnatur	6 ff	Mehrheit	
– Reichweite	19 ff	– von Gläubigern	16
– des Schuldners	16	– von Schuldnern	16
– durch Stellvertreter	10	Mitverschuldenseinwand	20
– durch Unterlassen	28		
– durch Zwangsverwalter	8a	Nachbesserung	25
– urteilsersetzendes	21a	Nebenleistungen	24
– des Verpflichteten	11	Neubeginn der Verjährung	1
– bei Verteidigung des Schuldners	12		
– wiederholtes	21b	Pfändung	42
– Wirksamwerden	31	Prozessgericht	39
– Wohnungseigentümers, eines	8a	Prozessuales Verhalten	29
– zeitliche Wirkung	21a		
Anspruch, Titulierung des	35	Rechnung	28
Aufrechnung	27	Rechnungsprüfung	22
Auskunft	21	Rechtsnatur des Anerkenntnisses	6 ff
Auslagenerstattung	24	Rechtspflicht zur Erklärung	28
Ausschlussfristen	34		
		Schlusszahlung	26
Beweislast	33	Schweigen des Schuldners	28
Bewusstsein der Schuldnerschaft	7	Selbstmahnung	4
Bilanzfeststellung	22	Sicherheitsleistung	22 f
Bitte um Stundung	22	Sicherungshypothek	42, 46
		Sicherungsvollstreckung	37
Drittauskunft	45	Sofortige Beschwerde	45
Drittwiderspruchsklage	45	Stammrecht	20
		Stellvertreter	10
Einstellung der Zwangsvollstreckung	36, 40	Stundungsbitte	22
Einstweilige Verfügung	44		

Tatsächliches Verhalten	7, 28	– Rücknahme	38, 47
Teilleistung	25	– Rückweisung	38, 48
Titel		Vollstreckungsgericht	39
– Beschaffung des	37	Vollstreckungsklausel	37
– fehlender	47	Vollstreckungsmaßnahme	41
Titulierung des Anspruchs	1	– aufgehobene	38
		– mangelhafte	48
Unpfändbarkeitsbescheinigung	47	Vollstreckungsorgan	39
Unterbrechung der Verjährung	1	Vollstreckungsverfahren	35
Unterlassungserklärung	25		
		Wiederkehrende Leistungen	20
Vergleichsverhandlungen	12	Willenserklärung	8
Verhandlungen	12		
Vermögensauskunft	45	Zahlung, laufende	26
Versicherung, eidesstattliche	45	Zession	16
Vertrauen des Gläubigers	7	Zinszahlung	22, 24
Verwertung der Pfandsache	42	Zuschlag	43
Verzicht auf die Verjährungseinrede	6	Zustellung des Titels	37
Vollstreckung	35 ff	– fehlende	48
– unzulässige	38	Zwangsvollstreckung	
– Verhinderung der	36	– Antrag	37
Vollstreckungsantrag	38	– erfolglose	46
– bei eingetretener Verjährung	50	– in das Grundstück	42 f
– eingeschränkter	46	– wegen Handlungen, vertretbarer und	
– neuer Antrag	49	unvertretbarer	44

I. Neubeginn der Verjährung

1 1. Zum Begriff des Neubeginns der Verjährung s Vorbem 2 zu § 203. Neubeginn bedeutet, dass der bisher verstrichene Teil der Verjährungsfrist unbeachtlich bleibt, sie also mit dem einschlägigen Ereignis neu anfängt. Der Begriff entspricht dem der *Unterbrechung* der Verjährung des bisherigen Rechts, den dieses in § 217 BGB aF definierte.

Das BGB nennt ausdrücklich nur noch zwei Fälle eines Neubeginns der Verjährung; es sind dies das Anerkenntnis des Schuldners und Vollstreckungsmaßnahmen des Gläubigers, § 212 Abs 1 Nrn 1, 2 BGB, entsprechend den §§ 208, 209 Abs 2 Nr 5 BGB aF. Die nach früherem Recht unterbrechenden Tatbestände der §§ 209 Abs 1, Abs 2 Nrn 1–4, 210, 220 BGB aF – und weitere – sind in § 204 Abs 1 BGB zu Hemmungstatbeständen – mit einer Nachfrist in § 204 Abs 2 S 1 BGB – „zurückgestuft" worden, weil es sich bei ihnen um Dauertatbestände handelt, die weithin überdies nur den Weg zum Titel mit seiner langfristigen Verjährung ebnen sollen. Eine solche Verfahrensweise war bei den punktuellen Ereignissen des Anerkenntnisses und der Vollstreckungsmaßnahmen nicht möglich.

2 2. Außerhalb des BGB finden sich Fälle eines Neubeginns der Verjährung noch im Kostenrecht, vgl die § 5 Abs 3 S 2 GKG, § 6 Abs 3 S 2 GNotKG, § 7 Abs 3 S 2

FamGKG, § 20 Abs 3 VwKostG, sowie in Bezug auf Steuerforderungen § 231 Abs 1 S 1 AO.

3. Zu einem Neubeginn der Verjährung führt außerdem die bestandskräftige Titulierung des Anspruchs nach § 197 Abs 1 Nrn 3–5 BGB. Außer in den Fällen des § 197 Abs 2 BGB beginnt jetzt freilich die lange Frist des § 197 Abs 1 BGB zu laufen.

Nach § 13 Abs 5 Nr 1 S 2 VOB/B lässt das schriftliche Begehren des Bestellers nach Mängelbeseitigung eine neue, hier kürzere Frist laufen.

II. Neubeginn durch Anerkenntnis des Schuldners

§ 212 Abs 1 Nr 1 BGB misst dem Anerkenntnis des Schuldners die Wirkung einer Erneuerung der Verjährung bei. Diese beginnt unmittelbar danach sofort wieder zu laufen. Allerdings ist es sonst grundsätzlich Sache des Gläubigers, den Eintritt der Verjährung zu hindern, der sein ernstliches Interesse an der Durchsetzung der Forderung in einer qualifizierten Form, vgl etwa § 204 Abs 1 BGB, belegen muss, § 212 Abs 1 Nr 1 BGB statuiert demgegenüber mit der *einseitigen Einwirkung auf den Ablauf der Verjährung durch den Schuldner* eine singuläre Erscheinung. **3**

Der *Grundgedanke* dieser Regelung ist *nur schwer zu bestimmen* (vgl Spiro § 150). Der Gedanke eines Verzichts ist es nicht (Spiro § 150): Es braucht dem Schuldner die laufende Verjährung nicht gewärtig zu sein. Gewichtiger ist es, dass das Anerkenntnis des Schuldners den Gläubiger von eigenen Schritten zur Verjährungshemmung abhalten und diese unzumutbar erscheinen lassen kann: Eine gleichwohl erhobene Klage könnte der Kostenfolge des § 93 ZPO ausgesetzt sein. Aber auch dieser Gedanke erklärt die Bestimmung nicht hinreichend: Zur Klage kann trotz des Anerkenntnisses genügender Anlass bestehen, wenn dieses dem Gläubiger zwar Schutz vor der Verjährung, aber nicht die Leistung verschafft; außerdem mag das Anerkenntnis, außerprozessual abgegeben, auf erhebliche Beweisschwierigkeiten stoßen. Insoweit ist ebenfalls von Bedeutung, aber für sich wiederum nicht hinreichend tragfähig, der Rekurs auf die Warnfunktion der Verjährungshemmung durch den Gläubiger: Wie im Bereich des Verzuges die Selbstmahnung des Schuldners die des Gläubigers ersetzt, so hier das eigene Tun des Schuldners das des Gläubigers. Man wird dies um den ganz praktischen Gedanken ergänzen müssen, dass die Wahrung der Verjährungsfrist durch den Gläubiger umständlich und teuer ist. § 212 Abs 1 Nr 1 BGB gibt einen für beide Seiten bequemen und günstigen Ausweg. Das Anerkenntnis ist „kostenlos". Dass mit ihm uU eine Klage (einstweilen) abgewendet werden kann, hat wirtschaftliche Vorteile für Gläubiger und Schuldner. **4**

Die Rechtsfolge ist freilich zT bedenklich. Die Erneuerung der Verjährung trägt bei langen Verjährungsfristen zu wenig den Interessen des Schuldners Rechnung, bei kurzen zu wenig denen des Gläubigers. Gezielter einzusetzen ist deshalb von den Parteien ein einstweiliger Verzicht auf die Einrede (vgl dazu § 214 Rn 30) bzw eine Vereinbarung nach § 202 Abs 2 BGB. **5**

Trotz aller dieser Bedenken kommt der Bestimmung des § 212 Abs 1 Nr 1 BGB eine zentrale Bedeutung im Rahmen des geltenden Verjährungsrechts zu, indem sie die Bemessung der regelmäßigen Verjährungsfrist mit drei Jahren legitimiert. Bekennt sich der Schuldner zu seiner Schuld, droht dem Gläubiger kein Ungemach von Seiten der Verjährung. Hat sich der Schuldner dagegen vor zweieinhalb Jahren aufs Leugnen verlegt, ist es allerhöchste Zeit, die Dinge einer gerichtlichen Klärung zuzuführen. Diese Zusammenhänge verkennt ZÖLLNER, in: FS Honsell (2002) 153.

Zu unterscheiden ist das Anerkenntnis iSd § 212 Abs 1 Nr 1 BGB von einem titelersetzenden Anerkenntnis (dazu § 202 Rn 19).

III. Rechtsnatur des Anerkenntnisses

6 1. Das Anerkenntnis nach § 212 Abs 1 Nr 1 BGB ist *von anderen Erklärungen abzugrenzen*. Es ist nicht gleichzusetzen mit dem konstitutiven Schuldanerkenntnis des § 781 BGB, das die Forderung noviert und so zu § 195 BGB führt (BGH NJW 1998, 2972, 2973). Ebenfalls nicht notwendig, aber doch auch ausreichend ist ein sog deklaratorisches Anerkenntnis, das zu § 212 Abs 1 Nr 1 BGB führt und so wieder die ursprüngliche Frist in Lauf setzt (BGH VersR 1965, 155).

Auch der Verzicht auf die Einrede der Verjährung ist vom Anerkenntnis iSd § 212 Abs 1 Nr 1 BGB nach Voraussetzungen und Wirkungen zu unterscheiden. Durch die Erklärung des Verzichts bringt der Schuldner gerade nicht zum Ausdruck, dass die Schuld bestehe, es wird außerdem die Verjährung nicht erneuert, sondern nur gehemmt, weil die Berufung auf sie treuwidrig ist (vgl § 214 Rn 30 ff).

7 2. Der Schuldner erkennt dann an, *wenn er sein Bewusstsein vom Bestehen der Schuld unzweideutig zum Ausdruck bringt* (RGZ 72, 131; 78, 130, 132; RG HRR 1940 Nr 1114; BGHZ 58, 103; BGH NJW 1978, 1914; NJW-RR 1988, 695; STAUDINGER/DILCHER¹² § 208 aF Rn 6; MünchKomm/GROTHE Rn 6; PALANDT/ELLENBERGER Rn 2). Das ist ihm möglich ab Beginn der Verjährung (BGH NJW-RR 2018, 1150 Rn 8); es wirkt gemäß § 187 Abs 1 BGB (BGH NJW 1998, 2972, 2973). Der Eintritt der Verjährung zieht die zeitliche Grenze.

Damit sind die *Begriffsmerkmale des Anerkenntnisses erschöpft*.

a) Zu Fehldeutungen gibt es Anlass, wenn zuweilen von einem *tatsächlichen Verhalten* des Schuldners die Rede ist (vgl STAUDINGER/DILCHER¹² § 208 aF Rn 5 gegenüber ENNECCERUS/NIPPERDEY § 235 III; MünchKomm/GROTHE Rn 6; PALANDT/ELLENBERGER Rn 2). Den letzteren Autoren ist darin zuzustimmen, dass eine Willenserklärung des Schuldners nicht zu fordern ist, und ferner, dass tatsächliche Verhaltensweisen genügen können. Notwendig sind sie aber nicht, sondern vielmehr nur eines von mehreren möglichen Erklärungsmitteln, wenn das Anerkenntnis auch konkludent abgegeben werden kann.

b) Ebenfalls *nicht* zum Begriff des Anerkenntnisses gehört es, *dass der Berechtigte angesichts des Anerkenntnisses darauf vertrauen dürfe, dass sich der Verpflichtete nicht* nach Ablauf der ursprünglichen Verjährungsfrist alsbald *auf Verjährung berufen werde*, wie zuweilen formuliert wird (vgl BGH NJW 1981, 1955; MünchKomm/GROTHE Rn 6). Dieses Vertrauen kann nur Folge des Anerkenntnisses sein, die Schaffung des Vertrauenstatbestandes ist aber nicht Wesensmerkmal des Anerkenntnisses. Beide Seiten brauchen nicht an die Verjährung zu denken; das Vertrauen des Gläubigers darf auch ausbleiben oder unberechtigt sein. Ein hinreichendes Anerkenntnis des Schuldners liegt durchaus vor, wenn er erklärt, er schulde, das werde aber demnächst verjährt sein und dann werde er sich darauf berufen, oder der Gläubiger werde seine bestehende Forderung vor Gericht nicht beweisen können.

Richtig ist, dass *das Verhalten des Schuldners der Auslegung* bedarf. Wenn der Gläubiger nicht auf das Ausbleiben der Verjährungseinrede vertrauen darf, mag es – aber eben nicht zwingend – an der Eindeutigkeit der Erklärung des Bewusstseins vom Bestehen der Schuld fehlen.

Zur Frage, inwieweit der Schuldner das Anerkenntnis durch zusätzliche Erklärungen einschränken kann, u Rn 13.

3. Damit ist das Anerkenntnis *keine Willenserklärung* (aA früher HÖLDER ArchBürgR 11, 233), sondern eine Wissenserklärung (SPIRO § 151; BeckOGK BGB/MELLER-HANNICH [1. 3. 2019] Rn 5; PALANDT/ELLENBERGER Rn 2). Insoweit ist es *kein Realakt* (so zutreffend STAUDINGER/DILCHER¹² § 208 aF Rn 5), sondern vielmehr eine geschäftsähnliche Handlung (STAUDINGER/DILCHER¹² § 208 aF Rn 5; MünchKomm/GROTHE Rn 6; PALANDT/ELLENBERGER Rn 2). Besondere Folgerungen dürfen aus dieser begrifflichen Erfassung freilich nicht gezogen werden. Vielmehr ist eigenständig aus der Funktion der Bestimmung zu ermitteln, welche inhaltlichen Anforderungen zu stellen sind (u Rn 11 ff) und welche formellen Anforderungen gelten (u Rn 22 ff). **8**

Das Anerkenntnis kann in einer nichtigen Willenserklärung enthalten sein (SOERGEL/NIEDENFÜHR Rn 9). Im Zweifel wird es von dieser Nichtigkeit nicht erfasst.

4. Es muss ein Anerkenntnis des Schuldners vorliegen. **8a**

a) Das Anerkenntnis eines *Zwangsverwalters* kann dem Schuldner nur dann zugerechnet werden, wenn dieser es innerhalb seines Aufgabenbereichs abgegeben hat (BGH NJW 2012, 1293 Rn 12 f).

b) Bei einer *Mehrheit von Schuldnern* wirkt das Anerkenntnis des einen nur gegen diesen, § 425 Abs 2 BGB, es sei denn er handle namens und in Vollmacht für die anderen. Das ist auch dort nicht anders, wo der Schuldner berechtigt ist, Geschäfte zur Deckung des *Lebensbedarfs einer Familie* zu tätigen (BeckOGK BGB/MELLER-HANNICH [1. 3. 2019] Rn 11; aA STAUDINGER/VOPPEL [2018] § 1357 Rn 79 mwNw).

c) In einer *Wohnungseigentümergemeinschaft* führt die Zustimmung zu dem Beschluss über die Jahresabrechnung schon deswegen nicht zu einem Anerkenntnis über Rückstände auf den Wirtschaftsplan, weil rückständige Wohngeldvorschussansprüche nicht Gegenstand dieser Abrechnung sind. Die Jahresabrechnung bezieht sich stets lediglich auf einen Vergleich der tatsächlichen Kosten mit den Sollvorauszahlungen des Wirtschaftsplans (BGH NJW 2012, 2797 Rn 18 ff).

5. a) Wegen der nachteiligen Wirkungen des Anerkenntnisses, vgl § 107 BGB, und weil es jedenfalls potenziell geeignet sein muss, den Gläubiger von Maßnahmen nach § 204 BGB abzuhalten, ist *Geschäftsfähigkeit* zu fordern (SPIRO § 155; PALANDT/ELLENBERGER Rn 2). **9**

b) Eine *Anfechtung wegen Irrtums* soll nach herkömmlicher Auffassung nicht möglich sein (RG HRR 1930, 96; MünchKomm/vFeldmann³ § 208 aF Rn 9; Palandt/Ellenberger Rn 2; vgl zum Rechtsirrtum BGH VersR 1984, 441). Dem ist jedoch nicht zu folgen (BeckOGK BGB/Meller-Hannich [1. 3. 2019] Rn 5; MünchKomm/Grothe Rn 12).

Soweit das Anerkenntnis auf Arglist des Gläubigers beruht, darf der Schuldner nicht daran gebunden sein. Gegen MünchKomm/vFeldmann³ § 208 aF Rn 9; Palandt/Ellenberger Rn 2 ist dies aber nicht aus § 242 BGB herzuleiten, sondern eben aus § 123 BGB. Damit verdienen dann aber auch die Fristen des § 124 BGB Beachtung.

Soweit der Schuldner die – aus seiner Sicht – falsche Forderung anerkennt, indem er etwa geleistete Zahlungen falsch zuordnet, ist es nicht einzusehen, warum er daran endgültig gebunden sein sollte. Gleiches muss gelten, wenn er sich unter mehreren Forderungen vergreift. Beachtung verdienen dabei die Fristen des § 121 BGB. Eine Benachteiligung des Gläubigers durch die Zulassung einer Anfechtung ist nicht zu befürchten: Ihn schützt die Frist des § 121 BGB; sollte er im Vertrauen auf das Anerkenntnis die Forderung verjähren lassen, hülfe ihm dagegen der Schadensersatzanspruch aus § 122 Abs 1 BGB. – Richtig dagegen, dass bloße Motivirrtümer nicht zur Anfechtung berechtigen.

10 c) Ein Anerkenntnis durch *Stellvertreter* ist möglich (BGH NJW 1970, 1119; KG DNotZ 1970, 159; BeckOGK BGB/Meller-Hannich [1. 3. 2019] Rn 10; Palandt/Ellenberger Rn 6; MünchKomm/Grothe Rn 10; **aA** MünchKomm/vFeldmann³ § 208 aF Rn 7). Es ist keine Abschlussvollmacht notwendig, es genügt vielmehr eine Verhandlungsvollmacht (s auch § 203 Rn 9). Der Gesellschafter einer BGB-Gesellschaft konnte vor Anerkennung ihrer Rechtsfähigkeit im Rahmen seiner Vertretungsmacht auch zu Lasten der anderen Sozien anerkennen (BGH NJW-RR 1996, 313). Heute deckt seine Vertretungsmacht regelmäßig nur ein Anerkenntnis für die Gesellschaft, das über § 129 HGB aber zulasten der anderen Gesellschafter wirkt (vgl BGHZ 73, 217, 222 f). Die Möglichkeit des Anerkenntnisses ist besonders dort von praktischer Bedeutung, wo der Haftpflichtversicherer verhandelt, vgl seine Regulierungsvollmacht aus §§ 5 Abs 7 AHB, 10 Abs 5 AKB. Insofern sind seine Erklärungen dem Schuldner zuzurechnen (BGH NJW 2007, 69), wie auch dem berechtigten Fahrer (BGH VersR 1972, 373). Die Vertretungsmacht ist grundsätzlich nicht auf die Deckungssumme beschränkt (BGH NJW 1970, 1119; VersR 1972, 399; NJW 2007, 69) und erfasst dann auch einen Selbstbehalt des Vertretenen, wenn sich Gegenteiliges auch durch Auslegung ergeben kann (BGH NJW 1979, 867; OLG Braunschweig NJW-RR 1989, 800). Auch die Leistungsfreiheit des Versicherers gegenüber dem Versicherungsnehmer ist unbeachtlich.

Wo der Vertreter ohne hinreichende Vollmacht handelt, kann dies zwar nicht (rückwirkend) genehmigt werden (Wussow NJW 1963, 1759 f; MünchKomm/Grothe Rn 10), wohl aber wird die Genehmigung als eigenständiges Anerkenntnis zu werten sein.

Das Anerkenntnis des Pflichtteils durch den Vorerben wirkt zu Lasten des Nacherben (BGH NJW 1973, 1690).

11 6. Inhaltlich ist für das Anerkenntnis notwendig:

a) ein *Erklärungsbewusstsein* des Schuldners.

b) eine *Erklärung im Hinblick auf die Forderung* des Gläubigers, die irgendwie als solche angesprochen sein muss. Es genügt also *kein Anerkenntnis* hinsichtlich *der tatsächlichen Umstände*, aus denen die Forderung herzuleiten ist, zB Verkehrsunfall oder Schriftwechsel, sondern der Schuldner muss daraus erkennbar die Folgerung seiner Verpflichtung gezogen haben und diese als solche zum Ausdruck bringen. Dabei braucht der Rechtsgrund dieser Verpflichtung nicht konkret oder gar korrekt bezeichnet zu sein (RGZ 54, 219, 221). Es genügt aber nicht die Erklärung des Schuldners, ihm sei ein Fehler unterlaufen (OLG Hamm MDR 1990, 547), weil daraus nicht zwingend auf eine Verpflichtung zu schließen ist. Ebenso wenig liegt ein Anerkenntnis der Werklohnforderung in dem Versprechen, erst nach Beseitigung von Werkmängeln zahlen zu wollen (BGH NJW 1969, 1108; OLG Hamm NJW 1966, 1659). Die Bezahlung der Kosten des Verfahrens der einstweiligen Verfügung erkennt die Verpflichtung in der Hauptsache nicht an (BGH NJW 1981, 1955). Ebenso wenig die Sicherheitsleistung zur Abwendung der Zwangsvollstreckung (BGH NJW 1993, 1848): Hier wie dort fehlt es an der Freiwilligkeit. Das Anerkenntnis von Mängeln einer Werkleistung bedeutet aber regelmäßig die Anerkenntnis der Gewährleistungspflicht (BGHZ 110, 98, 101 = NJW 1990, 1472; OLG Düsseldorf NJW-RR 1995, 1231; BGH NJW 1999, 2961).

c) Gerade im Hinblick auf das Anerkenntnis einer Verpflichtung bedarf die Erklärung des Schuldners der Auslegung, die nach den üblichen Maßstäben der §§ 133, 157 BGB zu erfolgen hat (PALANDT/ELLENBERGER Rn 2), also danach wie der Empfänger sie redlicherweise unter Berücksichtigung aller ihm bekannten Umstände verstehen durfte.

Danach genügt nicht die Ankündigung, sich um die Angelegenheit zu kümmern (OLG Koblenz MDR 1990, 50), sie an die eigene Versicherung weiterzuleiten, die Anfrage der Versicherung, mit welchem Betrag sich der Geschädigte zufriedengeben wolle (BGH VersR 1966, 536), die Ankündigung einer Kulanzzahlung (OLG München DAR 1981, 13). Freilich ist das Angebot von Kulanz der Auslegung fähig und bedürftig. Wer letztlich voll auf das Begehren des anderen einzugehen verspricht, erkennt an, auch wenn er das mit dem Wort Kulanz verbrämt. So schließt auch die Einschränkung „ohne Anerkennung einer Rechtspflicht" ein Anerkenntnis nicht zwingend aus (BGH VersR 1972, 398). Anders, wenn der Schuldner Einschränkungen gegenüber dem Begehren macht oder darlegt, dass er an sich nicht zu leisten brauche, also aus echter Kulanz handele. Ein Verhandeln iSd § 203 BGB liegt auch dann noch vor.

Die Verteidigung mit Gegenrechten stellt regelmäßig kein Anerkenntnis dar (OLG Koblenz VersR 1981, 187).

Besondere Auslegungsprobleme bereitet es, wenn sich der Schuldner im Rahmen von *Vergleichsverhandlungen* auf die Forderung des Gläubigers einlässt. Hier kann durchaus ein Anerkenntnis vorliegen, wenn sich unzweideutig ergibt, dass der Anspruch dem Grunde nach nicht bestritten werden soll (BGH VersR 1965, 959), allgemeiner ausgedrückt: Wenn die Existenz des Anspruchs zum Bereich dessen gehört, was den Verhandlungen als unstreitig zugrunde liegt. Die Regel aber wird es sein, dass der Schuldner die Forderung grundsätzlich bestreitet und die Verhandlungen unter dem Vorbehalt der Aufrechterhaltung seines Rechtsstandpunktes führt, auch wenn dies zuweilen in den Hintergrund treten mag. Dann ist jedenfalls davon auszugehen, dass die abgegebenen Erklärungen nach dem Scheitern der Verhandlungen keine Wirkungen mehr haben (BGH WM 1970, 540; OLG Hamm VersR 1982, 806; PALANDT/ELLENBERGER Rn 4).

Dass der Schuldner seine Verpflichtung mit fadenscheinigen, nicht überzeugenden oder leicht widerlegbaren Argumenten bestreitet, führt nicht zur Annahme eines Anerkenntnisses. Freilich ist die irgendwie erläuterte Ablehnung des Anspruchs gegenüber dem nachfragenden Gläubiger nach *§ 203 BGB* relevant, was wegen § 203 S 2 BGB praktische Bedeutung erlangen kann.

13 Wenn zuweilen gesagt wird, dass die Anerkennungswirkung vom Schuldner ausgeschlossen werden könne (OLG Düsseldorf VersR 1962, 1213; STAUDINGER/DILCHER[12] § 208 aF Rn 9), ist dies nur eingeschränkt richtig. Ergibt die Auslegung, dass das Bewusstsein der Verpflichtung letztlich besteht, liegt ein Anerkenntnis vor, das dann auch nicht mehr eigens verbaliter ausgeschlossen werden kann. Anderseits können einschränkende Erklärungen des Schuldners natürlich zum Ausdruck bringen, dass er letztlich nicht zu schulden meint.

Erklärt der Schuldner, dass er generell zur Leistung bereit sei, aber noch Rat einholen wolle, so wirkt dies noch nicht (**aA** OLG Karlsruhe VersR 1993, 331), sondern erst der ergebnislose Ablauf einer angemessenen Frist dazu.

Ein Anerkenntnis des Schuldners wird dadurch ausgeschlossen, dass er die Entstehung, den Fortbestand oder die Durchsetzbarkeit der Forderung mit tatsächlichen oder rechtlichen Argumenten bekämpft, zB dass er nicht oder nicht schuldhaft oder nicht verpflichtend gehandelt habe, dass die Forderung erfüllt oder erlassen sei, dass die Verjährung eingetreten sei oder ihm jedenfalls ein dauerndes Leistungsverweigerungsrecht zustehe.

14 Dagegen schließt es ein Anerkenntnis nicht aus, dass der Schuldner erklärt, die Forderung nicht erfüllen zu wollen oder zu können, mag dies mit wirtschaftlichen Schwierigkeiten, Verärgerung oder Unlust begründet werden oder überhaupt unbegründet bleiben.

15 d) Damit erschöpfen sich die Bestandteile des Anerkenntnisses. Es ist insbesondere nicht notwendig,

aa) *dass der Schuldner – oder gar der Gläubiger – die drohende Verjährung in Erwägung zieht,*

bb) nach dem o Rn 7 Gesagten, dass der Gläubiger nach dem Verhalten des Schuldners die Erwartung hegt oder auch nur hegen darf, es werde zu einer freiwilligen Leistung kommen und er würde zu einer zwangsweisen – die Verjährung hemmenden – Durchsetzung seines Rechts nicht genötigt sein.

IV. Gegenstand des Anerkenntnisses

1. Das Anerkenntnis muss sich auf die *Forderung* beziehen. **16**

Der Schuldner muss *sich als Schuldner bezeichnen*. Kein Anerkenntnis gibt er ab, wenn er die Forderung zwar als existent bezeichnet, aber die Verpflichtung auf andere abzuwälzen versucht.

Der Schuldner muss auch die *Gläubigerstellung* der anderen Seite anerkennen. Im Falle der *Zession* einer Forderung wirkt das Anerkenntnis gegenüber dem Zessionar nur gegenüber diesem, das gegenüber dem Zedenten nur gegenüber dem Zessionar (BGH VersR 2009, 230 Rn 23), es sei denn, es wäre schon vor der Zession abgegeben worden, § 404 BGB spiegelbildlich, oder nach der Zession unter den Voraussetzungen des hier ebenfalls entsprechend anwendbaren § 406 BGB. Das schließt eine, freilich besonders zu begründende Drittwirkung des Anerkenntnisses nicht aus, zB nimmt das Anerkenntnis der oHG nach § 129 HGB dem persönlich haftenden Gesellschafter die Einrede der Verjährung für seine Haftung nach § 128 HGB. Das vor Abtretung oder Gesamtrechtsnachfolge abgegebene Anerkenntnis wirkt auch gegenüber dem Rechtsnachfolger. Nach einer cessio legis ist ein Anerkenntnis gegenüber dem Zessionar abzugeben (BGH NJW 2008, 2776 Rn 23). Nach § 242 BGB lässt der BGH (BGH NJW 2008, 2776 Rn 26 ff) das Anerkenntnis gegenüber dem Zedenten wegen der besonderen Umstände des Falles genügen. Das wird für den vorliegenden Fall zutreffen. Das Anerkenntnis des Hauptschuldners nimmt dem Bürgen die Einrede der Verjährung (hinsichtlich der Hauptforderung), § 768 Abs 1 BGB; § 768 Abs 2 BGB kann hier nicht – auch nicht entsprechend – angewendet werden. So wie es der Bürge in Bezug auf die Verjährung hinnehmen muss, dass sich der Gläubiger die Forderung gegen den Hauptschuldner titulieren lässt, so auch, dass der Hauptschuldner zur Meidung eines solchen – wirtschaftlich oft sinnlosen – Vorgehens anerkennt. Das Anerkenntnis des § 212 Abs 1 Nr 1 BGB fällt auch nicht unter § 767 Abs 1 S 3 BGB, sondern stellt ein auch gegenüber dem Bürgen korrektes Verhalten des Hauptschuldners dar (OLG München WM 2006, 684, 687; aA TIEDTKE/HOLTHUSEN WM 2007, 93).

Bei einer *Mehrheit von Gläubigern oder Schuldnern* wirkt ein Anerkenntnis immer nur individuell, §§ 425 Abs 2, 429 Abs 3 S 1 BGB. Freilich bleibt dabei zu beachten, dass wechselseitige Vertretungsmacht bestehen kann (vgl auch o Rn 10). Hat der anerkennende Schuldner eine solche für seinen Mitschuldner, muss er deutlich machen, dass er nicht auch für diesen anerkennen will. Gleiches gilt, wenn er gegenüber einem Gläubiger anerkennt, der andere vertreten kann. Hier genügt es freilich, wenn ein Gläubiger das Anerkenntnis bestimmungsgemäß an den anderen weiterleiten soll und es auch auf diesen „passt".

2. a) Die *Forderung* muss als *rechtliche* und als solche durchsetzbare – und nicht nur **17** als sittliche oder sonstige – Verbindlichkeit bezeichnet werden (vgl o Rn 12). Ihr Rechtsgrund braucht nicht angegeben zu werden; entsprechend sind Fehlgriffe bei ihrer Bezeichnung bedeutungslos, solange sie nur als solche identifizierbar bleibt.

Die *Möglichkeit der Identifikation* muss freilich gegeben sein. Kein wirksames Anerkenntnis ist gegeben, wenn dem Gläubiger mehrere Forderungen zustehen, der

Schuldner aber nur pauschal anerkennt, Schulden ihm gegenüber zu haben, ohne dass dies konkret einzelnen Positionen zugeordnet werden kann, bzw ein Anerkenntnis nur insoweit, wie dies möglich ist.

Wenn dem Gläubiger mehrere Forderungen alternativ zustehen, ist die Reichweite des Anerkenntnisses durch Auslegung zu ermitteln. Es gilt auch § 213 BGB. Freilich kann der Schuldner einzelne Ansprüche dadurch ausschließen, dass er sie nicht anerkennt: ZB erkennt er ein Scheitern des Vertrages an, leugnet aber ein Verschulden; Anerkenntnis des Anspruchs aus § 346 BGB, nicht des Anspruchs aus den §§ 280, 281 BGB.

18 Stehen dem Gläubiger alternativ vertragliche oder gesetzliche Ansprüche zu, zB bei möglicher Nichtigkeit eines Darlehens, bedarf es der Auslegung des schuldnerischen Verhaltens, worauf sich das Anerkenntnis beziehen soll. RG HRR 1930 Nr 1091 hat danach in dem Bedienen der Darlehensforderung im konkreten Fall ein Anerkenntnis des Bereicherungsanspruchs gesehen. Freilich ist Zurückhaltung geboten: Folgt die Nichtigkeit des Darlehens aus § 138 BGB, so werden kaum auch Zinsen des Rückzahlungsanspruchs anerkannt sein.

b) Die Verpflichtung wird von dem Schuldner nur dann anerkannt, wenn sich der Schuldner *freiwillig zu ihr bekennt*. Daran fehlt es, wenn er auf Grund einer Verurteilung leistet (BGH NJW 1972, 1043, 1044), auf Grund eines Kostenfestsetzungsbeschlusses (BGH NJW 1981, 1955; **aA** OLG Hamburg WRP 1979, 317) oder auf Grund einer Bewährungsauflage (MünchKomm/Grothe Rn 14; **aA** LAG Frankfurt NJW 1966, 1678) oder einer sonstigen Auflage im Strafverfahren (OLG Düsseldorf NJW-RR 1994, 614). Im Einzelnen kann hier freilich durch ein zusätzliches Verhalten ein Anerkenntnis zum Ausdruck gebracht werden.

V. Reichweite des Anerkenntnisses

19 Die von § 212 Abs 1 Nr 1 BGB beispielhaft genannten Möglichkeiten des Anerkenntnisses lassen erkennen, dass sich der Schuldner keineswegs ausdrücklich zu erklären braucht, sondern dass auch für sich genommen beschränkte Handlungsweisen genügen, sofern sie nur den – auch mittelbaren – Schluss auf die gesamte Verpflichtung zulassen.

1. Der Schuldner hat es jedenfalls in der Hand, die *Reichweite* eines Anerkenntnisses *zu beschränken;* es ist ihm möglich, eine Forderung nur *teilweise* anzuerkennen, indem er etwa den Gesamtbetrag limitiert oder sich auf einzelne Positionen beschränkt (RGZ 63, 382, 389; BGH VersR 1960, 811; 1968, 277; OLG Nürnberg VersR 1970, 552; BeckOGK BGB/Meller-Hannich [1. 3. 2019] Rn 8; MünchKomm/Grothe Rn 9; Palandt/Ellenberger Rn 5). Eine solche Beschränkung kann und wird sich vielfach konkludent ergeben. So wird eine Hauptforderung durch Zinszahlung nur in der Höhe anerkannt, die sich aus der Berechnung der Zinsen ergibt. Teilzahlungen wirken in voller Höhe, wenn der Schuldner ohne Vorbehalte gegenüber der weitergehenden geltend gemachten Forderung leistet (OLG Köln VersR 1967, 463), anders dagegen, wenn zwar Schmerzensgeld gezahlt wird, aber weitergehende Ersatzansprüche des Geschädigten ausdrücklich bestritten werden (OLG Oldenburg VersR 1967, 384). In Fällen dieser Art ist aber ein besonderer Vorbehalt des Schuldners zur Einschränkung des Anerkenntnisses erforderlich. Leistet er auf Anforderung des Gläubigers nur auf bestimmte Schadenspositionen, so liegt darin im Zweifel ein umfassendes Anerkenntnis (BGH NJW-RR 1986, 324; BGH NJW 2015, 1589 Rn 8).

2. Danach ist insbesondere möglich ein dann umfassend wirkendes *Anerkenntnis* **20** *dem Grunde* nach (BGH VersR 1960, 832; 1974, 571; 1984, 442).

a) Ein solches Anerkenntnis dem Grunde nach ist auch dann anzunehmen, wenn sich der Schuldner der Höhe nach Einwendungen vorbehalten hat (RGZ 63, 382, 389; 113, 234, 238; 135, 9, 11; 165, 238, 241; BGH VersR 1960, 831; 1974, 571; STAUDINGER/DILCHER[12] § 208 aF Rn 11; MünchKomm/GROTHE Rn 7; PALANDT/ELLENBERGER Rn 5). Vorbehalte des Schuldners wirken dann nur hinsichtlich jener Forderungsteile, auf die sie sich beziehen.

Namentlich der Mitverschuldenseinwand ist differenziert zu betrachten: Wird er konkretisiert auf ein Drittel der Forderung bezogen, so wirkt er gegenüber diesem (BGH VersR 1960, 831, 832). Wird er nach § 254 Abs 1 BGB dem Grund der Forderung gegenübergestellt, so schließt er ein Anerkenntnis insgesamt aus, sofern die Auslegung nicht ergibt, dass der Schuldner einen Teil der Forderung jedenfalls anerkennen will. Bezieht er sich nur auf die Schadensminderungspflicht, so ist er unbeachtlich (BGH VersR 1963, 187, 188) bzw nur gegenüber jenen Forderungsteilen relevant, auf die er sich bezieht.

b) Danach wird bei Ansprüchen auf *wiederkehrende Leistungen* namentlich auch die Verjährung des Stammrechts, aus dem sie fließen, erneuert, wenn einzelne Raten gezahlt werden (BGH VersR 1960, 949; NJW 1967, 2353; NJW-RR 1986, 324; OLG Köln MDR 1984, 755; VersR 1985, 249). Das gilt insbesondere auch bei Unterhaltsleistungen (LG Ansbach DAVorm 1967, 20; LG Schweinfurt DAVorm 1967, 290).

c) Ein Anspruch kann dem Grunde nach namentlich auch durch schuldnerisches **21** Verhalten im Vorfeld der Forderung anerkannt werden. Das ist insbesondere der Fall, wenn zur Vorbereitung von Zahlungsansprüchen des Gläubigers, zB auf Zugewinnausgleich oder Pflichtteil, aber doch auch sonst, *Auskunft* über die Berechnungsgrundlagen erteilt oder auch erst nur zugesagt wird (BGH NJW 1975, 1409; 1985, 2945; NJW-RR 1987, 1411; FamRZ 1990, 1107). Dem muss freilich das erkennbare Bewusstsein zugrunde liegen, die sich ergebenden Zahlungen späterhin auch leisten zu müssen. Bei der Auskunft über den Zugewinn wird es daran idR im Hinblick auf den Zahlungsanspruch fehlen (BGH NJW 1999, 1101). Ist dies aber der Fall, dann ist die Verjährung nicht nur wegen des sich aus der Auskunft ergebenden Betrages erneuert.

3. Einverständlich ist es den Parteien möglich, die *Wirkung des Anerkenntnisses* **21a** *in zeitlicher Hinsicht* zu modifizieren, indem sie von der Möglichkeit des § 202 BGB Gebrauch machen. Nach § 212 Abs 1 BGB beginnt an sich jene Verjährungsfrist neu zu laufen, die bisher für einen Anspruch dieser Art galt. Die Parteien können aber eben auch eine (kürzere oder) längere Frist vereinbaren, also bis zu dem Limit des § 202 Abs 2 BGB gehen. Tun sie dies, liegt ein sog urteilsersetzendes Anerkenntnis vor. Dagegen ist – jedenfalls seit der Schaffung des § 202 Abs 2 BGB im Rahmen der Schuldrechtsmodernisierung – nichts einzuwenden (**krit** GRUNSKY NJW 2013 1336), vielmehr ersparen sie sich so die Kosten einer Klage.

21b **4.** Es bleibt dem Schuldner möglich, *wiederholt anzuerkennen*. Das kann den Gläubiger entweder von einer Klage abhalten oder diese doch mit dem Kostenrisiko des § 93 ZPO belasten. Die von § 212 Abs 1 Nr 1 BGB genannten Beispielsfälle der Abschlagszahlung und der Zinszahlung werden typischerweise wiederholt. – Dass intakte Beziehungen der Parteien von regelmäßigen Anerkenntnissen des Schuldners begleitet sind, ist überhaupt einer der Rechtfertigungsgründe für die Kürze der Frist des § 195 BGB (vgl dort Rn 3).

VI. Erklärung des Anerkenntnisses

22 **1.** Das Gesetz nennt mit Abschlagszahlung, Zinszahlung und Sicherheitsleistung selbst einige Fälle, in denen das Bewusstsein des Schuldners von einer Leistungspflicht nur konkludent zum Ausdruck kommt. Diese Arten des Anerkenntnisses sind nur *beispielhaft*. Es reichen aber außer ausdrücklichen Erklärungen des Schuldners wie zB Rücksendung der korrigierten Schlussrechnung (OLG Karlsruhe BauR 1998, 403) alle jene Verhaltensweisen aus, die dem Gläubiger den unzweifelhaften Schluss auf das Bewusstsein von seiner Leistungspflicht zulassen (BGH NJW 2015, 1589 Rn 8). Eine abschließende Zusammenstellung ist insoweit kaum möglich. Nur beispielhaft seien genannt:

a) Die insoweit vorbehaltlose Zustimmung des Gesellschafters zu der Bilanz, die die gegen ihn gerichtete Einlageforderung als offen ausweist (K Schmidt NZG 2009, 361, 363 f; **aA** Schulze-Osterloh, in: FS HP Westermann [2008] 1487, 1499 ff).

b) Äußerungen des Schuldners über seine Leistungspflicht, sofern sie diese als bestehend implizieren; insoweit genügt die *Bitte um Stundung* (BGH NJW 1978, 1914) und deren Vereinbarung, was dann zugleich die Verjährung nach § 205 BGB hemmt. Zu Vergleichsverhandlungen über die Forderung vgl o Rn 12. Die Zusage des Schuldners, er wolle die ihm erteilten Rechnungen darauf überprüfen, ob er sie bezahlen müsse, genügt nicht (OLG Hamburg OLGE 24, 273), soweit nicht ausnahmsweise ein Anerkenntnis dem Grunde nach vorliegt, wenn sich der Schuldner etwa nur Einwendungen zur Höhe vorbehält (MünchKomm/Grothe Rn 17). Das Vertrösten und Hinhalten des Gläubigers kann ein Anerkenntnis sein (BGH NJW-RR 2018, 1150 Rn 9; RAG ArbRspr 1931, 373).

23 **c)** Maßnahmen des Schuldners *zur Vorbereitung der Leistung:* Vgl zur Erteilung der Auskunft, die den Gläubiger in die Lage versetzen soll, seine Forderung durchzusetzen, o Rn 21. Das Angebot einer anderweitigen Verrechnung bei einer zurückverlangten Zahlung (vgl BGH NJW 1978, 1914 = LM Nr 9 m Anm Schubert JR 1978, 505), ebenso das Angebot einer Leistung erfüllungshalber oder an Erfüllungs Statt, die Bitte um Erlass.

d) Das Gesetz selbst nennt die *Sicherheitsleistung* des Schuldners. Das ist in einem weiten Sinne zu verstehen. Es genügt allerdings – mangels zusätzlicher Indizien – nicht die Leistung einer gesetzlich vorgeschriebenen (Staudinger/Dilcher[12] § 208 aF Rn 15), wohl aber die freiwillige oder auch mit dem Gläubiger vereinbarte und insoweit insbesondere die Stellung von Bürgschaften und dinglichen Sicherheiten. Auch Schuldbeitritt oder Garantie wird man hierher rechnen müssen, sofern sie vom Schuldner veranlasst sind, ferner die Hingabe von Wechseln oder Schecks (Adler

ZHR 65, 141, 174; MünchKomm/GROTHE Rn 18). Eine hinreichende Sicherheitsleistung ist auch die Bewilligung einer Vormerkung (oder eines Widerspruchs für den Anspruch aus § 894 BGB). Die Sicherheitsleistung zur Abwendung der Zwangsvollstreckung reicht mangels Freiwilligkeit nicht aus.

e) Die *Zahlung von Zinsen* erneuert die Verjährung der Hauptforderung (BGH NJW-RR 2018, 1150 Rn 8) sowie die schon fälliger Zinsansprüche. Die Gutschrift genügt vorbehaltlich ihrer Bekanntgabe an den Gläubiger (u Rn 30 f). Soweit Zinsen allerdings nur auf die Grundforderung geleistet werden, erneuert das die Wechselverjährung nicht (RG LZ 1914, 683). **24**

Gleiches muss für die *Zahlung von Kosten* angenommen werden, soweit diese freiwillig erfolgt, also dann nicht, wenn die Kostenforderung tituliert ist.

Ebenso muss es genügen, wenn der Schuldner *Nebenleistungspflichten* nachkommt, also zB eine Gebrauchsanweisung aushändigt oder in den Gebrauch einer Maschine einweist.

Wo der Gläubiger nebeneinander Honorar und Auslagenerstattung verlangen kann, wird in der Regel mangels ausdrücklichen Vorbehalts die Zahlung auf die eine Forderung auch zugleich zugunsten der anderen wirken.

f) Das Gesetz nennt weiterhin die *Abschlagszahlung*, die geeignet ist, die Forderung dem Grunde nach – und damit insgesamt – der Verjährung zu entziehen (vgl dazu schon o Rn 22). Der Begriff ist weit zu verstehen. Es kommt nämlich zunächst nicht auf Zahlungen an, sondern es müssen *Teilleistungen jeglicher Art* genügen, also dort, wo etwas Tatsächliches geschuldet wird – zB Nachbesserung – auch tatsächliche Leistungen (vgl BGH NJW 1988, 254). Insoweit kommt es ganz auf die Natur der Verpflichtung an, vor allem aber auf den zu ermittelnden Willen des Schuldners. Insofern bedeuten Nachbesserungsarbeiten des Schuldners nicht zwingend eine Anerkenntnis seiner Gewährleistungspflicht (BGH NJW 2012, 3229 Rn 12). Wenn dieser von Kulanz redet, spricht das an sich gegen ein Anerkenntnis (BGH NJW 2014, 3368 Rn 15), kann aber doch auch nur ein Lippenbekenntnis sein. Es kommt auf den Gesamteindruck an, den der Gläubiger gewinnen muss. Außerdem genügen Erfüllungshandlungen in einem weiteren Sinne, so außer der Leistung an Erfüllungs Statt und erfüllungshalber, insbesondere etwa auch gegenüber einer Unterlassungsverpflichtung eine wettbewerbliche Unterwerfungserklärung (KG NJW-RR 1990, 1403) und überhaupt schon die – auch nicht strafbewehrte – Zusage der Unterlassung, soweit die Unterlassungspflicht nicht geleugnet wird. Nicht genügen würde also zB die Erklärung, man habe das beanstandete Verhalten nie an den Tag gelegt und werde und wolle sich deshalb auch in Zukunft nicht so verhalten. **25**

Der Begriff des „Abschlages" ist differenzierend zu verstehen. Daran fehlt es, wenn der Schuldner zum Ausdruck bringt, dass es mit dieser seiner Leistung sein Bewenden haben soll, so etwa bei der Schlusszahlung nach § 16 Abs 3 VOB/B oder bei der Abfindung von Schadensersatzgläubigern. Andererseits darf die Leistung durchaus auch die vollständige momentan geschuldete oder geforderte sein, so bei wiederkehrenden Ansprüchen auf Unterhalt oder sonstigen (vgl o Rn 20). Die a conto-Zahlung auf fortlaufende Rechnung erkennt die jeweils bestehende Restschuld an (OLG **26**

Naumburg SoergRspr 1908, § 208 Nr 3; OLG Oldenburg NJW-RR 1998, 1283; OLG Köln VersR 1998, 1388). Freilich ist bei laufendem Honorar darauf zu achten, auf welche Periode gezahlt wird (§ 366 Abs 1, 2 BGB; BGH NJW 1997, 516): Bei Zahlung auf das jetzt zur Zahlung Anstehende (§ 366 Abs 1 BGB) können Rückstände verjährt sein. Bei Zahlung auf das Frühere (§ 366 Abs 2 BGB) ist das Spätere nicht mehr anerkannt. Wo etwa im Rahmen einer Schädigung Rechnungen wegen einzelner Positionen unregelmäßig und in wechselnder Höhe eingereicht werden, wird ihre widerspruchslose Begleichung regelmäßig ein Anerkenntnis dem Grunde nach sein (vgl BGH VersR 2009, 230 Rn 22; OLG Koblenz VersR 1994, 1438; einschränkend MünchKomm/Grothe Rn 17).

Eine Abschlagszahlung mit Gesamtwirkung ist namentlich auch bei einer Mehrheit von Forderungen möglich, wenn auf deren Einforderung ohne eine Tilgungsbestimmung nach § 366 Abs 1 BGB oder sonstige Einziehungsvoraussetzungen gezahlt wird (BGH NJW 2007, 2843 Rn 13).

Zahlt allerdings der Schuldner bei Differenzen über die Höhe seiner Verpflichtung einstweilen nur den unstreitigen Grundbetrag, so liegt darin kein Anerkenntnis hinsichtlich des streitigen Restes.

Zu Vorbehalten bei Abschlagszahlungen vgl o Rn 13 f.

27 **g)** In der *Aufrechnung* mit einer Gegenforderung liegt ein Anerkenntnis hinsichtlich der Hauptforderung des Gläubigers (BGHZ 107, 395, 397; BGH NJW 2012, 3633 Rn 30; vMaltzahn NJW 1989, 3144; Beater MDR 1991, 928; Palandt/Ellenberger Rn 4 gegenüber BGHZ 58, 103; NK-BGB/Budzikiewicz Rn 14). Das gilt freilich nur für die primär erklärte Aufrechnung, nicht für die hilfsweise erfolgende und auch nicht für die Berufung auf eine früher erklärte Aufrechnung.

28 **h)** Soweit gesagt wird, als Anerkenntnis genüge ein *tatsächliches Verhalten* des Schuldners (RGZ 73, 131, 132; 113, 234, 238; BGH NJW 1981, 1955; NJW 1988, 685; MünchKomm/Grothe Rn 6; Palandt/Ellenberger Rn 2), ist das eine missverständliche Formulierung. Regelmäßig sind Erklärungen notwendig; ein tatsächliches Verhalten genügt grundsätzlich nur dann, wenn es Erklärungscharakter trägt. Es soll aber offenbar auch nicht mehr gesagt werden, als dass sich der Schuldner des anerkennenden Charakters seines Verhaltens nicht bewusst zu sein braucht (wie er es auch selten sein wird) und dass sich das Anerkenntnis nur mittelbar, konkludent aus seinem Verhalten zu ergeben braucht.

i) Für möglich gehalten wird auch ein Anerkenntnis durch *Unterlassen,* sofern es den sicheren Schluss auf das Bewusstsein des Schuldners vom Bestehen seiner Schuld zulasse (BGH NJW 1965, 1430; WM 1970, 548, 549; MünchKomm/Grothe Rn 6). Das ist indessen zweifelhaft. Nach allgemeinen Grundsätzen könnte es nur angenommen werden, wenn eine Rechtspflicht des Schuldners zur Erklärung über die Forderung bestünde. § 212 Abs 1 Nr 1 BGB begründet eine solche nicht. Aus § 242 BGB kann ebenfalls keine Rechtspflicht zum Zeugnis wider sich selbst hergeleitet werden. § 138 ZPO begründet nur eine Pflicht zur Erklärung über Tatsachen, nicht, wie hier erforderlich, über Forderungen. Gesetzliche Auskunftspflichten genügen nicht; erst die Auskunftserteilung wirkt hier (vgl o Rn 21). So ist allein an Fälle zu denken, in denen die Parteien eine Erklärungspflicht gegenüber Forderungen statuiert haben (zB gegenüber Abrechnungen, uU mit Genehmigungsfiktion für den Fall des ausbleibenden Widerspruchs).

Erst recht genügt dann *nicht das Schweigen* des Schuldners auf eine Aufforderung des Gläubigers, sich über seine Verpflichtung zu erklären, auch nicht die widerspruchlose Hinnahme einer Rechnung. Dagegen wird die Bitte um Erteilung einer Rechnung regelmäßig als ein Anerkenntnis zu werten sein (aA OLG Braunschweig RsprBau 2, 331, Bl 31), sofern der Schuldner nicht deutlich macht, dass er sich Einwendungen vorbehält oder diese jedenfalls für möglich hält.

k) Erneuernde Wirkung kann auch ein *Verhalten im Prozess* haben (OLG Celle **29** OLGZ 1970, 5; STAUDINGER/DILCHER¹² § 208 aF Rn 8). Das gilt zwar nicht schon für das bloße Nichtbestreiten und auch nicht für das auf Tatsachen bezogene Geständnis, aber doch jedenfalls für das prozessuale Anerkenntnis, für die Aufnahme des Anspruchs in einen Vergleich. Bei der Erklärung, ein Versäumnisurteil gegen sich ergehen lassen zu wollen, liegt ein Anerkenntnis dann nicht vor, wenn dies auf prozesstaktischen Erwägungen beruht, wohl aber wenn der Beklagte damit die Konsequenz aus einer aussichtslosen Position zieht. Die Nichteinlegung von Rechtsmitteln genügt nicht. Kein Anerkenntnis liegt auch in der Erklärung, dass der Anspruch zur Zeit nicht begründet sei (BGH 24. 1. 2019 – IX ZR 233/17 Rn 17).

2. Das Anerkenntnis muss *„dem Gläubiger gegenüber"* erfolgen. **30**

a) Insoweit genügt ein legitimierter Vertreter des Gläubigers zB ein Angestellter (OLG Karlsruhe OLGE 12, 28) oder der zur Einziehung ermächtigte Pfändungsgläubiger (BGH LM § 208 aF Nr 9 = NJW 1978, 1914).

b) Aus der Struktur des Anerkenntnisses als eines Verhaltens, das den Schluss auf das Bewusstsein vom Bestehen der Schuld rechtfertigt, folgt, dass ein *Zugang* iSd § 130 BGB *nicht verlangt* werden kann. Es genügt vielmehr, ist aber andererseits wieder erforderlich, dass das Verhalten des Schuldners *zur Kenntnis des Gläubigers gelangt,* mag dies auch auf Umwegen geschehen (vgl BGH LM § 208 aF Nr 1), und dass *dies mit dem Willen des Schuldners* erfolgt (vgl WUSSOW NJW 1963, 1756, 1760; MünchKomm/GROTHE Rn 11; PALANDT/ELLENBERGER Rn 7). Dabei genügt es nicht, dass der Schuldner die Kenntnisnahme des Gläubigers als sicher ansieht oder dies jedenfalls müsste oder könnte, er muss sie vielmehr billigen und beabsichtigen. Insofern genügt nicht ein Anerkenntnis im Strafverfahren (OLG Oldenburg VersR 1967, 384), wohl aber gegenüber Dritten, die es an den Gläubiger weiterleiten sollen (BGH LM § 208 aF Nr 1; MünchKomm/GROTHE Rn 11). Auch bloße interne Verhaltensweisen können nicht ausreichen. Im Falle der Teilzession bzw des teilweisen gesetzlichen Forderungsübergangs unterbricht das Anerkenntnis nur dem Zedenten oder nur dem Zessionar gegenüber auch nur gegenüber diesem, weil nicht davon ausgegangen werden kann, dass sie zur Weiterleitung an den jeweils anderen ermächtigt sein sollen (vgl OLG Oldenburg VersR 1967, 384; BeckOGK BGB/MELLER-HANNICH [1. 3. 2019] Rn 9).

3. Das Anerkenntnis entfaltet Wirksamkeit nur, wenn es bestimmungsgemäß *zur* **31** *Kenntnis des Gläubigers gelangt* (SPIRO I 355; STAUDINGER/DILCHER¹² § 208 aF Rn 7). Dagegen muss für den *Zeitpunkt seiner Wirksamkeit* auf den der Entäußerung abgestellt werden (BGH WM 1975, 559; MünchKomm/GROTHE Rn 7; aA STAUDINGER/DILCHER¹² § 208 aF

Rn 7). Die Regeln über Rechtsgeschäfte können insoweit nicht entsprechend angewendet werden. Diese Auslegung entspricht den Interessen des Gläubigers, wenn dadurch die Verjährungsfrist leichter gewahrt werden kann; dem Schuldner ist sie zuzumuten.

4. Das Anerkenntnis kann zusammentreffen mit einer **Hemmung** der Verjährung; es werden zB Verhandlungen über den Anspruch aufgenommen, § 203 BGB, oder der Gläubiger geht gleichwohl nach § 204 Abs 1 BGB vor. Dann liegt der Neubeginn der Verjährung zeitlich im Endpunkt der Hemmung (wohl nur anders in der Begründung BeckOGK BGB/MELLER-HANNICH [1. 3. 2019] Rn 25), bei § 204 BGB nach Ablauf der Frist des § 204 Abs 2 S 1 BGB; im Falle des § 203 BGB ist maßgeblich der Schluss der Verhandlungen (ohne die Nachfrist des § 203 S 2 BGB).

VII. Zeitpunkt des Anerkenntnisses

32 Ein Anerkenntnis iSd § 212 Abs 1 Nr 1 BGB kann nur innerhalb einer noch laufenden Verjährungsfrist abgegeben werden (BGHZ 203, 162 = NJW 2015, 351 Rn 40; NJW 2015, 1589 Rn 11; 1997, 516, 517; BGH NJW-RR 1987, 288, 289; RGZ 78, 130, 131; BeckOGK BGB/MELLER-HANNICH [1. 3. 2019] Rn 6). Liegt es später, kann darin aber ein Verzicht auf die Einrede der Verjährung (§ 214 Rn 30 ff) liegen (MünchKomm/GROTHE Rn 1). Das Anerkenntnis vor Beginn der Verjährungsfrist zeitigt keine Wirkung (BGH NJW 2013, 1430).

VIII. Beweislast

33 Die Darlegungs- und Beweislast für das Anerkenntnis trägt der Gläubiger (BGH NJW 1997, 516; BeckOGK BGB/MELLER-HANNICH [1. 3. 2019] Rn 26; MünchKomm/GROTHE Rn 13). Es ist eine (nur) ihm günstige Tatsache.

IX. Ausschlussfristen

34 Eine Anwendung der Regeln über den Neubeginn der Verjährung auf Ausschlussfristen gesetzlicher Art kommt *gemeinhin nicht* in Betracht, wenn dies nicht ausnahmsweise besonders vorgesehen ist, woran es aber durchweg fehlt (RGZ 128, 46, 47; 151, 345, 347; BGH NJW 1990, 3207; 2008, 2258 Rn 20 f; MünchKomm/GROTHE Rn 1; PALANDT/ELLENBERGER Rn 1). Dem würde die vollständige Erneuerung der Frist entgegenstehen. Das Gesetz begnügt sich weithin damit, Bestimmungen über die Hemmung für anwendbar zu erklären, insbesondere die §§ 206, 210, 211 BGB (vgl die Nachweise Vorbem 16 zu §§ 194 ff). Diese selektive Vorgehensweise legt als solche schon einen Umkehrschluss nahe; in gleicher Richtung wirkt es, dass eine Hemmung sehr viel milder auf die Frist einwirkt als der Neubeginn der Verjährung.

Danach wird man namentlich § 212 Abs 1 Nr 1 BGB regelmäßig nicht auf gesetzliche Ausschlussfristen anwenden können. Indessen bleibt hier doch zu beachten, dass der anerkennende Schuldner den Gläubiger in besonderem Maße von fristwahrenden Maßnahmen abhält und eine gleichwohl erhobene Klage der Kostenfolge des § 93 ZPO aussetzt. Unter diesen Umständen wird die *Berufung auf den Fristablauf* in der Regel dann *treuwidrig* sein, wenn das Anerkenntnis den Gläubiger von der Fristwahrung abgehalten hat (vgl BGH MDR 2004, 26). Wegen der Einzelheiten kann insoweit auf § 214 Rn 18 ff Bezug genommen werden. Wie vertragliche Ausschlussfristen gewahrt werden können, ist eine Frage der durch Auslegung zu ermittelnden Vereinbarung (BGHZ 83, 260, 270). Der Schuldner, der zunächst anerkennt und sich dann auf eine vertragliche Ausschlussfrist beruft, kann treuwidrig handeln.

X. Vollstreckungshandlung und Vollstreckungsantrag

1. Nach § 212 Abs 1 Nr 2 BGB hat es eine die Verjährung erneuernde Wirkung, **35** wenn Vollstreckungshandlungen vorgenommen werden oder ein entsprechender Antrag des Gläubigers gestellt wird. Ein Antrag auf Gewährung von Prozesskostenhilfe für die Zwangsvollstreckung fällt unter § 204 Abs 1 Nr 14 BGB (vgl § 204 Rn 115).

Diese Möglichkeit der Erneuerung der Verjährung kommt vorzugsweise dort zum Tragen, wo der Anspruch bereits tituliert ist und deshalb eine der Möglichkeiten des § 204 Abs 1 BGB ausscheidet.

Die einschlägigen Verjährungsfristen sind zunächst die des § 197 Abs 1 Nrn 3–6 BGB. Insoweit kommt der Bestimmung naturgemäß gegenüber der dreißigjährigen Frist des § 197 Abs 1 BGB geringere praktische Bedeutung zu. Sie gewinnt an Bedeutung gegenüber der regelmäßigen Frist der §§ 197 Abs 2, 195 BGB (zur Frage, ob hier alternativ auch eine Verjährungshemmung durch erneute Klage zulässig ist, vgl § 197 Rn 87).

Nach der Vorstellung des Gesetzgebers sind die Maßnahmen des § 212 Abs 1 Nr 2 BGB ohne Dauerwirkung. Das kann aber nicht darüber hinwegtäuschen, dass es ebenso wie das Erkenntnisverfahren auch ein *Vollstreckungsverfahren* gibt, das mit der Antragstellung des Gläubigers beginnt und mit seiner Befriedigung bzw – hier einschlägig – der Beendigung wegen Fruchtlosigkeit endet. Es spricht nichts dagegen, auch insoweit einen andauernden Erneuerungstatbestand anzunehmen (BENNERT Rpfleger 1996, 309; BeckOGK BGB/MELLER-HANNICH [1. 3. 2019] Rn 17; aA BGH NJW 1998, 1058). Indessen belegt der dortige Fall die Richtigkeit des hiesigen Standpunkts: Es hatte der Gläubiger das laufende Arbeitseinkommen gepfändet, musste aber wegen vorrangiger Pfändungen langfristig zuwarten. Mit dem BGH zwischenzeitlich weitere – welche? – Schritte zu verlangen, wäre eine unbillige Forderung.

Richtig ist freilich, dass sich der Gläubiger, der ein Vollstreckungsverfahren ruhen lässt, analog zu § 204 Abs 2 S 3 BGB behandeln lassen muss.

2. § 212 Abs 1 Nr 2 BGB fordert ein aktives *Tun des Gläubigers* zur Rechts- **36** verfolgung. Danach ist ein Tun des Schuldners im Bereich der Zwangsvollstreckung nicht geeignet, die Verjährung zu erneuern (vgl BGHZ 122, 287 = NJW 1993, 1847). Das gilt zunächst für seine Zwangsvollstreckungsabwehrklage wie vor allem für damit verbundene, § 769 ZPO, oder sonstige Anträge auf Einstellung der Zwangsvollstreckung. Hier sind auch etwaige Gegenanträge des Gläubigers nicht geeignet, die Voraussetzungen des § 212 Abs 1 Nr 2 BGB zu erfüllen (**aA** NK-BGB/BUDZIKIEWICZ Rn 21). Daraus kann sich für den Gläubiger eine missliche Situation ergeben, wenn es dem Schuldner nämlich gelingt, eine bisher nur angekündigte Zwangsvollstreckung vorab einstellen zu lassen: Gleichwohl gestellte Vollstreckungsanträge würden wegen § 212 Abs 2 BGB ohne Einfluss auf die laufende Verjährung bleiben. BGHZ

122, 287, 295 = NJW 1993, 1847 wendet bei angekündigter, aber auf Antrag des Schuldners eingestellter Zwangsvollstreckung § 212 Abs 1 Nr 2 BGB entsprechend an. Dem ist aber nicht zu folgen: Es ist unklar, was konkret wirken soll. Richtiger erscheint es, in Konstellationen dieser Art entweder die Einrede der Verjährung durch den Schuldner als treuwidrig zu behandeln, wie man dies auch in anderen Fällen tut, wenn der Schuldner aktiv zum Ablauf der Verjährung beigetragen hat (vgl § 214 Rn 18 ff) oder aber – besser noch – für die Dauer der Einstellung eine Ablaufhemmung nach § 206 BGB für den Gläubiger anzunehmen (vgl MünchKomm/Grothe Rn 22).

37 3. Bei den *Anträgen* des Gläubigers muss es sich um solche im Bereich der *Zwangsvollstreckung* handeln. Die Beschaffung des zugrundeliegenden Titels genügt nicht für § 212 Abs 1 Nr 2 BGB, sondern kann nur nach anderen Bestimmungen – insbesondere § 204 Abs 1 BGB – auf die Verjährung einwirken. Ebenso wenig genügt es, wenn mit dem Erwirken der Vollstreckungsklausel, der Umschreibung des Titels (OLG Brandenburg NJW-RR 2002, 362, 363) und der Zustellung des Urteils die weiteren Voraussetzungen für den Beginn der Zwangsvollstreckung geschaffen werden (BGHZ 122, 287, 294 = NJW 1993, 1847) oder Arrest bzw einstweilige Verfügung nach § 928 ZPO vollzogen werden (BGH NJW 1981, 1955). Der Titel muss freilich eine Forderung des Gläubigers identifizierbar bezeichnen.

Andererseits stellt § 212 Abs 1 Nr 2 BGB keine besonderen *Anforderungen an den der Vollstreckung zugrundeliegenden Titel:* Er muss nur überhaupt der Vollstreckung fähig sein, darf insoweit aber auch bloß vorläufig vollstreckbar oder auch seinerseits nur vorläufig – wie im Verfahren des Arrests oder der einstweiligen Verfügung – sein.

Auch an die zu vollziehende Zwangsvollstreckung stellt § 212 Abs 1 Nr 2 BGB keine besonderen Anforderungen. Namentlich genügt eine *bloße Sicherungsvollstreckung* wie im Falle des Arrests, § 930 ZPO, der einstweiligen Verfügung, § 936 ZPO, oder bei bloßer vorläufiger Vollstreckbarkeit des Titels nach § 720a ZPO.

38 4. Die Anforderungen an die Zulässigkeit der Maßnahmen zur Erneuerung sind differenziert zu beurteilen. Nach § 212 Abs 2 BGB entfällt die Erneuerungswirkung unwiederholbar, wenn dem Antrag nicht stattgegeben wird, wenn er zurückgenommen wird oder wenn die auf ihm beruhende Vollstreckungsmaßnahme aufgehoben wird, wozu es ja insbesondere in den Fällen der Unzulässigkeit des Antrages kommt. Das bedeutet einerseits, dass auch ein zulässiger Antrag zur Verjährungserneuerung nicht geeignet ist, wenn späterhin einer der Fälle des § 212 Abs 2, 3 BGB eintritt. Andererseits ist die Unzulässigkeit eines Antrags dann unschädlich, wenn er im Ergebnis zu Vollstreckungsmaßnahmen führt.

Insofern kommt es, wenn tatsächlich vollstreckt wird, auch nicht darauf an, dass mit Titel, Klausel und Zustellung die Voraussetzungen dafür vorlagen (BGH NJW 1993, 1847, 1849; OLG Köln WM 1995, 597 [fehlender Zinstitel]). Zu fordern ist freilich einschränkend, dass die Forderung, deren Verjährung erneuert werden soll, eindeutig bestimmt ist, weil sonst die Erneuerungshandlung nicht zugeordnet werden kann. Daran fehlt es bei einem Titel, bei dem es nicht feststeht, welcher Forderung er nun seinerseits zugeordnet sein soll.

An Form und Inhalt des Antrags stellt § 212 Abs 1 Nr 2 BGB keine eigenständigen Anforderungen; es darf eben nur nicht zur Zurückweisung kommen.

Ebenfalls nicht notwendig ist es, dass der Antrag zur *Kenntnis des Schuldners* gelangt, wie dies für seinen Erfolg ja auch nicht notwendig ist (aA OLG Hamm FamRZ 2005, 795, 797; MünchKomm/Grothe Rn 20). Die Formulierung des Gesetzes ist insoweit eindeutig, wobei dem Gesetzgeber der Schuldrechtsmodernisierung die Möglichkeit der Hemmung bzw Erneuerung der Verjährung ohne Kenntnis des Schuldners durchaus bewusst war. Seine Kenntnismöglichkeit ist freilich ein dringendes rechtspolitisches Postulat, dessen Verfehlung die lex lata aber nicht tangiert. Es ist auch nicht erforderlich, dass der Antrag konkrete Vollstreckungsmaßnahmen auslöst. Er muss allerdings dieses Ziel haben; ein Antrag, der mit der Bitte verbunden ist, einstweilen nichts zu unternehmen, würde die Verjährung nicht erneuern.

Freilich wird die Unkenntnis des Schuldners oft darauf zurückzuführen sein, dass ein Fall des § 212 Abs 2 oder 3 BGB vorliegt.

5. a) Adressat des Antrags können *alle denkbaren Vollstreckungsorgane* sein, also **39** der Gerichtsvollzieher, § 753 ZPO, das Vollstreckungsgericht, § 764 ZPO, das Prozessgericht in den Fällen der §§ 887, 888, 890 ZPO, das Grundbuchamt in den Fällen der §§ 866, 867 ZPO, die Schiffsregisterbehörde bei § 870a ZPO. Namentlich bei der Beauftragung des Gerichtsvollziehers ist zu beachten, dass diese nach § 754 ZPO auch mündlich erfolgen kann.

Maßgeblicher Zeitpunkt ist jeweils der des Zugangs des Antrags.

b) Gegenstand des Antrags kann zunächst die Einleitung des jeweiligen Vollstre- **40** ckungsverfahrens sein, aber doch auch der Antrag auf seine Fortsetzung, sofern es zu seiner einstweiligen Einstellung gekommen ist (BGHZ 93, 283, 295 f). Dabei muss es unerheblich sein, aus welchen Gründen die Einstellung erfolgt ist, ob von Amts wegen, auf Antrag des Schuldners oder auch auf eigenen Antrag des Gläubigers.

Zu scheiden von verfahrenseinleitenden Anträgen sind *bloße Anregungen* an die Vollstreckungsorgane, zB der Hinweis gegenüber dem Gerichtsvollzieher auf bestimmte Vollstreckungsmöglichkeiten.

Wenn mit BGHZ 93, 283, 296 f den wesentlichen verfahrensbegründenden und verfahrensfördernden gerichtlichen Maßnahmen (dazu u Rn 42 ff) verjährungserneuernde Wirkung zukommt, dann muss dies entsprechend auch für diesbezügliche Anträge des Gläubigers gelten. Das versteht sich von selbst, wo diese notwendig sind, um das Tun des Vollstreckungsorgans auszulösen, aber ist doch auch dort anzunehmen, wo das Vollstreckungsorgan von Amts wegen tätig wird: Dies könnte es nämlich über den Ablauf der Verjährungsfrist hinaus verzögern, was nicht zu Lasten des Gläubigers gehen darf.

c) Als *nicht vollstreckungsfördernd* können Anträge des Gläubigers auf Einstellung der Zwangsvollstreckung naturgemäß die Verjährung nicht erneuern. Sie lassen aber die Wirkung bisheriger Maßnahmen unberührt. Nach § 212 Abs 2 BGB entfällt diese erst bei Rücknahme des Antrags auf Zwangsvollstreckung (insgesamt).

41 6. *Maßnahmen der Vollstreckungsorgane* erneuern ihrerseits die Verjährung, wenn sie *wesentlichen verfahrensbegründenden oder verfahrensfördernden Charakter tragen* (BGHZ 93, 283, 296 f); dann sind sie als „Vollstreckungshandlung" iSd § 212 Abs 1 Nr 2 BGB zu betrachten. Hier kommt – singulär – einer staatlichen Maßnahme Wirkung zu. Das ist gerechtfertigt, weil sie hinreichend auf den Willen des Gläubigers zurückgeführt werden kann.

Auf die Rechtmäßigkeit der Maßnahme kommt es dabei – jedenfalls zunächst – nicht an; sie muss nur überhaupt wirksam sein. Nach § 212 Abs 3 BGB entfällt allerdings die erneuernde Wirkung rückwirkend, wenn die Maßnahme – auf Betreiben des Schuldners oder von Amts wegen – wegen des Mangels ihrer gesetzlichen Voraussetzungen aufgehoben wird.

Die Erneuerungswirkung ist auf den Zeitpunkt zu datieren, in dem die Maßnahme wirksam wird.

42 *Beispielhaft* sind zu nennen:

a) Bei der Zwangsvollstreckung durch den Gerichtsvollzieher die Pfändung oder Wegnahme einer Sache, ihre Verwertung, die Auskehrung ihres Erlöses an den Gläubiger; letzteres ist dann von Bedeutung, wenn ein Dritter den Erlös bei dem Gläubiger kondiziert.

b) Bei der Pfändung von Forderungen der Pfändungs- und der Überweisungsbeschluss, auch schon die Vorpfändung nach § 845 ZPO, die Zahlung des Drittschuldners an den Gläubiger.

c) Bei der Zwangsvollstreckung in ein Grundstück die Eintragung einer Sicherungshypothek in das Grundbuch, die Zwangsversteigerung und die Zwangsverwaltung, § 866 ZPO.

43 Innerhalb des Zwangsversteigerungsverfahrens kommen namentlich in Betracht (vgl BGHZ 83, 283, 296 f) seine Anordnung, §§ 15 ff ZVG, die Bestimmung des Versteigerungstermins, §§ 35 ff ZVG, die Feststellung des geringsten Gebots und der sonstigen Versteigerungsbedingungen, §§ 44 ff ZVG, die Festsetzung des Verkehrswertes, § 74a Abs 5 ZVG, die Durchführung des Versteigerungstermins und die Entscheidung über den Zuschlag, §§ 79 ff ZVG, die Bestimmung des Verteilungstermins, die Aufstellung des Verteilungsplans und, soweit diese Aufgabe dem Gericht obliegt, die Ausführung des Plans.

Dabei tritt die Erneuerungswirkung aber jeweils nur für jenen Gläubiger ein, der die Zwangsvollstreckung selbst betreibt; die bloße Anmeldung eines Rechtes im Versteigerungsverfahren genügt nicht (MünchKomm/GROTHE Rn 21; STAUDINGER/DILCHER[12] § 209 aF Rn 39; KG JW 1938, 45; aA OLG Kiel JW 1933, 2017; 1934, 622; LUCAS JW 1938, 2932; FRAEB JW 1938, 2934, 2936). Wirkung hat dagegen der Beitritt zum Versteigerungsverfahren (MünchKomm/GROTHE Rn 21).

44 d) Bei der Zwangsvollstreckung wegen vertretbarer Handlungen, § 887 ZPO, der Ermächtigungsbeschluss nach § 887 Abs 1 ZPO, der Verurteilungsbeschluss nach

§ 887 Abs 2 ZPO, die einzelnen Vollstreckungsmaßnahmen zu seiner Durchsetzung.

Bei der Vollstreckung wegen unvertretbarer Handlungen, § 888 ZPO, die Anordnung und die Durchsetzung von Beugemaßnahmen.

Bei der Zwangsvollstreckung wegen einer Unterlassung oder Duldung jedenfalls die Verurteilung nach § 890 Abs 1 ZPO. Die zuvor notwendige *Androhung nach § 890 Abs 2 ZPO* ist als Teil des Vollstreckungsverfahrens ausgestaltet und kann deshalb ebenfalls die Verjährung erneuern (BGH NJW 1979, 217). Dies gilt freilich nicht, wenn sie bereits in den Titel aufgenommen ist (BGH NJW 1979, 217; TEPLITZKY GRUR 1984, 307; **aA** OLG Hamm NJW 1977, 2319; WRP 1977, 816; DITTMAR GRUR 1979, 288). Dann gilt aber entweder dessen Verjährungsfrist nach § 197 Abs 1 Nr 3 BGB oder es liegt zunächst eine Hemmung nach § 204 Abs 1, Abs 2 S 1 BGB vor, wie sie heute auch das Verfahren der einstweiligen Verfügung auslöst, vgl § 204 Abs 1 Nr 9 BGB.

e) In sonstiger Hinsicht sind zu nennen: **45**

Die Einholung der *Vermögensauskunft* nach § 802c ZPO mit ihren einzelnen Zwischenschritten, namentlich auch die Drittauskunft nach § 802l ZPO. Letztere Maßnahmen erfolgen zwar zunächst heimlich, ohne dass der Schuldner einbezogen ist; dem Schuldnerschutz genügt, dass dieser nach Maßgabe von § 802l Abs 3 S 1 ZPO vier Wochen nach Erhalt der Information über die Maßnahme zu unterrichten ist.

Unter den Rechtsbehelfen des Gläubigers die Erinnerung, § 866 ZPO, oder die sofortige Beschwerde, § 793 ZPO, gegen ihm nachteilige Entscheidungen oder Maßnahmen sowie darauf ergehende, ihm günstige Entscheidungen; wegen nachteiliger Entscheidungen vgl § 212 Abs 2 BGB.

Mit der *Drittwiderspruchsklage,* § 771 ZPO, wird der zugrundeliegende Anspruch nicht gegen den Schuldner durchgesetzt; ihr kommt erneuernde Wirkung nicht zu. Ebenfalls nicht hinreichend gegen den Schuldner gerichtet ist die Klage auf vorzugsweise Befriedigung, § 805 ZPO.

7. BGH NJW 1998, 1058, stellt den Vollstreckungshandlungen des § 212 Abs 1 Nr 2 BGB die Zahlung des Drittschuldners gleich.

8. Für die Reichweite der Erneuerungswirkung gilt: **46**

a) Sie wird quantitativ nicht dadurch beschränkt, dass die Vollstreckungsmaßnahme nicht zur Befriedigung des Gläubigers führt oder auch nur führen kann, zB bei Pfändung einer Forderung, die weit hinter der titulierten Forderung zurückbleibt.

b) Sie gilt damit grundsätzlich für die gesamte Forderung des Gläubigers, es sei denn, dieser erteilte den Vollstreckungsauftrag nur wegen eines Teiles. Dann ist die Wirkung entsprechend eingeschränkt.

c) Die Wirkung tritt nur für die Forderung ein, derentwegen die Vollstreckung betrieben wird. Das ist etwa dann für die Hauptforderung von nachteiliger Bedeutung, wenn nur wegen der Kosten vollstreckt wird (BGH NJW 1979, 217; MünchKomm/ vFeldmann³ § 209 aF Rn 21; Palandt/Ellenberger Rn 9). Entsprechendes gilt für die Werklohnforderung des Unternehmers, wenn er wegen seines Anspruchs auf eine Sicherungshypothek nach § 648 BGB vollstreckt (OLG Düsseldorf BauR 1980, 475; Palandt/Ellenberger Rn 9).

Auch die Vollstreckung wegen eines dinglichen Anspruchs aus einer Grundschuld, für die sich der Schuldner der sofortigen Vollstreckung gemäß § 794 Abs 1 Nr 5 ZPO unterworfen hat und der nach § 197 Abs 1 Nr 4 BGB in 30 Jahren verjährt, hat keinen Einfluss auf die Verjährung des schuldrechtlichen Anspruchs aus dem Kreditverhältnis, die drei Jahre beträgt, § 195 BGB. Der Neubeginn der Verjährung aus der in der Grundschuldbestellungsurkunde enthaltenen persönlichen Haftungsübernahme – abstraktes Schuldversprechen – hat ebenfalls keine Auswirkungen auf die Verjährung des schuldrechtlichen Anspruchs (Clemente ZfIR 2007, 482). Nach Verjährung des Darlehensrückzahlungsanspruchs kann der Darlehensnehmer dem Gläubiger gegen ein Vorgehen aus dem abstrakten Schuldversprechen wegen der Verjährung der gesicherten Forderung den Wegfall des Sicherungszwecks einredeweise entgegenhalten. § 216 Abs 2 S 1 BGB findet keine Anwendung (§ 216 Rn 6; aA OLG Frankfurt NJW 2008, 379, 380 f).

9. Rücknahme des Vollstreckungsauftrags

47 Der Neubeginn der Verjährung entfällt dann rückwirkend, wenn der Gläubiger den Vollstreckungsauftrag zurücknimmt, § 212 Abs 2 BGB; dann läuft die bisherige Verjährungsfrist unverändert weiter. Die Rücknahme des Vollstreckungsauftrags kann erfolgen, bevor das angerufene Vollstreckungsorgan etwas veranlasst hat, § 212 Abs 3 BGB, aber auch, wenn es schon tätig geworden ist, gar schon gepfändet hat, § 212 Abs 2 BGB. Wenn schon gepfändet worden ist, muss freilich noch die Pfändung aufgehoben werden.

Eine Rücknahme des Auftrags liegt auch dann vor, wenn der Gerichtsvollzieher dem Gläubiger eine Unpfändbarkeitsbescheinigung mit der Mitteilung nach § 63 Nr 1 S 2 GVGA zusendet, dass er den Auftrag als zurückgenommen betrachte (AG Freudenstadt DGVZ 1988, 124).

Liegt der Rücknahme eine entsprechende Bitte des Schuldners zugrunde, kann insoweit ein Anerkenntnis iSd § 212 Abs 1 Nr 1 BGB vorliegen.

10. Zurückweisung des Vollstreckungsauftrags

48 Der Neubeginn der Verjährung entfällt auch dann nach § 212 Abs 2, 3 BGB rückwirkend, wenn der Vollstreckungsauftrag zurückgewiesen wird. Basis dieser Zurückweisung muss es freilich sein, dass es an den Voraussetzungen der Zwangsvollstreckung überhaupt fehlt, also an Titel oder Klausel oder Zustellung (BGB-RGRK/Johannsen § 216 aF Rn 2; OLG Thüringen NJW-RR 2001, 1648; aA OLG Hamm FamRZ 2005, 795, 797; MünchKomm/Grothe Rn 25): Insoweit kann die Zurückweisung schon vor Vollstreckungsmaßnahmen erfolgen, § 212 Abs 3 BGB, oder auch nachträglich, sodass dann diese Vollstreckungsmaßnahme wieder aufgehoben wird, § 212 Abs 2 BGB. Bei der Zurückweisung kommt es nicht darauf an, dass sie zu Recht erfolgte.

Für § 212 Abs 3 BGB genügt es nicht, dass nur die konkrete Vollstreckungsmaßnahme an einem Mangel leidet, zB die Pfändung gegen § 811 ZPO verstößt oder Rechte Dritter iSd § 771 ZPO nicht berücksichtigt.

Einwendungen des Schuldners gegen Titel oder Klausel nach den §§ 767, 732, 768 ZPO wirken erst dann, wenn sie rechtskräftigen Erfolg haben. Die bloße Einstellung der Zwangsvollstreckung nach den §§ 769, 775 ZPO genügt nicht.

11. Neuer Antrag

In den Fällen der Abs 2 und 3 verbleibt dem Gläubiger die Möglichkeit, einen neuen Antrag zu stellen. Dies muss innerhalb der noch laufenden Verjährungsfrist geschehen. Die zT angenommene Rückwirkung um sechs Monate (SOERGEL/NIEDENFÜHR § 212 Rn 47; PALANDT/ELLENBERGER Rn 12) findet im geltenden Recht keine Grundlage (NK-BGB/BUDZIKIEWICZ Rn 26; MünchKomm/GROTHE Rn 24). Namentlich § 204 Abs 2 S 1 BGB kann nicht entsprechend herangezogen werden.

12. Eingetretene Verjährung

Ist Verjährung eingetreten, darf das Vollstreckungsorgan auch auf Anregung des Schuldners hin den Vollstreckungsauftrag nicht schon deshalb zurückweisen. Es geht um den der Vollstreckung zugrundeliegenden Anspruch, sodass die Abwehrklage des § 767 ZPO der geeignete Rechtsbehelf für den Schuldner ist bzw nach Abschluss der Zwangsvollstreckung die auf § 812 BGB gestützte Klage.

§ 213
Hemmung, Ablaufhemmung und erneuter Beginn der Verjährung bei anderen Ansprüchen

Die Hemmung, die Ablaufhemmung und der erneute Beginn der Verjährung gelten auch für Ansprüche, die aus demselben Grunde wahlweise neben dem Anspruch oder an seiner Stelle gegeben sind.

Materialien: Art 1 G zur Modernisierung des Schuldrechts v 26. 11. 2001 (BGBl I 3138). BGB aF: – (§§ 477 Abs 3, 639 Abs 1). PETERS/ZIMMERMANN § 209, Gutachten 260, 323; Schuldrechtskommission § 219, Abschlussbericht 95; RegE § 213; BT-Drucks 14/6040, 121; BT-Drucks 14/7052, 10, 182.

Schrifttum

HENCKEL, Die Grenzen der Verjährungsunterbrechung, JZ 1962, 335
JACOBY, Die Verjährung nach § 548 BGB und die Reform des Verjährungsrechts, in: DMT-Bilanz (2011) 337
JAUSS, Verjährung bei elektiver und alternativer Anspruchskonkurrenz, Jura 2018, 598

Lau, Die Reichweite der Verjährungshemmung bei Klageerhebung (2008)
M Wolf, Die Befreiung des Verjährungsrechts vom Streitgegenstandsdenken, in: FS Schumann (2001) 579.

Systematische Übersicht

I. Allgemeines 1	III. Wirkungen
II. Voraussetzungen	1. Rechtsverfolgung des Gläubigers 8
1. Identität des Schuldners 2	2. Handeln des Schuldners 9
2. Identität des Grundes 3	3. §§ 206–208, 210, 211 10
3. Identität des wirtschaftlichen Interesses? 5	4. Beginn und Ende der Verjährungsfrist 11
4. Alternativität 6	5. Die Verjährungsfrist 13

I. Allgemeines

1 Die Verjährung betrifft an sich den *einzelnen Anspruch des Gläubigers,* und dies gilt dann auch für die Regelungen über ihren Ablauf. Es behält zB der Käufer den verfehlt gelieferten Gegenstand ein, obwohl er dies sofort bemerkt und reklamiert. Hier erwachsen dem Verkäufer vertragliche Herausgabeansprüche und solche aus Bereicherung und dinglichem Recht, ferner Schadensersatzansprüche im Falle der unterbleibenden Herausgabe oder der Herausgabe in beschädigtem Zustand. Alle Ansprüche sind grundsätzlich einzeln zu beurteilen: Die Verjährungsfrist richtet sich teils nach § 195 BGB, teils nach § 197 Abs 1 Nr 2 BGB, ihr Beginn teils nach § 199 BGB, teils nach § 200 S 1 BGB, wobei es natürlich unerheblich ist, wenn der eine Anspruch verjährt ist, sofern ein anderer dieses Ziel ebenfalls abdeckt, aber noch nicht verjährt ist.

Auch die Maßnahmen des Gläubigers zur Hemmung der Verjährung betreffen den einzelnen Anspruch. Seine Klage auf Herausgabe, § 204 Abs 1 Nr 1 BGB, schützt – im Ansatz – nur den Herausgabeanspruch. Schon im Bereich des § 204 Abs 1 Nr 1 BGB wird dies aber erweitert. Dort kommt es auf den *Streitgegenstand* an (§ 204 Rn 13 ff), dh die Hemmung wirkt für jeden Herausgabeanspruch, unabhängig von seiner konkreten gesetzlichen Basis, solange er sich nur aus Antrag und Vortrag des Klägers ergibt; letzterer mag noch nicht einmal schlüssig sein (§ 204 Rn 23). Diese umfassende Wirkung der Klage – aber auch der anderen Verfahren des § 204 Abs 1 BGB – tritt auch dann ein, wenn sich die einzelnen Ansprüche wechselseitig ausschließen, vgl die Konstellation von BGH NJW 2000, 3492: Vergütung für erbrachte Leistungen bei zweifelhafter Wirksamkeit des Vertrages; die Hemmung tritt ein sowohl für den Anspruch aus § 631 BGB wie für jenen aus § 812 BGB.

§ 213 BGB erweitert dies nochmals (BGH NJW 2015, 1608 Rn 34): Auch wenn einstweilen nur der eine Anspruch Streitgegenstand ist, wirken Maßnahmen, seine Verjährung aufzuhalten, auch für andere Ansprüche, die *alternativ oder in elektiver Konkurrenz* gegeben sind. Derartiges galt bisher schon im Gewährleistungsrecht, vgl § 477 Abs 3 BGB aF, auf den § 639 Abs 1 BGB aF beim Werkvertrag Bezug nahm. § 213 BGB gestaltet diesen Ansatz zu einem allgemeinen Prinzip aus (BGHZ

205, 151 = NJW 2015, 2106 Rn 25). Seine besondere praktische Bedeutung hat die Bestimmung allerdings weiterhin gerade für die Mängelrechte bei Kauf- und Werkvertrag, §§ 437, 634 BGB, weil dort die besondere Ausgestaltung des Verjährungsbeginns durch §§ 438 Abs 2, 634a Abs 2 BGB die Gefahr mit sich bringt, dass die Ansprüche bereits vor ihrer Entstehung verjähren (BGHZ 205, 151 = NJW 2015, 2106 Rn 30; u Rn 4, 11). Die Verallgemeinerung der Bestimmung wirkt der entsprechenden Gefahr auch in Bezug auf die nach § 548 Abs 1 BGB verjährenden Ersatzansprüche des Vermieters entgegen (BGH NJW 2006, 1588 Rn 12).

II. Voraussetzungen

1. Identität des Schuldners

Die mehreren Ansprüche müssen sich gegen denselben Schuldner richten (Münch- 2 Komm/GROTHE Rn 3). Die Bestimmung findet also keine Anwendung, wenn zB die Vertretungsmacht zweifelhaft ist und sich die Ansprüche entweder gegen den Vertretenen oder gegen den Vertreter richten; hier muss der Gläubiger kostensparend von dem Mittel der *Streitverkündung* Gebrauch machen.

2. Identität des Grundes

a) „Aus demselben Grunde" müssen die mehreren Ansprüche folgen, wie das 3 Gesetz es formuliert. Sie müssen sich also *aus demselben Lebenssachverhalt* ergeben, mag dieser auch für den weiteren Anspruch zu erweitern sein. Lebenssachverhalt in diesem Sinne ist im Gewährleistungsrecht der einzelne Mangel (BGH NJW 2016, 2493 Rn 20), aus dem die Ansprüche auf Nacherfüllung, Kostenvorschuss für die eigene Nacherfüllung, Kostenerstattung nach der eigenen Nacherfüllung und Schadensersatz erwachsen können sowie die Befugnis zu Rücktritt oder Minderung, vgl insbesondere §§ 437, 634a BGB (BGHZ 205, 151 = NJW 2015, 2106 Rn 30). Dabei ist es unschädlich, dass die an die Stelle des Anspruchs auf Nacherfüllung tretenden Rechte idR die weitere Voraussetzung einer fruchtlosen Fristsetzung haben. Im Schadensersatzrecht ist es der einzelne Schaden, der zu einem Anspruch auf Reparaturkosten führen kann oder die Kosten einer Ersatzbeschaffung. Bei der Erfüllung eines Vertrages rühren der Anspruch auf Erfüllung und der Anspruch auf Schadensersatz statt der Leistung im Falle seiner Nichterfüllung aus demselben Grunde; wiederum ist es unschädlich, dass für den letzteren Anspruch zusätzliche Voraussetzungen der §§ 281 oder 283 BGB gegeben sein müssen. Bei dem letztgenannten Beispiel sind in den Verbund weiter einzubeziehen der besondere Schadensersatz nach § 284 BGB und die Möglichkeit des Rücktritts nach § 323 BGB.

Wo sich bei zweifelhafter Wirksamkeit eines Vertrages entweder Erfüllungs- oder Bereicherungsansprüche ergeben, folgt die Hemmung der Verjährung bei beiden durch die erhobene Klage schon unmittelbar aus § 204 BGB (o Rn 1). § 213 BGB geht indessen über den Streitgegenstand hinaus (BAG NJW 2014, 717 Rn 30). Vielfach wird es sich um Fälle handeln, in denen im Prozess eine Umstellung der Klage nach § 264 Nr 3 ZPO zulässig ist, weil „statt des ursprünglich geforderten Gegenstandes ... ein anderer Gegenstand oder das Interesse gefordert wird".

Geht es um Ansprüche aus verschiedenen Verträgen, liegen unterschiedliche Sachverhalte vor, auch wenn beide wirtschaftlich zusammenhängen. Entsprechend beruhen einerseits kaufrechtliche Mängelansprüche und andererseits Ansprüche aus einer selbstständigen Garantie nicht auf demselben Grund, so dass § 213 BGB nicht greift (BGH NJW 2018, 387 Rn 26).

4 b) Die genannten Beispiele machen deutlich, dass der zunächst verfolgte Anspruch *nicht begründet* gewesen zu sein braucht; es wurde zB zunächst Erfüllung verlangt, und dann stellt sich Unmöglichkeit heraus. Das Bedürfnis nach der Regelung des § 213 BGB folgt gerade daraus, dass sich der erste Anspruch als Fehlgriff erweist, ist davon freilich nicht abhängig: Der vertragliche Gläubiger verlangt zunächst Erfüllung, ficht den Vertrag dann an und verfolgt jetzt die sich daraus ergebenden Ansprüche.

Auch brauchen die nachmalig verfolgten Ansprüche *nicht von vornherein* gegeben gewesen zu sein. So entstehen etwa die weiteren Rechte von Käufer oder Besteller aus einem Sachmangel idR erst aus fruchtloser Fristsetzung zur Nacherfüllung. Auch das macht die Bestimmung des § 213 BGB besonders notwendig, so dass bei ihnen die Verjährung nach Ablieferung oder Abnahme zwar schon läuft, der Gläubiger ihretwegen aber vorläufig noch nicht nach § 204 Abs 1 BGB vorgehen kann (Beck-OGK BGB/Meller-Hannich [1. 3. 2019] Rn 7).

3. Identität des wirtschaftlichen Interesses?

5 Im Anschluss an die Gesetzesbegründung (BT-Drucks 14/6040, 121) wird gesagt, dass der Gläubiger mit dem weiteren Anspruch dasselbe wirtschaftliche Ziel verfolgen müsse (BGH NJW 2015, 1608 Rn 32; NK-BGB/Budzikiewicz Rn 8; MünchKomm/Grothe Rn 3). Das ist indessen *nicht richtig* (vgl BGHZ 205, 151 = NJW 2015, 2106 Rn 35 ff; Jauss Jura 2018, 598, 604). Der Wortlaut des § 213 BGB lässt derlei nicht erkennen, es wäre auch als Tatbestandsmerkmal viel zu unsicher. Allerdings wird oft dasselbe wirtschaftliche Interesse verfolgt, so zB bei dem Begehren von Schadensersatz statt der Leistung im Anschluss an das Leistungsbegehren, indessen erfasst § 213 BGB unzweifelhaft wie schon seine Vorgängervorschriften der §§ 639 Abs 1, 477 Abs 3 BGB aF den Übergang von der Nachbesserung zur schadensersatzrechtlichen Rückforderung des gezahlten Preises als objektiver Mangelschaden. Von demselben wirtschaftlichen Interesse kann hier schwerlich gesprochen werden, wenn der Gläubiger einmal an dem korrekten vertragsgemäßen Zustand interessiert ist, das andere Mal mit der Angelegenheit nichts mehr zu tun haben will. BGHZ 205, 151 = NJW 2015, 2106 Rn 35 eröffnet den Übergang von Minderung zu Rückabwicklung.

Entsprechend ergibt sich aus dem Umfang des zunächst verfolgten Anspruchs auch keine Begrenzung für den jetzigen (BGHZ 205, 151 = NJW 2015, 2106 Rn 35).

4. Alternativität

6 Der jetzige Anspruch muss, wie das Gesetz pleonastisch formuliert, „wahlweise neben dem Anspruch" oder „an seiner Stelle" gegeben sein.

a) § 213 BGB erspart dem Gläubiger Hilfsanträge bei seinem ersten Vorgehen (RegE BT-Drucks 14/6040, 121). Die Bestimmung nimmt sich der Situation an, die sich ergibt, wenn der Gläubiger mehreres verlangen kann, *das eine Begehren aber das andere* – oder: die anderen – *ausschließt* (BGHZ 205, 151 = NJW 2015, 2106 Rn 26; BAG NJW 2014, 717 Rn 34): Ihm steht Schadensersatz zu, aber für diesen stehen mehrere Berechnungsmethoden zur Verfügung, zB abstrakte Ermittlung oder konkrete, kleiner Schadensersatz oder großer. Nach BGH NJW 2015, 1608 Rn 34 f stehen Ansprüche des Auftraggebers gegen einen Frachtführer zum einen auf Schadensersatz zum anderen auf Abtretung von Ersatzansprüchen gegen Dritte wegen der den Schaden kompensierenden Wirkung der Abtretung ebenfalls in diesem Wahlverhältnis. Im Gewährleistungsrecht hat er die Wahl zwischen diversen Rechten. Nicht gleichzeitig verfolgen lassen sich der Anspruch auf Erfüllung und die Rechte aus der Nichterfüllung, der große Pflichtteil und der konkrete Zugewinnausgleich.

Die Bestimmung erfasst mit der Formulierung „an seiner Stelle" den *Übergang vom Primäranspruch zum Sekundäranspruch*. Anwendung finden muss sie aber auch auf die umgekehrte Konstellation, dass der Gläubiger zunächst (in verjährungshemmender Weise) den Sekundäranspruch verfolgt (vgl BGH NJW 1988, 1778 zum Verhältnis des § 326 BGB aF zum § 556 BGB aF). Liegen dessen Voraussetzungen etwa mangels Fristsetzung (§§ 281 Abs 1, 323 Abs 1 BGB) nicht vor, muss der Gläubiger nunmehr noch auf den Primäranspruch zurückgreifen können, ohne dass ihm entgegengehalten werden kann, der Anspruch sei inzwischen verjährt (vgl Peters JZ 1988, 762 f). Diesen Einwand hindert die Hemmungserstreckung des § 213 BGB. Zwar tritt der Primäranspruch nicht „an die Stelle" des Sekundäranspruchs und steht auch nicht im eigentlichen Sinne „wahlweise" neben diesem. Sinn und Zweck des § 213 BGB verlangen aber seine Anwendung. Denn der Schuldner ist hinreichend gewarnt, dass der Gläubiger aus dem bezeichneten Anspruchsgrund seine alternativ bestehenden Rechte geltend macht.

§ 213 BGB ist aber auch auf den Fall anwendbar, dass der Gläubiger zunächst einen Anspruch oder ein Recht verfolgt, das nicht existiert, zB gegenüber dem Dienstverpflichteten mindert oder als Gesellschafter entgegen § 707 BGB von dem anderen Gesellschafter einen Nachschuss begehrt, vgl die Fallgestaltung von BGH NJW 2011, 2292; letzteres kommt seinen Ansprüchen in den Fällen der §§ 735, 739 BGB zugute.

b) Lose Berührungspunkte weist § 213 BGB mit § 139 ZPO auf. Das Gericht wird nach dieser Vorschrift vielfach gehalten sein, auf jenen Anspruch hinzuweisen, der seiner Ansicht nach richtigerweise zu verfolgen wäre. Freilich treten die dem Gläubiger günstigen Folgen des § 213 BGB auch dann ein, wenn das Gericht einen Hinweis erteilt und sich der Gläubiger dem verschließt. Verschuldensgesichtspunkte sind für die Bestimmung irrelevant.

c) Die Bestimmung ist hingegen **unanwendbar**, wenn der Gläubiger seine mehreren Ansprüche **kumuliert verfolgen** kann (BGHZ 209, 168 = NJW 2016, 1818 Rn 41), zB auf Ersatz des materiellen und des immateriellen Schadens, auf Erfüllung und Schadensersatz wegen Verzuges. Besondere praktische Bedeutung hat dies im Gewährleistungsrecht, wenn der Käufer bzw Besteller *Mangelfolgeschäden* erlitten hat: Ihren Ersatz kann er sogleich verfolgen, neben Rücktritt, Minderung oder Schadensersatz

7

statt der Leistung. In den durch § 213 BGB geschaffenen Verbund seiner Rechte ist der diesbezügliche Anspruch also nicht einbezogen, sodass bei den §§ 437 Nr 3, 634 Nr 4 BGB stets darauf zu achten ist, ob die dortige Verweisung zu den §§ 281, 283 BGB führt oder nicht vielmehr zu den §§ 280 Abs 1, 241 Abs 2 BGB. Gleiches wie hier für die Nacherfüllung gilt aber natürlich auch für den Bereich der Erfüllung: Verbund nur zwischen dieser und Schadensersatz statt der Leistung, nicht aber auch mit Schadensersatz aus den §§ 280 Abs 1, 241 Abs 2 BGB oder wegen Verzuges.

III. Wirkungen

8 § 213 BGB drückt seine Wirkungsweise äußerst missverständlich aus.

1. Rechtsverfolgung des Gläubigers

Die Bestimmung ist sinnvoll nur auf die *Rechtsverfolgung durch den Gläubiger* zu beziehen, mithin die §§ 204 Abs 1, 212 Abs 1 Nr 2 BGB; zB hemmt die Klage auf Erfüllung die Verjährung des späteren Anspruchs auf Schadensersatz statt der Leistung. § 213 BGB gilt aber natürlich für alle Fälle des § 204 Abs 1 BGB, insbesondere auch für jene Verfahren, in denen dieser Anspruch gar nicht hätte verfolgt werden können. Beispiel ist etwa der Mahnbescheid wegen des Minderungsbetrages im Gewährleistungsrecht. Seine Zustellung hemmt auch die Verjährung des Anspruchs auf Nacherfüllung.

Die Wechselwirkung von Rechtsverfolgung oder Zwangsvollstreckung ist unabhängig davon, ob der erste oder der zweite Anspruch einen größeren Umfang hat; gehemmt ist die Verjährung des zweiten in seinem ganzen Umfang einschließlich von Verzugszinsen, die vielleicht bei dem zweiten erstmalig anfallen. Anderes gilt nur, wenn der erste Anspruch nur teilweise verfolgt wurde; dann ist die Verjährung des zweiten auch nur mit einem entsprechenden Anteil gehemmt.

2. Handeln des Schuldners

9 § 213 BGB gilt dagegen – entgegen des verfehlten Wortlauts – nicht für den Neubeginn der Verjährung, den das *Anerkenntnis* des Schuldners bewirkt. Dessen Reichweite bestimmt er nämlich selbst, sodass sie durch Auslegung seiner Erklärung zu ermitteln ist: Es mag der Werkunternehmer den Mangel einräumen, aber ein Vertretenmüssen abstreiten. Dann sind die Rechte des Bestellers aus § 634 Nrn 1–3 BGB anerkannt, damit aber nicht zugleich auch der Schadensersatz nach § 634 Nr 4 BGB. Behauptet der Werkunternehmer weiterhin, dass der Mangel nur mit unverhältnismäßigem Aufwand zu beseitigen sei, reduziert sich sein Anerkenntnis sogar nur auf § 634 Nr 3 BGB.

Nichts anderes kann gelten, wo Schuldner und Gläubiger den Hemmungstatbestand gemeinsam schaffen, also bei *Verhandlungen,* § 203 BGB, und der *Stundung,* § 205 BGB: Die Parteien sind es selbst, die bestimmen, worüber sie reden wollen oder eben auch nicht reden wollen. Für § 203 BGB gilt § 213 BGB also nicht. Nur ein vergleichbarer Effekt ergibt sich daraus, dass *Verhandlungen im Zweifel umfassend* angelegt sind, sodass es einer Verwahrung bedarf, wenn ein bestimmter Anspruch nicht verhandelbar sein soll.

3. §§ 206–208, 210, 211

Es ist nicht ersichtlich, wie § 213 BGB in den weiteren Fällen der Hemmung und der **10** Ablaufhemmung sollte Bedeutung haben können.

4. Beginn und Ende der Verjährungsfrist

a) § 213 BGB gilt nicht für den Beginn der Verjährungsfrist. Eine vergleichbare **11** Wirkung haben hier die §§ 438 Abs 2, 634a Abs 2 BGB im Gewährleistungsrecht, § 548 Abs 1 S 2, Abs 2 BGB bei der Miete. § 213 BGB selbst ist eine Bestimmung nur zugunsten des Gläubigers nicht auch zugunsten des Schuldners.

Dass der Beginn der Verjährung bei den einzelnen Ansprüchen jeweils *eigenständig* zu sehen ist, hat nachhaltige praktische Folgen.

So hemmt zwar einerseits die Erhebung der Klage auf Erfüllung die Verjährung des nachgelagerten Anspruchs auf Schadensersatz statt der Leistung, auch wenn letzterer Anspruch noch gar nicht entstanden ist, weil zunächst noch nicht alle seine Voraussetzungen – zB die Fristsetzung – vorliegen, aber diese Hemmung wird praktisch erst relevant, wenn der Sekundäranspruch dann auch entstanden ist. Nach der eindeutigen Fassung des § 213 BGB, der den Beginn der Verjährung nicht nennt, kann die Entstehung des Primäranspruchs die Entstehung des Sekundäranspruchs nicht ersetzen oder fingieren. Der Gläubiger kann also kurz vor Ablauf der Verjährungsfrist für den Primäranspruch die Voraussetzungen für den Sekundäranspruch schaffen, dessen Frist ihm dann noch voll zur Verfügung steht.

Dieser Mechanismus wird konterkariert, wenn die Bestimmungen der §§ 438 Abs 2, 548 Abs 1 S 2, 634a Abs 2 BGB den Verjährungsbeginn der Sekundäransprüche rückdatieren auf die Zeitpunkte der Ablieferung der Kaufsache bzw des Rückerhalts der Mietsache bzw der Abnahme des Werkes.

Im Falle der *Gesamtschuld* entsteht der Freihaltungsanspruch des einen Gesamtschuldners gegen den anderen aus § 426 Abs 1 BGB mit der Begründung des Gesamtschuldverhältnisses, der dortige Zahlungsanspruch erst – zeitlich versetzt – mit der Leistung an den gemeinsamen Gläubiger, haben sie doch unterschiedliche Ziele (s § 199 Rn 8). Die Verfolgung des ersteren Anspruchs wirkt zwar hemmend für den letzteren; kann aber dessen Verjährungsbeginn nicht vorverlegen.

b) Auch für das Ende der Verjährungsfrist gilt § 213 BGB nicht; in Bezug auf **12** Nebenleistungen ordnet § 217 BGB ihm Entsprechendes an.

5. Die Verjährungsfrist

Im Prinzip beeinflusst § 213 BGB die Verjährungsfrist des tatsächlich gegebenen, **13** aber zunächst nicht verfolgten Anspruchs nicht. Davon ist freilich eine Ausnahme zu machen. Hat der Gläubiger ein *Feststellungsurteil* hinsichtlich des verfolgten Anspruchs erwirkt, muss sich in entsprechender Anwendung der Bestimmung die Verjährungsfrist des § 197 Abs 1 Nr 3 BGB dem tatsächlich gegebenen Anspruch mitteilen.

Diese Bestimmung gilt überhaupt im Falle des Prozesserfolges hinsichtlich des „Erstanspruchs". Hat der Gläubiger zB die rechtskräftige Titulierung des Erfüllungsanspruchs durchgesetzt, kann er 30 Jahre lang *Sekundärrechte* ausüben, sofern der Anspruch nicht befriedigt wird. Kommt es freilich zur Erfüllung, greift § 213 BGB nicht mehr ein. Letzterer Effekt ergibt sich auch dort, wo die Rechte des Gläubigers in elektiver Konkurrenz stehen.

Wenn umgekehrt der zunächst verfolgte Anspruch wegen Verjährung abgewiesen worden ist, teilt sich dies dem tatsächlich gegebenen Anspruch nicht mit, sondern bleibt es für diesen letzteren bei der Hemmungswirkung der erhobenen Klage nach §§ 213, 204 Abs 1 Nr 1 BGB.

Titel 3
Rechtsfolgen der Verjährung

§ 214
Wirkung der Verjährung

(1) Nach Eintritt der Verjährung ist der Schuldner berechtigt, die Leistung zu verweigern.

(2) Das zur Befriedigung eines verjährten Anspruchs Geleistete kann nicht zurückgefordert werden, auch wenn in Unkenntnis der Verjährung geleistet worden ist. Das Gleiche gilt von einem vertragsmäßigen Anerkenntnis sowie einer Sicherheitsleistung des Schuldners.

Materialien: Art 1 G zur Modernisierung des Schuldrechts v 26. 11. 2001 (BGBl I 3138). BGB aF: § 222: E I § 182; II § 187; III § 217; Mot I 341; Prot I 387 ff, 1500; II 1 232 ff; JAKOBS/SCHUBERT, AT 1000, 1001 ff, 1044 ff, 1079 ff, 1083 ff, 1101 f, 1118 ff, 1138. PETERS/ZIMMERMANN § 210 Abs 1, Gutachten 263, 310, 323; Schuldrechtskommission § 221, Abschlussbericht 101; RegE § 214, BT-Drucks 14/6040, 122.

Schrifttum

BECKER-EBERHARD, Probleme des Laufs der Verjährungsfrist bei der Anwalts- und Steuerberatungshaftung, in: FS Schumann (2001) 1
BRUNS, Wegfall der Sekundärhaftung?, BB 2003, 1347
CHAB, in: ZUGEHÖR/FISCHER/VILL/FISCHER/RINKLER/CHAB, Handbuch der Anwaltshaftung (3. Aufl 2011) 1263
EL-GAYAR, Verjährung und Erledigung der Hauptsache, MDR 1998, 698
D FISCHER, in: ZUGEHÖR/FISCHER/VILL/FISCHER/RINKLER/CHAB, Handbuch der Anwaltshaftung (3. Aufl 2011) 2075
FLEISCHER, Aufsichtsratshaftung – Anspruchsverjährung – Selbstbezichtigung: Das Easy-Software-Urteil des BGH, ZIP 2018, 2341
FUCHS-WISSEMANN, Mitverschulden durch Unterlassen einer schadensaufhebenden Verjährungseinrede gegenüber einem Dritten, VersR 1997, 427
HONSELL, Der Verzicht auf die Einrede der Verjährung, VersR 1975, 104

HOPT, ECLR Interessenwahrung und Interessenkonflikte im Aktien-, Bank- und Berufsrecht – Zur Dogmatik des modernen Geschäftsbesorgungsrechts, ZGR 2004, 1
JAHR, Die Einrede des bürgerlichen Rechts, JuS 1964, 125, 218, 293
KLEUTGENS, Die Sekundärhaftung des Rechtsanwalts (1995)
KOCH, Darf der Amtsrichter die Parteien auf die Frage der Verjährung hinweisen?, NJW 1966, 1648
KRAFT/GIERMANN, Die Einrede der Verjährung als Obliegenheit im Sinne des § 254 Abs 2 BGB, VersR 2001, 1475
KROPPENBERG, Verjährungseinrede in der Berufungsinstanz bei unstreitiger Tatsachengrundlage, NJW 2009, 642
LIPPMANN, Findet § 222 Abs 2 BGB Anwendung, wenn ein nach Erlass des Vollstreckungstitels verjährter Anspruch zur Abwendung der Zwangsvollstreckung geleistet wird?, DJZ 1906, 1255
LOHBECK, Die Frage der Verjährungseinrede

von Körperschaften des öffentlichen Rechts, NJW 1965, 1575

Mayer, Die Verjährungseinrede und die Gegeneinrede der Arglist und der ungerechtfertigten Bereicherung, BayZ 1918, 35

Meller-Hannich, Die Einrede der Verjährung, JZ 2005, 656

dies, Zur Präklusion der Verjährungseinrede in der Berufungsinstanz, NJW 2006, 3385

Orthal, Zur Auslegung der §§ 208, 222 BGB, Recht 1906, 1067

Reinelt/Pasker, Gilt die Sekundärhaftung des Architekten auch noch nach der Schuldrechtsmodernisierung?, BauR 2010, 983

Peters, Der Bürge und die Verjährung der Hauptschuld, NJW 2004, 1430

ders, Die Pflicht zum Hinweis auf die eigene Pflichtverletzung, JR 2011, 93

Protzen, Nichterhebung der Verjährungseinrede gegenüber Dritten als Obliegenheitsverletzung?, NJW 1998, 1920

Rinsche, Der sekundäre Schadensersatzanspruch gegen den Rechtsanwalt, VersR 1987, 239

vRintelen, Die Sekundärhaftung des Architekten – Bestandsaufnahme, Grenzen und Kritik, NZBau 2008, 209

Roth, Die Einrede des Bürgerlichen Rechts (1988)

Sahm, Die außergerichtliche Geltendmachung der Verjährungseinrede, JherJb 49, 59

Schall, Die Bedeutung der zivilrechtlichen Verjährungseinrede bei Anordnung der Wiedergutmachungsauflage, NJW 1977, 1045

Schenkel, Die erstmalige Erhebung der Verjährungseinrede in der Berufungsinstanz, MDR 2005, 726

Schirmer, Der Verzicht des Haftpflichtversicherers auf die Einrede der Verjährung, VersR 1970, 112

Schlosser, Selbständige peremptorische Einrede und Gestaltungsrecht im deutschen Zivilrecht, JuS 1966, 237

Schnabel, Nichterhebung der Verjährungseinrede als Mitverschulden, NJW 2000, 3191

Schneider, Über die Beseitigung der Wirkung vollendeter Verjährung durch Anerkenntnis, JherJb 51, 23

Schneider, Befangenheit des auf Verjährungsablauf hinweisenden Richters, MDR 1979, 974

Seelig, Die prozessuale Behandlung materiellrechtlicher Einreden – heute und einst (1980)

Suppers, Der Einredebegriff des Bürgerlichen Gesetzbuchs in seiner praktischen Bedeutung (1902)

Taupitz, Die zivilrechtliche Pflicht zur unaufgeforderten Offenbarung eigenen Fehlverhaltens (1989)

Tiedtke, Aus dem Hauptschuldverhältnis abgeleitete und eigene Einreden des Bürgen, JZ 2005, 940

Wagner, Erlischt durch Geltendmachung der Einrede der Verjährung der Anspruch? (Diss Jena 1931)

Wernecke, Die Einrede der Verjährung – Schnittpunkt zwischen materiellem Recht und Zivilprozessrecht, JA 2004, 331

Wiedemann, Die Verwirkung der Einrede der Verjährung (Diss Köln 1953)

Windorfer, Der Verjährungsverzicht, NJW 2015, 3329

Zimmermann, „Sekundäre" und „tertiäre" Schadensersatzansprüche gegen den Rechtsanwalt?, NJW 1985, 720

Zugehör, Die Verjährung in der Berufshaftung der Rechtsanwälte, NJW 1995, Beil z H 21.

Systematische Übersicht

I.	**Allgemeines**	1
II.	**Der Eintritt der Verjährung**	2
1.	Einzelanspruch	3
2.	Objektive Beurteilung	4

III.	**Die Berufung auf die Einrede der Verjährung**	
1.	Notwendigkeit der Berufung	5
2.	Rechtsnatur der Berufung	6
3.	Form, Zeitpunkt	7
4.	Inhaltliche Anforderungen	8

Titel 3
Rechtsfolgen der Verjährung **§ 214**

5.	Einmalige Erhebung, Bedingungen	9	5.	Basis der einzelnen Aufklärungspflichten	29a
6.	Verteidigung gegen verjährte Forderung	9a	**VII.**	**Verzicht auf die Einrede der Verjährung**	30
7.	Gesamtschuldner, Bürge	10	1.	Form	31
IV.	**Die Einrede der Verjährung im Prozess**		2.	Voraussetzungen	32
1.	Einführung in den Prozess	11	3.	Abgrenzungen	33
2.	Prüfung und Folgen der Einrede der Verjährung	12	4.	Tragweite des Verzichts	34
3.	Richterliche Hinweise auf den Eintritt der Verjährung	15	5.	Zeitliche Reichweite	35
V.	**Unzulässigkeit der Einrede der Verjährung**		**VIII.**	**Unzulässigkeit der Berufung auf die Hemmung der Verjährung**	35a
1.	Wirkungsweise	18	**IX.**	**Die Wirkungen des Eintritts der Verjährung**	
2.	Allgemeine Voraussetzungen	19	1.	Rechtsgrund für Leistungen	36
3.	Verzicht auf die Einrede der Verjährung	21	2.	Verteidigung mit der Forderung	39
4.	Abhaltung von rechtzeitiger Hemmung der Verjährung	22	**X.**	**Mehrheit von Gläubigern und Schuldnern**	40
5.	Wirkungen	24	**XI.**	**Entsprechende Anwendung der Bestimmung**	41
6.	Funktionslosigkeit	25a			
VI.	**Insbesondere: Pflicht des Schuldners zum Hinweis auf den drohenden Ablauf der Verjährung**		**XII.**	**Öffentliches Recht**	42
1.	Keine generelle Pflicht	26	1.	Ausschlusswirkung	43
2.	Sekundärer Schadensersatzanspruch	27	2.	Einredecharakter	44
3.	Einzelfälle	28	3.	Anspruch als Rechtsgrund für Leistungen	45
4.	Entwicklung der Rechtsprechung	29			

Alphabetische Übersicht

Abschwächung der Forderung	36	Entschuldigung	29a
Anerkenntnis des Schuldners	38	Erledigung der Hauptsache	14
Architekt	28 ff	Erlöschen der Forderung	36
Aufklärungspflichten	29a		
Aufrechnung	36	Form der Einrede	6
Ausschlussfristen	41	Fristablauf	4
		Funktionslosigkeit der Einrede	25a
Bedingungen	9		
Befangenheit des Richters	15 ff	Gesamtschuldner	10
Begründung der Leistungsverweigerung	8	Geschäftsähnliche Handlung	6
Berufung auf die Einrede	5	Geschäftsbesorgung	29a
Bürge	10, 40	Gesellschafter	10, 40
		Gestaltungsakt	6
Einbringung in den Prozess	11		
Einrede des nichterfüllten Vertrages	39	Hausverwalter	28 ff

Hinweise des Richters	15 ff	Sekundärer Schadensersatzanspruch	27
Hinweispflichten des Schuldners	26 ff	Sicherheiten	36
		Sicherheitsleistung	38
Kondiktion der erbrachten Leistung	37	Steuerberater	28 ff
		Schlusszahlung	41
Leistungsverweigerung	8		
		Untreue	29a
Mehrheit von Gläubigern und Schuldnern	40	Unzulässige Klage	35a
Mietkaution	25a	Unzulässigkeit der Einrede	18 ff
Missbrauch von Schutzbefohlenen	5		
		Verfahrenspfleger	6
Nachfrist	24	Verteidigung gegen verjährte Forderung	19a
		Verwirkung der Einrede	22
Öffentliches Recht	42	Verzicht auf die Einrede	21, 31 ff
		Vollendung der Verjährung	2
Prozesskostenhilfegesuch des Wohlhabenden	35a		
		Widerruf des Verzichts	21
Rechtsanwalt	28 ff	Wirkung der Verjährung	36 ff
Rechtsmissbrauch	35a	Zurückbehaltungsrecht	39
Rechtsnachfolger	40	Zurückverweisung	13
Rechtschutzbedürfnis	19a	Zwangsvollstreckung	37
Schuldbeitritt	40		

I. Allgemeines

1 Der Eintritt – in herkömmlicher Terminologie: die „Vollendung" – der Verjährung lässt den Anspruch des Gläubigers nicht erlöschen, er schwächt ihn aber in entscheidender Weise ab, indem der Schuldner ein Leistungsverweigerungsrecht erhält (Abs 1). Immerhin bleibt der Anspruch trotz Fristablaufs grundsätzlich erhalten: Ohne Berufung auf die Verjährung wird der Schuldner trotz Fristablaufs verurteilt und trotz Eintritt der Verjährung und gar Berufung auf die Verjährung kann er kondiktionsfest erfüllen (Abs 2).

II. Der Eintritt der Verjährung

2 Die Verjährung ist eingetreten, wenn nach ihrem Beginn unter Berücksichtigung eines etwaigen Neubeginns und uU mehrerer möglicher Hemmungen die für den jeweiligen Anspruch vorgesehene Verjährungsfrist abgelaufen ist.

3 **1.** Die Vollendung der Verjährung ist *für jeden Anspruch* des Gläubigers *einzeln zu prüfen.* Hat er zB nebeneinander Ansprüche aus Eigentum und aus Delikt, so mag der eine verjährt sein, der andere nicht, vgl aber § 213 BGB.

4 **2.** Ob die Verjährung eingetreten ist oder nicht, beurteilt sich allein nach dem *objektiven Tatbestand des Fristablaufs.* Subjektive Elemente beim Gläubiger sind vorbehaltlich des § 199 Abs 1 S 1 Nr 2 BGB ebenso unbeachtlich wie solche beim

Schuldner; allerdings kann die Berufung auf die Verjährung treuwidrig sein (vgl u Rn 18 ff). Unerheblich ist insbesondere auch die mit dem Verjährungseintritt möglicherweise verbundene Härte für den Gläubiger. Unerheblich ist es schließlich, ob es für den Gläubiger aus Kosten- oder sonstigen praktischen Gründen unzumutbar war, die Verjährung rechtzeitig zu hemmen oder nach § 212 Abs 1 Nr 2 BGB neu beginnen zu lassen.

III. Die Berufung auf die Einrede der Verjährung

1. Der Schuldner muss sich auf den Eintritt der Verjährung berufen, will er der Verurteilung zur Leistung entgehen (aA BeckOGK BGB/Bach [1. 10. 2018] Rn 25; Hölder ArchBürgR 11 [1896] 217, 242 f; Schlosser JuS 1966, 258 f; wie hier die hM, zB BGHZ 1, 234, 239; NJW 2010, 2422 Rn 27; Roth 50 f). 5

Die Vorzüge der Verjährung dürfen dem Schuldner nicht aufgedrängt werden. Das ist unabhängig davon, ob man die Berufung auf die Verjährung für unehrenhaft hält oder nicht (was sie übrigens im Grundsatz nicht ist): Dem Schuldner mag es gegenüber dem Gläubiger überzeugender sein, den Anspruch in anderer Weise zu bekämpfen, und damit förderlicher für das künftige Verhältnis, und es gibt außerdem auch Schuldner, die ihre Verurteilung zur Leistung trotz Verjährung hinnehmen.

Anstalten, in denen Schutzbefohlene missbraucht oder misshandelt worden sind, steht es im Übrigen nicht gut zu, sich auf Verjährung zu berufen, auch vor dem Hintergrund der neu eingefügten 30-jährigen Verjährungsfrist des § 197 Abs 1 Nr 1 BGB. Derartige Konstellationen können sich auch anderweitig ergeben.

So steht die Erhebung der Einrede im freien Ermessen des Schuldners, wie es freilich die öffentliche Hand pflichtgemäß auszuüben hat. Allerdings kann der Schuldner Dritten gegenüber gebunden sein. Der Beauftragte kann angewiesen sein, sie nicht zu erheben. In der Regel wird er es nicht für erforderlich iSd § 670 BGB halten dürfen, auf eine verjährte Forderung zu zahlen. Es kommt aber ganz auf die Umstände des Einzelfalls an, zB mag die Erhebung der Einrede eine Geschäftsverbindung gefährden. Auch der Geschädigte, der seinen Schaden konkret berechnet, wird regelmäßig Schadenspositionen in Form verjährter Verbindlichkeiten vermittels der Einrede nach § 254 Abs 2 BGB auszuschalten haben (Kraft/Giermann VersR 2001, 1475; zu starr aber LG Würzburg NJW 1997, 2606; Schnabel NJW 2000, 3191 [Mitverschulden annehmend]; Fuchs-Wissemann VersR 1997, 427; Protzen NJW 1998, 1920 [Mitverschulden verneinend]; bedenklich weitgehend BGHZ 173, 83 = NJW 2007, 2695 in der werkvertraglichen Leistungskette, dagegen Staudinger/Peters/Jacoby [2014] § 631 Rn 38, § 634 Rn 155).

2. Obwohl die Berufung auf den Eintritt der Verjährung den Anspruch umgestaltet, handelt es sich bei der Erhebung der Einrede *nicht* um einen *Gestaltungsakt*, im Gegensatz etwa zur Kündigung. Die Erhebung der Einrede ist eine *geschäftsähnliche Handlung* (MünchKomm/Grothe Rn 4; BeckOGK BGB/Bach [1. 10. 2018] Rn 34), die nur Vorteile bringt. In der Folge kann sie auch der minderjährige Schuldner erheben. Auf die Erhebung durch den vollmachtlosen Vertreter wird man § 180 BGB anwenden können. Ein Vertreter bedarf der Vertretungsmacht (vgl BGH NJW 2012, 3509 zum Verfahrenspfleger). Eine Anfechtung wegen Irrtums wird man wegen der 6

Widerruflichkeit (dazu u Rn 35), für entbehrlich halten müssen. Notwendig ist nur der Zugang an den Gläubiger.

7 3. An *besondere Formen* ist die Erhebung der Einrede *nicht gebunden* (BeckOGK BGB/Bach [1. 10. 2018] Rn 36). Zeitlich ist sie ohne weiteres möglich nach Eintritt der Verjährung. Doch wird man es ohne weiteres auch ausreichen lassen müssen, wenn sich der Schuldner *vor Eintritt der Verjährung* auf diese beruft (**aA** BeckOGK BGB/Bach [1. 10. 2018] Rn 44); er braucht die Erklärung dann später nicht zu wiederholen. Das gilt ohne weiteres, wenn seine Erklärung in engem zeitlichen Zusammenhang mit dem Eintritt der Verjährung steht; dann hat er sich vielleicht nur hinsichtlich des konkreten Eintrittszeitpunkts verrechnet, was nicht zu seinen Lasten gehen darf. Es bestehen aber keine durchgreifenden Bedenken dagegen, schon die deutlich frühere Erklärung, wegen Verjährung nicht leisten zu wollen, genügen zu lassen.

8 4. Der Schuldner braucht die Einrede der Verjährung *nicht ausdrücklich* zu erheben. Es reicht vielmehr, dass die Auslegung seiner Erklärung – nach dem Empfängerhorizont, §§ 133, 157 BGB – ergibt, dass er sie erheben will.

a) Notwendig, aber für sich allein nicht ausreichend, ist es insoweit, dass er den Willen bekundet, die Leistung endgültig zu verweigern (BeckOGK BGB/Bach [1. 10. 2018] Rn 37).

b) Notwendig, aber ebenfalls für sich allein nicht ausreichend, ist es weiterhin, dass er dies *in der Sache mit dem Eintritt der Verjährung begründet*. Die Verweigerung der Leistung unter Hinweis auf Anfechtung, Erfüllung oä reicht also keinesfalls; das Motiv der Leistungsverweigerung muss vielmehr – über den Wortlaut des § 214 Abs 1 BGB hinaus – angegeben werden. Insoweit reicht dann aber eine sinngemäße Umschreibung, wie sie zB in dem Hinweis auf den langen Zeitablauf liegen kann. In aller Regel reicht auch der Hinweis auf eine Verwirkung des Anspruchs (BGH NJW 1996, 1895). Es muss sich nur der Wille ergeben, den Anspruch wegen Verjährung nicht erfüllen zu wollen. Dabei braucht der Schuldner nicht davon überzeugt zu sein, dass die Verjährung tatsächlich schon eingetreten ist.

9 5. Wegen ihrer gestaltenden Wirkung (Jahr JuS 1964, 293; Staudinger/Dilcher¹² § 222 aF Rn 12) braucht die Einrede *nur einmal erhoben* zu werden; das wirkt dann fort (Schlosser JuS 1966, 263; Staudinger/Dilcher¹² § 222 aF Rn 12), und zwar auch in die nächste Instanz. Der Schuldner kann die erhobene Einrede freilich auch wieder fallen lassen.

Ebenfalls wegen ihrer gestaltenden Wirkung ist die Erhebung der Einrede *bedingungsfeindlich;* keine wirksame Erhebung also, wenn dies unter dem Vorbehalt eines künftigen außenstehenden ungewissen Ereignisses geschieht. Wird die Einrede dagegen unter dem Vorbehalt erhoben, dass der Anspruch tatsächlich besteht, also überhaupt entstanden und nicht schon anderweitig untergegangen ist, so ist das keine Bedingung im Rechtssinne und zulässig. Hier setzt sich freilich die Einrede der Verjährung gegenüber den anderen Einwendungen des Schuldners durch: Das Gericht kann nicht gezwungen werden, den Anspruch zunächst sachlich zu prüfen und vielleicht zu verneinen, was dem Schuldner vielleicht lieber wäre, sondern darf und muss den Anspruch sogleich wegen Verjährung abweisen (**aA** Staudinger/

DILCHER[12] § 222 aF Rn 10 unter fehlerhafter Berufung auf ROSENBERG/SCHWAB; wie hier BeckOGK BGB/BACH [1. 10. 2018] Rn 39; OLG Köln MDR 1920, 686; SCHNEIDER JurBüro 1978, 1265). Will der Schuldner dieses Ergebnis vermeiden, seine anderweitigen Einwendungen vorab geprüft wissen, muss er schon die Einrede der Verjährung „zurückhalten", riskiert dann aber die Kostenfolge des § 96 ZPO (BeckOGK BGB/BACH [1. 10. 2018] Rn 47. 2).

6. Dass Verjährung eingetreten ist, bedeutet keineswegs, dass der Schuldner auf **9a** diese Form der Verteidigung gegen die Forderung beschränkt wäre. Schon wegen der möglich bleibenden Aufrechnung des Gläubigers mit seiner Forderung, vgl § 215 BGB, hat sie schwächere Wirkung als die Nichtexistenz der Forderung. Und so fehlt es namentlich auch nicht an dem *Rechtsschutzbedürfnis* des Schuldners für eine negative Feststellungsklage (BGH NJW 2011, 3657 Rn 12).

7. Mehrere *Gesamtschuldner* können sich einzeln auf den erfolgten Eintritt der **10** Verjährung berufen bzw nicht berufen, § 425 Abs 2 BGB. Der *Bürge* kann sich auf den Eintritt der Verjährung der eigenen Bürgenschuld berufen, aber auch auf den Eintritt der Verjährung der Hauptforderung, § 768 BGB, dies auch gegen den Willen des Hauptschuldners, § 768 Abs 2 BGB, aber nicht, wenn der Hauptschuldner rechtskräftig verurteilt wird und daher die Verjährung der Hauptschuld sich dann nach § 197 Abs 1 Nr 3 BGB bemisst (BGHZ 210, 348 = NJW 2016, 3158 Rn 20). Auf die Verjährung der Hauptforderung kann der Bürge sich als neue Tatsache im Wege der Klage aus § 767 ZPO auch noch dann berufen, wenn er selbst schon aus der Bürgschaft verurteilt ist (BGH NJW 1999, 278). Die Berufung auf die Verjährung der Hauptschuld steht dem Bürgen auch dann zu, wenn er nach § 773 Abs 1 BGB die Einrede der Vorausklage nicht erheben kann (BGHZ 76, 222; BGH NJW 2003, 1250; BeckOGK BGB/BACH [1. 10. 2018] Rn 42. 1). Denn der Verlust dieser Einrede macht ihn nicht insgesamt zum Gesamtschuldner, § 425 Abs 2 BGB, sondern belässt der Bürgschaft ihre Akzessorietät. – Der nach § 128 HGB in Anspruch genommene Gesellschafter kann sich nach § 129 Abs 1 HGB auf die gegenüber der Gesellschaft eingetretene Verjährung berufen, dies freilich nicht mehr nach eigener Verurteilung.

IV. Die Einrede der Verjährung im Prozess

1. Einführung in den Prozess

Die Verjährung und damit auch die aus ihr resultierende Einrede ist nach dem **11** Verständnis des BGB ein *Teil des materiellen Rechts.* Daraus folgt, dass sie als Teil des Prozessstoffes von den Parteien in den Prozess eingebracht werden muss. Die Erhebung der Einrede der Verjährung kann und wird regelmäßig durch den Beklagten vorgebracht werden. Das kann in der Form geschehen, dass er sich (erstmalig) im Prozess auf die Einrede beruft, dies ist aber auch in der Form möglich, dass er sich auf eine vor- oder außerprozessuale Erhebung der Einrede bezieht. Die Einrede der Verjährung kann in den beiden Tatsacheninstanzen vorgetragen werden; die Erhebung der Einrede in der einen Instanz wirkt in der nächsten Instanz fort, ohne dass sie dort ausdrücklich wiederholt werden müsste (BGH LM § 222 BGB Nr 10 = VersR 1989, 286 = WM 1989, 581). Die erstmalige Erhebung der Einrede in der Berufungsinstanz kann auf Nachlässigkeit beruhen und damit an sich nach § 531 Abs 2 Nr 3 ZPO ausgeschlossen sein. Diese Bestimmung ist aber dann nicht präkludierend anzuwenden, wenn die Tatsachenbasis der Einrede unstreitig ist (BGH Großer Senat für Zivilsachen

BGHZ 177, 212 = NJW 2008, 3434 [dazu Jacoby ZZP 122 (2009) 358 ff], fortgeführt von BGH NJW 2009, 685 Rn 22: Zulassung, auch wenn dadurch Rechtsstreit verzögert wird); materiell richtige Entscheidungen soll § 531 Abs 2 ZPO nicht verhindern, die gegenteilige Auffassung (BGH GRUR 2006, 401; MünchKomm/Grothe Rn 4; Schenkel MDR 2005, 726) ist doktrinär. Darüber hinaus gebietet es die Prozessökonomie, die in ihren Grundlagen streitige Einrede trotz § 531 Abs 2 ZPO dann zuzulassen, wenn das die Erledigung beschleunigen wird (Jacoby ZZP 122 [2009] 358, 362 f; aA BGH NJW 2011, 842 Rn 19). Hat das Berufungsgericht die Einrede in Verkennung des § 531 Abs 2 ZPO zugelassen, kann das in der Revisionsinstanz nicht gerügt werden (BGH NJW 2007, 3127 Rn 19). Als tatsächlicher Vorgang kann die Erhebung der Einrede aber nicht erstmalig in der Revisionsinstanz vorgetragen werden (BGHZ 1, 234, 239; aA Wernecke JA 2004, 332, 335), doch darf das Revisionsgericht bei Erhebung der Einrede in der Tatsacheninstanz den weiteren Zeitablauf berücksichtigen (BGH NJW 1990, 2754, 2755).

Als Tatsache kann die Erhebung der Einrede der Verjährung auch *durch den Gläubiger in den Prozess eingebracht* werden mit der Folge, dass seine Klage als unschlüssig abzuweisen ist, im Falle der Säumnis des beklagten Schuldners durch unechtes Versäumnisurteil (OLG Düsseldorf NJW 1991, 2091; MünchKomm/Grothe Rn 4).

2. Prüfung und Folgen der Einrede der Verjährung

12 **a)** Ist die Erhebung der Einrede der Verjährung vorgetragen, so hat das Gericht die Wahl, ob es die Klage aus diesem oder anderen Gründen abweisen will. Ist die Einrede der Verjährung – wie oft – liquide, so ist die Klage aus Gründen der Prozessökonomie regelmäßig ihretwegen abzuweisen: Das Gericht darf nicht Beweis über den Bestand der Forderung erheben, wenn die Klage schon nach dem unstreitigen Sachverhalt als verjährt abzuweisen ist, es darf auch nicht durch eine bloß hilfsweise Geltendmachung der Einrede zu einem solchen Vorgehen gezwungen werden (vgl o Rn 9). Insofern nähert sich die Klage aus einem verjährten Anspruch der unzulässigen Klage an. Anders natürlich, wenn auch die Verjährungsfrage ihrerseits nicht ohne Beweisaufnahme zu klären ist. Dann gebietet der Grundsatz der Prozessökonomie, den zweckmäßigsten Weg zur Erledigung der Sache einzuschlagen. Auch dies wird freilich meist zu einer vorrangigen Klärung der Verjährungsfrage führen.

Ist die Einrede der Verjährung nicht erhoben, darf das Gericht auch bei evidenter Verjährung nicht auf diese zurückgreifen.

b) Ist die Einrede der Verjährung unbegründet erhoben, gibt das Gericht der Klage statt.

Ist die Einrede der Verjährung begründet erhoben, so wird die Klage abgewiesen, ggf durch unechtes Versäumnisurteil.

c) Nimmt der Schuldner den Eintritt der Verjährung zum Anlass für eine negative Feststellungsklage, so bleibt zu berücksichtigen, dass der Anspruch gleichwohl (abgeschwächt) fortbesteht (vgl u Rn 36 ff). Mithin kann die begehrte Feststellung nicht dahin lauten, dass dem Gläubiger der Anspruch nicht zustehe, sondern nur dahin, dass der Schuldner zur Verweigerung der Leistung berechtigt sei (BGH LM § 222 Nr 8; BGH NJW 1983, 393).

d) Hat die erste Instanz die Klage wegen angenommener Verjährung abgewiesen, 13
so war das – wegen der materiellrechtlichen Ausgestaltung der Verjährung – eine
Abweisung als unbegründet, nicht als unzulässig. Beurteilt die Berufungsinstanz die
Verjährungsfrage anders, verneinend, so berechtigt das nicht *zur Zurückverweisung*
nach § 538 Abs 2 ZPO, namentlich nicht nach § 538 Abs 2 Nr 3 ZPO (BGH NJW 1999,
3125). Eine Zurückverweisung ist vielmehr nur nach Erlass eines Grundurteils möglich (BGHZ 50, 25; 71, 226, 231; BGH NJW 1999, 3125).

e) Zweifelhaft ist das Verhältnis von Verjährung und **prozessualer Erledigung der** 14
Hauptsache (vgl eingehend zum Problemkreis und Meinungsstand EL-GAYAR MDR 1998, 698).

aa) Problemlos ist allerdings der Fall, dass sich der Schuldner schon vorprozessual
auf die eingetretene Verjährung berufen hat: Die Klage war von vornherein unbegründet und kann sich deshalb nicht iSd § 91a ZPO erledigen.

bb) Schwierigkeiten bereiten die Fälle, in denen sich der Schuldner *erstmalig im
Prozess* auf die eingetretene Verjährung beruft. Dabei kann es wiederum einerseits
so liegen, dass ihm die Einrede schon vorprozessual zur Verfügung stand, andererseits kann die Verjährungsfrist auch erst während des Prozesses abgelaufen sein.
Letzteres ist denkbar im Falle des § 204 Abs 2 S 3 BGB.

cc) Wenn die Erledigung der Hauptsache darin besteht, dass aus einer bis dahin
zulässigen und begründeten Klage eine unzulässige oder unbegründete wird, erledigt
der Fristablauf als solcher nicht. Denn wenn sich der Schuldner nicht auf ihn beruft,
wird er verurteilt: Die Klage bleibt begründet. *Erledigendes Ereignis ist die Erhebung
der Einrede der Verjährung.* Sie macht aus der bis dahin begründeten Klage eine
unbegründete (vgl EL-GAYAR MDR 1998, 697).

dd) Diese Erledigung *wirkt* aber *nicht zurück* (aA EL-GAYAR MDR 1998, 697; wie hier
MELLER-HANNICH JZ 2005, 656, 663; WERNECKE JA 2004, 331, 334). Materiell mag die
Erhebung der Einrede der Verjährung zurückwirken; den anhängigen Prozess kann
sie nicht aufheben.

Folgerichtig ist es der Beklagte, der nach dem bisherigen Sach- und Streitstand
unterlegen gewesen wäre und damit die Kosten zu tragen hat, § 91a Abs 1 S 1
ZPO (BGH NJW 2010, 2422; BeckOGK BGB/BACH [1.10.2018] Rn 59).

Von diesem Ergebnis könnte allein aus Gründen der Billigkeit abgewichen werden.
Man könnte dem Gläubiger vorhalten, dass er die Verjährung nicht oder nicht
rechtzeitig gehemmt hat bzw dem Schuldner zugutehalten, dass ihm die Einrede
nicht früher zur Verfügung stand. Indessen ist es fraglich, inwieweit bei der Kostenentscheidung Billigkeitserwägungen zulässig sind, inwieweit namentlich auf das
Verschulden an der Erledigung abzustellen ist; hier dürfte jeweils Zurückhaltung
geboten sein.

Speziell im Fall der verspäteten Klage kann man es auch dem Schuldner vorwerfen,
dass er die Einrede zurückgehalten hat, womit er uU erhebliche Kosten und Mühen
der Sachaufklärung verursacht hat.

Damit muss es bei der *Kostenlast des Schuldners* bleiben, der die *Einrede erst nachträglich erhebt,* unabhängig davon, ab wann sie ihm zur Verfügung stand (**aA** OLG Köln NJW 2017, 2922, krit dazu SCHNEIDER NJW 2017, 2874).

3. Richterliche Hinweise auf den Eintritt der Verjährung

15 Richterliche Hinweise auf den Eintritt der Verjährung lassen sich einerseits als Teil der richterlichen Aufklärungspflicht verstehen, § 139 ZPO, andererseits ließe sich aus ihnen auch die Besorgnis der Befangenheit, § 42 Abs 2 ZPO, herleiten.

Die Behandlung des Problemkreises ist *streitig.* Im Vordringen befindlich ist die Auffassung, dass dem Richter eine freiere Stellung in der Behandlung der Verjährungsfrage zukomme. Doch wird man im Einzelnen differenzieren müssen:

a) Ohne weiteres *zulässig* ist es, dass der Richter bei erhobener Einrede der Verjährung auf eine *Präzisierung des dazu notwendigen Tatsachenvortrags* (über Beginn der Verjährung, mögliche Hemmungen, einen etwaigen Neubeginn) hinwirkt. Ebenso setzt er sich nicht der Besorgnis der Befangenheit aus, wenn er bei *Zweifeln darüber, ob die Verjährungseinrede erhoben werden soll,* nachfragt. Er darf zB die Bemerkung des Beklagten klärend aufgreifen, dass ihm wegen des langen Zeitablaufs die Belegung der Erfüllung nicht mehr möglich sei.

b) Demgegenüber ist die Besorgnis der Befangenheit begründet, wenn der Richter die Erhebung der Einrede *anregt,* obwohl deutlich ist, dass der Beklagte sie nicht erheben will. Dies kann sich ausdrücklich aus dem Vorbringen des Beklagten ergeben, aber doch auch konkludent. Letzteres ist namentlich dann anzunehmen, wenn der Beklagte die Sach- und Rechtslage offenkundig voll durchschaut, damit aber im Anwaltsprozess eher als im Parteiprozess.

16 c) Für den verbleibenden weiten Zwischenbereich, in dem es zweifelhaft ist, ob der Beklagte die mögliche Einrede der Verjährung gesehen hat, wird man jedenfalls nicht zwischen Hinweispflicht und Hinweisrecht des Richters differenzieren können: Entweder muss er hinweisen oder er darf es nicht. Die Frage nach den Befugnissen des Richters hängt im Übrigen von *prozessualen Vorverständnissen* ab. Wer dem Richter eine aktive gestaltende Rolle, letztlich die eines Sozialingenieurs zudenkt, wird einen Hinweis auf die Verjährung eher hinnehmen als der, der ihn lieber passiv sieht, die Parteien als Herren des Verfahrens. Weiter kommt es auf die Beantwortung der Frage an, ob der Richter mögliche Defizite in der juristischen Beratung der Partei durch ihren Anwalt ausgleichen soll, kann oder darf. Unzweifelhaft muss es jedenfalls einerseits sein, dass der Hinweis auf die eingetretene Verjährung bedenklicher ist als der auf manche andere mögliche Einrede, weil er massiver wirkt; eine „Einheitslösung" für alle Einreden kann also schwerlich angestrebt werden (**aA** ROTH 284). Ferner wird man die Lösung kaum in prozessualen Grundsätzen wie dem Verhandlungsgrundsatz oder der Dispositionsmaxime suchen können (vgl aber ROTH 280 ff). Schließlich ist unergiebig das Argument, dass der erfolgte und aufgegriffene Hinweis auf den Eintritt der Verjährung auch im Falle erfolgreicher Richterablehnung unumkehrbar sei (**aA** SCHNEIDER NJW 1986, 1316).

Mit diesen Vorbehalten lässt sich feststellen,

- dass der Richter mit dem Hinweis auf die Verjährung den Prozess uU erheblich abkürzen, zeitaufwändige und kostspielige anderweitige Ermittlungen entbehrlich machen kann,

- dass er dem Beklagten nicht etwa ein unseriöses oder sonst zu missbilligendes Verhalten anrät,

- dass weiterhin auch der auf der Basis der Verjährung entschiedene Prozess „gerecht" entschieden ist, jedenfalls nicht weniger gerecht als durch eine anderweitige Entscheidung, etwa auf Basis der Beweislast,

- dass Bedenken gegen eine solche Vorgehensweise jedenfalls dann nicht bestehen können, wenn eine längere Frist als die des § 195 BGB einschlägig ist. Sie ergeben sich nur in jenen Fällen, in denen die Frist als allzu knapp empfunden wird. Hier aber ist die Entscheidung des Gesetzgebers für diese Frist hinzunehmen, der eben den Zeitablauf als hinreichend befunden hat, den Anspruch entscheidend abzuschwächen,

- dass die Ausgestaltung der Verjährung als Einrede nicht missverstanden werden darf. Der Anspruch ist eben als hinreichend veraltet gewertet worden, um ihn nahezu untergehen zu lassen, und dies ist nur in das Belieben des Verpflichteten gestellt worden. Die Berechtigung, von der Veraltung des Anspruchs abzusehen, darf aber nicht zu Lasten des Verpflichteten gewendet werden,

- dass schließlich richterliche Hinweise einerseits gesetzlich vorgesehen und damit zu akzeptieren sind und auch akzeptiert werden, andererseits aber stets geeignet sind, das Ergebnis des Prozesses umzukehren, so zB der Hinweis auf mangelnde Substantiierung bestimmten Vorbringens, die Anregung, einen unzulässigen Antrag durch einen zulässigen Antrag zu ersetzen. Richterliche Hinweise, die keine Folgen haben könnten, müssten überhaupt unterbleiben. So gesehen kommt dem Hinweis auf die eingetretene Verjährung nur eine extreme, aber doch keine Sonderrolle zu.

Das Meinungsbild kann hier nur auszugsweise wiedergegeben werden. *Gegen die* **17** *Zulässigkeit* des Hinweises auf den Eintritt der Verjährung zB RG JW 1902, 444; RGZ 165, 226, 234; BGH VersR 1962, 663 f; BGHZ 156, 269, 272 = NJW 2004, 164; OLG Bremen NJW 1979, 2215; OLG Hamburg NJW 1984, 2710; OLG Bremen NJW 1986, 999; Kuchinke JuS 1967, 299; Stein/Jonas/Kern § 139 Rn 54; Thomas/Putzo/Seiler § 139 Rn 6; Brehm, Die Bindung des Richters an den Parteivortrag und die Grenzen freier Verhandlungswürdigung (1982) 223 ff; Prütting NJW 1980, 364 f; Stürner, Die richterliche Aufklärung im Zivilprozess (1982) Rn 80; Musielak/Voit/Stadler § 139 Rn 9; Zöller/Greger § 139 Rn 17; MünchKomm/Grothe Rn 3; Hermisson NJW 1985, 2558; vgl auch BT-Drucks 14/4722, 77; *für die Zulässigkeit* des Hinweises Wach, Vorträge über die Reichscivilprozessordnung (1879) 73; Koch NJW 1966, 1648; E Schneider MDR 1968, 723; ders MDR 1979, 974; ders NJW 1986, 1316; Bender/Welz/Wax, Das Verfahren nach der Vereinfachungsnovelle (1977) 8; Riedel, Das Postulat der Unparteilichkeit des Richters (1980) 170 ff; Wacke/Seelig NJW 1980, 1170; Seelig 71 f; Grunsky AcP 181 (1981) 566; Bender JZ 1982, 710; Laumen, Das Rechtsgespräch im Zivilprozess (1984) 219 ff; Roth

279 ff; Palandt/Ellenberger Rn 2; BeckOGK BGB/Bach (1. 10. 2018) Rn 59; OLG Köln NJW –RR 1990, 192; BayObLG NJW 1999, 1875.

V. Unzulässigkeit der Einrede der Verjährung

18 1. Die Erhebung der Einrede der Verjährung kann unzulässig sein. Konstruktiv bedarf es dazu nicht der Annahme eines Gegeneinwandes der Arglist, vielmehr ist dieses Ergebnis unmittelbar aus unzulässiger Rechtsausübung und damit aus § 242 BGB herzuleiten (Staudinger/Dilcher[12] § 222 aF Rn 18).

19 2. Die Möglichkeit, die Einrede der Verjährung zu erheben, ist in § 214 BGB gesetzlich vorgesehen. Damit kann die Berufung auf sie als solche noch nicht unzulässig sein (BGH VersR 1965, 755; Staudinger/Dilcher[12] § 222 aF Rn 18; Erman/Schmidt-Räntsch Rn 12). Es müssen hierfür vielmehr *besondere Umstände* hinzutreten, die es rechtfertigen, ausnahmsweise über den Eintritt der Verjährung hinwegzusehen.

a) Derartige Umstände ergeben sich noch *nicht* daraus, dass der Eintritt der Verjährung den Gläubiger *besonders hart* trifft (**aA** BGH NVZ 1991, 143 m abl Anm Peters; krit zur Anwendung des § 242 auf die Erhebung der Einrede der Verjährung auch Zeuner, in: FS Henckel [1995] 940, 946). Sie ergeben sich auch nicht daraus, dass der Schuldner die Einrede der Verjährung so spät erhebt, dass dem Gläubiger nicht mehr die Möglichkeit der Hemmung der Verjährung verbleibt. Insofern ist es etwa möglich, dass der iSd § 204 Abs 2 S 3 BGB untätige Schuldner sich späterhin auf die Einrede der Verjährung beruft (BGH NJW 1983, 2498). Gleiches gilt, wenn die Parteien vorprozessual fälschlich von einem späteren Verjährungstermin ausgegangen sind und sich der Schuldner dann im Prozess auf die eingetretene Verjährung beruft (OLG Celle NJW 1975, 1603; Erman/Schmidt-Räntsch Rn 12). Der Schuldner braucht auch grundsätzlich – zu Ausnahmen u Rn 26 ff – ihm erkennbare Fehlvorstellungen des Gläubigers über den Ablauf der Verjährung nicht zu korrigieren.

So darf sich der Schuldner auch nach einer ihm günstigen Änderung der Rechtsprechung auf die nunmehr zugrunde gelegte Verjährungsfrist berufen (BGH NJW 1964, 1022).

Im Prozess gelten für die Erhebung der Einrede an sich die §§ 296 Abs 2, 281 Abs 1 ZPO, doch wird ihre Berücksichtigung die Erledigung des Rechtsstreits meist nicht verzögern.

20 b) Insofern sind es im Wesentlichen drei Fallgruppen, in denen der Eintritt der Verjährung unbeachtlich sein kann, wobei freilich schon hier darauf hinzuweisen ist, dass diese Unbeachtlichkeit nur eine eingeschränkte ist (vgl näher u Rn 24 f):

aa) Der Schuldner hat vor Eintritt der Verjährung auf die Geltendmachung der Einrede *verzichtet*. Das ist – angesichts des Einredecharakters der Verjährung – einseitig möglich, bleibt dann aber frei widerruflich. Freilich wird es idR zu einer entsprechenden Abrede mit dem Gläubiger kommen, mindestens nach § 151 BGB, sodass der Verzicht in dem erklärten Umfang verbindlich ist, vgl § 202 Abs 2 BGB. Außerdem werden Anlass für einen Verzicht durchweg schwebende Verhandlungen sein, sodass eine Hemmung nach § 203 BGB eingetreten sein kann.

bb) Der Schuldner hat *in sonstiger Weise* den Gläubiger von der rechtzeitigen Fristwahrung *abgehalten*. Den Ausschlag gibt eine Interessenabwägung, Absicht des Schuldners ist nicht erforderlich (BGH DB 2014, 479 Rn 15). War der Schuldner einziges Geschäftsführungsorgan des Gläubigers und hat als dieses verjährungshemmende Maßnahmen unterlassen (vgl OLG München NJW-RR 2007, 1097, 1098; OLG Hamm 3. 3. 2009 – 15 Wx 96/08), bedarf es § 242 BGB allerdings nicht, weil § 210 BGB analog anzuwenden ist (dort Rn 2).

cc) Der Schuldner war *ausnahmsweise verpflichtet*, den Gläubiger auf den drohenden Eintritt der Verjährung *hinzuweisen* (dazu u Rn 26 ff).

3. Der Verzicht auf die Einrede der Verjährung kann beliebig ausgestaltet werden. Denkbar ist es, einen Endtermin zu setzen oder an ein bestimmtes Ereignis anzuknüpfen, namentlich das Ergebnis eines anderweitigen Prozesses. Unklarheiten bei der Dimensionierung des Zeitraums müssen zu Lasten des Gläubigers gehen. **21**

4. Über den Verzicht auf die Einrede hinaus reicht es aber auch ganz allgemein aus, wenn der Schuldner den Gläubiger durch sein Verhalten von der rechtzeitigen Hemmung der Verjährung abgehalten, in ihm *das Vertrauen erweckt hat, der Anspruch werde entweder ohne Prozess befriedigt oder doch nur mit sachlichen Einwendungen bekämpft werden* (BGHZ 93, 66; BGH NJW 1988, 266; BAG NZA-RR 2008, 399). Dabei ist freilich ein strenger Maßstab anzulegen (BGH NJW 1988, 2247). Es reicht noch nicht ein bloßes Schweigen des Schuldners (BGH NJW 1988, 2247). Außerdem ist ein objektiver Maßstab anzulegen. Es genügt nicht, dass der Gläubiger subjektiv meinte, noch zuwarten zu können (BGH NJW 1988, 2247). Der Gläubiger muss vielmehr nach verständigem Ermessen zu dem Schluss gelangt sein, die Klage werde einstweilen nicht notwendig sein (Staudinger/Dilcher[12] § 222 aF Rn 19). Das kann auch dann der Fall sein, wenn der Schuldner eine verlässlich erscheinende Auskunft zur Länge der einschlägigen Frist gibt. **22**

a) Aufseiten des Schuldners ist dabei eine besondere Absicht, die Verjährung ungehemmt herbeizuführen, nicht notwendig (BGHZ 9, 1, 5; 71, 96). Es ist nur erforderlich, aber auch genügend, dass die jetzige Berufung auf die Verjährung als ein *venire contra factum proprium* erscheint (Enneccerus/Nipperdey § 237 II 3; BGB-RGRK/Johannsen § 222 aF Rn 11; Staudinger/Dilcher[12] § 222 aF Rn 21). Dazu reicht ein objektives Verhalten des Schuldners; es ist auch nicht erforderlich, dass er hätte erkennen müssen, der Gläubiger werde und könne vom Unterbleiben der Einrede ausgehen (Staudinger/Dilcher[12] § 222 aF Rn 21 gegen RGZ 153, 101, 108). Dabei muss sich der Schuldner auch das Verhalten seiner Vertreter und sonstigen Verhandlungsgehilfen zurechnen lassen (BeckOGK BGB/Bach [1. 10. 2018] Rn 89), seines Haftpflichtversicherers auch dann, wenn dieser noch keine Regulierungsvollmacht hatte (BGH NJW 1981, 2243) oder nicht (voll) einstandspflichtig war (BGH VersR 1978, 533).

b) In der Sache kommt es dabei stets auf die *Umstände des Einzelfalls* an. Ein Verstoß gegen Treu und Glauben ist angenommen worden, nachdem der Schuldner schriftlich um Geduld gebeten hatte (BGHZ 9, 1, 5), wenn der Versicherer kurz vor Ablauf der Verjährungsfrist die Zusage erteilt hatte, den Anspruch prüfen zu wollen (OLG München NJW 1967, 51), vgl heute aber § 203 BGB. Gleiches wird man annehmen können, wenn der Schuldner zwar seine Haftung ablehnt, aber zusagt, bei seinem **23**

Versicherer nachzufragen. Dem entspricht die Vereinbarung mit dem Gläubiger, die Regulierung eines Schadens zurückzustellen, bis ein gegen einen anderen möglichen Schädiger geführter Rechtsstreit entschieden ist (OLG Stuttgart VersR 1957, 540). Treuwidrig kann die Erhebung der Verjährungseinrede auch dann sein, wenn man übereingekommen ist, den Ausgang eines Musterprozesses abzuwarten (vgl BAG Betrieb 1965, 332). Vgl auch BGH NJW 1998, 902 zum Fall des gesetzlichen Forderungsübergangs, nachdem gegenüber dem bisherigen Rechtsinhaber auf die Einrede der Verjährung verzichtet worden war, ferner BGH NJW 2008, 2776 Rn 30 ff (laufende Zahlungen an den Geschädigten selbst trotz cessio legis).

24 5. In den eben genannten Fällen, in denen die Erhebung der Verjährungseinrede wegen eines Verzichts oder aus anderen Gründen treuwidrig ist, kommt es – vorbehaltlich der §§ 212 Abs 1, 203 BGB, deren Tatbestand freilich oft erfüllt sein wird, – weder zu einem Neubeginn noch zu einer Hemmung der Verjährung (BGB-RGRK/Johannsen § 222 aF Rn 15; Palandt/Ellenberger Überbl 20 vor § 194). Es tritt allerdings ein Zustand ein, der einer Ablaufhemmung ähnelt: Nach Fortfall der die Unzulässigkeit der Rechtsausübung begründenden Umstände muss der Gläubiger vielmehr *innerhalb angemessener Frist* geeignete Schritte zur Unterbrechung der Verjährung unternehmen (RG HRR 1940, Nr 980; BGH NJW 1955, 1834; BGB-RGRK/Johannsen § 222 aF Rn 15).

Diese Frist *beginnt* bei dem Verzicht auf die Einrede der Verjährung mit jenem Termin oder Ereignis, bis zu dem hin verzichtet wurde. War ein Termin oder Ereignis nicht benannt oder ergibt sich die Treuwidrigkeit vor Erhebung der Verjährungseinrede aus anderen Gründen, so kommt es auf jenen Zeitpunkt an, zu dem der Gläubiger bei verständiger Würdigung der Sachlage nicht mehr darauf vertrauen durfte, dass die Einrede der Verjährung nicht würde erhoben werden. Dabei ist der Gläubiger darlegungs- und beweispflichtig dafür, dass der ihn schützende Vertrauenstatbestand fortbestand.

25 Die *Dauer der angemessenen Frist* zur eigenen Hemmung der Verjährung bestimmt sich nach den Anforderungen des anständigen Geschäftsverkehrs und den Umständen des Falles (RGZ 115, 135, 139; 143, 250, 254; 144, 379, 384). Sie ist jedenfalls knapp zu bemessen (Erman/Schmidt-Räntsch Rn 13). Dabei ist in der Rechtsprechung eine zu billigende Verschärfung der Anforderungen festzustellen: War zunächst von wenigen Monaten in Ausnahmefällen die Rede (RG HRR 1940 Nr 980; BGH NJW 1955, 1398), so werden neuerdings drei Monate als zu lang betrachtet, erst recht vier Monate (BGH NJW 1959, 96; 1978, 1256 bzw BGH NJW 1976, 2344). Schon sechs Wochen sollen zu lang sein (BGH NJW 1991, 975) oder doch nur ausnahmsweise zulässig nach besonders langen Verhandlungen (BGH WM 1977, 870). So trifft es wohl den Kern der Rechtsprechung, wenn OLG Hamburg VersR 1978, 45; OLG Düsseldorf NJW 1983, 1435 vier Wochen als regelmäßige Höchstfrist betrachten (Palandt/Ellenberger Überbl 20 vor § 194; **aA** BeckOGK BGB/Bach [1. 10. 2018] Rn 90: Dreimonatsfrist des § 203 S 2).

Zur Wahrung der Frist kommt dem Gläubiger freilich die Wohltat des *§ 167 ZPO* zugute (BGH NJW 1974, 1285). Er muss allerdings auch entsprechend dieser Bestimmung das Verfahren zügig betreiben (BGH NJW 1986, 1861).

Der Einwand unzulässiger Rechtsausübung entfällt überhaupt, wenn zwischen dem Fortfall des Hindernisses und dem Ablauf der Verjährungsfrist noch eine angemessene Frist zur Klageerhebung lag (RGZ 157, 22).

6. In Ausnahmefällen kann die Einrede der Verjährung auch *funktionslos* und **25a** deshalb unbeachtlich sein. Hat sich zB ein Vermieter eine Kaution gewähren lassen, die den nach § 551 Abs 1 BGB zulässigen Betrag übersteigt, unterliegt er wegen des überschüssigen Teils der Kaution einem Bereicherungsanspruch des Mieters, wie er nach den §§ 195, 199 BGB verjährt und damit bei einem auf Dauer angelegten Mietverhältnis leicht verjährt sein kann. Wenn es nun aber einerseits Sinn und Zweck des § 551 Abs 1 BGB grob widerspräche, wenn der Vermieter auch den überschüssigen Teil zur Verrechnung mit seinen Ansprüchen verwenden könnte, und andererseits der vertragliche Rückgewähranspruch des Mieters nach Beendigung des Mietverhältnisses auch den rechtsgrundlos geleisteten Teil der Kaution erfassen muss, ergäbe es keinen Sinn, wenn der Vermieter vorher dem Bereicherungsanspruch des Mieters die Einrede der Verjährung entgegenhalten könnte.

VI. Insbesondere: Pflicht des Schuldners zum Hinweis auf den drohenden Ablauf der Verjährung

1. Eine *generelle Pflicht des Schuldners*, den Gläubiger auf seine Ansprüche und **26** die diesen drohende Verjährung hinzuweisen, kann *nicht* angenommen werden. Sie folgt namentlich nicht schon generell aus dem Schuldverhältnis zwischen ihnen, und dies auch nicht unter besonderen Umständen, wie man sie immerhin zB in besonderer und überlegener Sachkunde und Erfahrung des Schuldners sehen könnte, etwa des selbst einstandspflichtigen Haftpflichtversicherers.

2. Die Rechtsprechung hat aber angenommen, dass bestimmte Vertragsverhält- **27** nisse zwischen Gläubiger und Schuldner letzteren zur umfassenden Wahrnehmung der Vermögensinteressen des Gläubigers verpflichten und insoweit auch zu Hinweisen auf mögliche Schadensersatzpflichten des Gläubigers gegen den Schuldner selbst und auf die für diese geltende Verjährung. Die Verletzung dieser Pflicht erzeuge dann einen eigenständigen – *„sekundären"* – *Schadensersatzanspruch,* der dem Schuldner die Einrede der Verjährung – im Wege der Naturalrestitution, § 249 Abs 1 BGB – nehme; weitere Rechtsfolgen sollen ihm nicht zukommen.

Im Gesellschaftsrecht wird eine solche Pflicht im Rahmen der Haftung der Organe erwogen (vgl BGH NJW 2019, 596 Rn 40 f), vereinzelt dafür eingetreten (HOPT ZGR 2004, 1, 27 f), überwiegend aber abgelehnt (FLEISCHER ZIP 2018, 2341, 2349; JENNE/MILLER AG 2019, 112, 119 f).

3. Eine vertragliche Aufklärungspflicht hinsichtlich der gegen sie bestehenden **28** Ansprüche und der für diese geltenden Verjährungsfristen hat die heute überholte (u Rn 29) Rechtsprechung zunächst beim *Rechtsanwalt* angenommen: Dieser müsse die Interessen des Mandanten umfassend wahrnehmen; das gelte auch, soweit er selbst auf Grund ihm unterlaufener Fehler Ersatzverpflichteter sei (BGH VersR 1967, 979; 1968, 1042; 1984, 663, 665; NJW 1986, 581, 583). Hinzuweisen sei auf die eigene mögliche Haftung und die Verjährungsfrist (BGH NJW 2000, 1267). Diese Pflicht bestehe grundsätzlich bis hin zum Mandatsende. Ausnahmsweise ende sie vorher dann, wenn der

Mandant anderweitig beraten werde – dies auch ohne Kenntnis des Anwalts (BGH NJW 2003, 822) – und so seine Ansprüche gegen den Anwalt in Erfahrung bringen könne (BGH WM 1988, 127, 128; VersR 1990, 1275, 1277, jeweils anderweitige anwaltliche Beratung betreffend; OLG Celle VersR 1978, 1119, 1120 [Beratung durch Rechtsschutzversicherer]; OLG Frankfurt VersR 1979, 775, 776 [Einschaltung eines Korrespondenzanwalts am Wohnort]). Dass der Mandant selbst schon seine Regressansprüche gegen seinen Anwalt erkannt hat, genügt jedenfalls nicht, die Aufklärungspflicht des Anwalts entfallen zu lassen (BGH NJW 1987, 325, 326), schon weil ihm damit die drohende Verjährung noch nicht deutlich zu sein braucht. Schließlich ende sie mit der Verjährung des eigentlichen „primären" Schadensersatzanspruchs gegen den Anwalt, falls diese Verjährung vor Mandatsende eintrete (BGH WM 1985, 889 gegen BGH VersR 1984, 663, 665). Für den Verstoß gegen die Hinweispflicht genügt schon einfache Fahrlässigkeit (BGH WM 1985, 1035, 1038). Von der Kausalität der unterlassenen Aufklärung für das Unterbleiben des Regresses gegen den Anwalt ist auszugehen (BGH NJW 1987, 331, 333); sie fehlt freilich bei anderweitiger Kenntnis des Mandanten von Anspruch und drohender Verjährung (BGH NJW 1987, 326, 1985, 2941).

Der aus der Verletzung der Hinweispflicht resultierende Schadensersatzanspruch beginne mit dem Ablauf der Verjährung des Primäranspruchs zu verjähren; er nehme dem Anwalt die Möglichkeit, sich auf die Einrede der Verjährung gegenüber dem primären Schadensersatzanspruch zu berufen, § 249 Abs 1 BGB (BGH WM 1988, 127, 128).

Die Rechtsprechung zur Hinweispflicht des Anwalts auf die Möglichkeit des Regresses gegen ihn und die diesem drohende Verjährung ist ohne inhaltliche Modifikationen auf den *Steuerberater* übertragen (BGHZ 83, 17; BGH VersR 1982, 397, 398; 496, 497) worden.

Entsprechendes wurde dann auch für den *Architekten* angenommen: Beim Auftreten von Mängeln habe dieser den Bauherrn umfassend über die möglichen Verursacher, zu denen er selbst gehören könne, das denkbare Vorgehen gegen diese sowie die dabei zu beachtenden Verjährungsfristen aufzuklären (BGHZ 71, 144, 149; BGH BauR 1986, 112, 113).

29 4. Die Rechtsprechung ist namentlich vor dem Hintergrund des § 51b BRAO entwickelt worden. Die Aufhebung dieser Bestimmung und des § 68 StBerG durch das G v 9. 12. 2004 (BGBl I 3214), die nunmehr die §§ 195, 199 BGB anwendbar sein lässt, hat zur Aufgabe dieser Rechtsprechung geführt (RegE BT-Drucks 15/3653, 14; BGH VersR 2009, 651 Rn 2; zustimmend BeckOGK BGB/Bach [1. 10. 2018] Rn 97; MünchKomm/Grothe vor § 194 Rn 18). Der BGH schützt den Mandanten bei Bestimmung der subjektiven Anforderung an die Kenntnis von der Pflichtverletzung im Rahmen des § 197 Abs 1 Nr 2 BGB (§ 199 Rn 37, 63a).

29a 5. Demgegenüber ist aber auf die Basis der angenommenen *Aufklärungspflicht* zu rekurrieren.

a) Diese kann zunächst nicht in Mängeln der §§ 51b BRAO, 68 StBerG aF gefunden werden. Mit einer derartigen Herleitung ist vielmehr eine Korrektur des Gesetzes unternommen worden, wie sie unzulässig ist.

b) Die Basis einer Aufklärungspflicht des Schuldners ist in den §§ 675, 666 1. Alt BGB zu finden. Wer mit der *umfassenden Wahrnehmung fremder Interessen* betraut ist, wie namentlich der Rechtsanwalt, hat darauf hinzuweisen, dass sich – etwa aus der Versäumung von Fristen – eine neue Lage ergeben hat, die zwar dazu geführt hat, dass die bisher ins Auge gefasste Person nicht mehr in Anspruch genommen werden kann oder dass die Verteidigung gegenüber einem Gläubiger – etwa dem Finanzamt – aussichtslos geworden ist, dass aber mit seiner eigenen Person sich ein Schuldner ergeben hat, auf den dieser Nachteil abgewälzt werden kann. Diese Pflicht ist spontan zu erfüllen; zu einer Erkundigung wird der Gläubiger ja auch gar keinen Anlass sehen. Sie erstreckt sich auch auf die stets heikle Frage der Verjährung. Wenn es denn der Interessenkonflikt verbietet, die Interessen des Gläubigers selbst wahrzunehmen, muss dafür Sorge getragen werden, dass dritte Hilfe rechtzeitig in Anspruch genommen wird.

Dieser Pflicht unterliegen die möglichen Täter des Tatbestandes des § 266 StGB (die zur Wahrnehmung fremder Vermögensinteressen Verpflichteten) und auch der Architekt, wie er über die Mängelrechte gegenüber Handwerkern und eben ggf gegen sich selbst hinzuweisen hat. Freilich trifft diese Pflicht nicht den Sonderfachmann im Bauwesen (BGH NJW 2011, 3086; vgl zu diesem auch STAUDINGER/PETERS/JACOBY [2014] § 634a Rn 43b). Auch im Gesellschaftsrecht wird man einer solchen Pflicht entgegenhalten müssen, dass die Überwachung der Organe dort eine Regelung gefunden hat. Namentlich der Vorstand einer AG unterliegt der Überwachung durch den Aufsichtsrat, § 111 Abs 1 AktG.

§ 199 BGB steht diesen Überlegungen nicht im Wege (s dort Rn 37, 83). Es kann nicht angehen, dass der Rechtsanwalt, der seine Fehler kennt, Vorteile aus einer etwaigen groben Fahrlässigkeit seines Mandanten zieht. Vielmehr muss es den gedanklichen Ausgangspunkt bilden, dass man mit der Beauftragung von Anwalt, Steuerberater, Hausverwalter, Architekt berechtigt ein „rundum-sorglos-Paket" erworben zu haben meint.

Gegenüber § 266 StGB braucht Vorsatz nicht gegeben zu sein. Vielmehr genügt es, wenn die eigene Pflichtverletzung fahrlässig nicht (erkannt und) mitgeteilt worden ist.

c) Ohne eine solche Mitteilung ist die Unkenntnis des Gläubigers von seinem Anspruch hinreichend *entschuldigt* iSd § 199 Abs 1 Nr 2 BGB (BGH NJW 2014, 993 Rn 17). Die Verjährungsfrist des § 195 BGB beginnt erst zu laufen entweder mit der Erlangung dieser Kenntnis oder mit einer – hinreichend deutlichen – Aufklärung durch den Schuldner.

VII. Verzicht auf die Einrede der Verjährung

Der Schuldner kann *nach Eintritt der Verjährung* auf die entsprechende Einrede verzichten. **30**

1. Der Verzicht ist jedenfalls möglich in Form einer Vereinbarung mit dem Gläubiger, nicht aber mit dessen Rechtsvorgänger (BGH VersR 2014, 1226 Rn 34). Grundsätzlich ist aber auch der *einseitige Verzicht* des Schuldners zulässig (RGZ **31**

78, 131; BGH VersR 1972, 394; NJW 1973, 1690; Staudinger/Dilcher[12] § 222 aF Rn 14; Palandt/
Ellenberger § 202 Rn 7; Roth 148 f). Die Möglichkeit des einseitigen Verzichts kann
aus einer entsprechenden Anwendung des § 144 Abs 1 BGB hergeleitet werden. Das
muss unabhängig davon sein, ob der Schuldner die Einrede schon erhoben hatte
oder nicht. Einseitig ist der Verzicht auf diese Einrede selbst dann möglich, wenn die
Klage des Gläubigers schon ihretwegen abgewiesen worden ist (aA Roth 149).

Der Verzicht ist formfrei möglich (BeckOGK BGB/Bach [1. 10. 2018] Rn 66). Das lässt
sich vor der Ausübung der Einrede herleiten aus einer entsprechenden Anwendung
des § 144 Abs 2 BGB, ergibt sich im Übrigen aber aus § 214 Abs 2 BGB, der dem
Anspruch eben durchaus seine Wirksamkeit belässt (unklar dazu Roth 149).

32 2. Der Verzicht des Schuldners muss von einem *entsprechenden Willen* getragen
sein. Dazu ist es idR notwendig, dass der Schuldner bei seiner Erklärung von der
eingetretenen Verjährung Kenntnis hat oder doch mit dieser Möglichkeit rechnet
(BGH VersR 1960, 1076; BGHZ 83, 389; BGHZ 203, 162 = NJW 2015, 351 Rn 42; MünchKomm/
Grothe Rn 6). Der Verzicht ist also wirkungslos, wenn der Schuldner zu Unrecht
annimmt, die Verjährung sei noch nicht eingetreten (aA Windorfer NJW 2015, 3329,
3330).

Freilich ist der Verzicht als zugangsbedürftige einseitige Willenserklärung nach dem
Empfängerhorizont auszulegen (BeckOGK BGB/Bach [1. 10. 2018] Rn 69; Palandt/Ellen-
berger § 202 Rn 7). Das bedeutet, dass es auch für den Gläubiger objektiv erkennbar
sein muss, dass der Schuldner Verzichtswillen und die für diesen vorauszusetzende
Kenntnis vom Eintritt der Verjährung hatte. Kein wirksamer Verzicht also, wenn der
Schuldner ersichtlich eindeutig von noch nicht vollendeter Verjährung ausgegangen
war. Musste dagegen der (fehlerhafte) Eindruck entstehen, dass er mit dem Eintritt
der Verjährung jedenfalls rechnete, so ist er auf die Möglichkeit der Anfechtung –
nach § 119 Abs 1 BGB – zu verweisen.

33 3. Der Verzicht auf die Einrede der Verjährung bedeutet kein Anerkenntnis der
Forderung; das folgt schon aus § 214 Abs 2 BGB. Umgekehrt kann aber in einem
formungültigen Anerkenntnis (§ 781 BGB) ein Verzicht auf die Einrede der Verjährung liegen (BGH Betrieb 1974, 2005).

Zu unterscheiden ist der Verzicht auf die Einrede auch von ihrem *Fallenlassen im
konkreten Prozess* (BGHZ 22, 267): Letzteres bedeutet zunächst nur, dass sie für
diesen Prozess unbeachtlich bleiben soll; sie kann dann auch wieder aufgegriffen
werden. Ein solches Disponieren des Beklagten über seine Einrede muss zulässig
sein (BGHZ 22, 267; Roth 136). Verbindlichkeit tritt erst ein, wenn ein materiell wirksamer Verzicht vorliegt, wie er in dem Fallenlassen der Einrede noch nicht ohne
weiteres zu liegen braucht (aber liegen kann).

34 4. Die *Tragweite des Verzichts* bestimmt der Schuldner; ihr Vorliegen und ihre
Tragweite ist im Übrigen aus der Erklärung des Schuldners zu ermitteln: Ein Verzicht ist noch nicht anzunehmen, wenn der Schuldner im Berufungsrechtszug nicht
rügt, die erste Instanz habe seine Verjährungseinrede übergangen (RG WarnR 1934
Nr 34). Die vorbehaltlose Teilzahlung auf einen verjährten Anspruch bedeutet grundsätzlich keinen Verzicht im Übrigen (BGH VersR 1967, 1094; BAG NZA-RR 2015, 229

Rn 44). Der gegenüber dem Sozialversicherungsträger erklärte Verzicht gilt nicht auch für die bei dem Verletzten verbliebenen Teile des Anspruchs (BGH VersR 1957, 452). Der Verzicht kann auf Teile des Anspruchs beschränkt werden.

5. Nach der Gesetzeslage zweifelhaft ist die *zeitliche Reichweite* des erklärten Verzichts. **35**

a) Man wird ihn jedenfalls *nicht* für *frei widerruflich* halten können (vgl BGHZ 22, 267, 271; MünchKomm/GROTHE Rn 8; BeckOGK BGB/BACH [1. 10. 2018] Rn 73: Widerruf nur bei Vorbehalt desselben), obwohl schon dies nur schwer zu begründen ist. Denkbar wäre etwa als Alternative die freie Widerruflichkeit mit der Obliegenheit des Gläubigers, nach dem Widerruf alsbald Klage zu erheben.

b) Nennt der Schuldner eine bestimmte Frist oder auflösende Bedingung für den Widerruf, gilt diese. Dann ist die Forderung mit Ablauf der Frist oder Eintritt der Bedingung automatisch wieder verjährt; der Gläubiger muss die Verjährung innerhalb der Frist – mit der Vergünstigung des § 167 ZPO (BGH NJW 2009, 1598 Rn 22) – wieder hemmen. Der BGH geht davon aus, dass zur Hemmung im Zweifel dann nur die Klageerhebung, § 204 Abs 1 Nr 1 BGB, taugt (BGH NJW 2014, 2267 Rn 19).

c) Wird der Verzicht *unbefristet* ausgesprochen, so wird man schwerlich annehmen können, dass die Forderung nun nicht wieder erneut verjähren oder allenfalls wieder dem Einwand der Verwirkung ausgesetzt sein könne: Solcherart unverjährbare Ansprüche würden den Grundsätzen des Verjährungsrechts widersprechen. Die sich ergebende Lücke wird vielmehr mit einer entsprechenden Anwendung des § 212 Abs 1 Nr 1 BGB zu füllen sein (OLG Karlsruhe NJW 1964, 1135, 1136; BeckOK/HENRICH [1. 5. 2019] § 202 Rn 7; ERMAN/SCHMIDT-RÄNTSCH Rn 5; SPIRO § 228; aA BeckOGK BGB/BACH [1. 10. 2018] Rn 79, 77 f: 30 Jahre des § 202 Abs 2). Es gilt also wieder die für diesen Anspruch einschlägige Verjährungsfrist; die Verjährung kann erneut gehemmt werden und neu beginnen.

Bei einem befristeten Verzicht zieht § 202 Abs 2 BGB die oberste Grenze.

Der nachträgliche Verzicht auf die Einrede ist eine unentgeltliche Leistung iSd § 134 InsO ferner ein unmittelbar benachteiligendes Rechtsgeschäft iSd § 133 Abs 4 InsO.

VIII. Unzulässigkeit der Berufung auf die Hemmung der Verjährung

Spiegelbildlich zu dem eben unter VI. und VII. (Rn 26 ff) Ausgeführten, soll zuweilen **35a** die Berufung des Gläubigers darauf missbräuchlich sein, dass er die Verjährung gehemmt habe. Das findet zwar seine Stütze in den Materialien zur Schuldrechtsmodernisierung (BT-Drucks 14/6857, 44), wird aber *nur in Extremfällen* anzunehmen sein. Aus § 204 Abs 2 S 1 BGB ergibt sich vielmehr, dass auch unzulässige Klagen die Verjährung zu hemmen geeignet sind, und so darf der Gläubiger auch von dieser Möglichkeit Gebrauch machen. Außerdem fehlen praktikable Kriterien dafür, das noch Zulässige von dem nicht mehr Zulässigen abzugrenzen. Mögliche Beispiele sind das Prozesskostenhilfegesuch des Wohlhabenden (dazu ablehnend § 204 Rn 114), die Erwirkung eines Mahnbescheids durch unzutreffende Angaben zu § 690 Abs 1 Nr 4 ZPO (BGH NJW 2012, 995; dazu ablehnend § 204 Rn 54). Auch die Verhandlungen des § 203 BGB kann der Gläubiger aufnehmen, dem der Wille fehlt, auf den Standpunkt des Schuldners einzugehen, und der dies auch äußert.

IX. Die Wirkungen des Eintritts der Verjährung

36 **1.** Der Eintritt der Verjährung bewirkt *nicht das Erlöschen der Forderung;* das unterscheidet die Verjährung von Ausschlussfristen. Der Eintritt der Verjährung bewirkt vielmehr nur eine nachhaltige Abschwächung der Forderung; man kann (so STAUDINGER/DILCHER[12] § 222 aF Rn 2) von einem unvollkommenen Anspruch reden oder auch (so ENNECCERUS/NIPPERDEY § 227 Fn 16) von einer Naturalobligation, muss sich bei letzterem Ausdruck freilich darüber im klaren sein, dass dieser Begriff im römischen Recht und auch heute eigentlich anders besetzt ist, nämlich für Ansprüche, denen die Klagbarkeit überhaupt fehlt, während sie hier nur eingeschränkt ist (vgl auch STAUDINGER/DILCHER[12] § 222 aF Rn 3). Zum Verzug des Schuldners vgl § 217 Rn 1 ff.

a) Wesentlichster Ausdruck der Abschwächung der Forderung ist es, dass sie *gegen den Willen des Schuldners nicht mehr (gerichtlich) durchgesetzt* werden kann: Auf seine Einrede hin ist die Leistungsklage abzuweisen.

Auch gegen den Willen des Schuldners kann der Gläubiger freilich in zwei Fällen noch aktiv aus der Forderung vorgehen; § 216 BGB erlaubt es ihm weiterhin, *bestellte Sicherheiten* zu verwerten. § 215 BGB lässt die *Aufrechnung* mit der Forderung dann zu, wenn die Aufrechnungslage schon vor Eintritt der Verjährung bestanden hatte; letztere Bestimmung erlaubt auch die Zurückbehaltung wegen der Forderung.

b) Dass die Forderung trotz Vollendung der Verjährung fortbesteht, kommt vor allem darin zum Ausdruck, dass auf die Verjährungseinrede verzichtet werden kann und die Forderung dann wieder in voller Kraft ist (o Rn 30 ff), sowie insbesondere darin, dass die Forderung nach den §§ 214 Abs 2, 813 Abs 1 S 2 BGB hinreichender Rechtsgrund auch für solche Leistungen ist, die nach Eintritt der Verjährung erbracht werden.

37 **aa)** § 214 Abs 2 S 1 BGB stellt klar, dass es insoweit nicht darauf ankommt, ob der Schuldner bei der Leistung Kenntnis vom Eintritt der Verjährung hatte oder nicht. So oder so hat der Gläubiger eben nur das erhalten, was er zu beanspruchen hatte (BeckOGK BGB/BACH [1. 10. 2018] Rn 107; MünchKomm/GROTHE Rn 9). Freilich ist die Leistung des Schuldners dann eine inkongruente Deckung iSd 131 InsO.

Vorauszusetzen ist dabei freilich die *Freiwilligkeit der Leistung* (BeckOGK BGB/BACH [1. 10. 2018] Rn 107).

Vollstreckt der Gläubiger wegen eines rechtskräftig festgestellten Anspruchs, der trotz der Einrede der Verjährung tituliert worden ist, so muss es bei dem Vollstreckungsergebnis zwar verbleiben. Anders ist es aber, wenn der Anspruch erst nach dem Eintritt der Rechtskraft verjährt ist, wie sich das namentlich in den Fällen des

§ 197 Abs 2 BGB ergeben kann. Hier muss dem Schuldner gegenüber der Vollstreckung die auf die eingetretene Verjährung gestützte Vollstreckungsabwehrklage zustehen, § 767 ZPO, nach dem Abschluss der Vollstreckung ein Bereicherungsanspruch, §§ 812, 813 BGB (BGH ZIP 1993, 1703, 1705).

Das Ergebnis muss dasselbe sein, wenn die Vollstreckung aus einem vorläufig vollstreckbaren Titel betrieben wird, der späterhin wegen Eintritts der Verjährung aufgehoben wird. Auch hier ist der Gläubiger ungerechtfertigt bereichert.

Schließlich kann der Fall nicht anders behandelt werden, dass der Schuldner *zur Abwendung der Zwangsvollstreckung zahlt* (BGH ZIP 1993, 1703, 1705; BauR 2009, 550; NJW 2013, 3243 Rn 10; KG JW 1933, 1262; LIPPMANN DJZ 1906, 1256; BeckOGK BGB/BACH [1. 10. 2018] Rn 110; MünchKomm/GROTHE Rn 9; PALANDT/ELLENBERGER Rn 3; **aA** STAUDINGER/DILCHER[12] § 222 aF Rn 4).

Rückforderbar muss die nach Eintritt der Verjährung erbrachte Leistung noch in zwei weiteren Fällen sein, nämlich zunächst dann, wenn der Schuldner nur unter dem Vorbehalt geleistet hat, dass die Forderung noch nicht verjährt sei (KG JW 1933, 1262; BeckOGK BGB/BACH [1. 10. 2018] Rn 109; MünchKomm/GROTHE Rn 9) sowie weiterhin dann, wenn der Gläubiger den Schuldner arglistig darüber hinweggetäuscht hat, dass die Forderung in Wahrheit schon verjährt war.

bb) Die Art der Leistung des Schuldners ist gleichgültig, sie muss nur zur Erfüllung geeignet sein. Außer der Erbringung der eigenen Leistung sind wirksam und kondiktionsfest also auch die Leistung an Erfüllungs Statt und erfüllungshalber, die Aufrechnung und die Hinterlegung zu Gunsten des Gläubigers. **38**

§ 214 Abs 2 S 2 BGB erweitert dies:

Kondiktionsfest ist zunächst ein *vertragsmäßiges Anerkenntnis* von Seiten des Schuldners. Das ist nicht das die Verjährung erneuernde Anerkenntnis iSd § 212 Abs 1 Nr 1 BGB; ein Neubeginn der Verjährung ist nicht mehr möglich, vielmehr kann auf diese nur noch verzichtet werden (o Rn 30 ff). Gemeint ist das abstrakte Schuldanerkenntnis nach § 781 BGB (RGZ 78, 130, 132; 163, 168; BGB-RGRK/JOHANNSEN § 222 aF Rn 9: ENNECCERUS/NIPPERDEY § 237 Fn 18), dessen Form also auch zu wahren ist, sofern nicht die § 782 BGB, § 350 HGB davon entbinden. – Nicht genügt ein deklaratorisches Anerkenntnis, in dessen Abgabe freilich ggf ein Verzicht auf die Verjährung liegen kann (MünchKomm/GROTHE Rn 10; STAUDINGER/DILCHER[12] § 222 aF Rn 6).

Unzutreffend wendet BGHZ 183, 169 Rn 20 ff = NJW 2010, 1144 (dagegen JACOBY JZ 2010, 464 f) auf ein solches Schuldanerkenntnis § 216 Abs 2 S 1 BGB entsprechend an. Wegen § 214 Abs 2 S 2 BGB besteht nicht die für eine Analogie erforderliche Regelungslücke (§ 216 Rn 6; **aA** BGH Rn 25 f).

Kondiktionsfest ist weiterhin eine *Sicherheitsleistung,* die in den Formen des § 232 BGB erfolgen kann, aber doch auch in beliebiger anderer Weise, zB durch eine Bankbürgschaft. Wird eine Bürgschaft gestellt, so muss es dem Bürgen versagt sein, sich nach § 768 BGB auf die Verjährung der besicherten Forderung zu berufen. Voraussetzung dafür ist es freilich, dass er bei Übernahme der Bürgschaft Kenntnis von der schon eingetretenen Verjährung hatte oder mit dieser Möglichkeit jedenfalls rechnete.

Anerkenntnis und Sicherheitsleistung unterfallen § 131 InsO.

39 2. Die Weiterexistenz der Forderung trotz Eintritts der Verjährung kommt namentlich darin zum Ausdruck, dass sie weithin noch zum *Zwecke der Verteidigung geltend gemacht* werden kann.

a) Positivrechtlich geregelt ist dies in den §§ 821, 853 BGB.

b) Ohne Weiteres anzuerkennen ist dies für die *Einrede des nichterfüllten Vertrages,* § 320 BGB (RGZ 149, 321, 327 f; ROTH 56), mit der Einschränkung, dass sich die Forderungen jedenfalls einmal unverjährt gegenübergestanden haben müssten (§ 215 BGB; BGHZ 53, 122, 125; STAUDINGER/SCHWARZE [2015] § 320 Rn 32; BGB-RGRK/ BALLHAUS § 320 Rn 9). Die grundsätzliche Möglichkeit, die Einrede weiterhin zu erheben, muss jedenfalls bestehen. Sie entspricht dem Synallagma der Leistungen; es wäre unerträglich, wenn nur die eine Leistung noch zu erbringen wäre. Aus diesem Grunde ist aber auch die genannte Einschränkung nicht zu machen, bei der es im Übrigen nicht recht ersichtlich ist, wann sie praktisch werden soll.

Wegen § 215 BGB gilt dies auch für § 273 BGB.

Der Inhaber der verjährten Forderung kann allerdings nicht seinerseits die Erfüllung des Vertrages betreiben.

c) Aus dem eben Gesagten folgt zugleich, dass die verjährte Forderung dort als Rechenposten zu berücksichtigen bleibt, wo bei gegenseitigen Verträgen Schadensersatz statt der Leistung zu leisten ist.

d) Ist ein Darlehen mit Wechseln gesichert, kann der Schuldner dem Darlehensanspruch nicht den Anspruch auf Rückgabe der Wechsel entgegenhalten, wenn alle Ansprüche aus den Wechseln verjährt sind (BGH NJW 2001, 517).

X. Mehrheit von Schuldnern und Gläubigern

40 1. Bei einer Mehrheit von Gläubigern gilt, dass gegenüber jedem die Verjährung *gesondert eintritt* und auch die *gesonderte Berufung* auf die Verjährung erforderlich ist, §§ 429 Abs 3 S 1, 425 Abs 2 BGB.

2. Mehrere Schuldner brauchen nicht einheitlich den Zeitpunkt des Eintritts der Verjährung zu erreichen, zB bei unterschiedlichen Hemmungen oder Anerkenntnissen. Auf die Verjährung muss sich jeder für sich berufen, § 425 Abs 2 BGB.

3. Beim *Schuldbeitritt* wirkt der Eintritt der Verjährung beim Erstschuldner grundsätzlich auch zugunsten des Beitretenden. Freilich kann sein Beitritt als Anerkenntnis, § 212 Abs 1 Nr 1 BGB, zu werten sein und können sich die Verpflichtungen nach dem Beitritt auseinanderentwickeln. Auf die Verjährung berufen muss er sich jedenfalls selbst.

September 2019

4. Dem *Bürgen* kommt außer der Verjährung der eigenen Schuld auch die Verjährung der Hauptforderung zugute, dies auch bei Rechtshängigkeit der Bürgschaftsklage gegen ihn (BGHZ 76, 222, 225). Auf sie berufen kann und muss er sich allerdings selbst, § 768 Abs 1 S 1 BGB; außerdem muss ihm die Einrede der Vorausklage zustehen (o Rn 5). Leistet er in Unkenntnis der Verjährung der Hauptforderung, so gelten für ihn die §§ 214 Abs 2, 813 Abs 1 S 2 BGB. – Durch einen Verzicht auf die Einrede kann ihm der Hauptschuldner diese nicht nehmen, § 768 Abs 2 BGB, auch nicht dadurch, dass er ein Versäumnisurteil trotz eingetretener Verjährung gegen sich ergehen lässt (BGHZ 76, 222). Verjährungshemmende Maßnahmen des Gläubigers gegen den Hauptschuldner muss der Bürge gegen sich gelten lassen. § 768 Abs 2 BGB hindert es auch nicht, dass der Hauptschuldner mit der Folge des § 203 BGB verhandelt oder mit der Folge des § 212 Abs 1 Nr 1 BGB anerkennt. In dem Fall, dass sich der Bürge erst nach Eintritt der Verjährung der Hauptforderung verbürgt, wird ihm diese aber nicht zugute kommen.

5. Der *Gesellschafter der oHG* kann (und muss) sich auf die der Gesellschaft zustehende Einrede der Verjährung berufen, §§ 128, 129 Abs 1 HGB. Durch den Verzicht auf die Einrede der Verjährung kann die Gesellschaft diese allerdings auch ihrem Gesellschafter nehmen. Das gilt zunächst für den nachträglichen und damit wirksamen Verzicht, aber doch auch für den vorzeitigen mit seinen o Rn 21 skizzierten Vertrauenswirkungen.

6. Im Falle der *Rechtsnachfolge in die Forderung* wirken sowohl die gegenüber dem Vorgänger eingetretene Verjährung gegenüber dem Nachfolger als auch die diesem gegenüber erfolgte Berufung auf die Verjährung, § 1922 BGB bzw § 404 BGB.

XI. Entsprechende Anwendung der Bestimmung

1. § 214 BGB ist Ausdruck des Charakters der Verjährung als Einrede. Die Bestimmung kann deshalb auf *Ausschlussfristen nicht* entsprechend angewendet werden (BeckOGK BGB/Bach [1. 10. 2018] Rn 115). Das gilt namentlich auch für Abs 2. **41**

§ 214 Abs 2 BGB kann auch nicht auf verwirkte Forderungen angewendet werden (KG NJW-RR 1986, 598; vgl auch Vorbem 34 zu §§ 194 ff).

2. Die restliche Werklohnforderung, deren Durchsetzung die *vorbehaltlose Annahme einer Schlusszahlung* entgegensteht, § 16 Abs 3 Nr 2 VOB/B, wird nach dem Vorbild der verjährten Forderung behandelt (BGHZ 62, 15; BGH NJW 1981, 1784; BeckOGK BGB/Bach [1. 10. 2018] Rn 116). Dieser Tatbestand wird deshalb nur auf Einrede des Bestellers beachtet, § 214 Abs 1 BGB, gleichwohl erbrachte Leistungen können nicht als rechtsgrundlos zurückgefordert werden, § 214 Abs 2 BGB.

XII. Öffentliches Recht

Die Wirkungen der Verjährung im öffentlichen Recht sind unklar. Das liegt einerseits am Fehlen einer generellen Regelung, andererseits an der unklaren Fassung vorhandener Regelungen. **42**

43 1. Teilweise reden öffentlichrechtliche Bestimmungen von Verjährung und meinen *in Wahrheit Ausschlussfristen*. Besonders betrüblich insoweit die AO, die in den §§ 228 ff AO eine „Zahlungsverjährung" kennt, bei der der Fristablauf zum Erlöschen des Steueranspruchs führt, § 232 AO.

44 2. Regelungen dieser Art sind nicht verallgemeinerungsfähig. Wo eine nähere Regelung der Wirkungen des Fristablaufs fehlt, ist wie nach § 214 BGB von einer bloßen Abschwächung der Forderung auszugehen. Das bedeutet, dass die Verjährung *grundsätzlich* auch im öffentlichen Recht *nur auf Einrede* zu beachten ist (BVerwGE 23, 166; 42, 353; Dörr DÖV 1984, 12, 16 ff). Dabei bleibt freilich zu unterscheiden, wer Schuldner ist.

a) Geht es um Ansprüche des Bürgers gegen die Verwaltung, so kann die Erhebung der Einrede leichter als nach allgemeinen zivilrechtlichen Maßstäben (o Rn 18 ff) rechtsmissbräuchlich sein (BVerwGE 42, 353, 357; BSG DVBl 1966, 372 f; Dörr DÖV 1984, 17).

b) Liegen umgekehrt Ansprüche der Verwaltung gegenüber dem Bürger vor, so ist die Behörde jedenfalls nach den §§ 24 f VwVfG gehalten, den Bürger auf die Möglichkeit hinzuweisen, dass er sich auf die Verjährung berufen könne. Freilich ist dieser Schutz kein lückenloser, weil die Behörde über die Verjährung irren kann oder ihrer Hinweispflicht vielleicht auch aus sonstigen Gründen nicht nachkommt, oder der Bürger ihren Hinweisen vielleicht von sich aus nicht nachkommt. Und Schadensersatzansprüche aus Amtspflichtverletzung werden meist an § 839 Abs 3 BGB scheitern.

c) Ob die Behörde die Einrede der Verjährung erhebt bzw umgekehrt den Bürger trotz eingetretener Verjährung in Anspruch nimmt, ist jedenfalls eine *Ermessensentscheidung* (BVerwGE 42, 353, 357 ff; Wolff/Bachof § 37 II e 2 d; Dörr DÖV 1984, 17 f). Das kann in weiten Bereichen dazu führen, dass die Verjährung bereits von Amts wegen zu berücksichtigen ist, so namentlich im Sozialversicherungsrecht bei Ansprüchen auf rückständige Beiträge (BSGE 22, 173, 177 f).

45 3. Wo der Anspruch durch „Verjährung" erloschen ist, kann die gleichwohl erbrachte Leistung – anders als nach § 214 Abs 2 BGB – zurückgefordert werden (OVG Münster ZMR 1974, 314). In den anderen Fällen dürfte auch § 214 Abs 2 BGB entsprechend anzuwenden sein, dies jedenfalls zugunsten des Bürgers. Kann dagegen die Behörde eine Ermessensentscheidung darüber anstellen, ob sie die Leistung des Bürgers behalten soll, so wird sie pflichtgemäß zu prüfen haben, ob sie sich auf § 214 Abs 2 BGB berufen soll. Die Frage wird dann zugunsten des Bürgers zu entscheiden sein, wenn die Behörde es pflichtwidrig unterlassen hatte, auf die eingetretene Verjährung hinzuweisen.

§ 215
Aufrechnung und Zurückbehaltungsrecht nach Eintritt der Verjährung

Die Verjährung schließt die Aufrechnung und die Geltendmachung eines Zurückbehaltungsrechts nicht aus, wenn der Anspruch in dem Zeitpunkt noch nicht verjährt war, in dem erstmals aufgerechnet oder die Leistung verweigert werden konnte.

Titel 3
Rechtsfolgen der Verjährung § 215

Materialien: Art 1 G zur Modernisierung des Schuldrechts v 26. 11. 2001 (BGBl I 3138). BGB aF: § 390 S 2: E I § 281 Abs 2; II § 334, rev § 384; III § 384; Mot II 106; Prot 1361 ff; Jakobs/Schubert, SchR I 704. Peters/Zimmermann § 212, Gutachten 311, 323; Schuldrechtskommission § 222, Abschlussbericht 102; RegE 215; BT-Drucks 14/6040, 122.

Schrifttum

P Bydlinski, Die Aufrechnung mit verjährten Forderungen: Wirklich kein Änderungsbedarf?, AcP 196 (1996) 276
Canaris, Die Aufrechnung mit verjährten Rückzahlungsansprüchen aus nichtigen Ratenkreditverträgen, ZIP 1987, 11
Diekhoff, Aufrechnung mit Forderungen noch nach Ablauf einer tarifvertraglichen Ausschlussfrist?, BB 1958, 1056
Etzel, Die Anwendung des § 390 S 2 BGB auf tariflich verfallene Forderungen, BB 1968, 1291
Holtmeyer, Die Verjährung von Ansprüchen im Recht der Erbengemeinschaft, ZEV 2013, 53
Maier, § 215 BGB und die verjährte „dolo agit"-Einrede, VuR 2015, 407
vOlshausen, Einrede- und Aufrechnungsbefugnisse bei verjährten Sachmängelansprüchen, JZ 2002, 385
Schaub, Aufrechnung und tarifliche Verfallfristen, NJW 1967, 91
Schmidt, Zur Aufrechnung mit Ansprüchen, die aufgrund von tariflichen Ausschlussklauseln verfallen sind, Betrieb 1966, 1769
Stahlhacke, Aufrechnung und tarifliche Verfallfristen, BB 1967, 760
Tiedtke, Zur Aufrechnung mit verjährten Schadensersatzforderungen gegen den Anspruch des Verkäufers auf Zahlung des Kaufpreises, JZ 1988, 233
Trapp, Die Aufrechnung mit ausgeschlossenen Gegenforderungen nach vorbehaltloser Annahme der Schlusszahlung, BauR 1979, 271
Trupp, Zum Problem der Aufrechnung mit einer verjährten Forderung, JR 1991, 497.

Systematische Übersicht

I.	**Allgemeines**		a)	Verrechnung	10
1.	Regelung der Aktivforderung	1	b)	Vorbehaltlose Annahme der Schlusszahlung	11
2.	Zur Entstehungsgeschichte	2			
a)	Aufrechnung	2			
b)	Zurückbehaltungsrechte	3	**III.**	**Zurückbehaltungsrechte**	
			1.	Allgemeines	12
II.	**Aufrechnung**		2.	Einschlägige Rechte	13
1.	Die Forderungen	4	3.	Kein Druckzuschlag	14
a)	Die Passivforderung	4	4.	Dolo agit-Einrede	14
b)	Die Aktivforderung	5			
2.	Erklärung der Aufrechnung	6	**IV.**	**Die ungeteilte Erbengemeinschaft**	14a
3.	Prozessuale Präklusion	7			
4.	Einzelheiten	8	**V.**	**Ausschlussfristen**	15
5.	Entsprechende Anwendung	10			

Alphabetische Übersicht

Aktivforderung	1, 5	– Ausschluss der		4
– Durchsetzbarkeit der	5	– Erklärung der		6
Arglisteinrede	14	Ausschlussfrist		15
Aufrechnung	2			

Bereicherungseinrede	14	Passivforderung	4
		Peremptorische Einrede	4
Dolo-agit-Einrede	14	Prozessuale Präklusion	7
Druckzuschlag	14		
		Schlusszahlung, vorbehaltlose Annahme	
Entsprechende Anwendung	10 f	der	11
Entstehungsgeschichte	2	Schuldnerschutz	2
Hauptforderung	1, 4	Ungeteilte Erbengemeinschaft	14a
Mängelanzeige	2	Verrechnung	10
Mangelfolgeschaden	10	Vorleistungspflicht	13
Öffentliches Recht	9	Zurückbehaltungsrecht	3, 5, 13

I. Allgemeines

1. Regelung der Aktivforderung

1 Die Bestimmung betrifft nur die Forderung, *mit der* aufgerechnet bzw *wegen derer* ein Zurückbehaltungsrecht ausgeübt werden soll, die sog Aktiv- oder Gegenforderung, nicht die sog Hauptforderung, Passivforderung die getilgt bzw aufgehalten werden soll. Deren Inhaber ist nicht gehindert, die verjährte Gegenforderung zu erfüllen, vgl § 214 BGB, oder durch eigene Aufrechnung zum Erlöschen zu bringen, wenn sie denn noch erfüllbar geblieben ist, oder ihr nur ein Zurückbehaltungsrecht entgegenzusetzen.

2. Zur Entstehungsgeschichte

a) Aufrechnung

2 Bei der Aufrechnung übernimmt § 215 BGB zunächst – insoweit sachlich unverändert – die gleichzeitig im Zuge der Schuldrechtsmodernisierung entfallene Bestimmung des § 390 S 2 BGB aF, auf deren Erläuterungen also nach wie vor Bezug genommen werden kann. Das ist nicht selbstverständlich (vgl namentlich P BYDLINSKI AcP 196 [1996] 276 ff, 293 ff; MünchKomm/GROTHE Rn 1 f): Die Rückwirkung der Aufrechnung nach § 389 BGB hat die Erhaltung der Aufrechnungsmöglichkeit nach Eintritt der Verjährung nicht zur zwingenden Folge. Dass Schuldner, die aufrechnen können, sich mit diesem Schutz begnügen und sich deshalb mit der Erklärung der Aufrechnung Zeit lassen, verdient gegen Prot MUGDAN II 561; Abschlussbericht der Schuldrechtskommission (1992) 103, nicht eigentlich Schutz, sondern ist eher als Nachlässigkeit zu tadeln. Vor allem aber kann der Zweck der Verjährung nachhaltig verfehlt werden, der verdunkelnden Macht der Zeit Rechnung zu tragen. Die Beteiligten können vor dem Hintergrund des § 195 BGB aF im Jahre 2009 Streitigkeiten aus dem Jahre 1979 vor Gericht austragen. Die Ergebnisse sind dann unkalkulierbar; der Rechtsstreit wäre namentlich auch eine Zumutung an das Gericht.

§ 215 BGB geht aber auch *deutlich über die Regelung des § 390 S 2 BGB aF hinaus*. Denn die §§ 478 f, 639 Abs 1 BGB aF ließen Gewährleistungsrechte von Käufer oder Besteller in verjährter Zeit nur greifen, wenn der Mangel unverjährt angezeigt worden war. Außerdem konnten sie nur der Kaufpreis- bzw Werklohnforderung entgegengesetzt werden, nicht aber der Abwehr sonstiger Ansprüche der Gegenseite dienen. Diesen doppelten Filter kennt das geltende Recht nicht mehr.

b) Zurückbehaltungsrechte
Die explizite Erwähnung der Zurückbehaltungsrechte in § 215 BGB entspricht der 3 bisherigen hM, dass sie insoweit nicht anders als die Aufrechnung behandelt werden können (vgl nur STAUDINGER/BITTNER [2014] § 273 Rn 33). Bei der Einrede aus § 273 BGB wäre in der Tat eine Abweichung von der Aufrechnung nicht zu rechtfertigen, zumal sich hier die Forderungen als konnex noch näherstehen. Vollends bei der Einrede des nicht erfüllten Vertrages, § 320 BGB, gebietet es das Synallagma geradezu, die nur einseitig eingetretene Verjährung zu negieren.

c) Als besondere Ausprägungen des in § 215 BGB zum Ausdruck kommenden Gedankens (s § 194 Rn 21) sind noch §§ 438 Abs 4 S 2, 634a Abs 4 S 2, 821, 853 BGB, § 146 Abs 2 InsO (u Rn 14) zu berücksichtigen.

II. Aufrechnung

1. Die Forderungen

a) Die Passivforderung
aa) Die Passivforderung darf nach dem schon o Rn 1 Gesagten verjährt sein. Weil 4 die Rechtskraft auch in Bezug auf die Aufrechnungsforderung feststehen muss, § 322 Abs 2 ZPO, ist es dem Gericht auch nicht gestattet, die Frage offen zu lassen, ob die Klage nun wegen der Verjährung oder wegen der Aufrechnung abgewiesen wird (**aA** BeckOGK BGB/BACH [1. 10. 2018] Rn 11.2: § 322 Abs 2 ZPO verlange keine Entscheidung zur Aufrechnung). Es muss der Reihenfolge des Beklagten folgen, ob nun primär Verjährung oder Aufrechnung vorgeschützt wird.

bb) Die Passivforderung muss in dem u Rn 5 genannten Zeitraum erfüllbar gewesen sein (STAUDINGER/GURSKY [2000] § 390 Rn 44; **aA** TRUPP JR 1991, 479 ff).

cc) Die Passivforderung darf auch mit anderen Einreden behaftet sein. Rechnet der Schuldner freilich auf, obwohl ihm peremptorische Einreden zur Verfügung stehen, so kann er die Wiederherstellung seiner Forderung nach § 813 Abs 1 S 1 BGB verlangen (STAUDINGER/GURSKY [2000] § 390 Rn 29), wobei ihn allerdings § 767 Abs 2 ZPO präkludieren kann.

dd) Zweifelhaft ist die Rechtslage, wenn die Passivforderung durch ein *vertragliches Aufrechnungsverbot* vor einer Aufrechnung abgesichert ist. Insoweit ergibt aber § 309 Nr 3 BGB, dass es ein legitimes Ziel von Aufrechnungsverboten nur sein kann, der Hauptforderung zur schnellen und sicheren Durchsetzung zu verhelfen; wer nur eine streitige (und illiquide) Forderung entgegenzusetzen vermag, soll das nicht aufhalten können, sondern mag selbst seinerseits im Klagewege vorgehen. Diese Möglichkeit ist dem Inhaber einer verjährten Forderung verschlossen; er kann sich nur noch durch die Aufrechnung befriedigen. Also muss sie zugelassen werden, soll er nicht ganz um seine Forderung gebracht werden (**aA** BeckOGK BGB/

BACH [1. 10. 2018] Rn 12: keine Schutzwürdigkeit des Gläubiger, der nicht aktiv wird). Dazu ist eine einschränkende Auslegung des Verbots geboten. Sollte eine solche wegen eindeutiger Formulierung nicht möglich sein, so verstößt eine entsprechende AGB-Klausel gegen § 307 Abs 2 Nr 1 BGB (§ 215 BGB als wesentlicher Grundgedanke der gesetzlichen Regelung); bei Individualabreden ist an § 138 BGB zu denken. – Angeraten sein wird ein Vorbehaltsurteil nach § 302 ZPO.

b) Die Aktivforderung

5 Die Aktivforderung darf verjährt sein. Der Eintritt der Verjährung ist ohnehin unbeachtlich, wenn sich der Inhaber der Hauptforderung darauf nicht beruft. Tut er es, so braucht die Verjährungsfrage nur insoweit geklärt zu werden, als festgestellt werden muss, ob es irgendwann einmal einen – wenn vielleicht auch nur kurzen – Zeitraum gegeben hat, in dem die Aktivforderung der Passivforderung fällig und durchsetzbar, insbesondere unverjährt und damit aufrechenbar gegenüber gestanden hat. Das kann auch der Fall sein, wenn gegenwärtig beide Forderungen verjährt sind.

§ 215 BGB *dispensiert* aber auch *nur von der Einrede der Verjährung*. Die sonstigen Voraussetzungen einer Aufrechnung bzw eines Zurückbehaltungsrechts müssen in Bezug auf die Aktivforderung damals gegeben gewesen sein, so namentlich auch die Gegenseitigkeit, bei der aber §§ 404 ff BGB zu beachten sind. Eine zwischenzeitliche Abtretung nach Eintritt der Aufrechnungslage schadet nicht (MünchKomm/GROTHE Rn 3); § 96 Abs 1 Nr 2 InsO schränkt das ein. Zum vertraglichen Aufrechnungsverbot schon o Rn 4.

2. Erklärung der Aufrechnung

6 § 215 BGB gestattet die eigentlich „verspätete" Erklärung der Aufrechnung. Ist sie rechtzeitig, also in unverjährter Zeit erklärt worden, bedarf es der Anwendung der Bestimmung nicht; die Hauptforderung ist vielmehr ohne ihre „Nachhilfe" zum Erlöschen gebracht worden.

3. Prozessuale Präklusion

7 § 215 BGB hindert nicht, die Aufrechnung nach prozessualen Bestimmungen als verspätet und damit unbeachtlich zu behandeln. Dies kann sich einerseits aus den innerprozessualen Präklusionsvorschriften ergeben, andererseits – bei entsprechendem Verständnis dieser Bestimmung – aus § 767 Abs 2 ZPO, wenn die Aufrechnungslage schon im Vorprozess gegeben war.

4. Einzelheiten

8 **a)** Unter den Voraussetzungen des § 215 BGB ist die Aufrechnung mit einer verjährten Aktivforderung auch dann zulässig, wenn der Aufrechnende die Aktivforderung zuvor eingeklagt hatte und wegen der Verjährung rechtskräftig abgewiesen worden war (BGH WM 1971, 1366, 1367; MünchKomm/GROTHE Rn 3).

Wegen § 215 BGB kann beispielsweise der Vermieter mit seinem nach § 548 BGB verjährten Schadensersatzanspruch wegen Verschlechterung der Mietsache gegen einen Kautionsrückzahlungsanspruch des Mieters aufrechnen (STAUDINGER/EMMERICH [2018] § 551 Rn 32; noch jeweils zu § 390 S 2 aF: BGHZ 101, 244, 252 = EWiR § 390 BGB 1/87, 967 [ECKERT]; BGHZ 138, 49, 54 = NJW 1998, 981, 982; OLG Karlsruhe NJW-RR 1987, 720; OLG Düsseldorf NJW-RR 1997, 520; LG Kiel WuM 1996, 618; SONNENSCHEIN NJW 1998, 2172, 2183; abw OLG Celle NJW 1985, 715: stillschweigender Ausschluss der Aufrechnungsmöglichkeit nach § 390 S 2 aF; OLG Frankfurt ZMR 1991, 105).

Hat bei einem nichtigen Ratenkreditvertrag der Darlehensnehmer die vertraglich festgelegten Ratenzahlungen erst teilweise erbracht, kann er mit seinem eigenen (auf Rückzahlung der gezahlten Zinsen und Kosten gerichteten) Bereicherungsanspruch gem § 215 BGB auch dann gegen den restlichen bereicherungsrechtlichen Kapitalrückzahlungsanspruch des Darlehensgebers aufrechnen, wenn der Anspruch des Kreditnehmers nach § 197 BGB aF verjährt ist (BGH NJW 1987, 181, 182 = EWiR 1987, 17 [KÖNDGEN] = JR 1987, 152 m Anm BACHMANN; OLG Celle VuR 1987, 16; s auch CANARIS ZIP 1987, 1 ff).

§ 215 BGB ist nicht die einzige Konstellation, bei der die Aufrechnung mit einer verjährten Forderung möglich ist. Die verjährte Forderung kann natürlich auch dann zur Aufrechnung benutzt werden, wenn der Aufrechnungsgegner sich nach Treu und Glauben nicht auf den Eintritt der Verjährung berufen darf (vgl STAUDINGER/OLZEN/LOOSCHELDERS [2019] § 242 Rn 533 ff; siehe oben § 214 Rn 18 ff) oder wenn der Aufrechnungsgegner infolge einer Schadensersatzpflicht gegenüber dem Kompensanten die Aktivforderung als unverjährt gelten lassen muss (vgl BGH LM § 88 HGB Nr 4 = MDR 1977, 468; Aufrechnung mit verjährter Passivforderung, die der Kompensant infolge einer vom Aufrechnungsgegner verübten arglistigen Täuschung nicht rechtzeitig geltend machen konnte).

b) Die Regelung des § 215 BGB findet auch im *öffentlichen Recht* Anwendung (zu **9** § 390 S 2 aF RGZ 171, 215, 219). Zur Anwendbarkeit bei verjährten Steuerforderungen vgl RÖSSLER NJW 1969, 494 ff; ferner BFH NJW 1991, 3238, 3240. § 226 Abs 2 AO schließt die Aufrechnung mit verjährten Ansprüchen aus dem Steuerverhältnis bei Steuerforderungen des Bundes aus.

Die auf internationalen Übereinkommen beruhenden Regelungen für den grenzüberschreitenden Güter- und Personenverkehr schließen die Aufrechnung mit verjährten Ansprüchen zumeist aus (vgl Art 32 Abs 4 CMR, Art 58 § 4 CIM; Art 47 § 4 CIV sowie aus der Rechtsprechung dazu BGH NJW 1974, 1138, 1139; NJW-RR 1989, 481; OLG Düsseldorf VersR 1980, 399; LG Ravensburg NJW 1985, 2095; OLG Zweibrücken VersR 2005, 97, 98).

5. Entsprechende Anwendung

a) Die Möglichkeit, eine Forderung trotz Eintritts der Verjährung zu berücksich- **10** tigen, ist erst recht dort gegeben, wo sie der Passivforderung nicht im Wege der Aufrechnung, sondern der *Verrechnung entgegengesetzt* wird. Zur Verrechnung – dh dem Verschmelzen zweier gegenseitiger Forderungen – kommt es dort, wo sich eine offene Kaufpreis- oder Werklohnforderung einerseits und ein Anspruch der Gegenseite auf Schadensersatz statt der Leistung andererseits gegenüberstehen; es verbleibt nur eine Saldoforderung, wie sie nach Lage des Falles der einen oder der anderen Seite zustehen kann.

Wiederum unmittelbar § 215 BGB unterfallen Ansprüche auf Schadensersatz von Käufer oder Besteller aus den §§ 437 Nr 3 bzw 634 Nr 4 BGB wegen Mangelfolgeschäden: Sie sind nicht statt der Leistung gegeben, sondern folgen aus § 280 Abs 1 BGB.

11 b) Entsprechend anzuwenden ist § 215 BGB auf Forderungen, die wegen vorbehaltloser Annahme der *Schlusszahlung* gem § 16 Abs 3 Nr 2 VOB/B nicht mehr geltend gemacht werden können (BGH NJW 1978, 1485, 1486 obiter dictum; NJW 1981, 1784, 1785 obiter dictum; NJW 1982, 2250, 2251 = LM § 301 ZPO Nr 22; NJW 1983, 816, 817; OLG Hamm BauR 1976, 664; BeckOGK BGB/Bach [1.10.2018] Rn 25; Erman/Schmidt-Räntsch Rn 3; MünchKomm/Grothe Rn 5; Soergel/Zeiss Rn 4; Staudinger/Peters/Jacoby [2014] § 641 Rn 97; Werner/Pastor Rn 2755; Trapp BauR 1979, 271; Dähne BauR 1974, 167 f; Jagenburg JZ 1999, 998; abl OLG Düsseldorf BauR 1977, 360 [für Hilfsaufrechnung]; Gernhuber § 12 VII 7 b). Der „Ausschluss" einer Nachforderung wegen vorbehaltloser Annahme der Schlusszahlung ist mit der Verjährung wegen der identischen Wirkung vergleichbar: Er führt ja ebenfalls nicht zum Erlöschen des Anspruchs, sondern nur dazu, dass die Erfüllung nicht mehr erzwungen werden kann (BGH NJW 1978, 1485, 1486). Und er wird wie die Verjährung nur auf Einrede berücksichtigt.

III. Zurückbehaltungsrechte

1. Allgemeines

12 § 215 BGB erhält dem Schuldner auch die Möglichkeit, ein Zurückbehaltungsrecht geltend zu machen, obwohl seine dieses begründende Forderung eigentlich schon verjährt ist. Er braucht sich auch nicht einmal bereits in unverjährter Zeit auf das Zurückbehaltungsrecht berufen zu haben (BGH NJW 2016, 52 Rn 12; Palandt/Ellenberger Rn 2). Diese ehemals streitige Frage (Nachweise bei Staudinger/Bittner [2014] § 273 Rn 33) klärt jetzt der unmissverständliche Wortlaut der Bestimmung.

2. Einschlägige Rechte

13 § 215 BGB betrifft

a) das Zurückbehaltungsrecht aus § 273 BGB,

b) *wohl auch* das Zurückbehaltungsrecht aus § 320 BGB (BGH NJW 2006, 2773, 2775 Rn 21; MünchKomm/Grothe Rn 4), obwohl man bei diesem auch die Auffassung vertreten kann, dass sich der Erhaltungseffekt schon aus dem Synallagma der Forderungen ergibt (so RGZ 144, 321, 327 f; Palandt/Ellenberger § 194 Rn 6). § 215 BGB ist insoweit entbehrlich.

c) *nicht* das Zurückbehaltungsrecht, das § 249 Abs 1 BGB ergeben kann, wenn nämlich, um einer Bereicherung des Geschädigten vorzubeugen und um dem ohne die Schädigung bestehenden Zustand möglichst nahe zu kommen, zum Schadensersatz Zug um Zug gegen Herausgabe einer bestimmten Sache verurteilt wird. Hier geht es nicht um einen Gegenanspruch, sondern um eine immanente Grenze des Schadensersatzes. Die Wirkung ist freilich dieselbe wie bei § 215 BGB.

d) § 215 BGB ist aber zu eng gefasst: Bei einem gegenseitigen Vertrag muss auch der vorleistungspflichtige Teil, dessen eigene Forderung verjährt ist, davor bewahrt bleiben, einseitig zu erfüllen, ohne gesicherte Aussicht auf die ihm gebührende Leistung zu haben. Hier ist im Rahmen des § 215 BGB die Vorschrift des § 321 BGB entsprechend anzuwenden (BeckOGK BGB/Bach [1. 10. 2018] Rn 17.1). Die dort vorausgesetzte Gefährdung des Anspruchs folgt aus seiner Verjährung.

3. Kein Druckzuschlag

Um die Erfüllung der Gegenforderung des Schuldners zu sichern, darf er wertmäßig **14** mehr zurückhalten, als ihm gebührt; § 641 Abs 3 BGB bemisst zB diesen Druckzuschlag mit mindestens dem Doppelten der Kosten der Mängelbeseitigung, um die es dort geht. Dieser Druckzuschlag entfällt im Anwendungsbereich des § 215 BGB, der den Inhaber der verjährten Forderung nur vor einem einseitigen Verlust schützen soll. Es besteht kein Anlass, darüber hinaus die Erfüllung des Anspruchs zu sichern. Denn mit der Verjährung des eigenen Anspruchs entfällt die Druckfunktion der Zurückbehaltung; es verbleibt allein die Sicherungsfunktion, nicht mehr leisten zu müssen, als die Gegenleistung wert war (**aA** BeckOGK BGB/Bach [1. 10. 2018] Rn 24: Druckfunktion bleibe erhalten).

4. Dolo agit-Einrede

Die Dolo-agit-Einrede kann sich auf den Anspruch des Schuldners gegen den Gläubiger gründen, dass der Gläubiger gegenüber dem Schuldner auf seinen Anspruch zu verzichten hat. Für die Bereicherungseinrede und die deliktische Arglisteinrede ordnen §§ 821, 853 BGB an, dass die Einrede auch noch besteht, wenn der schuldnerische Gegenanspruch, der die Einrede trägt, verjährt ist. Entsprechendes gilt nach § 146 Abs 2 InsO für Ansprüche, deren Begründung der Insolvenzanfechtung unterliegt. Im Vertragsrecht kann in entsprechender Weise ein Schadensersatzanspruch etwa wegen eines Beratungsfehlers auf Vertragsaufhebung gerichtet sind. Der BGH meint, dass der Vertragsschuldner dem Vertragsgläubiger einen solchen Anspruch auf Vertragsaufhebung nicht mehr entgegenhalten kann, wenn dieser verjährt sei (BGHZ 205, 117 = NJW 2015, 2248 Rn 48). Eine Analogie scheidet aus, weil der Gesetzgeber die Verjährungsregelung der Arglisteinrede in § 853 BGB bewusst auf den deliktischen Bereich begrenzt habe. Diese Entscheidung überzeugt indessen wegen der identischen Interessenlage nicht (Maier VuR 2015, 407, 409). Aus §§ 215, 821, 853 BGB, aber auch § 146 Abs 2 InsO lässt sich das allgemeine Prinzip entnehmen, dass die Verjährung einer Forderung nicht schadet, wenn man sich auf diese nur verteidigungsweise berufen will. Eine bewusste Ausnahme des Gesetzgebers für den Schadensersatzanspruch auf Vertragsaufhebung ist nicht ersichtlich.

IV. Die ungeteilte Erbengemeinschaft

Verlangt ein Miterbe bei einer ungeteilten Erbengemeinschaft die Auseinanderset- **14a** zung, was wegen der §§ 2042 Abs 2, 758 BGB zeitlich uneingeschränkt möglich ist, kann es sich ergeben, dass ein (anderer) Miterbe den Erben in Gemeinschaft etwas schuldet, sich aber *mittlerweile auf Verjährung berufen* kann. § 215 BGB ermöglicht es, seine Teilhabe an der Auseinandersetzung davon abhängig zu machen, dass er seine eigene Verpflichtung gegenüber der Gemeinschaft erfüllt.

V. Ausschlussfristen

15 Ist eine Forderung infolge Ablaufs einer Ausschlussfrist erloschen, so ist die Ausnahmeregelung des § 215 BGB weder unmittelbar noch entsprechend anwendbar (GS OGB AP § 390 BGB Nr 5 m Anm Wiedemann = Betrieb 1974, 586; BAG AP § 390 Nr 2; NJW 1968, 813; BAGE 25, 169, 174 = JZ 1974, 29 mwNw; LAG Düsseldorf Betrieb 1965, 1047; OLG München MDR 1958, 774 [zu § 89b 4 HGB]; BGB-RGRK/Weber § 390 aF Rn 13 [mit Einschränkungen]; MünchKomm/Grothe Rn 5; Erman/Schmidt-Räntsch Rn 3; Palandt/Ellenberger Rn 1; Gernhuber, Erfüllung § 12 VII 4; Siber 112; aA BGHZ 26, 304 = AP § 390 BGB Nr 1 [für Arbeitnehmerforderungen]; LAG Düsseldorf BB 1967, 538; BGB-RGRK/Löscher[11] § 390 aF Anm 5; Soergel/Siebert[10] § 390 aF Anm 4; Hueck/Nipperdey, Arbeitsrecht II 7 634 Fn 26; Etzel BB 1968, 1291 ff; Schnorr vCarolsfeld SAE 1968, 155 f). Dies gilt auch und gerade für tarifvertragliche Ausschlussfristen, da deren Zweck ein anderer ist als der der Verjährungsnormen (BAG NJW 1968, 813; BAG AP § 390 BGB Nr 2; Schaub NJW 1967, 91; Diekhoff BB 1958, 1096; Zöllner, in: Anm zu BAG AP § 390 BGB Nr 2; Schmidt Betrieb 1966, 1769; Bötticher, in: FS Schima [1969] 103; Hartmann 116 ff; Plüm MDR 1993, 14, 17). Auch auf einen nach § 1613 BGB erloschenen Unterhaltsanspruch findet § 215 BGB keine Anwendung (BGH FamRZ 1984, 777 = NJW 1984, 2158, 2160; Palandt/Ellenberger Rn 1).

§ 216
Wirkung der Verjährung bei gesicherten Ansprüchen

(1) Die Verjährung eines Anspruchs, für den eine Hypothek, eine Schiffshypothek oder ein Pfandrecht besteht, hindert den Gläubiger nicht, seine Befriedigung aus dem belasteten Gegenstand zu suchen.

(2) Ist zur Sicherung eines Anspruchs ein Recht verschafft worden, so kann die Rückübertragung nicht auf Grund der Verjährung des Anspruchs gefordert werden. Ist das Eigentum vorbehalten, so kann der Rücktritt vom Vertrag auch erfolgen, wenn der gesicherte Anspruch verjährt ist.

(3) Die Absätze 1 und 2 finden keine Anwendung auf die Verjährung von Ansprüchen auf Zinsen und andere wiederkehrende Leistungen.

Materialien: Art 1 G zur Modernisierung des Schuldrechts v 26. 11. 2001 (BGBl I 3138). BGB aF: § 216 Abs 2 S 2 – § 216 Abs 1, Abs 2 S 1, Abs 3: § 223: E I § 183; II § 188; III § 218; Mot I 344; Prot I 391; II 1 236; III 751; Jakobs/Schubert, AT 1000, 1046, 1061, 1081 f, 1083 ff, 1102, 1120; Art 2 Ziff 1 DVO zum G über Rechte an eingetragenen Schiffen und Schiffsbauwerken v 21. 12. 1940 (RGBl I 1609). S Staudinger/BGB-Synopse (2000) § 223. Peters/Zimmermann § 210 Abs 2, 3, Gutachten 264, 310, 323; Schuldrechtskommission § 223, Abschlussbericht 104; RegE § 216, BT-Drucks 14/6040, 122.

I. Fortbestand akzessorischer dinglicher Sicherheiten

1 1. § 216 Abs 1 BGB belegt mit besonderer Deutlichkeit, dass der Eintritt der Verjährung nicht den Untergang des Anspruchs zur Folge hat, sondern diesen nur abschwächt. Die dinglich gesicherte Forderung kann zwar als solche klageweise nicht mehr durchgesetzt werden, sie ist aber gleichwohl noch bestandskräftig genug, die Verwertung von Sicherheiten zu legitimieren. Damit besteht aber auch wiederum ein Anreiz für den Schuldner – oder gefährdete Dritte, § 268 BGB – die verjährte Forderung zur Abwendung der Verwertung doch noch zu bedienen.

2. Die Bestimmung gilt zunächst für vertraglich bestellte akzessorische Sicherheiten: die Hypothek und zwar auch in ihrer Spielart der Sicherungshypothek, die Schiffshypothek (§ 8 SchiffsRG), wegen § 98 Abs 2 LuftfzRG auch das Registerpfandrecht an einem Luftfahrzeug und das Pfandrecht. Bei Hypothek und Pfandrecht geht § 216 Abs 1 BGB den §§ 1169, 1254 BGB insofern vor, als die dort für den Anspruch auf Verzicht bzw Rückgabe vorausgesetzte peremptorische Einrede nicht die der Verjährung sein kann (Mot I 344).

Die Bestimmung gilt nicht für die nicht akzessorischen Sicherheiten der Grundschuld und der Rentenschuld (BGB-RGRK/JOHANNSEN § 223 aF Rn 2; STAUDINGER/DILCHER[12] § 223 aF Rn 4; MünchKomm/GROTHE Rn 2). Freilich kann ausnahmsweise das einredefreie Bestehen einer gesicherten Forderung zur auflösenden Bedingung der Grundschuld gemacht werden. Dann erlischt diese Sicherungsgrundschuld mit Eintritt der Verjährung der gesicherten Forderung (STAUDINGER/DILCHER[12] § 223 aF Rn 4). Außerdem ist bei jeder Sicherungsgrundschuld jedenfalls § 216 Abs 1 BGB entsprechend anzuwenden: Der Eintritt der Verjährung der gesicherten Forderung begründet nicht gegenüber dem Behalten und der Verwertung der Grundschuld den Einwand, dass der Gläubiger nunmehr um diese ungerechtfertigt bereichert sei, vgl auch § 216 Abs 2 BGB.

Die Bestimmung stellt aber nicht auf den Entstehungsgrund der dinglichen Sicherheit ab, und so muss sie auch auf gesetzliche Pfandrechte angewendet werden (OLG Schleswig SchlHA 1958, 82; BeckOGK BGB/BACH [1. 10. 2018] Rn 5; MünchKomm/GROTHE Rn 2; PALANDT/ELLENBERGER Rn 3; **aA** noch OLG Breslau OLGE 15, 322). Als gesetzliches Pfandrecht in diesem Sinne ist auch das kaufmännische Zurückbehaltungsrecht der §§ 369 ff HGB anzusehen (BeckOGK BGB/BACH [1. 10. 2018] Rn 5.3). Dagegen ist bei den Schiffsgläubigerrechten der §§ 596 ff HGB anzunehmen, dass das durch sie begründete Pfandrecht nach Verjährung des gesicherten Anspruchs nicht mehr durchgesetzt werden kann (OLG Schleswig MDR 1958, 570; BGB-RGRK/JOHANNSEN § 223 aF Rn 3; STAUDINGER/DILCHER[12] § 223 aF Rn 2; MünchKomm/GROTHE Rn 3); die jetzige Fassung des § 600 Abs 1 HGB bestätigt dies.

3. Auch *Pfändungspfandrechte* können nach Verjährung der gesicherten Forderung durchgesetzt werden (OLG Hamburg HRR 1934, 1997; STAUDINGER/DILCHER[12] § 223 aF Rn 3; MünchKomm/GROTHE Rn 2; SOERGEL/NIEDENFÜHR § 223 aF Rn 6). Das gilt auch, soweit ein rechtskräftiger Titel nicht vorliegt und deshalb nur eine Sicherungsvollstreckung nach § 720a ZPO stattfand, sowie im Falle der Arrestpfändung (OLG Hamburg HRR 1934, 1997; MünchKomm/GROTHE Rn 2). Das Ergebnis sollte weniger aus der zweifelhaften Rechtsnatur des Pfändungspfandrechts hergeleitet werden (so aber STAUDINGER/DILCHER[12] 223 aF Rn 3), als vielmehr aus dem Gedanken des § 216 Abs 1 BGB. Voraussetzung ist natürlich – wie bei jedem Pfandrecht –, dass es wirksam entstanden ist und fortbesteht.

4. Zum Schicksal von Zurückbehaltungsrechten bei Verjährung der ihnen zugrundeliegenden Forderung vgl § 215 BGB. Für Sicherheiten enthält § 216 BGB eine abschließende Regelung. Bedeutung hat das wegen der nach § 216 Abs 3 BGB nicht geschützten Ansprüche, wegen derer sich dann auch kein Schutz über § 215 BGB begründen lässt (BGH NJW 2016, 3231 Rn 22).

5. Auf die Sicherung durch *Vormerkung* kann § 216 Abs 1 BGB nicht angewendet werden; vielmehr gilt hier die Bestimmung des § 886 BGB, die dem Betroffenen bei Verjährung des gesicherten Anspruchs das Recht gibt, die Beseitigung der Vormerkung zu verlangen (BeckOGK BGB/Bach [1. 10. 2018] Rn 6; MünchKomm/Grothe Rn 3; Erman/Schmidt-Räntsch Rn 4b; NK-BGB/Mansel/Stürner Rn 7).

5 6. § 216 Abs 1 BGB gilt nur für dingliche Sicherheiten (BeckOGK BGB/Bach [1. 10. 2018] Rn 8). Der *Bürge* darf sich nach § 768 Abs 1 S 1 BGB auf die Verjährung der Hauptforderung berufen, nach § 768 Abs 2 BGB selbst dann, wenn der Hauptschuldner auf die Einrede der Verjährung verzichtet hat. Dies freilich nur, wenn ihm die Einrede der Vorausklage zusteht (**aA** BGHZ 76, 222; BGH NJW 2003, 1250): Er darf den Gläubiger nicht mit den §§ 768, 214 BGB nötigen, den Hauptschuldner doch zu belangen, was ihm § 773 Abs 1 BGB gerade erlässt. Nach § 216 Abs 1 BGB ist es dagegen zu beurteilen, wenn die Bürgschaftsforderung durch Pfand abgesichert wurde: Dann kommen insoweit dem Bürgen weder die Verjährung seiner eigenen Schuld noch die der Hauptschuld zugute (KG OLGE 34, 82; BeckOGK BGB/Bach [1. 10. 2018] Rn 8.2; MünchKomm/Grothe Rn 3).

7. Die Bestimmung des § 216 Abs 1 BGB gilt nicht – auch nicht entsprechend – im Falle der *Hinterlegung* (**aA** BGH NJW 2000, 1331). Hat der Schuldner, zB um Vollstreckungsmaßnahmen zu vermeiden, im Einverständnis mit dem Gläubiger hinterlegt, kann letzterer freilich langfristig auf die Hinterlegungssumme zugreifen; der Effekt ist ähnlich wie bei § 216 Abs 1 BGB. Hat der Schuldner nicht auf die Rücknahme verzichtet, gibt ihm § 379 Abs 1 ein die Verjährung hemmendes Leistungsverweigerungsrecht, § 205 BGB. Hat er auf die Rücknahme verzichtet, ist der Ursprungsanspruch überhaupt erfüllt, § 378 BGB. An seine Stelle tritt ein nach § 195 BGB verjährender Anspruch auf Freigabe aus den getroffenen Vereinbarungen oder § 812 BGB, der zudem anerkannt ist iSd § 212 Abs 1 Nr 1 BGB. Entsprechendes gilt auch bei der einverständlichen Hinterlegung bei Rechtsanwalt oder Notar (**aA** Erman/Schmidt-Räntsch Rn 4).

II. Sicherungsübertragungen

6 1. § 216 Abs 1 BGB betrifft akzessorische dingliche Sicherheiten. Zu nicht akzessorischen verhält sich § 216 Abs 2 BGB. Nach dieser Bestimmung wird zunächst (ausdrücklich) angeordnet, dass die Verjährung des gesicherten Anspruchs keinen Anspruch darauf gibt, dass die Sicherheit zurückübertragen wird. Damit ist freilich noch nicht gesagt, was mit der Sicherheit weiter geschehen soll. Die Einzelheiten dazu ergeben sich aus der beabsichtigten Gleichstellung mit den akzessorischen Sicherheiten (Mot I 345): Befindet sich der Sicherungsgegenstand noch in den Händen des Sicherungsgebers, so kann der Sicherungsnehmer ihre Herausgabe verlangen, § 985 BGB bzw die Sicherungsabrede (A Blomeyer JZ 1959, 15, 16) und er darf sie anschließend so verwerten, als ob seine gesicherte Forderung nicht verjährt wäre (A Blomeyer JZ 1959, 15, 16; BGHZ 34, 191, 195).

2. Unter § 216 Abs 2 S 1 BGB fallen die Sicherungsabtretung von Forderungen wie auch die Sicherungsübereignung von Sachen. Die Bestimmung kann auch für Sicherungsgrundschulden herangezogen werden (vgl dazu schon o Rn 2).

3. Die Bestimmung ist natürlich nur dann anwendbar, wenn der unverjährte Bestand der gesicherten Forderung nicht zur auflösenden Bedingung der Sicherungsübereignung gemacht wurde bzw nach den Vereinbarungen der Parteien die Verjährung einen Anspruch auf Freigabe der Sicherheit begründen sollte.

III. Abstrakte persönliche Haftungsübernahme

Auch § 216 Abs 2 BGB gilt nur für (abstrakte) Realsicherheiten (vgl o Rn 6 zu Abs 1). Auf ein Schuldanerkenntnis des Schuldners kann die Bestimmung nicht entsprechend angewendet werden (aA BGHZ 183, 169 Rn 25 f; hierzu § 214 Rn 38). § 214 Abs 2 S 2 BGB regelt dieses, sodass es an keiner planwidrigen Regelungslücke fehlt (Jacoby JZ 2010, 464 f). Freilich entspricht diese Rechtsfolge des § 214 Abs 2 S 2 BGB der des § 216 Abs 2 S 1 BGB.

IV. Vorbehaltseigentum

Der durch das G zur Modernisierung des Schuldrechts geschaffene § 216 Abs 2 S 2 **7** BGB klärt das Schicksal des Eigentumsvorbehalts bei Verjährung der zugrundeliegenden restlichen Kaufpreisforderung im Sinne der bisherigen Rechtsprechung (BGHZ 34, 191; 70, 96; BGH NJW 1979, 2195): der Verkäufer kann weiterhin auf dieses Eigentum zurückgreifen; die Frage war zum früheren Recht streitig (vgl Staudinger/Peters [2001] § 223 Rn 7 ff).

Technisch geschieht dies dadurch, dass die Möglichkeit des Rücktritts wegen Zahlungsverzuges offen gehalten wird, wie sie nach § 449 Abs 2 BGB Voraussetzung der Rückforderung ist. An sich könnte wegen der Verjährung des Kaufpreisanspruchs Verzug in Bezug auf ihn nicht mehr eintreten bzw würde er bereinigt, aber § 216 Abs 2 S 2 BGB fingiert eben den Fortbestand des Verzuges.

Die Bestimmung bildet damit eine Ausnahme zu § 218 Abs 1 S 1 BGB, wie sie in § 218 Abs 1 S 3 BGB ausdrücklich vermerkt wird: Eigentlich könnte der Schuldner der verjährten Kaufpreisforderung den Rücktritt des Verkäufers nach § 218 Abs 1 S 1 BGB durch die Berufung auf die Verjährung unwirksam machen.

In der Folge des Rücktritts entsteht das Rückabwicklungsschuldverhältnis der §§ 346–348 BGB. Ist der Käufer Verbraucher, sind die Bestimmungen der §§ 503 Abs 2, 491 Abs 1 BGB zu beachten.

V. Rückstände von Zinsen und wiederkehrende Leistungen

1. § 216 Abs 3 BGB knüpft an den Gedanken des § 197 BGB aF (§ 197 Abs 2 **8** BGB nF) an, dass Rückstände von Zinsen und wiederkehrenden Leistungen leicht eine belastende Höhe erreichen können. Im Interesse vorrangig des Pfandeigentümers (Mot I 344) schränkt die Bestimmung deshalb die Anordnung der Abs 1 und 2 hier ein. Vgl auch die Bestimmung des § 902 Abs 1 S 2 BGB zu Ansprüchen auf Rückstände wiederkehrender Leistungen bei – für sich nicht verjährbaren – eingetragenen Rechten an Grundstücken.

2. Der *Begriff der wiederkehrenden Leistungen* ist identisch mit dem des § 197 Abs 2 BGB (BGH NJW 2016, 3231 Rn 16; s § 197 Rn 63 ff).

Im Unterschied zu § 197 BGB aF nennt die Bestimmung *Tilgungs- oder Amortisationsbeträge* nicht. Für diese Beträge bleibt es beim Regelungsgehalt der Abs 1 und 2 (BeckOGK BGB/Bach [1. 10. 2018] Rn 19; MünchKomm/Grothe Rn 5; Palandt/Ellenberger Rn 7), sodass ihretwegen Sicherheiten auch dann noch verwertet werden können, wenn der Anspruch auf sie verjährt ist.

3. Ist der Anspruch auf Zinsen und wiederkehrende Leistungen verjährt, kann der Schuldner *Freigabe der Sicherheiten* verlangen, falls ausschließlich solche Forderungen gesichert werden. Als Anspruchsgrundlage kann § 813 Abs 1 S 1 BGB herangezogen werden. Im Übrigen besteht ein Unterlassungsanspruch gegen den Gläubiger bzw, wenn dessen Forderung tituliert ist, die Möglichkeit der Vollstreckungsabwehrklage nach § 767 ZPO. Hat der Gläubiger die Sicherheit verwertet, muss er den *Erlös* nach § 813 Abs 1 S 1 BGB *auskehren,* soweit er auf die Zinsen zu verrechnen wäre (BGH ZIP 1993, 1703). Freilich darf er hier – entgegen der Regel des § 367 Abs 1 BGB – auf die Hauptforderung vor den Zinsen verrechnen (BeckOGK BGB/Bach [1. 10. 2018] Rn 23).

VI. Vorbehaltlose Annahme der Schlusszahlung

§ 216 BGB kann entsprechend angewendet werden, wenn dem Werklohnanspruch des Bauunternehmers die Einrede der vorbehaltlosen Annahme der Schlusszahlung nach § 16 Abs 3 Nr 2 VOB/B entgegensteht, für den Werklohnanspruch aber eine dingliche Sicherheit besteht (BGH LM VOB/B 1973 § 16 Nr 14 = NJW 1981, 1784; BeckOGK BGB/Bach [1. 10. 2018] Rn 25; MünchKomm/Grothe Rn 2).

§ 217
Verjährung von Nebenleistungen

Mit dem Hauptanspruch verjährt der Anspruch auf die von ihm abhängenden Nebenleistungen, auch wenn die für diesen Anspruch geltende besondere Verjährung noch nicht eingetreten ist.

Materialien: Art 1 G zur Modernisierung des Schuldrechts v 26. 11. 2001 (BGBl I 3138). BGB aF: § 224: E I § 184; II § 189; III § 219; Mot I 345; Prot I 391; II 1 236; III 751; Jakobs/Schubert, AT 1000, 1046, 1082, 1083 ff, 1102 f, 1120 f; Peters/Zimmermann: § 211, Gutachten 311, 323; Schuldrechtskommission § 224, Abschlussbericht 107; RegE § 217; BT-Drucks 14/6040, 124.

Schrifttum

KÄHLER, Vom bleibenden Wert des Eigentums nach der Verjährung des Herausgabeanspruchs, NJW 2015, 1041
MAGNUS/WAIS, Unberechtigter Besitz und Verjährung, NJW 2014, 1270
OSTENDORF/LAER, Die Bestimmung der Verjährungsfristen für die Geltendmachung von Verzugszinsen, NJW 2013, 1479.

I. Verjährung und Verzug des Schuldners

1. Wenn die eingetretene Verjährung dem Schuldner das Recht zur Verweigerung der Leistung gibt, kann er ihretwegen nicht mehr in Verzug geraten; befand er sich im Verzug, so wird dieser bereinigt. In der Folge kann der Gläubiger *für die Zukunft keine Verzugszinsen* mehr beanspruchen oder Ansprüche auf Ersatz von Verzugsschäden geltendmachen. **1**

2. Unklar ist freilich, ob schon das objektive Bestehen der Verjährungseinrede den Verzug ausschließt oder eine Berufung des Schuldners auf die Einrede der Verjährung notwendig ist. Dazu bedarf es keines Eingehens auf die Lehrmeinungen zum Verhältnis von Verzug und Einrede (vgl dazu ROTH 151 ff). Man wird vielmehr die Einreden einzeln zu würdigen haben. **2**

Dabei ergibt sich für die Einrede der Verjährung, dass sie den Verzug nur ausschließt oder bereinigt, *wenn sich der Schuldner auf sie beruft* (so auch ROTH 49 f; SPIRO I § 238; **aA** BGHZ 34, 191, 197; 48, 249, 250; ERMAN/J HAGER § 286 Rn 75; MünchKomm/ERNST § 286 Rn 24): Der Schuldner mag ein Interesse daran haben, die Forderung nur mit sachlichen Einwendungen zu bekämpfen und sie bei deren Fehlschlagen erfüllen zu wollen. Ihm darf die Einrede nicht aufgedrängt werden, wie es partiell jedenfalls dann der Fall wäre, wenn man das Bestehen ihrer objektiven Voraussetzungen zum Ausschluss des Verzuges genügen lassen und sie damit dann doch insoweit von Amts wegen berücksichtigen würde. Es wäre außerdem schwer begreiflich, wenn sich der Richter nach verbreiteter – freilich abzulehnender (§ 214 Rn 15 ff) – Auffassung dem Verdacht der Befangenheit aussetzt, wenn er den Beklagten auf die Möglichkeit der Verjährungseinrede hinweist, dann aber spätestens im Urteil durch die Behandlung der Verzugszinsen den entsprechenden Hinweis doch gibt. Das wäre doppelzüngig und würde außerdem Rechtsmittel nur provozieren. Wer also ein Hinweisrecht des Richters ablehnt, muss konsequent den Ausschluss des Verzuges an die Erhebung der Einrede knüpfen, wer aber den Richter zum Hinweis auf die eingetretene Verjährung für berechtigt hält, kann um so eher für die Bereinigung des Verzuges auch fordern, dass sich der Schuldner dann auch auf diese beruft. Es wäre auch ein paradoxes Ergebnis (insoweit zustimmend BeckOGK BGB/BACH [1. 10. 2018] § 214 Rn 32), wenn das Gericht bei nicht erhobener Einrede – zB bei Säumnislage – der verjährten Hauptforderung stattgeben, aber den Zinsanspruch abweisen würde.

3. Während die Wirkung der erhobenen Einrede für die Zukunft kaum angezweifelt werden kann (**aA** freilich vTUHR I § 17 Fn 22a), ist es nicht von vornherein deutlich, ob die Erhebung der Einrede auf den Eintritt des Verzuges ex nunc oder ex tunc wirkt. Für eine bloße Wirkung ex nunc ERMAN/J HAGER § 286 Rn 75; AK-BGB/ **3**

DUBISCHAR § 284 aF Rn 2 f; MÖLLERS NJW 1958, 871; H LANGE JuS 1963, 59, 62; MÜLLER Betrieb 1970, 1209; SCHERNER JR 1971, 44 f; für eine Wirkung ex tunc SOERGEL/WIEDEMANN § 284 aF Rn 15; OERTMANN ZHR 78 (1916) 1, 46 f; ROTH 49, 156.

Für die Wirkung ex nunc lässt sich allenfalls anführen, dass der Schuldner für sein vertragswidriges Verhalten nicht hinsichtlich der schon aufgelaufenen Zinsen belohnt werden dürfe. Schon das überzeugt nicht angesichts der eingetretenen Abschwächung der Forderung. Die Entscheidungen würden zufällig, je nachdem wann der Schuldner seine Einrede erkennt und vorbringt. Vor allem aber *wird nur die Annahme einer Wirkung ex tunc dem Zweck der Verjährung gerecht,* eine Beschäftigung mit dieser Forderung entbehrlich zu machen. Andernfalls müsste sie ja doch zur Klärung der Frage untersucht werden, ob Verzug eingetreten ist.

Die Bestimmung des § 217 BGB ist in diesem Zusammenhang wenig eindeutig. Sie sagt nur, wann Ansprüche auf Verzugszinsen verjähren, aber nicht, in welchem Rahmen sie entstehen konnten.

II. Die Verjährung von Ansprüchen auf Verzugszinsen

4 1. Ansprüche auf Verzugszinsen unterliegen ihrer eigenen Verjährung, unabhängig von der Hauptforderung, und sind selbstständig in Hinblick auf Beginn, Hemmung, Neubeginn und Vollendung (MünchKomm/GROTHE Rn 2; PALANDT/ELLENBERGER Rn 1). Namentlich hemmt die Klage wegen der Hauptforderung ihre Verjährung nicht. Das bedeutet, dass ihre Verjährung vor der des Hauptanspruchs vollendet sein kann; dies wird sogar häufig der Fall sein.

Einschlägig sind für sie grundsätzlich die §§ 198, 199 BGB; freilich teilt sich ihnen eine kürzere Verjährungsfrist mit, wenn die Hauptforderung einer kürzeren Verjährungsfrist unterliegt, vgl zB die Fälle der §§ 438, 634a BGB. Im umgekehrten Fall – etwa dem des § 196 BGB – gilt das nicht, vgl § 197 Abs 2 BGB.

2. Den umgekehrten Fall, dass die Verjährung des Anspruchs auf Verzugszinsen über die des Hauptanspruchs hinausragt, erkennt die Bestimmung selbst zutreffend als denkbar an, schließt ihn aber im Interesse des Zwecks der Verjährung aus, die Beziehungen der Parteien zu bereinigen. Der Eintritt ihrer Verjährung spätestens mit dem der Hauptforderung gilt auch dann, wenn die Verjährung gegenwärtig isoliert für den Zinsanspruch gehemmt ist. Die Bestimmung kann uU zu einem extrem raschen Eintritt der Verjährung führen, vgl den Fall von BGHZ 128, 74: kurze Verjährung der Hauptforderung nach § 548 BGB.

Dabei kann der Gläubiger die Verjährung des Anspruchs auf die Nebenleistung nicht schon dadurch hemmen, dass er diese einklagt (**aA** BGHZ 128, 74, 82 f = NJW 1995, 252; NK-BGB/MANSEL/STÜRNER Rn 4; MünchKomm/GROTHE Rn 3), er muss vielmehr auch für die Hemmung der Verjährung der Hauptforderung sorgen. Das ist nicht anders als beim Bürgen, dem gegenüber die Klage auch nicht genügt, wenn während dieses Prozesses die Hauptforderung verjährt und so dem Bürgen die Rechte aus § 768 BGB BGB erwachsen (vgl dazu BGHZ 76, 222, 225 ff), und entspricht dem Zweck der Verjährung, dem Schuldner die pauschale Abwehr der Hauptforderung zu ermöglichen. Was würde ihm dies nützen, wenn er sich im Rahmen der Nebenforderung doch noch auf die Hauptforderung einlassen müsste, wie dies unvermeidlich wäre. Der Gläubiger, der seine Nebenforderung noch nicht überblickt, ist durch die Möglichkeit einer entsprechenden Feststellungsklage hinreichend geschützt. – Anders liegt es, wenn die Hauptforderung wegen ihrer Erfüllung nicht mehr verfolgt werden kann. Dann ist die isolierte Verfolgung des Nebenanspruchs verjährungshemmend möglich (vgl auch u Rn 8). § 217 BGB ist nicht mehr einschlägig.

3. Auch hinsichtlich der Verzugszinsen muss sich der Schuldner auf den Eintritt der Verjährung berufen; ohne ausdrückliche Einschränkung ist dies der Fall, wenn er sich gegenüber der Hauptforderung auf die Verjährung beruft. Der Schuldner ist aber nicht gehindert, sich gegenüber Haupt- und Zinsforderung unterschiedlich zu verhalten.

4. Unter § 217 BGB fallen zunächst die aus § 288 Abs 1 S 1 BGB herzuleitenden 5 Zinsen; weitergehende Zinsansprüche, § 288 Abs 3 BGB, sowie sonstige Ansprüche auf Schadensersatz wegen Verzuges fallen aber ebenfalls unter die Bestimmung (RGZ 156, 113 gegen RGZ 111, 102, das damit argumentiert hatte, dass sonst Schadensersatzansprüche verjähren könnten, bevor der Schaden eingetreten sei; BGHZ 128, 74; ferner BGB-RGRK/Johannsen § 224 aF Rn 1; MünchKomm/Grothe Rn 1; Roth 49; BGH NJW 1982, 1277). Nicht unter § 217 BGB zu subsumieren ist freilich der *Schadensersatz statt der Leistung*, wie er sich aus den §§ 280 Abs 1, 281–283 ergibt; er unterliegt § 195 BGB, und § 213 BGB erhält ihn ggf gerade.

Verzugsschäden setzen dabei stets die Anspruchsgrundlage der §§ 280 Abs 1, 2, 286 BGB voraus; hat der Schuldner *aus einem anderen Rechtsgrund* – insbesondere den §§ 280 Abs 1, 241 Abs 2 BGB – für einen Schaden des Gläubigers einzustehen, der sich in Zinsaufwand äußert, so ist auf diesen Zinsschaden § 217 BGB nicht anzuwenden, BGH NJW 1987, 3136, 3138: Dort hatte ein Steuerberater eine überhöhte Belastung seines Mandanten zugelassen, hinsichtlich derer sich dieser zinsträchtig refinanzieren musste. Das ist aber nicht auf die Anspruchsgrundlage der §§ 280 Abs 1, 241 Abs 2 BGB zu beschränken: Auch im Falle der §§ 281, 823 BGB kann der Gläubiger genötigt sein, einen Ersatzgegenstand zu refinanzieren.

III. Sonstige Nebenleistungen

§ 217 BGB beschränkt sich nicht auf Schadensersatz wegen Verzuges. 6

1. Unter die Bestimmung fallen zunächst *Kosten* (iSd § 367 Abs 1 BGB; RGZ 61, 392; Cahn/Farrenkopf ZIP 1986, 416; MünchKomm/Grothe Rn 1; Palandt/Ellenberger Rn 1), Provisionen (MünchKomm/Grothe Rn 1; Roth 48) und gesondert zu erstattende Auslagen. Dagegen sind Mietnebenkosten selbst Teil der Hauptforderung (OLG Frankfurt MDR 1983, 757; BeckOK/Henrich [1. 5. 2019] Rn 4).

2. § 217 BGB ist weiter anzuwenden auf vereinbarte Zinsen, bei Darlehen (aA BeckOGK BGB/Bach [1. 10. 2018] Rn 6; MünchKomm/Grothe Rn 1) oder in anderen Fällen.

3. Sind *Nutzungen* herauszugeben, ist die Bestimmung ebenfalls einschlägig. Das betrifft namentlich die Fälle der §§ 346 Abs 1, 446 Abs 1 S 2, 818 Abs 1, 987 f BGB.

Doch dürfen die Nutzungen nicht Hauptforderung sein, wie dies bei den §§ 675, 667 BGB der Fall ist.

IV. Nicht einschlägige Fälle

7 **1.** Die Bestimmung ist nicht anwendbar auf die Schadensersatzansprüche des Eigentümers nach den §§ 989, 990 BGB (**aA** Magnus/Wais NJW 2014, 1270, 1272, wie hier Kähler NJW 2015, 1041, 1045), auch nicht auf vertragliche Ansprüche auf Schadensersatz statt der Leistung (vgl MünchKomm/Grothe Rn 1; **aA** BeckOGK BGB/Bach [1. 10. 2018] Rn 10) oder ein stellvertretendes commodum; diese Ansprüche werden vielmehr durch § 213 BGB privilegiert.

2. Auch auf den Anspruch auf eine verfallene Vertragsstrafe kann § 217 BGB nicht angewendet werden (RGZ 85, 242; einschränkend MünchKomm/Grothe Rn 1; differenzierend BeckOGK BGB/Bach [1. 10. 2018] Rn 13).

3. Die Bestimmung betrifft nur solche Leistungen, die zusätzlich, erweiternd zur Hauptleistung geschuldet werden, nicht dagegen solche Leistungen, die die Hauptleistung nur vorbereiten und ermöglichen sollen, wie dies namentlich bei Auskünften der Fall ist (zu diesem Anh 1 ff zu § 217).

V. Verhältnis zur Hauptforderung

8 **1.** § 217 BGB ist ohne weiteres anwendbar, wenn die Hauptforderung noch besteht und verjähren kann. Ist die Hauptforderung dagegen durch Erfüllung oder Erlass oä in unverjährter Zeit erloschen, so fragt es sich, ob die Ansprüche auf die Nebenleistungen nunmehr nur noch ihrer eigenen Verjährung unterliegen oder immer noch vorzeitig in jenem Zeitpunkt verjähren können, in dem der Anspruch auf die Hauptleistung verjährt wäre. Dem Bereinigungszweck der Verjährung würde an sich Letzteres entsprechen, doch ist nicht darum herumzukommen, dass der Anspruch auf die Hauptleistung jetzt eben nicht mehr verjähren kann und dass der Anspruch auf die Nebenleistung jetzt selbst zur „Hauptsache" wird. Dieser Aspekt wird auch im Prozessrecht anerkannt, ohne dass die parallele Behandlung freilich zwingend geboten wäre. **AA** OLG Köln NJW 1994, 2160, das die Nebenforderung auch nach Erfüllung der Hauptforderung deren Verjährung unterwirft (nach Titulierung der Hauptforderung in dem entschiedenen Fall wäre dies übrigens die Frist des § 218 BGB aF [§ 197 Abs 2 BGB nF]); dem zustimmend BeckOGK BGB/Bach (1. 10. 2018) Rn 29.

Davon ist auch dann auszugehen, wenn der Hauptanspruch nur teilweise unverjährt erfüllt worden ist.

9 **2.** Hemmungen oder ein Neubeginn der Verjährung der Hauptforderung beeinflussen die primäre Verjährung der Nebenforderungen nicht; hierfür sind vielmehr unmittelbare Maßnahmen notwendig (vgl BGH NJW 1995, 252). Es ist allerdings denkbar, dass ein Anerkenntnis auch auf die Nebenforderung zu beziehen ist (BeckOGK BGB/Bach [1. 10. 2018] Rn 24); das ist eine Frage der Auslegung.

Dagegen wird die zusätzliche Verjährung, der die Nebenforderungen nach § 217 BGB unterliegen, durch die Hemmung oder den Neubeginn der Verjährung der Hauptforderung beeinflusst. Das gilt auch dort, wo die Einrede der Verjährung gegenüber der Hauptforderung als treuwidrig anzusehen ist (§ 214 Rn 18 ff). Ob sich der nachträgliche und damit wirksame Verzicht auf die Einrede der Verjährung gegenüber der Hauptforderung auch auf die Zusatzverjährung der Nebenforderungen nach § 217 BGB auswirken soll, ist eine Frage der Auslegung; im Zweifel ist dies zu bejahen.

VI. Wiederkehrende Leistungen

Bei wiederkehrenden Leistungen kommt es darauf an, ob die Ansprüche auf sie selbstständig sind oder aus einem Stammrecht fließen. **10**

Sind die Ansprüche selbstständig, ist kein Raum für die Anwendung des § 217 BGB (BeckOGK BGB/Bach [1. 10. 2018] Rn 21; MünchKomm/Grothe Rn 4; Soergel/Niedenführ Rn 6). Das gilt namentlich bei Unterhaltsleistungen, Renten, eigenen Ansprüchen aus einem Dauerschuldverhältnis, zB auf die Miete, auf Einzelleistungen aus einem Sukzessivlieferungsvertrag und deren Bezahlung. Selbständig in diesem Sinne sind auch die einzelnen in Kontokorrent einzustellenden Ansprüche (MünchKomm/Grothe Rn 4): Werden sie nicht berücksichtigt, so ist innerhalb der ihnen eigenen Frist, die bis zum Abschluss der Verrechnungsperiode gehemmt ist, die Einstellung zu begehren (BGHZ 49, 26; 51, 349). Der Saldoanspruch verjährt dann nach § 195 BGB (BGHZ 51, 349).

Es können die Ansprüche aber auch aus einem *Stammrecht* fließen (vgl RGZ 136, 432; BGH VersR 1972, 1079; NJW 1973, 1684). Dann unterliegen sie – entsprechend § 217 BGB – außer der eigenen Verjährung auch der des Stammrechts (RGZ 136, 432; BGH VersR 1972, 1079; MünchKomm/Grothe Rn 4; BGB-RGRK/Johannsen § 194 Rn 5; Palandt/Ellenberger § 194 Rn 7; Spiro I §§ 58 ff). Die Frage, wann ein solches Stammrecht anzunehmen ist und wie es verjährt, ist freilich unklar. Eine Art 131 SchwOR entsprechende Regelung, die bei Leibrenten und ähnlichen periodischen Leistungen die Verjährung für das Forderungsrecht im Ganzen mit dem Zeitpunkt beginnen lässt, in dem die erste rückständige Leistung fällig war, fehlt im deutschen Recht. Prot I 212 haben einen entsprechenden § 160 E I (dazu Mot I 310 f) als überflüssig gestrichen. Immerhin wird auch im deutschen Recht die Leibrente als wesentliches Beispiel genannt und für die Verjährung nach dem Art 131 SchwOR Entsprechendes angenommen, vgl die Belege eben. Es bleibt aber unklar, wann ein Stammrecht gegeben ist. Die Kriterien von Spiro (I § 58 S 120 f), einheitlicher Rechtsgrund, gleichartige Leistungen, gesicherte, regelmäßige Wiederkehr, treffen zwar die Leibrente, können aber nicht die maßgeblichen sein, wenn sie in dem einzigen (nach deutschem Recht) praktisch relevanten Fall nicht zutreffen, der Verjährung deliktischer Ansprüche (vgl sogleich). **11**

Die *Frage* wird dadurch *praktisch weniger bedeutsam*, dass der Schuldner durch Leistung das Stammrecht mit der Folge des § 212 Abs 1 Nr 1 BGB anerkennt (BeckOGK BGB/Bach [1. 10. 2018] Rn 22; § 212 Rn 24). Leistet er nicht, besteht für den Gläubiger aller Anlass zur Klage. Beruht das Ausbleiben der Leistungen auf einem Bestreiten, ist es zunächst sinnvoll und zumutbar, dieses durch Feststellungsklage in die Verjährungsfrist des § 197 Abs 1 Nr 3 zu überführen. Im Übrigen ist bei Rückständen außer an Verjährung, § 197 Abs 2 BGB, auch an Verwirkung zu denken. Dem Gläubiger auch die künftigen Ansprüche abzuschneiden, kann grundsätzlich nicht angehen;

ausnahmsweise können auch sie verwirkt sein. Es hat sich zB der Schuldner der Leibrente darauf eingerichtet, dass sie nie eingefordert wurde.

Bei *Schadensersatzansprüchen* nimmt die Rechtsprechung ein Stammrecht an, das dann namentlich kurzfristig nach § 852 BGB aF/§ 195 BGB nF verjähren kann (vgl BGH WM 1960, 885; NJW 1991, 973), dies freilich nicht nur in den Fällen, in denen die Schädigung in eine Geldrente mündet, sondern hinsichtlich aller vorhersehbaren Schädigungsfolgen, mögen sie auch in sich unterschiedlich sein und unregelmäßig anfallen, zB Verdienstausfall, Heilungskosten. Wegen der Einzelheiten vgl § 199 Rn 44 ff.

Anhang zu § 217

Verjährung von Auskunftsansprüchen

Schrifttum

Löwisch, Verjährung und Vollstreckung des Anspruches auf Buchauszug, IHR 2017, 192
Peters, Auskunftsansprüche und Verjährung, JR 2013, 43
Reif/David, Zur Verjährung des Buchauszugsanspruchs des Handelsvertreters gemäß § 87c Abs. 2 HGB – 11 Jahre der Diskussion und kein Ende in Sicht, ZVertriebsR 2015, 343
Ulrici, Verjährung unterstützender Informationsansprüche, NJW 2018, 2001.

Systematische Übersicht

I. Einleitung	1	a) Der Auskunftsanspruch als sog verhaltener Anspruch 5
1. Eigenständige Verjährung der Auskunftsansprüche	2	b) Das Vertragsende als Verjährungsbeginn 6
2. Die Folgen der unterschiedlichen Verjährung	3	2. Die Anwendungsfälle des § 666 Var 2 7
II. Früherer Eintritt der Verjährung bei dem Hauptanspruch	4	3. Der allgemeine Auskunftsanspruch 8
		4. Sonstige Auskunftsansprüche 9
III. Früherer Eintritt der Verjährung bei dem Auskunftsanspruch		a) Ihre Verjährung 9
1. Späterer Verjährungsbeginn bei dem Auskunftsanspruch?	5	b) Der Rückgriff auf den allgemeinen Auskunftsanspruch 10
		IV. Abgabe der Versicherung an Eides statt 11

I. Einleitung

1 Der Gläubiger, der seine Forderung einklagen will, muss dazu substantiiert vortragen und in aller Regel einen bestimmten Klageantrag stellen. Das kann er oftmals nicht, wenn ihm der Schuldner nicht mit Auskünften beiseite steht. Das Gesetz gewährt deshalb an zahlreichen Stellen Auskunftsansprüche, vgl einstweilen nur die §§ 666, 2314 BGB. Daneben steht ein allgemeiner, aus § 242 BGB hergeleiteter Auskunftsanspruch (BGHZ 10, 385, 386 f; 81, 21, 24).

1. Eigenständige Verjährung der Auskunftsansprüche

Jedenfalls die *eigenständig im Gesetz ausgewiesenen Auskunftsansprüche* (zu dem allgemeinen aus § 242 abgeleiteten Auskunftsanspruch u Rn 8) sind damit vom Hauptanspruch separiert und können deshalb anders als dieser verjähren (BGHZ 33, 373, 379; ZIP 2017, 1912 Rn 13; ULRICI NJW 2018, 2001; im Ausgangspunkt auch BGH NJW 2017, 2755 Rn 8; einschränkend BGH NJW 2018, 950 Rn 23). Dass die Auskunftsansprüche tatsächlich eigenständig zu verjähren drohen, ist weniger eine Folge unterschiedlicher Fristen. Für den Sonderfall der Ansprüche, die der Geltendmachung eines Herausgabeverlangens dienen, beugt dem § 197 Abs 1 Nr 2 BGB (dort Rn 17 ff) in seinem letzten Fall vor. Sonst verjähren Auskunftsansprüche nach § 195 BGB, und diese Bestimmung wird durchweg auch auf den Hauptanspruch anwendbar sein. *Unterschiedliche Zeitpunkte* des Eintritts der Verjährung können sich vielmehr vor allem aus dem *Beginn der Verjährung* ergeben. Die tatsächlichen Voraussetzungen seines Auskunftsanspruchs kennt der Gläubiger sofort, dass er den Anspruch als solchen nicht kennt, ist für § 199 Abs 1 BGB irrelevant. Dann kommt es für den Auskunftsanspruch zu einem baldigen Verjährungsbeginn. Aber ohne Auskunft kennt der Gläubiger die Voraussetzungen seines Hauptanspruchs nicht hinreichend, sodass es insoweit zur Anwendung des § 199 Abs 4 BGB kommen wird. Dieselbe Folge eines unterschiedlichen Verjährungseintritts hat es, wenn nur über den einen von ihnen verhandelt wird, § 203 BGB, oder nur er eingeklagt wird, § 204 Abs 1 Nr 1 BGB. Auch mag der Schuldner den einen Anspruch anerkennen, § 212 Abs 1 Nr 1 BGB, nicht aber auch den anderen.

2. Die Folgen der unterschiedlichen Verjährung

Die Folgen unterschiedlicher Verjährung wären misslich. Ist der Hauptanspruch bereits verjährt, bekommt der Gläubiger mit seinem Auskunftsanspruch eine Auskunft, mit der er nichts anfangen kann. Sollte umgekehrt der Auskunftsanspruch bereits verjährt sein, würde das den noch nicht verjährten Hauptanspruch wirtschaftlich sinnlos machen.

II. Früherer Eintritt der Verjährung bei dem Hauptanspruch

Wenn der Hauptanspruch eher verjährt, erstreckt § 217 BGB die Verjährung nicht unmittelbar auf den Auskunftsanspruch. Denn die Auskunft ist keine Nebenleistung im dortigen Sinne, sondern eine die Hauptleistung vorbereitende Leistung.

Vielmehr *entfällt* mit dem Eintritt der Verjährung des Hauptanspruchs regelmäßig das *legitime Interesse an der Auskunft* (STAUDINGER/BITTNER [2014] § 259 Rn 17; BGH ZIP 2017, 1912 Rn 13; WM 1979, 304, 305; 1979, 463, 464; dort wird der Auskunftsanspruch gar als „gegenstandslos" bezeichnet). Um ihrer selbst willen kann eine Auskunft nicht verlangt werden.

Ausnahmsweise kann ein hinreichendes Interesse an der Auskunft *fortbestehen* (BeckOGK BGB/Bach [1. 10. 2018] § 217 Rn 19: Aufrechnung mit der verjährten Forderung). Dies muss jedoch im Verhältnis zum Schuldner begründet sein. Ein anderweitig begründetes Interesse an der Auskunft genügt nicht, zB nicht das Interesse an dem Regress gegen den Anwalt, der es zur Verjährung des Hauptanspruchs hat kommen lassen (aA BGHZ 108, 393, 399; BeckOGK BGB/Piekenbrock [1. 2. 2019] § 195 Rn 33.1). Der Gedanke des § 217 BGB, dass es mit der Verjährung des Hauptanspruchs für den Schuldner sein Bewenden haben soll, verdient auch hier Berücksichtigung. Doch ist an die Fälle zu denken, in denen die Auskunftspflicht des § 666 Var 2 BGB zum Tragen kommt, sei es wegen unmittelbarer Anwendbarkeit der Bestimmung, sei es wegen der vielfältigen Bezugnahme des Gesetzes auf § 666 BGB, vgl die §§ 27 Abs 3, 675 Abs 1, 681 S 2, 713, 1959 Abs 1, 2219 Abs 1 BGB. Dort geht es jeweils darum, dass der Schuldner Angelegenheiten des Gläubigers in dessen Interesse wahrgenommen hat. Daraus resultieren dann ein legitimes und die Verjährung etwa ihrer Hauptansprüche überwindendes Interesse des Gläubigers an einer Kontrolle, ob auch alles korrekt abgewickelt worden ist.

III. Früherer Eintritt der Verjährung bei dem Auskunftsanspruch

Im Ergebnis lehnt der BGH grds ab, dass der Auskunftsanspruch vor dem Hauptanspruch verjährt (BGH NJW 2018, 950 zum Auskunftsanspruch aus § 1379; BGH NJW 2017, 2755 zum allgemeinen Auskunftsanspruch). Freilich hat BGH ZIP 2017, 1912 zum Buchauszug nach § 87c HGB eine eigenständige Verjährung bejaht. Dieser Anspruch tritt aber ergänzend zur Abrechnung, so dass dessen Verjährung die Geltendmachung des Hauptanspruchs auf Grundlage der Abrechnung nicht ausschließt.

Die Rechtsprechung des BGH ist auf Kritik gestoßen (Ulrici NJW 2018, 2001 ff). Es wird verlangt, mit der eigenständigen Verjährung des Auskunftsanspruchs ernst zu machen. Nur ausnahmsweise wird ein Ausweg über Treu und Glauben, § 242 BGB, für geboten erachtet. Hier wird an folgender differenzierender Betrachtung festgehalten, die im Ergebnis mit dem BGH eine Verjährung des Auskunftsanspruchs vor dem Hauptanspruch ablehnt:

1. Späterer Verjährungsbeginn bei dem Auskunftsanspruch?

5 Die Gefährdung des Hauptanspruchs, die sich ergibt, wenn die Verjährung bei dem Auskunftsanspruch früher eintritt als bei ihm selbst, lässt sich nicht dadurch ausschließen oder wenigstens hinreichend mindern, dass man den Verjährungsbeginn bei dem Auskunftsanspruch „nach hinten verschiebt".

a) Der Auskunftsanspruch als sog verhaltener Anspruch

Der BGH (BGHZ 192, 1 = NJW 2012, 917 Rn 11 ff) hat allerdings angenommen, der Auskunftsanspruch aus § 666 Var 2 BGB sei ein sog verhaltener Anspruch, dh ein Anspruch, dessen *Verjährung* erst damit *beginne,* dass der Gläubiger ihn *geltend macht.* Eine solche Gestaltung des Verjährungsbeginns gibt es bei der Verwahrung in den §§ 695 S 2, 696 S 3 BGB; bei der Leihe folgt sie aus § 604 Abs 3 und 5 BGB (dazu § 199 Rn 12). Dort liegt aber eine *bestimmte Interessenlage* vor, wie sie sich bei *geschuldeter Auskunft nicht* findet. Die in Verwahrung gegebene oder verliehene Sache soll uU langfristig bei dem Verwahrer bzw Entleiher verbleiben. Ein solcher

Verwendungszweck würde gefährdet werden, wenn die Verjährung der Rückabwicklungsansprüche schon mit der Möglichkeit sie einzufordern einsetzen würde. Von einer solchen Interessenlage kann bei der Auskunft des § 666 Var 2 BGB nicht die Rede sein (vgl auch BGH ZIP 2017, 1912 Rn 23 gegen die Einordnung des Anspruchs aus § 87c HGB auf Buchauszug als verhaltenen Anspruch). Der Beauftragte soll sein Wissen nicht für sich behalten, solange es nicht abgefordert wird. Das Gegenteil ergibt seine von ihm spontan zu erfüllende Benachrichtigungspflicht aus § 666 Var 1 BGB. Dass die Auskunft des § 666 Var 2 BGB „auf Verlangen" zu erteilen ist, ändert daran nichts, sondern betont nur, dass außer dem Schuldner eben auch der Gläubiger die Initiative ergreifen kann, und eröffnet ihm außerdem die Möglichkeit auch solche Details abzufragen, die der Schuldner nicht für mitteilungsbedürftig hält und die es bei objektiver Betrachtung auch nicht sind.

Aus denselben Gründen ist auch der Anspruch auf *Rechenschaft* aus § 666 Var 3 BGB *kein verhaltener Anspruch* iSd §§ 695, S 2, 696 S 3, 694 Abs 3 und 5 BGB (**aA** BGH NJW 2012, 58 Rn 29). Vielmehr sind verhaltene Ansprüche für den Schuldner äußerst gefährlich, wenn sie die Verjährung, die ihn schützen soll, in das Belieben des Gläubigers stellen. Das beschränkt die Möglichkeit einer Analogie zu den genannten Bestimmungen auf Fälle mit einer identischen Interessenlage.

b) Das Vertragsende als Verjährungsbeginn

Zutreffend legt der BGH (NJW 2012, 58 Rn 28) den Verjährungsbeginn für den Anspruch auf Rechenschaft aus § 666 Var 3 BGB auf die Zeit nach Beendigung des Auftrags; das entspricht dem Wortlaut des Gesetzes, wirft dann aber die Frage auf, wie weit die Rechenschaftspflicht des Beauftragten zeitlich zurückgeht. Es kann nämlich *periodische Rechenschaft* – zB im Jahresrhythmus – vereinbart werden, und bei längerfristiger Besorgung fremder Angelegenheiten empfiehlt sich das auch. Dann aber kann die Rechenschaftspflicht des § 666 Var 3 BGB doch nur bis zur letzten vorherigen Rechenschaft zurückreichen. 6

Das *Vertragsende* spielt natürlich auch bei dem Auskunftsanspruch des § 666 Var 2 BGB eine gewichtige Rolle, können sich bis dahin doch immer neue Tatsachen ergeben, an deren Mitteilung der Gläubiger interessiert ist. Aber aus der Relevanz des Vertragsendes folgt noch nicht, wie weit die Auskunftspflicht des Schuldners zurückreicht, und namentlich über jenen Zeitraum hinaus, der sich aus den §§ 195, 199 Abs 1 BGB ergibt.

2. Die Anwendungsfälle des § 666 Var 2

Sämtliche Fälle, in denen § 666 Var 2 BGB zur Anwendung gelangt, ist es gemein, dass der Schuldner Angelegenheiten des Gläubigers in dessen Interesse wahrgenommen hat: Er hat eine *Fürsorgepflicht* für diesen übernommen. Damit unvereinbar wäre es, wenn er sich gegenüber dessen Auskunftsbegehren auf den bloßen Zeitablauf berufen könnte, was die Einrede der Verjährung ja der Sache nach bedeutet. Im vorliegenden Zusammenhang würde die Verjährung ihre Zwecke verfehlen. Soweit sie den Schuldner vor der belastenden Bildung von Rücklagen bewahren soll, folgt deren Notwendigkeit aus dem noch unverjährten Hauptanspruch, nicht aus dem Auskunftsanspruch. Zur Auskunft selbst ist der Schuldner nur – immerhin – insoweit verpflichtet, wie sie ihm möglich ist. Ist die Auskunft aber noch möglich, 7 dann hat sie der Schuldner auch zu erteilen. Ihre Verweigerung wäre mit *Treu und Glauben* nicht zu vereinbaren. Die Verjährung der Auskunftspflicht nach § 666 Var 2 BGB hängt daher nicht von der Vertragslaufzeit (vgl Rn 6; in diese Richtung aber BGHZ 192, 1 = NJW 2012, 917 Rn 15), sondern vom Bestehen von Hauptansprüchen ab.

3. Der allgemeine Auskunftsanspruch

8 Dem allgemeinen Auskunftsanspruch, wie man ihn aus § 242 BGB herleitet, fehlt eine solche Beziehung zwischen Gläubiger und Schuldner. Bei ihm ist auf seine Entstehung abzustellen, wie sie den Verjährungsbeginn nach § 199 Abs 1 Nr 1 BGB maßgeblich bestimmt. Der allgemeine Auskunftsanspruch resultiert aus der Gefährdung *des Hauptanspruchs,* wie sie ständig andauert, solange der Gläubiger die zu seiner Durchsetzung notwendigen Informationen nicht erhält. Damit entsteht dieser Auskunftsanspruch ständig neu, solange die Verjährungsfrist des Hauptanspruchs noch läuft; ist sie abgelaufen, geht dieser Anspruch unter (im Ergebnis ebenso NJW 2017, 2755 Rn 8; krit ULRICI NJW 2018, 2001 ff). Das Ergebnis ähnelt dem des § 217 BGB.

4. Sonstige Auskunftsansprüche

a) Ihre Verjährung

9 Sonstige Auskunftsansprüche, wie namentlich jener Anspruch des Pflichtteilsberechtigten aus § 2314 BGB, sind nicht wie jene aus § 666 BGB von einer Fürsorgepflicht des Schuldners für den Gläubiger geprägt, sodass die Berufung auf den Eintritt ihrer Verjährung nicht treuwidrig sein kann. Und ihre spezielle Normierung im Gesetz hat sie so weit von dem Hauptanspruch des Gläubigers abgelöst, dass sie auch *eigenständig verjähren* können. Namentlich wird der Schuldner, der die Auskunft gleichwohl erteilt, dies von der Übernahme der damit verbundenen Kosten abhängig machen können, auch wenn er diese Kosten in unverjährter Zeit selbst hätte tragen müssen.

b) Der Rückgriff auf den allgemeinen Auskunftsanspruch

10 Das kann den Gläubiger jedoch nicht hindern, auf den allgemeinen Auskunftsanspruch zurückzugreifen.

aa) Dieser dürfte zwar grundsätzlich *subsidiär* sein gegenüber einem gesetzlich speziell normierten Auskunftsanspruch. Immerhin ist er latent stets vorhanden, sodass dieses Subsidiaritätsverhältnis jedenfalls dann nicht (mehr) gelten kann, wenn der spezielle Auskunftsanspruch nicht mehr durchsetzbar ist.

bb) Auch seine *Voraussetzungen* sind gegeben. Es verbindet die Parteien zunächst ein Schuldverhältnis in Gestalt des noch unverjährten Hauptanspruchs. Dass der Gläubiger dringend auf die Auskunft angewiesen ist, wird schon dadurch belegt, dass ihm ein spezieller Auskunftsanspruch im Gesetz eingeräumt worden ist. Dass der Gläubiger diesen hat verjähren lassen, wird man nicht mit hinreichendem Gewicht zu seinen Lasten werten dürfen. Die Zumutbarkeit der Auskunft für den Schuldner belegt ebenfalls das Spezialgesetz. Bei alledem wäre es paradox, wenn sich die Einräumung eines speziellen Auskunftsanspruchs im Ergebnis zu Lasten des Gläubigers würde auswirken können. Und es schreckt die Vorstellung eines zwar noch unverjährten, aber praktisch nicht mehr durchsetzbaren Hauptanspruchs.

IV. Abgabe der Versicherung an Eides statt

Die angestellten Überlegungen gelten auch dort, wo der Schuldner nach den §§ 259 Abs 2, 260 Abs 2 BGB zur Abgabe einer eidesstattlichen Versicherung verpflichtet ist. Zu beachten bei dem entsprechenden Anspruch des Gläubigers ist, dass dieser Anspruch erst – zeitversetzt – entsteht iSd §§ 199 Abs 1 Nr 1, 200 S 1 BGB, wenn sich Grund zu der Annahme ergibt, dass die Auskunft nicht mit erforderlicher Sorgfalt erteilt wurde. **11**

§ 218
Unwirksamkeit des Rücktritts

(1) Der Rücktritt wegen nicht oder nicht vertragsgemäß erbrachter Leistung ist unwirksam, wenn der Anspruch auf die Leistung oder der Nacherfüllungsanspruch verjährt ist und der Schuldner sich hierauf beruft. Dies gilt auch, wenn der Schuldner nach § 275 Absatz 1 bis 3, § 439 Absatz 4 oder § 635 Absatz 3 nicht zu leisten braucht und der Anspruch auf die Leistung oder der Nacherfüllungsanspruch verjährt wäre. § 216 Abs. 2 Satz 2 bleibt unberührt.

(2) § 214 Abs. 2 findet entsprechende Anwendung.

Materialien: Art 1 G zur Modernisierung des Schuldrechts v 26. 11. 2001 (BGBl I 3138). BGB aF: –; PETERS/ZIMMERMANN: –; Schuldrechtskommission: – Reg E § 218, BT-Drucks 14/6040, 124; BT-Drucks 14/7052, 11, 182.

Schrifttum

BYDLINSKI, Die geplante Modernisierung des Verjährungsrechts, in: SCHULZE/SCHULTE-NÖLKE (Hrsg), Die Schuldrechtsreform vor dem Hintergrund des Gemeinschaftsrechts (2001)
JACOBY, Verjährung im Kauf- und Werkvertragsrecht, in: Verjährungsrecht in Europa (2011) 354
KLEINSCHMIDT, Einheitliche Verjährungsregeln für Europa?, AcP 213 (2013) 538
REINKING, Die Geltendmachung von Sachmängelrechten und ihre Auswirkung auf die Verjährung, ZGS 2002, 140
SEGGEWISSE/WEBER, Begrenzt § 218 BGB das „ewige Widerrufsrecht" des Darlehensnehmers?, BKR 2016, 286
WAGNER, Die Verjährung gewährleistungsrechtlicher Rechtsbehelfe nach neuem Schuldrecht, ZIP 2002, 789
WOLFFSKEEL vREICHENBERG, Rücktritt und Schadensersatz bei Verjährung und absoluter Unverhältnismäßigkeit, NJW 2015, 2833.

Systematische Übersicht

I. **Allgemeines**	1	
II. **Mangelbedingter Rücktritt**		
1. Voraussetzungen	2	
a) Verjährung des Nacherfüllungsanspruchs	2	
b) Berufung auf die Verjährung	3	

2.	Folgen	4	IV. Sonstiger Rücktritt	10
3.	Verjährungsfragen	6	V. Sonstige Gestaltungsrechte	12
III.	**Minderung**			
1.	Allgemeines	8		
2.	Besonderheiten	9		

I. Allgemeines

1 Die Bestimmung ist im Rahmen des G zur Modernisierung des Schuldrechts vollständig neu geschaffen worden. Sie soll dem Umstand Rechnung tragen, dass dieses G Wandlung und Minderung des bisherigen Rechts konstruktiv umgestaltet hat: Jene kamen durch einen Vertrag zustande, § 465 BGB aF, auf dessen Abschluss Käufer oder Besteller bei Vorliegen eines Mangels Anspruch hatten, § 462 BGB aF, ggf in Kombination mit § 634 Abs 4 BGB aF; der Anspruch des Käufers bzw Bestellers auf Wandlung unterlag problemlos der Verjährung, § 194 Abs 1 BGB, wie sie dann näher geregelt war in den §§ 477, 638 BGB aF. Jetzt ersetzt die Wandlung der *einseitig* vom Käufer oder Besteller *zu erklärende Rücktritt,* § 349 BGB iVm § 437 Nr 2 BGB bzw § 634 Nr 3 BGB; Käufer oder Besteller üben also jeweils ein Gestaltungsrecht aus. Das ist – trotz des beibehaltenen Ausdrucks – auch nicht anders im Falle der Minderung, vgl die §§ 441 Abs 1, 638 Abs 1 S 1 BGB.

Es ist richtig, dass § 194 Abs 1 BGB nur Ansprüche der Verjährung unterwirft, nicht auch Gestaltungsrechte. Der Gesetzgeber hat sich deshalb zu der besonderen Regelung des § 218 Abs 1 S 1 BGB genötigt gesehen und nicht bedacht, dass die Fassung des § 194 Abs 1 BGB durchaus zu seiner Disposition gestanden hätte: Im Ergebnis unterliegen die Gestaltungsrechte des Rücktritts und der Minderung wegen § 218 Abs 1 S 1 BGB doch der Verjährung: Das hätte der Gesetzgeber durch die Anordnung der entsprechenden Anwendung des § 194 Abs 1 BGB auf sie weniger umständlich ausdrücken können; zugleich hätte er so die erheblichen Folgeprobleme vermieden, die sich aus dem neuen Regelwerk ergeben.

II. Mangelbedingter Rücktritt

1. Voraussetzungen

2 a) Kraft der ausdrücklichen Anordnung in § 438 Abs 4 S 1 bzw in 634a Abs 4 S 1 BGB gilt § 218 BGB zunächst dann, wenn der Anspruch von Käufer bzw Besteller auf Nacherfüllung verjährt ist; ob Letzteres der Fall ist, ergibt sich daraus, ob die Zeiträume der §§ 438 Abs 1–3 bzw 634a Abs 1–3 BGB – auch unter Berücksichtigung etwaiger Hemmungen oder eines Neubeginns der Verjährung – verstrichen sind.

Der Anspruch auf Nacherfüllung braucht dazu *nicht durchsetzbar* gewesen zu sein. § 218 Abs 1 S 2 BGB sagt dies ausdrücklich für die Fälle, in denen dem Schuldner die Leistungsverweigerungsrechte der §§ 275 Abs 1–3, 439 Abs 3, 635 Abs 3 BGB zur Verfügung gestanden haben. Dies gilt ohne weiteres, wenn sich der Verkäufer oder Unternehmer auf die Unzumutbarkeit der Nacherfüllung berufen hat, muss nach Sinn und Zweck der Regelung aber auch dann gelten, wenn er dies nicht getan hat: Dadurch darf sich die Rücktrittsmöglichkeit zeitlich nicht erweitern.

Die Regelung des § 218 Abs 1 S 2 BGB ist aber *unvollständig*. Gleichzustellen ist der Fall, dass *kein Mangel vorlag* oder er *nicht gewichtig* genug war, einen Rücktritt zu rechtfertigen. Nicht anders zu behandeln ist auch der Fall, dass der Käufer *Rügeobliegenheiten nach § 377 HGB* nicht gewahrt hat oder dass der Käufer oder Besteller einen *Kostenzuschuss* zur Nacherfüllung (vgl STAUDINGER/PETERS/JACOBY [2014] § 634 Rn 20) hätten leisten müssen, dies aber nicht getan haben: Die Berufung auf die jedenfalls eingetretene Verjährung enthebt von der Notwendigkeit der Prüfung dieser Fragen.

Der Anspruch auf Nacherfüllung kann auch *erloschen* sein. Dazu kann es nach § 281 Abs 4 BGB gekommen sein, wenn Käufer oder Besteller eine Frist zur Nacherfüllung gesetzt und anschließend Schadensersatz verlangt haben. Im Sinne des § 218 Abs 1 BGB ist dann auf die Verjährung dieses Schadensersatzanspruchs abzustellen.

b) Der Verkäufer bzw Unternehmer muss sich auf den Ablauf der Verjährung 3 berufen; der Fristablauf ist also nicht von Amts wegen zu beachten, sondern nur *auf Einrede*.

Die Berufung von Verkäufer bzw Unternehmer auf den Eintritt der Verjährung lässt den Rücktritt des Käufers bzw Bestellers unwirksam sein, wie § 218 Abs 1 S 1 BGB formuliert. Das Gesetz gibt dem Gewährleistungspflichtigen also ein *eigentümliches eigenes Gestaltungsrecht* an die Hand (BeckOGK BGB/BACH [1. 10. 2018] Rn 27; NK-BGB/ MANSEL/STÜRNER Rn 10; MünchKomm/GROTHE Rn 6; aA ERMAN/SCHMIDT-RÄNTSCH Rn 5: Einrede). Sachwidrig ist es wegen des entstehenden Schwebezustandes, dass das Gesetz die Ausübung dieses Gestaltungsrechts *nicht an eine Frist bindet* (aA BeckOGK BGB/ BACH [1. 10. 2018] Rn 27: typische Folge der Verjährung). MünchKomm/GROTHE Rn 6 weist auf die Möglichkeit der Verwirkung hin. Das könnte dann anzunehmen sein, wenn die *Rückabwicklung* des Vertrages im Rahmen des Rücktritts *erfolgt ist*, was ja gerade beim Werkvertrag mit beträchtlichen Schwierigkeiten verbunden sein kann. Doch schützen den Käufer bzw Besteller dann die §§ 218 Abs 2, 214 Abs 2 BGB: Die erfolgte Rückabwicklung kann die Gegenseite nicht mehr wegen der eingetretenen Verjährung in Frage stellen. Ist noch nicht rückabgewickelt, sind untunliche Folgen einer Zurückweisung des Rücktritts nicht zu gewärtigen.

2. Folgen

Wird der Rücktritt nicht zurückgewiesen, so ist der Vertrag nach Maßgabe der 4 §§ 346 ff BGB abzuwickeln.

Wird der Rücktritt zurückgewiesen, so verliert er seine Wirksamkeit ex tunc (Beck-OGK BGB/BACH [1. 10. 2018] Rn 33; aA MünchKomm/GROTHE Rn 7; PALANDT/ELLENBERGER Rn 6: ex nunc), es unterbleibt die Rückabwicklung, soweit sie noch nicht in Angriff genommen worden ist. Wenn sie schon – ganz oder teilweise – durchgeführt worden ist, erwächst den Parteien aus der Zurückweisung des Rücktritts ein Anspruch darauf, dass der Vertrag in den Zustand vor dem Rücktritt zurückversetzt wird, was freilich angesichts des Umstands, dass den Geschehnissen ein nachhaltiger Mangel zugrundeliegt, zu wenig sinnvollen Ergebnissen führt. Die Rückgewähr der Leistungen ist ihrerseits rückgängig zu machen. Dem widerspricht zwar die Formulierung der §§ 218 Abs 2, 214 Abs 2 BGB. Doch sind die letzteren Bestimmungen teleologisch auf den Fall beiderseitiger voller Rückgewähr zu reduzieren: Ist jeweils unterschiedlich umfangreich zurückgewährt worden, würden sich nicht hinnehmbare Diskrepanzen ergeben, wie sie teilweise hingenommen werden (NK-BGB/Mansel/Stürner Rn 14; BeckOGK BGB/Bach [1. 10. 2018] Rn 36 f; MünchKomm/Grothe Rn 8, der auf möglichen Rechtsmissbrauch verweist; Palandt/Ellenberger Rn 6: die wegen des Mangels zurückgegebene Sache könne herausverlangt werden).

5 Hinzuweisen ist auf die Bestimmungen der §§ 438 Abs 4 S 2, 3, 634a Abs 4 S 2, 3 BGB: Auch bei einem wegen Verjährung zurückgewiesenen Rücktritt können Käufer bzw Besteller die Begleichung noch offenen Kaufpreises oder Werklohns verweigern. Machen sie von dieser Befugnis Gebrauch, so kann die Gegenseite ihrerseits zurücktreten. Wegen dieser Folge, die bei der Minderung nicht eintritt (u Rn 9), ist ein Rücktritt von Käufer oder Besteller dahin zu hinterfragen, ob nicht in Wahrheit Minderung gemeint ist, jedenfalls kommt eine Umdeutung in Betracht.

3. Verjährungsfragen

6 Wenn Käufer oder Besteller in unverjährter Zeit zurücktreten, ist die Verjährung ihres sich ergebenden Rückgewähranspruchs fraglich. Nach bisherigem Recht unterschied man zwischen dem *Anspruch auf Wandlung* und dem *Anspruch aus (vollzogener) Wandlung:* Ersterer sollte den Gewährleistungsfristen der §§ 477, 638 BGB aF unterliegen, Letzterer der regelmäßigen Verjährung nach § 195 BGB. Die zeitliche Privilegierung des Anspruchs aus Wandlung hatte ihre innere Berechtigung. Denn wenn sich die Parteien auf die Wandlung einigen mussten und geeinigt hatten, waren die sich daraus ergebenden Ansprüche jedenfalls dem Grunde nach unstreitig gestellt; sie hingen nicht von weiteren uU schwierigen Feststellungen zum Mangel und seinem Gewicht ab.

Diese innere Rechtfertigung ist mit dem Übergang von einer Wandlung als Einigung der Parteien zu dem einseitigen Rücktrittsrecht des Käufers bzw Bestellers entfallen. Zugleich ist zu berücksichtigen, dass die §§ 438, 634a nF dem Käufer bzw Besteller den Zeitdruck der §§ 477, 638 aF weitgehend genommen und umgekehrt die Zeit der Ungewissheit für Verkäufer bzw Unternehmer entsprechend verlängert haben.

Es ist deshalb die Auffassung abzulehnen, die den bisherigen Rechtszustand fortschreiben will: Möglichkeit zum Rücktritt innerhalb der Fristen der §§ 438, 634a, vgl §§ 218 Abs 1 S 1, 438 Abs 4 S 1, 634a Abs 4 S 1 BGB, und ein Rückabwicklungsanspruch von Käufer bzw Besteller innerhalb der Frist des § 195, diese gerechnet nach § 199 Abs 1 BGB (Jahresschluss nach Zugang der Rücktrittserklärung; **aA** freilich BGHZ 170, 31 = NJW 2007, 674 Rn 36 f; BeckOK/Faust [1. 11. 2018] § 438 Rn 49; MünchKomm/Grothe Rn 4; Palandt/Ellenberger Rn 7; Reinking ZGS 2002, 141; wie hier Jacoby 354, 366 f; Wagner ZIP 2002, 789, 791 f; im Ergebnis auch BeckOGK BGB/Bach [1. 10. 2018] Rn 13 ff; vgl auch Peters NJW 2008, 119). Vielmehr verbleibt dem Käufer bzw dem Besteller nach erklärtem Rücktritt für die Rückforderung nur noch die restliche Frist aus den §§ 438, 634a BGB: Der Rücktritt darf auch mit seinen Folgen zeitlich nicht über die anderen Rechte aus den §§ 437, 634 BGB hinausragen; dagegen spricht auch schon der Gedanke des § 213 BGB.

Richtig ist freilich, dass man Verkäufer bzw Unternehmer als die Gegenseite mit ihren sich aus dem Rücktritt ergebenden Ansprüchen nicht an die Fristen der §§ 438, 634a BGB binden kann. Vor unangemessenen Folgen schützt aber § 215 BGB Käufer bzw Besteller. 7

Als Konsequenz aus dem Vorstehenden ergibt sich, dass der Käufer oder Besteller, der nach Ablauf der Fristen der §§ 438, 634a BGB zurücktritt, damit nur von vornherein verjährte Rückgewähransprüche erwirbt.

III. Minderung

1. Allgemeines

Das Gesagte gilt entsprechend für die Minderung, vgl §§ 438 Abs 5, 634a Abs 5 BGB. Freilich ergeben sich nachhaltige Unterschiede daraus, dass die Minderung keine Rückabwicklung auslöst, sondern nur Kaufpreis bzw Werklohn verkürzt: 8

Sind Kaufpreis oder Werklohn *schon voll beglichen,* erwächst dem Käufer oder Besteller nur ein von vornherein verjährter Rückforderungsanspruch, wenn er die *Minderung* außerhalb der Fristen der §§ 438, 634a BGB und damit *verspätet erklärt.* Wahrt er diese Fristen, bleibt ihm für die Rückforderung nur deren unverbrauchter Rest.

Ist die Entgeltforderung noch nicht voll beglichen, kann auch nach Ablauf der Fristen Zahlung insoweit verweigert werden, wie die Minderung betraglich reicht, §§ 438 Abs 5, 634a Abs 5 BGB.

2. Besonderheiten

Zwei Unterschiede ergeben sich gegenüber dem Rücktritt: Zunächst gelten nicht auch die Bestimmungen der §§ 438 Abs 4 S 3, 634a Abs 4 S 3 BGB entsprechend. Das bedeutet, dass Verkäufer oder Unternehmer die auf eine verspätete Minderung gestützte Zahlungsverweigerung nun nicht ihrerseits zum Anlass nehmen können, sich von dem Vertrag zu lösen. 9

Außerdem bleibt bei dem sich aus der Minderung ggf ergebenden Rückzahlungsanspruch § 215 BGB zu beachten: Wenn dem Verkäufer oder Unternehmer sonstige Ansprüche zustehen, kann der Rückzahlungsanspruch ihnen unter den Voraussetzungen dieser Bestimmung entgegengehalten werden. Dazu ist es nicht erforderlich, dass die Minderung schon unverjährt erklärt wurde, sondern es genügt, dass die Minderungsbefugnis unverjährt gegeben war.

IV. Sonstiger Rücktritt

§ 218 Abs 1 S 1 BGB greift über den eigentlichen gesetzgeberischen Anlass des mangelbedingten Rücktritts hinaus, indem die Bestimmung den Rücktritt auch in 10 anderen Fällen einbezieht, namentlich im Fall des § 376 HGB (BeckOGK BGB/Bach [1. 10. 2018] Rn 6; MünchKomm/Grothe Rn 2). Soweit § 323 BGB in Bezug genommen wird, ist (auch) das überflüssig und verwirrend: Wenn der eigene Anspruch verjährt ist, kann schon nicht die nach § 323 Abs 1 BGB idR erforderliche Frist gesetzt werden, weil der Anspruch nicht mehr durchsetzbar ist. Wenn sich der Schuldner auf Verjährung beruft, scheint zwar die Fristsetzung wegen einer ernsthaften und endgültigen Erfüllungsverweigerung nach § 323 Abs 2 Nr 1 BGB entbehrlich. Doch ist auch das natürlich nicht der Fall, weil relevant nur eine unberechtigte Erfüllungsverweigerung sein kann (Huber, Leistungsstörungen II [1999] 566), an der es wegen der Verjährung fehlt.

Der Schuldner muss sich freilich auf Verjährung berufen, will er deren Wohltat teilhaftig werden (vgl § 214 Rn 5). Tut er dies aber, so nimmt er damit nicht einem an sich wirksamen Rücktritt die Wirksamkeit, sondern entzieht dem Rücktritt überhaupt die Basis.

§ 218 Abs 2 BGB stellt mit seiner Bezugnahme auf § 214 Abs 2 BGB klar, dass der Schuldner nicht mehr wirksam Verjährung vorschützen kann, wenn er sich auf den Rücktritt eingelassen und die Leistung zurückgewährt hat, die er selbst empfangen hat, vgl aber auch o Rn 5 zu dem Fall, dass sich eine „Schieflage" bei der beiderseitigen Rückgewähr ergibt.

Für das Rücktrittsrecht des § 324 BGB gilt § 218 BGB nicht (BeckOGK BGB/Bach [1. 10. 2018] Rn 7).

11 Die Seite, die bei einem gegenseitigen Vertrag selbst schon geleistet hat, muss es hinnehmen, dass der eigene Anspruch verjährt ist. Ist der Anspruch der Gegenseite seinerseits noch unverjährt offen, schützt § 215 vor unbilligen Folgen.

Wer unter Eigentumsvorbehalt geliefert hat, kann nach § 216 Abs 2 S 2 BGB auch dann noch zurücktreten, wenn der noch offene Kaufpreisanspruch verjährt ist. Dies wiederholt § 218 Abs 1 S 3 BGB.

V. Sonstige Gestaltungsrechte

12 § 218 BGB betrifft nur die gesetzlichen Rücktrittsrechte der §§ 323, 437 Nr 2, 634 Nr 3 BGB (und die Minderung). Auf vertraglich vereinbarte Rücktrittsrechte ist die Bestimmung nicht anwendbar (MünchKomm/Grothe Rn 2; Soergel/Niedenführ Rn 3), es sei denn, dass sie letztlich nur Rücktrittsmöglichkeiten wiederholen, die sich schon aus dem Gesetz ergeben (BeckOGK BGB/Bach [1. 10. 2018] Rn 8; Palandt/Ellenberger Rn 2; BeckOK/Henrich [1. 5. 2019] Rn 2; Erman/Schmidt-Räntsch Rn 3; **aA** hier MünchKomm/ Grothe Rn 2, der § 350 für ausreichend und abschließend hält).

Das Widerrufsrecht des § 355 BGB unterliegt der dortigen Ausschlussfrist nach Abs 3 S 1. Ist diese Frist mangels Belehrung nicht in Lauf gesetzt worden, unterliegt es keinen zeitlichen Grenzen, sondern allenfalls der Verwirkung. Das durch verschiedene Vorschriften wie §§ 312g, 485, 495, 510 Abs 2, 650l BGB eingeräumte Recht zum Verbraucherwiderruf ist Gestaltungsrecht, auf das § 218 BGB nicht anwendbar ist (BGH NJW 2018, 225 Rn 18). Es gelten die gesetzlichen Fristen des § 355 Abs 2 BGB sowie die an die Belehrung anknüpfenden Spezialfristen, schließlich meist die Höchstfristen von zwölf Monaten und 14 Tagen, etwa § 355 Abs 3 S 2 BGB.

Sonstige Gestaltungsrechte unterliegen idR Ausschlussfristen. Für § 218 BGB besteht keine Anwendungsmöglichkeit (MünchKomm/GROTHE Rn 3).

§§ 219–225
(weggefallen)

§ 219 BGB aF betraf das rechtskräftige Vorbehaltsurteil. Die Bestimmung ist aufgegangen in § 197 Abs 1 Nr 3 BGB (vgl § 197 Rn 32). **1**

§ 220 BGB aF betraf das Verfahren vor Schiedsgerichten und anderen staatlichen Gerichten als denen der Zivilgerichtsbarkeit. Die Bestimmung ist aufgegangen in § 204 BGB, namentlich dessen Abs 1 Nr 11.

§ 221 BGB aF ist übernommen als § 198 BGB.

§ 222 BGB aF ist übernommen als § 214 BGB.

§ 223 BGB aF ist übernommen als § 216 BGB.

§ 224 BGB aF ist übernommen als § 217 BGB.

§ 225 BGB aF ist ersetzt worden durch § 202 BGB.

Abschnitt 6
Ausübung der Rechte, Selbstverteidigung, Selbsthilfe

§ 226
Schikaneverbot

Die Ausübung eines Rechts ist unzulässig, wenn sie nur den Zweck haben kann, einem anderen Schaden zuzufügen.

Materialien: Prot I 459 f; Prot RJA, 72; Prot II 1, 238 f; Jakobs/Schubert, AT 2, 1171–1173, 1244–1246; Sten Ber 9. Leg IV. Session, 2753.

Schrifttum

Baumgärtel, Treu und Glauben, gute Sitten und Schikaneverbot im Erkenntnisverfahren, ZZP 69 (1956) 89
Baur, Der Mißbrauch im deutschen Kartellrecht (1972)
Blümner, Die Lehre vom böswilligen Rechtsmißbrauch (1900)
Bovensiepen, Schikane, HdwbRWiss V (1928) 334
Fleischer, Der Rechtsmißbrauch zwischen Gemeineuropäischem Privatrecht und Gemeinschaftsprivatrecht, JZ 2003, 865
Fuld, Der Chikaneparagraph des Bürgerlichen Gesetzbuches, SeuffBl 63 (1898) 501
Haferkamp, Die heutige Rechtsmißbrauchslehre – Ergebnis nationalsozialistischen Rechtsdenkens? (1995)
ders, Die exceptio doli generalis in der Rechtsprechung des Reichsgerichts vor 1914, in: Falk/Mohnhaupt, Das Bürgerliche Gesetzbuch und seine Richter (2000) 1
Hager, Schikane und Rechtsmißbrauch im heutigen bürgerlichen Rechte (1913)

Jacubezky, Zur Frage des allgemeinen Chikaneverbots, Gruchot 40 (1896) 591
Knödler, Sperrgrundstücksklagen als Rechtsmißbrauch?, NuR 2001, 194
Kletterer, Das Chikaneverbot des BGB (Diss Würzburg 1907)
Merz, Vom Schikaneverbot zum Rechtsmißbrauch, ZfRV 1977, 162
Ramdohr, Rechtsmißbrauch, Gruchot 46 (1902) 577–600 und 806–839
Riezler, Rechtsmißbrauch und Schikane, RvglHWB VI (1938) 1
Rüdy, Der Rechtsmißbrauch (Diss München 1934)
Schneidler, Das Schikaneverbot des § 226 BGB, Recht 1906, 603
Siebert, Vom Wesen des Rechtsmißbrauchs (1935)
Steinbach, Die Moral als Schranke des Rechtserwerbs und der Rechtsausübung (1898)
Zahn, Zur Auslegung von § 226 BGB, Recht 1906, 847.

Systematische Übersicht

I.	**Zweck der Vorschrift**	1	c)	Haltung der ersten Kommission	4
1.	Entstehungsgeschichte	2	d)	Kritik am E I	5
a)	Begrenzung subjektiver Rechte	2	e)	Zweite Kommission	6
b)	Privatrechtliche Tradition	3	f)	Bundesrat	7

g)	Schranke subjektiver Rechte	8	hh)	Nichtverlängerung eines Vertrags	32
2.	Wirkungsgeschichte	9	ii)	Pfandrecht	32a
3.	Zweck der Vorschrift	10	kk)	Steuerrecht	32b
a)	Der freie Gebrauch eines Rechts	10	ll)	Wertpapiergeschäfte	32c
b)	Innen- und Außentheorie	11	mm)	Widerrufsrecht	32d
c)	Der Rechtsmissbrauch	12	nn)	Wohnungseigentümergemeinschaft	32e
			oo)	Zahlung unter Vorbehalt	33
II.	**Der Tatbestand des Schikaneverbots**		III.	**Rechtsfolgen**	
1.	Ausübung eines Rechts	13	1.	Rechtswidrigkeit der Handlung	34
2.	Schädigungszweck	15	2.	Beseitigungsanspruch	35
a)	Objektiver Zweck	15	3.	Unterlassungsanspruch	36
b)	Kein subjektiver Schädigungszweck	20	4.	Schadensersatz	37
3.	Beispiele	22	5.	Einwendung	38
a)	Schikane wird bejaht	23	6.	Rechte Dritter	39
aa)	Standardbeispiel: Grabbesuchsrecht	23			
bb)	Arbeitsrecht	24	IV.	**Das Schikaneverbot im Prozessrecht**	
cc)	Auskunftsansprüche	24a	1.	Rechtsmissbrauch im Prozess	40
dd)	Bau-, Grundstücks- und Nachbarrecht	24b	2.	Schikanöse Prozess- und Vollstreckungshandlungen	41
ee)	Domaingrabbing	24c	V.	**Beweislast**	42
ff)	Fristen	24d			
gg)	Gesellschaftsrecht	24e	VI.	**Rechtsvergleichung**	43
hh)	Miete	25	1.	Österreichisches Recht	44
ii)	Presserecht	26	2.	Schweizerisches Recht	45
kk)	Steuerrecht	26a	3.	Spanisches Recht	46
ll)	Wohnungseigentümergemeinschaft	26b	4.	Französisches Recht	47
b)	Schikane wird verneint	27	5.	Englisches Recht	48
aa)	Arbeitsrecht	27a	6.	Italienisches Recht	49
bb)	Auskunftsansprüche	27b	7.	Europäisches Gemeinschaftsrecht	50
cc)	Bankrecht	28	8.	Principles of European Contract Law und Draft Common Frame of Reference	51
dd)	Bau-, Grundstücks- und Nachbarrecht	29	9.	Zusammenfassung	52
ee)	Fristen	30			
ff)	Gesellschaftsrecht	31			
gg)	Leistungsverweigerung	31a			

Alphabetische Übersicht

Arbeitsrecht	24, 27a	Dachantenne	24b
Auskunftsanspruch	24a, 27b	Domaingrabbing	24c
Ausnutzung eines Grundstücks	24b	Draft Common Frame of Reference	51
Ausübung eines Rechts	13		
Bagatellsummen	41	Einwendungscharakter	38
Bauherr	29	Englisches Recht	48
Beseitigungsanspruch	35	Erste Kommission	3 f
Bestattung	29	Europäisches Gemeinschaftsrecht	50
Bundesrat	7		
		Französisches Recht	47

Abschnitt 6
Ausübung der Rechte, Selbstverteidigung, Selbsthilfe § 226

Freiheit des Schuldners	10	Rechtsschutzversicherung	31a
Fristüberschreitung	24d	Rechtsvergleichung	43 ff
		Rechtswidrigkeit	34
Gegendarstellung	26	Römisches Recht	2
Geltungsbereich	13		
Gemeinschaftsrecht	50	Schadensersatz	24, 37
Gesellschaftsrecht	24e, 31	Schädigungszweck	16 ff
Gierke	5	Schweizerisches Recht	45
Grabbesuch	23	Serienabmahnung	41
		Spanisches Recht	46
Herausgabeanspruch	31, 41	Sperrgrundstücke	18a, 29
		Steuerrecht	26a, 32b
Immanente Schranke	11	Subjektiver Schädigungszweck	20
Immaterieller Nachteil	16		
Italienisches Recht	49	Tannenhecke	29a
Kündigung eines Kontos	28	Unterlassungsanspruch	36
		Unterlassungsklage	41
Markise	29	Usus modernus pandectarum	2
Mietvertrag	25		
		Verfolgung weiterer Zwecke	18
Naturschutzziel	18	Vertragsverlängerung	32
Öffentliches Recht	14	Wegerecht	24, 29
Österreichisches Recht	44	Wirkungsgeschichte	9
		Wirtschaftliche Unzweckmäßigkeit	19
Principles of European Contract Law	51	Wohnungseigentümer	26b, 32e
Prozessrecht	14, 40 f		
		Zweck der Vorschrift	1 ff, 10, 21
Rechtsmissbrauch	12	Zweite Kommission	6

I. Zweck der Vorschrift

Um Sinn und Zweck des § 226 BGB adäquat begründen zu können, ist zunächst die 1
Entstehungsgeschichte in den Blick zu nehmen, die Auskunft über die Vorstellungen
der am Gesetzgebungsverfahren Beteiligten vom Zweck des Schikaneverbots gibt.

1. Entstehungsgeschichte

a)   Die Überschrift des sechsten Abschnittes des 1. Buches des BGB spricht die 2
„Ausübung der Rechte" an. Damit ist die Verwirklichung von Rechtsansprüchen
gemeint, die im Regelfall auf die Erfüllung (§ 362 BGB) zielen. Dabei steht es
zunächst einmal im Belieben des Berechtigten, ob er – innerhalb der gestatteten
Grenzen – sein Recht ganz oder uU auch nur teilweise ausübt (GEBHARD, Begründung
Teilentwurf 2 [SCHUBERT, AT 2, 410]) oder sogar darauf verzichtet. Der Redaktor des
Allgemeinen Teils (GEBHARD) war der Meinung, zwar könne der Berechtigte auch
einen unzweckmäßigen Gebrauch von seinem Recht machen und evtl sogar die Lage
anderer beeinträchtigen. Aber er fuhr fort: „Diese aus dem Begriffe des Rechts

fließende Regel ist keine ausnahmslos geltende. Wirthschaftliche und ethische Rücksichten, Billigkeitsgründe, welche die Ausgleichung entgegengesetzter Interessen gebieten, können zu Gesetzesvorschriften führen, durch welche die Rechtsausübung Beschränkungen unterworfen wird" (GEBHARD, Begründung Teilentwurf 3 [SCHUBERT, AT 2, 411]). Auch GEBHARD befürwortete also kein schrankenloses, von Gemeinwohlrücksichten abgekoppeltes subjektives Recht, sondern hielt materiale Gesichtspunkte für eine selbstverständliche Dimension subjektiver Rechte.

Damit befand sich GEBHARD in voller Übereinstimmung mit der privatrechtlichen Tradition. Schon das antike römische Recht beschränkte die Ausübung eines Rechts, wenn sie dem Berechtigten nicht nutzte, Dritte aber schädigte (gegenteiligen Aussagen [zB GIERKE, Der Entwurf [1889] 183] aus der Entstehungszeit des BGB ist schon damals widersprochen worden [BARON Jb f Nationalökonomie und Statistik 53 [1889] 225, 233 f]; vgl auch ENNECCERUS/ENNECCERUS [1913] § 220, 614; zur Entstehung von § 226 vgl auch die detaillierte Schilderung bei HKK/HAFERKAMP § 226 Rn 12–15). Von Fall zu Fall wurde die schädigende Rechtsausübung im klassischen römischen Recht – mitunter einredeweise – verboten (KASER, Römisches Privatrecht I [1971] 221 f). In nachklassischer Zeit sah man das Verbot des Rechtsmissbrauchs bereits als allgemein geltenden Grundsatz an (KASER, Römisches Privatrecht II [1975] 63). Deutlicher ausgeformt wurde das Verbot dann im kanonischen Recht des Mittelalters (dazu COING Law Quartely Review 1955, 223, 233; allgemein zur Dogmengeschichte des Rechtsmissbrauchsgedankens HKK/HAFERKAMP § 226 Rn 3–11 sowie STAUDINGER/COING[11] § 226 Rn 2). Eigenständige Relevanz hatte das Verbot der *aemulatio,* der Schikane, insbesondere im Bau- und Nachbarrecht, fand aber im Usus modernus pandectarum auch allgemeine Formulierung (zB STRYK/SCHÖNEICHE, De aemulatione iuris [Frankfurt/O 1678] cap III). Die Rechtslehre des 19. Jahrhunderts begegnete diesem Rechtsgedanken in seiner allgemeinen Form ablehnend, weil man die Grenzen der Freiheit insoweit vor allem in der Sittlichkeit begründet sah (vgl HAFERKAMP, Die Bedeutung der Willensfreiheit für die Historische Rechtsschule, in: Willensfreiheit und rechtliche Ordnung [2008] 196, 216 f).

3 b) Dieser kritischen Haltung folgend lehnte GEBHARD eine gesetzliche Fixierung des Schikaneverbots ab. Die Rechtsordnung dürfe, so argumentierte er, zwar nur Positionen anerkennen, die ein berechtigtes Interesse verwirklichen würden. Es sei aber nicht ratsam, darüber im Einzelfall einen Streit zu führen. Dies schon deshalb, weil es nur selten gelingen werde nachzuweisen, dass der Berechtigte *nur* in schädigender Absicht, ohne irgendein eigenes Interesse gehandelt habe. Umgekehrt lade aber ein allgemeines Schikaneverbot geradezu zum Missbrauch der Gerichte ein (GEBHARD, Begründung Teilentwurf, 4 [SCHUBERT, AT 2, 412]). Mit diesen Ausführungen war die spätere Verteidigungslinie der Gegner eines allgemeinen Schikaneverbots vorgezeichnet. Bis in die Verhandlungen der Reichstagskommission hinein wurden diese Argumente immer wieder angeführt (vgl Bericht von HELLER über die Verhandlung der Reichstagskommission, in: JAKOBS/SCHUBERT, AT 1172 f; zuvor zB die Stellungnahme von STRUCKMANN, Verhandlungen des Königlichen Landes-Oekonomie-Kollegiums [1890] 503). Festzuhalten bleibt, dass auch GEBHARD sich gegen schrankenlose subjektive Rechte ausgesprochen hat. Die Aufnahme eines allgemeinen Schikaneverbots lehnte er im Wesentlichen ab, weil er es für nicht praktikabel hielt.

4 c) Der erste Entwurf des bürgerlichen Gesetzbuchs, der im Frühjahr 1888 publiziert wurde, enthielt dementsprechend kein allgemeines Schikaneverbot, obgleich auch die erste Kommission die schikanöse Ausübung eines Rechts für verwerflich hielt (Prot I 460 [Jakobs/Schubert, AT 2, 1245]). Die Motive (I 274 f und III 260) begründeten das damit, die subjektiven Rechte würden nur zur Befriedigung „wirklicher Bedürfnisse" eingeräumt und nur insofern anerkannt, als sie geeignet seien, dem Wohl der menschlichen Gemeinschaft zu dienen. Man müsse sich damit begnügen, dass derjenige, der ein eigenes Recht ausübe, einen „anerkannten Willensinhalt" geltend mache. Wie Gebhard hoben die Motive die Missbrauchsgefahr im Prozess hervor.

d) Für die Aufnahme eines allgemeinen Schikaneverbots sprach sich hingegen 5 Gierke aus. Der auch im Privatrecht gültige Gemeinschaftsgedanke führe, so meinte er, dazu, dass „jedes Recht zugleich Pflicht ist und eine ihm immanente sittliche Schranke" habe (Der Entwurf [1889] 183; zum Gemeinschaftsgedanken bei Gierke: Repgen, Die soziale Aufgabe des Privatrechts [2001] 51 ff; G Dilcher, in: FS Jan Schröder [2013] 255, 265–276). Die Beachtung dieser Schranken sei nicht nur moralische Pflicht, sondern ein Rechtsgebot, da sämtliche Freiheitsrechte als beschränkt zu gelten hätten (vgl auch Verhandlungen des Königlichen Landes-Oekonomie-Kollegiums [1890] 218, 252–254, 492–505, insbesondere 494). Das Privatrecht gewähre dem Individuum zwar ein eigenes Recht, „eine Sphäre der Freiheit und einen selbstständigen Lebensbezirk", aber das Rechtssubjekt bleibe eingebunden in die Gemeinschaft, in ein Ganzes (Gierke, Verhandlungen 494). Planck, eine der einflussreichsten Gestalten im Gesetzgebungsverfahren, hatte in seiner Antwort an Gierke bereits Verhandlungsbereitschaft signalisiert (zur Kritik des Entwurfes eines bürgerlichen Gesetzbuches für das deutsche Reich, in: AcP 75 [1889] 393).

e) In der zweiten Kommission wurde dann über ein Schikaneverbot und die 6 exceptio doli generalis ausführlich diskutiert. Der Rechtsprechung solle, so wurden die Anträge zur Aufnahme des Schikaneverbots begründet, ein Mittel an die Hand gegeben werden, um den Forderungen der *aequitas* gerecht zu werden. Mit einem subjektiven Recht sei zwar die Befugnis zur „vollen Ausübung desselben ohne Rücksicht auf etwaige Nachteile" für Dritte gegeben. Wer aber, so fahren die Protokolle fort, ohne eigenes Interesse lediglich zur „Kränkung eines Dritten" sein Recht ausübe, handele gegen die „öffentliche Moral". Für den Richter solle klargestellt werden, dass er nicht „den Buchstaben des Gesetzes zur Geltung" zu bringen habe (Prot II 1, 239). Gerade dieses methodische Argument wendete aber die Mehrheit der zweiten Kommission gegen den Antrag zur Aufnahme eines Schikaneverbotes: Wer zwischen dem formellen Recht und der Billigkeit einen Gegensatz erblicke, lege die rechtsgeschäftlichen und gesetzlichen Bestimmungen zu eng aus (Prot II 1, 240). Schon in der Vorkommission des Reichsjustizamtes hatte man Überlegungen zur Kodifikation des Schikaneverbots verworfen, weil der Richter sich nicht „einem dunklen, rein subjektiven Rechtsgefühle" (Prot RJA 174) überlassen dürfe (Jakobs/Schubert, AT 1171).

f) Demgegenüber entschloss sich dann später der Bundesrat, dem § 887 E II 7 (entspricht dem heutigen § 903 BGB) einen zweiten Absatz mit folgendem Wortlaut anzuhängen: „Eine Ausübung des Eigenthums, die nur den Zweck haben kann, einem Anderen Schaden zuzufügen, ist unzulässig." Auf Antrag des Zentrumsabgeordneten Gröber entschied sich dann die Reichstagskommission nach ausführlicher Debatte dafür, diese Vorschrift auf jede Rechtsausübung auszudehnen und in den

Allgemeinen Teil zu stellen (vgl Bericht der Reichstagskommission über den Entwurf [1896] 32 f; Bericht von HELLER über die fragliche Sitzung der Reichstagskommission am 24. 3. 1896, in: JAKOBS/SCHUBERT, AT 1172 f). Der Erfolg des Antrags ist umso bemerkenswerter, als die Kommissare des Bundesrates STRUCKMANN, JACUBEZKY und GEBHARD einmütig gegen die weite Fassung des Schikaneparagraphen votierten. Das wichtigste Argument war, es werde dadurch nachgerade zur missbräuchlichen Berufung auf Schikane aufgefordert und zu zahlreichen Prozessen darüber kommen (Bericht von HELLER, in; JAKOBS/SCHUBERT, AT 1172; vgl auch die oben Rn 3 referierte Argumentation von GEBHARD). JACUBEZKY meinte, der ganze Entwurf enthalte bereits den geforderten Rechtsgedanken (Gruchot 40 [1896] 591–596). Und in der Tat enthält auch das spätere Gesetzbuch unabhängig von § 226 BGB vielfache Beschränkungen für die Ausübung subjektiver Rechte (ausführliche Darstellung bei PLANCK/PLANCK [1897] § 226, S 277 f).

8 g) Überblickt man die Entstehungsgeschichte der Vorschrift, so ist klar, dass niemand im Gesetzgebungsverfahren schrankenlose subjektive Rechte gewollt hat. § 226 BGB baut ganz eindeutig auf der Vorstellung immanent beschränkter subjektiver Rechte auf, wie sie insbesondere GIERKE formuliert hat (Rn 5). Es besteht danach die Rechtspflicht, subjektive Rechte nicht allein zum Schaden Dritter durchzusetzen.

2. Wirkungsgeschichte

9 Anders, als man es sich ursprünglich vorgestellt hatte (OERTMANN, Die volkswirthschaftliche Bedeutung des Bürgerlichen Gesetzbuchs [1900] 53, zB sprach von dem „hochbedeutenden" § 226, in dem die sozialen Interessen des neuen Gesetzbuchs ihre „Krönung und Vollendung" gefunden hätten), hat § 226 BGB niemals große forensische Relevanz erlangt (vgl HAFERKAMP, Die exceptio doli generalis in der Rechtsprechung des Reichsgerichts vor 1914). Das gilt vor allem im Vergleich zu den ausgesprochen wichtig gewordenen, inhaltlich verwandten Vorschriften in §§ 138, 242 und 826 BGB. Die Ursache dafür dürfte weniger darin liegen, dass man im Gesetzgebungsverfahren § 226 BGB erst in vorletzter Minute eingefügt hat (das hat die Entwicklung allerdings sichtlich begünstigt, vgl etwa aus der frühen Literatur zum BGB die Behandlung des Schikaneverbots bei F ENDEMANN, Lehrbuch des bürgerlichen Rechts, Bd I [5. Aufl 1899] § 85 Anm 3a E), sondern mehr daran, dass der Tatbestand zu eng gefasst ist *(„nur* den Zweck"). Die Möglichkeit, der Vorschrift im Wege freier Auslegung praktische Bedeutung zukommen zu lassen, wurde von der Rechtsprechung nicht aufgegriffen. Vielmehr wandte sich schon das Reichsgericht in Fortsetzung der gemeinrechtlichen Tradition der *exceptio doli generalis,* die vor allem an § 826 BGB und §§ 157, 242 BGB festgemacht wurde, zu (vgl HKK/ HAFERKAMP § 226 Rn 19; ders, Die exceptio doli generalis, in: FALK/MOHNHAUPT, Das BGB und seine Richter [2000] 1 ff, 30 f; ders, Rechtsmissbrauchslehre [1995] 131; zur Rechtsprechung zu Beginn des 20. Jahrhunderts vgl KLEINEDAMM DJZ 1911, 147 f). Unter dem Eindruck der Forschungen von SIEBERT (Verwirkung und Unzulässigkeit der Rechtsausübung [1934]; dazu: HKK/HAFERKAMP § 226 Rn 183 ff), der insofern vor allem von GIERKE und der französischen Rechtsmissbrauchslehre (dazu unten Rn 47) beeinflusst war, gelangte das RG dann zum umfassenden Begriff der *unzulässigen Rechtsausübung* (vgl RG 22. 1. 1935 – II 198/34, RGZ 146, 385, 396), der auch die gegen § 226 BGB verstoßende Rechtsausübung umfasst.

3. Zweck der Vorschrift

a) Der freie Gebrauch eines Rechts

Wem einredefrei ein subjektives Recht zusteht, kann dieses ausüben, dh inhaltlich **10** verwirklichen. Der Berechtigte darf dabei grundsätzlich nach seinem Willen verfahren, weil insoweit seine Freiheit rechtlich anerkannt ist. Der Schuldner ist von der Rechtsordnung dazu verpflichtet, entsprechend zu handeln. Notwendigerweise wird dabei die (Handlungs-)Freiheit des Schuldners in irgendeiner Weise tangiert, weil die Rechtsordnung dem Gläubiger Mittel zur Verfügung stellen muss, den Rechtsanspruch notfalls auch gegen den Willen des Schuldners durchzusetzen. Um einen gerechten Interessenausgleich zu gewährleisten, verfügt die Rechtsordnung über verschiedene, abgestufte Instrumentarien. Es beginnt damit, dass der Privatrechtsgedanke subjektive Rechte regelmäßig – für gesetzliche Ansprüche gelten zum Teil Besonderheiten – nur aufgrund privatautonomen Handelns entstehen lässt. Um dieses zu gewährleisten, finden Willensmängel über das Irrtumsrecht Berücksichtigung. Hinzu treten die Vorschriften des Leistungsstörungsrechts, deren tiefster Zweck ebenfalls im Schutz der Freiheit des Schuldners liegt. Das Zwangsvollstreckungsrecht kennt schließlich eine ganze Reihe von Schutzmechanismen, die in Abhängigkeit vom Schuldinhalt den Eingriff in die Freiheit auf das unbedingt notwendige Maß beschränken sollen (dazu ausführlicher HKK/REPGEN zu §§ 362 ff [2005] Rn 1, 5 ff). In diesem Geflecht hat auch § 226 BGB seinen Platz, indem er eine – selten erreichte – **Grenze für die Ausübung** des subjektiven Rechts zieht. Die Rechtsordnung erkennt ein subjektives Recht nur an, wenn es mit den Interessen der Allgemeinheit und den besonderen Interessen der von der Ausübung des Rechts Betroffenen vereinbar ist. Das subjektive Recht umfasst die Befugnisse und Zuständigkeiten innerhalb eines Rechtsverhältnisses, die dem Einzelnen die Verfolgung seiner schutzwürdigen Interessen ermöglichen (HÜBNER, AT § 22 III Rn 354; WOLF/NEUNER, AT § 20 Rn 6–9). Seinem Inhalt nach ist ein subjektives Recht eine von der Rechtsordnung verliehene Macht, die jedoch einem bestimmten Zweck dient, nämlich der Verwirklichung jener schutzwürdigen Interessen (vgl ENNECCERUS/ENNECCERUS [1913] § 65, 161 f; ENNECCERUS/NIPPERDEY [1959] § 72, 428 f; WOLF/NEUNER, AT § 6 f; MEDICUS, AT [11. Aufl 2016] Rn 70). Neuere Ansätze sehen eher formal im subjektiven Recht eine „Zuweisung einer Verhaltensberechtigung mit Schutz und Ausschließlichkeitsgewähr" (DÖRNER, Dynamische Relativität [1985] 25 ff; BORK, Der Vergleich [1988] 193–198; ders, AT [4. Aufl 2016] Rn 281 f; STAUDINGER/J SCHMIDT [1995] Einl 432, 438 ff zu §§ 241 ff). Für die Probleme des § 226 BGB sind die unterschiedlichen Ansätze ohne Gewicht. Inwieweit eine echte Gegensätzlichkeit besteht, braucht deshalb hier nicht erörtert zu werden. Eine Macht, die keinem vernünftigen Interesse dienen kann, wird von der Rechtsordnung nicht anerkannt. Nicht entscheidend ist hingegen, dass der Berechtigte selbst tatsächlich in seinem wohlverstandenen Interesse handelt. Dieses zu bestimmen, ist nämlich die Rechtsordnung häufig gar nicht in der Lage. Der sozialethisch begründete § 226 BGB untersagt jedoch eine Rechtsausübung, die für den Handelnden *ohne Interesse* ist und *nur* den Zweck haben kann, anderen zu schaden.

b) Innen- und Außentheorie

Dabei ist streitig, ob die Grenzen für die Ausübung subjektiver Rechte von *außen* an **11** das subjektive Recht herangetragen werden (STAUDINGER/J SCHMIDT [1995] § 242 Rn 735; ERMAN/E WAGNER Rn 1, der von einer „situativen" Ausübungsschranke spricht) oder ob es sich um von Anfang an *innerlich* beschränkte Rechte handelt, es also gar keine wenigstens begrifflich umfassenden Rechte gibt (so zB Hübner, AT § 24 II Rn 408). Im Ergebnis herrscht zwar Einigkeit, dass es keine schrankenlosen subjektiven Rechte gibt (so schon pointiert Schlossmann JherJb 45 [1903] 289 ff, 319; Bork, AT [4. Aufl 2016] Rn 343). Die Streitfrage hat aber praktische Relevanz, weil ihre Beantwortung die Darlegungslast verschiebt: Begreift man die subjektiven Rechte als immanent beschränkt, so trifft das „Risiko" einer Schranke den Berechtigten. Hält man das Recht für nur äußerlich begrenzt, so muss der, der die Beschränkung behauptet, die Tatsachen, die die Beschränkung auslösen, notfalls auch „beweisen". Die Beschränkung hat dann die Funktion einer Einwendung. Der Gesetzgeber hat diese Frage nicht endgültig regeln wollen. Auch § 903 BGB lässt sich in beide Richtungen interpretieren. § 226 BGB hingegen passt eindeutig besser zum Verständnis immanent begrenzter subjektiver Rechte, wie es bereits Gierke in seiner Kritik am ersten Entwurf des BGB formuliert hat (o Rn 5; in ziemlich offener Form knüpfte auch noch die ältere bundesrepublikanische Zivilrechtsdogmatik an Gierke an, vgl zB Boehmer, Einführung in das bürgerliche Recht [2. Aufl 1965] 345 ff, wenngleich ohne unmittelbares Zitat; Enneccerus/Nipperdey [1960] AT § 239 Anm 23; **aA** [unzulässige Rechtsausübung als äußerliche Schranke] Wolf/Neuner, AT § 20 Rn 70 wegen der Ideologieanfälligkeit der Innentheorie [ob das ein methodisch schlagkräftiges Argument sein kann, mag dahinstehen, jedenfalls ist noch nicht dargelegt, dass die Außentheorie vor einer „ideologischen" Beschränkung subjektiver Rechte effektiver zu schützen vermöchte]; zur ganzen Debatte auch HKK/Haferkamp § 242 Rn 84 ff). Denn seiner Entstehungsgeschichte nach soll die Norm den Gedanken ausdrücken, dass „kein Recht ohne Pflicht" besteht – mit anderen Worten, dass jede Rechtsausübung Grenzen unterworfen ist, die aus der Natur der Berechtigung erwachsen. Die Verhaltensberechtigung, die zum Inhalt des subjektiven Rechts gehört, umfasst also nicht eine schikanöse Rechtsausübung (Bork, AT [4. Aufl 2016] Rn 344), an der kein schutzwürdiges Interesse bestehen kann (Enneccerus/Nipperdey [1960] § 239 III 6).

c) Der Rechtsmissbrauch

12 Die Überschreitung der allgemeinen Grenze für die Ausübung subjektiver Rechte bezeichnet man als Rechtsmissbrauch, wenn sie gegen *Treu und Glauben* (vgl dazu Staudinger/Olzen/Looschelders [2015] § 242 Rn 140 ff; HKK/Duve/Haferkamp § 242 Rn 1, 77 ff), gegen die *guten Sitten* (vgl dazu Staudinger/Sack/Fischinger [2017] § 138 Rn 56 ff) oder schließlich das *Schikaneverbot* des § 226 BGB verstößt. Eine Konkretisierung hat das Verbot in § 826 BGB erfahren. Die verschiedenen Rechtsmissbrauchstatbestände überschneiden sich vielfach. Insbesondere die extensive Auslegung von § 242 BGB, die sämtliche Arten unzulässiger Rechtsausübung als Verstoß gegen die guten Sitten versteht, lässt im Ergebnis § 226 BGB obsolet erscheinen (so zB Münch-Komm/Grothe Rn 1; in der Rechtsprechung wird der Grundsatz oftmals trotz unterschiedlicher Tatbestandsvoraussetzungen aus beiden Normen gleichzeitig abgeleitet, zB OLG Hamburg 5. 12. 2000 – 1 W 74/00, OLGR Hamburg 2001, 85–87; ähnl OLG Bamberg 20. 1. 2014 – 4 U 200/12, WM 2014, 1174, 1175, zu diesem Fall auch unten Rn 18). Unabhängig von der forensischen Relevanz bleibt die Vorschrift aber für die Dogmatik subjektiver Rechte aufgrund ihres sozialethischen Inhalts insofern wertvoll, als sie klarstellt, dass es keine schrankenlosen Rechte gibt.

II. Der Tatbestand des Schikaneverbots

1. Ausübung eines Rechts

Ausübung eines Rechts meint in § 226 BGB nicht nur die gerichtliche Geltendma- 13
chung, sondern jede Form tatsächlicher *Verwirklichung* des Inhalts *von Rechten aller Art* aus dem **gesamten Privatrecht**, insbesondere auch aus dem Handelsrecht und gewerblichen Rechtsschutz (SOERGEL/FAHSE[13] Rn 2 und 18, 19, 26). In Betracht kommen vor allem Sachenrechte, wobei viele speziellere Vorschriften zu beachten sind (zB §§ 905 S 2; 906; 910 Abs 2 BGB), aber auch die familien- und erbrechtlichen Rechte. Auch die Geltendmachung von Auskunftsansprüchen kann schikanös sein (BGH 11. 2. 2011 – V ZR 66/10, NJW 2011, 1137, 1138 Rn 8 – Auskunftsanspruch eines Wohnungseigentümers ggü dem Verwalter, Schikane aber in diesem Fall verneint; zu diesem Fall auch unten Rn 32e; weitere Beispiele unten Rn 22 ff). Seltener ist die Anwendung auf schuldrechtliche Rechtsverhältnisse, weil hier die Behauptung, die Rechtsausübung geschehe *nur* zum Schaden des Dritten, kaum je beweisbar ist (insofern hatten die Gegner des § 226 BGB im Gesetzgebungsverfahren Recht, vgl zB Bericht der Reichstagskommission [1896] 33; Verhandlungen des Königlichen Landes-Oekonomie-Kollegiums [1890] 252). Andererseits sind in Schuldverhältnissen die immanenten Grenzen der Rechtsausübung durch die Berücksichtigung schutzwürdiger Interessen in der jeweiligen Verhaltensberechtigung schon begrifflich viel enger gezogen (vgl bereits ENNECCERUS/ENNECCERUS [1913] § 220, 615; ENNECCERUS/NIPPERDEY [1960] § 239 Anm 45, 1446).

Über das Privatrecht hinaus soll der in § 226 BGB ausgedrückte Rechtsgrundsatz 14
auch im **öffentlichen Recht** gelten (so zB VGH Bad-Württ 15. 4. 2008 – 8 S 98/08, ESVGH 2008, 224 ff; FG Nürnberg 25. 9. 2008 – IV 267/2006, juris; VG Regensburg 12. 6. 2014 – RN 5 K 13.638, juris Rn 49; MünchKomm/GROTHE Rn 2; PALANDT/ELLENBERGER Rn 1; KNÖDLER, Mißbrauch von Rechten, selbstwidersprüchliches Verhalten und Verwirkung im öffentlichen Recht [2000]). Zum **Prozessrecht** vgl unten Rn 40 f.

2. Schädigungszweck

a) Die Vorschrift des § 226 BGB setzt **objektiv** voraus, dass die Rechtsausübung 15
keinen anderen Zweck haben *kann,* als einem anderen **Schaden zuzufügen** (RG 16. 10. 1911 – V 163/11, WarnR 1912 Nr 10; BGH 11. 4. 1975 – V ZR 165/73, NJW 1975, 1313, 1314; SOERGEL/FAHSE[13] Rn 5). Ob eine Verhaltensweise schikanös ist, bestimmt sich also nach einem allein objektiven Maßstab (zum Streit über subjektive Voraussetzungen unten Rn 20 f). Es muss feststehen, dass eine andere Wirkung als die der Schadensstiftung nicht erreicht werden kann (RG 26. 5. 1908 – VII 468/07, RGZ 68, 424, 425; 10. 6. 1929 – VI 510/28, RGZ 125, 108, 110 f; 1. 12. 1932 – IV 235/32, RGZ 138, 373, 375; RG 17. 8. 1936 – VI 50/36, HRR 1936, Nr 1484; BGH 15. 3. 2012 – IX ZR 34/11 Rn 9). Auf die Sichtweise des Handelnden kommt es dabei nicht an. Das Gesetz bringt das dadurch zum Ausdruck, dass es davon spricht, die Rechtsausübung *könne* nur den Zweck haben, einem anderen Schaden zuzufügen. Dieser Fall liegt dann vor, wenn die Handlung für den Handelnden, abgesehen vom nicht schutzwürdigen Schädigungsinteresse, ohne jedes Interesse ist (ENNECCERUS/NIPPERDEY [1960] § 239 IV 3 b).

Die bezweckte Schädigung muss keine Vermögensbeschädigung sein, sondern die 16
Zufügung eines *immateriellen Nachteils* genügt (RG 3. 12. 1909 – II 190/09, RGZ 72, 251,

254; ENNECCERUS/NIPPERDEY § 239 IV 3 c). Das gilt insbesondere im familienrechtlichen Bereich.

17 Eine bestimmte Vorstellung von der Person dessen, der geschädigt werden soll, muss der Handelnde nicht haben. Ebenso wenig muss der beabsichtigte Schaden eingetreten sein (OLG Saarbrücken 1. 6. 2004 – 4 U 5/04, OLGR 2004, 497, 502; MünchKomm/GROTHE Rn 4; ERMAN/E WAGNER Rn 9).

18 **§ 226 BGB greift nicht ein, wenn** neben der Schädigung eines anderen mit der Rechtsausübung **objektiv auch ein weiterer Zweck** verfolgt werden *kann* (Münch-Komm/GROTHE Rn 4 mwNw, zustimmend zB OLG Saarbrücken 7. 2. 2013 – 4 U 421/11, juris Rn 44), was meistens – insbesondere in schuldrechtlichen Rechtsverhältnissen – der Fall sein wird. Als Grundlage für einen weiteren Zweck genügt jedes *berechtigte* Interesse, zB auch, ein bestehendes Vertragsrecht nach jahrelangem Nichtgebrauch nunmehr dennoch ausüben zu wollen (LG Düsseldorf 14. 11. 1956 – 7 S 380/56, ZMR 1957, 151) oder einen Anspruch auf Erstellung eines Nachlassverzeichnisses kurz vor dem Fristende einzuklagen, um den Verjährungseintritt zu vermeiden (OLG München 25. 10. 2017 – 18 U 1202/17, ZEV 2018, 97, 98 Rn 4 und 8). Schikane ist dann ausgeschlossen (BayVerfGH 2. 2. 2004 – Vf 40-VI-03, juris Rn 23; MünchKomm/GROTHE Rn 4). Geht es um eine starke, aber noch von den Fristen gedeckte Verzögerung der Geltendmachung eines Anspruchs, kommt möglicherweise Verwirkung in Betracht (zu den Verwirkungsvoraussetzungen vgl jetzt auch BGH 16. 10. 2018 – XI ZR 69/18, NJW 2019, 66 f).

18a Es ist klar, dass das Abstellen auf die Berechtigung eines Interesses zu einer Ausdehnung des Tatbestands der Schikane führt, weil der Kreis zulässiger Zwecke eingegrenzt wird. Wenn der weitere Zweck seinerseits von der Rechtsordnung missbilligt wird, weil er rechtswidrig oder unsittlich ist, kann man sich nicht auf diesen Zweck berufen und das Verhalten bleibt schikanös (so bereits RAMDOHR 830 f), auch wenn also tatsächlich ein weiterer Zweck als *nur* die Schädigung des anderen verfolgt worden ist. **§ 226 BGB greift** also ein, **wenn die Rechtsausübung neben der Schädigung des anderen objektiv** auch **einen weiteren, aber eben nicht berechtigten Zweck haben kann**. Das wird praktisch zB bei den Klagen von Eigentümern sogenannter *Sperrgrundstücke,* die durch einen prozesstaktischen Grundstückserwerb die Durchführung von Großprojekten wie Fernstraßen, Deponien usw verhindern wollen, relevant. Da der Ankauf eines solchen Grundstücks zB einem Naturschutzziel dienen kann, ist der Tatbestand von § 226 BGB nicht erfüllt (MünchKomm/GROTHE Rn 13; ausführlich KNÖDLER NuR 2001, 194–202). – Das BVerwG (27. 10. 2000 – 4 A 10/99, NVwZ 2001, 427, 428 f, zu diesem Fall auch unten Rn 29) hat den Eigentumserwerb einer Streuobstwiese durch einen Naturschutzverband als unzulässige Rechtsausübung bewertet, weil das Eigentum an der Wiese nur den Zweck besessen habe, die Klagebefugnis gegen einen Planfeststellungsbeschluss zu begründen. Der Rechtsmissbrauch ergibt sich dann aus einem Verstoß gegen § 242 BGB, dessen Voraussetzungen stets zu prüfen bleiben, wenn Schikane nach § 226 BGB verneint wird. Im Fall des Sperrgrundstücks wird man wohl – entgegen dem BVerwG – nicht den Erwerb des Grundstücks selbst als missbräuchlich bezeichnen dürfen, sondern nur die Instrumentalisierung der Eigentümerstellung zur Begründung der Klagebefugnis (ähnl ERMAN/E WAGNER Rn 4, 6). – Anders verhält es sich, wenn ein Treuhandkommanditist im Zusammenwirken mit seinem Anwalt von der beklagten Fondsgesellschaft *Auskunft* über mehr als 5000 Namen und Adressen der Mitanleger zu dem ersichtlichen

Zweck der Mandatsakquisition bei den Anlegern verlangt, ohne dass eine Kommunikation zwischen dem Kläger und den Mitanlegern über Leitung und Verwaltung der Fondsgesellschaft stattfinden sollte. Zugleich sollte die Mitteilung der Namen im Sinne eines Druckmittels dazu dienen, auf die Liquidation der Gesellschaft hinzuwirken. Diese Interessen sind *treuwidrig* und daher nicht berechtigt, so dass das Verhalten des Klägers zugleich auch als *schikanös* betrachtet werden muss (OLG Bamberg 20. 1. 2014 – 4 U 200/12, WM 2015, 1174, 1177; **anders** in einem ähnlich gelagerten Fall OLG München 9. 3. 2016 – 7 U 3965/15, juris Rn 10–12 und OLG München 7. 4. 2016 – 7 U 4846/15, juris Rn 8–11, mit der Begründung, es liege kein kollusives Verhalten vor – auf die Frage der Schikane geht das Gericht nicht weiter ein). Der BGH hat für diese Fälle entschieden, dass der Auskunftsanspruch zwar durch das Schikaneverbot begrenzt ist, aber eine abstrakte Missbrauchsgefahr zur Feststellung der Schikane nicht ausreicht (BGH 5. 2. 2013 – II ZR 134/11 [parallel auch II ZR 136/11], NJW 2013, 2190, 2194 f, Rn 43–45).

Wirtschaftliche Unzweckmäßigkeit allein begründet noch keine Schikane. Niemand **19** ist allgemein privatrechtlich verpflichtet, sich wirtschaftlich sinnvoll zu verhalten. Insbesondere lässt die fehlende Werthaltigkeit einer Forderung noch nicht darauf schließen, dass sie für den Gläubiger ohne Interesse ist. Konsequent hat der BGH daher in einem entsprechenden Fall die Nichtigkeit einer Bürgschaft nicht auf Schikane gestützt (BGH 18. 3. 1997 – IX ZR 283/96, BGHZ 136, 347 ff, 351; vgl ZÖLLNER WM 2000, 1 ff, 7).

Die *Ausübung eines Rechts* ist grundsätzlich berechtigt. Wer also zB von seinem **19a** Eigentumsrecht in der Weise Gebrauch macht, dass er die Überfahrt über das eigene Grundstück für den Nachbarn untersagt, handelt damit nicht schikanös, weil jeder Fahrzeugverkehr auf dem eigenen Grundstück eine Beeinträchtigung darstellt, deren Verhinderung auf einem berechtigten Interesse beruht (BGH 15. 11. 2013 – V ZR 24/13, NJW 2014, 311, 314 Rn 27; zu diesem Fall auch unten Rn 29a). – Auch der Widerruf einer datenschutzrechtlichen Einwilligung ist grundsätzlich jederzeit gestattet. Nur ausnahmsweise und unter Berücksichtigung hoher Anforderungen ist er rechtsmissbräuchlich und schikanös (FRANCK RDV 2016, 111, 113).

b) Streitig ist, ob der Rechtsinhaber darüber hinaus auch **subjektiv** den Zweck **20** verfolgen muss, einem anderen Schaden zuzufügen (**dafür:** VG Regensburg 12. 6. 2014 – RN 5 K 13.638, juris Rn 49 – ohne Begründung; STAUDINGER/WERNER [2001] Rn 10; SOERGEL/FAHSE[13] Rn 8; MünchKomm/GROTHE Rn 5; BAMBERGER/DENNHARDT Rn 6; ERMAN/E WAGNER Rn 5 mit Hinweis auf RG 3. 12. 1909 – II 190/09, RGZ 72, 251, 254, wo das Reichsgericht ohne nähere Begründung von einer „böswillige[n] Schädigung" und sogar der „Absicht der Schädigung" spricht; zu dieser Entscheidung vgl unten Rn 23. Insbesondere setzte sich das RG nicht mit der älteren Entscheidung vom 26. 5. 1908 auseinander, die allein auf den objektiven Zweck abgestellt hat: „Dabei kommt es nach dem klaren Wortlaut des Gesetzes nicht auf die Absicht des Berechtigten an; entscheidend ist vielmehr der Zweck seines Handelns, wie er sich bei objektiver Betrachtung der gesamten Umstände des Falles darstellt" [RG 26. 5. 1908 – VII 468/07, RGZ 68, 424, 425]; **gegen** ein subjektives Erfordernis bei § 226 mit Recht: BORK, AT [4. Aufl 2016] Rn 344; aus der älteren Literatur zB BOEHMER, Einführung in das Bürgerliche Recht [2. Aufl 1965] 345). Obgleich die schon im Gesetzgebungsverfahren bewusste Parallelität zu § 826 BGB (vgl den Hinweis bei PLANCK/PLANCK [1897] zu § 226, S 278 am Ende) und auch die dogmengeschichtliche Herkunft aus der exceptio doli generalis einen **Schädigungsvorsatz** oder gar eine Schädigungsabsicht als Tatbestandsvoraussetzung nahe legen, **verlangt** sie **das Gesetz**

nicht. Der Wortlaut spricht nicht davon, ob die Rechtsausübung nur einen schädigenden Zweck *hat*. Dann müsste man in der Tat dieses subjektive Merkmal verlangen. Vielmehr fordert das Gesetz, dass die Ausübung nur den Zweck haben *kann*. Diese Frage lässt sich aber nur objektiv beurteilen. Ganz deutlich hat das Reichsgericht in einem Urteil vom 17. 8. 1936 (VI 50/36, WarnR 1936 Nr 183) in Abweichung von dem oben zitierten Urteil aus dem Jahre 1909, aber in Übereinstimmung mit der ebenfalls erwähnten Entscheidung von 1908 diese richtige Gesetzesauslegung ausgesprochen: „Es muß festgehalten werden, daß es nicht sowohl auf die tatsächlich gehegte Absicht, als vielmehr darauf ankommt, ob nach dem Sachverhalt ein anderer Zweck der Rechtsausübung als der, dem anderen Schaden zuzufügen, nicht gegeben sein kann." Der Bundesgerichtshof ist dieser Auffassung gefolgt und bestimmt den vom Handelnden verfolgten Zweck allein objektiv (BGH 14. 7. 2008 – II ZR 204/07, NJW 2008, 3438 Rn 7). Die Vorstellungen des Handelnden sind dafür gänzlich irrelevant. Dementsprechend können verwerfliche Absichten, die neben der Verfolgung eines berechtigten Interesses stehen mögen, keinesfalls für § 226 BGB ausreichen (darüber besteht Einigkeit, vgl PALANDT/ELLENBERGER Rn 2; MünchKomm/GROTHE Rn 4).

21 Dass es auf subjektive Elemente für die Schikane *nicht* ankommt, entspricht im Übrigen auch besser dem Zweck der Vorschrift. Sie soll der Rechtsausübung eine Grenze dort ziehen, wo dieselbe objektiv schädigend ist, ohne gleichzeitig ein rechtlich anerkanntes Interesse zu verwirklichen. Der sozialethische Maßstab liegt außerhalb des Willens des Handelnden. Es wäre inkonsequent, wenn der Schikanierende damit gehört werden könnte, sein Verhalten sei zwar objektiv schikanös, aber er habe das nicht gewollt. Die Willensfreiheit bedarf hier keines Schutzes, weil das verfolgte Interesse von der Rechtsordnung nicht anerkannt wird. Dieser Deutung steht nicht entgegen, dass die Tendenz zur Verobjektivierung des Schikanetatbestands historisch mit den Beweisproblemen zusammenhängt (dazu HKK/HAFERKAMP Rn 3–6). Solange man den objektiven Tatbestand als Indiz für die von manchen geforderten subjektiven Elemente genügen lässt, führt die hier abgelehnte Auffassung, nach der § 226 BGB auch einen subjektiven Tatbestand hat, zu keinen abweichenden Ergebnissen.

3. Beispiele

22 Die nachfolgend aufgeführten Beispiele zeigen deutlich, dass stets eine sehr genaue Prüfung des Einzelfalls erforderlich ist, weil die gesamte Interessenlage dessen berücksichtigt werden muss, der sein Recht ausübt. Die Interessen der Gegenseite spielen indes keine Rolle. Zunächst werden alphabetisch geordnet nach Schlagworten (nur das wichtigste Standardbeispiel wird vorangestellt) Fälle berichtet, in denen die Voraussetzungen von § 226 BGB *bejaht* worden sind (Rn 23–26), sodann solche, in denen diese *verneint* worden sind (Rn 27–33).

23 a) Die Rechtsprechung hat in einer Reihe von Fällen Schikane **bejaht**:

aa) Standardbeispiel: Grabbesuchsrecht. Seit Jahrzehnten ist der Schulfall für einen Verstoß gegen das Schikaneverbot einem Reichsgerichtsurteil vom 3. 12. 1909 entnommen (II 190/09, RGZ 72, 251 ff): Der Grundstückseigentümer verbot unter Berufung auf § 903 S 1 BGB seinem Sohn, mit dem er seit längerer Zeit verfeindet war, das *Grab* der Mutter zu besuchen, das sich im Park des Familiengutes befand. Das

Reichsgericht konnte kein schutzwürdiges Interesse des Eigentümers für ein völliges Zutrittsverbot erkennen, sondern sah eine Absicht zu böswilliger Schädigung des Sohnes (RG 3. 12. 1909 – II 190/09, RGZ 72, 251, 254). Ob das Reichsgericht richtig entschieden hat, ist allerdings – unabhängig davon, dass es nicht auf die subjektive Absicht des Vaters ankam (vgl oben Rn 20 f) zweifelhaft, weil der Vater unwiderlegt vorgetragen hatte, er sei schwer herzleidend und könne daher die Anwesenheit des Sohnes auf dem Grundstück nicht ertragen. Dies als wahr unterstellt, hätte das Gericht nur eine unzulässige Rechtsausübung wegen eines Verstoßes gegen Treu und Glauben (§ 242 BGB) feststellen können (vgl bereits vBLUME AcP 112 [1914] 366, 424 ff; außerdem WOLF/NEUNER, AT § 20 Rn 78; BORK, AT [4. Aufl 2016] Rn 345 – ob § 826 eine geeignete Grundlage wäre, kann hier dahinstehen, ist aber angesichts des immateriellen Schadens des Sohnes zweifelhaft). Der Schutz der eigenen Gesundheit wäre aber ein nachvollziehbares Interesse, das über den Schädigungszweck hinausginge. Schikane wäre zu verneinen (jurisPK-BGB/BACKMANN Rn 9 möchte hingegen den „schikanösen Überschuss", also die Versagung jeglichen Zutritts in Abgrenzung zu einem gelegentlichen Besuchsrecht, dem Verbot des § 226 unterwerfen. Im Hinblick auf die Inflexibilität der Rechtsfolge des § 226 [völlige Unzulässigkeit] dürfte es jedoch sachgerechter sein, den Anspruch aus § 1004 mittels § 242 einzuschränken. Für eine „geltungserhaltende Reduktion" der Rechtsfolge, wie sie BACKMANN befürwortet, gibt das Gesetz keine Handhabe). – Das AG Grevenbroich (15. 12. 1997 – 11 C 335/97, NJW 1998, 2063 f) sah im Hinblick auf § 226 BGB zu Recht in dem Verbot des überlebenden Ehegatten gegenüber der Mutter des Verstorbenen, auf dem Grab frische Schnittblumen abzustellen, keinen Widerspruch zur vorgenannten Reichsgerichtsentscheidung. Das Verbot sei, so das Amtsgericht, vielmehr von dem der Totenfürsorge entspringenden Grabgestaltungsrecht des überlebenden Ehepartners gedeckt und daher nicht schikanös (so auch MünchKomm/GROTHE Rn 12; aA – ohne Begründung – PALANDT/ELLENBERGER Rn 3; jurisPK-BGB/BACKMANN Rn 20). Ob man in diesem Fall aufgrund von § 242 BGB zu einem anderen Ergebnis kommt, ist damit nicht entschieden.

bb) Arbeitsrecht: Ist einem einfachen Betriebsratsmitglied aufgrund der speziellen **24** Organisation der Arbeitszeiten die Nutzung des Betriebsratsbüros zum Zwecke der Information (vgl § 34 Abs 3 BetrVG) nicht möglich und verfügt der Betriebsrat über ungenutzte *Büroschlüssel*, verstößt es gegen § 226 BGB, wenn der Betriebsrat diesem Mitglied die Aushändigung eines Schlüssels verweigert, solange nicht die Unzuverlässigkeit des Antragstellers feststeht (LAG Stuttgart 20. 2. 2013 – 13 TaBV 11/12 Rn 34).

cc) Auskunftsansprüche: Die *Geltendmachung eines Auskunftsanspruchs* hat das **24a** OLG Celle (22. 1. 2002 – 10 UF 122/01, FamRZ 2002, 1030–1032, zust WEINREICH FuR 2003, 442, 443) als schikanös betrachtet, wenn der Leistungsanspruch (hier Zugewinnausgleich) bereits verjährt ist. OLG Brandenburg 8. 7. 2014 – 6 U 196/12, juris Rn 135 – Auskunftsanspruch aus Treuhandverhältnis gem § 666, Schikane trotz Verjährung des Anspruchs auf Auskehr verneint – Stimmt einer von 13 Beteiligten der Herausgabe einer hinterlegten Geldsumme allein deshalb nicht zu, um trotz materiell eindeutiger Rechtslage die Auszahlung an die übrigen zu verzögern, ist dies schikanös (OLG Rostock 16. 7. 2003 – 3 W 56/03, OLGR 2004, 327, 328 zum damals noch gültigen § 13 HinterlO). – Klagt ein *Treuhandkommanditist* einer Fondsgesellschaft auf Mitteilung von Namen und Anschriften der mehr als 5000 Mitanleger, obgleich er selbst nur einen sehr geringen Anteil hält, so liegt darin ein Rechtsmissbrauch des *Auskunftsanspruchs,* wenn es ersichtlich im

Zusammenwirken mit dem klägerischen Anwalt um die Vorbereitung einer Mandatsakquisition geht. Das OLG Bamberg (20. 1. 2014 – 4 U 200/12, WM 2014, 1174, 1175) sieht darin ein schikanöses Verhalten. Das ist richtig, da § 226 BGB nur dann ausscheidet, wenn die Rechtsausübung ein *berechtigtes* Interesse haben kann (oben Rn 18). – Macht ein Bürger von seinem Informationsrecht gegenüber Behörden in der Weise Gebrauch, dass er *Auskunft* über die die Mobilfunknummern aller in einer Kreisverwaltung vorhandenen Mobilfunkgeräte verlangt, so ist das schikanös, weil keinerlei nachvollziehbarer Zweck verfolgt wird, außer die Arbeitskraft und -zeit des Verwaltungspersonals zu binden und damit die Verwaltung zu schädigen (VG Düsseldorf 27. 8. 2014 – 26 K 3308/14, juris Rn 16–20).

24b dd) Bau-, Grundstücks- und Nachbarrecht: In einem vom VGH Bad-Württ (15. 4. 2008 – 8 S 98/08, ESVGH 2008, 224, 225 ff) entschiedenen Fall verstieß die *Ausnutzung eines Baugrundstücks* mit einem Brennholzschuppen bis an die äußerste Grenze der Abstandsflächen direkt vor dem Wohnhaus und der Terrasse des Nachbargrundstücks gegen § 226 BGB, weil kein plausibler Grund dafür bestand, nicht einen anderen, ebenso geeigneten Standort auf dem geräumigen Grundstück zu wählen. – Das LG Bremen hat einmal das *Verlangen der Entfernung einer* sachgemäß angelegten und nur wenig über das Nachbargrundstück ragenden *Dachantenne* unter Berufung auf § 226 BGB abgewiesen (LG Bremen 25. 6. 1928 – S 457/28, JW 1928, 2106, 2107). – Duldet ein Grundstückseigentümer die *Benutzung eines Weges* über das Grundstück durch die Allgemeinheit ohne selbst das Eigentum zu nutzen, ist der weitgehende Ausschluss eines einzelnen Nachbarn eine unzulässige Rechtsausübung nach § 226 BGB (OLG Düsseldorf 4. 9. 2000 – 9 U 119/00, NJW-RR 2001, 162–163). – Das Verbot der Benutzung eines selbstständig nicht benutzbaren Uferstreifens, nur um den anderen an der Benutzung seines Lagerplatzes zu hindern, ist schikanös (RG 9. 5. 1910 – 345/09, SoergRspr 1910 § 226 Nr 5). Das Aufstapeln von Holzstämmen an der Grundstücksgrenze zu einem öffentlichen Feldweg zu dem Zweck, Schwertransporte zu Baustellen von genehmigten Windkrafträdern zu verhindern, ist Schikane (LG Landshut 25. 3. 2013 – 54 O 756/13 Rn 2–6). – Die *Forderung von Schadensersatz* für einen zerstörten *Betonring* des Grundstücksnachbarn sah das AG Stuttgart (19. 3. 1993 – 7 C 11337/91, NJW-RR 1993, 1436) als schikanös an, weil der Nachbar für das Bauteil gar keine Verwendung habe (die Begründung ist freilich nicht überzeugend, weil das Integritätsinteresse des Nachbarn betroffen war, das über den Schädigungszweck hinausreichte). – Die *Geltendmachung eines Unterlassungsanspruchs* aus § 1004 Abs 1 S 2 BGB gegen einen Nachbarn wegen der Anbringung von Ornamenten auf der dem Anspruchsteller abgewandten Seite einer auf der Grundstücksgrenze stehenden Garagenwand aus erzieherischen Gründen ist nach AG München (15. 7. 2010 – 281 C 17376/09, BeckRS 2011, 01849) schikanös.

24c ee) Domaingrabbing: § 226 BGB wurde des öfteren Bedeutung bei der Lösung von Streitigkeiten um sog *Domains* zugemessen. Domains sind Internetadressen, welche häufig auf einen bestimmten Firmen- oder Markennamen oder eine sonstige frei wählbare Bezeichnung lauten, die eine assoziative Identifikation bei der Suche im Internet ermöglichen. Die Adressen werden grundsätzlich nach dem Prioritätsprinzip vergeben, ohne dass eine Prüfung der Namensberechtigung stattfindet. Wettbewerbsrechtlich ist das unbedenklich (BGH 17. 5. 2001 – I ZR 216/99, BGHZ 148, 1, 10 [mitwohnzentrale.de]). Lässt jemand ohne erkennbar eigenes Interesse einen Domainnamen registrieren, der mit dem eigenen Namen bzw der eigenen Tätigkeit zwar nichts tun hat (zum namensrechtlichen Problem vgl insbesondere BGH 22. 11. 2001 – IX ZR 48/01, BGHZ 149, 191–206 [shell.de]; OLG Hamm 13. 1. 1998 – 4 U 135/97, NJW-RR 1998, 909 f [krupp.de]; Krumpholz, Rechtsfragen von Domain-Namen [2003]), gleichzeitig aber den Namen eines Unternehmens darstellt (sog *Domaingrabbing),* wird das betroffene Unternehmen in schikanöser, sittenwidriger Weise behindert (OLG Frankfurt 12. 4. 2000 – 6 W 33/00, WRP 2000, 645–647 [weideglueck.de]; vgl auch OLG Frankfurt 8. 3. 2001 – 6 U 31/00, MMR 2001, 532–533 [praline-tv.de]; 10. 5. 2001 – 6 U 72/00, MMR 2001, 696–697 [weltonline.de]; 12. 9. 2002 – 6 U 128/01, MMR 2002, 811–813 [drogerie.de]). Voraussetzung ist gleichwohl, dass ein Belegen oder gar bloßes Blockieren des Domainnamens nur der Schädigung des Berechtigten dienen darf (so mit Recht S Ernst BB 1997, 1057, 1062, der allerdings für § 226 fälschlich subjektive Verwerflichkeit verlangt); zurückhaltend beurteilt das OLG Karlsruhe (12. 9. 2001 – 6 U 13/01, MMR 2002, 118 f [Dino.de]) die Unzulässigkeit des Domaingrabbing (vgl zum OLG Karlsruhe auch die Anm von Schmiedel ITRB 2002, 34 f). Das LG München (9. 10. 2000 – 4 HKO 11042/00, CR 2001, 191 f) hat zB die Reservierung der Domain „champagner.de" durch einen aus Werbeeinnahmen finanzierten Informationsdienst als schikanös iS von § 226 BGB betrachtet, da das Gericht kein nachvollziehbares Eigeninteresse erkennen konnte. Nach der Auffassung des OLG Hamburg (9. 4. 2015 – 3 U 59/11, MMR 2016, 252, 257 Rn 125 – creditsafe.de) genügt es allerdings nicht für die Feststellung der Schikane, wenn ein Konkurrenzunternehmen eine Domain registrieren ließ, die dann später als Unternehmenskennzeichen eines anderen dient, und wenn die Domain für die interne Kommunikation dessen, der sie hält, verwendet werden soll. Der BGH hat betont, dass *allein* das Sammeln von Domains mit dem Ziel späterer, gewinnbringender Veräußerung nicht unlauter sei (BGH 17. 5. 2001 – I ZR 216/99, WRP 2001, 1286, 1290 [mitwohnzentrale.de]; 2. 12. 2004 – I ZR 207/01, NJW 2005, 2315, 2316 [weltonline.de]; ähnlich KG Berlin 5. 2. 2002 – 5 U 178/01, MMR 2003, 119 f [bandit.de]). Das gelte insbesondere, wenn es sich um Gattungsbegriffe handele, da hier das Gerechtigkeitsprinzip der Priorität greife (BGH 2. 12. 2004 – I ZR 207/01, NJW 2005, 2315, 2316 [weltonline.de]).

ff) Fristen: Als Verstoß gegen § 226 BGB wurde es ferner angesehen, wenn sich **24d** jemand ohne jedes sachliche Interesse auf eine *geringfügige Überschreitung* der nach § 326 aF dem Schuldner gesetzten *Nachfrist* beruft (RG 21. 2. 1925 – I 240/24, SeuffA 79 [1925] Nr 91 aE). Analog würde diese Überlegung auch für andere Fristsetzungen wie zB in § 323 Abs 1 oder § 281 Abs 1 S 1 BGB zu gelten haben. Das ist jedoch abzulehnen. Voraussetzung für § 226 BGB ist, dass aufgrund objektiver Betrachtungsweise die Rechtsausübung *nur* zum Zwecke der Schädigung geschieht. Wer sich aber auf die Nichteinhaltung einer Frist beruft, dient damit immer auch zugleich dem allgemeinen Zweck von Fristen, Rechtssicherheit und -klarheit im Geschäftsverkehr zu erreichen. Es ist daher nicht denkbar, dass die Berufung auf die Fristüberschreitung schikanös im Sinne von § 226 BGB ist. Ob die geringfügige Fristüberschreitung im Hinblick auf § 242 BGB geduldet werden muss (so Huber, Leistungsstörungen, Bd II [2000] 380 f), ist eine ganz andere Frage (vgl BGH 7. 12. 1973 – V ZR 24/73, NJW 1974, 360; OLG Hamburg 16. 2. 1915 – VI 390/14, Recht 1915 Nr 843; Staudinger/Otto [2001] § 326 Rn 121). Grundsätzlich darf zwar eine Frist voll ausgenutzt werden. Wird sie aber überschritten, treten die angedrohten Folgen grundsätzlich ein (vgl auch § 186 Rn 25).

gg) Gesellschaftsrecht: Schikanöse Rechtsausübung hat das Reichsgericht bejaht, **24e** wenn bei einem *Anspruch auf Herausgabe von Aktien,* die infolge der Eröffnung des Konkursverfahrens (heute Insolvenz) wertlos geworden sind, die Herausgabe von

Stücken mit bestimmten Nummern gefordert wird (RG 27. 6. 1919 – VII 98/19, RGZ 96, 184, 186). – Unterlässt ein Unternehmen die gem § 20 Abs 1 AktG gebotene Mitteilung über die Überschreitung von mehr als einem Viertel der Aktien einer Gesellschaft, so kann es nach *§ 20 Abs 7 AktG* seine Aktionärsrechte nicht ausüben, solange es die Mitteilungspflicht nicht erfüllt. Es ist dann schikanös, wenn die übrigen Aktionäre diese Situation gezielt ausnutzen, um sich formell ordnungsgemäß für die Zukunft die Mehrheit der Aktien und Stimmrechte zu sichern (BGH 20. 4. 2009 – II ZR 148/07, NZG 2009, 827, 828 Rn 3).

25 hh) Miete: Die zahlreichen *mietvertraglichen Streitfragen,* die die Benutzung bestimmter Elektrogeräte, die Kleintierhaltung, das Abstellen von Kraftfahrzeugen, Fahrrädern und Kinderwagen, das Musizieren, das Verbot von Händlerbesuchen usw betreffen, werden wegen der (zu) engen Fassung des Tatbestands von § 226 BGB („nur") meistens aus dem Mietvertrag unter Rückgriff auf § 138 BGB und § 242 BGB entschieden (vgl PALANDT/WEIDENKAFF § 535 Rn 20 ff; PALANDT/ELLENBERGER § 138 Rn 92; Beispiele aus der älteren Rechtsprechung zu § 226 bei MünchKomm/GROTHE Rn 6). Das AG Augsburg (9. 10. 2000 – 222 C 6200/99, WuM 2001, 335 f) hat mit Recht die Geltendmachung eines mietvertraglich vereinbarten Anspruchs auf Schönheitsreparaturen als schikanös abgelehnt, weil das Gebäude unmittelbar nach Beendigung des Wohnungsmietvertrags abgerissen worden ist. Die Beanspruchung von Renovierungskosten könne hier nur den Zweck haben, den Mieter zu schädigen. – Umgekehrt ist es schikanös, wenn ein Mieter widerklagend die Instandsetzung von Durchfeuchtungsschäden geltend macht, obgleich er die Wohnung nach der Kündigung bereits verlassen hat und das Mietverhältnis in sieben Wochen endet (AG Hamburg-Blankenese 12. 1. 2005 – 508 C 283/04, Wohnungseigentum 2005, 16). – Das *Unterlassungsbegehren* eines Vermieters gegen Mieter wegen Parkens auf einem nicht vermieteten Teil des Grundstücks verstößt gegen § 226 BGB, wenn der Vermieter seinerseits den betreffenden Grundstücksteil nicht anders nutzen kann, weil er sonst dem Mieter die Zufahrt zu dessen Garage verstellen würde (AG Flensburg 1. 9. 1998 – 68 C 691/97, WuM 2000, 627). – Verweigert ein Vermieter ohne erkennbaren Grund einem Wohnungsmieter den Zutritt zum Stromzähler, der sich in einem verschlossenen, für den Mieter grundsätzlich versperrten Kellerraum befindet, ist dies schikanös (AG Köln 15. 2. 2013 – 201 C 464/12).

26 ii) Presserecht: Ein *presserechtliches Gegendarstellungsverlangen* ist schikanös, wenn sein Inhalt irreführend ist oder aus der Sicht eines Durchschnittslesers belanglos erscheint (OLG Naumburg 25. 1. 2006 – 6 U 149/05, AfP 2006, 464, 465).

26a kk) Steuerrecht: Veranlasst ein Finanzamt eine *betriebliche Außenprüfung* bei einem Rechtsanwalt, der einen Beamten dieser Behörde in einem Mobbingverfahren vertritt, so besteht der Verdacht, dass die Außenprüfung außersteuerliche, schikanöse Gründe hat und daher ermessensfehlerhaft angeordnet worden ist (BFH 28. 9. 2011 – VIII R 8/09, NJW 2012, 1166, 1167 Rn 25; diese Einordnung ist insofern problematisch, als die Außenprüfung objektiv *auch* den berechtigten Zweck haben *kann,* die Richtigkeit der Angaben des Steuerpflichtigen zu überprüfen).

26b ll) Wohnungseigentümergemeinschaft: Eine Wohnungseigentümergemeinschaft hat gegen den Bauträger auch ohne ausdrückliche vertragliche Fixierung auf der Grundlage von § 10 Abs 6 S 3 HS 2 WEG einen Anspruch auf *Herausgabe des*

Schließplans und der Schließkarte für die im Objekt eingebaute Schließanlage. Eine Vernichtung der Unterlagen bietet dem Bauträger keinerlei erkennbaren Vorteil, sondern ist schikanös. Insbesondere hat der Bauträger kein eigenes Interesse, einen möglichen Missbrauch der Unterlagen zu vermeiden (OLG Stuttgart 16. 11. 2016 – 3 U 98/16, ZWE 2017, 129, 130 Rn 16).

b) Wesentlich größer als die Zahl der Urteile, in denen Schikane bejaht wurde, ist die Zahl derer, in denen sie **abgelehnt** wurde. 27

aa) Arbeitsrecht: Versetzt ein *Arbeitgeber* einen Schlosser, den er nach einer Niederlage im Kündigungsschutzprozess weiterbeschäftigen muss, an einen weniger angenehmen Arbeitsplatz, weil der frühere Arbeitsplatz inzwischen mit einem sozial schutzwürdigeren Dritten besetzt ist und andere geeignete Arbeitsplätze nicht zu besetzen sind, ist das Verhalten des Arbeitsgebers nicht schikanös (LAG Rhl-Pf 28. 4. 2008 – Sa 716/07, juris Rn 43). – Macht ein Betriebsrat die Zustimmung zu einer mitbestimmungspflichtigen Maßnahme des Arbeitsgebers von dessen Zustimmung zu einem nicht mitbestimmungspflichtigen Vorhaben abhängig, wird also ein *Koppelungsgeschäft* vereinbart, so scheitert das jedenfalls nicht am Schikaneverbot, weil erkennbar nicht ausschließlich ein Schädigungsinteresse verfolgt wird, sondern mindestens auch das Interesse des Koppelungsgeschäfts selbst (Schoof AuR 2007, 289, 294 f). Insgesamt scheint § 226 BGB im arbeitsrechtlichen Kündigungsschutz keine praktische Bedeutung zu haben (vgl auch Fiedler, Kündigungsschutz außerhalb des KSchG und seiner Vorgängerregelungen durch Grundrechte und allgemeines Zivilrecht, Untersuchungszeitraum 1850–2006 [2006] 35 f, 73, 146 f mit Hinweis auf ein einziges Urteil, in dem die Kündigung als Verstoß gegen § 226 angesehen wurde, ArbG Ulm 11. 6. 1957 – II Ca 452/57, ARST XIX, 60). 27a

bb) Auskunftsansprüche: Das zeitlich verzögerte Verlangen eines Darlehensgeber nach *Auskunft über die Sicherheit,* die durch Übereignung eines Warenlagers geleistet wird, ist nicht schikanös, sondern gehorcht dem berechtigten Sicherungsinteresse des Sicherungsnehmers, auch wenn im Hintergrund bereits die Absicht zur fristlosen Kündigung des Darlehens gestanden haben mag. Die zeitliche Verzögerung könnte allenfalls eine Verwirkung gem § 242 BGB zur Folge haben (OLG Brandenburg 13. 3. 2013 – 4 U 60/12 Rn 43–45). Das OLG Brandenburg (8. 7. 2014 – 6 U 196/12, juris Rn 135) hat die Geltendmachung eines *Auskunftsanspruchs* der klagenden Mandanten gegen ihre Rechtsanwälte trotz Verjährung des Hauptanspruchs auf Auskehr eines von der Hinterlegungsstelle gezahlten Betrags für nicht schikanös gehalten, weil die Information über das Treugut einer Beurteilung der Rechtsstellung der Mandanten diene und nicht nur Selbstzweck sei. – Verlangt ein *Samenspender* von der Kindesmutter nach § 1686 BGB Auskunft über das Kind, so ist dieses Interesse durch das Elternrecht aus Art 6 Abs 1 und 2 GG geschützt. Im Auskunftsverlangen liegt daher keine Schikane (OLG Hamm 7. 3. 2014 – 13 WF 22/14, NJW 2014, 2369). – Zum Auskunftsanspruch eines Wohnungseigentümers ggüdem Verwalter (BGH 11. 2. 2011 – V ZR 66/10, NJW 2011, 1137, 1138 Rn 8) vgl unten Rn 32e. – Zum Anspruch eines *Treuhandkommandisten* gegen die Gesellschaft auf Auskunft über die Namen und Anschriften der Mitgesellschafter vgl oben Rn 18 (vor allem BGH 5. 2. 2013 – II ZR 134/11 [parallel auch II ZR 136/11], NJW 2013, 2190, 2194 f, Rn 43–45). 27b

cc) Bankrecht: Ein staatlich beherrschtes Kreditinstitut (Postbank) ist bei der Ausübung seiner Rechte zwar nicht frei von verfassungsrechtlichen Bindungen 28 und im Rahmen der Generalklauseln der §§ 226, 242, 826 BGB daran zu messen, ob diesen verfassungsrechtlichen Bindungen Rechnung getragen worden ist. Die *Kündigung von Parteikonten* (NPD) verstößt nach Ansicht des OLG Brandenburg jedenfalls aber dann nicht gegen das Schikaneverbot, wenn durch das Parteiverhalten negative Auswirkungen auf das Ansehen der Bank zu befürchten sind (OLG Brandenburg 27. 11. 2000 – 13 W 69/00, NJW 2001, 450–452, zuvor schon LG Frankfurt/Oder 13. 10. 2000 – 11 O 469/00, NJW 2001, 82; ebenso OLG Köln 17. 11. 2000 – 13 W 89/00, NJW 2001, 452 mit zustimmender Anm SCHÄFER EWiR 2001, 525–526 und SONNENHOL WuB I A 2 Nr 19 AGB-Banken 1993 2. 01); einen Verstoß gegen die „einschlägigen Generalklauseln" der §§ 226, 242, 826 BGB hat hingegen bei gleichem Sachverhalt (NPD ./. Postbank) OLG Hamburg (5. 12. 2000 – 1 W 74/00, OLGR Hamburg 2001, 85–87) im einstweiligen Rechtsschutz bejaht.

29 **dd) Bau-, Grundstücks- und Nachbarrecht**: Eine *Bauherrin* darf, wenn sie sich gestört fühlt, trotz früherer Duldung dem Architekten die Führung interessierter Gruppen durch das von ihm entworfene, künstlerisch wertvolle Gebäude untersagen, ohne gegen § 226 BGB zu verstoßen (OLG Frankfurt 4. 4. 1933 – 2 Z 6/33, SeuffA 87 [1933] Nr 135). – Der Ausschluss eines gewerblichen Bestattungsunternehmens von bestimmten *Bestattungshandlungen* auf einem einer kirchlichen Stiftung gehörigen Friedhof verstößt nicht gegen § 226 BGB, da die Stiftung so Einfluss auf die Gestaltung der Beerdigungen und die Kostenverteilung nehmen kann (BGH 13. 7. 1954 – V ZR 166/52, BGHZ 14, 294, 304). – Die Instrumentalisierung eines *Sperrgrundstücks* zur Begründung einer Klagebefugnis gegen einen Planfeststellungsbeschluss (BVerwG 27. 10. 2000 – 4 A 10/99, NVwZ 2001, 427, 428 f) kann zB zu Naturschutzzwecken geschehen und ist daher nicht schikanös, uU aber dennoch gem § 242 BGB rechtsmissbräuchlich (vgl oben Rn 18).

29a Die *Ausübung eines Wegerechts* ist selbst dann nicht schikanös, wenn der Berechtigte auch noch eine andere Zufahrtsmöglichkeit zu seinem Grundstück hat, weil jeder brauchbare Weg vorteilhaft sei (RG 8. 6. 1942 – V 129/41, RGZ 169, 180, 182 f). – Verweigert ein Grundstückseigentümer die Nutzung seines Grundstücks durch den Nachbarn zum Zwecke der Zufahrt in die Garage, obgleich für die auf der Grenze liegende Garage, die zum Teil einen Überbau darstellt, eine Grunddienstbarkeit eingetragen ist, so ist die Verweigerung keine Schikane, sondern Ausübung des Eigentumsrechts aus § 903 BGB. Das gilt auch, wenn der Eigentümer die Nutzung der Fläche zur Überquerung für Fußgänger duldet. Die Berechtigung des Interesses ergibt sich schon daraus, dass jeder Fahrzeugverkehr auf dem Grundstück eine Beeinträchtigung des Eigentumsrechts darstellt (BGH 15. 11. 2013 – V ZR 24/13, NJW 2014, 311, 313 f Rn 27, zu diesem Fall schon oben Rn 19a). – Wer in einem Bereich geschlossener Bebauung bis an die Grundstücksgrenze *baut* und so dem Nachbarn wegen des Verlusts von Licht Nachteile bereitet, handelt nicht schikanös, weil er die ihm baurechtlich zustehenden Möglichkeiten zur Ausnutzung des Grundstücks voll ausschöpft (BGH 15. 6. 1951 – V ZR 55/50, BB 1953, 373, 374). – Umgekehrt ist es auch nicht schikanös, wenn ein Nachbar unter Berufung auf die Landesbauordnung die *Einhaltung eines Mindestabstands* bei der Anbringung einer Markise verlangt, obgleich er selbst durch diese Markise kaum oder gar nicht beeinträchtigt wird (OVG Saarlouis 14. 12. 1999 – 2 R 4/99, juris Rn 30). Auch das Verlangen nach einem Einschreiten der Baubehörde bei einem unzulässigen Grenzüberbau von 34 cm ist nicht ohne schutzwürdiges Interesse (VG Saarlouis 16. 5. 2007 – 5 K 46/06, juris Rn 30). Verlangt in einem zerrütteten Nachbarschaftsverhältnis ein Nachbar den Rückbau auf das fremde Grundstück überstehender Dachziegel einer auf der Grenze stehenden Garage, liegt darin noch keine Schikane (OLG Saarbrücken 7. 2. 2013 – 4 U 421/11 Rn 47). Freilich überzeugt hier nicht das Argument, die andere Seite mache ebenfalls eine formale Rechtsposition geltend. Das hätte eher für eine beidseitige Schikane gesprochen. – Die Anpflanzung einer *Tannenhecke* ist nicht schikanös, wenn diese dem Anpflanzenden objektive Vorteile wie Sicht- oder Windschutz bietet bzw als Einfriedung dient (LG Gießen 12. 4. 2000 – 1 S 36/00, NJW-RR 2000, 1255 f). Das gilt auch für das Aufstellen einer *Bretterwand,* die dem Nachbarn Licht und Luft nimmt, aber den Grundstückseigentümer vor Beleidigungen schützen kann (RG 8. 1. 1920 – VI 349/19, RGZ 98, 15/17; ähnl VerfGH München 2. 2. 2004 – Vf 40-VI-03, BayVBl 2004, 464 für einen 1,8 m hohen Zaun, der Sichtschutz bieten kann). Die Bepflanzung eines Hausgartens mit hochwachsenden *Waldbäumen,* die das Nachbargrundstück beschatten allein vermag nicht den Schikanevorwurf zu begründen (LG Neubrandenburg 15. 9. 2011 – 1 S 100/10, juris Rn 37). – Die Errichtung einer *Obstlagerhalle* unter Einhaltung der nötigen Abstandsflächen an der Grenze zu einem Wohngrundstück ist nicht schikanös, wenn damit gleichzeitig die Nutzung anderer landwirtschaftlich wertvoller Flächen ermöglicht werden soll (OVG Lüneburg 13. 1. 2010 – 1 ME 237/90, juris Rn 12 f, 16). Bebaut ein Landwirt sein Grundstück mit einer großen Halle und stört damit die „schöne Aussicht" aus dem Panoramafenster eines benachbarten Wohnhauses, so liegt darin noch keine Schikane, wenn die baurechtlich erlaubte Nutzung für den Landwirt auch einen wirtschaftlichen Sinn hat (VG München 17. 11. 2011 – M 11 K 10. 3987, BeckRS 2012, 46506, vgl aber den nicht unähnlichen Fall VGH Bad-Württ 15. 4. 2008 – 8 S 98/08 oben in Rn 24b, in dem Schikane bejaht wurde). Ist ein schutzwürdiges Eigeninteresse erkennbar und werden baurechtliche Normen eingehalten, liegt in diesem Fällen keine Schikane vor (BayVGH 27. 5. 2013 – 1 ZB 12. 523, juris Rn 9 – Bau einer Lagerhalle für Hackschnitzel und Sägemehl an der Grundstücksgrenze; VG Freiburg 7. 6. 2011 – 4 J 718/11, BeckRS 2011, 51614 – Platzierung einer Tiefgarageneinfahrt an der Grundstücksgrenze). Diese Auffassung fand auch Bestätigung in einem Fall, wo jemand eine Baugenehmigung für eine Garage erwirkte, die es dem Nachbarn unmöglich machte, seine Milchkammer mit dem Tankwagen zu erreichen. Die Überlegung des Gerichts, dass das Schikaneverbot kein Unterfall des nachbarschaftlichen Rücksichtnahmegebotes sei, trifft zu, weil es dabei um die Kollision rechtlich geschützter Interessen geht, während der Schädigungszweck bei der Schikane niemals berechtigt ist (BayVGH 22. 8. 2012 – 14 CS 12. 1031, juris Rn 13, ähnlich bereits die oben zitierte Entscheidung des OVG Lüneburg. Unpräzise ist es allerdings, wenn der BayVGH, lc, Rn 14 meint, die Schikane vollziehe sich „eher auf der subjektiven (Verhaltens-)Ebene". Wie oben Rn 20 f ausgeführt, kommt es auf die subjektive Seite nicht an). – Stören Passanten und Anlieger durch ihren Aufenthalt auf einem öffentlichen Feldweg, der einen Golfplatz durchschneidet, gezielt den Spielbetrieb, so ist das jedenfalls dann keine Schikane, wenn sie damit auf eine besondere Gefahrensituation aufmerksam machen wollen, da neben dem Schädigungszweck auch ein anderer Zweck verfolgt wird (OLG Saarbrücken 1. 6. 2004 – 4 U 5/04, OLGR 2004, 497, 502). – Das regelmäßige Verschließen einer Hofeinfahrt, die gemeinsam zwei benachbarten Grundstücken als Zufahrt dient, ist nicht schikanös, auch wenn die Notwendigkeit des Aufschließens unbequem sein mag. Das Verschließen des Tores dient auch der Verhinderung unbefugten Parkens auf dem Grundstück und der Minderung der Einbruchsgefahr in das Gebäude auf dem Hof (LG Hamburg 16. 12. 2015 – 318 S 33/15, ZMR 2016, 238, 240). – Vgl auch den oben Rn 19a erwähnten Fall der Verwehrung der Überfahrt über ein Grundstück (BGH 15. 11. 2013 – V ZR 24/13, NJW 2014, 311, 314 Rn 27).

30 ee) Fristen: Wer kurz vor dem Eintritt der Verjährung einen Anspruch einklagt, handelt damit nicht schikanös, etwa wenn er einen Anspruch auf Erstellung eines Nachlassverzeichnisses geltend macht (OLG München 25. 10. 2017 – 18 U 1202/17, ZEV 2018, 97, 98 Rn 4 und 8). Vgl auch weitere Beispiele oben Rn 18.

31 ff) Gesellschaftsrecht: Die Geltendmachung der persönlichen Haftung eines *Kommanditisten* für eine Darlehensschuld einer GmbH & Co KG nach Rückzahlung eines Agio an ihn, wodurch sein Kapitalkonto unter den Betrag seiner Haftsumme sinkt, erscheint auch dann nicht schikanös, wenn die Klägerin den Rückstand bewusst entstehen ließ, um die Inanspruchnahme des Kommanditisten zu erst zu ermöglichen (BGH 9. 7. 2007 – II ZR 95/06, NJW-RR 2007, 1676). – Die *Hinauskündigung* aus einer Personengesellschaft mag zwar uU rechtsmissbräuchlich sein, aber sie wird nicht den Tatbestand der Schikane erfüllen, weil es immer auch um die Lösung der persönlichen Bindung geht (Henssler/Kilian ZIP 2005, 2229, 2233 f). – Erhebt ein Aktionär eine *Anfechtungsklage gegen einen Beschluss der Hauptversammlung*, um die Gesellschaft zu einer Leistung zu veranlassen, auf die der Aktionär keinen Anspruch hat und haben kann, erscheint das rechtsmissbräuchlich (BGH 22. 5. 1989 – II ZR 206/88, NJW 1989, 2689, 2691 f – „Kochs-Adler"; 14. 10. 1991 – II ZR 249/89, NJW 1992, 569 f; 21. 5. 2007 – II ZR 266/04, NJW-RR 2007, 1409, 1411 – „Vattenfall" – der Einwand des Rechtsmissbrauchs wird jeweils ohne Gesetzeszitat bejaht, ist aber aus § 242 begründbar). Schikane liegt nicht vor, solange nicht im Einzelfall der alleinige Schädigungszweck feststeht. Die eigennützige Absicht, einen dem Aktionär nicht zustehenden Sondervorteil zu erlangen, mag den Rechtsmissbrauch nach § 242 BGB oder auch eine sittenwidrige Schädigung gem § 826 BGB (BGH 14. 5. 1992 – II ZR 299/90, BB 1992, 1517, 1518 – Sittenwidrigkeit der Erhebung der Anfechtungsklage verneint) begründen. Den Tatbestand des § 226 BGB erfüllt es nicht, weil es hier gerade nicht um einen Vorteil für den Anspruchsteller gehen darf, sondern auf die Benachteiligung des Schikanierten ankommt (insofern missverständlich KG 29. 10. 2010 – 14 U 96/09, juris Rn 18–26 mit Zitat von § 226 in Rn 18; das Kammergericht sah im Streitfall die eigennützige Absicht nicht als bewiesen an), zumal die Anfechtungsklage ihrem Wesen nach immer auch den Interessen der Gesamtheit der Gesellschafter an der Einhaltung der aktienrechtlichen Vorschriften dient. – Das *Auskunftsverlangen eines Kommanditisten* über Namen und Anschriften der anderen Gesellschafter, zB zum Zwecke der Organisation von Mehrheiten bei einer außerordentlichen Gesellschafterversammlung, ist für sich gesehen nicht schikanös (BGH 5. 2. 2013 – II ZR 136/11, WM 2013, 603, 607 Rn 39; LG Düsseldorf 3. 6. 2011 – 40 O 107/10 Rn 23; LG Dortmund 22. 3. 2013 – 3 O 6/13, BeckRS 2013, 08586). Vgl aber den Fall eines solchen Auskunftsverlangens zum Zwecke der Erlangung neuer Mandanten oben Rn 18a.

31a gg) Leistungsverweigerung: Ähnlich wird es meistens bei einer Leistungsverweigerung liegen, zB wenn eine *Rechtsschutzversicherung* die Kostenerstattung verweigert, weil die Vertretung durch einen Rechtslehrer, der nicht zugleich Anwalt ist, geschah, obgleich die Geschäftspolitik ausschließlich die Erstattung zugunsten von Anwälten vorsah (vgl Erman/E Wagner Rn 4; **aA** Deumeland VuR 2002, 225).

32 hh) Nichtverlängerung eines Vertrags: Der Wunsch, sich eines unbequemen Vertragspartners durch *Nichtverlängerung des befristeten Vertrags* zu entledigen, kann nicht nur als Schädigungszweck aufgefasst werden, sodass Schikane zu verneinen ist (LAG Köln 26. 2. 1999 – 11 Sa 1048/98, NZA-RR 1999, 466 f; so auch OLG Koblenz 7. 10. 2014 – 3 U 277/14, juris Rn 41 – Nichtverlängerung eines Pachtvertrags zum Betrieb eines Campingplatzes).

ii) **Pfandrecht**: Keine Schikane ist es, wenn der Gläubiger nur einen Teil der 32a
Pfandstücke versteigern lässt, um damit Druck auf den Schuldner auszuüben (KG
2. 1. 1902 – XIII CS, OLGE 4 [1902] 144).

kk) **Steuerrecht**: Beantragt ein getrennt lebender Ehegatte bei der Vollstreckung 32b
rückständiger Einkommensteuer gem §§ 269 f AO die *Aufteilung der gemeinsamen
Steuerschuld* nach dem Verhältnis, das sich bei einer Einzelveranlagung ergäbe, liegt
darin keine Schikane des Antragsstellers, insbesondere wenn dies auf seiner Seite zu
einer Steuererstattung führt (FG Berlin-Brandenburg 16. 9. 2009 – 7 K 7453/06 B, DStRE 2010,
386 f).

ll) **Wertpapiergeschäfte**: Realisiert sich in einem hoch spekulativen Wertpapier- 32c
geschäft das vertraglich übernommene Beschaffungsrisiko, so ist das Festhalten am
Vertrag durch die andere Seite nicht schikanös (LG Frankfurt 29. 7. 2011 – 3-14 O 9/11,
juris Rn 23).

mm) **Widerrufsrecht**: Macht jemand im Rahmen eines Fernabsatzgeschäfts von sei- 32d
nem *Widerrufsrecht* gem § 355 BGB Gebrauch, um auf ein günstigeres Angebot
eines Konkurrenzunternehmens zurückgreifen zu können, ist das nicht schikanös,
sondern eine berechtigte Wahrnehmung der eigenen Rechtsstellung (BGH 16. 3. 2016 –
VIII ZR 146/15, MMR 2016, 523, 524 Rn 17 f m Anm HÖHNE MMR 2016, 524 f; PÖRKSEN,
jurisPR-ITR 11/2016 Anm 4).

nn) **Wohnungseigentümergemeinschaft**: Ein *Wohnungseigentümer,* der ohne „ver- 32e
nünftige" Gründe die Nichtigkeit eines durch unangefochtenen Mehrheitsbeschluss
begründeten Sondernutzungsrechts geltend macht, handelt nicht schikanös, auch
wenn seine Interessen schwer nachvollziehbar sind (OLG Köln 12. 1. 2001 – 16 Wx 173/
00, NJW-RR 2001, 1304–1306; es besteht beispielsweise ein grundbuchrechtliches Interesse an der
Änderung nur durch Änderung der Teilungserklärung). – Verlangt ein Wohnungseigentümer
vom Verwalter Kopien von Einzelabrechnungen, ist das jedenfalls dann nicht schikanös, wenn die Unterlagen genau bezeichnet und ohne erheblichen Zeitaufwand
zusammengestellt werden können (OLG München 29. 5. 2006 – 34 Wx 27/06, NZM 2006, 512
und 9. 3. 2007 – 32 Wx 177/06, MDR 2007, 769, 770). – Wenn ein Wohnungseigentümer sich
innerhalb von drei Jahren mit annähernd 100 Schreiben zu Fragen der Verwaltung
wie etwa zur Jahresabrechnung oder zum Wirtschaftsplan an einen Verwalter wendet, so liegt darin nach der Auffassung des BGH eine Ausübung des Einsichtnahme-
rechts, das der Kontrolle der Verwaltertätigkeit dient und durch Schikaneverbot
begrenzt ist. Im konkreten Fall sei aber, so der BGH, ein Verstoß dagegen nicht
ersichtlich (BGH 11. 2. 2011 – V ZR 66/10, NJW 2011, 1137, 1138 Rn 8). – Ein Beschluss der
Wohnungseigentümerversammlung, eine unzulässige bauliche Maßnahme zu beseitigen und damit eine Waschküche wieder ihrem, im Aufteilungsplan vorgesehenen,
tatsächlich aber nicht genutzten Zweck zuzuführen, ist auch dann nicht schikanös,
wenn damit für einen Dritten erkennbar ein Nachteil verbunden ist (BayObLG 24. 2.
2000 – 2 Z BR 176/99, ZWE 2000, 216, zum Problem schikanöser Eigentümerbeschlüsse vgl
STAUDINGER/BUB [2005] § 22 WEG Rn 248). – Das Verlangen eines Wohnungseigentümers, durch Versetzen eines Zauns die Grenze einer Sondernutzungsfläche (wieder)
sichtbar zu machen, ist auch dann ein schutzwürdiges Interesse und damit nicht
schikanös, wenn die Geltendmachung durch andere, wenig freundliche Motive verursacht worden ist (BayObLG 15. 9. 2004 – 2 Z BR 120/04, WuM 2004, 728, 729). – Es ist nicht

schikanös, die Entfernung einer *Satellitenanlage* zu verlangen, weil man selbst zuvor auf die Entfernung eigenmächtiger Veränderungen in Anspruch genommen worden ist, wenn sonst die Gefahr besteht, dass andere Bewohner ebenfalls entgegen dem Beschluss der Wohnungseigentümergemeinschaft solche Anlagen anbringen (OLG Köln 26. 7. 2004 – 16 Wx 134/04, juris Rn 14). – Die Weigerung eines Vermieters, für einen gehbehinderten Angehörigen eines Mieters einen *Treppenlift* einzubauen, ist zwar wegen des Interesses an der unveränderten Erhaltung des Treppenhauses nicht schikanös, kann aber dennoch eine unzulässige Rechtsausübung iS des § 242 BGB darstellen (BVerfG 28. 3. 2000 – 1 BvR 1460/99, NJW 2000, 2658–2660). – Selbst wenn die Kündigung eines *Stellplatzmietvertrags* durch die Ablehnung von Renovierungsarbeiten durch den Wohnungsmieter motiviert sein sollte, so kann sie doch auch zugleich dem Zweck der Weitervermietung des Stellplatzes an eine andere Person dienen und ist daher nicht schikanös (LG Berlin 9. 10. 2012 – 65 S 229/12, BeckRS 2013, 12609; bestätigt in BGH 4. 6. 2013 – VIII ZR 422/12, NZM 2013, 726, 727).

33 **oo) Zahlung unter Vorbehalt**: Weist ein Gläubiger einer in einem vorläufig vollstreckbaren Urteil titulierten Forderung die *Zahlung unter Vorbehalt* der Rückforderung bei Aufhebung des Urteils zurück, sodass der Schuldner weiter Verzugszinsen zahlen muss, handelt der Gläubiger nicht schikanös, da der Gläubiger mit der Annahme den Zinsanspruch verlieren würde, obgleich nicht sicher ist, dass er die Leistung endgültig behalten darf (BGH 15. 3. 2012 – IX ZR 34/11 Rn 8–12 sowie 15. 3. 2012 – IX ZR 35/11 NJW 2012, 1717 f Rn 8–12).

III. Rechtsfolgen

34 **1.** Eine gegen das Schikaneverbot verstoßende Handlung ist verboten und daher **rechtswidrig**. Gegen sie ist Notwehr (§ 227 BGB) möglich (MünchKomm/Grothe Rn 14; Hübner, AT § 24 II 1 Rn 410). Das widerrechtlich ausgeübte Recht bleibt allerdings in seinem Bestand unberührt. Bei Verfolgung eines erlaubten Zwecks kann die Rechtsausübung daher später rechtmäßig werden.

35 **2.** Wenn durch schikanöse Rechtsausübung, zB durch Einbau eines Hindernisses an einem Weg, ein dauerhafter Zustand geschaffen wird, so folgt unmittelbar aus § 226 BGB ein **Beseitigungsanspruch** (OLG Düsseldorf 4. 9. 2000 – 9 U 119/00, NJW-RR 2001, 162–163).

36 **3.** Aus § 226 BGB kann zu Recht nach hM unmittelbar auf künftige **Unterlassung** der schikanösen Rechtsausübung geklagt werden (RG 3. 12. 1909 – II 190/09, RGZ 72, 251, 254 – zu diesem Urteil auch oben Rn 23; MünchKomm/Grothe Rn 14; Erman/E Wagner Rn 10; Hübner, AT § 24 II 1 Rn 410; Enneccerus/Nipperdey [1960] § 239 IV 3 d). Zum Teil wird hingegen ein unmittelbar aus § 226 BGB abzuleitender Unterlassungsanspruch verneint. Dieser ergebe sich vielmehr erst aus einem objektiv rechtswidrigen Eingriff in ein absolut geschütztes Rechtsgut, wenn eine künftige Wiederholung des Eingriffs zu befürchten sei (Soergel/Fahse Rn 12). Die Differenzierung zwischen absoluten und relativen Rechtspositionen ist im Lichte der neueren Auffassung vom Charakter subjektiver Rechte allerdings ohnehin zweifelhaft. Absoluten und relativen subjektiven Rechten ist die „Zuweisung einer Verhaltensberechtigung" an ein Rechtssubjekt (uU in Gemeinschaft mit anderen) und die „Schutz- und Ausschließlichkeitsgewähr" gegenüber jedem anderen eigentümlich (Bork, AT [4. Aufl 2016] Rn 288; HKK/

MICHAELS vor § 241, Systemfragen Rn 66 f). Schikanöse Rechtsausübung ist aber von der Verhaltensberechtigung nicht umfasst. Sie verletzt daher in rechtswidriger Weise die Freiheit des Betroffenen. Effektiver Rechtsschutz dieser Freiheit schließt den Anspruch auf Unterlassung ein.

4. Die schikanöse Handlung kann für den Betroffenen einen **Schadensersatzanspruch** begründen, wenn ein Vermögensinteresse betroffen ist. § 226 BGB ist als Schutzgesetz iS des § 823 Abs 2 BGB anzusehen (MünchKomm/GROTHE Rn 14; BGB-RGRK/JOHANNSEN Rn 7; ENNECCERUS/NIPPERDEY [1960] § 239 IV 3 D). Daneben kann ein Schadensersatzanspruch aus § 826 BGB bestehen, wenn die dort geforderten subjektiven Voraussetzungen erfüllt sind. Von einer Deckungsgleichheit der Tatbestände der §§ 226 und 826 BGB kann schon im Hinblick auf die ausschließlich objektiven Anforderungen in § 226 BGB (oben Rn 20 f) keine Rede sein (aA auf der Grundlage eines Tatbestandsverständnisses, das entgegen der hier vertretenen Auffassung bei § 226 subjektive Merkmale einschließt: ERMAN/E WAGNER Rn 2, 10; SOERGEL/FAHSE Rn 11; vgl im Übrigen ENNECCERUS/NIPPERDEY [1960] § 239 Anm 55).

5. Einer schikanösen gerichtlichen Geltendmachung von Rechten steht § 226 BGB als **von Amts wegen** zu berücksichtigende, die Ausübung des Rechts hindernde Einwendung entgegen (BGB-RGRK/JOHANNSEN Rn 13; ERMAN/E WAGNER Rn 10; ENNECCERUS/NIPPERDEY [1960] § 239 III 7), weil § 226 BGB letztlich eine Inhaltsbestimmung (vgl oben Rn 11; aA ERMAN/E WAGNER Rn 1, 10) des geltend gemachten Rechts darstellt. Es geht um die Grenze der Verhaltensberechtigung.

6. Das Vorliegen des § 226 BGB zwischen den Parteien *beeinflusst nicht die Rechte Dritter*. Wird jemandem aus Schikane eine Genehmigung nicht erteilt, die für das Wirksamwerden eines Vertrags mit einem Dritten erforderlich ist, so bleibt der Vertrag dennoch unwirksam (RG 1.11.1929 – VII 211/29, WarnR 1930 Nr 4).

IV. Das Schikaneverbot im Prozessrecht

1. Das Prozessrecht enthält eine Reihe *eigener Regeln,* welche ein rechtsmissbräuchliches – und damit auch schikanöses – Prozessverhalten verhindern oder bekämpfen sollen (ZEISS/SCHREIBER, Zivilprozessrecht [12. Aufl 2014] § 35 VIII Rn 220; ROSENBERG/SCHWAB/GOTTWALD [18. Aufl 2018] § 2 Rn 16). Daher ist zB das Einlegen von Rechtsmitteln ausschließlich nach dem Prozessrecht zu beurteilen, ebenso etwa das Berufen auf fehlende örtliche Zuständigkeit (vgl aber BAUMGÄRTEL ZZP 69 [1956] 89, 118, der § 226 BGB als besondere Ausprägung des Prinzips von Treu und Glauben auch bei der Auslegung prozessualer Normen heranzieht). Dagegen erscheint es wenig zweckmäßig zu sein, bereits das Rechtsschutzbedürfnis zu verneinen, wenn bei einer Prozesshandlung der Missbrauch *prozessualer Befugnisse* vorliegt (so aber ROSENBERG/SCHWAB/GOTTWALD [18. Aufl 2018] § 65 Rn 56; BAUMGÄRTEL ZZP 69 [1956] 89, 116; differenzierend ZEISS, Die arglistige Prozeßpartei [1967] 160 ff). Wenn der Missbrauch im schikanösen Verhalten zu sehen ist, geht es nicht – jedenfalls nicht vorrangig – um Fragen der Prozessökonomie, sondern um die durch die prozessuale Handlung bezweckte Schädigung des Prozessgegners. § 226 BGB kann nicht zum Schutz des Gerichts gegen die Tatsache einer Inanspruchnahme selbst herangezogen werden, weil der Rechtsweg sogar grundrechtlich garantiert ist (allgemeiner Justizgewähranspruch, abgeleitet aus Art 2 GG iVm dem Rechtsstaatsprinzip, vgl BVerfG 2.3.1993 – 1 BvR 249/92, NJW 1993, 1635; BeckOKGG/EPPING/HILLGRUBER/ENDERS

[15. 11. 2018] Art 19 Rn 51); in missbräuchlich erscheinenden Fällen fehlt allerdings regelmäßig das notwendige Rechtsschutzbedürfnis.

41 2. Soweit das Prozessrecht die Zulässigkeit von Prozess- und Vollstreckungshandlungen nicht besonders regelt, findet § 226 BGB ebenso Anwendung wie der Grundsatz von Treu und Glauben (ERMAN/E WAGNER Rn 3; MünchKomm/GROTHE Rn 2; BAUMGÄRTEL ZZP 69 [1956] 114 ff). – So wird zB die Unzulässigkeit auf § 226 BGB gestützt, wenn ohne ersichtlichen Grund eine wettbewerbsrechtliche Unterlassungsklage erhoben wird, obwohl der Beklagte bereits aufgrund einer auf denselben Sachverhalt gestützten Klage eines anderen Klagebefugten rechtskräftig verurteilt worden ist (RG 24. 1. 1928 – II 272/27, RGZ 120, 47, 50). – Stehen dem Gläubiger aus demselben Lebenssachverhalt mehrere Ansprüche zu, ist es im Hinblick auf die Kosten schikanös, diese Ansprüche ohne sachlichen Grund in getrennten Verfahren geltend zu machen (KG 29. 9. 2006 – 1 W 186/06, AGS 2007, 216; KG 7. 9. 2011 – 2 W 123/10 Rn 20, die Beurteilung, ob schikanöse Verfahrenstrennung vorliegt, kann nicht im Kostenfestsetzungsverfahren geschehen, sondern muss durch das Prozessgericht geschehen). Die gleichzeitige Klageerhebung bei 74 Arbeitsgerichten ist schikanös, wenn sie nur den Zweck hat, den Beklagten durch eine Unzahl von Versäumnisurteilen zu ruinieren, weil die Erstattung der Rechtsanwaltskosten nach § 12a Abs 1 S 1 ArbGG ausgeschlossen ist (ArbG Hamm 16. 12. 1965 – 2 Ca 948/65, MDR 1966, 272). – Massenhafte Serienabmahnungen wegen einer Verletzung von § 95a UrhG erscheinen hingegen nicht von vorneherein rechtsmissbräuchlich (LG München I 13. 6. 2007 – 21 S 2042/06, InstGE 8, 245, 248 Rn 29–33). – Die Geltendmachung mehrerer gleichartiger Ansprüche aufgrund desselben Lebenssachverhalts ist schikanös, wenn kein sachlicher Grund für die Trennung besteht (KG 29. 9. 2006 – 1 W 186/06, AGS 2007, 216, 217). – Nach § 226 BGB soll es unzulässig sein, wenn eine eidesstattliche Versicherung wegen 2,10 DM Zinsen begehrt wird (LG Köln 14. 2. 1991 – 19 T 10/91, Rpfleger 1991, 328; vgl auch die strukturell ähnliche Überlegung des AG Stuttgart 14. 3. 1993 – 7 C 11337/91, NJW-RR 1993, 1436 zur Schadensersatzforderung für einen völlig nutzlosen Betonring – dazu oben Rn 24b; aA jurisPK-BGB/BACKMANN Rn 23, da die Zwangsvollstreckung wegen 2 DM objektiv vorteilhaft sei; vgl weiterführend STAUDINGER-Symposion 1998/WERNER, Staatliches Gewaltmonopol und Selbsthilfe bei Bagatellforderungen S 48–57). – Gleiches gilt im Rahmen der Sicherheitsleistung nach §§ 108 ff ZPO für den Austausch gleichwertiger Prozessbürgschaften (BGH 24. 2. 1994 – IX ZR 120/93, WM 1994, 623, 625). – Des Weiteren hat der BGH ein gegen den ausgeschiedenen Geschäftsführer gerichtetes Herausgabeverlangen von Kopien geschäftlicher Unterlagen mit für die Beweisführung nötigem Inhalt für rechtsmissbräuchlich gehalten, wenn sich die Originale bereits beim Anspruchsteller befinden und kein Geheimhaltungsinteresse besteht (BGH 21. 12. 1989 – X ZR 30/89, BGHZ 110, 30, 35 der Fall betrifft nur indirekt eine Prozesshandlung). – Erhebt jemand Klage auf Löschung eines Geschmacksmusters, obgleich die Beklagte unmittelbar zuvor eine Verpflichtungserklärung übermittelt hat, in der die Löschung des Geschmacksmusters zugesichert wird, so handelt die Klägerin schikanös (LG München I 22. 11. 2007 – 1 HK O 13234/07, InstGE 9, 300 f). – Die Verwaltungsvollstreckung wegen eines offenen Bagatellbetrags (18 Cent) bei einer Gesamtforderung von 15,59 € ist trotz der Vollstreckungskosten nicht schikanös (OVG Berlin 8. 8. 2006 – 9 L 27/06, juris Rn 4). – Beantragt jemand Einsicht in die Geschäftsverteilungspläne eines Gerichts, ohne ein Verfahrensbeteiligter zu sein, der konkret belastet sein könnte, fehlt dafür ein berechtigtes Interesse, so dass die Einsicht mit Rücksicht auf Schikaneverbot verwehrt werden kann, da das Handeln letztlich nur den Zweck hat, den Betrieb des Gerichts durch sinnlose Bindung von Kapazität zu stören (OLG Hamm 8. 5. 2018 – 15 VA 12/18, juris Rn 49, 52–54).

V. Beweislast

Die **Beweislast** für sämtliche den Tatbestand der Schikane begründende Tatsachen, insbesondere also auch dafür, dass die Handlung allein die Schädigung bezweckt, trägt derjenige, der sich auf § 226 BGB beruft, um die Rechtsausübung abzuwehren (RG 18. 6. 1932 – V 59/32, RGZ 137, 140, 142; VGH München 2. 2. 2004 – Vf 40-VI-03, BayVBl 2004, 464 [Rn 23]; BAUMGÄRTEL/KESSEN, Beweislast [4. Aufl 2019] Rn 1; ERMAN/E WAGNER Rn 10). Misslingt der Beweis, kann sich die Unzulässigkeit der Rechtsausübung dennoch aus §§ 242, 826 BGB ergeben (BAUMGÄRTEL/KESSEN, Beweislast [4. Aufl 2019] Rn 1). **42**

VI. Rechtsvergleichung

Eine allgemeine Rechtsmissbrauchslehre ist allen europäischen Rechtsordnungen geläufig, wobei im Einzelnen freilich Unterschiede zu verzeichnen sind (vgl aus der Literatur: GAMBARO, Abuse of Right in Civil Law Tradition, in: RABELLO, Aequitas und Equity: Equity in Civil Law and Mixed Jurisdictions [1997] 632 ff; HUWILER, Aequitas und bona fides als Faktoren der Rechtsverwirklichung. Zur Gesetzgebungsgeschichte des Rechtsmissbrauchsverbotes [Art 2 Abs 2 ZGB], in: SCHMIDLIN, Vers un droit privé européen? – Skizzen zum gemeineuropäischen Privatrecht [1994] 57 ff; RANIERI, Revue Internationale de Droit Comparé 1998, 1055–1092; ders, Europäisches Obligationenrecht [2. Aufl 2003] 664 ff; R ZIMMERMANN/WHITTACKER, Good Faith in European Contract Law [2000] 34 ff). **43**

1. Im **österreichischen** Recht ist das Schikaneverbot gesetzlich in eigentümlicher Weise mit dem Verbot sittenwidriger Schädigung verbunden. § 1295 Abs 2 ABGB setzt einen Schadensersatzanspruch bei sittenwidriger Schädigung fest. Wenn diese Schädigung jedoch in Ausübung eines Rechts geschah, so soll sie nur dann zum Schadensersatz verpflichten, wenn sie „offenbar den Zweck hatte, den anderen zu schädigen" (§ 1295 Abs 2 HS 2 ABGB). Seinem Wortlaut nach ist daher im österreichischen Recht das Schikaneverbot weniger eng als im deutschen Recht, weil nicht vorausgesetzt wird, dass die Handlung *nur* den Zweck der Schädigung hatte. Andererseits verlangt das ABGB auch ein subjektives Moment. Die schikanöse Handlung muss nicht nur den Schädigungszweck haben können, sondern tatsächlich haben. Schikane liegt nach der ständigen Rechtsprechung nur vor, wenn an der Ausübung des Rechtes jedes andere Interesse als das der Schadenszufügung fehlt. Die Schädigungsabsicht muss den einzigen Grund der Rechtsausübung darstellen (OGH 14. 6. 1971 – 1 Ob 145/71, ÖJBl 1972, 210/211; RUMMEL/REISCHAUER, Kommentar zum ABGB § 1295 ABGB Rn 58 f – mit deutlicher Kritik an der Verengung des Tatbestands; eingehend MADER, Rechtsmissbrauch und unzulässige Rechtsausübung [Wien 1994] 171 ff, insbes 177–180 zur Offenbarkeit der Schädigungsabsicht; zu den Diskussionen in Österreich im 19. Jahrhundert vgl auch HKK/HAFERKAMP § 226 Rn 5 Fn 38). **44**

2. Viel zitiert ist das tatbestandlich weit gefasste Rechtsmissbrauchsverbot im **schweizerischen** Recht, das in Art 2 Abs 2 ZGB bestimmt: „Der offenbare Missbrauch eines Rechtes findet keinen Rechtsschutz." Das Schikaneverbot tritt hier nicht ausdrücklich hervor, sondern erscheint als Teil des allgemeinen Rechtsmissbrauchsverbots. Nutzlose Handlungen in schädigender Absicht verstoßen dagegen (HONSELL/ **45**

Vogt/Geiser/Mayer-Maly, Kommentar zum schweizerischen Privatrecht I [1996] Art 2 Rn 40, 46 f; kritisch zur breiten Anwendung des Rechtsmissbrauchsgedankens Merz ZfRV 1977, 162, 168 ff). Wie im deutschen Recht genügt allerdings objektive Missbräuchlichkeit (vgl BG 2. 7. 1963 – 34. Urteil der I. Zivilabteilung, BGE – 89 II 256, 262 f; Fleischer JZ 2003, 865, 868).

46 3. Der **spanische** Código civil folgt dem schweizerischen Vorbild und bestimmt in Art 7 Abs 2 S 1: „La ley no ampara e abuso del derecho o el ejercicio antisocial des mismo." Auch hier ist ein subjektives Tatbestandsmerkmal nicht ausdrücklich gefordert (Diéz-Picazo/Gullon, Sistema de derecho civil I [2001] 427; Fleischer JZ 2003, 865, 868).

47 4. Im **französischen** Code civil fehlt eine allgemeine Regel über den Rechtsmissbrauch und das Schikaneverbot. Die Dogmatik dieser Rechtsinstitute knüpft dort an die deliktischen Schadensersatzvorschriften in den Art 1240, 1241 Code civil an. Die Frage war, ob sich jemand auch in Ausübung eines Rechts schadensersatzpflichtig machen könne. Das bejahte zuerst 1855 der Cour d'appel von Colmar ([2. 5. 1855] D 1856. 2. 9) für einen Schornstein, der in der Absicht erbaut worden war, die schöne Aussicht des Nachbarn zu stören. Gegen Ende des 19. Jahrhunderts wurde die Überlegung bereits als allgemeiner Rechtsgedanke akzeptiert (vgl Chambre des requêtes 26. 12. 1893, DP 1895, 1, 531; Staudinger/Coing[11] § 226 Rn 2). Gleichzeitig entwickelte die französische Rechtswissenschaft eine Theorie des *abus de droit* (vgl insbes Josserand, De l'abus des droits [1905] und Saleilles, Études sur la théorie générale de l'obligation [1901]; zur Entwicklung des Rechtsgedankens in Frankreich: Merz ZfRV 1977, 162, 163–165; Staudinger/Coing[11] § 226 Rn 13; Fleischer JZ 2003, 865 f). Nach heutiger Auffassung liegt jedenfalls Schikane vor, wenn eine Handlung nur von der Absicht bestimmt ist, einem anderen Schaden zuzufügen. Anders als nach deutschem Recht kommt es also auch auf den subjektiven Tatbestand an. Als Indiz hierfür gilt, wie nach schweizerischem Recht, die Nutzlosigkeit der Rechtsausübung für den Handelnden. Die Einzelheiten sind freilich stark umstritten. Die Rechtsprechung hat sich bislang auf keine Richtung festgelegt (Ferid/Sonnenberger, Das französische Zivilrecht 1, 1 [2. Aufl 1994] Rn 1 C 144 ff).

48 5. Das **englische** Recht kennt keine allgemeine Dogmatik des Rechtsmissbrauchs, wie sie dem kontinentalen Rechtskreis geläufig ist. Der Grund hierfür wird darin gesehen, dass die subjektive Einstellung für die Ausübung des Rechts unbedeutend sei (Rogers, Winfield and Jolowicz on Tort [18. Aufl 2010] 3. 9; vgl bereits Lord Macnaghten in Bradford Corporation v Pickles [1895] AC 587, 601). Angesichts der im BGB gewählten Lösung für das Schikaneverbot, die allein auf objektiven Kriterien beruht, überzeugt diese Erklärung jedoch letztlich nicht. Man wird sie vielmehr in einer weniger ausgeprägten Dogmatik des subjektiven Rechts zu suchen haben. – Lediglich in Einzelfällen begründet arglistige Einstellung bei der Rechtsausübung *(malice)* deliktische Rechtsfolgen. Der Schikanefall tritt bei der Störung im Genuss des Landeigentums oder von Rechten hieran als *nuisance* hervor, zB wenn die Aufzucht von Silberfüchsen auf dem Nachbargrundstück durch Gewehrschüsse an der Grundstücksgrenze gestört wird (Rogers Rn 14. 12 ff). Weitere Fälle betreffen ua die üble Nachrede (vgl Rogers Rn 11. 9 ff) und die böswillige Prozessführung (Rogers Rn 19. 1 ff).

49 6. Der **italienische** Codice civile enthält ebenso wenig wie das französische Recht eine allgemeine Vorschrift über den Rechtsmissbrauch, obgleich eine entsprechende

Theorie schon vor der Kodifikation vorhanden war (ROTONDI, L'abuso di diritto, 1923). Der Codice civile von 1942 trifft nur Einzelbestimmungen wie in Art 833 (Il proprietario non può fare atti i quali non abbiano altro scopo che quello di nuocere o recare molestia ad altri), der den Gebrauch des Eigentums in einer Weise untersagt, die keinen anderen Zweck haben kann, als einen anderen zu schädigen. Dennoch wird der allgemeine Rechtsgrundsatz des Verbots des Rechtsmissbrauchs anerkannt (vgl CIAN/TRABUCCHI/ PERESUTTI, Comentario breve al Codice civile [1997] Art 833 Anm II 2).

7. Das **europäische Gemeinschaftsrecht** kennt bislang noch keine durchgebildete Rechtsmissbrauchslehre (dazu näher FLEISCHER JZ 2003, 865, 868 ff). Der EuGH hat zwar den Rückgriff auf nationale Rechtsmissbrauchsregeln zu Beurteilung eines Missbrauchs gemeinschaftsrechtlicher Normen zugelassen (EuGH 12. 5. 1998 – C-367/96 [Kefalas], Slg 1998, I-2862 Rn 20 f mit Anm RANIERI ZEuP 2001, 169 ff) und in der Centros-Entscheidung das Verbot des Rechtsmissbrauchs als gemeinschaftsrechtlichen Grundsatz mindestens indirekt anerkannt (EuGH 9. 3. 1999 – C-212/97 [Centros] Slg 1999, I-1461 Rn 24). In der Folgezeit hat der EuGH keinen Zweifel an der Gültigkeit des Rechtsmissbrauchsverbots im Gemeinschaftsrecht gelassen (vgl nur EuGH 21. 7. 2005 – C-515/03 [Eichsfelder Schlachtbetrieb] Slg 2005, I-7355 Rn 39), wobei die Beweisregeln des nationalen Rechts gelten sollen. Schwierigkeiten bereitet, dass der EuGH auch die Gesetzesumgehung *(fraus legis)* als Rechtsmissbrauch einordnet. Subjektive Missbrauchsabsicht fordert der EuGH gerade in dieser Fallgruppe (vgl EuGH 14. 12. 2000 – C-110/99 [Emsländer Kartoffelstärke], Slg 2000 I-11595 Rn 52; bestätigt zB in EuGH 21. 7. 2005 – C-515/03 [Eichsfelder Schlachtbetrieb] Slg 2005, I-7355 Rn 39). Ob das aber auch für den schikanösen Rechtsmissbrauch *(abusus)* zu gelten hat, ist damit noch nicht festgelegt (so wohl auch FLEISCHER JZ 2003, 865, 872).

8. Weder die Principles of European Contract Law **(PECL)** noch der Draft Common Frame of Reference **(DCFR)** enthalten eine dem § 226 BGB unmittelbar entsprechende Vorschrift. Diese Regelwerke begnügen sich vielmehr gut vertretbar mit einer zwingend gültigen Generalklausel, die Treu und Glauben bei der Rechtsausübung einfordert, PECL Art 1:201 sowie DCFR Art III-1:103 bzw Art II-3:301 (für den vorvertraglichen Bereich). Wenngleich die Aussage des § 226 BGB sicherlich mehr Klarheit als die Generalklausel des § 242 BGB erzeugt, so dürfte es doch im Ergebnis genügen, wenn die unzulässige Rechtsausübung als Verstoß gegen Treu und Glauben (good faith) begriffen und so unter die entsprechende Generalklausel subsumiert wird. Schikanöses Verhalten ist stets unzulässige Rechtsausübung. Dennoch hat die unspezifische Formel „good faith" – trotz ihrer Präzisierung durch die Definition in DCFR Art I-1:103 – den Nachteil, ihren wesentlichen Inhalt erst in der Rechtsanwendung zu erfahren (vgl die Kritik von EIDENMÜLLER/FAUST/GRIGOLEIT/JANSEN/WAGNER/ZIMMERMANN JZ 2008, 529, 536 f). Die Norm selbst hilft wenig weiter. Die Gerichte haben damit zwar kaum Schwierigkeiten. Ein gemeineuropäischer, normativer Referenztext verfehlt aber bei Unbestimmtheit seine vereinheitlichende Wirkung. Allerdings erwähnen die dem DCFR vorangestellten „underlying principles" die Verhinderung von Rechtsmissbrauch als eine Grenze der Vertragsfreiheit (DCFR Outline Edition [2009] 60). Darüber hinaus enthält DCFR Art X-7:102 eine besondere Ermächtigung des Richters, rechtsmissbräuchliche Maßnahmen eines Treuhänders aufzuheben.

9. Vergleicht man die Rechtsmissbrauchslehre der verschiedenen europäischen Rechtsordnungen miteinander, so weicht nur England signifikant ab, weil es keine

allgemeine Rechtsmissbrauchslehre kennt. Die kontinentaleuropäischen Rechtsordnungen kommen hingegen zu mehr oder weniger identischen Ergebnissen. Das europäische Gemeinschaftsrecht hat das Verbot des Rechtsmissbrauchs als Rechtsgrundsatz aufgenommen. Uneinigkeit besteht darüber, ob der Tatbestand auch ein subjektives Element enthalten muss. Da aber diejenigen, die – wie bei uns in § 826 BGB – eine Schädigungsabsicht fordern, die objektive Nutzlosigkeit der Rechtsausübung für den Handelnden als Indiz für das subjektive Moment ausreichen lassen, liegen die Positionen im Ergebnis nicht weit auseinander. Das bestätigt sich auch in den Entscheidungsergebnissen, die – England eingeschlossen – eine große Kohärenz aufweisen (vgl ZIMMERMANN/WHITTACKER, Good faith in European Contract Law [Cambridge 2000] 653 ff).

§ 227
Notwehr

(1) Eine durch Notwehr gebotene Handlung ist nicht widerrechtlich.

(2) Notwehr ist diejenige Verteidigung, welche erforderlich ist, um einen gegenwärtigen rechtswidrigen Angriff von sich oder einem anderen abzuwenden.

Materialien: TE-AllgT § 200 (SCHUBERT AT 2, 425–427) E I § 186; II § 191; III § 221; Mot I 348; Prot I 395 ff, 410 ff; Prot RJA, 159, 161; Prot II 1, 240, 251; JAKOBS/SCHUBERT, AT 2, 1146–1171.

Schrifttum

ADOMEIT, Wahrnehmung berechtigter Interessen und Notwehrrecht, JZ 1970, 495
BOCKELMANN, Menschenrechtskonvention und Notwehrrecht, in: FS Engisch (1969) 456
BRAUN, Subjektive Rechtfertigungselemente im Zivilrecht?, NJW 1998, 941
DEUTSCH, Entwicklungstendenzen des Schadensrechts in Rechtsprechung und Wissenschaft, JuS 1967, 152
ders, Fahrlässigkeit und erforderliche Sorgfalt: Eine privatrechtliche Untersuchung (1963)
DILCHER, Besteht für die Notwehr nach § 227 BGB das Gebot der Verhältnismäßigkeit oder ein Verschuldenserfordernis?, in: FS Hübner (1984) 443
FISCHER, Die Rechtswidrigkeit: mit besonderer Berücksichtigung des Privatrechts (1911)
FRISTER, Die Notwehr im System der Notrechte, GA 1988, 291

GEILEN, Eingeschränkte Notwehr unter Ehegatten?, JR 1976, 314
GRAUL, Notwehr oder Putativnotwehr. Wo ist der Unterschied?, JuS 1995, 1049
HR HORN, Untersuchungen zur Struktur der Rechtswidrigkeit (1962)
HOYER, Das Rechtsinstitut der Notwehr, JuS 1988, 89
HIMMELREICH, Nothilfe und Notwehr: insbesondere zur sogenannten Interessenabwägung, MDR 1967, 361
P KIRCHHOF, Unterschiedliche Rechtswidrigkeiten in einer einheitlichen Rechtsordnung (1978)
KLINGBEIL, Die Not- und Selbsthilferechte. Eine dogmatische Rekonstruktion (2017)
KREY, Zur Einschränkung des Notwehrrechts bei der Verteidigung von Sachgütern, JZ 1979, 702

Kühl, Notwehr und Nothilfe, JuS 1993, 177
Larenz, Rechtswidrigkeit und Handlungsbegriff im Zivilrecht, in: FS Dölle I (1963) 169
vLiszt, Die Deliksobligationen im System des BGB (1898)
Löwisch/Krauss, Die rechtliche Bewertung von Betriebsblockaden nach der Sitzblockadenentscheidung des Bundesverfassungsgerichts, DB 1995, 1330
Lührmann, Tötungsrecht zur Eigentumsverteidigung? Eine Untersuchung des Notwehrrechts unter verfassungsrechtlichen, menschenrechtlichen und rechtsvergleichenden Gesichtspunkten (1999)
Merkel, Die Kollision rechtmäßiger Interessen und die Schadensersatzpflicht bei rechtmäßigen Handlungen: im Hinblick auf den Entwurf eines bürgerlichen Gesetzbuches für das Deutsche Reich in zweiter Lesung (1895)
Münzberg, Verhalten und Erfolg als Grundlagen der Rechtswidrigkeit und Haftung (1966)
Nipperdey, Rechtswidrigkeit, Sozialadäquanz, Fahrlässigkeit, Schuld im Zivilrecht, NJW 1957, 1777
Ogorek, Die Begrenzung der Notwehr und des Notstandes (Diss Greifswald 1904)
Robles Planas, Notwehr, Unternehmen und Vermögen. Zugleich zum Vorrang der rechtlich institutionalisierten Verfahren und den Einschränkungen des Notwehrrechts, ZIS 2018, 14
Roxin, Die „sozialethischen Einschränkungen" des Notwehrrechts. Versuch einer Bilanz, ZStW 93 (1981) 68
Rückert, Gewaltsame Verteidigung gegen rechtswidrige staatliche Vollstreckungsmaßnahmen, JA 2017, 33

Rupprecht, Die tödliche Abwehr des Angriffs auf menschliches Leben, JZ 1973, 263
Schollmeyer, Das Recht der Notwehr nach dem bürgerlichen Gesetzbuch für das deutsche Reich, Festrede (1899)
K Schreiber, Die Rechtfertigungsgründe des BGB, Jura 1997, 29
Spendel, Der Gegensatz rechtlicher und sittlicher Wertung am Beispiel der Notwehr, DRiZ 1978, 327
ders, Gegen den „Verteidigungswillen" als Notwehrerfordernis, in: FS Bockelmann (1979) 245
Stiller, Grenzen des Notwehrrechts bei der Verteidigung von Sachwerten (1999)
Wacke, Notwehr und Notstand bei der aquilischen Haftung. Dogmengeschichtliches über Selbstverteidigung und Aufopferung, ZRG Rom Abt 106 (1989) 469
Warda, Die Eignung der Verteidigung als Rechtfertigungselement bei der Notwehr (§§ 32 StGB, 227 BGB), Jura 1990, 344
Wieacker, Rechtswidrigkeit und Fahrlässigkeit im Bürgerlichen Recht, JZ 1957, 535
Wiethölter, Der Rechtfertigungsgrund des verkehrsrichtigen Verhaltens: eine Studie zum zivilrechtlichen Unrecht (1960)
Winkler, Die Stellung der Notwehr im System des Bürgerlichen Rechts (Diss Tübingen 1962)
Wössner, Die Notwehr und ihre Einschränkungen in Deutschland und in den USA (2006)
Zitelmann, Ausschluss der Widerrechtlichkeit, AcP 99 (1906) 1.

Vgl auch die Schrifttumsangaben zu § 32 StGB.

Systematische Übersicht

I.	Systematische Stellung	1
II.	**Zweck der Vorschrift, Verhältnis zu § 859**	
1.	Überblick	5
2.	Schutz subjektiver Rechte	6
3.	Bewahrung der Rechtsordnung	7
4.	Verhältnis zu § 859	8

III.	**Der Tatbestand der Notwehr**	9
1.	Notwehrlage	10
a)	Der Angriff auf ein rechtlich geschütztes Interesse	10
aa)	Der Begriff des Angriffs	10
bb)	Der Angreifer	15
cc)	Das Angriffsverhalten	16
dd)	Die Putativnotwehr	20
b)	Die Gegenwärtigkeit des Angriffs	21

aa)	Definition	21	bb)	Kein Gegenangriff	58
bb)	Konkrete Gefährdung	22	cc)	Maßstab der Heftigkeit des Angriffs	59
cc)	Dauer des Angriffs	24	dd)	Das mildeste Mittel	60
dd)	Nicht mehr gegenwärtiger Angriff	25	d)	Gebotenheit	65
c)	Die Rechtswidrigkeit des Angriffs	26	aa)	Der schuldlose Angreifer	67
aa)	Der Streit um den Begriff der Rechtswidrigkeit	27	bb)	Der unerhebliche Angriff	68
			cc)	Der provozierte Angriff	70
(1)	Lehre vom Erfolgsunrecht	28	dd)	Garantenstellung des Angreifers	71
(2)	Lehre vom Handlungsunrecht	29			
(3)	Stellungnahme	30	**IV.**	**Die Rechtsfolgen der Notwehr**	
bb)	Die Rechtfertigungsgründe	34	1.	Zivilrechtliche Rechtmäßigkeit der Handlung	72
cc)	Rechtswidrige Amtshandlungen	41			
dd)	Kein Verschulden	42	a)	Rechtfertigungsgrund	72
d)	Die Nothilfe	43	b)	Keine verbotene Eigenmacht	73
aa)	Zugunsten anderer natürlicher Personen	43	c)	Keine Sittenwidrigkeit	74
			d)	Notwehrüberschreitung	75
bb)	Zugunsten juristischer Personen	44	2.	Schadensersatzpflichten	76
cc)	Keine Nothilfe zugunsten von Tieren	44a	a)	Reichweite der Rechtfertigungswirkung	76
2.	Notwehrhandlung	45	b)	Notwehrüberschreitung	79
a)	Handlung	46	c)	Putativnotwehr	80
b)	Verteidigung, aber kein Verteidigungswille	47	**V.**	**Beweislast**	81
aa)	Verteidigungswille erforderlich? Rechtsprechung und herrschende Lehre	48	**VI.**	**Rechtsvergleichung**	85
			1.	Österreichisches Recht	86
bb)	Stellungnahme	51	2.	Schweizerisches Recht	87
cc)	Nachträgliche Verhaltensweisen	54	3.	Französisches Recht	88
c)	Erforderlichkeit	55	4.	Englisches Recht	89
aa)	Begriff	55			

Alphabetische Übersicht

Amtshandlungen	38, 41	Erforderlichkeit	55 ff
Angriff	10 ff	Erziehungsrecht	37
Axthieb	68		
		Fiskus	44
Besitzwehr	8, 18, 43	Französisches Recht	88
Betriebsblockade	11	Flucht	16, 58, 63, 67 f
Bewegungsfreiheit	13	Freiheitsberaubung	24
Beweislast	81		
Boxhieb	59, 81	Garantenstellung	17, 71
		Gaspistole	59, 61, 75
Ehe	12, 57, 60 ff, 71	Gefährdung	22
Ehre	64, 67	Gegenangriff	55, 58
Einwilligung	35 f, 40, 43	Gegenwärtigkeit des Angriffs	21 f
EMRK	69		
Englisches Recht	89	Handlungsunrecht	29
Erfolgsunrecht	28	Hausrecht	11, 24, 59, 68

Heftigkeit des Angriffs	59	Schadensersatzpflichten	76 ff
Hilfe Dritter	63	Schuldloser Angreifer	67
Hoheitliches Handeln	4, 38, 41	Schusswaffe	59 f, 61, 80
		Schweizerisches Recht	87
Intimsphäre	11	Selbsthilfe des Besitzers	8, 24
Irrtum	20, 55, 80	Selbstverteidigung	1
		Sicherheitsdienst	44
Juristische Personen	44	Sittenwidrigkeit	74
		Sozialadäquanz	13, 39, 78
Kirschenfall	65	Sozialethische Einschränkungen	65 ff
		Strafrecht	2, 3
Lebensgefährliche Verteidigungsmittel	59	Straßenverkehr	11, 60, 68, 75
Mehrere Täter	25	Tier	15
Menschenrechtskonvention	69	Tonbandaufnahme	54
Mitwirkendes Verschulden	78	Trutzwehr	55
Nachträgliche Verfolgung der Tat	54	Unbeteiligte Dritte	55, 76 f
Nichterfüllung	16 f	Unerlaubtes Rauchen	11
Nothilfe	43 f, 78, 80	Unerwartete Folgen	64
Notwehrexzess, -überschreitung	55, 75, 79, 82	Unterlassungshandlung	17 ff
Notwehrhandlung	9, 45 ff	US-amerikanisches Recht	89
Notwehrlage	9 ff		
Notwehrprovokation	40, 49, 58, 62, 70, 84	Verbotene Eigenmacht	73
		Verhältnismäßigkeit	66, 68
Obstdiebstahl	65, 68	Verhaltenspflicht	32
Öffentliche Ordnung	14, 44	Verkehrsrichtiges Verhalten	39
Österreichisches Recht	86	Vermeintliche Notwehrlage	20, 55, 80, 83
Ordnungswidrigkeitenrecht	3	Verschulden	42, 49, 67, 78
		Versuch	22
Parklücke	60	Verteidigungswille	48 ff
Persönlichkeitsrecht	11, 59	Verwaltungsakt	38
Polizei	4, 38, 41, 63	Videoüberwachung	54
Präventivnotwehr	23	Vollstreckung	38, 41
Provokation	40, 49, 58, 62, 70, 84		
Putativnotwehr	20, 55, 80, 83	Warnschuss	61, 80
		Wilderer	22
Rechtfertigungsgründe	34 ff, 72		
Rechtsmissbrauch	66, 68	Zweck der Vorschrift	5 ff
Rechtsvergleichung	85 ff		
Rechtswidrigkeit	26 ff		

I. Systematische Stellung

Der Vorschrift des Schikaneverbots folgen im Allgemeinen Teil des Bürgerlichen **1** Gesetzbuchs die Tatbestände und Rechtsfolgen der *erlaubten Selbstverteidigung* bei der Notwehr, dem defensiven Notstand nach § 228 BGB und der erlaubten Selbsthilfe gem §§ 229–231 BGB. Eine eigenständige spezielle Regelung hat der aggressive

Notstand nach § 904 BGB gefunden. Zum Verhältnis des Notwehrrechts zu § 859 BGB vgl unten Rn 8 und 24.

2 Die §§ 227 ff BGB enthalten **allgemeine Rechtsgrundsätze**, die auch über die Grenzen des BGB hinaus insofern Anwendung finden, als sie die Rechtswidrigkeit des Verhaltens ausschließen (BORK, AT [4. Aufl 2016] Rn 359; zur historischen Entwicklung beachte insbes HKK/HAFERKAMP §§ 226–231 Rn 1, 21 ff; LÜHRMANN 6 ff; STILLER 7 ff). Allerdings sind auch die entsprechenden strafrechtlichen Normen (insbesondere § 32 StGB) zu berücksichtigen, die einen speziellen Anwendungsbereich haben. § 32 Abs 2 StGB definiert den Tatbestand nahezu wortgleich wie § 227 Abs 2 BGB. Die Rechtsfolgen sind identisch: es entfällt die Rechtswidrigkeit der Verteidigungshandlung. Daher stellt sich die Frage nach dem Verhältnis der beiden in unterschiedlichen Gesetzen geregelten Notwehrrechte. Abgesehen davon, dass die strafrechtliche Vorschrift nur Verteidigungshandlungen erfasst, die den objektiven Unrechtstatbestand einer Strafvorschrift erfüllen (§ 32 Abs 1 StGB: Wer eine „Tat" begeht ...), während § 227 BGB beliebige Rechtsgutsverletzungen betrifft, ergab sich für den Gesetzgeber die Notwendigkeit des zivilrechtlichen Notwehrrechts bereits daraus, dass das Reichsstrafgesetzbuch entsprechend der damaligen Verbrechenslehre (zu deren Entwicklung ROXIN, Strafrecht AT [4. Aufl 2006] Bd 1 § 7 Rn 12 ff) die Notwehr lediglich als Schuldausschließungsgrund verstand (GEBHARD, Begründung Teilentwurf 2 [SCHUBERT AT 2, 426]). Zivilrechtlich war jedoch die objektive Rechtfertigung der Verteidigungshandlung nötig, um sämtliche Gegenrechte des Angreifers auszuschließen. Die von der Schuld unabhängige objektive Rechtswidrigkeit hatte vor allem JHERING (Das Schuldmoment im römischen Privatrecht [1867]) herausgearbeitet.

3 § 227 BGB wirkt daher nicht für den *strafrechtlichen Bereich*. Die Rechtfertigungsgründe des § 32 StGB und des § 227 BGB stehen selbstständig nebeneinander, auch wenn sie aus demselben Rechtsgedanken schöpfen. Etwa im Bereich des Rechtswidrigkeitsurteils (vgl unten Rn 26 ff) kann vom strafrechtlichen Standpunkt aus ein anderes Ergebnis als im Zivilrecht erlangt werden (zB LG Karlsruhe 23. 10. 2009 – 6 O 15/09 – Boxhieb ins Gesicht; einschränkend noch STAUDINGER/WERNER [2001] Rn 29). In solchen Situationen besteht keine wechselseitige Bindungswirkung zwischen einer nach zivilrechtlichen und einer nach strafrechtlichen Maßstäben festgestellten Notwehr (vgl auch BRUNS, Die Befreiung des Strafrechts vom zivilistischen Denken [1938] 259 ff). Dasselbe gilt auch für das *Ordnungswidrigkeitenrecht* (§ 15 OWiG).

Die zB von ENNECCERUS/NIPPERDEY (1960) § 209 II, 1277 ff vertretene Gegenmeinung, die von einer für die gesamte Rechtsordnung einheitlichen Bewertung der Rechtswidrigkeit ausgeht, verkennt, dass aufgrund der spezifischen Zweckbestimmung der unterschiedlichen Vorschriften nur das Werturteil über die durch Notwehr gerechtfertigte Handlung in allen Rechtsgebieten übereinstimmend sein kann. Im Übrigen jedoch muss es bei einer selbstständigen, dem jeweiligen Rechtsgebiet entsprechenden Bestimmung der Rechtfertigungsgründe und damit auch der Notwehr sein Bewenden haben (so auch MünchKomm/GROTHE Rn 1).

4 *Hoheitliches Handeln* wird nur ausnahmsweise zugleich einen zivilrechtlichen Selbstschutztatbestand erfüllen (vgl RUPPRECHT JZ 1973, 263/264 f; SCHWABE, Die Notrechtsvorbehalte des Polizeirechts [1979] 14 ff). Zwar stehen die Vorschriften über den hoheitlichen, insbesondere polizeilichen Waffen- und Machtmittelgebrauch in Parallele zu den

Selbstschutzvorschriften des BGB, aber als eigenständige öffentlich-rechtliche Regeln über die Rechtfertigung hoheitlichen Handelns decken sie sich keineswegs mit dem zivilrechtlichen Notwehrtatbestand (vgl Kirchhof 28; Knemeyer, Polizei- und Ordnungsrecht [11. Aufl 2007] Rn 374; Rupprecht, Polizeilicher Todesschuß und Wertordnung des Grundgesetzes, in: FS Geiger [1974] 781, 789–793). Die Zwangsmaßnahmen der Polizei sind Ausdruck des Gewaltmonopols des Staates, die Notwehrhandlung eine Durchbrechung gerade dieses Monopols (vgl auch unten § 228 Rn 6 f). Liegen jedoch die Notwehrvoraussetzungen vor, ist nicht einzusehen, warum das Handeln der Polizeibeamten nicht genauso wie das jedes Dritten durch § 227 BGB gerechtfertigt werden könnte, auch wenn es in der Form der Nothilfe der Abwehr eines Angriffs gegen einen Dritten dient (BayObLG 13. 12. 1990 – 5 St 152/90, MDR 1991, 367 m Anm Spendel JR 1991, 250 und Schmidhäuser JZ 1991, 937, 938; OLG Celle 8. 2. 2000 – 16 U 106/99, NJW-RR 2001, 1033–1036 – Abwehr eines Messerangriffs auf einen Polizisten durch tödlichen Schuss des Kollegen; Soergel/Fahse[13] Rn 11; Bockelmann, in: FS Dreher 1977, 235, 241 ff; Fechner, Grenzen polizeilicher Notwehr [1991] 52; Köhler, Strafrecht AT 277 f; H Otto JZ 2005, 473, 480 mwNw in Fn 72 ff; **aM** Seelmann ZStW 89 [1977] 36, 52 f; Riegel NVwZ 1985, 639 f; Klingbeil, 150; einschränkend auch J Schwabe JZ 2004, 393/395, der den Polizisten an den Verhältnismäßigkeitsgrundsatz gebunden sieht). – Zum polizeilichen Notstand vgl auch § 228 Rn 6 f.

II. Zweck der Vorschrift, Verhältnis zu § 859

1. Überblick

Das zivilrechtliche Notwehrrecht hat einen doppelten Zweck. Es dient 5

– dem Schutz subjektiver Rechte sowie

– der Bewahrung der Rechtsordnung.

2. Schutz subjektiver Rechte

Soweit subjektive Rechte eine Verhaltensberechtigung im Sinne einer Ermächtigung 6 zu bestimmtem Handeln oder Unterlassen dem Rechtsinhaber zuweisen, genügt zu ihrem Schutz nicht die bloße Unzuständigkeit aller Nichtberechtigten (Inkompetenznorm), sondern es bedarf des Schutzes durch – uU sanktionsbewehrte – Störungsverbote (zum gegenüber älteren Umschreibungen präziseren formalen, normlogischen Begriff des subjektiven Rechts: Dörner, Dynamische Relativität [1985] 25 ff; Bork, Der Vergleich [1988] 193–198; ders, AT [4. Aufl 2016] Rn 281 f; Staudinger/J Schmidt [1995] Einl 432, 438 ff zu §§ 241 ff; vgl auch oben § 226 Rn 10). Das Notwehrrecht durchbricht das im staatlichen Gewaltmonopol begründete Prinzip des Selbsthilfeverbots zugunsten einer *effektiven Verteidigung* subjektiver Rechtspositionen in tatbestandlich eng umgrenzten, extremen Situationen. Damit bezweckt das Notwehrrecht durch die Abwehr rechtswidriger Angriffe zunächst einmal also den Schutz subjektiver Rechte (Gebhard, Begründung, Teilentwurf 1 [Schubert, AT 2, 425]).

3. Bewahrung der Rechtsordnung

Die in der Notwehrhandlung liegende Durchbrechung des staatlichen Gewaltmonopols, das seinen tieferen Sinn in der Erhaltung und Sicherung des Rechtsfriedens 7 findet, ist nur dann gerechtfertigt, wenn staatliche Hilfe nicht oder doch nicht rechtzeitig erlangt werden kann. Das braucht jedoch nicht ausdrücklich im Tatbestand der Norm gesagt zu werden, weil es sich aus dem Tatbestandsmerkmal des Angriffs von selbst ergibt (so mit Recht bereits GEBHARD, Begründung, Teilentwurf 2 [SCHUBERT, AT 2, 426]). Der Gesetzgeber hat dabei aber nicht nur den Schutz individueller Rechte vor Augen gehabt, sondern darüber hinaus auch den Schutz der Rechtsordnung selbst nach dem im Prinzip vernünftigen Grundsatz, dass das Recht dem Unrecht nicht zu weichen brauche (zu diesem Grundsatz MÜNZBERG, 364 ff; im Gesetzgebungsverfahren: GEBHARD, Begründung, Teilentwurf 1 [SCHUBERT, AT 2, 425]). Neben den Güterschutz tritt also der **Schutz und die Bewahrung der Rechtsordnung**, das generalpräventive Ziel, objektives Unrecht und damit ein Infragestellen der Rechtsordnung selbst zu verhindern (LARENZ, AT [7. Aufl 1989] § 15 I S 273; vgl KLINGBEIL 65–81). Daraus resultiert, dass auch ein Dritter als „Nothelfer" tätig werden kann (vgl im Einzelnen unten Rn 43). Auch der objektive Zweck des Notwehrrechts erlaubt nicht schrankenlose Notwehr, sondern erzwingt die Begrenzung auf ein vernünftiges Maß. Diese Begrenzung bezieht sich sowohl auf die Bestimmung des Angriffsobjektes als auch auf die zulässige Verteidigungshandlung. Tatbestandlich sind von der Notwehr nur *erforderliche* Verteidigungshandlungen gedeckt (weiter unten Rn 55 ff). Funktional hat die Notwehr die Aufgabe, einen Rechtsschutz herzustellen, der aufgrund der besonderen Situation des Angriffs nicht durch den Staat gewährt werden kann (vgl KLINGBEIL 17 mit Hinweis auf die Formel *deficiente magistratu populus est magistratus*). Das Notwehrrecht zielt darauf, den Verlust einer individuellen Rechtsposition zu vermeiden, hat aber insofern auch immer einen vorläufigen Charakter und daher eine immanente Begrenzung. Daraus wird mitunter gefolgert, die Schaffung eines nicht revidierbaren Rechtszustands durch die Tötung des Angreifers zur Verteidigung von Vermögenswerten sei niemals gerechtfertigt (ROBLES PLANAS ZIS 2018, 14, 21 f mit Herleitung aus Äußerungen in den frühneuzeitlichen Naturrechtsdebatten). Das Gesetz kennt allerdings keine solche schematische Begrenzung des Notwehrrechts.

7a Mit dem Ziel der Bewahrung der Rechtsordnung ist sinnvollerweise nur die Reichweite des Individualrechtsgüterschutzes näher beschrieben. Ein Schutz allein von Rechtsgütern der Allgemeinheit oder der öffentlichen Ordnung lässt sich daraus nicht ableiten. Das erhellt bereits die Tatsache, dass das Notwehrrecht nicht dem Verhältnismäßigkeitsgrundsatz unterliegt, wie er etwa im Polizeirecht selbstverständlich ist. Immer muss der Angriff, der abgewehrt werden soll, einen individuellen Rechtsträger betreffen (vgl für das wertungsgleiche Strafrecht MünchKomm/ERB [3. Aufl 2017] § 32 StGB Rn 14–17 mwNw), wie es bereits der Wortlaut von § 227 Abs 2 BGB nahelegt, da der Angriff dem Handelnden selbst oder „einem anderen" gelten muss, also einer Person (s a unten Rn 14, zur Frage des Tierschutzes unten Rn 44a). Wenn der Einzelne also in Notwehr auch gewissermaßen anstelle eines staatlichen Handelns zum Schutz einer Rechtsposition tätig wird (vgl KLINGBEIL 15), so gilt diese Ermächtigung nur für individuelle Rechtsgüter (so im Ergebnis wohl auch KLINGBEIL 82).

4. Verhältnis zu § 859

8 Dem Notwehrrecht verwandt ist die in § 859 Abs 1 BGB erlaubte Besitzwehr (STAUDINGER/GUTZEIT [2018] § 859 Rn 2), die aus einem Selbstverteidigungsrecht folgt, weil man grundsätzlich nicht fremde Gewalt zu dulden braucht (GEBHARD, Begründung, Teilentwurf 2 [SCHUBERT, AT 2, S 426] unter Berufung auf KIERULFF). Da der Besitz mangels

Zuweisung einer konkreten Verhaltensberechtigung nicht als subjektives Recht betrachtet werden kann, bedurfte es insoweit einer speziellen Vorschrift zum Schutz des Besitzes (vgl Staudinger/Gutzeit [2018] § 859 Rn 6; MünchKomm/Joost § 859 Rn 2 misst dem Selbsthilferecht des Besitzers mindestens klarstellende Bedeutung zu; zur Rechtsnatur des Besitzes Staudinger/Gutzeit [2018] Vorbem 36 zu §§ 854 ff).

III. Der Tatbestand der Notwehr

Der Tatbestand von § 227 **Abs 1** BGB verlangt eine durch Notwehr gebotene Handlung. Vier Elemente gehören gemäß § 227 **Abs 2** BGB (in wörtlicher Übereinstimmung mit § 32 Abs 2 StGB und dem früheren § 53 Abs 2 RStGB) zum Tatbestand der Notwehr: **9**

– Angriff auf ein rechtlich geschütztes Interesse,

– Gegenwärtigkeit des Angriffs,

– Rechtswidrigkeit des Angriffs,

– Erforderlichkeit der Verteidigung.

Unterschieden werden *Notwehrlage* (gegenwärtiger rechtswidriger Angriff) und *Notwehrhandlung* (erforderliche Verteidigungshandlung).

1. Notwehrlage

a) Der Angriff auf ein rechtlich geschütztes Interesse
aa) Als *Angriff* bezeichnet man jedes menschliche Verhalten, das rechtlich geschützte Individualinteressen anderer mindestens zu verletzen droht (Soergel/Fahse[13] Rn 1; MünchKomm/Grothe Rn 4). Unerheblich ist es, ob sich der Angreifer zur Ausführung eines Instruments, zB einer Waffe oder eines Tieres, bedient. Entsprechend der weitgespannten Schutzfunktion des Notwehrrechts (vgl oben Rn 6) kann **Angriffsziel** ein deliktisch geschütztes Recht wie Leben (auch werdendes Leben!), Gesundheit oder Freiheit sein ebenso wie **jedes rechtlich geschützte Gut oder Interesse** (vgl MünchKomm/Grothe Rn 6; BGB-RGRK/Johannsen Rn 17; Soergel/Fahse[13] Rn 4). **10**

Beispiele: Unerlaubtes Rauchen in der Eisenbahn stellt einen Angriff auf die Gesundheit der Mitreisenden dar und kann daher ein Notwehrrecht auslösen (so auch MünchKomm/Grothe Rn 7; Soergel/Fahse[13] Rn 4; **aA** LG Berlin 7. 6. 1977 – 20 O 222/75, NJW 1978, 2343, 2344, da die Gesundheitsschädlichkeit nicht nachgewiesen sei; Staudinger/Dilcher[12] Rn 3; Palandt/Ellenberger Rn 3; zur rechtlichen Bewertung des Passivrauchens: OLG Hamm 1. 3. 1982 – 7 Vollz [Ws] 225/81, NJW 1983, 583). Arbeitswilligen Arbeitnehmern steht das Notwehrrecht zu, wenn ihnen der Zugang zum Betrieb durch eine Blockade verwehrt werden soll (Löwisch/Krauss DB 1995, 1330). Auch die Freiheit zur Fortbewegung im Straßenverkehr ohne verkehrsfremde Beeinträchtigung (Sperrung der Fahrbahn durch einen Fußgänger) ist geschützt (OLG Schleswig 3. 2. 1984 – 1 Ss 623/83, NJW 1984, 1470, 1471; BayObLG 14. 8. 1992 – 2 St RR 128/92, NJW 1993, 211 m zurecht kritischer Anm Jung JuS 1993, 427; Soergel/Fahse[13] Rn 4; zum Zuparken von Einfahrten vgl van Venrooy JuS 1979, 102 ff). Ferner kommt das allgemeine Persönlichkeitsrecht **11**

als Angriffsobjekt in Betracht (OLG Hamburg 14. 4. 1972 – 1 Ws 84/72, NJW 1972, 1290 – Recht am eigenen Bild; BGH 12. 8. 1975 – 1 StR 42/75, NJW 1975, 2075, 2076; OLG Hamm 2. 4. 1987 – 4 U 296/86, JZ 1988, 308; OLG Düsseldorf 15. 10. 1993 – 2 Ss 175/93-65/93 II, NJW 1994, 1971 f: Festhalten der Kamera eines ohne Erlaubnis Photographierenden; LG Frankfurt/Oder 25. 6. 2013 – 16 S 251/12, NJW-RR 2014, 159 ff – Verletzung eines Pressephotographen durch einen Wachdienst, der auf Wunsch der Trauergemeinde das Photographieren bei der Beerdigung einer ermordeten Frau verhindern soll; LAG Rheinland-Pfalz 30. 1. 2014 – 5 Sa 433/13, juris Rn 30 f, verneint für den konkreten Fall des Photographierens eines lange Zeit krankgeschriebenen Arbeitnehmers an einer öffentlichen Waschanlage durch seinen Vorgesetzten; speziell zum Photographieren MünchKomm/Grothe Rn 7; zu Persönlichkeitsrechtsverletzungen unter Nachbarn vgl Horst DWW 2001, 122, 124 f). Daher ist die Intimsphäre geschützt (Erdsiek NJW 1962, 2240, 2242). Das gilt freilich nicht, wenn die Rechtsträger selbst auf diesen Schutz verzichten, indem sie zB in der Öffentlichkeit Zärtlichkeiten austauschen, die dann ein anderer beobachtet (BayObLG 26. 6. 1962 – 3 St 51/61, NJW 1962, 1782, 1783 – kritisch dazu Erdsieck NJW 1962, 2240, 2242; zustimmend jedoch Rötelmann MDR 1964, 207; Roxin, Strafrecht AT [4. Aufl 2006] § 15 Rn 30; aA MünchKomm/Erb § 32 StGB Rn 93; dazu auch Werner, Fälle mit Lösungen für Anfänger im Bürgerlichen Recht [13. Aufl 2018] 124 ff). Auch das Hausrecht – gleichgültig ob mit dem Eigentum oder einem sonstigen Besitzrecht verbunden – ist notwehrfähig (BGH 4. 6. 2014 – VIII ZR 289/13, NJW 2014, 2566, 2567 Rn 13; OLG Düsseldorf 29. 8. 1997 – 22 U 17/97, NJW 1997, 3383 f; AG Karlsruhe 11. 7. 2012 – 1 C 215/11, BeckRS 2012, 22667; Palandt/Ellenberger Rn 3; aA OLG Frankfurt 1. 10. 1993 – 10 U 181/92, NJW 1994, 946, 947 – mit ablehnender Besprechung von Löwisch/Rieble NJW 1994, 2596). Dringt jemand mit einer Drohne in einen fremden Luftraum ein, liegt darin ein Angriff (Daum/Boesch CR 2018, 129, 132). Eine unwirksame Kündigungserklärung ist hingegen *kein Angriff* auf das (zweifelhafte) Recht am Arbeitsplatz (BAG 14. 2. 1978 – 1 AZR 76/76, MDR 1978, 787). Sie ist nicht geeignet, ein Rechtsgut zu verletzen.

12 Die *Ehe* selbst, wiewohl selbstverständlich ein Rechtsgut, wird für nicht notwehrfähig gehalten, da die eheliche Treue nicht mit Gewalt aufrechterhalten werden könne (OLG Köln 17. 4. 1975 – 14 U 209/74, NJW 1975, 2344; Roxin, Strafrecht AT [4. Aufl 2006] § 15 Rn 32; Soergel/Fahse[13] Rn 5; aA LK/Spendel [11. Aufl 1992] § 32 Rn 183, aufgegeben in 12. Aufl 2006: LK/Rönnau/Hohn § 32 Rn 93). Zwar ergibt sich gegen den untreuen Ehegatten ein Anspruch aus § 1353 Abs 1 S 2 BGB auf (Wieder-)Herstellung der ehelichen Lebensgemeinschaft (durch Unterlassen ehewidriger Beziehungen), aber gemäß § 888 Abs 2 ZPO ist ein solcher Anspruch nicht vollstreckbar. Da das Notwehrrecht nur den staatlichen Schutz subjektiver Rechte substituieren soll, kann es keinesfalls weiter reichen als staatlicher Rechtsschutz – von örtlicher und zeitlicher Verfügbarkeit staatlicher Hilfe einmal abgesehen. Dasselbe gilt auch gegenüber dem Dritten, der an der Störung der Ehe beteiligt ist. Würde er zum Unterlassen gezwungen werden können, würde die Wertung des § 888 Abs 2 ZPO zum Nachteil des an der Ehestörung beteiligten Ehepartners mittelbar umgangen (vgl Giesen, Familienrecht [2. Aufl 1997] Rn 187 ff). Die durch § 888 Abs 2 ZPO gebotene Einschränkung gilt allerdings nicht für den *räumlich-gegenständlichen Bereich* der Ehe, der aus dem allgemeinen Persönlichkeitsrecht der Eheleute abgeleitet wird (Giesen Rn 191) und die Ehewohnung umfasst. Dieser räumlich-gegenständliche Bereich der Ehe ist ein notwehrfähiges Rechtsgut. – Dieselben Überlegungen gelten entsprechend auch für das Verlöbnis (MünchKomm/Grothe Rn 7).

Nach der allgemeinen Ordnung des Soziallebens sind *übliche Beeinträchtigungen* von **13** Rechtsgütern, zB der Bewegungsfreiheit bei einem normalen Gedränge in öffentlichen Verkehrsmitteln oder vor einem Fußballstadion, nicht als Angriff zu bewerten. Die schwierige Grenzziehung ist im Einzelfall unter Rückgriff auf die Zwecke des Notwehrrechts vorzunehmen (vgl im Übrigen unten Rn 68 f).

Zu betonen ist, dass als Angriffsobjekt *nur individuelle Rechtsgüter* – unter Einschluss subjektiver öffentlicher Rechte – in Betracht kommen. Schon der Wortlaut von § 227 Abs 2 BGB macht das deutlich („gegen sich oder einen anderen", s a oben Rn 7a; OLG Köln 21. 4. 2016 – 20 W 13/16, juris Rn 4). Daher sind Interessen der Allgemeinheit wie der Umweltschutz oder der Tierschutz als solcher keine notwehrfähigen Rechtsgüter, sondern nur deren Ausprägung in subjektiven Rechten (zum Umweltschutz OLG Köln 21. 4. 2016 – 20 W 13/16, juris Rn 4; **aA** zum Tierschutz LG Magdeburg 11. 10. 2017 – 28 Ns 182 Js 32201/14 [74/17], juris Rn 20 – zu diesem Urteil unten Rn 44a). Umgekehrt ist daher auch der einzelne Bürger nicht *unmittelbar* für das Gemeinwohl und damit den Schutz allgemeiner Interessen rechtlich zuständig und verantwortlich (Pawlik, Das Unrecht des Bürgers [2012] 106), sondern wird dieser Aufgabe mittelbar vor allem durch die Achtung der Rechtsordnung, deren Befehle gerade dem Gemeinwohl dienen sollen, gerecht. Gegen die *Störung der öffentlichen Ordnung* selbst hat der einzelne kein Notwehrrecht, es sei denn, die Störungshandlung droht, zugleich individuelle Rechtsgüter zu verletzen (vgl BGH 15. 4. 1975 – VI ZR 93/73, BGHZ 64, 178, 180 = BGH NJW 1975, 1161 f – kein Notwehrrecht gegen eine pornographische Zeitschriftenauslage in einer Buchhandlung; vgl Bork, AT [4. Aufl 2016] Rn 367; BGH 2. 10. 1953 – VI 3 StR 191/53, BGHSt 5, 245, 247; Soergel/Fahse[13] Rn 12). Die Allgemeinheit, die durch die öffentliche Ordnung geschützt wird, ist eben kein „anderer" gemäß § 227 Abs 2 BGB (vgl für § 32 Abs 2 StGB Roxin, Strafrecht AT [4. Aufl 2006] § 15 Rn 1).

bb) **Angreifer** kann jeder Mensch sein. Auf ein Verschulden des Angreifers kommt **15** es insoweit nicht an (MünchKomm/Grothe Rn 4; Palandt/Ellenberger Rn 2; Soergel/ Fahse[13] Rn 3). Deshalb können auch Geschäftsunfähige Angreifer sein. Angriffe einer juristischen Person können nur durch deren Organe erfolgen (für das Strafrecht verneinend Robles Planas ZIS 2018, 14, 16), sodass sich auch die Notwehr gegen die Organe richtet. Gegen Tiere ist keine Notwehr möglich; hier greift vielmehr § 228 BGB ein (Gebhard, Begründung TE-AllgT, 11 [Schubert AT 2, 435]; BGB-RGRK/Johannsen Rn 13; Enneccerus/Nipperdey [1960] § 240 Fn 9). Dasselbe gilt auch für durch Sachen hervorgerufene Gefährdungen, etwa ein führungslos fahrendes Kraftfahrzeug, dessen Lenker bewusstlos geworden ist (Wolf/Neuner, AT § 21 Rn 43; Münzberg 356, 372, 373; Soergel/Fahse[13] Rn 3). Der Grund dafür, das Notwehrrecht allein gegen menschliches Verhalten zu gewähren, liegt darin, dass Tiere oder auch Sachen nicht die Bewahrung der Rechtsordnung in Frage stellen können und insoweit einer der beiden Zwecke des Notwehrrechts (oben Rn 5) nicht erreicht wird (vgl auch Roxin, Strafrecht AT [4. Aufl 2006] § 15 Rn 6). – Soweit allerdings ein Tier oder eine Sache als Werkzeug benutzt wird, ist Notwehr sowohl gegen denjenigen, der diesen Angriff beherrscht (zB den Halter eines Hundes), als auch unmittelbar gegen das Tier (den gehetzten Hund) bzw die gefahrbringende Sache selbst möglich (Soergel/Fahse[13] Rn 3; vgl § 228 Rn 16, 20).

cc) Das **Angriffsverhalten** ist regelmäßig ein aktives Handeln gegenüber dem **16** betroffenen Rechtsgut. Daher stellt die Flucht eines Täters grundsätzlich keinen

Angriff dar. Insoweit fehlt die Bedrohung eines Rechtsguts. Echtes Unterlassen im Sinne eines Nicht-Handelns erfüllt ebenfalls *nicht* die Voraussetzungen einer Angriffshandlung iSv § 227 BGB (RG 6. 6. 1889 – 1310/89, RGSt 19, 298, 299). Denn Nicht-Handeln allein stellt weder die Rechtsordnung in Frage noch verletzt es ein fremdes Rechtsgut. Auch die Nichterfüllung zivilrechtlicher Forderungen begründet normalerweise kein Notwehrrecht (RG 4. 4. 1933 – II 232/32, WarnR 1933 Nr 116; Hübner, AT Rn 548; MünchKomm/Grothe Rn 5; Soergel/Fahse¹³ Rn 1; Derleder BB 1987, 818, 825; Enneccerus/Nipperdey [1960] § 240 Fn 2; MünchKomm/Erb § 32 StGB Rn 68; kritisch Schünemann, Selbsthilfe im Rechtssystem [1985] 43 f; Brox JA 1982, 221, 223; Lagodny GA 1991, 300, 319 f). Wer nicht zahlt, bleibt untätig, greift aber nicht an. Allenfalls kommt ein Selbsthilferecht nach § 229 BGB in Betracht (s dort). Eine Nebenpflichtverletzung, die zu einer selbstständigen Rechtsgutverletzung führen kann, mag man als Nichterfüllung im weiteren Sinne verstehen. Geschieht sie durch aktives Tun (Bsp: Malergeselle droht, beim Versuch, einen Farbeimer zu öffnen, einen kostbaren Perserteppich des Werkbestellers zu verschmutzen), so kann das einen Angriff darstellen.

17 Die Nichterfüllung zivilrechtlicher Ansprüche kann jedoch dann ein Notwehrrecht begründen, wenn sie zugleich als *unechte Unterlassungshandlung* (vgl § 13 StGB) zu verstehen ist (Jauernig/Mansel Rn 2; Erman/E Wagner Rn 3; **aA** vBar, Gemeineuropäisches Deliktsrecht § 5 Rn 495; MünchKomm/Grothe Rn 5, da sonst die Grenzen zur erlaubten Selbsthilfe und zum Notstand verwischt würden; jurisPK-BGB/Backmann Rn 12). Unechte Unterlassungshandlungen sind dadurch gekennzeichnet, dass den Täter aufgrund seiner *Garantenstellung* (aus Gesetz, Vertrag oder vorangegangenem Tun) eine Pflicht zum Handeln trifft, deren Verletzung zugleich den Verletzungserfolg beim geschützten Rechtsgut verursacht (vgl aus der strafrechtlichen Literatur Lackner/Kühl [29. Aufl 2018] § 32 StGB Rn 2; Schönke/Schröder/Perron [29. Aufl 2014] § 32 StGB Rn 10 f; MünchKomm/Erb § 32 StGB Rn 71 mit Bsp: Pflicht, versehentlich im Internet veröffentlichte Informationen aus der Intimsphäre eines Dritten wieder zu löschen; Roxin, Strafrecht AT [4. Aufl 2006] § 15 Rn 11). Wenn zB der Bergführer den Touristen in einer lebensgefährlichen Lage verlassen will, kann dieser Notwehr üben (Enneccerus/Nipperdey [1960] § 240 II 1 Fn 2, der darin allerdings ein aktives Tun des Bergführers sieht; Hübner, AT § 27 I 1 Rn 548; MünchKomm/Erb § 32 StGB Rn 68 aE; Soergel/Fahse¹³ Rn 1 legt den Akzent auf das aktive Verlassen des Touristen und verneint einen Angriff durch Unterlassen).

18 Unterlässt der unmittelbare Besitzer die Herausgabe an den mittelbaren Besitzer, so liegt darin noch kein unechtes Unterlassungsdelikt, selbst wenn der unmittelbare Besitzer zur Rückgabe verpflichtet ist. Zwar wird uU nicht nur die schuldrechtliche Verpflichtung, sondern auch das Eigentumsrecht des mittelbaren Besitzers dadurch verletzt, unstreitig steht aber dem unmittelbaren Besitzer der Besitzschutz aus §§ 858 ff BGB zu (vgl Staudinger/Gutzeit [2018] § 869 Rn 10). Der unmittelbare Besitzer darf sich daher gewaltsam gegen verbotene Eigenmacht auch des Eigentümers wehren. Wenn aber der unmittelbare Besitzer das Eigentum des mittelbaren Besitzers in anderer Weise als durch Vorenthaltung zB durch Beschädigung zu beeinträchtigen droht, erwächst aus diesem Gesichtspunkt dem Eigentümer ein Notwehrrecht (Staudinger/Gutzeit [2018] § 869 Rn 11; MünchKomm/Erb § 32 StGB Rn 69).

19 *Echte Unterlassungsdelikte* wie zB die unterlassene Hilfeleistung (§ 323c StGB) begründen kein Notwehrrecht. Derjenige, der die Hilfeleistung unterlässt, verletzt dadurch nicht ein fremdes Rechtsgut. Notwehr muss schon aus diesem Grund ausscheiden. In Betracht kommt allein eine Notstandshandlung nach § 904 BGB bzw auch § 34 StGB (MünchKomm/Erb § 32 StGB Rn 70).

dd) Wird nur ein *vermeintlicher Angriff* ausgeführt, dh eine Handlung, die der Betroffene fälschlich als Angriff wertet, so bezeichnet man dessen Abwehr als **Putativnotwehr**, zB wenn ein des Diebstahls Verdächtiger festgehalten wird, damit die Polizei die Personalien feststellen kann und der Verdächtige sich jetzt gegen seinen Verfolger wendet in der Auffassung, sein Freiheitsrecht verteidigen zu dürfen (OLG Nürnberg 8. 1. 1959 – 3 U 171/58, VersR 1960, 1005). Dasselbe kann gelten, wenn der Betroffene ungefährliches, fremdes Tun falsch einschätzt und als Angriff wertet (vgl BGH 28. 5. 1965 – VI ZR 25/64, VersR 1965, 882, zustimmend Soergel/Fahse[13] Rn 1; tatsächlich liegt jedoch auch hier ein Angriff vor, weil auch geringfügige Beeinträchtigungen der eigenen Rechtsgüter dafür ausreichen – nur ist nicht jede Form der Notwehr zulässig, vgl die Einschränkung aus dem Gesichtspunkt der Gebotenheit unten Rn 68). Die Putativnotwehr bewirkt *keine Rechtfertigung* der Notwehrhandlung (RG 12. 4. 1924 – 852/23 IV, JW 1924, 1968 Nr 3; 19. 3. 1926 – III 204/25, WarnR 1926 Nr 112; Erman/E Wagner Rn 17; Soergel/Fahse[13] Rn 49; zur Schadensersatzpflicht unten Rn 80). – Strafrechtlich handelt es sich bei der Putativnotwehr, die nicht speziell geregelt ist, nach der herrschenden eingeschränkten Schuldtheorie um einen Irrtum über „Umstände, die zum gesetzlichen Tatbestand" iSv § 16 Abs 1 StGB gehören. Die Rechtsfolge ist ein Ausschluss des subjektiven Tatbestands des Vorsatzes. Fahrlässigkeit kann jedoch vorliegen (vgl Fischer [65. Aufl 2018] § 32 StGB Rn 51 und § 16 StGB Rn 22; Geppert Jura 2007, 33, 36). 20

b) Die Gegenwärtigkeit des Angriffs
aa) Der Angriff muss gegenwärtig sein. Das ist der Fall, wenn er *bereits begonnen* hat, *gerade stattfindet* oder noch *fortdauert*. Entscheidend ist das Andauern einer gegenwärtigen Gefahr (OLG Brandenburg 30. 1. 1996 – 2 I 119/95, NJW-RR 1996, 924 f). Die Rechtsgutsverletzung muss noch nicht erfolgt sein, sondern es genügt, wenn sie unmittelbar bevorsteht (BGH 7. 11. 1972 – 1 StR 489/72, NJW 1973, 255; 15. 11. 1994 – 3 StR 393/94, NJW 1995, 973). 21

bb) Entscheidend ist also zunächst, dass ein Angriff *begonnen* hat. Dazu ist eine *konkrete Gefährdung* des geschützten Rechtsgutes erforderlich (vgl Enneccerus/Nipperdey [1960] § 240 II 1a). Die Verletzung des Rechtsgutes muss nicht erst abgewartet werden, aber doch so unmittelbar bevorstehen, dass sie nur durch sofortige Abwehr verhindert werden kann (Erman/E Wagner Rn 7). So liegt bereits ein gegenwärtiger Angriff bei einem Verhalten vor, das in eine Verletzung umschlagen kann (BGH 7. 11. 1972 – 1 StR 489/72, NJW 1973, 255 – der Täter hatte eine Handbewegung nach seiner Brusttasche mit einem geladenen Revolver gemacht; zum strafrechtlichen Versuch fehlte das Herausziehen der Waffe; BayObLG 9. 1. 1985 – 5 St 272/84, NJW 1985, 2600, 2601 – verneint die Gegenwärtigkeit eines Angriffs für einen Kunden einer Gastwirtschaft, der sich drohend und beleidigend vor der Frau eines anderen Kunden aufgebaut hat; Schreiber Jura 1997, 29, 30) – beispielsweise, wenn sich der angerufene Wilderer nicht sofort seiner Waffe entledigt (RG 23. 10. 1918 – V 674/18, RGSt 53, 132 f; OLG Karlsruhe 22. 1. 1931 – II ZBS 13/31, HRR 1931 Nr 1130; BGH 17. 12. 1952 – VI ZR 6/52, VersR 1953, 146). Auf das Erreichen des strafrechtlichen Versuchsstadiums kommt es trotz einer gewissen Ähnlichkeit des Problems nicht an, weil der strafrechtlich relevante Versuch der Vollendung möglichst nahe bleiben muss (Roxin, Strafrecht AT [4. Aufl 2006] § 15 Rn 22). Notwehr kann also schon vorher zulässig sein. 22

Andererseits genügt keinesfalls eine bloße Vorbereitung des Angreifers (AG Oldenburg/Holstein 20. 7. 2010 – 23 C 927/09, juris Rn 27 ff – befürchtet ein Beifahrer, der Fahrer werde das Auto gegen einen Baum steuern, so rechtfertigt das nicht einen Eingriff ins Lenkrad mit Unfallfolge, solange nicht feststeht, dass das Auto tatsächlich auf einem Abweg war). Erst in einem Endstadium der Vorbereitung unmittelbar vor dem Versuchsbeginn, wenn also der Angreifer unmittelbar zum Angriff ansetzt, wird der Angriff gegenwärtig. Wenn zB X mit einem Schraubenzieher in der Hand auf Y losgeht, darf sich Y mit einem Schuss auf die Beine des X verteidigen, bevor X so nahe herangekommen ist, dass er Y verletzen könnte (ähnlich BGH 19. 9. 1973 – 2 StR 165/73, BGHSt 25, 229, 231). Das strafrechtliche Versuchsstadium würde voraussetzen, dass X in Reichweite des Y gelangt ist und zum Stich ausholt (vgl Roxin, Strafrecht AT [4. Aufl 2006] § 15 Rn 24). Solange aber etwa X im Bus sitzt, um zum Wohnort des Y zu fahren, hat der vorbereitete Angriff (Mitführen des Schraubenziehers) noch nicht begonnen. Vielmehr ist es nötig, dass der Angreifer seinen (nicht unbedingt rechtsgeschäftlichen!) Willen, ein Rechtsgut zu verletzen, irgendwie nach außen kundgetan oder betätigt hat (BayObLG 9. 1. 1985 – 5 St 272/84, NJW 1985, 2600, 2601).

23 *Präventivnotwehr* gegen einen befürchteten Angriff begründet keine Rechtfertigung (RG 9. 10. 1925 – III 508/24, SeuffA 80 Nr 30; BGH 15. 5. 1979 – 1 StR 74/79, NJW 1979, 2053, 2054 – Spannerfall – mit Anm Hirsch JR 1980, 115 ff, Hruschka NJW 1980, 21 ff, Schroeder JuS 1980, 336 ff; vgl auch Pawlik Jura 2002, 26, 29; ders GA 2003, 12, 17). Schutzmaßnahmen gegen künftige Angriffe, wie zB Fußangeln, Selbstschussanlagen usw, sind nicht durch Notwehr gerechtfertigt, wenn sie jemanden schädigen, der keinen Angriff unternimmt (Soergel/Fahse[13] Rn 13; Roxin, Strafrecht AT [4. Aufl 2006] § 15 Rn 51). In Betracht kommt allenfalls eine Notstandshandlung gemäß § 228 BGB bzw § 34 StGB (vgl Schönke/Schröder/Perron [29. Aufl 2014] § 32 Rn 17; Roxin, Strafrecht AT [4. Aufl 2006] § 16 Rn 73), weil die drohende Gefahr iSv § 228 BGB nicht gleichbedeutend mit einem gegenwärtigen Angriff nach § 227 Abs 2 BGB ist. Solange niemand gefährdet oder gar verletzt wird, ist es darüber hinaus selbstverständlich erlaubt, sich auf Notwehr vorzubereiten.

24 cc) Weiterhin muss der Angriff noch *andauern,* um gegenwärtig zu sein. Er dauert an, bis die Gefährdung bzw Verletzung des geschützten Rechtsgutes nicht mehr besteht. Es genügt für die Fortdauer, dass weitere Tätlichkeiten des Angreifers ernstlich zu besorgen sind (BGH 4. 11. 1963 – III ZR 120/62, VersR 1964, 286, 287; 2. 3. 1971 – VI ZR 136/69, VersR 1971, 629, 630; 15. 5. 1979 – 1 StR 74/79, NJW 1979, 2053, 2054 – vgl aber Pawlik Jura 2002, 29). Insbesondere bei Dauerdelikten wie einer Verletzung des Hausrechts oder einer Freiheitsberaubung kommt daher Notwehr in Betracht, auch wenn der Verletzungserfolg schon eingetreten ist und daher der Güterschutz nicht mehr vollständig erreicht werden kann. Ein Angriff auf das Eigentum iSv § 227 BGB durch den flüchtigen Dieb liegt noch solange vor, wie dieser bestrebt ist, sich die Beute zu sichern (RG 12. 10. 1925 – IV 205/25, RGZ 111, 370, 371 f; BGH 15. 5. 1979 – 1 StR 749/78, MDR 1979, 985; OLG Hamm 14. 12. 1976 – 9 U 193/76, VersR 1977, 934, 935; BGB-RGRK/Johannsen Rn 11; Wolf/Neuner § 21 Rn 46; Soergel/Fahse[13] Rn 14). Neben § 227 BGB kann in diesen Fällen auch das Selbsthilferecht nach § 859 Abs 2 BGB (Besitzkehr) rechtfertigend wirken (Staudinger/Gutzeit [2018] § 859 Rn 17–19).

25 dd) *Nicht mehr gegenwärtig* ist ein abgeschlossener, aufgegebener oder fehlgeschlagener Angriff (Erman/E Wagner Rn 7). Schlägt ein Angreifer, der zudem schon in der

Vergangenheit durch Tätlichkeiten aufgefallen ist, jemanden mit einem Schlag ins Gesicht zu Boden, so ist der Angriff damit noch nicht beendet, auch wenn nicht feststeht, dass der Täter weitere Schläge oä ausführen wollte (OLG Koblenz 17. 1. 2011 – 2 Ss 234/10, BeckRS 2011, 02119). Der Angriff dauert vielmehr solange fort, wie eine Fortsetzung oder Wiederholung der Verletzungshandlung zu befürchten ist (BGH 9. 8. 2005 – 1 StR 99/05, NStZ 2006, 152, 153 Rn 5). Für den Ausgleich einer einmal erfolgten Rechtsgutsverletzung bleibt notfalls der Rechtsweg. Ein von *mehreren Personen* gemeinsam geführter Angriff ist erst beendet, wenn sämtliche Angreifer von ihrem Tun abgelassen haben (OLG Kiel 4. 11. 1921 – II U 76/21, Recht 1922, Nr 1138), soweit nicht die Gefährdung bereits zuvor beseitigt ist, weil die ersten Angreifer von ihrem Vorhaben Abstand genommen haben. Im Übrigen kann Notwehr nur gegen diejenigen geübt werden, welche die Gefährdung aufrecht erhalten, nicht aber gegen solche, die aus den Reihen der Angreifer ausgeschieden sind.

c) Die Rechtswidrigkeit des Angriffs

Der Angriff muss nicht nur gegenwärtig, sondern auch zu diesem Zeitpunkt rechts- 26
widrig sein. Eine nachträgliche Genehmigung zB beseitigt daher nicht die Notwehrlage (Soergel/Fahse[13] Rn 22).

aa) Wie die Rechtswidrigkeit des Angriffs zu bestimmen ist, ist streitig (Überblick 27
bei Kötz, Deliktsrecht 1996 Rn 94 f).

(1) Nach der Rechtsprechung und der herrschenden Lehre ist auf der Grundlage 28
der kausalen Handlungslehre ein Angriff dann rechtswidrig, wenn sein *Erfolg* rechtlich missbilligt wird (OLG Köln 21. 4. 2016 – 20 W 13/16, juris Rn 4; MünchKomm/Grothe Rn 10; Hübner, AT Rn 551; im Ergebnis auch Bork, AT [4. Aufl 2016] Rn 360). Diese Missbilligung trifft grundsätzlich jedes Verhalten, das ursächlich für die Verletzung eines rechtlich geschützten Interesses ist. Die tatbestandsmäßige Rechtsgutsverletzung indiziert die Rechtswidrigkeit (Palandt/Sprau § 823 Rn 24; Soergel/Fahse[13] Rn 15). Gleichwohl ist die Rechtswidrigkeit zu verneinen, wenn der Verletzungserfolg durch Duldungspflichten oder einen sonstigen Grund gerechtfertigt ist (vgl unten Rn 34 ff).

Die Rechtsprechung hat es stets abgelehnt, im Zivilrecht vom erfolgsbezogenen Rechtswidrigkeitsbegriff zum verhaltensbezogenen zu wechseln (vgl nur BGH 12. 7. 1996 – V ZR 280/94, NJW 1996, 3205, 3207). Zuzugeben ist, dass die Lehre vom Erfolgsunrecht zu größerer Übersichtlichkeit als diejenige vom Verhaltensunrecht führt, weil Tatbestandselemente der Fahrlässigkeit nicht schon in die Prüfung der Rechtswidrigkeit hineingezogen werden.

(2) Im Gegensatz dazu steht die vor allem im Strafrecht vor dem Hintergrund der 29
finalen Handlungslehre entwickelte Lehre vom *Handlungs-* oder *Verhaltensunrecht* (vgl Roxin, Strafrecht AT [4. Aufl 2006] § 15 Rn 14 ff). Danach ist der Angriff nicht wegen des Verletzungserfolgs, sondern wegen des Unwerts der Handlung selbst rechtswidrig. Das Unwerturteil resultiert zwar auch aus einer rechtlichen Missbilligung, diese bezieht sich aber nicht wie nach der herrschenden Auffassung im Zivilrecht auf den Erfolg der Handlung, sondern auf das finale Verhalten des Täters selbst (Roxin, Strafrecht AT [4. Aufl 2006] § 10 Rn 88 ff; Enneccerus/Nipperdey [1960] § 209; Wiethölter 15 ff; Münzberg 109 ff, 201 ff; Esser/Schmidt [8. Aufl 2000] § 25 IV 1; vgl auch vCaemmerer, in: FS Deutscher Juristentag [1960] 49, 128). Das Argument, die Rechtsordnung könne nur

Handlungen, nicht Erfolge verbieten, verfängt allerdings nicht, weil auch die Lehre vom Erfolgsunrecht selbstverständlich nicht in dieser Weise Handlung und Erfolg voneinander trennen möchte (vgl Roxin, Strafrecht AT § 10 Rn 94–96).

30 **(3)** Stellungnahme: Maßgeblich für die Beantwortung der Frage, welchem Ansatz gefolgt werden soll, ist nicht eine Festlegung auf diese oder jene Handlungslehre (skeptisch zur Leistungsfähigkeit der Theorien vor dem Hintergrund der geschichtlichen Entwicklung des Haftungsrechts auch Jansen, Struktur des Haftungsrechts [2003] 412). Auch ist zu berücksichtigen, dass strafrechtliche Kategorien nicht unbedingt auf das in der Zielsetzung unterschiedliche Zivilrecht übertragen werden können. Zivil- und Strafrecht können vielmehr auch unterschiedliche Wege gehen. Straf- und Ordnungswidrigkeitenrecht haben die Sanktionierung solchen Verhaltens im Blick, das für die Allgemeinheit schädlich ist oder sein wird. Versteht man die Funktion des Zivilrechts als „ein Ausgleichssystem zwischen Privaten, das nicht nur, aber vor allem auf Störungen der Güterzuordnung reagiert" (MünchKomm/Grothe Rn 1), so ist damit zwar eine wichtige Funktion einiger privatrechtlicher Normen benannt, aber es geht im Privatrecht doch um weit mehr als vor allem um den Ausgleich von Störungen. Viele Normen, wie zB § 1004 BGB, dienen elementar dem Schutz subjektiver Rechte, haben aber gar keinen Ausgleichscharakter. Gerade auch der doppelte Zweck des Notwehrrechts (vgl oben Rn 5 ff) zeigt, dass das Privatrecht in seinem Kern auf die *Erhaltung funktionsfähiger Freiheit zur Entfaltung der Persönlichkeit* angelegt ist. Dazu bedarf es sowohl des Schutzes individueller Verhaltensberechtigungen als auch der Erhaltung und Bewährung der Rechtsordnung selbst, die conditio sine qua non für die subjektiven Rechte ist. Andererseits hat das Zivilrecht nur in völlig untergeordneter Weise die Aufgabe, Fehlverhalten zu sanktionieren (§ 817 S 2 BGB bestraft den sittenwidrig Leistenden mit dem Verlust des Herausgabeanspruchs; weitergehend sogar § 241a BGB, der, wettbewerbsrechtlich motiviert, freilich mitunter als Fremdkörper im BGB empfunden wird; vgl auch § 661a BGB).

31 Da es im Privatrecht nicht auf Sanktion ankommt, genügt für § 227 BGB auch ein objektiver Rechtswidrigkeitsmaßstab, der grundsätzlich an der Rechtsgutsverletzung bzw -gefährdung anknüpfen kann. Sogar problematische Fälle, wie das von Larenz vorgetragene Beispiel des Lokomotivführers, der sich völlig korrekt verhält und dabei einen Selbstmörder überfährt (FS Dölle [1963] Bd 1, 169, 187), lassen sich lösen, ohne von der in der Praxis bewährten Lehre vom Erfolgsunrecht abzuweichen. Wenn es eine geeignete Notwehrhandlung gäbe, die den Tod des Selbstmörders vermeiden würde, wäre es kaum erklärbar, dass der Lokomotivführer „verkehrsrichtig" den Selbstmörder überfahren dürfte. Entweder gebietet die Sorgfaltspflicht, dass der Lokomotivführer bremst bzw nicht weiterfährt – oder aber es fehlt eine geeignete Abwehrhandlung: dann geht die Gefahr in Wirklichkeit nicht mehr von dem Lokomotivführer aus, sondern von dem in Bewegung befindlichen Zug. Es fehlt dann ein Angriff iSv § 227 BGB, weil die Bedrohung des Rechtsguts nicht mehr durch ein entsprechendes „Verhalten" hervorgerufen wird. Der Lokomotivführer sitzt insofern einem Fahrgast vergleichbar im Zug.

32 Der Fall zeigt, dass der eigentliche Grund für das Rechtswidrigkeitsurteil auch auf dem Boden der im Zivilrecht herrschenden kausalen Handlungslehre der Verstoß gegen eine bestimmte Verhaltenspflicht ist. Nicht der Handlungserfolg, sondern der Pflichtverstoß wird bewertet. Wenn beispielsweise ein Angreifer beginnt, in einem

Porzellanladen Geschirr zu zertrümmern, so betrifft das Rechtswidrigkeitsurteil nicht die Scherben als solche, sondern die Verletzung des Zuweisungsgehaltes des Eigentumsrechts des Geschäftsinhabers bzw seiner Lieferanten. Das Rechtswidrigkeitsurteil betrifft mit anderen Worten die *Herbeiführung* eines rechtlich missbilligten Erfolgsunwerts (vgl Roxin, Strafrecht AT [4. Aufl 2006] § 10 Rn 88). Die Missbilligung beruht auf dem Eingriff in fremde Verhaltensberechtigungen, also auf einer Verletzung subjektiver Rechtspositionen, denen auf der Seite des Angreifers entsprechende Verhaltenspflichten gegenüberstehen. Bei mittelbaren Verletzungshandlungen geht es dabei um eine Gefahrvermeidungspflicht, bei unmittelbaren Handlungen hingegen um eine Erfolgsvermeidungspflicht (vgl für das Deliktsrecht Larenz/Canaris, SchuldR BT II § 75 II 3 b, S 365 ff – die Überlegungen können auch für das Notwehrrecht Gültigkeit beanspruchen; ähnlich Larenz, AT § 15 I, S 271). Immer geht es um einen Angriff auf eine subjektive Verhaltensberechtigung, mit der eine Gefahr- oder Erfolgsvermeidungspflicht notwendig zusammenhängt.

Das Rechtswidrigkeitsurteil darf nicht in Widerspruch zu den beiden Zwecken des Notwehrrechts geraten. Für das Beispiel mit dem Selbstmörder (Rn 31) gelingt das auch ohne Rückgriff auf die Lehre vom Verhaltensunrecht, denn es ginge nur dann um die Bewährung der Rechtsordnung, wenn der Lokomotivführer den Tod des Selbstmörders noch abwenden könnte. Sonst fehlt das für einen Angriff erforderliche menschliche Verhalten. Das Unglück erscheint dann vielmehr als ein unabwendbares Ereignis, ausgehend von der Gefahr des rollenden Zuges. 33

bb) Die allgemeinen **Rechtfertigungsgründe** gelten auch im Zusammenhang mit § 227 BGB. Wer sich seinerseits auf ein *Notwehrrecht* berufen kann, handelt nicht rechtswidrig. Gegen Notwehr ist also keine Notwehr möglich (vgl Roxin, Strafrecht AT [4. Aufl 2006] § 15 Rn 14). Dasselbe gilt für *Notstandshandlungen,* die gem § 228 BGB bzw § 904 BGB (vgl Staudinger/Althammer [2016] § 904 Rn 28 f) gerechtfertigt sind. 34

Weiter kommt als Rechtfertigungsgrund eine *Einwilligung* des Betroffenen in Frage, soweit das gefährdete Rechtsgut überhaupt zur Disposition des Einwilligenden steht. Maßgeblich ist dafür zunächst der Zuweisungsgehalt des betroffenen subjektiven Rechts (zur Rechtsnatur und den Voraussetzungen der Einwilligung vgl jetzt umfassend Ohly, „Volenti non fit iniuria". Die Einwilligung im Privatrecht [2002] insbes 178 ff, mit kritischer Rezension von Deutsch NJW 2003, 1854; außerdem vgl die Kommentierungen zu § 823). – Wer zB bei einer einverständlichen Prügelei gegen den überlegen Gegner das Messer zieht, handelt nicht in Notwehr (BGH 8. 5. 1990 – 5 StR 106/90, NJW 1990, 2263, 2264; LG Köln 10. 11. 1989 – 111 – 19/89, MDR 1990, 1033; Roxin, Strafrecht AT [4. Aufl 2006] § 15 Rn 14). Wer aber mit Zustimmung des Hauseigentümers einen Brand legen möchte, handelt ohne wirksame Einwilligung, weil das betroffene Interesse der Allgemeinheit nicht der Disposition des Hauseigentümers unterliegt. In Tötungshandlungen oder auch Körperverletzungen, die gegen die guten Sitten verstoßen, kann man nicht wirksam einwilligen (Soergel/Fahse[13] Rn 17). Die Einwilligung unterliegt den Regeln über rechtsgeschäftliche Willenserklärungen. Geschäftsfähigkeit (§§ 104 ff BGB) ist daher Voraussetzung für ihre Wirksamkeit. Bei höchstpersönlichen Rechtsgütern ist eine an die Einsichts- und Urteilsfähigkeit des Betroffenen gebundene Zustimmung beschränkt Geschäftsfähiger erforderlich und unter Umständen auch ausreichend (BGH 5. 12. 1958 – VI ZR 266/57, BGHZ 29, 33, 36 f = FamRZ 1959, 200 ff mit Anm Bosch 202 f). 35

36 Auch eine *mutmaßliche Einwilligung* bzw eine *berechtigte Geschäftsführung ohne Auftrag* (§§ 677 ff BGB) rechtfertigt das Verhalten des Angreifers. Maßgeblich ist insoweit, dass der Handelnde im Interesse des Betroffenen tätig wird. Zu fragen ist, ob der Betroffene zustimmen würde, wenn er gefragt würde bzw werden könnte (vgl Soergel/Fahse[13] Rn 24).

37 Neben eine solche rechtsgeschäftliche Rechtfertigung treten *gesetzliche Eingriffsrechte,* zB das Erziehungsrecht der Eltern – in den engen Grenzen insbes von § 1631 Abs 2 BGB (vgl Palandt/Götz § 1631 Rn 7 f) – oder die Ausübung des Vermieterpfandrechts nach § 562b BGB (Hübner, AT Rn 551). Auch eine *behördliche Genehmigung* kommt als Rechtfertigung für einen Eingriff in Betracht (OLG Köln 21. 4. 2016 – 20 W 13/16, juris Rn 4 – obiter dictum, zu Recht lehnte das OLG bereits einen Angriff ab, weil das Interesse der Allgemeinheit am Umweltschutz kein notwehrfähiges Individualrechtsgut ist).

38 *Verfahrensmäßig angreifbare* Handlungen in Ausübung eines öffentlichen Amtes im Rahmen des Verwaltungs-, Verfahrens- und Vollstreckungsrechts sind grundsätzlich keine rechtswidrigen Angriffshandlungen, gegen die ein Notwehrrecht begründet wäre, auch wenn sie einen Eingriff in die Rechtsgüter des Betroffenen darstellen (vgl OLG Stuttgart 20. 2. 1979 – 8 W 690/78, DGVZ 1979, 58 f; OLG Düsseldorf 28. 12. 1979 – 3 W 288/79, DGVZ 1980, 138, 139; OLG Braunschweig 6. 4. 1951 – Ss 23/51, MDR 1951, 629, 630; MünchKomm/Grothe Rn 11; **aA** KG 28. 11. 1974 – Ss 250/74, DGVZ 1975, 57, 58 f – Vollstreckung zur Nachtzeit als rechtswidriger Angriff, wenn Rechtspfleger die Erlaubnis erteilt hat). Vielmehr sind hier die vorgesehenen Rechtsbehelfe und Rechtsmittel des Verwaltungs- oder Verfahrensrechts anzuwenden. Diese Amtshandlungen finden eine Rechtfertigung durch die jeweiligen Ermächtigungsnormen. Bestehen Zweifel an der Rechtmäßigkeit einer dienstlichen Anordnung, so können Soldaten gem § 11 SoldG und Beamte nach § 36 Abs 2 BeamtStG dagegen vorgehen (MünchKomm/Grothe Rn 11).

39 *Verkehrsrichtiges (sozialadäquates) Verhalten* hat entgegen BGH 4. 3. 1957 – GSZ 1/56 (BGHZ 24, 21, 26) keine rechtfertigende Wirkung (Deutsch, Haftungsrecht [2. Aufl 1996] Rn 240; Soergel/Zeuner § 823 Rn 3 mwNw; Palandt/Sprau § 823 Rn 36; Larenz/Canaris, SchuldR BT II, § 79 III c, S 480; **aA** – soweit es bei allerdings unklarer Differenzierung die Sozialadäquanz betrifft – Staudinger/Werner [2001] Rn 12). Eine gegenteilige Position wäre nur mit der Lehre vom Handlungsunrecht zu vereinbaren. Die objektive Beeinträchtigung eines Rechtsguts allein begründet (wie oben Rn 30 dargelegt) niemals das Rechtswidrigkeitsurteil, sondern der Erfolg muss „missbilligt" sein. Davon kann aber nur die Rede sein, wenn eine Erfolgsvermeidungs- oder Gefahrvermeidungspflicht bestand. Wer sich verkehrsgerecht verhält, kann nicht zugleich gegen eine Erfolgsvermeidungspflicht verstoßen. Das Verhalten ist dann von Anfang an nicht rechtswidrig, dh es findet keine anschließende Rechtfertigung statt. Die Entscheidung des BGH war vor allem durch die Beweislastverteilung veranlasst.

Soweit man die Fälle verkehrsüblicher Beeinträchtigungen (vgl oben Rn 13) unter den Begriff der Sozialadäquanz fasst, fehlt bereits ein tatbestandsmäßiger Angriff. Es bedarf dann keiner Rechtfertigung.

40 Hat der Angegriffene den Angreifer *provoziert,* so kann sich der (scheinbar) Angegriffene nicht auf Notwehr berufen (RG 9. 2. 1939 – 3 D 1022/38, DR 1939, 364 Nr 11; 16. 4. 1940 – 1 D 906/39, HRR 1940, Nr 1143; BGH 7. 6. 1983 – 4 StR 703/82, NJW 1983, 2267; zur insbesondere im Strafrecht umstrittenen dogmatischen Einordnung vgl die Nachweise bei ROXIN, Strafrecht AT [4. Aufl 2006] § 15 Rn 65 ff, 74 ff). Das gilt jedenfalls dann, wenn der Angegriffene den Angreifer auf diese Weise unter dem Deckmantel der Notwehr rechtswidrig verletzen wollte *(Absichtsprovokation)*. Wenn der Provokateur die Rechtsgüter des Provozierten verletzen möchte, so erscheint der Angriff in Wirklichkeit als eine seinerseits durch Notwehr gedeckte Verteidigungshandlung. Anderenfalls liegt in der Provokation eine Einwilligung (zur Notwehrprovokation vgl im Übrigen unten Rn 70). Fehlt hingegen die – kaum nachweisbare (zur Beweislast vgl unten Rn 84) – Missbrauchsabsicht, so handelt der Angreifer rechtswidrig, auch wenn der Angegriffene den Angriff bewusst provoziert hat (ENNECCERUS/NIPPERDEY [1960] § 240 II 1 c). Verhält sich der Provokateur rechtmäßig, ist der Angriff nicht gerechtfertigt, weil es auf die Gesinnung bei Rechtsausübung – in den Grenzen des § 226 BGB – nicht ankommt. Fühlt sich also der Angreifer beispielsweise durch eine rechtmäßige Pfändung provoziert, so steht dem Gerichtsvollzieher auch dann ein Notwehrrecht zu, wenn er dem Angreifer mit der Vollstreckungshandlung etwas „heimzahlen" möchte (ausführlich zur Notwehrprovokation ROXIN, Strafrecht AT [4. Aufl 2006] § 15 Rn 63–82).

cc) Sind *Amtshandlungen* rechtswidrig, kann gegen sie Notwehr geübt werden (vgl LG Berlin 14. 12. 1970 – 52 S 220/70, NJW 1971, 620 f; ENNECCERUS/NIPPERDEY § 240 Fn 11). Das gilt auch dann, wenn sich der Amtsträger eines Gutgläubigen als Werkzeug bedient. In diesem Falle ist die Notwehr gegen den Ausführenden zulässig, auch wenn dieser auf Befehl handelt und insoweit gerechtfertigt ist (vgl auch OLG Kiel 11. 3. 1949 – Ws 181/48 SchlHA 1949, 217 f). Allerdings ist auch beim zivilrechtlichen Notwehrrecht im Gleichlauf mit der strafrechtlichen Rechtsprechung ein auf das amtliche Handeln bezogener Rechtswidrigkeitsmaßstab anzulegen, um das staatliche Gewaltmonopol zu wahren. Für die Rechtmäßigkeit einer Amtshandlung kommt es im Rahmen des Notwehrrechts nicht auf die materielle Rechtmäßigkeit an, sondern auf eine formelle Betrachtungsweise (BGH 9. 6. 2015 – 1 StR 606/14, NJW 2015, 3109, 3110–3113 Rn 20 ff m zust Anm FICKENSCHER NJW 2015, 3113; vgl SCHÖNKE/SCHRÖDER/LENCKNER/STERNBERG-LIEBEN [30. Aufl 2018] § 32 StGB Vorbem Rn 86; **aA** RÜCKERT JA 2017, 33–38, der die Schutzmechanismen des Verwaltungsrechts für ausreichend hält). Danach ist es insoweit für die Rechtmäßigkeit der Ausübung staatlicher Hoheitsgewalt entscheidend, ob „die äußeren Voraussetzungen zum Eingreifen des Beamten" vorliegen, insbesondere, ob die örtliche und sachliche Zuständigkeit gegeben sind und das Ermessen, so es überhaupt eingeräumt ist, ausgeübt worden ist (BGH 9. 6. 2015 – 1 StR 606/14, NJW 2015, 3109, 3111 Rn 25 mwNw; MünchKomm-StGB/ERB [3. Aufl 2017] § 32 Rn 75; konstruktionell anders LK-StGB/RÖNNAU/HOHN [12. Aufl 2006] § 32 Rn 117–126, die im Konfliktfall mit dem Rückgriff auf einen Erlaubnistatbestandsirrtum beim Hoheitsträger helfen wollen, die Rechtmäßigkeit aber an der materiellrechtlichen Grundlage des Verwaltungshandelns und der Beachtung der vollstreckungsrechtlichen Formalitäten messen). Dies gilt auch für die Bewertung des Widerstands gegen Vollstreckungsbeamte nach § 113 Abs 1, 3 StGB, wo lediglich nach § 113 Abs 3 BGB die Strafbarkeit entfällt (SCHÖNKE/SCHRÖDER/ESER [30. Aufl 2018] § 113 StGB Rn 36). Im Übrigen tragen Beamte nach den §§ 56 Abs 1 BBG, 36 Abs 1 BeamStG die persönliche Verantwortung für die Rechtmäßigkeit ihrer dienstlichen Handlungen. Der besondere Rechtswidrigkeitsmaßstab für hoheitliches Handeln ist letztlich im Verwaltungsverfahrens- und Prozessrecht angelegt (MünchKomm-StGB/ERB § 32 [3. Aufl 2017] Rn 76), wo formelle und materielle Rechtmäßigkeit nicht nur unterschieden werden, sondern Verstöße gegen dieselben auch unterschiedliche Rechtsfolgen haben

41

können. Staatliches Handeln unterliegt dem Verhältnismäßigkeitsgrundsatz, sodass für gewöhnlich kein endgültiger Verlust des angegriffenen Rechtsguts droht (BGH 9. 6. 2015 – 1 StR 606/14, NJW 2015, 3109, 3112 Rn 31). Im Interesse der Effizienz staatlichen Handelns, das gerade der Sicherung der Rechtsordnung dient (BGH 9. 6. 2015 – 1 StR 606/14, NJW 2015, 3109, 3111 Rn 30 mwNw), kommt es daher für die Beurteilung der Rechtswidrigkeit des Handelns des Amtsträgers im Rahmen des Notwehrrechts nur auf die formelle Seite an. Für die Rechtsposition des Bürgers, der staatlichem Handeln ausgesetzt ist, genügen unter diesen Voraussetzungen die verwaltungsrechtlichen und prozessualen Rechtsmittel (FICKENSCHER NJW 2015, 3113; in diesem Sinne auch PAWLIK, Das Unrecht des Bürgers [2012] 244).

42 dd) Auf ein *Verschulden des Angreifers* kommt es nicht an (**aA** für das Strafrecht JAKOBS, Strafrecht AT [2. Aufl 1993] Rn 12, 16 ff; SK/HOYER § 32 StGB Rn 12; dagegen wiederum ROXIN, Strafrecht AT [4. Aufl 2006] § 15 Rn 17–19 mwNw). Das entspricht einer konsequenten Umsetzung des Zwecks der Notwehr, das Recht gegenüber dem Unrecht zu verteidigen. Rechtsbewährung kann auch gegenüber einem schuldlos Handelnden geboten sein. Dementsprechend kann auch von Kindern oder Geisteskranken ein die Notwehr rechtfertigender Angriff ausgehen (SOERGEL/FAHSE[13] Rn 40). Allerdings kann gerade in diesen Fällen unter dem Gesichtspunkt der Gebotenheit der Verteidigung im Einzelfall auch eine Duldung des Angriffs – trotz seiner Rechtswidrigkeit – zumutbar sein (vgl unten Rn 67; MünchKomm/GROTHE Rn 21; PALANDT/ELLENBERGER Rn 8).

d) Die Nothilfe

43 aa) Der gegenwärtige rechtswidrige Angriff muss sich nicht unbedingt gegen denjenigen richten, der die Verteidigungshandlung vornimmt. Notwehr in der Gestalt der Nothilfe zum *Schutz der Rechtsgüter eines anderen* ist durch § 227 Abs 2 BGB ebenfalls ausdrücklich gerechtfertigt („von sich oder einem anderen", vgl auch RG 21. 11. 1912 – IV 96/12, WarnR 1913 Nr 102). Das gilt insbesondere wegen des Rechtsbewährungsgedankens, den § 227 BGB verfolgt (vgl oben Rn 7). Im Rahmen der Nothilfe darf sich zB jemand in eine Schlägerei einmischen (BGH 27. 1. 1970 – VI UR 169/68, VersR 1970, 375). Die Nothilfe kann von jedem Dritten ausgeübt werden, auch von der Polizei (vgl oben Rn 4; im Zusammenhang mit dem Fall Daschner wurde diskutiert, inwiefern die Polizeigesetze und § 136a StPO das Notwehrrecht der Polizisten über die allgemeinen Einschränkungen – vgl unten Rn 55 ff und 65 ff – hinaus begrenzen. Soweit der Polizist Nothilfe leistet, ist eine besondere Beschränkung zu verneinen, vgl weiterführend HILGENDORF JZ 2004, 331 ff, ERB NStZ 2005, 593 ff – der das Notwehrrecht bzw die Nothilfe durch die Polizei als ein naturrechtlich begründetes Menschenrecht auffasst und die Grenzziehung über das Merkmal der Gegenwärtigkeit des Angriffs vorschlägt, HERZBERG JZ 2005, 321 ff). Beurteilt wird die Rechtswidrigkeit des Angriffs jedoch aus der *Sicht des Verletzten*. Diese ist trotz des objektiven Rechtswidrigkeitsmaßstabes dann relevant, wenn für den Angreifer ein Rechtfertigungsgrund, wie zB eine Einwilligung (vgl BGH 2. 10. 1953 – 3 StR 151/53, BGHSt 5, 245, 248), streitet. Wenn also beispielsweise der unmittelbare Besitzer eingewilligt hat, kann der mittelbare Besitzer keine Nothilfe gegen einen Dritten üben (OLG Freiburg 31. 1. 1952 – 2 U 57/51, JZ 1952, 334 – mittelbarer Grundstücksbesitzer möchte Betreten des Grundstücks verhindern, obwohl der unmittelbare Besitzer zugestimmt hat – keine Nothilfe; SOERGEL/FAHSE[13] Rn 20). Der Notwehrzweck würde in diesem Fall nicht erreicht, da hier die Bewahrung der Rechtsordnung nicht in Frage steht.

bb) Auch zum Schutz der *Rechtsgüter einer juristischen Person* ist Nothilfe zulässig **44** (RG 8. 5. 1929 – II 1368/28, RGSt 63, 215, 220; Robles Planas ZIS 2018, 14, 15, der zu recht betont, dass die juristische Person selbst nicht handeln und daher auch keine Notwehr üben kann, wohl aber Nothilfe durch andere möglich ist). Ausgeübt wird sie durch deren Organe oder jede andere nothilfebereite Person, zB auch durch einen professionellen Sicherheitsdienst (vgl Stober NJW 1997, 889, 892 ff; ders GewArch 1997, 217, 222; Krölls GewArch 1997, 445, 447; Robles Planas ZIS 2018, 14, 15) oder auch einen Hausmeister (OLG München 10. 6. 2005 – 20 U 1760/05 Rn 15). Sogar zugunsten des *Fiskus* ist Nothilfe möglich (Soergel/Fahse[13] Rn 10; Vahle DVP 2006, 309). Für andere staatliche Rechtsgüter kann Nothilfe geleistet werden, sofern sie „Lebensinteressen" des Staates verkörpern, insbesondere seine Verfassungsordnung oder territoriale Integrität betreffen (RG 8. 5. 1929 – II 1368/28, RGSt 63, 215, 220; MünchKomm/Grothe Rn 8). Hingegen genügt eine Störung der öffentlichen Ordnung, etwa durch Filmvorführungen oder den Verkauf jugendgefährdender Schriften nicht, um die Nothilfeberechtigung zu begründen (vgl oben Rn 14; BGH 2. 10. 1953 – 3 StR 151/53, BGHSt 5, 245, 247; BGH 15. 4. 1975 – VI ZR 93/73, BGHZ 64, 178, 180; Wolf/Neuner, AT § 21 Rn 47).

cc) Gelegentlich wird die Auffassung vertreten, auch *zugunsten von Tieren* sei **44a** Nothilfe möglich. So hat das LG Magdeburg den Hausfriedensbruch durch zwei Tierschützer, die in eine Schweinemästerei eingestiegen waren, um dort Foto- bzw Filmaufnahmen von Tieren anzufertigen, die unter Bedingungen gehalten wurden, die gegen die Vorschriften des Tierschutzes verstießen, für eine gerechtfertigte Nothilfehandlung gehalten (LG Magdeburg 11. 10. 2017 – 28 Ns 182 Js 32201/14 [74/17], juris Rn 20 mit insoweit abl Anm Hecker JuS 2018, 83, 84). Diese Auffassung ist jedoch *abzulehnen*. Tiere sind nicht Inhaber von Individualrechtsgütern, deren Schutz das Notwehrrecht dient (oben Rn 6). Zwar dient das Notwehrrecht auch dem Schutz der objektiven Rechtsordnung (oben Rn 7), aber auch dies nur zugleich in Bezug auf den Schutz subjektiver Rechte. Der Tierschutz ist hingegen kein nothilfefähiges Individualrechtsgut, sondern allenfalls Allgemeinrechtsgut (Scheuerl/Gock NStZ 2018, 448, 449). Auch das OLG Naumburg (22. 2. 2018 – 2 Rv 157/17, NJW 2018, 2064, 2066 Rn 22; zu dieser Entscheidung auch unten § 228 Rn 15) hat im Fall des LG Magdeburg die Rechtfertigung durch Notwehr abgelehnt, allerdings mit der Begründung, dass das Eindringen in die Stallungen nicht zur Abwendung der Gefahr für die dort konkret untergebrachten Schweine habe führen können.

2. Notwehrhandlung

Das Gesetz bezeichnet in § 227 BGB eine durch Notwehr gebotene Handlung als **45** diejenige Verteidigung, die zur Abwendung des Angriffs erforderlich ist. Die Verteidigungshandlung unterliegt demzufolge den Maßstäben der Erforderlichkeit und Gebotenheit.

a) Handlung

Wie § 227 Abs 1 BGB klarstellt, kann als Notwehr nur eine Handlung gewertet **46** werden. Wenngleich ein Unterlassen selten zur Abwehr eines Angriffs geeignet sein dürfte, so gibt es doch keinen Grund, es insoweit nicht wie sonst der Handlung gleichzustellen.

b) Verteidigung, aber kein Verteidigungswille

47 § 227 Abs 2 BGB bezeichnet als Notwehr nur eine Handlung, die erforderlich ist, *um einen Angriff abzuwenden*. Fraglich ist, ob das Gesetz die so ausgedrückte Zweckrichtung der Notwehrhandlung objektiv oder subjektiv bestimmt.

48 aa) Nach der vom BGH und zahlreichen Stimmen in der Literatur vertretenen Auffassung soll jede Verteidigungshandlung einen – nicht notwendig rechtsgeschäftlichen – **Verteidigungswillen** voraussetzen (BGH 30. 10. 1984 – VI ZR 74/83, BGHZ 92, 357, 359 – obiter dictum ohne nähere Begründung, die Entscheidung erging zu § 904; ERMAN/E WAGNER Rn 10; PALANDT/ELLENBERGER Rn 6; SOERGEL/FAHSE[13] Rn 29 f; BGB-RGRK/JOHANNSEN Rn 7; jurisPK-BGB/BACKMANN Rn 21; ENNECCERUS/NIPPERDEY § 240 Fn 17; BORK, AT [4. Aufl 2016] Rn 361; STAUDINGER/WERNER [2001] Rn 24; KLINGBEIL 102–119, der in der Notwehr eine Art „Notgeschäftsführung" anstelle des Staates sieht und entsprechend einen Geschäftsführungswillen verlangt). Der Angegriffene müsse den Angriff abwehren wollen. Der Verteidigungswille müsse das Verhalten des Abwehrenden bestimmen. Er liege selbst dann vor, wenn mit der Verteidigungshandlung zugleich ein *weiterer Zweck* verfolgt werde (zB der, Rache zu nehmen: RG 1. 6. 1926 – I 291/26, RGSt 60, 261, 262; BGB-RGRK/JOHANNSEN Rn 7) oder Wut als Tatmotiv hinzutrete (BGH 5. 11. 1982 – 3 StR 375/82, NStZ 1983, 117; BGH 5. 7. 1983 – 1 StR 337/83, NStZ 1983, 500). Nur wenn das Verteidigungsmotiv gänzlich im Hintergrund verschwinde, fehle der nötige Verteidigungswille (BGH 1. 7. 1952 – 1 StR 119/52, BGHSt 3, 194, 198; BGH 11. 9. 1995 – 4 StR 294/95, NStZ 1996, 29, 30; JESCHECK/WEIGEND, Strafrecht AT § 32 II 2 a). Zwischen denen, die den Verteidigungswillen als Tatbestandsmerkmal der Notwehrhandlung verlangen, herrscht keine Einigkeit darüber, ob außer der Kenntnis von der rechtfertigenden Notwehrlage (so SCHÖNKE/SCHRÖDER/PERRON [29. Aufl 2014] § 32 StGB Rn 63; SK/HOYER § 32 StGB Rn 134 f; ROXIN, Strafrecht AT [4. Aufl 2006] § 15 Rn 129) auch erforderlich ist, dass der Verteidiger den subjektiven Zweck der Angriffsabwehr verfolgt (so BGH 1. 7. 1952 – 1 StR 119/52, BGHSt 3, 194, 198; BGH 11. 9. 1995 – 4 StR 294/95, NStZ 1996, 29, 30; 6. 10. 2004 – 1 StR 286/04, NStZ 2005, 332; FISCHER § 32 StGB Rn 14).

49 Selbst bei einem *vom Opfer verschuldeten Angriff* wird von der Rechtsprechung der Verteidigungswille nicht bezweifelt, sondern das Opfer nur in der Wahl der Verteidigungsmittel eingeschränkt (vgl BGH 14. 6. 1972 – 2 StR 679/71, BGHSt 24, 356 ff; OLG Neustadt 14. 6. 1961 – Ss 52/61, NJW 1961, 2076 f; vgl Rn 40, 55 ff und 62). Bei einem provozierten Angriff greifen manche auf den Gedanken des Rechtsmissbrauchs zurück, der im Zusammenhang mit der Gebotenheit der Notwehrhandlung zu prüfen ist (vgl unten Rn 70), und lehnen deshalb die Rechtfertigung ab (PALANDT/ELLENBERGER Rn 9). Wenn man aber – entgegen der hier vertretenen Position (vgl unten Rn 51 ff) – subjektiven Verteidigungswillen für erforderlich hält, dürfte es richtig sein, diesen im Fall der Provokation zu verneinen, weil der Angegriffene geradezu auf eine Gelegenheit gewartet hat (vgl BGH 1. 8. 1961 – 1 StR 197/61, NJW 1962, 308, 309, wo die tödlichen Messerstiche gegen den provozierten Angreifer als jedenfalls missbräuchlich eingestuft werden; 7. 6. 1983 – 4 StR 703/82, JR 1984, 205 m Anm LENCKNER 206, 207 f). Das gilt zB bei einer Rauferei (vgl RG 23. 5. 1938 – 2 D 203/38, RGSt 72, 183, 184; OLG Saarbrücken 7. 10. 1971 – Ss 62/71, VRS 42 [1972] 419 – das Gericht verneinte die Notwehrlage, da die Beteiligten nicht nur Verteidigungs-, sondern auch Angriffswillen hatten; BGH 8. 5. 1990 – 5 StR 106/90, NJW 1990, 2263).

50 Teilt man den Standpunkt der herrschenden Meinung überhaupt, so darf in einer Notwehrlage der *Verteidigungswille* immerhin *tatsächlich vermutet* werden. Macht der Angreifer nicht gegenbeweislich Tatsachen geltend, die die gerichtliche Überzeugung vom Vorhandensein des Verteidigungswillens zu erschüttern vermögen, so kann das Gericht den Verteidigungswillen als bewiesen annehmen.

bb) Stellungnahme: Die herrschende Meinung begegnet schwerwiegenden Bedenken, die allerdings in der Praxis wegen der geringen Anforderungen, die man an das subjektive Merkmal des Verteidigungswillens stellt, im Ergebnis ohne Bedeutung sind. Die Haltung des BGH und der ihm folgenden Literatur ist dogmatisch nicht stimmig. Zunächst ist auffällig, dass einem nirgends in der älteren Literatur auch nur ansatzweise ein Verteidigungswille als Tatbestandsvoraussetzung für die Notwehr begegnet (vgl etwa PLANCK/PLANCK [Bürgerliches Gesetzbuch, 1897] § 227; COSACK, Bürgerliches Recht I [4. Aufl 1903] § 78 S 290 f; F ENDEMANN, Lehrbuch des bürgerlichen Rechts I [5. Aufl 1899] § 87 S 367 ff; ENNECCERUS, Lehrbuch des Bürgerlichen Rechts [6. Bearb 1913] § 221 S 616 ff). Auch der Wortlaut von § 227 Abs 2 BGB trägt nicht zur Entscheidung bei. Insbesondere erscheint es gezwungen, dem Begriff der „Verteidigung" die Notwendigkeit einer bestimmten Finalität der Handlung zu entnehmen (so aber zB SOERGEL/FAHSE[13] Rn 29; gegen die subjektivistische Deutung des Wortlauts SPENDEL, in: FS Bockelmann [1979] 245, 250). Kann nicht auch ein Wachhund seinen Herrn „verteidigen"? Der historische Befund deutet auf den Hintergrund der nunmehr überwiegend vertretenen Auffassung von der Notwendigkeit eines Verteidigungswillens: die vor allem seit den 30er Jahren des 20. Jahrhunderts im Strafrecht diskutierte finale Handlungslehre (vgl HIRSCH ZStW 93 [1981] 831–863 und 94 [1982] 239–278) hat den Weg zur Lehre vom Verhaltensunrecht geebnet (vgl oben Rn 29). Wird neben dem Erfolgs- auch ein personales Handlungsunrecht gefordert, so ist es nur konsequent, den in der Rechtsgutsverletzung steckenden Handlungsunwert durch den Verteidigungswillen aufzuheben. In diesem Punkt folgen Rechtsprechung und ein großer Teil der zivilrechtlichen Literatur dem strafrechtlichen Ansatz. 51

Dogmatisch ist die Position der herrschenden Auffassung im Zivilrecht über die Notwendigkeit eines subjektiven Verteidigungswillens nur erklärbar, wenn man die Lehre vom Verhaltensunrecht zu Grunde legt, was jedoch – insofern inkonsequent – die im Zivilrecht herrschende Meinung anders als im Strafrecht beim Rechtswidrigkeitsurteil nicht tut. Nach der Lehre vom Verhaltensunrecht gründet man den Vorwurf der Rechtswidrigkeit nicht darauf, dass durch ein missbilligtes Verhalten ein Rechtsgut verletzt worden ist, sondern man differenziert vom Erfolgsunrecht das aus dem Verletzungsvorsatz resultierende Handlungsunrecht. Wenn der Verteidiger, der Rechtsgüter des Angreifers verletzt, nicht zugleich ein subjektives Handlungsunrecht verwirklichen soll, muss sein Verletzungsvorsatz vom Verteidigungswillen getragen sein (ganz hM im Strafrecht, vgl MünchKomm/ERB § 32 StGB Rn 240 mwNw; bei nur fahrlässiger Verletzung kommt es auch nach strafrechtlicher Überzeugung nicht auf den Verteidigungswillen an, weil dort die Strafbarkeit nur erreicht wird, wenn auch der Erfolgsunwert verwirklicht wird, was bei einer Notwehrhandlung nicht möglich ist). Auf der Grundlage der Lehre vom Verhaltensunrecht vermag das objektive Verteidigungshandeln die Tat noch nicht zu rechtfertigen, so wenig, wie die Verwirklichung des objektiven Unrechtstatbestands allein ein rechtswidriges Vorsatzdelikt darstellt. 52

Die Zwecke des Notwehrrechts erfordern jedoch keineswegs die Übertragung der strafrechtlichen Lehre vom Verhaltensunrecht auf das Zivilrecht (vgl oben Rn 30). Das bürgerlich-rechtliche Rechtswidrigkeitsurteil kommt ohne diese Kategorie aus, weil 53 es hier nicht um eine eventuelle Bestrafung des Verhaltens des Verteidigers und daher nicht um den Handlungsunwert geht, sondern um den Schutz der Rechtsgüter des Angreifers und der Rechtsordnung. Daher wäre es „systemfremd", als Notwehrhandlung nur eine vom Verteidigungswillen getragene Handlung zu betrachten (so mit Recht Jauernig/Mansel Rn 6; MünchKomm/Grothe Rn 18; Braun NJW 1998, 941–944; Spendel DRiZ 1978, 327, 332; ders, in: FS Bockelmann [1979] 245 ff; LK/Spendel [11. Aufl 1992] § 32 Rn 24 f, 138 ff auch mit Nachweisen aus dem älteren Schrifttum des 20. Jahrhunderts; zur abweichenden Auffassung vgl die Nachweise oben Rn 48). Vielmehr **genügt** es, wenn der Verteidiger eine **objektive Verteidigungshandlung** ausführt.

54 cc) Da die Notwehrhandlung zur Abwehr eines gegenwärtigen Angriffs dienen muss, fallen hierunter nicht solche Verhaltensweisen, die nur die nachträgliche Verfolgung der Tat begünstigen sollen (mehrfach ging es den Gerichten um heimliche Tonbandaufnahmen zu Beweiszwecken: BGH 20. 5. 1958 – VI UR 104/57, BGHZ 27, 284, 290; BGH 24. 11. 1981 – VI ZR 164/79, JZ 1982, 199, 200 = NJW 1982, 277, 278; 13. 10. 1987 – VI ZR 83/87, NJW 1988, 1016, 1017; BayObLG 20. 1. 1994 – 5 St RR 143/93, NJW 1994, 1671; vgl auch BVerfG 31. 1. 1973 – 2 BvR 454/71, JZ 1973, 504 m Anm Arzt 506, 508 f). Dasselbe gilt auch für die Videoüberwachung von Mitarbeitern eines Postbetriebs zur Verfolgung und Vermeidung von Diebstählen (BAG 29. 6. 2004 – 1 ABR 21/03, BB 2005, 102, 105; 14. 12. 2004 – 1 ABR 34/03, RDV 2005, 216, 219). Eine eigenmächtige Beweisbeschaffung durch heimliche Tonbandaufnahme ist für sich gesehen nicht auf Abwehr der Rechtsgutsverletzung gerichtet, da der Täter aufgrund der Heimlichkeit nicht zu einer Änderung seines Verhaltens gedrängt wird. Unter Umständen sind aber die Voraussetzungen eines Notstands gem § 34 StGB erfüllt (Soergel/Fahse[13] Rn 6). Ob ein derart gewonnenes Beweismittel im Prozess verwertet werden kann, ist mit der Ablehnung des Rechtfertigungsgrundes nicht entschieden (Balthasar JuS 2008, 35, 36; Muthorst, Beweisverwertungsverbote [2008] 108 ff).

c) Erforderlichkeit

55 aa) Nur diejenige Verteidigungshandlung ist nach § 227 Abs 2 BGB gerechtfertigt, welche **erforderlich** ist, den Angriff abzuwenden. Eine präzisere Bestimmung der Erforderlichkeit hat der Gesetzgeber Rechtsprechung und Wissenschaft überlassen. Herausgebildet hat sich die übereinstimmende Überzeugung, nach der *diejenige Verteidigungsmaßnahme erforderlich ist, die als das mildeste zur Auswahl stehende Mittel zur Abwehr des Angriffs mit Sicherheit geeignet* ist. Schon früh hat der BGH den folgenden Leitsatz formuliert: „Der Verteidiger muss von mehreren möglichen Verteidigungshandlungen diejenige auswählen, die dem Angreifer den geringsten Schaden zufügt. Hierbei braucht er aber Beschädigungen seines Eigentums und eigene körperliche Verletzungen nicht in Kauf zu nehmen. Er ist berechtigt, solche objektiv wirksamen Mittel als Verteidigungsmittel anzuwenden, die die Beseitigung der Gefahr mit Sicherheit erwarten lassen" (BGH 2. 6. 1955 – 4 StR 157/55, GA 1956, 49). Der Maßstab ist also *objektiv* bestimmt. Setzt sich ein vermeintlicher Einbrecher gegen einen Wachmann, der ihn zur Feststellung der Personalien daran hindert, mit dem Auto wegzufahren, mit einem Faustschlag zur Wehr, obgleich die Polizei bereits in wenigen Augenblicken erwartet werden konnte, so ist dieser Faustschlag jedenfalls keine erforderliche Notwehrhandlung, weil die Polizei den Irrtum alsbald aufgeklärt und die Nötigungslage beendet hätte (OLG Hamm 8. 5. 2015 – I-9 U 103/14, juris Rn 18, tatsächlich dürfte es dem Täter darum gegangen sein, eine Begegnung mit der Polizei zu vermeiden und damit das Fehlen seiner Fahrerlaubnis zu verdecken). Die Vorstellungen des

Angegriffenen sind hingegen irrelevant (RG 21. 3. 1914 – VI 5/14, RGZ 84, 306, 307; BGB-RGRK/Johannsen Rn 6; MünchKomm/Grothe Rn 13). Ein *Irrtum des Handelnden* (Putativnotwehr, Rn 20) führt zur Notwehrüberschreitung (vgl unten Rn 80). Im Übrigen ist durch die Notwehr nur die Verteidigung, nicht aber ein regelrechter *Gegenangriff* gerechtfertigt, der über die sogenannte Trutzwehr, die aktive Abwehr bedeutet, hinausreicht (Soergel/Fahse[13] Rn 26). Eingriffe in die *Güter unbeteiligter Dritter* können nicht durch § 227 BGB gerechtfertigt werden (Erman/E Wagner Rn 16), weil von diesen kein abzuwehrender Angriff ausgeht. In Betracht kommt dann allenfalls eine Notstandshandlung nach § 228 BGB.

Soweit die Erforderlichkeit nach der oben (Rn 55) genannten Definition auf die **56** *Eignung* zur Abwehr Bezug nimmt (vgl auch BGH 30. 10. 2007 – VI ZR 132/06, NJW 2008, 571, 572 Ziff 13 – Rauferei auf Straßenfest; MünchKomm/Grothe Rn 13), ist zu betonen, dass damit entgegen gelegentlicher Äußerungen in der Literatur (Jakobs, AT [2. Aufl 1993] 12. Abschn Rn 34) richtigerweise kein Untermaßverbot verbunden werden darf (vgl die berechtigte Kritik bei MünchKomm/Erb § 32 Rn 150 ff). Selbst derjenige, der „auf verlorenem Posten" einen Angriff abzuwehren versucht, ist durch Notwehr gerechtfertigt. Eine Art Kosten-Nutzen-Relation wie beim Notstand ist im Bereich der Notwehr verfehlt. Richtig ist aber, dass beispielsweise die Zerstörung solcher Sachen, die mit dem Angriff nichts zu tun haben, unzulässig ist, wenn von Anfang an offensichtlich ist, dass dies den Angreifer nicht abhalten wird (Schönke/Schröder/Perron [29. Aufl 2014] § 32 Rn 35). Damit ist allerdings nur die Zielrichtung der Rechtsgutsverletzung angesprochen. Die Verteidigungshandlung darf nicht ihrerseits zum Gegenangriff werden (vgl unten Rn 58). Die Geeignetheit der Verteidigungshandlung ist somit keine eigenständige Tatbestandsvoraussetzung (**aA** Erman/E Wagner Rn 11).

Die möglichen Verteidigungshandlungen werden eingeschränkt durch die folgenden, **57** aus dem Tatbestandsmerkmal der Erforderlichkeit abgeleiteten Kriterien, die aus einer Sicht ex ante (BayObLG 15. 3. 1988 – 1 St 49/88, NStZ 1988, 408, 409) *objektiv* beurteilt werden müssen (BGH 26. 2. 1969 – 3 StR 322/68, NJW 1969, 802 – tödlicher Stoß mit der Spitze eines Stockschirms zur Abwehr des angreifenden Ehemanns):

– kein Gegenangriff

– Heftigkeit des Angriffs

– mildestes Mittel.

bb) Die Verteidigungshandlung darf **kein Gegenangriff** sein. Die Grenzziehung ist **58** nicht ganz einfach, weil die im Rahmen der Notwehr durchaus erlaubte Trutzwehr aktives Handeln einschließt. Man muss also beispielsweise nicht vor einem herankommenden Angreifer Deckung suchen, sondern darf etwa den Angreifer notgedrungen verletzen. Flucht ist keine Abwehr (Roxin, Strafrecht AT [4. Aufl 2006] § 15 Rn 49), obgleich manchmal ein Gebot der Vernunft, nicht jedoch des Rechts. Das gilt schon deshalb, weil sonst das Ziel der Rechtsbewährung nicht erreicht würde. Der Schwächere würde dem Stärkeren zu weichen haben, uU also auch das Recht dem Unrecht, was das Gesetz gerade ablehnt. Dennoch kann zB bei einem schuldhaft provozierten Angriff ein Ausweichen geboten sein (vgl unten Rn 70; Roxin, Strafrecht AT [4. Aufl 2006] § 15 Rn 49 mit dem richtigen Hinweis darauf, dass hier zwar eine Abwehrhandlung erforderlich wäre, Abwehr aber nicht geboten ist). Zum Problem der Flucht vgl auch unten Rn 63, 67. Verletzt der Angegriffene nach Beendigung des Angriffs Rechtsgüter des Angreifers, fehlt bereits die Notwehrlage. Der Angriff ist nicht mehr gegenwärtig. Verletzt der Angegriffene Rechtsgüter des Angreifers, obgleich das objektiv in keiner Weise der Verteidigung dienen kann (hierher gehören reine Rachehandlungen, vgl etwa die Situation in BGH 5. 7. 1983 – 1 StR 337/83, NStZ 1983, 500, wo jemand die Autoscheiben des Angreifers, der sich in sein Auto zurückgezogen, aber nicht den Hof des Angegriffenen verlassen hatte, zerschlug; der BGH ließ offen, ob die Handlung erforderlich war), ist die Verletzung nicht durch Notwehr gerechtfertigt. Praktisch dürfte diese Situation kaum vorkommen.

59 cc)   Welche Verteidigungshandlung objektiv erforderlich ist, hängt vor allem von der **Heftigkeit des Angriffs** ab (BayObLG 28. 2. 1991 – 5 St 14/91, NJW 1991, 2031 m Anm HASSEMER JuS 1991, 1062 f), wobei auf den Zeitpunkt des Angriffs abzustellen ist. Dabei ist der Angriff eines Kindes oder eines stark Angetrunkenen (vgl BGH 28. 5. 1965 – VI ZR 25/64, VersR 1965, 882 – ein sechzigjähriger, durch vorangegangene Misshandlungen geschwächter Mann bedroht in angetrunkenem Zustand einen jungen und kräftigen Mann) normalerweise von geringerer Heftigkeit oder Gefährlichkeit als das vorsätzliche Handeln eines gesunden Erwachsenen. – Im Einzelnen kann zB gegenüber unerlaubtem Fotografieren oder Filmen die Wegnahme der Kamera gerechtfertigt sein (OLG Hamburg 14. 4. 1972 – 1 Ws 84/72, MDR 1972, 622, 623; LG Hamburg 20. 9. 1995 – 317 S 121/95, ZUM 1996, 430 f). Die Verwendung einer Gaspistole hielt der BGH bei körperlicher Gefahr für gerechtfertigt (17. 5. 1966 – VI ZR 257/64, VersR 1966, 778), jedoch nicht bei einem Schuss aus kurzer Entfernung ins Gesicht (BGH 21. 2. 1967 – VI ZR 151/65, VersR 1967, 477, 478; zur Verwendung einer Spezial-Schrotmunition vgl OLG Hamm 14. 12. 1976 – 9 U 193/76, OLGZ 1978, 71, 73). Einen wuchtigen – im Ergebnis tödlichen – Boxhieb ins Gesicht dessen, der einen anderen am Pullover aus einer Gaststätte ziehen möchte, um ihn dort zu einer Kraftprobe des Zusammenschlagens herauszufordern, hielt der BGH allerdings nicht für gerechtfertigt (22. 2. 1966 – VI ZR 218/64, VersR 1966, 568). Das LG Karlsruhe sah einen Boxhieb ins Gesicht eines prügelnden Angreifers als erforderlich an (23. 10. 2009 – 6 O 15/09 Rn 26 ff, 30). Gegen einen unbewaffneten Angreifer sind lebensgefährliche Verteidigungsmittel nur erforderlich, wenn besondere Umstände hinzukommen (BGH 8. 5. 1990 – 5 StR 196/90, NJW 1990, 2263; vgl im Übrigen unten Rn 61 zum Schusswaffengebrauch). Begehrt jemand trotz Hausverbot über mehrere Stunden hinweg mit körperlichen Angriffen gegen die den Zutritt verwehrenden ehrenamtlichen Helfer Einlass in ein Jugendzentrum, so erscheinen gezielte Faustschläge zur Abwehr erforderlich (OLG Köln 11. 8. 2000 – 19 U 14/00, OLGR 2001, 7–8). Wird eine Familienangehörige, die aufgrund zerrütteter Verhältnisse einem Hausverbot unterliegt und durch die Haustür einzudringen versucht, mit Gewalt von der Türschwelle zurückgestoßen, sodass sie stürzt und sich verletzt, liegt darin dennoch eine erforderliche Notwehrhandlung (OLG Nürnberg 13. 2. 2012 – 4 U 2003/11, juris Rn 37).

60 dd)   Weiter ist die Verteidigungshandlung nur dann erforderlich, wenn von *mehreren möglichen Verteidigungsmitteln* dasjenige eingesetzt wird, welches dem Angreifer *am wenigsten schadet oder* ihn *gefährdet* (BGH 21. 2. 1967 – VI ZR 151/65, VersR 1967, 477 f; ERMAN/E WAGNER Rn 13; ENNECCERUS/NIPPERDEY [1960] § 240 II 5). Da bei der Abwehr regelmäßig Rechtsgüter des Angreifers verletzt werden, steht es in der Konsequenz des Rechtsbewährungsgebotes der Notwehr, die Rechtsgüter des Angreifers möglichst zu schonen und die Auseinandersetzung nicht eskalieren zu lassen.

Es ist das **mildeste Mittel** zu wählen, welches geeignet ist, die Gefahr zweifelsfrei sofort und endgültig zu beseitigen (BGH 5. 10. 1990 – 2 StR 347/90, NJW 1991, 503, 504 – gezielter, letzter Pistolenschuss auf körperlich überlegenen Verfolger; BayObLG 15. 3. 1988 – 1 St 49/88, JZ 1988, 725; Hk-BGB/Dörner Rn 5). Der Angegriffene braucht sich nicht auf ein weniger gefährliches Verteidigungsmittel verweisen zu lassen, dessen Wirkung für die Abwehr zweifelhaft ist (BGH 23. 9. 1975 – VI ZR 232/73, NJW 1976, 41, 42; 11. 1. 1984 – 2 StR 541/83, JZ 1984, 529, 530 – Verteidigung einer Schwangeren gegen ihren gewalttätigen Ehemann mittels eines Küchenmessers). Zu berücksichtigen ist vielmehr, ob das gewählte Verteidigungsmittel auch den Abwehrerfolg garantiert (BGH 14. 6. 1972 – 2 StR 679/71, NJW 1972, 1821, 1822; 23. 9. 1975 – VI ZR 232/73, 1976, 41, 42; 5. 10. 1990 – 2 StR 347/90, 1991, 503, 504; OLG Hamm 14. 12. 1976 – 9 U 193/76, VersR 1977, 934, 935). – So handelt es sich zwar um einen Angriff, wenn ein Fußgänger einen Kraftfahrer an der Weiterfahrt hindert, weil er eine *Parklücke* freihalten möchte (BayObLG 22. 1. 1963 – 2 St 579/62, NJW 1963, 824, 825; 14. 8. 1992 – 2 St RR 128/92, NJW 1993, 211 m zu Recht kritischer Anm Jung JuS 1993, 427; 7. 2. 1995 – 2 StR RR 239/94, NJW 1995, 2646; OLG Hamm 1. 8. 1972 – 3 Ss 224/72, NJW 1972, 1826; vgl aber auch OLG Stuttgart 8. 12. 1965 – 1 Ss 632/65, JR 1966, 228 = NJW 1966, 745 m Anm Bockelmann; OLG Hamburg 21. 11. 1967 – 2 Ss 163/67, NJW 1968, 662). Es ist aber regelmäßig nicht erforderlich, einen die Fahrbahn oder einen freien Parkplatz versperrenden Fußgänger unter Einsatz der Fahrzeuggewalt zu vertreiben, wenn zB der Beifahrer den Fußgänger von der Fahrbahn zerren könnte (OLG Hamm 1. 8. 1972 – 3 Ss 224/72, NJW 1972, 1826; BayObLG 7. 2. 1995 – 2 St RR 239/94, NJW 1995, 2646). Wird ein Pkw-Fahrer allerdings von fünf Personen durch Umzingeln des Fahrzeugs, das Einschlagen auf die Frontscheibe mit einer Flasche sowie verbale Äußerungen bedroht, kann sogar das Überfahren eines Angreifers das mildeste Mittel zur Verteidigung sein (LG Magdeburg 2. 2. 1999 – 9 O 1915/98). – Kommt eine Wohnungsvermieterin der Aufforderung des Mieters, die Wohnung wegen eines Verstoßes gegen das Hausrecht zu verlassen, nicht nach, so liegt darin zwar ein notwehrfähiger Angriff durch die Vermieterin. Der Mieter darf die Vermieterin aber nicht unter Anwendung körperlicher Gewalt aus der Wohnung heraustragen, sondern sie allenfalls aus der Haustür herausdrängen (BGH 4. 6. 2014 – VIII ZR 289/13, NJW 2014, 2566, 2567 Rn 13). – Führt jemand rechtmäßige, aber lärmintensive Renovierungsarbeiten in einer Einliegerwohnung durch, ist die Verwehrung des Zutritts durch Austausch der Schlösser keine erforderliche Notwehrhandlung, weil es genügen würde, Ruhezeiten zu vereinbaren oder ähnliches (LG Bonn 30. 9. 2016 – 1 O 155/16, juris Rn 18 f). – Dringt jemand mit einer Drohne in einen fremden Luftraum ein, liegt darin ein Angriff, zu dessen wirkungsvoller Abwehr die Störung der Funksignale durch sog Jamming als mildestes Mittel in Betracht kommt, da es die Drohne nicht zwingend zerstört (Daum/Boesch CR 2018, 129, 132 f). Allerdings ist der Betrieb eines Jammers in der Regel nach dem TKG unzulässig (Daum/Boesch CR 2018, 129, 131).

Lebensgefährlicher *Schusswaffengebrauch* ist nur in extremen Situationen erforderlich. Er muss als letzte Möglichkeit eingesetzt werden, er ist *ultima ratio* (BGH 29. 6. 1994 – 3 StR 628/93, NStZ 1994, 539; weitere Einzelfälle zum Schusswaffengebrauch: BGH 17. 5. 1966 – VI ZR 257/64, VersR 1966, 778 f – Schuss mit Gaspistole auf eine Überzahl von dicht herangerückten Verfolgern: erforderlich, vgl bereits Rn 59; BGH 27. 4. 1982 – 5 StR 94/82, NStZ 1982, 285 – Schuss auf Angreifer, der einen Barhocker als Waffe verwendet: erforderlich; BGH 12. 3. 1987 – 4 StR 2/87, NStZ 1987, 322 – Schuss auf Ehemann nach Streit und Drohungen ohne vorherige Warnung: nicht erforderlich; OLG Karlsruhe 28. 12. 1977 – 7 U 210/77, VersR 1979, 453 – Schuss auf Hundehalter, der den entlaufenen Hund vom Grundstück des Schützen zurückholen möchte: nicht **61** erforderlich [zweifelhaft, aber jedenfalls nicht geboten, vgl unten Rn 68]; LG München I 10. 11. 1987 – Ks 121 Js 4866/86, NJW 1988, 1860, 1862 – Schuss auf einen Einbrecher verfehlt das Ziel, trifft aber als Querschläger einen Mittäter tödlich: nicht erforderlich, mit abl Anm BEULKE Jura 1988, 641 ff). Grundsätzlich verlangt die Rechtsprechung, dass dem lebensgefährdenden Schusswaffengebrauch Androhung, Warnschuss und Schuss in die Beine vorauszugehen habe (BGH 12. 3. 1987 – 4 StR 2/87, NStZ 1987, 322; zust PALANDT/ELLENBERGER Rn 7a; ERMAN/E WAGNER Rn 13). Es bleibt aber dabei, dass der Angriff sofort und endgültig, notfalls durch einen lebensgefährlichen Schuss abgewehrt werden darf (BGH 30. 6. 2004 – 2 StR 82/04, NStZ 2005, 31 f – tödlicher Schuss eines Polizisten auf einen Pflastersteine werfenden Angreifer). Die von der Rechtsprechung herausgebildeten Kriterien sind keine Veränderung der Maßstäbe, sondern eine Konkretisierung der Erforderlichkeit der Verteidigungshandlung, die nicht schematisch auf alle Fälle Anwendung finden kann (MünchKomm/ERB § 32 StGB Rn 164; vgl als Bsp für eine nicht schematische Anwendung: BGH 21. 3. 2001 – 1 StR 48/01, NJW 2001, 3200, 3201 – Revolverschuss).

62 Die Forderung des BGH (15. 5. 1975 – 4 StR 71/75, NJW 1975, 1423, 1424), bei einem *provozierten Angriff* (Rn 70) dürfe nur das geringste Mittel zur Abwehr eingesetzt werden, entspricht vollständig der dargestellten Regel über eine schonende Notwehrausübung. Ebenso gilt das für den Satz, bei der *Notwehr unter Ehegatten* müsse die mildeste Art der Abwehr genügen (BGH 25. 9. 1974 – 3 StR 159/74, NJW 1975, 62); häufig ist hier bereits das Vorhandensein einer Notwehr*lage* problematisch (vgl oben Rn 12). Ist die Notwehrlage gegeben, sind Ehegatten zum Verzicht auf ein möglicherweise tödlich wirkendes, sicheres Verteidigungsmittel nach der Auffassung des BGH verpflichtet, wenn der Angriff nur leichtere Körperverletzungen befürchten lässt (25. 9. 1974 – 3 StR 159/74, NJW 1975, 62, 63).

63 Aus der Verpflichtung des Angegriffenen, das mildeste unter den geeigneten Mitteln zur Verteidigung auszuwählen folgt, dass der Angegriffene *hilfswillige Dritte oder die Polizei herbeirufen* muss, wenn er dadurch den Angreifer abwehren kann und schwerere Rechtsgutsverletzungen beim Angreifer vermeiden kann (RG 1. 3. 1937 – 2 D 711/36, RGSt 71, 133, 134; BayObLG 19. 12. 1962 – 1 St 565/62, NJW 1963, 824 f; ERMAN/ E WAGNER Rn 13; SOERGEL/FAHSE[13] Rn 34; **aM** AG Bensberg 25. 10. 1965 – 6 C 35/66, NJW 1966, 733). Hält zB ein Wachmann einen vermeintlichen Dieb mit Gewalt davon ab wegzufahren, obgleich der Wachmann bereits die Polizei herbeigerufen hat, so ist ein Faustschlag des Festgehaltenen gegen den Wachmann keine erforderliche Notwehrhandlung, weil die Aufklärung durch die Polizeibeamten das mildere Mittel gewesen wäre (OLG Hamm 8. 5. 2015 – I-9 U 103/14, juris Rn 18). Die *Flucht* ist kein geeignetes Mittel zur Verteidigung (OLG Karlsruhe 4. 7. 1985 – 1 Ss 40/85, NJW 1986, 1358, 1360; MünchKomm/GROTHE Rn 14). In den Fällen, in denen es dem Angreifer gerade darauf ankommt, das Opfer zu vertreiben (etwa von seinem Grundstück), ist die Flucht überhaupt kein Verteidigungsmittel, weil sie nicht geeignet ist, die Rechtsgutsverletzung abzuwehren. Hier würde das Recht dem Unrecht weichen, was dem Zweck des Notwehrrechts zuwider liefe. Auch wenn ein Ausweichen möglich wäre, ohne die eigene Rechtsposition aufzugeben, so wäre es keine Verteidigungshandlung. Der Angriff liefe ins Leere. Davon zu trennen ist aber die Frage, ob die Flucht nicht uU die „gebotene" Handlungsweise ist (dazu unten Rn 67).

64 Die durch Wahl des richtigen Mittels begründete Rechtmäßigkeit der Verteidigungshandlung besteht auch dann fort, wenn dabei *unerwartete Folgen* eintreten. Wenn jemand aufgrund der Verletzung seiner Ehre oder der Ehre seiner Partnerin (im konkreten Fall durch die Bezeichnung als „Ausländerschlampe") versucht, weitere verbale Angriffe mit einem leichten Stoß vor die Brust des 64-jährigen Angreifers abzuwehren, dieser dabei stürzt und infolge eines Schädel-Hirntraumas den Tod erleidet, so bleibt die Handlung dennoch eine erforderliche Abwehr (OLG Hamm 5. 11. 1999 – 9 U 157/98, OLGR 2001, 43–46). Auch wer freiwillig ein geringeres als das zulässige Verteidigungsmittel eingesetzt hat, bleibt gerechtfertigt, wenn er dabei fahrlässig eine Tötung herbeiführt (BGH 19. 9. 1973 – 2 StR 165/73, NJW 1974, 154 m abl Anm Schwabe NJW 1974, 670 – ungezielte Warnschüsse auf drei Angreifer, von denen einer mit einem Schraubenzieher bewaffnet war; zum Schusswaffengebrauch oben Rn 61).

d) Gebotenheit
Obgleich eine Handlung zur Verteidigung erforderlich sein mag, ist sie nicht unbedingt zugleich auch gem § 227 Abs 1 BGB geboten. Da niemand zur Selbstverteidigung rechtlich verpflichtet ist, meint „geboten" hier nichts anderes als „erlaubt" (konstruktiv anders Klingbeil 82–102, der die Gebotenheit darauf bezieht, dass die Notwehrhandlung in Vertretung staatlichen Handelns geschieht, also gleichsam ein „Gebot" des Staates zur Verwirklichung der Rechtsordnung vollzieht, dabei aber – wie der Staat – an den Verhältnismäßigkeitsgrundsatz gebunden ist [130]). Es geht bei der Gebotenheit um **sozialethische Einschränkungen** des Notwehrrechts, die letztlich in dem Verbot des Rechtsmissbrauchs begründet sind (vgl H Dilcher, in: FS Hübner [1984] 443, 451 ff). Wenn die Notwehr ua dazu dienen soll, die Bewährung des Rechts zu garantieren, muss sie ausscheiden, wo dieser Zweck durch Missbrauch in sein Gegenteil verkehrt würde. Dass das Notwehrrecht einer Rechtsmissbrauchsschranke unterliegt, wird wenigstens im Zivilrecht nirgends bezweifelt (für das Strafrecht gilt das nicht, vgl Roxin, Strafrecht AT [4. Aufl 2006] § 15 Rn 55 ff; gegen eine „Inflation sozialethischer Einschränkungen" wendet sich Erb, in: FS U Ebert [2011] 329 ff). Manchmal wird die Gebotenheit allerdings nicht als eigenständiges Tatbestandsmerkmal betrachtet mit der Begründung, der normative Gehalt von „erforderlich" („Verteidigung, welche erforderlich ist" – § 227 Abs 2 BGB) und „geboten" („durch Notwehr gebotene Handlung" – § 227 Abs 1 BGB) sei identisch (Soergel/Fahse[13] Rn 26; H Otto, Rechtsverteidigung und Rechtsmissbrauch im Strafrecht, in: FS Würtenberger [1977] 129, 136; der Sache nach auch Staudinger/Werner [2001] Rn 20). Angesichts des differenzierten Sprachgebrauchs des Gesetzes liegt dieses Verständnis allerdings nicht nahe. Klarer erscheint es, der gesetzlichen Differenzierung auch eine sachliche Unterscheidung zwischen Erforderlichkeit und Gebotenheit folgen zu lassen, obgleich damit keine unterschiedlichen Ergebnisse verbunden sind. Unter verschiedenen möglichen Auslegungen ist auch bei der Gesetzesauslegung die sinnvollere vorzugswürdig. Warum sollte der Gesetzgeber die verschiedenen Vokabeln benutzt haben, wenn er dasselbe ausdrücken wollte? Bei der Erforderlichkeit geht es um andere Abwägungen als bei der Gebotenheit. Deutlich wird der Unterschied zwischen Gebotenheit und Erforderlichkeit an folgendem Schulfall: Ein an den Rollstuhl gefesselter Grundstückseigentümer erschießt einen reife Süßkirschen stehlenden achtjährigen Jungen, nachdem dieser sich durch Drohungen nicht von seinem Werk hatte abhalten lassen. Angesichts der körperlichen Beeinträchtigung des Eigentümers stand ihm ein anderes Mittel zur Abwehr nicht zur Verfügung. Die Erforderlichkeit ist daher zu bejahen. Dennoch dürfte Einigkeit darüber bestehen, dass die Verteidigungshandlung nicht *geboten* war (vgl aber noch den nicht so krass gelagerten Obstdiebfall in RG 20. 9. 1920 – I 384/20, RGSt 55, 82).

65

66 Obgleich die Ausübung des Notwehrrechts – im Unterschied zu polizeilichen Maßnahmen – eigentlich keiner Güterabwägung im Sinne einer Verhältnismäßigkeitsprüfung unterliegt (BGH 23. 9. 1975 – VI ZR 232/73, NJW 1976, 41, 42; Soergel/Fahse[13] Rn 38, vgl auch unten Rn 68), kann eine Notwehrhandlung *rechtsmissbräuchlich* und daher ungerechtfertigt erscheinen, wenn die durch die Verteidigung herbeigeführte Verletzung in einem krassen Missverhältnis zu dem angegriffenen Rechtsgut steht (MünchKomm/Grothe Rn 20 aE; Erman/E Wagner Rn 12). Wann das der Fall ist, bestimmt sich nach der *Verkehrsanschauung* (BGB-RGRK/Johannsen Rn 5; vgl auch BayObLG 22. 6. 1954 – 2 St 41/54, NJW 1954, 1377 f). Man wird dem Angegriffenen insbesondere ein Ausweichen, uU aber sogar die Duldung des Angriffs zumuten können, wenn das Rechtsbewährungsinteresse des Notwehrrechts nicht oder nur wenig betroffen ist. Die im Strafrecht herausgebildeten Fallgruppen lassen typische Situationen unterscheiden, in denen die Notwehr nur eingeschränkt oder gar nicht zulässig ist. Sie lassen sich nahezu vollständig auf das Zivilrecht übertragen (die folgenden Fallgruppen weitgehend in Anlehnung an Roxin, Strafrecht AT [4. Aufl 2006] § 15 Rn 61–99).

67 aa) Handelt der Angreifer **schuldlos**, so tritt das Rechtsbewährungsinteresse in den Hintergrund, da die Rechtsordnung nicht bewusst in Frage gestellt wird. Das gilt vor allem für Angriffe, die von Kindern, Geisteskranken oder Angetrunkenen ausgehen (vgl etwa die Begründung von § 32 StGB: BT-Drucks V/4095, 14). Der Angegriffene muss in dieser Situation auszuweichen versuchen. Zwar braucht man für gewöhnlich nicht schimpflich zu fliehen (dazu BGH 24. 7. 1979 – 1 StR 249/79, NJW 1980, 2263), aber einem streitwütigen Neurotiker auszuweichen ist so wenig schimpflich, wie eine Schlägerei ehrenvoll wäre (einschränkend Soergel/Fahse[13] Rn 36; Ennecerus/Nipperdey [1960] § 240 II 5). In einer Flucht kann jedenfalls nicht grundsätzlich ein Verlust an Ehre gesehen werden. Durchaus ehrenwerte Klugheit gebietet vielmehr häufig die Flucht. Es besteht aber keine Rechtspflicht zu klugem Verhalten. Ist ein Ausweichen nicht möglich, so muss der Angriff möglichst durch Herbeiholen fremder Hilfe abgewehrt werden, um die Rechtsgüter des schuldlosen Angreifers zu schonen. Leichtere Beeinträchtigungen muss man in Kauf nehmen. Wer gegen eine angreifende Horde von Schulkindern den Lehrer herbeirufen kann, darf sich nicht mit dem Messer zu Wehr setzen (Roxin, Strafrecht AT [4. Aufl 2006] § 15 Rn 62). Das gilt auch dann, wenn der Angegriffene selbst ein Kind ist. Ein angetrunkener Gast, der andere Gäste verbal bedroht, darf gewaltsam aus der Gastwirtschaft entfernt werden (OLG München 11. 2. 1966 – 10 U 2121/65, NJW 1966, 1165); ein Schusswaffengebrauch ist hierbei aber nicht gerechtfertigt, wenn er zugleich andere Gäste gefährdet (BGH 27. 6. 1978 – VI ZR 180/77, NJW 1978, 2028). Der BGH hat betont, dass man bei einem Angriff durch einen Betrunkenen nur dann zum Ausweichen oder zu reiner Schutzwehr verpflichtet sei, wenn das für den Angegriffenen zumutbar und gefahrlos möglich sei (30. 10. 2007 – VI ZR 132/06, NJW 2008, 571, 572 Rn 16 – Rauferei bei Straßenfest; BayObLG 14. 8. 1998 – 2 St RR 143/98, BayObLGSt 1998, 134 – Wirtshausschlägerei). Attackiert ein Betrunkener einen Taxifahrer mit lautstarken Beleidigungen und schlägt er dabei mit den Händen auf das Wagendach, ist es eine gebotene Notwehrhandlung, wenn der Taxifahrer schnell losfährt, auch wenn sich der Angreifer an dem Wagen festhält (LG Erfurt 3. 11. 2006 – 3 O 1113/05 – Rn 35). – Befördert ein Gastwirt einen Betrunkenen in Verteidigung seines Hausrechts vor die Türe, ist dies eine Notwehrhandlung. Zur Entfernung die Polizei oder das Rote Kreuz herbeizurufen, ist nur geboten, wenn erhebliche Gefahren für Leib und Leben des Angreifers bestehen (OLG Naumburg 13. 9. 2006 – 6 U 61/06, OLGR 2007, 775 f Rn 29).

bb) Bei einem nur **unerheblichen Angriff** ist das Interesse an der Bewährung der **68** Rechtsordnung durch Notwehr gering. Das strenge Notwehrrecht muss daher bei Angriffen, die als Bagatelle oder Unfug erscheinen, eingeschränkt werden. Oft ist in diesen Fällen sogar ein Angriff völlig zu verneinen (vgl oben Rn 13; MünchKomm/GROTHE Rn 22). Ausweichen oder Flucht sind nicht geboten, wenn ein Angriff zu bejahen ist (vgl oben Rn 63). Aber die Art und Weise der aktiven Verteidigungshandlungen ist abhängig von dem Maß der drohenden Verletzung. Steht die Verteidigungshandlung außer jedem Verhältnis zum bedrohten Rechtsgut, so ist sie unzulässig (H DILCHER, in: FS Hübner [1984] 443 ff; WOLF/NEUNER, AT § 21 Rn 53; SOERGEL/FAHSE[13] Rn 39). Man darf in übertragenem Sinn eben nicht mit Kanonen nach Spatzen schießen. Es ist zwar richtig, dass es für die Beurteilung der Zulässigkeit einer Notwehrhandlung nicht auf eine Güterabwägung iS der Verhältnismäßigkeit zwischen den bedrohten Rechtsgütern ankommt (RG 20. 9. 1920 – I 384/20, RGSt 55, 82/85 f; BGH 11. 9. 1995 – 4 StR 294/95, NStZ 1996, 29; MünchKomm/GROTHE Rn 17), aber das gilt nur solange, wie die Abwehrmaßnahme nicht missbräuchlich erscheint. Der Missbrauchsvorwurf kann sich gerade auch daraus ableiten lassen, dass der durch die Verteidigungshandlung drohende Schaden außerhalb jedes vernünftigen Maßes zum bedrohten Rechtsgut steht. Ein geringer Sachwert darf daher nicht durch Tötung des Angreifers verteidigt werden (WÖSSNER 124–129 mit Darstellung der einschlägigen Rechtsprechung). Ein Kleindiebstahl darf nicht mit einem gezielten Schuss abgewehrt werden, der den Tod des Angreifers zur Folge hat (OLG Stuttgart 21. 4. 1948 – 1 Ss 30/48, DRZ 1949, 42 mit Anm GALLAS; vgl auch OLG Braunschweig 11. 4. 1947 – Ss 11/47, MDR 1947, 205, 206: Abwehr einer Obstdiebin mit einer tödlichen Starkstromanlage; anders lag der Fall in OLG Hamm 14. 12. 1976 – 9 U 193/76, OLGZ 1978, 71, 73, wo der Dieb mit einer nur leicht verletzenden Spezialmunition beschossen wurde). Ebenso wenig darf man ein Pfandrecht an einem Huhn mit einem Axthieb auf den Kopf des Angreifers verteidigen (BayObLG 22. 6. 1954 – 2 St 41/54, NJW 1954, 1377, 1378; vgl auch BGH 10. 1. 1956 – 1 StR 412/55, NJW 1956, 920). Man darf auch nicht eine das Hausrecht verletzende Person, die ihren Hund vom Nachbargrundstück zurückholen möchte, mit einem gezielten Schuss vertreiben (OLG Karlsruhe 28. 12. 1977 – 7 U 210/77, VersR 1979, 453). Auch im Straßenverkehr ist – wenn überhaupt die Grenze zum Angriff überschritten wird (vgl oben Rn 13) – bei kleineren, nicht sonderlich gefährlichen Verstößen Notwehr in Form der Bedrohung des Lebens des Angreifers durch An- oder Umfahren nicht zulässig (vgl aus der Rechtsprechung BayObLG 22. 1. 1963 – 2 St 574/62, NJW 1963, 824, 825 – erzwungene Einfahrt in eine Parklücke; OLG Stuttgart 8. 12. 1965 – 1 Ss 632/65, NJW 1966, 745 m Anm BOCKELMANN – erzwungene Einfahrt in eine Parklücke; OLG Hamburg 12. 11. 1967 – 2 Ss 163/67, NJW 1968, 662, 663 – erzwungene Einfahrt in eine Parklücke ist keine erforderliche Verteidigung; OLG Hamm 1. 8. 1972 – 3 Ss 224/72, NJW 1972, 1826 f – Umfahren eines Betriebsdetektivs, der gegenüber einem LKW-Fahrer ein vermeintliches Festnahmerecht geltend machen wollte; BayObLG 7. 2. 1995 – 2 St RR 239/94, NJW 1995, 2646 – Umfahren eines Fußgängers, der eine Parklücke für einen anderen Kraftfahrer freihielt, ist keine angemessene Verteidigungshandlung; anders allerdings OLG Schleswig 3. 2. 1984 – 1 Ss 623/83, NJW 1984, 1470 f für ein schnelles Zufahren auf eine Person, die auf der Fahrbahn stehend versucht, den Kraftfahrer zum Halten zu zwingen, um ihn wegen eines voraufgegangenen Verkehrsverstoßes zur Rede zu stellen; OLG Karlsruhe 4. 7. 1985 – 1 Ss 40/85, NJW 1986, 1358 bejaht Notwehr in einem Fall, wo zwei Personen einen Kraftfahrer durch Blockade mit einem weiteren Auto und einem Motorrad an der Weiterfahrt hindern wollten, um ein vermeintliches Pfändungspfandrecht durchzusetzen [die Voraussetzungen des § 229 lagen nicht vor, da der Fahrer nicht der Schuldner war, vgl § 808 ZPO], und der Kraftfahrer das Motorrad beim Ausbiegen umfährt und so dessen Fahrer verletzt; ähnlich bereits BGH 5. 10. 1965 – 1 StR 325/65, VRS 1966,

281, wo der Täter durch das Zufahren mit seinem PKW Randalierer aus seiner Hauseinfahrt vertrieb – in den beiden zuletzt genannten Fällen wird man aber auch keinesfalls von einem unerheblichen Angriff sprechen können; ähnlich OLG Zweibrücken 14. 6. 2006 – 1 U 92/05, VersR 2007, 1088 f – Bedrohung eines PKW-Fahrers durch mehrere Personen; OLG Hamm 8. 5. 2015 – I-9 U 103/14, juris Rn 15 – Faustschlag eines Wachmanns gegen einen vermeintlichen Einbrecher, der sich einer Überprüfung der Personalien seinerseits durch einen [nicht durch Notwehr gerechtfertigten, vgl oben Rn 63] Faustschlag entziehen wollte, zulässig; zur Notwehreinschränkung beim unerheblichen Angriff mit weiteren Beispielen WÖSSNER 89 ff, 112 f, 124 ff).

69 Diese Wertung findet eine Stütze in **Art 2 EMRK**. Danach ist die absichtliche Tötung eines Menschen nur zulässig, um die Verteidigung eines Menschen gegenüber rechtswidriger Gewaltanwendung sicherzustellen. Nach der hM sind freilich Adressat der EMRK die Staatsorgane, nicht die einzelnen Bürger (BOCKELMANN, in: FS Engisch [1969] 456, 463 ff; KREY JZ 1979, 702, 708; SOERGEL/FAHSE[13] Rn 47; WOLF/NEUNER AT § 21 Rn 56; aA FRISTER GoltdArch 1985, 553 ff). – Art 31 der Konvention zur Errichtung eines ständigen Internationalen Strafgerichtshofs, der das Notwehrrecht bei der Verteidigung von Sachwerten gegenüber § 32 StGB erheblich einschränkt, bleibt für das Zivilrecht ohne Relevanz, weil die Wertungen des Strafrechts wegen der unterschiedlichen Zielsetzungen beider Rechtsgebiete nicht ohne Weiteres auf das Zivilrecht übertragen werden können; im Übrigen wird auch die strafrechtliche Bedeutung als praktisch gering eingeschätzt (vgl MünchKomm/ERB § 32 Rn 19–24). Immerhin lässt sich dagegen mit Recht einwenden, dass das Notwehrrecht zum Teil die staatliche Funktion der Bewahrung der Rechtsordnung substituiert (vgl ähnlich ROXIN, Strafrecht AT [4. Aufl 2006] § 15 Rn 87 mit dem wichtigen Hinweis auf BT-Drucks V/4095, 14). Aus der EMRK folgt aber selbst dann nur ein Verbot der Tötung mit *dolus directus,* der bei der Abwehr auch von Sachangriffen selten vorliegen und noch seltener beweisbar sein dürfte. In diesen seltenen Fällen wird sich aber für gewöhnlich schon eine Einschränkung des Notwehrrechts aus den übrigen Gesichtspunkten der Gebotenheit ergeben, die vor allem mit dem Missbrauchsgedanken zusammenhängen (vgl HÜBNER, AT § 27 Rn 555). – Anders als im Strafrecht ist jedoch die Schuldfrage, die mit der Erheblichkeit des Angriffs zusammenhängt, für den zivilrechtlichen Notwehrtatbestand irrelevant.

70 cc) Auch die **Notwehrprovokation** führt zu einer Einschränkung zulässiger Verteidigungshandlungen. Hat der Provokateur die Situation, die sich nach außen hin als Notwehrlage darstellt, in Wirklichkeit *absichtlich* herbeigeführt, um missbräuchlich die Verletzung des Gegners als Notwehrhandlung erscheinen zu lassen, so fehlt es bereits an der Rechtswidrigkeit des Angriffs. Die scheinbare Verteidigungshandlung des Provokateurs ist nicht gerechtfertigt (vgl oben Rn 40), sondern missbräuchlich und erlaubt ihrerseits Notwehr (vgl GEPPERT Jura 2007, 33, 39).

Ob das Notwehrrecht des *provozierenden* Verteidigers außer bei einer Absichtsprovokation eingeschränkt ist, hängt von der Bewertung seines Vorverhaltens ab. Handelt der Verteidiger rechtmäßig, so darf er sich in den allgemeinen Grenzen wehren. Ist sein Vorverhalten hingegen sozialethisch missbilligt, so resultiert aus dieser Missbilligung eine Begrenzung der zulässigen Notwehrhandlungen (SOERGEL/FAHSE[13] Rn 43). Dieser Fall liegt zB vor, wenn sich der Angreifer aufgrund einer verbalen Beleidigung zu einer handgreiflichen Antwort entschließt. Die Beleidigung ist zwar ein Angriff auf die Ehre, aber im Augenblick der Handgreiflichkeit nicht mehr gegenwärtig. Der Beleidiger verliert zwar nicht sein Notwehrrecht, wenn er die Beleidigung nicht zum Zwecke der Auslösung des Angriffs ausgesprochen hat, aber in dieser Situation ist der Provokateur wegen seines missbilligten Vorverhaltens bei der Abwehr nach dem Rechtsgedanken des § 242 BGB zu besonderer Zurückhaltung verpflichtet, zumindest solange bis erkennbar wird, dass der Angreifer nicht einlenken werde (BGH 14. 6. 1972 – 2 StR 679/71, BGHSt 24, 356, 358 f; 26. 10. 1993 – 5 StR 493/93, NJW 1994, 871, 872; 30. 10. 2007 – VI ZR 132/06, NJW 2008, 571, 572 Rn 17; OLG Hamm 7. 1. 1991 – 6 U 86/89, NJW 1991, 1897; MünchKomm/Grothe Rn 24; Palandt/Ellenberger Rn 9; Soergel/Fahse[13] Rn 43; vgl Wössner 114 ff). Das provozierende rechtswidrige Vorverhalten schränkt allerdings nur dann das Notwehrrecht ein, wenn es in nahem zeitlichem Zusammenhang zum Angriff durch den Provozierten steht (BGH 5. 10. 1990 – 2 StR 347/90, NJW 1991, 503, 505; Roxin, Strafrecht AT [4. Aufl 2006] § 15 Rn 73). – Das Nichtzurückzahlen eines Darlehens ist allerdings überhaupt keine Provokation im vorgenannten Sinne (BGH 12. 1. 1978 – 4 StR 620/77, NJW 1978, 898).

dd) Trifft den Verteidiger eine **Garantenstellung** gegenüber dem Angreifer, so liegt **71** der Fall ähnlich wie bei der Absichtsprovokation (oben Rn 40, 70), die letztlich nur ein Unterfall dieser Gruppe ist. Resultiert die Garantenstellung dort aus vorangegangenem pflichtwidrigen Verhalten (rechtswidrige Provokation), so verlangen auch die gesetzlichen Schutzpflichten von Eltern gegenüber ihren Kindern und von (nicht getrennt lebenden) Eheleuten untereinander eine gesteigerte Pflicht zur Rücksichtnahme, sogar gegenüber einem *rechtswidrigen* Angriff. Das Rechtsbewährungsinteresse zwingt hier zu einer Begrenzung der zulässigen Notwehrhandlungen, weil die Pflichten aus der Garantenstellung in einen Konflikt mit dem Interesse der Bewahrung der Rechtsordnung geraten. Lebensgefährliche Verteidigungshandlungen sind bei solchen besonderen Beziehungen (die Besonderheit liegt in der Garantenstellung, nicht in der engen persönlichen Beziehung – so aber Soergel/Fahse[13] Rn 41) regelmäßig unzulässig (BGH 26. 2. 1969 – 3 StR 322/68, NJW 1969, 802; 25. 9. 1974 – 3 StR 159/74, NJW 1975, 62 f; MünchKomm/Grothe Rn 23; einschränkend BGH 11. 1. 1984, JZ 1984, 529 f). Unter Ehegatten besteht jedenfalls eine verstärkte Verpflichtung, Angriffen auszuweichen (vgl Kratzsch JuS 1975, 435 ff; Geilen JR 1976, 314, 318; Marxen, Die sozialethischen Grenzen der Notwehr [1979] 49 f; ablehnend insbes LK-Spendel [11. Aufl 1992] § 32 Rn 310; wie hier jetzt LK/Rönnau/Hohn [12. Aufl 2006] § 32 StGB Rn 238). Bei einem Streit unter Ehegatten ist grundsätzlich nicht von einer tödlichen Bedrohung durch den anderen auszugehen (BGH 29. 2. 1969 – 3 StR 322/68, NJW 1969, 802 mit Anm Deubner 1184; vgl auch oben Rn 60 den Fall BGH 11. 1. 1984 – 2 StR 541/83, JZ 1984, 529, 530). Keine Garantenstellung besteht für gewöhnlich zwischen Mitschülern einer Schulklasse (BGH 24. 7. 1979 – 1 StR 249/79, NJW 1980, 2263).

IV. Die Rechtsfolgen der Notwehr

1. Zivilrechtliche Rechtmäßigkeit der Handlung

a) Rechtfertigungsgrund

Das Handeln in Notwehr ist nach § 227 Abs 1 BGB *nicht widerrechtlich,* sondern **72** gegenüber dem Angreifer rechtmäßig. Das bedeutet, dass es keine Folgen auslösen kann, für welche die Widerrechtlichkeit der Handlung vorausgesetzt wird. Soweit im Zusammenhang mit der Verteidigungshandlung Rechtsgüter Dritter verletzt werden, kommt allenfalls ein rechtfertigender Notstand gemäß § 904 BGB in Frage. –

Der Gastwirt, der einen Angreifer mit einem Pistolenschuss abwehrt und dabei zugleich einen unbeteiligten Gast verletzt, kann nur gegenüber dem Angreifer durch Notwehr gerechtfertigt sein, nicht aber gegenüber dem Unbeteiligten (vgl BGH 27. 6. 1978 – VI ZR 180/77, NJW 1978, 2028).

b) Keine verbotene Eigenmacht

73 Eine durch Notwehr gerechtfertigte Handlung kann weder einen Angriff iSd § 227 Abs 2 BGB noch eine *verbotene Eigenmacht* nach § 858 BGB darstellen (Erman/ A Lorenz § 858 Rn 7). Daher ist etwa die durch Ausübung der Notwehr dem Angreifer entrissene Waffe nicht durch verbotene Eigenmacht erlangt (vgl BGB-RGRK/Johannsen Rn 4). Anders verhält es sich dagegen, wenn der Verteidiger die Waffe einem Dritten abgenommen hat. Allerdings kann dies als Notstandshandlung gerechtfertigt sein (vgl § 904 BGB).

c) Keine Sittenwidrigkeit

74 In analoger Anwendung des § 227 BGB entfällt auch die *Sittenwidrigkeit* eines Handelns, wenn einem Angriff – zB durch sittenwidriges Wettbewerbshandeln – nicht anders als mit wettbewerbsrechtlich sittenwidrigen Mitteln entgegengetreten werden kann. Allerdings verneinen hier manche bei derart *berechtigter Abwehr* bereits den Tatbestand eines Sittenverstoßes des Verteidigers (Soergel/Fahse[13] Rn 2; zum Problem Droste WuW 1954, 507 ff). Es dürfte sich jedoch empfehlen, den Tatbestand des Sittenverstoßes allein von der Handlung her zu beurteilen. Im Ergebnis ist der Streit jedoch ohne Bedeutung.

d) Notwehrüberschreitung

75 Die Überschreitung erforderlicher Notwehr, der **Notwehrexzess**, ist nicht nach § 227 BGB gerechtfertigt (Erman/E Wagner Rn 18). Notwehrüberschreitungen können zB das Schießen mit einer Gaspistole auf so kurze Entfernung, dass der Angreifer das Augenlicht verliert (vgl aber BGH 17. 5. 1966 – VI ZR 232/73, VersR 1966, 778) oder Hiebe gegen einen bereits kampfunfähigen Angreifer sein (BGH 31. 3. 1967 – VI ZR 166/65, VersR 1967, 661). Notwehrüberschreitung kann es auch sein, wenn ein Kraftfahrer gegenüber einem die Fahrbahn versperrenden Fußgänger die maschinelle Gewalt seines Kraftwagens einsetzt (OLG Hamburg 21. 11. 1967 – 2 Ss 163/67, NJW 1968, 662; OLG Hamm 1. 8. 1972 – 3 Ss 224/72, NJW 1972, 1826; siehe aber oben Rn 60).

Nach § 33 StGB wird die Notwehrüberschreitung aus Verwirrung, Furcht oder Schrecken zwar *nicht bestraft*, aber das ändert nichts an der Rechtswidrigkeit der Handlung, weil § 33 StGB kein Rechtfertigungsgrund ist (MünchKomm/Erb § 33 StGB Rn 1 mwNw). Dasselbe gilt für den entschuldigenden Notstand gem § 35 StGB, der bei Maßnahmen gegen Dauergefahren in Betracht kommt (BGH 15. 5. 1979 – 1 StR 74/79, NJW 1979, 2053).

2. Schadensersatzpflichten

76 a) Eine **gerechtfertigte Notwehrhandlung** löst *keine Schadensersatzpflicht* des *Verteidigers* aus unerlaubter Handlung nach §§ 823 ff BGB oder auch nach § 7 Abs 1 StVG aus (OLG Zweibrücken 14. 6. 2006 – 1 U 92/05, VersR 2007, 1088). Rechtmäßiges Handeln darf sich nicht nachteilig auswirken. Das gilt allerdings nur, soweit die Rechtsgüter des Angreifers betroffen sind und erstreckt sich *nicht* auf diejenigen

unbeteiligter Dritter. Diesen gegenüber kann die Verteidigungshandlung allenfalls nach § 904 S 1 BGB gerechtfertigt sein, was den Verteidiger gleichwohl nach § 904 S 2 BGB zum Schadensersatz verpflichtet. Sonst kommt eine Haftung aus unerlaubter Handlung in Betracht (OLG München 22. 9. 1960 – 1 StR 74/79, VersR 1961, 454; WOLF/NEUNER, AT § 21 Rn 57).

Für Schäden Dritter, welche der Verteidiger zu ersetzen hat, haftet diesem allerdings **77** der Angreifer, soweit die übrigen Voraussetzungen einer Schadensersatzpflicht gegeben sind (für den besonderen Fall „herausgeforderter" Nothilfe vgl STAUDINGER/SCHIEMANN [2017] § 249 Rn 53). Das gilt ebenso für die unmittelbar an den Rechtsgütern des Angegriffenen entstandenen Schäden (vgl zur Kostenproblematik, die nicht allein auf die Selbstverteidigung beschränkt ist, sondern auch im Rahmen der Selbsthilfe eine Rolle spielt, § 229 Rn 48 f).

Der *Angreifer* haftet dem Angegriffenen zumindest auf deliktischer Grundlage für **78** den angerichteten Schaden. *Mitwirkendes Verschulden* des Angegriffenen kann trotz der Rechtfertigung durch die Notwehr nach § 254 BGB zu berücksichtigen sein, etwa wenn die Notwehrsituation vom Verteidiger schuldhaft herbeigeführt worden ist (BGH 21. 9. 1965 – VI ZR 98/64, VersR 1965, 1152 f). Sofern ein adäquater Kausalzusammenhang besteht, erfasst dieser Anspruch auch die Ersatzpflicht des Angegriffenen, der aufgrund seiner Verteidigungshandlung seinerseits von Dritten in Anspruch genommen wird (LG Lüneburg 7. 1. 1999 – 4 U 1639/98, NZV 1999, 384 f). Dagegen kommt ein Anspruch eines Dritten, der Nothilfe geleistet hat, unmittelbar gegen den Angreifer nicht in Betracht, weil es hierfür an einer Rechtsgrundlage fehlt (anders – ohne Begründung – STAUDINGER/DILCHER[12] Rn 35). Der Nothelfer hat unter den Voraussetzungen einer Geschäftsführung ohne Auftrag nach §§ 677, 683 S 1, 670 BGB oder aus Auftrag unmittelbar aus § 670 BGB einen Ersatzanspruch gegen den Angegriffenen (SOERGEL/FAHSE[13] Rn 8).

b) Ist infolge einer **Notwehrüberschreitung** die Handlung des Verteidigers *nicht* **79** *gerechtfertigt*, so ist der Angegriffene dem Angreifer aus dem Gesichtspunkt deliktischer Haftung zum Schadensersatz verpflichtet, wenn der Notwehrexzess zumindest auf Fahrlässigkeit beruhte (BGH 23. 9. 1975 – VI ZR 232/73, NJW 1976, 42; ENNECCERUS/NIPPERDEY [1960] § 240 III 1). Die Anforderungen an die erforderliche Sorgfalt dürfen jedoch nicht überspannt werden (RG 23. 4. 1928 – VI 85/28, WarnR 1928 Nr 75), weil das Risiko einer Abwehrhandlung zunächst einmal von dem Angreifer geschaffen worden ist. Zudem wird gerade aus diesem Grund häufig ein *Mitverschulden* des geschädigten Angreifers nach § 254 BGB zu berücksichtigen sein (BGH 21. 2. 1967 – VI ZR 151/65, VersR 1967, 477, 478).

c) Ähnlich liegt es in den Fällen der **Putativnotwehr**. Nur wenn der Irrtum über das **80** Vorliegen des Rechtfertigungsgrundes mindestens auf Fahrlässigkeit beruht, haftet der scheinbar Angegriffene aus unerlaubter Handlung (ERMAN/E WAGNER Rn 17). Allerdings ist der Irrtum häufig unverschuldet. Mangels Verschuldens scheidet dann auch die deliktische Haftung aus (RG 12. 4. 1924 – IV 852/23, JW 1924, 1968; 8. 6. 1925 – IV 586/24, JW 1926, 1145; PALANDT/ELLENBERGER Rn 12). Insoweit gelangt man auch zu einer parallelen Wertung wie im Strafrecht, das in diesen Fällen nach hM § 16 Abs 1 StGB analog anwendet (GEPPERT Jura 2007, 33, 36). – Schießt jemand, der durch eine Alarmanlage geweckt wurde, des Nachts bei Sturm und Regen auf zwei Gestalten, die sich auf seinem Grundstück befinden und die er für Einbrecher hält, in Wirklichkeit aber

Polizisten sind, die aufgrund des Alarms und einiger früherer Einbrüche auf dem Grundstück die Lage überprüfen wollten, nachdem ein Polizist einen Warnschuss abgegeben hat, sind Schadensersatzansprüche ausgeschlossen, weil der geschädigte Polizist Aufforderungen des Schädigenden zum Stehenbleiben nicht nachgekommen ist und deshalb eine gefährliche Lage angenommen werden durfte (BGH 26. 5. 1987 – VI ZR 157/86, NJW 1987, 2509 f; OLG Düsseldorf 29. 3. 1996 – 22 U 5/96, VersR 1997, 716). Auch ein vermeintlicher Angreifer, der eine Jugendliche dergestalt bedrängt, dass ein Dritter schuldlos eine Nothilfesituation annehmen durfte, kann keinen Schadensersatz verlangen (OLG Köln 2. 10. 1997 – 5 U 452/97, RuS 1998, 111).

V. Beweislast

81 Die tatbestandlichen Voraussetzungen der Notwehr, dh **Notwehrlage und Notwehrhandlung**, muss als rechtshindernde Einwendung in Übereinstimmung mit der Normentheorie derjenige darlegen und beweisen, der sich auf den Rechtfertigungsgrund beruft, also in der Regel der Verteidiger (RG 23. 9. 1938 – III 20738 RGZ 159, 235, 240; BGH 23. 9. 1975 – VI ZR 232/73, NJW 1976, 41 f; OLG Koblenz 14. 7. 1993 – 5 U 239/92 NJW-RR 1994, 864; BGB-RGRK/Johannsen Rn 19; Baumgärtel/Kessen, Beweislast [4. Aufl 2019] Rn 1; Hk-BGB/Dörner Rn 9). Liegen die Verteidigungshandlungen zeitlich auseinander, muss der Verteidiger für jede dieser Handlungen beweisen, dass eine Notwehrlage bestand (BGH 30. 10. 2007 – VI ZR 132/06, NJW 2008, 571, 573 Rn 21 – Rauferei bei Straßenfest – m Anm Grothe LMK 2008, 252199). Die zivilrechtliche Beweislastverteilung bewirkt im Falle der Beweisnot unter Umständen eine Verurteilung des Angegriffenen, obgleich er vom Vorwurf einer Straftat im Falle der Unaufklärbarkeit freigesprochen würde.

Wird der Angreifer durch mehrere Handlungen verletzt, von denen feststeht, welche durch Notwehr gerechtfertigt sind, so muss der Geschädigte beweisen, dass die Verletzung auf einer Handlung beruht, die nicht durch Notwehr gerechtfertigt ist (BGH 30. 10. 2007 – VI ZR 132/06, NJW 2008, 571, 573 Rn 21 – Rauferei bei Straßenfest; OLG Celle 29. 3. 1989 – 9 U 269/87, VersR 1989, 751, 752 – dreifache Schlägerei bei Freiluftfest). Eine analoge Anwendung von § 830 I 2, der auf den *Kausalitätsnachweis* für den Fall verzichtet, dass sich nicht aufklären lässt, wer von mehreren Beteiligten den konkreten Schaden verursacht hat (vgl BGH 23. 5. 2006 – VI ZR 259/04, NJW 2006, 2399 Rn 9–11 – Brandstiftung durch Kinder), ist angesichts des Ausnahmecharakters dieser Norm nicht möglich (BGH 30. 10. 2007 – VI ZR 132/06, NJW 2008, 571, 573 Rn 23 – Rauferei bei Straßenfest – m krit Anm Wagner BGHR 2008, 227 f; Spindler AcP 208 [2008] 283, 306, 311 ff).

Behauptet der Geschädigte, sein Angriff sei bereits beendet gewesen, als die Verletzung geschehen sei, so ist er dafür beweispflichtig (OLG Brandenburg 7. 6. 2007 – 12 U 250/06 Rn 15 ff – Rangelei nach Faustschlag durch den Geschädigten).

Für den von manchen – entgegen der hier (Rn 47 ff) vertretenen Auffassung – für erforderlich gehaltenen **Verteidigungswillen** streitet bei Vorliegen einer Notwehrlage eine tatsächliche Vermutung (vgl oben Rn 50).

82 Eine **Notwehrüberschreitung** muss derjenige beweisen, der Rechte aus ihr herleitet (BGH 23. 9. 1975 – VI ZR 232/73, NJW 1976, 41 f; Baumgärtel/Kessen, Beweislast [4. Aufl 2019] Rn 5). Das ist für gewöhnlich der Angreifer, der Schadensersatzansprüche gegen den Verteidiger geltend macht. Hängt die Frage einer Notwehrüberschreitung von der

Feststellung der Intensität des Angriffs ab, so gehen dem Grundsatz entsprechend unaufklärbare Zweifel zu Lasten desjenigen, dem ein gegenwärtiger rechtswidriger Angriff nachgewiesen wurde, und der sich nun auf einen Notwehrexzess beruft (BGH 2. 3. 1971 – VI ZR 136/69, VersR 1971, 629).

Bei einer **vermeintlichen Notwehr** (Putativnotwehr) trägt der Verteidiger die Beweislast für die Entschuldbarkeit seines Irrtums, weil der *Entschuldigungsgrund* für ihn hinsichtlich seiner Schadensersatzverpflichtung günstig wirkt (RG 21. 2. 1916 – VI 412/15, RGZ 88, 118, 120; BGH 15. 6. 1955 – IV ZR 154/54, VersR 1955, 579; 18. 11. 1980 – VI ZR 151/78, NJW 1981, 745; AG Oldenburg/Holstein 20. 7. 2010 – 23 C 927/09, juris Rn 36; MünchKomm/Grothe Rn 27; BGB-RGRK/Johanssen Rn 19; Erman/E Wagner Rn 19; Soergel/Fahse[13] Rn 52; Baumgärtel/Kessen, Beweislast [4. Aufl 2019] Rn 6). 83

In den Fällen einer **Notwehrprovokation** ist der Angreifer darlegungs- und beweispflichtig für die Tatsachen, aus denen sich eine Provokation ergibt (Baumgärtel/Kessen, Beweislast [4. Aufl 2019] Rn 3), weil er den Rechtfertigungsgrund des Provokateurs widerlegen möchte. Der Provokateur muss alle Tatsachen darlegen und beweisen, die seine Handlung als Notwehr erscheinen lassen. Dem provozierten Angreifer wird es allerdings selten gelingen, die innere Tatsache der Missbrauchsabsicht des Provokateurs schlüssig darzulegen und zu beweisen, weil er insofern auf Indizien angewiesen ist, die nur schwer zwingende Rückschlüsse zulassen werden, wenn die Situation äußerlich als Notwehr erscheint. Das Gericht wird eventuell mit einer Verschiebung der konkreten Beweisführungslast (dazu Baumgärtel/Laumen, Beweislast, Grundlagen [4. Aufl 2019] Kap 9 Rn 41 ff) reagieren können. Gelingt es dem provozierten Angreifer „nur" zu beweisen, dass er zum Angriff provoziert wurde, so liegt es ebenfalls an ihm darzulegen und zu beweisen, dass der Angegriffene die – dann eng gezogenen (oben Rn 70) – Grenzen der Notwehr überschritten hat. 84

VI. Rechtsvergleichung

Die europäischen Rechtsordnungen kennen alle den zivilrechtlichen Rechtfertigungsgrund der Notwehr, auch wenn er nicht überall ausdrücklich geregelt ist (vgl vBar, Gemeineuropäisches Deliktsrecht II § 5 II; zur Situation im Strafrecht der Nachbarländer vgl Jescheck/Weigend, AT § 32 VII; Wittemann, Grundlinien und Grenzen der Notwehr in Europa [1997]). 85

1. Das **österreichische** ABGB kennt keine Regelung der Notwehr. Lediglich § 19 S 2 ABGB macht denjenigen, der die Notwehrgrenzen überschreitet für sein Handeln verantwortlich, dh schadensersatzpflichtig. Aus dem strafrechtlichen Notwehrrecht und anknüpfend an § 19 S 2 ABGB haben Rechtsprechung und Lehre für das Zivilrecht eine Theorie der Notwehr entwickelt, die praktisch mit der deutschen übereinstimmt (vgl Rummel/Reischauer, Kommentar zum ABGB [4. Aufl 2015] § 19 ABGB Rn 2 ff). 86

2. Für das **schweizerische** Recht bestimmt Art 52 Abs 1 SchwOR, dass derjenige, der in berechtigter Notwehr einen Angriff abwehrt, den dabei entstehenden Schaden nicht zu ersetzen hat. Die inhaltliche Ausfüllung des Notwehrbegriffs steht in Parallele zur deutschen Begriffsbildung (vgl Guhl/Merz/Koller, Das Schweizerische Obligationenrecht [9. Aufl 2000] § 24 Rn 32). 87

88 3. Das **französische** Recht kennt keine zivilrechtliche Regelung der Notwehr. Vielmehr sind die Grundsätze der *défense légitime* im Zusammenhang mit der Schadensersatzvorschrift in Art 1382 Cc und der Notwehrregelung in Art 328 Code pénal, die durch Art 122–5 N Code pénal neu gefasst wurde, entwickelt worden. Im Unterschied zum deutschen Recht kann nach französischer Auffassung ein Angriff auch von einer Sache ausgehen, gegen die dann Notwehr geübt werden darf (FERID/SONNENBERGER, Das französische Zivilrecht 1, 1 [2. Aufl 1994] Rn 1 C 180).

89 4. Nach **englischem** Recht bedeutet *self-defence* oder *private defence* die Verteidigung gegen einen rechtswidrigen Angriff, der sowohl von Personen wie von Sachen oder Tieren ausgehen kann. Gegenüber rechtswidrigen Angriffen ist eine angemessene Verteidigung rechtmäßig, wobei sich die Angemessenheit aus der Verhältnismäßigkeit zwischen dem geschützten und dem verletzten Rechtsgut ergibt (ROGERS, Winfield and Jolowicz on Tort [18. Aufl 2010] Rn 25. 25 ff). Nicht anders liegt es im **US-amerikanischen** Recht, das die Notwehr durch den Verhältnismäßigkeitsgrundsatz begrenzt (WÖSSNER 193 ff). Angesichts der dortigen Verbreitung von Schusswaffen in privater Hand (1993 ca 220 Mio Stück, WÖSSNER 206) ist diese Beschränkung auch praktisch äußerst relevant. Allerdings ist eine Tendenz zur Zurückdrängung der Notwehrschranken zu beobachten (WÖSSNER 196 ff).

§ 228
Notstand

Wer eine fremde Sache beschädigt oder zerstört, um eine durch sie drohende Gefahr von sich oder einem anderen abzuwenden, handelt nicht widerrechtlich, wenn die Beschädigung oder die Zerstörung zur Abwendung der Gefahr erforderlich ist und der Schaden nicht außer Verhältnis zu der Gefahr steht. Hat der Handelnde die Gefahr verschuldet, so ist er zum Schadensersatz verpflichtet.

Materialien: TE-AllgT § 203 (SCHUBERT AT 2, 435–437); E I § 187; II § 192; III § 222; Mot I 348; Prot I 409 ff; Prot RJA, 159 ff; Prot II 1, 251 ff und 6, 212 ff; JAKOBS/SCHUBERT AT 2, 1146–1171.

Schrifttum

ALLGAIER, Zum Verhältnis und zur Abgrenzung von defensivem und aggressivem Notstand, VersR 1989, 788

CANARIS, Notstand und „Selbstaufopferung" im Straßenverkehr, zugleich ein Beitrag zur allgemeinen Problematik des Notstands im Zivilrecht, JZ 1963, 655

DIURNI, Notstand und Nothilfe. Eine dogmatische Untersuchung auf der Grundlage des deutschen und italienischen Zivilrechts (Diss Regensburg 1998)

ERB, Der rechtfertigende Notstand, JuS 2010, 17

HATZUNG, Dogmengeschichtliche Grundlagen und Entstehung des zivilrechtlichen Notstandes (1984)

HECK, Das Recht der großen Haverei (1889)

HECKER, Strafrecht AT: Notwehr und Notstand. Eindringen in eine Tierzuchtanlage zum

Zweck, Missstände zu dokumentieren, JuS 2018, 83

Henkel, Die Rechtsnatur des Notstandes (Diss Frankfurt 1927)

Hirsch, Defensiver Notstand gegenüber ohnehin Verlorenen, in: FS Küper (2007) 149

N Horn, Der Ersatzpflichtige im zivilrechtlichen Notstand, JZ 1960, 350

A Hueck, Notstand gegenüber einer mitgefährdeten Sache, JherJb 68 (1919) 205

Klingbeil, Die Not- und Selbsthilferechte. Eine dogmatische Rekonstruktion (2017)

Küper, Von Kant zu Hegel, Das Legitimationsproblem des rechtfertigenden Notstandes und die freiheitsphilosophischen Notrechtslehren, JZ 2005, 105

Kuhn, In welchem Verhältnis stehen die §§ 228 und 904 BGB zueinander? (Diss Freiburg 1903)

Pawlik, Der rechtfertigende Defensivnotstand, Jura 2002, 26

ders, Der rechtfertigende Defensivnotstand im System der Notrechte, GA 2003, 12

Seelmann, Das Verhältnis von § 34 StGB zu anderen Rechtfertigungsgründen (1978)

Thiel, Die Konkurrenz von Rechtfertigungsgründen (2000)

Titze, Die Notstandsrechte im Deutschen Bürgerlichen Gesetzbuche und ihre geschichtliche Entwicklung (Diss Berlin 1897)

vTuhr, Der Notstand im Civilrecht (1888)

Warda, Zur Konkurrenz von Rechtfertigungsgründen, in: FS Maurach (1972) 143

Weitz, Fragen aus dem bürgerlichrechtlichen Notstande (Diss Marburg 1935).

Systematische Übersicht

I.	**Notstandsfälle im BGB und ihr Verhältnis zu anderen Notstandsfällen**	
1.	Defensiver (§ 228) und aggressiver (§ 904) zivilrechtlicher Notstand	1
2.	Strafrechtlicher und zivilrechtlicher Notstand	3
a)	Die Regelung des § 34 StGB	3
b)	Rechtfertigende Wirkung im Zivilrecht	4
c)	Keine Auswirkung des entschuldigenden Notstands nach § 35 StGB	5
3.	Polizeilicher Notstand	6
4.	Jagdrecht	8
5.	Weitere Sonderfälle	9
II.	**Entstehungsgeschichte, Sinn und Zweck**	10
III.	**Der Tatbestand**	12
1.	Notstandslage	13
a)	Die drohende Gefahr	13
b)	Die Sache als Gefahrenquelle	16
aa)	Mittelbare Gefährdung	16
bb)	Tiere als Gefahrenquelle	21
cc)	Herrenlose Sachen	22
2.	Notstandshandlung	23
a)	Erforderlichkeit	24
b)	Verhältnismäßigkeit der Schadenszufügung	27
aa)	Die Bestimmung des Wertverhältnisses	27
bb)	Insbesondere bei Sachgütern	30
c)	Keine subjektiven Tatbestandselemente	32
IV.	**Die Rechtsfolgen**	
1.	Die Rechtfertigungswirkung	35
2.	Die Schadensersatzpflichten	38
a)	Gemäß § 228	38
b)	Haftung Dritter	43
c)	Notstandsüberschreitung und Putativnotstand	44
d)	Selbstaufopferung	46
V.	**Beweislast**	49
VI.	**Rechtsvergleichung**	
1.	Österreichisches Recht	50
2.	Schweizerisches Recht	51
3.	Französisches Recht	52
4.	Englisches Recht	53

Alphabetische Übersicht

Affektionsinteresse	31	Notstandsprovokation	36
Aggressiver Notstand	2	Notstandsüberschreitung	26, 44 f
Analoge Anwendung	4, 22, 44 f		
Ausländisches Recht	50 ff	Polizeilicher Notstand	6 f
		Putativnotstand	37, 44 f
Beweislast	49		
		Rechtfertigungswirkung	1 ff, 35 ff
Defensiver Notstand	1		
Drohende Gefahr	13 ff	Schadensersatzpflichten	38 f
		Selbstaufopferung	46 ff
Erforderlichkeit der Notstandshandlung	24 ff	Strafrechtlicher Notstand	3 ff
Erlaubnistatbestandsirrtum	37	Straßenverkehr	47
Fluchtmöglichkeit	25	Telegraphenkabelvertrag	48
Fremdheit der Sache	22	Tiere als Gefahrenquelle	21
Geschützte Rechtsgüter	13	Verbotene Eigenmacht	35
		Verbotsirrtum	37
Herrenlose Sachen	22	Verhältnismäßigkeit der Schadenszufügung	27 ff
Jagdschutzvorschriften	8	Verjährung	41
		Verschuldeter Notstand	38 ff
Kausalzusammenhang	17 ff	Verteidigungswille	32 ff
Konkurrenzen	3, 8 f		
		Wertverhältnis	27 ff
Luftsicherheit	7		
Mittelbare Kausalität	18		

I. Notstandsfälle im BGB und ihr Verhältnis zu anderen Notstandsfällen

1. Defensiver (§ 228) und aggressiver (§ 904) zivilrechtlicher Notstand

1 Notstand ist ein Zustand gegenwärtiger oder drohender Gefahr für ein individuelles, rechtlich geschütztes Interesse, dessen Abwendung nur auf Kosten fremder Interessen möglich ist. Eingriffe in fremde Sachen hält das Gesetz im Notstand für gerechtfertigt. Sie werden durch einen Schadensersatzanspruch ausgeglichen. Insofern stimmen §§ 228 und 904 BGB überein, im Einzelnen bestehen aber erhebliche Unterschiede. § 228 regelt den *defensiven Notstand,* bei dem die Gefahr durch eine fremde Sache (bzw ein Tier) droht, die sodann zur Beseitigung des Notstandes beschädigt oder sogar zerstört wird (im Einzelnen unten Rn 12 ff).

2 Beim *aggressiven Notstand* nach § 904 BGB wird hingegen auf eine fremde Sache zur Abwendung einer Gefahr eingewirkt, die nicht von dieser Sache ausgeht. Es geht dort also um eine Inanspruchnahme fremden, unbeteiligten Eigentums im Interesse der Abwehr einer Gefahr. Diese Gefahr muss nach § 904 BGB gegenwärtig sein. In

§ 228 BGB hingegen ist nur die Rede von einer drohenden Gefahr (Rn 13). Der aggressive Notstand rechtfertigt den Zugriff auf fremde Sachen, wenn der drohende Schaden unverhältnismäßig groß wäre; demgegenüber setzt § 228 BGB lediglich voraus, dass der durch die Notstandshandlung angerichtete Schaden nicht außer Verhältnis zu der drohenden Gefahr steht (Rn 27 ff). Die unterschiedlichen Maßstäbe für die Güterabwägung folgen aus dem unterschiedlichen Verhältnis zwischen dem Einwirkungsobjekt und der Gefahrenquelle. Objekt und Gefahrenquelle sind im defensiven Notstand identisch, im aggressiven Notstand hingegen verschieden. Schließlich ist im Falle des § 904 S 2 BGB ohne Verschulden Schadensersatz zu leisten, gem § 228 S 2 BGB dagegen nur bei vom Handelnden verschuldetem Notstand (Rn 38 ff). Dabei wird in § 228 S 2 BGB der Ersatzpflichtige genau bezeichnet, in § 904 S 2 BGB ist dies nicht der Fall (Einzelheiten zu § 904 vgl bei STAUDINGER/ALTHAMMER [2016] § 904 Rn 1 ff).

2. Strafrechtlicher und zivilrechtlicher Notstand

a) Das Reichsstrafgesetzbuch von 1871 BGB kannte nur einen entschuldigenden 3 Notstand, ähnlich wie er heute in § 35 StGB geregelt ist (vgl §§ 52, 54 RStGB). Der rechtfertigende Notstand wurde dann zunächst vor allem in §§ 228, 904 BGB anerkannt. Für eine Übertragung auf das Strafrecht erschienen die Vorschriften aber zu eng, weil es nur um die Abwehr von Sachgefahren (§ 228 BGB) und die Einwirkung auf die Sachen Unbeteiligter (§ 904 BGB) ging. So entwickelte sich im Strafrecht zu Fällen medizinisch indizierter Abtreibungen eine Lehre vom übergesetzlichen rechtfertigenden Notstand, die über den Anwendungsbereich des zivilrechtlichen Rechtfertigungsgrundes hinausreichte (erstmals anerkannt in RG 11. 3. 1927 – I 105/26, RGSt 61, 242, 254 und RG 21. 2. 1928 – I 888/27, RGSt 62, 35, 46 f; RG 20. 4. 1928 – I 160/28, RGSt 62, 137 f; MünchKomm/ERB § 34 StGB Rn 10). Ohne sachliche Änderung wurde der übergesetzliche rechtfertigende Notstand 1975 als § 34 ins StGB eingefügt:

§ 34 StGB

Rechtfertigender Notstand

Wer in einer gegenwärtigen, nicht anders abwendbaren Gefahr für Leben, Leib, Freiheit, Ehre, Eigentum oder ein anderes Rechtsgut eine Tat begeht, um die Gefahr von sich oder einem anderen abzuwenden, handelt nicht rechtswidrig, wenn bei Abwägung der widerstreitenden Interessen, namentlich der betroffenen Rechtsgüter und des Grades der ihnen drohenden Gefahren, das geschützte Interesse das beeinträchtigte überwiegt. Dies gilt jedoch nur, soweit die Tat ein angemessenes Mittel ist, die Gefahr abzuwenden.

Der Tatbestand des § 34 StGB weist also weit über den zivilrechtlichen Notstand hinaus, weil er insbesondere auch die Verletzung nicht materieller Rechtsgüter gestattet. Soweit ein Sachverhalt, zB eine Sachbeschädigung nach § 303 StGB, unter § 228 BGB fällt, tritt § 34 StGB zurück. Die §§ 228, 904 BGB sind gegenüber dem strafrechtlichen rechtfertigenden Notstand als engere Normen zugleich *leges speciales* (vgl MünchKomm/GROTHE Rn 2; MünchKomm/ERB § 34 StGB Rn 14 mwNw aus der strafrechtlichen Literatur; HIRSCH 154; SEELMANN 37 ff; WARDA 160 ff; zu anderen Auffassungen SEELMANN 9 ff).

4 b) Hilfsweise führt nach hM auch das Vorliegen eines *rechtfertigenden* strafrechtlichen Notstandes gem § 34 StGB zugleich zu einer zivilrechtlichen Rechtfertigung mit der Folge, dass zB keine verbotene Eigenmacht vorliegt. Das war auch schon früher für den jetzt in § 34 StGB aufgegangenen sogenannten übergesetzlichen rechtfertigenden Notstand des Strafrechts anerkannt (vgl OLG Freiburg 26. 10. 1950 – 2 U 3/50, JZ 1951, 226). Für die Rechtfertigung nach § 16 OWiG gelten dieselben Grundsätze (vgl hierzu MünchKomm/Grothe Rn 2). Die Interessen von demjenigen, dessen Rechtsgüter durch die Notstandshandlung betroffen sind, darf die Privatrechtsordnung aber nicht ignorieren. Es erscheint angemessen, die Regelungslücke in entsprechender Anwendung der Schadensersatzregeln der §§ 228 S 2 und 904 S 2 BGB zu schließen (Canaris JZ 1963, 655, 658; Soergel/Fahse[13] Rn 9; MünchKomm/Grothe Rn 2). Nach **aA** findet allein § 904 S 2 BGB entsprechende Anwendung (Erman/E Wagner Rn 9; Staudinger/Althammer [2016] § 904 Rn 48; Staudinger/Werner [2001] Rn 3; Enneccerus/Nipperdey [1960] § 241 V; Hübner, AT § 27 II 2 Rn 568). Wenn aber der Geschädigte an der Entstehung des Notstandes beteiligt war, ist nicht erkennbar, weshalb die gesetzliche Wertung des § 228 S 2 BGB, nur bei vom Opfer verschuldeter Gefahr eine Schadensersatzpflicht zu begründen, nicht auf diesen Fall übertragbar sein sollte. Der Handelnde ist also nur im Verschuldensfall zum Schadensersatz verpflichtet, was im Übrigen dem Grundprinzip des Haftungsrechts im BGB vollkommen entspricht. Der Aufopferungsgedanke, der § 904 S 2 BGB trägt, erscheint demgegenüber als eine Ausnahme, die nur zum Zuge kommt, wenn § 228 BGB nicht greift.

5 c) Der strafrechtliche *entschuldigende Notstand* nach § 35 StGB bewirkt keine zivilrechtliche Rechtfertigung. Die Schuld im strafrechtlichen Sinne kann sich von dem nach objektiven Gesichtspunkten zu beurteilenden zivilrechtlichen Verschulden unterscheiden (MünchKomm/Grothe Rn 4; Enneccerus/Nipperdey [1960] § 241 IV). Dasselbe gilt auch für einen *übergesetzlichen* entschuldigenden Notstand, sofern er überhaupt wie zB vom OLG Hamm (28. 10. 1975 – 5 Ss 210/75, NJW 1976, 721 f) für das Strafrecht als ultima ratio zur Behebung einer Not- und Gefahrensituation anerkannt worden ist (vgl zu den Einzelheiten Roxin, Strafrecht AT [4. Aufl 2006] § 22 Rn 1–65 und 146–156).

3. Polizeilicher Notstand

6 Der sog polizeiliche Notstand ist kein Notstand iS von § 228 BGB. Vielmehr bezeichnet der Begriff die gerechtfertigte *Heranziehung eines Nichtstörers* zur Gefahrenabwehr und ist insofern eher dem aggressiven Notstand nach § 904 BGB vergleichbar. Es geht hier regelmäßig nicht um die Heranziehung einer fremden Sache, von der eine Gefahr ausgeht. Das setzt § 228 BGB allerdings voraus („durch sie drohende Gefahr"). Die Rechtsgrundlage für solches hoheitliches Handeln ergibt sich ausschließlich aus dem bundes- und landesrechtlichen Ordnungsrecht (vgl Knemeyer, Polizei- und Ordnungsrecht [11. Aufl 2007] Rn 347 ff; Drews/Wacke/Vogel/Martens, Gefahrenabwehr, Allgemeines Polizeirecht [Ordnungsrecht] des Bundes und der Länder [9. Aufl 1986] § 22; Wolff/Bachof/Stober, Verwaltungsrecht III [4. Aufl 1978] § 127 II a; Überblick bei Schoch Jura 2007, 676 ff). Der Betroffene hat nach den für das öffentliche Recht maßgeblichen Vorschriften einen Entschädigungsanspruch, evtl auf der Grundlage eines enteignungsgleichen Eingriffs (Schoch/Schoch, Besonderes Verwaltungsrecht [15. Aufl 2013] II 255; Knemeyer Rn 348; Gusy, Polizeirecht [10. Aufl 2017] Rn 470).

Die Frage nach der **Reichweite zivil- (und straf-)rechtlicher Rechtfertigungsgründe** 7
stellte sich aktuell in der Diskussion über das Luftsicherheitsgesetz (BGBl I 2005, 78).
Der Gesetzgeber hatte das Szenario der Anschläge vom 11. September 2001 im
Blick. Nach dem vom BVerfG (15. 2. 2006 – 2 PBvU 1/11, BVerfGE 115, 118, 119, Luftsicherheitsgesetz, umfassende Kritik bei ISENSEE, in: FS Jakobs [2007] 205 ff) verworfenen § 14 Abs 3
LuftSiG sollte die Anwendung von Waffengewalt zulässig sein, wenn davon auszugehen sei, dass das Flugzeug gegen das Leben von Menschen eingesetzt werden solle
und kein anderes Mittel zur Abwehr der gegenwärtigen Gefahr bestehe (mit Recht
weist HIRSCH, in: FS Küper [2007] 149, 150, darauf hin, dass die Gefahr auch ohne Angreifer im
Flugzeug eintreten kann, wie Vorkommnisse in Griechenland [2005] und Japan [1985] lehren).
Objektiv liegt in einem solchen Fall eine Notlage vor, die anders ist als im seit
Jahrhunderten diskutierten Streit um das „Brett des Karneades" (dazu AICHELE Jahrbuch für Recht und Ethik 11 [2003] 245 ff; OTTO Jura 2005, 470, 475), da ein Eingriff von außen
zur Debatte steht und von den Menschen am Boden für diejenigen im Flugzeug auch
keine Gefahr ausgeht. Wo Leben gegen Leben steht, im „Patt der Rechtsgüter"
(ISENSEE, in: FS Jakobs [2007] 205, 210), ist die Lösung nicht zu finden, indem man sich
wie das BVerfG (15. 2. 2006 – 2 PBvU 1/11, BVerfGE 115, 118, Ziff 118 ff, 124) auf den
absoluten Schutz der Menschenwürde zurückzieht und die Augen davor verschließt,
dass nunmehr gleiche individuelle Rechtspositionen in einem Verhältnis stehen –
also relativ sind (vgl auch WITTRECK, Menschenwürde als Foltererlaubnis? – Zum Dogma der
ausnahmslosen Unabwägbarkeit des Art 1 Abs 1 GG, in: GEHL [Hrsg], Folter – Zulässiges Instrument im Strafrecht? [2005] 37, 49 ff; ISENSEE, Handbuch der Grundrechte, Bd 4 § 87 Rn 107; ders
ZfL 2009, 114, 117 f; zum Problem des Zahlenverhältnisses vgl HIRSCH 159). Die Konfliktlage
erfüllt zwar die Voraussetzungen eines rechtfertigenden Notstands (für das Strafrecht
vgl HIRSCH, in: FS Küper [2007] 149, 154–165; ROGALL NStZ 2008, 1, 4; SPENDEL Recht und Politik
2006, 131; **aA** PAWLIK JZ 2004, 1045, 1049 f), aber die Rechtfertigung entfaltet nur für das
Strafrecht bzw das Zivilrecht Wirkung. Die öffentliche Gewalt ist dem Prinzip der
Gesetzmäßigkeit unterworfen und hat aufgrund der Grundrechtsbindung andere
Handlungsmöglichkeiten als der Private. Einerseits ist staatliches Handeln an den
Verhältnismäßigkeitsgrundsatz gebunden; gerade im Hinblick auf den Verhältnismäßigkeitsgrundsatz ergeben sich übrigens vor dem Hintergrund der historischen
Erfahrung erhebliche Bedenken gegen die Zulassung polizeilicher Folter (vgl FALK,
Rechtsstaatliche Folter? Rechtshistorische Anmerkungen zu einer tickenden Bombe, in: ANDERS u
GILCHER-HOLTEY [Hrsg], Herausforderungen des staatlichen Gewaltmonopols [2006] 90–111
mwNw zu pro und contra; differenziert ISENSEE, Handbuch der Grundrechte Bd 4 § 87 Rn 144 f,
der in den äußersten Fällen der Gefahrenabwehr die „Rettungsfolter" ähnlich wie die Beugehaft
oder den „Rettungsschuss" für legitimierbar hält, aber auf die sozialethische Tabuisierung der Folter
aufmerksam macht; anders ist es bei der Folter im Zusammenhang mit der Strafverfolgung. Sie ist
schon ganz offensichtlich niemals durch Nothilfe gerechtfertigt, weil keine Notlage in diesem Sinne
vorliegt. Sie verstieße bereits gegen Art 2 Abs 1 GG, vgl ENDERS, Handbuch der Grundrechte Bd 4
§ 89 Rn 65), andererseits beschränken sich die polizeilichen Befugnisse standardmäßig
nicht auf gegenwärtige Angriffe (zum Ganzen: KIRCHHOF NJW 1978, 969 ff). Zwar ging
es in § 14 Abs 3 LuftSiG nicht um eine Standardmaßnahme, sondern allein um
die Abwehr eines gegenwärtigen Angriffs, aber die kategorische Trennung polizeilicher Befugnisse von privaten Rechten wird damit nicht aufgehoben. Weder § 34
StGB noch die zivilrechtlichen Rechtfertigungsgründe sind Ermächtigungsgrundlage
für irgendeine Form polizeilichen Handelns (JAKOBS, Strafrecht, AT 1 [2. Aufl 1993] 400;
SCHMIDT-JORTZIG, in: FS Rees [2005] 1569, 1574 f; ISENSEE, in: FS Jakobs [2007] 205, 231; PEWESTORF JA 2009, 43, 48; vgl auch oben Rn 6; einschränkend auf die Fälle spezieller gesetzlicher

Regelungen Hirsch 165, 170 f). Es bleibt allerdings festzustellen, dass sowohl die zivil- und strafrechtlichen Rechtfertigungsgründe als Ausdruck eines allgemeineren, übergesetzlichen Notrechts verstanden werden können, das auch für den Staat und damit auch für die Polizisten Geltung hat (vgl BVerfG 16. 10. 1977, Schleyer – 1 BvQ 5/77, BVerfGE 46, 160, 164 f; 25. 3. 1992, Fangschaltung – 1 BvR 1430/88, BVerfGE 85, 386, 400 ff; BVerwG 18. 10. 1990 – 5 C 51/86, BVerfGE 87, 34, 46; Stern, Staatsrecht II [1980] § 52 V 2 b, S 1329 ff; Isensee, in: FS Leisner [1999] 359/384 ff; in dieser Richtung auch Roxin, Strafrecht AT [4. Aufl 2006] § 22 F Rn 152; Erb NStZ 2005, 593 ff nennt die Notwehr – und damit auch die Nothilfe – sogar ein naturrechtlich begründetes Menschenrecht). In einer *Notwehr*lage kann daher das Handeln staatlicher Einsatzkräfte zivil- und strafrechtlich gerechtfertigt sein, auch wenn es nicht vom Polizeirecht gedeckt sein mag (vgl oben § 227 Rn 43). – Hinsichtlich der Zerstörung des Flugzeugs selbst bei einer Abwehr – zugegebenerweise im Hinblick auf die im Szenario bedrohten Menschenleben eine Nebensache – liegt ein Defensivnotstand vor, da von dem Flugzeug für die Personen am Boden eine Lebensgefahr ausgeht (so auch Rogall NStZ 2008, 1, 2).

4. Jagdrecht

8 Die Jagdschutzvorschriften gegenüber Wilderern und Raubwild in den §§ 23, 25 BJagdG sind *Spezialvorschriften* im Verhältnis zu § 228 BGB (vgl RG 31. 8. 1937 – III 52/37, RGZ 155, 338 – Tötung eines wildernden Hundes, § 40 RJagdG). Aufgrund einer abweichenden gesetzgeberischen Entscheidung im Jagdrecht, die durch die Anwendung von § 228 BGB unterlaufen würde, erscheint § 26 BJagdG als *lex specialis*. Das gilt jedoch nur, soweit es um die Verhütung von Wildschäden geht. Soll hingegen nicht ein Wildschaden abgewandt werden, sondern eine Gefahr für Leib und Leben eines Menschen, bleibt es bei den Rechten aus § 228 BGB (Warda, in: FS Maurach [1972] 164 f; ebenfalls iS einer Spezialität des Jagdrechts MünchKomm/Grothe Rn 5; **aA** noch zum früheren Recht OLG München 18. 11. 1937, Recht 1938 Nr 4650).

5. Weitere Sonderfälle

9 Gelegentlich statuiert der Gesetzgeber *Sonderfälle* eines rechtfertigenden Notstandes, so enthält zB § 39 Abs 4 Nr 4 PostG ein Recht zur Vernichtung gefährlicher Gegenstände.

II. Entstehungsgeschichte, Sinn und Zweck

10 Anders als das Notwehrrecht hat der defensive Notstand (zum Begriff oben Rn 1) nur den Schutz der individuellen Rechtsgüter zum Ziel. Hier geht es nicht wie bei der Notwehr zugleich um eine Substitution der staatlichen Funktion, die Rechtsordnung zu bewahren, sondern allein um einen wirksamen Schutz der Zuweisung einer Verhaltensberechtigung, also eines subjektiven Rechts (vgl § 227 Rn 5), vor Gefährdungen durch Sachen und insbesondere auch Tiere. Letzteres stand für den Redaktor des Teilentwurfs des BGB noch in der Tradition von ALR I 9 § 155 und § 182 SächsBGB ganz klar im Vordergrund (Gebhard, Begründung TE-AllgT, 11 [Schubert AT 2, 435]). Für einen defensiven Sachnotstand wie im gemeinen Recht und in § 183 SächsBGB sah er hingegen kein praktisches Bedürfnis (Gebhard, Begründung TE-AllgT, 13 [Schubert AT 2, 437]), obgleich die Vorschrift – im Unterschied zu § 904 BGB (vgl insofern Staudinger/Althammer [2016] Rn 10) langer Tradition entsprach. Schon die erste

Kommission hatte eine Erweiterung hinsichtlich der Abwehr von Gefahren durch fremde Sachen beschlossen (Prot I 409 [Jakobs/Schubert AT 2, 1154]). Die Güterabwägung wurde schließlich in der zweiten Kommission ins Gesetz aufgenommen (Prot II 1, 240, 241 [Antrag Struckmann], 251 ff [Antrag Jacubezky]). Dort wurde auch die Widerrechtlichkeit der Notstandshandlung, die noch § 187 E I vorsah, nach einem entsprechenden Vorbeschluss der Vorkommission im Reichsjustizamt verneint (Prot RJA 161).

Würde § 228 BGB fehlen, wäre die Abwehr einer Gefahr für die eigenen Rechts- 11 güter, die von dem Eingriffsobjekt selbst ausgeht, regelmäßig eine unerlaubte Handlung. Das erscheint jedoch insbesondere dann unangemessen, wenn den Handelnden an der Gefahr kein Verschulden trifft. Die Rechtfertigung gilt aber auch sonst. Wertungsmäßig entscheidend ist, dass die Gefahr von der in Anspruch genommenen Sache ausgeht. Die Güterabwägung kann daher bereits dann zu einer Rechtfertigung führen, wenn der Wert der geschützten Sache geringer ist als der Wert der zerstörten oder beschädigten Sache (Einzelheiten unten Rn 30). Erst aus dem Vergleich des gefährdeten Rechtsguts mit dem in Anspruch genommenen Rechtsgut ergibt sich die Legitimation dieses Notrechts (zum philosophischen Hintergrund der Sicherung von Freiheit Küper 105 ff, 114 f).

III. Der Tatbestand

Der Tatbestand von § 228 BGB setzt eine *Notstandslage,* dh eine von einer Sache 12 ausgehende, drohende Gefahr für ein Rechtsgut voraus, die dann zu einer Notstandshandlung berechtigt.

1. Notstandslage

a) Die drohende Gefahr

§ 228 S 1 BGB setzt eine Gefahr für ein *beliebiges individuelles Rechtsgut* voraus. Die 13 Gefahr kann sowohl hinsichtlich der Minderung vorhandener Werte als auch des Verlustes von künftigem Gewinn hervortreten. Dabei braucht die Gefahr im Unterschied zur Notwehrlage noch nicht gegenwärtig zu sein. Es genügt vielmehr, wenn eine Schädigung des bedrohten Gutes tatsächlich **sehr wahrscheinlich** ist; die bloß unbestimmte Möglichkeit eines künftigen Schadenseintritts reicht hingegen nicht aus (BGB-RGRK/Johannsen Rn 10; Soergel/Fahse[13] Rn 12; MünchKomm/Grothe Rn 7; Zieschang GA 2006, 1, 2; enger Staudinger/Werner [2001] Rn 7, der eine unmittelbar bevorstehende Schädigung verlangt). Andererseits muss nicht abgewartet werden, ob ein Schaden eintritt, weil gerade das durch § 228 BGB verhindert werden soll. So darf zB eine Abwehrmaßnahme gegen einen wildernden Hund auch dann getroffen werden, wenn er nicht gerade ein Wild verfolgt. Ebenso besteht für den Besitzer von Mangelware bereits eine drohende Gefahr, wenn sich eine plünderungswillige Menge zusammenrottet (OGH 15. 2. 1950 – II ZS 69/49, OGHBrZ 4, 99, 102; zu diesem Fall vgl auch Rn 18). Die Entfernung von Metallpflöcken, die jemand auf einem gemeinsam mit Nachbarn genutzten Weg auf der Grundstücksgrenze aufgestellt hat, ist jedoch ein Fall (unzulässiger) Selbsthilfe. Es liegt nämlich mangels drohender Gefahr keine Notstandslage vor (AG Viersen 26. 9. 2012 – 33 C 231/11 Rn 31). Es genügt also nicht allein ein rechtswidriger Zustand, um eine Notstandslage zu begründen. Zwar hat sich in dem Beispielsfall eine Gefahr für ein Rechtsgut bereits realisiert, aber für die

Notstandslage ist es erforderlich, dass im Falle des Nichteingreifens eine neue Rechtsgutverletzung eintreten bzw eine bereits realisierte verschlimmert würde, die nun durch die Notstandsmaßnahme abgewendet werden soll. Die bloße zeitliche Verlängerung eines rechtswidrigen Zustands erfüllt diese Voraussetzung jedoch nicht. Hier „droht" keine Gefahr. Denn der Gesetzgeber möchte mit diesem Tatbestandsmerkmal ausdrücken, dass eine das betroffene Rechtsgut schädigende *Veränderung* sehr wahrscheinlich bevorsteht. Allerdings kann es einen gefährlichen Zustand geben, der als drohende Gefahr aufzufassen ist (vgl unten Rn 16).

14 Bei Maßnahmen gegen eine drohende Gefahr ergibt sich gegenüber der Abwehr gegenwärtiger Gefahren iS des § 904 BGB oder eines gegenwärtigen Angriffs iS des § 227 BGB insoweit ein Unterschied, als die Abwehr noch nicht gegenwärtiger, drohender Gefahren meist mit einfacheren Mitteln zu bewerkstelligen ist.

15 Wem das bedrohte Rechtsgut zusteht, ist irrelevant. Wie bei der Notwehr kommt das Notstandsrecht jedem zu (MünchKomm/Grothe Rn 6; BGB-RGRK/Johannsen Rn 11). Es ist also auch **Nothilfe** zugunsten anderer möglich (zB durch die Feuerwehr, vgl auch BayObLG 25. 2. 2002 – 1 Z RR 331/99, BayObLGZ 35–46).

Die Zulässigkeit der Nothilfe bedeutet jedoch nicht, dass sie sich gegen den erkennbaren Willen des Inhabers der individuellen Rechtsposition richten dürfte, da es erlaubt ist, eigene Rechte aufzugeben. Darüber hinaus ist zu betonen, dass die Gefährdung von – unter Umständen auch rechtlich geschützten – Allgemeininteressen ebenso wenig eine Notstandslage wie eine Notwehrlage zu begründen vermag. Eine Gefährdung von Tieren oder der Umwelt begründet für den jeweiligen Eigentümer derselben eine Notstands- oder auch Notwehrlage (vgl oben § 227 Rn 44a), berechtigt jedoch nicht Dritte zum Eingriff in das Eigentumsrecht. Die vom OLG Naumburg (22. 2. 2018 – 2 Rv 157/17, NJW 2018, 2064, 2065 Rn 13; zust Hecker JuS 2018, 83, 84; abl Scheuerl/Glock NStZ 2018, 448, 449) angenommene Rechtfertigung (durch § 34 StGB) im Tierschutzfall, wo Tierschützer einen Hausfriedensbruch begangen haben, um Verstöße gegen Tierschutzvorschriften zu dokumentieren, war daher verfehlt.

b) Die Sache als Gefahrenquelle

16 aa) Die Gefahr muss gem § 228 S 1 BGB **durch die Sache** drohen, welche bei Vornahme der Notstandshandlung beschädigt oder zerstört wird. Zur Gefahrerzeugung muss die Sache nicht etwa bewegt werden; es genügt auch ihr *gefährlicher Zustand* (Erman/E Wagner Rn 4). So kann eine Sache allein durch ihre Lage oder Beschaffenheit schon gefahrdrohend wirken, wie etwa gefährliche Stoffe. Droht ein Baum auf ein Haus zu stürzen, so stellt er eine drohende Gefahr dar. Anderes gilt aber, wenn eine Sache *als Werkzeug* für einen Angriff auf die Rechtsgüter des Betroffenen verwendet wird, zB ein Gewehr zum Schießen. Hier besteht eine Notwehrlage iS von § 227 BGB, keine Notstandssituation hinsichtlich des Gewehrs, auch wenn der Angriff dadurch abgewehrt werden darf, dass das Gewehr unbrauchbar gemacht wird (BGB-RGRK/Johannsen Rn 8; Soergel/Fahse[13] Rn 14; vgl § 227 Rn 15 sowie unten Rn 20).

17 Fraglich ist, ob zwischen der beschädigten Sache und der Gefahr ein *unmittelbarer Zusammenhang* bestehen muss oder ob mittelbare Kausalität genügt. Insbesondere die ältere Rechtsprechung verlangte unmittelbare Kausalität (RG 8. 5. 1909 – V 321/08,

RGZ 71, 240; 29. 4. 1916 – I 24/16, RGZ 88, 211, 214; ebenso auch mit Recht MünchKomm/Grothe Rn 8; Palandt/Ellenberger Rn 6). Wenn die beschädigte Sache nur bei Zwischenschaltung weiterer Kausalelemente als Gefahrenquelle wirke, so könne nur eine Rechtfertigung gem § 904 BGB in Betracht kommen, so heißt es.

Nach neuerer Auffassung genügt eine *mittelbar* von der beschädigten Sache ausgehende Kausalität (Soergel/Fahse[13] Rn 13; Jauernig/Mansel Rn 2; Allgaier VersR 1989, 788–790; vgl auch Schreiber Jura 1997, 29, 31), wenn also die Sache nur das Medium bildet, das die Gefahr weiterleitet. Der Unterschied wird deutlich in dem bereits erwähnten Fall (Rn 13), dass bei Kriegsende eine Menschenmenge ein Tabaklager zu plündern drohte. Der Besitzer gab den Tabak preis, um Gewalttätigkeiten zu vermeiden. Die Gefahr ging hier nicht vom insoweit ungefährlichen Tabak aus, sondern von den Plünderern (Wolf/Neuner, AT § 21 Rn 70; MünchKomm/Grothe Rn 8; aA OGH 15. 2. 1950 – II ZS 69/49, OGHBrZ 4, 99, 104; Ballerstedt JZ 1951, 227 f; Staudinger/Werner [2001] Rn 10). Verlangt man einen unmittelbaren Kausalzusammenhang, so kommt in dem Plünderungsfall nur ein Notstand nach § 904 BGB mit der verschuldensunabhängigen Schadensersatzpflicht in Betracht. Das dürfte auch richtig sein. Der Wertungsunterschied zwischen § 228 BGB und § 904 BGB beruht schließlich gerade darauf, dass im ersten Fall die Gefahr von der beschädigten Sache selbst ausgegangen ist. Immerhin kann man allerdings sagen, dass im Plünderungsfall der an sich ungefährliche Tabak Objekt der Begierde der Plünderer geworden ist. Dennoch erscheint es passender, den Fall über § 904 BGB zu lösen. **18**

Der Ursachenzusammenhang zwischen Eingriffsobjekt und Gefahr muss also eng ausgelegt werden (MünchKomm/Grothe Rn 8; Wolf/Neuner, AT § 21 Rn 63; im Ergebnis auch Erman/E Wagner Rn 4, der allerdings nach typischen und untypischen Sachgefahren differenzieren möchte). Zwischen der Gefahr und der beschädigten Sache muss ein *unmittelbarer* Kausalzusammenhang bestehen. So lag es auch in RG 14. 2. 1934 – I 191/33, RGZ 143, 382, 387: Ein mit Schmieröl beladenes Tankschiff geriet in Brand. Der Brand wurde mit Chemikalien gelöscht, die das gebunkerte Öl unbrauchbar machten. Von dem feuergefährlichen Schmieröl drohte bereits eine unmittelbare Gefahr, als das Schiff in Brand geriet, obgleich das Öl selbst noch nicht brannte (so mit Recht MünchKomm/Grothe Rn 8; BGB-RGRK/Johannsen Rn 6, 9; Palandt/Ellenberger Rn 6; Erman/E Wagner Rn 4; **aA** Staudinger/Werner [2001] Rn 10). Die Gefahr braucht nach § 228 BGB nicht gegenwärtig zu sein. Ob die Abwehr einer künftigen Gefahr durch eine Sache gerechtfertigt ist, ist dann vor allem eine Frage der Erforderlichkeit der Notstandshandlung. Auch der Fall in RG 29. 4. 1916 – I 24/16, RGZ 88, 211, 214 f ist bei richtiger Beurteilung kein Fall mittelbarer Kausalität: Das Schiff, das vom Sturm getrieben, auf ein anderes Schiff zusteuert und dieses zu zerstören droht, ist selbst eine Gefahr. Völlig anerkannt ist der Schulfall des den Berg herabrollenden führerlosen Kraftwagens (vgl Larenz, AT § 15 II, S 276; Wolf/Neuner, AT § 21 Rn 43). Auch hier geht die Gefahr nicht etwa von der Erdanziehungskraft, sondern von dem in Bewegung befindlichen Automobil aus. Warum aber sollte dann im Schiffsfall der Sturm und nicht das Schiff die kausale Gefahr sein? **19**

Maßgeblich für die Beurteilung der Streitfrage ist letztlich die Interessenbewertung, die in der gesetzlichen Konstruktion der §§ 228, 904 BGB zum Ausdruck kommt. Geht die Gefahr von der in Anspruch genommenen Sache selbst aus, so liegt ein Fall des § 228 BGB vor. Die Kategorien mittelbarer oder unmittelbarer Kausalität sind zur **20**

Entscheidung wenig geeignet. Irrelevant ist für die Wertung des § 228 BGB, ob hinter der gefahrbringenden Sache noch andere Ursachen stecken. Relevant ist insoweit nur, ob die Sache gleichsam selbst angreift oder ob sie als Werkzeug eines Angreifers benutzt wird (dann Notwehr). Das ist im Einzelfall sorgfältig zu prüfen. Der bissige Hund, der von seinem Besitzer auf den Passanten gehetzt wird, ist Werkzeug („Waffe") in einer Notwehrlage. Der bissige Hund, der sich losreißt und den Passanten aus eigenem Antrieb beißt, ist gefährliche Sache iS des § 228 BGB (vgl Bork, AT [4. Aufl 2016] Rn 372 – s a Rn 15 aE). Von einer gefälschten Urkunde geht eine Gefahr aus, sobald sie im Rechtsverkehr verwendet wird (Fischer GewArch 2014, 154, 157).

21 **bb)** Als Gefahrenquelle kommen gem § 90a S 3 BGB auch **Tiere** in Frage (vgl auch RG 8. 6. 1925 – IV 586/24, JW 1926, 1145; Erman/E Wagner Rn 4). Der Gesetzgeber hatte sogar vor allem die Gefahren, die von Tieren ausgehen können, bei der Regelung des defensiven Notstands vor Augen. Wenn sich zB zwei Tiere bei einer Beißerei gegenseitig gefährden, ist jeder der Eigentümer zu Handlungen gegenüber dem anderen Tier berechtigt. Wegen seiner selbstständigen Reaktionsfähigkeit kann ein Tier eine selbstständige Gefahrenquelle sogar dann darstellen, wenn es von einem Menschen als Werkzeug benutzt werden kann (BGB-RGRK/Johannsen Rn 8).

22 **cc)** Die im Notstand beschädigte Sache muss **fremd** sein, dh im Eigentum eines anderen als des Handelnden stehen. Auf *herrenlose Sachen* bezieht sich der Wortlaut des § 228 S 1 BGB nicht. Jedoch ist die analoge Anwendung der Vorschrift geboten, wenn ein fremdes Aneignungsrecht besteht wie im Jagd- und Fischereirecht (Enneccerus/Nipperdey [1960] § 241 Fn 7). Das gilt vor allem, wenn die Gefahr von herrenlosen Tieren ausgeht (Erman/E Wagner Rn 4; Soergel/Fahse[13] Rn 15; iE auch KG 2. 8. 1935 – 1 Ss 280/35, JW 1935, 2982, das dem „langjährigen treuen Jagdgefährten" in Gestalt des Jagdhundes einen im Vergleich zum herrenlosen Tier überragenden Wert zumaß; zum Jagdschutz vgl auch die oben Rn 8 erwähnten besonderen Tatbestände). In den übrigen Fällen bedarf die Einwirkung auf herrenlose Sachen keiner Rechtfertigung, weil sie tatbestandslos ist.

2. Notstandshandlung

23 Die Notstandshandlung besteht gem § 228 S 1 BGB im **Beschädigen oder Zerstören** der fremden Sache, von welcher die Gefahr droht. Die Notstandshandlung muss erforderlich und verhältnismäßig sein, um gerechtfertigt zu sein.

a) Erforderlichkeit

24 Die Notstandshandlung muss zur Abwendung der Gefahr objektiv – nicht nach Ansicht des Handelnden – *erforderlich* sein (RG 13. 11. 1935 – V 99/35, RGZ 149, 205, 206). Das ist der Fall, wenn die Maßnahme geeignet ist, die Gefährdung des Rechtsguts abzuwenden und kein weniger schädliches Mittel zur Verfügung steht. Die tatsächlich vorgenommene Sachverletzung muss zwar nicht der einzig mögliche Weg zur Gefahrabwendung sein, aber es sind nach der Rechtsprechung strenge Maßstäbe für die Bestimmung der Erforderlichkeit geboten (OLG Hamm 28. 10. 1975 – 5 Ss 210/75, NJW 1976, 721 f).

25 Eingeschränkt ist die Wahlfreiheit unter mehreren geeigneten Handlungsweisen insbesondere, wenn eine *zumutbare Fluchtmöglichkeit* besteht. In diesem Falle ist eine Sachbeschädigung nicht zu rechtfertigen (Erman/E Wagner Rn 6). Die Zumutbarkeit der Flucht wird im Notstandsfalle weitergehend bejaht als bei der Notwehr, weil es anders als bei der „Personengefahr", nicht unehrenhaft sei, einer „Sachgefahr" auszuweichen (zum Problem der Ehre vgl SOERGEL/FAHSE[13] Rn 17 mit § 227 Rn 36). Im Ergebnis ist dem zuzustimmen, jedoch geht es auch bei der Notwehr nicht im Kern um das Beweisen besonderer Ehre, das eher an vorrechtsstaatliche Verhaltensweisen erinnern würde, sondern um die Bewahrung der angegriffenen Rechtsordnung, um den Grundsatz, dass das Recht dem Unrecht nicht zu weichen braucht (vgl § 227 Rn 7). Sachen und Tiere sind keine Adressaten von Rechtsnormen. Anders als bei der Notwehr steht daher beim Notstand nicht die Verteidigung der Rechtsordnung in Frage (vgl oben Rn 10; MünchKomm/GROTHE Rn 9).

26 Ist die Erforderlichkeit einer Notstandshandlung zu verneinen, so liegt eine *Notstandsüberschreitung* vor. Sie ist nicht gerechtfertigt und kann zB zum Schadensersatz verpflichten (vgl unten Rn 44).

b) Verhältnismäßigkeit der Schadenszufügung
aa) Gem § 228 S 1 BGB darf der durch die Notstandshandlung angerichtete Scha- 27 den nicht außer Verhältnis zu der damit abgewendeten Gefahr stehen. Die in Konflikt geratenen Interessen sind objektiv miteinander zu vergleichen. Ist das Interesse des durch die Notstandshandlung Geschädigten wesentlich höher als das des bedrohten Opfers, so muss das Interesse des Opfers zurückstehen. In Betracht kommt dann allerdings ein – insbesondere deliktischer – Ersatzanspruch gegen den Schadensverantwortlichen (BORK, AT [4. Aufl 2016] Rn 373). In der Regel überwiegt allerdings das angegriffene Interesse (vgl OLG Hamm 14. 3. 1994 – 6 U 7/93, NJW-RR 1995, 279). Das von der Gefahr bedrohte Gut muss demnach in einem **vertretbaren Wertverhältnis** zu dem durch die Notstandshandlung verletzten Gut stehen.

Die Verhältnismäßigkeitsprüfung findet ihren Grund darin, dass § 228 BGB anders 28 als das Notwehrrecht nicht dem Schutz der Rechtsordnung selbst, sondern nur dem *Schutz des überwiegenden Interesses* dienen soll. Da aber die Gefahrenquelle zugleich die in Anspruch genommene Sache ist, muss das bedrohte Rechtsgut nur zurückstehen, wenn es wesentlich weniger wertvoll ist. Es ist daher richtig, dass die vom Gesetz im Defensivnotstand geforderte Abwägung diesem Rechtfertigungsgrund „wesenseigen" ist (HIRSCH 159). Die Abwägung entscheidet mithin über die Rechtmäßigkeit der Notstandshandlung und ist damit indirekt ein Kriterium für die Haftungszurechnung (insoweit zutr DIURNI ZEuP 2006, 583, 606).

Grundlage für die Abwägung zwischen den beteiligten Interessen ist die *allgemeine* 29 *Anschauung*. Nach ihr stehen persönlichkeitsgebundene Rechtsgüter, insbesondere Leben und Gesundheit, durchweg über Sachgütern (MünchKomm/GROTHE Rn 10; unrichtig insoweit MAULTZSCH JA 1999, 429–432, der den Fall des „Brett des Karneades", bei dem ein Schiffbrüchiger einen anderen von einer Planke stößt, die nur einen tragen kann, § 228 zuordnet). Wird zB ein Briefträger von drei Dackeln zugleich attackiert und gebissen, darf er sich mit einem Knüppel zur Wehr setzen und die Tiere schwer verletzen. Der Schutz von Leben und Gesundheit steht über dem Interesse des Hundebesitzers an der Unversehrtheit seiner Tiere (OLG Hamm 14. 3. 1995 – 27 U 218/94, NJW-RR 1997, 467 f).

bb) *Sachgüter* werden nach ihrem materiellen Wert bemessen. Fraglich ist, ob 30 Ausgangsbasis der Neuwert der bedrohten Sache ist oder ob deren Zeitwert im

Augenblick der Gefahr oder ein dritter Wert maßgeblich ist. Anlass zur Überlegung gibt der unterschiedliche Wortlaut von § 228 S 1 BGB und § 904 BGB. Letzterer gebietet ausdrücklich den Vergleich zweier Schadenspositionen während § 228 BGB auf das Verhältnis von Verteidigungsschaden und Gefahr abstellt. Will man jedoch die „Gefahr" bewerten, so bleibt letztlich nichts anderes übrig, als auch bei § 228 BGB den hypothetischen Schaden zu schätzen, der einträte, wenn die Abwehrmaßnahme unterbliebe. Dann aber muss man fragen, für welchen Zeitpunkt der Wert bemessen werden muss. Den Neuwert der Sache anzusetzen, besteht kein Anlass, weil § 228 BGB keine Sanktionsnorm ist. Das Sachinteresse des Angegriffenen kann nicht über den Wert im Zeitpunkt der Gefahr hinausreichen – doch was bedeutet das? Auszuklammern hat man die gerade aus der Gefährdung selbst resultierende Wertminderung, weil sie in die Risikosphäre des für die gefahrbringende Sache Verantwortlichen fällt (**aA** MünchKomm/Grothe § 228 Rn 10); – mE kann die Entwertung durch die Gefährdung nur beim aggressiven Notstand nach § 904 BGB Beachtung finden, weil dort die Gefahr nicht von der in Anspruch genommenen Sache ausgeht und daher auch nicht in die Risikosphäre des Sacheigentümers zu rechnen ist. – Präzise muss also der Wert unmittelbar vor Eintritt der Gefahr in Ansatz gebracht werden. Ergibt sich dann, dass der durch die Notstandshandlung verursachte Schaden den Wert der geschützten Sache wesentlich überwiegt, so ist ein rechtfertigender Notstand ausgeschlossen. Nicht mit dem Wortlaut von § 228 BGB vereinbar wäre es zu verlangen, dass der Wert der geschützten Sache unverhältnismäßig höher als der Wert der verletzten sein müsse (in dieser Richtung Münzberg, Verhalten und Erfolg als Grundlagen der Rechtswidrigkeit und Haftung [1966] 370, ihm folgend: Staudinger/ Werner [2001] Rn 17). Umgekehrt ist also ein rechtfertigender Notstand auch dann noch möglich, wenn der Wert der geschützten unwesentlich geringer ist als derjenige der beschädigten Sache. Das ist eine Folge der Tatsache, dass im Notstand nach § 228 BGB die Gefahr von der beschädigten Sache ausgeht.

31 Neben den objektiven Wertmaßstäben findet nach allgemeiner Auffassung ein *berechtigtes Affektionsinteresse,* zB die besondere Liebe zu einem Tier, auf beiden Seiten der Güterabwägung Berücksichtigung (RG 8. 6. 1925 – IV 586/24, JW 1926, 1145; KG 2. 8. 1935 – 1 Ss 280/35, JW 1935, 2982; Erman/E Wagner Rn 7; MünchKomm/Grothe Rn 10). Daher kann die Tötung eines wertvollen Rassehundes zur Rettung der eigenen „Promenadenmischung" zulässig sein, wenn eine andere Abwehrmöglichkeit nicht besteht (vgl OLG Koblenz 14. 7. 1988 – 5 U 115/88, NJW-RR 1989, 541 – das Gericht hielt die Tötung eines Boxerhundes, der zugleich Spielgefährte eines behinderten Kindes war für nicht unverhältnismäßig zur Rettung eines Dackels). Allerdings ist es trotz des besonderen Interesses des Hundebesitzers an den Zuchtmöglichkeiten gerechtfertigt, einen wertvollen Schäferhund zu töten, der sich in ein trächtiges Mutterschaf verbissen hat und weitere Schafe bedroht (OLG Hamm 14. 3. 1994 – 6 U 7/93, NJW-RR 1995, 279).

c) Keine subjektiven Tatbestandselemente

32 Die Rechtfertigung durch § 228 BGB verlangt nach hM wie im Notwehrrecht, dass der Handelnde bei der Gefahrenabwehr mit Verteidigungs- oder Rettungswillen, also in Kenntnis der rechtfertigenden Sachlage zur Abwendung der Gefahr, gehandelt habe (BGH 30. 10. 1982 – VI ZR 74/83, BGHZ 92, 357, 359; jurisPK-BGB/Backmann Rn 10; Klingbeil 185–190, außer in Fällen einer Art „Eigengeschäftsführung"). Dieser Wille sei nicht rechtsgeschäftlicher Art, sodass er keine Geschäftsfähigkeit voraussetze. Er brauche nicht das alleinige Motiv der Handlung zu sein, sondern könne auch von anderen

Absichten des Handelnden begleitet werden. Nur dürfe der Verteidigungswille nicht völlig in den Hintergrund treten (BGB-RGRK/Johannsen Rn 14; Soergel/Fahse¹³ Rn 22; Staudinger/Werner [2001] Rn 20).

Aus denselben Gründen wie bei § 227 BGB (Rn 51 ff) ist die hM in diesem Punkt 33 abzulehnen (so auch MünchKomm/Grothe Rn 11; Jauernig/Mansel Rn 2). Weder Wortlaut, noch Zweck des § 228 BGB noch ein anderer Grund gebieten die Forderung subjektiven Verteidigungswillens. Dass der Handelnde nach dem Wortlaut des § 228 S 1 BGB zur Abwendung der Gefahr tätig werden muss, lässt sich subjektiv oder auch rein objektiv verstehen. Daraus kann man also nichts ableiten. Der Zweck des § 228 BGB ist der effektive Schutz subjektiver Rechtsgüter. Er wird unabhängig vom Willen des Handelnden erreicht. Die hM ist hingegen nur stimmig, wenn man die Lehre vom Verhaltensunrecht zugrunde legt, was jedoch aus guten Gründen im Zivilrecht nicht geschieht und auch von der hM nicht verlangt wird (ausführlich dazu § 227 Rn 51 ff). Da es im Zivilrecht nicht um einen personalen Schuldvorwurf und dessen Sanktion geht, ist nicht erkennbar, warum es für eine Rechtfertigung der Notstandshandlung auf die Willensrichtung des Handelnden ankommen sollte.

Hinzu kommt im Umkehrschluss aus § 228 S 2 BGB, dass der Handelnde sogar dann 34 gerechtfertigt sein kann, wenn er die abgewehrte *Gefahr verschuldet* hat (OLG Hamm 29. 8. 2000 – 9 U 20/00, NJW-RR 2001, 237 f; MünchKomm/Grothe Rn 11; dazu auch Küper JZ 1976, 515, 518; ders, Der „verschuldete" rechtfertigende Notstand [1983] 21 ff; **aA** unter Hinweis auf die Parallelität der Situation zum Tatbestand des § 823 Abs 1 Diurni ZEuP 2006, 583, 591 Fn 30); anders war es noch in § 187 E I vorgesehen. Handeln im verschuldeten Notstand löst allerdings gem § 228 S 2 BGB eine Schadensersatzpflicht aus (vgl unten Rn 38 ff).

IV. Die Rechtsfolgen

1. Die Rechtfertigungswirkung

Die Beschädigung oder Zerstörung der gefahrbringenden Sache ist, wenn der – 35 ausschließlich objektive (Rn 33) – Tatbestand erfüllt ist, nach § 228 S 1 BGB gerechtfertigt. *Notwehr* gegen die Notstandshandlung ist ausgeschlossen. Ebenso wenig kann die Notstandshandlung eine *verbotene Eigenmacht* darstellen.

Einzuschränken ist das für die Fälle einer *absichtlich provozierten Notstandslage*. Der 36 Tatbestand des § 228 S 1 BGB ist zwar auch bei der Notstandsprovokation erfüllt, aber die Berufung auf das Notstandsrecht ist rechtsmissbräuchlich (MünchKomm/ Grothe Rn 11 aE); die Notstandshandlung ist dann nicht gerechtfertigt (Soergel/Fahse¹³ Rn 22). Wenn man allerdings – entgegen der hier vertretenen Auffassung – subjektiven Verteidigungswillen zur Tatbestandsvoraussetzung macht, dürfte es wie im Falle der Notwehr (vgl § 227 Rn 48) richtiger sein, bereits den Tatbestand von § 228 S 1 BGB zu verneinen (insofern konsequent Staudinger/Werner [2001] Rn 21).

Bei irrtümlicher Annahme einer Notstandslage liegt *Putativnotstand* vor. Dieser 37 entfaltet keine Rechtfertigungswirkung. Das gilt gleichermaßen für die Fälle, in denen der Handelnde sich irrtümlich Umstände vorstellt, die eine Notstandslage begründen würden (sog Erlaubnistatbestandsirrtum), wie für die Fälle, in denen der Handelnde die richtig erfassten Tatsachen falsch bewertet (sog Verbotsirrtum), also etwa eine Gefahr von einer geringwertigen Sache abwendet, indem er die wesentlich wertvollere, gefahrbringende Sache zerstört (MünchKomm/GROTHE Rn 14). Zur Schadensersatzpflicht in diesen Fällen sogleich unten Rn 38 ff.

2. Die Schadensersatzpflichten

38 a) Der Handelnde ist gem § 228 S 2 BGB zum Schadensersatz verpflichtet, wenn er die gerechtfertigt abgewehrte *Gefahr verschuldet* hat. Anders als noch in § 187 E I hat sich der Gesetzgeber dazu entschieden, auch im Verschuldensfall die Notstandshandlung gerechtfertigt sein zu lassen. Damit ist in diesen Fällen der Weg zum Schadensersatz nach dem Recht der unerlaubten Handlung verstellt. Das Interesse des Eigentümers der beschädigten Sache wird daher durch eine eigenständige Anspruchsnorm in § 228 S 2 BGB berücksichtigt. Dennoch bleibt das Gesetz bei der Zurechnung aufgrund des Verschuldens (DIURNI ZEuP 2006, 583, 590).

39 Das *Verschulden* des Handelnden muss sich auf die Herbeiführung der Gefahr beziehen, nicht auf die Beschädigung der fremden Sache (SOERGEL/FAHSE[13] Rn 26). Es muss also die im Verkehr erforderliche Sorgfalt gerade hinsichtlich einer Vermeidung der konkret eingetretenen Gefahr verletzt worden sein. Es genügt ein fahrlässiges Hervorrufen der Gefahr ebenso wie einfacher Vorsatz. Provoziert hingegen der Handelnde die Gefahr absichtlich, so scheidet die Berufung auf Notstand aus (vgl oben Rn 36). Die Schadensersatzpflicht bemisst sich dann nach dem Recht der unerlaubten Handlung. Die Auffassung von H R HORN (Untersuchungen zur Struktur der Rechtswidrigkeit [1962] 101), das Verschulden müsse sich auch auf die Notstandshandlung selbst beziehen, weil keine Ausnahme gegenüber § 823 BGB begründet werden solle, findet keine Stütze im Wortlaut des Gesetzes und widerspricht der gesetzlichen Risikenverteilung. Die Privilegierung gegenüber dem aggressiven Notstand nach § 904 BGB resultiert gerade daraus, dass von der in Anspruch genommenen Sache selbst die Gefahr ausgeht. Hat der Handelnde diese Gefahr aber verschuldet, so fällt ein Teil des Risikos der gefahrbringenden Sache auf ihn und daraus resultiert die Ersatzpflicht. Die Begründung der Ersatzpflicht ist also eine andere als im Deliktsrecht, obgleich das Verschuldensprinzip aufrecht erhalten bleibt.

40 Die *Verschuldensfähigkeit* des Handelnden bemisst sich in entsprechender Anwendung der §§ 827, 828 BGB (ERMAN/WAGNER Rn 9; SOERGEL/FAHSE[13] Rn 28; Hk-BGB/DÖRNER Rn 5; aA H R HORN 102; KLINGBEIL 195, die die unmittelbare Geltung dieser Vorschriften bejahen). Insbesondere sind also bei Notstandshandlungen, bei denen die Gefahr von einem Kraftfahrzeug, einer Schienen- oder Schwebebahn ausgeht, Kinder unter zehn Jahren für die Herbeiführung der Gefahr nicht verantwortlich (§ 828 Abs 2 BGB).

41 Die alte Streitfrage, ob der Schadensersatzanspruch der kurzen oder langen Verjährung unterliege (dazu STAUDINGER/WERNER [2001] Rn 27), ist angesichts der Reform des Verjährungsrechts obsolet. Zunächst einmal gilt die regelmäßige *Verjährung* gem § 195 BGB mit einer Frist von drei Jahren, beginnend ab dem Schluss des Jahres der Anspruchsentstehung und der Kenntnisnahme (bzw grob fahrlässiger Unkenntnis) von den den Anspruch begründenden Umständen (§ 199 Abs 1 BGB). Da der anspruchsberechtigte Sacheigentümer nicht unbedingt die Notstandshandlung miterlebt hat, kommt auch eine absolute Verjährung gem § 199 Abs 3 Nr 1 BGB in zehn Jahren seit der Entstehung des Anspruchs (die auch den Eintritt des

Schadens umfasst) in Frage. Längstens aber endet die Verjährungsfrist in dreißig Jahren seit der Notstandshandlung gem § 199 Abs 3 Nr 2 BGB (zu den Einzelheiten vgl STAUDINGER/PETERS/JACOBY § 199 Rn 97 f).

Eine Ersatzpflicht gem § 228 S 2 BGB entsteht für den Handelnden auch dann, wenn **42** er in *fremdem Interesse* gehandelt hat. Dem Nothelfer bleibt jedoch ein Regressanspruch gegenüber dem Begünstigten auf vertraglicher Grundlage oder gem § 683 BGB (vgl N HORN JZ 1960, 350–354 mwNw).

b) Ist ein *Dritter* für die vom Handelnden abgewendete Gefahr verantwortlich, so **43** kann ihn die Haftung aus unerlaubter Handlung treffen (N HORN JZ 1960, 353). Diese schließt die Freistellung von einer etwa dem Handelnden auferlegten Ersatzpflicht nach § 228 S 2 BGB ein.

c) Im Fall einer *Notstandsüberschreitung* wegen eines Fehlers bei der Beurteilung **44** der Erforderlichkeit (sog extensiver Notstandsexzess) oder der Verhältnismäßigkeit (sog intensiver Notstandsexzess) sowie schließlich bei *verschuldetem Putativnotstand* (oben Rn 37) ist die Tat nicht gerechtfertigt. Die Ersatzpflicht bestimmt sich dann nach dem Recht der unerlaubten Handlung (MünchKomm/GROTHE Rn 14; zum insoweit parallelen § 904: OLG Brandenburg 25. 2. 2010 – 12 U 123/09 Rn 7 – Entfachen eines Feuers in einem Heuschober zur vermeintlich nötigen Befreiung eines Kindes durch eine 14-Jährige). Da der Tatbestand des § 228 S 1 BGB in diesen Fällen nicht erfüllt ist, scheidet auch § 228 S 2 BGB als Anspruchsgrundlage aus. Für eine Analogie entweder zu § 228 S 2 BGB oder zu § 231 BGB fehlt bereits die erforderliche Regelungslücke (so im Ergebnis auch ERMAN/E WAGNER Rn 10; ENNECCERUS/NIPPERDEY [1960] § 240 Fn 24 und § 241 Fn 17).

Bei einem *unverschuldeten Putativnotstand* scheidet ein deliktischer Ersatzanspruch **45** aus. Der Vorschlag, dem Eigentümer in diesen Fällen analog § 904 S 2 BGB einen Ersatzanspruch zuzusprechen (vgl KONZEN, Aufopferung im Zivilrecht [1959] 177 ff; WILTS NJW 1962, 1852 f und 1964, 708; WIELING I § 8 II 2 c; unentschieden STAUDINGER/WERNER [2001] Rn 29; BGB-RGRK/JOHANNSEN Rn 16), ist abzulehnen (WEIMAR NJW 1962, 2093 f; STAUDINGER/ALTHAMMER [2016] § 904 Rn 49 mwNw; MünchKomm/GROTHE Rn 15). Entscheidend ist, dass die verschuldensunabhängige Haftung in § 904 BGB auf einem Aufopferungsgedanken basiert, der für den unverschuldeten Putativnotstand nicht passt. Der Betroffene darf sich – im Unterschied zu § 904 BGB – gegen die Inanspruchnahme seiner Sache wehren. Der Handelnde haftet in aller Regel nach den §§ 823 ff BGB. Gegen eine Analogie spricht also bereits, dass eine Regelungslücke nicht zu sehen ist. Hinzu kommt der Ausnahmecharakter der verschuldensunabhängigen Haftung nach § 904 S 2 BGB (STAUDINGER/ALTHAMMER [2016] § 904 Rn 49).

d) Ein besonderes Problem entsteht, wenn jemand im Wege der sog **Selbstauf-** **46** **opferung** eine eigene Sache opfert, um eine fremde zu schonen, obwohl er nach § 228 BGB berechtigt gewesen wäre, diese zu zerstören oder zu beschädigen. Hier stellt sich zwar nicht die Frage nach der Rechtfertigung des Handelns, wohl aber, ob derjenige, der die eigene Sache geopfert hat, vom Eigentümer der geschonten Sache *Ersatz verlangen* kann.

Für *Straßenverkehrsfälle* hat CANARIS (JZ 1963, 658 f) die analoge Anwendung des **47** § 228 S 2 BGB befürwortet. Derjenige, der die eigene Sache geopfert habe, habe einen Ersatzanspruch gegen den Begünstigten dieser Aufopferung (vgl auch LARENZ, Schuldrecht II/1 [13. Aufl 1986] S 450 f). Sofern der Begünstigte ein Kind sei, solle dies nur nach dem Maßstab des § 829 BGB gelten. Demgegenüber billigt die hM hier einen Ersatzanspruch gem § 683 BGB zu (BGH 27. 11. 1972 – VI ZR 217/61, BGHZ 38, 270; DEUTSCH AcP 165 [1965] 193, 211 ff; FRANK JZ 1982, 737). Zwar verweist der Bundesgerichtshof (27. 11. 1972 – VI ZR 217/61, BGHZ 38, 270) obiter auf die Vorschriften über die große Haverei, also auf einen Sonderfall des Notstandsrechts, in der Sache steht jedoch einer analogen Anwendung des § 228 S 2 BGB entgegen, dass diese Vorschrift die eigennützige Verwendung eines fremden Gutes voraussetzt, während es sich bei der Selbstaufopferung um eine fremdnützige Verwendung eines eigenen Gutes handelt (DEUTSCH AcP 165 [1965] 193, 209). Dieser Konstellation steht – um den Preis eines weiten Begriff der „Aufwendungen" – das Recht der Geschäftsführung ohne Auftrag näher als das Notstandsrecht.

48 Eine besondere Regelung für einen Fall der Selbstaufopferung enthält der Internationale Vertrag zum Schutz der unterseeischen *Telegraphenkabel* vom 14. 3. 1884 (zur Wiederanwendung vgl BGBl 1955 II 5), der in Art 7 bestimmt, dass die Eigentümer von Schiffen oder Fahrzeugen, welche zu beweisen vermögen, dass sie um einem unterseeischen Kabel keinen Schaden zuzufügen, einen Anker, ein Netz oder ein anderes Fischereigerät geopfert haben, vom Eigentümer des Kabels schadlos zu halten sind.

V. Beweislast

49 Die zur Notwehr entwickelten Aussagen zur Beweislast (§ 227 Rn 81 ff) gelten auch für Notstand, Notstandsüberschreitung und vermeintlichen Notstand. Wer sich auf einen Notstand beruft, hat sämtliche Tatbestandsvoraussetzungen des § 228 BGB zu beweisen. Die Darlegungs- und Beweislast betrifft insbesondere auch diejenigen Tatsachen, aus denen sich ergibt, dass der Schaden nicht außer Verhältnis zu der Gefahr stand. Allerdings muss derjenige, der einen Schadensersatzanspruch aus § 228 S 2 BGB geltend macht, beweisen, dass der Handelnde die Gefahr selbst schuldhaft herbeigeführt hat (BAUMGÄRTEL/KESSEN, Beweislast [4. Aufl 2019] Rn 1).

VI. Rechtsvergleichung

50 1. Nach österreichischem Recht ist gem § 1306a ABGB eine Notstandshandlung rechtmäßig, wenn das geschützte Interesse wertvoller ist als das verletzte. Für den im gerechtfertigten Notstand angerichteten Schaden ist nach richterlichem Ermessen Ersatz zu leisten, wobei maßgebend ist, in welchem Verhältnis der Schaden zu der drohenden Gefahr stand und wie die Vermögensverhältnisse der Beteiligten sind (SCHWIMANN/HARRER, ABGB-Praxiskommentar [2016] § 1306a Rn 14 f; RUMMEL/REISCHAUER, Kommentar zum ABGB [3. Aufl 2002] § 1306a Rn 6, 12).

51 2. Für das schweizerische Zivilrecht ist die Notstandsregelung in Art 52 Abs 2 SchwOR vorgesehen. Danach ist jemand berechtigt, in ein fremdes Vermögen einzugreifen, um drohenden Schaden oder Gefahr abzuwenden. Ein Sonderfall des Eingriffs in das Grundeigentum ist in Art 701 ZGB geregelt. Angemessener Schadensersatz ist in beiden Fällen zu leisten. Während Art 52 Abs 2 SchwOR keine Proportionalität zwischen dem abgewendeten und dem angerichteten Schaden verlangt, ist dies nach Art 701 ZGB der Fall. Jedoch muss auch im Zusammenhang des

Art 52 Abs 2 SchwOR das Wertverhältnis zwischen dem gefährdeten und dem geopferten Interesse beachtet werden (GUHL/MERZ/KOLLER, Das Schweizerische Obligationenrecht [9. Aufl 2000] § 24 Rn 34).

3. Im französischen Recht fehlt eine zivil- und strafrechtliche Notstandsregelung. In Auslegung der Geschäftsführungs- (vgl insoweit die Parallele beim Problem der Selbstaufopferung oben Rn 47) und der Bereicherungsvorschriften ist man jedoch dahin gelangt, unabhängig von der Frage, ob jemand einen Eingriff aus Notstand zu dulden verpflichtet ist, und ohne das Vorliegen einer unerlaubten Handlung, dem Verletzten einen Schadensersatzanspruch zuzubilligen (FERID/SONNENBERGER, Das französische Zivilrecht 1, 1 [2. Aufl 1994] Rn 1 C 181). 52

4. Nach **englischem** Recht schließt *necessity* die Verantwortlichkeit auf deliktischer Ebene aus (ROGERS, Winfield and Jolowicz on Tort [18. Aufl 2010] Rn 25. 33 ff). Die Notstandshandlung kann sich sowohl gegen Personen als auch gegen Sachen richten. Die Frage einer Ersatzpflicht ist streitig; grundsätzlich wird die Ersatzpflicht aus dem Gesichtspunkt des Quasikontrakts bejaht (ROGERS Rn 25. 36). 53

§ 229
Selbsthilfe

Wer zum Zwecke der Selbsthilfe eine Sache wegnimmt, zerstört oder beschädigt oder wer zum Zwecke der Selbsthilfe einen Verpflichteten, welcher der Flucht verdächtig ist, festnimmt oder den Widerstand des Verpflichteten gegen eine Handlung, die dieser zu dulden verpflichtet ist, beseitigt, handelt nicht widerrechtlich, wenn obrigkeitliche Hilfe nicht rechtzeitig zu erlangen ist und ohne sofortiges Eingreifen die Gefahr besteht, dass die Verwirklichung des Anspruchs vereitelt oder wesentlich erschwert werde.

Materialien: TE-AllgT § 202 (SCHUBERT AT 2, 432–434); E I § 189; II § 193; III § 223; Mot I 348; Prot I 399 ff; Prot RJA, 159 ff; Prot II 1, 241 ff; JAKOBS/SCHUBERT AT 2, 1146–1171.

Schrifttum

BONGARTZ, Selbsthilfe nach § 229 BGB trotz diplomatischer Immunität?, MDR 1995, 780
EDENFELD, Der Schuldner am Pranger – Grenzen zivilrechtlicher Schuldbetreibung, JZ 1998, 645
HEYER, Die Selbsthülfe, ArchBürgR 19 (1901) 38
KLEINRATH, Besitzesschutz und Selbsthilfe, Gruchot 54 (1911) 481
KLINGBEIL, Die Not- und Selbsthilferechte. Eine dogmatische Rekonstruktion (2017)

KUHLENBECK, Das Recht der Selbsthülfe (1907)
METZ, Verwendung von Parkkrallen auf Kundenparkplätzen, DAR 1999, 392
PELZ, Notwehr- und Notstandsrechte und der Vorrang obrigkeitlicher Hilfe, NStZ 1995, 305
K SCHREIBER, Die Rechtfertigungsgründe des BGB, Jura 1997, 29
SCHÜNEMANN, Selbsthilfe im Rechtssystem (1985)
SEEFRIED, Die Zulässigkeit von Torkontrollen, AiB 1999, 428

STERNBERG-LIEBEN, Allgemeines zur Notwehr, JA 1996, 129
TITZE, Die Notstandsrechte im deutschen Bürgerlichen Gesetzbuche und ihre geschichtliche Entwicklung (Diss Berlin 1897)
WERNER, Staatliches Gewaltmonopol und Selbsthilfe bei Bagatellforderungen, STAUDINGER-Symposium (1998) 48
ders, Staatliches Gewaltmonopol und Selbsthilfe im Rechtsstaat, Sitzungsberichte der Sächsischen Akademie der Wissenschaften zu Leipzig, Bd 136, Heft 5 (1999)
WILFERODT, Selbsthilfe nach dem BGB (Diss Leipzig 1905).

Systematische Übersicht

I.	**Selbsthilfe – Begriff, Zweck und Rechtsgrundlagen**	
1.	Begriff, Zweck und Charakter der Selbsthilfe	1
a)	Begriff und Zweck	1
b)	Zwingender Charakter	5
2.	Entstehungsgeschichte	6
3.	Rechtsgrundlagen erlaubter Selbsthilfe	7
a)	§§ 229 bis 231	7
b)	Weitere Tatbestände im BGB	8
c)	Das Privatpfändungsrecht nach Art 89 EGBGB	9
II.	**Tatbestandsvoraussetzungen der Selbsthilfe**	
1.	Das Handeln zur Anspruchsverwirklichung	10
a)	Anspruch	10
b)	Durchsetzbarkeit des Anspruchs?	12
c)	Anspruchsberechtigter	15
d)	Anspruchsgegner	16
2.	Das Fehlen obrigkeitlicher Hilfe	17
3.	Die Vereitelungsgefahr bzw wesentliche Erschwerung der Anspruchsverwirklichung	21
a)	Massive Gefährdung der Anspruchsverwirklichung	21
b)	Wirkung einer Sicherheitsleistung	24
III.	**Zulässige Selbsthilfemaßnahmen**	
1.	Allgemeines	25
2.	Die Gewaltanwendung gegen Sachen	29
a)	Wegnahme, Zerstörung, Beschädigung	29
b)	Dinglicher Arrest	30
c)	Sachen des Schuldners	32
3.	Die Festnahme des Schuldners	35
a)	Fluchtverdacht	35
b)	Vorläufige Festnahme	37
4.	Widerstandsbeseitigung	38
a)	Die zulässigen Maßnahmen	38
b)	Subsidiarität der Selbsthilfe	39
5.	Kein subjektiver Tatbestand	40
IV.	**Rechtfertigungswirkung der Selbsthilfe**	
1.	Die Tragweite der Rechtfertigung nach § 229	42
a)	Im Zivilrecht	42
b)	Im Polizeirecht	43
c)	Im Strafrecht	44
d)	Rechtfertigungswirkung	45
2.	Putativselbsthilfe und Selbsthilfeexzess	46
a)	Irrtum über Selbsthilfelage	46
b)	Selbsthilfeexzess	47
V.	**Kosten der Selbsthilfe**	48
VI.	**Beweislast**	50
VII.	**Rechtsvergleichung**	
1.	Österreichisches Recht	51
2.	Schweizerisches Recht	52
3.	Französisches Recht	53
4.	Englisches Recht	54
5.	Spanisches Recht	55
6.	Draft Common Frame of Reference	56
VIII.	**Anwendbarkeit bei Auslandsberührung**	57

Alphabetische Übersicht

Anspruchsgefährdung	21
Anspruchsverwirklichung	2, 4, 7, 10 ff
Ausländisches Recht	51 ff
Auslandsberührung	56
Bagatellforderung	19
Beweislast	50
Beweisschwierigkeiten	22
Draft Common Frame of Reference	55
Einstweiliger Rechtsschutz	6, 21, 31
Einwendungen	14
Englisches Recht	54
Festnahme des Schuldners	35 ff
Fluchtverdacht	21, 35
Französisches Recht	53
Fremdhilfe	15
Gerichtsvollzieher	17
Gewaltmonopol	3, 6, 19
Interessenkonflikt	4
Konkurrenzen	8 f
Kosten der Selbsthilfe	48 f
Naturalobligationen	14
Obrigkeitliche Hilfe	17 ff
Österreichisches Recht	51
Polizeilicher Schutz	43
Privatpfändungsrecht	9
Putativselbsthilfe	11, 46
Rechtfertigungswirkung	42 ff
Rechtsgeschäftliche Ausgestaltung der Selbsthilfe	5, 27
Rechtsschutzgewährung	1
Sachen des Schuldners	32
Schweizerisches Recht	52
Selbsthilfeexzess	47
Selbsthilfemaßnahmen	25 ff
Selbsthilfewille	40 f
Sicherheiten	24
Strafrechtliche Bedeutung	44
Subsidiarität der Selbsthilfe	17 ff, 39
Taschenkontrolle im Supermarkt	11
Tiere	34
Unbestellte Warenlieferung	14
Unpfändbare Sachen	31
Unterlassungsansprüche	21
Verbotene Eigenmacht	8, 42
Vereitelungsgefahr	21 ff
Vergeltung	26
Vollstreckungsverfahren	20, 23
Widerstandsbeseitigung	38 f
Zuparken	10, 18
Zweck der Vorschrift	1 ff
Zwingendes Recht	5

I. Die Selbsthilfe – Begriff, Zweck und Rechtsgrundlagen

1. Begriff, Zweck und Charakter der Selbsthilfe

a) Die Sicherung von Frieden und Recht gehört seit jeher zu den Kernaufgaben des Staates. Das Gewaltmonopol des Staates bedarf jedoch dann einer Durchbrechung, wenn staatliche Hilfe zur Durchsetzung oder Wiederherstellung eines subjektiven Rechts nicht oder jedenfalls nicht rechtzeitig erreichbar ist (vgl MERTEN, Rechtsstaat und Gewaltmonopol [1975] 57; STAUDINGER-Symposium 1998/WERNER S 50; kritisch zu MERTEN KLINGBEIL [2017] 8–13, der betont, der Staat habe nur das Recht zur Gewaltausübung monopolisiert. Im Ergebnis bedeutet das hier keinen Unterschied). Im Falle der Notwehr er- **1**

gibt sich der Mangel staatlichen Schutzes bereits aus dem Erfordernis der Gegenwärtigkeit des Angriffs. Aber auch unabhängig von einer Notwehrlage kann Selbsthilfe zur Rechtsdurchsetzung nötig sein. Der Staat kann ihr nur dann entgegentreten, soweit er selbst zur Sicherung des Rechts bereit und in der Lage ist. Hieraus ergibt sich die Legitimation und der Zweck des Instituts der Selbsthilfe im bürgerlichen Recht (vgl Gebhard, Begründung Teilentwurf, 8 [Schubert, Vorentwürfe AT 2, 432]). Im Unterschied zum Notstand, jedoch in Übereinstimmung mit der Notwehr ersetzt das Selbsthilferecht damit in gewissem Umfang eine staatliche Funktion, da der Bürger gegen den Staat einen Anspruch auf Gewährleistung wirkungsvollen Rechtsschutzes hat, der aus dem Rechtsstaatsprinzip abgeleitet wird (Badura, Staatsrecht [7. Aufl 2018] H, Rn 23; vgl auch Staudinger-Symposion 1998/Werner S 48 f). Schon Hobbes (De cive [1647] VI 3 und Leviathan [1651] II 21) meinte, es lebe in dieser Situation ein vorstaatliches, „natürliches" Recht auf Selbsthilfe wieder auf, wenn der Staat seiner Pflicht zum Schutz der Bürger nicht nachkommt oder -kommen kann. Für gewöhnlich steht aber der Rechtsweg zur Verfügung. Aus dem Rechtsstaatsprinzip folgt daher, dass der einzelne an der eigenmächtigen Durchsetzung von Rechtsansprüchen gehindert wird (BVerfG 13. 3. 1990 – 2 BvR 94/88, BVerfGE 81, 347, 356).

2 Selbsthilfe bedeutet die Durchsetzung eines Rechts ohne hoheitliche Hilfe, ohne Titel oder, bei Vorliegen eines solchen, ohne Einschreiten der Vollstreckungsorgane, sie ist „private Zwangsvollstreckung" (Heyer ArchBürgR 1901, 38, 40; dazu weiterführend Staudinger-Symposion 1998/Werner S 48–57). Selbsthilfe iS der §§ 229–231 BGB meint also die Anwendung privater Gewalt zur eigenmächtigen *vorläufigen Durchsetzung eines Anspruchs* oder **vorläufigen Sicherung der Anspruchsverwirklichung** durch Angriffshandlungen (Heyer 38, 108 f). Es geht um eine Art einstweiligen Rechtsschutz (Robles Planas ZIS 2018, 14, 19). Dass die Selbsthilfe in Parallele zum einstweiligen Rechtsschutz nur einen vorläufigen Zustand herbeiführen möchte, macht insbesondere § 230 BGB deutlich, der die Grenzen erforderlicher Selbsthilfe festlegt (die Parallele zu Arrest und einstweiliger Verfügung ist vom Gesetzgeber ganz bewusst gewollt, vgl nur zusammenfassend Denkschrift zum Entwurf eines Bürgerlichen Gesetzbuchs 1896, 59). Damit ist zugleich der Zweck der Selbsthilfe umschrieben: Soweit staatliche Rechtsmittel wirkungslos bleiben müssen, weil sie entweder zu spät zu erlangen wären oder zu Unrecht verweigert werden, soll die im subjektiven Recht liegende Zuweisung einer Verhaltensberechtigung *effektiv* geschützt werden. Obgleich insofern eine staatliche Funktion substituiert wird, dient das Selbsthilferecht nicht wie die Notwehr dem Schutz der Rechtsordnung – jedenfalls nicht mehr oder weniger, als auch jede andere Form der Rechtsdurchsetzung zugleich auch ein Beitrag zur Bewahrung der Rechtsordnung ist.

3 Die Loslösung der Rechtsdurchsetzung aus einem staatlich gelenkten Verfahren, hier aus Erkenntnisverfahren und Zwangsvollstreckung, steht im Widerspruch zum Gewaltmonopol, das eigenmächtige Normdurchsetzung prinzipiell nicht dulden kann (Isensee, Handbuch des Staatsrechts, Bd 2 [3. Aufl 2004] § 15 Rn 90 ff). Gewaltsame Rechtsdurchsetzung ist Aufgabe der staatlichen Gerichts- und Vollstreckungsorgane. Art 19 Abs 4 GG gewährleistet, dass der Rechtsweg nicht verweigert wird (Stern, Staatsrecht, Bd 1 [2. Aufl 1984] § 20 IV 5 b, 840 ff).

4 Die spezifische Gefahr der Selbsthilfe resultiert aus zwei Gründen: zum einen birgt die Loslösung vom staatlich kontrollierten Verfahren die Möglichkeit einer

Eskalation der Gewalt, die in krassem Widerspruch zum Friedenszweck der Rechtsordnung steht. Zum anderen werden im staatlichen Verfahren der Rechtsdurchsetzung die Interessen der Beteiligten in spezifischer Weise geschützt. Das Erfüllungsinteresse des Gläubigers und das Freiheitsinteresse des Schuldners müssen in einen gerechten Ausgleich gebracht werden. Selbst wenn man aber das Selbsthilferecht – wie in § 229 BGB vorgesehen – regelmäßig nur eingreifen lässt, wenn ein durchsetzbarer Anspruch besteht (vgl Rn 12–14), so ist doch zu beachten, dass das materielle Recht, das die Grundlage dieser Bewertung ist, manche Interessenkonflikte in das Zwangsvollstreckungsrecht ausgegliedert hat, die andere Rechtsordnungen durchaus im materiellen Recht berücksichtigen. Hierhin gehört insbesondere Rücksichtnahme auf ein legitimes Freiheitsinteresse des Schuldners, trotz entgegenstehender materiell-rechtlicher Verbindlichkeit beispielsweise über die lebensnotwendigen materiellen Güter verfügen zu können. Solche Interessen werden zum Beispiel durch die Pfändungsschutzvorschriften in der Zivilprozessordnung gewahrt (zum ganzen vgl REPGEN, Vertragstreue und Erfüllungszwang [1994] 13–24; HKK/REPGEN zu § 362 [2007] Rn 1). Bei den Vorschriften zur Selbsthilfe musste also der Gesetzgeber dafür sorgen, dass die ins Zwangsvollstreckungsrecht ausgelagerten Entscheidungen über Interessengegensätze gleichsam ins materielle Recht zurückgebracht werden. Die Selbsthilfe darf abgesehen von ihrer räumlich-zeitlichen Situation niemals über die staatlich gewährleistete Anspruchsverwirklichung hinausgehen. Was nicht klagbar oder vollstreckbar ist, kann daher nicht Gegenstand gerechtfertigter Selbsthilfe sein (STAUDINGER-Symposion 1998/WERNER S 48 f; SCHÜNEMANN 70).

b) Aus dem subsidiären Zweck des Selbsthilferechts, die Anspruchsverwirklichung dann zu gewährleisten, wenn staatliche Normdurchsetzung nicht oder nicht rechtzeitig möglich ist, folgt der Ausnahmecharakter der Vorschriften in den §§ 229–231 BGB. Diese Regeln sind daher *zwingendes Recht* und können nicht rechtsgeschäftlich erweitert werden (RG 30. 1. 1931 – II 219/30, RGZ 131, 213, 221 ff; ERMAN/E WAGNER Rn 1; SOERGEL/FAHSE[13] Rn 2; ENNECCERUS/NIPPERDEY [1960] § 242 II 3; HEISIEP BauR 2006, 1065, 1066; offengelassen aber in BGH 6. 7. 1977 – VIII ZR 277/75, NJW 1977, 1818; zu den zulässigen Vereinbarungen über die Ausgestaltung der Selbsthilfe vgl Rn 27). Wenn sich jemand *verpflichtet,* der Selbsthilfe entsprechende Handlungen eines anderen zu dulden, muss diese Verpflichtung auf dem Rechtsweg durchgesetzt werden, wenn nicht die Voraussetzungen erlaubter Selbsthilfe nach § 229 BGB erfüllt sind (RG 30. 1. 1931 – II 219/30, RGZ 131, 213, 222; 4. 12. 1934 – III 201/34, RGZ 146, 182, 188 f). 5

2. Entstehungsgeschichte

Der Teilentwurf des Allgemeinen Teils betreffend die Selbsthilfe stellte dem Selbsthilferecht in § 201 BGB den Grundsatz voran, dass Eigenmacht nur aufgrund gesetzlicher Erlaubnis zulässig sein könne. Da man dies für selbstverständlich hielt, hat man diese Konsequenz des Gewaltmonopols im Gesetz schließlich nicht mehr ausdrücklich gezogen. Mehrfach betonte man in der ersten Kommission, eine objektiv erlaubte Handlung werde nicht durch den Selbsthilfewillen unerlaubt und umgekehrt (Prot I 399, 411 [JAKOBS/SCHUBERT AT 2, 1150, 1155]; vgl auch Denkschrift zum Entwurf eines Bürgerlichen Gesetzbuchs [1896] 58 f). Das wirft ein Licht auf die Frage, ob ein subjektiver Tatbestand zur Selbsthilfehandlung gehört (vgl unten Rn 40 f). Es stand 6 dabei nicht zur Debatte, dass eine objektiv erlaubte Handlung mangels Selbsthilfewillens unerlaubt werden könne. Anlass der Diskussion war die Frage einer rechtfertigenden Wirkung einer Selbsthilfelage.

Hinsichtlich der Reichweite zulässiger Selbsthilfehandlungen wollte man keinesfalls hinter den Möglichkeiten des einstweiligen Rechtsschutzes der ZPO zurückbleiben (Prot RJA 162 [JAKOBS/SCHUBERT AT 2, 1160]). Vielmehr sollte die Selbsthilfe einen Ersatz für diese Rechtsmittel darstellen (ebenda). Auch im Reichstag wurde in der XII. Kommission noch einmal darüber debattiert, ob man nicht das Festnahmerecht einschränken solle und die Selbsthilfe generell auf die Fälle einer Vereitelungsgefahr beschränken müsse. Die Kommission stimmte nur für die Vorlage, nachdem klargestellt worden war, dass der Entwurf nicht über die in der Zivilprozessordnung gesetzten Schranken hinausgehe (vgl den Bericht von HELLER vom 22. 2. 1896, in: JAKOBS/SCHUBERT, AT 2, 1169 f).

3. Rechtsgrundlagen erlaubter Selbsthilfe

7 **a)** Die *allgemeinen Regelungen* des BGB über die Selbsthilfe sind in den §§ 229 bis 231 BGB enthalten, die stets gemeinsam geprüft werden müssen. § 229 BGB bildet den Grundtatbestand, § 230 BGB stellt die Selbsthilfe unter den Vorbehalt der Erforderlichkeit und schreibt einige Regeln vor, die die Selbsthilfe als nur vorläufiges Mittel der Anspruchsverwirklichung charakterisieren. § 231 BGB enthält schließlich einen verschuldensunabhängigen Schadensersatzanspruch bei irrtümlicher Selbsthilfe.

8 **b)** *Weitere Tatbestände* erlaubter Selbsthilfe (dazu WERNER Sächs Akad S 12–14) regeln die §§ 562b (Durchsetzung des Vermieterpfandrechts), 581 Abs 2, 592 (Verpächterpfandrecht), 704 (Pfandrecht des Gastwirts), 859 (Abwehr verbotener Eigenmacht durch den Besitzer), 860 (Abwehr verbotener Eigenmacht durch den Besitzdiener), 865 (Abwehr verbotener Eigenmacht durch den Teilbesitzer) und 1029 BGB (Besitzschutz des Rechtsbesitzers). Weiterhin dürfen nach Maßgabe des § 910 BGB vom Nachbargrundstück eindringende Wurzeln und Zweige abgeschnitten werden. Auch das weiter als § 229 BGB gehende Verfolgungsrecht des Bieneneigentümers gem § 962 BGB stellt eine Form der Selbsthilfe dar. Diese besonderen Selbsthilferechte, die von ihren Voraussetzungen und Rechtsfolgen her nicht vollständig mit § 229 BGB übereinstimmen (vgl etwa MünchKomm/JOOST § 859 Rn 12) stehen kumulativ neben dem Selbsthilferecht aus § 229 BGB und verdrängen dieses nicht (übereinstimmend MünchKomm/GROTHE Rn 1; aA ERMAN/E WAGNER Rn 1, der von „speziellen Selbsthilferechten" spricht, die § 229 vorgehen sollen).

9 **c)** Der Selbsthilfe ähnlich ist das *Privatpfändungsrecht* zum Schutz landwirtschaftlicher Erzeugnisse vor einer Schädigung durch Vieh. Es beruht auf alten partikularrechtlichen Grundlagen, die entsprechend der Empfehlung des 20. Deutschen Juristentages 1889 gem Art 89 EGBGB als landesrechtliche Vorschriften in Geltung geblieben, heute aber fast überall aufgehoben worden sind (zu den Einzelheiten vgl STAUDINGER/HÖNLE [2018] Art 89 EGBGB Rn 1–8, 10 ff). Bereits im 19. Jahrhundert hatte das Privatpfändungsrecht keine Verbreitung mehr in den Gebieten des französischen Rechts. Der Gesetzgeber hielt wohl mit Recht eine Ausdehnung auf das gesamte Geltungsgebiet des BGB für unnötig (vgl GEBHARD, Begründung Teilentwurf 10 [SCHUBERT,

Vorentwürfe AT 2, 434]; Mot I 353 f; kritisch dazu GIERKE, Der Entwurf eines bürgerlichen Gesetzbuchs für das Deutsche Reich [1889] 77 Fn 2 und 180 f).

II. Tatbestandsvoraussetzungen der Selbsthilfe

1. Das Handeln zur Anspruchsverwirklichung

a) Anspruch

Als *Anspruch* bezeichnet das Gesetz jedes privatrechtliche subjektive Recht, von einem anderen ein Tun oder Unterlassen verlangen zu können, wie es § 194 BGB gültig definiert (vgl STAUDINGER/PETERS/JACOBY § 194 Rn 6). Wie SCHÜNEMANN (66 f) auf den prozessualen Anspruch im Sinne eines Streitgegenstands abzustellen, ist weder gesetzessystematisch naheliegend noch erforderlich. Soweit Klagen geführt werden, die nicht der Durchsetzung eines materiellrechtlichen Anspruchs dienen (zB Feststellung der Wirksamkeit einer Kündigung), kommt Selbsthilfe nicht in Betracht, weil ein passendes Durchsetzungsziel fehlt. Der zu verwirklichende Anspruch muss objektiv und nicht nur nach der Vorstellung des Handelnden bestehen (BayObLG 18. 10. 1990 – 5 St 92/90, JZ 1991, 681 f – mit allerdings im Übrigen zweifelhafter Argumentation; MünchKomm/GROTHE Rn 3; WERNER SächsAkad S 16). Der Pächter eines Marktstandplatzes hat zB keinen Anspruch gegen denjenigen, der mit seinem parkenden Lastwagen den Zugang zum von der Stadt gepachteten Platz versperrt. Demzufolge fehlt ein Selbsthilferecht (AG Kiel 17. 1. 1975 – 16 C 605/74, VersR 1976, 180). – Eine Wohnungseigentümergemeinschaft kann nicht durch Beschluss einem Eigentümer die Beseitigung einer baulichen Veränderung (hier eines Werbeschildes) auferlegen, sodass der Verwalter auch nicht kurzerhand selbst das Schild abmontieren darf (LG Karlsruhe 27. 9. 2011 – 11 S 41/10, ZWE 2012, 103). – Hat eine Gemeinde auf einem Privatgrundstück unter Duldung durch den früheren Eigentümer öffentliche Abwasserentsorgungsanlagen errichtet, so ist auch der nachfolgende Eigentümer zur Duldung verpflichtet und nicht berechtigt, im Wege der Selbsthilfe diese Anlagen zu beseitigen (OVG Bautzen 10. 2. 2017 – 4 B 157/16, juris Rn 5). **10**

Die *Taschenkontrolle im Supermarkt* kann in der Regel nicht auf § 229 BGB gestützt werden. Ein Selbsthilferecht käme überhaupt allenfalls dann in Betracht, wenn gegen den Besucher ein Anspruch auf eine solche Kontrolle oder gar Herausgabe der Tasche bestünde, etwa infolge eines Ladendiebstahls (nicht überzeugend BGH 3. 11. 1993 – VIII ZR 106/93, NJW 1994, 188 f, der ohne Stütze im Gesetz einen „konkreten Verdacht" genügen lässt; wie hier MünchKomm/GROTHE Rn 3). Für eine vertragliche Anspruchsgrundlage fehlt wenigstens in den streitigen Fällen regelmäßig die erforderliche Einigung. Hinzu kommen Zweifel über die Wirksamkeit entsprechender AGB im Hinblick auf § 307 Abs 2 Nr 1 BGB. Aber selbst wenn man einen Anspruch bejahen wollte, dürfte einem Selbsthilferecht unter dem Gesichtspunkt der Subsidiarität der Selbsthilfe die Tatsache entgegenstehen, dass zu den üblichen Geschäftszeiten ohne Schwierigkeiten obrigkeitliche Hilfe erlangt werden kann (OLG Frankfurt 1. 10. 1993 – VI ZR 271/92, NJW 1994, 946 f; vgl auch BGH 3. 7. 1996 – VIII ZR 221/95, BGHZ 133, 184). Erfolgt dennoch eine Taschenkontrolle, so handelt es sich um einen Fall *vermeintlicher Selbsthilfe,* der nach § 231 BGB zum Schadensersatz verpflichten kann. **11**

b) Durchsetzbarkeit des Anspruchs?

12 Da die Selbsthilfe einen objektiv bestehenden Anspruch voraussetzt, ist zu fragen, ob der Anspruch vollwirksam entstanden, fällig und durchsetzbar sein muss. Die Antwort ergibt sich aus dem Zweck der Selbsthilfe, staatliche Hilfe bei der Rechtsdurchsetzung zu substituieren, um effektiven Rechtsschutz zu gewährleisten. Daher darf das Selbsthilferecht nicht über die Möglichkeiten verfahrensmäßiger Anspruchsverwirklichung hinausreichen.

13 Die Anwendung von § 229 BGB wird nicht dadurch ausgeschlossen, dass der Anspruch *bedingt* (§ 153 BGB) oder *betagt* (§ 163 BGB) ist (BGB-RGRK/Johannsen Rn 10). Rechtfertigen lässt sich das damit, dass in diesen Fällen auch einstweiliger Rechtsschutz möglich wäre (§ 916 Abs 2 ZPO). Freilich ist dann auch für die Selbsthilfe entsprechend ein Arrest- (§§ 917, 918 ZPO) bzw Verfügungsgrund (§§ 935, 940 ZPO) zu verlangen (so schon Titze 122 ff; vgl auch unten Rn 21). Unter diesen Voraussetzungen ist ein zwar entstandener, aber noch nicht wirksamer Anspruch prinzipiell selbsthilfefähig.

14 Soweit *rechtsvernichtende Einwendungen* bestehen, ist die Selbsthilfe unzulässig. Es besteht kein Anspruch, dessen Verwirklichung gesichert werden könnte. Zur Verwirklichung von *Naturalobligationen* (vgl Staudinger/Peters/Jacoby § 194 Rn 10) und von Ansprüchen, deren Durchsetzbarkeit aufgrund der *Erhebung einer Einrede* zeitweise oder dauernd ausgeschlossen ist (vgl Staudinger/Peters/Jacoby § 214 Rn 36 f), ist Selbsthilfe unzulässig (Erman/E Wagner Rn 3). Im Falle der Verjährung muss sich der Schuldner also auf diese berufen (Jauernig/Mansel §§ 229–231 Rn 2; Jahr JuS 1964, 293, 299). Dem gleichzustellen ist der Fall des § 241a Abs 1 BGB, der trotz fortbestehenden Eigentums des Lieferanten unbestellter Waren sämtliche Ansprüche gegen den Empfänger ausschließt. In allen diesen Fällen ist die gerichtliche Durchsetzung solcher Rechte unmöglich (vgl auch MünchKomm/Grothe Rn 3). Dasselbe gilt für einen *rechtskräftig abgewiesenen Anspruch*. Da es auf einen objektiv bestehenden Anspruch ankommt, billigt Heyer (ArchBürgR 1901, 59 ff) zu Unrecht die Selbsthilfe, wenn der Gläubiger annehmen dürfe, im Wege der Wiederaufnahme eine Beseitigung des abweisenden Urteils erreichen zu können.

c) Anspruchsberechtigter

15 Der Anspruch muss ferner *dem Handelnden zustehen* (aA Schünemann 56 ff – ausgehend von dem Verständnis, die Notwehr sei ein Unterfall der Selbsthilfe, vgl auch ders., 53; Bork, AT [4. Aufl 2016] Rn 384 – der dort angeführte Dritte, der dem auf frischer Tat ertappten Dieb die Sache gewaltsam abnimmt, ist durch Notwehr bzw Nothilfe nach § 227, nicht aber nach § 229 gerechtfertigt). Zur Verwirklichung fremder Ansprüche gibt es keine *Selbst*hilfe. Das folgt schon aus dem Begriff. Daher begründet ein Handeln als auftragsloser Geschäftsführer kein Selbsthilferecht (aM Soergel/Fahse[13] Rn 9 mit Hinweis darauf, der Geschäftsführer werde zur Unterstützung eines anderen tätig; ähnlich Staudinger/Gutzeit [2018] § 859 Rn 18; dennoch dürften die Voraussetzungen einer Geschäftsführung ohne Auftrag nicht erfüllt sein, vgl unten Rn 49). Der über den Wortlaut des Begriffs „Selbsthilfe" hinausweisende Grund ist, dass die Geltendmachung eines subjektiven Rechts prinzipiell in die Zuständigkeit des Berechtigten fällt. Niemandem soll die Durchsetzung seiner Rechte aufgedrängt werden können. Das gebietet schon der Respekt vor der Freiheit des Einzelnen. Ohne Widerspruch dazu ist es jedoch denkbar, *mit Zustimmung* oder *Genehmigung* des Betroffenen nach § 229 BGB gerechtfertigte „Fremdhilfe" zu üben (MünchKomm/GROTHE Rn 2; ERMAN/E WAGNER Rn 3; ENNECCERUS/NIPPERDEY [1960] § 243 III 4; HÜBNER, AT § 27 III 1 b Rn 322; anders noch STAUDINGER/WERNER [2001] Rn 7). Aus demselben Grund ist es zulässig, dass sich jemand zur Verwirklichung eines eigenen Anspruchs der *Hilfe eines Dritten* bedient (Mot I 356). Deshalb können Personen Selbsthilfemaßnahmen für den eigentlich Berechtigten ergreifen, die gleichsam *im Lager des Selbsthilfeberechtigten stehen* und daher nicht eigenmächtig in eine fremde Zuständigkeitszuweisung eindringen (SCHREIBER Jura 1997, 29, 34). Sie benötigen dazu keineswegs eine rechtsgeschäftliche Zustimmung oder einen Auftrag. So kann uU die Kellnerin in einer Gastwirtschaft für den Gastwirt unter Berufung auf § 229 BGB einen Zechpreller festhalten (Bsp nach BayObLG 18. 10. 1990 – 5 St 92/90, JZ 1991, 681 f; DUTTGE Jura 1993, 416, 418 f) oder der Zugbegleiter für das Bahnunternehmen einen Schwarzfahrer (AG Hamburg 30. 10. 2006 – 644 C 402/05). Ein Wohnungsverwalter kann für die Wohnungseigentümergemeinschaft Selbsthilfe üben (LG Karlsruhe 27. 9. 2011 – 11 S 41/10, ZWE 2012, 103 – allerdings fehlte es in diesem Fall am geeigneten Anspruch der Gemeinschaft).

d) Anspruchsgegner

Die Maßnahme zur Selbsthilfe kann sich grundsätzlich *gegen jeden Schuldner* richten, gleichgültig ob natürliche oder juristische Person, gleichgültig ob Privatperson oder öffentlich-rechtliches Rechtssubjekt. Ist eine juristische Person öffentlichen Rechts privatrechtlich verpflichtet, ist kein Grund erkennbar, warum gegen sie bei Vorliegen der übrigen Tatbestandsvoraussetzungen keine Selbsthilfe geübt werden dürfte (SCHÜNEMANN 63; anders STAUDINGER/DILCHER[12] Rn 8 und ENNECCERUS/NIPPERDEY [1960] § 242 Fn 5). Allerdings wird kaum einmal die Voraussetzung erfüllt sein, dass in diesen Fällen obrigkeitliche Hilfe nicht rechtzeitig erlangt werden kann (so auch SOERGEL/FAHSE[13] Rn 7 mit Fn 11). 16

2. Das Fehlen obrigkeitlicher Hilfe

Selbsthilfe kann nur zulässig sein, wenn **obrigkeitliche Hilfe nicht rechtzeitig** zu erlangen ist, wie sich § 229 BGB ausdrückt. Der Begriff „obrigkeitliche Hilfe" bezeichnet jede der Anspruchsverwirklichung dienende *staatliche Tätigkeit* (dazu näher WERNER Sächs Akad S 16 f). Das Fehlen obrigkeitlicher Hilfe setzt nicht etwa voraus, dass der Staat gar keine Hilfe bietet. Entscheidend ist, dass die Hilfe nicht in der gebotenen *Eile* erreicht werden kann. Das ist jedenfalls dann der Fall, wenn der Anspruch mit staatlicher Hilfe nicht mehr verwirklicht werden könnte, würde der Berechtigte untätig bleiben. Die eigentlich erforderliche eilige staatliche Hilfe geschieht praktisch vor allem durch *einstweilige Verfügungen und Arreste,* welche für die Anspruchssicherung ausreichen (RGZ 4. 12. 1934, 146, 182, 186; ENNECCERUS/NIPPERDEY [1960] § 242 Fn 9; LG Berlin 19. 7. 2016 – 18 S 330/15, juris Rn 9 – Durchsetzung eines mietrechtlichen Mängelbeseitigungsanspruchs). Ebenso kommt das Eingreifen des *Gerichtsvollziehers* in Betracht, zB gem § 892 ZPO. Ob ein Erkenntnisverfahren oder die Zwangsvollstreckung trotz ihrer zeitlichen Dauer zur Anspruchsverwirklichung geeignet sind, ist im Einzelfall zu prüfen. In den Fällen, in denen man den Berechtigten auf den gewöhnlichen Rechtsweg verweisen kann, fehlt im Allgemeinen auch die für die Selbsthilfe erforderliche Vereitelungsgefahr. So ist es zB unzulässig, einen seit Jahrzehnten über ein privates Grundstück verlaufenden öffentlichen Weg mit Steinen zu blockieren, weil dieser Abschnitt nicht entsprechend gewidmet ist. Selbsthilferechte können hier nicht geltend gemacht werden (VG Würzburg 21. 1. 2013 – W 5 17

S 13. 29 Rn 34), sondern es müssen behördliche und gerichtliche Mittel eingesetzt werden (BayVGH 26. 2. 2013 – 8 B 11. 1708, juris Rn 32 f; VG München 23. 6. 2017 – M 2 K 16. 4860, juris Rn 18). Die eigenmächtige Räumung einer Maschinenhalle, die der Mieter erkennbar noch nicht aufgegeben hat, ist nicht durch Selbsthilfe gedeckt (OLG Dresden 14. 6. 2017 – 5 U 1426/16 [2], juris Rn 21; GLENK MietRB 2017, 167, 168).

18 Auch **polizeiliches Handeln** stellt eine Form staatlicher Eilfallhilfe dar, soweit ausnahmsweise der Schutz privater Rechte in die Zuständigkeit der Ordnungsbehörden fällt (KNEMEYER, Polizei- und Ordnungsrecht [11. Aufl 2007] Rn 135; GUSY, Polizeirecht [10. Aufl 2017] Rn 90–95, 310 ff; HIRT, Kriminalistik 2003, 570, 574 u 576). Die Zulässigkeit polizeilicher Maßnahmen folgt allein aus dem Polizeirecht. Die Maßnahmen sind nicht Sicherungsmittel der Selbsthilfe (**aA** insoweit HIRT aaO, 576).

Die *Dauer* eines auch im Eilfall erforderlichen behördlichen Entscheidungsprozesses muss der Bedrohte normalerweise in Kauf nehmen. Deshalb darf er zB ein störend geparktes Fahrzeug nicht ohne Einschaltung der Polizei abschleppen lassen (vgl OVG Koblenz 29. 9. 1987 – 7 A 34/87, NJW 1988, 929, 930; AG Heidelberg 1. 3. 1977 – 24 C 553/76, NJW 1977, 1541, 1542; LG Kiel 13. 3. 1957 – IV 2/57, SchlHA 1957, 162).

19 Obrigkeitliche Hilfe kann entweder deshalb nicht rechtzeitig erlangt werden, weil kein geeignetes, hinreichend schnelles Verfahren zur Verfügung steht oder weil **staatliche Hilfe zu Unrecht verweigert** wurde (vgl ERMAN/E WAGNER Rn 4). Hier hat der Anspruchsberechtigte zwar um Hilfe gebeten, aber sie wurde ihm nicht zuteil. Für den letzteren Fall genügt bereits, dass die Terminierung verzögert oder bewusst lange hinausgeschoben wird. Wurde die staatliche Hilfe aufgrund eines formalen und infolge Zeitknappheit nicht mehr zu behebenden Fehlers im Gesuch verweigert, so kommt das der Verweigerung staatlicher Hilfe gleich (MünchKomm/GROTHE Rn 4; BGB-RGRK/JOHANNSEN Rn 9). Das gilt auch, wenn wegen einer Bagatellforderung der Rechtsschutz verweigert wurde. Selbsthilfe ist in diesen Fällen zulässig (STAUDINGER-Symposion 1998/WERNER S 50 ff mit vielen Nachweisen aus der Rechtsprechung). Die Besonderheit dieser Fälle liegt darin, dass das vorgesehene gesetzliche Verfahren eben jene Hilfe nicht gebracht hat, die sich der Anspruchsberechtigte erhofft hatte. Darf man zur Selbsthilfe greifen, wenn das gesetzliche Verfahren **erfolglos** war? Grundsätzlich ist das zu verneinen. Der Rechtsstaat ist auf die allseitige Akzeptanz der gerichtlichen Streiterledigung angewiesen. Wenn jedoch der Rechtsschutz mit Hinweis auf die im Vergleich zur Forderungssumme hohen Verfahrenskosten verweigert wird, stellt sich das Gericht gegen seinen eigenen Existenzzweck. Gesetzlicher Rechtsschutz besteht gerade, um berechtigten Forderungen zur Durchsetzung zu verhelfen (STAUDINGER-Symposion 1998/WERNER S 51). Zwar stehen auch die Maßnahmen staatlicher Rechtsdurchsetzung unter dem Gebot der Verhältnismäßigkeit (BVerfG 16. 3. 1971 – 1 BvR 52/66, BVerfGE 30, 292, 315 f; 5. 11. 1980 – 1 BvR 290/78, BVerfGE 55, 159, 165), aber bei der Güterabwägung darf man sich nicht mit einer einfachen wirtschaftlichen Betrachtungsweise von Verfahrenskosten und Ertrag begnügen, sondern muss auch die übergeordneten Interessen der Wahrung des Rechtsfriedens und des Gewaltmonopols beachten, was zu selten geschieht. Gerade die mit der Rechtsgewährung verbundenen Gemeinschaftswerte verbieten die Versagung des Rechtsschutzes wegen Bagatellforderungen. Geschieht sie dennoch, verweigert der Staat seine obrigkeitliche Hilfe zu Unrecht. Selbsthilfe ist in diesem Fall zulässig (im Ergebnis ebenso STAUDINGER-Symposion 1998/WERNER S 56).

Das Fehlen obrigkeitlicher Hilfe kann allerdings nicht mit einem möglicherweise **20** **ineffizienten Vollstreckungsverfahren** begründet werden, wie es insbesondere im Zusammenhang mit offenen Mietzinsforderungen immer wieder beklagt wird (so im Ergebnis zB OLG Saarbrücken 25. 9. 2005 – 3 W 204/05 m Anm Fritz jurisPR-MietR 12/2006 Anm 6; ausführlich zu den Vollstreckungsmöglichkeiten Fischer WuM 2007, 239). Führt ein ordnungsmäßig durchgeführtes Vollstreckungsverfahren nicht zum materiellrechtlich geschuldeten Erfolg, liegt darin keine un(ge)rechte Verweigerung staatlicher Hilfe. Hier drückt sich vielmehr aus, dass die Rechtsposition des Gläubigers nicht allein durch das materielle Recht geprägt wird, sondern dass sie sich letztlich erst aus einer Zusammenschau von materiellem und Prozessrecht ergibt (vgl oben Rn 4 mit Nachweisen). Das Freiheitsrecht des Schuldners begrenzt die Zwangsrechte des Gläubigers. Konkreten Ausdruck findet das Freiheitsrecht des Schuldners u a auch im Vollstreckungsschutz. Dieser darf nicht durch Selbstjustiz unterlaufen werden. Bietet das Vollstreckungsverfahren keinen (wirtschaftlichen) Erfolg, so muss der Gläubiger dies ertragen. Sein Rechtsanspruch reichte dann nicht weiter.

3. Die Vereitelungsgefahr bzw wesentliche Erschwerung der Anspruchsverwirklichung

a) Weitere Voraussetzung zulässiger Selbsthilfe ist, dass ohne das sofortige Ein- **21** greifen des Berechtigten die Verwirklichung des Anspruchs vereitelt oder wesentlich erschwert würde. Ein drohender, unwiederbringlicher Verlust ist also nicht erforderlich, sondern es genügt eine **massive Gefährdung des Anspruchs**. Die Anforderungen in diesem Punkt sind denen im einstweiligen Rechtsschutz vergleichbar (vgl Baumbach/Lauterbach/Albers/Hartmann [76. Aufl 2018] § 917 Rn 5, § 918 Rn 3 f, § 935 Rn 16 f; § 940 Rn 6 sowie oben Rn 2). Vereitelungsgefahr iS des § 229 BGB besteht zB noch nicht, wenn der Schuldner Vermögensverluste erleidet, welche die baldige Insolvenzeröffnung (§§ 16 ff InsO) über sein Vermögen wahrscheinlich machen. Wohl aber besteht Vereitelungsgefahr, wenn der Schuldner zur Flucht ins Ausland angesetzt hat, zB den Flughafen betritt. Gleiches gilt, wenn ein Fahrgast ohne das Fahrgeld zu zahlen oder die Personalien zurückzulassen das Taxi verlässt (BGH 2. 3. 1971 – VI ZR 136/69, VersR 1971, 629 f und vorinstanzlich OLG Hamburg 14. 4. 1969 – 8 U 91/68, MDR 1969, 759; OLG Düsseldorf 24. 7. 1991 – 2 Ss 223/91, NJW 1991, 2716 f; AG Grevenbroich 26. 9. 2000 – 5 Ds 6 Js 136/00, NJW 2002, 1060–1062; vgl auch Werner, Fälle mit Lösungen für Anfänger im Bürgerlichen Recht [10. Aufl 2000] 20. Fall, S 156 ff). Dasselbe gilt auch für das Fahrgeld bei der Benutzung öffentlicher Verkehrsmittel. Hindert ein Zugbegleiter einen Fahrgast auszusteigen, um die Personalien des Betreffenden feststellen zu können, ist die Freiheitsberaubung durch § 229 BGB gerechtfertigt (AG Hamburg 30. 10. 2006 – 644 C 402/05 Rn 44 ff). – Problematisch erscheinen *Unterlassungsansprüche,* die grundsätzlich ebenfalls von § 229 BGB erfasst werden (vgl oben Rn 10). Man könnte meinen, ein Verstoß vereitle sofort die Durchsetzung des Anspruchs und rechtfertige somit die Selbsthilfe. Ein erheblicher Teil der in Betracht kommenden Ansprüche wird durch das Selbsthilferecht des Besitzers gem § 859 BGB erfasst (zum Verhältnis zu § 229 vgl oben Rn 8), mit dem Besitzstörungen abgewehrt werden können. Ansonsten ist zu sagen, dass das Gesetz auch bei der Durchsetzung von Unterlassungsansprüchen im Wege der Selbsthilfe eine massive Gefährdung des Anspruchs verlangt. Nicht jede Zuwiderhandlung gegen eine Unterlassungspflicht erfüllt diese Voraussetzung. Vorrangig bleiben vielmehr auch hier die verfahrensmäßigen Rechtsmittel. So mag ein Nachbar zwar verpflichtet sein, ruhestörenden Lärm zu unterlassen. Ist nun zB sein Radio zu laut, darf der Gestörte aber nicht etwa das Radio wegnehmen, da es bereits genügen würde, das Radio leise zu drehen. – Zur Verwirklichung des nachbarrechtlichen Hammerschlag- und Leiterrechts, das es erlaubt, zu bestimmten Instandsetzungsarbeiten das Nachbargrundstück zu betreten, ist es nicht im Wege der Selbsthilfe zulässig, durch das Dach des Carports des Nachbarn ein Gerüst zu führen, wenn es möglich ist, dazu zunächst die Erlaubnis des Nachbarn einzuholen (LG Detmold 31. 1. 2014 – 10 S 133/13, juris Rn 25–27).

22 Drohende *Beweisschwierigkeiten* allein begründen noch keine Vereitelungsgefahr (BGH 11. 5. 1962 – 4 StR 81/62, BGHSt 17, 328, 331; BGB-RGRK/Johannsen Rn 12; Erman/ E Wagner Rn 5). Sie können aber zugleich eine wesentliche Erschwerung der Anspruchsverwirklichung darstellen. So liegt der Fall bei einem zahlungsunwilligen Kunden einer Selbstbedienungstankstelle. Der Tankstellenbetreiber bzw sein Personal dürfen den Kunden nötigenfalls zur Personalienfeststellung festnehmen, obgleich die Identität ggf auch über eine Halterabfrage anhand des Autokennzeichens ermittelbar wäre. Dazu müsste der Tankstellenbetreiber aber die Voraussetzungen von § 39 StVG darlegen, wozu er regelmäßig einen Rechtsanwalt einschalten müsste (vgl Krüger NZV 2003, 218, 220).

23 Die Gefahr der Anspruchsvereitelung oder eine wesentliche Erschwerung der Anspruchsverwirklichung kann man allerdings nicht aus einem möglicherweise ineffizienten staatlichen *Vollstreckungsverfahren* ableiten (vgl oben Rn 20). So sind beispielsweise gegen säumige Mieter gerichtete Maßnahmen, wie das Absperren von Strom und Wasser oder das Aushängen von Fenstern und Türen, nicht zulässig (vgl dazu Horst MDR 2003, 1035, 1037).

24 b) Hat der Anspruchsberechtigte hinreichende *Sicherheiten*, besteht keine Vereitelungsgefahr. Sicherheiten genügen allerdings nur dann, wenn sie äquivalent sind. Davon kann man nur sprechen, wenn es um Wertverschiebungen zB durch Geld geht. Soweit es sich hingegen um einen Erfüllungsanspruch handelt, der sich auf einen bestimmten Gegenstand richtet, kann der Gläubiger nicht auf einen alternativ bestehenden Schadensersatzanspruch verwiesen werden, auch wenn dieser durch eine Sicherheit abgedeckt ist. Das ist eine Folge des Prinzips der Vertragstreue. Im Übrigen lässt sich das Erfüllungsinteresse in diesen Fällen oftmals nicht durch eine Geldzahlung ausgleichen (vgl Mot I 355; MünchKomm/Grothe Rn 5; Schünemann 77 f).

III. Zulässige Selbsthilfemaßnahmen

1. Allgemeines

25 Als Mittel der Selbsthilfe sind grundsätzlich nur solche Maßnahmen zulässig, die auch staatliche Organe zur Sicherung des gefährdeten Anspruchs treffen dürften (OLG Köln 25. 7. 1995 – Ss 340/95, NJW 1996, 472 f). Das ergibt sich aus dem Zweck des Selbsthilferechts, die staatliche Aufgabe der Sicherung der Anspruchsverwirklichung zu ersetzen. Um die Schwierigkeit der Beurteilung dieser Frage zu erleichtern, zählt das Gesetz in § 229 BGB und ergänzt durch § 230 BGB eine Reihe zulässiger Maßnahmen auf (vgl Prot II 1, 242). In § 229 BGB sind es im Wesentlichen drei Gruppen von Maßnahmen: **Gewaltanwendung gegen Sachen, Festnahme** des Schuldners und **Widerstandsbeseitigung**.

Auszuscheiden haben alle **Maßnahmen, die nicht der Anspruchsverwirklichung die-** 26
nen. Es ist also stets zu bestimmen, wie weit ein Anspruch reicht. So mag ein
Nachbar verpflichtet sein, ruhestörenden Lärm zu unterlassen. Ist nun zB sein Radio
zu laut, darf der Gestörte nicht etwa das Radio wegnehmen, da es bereits genügen
würde, das Radio leise zu drehen. *Vergeltungsmaßnahmen* sind nicht vom Selbsthilferecht gedeckt. Wenn zB ein Grundstückseigentümer, dem der Nachbar Schutt
auf das Grundstück geschoben hat, diesen Schutt, nachdem bereits mehrere Jahre
vergangen sind, auf das Nachbargrundstück zurückschiebt, statt ihn abfahren zu
lassen, dient das Verhalten nicht der Anspruchssicherung, sondern der Vergeltung
und ist nicht nach § 229 BGB gerechtfertigt (OLG Köln 6. 7. 1964 – 4 U 166/63, NJW 1964,
2019; zust Erman/E Wagner Rn 3). Sperrt ein Grundstückseigentümer eigenmächtig
einen tatsächlich dem öffentlichen Verkehr überlassenen, nicht aber entsprechend
gewidmeten Feld- und Waldweg, dient das nicht der Verwirklichung des Eigentumsrechts, weil dadurch die Eigenschaft eines „tatsächlich-öffentlichen" Weges nicht
beseitigt werden kann (VGH München 11. 1. 2005 – 8 B 11.1708, Natur und Recht 2005, 463,
464). Ebenso liegt es, wenn ein Fahrzeugführer zum Anhalten gezwungen wird, um
ihn wegen dessen verkehrswidriger Fahrweise zu beschimpfen (OLG Celle 25. 4. 1963 –
1 Ss 100/63, NdsRpfl 1963, 189). Auch das Handeln zur *Vermeidung von Beweisschwierigkeiten* ist keine Anspruchsverwirklichung (BGH 11. 5. 1962 – 4 StR 81/62, BGHSt 17,
328, 331, vgl oben Rn 22).

Ein allgemein die Rechtsordnung beherrschender Gedanke ist das **Prinzip der Verhältnismäßigkeit** (BVerfG 15. 12. 1965 – BvR 513/65, BVerfGE 19, 342, 348), das auch bei der
Ausübung des Selbsthilferechts begrenzende Wirkung entfaltet. Das ist besonders bei
der Selbsthilfe im Zusammenhang mit Unterlassungsansprüchen zu beachten, denn
hier könnte man schon in einer einfachen Zuwiderhandlung Vereitelungsgefahr sehen
und obrigkeitliche Hilfe ist vor einer Rechtsverletzung nicht mehr zu erreichen. Wirkt
das Verhältnismäßigkeitsprinzip bereits auf der Tatbestandsebene so, dass nur eine
massive Beeinträchtigung zur Selbsthilfe berechtigt, so verlangt der Verhältnismäßigkeitsgrundsatz, dass auch in diesem Fall nur in geeigneter, erforderlicher und angemessener Weise weitere Verletzungen für die Zukunft vermieden werden.

Die **rechtsgeschäftliche Erweiterung** der als Selbsthilfe zulässigen Maßnahmen, also 27
der Selbsthilfemittel, ist *nicht möglich*. Unzulässig ist eine Vereinbarung, welche die
Voraussetzungen der Selbsthilfe erweitert (RG 30. 1. 1931 – II 219/30, RGZ 131, 213, 222 f;
MünchKomm/Grothe Rn 1), weil das Maß der Durchbrechung des staatlichen Gewaltmonopols nicht der Disposition privater Rechtssubjekte unterliegen kann (aA Erman/
E Wagner Rn 1 bezüglich der Erweiterung der zulässigen Selbsthilfemittel). Ein Abzahlungs-
verkäufer darf daher nicht dem säumigen Käufer die verkaufte Sache im Wege der
Selbsthilfe wegnehmen, auch wenn vorher vertraglich die Duldung der Wegnahme
vereinbart worden ist (RG 4. 12. 1934 – III 201/34, RGZ 146, 182, 186).

Wirksam können jedoch *Vereinbarungen über die Ausgestaltung* gesetzlich zulässiger 28
Selbsthilfemaßnahmen getroffen werden (insoweit übereinstimmend mit Erman/E Wagner
Rn 1). So kann man zB gültig die Art und Weise der Wegnahme regeln. Die Einigung
muss freilich für den Augenblick der Selbsthilfehandlung noch fortbestehen. Erman/
E Wagner (Rn 1) hält sogar die *Vereinbarung eines Selbsthilfeverkaufs* für eine
zulässige Abrede über die Ausgestaltung des Selbsthilferechts. Das ist allerdings
zweifelhaft hinsichtlich des Zwecks der Selbsthilfe, die ähnlich wie der einstweilige

Rechtsschutz primär auf die *vorläufige Sicherung* der Anspruchsverwirklichung zielt, nicht aber bereits auf die Anspruchsverwirklichung selbst.

2. Die Gewaltanwendung gegen Sachen

29 a) § 229 BGB lässt als Mittel der Gewaltanwendung die **Wegnahme, Zerstörung** oder **Beschädigung** von Sachen zu. Soweit gesagt wird, Zerstörung oder Beschädigung seien gegenüber der Wegnahme subsidiär (SOERGEL/FAHSE[13] Rn 19), folgt das allenfalls aus § 230 Abs 1 BGB. § 229 BGB enthält keine solche Bestimmung.

30 b) Bei einer Wegnahme muss nach § 230 Abs 2 BGB der *dingliche Arrest* nach den §§ 916, 917 ZPO beantragt werden, weil die Selbsthilfe nur ein *Besitzergreifungs-*, aber kein Besitzrecht zu begründen vermag (SOERGEL/FAHSE[13] Rn 17). SCHÜNEMANN (112 f und diesem folgend PALANDT/ELLENBERGER Rn 8) nennt das ein „Zurückbehaltungsrecht auf Zeit". Wird das Arrestgesuch verzögert oder abgelehnt, muss man nach § 230 Abs 4 BGB sofort die weggenommene Sache zurückgeben (vgl § 230 Rn 5).

31 Aus dieser Einschränkung des Wegnahmerechts ergibt sich, dass wegen Geldforderungen keine *unpfändbaren Sachen* zum Zwecke der Selbsthilfe weggenommen werden dürfen (ERMAN/E WAGNER Rn 6). Das materielle Recht beachtet so den vollstreckungsrechtlichen Schutz der schuldnerischen Freiheit (vgl oben Rn 4). Anders ist es, wenn der Anspruch auf Übergabe oder Herausgabe gerade dieser unpfändbaren Gegenstände gerichtet ist. Allerdings folgt aus dem Arresterfordernis im Falle der Sachwegnahme, dass die Wegnahme grundsätzlich nur wegen eines Herausgabeanspruchs oder einer Geldforderung stattfinden kann (ENNECCERUS/NIPPERDEY [1960] § 242 III 1; VAN VENROOY NJW 1977, 1926). Die Wegnahme kann allerdings auch mittelbar zur Erzwingung der Identifizierung eines fluchtverdächtigen Schuldners eingesetzt werden (BGH 5. 4. 2011 – 3 StR 66/11, NStZ 2012, 144 unter 2 a; vgl auch unten Rn 35 und § 230 Rn 1). – Auch die gewaltsame Räumung eines Zimmers in einem Behindertenheim kann eine Wegnahme von Sachen sein (so OLG Celle 13. 4. 2000 – 22 U 7/00, OLGR 2000, 211 f – die Selbsthilfevoraussetzungen hat das Gericht in diesem Fall aber verneint, weil eine endgültige Räumung des Zimmers beabsichtigt gewesen sei). Hier muss anschließend analog § 230 Abs 2 BGB eine einstweilige Verfügung nach § 940a ZPO beantragt werden.

32 c) Der Eingriff zum Zwecke der Selbsthilfe darf sich nur gegen *Sachen des Schuldners* richten, nicht auch gegen Sachen Dritter (MünchKomm/GROTHE Rn 7; ERMAN/E WAGNER Rn 6; ENNECCERUS/NIPPERDEY [1960] § 242 Fn 13). Der Rechtsgedanke des § 808 ZPO, der die Pfändung fremder Sachen zulässt, die sich im Gewahrsam des Schuldners befinden, kann nicht auf die Wegnahme zum Zwecke der Selbsthilfe übertragen werden, weil die speziellen Rechtsmittel des Zwangsvollstreckungsrechts nicht auf die private Rechtsverwirklichung übertragen werden können. Denkbar ist es aber, die Wegnahme von solchen Sachen, die im Eigentum Dritter stehen, zu gestatten, auf die der Schuldner einen Anspruch hat (insbesondere also unter Eigentumsvorbehalt gekaufte Gegenstände; vgl ähnlich BGB-RGRK/JOHANNSEN Rn 4).

33 Werden auf einer Fläche die Plakatierungen zweier Wettbewerber geduldet, darf jeder nur die Hälfte der Fläche bekleben, da es wettbewerbswidrig ist, fremde Plakate zu überkleben. Beansprucht einer von beiden mehr als die Hälfte, darf der andere auf der ihm zustehenden Seite die Plakate des anderen im Wege der Selbsthilfe überkleben (OLG Stuttgart 1. 3. 1996 – 2 U 205/95, NJW-RR 1996, 1515 f).

Beim Einfangen herrenloser, insbesondere *wilder Tiere* kommt keine Selbsthilfe, sondern analog eine Notstandshandlung in Betracht (vgl § 228 Rn 22). – Eine *Stromabschaltung* durch den Vermieter wegen Zahlungsverzugs des Mieters ist keine Selbsthilfe, sondern allenfalls Ausübung eines Zurückbehaltungsrechts (vgl LG Kiel 23. 2. 1950 – 1 S 448/49, SchlHA 1950, 177). Das kann nur gelten, wenn der Vermieter zur Bereitstellung der Stromversorgung verpflichtet ist. Regelmäßig besteht aber ein selbstständiges Vertragsverhältnis zwischen dem Mieter und dem Stromversorger, sodass der Vermieter zur Stromabschaltung auch nicht durch ein Zurückbehaltungsrecht legitimiert ist. 34

3. Die Festnahme des Schuldners

a) Nach dem Vorbild des § 180 SächsBGB erlaubt das Gesetz die Festnahme des Verpflichteten als Selbsthilfemaßnahme, wenn er der *Flucht verdächtig* ist. Gegen einen Missbrauch des Festnahmerechts sind in § 230 Abs 3 und 4 BGB besondere Vorkehrungen getroffen. Daraus darf man aber nicht ableiten, eine Festnahme sei nur zulässig, wenn der *persönliche Sicherheitsarrest* gem § 918 ZPO angeordnet werden könnte (so aber SOERGEL/FAHSE[13] Rn 20; LAUBENTHAL JR 1991, 519). Denn § 230 Abs 3 BGB sieht gerade die Möglichkeit vor, eine Person am Weggehen zu hindern und vorübergehend festzuhalten (vgl bereits den Wortlaut von § 230 Abs 3 BGB: „wieder in Freiheit gesetzt"), um die Identifizierung des Betreffenden mit Namen und ladungsfähiger Anschrift zu ermöglichen. Hierzu kann der Berechtigte die Einsichtnahme in Ausweisdokumente verlangen oder aber, soweit der Betreffende solche nicht mit sich führt oder die Einsichtnahme verweigert, diesen bis zum Eintreffen der zur Aufnahme der Personalien herbeigerufenen Polizeivollzugsbeamten festsetzen (vgl zu den Grenzen des Selbsthilferechts zur Identifizierung des Schuldners BayObLG 18. 10. 1990 – 5 St 92/90, JZ 1991, 681 f und hierzu MOLKETIN GewArch 1991, 414, 417; AG Hamburg 30. 10. 2006 – 644 C 402/05 Rn 44 ff – Personalienfeststellung in Nahverkehrszug; SCHAUER/WITTIG JuS 2004, 107, 109; KRÜGER NZV 2003, 218, 220 – Personalienfeststellung eines zahlungsunwilligen Kunden). 35

Zur Durchsetzung des Festnahmerechts kann dem Handelnden auch das *Recht zur Widerstandsbeseitigung* als Selbsthilfemaßnahme helfen (vgl Rn 38). Ein Tötungsrecht lässt sich aus § 229 BGB jedoch nicht herleiten, weil die Sicherung privater Rechte ein derart weitreichendes Mittel nicht gestattet (RG 3. 10. 1935 – 2 D 640/35, RGSt 69, 308, 311 f; ERMAN/E WAGNER Rn 7; BGB-RGRK/JOHANNSEN Rn 5). Widersetzt sich der Verpflichtete der Festnahme oder dem Festhalten, so handelt er widerrechtlich. Hieraus kann sich für den Berechtigten eine Notwehrlage ergeben (OLG Hamburg 14. 4. 1969 – 8 U 91/68, MDR 1969, 759). 36

b) Sofern die Festnahme zur Selbsthilfe zugleich bei der Abwehr von Straftaten erfolgt, greift neben § 229 BGB das Recht zur *vorläufigen Festnahme* gem § 127 Abs 1 StPO (zu dieser Vorschrift eingehend KLINGBEIL 23–56) ein. Auch danach überschreitet allerdings eine ernste Körperverletzung oder gar eine Tötung des Festzunehmenden die Grenzen des Festnahmerechts (BGH 10. 2. 2000 – 4 StR 558/99, NJW 2000, 1348 f). 37

4. Widerstandsbeseitigung

38 a) Im Wege der Selbsthilfe darf der Widerstand des Verpflichteten gegen eine Handlung, die er zu dulden verpflichtet ist, beseitigt werden. Zu denken ist etwa an die vorläufige Durchsetzung einer obligatorischen Verpflichtung zur vorübergehenden Gewährung eines Notwegs (Prot II 1, 243). Die *Duldungspflicht* kann sich auch aus dem Selbsthilferecht des Gläubigers ergeben (ERMAN/E WAGNER Rn 8; SOERGEL/FAHSE[13] Rn 23). Zur Widerstandsbeseitigung sind in den Grenzen des § 230 Abs 1 BGB sowohl Maßnahmen gegen die Person des Verpflichteten unter Einschluss körperlichen Zwangs als auch gegen Sachen zulässig, zB die Durchsuchung seiner Wohnung (ENNECCERUS/NIPPERDEY [1960] § 242 III 4). Die betroffenen Sachen müssen, anders als bei der Wegnahme zum Zwecke der Selbsthilfe (vgl oben Rn 32 f), nicht im Eigentum des Verpflichteten stehen. Es genügt, dass sie sich in seinem Gewahrsam befinden.

Versucht der Verpflichtete, die rechtmäßige Selbsthilfehandlung mit Gewalt rückgängig zu machen, zB indem er die weggenommene Sache wieder in Besitz zu nehmen versucht, entsteht eine Notwehrlage. Eine Verteidigungshandlung dessen, der Selbsthilfe geübt hat, ist dann – in den allgemeinen Grenzen des Notwehrrechts – gerechtfertigt (BGH 5. 4. 2011 – 3 StR 66/11, NStZ 2012, 144, 145 unter 2 b).

39 b) Besonders zu beachten ist im Zusammenhang mit der Widerstandsbeseitigung die Subsidiarität der Selbsthilfe. Obrigkeitliche Hilfe durch einen Gerichtsvollzieher kann unter den Voraussetzungen des § 892 ZPO verlangt werden. Nur wenn diese nicht rechtzeitig käme, kann die Widerstandsbeseitigung in Selbsthilfe zulässig sein.

5. Kein subjektiver Tatbestand

40 Nach der wohl überwiegenden Auffassung ist auch die Selbsthilfehandlung nur gerechtfertigt, wenn der Berechtigte mit *Selbsthilfewillen* gehandelt hat (SOERGEL/FAHSE[13] Rn 14; jurisPK-BGB/BACKMANN Rn 20; STAUDINGER/WERNER [2001] Rn 23; SCHÜNEMANN 30–34). Der Selbsthilfewille entspreche, so heißt es, dem Verteidigungswillen bei der Notwehr und sei nicht rechtsgeschäftlicher Art. Er beziehe sich nicht auf das Bewusstsein von der Rechtmäßigkeit des eigenen Verhaltens und müsse auch nicht das beherrschende Handlungsmotiv sein. Auch sei irrelevant, ob der Handelnde schuldhaft in die Selbsthilfelage geraten sei.

41 Diese Lehre ist *abzulehnen* (ebenso MünchKomm/GROTHE Rn 6). Es gelten insofern dieselben Überlegungen wie beim Notwehrrecht (vgl § 227 Rn 48 ff). Auch hier gilt, dass der Zweck, von dem das Gesetz spricht, objektiv oder subjektiv gemeint sein kann. Entscheidend ist, dass auch die Vertreter der herrschenden Meinung die Lehre vom Handlungsunrecht nicht auf das Zivilrecht übertragen möchten. Es ist zwar insofern dogmatisch erklärlich, die Anforderungen an den subjektiven Tatbestand beinahe vollständig aufzulösen, wie es die herrschende Auffassung tut. Aber konsequent ist es allein, auf einen subjektiven Tatbestand gänzlich zu verzichten.

IV. Rechtfertigungswirkung der Selbsthilfe

1. Die Tragweite der Rechtfertigung nach § 229

a) Die gem § 229 BGB erlaubten Selbsthilfemaßnahmen sind nicht *widerrechtlich*. 42 Daher kommt eine deliktische Haftung für Selbsthilfehandlungen nicht in Betracht – auch dann, wenn der Berechtigte die Selbsthilfelage verschuldet hat. Das Opfer rechtswidriger Filmaufnahmen ist beispielsweise für den durch gerechtfertigte Selbsthilfe entstandenen Schaden an der Kamera nicht ersatzpflichtig (LG Hamburg 20. 9. 1995 – 317 S 121/95, ZUM 1996, 430 f). Gerechtfertigte Selbsthilfe ist niemals *verbotene Eigenmacht* und begründet keine Notwehrlage des Schuldners.

b) *Polizeilicher Schutz* gegen berechtigte Selbsthilfe kann nicht in Anspruch 43 genommen werden (RG 1. 8. 1909 – III 36/27, SeuffA 81 [1927] Nr 172; Enneccerus/Nipperdey [1960] § 242 Fn 12). Der Einschränkung, wenn polizeiliche Hilfe erreichbar erscheine, sei an den Voraussetzungen der Selbsthilfe zu zweifeln (Soergel/Fahse¹³ Rn 25), ist nur insoweit zuzustimmen, als es um Ansprüche geht, bei deren Durchsetzung die Polizei ausnahmsweise behilflich werden kann (Erman/E Wagner Rn 9; vgl auch oben Rn 18 f).

c) Die zivilrechtliche Rechtfertigung hebt auch die *strafrechtliche Widerrechtlich-* 44 *keit* der Handlung auf, soweit die Strafvorschrift nur dem Schutz privater Rechtsgüter dient. Eine Verletzung anderer Strafvorschriften wird durch § 229 BGB nicht ausgeschlossen.

d) Die Rechtfertigungswirkung bezieht sich allein auf die Selbsthilfemaßnahme, 45 *präjudiziert* aber sonst *in keiner Weise* Existenz und Wirkung des geschützten Anspruchs. Das wird deutlich etwa im Streit um die zulässige Nutzung eines Patents: Unterstellt, der Benutzer eines Patents könnte sich im Hinblick auf einen Anspruch gegen den Patentinhaber aufgrund des kartellrechtlichen Diskriminierungsverbotes auf § 229 BGB berufen, so ist die Patentverletzung nicht rechtswidrig. Liegen die Voraussetzungen für eine Selbsthilfe hingegen nicht vor, ist die Patentverletzung rechtswidrig. Damit ist aber selbstverständlich nicht ausgesagt, dass auch kein Anspruch auf Erlaubnis der Patentnutzung besteht oder dass ein solcher Anspruch auf Einräumung einer Lizenz nicht auf einer anderen Ebene als der Rechtswidrigkeit geltend gemacht werden könnte (LG Düsseldorf 13. 2. 2007 – 4a O 124/05; zur Frage einer präjudiziellen Wirkung der Feststellung einer Schutzrechtsverletzung für einen Lizenzanspruch vgl BGH 13. 7. 2004 – KZR 40/02, WRP 2004 1372, 1377 – Standard-Spundfass).

2. Putativselbsthilfe und Selbsthilfeexzess

a) Ein Handeln in der *irrtümlichen Annahme* einer Selbsthilfelage (Putativselbst- 46 hilfe) ist widerrechtlich. Das gilt auch, wenn ein solcher Irrtum auf eine unwirksame Vereinbarung über die Voraussetzungen der Selbsthilfe zurückzuführen ist (vgl oben Rn 27). Putativselbsthilfe führt nach § 231 BGB auch dann zu einer Schadensersatzpflicht, wenn der Handelnde seinen Irrtum nicht zu vertreten hat.

b) Widerrechtlich ist auch eine das Maß des § 230 Abs 1 BGB *überschreitende* 47 *Selbsthilfemaßnahme* (Selbsthilfeexzess).

V. Kosten der Selbsthilfe

48 Die aus einer Selbsthilfe entstehenden Kosten gehen ebenso wie die einer Selbstverteidigung zu Lasten des Schuldners (Soergel/Fahse[13] Rn 27). Im Ergebnis ist man sich darüber einig. Hat der Schuldner die Vereitelungsgefahr verschuldet und die Selbsthilfelage zu verantworten, so ergibt sich ein *deliktischer Anspruch*.

49 Wenn der Schuldner die Selbsthilfelage jedoch nicht verschuldet hat, ist die rechtliche Grundlage der Kostenerstattungspflicht zweifelhaft. Zunächst einmal kann unter den engen Voraussetzungen der §§ 280 Abs 2, 286 BGB Ersatz des Verzögerungsschadens geschuldet sein (vgl noch zum alten Recht Schünemann 133). Dieser Ersatzanspruch ist zwar nicht verschuldensunabhängig, aber dem Gläubiger kommt immerhin die Beweislastumkehr gem § 280 Abs 1 S 2 BGB zugute, die freilich gegenüber ihrem generellen Wortlaut einen reduzierten Anwendungsbereich hat (Baumgärtel/Repgen, Beweislast [4. Aufl 2019] § 280 Rn 40–47, 99 ff). Unter den verschuldensunabhängigen Anspruchsgrundlagen kommt der Ersatz von Selbsthilfeaufwendungen unter dem Gesichtspunkt einer *Geschäftsführung ohne Auftrag* nach den §§ 677, 683 S 1, 670 BGB in Frage (dazu MünchKomm/Schäfer § 677 Rn 55; Dörner JuS 1978, 668 ff). Allerdings kann man dagegen einwenden, der Tatbestand der Geschäftsführung ohne Auftrag verlange gem § 677 BGB, dass der Geschäftsführer ohne Berechtigung tätig werde. § 229 BGB verschafft dem Handelnden aber gerade eine Rechtsgrundlage. Außerdem wird die Selbsthilfe häufig im Widerspruch zum Interesse und dem wirklichen oder mutmaßlichen Willen des Schuldners stehen (Schünemann 127 ff). Ein *bereicherungsrechtlicher Ausgleich* kann in Konflikt mit dem Recht der Leistungsstörungen treten (vgl hierzu Gursky NJW 1971, 784). Unter Umständen kann sich der Schuldner dann allerdings auf den Einwand der Entreicherung gem § 818 Abs 3 BGB berufen (Schünemann 132). Aufgrund der Unzulänglichkeiten des materiellen Rechts wird seit Langem auch eine *analoge Anwendung des § 91 ZPO* vorgeschlagen. Der Kostenerstattungsanspruch kann zwar nicht von der Erhebung einer selbstständigen Leistungsklage befreien (vgl bereits Heyer 38, 64; diesem folgend Schünemann 133 ff), aber als *Auffangtatbestand* bietet § 91 ZPO eine Rechtsgrundlage für den Ersatz der Selbsthilfekosten, wenn die übrigen Anspruchsgrundlagen im Einzelfall nicht greifen (Klingbeil 218, schlägt hingegen insofern eine „gedankliche Anknüpfung an § 788 Abs 1 ZPO" vor; BeckOKBGB/Dennhard [1. 11. 2018] § 229 Rn 11, der die analoge Anwendung von § 91 ZPO für sehr zweifelhaft hält).

VI. Beweislast

50 Die Tatsachen, aus denen sich das Recht zur Selbsthilfe ergibt, hat derjenige darzulegen und zu beweisen, der sich hierauf beruft (Baumgärtel/Kessen, Beweislast [4. Aufl 2019] Rn 1). Das gilt auch für die Erforderlichkeit der Selbsthilfemaßnahme (§ 230 Rn 8). Behauptet der Betroffene einen Selbsthilfeexzess (oben Rn 46), so trifft ihn die Darlegungs- und Beweislast (AG Hamburg 30. 10. 2006 – 644 C 402/05 Rn 55, vgl auch oben § 227 Rn 82). Die Regeln zur Beweislast, die für das Notwehrrecht entwickelt worden sind, gelten entsprechend (vgl § 227 Rn 81–84).

VII. Rechtsvergleichung

1. Nach **österreichischem** Recht ist gem § 19 S 2 ABGB derjenige ersatzpflichtig, der sich unter Missachtung der Möglichkeit staatlichen Rechtsschutzes eigenmächtiger Hilfe bedient. Gesetzestechnisch wird also nicht eine individuelle Berechtigung zur Selbsthilfe normiert, sondern ein Schadensersatzanspruch gegen denjenigen, der zu Unrecht Selbsthilfe geübt hat. Im Umkehrschluss folgt daraus, dass die Selbsthilfe zulässig ist, sofern staatlicher Rechtsschutz nicht erreicht werden kann (RUMMEL/REISCHAUER, Kommentar zum ABGB [4. Aufl 2015] § 19 Rn 99 ff). Gerechtfertigt ist ohne Beschränkung auf bestimmte Mittel jeder Eingriff, der zur Herstellung des rechtmäßigen Zustandes notwendig ist (RUMMEL/REISCHAUER, Kommentar zum ABGB [4. Aufl 2015] § 19 Rn 116).

2. Im **schweizerischen** Recht lässt Art 52 Abs 3 SchwOR unter ganz ähnlichen Voraussetzungen wie im deutschen Recht die Selbsthilfe dann zu, wenn zur Sicherung eines Anspruchs staatliche Hilfe nicht rechtzeitig erlangt und nur durch Selbsthilfe eine Vereitelung des Anspruchs oder eine wesentliche Erschwerung seiner Geltendmachung verhindert werden kann. Die Selbsthilfe ist insoweit dem Arrest gleichzustellen (GUHL/KOLLER, Das schweizerische Obligationenrecht [9. Aufl 2000] § 24 Rn 37 f).

3. Im **französischen** Recht ist im Unterschied zum deutschen Recht die Selbsthilfe kein anerkanntes Mittel der Rechtsverwirklichung. Das Gewaltmonopol des Staates ist dort insofern konsequenter umgesetzt als in Deutschland. Lediglich § 859 und § 910 BGB finden eine gewisse Parallele in Art 2233 Cc und Art 673 Abs 2 Cc. Immerhin kann ein (deliktischer) Schadensersatzanspruch ausgeschlossen sein, wenn die Selbsthilfehandlung aus sonstigen Gründen gerechtfertigt ist oder ein Schuldausschließungsgrund eingreift (FERID/SONNENBERGER, Das französische Zivilrecht, 1, 1 [2. Aufl 1994] Rn 1 C 178 f).

4. Das **englische** Recht kennt die *self-help* als vereinfachte Form der Wiedergutmachung in bestimmten Deliktsfällen, zB bei Besitzverletzungen. Die hierbei angewendete Gewalt muss *„reasonable"*, dh verhältnismäßig sein (ROGERS, Winfield and Jolowicz on Tort [18. Aufl 2010] Rn 22. 46 ff).

5. In **Spanien** existiert keine gesetzliche Regelung der Selbsthilfe. Art 455 span. StGB stellt die Rechtsdurchsetzung außerhalb des Rechtswegs unter Strafe. Es ist nicht zulässig, Gewalt gegen Personen oder Sachen oder Drohungen anzuwenden, um eigene Ansprüche zu verteidigen. Solange jedoch weder Gewalt noch Drohung angewendet werden, ist die eigenhändige Durchsetzung erlaubt, auch wenn rechtlich institutionalisierte Verfahren zur Verfügung stehen (ROBLES PLANAS ZIS 2018, 14, 20). Ob man über das Notwehrrecht zu einem vorläufigen Rechtsschutz gelangen kann, ist in Spanien streitig (dazu ROBLES PLANAS ZIS 2018, 14, 20 f).

6. Der **Draft Common Frame of Reference** kennt ähnlich wie das französische und englische Recht kein allgemeines Selbsthilferecht. Nur gegen Besitzverletzungen darf nach diesem Entwurf der Besitzer Selbsthilfe üben, Art VIII-6:202 DFCR.

VIII. Anwendbarkeit bei Auslandsberührung

57 Wenn *gegenüber einem Deutschen im Ausland* nach einem Verkehrsunfall eine Körperverletzung im Zusammenhang mit der Feststellung der Personalien begangen wurde, bestimmt sich deren Rechtfertigung nach Maßgabe des deutschen Selbsthilferechts auch dann, wenn das Tatortrecht einen derartigen Rechtfertigungsgrund nicht kennt (OLG Köln 13. 3. 1973 – Ss 115/72, MDR 1973, 688).

§ 230
Grenzen der Selbsthilfe

(1) Die Selbsthilfe darf nicht weiter gehen, als zur Abwendung der Gefahr erforderlich ist.

(2) Im Falle der Wegnahme von Sachen ist, sofern nicht Zwangsvollstreckung erwirkt wird, der dingliche Arrest zu beantragen.

(3) Im Falle der Festnahme des Verpflichteten ist, sofern er nicht wieder in Freiheit gesetzt wird, der persönliche Sicherheitsarrest bei dem Amtsgericht zu beantragen, in dessen Bezirk die Festnahme erfolgt ist; der Verpflichtete ist unverzüglich dem Gericht vorzuführen.

(4) Wird der Arrestantrag verzögert oder abgelehnt, so hat die Rückgabe der weggenommenen Sachen und die Freilassung des Festgenommenen unverzüglich zu erfolgen.

Materialien: TE-AllgT § 202 (SCHUBERT AT 2, 432–434); E I § 189; II § 194; III § 224; Mot I 354; Prot I 400 ff; Prot RJA, 159 ff; Prot II 1, 243 ff; JAKOBS/SCHUBERT, AT 2, 1146–1171.

1. Die Erforderlichkeit der Selbsthilfe, § 230 Abs 1

1 a) **§ 230 Abs 1 BGB** konkretisiert die gem § 229 BGB zulässigen Selbsthilfehandlungen, indem er sie wie die Notwehr (vgl § 227 Rn 55–64) oder den aggressiven Notstand (vgl § 228 Rn 24) der Grenze der Erforderlichkeit unterwirft. Übertragen auf die Selbsthilfe bedeutet das: Erforderlich ist *diejenige Selbsthilfemaßnahme, die als das mildeste zur Auswahl stehende Mittel zur vorläufigen Sicherung der Anspruchsverwirklichung effektiv geeignet* ist. Ausgangspunkt für die Bemessung der objektiv zu bestimmenden Erforderlichkeit ist die mit der Anspruchsgefährdung (vgl § 229 Rn 21 f) heraufbeschworene *Gefahr* für den Rechtsgüterbestand des Gläubigers. Der Berechtigte muss unter den nach § 229 BGB beschränkten Selbsthilfemaßnahmen (vgl § 229 Rn 25 ff) diejenige auswählen, die objektiv zur Erreichung des Sicherungsziels geeignet ist. Außerdem muss eine *Mittelabwägung* insoweit stattfinden, als nur die für den Verpflichteten am wenigsten nachteilige Maßnahme vorgenommen werden darf (WOLF/NEUNER, AT § 21 Rn 76); so darf zB ein fluchtverdächtiger Schuldner nicht im Wege der Selbsthilfe festgenommen werden, wenn die Anspruchsverwirklichung bereits durch die Wegnahme von Sachen gesichert werden kann. Aber auch wenn das Festhalten des Schuldners unvermeidlich ist, muss stets beachtet werden, dass die Selbsthilfe nur die Zeit bis zur Erlangung hoheitlicher Hilfe überbrücken darf. Sobald beispielsweise die Polizei zur Feststellung der Personalien eingetroffen ist, muss der Schuldner wieder freigelassen werden. Hinsichtlich der durch das Schuldnerverhalten bedrohten Rechtsgüter des Gläubigers und der durch die Selbsthilfe betroffenen Güter des Schuldners muss *keine Verhältnismäßigkeit* wie etwa bei § 228 S 1 BGB (vgl § 228 Rn 27–31) bestehen (ungenau daher MEYER-MEWS JA 2006, 206, 209, der von einer „strengen Verhältnismäßigkeitsprüfung" spricht; missverständlich auch WESCHE BtPrax 2006, 3; richtig hingegen SCHAUER/WITTIG JuS 2004, 106, 110; anders wiederum KLINGBEIL, Die Not- und Selbsthilferechte [2017] 260), wohl aber muss der Grundsatz von Treu und Glauben gem § 242 BGB auch hier beachtet werden (ERMAN/E WAGNER Rn 1).

Auch wenn die Selbsthilfe grundsätzlich nur die vorläufige Sicherung des Anspruchs bezweckt, kann dennoch in besonderen Ausnahmefällen eine endgültige Befriedigung im Wege der Selbsthilfe zulässig sein (SCHÜNEMANN, Selbsthilfe im Rechtssystem [1985] 96 f). Das entspricht der Situation im Recht der Zwangsvollstreckung, das im einstweiligen Rechtsschutz die Möglichkeit einer Leistungsverfügung kennt (dazu JAUERNIG ZZP 79 [1966] 321 ff; MünchKomm/DRESCHER § 935 ZPO Rn 5). Die Leistungsverfügung ist vor allem zur Sicherung bestimmter Unterhaltsansprüche, zum Teil aber auch zur Sicherung eines Herausgabeanspruchs an den früheren Besitzer zulässig (vgl THOMAS/PUTZO § 940 ZPO Rn 6–17 mit weiteren Anwendungsfällen). Tatsächlich gibt es Fälle, in denen der Gefahr nur durch die Wegnahme einer Sache begegnet werden kann, wodurch eine zumindest in tatsächlicher Hinsicht der Erfüllung entsprechende Situation herbeigeführt wird.

b) *Überschreitet* der Handelnde die Grenze erforderlicher Selbsthilfe, so verhält er sich widerrechtlich mit der Folge einer Verpflichtung zum Schadensersatz aus Delikt bzw § 231 BGB. 2

2. Die Selbsthilfe durch Wegnahme von Sachen, § 230 Abs 2, 4

a) Durch die Wegnahme einer Sache in Selbsthilfe erlangt der Gläubiger *kein Besitzrecht* an der weggenommenen Sache (vgl § 229 Rn 30), insbesondere kein Pfandrecht. Das folgt schon aus der Zwecksetzung des Selbsthilferechts, nur eine vorläufige Sicherung der Anspruchsverwirklichung zu gestatten. Zur Rechtfertigung der durch Selbsthilfe geschaffenen Besitzlage ist daher gem **§ 230 Abs 2 BGB** ein staatliches Verfahren nötig, das die zuvor nicht rechtzeitig erlangte obrigkeitliche Hilfe nunmehr nachholt (BORK, AT [4. Aufl 2016] Rn 388). Dieses kann, sofern die verfahrensrechtlichen Voraussetzungen gegeben sind, in der *Erwirkung einer Vollstreckungshandlung* bestehen, zB einer Sachpfändung (§§ 803 ff ZPO). Häufig werden die Voraussetzungen für ein Zwangsvollstreckungsverfahren (noch) nicht erfüllt sein, zB weil kein vollstreckbarer Titel vorliegt. Dann sieht § 230 Abs 2 BGB alternativ die Beantragung des *dinglichen Arrests* hinsichtlich der weggenommenen Sache nach den §§ 917, 920 ZPO vor. § 230 Abs 2 BGB bildet allerdings keinen selbstständigen Arrestgrund, weil die Selbsthilfe nicht weiter reichen soll als der einstweilige Rechtsschutz. Die nach der ZPO zu bestimmenden Voraussetzungen für die Verhängung des dinglichen Arrests müssen also auch im Fall der Selbsthilfe vollständig geprüft werden. 3

4 b) Von der in § 230 Abs 2 BGB vorgesehenen Einschaltung staatlicher Stellen soll man ausnahmsweise dann absehen können, wenn ein *offensichtlich rechtswidriger Zustand* durch die Selbsthilfe beseitigt werde, insbesondere wenn der Berechtigte die Sache dem Dieb weggenommen habe. Tatsächlich geht es hierbei nicht nur um eine Sicherungsmaßnahme, sondern bereits um die Anspruchsverwirklichung selbst, weil eine Rückgabe an den Vorbesitzer nicht mehr in Betracht kommt (BGB-RGRK/Johannsen Rn 2; Erman/E Wagner Rn 2; Soergel/Fahse[13] Rn 5; Jauernig/Mansel Rn 8). In dieser Allgemeinheit ist die Zulässigkeit der Schaffung vollendeter Tatsachen durch Selbsthilfe einerseits nach dem klaren Wortlaut von § 230 Abs 2 BGB, andererseits und entscheidend nach dem Sinn und Zweck der Selbsthilfe abzulehnen. Die Selbsthilfe ist als Notrecht nur subsidiär gegenüber den staatlichen Verfahren der Normdurchsetzung (vgl § 229 Rn 2, 5). Die Regeln der Selbsthilfe sind daher als Ausnahmevorschriften eng auszulegen. Die Einschaltung staatlicher Nachprüfung ist deshalb nur unter den Voraussetzungen der *Besitzkehr* gem § 859 Abs 2 BGB verzichtbar, also wenn der Täter auf frischer Tat ertappt oder verfolgt worden ist (Palandt/Ellenberger Rn 2; MünchKomm/Grothe Rn 2; zur Besitzkehr Staudinger/Gutzeit [2018] § 859 Rn 15).

Ist der Anspruch allerdings durch Beschädigung oder Zerstörung der Sache des Schuldners verwirklicht worden, fehlt für den einstweiligen Rechtsschutz das Rechtsschutzbedürfnis. Daher erfasst § 230 Abs 2 BGB diese Fälle auch nicht.

5 c) Verzögert der Gläubiger das Arrestgesuch oder wird es nach § 922 ZPO zurückgewiesen, muss gem **§ 230 Abs 4 BGB** die weggenommene Sache *unverzüglich zurückgegeben* werden. Es genügt bereits die erstinstanzliche Zurückweisung, weil gegen die Zurückweisung des Gesuchs Rechtsbehelfe möglich sind. Eine rechtskräftige Entscheidung über das Arrestgesuch muss nicht vorliegen, weil ein staatlich nicht anerkannter Zustand nur möglichst kurze Zeit bestehen darf. Wird die vom Gläubiger beantragte Vollstreckungshandlung abgelehnt, so entsteht die Pflicht zur unverzüglichen Sachrückgabe analog § 230 Abs 4 BGB.

Soweit manche in diesem Zusammenhang meinen, die Rückgabepflicht bestehe nicht, wenn der Gläubiger einen *Anspruch auf den Sachbesitz* habe (Erman/E Wagner Rn 3; Larenz/Wolf, AT § 19 Rn 52, anders aber jetzt Wolf/Neuner, AT § 21 Rn 77), gilt, was bereits zu § 230 Abs 2 BGB gesagt ist. Das ist nur richtig für die eng umgrenzten Fälle einer Besitzkehr gem § 859 Abs 2 BGB. Alles andere widerspricht dem Zweck des Selbsthilferechts (vgl oben Rn 3).

3. Die Selbsthilfe durch Festnahme des Verpflichteten, § 230 Abs 3, 4

6 a) Nach einer Festnahme des Verpflichteten (vgl § 229 Rn 35 ff) bedarf es gem **§ 230 Abs 3 BGB** der *unverzüglichen Vorführung* des Festgenommenen bei Gericht und des Gesuchs um Verhängung des *persönlichen Sicherheitsarrestes* nach den §§ 918, 920 ZPO, wenn der Festgenommene nicht sogleich – zB nach Feststellung seiner Personalien – wieder freigelassen wird. Für diesen Arrest müssen alle Voraussetzungen der ZPO geprüft werden. Insbesondere darf der Sicherheitsarrest nicht zur Erzwingung einer Handlung oder Unterlassung des Schuldners verhängt werden, weil das einer endgültigen Befriedigung des Gläubigers gleichkäme, die mit dem Charakter der Vorläufigkeit des einstweiligen Rechtsschutzes in Widerspruch stünde, sondern, wie

§ 918 ZPO anordnet, nur, um die Vollstreckung in das Vermögen des Schuldners zu sichern. Als Alternative zum Antrag auf Verhängung des persönlichen Sicherheitsarrestes nennt § 230 Abs 3 BGB die *sofortige Freilassung* des Verpflichteten. Insoweit besteht eine Parallele zum Verfahren nach der vorläufigen Festnahme gem § 128 StPO. Es ist aber daran zu erinnern, dass das Festnahmerecht aus § 229 BGB nicht auf die Verfolgung arrestfähiger Ansprüche beschränkt ist (vgl oben § 229 Rn 35), sondern beispielsweise besteht, um die Personalien eines Fahrgastes festzustellen, der nicht den passenden Fahrpreis entrichtet hat (Schauer/Wittig JuS 2004, 106, 109 f).

b) Wird das Arrestgesuch *verzögert* oder vom Arrestgericht erstinstanzlich *zurückgewiesen*, so muss nach **§ 230 Abs 4 BGB** der Festgenommene unverzüglich freigelassen werden. Anderenfalls greifen die Vorschriften über den Freiheitsschutz ein, einschließlich des Notwehrrechts. Es entsteht regelmäßig eine Schadensersatzpflicht aus § 823 Abs 1 BGB (Soergel/Fahse[13] Rn 7) sowie aus § 823 Abs 2 iVm § 230 Abs 4 BGB, der ein Schutzgesetz in diesem Sinne ist (Palandt/Ellenberger Rn 3). Hinzu kommt die verschuldensunabhängige Haftung aus § 231 BGB. 7

4. Beweislast

Die Voraussetzungen der Selbsthilfe hat derjenige zu beweisen, der sich hierauf beruft. Daher sind von ihm auch die Tatsachen darzulegen und zu beweisen, aus denen sich die Erforderlichkeit der zur Gefahrenabwehr ergriffenen Selbsthilfemaßnahmen ergibt (OLG Düsseldorf 24. 7. 1991 – 2 Ss 223/91, NJW 1991, 2716, 2717 – Taxifahrer). Misslingt der Beweis, besteht jedenfalls die Schadensersatzpflicht aus § 231 BGB (Baumgärtel/Kessen, Beweislast [4. Aufl 2019] Rn 1; vgl oben Rn 2). 8

§ 231
Irrtümliche Selbsthilfe

Wer eine der in § 229 bezeichneten Handlungen in der irrigen Annahme vornimmt, dass die für den Ausschluss der Widerrechtlichkeit erforderlichen Voraussetzungen vorhanden seien, ist dem anderen Teil zum Schadensersatz verpflichtet, auch wenn der Irrtum nicht auf Fahrlässigkeit beruht.

Materialien: E II § 195; III § 225; Prot II, 1, 244;
Jakobs/Schubert AT 2, 1162 f, 1169 f.

1. Die Ersatzpflicht wegen unerlaubter Handlung

Eine bewusst oder auch nur fahrlässig *widerrechtlich* vorgenommene Selbsthilfehandlung oder das bewusste oder fahrlässige *Überschreiten* der für die Selbsthilfe gezogenen Grenzen (vgl § 230 BGB) begründet eine Schadensersatzpflicht nach Maßgabe der Vorschriften über die *unerlaubten Handlungen* (Soergel/Fahse[13] Rn 1). 1

2. Ersatzpflicht auch wegen schuldlos widerrechtlicher Selbsthilfe

2 a) Auf Antrag von JACUBEZKY fügte bereits die zweite Kommission den Selbsthilfevorschriften einen *verschuldensunabhängigen* Schadensersatzanspruch hinzu. Die Einschätzung, dadurch werde das Selbsthilferecht praktisch stark eingeschränkt, weil es kaum jemand wagen werde, angesichts des auferlegten Risikos von der Selbsthilfe Gebrauch zu machen (so der Abgeordnete GRÖBER in der XII. Reichstagskommission, vgl Bericht von HELLER vom 25. 2. 1896, in: JAKOBS/SCHUBERT AT 2, 1170), dürfte zwar richtig sein, aber die Beschränkung der Selbsthilfe entspricht zugleich auch dem Ziel der möglichsten Aufrechterhaltung des staatlichen Gewaltmonopols. Befand sich der Handelnde in einem *schuldlosen Irrtum* über die Voraussetzungen der Selbsthilfe, so haftet er dennoch auf Schadensersatz. Wer also von der Selbsthilfebefugnis Gebrauch macht, handelt vollständig auf eigene Gefahr und kann sich nicht wie bei der Putativnotwehr (vgl § 227 Rn 80) oder dem Putativnotstand (vgl § 228 Rn 37) unter Hinweis auf einen schuldlosen Irrtum der Haftung entziehen. Bsp: Nimmt ein Vermieter ohne Räumungstitel die Wohnung einer polizeilich vermisst gemeldeten Person in Besitz und entsorgt den Hausrat, so ist er aus § 231 BGB zum Ersatz des Schadens verpflichtet (BGH 14. 7. 2010 – VIII ZR 45/09, NJW 2010, 3434 f Rn 9 f; vgl auch OLG Köln 10. 12. 2010 – 2 Wx 198/10, juris Rn 10 – Räumung einer Wohnung eines verstorbenen Mieters, dessen Erben noch unbekannt sind; KG Berlin 14. 7. 2011 – 12 U 149/10, juris Rn 13 – Räumung einer Garage; OLG Naumburg 18. 5. 2012 – 1 W 17/12, juris Rn 12 – Räumung eines Gewerbegrundstücks sieben Jahre nach Erlangung eines Räumungstitels ohne Inanspruchnahme des Gerichtsvollziehers; OLG Nürnberg 23. 8. 2013 – 5 U 160/12, BeckRS 2013, 15289 – Räumung einer Garage und Entsorgung einer Skulptur). Versäumt der Vermieter dabei, ein Inventarverzeichnis anzulegen, so trifft ihn die konkrete Beweisführungslast zum Bestand, Zustand und wertbildenden Merkmalen, also für die Tatsachen, auf denen die Schadensschätzung (§ 287 ZPO) beruht (BGH 14. 7. 2010 – VIII ZR 45/09, NJW 2010, 3434 Rn 14 f; KG Berlin 14. 7. 2011 – 12 U 149/10, juris Rn 16).

3 Der schuldlos eingetretene Irrtum kann sowohl *tatsächlicher Art* sein (zB hinsichtlich der Fluchtverdächtigkeit des Schuldners) als auch *rechtlicher Art* – zB über die Grenzen der *Zulässigkeit* (BGH 6. 7. 1977 – VIII ZR 277/75, MDR 1978, 132) bzw der *Erforderlichkeit* (vgl RG 20. 3. 1940 – VI 68/39, Recht 1940 Nr 3608; OLG Düsseldorf 18. 7. 1939 – 9 U 80/39, HRR 1939 Nr 1294) oder über die Wirksamkeit einer vertraglichen Begründung des Selbsthilferechts (BGH 6. 7. 1977 – VIII ZR 277/75, NJW 1977, 1818; vgl § 229 Rn 5, 27). Ebenfalls entsteht nach § 231 BGB, der sämtliches Handeln zum Zwecke der Selbsthilfe erfasst, eine nicht auf Verschulden gegründete Ersatzpflicht, wenn der Handelnde gegen die *Rückgabeverpflichtung* bzw die *Vorführungs-* oder *Freilassungspflicht* gem § 230 Abs 4 BGB verstößt.

4 b) Die dogmatische Einordnung der Haftung gem § 231 BGB ist umstritten. Es wird die Auffassung vertreten, es handele sich um einen Fall der *Gefährdungshaftung* (ERMAN/HEFERMEHL [10. Aufl] Rn 2; PALANDT/ELLENBERGER Rn 1 – ohne Begründung; BAMBERGER/DENNHARDT Rn 1 – mit Hinweis darauf, dass der Wortlaut die Zurechnungsfähigkeit anspreche). Dagegen spricht aber, dass der Handelnde bei § 231 BGB objektiv rechtswidrig handelt, während die Gefährdungshaftung von einer erlaubten Tätigkeit ausgeht. Auch fehlt der Selbsthilfehandlung für gewöhnlich eine besondere Sach- oder Betriebsgefahr. Vielmehr geht es hier um eine *gesetzliche Risikozurechnung* (LARENZ JuS 1965, 373, 375; WOLF/NEUNER, AT § 21 Rn 79; MünchKomm/GROTHE Rn 2; SOERGEL/

FAHSE[13] Rn 4; ERMAN/E WAGNER Rn 2). Der Rechtsgedanke des § 254 BGB, der eine Konsequenz des Grundsatzes von Treu und Glauben ist (BGH 4. 4. 1977 – VIII ZR 143/75, NJW 1977, 1236, 1238), gilt auch für den Schadensersatzanspruch aus § 231 BGB (BGH 6. 7. 1977 – VIII ZR 277/75, NJW 1977, 1818 f.).

Es ist *keine Verschuldensfähigkeit* des Handelnden erforderlich (SOERGEL/FAHSE[13] Rn 3; ERMAN/E WAGNER Rn 2). Aus Gründen des Minderjährigenschutzes vertrat ENNECCERUS/NIPPERDEY (§ 242 Fn 17) eine abweichende Meinung. Aber er wollte dann immerhin § 829 BGB analog anwenden.

c) Die alte Streitfrage, ob auf den Schadensersatzanspruch aus § 231 BGB die kurze Verjährungsfrist des § 852 BGB analog anzuwenden ist (vgl STAUDINGER/WERNER [2001] Rn 4) hat sich durch die Reform des Verjährungsrechts erledigt. Es gilt jetzt die regelmäßige *Verjährung* gem § 195 BGB mit einer Frist von drei Jahren, beginnend ab dem Schluss des Jahres der Anspruchsentstehung und der Kenntnisnahme (bzw grob fahrlässiger Unkenntnis) von den den Anspruch begründenden Umständen (§ 199 Abs 1 BGB). Da der anspruchsberechtigte Sacheigentümer nicht unbedingt die vermeintliche Selbsthilfehandlung miterlebt hat, kommt auch eine absolute Verjährung gem § 199 Abs 3 Nr 1 BGB in zehn Jahren seit der Entstehung des Anspruchs (die auch den Eintritt des Schadens umfasst) in Frage. Längstens aber endet die Verjährungsfrist in dreißig Jahren seit der vermeintlichen Selbsthilfehandlung gem § 199 Abs 3 Nr 2 BGB (zu den Einzelheiten vgl STAUDINGER/PETERS/JACOBY § 199 Rn 97 f). 5

3. Beweislast

Da die Selbsthilfe nur im Ausnahmefall zulässig ist, wenn hoheitliche Hilfe nicht rechtzeitig erlangt werden kann, hat derjenige die Voraussetzungen des Selbsthilferechts darzulegen und zu beweisen, der sich hierauf beruft. Liegen die Voraussetzungen der Selbsthilfe nicht vor, so braucht der Geschädigte wegen der dann nach § 231 BGB erfolgenden Risikozurechnung ein etwaiges Verschulden des Handelnden nicht zu beweisen (BAUMGÄRTEL/LAUMEN, Beweislast [4. Aufl 2019] Rn 1). 6

Abschnitt 7
Sicherheitsleistung

Vorbemerkungen zu §§ 232 ff

Schrifttum

BERGER, Die Vorschriften über die Verwaltung von Mündelvermögen im Vergleich mit entsprechenden Regelungen außerhalb des Vormundschaftsrechts (Diss Bochum 1975)
BEUTHIEN/JÖSTINGMEIER, Bürgschaft einer Kreditgenossenschaft als Sicherheit iS von § 108 ZPO, NJW 1994, 2070
DARKOW, Der Erwerb des Pfandrechts gemäß § 233 BGB, JR 1956, 337
FEST, Die Hinterlegung zum Zweck der Sicherheitsleistung und der Erfüllung, JA 2009, 258
KOTRONIS, Die Sicherheitsleistung im Privatrecht. Eine rechtsdogmatische und rechtsvergleichende Untersuchung zum deutschen und schweizerischen Privatrecht (2016)
KLAWIKOWSKI, Die Sicherheitsleistung im Zwangsversteigerungsverfahren, Rpfleger 1996, 265
KOHLER, Die Fälle der Sicherheitsleistung im Bürgerlichen Gesetzbuch – Normgründe, Erfüllungszwang und einstweiliger Rechtsschutz, ZZP 102 (1989) 58
LIEBELT-WESTPHAL, Die gesetzliche Deckungsgrenze bei der Gewährung von Sicherheiten, ZIP 1997, 230
LOHSE, Die Sicherheitsleistung durch Hinterlegung nach dem Rechte des Bürgerlichen Gesetzbuches (Diss Greifswald 1913)
RITTNER, Die Sicherheitsleistung bei der ordentlichen Kapitalherabsetzung, in: FS Oppenhoff (1985) 317
STENZEL, Die Miet- und Pachtkaution in ihren alltäglichen Erscheinungsformen (Diss Mannheim 1974)
TREBER, Der Austausch von prozessualen Sicherheitsleistungen, WM 2000, 343
WALKER, Sicherheitsleistung durch Hinterlegung von Geld beim Notar, EWiR 2000, 465.

1. Die Sicherungsmittel und der Zweck der Sicherheitsleistung

a) Durch die *Sicherheitsleistung* wird für einen anderen ein obligatorisches oder dingliches Recht zu dessen Sicherung im Falle der Verletzung eines ihm zustehenden Rechts begründet (ROSENBERG/SCHWAB/GOTTWALD, Zivilprozessrecht [18. Aufl 2018] § 86 Rn 1; unter Verzicht auf die Festlegung des gesicherten Rechts, aber sonst übereinstimmend KOTRONIS, Sicherheitsleistung 20). Sinngleich ist manchmal im Gesellschaftsrecht (etwa § 58 Abs 1 Nr 2 GmbHG) oder auch im zB schweizerischen Privatrecht von einer *Sicherstellung* die Rede (KOTRONIS, Sicherheitsleistung 267), die natürlich nicht mit der polizeilichen Sicherstellung (zB § 25 BayPAG) verwechselt werden darf. Die in den §§ 232 ff BGB geregelte Sicherheitsleistung ist nur eines der rechtlich vorgesehenen Sicherungsmittel. Daneben gibt es zB die Vereinbarung einer *Vertragsstrafe* nach den §§ 339 ff BGB. Nicht gesetzlich geregelt, aber allgemein anerkannt ist auch die *Sicherungsübereignung* (GEHRLEIN MDR 2008, 1069), die dem Gläubiger auflösend bedingt das Eigentum an einer Sache verschafft. Hinzu treten die verschiedenen *Pfandrechte*. Die ebenfalls der Sicherung dienenden Rechtsinstitute der 1

Vormerkung nach den §§ 883 ff BGB und des *Widerspruchs* nach § 899 BGB unterscheiden sich von der in den §§ 232 ff BGB gemeinten Sicherheitsleistung dadurch, dass sie nicht mit einem eigenständigen Anspruch einhergehen. Hier wird die Sicherheit durch die Publizitätswirkungen des Grundbuchs erreicht. Auch der im Wirtschaftsverkehr außerordentlich häufige *Eigentumsvorbehalt* nach § 449 BGB dient der Sicherung (dazu unten § 240 Rn 4). Prozessuale Sicherungsmittel sind schließlich *Arrest und einstweilige Verfügung* nach den §§ 916 ff ZPO. Man kann sogar die *Feststellungsklage* und die *Klage auf künftige Leistung* nach den §§ 256 ff ZPO als Sicherungsmittel auffassen (vgl BGB-RGRK/JOHANNSEN Vorbem 2 zu § 232 Sicherheitsleistung).

2 b) Der **Zweck** einer Sicherheitsleistung besteht darin, den *Gläubiger* durch Sicherheitsleistung des Schuldners vor drohendem Schaden zu schützen (BVerwG 26. 6. 2008 – 7 C 50/70, NVwZ 2008, 1122, 1123 Rn 17 – Deponieverordnung – mit zust Anm KLAGES AbfallR 2008, 256 ff). Dies gilt zB nach den §§ 52 Abs 2, 257 S 2, 258 S 2, 468 Abs 1, 650 f, 775 Abs 2, 843 Abs 2 S 2, 867 S 3, 1039 Abs 1 S 2, 1051, 1067 Abs 2, 1382 Abs 3, 1585a, 1986 Abs 2, 2128, 2217 Abs 2 und 2331a Abs 2 S 2 BGB.

Ebenso kann der Zweck der Sicherheitsleistung darin bestehen, den *Schuldner* vor Nachteilen zu bewahren, die ihm bei Ausübung eines Rechtes durch den Gläubiger drohen könnten, ihn jedoch nach der gesetzlichen Regelung nicht treffen sollen. Dies gilt zB nach den §§ 273 Abs 3 und 1218 Abs 1 BGB.

Durch die Sicherheitsleistung soll der Gläubiger im Sinne eines vorläufigen Rechtsschutzes (KOTRONIS, Sicherheitsleistung 113 ff) in die Lage versetzt werden, sich entweder wegen seiner finanziellen Forderungen aus dem Betrag unmittelbar zu befriedigen oder aber wegen anderer Forderungen zB eine Ersatzvornahme zu bezahlen (vgl BVerwG 26. 6. 2008, NVwZ 2008, 1122, 1123 Rn 17). Dem Gläubiger soll durch die Sicherheitsleistung eine zusätzliche Zugriffsmöglichkeit zur Befriedigung verschafft werden (BGH 14. 6. 2017 – VIII ZR 76/16, NJW 2018, 551, 552 Rn 19; LAMMEL jurisPR-MietR 19/2017 Anm 6).

2. Die Vorschriften über Sicherheitsleistungen

3 a) Die §§ 232 ff BGB regeln als Gegenstand des Allgemeinen Teils nur die **Modalitäten** einer Sicherheitsleistung, also die Verhaltenspflichten, wenn jemand zur Sicherheitsleistung verpflichtet ist (zu den historischen Hintergründen HKK/PENNITZ §§ 232–240 Rn 5–7). Hiervon zu unterscheiden sind die Fragen, aus *welchem Grund* und in *welcher Höhe* Sicherheit zu leisten ist, welche nicht Gegenstand der §§ 232 ff BGB sind (vgl KOHLER ZZP 102 [1989] 58 ff).

4 b) Bürgerlichrechtlich kann sich die *Verpflichtung zur Sicherheitsleistung* aus einer entsprechenden *Vereinbarung* ergeben (BGH 14. 2. 1985 – IX ZR 76/84, NJW 1986, 1038 f; OLG Frankfurt 11. 1. 2006 – 20 VA 6/05, juris Rn 11; KOTRONIS, Sicherheitsleistung 48 ff, allerdings zu eng, insofern er eine *ausdrückliche* Vereinbarung verlangt. Zwar wird das in der Praxis meistens der Fall sein, aber es ist nicht zu sehen, dass eine solche Vereinbarung nicht auch konkludent geschaffen werden könnte). Ferner kann sie *kraft Gesetzes* entstehen. Das gilt zB gem §§ 632a, 641 Abs 2 BGB (dazu P SCHUBERT ZfBR 2005, 219, 221 ff), 650 f, 843 Abs 2 S 2, 1039 Abs 1 S 2, 1051, 1067 Abs 2, 1218

Abs 1 BGB. Eine Verpflichtung zur Sicherheitsleistung kann auch *kraft richterlicher Anordnung* begründet werden, zB nach den §§ 1382 Abs 3, 2331a Abs 2 S 2 BGB.

Ein *Recht zur Sicherheitsleistung* ist zB nach den §§ 52 Abs 2, 257 S 2, 258 S 2, 273 Abs 3, 321, 562c, 738 Abs 1 S 3, 775 Abs 2, 867 S 3, 1986 Abs 2 S 1 und 2217 Abs 2 BGB eingeräumt. Für die Art und Weise der Sicherheitsleistung gelten dann die §§ 232 ff BGB. Mit der Formulierung: „Wer eine Sicherheit zu leisten hat" wollte der Gesetzgeber beide Situationen erfassen: die Verpflichtung und das Recht zur Sicherheitsleistung (Prot II 1, 265). Von den Beschränkungen der §§ 232 ff BGB *befreien* die §§ 1382 Abs 4, 1585a Abs 2 und 1667 Abs 3 Satz 2 BGB.

c) Zivilrechtliche *Sonderregeln* über die Sicherheitsleistungen waren früher in § 54 Abs 2 BörsG enthalten. Gem Art 90 EGBGB bleiben landesrechtliche Vorschriften über bestimmte Sicherheitsleistungen in Kraft. Praktische Bedeutung kommt diesen Regelungen nicht mehr zu. **5**

d) Die *prozessuale Sicherheitsleistung* (§§ 108 ff ZPO) soll Ansprüche auf Kostenerstattung und Schadensersatz sichern. Am wichtigsten sind die Fälle im Zusammenhang mit der vorläufigen Vollstreckbarkeit nach den §§ 709 ff ZPO und bei der Anordnung oder Vollziehung eines Arrestes oder einer einstweiligen Verfügung (vgl ROSENBERG/SCHWAB/GOTTWALD [18. Aufl 2018] § 86 Rn 3). Die prozessuale Sicherheitsleistung wird gem § 109 Abs 1 ZPO vom Gericht angeordnet oder zugelassen, wobei Art und Höhe gem § 108 ZPO nach freiem Ermessen bestimmt werden (dazu BEUTHIEN/JÖSTINGMEIER NJW 1994, 2070 f); auf die §§ 234, 235 BGB wird ausdrücklich verwiesen. Darüber hinaus wendet die Rspr auch die §§ 233, 234 Abs 2, 235 und 239 BGB auf die prozessuale Sicherheitsleistung an (vgl RG 9. 11. 1934 – VII 185/34, RGZ 145, 328, 331 f; OLG Frankfurt 24. 11. 1976 – 22 U 233/76, WM 1977, 1238; ERMAN/SCHMIDT-RÄNTSCH Vorbem zu § 232 Rn 3; SOERGEL/FAHSE[13] Vorbem zu § 232 Rn 10). **6**

Spezielle Vorschriften über die Sicherheitsleistung bei *Zwangsversteigerungen* bestehen nach den §§ 67–69 ZVG. Dabei ist § 69 ZVG als eine die §§ 232 ff BGB ausschließende Sondervorschrift zu bewerten.

e) Ausführliche spezielle Regeln über die Sicherheitsleistung aufgrund von *Steuergesetzen* enthalten die §§ 241–248 AO. – Auch andere öffentlich-rechtliche Normen ordnen mitunter Sicherheitsleistungen an, für die die Vorschriften der §§ 232 ff BGB gelten, soweit keine abweichenden oder ergänzenden Regelungen getroffen werden, zB: § 18 DepV (BGBl I [2009] 900, 909) iVm § 44 Abs 1 KrWG; § 13 NachbG Berlin (LG Berlin 7. 5. 2004, Grundeigentum 2005, 188, 189); § 17 NachbG NRW (OLG Hamm 27. 2. 2003 – 21 U 93/02 m Anm OTTO BauR 2003, 927 ff). **7**

3. Die Höhe der Sicherheitsleistung

In Ermangelung einer rechtsgeschäftlichen oder gerichtlichen Festsetzung ist Sicherheit in einem dem Wert des zu sichernden Rechts entsprechenden Betrag zu leisten; so war es in § 199 E I vorgesehen, der von der zweiten Kommission als überflüssig gestrichen wurde (Prot II 1, 265). Können sich die Beteiligten über die angemessene Höhe der Sicherheitsleistung nicht einigen, muss eine *Feststellung im Prozesswege* **8** erfolgen (Mot I 387). Maßgebend ist im Wesentlichen der Zweck, dem die Sicherheitsleistung im Einzelfall dienen soll (ERMAN/SCHMIDT-RÄNTSCH Vorbem zu § 232 Rn 2; SOERGEL/FAHSE[13] Vorbem zu § 232 Rn 9).

9 Die Untersicherungsgrenzen der §§ 234 Abs 2, 236, 237 S 1 BGB wendet die Rechtsprechung für die Feststellung einer eventuellen Übersicherung auf die Sicherungsübereignung, welche von § 232 BGB nicht erfasst wird, entsprechend an. Sie gelten auch für die Sicherungszession. Die Deckungsgrenze beträgt 110 % des Wertes der gesicherten Forderung. Eine Übersicherung tritt ein, wenn der im Verwertungsfall realisierbare Wert die gesicherte Forderung um mehr als 10 % übersteigt. Sofern auf die Verwertung Umsatzsteuer zu zahlen ist (vgl §§ 170 Abs 2, 171 Abs 2 S 3 InsO), ist diese aufzuschlagen (BGH 27. 11. 1997 – GSZ 1/97, BGHZ 137, 212, 229). Bei Erreichen von 150 % des maßgeblichen Schätzwertes der Sicherung entsteht nach § 237 S 1 BGB ein Freigabeanspruch. Aus § 237 S 1 BGB wird außerdem die widerlegliche Vermutung abgeleitet, dass der Sicherungswert beweglicher Sachen und Forderungen nur 2/3 des Nennwertes beträgt (BGH 27. 11. 1997 – GSZ 1/97, BGHZ 137, 212, 224, 230 ff; zu dieser Problematik vgl SCHWAB WM 1997, 1883, 1890 f; LIEBELT-WESTPHAL ZIP 1997, 957; CANARIS ZIP 1997, 813, 825 ff).

§ 232
Arten

(1) Wer Sicherheit zu leisten hat, kann dies bewirken

durch Hinterlegung von Geld oder Wertpapieren,

durch Verpfändung von Forderungen, die in das Bundesschuldbuch oder in das Landesschuldbuch eines Landes eingetragen sind,

durch Verpfändung beweglicher Sachen,

durch Bestellung von Schiffshypotheken an Schiffen oder Schiffsbauwerken, die in einem deutschen Schiffsregister oder Schiffsbauregister eingetragen sind,

durch Bestellung von Hypotheken an inländischen Grundstücken,

durch Verpfändung von Forderungen, für die eine Hypothek an einem inländischen Grundstück besteht, oder

durch Verpfändung von Grundschulden oder Rentenschulden an inländischen Grundstücken.

(2) Kann die Sicherheit nicht in dieser Weise geleistet werden, so ist die Stellung eines tauglichen Bürgen zulässig.

Materialien: TE-AllgT § 212 (Schubert AT 2, 536–543); E I § 199; II § 196; III § 226; Prot I 449 ff; Prot II 1, 264 ff; II 6, 384; Jakobs/Schubert AT 2, 1173, 1175–1189; Mot I 387; Art 2 Ziff 1 DVO zum G über Rechte an eingetragenen Schiffen und Schiffsbauwerken vom 21. 12. 1940 (RGBl I 1609); vgl Staudinger/BGB-Synopse 1896–2000 zu § 232.

I. Die Mittel zur Sicherheitsleistung

§ 232 BGB zählt die für eine nach bürgerlichem Recht begründete Sicherheitsleistung tauglichen Mittel auf (zu entsprechenden Regeln in anderen Rechtsgebieten vgl Vorbem 6 f zu §§ 232 ff). Jedoch erlaubt das BGB, im Rahmen der Vertragsfreiheit von der Regelung in den §§ 232 ff BGB abzuweichen, wovon die Praxis insbesondere durch Vereinbarung einer Bankbürgschaft als Sicherheit häufig Gebrauch macht (Bork, AT [4. Aufl 2016] Rn 393), weshalb mitunter eine Erweiterung des Katalogs der Sicherungsmittel, insbesondere um „europäische" Sicherheiten, gefordert wird (Kotronis, Sicherheitsleistung 210 f). Gelegentlich erlaubt das Gesetz in speziellen Regeln auch andere Sicherheiten als die in § 232 BGB bezeichneten. So spricht § 650m Abs 2 S 3 BGB davon, eine Sicherheit könne auch durch einen Einbehalt (vgl Elsässer BWNotZ 2009, 115), § 650m Abs 3 BGB und § 632a Abs 2 BGB davon, sie könne durch eine Garantie oder ein sonstiges Zahlungsversprechen gewährt werden. Betriebliche Rückstellungen genügen nicht zur Sicherheitsleistung, denn entscheidend für die Tauglichkeit des Sicherungsmittels ist seine Insolvenzfestigkeit (BVerwG 26. 6. 2008 – 7 C 50/07, NVwZ 2008, 1122, 1123 Rn 18 ff; **aA** – noch zu § 19 Abs 4 DepV 2002 Franssen AbfallR 2006, 66, 68; mit Wirkung vom 16. 7. 2009 hat der Verordnungsgeber die Rückstellungen aus dem Verordnungstext gestrichen), also die Möglichkeit zur Absonderung (§§ 49–51 InsO). Auch Einstandspflichten zwischen Konzernunternehmen, Patronatserklärungen und Schuldbeitritte genügen nicht (vgl etwa die gesetzliche Wertung in § 8a Abs 1 Satz 2 Altersteilzeitg; dazu: Podewin FA 2004, 107). Die Berechtigung zur Auswahl unter den verschiedenen Formen der Sicherheitsleistung nach § 232 BGB macht die Sicherheitsleistung nicht zu einer Wahlschuld iS der §§ 262 ff BGB. Die Auswahl wird also nicht durch Erklärung gegenüber dem anderen Teil ausgeübt, sondern durch die tatsächliche Bestellung der Sicherheit (OLG Saarbrücken 15. 4. 2015 – 5 W 24/15, NJW-RR 2015, 1206 Rn 8). Der Schuldner darf sich also auch nach Beginn der Zwangsvollstreckung durch eine Sicherheitsleistung seiner Wahl befreien (OLG Saarbrücken 15. 4. 2015 – 5 W 24/15, NJW-RR 2015, 1206 Rn 9). – Die notariell beurkundete Unterwerfung eines Mieters unter die sofortige Zwangsvollstreckung wegen der laufenden Mietzinsforderungen ist keine Sicherheitsleistung iSv § 232 BGB, sodass der Mieter dadurch auch von der Verpflichtung zur Kautionsleistung nicht frei wird, denn das Kennzeichen einer Sicherheitsleistung ist die Einräumung einer zusätzlichen Zugriffsmöglichkeit (BGH 14. 6. 2017 – VIII ZR 76/16, NJW 2018, 551, 552 Rn 19 m Anm Lammel, jurisPR-MietR 19/2017 Anm 6).

1. Hinterlegung von Geld oder Wertpapieren

Sicherheitsleistung kann gem § 232 Abs 1 BGB durch die *Hinterlegung von Geld* oder *Wertpapieren* erfolgen:

a) *Geld* bezeichnet das Geld als gesetzliches Zahlungsmittel (vgl Staudinger/Stieper [2017] § 91 Rn 6 f; zum Geldbegriff Grothe, Fremdwährungsverbindlichkeiten [1999] 41 f,

MünchKomm/Grothe Rn 3). Da die Hinterlegung nur durch Verschaffung unmittelbaren Besitzes möglich ist, kommt Buchgeld nicht in Betracht. *Fremde* Währungen sind normalerweise dann zur Hinterlegung von Geld geeignet, wenn dies in der vertraglichen, gesetzlichen oder gerichtlichen Sicherungsanordnung so festgelegt ist (MünchKomm/Grothe Rn 3). Anderenfalls sind fremde Währungen Wertpapieren gleichzustellen, sodass mit ihnen analog § 234 Abs 3 BGB nur in Höhe von drei Vierteln seines inländischen Kurswertes Sicherheit geleistet werden kann, weil das Risiko von Wechselkursschwankungen zu berücksichtigen ist (Palandt/Ellenberger Rn 3; BGB-RGRK/Johannsen Rn 2; Soergel/Fahse[13] Rn 4). Art 9 Abs 2 BayHintG (GVBl 2010, 738) erlaubt allerdings die Hinterlegung von Geld in fremden Währungen nur wie die Hinterlegung von Wertpapieren.

b) Unter *Wertpapieren* sind im Zusammenhang des § 232 BGB nur die mündelsicheren Inhaberpapiere und Orderpapiere mit Blankoindossament, also mit vollständigem Indossament, aber ohne Nennung des Indossatars, zu verstehen (vgl § 234 Rn 1 f).

3 Die *Hinterlegung* von Geld oder Wertpapieren erfolgt nach Maßgabe des formellen Hinterlegungsrechts. Die HinterlO des Bundes ist mit Wirkung zum 1. Dezember 2010 aufgehoben worden (BGBl I 2007, 2614, 2616). Seither gelten überall in der Bundesrepublik inhaltlich weitgehend übereinstimmende landesrechtliche Hinterlegungsgesetze:

In Baden-Württemberg das Hinterlegungsgesetz vom 11. Mai 2010 (GBl 398), in Bayern das Hinterlegungsgesetz vom 23. November 2010 (GVBl 738), in Berlin das Hinterlegungsgesetz vom 11. April 2011 (GVBl 106), in Brandenburg das Hinterlegungsgesetz vom 3. November 2010 (GVBl I, 37), in Bremen das Hinterlegungsgesetz vom 31. August 2010 (GBl 458), in Hamburg das Hinterlegungsgesetz vom 25. November 2010 (GVBl 614), in Hessen das Hinterlegungsgesetz vom 8. Oktober 2010 (GVBl I, 306), in Mecklenburg-Vorpommern das Hinterlegungsgesetz vom 9. November 2010 (GVOBl 642), in Niedersachsen das Hinterlegungsgesetz vom 9. November 2012 (GVBl 431), in Nordrhein-Westfalen das Hinterlegungsgesetz vom 16. März 2010 (GV 192), in Rheinland-Pfalz die Hinterlegungsordnung vom 12. Oktober 1995 (GVBl 421), im Saarland das Hinterlegungsgesetz vom 18. November 2010 (ABl I, 1409), in Sachsen das Hinterlegungsgesetz vom 11. Juni 2010 (GVBl 154), in Sachsen-Anhalt das Hinterlegungsgesetz vom 22. März 2010 (GVBl 150), in Schleswig-Holstein das Hinterlegungsgesetz vom 3. November 2010 (GVOBl 685) und in Thüringen das Hinterlegungsgesetz vom 9. September 2010 (GVBl 294).

Gesetzliche Zahlungsmittel gingen früher gem § 7 Abs 1 HinterlO in das Eigentum des Fiskus über; andere Zahlungsmittel wurden nach § 7 Abs 2 S 1 HinterlO unverändert aufbewahrt. Daran haben die nun gültigen Landesgesetze inhaltlich meist nichts geändert, zB § 11 HintG Bad-Württ, § 12 BerlHintG, § 11 HmbHintG, § 11 HintG NRW; eine differenzierte Lösung gibt es in Bayern, wo zwischen Geldsummen (nur Euro) und Geldzeichen unterschieden wird. Letztere werden wie Wertpapiere behandelt, Art 9 Abs 1 Nr 2 BayHintG.

Der Rückzahlungsanspruch steht dem Hinterleger zu, auch wenn das hinterlegte und in Staatseigentum übergegangene Geld ihm nicht gehörte (Enneccerus/Nipperdey

§ 243 Fn 11). Die *materiellrechtliche Wirkung* der Hinterlegung zur Sicherheitsleistung im Übrigen ist in § 233 BGB geregelt (Begründung eines Pfandrechts, vgl auch BGH 20. 6. 2013 – 1 ZR 132/12 Rn 13); die §§ 372 ff BGB über die Hinterlegung zur Schuldnerbefreiung bei Annahmeverzug oder Ungewissheit über die Person des Gläubigers sind nicht anwendbar. „Berechtigter" iS des § 233 BGB ist nicht der frühere Eigentümer, sondern jener, zu dessen Gunsten die Hinterlegung erfolgte (vgl auch § 233 Rn 1, 5).

2. Verpfändung von Schuldbuchforderungen

Sicherheit kann durch die *Verpfändung von Schuldbuchforderungen* gegen den Bund **4** oder ein Bundesland geleistet werden: Das Bundesschuldbuch geht auf das *Reichsschuldbuch* nach dem G vom 31. 5. 1891 idF vom 31. 5. 1910 (RGBl 840) zurück; es wurde durch die VO vom 17. 11. 1939 (RGBl I 2298) mit öffentlichem Glauben ausgestattet (heute § 8 BundesschuldenwesenG). Nach § 2 des G über die Errichtung einer Schuldenverwaltung des Vereinigten Wirtschaftsgebietes vom 13. 7. 1948 (WiGBl 73) iVm Art 127 GG und § 1 der VO über die Bundesschuldenverwaltung vom 13. 12. 1949 (BGBl 1950 1) waren die Reichsschuldbuchvorschriften auf die Verwaltung der Bundesschulden anzuwenden. Eine grundlegende Modernisierung geschah dann durch das BundeswertpapierverwaltungsG vom 11. 12. 2001 (BGBl I 3519). Heute ist das Schuldbuchrecht des Bundes durch das BundesschuldenwesenG vom 12. 7. 2006 (BGBl I 1466) normiert. Zur Wirksamkeit der Verpfändung einer Schuldbuchforderung ist gem § 8 Abs 2 BundesschuldenwesenG die *Eintragung eines Verpfändungsvermerks* im Bundesschuldbuch erforderlich.

Auch die *Schuldbücher der Länder* sind mit öffentlichem Glauben ausgestattet; ebenso **5** ist zur Verpfändung einer Schuldbuchforderung die Eintragung eines Verpfändungsvermerks im jeweiligen Schuldbuch erforderlich (zB § 4 Abs 2 HambSchuldbuchG). Die Rechtsgrundlage für die Landesschuldbücher enthalten in Baden-Württemberg das LandesschuldbuchG vom 1. 3. 2010 (GBl 268), in Bayern das StaatsschuldbuchG vom 30. 3. 2003 (GVBl 302), in Berlin das SchuldbuchG vom 17. 12. 2008 (GVBl 477), in Brandenburg das SchuldbuchG vom 29. 6. 2004 (GVBl 269), in Bremen das SchuldbuchG vom 16. 12. 2008 (GVBl 407), in Hamburg SchuldbuchG vom 21. 5. 2013 (GVBl 249), in Hessen das LandesschuldenG vom 27. 6. 2012 (GVBl 222), in Niedersachsen das SchuldenwesenG vom 12. 12. 2003 (GVBl 446), in Nordrhein-Westfalen das LandesschuldenwesenG vom 18. 11. 2008 (GVBl 721), in Rheinland-Pfalz das LandesG über das Landesschuldbuch vom 20. 11. 1978 (GVBl 709), im Saarland das LandesschuldenG vom 15. 2. 2006 (ABl 530), in Sachsen das StaatsschuldbuchG vom 13. 12. 2012 (GVBl 726), in Sachsen-Anhalt die SchuldenO vom 21. 12. 1992 (GVBl 870), in Schleswig-Holstein das LandesschuldenwesenG vom 21. 12. 2011 (GVOBl 2012, 72) und in Thüringen das LandesschuldbuchG vom 10. 2. 2011 (GVBl 1). Nur Mecklenburg-Vorpommern hat noch kein entsprechendes Landesgesetz erlassen. – Zu den Möglichkeiten landesrechtlicher Vorschriften vgl auch Artt 97, 98 EGBGB. *Buchforderungen gegen eine Stadt,* die nicht Bundesland ist, sind zur Sicherheitsleistung nicht geeignet (Erman/Schmidt-Räntsch Rn 2; Palandt/Ellenberger § 236 Rn 1; Soergel/Fahse[13] Rn 6; MünchKomm/Grothe Rn 6).

Auch die Verpfändung einfacher Forderungsrechte erfüllt nicht den Tatbestand des **6** § 232 Abs 1 BGB. Die Übergabe eines Sparkontos zur Sicherung einer Mietzinsforderung kann nur aufgrund vertraglicher Abmachung (vgl Rn 1) als Sicherheitsleistung aufgefasst werden. Aus der Übergabe des Sparbuchs allein kann man für gewöhnlich nicht schließen, dass das Konto verpfändet werden sollte (LG Dortmund 5. 12. 2006 – 1 S 23/06, WuM 2007, 73 f m Anm Börstinghaus jurisPR-MietR 9/2007 Anm 1).

3. Verpfändung beweglicher Sachen

7 Sicherheit kann durch die *Verpfändung beweglicher Sachen* nach den Vorschriften der §§ 1205 ff BGB geleistet werden. Eine Wertbegrenzung für die Sicherheitsleistung durch Verpfändung beweglicher Sachen enthält § 237 BGB.

4. Bestellung von Schiffshypotheken

8 Ein weiteres Mittel zur Sicherheitsleistung ist die *Bestellung von Schiffshypotheken* an Schiffen oder Schiffsbauwerken, die in einem deutschen Schiffsregister oder Schiffsbauregister eingetragen sind. Hierbei handelt es sich nicht um die Verpfändung einer beweglichen Sache (Erman/Schmidt-Räntsch Rn 4). Diese Möglichkeit wurde durch Art 2 Ziff 2 der DVO zum SchiffsRG vom 21. 12. 1940 (RGBl 1609) eingeführt. Die Hypothekenbestellung erfolgt nach den §§ 8 und 77 SchiffsRG durch Einigung und Eintragung. In Analogie zu § 237 S 1 BGB ist auch bei der Bestellung einer Schiffshypothek eine Wertgrenze zu beachten (vgl hierzu § 238 Rn 5).

9 Über *Luftfahrzeuge* ist in § 232 BGB keine Regelung getroffen. Sie sind jedoch nach der Einführung des Registerpfandrechts in ihrer Tauglichkeit zur Sicherheitsleistung den Schiffen und Schiffsbauwerken gleichzustellen (Palandt/Ellenberger Rn 2; Bamberger/Dennhardt § 237 Rn 3). Dabei tritt gem § 98 Abs 2 LuftfzRG an die Stelle des eingetragenen Schiffes das in die Luftfahrzeugrolle (vgl § 2 LuftVG) eingetragene Luftfahrzeug, an dem ein Registerpfandrecht bestellt wird.

5. Hypothekenbestellung

10 Sicherheit kann auch durch die *Hypothekenbestellung* an einem *inländischen Grundstück* geleistet werden. Dabei ist jedoch analog § 238 Abs 1 BGB das Erfordernis der Mündelsicherheit zu wahren (vgl § 238 Rn 2). Die Beschränkung auf inländische Grundstücke geht auf § 1807 Abs 1 Nr 1 BGB zurück, dürfte allerdings im Hinblick auf Art 63 ff AEuV gemeinschaftsrechtswidrig sein, die die Freiheit des Kapitalverkehrs garantieren (Wolf/Neuner, AT [11. Aufl 2016] § 21 Rn 86; Soergel/Fahse[13] Rn 10; MünchKomm/Grothe Rn 9). Solange Pfandrechte an Grundstücken in sonstigen Mitgliedsstaaten der EU der Hypothek vergleichbare Wirkungen haben, sollen sie in unionsrechtskonformer Auslegung des § 232 Abs 1 BGB zur Sicherheitsleistung eingesetzt werden können (MünchKomm/Grothe Rn 9; Erman/Schmidt-Räntsch Rn 6). Methodisch geht es dabei um eine teleologische Extension, da der Tatbestand der Norm unter Berücksichtigung des Zwecks über den Wortlaut hinaus ausgedehnt wird. Ob man tatsächlich aus der Grundfreiheit des Kapitalverkehrs diese Wirkung ableiten kann, erscheint allerdings nicht zwingend. Jedenfalls bestehen Bedenken hinsichtlich der Gleichwertigkeit der Sicherheitsleistung, die nicht nur an dem nominellen Wert des Sicherungsgegenstandes bemessen werden müsste, sondern auch die erhöhten Schwierigkeiten im Vollstreckungsfall berücksichtigen müsste, die mindestens höhere Transaktionskosten für den Gläubiger zur Folge hätte, da er im

Ausland vollstrecken müsste. Nicht ohne Grund verlangt § 239 Abs 1 bei der Sicherheitsleistung durch Bürgschaft einen allgemeinen Gerichtsstand des Bürgen im Inland. Wenn man also die Sicherheitsleistung mit grundpfandrechtlicher Sicherung im Ausland zulässt, muss man zweckentsprechend eine im Vergleich zum Inland höhere Sicherungssumme berücksichtigen (zur Höhe vgl Vorbem 8 zu §§ 232 ff).

Hingegen findet § 238 Abs 2 BGB keine analoge Anwendung, dh die Bestellung einer *Sicherungshypothek* ist als Sicherungsmittel *ausreichend* (ebenso PALANDT/ELLENBERGER Rn 2; MünchKomm/GROTHE Rn 9; aA STAUDINGER/DILCHER[12] Rn 9). Die Vorschrift des § 238 Abs 2 BGB betrifft nämlich lediglich den Fall der Verpfändung einer Forderung, für die eine Sicherungshypothek besteht. Da die Sicherungshypothek sich streng nach der gesicherten Forderung richtet, wird der Erwerber einer solchen Forderung hinsichtlich der Hypothek nicht durch den öffentlichen Glauben des Grundbuchs geschützt, wenn die Forderung nicht besteht oder ihr Einwendungen entgegenstehen, was in dieser Hinsicht die mangelnde Mündelsicherheit iSv § 1807 BGB begründet. Davon ist aber die Situation zu unterscheiden, dass eigens zum Zwecke der Sicherheitsleistung eine Sicherungshypothek bestellt wird. Hierbei bedarf der Erwerber keines Schutzes in Bezug auf den Bestand der durch die Sicherheitsleistung gesicherten Forderung.

Besteht bereits eine Hypothek, so kann Sicherheit durch die *Verpfändung der Hypothekenforderung* nach Maßgabe der §§ 1273 ff BGB geleistet werden (ERMAN/SCHMIDT-RÄNTSCH Rn 7). Einzelheiten für diese Art der Sicherheitsleistung sind in § 238 BGB geregelt. Die Verpfändung einer bereits bestehenden Sicherungshypothek ist jedoch nach § 238 Abs 2 BGB nicht hinreichend. Sicherheit kann im Übrigen auch durch die *Verpfändung von Grundschulden* nach Maßgabe des § 1191 BGB geleistet werden. Die Sicherheitsleistung durch *Verpfändung von Rentenschulden* nach § 1199 BGB kommt in der Praxis nicht vor.

6. Stellung eines Bürgen

Die Sicherheitsleistung durch *Stellung eines Bürgen* ist gem § 232 Abs 2 BGB nur **11** zulässig, wenn die vorgenannten Sicherungsmittel fehlen. Beweispflichtig ist insoweit der Schuldner (BAUMGÄRTEL/KESSEN, Beweislast [4. Aufl 2019] Rn 1). Allerdings kann der Gläubiger, da § 232 Abs 2 BGB nur seinem Schutz dienen soll, die Zwangsvollstreckung seines Anspruchs auf Sicherheitsleistung auch auf eine Bürgenstellung richten, ohne nachzuweisen, dass der Schuldner eine andere Sicherheitsleistung nicht erbringen kann (KG 13. 3. 1936 – 1 Wx 71/36, JW 1936, 1464). Für die Sicherheitsleistung durch Bürgenstellung enthält § 239 BGB weitere einschränkende Regeln. Ausgeschlossen ist diese Form der Sicherheitsleistung nach § 273 Abs 3 (BGH 11. 4. 1984 – VIII ZR 302/82, BGHZ 91, 73, 82) und § 1218 Abs 1 BGB.

Die Verpflichtung, eine Bürgschaft zu stellen, wird als vertretbare Handlung nach § 887 ZPO vollstreckt (KG 7. 11. 1996 – 8 W 7699/96, KGR Berlin 1997, 202).

Im Hinblick auf die praktische Verbreitung der Sicherheitsleistung durch Bürgenstellung im Bauwesen wird die nur subsidiäre Zulassung der Bürgschaft in § 232 Abs 2 BGB kritisiert (SCHMITZ BauR 2006, 431, 433 u 438 f).

Da die in § 232 Abs 1 BGB genannten Sicherheiten stets betragsmäßig begrenzt sind, erscheint die verbreitete Praxis der Bestellung einer unbegrenzten Bürgschaft wertungsmäßig problematisch, da die Bürgschaft nur eine Ersatzsicherheit sein soll. Man sollte nur eine Höchstbetragsbürgschaft verlangen (Fiedler DStR 2016, 322, 324).

II. Die Auswahl unter den zulässigen Sicherungsmitteln

12 1. Unter Beachtung der vorgenannten Einschränkungen, überlässt § 232 BGB demjenigen die *Wahl des Sicherungsmittels,* der die Sicherheit zu leisten hat (OLG Braunschweig 3. 4. 1998 – 1 WF 10/98, JurBüro 1999, 46 f; vgl ferner OLG Koblenz 21. 8. 1972 – 6a W 437/72, FamRZ 1973, 382 zur prozessualen Sicherheitsleistung; KG Berlin 4. 5. 2010 – 6 U 174/09, NJW-RR 2010, 1020, 1021; LG Augsburg 29. 3. 2011 – 2 HK O 363/08 Rn 53; AG Kiel 11. 8. 2011 – 108 C 29/11, NZM 2012, 610). Sicherheit kann auch teilweise durch das eine und ein anderes Sicherungsmittel geleistet werden. Nicht zugelassene Sicherungsmittel braucht der Gläubiger nicht anzunehmen.

Aus § 235 BGB ergibt sich das Recht des Sicherheit Leistenden, die getroffene Wahl des Sicherungsmittels *abzuwandeln.* Eine Verpflichtung zur Veränderung des Sicherungsmittels begründet § 240 BGB.

Die Auswahl des Sicherungsmittels kann auch in allgemeinen Geschäftsbedingungen geschehen (OLG Hamm 10. 1. 2013 – 21 U 14/12 Rn 179). Dort können aufgrund der dispositiven Natur der §§ 232 ff BGB auch abweichende Sicherungsmittel festgelegt werden (vgl oben Rn 1; LG Bremen 6. 3. 2008 – 4 S 284/07, IBR 2008, 327; MünchKomm/Grothe Rn 1). Unzulässig ist dort aber die Beschränkung auf die Ablösung der Sicherheit ausschließlich durch eine Bürgschaft (BGH 16. 6. 2009 – XI ZR 145/08, NZBau 2009, 784 Rn 14).

13 2. Die Auswahlberechtigung unter den zulässigen Mitteln begründet *kein Wahlschuldverhältnis* (§§ 262 ff BGB) zwischen den Beteiligten (OLG Naumburg 8. 4. 1998 – 5 U 1735/97; Jauernig/Mansel Vor § 232 Rn 2). Dies bedeutet, dass die Wahl nicht durch Erklärung gegenüber dem anderen Teil ausgeübt wird; sie ist vielmehr erst erfolgt, wenn die Sicherheit tatsächlich bestellt wird. Auch soweit der Gläubiger den zur Sicherheit Verpflichteten durch Klage zur Sicherheitsleistung anhält, wird kein Wahlschuldverhältnis begründet. Sofern allerdings die Sicherheitsleistung als vertretbare Handlung gem § 887 Abs 1 ZPO im Wege der Zwangsvollstreckung verwirklicht werden muss, ist § 264 BGB analog anzuwenden (KG 26. 11. 1936 – 8 W 7047/35, JW 1936, 677; LG Hagen 30. 11. 2010 – 21 O 83/10, bestätigt durch OLG Hamm 28. 1. 2011 – I-19 U 155/10 Rn 3; Soergel/Fahse[13] Rn 16; Enneccerus/Nipperdey § 243 V).

14 3. Fehlt eine ausdrückliche Abrede, so hat der Vermieter bei einem Gewerbemietverhältnis die Barkaution auf einem Treuhandkonto anzulegen (KG 1. 10. 1998 – 20 W 6592/98, NJW-RR 1999, 738).

§ 233
Wirkung der Hinterlegung

Mit der Hinterlegung erwirbt der Berechtigte ein Pfandrecht an dem hinterlegten Geld oder an den hinterlegten Wertpapieren und, wenn das Geld oder die Wertpapiere in das Eigentum des Fiskus oder der als Hinterlegungsstelle bestimmten Anstalt übergehen, ein Pfandrecht an der Forderung auf Rückerstattung.

Materialien: E I § 200; II § 197; III § 227; Prot I 452 ff; Prot II 1, 266; II 6, 143; Mot I 389; Jakobs/Schubert AT 2, 1181–1190; Art 1 Nr 6 G zur Wiederherstellung der Gesetzeseinheit auf den Gebieten des bürgerlichen Rechts vom 5. 3. 1953 (BGBl I 33); Staudinger/BGB-Synopse 1896–2000 zu § 233.

1. Die Begründung des Pfandrechts

a) Erfolgt gem § 232 Abs 1 BGB die Sicherheitsleistung durch Hinterlegung von Geld oder Wertpapieren (vgl § 232 Rn 2 f), so muss das Recht, welches dem zu Sichernden gewährt wird, von der Art sein, dass es sowohl vor sicherungswidrigen Verfügungen des Hinterlegenden als auch vor Ansprüchen Dritter geschützt ist (Mot I 389). Dies wird gem § 233 BGB dadurch erreicht, dass der zu Sichernde als der Berechtigte an den hinterlegten Sachen ein *gesetzliches Pfandrecht* iS des § 1257 BGB erwirbt; für zur Sicherheitsleistung zugelassene Orderpapiere (vgl § 234 Rn 2) gelten auch die §§ 1292 ff BGB. Aufgrund des Pfandrechts kann der Berechtigte im Insolvenzfall abgesonderte Befriedigung nach den §§ 49 ff InsO beanspruchen (Erman/Schmidt-Räntsch Rn 1). **1**

b) Sofern hinterlegtes Geld – dh Euro-Bargeld (MünchKomm/Grothe Rn 1) – gem den Hinterlegungsgesetzen der Länder in das Eigentum des Landesfiskus übergeht (vgl § 232 Rn 3), entsteht das gesetzliche Pfandrecht des Berechtigten an der *Forderung auf Rückerstattung*. Diese gründet sich auf das öffentlichrechtliche Hinterlegungsverhältnis (Erman/Schmidt-Räntsch Rn 2). **2**

c) Der Rückgabe- bzw Rückerstattungsanspruch des Hinterlegers ist eine durch den Wegfall des Hinterlegungsgrundes *aufschiebend bedingte Forderung* (RG 2.10. 1934 – VII 104/34, SeuffA 89 [1935] Nr 13). **3**

Will der durch die Sicherheitsleistung Begünstigte sein Pfandrecht an den Sachen oder an dieser Forderung zur Geltung bringen, bedarf es verfahrensrechtlich zB gem § 22 HintG Bad-Württ, § 17 BerlHintG, § 22 HmbHintG, § 22 HintG NRW, Art 20 BayHintG (vgl § 13 HinterlO aF) zusätzlich entweder einer *Freigabeerklärung* des Hinterlegers (vgl BGH 7. 3. 1972, NJW 1972, 1045) oder der Vorlage einer gegen den Hinterleger ergangenen *rechtskräftigen Entscheidung;* für die Klage hierauf kann zB nach § 25 HintG Bad-Württ, § 25 HmbHintG, § 25 HintG NRW (vgl § 16 HinterlO aF) eine Frist gesetzt werden. Ist der Grund für die Sicherheitsleistung weggefallen, kommt eine entsprechende Anwendung des § 109 ZPO in Betracht.

4 Nach jüngerer BGH-Rechtsprechung können Vertragspartner mit der Hinterlegung beim Notar ein eigenständiges Recht des Gläubigers begründen, sich aus dem hinterlegten Betrag bei Bestehen des gesicherten Anspruchs unabhängig von dessen Verjährung zu befriedigen (BGH 17. 2. 2000 – VII ZR 51/98, ZIP 2000, 584 f; dazu WALKER EWiR 2000, 465 f und VOIT WuB IV A § 223 BGB 1. 00).

2. Die Hinterlegung fremder Sachen

5 a) Für die Frage, ob bei der Hinterlegung von fremden oder nicht der Verfügungsmacht des Hinterlegenden unterliegendem *Geld* ein Pfandrecht des Berechtigten gem § 233 BGB entsteht, wird von der hM darauf abgestellt, dass zB nach § 11 HintG Bad-Württ, § 12 BerlHintG, § 11 HmbHintG, § 11 HintG NRW (vgl § 7 HinterlO aF) die Rückerstattungsforderung des Hinterlegers auf öffentlichrechtlicher Grundlage besteht (vgl oben Rn 2), sodass sie ihm unabhängig von seiner zivilrechtlichen Berechtigung zusteht (vgl oben Rn 3). Hieraus wird gefolgert, dass es für ein an der Rückerstattungsforderung begründetes Pfandrecht nicht auf den zivilrechtlich erforderlichen guten Glauben ankommen kann (PALANDT/ELLENBERGER Rn 1; BGB-RGRK/JOHANNSEN Rn 1; ERMAN/SCHMIDT-RÄNTSCH Rn 4; SOERGEL/FAHSE[13] Rn 4; ENNECCERUS/NIPPERDEY § 243 Fn 13; DARKOW JR 1956, 338; LÜKE JZ 1957, 243).

6 b) Wurden dagegen fremde oder nicht der Verfügungsmacht des Hinterlegers unterworfene *Wertpapiere* hinterlegt, so wird überwiegend in analoger Anwendung des § 1207 BGB eine Pfandrechtsentstehung bei Bösgläubigkeit des Berechtigten abgelehnt (PALANDT/ELLENBERGER Rn 1; ERMAN/SCHMIDT-RÄNTSCH Rn 4 – für direkte Anwendung des § 1207; ENNECCERUS/NIPPERDEY § 243 Fn 14; **aM** MünchKomm/GROTHE Rn 2; DARKOW JR 1956, 338; LÜKE JZ 1957, 243). Die zu § 1257 BGB ergangenen Entscheidungen, welche die Entstehung gesetzlicher Pfandrechte kraft guten Glaubens ablehnen (vgl PALANDT/WICKE § 1257 Rn 2), stehen der hM zu § 233 BGB nicht entgegen; diese Vorschrift bietet eine unmittelbare Grundlage für die Entstehung des gesetzlichen Pfandrechts, sodass § 1207 BGB nur in einschränkendem Sinne angewendet wird (vgl auch SOERGEL/FAHSE[13] Rn 6).

7 Ist ein Betrag auch zugunsten des Gläubigers hinterlegt und erklärt der Schuldner nicht dessen Freigabe, so kann der Gläubiger den Bürgen einer Bürgschaft auf erstes Anfordern in Anspruch nehmen und muss sich nicht auf den hinterlegten Betrag verweisen lassen (OLG Köln 9. 2. 1998 – 7 W 58/97, OLGR 1998, 367, 368 f).

§ 234
Geeignete Wertpapiere

(1) Wertpapiere sind zur Sicherheitsleistung nur geeignet, wenn sie auf den Inhaber lauten, einen Kurswert haben und einer Gattung angehören, in der Mündelgeld angelegt werden darf. Den Inhaberpapieren stehen Orderpapiere gleich, die mit Blankoindossament versehen sind.

(2) Mit den Wertpapieren sind die Zins-, Renten-, Gewinnanteil- und Erneuerungsscheine zu hinterlegen.

(3) Mit Wertpapieren kann Sicherheit nur in Höhe von drei Vierteln des Kurswerts geleistet werden.

Materialien: TE-AllgT § 213 (Schubert AT 2, 536–543); E I § 201; II § 198; III § 228; Prot I 454 ff; Prot II 1, 266; II 4, 570, 506; II 6, 143; Mot I 390; Jakobs/Schubert AT 2, 1174, 1178, 1182, 1184–1190.

1. Die hinterlegungsfähigen Wertpapiere

a) Der Kreis der nach § 232 Abs 1 BGB für die Hinterlegung zugelassenen Wertpapiere (vgl § 232 Rn 2) wird durch § 234 BGB im Einzelnen bestimmt: 1

Gemäß § 234 Abs 1 S 1 BGB sind *mündelsichere Inhaberpapiere mit Kurswert* hinterlegungsfähig. Inhaberpapiere in diesem Sinne sind nicht nur die Inhaberschuldverschreibungen gem §§ 793 ff BGB, sondern auch Inhaberaktien. Nicht hierher gehören die in § 808 BGB genannten Papiere, zB Sparbücher (RG 8. 5. 1929 – VI 405/28, RGZ 124, 217, 219; Erman/Schmidt-Räntsch Rn 1). Die Mündelsicherheit der Wertpapiere bestimmt sich nach § 1807 Abs 1 Nr 4 BGB (zu den Einzelheiten vgl Palandt/Götz § 1807 Rn 7). Der gem § 234 BGB geforderte *Kurswert* muss nicht durch amtliche Kursfestsetzung bestimmt werden; es genügt, dass ein nach Angebot und Nachfrage bestimmbarer Marktpreis besteht (Soergel/Fahse[13] Rn 3). Im Falle der Leistung der Mietkaution in Form von Wertpapieren liegt die Darlegungslast der Mündelsicherheit beim Mieter (LG Berlin 14. 2. 1997 – 64 S 454-96, NJW-RR 1998, 10).

b) Hinterlegungsfähig gem § 234 Abs 1 S 2 BGB sind ferner *Orderpapiere* mit *Blankoindossament*, bei denen der Indossatar unbenannt bleibt, sodass sie leichter handelbar sind. Jedoch besteht auch für sie das Erfordernis der Mündelsicherheit im Sinne von § 1807 Abs 1 Nr 4 BGB. 2

2. Die Ergänzungspapiere

Gem § 234 Abs 2 BGB müssen mit den hinterlegungsfähigen Wertpapieren auch *Zins-, Renten-, Gewinnanteils- und Erneuerungsscheine* hinterlegt werden. Hieraus folgt, dass sich das Pfandrecht des Berechtigten (vgl § 233 Rn 1) auf diese Scheine erstreckt. 3

Soweit die Ergänzungspapiere während der Hinterlegungszeit fällig werden, darf nach hM der Hinterleger gem § 1296 S 2 BGB ihre *Herausgabe* verlangen (OLG Bamberg 3. 11. 1914 – II 221/14, SeuffA 70 [1915] Nr 68; Erman/Schmidt-Räntsch Rn 3). Zwingend erscheint dies nicht, wenn man davon ausgeht, dass im Interesse des Berechtigten der Austausch gem § 235 BGB vorrangig vorgesehen ist. Erfolgt keine Herausnahme der betroffenen Ergänzungspapiere aus der Hinterlegung, so sind nach den Hinterlegungsgesetzen der Länder (vgl oben § 232 Rn 3, zB § 14 Abs 3 HintG Bad-Württ, § 14 Abs 3 HmbHintG) die erforderlichen Geschäfte von der Hinterlegungsstelle zu besorgen.

3. Die Wertbegrenzung

4 Zur Sicherheitsleistung sind die genannten Wertpapiere gem § 234 Abs 3 BGB nur in Höhe von drei Vierteln ihres Kurswertes tauglich. Umgekehrt bedeutet das, dass der Kurswert der Papiere die Höhe des zu sichernden Betrages um ein Drittel übersteigen muss. Beträgt der Kurswert, womit der Marktpreis der Papiere gemeint ist (ERMAN/SCHMIDT-RÄNTSCH Rn 4), beispielsweise 12 000 Euro, leisten diese Papiere Sicherheit für 9000 Euro. Muss jemand 6750 Euro absichern, benötigt er Papiere im Wert von 9000 Euro. Bei Kursrückgang greift die Vorschrift über die Ergänzungspflicht nach § 240 BGB ein.

Im Falle einer Sicherheitsleistung im Zwangsversteigerungsverfahren nach § 69 ZVG besteht eine derartige Wertbegrenzung nicht; auch Mündelsicherheit der Wertpapiere wird hier nicht verlangt (ERMAN/SCHMIDT-RÄNTSCH Rn 4).

5 Der Abschlag des § 234 Abs 3 BGB ist nur vorgesehen bei der Hinterlegung mündelsicherer Wertpapiere; er ist nicht verallgemeinerungsfähig (BGH 27. 11. 1997 – GSZ 1/97, BGHZ 137, 212, 235). Die §§ 232 ff BGB sind nicht auf Globalabtretungen und Sicherungsübereignungen zugeschnitten (BGH 27. 11. 1997 – GSZ 1/97, BGHZ 137, 212, 236).

§ 235
Umtauschrecht

Wer durch Hinterlegung von Geld oder von Wertpapieren Sicherheit geleistet hat, ist berechtigt, das hinterlegte Geld gegen geeignete Wertpapiere, die hinterlegten Wertpapiere gegen andere geeignete Wertpapiere oder gegen Geld umzutauschen.

Materialien: E II § 199; III § 229; Prot II 1, 268 ff; JAKOBS/SCHUBERT AT 2, 1174, 1190.

1 1. Der Sicherheit Leistende hat zwar unter den in § 232 BGB für die Sicherheitsleistung zugelassenen Mitteln zunächst die *Auswahl* (vgl § 232 Rn 12); nach einmal erfolgter Sicherheitsleistung erlischt jedoch dieses Wahlrecht. Das bedeutet, dass ein *Austausch* verwendeter Sicherungsmittel nur mit *Zustimmung des Berechtigten* erfolgen kann (ERMAN/SCHMIDT-RÄNTSCH Rn 3). Verpflichtet sich zB ein Bauunternehmer in Ergänzung von § 17 Nr 3 VOB/B zur Sicherheitsleistung durch Bankbürgschaft, kann er nicht später einseitig durch Bürgschaft eines Kreditversicherers Sicherheit leisten (LG Bremen 6. 3. 2008 – 4 S 284/07, IBR 2008, 327; vgl auch LG München 29. 5. 2008 – 2 O 21977/07, BauR 2008, 1670).

2 2. Ausnahmsweise lässt § 235 BGB den Umtausch von hinterlegtem Geld in Wertpapiere oder von Wertpapieren in Geld oder andere Wertpapiere ohne die Zustimmung des Berechtigten zu. Mit diesem *Umtauschrecht* sollen wirtschaftlich sinnvolle Dispositionen des Hinterlegers über die Wertpapiere ermöglicht werden (Prot II 1, 268). Ob die umgetauschten Wertpapiere „geeignet" sind, bestimmt sich nach § 234 BGB. Die Herausnahme von Wertpapieren kommt vor allem bei Kurssteigerungen in Betracht (dazu Treber WM 2000, 343/349).

Über seinen Wortlaut hinaus ist § 235 BGB grundsätzlich nicht anwendbar. So kann aus dieser Vorschrift bspw kein Recht des Hinterlegers hergeleitet werden, hinterlegte Wertpapiere durch eine Bankbürgschaft zu ersetzen (BGH 26. 6. 1958 – VII ZR 133/57, WM 1958, 1103). Allerdings kann aus dem Grundsatz von Treu und Glauben geschuldet sein, den Austausch einer prozessualen Sicherheit analog § 235 BGB zu dulden (vgl BGH 3. 2. 2004 – XI ZR 398/02, BGHZ 158, 11, 15 ff; Treber WM 2000, 343, 350 f).

§ 236
Buchforderungen

Mit einer Schuldbuchforderung gegen den Bund oder gegen ein Land kann Sicherheit nur in Höhe von drei Vierteln des Kurswerts der Wertpapiere geleistet werden, deren Aushändigung der Gläubiger gegen Löschung seiner Forderung verlangen kann.

Materialien: E II § 200; III § 230; Prot II 1, 267; Jakobs/Schubert AT 2, 1174, 1190.

1. Gem § 232 Abs 1 BGB ist die Verpfändung von Forderungen, die in das **1** Bundesschuldbuch oder in das Schuldbuch eines Bundeslandes eingetragen sind, ein geeignetes Mittel zur Sicherheitsleistung (vgl § 232 Rn 4 f). Die Tauglichkeitsgrenze für die Sicherheitsleistung mit solchen Forderungen regelt § 236 BGB.

2. Danach ist auf den Kurswert derjenigen Bundes- oder Landesschuldverschrei- **2** bungen abzustellen, die der Gläubiger nach Bundes- und Landesschuldbuchrecht ausgehändigt erhält, wenn seine Buchforderung gelöscht wird. Gem. § 236 BGB muss der Kurswert dieser Schuldverschreibung um mindestens ein Drittel höher sein als der Betrag, in dessen Höhe Sicherheit geleistet werden soll. Die für Buchforderungen als Sicherungsmittel bestehende Wertgrenze entspricht also der für Wertpapiere gem § 234 Abs 3 BGB. Hingegen bestimmt § 237 BGB für die Sicherheitsleistung mit beweglichen Sachen eine andere Wertgrenze.

§ 237
Bewegliche Sachen

Mit einer beweglichen Sache kann Sicherheit nur in Höhe von zwei Dritteln des Schätzungswerts geleistet werden. Sachen, deren Verderb zu besorgen oder deren Aufbewahrung mit besonderen Schwierigkeiten verbunden ist, können zurückgewiesen werden.

Materialien: TE-AllgT § 214 (Schubert AT 2, 536–543); E I § 202; II § 201; III § 231; Prot I 457; Prot II 1, 268; Mot I 390; Jakobs/Schubert AT 2, 1174, 1178, 1182, 1186, 1188, 1190.

1. Die Verpfändung beweglicher Sachen

1 Die Verpfändung beweglicher Sachen ist gem § 232 Abs 1 BGB ein geeignetes Mittel der Sicherheitsleistung (vgl § 232 Rn 7). Allerdings muss nach § 237 S 1 BGB die zur Sicherheit verpfändete Sache einen *Schätzwert* haben, sodass Sachen mit reinem Liebhaberwert für eine Sicherheitsleistung untauglich sind. Bei marktgängigen Waren entspricht der Schätzwert dem erzielbaren Marktpreis der Sache. Der Sicherungswert einer beweglichen Sache beträgt nur 2/3 dieses Schätzwertes. Der Schätzwert einer zu verpfändenden Sache muss also den Betrag, für welchen Sicherheit geleistet werden soll, um die Hälfte übersteigen. Ist der Schätzwert bestritten, so hat ihn derjenige zu beweisen, der Sicherheit leisten will oder muss (Erman/Schmidt-Räntsch Rn 1). Der BGH hat aus § 237 S 1 BGB die widerlegliche Vermutung abgeleitet, dass bei der Ermittlung des Sicherungswertes einer beweglichen Sache oder Forderung ein Abschlag von 1/3 des Schätzwertes ausreichend ist (BGH 27. 11. 1997 – GSZ 1/97, BGHZ 137, 212, 233 Rn 56). Durch die Übertragung des Rechtsgedankens des § 237 BGB auf formularmäßig bestellte, revolvierende Globalsicherheiten hat der BGH zugleich klargestellt, dass das Recht der Sicherheitsleistung über den Bereich der akzessorischen Sicherheiten hinaus Wirkung entfaltet (ähnl Deckenbrock/Dötsch WM 2007, 669, 673).

2. Die Zurückweisung von Sachen

2 a) Gem § 237 S 2 BGB sind im Interesse des Berechtigten solche Sachen, deren Verderb zu besorgen oder deren Aufbewahrung mit besonderen Schwierigkeiten verbunden ist, für die Verpfändung zum Zwecke der Sicherheitsleistung untauglich, wenn sie zurückgewiesen worden sind. Dies gilt zB für Tiere. Das *Unterlassen der Zurückweisung* stellt keine stillschweigende Zustimmung dar.

3 b) Anders ist jedoch die *ausdrücklich erklärte Zustimmung* zur Hinterlegung solcher Sachen zu beurteilen. Hierbei handelt es sich um einen rechtsgeschäftlichen Verzicht auf die Ausübung des Zurückweisungsrechts. Dass jedoch diese Zustimmungserklärung gem § 119 Abs 2 BGB stets angefochten werden könnte, weil der Sicherungsberechtigte im Irrtum über eine *verkehrswesentliche Eigenschaft der Sache*, nämlich ihre Tauglichkeit zur Sicherheitsleistung, gewesen sei (so MünchKomm/Grothe Rn 2; BGB-RGRK/Johannsen Rn 1; Soergel/Fahse[13] Rn 3; Heidel/Fuchs Rn 3; jurisPK-BGB/Backmann Rn 7), ist abzulehnen. Denn auch verderbliche oder schwer aufzubewahrende Sachen sind prinzipiell zur Hinterlegung als Sicherheitsleistung tauglich, wenn auch möglicherweise nicht in dem von den Parteien vorgestellten Umfang. Für eine Irrtumsanfechtung ist also eine Fehlvorstellung über den Umfang der Sicherheit relevant.

Hat der Berechtigte die Sache in Unkenntnis des § 237 S 2 BGB, also aufgrund eines *Rechtsirrtums,* nicht zurückgewiesen, so sind die Voraussetzungen einer infolge des

Irrtums eingetretenen wesentlich abweichenden Rechtsfolge (vgl STAUDINGER/DILCHER[12] § 119 Rn 35) nicht erfüllt. Auch insoweit kann kein Anfechtungsrecht entstehen. Zur Lösung des Problems ist demnach nur § 240 BGB einschlägig. Diese Vorschrift ermöglicht nämlich die Berücksichtigung veränderter Umstände, was insbesondere bei Verderb der hinterlegten Sache bedeutsam ist.

§ 238
Hypotheken-, Grund- und Rentenschulden

(1) Eine Hypothekenforderung, eine Grundschuld oder eine Rentenschuld ist zur Sicherheitsleistung nur geeignet, wenn sie den Voraussetzungen entspricht, unter denen am Orte der Sicherheitsleistung Mündelgeld in Hypothekenforderungen, Grundschulden oder Rentenschulden angelegt werden darf.

(2) Eine Forderung, für die eine Sicherungshypothek besteht, ist zur Sicherheitsleistung nicht geeignet.

Materialien: TE-AllgT § 215 (SCHUBERT AT 2, 536–543); E I § 203; II § 202; III § 232; Prot I 457 ff; Prot II 1, 268; II 6, 143; Mot I 390; JAKOBS/SCHUBERT AT 2, 1174 f, 1178 f, 1182, 1185 f, 1188, 1190.

1. Die Sicherheitsleistung mit Grundpfandrechten

a) Gem § 232 Abs 1 BGB kann durch *Verpfändung von Hypothekenforderungen* 1
bzw von *Grund- oder Rentenschulden* Sicherheit geleistet werden (vgl § 232 Rn 10). Hierzu bestimmt § 238 Abs 1 BGB, dass die genannten Gegenstände nur dann zur Sicherheitsleistung tauglich sind, wenn es sich um mündelsichere Werte handelt.

Nach seinem Wortlaut bezieht sich § 238 Abs 1 BGB nicht auf die Tauglichkeit einer 2
Hypothekenbestellung als Sicherungsmittel. Jedoch ist auch für diesen Fall in Analogie zu § 238 Abs 1 BGB das Erfordernis der Mündelsicherheit zu wahren (ENNECCERUS/NIPPERDEY § 243 Fn 18; vgl auch § 232 Rn 10).

b) Maßgebend für die Bestimmung der *Mündelsicherheit* ist § 1807 Abs 1 Nr 1 3
BGB. Danach sind sichere Hypotheken, Grundschulden oder Rentenschulden an einem *inländischen Grundstück* zu verlangen. Die Sicherheitsgrenze kann gem § 1807 Abs 2 BGB durch die Landesgesetze bestimmt werden. Überwiegend ist dort die Grenze für die Mündelsicherheit beim halben Verkehrswert des Grundstücks festgelegt (vgl BERGER 62 ff; ferner OLG Frankfurt 24. 11. 1976 – 22 U 233/76, WM 1977, 1238).

Maßgebend für die Sicherheitsgrenze sind diejenigen Landesgesetze, in deren Geltungsbereich der Ort der Sicherheitsleistung, also der Wohnsitz des Schuldners, gelegen ist (ERMAN/SCHMIDT-RÄNTSCH Rn 1); es kommt nicht darauf an, an welchem Ort sich das betreffende Grundstück oder das zuständige Grundbuchamt befindet.

Da die Beschränkung des § 232 BGB auf inländische Grundstücke gemeinschaftsrechtswidrig ist (oben § 232 Rn 10), ist bei der Verpfändung EU-ausländischer Grundstücke auf die Gleichwertigkeit der dortigen Sicherungsmittel mit den in § 238 BGB genannten zu achten (MünchKomm/Grothe Rn 1). Bei der Bestimmung der Gleichwertigkeit wird man die im Vergleich zur Vollstreckung im Inland höheren Transaktionskosten im Sicherungsfall berücksichtigen müssen (vgl § 232 Rn 10).

2. Die Sicherungshypothek

4   Die *Verpfändung* einer Forderung, für die eine Sicherungshypothek gem §§ 1184 ff BGB besteht, ist nach § 238 Abs 2 BGB kein geeignetes Mittel zur Sicherheitsleistung (vgl Larenz/Wolf, AT § 53 III 5). Die *Bestellung* einer Sicherungshypothek scheidet als Sicherungsmittel jedoch nicht aus, weil der Gläubiger insofern keinen Schutz hinsichtlich des Bestands der Forderung benötigt (vgl § 232 Rn 10; Erman/Schmidt-Räntsch Rn 2).

3. Schiffshypothek

5   Die *Bestellung einer Schiffshypothek,* die gem § 8 Abs 1 S 3 SchiffsRG als Sicherungshypothek ausgestaltet ist, stellt dennoch ein in § 232 BGB zugelassenes Sicherungsmittel dar (vgl § 232 Rn 8). Da es aber keine mündelsicheren Schiffshypotheken gibt, entsteht die Frage, ob für die Sicherheitsleistung durch Bestellung einer Schiffshypothek eine *Wertgrenze* besteht. Erman/Schmidt-Räntsch (Rn 3) und Soergel/Fahse[13] (§ 237 Rn 5) wollen auf die Schiffshypothek den § 237 S 1 BGB analog anwenden und dementsprechend die Bestellung solcher Hypotheken nur bis zur Höhe von zwei Dritteln des Schiffswertes als taugliches Sicherungsmittel anerkennen. Dem ist zuzustimmen, weil es ausgeschlossen erscheint, eine Schiffshypothek zum vollen Nennwert als Sicherung zuzulassen.

4. Angemessene Frist

6   Ist die dem Schuldner gesetzte Frist zur Erbringung einer Sicherheitsleistung zu kurz, so sind die Kosten der vorzeitig eingeleiteten Zwangsvollstreckung als nicht notwendig anzusehen. Dies gilt selbst dann, wenn für den Vollstreckungsantrag eine nicht dem § 232 BGB entsprechende Sicherheit gewährt wurde (OLG Braunschweig InVo 1999, 191).

§ 239
Bürge

(1) Ein Bürge ist tauglich, wenn er ein der Höhe der zu leistenden Sicherheit angemessenes Vermögen besitzt und seinen allgemeinen Gerichtsstand im Inland hat.

(2) Die Bürgschaftserklärung muss den Verzicht auf die Einrede der Vorausklage enthalten.

Abschnitt 7
Sicherheitsleistung § 239

Materialien: TE-AllgT § 216 (Schubert AT 2, 536–543); E I § 204; II § 203; III § 233; Prot I 458 ff; Prot II 1, 269 ff; Mot I 391; Jakobs/Schubert AT 2, 1175, 1179, 1182, 1185–1191.

1. Die Sicherheitsleistung durch Bürgenstellung

Die Stellung eines Bürgen als Mittel der Sicherheitsleistung ist gem § 232 Abs 2 BGB nur *subsidiär zulässig,* wenn keines der in § 232 Abs 1 BGB genannten Mittel zu Gebote steht (vgl § 232 Rn 11). Sie ist zB im Bauwesen außerordentlich verbreitet (Schmitz BauR 2006, 430, 433). **1**

2. Die Modalitäten der Sicherheitsleistung durch Bürgenstellung

a) § 239 BGB stellt für die Bürgenstellung zur Sicherheitsleistung weitere einschränkende Voraussetzung auf, deren Beachtung allerdings durch den Berechtigten verzichtbar ist (Erman/Schmidt-Räntsch Rn 5). **2**

Der Bürge muss gem § 239 Abs 1 BGB ein im Verhältnis zur Höhe der zu leistenden Sicherheit *angemessenes Vermögen besitzen* (vgl dazu Beuthien/Jöstingmeier NJW 1994, 2070, 2072). Grundsätzlich muss der Bürge ein deutlich größeres Vermögen als die Summe seiner Schulden besitzen (BayObLG 21. 7. 1988 – 3 Z 54/88, DB 1988, 1846; Soergel/Fahse[13] Rn 2: 2/3 des Vermögens des Bürgen müssen der Höhe der zu leistenden Sicherheit entsprechen). Ein in diesem Sinne angemessenes Vermögen besteht auch dann, wenn der Bürge regelmäßig wiederkehrende Einkünfte in entsprechender Höhe hat (Prot II 1, 270; Erman/Schmidt-Räntsch Rn 2; Palandt/Ellenberger Rn 1; BGB-RGRK/Johannsen Rn 1; Enneccerus/Nipperdey § 243 Fn 21).

b) Weiterhin muss der Bürge gem § 239 Abs 1 BGB seinen *allgemeinen Gerichtsstand im Inland* haben, damit der Sicherungsnehmer seine Ansprüche ohne besondere Schwierigkeiten durchsetzen kann (MünchKomm/Grothe Rn 2). Jedoch ist wegen Art 59 EuGVÜ ein Gerichtsstand in der Europäischen Union ausreichend (Palandt/Ellenberger Rn 1; MünchKomm/Grothe Rn 2; Ehricke EWS 1994, 259; Ralle WiB 1996, 87; Reich ZBB 2000, 178; Fuchs RIW 1996, 280, 284; Mankowski WuB VII § 108 ZPO 1. 96; Petry BauR 2015, 575, 579 f). Gem Art 72 EuGVVO bleiben Vereinbarungen iSv Art 59 EuGVÜ unberührt, soweit sie vor Inkrafttreten der EuGVVO am 1. 3. 2002 abgeschlossen wurden. Das EuGVÜ selbst gilt noch gegenüber Dänemark und für einige überseeische Gebiete (vgl Art 1 Abs 3, 68 Abs 1 EuGVVO; zur EuGVVO vgl die Beiträge von Kohler und Stadler, in: Gottwald [Hrsg], Revision des EuGVÜ – Neues Schiedsverfahrensrecht [2000] 1 u 37). Der allgemeine Gerichtsstand einer Person bestimmt sich nach den §§ 13 ff ZPO. Verlegt ein Bürge seinen Wohnsitz bzw Aufenthalt ins Ausland (außerhalb der EU) und entfällt damit der inländische allgemeine Gerichtsstand, so ist die geleistete Sicherheit nach § 240 BGB unzureichend geworden. **3**

Im Rahmen der Sicherheitsleistung zur vorläufigen Vollstreckbarkeit lässt § 108 ZPO nunmehr wie die frühere Praxis auch die Bürgschaft „eines im Inland zum Geschäftsbetrieb befugten Kreditinstituts" zu. Ob damit auch die früheren europarechtlichen Bedenken (vgl Reich ZBB 2000, 177) ausgeräumt sind, ist zweifelhaft.

Ausländische Banken sind wohl jedenfalls dann taugliche Bürgen, wenn sie auf die Vorausklage verzichten, einen inländischen Gerichtsstand haben und die Zwangsvollstreckung effektiv betreiben können (vgl FOERSTE ZBB 2001, 483, 487; aus europarechtlichen Erwägungen weitergehend STRASSER RIW 2009, 521, 522 ff). Bereits zugelassen wurde die Stellung einer Bürgschaft durch eine französische Großbank ohne allgemeinen Gerichtsstand im Inland (OLG Düsseldorf 18. 9. 1995 – 4 U 231/93, ZIP 1995, 1667). Nicht zu beanstanden ist die Ablehnung der Prozessbürgschaft einer Bank, deren Sitz nicht in einem Vertragsstaat des EuGVÜ bzw im Geltungsbereich der EuGVVO liegt (vgl noch zum EuGVÜ: OLG Koblenz 29. 3. 1995 – 2 W 105/95, RIW 1995, 775). Trotz des erheblichen Vertrauensverlusts, den die Banken im Zuge der Finanzkrise auch in Deutschland seit 2008 erlitten haben, kann die Bankbürgschaft immer noch als ein überlegenes Sicherungsmittel angesehen werden (für die Zeit vor der Krise DAHM MedR 2008, 257, 267; zum Einfluss der Krise GRIWOTZ NJ 2009, 12, 16 ff; einschränkend LEITZEN ZfIR 2008, 823, 831).

Nachteile, die dem Gläubiger aus einer Zwangsvollstreckung nach dem EuGVÜ entstehen, sind zumutbar (OLG Hamburg 4. 5. 1995 – 5 U 118/93, NJW 1995, 2859, 2860).

Als tauglicher Bürge iSd § 239 BGB ist eine ausländische Großbank dann anzusehen, wenn sie sich in der Vertragsurkunde der deutschen Gerichtsbarkeit unterwirft und einen inländischen Zustellungsbevollmächtigten benennt (für schwedische Großbank: OLG Hamburg 4. 5. 1995 – 5 U 118/93, NJW 1995, 2859 f).

4 c) Gem § 239 Abs 2 BGB muss die Bürgschaftserklärung ferner einen *Verzicht auf die Einrede der Vorausklage* nach § 773 Abs 1 Nr 1 BGB enthalten. Es genügt also nur eine selbstschuldnerische Bürgschaft. Die Formbedürftigkeit des Verzichts ergibt sich aus § 766 BGB (vgl ERMAN/ZETSCHE § 766 Rn 7). Sofern es sich für den Bürgen um ein Handelsgeschäft handelt, entfällt gem § 349 S 1 HGB die Einrede der Vorausklage bereits kraft Gesetzes.

Ist die Stellung einer Bankbürgschaft vereinbart, so entspricht dem nicht eine Bürgschaft mit dem Vorbehalt, die Bank dürfe sich jederzeit durch Hinterlegung von Geld aus der Bürgschaft befreien (OLG Koblenz 24. 3. 1997 – 10 W 107/97, Rpfleger 1997, 445).

3. Beweislast

5 Den Nachweis der *Tauglichkeit* des Bürgen hat der Schuldner zu erbringen. Ebenso hat er die Tatsachen zu beweisen, aus denen sich ergibt, dass eine Realsicherheit nach § 232 Abs 1 BGB nicht geleistet werden kann (BAUMGÄRTEL/KESSEN, Beweislast [4. Aufl 2019] Rn 1).

§ 240
Ergänzungspflicht

Wird die geleistete Sicherheit ohne Verschulden des Berechtigten unzureichend, so ist sie zu ergänzen oder anderweitige Sicherheit zu leisten.

Abschnitt 7
Sicherheitsleistung §240

Materialien: TE-AllgT § 217 (SCHUBERT AT 2, 543–546); E I § 205; II § 204; III § 234; Prot I 459; Prot II 1, 270; II 6, 143; Mot I 392; JAKOBS/ SCHUBERT AT 2, 1175, 1179, 1182 f, 1187–1190.

1. Die gesetzliche Ergänzungspflicht

a) Geht die nach Maßgabe der §§ 232 ff BGB geleistete Sicherheit ohne Ver- 1 schulden des Berechtigten unter, zB weil die verpfändete bewegliche Sache verbrennt, so ist gem § 240 BGB eine neue, den Anforderungen der §§ 232 ff BGB entsprechende Sicherheit zu leisten. Ebenso kann die geleistete Sicherheit dadurch *vermindert* werden, dass sie sich verschlechtert, zB infolge von Kursverlusten der Wertpapiere. Denkbar ist auch, dass die Sicherheit vertragsgemäß eingesetzt und dadurch vermindert oder gar verbraucht wird (OLG Düsseldorf 19. 5. 2005 – I-10 U 196/04, ZMR 2006, 923, 924 – Mietkaution; 24. 9. 2009 – I-5 U 5/09, juris Rn 70 – Mietkaution; DERLEDER NZM 2006, 601, 607; HORST MDR 2007, 697, 701 mwNw; **aA** WIEK WuM 2005, 685 f). Eine geleistete Sicherheit wird ferner dadurch unzureichend, dass sich der zu sichernde Betrag erhöht (bestritten für den Fall der nachträglichen Mieterhöhung, LG Berlin 14. 9. 2004 – 63 S 126/04, WuM 2005, 454 – Mietkaution; STERNEL MDR 1983, 265, 268 – keine Ergänzungspflicht wegen erhöhten Mietzinses), oder dass im Falle der Bürgenstellung die Tauglichkeit des Bürgen nach § 239 BGB verloren geht. Letzteres ist auch für eine Bankbürgschaft nicht völlig ausgeschlossen, sodass uU auch hier eine Ergänzungspflicht entstehen kann (vgl LEITZEN ZfIR 2008, 823, 829). Wird eine Mietsicherheit im Falle eine Eigentumswechsels vom Voreigentümer zurückgezahlt, so liegt darin kein vermieterseitiger Verzicht und die Sicherheit ist beim Erwerber (Vermieter) neu zu leisten, weil die Sicherheit ohne Verschulden des Erwerbers unzureichend geworden ist (LG Berlin 6. 7. 2010 – 63 S 319/09, juris Rn 17). Beeinträchtigend wirkt mithin jegliches auf äußere Umstände zurückzuführende Absinken des Sicherungswertes im Verhältnis zum Sicherungszweck. Diese Regel verlangt eine Ausnahme für gesamtwirtschaftliche Veränderungen wie etwa eine Geldentwertung (RG 5. 11. 1935 – VII 65/35, HRR 1936, Nr 184 – der Währungsverfall von 1917 bis 1933 ist zu beachten, sodass nicht summenmäßig dieselbe Sicherheit geschuldet ist; MünchKomm/GROTHE Rn 1; ERMAN/SCHMIDT-RÄNTSCH Rn 1).

b) War hingegen eine geleistete Sicherheit *von Anfang an unzulänglich,* so ist 2 § 240 BGB nicht anwendbar (BGB-RGRK/JOHANNSEN Rn 1; ERMAN/SCHMIDT-RÄNTSCH Rn 3; SOERGEL/FAHSE[13] Rn 3; LARENZ/WOLF, AT § 53 II 4). Der Berechtigte muss in diesem Fall auf den Anspruch zurückgreifen, der ihm das Recht auf Sicherheitsleistung gewährt (vgl Vorbem 4 zu §§ 232 ff; **aM** ENNECCERUS/NIPPERDEY § 243 Fn 23, der § 240 analog anwenden will). Dagegen findet § 240 BGB Anwendung, wenn bspw leicht verderbliche Ware hinterlegt wird, die zunächst eine taugliche Sicherheit darstellt (vgl § 237 Rn 3).

c) Unter den Voraussetzungen des § 240 BGB hat der *Sicherungsgeber die Wahl,* 3 ob er die unzureichend gewordene Sicherheit durch weitere Sicherheitsleistungen ergänzen oder ob er die Sicherheit zurücknehmen und stattdessen eine neue Sicherheit durch ein nach den §§ 232 ff BGB zugelassenes Sicherungsmittel leisten will (ERMAN/SCHMIDT-RÄNTSCH Rn 4; MünchKomm/GROTHE Rn 2; PALANDT/ELLENBERGER Rn 1).

4 d) Ein ähnliches Problem wie bei dem Verlust einer Sicherheit iSv § 232 BGB kann sich auch stellen, wenn eine unter *Eigentumsvorbehalt* verkaufte Sache durch Zufall oder durch Verschulden des Käufers beschädigt oder gar zerstört wird. Der Eigentumsvorbehalt diente mindestens auch dazu, den Käufer zur Bezahlung der Kaufpreisforderung anzuhalten, sicherte mithin den Kaufpreisanspruch als solchen und nicht nur das Rückabwicklungsinteresse (BGH 24. 1. 1961 – VIII ZR 98/59, BGHZ 34, 191, 198; BGH 13. 9. 2006 – VIII ZR 184/05, NJW 2006, 3488, 3489 Rn 10; STAUDINGER/BECKMANN [2014] § 449 Rn 2; anders aber BGH 1. 7. 1970 – VIII ZR 24/69, BGHZ 54, 214, 219; 27. 3. 2008 – IX ZR 220/05, NJW 2008, 1803, 1806 Rn 30; vgl aber auch BGH 7. 12. 1977 – VIII ZR 168/76, BGHZ 70, 96, 101). Zum nach §§ 280 Abs 1, 241 Abs 2 BGB bzw § 823 Abs 1 BGB ersatzfähigen Schaden iSv § 249 BGB gehört dann regelmäßig auch der Verlust der Sicherheit, die dann in Anlehnung an den Rechtsgedanken von § 240 BGB ergänzt werden muss (DECKENBROCK/DÖTSCH WM 2007, 669, 672 f).

2. Der Fortfall der Ergänzungspflicht

5 a) Die Ergänzungs- bzw Erneuerungspflicht besteht nicht, wenn im Falle einer von den Parteien besonders *vereinbarten Sicherheit* die Absicht der Beteiligten dahin ging, dass nur der geleistete Gegenstand und kein anderer zur Sicherheitsleistung dienen solle (Mot I 392; BGB-RGRK/JOHANNSEN Rn 2; ERMAN/SCHMIDT-RÄNTSCH Rn 3; SOERGEL/FAHSE[13] Rn 7).

6 b) Ebenso wenig besteht eine Ergänzungs- oder Erneuerungspflicht, wenn die geleistete Sicherheit durch ein *Verschulden des Berechtigten* unzureichend geworden ist. Das kann nicht nur in Betracht kommen, wenn Sicherheit durch die Verpfändung beweglicher Sachen geleistet wurde, sondern zB auch, wenn die als Sicherheit bestellte Hypothek dadurch entwertet wird, dass das belastete Grundstück aufgrund eines Verschuldens des Berechtigten an Wert verliert. Ebenso kann der neue Eigentümer vom Mieter nicht die erneute Zahlung einer Kaution verlangen, wenn diese im Konkurs bzw der Insolvenz des Voreigentümers untergegangen ist (AG Frankfurt aM 16. 4. 1991 – 33 C 121/9129, NJW-RR 1991, 1165; LG Berlin 29. 2. 2000 – 63 S 315/99, Grundeigentum 2000, 605 f).

3. Die Beweislast

7 Den Berechtigten, der Erneuerung oder Ergänzung der geleisteten Sicherheit beansprucht, trifft die Beweislast bezüglich eingetretener *Unzulänglichkeit* der bestellten Sicherheit. Er braucht jedoch seine *Schuldlosigkeit* an diesem Ereignis nicht zu beweisen; vielmehr trifft diese Beweislast den Verpflichteten, der behauptet, die Unzulänglichkeit beruhe auf einem Verschulden des Berechtigten (MünchKomm/GROTHE Rn 3; BAUMGÄRTEL/KESSEN, Beweislast [4. Aufl 2019] Rn 1).

Sachregister

Die fetten Zahlen beziehen sich
auf die Paragraphen, die mageren Zahlen
auf die Randnummern.

Abfallrecht
  Sicherheitsleistung **Vorbem 232 ff** 7
Abgabenrecht
  s Steuerrecht
Ablaufhemmung
  Abwesenheitspfleger, Einsetzung **211** 5
  Annahme der Erbschaft **211** 4
    Anfechtung der Annahme **211** 4
    Mehrheit von Erben **211** 4
    Vor- und Nacherbschaft **211** 4
  Ansprüche des Nachlasses **211** 1 f
    Todeserklärung **211** 2
  Ansprüche gegen den Nachlass **211** 1, 3
    Nachlassverbindlichkeiten **211** 3
    Pflichtteilsansprüche **211** 3
    Vermächtnisansprüche **211** 3
  Begriff **Vorbem 203–213** 1; **209** 8
  Einstellung der Zwangsvollstreckung **212** 36
  Fortfall des Hindernisses **210** 7
  Geschäftsfähigkeit, partielle **210** 4, 8
  Geschäftsunfähigkeit, teilweise **210** 4
  gesetzliche Vertreter, Fehlen **210** 6
    Betreuer **210** 5
      Aufgabenkreis **210** 6
    Beweislast **210** 6
    Eltern **210** 5
    Geschäftsunfähigkeit des gesetzlichen Vertreters **210** 6
    Insolvenzverwalter **210** 5
    Interessenkollision **210** 6
    Krankheit **210** 6
    Pflegerbestellung **210** 6
    Tod des gesetzlichen Vertreters **210** 6
    Unkenntnis **210** 6
    Verhinderung, rechtliche **210** 6
    Vertretungsbefugnis, Entziehung **210** 6
    Vormund **210** 5
    Wechsel des gesetzlichen Vertreters **210** 6
    Zeitraum **210** 6
  gewillkürte Vertreter **210** 5
  Insolvenzverfahren, Sicherungsmaßnahmen **210** 4
  juristische Personen **210** 1
  Minderjährigkeit **210** 3
  Nachlassfälle **209** 1; **211** 1 ff
  Nachlassinsolvenzverfahren, Eröffnung **211** 5
  Nachlasspfleger, Einsetzung **211** 5
  Nachlassverwalter, Einsetzung **211** 5
  nicht voll Geschäftsfähige **209** 1, 8; **210** 1, 3

Ablaufhemmung (Forts)
  Persönlichkeitsrechte **211** 2
  Prokurist **210** 5
  Sechsmonatsfrist **204** 119; **210** 7; **211** 4 f
  Sequesterbestellung **210** 4
  Testamentsvollstrecker, Einsetzung **211** 5
  Verbrauchsgüterkauf **Vorbem 203–213** 4
  Verhandlungen **203** 17
  Verjährungseintritt, Verhinderung **205** 1
  Vertreter des Rechtsanwalts, amtlich bestellter **210** 5
  Vertreter, spätere Einsetzung **211** 5
  Volljährigkeit **210** 3
  Zusatzfrist **210** 7; **211** 4
Ablehnungsandrohung
  Insichgeschäft **181** 14
Abmahnkostenersatz
  Verjährung **195** 19
Abmahnung
  Rechtsmissbrauch **226** 41
Abmahnung, wettbewerbsrechtliche
  Vorlegung der Vollmachtsurkunde **174** 2
  Wissenszurechnung **166** 4
Abschiebehaft
  Dauer, Berechnung **186** 17
Abschlagszahlung
  Anerkenntnis **212** 22, 25 f
    Wiederholung **212** 21b
  Sicherheitsleistung **Vorbem 232 ff** 4
  Zustimmung, konkludente **182** 17
Abschleppen geparkter Fahrzeuge
  Selbsthilfe **229** 18
Abschlussvertreter
  Willensmängel **166** 3
Absolute Rechte
  Ansprüche, verjährbare **194** 19
  Rechtsmacht an einer Sache **194** 19
  Rechtsmacht an Rechten **194** 19
  Unverjährbarkeit **194** 19
  Zweierbeziehung **194** 6
Abstammungsklärung
  Unverjährbarkeit **194** 28
Abstraktionsprinzip
  Missbrauch der Vertretungsmacht **167** 103
  Stellvertretung **Vorbem 164 ff** 33 f; **164** 6; **165** 1
  Vertretung, organschaftliche **Vorbem 164 ff** 34
  Vertretungsmacht **Vorbem 164 ff** 34
  Vollmacht **Vorbem 164 ff** 22; **167** 2 ff, 12, 75; **168** 1

Abstraktionsprinzip (Forts)
    formbedürftige Rechtsgeschäfte **167** 18, 20
    Widerruf **183** 53
Abtretung
    Erlassvertrag **184** 120
    Gläubigermehrung **Vorbem 182 ff** 83
    Rückwirkung der Zustimmung **Vorbem 182 ff** 83; **184** 120
    Teilleistung an Zessionar **184** 80
    Verfügung eines Nichtberechtigten **185** 13, 39
    Verjährungshemmung **204** 10
    Zustimmungserfordernis **Vorbem 182 ff** 34
Abtretungsverbot
    Zustimmungsumfang **182** 37
Abwasserentsorgungsanlage, öffentliche
    Duldungspflicht **229** 10
accessio temporis
    Bereicherungsanspruch **195** 17
    dingliche Ansprüche **198** 2
Acht Tage
    Auslegung **189** 1
    Handelsgeschäfte **186** 24; **189** 1
    heute in acht Tagen **186** 24; **189** 1
    Tagesfrist **189** 1
    Wochenfrist **186** 24; **188** 12, 15; **189** 1
    Zivilkomputation **186** 24
Adhäsionsverfahren
    Verjährungshemmung **204** 43
ADHGB
    Abstraktionsprinzip **Vorbem 164 ff** 33
    Fristberechnung **187** 2
    Grundverhältnis **Vorbem 164 ff** 14
    Mandat **Vorbem 164 ff** 12
    Monat **192** 1
    Offenkundigkeit des Vertreterhandelns **Vorbem 164 ff** 14
    Stellvertretung, direkte **Vorbem 164 ff** 14
    Vertreter ohne Vertretungsmacht, Haftung **179** 1
    Vertretungsmacht **Vorbem 164 ff** 12
    Verwalterhandeln **Vorbem 164 ff** 59
    Vollmacht **Vorbem 164 ff** 12, 14
Adoption
    Antrag **Vorbem 164 ff** 40
    Aufhebung **Vorbem 164 ff** 40
    Einwilligung **Vorbem 164 ff** 40; **Vorbem 182 ff** 96
    Verjährungshemmung **207** 11
    Zustimmungserfordernisse **Vorbem 182 ff** 26
    Form **182** 113
    Unwiderruflichkeit **183** 69
Adoptionsvertrag
    Stellvertretung **Vorbem 164 ff** 83
    Vertreter in der Erklärung **Vorbem 164 ff** 83, 85

ADR-Richtlinie
    Umsetzung **204** 59
ADR-Verfahren
    Verjährungshemmung **204** 59
aemulatio
    Schikane **226** 2
Ärzte
    Handeln in fremdem Namen **164** 2
    Laboruntersuchung **164** 2
    Honoraranspruch, Fälligkeit **199** 17
Ärztliche Gemeinschaftspraxis
    Handeln in fremdem Namen **164** 2a
Ärztliche Heileingriffe
    Einwilligung **Vorbem 164 ff** 41
    Stellvertretung **Vorbem 164 ff** 38
AG Berlin-Wedding
    Europäisches Mahnverfahren **204** 54
agency
    Geschäftsbesorgungsvertrag **Vorbem 164 ff** 104
agere non valenti non currit praescriptio
    Rechtsverfolgung, Hindernisse **199** 76; **205** 1, 24; **209** 1
Aktiengesellschaft
    Befreiung vom Verbot des Selbstkontrahierens **181** 53a
    Bezugsrechtsausübung
    Vorlegung der Vollmachtsurkunde **174** 2
    Einlageforderungen **195** 8, 51
    Empfang verbotener Leistungen **195** 51
    Fristen **193** 26
    Sonn- und Feiertagsschutz **193** 26
    Generaluntervollmacht **167** 65
    Gesamtvertretung **167** 51
    Handelndenhaftung **177** 20; **179** 23
    Hauptversammlung
        Abstimmung **180** 11
        Anfechtungsklage, Rechtsmissbrauch **226** 31
        Einberufungsfrist, rückwärtslaufende **186** 10; **187** 7; **193** 26, 28, 57
        Ergänzungsanträge **193** 26
        Gegenanträge, Frist **187** 7; **188** 14; **193** 26
        Mitteilung der Einberufung **193** 26
        Nachweisstichtag **193** 26
        record date **193** 26
        Versammlungstag **193** 26
        Wahlvorschläge **193** 26
    Hauptversammlungsbeschlüsse **181** 25
        Geltendmachung der Nichtigkeit **193** 57
    Insichgeschäfte **181** 25
        Gestattung **181** 60
    Stimmrechtsausübung **193** 26
        Unterbevollmächtigung, Verbot **167** 64
    Stimmrechtsverbote **181** 25
    Stimmrechtsvollmacht, Formbedürftigkeit **167** 19
    Verjährungsfristen **195** 50 f

Aktiengesellschaft (Forts)
  Vertretung gegenüber Vorstandsmitgliedern **Vorbem 164 ff** 25
  Vorstand **Vorbem 164 ff** 25
    Mehrvertretung **181** 19
    Minderjährigkeit **165** 7
    Organisationsbestimmungen **Vorbem 164 ff** 26
    Selbstkontrahieren **181** 19
    Wissenszurechnung **166** 32
Aktienherausgabe
  Schikane **226** 24e
Aktienkonzern
  Mehrvertretung **181** 21, 33
Aktivvertretung
  elektronisch übermittelte Willenserklärungen **Vorbem 164 ff** 19
  Gutgläubigkeit des Dritten **173** 8
  Stellvertretung, aktive **Vorbem 164 ff** 19
  Vertretung ohne Vertretungsmacht **177** 5
  Willenserklärung, empfangsbedürftige einseitige **180** 4 ff
Alleinvertretung
  Handeln in fremdem Namen **164** 1
  Vertretungsberechtigung **167** 51
Allerheiligen
  Feiertag, gesetzlicher **193** 37 f, 42 ff
Allerweltsnamen
  Handeln unter fremder Namensangabe **Vorbem 164 ff** 92
Allgemeine Geschäftsbedingungen
  Aufrechnungsverbot **215** 4
  Bevollmächtigung **167** 13
  Eigenhaftung **164** 12
  Einstandspflicht **164** 12
  Fristbestimmungen **186** 26
  Gestattung des Selbstkontrahierens **181** 49
  Kardinalpflichten, Verletzung **202** 17
  Leistung nach Aufforderung **199** 22
  Leitbild des Gesetzes **202** 18, 27
  Mitverpflichtung des Vertreters **164** 9
  sexuelle Selbstbestimmung, Verletzung **208** 3
  Transparenzgebot **202** 23
  Verhandlungen **203** 18
  Verjährung **202** 9
  Verjährungsvereinbarung **202** 23 ff
    Erleichterung der Verjährung **202** 15 ff
    Erschwerung der Verjährung **202** 18
    Fristverlängerungen **202** 27
    Gewährleistung **202** 18, 26
    Kenntnis **202** 24
    Mangelfolgeschäden **202** 26
    Regelverjährung **202** 18
    Schadensersatzansprüche **202** 18
    Verjährungsbeginn **202** 16, 18
    Verjährungsfristen, Verkürzung **202** 17
    Verjährungshemmung **202** 15, 22

Allgemeine Geschäftsbedingungen (Forts)
  Vertreter ohne Vertretungsmacht, Haftung **179** 3
  Vertretung, vollmachtlose **164** 12
Allgemeine Unfallversicherungsbedingungen
  Hemmungswirkung **205** 22
Allgemeiner Teil des BGB
  Zustimmungsadressaten **182** 51
  Zustimmungserfordernisse **Vorbem 182 ff** 26 f
Allgemeines Persönlichkeitsrecht
  absolutes Recht **194** 19
  Ehegatten **227** 12
  Notwehr **227** 11
  Schadensersatzansprüche, Verjährung **197** 8b
  Verjährungshöchstfrist **199** 95
Alltagsgeschäfte
  s Bargeschäfte des Alltags
Altenteil
  Grundeigentum **196** 5
  Sachleistungen **197** 84
  Versorgungsleistungen **197** 84
  wiederkehrende Leistungen **197** 71, 84 f
alteri stipulari nemo potest
  Naturrecht **Vorbem 164 ff** 8
  römisches Recht **Vorbem 164 ff** 4
  Stellvertretung **Vorbem 164 ff** 94
  Vertrag zugunsten Dritter **Vorbem 164 ff** 94
Altersvorsorgevollmacht
  s Vorsorgevollmacht
Altlasten
  Anspruchsentstehung **Vorbem 194–225** 45
Amortisationsbeträge
  Verjährung des Anspruchs **216** 8
Amtshaftung
  Anspruchsentstehung **199** 39
  Notar **199** 63a
  Stillstand der Rechtspflege **206** 6
  Subsidiarität **199** 41 ff
  Verjährung **199** 16, 38
Amtshaftungsanspruch
  Verjährungshemmung **209** 2
Amtshandlungen
  Notwehrrecht **227** 38, 41
Amtsinhaber
  Eigenhaftung **179** 25
  vermeintliche Amtsinhaber **177** 19; **179** 25
  Vertretung ohne Vertretungsmacht **177** 19
Amtsleiter
  Kündigungserklärungen, Abgabe **174** 13
Amtspflichtverletzung
  Primärrechtsschutz, verwaltungsrechtlicher **199** 38 ff
    Anfechtungsklage **199** 38
    Erfolgsaussicht des Rechtsbehelfs **199** 40
    Erinnerung **199** 39
    Gegenvorstellung **199** 39

Amtspflichtverletzung (Forts)
  Herstellungsanspruch, sozialrechtlicher **199** 38
  Vertrauensschaden **199** 40
  Verjährungsbeginn **199** 63a
Amtsstellung
  Vertretungsmacht **Vorbem 164 ff** 34
Amtswalter
  s a Partei kraft Amtes
  Selbstkontrahieren, Gestattung **181** 58 f
  Willensmängel **166** 3
Anderer Teil
  Kenntnis **182** 47
  Zustimmungsadressat **182** 1
Anderweitiger Ersatz
  Beweislast **199** 43
  Einverständnis des Schuldners **199** 43
  Notarhaftung **199** 41 f
  Parteivereinbarung **199** 43
  Staatshaftung **199** 41 f
  Streitverkündung **199** 43
Aneignung
  Besitzerwerb, originärer **198** 3, 6
Anerkenntnis
  Abschlagszahlung **212** 22, 25 f
    Erfüllungshandlungen **212** 25
    Leistungen an Erfüllungs Statt **212** 25
    Leistungen erfüllungshalber **212** 25
    Mehrheit von Forderungen **212** 26
    Schlusszahlung **212** 26
    tatsächliche Leistungen **212** 25
    Teilleistungen **212** 25
    Unterwerfungserklärung, wettbewerbliche **212** 25
    Zusage der Unterlassung **212** 25
  Angebot anderweitiger Verrechnung **212** 23
  Angebot einer Leistung an Erfüllungs Statt **212** 23
  Angebot einer Leistung erfüllungshalber **212** 23
  Arglist des Gläubigers **212** 9
  Aufrechnung mit Gegenforderung **212** 27
  Auskunftserteilung **212** 21, 23
  Auslegung **203** 2; **212** 17 f
  Ausschluss der Anerkennungswirkung **212** 13
  Ausschlussfristen **212** 34
  außergerichtliche Geltendmachung von Forderungen **204** 40
  Begriff **212** 7 f
  Beitritt **214** 40
  Beweislast **212** 33
  Bewusstsein vom Bestehen der Schuld **212** 7, 30
  Bilanz, Zustimmung zur **212** 22
  cessio legis **212** 16, 30
  Darlegungslast **212** 33

Anerkenntnis (Forts)
  deklaratorisches Anerkenntnis **212** 6
  Drittwirkung **212** 16
  Einrede der Verjährung, Verzicht auf **212** 32; **214** 33
  Einschränkungen **212** 12 f, 19
  Erfüllung des Anspruchs **205** 2
  Erklärung **212** 11, 22 ff
    Auslegung **212** 12
    dem Gläubiger gegenüber **212** 30
    Kenntnis des Gläubigers **212** 30 f
    Zugang **212** 30
  Erklärungsbewusstsein **212** 11
  Erlass, Bitte um **212** 23
  Erneuerung der Verjährung **212** 3 ff
    s a Verjährungsneubeginn
  Forderung **212** 16 f
    Identifikation **212** 17
    mehrere Forderungen **212** 17
  Forderungszession **212** 16, 30
  Freiwilligkeit **212** 11, 18, 23 f
  Fristablauf, drohender **Vorbem 194–225** 12; **212** 3, 15
  Gegenrechte **212** 12
  Gegenstand **212** 16 ff
  Genehmigung **212** 10
  geschäftsähnliche Handlung **212** 8
  Geschäftsfähigkeit **212** 9
  gesetzliche Ansprüche **212** 18
  Geständnis, gerichtliches **212** 29
  Gläubigermehrheit **212** 16
  Gläubigerstellung **212** 16
  dem Grunde nach **212** 20 ff, 26
  Haftpflichtversicherung **212** 10
  Hauptschuldner **212** 16
  Honorar, laufendes **212** 26
  Irrtumsanfechtung **212** 9
  30-jährige Verjährung **202** 19
  Kosten, Zahlung **212** 24
  Kulanz **212** 12
  Leistungsvorbereitung **212** 23
  Mitverschuldenseinwand **212** 20
  Nebenintervention **204** 77
  Nebenleistungspflichten **212** 24
  Nichtbestreiten **212** 29
  prozessuales Anerkenntnis **212** 29
  Rechnungserteilung, Bitte um **212** 28
  Rechtsgrund der Verpflichtung **212** 11 f, 17
  Rechtsnatur **212** 6
  Reichweite **212** 17, 19
  Schuldanerkenntnis, konstitutives **212** 6
  Schuldnerbezeichnung **212** 16
  Schuldnermehrheit **212** 8a, 16
    des Schuldners **212** 8a
  Schuldnerverhalten, tatsächliches **212** 7, 15, 21, 22, 28
  Schweigen **212** 28
  Sicherheitsleistung **212** 22 f

Anerkenntnis (Forts)
    Abwendung der Zwangsvollstreckung **212** 23
    Bürgschaften **212** 23
    dingliche Sicherheiten **212** 23
    Garantie **212** 23
    Scheckhingabe **212** 23
    Schuldbeitritt **212** 23
    Vormerkungsbewilligung **212** 23
    Wechselhingabe **212** 23
  Stellvertretung **212** 10
  im Strafverfahren **212** 30
  Streitbeilegungsstelle, Anrufung **204** 62
  Stundung **205** 6, 15
  Stundungsbitte **212** 22
  Teilanerkenntnis **212** 19
  titelersetzendes Anerkenntnis **197** 7; **212** 5
  Unterhaltsleistungen **212** 20, 26
  durch Unterlassen **212** 28
  urteilsersetzendes Anerkenntnis **212** 21a
  Vereinbarung über die Verjährung, mittelbare **202** 4
  Vergleich, gerichtlicher **212** 29
  Vergleichsverhandlungen **212** 12
  Verhandlungsvollmacht **212** 10
  Verjährungshemmung **202** 22; **212** 32
  Verjährungsneubeginn **196** 1, 3; **Vorbem 203–213** 3; **203** 2; **212** 1, 3 ff; **213** 9
  Verjährungsvereinbarung **212** 21a
  vertragliche Ansprüche **212** 18
  Vertrauenstatbestand **212** 7
  Vertretungsmacht, wechselseitige **212** 16
  Vollstreckungsauftrag, Rücknahme **212** 46
  Werkleistung, Mängel **212** 11
  Wiederholung **212** 21b
  wiederkehrende Leistungen **212** 20, 26
    Zahlung auf das Frühere **212** 26
    Zahlung auf das Spätere **212** 26
  Willenserklärung, nichtige **212** 8
  Wirksamkeit **212** 31
  Wissenserklärung **212** 8
  Zeitpunkt **212** 32
  durch Zinszahlung **212** 19
  Zinszahlung **212** 22, 24
  des Zwangsverwalters **212** 8a
Anfang des Tages
  Fristbeginn **187** 10, 10b
Anfechtung
  Ablaufhemmung **211** 6
  Anfechtungsfrist **186** 14
    Ablaufhemmung **210** 9
  Anfechtungsrecht
    Vertretung ohne Vertretungsmacht **179** 10
  Ausschlussfristen **194** 18
  Außenvollmacht **170** 2
  Bevollmächtigung **166** 18; **167** 12, 77 ff
  Eigengeschäft des Vertreters **164** 17, 21
  Eigenschaft, verkehrswesentliche **165** 5

Anfechtung (Forts)
  Empfangsvertretung **164** 24
  Erbschaftsanfechtung **167** 19
  Fälligstellung des Anspruchs **199** 11
  Genehmigung **182** 40; **184** 21
  Genehmigungsverweigerung **182** 92; **184** 75
  Innenvollmacht **171** 9
  Insichgeschäft **181** 13
  durch Nichtberechtigten **185** 15, 17
  Schadensersatzanspruch **182** 71
  Übermittlungsfehler **166** 13
  Verbot vollmachtlosen Handelns **180** 1
  Verjährung **194** 18
  Vertretererklärung **166** 19
  Verwaltungsakt **209** 2
  Verwechslung des Vertretenen **164** 21
  Verwirkung **194** 18
  Vollmacht **168** 4
    Gutglaubensschutz **173** 5
  Vollmachtsurkunde, Aushändigung **172** 2
  Zustimmung **Vorbem 182 ff** 5; **182** 64 ff
Anfechtungserklärung
  Adressat **182** 70
  Zustimmung **182** 69
Anfechtungserklärung durch Bevollmächtigten
  Vorlegung der Vollmachtsurkunde **174** 1
Anfechtungsklage
  Rechtsmissbrauch **226** 31
Anfechtungsrecht
  Vertretungsmacht, fehlende **164** 21
Angebot
  Befristung **184** 65
Angehörige, nahe
  Vertretung, gesetzliche **Vorbem 164 ff** 24
angemessen
  Frist, unbestimmte **186** 6
Angestellte
  Handeln für den, den es angeht **Vorbem 164 ff** 53
Angriff
  s Notwehr
Anhängigkeit
  Verjährungshemmung **204** 35
Anhörungsrüge
  Verjährungshemmung **204** 144
Anlageberater
  Vollmachtsumfang **167** 86a
Anlageberaterhaftung
  Aufklärungspflichtverletzung **199** 63a
Anlagengeschäft
  Auskunftsvertrag **164** 2
  Geschäft für den, den es angeht **164** 2
  Handeln in fremdem Namen **164** 2
Anlagenvermittlung
  Handeln in fremdem Namen **164** 2
Anlaufhemmung
  Verjährungsbeginn **209** 9
Annahme
  Vorlegung der Vollmachtsurkunde **174** 2

Annahme als Kind
s Adoption
Annahme der Leistung
Obliegenheit **194** 11
Annahmeerklärung
Fristsetzung **187** 10a
Annahmefrist
Zugang, Rechtzeitigkeit **188** 8
Annahmeverzug
Genehmigung **184** 94
Anscheinseinwilligung
Rechtsschein **183** 41, 43
Anscheinsvollmacht
Anfechtbarkeit **167** 45
Beweislast **167** 17
Billigung des Auftretens **167** 31
elektronische Signatur **Vorbem 164ff** 19
fehlende Kenntnis vom Auftreten des nicht Bevollmächtigten **167** 31, 32
Genehmigung des Vertreterhandelns, Verweigerung **177** 23
Gewohnheitsrecht **167** 31a
Haftung **167** 31
juristische Personen des öffentlichen Rechts **167** 46 f
kaufmännischer Rechtsverkehr **167** 31, 33
Kennenmüssen des Vertreterverhaltens **167** 40
kumulative Haftung **177** 26
Prozessvollmacht **167** 33
Rechtsfortbildung **177** 26
Rechtsscheinsvollmacht **167** 32
s a dort
Richterrecht **167** 31a
Unterschrift **Vorbem 164ff** 90 f
Veranlassung des Rechtsscheins einer Bevollmächtigung **167** 31
Veranlassung durch vermeidbare Untätigkeit **167** 31
Verhinderung des Vertreterverhaltens **167** 32
Verschulden des Vertretenen **167** 40
Vollmachtsüberschreitung **167** 35b
Wahlrecht des Geschäftsgegners **177** 26
Anscheinszustimmung
Rechtsschein **182** 77
Anschlussberufung
Verjährungshemmung, Ende **204** 147a
Anschrift des Schuldners
Wechsel der Anschrift **206** 12a
Zustellung, öffentliche **199** 53; **206** 12a
Anspruch
Abgabe einer Willenserklärung **194** 8
Antrag **194** 5
Bestimmtheit **194** 8
betagter Anspruch **194** 9
Dienstleistung **194** 8
dinglicher Anspruch **194** 13
Dulden **194** 8

Anspruch (Forts)
Entstehungsgrund **194** 12 f
Erbrecht **194** 12 f
erbrechtliche Ansprüche **197** 20 f
Erfolg **194** 8
Fälligkeit **194** 9
Familienrecht **194** 12 f
familienrechtliche Ansprüche **197** 20, 22
Gesetzeskonkurrenz **195** 31
gesetzlicher Anspruch **194** 13
Gläubiger **194** 13
Hauptanspruch **194** 13; **197** 18
Herausgabe **194** 8
Hilfsansprüche **194** 13; **195** 26; **197** 18
Kenntnis **199** 1a
Klagbarkeit **194** 9
Legaldefinition **194** 1 f, 6, 14; **229** 10
Leistungsklage **194** 8
materiell-rechtlicher Anspruchsbegriff **Vorbem 194–225** 53; **194** 3, 5
mehrere Anspruchsgrundlagen **195** 30
Nebenansprüche **194** 13; **195** 25
obligatorischer Anspruch **194** 13
öffentliches Recht **194** 12
Primäranspruch **194** 13; **195** 11
prozessuales Begehren **194** 5
quasivertraglicher Anspruch **194** 13
Sachenrecht **194** 12 f; **195** 11
Schuldner **194** 13
Schuldrecht **194** 12 f; **195** 11
Sekundäransprüche **194** 13; **195** 11 f
Streitgegenstand **194** 5
Terminologie **194** 14
Titulierung **Vorbem 194–225** 11, 38; **194** 22
Tun **194** 8
Unterlassen **194** 8
Unverjährbarkeit **Vorbem 194–225** 22; **194** 12, 22, 28 f; **195** 53
familienrechtliches Verhältnis **194** 28; **195** 53
Gemeinschaft, Aufhebung **195** 53
Grundbuchberichtigungsanspruch **195** 53
Grundstücksrechte, eingetragene **195** 53
Herausgabe des Kindes **194** 28
Herstellung der ehelichen Lebensgemeinschaft **194** 28
künftiger Unterhalt **194** 28
Lebenspartnerschaft **194** 28
Leistung von Diensten **194** 28
Luftfahrzeuge, Berichtigungsanspruch des Registers für Pfandrechte an Luftfahrzeugen **195** 53
nachbarrechtliche Ansprüche **195** 53
Schiffsregisterberichtigung **195** 53
Verjährungsvereinbarung **202** 11
unvollkommener Anspruch **214** 36
verhaltener Anspruch **199** 12; **Anh 217** 5

Anspruch (Forts)
Verjährung **Vorbem 194–225** 5, 11; **194** 22 f; **195** 11, 29, 37, 41
Verjährungsfähigkeit **Vorbem 194–225** 53
vertraglicher Anspruch **194** 13
Verwirkung **Vorbem 194–225** 19 f, 22
wiederkehrende Leistungen
  Vorbem 194–225 22; **195** 12; **197** 39
Zahlung **194** 8
Zweierbeziehung **194** 6 f
Anspruchsentstehung
Verjährungsbeginn **199** 1, 50; **200** 1 f
Anspruchsgeltendmachung
Zustimmung zum Hauptgeschäft, konkludente **182** 17
Zustimmungsverweigerung **182** 86
Anspruchshäufung, nachträgliche
Hemmungswirkung **204** 37
Anspruchskonkurrenz
Ansprüche, nebeneinander bestehende **194** 4; **195** 32 ff
vertraglicher Bereich **195** 35
Verjährung **195** 33, 42
Verjährungsvereinbarung **202** 8
Anspruchsnormenkonkurrenz
Begriff **195** 32 f
Anteilsübertragung
Zustimmungserfordernis **Vorbem 182 ff** 31
Anteilsveräußerung
Zustimmungsanspruch **Vorbem 182 ff** 101 ff
Anwalt
Erklärungsüberbringung **Vorbem 164 ff** 84
Folgeauftrag **164** 2a
Gutachteneinholung **164** 2a
Kundgabe der Bevollmächtigung **174** 13
Pflichtverteidigung, Verjährungshemmung der Honorarvereinbarung **205** 25
Regressansprüche des Mandanten **214** 28 ff
Streitwert, Neufestsetzung **205** 25
Unterbevollmächtigung, Verbot **167** 64
Verjährungsbeginn, Kenntnis **199** 60
Vermögensschaden **199** 35
Wissenszurechnung **166** 4, 7
Anwaltsgebühren
Bußgeldbescheid, Rücknahme des Einspruchs **187** 7; **193** 30
Strafbefehl, Rücknahme des Einspruchs **187** 7; **193** 30
zusätzliche Gebühr **187** 7
Anwaltshaftung
Beauftragung eines anderen Anwalts **199** 37, 63a
Fahrlässigkeit des Mandanten, grobe **214** 29a
Fahrlässigkeit, grobe **199** 37
Hinweispflicht **199** 83
  drohende Verjährung **214** 28 ff
Sekundärhaftung **199** 37
Verjährungsbeginn **199** 63a

Anwaltshaftung (Forts)
Vermögensschäden **199** 35 ff
Anwaltsprozess
Aussetzung des Prozesses **204** 123
Anwaltssozietät
gemischte Sozietät **167** 86
Handakten, Zurückbehaltungsrecht **175** 8
Handeln in fremdem Namen **164** 2a
Scheinsozietät **167** 35b, 86
Vertretungsnachweis **174** 8
Vollmachtumfang **167** 86
Vorlegung der Vollmachtsurkunde **174** 8
Anwaltsvergleich
Verjährungsbeginn **201** 3
Vollstreckbarkeit **197** 57
Anwaltsvergütung
Gebührentatbestand **199** 21
Verjährungshemmung **Vorbem 203–213** 4
Anwaltszwang
Erklärungsüberbringung **Vorbem 164 ff** 84
Stellvertretung, notwendige
  Vorbem 164 ff 96
Verwaltungsgerichtsverfahren
  Vorbem 164 ff 96
Anwesenheit, gleichzeitige
Auflassung **Vorbem 164 ff** 79
Stellvertretung **Vorbem 164 ff** 40
Arbeitnehmer
Abmahnschreiben, Entfernung aus der Personalakte **Vorbem 194–225** 23
Gehaltsanspruch **Vorbem 194–225** 23
Kundgabe der Bevollmächtigung **174** 13
Lohnanspruch **Vorbem 194–225** 23
Provisionen **Vorbem 194–225** 23
Rentenalter, Beginn **187** 12
Schutzbedürftigkeit **Vorbem 194–225** 23
Umschulungskosten **Vorbem 194–225** 23
Urlaubsanspruch **Vorbem 194–225** 23
Urlaubsentgelt **Vorbem 194–225** 23
Versorgungsanspruch **Vorbem 194–225** 23
Arbeitnehmerüberlassung
Höchstüberlassungsdauer **191** 1a ff; **193** 57
Überlassungsdauer **186** 12
Arbeitsgerichtsverfahren
Berufungsfrist **188** 23
Klageerhebung, schikanöse **226** 41
Arbeitsrecht
Ausschlussfristen **186** 16;
  Vorbem 194–225 14, 16; **203** 5
Fristberechnung **186** 17
Fristbestimmungen **186** 14
Notwehr **227** 11
Recht am Arbeitsplatz **227** 11
Rechtsscheinsvollmacht **167** 36
Schikaneverbot **226** 24, 27a
Versetzung **226** 27a
Zustimmungserfordernisse, behördliche
  Vorbem 182 ff 110, 134

Arbeitsverhältnis
s a Arbeitsvertrag
Forderungspfändung, Konvaleszenz **185** 134
Urlaubsabgeltungsanspruch **188** 2
Urlaubsanspruch **188** 20
Arbeitsverhältnis, Aufnahme
Einwilligung **182** 38
Arbeitsvertrag
Auflösung **167** 27
Bevollmächtigung, Kundgabe **174** 13
Ferienzeit **191** 1
Fristberechnungen **187** 10a
Kündigung **185** 19; **193** 16
  außerordentliche Kündigung **180** 6
  Bevollmächtigung zur Kündigung **174** 13
  Fristberechnung **187** 6
Schikaneverbot **226** 27a
Architekt
Anscheinsvollmacht **167** 35b
  Nachtragsaufträge **167** 35b
  Pauschalpreisvereinbarung **167** 35b
  Rechnungsprüfung **167** 35b
Handeln in fremdem Namen **164** 2
Hinweispflicht, drohende Verjährung **214** 28ff
Hinweispflicht, Haftung **199** 83
Mindestvollmacht **167** 86a
Nebenpflichtverletzung **164** 15
Rechtsscheinsvollmacht **167** 86a
Sachwalterhaftung **164** 15
Verjährungsbeginn, Kenntnis **199** 60, 80
Vollmachtsumfang **167** 86a
Arglist
Kenntnis **166** 8a, 26, 36
Wissenszurechnung **166** 8a
Arglisteinrede
Missbrauch der Vertretungsmacht **167** 101
verjährte Forderung **214** 39
Arglisteinrede, deliktische
Gegenanspruch, Verjährung **215** 14
Arglistige Täuschung
Anfechtungsberechtigung **166** 25
Anfechtungsfrist **186** 14
des Geschäftsgegners **166** 25
durch Dritten **166** 25
des Vertretenen **167** 82a
des Vertreters **166** 15
Kausalität **167** 82a
Kenntnis **182** 68
Vertreterverhalten **166** 26
Vollmachtsanfechtung **167** 80
Weisungserteilung **166** 17
Wissenszurechnung **166** 25 f
Zustimmung **182** 67 f
Arrest
Ablaufhemmung **210** 9
dinglicher Arrest **229** 30; **230** 3, 5
obrigkeitliche Hilfe **229** 17

Arrest (Forts)
Sicherheitsarrest, persönlicher **229** 35; **230** 6
Sicherungsmittel **Vorbem 232 ff** 1
Verjährungshemmung **Vorbem 194–225** 13; **204** 4, 93 ff
Verjährungsneubeginn **212** 37
Arrestpfändung
Verjährung der gesicherten Forderung **216** 4
Arrestvollziehung
Genehmigung **184** 1
Artvollmacht
Generalvollmacht **167** 83
Arzthaftung
Verjährungsbeginn **199** 63a
Atemalkoholmessgeräte
Eichgültigkeitsdauer **188** 20b
Aufbewahrungsfristen
Handelsrecht **186** 24
Auferlegte Verwaltung
s Verwaltung, auferlegte
Aufforderung zur Genehmigung
Adressat der Genehmigung **182** 51
bedingte Genehmigung **184** 15
Schwebephase, Beendigung **184** 61 f
Schweigen, Erklärungswert **182** 24
Zweiwochenfrist **182** 93; **184** 72
Aufforderung zur Zustimmung
Verzicht auf die Zustimmung **Vorbem 182 ff** 102
Zweiwochenfrist **Vorbem 182 ff** 98
Aufgebotsverfahren
Beendigung **186** 14
Verjährungshemmung **204** 40
Aufklärungspflicht
Haftung, deliktische **Vorbem 182 ff** 107
Haftung, vorvertragliche **Vorbem 182 ff** 105 f
Interessenwahrnehmung **214** 29a
Verjährung **214** 29a
Zustimmungsbedürftigkeit **Vorbem 182 ff** 105 ff
Aufklärungspflicht, richterliche
Einrede der Verjährung **214** 15 ff
Aufklärungspflichtverletzung
Verjährungsbeginn **199** 63a
Auflassung
Anwesenheit, gleichzeitige **Vorbem 164 ff** 79
Bedingungsfeindlichkeit **177** 2
Botenschaft **Vorbem 164 ff** 79
Ermächtigung, konkludente **182** 16
Genehmigung der vollmachtlosen Auflassung **177** 2
Genehmigung, Rückwirkung **184** 106
Handeln unter fremdem Namen **Vorbem 164 ff** 89
Stellvertretung **Vorbem 164 ff** 40

Auflassung (Forts)
  Vertretung ohne Vertretungsmacht **177** 2
  Weiterübereignung/-belastung des Grundstücks durch den Auflassungsempfänger **183** 81
  Weiterveräußerungsermächtigung **185** 81 ff
  Zustimmung, Form **182** 95
Auflassungsermächtigung
  Einwilligung **183** 36
  Unwiderruflichkeit **183** 76
Auflassungsvollmacht
  Auslegung **167** 84
  Befreiung vom Verbot des Selbstkontrahierens **181** 52
  Bestimmtheitsgrundsatz **167** 84
  Formbedürftigkeit **167** 25
    Warnfunktion **167** 25
    Werkzeug des Käufers **167** 25
  Innenverhältnis der Vollmacht **167** 3
  Unwiderruflichkeit **168** 8
Aufopferung
  Rechtsprechung, anspruchsfeindliche ständige **206** 8
  Verjährung **195** 15
  Verjährungshöchstfrist **199** 94
Aufrechnung
  Abweisung der Klage als unzulässig **204** 67
  Aktivforderung **215** 1
    Verjährung **215** 5, 8 f
  Anerkenntnis **212** 27
  Aufrechnungserklärung **204** 71; **215** 6
  Aufrechnungsverbot **204** 67; **215** 4
  Ausschlussfristen **194** 18; **204** 74
  Bezeichnung der Forderung **204** 72
  Einredefreiheit der Forderung **204** 69
  Erfolglosigkeit **204** 63, 66, 70
  Erfüllbarkeit der Gegenforderung **204** 68
  Fälligkeit der eigenen Forderung **204** 69
  frühere Aufrechnungserklärung **204** 72
  Gegenforderung, verjährte **215** 1
  Gegenseitigkeit der Forderungen **204** 70
  Gestattung des Selbstkontrahierens **181** 62
  Gleichartigkeit der Forderungen **204** 68
  Hauptforderung **215** 4
  hilfsweise Geltendmachung **204** 67, 72
  Passivforderung **215** 4
    Einreden **215** 4
    Erfüllbarkeit **215** 4
  Präklusion **215** 7
  Prozessaufrechnung **204** 65, 72 ff
    Verjährungshemmung **204** 144
  Rechtskraft **215** 4
  Rückwirkung **215** 2
  Schriftsatz, Zustellung **204** 72
  Verbot vollmachtlosen Handelns **180** 1
  Verfügung eines Nichtberechtigten **185** 13, 25
  Verjährung **194** 18
  Verjährungseintritt **214** 9a; **215** 1

Aufrechnung (Forts)
  Verjährungsfrist, laufende **204** 72
  Verjährungshemmung **197** 55; **199** 3; **204** 2, 13, 40, 63 ff, 73
  Verwirkung **194** 18
  Vollwirksamkeit der Forderung **204** 69
  Vorbehaltsurteil **204** 73; **215** 4
  Zustimmung zum Hauptgeschäft, konkludente **182** 17
  Zustimmungserfordernis **Vorbem 182 ff** 34
Aufsichtsrat
  Erklärungsvertreter **Vorbem 164 ff** 85
  Minderjährigkeit **165** 7
  Stimmrechtsausübung **Vorbem 164 ff** 72
  Zustimmung zu Maßnahmen der Geschäftsführung **Vorbem 182 ff** 13
Aufsichtsratsmitglieder
  Vertretung ohne Vertretungsmacht **177** 3
  Wissenszurechnung **166** 32
Aufsichtsrecht
  Erlöschen **184** 26
  Wechsel **184** 25
  Zustimmungsberechtigung **184** 24 ff
  Zustimmungserfordernisse **Vorbem 182 ff** 19 f, 27; **182** 79; **183** 5
  Widerruflichkeit **183** 45
Auftrag
  Auskunftsanspruch **Anh 217** 1, 4, 6 f
  Beendigung **169** 1
  Billigung der Abweichung von Weisungen **Vorbem 182 ff** 81
  Botenschaft **Vorbem 164 ff** 77
  Fortbestand **169** 1
  Innenverhältnis der Vollmacht **167** 3
  Insolvenz des Auftraggebers **169** 2
  Massebezogenheit **169** 2
  Widerruf **169** 1
Auftragsverwaltung
  Kostenerstattungsanspruch **195** 15
Aufwendungsersatzansprüche
  Entstehung **199** 26
  Verjährung **199** 26
Auktion
  Handeln für den, den es angeht **Vorbem 164 ff** 51
Auktionator
  Handeln für den, den es angeht **Vorbem 164 ff** 51
Auseinandersetzungsguthaben
  Verjährung **199** 14
Ausfertigung, vollstreckbare
  Ermächtigung, Widerruflichkeit **183** 89
Ausfüllungsermächtigung
  Blanketturkunde **Vorbem 164 ff** 73
Auskunftsanspruch
  allgemeiner Auskunftsanspruch **197** 19; **Anh 217** 1, 8, 10
  Subsidiarität **Anh 217** 10
  Anerkenntnis **Anh 217** 2

Auskunftsanspruch (Forts)
  Hauptanspruch, Verjährung **Anh 217** 2 ff
  Interesse an der Auskunft, Fortbestand **Anh 217** 4
  Herausgabeverlangen **Anh 217** 2
  Hilfsanspruch **194** 13; **195** 26
  Nebenanspruch **194** 13
  Rechtsmissbrauch **226** 18a, 24a
  Schikaneverbot **226** 18a, 24a, 27b
  Treu und Glauben **197** 19
  verhaltener Anspruch **Anh 217** 5
  Verjährung **195** 26; **197** 4, 18; **Anh 217** 2 f
  Verjährungsbeginn **Anh 217** 2, 5 f, 8
    Vertragsende **Anh 217** 6
  Verjährungshemmung **204** 15
  vorbereitende Auskunftsansprüche **197** 4; **Anh 217** 1 f
Auskunftsklage
  isolierte Auskunftsklage **199** 6
  Verjährungsbeginn **199** 83
Auskunftspflicht
  Dauernebenpflicht **199** 20c
Ausländerrecht
  Einreise, Zweitagesfrist **193** 56
Ausländersicherheit
  fehlende Ausländersicherheit **204** 27
Ausländisches Urteil
  Verjährungshemmung **204** 46
  Vollstreckbarkeit **204** 46
Auslagen
  Verjährung der Forderung **217** 6
Auslegung
  Buchstabenauslegung, Verbot **167** 84
  Empfängerhorizont **167** 84
  historische Auslegung **167** 85
  Vollmacht **167** 84 ff
  Zustimmung **182** 5 ff, 35, 37, 40
Auslobung
  Verbot vollmachtlosen Handelns **180** 1
  Verjährungsvereinbarung **202** 10
Ausschlagung
  durch die Eltern, Formgebot **182** 113
  Frist **186** 14, 24
  Nacherbschaft **181** 40
  Pflichtteilsanspruch, Verjährung **200** 7
  durch Pflichtteilsberechtigten **186** 14
  Verbot vollmachtlosen Handelns **180** 1
  Vollmacht, Formbedürftigkeit **167** 19
Ausschlussfristen
  Ablauf **193** 13
  Ablaufhemmung **210** 9 f; **211** 6
  Anerkenntnis **212** 34
  Anerkenntnis des Verpflichteten **Vorbem 203–213** 7
  Anfechtung **194** 18
  Anmeldung eines Anspruchs **Vorbem 203–213** 7
  Ansprüche **Vorbem 194–225** 14

Ausschlussfristen (Forts)
  Arbeitsrecht **186** 16; **Vorbem 194–225** 14, 16; **203** 5
  Aufrechnung **194** 18; **215** 15
  Aufrechnung im Prozess **204** 74
  Berücksichtigung von Amts wegen **Vorbem 194–225** 14
  Dauer **Vorbem 194–225** 14
    Ermessen einer Partei **Vorbem 194–225** 15
    unverzüglich **Vorbem 194–225** 15
  Erlöschen der Forderung **214** 36; **215** 15
  Fristbegriff **186** 8
  Fristwahrung **Vorbem 203–213** 7 ff
  gemischte Ausschlussfristen **Vorbem 194–225** 16
  Genehmigung **184** 98
  Geschäftsunfähigkeit **210** 10
  gesetzliche Vertreter, Fehlen **210** 9 f
  Gestaltungsrechte **Vorbem 194–225** 14; **218** 12
  Hemmung **209** 6
  höhere Gewalt **206** 31
  Klageerhebung **Vorbem 203–213** 8
  Kündigung **194** 18
  Leistungsverweigerung **214** 41
  Leistungsverweigerungsrechte **205** 26
  Neubeginn **212** 34
  Nichtbetreiben des Verfahrens **204** 136
  Prozesskostenhilfeantrag **204** 117
  Rechtsklarheit **Vorbem 194–225** 14
  Rechtssicherheit **Vorbem 194–225** 14
  Rechtsverlust **Vorbem 194–225** 14 f
  Rückforderung des Geleisteten **214** 41
  Rücktritt **194** 18
  Tarifvertrag **186** 16
  Teilklage **204** 21
  Urheberrechte **Vorbem 194–225** 14
  Vereinbarung **Vorbem 194–225** 14
  Verfahrenskostenhilfeantrag **204** 117
  Verhandlungen **203** 21
  neben Verjährungsfristen **Vorbem 194–225** 15
  Verjährungsrecht, Anwendbarkeit **Vorbem 194–225** 16
  Versäumung **186** 8
  Wiedereinsetzung in den vorigen Stand **Vorbem 194–225** 17
  Wissenszurechnung **166** 22
  Zeitablauf **194** 25
  Zurückbehaltungsrechte **215** 15
Außengesellschaft bürgerlichen Rechts
  Bevollmächtigung **167** 7
  Rechtsfähigkeit **Vorbem 164 ff** 25
  Teilrechtsfähigkeit **167** 7
Außenprüfung, betriebliche
  Schikaneverbot **226** 26a
Außenvollmacht
  Abstraktionsprinzip **Vorbem 164 ff** 34

Außenvollmacht (Forts)
  Anfechtung **167** 77; **170** 2, 5
  Beseitigung **170** 2 f
  Beweislast **170** 10
  Bösgläubigkeit des Gegners **170** 10
  Erklärung gegenüber Dritten **170** 4
  Erlöschensanzeige **170** 3 f, 7 f, 10
    Ausübung der Vollmacht **170** 9
    geschäftsähnliche Handlung **170** 7
    Geschäftsfähigkeit **170** 7
    Verpflichtung zur Abgabe **170** 8
    Vertretungsmacht **170** 9
    Widerruf der Vollmacht **170** 9
    Willenserklärung **170** 7
  Erteilung, schlüssige **167** 13, 30
  Fortbestand **170** 2
  Inkraftbleiben **170** 9
  Insichgeschäft **170** 5
  Insolvenzeröffnung **170** 6
  Kenntnisnahme durch Dritte **170** 2
  Nichtanzeige des Erlöschens **170** 8
  Rechtsscheinsvollmacht **170** 2 f
  Umfang **167** 85
  Verkehrsschutz **Vorbem 164 ff** 34
  Vertrauensschutz **170** 2, 4
  Vertretungsmacht, Erlöschen **170** 5
  Widerruf **167** 16; **170** 4; **171** 3
    externer Widerruf **170** 4
  Wirkungsdauer **170** 2
Außenwirtschaftsrecht
  Genehmigungserfordernisse, behörd
    Vorbem 182 ff 109
Außenzustimmung
  Adressat **182** 41, 45
Ausspielung
  Genehmigung, behördliche
    Vorbem 182 ff 112
Authentisierungmedium
  Vertretungsmacht **172** 8
Authentisierungmedium, Missbrauch
  Rechtsscheinhaftung **Vorbem 164 ff** 90 f
  Rechtsscheinsvollmacht **167** 35a
Autorisierung
  Zustimmung zum Zahlungsvorgang
    Vorbem 182 ff 95

Baden-Württemberg
  Allerheiligen **193** 37
  Erscheinung des Herrn **193** 37
  Fronleichnam **193** 37
  Hinterlegung **232** 3
  kirchliche Feiertage **193** 32
  Reformationstag **193** 35
  Sicherheitsleistung **232** 5
Bäume
  Äste, über die Grundstücksgrenze wachsende **199** 111
  Beseitigungsanspruch, Verjährungsbeginn **199** 115 f

Bäume (Forts)
  Schikaneverbot **226** 29a
Bagatellbeträge
  Schikaneverbot **226** 41
Bagatellforderungen
  Selbsthilfe **229** 19
Bankbürgschaft
  ausländische Banken **239** 3
  Ergänzungspflicht **240** 1
  Sicherheitsleistung **232** 1
    Austausch **235** 1
  Sicherungsmittel **239** 3 f
Bankgeschäfte
  Wissenszurechnung **166** 4
Bankgeschäftstag
  Samstag **193** 5
  Werktag **193** 5
Bankrecht
  Schikaneverbot **226** 28
Bankverkehr
  Rechtsscheinsvollmacht **167** 35
Bankvollmacht
  AGB-Kontrolle **167** 85
  Außenvollmacht **167** 3
  Formfreiheit **167** 3
  Gestattung des Selbstkontrahierens,
    konkludente **181** 52
  Innenvollmacht **167** 3
  Missbrauch der Vertretungsmacht **167** 99
  Vollmachtsumfang **167** 85
Bannrechte
  unvordenkliche Verjährung
    Vorbem 194–225 37
Bargeschäfte des Alltags
  Fremdwirkungswille **Vorbem 164 ff** 53
  Geschäft für den, den es angeht,
    verdecktes **Vorbem 164 ff** 54
  Handeln für den, den es angeht
    Vorbem 164 ff 53
  Rechtserwerb, dinglicher
    Vorbem 164 ff 54
  Stellvertretung, mittelbare
    Vorbem 164 ff 53
  Stellvertretung, unmittelbare
    Vorbem 164 ff 53
  Vertragsauslegung, ergänzende
    Vorbem 164 ff 53
Barverkauf
  Handeln unter fremder Namensangabe
    Vorbem 164 ff 92
Baubetreuer
  Handeln in fremdem Namen **164** 2
  mittelbare Stellvertretung **167** 86a
  Vollmachtsumfang **167** 86a
Baugesetzbuch
  Einvernehmen, gemeindliches
    Vorbem 182 ff 136
  Genehmigung grundstücksbezogener
    Rechtsgeschäfte **Vorbem 182 ff** 109

Bauhandwerkersicherung
  Sicherheitsleistung **Vorbem 232 ff** 2, 4
Bauherrenmodell
  Steuerberaterhaftung **199** 35
Bauleitplanung
  Bekanntmachungsfrist **187** 7; **193** 29c
Baurecht
  Auslegungsfrist, baurechtliche **187** 10a
Bauträger
  Anspruch auf die Gegenleistung **196** 11
  Handeln in fremdem Namen **164** 2
  Vollmachtsumfang **167** 86a
    Bestimmtheitsgrundsatz **167** 86a
Bauträgermodell
  Bevollmächtigung, Nichtigkeit **167** 75a
Bauträgervertrag
  Anspruch des Erwerbers, Verjährung
    196 6
  Vollmachtserteilung, konkludente **167** 13
Bauwerk
  Mängelansprüche, Verjährungsfrist
    186 13
  Verjährungsfrist **202** 17
Bayern
  Allerheiligen **193** 38
  bürgerliche Rechtsstreitigkeiten **204** 105
  Erscheinung des Herrn **193** 38
  Feiertage **193** 35, 38
  Friedensfest **193** 38
  Fronleichnam **193** 38
  Hinterlegung **232** 2 f
  Mariä Himmelfahrt **193** 38
  Sicherheitsleistung **232** 5
Beamte
  Ansprüche, Verwirkung
    Vorbem 194–225 23
  Eintritt in den Ruhestand **187** 12
  Rechtmäßigkeit dienstlicher Handlungen
    227 41
  Schadensersatzansprüche des Dienstherrn,
    Verjährung **195** 48; **200** 9
  Versetzung **183** 8
Beamtenbezüge
  Berechnung **191** 1
Beamtenhaftung
  Gesetzeskonkurrenz **195** 31
Beanstandungsverfahren, sozialrechtliches
  Fristberechnung **187** 10a
Bedingung
  Drittzustimmung **Vorbem 182 ff** 29
  Eintritt **193** 14
  Einverständnis, vereinbartes
    Vorbem 182 ff 77 ff
  Einwilligung **183** 21 ff
  Fristbestimmung **186** 16
  Hauptgeschäft **Vorbem 182 ff** 24, 33, 78
  Zeitpunkt, maßgeblicher **Vorbem 182 ff** 78
  Zustimmung **Vorbem 182 ff** 33, 38

Bedingungsfeindlichkeit
  Rechtsgeschäft, einseitiges
    Vorbem 182 ff 78
Beförderungsvertrag
  Verjährungsfrist **195** 46
Befreiung
  Selbstkontrahieren, Gestattung **181** 49 ff
Befreiung von einer Verbindlichkeit
  Sicherheitsleistung **Vorbem 232 ff** 2, 4
Befreiungsklausel
  Befreiung vom Verbot des Selbstkontrahierens **181** 50
Begründetheit
  Klageerhebung, Hemmungswirkung **204** 23
Begründungskonkurrenz
  Ansprüche, mehrere **195** 32 f
Begutachtungsverfahren
  Verjährungshemmung **Vorbem 194–225** 13
Behörden
  Empfangszuständigkeit **164** 25
  Fristwahrung **188** 6
  Informationsabfragepflicht **166** 40
  Organisationsmangel **199** 59
  Verjährungsbeginn, Kenntnis **199** 59
  Wissenszurechnung **166** 40
  Zustimmung, behördliche
    Vorbem 182 ff 108 ff
  s a dort
Behördenbedienstete
  Handeln in fremdem Namen **164** 11
Beihilfe, staatliche
  Rückforderungsbefugnis
    Vorbem 194–225 52a
Beistandschaft
  Verjährungshemmung **197** 6; **207** 13
Beitrittsgebiet
  s a DDR
  Genehmigung grundstücksbezogener
    Rechtsgeschäfte **Vorbem 182 ff** 109
Bekanntmachung, öffentliche
  Bevollmächtigung durch öffentliche
    Bekanntmachung **167** 12, 29b
  Vollmacht **167** 84
Belastungsvollmacht
  Immobilienkauf **167** 86
Belgien
  Samstag **193** 6
Benachteiligungsabsicht
  Gläubigeranfechtung **166** 23
  Wissenszurechnung **166** 23
Berater
  Wissenszurechnung **166** 4
Beraterhaftung
  Beauftragung eines anderen Beraters
    199 37, 63a
  Haftung
    Verjährungsbeginn **199** 63a
  Schadensersatzansprüche, Verjährung
    199 33 ff

Beraterhaftung (Forts)
　Verjährungsbeginn **199** 63a
Beratungsvertrag
　Aufklärungspflichten **195** 16
　Gehilfenschaft **Vorbem 164 ff** 93
　Verjährung **195** 16
Berechtigungsausweis
　Ersatzanspruch nach Sperrung, Verjährung **202** 9a
　Leistungseinstellung, vorzeitige **202** 9b
Bereicherungsansprüche
　s a Ungerechtfertigte Bereicherung
　deliktischer Bereicherungsanspruch, Verjährungsfrist **186** 13
　Entstehung **199** 26
　Fristverlängerung **195** 17
　Tilgung fremder Schulden **195** 17
　verjährte Forderung **214** 37
　Verjährung **195** 24; **199** 26
　Verjährungshöchstfrist **199** 106
Bereicherungseinrede
　Gegenanspruch, Verjährung **215** 14
Bergschadenersatz
　Verjährung **200** 9
Bergwerkseigentum
　Grundeigentum **196** 5
　Herausgabeanspruch, Verjährung **197** 9
Berlin
　Feiertage **193** 35, 38a
　Frauentag **193** 38a
　Hinterlegung **232** 3
　Reformationstag **193** 35
　Sicherheitsleistung **Vorbem 232 ff** 7; **232** 5
Berufs- und Erwerbsunfähigkeitsversicherung
　Stammrecht, Verjährung **194** 17
Berufungsfrist
　Fristende **188** 23
Beschluss
　Insichgeschäft **181** 25
　Mitwirkung an Beschlüssen **Vorbem 182 ff** 73 f
Beschränkte dingliche Rechte
　Änderung, inhaltliche **196** 8
　Ansprüche, Verjährung **196** 1 ff, 8 ff
　　gesetzliche Ansprüche **196** 9
　　vertragliche Ansprüche **196** 9
　Begründung des Rechts **196** 8
　beschränkte persönliche Dienstbarkeit **196** 8
　Dauerwohnungsrecht **196** 8
　Erbbaurecht **196** 8
　Grunddienstbarkeit **196** 8
　Grundschuld **196** 8
　Hypothek **196** 8
　Landesrecht **196** 8
　Nießbrauch **196** 8
　Reallast **196** 8
　Rentenschuld **196** 8
　Übertragung **196** 8

Beschränkte dingliche Rechte (Forts)
　Vollmacht, Auslegung **167** 84
　Vorkaufsrecht, dingliches **196** 8
　Vormerkung **196** 8
　Wohnungserbbaurecht **196** 8
　Wohnungsrecht **196** 8
Beschränkte persönliche Dienstbarkeiten
　Ansprüche, Verjährung **196** 8 ff
Beseitigungsanspruch
　Fortdauer der Störung **199** 116
　Immissionen **199** 116
　Inhaberwechsel des beeinträchtigten Rechts **199** 115
　Störung, wiederholte **199** 116
　Störungsquelle, dauernde **199** 116
　Verjährungsbeginn **199** 115
　Verjährungsfrist **199** 116
Besitz
　Anrechnung **198** 2 ff
　　mehrfacher Besitzwechsel **198** 5
　Verfolgungsrecht, Sicherheitsleistung **Vorbem 232 ff** 2, 4
Besitzansprüche, Erlöschen
　Nichtbetreiben des Verfahrens **204** 136
Besitzdiener
　Bösgläubigkeit **166** 9
　Drittverhalten, zurechenbares **Vorbem 164 ff** 2
　Gutgläubigkeit **166** 11
　Wissenszurechnung **166** 11
Besitzentziehung
　Wiedereinräumung des Besitzes **197** 9
Besitzerwerb
　Fremdwirkung **Vorbem 164 ff** 38
Besitzkehr
　Selbsthilfe **230** 4 f
Besitzkonstitut
　antizipiertes Besitzkonstitut **Vorbem 164 ff** 45
Besitzmittler
　Bösgläubigkeit **166** 9
Besitzschutz
　Notwehrrecht **227** 18
Besitzstörung
　Selbsthilferecht **229** 10, 21
Besitzwehr
　Selbstverteidigung **227** 8
Besoldungsleistungen
　wiederkehrende Leistungen **197** 84
Besorgnis der Befangenheit
　Einrede der Verjährung **214** 15 ff
Bestätigung
　Erbvertrag, anfechtbarer **Vorbem 164 ff** 40
　Rechtsgeschäft, anfechtbares **Vorbem 164 ff** 36
　　Vertretungswille **Vorbem 164 ff** 36
　Rechtsgeschäft, eigenes **Vorbem 182 ff** 71
Bestätigungsschreiben, kaufmännisches
　Schweigen, Erklärungswert **182** 25

Bestätigungsschreiben, kaufmännisches (Forts)
    Wissenszurechnung **166** 8
Bestallungsurkunde
    Vollmachtsurkundeneigenschaft **172** 1
    Vorlage **174** 6
Bestattungshandlungen
    Schikaneverbot **226** 29
Bestattungskosten
    Verjährungshöchstfrist **199** 101
Bestimmtheitsgrundsatz
    Sachübergabe, Publizität **181** 66
    Vollmachtsumfang **167** 84, 86a
Bestreiten mit Nichtwissen
    Wissenszurechnung **166** 30
Betragsverfahren
    Terminierung **204** 126
Betreuer
    Ansprüche, unverjährbare **194** 28
    Aufgabenkreis **210** 6
    Bestallungsurkunde **174** 6
    Einwilligungen **Vorbem 164 ff** 41
    Gesamtvermögensgeschäfte geschäfts-
        unfähiger Ehegatten **181** 41
    Verjährungsbeginn, Kenntnis **199** 57
    Verjährungshemmung **204** 9
    Vertretung, gesetzliche **Vorbem 164 ff** 24
    Vertretungsmacht **Vorbem 164 ff** 34
    Weisungen des Betreuten **166** 31
Betreuervergütung
    Berechnung **191** 1
    Regressanspruch, Verjährung **204** 4
Betreuter
    Geschäftsfähigkeit **164** 10
Betreuung
    Ablaufhemmung der Verjährung **210** 3, 6
    s a Ablaufhemmung
    Ehevertrag des Betreuten **Vorbem 182 ff** 27
    Eingriffe, ärztliche **Vorbem 164 ff** 41
    Einwilligungsvorbehalt **Vorbem 182 ff** 27; **210** 3
    Genehmigung, betreuungsgerichtliche
        Vorbem 164 ff 41
    Gesamtvertretung **167** 51
    Insichgeschäft **181** 18
    kollidierende Rechtsgeschäfte **164** 10
    Miterbschaft Betreuer/Betreuter **181** 18
    Subsidiarität **167** 86a
    Verjährungshemmung **197** 6; **207** 1, 13
        Ansprüche gegen die Staatskasse **207** 13
    Vertretungsverbot **181** 18
    Zustimmungserfordernisse
        Vorbem 182 ff 19, 27
    Zwangsbehandlung **Vorbem 164 ff** 41
Betriebliche Altersversorgung
    Verjährungsfristen **195** 52
Betriebsblockade
    Notwehr **227** 11
Betriebskostenabrechnung
    Einwendungen **188** 20

Betriebskostenabrechnung (Forts)
    Mitteilung **193** 10
    Zugang **188** 4
Betriebskostenvorauszahlungen
    Rückzahlungsanspruch, Verjährung
        199 20a
Betriebsrat
    Koppelungsgeschäft **226** 27a
    Schikaneverbot **226** 24
    Wahlvorschläge, Einreichungsfrist **188** 10
    Zustimmung zu personellen Maßnahmen
        Vorbem 182 ff 111
    Zustimmung zur Kündigung
        Vorbem 182 ff 31, 35
Betriebsratsvorsitzender
    Vertreter in der Erklärung
        Vorbem 164 ff 85
Betriebsübergang
    Arbeitsvertrag, Kündigung **185** 19
    Fristen **186** 24
Betriebsvereinbarung
    Außerkrafttreten **188** 21
    Zustimmungserfordernisse
        Vorbem 182 ff 35, 85
Betriebsverfassungsrecht
    Rechtsscheinsvollmacht **167** 35b
    Zustimmungen **Vorbem 182 ff** 85
Betrug
    Organe juristischer Personen, Voll-
        machtsüberschreitung **177** 25
Beurkundung, notarielle
    Handeln unter fremdem Namen
        Vorbem 164 ff 89
    Handeln unter fremder Namensangabe
        Vorbem 164 ff 92
Bevollmächtigte
    Außen-GbR **167** 7
    Geschäftsfähigkeit, beschränkte **167** 5
    Geschäftsunfähigkeit **167** 5
    Insolvenz **168** 22
    juristische Personen **167** 6; **168** 20
        Austauschbarkeit der Organwalter
        167 6
    KG **167** 7
    OHG **167** 7
Bevollmächtigung
    s a Vollmachtserteilung
    Abgrenzung **Vorbem 182 ff** 64 ff
    Abgrenzung Einwilligung/Bevollmächti-
        gung **183** 11
    Allgemeine Geschäftsbedingungen **167** 13
    Anfechtung **166** 18; **167** 12, 77 ff; **179** 10
    Anfechtungsgegner **167** 77, 79
    Anfechtungsgrund **167** 80
    – arglistige Täuschung **167** 80
    – Drohung **167** 80
    – Irrtum **167** 80
    betätigte Vollmacht **167** 77 ff
    – Innenvollmacht **167** 77 ff

Bevollmächtigung (Forts)
　　Einschränkung der Anfechtbarkeit
　　　167 77, 80
　　ex tunc-Wirkung **167** 81
　　Schadensersatzpflicht **167** 81 f
　　unwiderrufliche Vollmacht **167** 77
　　Annahmeerklärung **167** 10
　　Auslegung **Vorbem 164 ff** 64; **167** 52; **168** 2
　　　ergänzende Auslegung **167** 88
　　Außenvollmacht **167** 12, 16
　　Bekanntmachung, öffentliche **167** 12, 14,
　　　16; **171** 1 f, 8
　　　Anschläge **171** 8
　　　Gewerberegistereintragung **171** 8
　　　Handelsregistereintragung **171** 8
　　　Handzettel **171** 8
　　　Personenkreis, nicht begrenzter **171** 8
　　　Postwurfsendungen **171** 8
　　　Zeitungsveröffentlichungen **171** 8
　　Einwilligung des gesetzlichen Vertreters
　　　167 75
　　Ersatzbevollmächtigung **167** 4, 60
　　externe Vollmacht **167** 12
　　　Widerruf durch interne Vollmacht
　　　167 16
　　Formbedürftigkeit **Vorbem 164 ff** 32;
　　　182 114
　　Formfreiheit **Vorbem 182 ff** 64 ff
　　Genehmigungsfähigkeit **167** 11
　　Geschäftsfähigkeit, beschränkte **167** 75
　　Geschäftsunfähigkeit **167** 75
　　Grundverhältnis **Vorbem 182 ff** 64
　　Innenvollmacht **167** 12, 16
　　interne Vollmacht **167** 12, 16
　　Kenntnis vom Auftreten des nicht
　　　ausdrücklich Bevollmächtigten **167** 28 f
　　Kundgabe **167** 29a; **174** 13
　　mehrere Bevollmächtigungen derselben
　　　Person **167** 16
　　Mentalreservation **167** 75
　　Mitteilung **167** 14; **171** 1 f, 2, 4; **174** 13
　　　Bevollmächtigung eines anderen **171** 6
　　　Bevollmächtigung, unwirksame **171** 7
　　　Bevollmächtigung, vorausgegangene
　　　171 7
　　　einmalige Mitteilung **172** 5
　　　Form **171** 4; **174** 13
　　　geschäftsähnliche Handlung **167** 14;
　　　171 2
　　　Geschäftsfähigkeit des Absenders **171** 5
　　　Kenntnisnahme **171** 4
　　　Name des Bevollmächtigten **171** 6
　　　schlüssiges Verhalten **171** 4
　　　schriftliche Mitteilungen **171** 4
　　　Vertretungsmacht, Umfang **171** 6
　　Nachteiligkeit **167** 75
　　Nichtigkeit **167** 75 ff
　　　Kennenmüssen des Dritten **167** 76
　　　Kenntnis des Dritten **167** 76

Bevollmächtigung (Forts)
　　durch öffentliche Bekanntmachung **167** 12,
　　　29b
　　Rechtsgeschäft, bestimmtes **166** 34
　　Risikoübernahme **167** 12
　　Scheinerklärung **167** 75
　　Scherzvollmacht **167** 75
　　schlüssiges Verhalten **167** 29 f
　　　Vollmachtsüberschreitung **167** 29
　　stillschweigende Bevollmächtigung **167** 28 f
　　　Duldung stellvertretenden Handelns
　　　167 29 f
　　Störung der Geistestätigkeit, vorüber-
　　　gehende **167** 75
　　im Testament **167** 15
　　Verhalten, schlüssiges **167** 13
　　durch Vertreter ohne Vertretungsmacht
　　　167 11
　　Vertretungsmacht
　　　Begründung, rechtsgeschäftliche
　　　Vorbem 164 ff 22
　　Vorbehalt, geheimer **167** 75
　　Willenserklärung, empfangsbedürftige
　　　167 12 f, 15
　　　ausdrückliche Erklärung **167** 13
　　　an den zu Bevollmächtigenden **167** 12
　　　schlüssige Erklärungsverlautbarung
　　　167 13, 29
　　　Vernehmung **167** 15
　　　Zugang **167** 15
　　Willenserklärung, nicht empfangs-
　　　bedürftige **167** 12
　　Willensmängel des Geschäftsherrn **166** 18
Bevollmächtigungsgeschäft
　　Stellvertretung **Vorbem 164 ff** 32
Bevollmächtigungsklausel
　　Entwertung **175** 4
Beweisantritt
　　Verjährungshemmung **204** 86
Beweisaufnahme
　　Anordnung **204** 127
Beweisbeschaffung
　　Notstand **227** 54
　　Notwehr **227** 54
Beweislast
　　anderweitiger Ersatz **199** 43
　　Anerkenntnis **212** 33
　　Anscheinsvollmacht **167** 17
　　Außenvollmacht **170** 10
　　Berechnungsweise, verlängernde **187** 9a
　　Botenschaft **Vorbem 164 ff** 74; **177** 22
　　Bürgenstellung **239** 5
　　Duldungsvollmacht **167** 17
　　Einwilligung **183** 91
　　Genehmigung **182** 131; **184** 142
　　Handeln in fremdem Namen **164** 26
　　Insichgeschäft **181** 68
　　Kundgabe der Bevollmächtigung **171** 13
　　Monat **192** 1

Beweislast (Forts)
  Notstand **228** 49
  Notwehr **227** 81 ff
  Rechtsnachfolge **198** 8
  Rechtsscheinsvollmacht **167** 17
  Schikaneverbot **226** 42
  Selbsthilfe **229** 50; **230** 8; **231** 6
  Sicherheitsleistung **240** 7
  Stellvertretung **164** 18, 26; **167** 17
  Urkundenvorlegung **172** 11
  Verbot vollmachtlosen Handelns **180** 14
  Verfügung eines Nichtberechtigten **185** 170
  Vertretung ohne Vertretungsmacht **178** 8; **179** 7, 26 f; **180** 14
    Haftung **179** 7
  Vertretungsmacht **164** 26; **179** 26
  Verwirkung **Vorbem 194–225** 35
  Vollmacht **171** 13
    Erlöschen **168** 36
    Erteilung **167** 17
    Fortbestand **169** 8
  Vollmachtsurkunde, Aushändigung **172** 11
  Vollmachtsurkunde, Vorlegung **172** 11
  Widerruf **183** 91
  Zurückweisung einseitiger Rechtsgeschäfte **174** 15
  Zustimmung **182** 131
Beweisschwierigkeiten
  Selbsthilfe **229** 22, 26
Beweissicherung
  s Selbständiges Beweisverfahren
Beweisverwertung
  Notwehrhandlung **227** 54
Bezugsrechtsausübung
  Vorlegung der Vollmachtsurkunde **174** 2
BGB-Gesellschaft
  s Gesellschaft bürgerlichen Rechts
Bienen
  Verfolgungsrecht des Bieneneigentümers **229** 8
Bierlieferungsvertrag
  Sittenwidrigkeit **202** 4b
Bilanz
  Anerkenntnis **212** 22
Bildverbreitung/-veröffentlichung
  Einwilligung **183** 6
Billigkeit
  Verjährungsfrist **202** 9a
Billigung
  Auftragsrecht **Vorbem 182 ff** 81
  Kauf auf Probe **Vorbem 182 ff** 81
  Verwahrung **Vorbem 182 ff** 81
Bindungsdauer
  kurzfristige Bindung **202** 4c, 4a
  langfristige Bindung **202** 4a f
Bindungsfrist
  Vertretung ohne Vertretungsmacht **177** 2

Binnenschifffahrt
  Schifffahrtrechtliches Verteilungsverfahren **204** 99
  Verjährung **195** 43, 46 f; **200** 8 f
Blanketterklärung
  Anfechtung **172** 8
Blanketturkunde
  Ausfüllung **172** 8; **177** 22
  Ausfüllung entgegen dem Willen des Ausstellers **172** 8
  Ausfüllungsermächtigung **Vorbem 164 ff** 73
  Entwendung **177** 22
  Oberschrift **172** 8
  Vervollständigung **172** 8
  Vorlegung **172** 8
Blankobürgschaft
  Vollmacht zur Abgabe der Bürgschaftserklärung **167** 20a
Börsenverkehr
  Handeln für den, den es angeht **Vorbem 164 ff** 51
Bösgläubigkeit des Dritten
  Beweislast **173** 8
Bösgläubigkeit des Vertretenen
  Veranlassung zu Geschäften **166** 31a
Botenschaft
  Auftrag **Vorbem 164 ff** 77
  Auftreten des Boten, äußeres **Vorbem 164 ff** 75 f
  Ausschluss, rechtsgeschäftlicher **Vorbem 164 ff** 82
  Beweislast **Vorbem 164 ff** 74; **177** 22
  Botenmacht **Vorbem 164 ff** 76
  Dolmetscher **Vorbem 164 ff** 75
  Eigenhaftung des Boten **177** 22
  Empfängerhorizont **Vorbem 164 ff** 74
  Empfangsboten **Vorbem 164 ff** 73, 77; **164** 25
  Entscheidungsmacht **Vorbem 164 ff** 75
  Erklärungstransport **Vorbem 164 ff** 75
  Gestaltung der Willenserklärung, stilistische **Vorbem 164 ff** 75
  Erklärungsboten **Vorbem 164 ff** 73, 81
  Ermächtigung, gesetzliche **Vorbem 164 ff** 77
  Fehler bei der Ausführung des Botenauftrags **Vorbem 164 ff** 81
  Gefälligkeit **Vorbem 164 ff** 77
  Gerichtsvollzieher **Vorbem 164 ff** 77
  Geschäftsbesorgungsvertrag **Vorbem 164 ff** 77
  Geschäftsfähigkeit **Vorbem 164 ff** 78
    beschränkte Geschäftsfähigkeit **Vorbem 164 ff** 78; **165** 8
  Geschäftsführung ohne Auftrag **Vorbem 164 ff** 77
  höchstpersönliche Erklärungen **Vorbem 164 ff** 79
  hoheitliches Handeln **Vorbem 164 ff** 77

Botenschaft (Forts)
  Innenverhältnis Bote/Hintermann
    Vorbem 164 ff 76 ff
  Offenheitsprinzip **Vorbem 164 ff** 74
  Pseudobote **177** 22
  Repräsentationstheorie **Vorbem 164 ff** 73
  Stellvertreter als Bote **166** 4a
  Stilistik **Vorbem 164 ff** 75
  Stimmboten **Vorbem 164 ff** 75
  Transport abgegebener Erklärungen
    Vorbem 164 ff 73
  Transportrisiko **166** 4a
  Übermittlung fremder Willenserklärungen
    Vorbem 164 ff 74
    natürliche Fähigkeit zur Übermittlung
      Vorbem 164 ff 78
  Vertreterhandeln trotz Botenschaft
    Vorbem 164 ff 80
  Vertretungsmacht **Vorbem 164 ff** 79
  Vertretungsverbot, gesetzliches
    Vorbem 164 ff 79
  Vertretungsverbot, rechtsgeschäftliches
    Vorbem 164 ff 79
  Weiterleitung empfangener Erklärungen,
    technische **Vorbem 164 ff** 73
  Willenserklärungen, nicht verkörperte
    Vorbem 164 ff 75
  Willenserklärungen, verkörperte
    Vorbem 164 ff 75
  Wissenszurechnung **166** 4a
Brandenburg
  Hinterlegung **232** 3
  Reformationstag **193** 39
Bremen
  Feiertage **193** 35, 39a
  Hinterlegung **232** 3
  Reformationstag **193** 35, 39a
  Sicherheitsleistung **232** 5
Briefeinwurf
  Zugang **188** 4
Bruchteilsgemeinschaft
  Vertretungsmacht, gesetzliche
    Vorbem 164 ff 24
Buchauszug
  Abrechnungsanspruch des Handels-
    vertreters **Anh 217** 4
Buchforderungen
  Schuldbuchforderungen
    s dort
    gegen Städte **232** 5
Bürgenschuld
  Verjährung **197** 48
Bürgenstellung
  Bauwesen **232** 11; **239** 1
  Beweislast **239** 5
  Einkünfte, wiederkehrende **239** 2
  Einrede der Vorausklage, Verzicht auf
    239 3 f
    Formbedürftigkeit **239** 4

Bürgenstellung (Forts)
  Gerichtsstand, allgemeiner inländischer
    239 3
  Kreditinstitut **239** 3
  Sicherheitsleistung **232** 11; **239** 1 ff
  Subsidiarität **239** 1
  Tauglichkeit des Bürgen **239** 2 f, 5; **240** 1
  Vermögen, angemessenes **239** 2
  Zwangsvollstreckung **232** 11
Bürgerliches Gesetzbuch
  Stellvertretungsrecht **Vorbem 164 ff** 15
Bürgermeister
  Vertretungsmacht **Vorbem 164 ff** 31
Bürgschaft
  Anerkenntnis **212** 23
  Anerkenntnis des Hauptschuldners **212** 16
  Bankbürgschaft **232** 1; **235** 1
  Blankobürgschaft **167** 20a
  Bürgschaft auf erstes Anfordern **199** 22;
    233 7
  Bürgschaftsschuld, Entstehung **199** 22
  Einrede der Verjährung **214** 10; **216** 5
  Einrede der Vorausklage **197** 48; **199** 22;
    Vorbem 203–213 4 f; **214** 10, 40
  Einreden **Vorbem 203–213** 5
  Erfüllungsbürgschaft **199** 22
  Ersatzsicherheit **232** 10
  Fälligkeit **199** 22
  Gerichtsstand, inländischer **232** 10
  Höchstbetragsbürgschaft **232** 10
  Inanspruchnahme des Bürgen **199** 22
  Insichgeschäft **181** 43
  Kreditversicherer **235** 1
  Mithaftung **164** 12
  Prozessbürgschaft **226** 41
  rechtskräftig festgestellter Anspruch **197** 48
  Rückgriffsanspruch des Bürgen **199** 8b
  selbstschuldnerische Bürgschaft **199** 22;
    239 4
  Sicherheitsleistung **Vorbem 232 ff** 2, 4;
    232 10
  unbegrenzte Bürgschaft **232** 10
  Verjährung der Hauptforderung **214** 40;
    216 5
  Verjährungshemmung **Vorbem 203–213** 4 f;
    204 12; **209** 4
    Verhandlungen **203** 6
  Verjährungsneubeginn **Vorbem 203–213** 5
  Vollmacht **167** 20a
  Zustimmung des gesetzlichen Vertreters
    zur Bürgschaftserklärung des Minder-
    jährigen **182** 95
Bundesfiskus
  Vertretung **Vorbem 164 ff** 28
    Maßnahmen außerhalb eines Ressorts
      Vorbem 164 ff 28
    Übertragung der Vertretungsmacht
      auf nachgeordnete Behörden
      Vorbem 164 ff 28

Bundesminister
Übertragung der Vertretungsmacht auf nachgeordnete Behörden **Vorbem 164 ff** 28
Bundesschuldbuch
öffentlicher Glaube **232** 4
Verpfändungsvermerk **232** 4
Buß- und Bettag
Feiertag, gesetzlicher **193** 35, 45
Bußgeldverfahren
Einspruch, Rücknahme **187** 7; **193** 30

CESL
s Gemeinsames Europäisches Kaufrecht
Chartervertrag
Handeln für den, den es angeht **Vorbem 164 ff** 51
Christi Himmelfahrt
Feiertag, gesetzlicher **193** 34
CIM
Aufrechnung mit verjährter Forderung **215** 9
Verjährungshemmung **203** 20
CISG
Annahmefrist **188** 8
 arbeitsfreie Tage **193** 7
 Feiertag **193** 7
 Sonntag **193** 7
Frist, maßgebliches Recht **186** 4, 24
Zinspflicht, Beginn **187** 10a
CIV
Aufrechnung mit verjährter Forderung **215** 9
closed period
Fristberechnung **187** 9
CMR
Verjährung **195** 39, 43
 Aufrechnung mit verjährter Forderung **215** 9
 Verjährungshemmung **Vorbem 203–213** 4; **203** 5, 20
Code civil
Stellvertretung **Vorbem 164 ff** 8
contractus mohatrae
Veräußerungsermächtigung **183** 76
Verfügungsermächtigung **185** 71
culpa in contrahendo
Anspruchsentstehung **199** 23
Anspruchskonkurrenz **195** 34 f
Aufklärungspflichten **164** 24
Eigenhaftung des Vertreters **165** 2; **179** 20, 24
Empfangsvertretung **164** 24
Genehmigung des Vertreterhandelns, Verweigerung **177** 23
Geschäftsfähigkeit, beschränkte **165** 2
Geschäftsunfähigkeit **165** 3
gesetzliche Vertretung **177** 25
Handeln in fremdem Namen **164** 11

culpa in contrahendo (Forts)
Inanspruchnahme von Vertrauen **164** 15
Missbrauch der Vertretungsmacht **167** 102
Organe juristischer Personen **177** 25
Prospekthaftung **195** 54, 56
Verbot vollmachtlosen Handelns **180** 3
Verjährungsfrist **195** 12, 24, 56
Verjährungshöchstfrist **199** 94
Vertreter **164** 15
Vertretung ohne Vertretungsmacht **179** 20
culpa levissima
höhere Gewalt **206** 26

Dachantenne
Schikaneverbot **226** 24b
Darlehensgewährung
Genehmigung **184** 114
Darlehensvermittlungsvertrag
Vollmacht, Formbedürftigkeit **167** 26
Darlehensvertrag
Fälligkeit **199** 21
Immobiliendarlehen **187** 6f
Kündigungsfrist **187** 6a
Prolongationsvereinbarung **182** 20
Verjährung der Forderung **217** 6
Vertretung ohne Vertretungsmacht **182** 17
Verzinsungspflicht **187** 6a; **193** 54
Wechselansprüche, verjährte **214** 39
Zustimmung, konkludente **182** 17, 20
Datenschutz
Einwilligung, Widerruf **226** 19a
Verjährungsfrist **195** 13
Datumswechsel
Kalendersystem **186** 4
Dauerdelikte
Notwehr **227** 24
Dauerpflichten
Unverjährbarkeit **199** 20c
Verjährung **199** 20c
Dauerschuldverhältnis
Verjährung **194** 15; **199** 20c; **217** 10
Verjährungsausschluss **Vorbem 194–225** 27
Verwirkung **Vorbem 194–225** 27
Dauerwohnungsrecht
Ansprüche, Verjährung **196** 8 ff
DDR
s a Beitrittsgebiet
Rechtsverfolgung **206** 12
Verjährungsrecht **Vorbem 194–225** 52
Deichrecht
unvordenkliche Verjährung **Vorbem 194–225** 37
Deliktische Haftung
Aufklärungspflichtverletzung **Vorbem 182 ff** 107
Einwilligung in Rechtsgutsverletzung **Vorbem 182 ff** 87
Genehmigung **Vorbem 182 ff** 57

Deliktsrecht
s Unerlaubte Handlung
Depotstimmrecht
Ermächtigung zur Stimmrechtsausübung **Vorbem 164 ff** 72
Dereliktion
s a Eigentumsaufgabe
Zustimmungserfordernis **Vorbem 182 ff** 6
Zwischenverfügung **184** 125
Diebstahl
Besitzkehr **227** 24
Notwehr **227** 24, 65, 68
  Videoüberwachung **227** 54
Putativnotwehr **227** 24
Dienstbarkeit
Beseitigungsanspruch, Verjährung **Vorbem 194–225** 3
Dienstverhältnis, Aufnahme
Einwilligung **182** 38
Dienstvertrag
Fälligkeit **199** 21
Gebührentatbestand **199** 21
Innenverhältnis der Vollmacht **167** 3
Kündigung aus wichtigem Grund, fristlose **186** 24
Kündigung, Bevollmächtigung zur **174** 13
dies ad quem
Fristablauf **193** 6
Dieselskandal
Musterfeststellungsklage **204** 48a ff
Wissenszurechnung **166** 34
Digitaler Rechtsverkehr
Rechtsscheinsvollmacht **167** 35a
Dingliche Ansprüche
Begriff **198** 2
Rechtsnachfolge **198** 1
Dingliche Einigung
Insichgeschäft **181** 11
Dingliche Rechte
Herausgabeansprüche, Verjährung **197** 9
  Auskunftsanspruch **197** 19
  dienende Ansprüche **197** 17 ff
Verjährungsfrist **199** 114
Dingliche Sicherheiten
Anerkenntnis **212** 23
Dingliche Surrogation
Ersatzgegenstand, Erwerb kraft Gesetzes **Vorbem 164 ff** 95
Offenheitsprinzip **Vorbem 164 ff** 95
Verjährungsfrist **197** 11
Verjährungsfrist, Anrechnung **198** 3
Dinglicher Herausgabeanspruch
Auskunftsanspruch **197** 19
dienende Ansprüche **197** 17 ff
Sekundäransprüche **197** 10
Verjährung **195** 41; **197** 9 ff, 14a
Verjährungshemmung **209** 5
Vindikationslage **197** 11
Zubehör **195** 41

Disagio
Verjährung **197** 76
Dispositionsfrist
Fristberechnung **188** 8a f
Dissens
offener Dissens **166** 14
versteckter Dissens **166** 14
Willensmängel **166** 14
Wissenszurechnung **166** 14
Dolmetscher
bewusst falsche Übersetzung **177** 22
Botenschaft **Vorbem 164 ff** 75
Dolo-agit-Einrede
Gegenanspruch, Verjährung **215** 14
Domaingrabbing
Schikaneverbot **226** 24c
Doppelvertretung
s Mehrvertretung
Handeln in fremdem Namen **164** 1a
Draft Common Frame of Reference
Berechnungsweise, verlängernde **187** 9
Besitzverletzungen **229** 56
EG-Fristen-VO **186** 22
Fristbegriff **186** 10
Fristen
  Berechnungsweise, verlängernde **186** 22; **187** 9
  Fristende **186** 22; **188** 11
  rückwärtslaufende Fristen **193** 27 f
  Sonn- und Feiertagsschutz **193** 27 f
Fristenberechnung **186** 22; **189** 4; **190** 5
Fristende **188** 11
good faith **226** 51
Jahresfristen **187** 9
Monat **191** 4
Monatsfristen **187** 9; **188** 26
Rechtsmissbrauch **226** 51
Samstag **193** 6
Selbsthilferecht **229** 56
Stellvertretungsrecht **Vorbem 164 ff** 106
Stundenfristen **187** 9, 13; **188** 11, 28
Tagesfristen **187** 9; **188** 11
Treu und Glauben **226** 51
Werktage **193** 6
Wochenfristen **187** 9; **188** 18
Zeitbestimmung **192** 6
Zivilkomputation **187** 9
Dreieck, zustimmungsrechtliches
Rechtsbeziehungen **Vorbem 182 ff** 16; **182** 67, 73
Dreißigster
Verjährungshöchstfrist **199** 101
Dresdner Entwurf
Verjährungshemmung **207** 1
Drittschadensliquidation
Auskunft für einen Dritten **Vorbem 164 ff** 47
Schadensverlagerung **Vorbem 164 ff** 47
Stellvertretung, mittelbare **Vorbem 164 ff** 47

Drittwiderspruchsklage
Erneuerungswirkung **212** 42 ff
Drohnen
Jamming **227** 60
Notwehr **227** 60
Drohung, widerrechtliche
Anfechtungsfrist **186** 14
Bedrohung des Vertreters **166** 15
Kausalität **167** 82a
Vertretener **167** 82a
Vertretergeschäft, Anfechtung **166** 17; **167** 80
Vollmachtsanfechtung **167** 80
Weisungserteilung **166** 17
Wissenszurechnung **166** 25 f
Druckzuschlag
Verjährung der Forderung **215** 14
Duldungseinwilligung
Rechtsschein **183** 41 f
Duldungsvollmacht
Adressat der stillschweigenden Erklärung **167** 29b
Anfechtbarkeit **167** 45
Beweislast **167** 17
Duldungsbewusstsein **167** 45
elektronische Signatur **Vorbem 164 ff** 19
Handeln, rechtsgeschäftliches **167** 30
Handelnlassen, bewusstes **167** 29a
juristische Personen des öffentlichen Rechts **167** 46 f
Kenntnis des Geschäftspartners **167** 29b f
Kenntnis des Handelnden **167** 29b
Kenntnis des Vertretenen **167** 30
Kenntnis des Vertreterverhaltens **167** 40
konkludente Vollmachtserteilung **167** 45
Konkludenzbewusstsein **167** 45
Rechtsscheinsvollmacht **167** 29b f, 32 s a dort
Unterschrift **Vorbem 164 ff** 90 f
Unwirksamkeit **167** 35b
Verschulden des Vertretenen **167** 40
Nichthinderung **167** 40
Nichtkenntnisnahme **167** 40
Vollmacht, unwirksame **167** 35b
Vollmachtserteilung, konkludente **167** 13, 29a f
Vollmachtserteilung, rechtsgeschäftliche **167** 29b
Duldungszustimmung
Schein der Einwilligung **182** 76
Durchgangserwerb
Konvaleszenz **185** 99
Vorausverfügungen **185** 161

EG-Fristen-VO
Fristbestimmung **186** 19 f, 22; **188** 3a, 11
Monatsfrist **191** 4
Fristende **188** 15 f, 28

Ehe
Ehestörung **227** 12
Innenverhältnis der Vollmacht **167** 3
Notwehr **227** 12
räumlich-gegenständlicher Bereich **227** 12
Verjährung **194** 15
Ehegatten
allgemeines Persönlichkeitsrecht **227** 12
Botenschaft, gesetzliche Ermächtigung **Vorbem 164 ff** 77
Generalquittung **207** 4
Gesamtschuldnerausgleich **194** 28
Geschäftsfähigkeit, beschränkte **210** 8
Gestattung des Selbstkontrahierens, konkludente **181** 52
Getrenntleben **191** 3
Handeln in fremdem Namen **164** 1
Herstellung der ehelichen Lebensgemeinschaft **194** 28; **227** 12
Notwehr **227** 62, 71
Notwehrlage **227** 62
Verfahrensfähigkeit **210** 8
Verfügung über Haushaltsgegenstände **Vorbem 164 ff** 41
Verfügung über das Vermögen im Ganzen **Vorbem 164 ff** 41
Verjährungshemmung **197** 6; **202** 7; **207** 1 f, 8
vorehelich entstandene Ansprüche **207** 8
Verträge, Genehmigung **Vorbem 164 ff** 41
Vertretung des Steuerpflichtigen **Vorbem 164 ff** 99
Wissenszurechnung **166** 4
Zustimmungserfordernisse **Vorbem 182 ff** 26
Zustimmungserklärungen **Vorbem 164 ff** 41
Eheliche Lebensgemeinschaft
Herstellungsanspruch, Unverjährbarkeit **194** 28
Vollmacht **167** 86a
Ehemäklerlohn
Naturalobligation **194** 10
Ehescheidung
Einwilligung **Vorbem 182 ff** 96
Verbund **187** 7; **193** 30, 57
Vollmacht, Erlöschen **168** 2
Eheschließung
Höchstpersönlichkeit **Vorbem 164 ff** 79
Vertretungsverbot **Vorbem 164 ff** 40
Ehevertrag
Betreuung, rechtliche **Vorbem 182 ff** 27
Stellvertretung **Vorbem 164 ff** 40
Vollmacht, Formbedürftigkeit **167** 26
Eichgültigkeitsdauer
Monatsfrist **188** 20b
Eidesleistung
Stellvertretung, Ausschluss **Vorbem 164 ff** 96

Eidesstattliche Versicherung
 Abnahme der eidesstattlichen Versicherung **212** 45
 Anordnung der Haft **212** 45
 Erneuerungswirkung **212** 45
 gewillkürte Stellvertretung, Ausschluss **Vorbem 164 ff** 96
 Nacherbschaft **197** 19a
 Schikaneverbot **226** 41
 Terminsanberaumung **212** 45
 Verhaftung des Schuldners **212** 45
 Verjährung **Anh 217** 11
Eigentümer-Besitzer-Verhältnis
 Genehmigung **Vorbem 182 ff** 57
 Gesetzeskonkurrenz **195** 31
 Kenntnis **166** 31a
 Schadensersatzansprüche **217** 7
 Verjährung **197** 10, 14a; **217** 7
 Verjährungsfrist **195** 12
 Wissensvertretung **Vorbem 164 ff** 87
Eigentum
 absolutes Recht **194** 19
 Ansprüche **194** 6
 Notwehr **227** 24
 Schadensersatzansprüche, Verjährung **197** 10
 Störung des Eigentums, Verjährung **195** 12
 Verjährung **194** 19
  Herausgabeansprüche **197** 10
  s a Dinglicher Herausgabeanspruch
Eigentum, aufschiebend bedingtes
 Eigentumserwerb **185** 39
Eigentumsaufgabe
 Verbot vollmachtlosen Handelns **180** 1
Eigentumserwerb
 Gutglaubenserwerb
  Wissenmüssen **166** 31a
Eigentumserwerb an Mobilien
 Besitzdiener **166** 9
 Besitzmittler **166** 9
 Bösgläubigkeit des Vertretenen **166** 9
 Geschäft für den, den es angeht **Vorbem 164 ff** 55
 Gutglaubenserwerb **166** 9
 Stellvertretung **166** 9
Eigentumsstörung
 Verjährung **197** 10
 Verjährungsfrist **199** 114
Eigentumsverschaffungsanspruch
 Verjährung **194** 19
Eigentumsvorbehalt
 s a Vorbehaltskauf
 Rücktritt **216** 7; **218** 11
 Sicherungsmittel **Vorbem 232 ff** 1; **240** 4
 Veräußerungsermächtigung **185** 72 ff
 Verjährung der Kaufpreisforderung **216** 7
 Verjährung des gesicherten Anspruchs **194** 19
 Verlust der Sicherheit **240** 4

Eigentumsvorbehalt (Forts)
 Zahlungsverzug **216** 7
Eigentumsvorbehalt, verlängerter
 Barverkauf **185** 77
 Globalzession **185** 76
 Kontokorrent **185** 75
 Weiterveräußerungsermächtigung **185** 72 ff
  Insolvenzeröffnung **185** 79
  Widerruflichkeit, beschränkte **185** 78
  Widerrufsausschluss **183** 76
Ein-Mann-GmbH
 Befreiung vom Verbot des Selbstkontrahierens **181** 31, 53
  Handelsregistereintragung **181** 53
 Gesellschafter-Geschäftsführer **164** 15
 Insichgeschäft **181** 67
 Organhandeln des Alleingesellschafters **181** 6, 20, 31, 53
 Umwandlung einer mehrgliedrigen GmbH **181** 53
Ein-Mann-GmbH-Gründung
 Verbot vollmachtlosen Handelns **180** 1, 11
Einbringungsvertrag
 Gestattung des Selbstkontrahierens **181** 61
Einheiten- und Zeitgesetz
 Zeitbestimmung **186** 5
Einlassung, rügelose
 Heilung von Mängeln **204** 36
Einrede der Bereicherung
 verjährte Forderung **214** 39
Einrede der Verjährung
 s Verjährungseinrede
Einrede der Vorausklage
 s Bürgschaft
Einrede des nichterfüllten Vertrages
 verjährte Forderung **214** 39
Einreden
 Berufung des Schuldners auf die Einrede **194** 20, 26
 dilatorische Einreden **194** 20; **205** 4
 Leistungsverweigerungsrechte **194** 20
 peremptorische Einreden **Vorbem 194–225** 4; **194** 20; **205** 4
 Verjährung **194** 20
 Verjährungshemmung **205** 3 ff
Einstellungsbehörden
 Vertretungsmacht **Vorbem 164 ff** 28
Einstweilige Anordnung
 Ablaufhemmung **210** 9
 Unterhalt **204** 94
 Verjährungshemmung **204** 93 ff
Einstweilige Verfügung
 Ablaufhemmung **210** 9
 Leistungsverfügung **230** 1
 obrigkeitliche Hilfe **229** 17
 rechtskräftig festgestellte Ansprüche **197** 49
 Sicherungsmittel **Vorbem 232 ff** 1
 Sicherungsverfügung **204** 94

Einstweilige Verfügung (Forts)
  Unterlassungsverfügung **204** 94, 96
  Verjährungshemmung **202** 22; **204** 4, 93 ff
  Verjährungsneubeginn **212** 37
  Wettbewerbsrecht **204** 94
Einstweiliger Rechtsschutz
  Ablaufhemmung **210** 9
  Beschluss **204** 95
  Nichtbetreiben des Verfahrens **204** 139
  Verjährungshemmung **Vorbem 194–225** 13; **204** 93 ff
  Zustellung des Antrags **204** 95 f
  Zustellung der stattgebenden Entscheidung **204** 95
  Zustellungsfrist **204** 96
Eintragungsbewilligung
  Ermächtigung **185** 26, 143 f
  Urkundenvorlegung **172** 7
Einvernehmen, gemeindliches
  Verwaltungsrecht **Vorbem 182 ff** 136
Einwendungen
  Berücksichtigung von Amts wegen **194** 20
  Verjährungshemmung **205** 4
Einwilligung
  Abgrenzung Einwilligung/Bevollmächtigung **183** 11
  Adressaten **Vorbem 182 ff** 2; **183** 14
  ärztliche Eingriffe **Vorbem 164 ff** 41
  Anscheinseinwilligung **183** 41, 43
  Anspruch auf Einwilligung **183** 15, 38
  Auslegung **Vorbem 182 ff** 14; **182** 40; **183** 11
  Bedingung **182** 36; **183** 12, 21 ff
    auflösende Bedingung **183** 22
    aufschiebende Bedingung **183** 23
  Befristung **182** 36; **183** 12, 21, 24, 30
    gesetzliche Befristung **183** 5
  Begriff **Vorbem 182 ff** 10
  Beweislast **183** 91
  Darlegungslast **183** 91
  Deckungsgleichheit **182** 40
  Duldungseinwilligung **183** 41 f
  Eigeninteresse **183** 36
  Einzelrechtsnachfolge **183** 33
  Erlöschen **182** 81; **183** 20 ff
    personenbezogene Erlöschensgründe **183** 31 ff
  erneute Einwilligung **183** 65
  ex nunc-Wirkung **183** 18
  falsa demonstratio non nocet **182** 34
  Folgen **Vorbem 182 ff** 53 ff
  Formfreiheit **183** 10
  Genehmigungsverweigerung **182** 82
  Generalkonsens **182** 38
  Gesamtrechtsnachfolge **183** 32
  Geschäftsfähigkeit **227** 35
  Geschäftsunfähigkeit des Einwilligenden **183** 32
  Gestaltungsrechte **184** 105

Einwilligung (Forts)
  Gestattung des Selbstkontrahierens **181** 50
  gleichzeitige Zustimmung **183** 3
  Grundverhältnis, Wegfall **183** 27 ff
  Hauptgeschäft, gestrecktes **183** 4
  Hauptgeschäft, mehraktiges **183** 4
  Insolvenz des Einwilligenden **183** 35
  Insolvenz des Ermächtigten **183** 39
  Kenntnis **183** 18
  Körperverletzungen **227** 35
  Kollusion **182** 72
  Kondizierbarkeit **Vorbem 182 ff** 45
  konkludente Einwilligung **183** 10, 25
  Missbrauch der Einwilligung **Vorbem 182 ff** 44
  Missbrauch der Vertretungsmacht **182** 72
  Nachteilhaftigkeit, rechtliche **183** 13
  Prozesshandlungen **183** 87 ff
  Rechtfertigungsgrund **227** 35 f
  Rechtsgeschäft, einseitiges **182** 2; **183** 9
  Rechtsgutsverletzung **Vorbem 182 ff** 87; **183** 2
  Rechtsmacht **183** 16 f
  Rechtsschein **Vorbem 182 ff** 50; **182** 73 ff; **183** 19, 40 ff
  Rechtsverletzungen **Vorbem 164 ff** 38
  Schweigen **183** 10
  Teilbarkeit **182** 40
  Teileinwilligung **Vorbem 182 ff** 40
  Telefonmarketing **Vorbem 182 ff** 89
  Tod des Einwilligenden **183** 32
  Tod des Ermächtigten **183** 37
  Umfang **182** 35 f, 38
  Unwiderruflichkeit
    Hauptgeschäft, Form **182** 118
  Unwirksamkeit, schwebende **182** 82
  Verfügung eines Nichtberechtigten **185** 1 f
  Verfügungscharakter **Vorbem 182 ff** 47
  Verfügungsermächtigung
    s a dort
  Verpflichtung zur Vornahme des Rechtsgeschäfts **183** 34
  Vertretung, gesetzliche **182** 61
  Verzicht **183** 25
  Vornahme des zustimmungsbedürftigen Rechtsgeschäfts **183** 5
  Widerruf **Vorbem 182 ff** 7, 89; **182** 1, 41; **183** 1, 5, 20, 44 ff, 64 ff
    Abstraktionsprinzip **183** 53
    Adressaten **183** 48
    Ausschluss, gesetzlicher **183** 68 ff
    Ausschluss, rechtsgeschäftlicher **183** 68, 71 ff
    Einwilligungsberechtigung, Wechsel **183** 54
    Erklärung **183** 55
    Formfreiheit **183** 51
    Grundverhältnis **183** 76 ff

Einwilligung (Forts)
  Hauptgeschäft, schwebende Unwirksamkeit **183** 64
  Hauptgeschäft, Vornahme **183** 62
  konkludenter Widerruf **183** 51
  Rechtsschein **183** 66, 84 f
  teilweiser Widerruf **183** 52
  Trennungsprinzip **183** 53
  Verpflichtung, nicht zu widerrufen **183** 74 f
  aus wichtigem Grund **183** 80 ff
  Widerruflichkeit **183** 49
  Willensmängel **183** 47
  Zeitpunkt, maßgeblicher **183** 55 ff
  Zugang **183** 48, 55
  Zustellung **183** 48
  Widerruflichkeit **Vorbem 182 ff** 2, 45; **182** 64, 81; **183** 1, 5
  Ausschluss **Vorbem 182 ff** 34
  Willenserklärung, empfangsbedürftige **183** 9
  Wirksamkeit des Hauptgeschäfts **Vorbem 182 ff** 53
  Zeitablauf **183** 30
  Zustimmung, vorherige **Vorbem 182 ff** 1; **183** 1 ff
  Zwangsbehandlungen **Vorbem 164 ff** 41
Einwilligungsverweigerung
  s a Zustimmungsverweigerung
  Einwilligung, erneute **Vorbem 182 ff** 60; **183** 86
  Hauptgeschäft, Genehmigung **183** 86
  Rechtsnatur **Vorbem 182 ff** 61; **182** 88 f
  Zustimmungsrecht **183** 26
Einwilligungsvorbehalt
  Gefahrabwendung **Vorbem 182 ff** 27
Einzelvertretung
  Vertretungsberechtigung **167** 51
Einziehungsermächtigung
  Abtretung an Factor **Vorbem 164 ff** 66
  Abtretungsverbot **185** 159
  Einwilligungsprinzip **Vorbem 164 ff** 66
  Forderungsgeltendmachung im eigenen Namen **Vorbem 164 ff** 66
  Forderungstilgung **Vorbem 164 ff** 66
  Gewohnheitsrecht **Vorbem 164 ff** 67
  Gläubigerstellung, Verdopplung **Vorbem 164 ff** 67
  Inkassozession **Vorbem 164 ff** 66
  Interesse des Ermächtigten **Vorbem 164 ff** 67
  Inverzugsetzung **185** 20
  Klageerhebung, Hemmungswirkung **204** 10
  Lastschriftverfahren **Vorbem 164 ff** 66
  durch Nichtberechtigten **185** 158
  Offenheitsprinzip **Vorbem 164 ff** 65
  Prozessstandschaft, gewillkürte **Vorbem 164 ff** 68

Einziehungsermächtigung (Forts)
  Rechtsfortbildung, richterliche **Vorbem 164 ff** 67
  Rechtsmacht **185** 158
  Schuldnerschutz **Vorbem 164 ff** 67
  Treuhand, dinglich beschränkte **Vorbem 164 ff** 66
  Überlassung zur Ausübung **Vorbem 164 ff** 67
  Untereinziehungsermächtigung **185** 159
  Zulässigkeit **Vorbem 164 ff** 68
Einzugsermächtigung
  s Einziehungsermächtigung
Elegante Jurisprudenz
  Stellvertretung **Vorbem 164 ff** 9
Elektronische Form
  Vollmacht **172** 1; **175** 4
Elektronische Signatur
  Anscheinsvollmacht **Vorbem 164 ff** 19
  Duldungsvollmacht **Vorbem 164 ff** 19
  Signaturmissbrauch **167** 35a
  Vertretungsmacht, Umfang **172** 8
Elektronischer Geschäftsverkehr
  Widerrufsfrist **186** 24
Elektronischer Rechtsverkehr
  Rechtsscheinshaftung **179** 23a
  Rechtsscheinsvollmacht **167** 35a
Elterliche Gewalt
  s Elterliche Sorge
Elterliche Sorge
  Gesamtvertretung **167** 51
  Minderjährigkeit des Sorgeberechtigten **165** 7
  Vertretung in der Erklärung **Vorbem 164 ff** 85
  Vertretungsmacht **Vorbem 164 ff** 34
Eltern
  Erziehungsrecht **227** 37
  Genehmigungsberechtigung **184** 24
  Identität Schuldner/zur Verfolgung von Ansprüchen berufene Person **195** 9
  Verjährungsbeginn, Kenntnis **199** 57
  Verjährungshemmung **197** 6; **204** 9
  Vertretung des Kindes, gesetzliche **Vorbem 164 ff** 24
  Ausschluss von der gesetzlichen Vertretung **177** 4
  Insichgeschäft **181** 18
  Zustimmung **181** 62a
Eltern-Kind-Schenkung
  Insichgeschäft **181** 32
Elternzeit
  Zustimmung zur Kündigung, behördliche **Vorbem 182 ff** 110
Empfangsbevollmächtigter
  Steuerrecht **Vorbem 164 ff** 99
  Verwaltungsverfahren **Vorbem 164 ff** 98
Empfangsboten
  Botenmacht **164** 25

Empfangsboten (Forts)
    gesetzliche Ermächtigung **164** 25
    gewillkürte Ermächtigung **164** 25
    Risikoübernahme **164** 25
    Verkehrsanschauung **164** 25
    Botenschaft **Vorbem 164 ff** 73; **164** 25
    Briefkasten **164** 25
    Empfangseinrichtung, unselbständige **164** 25
    Geschäftsbesorgungsvertrag, stillschweigender **Vorbem 164 ff** 77
    Geschäftsunfähigkeit **164** 25
    Handeln als Empfangsbote **Vorbem 164 ff** 19
    Kennenmüssen **166** 39
    Kenntnis **166** 39
    Willenserklärung, Wirksamwerden **164** 25
    Wissenszurechnung **164** 25
Empfangsermächtigung
    Leistungsannahme **185** 160
Empfangsvertreter
    Vertretungswille **Vorbem 164 ff** 36
Empfangsvertretung
    Ablehnung der Entgegennahme von Willenserklärungen **164** 22
    Anfechtungssperre **164** 24
    Aufklärungspflichten **164** 24
    Auslegung der Willenserklärung **166** 14
    Empfangsvollmacht, isolierte **164** 23
    Entgegennahme von Willenserklärungen **164** 22
    Entscheidungmacht des Stellvertreters **164** 22
    Fremdwirkung **164** 22
    Genehmigung **180** 10
    Gesamtvertretung **167** 56
    Gutgläubigkeit des Dritten **173** 8
    Kennenmüssen des Empfangsvertreters **166** 38
    Kenntnis des Empfangsvertreters **166** 38
    Offenheitsprinzip **164** 22
    Repräsentationsprinzip **164** 22
    Stellvertretung, passive **Vorbem 164 ff** 19; **164** 22
    Vertretung ohne Vertretungsmacht **180** 8 ff
    Vertretungsmacht **164** 23
        Beschränkung **164** 23
        formularmäßige Einräumung **164** 23
    Wirkung, unmittelbare **164** 22
    Zustimmung **182** 43
Empfangszuständigkeit
    Prozessvergleich **164** 25
    Willenserklärung **164** 25
EMRK
    Tötung eines Menschen **227** 69
    dolus directus **227** 69
Energieversorgungsvertrag
    Rechtsscheinsvollmacht **167** 35b

England
    agency **Vorbem 164 ff** 104
    Bevollmächtigung, stillschweigende **Vorbem 164 ff** 104
    Rechtsscheinstatbestände **Vorbem 164 ff** 104
    undisclosed agency **Vorbem 164 ff** 104
    vollmachtloses Handeln, Genehmigung **Vorbem 164 ff** 104
    Außenverhältnis **Vorbem 164 ff** 104
    authority **Vorbem 164 ff** 104
    Unwiderruflichkeit **Vorbem 164 ff** 104
    Widerruf **Vorbem 164 ff** 104
    Innenverhältnis **Vorbem 164 ff** 104
    Insichgeschäft **181** 19
    malice **226** 48
    necessity **228** 53
    Notstand **228** 53
        Ersatzpflicht **228** 53
    Notwehr **227** 89
        Angriff durch Sache **227** 89
        Angriff durch Tier **227** 89
        Verteidigung, angemessene **227** 89
    nuisance **226** 48
    Offenheitsprinzip **Vorbem 164 ff** 104
    private defence **227** 89
    Prozessführung, böswillige **226** 48
    Rechtsmissbrauch **226** 48, 52
    rei vindicatio, Unverjährbarkeit **197** 3
    Selbsthilfe **229** 54
    self-defence **227** 89
    self-help **229** 54
    Stellvertretung **Vorbem 164 ff** 104
        gesetzliche Stellvertretung **Vorbem 164 ff** 104
        mittelbare Stellvertretung **Vorbem 164 ff** 104
        verdeckte Stellvertretung **Vorbem 164 ff** 104
    trust **Vorbem 164 ff** 104
    üble Nachrede **226** 48
Enteignung
    Verjährung **195** 15
Enteignungsgleicher Eingriff
    Verjährung **195** 15; **199** 38
Entnahmerecht
    Verjährung **199** 14
Entscheidungsgründe
    Fünfmonatsfrist **193** 57
Entwicklungsbereich, städtischer
    s Städtischer Entwicklungsbereich
Erbauseinandersetzung
    Insichgeschäft **181** 12
    Mehrvertretung
        Pflegerbestellung **181** 57
    Vertretungsverbot **181** 18
Erbbaurecht
    Ansprüche, Verjährung **196** 8 ff
    Einwilligung **183** 33

Erbbaurecht (Forts)
  Grundeigentum **196** 5
  Heimfallanspruch, Verjährung **195** 45;
    200 9
  Herausgabeanspruch, Verjährung **197** 9
  Vertragsstrafeanspruch, Verjährung
    195 45; **200** 9
  Zustimmung zur Übertragung, Unwiderruflichkeit **183** 61
  Zustimmungserfordernis **Vorbem 182 ff** 26, 31
Erbenbesitz
  Besitznachfolge **198** 1, 4
Erbengemeinschaft
  Auseinandersetzung **215** 14a
    Ausschluss **186** 14
  Klage, Hemmungswirkung **204** 25
  Verjährungseintritt **215** 14a
  Verjährungshemmung **204** 7
Erbenhaftung, beschränkte
  Verjährung **194** 20
Erbfall
  Primäransprüche **199** 102
  Sekundäransprüche **199** 102
  Verjährungsbeginn **200** 10
  Verjährungshöchstfristen **199** 99 ff
Erbrecht
  Ansprüche **194** 12 f
  30-jährige Verjährung **Vorbem 194–225** 11
  Schikaneverbot **226** 13
  Verfügung eines Nichtberechtigten **185** 13
  Verjährungsvereinbarung **202** 10
  Zustimmungserfordernisse
    Vorbem 182 ff 26 f
    Form **182** 113
Erbrechtliche Ansprüche
  Verjährung **197** 20 f
Erbschaftsanfechtung
  Vollmacht, Formbedürftigkeit **167** 19
Erbschaftsannahme
  Verbot vollmachtlosen Handelns **180** 1
Erbschaftsanspruch
  Besitzerlangung **197** 14
  Erbschaftsgegenstand **197** 14
  Forderungen **197** 14
  Gegenansprüche des Erbschaftsbesitzers **197** 13
  Gesamtanspruch **197** 13 ff
  Rechtsnachfolge **198** 10
  Verjährung **197** 12 ff; **199** 99
    Auskunftsanspruch **197** 18 f
    dienende Ansprüche **197** 17 ff
    Nutzungen **197** 13 f
    Schadensersatzansprüche **197** 13 f
    Surrogationserwerb **197** 13
  Verjährungsbeginn **197** 14
Erbschaftsbesitz
  Vererbung **198** 10

Erbschaftsbesitzer
  Aufwendungsersatzanspruch **197** 13
  Verwendungsersatzanspruch **197** 13
Erbschaftskauf
  Verjährungshöchstfrist **199** 103
  Vollmacht, Formbedürftigkeit **167** 26
Erbschaftsteuer
  Zehnjahresfrist **187** 10a; **188** 21; **193** 57
Erbschein
  Herausgabe des unrichtigen Erbscheins **197** 12, 16; **199** 99
  dienende Ansprüche **197** 12, 17 ff
Erbscheinsverfahren
  Insichgeschäft **181** 28
Erbteil
  Übertragung
    Vollmacht, Formbedürftigkeit **167** 26
  Weiterveräußerung
    Vollmacht, Formbedürftigkeit **167** 26
Erbteil, gesetzlicher
  s Vertrag unter künftigen gesetzlichen Erben über den gesetzlichen Erbteil
Erbvertrag
  Anfechtungsfrist **186** 24
  Aufhebung **Vorbem 164 ff** 40; **182** 113
  Beeinträchtigung des Vertragserben durch Schenkung, Verjährungsfrist **195** 48
  Bestätigung **Vorbem 164 ff** 40
  Fristlauf, kenntnisgebundener **166** 9
  Rücktritt **Vorbem 164 ff** 40
  Schenkung, beeinträchtigende **186** 13
  Vermächtnis, Aufhebung durch Testament **Vorbem 182 ff** 6
  Zustimmungserfordernisse
    Vorbem 182 ff 26; **182** 113
  Unwiderruflichkeit **183** 69
Erbverzicht
  Vertretungsverbot **Vorbem 164 ff** 40
Erbverzichtsvertrag
  Vollmacht, Formbedürftigkeit **167** 26
Ereignisfrist
  Fristbestimmung **187** 3
Erfolgsunrecht
  Notwehr **227** 28 ff, 52
Erfüllung
  Anerkenntnis **205** 2
Erfüllungsansprüche
  Fälligkeit **199** 21
  Verjährung **213** 7
  Verjährungsbeginn **199** 21
  Verjährungsfrist **195** 12
  Verjährungshöchstfrist **199** 106
Erfüllungsgehilfen
  Drittverhalten, zurechenbares
    Vorbem 164 ff 2
  Handeln in fremdem Namen **164** 11
  Stellvertreter **164** 11
  Verschuldenszurechnung **166** 8a

Erfüllungsübernahme
Stellvertretung, mittelbare
Vorbem 164 ff 46
Ergänzungspfleger
Ansprüche, unverjährbare **194** 28
Wissenmüssen **166** 31
Ergänzungspflegschaft
Genehmigung des Vertreterhandelns **181** 47
Vaterschaftsanfechtung **181** 28
Ergänzungspflicht
s Sicherheitsleistung
Erkenntnisverfahren
obrigkeitliche Hilfe **229** 17
Erklärungsbewusstsein
Anerkenntnis **212** 11
Willenserklärungen **167** 29a
Erklärungsbote
Berechtigungsverhältnis zum Erklärenden **174** 4
Botenschaft **Vorbem 164 ff** 73, 81
Fehler bei der Ausführung des Botenauftrags **Vorbem 164 ff** 81
Handeln als Erklärungsbote
Vorbem 164 ff 19
Übermittlung einseitiger Willenserklärungen **174** 4
Erklärungsort
Feiertage, gesetzliche **193** 36
Erklärungsvertreter
Vertretungswille **Vorbem 164 ff** 36
Erlass
Gestattung des Selbstkontrahierens **181** 62
Erlaubnis
Dürfen, rechtliches **Vorbem 182 ff** 68
Erledigung der Hauptsache
Verjährungseinrede, Erhebung **214** 14
Erledigung des Rechtsstreits
Genehmigung **184** 113
Ermächtigung
Adressaten **185** 3
Anspruch auf Ermächtigung **185** 63
Ausfüllungsermächtigung **Vorbem 164 ff** 73
Auslegung **Vorbem 164 ff** 64
Außenwirkungsmoment **Vorbem 164 ff** 65
Ausübung fremder Rechte im eigenen Namen **Vorbem 164 ff** 63 f
bedingte Ermächtigung **182** 14
Begriff **Vorbem 164 ff** 62; **185** 58
Einwilligung **Vorbem 164 ff** 65
Einwilligung zu einer Verfügung
Vorbem 182 ff 11
Einziehungsermächtigung
Vorbem 164 ff 65 ff
s a dort
Erwerbsermächtigung **Vorbem 164 ff** 65, 69
Form **185** 3
Gegenstandsbezogenheit **Vorbem 164 ff** 64

Ermächtigung (Forts)
Geschäftsfähigkeit, partielle
Vorbem 182 ff 11
Handeln im eigenen Namen **166** 31a
Leistung an Dritte **182** 44
Offenheitsprinzip **Vorbem 164 ff** 65
Prioritätsprinzip **Vorbem 164 ff** 63
Privatautonomie **Vorbem 164 ff** 65
Prozessstandschaft, gewillkürte
Vorbem 164 ff 68
Rechtsgeschäfte, einseitige **185** 3
Rechtsmacht **185** 59
Stellvertretung, mittelbare
Vorbem 164 ff 65
Stellvertretung, unmittelbare
Vorbem 164 ff 64
Stimmrechtsausübung **Vorbem 164 ff** 72
Terminologie **Vorbem 182 ff** 11
Verfügung eines Nichtberechtigten **185** 1 ff
Verfügungsbefugnis des Rechtsinhabers
Vorbem 164 ff 63
Verfügungsermächtigung
Vorbem 164 ff 62 ff; **185** 57
s a dort
Verfügungsgeschäfte **Vorbem 164 ff** 65
Verfügungsmacht **182** 39
Verlust **185** 64
Verpflichtungsermächtigung
Vorbem 164 ff 65, 70 f
Vertretungsmacht **Vorbem 164 ff** 64
Widerruf **175** 7
Widerruflichkeit **Vorbem 164 ff** 63; **185** 3
Wissenmüssen **166** 31a
Zustimmung **Vorbem 164 ff** 65
Ermächtigungstreuhand
Stellvertretung, mittelbare
Vorbem 164 ff 48
Ermächtigungsurkunden
Auskunftseinholung **175** 7
Erteilung, unwirksame **175** 7
geschäftsähnliche Handlungen **175** 7
Rückgabe **175** 7
Widerruf der Ermächtigung **175** 7
Erneuerungsscheine
Hinterlegung **234** 3
Ersatz, anderweitiger
s Anderweitiger Ersatz
Ersatzansprüche
Verjährung **195** 24
Ersatzansprüche Dritter bei Tötung
Verjährungshöchstfrist **199** 104
Ersatzbevollmächtigung
Erteilung **167** 61
Hauptvollmacht, Fortbestand **167** 60
Untervollmacht **167** 60 f
Erscheinung des Herrn
Feiertag, gesetzlicher **193** 37 f, 46
Erschließungskosten
Regressanspruch, Verjährungsfrist **196** 12

Ersetzungsbefugnis
  Zustimmungserfordernisse
    Vorbem 182 ff 31
Ersitzung
  Frist **186** 14
  Rechtserwerb **Vorbem 194–225** 1, 3
Erstattungsanspruch
  Verjährung **195** 48, 49
Ersteigerungsauftrag
  Gestattung des Selbstkontrahierens, konkludente **181** 52
Erwerbsermächtigung
  Begriff **185** 169
  Offenheitsprinzip **Vorbem 164 ff** 65, 69
  Stellvertretung **185** 169
Erwerbsgeschäft
  Einwilligung **182** 38
  Stellvertretung, mittelbare **Vorbem 164 ff** 44
Erziehungsrecht
  Zustimmungsberechtigung **184** 24
  Zustimmungserfordernis **Vorbem 182 ff** 15, 19; **183** 5
EU-Prospektverordnung
  Prospekthaftung **195** 55
EuGVÜ
  Gerichtsstand **239** 3
EuGVVO
  Gerichtsstand **239** 3
Europäische Menschenrechtskonvention
  s EMRK
Europäischer Gerichtshof, Verfahrensordnung
  Klagefrist **187** 5
Europäisches Mahnverfahren
  Anspruchsbezeichnung **204** 55
  Europäischer Zahlungsbefehl **204** 53
  Nichtbetreiben des Verfahrens **204** 138
  Rechtsmittel **204** 58
  Zulässigkeit des Antrags **204** 54
  Zurückweisung des Antrags **204** 58
  Zuständigkeit **204** 54
  Zustellung des Mahnbescheids **204** 56 f
Europäisches Übereinkommen über die Berechnung von Fristen
  Fristberechnung **186** 23
  Samstag **193** 6
Europarecht
  s Gemeinschaftsrecht
Evidenz
  Missbrauch der Vertretungsmacht **167** 97 f, 103; **173** 2
    Fahrlässigkeit **167** 98
    – grobe Fahrlässigkeit **167** 98
    Informationspflicht **167** 98
    Nichtberücksichtigung evidenten Missbrauchsverhaltens **167** 97
  Vollmacht, Erlöschen **173** 2 f
exceptio doli generalis
  Rechtsausübung **226** 6, 9, 20

Existenzvernichtungshaftung
  Verjährungsbeginn **199** 80
Fälligkeit
  Anspruch **194** 9
  Anspruchsanmeldung **199** 22
  Einreden des Schuldners **199** 9
  Fälligkeitsabreden **199** 21
  Feiertag **193** 52 ff
  Freihaltungsansprüche **199** 7
  Gestaltungsrechtsausübung **199** 11
  Kündigung **199** 21
  Leistungstermin **199** 7
  nachgeholte Leistung **193** 54
  Rechnungserteilung **199** 11, 17
  Rechtsgeschäft, genehmigtes **184** 89
  Rückwirkung **199** 10
  Samstag **193** 52 ff
  Sonntag **193** 52 ff
  Stundung des Anspruchs **199** 9
  Vereinbarung späterer Fälligkeit **202** 4
  Verjährungsbeginn **199** 5, 7 ff, 50
  Verzug **193** 55
  Voluntativbedingung **199** 11
  Zeitpunkt **199** 7
Fälligkeitszinsen
  Fristverlängerung **193** 53
Fahrkarten
  Gültigkeit **187** 9a
falsa demonstratio non nocet
  Einwilligung in das Hauptgeschäft **182** 34
  Genehmigung **184** 9
  Genehmigung des Hauptgeschäfts **182** 33
Falschangaben
  Stellvertretung **164** 13
Falschberatung
  Verjährung **195** 48
Falschbetankung
  Schuldanerkenntnis **164** 2
falsus procurator
  s Vertretung ohne Vertretungsmacht
Familienangehörige
  Handeln in fremdem Namen **164** 1
Familiengericht
  Genehmigungen
    s a Genehmigung, familiengerichtliche
Familiengerichtskostengesetz
  Verjährungsneubeginn **Vorbem 203–213** 3; **212** 2
Familienrecht
  Ansprüche **194** 12 f
  Schikaneverbot **226** 13, 16
  Verfügung eines Nichtberechtigten **185** 13
  Zustimmungsadressaten **182** 51
  Zustimmungserfordernisse **Vorbem 182 ff** 26 f, 96, 137
    Formgebote **182** 113
Familienrechtliche Ansprüche
  Verjährung **197** 20, 22

Familienrechtliches Verhältnis
Unverjährbarkeit **194** 28; **195** 53
Familiensachen
Fristberechnung **186** 18
Verfahrenskostenhilfe **204** 113
Faschingsdienstag
Feiertag **193** 48
Feiertag
Ablehnungsrecht **193** 51
Beweislast **193** 3a
Buß- und Bettag **193** 35
Erklärungsort **193** 36
Fälligkeit **193** 52 ff
Faschingsdienstag **193** 48
Fristbeginn **187** 4; **193** 57
Fristende **187** 4; **188** 2; **193** 3, 32
Fristverlängerung **193** 49, 52 ff
Gemeinschaftsrecht **193** 6
geschäftsähnliche Handlungen **193** 10
gesetzliche Feiertage **193** 32
Handelsbrauch **193** 48
Heilig Abend **193** 48
kirchliche Feiertage **193** 32, 34, 48
Leistungserbringung **193** 9, 31
Leistungspflicht **193** 49
nicht bundeseinheitliche Feiertage **193** 32
3. Oktober **193** 33
Rechtshandlungen **193** 1 ff
religiöse Feiertage **193** 48
Rosenmontag **193** 48
Silvester **193** 48
Stichtagsregelungen **193** 57
Termin **187** 4
Vertragsfreiheit **193** 3a
Willenserklärungen, Abgabe **193** 9 f
Feiertagsruhe
Grundrechtsschutz **193** 3
Leistungspflichten **193** 2 f
Fernabsatzvertrag
Schikaneverbot **226** 32d
Widerrufsfrist **186** 24; **187** 6e
Fernlastfahrer
Vollmachtsumfang **167** 86a
Fertigstellungsbescheinigung
Abwehrbescheinigung der Nichtfertigstellung **204** 92
Verjährungshemmung **204** 92
Festnahmerecht
Abwehr von Straftaten **229** 37
Duldungspflicht **229** 38
Erlangung hoheitlicher Hilfe **230** 1
Freilassung, sofortige **230** 6; **231** 3
Körperverletzung, ernste **229** 37
Personalien, Feststellung **229** 35; **230** 6
Selbsthilfe **229** 6, 35 ff
Sicherheitsarrest, persönlicher **229** 35; **230** 6
Tötungsrecht **229** 36 f
Vorführung, unverzügliche **230** 6

Festnahmerecht (Forts)
vorläufige Festnahme **229** 37
Widerstandsbeseitigung **229** 25, 36, 38 f
Feststellungsklage
Feststellungsinteresse **199** 46; **204** 44
künftige Schäden **199** 5, 46 f; **204** 44
Leistungsklage, Nachschieben **197** 87
Sicherungsmittel **Vorbem 232 ff** 1
Verjährungshemmung **194** 8; **197** 37; **199** 3, 34; **204** 20, 44
Verjährungsregime **199** 3
Vermögensgefährdung **199** 34
Zwischenfeststellungsklage **204** 37
Feststellungsklage, negative
Abweisungsantrag des Gläubigers **204** 39 f
Verjährungseintritt **214** 9a, 12
Feststellungsurteil
rechtskräftig festgestellter Anspruch **197** 34, 37 f, 40, 50
Verjährungsfrist **213** 13
Filialleiter
Vollmachtsumfang **167** 86a
Finanzgerichtsverfahren
Fristberechnung **186** 18
Fristverlängerung **190** 3
Firma
Verwendung, unberechtigte **199** 28
Fischereipacht
Besitzrechtseinräumung durch Nichtberechtigte **185** 148
Fischereirecht
Aneignungsrecht **228** 22
unvordenkliche Verjährung
Vorbem 194–225 37
Fiskus
Nothilfe **227** 44
Vertretung **Vorbem 164 ff** 28 f
Folgesache
Einbeziehungsfrist **187** 7; **193** 30, 57
Forderung
Anspruch **194** 14
Eigentum **Vorbem 194–225** 8
Einrede im Prozess **204** 40
Forderungsabtretung
s Abtretung
Forderungspfändung
Erneuerungswirkung **212** 42
Rückwirkung der Zustimmung
Vorbem 182 ff 83
Form
Insichgeschäft **181** 49
Vertretergeschäft **Vorbem 164 ff** 78, 80
Vollmacht **167** 19; **175** 4
postmortale Vollmacht **168** 31
Zustimmung **Vorbem 182 ff** 2, 22, 33, 38
vereinbarte Form **182** 111
Formbedürftige Rechtsgeschäfte
Vollmacht **167** 18
Wissenszurechnung **166** 9

Formbedürftigkeit
  Bevollmächtigung **Vorbem 164 ff** 32
  Genehmigung **184** 100
  Vertretergeschäft **164** 2
  Vollmacht **167** 18 ff
  Wissenszurechnung **166** 9
Formfreiheit
  Bankvollmacht **167** 3
  Bevollmächtigung **Vorbem 182 ff** 64 ff
  Kontovollmacht **167** 3
  Vollmachterteilung **167** 18
  Widerruf **183** 51
  Zustimmung **Vorbem 182 ff** 64; **182** 11, 95 ff
  Zustimmungsverweigerung **182** 86
Formgebot
  Hauptgeschäft **182** 1, 116 ff
  Übereilungsschutz **182** 116 f
  Warnzweck **182** 116 f
  öffentlich-rechtliche Formvorgaben **182** 121 f
Formmangel
  Haftung **179** 9, 24
  Vertretergeschäft **179** 9, 24
Forstwirtschaft
  Genehmigung grundstücksbezogener Rechtsgeschäfte **Vorbem 182 ff** 109
Frachtgeschäft
  internationales Frachtgeschäft
    s CMR
  Verjährung **195** 39, 45; **202** 15
  Verjährungsbeginn **200** 10
  Verjährungshemmung **Vorbem 203–213** 4; **203** 5, 20
  Zurückweisung des Anspruchs **203** 20
Franchisenehmer
  Handeln in fremdem Namen **164** 2
  Vertretungsmacht, fehlende **164** 2
Franchising
  Rechtsscheinsvollmacht **167** 35b
Frankreich
  Abstraktionsprinzip **Vorbem 164 ff** 102
  abus de droit **226** 47
  Auftragsvertrag **Vorbem 164 ff** 102
  Botenschaft **Vorbem 164 ff** 102
  défense légitime **227** 88
  Formerfordernisse **Vorbem 164 ff** 102
  Gewaltmonopol des Staates **229** 53
  messager **Vorbem 164 ff** 102
  Notstand **228** 52
  Notwehr **227** 88
    Angriff durch Sache **227** 88
  procuration **Vorbem 164 ff** 102
  Rechtsmissbrauch **226** 47
  représentation **Vorbem 164 ff** 102
  Samstag **193** 6
  Schikaneverbot **226** 47
  Selbsthilfe **229** 53
    Schadensersatzanspruch **229** 53

Frankreich (Forts)
  Selbstkontrahieren **Vorbem 164 ff** 102
  Stellvertretung **Vorbem 164 ff** 102
  mittelbare Stellvertretung **Vorbem 164 ff** 102
  Verjährungshemmung **207** 1
  Vertreter ohne Vertretungsmacht **Vorbem 164 ff** 102
  Vertretungsmacht **Vorbem 164 ff** 102
  Vollmacht **Vorbem 164 ff** 102
  Vollmachterteilung **Vorbem 164 ff** 102
Frauentag
  Feiertag, gesetzlicher **193** 38a
Freihaltungsanspruch
  Verjährung **199** 7 ff
    Drittforderung **199** 8
  Verjährungshemmung **199** 8a
Freiheitsberaubung
  Notwehr **227** 10, 24
  Selbsthilfe **229** 21
Freiheitsverletzung
  Verjährung **197** 8a ff
Freistellungsurteil
  rechtskräftig festgestellter Anspruch **197** 41
Freiwillige Gerichtsbarkeit
  Feiertag **193** 8
  Fristberechnung **186** 18
  Geschäftsfähigkeit, beschränkte **165** 10
  Insichgeschäft **181** 28
  Kraftloserklärung der Vollmachtsurkunde **176** 6, 8
  nichtstreitige Angelegenheiten **181** 28
  Samstag **193** 8
  Sonntag **193** 8
  Streitsachen **181** 28
  Verfahrenskostenhilfe **204** 113
  Verfahrensvollmacht **Vorbem 164 ff** 96
  Vertretung ohne Vertretungsmacht **180** 13
  Vollmacht, Formbedürftigkeit **167** 19
Friedensfest
  Feiertag **193** 38
Frist
  acht Tage **189** 1
  Angemessenheit **186** 6
  Auslegung **186** 24
  Ausnutzung **186** 25; **188** 3 f; **226** 24d
    Mitwirkungshandlung der Gegenseite **188** 3a, 25
    – Handelsgeschäfte **188** 3a
    Rechtsmissbrauch **186** 25
    Verwirkung **186** 25
  Bedingung **186** 16
  Begriff **186** 6
  Bestimmbarkeit **186** 6
  Bestimmtheit **186** 6
  bis zu **188** 24
  Dauer **186** 6
  Einhaltung **186** 25
  Einredenentstehung **186** 12

Frist (Forts)
  Empfangsbereitschaft **186** 25
  Fristende **188** 11
  Frühjahr **192** 4
  gesetzliche Fristen **186** 12 ff
  halber Monat **189** 1, 3
  halbes Jahr **188** 19; **189** 1
  Handlungsvornahme **186** 5
  Herbst **192** 4
  Jahr **188** 19
  Jahr und Tag **186** 24
  Kriegsende **192** 5
  Leistungsvornahme **186** 6
  Minuten **186** 24
  Mitwirkung des Gläubigers **186** 25
  Monatsfrist **188** 19 ff
    s a dort
  Privatautonomie **186** 16, 26
  Privatrecht **186** 12 ff
  prozessuale Frist **188** 6; **190** 3
  within a reasonable time **186** 24
  Rechte, Begründung **186** 12
  Rechte, Erlöschen **186** 12
  rechtsgeschäftliche Frist **186** 12, 16
  Rechtssicherheit **186** 24, 26
  richterliche Frist **186** 12, 15
  rückwärtslaufende Frist **186** 10, 22; **187** 6, 7;
    188 8a, 9a, 20a, 23
    Berechnung **186** 10; **187** 7, 10b; **188** 23;
      193 25 ff
    Sonn- und Feiertagsschutz **193** 25 ff, 28
    Wochenfristen **188** 14a
  sechs Wochen **189** 2
  Sprachregelung **186** 2
  Stunden **186** 24
  30 Tage **188** 20b
  Unverzüglichkeit **186** 6
  vier Wochen **188** 20b; **189** 2
  Vierteljahr **188** 19; **189** 1
  vierzehn Tage **189** 1
  Wirtschaftsrecht **186** 12
  Zeitbestimmung **186** 2
  Zeiträume, nicht zusammenhängende
    186 7; **191** 1 ff
  Zeitraum, abgegrenzter **186** 6
Fristbeginn
  Beginn eines Tages **187** 10, 10b; **188** 21
  Berechnungsweise, verlängernde **187** 5 f
  Datum auf dem Schriftstück **187** 9
  Ereignis, auslösendes **188** 20
  Ereignis, fristauslösendes **187** 1 f, 5;
    188 12
  Feiertag **187** 4; **193** 57
  Fristberechnung **187** 1 ff
  Kalendertag **187** 4
  Samstag **193** 57
  Sonntag **193** 57
  Tagesfrist **187** 2
  Wochenende **187** 4

Fristberechnung
  Berechnungsweise, verlängernde **186** 22,
    24; **187** 2 f, 7, 9 ff; **188** 20, 24
  Beweislast **187** 9a
  Lebensalter **187** 12
  Parteivereinbarung **187** 9a
  Stundenfristen **187** 13
  von Datum zu Datum **188** 19 ff, 22 f; **189** 1
  Dispositionsfrist **188** 8a f
  Naturalkomputation **187** 1
  rückwärtslaufende Frist **188** 9a
  Tagesdatum **187** 3
  tageweise Berechnung **187** 4 ff
  vorwärtslaufende Frist **188** 9
  Zivilkomputation **186** 22; **187** 1 ff, 5
Fristbestimmungen
  AGB-Kontrolle **186** 26
  Auslegungsregeln **186** 24, 26; **187** 9a
  Parteiwille **186** 24
  Subsidiarität **186** 24
Fristende
  Ausnutzung von Fristen **186** 25; **188** 3;
    226 30
  Feiertag **187** 4
  Fristbestimmung **186** 22
  Geschäftszeiten, übliche **188** 3 f
  Kalendertag **187** 4
  Monatsfrist **188** 20, 21
  Stundenfrist **188** 11
  Tagesfrist **188** 2, 11
  Wochenende **187** 4
  Wochenfrist **188** 12
  Zivilkomputation **188** 1 ff
Fristsetzung
  Endtermin **190** 4
  Genehmigung **184** 101
  Insichgeschäft **181** 14
  Mindestdauer, gesetzlich vorgeschriebene **188** 10
  durch Nichtberechtigten **185** 21, 128
  Rechtsklarheit **186** 2
  Rechtssicherheit **186** 2
  Vertragstreue **186** 2
  Vorlegung der Vollmachtsurkunde **174** 2
Fristüberschreitung
  geringfügige Fristüberschreitung **186** 25
  Schikane **226** 24d
  schuldlose Fristüberschreitung **186** 25
Fristverlängerung
  abgelaufene Frist **190** 1 f
  Auslegungsregel **190** 1
  behördliche Fristen **190** 3
  gesetzliche Fristen **190** 2
  laufende Frist **190** 1 f
    Ersetzung durch neue Frist **190** 1
  Prozessfristen **190** 3
  Verlängerungsbewilligung **190** 2
Fristwahrung
  Eingang **188** 6

Fristwahrung (Forts)
Telefax **188** 6
Fronleichnam
Feiertag, gesetzlicher **193** 36 ff, 40, 42, 45, 47
Fruchtziehung
Sicherheitsleistung **Vorbem 232 ff** 2
Frühjahr
Handelsverkehr **192** 4
Sprachgebrauch **192** 4
Fund
Anzeigepflicht **186** 14
Besitzerwerb, originärer **198** 6
Fußangeln
Notstandshandlung **227** 23
Notwehr **227** 23
future pledges
Individualisierung des Vertretenen **Vorbem 164 ff** 35a; **177** 2

Garantenstellung
Notwehr **227** 17
Garantie
Anerkenntnis **212** 23
Insichgeschäft **181** 43
Garten
Schikaneverbot **226** 29a
Gastwirtspfandrecht
Sachen Dritter **185** 137 f
Selbsthilfe **229** 8
Gattungsvollmacht
Generalvollmacht **167** 83
Gebrauchtwagenhandel
Handeln in fremdem Namen **164** 2
Gebührenanspruch
Verjährungsfrist **186** 17
Gefährdungshaftung
Verjährungshöchstfrist **199** 94
Gefälligkeit
Botenschaft **Vorbem 164 ff** 77
Gegendarstellung, presserechtliche
Schikaneverbot **226** 26
Gegenvormund
Genehmigungserfordernisse **Vorbem 182 ff** 27, 69
Gehilfenschaft
Drittverhalten, zurechenbares **Vorbem 164 ff** 2
Makler **Vorbem 164 ff** 93
Vermittlungsvertreter **Vorbem 164 ff** 93
Gehörsrüge
Verjährungshemmung **204** 144
Geld
Fremdwährungen **232** 2
Hinterlegung **232** 2 f; **233** 1, 5
inländisches Geld **232** 2
Zahlungsmittel, gesetzliches **232** 2 f
Gemeindedirektor
Vertretungsmacht **Vorbem 164 ff** 31

Gemeinden
Vertretung **Vorbem 164 ff** 31
Vertretung ohne Vertretungsmacht **177** 3
Gemeines Recht
exceptio doli generalis **226** 6, 9
Fristberechnung **187** 2
Insichgeschäft **181** 2
Konvaleszenz **185** 5
Sachnotstand, defensiver **228** 10
Streitverkündung, Hemmungswirkung **204** 76b
Verfügung eines Nichtberechtigten **185** 5
Vertreter ohne Vertretungsmacht, Haftung **179** 1
Gemeinsames Europäisches Kaufrecht
Ablaufhemmung **Vorbem 194–225** 57e
Geschäftsfähigkeit, fehlende **Vorbem 194–225** 57f
Aufrechnung **Vorbem 194–225** 57h
Kaufrecht **Vorbem 194–225** 57a
Nacherfüllung **Vorbem 194–225** 57i f
Nebenrechte **Vorbem 194–225** 57b, 57h
Nichterfüllung **Vorbem 194–225** 57b, 57i
Verjährung **Vorbem 194–225** 57a ff
Anspruch **Vorbem 194–225** 57b
– rechtskräftig festgestellter Anspruch **Vorbem 194–225** 57d
Dauerverpflichtung **Vorbem 194–225** 57c
Gestaltungsrechte **Vorbem 194–225** 57b
Leistungsverweigerungsrecht **Vorbem 194–225** 57h
Rückforderungsausschluss **Vorbem 194–225** 57h
Sekundärrechtsbehelfe **Vorbem 194–225** 57b
subjektives System **Vorbem 194–225** 57j
Vereinbarungen **Vorbem 194–225** 57l
Wirkung **Vorbem 194–225** 57b, 57h f
Zurückbehaltungsrecht **Vorbem 194–225** 57h
Verjährungsfrist **Vorbem 194–225** 57c
Fristbeginn **Vorbem 194–225** 57c
Höchstfristen **Vorbem 194–225** 57c
Verjährungshemmung durch Rechtsverfolgung **Vorbem 194–225** 57d
Verhandlungen **Vorbem 194–225** 57e
Verjährungsneubeginn
Anerkenntnis **Vorbem 194–225** 57g
Vollstreckungshandlungen **Vorbem 194–225** 57d
Verordnungsvorschlag **Vorbem 194–225** 57a
Vertragsbeendigung, Recht auf **Vorbem 194–225** 57b
Gemeinschaft
Aufhebungsanspruch, Unverjährbarkeit **195** 53
Verjährungshemmung **204** 7

Gemeinschaftsrecht
Arbeitstage **193** 6
Beihilfenrecht **Vorbem 194–225** 52a
Berechnungsweise, verlängernde **187** 9
EG-Fristen-VO **186** 19 f; **187** 6, 13; **188** 11, 15; **189** 4; **190** 5; **191** 4; **192** 6; **193** 6, 27
Feiertag **193** 6, 27
Fristberechnung **186** 19
Klageerhebung **187** 5
Fristende **188** 11, 26
Inkrafttreten von Rechtsakten **187** 11
Jahresfristen **188** 26
Kauf gebrauchter Sachen, Verjährungsfrist **Vorbem 194–225** 52a
Monatsbruchteile **191** 4
Monatsfristen **188** 26
Rechtsmissbrauchsverbot **226** 50
fraus legis **226** 50
Samstag **193** 6, 27
Sonntag **193** 6, 27
Staatshaftungsanspruch **Vorbem 194–225** 52a
Stundenfristen **187** 13; **188** 28
Verjährung **Vorbem 194–225** 52a
Werktage **193** 6
Wochenfristen **188** 15
Zeitbestimmung, nicht zusammenhängend verlaufende **191** 4
Zivilkomputation **187** 9

Gemeinschuldner
Verjährungshemmung **204** 8

Genehmigung
Adressaten **185** 3, 86
Anfechtung **182** 40; **184** 21
Annahmeverzug **184** 94
Anspruchsverzicht **Vorbem 182 ff** 57
Aufforderung zur Genehmigung
s dort
Auslegung **Vorbem 182 ff** 14
Ausschlussfristen **184** 98
Bedingungsfeindlichkeit **184** 15 ff
Potestativbedingungen **184** 17, 19
Begriff **Vorbem 182 ff** 10
behördliche Genehmigungen
s a Behördliche Zustimmungen
Berechtigung
s Genehmigungsberechtigung
Beweislast **182** 131; **184** 142
Deklarationstheorie **184** 2
Entbehrlichkeit **184** 14
Erledigung des Rechtsstreits **184** 113
Erlösherausgabe, Anspruch auf **185** 94 ff
ex tunc-Wirkung **182** 81; **184** 21, 78; **185** 93
Fälligkeit von Ansprüchen **184** 88
falsa demonstratio non nocet **184** 9
familiengerichtliche Genehmigung
s Genehmigung, familiengerichtliche
Form **184** 100; **185** 3
Formfreiheit **184** 13

Genehmigung (Forts)
Fristsetzung **184** 101
gerichtliche Genehmigungen
s a Behördliche Zustimmungen
Gestattung des Selbstkontrahierens **181** 50
Grundbucheintragung, Löschung **184** 42
gutgläubiger Erwerb **184** 110
Hauptgeschäft **Vorbem 182 ff** 54; **182** 40
formbedürftiges Hauptgeschäft **182** 96
Genehmigungsobjekt **184** 36 ff
Klageziel **184** 113
Kondizierbarkeit **Vorbem 182 ff** 45
konkludente Genehmigung **184** 14; **185** 86
Kündigung **184** 97
Kündigungsfrist **184** 97
öffentliches Recht **184** 4
Prozesshandlungen **184** 5, 113
Rechtsgeschäft, einseitiges **182** 2; **185** 3, 86
Rechtsgeschäft, Teilbarkeit **184** 10
Rechtsgeschäft, zustimmungsbedürftiges **184** 3 ff
Rechtsgestaltung **184** 7
Rückwirkung **Vorbem 182 ff** 2, 22; **184** 1 ff, 78 ff, 84 ff, 138
Ausschluss **Vorbem 182 ff** 34; **184** 86
Beschränkung **Vorbem 182 ff** 34
Beweislast **184** 142
Entscheidung, gerichtliche **184** 87
Gestaltungsrechte **184** 104
Leistungspflicht, vorläufige **184** 90
Preisgefahr **184** 89
Rechtsgeschäfte, einseitige **184** 105
Regelungen, gesetzliche **184** 92
Verfügungsgeschäfte **184** 106 ff
Verjährung **184** 95
Schriftform **184** 100
Soll-Genehmigung **Vorbem 182 ff** 69
Steuerrecht **184** 114
Teilgenehmigung **Vorbem 182 ff** 40; **184** 10, 86
Übereignung **184** 140
Umdeutung in Einwilligung **184** 20
Unmöglichkeit **184** 91
Unwiderruflichkeit **183** 5; **184** 11; **185** 86
Unwirksamkeit, schwebende **184** 1; **185** 86
Verbraucherschutz **184** 102
Vereinbarung einer Verpflichtung zur Genehmigung **182** 96
Verfügung **184** 7
Verfügung eines Nichtberechtigten **Vorbem 182 ff** 2; **185** 2 f, 86 ff
Verfügungscharakter **Vorbem 182 ff** 48
Verpflichtung zur Genehmigung **184** 14
Vertragsstrafe **184** 96
Vertreterhandeln
s Vertretung ohne Vertretungsmacht
Verzug **184** 93
Vollmachterteilung, nachträgliche **185** 87

Genehmigung (Forts)
Vorkaufsrecht **184** 99
Widerruf der Einwilligung **183** 65
Wiederauftauchen des Verfügungsgegenstandes **184** 18
Willenserklärung, empfangsbedürftige **184** 6
Anfechtbarkeit **184** 12
Zeitpunkt, maßgeblicher **Vorbem 182 ff** 78
Zinsen **184** 88
Zivilverfahren **184** 5
Zugang, Entbehrlichkeit **182** 49
Zustimmung, nachträgliche **Vorbem 182 ff** 1; **184** 1, 6
Zwangsvollstreckungsmaßnahmen **184** 133 ff
Zwischenverfügungen **Vorbem 182 ff** 2; **184** 1, 22, 116 ff; **185** 86
Genehmigung, behördliche
s Zustimmung, behördliche
Genehmigung, familiengerichtliche
Regelungsort **Vorbem 182 ff** 137
Schutzfunktion **Vorbem 182 ff** 20
Wirksamwerden **184** 112
Zustimmung **182** 60
Zwischenverfügungen **184** 124
Genehmigung des Vertreterhandelns
s Vertretung ohne Vertretungsmacht
Genehmigungsberechtigung
Aufsichtsrecht **184** 24 ff
Erziehungsrecht **184** 24
Genehmigungsobjekt, Untergang **184** 29 ff
Rechtsbetroffenheit **184** 27 ff
Verfügungsbefugnis **184** 27 ff
Ersitzung **184** 32
Insolvenz **184** 35
Verarbeitung **184** 29 f
Verbindung **184** 29 f
Vermischung **184** 29 f
Vernichtung **184** 29 f
Zeitpunkt, maßgeblicher **184** 28 ff
Zuschlag **184** 31
Verwirkung **184** 57 ff
Zustimmungserfordernisse **184** 23
Genehmigungserklärung
Adressaten **Vorbem 182 ff** 24
Genehmigungsfähigkeit
Hauptgeschäft **184** 36 ff
Genehmigungsverweigerung
s a Genehmigung; Zustimmungsverweigerung
Adressaten **Vorbem 182 ff** 57
Anfechtung **182** 92; **184** 75
Fiktion **182** 24
Geschäftsfähigkeit, beschränkte **184** 75
Hauptgeschäft, Wegfall **184** 8
Innenverweigerung **184** 74
Leistungen, Vereinbarung **184** 49

Genehmigungsverweigerung (Forts)
Rechtsbindungswille **Vorbem 182 ff** 58
Rechtsgeschäft, einseitiges **Vorbem 182 ff** 57; **182** 3, 86, 90
rechtsgeschäftsähnliche Handlung **182** 90
Schwebephase, Beendigung **184** 38 f, 41
Unwiderruflichkeit **184** 73
Unwirksamkeit, schwebende **184** 71 ff
Verweigerungswille **182** 91
Willenserklärung **182** 92
Willensmängel **184** 75
Zugang **184** 75
Generalvertreter
Offenheitsprinzip **Vorbem 164 ff** 35a
Generalvollmacht
Artvollmacht **167** 83
Auslegung **167** 83
Befreiung vom Verbot des Selbstkontrahierens **181** 50
Eigentumserwerb, gutgläubiger **166** 35
Gattungsvollmacht **167** 83
isolierte Vollmacht **167** 2; **168** 9, 17
kausale Vollmacht **168** 9
Kundgabe der Bevollmächtigung **174** 13
postmortale Vollmacht **168** 35
Privatautonomie **168** 9
Prokura **167** 83
transmortale Vollmacht **168** 28
Umfang
Treu und Glauben **167** 87
Vertretungsmacht **174** 13
Vollmachtsumfang **167** 83, 84
Vorsorgevollmacht **167** 83
Weisungen des Vollmachtgebers **166** 35
Widerruflichkeit **168** 9, 17
Generalzustimmung
Umfang der Zustimmung **182** 35
Genossenschaft
Einlageforderungen **195** 8
Ergebnisrücklage **195** 47
Gesamtvertretung **167** 51
Geschäftsguthaben **195** 47
Stimmrechtsverbote **181** 25
Verjährungsfristen **195** 47, 50
Vorstand **Vorbem 164 ff** 25
Organisationsbestimmungen **Vorbem 164 ff** 26
Gentechnikgesetz
Verjährungsfrist **195** 13
Gerichte
dienstfreier Tag **193** 49
Entlastung **Vorbem 194–225** 5
Öffnungszeiten **188** 6
Stillstand der Rechtspflege **206** 6
Überlastung **206** 5
Gerichtsbarkeit
Klageerhebung, Hemmungswirkung **204** 41 f

Gerichtsbarkeit, deutsche
Klageerhebung, Hemmungswirkung 204 24
Gerichtskosten
Verjährung 195 49; 200 8
Verjährungshemmung Vorbem 203–213 4
Gerichtsstandsvereinbarung
Vertretung ohne Vertretungsmacht 182 17
Gerichtsvollzieher
Amtshandlungen Vorbem 164 ff 97
Amtsstellung Vorbem 164 ff 97
Amtstheorie Vorbem 164 ff 97
Anbieten der Gegenleistung
  Vorbem 164 ff 97
Beauftragung 212 39
Botenschaft Vorbem 164 ff 97
Entgegennahme freiwilliger Leistungen
  des Schuldners Vorbem 164 ff 77, 97
Fremdwirkung Vorbem 164 ff 97
hoheitliche Tätigkeit Vorbem 164 ff 97
Verwahrungsverträge Vorbem 164 ff 97
Werkverträge Vorbem 164 ff 97
Justizfiskus Vorbem 164 ff 97
obrigkeitliche Hilfe 229 17, 39
Stellvertreter des Gläubigers
  Vorbem 164 ff 97
Vertretungsmacht, gesetzliche
  Vorbem 164 ff 97
Vollstreckungsauftrag Vorbem 164 ff 97;
  212 39
Zug-um-Zug-Vollstreckung, Angebot
  der Gegenleistung Vorbem 164 ff 77
Zustellung von Willenserklärungen 174 5
Zustellungsauftrag, Nachweis der Bevollmächtigung 174 5
Germanisches Recht
Testamentsvollstreckung Vorbem 164 ff 5
Treuhand Vorbem 164 ff 5
Gesamtgläubigerschaft
Ausgleichspflicht, Verjährungsfrist 195 20
Verjährung von Ansprüchen 199 15
Verjährungshemmung 204 7
Gesamthand
Verfügung eines Nichtberechtigten 185 40, 51
Gesamthandsgemeinschaft
Willensmängel 166 3
Gesamthandsgesellschaft
Wissen 166 32a
Wissenmüssen 166 32a
Gesamtprokura
Gesamtvertretung Vorbem 164 ff 20
unechte Gesamtprokura 167 51
Gesamtschuld
Anerkenntnis eines Gesamtschuldners
  Vorbem 203–213 5
Streitverkündung 204 83
Gesamtschuldnerausgleich
Ehegatten 194 28
Freihaltungsanspruch 213 11

Gesamtschuldnerausgleich (Forts)
Verjährung 199 8 f, 16
Verjährungsfrist 195 12, 20
Zahlungsanspruch 213 11
Gesamtvereinbarung
Stellvertretung 181 15
Gesamtvertretung
Aktiengesellschaft Vorbem 164 ff 20
Arglist eines Gesamtvertreters 166 24
Ausübung 167 53
Begriff Vorbem 164 ff 20; 167 51
Begründung, rechtsgeschäftliche
  Vorbem 164 ff 20
Betreuung 167 51
Bevollmächtigung zur Alleinvornahme
  181 17
Einverständnis des Vertragspartners
  der anderen Gesamtvertreter
  Vorbem 182 ff 67
Einzelvertretungsmacht 167 55
elterliche Sorge 167 51
Entgegennahme von Willenserklärungen
  167 56
Erklärungsabgabe, getrennte 167 53
Ermächtigung zur Alleinvornahme 174 2;
  181 17
gemeinsames Tätigwerden 167 53 f
gemischte Gesamtvertretung 167 51
Genehmigung des Vertreterhandelns
  177 14
Genossenschaft Vorbem 164 ff 20
Gesamtprokura Vorbem 164 ff 20
Gesamtvertreterermächtigung 167 55
Gesamtvollmacht 167 51 ff
Geschäftsunfähigkeit 177 14
Gesellschaft bürgerlichen Rechts
  Vorbem 164 ff 20
gesetzliche Vertretung des Kindes
  Vorbem 164 ff 20
GmbH Vorbem 164 ff 20
halbseitige Gesamtvertretung 167 51
Handeln ohne Vertretungsmacht 177 5
Handlungsvollmacht 167 52
Hilfspersonen, eigenverantwortliche 166 24
Insichgeschäft 181 16 f
  Umdeutung 181 17
juristische Personen 181 16
juristische Personen des öffentlichen
  Rechts Vorbem 164 ff 20
KG 181 16
Kollektivvertretung 167 51
Kontrolle, gegenseitige 167 53
kraft Verfassung Vorbem 164 ff 20
Nutzung der Kompetenz der Vertreter
  167 53
öffentliches Recht 167 57
OHG Vorbem 164 ff 20; 181 16
organschaftliche Vertretung 167 51
Passivvertretung 167 56

Gesamtvertretung (Forts)
  Personenhandelsgesellschaften **167** 52
  Pflegschaft **167** 51
  Prokura **167** 52
  Rechtsscheinsvollmacht **167** 34
  Scheckvorlegung **167** 57
  Selbstkontrahieren **167** 55
  Sicherung des Vertretenen **167** 53
  Spezialvollmacht **167** 55
  Umdeutung **181** 17
  unechte Gesamtvertretung **167** 51
  Vertretungsmacht, persönlich beschränkte
    Vorbem 164 ff 20
  Vertretungswille **164** 4
  Vorlegung der Vollmachtsurkunde **174** 2
  Vormundschaft **167** 51
  Wechselprotest **167** 57
  Willensmängel **167** 58
  Wissenszurechnung **166** 24; **167** 59
  Zustimmung, interne **167** 54
    schlüssiges Verhalten **167** 54
    Schriftformwahrung **167** 54
  Zweck **167** 53
Gesamtvollmacht
  Gesamtvertretung **167** 51 ff
  Umgehungsverbot **167** 65
Geschäft für den, den es angeht
  s a Handeln für den, den es angeht
  echtes Geschäft für den, den es angeht
    Vorbem 164 ff 52
  Eigentumserwerb an Mobilien
    Vorbem 164 ff 55
  Namhaftmachung des Geschäftsherrn
    179 22
  offenes Geschäft für den, den es angeht
    Vorbem 164 ff 51
  unechtes Geschäft für den, den es angeht
    Vorbem 164 ff 51
  unternehmensbezogene Geschäfte
    Vorbem 164 ff 52
  verdecktes Geschäft für den, den es
    angeht **185** 166
    Bargeschäfte des Alltags
      Vorbem 164 ff 54
    Kreditgeschäfte **Vorbem 164 ff** 54
    Leistungsgegenstände, größere
      Vorbem 164 ff 54
    Sparkonten **Vorbem 164 ff** 54
    Verpflichtungsgeschäfte
      Vorbem 164 ff 54
  Vertreter ohne Vertretungsmacht,
    Haftung **179** 22
Geschäfte zur Deckung des Lebensbedarfs
  s Lebensbedarfsdeckungsgeschäfte
Geschäftsähnliche Handlung
  Anerkenntnis **212** 8
  Einwilligung in Rechtsverletzungen
    Vorbem 164 ff 38
  Feiertag **193** 10

Geschäftsähnliche Handlung (Forts)
  Samstag **193** 10
  Sonntag **193** 10
  Stellvertretung **Vorbem 164 ff** 38
    Geschäftsfähigkeit, beschränkte **165** 9
    Vorlegung der Vollmachtsurkunde **174** 2
  Vorstellungsäußerungen **Vorbem 164 ff** 38
  Wissenserklärungsvertreter
    Vorbem 164 ff 86
  Willensäußerungen, adressatengerichtete
    Vorbem 164 ff 38
Geschäftsangestellte
  Handeln für den, den es angeht
    Vorbem 164 ff 53
Geschäftsbesorgungsvertrag
  Ausführungsvollmacht **167** 75a
  Beendigung **169** 2
  Bevollmächtigung, Nichtigkeit **167** 75a
  Botenschaft **Vorbem 164 ff** 77
  Fortbestand **169** 2, 7
  Innenverhältnis der Vollmacht **167** 3
  Stellvertretung, mittelbare
    Vorbem 164 ff 46
  Vergütungshöhe **199** 21
Geschäftsfähigkeit
  Boten **Vorbem 164 ff** 78
  Minderung zur beschränkten Geschäfts-
    fähigkeit **168** 21
  Stellvertreter **Vorbem 164 ff** 78
  Verhandlungen **203** 8
  Zustimmung **Vorbem 182 ff** 38
Geschäftsfähigkeit, beschränkte
  Ablaufhemmung der Verjährung **210** 4
  Bevollmächtigte **167** 5
  Bevollmächtigung **167** 75
  Boten **Vorbem 164 ff** 78
  Botenschaft **165** 8
  culpa in contrahendo **165** 2
  Duldungszustimmung **182** 76
  Eigenschaft, verkehrswesentliche **165** 5
  Einwilligung **183** 13
  freiwillige Gerichtsbarkeit **165** 10
  Genehmigungsverweigerung **184** 75
  Generalkonsens **182** 38
  gesetzliche Vertretung **165** 6; **166** 16
  Innenverhältnis Vertretener/Vertreter
    165 4
  Interessen des Kontrahenten **165** 2
  Interessen des Vertretenen **165** 2
  Minderjährigkeit **165** 7
  mittelbare Stellvertretung **165** 8
  neutrales Geschäft **182** 62
  Prozeßfähigkeit **210** 8
  Prozeßvertretung **165** 10
  Rechtsgeschäfte, rechtlich nachteilhafte
    Vorbem 182 ff 27
  Rechtsscheinsvollmacht **167** 39
  Schutzfunktion **182** 26
  Stellvertreter **Vorbem 164 ff** 78

Geschäftsfähigkeit, beschränkte (Forts)
  Stellvertretung 165 1
  Ausschluss 165 7
  Testamentsvollstrecker 165 2
  Unwirksamkeit, schwebende 184 52
  Verfügung eines Nichtberechtigten
    Vorbem 182 ff 43
  Vertreter ohne Vertretungsmacht 165 2
  Vollmachtserteilung 167 15
  Wissenmüssen 166 31a
  Zurückweisungsrecht **Vorbem 182 ff** 51
  Zustimmungsberechtigung 182 61
  Zustimmungserfordernisse
    Vorbem 182 ff 19, 27
Geschäftsfähigkeit, partielle
  Ermächtigung **Vorbem 182 ff** 11
Geschäftsführer
  Handeln in fremdem Namen 164 2
Geschäftsführung ohne Auftrag
  Botenschaft **Vorbem 164 ff** 77
  Genehmigung der Geschäftsführung
    Vorbem 182 ff 93
  Genehmigung des Vertreterhandelns
    177 17
  Nothelfer, Schadensersatzanspruch 227 78
  Rechtfertigungsgrund 227 36
  Rückgriffsanspruch 199 8b
  Selbsthilfe 229 15
  Selbsthilfe, Kostenerstattung 229 49
  Verjährungsfrist 195 12, 18 f, 24
  Verjährungshöchstfrist 199 106
  Vertretung ohne Vertretungsmacht
    177 27
Geschäftsherrentheorie
  Stellvertretung **Vorbem 164 ff** 11
Geschäftsraummietvertrag
  Barkaution 232 14
  Genehmigung, konkludente 182 95
  Sicherheitsleistung 232 14
  Verlängerungsklausel 193 24
Geschäftsunfähigkeit
  Ablaufhemmung der Verjährung 210 4
  Bevollmächtigte 167 5; 168 21
  Bevollmächtigung 167 75
  culpa in contrahendo 165 3
  Einwilligung 183 13
  gesetzliche Vertretung **Vorbem 164 ff** 87;
    166 16
  Rechtsscheinhaftung 165 3
  Rechtsscheinsvollmacht 167 39
  Stellvertretung 165 3; 167 5
  Unterbrechung des Prozesses 204 123
  Vollmacht 168 21
  vorübergehende Geschäftsunfähigkeit
    168 21
  Wegfall der Geschäftsunfähigkeit 167 5
  Zustimmungsberechtigung 182 60
Geschäftsverteilungsplan
  Einsichtnahme, schikanöse 226 41

Geschäftszeiten
  Leistungspflichten, Erfüllung 188 3 f
  Zugang 188 5 f
Geschmacksmuster
  Löschung 226 41
Geschwister
  Verjährungshemmung 207 12
Gesellschaft
  Fälligkeit 199 21
  Generalvollmacht 167 83
  Scheingesellschaft 167 35b
  Verjährungshemmung durch 204 12
Gesellschaft bürgerlichen Rechts
  Abschichtungsbilanz 199 14
  Anerkenntnis des Gesellschafters 212 10
  Aufnahme Minderjähriger 181 22
  Auseinandersetzungsguthaben, Verjährung 199 14
  Außengesellschaft **Vorbem 164 ff** 25
  auf Dauer angelegte Gesellschaft 199 14
  Gelegenheitsgesellschaft 199 14
  Gesamtvertretung **Vorbem 164 ff** 20; 167 51
  Gewinnanteilsanspruch, Verjährung 199 14
  Grundbucheintragung 179 13
  Gründung, Verbot des Selbstkontrahierens 181 22
  Rechtsfähigkeit 174 8
  Verjährungshemmung **Vorbem 203–213** 5;
    204 7
  Verjährungsneubeginn **Vorbem 203–213** 5
  Vertretung, organschaftliche
    Vorbem 164 ff 25
    Widerruflichkeit, beschränkte
      Vorbem 164 ff 25
  Vertretungsmacht **Vorbem 164 ff** 25
  Vertretungsnachweis 174 8
  Zurechnungssubjekt **Vorbem 164 ff** 25
Gesellschaft, nicht existente
  Verfügungen in fremdem Namen 185 165
Gesellschafter
  Anerkenntnis 212 10
  Ausscheiden 195 50; 197 35
  Einzelvertretungsbefugnis 167 51
  Geschäftsunfähigkeit 165 3
  Gewinnansprüche, Verjährung 197 70
  Haftung nicht vertretungsberechtigter
    Gesellschafter 179 13
  Regressanspruch, Fälligkeit 199 8b
  Verfügung eines Nichtberechtigten 185 40, 49
  Vertragsschluss 164 2
  Wettbewerbsverstoß, Verjährungsfrist
    195 39, 44
  Wissenszurechnung 166 32a
Gesellschafter-Geschäftsführer
  Eigenhaftung 164 15
  Ein-Mann-GmbH 164 15
Gesellschafter, persönlich haftende
  Geschäftsfähigkeit, beschränkte 165 6

Gesellschafter, vertretungsberechtigte
  Organeigenschaft **Vorbem 164 ff** 25
  Vollmachtserteilung **Vorbem 164 ff** 25
Gesellschafteraufnahme
  Genehmigung **184** 111
Gesellschafterausscheiden
  Sicherheitsleistung **Vorbem 232 ff** 4
Gesellschafterbeschlüsse
  Insichgeschäft **181** 25, 33
Gesellschafterversammlung
  Abstimmung **180** 11
  Ankündigungsfrist **193** 29b
  Beschlussgegenstände, Ankündigungsfrist **188** 9a
  Einberufungsfrist **187** 7; **188** 8a
  Ladungsfrist **193** 29, 29b
  Wissenszurechnung **166** 32a
Gesellschaftsgründung
  Einbringungsvertrag **181** 61
Gesellschaftsrecht
  Beschlüsse **Vorbem 182 ff** 73 f
  Ermächtigung zur Alleinvornahme **181** 17
  Insichgeschäft **181** 6, 17
  Zustimmungserfordernisse
    Vorbem 182 ff 26, 31
    Kontrollfunktion **Vorbem 182 ff** 75
Gesellschaftsverhältnis
  Innenverhältnis der Vollmacht **167** 3
Gesellschaftsvertrag
  Abänderung **181** 22
  Auflösung **169** 1
  Befreiung vom Verbot des Selbstkontrahierens **181** 50, 52
  Fortbestand **169** 1
  Minderjährige, Beteiligung **181** 18
  Stimmrechtsvollmacht **181** 52
  Verbot des Selbstkontrahierens **181** 22
  Vertretungsbefugnis, Beschränkungen **167** 84
  Vertretungsnachweis **174** 8
  Vertretungsverbot **181** 18
  Vollmachtsurkunde **172** 1
  Zustimmungserfordernisse, Formgebot **182** 115
Gesetze
  Ausfertigung **187** 11
  Inkrafttreten **187** 11
  Tag der Ausgabe **187** 11
Gesetzeskonkurrenz
  Anspruchsausschluss **195** 31, 34
Gesetzesumgehung
  Rechtsmissbrauch **226** 50
Gesetzesverstoß
  Haftung **179** 9, 24
Geständnis, gerichtliches
  Weisungen der Partei **166** 30
  Widerruf wegen Irrtums **166** 30
Gestaltungsklagen
  Verjährungshemmung **204** 48

Gestaltungsrechte
  Ausschlussfristen **Vorbem 194–225** 14; **218** 12
  Ausübung durch Nichtberechtigten **185** 15 ff
  Begriff **194** 18
  Einwilligung **184** 105
  Genehmigung **184** 105
  Konvaleszenz **185** 104
  Verhandlungen **203** 21
  Verjährung **Vorbem 194–225** 3; **194** 18; **218** 1
Gestaltungsurteil
  Kosten **197** 50
Gestattung zum Selbstkontrahieren
  s Selbstkontrahieren
Gesundheitsverletzung
  Schadensersatzansprüche, Verjährung **197** 4a
  Verjährung **197** 8a ff
Getrenntleben
  Steuerveranlagung **226** 32b
  Trennungsfrist **191** 3
Gewährleistung
  Anerkenntnis **203** 2
  Haltbarkeitsgarantien **202** 2
  Verhandlungen **203** 2
  Verjährungsbeginn **199** 23 f, 117; **200** 5, 10
    Vorverlegung **200** 7
  Verjährungsfristen **195** 46 f, 49
    Mindestfristen **202** 17
  Verjährungsvereinbarung **202** 12, 17
  Wissenszurechnung **166** 21
  Wissenszusammenrechnung **166** 6
Gewährleistungsausschluss
  Kennenmüssen **166** 38
  Kenntnis **166** 38
Gewährleistung
  selbständiges Beweisverfahren **204** 89
  Streitverkündung, Hemmungswirkung **204** 81
  Verhandlungen **203** 5
  Verjährungsbeginn **213** 11
  Verjährungshemmung **203** 5; **213** 1
Gewaltmonopol des Staates
  Notwehr **227** 6 f
  Polizei **227** 4
  Rechtsfrieden **227** 7
  Selbsthilfe **229** 1, 3, 27
Gewerberaummiete
  s Geschäftsraummietvertrag
Gewerberegistereintragung
  Vertretungsberechtigung, Eintragung **171** 8
Gewerblicher Rechtsschutz
  Schikaneverbot **226** 13
Gewinnansprüche von Gesellschaftern
  Anwachsung **197** 70
  Auszahlungsanspruch **197** 70
  Verjährung **197** 70

Gewinnanteilscheine
Anspruch aus verlorenem Gewinnanteilsschein, Verjährungsfrist **186** 13; **195** 49
Vorlegungsfrist **197** 81

Gewinnanteilsscheine
Hinterlegung **234** 3

Gewinnzusage
Handeln unter fremder Namensangabe **Vorbem 164 ff** 92

Gläubigeranfechtung
Anfechtungsfrist **184** 103
Benachteiligungsabsicht **166** 23

Gläubigermehrheit
Verjährung von Ansprüchen **199** 15
Kenntnis **199** 54
Verjährungsbeginn, Kenntnis **199** 57
Verjährungshemmung **Vorbem 203–213** 6; **204** 7
Verjährungsneubeginn **Vorbem 203–213** 6

Gleichheitssatz
Prozesskostenhilfe **204** 113

Globalsicherheiten, revolvierende
Sicherungswert **237** 1

Globalzession
Wertbegrenzung **234** 5

Glossatoren
Institor **Vorbem 164 ff** 59
officium **Vorbem 164 ff** 59
procurator **Vorbem 164 ff** 6
servus publicus **Vorbem 164 ff** 6
Stellvertretung **Vorbem 164 ff** 6
Verwalterhandeln **Vorbem 164 ff** 59

GmbH
Alleingesellschafter, Organhandeln **181** 6, 20
Anmeldeerklärung, Vorlegung der Vollmachtsurkunde **174** 2
Auflösungsbeschluss **181** 25
Ausfallhaftung **195** 8
Befreiung vom Verbot des Selbstkontrahierens **181** 31, 53 f
Beitrittserklärung, Genehmigungsbedürftigkeit **182** 13
Einlageanspruch **195** 51
Einlagenerstattung, Verjährungsfrist **195** 8
Einlageschulden, Verjährungsfrist **195** 8
Empfang verbotener Leistungen **195** 51
Generalvollmacht **167** 83
an Nichtorgan **167** 65
Gesamtvertretung **167** 51
Gesellschafterstimmrecht, Vollmacht **167** 19
Gesellschafterversammlung, Einberufungsfrist **186** 10; **187** 7; **188** 8a; **193** 29b
Gesellschaftsvertrag, Formbedürftigkeit der Vollmacht **167** 19
Gestattung des Selbstkontrahierens, konkludente **181** 52
Handelndenhaftung **177** 20; **179** 23

GmbH (Forts)
Identität Schuldner/zur Verfolgung von Ansprüchen berufene Person **195** 9
Insichgeschäft **181** 6, 25, 37
Kaduzierung **195** 8
Mehrvertretung **181** 54
Nachschusspflicht bei überbewerteter Sacheinlage, Verjährungsfrist **195** 8, 51
Organisationsbestimmungen **Vorbem 164 ff** 26
Prokuristen **181** 37
Rechtsformzusatz, Weglassen **164** 1a; **179** 23a
Rechtsscheinhaftung **164** 1a; **179** 23a
Satzungsänderungen **181** 25
Stimmrechtsverbote **181** 25
Testamentsvollstreckung **181** 38
Umwandlung in Ein-Mann-GmbH **181** 53
Unterbevollmächtigungen **167** 65
Untervollmacht **167** 65
Verjährungsfristen **195** 50 f
Zustimmungserfordernisse **Vorbem 182 ff** 26, 31

GmbH & Co KG
Befreiung vom Verbot des Selbstkontrahierens **181** 54
Insichgeschäft **181** 19

GmbH-Anteil
Übertragung, treuhänderische **182** 13
Umlauffähigkeit **167** 27
Vollmachten, Formbedürftigkeit **167** 27
Blankovollmacht **167** 27

GmbH-Geschäftsführer
Befreiung vom Verbot des Selbstkontrahierens **181** 53 f
Haftung **195** 50
Minderjährigkeit **165** 7
unerlaubte Handlung gegen die GmbH **195** 40
Vertretungsmacht, gesetzliche **Vorbem 164 ff** 25

GmbH-Verbund
Binnengeschäfte im faktischen GmbH-Verbund **181** 21

GOÄ
Rechnungserteilung **199** 17
Prüfungsfähigkeit der Rechnung **199** 17

Golfplatz
Schikaneverbot **226** 29a

Grabbesuchsrecht
Schikane **226** 23

Grabgestaltungsrecht
Totenfürsorgerecht **226** 23

Gregorianischer Kalender
DIN 1355 **186** 4
Zeitberechnung **186** 3 f

Grenzabstand
Schikaneverbot **226** 24b, 29a

Grenzüberbau
  Schikaneverbot **226** 29a
  Wissenszurechnung **166** 22
  Zustimmung durch Nichtberechtigten **185** 151
Große Haverei
  Notstand, rechtfertigender **228** 9, 47
Grundbuchamt
  Vollstreckungsantrag **212** 39
Grundbuchberichtigungsanspruch
  Unverjährbarkeit **Vorbem 194–225** 22; **195** 53; **196** 10
  Verwirkung **Vorbem 194–225** 22
Grundbucheintragung
  Antragsrecht des Notars **Vorbem 164 ff** 96
  Vollmachtsvermutung **Vorbem 164 ff** 96
Grundbuchverfahren
  Insichgeschäft **181** 28
  Vertretung ohne Vertretungsmacht **180** 13
  Vollmacht **172** 11
    öffentliche Beglaubigung **167** 19
    postmortale Vollmacht **168** 31
  Widerspruch **184** 136
  Zustimmungen **Vorbem 182 ff** 84
  Formgebot **182** 115
Grunddienstbarkeit
  Ansprüche, Verjährung **196** 8 ff; **197** 10
  Beseitigung der Beeinträchtigung, Verjährungsfrist **186** 13; **197** 10
Grundeigentum
  Alleineigentum **196** 5
  Altenteil **196** 5
  Bergwerkseigentum **196** 5
  Erbbaurecht **196** 5
  Miteigentumsanteil **196** 5
  Nutzungsrechte, bestehende **196** 5
  Übertragung, Ansprüche auf **196** 6
    Auftrag **196** 6
    Bereicherungsanspruch **196** 6
    culpa in contrahendo **196** 6
    deliktische Ansprüche **196** 6
    Gesellschaftsvertrag **196** 6
    Kauf **196** 6
    Rückabwicklungsansprüche **196** 6
    Rücktritt **196** 6
    Schenkungsversprechen **196** 6
    Störung des Vertrages **196** 6
    vermachtes Grundstück **196** 6
    Verpflichtung zur Eigentumsübertragung **196** 6
    Vorvertrag **196** 6
  Wohnungseigentum **196** 5
Grundgeschäft
  Abstraktionsprinzip **Vorbem 164 ff** 34
  Anfechtung **182** 66
  Fortbestehen trotz Widerruflichkeit der Vollmacht **Vorbem 164 ff** 34
  Geschäftseinheit Vollmacht/Grundgeschäft **Vorbem 164 ff** 34

Grundgeschäft (Forts)
  Nichtigkeit **183** 29
  Wegfall **183** 27 ff
  Zustimmung **Vorbem 182 ff** 7
Grundpfandrechte
  Befreiung vom Verbot des Selbstkontrahierens **181** 52
Grundschuld
  Ansprüche, Verjährung **196** 8 ff
  Löschungsanspruch **196** 2, 9
  Neubeginn der Verjährung **212** 46
  Sicherheitsleistung **238** 1, 3
  stehengelassene Grundschulden **196** 2 f
  Verjährung der gesicherten Forderung **216** 2
  Verpfändung **232** 10
  Zinsen **197** 80
Grundsteuerrecht
  Fünfjahresfrist **187** 7
  Genehmigung **184** 114
Grundstücksausnutzung
  Schikaneverbot **226** 24b, 29a
Grundstücksbelastung
  Inhaltsänderung **Vorbem 182 ff** 26
  Zustimmung zur Aufhebung des Rechts **Vorbem 182 ff** 26
Grundstückserwerb
  Einwilligung, Umdeutung **Vorbem 182 ff** 12
  Genehmigung, steuerrechtliche **Vorbem 182 ff** 144
Grundstücksgeschäfte
  Anspruch auf die Gegenleistung **196** 11
    Gesellschafterstellung, Einräumung **196** 11
    Kaufpreis **196** 11
    Rückgewähransprüche **196** 11
  beschränkte dingliche Rechte **196** 8 ff
  s a dort
  Besitzüberlassung **196** 7
  Schadensersatz statt der Leistung **196** 13
  Übertragung von Grundeigentum **196** 5 f
  Verjährung **196** 1 ff
    Kosten der Rechtsänderung **196** 12
    Sekundäransprüche **196** 13
    Verzinsung der Gegenleistung **196** 12
    Zehnjahresfrist **Vorbem 194–225** 12; **196** 1 ff
  Zahlung Zug um Zug gegen Grundstücksrückübertragung **196** 11
  Zinsansprüche **197** 78
Grundstückskaufvertrag
  Finanzierungsgrundpfandrecht **183** 76
  Genehmigung, Form **182** 95
  Leibrente **197** 84
  Verjährung **196** 6
Grundstücksnutzung
  Zeitraum, Berechnung **191** 1
Grundstücksrechte
  Eintritt der Verjährung **Vorbem 194–225** 3

Grundstücksrechte (Forts)
  Ermächtigung zur Weiterübertragung
    185 83 f
  Unverjährbarkeit **195** 53
  Zustimmung, behördliche
    Vorbem 182 ff 109
Grundstücksübertragung
  Zustimmungen **183** 4
Grundstücksverträge
  Schutzbedürfnis des Vertretenen **167** 21
  Verpflichtungsgeschäfte **167** 24
  Vollmachten, Formbedürftigkeit **167** 20 ff
    Abhängigkeit vom Bevollmächtigten
      167 22
    Befreiung vom Verbot des Selbstkontrahierens **167** 22
    Bindungen der Vollmacht **167** 22
    Heilung **167** 24
    Nachteile, drohende **167** 22
    Teilnichtigkeit **167** 23
    unwiderrufliche Vollmacht **167** 22
    Weisungen des Erwerbers **167** 22
Grundurteil
  Prozesshandlung des Gerichts **204** 129
  rechtskräftig festgestellter Anspruch
    197 34, 50
  Verfahrensabschluss **204** 143
  Zurückverweisung **214** 13
Gütergemeinschaft
  Anordnung über den Anteil
    Vorbem 182 ff 6
Gütergemeinschaft, fortgesetzte
  Ablehnung **167** 19
  Stellvertretung **Vorbem 164 ff** 40
  Zustimmungserfordernisse
    Vorbem 182 ff 26
  Form **182** 113
Güterstandsbeendigung
  Verjährungsbeginn **200** 10
Gütestellen
  s a Streitbeilegungsstellen
  Einigungsversuch, erfolgloser **204** 150
  Verjährungshemmung **204** 59
Gutachterbeauftragung
  Verjährungshemmung **Vorbem 194–225** 13
Gute Sitten
  Rechtsmissbrauch **226** 12
Gutgläubiger Erwerb
  falsus procurator **Vorbem 182 ff** 52
  Genehmigung **184** 110
  Kennenmüssen **166** 9, 21
  Kenntnis **166** 9, 21
  Stellvertretung **166** 9
  Verfügung eines Nichtberechtigten
    Vorbem 182 ff 52; **185** 36
  Zustimmungserfordernisse
    Vorbem 182 ff 52
Gutglaubensschutz
  Stellvertretungsrecht **Vorbem 164 ff** 34

Gutglaubensschutz (Forts)
  Verfügung eines Nichtberechtigten **185** 4
  Zustimmung **Vorbem 182 ff** 51 f
Gutsverwalter
  Vollmachtsumfang **167** 86

Haager Kindesentführungsübereinkommen
  Verbringung eines Kindes, Zustimmung
    zur **Vorbem 182 ff** 92
Haftopferentschädigung
  Mindesthaftdauer **191** 1
Haftpflichtgesetz
  Verjährung **200** 9
  Verjährungsfrist **195** 13
Haftpflichtversicherung
  Anerkenntnis **212** 10
  Handeln für den, den es angeht
    Vorbem 164 ff 52
  Regulierungsvollmacht **212** 10
  Verhandlungsvollmacht **203** 9
Haftung
  deliktische Haftung
  s dort
Haltbarkeitsgarantie
  Bindung, langfristige **202** 4b
Hamburg
  Feiertage **193** 35, 39b
  Hinterlegung **232** 3
  Räumungsfrist **188** 24
  Reformationstag **193** 35, 39b
  Sicherheitsleistung **232** 5
Hammerschlags- und Leiterrecht
  Selbsthilfe **229** 21
Handeln für den, den es angeht
  s a Geschäft für den, den es angeht
  Auktion **Vorbem 164 ff** 51
  Auktionator **Vorbem 164 ff** 51
  Bargeschäfte des Alltags **Vorbem 164 ff** 53
  Besitzdienerverhältnis **Vorbem 164 ff** 55
  Besitzmittlungsverhältnis **Vorbem 164 ff** 55
  Börsenverkehr **Vorbem 164 ff** 51
  Chartervertrag **Vorbem 164 ff** 51
  Geschäftsangestellte **Vorbem 164 ff** 53
  Hausangestellte **Vorbem 164 ff** 53
  Kraftfahrzeug-Haftpflichtversicherung
    Vorbem 164 ff 52
  Mobilien, Eigentumserwerb
    Vorbem 164 ff 55
    Durchgangserwerb **Vorbem 164 ff** 55
    Übergang, unmittelbarer
      Vorbem 164 ff 55
  Namhaftmachung des Geschäftsherrn
    Vorbem 164 ff 51
  offenes Geschäft für den, den es angeht
    164 19
  Selbsteintritt **Vorbem 164 ff** 51
  Stellvertretung, unmittelbare
    Vorbem 164 ff 51, 56

Handeln für den, den es angeht (Forts)
  Subjekt des Vertrages, Bestimmung
    Vorbem 164 ff 51
  verdecktes Geschäft für den, den es
    angeht **Vorbem 164 ff** 52; **164** 19
  Vertragsfreiheit **Vorbem 164 ff** 51
  Vertretung ohne Vertretungsmacht **177** 18
Handeln in fremdem Namen
  Beweislast **164** 26
  culpa in contrahendo **164** 11
  einseitige Rechtsgeschäfte **164** 5
  Erfüllungsgehilfenhaftung **164** 11
  Nebenpflichtverletzung **164** 11
  Stellvertretung **164** 1 ff
  Vertretungsmacht **164** 5
Handeln ohne Vertretungsmacht
  s Vertretung ohne Vertretungsmacht
Handeln unter fremdem Namen
  Auflassungserklärung **Vorbem 164 ff** 89
  Auslegung **Vorbem 164 ff** 90
  Beurkundung, notarielle **Vorbem 164 ff** 89
  Dissens **Vorbem 164 ff** 90
  Eigenhaftung **179** 25
  Eigenwirkung **Vorbem 164 ff** 90
  einseitiges Handeln unter fremdem
    Namen **174** 1
  elektronisch übermittelte Willenserklä-
    rungen **Vorbem 164 ff** 19
  Entgegennahme von Willenserklärungen
    Vorbem 164 ff 91
  frei erfundener Name **Vorbem 164 ff** 88
  Fremdwirkung **Vorbem 164 ff** 90 f
  Genehmigung **Vorbem 164 ff** 91
  Handeln ohne Vertretungsmacht **177** 5
  Handeln unter fremder Nummer
    Vorbem 164 ff 90
  häufig vorkommender Name
    Vorbem 164 ff 88
  höchstpersönliche Rechtsgeschäfte
    Vorbem 164 ff 89
  Identitätsirrtum **Vorbem 164 ff** 91; **177** 21;
    179 25
  Identitätstäuschung **Vorbem 164 ff** 88;
    185 30
  Internetnutzung **167** 35a
  Namensträger **Vorbem 164 ff** 90
  Nichtigkeit der Erklärung **Vorbem 164 ff** 89
  Perplexität der Identität **Vorbem 164 ff** 90
  PIN **Vorbem 164 ff** 90
  Rechtsgeschäft, einseitiges
    Vorbem 164 ff 90
  Unterschrift mit fremdem Namen
    Vorbem 164 ff 89 f
  Unterschriftenfälschung **Vorbem 164 ff** 91;
    177 21
  Vertretung ohne Vertretungsmacht
    Vorbem 164 ff 91
  Zurückweisungsmöglichkeit **174** 1

Handeln unter fremder Namensangabe
  Allerweltsnamen **Vorbem 164 ff** 92
  Anfechtung **Vorbem 164 ff** 92
  Barverkauf **Vorbem 164 ff** 92
  Beurkundung, notarielle **Vorbem 164 ff** 92
  Eigenwirkung **Vorbem 164 ff** 92
  Gewinnzusage **Vorbem 164 ff** 92
  gutgläubiger Erwerb **Vorbem 164 ff** 92
  Hotelübernachtung **Vorbem 164 ff** 92
  Phantasienamen **Vorbem 164 ff** 92
  Preisausschreiben **Vorbem 164 ff** 92
  Tippschein **Vorbem 164 ff** 92
Handelsgeschäft
  Leistungspflichten, Erfüllung während
    Geschäftszeiten **188** 3a
  Nachhaftung, Verjährung **195** 50
Handelsrecht
  Geschäftszeiten **193** 50
  Leistungsannahme **193** 50
  Schikaneverbot **226** 13
  Schweigen, Erklärungswert **182** 25
  Stellvertretung, mittelbare
    Vorbem 164 ff 42
  Wegbereiter für allgemeines Zivilrecht
    Vorbem 164 ff 7
  Wettbewerbsverbot, Verjährung **200** 9
  Zeitrechnung **186** 24
  Zustimmungserfordernisse
    Vorbem 182 ff 26
Handelsregisteranmeldung
  Vollmacht **182** 115
  Vollmachtsumfang **167** 84
Handelsregistereintragung
  Bekanntmachung der Bevollmächtigung
    171 8
  Formzwang **Vorbem 164 ff** 96
  Vollmacht **Vorbem 164 ff** 96
  Formbedürftigkeit **167** 19
Handelsverkehr
  Vollmachtsumfang **167** 86a
Handelsvertreter
  Abrechnungsanspruch **Anh 217** 4
  Vertretungsmacht **Vorbem 164 ff** 93
Handlungen, rechtsgeschäftsähnliche
  s Rechtsgeschäftsähnliche Handlungen
Handlungsgehilfen
  Handeln, vollmachtloses **182** 25
  Vertretungsmacht **Vorbem 164 ff** 93
  Wettbewerbsverstoß, Verjährungsfrist
    195 39, 44
Handlungsunrecht
  Notwehr **227** 29 f, 39, 52
  Selbsthilfe **229** 41
Handlungsvollmacht
  Abstraktionsprinzip **Vorbem 164 ff** 34
  Erlöschen **168** 2
  Gesamtvertretung **167** 52
  Insichgeschäft **181** 37
  Kundgabe der Bevollmächtigung **174** 13

Handlungsvollmacht (Forts)
  Publizitätsschutz, registerlicher
    Vorbem 164 ff 34
  Unterbevollmächtigung, Verbot **167** 64
  Vertretungsmacht **174** 13
  Vollmachtsumfang **167** 83
Handwerkskammer
  Streitbeilegungsstellen **204** 59
Hauptgeschäft
  Angebot zum Abschluss, Befristung **184** 65
  Aufhebungsvertrag **184** 45
  Bedingung **Vorbem 182 ff** 24, 33
    aufschiebende Bedingung
      Vorbem 182 ff 8
  Bedingungseintritt **Vorbem 182 ff** 78
  Befristung **184** 64
  Behandlung als wirksam **182** 13
  Deckungsgleichheit **182** 7, 33 f, 40
  Dulden des Hauptgeschäfts **182** 10
  falsa demonstratio non nocet **182** 33
  Formgebot **182** 1
    Übereilungsschutz **182** 116
    Warnzweck **182** 116; **184** 13
  Genehmigung **Vorbem 182 ff** 54; **182** 81
  Genehmigungsbedürftigkeit **184** 36, 40
  Genehmigungsfähigkeit **184** 36 ff
  Genehmigungsverweigerung **184** 38
  Gesamttatbestand **Vorbem 182 ff** 39, 41
  Leistungsaustausch **184** 14
  Neuvornahme **Vorbem 182 ff** 59
  Rechtsgeschäft, einseitiges **Vorbem 182 ff** 6
  Rechtsgeschäft, mehrseitiges
    Vorbem 182 ff 6
  Teilbarkeit **182** 40
  Unwirksamkeit, schwebende
    Vorbem 182 ff 54, 59; **184** 43
  Vertrag **Vorbem 182 ff** 6
  Widerruf **184** 45
  Willensmängel **182** 65
  Wirksamkeit des Hauptgeschäfts
    Vorbem 182 ff 40, 53
  Zustimmungserfordernis
    Vorbem 182 ff 5, 16, 30
Hauptversammlung
  s Aktiengesellschaft
Hauptvertreter
  Haftung für Handlungen des Untervertreters **167** 71
Hausangestellte
  Handeln für den, den es angeht
    Vorbem 164 ff 53
Hausarbeitstag
  Verjährungshemmung **206** 8
Haushaltsgegenstände
  Verfügung über Haushaltsgegenstände
    Vorbem 164 ff 41
Hausrecht
  Notwehr **227** 10, 24, 68

Haustürgeschäft
  Stellvertretung **166** 9
  Widerrufsrecht **166** 9
Hausverbot
  Notwehrhandlung **227** 59
Hausverwalter
  Handeln in fremdem Namen **164** 2
  Anspruch der Eigentümergemeinschaft
    gegen einzelne Hauseigentümer **164** 2
  Auftragsvergab **164** 2
  Bestellung **164** 2
  Vermietung **164** 2
  Vollmachtsumfang **167** 86
Hecken
  Schikaneverbot **226** 29a
Heileingriff
  Stellvertretung **Vorbem 164 ff** 38
Heilig Abend
  Feiertag **193** 48
Heilung
  s Konvaleszenz
Heilungskosten
  künftig fällige Ansprüche **197** 40
  Verjährung **217** 11
Herausgabeansprüche
  dinglicher Herausgabeanspruch
    s dort
  vertragliche Herausgabeansprüche **195** 41; **197** 9
Herbst
  Handelsverkehr **192** 4
  Sprachgebrauch **192** 4
hereditatis petitio
  Verjährung **197** 13
Herstellung der ehelichen Lebensgemeinschaft
  Unverjährbarkeit **194** 28
Hessen
  Fronleichnam **193** 40
  Hinterlegung **232** 3
  Sicherheitsleistung **232** 5
Hinterlegung
  Berechtigter **232** 3
  Erneuerungsscheine **234** 3
  Geld **232** 2 f
    Eigentum des Fiskus **232** 3; **233** 2
    fremdes Geld **233** 5
    Umtausch in Wertpapiere **235** 2
    Verfügungsmacht **233** 5
    Verwahrung **232** 3
  Gestattung des Selbstkontrahierens
    181 62
  Gewinnanteilsscheine **234** 3
  Landesrecht **232** 3
  beim Notar **233** 4
  öffentlich-rechtliches Hinterlegungsverhältnis **233** 2, 5
  Pfandrecht **233** 1 f, 5
    Forderung auf Rückerstattung **233** 2
    Freigabeerklärung **233** 3, 7

Hinterlegung (Forts)
  Pfandrechtsbegründung **232** 3
  Rentenscheine **234** 3
  Rückerstattungsanspruch **233** 3, 5
  Rückforderungsanspruch, Verjährungsbeginn **199** 2, 12, 88
  Rückgabeanspruch **233** 3
    Verjährungsbeginn **200** 10
  Rücknahmeanspruch, Verjährungsbeginn **199** 2
  Rückzahlungsanspruch **232** 3
  Schikaneverbot **226** 24a
  Umtauschrecht **235** 2
  Verjährung der gesicherten Forderung **216** 5
  Wertpapiere **232** 2 f
    Ergänzungspapiere **234** 3
    – Fälligkeit während Hinterlegungszeit **234** 3
    fremde Wertpapiere **233** 6
    Umtausch in Geld **235** 2
    Verwahrung **232** 3
    Wertbegrenzung **234** 4
  Wirkung **232** 3
  Zahlungsmittel **232** 3
    gesetzliche Zahlungsmittel **232** 3
  Zinsscheine **234** 3
Hintermann
  Handeln für einen Hintermann **177** 22
Hinweispflicht, richterliche
  Verjährung **213** 6
HOAI
  Rechnung **199** 11, 17
  Prüfungsfähigkeit **199** 17
Höchstpersönlichkeit
  gewillkürte Höchstpersönlichkeit **Vorbem 164 ff** 41
  Vereinbarung **182** 56
Höhere Gewalt
  absolute Theorie **206** 3
  agere non valenti non currit praescriptio **209** 1
  amtliche Verzögerungen **206** 13
  Ausschlussfristen **206** 31
  Begriff **206** 3 f
  Behinderungen im Zugang zu den Gerichten **206** 14
  culpa levissima **206** 26
  Fehler Dritter **206** 15
  finanzielle Mittel, Fehlen **204** 113
  Freiheitsverlust **206** 16
  Gesetzgebung, verzögerte **206** 13
  Handlungsfähigkeit, Mängel **206** 24
  Handlungsfähigkeit, prozessuale **206** 18
  Inhaftierung **206** 16
  Krankheit **206** 17
  Kriegsgefangenschaft **206** 16
  Leistungsfähigkeit, finanzielle **206** 19 ff
  Nachfrist **206** 30

Höhere Gewalt (Forts)
  Nachtbriefkasten **206** 14
  Postbeförderung, verzögerte **206** 14
  relative Theorie **206** 3
  Rosenmontag **206** 14
  Sorgfalt, äußerste **206** 26 ff
    Irrtümer des Gläubigers **206** 29
  Verhaltensanforderungen **206** 28
  Verjährungshemmung **204** 113; **205** 1, 7; **206** 1 f
    Dauer **206** 2
    Sechsmonatsfrist **206** 2
  Verschulden, fehlendes **206** 3, 26
  Verschuldenszurechnung **206** 27
  vis maior **206** 3
  Wiedereinsetzung in den vorigen Stand **206** 14
  Zufall, unabwendbarer **206** 4
Hoheitliches Handeln
  Botenschaft **Vorbem 164 ff** 77
  Rechtfertigung **227** 4
  Rechtswidrigkeitsmaßstab **227** 41
  Selbstschutz, zivilrechtlicher **227** 4
Hoheitsakte
  Genehmigung, Rückwirkung **184** 141
Hotelübernachtung
  Handeln unter fremder Namensangabe **Vorbem 164 ff** 92
Hunde
  s Tiere
Hypothek
  Ansprüche, Verjährung **196** 8 ff
  Ausschluss unbekannter Gläubiger **186** 24
  Feuerversicherungssumme, Auszahlung an Versicherten **183** 76
  Mündelsicherheit **232** 10
  Sicherheitsleistung **232** 10; **238** 1, 3
  Verjährung der gesicherten Forderung **216** 2
  Zinsen **197** 80
  Zustimmungserfordernisse **Vorbem 182 ff** 26; **182** 51; **183** 69
Hypothekenverband
  Konvaleszenz **185** 135
Hypothekenvollmachten
  Befreiung vom Verbot des Selbstkontrahierens **181** 52
Hypothekenzinsen
  Rückstände **198** 2

Identitätsmissbrauch
  Handeln unter fremder Nummer **Vorbem 164 ff** 90
Identitätstäuschung
  Handeln unter fremdem Namen **Vorbem 164 ff** 88; **185** 30
Immaterialgüterrechte
  Verfügung eines Nichtberechtigten **185** 14

Immissionsschutzrecht
Genehmigung, Geltungsdauer **188** 19
Jahresfrist **188** 20
Immobiliendarlehen
ewiges Widerrufsrecht, Erlöschen **187** 6f
Immobilienkauf
Belastungsvollmacht **167** 86
Industrie- und Handelskammer
Streitbeilegungsstellen **204** 59
Inhaberaktien
Hinterlegungsfähigkeit **234** 1
Inhaberschuldverschreibung
Hinterlegungsfähigkeit **234** 1
Verjährung **195** 47, 49
Verjährungshemmung **Vorbem 203–213** 4; **205** 1
Zahlungssperre **205** 1
Ablaufhemmung **210** 9
Inhaltsänderung
Zustimmungserfordernis **Vorbem 182 ff** 26
Inhaltsirrtum
Zustimmung **182** 65
Inhaltskontrolle
Bevollmächtigung **167** 13
Inkassozession
Einziehungsermächtigung **Vorbem 164 ff** 66
Verjährungshemmung **204** 10
Inkompetenznorm
Unzuständigkeit aller Nichtberechtigten **227** 6
Inkrafttreten von Gesetzen
Beginn des Tages **187** 11
Grundgesetz **187** 11
Verfassungsbeschwerde, Jahresfrist **188** 21
Weimarer Reichsverfassung **187** 11
Innenvollmacht
Anfechtbarkeit **167** 12
Anfechtung **167** 77 f, 81 f
Erlöschen **167** 12
Geschäftsführung mit notwendiger Außenberührung, Überlassung **167** 13
Grundgeschäft, Unwirksamkeit **167** 75
konkludente Vollmachtserteilung **167** 13
Kundgabe der Vollmachtserteilung **171** 3
Legitimationsmittel, Überlassung **167** 13
Makler, Verkaufsberatung **167** 13
Missbrauch der Vertretungsmacht **Vorbem 164 ff** 34
Nichtigkeit **167** 75
Teilnichtigkeit **Vorbem 164 ff** 33 f; **167** 2
Verkehrsschutz **Vorbem 164 ff** 34
Vollmachtserteilung, konkludente **167** 13, 29
Widerruf **167** 16
Willenserklärung, an den zu Bevollmächtigenden gerichtete **167** 12
Innungen
Streitbeilegungsstellen **204** 59

Insichgeschäft
amtsempfangsbedürftige Willenserklärungen **181** 40
Anfechtung **181** 13
Beweislast **181** 68
Bürgschaftsübernahme **181** 43
dingliche Einigung **181** 11
einseitige empfangsbedürftige Geschäfte **181** 13
Empfangsvertretung **181** 13
Einzelvertretung **181** 16
Erbauseinandersetzung **181** 12
Erlassvertrag **181** 64
Erlaubtheit **181** 49 ff
Formzwang **181** 49
Garantie **181** 43
Gefährdung Dritter **181** 64
Genehmigung **181** 9, 46
Ausdrücklichkeit **181** 46
Pflicht zur Genehmigung **181** 48
Rückforderung erbrachter Leistungen **181** 46
schlüssiges Verhalten **181** 46
Stellvertretung **181** 46
Tod des Vertretenen **181** 46
Verweigerung **181** 48
Zeitablauf **181** 46
Genehmigungsfähigkeit **181** 45
Gesamtvertretung **181** 16 f
Geschäfte, einseitige empfangsbedürftige **181** 1, 4, 9
gesetzliche Vertretung **181** 47
Gestattung **181** 13, 49 ff
gesetzliche Gestattung **181** 60
Publizität **181** 64 ff
– Besitzmittlungsverhältnis **181** 66
– formbedürftige Rechtsgeschäfte **181** 67
– Sachübergabe **181** 66
– Verfügungsgeschäfte **181** 65
– Verpflichtungsgeschäfte **181** 67
s a Selbstkontrahieren
Gläubigerschutz **181** 6 f
GmbH-Alleingesellschafter **181** 6, 20
Insolvenzverwalter **181** 39
Interessenkollision **181** 3, 6 ff, 15, 26, 29, 32 f, 34, 44
Interzession **181** 43
Kündigung **181** 13
lediglich rechtlicher Vorteil **181** 5 f, 32
Löschungsbewilligung **181** 13
mehrere Adressaten einer einseitigen Erklärung **181** 41
Mehrvertretung **181** 1, 9, 15
s a dort
Missbrauch der Vertretungsmacht **167** 93; **181** 61
Nachlassverwalter **181** 39
Neutralität des Rechtsgeschäfts **181** 32

Insichgeschäft (Forts)
  Nichtigkeitsfolge **181** 45
  Oberbegriff **181** 1
  öffentliches Recht **181** 9
  Ordnungsvorschrift **181** 4 f, 5
  organschaftliche Vertretung **181** 47
  Personenidentität **181** 8 f, 11, 15 ff, 34, 36, 41, 44
  Pfandrecht **181** 43
  Prävention **181** 4
  Prozesshandlungen **181** 9
  Realakt **181** 9
  Recht, anwendbares **181** 1
  Rechtsentwicklung **181** 2 f
  Rechtsgeschäft, einseitiges **181** 11
  Rechtsgeschäft, mehrseitiges **181** 11
  Rechtsgeschäft, zusammengesetztes **181** 12
  Rechtsgeschäft, zweiseitiges **181** 11
  Schenkung der Eltern an nicht geschäftsfähige Kinder **181** 32
  Schuldbeitritt **181** 43
  Schuldübernahme **181** 43
  Selbstkontrahieren **181** 1, 9 f
    s a dort
  Sicherungsfunktion **181** 5 ff
  Stellvertretung, aktive **181** 1
  Stellvertretung, passive **181** 1
  Teilgeschäfte **181** 12
  teleologische Extension **181** 34
  teleologische Reduktion **181** 6 f, 15, 18, 20 f, 25 f, 30 ff, 36, 56, 62a ff
  Testamentsanfechtung **181** 13
  Testamentsvollstrecker **181** 38
  Überweisung **181** 11
  Überweisung **181** 44
  Untervertretung **181** 35 f
  Unwirksamkeit, schwebende **181** 45 ff
  Verkehrssicherheit **181** 4 f, 32
  Versicherungsvertrag **181** 44
  Verträge, dingliche **181** 10
  Verträge, erbrechtliche **181** 11
  Verträge, familienrechtliche **181** 11
  Verträge, obligatorische **181** 10 f
  Vertrag **181** 1
  Vertrag zugunsten Dritter auf den Todesfall **181** 32
  Vertragsangebot, Annahme nach Erlöschen der Vertretungsmacht **181** 42
  Vertretung, gesetzliche **181** 18
  Vertretung ohne Vertretungsmacht **181** 1, 9
  Vollmachtserteilung **181** 13
  Vorteilhaftigkeit **181** 5 f, 32
  Wechselausstellung **181** 11
  wechselrechtliche Geschäfte **181** 11
  Willenserklärungen, einseitige empfangsbedürftige **181** 1, 9
  Willenserklärungen, nicht empfangsbedürftige **181** 9
  Zustimmung **181** 13

Insichgeschäft (Forts)
  Zwangsverwalter **181** 39
  Zwangsvollstreckung, Verkauf im Wege der **181** 9
Insolvenz
  Einwilligung **183** 35, 39
  Notgeschäftsführung **183** 35
  Zustimmungserfordernisse **Vorbem 182 ff** 26 f
Insolvenzanfechtung
  Dolo-agit-Einrede **215** 14
  Einrede **194** 21
  Fristberechnung **187** 7
  Fristwahrung **193** 11
  Rückgewähranspruch, Verzinsung **187** 6i
  Verjährung **194** 21
  Verjährungseinrede **214** 35
  Verjährungseintritt **214** 37
Insolvenzantrag
  Genehmigungsfähigkeit **184** 113
Insolvenzeröffnung
  Genehmigung, Rückwirkung **184** 134
Insolvenzforderung
  Anmeldung **204** 97
  Verjährungshemmung **204** 98
Insolvenzordnung
  Zustimmungserfordernisse **Vorbem 182 ff** 13
Insolvenzplan
  Forderungsfeststellung **201** 5
  rechtskräftig festgestellter Anspruch **197** 60
Insolvenzschuldner
  Verfügung eines Nichtberechtigten **185** 43
Insolvenztabelle
  Feststellung zur Insolvenztabelle **197** 5, 60; **204** 99
Insolvenzverfahren
  Anfechtungsanspruch, Verjährungsfrist **187** 6b
  Anmeldung der Forderung **204** 97
    Nichtbetreiben des Verfahrens **204** 140
  Auftraggeber **169** 2
  Außenvollmacht **170** 6
  Beschwerdefrist **187** 10a; **188** 14
  Bevollmächtigte **168** 22
  Einstellung wegen Masseamut **185** 164
  Erfüllungswahl, fiktive **179** 15
  Fälligkeit **199** 4
  Forderungsfeststellung **201** 4 f
  Fristberechnung **186** 18
  Genehmigung **184** 1
  Gläubigerbefriedigung **Vorbem 164 ff** 58
  Insichgeschäfte **181** 59
  Masseforderungen **204** 97
  Rückschlagsperre **185** 164
  Sperrfrist **193** 57
  Strohmann **Vorbem 164 ff** 50
  Unterbrechung des Prozesses **204** 123
  Verfahrensaufhebung **201** 5

Insolvenzverfahren (Forts)
Verfahrenseinstellung **201** 5
Verjährungshemmung **199** 3
Vollmachten, Erlöschen **Vorbem 164 ff** 96;
168 25; **179** 9
Handlungsvollmacht **168** 25
isolierte Vollmacht **168** 25
Notgeschäftsführung **168** 25
Prokura **168** 25
Prozessvollmachten **168** 25
Untervollmachten **168** 25
vollmachtloser Vertreter **168** 25
Vollmachtgeber **168** 25; **179** 9
Insolvenzverwalter
Abberufung **Vorbem 164 ff** 58
Bestallungsurkunde **174** 6
Eigenhaftung **179** 25
Identität Schuldner/zur Verfolgung von Ansprüchen berufene Person **195** 9
Insichgeschäft **181** 37, 39
Partei kraft Amtes **Vorbem 164 ff** 57
Schadensersatzansprüche gegen den Insolvenzverwalter, Verjährung **199** 6
Selbstkontrahieren, Gestattung **181** 59
Sonderverwalter **181** 59
Unabhängigkeit **Vorbem 164 ff** 58
Verjährungsbeginn, Kenntnis **199** 57
Verjährungshemmung **204** 9
Weisungsfreiheit **Vorbem 164 ff** 58
Zustimmung **Vorbem 182 ff** 21
Insolvenzverwaltung
Verfügung eines Nichtberechtigten **185** 7, 35, 50
Insolvenzverwaltung, vorläufige
Einwilligung **183** 35
Instanzbevollmächtigter
Erstvollmacht, Fortbestand **167** 60
Interessenbetroffenheit
Zustimmungserfordernis **Vorbem 182 ff** 17
Interessenwahrnehmung
Aufklärungspflicht **214** 29a
Auskunftsanspruch **Anh 217** 1, 4, 6 f
Internationaler Strafgerichtshof
Sachwerte, Verteidigung **227** 69
Internationales Privatrecht
Insichgeschäft **181** 1
Kalenderverschiedenheiten **186** 4
Sachen, ins Inland verbrachte
Vorbem 182 ff 146
Schlüsselgewalt **Vorbem 182 ff** 147
Selbsthilfe **229** 57
Verjährung **Vorbem 194–225** 53 ff
Anknüpfung **Vorbem 194–225** 54 f
Beginn der Verjährung
Vorbem 194–225 53
Hemmung der Verjährung
Vorbem 194–225 53
– Rechtsverfolgung im Ausland
Vorbem 194–225 53

Internationales Privatrecht (Forts)
– Streitverkündung
Vorbem 194–225 53
Neubeginn der Verjährung
Vorbem 194–225 53
ordre public **Vorbem 194–225** 55 f
unerlaubte Handlungen
Vorbem 194–225 54
Verkehrsunfall **229** 57
Vertretungsmacht **181** 1
Zustimmung **Vorbem 182 ff** 145 ff
Internet
Authentisierungsmedium **172** 8
Domaingrabbing **226** 24c
Geheimzahl **172** 8
Handeln unter fremdem Namen
Vorbem 164 ff 91; **167** 35a
Passwort **172** 8
qualifizierte elektronische Signatur **172** 8
Rechtsscheinsvollmacht **167** 35a
Vertragsschluss **172** 8
Vertretungsmacht, Umfang **172** 8
Internetdomainvergabe
Handeln in fremdem Namen **164** 2
Intimsphäre
Notwehr **227** 10
Inventarfrist
Ablaufhemmung **210** 9
richterliche Frist **186** 15
Irrtumsanfechtung
Anfechtungsfrist **186** 14
Bevollmächtigung **167** 80
Eigengeschäft des Vertreters **164** 17, 21
Hilfspersonen **166** 13
Irrtumstatbestände **166** 13
Motivirrtum **166** 13
Umfang des erteilten Auftrags **166** 13
Vertretererklärung **166** 17
Vertretungswille **Vorbem 164 ff** 36
Willensmängel **166** 13
Wissenszurechnung **166** 13
Islam
islamische Zeitrechnung **186** 4
Italien
Abstraktionsprinzip **Vorbem 164 ff** 103
Bevollmächtigung **Vorbem 164 ff** 103
Botenschaft **Vorbem 164 ff** 103
falsus procurator **Vorbem 164 ff** 103
Insichgeschäft **Vorbem 164 ff** 103
Mahnung durch eingeschriebenen Brief
Vorbem 194–225 53, 55
mittelbare Stellvertretung
Vorbem 164 ff 103
Offenheitsprinzip **Vorbem 164 ff** 103
rappresentanza **Vorbem 164 ff** 103
Rechtsmissbrauch **226** 49
Repräsentationstheorie **Vorbem 164 ff** 103
Verjährung, Erneuerung
Vorbem 194–225 53

Italien (Forts)
  Verjährungshemmung **207** 1
  Vertretungsmacht **Vorbem 164 ff** 103
    Erteilung **Vorbem 164 ff** 103
    – Formbedürftigkeit **Vorbem 164 ff** 103
    – stillschweigende Bevollmächtigung **Vorbem 164 ff** 103

Jagdgrundstück
  Angliederung **184** 141
Jagdpacht
  Besitzrechtseinräumung durch Nichtberechtigte **185** 148
Jagdrecht
  Aneignungsrecht **228** 22
  Hunde, wildernde **228** 13
  Notstand **228** 8
  Raubwild **228** 8
  Wilderei **228** 8
Jahr
  Zeitbestimmung **191** 2
Jahr und Tag
  Jahresfrist mit flexibler Zugabezeit **186** 24
Jahresabschlussbericht
  closed period **187** 9
Jahresfrist
  Fristberechnung **188** 19
Jahresschluss
  Verjährungsbeginn **199** 1, 11, 85 ff
Jahreswechsel
  Kalendersystem **186** 4
Jamming
  Drohnen **227** 60
Jubiläumszuwendung
  Betriebsvereinbarung, Außerkrafttreten **188** 21
Juden
  Kalender **186** 4
Julianischer Kalender
  Zeitberechnung **186** 3 f
Jurisprudenz
  elegante Jurisprudenz **Vorbem 164 ff** 9
Juristische Personen
  Auflösung **181** 54a
  Beschlüsse **181** 23
  Bevollmächtigung **167** 6; **168** 20
    Erlöschen der Vollmacht **168** 20
    Erlöschen der juristischen Person **168** 20, 27
  Gesamtvertretung **181** 16
  Gründung **177** 20; **179** 23
  Liquidation **168** 20, 27
  Notvorstand **210** 1
  Prozessunfähigkeit **206** 18
  Rechtsscheinsvollmacht **167** 41
  Satzungsänderungen **181** 22, 24
  Stellvertretung **Vorbem 164 ff** 1
  Umwandlung **168** 20
  Verfügung eines Nichtberechtigten **185** 49

Juristische Personen (Forts)
  Verjährungsbeginn **199** 58
  Verjährungsbeginn, Kenntnis **199** 59
  Verschmelzung **168** 20
  Vertretung ohne Vertretungsmacht **177** 20
  Vertretung, organschaftliche **Vorbem 164 ff** 1, 25
    Ausübung der Vollmacht **167** 6
    Befreiung vom Verbot des Selbstkontrahierens **181** 54a
    Bestallungsurkunden **174** 7
    Gesamtvertretung **Vorbem 164 ff** 20; **167** 51
    Gleichstellungsargument **166** 32
    Handlungen, Zurechnung **Vorbem 164 ff** 25
    Insichgeschäft **181** 19, 45, 47
    Organstellung, Widerruflichkeit **168** 9
    Organtheorie **Vorbem 164 ff** 21, 25; **166** 32
    Vertretertheorie **Vorbem 164 ff** 21
    Vertretungsbefugnis, Beschränkung im Außenverhältnis **181** 45
    Vollmacht, unwiderrufliche **168** 9
    Vollmachtsüberschreitung **177** 25
    Willenserklärungen, Zurechnung **Vorbem 164 ff** 25
  Willensmängel **166** 3
  Wissen der Organe **166** 32
  Wissenmüssen der Organe **166** 32
  Wissensorganisationspflicht **166** 32
  – privates Wissen **166** 32
  Wissensvertretung **Vorbem 164 ff** 87
  Wissenszurechnung **166** 32
  – Organisation der Kommunikation im Unternehmen **166** 32
  – Struktureinheit **166** 32a
  Vertretungsmacht **167** 1; **168** 9
    Bestellung **Vorbem 164 ff** 34
  Vollmacht, Formbedürftigkeit **167** 18
  Wissenszurechnung **166** 5
Juristische Personen des öffentlichen Rechts
  Anscheinsvollmacht **167** 46 f
  Bedienstete **166** 40
  Duldungsvollmacht **167** 46 f
  Entscheidungskompetenz, eigenverantwortliche **166** 40
  Formwahrung **167** 49
  Gesamtvertretung **Vorbem 164 ff** 20
  Informationsabfragepflicht **166** 40
  Organisation der Kommunikation **166** 40
  Organisationsnormen **Vorbem 164 ff** 27
  Prüfungskompetenz, eigenverantwortliche **166** 40
  Rechtsgeschäfte, einseitige **180** 11
  Rechtsscheinsvollmacht **Vorbem 164 ff** 27; **167** 46 ff
    Schutzbedürftigkeit des Kontrahenten **167** 50

Juristische Personen des öffentlichen Rechts (Forts)
- Schadensersatzpflicht **167** 49
- stillschweigende Bevollmächtigung **167** 46
- Vertretung, organschaftliche **166** 40
  - ausgeschiedene Organvertreter **166** 40
  - Formvorschriften, landesrechtliche **177** 3
  - Insichgeschäft **181** 19, 29
  - privatrechtliche Rechtsgeschäfte **181** 19
  - Vertretung ohne Vertretungsmacht **177** 3
- Vertretungsregeln **167** 48
- Wissenszurechnung **166** 40
  - Behörden **166** 40
  - Behördenabteilungen **166** 40

Justizfiskus
- Gerichtsvollzieher **Vorbem 164 ff** 97

Justizvergütungs- und -entschädigungsgesetz
- Verjährungshemmung **Vorbem 203–213** 4

Kaduzierung
- Ausfallhaftung **195** 8

Kalender
- Kalenderverschiedenheiten, internationale **186** 4
- Rechtsgrundlage **186** 4

Kalendertag
- Fristbeginn **187** 4
- Fristende **187** 4
- ohne Jahresangabe **192** 2
- Zeitangabe **187** 14

Kalenderwoche
- erste Kalenderwoche **186** 4
- 53 Kalenderwochen **186** 4

Kanonisches Recht
- Eheschließung durch Stellvertreter **Vorbem 164 ff** 82
- Rechtsausübung, schädigende **226** 2
- Stellvertretung **Vorbem 164 ff** 7
- unvordenkliche Verjährung **Vorbem 194–225** 37
- Verjährung **Vorbem 194–225** 2
- Vertreter in der Erklärung **Vorbem 164 ff** 82

Kapitalanleger-Musterverfahren
- Anspruchsanmeldung **204** 85d
  - Anwaltszwang **204** 85d
  - Inhalt **204** 85d
  - Schriftform **204** 85d
  - Sechsmonatsfrist **204** 85d
  - Zustellung **204** 85c
- Anspruchsbezeichnung **204** 85d
- Ausschlussfrist **204** 85f
- Bekanntmachung **204** 85d
- Feststellungsziele **204** 85a
- Klageerhebung **204** 85d, 85f
- Klagerücknahme **204** 85d
- Lebenssachverhalt **204** 85e
- Musterentscheid **204** 85a
- Musterverfahrensanträge **204** 85a

Kapitalanleger-Musterverfahren (Forts)
- Streitgegenstand **204** 85d
- Verfahrensaussetzung von Amts wegen **204** 85a, 85e
- Vergleich, gerichtlicher **204** 85a
- Verjährungshemmung **204** 85a f, 85f
- Vorgreiflichkeit **204** 85e

Kapitalerhöhung
- Einbringungsvertrag **181** 61

Kapitalgesellschaften
- Eintritt in Kapitalgesellschaft **181** 22
- Gesellschaftsvertrag **181** 22
- Sozialakte **181** 24
- Stimmrechtsausübung **181** 24
  - Mehrvertretung **181** 24
  - Selbstkontrahieren **181** 24

Karenzzeit
- Mietvertragskündigung **193** 18 ff
  - Feiertag **193** 18 ff
  - Samstag **193** 18 ff
  - Sonntag **193** 18 ff
- Mietzahlung **193** 5

Karfreitag
- Feiertag, gesetzlicher **193** 34

Kasse gegen Dokumente
- Verjährungsbeginn **199** 21

Kassenarzt
- Handeln in fremdem Namen **164** 2

Kauf
- Verjährung **194** 15
- Zustimmungserfordernisse **Vorbem 182 ff** 26

Kauf auf Probe
- Billigung **Vorbem 182 ff** 81

Kauf gebrauchter Sachen
- Verjährungsfrist **Vorbem 194–225** 52a

Kaufmannseigenschaft
- Wissenszurechnung **166** 9

Kaufpreisstundung
- Sicherheitsleistung **Vorbem 232 ff** 2

Kaufvertrag
- Abruf der Ware **199** 7
- Bauwerke, Sachmängelhaftung **195** 50
- Beratungspflichten **195** 16
- Entgegennahme des Kaufgegenstandes **194** 11
- Erfüllungsanspruch, Verjährung **199** 21
- Gewährleistungsansprüche, Verjährungsfristen **Vorbem 194–225** 38; **195** 47
  - Verjährungsbeginn **199** 2 f
- Kaufpreiszahlungsanspruch, Verjährung **195** 11
- Mängelansprüche, Verjährungsfrist **186** 13
  - deliktische Haftung **195** 41
  - Verjährungsbeginn **199** 117; **200** 6
- Mängeleinrede **194** 21
- Mangelfolgeschäden **199** 23
- Minderung **218** 1, 8
- Nacherfüllung **218** 2

Kaufvertrag (Forts)
  Nebenabrede, Innenverhältnis der Vollmacht **167** 3
  Preisgefahr **184** 89
  Rücktritt **218** 1
  Verjährungsbeginn **213** 1
  Verjährungsfrist **187** 6b
  Verjährungshemmung **213** 1
  Wandlung **218** 1, 6
  Zustimmung, konkludente **182** 17, 46
Kenntnis des Gläubigers
  Verjährungsbeginn
    s dort
Kettenverfügung
  Genehmigung **185** 91
  Zustimmung, behördliche
    Vorbem 182 ff 127
KG
  s Kommanditgesellschaft
Kinder
  Botenschaft, gesetzliche Ermächtigung
    Vorbem 164 ff 77
  Identität Schuldner/zur Verfolgung von Ansprüchen berufene Person **195** 9
  Vertretung, gesetzliche **Vorbem 164 ff** 24; **177** 4
    s a dort
Kindergeld
  Fristberechnung **188** 20
Kindertee
  Verjährung **199** 80 ff
Kindesherausgabe
  Unverjährbarkeit **194** 28
Kindesvermögensgefährdung
  Sicherheitsleistung **Vorbem 232 ff** 4
Kindschaftsverhältnis
  Verjährungshemmung **197** 6; **207** 1, 3, 11
    Adoption **207** 11
    nichteheliche Vaterschaft **207** 11
Kirchen
  Formgebote **182** 122
  Mitarbeitervertretungsrecht, Zustimmungserfordernisse **Vorbem 182 ff** 86
  Vertretung **Vorbem 164 ff** 31
  Vertretungsregelungen **182** 122
Kirchenaustrittserklärung
  Vertretung in der Erklärung
    Vorbem 164 ff 85
Kirchenbaulast
  unvordenkliche Verjährung
    Vorbem 194–225 37
Kirchenrecht
  Befreiung vom Verbot des Selbstkontrahierens **181** 60
  Fristberechnung **186** 17
Kirchenstuhlrecht
  unvordenkliche Verjährung
    Vorbem 194–225 37

Klaganspruch
  Begehren, prozessuales **194** 5
Klage
  Begründetheit **204** 23
  Einlassung, rügelose **204** 36
  Einreichung **199** 86
  Genehmigung eines Rechtsgeschäfts **184** 113
  Gerichtsbarkeit, deutsche **204** 24, 41
  Heilung von Mängeln **204** 36
  Partei, existente **204** 25
  Parteifähigkeit **204** 25
  Prozessfähigkeit **204** 26
  Prozessführungsbefugnis **204** 26
  Rechtshängigkeit **204** 27
  Rechtskraft **204** 27
  Rechtsschutzbedürfnis **204** 27
  Rechtsweg **204** 27, 31
  Sachurteilsvoraussetzungen **204** 24
  Schlüssigkeit **204** 16, 23
  Zulässigkeit **204** 24 ff, 30, 104
  Zuständigkeit des Gerichts **204** 25
  Zustellung **204** 31 ff
Klage auf künftige Leistung
  Sicherungsmittel **Vorbem 232 ff** 1
Klage auf vorzugsweise Befriedigung
  Erneuerungswirkung **212** 42 ff
Klage unter fremdem Namen
  Verjährungshemmung **185** 156
Klageänderung
  Einwilligung **Vorbem 182 ff** 139
Klageantrag
  Substantiierung **Anh 217** 1
  Verjährungshemmung **204** 15, 17 f
Klageerhebung
  Anspruchsbezeichnung **204** 30
  Ausländersicherheit, fehlende **204** 27
  Einrede der Schiedsgerichtsbarkeit **204** 27
  Einreichung **204** 34 f
  Formalien **204** 29
  Genehmigung **Vorbem 182 ff** 142; **184** 5, 113
  Gericht, angerufenes **204** 28
  Gerichtsbezeichnung **204** 28
  Kostenerstattung, fehlende **204** 27
  künftige Leistung **205** 3
  Ladung des Beklagten **204** 29
  mündliche Verhandlung **204** 31, 37
  durch Nichtberechtigten **185** 155
  Parteibezeichnung **204** 28
  Postulationsfähigkeit **204** 28
  Prozesskostenvorschuss **204** 29
  Prozessstandschaft, gewillkürte
    Vorbem 182 ff 142
  Schikaneverbot **226** 41
  Schlüssigkeit **204** 16
  Unterschrift **204** 28
  Verhandlungen, laufende **203** 3; **204** 5
  vor Verjährungsbeginn **204** 38

Klageerhebung (Forts)
  Verjährungshemmung **Vorbem 203–213** 8; **204** 4, 23 ff, 28, 31
    Anhängigkeit **204** 35
    unbezifferte Klage **204** 19
    Vertretung ohne Vertretungsmacht **Vorbem 182 ff** 142; **184** 5, 113
    Wirksamkeit **204** 27, 28
    Zumutbarkeit **199** 84a f
    Zustimmung zum Hauptgeschäft, konkludente **182** 17
Klageerweiterung
  Hemmungswirkung **204** 37
  Verjährungshemmung **204** 43
Klageregisteranmeldung
  Bundesamt für Justiz **204** 48b, 48d
  Form **204** 48d
  Frist **204** 48d
  Inhalt **204** 48d
  Lebenssachverhalt, derselbe **204** 48b, 48f
  Musterfeststellungsklage **204** 48a ff
  Rücknahme **204** 48h
  Streitgegenstand **204** 48g
  Textform **204** 48d
  Verbrauchereigenschaft **204** 48e
  Verjährungshemmung **204** 48a
    Anspruch, angemeldeter **204** 48g
    Beendigung **204** 48h
    Beginn **204** 48h
  Wirksamkeit **204** 48d
  Zeitpunkt **204** 48b
Klagerücknahme
  Einwilligung **Vorbem 182 ff** 139
Klagezustellung
  Verzugszinsen **187** 6g
Klassenfahrt
  Handeln in fremdem Namen **164** 2
Körperschaften des öffentlichen Rechts
  Verjährungsbeginn, Kenntnis **199** 59
Körperverletzung
  künftige Schäden **199** 46
  Schadensersatzansprüche, Verjährung **197** 4a
  Verjährung **197** 8a ff
Kollektivvertretung
  Gesamtvertretung **167** 51
  s a dort
Kollusion
  Gesetzesverstoß **167** 100
  Missbrauch der Vertretungsmacht **166** 21; **167** 93, 96, 99, 100, 105; **181** 45
  Scheingeschäft **166** 20; **167** 100
  Simulation **166** 12
  Zusammenwirken zum Nachteil des Vertretenen **167** 93
  Zustimmung **182** 72
Kommanditanteil
  Sicherungszession, treuhänderische **183** 76

Kommanditgesellschaft
  Bevollmächtigung **167** 7
  Gesamtvertretung **181** 16
  Gesellschafter, vertretungsberechtigte **Vorbem 164 ff** 25
  Gewinnfeststellung **199** 14
  Jahresabschluss **199** 14
  Kommanditist, Gewinnanteil **199** 14
  Teilrechtsfähigkeit **167** 7
  Vertretung, organschaftliche **Vorbem 164 ff** 25
    Widerruflichkeit, beschränkte **Vorbem 164 ff** 25
  Vertretungsmacht **Vorbem 164 ff** 25
Kommanditist
  Gewinnanteilanspruch, Verjährung **199** 14
  Haftung, persönliche **226** 31
  Rechtsscheinshaftung **179** 23a
Kommissionsgeschäft
  Einkaufskommission **Vorbem 164 ff** 44
  Forderungserwerb des Kommissionärs **Vorbem 164 ff** 44
  Stellvertretung, mittelbare **Vorbem 164 ff** 42, 44
  Versteigerungen **164** 2
Kommunalrecht
  Einwilligung **Vorbem 182 ff** 13
  Vertretung, organschaftliche **Vorbem 164 ff** 31
  Zustimmungserfordernisse **Vorbem 182 ff** 76
Kommunalwahlen
  Fristberechnung **187** 10b
Konfusion
  Vollmacht, postmortale **168** 35
Konkludenz
  Zustimmung **182** 45
Kontaktsperre
  Verjährungshemmung **Vorbem 203–213** 4
Kontokorrent
  Anspruch, Einstellung in Kontokorrent **205** 24
  Verjährung **217** 10
Kontokorrentsaldo
  Anerkennung **195** 23
  Verjährung **195** 23; **217** 10
Kontovollmacht
  Formfreiheit **167** 3
  Pfändbarkeit **167** 4
Kontrollfunktion
  Zustimmungserfordernisse **Vorbem 182 ff** 19, 75; **182** 79
Konvaleszenz
  Alleinberechtigung **185** 101
  Beerbung durch Nacherben **185** 116
  Beerbung des Nichtberechtigten durch Berechtigten **185** 114 ff
  Nachlasshaftung, unbeschränkte **185** 119 ff

Konvaleszenz (Forts)
Bruchteil eines Rechts **185** 102
Durchgangserwerb **185** 99
im engeren Sinne **185** 97
Erwerb, bedingter **185** 103
Erwerbsgrund **185** 106
ex nunc-Wirkung **185** 97, 105
Genehmigungsfähigkeit der Verfügung **185** 107 f
Gestaltungsrechte **185** 104
mehrere Konvaleszenzakte **185** 1 f
Personenidentität **185** 101
Prioritätsprinzip **185** 2, 125 f, 132
Schwebephase, bestehende **185** 107 f
Veräußerungsverbot, dingliches **185** 112
Verfügung eines Nichtberechtigten **185** 2, 33, 35, 62, 97 ff
Verfügungen, einander widersprechende **185** 123 ff
Verfügungen, vormerkungswidrige **185** 140
Verfügungsmacht **185** 110 ff
Verpflichtung zur Rechtsübertragung, schuldrechtliche **185** 109
Willensunabhängigkeit **185** 100
Konzern
Arbeitsvertrag, Kündigung **185** 19
Leitungsmacht **166** 32a
Mehrvertretung **181** 21
Wissenszurechnung **166** 32a
Konzernobergesellschaft
Doppelmandate der Geschäftsleiter **181** 21
Identität Geschäftsleiter/Geschäftsführer Tochtergesellschaft **181** 21
Konzernunternehmen
Einstandspflichten **232** 1
Koppelungsgeschäft
Schikaneverbot **226** 27a
Kosten
Verjährung **197** 82
Verjährung der Forderung **217** 6
Kostenerstattung
fehlende Kostenerstattung **204** 27
Kostenerstattungsanspruch
Auftragsverwaltung **195** 15
Kostenrecht
Verjährungsneubeginn **212** 2
Kraftfahrer
Vollmachtumfang **167** 86a
Kraftfahrzeug-Haftpflichtversicherung
Entschädigungsfonds **203** 20
Hemmungstatbestände **203** 20
Kraftfahrzeuge
Abschleppen geparkter Fahrzeuge **229** 18
Kraftfahrzeughändler
Handeln in fremdem Namen **164** 2
Kraftfahrzeughandel
Wissenszurechnung **166** 34
Kraftfahrzeugreparatur
Verkaufsvollmacht **167** 35b

Kraftfahrzeugunfälle
Ansprüche gegen den Entschädigungsfonds, Verjährung **195** 48
Kraftloserklärung
Vollmachtsurkunde
s dort
Krankenhausaufnahme
Handeln in fremdem Namen **164** 2
Krankenversicherung
Beanstandungsverfahren **187** 10a
Versorgungsvertrag, Genehmigung **Vorbem 182 ff** 114
Kreditfinanzierung
Individualisierung des Vertretenen **Vorbem 164 ff** 35a; **177** 2
Kreisausschuss
Vertretung des Kreises **Vorbem 164 ff** 30
Kreise
Vertretung **Vorbem 164 ff** 30
Vertretungsmangel **Vorbem 164 ff** 30
Kriegsende
Befristung **192** 5
Herausgabeansprüche **198** 2
Kündigung
Ausschlussfristen **194** 18
Fälligkeitsvoraussetzung **199** 21
Fälligstellung des Anspruchs **199** 11
Fristberechnung **187** 6
Fristlauf **188** 9
Genehmigung **184** 97
Insichgeschäft **181** 13
durch Nichtberechtigten **185** 15, 17 ff
Tagesfrist **188** 9
Verbot vollmachtlosen Handelns **180** 1
Verjährung **194** 18
Verwirkung **194** 18
Vorlegung der Vollmachtsurkunde **174** 1
Zustimmungserfordernisse, behördliche **Vorbem 182 ff** 110, 134
Zustimmungserfordernisse, tarifvertragliche **Vorbem 182 ff** 35
Zustimmungsrecht des Betriebsrats **Vorbem 182 ff** 31, 35, 85
Kündigung aus wichtigem Grund
Zweiwochenfrist **184** 67
Kündigung, ordentliche
Kündigungsfrist **184** 67
Kündigungserklärung
Feiertag **193** 15
Kündigungsfrist **193** 15 f
Samstag **193** 15
Schutzfrist zugunsten des Adressaten **193** 15, 21, 23
Sonntag **193** 15
Kündigungsfrist
Fristberechnung **193** 15
Genehmigung **184** 97
Kündigungsschutz
Klagefrist **184** 100

Kündigungsschutz (Forts)
  Schikaneverbot **226** 27a
  Schutzfrist **193** 16
Kündigungsschutzklage
  Fristbeginn **188** 14
  Fristenende **188** 14
  Hemmungswirkung **205** 22
Kulanz
  Anerkenntnis **212** 12
  Gesprächsbereitschaft **203** 8
  Verhandlungen **203** 16
Kulturgut-Rückgewähr-Gesetz
  Verjährung de lege ferenda **197** 4
Kunstschätze
  Auskunftsanspruch, Verjährung **197** 4
  Herausgabeansprüche, Verjährung **197** 3

Ladenangestellte
  Rechtsscheinshaftung **167** 33
  Vertretungsmacht **Vorbem 164 ff** 93
Lagergeschäft
  Verjährung **195** 39, 46; **202** 15
Lagerhalle
  Schikaneverbot **226** 29a
Landesfiskus
  Vertretungsmacht **Vorbem 164 ff** 29
Landesrecht
  Ansprüche, Verjährung **196** 8 ff
  Hinterlegung **232** 3
  Schuldbücher der Länder **232** 5
  unvordenkliche Verjährung
    Vorbem 194–225 37
  Verjährungsregelungen
    Vorbem 194–225 40, 42 f
Landpachtvertrag
  Fälligkeit **199** 21
  Verjährung **195** 45
  Verjährungsbeginn **199** 23
Landrat
  Vertretung des Kreises **Vorbem 164 ff** 30
Landwirtschaft
  Genehmigung grundstücksbezogener Rechtsgeschäfte **Vorbem 182 ff** 109
Lastschriftabbuchung
  Zustimmungserklärung **182** 26
Lastschriftverfahren
  Einziehungsermächtigung **Vorbem 164 ff** 66
Leasing
  Herstellungskosten, fiktive
    Vorbem 182 ff 31
Leben, Verletzung
  Verjährung **197** 8a ff
Lebensalter
  Berechnung **187** 12; **188** 21
Lebensbedarfsdeckungsgeschäfte
  Anerkenntnis **212** 8a
  Mitberechtigung, gesetzliche **164** 9
  Mitverpflichtung, gesetzliche **164** 9
  Schlüsselgewalt **Vorbem 164 ff** 24

Lebensbedarfsdeckungsgeschäfte (Forts)
  Verhandlungen **203** 9
  Weisungen des Ehepartners **166** 31
Lebenspartnerschaft
  Ansprüche, unverjährbare **194** 28
  Verjährungshemmung **197** 6; **207** 1, 10 f
  Vertretungsverbot **Vorbem 164 ff** 40
Lebensversicherungsvertrag
  Genehmigung, Rückwirkung **184** 135
  Konvaleszenz **185** 104
  Vertretungsverbot **181** 18
Legitimationszession
  Stimmrechtsausübung **Vorbem 164 ff** 72
Lehre vom einheitlichen Gesamttatbestand
  Vollmachtserteilung **Vorbem 164 ff** 22, 32
Lehrer
  Handeln in fremdem Namen **164** 2
Leibrente
  Verjährung **194** 16; **217** 11
  Versorgungsleistungen **197** 84
  wiederkehrende Leistungen **197** 67
Leiharbeitnehmer
  Höchstüberlassungsdauer **191** 1a ff; **193** 57
Leihe
  Erlaubnis zur Gebrauchsüberlassung an Dritte **Vorbem 182 ff** 68
  Ersatzansprüche, Verjährungsfrist **195** 39, 45
  Fälligkeit **199** 21
  Rückgabeanspruch, Verjährungsbeginn **199** 2, 12; **200** 10
  Verjährungsbeginn **199** 23, 88; **200** 6
Leistungsannahme
  angemessene Zeit **193** 50
  Empfangsvorkehrungen **193** 50
  Geschäftszeiten **193** 50
  Handelsgeschäfte **193** 50
  durch Nichtberechtigten **185** 23
  Treu und Glauben **193** 50
  Verkehrssitte **193** 50
  Zustimmung zum Hauptgeschäft, konkludente **182** 18
Leistungsbestimmungsrecht
  Ersatzanspruch, Verjährung **202** 9a
  Rechnungserteilung **199** 17
  Verzögerung der Leistungsbestimmung **199** 17
Leistungsklage
  Anspruch **194** 8
  Erneuerung **197** 87
  Fälligkeit der Forderung **199** 4
  künftige Forderungen **199** 4
  Schadensersatzansprüche **199** 32
  Schadensposten **199** 52
  unbezifferte Leistungsklage **199** 6
  Verjährungshemmung **194** 8; **199** 3; **204** 20, 43
  Verjährungsregime **199** 3

Leistungsklage (Forts)
  Zahlungsanspruch auf Kapitalisierungsbetrag **199** 51
  Zustellung, öffentliche **199** 6
Leistungsort
  Feiertage, gesetzliche **193** 36
Leistungsurteil
  rechtskräftig festgestellte Ansprüche **197** 49 f
Leistungsverweigerung
  Schikane **226** 31a
Leistungsverweigerungsrechte
  Person des Gläubigers **205** 23
  Rechtsprechung, ständige **206** 8
  Verjährungshemmung **205** 3, 19 ff
Leitbildfunktion
  Verjährungsfrist, regelmäßige **195** 2, 4
Letztwillige Verfügungen
  Vertretungsverbot **Vorbem 164 ff** 40
Liechtenstein
  Europäisches Übereinkommen über die Berechnung von Fristen **186** 23
Liefervertrag
  Fristbestimmung **186** 16
Limited
  s Private Limited Company
Liquidatoren
  Befreiung vom Verbot des Selbstkontrahierens **181** 54a
Löschungsbewilligung
  Befreiung vom Verbot des Selbstkontrahierens **181** 52
  Insichgeschäft **181** 13
Lotterie
  Genehmigung, behördliche **Vorbem 182 ff** 112
Lottoschein
  s Tippschein
Luftfahrzeuge, Registerpfandrecht
  Berichtigungsanspruch des Registers für Pfandrechte an Luftfahrzeugen **195** 53
  Sicherheitsleistung **232** 9
  Verjährung der gesicherten Forderung **216** 2
Luftsicherheitsgesetz
  Menschenwürde **228** 7
  Notstand, rechtfertigender **228** 7
  Rechtfertigungsgründe **228** 7
Luftverkehrsgesetz
  Verjährung **200** 9
  Verjährungsfrist **195** 13
  Verjährungshemmung **Vorbem 203–213** 4
Luxemburg
  Europäisches Übereinkommen über die Berechnung von Fristen **186** 23

Mängelbeseitigung
  Mahnbescheid **204** 55

Magistrat
  Vertretungsmacht **Vorbem 164 ff** 30
Mahnbescheid
  Antrag des Gläubigers **204** 54
    Anbringung, rechtzeitige **204** 57
    Anspruchsbegründung **204** 55
    Anspruchsbezeichnung **204** 55
    – Nebenleistungen **204** 55
    Einreichung **199** 86
    Einreichung, rechtzeitige **204** 57
    Zulässigkeit **204** 54
    Zurückweisung **204** 58
  Beschwerdeverfahren **204** 58
  Europäischer Zahlungsbefehl **204** 53 ff
  Fälligkeit der Forderung **199** 4
  Forderungsbezeichnung **204** 55
  Gesamtforderung, Zuordnung beantragter Beträge **204** 55
  Missbrauch **204** 54
  Rechnungsposten **204** 55
  Schadensersatz, kleiner **204** 54
  Sechsmonatsfrist **204** 148
  Statthaftigkeit des Mahnverfahrens **204** 54
  Verfahrensfehler **204** 54
  Verhandlungen, laufende **203** 3
  Verjährungshemmung **199** 3; **204** 30, 53 ff; **206** 18
    Dauer **204** 138
  Verzugszinsen **187** 6g
  Wegfall der Wirkung **204** 148
  Zustellung **204** 53 ff
    demnächstige Zustellung **204** 54, 57
    Verzögerungen durch Gläubiger **204** 57
Mahnung
  Feiertag **193** 10
  Insichgeschäft **181** 14
  durch Nichtberechtigten **185** 20, 128
  Samstag **193** 10
  Sonntag **193** 10
  Verbot vollmachtlosen Handelns **180** 12
  Verzugszinsen **187** 6g
  Vorlegung der Vollmachtsurkunde **174** 2
Mahnverfahren
  Nebenintervention **204** 84
  Nichtbetreiben des Verfahrens **204** 138
  Streitverkündung **204** 84
1. Mai
  Feiertag, gesetzlicher **193** 34
Makler
  Handeln in fremdem Namen **164** 2
  Schwebephase des Hauptgeschäfts **184** 54
  Verkaufsberatung **167** 13
  Wissenszurechnung **Vorbem 164 ff** 93
Mandatsvertrag
  Insichgeschäft **181** 37
Mangel der Ernstlichkeit
  Scherzvollmacht **167** 75
  Stellvertretung **166** 12

Mangelfolgeschäden
   Aufrechnung mit verjährter Forderung **215** 10
   Verjährung **Vorbem 194–225** 9; **195** 41; **213** 7
   Verjährungsbeginn **199** 23

Mangelschäden
   Verjährung **195** 41

Marinezulage
   Verwendungsdauer, zulageberechtigte **191** 2

Markenrecht
   Zustimmung des Markeninhabers durch Nichtberechtigten **Vorbem 182 ff** 13

Markise
   Schikaneverbot **226** 29a

Marktmissbrauchsverordnung
   closed period, Berechnung **187** 9

Marschroute
   Vertreter mit gebundener Marschroute **Vorbem 164 ff** 82, 84

Massenentlassungen
   Zustimmung, behördliche **Vorbem 182 ff** 110

Mecklenburg-Vorpommern
   Hinterlegung **232** 3
   Reformationstag **193** 41

Mehrheitsgesellschafter
   Interessenidentität **164** 15

Mehrvertretung
   Begriff **181** 15
   Genehmigung **181** 46, 47
      doppelte Genehmigung **181** 15
   Gestattung des Selbstkontrahierens **181** 61
   GmbH **181** 54
   Insichgeschäft **181** 1, 9
      s a dort
   Interessenkollision **181** 4
   Konzern **181** 21
   Pflegerbestellung **181** 47, 57
   Stimmrechtsausübung **181** 24
   Untervertretung **181** 35 f
   Verbot **181** 15
   Vertretung ohne Vertretungsmacht **181** 15
   vollmachtlose Mehrvertretung **181** 15, 33

Mentalreservation
   Bevollmächtigung **167** 75
   Fremdgeschäft **164** 21
   Stellvertretung **166** 12
   Zustimmung **182** 63

Miete
   Fälligkeit **199** 7, 21
   Unterwerfung unter die sofortige Zwangsvollstreckung **232** 1
   Verjährung **194** 15; **197** 66; **217** 10
   s a Wiederkehrende Leistungen

Mieterhöhung
   Zustimmung zur Mieterhöhung **Vorbem 182 ff** 72

Mieterhöhungsverlangen
   Verfügungscharakter **185** 24
   Vorlegung der Vollmachtsurkunde **174** 2

Mieterwechsel
   Zustimmung des Vermieters, Anfechtung **182** 68

Mietkaution
   Anlegung **199** 20c; **232** 14
   Bereicherungsanspruch **214** 25a
   Eigentumswechsel **240** 1
   Insolvenz des Voreigentümers **240** 6
   Rückzahlungsanspruch **215** 8
   Unterwerfung unter die sofortige Zwangsvollstreckung **232** 1
   Wertpapiere **234** 1

Mietnebenkosten
   Verjährung der Forderung **217** 6

Mietrecht
   Rechtsscheinsvollmacht **167** 35b

Mietsache
   Zustand, vertragsgemäßer **199** 20c

Mietvertrag
   Aufrechnung **215** 8
   Besitzrechtseinräumung durch Nichtberechtigte **185** 145 ff
   Betriebskostenabrechnung, Zugang **188** 4
   Betriebskostenvorauszahlungen **199** 20a
   Durchfeuchtungsschäden **226** 25
   Eintrittsrecht bei Tod des Mieters, Ablaufhemmung **211** 6
   Elektrogeräte, Benutzung **226** 25
   Erlaubnis zur Gebrauchsüberlassung an Dritte **Vorbem 182 ff** 68
   Ersatzansprüche, Verjährungsfrist **195** 39, 45; **213** 11
      Verjährungsbeginn **199** 2; **209** 9
      Verjährungshemmung **203** 5; **213** 1
   Fahrräder, Abstellen **226** 25
   Fristbestimmung **186** 16
   Handeln in fremdem Namen **164** 2
   Händlerbesuche, Verbot **226** 25
   Heizkostennachzahlung **199** 17
   Karenzzeit **193** 5, 18 ff
      Feiertag **193** 18 ff
      Samstag **193** 18 ff
      Sonntag **193** 18 ff
   Kaution
      s Mietkaution
   Kinderwagen, Abstellen **226** 25
   Kleintierhaltung **226** 25
   Kraftfahrzeuge, Abstellen **226** 25
   Kündigung **185** 18
      Kündigungserklärung **193** 18 ff
      Kündigungsfrist **193** 18
      Schutzfrist **193** 17, 21
   Mängelansprüche, Verjährungsfrist
      Verjährungsbeginn **200** 6
   Mängelbeseitigungsanspruch **199** 20c
   Mietgarantie **197** 83

Mietvertrag (Forts)
 Mietzins **193** 5; **197** 83
 Musizieren **226** 25
 Nebenkosten **Vorbem 194–225** 25
  Ausschlussfrist **199** 18
  Nachforderung **Vorbem 194–225** 25
 Notwehr **227** 60
 Parken **226** 25
 Schikaneverbot **226** 25
 Schönheitsreparaturen **226** 25
 Stromversorgung **229** 34
 Übergabe der Mietsache **193** 57
 Unterlassungsbegehren **226** 25
 Verjährungsbeginn **199** 23, 24, 117
 Verjährungsfristen **Vorbem 194–225** 25
 Verlängerung, stillschweigende **186** 24
 Verschlechterung der Mietsache **215** 8
 Vertragsübernahme **182** 19
 Verwirkung **Vorbem 194–225** 25 f
  Miete **Vorbem 194–225** 25
 Wegnahmerecht des Mieters **200** 7
 Zugangsrecht zum Stromzähler **226** 25
 Zutrittsverwehrung **227** 60
Mietzinsforderungen
 Selbsthilfe **229** 20
 Sicherheitsleistung **232** 6
Minderjährigenschutz
 Wissenszurechnung **166** 23
Minderjährigkeit
 Ablaufhemmung der Verjährung **210** 3
 s a Ablaufhemmung
 Einrede der Verjährung **214** 6
 Schenkung des gesetzlichen Vertreters **181** 62a
 Unterhalt Minderjähriger, Antrag auf Festsetzung **204** 49 ff
 Vermächtnis **181** 62a
 Vertreter ohne Vertretungsmacht, Haftung **179** 19a
 Vertretungsverbot **181** 18
 Vollmachtserteilung **167** 11
 Wissenmüssen **166** 31a
Minderung
 Rückabwicklung, Verjährungsfrist **195** 12
 Rückforderungsanspruch, verjährter **218** 8
 Rückzahlungsanspruch **218** 9
 Verjährung **218** 1
 Verspätung **218** 9
Missbrauch der Vertretungsmacht
 Abstraktionsprinzip **167** 103
 Anfechtung **167** 102
 Arglisteinrede **167** 101
 culpa in contrahendo **167** 102, 105
 Eigenhaftung des Vertreters **167** 103
 Einwand der unzulässigen Rechtsausübung **167** 101
 Erfüllungsanspruch **167** 104
 Evidenz des Vollmachtsmissbrauchs **167** 97 f, 103; **173** 2

Missbrauch der Vertretungsmacht (Forts)
 Fahrlässigkeit **167** 98
 – grobe Fahrlässigkeit **167** 98
 Informationspflicht **167** 98
 Nichtberücksichtigung evidenten Missbrauchsverhaltens **167** 97
 Geschäftsunfähigkeit des Vollmachtgebers **168** 23
 gesetzliche Vertretung **167** 99
 gesetzliche Vertretungsmacht **167** 92
 Handeln ohne Vertretungsmacht **167** 103; **177** 5a
  Genehmigung **167** 103
 Handeln, pflichtwidriges **167** 95
 Handeln, treuwidriges **167** 95
 Handeln, zweckwidriges **167** 95
 Innenverhältnis **167** 105
 Insichgeschäft **167** 93; **181** 61
 isolierte Vollmacht **167** 2
 Kenntnis **167** 95, 99, 103
 Kenntnis des Kontrahenten **167** 96
 Kollusion **166** 21; **167** 93, 96, 99, 100, 105; **181** 45
 Missbrauchsrisiko **167** 91
 Mitverschulden **167** 104
 Nichtigkeitsfolge **167** 100
 objektiver Missbrauch **167** 95
 organschaftliche Vertretung **167** 99
 postmortale Vollmacht **168** 32a
 Prozesshandlungen **167** 99, 100
 Rechtsfolgenbestimmung **167** 100 ff
 Rechtsmissbrauch **167** 94
  Fahrlässigkeit **167** 94
  Nachteilszufügung **167** 94
  Pflichtwidrigkeit, objektive **167** 94
  Vorsatz **167** 94
 Rechtsscheinsvollmacht **167** 99
 Schadensersatzansprüche **167** 104
 Schutzbedürftigkeit des Geschäftsgegners **167** 95
 Sittenwidrigkeit **167** 93
 Unkenntnis, fahrlässige **167** 95
 Unverbindlichkeit der Willenserklärung **167** 101
 Vertreter ohne Vertretungsmacht, Haftung **179** 6
 Vertretungsmacht **167** 91 ff
 Verselbständigung **167** 91 ff
 Vollmachtserteilung **Vorbem 164 ff** 34
Missbrauch/Misshandlung von Schutzbefohlenen
 Verjährungseinrede **214** 5
Miteigentümer
 Verfügung eines Nichtberechtigten **185** 40
Miteigentümergemeinschaft
 Verjährungshemmung **204** 7
Miteigentum
 Belastung, Gestattung von Insichgeschäften **181** 60

Miterben
  Verfügung eines Nichtberechtigten **185** 40
  Verjährungshemmung **Vorbem 203–213** 6
Miterbenanteil, Übertragung
  Vollmacht, Formbedürftigkeit **167** 26
Mitgliederbeschlüsse
  Insichgeschäft **181** 25, 33
Mitgliederversammlung
  Ladungsfrist **193** 29
Mittelbare Stellvertretung
  Anfechtung **Vorbem 164 ff** 46
  Auslegung **Vorbem 164 ff** 46
  Begriff **Vorbem 164 ff** 42
  Bereicherungsrecht **Vorbem 164 ff** 47
  Drittschadensliquidation **Vorbem 164 ff** 47
  Durchgangserwerb **Vorbem 164 ff** 45
  Erfüllungsübernahme **Vorbem 164 ff** 46
  Ermächtigung **Vorbem 164 ff** 65
  Erwerb beweglicher Sachen
    Vorbem 164 ff 45
  Erwerbsgeschäfte **Vorbem 164 ff** 44
    Risikofrist **Vorbem 164 ff** 44
  Forderungserwerb **Vorbem 164 ff** 44
    Vorausabtretung **Vorbem 164 ff** 45
  Geschäft für den, den es angeht **177** 18
  Geschäftsbesorgungsvertrag
    Vorbem 164 ff 46
  Geschäftsfähigkeit, beschränkte **165** 8
  Geschäftsherr **Vorbem 164 ff** 42
  Handeln für Rechnung eines anderen **164** 3
  Handeln im Interesse eines anderen **164** 3
  Handelsrecht **Vorbem 164 ff** 42
  Kennenmüssen **166** 31a
  Kenntnis **166** 31a
  Kommissionsgeschäft **Vorbem 164 ff** 42, 44
  Offenheitsprinzip, Durchbrechung
    Vorbem 164 ff 35, 42
  Rechtserwerb durch den Geschäftsherrn
    Vorbem 164 ff 44 ff
    Besitzkonstitut, antizipiertes
      Vorbem 164 ff 45
    Einigung, vorweggenommene
      Vorbem 164 ff 45
    Handeln für den, den es angeht
      Vorbem 164 ff 45
    Selbstkontrahieren **Vorbem 164 ff** 45
  Schadensliquidation im Drittinteresse
    s Drittschadensliquidation
  Speditionsgeschäft **Vorbem 164 ff** 42
  Strohmann **Vorbem 164 ff** 49
  Treuhandverhältnis **Vorbem 164 ff** 48
  Übergang erworbener Gegenstände
    Vorbem 164 ff 43
  Verbraucherschutzrecht **Vorbem 164 ff** 46
  Verfügungen über Gegenstände des
    Geschäftsherrn **Vorbem 164 ff** 44
  Verpflichtungsgeschäfte **Vorbem 164 ff** 46
  Vertretung ohne Vertretungsmacht **177** 18
  Wegfall der Bereicherung **Vorbem 164 ff** 47

Mittelbare Stellvertretung (Forts)
  Weisungen des Geschäftsherrn **166** 31a
  Willensmängel **166** 31a
  Wissenszurechnung **166** 4a
Mitteleuropäische Zeit
  Zeit, gesetzliche **186** 5
Mitverschulden
  Wissenszurechnung **166** 22
Modernisierungsankündigung
  Verfügungscharakter **185** 24
Mohammedaner
  Kalender **186** 4
Monat
  30 Tage **191** 2
  Ablauf eines Monats **192** 1
  Beweislast **192** 1
  Einheitsmonat **191** 2
  Kalendereinteilung **186** 4
  Monatserster **192** 1
  Monatsletzter **192** 1
  Monatsmitte **192** 1
  Zeitbestimmung **191** 1 ff
Monatsfrist
  Berechnung von Datum zu Datum **188** 19,
    22 f; **189** 1
  Berechnungsweise, verlängernde **188** 24
  Eichordnung **188** 20b
  Fristende **186** 22; **188** 20, 21, 23
  halber Monat **189** 1, 3
  mehrere Monate **188** 19
    halbes Jahr **188** 19; **189** 1
    Jahr **188** 19
    Vierteljahr **188** 19
  Monatslänge, unterschiedliche **188** 22; **189** 1
  rückwärtslaufende Frist **188** 23
  Vierteljahr **189** 1
Moorland
  Genehmigung grundstücksbezogener
    Rechtsgeschäfte **Vorbem 182 ff** 109
Moratorium
  Verjährungshemmung **205** 5, 20
Motivirrtum
  Stellvertretung, Innenverhältnis **164** 6;
    166 13
  Zustimmung **182** 65
Mündelsicherheit
  Sicherheitsgrenze **238** 3
    Grundstücke, EU-ausländische **238** 3
    Grundstücke, inländische **238** 3
    Landesrecht **238** 3
    Wohnsitz des Schuldners **238** 3
Musterfeststellungsklage
  Änderung **204** 48h
  Anspruchsanmeldung **204** 48a
  Bekanntmachung, öffentliche **204** 48b, 48d
  Feststellungsziele **204** 48a
  Klageerhebung **204** 48b f
  Klageregisteranmeldung **204** 48a ff
  Lebenssachverhalt, derselbe **204** 48b, 48f

Musterfeststellungsklage (Forts)
  Rücknahme **204** 48h
  Teilrücknahme **204** 48h
  Verjährungshemmung **204** 48a ff
  Zustellung **204** 48c
Musterprozessabrede
  Verjährungshemmung **199** 62; **202** 21; **203** 13; **204** 130; **205** 18; **209** 2
Musterverfahren
  s Kapitalanleger-Musterverfahren
Mutterschutz
  Zustimmung zur Kündigung, behördliche **Vorbem 182 ff** 110

Nachbarrecht
  unverjährbare Ansprüche **195** 53
Nacherbe
  Zustimmung zu Verfügungen des Vorerben **182** 44, 113
  Zustimmungspflicht **Vorbem 182 ff** 100 ff
Nacherbfolge
  Vollmacht, postmortale **168** 32a
Nacherbschaft
  Auskunftsanspruch **197** 19
  Ausschlagung **181** 40
  Duldung der Feststellung eines Sachverständigen **197** 19
  Herausgabeanspruch gegen den Vorerben **197** 15
    Auskunftsanspruch **197** 18
    dienende Ansprüche **197** 17 ff
    eidesstattliche Versicherung **197** 19a
    Verjährung **197** 12; **199** 99
  Rechenschaftsanspruch **197** 19
  Rechtsnachfolge **198** 10
  Unwirksamwerden **186** 14
  Verzeichnis der Erbschaftsgegenstände **197** 19
  Zustimmung des Nacherben zu einer Verfügung des Vorerben über den Nachlass **181** 41
  Zustimmungserfordernisse **Vorbem 182 ff** 26
Nacherfüllung
  Erlöschen des Nacherfüllungsanspruchs **218** 2
  Kostenzuschuss **218** 2
  Unzumutbarkeit **218** 2
  Verjährung **218** 2
Nachforschungspflicht
  Vollmacht **167** 43
Nachfristsetzung
  Genehmigungsfrist **184** 67
  Schikaneverbot **226** 24d
Nachkriegszeit
  Herausgabeansprüche **198** 2
Nachlassherausgabe
  Sicherheitsleistung **Vorbem 232 ff** 2, 4

Nachlassinsolvenzverfahren
  Ablaufhemmung **211** 5
Nachlasspflegschaft
  Fristbeginn **186** 24
  verstorbener Schuldner **199** 70
Nachlassverwalter
  Abberufung **Vorbem 164 ff** 58
  Gestattung des Selbstkontrahierens **181** 59
  Insichgeschäfte **181** 39
  Partei kraft Amtes **Vorbem 164 ff** 57
  postmortale Vollmacht, Widerrufsrecht **168** 34
  Unabhängigkeit **Vorbem 164 ff** 58
  Verjährungshemmung **204** 9
  Weisungsfreiheit **Vorbem 164 ff** 58
  Zustimmungserfordernisse **Vorbem 182 ff** 21, 27
Nachlassverwaltung
  Gläubigerbefriedigung **Vorbem 164 ff** 58
  Verfügung eines Nichtberechtigten **185** 7, 35, 43, 50
Nachlassverzeichnis
  Verjährungseintritt **226** 30
Nachtportier
  Vollmachtsumfang **167** 86a
Nachvollmacht
  Vertretung des Vertreters **167** 62
Nachzahlungen
  Verjährungsbeginn **199** 20b
Naturalkomputation
  Fristberechnung **187** 1, 13
Naturalobligationen
  Klagbarkeit **194** 10
  Selbsthilfe **229** 14
  Verjährung **194** 15
  Verjährungseintritt **214** 36
Naturalrestitution
  Übergang zum Geldersatz **186** 16
Naturrecht
  alteri stipulari nemo potest **Vorbem 164 ff** 8
  institorio nomine **Vorbem 164 ff** 59
  Kodifikationen **Vorbem 164 ff** 8
  nomine domini **Vorbem 164 ff** 59
  proprio nomine **Vorbem 164 ff** 59
  Stellvertretung **Vorbem 164 ff** 8
  Vertrag zugunsten Dritter **Vorbem 164 ff** 8
Nebenansprüche
  Verjährung **195** 25
Nebengesetze, zivilrechtliche
  Verjährungsfrist **195** 13 f
Nebenintervention
  Anerkenntnis **204** 77
  Mahnverfahren **204** 84
  Streitverkündung **204** 76
  Unzumutbarkeit der Rechtsverfolgung **199** 84b
Nebenleistungen
  Hauptforderung, bestehende **217** 8
  Hauptforderung, erloschene **217** 8

Nebenleistungen (Forts)
　Hauptforderung, Verjährung **213** 12;
　　217 5, 7 ff
　Verjährung **217** 8
Nebenpflichten
　Unwirksamkeit, schwebende **184** 50 ff
Nebenpflichtverletzung
　Angriff **227** 16
　Eigenhaftung des Vertreters **164** 15
　Handeln in fremdem Namen **164** 11
　Verjährungsfrist **195** 12
　Vollmachtsmissbrauch **167** 105
Negativattest
　Genehmigung, behördliche
　　Vorbem 182 ff 132
Negative Feststellungsklage
　rechtskräftig festgestellter Anspruch
　　197 42 f
Neujahr
　Feiertag, gesetzlicher **193** 34
New Yorker Scheckrecht
　within a reasonable time **186** 24
Nichteheliche Lebensgemeinschaft
　Verjährungshemmung **207** 5, 7
Nichterfüllung zivilrechtlicher Forderungen
　Notwehrrecht **227** 16 f
　Selbsthilferecht **227** 16
Nichtgebrauch von Sachen
　Rechtsuntergang **Vorbem 194–225** 1, 3
Nichtzulassungsbeschwerde
　Verjährungshemmung **204** 144
Niedersachsen
　Feiertage **193** 35, 41a
　Hinterlegung **232** 3
　Reformationstag **193** 35, 41a
　Sicherheitsleistung **232** 5
Nießbrauch
　Ansprüche, Verjährung **196** 8 ff
　Ersatzansprüche, Verjährungsfrist **186** 13;
　　195 39, 45
　Herausgabeanspruch, Verjährung **197** 9
　Sicherheitsleistung **Vorbem 232 ff** 2, 4
　Frist **186** 15
　Zustimmung zur Aufhebung des belasteten
　　Rechts **Vorbem 182 ff** 26; **182** 51; **183** 69
Nießbrauchsübertragung
　Zweckdienlichkeit, Feststellung
　　Vorbem 182 ff 109
Nordisches Gesetz über Schuldurkunden
　Samstag **193** 6
Nordrhein-Westfalen
　Allerheiligen **193** 42
　Feiertage **193** 36
　Fronleichnam **193** 42
　Hausarbeitstag **206** 8
　Hinterlegung **232** 3
　Sicherheitsleistung **Vorbem 232 ff** 7; **232** 5
Notar
　Amtshaftung **199** 63a

Notar (Forts)
　Gebührenermäßigung **206** 9
　Hinterlegung **233** 4
　Kostenrechnung **197** 53; **205** 22
　Vergütungshöhe **199** 21
　Vollmachtsumfang **167** 86
　　Auflassung an Dritte **167** 86
　　Belastungsgeschäfte **167** 86
　　Löschungsbewilligungen **167** 86
　　Vertragsdurchführung **167** 86
Notarhaftung
　Subsidiarität **199** 41 ff
Notgeschäftsführung
　Vertretungsmacht, gesetzliche
　　Vorbem 164 ff 24; **177** 17
Nothilfe
　Angriff, Rechtswidrigkeit **227** 43
　Fiskus **227** 44
　Organe **227** 44
　Polizei **227** 4
　Rechtsordnung, Bewahrung **227** 7 f, 43
　Schadensersatzanspruch des Nothelfers
　　227 78
　Schlägerei **227** 43
　Schutz der Rechtsgüter eines anderen
　　227 43
　　juristische Personen **227** 44
　　staatliche Rechtsgüter **227** 44
　　Störung der öffentlichen Ordnung **227** 44
Notstand
　Affektionsinteresse **228** 31
　aggressiver Notstand **227** 1; **228** 2 f
　　Gefahr, gegenwärtige **228** 2
　　unterlassene Hilfeleistung **227** 19
　Beweislast **228** 49
　Darlegungslast **228** 49
　defensiver Notstand **228** 1, 7, 10
　　Selbstverteidigung, erlaubte **227** 1
　entschuldigender Notstand **227** 75; **228** 3, 5
　Fluchtmöglichkeit **228** 25
　Gefahr, drohende **227** 23; **228** 1 f, 12 ff
　　Verantwortlichkeit Dritter **228** 43
　Gefahrenquelle **228** 28
　　Sachen **228** 1, 10 f, 16 ff
　　– fremde Sachen **228** 22 f
　　– herrenlose Sachen **228** 22
　　– Zustand, gefährlicher **228** 16
　　Tiere **228** 1, 10, 13, 20 ff, 29, 31
　　– herrenlose Tiere **228** 22
　Güterabwägung **228** 2, 10 f
　Hunde, bissige **228** 20
　Hunde, wildernde **228** 13
　Interesse, überwiegendes **228** 28 f
　Jagdrecht **228** 8
　Kausalität **228** 17 ff
　　mittelbare Kausalität **228** 18 f
　Luftsicherheitsgesetz **228** 7
　Mangelware **228** 13, 18
　Nothilfe **228** 15

Notstand (Forts)
Notstandsexzess, extensiver **228** 44
Notstandsexzess, intensiver **228** 44
Notstandshandlung **228** 23
    Beschädigung **228** 23, 35
    Erforderlichkeit **228** 19, 24, 26, 44
    Notwehr gegen die Notstandshandlung **228** 35
    verbotene Eigenmacht **228** 35
    Verhältnismäßigkeit **228** 44
    Zerstörung **228** 1, 23, 35
Notstandslage **228** 12 ff
Notstandsüberschreitung **228** 26, 44
polizeilicher Notstand **228** 6 f
Provokation **228** 36, 39
Putativnotstand **228** 37
rechtfertigender Notstand **227** 72 f; **228** 3
Rechtfertigung **227** 34
Rechtsgüter, persönlichkeitsgebundene **228** 29
Rettungswille **228** 32 ff, 36
Sachgefahren **228** 3
Sachgüter **228** 30
    Neuwert **228** 30
Schadensersatzpflicht **228** 1 f, 27, 34, 38 ff
    Ersatzpflichtiger **228** 2, 38
    Freistellung **228** 43
    Handeln in fremdem Interesse **228** 42
    Verjährung **228** 41
Schadenszufügung **228** 1
    Verhältnismäßigkeit **228** 27 ff
    – Wertverhältnis, vertretbares **228** 27 ff
Selbstaufopferung **228** 46 ff
Urkunde, gefälschte **228** 20
Verhaltensunrecht **228** 33
Verschuldensfähigkeit **228** 40
verschuldeter Notstand **228** 34, 38 f
Verteidigungswille **228** 32 ff, 36
Widerrechtlichkeit der Notstandshandlung **228** 10

Notstandsprovokation
Rechtsmissbrauch **228** 36, 39

Nottestament
Gültigkeit **186** 14

Notvorstand
juristische Personen **210** 1

Notweg
Widerstandsbeseitigung **229** 38

Notwegrecht
Ansprüche, Verjährung **196** 9

Notwegrente
wiederkehrende Leistungen **197** 83

Notwehr
Amtshandlungen **227** 38, 41
Angriff **227** 9 ff
    abgeschlossener Angriff **227** 25
    Angreifer **227** 15
    – Angetrunkene **227** 59, 67
    – Geisteskranke **227** 42, 67

Notwehr (Forts)
– Geschäftsunfähigkeit **227** 15
– juristische Personen **227** 15
– Kinder **227** 42, 59, 67
– mehrere Angreifer **227** 25
– schuldloses Handeln **227** 67
– unbewaffnete Angreifer **227** 59
Angriffsverhalten **227** 16 ff
Angriffsziel **227** 10 ff
– allgemeines Persönlichkeitsrecht **227** 11
– Ehe **227** 12
– Eigentum **227** 24, 68
– Freiheit **227** 10, 24
– Gesundheit **227** 10 f
– Hausrecht **227** 11, 24, 68
– Intimsphäre **227** 10
– Leben **227** 10
– Recht am Arbeitsplatz **227** 11
– Verlöbnis **227** 12
– werdendes Leben **227** 10
    Sachwerte **227** 69
aufgegebener Angriff **227** 25
Ausweichen **227** 66 ff
– Ehegatten **227** 71
Bagatellangriffe **227** 68
Beeinträchtigungen, übliche **227** 13, 39
Beginn **227** 21 f
Duldung **227** 42, 66
fehlgeschlagener Angriff **227** 25
Flucht eines Täters **227** 16
Fortdauer **227** 21, 24
Gegenangriff **227** 50
Gegenwärtigkeit **227** 9, 21 ff, 54, 58; **229** 1
– Rechtsgutsverletzung, bevorstehende **227** 22
– Versuchsstadium, strafrechtliches **227** 22
Heftigkeit **227** 57, 59
künftige Angriffe **227** 23
Nebenpflichtverletzungen **227** 16
Nicht-Handeln **227** 16
Nichterfüllung zivilrechtlicher Forderungen **227** 16 f
vom Opfer verschuldeter Angriff **227** 49
Rechtswidrigkeit **227** 9, 26 ff
– Duldungspflichten **227** 28
– Erfolg, Missbilligung **227** 28 ff
Sachen **227** 15
Tiere **227** 10, 15
Unerheblichkeit **227** 68
Unfug **227** 68
Unterlassen **227** 16
vermeintlicher Angriff **227** 20
Verschulden **227** 15, 42
Waffen **227** 10; **228** 16
Werkzeug, Sache als **228** 16, 20
Beweisbeschaffung, eigenmächtige **227** 54
Beweislast **227** 81 ff

Notwehr (Forts)
  Dauerdelikte 227 24
  Diebstahl 227 24, 65, 68
  effektive Verteidigung 227 6
  unter Ehegatten 227 62, 71
  Einwilligung des Betroffenen 227 35
    Geschäftsfähigkeit 227 35
    höchstpersönliche Rechtsgüter 227 35
    Körperverletzungen 227 35
    mutmaßliche Einwilligung 227 36
    Tötungshandlungen 227 35
  Erfolgsunrecht 227 28 ff, 52
  Flucht 227 58, 63, 67 f
  Fußangeln 227 23
  Garantenstellung 227 17, 71
    Eltern 227 71
    Mitschüler 227 71
  Gegenangriff 227 55, 57 f
  Generalprävention 227 7
  Geschäftsführung ohne Auftrag, berechtigte 227 36
  Gewaltmonopol des Staates 227 6 f
  Güterabwägung 227 66, 68
  Güterschutz 227 7 f, 24
  Handlung 227 46
  Hausverbot 227 59
  Hund, bissiger 228 20
  Interesse, rechtlich geschütztes 227 9
  Irrtum des Handelnden 227 55
  Notstandshandlung 228 35
  Notwehr gegen Notwehr 227 34
  Notwehrexzess 227 55, 75, 79, 82
    Bestrafung 227 75
    Fahrlässigkeit 227 79
  Notwehrhandlung 227 9, 45 ff, 81
    Angriff 227 73
    Sittenwidrigkeit 227 74
    verbotene Eigenmacht 227 73
    Zweckrichtung 227 47 f
    s a Verteidigungshandlung
  Notwehrlage 227 9 ff, 58, 81; 229 1
    Genehmigung 227 26
    Selbsthilfe 229 42
  Notwehrüberschreitung
    s Notwehrexzess
  Polizei 227 4
  Präventivnotwehr 227 23
  Provokation
    s Notwehrprovokation
  Prügelei 227 35
  Putativnotwehr 227 20, 55, 80, 83
  Rechtfertigungsgrund 227 3, 34 f, 72, 85
  Rechtsbewährungsgebot 227 58, 60
  Rechtsbewährungsinteresse 227 66 f, 71
  Rechtsgüter, individuelle 227 7a, 14
  Rechtsgutsverletzungen 227 2, 22
  Rechtsmissbrauch 227 65 f, 68
  Rechtsordnung, Bewahrung 227 5, 7 f, 15, 69

Notwehr (Forts)
  Rechtswidrigkeit, objektive 227 2
  Schadensersatzpflichten 227 76 f
    Mitverschulden 227 78 f
    Schäden Dritter 227 76 f
  Schikaneverbot 226 34
  Schusswaffengebrauch 227 61, 67, 72
  Schutzwehr 227 67
  Selbsthilfe 229 38
  Selbstschussanlagen 227 23
  Selbstverteidigung, erlaubte 227 1
  Störung der öffentlichen Ordnung 227 14
  Strafrecht 227 2
  Straßenverkehr 227 11, 60, 68, 75
  subjektive Rechte, Schutz 227 5 f
    Inkompetenznorm 227 6
    Störungsverbote 227 6
    subjektive öffentliche Rechte 227 14
  Tötung des Angreifers 227 7
  Trutzwehr 227 55, 58
  Unbeteiligte 227 55, 72, 76
  Unterlassen 227 46
  unterlassene Hilfeleistung 227 19
  Unterlassungsdelikte, echte 227 19
  Unterlassungshandlungen, unechte 227 17 f
  Untermaßverbot 227 56
  Verhaltensunrecht 227 29, 52 f
  Verhältnismäßigkeit 227 66
  Verteidigungshandlung 227 9, 45 ff
    Dritte, hilfswillige 227 62
    Erforderlichkeit 227 7, 9, 45, 55 f, 55 ff
    – Abwehrerfolg 227 60
    Folgen, unerwartete 227 64
    Gebotenheit 227 42, 45, 65
    – Rechtsmissbrauch 227 49
    Geeignetheit 227 55 f
    Mittel, mildestes 227 55, 57, 60, 63 f
    objektive Verteidigungshandlung 227 53
    Polizei 227 62
    Rechtswidrigkeit, Wegfall 227 2
    Verhältnismäßigkeit 227 68
  Verteidigungswille 227 47 ff
    Vermutung 227 50, 81
  Vorläufigkeit 227 7
Notwehrprovokation
  Absichtsprovokation 227 40, 70
  Ausweichen 227 58
  Beleidigung 227 70
  Beweislast 227 84
  Darlegungslast 227 84
  Einwilligung 227 40
  Garantenstellung des Verteidigers 227 71
  Mittel, geringstes 227 62
  Notwehr 227 40
  Rechtsmissbrauch 227 49
  Missbrauchsabsicht 227 40, 70
  rechtswidrige Provokation 227 71
  Verteidigungshandlungen 227 70

Notwehrprovokation (Forts)
  Verteidigungswille **227** 49
  Vorverhalten **227** 70
Novation
  Vereinbarung über die Verjährung,
    mittelbare 202 4
  Verjährungsfrist **195** 23
Nürnberger Wechselnovelle
  Monat **192** 1
numerus clausus
  Zustimmungserfordernisse
    Vorbem 182 ff 25
  Ausnahmen, unechte **Vorbem 182 ff** 31
Nutzungsherausgabe
  Verjährung des Hauptanspruchs **217** 6

Oberbürgermeister
  Vertretungsmacht **Vorbem 164 ff** 31
Obergemeindedirektor
  Vertretungsmacht **Vorbem 164 ff** 31
Oberkreisdirektor
  Vertretung des Kreises **Vorbem 164 ff** 30
Obliegenheit
  Gläubiger **194** 15
  Nachteile, rechtliche **194** 11
Obligation
  Anspruch **194** 14
Oderkonto
  Verfügungsberechtigung **185** 85
Ödland
  Genehmigung grundstücksbezogener
    Rechtsgeschäfte **Vorbem 182 ff** 109
Öffentlich-rechtlicher Vertrag
  gesetzliche Vertreter, Fehlen **210** 11
  Insichgeschäft **181** 29
  Verhandlungen **203** 22
  Zustimmung Dritter **Vorbem 182 ff** 135
Öffentliche Hand
  Rechnungshöfe **199** 77
  Verjährungseinrede **214** 5
Öffentliches Recht
  Ablaufhemmung **210** 11
  Ansprüche **194** 12
  Aufrechnung mit verjährter Forderung
    215 9
  behördliche Zustimmungen
    s dort
  Formgebote **182** 121 f
  Fristberechnung **186** 17
  Gebührenanspruch, Verjährungsfrist
    186 17
  Genehmigung **184** 4
  Gesamtvertretung **167** 57
  Gesetzmäßigkeit der Verwaltung **167** 49
  Insichgeschäft **181** 9
  Kostenerstattungsanspruch **195** 15
  Schikaneverbot **226** 14
  Sicherheitsleistung **Vorbem 232 ff** 7
  Stellvertretung **Vorbem 164 ff** 96 ff

Öffentliches Recht (Forts)
  Verhandlungen **203** 22
  Verjährung **Vorbem 194–225** 39 ff; **195** 15;
    214 42 ff
  Einrede der Verjährung
    Vorbem 194–225 45; **214** 44
  – Ermessensentscheidung **214** 44
  Gesetzgebungskompetenz
    Vorbem 194–225 40, 42
  Gewohnheitsrecht **Vorbem 194–225** 41 f
  Kenntnismöglichkeiten des Gläubigers
    Vorbem 194–225 45
  Rechtsverfolgung **Vorbem 194–225** 42
  Rückforderung des Geleisteten **214** 45
  Verhandlungen **Vorbem 194–225** 42
  Verjährungsfristen **Vorbem 194–225** 44
  – Beginn **Vorbem 194–225** 44 f
  Verjährungshemmung **204** 105, 121
  – Leistungsverweigerungsrechte
    205 27
  Verweisung auf BGB
    Vorbem 194–225 40, 43
  Verwirkung **Vorbem 194–225** 19
  Vorverfahren, behördliches **204** 105
  Wissenszurechnung **166** 6
Österreich
  Bevollmächtigungsvertrag
    Vorbem 164 ff 100
  Botenschaft **Vorbem 164 ff** 100
  Europäisches Übereinkommen über die
    Berechnung von Fristen **186** 23
  Genehmigung des Geschäfts
    Vorbem 164 ff 100
  Mandat **Vorbem 164 ff** 100
  Notstand **228** 50
  Notwehr **227** 86
  Samstag **193** 6
  Schikaneverbot **226** 44
  Selbsthilfe **229** 51
    Schadensersatzanspruch **229** 51
  Selbstkontrahieren **Vorbem 164 ff** 100
  sittenwidrige Schädigung **226** 44
  Stellvertretung **Vorbem 164 ff** 8, 100
  mittelbare Stellvertretung
    Vorbem 164 ff 100
  unmittelbare Stellvertretung
    Vorbem 164 ff 100
  Stellvertretungstheorie **Vorbem 164 ff** 100
  Treuhand **Vorbem 164 ff** 100
  Verjährungshemmung **207** 1
  Vertreter ohne Vertretungsmacht
    Vorbem 164 ff 100
  Vertretungsmacht **Vorbem 164 ff** 100
  Vollmacht, Aufkündbarkeit
    Vorbem 164 ff 100
  Vollmacht, Widerrufsverzicht
    Vorbem 164 ff 100
  Vollmachtserteilung **Vorbem 164 ff** 100

Österreich

Österreich (Forts)
  Vollmachtsüberschreitung
    Vorbem 164 ff 100
Offenbarungsverfahren
  gewillkürte Stellvertretung, Ausschluss
    Vorbem 164 ff 96
Offene Handelsgesellschaft
  s OHG
Offenheitsprinzip
  Benennung des Vertretenen
    Vorbem 164 ff 35a
  Botenschaft **Vorbem 164 ff** 74
  Empfangsvertretung **164** 22
  Ermächtigung **Vorbem 164 ff** 65
  Handeln in fremdem Namen **164** 1 ff
    Erkennbarkeit **164** 16, 20 f
  Handeln im Interesse eines anderen **164** 3
  Handeln für Rechnung eines anderen **164** 3
  Schutz des Rechtsverkehrs
    Vorbem 164 ff 35
  Schutz des Vertragsgegners
    Vorbem 164 ff 35
  Stellvertretung **Vorbem 164 ff** 35 f; **164** 1;
    185 31
  Vertretung **Vorbem 164 ff** 35 f; **164** 1;
    Vorbem 182 ff 65; **185** 31
  Vertretungsmacht **164** 5; **179** 5
Offenkundigkeitsprinzip
  s Offenheitsprinzip
Offenlegungsgrundsatz
  s Offenheitsprinzip
OHG
  Anerkenntnis, Drittwirkung **212** 16
  Bevollmächtigung **167** 7
  Einrede der Verjährung **214** 40
  Entnahmerecht **199** 14
  Gesamtvertretung **Vorbem 164 ff** 20; **181** 16
    Gestattung von Insichgeschäften **181** 60
  Gewinnanteil des Gesellschafters **199** 14
  Teilrechtsfähigkeit **167** 7
  Verjährungshemmung **Vorbem 203–213** 5
    Verhandlungen **203** 6
  Verjährungsneubeginn **Vorbem 203–213** 5
  Vertretung, organschaftliche
    Vorbem 164 ff 25
    Widerruflichkeit, beschränkte
      Vorbem 164 ff 25
  Vertretungsmacht **Vorbem 164 ff** 25
OHG-Gesellschafter
  rechtskräftig festgestellter Anspruch
    gegenüber der OHG **197** 47
3. Oktober
  Feiertag, gesetzlicher **193** 33, 34
Ombudsleute
  Streitbeilegungsstellen **204** 59
Online-Banking
  Legitimationsdaten, Missbrauch
    Vorbem 164 ff 91
  Rechtsscheinsvollmacht **167** 35a

Orderpapiere mit Blankoindossament
  Hinterlegungsfähigkeit **234** 2
Ordnungswidrigkeitenrecht
  Notstand, rechtfertigender **228** 4
  Notwehr **227** 3
ordre public
  Verjährung **Vorbem 194–225** 55 f
  Verjährungshemmung **204** 41
Organe
  Nothilfe **227** 44
  Notwehr gegen Organe **227** 15
Organhandeln
  s a Juristische Personen
  Anstellung **Vorbem 164 ff** 34
  juristische Personen des öffentlichen
    Rechts **Vorbem 164 ff** 27
  Organisationsbestimmungen
    Vorbem 164 ff 26
  Selbstkontrahieren, Gestattung **181** 53 ff
Organisationsmangel
  Regressansprüche **199** 78
  Verjährungsbeginn **199** 77 f
  Wissenszurechnung **199** 78
Organmitglieder
  Ermächtigung zur Alleinvornahme **181** 17
Organschaftliche Vertretung
  s Organvertretung
Organvertreter
  Bevollmächtigung **167** 7
Organvertretung
  Abstraktionsprinzip **Vorbem 164 ff** 34
  Durchgangsvertretung **167** 62
  Gesamtvertretung **167** 51
  Insichgeschäft **181** 19, 47
  juristische Personen **Vorbem 164 ff** 25
  Missbrauch der Vertretungsmacht **167** 99
  Vertrauensschutz **172** 1; **174** 7
  Vertretungsmacht **Vorbem 164 ff** 21, 25;
    164 8; **167** 1
    Umfang **Vorbem 164 ff** 25
  Vertretungsnachweis **172** 1; **174** 7
Organwaltung
  Vertretung ohne Vertretungsmacht **177** 3
  Vertretungsmacht, unbeschränkbare
    167 99
Ostermontag
  Feiertag, gesetzlicher **193** 34
Ostertermin
  Rechtsgrundlage **186** 4

Pacht
  Verpachtung fremder Sachen **185** 145 ff
Pachtvertrag
  Ablehnung der Verlängerung **193** 24
  Ersatzansprüche, Verjährungsfrist **195** 39,
    45
  Pachtzinsen **197** 83
  Verjährungsbeginn **199** 23

pactum de non petendo
　Abtretung erfüllungshalber **199** 43
　Auslegung bestehender Vereinbarungen **205** 17
　Begrenzung, zeitliche **205** 18
　Dauer der Nichtgeltendmachung der Forderung **205** 16
　Klagemöglichkeit, Ausschluss **205** 15
　konkludente Vereinbarung **205** 17
　Leistungsverweigerungsrecht **205** 15
　Musterprozess, Ausgang **205** 18
　Ruhen des Verfahrens, Vereinbarung **205** 18
　Stundung, Abgrenzung **205** 15
　Teilungsabkommen Sozialversicherungsträger/Haftpflichtversicherer **205** 17
　unzulässige Rechtsausübung **205** 26
　Vereinbarung über die Verjährung, mittelbare **202** 4
　Verjährungshemmung **205** 14 ff
　Vertrag der Parteien **205** 15 f
　Voraussetzungen **205** 16
　weiterer Schuldner **205** 12
Pandektistik
　actio **194** 2
Parklücke
　Notwehr **227** 60, 68
Partei kraft Amtes
　Abberufung **Vorbem 164 ff** 58
　Amt, privates **Vorbem 164 ff** 61
　Geschäftsfähigkeit, beschränkte **165** 2
　Insolvenzverwalter **Vorbem 164 ff** 57
　Nachlassverwalter **Vorbem 164 ff** 57
　Testamentsvollstrecker **Vorbem 164 ff** 57
　Unabhängigkeit **Vorbem 164 ff** 58
　Verjährungsbeginn, Kenntnis **199** 55
　Verjährungshemmung **204** 9
　Verwaltung, auferlegte **Vorbem 164 ff** 21, 57 ff
　　Staatsakt **Vorbem 164 ff** 58
　　Verfügung des Erblassers **Vorbem 164 ff** 58
　Weisungsfreiheit **Vorbem 164 ff** 58
　Willensmängel **166** 3
　Zwangsverwalter **Vorbem 164 ff** 57
Parteifähigkeit
　Klageerhebung, Hemmungswirkung **204** 25
Parteifälschung
　Verjährungshemmung **185** 156
Parteikonten, Kündigung
　Schikaneverbot **226** 28
Partnerschaftsgesellschaft, anwaltliche
　Vertretungsnachweis **174** 8
Passivvertretung
　s a Empfangsvertretung
　Offenheitsprinzip **164** 22
　Repräsentationsprinzip **164** 22
　Stellvertretung, passive **Vorbem 164 ff** 19
　Vertretung ohne Vertretungsmacht **177** 5

Passivvertretung (Forts)
　Willenserklärung, empfangsbedürftige einseitige **180** 8 ff
　Zustimmungsadressat **182** 43
Patentverletzung
　Selbsthilfe **229** 45
Patentverwertungsvertrag
　wiederkehrende Leistungen **197** 67
Patronatserklärung
　Sicherungsmittel **232** 1
Perplexität
　Handeln unter fremdem Namen **Vorbem 164 ff** 90
　Vertragsschluss, doppelter **164** 10
Persönlichkeitsrecht, allgemeines
　s Allgemeines Persönlichkeitsrecht
Personalabteilungsleiter
　Kündigungserklärungen, Abgabe **174** 13
Personenbeförderungsrecht
　Genehmigungspflicht **Vorbem 182 ff** 109
Personengesellschaften
　Beschlüsse **181** 23, 26
　Bevollmächtigung **167** 7
　Einlageforderungen, Verjährungsfrist **195** 8
　Geschäftsführungsmaßnahmen **181** 26
　Gründung **177** 20; **179** 23
　Grundlagengeschäfte **181** 26
　Hinauskündigung **226** 31
　Insichgeschäft **181** 19, 26
　Mitgliedschaft **Vorbem 164 ff** 34
　Satzungsänderungen **181** 26
　Sonderrechtsnachfolge **211** 2
　Vertretung ohne Vertretungsmacht **177** 20
　Vertretungsmacht **Vorbem 164 ff** 34
Personenhandelsgesellschaften
　Aufnahme Minderjähriger **181** 22
　Befreiung vom Verbot des Selbstkontrahierens **181** 54
　Gesamtvertretung **167** 52
　Gründung, Verbot des Selbstkontrahierens **181** 22
　Satzungsänderung **181** 22
　Vertretung, organschaftliche **Vorbem 164 ff** 25
　Vertretungsnachweis **174** 7
Personensorge
　Zustimmungserfordernis **Vorbem 182 ff** 15
Personenstandsrecht
　Fristberechnung **186** 17
Pfändung
　Erneuerungswirkung **212** 42
　Forderung, schuldnerfremde **185** 133 ff
　Sache, schuldnerfremde **185** 129 ff
Pfändung und Überweisung der Forderung
　Verjährungshemmung **204** 8
Pfändungs- und Überweisungsbeschluss
　Genehmigung, Rückwirkung **184** 135

Pfändungspfandrecht
Verjährung der gesicherten Forderung
216 4
Pfändungsschutz
Freiheitsinteresse des Schuldners 229 4
Pfandrecht
absolutes Recht 194 19
Aufhebung 183 69
gesetzliche Pfandrechte 216 3
Erwerb, gesetzlicher 185 136 ff
Genehmigung, Rückwirkung 184 141
Herausgabeanspruch, Verjährung 197 9
Hinterlegung 232 3; 233 1
Insichgeschäft 181 43
Notwehr 227 68
Sicherheitsleistung **Vorbem 232 ff** 4
Sicherungsmittel **Vorbem 232 ff** 1
Veräußerung 183 69
Verjährung 195 45
Verjährung der gesicherten Forderung
216 2
Zustimmungserfordernisse
Vorbem 182 ff 26; 182 51
Pfandverkauf
Zustimmungserfordernis **Vorbem 182 ff** 26
Pfingstmontag
Feiertag, gesetzlicher 193 30, 34
Pfleger
Ansprüche, unverjährbare 194 28
Bestallungsurkunde 174 6
Minderjährigkeit 165 7
Vertretung, gesetzliche **Vorbem 164 ff** 24
Pflegschaft
Gesamtvertretung 167 51
Insichgeschäft, Genehmigung 181 47
Verjährungshemmung 197 6; 207 1, 13
Ansprüche gegen die Staatskasse
207 13
Pflicht
Anspruch 194 14
Pflichtteil
s Vertrag unter künftigen gesetzlichen
Erben über den Pflichtteil
Pflichtteilsanspruch
Auskunftsanspruch Anh 217 1, 9
Sicherheitsleistung **Vorbem 232 ff** 2, 4
Verjährung 199 2; 200 7, 9
Verjährungsfrist 186 13
Verjährungshöchstfrist 199 101
Verjährungsvereinbarung 202 10
Pflichtteilsergänzungsanspruch
Schenkungen 186 14
Pflichtverletzungen
Schadensersatzansprüche, Verjährung
199 37, 63a
Unkenntnis über den Verlauf 199 63a
Pflichtversicherung
Direktanspruch des Versicherers 203 20

Pflichtverteidiger
Honorarvereinbarung, Verjährungshemmung 205 25
Phantasienamen
Handeln unter fremder Namensangabe
Vorbem 164 ff 92
Pietätsverhältnisse
Dienstverhältnisse 207 7
familiäre Beziehungen 207 1
Verjährungshemmung 207 1, 5
Abtretung an Dritte 207 6
Ehebezug der Ansprüche 207 8
Kindschaftsbezug der Ansprüche 207 8
Pfändung durch Dritte 207 6
Rückerwerb 207 6
Straßenverkehrsunfälle 207 8
PIN
Handeln unter fremdem Namen
Vorbem 164 ff 90
Rechtsscheinsvollmacht 167 35a
Plakatierung
Selbsthilfe 229 33
Planfeststellungsbeschluss
Schikaneverbot 226 18a, 29
Polizei
Eilfallhilfe, staatliche 229 18
Ermächtigungsgrundlage 228 7
Gewaltmonopol des Staates 227 4
Güterabwägung 227 66
Nothilfe 227 4
Notstand, polizeilicher 228 6 f
Notwehrhandlungen 227 4; 228 7
Polizeirecht
Anspruchsentstehung **Vorbem 194–225** 45
Portugal
Samstag 193 6
Positive Forderungsverletzung
Verjährungshöchstfrist 199 94
Postgesetz
Vernichtung gefährlicher Gegenstände
228 9
Postmortale Vollmacht
Alleinerbschaft 168 35
Einverständnis der Erben 168 32
Form 168 29, 31
Formzwang, erbrechtlicher 168 29 f
Generalvollmacht 168 35
Grundbuchverfahren 168 31
Innenverhältnis 168 32a
Änderung durch Erben 168 32a
Konfusion 168 35
Missbrauch der Vertretungsmacht 168 32a
Nacherbfolge 168 32a
Nachlass 168 31, 34
Rechtsgeschäft unter Lebenden 168 29 f
Schenkung von Todes wegen 168 30, 32a
Testamentsvollstreckung 168 32a
Tod des Vollmachtgebers 168 28, 31
transmortale Vollmacht 168 28

Postmortale Vollmacht (Forts)
  Überlebensbedingung **168** 30
  Umgehungsgeschäft **168** 29
  unentgeltliche Geschäfte **168** 30
  Vertretergeschäfte **168** 33
    Genehmigung, gerichtliche **168** 33
  Vertretung der Erben **168** 31 f, 34
  Vertretungsmacht **168** 31 f
  Vollmacht über den Tod hinaus **168** 28 ff
  Vollmachtsmissbrauch gegenüber den Erben **168** 32a
  Widerruf **168** 32, 34
  Widerruf aus wichtigem Grund **168** 35
  Widerrufsausschluss **168** 35
  Widerrufsrecht **168** 34
    Miterben **168** 34
    Nachlassverwalter **168** 34
    Testamentsvollstrecker **168** 34
  Wirkung vom Todeszeitpunkt des Vollmachtgebers an **168** 29
Präklusion
  Aufrechnung **215** 7
Präklusionsfrist
  Fristbegriff **186** 8
praescriptio acquisitiva
  Verjährung **Vorbem 194–225** 2
praescriptio extinctiva
  Verjährung **Vorbem 194–225** 2
  Actionenverjährung **Vorbem 194–225** 2
  Anspruchsverjährung **Vorbem 194–225** 2
Prätendentenstreit
  Hemmungswirkung **205** 22
Praxis
  Gemeinschaftspraxis, ärztliche **164** 2a
Preisausschreiben
  Handeln unter fremder Namensangabe **Vorbem 164 ff** 92
Preußisches Allgemeines Landrecht
  Jahr und Tag **186** 24
  Notstand **228** 10
  Sonn- und Feiertagsregelung **193** 2
  Stellvertretung **Vorbem 164 ff** 8
  Verjährung **Vorbem 194–225** 5
  Verjährungshemmung **207** 1
Principles of European Contract Law
  Datum auf dem Schriftstück **187** 8
  Ereignis, fristauslösendes **187** 8 f
  Fristberechnung **186** 21; **187** 8 f
    Berechnungsweise, verlängernde **187** 9
  Fristende **188** 17
  Geschäftszeiten, übliche **188** 3a
  Rechtsmissbrauch **226** 51
  Samstag **193** 6
  Stellvertretung **Vorbem 164 ff** 106
  Stundenfristen **188** 28
  Treu und Glauben **226** 51
  Zivilkomputation **187** 9
Prioritätsprinzip
  Konvaleszenz **185** 2, 125 f, 132

Prioritätsprinzip (Forts)
  Verfügungsermächtigung **Vorbem 164 ff** 63
  Vorausabtretung **Vorbem 164 ff** 45
Privatautonomie
  Einwilligung, Widerruflichkeit **183** 5
  Ermächtigung **Vorbem 164 ff** 65
  Fristbestimmung **186** 16, 26
  Generalvollmacht **168** 9
  Repräsentationsprinzip **Vorbem 164 ff** 32
  Verpflichtungsermächtigung **Vorbem 164 ff** 71
  Vollmachtserteilung **167** 10
  Zustimmungserfordernis **Vorbem 182 ff** 15, 28
Private Limited Company
  Befreiung vom Verbot des Selbstkontrahierens, Eintragungsfähigkeit **181** 19
Privatpfändungsrecht
  Schutz landwirtschaftlicher Erzeugnisse **229** 9
Privatrecht
  Fristen **186** 12 ff
Probezeit
  Fristberechnung **187** 9a, 10a
Produkthaftung
  Verjährung **200** 9
  Verjährungshemmung **203** 17
Prokura
  Abstraktionsprinzip **Vorbem 164 ff** 34
  Erlöschen **168** 2
  Erteilung, ausdrückliche **167** 13
  Erteilung, persönliche **Vorbem 164 ff** 40
  Generalvollmacht, kaufmännische **167** 83
  Gesamtprokura, unechte **167** 51
  Gesamtvertretung **167** 52
  Insichgeschäft **181** 37
  Kundgabe der Bevollmächtigung **174** 13
  Publizitätsschutz, registerlicher **Vorbem 164 ff** 34
  Tod des Vollmachtgebers **168** 26
  Unübertragbarkeit **167** 4, 64
  Vertretungsmacht **174** 13
  Vertretungsmacht, unbeschränkbare **167** 99
  Vertretungsnachweis **174** 7
Prospekthaftung
  culpa in contrahendo **195** 54, 56
  eigentliche Prospekthaftung **195** 54 f
  EU-Prospektverordnung **195** 55
  Inanspruchnahme besonderen persönlichen Vertrauens **195** 56
  uneigentliche Prospekthaftung **195** 54, 56
  Verjährung **195** 54 ff
    Verjährungshöchstfrist **195** 55
  im weiteren Sinne **195** 54, 56
Prospektmangel
  Verjährungsbeginn **199** 65
Provokation
  s Notwehrprovokation

Prozessaufrechnung
s Aufrechnung
Prozessbevollmächtigter
Geständnis, Abgabe nach Weisungen der Partei **166** 30
Irrtum **166** 30
Prozessbürgschaft
Schikaneverbot **226** 41
Sicherheitsleistung **239** 3
Verjährung **197** 48
Prozessfähigkeit
Einwilligung des gesetzlichen Vertreters **210** 8
Geschäftsfähigkeit, beschränkte **210** 8
Klageerhebung, Hemmungswirkung **204** 26
Prozessfristen
Fristende **188** 6
Fristverlängerung **190** 3 f
Rückwirkung **190** 3 f
Prozessführung, vollmachtlose
Genehmigung **Vorbem 182 ff** 140
Prozessführungsbefugnis
Klageerhebung, Hemmungswirkung **204** 27
Prozessführungsermächtigung
Widerruf **Vorbem 182 ff** 140
Widerruflichkeit **183** 88
Prozessgericht
Vollstreckungsantrag **212** 39
Prozesshandlungen
Einwilligung, Widerruflichkeit **183** 87 ff
Fristwahrung **193** 11
Genehmigung **184** 5
Rückwirkung **184** 113
Insichgeschäft **181** 9, 27
Missbrauch der Vertretungsmacht **167** 100
durch Nichtberechtigte **185** 152 ff
Prozessvollmacht **Vorbem 164 ff** 96
Erteilung **Vorbem 164 ff** 96
Stellvertretung **Vorbem 164 ff** 96
Vertretung der Parteien, ordnungsgemäße **181** 27
Vertretung ohne Vertretungsmacht **180** 13
Widerruf **185** 153
Zustimmung **Vorbem 182 ff** 138 ff
Adressat **Vorbem 182 ff** 140
Rechtsbehelfsfrist **Vorbem 182 ff** 141
Zweiparteienprinzip **181** 27
Prozesskostenhilfe
Stundung **205** 21
Vergleich, vollstreckbarer **197** 56
Prozesskostenhilfeantrag
Verjährungshemmung **Vorbem 194–225** 13; **199** 1, 3, 6; **204** 4, 24, 113 ff; **212** 35
Antragsstellung **206** 20
– Begründung **206** 20

Prozesskostenhilfeantrag (Forts)
– Vollständigkeit **206** 20
wiederholter Antrag **206** 19 ff
Prozesskostenhilfeverfahren
Titel, vollstreckbare **201** 3
Prozesskostenvorschuss
Klageerhebung **204** 29
Zustellung, demnächstige **204** 35
Prozessordnungen
Sonn- und Feiertagsregelung **193** 1 f
Prozesspfleger
Bestellung durch Prozessgegner **210** 1
Prozessrecht
Rechtsmissbrauch **226** 40
Schikaneverbot **226** 40 f
Treu und Glauben **226** 41
Verwirkung **Vorbem 194–225** 19
Prozessstandschaft, gewillkürte
Einziehungsermächtigung **Vorbem 164 ff** 68
Ermächtigung **Vorbem 164 ff** 68
Gläubiger der Forderung, Zeugenvernehmung **Vorbem 164 ff** 68
Interesse des Prozessstandschafters, eigenes **Vorbem 164 ff** 68; **185** 153
Klageerhebung, Genehmigung **Vorbem 182 ff** 142
Prozesskostenhilfe **Vorbem 164 ff** 68
Rechtsschutzinteresse **Vorbem 164 ff** 68
Sicherungszession **185** 153
Zeugenposition **Vorbem 164 ff** 68
Zulässigkeit **Vorbem 164 ff** 68
Prozessunfähigkeit
natürliche Personen **206** 18
Prozessvergleich
Empfangszuständigkeit **164** 25
Widerruf **204** 126
Prozessverhalten
Schikaneverbot **226** 40
Prozessvertreter
Geldempfangsvollmacht **167** 90
Missbrauch der Vertretungsmacht **167** 99
Prozessvertretung
Geschäftsfähigkeit, beschränkte **165** 10
Vertretung ohne Vertretungsmacht **177** 2
Prozessvollmacht
Erteilung **Vorbem 164 ff** 96; **167** 19
zu den Gerichtsakten gereichte **175** 7
Geschäftsunfähigkeit, Eintritt **168** 23
Instanzbevollmächtigter **167** 60
mehrere Prozessvertreter **167** 52
Nachweis **167** 19
Prozesshandlungen **Vorbem 164 ff** 96
Rechtsgeschäfte, zum Zwecke der Prozessführung erforderliche **Vorbem 164 ff** 96
Rechtsscheinsvollmacht **167** 33
Rückgabe **175** 7
Schriftform **167** 19

Prozessvollmacht (Forts)
 Stellvertretung, gewillkürte
  Vorbem 164 ff 96
 Stellvertretung, notwendige
  Vorbem 164 ff 96
 Tod des Vollmachtgebers **168** 26
 Umfang **167** 86
 Verbraucherdarlehensvertrag **167** 19, 26
 Vorlegung der Vollmachtsurkunde **174** 2
Prozesszinsen
 Fristberechnung **187** 6h
Prüfungstermin
 Wartefrist **188** 20a
Pseudobote
 Eigenhaftung **179** 25
 Genehmigung des Handelns des Pseudoboten **177** 22
Putativnotstand
 Erlaubnistatbestandsirrtum **228** 37
 Schadensersatzpflicht **228** 44 f
 unverschuldeter Putativnotstand **228** 45
 Verbotsirrtum **228** 37
 verschuldeter Putativnotstand **228** 44
Putativnotwehr
 Beweislast **227** 83
 Fahrlässigkeit **227** 80
 Irrtum **227** 80, 83
 Notwehrhandlung, Rechtfertigung **227** 20
Putativselbsthilfe
 Irrtum über Selbsthilfelage **229** 46
 Schadensersatzpflicht **229** 46; **231** 2

Rahmenvertrag
 Verjährung **195** 27
Rangrücktritt
 Zustimmungserfordernis **Vorbem 182 ff** 26
Rat
 Vertretungsmacht **Vorbem 164 ff** 31
Ratenkreditvertrag
 Aufrechnung **215** 8
Rauchen
 Notwehr **227** 11
Raummiete
 Räumungsfrist **188** 24
Realakte
 Insichgeschäft **181** 9
 Kennenmüssen **166** 21
 Kenntnis **166** 21
 Stellvertretungsregeln, Unanwendbarkeit
  Vorbem 164 ff 38; **164** 7
 Willensmängel **166** 11
 Wissenszurechnung **166** 11
Reallast
 Ansprüche, Verjährung **196** 8 ff; **198** 2
Realsicherheiten
 Verjährungseintritt **216** 6
Rechenschaftsanspruch
 Verjährung **195** 26; **Anh 217** 5

Rechnung
 Abrechnungsfehler **199** 19
 Fälligkeitsvoraussetzung **199** 11, 17 ff
 Überprüfung **199** 80
 Unvollständigkeit **199** 19
Recht, technisches
 Zustimmungsrecht **Vorbem 182 ff** 2, 22
Rechte, absolute
 s Absolute Rechte
Rechte, eingetragene
 Unverjährbarkeit **197** 10
Rechte Dritter, wohlerworbene
 s Wohlerworbene Rechte Dritter
Rechtfertigung
 Einwilligung **Vorbem 182 ff** 87 ff
Rechtfertigungsgründe
 Eingriffsrechte, gesetzliche **227** 37
 Einwilligung **227** 35 f
 Erziehungsrecht der Eltern **227** 37
 Geschäftsführung ohne Auftrag, berechtigte **227** 36
 Notwehr **227** 3, 34
 verkehrsrichtiges Verhalten **227** 39
 Vermieterpfandrecht **227** 37
Rechtliche Betreuung
 s Betreuung
Rechtsanwalt
 s Anwalt
Rechtsausübung, unzulässige
 Vollmacht, Unwirksamkeit **167** 75a
Rechtsbedingung
 Zustimmungserfordernis **Vorbem 182 ff** 77
Rechtsberatungsgesetz aF
 Vollmacht, Unwirksamkeit **167** 35c, 75a; **171** 2; **173** 5; **177** 17
Rechtsbesitz
 Besitzschutz **229** 8
Rechtsbetroffenheit
 Genehmigungsberechtigung **184** 27 ff
 Mitbetroffenheit **Vorbem 182 ff** 18
 mittelbare Rechtsbetroffenheit
  Vorbem 182 ff 17, 26
 Zustimmungserfordernisse
  Vorbem 182 ff 17, 25 f, 97; **182** 79
Rechtschuldbefreiung
 Ansprüche, titulierte **Vorbem 194–225** 11
Rechtsdienstleistungsgesetz
 Vollmacht, Unwirksamkeit **167** 75a
Rechtsgeschäft
 Einverständnis Dritter **Vorbem 182 ff** 14
Rechtsgeschäft, einseitiges
 Bedingungsfeindlichkeit **Vorbem 182 ff** 78
 Einwilligung, fehlende **182** 83 ff
 Insichgeschäft **181** 1, 4, 9
  s a dort
 Neuvornahme **174** 12; **180** 2
 Rechtssicherheit **185** 16
 Unwirksamkeit, schwebende **184** 66

Rechtsgeschäft, einseitiges (Forts)
  Verbot vollmachtlosen Handelns **174** 1; **180** 1
  Verfügungen **185** 15 f
  Vertretung ohne Vertretungsmacht **177** 1 f
  Vorlegung der Vollmachtsurkunde **174** 1 f, 15
  Widerrufsrecht **178** 6
  Zurückweisung **174** 2, 9 ff; **180** 5 ff; **Vorbem 182 ff** 51; **182** 1, 125 ff
    Ausschluss **174** 13
    – Anerkennung der Bevollmächtigung ohne Vorlage einer Vollmachtsurkunde **174** 14
    – Kundgabe der Bevollmächtigung **174** 13
    – Treu und Glauben **174** 14
    Bedingung **174** 11
    Beweislast **174** 15
    Genehmigung des Rechtsgeschäfts **174** 12
    Haftung des Vertreters **174** 12
    Heilung des Rechtsgeschäfts **174** 12
    Nachweis der Vertretungsmacht **185** 16
    Rechtsrat, Einholung **174** 11
    unverzügliche Zurückweisung **174** 9, 11
    Unwirksamkeit des Rechtsgeschäfts **174** 12
    Vollmachtsnachweis, fehlender **174** 10
    – konkludenter Hinweis **174** 10
    Willenserklärung, empfangsbedürftige **174** 9
  Zustimmung **Vorbem 182 ff** 2
    Form **182** 112, 124
Rechtsgeschäftsähnliche Handlungen
  Insichgeschäft **181** 14
  Kennenmüssen **166** 21
  Kenntnis **166** 21
  Stellvertretung **Vorbem 164 ff** 1; **164** 7
  Verbot vollmachtlosen Handelns **180** 1, 12
  Willensmängel **166** 10
  Wissenszurechnung **166** 10
Rechtsgeschäftstheorie
  Vollmachten, Beseitigung **170** 1
Rechtsgüter, elementare persönliche
  Anspruchsgrundlagen **197** 8c
  Rechtswidrigkeit **197** 8b
  Schadensersatz **197** 8e
  Stichtag **197** 9d
  Verjährung **197** 4a, 8a ff
  Verjährungsbeginn **197** 8e
  Verjährungshemmung **197** 1
  Vorsatz **197** 8b
Rechtsgutsverletzung
  Einwilligung **Vorbem 182 ff** 87; **183** 2
Rechtshängigkeit
  Klageerhebung, Hemmungswirkung **204** 27

Rechtskraft
  Klageerhebung, Hemmungswirkung **204** 27
  Verjährungsbeginn **201** 2
  Verjährungshemmung **204** 144
Rechtslage, ungeklärte
  Verjährungsbeginn **199** 84a ff
Rechtsmacht
  Zustimmung **Vorbem 182 ff** 55
Rechtsmängelhaftung
  Verjährung **197** 6
  Verjährungsfrist **195** 52
Rechtsmissbrauch
  gute Sitten **226** 12
  Missbrauch der Vertretungsmacht **167** 94
  Prozessrecht **226** 40
  Schikaneverbot **226** 12
  Sperrgrundstücke **226** 18a, 29
  subjektive Rechte **226** 12
  Treu und Glauben **226** 12
Rechtsmitteleinlegung
  Genehmigung **184** 5, 113
  durch Nichtberechtigten **185** 157
  Vertretung ohne Vertretungsmacht **184** 5, 113
Rechtsmittelrecht
  Einwilligung **Vorbem 182 ff** 139
Rechtsnachfolge
  accessio temporis **198** 2
  Aktivseite **198** 3
  Besitz, mittelbarer **198** 7
  Besitz, unmittelbarer **198** 7
  Besitzerwerb **198** 5 ff
  Besitznachfolge **198** 4
  Besitzzeit, Anrechnung **198** 9
  Beweislast **198** 8
  dingliche Ansprüche **198** 1 f
  Erbenbesitz **198** 1
  Erbgang **198** 4
  Passivseite **198** 2 f
  Rechtsmissbrauch **198** 9
  Singularsukzession **198** 1
  Übernahme des Rechtsstreits **Vorbem 182 ff** 139
  unfreiwillige Besitznachfolge **198** 6, 9
  Universalsukzession **198** 1
  verbotene Eigenmacht **198** 6
  Verjährung von Ansprüchen **198** 1
  Verjährungshemmung **198** 1, 9
  Verjährungsneubeginn **198** 9
  Verurteilung **198** 5
  Zustimmungsadressat **182** 49
  Zwangsvollstreckung **198** 5
Rechtsschein
  Einwilligung **Vorbem 182 ff** 50; **182** 73 ff; **183** 19, 40 ff
    Widerruf **183** 84 f
  Zustimmung **Vorbem 182 ff** 22, 50; **182** 73 ff
    Gutgläubigkeit **182** 78

Rechtsscheinhaftung
  Geschäftsunfähigkeit **165** 3
  GmbH **164** 1a; **179** 23a
  Identitätsmissbrauch **Vorbem 164 ff** 90 f
  unternehmensbezogene Geschäfte **164** 1a; **179** 23a
  Vollmachtserteilung, formunwirksame **167** 23
Rechtsscheinstheorie
  Vollmacht **170** 1
Rechtsscheinsvollmacht
  Anfechtung **167** 29b, 45
  Anscheinsvollmacht **167** 32
    s a dort
  Arbeitsrecht **167** 36
  Außenverhältnis **167** 44
  Begründung **167** 32
  Bekanntgabe der Bevollmächtigung **171** 2
  Berufstätigkeit des Vertretenen **167** 33
  Beweislast **167** 17
  Disponibilität des Rechtsscheins **167** 44
  Duldungsvollmacht **167** 29b, 32
    s a dort
  Franchising **167** 35b
  Geschäftsfähigkeit, beschränkte **167** 39
  Geschäftsunfähigkeit **167** 39
  Geschäftsvornahme **167** 38
  Gutgläubigkeit des Kontrahenten **167** 43
  Haftung **167** 44, 45a
    culpa in contrahendo **167** 45a, 49
    Erfüllung **167** 45a
    Geschäftsführung ohne Auftrag **167** 45a
    Mitverschulden des Vertretenen **167** 45a
    Schadensersatz wegen Nichterfüllung **167** 45a
    unerlaubte Handlung **167** 45a
    Vertragsverletzung **167** 45a
  Haftung des Vertretenen **177** 26
  Haftung, kumulative **167** 44
  Innenverhältnis **167** 45a
  juristische Personen **167** 41
  juristische Personen des öffentlichen Rechts **Vorbem 164 ff** 27; **167** 46 ff
  Kennenmüssen **167** 43
  Kenntnis **167** 43
  Missbrauch der Vertretungsmacht **167** 99
  Mitteilung der Bevollmächtigung **171** 2
  Prozessvollmacht **167** 33
  Rechtsberatungsgesetz **167** 35c
  Rechtsdienstleistungsgesetz **167** 75a
  Scheingesellschaft **167** 35b
  Scheinsozietät **167** 35b
  Schutzwürdigkeit des Geschäftsgegners **167** 43, 50
  Treu und Glauben **167** 34
  Unkenntnis, fahrlässige **167** 43
  Unterlassung des Einschreitens gegen das Auftreten **167** 40

Rechtsscheinsvollmacht (Forts)
  Untersagen des Auftretens als Vertreter **167** 42
  Veranlassung des Rechtsscheins einer Bevollmächtigung **170** 1
  Verhinderung des Fortbestands des Rechtsscheins **167** 42
  Verschulden des Vertretenen **167** 40
  Verschulden Dritter **167** 41
  Vertragsbindung **177** 26
  Vertrauenshaftung **166** 8; **167** 32 f
    Aussagen des Vertreters **167** 36
    Ehe Vertreter/Vertretener **167** 36
    Gefährdung Dritter **167** 41
    Risikotragung **167** 41
    Treu und Glauben **167** 41
    Treuhandvertrag **167** 35c
    Unterlagen des Vertreters **167** 36
    Vertragsschluss **167** 35c
    Verwandtschaft Vertreter/Vertretener **167** 36
    Vollmachtsurkunde **167** 35c
  Vertrauenstatbestand **167** 33 f
    Architekt, bauleitender **167** 35b
    Ausstattung des Handelnden **167** 35
    – digitaler Rechtsverkehr **167** 35a
    – Firmenbögen **167** 35
    – Firmenbriefkopf **167** 35
    – Stempel **167** 35
    Gesamtvertretung **167** 34
    Internet **167** 35a
    Signaturmissbrauch **167** 35a
    Telefax **167** 35a
    Telefon **167** 35a
    Untervollmacht **167** 34
  Vertreter ohne Vertretungsmacht, Haftung **179** 6
  Vertretergeschäft **167** 37
    Aufwand **167** 43
    Eilbedürftigkeit **167** 37, 43
    ungewöhnliche Geschäfte **167** 43
  Vertreterhandeln, einmaliges **167** 37
  Vertreterhandeln, Zeitspanne **167** 37
  Vertreterhandeln, Zurechenbarkeit **167** 40 ff
  Vertretungswille **Vorbem 164 ff** 36; **167** 39
  Vollmachtsüberschreitung **167** 90
  Vollmachtsurkunde, Aushändigung **172** 8
  Wirkungen **167** 44
  Zeitpunkt **167** 38
  Zerstörung des Rechtsscheins **167** 42
  Zurechnung des Vertreterverhaltens **167** 34
Rechtsschutzbedürfnis
  Klageerhebung, Hemmungswirkung **204** 27
Rechtsschutzversicherung
  Leistungsverweigerung **226** 31a
Rechtssicherheit
  Verjährung **Vorbem 194–225** 7; **199** 84c

Rechtsstaatsprinzip
Gewährleistung wirkungsvollen Rechtsschutzes **229** 1
Rechtsverfolgung
Unzumutbarkeit **199** 1a
Verjährungshemmung **Vorbem 194–225** 13, 44; **204** 1 ff
Inanspruchnahme über die Verjährungsfrist hinaus **204** 3, 4, 6
Rechtsvergleichung
Rechtsmissbrauch **226** 43 ff
Verjährung **Vorbem 194–225** 57
Rechtsweg
Klageerhebung, Hemmungswirkung **204** 27, 31
Referatsleiter in der Personalabteilung
Kündigungserklärungen, Abgabe **174** 13
Reformationstag
Feiertag, gesetzlicher **193** 35, 39, 41, 45 ff
Regalienrecht
unvordenkliche Verjährung **Vorbem 194–225** 37
Regelverjährung
regelmäßige Verjährung
s Verjährungsfrist
Registerverfahren
Insichgeschäft **181** 28
Regress
Streitverkündung **204** 75a ff
Regressansprüche
Entstehung **199** 8a
Fristbeginn **195** 10; **199** 8a
Fristwahrung **195** 10
Organisationsmangel **199** 78
Streitverkündung **202** 22
Verjährungsfrist **195** 12
Regulierungsvollmacht
Haftpflichtversicherung **212** 10
rei vindicatio
Ersatzansprüche, Verjährungsfrist **195** 24
Unverjährbarkeit **197** 3
Verjährungsfrist **197** 3
Reisende
Handeln in fremdem Namen **164** 2
Reiseunternehmen
Reisevermittlung **164** 2
Veranstalter **164** 2
Reisevertrag
Abhilfefrist **186** 14
Genehmigungsfrist **184** 67
Gewährleistungsansprüche
Ausschlussfrist **186** 8
Verjährungsbeginn **200** 10
Verjährungsfrist **186** 13; **195** 47
Rentenscheine
Anspruch aus verlorenem Rentenanteil, Verjährungsfrist **186** 13; **195** 49
Hinterlegung **234** 3
Vorlegungsfrist **197** 81

Rentenschuld
Ansprüche, Verjährung **196** 8 ff
Sicherheitsleistung **238** 1, 3
Verjährung der gesicherten Forderung **216** 2
Verpfändung **232** 10
Reparaturvertrag
Erfüllungsansprüche, Verjährung **195** 29
Gewährleistungsansprüche, Verjährung **195** 29
Repräsentationsprinzip
Empfangsvertretung **164** 22
Privatautonomie **Vorbem 164 ff** 32
Stellvertretung **Vorbem 164 ff** 11, 15, 32 f
Repräsentationstheorie
Stellvertretung **164** 9; **165** 1; **166** 1
Willensmängel **166** 12
Restitutionsanspruch
Genehmigungsfrist **184** 67
Restitutionsbescheid
Verjährung **197** 54
Restschuldbefreiung
Forderungsanmeldung **208** 2
Revisionsbegründungsfrist
Fristberechnung **186** 18
Rheinland-Pfalz
Allerheiligen **193** 43
Fronleichnam **193** 43
Hinterlegung **232** 3
Sicherheitsleistung **232** 5
Richtlinienumsetzung
Verjährung **195** 15
Roboter
Erklärungsabgabe durch Roboter **Vorbem 164 ff** 19
Römisches Recht
accessio temporis **198** 2
actio **194** 2
actio venditi **194** 2
actiones utiles **194** 2
adjektizische Klagen **Vorbem 164 ff** 3
aemulatio **226** 2
alteri stipulari nemo potest **Vorbem 164 ff** 4
Darlehen **194** 2
Ermächtigung **Vorbem 164 ff** 4
Fristberechnung **187** 2
Hauskinder **Vorbem 164 ff** 3, 8
juristische Personen **Vorbem 164 ff** 3
per liberam . nihil adquiri posse in dubii iuris est **Vorbem 164 ff** 4
Rechtsausübung, schädigende **226** 2
Schadensersatzbegehren **194** 2
Sklaven **Vorbem 164 ff** 3, 8
Stellvertretung, mittelbare **Vorbem 164 ff** 4
Stellvertretung, rechtsgeschäftliche **Vorbem 164 ff** 3
Tageswechsel **188** 2
Verjährung **Vorbem 194–225** 2

Romanisten
　Stellvertretung, gewillkürte
　　Vorbem 164 ff 10
Rosenmontag
　Feiertag **193** 48
Rückdatierung
　Verträge **199** 10
Rückkaufsrecht
　Bindung, langfristige **202** 4b
Rückschlagsperre
　Forderungspfändung **185** 164
　Insolvenzverfahren **185** 164
　Vormerkung **185** 164
Rückstellungen, betriebliche
　Sicherheitsleistung **232** 1
Rücktritt
　Ausschlussfristen **194** 18
　Frist **218** 3
　Frist, angemessene **186** 16
　Fristsetzung **187** 6d
　mangelbedingter Rücktritt
　　Vorbem 194–225 47; **218** 2
　Nacherfüllung, Unzumutbarkeit **218** 2
　durch Nichtberechtigten **185** 15, 17
　Rückabwicklung des Vertrages **218** 4
　Rückabwicklung, Verjährungsfrist **195** 12
　Rügeobliegenheiten **218** 2
　Verbot vollmachtlosen Handelns **180** 1
　Vereinbarung, vertragliche **218** 12
　Verjährung **194** 18; **218** 1 f, 5 ff, 10 ff
　　Einrede **218** 3
　Verjährungsbeginn **199** 24
　vertragliches Rücktrittsrecht **186** 16
　Verwirkung **194** 18; **218** 3
　Zurückweisung **218** 4 f
Rücktritt durch Bevollmächtigten
　Vorlegung der Vollmachtsurkunde **174** 1
Rückwärtslaufende Fristen
　s Frist
Rückwärtsversicherung
　Kenntnis vom Eintritt des Versicherungsfalls **166** 7
Rügeobliegenheit
　Vorlegung der Vollmachtsurkunde **174** 2
Ruhen des Verfahrens
　Antrag beider Parteien **204** 124
　Nichtverhandeln beider Parteien **204** 124
　Säumnis **204** 124
　Stundung **205** 21
　Vergleichsverhandlungen **204** 124
　Verjährungshemmung **204** 122, 124
Ruhestörung
　Selbsthilfe **229** 21

Saarland
　Allerheiligen **193** 44
　Fronleichnam **193** 44
　Hinterlegung **232** 3
　Sicherheitsleistung **232** 5

Sachbearbeiter in der Personalabteilung
　Kündigungserklärungen, Abgabe **174** 13
Sachbeschädigung
　Notstandshandlung **228** 23
Sachen
　Gefahrenquelle **228** 1, 10 f, 16 ff
　Werkzeug **227** 15
Sachen, bewegliche
　Aufbewahrung, mit Schwierigkeiten verbundene **237** 2 f
　Besitzkonstitut, antizipiertes
　　Vorbem 164 ff 45
　Einigung, vorweggenommene
　　Vorbem 164 ff 45
　Schätzwert **237** 1
　Sicherheitsleistung **232** 7; **237** 1 f, 1
　Sicherungswert **237** 1
　Übergabe **187** 6c
　Verderb, zu besorgender **237** 2 f; **240** 2
Sachen, streitbefangene
　Veräußerung **Vorbem 182 ff** 139
Sachenrecht
　Ansprüche **194** 12 f; **195** 11
　Schikaneverbot **226** 13
　Zustimmungsadressaten **182** 51
　Zustimmungserfordernisse
　　Vorbem 182 ff 26
Sachenrechtsbereinigungsgesetz
　Verpflichtung zur Eigentumsübertragung **196** 6
Sachsen
　Buß- und Bettag **193** 45
　Fronleichnam **193** 45
　Hinterlegung **232** 3
　Reformationstag **193** 45
　Sicherheitsleistung **Vorbem 232 ff** 7; **232** 5
Sachsen-Anhalt
　Erscheinung des Herrn **193** 46
　Hinterlegung **232** 3
　Kommunalwahlen, Fristberechnung **187** 10b
　Reformationstag **193** 46
　Sicherheitsleistung **232** 5
Sachurteilsvoraussetzungen
　Klageerhebung, Hemmungswirkung **204** 24
Sachvortrag
　Auflagen, gerichtliche **204** 127
Sachwalterhaftung
　Architekten **164** 15
　Quasiverkäufer **164** 15
　Unternehmensberater **164** 15
Sächsisches BGB
　Festnahme des Schuldners **229** 35
　Notstand **228** 10
　Zeiteinteilung **186** 1
Saldoanspruch
　s Kontokorrentsaldo

Sale-and-Lease-back
  Ermächtigung **185** 74
Samenspende
  Auskunftsanspruch **226** 27b
Sammelbestellung
  Handeln in fremdem Namen **164** 2
Samstag
  Ablehnungsrecht **193** 51
  dies ad quem **193** 6
  Fälligkeit **193** 52 ff
  Fristbeginn **193** 57
  Fristende **188** 2
  Fristverlängerung **193** 49, 52 ff
  Fünf-Tage-Woche **193** 4, 28
  geschäftsähnliche Handlungen **193** 10
  Kalender **193** 32
  Leistungserbringung **193** 9, 31
  Sonn- und Feiertagsschutz **193** 4, 21
  Stichtagsregelungen **193** 57
  Werktag **193** 4 ff
  Willenserklärungen, Abgabe **193** 9 f
Sanierungsgebiet
  Genehmigung, behördliche
    Vorbem 182 ff 109
Satellitenanlage
  Schikaneverbot **226** 32e
Satzung
  Befreiung vom Verbot des Selbstkontrahierens **181** 50, 52 f
  Stimmrechtsvollmacht **181** 52
  Vertretungsmacht **Vorbem 164 ff** 25
Schadenseinheit
  Grundsatz der Schadenseinheit
    Vorbem 194–225 10; **199** 5, 27, 32, 34 ff, 44 ff, 96
  Feststellungsklage **199** 5, 46 f
  Kausalität **199** 47
  Schaden, künftiger **199** 5, 45 f
  Schaden, vorhersehbarer **199** 45
  Spätfolgen, unabsehbare **199** 45 f, 49
  Verjährungsbeginn **199** 50
  – Vorverlegung **200** 7
Schadenseintritt
  Verjährungsbeginn **199** 32
Schadensersatz
  Dolo-agit-Einrede **215** 14
Schadensersatz, kleiner
  Umstellung auf großen Schadensersatzanspruch **204** 54
Schadensersatz statt der ganzen Leistung
  Verjährungsbeginn **199** 65
  Verjährungshemmung **204** 64
Schadensersatz statt der Leistung
  Anspruchsentstehung **199** 24
  Frist, angemessene **186** 16
  Fristablauf, fruchtloser **199** 24
  Fristsetzung **187** 6d
  Verjährung der Forderung **214** 39; **217** 5
  Verjährung des Hauptanspruchs **217** 7

Schadensersatz statt der Leistung (Forts)
  Verjährungsbeginn **199** 24
  Verjährungsfrist **195** 12
Schadensersatzansprüche
  Fälligkeit **199** 31, 48
  Geldrente **Vorbem 232 ff** 2, 4
  Grundsatz der Schadenseinheit
  s Schadenseinheit
  Kardinalpflichten **202** 17
  Kenntnis des Gläubigers **199** 48
  Schadenseintritt **199** 32, 34, 48
    Handlung, pflichtwidrige **199** 36
    Pflichtverletzung **199** 36
    Vermögensgefährdung **199** 36
    Vermögensschäden **199** 33
    wirtschaftliche Betrachtungsweise **199** 36
  Sicherheitsleistung **Vorbem 232 ff** 2, 4
  Stammrecht **199** 52; **217** 11
  Verjährung **199** 27 ff
    Dauerhandlungen **199** 29
    dauernde Beeinträchtigung **199** 30
    fortgesetzte Handlung **199** 28 f
    Vollstreckungstitel, Aufhebung **199** 31
    wiederholte Schädigungen **199** 28
  Verjährungsbeginn, objektiver **202** 18
  Verjährungshöchstfristen **199** 93 ff
Schadensersatzforderung
  Schikaneverbot **226** 24b
Schadensersatzklage
  Verjährungshemmung **204** 18
Schadensersatzrenten
  wiederkehrende Leistungen **197** 66
Schalttag
  Fristberechnung **188** 25
Scheck
  Anerkenntnis **212** 23
  erdichtete Person **179** 22
  Feiertag **193** 7
  Fristen **186** 24
  Handeln in fremdem Namen **164** 2
  Rückgriffsansprüche, Verjährungsfrist **195** 45
  Samstag **193** 7
  Sonntag **193** 7
  Verjährung **197** 81
Scheckvorlegung
  Gesamtvertretung **167** 57
Scheidung
  s Ehescheidung
Scheidungsverbund
  Folgesachen, Einbeziehung **187** 7; **193** 30, 57
Scheingeschäft
  Bevollmächtigung **167** 75
  Kennenmüssen **166** 8
  Kenntnis **166** 8
  Kollusion **166** 12, 20; **167** 100
  Simulationsabrede **166** 12

Scheingeschäft (Forts)
Stellvertretung **166** 12
Strohmann **Vorbem 164 ff** 49
Wissenszurechnung **166** 12
Zustimmung **182** 63
Scheingesellschaft
Rechtsscheinhaftung **167** 35b
Scheinsozietät
Rechtsscheinsvollmacht **167** 35b
Schenkkreise
Kenntnis der die Nichtigkeit begründenden Tatsachen **199** 64
Schenkung
Erklärung über die Annahme **186** 16
Minderjährigenschutz **181** 62a
Schenkung der Eltern an nicht geschäftsfähige Kinder **181** 32
Zustimmung durch gesetzlichen Vertreter **182** 61
Schenkung, beeinträchtigende
Verjährungsfrist **186** 13
Schenkung auf den Todesfall
Verjährungshöchstfrist **199** 104
Schenkung von Todes wegen
Vollmacht, postmortale **168** 30, 32a
Schenkungssteuer
Zehnjahresfrist **188** 21; **193** 57
Schenkungsteuer
Genehmigung **184** 115
Schenkungsversprechen
Nebenabrede
Innenverhältnis der Vollmacht **167** 3
Vollmachtserteilung **167** 26
Scherzerklärung
Zustimmung **182** 63
Schiedsgericht
Einrede der Schiedsgerichtsbarkeit **204** 27
Schiedsgutachterverfahren
Verjährungshemmung **204** 100
Schiedsrichterliches Verfahren
ausländisches Verfahren **204** 103
Parteibezeichnung **204** 101
Parteivereinbarungen **204** 101
Streitgegenstand **204** 101
Unzulässigkeit **204** 102
Verfahrensbeginn **204** 101
Verfahrensmängel **204** 102
Verjährungshemmung **204** 41, 100 ff
Nichtbetreiben des Verfahrens **204** 140
Schiedsspruch
ausländischer Schiedsspruch **197** 52
Anerkennungsfähigkeit im Inland **204** 103
rechtskräftig festgestellter Anspruch **197** 34, 49, 52
Verjährungsbeginn **201** 3
Verjährungshemmung **204** 47
Schiedsvereinbarung
Vollmacht, Formbedürftigkeit **167** 26

Schiedsvergleich
Verjährungshemmung **204** 47
Schiedsvertrag
rechtskräftig festgestellter Anspruch **197** 34
Schiffe
Schiffshypothek **232** 8
Schifffahrtrechtliches Verteilungsverfahren
Binnenschifffahrt **204** 99
Forderungsanmeldung **197** 61
Verjährungsbeginn **201** 6
Verjährungshemmung **197** 61; **204** 99
Nichtbetreiben des Verfahrens **204** 140
Widerspruch **204** 140
Schiffsbauwerke
Schiffshypothek **232** 8
Schiffsgläubigerrechte
Verjährung der gesicherten Forderung **216** 3
Schiffshypothek
Bestellung **232** 8
Sicherheitsleistung **232** 8; **238** 5
Verjährung der gesicherten Forderung **216** 2
Wertgrenze **232** 8
Schiffsregister
Berichtigungsanspruch, Unverjährbarkeit **195** 53
Schikaneverbot
Aktienherausgabe **226** 24e
Anfechtungsklage **226** 31
Arbeitsrecht **226** 24, 27a
Arbeitsvertrag **226** 27a
Auskunftsanspruch **226** 18a, 24a, 27b
Bagatellbeträge **226** 41
Bankrecht **226** 28
Beseitigungsanspruch **226** 35
Bestattungshandlungen **226** 29
Besuchergruppen **226** 29
Betriebsrat **226** 24
Beweislast **226** 42
Dachantenne **226** 24b
Domaingrabbing **226** 24c
Entstehungsgeschichte **226** 1 ff
Erbrecht **226** 13
exceptio doli generalis **226** 6, 9, 20
Familienrecht **226** 13, 16
Fristsetzung **226** 24d
Gegendarstellungsverlangen **226** 26
Geltendmachung, gerichtliche **226** 38
Geschäftsverteilungsplan **226** 41
Gesellschaftsrecht **226** 24e
gewerblicher Rechtsschutz **226** 13
Golfplatz **226** 29a
Grabbesuchsrecht **226** 23
Grenzabstand **226** 24b, 29a
Grenzüberbau **226** 29a
Grundstücksausnutzung **226** 24b, 29a
Handelsrecht **226** 13

Schikaneverbot (Forts)
  Hecken 226 29a
  Hinauskündigung 226 31
  Hinterlegung 226 24a
  Interessenlage 226 22
  Kommanditist, persönliche Haftung 226 31
  Koppelungsgeschäft 226 27a
  Kündigungsschutz 226 27a
  Markise 226 29a
  Mietverhältnis 226 25
  Nachfrist 226 24d
  Notwehr 226 34
  öffentliches Recht 226 14
  Pfandstücke, Versteigerung 226 32a
  Presserecht 226 26
  Privatrecht 226 13
  Prozessrecht 226 40 f
  Prozessverhalten 226 40
  Rechte Dritter 226 39
  Rechtsausübung, schädigende 226 1 ff, 10, 13, 21
    Berechtigung 226 19a
    Interesse, berechtigtes 226 18 f
    Schädigungsabsicht 226 20 f
    Schädigungszweck 226 15 ff, 24b
    – immaterieller Nachteil 226 16
    – Vermögensbeschädigung 226 16
    wirtschaftliche Unzweckmäßigkeit 226 19
  Rechtswidrigkeit gegen das Verbot verstoßender Handlungen 226 34
  Sachenrechte 226 13
  Schadensersatzanspruch 226 37
  Schadensersatzforderung 226 24b
  Schädigungszweck 226 29a, 31
  Schuldverhältnisse 226 13, 18
  Schutzgesetz 226 37
  Schutzgesetzcharakter 226 37
  Sondernutzungsrechte 226 32e
  Sperrgrundstücke 226 18a, 29
  Steuerrecht 226 26a
  Steuerveranlagung 226 32b
  Treppenlift 226 32e
  Uferstreifen 226 24b
  Unterlassungsanspruch 226 24b, 36
  unzulässige Rechtsausübung 226 9
  Verbraucherwiderrufsrechte 226 32d
  Versetzung von Arbeitnehmern 226 27a
  Verwirkung 226 18
  Vollstreckbarkeit, vorläufige 226 33
  vorsätzliche sittenwidrige Schädigung 226 37
  Wegbenutzung 226 24b, 29a
  Wertpapiergeschäft 226 32c
  Wohnungseigentümergemeinschaft 226 26b, 27b, 32e
  Wohnungseigentum 226 32e
  Zahlung unter Vorbehalt 226 33

Schleswig-Holstein
  Feiertage 193 35
  Hinterlegung 232 3
  Reformationstag 193 35, 46a
  Sicherheitsleistung 232 5
Schlichtungsabreden
  Verjährungshemmung 205 18
Schlichtungsstellen
  Streitbeilegungsstellen 204 59
Schlüsselgewalt
  Internationales Privatrecht
    Vorbem 182 ff 147
  Rechtsfolgenerstreckung, gesetzliche
    Vorbem 164 ff 24
  Rechtsmacht sui generis Vorbem 164 ff 24
  Vertretungsrecht Vorbem 164 ff 24
  Zustimmungserfordernisse
    Vorbem 182 ff 147
Schlüssigkeit
  Klageerhebung, Hemmungswirkung 204 16, 23
Schlussrechnung
  Zustimmung, konkludente 182 17
Schlusszahlung
  s VOB/B
Schmerzensgeldrente
  wiederkehrende Leistungen 197 66
Schönheitsreparaturen
  Schikaneverbot 226 25
Schriftform
  Genehmigung 184 100
Schriftsatz, vorbereitender
  Einreichungsfrist 187 7; 193 30
Schriftstück
  Eingang 188 6
  Zugang 188 8a f
  Zugang, fristgerechter 188 4 ff
Schuld
  Anspruch 194 14
Schuldanerkenntnis
  Vertretungsmacht 164 2
Schuldanerkenntnis, abstraktes
  Abgrenzung 212 6
  Deckung, inkongruente 214 38
  Form 214 38
  Verjährung der gesicherten Forderung 216 6
  Verjährungseintritt 214 38
  Verjährungsfrist 195 23
Schuldanerkenntnis, deklaratorisches
  Verjährungsfrist, bisherige 195 22
  Verzicht auf Verjährung 214 38
Schuldbeitritt
  Anerkenntnis 212 23
  Eintritt der Verjährung 214 40
  Insichgeschäft 181 43
  Sicherungsmittel 232 1
  Verjährungshemmung Vorbem 203–213 5
  Verjährungsneubeginn Vorbem 203–213 5

Schuldbeitritt (Forts)
 Verpflichtungsermächtigung
  Vorbem 164 ff 70
 Vertrag zugunsten Dritter **185** 168
 Vollmacht, Formbedürftigkeit **167** 26
Schuldbuchforderungen
 Verpfändung **232** 4; **236** 1
 Verpfändungsvermerk, Eintragung **232** 4
Schuldbücher
 Bundesschuldbuch **232** 4; **236** 1
 Schuldbücher der Länder **232** 5; **236** 1
Schuldenbereinigungsplan
 rechtskräftig festgestellter Anspruch **197** 57
 Verjährungsbeginn **201** 3
Schuldnermehrheit
 Verjährungshemmung **Vorbem 203–213** 5
 Verjährungsneubeginn **Vorbem 203–213** 5
Schuldnerschutz
 Wissenszurechnung **166** 21
Schuldnerverhalten
 höhere Gewalt **206** 12a f
 Verjährungsbeginn **199** 83
 Verwirkung **Vorbem 194–225** 32 f
Schuldrecht
 Ansprüche **194** 12 f; **195** 11
 Zustimmungserfordernisse
  Vorbem 182 ff 26
Schuldübernahme
 Genehmigung **Vorbem 182 ff** 26
 Insichgeschäft **181** 43
 Verfügung eines Nichtberechtigten **185** 22
 Verjährungshemmung **Vorbem 203–213** 5
 Verjährungsneubeginn **Vorbem 203–213** 5
 Verpflichtungsermächtigung
  Vorbem 164 ff 70
 Zustimmung zum Weiterbestehen von
  Sicherungen **Vorbem 182 ff** 70
 Zustimmungswille **182** 15
Schuldübernahme, befreiende
 Genehmigung, konkludente **182** 15
Schuldumschaffung
 Verjährungsfrist **195** 23
Schuldverhältnis
 Schuldverhältnis im engeren Sinne **194** 7
 Schuldverhältnis im weiteren Sinne **194** 7
 Zweierbeziehung **194** 7
Schuldverhältnisse
 Schikaneverbot **226** 13, 18
Schuldverschreibung
 Verjährungsbeginn **200** 10
 Verjährungsfrist **186** 13
Schuldversprechen
 Vollmacht, Formbedürftigkeit **167** 26
Schusswaffengebrauch
 Androhung **227** 61
 Notwehr **227** 61, 67, 72
 Schuss in die Beine **227** 61
 Verteidigungshandlung, Erforderlichkeit **227** 61

Schusswaffengebrauch (Forts)
 Warnschuss **227** 61
Schwarzes Brett
 Bevollmächtigung, Kundgabe **174** 13
Schwarzfahren
 Selbsthilfe **229** 15, 21
Schwarzfahrer
 Selbsthilfe **230** 6
Schwebephase
 s Unwirksamkeit, schwebende
Schweigen
 Anerkenntnis **212** 28
 duldendes Schweigen **182** 10
 Erklärungswert **Vorbem 182 ff** 97; **182** 23 ff
 Vereinbarung **182** 29
Schweiz
 Arrest **229** 52
 Außenverhältnis **Vorbem 164 ff** 101
 Erfüllungshandlung **Vorbem 164 ff** 101
 Ermächtigung **Vorbem 164 ff** 101
 Europäisches Übereinkommen über die
  Berechnung von Fristen **186** 23
 Grundeigentum, Eingriff **228** 50
 Innenverhältnis **Vorbem 164 ff** 101
 Leibrente, Verjährung **217** 11
 Notstand **228** 50
 Notwehr **227** 87
 Rechtsmissbrauchsverbot **226** 45
 rei vindicatio, Unverjährbarkeit **197** 3
 Schikaneverbot
  Missbräuchlichkeit, objektive **226** 45
 Selbsteintritt **Vorbem 164 ff** 101
 Selbsthilfe **229** 52
 Stellvertretung **Vorbem 164 ff** 101
 Verjährungshemmung **207** 1
 Vertretung ohne Vertretungsmacht
  Vorbem 164 ff 101
 Vertretungsmacht, Erteilung
  Vorbem 164 ff 101
 Vollmacht **Vorbem 164 ff** 101
  Innenverhältnis **Vorbem 164 ff** 101
  Widerruflichkeit **Vorbem 164 ff** 101
Schwerbehinderte
 Zustimmung zur Kündigung, behördliche
  Vorbem 182 ff 110
Seehandel
 Verjährung **195** 46 f; **200** 8
Seemannsgesetz
 Notstand, rechtfertigender **228** 9
Seeversicherung
 Verjährung **195** 50
Sekundäransprüche
 Entstehung **199** 23
 Nebenpflichtverletzungen **199** 23
 Verjährungsfrist **195** 24
Sekundärhaftung
 Beraterhaftung **199** 37
Selbständiges Beweisverfahren
 Abwesenheit von Mängeln **204** 89

Selbständiges Beweisverfahren (Forts)
Anspruch, Bezeichnung **204** 89
Antrag **204** 87 f
  Zustellung **204** 87
  – demnächstige Zustellung **204** 87
ausländisches Verfahren **204** 86
Beweiserhebung **204** 90, 149
Einlassung, rügelose **204** 87
Gegner, Bezeichnung **204** 88
Gewährleistung **204** 89
durch Gläubiger **204** 89
Gutachten **204** 90, 149
Kostenvorschuss **204** 88
Streitverkündung **Vorbem 194–225** 47; **204** 76b, 84, 90
Tatsachen, Bezeichnung **204** 88 f
Verfahrensgegenstand, Erweiterung **204** 87
Vergleiche, vollstreckbare **197** 56
Verjährungshemmung **Vorbem 194–225** 13; **204** 4, 6, 86 ff, 90
  Beendigung **204** 90, 149
  Nichtbetreiben des Verfahrens **204** 139
Zeugenvernehmung **204** 90
Zulässigkeit **204** 88
zuständiges Gericht **204** 88

Selbstaufopferung
Ersatzanspruch **228** 46 ff
Schonung fremder Sachen **228** 46 ff
Straßenverkehr **228** 47
Telegraphenkabel, unterseeische **228** 48

Selbstbestimmung, sexuelle
s Sexuelle Selbstbestimmung, Recht auf; s a Sexuelle Selbstbestimmung, Verletzung

Selbsthilfe
Abschleppen geparkter Fahrzeuge **229** 18
Angriffshandlungen **229** 2
Anspruch **229** 10, 45
  Anspruchsberechtigter **229** 15
  Anspruchsgegner **229** 16
  bedingter Anspruch **229** 13
  betagter Anspruch **229** 13
  Durchsetzbarkeit **229** 4, 12 ff
  Einreden **229** 14
  Einwendungen, rechtsvernichtende **229** 14
  Gefährdung, massive **229** 21
  rechtskräftig abgewiesener Anspruch **229** 14
  Verjährung **229** 14
Anspruchsgefährdung **229** 21 f
Anspruchsverwirklichung **229** 10, 25
  Erschwerung der Anspruchsverwirklichung **229** 21 ff
  – Beweisschwierigkeiten **229** 22, 26
  Sicherung, vorläufige **229** 2, 7, 28; **230** 1, 3
Arrestgrund **229** 13
Bagatellforderungen **229** 19
Begriff **229** 1

Selbsthilfe (Forts)
Beschädigung von Sachen **229** 29; **230** 4
Besitzergreifungsrecht **229** 30
Besitzkehr **227** 24; **230** 4 f
Besitzlage **230** 3
Beweislast **229** 50; **230** 8; **231** 6
Bieneneigentümer, Verfolgungsrecht **229** 8
dinglicher Arrest **230** 3
Eilfall **229** 17 ff
Erforderlichkeit **229** 2, 7, 50; **230** 1 f, 8; **231** 3
  mildestes Mittel **230** 1
Erweiterung, rechtsgeschäftliche **229** 5, 27
Festnahmerecht **229** 6, 25, 35 ff; **230** 1, 6 f
Freilassungspflicht **230** 6; **231** 3
Fremdhilfe **229** 15
Gastwirtspfandrecht **229** 8
Geschäftsführung ohne Auftrag **229** 15
Gewaltanwendung gegen Sachen **229** 25, 29
Gewaltmonopol des Staates **229** 1, 3, 27
Güterabwägung **229** 19
Hammerschlags- und Leiterrecht **229** 21
Handlungsunrecht **229** 41
Hilfe eines Dritten **229** 15
irrtümliche Selbsthilfe **229** 7; **231** 2 f
  schuldlos eingetretener Irrtum **231** 3
Klagbarkeit **229** 4
Kostenerstattung **229** 48
  Bereicherungsausgleich **229** 49
  Geschäftsführung ohne Auftrag **229** 49
  Kostenerstattungsanspruch, prozessualer **229** 49
  Verzögerungsschaden **229** 49
Maßnahmen, zulässige **229** 25 ff, 42; **230** 1
Mietzinsforderungen **229** 20
Mittelabwägung **230** 1
Naturalobligationen **229** 14
Nichterfüllung zivilrechtlicher Forderungen **227** 16
Notrecht **230** 4
Notwehrlage **229** 38, 42
obrigkeitliche Hilfe, Fehlen **229** 17 ff
  Arrest **229** 17
  einstweilige Verfügung **229** 17
  Erkenntnisverfahren **229** 17
  Gerichtsvollzieher **229** 17, 39
  polizeiliches Handeln **229** 17
  Vollstreckungsverfahren, ineffizientes **229** 20, 23
  Zwangsvollstreckung **229** 17
obrigkeitliche Hilfe, Nachholung **230** 3 f
polizeilicher Schutz **229** 43
Putativselbsthilfe **229** 46; **231** 2
Rechtsbesitz, Besitzschutz **229** 8
Rechtsdurchsetzung **229** 1 ff
Rechtfertigungswirkung **229** 42
Rechtsgrundlagen **229** 7 ff
Rückgabeverpflichtung **231** 3
Ruhestörung **229** 21
Sachpfändung **230** 3

Selbsthilfe (Forts)
  Schadensersatz **231** 1
    Verschuldensunabhängigkeit **231** 2
  Schadensersatzpflicht
    Verjährung **231** 5
  verschuldensunabhängiger Schadensersatzanspruch **229** 7
  Selbsthilfeexzess **229** 47; **230** 2; **231** 1
  Selbsthilfehandlungen **229** 6, 40
  Selbsthilfelage **229** 6
    Verschulden **229** 48 f
  Selbsthilfeüberschreitung **229** 47; **231** 1
  Selbsthilfeverkauf **229** 28
  Selbsthilfewille **229** 6, 40 f
  Selbstverteidigung, erlaubte **227** 1
  Subsidiarität **229** 5, 11, 39
  Taschenkontrolle im Supermarkt **229** 11
  Treu und Glauben **230** 1; **231** 4
  Überhang **229** 8
  Unterlassungsanspruch **229** 10, 21, 26
  verbotene Eigenmacht **229** 42
    Abwehr **229** 8, 21
  Vereinbarungen **229** 5, 27 f, 46; **231** 3
  Vereitelungsgefahr **229** 17, 21 ff, 26
    Beweisschwierigkeiten **229** 22, 26
    Flucht ins Ausland **229** 21
    Sicherheiten **229** 24
    Vermögensverluste **229** 21
    Verschulden **229** 48
  Verfügungsgrund **229** 13
  Vergeltungsmaßnahmen **229** 26
  Verhältnismäßigkeitsgrundsatz **229** 26
  Verhältnismäßigkeit **230** 1
  Vermieterpfandrecht **229** 8
  Verpächterpfandrecht **229** 8
  Verschuldensfähigkeit **231** 4
  Vollstreckbarkeit **229** 4
  Vollstreckungshandlungen, Erwirkung **230** 3
  Vorführungspflicht **231** 3
  Wegbenutzung **229** 17
  Wegnahme **229** 29 ff; **230** 3 ff
    Vereinbarungen **229** 29
  widerrechtliche Selbsthilfe **231** 1
    schuldlos widerrechtliche Selbsthilfe **231** 2 ff
    – Gefährdungshaftung **231** 4
    – Risikozurechnung **231** 4
  Widerrechtlichkeit, strafrechtliche **229** 44
  Widerstandsbeseitigung **229** 25, 36, 38 f
  Zerstörung von Sachen **229** 29; **230** 4
  Zwangsvollstreckung, private **229** 2
  zwingendes Recht **229** 5
Selbsthilfeverkauf
  Selbsthilfe **229** 28
Selbstkontrahieren
  Befreiungsklausel **181** 50
  Begriffsverwendung **181** 1
  Dulden **181** 51

Selbstkontrahieren (Forts)
  Gesamtvertretung **167** 55
  Gestattung des Selbstkontrahierens **181** 49 ff
  AGB-Kontrolle **181** 49
  Amtswalter **181** 58 f
  Auslegung der Bevollmächtigungserklärung **181** 52
  Einwilligung **181** 50
  Erfüllung einer Verbindlichkeit **181** 61 ff
  – Einredefreiheit der Verbindlichkeit **181** 61 f
  Erfüllungssurrogate **181** 62
  Falschbezeichnung, irrtümliche **181** 49
  Form **181** 49
  Genehmigung **181** 50
  gesetzliche Gestattung **181** 60 ff
  Gestattungserklärung **181** 49
  – Unwirksamkeit **181** 50
  grundbuchrechtliche Rechtsgeschäfte **181** 51
  Insichgeschäft **181** 13
  konkludente Gestattung **181** 50 ff
  künftige Geschäfte **181** 50
  Mehrvertretung **181** 61
  Missbrauch der Vertretungsmacht **181** 37
  Organhandeln **181** 53 ff
  Untervertreter **181** 49
  Untervertretung **181** 37
  Verkehrssitte **181** 52
  Vertretungsmacht, Erweiterung **181** 49
  durch Vollmachtgeber **181** 49 ff
  Zeitpunkt, maßgeblicher **181** 50
  s a Insichgeschäft, Gestattung
  Insichgeschäft **181** 1, 9, 10
  s a dort
  Interessenkollision **181** 4
  Stellvertretung, mittelbare **Vorbem 164 ff** 45
  Stimmrechtsausübung **181** 24
  Unterbevollmächtigung, Verbot **167** 64
  Untervertretung **181** 35 ff
  Vertragsabschluss **181** 10
  Zustimmung der gesetzlichen Vertreter **181** 62a
Selbstmörder
  Notwehrrecht **227** 31, 33
Selbstschussanlagen
  Notstandshandlung **227** 23
  Notwehr **227** 23
Selbstverteidigung
  Besitzwehr **227** 8
  hoheitliches Handeln **227** 4
  Kosten **229** 48
  Notstand, defensiver **227** 1
  Notwehr **227** 1
  Rechtswidrigkeit, Ausschluss **227** 2
  Selbsthilfe, erlaubte **227** 1
  Strafrecht **227** 2

Sequesterbestellung
Ablaufhemmung der Verjährung **210** 4
Serienabmahnungen
Rechtsmissbrauch **226** 41
Sexuelle Selbstbestimmung, Recht auf
Persönlichkeitsrechtsverletzung **197** 8b
Schadensersatzansprüche, Verjährung **197** 4a
Verjährung **197** 8b
Sexuelle Selbstbestimmung, Verletzung
Alter des Opfers, geringes **208** 1, 4
Anstiftung **208** 3
berufliches Fortkommen **208** 3
Erlass **208** 7
Gehilfenschaft **208** 3
häusliche Gemeinschaft mit dem Täter **208** 1 f, 5 f
Heilungskosten **208** 3
Persönlichkeitsrecht, allgemeines **208** 3
Schaden, immaterieller **208** 3
Schutzgesetze, strafrechtliche **208** 3
Verfolgungsverjährung, strafrechtliche **208** 2
Verjährungshemmung **208** 1 ff
  Abhängigkeitsverhältnisse **208** 2
  Belästigung am Arbeitsplatz **208** 2
  Entschließungsfreiheit **208** 2
  Kenntnismöglichkeit des Opfers **208** 4
  körperliche Gewalt **208** 2
  Näheverhältnisse **208** 2
  Opferschutz **208** 1
  psychische Gewalt **208** 2
  unerlaubte Handlung, vorsätzliche **208** 2
Versuch **208** 3
Wohnungswechsel, Kosten **208** 3
Sexueller Missbrauch
Selbstbestimmung, sexuelle **197** 8b
Verjährung **197** 8a f
Sicherheiten
akzessorische dingliche Sicherheiten **216** 6
Begrenzung, betragsmäßige **232** 10
nicht akzessorische Sicherheiten **216** 2, 6
Rückübertragung **216** 6
Verjährungseintritt **216** 1 ff
Verwertung **216** 1 ff
Sicherheitsdienst
Nothilfe **227** 44
Sicherheitsleistung
abgesonderte Befriedigung **233** 1
Allgemeine Geschäftsbedingungen **232** 12
Anerkenntnis **212** 22 f
Anordnung, richterliche **Vorbem 232 ff** 4
Auswahl **232** 1
Bankbürgschaft **232** 1; **235** 1
Befriedigung, unmittelbare **Vorbem 232 ff** 2
Beweislast **232** 11; **240** 7
Buchforderungen gegen Städte **232** 5
Bürgenstellung **232** 11; **239** 1 ff

Sicherheitsleistung (Forts)
Deckung, inkongruente **214** 38
Deckungsgrenze **Vorbem 232 ff** 9
Ergänzungspflicht **232** 12; **234** 4; **240** 1 ff, 7
Fortfall **240** 6
Wahlrecht des Sicherungsgebers **240** 3
Erhöhung des zu sichernden Betrages **240** 1
Erneuerungspflicht **240** 3, 5 f, 7
Ersatzvornahme **Vorbem 232 ff** 2
Forderungsverpfändung **232** 6
Freigabeanspruch **Vorbem 232 ff** 9
Fremdwährungen **232** 2
Frist, angemessene **238** 6
Geld **232** 2 f; **233** 1
Geldentwertung **240** 1
Gläubigerschutz **Vorbem 232 ff** 2
Grund **Vorbem 232 ff** 3
Grundschuld **238** 1
  Mündelsicherheit **238** 3
  Verpfändung **232** 10
Hinterlegung **232** 2; **233** 1
Höhe **Vorbem 232 ff** 3, 8 f
Hypothekenbestellung **232** 10
  Grundstücke in EU-Mitgliedstaaten **232** 10
  Grundstücke, inländische **232** 10
  inländische Grundstücke **238** 3
  Mündelsicherheit **238** 2 f
  Sicherungshypothek **232** 10
Hypothekenforderung, Verpfändung **232** 10; **238** 1
Insolvenzfestigkeit **232** 1
kraft Gesetzes **Vorbem 232 ff** 4
Landesrecht **Vorbem 232 ff** 5
Luftfahrzeuge, Registerpfandrecht **232** 9
Nachteile, drohende **Vorbem 232 ff** 2
öffentliches Recht **Vorbem 232 ff** 7
prozessuale Sicherheitsleistung **Vorbem 232 ff** 6
Austausch **235** 2
Recht zur Sicherheitsleistung **Vorbem 232 ff** 4
Rentenschuld **238** 1
  Mündelsicherheit **238** 3
  Verpfändung **232** 10
Rückstellungen, betriebliche **232** 1
Sachen, bewegliche **240** 1
  Verderb, zu besorgender **237** 2 f; **240** 2
Schadensverhinderung **Vorbem 232 ff** 2
Schiffshypothek **232** 8; **238** 5
  Wertgrenze **238** 5
Schikaneverbot **226** 41
Schuldbuchforderungen, Verpfändung **232** 4 f; **236** 1
  Kurswert **236** 2
  Tauglichkeitsgrenze **236** 1 f
Schuldnerschutz **Vorbem 232 ff** 2
Sicherungshypothek **232** 10; **238** 4

Sicherheitsleistung (Forts)
  Sicherungsmittel **Vorbem 232 ff** 1
  Austausch **235** 1
  – Zustimmung des Berechtigten **235** 1
  Auswahl **232** 12 f; **235** 1
  – Abwandlung **232** 12
  – Wahlschuldverhältnis **232** 13
  Sicherungswert, Vermutung
    Vorbem 232 ff 9
  Sicherungszweck **Vorbem 232 ff** 1 f
  Steuerrecht **Vorbem 232 ff** 7
  Tiere **237** 2
  Umsatzsteuer **Vorbem 232 ff** 9
  Unmöglichkeit **240** 6
  Untergang der Sicherheit **240** 1
  Untersicherungsgrenzen **Vorbem 232 ff** 9
  unzulängliche Sicherheit **240** 2
  Veränderungspflicht
    s Ergänzungspflicht
  Verbrauch der Sicherheit **240** 1
  Vereinbarung **Vorbem 232 ff** 4
  Verhaltenspflichten **Vorbem 232 ff** 3
  Verjährungseintritt **214** 38
  Verminderung der Sicherheit **240** 1
  Verpfändung beweglicher Sachen **232** 7;
    237 1
    Schätzwert **237** 1
    Wertgrenze **232** 7; **236** 2; **237** 1
    Zurückweisung **237** 2
    – Rechtsirrtum **237** 3
    – Unterlassen der Zurückweisung
      237 2
    – Verzicht auf Zurückweisungsrecht
      237 3
    Zustimmung, ausdrückliche **237** 3
    – Irrtumsanfechtung **237** 3
  Verpflichtung **Vorbem 232 ff** 4
  Verschulden des Berechtigten **240** 6 f
  Vertragsfreiheit **232** 1
  vorläufige Vollstreckbarkeit **239** 3
  Wertpapiere **232** 2 f; **233** 1
    Inhaberpapiere, mündelsichere **232** 2;
      234 1
    Orderpapiere mit Blankoindossament **232** 2; **233** 1; **234** 2
  Zugriffsmöglichkeit, zusätzliche
    Vorbem 232 ff 2; **232** 1
  Zwangsversteigerungsverfahren
    Vorbem 232 ff 6; **234** 4
  Zwangsvollstreckung **232** 13; **238** 6
    Beginn **232** 1
Sicherungsabtretung
  Verjährung der gesicherten Forderung
    216 6
Sicherungsgrundschuld
  Bedingung, auflösende **216** 2
  Verjährung der gesicherten Forderung
    216 2, 6
  Verjährungshemmung **205** 24

Sicherungshypothek
  Erneuerungswirkung **212** 42
  Sicherheitsleistung **232** 10; **238** 4
  Verjährung der gesicherten Forderung
    216 2
Sicherungsrechte
  Zustimmung zum Weiterbestand
    Vorbem 182 ff 70
Sicherungsübereignung
  Sicherungsmittel **Vorbem 232 ff** 1
  Untersicherungsgrenzen **Vorbem 232 ff** 9
  Verjährung der gesicherten Forderung
    216 6
  Warenlager **185** 80
  Wertbegrenzung **234** 5
Sicherungsvollstreckung
  Verjährung der gesicherten Forderung
    216 4
Sicherungszession
  Prozessstandschaft **185** 153
  Untersicherungsgrenzen **Vorbem 232 ff** 9
Sicherungszession, stille
  Einziehungsermächtigung **183** 81
Sicherungszession, treuhänderische
  Kommanditanteil **183** 76
Sichtschutz
  Schikaneverbot **226** 29a
Sielrecht
  unvordenkliche Verjährung
    Vorbem 194–225 37
Signatur, elektronische
  s Elektronische Signatur
Signaturmissbrauch
  Rechtsscheinsvollmacht **167** 35a
Silvester
  Feiertag **193** 48
  Zugang **188** 4
Simulation
  s Scheingeschäft
Singularsukzession
  Verjährung von Ansprüchen **198** 1
Sittenwidrigkeit
  Bindungsdauer, vertragliche **202** 4b
  Haftung **179** 9, 24
  Kenntnis **166** 36
  Missbrauch der Vertretungsmacht **167** 93
  verdrängend-unwiderrufliche Vollmacht
    168 15
  Wissenszurechnung **166** 23
Solidarvertretung
  Solidarvollmacht **167** 52
  Vertretungsberechtigung **167** 51
Sommerzeit
  Abschaffung de lege ferenda **186** 5
  Dauer **186** 5
  Ermächtigungsgrundlage **186** 5
Sonnabend
  s Samstag

Sonntag
Ablehnungsrecht **193** 51
Beweislast **193** 3a
Fälligkeit **193** 52 ff
Fristbeginn **193** 57
Fristende **188** 2; **193** 3
Fristverlängerung **193** 49, 52 ff
Gemeinschaftsrecht **193** 6
geschäftsähnliche Handlungen **193** 10
Kalender **193** 32
Leistungserbringung **193** 9, 31
Leistungspflicht **193** 49
Rechtshandlungen **193** 1 ff
Sonntagsruhe **193** 52 ff
Stichtagsregelungen **193** 57
Vertragsfreiheit **193** 3a
Willenserklärungen, Abgabe **193** 9 f
Sonntagsruhe
Ablehnungsrecht **193** 51
Grundrechtsschutz **193** 3
Leistungspflichten **193** 2 f
Sorgeerklärungen
Stellvertretung **Vorbem 164 ff** 40
Sorgerechtsverfahren
Insichgeschäft **181** 28
Sozialgerichtsverfahren
Feiertag **193** 8
Fristberechnung **186** 18
Fristverlängerung **190** 3
Samstag **193** 8
Sonntag **193** 8
Sozialhilfe
Kostenerstattung, Dreimonatsfrist **188** 20
Sozialleistungen
Erstattungsansprüche, Verjährung **195** 49
Verjährung **195** 49; **200** 8
Sozialrecht
Anspruchsübergang auf Sozialhilfeträger **199** 53, 78
Anspruchsübergang auf Versicherungsträger **199** 53
Genehmigungserfordernisse **Vorbem 182 ff** 143
Herstellungsanspruch, sozialrechtlicher **199** 38
Sozialstaatsprinzip
Prozesskostenhilfe **204** 113
Sozialtypisches Verhalten
Stellvertretungsregeln, Unanwendbarkeit **Vorbem 164 ff** 38
Sozialversicherung
Arbeitsentgelt, Nachweis vor Fälligkeit **187** 7
Sozialversicherungsrecht
Einwilligung **183** 8
Verjährung **214** 44
Sozialversicherungsträger
Wissenszurechnung **166** 40

Sozialverwaltungsverfahren
Feiertag **193** 8
Samstag **193** 8
Sonntag **193** 8
Verjährungshemmung durch Verwaltungsakt **197** 54
Spanien
Generalvollmachten **Vorbem 164 ff** 105
Hypothekenvollmachten **Vorbem 164 ff** 105
Notwehrrecht **229** 55
Prozessvertreter **Vorbem 164 ff** 105
Prozessvollmachten **Vorbem 164 ff** 105
Schikaneverbot **226** 46
Selbsthilfe **229** 55
Stellvertretung **Vorbem 164 ff** 105
gewillkürte Stellvertretung **Vorbem 164 ff** 105
Vertretungsmacht **Vorbem 164 ff** 105
Vollmacht, Formbedürftigkeit **Vorbem 164 ff** 105
Spargelthaben
Auszahlungsanspruch, Verjährung **199** 13
Zinsen **197** 75
Zinsgutschrift **199** 13
Sparkonto
Handeln in fremdem Namen **164** 2
Sicherheitsleistung **232** 6
Spedition
Stellvertretung, mittelbare **Vorbem 164 ff** 42
Verjährung **195** 39, 46; **202** 15
Spekulationsgeschäft
Genehmigung nach Fristablauf **184** 114
Sperrgrundstücke
Rechtsmissbrauch **226** 18a, 29
Schikane **226** 18a
Schikaneverbot **226** 29
Spezialvollmacht
Gesamtvertretung **167** 55
isolierte Vollmacht **168** 17
transmortale Vollmacht **168** 28
Unmöglichkeit des Rechtsgeschäfts **168** 2
Unwiderruflichkeit **168** 8, 17
Vollmachtsumfang **167** 83
Spiel
Naturalobligation **194** 10
Sprungrevision
Einwilligung in die Einlegung **Vorbem 182 ff** 139
Staatliches Handeln
Notwehr **227** 41
Verhältnismäßigkeitsgrundsatz **227** 41
Staatsakt
Partei kraft Amtes **Vorbem 164 ff** 58
Vertretung, gesetzliche **Vorbem 164 ff** 24
Vertretungsmacht **167** 1
Staatshaftung
Richtlinienumsetzung **195** 15
Subsidiarität **199** 41 ff

Sachregister

Staatshaftungsanspruch, unionsrechtlicher
Verjährung **Vorbem 194–225** 52a
Städtischer Entwicklungsbereich
Genehmigung, behördliche
Vorbem 182 ff 109
Stammrecht
Anerkenntnis **217** 11
Schadensersatzansprüche **217** 11
Verjährung **194** 16 f; **199** 52; **217** 11
Verwirkung einzelner Ansprüche **194** 17
Status
Dritthandeln, zurechenbares
Vorbem 164 ff 2
Statutarrecht
Stellvertretung, rechtsgeschäftliche
Vorbem 164 ff 7
Stellplatzmietvertrag, Kündigung
Schikaneverbot **226** 32e
Stellvertretendes commodum
Verjährung des Hauptanspruchs **217** 7
Verjährungsbeginn **199** 15
Verjährungsfrist **195** 12
Stellvertretung
s Vertretung
mittelbare Stellvertretung
s dort
Stellvertretung in der Erklärung
s Vertreter in der Erklärung
Steuerberater
Gebührentatbestand **199** 21
Haftung **199** 33, 35 ff
Fahrlässigkeit, grobe **199** 37
Hinweispflicht **199** 83
– Verjährung, drohende **214** 28 ff
Sekundärhaftung **199** 37
Verjährungsbeginn **199** 63a
Vermögensschaden **199** 33, 35
Vollmachtumfang **167** 86
Wissenszurechnung **166** 4
Steuerbescheid
Bekanntgabe **188** 6
Einspruchsfrist **188** 20
Kenntnisnahmemöglichkeit **188** 6
Schadensmanifestation **199** 35
Steuerfestsetzung
Verjährung **200** 8
Steuern
Festsetzungsfrist **195** 49
leichtfertig verkürzte Steuern **195** 50
Steuerrecht
Aufrechnung mit verjährter Forderung **215** 9
Darlehensgewährung durch beschränkt Geschäftsfähige **184** 114
Dreitagesfrist **188** 6; **193** 56
Empfangsbevollmächtigter
Vorbem 164 ff 99
Erstattungszinsen **187** 10a
Feiertag **193** 8

Stimmrechtsverbote

Steuerrecht (Forts)
Festsetzungsfrist **193** 13
Fristbeginn **187** 10a
Fristberechnung **186** 17; **188** 20
Fristverlängerung **190** 3; **193** 56
Genehmigung **184** 114
Genehmigungserfordernisse
Vorbem 182 ff 144
Samstag **193** 8
Schikaneverbot **226** 26a
Sicherheitsleistung **Vorbem 232 ff** 7
Sonntag **193** 8
Verjährung **214** 43
Verjährungshemmung **Vorbem 203–213** 4
Verjährungsneubeginn **212** 2
Vertretung des Steuerpflichtigen
Vorbem 164 ff 99
Bevollmächtigung **Vorbem 164 ff** 99
gesetzliche Vertretung **Vorbem 164 ff** 99
Organe **Vorbem 164 ff** 99
Zahlungsverjährung **214** 43
Zugangsfiktion **188** 6; **193** 56
Steuerschuldverhältnis
Zahlungsansprüche **195** 50
Steuervergütungen
Festsetzungsfrist **195** 49
Steuerzahlungsansprüche
Verjährung **200** 8
Stiefkindschaftsverhältnis
Verjährungshemmung **207** 1
Stiftung
Anerkennung **Vorbem 182 ff** 113
Vertretung **Vorbem 164 ff** 25
Vertretungsnachweis **172** 1
Stiftungen
Vertretungsnachweis **174** 7
Stiftungsverzeichnis
Vertretungsberechtigung, Eintragung **171** 8
Stille Gesellschaft
Gewinnanteilanspruch, Verjährung **199** 14
Gewinnfeststellung **199** 14
Jahresabschluss **199** 14
Stillhalteabkommen
s pactum de non petendo
Stimmabgabe
Vorlegung der Vollmachtsurkunde **174** 2
Willenserklärung **181** 24
Stimmbote
Entscheidungsfreiheit **Vorbem 164 ff** 75
Stimmrechtsausübung
Ermächtigung **Vorbem 164 ff** 72
Legitimationszession **Vorbem 164 ff** 72
Mehrvertretung **181** 24
Selbstkontrahieren **181** 24
Stimmrechtsverbote
Stimmrechtsausübung **181** 25

Stimmrechtsvollmacht
  Befreiung vom Verbot des Selbstkontrahierens **181** 52
  verdrängend-unwiderrufliche Vollmacht **168** 15
Störung der Geistestätigkeit, vorübergehende
  Bevollmächtigung **167** 75
Störung der öffentlichen Ordnung
  Notwehr **227** 14
Störungen
  Verjährungsausschluss **Vorbem 194–225** 27
  Verwirkung **Vorbem 194–225** 27
Störung der öffentlichen Ordnung
  Nothilfe **227** 44
Strafbefehl
  Einspruch, Rücknahme **187** 7; **193** 30
Strafprozess
  Feiertag **193** 8
  Samstag **193** 8
  Sonntag **193** 8
Strafprozessrecht
  Fristberechnung **186** 18
Strafrecht
  Altersgrenzen **187** 12
  entschuldigender Notstand **227** 75; **228** 3, 5
  Feiertag **193** 7
  Fristberechnung **186** 17
  Handlungsunrecht **227** 29, 39, 52
  Notwehr **227** 2 f
    Schuldausschließungsgrund **227** 2
    Versuch **227** 22
  Putativnotwehr **227** 20
  Rechtswidrigkeit **227** 3
  Rückwirkungsverbot **187** 11
  Samstag **193** 7
  Sonntag **193** 7
  übergesetzlicher entschuldigender Notstand **228** 5
  übergesetzlicher rechtfertigender Notstand **228** 3 f
  Verantwortlichkeit, strafrechtliche **187** 12
  Verhaltensunrecht **227** 29, 52 f
  Widerrechtlichkeit **229** 44
  Widerstand gegen Vollstreckungsbeamte **227** 41
Straßenverkehr
  Internationales Privatrecht **229** 57
  Notwehr **227** 11, 60, 68, 75
    Schadensersatzpflichten **227** 76
  Selbstaufopferung **228** 47
  Verjährung **200** 9
  Verjährungsfrist **195** 13
Straßenwidmung
  Zustimmung Dritter **Vorbem 182 ff** 135
Streitbeilegung
  Verjährungsablaufhemmung **204** 5
  Verjährungshemmung **204** 5
Streitbeilegungsstellen
  Anerkenntnis **204** 62

Streitbeilegungsstellen (Forts)
  Antrag **204** 61
  Anspruchsbezeichnung **204** 61
  Bekanntgabe **204** 60, 150
  Rechtsmissbrauch **204** 61
  branchengebundene Gütestellen **204** 59
  branchengebundene Stellen **204** 59
  Einigungsstelle, wettbewerbsrechtliche **204** 59
  Einvernehmen über die Anrufung **204** 59
  Gütestellen **204** 59
  s a dort
  Handwerkskammer **204** 59
  Industrie- und Handelskammer **204** 59
  Innungen **204** 59
  nichtstaatliche Grundlage **204** 59
  Öffentliche Rechtsauskunfts- und Vergleichsstelle **204** 59
  Ombudsleute **204** 59
  private Stellen **204** 59
  Schlichtungsstellen **204** 59
  staatlich anerkannte Stellen **204** 59
  staatliche Stellen **204** 59
  Universalschlichtungsstellen **204** 59
  Unzuständigkeit der angerufenen Stelle **204** 61
  Verbraucherstreitbeilegungsgesetz **204** 59
  Verjährungshemmung **204** 59, 62, 107
  Vollstreckungstitel **204** 62
Streitgegenstand
  Antragsmodifikationen **204** 14
  Kapitalanleger-Musterverfahren **204** 85d
  Verjährungshemmung **204** 13 f, 22; **213** 3
Streitverkündung
  Ausgang des Erstprozesses, günstiger **204** 82
  Ausgang des Erstprozesses, ungünstiger
    s Präjudizialität des Vorprozesses
  ausländischer Prozess **204** 85
  Gesamtschuldner **204** 83
  durch Gläubiger des Anspruchs **204** 82
  Grund der Streitverkündung **204** 77
  Haftung, alternative **204** 76b, 81
  Instanz **204** 77
  Mahnverfahren **204** 84
  Missbrauch **204** 76
  Mitteilung an den Prozessgegner **204** 77
  Nebenintervention des Schuldners **204** 76
  an Notar **204** 76
  Partei des Rechtsstreits **204** 77
  Präjudizialität des Vorprozesses **204** 76, 78 ff
    objektive Präjudizialität **204** 79
    Regressmöglichkeit **204** 81
    – Garantiezusage **204** 81
    – Gesamtschuldnerschaft **204** 81
    – Gewährleistung **204** 81
    – Schadensersatzansprüche **204** 81
    subjektive Präjudizialität **204** 82

Streitverkündung (Forts)
  Rechtsverfolgung **Vorbem 194–225** 57d
  Regress **204** 75a ff
  Schriftsatz, Zustellung **204** 77
  selbständiges Beweisverfahren **204** 76b, 84, 90
  Streitverkündungsempfänger **204** 77
  Unzumutbarkeit der Rechtsverfolgung **199** 84b
  Verfahren **204** 84
  Verhandlungen, laufende **203** 3
  Verjährungshemmung **Vorbem 194–225** 47; **195** 9; **199** 43; **202** 22; **204** 75 ff, 83, 144
    Förderung der Durchsetzung des Anspruchs **204** 76
    mehrere Ansprüche **213** 2
    Nichtbetreiben des Verfahrens **204** 139
  Zulässigkeit **204** 76
Streitwert
  Neufestsetzung **205** 25
Strohmann
  Befreiungsanspruch, Pfändung **Vorbem 164 ff** 50
  Begriff **Vorbem 164 ff** 49
  Berechtigung, persönliche **Vorbem 164 ff** 50
  Duldung der Zwangsvollstreckung **Vorbem 164 ff** 50
  Einwendungen **Vorbem 164 ff** 49
  Erstattungsanspruch, Pfändung **Vorbem 164 ff** 50
  Erwerb aus Strohmanngeschäften **Vorbem 164 ff** 50
  Gläubiger des Strohmanns **Vorbem 164 ff** 50
  Hintermann **Vorbem 164 ff** 49 f
    Aussonderungsrecht **Vorbem 164 ff** 50
    Drittwiderspruchsrecht **Vorbem 164 ff** 50
    Insolvenz des Strohmanns **Vorbem 164 ff** 50
    Kenntnis des Geschäftspartners **Vorbem 164 ff** 50
  Scheingeschäft **Vorbem 164 ff** 49
  Stellvertretung, mittelbare **Vorbem 164 ff** 49
  Treuhandgeschäft, verdecktes **Vorbem 164 ff** 50
  Treuhandschaft, geheime **Vorbem 164 ff** 49
  Umgehungsgeschäft **Vorbem 164 ff** 49
  Verpflichtung, persönliche **Vorbem 164 ff** 50
  Zwangsvollstreckung in Vermögen des Strohmanns **Vorbem 164 ff** 50
Stromabschaltung durch Vermieter
  Selbsthilfe **229** 34
  Zurückbehaltungsrecht **229** 34
Stufenklage
  Auskunft des Schuldners **199** 6
  Verjährungshemmung **204** 15, 43
    Nichtbetreiben des Verfahrens **204** 131

Stundenfrist
  Feiertag **193** 49
  Fristberechnung **187** 13
  Fristende **188** 11, 27
  Naturalkomputation **187** 2
  prozessuale Stundenfristen **187** 13; **193** 49
  Sonntag **193** 49
Stundung
  Abtretung der Forderung **205** 12
  Abtretung erfüllungshalber **199** 43
  Anerkenntnis **205** 6, 15; **212** 22
  Anfechtbarkeit **205** 11
  Auslegung **205** 10
  Bindungswille **205** 9
  Dauer **205** 10
  dilatorische Einrede **194** 20
    Verjährung **194** 20
  Drittwirkung **205** 12
  Gegenstand **205** 10
  konkludente Vereinbarung **205** 9
  Leistungsverweigerungsrecht **205** 15
  mehrere Gläubiger **205** 12
  mehrere Schuldner **205** 12
  pactum de non petendo, Abgrenzung **205** 15
  Prozesskostenhilfe **205** 21
  Rechtsnachfolge **205** 12
  Reichweite **205** 10
  Ruhen des Verfahrens **205** 21
  Ruhenlassen eines Prozesses **205** 13
  Vereinbarung über die Verjährung, mittelbare **202** 4
  Verfügungsbefugnis über die Forderung **205** 11
  Vergleichsverhandlungen **205** 13
  Verjährungshemmung **Vorbem 194–225** 13; **194** 20; **199** 9, 21; **205** 8
  Vertrag **205** 8
  Vertretungsmacht **205** 11
  Vorteilhaftigkeit, lediglich rechtliche **205** 11
  weiterer Schuldner **205** 12
Subjektive Rechte
  Außentheorie **226** 11
  Ausübung **226** 10 f
  gute Sitten **226** 12
  Innentheorie **226** 11
  Rechtsmissbrauch **226** 12
  Schikaneverbot **226** 12
Sukzessivlieferungsvertrag
  Verjährung **217** 10
Surrogationserwerb
  Willensmängel **166** 8
Surrogationsprinzip
  Dritthandeln, zurechenbares **Vorbem 164 ff** 2
Systeme, künstliche autonome
  Erklärungsabgabe **Vorbem 164 ff** 19

Tag der deutschen Einheit
Feiertag, gesetzlicher **193** 33
Tagesdatum
Fristberechnung **187** 3
Tagesfrist
Feiertag **193** 49
Fristbeginn **187** 2
Fristende **187** 2; **188** 2, 11
prozessuale Fristen **193** 49
Sonntag **193** 49
14-Tagesfrist **188** 13
Zivilkomputation **187** 13
Tankstelle
Vertretungsmacht **164** 2
Tarifliche Ausschlussfrist
Aufrechnung **215** 15
Vorlegung der Vollmachtsurkunde **174** 2
Zurückbehaltungsrechte **215** 15
Tarifliche Rechte
Verwirkung **Vorbem 194–225** 23
Tarifvertrag
Ausschlussfristen **186** 16
Zulagen **188** 21
Zustimmungserfordernisse
Vorbem 182 ff 35, 85, 111
Taschenkontrolle im Supermarkt
Selbsthilferecht **229** 11
vermeintliche Selbsthilfe **229** 11
Teilklage
Ausschlussfristen **204** 21
rechtskräftig festgestellter Anspruch
197 36, 49
Verjährungshemmung **204** 16 ff, 21
Teilnichtigkeit
Stellvertretung **Vorbem 164 ff** 33 f
Teilungsabkommen
pactum de non petendo **205** 17
Teilurteil
rechtskräftig festgestellter Anspruch
197 36
Teilzeit-Wohnrechtevertrag
Widerrufsrecht **166** 9; **186** 24
Teilzeitarbeit
Ankündigungsfrist **187** 7
Telefax
Fristwahrung **188** 6
Telefonkarte
Ersatzanspruch nach Sperrung, Verjährung **202** 9a
Telefonmarketing
Einwilligung **Vorbem 182 ff** 89
Telegraphenkabel, unterseeische
Selbstaufopferung **228** 48
Termin
Begriff **186** 11
Feiertag **187** 4; **193** 9
Kalendertag **187** 14
Privatautonomie **186** 16
Samstag **193** 9

Termin (Forts)
Sonntag **193** 9
Wochenende **187** 4
Zeitbestimmung **186** 2
Termingeschäft
Wissenszurechnung **166** 9
Terminierung
Prozessförderungspflicht **204** 126
Verjährungshemmung **204** 126
Terminologie
Zustimmungsrecht **Vorbem 182 ff** 9 ff
Terminsbestimmungen
Auslegungsregeln **186** 24; **187** 9a
Parteiwille **186** 24
Subsidiarität **186** 24
Testament
Bevollmächtigungserklärung **167** 15
Rücknahme aus der Verwahrung
Vorbem 164 ff 40
Testament, gemeinschaftliches
Anfechtung **Vorbem 164 ff** 40
Verfügungen, wechselbezügliche
Vorbem 164 ff 40
Testamentsanfechtung
Ablaufhemmung **210** 9
Fristlauf, kenntnisgebundener **166** 9
Insichgeschäft **181** 13
Testamentsvollstrecker
Abberufung **Vorbem 164 ff** 58
Ablehnung des Amts **186** 24
Annahme des Amts **186** 24
Bevollmächtigung dritter Personen **179** 25
Eigenhaftung **179** 25
Festlegung der Person, Frist **186** 15
Geschäftsfähigkeit, beschränkte **165** 2
Identität Schuldner/zur Verfolgung von
Ansprüchen berufene Person **195** 9
Insichgeschäfte **181** 38
Gestattung durch den Erblasser **181** 38
Partei kraft Amtes **Vorbem 164 ff** 57
postmortale Vollmacht, Widerrufsrecht
168 34
Selbstkontrahieren, Gestattung **181** 58
Unabhängigkeit **Vorbem 164 ff** 58
Verjährungsbeginn, Kenntnis **199** 57
Verjährungshemmung **204** 9
Vollmachtserteilung **168** 24
Wechsel der Person des Testamentsvollstreckers **168** 24
Weisungsfreiheit **Vorbem 164 ff** 58
Zustimmungserfordernisse
Vorbem 182 ff 21, 27
Testamentsvollstreckung
Amtstheorie **181** 38
Beendigung **168** 24
Dauervollstreckung **186** 14
Erblasser, Ziele **Vorbem 164 ff** 58
GmbH-Anteilsrechte, Verwaltung **181** 38
Lebensversicherungsleistungen **181** 38

Testamentsvollstreckung (Forts)
　Sicherheitsleistung **Vorbem 232 ff** 2
　Verfügung eines Nichtberechtigten **185** 7, 35, 50, 113
　Verjährungshöchstfristen **199** 101
　Verjährungsvereinbarung **202** 10
　Vollmacht, Fortbestand **168** 24
　Vollmacht, postmortale **168** 32a
　　Widerruf **168** 34
Textform
　Vollmacht **175** 4
　Vollmachtsurkunde **175** 4
Thüringen
　Feiertage **193** 36
　Fronleichnam **193** 47
　Hinterlegung **232** 3
　Reformationstag **193** 47
Tiere
　Einfangen herrenloser Tiere **229** 34
　Einfangen wilder Tiere **229** 34
　Gefahrenquelle **228** 1, 10, 20 ff
　Herrenlosigkeit **228** 22
　Notstandshandlung **228** 29, 31
　Notwehr gegen Tiere **227** 15
　Sicherheitsleistung **237** 2
　Werkzeug **227** 15
Tilgungsbestimmungen
　Kapital, Verjährung **197** 77
Tilgungsbeträge
　Verjährung des Anspruchs **216** 8
Tippschein
　Handeln unter fremder Namensangabe **Vorbem 164 ff** 92
Titulierung
　ausländische Schiedssprüche **197** 52
　ausländische Urteile **197** 50
　Beschluss **197** 49
　Bestandskraft **201** 1
　einstweilige Verfügung **197** 49
　erneute Verjährung **197** 87
　Feststellung zur Insolvenztabelle **197** 5, 60
　Feststellungsurteil **197** 34, 37 f, 40, 50
　Freistellungsurteil **197** 41
　Gerichtsbarkeit **197** 49
　Gestaltungsurteil, Kosten **197** 50
　Grundurteil **197** 34, 50
　Insolvenzplan **197** 60
　Insolvenzplan, bestätigter **197** 60
　Kostenfestsetzungsbeschluss **197** 51
　Kostengrundentscheidung **197** 51
　Kostenrechnung des Notars **197** 53
　Leistungsurteil **197** 49 f
　negative Feststellungsklage, Abweisung **197** 42 f
　Parteivereinbarungen **197** 59
　Prozess **197** 5
　rechtskräftig festgestellte Ansprüche **197** 32 ff; **204** 2
　　abhängige Ansprüche **197** 36

Titulierung (Forts)
　Ausgestaltung **197** 35
　Bürge **197** 48
　Entstehungsgrund **197** 35
　Firmenfortführung **197** 35
　hilfsweise geltend gemachte Ansprüche **197** 34
　inter partes **197** 44 ff
　künftig fällige Ansprüche **197** 40
　– Heilungskosten **197** 40
　Nachforderung **197** 36
　OHG-Gesellschafter **197** 47
　Rechtnachfolge **197** 45 f
　Rechtsnatur **197** 35
　vertraglich vereinbarte Verjährungsfrist **197** 35
　Rückstände **197** 64
　Rückzahlungsanspruch des Schuldners **201** 6
　Schiedsgerichtsbarkeit **197** 49
　Schiedsspruch **197** 34, 52
　Schuldenbereinigungsplan **197** 57
　Selbsttitulierung staatlicher Anspruche **197** 54
　Teilklage **197** 36, 49
　Teilurteil **197** 36
　Unterhaltsansprüche **197** 8
　Unterhaltsrente **197** 39
　Unterlassungsansprüche **199** 112
　Urkunden, vollstreckbare **197** 5, 58
　Urteile **197** 32
　Vereinbarung über die Verjährung, mittelbare **202** 4
　Verfahren, förmliches **197** 5
　Vergleiche **197** 5
　　gerichtlich bestätigte Vergleiche **197** 57
　　vollstreckbare Vergleiche **197** 56 f
　Verjährungsbeginn **200** 5; **201** 1 ff
　Verjährungsfrist **197** 5, 8
　Verjährungshemmung **212** 37
　Verjährungsneubeginn **Vorbem 203–213** 2; **212** 2
　Versäumnisurteil **197** 5
　Verwaltungsakte, unanfechtbare **197** 54
　Vollstreckbarkeitserklärung **197** 50, 52
　Vollstreckungsbescheid **197** 5, 51
　Vollstreckungsklausel, Erteilung **197** 50
　Vollstreckungskosten **201** 6
　Vollstreckungsurteil **197** 50
　Vorbehaltsurteil **197** 55
　Vorschussanspruch **197** 36
　wiederkehrende Leistungen **197** 8, 39, 64 f
　　s a dort
　Zinsansprüche **197** 39, 75
Tod einer Partei
　Unterbrechung des Prozesses **204** 123
Totenfürsorgerecht
　Grabgestaltungsrecht **226** 23

Transmortale Vollmacht
 Generalvollmacht **168** 28
 Spezialvollmacht **168** 28
 Tod des Vollmachtgebers **168** 26
 Vollmacht über den Tod hinaus **168** 28
Transport, multimodaler
 Verjährung **195** 46
Transportrecht
 Verjährung **195** 39, 45 f
Transportvertrag
 Fristbestimmung **186** 16
Trennungsfrist
 Getrenntleben der Ehegatten **191** 3
Trennungsprinzip
 Widerruf **183** 53
Trennungstheorie
 Vollmachtserteilung **Vorbem 164 ff** 22, 33 f; **167** 10
 Formbedürftigkeit **167** 20
 Willensmängel **166** 17
Treppenlift
 Schikaneverbot **226** 32e
 unzulässige Rechtsausübung **226** 32e
Treu und Glauben
 Auskunftsanspruch **197** 19
 Prozessrecht **226** 41
 Rechtsmissbrauch **226** 12
 Rechtsscheinsvollmacht **167** 34
 Verwirkung **Vorbem 194–225** 18
 Zustimmungserklärung **182** 26
Treuhänder
 Begriff **Vorbem 164 ff** 48
 Freihaltungsanspruch, Fälligkeit **199** 7
 Wissenszurechnung **166** 4
Treuhand
 Einziehungsermächtigung
  Vorbem 164 ff 66
 Ermächtigungstreuhand **Vorbem 164 ff** 48
 Treugut **Vorbem 164 ff** 48
 Verfügung eines Nichtberechtigten **185** 47
 Verwaltungstreuhand **Vorbem 164 ff** 48
 Vollmachtsmissbrauch **167** 99
 Vollmachtstreuhand **Vorbem 164 ff** 48
 Vollrechtstreuhand **Vorbem 164 ff** 48
Treuhandabrede
 Innenverhältnis der Vollmacht **167** 3
Trödelvertrag
 Veräußerungsermächtigung **183** 76
 Verfügungsermächtigung **185** 71

Überbau
 s Grenzüberbau
Überbaurente
 wiederkehrende Leistungen **197** 83
Übereignung
 Abtretung des Herausgabeanspruchs **183** 60
 Genehmigung **184** 140
 Sache, noch zu beschaffende **185** 37

Überfahren
 Notwehr **227** 60, 68
Überfahrt
 Rechtsausübung, berechtigte **226** 19a
 Schikaneverbot **226** 29a
Überhang
 Selbsthilfe **229** 8
Überlassung zur Ausübung
 Einziehungsermächtigung **Vorbem 164 ff** 67
 Rechte, Verpachtung **Vorbem 164 ff** 67
Überraschungskontrolle
 Bevollmächtigung **167** 13
Überweisung
 Insichgeschäft **181** 11, 44
Uferstreifen
 Schikaneverbot **226** 24b
UG
 s Unternehmergesellschaft (haftungsbeschränkt)
Ultimo-Verjährung
 Jahresschlussverjährung **199** 1, 11, 85 ff
Umdeutung
 Einverständniserklärung **Vorbem 182 ff** 12
Umgehungsgeschäft
 Strohmann **Vorbem 164 ff** 49
Umlegungsverfahren
 Genehmigung bei Verfügungssperre **Vorbem 182 ff** 109
Umsatzsteuer
 Sicherheitsleistung **Vorbem 232 ff** 9
Umwandlungsrecht
 Fristen, rückwärtslaufende **187** 7
Umwelthaftungsrecht
 Verjährung **200** 9
 Verjährungsfrist **195** 13
UN-Kaufrecht
 s CISG
Unerlaubte Handlung
 Anspruchskonkurrenz **195** 34
 Eigenhaftung des Vertreters **179** 24
 Einrede der unerlaubten Handlung **194** 21
 Gesetzeskonkurrenz **195** 31
 Schadensersatzansprüche, Verjährung **195** 12
 Stellvertretung **Vorbem 164 ff** 39; **164** 13
 Verbot vollmachtlosen Handelns **180** 3
 verjährte Forderung **214** 39
 Verjährungsfristen **195** 36 ff
 Verwirkung **Vorbem 194–225** 22
 Wissensvertretung **Vorbem 164 ff** 87
Unfallversicherungsvertrag
 Vertretungsverbot **181** 18
Ungerechtfertigte Bereicherung
 s a Bereicherungsrecht
 Einrede der ungerechtfertigten Bereicherung **194** 21
 Gesetzeskonkurrenz **195** 31
 Kenntnis **166** 21, 31a

Ungerechtfertigte Bereicherung (Forts)
  Mangel des rechtlichen Grundes, Wissenszurechnung **166** 21
    Kenntnis des Anfechtungsgrunds **166** 21
  Rechtsgrund **167** 17
  Rechtsgrund der Vollmacht **167** 3
  Rechtsscheinsvollmacht **167** 17
  Verjährung **195** 11 f
  Vertretung ohne Vertretungsmacht **177** 27
  Wissensvertretung **Vorbem 164 ff** 87
Unionsrecht
  s Gemeinschaftsrecht
Universalrechtsnachfolge
  Verjährung von Ansprüchen **198** 1
Universalschlichtungsstellen
  Streitbeilegungsstellen **204** 59
Unlauterer Wettbewerb
  s Wettbewerbsrecht
Unmittelbarkeit der Stellvertretung
  s Stellvertretung
Unmöglichkeit
  Genehmigung **184** 91
Unpfändbarkeitsbescheinigung
  Vollstreckungsauftrag, Rücknahme **212** 46
Unsicherheitseinrede
  Sicherheitsleistung **Vorbem 232 ff** 4
Unterbevollmächtigung
  s a Untervertretung; s a Untervollmacht
  Auslegung der Hauptbevollmächtigung **167** 63
  Substitutionsbefugnis **167** 63, 71
  Verbot, gesetzliches **167** 63 f
Unterhalt, nachehelicher
  Sicherheitsleistung **Vorbem 232 ff** 2, 4
Unterhaltsanspruch
  Aufrechnung **215** 15
  künftiger Unterhalt **194** 28
  Unterhalt Minderjähriger, Antrag auf Festsetzung **204** 49 ff, 138
  s a Verjährungshemmung
  Verjährung **197** 66
  Verjährungshemmung **205** 23
  Verjährungshöchstfrist **199** 106; **202** 20
  Verwirkung **Vorbem 194–225** 22 f; **197** 64
  Zurückbehaltungsrechte **215** 15
Unterhaltsleistungen
  Anerkenntnis **212** 20, 26
  Verjährung **217** 10
Unterhaltsrente
  Kapitalisierung **197** 74
Unterhaltsrückstände
  titulierte Ansprüche **197** 8
  Verjährung **194** 28; **197** 64
    Hemmung **194** 28
  Verwirkung **Vorbem 194–225** 23; **197** 64
Unterlassen
  dauerndes Unterlassen gebotener Handlungen **199** 28

Unterlassene Hilfeleistung
  Notstandshandlung **227** 19
  Notwehrrecht **227** 19
Unterlassungsanspruch
  einmaliges Unterlassen **199** 107
  negatorischer Unterlassungsanspruch **199** 104, 108
  Rechtsgüter, absolut geschützte **199** 111
  Schikaneverbot **226** 24b
  Selbsthilfe **229** 10, 21, 26
  Titulierung **199** 112
  Tun, dauerndes positives **199** 113
  Unverjährbarkeit **199** 107
  Verjährung
    Höchstfristen **199** 114
    Verjährungsbeginn **194** 8; **199** 1, 108 ff; **200** 3
    Jahresschluss **199** 114; **200** 3; **201** 8
    Kenntnis **199** 114; **200** 3; **201** 8 f
  Verwirkung **200** 4
  Zuwiderhandlung **199** 1, 107 ff, 112; **200** 3; **201** 8
    dauernde Zuwiderhandlungen **199** 109
    einmalige Zuwiderhandlung **199** 111
    Wiederholungen **199** 109
Unterlassungshandlungen, unechte
  Garantenstellung **227** 17
  Herausgabe an mittelbaren Besitzer **227** 18
  Notwehr **227** 17 f
Unternehmen
  Willensmängel **166** 17
  Wissenszurechnung **166** 5
Unternehmensberater
  Nebenpflichtverletzung **164** 15
  Sachwalterhaftung **164** 15
Unternehmensbezogene Geschäfte
  Beweiserleichterung **164** 26
  Handeln für den, den es angeht **Vorbem 164 ff** 52
  Handeln in fremdem Namen **164** 1a
  Rechtsscheinhaftung **164** 1a; **167** 35b; **179** 23a
Unternehmenskauf
  Wissenszurechnung **166** 21
Unternehmenspacht
  Besitzrechtseinräumung durch Nichtberechtigte **185** 148
Unternehmergesellschaft (haftungsbeschränkt)
  Rechtsscheinhaftung **179** 23a
Unterschrift, eigenhändige
  Stellvertretung **Vorbem 164 ff** 40
Unterschriftenfälschung
  Handeln unter fremdem Namen **Vorbem 164 ff** 91
Untervermietung
  Erlaubnis **Vorbem 182 ff** 68
Unterverpachtung
  Erlaubnis **Vorbem 182 ff** 68

Untervertretung
s a Untervollmacht;
s a Unterbevollmächtigung
Auswahlverschulden **167** 71
Haftung des Hauptvertreters **167** 71
Haftung des Untervertreters **167** 73 f
  Hauptvertretungsmacht, fehlende **167** 73
  Untervollmacht, fehlende **167** 74
  – Genehmigung des Hauptvertreters
    167 74
Hauptvollmacht, Widerruf **167** 70
Innenverhältnis **167** 70 f
  Geschäftsführung ohne Auftrag **167** 70
Kennenmüssen des Untervertreters **167** 72
Kenntnis des Untervertreters **167** 72
Mehrvertretung **181** 35 f
mittelbare Untervertretung **167** 62
Offenlegung **167** 73
Selbstkontrahieren **181** 35 ff
  Befreiung vom Verbot des Selbst-
    kontrahierens **181** 49
  Gestattung **181** 49
Substitution, unbefugte **167** 63, 71
Vertretungsmacht des Hauptvertreters
  167 63, 74
vollmachtloser Vertreter **167** 73
Willensmängel **167** 72
Wissen des Vertretenen **166** 29
Wissenmüssen des Vertretenen **166** 29
Zulässigkeit **167** 63

Untervollmacht
Dauer **167** 67
Ersatzbevollmächtigung **167** 60
Erteilung **167** 61
gesetzliche Vertretung **167** 66
Haftung des Unterbevollmächtigten **179** 6
Hauptvollmacht, Fortbestand **167** 68
Hauptvollmacht, Wegfall **167** 34, 68
Kollisionen Handeln Hauptvertreter/
  Untervertreter **167** 67
Nachvollmacht **167** 62
Offenlegung des Vertreterhandelns **167** 61
Rechtsscheinsvollmacht **167** 34
Repräsentation des Hauptvertreters
  167 60 ff
Selbstkontrahieren **167** 61, 67
Umfang **167** 67
unwiderrufliche Untervollmacht **167** 67
Unwirksamkeit **167** 34
Vertretungsmacht, Weitergabe **167** 60 ff
Vertretungswirkung **167** 61
Vollmachtsurkunden **172** 4; **174** 3
Weisungen des Hauptvollmachtgebers
  166 35
Widerruf **167** 69; **168** 4

**Unterwerfung unter die sofortige Zwangs-
vollstreckung**
Bevollmächtigung, Nichtigkeit **167** 75a
Einwilligung, Widerruflichkeit **183** 89

**Unterwerfung unter die sofortige Zwangs-
vollstreckung** (Forts)
Insichgeschäft **181** 27
Mietzinsforderungen **232** 1
Neubeginn der Verjährung **212** 46
durch Nichtberechtigten **185** 150
Vertretung ohne Vertretungsmacht **180** 13
Vollmacht **Vorbem 164 ff** 96; **168** 11
prozessuale Vollmacht **167** 19
Rechtsscheinsvollmacht **167** 33
Zustellung, fehlende **185** 33

Untreue
Aufklärungspflicht **214** 29a

Unverjährbarkeit
s Anspruch
Dauerpflichten **199** 20c

unverzüglich
Ausschlussfristen **Vorbem 194–225** 15
Frist, unbestimmte **186** 6

Unwiderruflichkeitsklausel
Kraftloserklärung der Vollmachtsurkunde
  176 6
Vollmachtserteilung **168** 10

Unwirksamkeit, schwebende
Beendigung **184** 38 f, 41, 56 ff, 61 f; **185** 93
Befristung **184** 63 ff
Dauer **184** 56 ff
Drittbeteiligung **184** 54 f
Einwilligung, fehlende **182** 81 f
Genehmigung **184** 1; **185** 86
Entscheidung über Genehmigung,
  Herbeiführung **184** 52
fehlende Genehmigung
  Vorbem 182 ff 97 f
Zugang **182** 49
Genehmigungsverweigerung **184** 71 ff
Geschäftsfähigkeit, beschränkte **184** 52
Handeln ohne Vertretungsmacht **177** 8
Hauptgeschäft **Vorbem 182 ff** 54, 59; **184** 43
Insichgeschäft **181** 45 f
Kondizierbarkeit erbrachter Leistungen
  184 47
Leistungsaustausch **Vorbem 182 ff** 97
Leistungspflichten **184** 46, 48 f
Nebenpflichten **184** 50 ff
Haftung **184** 53
Rechtsgeschäft, einseitiges **184** 66
Unterlassungspflichten **184** 51
Verfügung eines Nichtberechtigten **185** 2
Verfügungsmacht, Wiedererlangung
  185 163
Vertrag zugunsten Dritter **184** 54
Vertretung ohne Vertretungsmacht **184** 52
Vorhaltung der Leistung **184** 51
Widerruf der Einwilligung **183** 64
Wiederaufleben **184** 77
Zustimmungserfordernis, Wegfall **184** 68 ff
Zwischenverfügungen **184** 60

Unzulässige Rechtausübung
  Missbrauch der Vertretungsmacht **167** 101
  Rechtsmissbrauch **226** 12
  Schikaneverbot **226** 9, 12
Urheberrecht
  Abänderungsansprüche, Verjährungsfrist **195** 47
  absolutes Recht **194** 19
Urkunde, gefälschte
  Gefahrenquelle **228** 20
Urkunden, vollstreckbare
  notarielle Urkunden **197** 58
  Verjährung **197** 5, 58
  Verjährungsbeginn **201** 3
  Verjährungshemmung **204** 45
  Zinsen **197** 80
Urkundenprozess
  Statthaftigkeit der Klage **204** 27
  Vorbehaltsurteil **197** 55; **201** 2; **204** 143
Urlaub
  Zeitbestimmung **191** 1
Urlaubsabgeltungsanspruch
  Fristberechnung **188** 2
Urlaubsanspruch
  Tätigkeitsmonate **188** 20
  Verwirkung **Vorbem 194–225** 23
Urteil
  Entscheidungsgründe **193** 57
  rechtskräftig festgestellter Anspruch **197** 32
  Verjährungsbeginn **201** 2
  Vorbehalt der Aufrechnung **201** 2
Urteilsverfassungsbeschwerde
  Verjährungshemmung **204** 144
USA
  Notwehr **227** 89
  Verhältnismäßigkeitsgrundsatz **227** 89
Usus modernus pandectarum
  Institor **Vorbem 164 ff** 59
  Schikaneverbot **226** 2
  Stellenausschreibung **Vorbem 164 ff** 9
  Verwalterhandeln **Vorbem 164 ff** 59

Vaterschaftsanerkennung
  Stellvertretung **Vorbem 164 ff** 40
  Widerruf **Vorbem 164 ff** 40
  Zustimmungserfordernisse **Vorbem 182 ff** 26
  Form **182** 113
Vaterschaftsanfechtung
  Ergänzungspflegschaft **181** 28
  Frist **186** 24
  Fristbeginn **166** 22
  Insichgeschäft **181** 28
  Vertretungsverbot **181** 18
  Zustimmungen **Vorbem 164 ff** 40
venire contra factum proprium
  Einrede der Verjährung **214** 22

Veräußerungsermächtigung
  s Weiterveräußerungsermächtigung
Veräußerungsverbote, gerichtliche
  Genehmigung **185** 141 f
Verarbeitung
  Fremdwirkung **Vorbem 164 ff** 38
Verbot vollmachtlosen Handelns
  Rechtsgeschäfte, einseitige **180** 1 ff
Verbotene Eigenmacht
  Abwehr durch Besitzdiener **229** 8
  Abwehr durch Besitzer **229** 8
  Abwehr durch Teilbesitzer **229** 8
  Notstand, strafrechtlicher rechtfertigender **228** 4
  Notstandshandlung **228** 35
  Notwehr **227** 73
  Notwehrrecht **227** 18
  Rechtsnachfolge **198** 6
  Selbsthilfe **229** 8, 21, 42
Verbotsgesetze
  Wissenszurechnung **166** 23
Verbraucher
  Einkauf, täglicher **Vorbem 194–225** 11
Verbraucherdarlehensvertrag
  Prozessvollmacht **167** 19, 26
  Verjährungshemmung **Vorbem 203–213** 4
  Verzugszinsen **197** 81
  Vollmacht **166** 9
    Formbedürftigkeit **167** 19, 26
    notariell beurkundete Vollmacht **167** 19, 26
    – Mindestangaben **167** 26
    – Pflichtangaben **167** 26
  Widerrufsrecht **166** 9
Verbrauchereigenschaft
  Wissenszurechnung **166** 9
Verbraucherkreditvertrag
  s Verbraucherdarlehensvertrag
  Zustimmung, Form **182** 114
Verbraucherschutzrecht
  Botenschaft **Vorbem 164 ff** 78
  Fristen **184** 102
  Genehmigung **184** 102
  Repräsentationsprinzip **166** 9
  Stellvertretung **Vorbem 164 ff** 78
Verbraucherwiderrufsrechte
  Ausschlussfrist **218** 12
  Fristbestimmung **186** 14; **188** 13
  Repräsentationsprinzip **Vorbem 164 ff** 32
  Schikaneverbot **226** 32d
  Verwirkung **218** 12
  Vollmacht **168** 5
  Widerrufsbelehrung **187** 6e; **193** 3a
  Widerrufsfrist **186** 24; **193** 3a
    Fristbeginn **187** 6e
    Fristberechnung **187** 6e
    Höchstfristen **218** 12
  Widerrufsrecht **186** 24
  Wissenszurechnung **166** 9

Verbrauchsgüterkauf
Mängelanzeige binnen zwei Monaten
Vorbem 194–225 11; **202** 14
Regressansprüche, Verjährung **195** 47
Unternehmerregress **202** 14
Verjährung **202** 14, 17
Verjährungsablaufhemmung
Vorbem 203–213 4
Verjährungshemmung **Vorbem 203–213** 4
Verbrauchssteuern
Festsetzungsfrist **195** 46
Verbringung eines Kindes
Zustimmung **Vorbem 182 ff** 92
Verbürgung der Gegenseitigkeit
Verjährungshemmung **204** 41
Verdienstausfall
Verjährung **217** 11
Verein
Befreiung vom Verbot des Selbstkontrahierens **181** 53 f
Beschlüsse **Vorbem 182 ff** 73 f
Mitgliederversammlung, Zustimmungserfordernisse **Vorbem 182 ff** 26
Sicherheitsleistung **Vorbem 232 ff** 2, 4
Unterschreiten der Mitgliederzahl **186** 14
Vertretung **Vorbem 164 ff** 21
Verein, konzessionierter
Vertretungsnachweis **172** 1
Verein, rechtsfähiger
Insichgeschäft **181** 25
Vereinbarung
Zustimmungserfordernisse
Vorbem 182 ff 31
Vereinbarung über die Verjährung
s Verjährungsvereinbarung
Vereinsauflösung
Sperrfrist für Auszahlung des Vermögens **186** 14
Vereinsvorstand
Geschäftsfähigkeit, beschränkte **165** 6
Organ **Vorbem 164 ff** 25
Organisationsbestimmungen
Vorbem 164 ff 26
Vertretung des Vereins, gesetzliche
Vorbem 164 ff 25
Verfahrensfähigkeit
Ehegatten **210** 8
Verfahrenshandlungen
Insichgeschäft **181** 28
Stellvertretung **Vorbem 164 ff** 96
Vertretung ohne Vertretungsmacht **180** 13
Verfahrenskostenhilfe
Bekanntgabe des Antrags **204** 117
Familiensachen **204** 113
Freiwillige Gerichtsbarkeit **204** 113
Stellungnahme, Gelegenheit zur **204** 117
Verjährungshemmung **204** 4, 113 ff
Verfahrensrecht
Feiertag **193** 8

Verfahrensrecht (Forts)
Fristberechnung **186** 18
Notwehrrecht **227** 38
Samstag **193** 8
Sonntag **193** 8
Zustimmungen **Vorbem 182 ff** 84
Verfallsfrist
Fristbegriff **186** 8
Verfassungsbeschwerde
Beschwerdefrist **186** 18; **188** 21
Verjährungshemmung **204** 40, 144
Verfolgungsverjährung
sexuelle Selbstbestimmung, Verletzung **208** 2
Verfügung
Definition **184** 121
Einwilligung, konkludente **182** 22
Einwilligung zu einer Verfügung
Vorbem 182 ff 11
Genehmigung **184** 7
gerichtliche Verfügungen **186** 15
Rechtsgeschäft, einseitiges **185** 15 f
Zustimmung zu einer Verfügung
Vorbem 182 ff 46 ff
Verfügung eines Nichtberechtigten
Abgrenzung **185** 30 ff
Aufrechnung **185** 13
Autonomieschutz **185** 6
Beerbung durch den Berechtigten **185** 2
Berechtigung **185** 51 ff
Rechtsschein **185** 53
Zeitpunkt **185** 54 ff
Beweislast **185** 170
im eigenen Namen **185** 29 ff
Eigentumsübergang **Vorbem 182 ff** 52
Einwilligung **185** 1 f
s a dort; Ermächtigung
Erbrecht **185** 13
Ermächtigung **185** 1 ff, 57 ff
s a Verfügungsermächtigung
Erwerb, nachträglicher **185** 2
Familienrecht **185** 13
Forderungsabtretung **185** 13
Gegenstandsbegriff **185** 27 f
Genehmigung **Vorbem 182 ff** 2; **185** 2 f, 86 ff
Erlöserausgabe, Anspruch auf **185** 94 ff
Leistungserbring an Dritte **185** 96
mehrere Genehmigungen **185** 89
Nichtberechtigte, andere **185** 92
Rückwirkung **184** 141
Verpfändung **185** 90
Geschäftsfähigkeit, beschränkte
Vorbem 182 ff 43
Gestaltungsrechte **185** 15 ff
gutgläubiger Erwerb **185** 36
Gutglaubensschutz **185** 4
Immaterialgüterrechte **185** 14
Insolvenzverwaltung **185** 7

Verfügung eines Nichtberechtigten (Forts)
Kenntnis **185** 36
Kettenverfügung **185** 91
Konvaleszenz **185** 2, 33, 35, 62, 97 ff
mehrere Konvaleszenzakte **185** 1 f
s a dort
Mitberechtigung **185** 51
Nachlassverwaltung **185** 7
Nicht-so-Berechtigter **185** 41
Nichtberechtigung **185** 38 ff
Zeitpunkt **185** 48
Offenlegung **185** 36, 60
Recht, auflösend bedingtes **185** 42
Recht, aufschiebend bedingtes **185** 46
Recht, befristetes **185** 42, 46
Recht, belastetes **185** 41
Rechtseffizienz **185** 9
Rechtsgeschäfte, einseitige **185** 12, 15 f
Rechtsgeschäfte, mehrseitige **185** 12
Rechtsinhaberschaft **185** 34, 38 ff
Rechtssicherheit **185** 9
Schadensersatz **185** 36
Testamentsvollstreckung **185** 7
Übereignung einer noch zu beschaffenden Sache **185** 37
Unwirksamkeit, schwebende **185** 2
Verfügender **185** 12
Verfügungen, sachenrechtliche **185** 13
Verfügungen, schuldrechtliche **185** 13
Verfügungsbegriff **185** 12
Verfügungsbeschränkungen **185** 44 f
Verfügungsmacht **185** 38, 43 ff, 52, 62
Verlust **185** 55 f, 64
Verkehrsfähigkeit von Gegenständen **185** 8
Verkehrsschutz **185** 4, 10
Vorbehaltskauf **185** 8
Vorerbe **185** 45
Widerrechtlichkeit **185** 93
Zurückweisung **185** 61
Zustimmung **Vorbem 182 ff** 17; **185** 8
Zustimmung eines Nichtberechtigten **185** 28, 162
Zustimmung im eigenen Namen **182** 59
Zustimmungserfordernis **Vorbem 182 ff** 4, 23; **185** 1, 4
Zwischenverfügung **Vorbem 182 ff** 2
Verfügung über Haushaltsgegenstände
Vertretungsverbot **Vorbem 164 ff** 41
Verfügung über Vermögen im Ganzen
Vertretungsverbot **Vorbem 164 ff** 41
Zustimmungserfordernis **Vorbem 182 ff** 26
Verfügung von Todes wegen, notwendige Kenntnis
Verjährungshöchstfristen **199** 105
Verfügungsbefugnis
Genehmigungsberechtigung **184** 27 ff
Verfügungsermächtigung
Adressaten **185** 57

Verfügungsermächtigung (Forts)
Auslegung **185** 65 f
Ausübung fremder Rechte im eigenen Namen **Vorbem 164 ff** 63 f
Begrenzung **185** 67
Begriff **185** 58
Formfreiheit **185** 57
Generalermächtigung **185** 66
Grundverhältnis **185** 67
kollidierende Verfügungen **Vorbem 164 ff** 63; **164** 10
Legitimation **Vorbem 164 ff** 63
Prioritätsprinzip **Vorbem 164 ff** 63
Rechtsgeschäft, einseitiges **185** 57
Umfang **185** 65 ff
Unterermächtigung **185** 68
Verfügungsbefugnis des Rechtsinhabers **Vorbem 164 ff** 63
Verfügungsgeschäfte **Vorbem 164 ff** 65
Verfügungsmacht **185** 69
Widerruflichkeit **Vorbem 164 ff** 63; **185** 57
Verfügungsgeschäft
Genehmigung, Rückwirkung **184** 106 ff
Stellvertretung **Vorbem 164 ff** 38
Verfügungsmacht
Verfügung eines Nichtberechtigten **185** 38, 43 ff, 52
Wiedererlangung der Verfügungsmacht **185** 163
Verfügungsverbot, relatives
Zustimmung **Vorbem 182 ff** 26
Verfügungsvollmacht
Erteilung durch Nichtberechtigten **167** 9
Vergabeverfahren
Angebotsfrist **193** 9
Vergleich
Verjährung **197** 5, 56 f; **204** 145
Vergleich im schiedsrichtlichen Verfahren
Vollstreckbarkeit **197** 57
Vergleich, außergerichtlicher
Verjährungsfrist, bisherige **195** 22
Vergleich, gerichtlich bestätigter
rechtskräftig festgestellter Anspruch **197** 57
Vergleich, gerichtlicher
s a Prozessvergleich
Anerkenntnis **212** 29
Verjährungsbeginn **201** 3
Verjährungsfristen **195** 22
Vollmachtsurkunde **172** 1
Widerruf **193** 12
Vergleich, vollstreckbarer
Prozessbeendigung **197** 56
Prozesskostenhilfe **197** 56
rechtskräftig festgestellter Anspruch **197** 56 f
Sekundäransprüche **197** 57
selbständiges Beweisverfahren **197** 56
Verjährungshemmung **204** 45

Verhältnismäßigkeitsgrundsatz
Handeln, staatliches **227** 41
Selbsthilfe **229** 26
Verhaltensunrecht
Notstand **228** 33
Notwehr **227** 29 f, 52 f
Verhandlungen
Abbruch **203** 18
Abwarten bestimmter Ereignisse **203** 13
Allgemeine Geschäftsbedingungen **203** 18
Anerkenntnis, Abgrenzung **203** 2; **212** 12
Anfechtung **203** 10
Anmeldung eines Anspruchs **203** 18, 20
Auslegung **203** 2
Ausschlussfristen **203** 21
außergerichtliche Geltendmachung
  von Forderungen **204** 40
Beendigung **203** 11, 19
Beginn **203** 9, 19
  Rückdatierung **203** 9
Begutachtungsverfahren **203** 3
Begutachtungsverfahren, vereinbartes
  204 5
Beweislast **203** 19
Dauer **203** 11
durch Dritte **203** 9
Eigenhaftung des Vertreters **164** 14
Einigung der Parteien **203** 13
Einleitung **203** 9; **204** 40
Einrede der Verjährung **203** 1
Einschlafen der Verhandlungen **203** 12 f,
  18
Einverständnis der Parteien **203** 9, 15
Entgegenkommen **203** 8
Erfolglosigkeit **203** 1
Erfüllungsansprüche **203** 5
Erfüllungsmaßnahmen **203** 16
Freiwilligkeit **203** 8
Gegenstand **203** 14 f
  Beschränkungen **203** 14
Geschäftsfähigkeit **203** 8
Gesprächsbereitschaft **203** 7
Gestaltungsrechte **203** 21
Gewährleistungsrecht **203** 3, 5
Gläubigermehrheit **203** 6
Gutachteneinholung **203** 16
Güteversuch, einverständlicher **203** 3; **204** 5
Klageerhebung **203** 3; **204** 5
Kompensation, anderweitige **203** 15
Kulanz **203** 8, 16
Kurzverhandlungen **203** 11
Lebenssachverhalt **203** 14 f
Mahnbescheid **203** 3
Mängelbeseitigung **203** 16
Mediationspflicht **203** 9, 18
mehrfache Verhandlung **203** 12
Meinungsaustausch der Parteien **203** 1, 7 ff
  Bereitschaft, Bekundung **203** 10
  Einlassung des Gegners **203** 9

Verhandlungen (Forts)
Minderung **203** 5
Musterprozess, Ausgang **203** 13, 16
Nacherfüllung **203** 16
Nachfrist **203** 2, 17 f
öffentliches Recht **203** 22
Rechte, erfasste **203** 15
Rechtsfragen **203** 16
Rechtsverfolgung, Unzweckmäßigkeit
  205 2
Rücktritt **203** 5
Schadensbeseitigung **203** 16
Schadensersatzansprüche **203** 5
Schriftformklauseln **203** 18
Schuldnermehrheit **203** 6, 9
Strafverfahren, Ausgang **203** 13, 16
Streitverkündung **203** 3
Stundung **205** 13
Tatsachen **203** 16
Verhaltensweisen des Schuldners **203** 16
Verhandlungspflicht **203** 9, 18
Verhandlungsvollmacht **203** 9
Verjährungshemmung **Vorbem 194–225** 13,
  38, 44, 47; **203** 1 ff, 3a; **205** 9, 13
  Dauer **204** 151
  Unabdingbarkeit **203** 18
Verkehrsunfall **203** 15
Vertretung ohne Vertretungsmacht **203** 9
Vorteilhaftigkeit, lediglich rechtliche **203** 8
Wiederaufnahme von Verhandlungen
  203 12
wiederholte Verhandlungen **203** 19
Zurückweisung eines Anspruchs **203** 20
Zwischenräume **203** 12, 19
Verhandlungsgehilfen
Vertreter, vollmachtloser **177** 24
Vertretungsmacht **Vorbem 164 ff** 93
Wissenszurechnung **166** 9
Verhandlungsvollmacht
Anerkenntnis **212** 10
Haftpflichtversicherer **203** 9
Umfang **167** 85
Verhandlungen **203** 9
Verjährung
Abschwächung der Forderung **214** 36; **216** 1
Aktiengesellschaft **195** 48
Analogiebildung **Vorbem 194–225** 46, 48
Anfechtung **194** 18
Anspruchserhaltung trotz Fristablauf **214** 1
Anspruchsverjährung **Vorbem 194–225** 3,
  8 f; **213** 1; **214** 3
Ansprüche **194** 6 ff, 15, 22 f; **195** 11, 29; **218** 1
  außerhalb des BGB **Vorbem 194–225** 38
  begründete Ansprüche
    Vorbem 194–225 5
  betagte Ansprüche **194** 9
  gesicherte Ansprüche **216** 1 ff
  titulierte Ansprüche **Vorbem 194–225** 11,
    38; **194** 22; **197** 5, 8; **199** 2; **202** 20

Sachregister

Verjährung (Forts)
 – erneute Klage **197** 87
 s a Titulierung
 unbegründete Ansprüche
  Vorbem 194–225 5; **194** 4
 unbekannte Ansprüche
  Vorbem 194–225 5; **195** 48; **199** 1
 unvollkommene Ansprüche **214** 36
 Aufrechnung **194** 18
 ausländisches Recht **204** 35, 41
 Auslegung **Vorbem 194–225** 46 f
 Ausschluss **197** 8
 Begriff **Vorbem 194–225** 1
 Bereicherungsanspruch **214** 37
 Berufung des Schuldners auf die Verjährung **194** 26
 Beweiserhebung **214** 12
 Beweisersparungsfunktion
  Vorbem 194–225 5
 Beweisnot, Schutz vor **Vorbem 194–225** 5; **204** 1
 DDR **Vorbem 194–225** 49, 52
 deliktische Haftung **195** 37 ff
 Einrede **194** 6; **214** 41
  peremptorische Einrede **194** 20
  s a Verjährungseinrede
 Eintritt der Verjährung **204** 1; **214** 1 ff
  Aufrechnung **214** 36
  Gläubigermehrheit **214** 40
  Grundstücksrechte **Vorbem 194–225** 3
  Kenntnis des Schuldners **214** 37
  Leistungen nach Eintritt der Verjährung **214** 36 ff
  – Anerkenntnis **214** 38
  – Aufrechnung **214** 38
  – Freiwilligkeit **214** 37
  – Hinterlegung **214** 38
  – Kondiktionsfestigkeit **214** 38
  – Leistungen an Erfüllungs Statt **214** 38
  – Leistungen erfüllungshalber **214** 38
  – Sicherheitsleistung **214** 38
  – Zahlung zur Abwendung der Zwangsvollstreckung **214** 37
  Rechtsgrund **214** 36
  Rechtsnachfolge in die Forderung **214** 40
  Schuldbeitritt **214** 40
  Schuldnermehrheit **214** 40
  Sicherheiten, akzessorische **216** 1 f
  Sicherheiten, nicht akzessorische **216** 6
  Sicherheitenverwertung **214** 36; **216** 1
  Wirkungen **214** 36
 Entwertung der Forderung **204** 1
 Erledigung der Hauptsache **214** 14
 Erleichterung **202** 1, 3 f, 9
 Erneuerung **201** 10
 Erschwerung **202** 1, 3 f, 9
 Feststellungsklage, negative **214** 9a, 12

Verjährung (Forts)
 Forderungen, Geltendmachung
  Vorbem 194–225 6
 Fürsorgepflicht des Gläubigers **199** 73
 Genehmigung **184** 95
 Gerichte, Entlastung **Vorbem 194–225** 7
 Gestaltungsrechte **Vorbem 194–225** 3; **218** 1
 Grundsatz der Schadenseinheit
  Vorbem 194–225 10; **199** 5, 27, 32, 34 ff
 Hauptforderung **217** 7 f
 Hinweispflicht des Gläubigers **214** 20, 26 ff
 Interesse, öffentliches **Vorbem 194–225** 7
 Interessenausgleich **Vorbem 194–225** 12 f
 Internationales Privatrecht
  Vorbem 194–225 53 ff
 Intertemporales Recht
  Vorbem 194–225 49 ff
 Kenntnis des Gläubigers
  s Verjährungsbeginn
 Kenntnismöglichkeit des Gläubigers
  s Verjährungsbeginn
 Klageabweisung **194** 4
 Klageabweisung als unbegründet **214** 13
 Konkurrenz Verjährung/Verwirkung
  Vorbem 194–225 21
 Kündigung **194** 18
 Leistungsverweigerungsrecht
  Vorbem 194–225 14; **194** 23; **214** 1; **217** 1
 materielles Recht **214** 11, 13
 Naturalobligation **214** 36
 Nebenleistungen **213** 12; **217** 6 ff
 Neuregelung **Vorbem 194–225** 50
 Nichtgebrauch von Sachen
  Vorbem 194–225 1, 3
 öffentliches Recht **Vorbem 194–225** 39 ff
 Organisationspflichten **199** 77 f, 84
 Rechtserwerb **Vorbem 194–225** 1
 Rechtsfrieden **Vorbem 194–225** 7
 Rechtslage, ungeklärte **199** 62
 Rechtssicherheit **Vorbem 194–225** 7; **199** 84c
 Rechtsvergleichung **Vorbem 194–225** 57
 regelmäßige Verjährung
  s Verjährungsfrist
 Rückforderung des Geleisteten **214** 37 f
 Rücktritt **194** 18
 Schadensersatzansprüche **194** 28
 Schuldnerschutz **Vorbem 194–225** 14
 Schuldrechtsreform **Vorbem 194–225** 50, 58 f; **195** 57; **199** 1, 117; **218** 1
  Vorgängernormen **Vorbem 194–225** 60
 Teilverjährung **198** 1
 Überleitungsregelungen **Vorbem 194–225** 49 ff; **195** 57; **197** 20; **199** 76, 92
 Unterbrechung **Vorbem 203–213** 2 f; **204** 2 f, 120; **212** 1
 unvordenkliche Verjährung
  Vorbem 194–225 37

Verjährung

Verjährung (Forts)
Vereinbarungen über die Verjährung
202 29
Fristverlängerungen **202** 27
Verzicht auf die Einrede der Verjährung **214** 30 ff
Verkehrssicherheit **Vorbem 194–225** 7
vertragliche Haftung **195** 37 ff
Vertragsfreiheit **Vorbem 194–225** 13
Vollendung **214** 1
Wirkungsweise **Vorbem 194–225** 21
Wissensvertretung **Vorbem 164 ff** 87
Wissenszurechnung **166** 22
Wissenszusammenrechnung **166** 22
Zeitablauf **Vorbem 194–225** 1, 5, 20; **194** 25; **204** 1
Zurückverweisung **214** 13
Verjährungsablaufhemmung
s Ablaufhemmung
Verjährungsbeginn
Ablieferung des Schuldgegenstandes **200** 5, 10
Abnahme **200** 10
Anlaufhemmung **209** 9
Anspruchsentstehung **199** 1 ff, 5, 76; **200** 1 f; **209** 9
Anspruchsgeltendmachung, Zumutbarkeit **199** 84a
Beweislast **199** 84
Darlegungslast **199** 84
Fälligkeit des Anspruchs **199** 5, 7 ff
Fälligkeitsabreden **199** 21
Grundsatz der Schadenseinheit **199** 27, 50
s a Schadenseinheit
Jahresschluss **199** 1, 11, 85 ff
Klageeinreichung **199** 86
Mahnantrag, Einreichung **199** 86
Kenntnis des Gläubigers **199** 1 f, 3, 53 ff, 71, 74 f, 88 f; **200** 9; **202** 24
ad hoc bestellte Dritte **199** 60
Amnesie **199** 71
Anfechtung **199** 64
Anspruch **199** 69
Anspruchsinhaber **199** 53
Anwalt **199** 60
Architekt **199** 60
Behörden **199** 59
Bereicherungsanspruch **199** 64
Betreuer **199** 57
Beweismöglichkeiten **199** 68
deliktisch Geschädigter **199** 53
Dritte, Kenntniszurechnung **199** 60 f
Einreden **199** 67
Einwendungen **199** 67
Eltern **199** 57
Entlastungsmöglichkeiten **199** 63
Erfüllungsansprüche, vertragliche **199** 64

Sachregister

Verjährungsbeginn (Forts)
Ersatzmöglichkeit, fehlende anderweitige **199** 63
Gesamtschuldnerausgleich **199** 65
gesetzliche Vertretung **199** 57 f
– juristische Personen **199** 58
gewillkürt eingeschaltete Person **199** 60
Gewissheit **199** 71
Gläubigermehrheit **199** 54
Inkassobefugnis **199** 55
Körperschaften, öffentliche **199** 59
Körperverletzung **199** 63
Mitberechtigung **199** 55
Organwechsel **199** 56
Partei kraft Amtes **199** 55
Person des Schuldners **199** 53
– Anschrift **199** 70
– Aufenthaltsort, unbekannter **199** 70
– mehrere Schuldner **199** 70
– Name **199** 70
– verstorbener Schuldner **199** 70
Prozessstandschaft, gewillkürte **199** 55
Rechtfertigungsgründe **199** 63
Rechtslage, ungeklärte **199** 62
Rechtsnachfolge kraft Gesetzes **199** 56
Schlussrechnung **199** 64
Tatsachen **199** 62 ff, 84a
Umstände, anspruchsbegründende **199** 53, 62 ff, 69
unerlaubte Handlung **199** 63
Verfügungsbefugnis **199** 55
Verlust, nachträglicher **199** 87
Vertrag zugunsten Dritter **199** 54
Vollständigkeit der Kenntnis **199** 66
Vormund **199** 57
Wegfall der Kenntnis **199** 72
Wohnungseigentümer **199** 58
Wohnungseigentumsverwalter **199** 58
Zeitpunkt **199** 72
Zession **199** 56
Kenntnismöglichkeit des Gläubigers **202** 25
s a Unkenntnis des Gläubigers
Klageerhebung vor Verjährungsbeginn **204** 38
Klageerhebung, Zumutbarkeit **199** 84a f
Klagemöglichkeit **199** 6
langfristige Verjährung **197** 11
Mängelansprüche **200** 6
Mangelfolgeschäden **199** 23
Organisationsmangel **199** 77 f
Rechte an Grundstücken **196** 14
Rechtslage, ungeklärte **199** 84a ff
Rechtslage, unsichere **199** 1a
regelmäßige Verjährung **199** 2
Rückgabe einer Sache **200** 5
Rückgabe des Vertragsgegenstands **200** 10
Schadensersatzansprüche **199** 93 ff
Schuldverhältnis, Beendigung **200** 5, 10
subsidiäre Haftung **199** 16, 41

Verjährungsbeginn (Forts)
titulierte Ansprüche **199** 2; **200** 5
s a Titulierung
Tun, positives **200** 2
Unkenntnis des Gläubigers
Vorbem 194–225 10; **199** 1, 3, 53, 73 ff, 88 f; **202** 24
Aufklärungskosten **199** 82
Auskunftsklage **199** 83
Ermittlungen **199** 80
Fahrlässigkeit, grobe
Vorbem 194–225 47; **199** 73, 75, 77, 82 f, 84
Hilfspersonen **199** 81 f
Obliegenheit **199** 73
Organisationspflichten **199** 77 f, 84
Person des Schuldners **199** 73
Schuldnerverhalten **199** 83
Umstände, anspruchsbegründende **199** 73
Verdachtsmomente **199** 79
Verlust, nachträglicher **199** 87
Vollständigkeit der Kenntnismöglichkeit **199** 66
Unterlassungsansprüche **199** 107 ff; **200** 3
Unzumutbarkeit der Rechtsverfolgung **199** 84a ff
verhaltener Anspruch **199** 12 ff; **Anh 217** 5
Verjährungsfrist **195** 13
Verjährungshöchstfristen **199** 93, 96, 98, 105, 115
Verjährungsvereinbarung **202** 23 ff
Vorverlegung **200** 7
wiederkehrende Leistungen **199** 21
Zuwiderhandlung **199** 1, 107 ff, 112; **200** 3; **201** 8

Verjährungseinrede
Anspruch, Fortbestand **194** 9
Arglist, Gegeneinwand **214** 18
Aufklärungspflicht des Schuldners **214** 26 ff
Aufklärungspflicht, richterliche **214** 15 f
Aufrechnung mit der Aktivforderung **215** 5
Besorgnis der Befangenheit **214** 15 f
Bürge **214** 10
Erhebung der Einrede **214** 5 ff, 14 ff
Auslegung der Erklärung des Schuldners **214** 8
außerprozessuale Erhebung **214** 11
Bedingungsfeindlichkeit **214** 9
durch den Beklagten **214** 11
Berufungsinstanz **214** 11
Ermessen **214** 5
Fortdauer **214** 9
Gesamtschuldner **214** 10
geschäftsähnliche Handlung **214** 6
durch den Kläger **214** 11
Leistungsverweigerung, endgültige **214** 8

Verjährungseinrede (Forts)
im Prozess **214** 11, 14
Revisionsinstanz **214** 11
Tatsacheninstanzen **214** 11
nach Verjährungseintritt **214** 7
vor Verjährungsbeginn **214** 7
Vertretungsmacht **214** 6
Verzögerung der Erledigung des Rechtsstreits **214** 19
vorprozessuale Erhebung **214** 11, 14
Erledigung der Hauptsache **214** 14
Kostentragungspflicht **214** 14
Fallenlassen im Prozess **214** 33
Gestaltungswirkung **214** 9
hilfsweise Geltendmachung **214** 12
Hinweise, richterliche **214** 15 ff
Irrtumsanfechtung **214** 6
Klageabweisung **214** 12, 36
Versäumnisurteil, unechtes **214** 11 f
Klagestattgabe **214** 12
Leistungsverweigerungsrecht **186** 8
minderjähriger Schuldner **214** 6
Missbrauch **203** 1
Nichterhebung **Vorbem 194–225** 21
öffentliche Hand **214** 5
öffentliches Recht **Vorbem 194–225** 45
peremptorische Einrede
Vorbem 194–225 4; **194** 20
Rückforderungsmöglichkeit, fehlende
Vorbem 194–225 4
Schadensersatzanspruch, sekundärer **214** 27
unzulässige Rechtsausübung
Vorbem 194–225 36; **204** 12; **212** 36; **214** 18 ff
Abhaltung von der Fristwahrung **214** 20, 22 f
Fortfall der die Unzulässigkeit begründenden Umstände **214** 24
– Frist, angemessene **214** 24 f
Hinweispflicht des Gläubigers **214** 20, 26 ff
Verzicht, einseitiger
s dort
venire contra factum proprium **214** 22
Verjährung **194** 20
Verjährungsvereinbarung **202** 29
Vertragsstrafe **202** 29
Verwirkung **Vorbem 194–225** 36
Verzicht, einseitiger **202** 5;
Vorbem 203–213 2; **203** 1; **212** 5 f;
214 20, 30 ff, 36
Anerkenntnis nach Ablauf der Verjährungsfrist **212** 32
Auslegung **214** 32
befristeter Verzicht **214** 35
Endtermin **214** 21
Formfreiheit **214** 31
Insolvenzanfechtung **214** 35

Verjährungseinrede (Forts)
  Prozessergebnis **214** 21, 23
  Teilverzicht **214** 34
  unbefristeter Verzicht **214** 35
  Verhandlungen **202** 5; **214** 20
  Verzichtswille **214** 32
  Widerruflichkeit **214** 20, 35
  Willenserklärung, einseitige empfangsbedürftige **214** 32
  Verzichtsvereinbarung **214** 31
  Verzug **217** 2 f
  vollmachtloser Vertreter **214** 6
  Widerruflichkeit **214** 6, 35
  Zugang **214** 6
Verjährungserleichterung
  AGB-Kontrolle **202** 15 ff
  Verjährungsvereinbarung **202** 1, 11 ff
Verjährungserschwerung
  Verjährungsvereinbarung **202** 1, 19 ff
  Vollmacht **202** 6
Verjährungsfrist
  Ablauf
    s Fristablauf
  Anspruchsentstehung **195** 21
  Ansprüche, konkurrierende **213** 13
  neben Ausschlussfristen
    Vorbem 194–225 15
  Beginn **213** 11
  Beseitigungsanspruch **199** 116
  besondere Verjährungsfristen **186** 13
  Billigkeit **202** 9a
  Dignität des Anspruchs **197** 3
  dingliche Rechte **199** 114
  Dreijahresfrist **195** 1, 3; **199** 1
  Eigentumsstörung **199** 114
  Einrede, dauernde **186** 13
    s a Verjährungseinrede
  Ende **213** 12
  Fristablauf **193** 13; **209** 7; **214** 1 ff
    Ansprüche, einzelne **213** 1
    Berufung auf den Fristablauf **212** 34
  Fristberechnung **187** 6b
  Gläubigerwechsel **195** 21
  Hemmungszeitraum, Hinzurechnung **203** 3a
  Herausgabeansprüche, dingliche **186** 13; **197** 3 f
  Herausgabeansprüche, erbrechtliche **186** 13
  Höchstfristen **199** 1, 76, 89 ff; **202** 28
    Bereicherungsansprüche **199** 106
    Erbfall **199** 99 ff
      Sekundäransprüche **199** 102
    erbrechtliche Ansprüche **199** 99 ff
    Erfüllungsansprüche, vertragliche **199** 106
    familienrechtliche Ansprüche **199** 100
    Geschäftsführung ohne Auftrag **199** 106
  10-Jahres-Frist **199** 89, 95

Verjährungsfrist (Forts)
  30-Jahres-Frist **199** 89
  Kenntnisunabhängigkeit **199** 1
  Rechtsgüter, nicht personenbezogene **199** 93, 97 f
  – Eigentum **199** 93, 97
  – eigentumsähnliche Rechte **199** 97
  – Vermögen **199** 93, 97
  Rechtsgüter, persönliche **199** 93 ff
  – allgemeines Persönlichkeitsrecht **199** 95
  – Freiheit **199** 93; 95
  – Gesundheit **199** 93; 95
  – Körper **199** 93; 95
  – Leben **199** 93; 95
  Regelverjährung **199** 93a
  Schadensersatzansprüche **199** 93 ff
  Subsidiarität **199** 91
  Todesfall **199** 104
  Unterhaltsansprüche **199** 106
  Verfügung von Todes wegen, notwendige Kenntnis **199** 105
  30 Jahre **195** 1, 52; **197** 1 ff; **199** 1, 89
    Vereinbarung **197** 7
  Klagezustellung **204** 34 f
  langfristige Verjährung **197** 1 ff, 6, 9 ff
  Mängelansprüche, kaufrechtliche **186** 13
  Mängelansprüche, werkvertragliche **186** 13
  mehrere Ansprüche **195** 33
  mehrere Verjährungsfristen **195** 28 f
  nachträgliche Umstände **195** 21 f
  Neubeginn der Verjährung
    Vorbem 203–213 2
  Obliegenheit des Gläubigers **206** 27
  öffentliches Recht **195** 15
  Rechte an Grundstücken **186** 13
  rechtskräftig festgestellte Ansprüche **197** 32 ff
    s a Titulierung
  Rechtsnachfolge **198** 1
  Rechtsprechung, Änderung **206** 10 f
  regelmäßige Verjährung **186** 13; **195** 1 ff, 11, 13 f; **Vorbem 194–225** 10, 12, 58; **199** 1, 88
    Auffangtatbestand **195** 1
    Höchstfristen **199** 93a
    Leitbildfunktion **195** 2, 4
  Schuldanerkenntnis **195** 22
  Schuldnerwechsel **195** 21
  Schuldrechtsreform **187** 10a
  Schuldverschreibung **186** 13
  Stichtag **187** 10a
  titulierte Ansprüche **186** 13
  übliche Verjährungsfrist **195** 2
  Unternehmer, Regressansprüche **186** 13
  Verbrauchsgüterkauf, gebrauchte Gegenstände **186** 13
  Vereinheitlichung **195** 5
  Verjährungshemmung **209** 7
    Zeitraum **186** 7

1258

Verjährungsfrist (Forts)
  Verjährungsvereinbarung 202 14
  Verkürzung 206 10 f
  Verlängerungen 202 27
  Verleiher, Ersatzansprüche 186 13
  Verlöbnis, Auflösung 186 13
  Vermieter, Ersatzansprüche 186 13
  Vermieter, Wegnahmerecht 186 13
  Verpächter, Ersatzansprüche 186 13
  Vertrauensschutz 206 10 ff
  vollstreckbare Ansprüche 186 13
Verjährungshemmung
  Ablaufhemmung 201 10; 209 8
    s a dort
  Adhäsionsverfahren 204 43
  Adoption 207 11
  agere non valenti non currit praescriptio
    199 76; 205 1, 24; 209 1
  Allgemeine Geschäftsbedingungen 202 22
  Anerkenntnis 202 22
  Anmeldung eines Anspruchs 202 21
  Anspruchsgrundlagen 209 3
  Anspruchshäufung, nachträgliche 204 37
  Ansprüche, alternative 204 22; 213 1, 6
    Klageabweisung 213 13
    Primäransprüche 213 6, 11
    Sekundäransprüche 213 6, 11, 13
  Ansprüche, einzelne 213 1
  Ansprüche, Geltendmachung 204 16 f, 23
  Ansprüche, mehrere 213 1 ff
    Alternativität 213 6
    Grund, Identität 213 3
    Kumulierung 213 7
    Lebenssachverhalt 213 3
    Schuldneridentität 213 2
    wirtschaftliches Interesse, Identität 213 5
  Ansprüche, verfolgte 204 13 f
  Arrest **Vorbem 194–225** 13; 204 4, 93 f;
    210 9
  Aufgebotsverfahren 204 40
  Aufrechnung 197 55; 204 2, 13, 40, 63 ff,
    142; 209 1
    Abweisung der Klage als unzulässig
      204 67
    Aufrechnungsverbot 204 67
    Einredefreiheit der Forderung 204 69
    Erfolglosigkeit 204 63, 66
    Erfüllbarkeit der Gegenforderung 204 68
    Fälligkeit der eigenen Forderung 204 69
    Gleichartigkeit der Forderungen 204 68
    hilfsweise Geltendmachung 204 67
    im Prozess 204 138
    Prozessaufrechnung 204 65
    Vollwirksamkeit der Forderung 204 69
  ausländisches Urteil 204 46
  Aussetzung des Prozesses 204 123, 127
  Beginn 186 7; 209 7
  Begriff **Vorbem 203–213** 1; 205 1

Verjährungshemmung (Forts)
  Begutachtungsverfahren, vereinbartes
    Vorbem 194–225 13; 203 3; 204 5, 91
  Beistandschaft 197 6; 207 13
  Berechtigter 204 6 ff
    Betreuer 204 9
    Einziehungsermächtigung 204 10
    Eltern 204 9
    Erbengemeinschaft 204 7
    fremde Forderungen 204 9
    Gemeinschaft 204 7
    Gemeinschuldner 204 8
    Gesamtgläubigerschaft 204 7
    Gesellschaft bürgerlichen Rechts 204 7
    Gläubigermehrheit 204 7
    Inkassozessionar 204 10
    Insolvenzverwalter 204 9
    Miteigentümergemeinschaft 204 7
    Nachlassverwalter 204 9
    Partei kraft Amtes 204 9
    Pfändung und Überweisung der Forde-
      rung 204 8
    Prozesseintritt 204 11
    Prozessführung, Genehmigung 204 11
    Testamentsvollstrecker 204 9
    Verfügungsbeschränkungen 204 8
    Vormund 204 9
    Zedent 204 10
    Zessionar 204 10
  Betreuung 197 6; 207 1, 13
  Beweisantritt 204 86
  Beweiserhebung 204 149
  Beweislast 209 7
  Beweismittel 206 7
  Beweissicherung 204 149
  Bürgschaft 209 4
  Dauer 204 151; 209 7
  Ehe 202 7
  Ehegatten 197 6; 207 1 f, 8 f
    Auflösung der Ehe 207 2
  Einrede im Prozess 204 40
  Einrede der Vorausklage 199 22
  Einreden 205 3 ff
  einstweilige Anordnung 204 93 ff; 210 9
  einstweilige Verfügung 202 22; 204 4, 93 ff;
    210 9
  einstweiliger Rechtsschutz
    Vorbem 194–225 13; 204 93 ff, 139, 142;
    210 9
  Eintritt der Verjährung 214 15 f
  Einwendungen 205 4
  elektive Konkurrenz 213 1
  Eltern 197 6
  Ende der Hemmung 204 118 ff, 137 ff, 151
    Anschlussberufung 204 147a
    Verfahrensabschluss 204 141 ff
    – Erledigung der Hauptsache 204 146
    – Grundurteil 204 143

Verjährungshemmung (Forts)
- Klageabweisung als unzulässig **204** 142
- Klageabweisung als zur Zeit unbegründet **204** 142
- Klageänderung **204** 142
- Klagerücknahme **204** 147
- Mahnbescheid, Wegfall der Wirkung **204** 148
- Prozessart, Unstatthaftigkeit **204** 142
- Rechtskraft, formelle **204** 144
- rechtskräftige Entscheidung **204** 142 ff
- Verfahrensrücknahme **204** 147
- Vergleich **204** 145
- Vorbehaltsurteil **204** 143
- Widerklage **204** 142

Erfüllungsanspruch **199** 24
Erwerb des Anspruchs durch den Kläger **204** 11
familiäre Beziehungen **207** 1
Fertigstellungsbescheinigung **204** 92
Feststellungsklage **194** 8; **197** 37; **204** 20, 44
Feststellungsklage, negative **204** 39 f
Fristablauf **194** 23
Gerichte, Überlastung **206** 5
Gesamtgläubiger **209** 4
Gesamtschuldner **209** 4
Geschwister **207** 12
Gestaltungsklagen **204** 48
Güteantrag **203** 3; **204** 5, 100, 107
Gütestellen
  s a dort
  obligatorischer Güteantrag **204** 104
häusliche Gemeinschaft **207** 14
Hemmungserstreckung **213** 1 ff
  s a Ansprüche, mehrere
Hinzurechnung zur Verjährungsfrist **203** 3a
höhere Gewalt **204** 113; **205** 1, 7; **206** 1 ff; **209** 1
Individualabreden **202** 22
Inhaberschaft an der Forderung **204** 7 f
Insolvenzforderung **204** 98
Insolvenzverfahren, Anmeldung der Forderung **204** 97, 140
  Höhe der Anmeldung **204** 98
  Masseforderungen **204** 97
Kapitalanleger-Musterverfahren **204** 85a f
Kenntnisverschaffung **206** 28
Kindschaftsverhältnis **197** 6; **207** 1, 3, 11
Klage, erneute **201** 10
Klageantrag **204** 15, 17 f
Klageentwurf **204** 24
Klageerhebung **204** 4, 13 f, 22, 28 ff, 39 ff, 107, 137; **205** 3; **209** 1; **213** 1, 11
  Anhängigkeit **204** 35
  ausländisches Gericht **204** 41
  ausländisches Recht **204** 41
  Begründetheit der Klage **204** 23
  Feiertag **193** 13

Verjährungshemmung (Forts)
künftige Leistung **204** 43
Parteien **204** 23
Samstag **193** 11
Schlüssigkeit der Klage **204** 16, 23
Sonntag **193** 13
Zulässigkeit der Klage **204** 24 ff, 30
- Gerichtsbarkeit, deutsche **204** 24, 41
- Gerichtsbarkeit, zuständige **204** 42
- Parteifähigkeit **204** 25
- Prozessfähigkeit **204** 26
- Prozessführungsbefugnis **204** 27
- Rechtshängigkeit, anderweitige **204** 27
- Rechtskraft, anderweitige **204** 27
- Rechtsschutzbedürfnis **204** 27
- Rechtsweg **204** 27, 31
- Zuständigkeit des Gerichts **204** 25, 41
Klageerhebung durch Nichtberechtigten **185** 155
Klageerhebung durch vollmachtlosen Vertreter **185** 156
Klageerhebung vor Verjährungsbeginn **204** 38
Klageerweiterung **204** 37, 43
Klagezustellung **204** 31 ff
Lebenspartnerschaft **197** 6; **207** 1, 10 f
Leistungsklage **194** 8; **199** 3; **204** 20, 43
Leistungsverweigerungsrechte **199** 43; **205** 3, 19 ff
  Beweislast **205** 28
  Darlegungslast **205** 28
  Moratorium **205** 5, 20
  vereinbarte Leistungsverweigerungsrechte **205** 5, 8
  vorübergehende Leistungsverweigerungsrechte **205** 4
Mahnbescheid **204** 30, 138, 148; **206** 18; **209** 1
  s a dort
mehrere Ansprüche **213** 1 ff
Moratorium **205** 5, 20
Musterfeststellungsklage **204** 48a ff
Musterprozessabrede **199** 62; **202** 21; **203** 13; **209** 2
Nachfrist **202** 21; **203** 17 f; **204** 3 f; **206** 30; **209** 5
Nachlassverwaltung, Aufhebung **204** 11
Neubeginn der Verjährung **205** 6; **209** 5
Neubeginn während laufender Hemmung **203** 3
Nichtbetreiben des Verfahrens **204** 118, 124 ff, 130
  Beweislast **204** 135
  Prozessförderungspflicht **204** 125 ff
  Stufenklage **204** 131
  teilweises Nichtbetreiben **204** 134
  triftiger Grund **204** 130, 135
Nichtehe **207** 9

Verjährungshemmung (Forts)
nichteheliche Lebensgemeinschaft **207** 5, 7
pactum de non petendo **205** 14 ff
Parteien **204** 6
Parteivereinbarung **202** 21
Parteivereinbarungen **209** 2
Personen **209** 4
Pflegschaft **197** 6; **207** 1, 13
Pietätsverhältnisse **207** 1, 5 ff
Prozesshandlungen der Partei **204** 128
Prozesshandlungen des Gerichts **204** 129
    Außenwirkung **204** 129
Prozesskostenhilfeantrag
    Vorbem 194–225 13; **199** 1; **204** 4, 24, 113 ff, 140; **212** 35
    Antrag **204** 116
    Bekanntgabe **204** 117
    – Absehen von Bekanntgabe **204** 116
    erstmaliger Antrag **204** 113
    für Prozesskostenhilfeverfahren **204** 115
    Missbrauch **204** 114
    Zwangsvollstreckung **204** 115
Rechtsfortbildung **206** 9
Rechtsnachfolge **198** 1; **209** 4
Rechtsprechung, anspruchsfeindliche
    ständige **206** 8
Rechtsverfolgung **Vorbem 194–225** 13; **Vorbem 203–213** 3; **204** 2
    Gläubiger **213** 8
    Hindernisse, rechtliche **205** 1, 7
    vorübergehende Hindernisse **205** 19
    Hindernisse, tatsächliche **205** 1; **206** 1
    öffentliches Recht **Vorbem 194–225** 42
    Unzumutbarkeit **205** 1
    Unzweckmäßigkeit **205** 2
Rechtsverteidigung **204** 6
Ruhen des Verfahrens **204** 122, 124
Schadensersatz statt der ganzen Leistung **204** 64
Schadensersatzklage **204** 18
Schiedsgutachterverfahren **204** 100; **205** 9
schiedsrichterliches Verfahren **204** 41, 100 ff, 140
Schiedsspruch **204** 47
Schiedsvergleich **204** 47
Schifffahrtrechtliches Verteilungsverfahren **204** 99, 140
Schuldner, richtiger **204** 12
Schuldnermehrheit **204** 12
Sechsmonatsfrist **204** 119, 128, 141
Sekundäranspruch **199** 24; **213** 6, 11, 13
selbständiges Beweisverfahren
    Vorbem 194–225 13, 47; **204** 4, 6, 86 ff, 139; **209** 1
sexuelle Selbstbestimmung, Verletzung **208** 1 ff
Stiefkindschaftsverhältnis **207** 1
Stillstand der Rechtspflege **206** 6

Verjährungshemmung (Forts)
Streitbeilegungsstelle, Antrag bei **204** 59 ff, 150
Streitgegenstand **204** 13 f, 22; **213** 1, 3
Streitverkündung **Vorbem 194–225** 47; **195** 9; **199** 43; **202** 22; **204** 75 ff, 139, 142; **209** 1; **213** 2
Stufenklage **204** 15, 43, 131
Stundung **Vorbem 194–225** 13; **205** 8 ff
Teilklage **204** 16 ff, 21
Terminierung **204** 126
Titulierung **212** 37
Titulierung des Anspruchs **204** 118 f
Übergang in streitiges Verfahren **204** 150
unbezifferte Klage **204** 19
Unkenntnis des Gläubigers
    Anschrift des Schuldners **199** 53
Unkenntnis des Gläubigers, entschuldbare **199** 76
Unterbrechung des Prozesses **204** 123, 127
Unterhalt Minderjähriger, Antrag auf
    Festsetzung **204** 49 ff, 137
    Antrag **204** 49 f
    – Mitteilung **204** 50 f
    – Unvollständigkeit **204** 50
    – Zustellung **204** 50 f
    Übergang in streitiges Verfahren **204** 52 f
Unterhaltshöhe **204** 49
Unterhaltszeitraum **204** 49
Urkunden, vollstreckbare **204** 45
Verbürgung der Gegenseitigkeit **204** 41
Verfahrensfehler **204** 54
Verfahrenskostenhilfeantrag **204** 4, 113 ff
    s a Prozesskostenhilfeantrag
Verfahrensstillstand **204** 122 ff
Verfassungsbeschwerde **204** 40
Vergleich, vollstreckbarer **204** 45
Verhandlungen **Vorbem 194–225** 13, 38, 47; **199** 1; **202** 21 f; **203** 1; **205** 9
    öffentliches Recht **Vorbem 194–225** 44
Verjährungsvereinbarung **202** 21 f
    nachträgliche Vereinbarungen **202** 22
Verpflichteter **204** 6, 12
Versicherungsvertragsrecht **209** 2, 4
durch Verwaltungsakt **197** 54
Vollendung des 21. Lebensjahres **207** 14
Vollstreckungsabwehrklage **204** 45
Vollstreckungsklausel **204** 41, 45
Vollstreckungsurteil **204** 41, 46
Vormundschaft **197** 6; **207** 13
Vornahme einer Handlung, Antrag auf **204** 37
Vorverfahren, behördliches **204** 104 ff; **210** 9
    Antrag **204** 106 f
    Dreimonatsfrist **204** 107, 151
    Güteantrag **204** 107
    Klageerhebung **204** 107 f

Verjährungshemmung (Forts)
    Klagefristen **204** 107
    Landesrecht **204** 105
    Nichtbetreiben des Verfahrens **204** 140
    öffentliches Recht **204** 105
    Sachurteilsvoraussetzung **204** 105
    – Bundesleistungsgesetz **204** 105
    – Entschädigung für Strafverfolgungsmaßnahmen **204** 105
    – Nato-Truppenstatut **204** 105
    – Schutzbereichsgesetz **204** 105
    Vertragshilfeverfahren **204** 105
    Wechsel **209** 2
    Weiterbetreiben des Prozesses **204** 132
        Begründung der abgegebenen Sache **204** 133
        Prozessgebühr, Zahlung **204** 133
        teilweises Weiterbetreiben **204** 134
        Terminsantrag **204** 133
    Widerklage **204** 37, 39, 43
    Wirkung **209** 7
    Zeitraum **186** 7
    Zuständigkeitsbestimmung, gerichtliche **204** 109 ff
        Dreimonatsfrist **204** 111, 151
        Klageerhebung **204** 111
        Nichtbetreiben des Verfahrens **204** 140
    Zustellung, Rückwirkung **204** 4
    Zwischenfeststellungsklage **204** 37

Verjährungsneubeginn
    Anerkenntnis **196** 1, 3; **Vorbem 203–213** 3; **203** 2; **212** 1, 3 ff; **213** 9
    Begriff **Vorbem 203–213** 2; **212** 1
    Erneuerungswirkung **212** 42 ff
    Fristablauf **Vorbem 203–213** 2
    Neubeginn **194** 23
    Titulierung der Forderung **Vorbem 203–213** 2 f
    Verjährungsbeginn **Vorbem 203–213** 2
    Verjährungsfrist **Vorbem 203–213** 2
    Verjährungshemmung **205** 6; **209** 5
    Vollstreckungsantrag **193** 11; **212** 35, 37 f
        Adressat **212** 39
        – Gerichtsvollzieher **212** 39
        – Grundbuchamt **212** 39
        – Prozessgericht **212** 39
        – Schiffsregisterbehörde **212** 39
        – Vollstreckungsgericht **212** 39
        Anregungen **212** 40
        Einleitung des Vollstreckungsverfahrens **212** 40
        Einstellung der Zwangsvollstreckung **212** 40
        Fortsetzung des Vollstreckungsverfahrens **212** 40
        Gegenstand **212** 40
        Kenntnis des Schuldners **212** 38
        neuer Antrag **212** 49
        Unzulässigkeit **212** 38

Verjährungsneubeginn (Forts)
        Zugang **212** 39
        Zurückweisung **212** 38
    Vollstreckungsauftrag, Rücknahme **212** 40, 47
    Vollstreckungsauftrag, Zurückweisung **212** 48, 50
    Vollstreckungsmaßnahmen **Vorbem 203–213** 3; **212** 1, 35 ff
        Arrest **212** 37
        Aufhebung der Vollstreckungshandlung **212** 37
        Beugemaßnahmen **212** 44
        Drittwiderspruchsklage **212** 45
        eidesstattliche Versicherung **212** 45
        Einstellung der Zwangsvollstreckung, Anträge **212** 36
        einstweilige Verfügung **212** 37
        Erinnerung **212** 45
        Erlösauskehr **212** 42
        Ermächtigungsbeschluss **212** 44
        Gegenanträge des Gläubigers **212** 36
        Klage auf vorzugsweise Befriedigung **212** 45
        Pfändung einer Sache **212** 42
        Pfändungs- und Überweisungsbeschluss **212** 42
        Rechtmäßigkeit **212** 41
        Sicherungshypothek **212** 42
        Sicherungsvollstreckung **212** 37
        sofortige Beschwerde **212** 45
        Titelumschreibung **212** 37
        Urteilszustellung **212** 37
        verfahrensbegründender Charakter **212** 40 ff
        verfahrensfördernder Charakter **212** 40 ff
        Verurteilung zu Ordnungsgeld/Ordnungshaft **212** 44
        – Androhung **212** 44
        Verurteilungsbeschluss **212** 44
        Verwertung einer Sache **212** 42
        Vollstreckungsabwehrklage **212** 36
        Vollstreckungshandlungen **212** 41
        Vollstreckungsklausel **212** 37
        Vollstreckungstitel **212** 37
        vorläufige Vollstreckbarkeit **212** 37
        Vorpfändung **212** 42
        Wegnahme einer Sache **212** 42
        Zahlung des Drittschuldners **212** 45
        Zwangsversteigerungsverfahren **212** 42
        Zwangsverwaltung **212** 42

Verjährungsvereinbarung
    AGB-Kontrolle **202** 2 f, 6, 9, 15 ff
        Gleichbehandlung der Parteien **202** 9
        Unangemessenheit **202** 9
        Unklarheit **202** 9
    Anerkenntnis **202** 13, 19; **212** 21a
    Annahme **202** 6

Verjährungsvereinbarung (Forts)
  Anspruchskonkurrenz **202** 8
  Auslegung **202** 8
  Drittwirkung **202** 8
  Einredeerhebung **202** 29
  Formbedürftigkeit **202** 6
  Gerichtsstand **202** 13
  Gewährleistung **202** 2, 18
  GmbH-Geschäftsführer **202** 8
  Haftung für Vorsatz **202** 1, 12
  Haltbarkeitsgarantie **202** 2
  Individualabreden **202** 3, 6, 12 f
  Inhaltskontrolle **202** 13
  Leistungsbestimmung, einseitige **202** 9a
  mittelbare Vereinbarungen **202** 4
  Nebenleistungen **202** 29
  Novation **202** 4
  Privatautonomie **202** 1, 3
  Rahmenvertrag **202** 6
  Rechtsgeschäft **202** 6
    einseitiges Rechtsgeschäft **202** 10
  Regelverjährung **202** 18
  Schadensersatzansprüche **202** 18
  Sittenwidrigkeit **202** 3
  Spareinlagen **197** 7
  Stellvertretung **202** 6
  Transparenzgebot **202** 23
  Treu und Glauben **202** 3
  Umdeutung **202** 5
  unmittelbare Vereinbarungen **202** 4
  unverjährbare Ansprüche **202** 11
  Verhandlungen **202** 13
  Verjährungsbeginn **202** 7, 16, 18, 23 ff
  Verjährungserleichterung **202** 1, 11 ff, 15 ff
  Verjährungserschwerung **202** 1, 18
  Verjährungsfrist **197** 7; **202** 4, 7
    Fristverkürzung **202** 14, 17
    Fristverlängerung **202** 27
  Verjährungshemmung **202** 7, 15, 21 f
  Verjährungshöchstfrist **202** 1, 28
  Verjährungsneubeginn **202** 7
  Verwirkung **202** 3
  Vorteilhaftigkeit, lediglich rechtliche **202** 6
  Zeitpunkt **202** 6
Verkaufskommission
  Ermächtigung **185** 70
Verkehrsrichtiges Verhalten
  Erfolgsvermeidungspflicht **227** 39
  Gefahrvermeidungspflicht **227** 39
  Rechtfertigungsgründe **227** 39
Verkehrsschutz
  Missbrauch der Vertretungsmacht **167** 98
  Stellvertretungsrecht **Vorbem 164 ff** 34
  Verfügung eines Nichtberechtigten **185** 4, 10
  Wissenszurechnung **166** 13
Verkehrssitte
  Fristeinhaltung **188** 3

Verkehrssitte (Forts)
  Gestattung des Selbstkontrahierens **181** 52, 56
  Vollmachtsumfang **181** 52
Verkehrsunfall
  Internationales Privatrecht **229** 57
  Verhandlungen **203** 15
Verlässlichkeitsprüfung
  Wissenszurechnung **166** 5 f
Verlagsvertrag
  Handeln in fremdem Namen **164** 2a
Verlöbnis
  Ansprüche aus Auflösung, Verjährungsfrist **186** 13; **195** 47
  Verjährungsbeginn **200** 10
  Notwehr **227** 12
  Vertretungsverbot **Vorbem 164 ff** 41
Vermächtnis
  Annahme **211** 4
  aufschiebend bedingtes Vermächtnis **186** 14
  Minderjährigenschutz **181** 62a
  Verjährung **197** 20
  Verjährungshöchstfrist **199** 101
  Verjährungsvereinbarung **202** 10
  Vermächtnisnehmer, Festlegung der Person, Frist **186** 15
Vermächtnisanspruch
  Verjährung **196** 9
Vermächtnis
  Aufhebung durch Testament
  Vorbem 182 ff 6
Vermieterpfandrecht
  Rechtfertigungsgrund **227** 37
  Sachen Dritter **185** 137 f
  Selbsthilfe **229** 8
  Sicherheitsleistung, Abwendung durch
  Vorbem 232 ff 4
Vermietung fremder Sachen
  Besitzrechtseinräumung durch Nichtberechtigte **185** 145 ff
Vermittlungstheorie
  Stellvertretung **Vorbem 164 ff** 11, 32
Vermittlungsvertreter
  Vertretungsmacht **Vorbem 164 ff** 93
Vermögen, gegenwärtiges
  s Vertrag über das gegenwärtige Vermögen
Vermögensschäden
  Schadenseintritt **199** 33 ff
  Vermögensgefährdung **199** 33, 36
Vermögensverwalter
  Vertretung ohne Vertretungsmacht **177** 19
  Vertretungsverbot **181** 18
  Vollmachterteilung an Vermögensinhaber **167** 66
Verpachtung
  Rechte **Vorbem 164 ff** 67

Verpachtung fremder Sachen
  Besitzrechtseinräumung durch Nichtberechtigte **185** 145 ff
Verpächterpfandrecht
  Sachen Dritter **185** 137 f
  Selbsthilfe **229** 8
Verpfändung
  Ersatzansprüche, Verjährungsfrist **186** 13
  Zwischenverfügung **184** 140
Verpflichtung
  Anspruch **194** 14
Verpflichtungsermächtigung
  Begriff **185** 166
  Besitzüberlassung **Vorbem 164 ff** 71
  Gegenstände des Ermächtigenden **Vorbem 164 ff** 71
  Gläubigerschutz **Vorbem 164 ff** 70
  Mitverpflichtung **185** 167
  Offenheitsprinzip **Vorbem 164 ff** 65, 70 f
  Offenkundigkeitsprinzip **185** 166 ff
  Privatautonomie **Vorbem 164 ff** 71
  Schuldbeitritt **Vorbem 164 ff** 70
  Schuldübernahme **Vorbem 164 ff** 70
Verpflichtungsgeschäft
  kollidierende Rechtsgeschäfte **164** 10
  Stellvertretung **Vorbem 164 ff** 38
Verrechnung
  verjährte Forderung **215** 10
Verrichtungsgehilfen
  Drittverhalten, zurechenbares **Vorbem 164 ff** 2
Versäumnisurteil
  Einrede der Verjährung **214** 11
  unechtes Versäumnisurteil **214** 11
  Verjährung **197** 5
Versandhandel
  Sammelbestellung **164** 2
Verschmelzungsvertrag
  Zuleitungsfrist **193** 29a
Verschweigungseinrede
  Frist **186** 14
Versetzung
  Schikane **226** 27a
Versicherungsberater
  Wissenszurechnung **166** 7
Versicherungsleistungen
  Stammrecht, Verjährung **194** 17
Versicherungsmakler
  Vollmachtsumfang **167** 86a
  Wissenszurechnung **166** 7
Versicherungsrecht
  Fristbestimmungen **186** 14
  Zahlungsfristen
    Fristberechnung **187** 6i
  Zustimmung, Formgebot **182** 115
Versicherungsvertrag
  Genehmigung, Rückwirkung **184** 135
Versicherungsvertragsrecht
  Auge-und-Ohr-Rechtsprechung **166** 7

Versicherungsvertragsrecht (Forts)
  Direktanspruch des Versicherers **Vorbem 203–213** 5; **203** 20
  Fristen **186** 24
  Führungsklausel **167** 86a
  Geldleistungen des Versicherers **199** 21
  Genehmigung, familiengerichtliche **182** 13
  Insichgeschäft **181** 44
  Klagefrist **193** 56
  Kündigungserklärung **193** 23
  Mitversicherung **167** 86a
  Obliegenheiten **194** 11
  Rückwärtsversicherung **166** 7
  Verjährungshemmung **Vorbem 203–213** 4 f; **205** 1; **209** 2, 4
  Versicherung für fremde Rechnung **166** 7
  Vertretungsverbot **181** 18
  Wissenserklärungsvertreter **Vorbem 164 ff** 86; **166** 7, 10
  Wissensvertreter **Vorbem 164 ff** 86; **166** 7
  Wissenszurechnung **166** 7, 10
  Zustimmungserfordernis **Vorbem 182 ff** 26
Versicherungsvertreter
  Vertretungsmacht **Vorbem 164 ff** 93
  Vollmachtsumfang **167** 86a
  Wissensvertreter **166** 7
  Wissenszurechnung **166** 7
Versorgungsleistungen
  wiederkehrende Leistungen **197** 84
Versorgungsvertrag (SGB V)
  Genehmigung **Vorbem 182 ff** 114
Versorgungszusage
  Unverfallbarkeitsfrist **186** 14
Versteigerung
  Handeln in fremdem Namen **164** 2
  Kommissionsgeschäft **164** 2
  Stellvertretung, mittelbare **164** 2
  Stellvertretung, unmittelbare **164** 2
Versteigerungen
  Gestattung des Selbstkontrahierens, konkludente **181** 52
Verteilungsverfahren
  Widerspruchsklage, **187** 10a
Vertrag
  Bindungsdauer **202** 4a ff
  Rückdatierung **199** 10
Vertrag, dinglicher
  s Dinglicher Vertrag
  Vertretung ohne Vertretungsmacht **177** 2
Vertrag, mehrseitiger
  Zustimmungsadressat **182** 45
Vertrag, öffentlich-rechtlicher
  s Öffentlich-rechtlicher Vertrag
Vertrag über das gegenwärtige Vermögen
  Vollmachten, Formbedürftigkeit **167** 22
Vertrag über den gesetzlichen Erbteil
  Verjährungshöchstfrist **199** 103

Vertrag über den Nachlass eines noch lebenden Dritten
Verjährungshöchstfrist **199** 103
Vertrag über den Pflichtteil
Verjährungshöchstfrist **199** 103
Vertrag zugunsten Dritter
alteri stipulari nemo potest
Vorbem 164 ff 94
Drittwirkung **Vorbem 164 ff** 94
Schuldbeitritt **185** 168
Unwirksamkeit, schwebende **184** 54
Verjährung, Kenntnis des Gläubigers **199** 54
Vertrag zugunsten Dritter auf den Todesfall
Selbstkontrahieren **181** 32
Verjährungshöchstfrist **199** 104
Vertragliche Haftung
Verjährung **195** 37 ff
Vertragsangebot
Annahme, Vorlegung der Vollmachtsurkunde **174** 2
Vertragsarztsitz
Zustimmung zur Verlegung
Vorbem 182 ff 143
Vertragsfreiheit
Handeln für den, den es angeht
Vorbem 164 ff 51
Verjährung **Vorbem 194–225** 13
Vertragskonzern
Mehrvertretung **181** 21, 33
Vertragsstrafe
Erbbaurecht **195** 45
Genehmigung **184** 96
Sicherungsmittel **Vorbem 232 ff** 1
Verfall **193** 14
Verjährung des Hauptanspruchs **217** 7
Verjährungsbeginn **199** 15, 25
Vertragstypen, neue
Zustimmungserfordernisse
Vorbem 182 ff 31
Vertragsübernahme
Anscheinszustimmung **182** 77
Übernahmevertrag, dreiseitiger **182** 97
Zustimmung zur Vertragsübernahme
Vorbem 182 ff 82
Anfechtung **182** 70
Formfreiheit **182** 97
Zustimmungsmodell **182** 97
Zustimmungswille **182** 15
Vertragsverhandlungen
Abschlussvollmacht **164** 11
Duldung des Drittverhaltens
Vorbem 164 ff 39
Eigenhaftung des Handelnden
Vorbem 164 ff 39
Erfüllungsgehilfenschaft **Vorbem 164 ff** 39
Stellvertretung **Vorbem 164 ff** 39
Verhandlungsvollmacht **164** 11
Verjährung **202** 3

Vertragsverlängerung
Schikane **226** 32
Vertrauenshaftung
Rechtsscheinsvollmacht **166** 8
Vertrauensschutz
Stellvertretung **Vorbem 164 ff** 37
Vertreter
Abhängigkeit vom Vertretenen
Vorbem 164 ff 58
berufsmäßige Tätigkeit **164** 15
Bestellung, rechtsgeschäftliche
Vorbem 164 ff 58
culpa in contrahendo **164** 12 ff
Eigengeschäft **164** 16
Anfechtung **164** 17, 21
Eigenhaftung **164** 12 ff
Eigeninteresse **164** 15
Falschangaben **164** 13
Sachwalterhaftung **164** 15
Architekt **164** 15
Quasiverkäufer **164** 15
Unternehmensberater **164** 15
Stimmabgabe **174** 2
unerlaubte Handlung **164** 13
Untersagen des Auftretens als Vertreter **167** 42
Verpflichtung neben dem Vertretenen **164** 12
Vertreter mit gebundener Marschroute
Vorbem 164 ff 82, 84
Weisungsgebundenheit **Vorbem 164 ff** 58
Willensmängel **Vorbem 164 ff** 32
Zuständigkeit, sekundäre **Vorbem 164 ff** 17
Vertreter in der Erklärung
Adoptionsvertrag **Vorbem 164 ff** 83, 85
Begriff **Vorbem 164 ff** 82
Betriebsratsvorsitzender **Vorbem 164 ff** 85
Botenschaft, Ausschluss **Vorbem 164 ff** 82
Erklärungsabgabe mit Drittwirkung
Vorbem 164 ff 84
Kirchenaustrittserklärung **Vorbem 164 ff** 85
Stellvertretung, Ausschluss
Vorbem 164 ff 82
Vertretererklärung
Anfechtung **166** 19
Vertretergeschäft
Anfechtung **167** 82a
Anwesenheit des Vertretenen **166** 34
Benennung des Vertretenen **164** 5
Bestimmung des Vertreters
Vorbem 164 ff 35a
Form **Vorbem 164 ff** 78, 80
Formbedürftigkeit **164** 2
Formmangel **179** 9, 24
Genehmigung **167** 24; **173** 1
Geschäftsfähigkeit, beschränkte **165** 1
geschäftsunfähige Person **Vorbem 164 ff** 78
Gesetzesverstoß **179** 9, 24
Gutglaubensschutz **173** 8

Vertretergeschäft (Forts)
  neutrales Geschäft **165** 1
  Nichtigkeit **179** 9, 24
  Rechtskreis des Vertretenen **167** 1
  Sittenwidrigkeit **179** 9, 24
  Stellvertretung **Vorbem 164 ff** 32
  verfügendes Vertretergeschäft **167** 9
  Vertreterzusatz **164** 2
  Vertretung ohne Vertretungsmacht
    s dort
  Vertretungsmacht **164** 5
  Vollmachtserteilung **167** 11
  Wegfall der Geschäftsgrundlage **168** 2
  Widerspruch des Vertretenen **166** 34
Vertreterhandeln
  Doppelverpflichtung **164** 9
  Fremdwirkung **164** 4 f
  Handeln zugleich im eigenen Namen
    164 3, 9; **177** 6
  Kenntnis des Vertretenen **164** 5
  Mitverpflichtung **164** 9
  Offenkundigkeit **Vorbem 164 ff** 13 f
    s a Offenheitsprinzip
  unmittelbare Wirkung **164** 9
  Vertretungswille **164** 4
Vertreterzusatz
  Vertretergeschäft **164** 2
Vertretung
  Abgrenzung **Vorbem 182 ff** 64 ff
    Ermächtigung **185** 30 ff
  Abstraktionsprinzip **Vorbem 164 ff** 33 f;
    164 6; **165** 1
  Adoptionsantrag **Vorbem 164 ff** 40
  Adoptionsaufhebung **Vorbem 164 ff** 40
  Adoptionseinwilligung **Vorbem 164 ff** 40
  Adoptionsvertrag **Vorbem 164 ff** 83
  aktive Stellvertretung **Vorbem 164 ff** 19;
    165 4; **173** 8; **177** 5; **180** 4 ff
  Alleinvertretung **167** 51
  alteri stipulari nemo potest
    Vorbem 164 ff 94
  Anwesenheit, gleichzeitige
    Vorbem 164 ff 40
  Auflassung **Vorbem 164 ff** 40
  Auslegung **Vorbem 164 ff** 76
  Ausschluss, rechtsgeschäftlicher
    Vorbem 164 ff 41, 79, 82
  Außenverhältnis **Vorbem 164 ff** 33
  Befreiung vom Verbot des Selbstkontrahierens **181** 52
  Beschränkung, rechtsgeschäftliche
    Vorbem 164 ff 41
  Bevollmächtigungsgeschäft
    Vorbem 164 ff 32
  Beweislast **164** 18, 26; **167** 17
  Bindungswirkung **Vorbem 182 ff** 65
  direkte Stellvertretung **Vorbem 164 ff** 35
  Doppelvertreter **164** 1a

Vertretung (Forts)
  Drittverhalten, zurechenbares
    Vorbem 164 ff 2
  Durchgangserwerb **164** 9
  Ehevertrag **Vorbem 164 ff** 40
  Eigenwirkung **164** 16 ff
  Einzelvertretung **167** 51
  elektronisch übermittelte Willens-
    erklärungen **Vorbem 164 ff** 19
  Empfangsvertretung **164** 22
  Erbvertrag **Vorbem 164 ff** 40
    Bestätigung **Vorbem 164 ff** 40
  Erkennen durch Erklärungsempfänger
    164 5
  Erklärungsabgabe, persönliche
    Vorbem 164 ff 40
  Fremdbezogenheit **Vorbem 164 ff** 96
  Fremdwirkung **Vorbem 164 ff** 73; **164** 4 f
  gemeinsame Vertretung gegenüber
    einem Dritten **181** 15
  Gesamtvergleich **Vorbem 164 ff** 20
  geschäftsähnliche Handlung
    Vorbem 164 ff 38
  Geschäftsfähigkeit **Vorbem 164 ff** 78
    beschränkte Geschäftsfähigkeit
      Vorbem 164 ff 78; **165** 1
  Geschäftsunfähigkeit **165** 3
  gesetzliche Vertretung **Vorbem 164 ff** 1;
    166 3
  gewillkürte Stellvertretung **Vorbem 164 ff** 1,
    96; **166** 3
  Gütergemeinschaft, fortgesetzte
    Vorbem 164 ff 40
  Handeln in fremdem Namen **164** 1
  Ärzte **164** 2
  ärztliche Gemeinschaftspraxis **164** 2a
  Anlagengeschäft **164** 2
  Anlagenvermittlung **164** 2
  Anwalt **164** 2a
  Anwaltssozietät **164** 2a
  Architekt **164** 2
  Baubetreuer **164** 2
  Bauträger **164** 2
  Ehegatten **164** 1
  Erklärungen, frühere **164** 1
  Familienangehörige **164** 1
  Franchisenehmer **164** 2
  Gesellschafter **164** 2
  Hausverwalter **164** 2
  Internetdomainvergabe **164** 2
  Kraftfahrzeughändler **164** 2
  Lehrer **164** 2
  Makler **164** 2
  Mietvertrag **164** 2
  Reisende **164** 2
  Reiseunternehmen **164** 2
  Sammelbestellung **164** 2
  Scheckzeichnung **164** 2
  soziale Stellung der Handelnden **164** 1

Vertretung (Forts)
    Umstände **164** 1 ff
    unternehmensbezogene Geschäfte
      164 1a
    Verlagsvertrag **164** 2a
    Versteigerung **164** 2
    Wechselzeichnung **164** 2
    Werbeagentur **164** 2a
    Wohnungseigentumsverwalter **164** 2a
    Wohnungsmiteigentümer **164** 2a
    indirekte Stellvertretung **Vorbem 164 ff** 42
    Innenverhältnis **Vorbem 164 ff** 33; **164** 6
      Motivirrtum **164** 6
    Insichgeschäft **181** 1
    Interessenwahrung, mehrseitige **164** 3
    Kollektivvertretung **167** 51
    mittelbare Stellvertretung **Vorbem 164 ff** 13, 35, 42 ff
    Natur des Rechtsgeschäfts **Vorbem 164 ff** 41
    notwendige Stellvertretung
      Vorbem 164 ff 96
    öffentliches Recht **Vorbem 164 ff** 96 ff
    Offenheitsprinzip **Vorbem 164 ff** 35 f; **164** 1; **Vorbem 182 ff** 65; **185** 31
    passive Stellvertretung **Vorbem 164 ff** 19; **164** 22; **165** 4; **177** 5
      elektronisch übermittelte Willenserklärungen **Vorbem 164 ff** 19
    Prozesshandlungen **Vorbem 164 ff** 96
    Realakte **Vorbem 164 ff** 38; **164** 7
    Rechtsgeschäfte **Vorbem 164 ff** 19; **164** 7
      kollidierende Rechtsgeschäfte **164** 10
    rechtsgeschäftliche Stellvertretung
      Vorbem 164 ff 1
    rechtsgeschäftliches Handeln
      Vorbem 164 ff 40
    Rechtsgeschäftsähnliche Handlungen **164** 7
    Repräsentationstheorie **Vorbem 164 ff** 11, 15, 32 f; **164** 9; **165** 1; **166** 1
    Solidarvertretung **167** 51
    Sorgeerklärungen **Vorbem 164 ff** 40
    stille Stellvertretung **Vorbem 164 ff** 42
    Teilnichtigkeit **Vorbem 164 ff** 33 f
    Testament, gemeinschaftliches
      Vorbem 164 ff 40
    Testament, Rücknahme aus der Verwahrung **Vorbem 164 ff** 40
    Tod des Vertretenen **164** 5
    unerlaubte Handlungen **Vorbem 164 ff** 39
    unmittelbare Stellvertretung
      Vorbem 164 ff 13
    Unmittelbarkeit der Stellvertretung
      Vorbem 164 ff 32
    Unterschrift, eigenhändige
      Vorbem 164 ff 40
    Vaterschaftsanerkennung **Vorbem 164 ff** 40
    Vaterschaftsanfechtung **Vorbem 164 ff** 40
    verdeckte Stellvertretung **Vorbem 164 ff** 42
    Verfahrenshandlungen **Vorbem 164 ff** 96

Vertretung (Forts)
    Verfügungsgeschäfte **Vorbem 164 ff** 38
    Verhalten, äußeres **Vorbem 164 ff** 76
    Verhalten, sozialtypisches **Vorbem 164 ff** 38
    Verpflichtungsgeschäfte **Vorbem 164 ff** 38
    Vertragsverhandlungen **Vorbem 164 ff** 39
    Vertrauensschutz **Vorbem 164 ff** 37; **164** 17
    Vertretergeschäft **Vorbem 164 ff** 32
    Vertretung in der Erklärung
      Vorbem 164 ff 84
    Vertretungsmacht **Vorbem 164 ff** 16; **177** 1
    Vertretungsverbote **Vorbem 164 ff** 40
    Vertretungswille **Vorbem 164 ff** 36; **164** 4
    Verwaltungsverfahren **Vorbem 164 ff** 98
    Vollzug des Rechtsgeschäfts
      Vorbem 164 ff 76
    Weisungen des Vollmachtgebers
      Vorbem 164 ff 82
    Weisungsgebundenheit **Vorbem 164 ff** 84
    Willenserklärungen **Vorbem 164 ff** 1, 16, 19, 38; **164** 7
      eigene Willenserklärung
        Vorbem 164 ff 73
    Willensmängel **166** 1, 8, 12 ff
    Wirkung für und gegen den Vertretenen
      Vorbem 164 ff 94
    Wirkungen **164** 9
    Wirkungsbereiche, Erweiterung
      Vorbem 164 ff 1
    Zulässigkeit **Vorbem 164 ff** 38 ff, 65
    Zustimmung **Vorbem 182 ff** 38; **182** 56
Vertretung, gesetzliche
    Angehörige, nahe **Vorbem 164 ff** 24
    Betreuer **Vorbem 164 ff** 24
    culpa in contrahendo **177** 25
    des Kindes **Vorbem 164 ff** 20
    Drittverhandeln, zurechenbares
      Vorbem 164 ff 1
    Einwilligung **182** 61
    Eltern **Vorbem 164 ff** 24
    Familienrecht **Vorbem 164 ff** 23
    Fürsorge **Vorbem 164 ff** 58; **181** 57
    Gebrechen, geistige **Vorbem 164 ff** 1
    Gebrechen, körperliche **Vorbem 164 ff** 1
    Genehmigung des Vertreterhandelns **181** 47; **184** 112
    Geschäftsfähigkeit, beschränkte **165** 6; **166** 16
    Geschäftsunfähigkeit **166** 16
    Handeln in fremdem Namen **164** 11
    Insichgeschäft **181** 18, 47
    Mehrvertretung **181** 57
    Missbrauch der Vertretungsmacht **167** 99
    Pfleger **Vorbem 164 ff** 24
    Selbstkontrahieren, Gestattung **181** 55 ff, 62a
      Pflegerbestellung **181** 47, 55, 57
      Verkehrsübung **181** 56
      – Sparkonto, Einzahlungen **181** 56

Vertretung, gesetzliche (Forts)
  Staatsakt **Vorbem 164 ff** 24
  Testamentsanfechtung **181** 40
  Untervollmacht **167** 66
  Vereinsvorstand **Vorbem 164 ff** 25
  Verjährungsbeginn **199** 57 f
  Vertretung ohne Vertretungsmacht **177** 4
  Vertretungsverbot **181** 18
  Vollmachterteilung **168** 24
  Vormund **Vorbem 164 ff** 24
  Weisungen **166** 31
  Willensmängel **166** 2, 16
  Zustimmung **182** 60 f
Vertretung ohne Vertretungsmacht
  Anfechtung **180** 1
  Anfechtung der Bevollmächtigung **167** 81
  Anfechtungsrecht **178** 5
  Aufforderung zur Genehmigung
    s Genehmigung des Vertreterhandelns
  Auflassung **177** 2
  Aufrechnung **180** 1
  Auslobung **180** 1
  Bereicherungsanspruch **177** 27
  Bevollmächtigung, nachfolgende **182** 22
  Beweislast **177** 28; **179** 26 f
  culpa in contrahendo **180** 3
  Eigenhaftung des Vertreters **179** 5 ff
    s a Haftung
  Eigenhaftung des vollmachtlosen Vertreters **177** 23
  Eigentumsaufgabe **180** 1
  Erbschaftsannahme **180** 1
  Erbschaftsausschlagung **180** 1
  Fehlen der Vertretungsmacht **177** 5
  Garantenhaftung, gesetzliche **179** 2, 12, 17
  Gemeinden **177** 3
  Genehmigung des Vertreterhandelns
    Vorbem 164 ff 18; **166** 3; **167** 23, 89; **177** 4, 8 f; **179** 6; **182** 57 f; **Vorbem 182 ff** 17, 26, 57, 66
    Adressat **177** 10a
    Anfechtbarkeit **177** 10a
    Aufforderung zur Genehmigung **177** 13; **178** 3; **Vorbem 182 ff** 42
    – Erklärungsfrist **177** 13
    ausdrückliche Genehmigung **177** 10
    Ausschlussfristen **177** 9
    Außenverhältnis **177** 11
    beredtes Schweigen **177** 11
    Einschränkungen **177** 15
    Erweiterung über das abgeschlossene Rechtsgeschäft hinaus **177** 15
    Form **177** 10
    Formfreiheit **167** 23
    Formnichtigkeit **177** 9
    Fristablauf **177** 9
    fristgebundene Rechtsgeschäfte **177** 9
    Genehmigungserklärung **177** 10 ff
    – schlüssiges Verhalten **177** 11

Vertretung ohne Vertretungsmacht (Forts)
  Gesamtvertretung **177** 14
  Geschäftsfähigkeit, beschränkte **177** 16
  Geschäftsführung ohne Auftrag **177** 17
  Geschäftsunfähigkeit **177** 9
  Gesetzeswidrigkeit **177** 9
  gesetzliche Vertretung **177** 4
  Innenverhältnis **177** 11
  Kennenmüssen des Vertretenen **166** 29
  Kenntnis des Vertretenen **166** 29
  konkludente Genehmigung **177** 10
  Nebenpflichtverletzung **177** 17
  öffentlich-rechtliche Beschränkungen **177** 9
  Rückwirkung **177** 10
  schlüssiges Verhalten **167** 89
  Sittenwidrigkeit **177** 9
  Stillschweigen **177** 11
  Teilgenehmigung **177** 15
  Verfügungsgeschäft **177** 10
  Verjährungsfrist **177** 9
  Vertragsangebot, befristetes **177** 9
  Vertragsangebot, neues **177** 15
  Verweigerung **177** 12, 15, 17, 23; **179** 6, 8
  – Anfechtbarkeit **177** 12
  – culpa in contrahendo **177** 23
  – treuwidrige Verweigerung **177** 23
  – Unwiderruflichkeit **177** 12
  – Verwirkung **177** 12
  Verzugseintritt **177** 9
  Weisungen des Vollmachtgebers **166** 29
  Willensmängel **177** 9
  Wirksamkeitshindernisse **177** 9
  Wissenszurechnung **177** 9
  Zuständigkeit **177** 10a
  Zustimmung eines Dritten **177** 16
Geschäftsfähigkeit, beschränkte **165** 2
Geschäftsführung ohne Auftrag **177** 27
gesetzliche Vertretung **177** 4
Haftung **167** 23; **179** 2, 9
  Abdingbarkeit **179** 3
  Allgemeine Geschäftsbedingungen **179** 3
  Anfechtbarkeit des Vertrages **179** 10
  Anfechtung der ausgeübten Innenvollmacht **167** 81 f; **179** 18
  Anfechtung der Bevollmächtigung **179** 10
  Ausschluss **179** 18 ff
  Ausschlussfristen **179** 15
  Beweislast **179** 7
  culpa in contrahendo **179** 20
  Einstandspflicht, verschuldensunabhängige **179** 2
  erdichtete Personen **179** 22
  Erfüllungsanspruch **179** 12 ff
  – dingliche Verträge **179** 13
  – Gerichtsstand **179** 14
  – höchstpersönliche Vertragspflichten **179** 13

Vertretung ohne Vertretungsmacht (Forts)
- individuelle Geschäfte **179** 13
- Insolvenzrisiko **179** 15
- Schiedsklausel **179** 14
- Sekundäransprüche **179** 14 f
- Sicherheiten **179** 14
- Stückschulden **179** 13
- Unmöglichkeit der Erfüllung **179** 13
- Verjährung **179** 15
- Vertrag zugunsten Dritter **179** 14
- des Vertreters **179** 14
- Zahlungsunfähigkeit des Vertretenen **179** 15

Fälligkeit **199** 8b
Formmangel des Vertrages **179** 9, 24
Formpflichtigkeit der Vollmacht **167** 23
Garantieversprechen, stillschweigendes **179** 2, 6
Genehmigungsverweigerung **179** 6, 8
gesamtschuldnerische Haftung **179** 4
Geschäft für den, den es angeht **179** 22
Geschäftsfähigkeit des Vertreters, beschränkte **179** 9, 19a
Geschäftsunfähigkeit des Vertretenen **179** 9, 21
Geschäftsunfähigkeit des Vertreters **179** 9
Gesetzesverstoß des Vertrages **179** 9, 24
Inaussichtstellen der Fremdwirkung **179** 5
Insolvenz des Vertretenen **179** 9, 20
Interesse, negatives **167** 23, 81; **179** 4, 17
Kennenmüssen des Mangels der Vertretungsmacht **179** 19
Kenntnis des Mangels der Vertretungsmacht **179** 11, 19
Kenntnis eines Anfechtungsgrunds **179** 11
Liquidatorbestellung **179** 19
Missbrauch der Vertretungsmacht **179** 6
Mitverschulden **179** 20
Nachforschungspflicht **179** 12, 19
Nachreichung der Vollmacht **179** 19
Nachweis der Vertretungsmacht **179** 7, 12
Namhaftmachung des Geschäftsherrn **179** 22
Nichterfüllungshaftung **179** 2
nichtexistierende Personen **179** 22 f
Nichtigkeit des Vertrages **179** 24
Offenheitsprinzip **179** 5
Rechtsscheinsvollmacht **179** 6
Schadensberechnung **179** 16
- abstrakte Schadensberechnung **179** 18
Schadensersatz **179** 12 f
- Erfüllungsinteresse ohne Naturalrestitution **179** 16
- Interesse, negatives **179** 16

Vertretung ohne Vertretungsmacht (Forts)
- Schadenersatz statt der Leistung **179** 16
- Verjährung **179** 16
- Vorprozess, erfolgloser **179** 16
Schutzwürdigkeit, fehlende **179** 18
Sittenwidrigkeit des Vertrages **179** 9, 24
Unterbevollmächtigter **179** 6
Verschulden **179** 11
Vertrauen, erwecktes **179** 2, 18
Vertrauensinteresse **179** 18
Vertretener **177** 23 ff; **179** 4, 6, 20
- Verfügungsmacht, fehlende **179** 9
Vertreter **179** 4
Wahlrecht des Vertragspartners **179** 12 f, 15
Wahlschuldverhältnis **179** 13
Widerrufsrecht bei Verbraucherverträgen **179** 10
Handeln ohne Vertretungsmacht **Vorbem 164 ff** 18; **177** 5 ff; **179** 6
Erklärung zugleich im eigenen und im fremden Namen **177** 6
Gesamtvertretung **177** 5
Handeln unter fremdem Namen **177** 5
höchstpersönliche Rechtsgeschäfte **177** 7a
Irrtum **177** 7
Kennenmüssen **177** 7
Kenntnis **177** 7
Missbrauch der Vertretungsmacht **177** 5a
Nichtgebrauch der Vertretungsmacht **177** 6
schwebende Unwirksamkeit geschlossener Verträge **177** 8
Vertretungsverbote **177** 7a
Vollmachtsüberschreitung **177** 5a
Innenverhältnis Vertretener/Vertreter **165** 4
juristische Personen des öffentlichen Rechts **177** 3
Klageerhebung **184** 5, 113
Kündigung **180** 1, 11
Arbeitsverhältnis, außerordentliche Kündigung **180** 6
Mehrvertretung **181** 15
Organe juristischer Personen **177** 3
Organwaltung **177** 3
Prozessführung **Vorbem 182 ff** 140
Prozessvertretung **177** 2
Rechtsgeschäfte, einseitige **177** 1 f; **180** 1; **Vorbem 182 ff** 14
amtsempfangsbedürftige Willenserklärungen **180** 1, 11
- Abgabe gegenüber Behörde **180** 11
- Abgabe gegenüber Privatperson **180** 11
empfangsbedürftige Willenserklärung **180** 1 f

Vertretung ohne Vertretungsmacht (Forts)
- Abstimmungen **180** 11
- Aktivvertretung **180** 4 ff
- Arbeitsverhältnis, außerordentliche Kündigung **180** 6
- Beanstandung des Behauptens des Vertretungsmacht **180** 6 f
- Behaupten der Vertretungsmacht **180** 6
- Einverständnis des Adressaten **180** 4 f, 8 f
- Genehmigung des Erklärungsempfangs **180** 8 ff; **Vorbem 182 ff** 14
- Kündigung **180** 11
- Passivvertretung **180** 8 ff

juristische Personen des öffentlichen Rechts **180** 11
nichtempfangsbedürftige Willenserklärungen **180** 1 f
Vollmachtserteilung, vollmachtslose **180** 1
rechtsgeschäftsähnliche Handlungen **180** 1
Rechtsmitteleinlegung **184** 5, 113
Rücktritt **180** 1
Schadensersatz
  s Haftung
Stellvertretung, gewillkürte **177** 3
Umgehungsgeschäft **177** 2
unerlaubte Handlung **180** 3
Untervertretung **167** 73
Verbot vollmachtlosen Handelns **177** 1 f; **180** 1 ff
  Beweislast **180** 14
Verhandlungen **203** 9
Verschulden **177** 23 f
Vertrag **177** 1 f
  dinglicher Vertrag **177** 2
Verwaltungsverfahren **Vorbem 164 ff** 98
Vollmacht, Formnichtigkeit **167** 23
Vollmachtsüberschreitung **167** 89
Widerrufsrecht **178** 1 ff; **179** 6
  Änderungsvorschlag **178** 2
  Anfechtungsausschluss **178** 5
  Beweislast **178** 8
  Kennenmüssen des Mangels der Vertretungsmacht **178** 4
  Kenntnis des Mangels der Vertretungsmacht **178** 4
  Rechtsgeschäfte, einseitige **178** 6
  Vor-Kapitalgesellschaft **178** 7
  Vor-Personengesellschaft **178** 7
  Willenserklärung, einseitige empfangsbedürftige **178** 2
  – konkludente Erklärung **178** 2
Willensbetätigungen, bloße **180** 1
Willensmängel **166** 3; **178** 5
Zustimmung **182** 57 f
Zustimmung zum Hauptgeschäft, konkludente **182** 17

Vertretungsmacht
Abstraktionsprinzip **Vorbem 164 ff** 33 f
Amtsstellung **Vorbem 164 ff** 34
Anfechtungsrecht **164** 21
Aufgabenübertragung **167** 13
Beendigung **175** 1
Begriff **Vorbem 164 ff** 16
  einheitlicher Begriff **Vorbem 164 ff** 21, 25
Begründung, gesetzliche **Vorbem 164 ff** 21
Beschränkungen **170** 3; **171** 7; **173** 6
Bestellung **Vorbem 164 ff** 34
Beweislast **164** 26; **179** 26 f
Botenschaft trotz Vertretungsmacht **Vorbem 164 ff** 80; **164** 3
Eigengeschäfte des Vertretenen **164** 10
Empfangsvertretung **164** 23
Erlöschen **168** 6
Ermächtigung **Vorbem 164 ff** 64
Erteilung, rechtsgeschäftliche **Vorbem 164 ff** 20
Fähigkeit des Bevollmächtigten **Vorbem 164 ff** 16; **167** 9
Fähigkeit zum rechtsgeschäftlichen Handeln **164** 10
Gesetz **Vorbem 164 ff** 34; **177** 5
gesetzliche Vertretungsmacht, Ende **168** 24
Gestaltungsrecht **Vorbem 164 ff** 16
Gutglaubensschutz **168** 6; **171** 1
Handeln in fremdem Namen **164** 3, 5
Handeln ohne Vertretungsmacht, Genehmigung **Vorbem 164 ff** 18
Irrtum **178** 5
kollidierende Rechtsgeschäfte **Vorbem 164 ff** 16
kraft Gesetzes **164** 8; **167** 1
Kundgabe der Bevollmächtigung **171** 12
Legitimation **Vorbem 164 ff** 17, 21
Liquidatorbestellung **179** 19
Missbrauch der Vertretungsmacht **Vorbem 164 ff** 34; **167** 91 ff
  s a dort
Nachforschungspflicht **179** 12, 19
Nachweis **179** 7, 12; **185** 16
Offenheitsprinzip **164** 5
organschaftliche Vertretungsmacht **Vorbem 164 ff** 21, 25; **164** 8; **167** 1
Partei kraft Amtes **Vorbem 164 ff** 21
Personenmehrheit **167** 51
Recht, anwendbares **181** 1
Recht, subjektives **Vorbem 164 ff** 16 f
Rechtsgeschäft **177** 5
rechtsgeschäftliche Erteilung **164** 8; **167** 1
Rechtsschein, anerkannter **177** 5
Rückgabe der Vollmachtsurkunde **175** 1
Satzung **Vorbem 164 ff** 25
Staatsakt **167** 1
Teilvertretungsmacht **167** 95
Übertragbarkeit **167** 4

Vertretungsmacht (Forts)
    Untervollmacht **167** 60 ff
    s a dort
    Verjährungseinrede **214** 6
    Verpflichtungen des Bevollmächtigten
      167 8
    Vertreter ohne Vertretungsmacht
      Vorbem 164 ff 18
    Vertretergeschäft **164** 5
    Vertreterhandeln **Vorbem 164 ff** 36
    Verwaltung, auferlegte **Vorbem 164 ff** 21
    Vollmacht **167** 1
    Vollmachtserteilung **167** 8
    Widerruf der Vollmacht **168** 6
    Willenserklärungen, Abgabe **164** 8
Vertretungsverbote
    Botenschaft **Vorbem 164 ff** 79
    Eheschließung **Vorbem 164 ff** 40
    Erbverzicht **Vorbem 164 ff** 40
    Erklärungsabgabe, persönliche
      Vorbem 164 ff 40
    Handeln ohne Vertretungsmacht **177** 7a
    Lebenspartnerschaft, Begründung
      Vorbem 164 ff 40
    letztwillige Verfügungen **Vorbem 164 ff** 40
Vertretungswille
    Annahme ohne Erklärung gegenüber
      dem Antragenden **Vorbem 164 ff** 36
    Bekanntgabe **164** 4
    Bestätigung des anfechtbaren Rechts-
      geschäfts **Vorbem 164 ff** 36
    Empfangsvertreter **Vorbem 164 ff** 36
    Erklärungsvertreter **Vorbem 164 ff** 36
    Gesamtvertretung **164** 4
    Irrtumsanfechtung **Vorbem 164 ff** 36
    Rechtsscheinsvollmacht **167** 39
    Rückbeziehung **Vorbem 164 ff** 36
    Umstände **164** 4
    Vertreterhandeln **164** 4
    vollmachtloser Vertreter **Vorbem 164 ff** 36
Verwahrung
    Rückgabeanspruch, Verjährungsbeginn
      199 12
    Rücknahmeanspruch, Verjährungsbeginn
      199 88; **200** 10
Verwahrungsvertrag
    Billigung der Änderung der Aufbewah-
      rung **Vorbem 182 ff** 81
Verwalter kraft Amtes
    s Partei kraft Amtes
Verwalterhaftung
    Hinweispflicht **199** 83
Verwalterhandeln
    Abwehranspruch **Vorbem 164 ff** 61
    Amt, privates **Vorbem 164 ff** 61
    Amtstheorie **Vorbem 164 ff** 61
    Insichgeschäfte **181** 38
    Interessenwahrung, mehrseitige
      Vorbem 164 ff 61

Verwalterhandeln (Forts)
    neuere Vertretungstheorie
      Vorbem 164 ff 60 f
    neutrales Handeln **Vorbem 164 ff** 58
    Organtheorie **Vorbem 164 ff** 61
    Partei kraft Amtes **Vorbem 164 ff** 61
    s a dort
    Repräsentationstheorie **Vorbem 164 ff** 60 f
    Schadensersatzpflicht **Vorbem 164 ff** 61
    Tod des Amtsinhabers **Vorbem 164 ff** 61
    Vertretung, gesetzliche **Vorbem 164 ff** 60 f
Verwaltung, auferlegte
    Partei kraft Amtes **Vorbem 164 ff** 21, 57 ff
Verwaltungsakt
    Anfechtung **209** 2
    Anfechtungsfrist **188** 14
    Anfechtungsklage **199** 38
    Bekanntgabezeitpunkt **186** 9; **187** 10a; **188** 6
    Fristbeginn **187** 10a
    Insichgeschäft **181** 29
    Selbsttitulierung staatlicher Ansprüche
      197 54
    Zustimmung Dritter **Vorbem 182 ff** 135
Verwaltungsgerichtsverfahren
    Anwaltszwang **Vorbem 164 ff** 96
    Fristberechnung **186** 18
    Fristverlängerung **190** 3
    Fristwahrung **193** 11
    Klagezustellung **204** 31
    Untätigkeitsklage **204** 105
    Verjährungshemmung, Ende **204** 121
    Vollmachtserteilung **Vorbem 164 ff** 96
    Wiedereinsetzungsantrag **188** 14
Verwaltungskosten
    Erstattungsansprüche, Verjährung **195** 48
    Verjährungshemmung **Vorbem 203–213** 4
    Verjährungsneubeginn **212** 2
    Zahlungsansprüche, Verjährung **195** 48; **200** 8
Verwaltungsprozessrecht
    Rechtmäßigkeit hoheitlichen Handelns
      227 41
Verwaltungsverfahren
    Empfangsbevollmächtigter
      Vorbem 164 ff 98
    Feiertag **193** 8
    Fristberechnung **186** 17
    Fristverlängerung **190** 3
    Fristwahrung **188** 6
    Notwehrrecht **227** 38
    Samstag **193** 8
    Sonntag **193** 8
    Stellvertretung **Vorbem 164 ff** 98
    Verjährungshemmung durch Ver-
      waltungsakt **197** 54
    Verjährungsregelungen **Vorbem 194–225** 39
    Verjährungshemmung, Ende **204** 121
    Vertreter ohne Vertretungsmacht
      Vorbem 164 ff 98

Verwaltungsverfahren (Forts)
  Vertreterbestellung **Vorbem 164 ff** 98
Verwaltungsverfahrensrecht
  Rechtmäßigkeit hoheitlichen Handelns
    227 41
Verwaltungsvollstreckung
  Schikaneverbot **226** 41
Verwandtschaft
  Wissenszurechnung **166** 9
Verwendungen
  Erklärung über die Genehmigung **186** 16
Verwendungsersatz
  Genehmigung der Verwendungen
    Vorbem 182 ff 93 f
Verwirkung
  Anfechtung **194** 18
  Ansprüche **Vorbem 194–225** 19, 22
    Kenntnis des Gläubigers
      Vorbem 194–225 31
    kurze Verjährung **Vorbem 194–225** 22, 27
    langfristige Verjährung
      Vorbem 194–225 24
    unverjährbare Ansprüche
      Vorbem 194–225 22; **194** 29
    wiederkehrende Leistungen
      Vorbem 194–225 22
  Aufbewahrungsfristen für Unterlagen
    Vorbem 194–225 33, 35
  Aufrechnung **194** 18
  Ausübungshindernis, dauerndes
    Vorbem 194–225 34
  Bagatellcharakter der Forderung
    Vorbem 194–225 25
  Begriff **Vorbem 194–225** 18
  Berücksichtigung von Amts wegen
    Vorbem 194–225 21, 35
  Beweislast **Vorbem 194–225** 35
  Beweisposition, Verschlechterung
    Vorbem 194–225 33
  Darlegungslast **Vorbem 194–225** 35
  Dauerschuldverhältnis
    Vorbem 194–225 25 f
  Einrede der Verjährung
    Vorbem 194–225 36
  Erbschaftsanspruch **Vorbem 194–225** 27
  Fälligkeit der Forderung
    Vorbem 194–225 26
  Fristausnutzung **186** 25
  Fristen **Vorbem 194–225** 20
  Genehmigungsrecht **184** 57 ff
  Gewährleistungsansprüche
    Vorbem 194–225 22
  illoyale Rechtsausübung
    Vorbem 194–225 18, 31
  Interessen, öffentliche **Vorbem 194–225** 22
  Konkurrenz Verjährung/Verwirkung
    Vorbem 194–225 21
  Kostenerstattungsansprüche, prozessuale
    Vorbem 194–225 27

Verwirkung (Forts)
  Kündigung **194** 18
  Leistungsverweigerung
    Vorbem 194–225 34
  Mietverhältnis **Vorbem 194–225** 25 f
  durch Nichtnachfrage der Genehmigung
    184 58
  öffentliches Recht **Vorbem 194–225** 19
  Prozessrecht **Vorbem 194–225** 19
  Rechtsmissbrauch **226** 18
  Rückforderung des Geleisteten **214** 41
  Rücktritt **194** 18
  Schutzwürdigkeit des Berechtigten
    Vorbem 194–225 23
  Schutzwürdigkeit des Verpflichteten
    Vorbem 194–225 22, 25, 32
  subjektive Rechte **Vorbem 194–225** 19
  Treu und Glauben **Vorbem 194–225** 18
  Umstandsmoment **Vorbem 194–225** 20, 27,
    28 ff
    Gläubigerverhalten **Vorbem 194–225** 29 f
    Schuldnerverhalten **Vorbem 194–225** 32 f
  Unterhaltsansprüche **Vorbem 194–225** 22 f
  Unterhaltsrückstände **Vorbem 194–225** 23
  Unterlassungsansprüche **200** 4
  unverjährbare Ansprüche
    Vorbem 194–225 22
  unzulässige Rechtsausübung
    Vorbem 194–225 18
  Verjährungsersatz **Vorbem 194–225** 20;
    195 6
  Vertrauenstatbestand **Vorbem 194–225** 20,
    28, 32 f
  Wegfall **Vorbem 194–225** 34
  widersprüchliches Verhalten
    Vorbem 194–225 18
  Wirkungsweise **Vorbem 194–225** 21
  Zeitablauf **Vorbem 194–225** 20, 28; **194** 25
  Zeitmoment **Vorbem 194–225** 26
  Zustimmungsberechtigung **184** 57 ff
  Zuwiderhandlung, Kenntnis **201** 9
Verzicht
  Anspruchsverzicht durch Genehmigung
    Vorbem 182 ff 57
  auf die Einwilligung **183** 25
  auf die Vollmacht **167** 4; **168** 4, 18
  auf das Widerrufsrecht **183** 71 ff
  Zustimmung, konkludente **182** 21
Verzug
  Dreißigtagefrist **193** 55
  Einrede der Verjährung **217** 2 f
  Fälligkeit **193** 55
  Fristberechnung **187** 6g
  Fristbestimmung **186** 19
  Genehmigung **184** 93
  Rechnungszugang **193** 55
  Verjährungseintritt **217** 1
  Verzugsfrist **193** 55
  Verzugszinsen **187** 6g

Verzugsschadensersatz
  Verjährung der Forderung **217** 5
  Wiederkehrende Leistungen **197** 73
Verzugszinsen
  Hauptforderung, Verjährung **217** 4
  Verbraucherdarlehensvertrag **197** 81
  Verjährung **197** 79; **217** 1, 3 ff
  Verjährungseinrede **217** 4
  weitergehende Zinsansprüche **217** 5
Videoüberwachung
  Notwehr **227** 54
Vinkulation
  Aufhebung durch Zustimmung des Schuldners **Vorbem 182 ff** 83
  Vertragsmodell **Vorbem 182 ff** 83
  Zustimmungsmodell **Vorbem 182 ff** 83
vis maior
  s Höhere Gewalt
VOB/B
  Beseitigungsverlangen **204** 90
  Mängel, Verjährungsfrist **195** 46 f, 49 f; **202** 17
  Rechnung **199** 11, 17
    Aufstellung durch Auftraggeber **199** 18
    Prüfungsfähigkeit **199** 17
    Unvollständigkeit **199** 19
  Schlusszahlung **212** 26; **214** 41
    Annahme, vorbehaltlose **215** 11; **216** 10
  Sicherheitseinbehalt **205** 11
  Verjährungsbeginn **202** 7
  Verjährungshemmung **202** 21
  Verjährungsneubeginn **202** 7, 9, 21; **Vorbem 203–213** 3; **212** 2
  Vertragsstrafenverfall **193** 14
Volljährigkeit
  Anfechtungsberechtigung, Übergang **182** 69
  Eintritt der Volljährigkeit **187** 12
  Genehmigungsberechtigung **184** 26
  Zustimmungsberechtigung, Übergang **182** 28, 98
Vollmacht
  Abänderungen **173** 6
  Abstraktionsprinzip **Vorbem 164 ff** 34; **167** 2 ff, 12, 18, 75; **168** 1
  Anfechtbarkeit **167** 12
  Anfechtung **168** 4; **171** 9
    Gutglaubensschutz **173** 5
  Artvollmacht **167** 83
  Auflassungsvollmacht **167** 3, 25
  Auslegung **167** 84 f; **168** 11
  Außenvollmacht **Vorbem 164 ff** 33 f; **167** 12, 84, 85; **170** 2 f; **171** 1
  Erlöschen **167** 12
  Erteilung, schlüssige **167** 13
  Bedingung, auflösende **168** 2, 11
  Beendigungszeitpunkt **Vorbem 164 ff** 33
  Befreiungsklausel **181** 50
  Befristung **168** 2, 11

Vollmacht (Forts)
  Bekanntmachung, öffentliche **167** 12, 29b, 84
  Belastungsvollmacht **167** 86
  Beschränkungen **173** 6
  Beseitigung **171** 9 f
  Bevollmächtigte **167** 5 ff
    s a dort
  Beweislast **168** 36; **169** 8
  Duldungsvollmacht
    s dort
  Einschränkung **167** 16
  elektronische Form **172** 1; **175** 4
  Empfangsvollmacht **164** 23
  erfüllungshalber erteilte Vollmacht **168** 11 f
  Erlöschen **Vorbem 164 ff** 34; **167** 2, 12; **168** 1 ff, 18 f, 36; **173** 6
    bei Vornahme des Rechtsgeschäfts **173** 8
    Beweislast **164** 26
    Erlöschensbestimmung **168** 2 f
    Grundverhältnis, Beendigung **168** 3, 6
    – Abwicklungstätigkeiten **168** 3
    – Gesellschaftsvertrag **168** 22
    Gutglaubensschutz **173** 8
    Insolvenz des Vollmachtgebers **179** 9
    Kennenmüssen **173** 1 ff
    – Evidenz **173** 2
    Kenntnis **173** 1 ff
    Rückgabe der Vollmachtsurkunde **175** 1
    Verzicht auf die Vollmacht **167** 4; **168** 18
    Wissensmüssen **169** 3
  Erneuerung **167** 16
  Ersatzbevollmächtigung **167** 4, 60
  Erweiterung **167** 16
  externe Vollmacht **167** 12; **170** 2; **171** 1
  Form **167** 18, 22; **175** 4
  formbedürftige Rechtsgeschäfte **167** 18
  Formbedürftigkeit **167** 18 ff
    Abstraktionsprinzip **167** 20
    Beglaubigung, öffentliche **167** 19
    Beurkundung, notarielle **167** 19
    Blanketterklärung **167** 20
    Gesetzesumgehung **167** 20, 21, 25
    Satzung **167** 18
    Schriftform **167** 19
    Schutzbedürfnis des Vertretenen **167** 20
    Steuerungsmöglichkeit des Vollmachtgebers **167** 20
    teleologische Reduktion **167** 20 f
    Unmittelbarkeit der Beeinträchtigung, fehlende **167** 20
    Vereinbarung Vollmachtgeber/Geschäftspartner **167** 18
    Vereinbarung Vollmachtgeber/Vertreter **167** 18
    Warnfunktion **167** 20 f, 25
  Formnichtigkeit **167** 23
  Gattungsvollmacht **167** 83
  Geldempfangsvollmacht **167** 90

Vollmacht (Forts)
- Generalvollmacht **167** 83
- Gesamtvollmacht **167** 52
- Geschäftseinheit Vollmacht/Grundgeschäft **Vorbem 164 ff** 34
- Geschäftsfähigkeit, Minderung **168** 21
- Geschäftsunfähigkeit **168** 21
- Geschäftsunfähigkeit des Vollmachtgebers **168** 23
- Grundverhältnis
  - s Innenverhältnis
- Innenverhältnis **167** 2 ff, 12, 85
  - Anfechtung ex nunc **168** 3
  - Auftrag **167** 3; **168** 3; **169** 1, 3
  - Bedingung **168** 3
  - bedingungsweise Verknüpfung Nichtbeachtung/Bevollmächtigung **167** 3
  - Beendigung **167** 2
  - Befristung **168** 3
  - Dienstvertrag **167** 3
  - Ehe **167** 3
  - Erfüllung **168** 3
  - Geschäftsbesorgungsvertrag **167** 3
  - Geschäftsfähigkeit, beschränkte **167** 2
  - Gesellschaftsverhältnis **167** 3
  - Kündigung, fristlose **168** 3
  - Kündigung, ordentliche **168** 3
  - Mängel **167** 2
  - Nebenabrede zu Kaufverträgen **167** 3
  - Nebenabrede zu Schenkungsversprechen **167** 3
  - Rechtsgrund, bereicherungsrechtlicher **167** 3
  - Rechtsmacht des Vollmachtgebers **167** 9
  - Rücktritt **168** 3
  - Verpflichtungen des Bevollmächtigten **167** 8
  - Vertrag **167** 10
  - Vollmachtstreuhand **167** 3
  - Werkvertrag **167** 3
  - Widerruf **168** 3
- Innenvollmacht **Vorbem 164 ff** 33 f; **167** 12, 75, 84; **170** 2
  - s a dort
- interne Vollmacht **167** 12; **170** 2
- isolierte Vollmacht **Vorbem 164 ff** 33; **167** 2, 91; **168** 18 f, 23, 27; **169** 6
  - Erlöschen **168** 16 ff
  - – Bedingung, auflösende **168** 16
  - – Befristung **168** 16
  - Generalvollmacht **167** 2
  - Innenhaftung **167** 2
  - Missbrauch der Vertretungsmacht **167** 2
  - Widerruf **168** 16
  - Widerruflichkeit **168** 9, 11
  - Widerrufsausschluss **168** 9, 17

Vollmacht (Forts)
- kausale Vollmacht **167** 4, 63; **168** 17 ff, 22 f, 26
  - Auftrag **169** 7
  - bösgläubiger Dritter **169** 4 f
  - Erlöschen **169** 1
  - Fortbestand **169** 1 ff
  - Gesellschaftsvertrag **169** 7
  - Grundverhältnis, fehlendes **169** 7
- Kondiktion **167** 4
- Kontovollmacht **167** 4
- Kundgabe **171** 1
  - s Bekanntmachung, öffentliche
  - Beweislast **171** 13
  - Kenntnisnahme **171** 12
  - Vertretungsmacht **171** 12
  - Willensmängel **171** 9
- Mindestvollmacht **167** 86a
- Nachreichung **179** 19
- Nachvollmacht **167** 62
- Natur, abgeleitete **Vorbem 164 ff** 25
- Nichtbestehen **173** 7; **175** 1
- Nichtgebrauchmachen **168** 18
- Personenbezogenheit **Vorbem 164 ff** 64
- Pfändbarkeit **167** 4
- postmortale Vollmacht **168** 28 ff
  - s a dort
- Prokura
  - s dort
- Rechtsmacht des Vollmachtgebers **167** 9
- Rechtsschein **167** 14
- Rechtsscheinstheorie **170** 1
- Scherzvollmacht **167** 75
- Solidarvollmacht **167** 52
- Spezialvollmacht **167** 83
- Textform **175** 4
- Tod des Bevollmächtigten **168** 19
- Tod des Vollmachtgebers **168** 26 f
- über den Tod hinaus **168** 28
  - s a Postmortale Vollmacht
- transmortale Vollmacht **168** 26
- Übertragbarkeit der Vollmachtgeberstellung **167** 4
- Übertragbarkeit der Vollmachtnehmerstellung **167** 4
- Umfang **167** 83 ff
  - außergewöhnliche Geschäfte **167** 87
  - Berufsgruppen **167** 86
  - Treu und Glauben **167** 87
  - Wille des Vertretenen **167** 84
  - – Auslegung **167** 84
  - – Verkehrssitte **167** 86
- Untervertretung **166** 29
- Untervollmacht
  - s dort
- Unterwerfungsvollmacht
  - s Unterwerfung unter die sofortige Zwangsvollstreckung
- Unwiderruflichkeit **167** 77; **168** 8; **176** 5

Vollmacht (Forts)
  Anspruch auf Vornahme des Vertretergeschäfts **168** 8
  Ausschluss **168** 8
  Interessen des Bevollmächtigten **168** 8
  Interessen Dritter **168** 8
  Interessen des Vollmachtgebers **168** 8
  nach Maßgabe des Grundverhältnisses **168** 12
  Umgehungsgeschäft **168** 15
  Unterwerfung unter die sofortige Zwangsvollstreckung **168** 11
  Vertrag **168** 11
  Unwiderruflichkeitsklausel **168** 10; **176** 6
  verdrängend-unwiderrufliche Vollmacht **168** 15
  verdrängende Wirkung **167** 9
  Verfügungsvollmacht **167** 9
  Verhandlungsvollmacht **167** 85
  Verkaufsvollmacht **167** 35b
  Vermutung **167** 17
  Vertretergeschäft **167** 1
  Vertretungsmacht, rechtsgeschäftlich erteilte **Vorbem 164 ff** 22; **166** 29; **167** 1
  Verwirkung **168** 3
  Verzicht auf die Vollmacht **167** 4, 10; **168** 4, 18
  Vollmachtsschutz **173** 1
  Vorsorgevollmacht
    s dort
  Weisungen des Vollmachtgebers **Vorbem 164 ff** 82; **166** 1, 17, 26, 33
  Ausführungsanordnungen **166** 34
  bestimmte Weisungen **166** 33
  Drohung durch Geschäftsgegner **166** 17
  Hauptvollmachtgeber **166** 35
  Innenverhältnis **166** 34
  Irrtum **166** 17
  Kennenmüssen des Vertretenen **166** 27, 33, 36
  Kennenmüssen des Vertreters **166** 37
  Kenntnis des Vertretenen **166** 27, 33, 36
  Kenntnis des Vertreters **166** 37
  künftiger Abschluss des Vertretergeschäfts **166** 34
  Rechtsgeschäft, bestimmtes **166** 34
  Rechtsgeschäfte, Arten **166** 34
  Täuschung durch Geschäftsgegners **166** 17
  Unkenntnis des Vertretenen, fahrlässige **166** 36
  Wissen des Vertretenen **166** 27
  Wissenmüssen des Vertretenen **166** 27
  Widerruf
    s Vollmachtswiderruf
  Widerruflichkeit
    s Vollmachtswiderruf
  Zurückweisung **167** 10

Vollmacht (Forts)
  Zweck, erklärter **168** 11
Vollmachtgeber
  Geschäftsfähigkeitsverlust **168** 23
  Insolvenz **168** 25
  Tod des Vollmachtgebers **168** 26 f
Vollmachtloser Vertreter
  Einrede der Verjährung **214** 6
  Vertretungswille **Vorbem 164 ff** 36
Vollmachtsanmaßung
  Haftung **177** 24
Vollmachtserteilung
  s a Bevollmächtigung
  Abstraktionsprinzip **Vorbem 164 ff** 22
  Anfechtung **171** 9
  Auslegung **Vorbem 164 ff** 37
  Bedingung **167** 15
  gegenüber beschränkt Geschäftsfähigen **167** 15
  Bevollmächtigte **167** 5 ff
    s a dort
  Beweislast **167** 17
  Erklärung, einseitige **Vorbem 164 ff** 34; **167** 10 f, 78
  externe Vollmachtserteilung **166** 35
  Fähigkeit des Bevollmächtigten **Vorbem 164 ff** 16; **167** 9
  Formfreiheit **167** 18
  Formnichtigkeit **167** 23, 35c
  Gesellschafter **Vorbem 164 ff** 25
  Insichgeschäft **181** 13
  konkludente Vollmachtserteilung **167** 13
  Lehre vom einheitlichen Gesamttatbestand **Vorbem 164 ff** 22, 32; **167** 78
  durch Minderjährige **167** 11
  Missbrauch der Vertretungsmacht **Vorbem 164 ff** 34
  Nichtigkeit **167** 35c
  Rechtsgeschäft, einseitiges **167** 10 f, 78; **180** 1
  Rechtsnatur **167** 10 f
  Rechtsscheinhaftung **167** 23
  Repräsentationsprinzip **Vorbem 164 ff** 22
  Trennungstheorie **Vorbem 164 ff** 22; **167** 10
  Verkehrsbezogenheit **Vorbem 164 ff** 37
  Vermögenswert **167** 4
  Vertrag **Vorbem 164 ff** 34; **167** 10
  Vertretergeschäft **Vorbem 164 ff** 22
  Vertretungsmacht, Begründung **167** 8
  vollmachtlose Vollmachtserteilung **180** 1
  Widerruf **171** 10 f
    Bekanntmachung, öffentliche **171** 10
    Kundgabe **171** 10
  Willensmängel **166** 17; **167** 82a
Vollmachtsmissbrauch
  s Missbrauch der Vertretungsmacht
Vollmachtstreuhand
  Innenverhältnis der Vollmacht **167** 3

Vollmachtstreuhand (Forts)
  Stellvertretung, unmittelbare
    Vorbem 164 ff 48
Vollmachtsüberschreitung
  Anscheinsvollmacht **167** 35b
  Bevollmächtigung durch schlüssiges Verhalten **167** 29
  Fortgeltung des in Wahrung der Vertretungsmacht vorgenommenen Geschäfts **167** 89
  Handeln ohne Vertretungsmacht **177** 5a
  Nichtigkeit des Gesamtgeschäfts **167** 89
  Rechtsgeschäft, teilbares **167** 89, 95
  Rechtsgeschäft, unteilbares **167** 89
  Rechtsscheinsvollmacht **167** 90
Vollmachtsurkunde
  Abschrift **175** 4
  Abschrift, beglaubigte **172** 4; **174** 3
  Aneignung, unbefugte **172** 2
  Anspruch auf Urkundenrückgabe **172** 9
  Ausfertigung **172** 1, 4; **174** 3; **175** 4
  Aushändigung **167** 29a
    Anfechtung **172** 2
    Bevollmächtigung, konkludente **172** 2
    Beweislast **172** 11
    geschäftsähnliche Handlung **172** 2
    Nichtigkeit **172** 2
    Übergabe zum Zwecke des Gebrauchmachens, willentliche **172** 2
  Auslegung von Schriftstücken **172** 1
  Befreiung vom Verbot des Selbstkontrahierens **181** 50
  bei den Akten befindliche Vollmacht **172** 3
  Besitz des Pseudovertreters **172** 7
  Bestallungsurkunde des gesetzlichen Vertreters **172** 1
  Beurkundung, notarielle **172** 1
  Bevollmächtigter, Bezeichnung **172** 1
  Bevollmächtigung, Anfechtung **172** 6
  Bevollmächtigung, Erlöschen **172** 6
  Bevollmächtigung, Unwirksamkeit **172** 6
  Blanketturkunde **172** 8
    s a dort
  E-Mail **174** 3
  Echtheit **172** 1; **174** 3
  Eigentum an der Urkunde **175** 3
  Einsichtnahme beim Grundbuchamt **172** 3
  Einsichtnahme beim Notar **172** 3
  elektronische Form **172** 1; **175** 4
  Formmangel der Vollmacht **172** 6
  Fortwirkung **173** 4
  Fotokopie **172** 4; **174** 3
  Geschäftsfähigkeit des Vollmachtgebers **172** 2
  Gesellschaftsvertrag **172** 1
  Gutglaubensschutz **172** 11
  Handzeichen des Vollmachtgebers **172** 1
  Hinterlegung **175** 2
  Kenntnisnahme **172** 3

Vollmachtsurkunde (Forts)
  Kopie **172** 1, 4
  Kraftloserklärung **172** 9; **175** 5; **176** 1; **186** 14
    Antrag **176** 6
    – Begründung **176** 6
    – Glaubhaftmachung des Erlöschens der Vollmacht **176** 6
    Bekanntmachung, öffentliche **176** 2
    Beschluss **176** 8
    Formalisierung **176** 2, 4
    freiwillige Gerichtsbarkeit **176** 6, 8
    Gestaltungsgeschäft, privates **176** 2
    Kosten **176** 10
    – Ersatz **176** 11
    Kostenerstattungsentscheidung **176** 11
    Ladung **176** 2
    Nachprüfung materieller Voraussetzungen **176** 7
    – Unwiderruflichkeitsklausel **176** 6
    öffentliche Zustellung **176** 2 f
    Rechtsmittel **176** 8
    Unmöglichkeit der Rückgabe der Vollmachtsurkunde **176** 10
    unwiderrufliche Vollmacht **176** 5
    Verfahren **176** 2 f, 6 ff
    Veröffentlichung **176** 8
    – Aushang an Gerichtstafel **176** 8 f
    – Bundesanzeiger **176** 8
    Verstoß gegen Verpflichtungen aus dem Grundverhältnis **176** 11
    Verzug des Bevollmächtigten bei Erfüllung des Rückgabeanspruchs **176** 10
    Widerrufserklärung **176** 4 ff
    Willenserklärung, empfangsbedürftige **176** 2 f
    Wirksamwerden **176** 9
    Wirkung **176** 4 f
    Zuständigkeit **176** 8
  Legitimationswirkung **175** 5, 8
  Lesen der Urkunde **172** 3
  Mängel **173** 4
  Missbrauchsgefahr **175** 1, 4 f; **176** 1
  Namensunterschrift **172** 1
  Neuausstellung **175** 4
  Nichtrückgabe **176** 1
  Oberschrift **172** 8
  Rechtswirkungen **172** 6
  Rückforderung **168** 5
  Rückgabe **172** 9; **173** 4; **175** 1 ff, 9; **176** 1
    Abschrift der zurückzugebenden Urkunde **175** 4
    Abschriften **175** 4
    Anspruchsgegner **175** 5
    – Bevollmächtigter **175** 5
    – Dritte **175** 5
    Ausfertigungen **175** 4
    Benachrichtigung von der Rückgabe **175** 6
    an Dritte **172** 9

Vollmachtsurkunde (Forts)
    Entwertung der Bevollmächtigungs-
        klausel **175** 4
    Erfüllung der Rückgabeverpflich-
        tung **175** 2
    Fotokopien **175** 4
    Original **175** 4
    Urschrift **175** 4
    Vertretungsmacht, Beendigung **175** 1
    Verweigerung **175** 2
  Schriftform, Ersetzung **172** 1
  Telefaxkopie **172** 4; **174** 3
  Textform **175** 4
  Übermittlung an das Grundbuchamt
    172 9
  Übermittlung an Notar **172** 9
  aus den Umständen zu entnehmende
    Bevollmächtigung **172** 1
  Unklarheit **174** 3
  Untervollmacht **172** 4; **174** 3
  Unvollständigkeit **174** 3
  Unwirksamkeit der Vollmacht **172** 6
  Urschrift **172** 1, 4; **174** 3; **175** 4
  Vergleich, gerichtlicher **172** 1
  Vermerk über Erlöschen einer Voll-
    macht **175** 3
  Vertretungsbefugnis **172** 6
  Vertretungsmacht, Erlöschen **172** 5
  Vertretungsmacht, Umfang **172** 1
  Verwahrung, ungenügende **172** 7
  Vorlegung der Urkunde **172** 3 ff; **174** 3
    Anfechtungserklärung durch Bevoll-
        mächtigten **174** 1
    Angebot der Vorlegung **174** 3
    Beweislast **172** 11
    Bezugnahme **172** 5
    einmalige Vorlegung **172** 5
    einseitige Rechtsgeschäfte **174** 1 ff
    einseitige Willenserklärungen **172** 7
    erneute Vorlegung **172** 5
    Kündigung durch Bevollmächtigten
        174 1
    Rücktritt durch Bevollmächtigten **174** 1
    vertragliche Willenserklärungen **172** 7
    Zeitpunkt, maßgeblicher **172** 5
  Widerruf des Vollmachtgebers **172** 10
  Willenserklärungen, einseitige empfangs-
    bedürftige **174** 1
  Zurückbehaltungsrecht **175** 8
    Ausschluss **175** 8
Vollmachtswiderruf
  Ausschluss **168** 9 f
  Bekanntmachung, öffentliche **171** 10
  Beseitigung der Vollmacht **167** 4; **168** 7
  Grundverhältnis, Beendigung **168** 5
  Kraftloserklärung der Vollmachts-
    urkunde **176** 4, 6
  Mitteilung, besondere **171** 10
  postmortale Vollmacht **168** 32

Vollmachtswiderruf (Forts)
  teilweiser Widerruf **167** 16; **168** 5, 7
  Ausschluss **168** 7
  Urkundenvorlegung **172** 10
  aus wichtigem Grund **168** 14; **176** 5, 7
  Widerruflichkeit der Vollmacht
    Vorbem 164 ff 34; **167** 77; **168** 4
  Verzicht, einseitiger **168** 11, 15
  Widerruflichkeit des Widerrufs **168** 6
  Widerrufserklärung **168** 5
    Adressat **168** 5
    ausdrückliche Erklärung **168** 5
    Bestellung eines neuen Bevoll-
        mächtigten **168** 5
    öffentliche Bekanntmachung **168** 5
    Rückforderung der Vollmachts-
        urkunde **168** 5
    schlüssiges Verhalten **168** 5
    Willenserklärung, einseitige **168** 5; **171** 3
  Widerrufsrecht **172** 11
  Widerrufssperre **168** 13
Vollstreckbarkeit, vorläufige
  Schikaneverbot **226** 33
  Sicherheitsleistung **239** 3
  Verjährungsneubeginn **212** 37
Vollstreckungsabwehrklage
  Hemmungswirkung **204** 45
  Verjährung der gesicherten Forderung
    216 9
  Verjährungseintritt **214** 37
Vollstreckungsauftrag
  Rücknahme **212** 47
  Zurückweisung **212** 48, 50
Vollstreckungsbescheid
  Verjährung **197** 5
Vollstreckungsgericht
  Vollstreckungsantrag **212** 39
Vollstreckungsklausel
  Antrag auf Erteilung **204** 45
  Erinnerung **204** 45
  Urteil, Erteilung der Vollstreckungs-
    klausel **197** 50
  Verjährungshemmung **204** 41, 45
  Verweigerung **204** 45
Vollstreckungskosten
  Titulierung **201** 6 f
  Verjährungszeitraum **201** 7
Vollstreckungsschutz
  Hemmungswirkung **205** 21
Vollstreckungsunterwerfung
  s Unterwerfung unter die sofortige
    Zwangsvollstreckung
Vollstreckungsurteil
  rechtskräftig festgestellter Anspruch **197** 50
  Verjährungshemmung **204** 41, 46
Vor-Kapitalgesellschaft
  Widerrufsrecht **178** 7
Vor-Personengesellschaft
  Widerrufsrecht **178** 7

Vor- und Nacherbschaft
Ablaufhemmung **211** 4
Voraus
Verjährungshöchstfrist **199** 101
Vorausabtretung
Forderungserwerb durch mittelbaren Stellvertreters **Vorbem 164 ff** 45
Prioritätsprinzip **Vorbem 164 ff** 45
Rechtsübergang, unmittelbarer **Vorbem 164 ff** 45
Vorausverfügungen
Durchgangserwerb **185** 161
durch Nichtberechtigten **185** 161
Vorauszahlungen
Abrechnung **199** 20a f
Erstattungsanspruch, Fälligkeit **199** 20a
Fälligkeitsbestimmung **199** 20b
Rückforderungsanspruch **199** 20a
Verjährungsbeginn **199** 20b
Vorbehalt, geheimer
s Mentalreservation
Vorbehaltseigentum
s Eigentumsvorbehalt
Vorbehaltskauf
Einwilligung **183** 36, 39
Unwiderruflichkeit **183** 63
Widerruf aus wichtigem Grund **183** 81
Ermächtigung, konkludente **182** 16
Insolvenz des Verkäufers **183** 39
Sale-and-Lease-back **185** 74
Sicherungsübereignung der Vorbehaltsware **185** 74
Veräußerungsermächtigung **185** 72 ff
Verfügung eines Nichtberechtigten **185** 8
Zulassungsbescheinigung Teil II, Einbehalt **185** 73
Vorbehaltsurteil
Aufrechnung **197** 55; **204** 143
Aufrechnung, Hemmungswirkung **204** 73
Nachverfahren **197** 55
rechtskräftig festgestellter Anspruch **197** 55
Urkundenprozess **197** 55; **204** 143
Verjährungsbeginn **201** 2
Vorerbe
Anerkenntnis des Pflichtteils **212** 10
Sicherheitsleistung **Vorbem 232 ff** 2
Verfügungsbeschränkungen **185** 45
Vorgesellschaft
Vertretung ohne Vertretungsmacht **177** 20; **179** 22 f
Widerrufsrecht **178** 7
Vorkaufsrecht
Ausübung durch Miterben **186** 14
Ausübungspflicht **186** 14
Genehmigung **184** 99
Genehmigungsfrist **184** 67
Mitteilungspflicht **186** 14
Vorkaufsrecht, dingliches
Ansprüche, Verjährung **196** 8 ff

Vorleistung
Verjährung der Forderung **215** 13
Vormerkung
Anspruch auf Zustimmung **185** 144
Ansprüche, Verjährung **196** 8 ff
Eintragungsbewilligung **185** 144
Rückschlagsperre **185** 164
Sicherungsmittel **Vorbem 232 ff** 1
Verfügungen, vormerkungswidrige **185** 139 f
Verjährung der gesicherten Forderung **216** 4
Vormerkungsbewilligung
Anerkenntnis **212** 23
Vormund
Ansprüche, unverjährbare **194** 28
Ausschluss von der gesetzlichen Vertretung **177** 4
Beamte als Vormund **Vorbem 182 ff** 68
Bestallungsurkunde **174** 6
Gegenvormund **Vorbem 182 ff** 27
Gesamtvertretung **167** 51
Minderjährigkeit **165** 7
Religionsdiener als Vormund **Vorbem 182 ff** 68
Verjährungsbeginn, Kenntnis **199** 57
Verjährungshemmung **204** 9
Vertretung, gesetzliche **Vorbem 164 ff** 24
Vertretungsmacht **Vorbem 164 ff** 34
Missbrauch gesetzlicher Vertretungsmacht **167** 92
Vertretungsverbot **181** 18
Schenkungen **177** 7a
Vormundschaft
Aufsicht über den Vormund **207** 13
Verjährungshemmung **197** 6; **207** 13
Amtspflichtverletzung **207** 13
Ansprüche gegen die Staatskasse **207** 13
Gegenvormund **207** 13
Vornahme einer Handlung, Antrag auf
Hemmungswirkung **204** 37
Vorpfändung
Erneuerungswirkung **212** 42
Vorsätzliche unerlaubte Handlung
Anspruchsverjährung **194** 22
Vorsätzliche sittenwidrige Schädigung
Schikane **226** 37
Vorschuss
Rückforderungsanspruch **199** 20a
Vorsorgevollmacht
Befreiung vom Verbot des Selbstkontrahierens **181** 50
Beschränkungen **167** 15
Eingriffe, ärztliche **Vorbem 164 ff** 41
Generalvollmacht **167** 83
Geschäftsunfähigkeit, Eintritt **168** 23
Personensorge **167** 86a
Prozessführung **167** 86a
Vermögenssorge **167** 86a

Vorsorgevollmacht (Forts)
  Vollmachtserteilung, bedingte **167** 15
  Vollmachtsumfang **167** 86a
  Zwangsbehandlung **Vorbem 164 ff** 41
Vorstand
  Aktiengesellschaft **Vorbem 164 ff** 25, 26
  Vertretungsmacht **177** 3
  Genossenschaft **Vorbem 164 ff** 25, 26
Vorstandsmitglieder (Aktiengesellschaft)
  Wissenszurechnung **166** 32
Vorverfahren, behördliches
  Ablaufhemmung **210** 9
  Verjährungshemmung **204** 104 ff
Vorvertrag
  Verjährung **195** 27
  Zustimmungspflicht **Vorbem 182 ff** 103

Wahlschuld
  Wahlrecht **186** 16
Wandlung
  Anspruch auf Wandlung **218** 5
  Anspruch aus Wandlung **218** 5
Warenlager
  Angestellte, Rechtsscheinshaftung **167** 33
  Sicherungsübereignung **185** 80
Wasserrecht
  unvordenkliche Verjährung
    Vorbem 194–225 37
Wechsel
  Anerkenntnis **212** 23
  erdichtete Person **179** 22
  Ermächtigung zur Ausfüllung **167** 27
  Feiertag **193** 7
  Fristen **186** 24
  Fristlänge **189** 1
  Genehmigung des Vertreterhandelns
    177 21
  Handeln in fremdem Namen **164** 2
  heute in acht Tagen **186** 24
  Insichgeschäft **181** 11
  Monat **192** 1
  Samstag **193** 7
  Sonntag **193** 7
  Unterschriftenfälschung **177** 21
  Verjährungsfristen **195** 45 f, 48
  Verjährungshemmung **209** 2
  Vertreter ohne Vertretungsmacht,
    Haftung **179** 22
  Wechselerklärungen, Genehmigung **182** 95
  Zinsen, Verjährung **197** 81
Wechselbereicherungsansprüche
  Verjährung **195** 48
Wechselprotest
  Gesamtvertretung **167** 57
Wechselprozess
  Vorbehaltsurteil **201** 2
WEG-Verwalter
  s Wohnungseigentumsverwalter

Wegbenutzung
  Schikaneverbot **226** 24b, 29a
  Selbsthilfe **229** 17
Wegerecht, öffentliches
  unvordenkliche Verjährung
    Vorbem 194–225 37
Wegfall der Geschäftsgrundlage
  Vertretergeschäft **168** 2
  Zeitablauf **Vorbem 194–225** 28
Wegnahme
  Besitzrecht **229** 30; **230** 3
  dinglicher Arrest **229** 30; **230** 3
    Arrestgesuch, Verzögerung **229** 30;
      230 5, 7
    Arrestgesuch, Zurückweisung **230** 7
  einstweilige Verfügung **229** 31
  Erfüllung **230** 1
  Geldforderungen **229** 31
  Herausgabeanspruch **229** 31
  Pfandrecht **230** 3
  Räumung **229** 31
  Rückgabe der weggenommenen Sache
    229 30; **230** 5; **231** 3
  Sachen des Schuldners **229** 32
  Sachen Dritter **229** 32
  Selbsthilfe **229** 29 ff
  unpfändbare Sachen **229** 31
Wegnahmerecht
  Sicherheitsleistung **Vorbem 232 ff** 2, 4
Weihnachten
  Feiertag, gesetzlicher **193** 34
Weimarer Reichsverfassung
  Ermächtigungsgesetz **187** 11
  Inkrafttreten von Gesetzen **187** 11
  Inkrafttreten von Rechtsverordnungen
    187 11
Weiterveräußerungsermächtigung
  Auflassung **185** 81 ff
  Eigentumsvorbehalt, verlängerter **185** 72 ff
  Warenlager, Sicherungsübereignung
    185 80
  Widerruflichkeit **185** 84
Werbeagentur
  Anzeigeverträge **164** 2a
Werbevertrag
  Kündigung, fristgerechte **193** 15
Werklohnanspruch
  Fälligkeit **204** 89
  Mahnbescheid **204** 55
  Verjährungshemmung **204** 89
Werktag
  Begriff **186** 22; **193** 4
  Samstag **193** 4 ff
Werkunternehmerpfandrecht
  Sachen Dritter **185** 137 f
Werkvertrag
  Bauwerke, Sachmängelhaftung **195** 50
  Beratungspflichten **195** 16
  Erfüllungsbürgschaft **199** 22

Werkvertrag (Forts)
  Fälligkeit **199** 21
  Fälligkeit der Werkleistung **199** 7
  Gewährleistungsansprüche, Verjährungsfristen **Vorbem 194–225** 38; **195** 47
  Verjährungsbeginn **199** 2 f
  Innenverhältnis der Vollmacht **167** 3
  Mängelansprüche, Verjährungsfrist **186** 13
    deliktische Haftung **195** 41
    Verjährungsbeginn **199** 2; **200** 6
  Mängelbeseitigung, Druckzuschlag **215** 14
  Mängeleinrede **194** 21
  Mangelfolgeschäden **199** 23
  Minderung **218** 1, 8
  Nacherfüllung **218** 2
  Obliegenheiten **194** 11
  Rücktritt **218** 1
  selbständiges Beweisverfahren **204** 89
  Verjährung **195** 40
  Verjährungsbeginn **199** 117; **213** 1
  Verjährungshemmung **213** 1
  Verjährungsneubeginn **213** 9
  Wandlung **218** 1, 6
Wertermittlungsverfahren
  Hemmungswirkung **205** 22
Wertpapierbereinigungsverfahren
  Verjährungshemmung **206** 8
Wertpapiere
  Abschlag **234** 4
  Hinterlegung **232** 2 f; **233** 1, 5
  Hinterlegungsfähigkeit **232** 2; **234** 1 f
  Inhaberpapiere, mündelsichere **234** 1
    Inhaberaktien **234** 1
    Inhaberschuldverschreibung **234** 1
  Kursrückgang **234** 4; **240** 1
  Kurssteigerungen **235** 2
  Kurswert **234** 1, 4
  Mündelsicherheit **234** 1, 4
  Umtauschrecht **235** 2
Wertpapiereinlösung
  Insichgeschäft **181** 11
Wertpapiergeschäft
  Schikaneverbot **226** 32c
Wertpapierhandel
  Verjährung **195** 48
Wertpapierkommission
  Eigentumsübergang an den Wertpapieren **Vorbem 164 ff** 44
  Risikofrist **Vorbem 164 ff** 44
Wertpapierrecht
  Zustimmungserfordernisse, Formgebot **182** 115
Wettbewerbsrecht
  einstweilige Verfügung **204** 93 ff
  Einwilligung **183** 7
  geschäftsschädigende Äußerungen **199** 28
  Schikaneverbot **226** 41
  Sittenverstoß **227** 74
  Unterlassungsverfügung **204** 94, 96

Wettbewerbsrecht (Forts)
  Unterwerfungserklärung **212** 25
  Verjährung **195** 19, 34; **199** 28; **200** 9
  Verjährungsfristen **195** 45
  Verjährungshemmung **203** 5
Wette
  Naturalobligation **194** 10
Widerklage
  Hemmungswirkung **204** 37, 39
  Verjährungshemmung **204** 43
Widerruf
  Ausschluss **183** 71 ff
  Beweislast **183** 91
  Einwilligung **Vorbem 182 ff** 89; **182** 1, 41
    s a dort
  Schwebephase, Beendigung **184** 41
  Vollmachtswiderruf
    s dort
  Zustimmung **Vorbem 182 ff** 22
Widerrufsrecht
  s Verbrauchervertrag
  Verbraucherwiderrufsrechte
    s dort
Widerspruch
  Rechtswahrung **195** 53
  Sicherungsmittel **Vorbem 232 ff** 1
Widerspruchsklage,
  Frist zur Klageerhebung **187** 10a
Widerspruchsverfahren
  Fristende **193** 56
Widerstand gegen Vollstreckungsbeamte
  Notwehr **227** 41
Wiedereinsetzung in den vorigen Stand
  Ausschlussfristen **Vorbem 194–225** 17
  höhere Gewalt **206** 14
  Zufall, unabwendbarer **206** 4
Wiedereinsetzungsantrag
  Fristbeginn **188** 14
Wiederkaufsrecht
  Verjährung **194** 18
Wiederkehrende Leistungen
  Anerkenntnis **212** 20, 26
  Ansprüche, Verwirkung
    Vorbem 194–225 22
  Aufopferungsanspruch **197** 66
  Begriff **197** 66 ff
  Besoldungsleistungen **197** 84
  Dividenden **197** 69
  Ersatzforderungen **197** 73
  Fernwärmeversorgung, Monatspauschalen **197** 67
  Freihaltung von Verbindlichkeiten **197** 71
  Gegenleistung **197** 67
  Geldzahlungen **197** 71, 85
  gesetzliche Grundlage **197** 72
  Gewinnansprüche von Gesellschaftern **197** 70
  Gewinnbeteiligungen **197** 69
  Gleichartigkeit der Leistungen **197** 69

Wiederkehrende Leistungen (Forts)
Gutschriften **197** 71
Höhe **197** 69
Kapitalabfindung **197** 66
Kapitalisierung **197** 74
künftig fällig werdende Leistungen **197** 63, 65, 83 f; **199** 46; **202** 20
Leibrente **197** 67
Lizenzen, Vergütungsansprüche **197** 83
Mietgarantie **197** 83
Mietzinsen **197** 66, 83
Naturalleistungen **197** 71, 85
Notwegrente **197** 83
Pachtzinsen **197** 66, 83
Patentverwertungsvertrag **197** 67
Periodizität **197** 67, 69
Rechtsgrund, einheitlicher **197** 68
Regelmäßigkeit **197** 69
Rückstände **197** 63 ff; **216** 8
Sachleistungen **197** 71, 85
Satzung **197** 72
Schadensersatz wegen Nichterfüllung **197** 73
Schadensersatzrenten **197** 66
Schmerzensgeldrente **197** 66
Sekundäransprüche **197** 85
Summe, einheitliche **197** 74
Überbaurente **197** 83
Unterhaltsleistungen **197** 86
Verjährung **195** 12; **197** 39, 63 ff; **202** 20; **217** 10
  Sicherheitenfreigabe **216** 9
  titulierte Ansprüche **197** 8
Verjährungsbeginn **199** 21
Versorgungsleistungen **197** 84
Vertrag **197** 72
Verzugsschadensersatz **197** 73
Wirtschaftsplan, Zahlungen aufgrund **197** 67
Zeitbezogenheit **197** 67, 69
Zinsen **197** 75 f
Zusatzforderungen **197** 73
Wildschäden
Notstand **228** 8
Willensbetätigungen, bloße
Vertretung ohne Vertretungsmacht **180** 1
Willenserklärung
amtsempfangsbedürftige Willenserklärungen **180** 1, 11; **181** 40
Auslegung **166** 8
Begriff **193** 9
elektronische Willenserklärungen **188** 6
Empfangsbotenschaft **164** 25
Erklärungsbewusstsein **167** 29a
Gutglaubenserwerb **166** 8
Kennenmüssen **166** 1, 8, 21, 28
  fahrlässige Unkenntnis **166** 8
  grob fahrlässige Unkenntnis **166** 8
Kenntnis **166** 1, 8 ff, 21, 28

Willenserklärung (Forts)
Kenntnis des Vorbehalts **166** 8
Rechtsgestaltung in Selbstbestimmung **167** 29a
Scheingeschäft **166** 8
Stellvertretung **Vorbem 164 ff** 1
Zugang **188** 6
Zugang unter Abwesenden **188** 4, 7 f
Willensmängel
Anwendungsbereich, sachlicher **166** 8
arglistige Täuschung **166** 28
  s a dort
des Vertretenen **166** 17; **167** 82a
Drohung, widerrechtliche **166** 28
  s a dort
Genehmigung des Vertreterhandelns **177** 9
Genehmigungsverweigerung **184** 75
Gesamthandsgemeinschaft **166** 3
Gesamtvertretung **167** 58
Geschäftsherr **166** 17; **167** 82a
Hauptgeschäft **182** 65
Kennenmüssen **166** 28
Kenntnis **166** 28
Kundgabe der Bevollmächtigung **171** 9
Mangel der Ernstlichkeit **166** 12
Mentalreservation **166** 12
mittelbare Stellvertretung **166** 31a
Organe juristischer Personen **166** 3
Prinzip der erweiterten persönlichen Anwendung **166** 5
Realakte **166** 11
Rechtsausübung, unzulässige **166** 20
rechtsgeschäftsähnliche Handlungen **166** 10
Repräsentationstheorie **166** 12
Scheingeschäft **166** 12
Simulation **166** 12
Stellvertretung **166** 1
  gewillkürte Stellvertretung **166** 3
Trennungsprinzip **166** 28
Untervertretung **167** 72
Verkehrsschutz **166** 13
Vertreter **Vorbem 164 ff** 32
Vertretung, gesetzliche **166** 2 f
Vollmachtserteilung **166** 17; **167** 82a
Zustimmung **166** 31a; **Vorbem 182 ff** 36, 38; **182** 63 ff
Wirtschaftsplan
Wohnungseigentum **197** 67; **199** 20b
Wirtschaftsrecht
Fristen **186** 12
Wissenserklärung
Anerkenntnis **212** 8
Feiertag **193** 10
Samstag **193** 10
Sonntag **193** 10
Stellvertretung **166** 10
Wissenserklärungsvertreter
Anzeigepflichten **Vorbem 164 ff** 86
Auskunftspflichten **Vorbem 164 ff** 86

Wissenserklärungsvertreter (Forts)
Versicherungsvertragsrecht **166** 7, 10
Vorstellungsäußerungen **Vorbem 164 ff** 86
Wissensorganisationspflicht
Informationsaustausch im Unternehmen **166** 6
Organhandeln **166** 32
Organisation, ordnungsgemäße **166** 6
Organisationspflicht **166** 6
Wissenmüssen **166** 6
Wissensbegriff **166** 6
Wissensspeicher, künstliche **166** 6
Wissensvertreter
Bestellung **166** 4
Tatsachenmitteilungen **Vorbem 164 ff** 86
Risikoerhöhung **Vorbem 164 ff** 86
Versicherungsfall **Vorbem 164 ff** 86
Versicherungsvertragsrecht **166** 7
Wissenszurechnung
Angelegenheiten, andere **166** 4
Benachteiligungsabsicht **166** 23
Beobachter **166** 4
Berater, intern wirkende **166** 4
Besitzdiener **166** 11
Boten **166** 4a
Dritte, selbständige **166** 4
Ehepartner einer Vertragspartei **166** 4
formbedürftige Rechtsgeschäfte **166** 9
Formbedürftigkeit **166** 9
Genehmigung des Vertreterhandelns **177** 9
Gesamthandsgesellschaft **166** 32a
Gesamtvertretung **166** 24; **167** 59
Gleichstellungsargument **166** 32a
Gutglaubenserwerb **166** 21
Hilfspersonen **166** 5 f
juristische Personen **166** 5, 32a
Kaufmannseigenschaft **166** 9
Kennenmüssen **Vorbem 164 ff** 37; **166** 4
Kenntnis **Vorbem 164 ff** 37; **166** 4
Konzern **166** 32a
Lieferanten eines Leasinggebers **166** 4
Mangel des rechtlichen Grundes **166** 21
Mitverschulden **166** 22
Prinzip der erweiterten persönlichen Anwendung **166** 5
Realakte **166** 11
Rechtsgeschäfte, formbedürftige **166** 9
rechtsgeschäftsähnliche Handlungen **166** 10
Sittenwidrigkeit **166** 23
Stellvertretung **166** 2
mittelbare Stellvertretung **166** 4a
Struktureinheit **166** 32a
Treuhänder des Schuldners **166** 4
Unternehmen **166** 5
Untervertretung **167** 72
Verantwortung für verfügbares Wissen **166** 3
Verbotsgesetze **166** 23
Verbrauchereigenschaft **166** 9

Wissenszurechnung (Forts)
Verjährung **166** 22
Verlässlichkeitsprüfung **166** 5 f
Versicherungsvertragsrecht **166** 7
Vertrauensschutz **Vorbem 164 ff** 37
Verwandtschaft **166** 9
Vorbereitung eines Geschäfts **166** 4
Vorteilsschutz **Vorbem 164 ff** 37
Vorverhandlungen **166** 4
Wissensorganisationspflicht
s dort
Wissensvertreter **Vorbem 164 ff** 86 f
Wissenszusammenrechnung
Personenmehrheit **166** 6
Verjährung **166** 22
Woche
Beginn der Woche **192** 3
Ende der Woche **192** 3
Arbeitstage **192** 3
Kalendereinteilung **186** 4
Wochenende
Fristbeginn **187** 4
Fristende **187** 4
Termin **187** 4
Wochenfrist
acht Tage **186** 24; **188** 12, 15
Berechnungsweise, verlängernde **186** 24
Fristbeginn, EG-Fristen-VO **188** 15 f
Fristbestimmung **188** 12
Fristende **186** 22; **188** 12, 18
rückwärtslaufende Frist **188** 14a
vier/sechs Wochen **189** 2
Zwei-Wochenfrist **188** 13
Wohlerworbene Rechte Dritter
Genehmigung, Rückwirkung **184** 141
Wohnsitzbegründung
Zustimmungsrecht **Vorbem 182 ff** 90
Wohnungseigentümergemeinschaft
Abstimmungen, Rechtsscheinsvollmacht **167** 35b
Anerkenntnis **212** 8a
Prozessstandschaft **204** 7
Rechtsfähigkeit **199** 58
Schikaneverbot **226** 26b, 27b, 32e
Teilrechtsfähigkeit **Vorbem 164 ff** 25
Verjährungsbeginn **199** 58
Verjährungshemmung durch Rechtsverfolgung **204** 7, 12
Vertretung ohne Vertretungsmacht **177** 20
werdende Wohnungseigentümergemeinschaft **177** 20
Wohnungseigentümerversammlung
Abstimmung **180** 11
Stimmabgabe **174** 2
Wohnungseigentum
Ansprüche, gemeinschaftsbezogene **199** 58
bauliche Maßnahmen, Beseitigung **226** 32e
Einzelabrechnungen **226** 32e
Grundeigentum **196** 5

Wohnungseigentum (Forts)
 Herausgabeanspruch, Verjährung **197** 9
 Jahresabrechnung **212** 8a
 Satellitenanlage **226** 32e
 Schikaneverbot **226** 32e
 Selbsthilfe **229** 10
 Sondernutzungsflächen **226** 32e
 Sondernutzungsrechte **226** 32e
 Stimmrechtsausübung **Vorbem 164 ff** 72
 Teilung, behördliche Genehmigung
  Vorbem 182 ff 109
 Veräußerung durch einen Eigentümer
  Vorbem 182 ff 31
  Zustimmungsverweigerung aus wichtigem Grund **Vorbem 182 ff** 101 ff
 Vergemeinschaftungsbeschluss **199** 58
 Verwaltung, ordnungsmäßige **199** 20c
 Vorauszahlungen, Verjährungsbeginn
  199 20b
 Weiterübertragung vor Grundbuchumschreibung **183** 33
 Wirtschaftsplan, Zahlungen aufgrund
  197 67; **199** 20b
 Zustimmung zur Übertragung, Unwiderruflichkeit **183** 61
Wohnungseigentumsrecht
 Zustimmungserfordernisse
  Vorbem 182 ff 26, 31
  Baumaßnahmen **183** 6
 Zustimmungsrecht **Vorbem 182 ff** 91
Wohnungseigentumsverwalter
 Bestellung, Unwirksamkeit **179** 6
 Bestellung zum Verwalter **181** 36
 Handeln in fremdem Namen **164** 2a
 Insichgeschäft **181** 36
 Selbsthilfe **229** 15
 Stimmrechtsvollmacht **181** 36
 Veräußerung seiner Eigentumswohnung
  181 36
 Verschmelzung **168** 20
 Vertretung ohne Vertretungsmacht **177** 4
 Vertretung, organschaftliche
  Vorbem 164 ff 25
 Vertretungsnachweis **174** 6
 Verwaltervertrag, Abschluss **181** 36
Wohnungserbbaurecht
 Ansprüche, Verjährung **196** 8 ff
Wohnungsmiete
 Anfangstermin **193** 57
 Nutzungsbeginn **187** 10a
Wohnungsmiteigentümer
 Stimmabgabe **164** 2a
Wohnungsräumung
 Selbsthilfe, irrtümliche **231** 2
Wohnungsrecht
 Ansprüche, Verjährung **196** 8 ff
Wohnungsvermittlung
 Verjährung **195** 49

Zahlung unter Vorbehalt
 Schikaneverbot **226** 33
Zahlungsanspruch
 Verjährung **199** 8 f
Zahlungsdienste
 Anspruchsgeltendmachung, Ausschlussfrist **186** 14
Zahlungsvorgang
 Autorisierung **Vorbem 182 ff** 95
 Widerruflichkeit, Ausschluss **183** 69
Zechprellerei
 Selbsthilfe **229** 15
Zedent
 Verjährungshemmung **204** 10
Zeit
 Bürgerliches Gesetzbuch **186** 1
 Rechtsgrundlage **186** 5
 Sächsisches BGB **186** 1
Zeitarbeitnehmer
 s Arbeitnehmerüberlassung
Zeitbestimmung
 Fristen **186** 2
 Jahr **191** 2
 Monat **191** 1 ff
 Termine **186** 2
 Zeiträume, nicht zusammenhängende
  186 7; **191** 1 ff
Zession
 s Abtretung
Zessionar
 Verjährungshemmung **204** 10
Zinsen
 Begriff **197** 76
 Grundstücksgeschäfte **197** 78
 der Hauptforderung zuzuschlagende
  Zinsen **197** 75
 Rechtsgeschäft, genehmigtes **184** 89
 Rückforderung **197** 77
 Sparguthaben **197** 75
 vereinbarte Zinsen **217** 6
 Verjährung **195** 25; **197** 75 ff; **217** 6
 künftig anfallende Zinsen **197** 75
 rückständige Zinsen **197** 75; **216** 8
 Sicherheitenfreigabe **216** 9
 titulierte Zinsen **197** 75
 Verzugszinsen **197** 79
 wiederkehrende Leistungen **197** 75
Zinsjahr
 Zinstage, Berechnung **191** 2
Zinsschaden
 Verjährung der Forderung **217** 5
Zinsscheine
 Anspruch aus verlorenem Zinsanteil,
  Verjährungsfrist **186** 13; **195** 49
 Hinterlegung **234** 3
 Vorlegungsfrist **197** 81
Zinszahlung
 Anerkenntnis **212** 22, 24
 Anerkenntnis der Hauptforderung **212** 19

Zinszahlung (Forts)
    Wiederholung **212** 21b
Zivilkomputation
    acht Tage **186** 24
    Fristberechnung **186** 22; **187** 1 ff, 5
    Fristende **188** 1 ff
    Gemeinschaftsrecht **187** 9
    Tagesfristen **187** 13
Zivilprozess
    Feiertag **193** 8
    Fristberechnung **186** 18
    Fristverlängerung **190** 3 f
    Samstag **193** 8
    Sonntag **193** 8
Zivilverfahren
    Genehmigung **184** 5
Zollrecht
    EG-Fristen-VO **186** 19 f
    Festsetzungsfrist **195** 46
Zufall
    unabwendbarer Zufall **206** 4
Zugang
    Annahmefrist **188** 8
    Behörden **188** 5 f
    Briefkasten **188** 6
    Briefkasten, Einwurf in den **188** 4
    elektronische Willenserklärungen **188** 6
    Entbehrlichkeit **182** 49
    Fristberechnung **188** 8a f
    Gelangen in den Herrschaftsbereich des Empfängers **188** 4, 7
    Genehmigungsverweigerung **184** 75
    Gerichte, Öffnungszeiten **188** 6
    Geschäftszeiten **188** 5 f
    Kenntnisnahme, tatsächliche **188** 6
    Kenntnisnahmemöglichkeit **188** 4, 6 f
    Mitwirkungshandlungen, Bereithaltung zu **188** 5
    Rechtzeitigkeit **188** 4 f
    Urlaubsabwesenheit **188** 4
    Zustimmung **Vorbem 182 ff** 36; **182** 54
Zugewinnausgleichsforderung
    Auskunftserteilung **212** 21
    Sicherheitsleistung **Vorbem 232 ff** 2, 4
    Verjährung **200** 9
    Verjährungsfrist **186** 24
        Ausgleichsforderung gegen Dritte **186** 13
Zulässigkeit
    Klageerhebung, Hemmungswirkung **204** 24 ff
Zulage
    Tätigkeit, vorübergehende höherwertige **188** 21
Zulassungsbescheinigung Teil II
    s Kraftfahrzeugbrief
Zurückbehaltungsrecht
    Ansprüche, unverjährte **194** 21
    Druckfunktion **215** 14

Zurückbehaltungsrecht (Forts)
    Sicherheitsleistung, Abwendung durch **Vorbem 232 ff** 4
    Sicherungsfunktion **215** 14
    Verjährung der Forderung **215** 3, 12 f
Zurückbehaltungsrecht, kaufmännisches
    Verjährung der Forderung **216** 3
Zurückweisung
    s Rechtsgeschäft, einseitiges
    Verfügung eines Nichtberechtigten
    s dort
Zuständigkeit des Gerichts
    Klageerhebung, Hemmungswirkung **204** 25, 41
Zuständigkeitsbestimmung, gerichtliche
    funktionale Zuständigkeit **204** 109
    internationale Zuständigkeit **204** 109
    Notzuständigkeit **204** 109
    örtliche Zuständigkeit **204** 109
    sachliche Zuständigkeit **204** 109
    Verjährungshemmung **204** 109 ff
Zustellung
    nach Ablauf der Verjährungsfrist **204** 35
    Bekanntgabewirkung **193** 56
    demnächstige Zustellung **204** 35, 57, 112
    Heilung von Mängeln **204** 36
    innerhalb der Verjährungsfrist **204** 34 f
    Klageerhebung, Hemmungswirkung **204** 31 ff
    Mahnbescheid **204** 56 f
Zustellung, öffentliche
    Anschrift des Schuldners **199** 53, 70
    Aufenthalt des Schuldners, unbekannter **199** 70
    Fristwahrung **199** 6
    Verjährungshemmung **204** 33
Zustimmung
    Abgabe **182** 54 ff
        Kenntnis des anderen Zustimmungsberechtigten **182** 55
        Weiterleitung **182** 53
    Abgrenzung **Vorbem 182 ff** 63 ff
    Abstraktion **Vorbem 182 ff** 7, 41, 44; **182** 1
    Adressaten **Vorbem 182 ff** 2, 22, 24, 33, 38, 50, 65; **182** 1, 4, 41 ff, 51 f
        falscher Adressat **182** 53
    Anfechtung **Vorbem 182 ff** 5; **182** 64 ff
    Anfechtungserklärung **182** 69 f
    Anscheinszustimmung **182** 77
    arglistige Täuschung **182** 67 f
    Aufforderung zur Zustimmung **Vorbem 182 ff** 98
    Aufklärungspflichten **Vorbem 182 ff** 105 ff
    ausdrückliche Zustimmung **182** 5
    Auslegung **Vorbem 182 ff** 14, 36; **182** 5 ff, 35, 37, 40, 48
    Ausschlussfristen **Vorbem 203–213** 8
    Außenzustimmung **182** 41, 45
    Bedingung **Vorbem 182 ff** 33, 38

Zustimmung (Forts)
aufschiebende Bedingung
Vorbem 182 ff 8
Begriff **Vorbem 182 ff** 9 f
behördliche Zustimmung
Vorbem 182 ff 108 ff
s dort
behördliche Zustimmungen
s a dort
Beweislast **182** 131
Bindungswirkung **Vorbem 182 ff** 65
Deckungsgleichheit **Vorbem 182 ff** 24, 40, 116; **182** 7, 33 f, 40
s a Korrespondenz Zustimmung/ Hauptgeschäft
Dreieckskonstellation **Vorbem 182 ff** 5; **182** 67, 73
Duldungszustimmung **182** 76
Einverständnis des Vertragspartners des Dritten **Vorbem 182 ff** 63
Einwilligung **Vorbem 182 ff** 1
s a dort
Empfangsvertretung **182** 43
Erklärungsempfänger **182** 4
Erklärungstatbestand **182** 4 ff
fehlende Zustimmung **182** 82 ff
Fiktion **Vorbem 182 ff** 97
Form **Vorbem 182 ff** 2, 22, 33, 38
gewillkürte Form **182** 111, 123
Rechtsgeschäft, einseitiges **182** 112
Formfreiheit **Vorbem 182 ff** 64; **182** 11, 95 ff
Hauptgeschäft, formbedürftiges **182** 96
– Formgebote, gewillkürte **182** 99
– Vertragsänderung **182** 99 f
– Vertragsübernahme **182** 97
Hauptgeschäft, Verpflichtung zur Genehmigung **182** 95
Zustimmungsberechtigung, Übergang **182** 98
im fremden Namen **182** 56
Genehmigung **Vorbem 182 ff** 1
s a dort
Gesamttatbestand **Vorbem 182 ff** 39, 41
Geschäftsfähigkeit **Vorbem 182 ff** 38
gesetzliche Zustimmungserfordernisse
Vorbem 182 ff 25 ff
Grundgeschäft **Vorbem 182 ff** 7
Grundverhältnis **Vorbem 182 ff** 64
Gutglaubensschutz **Vorbem 182 ff** 51 f
Hauptgeschäft **Vorbem 182 ff** 5 f, 40 f
Hilfsgeschäft **Vorbem 182 ff** 42; **182** 95
Inhalt **Vorbem 182 ff** 40
Inhaltsirrtum **182** 65
Innenzustimmung **182** 41
Insichgeschäft **181** 13
Kennenmüssen des Handelnden **166** 31a
Kenntnis des Handelnden **166** 31a
Komplementärgeschäft **Vorbem 182 ff** 42; **182** 95

Zustimmung (Forts)
Kondizierbarkeit **Vorbem 182 ff** 45
konkludente Zustimmung **182** 11 ff, 95
Kontrollfunktion **Vorbem 182 ff** 19, 75
Machtgeschäft **Vorbem 182 ff** 55
Mentalreservation **182** 63
Motivirrtum **182** 65
nachträgliche Zustimmung **Vorbem 182 ff** 1; **184** 1, 6
Oberbegriff **Vorbem 182 ff** 9
öffentlich-rechtliche Zustimmung
Vorbem 182 ff 136
Rechtsgeschäft, einseitiges **Vorbem 182 ff** 2, 36 ff; **182** 2
rechtsgeschäftliche Zustimmungserfordernisse **Vorbem 182 ff** 28 ff
Rechtsschein **Vorbem 182 ff** 50; **182** 42, 73 ff
Schadensersatz **Vorbem 182 ff** 99, 104, 105 ff
Scheingeschäft **182** 63
Scherzerklärung **182** 63
Terminologie **Vorbem 182 ff** 9 ff
Trennungsprinzip **Vorbem 182 ff** 39; **182** 1, 95
Umfang **182** 35 ff
Unterlassen der Zustimmung
Vorbem 182 ff 97, 99
Vereinbarung von Zustimmungserfordernissen **Vorbem 182 ff** 31
Verfügungscharakter **Vorbem 182 ff** 46 ff
Verpflichtung zur Zustimmung
Vorbem 182 ff 97 ff
gesetzliche Pflicht **Vorbem 182 ff** 100 ff
Vereinbarung **Vorbem 182 ff** 103 ff
zur Vertragsübernahme **Vorbem 182 ff** 82
Vertretung **Vorbem 182 ff** 38; **182** 56
vorherige Zustimmung **183** 1 ff
Vorteilhaftigkeit **182** 61
Widerruf **Vorbem 182 ff** 22
Willenserklärung, empfangsbedürftige
Vorbem 182 ff 36; **182** 2, 5, 53 f
Willensmängel **166** 31a; **Vorbem 182 ff** 36, 38, 45; **182** 63 ff
Wirkungen **Vorbem 182 ff** 22
Zeitpunkt, maßgeblicher **Vorbem 182 ff** 22; **183** 3
Zugang **Vorbem 182 ff** 36; **182** 54
zur Zustimmung **Vorbem 182 ff** 43
Zustimmungsberechtigter **Vorbem 182 ff** 5
zwingendes Recht **Vorbem 182 ff** 8, 15, 24
Zustimmung, behördliche
Aufsicht über privatrechtliches Handeln
Vorbem 182 ff 114, 128
Bedingung, aufschiebende
Vorbem 182 ff 117
Bereicherungshaftung **Vorbem 182 ff** 125
Einholung, Pflicht zur **Vorbem 182 ff** 116
Erteilung der Genehmigung
Vorbem 182 ff 123, 129 f
Gesetzesänderung **Vorbem 182 ff** 128

Zustimmung, behördliche (Forts)
  Gesetzesverstoß **Vorbem 182 ff** 117
  Kettenverfügung **Vorbem 182 ff** 127
  Negativattest **Vorbem 182 ff** 132
  Rücknahme **Vorbem 182 ff** 119 f, 122 f
  Unterlassung der Gefährdung
    Vorbem 182 ff 116
  Unwirksamkeit, schwebende
    Vorbem 182 ff 116, 123 f
  Verfügungsgeschäft **Vorbem 182 ff** 126
  Verpflichtungsgeschäft **Vorbem 182 ff** 126
  Versagung **Vorbem 182 ff** 123, 131
  Verwaltungsakt **Vorbem 182 ff** 115 f, 118
  Verwaltungsrechtsweg **Vorbem 182 ff** 133
  Verweigerung **Vorbem 182 ff** 118
  Widerruf **Vorbem 182 ff** 119, 121 f
  Zivilprozess **Vorbem 182 ff** 133
  Zustimmung zum Rechtsgeschäft
    Vorbem 182 ff 108 ff
Zustimmungsautonomie
  Zustimmungserklärung **Vorbem 182 ff** 97
Zustimmungsberechtigung
  Verwirkung **184** 57 ff
Zustimmungsbewusstsein
  Willenserklärung **182** 30 ff
Zustimmungserklärung
  Willensmangel **182** 65
Zustimmungsverweigerung
  Adressaten **182** 86
  Anspruchsgeltendmachung **182** 86
  Erklärungspflicht **Vorbem 182 ff** 97
  Fiktion, gesetzliche **Vorbem 182 ff** 98
  Formfreiheit **182** 86
  konkludente Verweigerung **182** 86
  Rechtsbindungswille **182** 86
  Rechtsgeschäft, einseitiges
    Vorbem 182 ff 57; **182** 86
  Schadensersatz **Vorbem 182 ff** 99
  Schadensersatzpflicht **Vorbem 182 ff** 104
Zustimmungswille
  Einverständniserklärung **Vorbem 182 ff** 12
  Willenserklärung **182** 30, 33
  Zustimmung, konkludente **182** 12 ff
Zuwiderhandlung
  Verjährungsbeginn **199** 1, 107 ff, 112
  s a dort
Zwangsbehandlung
  Einwilligung **Vorbem 164 ff** 41
Zwangshypothek
  Rückschlagsperre **185** 164
Zwangsrechte
  unvordenkliche Verjährung
    Vorbem 194–225 37
Zwangsverfügungen
  Einwilligung **185** 129 ff
  Konvaleszenz **185** 132
Zwangsversteigerungsverfahren
  Anmeldung eines Rechts **212** 43
  Anordnung **212** 43

Zwangsversteigerungsverfahren (Forts)
  Beitritt zum Verfahren **212** 43
  Erneuerungswirkung **212** 42 f
  Feststellung des geringsten Gebots **212** 43
  Gebot, Vertretungsmacht **167** 19
  Meistbietender, Vertretungsmacht **167** 19
  Sicherheitsleistung **Vorbem 232 ff** 6; **234** 4
  Verkehrswert, Festsetzung **212** 43
  Versteigerungsbedingungen **212** 43
  Versteigerungstermin, Bestimmung **212** 43
  Versteigerungstermin, Durchführung
    212 43
  Verteilungsplan **212** 43
  Verteilungstermin, Bestimmung **212** 43
  Zuschlag **184** 31
  Zuschlag, Entscheidung über **212** 43
  Zustimmung, Form **182** 115
Zwangsverwalter
  Abberufung **Vorbem 164 ff** 58
  Anerkenntnis **212** 8a
  Gestattung des Selbstkontrahierens **181** 59
  Insichgeschäfte **181** 39
  Partei kraft Amtes **Vorbem 164 ff** 57
  Unabhängigkeit **Vorbem 164 ff** 58
  Weisungsfreiheit **Vorbem 164 ff** 58
Zwangsverwaltung
  Erneuerungswirkung **212** 42
  Gläubigerbefriedigung **Vorbem 164 ff** 58
Zwangsvollstreckung
  Anspruchsverjährung **194** 22
  Duldung **212** 44
  Einstellung der Zwangsvollstreckung
    212 36
  Erneuerungswirkung **212** 42 ff
  Genehmigung **184** 1
  Insichgeschäft **181** 9
  Interessengegensätze **229** 4
  Kosten der Zwangsvollstreckung **197** 62
  Notwehrrecht **227** 38
  obrigkeitliche Hilfe **229** 17
  Prozesskostenhilfe **204** 115
  Sicherheitsleistung **232** 1
  Unterlassung **212** 44
  unvertretbare Handlungen **212** 44
  Verfahrenskostenhilfe **204** 115
  Verjährungsneubeginn **212** 37 ff
  Verteilungsverfahren **187** 10a
  vertretbare Handlungen **212** 44
  Vollstreckungsantrag
    s Verjährungsneubeginn
  Vollstreckungshandlungen **212** 41
  Vollstreckungsmaßnahmen
    s Verjährungsneubeginn
  Zuständigkeit, gerichtliche Bestimmung
    204 109
  Zustimmungserklärung **Vorbem 182 ff** 102
Zwangsvollstreckungsmaßnahmen
  Verfügungsbefugnis, Wegfall **184** 133

Zwangsvollstreckungsunterwerfung
s Unterwerfung unter die sofortige Zwangsvollstreckung
Zwischenberichte
closed period **187** 9
Zwischenfeststellungsklage
Hemmungswirkung **204** 37
Zwischenverfügung
Dereliktion **184** 125
Gegenstandsidentität **184** 123, 138
Genehmigung **184** 1, 22, 116 ff; **185** 86
familiengerichtliche Genehmigung **184** 124
gutgläubiger Erwerb **184** 131
Gutgläubigkeit **184** 130

Zwischenverfügung (Forts)
Personenidentität **184** 128
Rang des dinglichen Rechts **184** 139
Schwebephase, Beendigung **184** 60
Verfügung eines Nichtberechtigten
Vorbem 182 ff 2
Verfügungen Dritter **184** 127
Verfügungsbegriff **184** 121
Verpfändung **184** 140
Vornahme des Hauptgeschäfts **184** 118
Wirksamkeit nach Genehmigung **184** 137
zugunsten des Genehmigenden **184** 132
Zwischenvermietung, gewerbliche
Weitervermietung durch Nichtberechtigten **185** 149

J. von Staudingers Kommentar zum Bürgerlichen Gesetzbuch mit Einführungsgesetz und Nebengesetzen

Übersicht vom 1. 9. 2019

Die Übersicht informiert über die Erscheinungsjahre der Kommentierungen in der 13. Bearbeitung und deren Neubearbeitungen (= Gesamtwerk STAUDINGER). *Kursiv* geschrieben sind die geplanten Erscheinungsjahre.

Die Übersicht ist für die 13. Bearbeitung und für deren Neubearbeitungen zugleich ein Vorschlag für das Aufstellen des „Gesamtwerk STAUDINGER" (insbesondere für solche Bände, die nur eine Sachbezeichnung haben). Es wird empfohlen, die Austauschbände chronologisch neben den überholten Bänden einzusortieren, um bei Querverweisungen auf diese schnell Zugriff zu haben. Bei Platzmangel sollten die ausgetauschten Bände an anderem Ort in gleicher Reihenfolge verwahrt werden.

		Neubearbeitungen		
Buch 1. Allgemeiner Teil				
Einl BGB; §§ 1–14; VerschG	2004	2013	2018	
§§ 21–79	2005	2019		
§§ 80–89	2011	2017		
§§ 90–124; 130–133		2012	2016	
§§ 125–129; BeurkG			2012	2017
§§ 134–163	2003			
§§ 134–138		2011	2017	
§§ 139–163		2010	2015	
§§ 164–240	2004	2009	2014	2019
Buch 2. Recht der Schuldverhältnisse				
§§ 241–243	2005	2009	2014	
§§ 244–248	2016			
§§ 249–254	2005	2016		
§§ 255–314	2001			
§§ 255–304	2004	2009	2014	
§§ 305–310; UKlaG	2006	2013	2019	
Anh zu §§ 305–310			2019	
§§ 311, 311a, 312, 312a–i	2013			
§§ 311, 311a–c		2018		
§§ 311b, 311c	2012			
§§ 312, 312a–k		2019		
§§ 313, 314	*2021*			
§§ 315–327	2001	2004	2009	2015
§§ 328–361b	2001			
§§ 328–359		2004		
§§ 328–345			2009	2015
§§ 346–361		2012		
§§ 358–360				2016
§§ 362–396	2000	2006	2011	2016
§§ 397–432	2005	2012	2017	
§§ 433–487; Leasing	2004			
§§ 433–480		2013		
Wiener UN-Kaufrecht (CISG)	1999	2005	2013	2017
§§ 488–490; 607–609	2011	2015		
VerbrKrG; HWiG; § 13a UWG; TzWrG	2001			
§§ 491–512	2004	2012		
§§ 516–534	2005	2013		
§§ 535–562d (Mietrecht 1)	2003	2006	2011	
§§ 563–580a (Mietrecht 2)	2003	2006	2011	
§§ 535–555f (Mietrecht 1)			2014	
§§ 556–561; HeizkostenV; BetrKV (Mietrecht 2)			2014	
§§ 562–580a; Anh AGG (Mietrecht 3)			2014	
§§ 535–556g (Mietrecht 1)				2017
§§ 557–580a; Anh AGG (Mietrecht 2)				2017
Leasing	2014	2018		
§§ 581–606	2005	2013	2018	
§§ 607–610 (siehe §§ 488–490; 607–609)	./.			
§§ 611–615	2005			
§§ 611–613		2011	2015	
§§ 613a–619a		2011	2016	2019
§§ 616–630	2002			
§§ 620–630		2012	2016	2019
§§ 631–651	2003	2008	2013	
§§ 651a–651m	2003	2011	2015	
§§ 652–656	2003	2010		
§§ 652–661a			2015	
§§ 657–704	2006			
§§ 662–675b		2017		
§§ 675c–676c		2012		
§§ 677–704		2015		
§§ 741–764	2002	2008	2015	
§§ 765–778	2013			
§§ 779–811	2002	2009	2015	
§§ 812–822	1999	2007		
§§ 823 A-D	2016			
§§ 823 E–I, 824, 825	2009			
§§ 826–829; ProdHaftG	2003	2009	2013	2018
§§ 830–838	2002	2008	2012	2017
§§ 839, 839a	2007	2013		
§§ 840–853	2007	2015		
AGG	2017			
UmweltHR	2002	2010	2017	

Neubearbeitungen

Buch 3. Sachenrecht

§§ 854–882	2000	2007	2012	2018
§§ 883–902	2002	2008	2013	
§§ 889–902				2019
§§ 903–924	2002	2009	2015	
§§ 925–984; Anh §§ 929 ff	2004	2011	2016	
§§ 985–1011	1999	2006	2013	
ErbbauRG; §§ 1018–1112	2002	2009	2016	
§§ 1113–1203	2002	2009	2014	
§§ 1204–1296; §§ 1–84 SchiffsRG	2002	2009	2018	
§§ 1–19 WEG	2017			
§§ 20–64 WEG	2017			

Buch 4. Familienrecht

§§ 1297–1320; Anh §§ 1297 ff; §§ 1353–1362	2007			
§§ 1297–1352		2012	2015	2018
LPartG	2010			
§§ 1353–1362		2012	2018	
§§ 1363–1563	2000	2007		
§§ 1363–1407			2017	
§§ 1408–1563			2018	
§§ 1564–1568; §§ 1–27 HausratsVO	2004			
§§ 1564–1568; §§ 1568 a+b		2010	2018	
§§ 1569–1586b	2014			
§§ 1587–1588; VAHRG	2004			
§§ 1589–1600d	2000	2004	2011	
§§ 1601–1615n	2000	2018		
§§ 1616–1625	2007	2014		
§§ 1626–1633; §§ 1–11 RKEG	2007	2015		
§§ 1638–1683	2004	2009	2015	
§§ 1684–1717	2006	2013	2018	
§§ 1741–1772	2007	2019		
§§ 1773–1895; Anh §§ 1773–1895 (KJHG)	2004			
§§ 1773–1895		2013		
§§ 1896–1921	2006	2013	2017	

Buch 5. Erbrecht

§§ 1922–1966	2000	2008	2016	
§§ 1967–2063	2002	2010	2016	
§§ 2064–2196	2003	2013		
§§ 2197–2264	2003			
§§ 2197–2228		2012	2016	
§§ 2229–2264		2012	2017	
§§ 2265–2338	2006			
§§ 2265–2302		2013	2018	
§§ 2303–2345		2014		
§§ 2339–2385	2004			
§§ 2346–2385		2010	2016	

EGBGB

Einl EGBGB; Art 1, 2, 50–218	2005	2013	2018	
Art 219–245	2003			
Art 219–232		2015		
Art 233–248		2015		

EGBGB/Internationales Privatrecht

Einl IPR; Art 3–6	2003			
Einl IPR		2012	2018	
Art 3–6		2013		
Art 7, 9–12, 47, 48	2007	2013	2018	
IntGesR	1998			
Art 13–17b	2003	2011		
Art 18; Vorbem A + B zu Art 19	2003			
Haager Unterhaltsprotokoll		2016		
Vorbem C–H zu Art 19	2009			
EU-VO u Übk z Schutz v Kindern		2018		
IntVerfREhe	2005			
IntVerfREhe 1		2014		
IntVerfREhe 2		2016		
Art 19–24	2002	2008	2014	2018
Art 25, 26	2000	2007		
Art 1–10 Rom I VO	2011	2016		
Art 11–29 Rom I-VO; Art 46b, c; IntVertrVerfR	2011	2016		
Art 38–42	2001			
IntWirtschR	2006	2010	2015	
Art 43–46	2014			

Eckpfeiler des Zivilrechts .... 2011 ...... 2012 ...... 2014 2018

Demnächst erscheinen

§§ 241–243	2005	2009	2014	2019
§§ 255–304	2004	2009	2014	2019
§§ 1113–1203	2002	2009	2014	2019

oHG Dr. Arthur L. Sellier & Co. KG – Walter de Gruyter GmbH, Berlin
Postfach 30 34 21, D-10728 Berlin, Telefon (030) 2 60 05-0, Fax (030) 2 60 05-222